월별 지방세 신고 및 납기

월별	도세	시 · 군세
1월	• 자동차세(소유분) 연세액 일시납부(1. 31. 한)	• 등록면허세(면허분)(1. 31. 한)
3월	• 자동차세(소유분) 연세액 일시납부/분할 납부(3. 31. 한)	
4월	• 12월 결산법인 법인 지방소득세 신고납부(4. 30. 한)	
5월	• 개인지방소득세(종합소득분) 신고납부(5. 31. 한)	
6월	• 자동차세(소유분) 납기(6. 30. 한) • 자동차세(소유분) 연세액 일시납부/분할 납부(6. 30. 한)	
7월	• 지역자원시설세[주택(1/2) · 건축물분, 선박] 납기(7. 16.~7. 31.)	• 재산세[주택(1/2) · 건축물분, 선박, 항공기] 납기(7. 16.~7. 31.) ※ 주택분 산출세액이 20만원 이하인 경우 7월에 일괄 부과 · 징수
8월	• 주민세(개인분) 납기(8. 16.~8. 31.) • 주민세(사업소분) 신고납부(8. 1.~8. 31.)	
9월	• 지역자원시설세[주택분(1/2)] 납기(9. 16.~9. 30.) • 자동차세(소유분) 연세액 일시납부/분할납부(9. 30. 한)	• 재산세[주택분(1/2), 토지분] 납기(9. 16.~9. 30.)
12월	• 자동차세(소유분) 납기 (12. 16.~12. 31.) • 자동차세(소유분) 분할납부 (12. 31. 한)	
매월	• 지방소득세(특별징수)(10. 한) • 주민세(종업원분)(10. 한) • 레저세(10. 한) • 지역자원시설세(다음달 말일 한) • 담배소비세(다음 달 20일 한) • 자동차세(주행분) (다음 달 말일 한)	
수시	• 취득세(취득일로부터 60일 이내) • 무신고 · 과소신고분 수시부과 • 기타 과세누락분 수시부과	• 등록면허세(각종 등기 · 등록 및 인 · 허가를 받을 때) • 무신고 · 과소신고분 수시부과 • 기타 과세누락분 수시부과

지방세 납세의무 성립일

세목별			납세의무 성립일
취득세			취득세 과세물건을 취득하는 때
등 록 면허세	등록분		재산권 등 그 밖의 권리를 등기 또는 등록하는 때
	면허분		각종의 면허를 받는 때와 납기가 있는 달의 1일
레저세			승자투표권, 승마투표권 등을 발매하는 때
담배소비세			담배를 제조장 또는 보세구역으로부터 반출(搬出)하거나 국내로 반입(搬入)하는 때
지방소비세			「국세기본법」에 따른 부가가치세의 납세의무가 성립하는 때
주민세			개인분 및 사업소분 : 과세기준일(7월 1일) / 종업원분 : 종업원에게 급여를 지급하는 때
지방소득세			그 과세표준이 되는 소득세 · 법인세의 납세의무가 성립하는 때 • (개 인) 근로 : 소득지급일, 사업 : 12월 31일, 양도 : 양도한 달의 말일 • (법 인) 사업연도 종료일
재산세			과세기준일(6월 1일)
자동차세	소유분		납기가 있는 달(6월 · 12월)의 1일
	주행분		교통 · 에너지 · 환경세의 납세의무가 성립하는 때
지역자원 시 설 세	소방분	건축물	과세기준일
		선박	
	특정 자원분	발전용수	발전용수를 수력발전(양수발전은 제외한다)에 사용하는 때
		지하수	지하수를 채수(採水)하는 때
		지하자원	지하자원을 채광(採鑛)하는 때
	특정 시설분	컨테이너	컨테이너를 취급하는 부두를 이용하기 위하여 컨테이너를 입항 · 출항하는 때
		원자력발전	원자력발전소에서 발전하는 때
		화력발전	화력발전소에서 발전하는 때
지방교육세			그 과세표준이 되는 세목의 납세의무가 성립하는 때
특별징수지방소득세			그 과세표준이 되는 소득세 · 법인세를 원천징수하는 때
수시분 지방세			수시부과할 사유가 발생하는 때

2025년 개정판

지방세법전

SAMIL | 삼일인포마인

머 리 말

오늘날과 같이 복잡한 조세제도하에서는 신속하고 정확한 조세정보의 수집과 분석을 통한 최적의 조세의사결정이 정보이용자의 효익을 극대화하는 필수요건일 것입니다. 이에 지방소득세의 독립세 전환이 본격 시행된 2015년에 맞춰 삼일인포마인의 30년 조세법전 발간 Know-how가 그대로 반영된 3단 대사식 지방세 법전을 최초로 발간하였으며, 2025년에는 한층 더 진일보한 개정판을 발간하게 되었습니다.

본서는 지방세 정보를 필요로 하시는 분들이 보다 쉽고 편리하게 법령을 찾고 실무에 활용할 수 있도록 지원하기 위해 2025년에 적용될 법체계에 맞게 엄선된 지방세 관련 법규, 판례 · 예규 및 중요 지방세 운영기준 등을 수록하였습니다.

또한, 법조문에 다양한 아이콘을 삽입하여 직관적으로 필요한 자료를 확인할 수 있도록 편집하는 한편, 스마트폰 앱(QR코드)을 통해 구법령 개정연혁, 운영기준 뿐만 아니라 2025년도 중에 개정되는 사항까지 볼 수 있도록 하여 본서의 소장가치를 높일 수 있도록 세심한 주의를 기울였습니다.

편집자의 노력에도 불구하고 부족한 부분은 독자제현의 비판을 경청하여 개정증보할 것을 약속드리면서 독자 여러분의 지방세 의사결정에 소중한 반려가 되기를 기원합니다.

끝으로 본서가 나오기까지 많은 노력과 도움을 주신 집필진에게 다시 한번 깊은 감사의 말씀을 전합니다.

2025년 2월
삼일인포마인

박영모(전 행정안전부) 이광영(전 행정안전부) 조영재(삼일회계법인) 윤예원(삼일회계법인)

구본풍(전 한국지방세연구원) 손철주(전 서울시청) 정철환(전 인천광역시청)

凡例

법령 수록 범위 및 분류

지방세4법, 별표, 서식 전문 및 지방세법령 운영기준, 고시·훈령 지방세 관계법령 등을 수록하였고, 관계법령에 편주·예판·개정취지가 수록되어 있음.

대사식 편집

상호관련된 법·영·규칙을 3단대사식으로 배열하고 편주·관련 운영예규·관련법령을 가급적 동일면에 군청색 수록함.

신·구 조문의 대비

최근 개정된 법령은 현행법령과 구법령을 식별할 수 있도록 구법령을 음영 처리하고, 부분개정조문은 신·구법 해당부분에 밑줄을 치고, 그 이외의 경우 및 신설조문의 경우 일자에 밑줄을 그어 개정 및 신설된 조문임을 파악하기 쉽도록 함.

법령 근거표시 : (2024. 12. 31. 개정)

법·영·규칙의 조문 하단에 개정 또는 신설된 연월일을 괄호 안에 표시하고, 각 세목별 첫째 면에 법령 제정 및 개정연혁을 공포번호와 함께 수록함.

편주, 예판 및 개정취지 수록 : 편주, 예판, 개정취지

법조문의 이해를 돕기 위해 편주란에 경과규정과 해설을 수록하고, 최신의 예규판례 및 개정취지를 추가로 수록함.

관계조문, 관계법령, 관련법령

- 관계조문 : 예 지방세법에서 지방세법을 인용하는 경우
- 관계법령 : 예 지방세법에서 소득세법을 인용하는 경우
- 관련법령 : 예 지방세법에서 민법을 인용하는 경우

운영예규

- 운영예규 목차는 일련번호와 제목을 순서에 따라 찾기 쉽게 각 세목별로 수록함.
- 운영예규의 배열은 법령조문 하단에 수록함을 원칙으로 하고, 편집상 ☜으로 표기하여 관련법령 여백에 군청색 수록함.

농어촌특별세의 비과세

• 다음 그림문자(아이콘)은 '농어촌특별세 비과세' 및 감면효력이 정지된 관련 조문임을 표시함.

취득 농특비 : 취득세에 부가(附加)되는 농어촌특별세액 부과액 전액을 비과세함을 의미함.

등록 농특비 : '등록면허세에 부가(附加)되는 농어촌특별세액 부과액 전액을 비과세함을 의미한다.

취득(감면분만) 농특비 : 취득세에 부가(附加)되는 농어촌특별세액 부과액 중 일부 세액만 비과세함을 의미함.

등록(감면분만) 농특비 : 등록면허세에 부가(附加)되는 농어촌특별세액 부과액 중 일부 세액만 비과세함을 의미한다.

일몰 : 조문상으로는 현행 법령에 해당되지만 적용기간이 종료되어 감면효력이 정지된 규정임을 의미함.

• 다음 그림문자(아이콘)은 2015년부터 도입된 지방세 최소납부세 관련 조문임을 표시한다.

상한/취득 200만원↑, 85% : 취득세 산출액이 200만원 이상인 경우에는 개별규정에서 면제규정이 있더라도 실제 감면율은 100분의 85까지만 적용함을 의미함.

상한/재산 50만원↑, 85% : 재산세 산출액이 50만원 이상인 경우에는 개별규정에서 면제규정이 있더라도 실제 감면율은 100분의 85까지만 적용함을 의미함.

• 다음 그림문자(아이콘)은 지방세특례제한법 안에서의 조문 이동 혹은 조세특례제한법에서 이관된 법임을 표시함.

이동 舊 조특법 §120 ② : 구)조세특례제한법 제120조 제2항에서 지방세특례제한법으로 이관되었음을 의미한다.

• 다음 그림문자(아이콘)은 문장이 끝나는 다음줄에 표시되며, 감면 일몰기간 연장이나 감면비율의 변동 등의 법령 연혁 관련 조문임을 표시함.

Note 2024. 12. 31. 개정 ☞ 제2호 기한 연장 : 24년→27년

: 2024년 12월 31일 법 개정에 따라 적용기한이 연장되었음을 의미함.

Note 2024. 12. 31. 개정 ☞ 제4호 감면 축소 : 취득 30%→25%

: 2024년 12월 31일 법 개정에 따라 감면율이 변동되었음을 의미함.

QR 코드 활용

• 2025년 연중 개정사항, 지방세 4법 관련 판례·예규, 운영기준, 적용요령에 관련된 내용은 QR코드를 활용

• QR코드는 스마트폰에 QR코드리더 어플을 설치하신 후 이용 가능 (해당 어플은 'play스토어' 또는 '앱스토어'에서 무료설치)

총목차

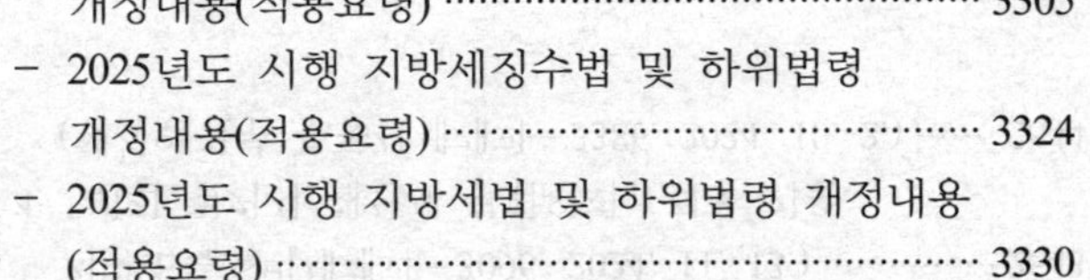

2025년 연중개정사항

지방세법 세율

지방세기본법

지기법 예규판례

법 률

제 1 장 총 칙

제 1 절 통 칙

제 2 절 과세권 등

시 행 령

제 1 장 총 칙

제 1 절 통 칙

제 2 절 과세권 등

시행규칙

제 1 장 총 칙

제 3 절 지방세 부과 등의 원칙

제 4 절 기간과 기한

제 3 절 기간과 기한

제 2 절 납세의무의 확장 및 보충적 납세의무

제 3 장 부 과

제 2 절 납세의무의 확장 및 보충적 납세의무

제 3 장 부 과

제 3 장 부 과

제 4 장 지방세환급금과 납세담보

제 1 절 지방세환급금과 지방세환급가산금

제 2 절 납세담보

제 4 장 지방세환급금과 납세담보

제 1 절 지방세환급금과 지방세환급가산금

제 2 절 납세담보

제 4 장 지방세환급금과 납세담보

제 7 장 이의신청과 심판청구

제 7 장 이의신청 및 심판청구

제 7 장 이의신청 및 심판청구

제 8 장 범칙행위 등에 대한 처벌 및 처벌절차

제 1 절 통 칙

제 2 절 범칙행위 처벌

제 8 장 범칙행위 등에 대한 처벌 및 처벌절차

제 8 장 범칙행위 등에 대한 처벌 및 처벌절차

제 10 장 지방세 업무의 정보화

제 11 장 보 칙

제 10 장 지방세 업무의 정보화

제 11 장 보 칙

제 10 장 보 칙

운영 예규

지방세기본법

개정 2024. 12. 31. 법률 제20629호

2023. 12. 29. 법률 제19859호
2023. 5. 4. 법률 제19401호
2023. 3. 14. 법률 제19229호
2021. 12. 28. 법률 제18654호
(지방세법 부칙) 2021. 12. 7. 법률 제18544호
(세무사법 부칙) 2021. 11. 23. 법률 제18521호
(지방자치법 부칙) 2021. 1. 12. 법률 제17893호
2020. 12. 29. 법률 제17768호
(국제조세~법률 부칙) 2020. 12. 22. 법률 제17651호
(지방세외수입금의~부칙) 2020. 3. 24. 법률 제17091호
2019. 12. 31. 법률 제16854호
2018. 12. 24. 법률 제16039호
2017. 12. 26. 법률 제15291호
(정부조직법 부칙) 2017. 7. 26. 법률 제14839호
(보조금 관리에 관한 법률 부칙) 2017. 1. 4. 법률 제14524호
전면개정 2016. 12. 27. 법률 제14474호
(지방회계법 부칙) 2016. 5. 29. 법률 제14197호
2015. 12. 29. 법률 제13635호
2015. 5. 18. 법률 제13293호
(정부조직법 부칙) 2014. 11. 19. 법률 제12844호
(기초연금법 부칙) 2014. 5. 20. 법률 제12617호
2014. 1. 1. 법률 제12152호
2013. 8. 13. 법률 제12047호
(자본시장과 금융투자업에 관한 법률 부칙)
2013. 5. 28. 법률 제11845호

지방세기본법 시행령

개정 2024. 12. 31. 대통령령 제35175호
(녹색건축~부칙)
2024. 12. 17. 대통령령 제35081호
(주민등록법 시행령 부칙)
2024. 12. 3. 대통령령 제35038호
(계량에 관한 법률 시행령 부칙)
2024. 7. 9. 대통령령 제34683호
(벤처기업육성에~부칙)
2024. 7. 2. 대통령령 제34657호
(재난 및 안전~부칙) 2024. 6. 18. 대통령령 제34573호
2024. 3. 26. 대통령령 제34351호

2023. 12. 29. 대통령령 제34077호
(수상레저기구의~시행령 부칙) 2023. 6. 7. 대통령령 제33517호
(오존층보호를 위한~시행령 부칙)
2023. 4. 18. 대통령령 제33417호
(국가보훈부와 그 소속기관 직제 부칙)
2023. 4. 11. 대통령령 제33382호
(재외동포청 직제 부칙) 2023. 4. 5. 대통령령 제33377호
2023. 3. 14. 대통령령 제33327호
(화재예방 ~ 시행령 부칙) 2022. 11. 29. 대통령령 제33004호
(중소기업창업~부칙) 2022. 6. 28. 대통령령 제32733호
2022. 6. 7. 대통령령 제32665호
(지역산업위기~부칙) 2022. 2. 18. 대통령령 제32455호
(근로자직업능력~부칙) 2022. 2. 17. 대통령령 제32447호

지방세기본법 시행규칙

개정 2024. 12. 31.
행정안전부령 제537호
(주민등록법 시행규칙 부칙)
2024. 12. 20.
행정안전부령 제531호
2024. 3. 26.
행정안전부령 제472호

2023. 3. 14. 행정안전부령 제382호
2022. 6. 7. 행정안전부령 제335호
2021. 12. 31. 행정안전부령 제299호
(어려운 법령용어~행정안전부령)
2021. 9. 7. 행정안전부령 제274호
2020. 12. 31. 행정안전부령 제227호
(농림축산식품부~부칙)
2020. 12. 1. 농림축산식품부령 제457호
(농업소득의~부칙)
2020. 5. 12. 농림축산식품부령 제424호
2019. 12. 31. 행정안전부령 제151호
2018. 12. 31. 행정안전부령 제 92호
2017. 12. 29. 행정안전부령 제 26호
(행정안전부와~시행규칙 부칙)
2017. 7. 26. 행정안전부령 제 1호
전면개정
2017. 3. 28. 행정자치부령 제114호
2016. 6. 1. 행정자치부령 제 72호

(정부조직법 부칙) 2013. 3. 23. 법률 제11690호
2013. 1. 1. 법률 제11616호
2011. 12. 31. 법률 제11136호
(부동산등기법 부칙) 2011. 4. 12. 법률 제10580호
2011. 3. 29. 법률 제10468호
2010. 12. 27. 법률 제10415호
제정 2010. 3. 31. 법률 제10219호

2021. 12. 31. 대통령령 제32294호
(지방자치법 시행령 부칙) 2021. 12. 16. 대통령령 제32223호
(건설기술 진흥법 시행령 부칙) 2021. 9. 14. 대통령령 제31986호
(한국광해광업공단법 시행령 부칙)
2021. 8. 31. 대통령령 제31961호
(수산식품산업의 육성 및 지원에 관한 법률 시행령 부칙)
2021. 2. 19. 대통령령 제31472호
(주류 면허 등에 관한 법률 시행령 부칙)
2021. 2. 17. 대통령령 제31450호
(해양조사와 해양정보 활용에 관한 법률 시행령 부칙)
2021. 2. 9. 대통령령 제31438호
(자치경찰~부칙) 2020. 12. 31. 대통령령 제31349호
2020. 12. 31. 대통령령 제31341호
(전자문서 및~부칙) 2020. 12. 10. 대통령령 제31252호
(전자서명법~부칙) 2020. 12. 8. 대통령령 제31222호
(소프트웨어~부칙) 2020. 12. 8. 대통령령 제31221호
2020. 9. 8. 대통령령 제30994호
(친환경농어업~부칙) 2020. 8. 26. 대통령령 제30975호
(신용정보의~부칙) 2020. 8. 4. 대통령령 제30893호
(항만법 시행령 부칙) 2020. 7. 28. 대통령령 제30876호
(농업소득의~부칙) 2020. 4. 28. 대통령령 제30640호
2020. 3. 31. 대통령령 제30582호
2019. 12. 31. 대통령령 제30317호
(산업안전보건법 시행령 부칙) 2019. 12. 24. 대통령령 제30256호
(한국해양~시행령 부칙) 2019. 6. 11. 대통령령 제29849호
(중소기업진흥에~시행령 부칙) 2019. 4. 2. 대통령령 제29677호
(철도건설법 시행령 부칙) 2019. 3. 12. 대통령령 제29617호
(승강기시설~시행령 부칙) 2019. 1. 22. 대통령령 제29498호
2018. 12. 31. 대통령령 제29436호
2018. 6. 26. 대통령령 제28991호
2017. 12. 29. 대통령령 제28523호
(행정안전부와~직제 부칙) 2017. 7. 26. 대통령령 제28211호
전면개정 2017. 3. 27. 대통령령 제27958호

2015. 12. 31. 행정자치부령 제 56호
2015. 5. 18. 행정자치부령 제 25호
(행정자치부와~시행규칙 부칙)
2014. 11. 19. 행정자치부령 제 1호
2014. 1. 22. 안전행정부령 제 54호
(안전행정부와~시행규칙 부칙)
2013. 3. 23. 안전행정부령 제 1호
2013. 1. 14. 행정안전부령 제335호
2012. 7. 31. 행정안전부령 제309호
2012. 3. 30. 행정안전부령 제289호
2011. 12. 31. 행정안전부령 제271호
2011. 11. 30. 행정안전부령 제257호
제정
2010. 12. 23. 행정안전부령 제176호

(부동산 거래신고~부칙) 2017. 1. 17. 대통령령 제27793호
(지방회계법 시행령 부칙) 2016. 11. 29. 대통령령 제27621호
(기초연구진흥~시행령 부칙) 2016. 9. 22. 대통령령 제27506호
(감정평가 및~시행령 부칙) 2016. 8. 31. 대통령령 제27472호
(물류시설의~시행령 부칙) 2016. 6. 28. 대통령령 제27285호
(기술신용~시행령 부칙) 2016. 5. 31. 대통령령 제27205호
(승강기시설~시행령 부칙) 2016. 4. 26. 대통령령 제27110호
(외국환거래법 시행령 부칙) 2016. 3. 22. 대통령령 제27038호
2015. 12. 31. 대통령령 제26835호
(액화석유가스의~시행령 부칙) 2015. 7. 24. 대통령령 제26438호
(측량·수로조사~시행령 부칙) 2015. 6. 1. 대통령령 제26302호
2015. 5. 18. 대통령령 제26242호
(해양수산부와~직제 부칙) 2015. 1. 6. 대통령령 제25985호
(농업소득의~시행령 부칙) 2014. 12. 30. 대통령령 제25918호
(행정자치부와~직제 부칙) 2014. 11. 19. 대통령령 제25751호
(부동산 거래~시행령 부칙) 2014. 7. 28. 대통령령 제25523호
(공인중개사의~시행령 부칙) 2014. 7. 28. 대통령령 제25522호
(도로법 시행령 부칙) 2014. 7. 14. 대통령령 제25456호
(세무사법 시행령 부칙) 2014. 2. 21. 대통령령 제25204호
2014. 1. 1. 대통령령 제25059호
(자본시장과 금융~시행령 부칙) 2013. 8. 27. 대통령령 제24697호
(안전행정부~직제 부칙) 2013. 3. 23. 대통령령 제24425호
2013. 1. 1. 대통령령 제24295호
2012. 3. 30. 대통령령 제23692호
(민감정보 및 고유~개정령) 2012. 1. 6. 대통령령 제23488호
2011. 12. 31. 대통령령 제23483호
(영유아보육법 시행령 부칙) 2011. 12. 8. 대통령령 제23356호
2011. 5. 30. 대통령령 제22941호
2010. 12. 30. 대통령령 제22585호
제정 2010. 9. 20. 대통령령 제22394호

운영 예규

개정 2022. 10. 25. 행정안전부예규 제223호
제정 2019. 5. 31. 행정안전부예규 제 74호

제1장 총 칙

제1절 통 칙

제1조【목 적】 이 법은 지방세에 관한 기본적이고 공통적인 사항과 납세자의 권리·의무 및 권리구제에 관한 사항 등을 규정함으로써 지방세에 관한 법률관계를 명확하게 하고, 공정한 과세를 추구하며, 지방자치단체 주민이 납세의무를 원활히 이행하도록 함을 목적으로 한다.

제2조【정 의】 ① 이 법에서 사용하는 용어의 뜻은 다음과 같다.

1. "지방자치단체"란 특별시·광역시·특별자치시·도·특별자치도·시·군·구(자치구를 말한다. 이하 같다)를 말한다.
2. "지방자치단체의 장"이란 특별시장·광역시장·특별자치시장·도지사·특별자치도지사·시장·군수·구청장(자치구의 구청장을 말한다. 이하 같다)을 말한다.
3. "지방세"란 특별시세, 광역시세, 특별자치시세, 도세, 특별자치도세 또는 시·군세, 구세(자치구의 구세를 말한다. 이하 같다)를 말한다.

제1장 총 칙

제1절 통 칙

제1조【목 적】 이 영은 「지방세기본법」에서 위임된 사항과 그 시행에 필요한 사항을 규정함을 목적으로 한다.

운영예규 법2-1【지방세의 정의】

지방세라 함은 특별시·광역시·특별자치시·도·특별자치도세 또는 시·군·구세(자치구의 구세를 말한다)를 말하

제1장 총 칙

제1조【목 적】 이 규칙은 「지방세기본법」 및 같은 법 시행령에서 위임된 사항과 그 시행에 필요한 사항을 규정함을 목적으로 한다.

4. “지방세관계법”이란 「지방세징수법」, 「지방세법」, 「지방세특례제한법」, 「조세특례제한법」 및 「제주특별자치도 설치 및 국제자유도시 조성을 위한 특별법」을 말한다.
5. “과세표준”이란 「지방세법」에 따라 직접적으로 세액산출의 기초가 되는 과세물건의 수량 · 면적 또는 가액(價額) 등을 말한다.
6. “표준세율”이란 지방자치단체가 지방세를 부과할 경우에 통상 적용하여야 할 세율로서 재정상의 사유 또는 그 밖의 특별한 사유가 있는 경우에는 이에 따르지 아니할 수 있는 세율을 말한다.
7. “과세표준 신고서”란 지방세의 과세표준 · 세율 · 납부세액 등 지방세의 납부 또는 환급을 위하여 필요한 사항을 기재한 신고서를 말한다.
8. “과세표준 수정신고서”란 처음 제출한 과세표준 신고서의 기재사항을 수정하는 신고서를 말한다.
9. “법정신고기한”이란 이 법 또는 지방세관계법에 따라 과세표준 신고서를 제출할 기한을 말한다.
10. “세무공무원”이란 지방자치단체의 장 또는 지방세의 부과 · 징수 등에 관한 사무를 위임받은 공무원을 말한다.
11. “납세의무자”란 「지방세법」에 따라 지방세를 납부할 의무(지방세를 특별징수하여 납부할 의무는 제외한다)가 있는 자를 말한다.

며 이에는 가산세가 포함된다.

편주

• 법 2조 1항 14호, 22호부터 24호까지, 26호 및 33호의 개정규정은 2024. 1. 1.부터 시행함. (법 부칙(2020. 12. 29.) 1조 5호)

12. “납세자”란 납세의무자(연대납세의무자와 제2차 납세의무자 및 보증인을 포함한다)와 특별징수의무자를 말한다.
13. “제2차 납세의무자”란 납세자가 납세의무를 이행할 수 없는 경우에 납세자를 갈음하여 납세의무를 지는 자를 말한다.
14. “보증인”이란 납세자의 지방세 또는 체납처분비의 납부를 보증한 자를 말한다. (2020. 12. 29. 개정)
15. “납세고지서”란 납세자가 납부할 지방세의 부과 근거가 되는 법률 및 해당 지방자치단체의 조례 규정, 납세자의 주소·성명, 과세표준, 세율, 세액, 납부기한, 납부장소, 납부기한까지 납부하지 아니한 경우에 이행될 조치 및 지방세 부과가 법령에 어긋나거나 착오가 있는 경우의 구제방법 등을 기재한 문서로서 세무공무원이 작성한 것을 말한다.
16. “신고납부”란 납세의무자가 그 납부할 지방세의 과세표준과 세액을 신고하고, 신고한 세금을 납부하는 것을 말한다.
17. “부과”란 지방자치단체의 장이 이 법 또는 지방세관계법에 따라 납세의무자에게 지방세를 부담하게 하는 것을 말한다.
18. “징수”란 지방자치단체의 장이 이 법 또는 지방세관계법에 따라 납세자로부터 지방자치단체의 징수금을 거두어들이는 것을 말한다.

(2021. 12. 28. 개정)

• 2023. 12. 31. 이전에 납세의무가 성립된 분에 대해서는 법 2조 1항 14호, 22호부터 24호까지, 26호 및 33호의 개정규정에도 불구하고 종전의 규정에 따르며, 2023. 12. 31. 이전에 법 45조부터 48조까지의 규정에 따른 주된 납세자의 납세의무가 성립한 경우의 제2차 납세의무자에 대해서도 또한 같음. (법 부칙(2020. 12. 29.) 6조) (2021. 12. 28. 개정)

☜

☜

운영예규 법2-2【납부기간】

납부기한이라 함은 지방세의 납부를 명하는 납세고지서에 지정한 지방세 납부의 시한을 말하며 공시송달에 의한 납부기한을 포함한다. 다만, 「지방세기본법」 제26조(천재지변 등으로 인한 기한의 연장)등의 규정에 의하여 납부기한이 연장되는 경우에는 그 연장되는 납부기한을 말하며 「지방세징수법」 제22조(납기 전 징수) 및 「지방세징수법」 제25조의 2(고지된 지방세 등의 징수유예) 규정에 의하여 납부기한이 변경되는 경우에는 그 변경되는 납부기한을 말한다. (2022. 10. 25. 개정)

법2-3【납세고지서】

납세의무자가 부과처분의 내용을 상세하게 알 수 있도록 과세대상 재산을 특정하고, 그에 대한 과세표준액, 세율, 세액 산출방법 등 세액산출의 근거가 납세고지서에 구체적으로 기재되어 있는 경우, 납세고지서 법정서식의 기재사항에 일부 오류가 있다하더라도 적법한 것으로 본다.

19. “보통징수”란 세무공무원이 납세고지서를 납세자에게 발급하여 지방세를 징수하는 것을 말한다.
20. “특별징수”란 지방세를 징수할 때 편의상 징수할 여건이 좋은 자로 하여금 징수하게 하고 그 징수한 세금을 납부하게 하는 것을 말한다.
21. “특별징수의무자”란 특별징수에 의하여 지방세를 징수하고 이를 납부할 의무가 있는 자를 말한다.
22. “지방자치단체의 징수금”이란 지방세 및 체납처분비를 말한다. (2020. 12. 29. 개정)
23. “가산세”란 이 법 또는 지방세관계법에서 규정하는 의무를 성실하게 이행하도록 하기 위하여 의무를 이행하지 아니할 경우에 이 법 또는 지방세관계법에 따라 산출한 세액에 가산하여 징수하는 금액을 말한다. (2020. 12. 29. 단서삭제)
24. “가산금”이란 지방세를 납부기한까지 납부하지 아니할 때에 이 법 또는 지방세관계법에 따라 고지세액에 가산하여 징수하는 금액과 납부기한이 지난 후 일정기한까지 납부하지 아니할 때에 그 금액에 다시 가산하여 징수하는 금액을 말한다.
24. 삭 제 (2020. 12. 29.)
25. “체납처분비”란 「지방세징수법」 제3장의 체납처분에 관한 규정에 따른 재산의 압류 · 보관 · 운반과 매각에 드는 비용(매각을 대행시키는 경우 그 수수료를 포함한다)을 말한다.
26. “공과금”이란 「지방세징수법」 또는 「국세징수법」에서

규정하는 체납처분의 예에 따라 징수할 수 있는 채권 중 국세·관세·임시수입부가세 및 지방세와 이에 관계되는 체납처분비를 제외한 것을 말한다. (2020. 12. 29. 개정)

27. "지방자치단체조합"이란 「지방자치법」 제176조 제1항에 따른 지방자치단체조합을 말한다. (2021. 1. 12. 개정 ; 지방자치법 부칙)

28. "지방세통합정보통신망"이란 「전자정부법」 제2조 제10호에 따른 정보통신망으로서 행정안전부령으로 정하는 기준에 따라 행정안전부장관이 고시하는 지방세에 관한 정보통신망을 말한다. (2019. 12. 31. 개정)

28의 2. "연계정보통신망"이란 「정보통신망 이용촉진 및 정보보호 등에 관한 법률」 제2조 제1항 제1호의 정보통신망으로서 이 법이나 지방세관계법에 따른 신고 또는 송달을 위하여 지방세통합정보통신망과 연계하여 사용하는 정보통신망을 말한다. (2023. 12. 29. 개정)

29. "전자신고"란 과세표준 신고서 등 이 법이나 지방세관계법에 따른 신고 관련 서류를 지방세정보통신망 또는 연계정보통신망을 통하여 신고하는 것을 말한다. (2021. 12. 28. 개정)

30. "전자납부"란 지방자치단체의 징수금을 지방세통합정보통신망 또는 제136조 제1항 제1호에 따라 지방세통합정보통신망과 지방세수납대행기관 정보통신망을 연계한 인터넷, 전화통신장치, 자동입출금기 등의 전자매체를 이용하여 납부하는 것을 말한다. (2019. 12.

제2조 【지방세통합정보통신망의 지정기준】 (2024. 3. 26. 제목개정)

「지방세기본법」(이하 "법"이라 한다) 제2조 제1항 제28호에서 "행정안전부령으로 정하는 기준"이란 별표 1에 따른 기준을 말한다. (2017. 7. 26. 직제개정 ; 행정안전부와 그 소속기관 직제 시행규칙 부칙)

31. 개정)
31. "전자송달"이란 이 법이나 지방세관계법에 따라 지방세통합정보통신망 또는 연계정보통신망을 이용하여 송달을 하는 것을 말한다. (2021. 12. 28. 개정)
32. "체납자"란 지방세를 납부기한까지 납부하지 아니한 납세자를 말한다.
33. "체납액"이란 체납된 지방세와 체납처분비를 말한다. (2020. 12. 29. 개정)
34. "특수관계인"이란 본인과 다음 각 목의 어느 하나에 해당하는 관계에 있는 자를 말한다. 이 경우 이 법 및 지방세관계법을 적용할 때 본인도 그 특수관계인의 특수관계인으로 본다.

가. 혈족·인척 등 대통령령으로 정하는 친족관계

제2조【특수관계인의 범위】 ①「지방세기본법」(이하 "법"이라 한다) 제2조 제1항 제34호 가목에서 "혈족·인척 등 대통령령으로 정하는 친족관계"란 다음 각 호의 어느 하나에 해당하는 관계(이하 "친족관계"라 한다)를 말한다.

1. 6촌 이내의 혈족
1. 4촌 이내의 혈족 (2024. 3. 26. 개정)
2. 4촌 이내의 인척
2. 3촌 이내의 인척 (2024. 3. 26. 개정)
3. 배우자(사실상의 혼인관계에 있는 사람을 포함한다)
4. 친생자로서 다른 사람에게 친양자로 입양된 사람 및 그 배우자·직계비속

운영예규 법2…시행령2－1【친족관계】

1.「지방세기본법 시행령」 제2조에서 규정하는 친족관계의 발생·소멸 여부에 관하여는「지방세기본법」 또는「국세기본법」등에 특별한 규정이 있는 경우를 제외하고는「민법」의 규정에 의한다.
2.「민법」상 자연혈족인 친족관계는 사망에 의하여서만 소멸하므로 입양 되거나 외국국적을 취득하더라도 그 관계에는 변함이 없다.

법2…시행령2－2【사용인 또는 그 밖

나. 임원·사용인 등 대통령령으로 정하는 경제적 연관관계

다. 주주·출자자 등 대통령령으로 정하는 경영지배관계

35. "과세자료"란 제127조에 따른 과세자료제출기관이 직무상 작성하거나 취득하여 관리하는 자료로서 지방세의 부과·징수와 납세의 관리에 필요한 자료를 말한다.

36. "세무조사"란 지방세의 부과·징수를 위하여 질문을 하거나 해당 장부·서류 또는 그 밖의 물건(이하 "장부등"이라 한다)을 검사·조사하거나 그 제출을 명하는 활동을 말한다. (2019. 12. 31. 신설)

② 이 법 또는 지방세관계법에 별도의 규정이 있는 경우를 제외하고는 특별시와 광역시에 관하여는 도(道)에 관

5. 본인이 「민법」에 따라 인지한 혼인 외 출생자의 생부나 생모(본인의 금전이나 그 밖의 재산으로 생계를 유지하는 사람 또는 생계를 함께 하는 사람으로 한정한다) (2024. 3. 26. 신설)

② 법 제2조 제1항 제34호 나목에서 "임원·사용인 등 대통령령으로 정하는 경제적 연관관계"란 다음 각 호의 어느 하나에 해당하는 관계(이하 "경제적 연관관계"라 한다)를 말한다.

1. 임원과 그 밖의 사용인
2. 본인의 금전이나 그 밖의 재산으로 생계를 유지하는 사람
3. 제1호 및 제2호의 사람과 생계를 함께하는 친족

③ 법 제2조 제1항 제34호 다목에서 "주주·출자자 등 대통령령으로 정하는 경영지배관계"란 다음 각 호의 구분에 따른 관계(이하 "경영지배관계"라 한다)를 말한다. (2023. 3. 14. 개정)

1. 본인이 개인인 경우 (2023. 3. 14. 개정)
   가. 본인이 직접 또는 그와 친족관계 또는 경제적 연관관계에 있는 자를 통하여 법인의 경영에 대하여 지배적인 영향력을 행사하고 있는 경우 그 법인 (2023. 3. 14. 개정)
   나. 본인이 직접 또는 그와 친족관계, 경제적 연관관계 또는 가목의 관계에 있는 자를 통하여 법인의 경영에 대하여 지배적인 영향력을 행사하고 있는

에 고용관계에 있는 자의 범위】

법인의 특정주주 1인과 사용인 그 밖에 고용관계에 있지 않고 단순히 당해 법인의 임원과 사용인, 그 밖에 고용관계에 있는 주주는 그 특정주주 1인과는 「지방세기본법 시행령」 제2조 제2항 제1호의 "임원과 그 밖의 사용인"에 해당하지 아니한다.

법2…시행령2－3【생계를 유지하는 사람】

「지방세기본법 시행령」 제2조 제2항 제2호에서 "생계를 유지하는 사람"이라 함은 당해 주주 등으로부터 급부받은 금전, 기타의 재산 및 그 급부받은 금전이나 기타 재산의 운용에 의하여 발생하는 수입을 일상생활비의 주된 원천으로 하고 있는 자를 말한다.

법2…시행령2－4【생계를 함께하는 자】

「지방세기본법 시행령」 제2조 제2항 제3호에서 "생계를 함께하는 친족"이라 함은 서로 도와서 일상생활비 등을 공통으로 부담하고 있는 자를 말하며, 반드시 동거하고 있는 것을 필요로 하지 않는다.

한 규정을, 특별자치시와 특별자치도에 관하여는 도와 시·군에 관한 규정을, 구(區)에 관하여는 시·군에 관한 규정을 각각 준용한다. 이 경우 "도", "도세", "도지사" 또는 "도 공무원"은 각각 "특별시, 광역시, 특별자치시 또는 특별자치도", "특별시세, 광역시세, 특별자치시세 또는 특별자치도세", "특별시장, 광역시장, 특별자치시장 또는 특별자치도지사" 또는 "특별시 공무원, 광역시 공무원, 특별자치시 공무원 또는 특별자치도 공무원"으로, "시·군", "시·군세", "시장·군수" 또는 "시·군 공무원"은 각각 "특별자치시, 특별자치도 또는 구", "특별자치시세, 특별자치도세 또는 구세", "특별자치시장, 특별자치도지사 또는 구청장" 또는 "특별자치시 공무원, 특별자치도 공무원 또는 구 공무원"으로 본다.

제3조 【지방세관계법과의 관계】 지방세에 관하여 지방세관계법에 별도의 규정이 있는 경우를 제외하고는 이 법에서 정하는 바에 따른다.

경우 그 법인 (2023. 3. 14. 개정)

2. 본인이 법인인 경우
   가. 개인 또는 법인이 직접 또는 그와 친족관계 또는 경제적 연관관계에 있는 자를 통하여 본인인 법인의 경영에 대하여 지배적인 영향력을 행사하고 있는 경우 그 개인 또는 법인
   나. 본인이 직접 또는 그와 경제적 연관관계 또는 가목의 관계에 있는 자를 통하여 어느 법인의 경영에 대하여 지배적인 영향력을 행사하고 있는 경우 그 법인
   다. 본인이 직접 또는 그와 경제적 연관관계, 가목 또는 나목의 관계에 있는 자를 통하여 어느 법인의 경영에 대하여 지배적인 영향력을 행사하고 있는 경우 그 법인 (2023. 3. 14. 신설)
   라. 본인이 「독점규제 및 공정거래에 관한 법률」에 따른 기업집단에 속하는 경우 그 기업집단에 속하는 다른 계열회사 및 그 임원 (2023. 3. 14. 신설)

④ 제3항 제1호 각 목, 같은 항 제2호 가목부터 다목까지의 규정을 적용할 때 다음 각 호의 구분에 따른 요건에 해당하는 경우 해당 법인의 경영에 대하여 지배적인 영향력을 행사하고 있는 것으로 본다. (2023. 3. 14. 개정)

1. 영리법인인 경우
   가. 법인의 발행주식 총수 또는 출자총액의 100분의 30 이상을 출자한 경우 (2023. 3. 14. 개정)

제2절 과세권 등

제4조【지방자치단체의 과세권】 지방자치단체는 이 법 또는 지방세관계법에서 정하는 바에 따라 지방세의 과세권을 갖는다.

제5조【지방세의 부과·징수에 관한 조례】 ① 지방자치단체는 지방세의 세목(稅目), 과세대상, 과세표준, 세율, 그 밖에 지방세의 부과·징수에 필요한 사항을 정할 때에는 이 법 또는 지방세관계법에서 정하는 범위에서 조례로 정하여야 한다.

② 지방자치단체의 장은 제1항의 조례 시행에 따르는 절차와 그 밖에 조례 시행에 필요한 사항을 규칙으로 정할 수 있다.

나. 임원의 임면권의 행사, 사업방침의 결정 등 법인의 경영에 대하여 사실상 영향력을 행사하고 있다고 인정되는 경우

2. 비영리법인인 경우

가. 법인의 이사의 과반수를 차지하는 경우

나. 법인의 출연재산(설립을 위한 출연재산만 해당한다)의 100분의 30 이상을 출연하고 그 중 1명이 설립자인 경우

제2절 과세권 등

제6조【지방자치단체의 장의 권한 위탁·위임 등】 ① 지방자치단체의 장은 이 법 또는 지방세관계법에 따른 권한의 일부를 소속 공무원에게 위임하거나 중앙행정기관의 장(소속기관의 장을 포함한다. 이하 이 조에서 같다), 다른 지방자치단체의 장 또는 제151조의 2에 따라 설립된 지방자치단체조합(이하 "지방세조합"이라 한다)의 장(이하 "지방세조합장"이라 한다)에게 위탁 또는 위임할 수 있다. (2020. 12. 29. 개정)

② 제1항에 따라 지방자치단체의 장의 권한을 위탁받거나 위임받은 중앙행정기관의 장, 지방자치단체의 장 또는 지방세조합장은 그 권한의 일부를 소속 공무원(지방세조합장의 경우에는 지방자치단체 등에서 파견된 공무원을 말한다. 이하 이 조에서 같다)에게 재위임할 수 있다. (2020. 12. 29. 개정)

③ 제1항에 따라 권한을 위탁 또는 위임받은 중앙행정기관의 장, 지방자치단체의 장 또는 지방세조합장과 제2항에 따라 권한을 재위임받은 소속 공무원은 세무공무원으로 본다. (2020. 12. 29. 개정)

제7조【지방세의 세목】 ① 지방세는 보통세와 목적세로 한다.

② 보통세의 세목은 다음 각 호와 같다.

1. 취득세
2. 등록면허세

제3조【권한 위탁의 고시】 지방자치단체의 장은 법 제6조 제1항에 따라 법 또는 지방세관계법에 따른 권한의 일부를 중앙행정기관의 장(소속기관의 장을 포함한다), 다른 지방자치단체의 장이나 법 제51조의 2에 따른 지방자치단체조합의 장에게 위탁한 경우에는 수탁자, 위탁업무, 위탁기간과 그 밖에 필요하다고 인정하는 사항을 공보나 지방자치단체의 정보통신망에 고시해야 한다. (2021. 12. 31. 개정)

3. 레저세
4. 담배소비세
5. 지방소비세
6. 주민세
7. 지방소득세
8. 재산세
9. 자동차세

③ 목적세의 세목은 다음 각 호와 같다.

1. 지역자원시설세
2. 지방교육세

제8조【지방자치단체의 세목】 ① 특별시세와 광역시세는 다음 각 호와 같다. 다만, 광역시의 군(郡) 지역에서는 제2항에 따른 도세를 광역시세로 한다.

1. 보통세
   가. 취득세
   나. 레저세
   다. 담배소비세
   라. 지방소비세
   마. 주민세
   바. 지방소득세
   사. 자동차세
2. 목적세
   가. 지역자원시설세

편주

지방세의 세목

구 분		보통세	목적세
특별시, 광역시	특별시세, 광역시세	취득세, 레저세, 담배소비세, 지방소비세, 주민세, 지방소득세, 자동차세	지역자원시설세, 지방교육세
	구 세	등록면허세, 재산세	–
도	도 세	취득세, 등록면허세, 레저세, 지방소비세	지역자원시설세, 지방교육세
	시·군세	담배소비세, 주민세, 지방소득세, 재산세, 자동차세	–
특별자치시, 특별자치도	특별자치시세, 특별자치도세	취득세, 등록면허세, 레저세, 담배소비세, 지방소비세, 주민세, 지방소득세, 재산세, 자동차세	지역자원시설세, 지방교육세

나. 지방교육세

② 도세는 다음 각 호와 같다.

1. 보통세
   가. 취득세
   나. 등록면허세
   다. 레저세
   라. 지방소비세
2. 목적세
   가. 지역자원시설세
   나. 지방교육세

③ 구세는 다음 각 호와 같다.

1. 등록면허세
2. 재산세

④ 시·군세(광역시의 군세를 포함한다. 이하 같다)는 다음 각 호와 같다.

1. 담배소비세
2. 주민세
3. 지방소득세
4. 재산세
5. 자동차세

⑤ 특별자치시세와 특별자치도세는 다음 각 호와 같다.

1. 취득세
2. 등록면허세
3. 레저세

※ 단, 광역시의 군지역에서는 도세를 광역시세로 함.

4. 담배소비세
5. 지방소비세
6. 주민세
7. 지방소득세
8. 재산세
9. 자동차세
10. 지역자원시설세
11. 지방교육세

⑥ 제5항에도 불구하고 특별자치도의 관할 구역 안에 지방자치단체인 시 · 군이 있는 경우에는 제2항에 따른 도세를 해당 특별자치도의 특별자치도세로, 제4항에 따른 시 · 군세를 해당 시 · 군의 시 · 군세로 한다. (2023. 3. 14. 신설)

제9조【특별시의 관할구역 재산세의 공동과세】 ① 특별시 관할구역에 있는 구의 경우에 재산세(「지방세법」 제9장에 따른 선박 및 항공기에 대한 재산세와 같은 법 제112조 제1항 제2호 및 같은 조 제2항에 따라 산출한 재산세는 제외한다)는 제8조에도 불구하고 특별시세 및 구세인 재산세로 한다.

② 제1항에 따른 특별시세 및 구세인 재산세 중 특별시분 재산세와 구(區)분 재산세는 각각 「지방세법」 제111조 제1항 또는 제111조의 2에 따라 산출된 재산세액의 100분의 50을 그 세액으로 한다. 이 경우 특별시분 재산

세는 제8조 제1항의 보통세인 특별시세로 보고 구분 재산세는 같은 조 제3항의 보통세인 구세로 본다. (2020. 12. 29. 개정)
③ 「지방세법」 제112조 제1항 제2호 및 같은 조 제2항에 따른 재산세는 제8조 제1항 및 제3항에도 불구하고 특별시세로 한다.

제10조【특별시분 재산세의 교부】 ① 특별시장은 제9조 제1항 및 제2항에 따른 특별시분 재산세 전액을 관할구역의 구에 교부하여야 한다.
② 제1항에 따른 특별시분 재산세의 교부기준 및 교부방법 등 필요한 사항은 구의 지방세수(地方稅收) 등을 고려하여 특별시의 조례로 정한다. 다만, 교부기준을 정하지 아니한 경우에는 구에 균등 배분하여야 한다.
③ 제1항과 제2항에 따라 특별시로부터 교부받은 재산세는 해당 구의 재산세 세입으로 본다.

제11조【주민세의 특례】 광역시의 경우에는 「지방세법」 제7장 제3절 및 제4절에 따른 주민세 사업소분 및 종업원분은 제8조 제1항 제1호 마목에도 불구하고 구세로 한다. (2020. 12. 29. 개정)

제11조의 2【지방소비세의 특례】 「지방세법」 제71조 제3항 제3호 및 제4호에 따라 시·군·구에 납입된

금액은 제8조 제1항부터 제4항까지에도 불구하고 시·군·구세로 한다. (2021. 12. 7. 개정 ; 지방세법 부칙)

제12조【관계 지방자치단체의 장의 의견이 서로 다른 경우의 조치】 ① 지방자치단체의 장은 과세권의 귀속이나 그 밖에 이 법 또는 지방세관계법을 적용할 때 다른 지방자치단체의 장과 의견이 달라 합의되지 아니할 경우에는 하나의 특별시·광역시·도(이하 "시·도"라 한다)내에 관한 것은 특별시장·광역시장·도지사(이하 "시·도지사"라 한다), 둘 이상의 특별시·광역시·특별자치시·도·특별자치도(이하 "시·도등"이라 한다)에 걸쳐 있는 것에 관하여는 행정안전부장관에게 그에 관한 결정을 청구하여야 한다. (2017. 7. 26. 직제개정 ; 정부조직법 부칙)
② 시·도지사 또는 행정안전부장관은 관계 지방자치단체의 장으로부터 제1항에 따른 결정의 청구를 받아 수리(受理)하였을 때에는 청구를 수리한 날부터 60일 이내에 결정하고, 지체 없이 그 결과를 관계 지방자치단체의 장에게 통지하여야 한다. (2017. 7. 26. 직제개정 ; 정부조직법 부칙)
③ 제2항에 따른 시·도지사의 결정에 불복하는 시장·군수·구청장은 그 통지를 받은 날부터 30일 이내에 행정안전부장관에게 심사를 청구할 수 있다. (2017. 7. 26. 직제개정 ; 정부조직법 부칙)
④ 행정안전부장관은 제3항의 심사의 청구를 수리하였을 때에는 청구를 수리한 날부터 60일 이내에 그에 대한

재결(裁決)을 하고, 그 결과를 지체 없이 관계 지방자치단체의 장에게 통지하여야 한다. (2017. 7. 26. 직제개정 ; 정부조직법 부칙)

제13조【시·군·구를 폐지·설치·분리·병합한 경우의 과세권 승계】 ① 특별자치시·특별자치도·시·군·구(이하 "시·군·구"라 한다)를 폐지·설치·분리·병합한 경우 그로 인하여 소멸한 시·군·구(이하 "소멸 시·군·구"라 한다)의 징수금의 징수를 목적으로 하는 권리(이하 "징수금에 관한 권리"라 한다)는 그 소멸 시·군·구의 지역이 새로 편입하게 된 시·군·구(이하 "승계 시·군·구"라 한다)가 각각 승계한다. 이 경우 소멸 시·군·구의 부과·징수, 그 밖의 절차와 이미 접수된 신고 및 그 밖의 절차는 각각 승계 시·군·구의 부과·징수 및 그 밖의 절차 또는 이미 접수된 신고 및 그 밖의 절차로 본다. (2019. 12. 31. 후단개정)
② 제1항에 따라 소멸 시·군·구의 징수금에 관한 권리를 승계할 승계 시·군·구가 둘 이상 있는 경우에 각각 승계할 그 소멸 시·군·구의 징수금에 관한 권리에 대하여 해당 승계 시·군·구의 장 사이에 의견이 달라 합의가 되지 아니할 때에는 하나의 시·도 내에 있는 것에 관하여는 시·도지사, 둘 이상의 시·도등에 걸쳐 있는 것에 관하여는 행정안전부장관에게 그에 관한 결정을 청구하여야 한다. (2017. 7. 26. 직제개정 ; 정부조직법 부칙)

제4조【소멸 시·군·구에 대한 지방세환급금의 처리】 ① 법 제13조 제1항에 따라 소멸한 특별자치시·특별자치도·시·군 및 구(자치구를 말한다. 이하 같다)의 징수금에 관한 권리를 승계하는 특별자치시·특별자치도·시·군·구(이하 "승계 시·군·구"라 한다)가 둘 이상인 경우에 그 소멸한 특별자치시·특별자치도·시·군 및 구(이하 "소멸 시·군·구"라 한다)에 과오납된 지방자치단체의 징수금이 있으면 그 승계 시·군·구 간의 합의에 따라 충당·환급하여야 한다.
② 제1항에 따라 승계 시·군·구가 소멸 시·군·구의 과오납된 지방자치단체의 징수금을 충당·환급하는 경우에는 소멸 시·군·구의 충당·환급의 예에 따른다.

☞ **운영예규 법13-1【폐지·설치·분리·병합】**
「지방세기본법」 제13조 제1항의 "시·군을 폐지·설치·분리·병합한 경우"라 함은 「지방자치법」 제5조에 규정한 지방자치단체의 폐지·설치·분리·병합하는 경우와 시·군 및 자치구의 관할구역 경계변경의 경우를 말한다. (예 : 어떤 시·군·구의 일부 읍·면·동을 다른 시·군·구의 관할지역으로 하는 경우 등) (2022. 10. 25. 개정)

③ 제2항의 청구와 그 청구에 대한 시·도지사 또는 행정안전부장관의 결정에 관하여는 제12조 제2항부터 제4항까지의 규정을 준용한다. (2017. 7. 26. 직제개정 ; 정부조직법 부칙)

④ 제1항부터 제3항까지의 규정에 따라 승계 시·군·구가 소멸 시·군·구의 징수금에 관한 권리를 승계하여 부과·징수하는 경우에는 소멸 시·군·구의 부과·징수의 예에 따른다.

제14조 【시·군·구의 경계변경을 한 경우의 과세권 승계】 ① 시·군·구의 경계변경이 있는 경우 또는 시·군·구의 폐지·설치·분리·병합으로 새로 설치된 시·군·구의 전부 또는 일부가 종래 속하였던 시·군·구에 아직 존속할 경우에는 그 경계변경이 있었던 구역이 종래 속하였던 시·군·구 또는 새로 설치된 시·군·구 지역의 전부 또는 일부가 종래 속하였던 시·군·구[이하 "구(舊)시·군·구"라 한다]의 해당 구역 또는 지역에 대한 지방자치단체의 징수금으로서 다음 각 호에 열거하는 징수금(제2호의 지방자치단체의 징수금은 그 경계변경 또는 폐지·설치·분리·병합이 있는 날이 속하는 연도분 후의 연도분으로 과세되는 것으로 한정한다)에 관한 권리는 해당 구역 또는 지역이 새로 속하게 된 시·군·구[이하 "신(新)시·군·구"라 한다]가 승계한다. 다만, 구(舊)시·군·구와 신(新)시·

군·구가 협의하여 이와 다른 결정을 하였을 때에는 그 결정한 바에 따라 승계할 수 있다.

1. 신고납부의 방법으로 징수하는 지방자치단체의 징수금은 그 경계변경 또는 폐지·설치·분리·병합이 있은 날 전에 납부기한이 도래하지 아니한 것으로서 해당 구(舊)시·군·구에 수입(收入)되지 아니한 것
2. 그 밖의 지방자치단체의 징수금은 그 경계변경 또는 폐지·설치·분리·병합을 한 날 이전에 해당 구(舊)시·군·구에 수입되지 아니한 것

② 제1항 본문에 따라 승계하는 경우에는 제13조 제1항 후단 및 같은 조 제2항부터 제4항까지의 규정을 준용하고, 제1항 단서에 따라 승계하는 경우에는 제13조 제1항 후단 및 같은 조 제4항을 준용한다.

③ 제1항 및 제2항에 따라 지방자치단체의 징수금을 승계한 경우에는 구(舊)시·군·구는 신(新)시·군·구의 요구에 따라 그 징수금의 부과·징수에 편의를 제공하여야 한다.

제15조【시·도등의 경계변경을 한 경우의 과세권 승계】 ① 시·도등의 경계가 변경된 경우에 그 경계변경된 구역에서의 시·도등의 징수금에 관한 권리의 승계는 제13조와 제14조에서 규정한 방법에 준하여 관계 시·도등이 협의하여 정한다.

② 제1항의 협의가 되지 아니할 경우에는 제12조를 준용하고, 제1항의 협의에 따라 경계변경된 구역에 대한

시·도등의 징수금에 관한 권리를 승계하는 경우에는 제13조 제1항 후단 및 같은 조 제4항을 준용한다.

제16조【대통령령의 위임】 제13조부터 제15조까지의 규정에서 정하는 과세권 승계 외에 시·군·구의 경계변경 또는 폐지·설치·분리·병합을 한 경우와 이로 인하여 시·도등의 경계가 변경된 경우의 과세권 승계에 필요한 사항은 대통령령으로 정한다.

제3절 지방세 부과 등의 원칙

제17조【실질과세】 ① 과세의 대상이 되는 소득·수익·재산·행위 또는 거래가 서류상 귀속되는 자는 명의(名義)만 있을 뿐 사실상 귀속되는 자가 따로 있을 때에는 사실상 귀속되는 자를 납세의무자로 하여 이 법 또는 지방세관계법을 적용한다.
② 이 법 또는 지방세관계법 중 과세표준 또는 세액의 계산에 관한 규정은 소득·수익·재산·행위 또는 거래의 명칭이나 형식에 관계없이 그 실질내용에 따라 적용한다.

제18조【신의·성실】 납세자와 세무공무원은 신의에 따라 성실하게 그 의무를 이행하거나 직무를 수행하여야 한다.

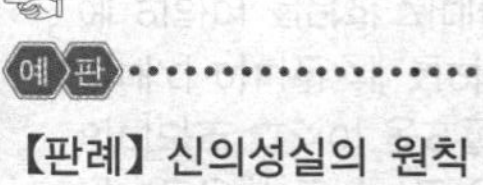

【판례】 신의성실의 원칙 적용범위

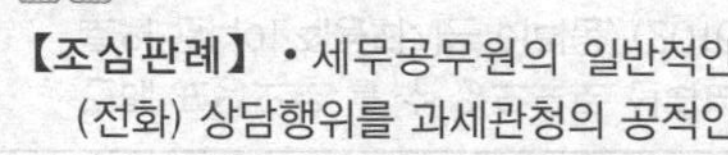

【조심판례】 • 세무공무원의 일반적인 (전화) 상담행위를 과세관청의 공적인

제19조【근거과세】 ① 납세의무자가 지방세관계법에 따라 장부를 갖추어 기록하고 있을 때에는 해당 지방세의 과세표준 조사 및 결정은 기록한 장부와 이에 관계되는 증거자료에 따라야 한다.

② 제1항에 따라 지방세를 조사·결정할 때 기록 내용이 사실과 다르거나 누락된 것이 있을 때에는 그 부분에 대해서만 지방자치단체가 조사한 사실에 따라 결정할 수 있다.

③ 지방자치단체는 제2항에 따라 기록 내용과 다른 사실이나 누락된 것을 조사하여 결정하였으면 지방자치단체가 조사한 사실과 결정의 근거를 결정서에 덧붙여 적어야 한다.

④ 지방자치단체의 장은 납세의무자 또는 그 대리인의 요구가 있을 때에는 제3항의 결정서를 열람하게 하거나 사본을 발급하거나 그 사본이 원본(原本)과 다름이 없음을 확인하여야 한다.

⑤ 제4항의 요구는 구술로 한다. 다만, 해당 지방자치단체의 장이 필요하다고 인정하면 결정서를 열람하거나 사본을 발급받은 사람의 서명을 요구할 수 있다.

예 판

【판례】근거과세 원칙 적용 범위

- 세무공무원이 수사기관에서 통보해 온 메모지와 잡기장 등 수사서류에 대한 진부확인이나 실지조사를 하지 않은 것을 근거 삼아 한 처분은 위법함. (대법 85누680, 1987. 12. 8.)
- 과세관청이 질의회신 등을 통하여 어떤 견해를 표명하였다고 하더라도 그것이 중요한 사실관계와 법적인 쟁점을 제대로 드러내지 아니한 채 질의한 데 따른 것이라면 공적인 견해표명에 의하여 정당한 기대를 가지게 할 만한 신뢰가 부여된 경우라고 볼 수 없음. (대법 2011두5940, 2013. 12. 26.)
- 납세의무자가 종전 규정에 의한 조세감면 등을 신뢰하여 종전 규정의 시행 당시에 과세요건의 충족과 밀접하게 관련된 직접적인 원인행위로 나아감으로써 일정한 법적 지위를 취득하거나 법률관계를 형성하는 등 그 신뢰를 마땅히 보호하여야 할 정도에 이른 경우에는 예외적으로 납세의무 성립 당시의 법령이 아니라 그 원인행위가 이루어진 당시의 법령인 종전 규정이 적용된다고 할 것이나, 이러한 정도에 이르지 않은 경우에는 설령 납세의무자가 종전 규정에 의한 조세감면 등을 신뢰하였더라도 이는 단순한 기대에 불과하므로, 원칙으로 돌아가 종전 규정이 아니라 납세의무 성립 당시의 법령이 적용된다고 할 것임. (대법 2015두42512, 2015. 9. 24.)

견해 표명으로 볼 수 없으므로 신뢰보호의 원칙이 적용되기는 어려움. (2016지150, 2016. 7. 29.)

- 감면조례가 납세자에게 불리하게 개정된 경우 납세자의 신뢰보호를 위하여 원인행위 당시의 구 감면조례에 따라 취득세를 면제하는 것이 타당함. (2015지1864, 2016. 2. 1.)

제20조【해석의 기준 등】 ① 이 법 또는 지방세관계법을 해석·적용할 때에는 과세의 형평과 해당 조항의 목적에 비추어 납세자의 재산권이 부당하게 침해되지 아니하도록 하여야 한다.

② 지방세를 납부할 의무(이 법 또는 지방세관계법에 징수의무자가 따로 규정되어 있는 지방세의 경우에는 이를 징수하여 납부할 의무를 말한다. 이하 같다)가 성립된 소득·수익·재산·행위 또는 거래에 대해서는 의무 성립 후의 새로운 법에 따라 소급하여 과세하지 아니한다.

③ 이 법 및 지방세관계법의 해석 또는 지방세 행정의 관행이 일반적으로 납세자에게 받아들여진 후에는 그 해석 또는 관행에 따른 행위나 계산은 정당한 것으로 보며 새로운 해석 또는 관행에 따라 소급하여 과세되지 아니한다.

제21조【세무공무원의 재량의 한계】 세무공무원은 이 법 또는 지방세관계법의 목적에 따른 한계를 준수하여야 한다.

제22조【기업회계의 존중】 세무공무원이 지방세의 과세표준과 세액을 조사·결정할 때에는 해당 납세의무자가 계속하여 적용하고 있는 기업회계의 기준 또는 관행이 일반적으로 공정하고 타당하다고 인정되는 것이면 존중하여야 한다. 다만, 지방세관계법에서 다른 규정을 두고 있는 경우에는 그 법에서 정하는 바에 따른다.

예판

【판례】 • 전부 개정시 부칙규정의 효력

- 법령을 전부 개정하는 경우에는 법령의 내용 전부를 새로 고쳐 쓰므로 종전의 본칙은 물론 부칙 규정도 모두 소멸한다고 해석하는 것이 원칙이겠지만, 그 경우에도 종전 경과규정의 입법 경위와 취지, 그리고 개정 전후 법령의 전반적인 체계나 내용 등에 비추어 신법의 효력발생 이후에도 종전의 경과규정을 계속 적용하는 것이 입법자의 의사에 부합하고, 그 결과가 수범자인 국민에게 예측할 수 없는 부담을 지우는 것이 아니라면 별도의 규정이 없더라도 종전의 경과규정이 실효되지 않고 계속 적용된다고 해석할 수 있음. (대법 2012재두299, 2013. 3. 28.)

예판

【판례】 법인장부 가격을 취득가격으로 인정하는 이유

- 법인이 작성한 원장·보조장·출납전표·결산서에 의하여 취득가격이 입증되는 경우에는 사실상의 취득가격을 과세표준으로 인정하고 있는데, 그 취지는 법인이 작성한 위와 같은 서류는 기업회계기준 등에 의하여 체계적으로 기재되고 있어서

예판

【조심판례】 처분청 공문서의 효력

- 건축물 사용승인서를 교부(공문)하며 사용승인일부터 60일 이내에 취득세를 신고납부토록 안내한 바, 사용승인일을 세법에 맞게 임시사용승인일로 해석해야 한다는 처분청 의견은 불합리하므로 청구법인이 취득세 신고의무를 경과한 것에 대한 정당한 사유가 있음. (조심 2016지462, 2016. 9. 27.)

운영예규 **법20-1【세법해석의 기준】**

「지방세기본법」 제20조 제3항에서 "이 법 및 지방세관계법의 해석 또는 지방세 행정의 관행이 일반적으로 납세자에게 받아들여진 후"라 함은 성문화의 여부에 관계없이 행정처분의 선례가 반복됨으로써 납세자가 그 존재를 일반적으로 확신하게 된 것을 말하며 명백히 법령위반인 경우는 제외한다.

법20-2【새로운 세법해석의 적용시점】

이 법 또는 「지방세관계법」의 새로운 해석이 종전의 해석과 상이한 경우에는 새로운 해석이 있는 날 이후에 납

제4절 기간과 기한

제23조【기간의 계산】 이 법 또는 지방세관계법과 지방세에 관한 조례에서 규정하는 기간의 계산은 이 법 또는 지방세관계법과 해당 조례에 특별한 규정이 있는 것을 제외하고는 「민법」을 따른다.

제24조【기한의 특례】 ① 이 법 또는 지방세관계법에서 규정하는 신고, 신청, 청구, 그 밖의 서류 제출, 통지, 납부 또는 징수에 관한 기한이 다음 각 호의 어느 하나에 해당하는 경우에는 그 다음 날을 기한으로 한다. (2023. 3. 14. 개정)

예판

【예규】기한의 말일이 공휴일인 경우의 납부기한

• 각 세법에 규정하는 신고·신청·청구 기타 서류의 제출·통지·납부 또는 징수에 관한 기한이 공휴일에 해당하는 때에는 그 공휴일의 다음 날을 기한으로 하는 것임. (국세청 징세과 01254-998, 1990. 3. 7.)

1. 토요일 및 일요일 (2023. 3. 14. 신설)

거래가격을 조작할 가능성이 적다는 데에 있음. (대법 2008두22044, 2009. 2. 26.)

제3절 기간과 기한

운영예규 법23-1【기간의 기산점】

기간을 일, 주, 월 또는 연으로 정한 때에는 초일은 산입하지 아니한다. 그러나 그 기간이 오전 영시로부터 시작하는 때와 이 법 또는 지방세관계법과 해당 조례에 특별한 규정이 있는 경우에는 그러하지 아니한다.

법23-2【기간의 만료점】

1. 기간을 일, 주, 월 또는 연으로 정한 때에는 기간말일의 종료로 기간이 만료한다.
2. 기간을 주, 월 또는 연으로 정한 때에는 역에 의하여 계산한다.
3. 주, 월 또는 연의 처음으로부터 기간을 기산하지 아니하는 때에는 최후의 주, 월 또는 연에서 그 기산일에 해당한 날의 전일로 기간이 만료한다.
4. 월 또는 연으로 기간을 정한 경우에 최종의 월에 해당일이 없는 때에는 그 월의 말일로 기간이 만료한다.

세의무가 성립하는 분부터 새로운 해석을 적용한다.

【조심판례】대도시 내에서 법인 설립 이후 5년기간의 기산기점

• 기간의 계산은 특별한 규정이 있는 것을 제외하고는 민법에 따르도록 규정하고 있고, 민법에서는 초일을 산입하지 않는다고 하고 있어 그 설립일의 다음날부터 5년을 기산하는 것이 타당함. (조심 2018지1090, 2018. 11. 5.)

【예규】점유취득시효 완성

• 점유취득시효의 완성으로 취득한 부동산의 취득시기는 취득시효 완성을 원인으로 한 소유권 이전등기를 이행하라는 법원의 확정판결일 또는 소유권이전등기일이 아니라 점유개시일로부터 20년의 점유취득시효가 완성된 날이 되는 것(대법 2003두13342, 2004. 11. 25.)이며, 이에 따른 취득세의 신고납부기한의 다음날로부터 지방세 부과제척기간(5년)이 진행되므로

2. 「공휴일에 관한 법률」에 따른 공휴일 및 대체공휴일 (2023. 3. 14. 신설)
3. 「근로자의 날 제정에 관한 법률」에 따른 근로자의 날 (2023. 3. 14. 신설)

운영예규 법24-1 【공휴일】

「지방세기본법」 제24조 제1항에서 "공휴일"이란 「관공서의 공휴일에 관한 규정」에 따른 공휴일(대체공휴일을 포함한다)을 말한다.

② 이 법 또는 지방세관계법에서 규정하는 신고기한 또는 납부기한이 되는 날에 대통령령으로 정하는 장애로 인하여 지방세통합정보통신망의 가동이 정지되어 전자신고 또는 전자납부를 할 수 없는 경우에는 그 장애가 복구되어 신고 또는 납부를 할 수 있게 된 날의 다음 날을 기한으로 한다. (2019. 12. 31. 개정)

제25조 【우편신고 및 전자신고】 ① 우편으로 과세표준 신고서, 과세표준 수정신고서, 제50조에 따른 경정청구에 필요한 사항을 기재한 경정청구서 또는 이와 관련된 서류를 제출한 경우 우편법령에 따른 우편날짜도장이 찍힌 날(우편날짜도장이 찍히지 아니하였거나 찍힌 날짜가 분명하지 아니할 때에는 통상 걸리는 우편 송달일수를 기준으로 발송한 날에 해당한다고 인정되는 날)에 신고되거나 청구된 것으로 본다. (2023. 12. 29. 개정)

제5조 【기한의 특례 사유】 법 제24조 제2항에서 "대통령령으로 정하는 장애로 인하여 지방세정보통신망의 가동이 정지되어 전자신고 또는 전자납부를 할 수 없는 경우"란 정전, 통신상의 장애, 프로그램의 오류, 그 밖의 부득이한 사유로 지방세정보통신망의 가동이 정지되어 전자신고 또는 전자납부를 할 수 없는 경우를 말한다.

제5조 【기한의 특례 사유】 법 제24조 제2항에서 "대통령령으로 정하는 장애로 인하여 지방세통합정보통신망의 가동이 정지되어 전자신고 또는 전자납부를 할 수 없는 경우"란 정전, 통신상의 장애, 프로그램의 오류, 그 밖의 부득이한 사유로 지방세통합정보통신망의 가동이 정지되어 전자신고 또는 전자납부를 할 수 없는 경우를 말한다. (2024. 3. 26. 개정)

취득세 부과고지일에는 이미 제척기간이 만료되어 취득세를 부과할 수 없음. (세정과-4773, 2004. 12. 29.)

제3조 【전자신고의 방법 · 절차 등】 ① 법 제25조 제2항에 따라 신고서 등을 지방세정보통신망 또는 연계정보통신망을 이용하여 제출(이하 "전자신고"라 한다)하려는 경우에는 지방세정보통신망 또는 연계정보통신망에서 본인확인 절차를 거친 후 할 수 있다. (2021. 12. 31. 개정)

② 제1항의 신고서 등을 지방세정보통신망 또는 연계정보통신망을 이용하여 제출하는 경우에는 해당 신고서 등이 지방세정보통신망 또는 연계정보통신망에 저장된 때에 신고되거나 청구된 것으로 본다. (2023. 12. 29. 개정)

③ 전자신고에 의한 지방세과세표준 및 세액 등의 신고절차 등에 관한 세부적인 사항은 행정안전부령으로 정한다. (2017. 7. 26. 직제개정 ; 정부조직법 부칙)

제26조 【천재지변 등으로 인한 기한의 연장】 ① 지방자치단체의 장은 천재지변, 사변(事變), 화재(火災), 그 밖에 대통령령으로 정하는 사유로 납세자가 이 법 또는 지방세관계법에서 규정하는 신고·신청·청구 또는 그 밖의 서류 제출·통지나 납부를 정해진 기한까지 할 수 없다고 인정되는 경우에는 대통령령으로 정하는 바에 따라 직권 또는 납세자의 신청으로 그 기한을 연장할 수 있다.

예판

【조심판례】 서울특별시의 지방세 인터넷 납부시스템인 이택스(ETAX)상에서 본사인 서울과 지방의 각 사업장별로 동시에 신고가 가능하다는 콜센터의 안내로 그 신고절차를 이행하였음에도 미신고로 처리되었다 하더라도 신고기한 이내에 전자신고한 사실이 확인되는 이상 가산세 면제의 정당한 사유가 있다고 보아야 함. (2015지 1975, 2016. 4. 12.)

제6조 【기한의 연장사유 등】 법 제26조 제1항에서 "대통령령으로 정하는 사유"란 다음 각 호의 어느 하나에 해당하는 사유를 말한다.

1. 납세자가 「재난 및 안전관리 기본법」에 따른 재난이나 도난으로 재산에 심한 손실을 입은 경우 (2021. 12. 31. 개정)
2. 납세자나 그 동거가족이 질병이나 중상해로 6개월 이상의 치료가 필요하거나 사망하여 상중(喪中)인 경우 (2021. 12. 31. 개정)
3. 권한 있는 기관에 장부·서류 또는 그 밖의 물건(이하 "장부등"이라 한다)이 압수되거나 영치된 경우 (2019. 12. 31. 개정)
4. 납세자가 경영하는 사업에 현저한 손실이 발생하거나 부도 또는 도산 등 사업이 중대한 위기에 처한 경우(납부의 경우로 한정한다) (2021. 12. 31. 개정)

제3조 【전자신고의 방법·절차 등】 ① 법 제25조 제2항에 따라 신고서 등을 지방세통합정보통신망 또는 연계정보통신망을 이용하여 제출(이하 "전자신고"라 한다)하려는 경우에는 지방세통합정보통신망 또는 연계정보통신망에서 본인확인 절차를 거친 후 할 수 있다. (2024. 3. 26. 개정)

② 행정안전부장관 또는 지방자치단체의 장은 지방세정보통신망에 해당 신고서 등이 전자신고된 경우에는 해당 신고서 등이 정상적으로 저장되었음을 전자신고한 자가 알 수 있도록 하여야 한다. (2017. 7. 26. 직제개정 ; 행정안전부와 그 소속기관 직제 시행규칙 부칙)

② 행정안전부장관 또는 지방자치단체의 장은 지방세통합정보통신망에 해당 신고서 등이 전자신고된 경우에는 해당 신고서 등이 정상적으로 저장되었음을 전자신고한 자가 알 수 있도록 하여야 한다. (2024. 3. 26. 개정)

③ 행정안전부장관은 다음 각 호의 사항을 고려하여 법 제25조 제2항

5. 정전, 프로그램의 오류, 그 밖의 부득이한 사유로 다음 각 목의 어느 하나에 해당하는 정보처리장치나 시스템을 정상적으로 가동시킬 수 없는 경우
   가.「지방회계법」 제38조에 따른 지방자치단체의 금고(이하 "지방자치단체의 금고"라 한다)가 운영하는 정보처리장치
   나.「지방회계법 시행령」 제49조 제1항 및 제2항에 따라 지방자치단체 금고업무의 일부를 대행하는 금융회사 등(이하 "지방세수납대행기관"이라 한다)이 운영하는 정보처리장치
   다.「지방회계법 시행령」 제62조에 따른 세입금통합수납처리시스템
6. 지방자치단체의 금고 또는 지방세수납대행기관의 휴무, 그 밖에 부득이한 사유로 정상적인 신고 또는 납부가 곤란하다고 행정안전부장관이나 지방자치단체의 장이 인정하는 경우 (2021. 12. 31. 개정)
7.「세무사법」 제2조 제3호에 따라 납세자의 장부 작성을 대행하는 세무사(같은 법 제16조의 4에 따라 등록한 세무법인을 포함한다) 또는 같은 법 제20조의 2 제1항에 따라 세무대리업무등록부에 등록한 공인회계사(「공인회계사법」 제24조에 따라 등록한 회계법인을 포함한다)가 재난 등으로 피해를 입거나 해당 납세자의 장부(장부 작성에 필요한 자료를 포함한다)를 도난당한 경우(지방소득세에 관하여 신고 · 신청 · 청구 또

에 따라 전자신고를 할 수 있는 세목, 그 밖의 신고절차를 정하여 고시하여야 한다. (2017. 7. 26. 직제개정 ; 행정안전부와 그 소속기관 직제 시행규칙 부칙)

1. 세목별 특성
2. 전자신고에 필요한 기술적 · 지리적 여건
3. 그 밖에 전자신고에 필요한 사항

는 그 밖의 서류 제출·통지를 하거나 납부하는 경우로 한정한다) (2021. 12. 31. 개정)

8. 제1호부터 제6호까지의 규정에 준하는 사유가 있는 경우 (2020. 12. 31. 호번개정)

제7조【기한의 연장 신청과 승인】 ① 법 제26조 제1항에 따라 기한의 연장을 신청하려는 납세자는 기한 만료일 3일 전까지 다음 각 호의 사항을 적은 신청서를 해당 지방자치단체의 장에게 제출해야 한다. 다만, 지방자치단체의 장은 납세자가 기한 만료일 3일 전까지 기한의 연장을 신청할 수 없다고 인정하는 경우에는 기한 만료일까지 신청하게 할 수 있다. (2020. 12. 31. 개정)

1. 기한의 연장을 받으려는 자의 성명(법인인 경우에는 법인명을 말한다. 이하 같다)과 주소, 거소, 영업소 또는 사무소(이하 "주소 또는 영업소"라 한다) (2020. 12. 31. 개정)
2. 연장을 받으려는 기한
3. 연장을 받으려는 사유
4. 그 밖에 필요한 사항

② 지방자치단체의 장은 제1항에 따른 기한의 연장 신청을 받은 경우에는 기한 만료일까지 다음 각 호의 사항을 적은 문서로 신청인에게 통지하여야 한다. 다만, 제1항 후단에 따라 기한의 연장 신청을 받은 경우에는 지체 없

제4조【기한연장의 신청】 ① 법 제26조 제1항 및 「지방세기본법 시행령」(이하 "영"이라 한다) 제7조 제1항에 따른 기한의 연장 신청은 다음 각 호의 구분에 따른 서식에 따른다.

1. 법 또는 지방세관계법에서 규정하는 신고·신청·청구 또는 그 밖의 서류 제출·통지의 기한연장 신청 : 별지 제1호 서식의 지방세 기한연장 신청서
2. 법 또는 지방세관계법에서 규정하는 납부의 기한연장 신청 : 별지 제2호 서식의 지방세 납부기한 연장 신청서

제5조【기한연장의 결정 결과 등의 통지】 ① 영 제7조 제2항에 따른 기한연장 신청에 대한 승인 여부 통지는 다음 각 호의 구분에 따른

	이 통지하여야 한다. 1. 기한연장의 승인 여부 2. 연장된 기한(기한의 연장을 승인한 경우만 해당한다) 3. 기한연장의 승인 사유(기한의 연장을 승인한 경우만 해당한다) 4. 그 밖에 필요한 사항 ③ 법 제26조에 따라 지방자치단체의 장이 직권으로 기한의 연장을 결정한 경우에는 다음 각 호의 사항을 적은 문서로 지체 없이 납세자에게 통지하여야 한다. 1. 연장된 기한 2. 기한연장의 결정 사유 3. 그 밖에 필요한 사항 ④ 지방자치단체의 장은 제2항 및 제3항에도 불구하고 다음 각 호의 어느 하나에 해당하는 경우에는 지방세정보통신망이나 해당 지방자치단체의 정보통신망 또는 게시판에 게시하거나 관보·공보 또는 일간신문에 게재하는 방법으로 통지를 갈음할 수 있다. 이 경우 지방세정보통신망이나 지방자치단체의 정보통신망에 게시하는 방법으로 통지를 갈음할 때에는 지방자치단체의 게시판에 게시하거나 관보·공보 또는 일간신문에 게재하는 방법 중 하나의 방법과 함께 하여야 한다. ④ 지방자치단체의 장은 제2항 및 제3항에도 불구하고 다음 각 호의 어느 하나에 해당하는 경우에는 지방세통합정보통신망이나 해당 지방자치단체의 정보통신망 또는 게시판에 게시하거나 관보·공보 또는 일간신문에 게재하는 방법으로 통지를 갈음할 수 있다. 이 경우 지	서식에 따른다. 1. 법 또는 지방세관계법에서 규정하는 신고·신청·청구 또는 그 밖의 서류 제출·통지의 기한연장 신청에 대한 승인 여부 통지 : 별지 제3호 서식의 지방세 기한연장 승인 여부 통지 2. 법 또는 지방세관계법에서 규정하는 납부의 기한연장 신청에 대한 승인 여부 통지 : 별지 제4호 서식의 지방세 납부기한 연장 승인 여부 통지 ② 영 제7조 제3항에 따른 기한연장 결정의 결과 통지는 별지 제5호 서식의 지방세 기한연장 결정 결과 통지에 따른다.

방세통합정보통신망이나 지방자치단체의 정보통신망에 게시하는 방법으로 통지를 갈음할 때에는 지방자치단체의 게시판에 게시하거나 관보·공보 또는 일간신문에 게재하는 방법 중 하나의 방법과 함께 하여야 한다. 1. 제6조 제5호에 해당하는 사유가 전국적으로 한꺼번에 발생하는 경우 (2024. 3. 26. 개정)

1. 제6조 제5호에 해당하는 사유가 전국적으로 한꺼번에 발생하는 경우
2. 기한연장의 통지대상자가 불특정 다수인인 경우
3. 기한연장의 사실을 그 대상자에게 개별적으로 통지할 시간적 여유가 없는 경우

제8조【기한연장의 기간과 분납기한 등】 ① 법 제26조 제1항에 따른 기한연장의 기간은 그 기한연장을 결정한 날(납세자가 신청한 경우에는 기한연장을 승인한 날을 말한다)의 다음 날부터 6개월 이내로 한다.

② 지방자치단체의 장은 제1항에 따라 기한을 연장한 후에도 해당 기한연장의 사유가 소멸되지 아니하는 경우에는 6개월을 넘지 아니하는 범위에서 한 차례만 그 기한을 연장할 수 있다.

③ 법 제26조 제1항에 따라 납부기한을 연장하는 경우 연장된 기간 중의 분납기한 및 분납금액은 지방자치단체의 장이 정한다. 이 경우 지방자치단체의 장은 가능한 한 매회 같은 금액을 분납할 수 있도록 정하여야 한다.

제8조의 2【기한연장과 분납한도의 특례】 ① 제8조에도 불구하고 다음 각 호의 어느 하나에 해당하는 자가 제6조 제1호 · 제2호 또는 제4호의 사유(이에 준하는 사유를 포함한다. 이하 이 조에서 같다)에 해당하는 경우 법 제26조 제1항에 따른 기한연장의 기간은 그 기한연장을 결정한 날(납세자가 신청한 경우에는 기한연장을 승인한 날을 말한다)의 다음 날부터 1년 이내로 한다. 다만, 본문에 따라 기한을 연장한 후에도 해당 기한연장의 사유가 소멸되지 아니하는 경우에는 제3항에 따른 기간의 범위에서 6개월마다 그 기한을 다시 연장할 수 있다. (2018. 6. 26. 신설)

1. 다음 각 목의 어느 하나의 지역에 사업장이 소재한 「조세특례제한법 시행령」 제2조에 따른 중소기업 (2018. 6. 26. 신설)
   가. 「고용정책 기본법」 제32조의 2 제2항에 따라 선포된 고용재난지역 (2018. 6. 26. 신설)
   나. 「고용정책 기본법 시행령」 제29조 제1항에 따라 지정 · 고시된 지역 (2018. 6. 26. 신설)
   다. 「지역 산업위기 대응 및 지역경제 회복을 위한 특별법」 제10조 제1항에 따라 지정된 산업위기대응특별지역 (2022. 2. 18. 개정 ; 지역 산업위기~부칙)
2. 「재난 및 안전관리 기본법」 제60조 제3항에 따라 선포된 특별재난지역(선포일부터 2년으로 한정한다) 내에서 피해를 입은 납세자 (2024. 6. 18. 개정 ; 재난 및~부칙)

법	영	규칙
	② 제1항 각 호 외의 부분 본문에 따른 납부기한의 연장은 제6조 제1호 · 제2호 또는 제4호의 사유로 제8조에 따라 납부 관련 기한연장을 받고 그 연장된 기간 중에 있는 경우에도 할 수 있다. (2018. 6. 26. 신설) ③ 제1항 각 호 외의 부분 단서(제2항에 따라 연장한 경우를 포함한다)에 따른 납부기한을 최대로 연장할 수 있는 기간은 2년으로 하되, 다음 각 호의 기간을 포함하여 산정한다. (2018. 6. 26. 신설) 1. 제1항 각 호 외의 부분 본문에 따라 연장된 기간 (2018. 6. 26. 신설) 2. 제8조 및 이 조 제2항에 따라 연장된 기간 (2018. 6. 26. 신설) ④ 제1항 및 제2항에 따라 납부기한을 연장하는 경우 연장된 기간 중의 분납기한 및 분납금액은 지방자치단체의 장이 정한다. (2018. 6. 26. 신설)	
② 지방자치단체의 장은 제1항에 따라 납부기한을 연장하는 경우 납부할 금액에 상당하는 담보의 제공을 요구할 수 있다. 다만, 사망, 질병, 그 밖에 대통령령으로 정하는 사유로 담보 제공을 요구하기 곤란하다고 인정될 때에는 그러하지 아니하다. ③ 이 법 또는 지방세관계법에서 정한 납부기한 만료일 10일 전에 제1항에 따른 납세자의 납부기한연장신청에 대하여 지방자치단체의 장이 신청일부터 10일 이내에 승	**제9조【기한연장 시 납세담보 제공의 예외사유】** 법 제26조 제2항 단서에서 "대통령령으로 정하는 사유"란 다음 각 호의 어느 하나에 해당하는 사유를 말한다. (2021. 12. 31. 개정) 1. 제6조 제1호 · 제2호 · 제5호 또는 제6호에 해당하는 경우 (2021. 12. 31. 신설) 2. 제6조 제4호에 해당하는 경우로서 지방자치단체의 장이 그 납세자가 납부해야 할 금액, 납부기한의 연장기	

인 여부를 통지하지 아니하면 그 10일이 되는 날에 납부기한의 연장을 승인한 것으로 본다.

제27조【납부기한 연장의 취소】 ① 지방자치단체의 장은 제26조에 따라 납부기한을 연장한 경우에 납세자가 다음 각 호의 어느 하나에 해당되면 그 기한의 연장을 취소하고, 그 지방세를 즉시 징수할 수 있다.

1. 담보의 제공 등 지방자치단체의 장의 요구에 따르지 아니할 때
2. 「지방세징수법」 제22조 제1항 각 호의 어느 하나에 해당되어 그 연장한 기한까지 연장된 해당 지방세 전액을 징수할 수 없다고 인정될 때
3. 재산상황의 변동 등 대통령령으로 정하는 사유로 인하여 납부기한을 연장할 필요가 없다고 인정될 때

② 지방자치단체의 장은 제1항에 따라 납부기한의 연장을 취소하였을 때에는 납세자에게 그 사실을 즉시 통지하여야 한다.

간과 납세자의 과거 지방세 납부명세 등을 고려하여 납세자가 그 연장기간 내에 해당 지방세를 납부할 수 있다고 인정하는 경우 (2021. 12. 31. 신설)

3. 그 밖에 제1호 또는 제2호에 준하는 사유가 있는 경우 (2021. 12. 31. 신설)

제10조【납부기한 연장의 취소와 취소통지】 ① 법 제27조 제1항 제3호에서 "재산상황의 변동 등 대통령령으로 정하는 사유"란 다음 각 호의 어느 하나에 해당하는 경우를 말한다.

1. 재산상황, 그 밖에 사업의 변화로 인하여 기한을 연장할 필요가 없다고 인정되는 경우
2. 제6조 제5호에 해당하는 사유로 납부기한이 연장된 경우에 그 해당 사유가 소멸되어 정상적인 납부가 가능한 경우

② 법 제27조 제2항에 따른 납부기한 연장의 취소통지는 다음 각 호의 사항을 적은 문서로 한다.

1. 취소 연월일

제6조【납부기한 연장의 취소통지】 법 제27조 제2항 및 영 제10조 제2항에 따른 납부기한 연장의

제5절 서류의 송달

제28조【서류의 송달】 ① 이 법 또는 지방세관계법에서 규정하는 서류는 그 명의인(서류에 수신인으로 지정되어 있는 자를 말한다. 이하 같다)의 주소, 거소, 영업소 또는 사무소(이하 "주소 또는 영업소"라 한다)에 송달한다. 다만, 제30조 제1항에 따른 전자송달인 경우에는 지방세통합정보통신망에 가입된 명의인의 전자우편주소나 지방세통합정보통신망의 전자사서함[「전자서명법」 제2조에 따른 인증서(서명자의 실지명의를 확인할 수 있는 것을 말한다) 또는 행정안전부장관이 고시하는 본인임을 확인할 수 있는 인증수단으로 접근하여 지방세 고지내역 등을 확인할 수 있는 곳을 말한다. 이하 같다] 또는 연계정보통신망의 전자고지함(연계정보통신망의 이용자가 접속하여 본인의 지방세 고지내역을 확인할 수 있는 곳을 말한다. 이하 같다)에 송달한다. (2019. 12. 31. 단서개정)

② 연대납세의무자에게 서류를 송달할 때에는 그 대표자를 명의인으로 하며, 대표자가 없으면 연대납세의무자 중 지방세를 징수하기 유리한 자를 명의인으로 한

2. 취소의 이유

제4절 서류의 송달

예판

【판례】 • 납세고지서 송달 적정 여부
과세권자가 납세자와의 의사연락없이 무인택배보관함에 고지서를 보관하고 아파트 현관문에 안내문을 부착한 경우, 납세자가 그 보관함을 열어보거나 수령한 경우라도 송달의 효력(교부송달 또는 유치송달)이 발생한다고 볼 수는 없음(수원고법 2019누 12476, 2021. 5. 21. : 대법확정)

• **서류송달의 효력**

- 납세고지서가 원고에게 지방세법의 송달규정에서 정하고 있는 교부 또는 등기우편 등의 방법으로 송달되었다는 증거가 없는 경우에는 각 과세처분의 송달은 부적법한 것으로서 송달의 효력이 발생하지 아니하여 각 과세처분은 무효가 되고, 이에 대한 제소기간도 진행될 수 없음. (대법 2004두2363, 2004. 7. 8.)
- 납세고지서가 등기우편의 방법으로 발송된 사실이 인정되고 달리 반송된 자료가 없으므로 원고에게 송달되었다고 보아야 하고, 피고가 전산자료로 세목, 세액, 부과일자 및 납기일자가 기재된 지방세 과세내역조회 자료를 보유하고 있는 점, 원고가 이 사건 나머지 과세처분 무렵부터 현재까지 동일한 주소지에 거주하면서 그 체납을 원인으로 한 공매통지서 등을 수령하였으면서도 그 후의 공매 또는 배당절차에서 아무런 이의를 제기한 바 없었는데, 이 사건 나머지 과세처분 납세고지서

취소 통지는 별지 제6호 서식의 지방세 납부기한 연장 취소 통지에 따른다.

예판

【조심판례】 선행요건으로서 주된 납세의무자의 구체적인 납세의무확정(고지서 송달)의 절차를 마치지 아니하고 청구인에게 한 제2차 납세의무자 지정 · 납부통지는 무효임. (조심 2016지44, 2016. 10. 31.)

운영예규 **법28-1【주 소】**

1. 「지방세기본법」 제28조에서 "주소"라 함은 생활의 근거가 되는 곳을 말하며, 이는 생계를 같이 하는 가족 및 자산의 유무 등 생활관계의 객관적 사실에 따라 판정한다. 이 경우 주소가 2 이상인 때에는 주민등록법상 등록된 곳을 말한다.
2. 법인의 주소는 본점 또는 주사무소의 소재지에 있는 것으로 한다.

법28-2【거 소】

다. 다만, 납세의 고지와 독촉에 관한 서류는 연대납세의무자 모두에게 각각 송달하여야 한다.

③ 상속이 개시된 경우에 상속재산관리인이 있을 때에는 그 상속재산관리인의 주소 또는 영업소에 송달한다.

④ 제139조에 따른 납세관리인이 있을 때에는 납세의 고지와 독촉에 관한 서류는 그 납세관리인의 주소 또는 영업소에 송달한다.

⑤ 제1항에도 불구하고 송달받아야 할 사람이 교정시설 또는 국가경찰관서의 유치장에 체포·구속 또는 유치(留置)된 사실이 확인된 경우에는 해당 교정시설의 장 또는 국가경찰관서의 장에게 송달한다. (2024. 12. 31. 신설)

제29조【송달받을 장소의 신고】 제28조에 따라 서류를 송달받을 자가 주소 또는 영업소 중에서 송달받을 장소를 대통령령으로 정하는 바에 따라 지방자치단체에 신고하였을 때에는 그 신고된 장소에 송달하여야 한다. 이를 변경하였을 때에도 또한 같다.

제30조【서류송달의 방법】 ① 제28조에 따른 서류의 송달은 교부·우편 또는 전자송달로 하되, 해당 지방자치단체의 조례로 정하는 방법에 따른다.

의 보존기간이 경과된 이후에야 비로소 이 사건 소송을 제기한 점, 피고는 원고가 납세고지서 등 서류의 수령을 거부하거나 주소가 불분명한 적도 없어 이 사건 나머지 과세처분의 납세고지서를 공시송달의 방법으로 송달할 이유도 없었던 점 등에 비추어 보면 이 사건 나머지 과세처분의 납세고지서 역시 원고에게 적법하게 송달된 것으로 보아야 함. (대법 2014두46027, 2015. 4. 23.)

편주

법 28조 5항의 개정규정은 2025. 1. 1. 이후 송달하는 서류분부터 적용함. (법 부칙(2024. 12. 31.) 2조)

제11조【송달받을 장소의 신고】 법 제29조에 따라 서류를 송달받을 장소를 신고(변경신고를 포함한다)하려는 자는 다음 각 호의 사항을 적은 문서를 해당 지방자치단체의 장에게 제출하여야 한다.

1. 송달받을 자의 성명과 주소 또는 영업소
2. 서류를 송달받을 장소
3. 서류를 송달받을 장소를 정하는 이유
4. 그 밖에 필요한 사항

제12조【서류송달의 방법】 법 제30조 제1항에 따른 교부의 방법으로 서류를 송달하려는 경우에는 지방자치단체의 조례로 정하는 바에 따라 지방자치단체의 하부

1. "거소"라 함은 다소의 기간 계속하여 거주하는 장소로서 주소와 같이 밀접한 일반적 생활관계가 발생하지 아니하는 장소를 말한다.
2. 주소를 알 수 없는 때와 국내에 주소가 없는 경우에는 거소를 주소로 한다.

제7조【송달받을 장소의 신고】 법 제29조 및 영 제11조에 따른 서류를 송달받을 장소의 신고 또는 변경신고는 별지 제7호 서식의 지방세 서류 송달장소 신고서(변경신고서)에 따른다.

② 제1항에 따른 교부에 의한 서류 송달은 송달할 장소에서 그 송달을 받아야 할 자에게 서류를 건네줌으로써 이루어진다. 다만, 송달을 받아야 할 자가 송달받기를 거부하지 아니하면 다른 장소에서 교부할 수 있다.

③ 제2항의 경우에 송달할 장소에서 서류를 송달받아야 할 자를 만나지 못하였을 때에는 그의 사용인, 그 밖의 종업원 또는 동거인으로서 사리를 분별할 수 있는 사람에게 서류를 송달할 수 있으며, 서류의 송달을 받아야 할 자 또는 그의 사용인, 그 밖의 종업원 또는 동거인으로서 사리를 분별할 수 있는 사람이 정당한 사유 없이 서류의 수령을 거부하면 송달할 장소에 서류를 둘 수 있다.

④ 제1항부터 제3항까지의 규정에 따라 서류를 송달하는 경우에 송달받을 자가 주소 또는 영업소를 이전하였을 때에는 주민등록표 등으로 확인하고 그 이전한 장소에 송달하여야 한다.

⑤ 서류를 교부하였을 때에는 송달서에 수령인의 서명 또는 날인을 받아야 한다. 이 경우 수령인이 서명 또는 날인을 거부하면 그 사실을 송달서에 적어야 한다.

예판

【판례】 교부송달의 적용 범위

• 서류의 송달을 받을 자가 다른 사람에게 우편물 기타 서류의 수령권한을 명시적 또는 묵시적으로 위임한 경우에는 그 수임자가 해당 서류를 수령함으로써 그 송달받을 자 본인에게 해당 서류가 적법하게 송달된 것으로 보아야 하고, 그러한 수령

조직을 통하여 송달할 수 있다.

운영예규 법30-5【종업원】

「지방세기본법」 제30조 제3항에서 "종업원"이라 함은 송달을 받아야 할 자와 고용관계에 있는 자를 말한다.

법30-6【동거인】

「지방세기본법」 제30조 제3항에서 "동거인"이라 함은 송달을 받을 자와 동일 장소 내에서 공동생활을 하고 있는 자를 말하며, 생계를 같이 하는 것을 요하지 않는다.

법30-8【서류수령을 거부하였을 때】

「지방세기본법」 제30조 제3항에 따른 "서류의 수령을 거부"라 함은 적법한 방법으로 서류를 송달하고자 하였으나 고의로 그 수령을 거부한 경우를 말한다.

제13조【송달서】 법 제30조 제5항에 따른 송달서는 다음 각 호의 사항을 적은 것이어야 한다.

1. 서류의 명칭
2. 송달받아야 할 자의 성명 또는 명칭
3. 수령인의 성명
4. 교부장소
5. 교부 연월일
6. 서류의 주요 내용

운영예규 법30-7【사리를 분별할 수 있는 사람】

「지방세기본법」 제30조 제3항에서 "사리를 분별할 수 있는 사람"이라 함은 서류의 송달취지를 이해하고, 수령한 서류를 송달받아야 할 자에게 교부할 것이라고 기대될 수 있는 능력이 있는 자를 말한다.

제8조【송달서】 법 제30조 제5항 및 영 제13조에 따른 송달서는 별지 제8호 서식의 지방세 송달서에 따른다.

권한을 위임받은 자는 반드시 위임인의 종업원이거나 동거인일 필요가 없으므로, 묵시적으로 등기우편물의 수령을 위임받은 경비원이 납세고지서를 수령한 것도 적법한 송달에 해당함. (대법 2000두1164, 2000. 7. 4. 판결)

운영예규 법30-1【소재불명의 법인에 대한 서류송달】
법인의 소재가 불명한 때에는 법인대표자(청산중인 경우에는 청산인)의 주소를 확인하여 서류를 송달하고 대표자의 주소도 불명한 때에는 공시송달 한다.

법30-2【무능력자에 대한 송달】
송달을 받아야 할 자가 제한능력자(「민법」에 따른 미성년자, 피한정후견인, 피성년후견인을 말한다)인 경우에는 그 법정대리인의 주소 또는 영업소에 서류를 송달한다.

⑥ 지방자치단체의 장은 일반우편으로 서류를 송달하였을 때에는 다음 각 호의 사항을 확인할 수 있는 기록을 작성하여 갖추어 두어야 한다.

1. 서류의 명칭
2. 송달받을 자의 성명 또는 명칭
3. 송달장소
4. 발송연월일
5. 서류의 주요 내용

⑦ 제1항에 따른 전자송달은 대통령령으로 정하는 바에 따라 서류의 송달을 받아야 할 자가 신청하는 경우에만 한다.

운영예규 법30-3【파산자에 대한 송달】
송달을 받을 자가 파산선고를 받은 때에는 파산관재인의 주소 또는 영업소에 서류를 송달한다.

법30-4【수감자에 대한 송달】
송달을 받을 자가 교도소 등에 수감 중이거나 이에 준하는 사유가 있는 경우에는 그 사람의 주소지에 서류를 송달한다. 그러나 주소가 불명인 경우와 서류를 대신 받아야 할 자가 없는 경우에는 그 사람이 수감되어 있는 교도소 등에 서류를 송달한다.

제14조【전자송달의 신청 및 철회】 ① 법 제30조 제7항에 따라 전자송달을 신청하거나 전자송달의 신청을 철회하려는 자는 다음 각 호의 사항을 적은 신청서를 지

제9조【전자송달의 신청 및 철회】 법 제30조 제7항 및 영 제14조 제1항에 따른 전자송달 신청 또는

방자치단체의 장에게 제출해야 한다. (2020. 12. 31. 개정)

1. 납세자의 성명·주민등록번호 등 인적사항
2. 납세자의 주소 또는 영업소
3. 전자송달과 관련한 안내를 받을 수 있는 납세자의 전화번호 또는 휴대전화번호 등 연락처 (2023. 3. 14. 개정)
4. 전자송달을 받을 법 제28조 제1항 단서에 따른 전자우편주소, 전자사서함 또는 전자고지함(이하 "전자우편주소등"이라 한다) (2020. 12. 31. 개정)
5. 전자송달 철회의 사유(전자송달의 신청을 철회하는 경우만 해당한다)
6. 그 밖에 행정안전부령으로 정하는 사항 (2017. 7. 26. 직제개정 ; 행정안전부와~직제 부칙)

② 지방자치단체의 장은 제1항에 따른 신청서를 접수한 날이 속하는 달의 다음 달부터 전자송달을 하여야 하며, 전자송달의 신청을 철회하는 경우에는 제1항에 따른 신청서를 접수한 날이 속하는 달의 다음 달부터 전자송달을 할 수 없다. (2018. 12. 31. 개정)

③ 제1항에 따라 전자송달을 신청한 자가 기존의 전자송달을 철회하지 아니하고 종전과 다른 전자우편주소등을 적어 전자송달을 새로 신청한 경우에는 그 신청서를 접수한 날이 속하는 달의 다음 달 1일에 전자송달을 받을 전자우편주소등을 변경한 것으로 본다. (2020. 12. 31. 개정)

④ 전자송달을 받을 자가 다음 각 호의 어느 하나에 해당하는 경우에는 그 사유가 발생한 날이 속하는 달의 다음 달

전자송달 철회 신청은 별지 제9호 서식의 지방세 전자송달 신청서(철회신청서)에 따른다.

⑧ 제7항에도 불구하고 지방세통합정보통신망 또는 연계정보통신망의 장애로 인하여 전자송달을 할 수 없는 경우와 그 밖에 대통령령으로 정하는 사유가 있는 경우에는 제1항에 따른 교부 또는 우편의 방법으로 송달할 수 있다. (2019. 12. 31. 개정)

1일에 전자송달을 철회한 것으로 본다. (2018. 12. 31. 개정)

1. 신청서에 기재된 전자우편주소등이 행정안전부장관이 고시하는 기준에 맞지 않아 더 이상 전자송달을 할 수 없는 것으로 확인된 경우 (2020. 12. 31. 개정)
2. 전자송달을 받을 자가 전자송달된 서류를 5회 연속하여 법 제32조에 따른 송달의 효력이 발생한 때부터 60일 동안 확인 또는 열람하지 아니한 경우. 다만, 전자송달을 받을 자가 전자송달된 납부고지서에 의한 세액을 그 납부기한까지 전액 납부한 경우는 제외한다. (2023. 3. 14. 단서신설)

제15조【전자송달 서류의 범위 등】 법 제30조 제9항에 따라 전자송달을 할 수 있는 서류는 납세고지서 또는 납부통지서, 지방세환급금 지급통지서, 법 제96조 제1항에 따른 결정서, 신고안내문, 그 밖에 행정안전부장관이 정하여 고시하는 서류로 한다. 다만, 연계정보통신망으로 송달할 수 있는 서류는 납세고지서로 한다. (2021. 12. 31. 단서개정)

제16조【전자송달이 불가능한 경우】 법 제30조 제8항에서 "대통령령으로 정하는 사유"란 다음 각 호의 어느 하나에 해당하는 경우를 말한다.

1. 전화(戰禍), 사변(事變) 등으로 납세자가 전자송달을 받을 수 없는 경우

⑨ 제7항에 따라 전자송달을 할 수 있는 서류의 구체적인 범위 및 송달방법 등에 필요한 사항은 대통령령으로 정한다.

제31조 【송달지연으로 인한 납부기한의 연장】 ① 기한을 정하여 납세고지서, 납부통지서, 독촉장 또는 납부최고서를 송달하였더라도 다음 각 호의 어느 하나에 해당하면 지방자치단체의 징수금의 납부기한은 해당 서류가 도달한 날부터 14일이 지난 날로 한다.

1. 서류가 납부기한이 지난 후에 도달한 경우
2. 서류가 도달한 날부터 7일 이내에 납부기한이 되는 경우

② 제1항에도 불구하고 「지방세징수법」 제22조 제2항에 따른 고지의 경우에는 다음 각 호의 구분에 따른 날을 납부기한으로 한다.

1. 고지서가 납부기한이 지난 후에 도달한 경우: 고지서가 도달한 날
2. 고지서가 납부기한 전에 도달한 경우: 납부기한이 되는 날

제32조 【송달의 효력 발생】 제28조에 따라 송달하는 서류는 그 송달을 받아야 할 자에게 도달한 때부터 효력이 발생한다. 다만, 전자송달의 경우에는 송달받을 자가 지정한 전자우편주소, 지방세통합정보통신망의 전자사서함 또는 연계정보통신망의 전자고지함에 저장된 때에 그 송달을 받아야 할 자에게 도달된 것으로 본다. (2019. 12. 31. 단서개정)

2. 정보통신망의 장애 등으로 지방자치단체의 장이 전자송달이 불가능하다고 인정하는 경우

예 판

【예규】 송달지연과 부과처분의 효력과의 관계

• 납세고지서의 송달이 지연된 경우에도 납부기한이 조정될 뿐 그 송달지연이 납세고지의 대상이 된 과세처분의 효력에 영향을 미치는 것은 아님. (감심 99-361, 1999. 12. 21.)

운 영 예 규 **법32-1 【송달서류의 효력발생】**

「지방세기본법」 제32조에 따른 "도달"이라 함은 송달을 받아야 할 자에게 직접 교부하지 않더라도, 상대방의 지배권 내에 들어가 사회통념상 일반적으로 그 사실을 알 수 있는 상태에 있는 때(예컨대, 우편이 수신함에 투입된 때 또는 사리를 분별할 수 있는 자로서 동거하는 가족, 사용인이나 종업원이 수령한 때)를 말하며, 일단 이러한 상태에 들어간 후에 교부된

예 판

【판례】 송달효력 발생

• 이의신청인이 여행으로 부재중에 그 종업원이 이의신청에 대한 결정서를 수령하여 그것을 후에 이의신청인에게 전달하였다 하더라도 위 결정서송달의 효력은 종업원에게 결정서가 송

예판

【조심판례】 처분청은 자동차 납세고지서를 일반우편으로 발송하였다고 주장하나, 이 건 납세고지서가 실제 청구인에게 도달하였다는 사실을 뒷받침할 만한 증빙자료가 없으므로 이 건 과세처분은 그 송달의 효력이 발생한다고 볼 수 없어 과세처분을 취소해야 함. (조심 2014지266, 2014. 8. 18.)

제33조【공시송달】 ① 서류의 송달을 받아야 할 자가 다음 각 호의 어느 하나에 해당하는 경우에는 서류의 주요 내용을 공고한 날부터 14일이 지나면 제28조에 따른 서류의 송달이 된 것으로 본다.

1. 주소 또는 영업소가 국외에 있고 송달하기 곤란한 경우

서류가 반송되더라도 송달의 효력에는 영향이 없다.

법32-2【전자송달의 효력발생】

전자송달의 경우에는 송달받을 자가 지정한 전자우편주소, 지방세정보통신망의 전자사서함 또는 연계정보통신망의 전자고지함에 저장된 정보를 미열람 하더라도 송달의 효력에 영향이 없다.

예판

【조심판례】 공시송달의 효력

- 국외체류 청구인에게 처분청은 청구인에게 재산세를 체납하자 이를 압류 후 공매를 의뢰하였고, 청구인이 별도의 납세관리인을 지정하지 않아 당해토지를 매각코자 매각통지서를 말소주소지에 보냈으나 반송되어 공시송달하였으므로 이는 적법한 송달에 해당하고, 공매처분 또한 적법함. (조심 2012지416, 2013. 11. 8.)
- 납세고지서를 청구법인의 폐업된 사업장 소재지로 발송하였으나 수취인 없음으로 반송되자 곧 바로 공시송달 하였는바, 처분청은 발송한 납세고지서가 반송되었다면 대표이사의 주소지로 재차 발송하는 등의 조치를 취하였어야 함에도 이를 이행하지 아니하고 곧 바로 공시송달을 하였으므로 이 건 납세고지서의 송달이 적법하게 이루어졌다고 보기는 어려움. (조심 2015지648, 2015. 6. 19.)
- 이 건 납세고지서의 경우 고지서 송달 당시 청구인 및 그 배우자의 주민등록표상 주소지가 아닌 곳으로 송달되어 각각 반송된 사실이 있고, 청구인의 배우자가 대표자로 재직하고 있는 사업장으로 납세고지서를 발송하여 그 소속 근로자가 수취한

달된 날에 이미 발생함. (대법 87누219, 1987. 6. 9.)

제10조【공시송달】 법 제33조 제1항에 따른 서류의 주요 내용 공고는 별지 제10호 서식의 지방세 공시송달에 따른다.

예판

【판례】 공시송달의 적용 범위

- 납부하여야 할 세액을 기재하지 아니하고 이루어진 공시송달은 위법한 것이므로 부과처분은 무효에 해당함. (대법 2009두20380, 2011. 9. 8.)

2. 주소 또는 영업소가 분명하지 아니한 경우

3. 제30조 제1항에 따른 방법으로 송달하였으나 받을 사람(제30조 제3항에 규정된 자를 포함한다)이 없는 것으로 확인되어 반송되는 경우 등 대통령령으로 정하는 경우

② 제1항에 따른 공고는 지방세통합정보통신망, 지방자치단체의 정보통신망이나 게시판에 게시하거나 관보·공보 또는 일간신문에 게재하는 방법으로 한다. 이 경우 지방세통합정보통신망이나 지방자치단체의 정보통신망을 이용하여 공시송달을 할 때에는 다른 공시송달방법을 함께 활용하여야 한다. (2019. 12. 31. 개정)

③ 제1항에 따른 납세고지서, 납부통지서, 독촉장 또는 납부최고서를 공시송달한 경우 납부기한에 관하여는 제31조를 준용한다.

운영예규 법33-2【공시송달 서류의 요지】

여러 건의 납세고지서와 독촉장을 공시송달 하는 경우에는 아래의 서식에 따라 고지내역을 작성하여 별지 제10호 서식에 첨부한다.

것으로 확인되는 바, 납세고지서가 청구인에게 적법하게 도달하였다고 볼 수 없음. (조심 2014부295, 2014. 3. 25.)

제17조【주소불분명의 확인】 법 제33조 제1항 제2호에 해당하는 경우는 주민등록표나 법인 등기사항증명서 등으로도 주소 또는 영업소를 확인할 수 없는 경우로 한다.

제18조【공시송달】 법 제33조 제1항 제3호에서 "대통령령으로 정하는 경우"란 다음 각 호의 어느 하나에 해당하는 경우를 말한다.

1. 서류를 우편으로 송달하였으나 받을 사람(법 제30조 제3항에 규정된 자를 포함한다)이 없는 것으로 확인되어 반송됨으로써 납부기한 내에 송달하기 곤란하다고 인정되는 경우

2. 세무공무원이 2회 이상 납세자를 방문[처음 방문한 날과 마지막 방문한 날 사이의 기간이 3일(기간을 계산할 때 공휴일 및 토요일은 산입하지 않는다) 이상이어야 한다]하여 서류를 교부하려고 하였으나 받을 사람(법 제30조 제3항에 규정된 사람을 포함한다)이 없는 것으로 확인되어 납부기한 내에 송달하기 곤란하다고 인정되는 경우 (2020. 12. 31. 개정)

2. 세무공무원이 2회 이상 납세자를 방문[처음 방문한 날과 마지막 방문한 날 사이의 기간이 3일(기간을 계산할 때 공휴일, 대체공휴일, 토요일 및 일요일은 산입하지 않는다) 이상이어야 한다]하여 서류를 교부하

운영예규 법33-1【주소 또는 영업소가 불분명할 경우】

"주소 또는 영업소가 분명하지 아니한 경우"라 함은 납세자의 주소 또는 영업소로 서류를 송달하였으나, 송달되지 아니한 경우 송달받아야 할 자의 주소 또는 영업소를 다시 조사(시·읍·면·동의 주민등록사항, 인근자, 거래처 및 관계자 탐문, 등기부 등의 조사)하여도 그 주소 또는 영업소를 알 수 없는 경우를 말한다.

연번	서류의 명칭	부과 연월일	과세 번호	주요 세목	총세액	공시송달 대상자		공시송달 사유
						성명	주소 (영업소)	

제2장 납세의무

제1절 납세의무의 성립 및 소멸

제34조【납세의무의 성립시기】 ① 지방세를 납부할 의무는 다음 각 호의 구분에 따른 시기에 성립한다.

1. 취득세: 과세물건을 취득하는 때
2. 등록면허세
   가. 등록에 대한 등록면허세: 재산권과 그 밖의 권리를 등기하거나 등록하는 때
   나. 면허에 대한 등록면허세: 각종의 면허를 받는 때와 납기가 있는 달의 1일
3. 레저세: 승자투표권, 승마투표권 등을 발매하는 때
4. 담배소비세: 담배를 제조장 또는 보세구역으로부터 반출(搬出)하거나 국내로 반입(搬入)하는 때
5. 지방소비세: 「국세기본법」에 따른 부가가치세의 납세의무가 성립하는 때

려고 하였으나 받을 사람(법 제30조 제3항에 규정된 사람을 포함한다)이 없는 것으로 확인되어 납부기한 내에 송달하기 곤란하다고 인정되는 경우 (2024. 12. 31. 개정)

제2장 납세의무

제1절 납세의무의 성립 및 소멸

예판

【예규】 통상임금 판결 등에 의해 과거 근로로 인해 발생한 임금을 재계산하여 종업원에게 추가 지급한다면, 지급일에 납세의무가 성립하므로 종업원분 과세대상으로 보는 것이 타당하고 종업원분 과세표준에 산입하기 위해서는 근로자에게 고용계약이 수반되는 노동에 대한 대가인 "급여"를 사업주가 지급하는 것으로 충분하다 할 것이며, 종업원의 신분을 유지해야 하는 것은 아니므로 추가 급여의 경우에도 "종업원의 급여총액"에 포함되어야 함. (지방세정책과-1374, 2023. 4. 11.)

제2장 납세의무

운영예규 법34-1 **【납세의무의 성립】**

납세의무는 「지방세기본법」 제34조에서 정하는 충족요건 즉, 특정시기에 특정사실 또는 상태가 존재함으로써 과세대상(물건 또는 행위)이 납세의무자에게 귀속되어 법령이 정하는 바에 따라 과세표준의 산정 및 세율의 적용이 가능하게 되는 때에 구체적으로 성립한다.

6. 주민세
   가. 개인분 및 사업소분: 과세기준일 (2020. 12. 29. 개정)
   나. 종업원분: 종업원에게 급여를 지급하는 때
7. 지방소득세: 과세표준이 되는 소득에 대하여 소득세·법인세의 납세의무가 성립하는 때
8. 재산세: 과세기준일
9. 자동차세
   가. 자동차 소유에 대한 자동차세: 납기가 있는 달의 1일
   나. 자동차 주행에 대한 자동차세: 과세표준이 되는 교통·에너지·환경세의 납세의무가 성립하는 때
10. 지역자원시설세
   가. 발전용수: 발전용수를 수력발전(양수발전은 제외한다)에 사용하는 때
   나. 지하수: 지하수를 채수(採水)하는 때
   다. 지하자원: 지하자원을 채광(採鑛)하는 때
   라. 컨테이너: 컨테이너를 취급하는 부두를 이용하기 위하여 컨테이너를 입항·출항하는 때
   마. 원자력발전: 원자력발전소에서 발전하는 때
   바. 화력발전: 화력발전소에서 발전하는 때
   사. 건축물 및 선박: 과세기준일 (2019. 12. 31. 개정)
11. 지방교육세: 과세표준이 되는 세목의 납세의무가 성립하는 때
12. 가산세: 다음 각 목의 구분에 따른 시기. 다만, 나목부터 마목까지의 규정에 따른 경우 제46조를 적용할 때에는 이

편주

- 법 34조 1항 12호의 개정규정은 2024. 1. 1.부터 시행함. (법 부칙(2020. 12. 29.) 1조 5호) (2021. 12. 28. 개정)
- 2023. 12. 31. 이전에 종전의 법 34조 1항 12호에 따라 납세의무가 성립한 가산세에 대해서는 같은 개정규정에도 불구하고 종전의 규정에 따름. (법 부칙(2020. 12. 29.) 7조) (2021. 12. 28. 개정)

법 및 지방세관계법에 따른 납부기한(이하 "법정납부기한"이라 한다)이 경과하는 때로 한다. (2020. 12. 29. 개정)

가. 제53조에 따른 무신고가산세 및 제54조에 따른 과소신고 · 초과환급신고가산세: 법정신고기한이 경과하는 때 (2020. 12. 29. 개정)

나. 제55조 제1항 제1호에 따른 납부지연가산세 및 제56조 제1항 제2호에 따른 특별징수 납부지연가산세: 법정납부기한 경과 후 1일마다 그 날이 경과하는 때 (2020. 12. 29. 개정)

다. 제55조 제1항 제2호에 따른 납부지연가산세: 환급받은 날 경과 후 1일마다 그 날이 경과하는 때 (2020. 12. 29. 개정)

라. 제55조 제1항 제3호에 따른 납부지연가산세: 납세고지서에 따른 납부기한이 경과하는 때 (2020. 12. 29. 개정)

라. 제55조 제1항 제3호에 따른 납부지연가산세 및 제56조 제1항 제2호의 2에 따른 특별징수 납부지연가산세: 납세고지서에 따른 납부기한이 경과하는 때 (2024. 12. 31. 개정)

마. 제55조 제1항 제4호에 따른 납부지연가산세 및 제56조 제1항 제3호에 따른 특별징수 납부지연가산세: 납세고지서에 따른 납부기한 경과 후 1개월마다 그 날이 경과하는 때 (2020. 12. 29. 개정)

바. 제56조 제1항 제1호에 따른 특별징수 납부지연가산세: 법정납부기한이 경과하는 때 (2020. 12. 29. 개정)

편주

법 34조 1항 12호 라목의 개정규정은 2025. 1. 1. 이후 특별징수 납부지연가산세를 부과하는 경우부터 적용함. (법 부칙 (2024. 12. 31.) 3조)

사. 그 밖의 가산세: 가산세를 가산할 사유가 발생하는 때. 다만, 가산세를 가산할 사유가 발생하는 때를 특정할 수 없거나 가산할 지방세의 납세의무가 성립하기 전에 가산세를 가산할 사유가 발생하는 경우에는 가산할 지방세의 납세의무가 성립하는 때로 한다. (2020. 12. 29. 개정)

② 제1항에도 불구하고 다음 각 호의 지방세를 납부할 의무는 각 호에서 정한 시기에 성립한다.

1. 특별징수하는 지방소득세: 과세표준이 되는 소득에 대하여 소득세·법인세를 원천징수하는 때
2. 수시로 부과하여 징수하는 지방세: 수시부과할 사유가 발생하는 때
3. 「법인세법」 제67조에 따라 처분되는 상여(賞與)에 대한 주민세 종업원분
   가. 법인세 과세표준을 결정하거나 경정하는 경우: 「소득세법」 제131조 제2항 제1호에 따른 소득금액변동통지서를 받은 날
   나. 법인세 과세표준을 신고하는 경우: 신고일 또는 수정신고일

③ 이 조와 제7장에서 사용되는 용어 중 이 법에서 정의되지 아니한 용어는 「지방세법」을 따른다.

제35조【납세의무의 확정】 ① 지방세는 다음 각 호의 구분에 따른 시기에 세액이 확정된다.

예판

【판례】 가산세의 납세의무 확정

• 신고납부세목의 경우 신고하는 때에 확정되는 것이지만 그 신고를 제대로 하고서도 이를 납부하지 아니한 경우 납부불성실가산세 납세의무의 확정을 위하여는 과세관청의 가산세 부과처분이 별도로 필요함. (대법 95누15704, 1998. 3. 24.)

운영예규 법35-1【납세의무의

1. 납세의무자가 과세표준과 세액을 지방자치단체에 신고납부하는 지방세: 신고하는 때. 다만, 납세의무자가 과세표준과 세액의 신고를 하지 아니하거나 신고한 과세표준과 세액이 지방세관계법에 어긋나는 경우에는 지방자치단체가 과세표준과 세액을 결정하거나 경정하는 때로 한다. (2020. 12. 29. 개정)

2. 제1호의 지방세의 과세표준과 세액을 지방자치단체가 결정하는 경우: 결정하는 때

2. 삭 제 (2020. 12. 29.)

3. 제1호 외의 지방세: 해당 지방세의 과세표준과 세액을 해당 지방자치단체가 결정하는 때

② 제1항에도 불구하고 다음 각 호의 지방세는 납세의무가 성립하는 때에 특별한 절차 없이 세액이 확정된다. (2020. 12. 29. 개정)

1. 특별징수하는 지방소득세 (2020. 12. 29. 신설)
2. 제55조 제1항 제3호 및 제4호에 따른 납부지연가산세 (2020. 12. 29. 신설)
3. 제56조 제1항 제2호의 2 및 제3호에 따른 특별징수 납부지연가산세 (2024. 12. 31. 개정)

제35조의 2【수정신고의 효력】 ① 제49조에 따른 수정신고(과세표준 신고서를 법정신고기한까지 제출한 자의 수정신고로 한정한다)는 당초의 신고에 따라 확정

편주

- 법 35조 2항의 개정규정은 2024. 1. 1.부터 시행함. (법 부칙(2020. 12. 29.) 1조 5호) (2021. 12. 28. 개정)
- 2023. 12. 31. 이전에 법 35조 1항에 따라 세액이 확정된 가산세에 대해서는 같은 조 2항 2호의 개정규정에도 불구하고 종전의 규정에 따름. (법 부칙(2020. 12. 29.) 8조) (2021. 12. 28. 개정)

법 35조 2항 3호의 개정규정은 2025. 1. 1. 이후 특별징수 납부지연가산세를 부과하는 경우부터 적용함. (법 부칙(2024. 12. 31.) 3조)

확정】

"납세의무의 확정"이라 함은 지방세의 납부 또는 징수를 위하여 법이 정하는 바에 따라 납부할 지방세액을 납세의무자 또는 지방자치단체의 일정한 행위나 절차를 거쳐서 구체적으로 확정하는 것을 말하며, 납세의무의 성립과 동시에 법률상 당연히 확정되는 것(예 : 특별징수하는 지방소득세)과 납세의무 성립 후 특별한 절차가 요구되는 것으로서 납세자의 신고에 의하여 확정되는 것(예 : 취득세 등) 및 지방자치단체의 결정에 의하여 확정되는 것(예 : 자동차세 등)이 있다.

된 과세표준과 세액을 증액하여 확정하는 효력을 가진다. (2020. 12. 29. 신설)

② 수정신고는 당초 신고에 따라 확정된 세액에 관한 이 법 또는 지방세관계법에서 규정하는 권리·의무관계에 영향을 미치지 아니한다. (2020. 12. 29. 신설)

제36조【경정 등의 효력】 ① 지방세관계법에 따라 당초 확정된 세액을 증가시키는 경정은 당초 확정된 세액에 관한 이 법 또는 지방세관계법에서 규정하는 권리·의무관계에 영향을 미치지 아니한다.

② 지방세관계법에 따라 당초 확정된 세액을 감소시키는 경정은 경정으로 감소하는 세액 외의 세액에 관한 이 법 또는 지방세관계법에서 규정하는 권리·의무관계에 영향을 미치지 아니한다.

제37조【납부의무의 소멸】 지방자치단체의 징수금을 납부할 의무는 다음 각 호의 어느 하나에 해당하는 때에 소멸한다.

1. 납부·충당 또는 부과가 취소되었을 때
2. 제38조에 따라 지방세를 부과할 수 있는 기간 내에 지방세가 부과되지 아니하고 그 기간이 만료되었을 때
3. 제39조에 따라 지방자치단체의 징수금의 지방세징수권 소멸시효가 완성되었을 때

예판

【판례】증액경정의 효력

• 증액경정처분이 있는 경우 당초 신고나 결정은 증액경정처분에 흡수됨으로써 독립된 존재가치를 잃게 된다고 보아야 할 것이므로, 원칙적으로는 당초 신고나 결정에 대한 불복기간의 경과 여부 등에 관계없이 증액경정처분만이 항고소송의 심판대상이 되고, 납세의무자는 그 항고소송에서 당초 신고나 결정에 대한 위법사유도 함께 주장할 수 있다고 해석함이 타당함. (대법 2006두17390, 2009. 5. 14.)

【판례】납세의무의 소멸 판단기준

• 과세관청은 부과의 취소를 다시 취소하므로써 원부과처분을 소생시킬 수는 없고 납세의무자에게 종전의 과세대상에 대한 납부의무를 지우려면 다시 법률에서 정한 부과절차에 좇아 동일한 내용의 새로운 처분을 하는 수밖에 없는 것이므로 원부과처분을 소생시키는 새로운 부과처분은 당초 부과처분의 제척기간 내에만 가능함. (대법 96다204, 1996. 9. 24.)

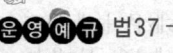

운영예규 법37-1【납 부】

「지방세기본법」 제37조에서 "납부"라 함은 당해 지방세의 납세자는 물론 납세보증인 및 기타 이해관계가 있는 제3자 등에 의한 납부를 모두 포함한다.

법37-2【충 당】

1. "충당"이라 함은 납세의무자에게 환급할 지방세환급금과 당해 납세

제38조 【부과의 제척기간】 ① 지방세는 대통령령으로 정하는 바에 따라 부과할 수 있는 날부터 다음 각 호에서 정하는 기간이 만료되는 날까지 부과하지 아니한 경우에는 부과할 수 없다. 다만, 조세의 이중과세를 방지하기 위하여 체결한 조약(이하 "조세조약"이라 한다)에 따라 상호합의절차가 진행 중인 경우에는 「국제조세조정에 관한 법률」 제51조에서 정하는 바에 따른다. (2020. 12. 22. 단서개정 ; 국제조세조정에 관한 법률 부칙)

1. 납세자가 사기나 그 밖의 부정한 행위로 지방세를 포탈하거나 환급·공제 또는 감면받은 경우: 10년

운영예규 법38-2 【사기나 그 밖의 부정한 행위】

「지방세기본법」 제38조 제1항 제1호에서 '사기나 그 밖의 부정한 행위'란 조세의 부과·징수를 불가능하게 하거나 또는 현저히 곤란하게 하는 위계 기타 부정한 적극적인 행위를 말하며 단순한 「지방세법」상의 신고를 하지 아니하거나 허위의 신고를 함에 그치는 것은 해당하지 아니한다.

법38-3 【부동산 미등기 전매에 대한 사기나 그 밖의 부정한 행위】

타인의 부동산을 매수한 이후 등기를 하지 않은 채 그 부동산을 제3자에게 매도하는 행위(부동산 미등기 전매)로 당초 매수자가 부동산을 취득한 후 제3자에게 매각하였으나 당초 매수자가 전 소유자로부터 작성한 매매계약서를 조작, 제3자와 계약한 것으로 작성하는 등 적극적인 행위를 한 경우는 "사기 기타 부정한 행위"의 경우에 해당한다.

2. 납세자가 법정신고기한까지 과세표준 신고서를 제출

제19조 【부과 제척기간의 기산일】 ① 법 제38조 제1항 각 호 외의 부분 본문에 따른 지방세를 부과할 수 있는 날은 다음 각 호의 구분에 따른다.

1. 법 또는 지방세관계법에서 신고납부하도록 규정된 지방세의 경우 : 해당 지방세에 대한 신고기한의 다음 날. 이 경우 예정신고기한, 중간예납기한 및 수정신고기한은 신고기한에 포함되지 아니한다.
2. 제1호에 따른 지방세 외의 지방세의 경우 : 해당 지방세의 납세의무성립일

② 제1항에도 불구하고 다음 각 호의 경우에는 해당 각 호에서 정한 날을 지방세를 부과할 수 있는 날로 한다.

1. 특별징수의무자 또는 「소득세법」 제149조에 따른 납세조합(이하 "납세조합"이라 한다)에 대하여 부과하는 지방세의 경우 : 해당 특별징수세액 또는 납세조합징수세액의 납부기한의 다음 날
2. 신고납부기한 또는 제1호에 따른 법정 납부기한이 연장되는 경우 : 그 연장된 기한의 다음 날
3. 비과세 또는 감면받은 세액 등에 대한 추징사유가 발생하여 추징하는 경우 : 다음 각 목에서 정한 날
   가. 법 또는 지방세관계법에서 비과세 또는 감면받은 세액을 신고납부하도록 규정된 경우에는 그 신고기한의 다음 날
   나. 가목 외의 경우에는 비과세 또는 감면받은 세액을 부과할 수 있는 사유가 발생한 날

의무자가 납부할 지방세·가산금 및 체납처분비 상당액을 서로 상계시켜 지방세 세입으로 하는 것을 말한다.

2. 지방세 외 세외수입 등은 충당이 불가하며, 이 경우 채권확보(압류 등) 절차를 통해 징수할 수 있다.

관계법령

국제조세조정에 관한 법률

제51조 【부과제척기간의 특례】 ① 상호합의절차가 개시된 경우에 다음 각 호에 해당하는 기간 중 나중에 도래하는 기간의 만료일 후에는 국세를 부과할 수 없다. (2020. 12. 22. 개정)

1. 상호합의절차 종료일의 다음 날부터 1년의 기간 (2020. 12. 22. 개정)
2. 「국세기본법」 제26조의 2 제1항부터 제4항까지의 규정에 따른 부과제척기간 (2020. 12. 22. 개정)

② 상호합의절차가 개시된 경우에 다음 각 호에 해당하는 기간 중 나중에 도래하는 기간의 만료일 후에는 지방세를 부과할 수 없다. (2020. 12. 22. 개정)

1. 상호합의절차 종료일의 다음 날부터 1년의 기간 (2020. 12. 22. 개정)
2. 「지방세기본법」 제38조 제1항에 따른 부과의 제척기간 (2020. 12. 22.

하지 아니한 경우: 7년. 다만, 다음 각 목에 따른 취득으로서 법정신고기한까지 과세표준 신고서를 제출하지 아니한 경우에는 10년으로 한다.

가. 상속 또는 증여[부담부(負擔附) 증여를 포함한다]를 원인으로 취득하는 경우 (2023. 3. 14. 개정)

나. 「부동산 실권리자명의 등기에 관한 법률」 제2조 제1호에 따른 명의신탁약정으로 실권리자가 사실상 취득하는 경우

다. 타인의 명의로 법인의 주식 또는 지분을 취득하였지만 해당 주식 또는 지분의 실권리자인 자가 제46조 제2호에 따른 과점주주가 되어 「지방세법」 제7조 제5항에 따라 해당 법인의 부동산등을 취득한 것으로 보는 경우

3. 그 밖의 경우: 5년

② 제1항에도 불구하고 다음 각 호의 경우에는 제1호에 따른 결정 또는 판결이 확정되거나 제2호에 따른 상호합의가 종결된 날부터 1년, 제3호에 따른 경정청구일이나 제4호에 따른 지방소득세 관련 자료의 통보일부터 2개월이 지나기 전까지는 해당 결정·판결, 상호합의, 경정청구나 지방소득세 관련 자료의 통보에 따라 경정이나 그 밖에 필요한 처분을 할 수 있다. (2023. 3. 14. 개정)

1. 제7장에 따른 이의신청·심판청구, 「감사원법」에 따른 심사청구 또는 「행정소송법」에 따른 소송(이하 "행정소송"이라 한다)에 대한 결정 또는 판결이 있는 경우 (2019. 12. 31. 개정)

운영예규 법 38…시행령 18－1 **【수정신고기한의 과세표준과 세액에 대한 지방세부과 제척기간의 기산일】** (2022. 10. 25. 번호개정)

「지방세기본법 시행령」 제18조 제1항 제1호에서 "수정신고기한은 신고기한에 포함되지 아니한다"라 함은 수정신고기한의 다음 날을 지방세 부과제척기간의 기산일로 보지 아니하고, 당해 지방세의 과세표준과 세액에 대한 확정신고기한의 다음 날을 그 기산일로 보는 것을 말한다. (2022. 10. 25. 개정)

개정)

2. 조세조약에 부합하지 아니하는 과세의 원인이 되는 조치가 있는 경우 그 조치가 있음을 안 날부터 3년 이내(조세조약에서 따로 규정하는 경우에는 그에 따른다)에 그 조세조약에 따른 상호합의가 신청된 것으로서 그에 대하여 상호합의가 이루어진 경우
3. 제50조 제1항·제2항 및 제6항에 따른 경정청구가 있는 경우 (2021. 12. 28. 개정)
4. 「지방세법」 제103조의 59 제1항 제1호·제2호·제5호 및 같은 조 제2항 제1호·제2호·제5호에 따라 세무서장 또는 지방국세청장이 지방소득세 관련 소득세 또는 법인세 과세표준과 세액의 결정·경정 등에 관한 자료를 통보한 경우 (2018. 12. 24. 신설)

③ 제1항에도 불구하고 제2항 제1호의 결정 또는 판결에 의하여 다음 각 호의 어느 하나에 해당하게 된 경우에는 당초의 부과처분을 취소하고 그 결정 또는 판결이 확정된 날부터 1년 이내에 다음 각 호의 구분에 따른 자에게 경정이나 그 밖에 필요한 처분을 할 수 있다. (2023. 3. 14. 개정)

1. 명의대여 사실이 확인된 경우: 실제로 사업을 경영한 자 (2023. 3. 14. 개정)
2. 과세의 대상이 되는 재산의 취득자가 명의자일 뿐이고 사실상 취득한 자가 따로 있다는 사실이 확인된 경우: 재산을 사실상 취득한 자 (2023. 3. 14. 개정)

④ 제1항 각 호에 따른 지방세를 부과할 수 있는 날은 대통령령으로 정한다.

⑤ 제1항 제1호에서 "사기나 그 밖의 부정한 행위"란 다음 각 호의 어느 하나에 해당하는 행위로서 지방세의 부과와 징수를 불가능하게 하거나 현저히 곤란하게 하는 적극적 행위를 말한다(이하 제53조, 제54조 및 제102조에서 같다).

1. 이중장부의 작성 등 장부에 거짓으로 기록하는 행위
2. 거짓 증빙 또는 거짓으로 문서를 작성하거나 받는 행위
3. 장부 또는 기록의 파기
4. 재산의 은닉, 소득·수익·행위·거래의 조작 또는 은폐
5. 고의적으로 장부를 작성하지 아니하거나 갖추어 두지 아니하는 행위
6. 그 밖에 위계(僞計)에 의한 행위

예판

【예규】 연부취득에 따른 부과제척기간 기산일은 매 연부금 지급에 따른 신고납부기한의 다음날이며 부과제척기간은 각 연부금액에 대하여 각각 진행된다고 할 것임. (지방세운영과-1624, 2012. 5. 24.)

제39조 【지방세징수권의 소멸시효】 ① 지방자치단체의 징수금의 징수를 목적으로 하는 지방자치단체의 권리(이하 "지방세징수권"이라 한다)는 이를 행사할 수 있는 때부터 다음 각 호의 구분에 따른 기간 동안 행사하지 아니하면 소멸시효가 완성된다. (2020. 12. 29. 개정)

1. 가산세를 제외한 지방세의 금액이 5천만원 이상인 경우: 10년 (2020. 12. 29. 개정)

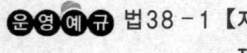

【판례】 • 부과제척기간 경과 효력

- 과세제척기간이 만료되면 과세권자로서는 새로운 결정이나 증액경정결정은 물론 감액경정결정 등 어떠한 처분도 할 수 없음이 원칙이라고 할 것임. (대법 94다3667, 1994. 8. 26. 판결)

• 판결에 따른 제척기간 특례 적용

- 판결에 따른 제척기간의 특례 적용에 있어 판결이 확정된 날로부터 1년내라 하여 당해 결정이나 판결에 따르지 아니하는 새로운 결정이나 증액경정결정까지 할 수 있다는 취지는 아니므로, 납세자를 변경하거나 세목을 달리하는 처분은 할 수 없으며, 기각이나 각하 판결의 경우 제척기간 특례적용 대상이 아님. (대법 2004두11459, 2005. 2. 25.)

【조심판례】 • 청구인들의 부친을 대리한 법무사가 주택에 대한

법38-1 【지방세부과의 제척기간】

지방세 부과의 제척기간은 권리관계를 조속히 확정·안정시키려는 것으로서 지방세징수권 소멸시효와는 달리 기간의 중단이나 정지가 없으며, 「지방세기본법 시행령」 제19조에 따른 부과할 수 있는 날부터 부과제척기간인 5년(7년, 10년)의 기간이 경과하면 지방자치단체의 부과권은 소멸되어 과세표준이나 세액을 변경하는 어떤 결정 또는 경정(「지방세기본법」 제38조 제2항의 해당 판결·결정 또는 상호합의를 이행하기 위한 경정

2. 가산세를 제외한 지방세의 금액이 5천만원 미만인 경우: 5년 (2020. 12. 29. 개정)

② 제1항의 소멸시효에 관하여는 이 법 또는 지방세관계법에 규정되어 있는 것을 제외하고는 「민법」에 따른다. (2020. 12. 29. 개정)

③ 지방세징수권을 행사할 수 있는 때는 다음 각 호의 날로 한다. (2020. 12. 29. 신설)

1. 과세표준과 세액의 신고로 납세의무가 확정되는 지방세의 경우 신고한 세액에 대해서는 그 법정납부기한의 다음 날 (2020. 12. 29. 신설)
2. 과세표준과 세액을 지방자치단체의 장이 결정 또는 경정하는 경우 납세고지한 세액에 대해서는 그 납세고지서에 따른 납부기한의 다음 날 (2020. 12. 29. 신설)

④ 제3항에도 불구하고 다음 각 호의 경우에는 각 호에서 정한 날을 지방세징수권을 행사할 수 있는 때로 본다. (2020. 12. 29. 신설)

1. 특별징수의무자로부터 징수하는 지방세로서 납세고지한 특별징수세액의 경우: 납세고지서에 따른 납부기한의 다음 날 (2020. 12. 29. 신설)
2. 제3항 제1호의 법정납부기한이 연장되는 경우: 연장된 기한의 다음 날 (2020. 12. 29. 신설)

편주

• 법 39조 1항부터 4항까지의 개정규정은 2024. 1. 1.부터 시행

취득신고를 하면서 변경된 도급계약서를 의도적으로 제출하지 아니하고 과소신고한 것은 조세의 부과·징수를 불가능하게 하거나 현저히 곤란하게 하는 적극적인 행위에 해당하므로 부과제척기간 10년을 적용한 것은 잘못이 없음. (조심 2014지1388, 2015. 6. 29.)

제20조 【지방세징수권 소멸시효의 기산일】 법 제39조 제1항 후단에 따른 그 권리를 행사할 수 있는 때는 납세고지에 의한 납부기한(납부기한이 연장된 경우에는 그 연장된 기한을 말한다)의 다음 날로 한다. 다만, 특별징수의무자 또는 납세조합으로부터 징수하는 지방세의 경우에는 해당 특별징수세액 또는 납세조합징수세액의 납부기한(납부기한이 연장된 경우에는 그 연장된 기한을 말한다)의 다음 날을 말한다.

제20조 【지방세징수권 소멸시효의 기산일】 삭 제 (2020. 12. 31.)

예판

【판례】소멸시효 이익의 포기

• 소멸시효완성 이후에 있은 과세처분에 기하여 세액을 납부하였다 하더라도 이를 들어 바로 소멸시효의 이익을 포기한 것으로 볼 수 없으므로, 부당이득반환 청구시 반환대상임. (대법 87다카70, 1988. 1. 19.)

결정 기타 필요한 처분은 제외한다)도 할 수 없다.

운영예규 **법39-1 【소멸시효 완성의 효과】**

「지방세기본법」 제39조 제1항에서 "시효로 인하여 소멸한다"라 함은 시효기간의 경과로 소멸시효가 완성하면 지방세징수권이 당연히 소멸하는 것을 말한다.

법39-2 【종속된 권리의 소멸시효】

1. 지방세의 소멸시효가 완성한 때에는 그 지방세의 가산금, 체납처분비 및 이자상당액에도 그 효력이 미친다.
2. 주된 납세의무자의 지방세가 소멸시효의 완성으로 인하여 소멸한

함. (법 부칙(2020. 12. 29.) 1조 5호) (2021. 12. 28. 개정)
• 법 39조 1항, 3항 및 4항의 개정규정은 2024. 1. 1. 이후 납세의무가 성립하는 분부터 적용함. (법 부칙(2020. 12. 29.) 2조) (2021. 12. 28. 개정)

제40조 【시효의 중단과 정지】 ① 지방세징수권의 시효는 다음 각 호의 사유로 중단된다.

1. 납세고지
2. 독촉 또는 납부최고
3. 교부청구
4. 압류

4. 압류(「지방세징수법」 제40조, 제63조 제1항 제2호·제3호 또는 같은 법 제63조 제2항 제5호의 사유로 압류를 해제하는 경우는 제외한다) (2024. 12. 31. 개정)

② 제1항에 따라 중단된 시효는 다음 각 호의 기간이 지난 때부터 새로 진행한다.

1. 고지한 납부기간
2. 독촉 또는 납부최고에 따른 납부기간
3. 교부청구 중의 기간
4. 압류해제까지의 기간

운영예규 법40-3 【시효중단 후의 시효진행】
「지방세기본법」 제40조 제2항에서 "새로 진행한다"라 함은 시효가 중단된 때까지에 경과한 시효기간은 효력을 상실하고 중단사유가 종료한 때로부터 새로이 시효가 진행하는 것을 말한다.

예판

【조심판례】 소멸시효의 중단
• 지방세 징수권의 시효는 "압류"의 효력이 발생할 때 중단되는 것인바, 처분청이 결손처분을 하더라도 자동차에 대한 압류가 계속 유지되고 있는 이상 이 건 체납액에 대한 징수권이 소멸된 것으로 보기는 어려워 보이므로 청구인의 채권(보상금)을 압류한 처분은 적법함. (조심 2013지69, 2013. 4. 9.)

【판례】 소멸시효의 중단 후 진행
• 가등기에 기한 본등기를 한 경우 그 사이에 이루어진 등기의 효력을 상실되므로, 본등기로 압류등기가 말소된 경우 그 날부터 새로이 소멸시효가 진행됨. (서울고법 2008누18016, 2009. 5. 29. 판결: 대법확정)

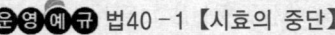

운영예규 법40-1 【시효의 중단】
"시효의 중단"이라 함은 「지방세기본법」 제40조 제1항 각 호에서 정한 처분의 효력의 발생으로 인하여 이미 경과한 시효기간의 효력이 상실되는 것을 말한다.

법40-2 【시효의 정지】
"시효의 정지"란 일정한 기간 동안 시효의 완성을 유예하는 것을 말하며, 이 경우에는 그 정지사유가 종료한 후 다시 잔여 시효기간이 경과하면 소멸시효가 완성한다.

때에는 제2차납세의무자, 납세보증인에도 그 효력이 미친다.

예판

【예규】 • 지방세징수권의 소멸시효가 중단되는 납부의 독촉은 독촉장 또는 납부최고서만 해당되고 지방세법 시행규칙 제21조에 의한 체납세액고지서는 체납세액 징수를 위한 과세관청의 독려과정에 해당하는 것이어서 이는 소멸시효 중단사유에 해당하지 않는다고 할 것임. (지방세분석과-1032, 2013. 5. 29.)
• 체납액의 일부 납부를 「민법」상 승인으로 보아 지방세 징수권의 소멸시효를 중단할 수 없음. (지방세정책과-3390, 2019. 12. 23.)

③ 제39조에 따른 소멸시효는 다음 각 호의 어느 하나에 해당하는 기간에는 진행되지 아니한다.

1. 「지방세법」에 따른 분할납부기간
2. 「지방세법」에 따른 연부(年賦)기간
3. 「지방세징수법」에 따른 징수유예기간
4. 「지방세징수법」에 따른 체납처분유예기간
5. 지방자치단체의 장이 「지방세징수법」 제39조에 따른 사해행위(詐害行爲) 취소의 소송을 제기하여 그 소송이 진행 중인 기간
6. 지방자치단체의 장이 「민법」 제404조에 따른 채권자대위 소송을 제기하여 그 소송이 진행 중인 기간
7. 체납자가 국외에 6개월 이상 계속하여 체류하는 경우 해당 국외 체류기간 (2018. 12. 24. 신설)

④ 제3항 제5호 또는 제6호에 따른 사해행위 취소의 소송 또는 채권자대위 소송의 제기로 인한 시효정지는 소송이 각하·기각되거나 취하된 경우에는 효력이 없다.

제2절 납세의무의 확장 및 보충적 납세의무

제41조【법인의 합병으로 인한 납세의무의 승계】 법인이 합병한 경우에 합병 후 존속하는 법인 또는 합병으로 설립된 법인은 합병으로 인하여 소멸된 법인에 부과되거나 그 법인이 납부할 지방자치단체의 징수금을

제2절 납세의무의 확장 및 보충적 납세의무

운영예규 법41-1【법인의 합병】

1. "법인의 합병"이라 함은 2개 이상의 법인이 「상법」의 규정에 의하여 하나의 법인으로 되어 청산절차를 거치지

운영예규 법41-4【납세유예 등에 관한 효력의 승계】

소멸법인에 대하여 다음의 경우에는

납부할 의무를 진다.

예판

【예규】 · 법인합병으로 인한 납세의무의 승계

- 지방세법 제15조의 규정에 의거 법인합병을 하였을 경우에 합병 후 존속하는 법인과 합병으로 인하여 설립된 법인은 합병으로 소멸된 법인의 합병 전의 사실에 대하여 부과한 지방자치단체의 징수금 또는 피합병법인이 납부 또는 납입할 지방자치단체의 징수금을 납부할 의무를 지게 되는 것이고, 이 때 법인합병으로 인하여 승계 납세의무가 발생되는 존속법인이 부담할 납세의무의 범위는 소멸법인이 합병이 전에까지 부담할 지방세 전액에 대하여 승계납세의무가 있게 되는 것임. (세정과 13407-자478, 1998. 6. 19.)

• **법인의 권리 · 의무와 재산을 포괄승계받은 경우 납세의무까지 승계**

- 모든 권리와 의무를 포괄적으로 승계한다 함은 양수인이 양도인으로부터 그의 모든 사업시설 뿐만 아니라 그 사업에 관한 채권 · 채무 등 일체의 인적 · 물적권리와 의무를 양수함으로써 양도인과 동일시되는 정도의 법률상의 지위를 그대로 승계하는 것을 의미하는 것이므로, 청구인이 ○○○○○으로부터 모든 권리 · 의무와 재산을 포괄승계받았으므로 이 건 주민세에 대한 납세의무까지 승계받은 것으로 보아야 할 것임. (지방세심사과 2001-49, 2001. 1. 30.)

제42조【상속으로 인한 납세의무의 승계】 ① 상속이 개시된 경우에 상속인[「상속세 및 증여세법」 제2조 제5호에 따른 수유자(受遺者)를 포함한다. 이하 같다] 또는 「민법」 제1053조에 따른 상속재산관리인은 피상속인

않고 1개 이상 법인이 소멸되거나 권리의무를 포괄적으로 이전하는 일단의 행위를 말하며, 합병의 효력 발생 시기는 법인의 합병등기를 마친 때이다.

2. 합병 후 존속법인과 설립법인은 합병으로 인하여 소멸된 법인에게 부과되거나 납부할 지방자치단체의 징수금을 납부할 승계납세의무를 진다.

법41-2【법인의 합병시점】

「지방세기본법」 제41조에서 "합병한 경우"라 함은 합병 후의 존속법인 또는 합병으로 인한 신설법인이 그 본점소재지에서 합병등기를 한 때를 말한다.

법41-3【부과되거나 납부할 징수금】

「지방세기본법」 제41조 및 제42조에 따른 "부과되거나 … 납부할 지방자치단체의 징수금"이라 함은 합병(상속)으로 인하여 소멸된 법인(피상속인)에게 귀속되는 지방세 · 체납처분비 및 가산금과 지방세관계법에 정한 납세의무의 확정절차에 따라 장차 부과되거나 납부하여야 할 지방세 · 체납처분비 및 가산금을 말한다.

제21조【상속재산의 가액】 ① 법 제42조 제1항에 따른 상속으로 얻은 재산은 다음 계산식에 따른 가액으로 한다. (2019. 12. 31. 개정)

합병 후 존속법인 또는 합병으로 인한 신설법인은 당해 처분 등이 있는 상태로 그 지방세 등을 승계한다.

1. 납기연장의 신청, 징수유예의 신청 또는 물납의 신청
2. 납기연장, 징수 또는 체납처분에 관한 유예
3. 물납의 승인
4. 담보의 제공 등

법41-5【합병법인에 대한 납세고지서 명의】

법인의 합병시점인 합병등기일 이후에는 납세고지서 명의를 합병 후 존속하는 법인인 합병법인 명의로 한다.

☜

운영예규 **법42…시행령21-1【자산총액과 부채총액】**

「지방세기본법 시행령」 제21조 제1

에게 부과되거나 피상속인이 납부할 지방자치단체의 징수금(이하 이 조에서 "피상속인에 대한 지방자치단체의 징수금"이라 한다)을 상속으로 얻은 재산의 한도 내에서 납부할 의무를 진다.

예판

【판례】 상속에 따른 납세의무 승계 범위

• 적법하게 상속을 포기한 자는 승계 납세의무를 지는 '상속인'에 포함되지 않음. (대법 2013두1041, 2013. 5. 23.)

【예규】 2개 이상의 자치단체가 상속인에게 납세의무 승계 시, 상속으로 얻은 재산가액을 초과하는 경우에는 납세자의 의사에 따라 먼저 납부한 자치단체의 징수금이 우선 징수된 것으로 보는 것이 타당함. (지방세정책과-3020, 2019. 7. 17.)

【조심판례】 한정승인자 재산세 납세의무

• 법원에 한정상속을 신고하고 법원이 그 신고사항을 수리하여 한정상속을 승인받은 토지는 상속인에게 재산세 납세의무가 성립됨. (조심 2019지1861, 2019. 11. 5.)

운영예규 법42 - 3 【수유자】

"수유자(受遺者)"라 함은 유언에 의하여 유증을 받을 자로 정하여진 자를 말하며, 「지방세기본법」 제42조 제1항에 따른 "수유자(受遺者)"에는 사인증여(「민법」 제562조)를 받는 자를 포함한다. (※ 사인증여라 함은 증여자의 사망으로 효력이 발생하는 증여를 말한다.)

② 제1항에 따른 납세의무 승계를 피하면서 재산을 상속

상속으로 얻은 재산 = 상속으로 얻은 자산총액 −(상속으로 얻은 부채총액 + 상속으로 부과되거나 납부할 상속세 및 취득세)

② 제1항에 따른 자산총액과 부채총액의 가액은 「상속세 및 증여세법」 제60조부터 제66조까지의 규정을 준용하여 평가한다.

③ 제1항을 적용할 때 다음 각 호의 가액을 포함하여 상속으로 얻은 재산의 가액을 계산한다. (2020. 12. 31. 신설)

1. 법 제42조 제2항에 따라 상속재산으로 보는 보험금 (2020. 12. 31. 신설)
2. 법 제42조 제2항에 따라 상속재산으로 보는 보험금을 받은 자가 납부할 상속세 (2020. 12. 31. 신설)

④ 법 제42조 제3항 전단에서 "대통령령으로 정하는 비율"이란 각각의 상속인(법 제42조 제1항에 따른 수유자와 같은 조 제2항에 따른 상속포기자를 포함한다. 이하 이 항에서 같다)의 제1항에 따라 계산한 상속으로 얻은 재산의 가액을 각각의 상속인이 상속으로 얻은 재산 가액의 합계액으로 나누어 계산한 비율을 말한다. (2020. 12. 31. 신설)

항에 따른 "자산총액"과 "부채총액"을 계산함에 있어서는 다음 사항에 유의한다.

1. 상속재산에는 사인증여 및 유증의 목적이 된 재산을 포함한다.
2. 생명침해 등으로 인한 피상속인의 손해배상청구권도 상속재산에 포함된다.
3. 피상속인의 일신에 전속하는 권리 의무는 제외한다.
4. 피상속인이 수탁하고 있는 신탁재산은 수탁자의 상속재산에 속하지 아니한다.

받기 위하여 피상속인이 상속인을 수익자로 하는 보험계약을 체결하고 상속인은 「민법」 제1019조 제1항에 따라 상속을 포기한 것으로 인정되는 경우로서 상속포기자가 피상속인의 사망으로 보험금(「상속세 및 증여세법」 제8조에 따른 보험금을 말한다)을 받는 때에는 상속포기자를 상속인으로 보고, 보험금을 상속받은 재산으로 보아 제1항을 적용한다. (2020. 12. 29. 신설)

③ 제1항의 경우 상속인이 2명 이상일 때에는 각 상속인은 피상속인에 대한 지방자치단체의 징수금을 「민법」 제1009조 · 제1010조 · 제1012조 및 제1013조에 따른 상속분(다음 각 호의 어느 하나에 해당하는 경우에는 대통령령으로 정하는 비율로 한다)에 따라 나누어 계산한 금액을 상속으로 얻은 재산의 한도에서 연대하여 납부할 의무를 진다. 이 경우 각 상속인은 상속인 중에서 피상속인에 대한 지방자치단체의 징수금을 납부할 대표자를 정하여 대통령령으로 정하는 바에 따라 지방자치단체의 장에게 신고하여야 한다. (2023. 3. 14. 개정)

1. 상속인 중 수유자가 있는 경우 (2023. 3. 14. 신설)
2. 상속인 중 「민법」 제1019조 제1항에 따라 상속을 포기한 사람이 있는 경우 (2023. 3. 14. 신설)
3. 상속인 중 「민법」 제1112조에 따른 유류분을 받은 사람이 있는 경우 (2023. 3. 14. 신설)
4. 상속으로 받은 재산에 보험금이 포함되어 있는 경우 (2023. 3. 14. 신설)

제22조 【상속인대표자의 신고 등】 ① 법 제42조 제3항 후단에 따른 상속인대표자의 신고는 상속개시일부터 30일 이내에 대표자의 성명과 주소 또는 영업소, 그 밖에 필요한 사항을 적은 문서로 해야 한다. (2020. 12. 31. 개정)

② 지방자치단체의 장은 법 제42조 제3항 후단에 따른 신고가 없을 때에는 상속인 중 1인을 대표자로 지정할 수 있다. 이 경우 지방자치단체의 장은 그 뜻을 적은 문서로 지체 없이 각 상속인에게 각각 통지해야 한다. (2020. 12. 31. 개정)

제11조 【상속인대표자의 신고】 ① 법 제42조 제3항 후단 및 영 제22조 제1항에 따른 상속인대표자의 신고는 별지 제11호 서식의 지방세 상속인대표자 신고서에 따른다. (2020. 12. 31. 개정)

② 영 제22조 제2항 후단에 따른 상속인대표자의 지정 통지는 별지 제12호 서식의 지방세 상속인대표자 지정 통지에 따른다.

관련법령

민 법

제1009조 【법정상속분】 ① 동순위의 상속인이 수인인 때에는 그 상속분은 균분으로 한다. (1990. 1. 13. 개정)

② 피상속인의 배우자의 상속분은 직계비속과 공동으로 상속하는 때에는 직계비속

운영예규 법42-1【상속으로 인한 납세의무 승계범위】

상속으로 인한 납세의무의 승계에는 피상속인이 부담할 제2차 납세의무도 포함되며, 이러한 제2차 납세의무의 승계에는 반드시 피상속인의 생전에 「지방세징수법」 제15조에 따른 납부고지가 있어야 하는 것은 아니다.

법42-2【납세의무 승계에 관한 처리절차】

상속이 개시된 경우에 피상속인에게 부과되거나 피상속인이 납부할 지방세, 가산금 및 체납처분비는 상속인 또는 상속재산관리인에게 납세의무에 대한 별도의 지정조치 없이 법률에 의해 당연히 승계되며, 피상속인의 생전에 피상속인에게 행한 처분 또는 절차는 상속인 또는 상속재산관리인에 대하여도 효력이 있다. 그러나 피상속인이 사망한 후 그 승계되는 지방세 등의 부과징수를 위한 잔여절차는 상속인 또는 상속재산관리인을 대상으로 하여야 한다.

법42-4【태 아】

태아에게 상속이 된 경우에는 그 태아가 출생한 때에 상속으로 인한 납세의무가 승계된다.

법42-5【상속인이 명료하지 아니한 경우】

피상속인에 대한 혼인무효의 소 또는 조정이 계류 중에 있거나 기타 상속의 효과를 가지는 신분관계의 존부확정에 관하여 쟁송 중인 경우 등 상속인이 명확하지 아니한 경우에는 원칙적으로 그 무효의 소, 기타 그 쟁송사유가 없는 것으로 보는 경우의 상속인에게 「지방세기본법」 제42조를 적용한다.

※ 참고

- 이혼무효심판 중 : 이혼한 상태로 봄.
- 친생자부인심판 중 : 친생자로 봄.
- 상속신분부존재청구 중 : 상속신분존재로 봄.
- 상속신분존재확인청구 중 : 상속신분부존재로 봄.

운영예규 법42-6【상속재산 분할방법의 지정이 명백하지 아니한 경우】

상속재산 분할방법의 지정에 관한 유언의 효력에 대하여 분쟁이 있는 등 상속재산의 분할방법이 명백하지 아니한 경우와 상속재산의 분할방법을 정할 것을 위탁받은 자가 그 위탁을 승낙하지 않는 경우에는 「민법」 제1009조의 규정에 의한 법정상속분에 대하여 「지방세기본법」 제42조 제3항을 적용한다. (2022. 10. 25. 개정)

법42-7【피상속인에게 독촉된 지방세의 납부촉구】

피상속인이 사망하기 전에 독촉을 한 체납액에 관하여 그 상속인의 재산을 압류하고자 하는 경우에는 「지방세징수법」 제33조 제2항에 규정하는 사유가 있는 경우를 제외하고는 사전에 그 상속인에 대하여 승계세액의 납부를 촉구하여야 한다.

법42-8【상속절차 중의 체납처분】

상속재산에 대하여는 「민법」 제1032조(채권자에 대한 공고, 최고) 및 제1056조(상속인 없는 재산의 청산)의 규정에 의한 채권 신청기간 내라도 체납처분을 할 수 있다.

법42-9【상속인 등에게 변동이 생길 경우】

인지, 태아의 출생, 지정상속인의 판명, 유산의 분할 및 기타 사유에 의하여 상속인, 상속지분 또는 상속재산에 변동이 있는 경우라도 그 이전에 발생한 승계지방세 및 납부책임에 대하여는 영향을 미치지 아니한다.

의 상속분의 5할을 가산하고, 직계존속과 공동으로 상속하는 때에는 직계존속의 상속분의 5할을 가산한다. (1990. 1. 13. 개정)

제1010조【대습상속분】 ① 제1001조의 규정에 의하여 사망 또는 결격된 자에 갈음하여 상속인이 된 자의 상속분은 사망 또는 결격된 자의 상속분에 의한다. (2014. 12. 30. 개정)

② 전항의 경우에 사망 또는 결격된 자의 직계비속이 수인인 때에는 그 상속분은 사망 또는 결격된 자의 상속분의 한도에서 제1009조의 규정에 의하여 이를 정한다. 제1003조 제2항의 경우에도 또한 같다.

제43조 【상속재산의 관리인】 ① 제42조 제1항의 경우 상속인이 있는지 분명하지 아니할 때에는 상속인에게 하여야 할 납세의 고지, 독촉, 그 밖에 필요한 사항은 상속재산관리인에게 하여야 한다.

② 제42조 제1항의 경우에 상속인이 있는지가 분명하지 아니하고 상속재산관리인도 없을 때에는 지방자치단체의 장은 상속개시지(相續開始地)를 관할하는 법원에 상속재산관리인의 선임(選任)을 청구할 수 있다.

③ 제42조 제1항의 경우에 피상속인에게 한 처분 또는 절차는 상속인이나 상속재산관리인에게도 효력이 미친다.

제44조 【연대납세의무】 ① 공유물(공동주택의 공유물은 제외한다), 공동사업 또는 그 공동사업에 속하는 재산에 관계되는 지방자치단체의 징수금은 공유자 또는 공동사업자가 연대하여 납부할 의무를 진다. (2017. 12. 26. 개정)

② 법인이 분할되거나 분할합병된 후 분할되는 법인(이하 이 조에서 "분할법인"이라 한다)이 존속하는 경우 다음 각 호의 법인은 분할등기일 이전에 분할법인에 부과되거나 납세의무가 성립한 지방자치단체의 징수금에 대하여 분할로 승계된 재산가액을 한도로 연대하여 납부할 의무가 있다. (2020. 12. 29. 개정)

1. 분할법인 (2020. 12. 29. 개정)
2. 분할 또는 분할합병으로 설립되는 법인(이하 이 조에서 "분할신설법인"이라 한다) (2020. 12. 29. 개정)

☞ **운영예규 법43-1 【상속재산의 관리인】**

"상속재산의 관리인"이라 함은 「민법」 제1053조에 따른 상속재산관리인을 말한다.

☞ **예판**

【조심판례】 청구인은 ○○한국지사의 매출액 70%를 수령하였고, 1년에 수차례 ○○한국지사 사무실을 방문하여 직원들과 교류한 점 등 청구인은 ○○한국지사를 공동으로 경영한 공동사업자로 보는 것이 타당하므로 청구인을 연대납세의무자로 지정한 것은 잘못이 없음. (조심 2015지1121, 2016. 9. 27.)

【판례】 연대납세의무의 적용 범위

- 연대납세의무를 확정하기 위해서는 연대납세의무자 각자에게 개별적으로 부과처분의 통지가 있어야 하므로 연대납세의무자의 1인에 대하여 납세고지를 하였다고 하더라도, 이로써 다른 연대납세의무자에게도 부과처분의 통지를 한 효력이 발생한다고 할 수는 없음. (대법 96다31697, 1998. 9. 4.)

☞ **운영예규 법44-1 【공유물·공동사업】**

1. "공유물"이라 함은 「민법」 제262조(물건의 공유)의 규정에 의한 공동소유의 물건을 말한다.
2. "공동사업"이라 함은 그 사업이 당사자 전원의 공동의 것으로서, 공동으로 경영되고 당사자 전원이 그 사업의 성공 여부에 대하여 이익배분 등 이해관계를 가지는 사업을 말한다.

3. 분할법인의 일부가 다른 법인과 합병하는 경우 그 합병의 상대방인 다른 법인(이하 이 조에서 "존속하는 분할합병의 상대방 법인"이라 한다) (2020. 12. 29. 개정)

③ 법인이 분할되거나 분할합병된 후 분할법인이 소멸하는 경우 다음 각 호의 법인은 분할법인에 부과되거나 납세의무가 성립한 지방자치단체의 징수금에 대하여 분할로 승계된 재산가액을 한도로 연대하여 납부할 의무가 있다. (2020. 12. 29. 개정)

1. 분할신설법인 (2020. 12. 29. 개정)
2. 존속하는 분할합병의 상대방 법인 (2020. 12. 29. 개정)

④ 법인이 「채무자 회생 및 파산에 관한 법률」 제215조에 따라 신회사(新會社)를 설립하는 경우 기존의 법인에 부과되거나 납세의무가 성립한 지방자치단체의 징수금은 신회사가 연대하여 납부할 의무를 진다.

⑤ 제1항부터 제4항까지의 연대납세의무에 관하여는 「민법」 제413조부터 제416조까지, 제419조, 제421조, 제423조 및 제425조부터 제427조까지의 규정을 준용한다.

제45조【청산인 등의 제2차 납세의무】 ① 법인이 해산한 경우에 그 법인에 부과되거나 그 법인이 납부할 지방자치단체의 징수금을 납부하지 아니하고 남은 재산을 분배하거나 인도(引渡)하여, 그 법인에 대하여 체납처분을 집행하여도 징수할 금액보다 적은 경우에는 청산인과 남은 재산을 분배받거나 인도받은 자는 그 부족

운영예규 법45-1【법인이 해산한 경우】

「지방세기본법」 제45조에서 "법인이 해산한 경우"라 함은 해산등기의 유무에 관계없이 다음 각 호의 경우를 말하며, 청산인 또는 잔여재산을 분배 또는 인도받은 자는 지방자치단체가 납세의무자에게 징수할 금액 중 부족한 금액에 대하여 제2차 납세의무를 진다.

1. 주주총회 기타 이에 준하는 총회 등에서 해산을 결정한 경우에는 그 익일
2. 해산할 날을 정하지 아니한 경우에는 해산결의를 한 때
3. 해산사유(존립기간의 만료, 정관에 정한 사유의 발생, 파산, 합병 등)의 발생으로 해산하는 경우에는 그 사유가 발생한 때
4. 법원의 명령 또는 판결에 의하여 해산하는 경우에는 그 명령 또는 판결이 확정된 때
5. 주무관청이 설립허가를 취소한 경우에는 그 취소의 효력이 발생하는 때 등

법45-2【해산법인에 부과되거나 납부할 징수금】

「지방세기본법」 제45조 제1항에서 "그 법인에 부과되거나 그 법인이 납부할 지방자치단체의 징수금"이라 함은 당해 법인이 결과적으로 납부하여야 할 지방자치단체의 모든 징수금을 말하며, 해산할 때나 잔여재산을 분배 또는 인도하는 때에 이미 부과하였거나 부과하여야 할 지방세를 포함하는 것이다.

운영예규 법45-3【분배 또는 인도】

「지방세기본법」 제45조에서 "분배"라 함은 법인이 청산하는 경우에 있어서 잔여재산을 사원, 주주, 조합원, 회원 등에게 원칙적으로 출자액에

한 금액에 대하여 제2차 납세의무를 진다.

② 제1항에 따른 제2차 납세의무는 청산인에게는 분배하거나 인도한 재산의 가액을, 남은 재산을 분배받거나 인도받은 자에게는 각자가 분배·인도받은 재산의 가액을 한도로 한다.

예판

【조심판례】 체납법인의 임시주주총회의사록 등에 청구인이 체납법인의 주주 및 감사로서 권리를 행사한 점 등에 비추어 처분청이 청구인을 제2차 납세의무자로 지정하고 체납법인의 체납액 중 청구인의 주식 소유비율에 상당하는 금액을 납부고지한 처분은 잘못이 없음. (조심 2014지2165, 2015. 5. 27.)

【판례】 출자자의 제2차 납세의무 적용 범위

- 제2차 납세의무를 지우기 위해서는 현실적으로 주주권을 행사한 실적은 없더라도 적어도 납세의무 성립일 당시 소유하고 있는 주식에 관하여 주주권을 행사할 수 있는 지위에는 있어야 하므로, 납세의무 성립일 당시 주주권을 행사할 가능성이 없었던 경우에는 제2차 납세의무를 지지 아니함. (대법 2011두9287, 2012. 12. 26.)

【예규】 • 제2차 납세의무 이행 후 감액이 이루어진 경우, 감액 이후 체납세액을 기준으로 제2차 납세의무 재지정 후 제2차 납세의무자가 과다납부한 금액은 환급함이 타당함. (지방세정책과-1206, 2019. 3. 28.)

- 부동산등을 신탁한 법인의 주식을 취득하여 당해 법인의 과점주주가 되었을 경우에 그 신탁재산은 과점주주 취득세 과세표준에 포함되지 않는다고 판단됨. (지방세운영과-1012, 2013. 6. 12.)

운영예규 법45-4【청산인 등의 제2차 납세의무자의 한계】

제23조【청산인 등의 제2차 납세의무 한도】 법 제45조 제2항에 따른 재산의 가액은 해당 잔여재산(殘餘財産)을 분배하거나 인도한 날 현재의 시가(時價)로 한다.

운영예규 법45-5【청산인】

"청산인"이라 함은 「민법」 또는 「상법」의 규정에 따라 선임 또는 지정되어 다음과 같은 해산법인의 청산사무를 집행하는 자를 말한다.

1. 현존사무의 종결
2. 채권의 추심과 채무의 변제
3. 재산의 환가처분
4. 잔여재산의 분배, 인도 등

법45-6【청산인이 2인 이상인 경우】

청산인이 2인 이상 있는 경우에는 제2차 납세의무의 범위는 다음과 같다.

1. 각 청산인이 각각 별도로 분배 등을 한 경우에는 그 분배 등을 한 재산가액을 각각 그 한도로 한다.
2. 분배 등에 관한 청산인간 결의에 의한 경우에는 그 결의에 의하여 분배 등을 한 재산가액 전액을 각각 그 한도로 한다.
3. 공동행위에 의하여 분배 등을 한 청산인의 경우에는 그 분배 등을 한 재산가액 전액을 각각 그 한도로 한다.

법45-7【임의청산·채권자의 보호 등과의 관계】

임의청산 중의 합명회사가 「상법」 제247조(임의청산) 제3항에서 준용하고 있는 제232조(채권자의 이의) 제1항 또는 제3항 규정을 위반하여 재산처분을 한 경우에 있어서도 그 처분이 잔여재산의 분배에 해당될 때에는 「지방세기본법」 제따라 분배하는 것을 말하며(「민법」 제724조 제2항, 「상법」 제260조, 제269조, 제538조, 제612조 참조), "인도"라 함은 법인이 청산하는 경우에 있어서 잔여재산을 「민법」 제80조(잔여재산의 귀속) 등의 규정에 의하여 처분하는 것을 말한다.

운영예규 법45-10【제2차 납세의무자 상호간의 관계】

제2차 납세의무자가 2인 이상인 경우에 제2차 납세의무자 상호간의 관계는 다음과 같다.

1. 제2차 납세의무자 1인에 대하여 발생한 이행(납부, 충당 등) 이외의 사유는 다른 제2차 납세의무자의 제2차 납세의무에는 영향을 미치지 아니한다.
2. 제2차 납세의무자 1인이 그의 제2차 납세의무를 이행한 경우에는 그 이행에 의하여 제2차 납세의무가 소멸된 세액이 다른 제2차 납세의무자의 제2차 납세의무의 범위에 포함되어 있으면 그 제2차 납세의무도 소멸한다. 이 경우 "범위에 포함되어 있는지"에 관하여는 분배 등을 한 재산의 가액을 기준으로 하여 판정한다.

「지방세기본법」 제45조 제1항에서 "징수할 금액보다 적은 경우"라 함은 주된 납세의무자에게 귀속하는 재산(제3자 소유의 납세담보재산 및 보증인의 납세보증을 포함한다)을 체납처분(교부청구 및 참가압류를 포함한다)으로 징수할 수 있는 가액이 그 법인이 부담할 지방자치단체의 징수금 총액보다 부족한 경우를 말하며, 부족 여부의 판정은 납부통지를 하는 때의 현황에 의한다. 이 경우 상기의 재산가액 산정에 있어서는 다음 사항을 유의하여야 한다.

1. 매각하여 지방세 등을 징수하고자 하는 재산(이하 '재산'이라 한다)에 「지방세법」 또는 기타 법률의 규정에 의하여 지방세에 우선하는 채권, 공과금, 국세 등이 있는 경우에는 그 우선하는 채권액에 상당하는 금액을 그 재산의 처분예정가액에서 공제하여 그 재산가액을 산정한다.
2. 교부청구 등을 한 경우에는 장차 분배받을 수 있다고 인정되는 금액을 기준으로 하여 재산가액을 산정한다.
3. 재산 중에 「지방세징수법」 제40조(압류금지 재산) 등에 의하여 체납처분을 할 수 없는 재산이 있을 때에는 이를 제외하여 재산가액을 산정한다.
4. 재산의 종류가 채권인 경우에는 그 채권을 환가하는 경우의 평가액을 기준으로 하고, 장래의 채권 또는 계속수입 등의 채권은 장래의 이행가능성을 추정한 금액을 재산가액으로 산정한다.
5. 체납처분비가 필요하다고 인정되는 경우에는 그 징수예상가액은 체납처분비를 공제하여 재산가액을 산정한다.

제46조【출자자의 제2차 납세의무】 법인(주식을 「자본시장과 금융투자업에 관한 법률」에 따른 증권시장으로서 대통령령으로 정하는 증권시장에 상장한 법인은

45조의 규정을 적용한다. 그리고 분배 이외에 기타의 처분을 한 때에는 지방자치단체의 장은 「상법」 제248조(임의청산과 채권자보호)의 규정에 의하여 그 처분의 취소를 법원에 청구할 수 있다. 이는 합자회사의 경우에도 또한 같다.

법45-8【청산종결등기와의 관계】
주식회사 등이 부과되거나 납부할 지방자치단체의 징수금을 완납하지 아니하고 청산종결의 등기를 한 경우에도 처리되지 아니한 지방세 채무에 대해서는 여전히 법인의 청산사무가 존속하는 것으로 보아 부과되거나 납부할 지방자치단체의 징수금에 대한 납부의무는 소멸하지 아니한다.

법45-9【회사계속의 특별결의가 있는 경우】
주식회사, 유한회사 등이 해산하고 잔여재산을 분배한 후에 「상법」 제519조(회사의 계속) 및 제610조(회사의 계속) 등의 규정에 의하여 회사를 계속하는 경우에는 계속의 특별결의에 의한 잔여재산 분배의 효과는 장래를 향하여 소멸한다. 따라서 회사계속의 특별결의 후에는 제2차 납세의무를 지울 수 없다.

제24조【제2차 납세의무를 지는 특수관계인의 범위】 ① 법 제46조 각 호 외의 부분 본문에서 "대통령령으로 정하는 증권시장"이란 다음 각 호의 증권시장을 말

관련법령

자본시장과 금융투자업에 관한 법률 시행령

제176조의 9【우리사주조합원에 대한 주식의 배정 등에 관한 특례의 예외 등】 ① 법 제165조의 7 제1항 각 호 외의 부분 본문에서 "대통령령으로 정하는 주권상장법인"이란 한국거래소가 법 제4조 제2항 각 호의 증권의 매매를 위하여 개설한 증권시장으로서 금융위원회가 정하여 고시하는 증권시장(이하 "유가증권시장"이라 한다)에 주권이 상장된 법인을 말한다. (2013. 8. 27. 신설)

편주

영 24조 1항 및 2항의 개정규정은

제외한다)의 재산으로 그 법인에 부과되거나 그 법인이 납부할 지방자치단체의 징수금에 충당하여도 부족한 경우에는 그 지방자치단체의 징수금의 과세기준일 또는 납세의무성립일(이에 관한 규정이 없는 세목의 경우에는 납기개시일) 현재 다음 각 호의 어느 하나에 해당하는 자는 그 부족액에 대하여 제2차 납세의무를 진다. 다만, 제2호에 따른 과점주주의 경우에는 그 부족액을 그 법인의 발행주식총수(의결권이 없는 주식은 제외한다. 이하 이 조에서 같다) 또는 출자총액으로 나눈 금액에 해당 과점주주가 실질적으로 권리를 행사하는 소유주식수(의결권이 없는 주식은 제외한다) 또는 출자액을 곱하여 산출한 금액을 한도로 한다.

1. 무한책임사원
2. 주주 또는 유한책임사원 1명과 그의 특수관계인 중 대통령령으로 정하는 자로서 그들의 소유주식의 합계 또는 출자액의 합계가 해당 법인의 발행주식 총수 또는 출자총액의 100분의 50을 초과하면서 그에 관한 권리를 실질적으로 행사하는 자들(이하 "과점주주"라 한다)

운영예규 법46-1【무한책임사원의 책임】

무한책임사원의 책임은 퇴사등기 후 2년 또는 해산등기 후 5년이 경과하면 소멸(「상법」 제225조 및 제267조)하므로 제2차 납세의무를 지우기 위해서는 이 기간 내에 제2차납세의

한다. (2023. 3. 14. 개정)

1. 「자본시장과 금융투자업에 관한 법률 시행령」 제176조의 9 제1항에 따른 유가증권시장 (2023. 3. 14. 신설)
2. 대통령령 제24697호 자본시장과 금융투자업에 관한 법률 시행령 일부개정령 부칙 제8조에 따른 코스닥시장 (2023. 3. 14. 신설)

편주

출자자의 제2차 납세의무 한도

① 무한책임사원: 없음
② 과점주주:

$$\text{징수부족액} \times \frac{\text{과점주주의 소유주식수}^{(*)}\ \text{또는 출자액}}{\text{법인의 발행주식총수}^{(*)}\ \text{또는 출자총액}}$$

(*) 의결권 없는 주식 제외

② 법 제46조 제2호에서 "대통령령으로 정하는 자"란 해당 주주 또는 유한책임사원과 다음 각 호의 어느 하나에 해당하는 관계에 있는 자를 말한다. (2023. 3. 14. 개정)

1. 친족관계 (2023. 3. 14. 신설)
2. 경제적 연관관계 (2023. 3. 14. 신설)
3. 경영지배관계 중 제2조 제3항 제1호 가목, 같은 항 제2호 가목 및 나목의 관계. 이 경우 같은 조 제4항을 적용할 때 같은 항 제1호 가목 및 제2호 나목 중 "100분의 30"은 각각 "100분의 50"으로 본다. (2023. 3. 14. 신설)

2023. 1. 1. 이후 지방자치단체의 징수금의 과세기준일 또는 납세의무성립일(이에 관한 규정이 없는 세목의 경우에는 납기개시일)이 도래하는 경우부터 적용함. (영 부칙(2023. 3. 14.) 3조)

무자에 대한 납부통지를 하여야 한다. 단, 퇴사등기 또는 해산등기를 하기 전에 무한책임사원이 소속된 법인에게 지방세 납세의무가 이미 성립되어 있는 경우에 한한다.

법46-2【주 주】

「지방세기본법」 제46조에서 "주주"라 함은 주식의 소유자로서 주주명부 등의 기재유무와 관계없이 사실상의 주주권을 행사할 수 있는 자(실명주)를 말하므로 형식적인 명의자(차명주)는 이에 해당되지 아니하며, 주권의 발행 전에 주식 또는 주주권이 양도된 경우에는 그의 양수인을 말한다.

제47조【법인의 제2차 납세의무】 ① 지방세(둘 이상의 지방세의 경우에는 납부기한이 뒤에 도래하는 지방세를 말한다)의 납부기간 종료일 현재 법인의 무한책임사원 또는 과점주주(이하 이 조에서 "출자자"라 한다)의 재산(그 법인의 발행주식 또는 출자지분은 제외한다)으로 그 출자자가 납부할 지방자치단체의 징수금에 충당하여도 부족한 경우에는 그 법인은 다음 각 호의 어느 하나에 해당하는 경우에만 그 출자자의 소유주식 또는 출자지분의 가액 한도 내에서 그 부족한 금액에 대하여 제2차 납세의무를 진다.

1. 지방자치단체의 장이 출자자의 소유주식 또는 출자지분을 재공매하거나 수의계약으로 매각하려 하여도 매수희망자가 없는 경우 (2023. 12. 29. 개정)

운영예규 법46-3【과점주주의 요건】

1. 법인의 주주에 대하여 제2차 납세의무를 지우기 위해서는 과점주주로서 주금을 납입하는 등 출자한 사실이 있거나 주주총회에 참석하는 등 운영에 참여하여 그 법인을 실질적으로 지배할 수 있는 위치에 있음을 요하며 형식상 주주명부에 등록되어 있는 것만으로는 과점주주라 할 수 없다.
2. 어느 특정주주와 그 친족·기타 특수관계에 있는 주주들의 소유주식 합계 또는 출자액 합계가 당해 법인의 발행주식 총수 또는 출자총액의 100분의 50을 초과하면 특정주주를 제외한 여타 주주들 사이에 친족 기타 특수관계가 없더라도 그 주주 전원을 과점주주로 본다.

편주

법인의 제2차 납세의무 한도

$$\left(\text{법인의 자산총액} - \text{법인의 부채총액}\right) \times \frac{\text{그 출자자의 소유주식금액 또는 출자액}}{\text{그 법인의 발행주식총액 또는 출자총액}}$$

운영예규 법46-4【과점주주의 판정】

과점주주의 판정은 지방세의 납세의무성립일 현재 주주 또는 유한책임사원과 그 친족 기타 특수관계에 있는 자의 소유주식 또는 출자액을 합계하여 그 점유비율이 50%를 초과하는 지를 계산하는 것이며, 이 요건에 해당되면 당사자 개개인을 전부 과점주주로 본다.

예판

【판례】 주주나 과점주주가 되는 시기는 특별한 사정이 없는 한 사법상 주식 취득의 효력이 발생한 날을 의미하는 것으로, 주권발행 전 주식의 양도는 지명채권의 양도에 관한 일반원칙에 따라 당사자의 의사표시만으로 효력이 발생함. (대구지법 2018구합23789, 2019. 6. 5. : 대법확정)

2. 법률 또는 법인의 정관에서 출자자의 소유주식 또는 출자지분의 양도를 제한하고 있는 경우(「지방세징수법」 제71조 제5항 본문에 따라 공매할 수 없는 경우는 제외한다) (2023. 12. 29. 개정)
3. 그 법인이 외국법인인 경우로서 출자자의 소유주식 또는 출자지분이 외국에 있는 재산에 해당하여 「지방세징수법」에 따른 압류 등 체납처분이 제한되는 경우 (2023. 12. 29. 신설)

편주

법 47조 1항 3호의 개정규정은 2024. 1. 1. 이후 출자자의 납세의무가 성립하는 경우부터 적용함. (법 부칙(2023. 12. 29.) 2조)

② 제1항에 따른 법인의 제2차 납세의무는 그 법인의 자산총액에서 부채총액을 뺀 가액을 그 법인의 발행주식총액 또는 출자총액으로 나눈 가액에 그 출자자의 소유주식 금액 또는 출자액을 곱하여 산출한 금액을 한도로 한다.

제48조【사업양수인의 제2차 납세의무】 ① 사업의 양도·양수가 있는 경우 그 사업에 관하여 양도일 이전에 양도인의 납세의무가 확정된 지방자치단체의 징수금을 양도인의 재산으로 충당하여도 부족할 때에는 양수인은 그 부족한 금액에 대하여 양수한 재산의 가액 한도 내에서 제2차 납세의무를 진다.

운영예규 법47-1【합명회사 등의 지분양도의 제한】
합명회사 및 합자회사의 지분은 「상법」 제197조, 제269조, 제276조의 규정에 의하여 다른 무한책임사원 전원의 동의가 없으면 양도할 수 없으므로, 환가 전에 무한책임사원 중 1인이라도 환가에 의한 지분양도에 대하여 반대의사를 표시하는 경우는 「지방세기본법」 제47조 제1항 제2호에서 규정하는 "양도를 제한하고 있을 때"에 해당한다.

제25조【법인의 제2차 납세의무 한도】 법 제47조 제2항에 따른 자산총액과 부채총액의 평가는 해당 지방세(둘 이상의 지방세의 경우에는 납부기한이 뒤에 도래하는 지방세를 말한다)의 납부기간 종료일 현재의 시가에 따른다.

제26조【사업양수인의 제2차 납세의무 한도】 법 제48조 제1항에 따른 사업의 양도인에게 둘 이상의 사업장이 있는 경우에는 하나의 사업장을 양수한 자는 양수한 사업장과 관계되는 지방자치단체의 징수금(둘 이상의 사업장에 공통되는 지방자치단체의 징수금이 있는 경우에는 양수한 사업장에 배분되는 금액을 포함한다)에 대해서만 제2차 납세의무를 진다.

운영예규 법47-2【주권 미발행 법인에 대한 제2차 납세의무】
1. 법인이 「상법」 제355조에 정한 주권의 발행시기가 경과하였음에도 불구하고 주권을 발행하지 아니한 경우, 지방자치단체의 장은 체납자인 주주가 회사에 대하여 가지는 주주권을 압류하고 일정기간 내에 주권을 발행하여 세무공무원에게 인도하라는 뜻을 통지하여야 한다.
2. 제1항의 기간 내에 주권을 발행하지 아니하고 「상법」 제335조 제3항 후단(회사 성립 후 또는 신주의 납입 기일 후 6월이 경과한 때)의 규정에 해당하는 때에는 주식에 대한 매각절차를 진행하여야 하며, 그 결과 매수 희망자가 없고 당해 체납자가 과점주주인 경우에는 「지방세기본법」 제47조의 규정에 의한 제2차 납세의무를 지울 수 있다.

법47-3【부채총액의 계산】
영 제25조의 규정에 의한 평가일 현재 납세의무가 성립한 당해 법인의 지방세는 이를 부채총액에 산입한다.

운영예규 법48-1【사업의 양도·양수】

1. 「지방세기본법」 제48조에서 규정하는 "사업의 양도·양수"란 계약의 명칭이나 형식에 관계없이 사실상 사업에 관한 권리와 의무 일체를 포괄적으로 양도·양수하는 것을 말하며, 개인간 및 법인간은 물론 개인과 법인간의 사업의 양도·양수도 포함한다.
2. 사업의 양도·양수계약이 그 사업장 내의 시설물, 비품, 재고상품, 건물 및 대지 등 대상목적에 따라 부분별, 시차별로 별도로 이루어졌다 하더라도 결과적으로 사회통념상 사업 전부에 관하여 행하여진 것이라면 사업의 양도·양수에 해당한다.
3. 사업의 양도에 대하여는 다음 사항에 유의하여야 한다.
   가. 합명회사, 합자회사의 영업의 일부나 전부를 양도함에는 총사원 과반수의 결의가 필요하다.
   나. 주식회사의 영업의 양도에는 특별결의가 필요하다.
   다. 유한회사의 영업의 양도에는 특별결의가 필요하다.
   라. 보험회사는 그 영업을 양도하지 못한다.

② 제1항에서 "양수인"이란 사업장별로 그 사업에 관한 모든 권리(미수금에 관한 것은 제외한다)와 의무(미지급금에 관한 것은 제외한다)를 포괄적으로 승계한 자로서 다음 각 호의 어느 하나에 해당하는 자를 말한다. (2023. 12. 29. 개정)

1. 양도인과 특수관계인인 자 (2023. 12. 29. 개정)
2. 양도인의 조세회피를 목적으로 사업을 양수한 자 (2023. 12. 29. 개정)

③ 제1항에 따른 양수한 재산의 가액은 대통령령으로 정

운영예규 법48-2【사업의 양도·양수로 보지 아니하는 경우】

다음 각 호에 해당하는 경우에는 사업의 양도·양수로 보지 아니한다.

1. 강제집행절차에 의하여 경락된 재산을 양수한 경우
2. 「보험업법」에 의한 자산 등의 강제이전의 경우

법48-3【사업을 재차양도·양수한 경우】

1. 법인의 사업을 갑이 양수하고, 갑이 다시 그 사업을 을에게 양도한 경우에 을은 법인의 제2차 납세의무를 지지 않는다. 그러나 갑이 을에게 사업을 양도할 당시에 법인에 대한 제2차 납세의무의 지정을 받았을 경우에는 그러하지 않다.
2. 사업의 양도로 인한 제2차 납세의무는 사업의 양도·양수 사실이 발생할 때마다 그 요건에 해당되면 지정을 해야 한다.

편주

법 48조 2항의 개정규정은 2024. 1. 1. 전에 사업이 양도·양수된 경우로서 2024. 1. 1. 당시 제2차 납세의무자로서 납부통지를 받지 아니한 경우에 대해서도 적용함. (법 부칙(2023. 12. 29.) 3조)

제27조【사업양수인에 대한 제2차 납세의무 범위】

한다. (2016. 12. 27. 개정)

예판

【판례】 사업양수인의 제2차 납세의무 적용 범위

• 포괄적으로 승계한다고 하는 것은 양수인이 양도인으로부터 그의 모든 사업 시설뿐만 아니라 상호, 영업권, 무체재산권 및 그 사업에 관한 채권, 채무 등 일체의 인적, 물적 권리와 의무를 양수함으로써 양도인과 동일시되는 정도의 법률상의 지위를 그대로 승계하는 것을 말함. (대법 89누6327, 1989. 12. 12.)

제3장 부 과

제49조 【수정신고】 ① 이 법 또는 지방세관계법에 따른 법정신고기한까지 과세표준 신고서를 제출한 자 및 제51조 제1항에 따른 납기 후의 과세표준 신고서를 제출한 자는 다음 각 호의 어느 하나에 해당할 때에는 지방자치단체의 장이 지방세관계법에 따라 그 지방세의 과세표준과 세액을 결정하거나 경정하여 통지하기 전으로서 제38조 제1항부터 제3항까지의 규정에 따른 기간

① 법 제48조 제3항에 따른 양수한 재산의 가액은 다음 각 호의 가액으로 한다.

1. 사업의 양수인이 양도인에게 지급하였거나 지급하여야 할 금액이 있는 경우에는 그 금액
2. 제1호에 따른 금액이 없거나 그 금액이 불분명한 경우에는 양수한 자산 및 부채를 「상속세 및 증여세법」 제60조부터 제66조까지의 규정을 준용하여 평가한 후 그 자산총액에서 부채총액을 뺀 가액

② 제1항에도 불구하고 같은 항 제1호에 따른 금액과 시가의 차액이 3억원 이상이거나 시가의 100분의 30에 상당하는 금액 이상인 경우에는 같은 항 제1호의 금액과 제2호의 금액 중 큰 금액으로 한다.

제3장 부 과

제28조 【과세표준 수정신고서】 법 제49조에 따른 과세표준 수정신고서에는 다음 각 호의 사항을 적어야 하며, 수정한 부분에 대해서는 그 수정한 내용을 증명하는 서류(종전의 과세표준 신고서에 첨부한 서류가 있는 경우에는 이를 수정한 서류를 포함한다)를 첨부하여야 한다.

1. 종전에 신고한 과세표준과 세액
2. 수정신고하는 과세표준과 세액

제3장 부 과

제12조 【과세표준 수정신고서】 법 제49조 및 영 제28조에 따른 과세표준 수정신고서는 별지 제13호 서식의 지방세 과세표준 수정신고서에 따른다.

이 끝나기 전까지는 과세표준 수정신고서를 제출할 수 있다. (2019. 12. 31. 개정)

1. 과세표준 신고서 또는 납기 후의 과세표준 신고서에 기재된 과세표준 및 세액이 지방세관계법에 따라 신고하여야 할 과세표준 및 세액보다 적을 때 (2019. 12. 31. 개정)
2. 과세표준 신고서 또는 납기 후의 과세표준 신고서에 기재된 환급세액이 지방세관계법에 따라 신고하여야 할 환급세액을 초과할 때 (2019. 12. 31. 개정)
3. 그 밖에 특별징수의무자의 정산과정에서 누락 등이 발생하여 그 과세표준 및 세액이 지방세관계법에 따라 신고하여야 할 과세표준 및 세액 등보다 적을 때

② 제1항에 따른 수정신고로 인하여 추가납부세액이 발생한 경우에는 그 수정신고를 한 자는 추가납부세액을 납부하여야 한다.

③ 과세표준 수정신고서의 기재사항 및 신고절차에 관한 사항은 대통령령으로 정한다.

예판

【판례】 수정신고의 효력

- 적법한 수정신고가 이루어지면 과세관청의 별도의 처분을 기다릴 필요 없이 당초의 신고는 수정신고에 흡수되어 소멸하고 수정신고의 내용대로 조세채무가 확정됨. (광주지법 2014구합10011, 2014. 7. 17. ; 대법확정)

3. 그 밖에 필요한 사항

제29조 【수정신고의 절차】 ① 법 제49조에 따라 수정신고를 하려는 자는 종전에 과세표준과 세액을 신고한 지방자치단체의 장에게 과세표준 수정신고서를 제출하여야 한다.

② 제1항에 따라 과세표준 수정신고서를 제출할 때에는 수정신고사유를 증명할 수 있는 서류를 함께 제출하여야 한다.

운영예규 법49-1 【법정신고기한】

「지방세기본법」 제49조, 제50조 및 제51조에서 "법정신고기한"이라 함은 지방세관계법에 규정하는 과세표준과 세액에 대한 신고기한 또는 신고서의 제출기한을 말한다. 다만, 「지방세기본법」 제24조 및 제26조의 규정에 의하여 신고기한이 연장된 경우에는 그 연장된 기한을 법정신고기한으로 본다.

제50조 【경정 등의 청구】 ① 이 법 또는 지방세관계법에 따른 과세표준 신고서를 법정신고기한까지 제출한 자 및 제51조 제1항에 따른 납기 후의 과세표준 신고서를 제출한 자는 다음 각 호의 어느 하나에 해당할 때에는 법정신고기한이 지난 후 5년 이내[「지방세법」에 따른 결정 또는 경정이 있는 경우에는 그 결정 또는 경정이 있음을 안 날(결정 또는 경정의 통지를 받았을 때에는 통지받은 날)부터 90일 이내(법정신고기한이 지난 후 5년 이내로 한정한다)를 말한다]에 최초신고와 수정신고를 한 지방세의 과세표준 및 세액(「지방세법」에 따른 결정 또는 경정이 있는 경우에는 그 결정 또는 경정 후의 과세표준 및 세액 등을 말한다)의 결정 또는 경정을 지방자치단체의 장에게 청구할 수 있다. (2019. 12. 31. 개정)

1. 과세표준 신고서 또는 납기 후의 과세표준 신고서에 기재된 과세표준 및 세액(「지방세법」에 따른 결정 또는 경정이 있는 경우에는 그 결정 또는 경정 후의 과세표준 및 세액을 말한다)이 「지방세법」에 따라 신고하여야 할 과세표준 및 세액을 초과할 때 (2019. 12. 31. 개정)
2. 과세표준 신고서 또는 납기 후의 과세표준 신고서에 기재된 환급세액(「지방세법」에 따른 결정 또는 경정이 있는 경우에는 그 결정 또는 경정 후의 환급세액을 말한다)이 「지방세법」에 따라 신고하여야 할 환급세액보다 적을 때 (2019. 12. 31. 개정)

【판례】 경정청구의 적용 범위

- 화해가 사실상의 취득가격에서 제외된다는 규정과 후발적 경정청구의 요건 규정과는 별개의 사안이므로, 법원 조정에 의한 계약금액의 감액은 후발적 경정청구 대상 사유에 해당함. (대법 2014두39272, 2014. 11. 27.)

【조심판례】 • 분할계획서 등에 따르면 분할 전 법인인 ○○주식회사의 건설사업부 자산 및 부채는 분할을 통하여 분할신설법인인 ○○주식회사에게 승계된 경우 경정 등 청구권자의 지위도 「상법」 제530조의 10의 규정에 따라 분할신설회사에 승계된다고 봄이 타당함. (조심 2020지 791, 2021. 6. 23.)

- 약정사유에 의하여 토지 매매계약이 합의해제되었으므로 후발적 경정청구사유에 해당하고, 연부취득 중인 과세물건을 마지막 연부금 지급일 전에 계약을 해제한 경우는 취득으로 볼 수 없으므로 연부취득계약의 해제시점을 소멸시효 기산일로 하여 기납부한 취득세 등을 환급하여 달라는 경정청구 일부에 대해 거부한 처분은 잘못임. (2016지 391, 2016. 10. 31.)

【예규】 할부이자 차액분이 경정청구 대상에 해당 여부

- 취득한 차량에 대해 할부이자를 포함한 가액을 과세표준으로 하여 신고납부한 것은 「지방세법」 제10조의 규정에 따른 적법한 신고납부이므로 취득 후 일시 상환함으로써 실제 지급한 할부금이 신고납부 당시 과세표준에 포함된 할부이자보다 적은 경우라 하더라도 취득당시 취득세의 과세표준 및 세액이 「지방세법」에 따라 신고하여야 할 과세표준 및 세액을 과다신고한 경우에 해당되지 않으며, 거래 또는 행위 효력 등이 취소되거나 해제되는 "후발적 사유"에도 해당되지 않으므로, 경정청구 대상에는 해당되지 않음. (지방세운영과-4159, 2012. 10. 12.)

운영예규 법50-1 【경정 등의 청구기간】

「지방세기본법」 또는 지방세관계법에 따른 과세표준신고서를 제출한 경우라 하더라도 「지방세법」에 따른 결정 또는 경정이 있는 경우에는 「지방세기본법」 제90조 및 제91조에 따른 이의신청 또는 심판청구 대상으

② 과세표준 신고서를 법정신고기한까지 제출한 자 또는 지방세의 과세표준 및 세액의 결정을 받은 자는 다음 각 호의 어느 하나에 해당하는 사유가 발생하였을 때에는 제1항에서 규정하는 기간에도 불구하고 그 사유가 발생한 것을 안 날부터 90일 이내에 결정 또는 경정을 청구할 수 있다. (2019. 12. 31. 개정)

1. 최초의 신고·결정 또는 경정에서 과세표준 및 세액의 계산 근거가 된 거래 또는 행위 등이 그에 관한 제7장에 따른 심판청구, 「감사원법」에 따른 심사청구에 대한 결정이나 소송의 판결(판결과 동일한 효력을 가지는 화해나 그 밖의 행위를 포함한다)에 의하여 다른 것으로 확정되었을 때 (2023. 3. 14. 개정)
2. 조세조약에 따른 상호합의가 최초의 신고·결정 또는 경정의 내용과 다르게 이루어졌을 때
3. 제1호 및 제2호의 사유와 유사한 사유로서 대통령령으로 정하는 사유가 해당 지방세의 법정신고기한이 지난 후에 발생하였을 때
3. 제1호 및 제2호의 사유와 유사한 사유로서 대통령령으로 정하는 사유가 발생하였을 때 (2024. 12. 31. 개정)

③ 제1항 및 제2항에 따라 결정 또는 경정의 청구를 받은 지방자치단체의 장은 청구받은 날부터 2개월 이내에 그 청구를 한 자에게 과세표준 및 세액을 결정·경정하거나 결정·경정하여야 할 이유가 없다는 것을 통지하여야 한다. (2021. 12. 28. 단서삭제)

제30조 【후발적 사유】 법 제50조 제2항 제3호에서 "대통령령으로 정하는 사유"란 다음 각 호의 어느 하나에 해당하는 경우를 말한다.

1. 최초의 신고·결정 또는 경정(更定)을 할 때 과세표준 및 세액의 계산근거가 된 거래 또는 행위 등의 효력과 관계되는 관청의 허가나 그 밖의 처분이 취소된 경우
2. 최초의 신고·결정 또는 경정을 할 때 과세표준 및 세

로 한다. (2022. 10. 25. 개정)

④ 제1항 및 제2항에 따라 청구를 한 자가 제3항에서 정한 기간 내에 같은 항에 따른 통지를 받지 못한 경우 그 청구를 한 자는 통지를 받기 전이라도 그 2개월이 되는 날의 다음 날부터 제7장에 따른 이의신청, 심판청구나 「감사원법」에 따른 심사청구를 할 수 있다. (2021. 12. 28. 신설)

⑤ 제1항 및 제2항에 따라 결정 또는 경정의 청구를 받은 지방자치단체의 장이 제3항에서 정한 기간 내에 과세표준 및 세액의 결정 또는 경정이 곤란한 경우에는 청구를 한 자에게 관련 진행상황과 제4항에 따라 이의신청, 심판청구나 「감사원법」에 따른 심사청구를 할 수 있다는 사실을 통지하여야 한다. (2021. 12. 28. 신설)

편주

법 50조 5항의 개정규정은 2022. 1. 1. 이후 법 50조 1항 또는 2항에 따라 과세표준 및 세액의 결정 또는 경정이 청구되는 경우부터 적용함. (법 부칙(2021. 12. 28.) 2조)

⑥ 「국세기본법」 제45조의 2 제5항에 따른 원천징수대상자가 지방소득세의 결정 또는 경정의 청구를 하는 경우에는 제1항부터 제4항까지의 규정을 준용한다. 이 경우 제1항 각 호 외의 부분 중 "과세표준 신고서를 법정신고기한까지 제출한 자 및 제51조 제1항에 따른 납기 후의 과세표준 신고서를 제출한 자"는 "「지방세법」 제103조의 13, 제103조의 18, 제103조의 29, 제103조의 52에 따라 특별징수를 통하여 지방소득세를 납부한 특별

액의 계산근거가 된 거래 또는 행위 등의 효력과 관계되는 계약이 해당 계약의 성립 후 발생한 부득이한 사유로 해제되거나 취소된 경우

3. 최초의 신고·결정 또는 경정을 할 때 장부 및 증명서류의 압수, 그 밖의 부득이한 사유로 과세표준 및 세액을 계산할 수 없었으나 그 후 해당 사유가 소멸한 경우
4. 제1호부터 제3호까지의 규정에 준하는 사유가 있는 경우

제31조【경정 등의 청구】 법 제50조 제1항 또는 제2항에 따른 결정 또는 경정의 청구를 하려는 자는 다음 각 호의 사항을 적은 결정 또는 경정 청구서를 지방자치단체의 장에게 제출(지방세정보통신망에 의한 제출을 포함한다)하여야 한다.

제31조【경정 등의 청구】 법 제50조 제1항 또는 제2항에 따른 결정 또는 경정의 청구를 하려는 자는 다음 각 호의 사항을 적은 결정 또는 경정 청구서를 지방자치단체의 장에게 제출(지방세통합정보통신망에 의한 제출을 포함한다)하여야 한다. (2024. 3. 26. 개정)

1. 청구인의 성명과 주소 또는 영업소
2. 결정 또는 경정 전의 과세표준 및 세액
3. 결정 또는 경정 후의 과세표준 및 세액
4. 결정 또는 경정의 청구를 하는 이유
5. 그 밖에 필요한 사항

제13조【결정 또는 경정의 청구】

① 법 제50조 제1항·제2항 및 영 제31조에 따른 결정 또는 경정 청구서는 별지 제14호 서식의 지방세 과세표준 및 세액 등의 결정 또는 경정 청구서에 따른다.

② 법 제50조 제3항에 따른 결정 또는 경정 청구에 대한 결과의 통지는 별지 제15호 서식의 지방세 과세표준 및 세액의 결정 또는 경정 청구 결과 통지에 따른다. (2021. 12. 31.

징수의무자나 해당 특별징수 대상 소득이 있는 자"로, "법정신고기한이 지난 후"는 "「지방세법」 제103조의 13, 제103조의 29에 따른 지방소득세 특별징수세액의 납부기한이 지난 후"로, 제1항 제1호 중 "과세표준 신고서 또는 납기 후의 과세표준 신고서에 기재된 과세표준 및 세액"은 "지방소득세 특별징수 계산서 및 명세서나 법인지방소득세 특별징수 명세서에 기재된 과세표준 및 세액"으로, 제1항 제2호 중 "과세표준 신고서 또는 납기 후의 과세표준 신고서에 기재된 환급세액"은 "지방소득세 특별징수 계산서 및 명세서나 법인지방소득세 특별징수 명세서에 기재된 환급세액"으로, 제2항 각 호 외의 부분 중 "과세표준 신고서를 법정신고기한까지 제출한 자"는 "「지방세법」 제103조의 13, 제103조의 18, 제103조의 29, 제103조의 52에 따라 특별징수를 통하여 지방소득세를 납부한 특별징수의무자나 해당 특별징수 대상 소득이 있는 자"로 본다. (2021. 12. 28. 개정)
⑦ 결정 또는 경정의 청구 및 통지절차에 관하여 필요한 사항은 대통령령으로 정한다. (2021. 12. 28. 항번개정)

제51조【기한 후 신고】 ① 법정신고기한까지 과세표준 신고서를 제출하지 아니한 자는 지방자치단체의 장이 「지방세법」에 따라 그 지방세의 과세표준과 세액(이 법 및 「지방세법」에 따른 가산세를 포함한다. 이하 이 조에서 같다)을 결정하여 통지하기 전에는 납기 후의 과세표준 신고

제32조【기한 후 신고】 법 제51조에 따라 기한 후 신고를 하려는 자는 지방세관계법에서 정하는 납기 후의 과세표준신고서(이하 "기한후신고서"라 한다)를 지방자치단체의 장에게 제출하여야 한다.

개정)

서(이하 "기한후신고서"라 한다)를 제출할 수 있다.

② 제1항에 따라 기한후신고서를 제출한 자로서 지방세관계법에 따라 납부하여야 할 세액이 있는 자는 그 세액을 납부하여야 한다.

③ 제1항에 따라 기한후신고서를 제출하거나 제49조 제1항에 따라 기한후신고서를 제출한 자가 과세표준 수정신고서를 제출한 경우 지방자치단체의 장은 「지방세법」에 따라 신고일부터 3개월 이내에 그 지방세의 과세표준과 세액을 결정 또는 경정하여 신고인에게 통지하여야 한다. 다만, 그 과세표준과 세액을 조사할 때 조사 등에 장기간이 걸리는 등 부득이한 사유로 신고일부터 3개월 이내에 결정 또는 경정할 수 없는 경우에는 그 사유를 신고인에게 통지하여야 한다. (2019. 12. 31. 개정)

④ 기한후신고서의 기재사항 및 신고절차 등에 필요한 사항은 대통령령으로 정한다.

제52조【가산세의 부과】 ① 지방자치단체의 장은 이 법 또는 지방세관계법에 따른 의무를 위반한 자에게 이 법 또는 지방세관계법에서 정하는 바에 따라 가산세를 부과할 수 있다.

② 가산세는 해당 의무가 규정된 지방세관계법의 해당 지방세의 세목으로 한다.

③ 제2항에도 불구하고 지방세를 감면하는 경우에 가산세는 감면대상에 포함시키지 아니한다.

예판

【판례】 기한후 신고의 납세의무 확정 효력

• 신고납세방식의 조세라 하더라도 법정신고기한 내에 신고하지 아니하여 그 기한이 경과된 경우에는 부과납세방식의 조세로 변경된다고 보아야 할 것이므로, 기한 후 신고는 납세의무를 확정시키는 효력이 없어 경정청구의 대상이 아님. (대법 2003다66271, 2005. 5. 27.)

편주

가산세 현황

구분		종류		가산세율
납세의무자	공통 (법 53조~55조)	무신고	일반	20%
			부정	40%
		과소신고 (초과환급신고)	일반	10%
			부정	40%
		납부(환급)불성실		1일 0.03% 한도 : 75%

제13조의 2【기한 후 세액 결정 통지】 법 제51조 제3항 본문에 따른 결정의 통지는 별지 제15호의 2 서식의 지방세 과세표준 및 세액의 결정 통지에 따른다. (2018. 12. 31. 신설)

제53조 【무신고가산세】 ① 납세의무자가 법정신고기한까지 과세표준 신고를 하지 아니한 경우에는 그 신고로 납부하여야 할 세액(이 법과 지방세관계법에 따른 가산세와 가산하여 납부하여야 할 이자상당액이 있는 경우 그 금액은 제외하며, 이하 "무신고납부세액"이라 한다)의 100분의 20에 상당하는 금액을 가산세로 부과한다. (2020. 12. 29. 개정)

② 제1항에도 불구하고 사기나 그 밖의 부정한 행위로 법정신고기한까지 과세표준 신고를 하지 아니한 경우에는 무신고납부세액의 100분의 40에 상당하는 금액을 가산세로 부과한다. (2018. 12. 24. 개정)

③ 제1항 및 제2항에 따른 가산세의 계산 및 그 밖에 가산세 부과 등에 필요한 사항은 대통령령으로 정한다.

편주

무신고 및 과소신고·초과환급신고 가산세

구분	일반	부정행위
무신고가산세	납부세액 × 20%	납부세액 × 40%
과소신고·초과환급신고가산세	과소신고납부세액등 × 10%	부정과소신고납부세액등 × 40% + 일반과소신고납부세액등 ~ × 10%

예판

【조심판례】 무신고가산세 산정

• 토지의 지목변경에 따른 취득세 등을 법정신고기한까지 신고하지 아니하였다 하더라도 그 무신고가산세는 「지방세법」과 「지

구분	종류		가산세율
취득세 (지법 21조, 22조의 2)	장부기록·비치의무 불이행		10%
	미등기전매		80%
레저세(지법 45조)	장부비치의무 불이행		10%
담배소비세 (지법 61조)	기장의무 불이행 등		10%
	면제담배 타용도 사용 등		30%
지방소득세 (지법 99조, 103조의 8, 103조의 30, 103조의 39)	소법 81조·115조, 법법 76조에 따라 가산세를 더하거나 징수하는 경우		10%
특별징수의무자 (법 56조)	납부불성실	기본	3%
		추가	1일 0.03%
		한도	10%

방세특례제한법」을 함께 적용하여 산출한 취득세의 20%에 상당하는 세액을 말함. (조심 2019지1576, 2019. 4. 25.)

제54조【과소신고가산세 · 초과환급신고가산세】 ① 납세의무자가 법정신고기한까지 과세표준 신고를 한 경우로서 신고하여야 할 납부세액보다 납부세액을 적게 신고(이하 "과소신고"라 한다)하거나 지방소득세 과세표준 신고를 하면서 환급받을 세액을 신고하여야 할 금액보다 많이 신고(이하 "초과환급신고"라 한다)한 경우에는 과소신고한 납부세액과 초과환급신고한 환급세액을 합한 금액(이 법과 지방세관계법에 따른 가산세와 가산하여 납부하여야 할 이자상당액이 있는 경우 그 금액은 제외하며, 이하 "과소신고납부세액등"이라 한다)의 100분의 10에 상당하는 금액을 가산세로 부과한다. (2020. 12. 29. 개정)

② 제1항에도 불구하고 사기나 그 밖의 부정한 행위로 과소신고하거나 초과환급신고한 경우에는 다음 각 호의 금액을 합한 금액을 가산세로 부과한다.

1. 사기나 그 밖의 부정한 행위로 인한 과소신고납부세액등(이하 "부정과소신고납부세액등"이라 한다)의 100분의 40에 상당하는 금액
2. 과소신고납부세액등에서 부정과소신고납부세액등을 뺀 금액의 100분의 10에 상당하는 금액

③ 제1항 및 제2항에도 불구하고 다음 각 호의 어느 하나에 해당하는 사유로 과소신고한 경우에는 가산세를

【조심판례】 가산세 면제의 정당한 사유

- 취득세 납세의무 성립여부에 처분청과 다툼이 있는 상태에서 처분청이 청구법인에게 당초 취득세 등의 신고·납부행위가 정당하다고 통보하였다가 조세심판원 결정(조심 2016지533)에 따라 취득시기가 도래하지 아니한 것이라 하여 취소된 경우, 정당한 취득시점에 신고납부를 하지 못한데 가산세를 면제할 정당한 사유가 있음. (조심 2019지573, 2019. 7. 5.)

제33조【과소신고가산세 · 초과환급신고가산세】 법 제54조 제2항을 적용할 때 같은 항 제1호의 부정과소신고납부세액등(이하 "부정과소신고납부세액등"이라 한다)과 같은 항 제2호의 과소신고납부세액등에서 부정과소신고납부세액등을 뺀 금액(이하 이 조에서 "일반과소신고납부세액등"이라 한다)이 있는 경우로서 부정과소신고납부세액등과 일반과소신고납부세액등을 구분하기 곤란한 경우 부정과소신고납부세액등은 다음의 계산식에 따라 계산한 금액으로 한다.

【예규】 취득세 감면분 추징시 과소신고가산세 부과

- 「舊 지방세기본법」 제54조의 과소신고가산세 도입취지를 살펴볼 때, 납세자가 감면판단 여부를 그르쳐서 세액을 과소신고납부한 경우에도 적용되어지며, 취득세는 납세자가 스스로 그 과세표준과 세액을 신고하면 그대로 확정되는 점 등을 고려, 「지방세기본법」 제54조 제1항에 따른 과소신고가산세는 부과되는 것이 타당함. (지방세특례제도과-1002, 2024. 4. 26.)

부과하지 아니한다. (2017. 12. 26. 개정)

1. 신고 당시 소유권에 대한 소송으로 상속재산으로 확정되지 아니하여 과소신고한 경우 (2017. 12. 26. 개정)
2. 「법인세법」 제66조에 따라 법인세 과세표준 및 세액의 결정·경정으로 「상속세 및 증여세법」 제45조의 3부터 제45조의 5까지의 규정에 따른 증여의제이익이 변경되는 경우(부정행위로 인하여 법인세의 과세표준 및 세액을 결정·경정하는 경우는 제외한다)에 해당하여 「소득세법」 제88조 제2호에 따른 주식등의 취득가액이 감소됨에 따라 양도소득에 대한 지방소득세 과세표준을 과소신고한 경우 (2017. 12. 26. 개정)

④ 부정과소신고납부세액등의 계산 및 그 밖에 가산세 부과에 필요한 사항은 대통령령으로 정한다.

제55조【납부지연가산세】(2020. 12. 29. 제목개정)

① 납세의무자(연대납세의무자, 제2차 납세의무자 및 보증인을 포함한다. 이하 이 조에서 같다)가 납부기한까지 지방세를 납부하지 아니하거나 납부하여야 할 세액보다 적게 납부(이하 "과소납부"라 한다)하거나 환급받아야 할 세액보다 많이 환급(이하 "초과환급"이라 한다)받은 경우에는 다음 각 호의 계산식에 따라 산출한 금액을 합한 금액을 가산세로 부과한다. 이 경우 제1호 및 제2호의 가산세는 납부하지 아니한 세액, 과소납부분(납부하여야 할 금액에 미달하는 금액을 말한다. 이하 같다) 세

$$\text{과소신고 납부세액등} \times \frac{\text{부정과소신고납부세액등 과세표준}}{\text{과소신고납부세액등 과세표준}}$$

편주

• 법 55조 1항, 2항, 4항 및 5항의 개정규정은 2024. 1. 1.부터 시행함. (법 부칙(2020. 12. 29.) 1조 5호) (2021. 12. 28. 개정)

• 2023. 12. 31. 이전에 납세의무가 성립된 분에 대해서는 법 55조 1항, 2항, 4항 및 5항의 개정규정에도 불구하고 종전의 규정에 따르며, 2023. 12. 31. 이전에 법 45조부터 48조까지의 규정에 따른 주된 납세자의 납세의무가 성립한 경우의 제2차 납세의무자에 대해서도 또한 같음. (법 부칙(2020. 12. 29.) 6조) (2021. 12. 28. 개정)

액 또는 초과환급분(환급받아야 할 세액을 초과하는 금액을 말한다. 이하 같다) 세액의 100분의 75에 해당하는 금액을 한도로 하고, 제4호의 가산세를 부과하는 기간은 60개월(1개월 미만은 없는 것으로 본다)을 초과할 수 없다. (2020. 12. 29. 개정)

1. 과세표준과 세액을 지방자치단체에 신고납부하는 지방세의 법정납부기한까지 납부하지 아니한 세액 또는 과소납부분 세액(지방세관계법에 따라 가산하여 납부하여야 할 이자상당액이 있는 경우 그 금액을 더한다) × 법정납부기한의 다음 날부터 자진납부일 또는 납세고지일까지의 일수 × 금융회사 등이 연체대출금에 대하여 적용하는 이자율 등을 고려하여 대통령령으로 정하는 이자율 (2020. 12. 29. 개정)
2. 초과환급분 세액(지방세관계법에 따라 가산하여 납부하여야 할 이자상당액이 있는 경우 그 금액을 더한다) × 환급받은 날의 다음 날부터 자진납부일 또는 납세고지일까지의 일수 × 금융회사 등이 연체대출금에 대하여 적용하는 이자율 등을 고려하여 대통령령으로 정하는 이자율 (2020. 12. 29. 개정)
3. 납세고지서에 따른 납부기한까지 납부하지 아니한 세액 또는 과소납부분 세액(지방세관계법에 따라 가산하여 납부하여야 할 이자상당액이 있는 경우 그 금액을 더하고, 가산세는 제외한다) × 100분의 3 (2020. 12. 29. 신설)
4. 다음 계산식에 따라 납세고지서에 따른 납부기한이

제34조【납부지연가산세의 이자율】(2022. 6. 7. 제목개정)

① 법 제55조 제1항 제1호 · 제2호 및 제56조 제1항 제2호에서 "대통령령으로 정하는 이자율"이란 각각 1일 10만분의 22를 말한다. (2023. 12. 29. 개정)

② 법 제55조 제1항 제4호의 계산식 및 제56조 제1항 제

지난 날부터 1개월이 지날 때마다 계산한 금액 (2020. 12. 29. 신설)

납부하지 아니한 세액 또는 과소납부분 세액(지방세관계법에 따라 가산하여 납부하여야 할 이자상당액이 있는 경우 그 금액을 더하고, 가산세는 제외한다) × 금융회사 등이 연체대출금에 대하여 적용하는 이자율 등을 고려하여 대통령령으로 정하는 이자율

② 제1항에도 불구하고 「법인세법」 제66조에 따라 법인세 과세표준 및 세액의 결정 · 경정으로 「상속세 및 증여세법」 제45조의 3부터 제45조의 5까지의 규정에 따른 증여의제이익이 변경되는 경우(부정행위로 인하여 법인세의 과세표준 및 세액을 결정 · 경정하는 경우는 제외한다)에 해당하여 「소득세법」 제88조 제2호에 따른 주식등의 취득가액이 감소됨에 따라 양도소득에 대한 지방소득세를 과소납부하거나 초과환급받은 경우에는 제1항 제1호 및 제2호의 가산세를 적용하지 아니한다. (2020. 12. 29. 개정)

③ 지방소득세를 과세기간을 잘못 적용하여 신고납부한 경우에는 제1항을 적용할 때 실제 신고납부한 날에 실제 신고납부한 금액의 범위에서 당초 신고납부하였어야 할 과세기간에 대한 지방소득세를 신고납부한 것으로 본다. 다만, 해당 지방소득세의 신고가 제53조에 따른 신고 중 부정행위로 무신고한 경우 또는 제54조에 따른 신고 중 부정행위로 과소신고 · 초과환급신고한 경우에는 그러하지 아니하다. (2018. 12. 24. 신설)

3호의 계산식에서 "대통령령으로 정하는 이자율"이란 각각 월 1만분의 66을 말한다. (2023. 12. 29. 신설)

④ 제1항을 적용할 때 납세고지서별 · 세목별 세액이 45만원 미만인 경우에는 같은 항 제4호의 가산세를 적용하지 아니한다. (2023. 12. 29. 개정)
⑤ 제1항을 적용할 때 납세의무자가 지방자치단체 또는 지방자치단체조합인 경우에는 같은 항 제3호 및 제4호의 가산세를 적용하지 아니한다. (2020. 12. 29. 신설)

제56조【특별징수 납부지연가산세】(2020. 12. 29. 제목개정)
① 특별징수의무자가 징수하여야 할 세액을 법정납부기한까지 납부하지 아니하거나 과소납부한 경우에는 납부하지 아니한 세액 또는 과소납부분 세액의 100분의 50(제1호 및 제2호에 따른 금액을 합한 금액은 100분의 10)을 한도로 하여 다음 각 호의 계산식에 따라 산출한 금액을 합한 금액을 가산세로 부과한다. 이 경우 제3호의 가산세를 부과하는 기간은 60개월(1개월 미만은 없는 것으로 본다)을 초과할 수 없다. (2020. 12. 29. 개정)
1. 납부하지 아니한 세액 또는 과소납부분 세액 × 100분의 3 (2020. 12. 29. 개정)
2. 납부하지 아니한 세액 또는 과소납부분 세액 × 법정납부기한의 다음 날부터 자진납부일 또는 납세고지일까지의 일수 × 금융회사 등이 연체대출금에 대하여 적용하는 이자율 등을 고려하여 대통령령으로 정하는 이자율 (2020. 12. 29. 개정)

편주

- 법 56조의 개정규정은 2024. 1. 1.부터 시행함. (법 부칙(2020. 12. 29.) 1조 5호) (2021. 12. 28. 개정)
- 2023. 12. 31. 이전에 납세의무가 성립된 분에 대해서는 법 56조의 개정규정에도 불구하고 종전의 규정에 따르며, 2023. 12. 31. 이전에 법 45조부터 48조까지의 규정에 따른 주된 납세자의 납세의무가 성립한 경우의 제2차 납세의무자에 대해서도 또한 같음. (법 부칙(2020. 12. 29.) 6조) (2021. 12. 28. 개정)

2의 2. 납세고지서에 따른 납부기한까지 납부하지 아니한 세액 또는 과소납부분 세액(가산세는 제외한다) × 1만분의 66 (2024. 12. 31. 신설)

3. 다음 계산식에 따라 납세고지서에 따른 납부기한이 지난 날부터 1개월이 지날 때마다 계산한 금액 (2020. 12. 29. 개정)

납부하지 아니한 세액 또는 과소납부분 세액(가산세는 제외한다) × 금융회사 등이 연체대출금에 대하여 적용하는 이자율 등을 고려하여 대통령령으로 정하는 이자율

② 제1항을 적용할 때 납세고지서별 · 세목별 세액이 45만원 미만인 경우에는 같은 항 제3호의 가산세를 적용하지 아니한다. (2023. 12. 29. 개정)

③ 제1항에도 불구하고 2025년 1월 1일 및 2026년 1월 1일이 속하는 각 과세기간에 발생한 「지방세법」 제87조 제1항 제2호의 2에 따른 금융투자소득의 특별징수세액에 대한 납부지연가산세는 제1항 각 호 외의 부분에서 정하는 한도에서 같은 항 각 호의 금액을 합한 금액의 100분의 50에 해당하는 금액으로 한다. (2023. 3. 14. 신설)

③ 삭 제 (2024. 12. 31.)

제57조【가산세의 감면 등】 ① 지방자치단체의 장은 이 법 또는 지방세관계법에 따라 가산세를 부과하는 경우 그 부과의 원인이 되는 사유가 제26조 제1항에 따른 기한연장 사유에 해당하거나 납세자가 해당 의무를 이행하지 아니한 정당한 사유가 있을 때에는 가산세를 부과하지 아

편주

법 56조 1항 2호의 2의 개정규정은 2025. 1. 1. 이후 특별징수 납부지연가산세를 부과하는 경우부터 적용함. (법 부칙(2024. 12. 31.) 3조)

제35조【가산세의 감면 신청 등】 ① 법 제57조 제1항 또는 제2항에 따라 가산세의 감면 등을 받으려는 자는 다음 각 호의 사항을 적은 신청서를 지방자치단체의 장에게 제출하여야 한다.

1. 감면 등을 받으려는 가산세와 관계되는 세목, 과세연도

제14조【가산세의 감면 등 신청】

① 법 제57조 제1항 · 제2항 및 영 제35조 제1항에 따른 가산세의 감면 등 신청은 별지 제16호 서식의 지방세 가산세 감면 등 신청서에 따

니한다.

② 지방자치단체의 장은 다음 각 호의 어느 하나에 해당하는 경우에는 이 법 또는 지방세관계법에 따른 해당 가산세액에서 다음 각 호의 구분에 따른 금액을 감면한다.

1. 과세표준 신고서를 법정신고기한까지 제출한 자가 법정신고기한이 지난 후 2년 이내에 제49조에 따라 수정신고한 경우(제54조에 따른 가산세만 해당하며, 지방자치단체의 장이 과세표준과 세액을 경정할 것을 미리 알고 과세표준 수정신고서를 제출한 경우는 제외한다)에는 다음 각 목의 구분에 따른 금액 (2019. 12. 31. 개정)
   가. 법정신고기한이 지난 후 1개월 이내에 수정신고한 경우: 해당 가산세액의 100분의 90에 상당하는 금액 (2019. 12. 31. 신설)
   나. 법정신고기한이 지난 후 1개월 초과 3개월 이내에 수정신고한 경우: 해당 가산세액의 100분의 75에 상당하는 금액 (2019. 12. 31. 개정)
   다. 법정신고기한이 지난 후 3개월 초과 6개월 이내에 수정신고한 경우: 해당 가산세액의 100분의 50에 상당하는 금액 (2019. 12. 31. 개정)
   라. 법정신고기한이 지난 후 6개월 초과 1년 이내에 수정신고한 경우: 해당 가산세액의 100분의 30에 상당하는 금액 (2019. 12. 31. 신설)
   마. 법정신고기한이 지난 후 1년 초과 1년 6개월 이내에 수정신고한 경우: 해당 가산세액의 100분의 20

2. 감면 등을 받으려는 가산세의 종류 및 금액
3. 해당 의무를 이행할 수 없었던 사유(법 제57조 제1항의 경우만 해당한다)

② 제1항의 경우에 같은 항 제3호의 사유를 증명할 수 있는 서류가 있을 때에는 이를 첨부하여야 한다. (2017. 3. 27. 개정)

③ 지방자치단체의 장은 법 제57조에 따라 가산세의 감면 등을 하였을 때에는 지체 없이 그 사실을 문서로 해당 납세자에게 통지하여야 한다. 이 경우 제1항에 따른 가산세의 감면 등의 신청을 받은 경우에는 그 승인 여부를 신청일부터 5일 이내에 통지하여야 한다.

제36조【가산세 감면의 제외 사유】 법 제57조 제2항 제1호 · 제2호 및 제4호에 따른 경정 또는 결정할 것을 미리 알고 제출하거나 신고한 경우는 해당 지방세에 관하여 세무공무원(지방소득세의 경우 「국세기본법」 제2조 제17호에 따른 세무공무원을 포함한다)이 조사를 시작한 것을 알고 과세표준 신고서, 과세표준 수정신고서 또는 기한후신고서를 제출한 경우로 한다. (2017. 12. 29. 개정)

른다.

② 영 제35조 제3항에 따른 가산세 감면 등의 결과 및 승인 여부 통지는 별지 제17호 서식의 지방세 가산세의 감면 등의 결과(승인 여부) 통지에 따른다.

에 상당하는 금액 (2019. 12. 31. 신설)

바. 법정신고기한이 지난 후 1년 6개월 초과 2년 이내에 수정신고한 경우: 해당 가산세액의 100분의 10에 상당하는 금액 (2019. 12. 31. 개정)

2. 과세표준 신고서를 법정신고기한까지 제출하지 아니한 자가 법정신고기한이 지난 후 6개월 이내에 제51조에 따라 기한 후 신고를 한 경우(제53조에 따른 가산세만 해당하며, 지방자치단체의 장이 과세표준과 세액을 결정할 것을 미리 알고 기한후신고서를 제출한 경우는 제외한다)에는 다음 각 목의 구분에 따른 금액 (2019. 12. 31. 개정)

가. 법정신고기한이 지난 후 1개월 이내에 기한 후 신고를 한 경우: 해당 가산세액의 100분의 50에 상당하는 금액

나. 법정신고기한이 지난 후 1개월 초과 3개월 이내에 기한 후 신고를 한 경우: 해당 가산세액의 100분의 30에 상당하는 금액 (2019. 12. 31. 신설)

다. 법정신고기한이 지난 후 3개월 초과 6개월 이내에 기한 후 신고를 한 경우: 해당 가산세액의 100분의 20에 상당하는 금액 (2019. 12. 31. 개정)

3. 제88조에 따른 과세전적부심사 결정·통지기간 이내에 그 결과를 통지하지 아니한 경우(결정·통지가 지연되어 해당 기간에 부과되는 제55조에 따른 가산세만 해당한다)에는 해당 기간에 부과되는 가산세액의

100분의 50에 상당하는 금액

4. 「지방세법」 제103조의 5에 따른 양도소득에 대한 개인지방소득세 예정신고기한 이후 확정신고기한까지 과세표준 신고 및 수정신고를 한 경우로서 다음 각 목의 어느 하나에 해당하는 경우에는 해당 가산세액의 100분의 50에 상당하는 금액 (2017. 12. 26. 신설)
   가. 예정신고를 하지 아니하였으나 확정신고기한까지 과세표준 신고를 한 경우(제53조에 따른 무신고가산세만 해당하며, 지방자치단체의 장이 과세표준과 세액을 경정할 것을 미리 알고 과세표준 신고를 하는 경우는 제외한다) (2017. 12. 26. 신설)
   나. 예정신고를 하였으나 납부하여야 할 세액보다 적게 신고하거나 환급받을 세액을 신고하여야 할 금액보다 많이 신고한 경우로서 확정신고기한까지 과세표준을 수정신고한 경우(제54조에 따른 과소신고가산세 또는 초과환급신고가산세만 해당하며, 지방자치단체의 장이 과세표준과 세액을 경정할 것을 미리 알고 과세표준 신고를 하는 경우는 제외한다) (2017. 12. 26. 신설)

편주

가산세의 감면

감면사유	감면대상	감면비율
법정신고기한 후 2년 이내에 수정신	과소신고·초과환급신고 가산세	법정신고기한 후 - 1개월 이내: 90%

감면사유	감면대상	감면비율
고(경정할 것을 미리 알고 수정신고한 경우 제외)		- 2개월 초과 3개월 이내: 75% - 3개월 초과 6개월 이내: 50% - 6개월 초과 1년 이내: 30% - 1년 초과 1년 6개월 이내: 20% - 1년 6개월초과 2년 이내: 10%
법정신고기한 후 6개월 이내에 기한 후 신고(결정할 것을 미리 알고 기한 후 신고한 경우 제외)	무신고 가산세	법정신고기한 후 - 1개월 이내: 50% - 2개월 초과 3개월 이내: 30% - 4개월 초과 6개월 이내: 20%
과세전적부심사 결정 · 통지기한 이내에 결과 미통지	결정 · 통지 지연기간에 부과되는 납부불성실 · 환급불성실 가산세	50%

③ 제1항 또는 제2항에 따른 가산세 감면 등을 받으려는 자는 대통령령으로 정하는 바에 따라 감면 등을 신청할 수 있다.

예 판

【판례】 가산세 감면 적용 범위

- 단순한 법률의 부지나 오해의 범위를 넘어 세법해석상 의의(疑意)로 인한 견해의 대립이 있는 등으로 인해 납세의무자가 그 의무를 알지 못하는 것이 무리가 아니었다고 할 수 있는 경우에는 가산세를 면할 정당한 사유가 있음. (대법 2002두66, 2002. 8. 23.)
- 등록세 중과세 판단에 있어 중과규정 입법 목적에 배치되지 않는다고 판단할 여지가 있고 1 · 2심에서도 중과대상에 해당하지 않는다는 취지의 판결을 한 경우라면 가산세를 면제할 정당

운영예규 법57-1【가산세 감면사유의 발생시기】

가산세의 부과원인이 되는 기한 즉, 세법의 규정에 의한 의무 이행기한 내 「지방세기본법」 제57조에서 규정하는 사유가 발생한 경우 가산세를 감면할 수 있다.

법57-2【정당한 사유】

1. 납세자가 수분양자의 지위에서 과세물건을 취득하고 법정신고기한까지 과세표준신고서를 제출하였으나 추후 분양자의 공사비정산 등으로 인해 수정신고를 하는 경우에는 이에 따른 과소신고가산세와 납부불성실 가산세를

운영예규

법57-5【직권에 의한 가산세의 감면】

「지방세기본법」 제57조 제1항에서 규정하는 사유가 집단적으로 발생한 경우에는 납세자의 신청이 없는 경우에도 지방자치단체의 장이 조사하여 직권으로 가산세를 감면할 수 있다.

법57-6【수정신고에 따른 가산세 면제의 배제】

한 사유가 있다고 봄이 상당함. (서울고법 2007누22636, 2008. 2. 13. ; 대법확정)

- 법원의 촉탁등기로 인해 등록세의 신고·납부 기회를 부여받지 못함으로써 발생된 경우라면 가산세 면제 대상임. (대법 2009두17179, 2010. 4. 29.)
- 등기접수시에는 납부하지 않았으나 등기완료 시점까지 등록세를 납부한 경우라도 신고납부 지연에 따른 가산세를 면제할 수 없음. (창원지법 2013구합1650, 2013. 12. 3. 판결: 대법확정)
- 납부불성실가산세는 원칙적으로 납세의무자가 최종적으로 납부하여야 할 세액의 납부의무를 이행하지 아니한 것에 대한 제재인 데 비하여 신고불성실가산세는 납세의무자가 과세표준이나 산출세액 등의 신고의무를 이행하지 아니한 것에 대한 제재로서 입법정책에 따라 세목별로 신고의무의 대상과 신고불성실 가산세의 산정기초를 다양하게 정하고 있는 것으로 보이는 점 등을 종합하여 보면, 취득세와 등록세의 납세의무자가 그 각 과세표준에 세율을 곱한 '산출세액'을 정당하게 신고한 이상 감면세액에 관한 판단을 그르쳐 최종적으로 납부하여야 할 세액을 잘못 신고하였다고 하더라도 취득세와 등록세의 각 신고불성실 가산세를 부과할 수 없음. (대법 2014두12505, 2015. 5. 28.)

제58조【부과취소 및 변경】 지방자치단체의 장은 지방자치단체의 징수금의 부과·징수가 위법·부당한 것임을 확인하면 즉시 그 처분을 취소하거나 변경하여야 한다.

제59조【끝수 계산에 관한 「국고금 관리법」의 준용】 지방자치단체의 징수금의 끝수 계산에 관하여는 「국고금 관리법」 제47조를 준용한다. 이 경우 "국고금"은 "지방자치단체의 징수금"으로 본다.

부과하지 아니한다.

2. 납부불성실 가산세를 가산하여 납세의 고지를 하였으나 기재사항 누락으로 위법한 부과처분이 되어 당초의 고지를 취소하고 다시 고지를 하는 경우에는 추가로 늘어나는 기간에 대한 납부불성실 가산세는 가산하지 아니한다.
3. 처분청이 경정청구를 받아들여 환급하였다가 다시 추징하거나, 이후에도 동일하게 신고한 경우 납세자에게 귀책사유를 지우기 어려운 정당한 사유가 있는 것으로 보아 가산세를 부과하지 아니한다.

법57-3【기한연장의 승인과 가산세의 감면】

「지방세기본법 시행령」 제7조에 의한 기한연장의 승인이 있는 때에는 그 승인된 기한까지는 「지방세기본법」 제55조에 따른 가산세는 부과하지 아니한다.

법57-4【가산세의 감면배제】

조세포탈을 위한 증거인멸을 목적으로 하거나 납세자의 고의적인 의도나 행동에 의하여 「지방세기본법」 제57조 제1항에 규정하는 사유가 발생한 경우에는 같은 법 제57조 제1항의 규정을 적용하지 아니한다.

예판

【예규】 지방자치단체 징수금의 단수계산

- 조세채권은 그 발생시마다 부과 및 납세의무가 확정되는 것이

당초 신고한 과세표준과 세액의 과소신고로 인하여 부과되는 가산세가 아니고 과세표준 신고에 있어서 필수적인 첨부서류 등을 제출하지 아니하여 신고된 것으로 보지 않음으로써 부과되는 가산세는 수정신고서를 제출하더라도 감면되지 아니한다.

제15조【부과의 취소 및 변경 통지】 지방자치단체의 장은 법 제58조에 따라 지방자치단체의 징수금의 부과·징수 처분을 취소하거나 변경한 경우에는 별지 제18호 서식의 지방자치단체의 징수금에 대한 부과·징수 처분의 취소·변경 통지에 따라 이해관계인에게 통지하여

제4장 지방세환급금과 납세담보

제1절 지방세환급금과 지방세환급가산금

제60조【지방세환급금의 충당과 환급】 ① 지방자치단체의 장은 납세자가 납부한 지방자치단체의 징수금 중 과오납한 금액이 있거나 「지방세법」에 따라 환급하여야 할 환급세액(지방세관계법에 따라 환급세액에서 공제하여야 할 세액이 있을 때에는 공제한 후 남은 금액을 말한다)이 있을 때에는 즉시 그 오납액, 초과납부액 또는 환급세액을 지방세환급금으로 결정하여야 한다. 이 경우 착오납부, 이중납부로 인한 환급청구는 대통령령으로 정하는 바에 따른다.

므로 이미 발생한 채권은 아직 확정되지 않은 조세채권에 영향을 미칠 수 없어 다음 발생분에 이월시켜 부과징수할 수 없는 것임. 지방자치단체의 징수금 또는 지급금은 10원 미만의 단수가 있을 때에는 그 단수는 계산하지 않고 전액이 10원 미만일 때에는 전액을 계산하지 않고 있으며, 각 세목별 소액부징수규정에 의하여 일정금액 이하에 대해서는 지방세를 부과하지 않는 제도를 두어 부과징수의 효율성을 도모하고 있음. (세정과 13407-426, 2001. 4. 18.)

제4장 지방세환급금과 납세담보

제1절 지방세환급금과 지방세환급가산금

예 판

【예규】 불복기한 도과 후 지방세 환급

지방세기본법 제89조의 불복청구 조문과 같은 법 제58조의 부과취소 및 변경조문은 각각 별개의 법률적 효과가 발생하므로 불복청구기간이 경과한 경우에는 불가쟁력이 발생하여 납세자는 더 이상 다툴 수 없다고 하더라도 지방자치단체의 장은 동법 제58조의 법률요건인 지방자치단체의 징수금의 부과·징수가 위법·부당한 것임을 확인하면 즉시 그 처분을 취소하거나 변경할 수 있다 하겠으므로 환급금 소멸시효가 경과하지 않은 징수금에 대해서는 환급이 가능함. (지방세정책과-1856, 2017. 7. 13.)

야 한다.

제4장 지방세환급금과 납세담보

② 지방자치단체의 장은 지방세환급금으로 결정한 금액을 대통령령으로 정하는 바에 따라 다음 각 호의 지방자치단체의 징수금에 충당하여야 한다. 다만, 제1호(「지방세징수법」 제22조 제1항 각 호에 따른 납기 전 징수 사유에 해당하는 경우는 제외한다) 및 제3호의 지방세에 충당하는 경우에는 납세자의 동의가 있어야 한다.

1. 납세고지에 따라 납부하는 지방세
2. 체납액
3. 이 법 또는 지방세관계법에 따라 신고납부하는 지방세

운영예규 법60-1【지방세환급금 충당의 순위】

지방자치단체의 장이 「지방세기본법」 제60조 제2항의 규정에 의하여 지방세환급금을 지방세 등에 충당하는 때에는 다음 각 호의 순위에 따라 충당한다. 다만, 동 순위에 따라 충당함으로써 조세채권이 일실될 우려가 있다고 인정되는 때에는 고려하지 아니하다.

1. 체납액은 체납처분비, 지방세, 가산금의 순으로 충당하며, 2 이상의 체납액이 있는 때에는 납부기한이 먼저 경과한 체납액부터 순차로 소급하여 충당한다.
2. 납기 중에 있는 지방세가 2 이상인 때에는 고지납부기한이 먼저 도래하는 지방세부터 순차적으로 충당한다(납세자가 충당에 동의하거나 충당을 청구하는 경우에 한함. 단 납기 전 징수사유가 있을 경우 제외).
3. 「지방세기본법」 및 지방세관계법에 따라 자진 납부하는 지방세에 충당한다(납세자가 충당에 동의하거나 충당을 청구하는 경우에 한함).

제37조【지방세환급금의 충당】 ① 법 제60조 제2항에 따라 지방세환급금을 충당할 경우에는 같은 항 제2호의 체납액에 우선 충당하여야 한다.

제16조【지방세환급금의 충당 청구 등】 ① 법 제60조 제2항 각 호 외의 부분 단서에 따른 지방세환급금의 지방세 충당 동의와 법 제60조 제4항 전단에 따른 지방세환급금의 지방세 충당 청구는 별지 제19호 서식의 지방세환급금 충당 동의서 및 청구서에 따른다.

② 영 제37조 제5항에 따른 지방세환급금의 충당 통지는 별지 제20호 서식의 지방세환급금 충당 및 지급통지서에 따른다. 다만, 법 제60조 제6항 및 영 제37조 제2항에 따라 충당하였을 경우의 충당 통지는 「지방세징수법 시행규칙」 별지 제8호 서식에 따를 수 있다.

③ 제2항 제2호의 징수금에 충당하는 경우 체납액과 지방세환급금은 체납된 지방세의 법정납부기한과 대통령령으로 정하는 지방세환급금 발생일 중 늦은 때로 소급하여 같은 금액만큼 소멸한 것으로 본다. (2021. 12. 28. 개정)

④ 납세자는 지방세관계법에 따라 환급받을 환급세액이 있는 경우에는 제2항 제1호 및 제3호의 지방세에 충당할 것을 청구할 수 있다. 이 경우 충당된 세액의 충당청구를 한 날에 그 지방세를 납부한 것으로 본다.

⑤ 지방세환급금 중 제2항에 따라 충당한 후 남은 금액은 지방세환급금의 결정을 한 날부터 지체 없이 납세자에게 환급하여야 한다.

⑥ 제5항에도 불구하고 지방세환급금 중 제2항에 따라 충당한 후 남은 금액이 10만원 이하이고, 지급결정을 한 날부터 6개월 이내에 환급이 이루어지지 아니하는 경우에는 대통령령으로 정하는 바에 따라 제2항 제1호 및 제3호의 지방세에 충당할 수 있다. 이 경우 제2항 단서의 동의가 있는 것으로 본다.

⑦ 제5항 및 제6항에도 불구하고 지방세를 납부한 납세자가 사망한 경우로서 제2항에 따라 충당한 후 남은 금액이 10만원 이하이고, 지급결정을 한 날부터 6개월 이내에 환급이 이루어지지 아니한 경우에는 지방세환급금을 행정안전부령으로 정하는 주된 상속자에게 지급할 수 있다. (2017. 7. 26. 직제개정 ; 정부조직법 부칙)

② 법 제60조 제6항에 따른 지방세환급금의 충당은 납세자가 납세고지에 따라 납부하는 지방세로 한정한다. (2019. 12. 31. 개정)

③ 법 제60조 제6항에 따른 지방세환급금의 충당은 다음 각 호의 기준에 따른다. 다만, 지역실정을 고려하여 필요한 경우에는 특별시·광역시 또는 도의 조례로 충당 기준을 달리 정할 수 있다.

1. 과세기준일이 정해져 있는 세목이 있는 경우에는 해당 세목에 우선 충당할 것
2. 지방세에 부가되는 지방교육세가 있는 경우에는 해당 지방세에 우선 충당할 것
3. 납세자에게 같은 세목으로 여러 건이 부과되는 경우에는 과세번호가 빠른 세목에 우선 충당할 것

제21조【주된 상속자의 기준】 법 제60조 제7항에서 "행정안전부령으로 정하는 주된 상속자"란 「민법」에 따른 상속지분이 가장 높은 사람을 말한다. 이 경우 상속지분이 가장 높은 사람이 두 명 이상이면 그 중 나이가 가장 많은 사람으로

⑧ 제5항에 따른 지방세환급금(제62조에 따른 지방세환급가산금을 포함한다)의 환급은 「지방재정법」 제7조에도 불구하고 환급하는 해의 수입금 중에서 환급한다.
⑨ 지방자치단체의 장이 지방세환급금의 결정이 취소됨에 따라 이미 충당되거나 지급된 금액의 반환을 청구할 때에는 「지방세징수법」에 따른 고지·독촉 및 체납처분을 준용한다. (2018. 12. 24. 개정)
⑩ 제1항에도 불구하고 제55조 제3항 본문에 해당하는 경우에는 제1항을 적용하지 아니한다. (2018. 12. 24. 신설)

예판

【판례】 지방세환급금의 적용 범위

- 조세환급금에 대한 결정은 이미 납세의무자의 환급청구권이 확정된 조세환급금에 대하여 내부적인 사무처리절차로서 과세관청의 환급절차를 규정한 것에 지나지 않으므로, 납세자의 조세환급을 구하는 신청에 대한 환급거부결정 등은 불복대상 처분으로 볼 수 없고, 조세환급금의 충당도 불복대상이 아님. (대법 2005다15482, 2005. 6. 10.)

【예규】 납세의무자가 구 등록세를 과다 신고·납부한 후, 이의신청, 심사청구 및 심판청구의 기간은 지났으나 부과제척기간 내에 과다납부액의 환급청구를 하였고, 과세관청이 검토 중에 지방세 부과의 제척기간이 경과된 경우에는 과세관청이 직권으로 감액결정하여 과다납부액을 환급할 수는 없다고 할 것임. (법제 14-0229, 2014. 7. 11.)

④ 제1항 또는 제2항에 따라 충당할 지방세환급금이 2건 이상인 경우에는 소멸시효가 먼저 도래하는 것부터 충당하여야 한다.
⑤ 지방자치단체의 장은 제1항 또는 제2항에 따라 충당하였을 때에는 그 사실을 권리자에게 통지하여야 한다. 이 경우 통지의 방법 등 필요한 사항은 행정안전부령으로 정한다. (2017. 7. 26. 직제개정 ; 행정안전부와~직제 부칙)

제37조의 2【지방세환급금 발생일】 법 제60조 제3항에서 "대통령령으로 정하는 지방세환급금 발생일"이란 다음 각 호의 구분에 따른 날을 말한다. (2021. 12. 31. 신설)

1. 착오납부, 이중납부나 그 납부의 기초가 된 신고 또는 부과를 경정하거나 취소함에 따라 환급하는 경우: 그 지방세의 납부일(지방세관계법에 따라 특별징수의무자가 특별징수하여 납부한 세액의 환급의 경우 해당 세목의 법정신고기한 만료일). 이 경우 지방세가 「지방세징수법」 제25조에 따른 분할고지로 둘 이상의 납기가 있는 경우와 지방세가 2회 이상 분할납부된 경우에는 그 마지막 납부일로 하되, 지방세환급금이 마지막에 납부된 금액을 초과하는 경우에는 그 금액이 될 때까지 납부일의 순서로 소급하여 계산한 지방세의 각 납부일로 한다. (2021. 12. 31. 신설)
2. 「지방세법」 제128조 제3항에 따라 연세액(年歲額)을 일시납부한 경우로서 같은 법 제130조에 따른 세액의

한다. (2017. 7. 26. 직제개정 ; 행정안전부와~시행규칙 부칙)

운영예규 법60-2【다른 지방자치단체의 체납액 충당방법】

1. 지방세 과오납금을 결정한 지방자치단체의 장은 체납조회(전국 체납조회를 포함한다)를 하여야 한다.
2. 「지방세기본법」 제60조 제2항에 따른 충당 후 지방세환급금의 잔여액이 있고 타 지방자치단체에 체납액이 있는 경우에는 즉시 해당 지방자치단체에게 지방세환급금에 관한 사안을 알려야 한다.
3. 2의 통보를 받은 지방자치단체의 장은 즉시 지방세환급금을 압류하여야 한다.

법60-3【유예기간중의 지방세환급금의 충당】

징수유예기간 중에 납세자에 대하여 「지방세기본법」 제60조(지방세환급금의 충당과 환급)의 규정에 의한 지방세환급금의 결정이 있는 경우에는 지방자치단체의 장은 징수유예가 「지방세징수법」 제29조(징수유예 등의 취소)의 규정에 의한 취소사유에 해당되는지 여부를 검토하여 취소가 되는 때에 한하여 지방세환급금을 징수유예한 세액에 충당한다.

법60-4【지방세환급금의 환급대상자】

지방세환급금을 받을 수 있는 자는 환급하여야 할 지방세, 가산금 또는 체납처분비를 납부한 지방세 납부고지서 등에 기재된 납세의무자 또는 특별징수의무자를 원칙으로 한다. 다만, 「지방세법」 또는 다른 법령에 특별한 규정이 있는 때에는 그러하지 아니하다.

법60-5【제2차 납세의무자 환급】(2022. 10. 25. 제목개정)

1. 제2차 납세의무자가 지방세 등을 납부한 후에 제2차 납세의무가 없는 것으로 밝혀진 때에는 지방자치단체의 장이 제2차 납세의무자가 실제로 납부한 지방세 등을 확인하여 제2차 납세의무자에게 충당 또는 환급한다.
2. 제2차 납세의무자가 체납자의 지방세 등을 납부한 후 체

일할계산(日割計算)으로 환급하는 경우: 소유권이전등록일·양도일이나 사용을 폐지한 날. 다만, 납부일이 소유권이전등록일·양도일이나 사용을 폐지한 날 이후인 경우에는 그 납부일로 한다. (2021. 12. 31. 신설)

3. 적법하게 납부된 지방세의 감면으로 환급하는 경우: 그 감면 결정일 (2021. 12. 31. 신설)
4. 적법하게 납부된 후 법령 또는 조례가 개정되어 환급하는 경우: 그 개정된 법령 또는 조례 규정의 시행일 (2021. 12. 31. 신설)
5. 법 또는 지방세관계법에 따른 환급세액의 신고, 환급신청이나 신고한 환급세액의 경정·결정으로 환급하는 경우: 그 신고일(법정신고기일 전에 신고한 경우에는 그 법정신고기일) 또는 신청일. 다만, 환급세액을 신고하지 않아 결정에 따라 환급하는 경우에는 그 결정일로 한다. (2021. 12. 31. 신설)
6. 특별징수의무자가 연말정산이나 특별징수하여 납부한 지방소득세를 법 제50조 제4항에 따른 경정청구에 따라 환급하는 경우: 연말정산세액 또는 특별징수세액의 납부기한 만료일 (2021. 12. 31. 신설)

제38조【지방세환급금의 환급】 ① 법 제60조에 따라 결정한 지방세환급금(법 제62조에 따른 지방세환급가산금을 포함한다. 이하 이 조부터 제44조까지에서 같다)을 미납된 지방자치단체의 징수금에 충당하고 남은 금액

제17조【지방세환급금의 환급】 ① 영 제38조 제1항에 따른 지방세환급금 지급 통지는 별지 제20호 서식의 지방세환급금 충당 및 지급통지

납자에게 환급할 지방세환급금이 발생하여 제2차납세의무자가 동 환급금의 환급을 청구한 때에는 지방자치단체의 장은 구상권 행사여부를 조사하여 제2차 납세의무자가 승계납부한 한도내에서 환급할 수 있다.

3. 2인 이상의 제2차 납세의무자가 납부한 지방세 등에 대하여 발생한 지방세환급금은 체납자와의 구상권 행사 여부를 조사하여 각자가 납부한 금액에 비례하여 안분계산한 환급금을 각자에게 충당 또는 환급한다.

법60-6【보증인이 납부한 지방세 등의 환급】

「지방세기본법」에 의한 보증인이 납부한 지방세 등에 대하여 지방세환급금이 발생한 때에는 피보증인인 납세자에게 충당 또는 환급한다. 다만, 보증인이 보증채무의 금액을 초과하여 납부함으로써 발생한 환급금은 당해 보증인에게 충당 또는 환급한다.

법60-7【연대납세의무자 환급】(2022. 10. 25. 제목개정)

1. 연대납세의무자로서 납부한 후 연대납세의무자가 아닌 것이 밝혀진 때에는 당해 연대납세의무자가 실지로 부담·납부한 지방세 등을 지방자치단체의 장이 구체적으로 확인하여 충당 또는 환급한다.
2. 2인 이상의 연대납세의무자가 납부한 지방세 등에 대하여 발생한 지방세환급금은 각자가 납부한 금액에 따라 안분한 금액을 각자에게 충당 또는 환급할 수 있다.

법60-8【상속인 환급】(2022. 10. 25. 제목개정)

상속이 개시된 후에 피상속인에게 지방세환급금이 발생한 때에는 상속인 또는 상속재산관리인에게 충당 또는 환급한다. 이 경우 상속인이 2인 이상인 때에는 다음 각 호의 규정에 의하여 충당 또는 환급한다.

1. 지방세환급금이 상속재산으로 분할된 때에는 그 분할된

이 생겼거나 충당할 것이 없어서 이를 환급하여야 할 경우에는 지체 없이 지급금액, 지급이유, 지급절차, 지급장소, 그 밖에 필요한 사항을 권리자에게 통지하여야 한다.

② 납세의무자 또는 특별징수의무자와 그 자에 대한 지방자치단체의 징수금의 제2차 납세의무자가 각각 그 일부를 납부한 지방세에 지방세환급금이 생겼을 경우 그 지방세환급금의 환급 또는 충당에 대해서는 우선 제2차 납세의무자가 납부한 금액에 대하여 지방세환급금이 생긴 것으로 본다.

③ 지방자치단체의 장은 제2항에 따라 환급하거나 충당한 경우에는 그 사실을 납세의무자 또는 특별징수의무자와 제2차 납세의무자에게 통지하여야 한다.

④ 법 제60조 제1항 후단에 따라 환급청구를 하려는 자는 환급 방법, 환급금 내역 등을 적은 지방세 환급청구서를 지방자치단체의 장에게 제출하여야 한다.

⑤ 지방자치단체의 장은 제1항에 따라 통지하거나 제4항에 따라 환급청구를 받은 경우에는 지방자치단체의 금고에 지방세환급금 지급명령서를 송부하여야 한다. 이 경우 지방세환급금 지급명령서는 전자적 형태로 송부할 수 있다.

제39조【지방세환급금의 지급절차】 ① 제38조 제1항에 따른 통지를 받거나 같은 조 제4항에 따라 환급청구한 자는 지방자치단체의 금고에 지방세환급금 지급청구를 하여야 한다.

② 지방자치단체의 금고는 제38조 제5항에 따라 지방세환

서에 따른다.

② 영 제38조 제3항에 따른 납세의무자 또는 특별징수의무자와 제2차 납세의무자에 대한 환급(충당) 통지는 별지 제21호 서식의 지방세환급금에 대한 환급(충당) 사실 통지에 따른다.

③ 법 제60조 제1항 후단 및 영 제38조 제4항에 따른 지방세 환급청구서는 별지 제22호 서식의 지방세 환급청구서에 따른다. 다만, 지방소득세에 대한 지방세 환급청구서는 별지 제23호 서식의 지방소득세 환급청구서에 따른다.

④ 영 제38조 제5항에 따른 지방세환급금 지급명령서는 별지 제24호 서식의 지방세환급금 지급명령서에 따른다.

제18조【지방세환급금의 지급절차】 ① 영 제39조 제1항에 따른 지방세환급금 지급청구는 별지 제20호 서식 부표, 별지 제22호 서식 부표 또는 별지 제23호 서식 부표에 따른다. 다만, 지방자치단체의 장은

바에 의하여 각 상속인에게 충당 또는 환급한다.
2. 지방세환급금이 상속재산으로 분할되지 아니한 경우에는 「민법」 제1009조(법정상속분)부터 제1013조(협의에 의한 분할)까지의 규정에 의한 상속분에 따라 안분한 지방세환급금을 각 상속인에게 충당 또는 환급한다.

법60-9【합병법인 환급】(2022. 10. 25. 제목개정)
법인이 합병한 후에 합병으로 인하여 소멸한 법인에 지방세환급금이 발생한 경우에는 합병 후 존속하는 법인 또는 합병으로 인하여 신설된 법인에게 충당 또는 환급한다.

법60-10【청산인 환급】(2022. 10. 25. 제목개정)
정상적인 청산중인 법인에 발생한 지방세환급금은 대표청산인에게 환급하되, 청산중인 재건축·재개발 조합인 경우에는 조합원 1/3 이상의 동의서를 첨부하거나 조합원들에게 환부사실, 환부일자, 환부받은 자(조합장 등), 환부금액, 지급계좌 등이 포함된 안내서신을 발송한다.

법60-11【무능력자 등 환급】(2022. 10. 25. 제목개정)
지방세환급금의 환급을 받을 납세자가 제한능력자인 경우에도 당해 납세자에게 환급한다. 다만, 법정대리인이 명백히 존재하는 경우에는 환급받을 자를 명시하여 법정대리인에게 환급한다. (2022. 10. 25. 개정)

법60-12【전부명령이 있는 경우의 환급】
지방세환급금의 청구권이 「민사집행법」 제227조(금전채권의 압류)의 규정에 의하여 압류되어 전부명령 또는 추심명령이 있는 경우에는 지방자치단체의 장은 동 명령에 관한 지방세환급금을 그 압류채권자에게 충당 또는 환급한다.

법60-13【체납처분에 의한 압류채권자 환급】(2022. 10. 25. 제목개정)
지방세환급금의 청구권이 「지방세징수법」에 의한 체납처분

급금 지급명령서를 송부받은 지방세환급금에 대하여 제1항에 따른 지급청구를 받으면 즉시 이를 지급하고, 지방세환급금 지급확인통지서를 지방자치단체의 장에게 송부하여야 한다. 이 경우 제38조 제5항 후단에 따라 지방세환급금 지급명령서를 전자적 형태로 송부받은 경우에는 지방세환급금 지급확인통지서를 전자적 형태로 송부할 수 있다.

③ 지방자치단체의 금고는 제2항에 따라 지방세환급금을 지급할 때에는 주민등록증이나 그 밖의 신분증을 제시하도록 하여 상대방이 정당한 권리자인지를 확인하고, 지방세환급금 지급명령서의 권리자란에 수령인의 주민등록번호 등을 적은 후 그 서명을 받아야 한다.

③ 지방자치단체의 금고는 제2항에 따라 지방세환급금을 지급할 때에는 주민등록증(모바일 주민등록증을 포함한다)이나 그 밖의 신분증을 제시하도록 하여 상대방이 정당한 권리자인지를 확인하고, 지방세환급금 지급명령서의 권리자란에 수령인의 주민등록번호 등을 적은 후 그 서명을 받아야 한다. (2024. 12. 3. 개정 ; 주민등록법 시행령 부칙)

④ 지방자치단체의 금고는 지방세환급금의 권리자가 금융회사 또는 체신관서에 계좌를 개설하고 이체입금하는 방법으로 지급청구를 하는 경우에는 그 계좌에 이체입금하는 방법으로 지방세환급금을 지급할 수 있다.

⑤ 특별시세·광역시세 또는 도세(이하 "시·도세"라 한다)에 대한 지방세환급금은 시장·군수 또는 구청장(자치구의 구청장을 말한다. 이하 같다)이 지급하되, 이에 필요한 자금은 시·도세 수납액 중에서 충당한다. 다

납세자의 이용편의 등을 고려하여 구술 또는 그 밖의 방법으로 지급청구 방법을 달리 정할 수 있다.

② 영 제39조 제2항에 따른 지방세환급금 지급확인통지서는 별지 제24호 서식의 지방세환급금 지급확인통지서에 따른다.

(체납처분의 예에 의한 처분을 포함한다)에 의하여 압류된 경우에는 지방세환급금을 그 압류채권자에게 환급한다.

법60－14【청산종료법인 환급】(2022. 10. 25. 제목개정)
법인이 해산된 후 경정결정 등으로 환급금이 발생한 경우에 법인이 청산종결등기를 필한 때에는 법인격이 소멸하고 실체 또한 존재하지 아니하며 권리능력을 상실하게 되므로 청산종결등기를 필한 법인에게는 지방세환급금을 환급할 수 없다. 다만, 「지방세기본법」 또는 지방세관계법의 규정에 의하여 납세의무가 존속하는 때에는 충당 또는 환급할 수 있다.

법60－15【채권·질권자 환급】(2022. 10. 25. 제목개정)
지방자치단체의 장이 압류한 체납자의 채권에 제3자의 질권이 설정되어 있는 경우에 있어서 그 채무자로부터 지방세를 우선 지급받은 후 당해 지방세의 감액결정으로 지방세환급금이 발생한 경우에, 채권·질권자가 질권에 의하여 담보된 채권 중 변제받지 못한 금액의 범위 안에서 동 환급금의 지급을 청구한 때에는 지방자치단체의 장은 이를 확인하여 당해 질권자에게 충당 또는 환급할 수 있다.

법60－16【납세관리인 지방세환급금 지급】(2022. 10. 25. 제목개정)
「지방세기본법」 제139조의 규정에 의한 "납세관리인"이 지방세환급금의 지급을 받고자 할 때에는 지방세환급금 송금통지서에 소관 지방자치단체의 장이 발행한 납세관리인지정통지서와 납세관리인의 인감증명서를 첨부하여 제출하여야 한다.

법60－17【지방세환급금의 충당시기】
지방자치단체의 장은 지방세환급금을 지급결정한 후에는 법 제60조 제2항의 규정에 의하여 지방세 등에 충당할 수 있으나, 영 제37조 규정에 의하여 지방세환급금의 환급결정을 하고 이를 지방자치단체의 금고에 지급청구한 후에는 납

만, 시·도세 수납액이 환급하여야 할 금액보다 적을 경우에는 시장·군수 또는 구청장의 요구에 따라 특별시장·광역시장 또는 도지사(이하 "시·도지사"라 한다)가 그 부족액을 직접 환급할 수 있다.
⑥ 제5항 단서에 따라 시·도지사가 지방세환급금을 직접 환급하는 경우와 지방세환급금을 환급받을 자가 다른 지방자치단체에 있는 경우에는 송금의 방법으로 지급할 수 있다.

제40조【지방세환급금 지급계좌의 신고】 납세자는 지방세환급금이 발생할 때마다 계좌에 이체입금하는 방법으로 지급받으려는 경우에는 금융회사 또는 체신관서의 계좌를 지방자치단체의 장에게 신고하여야 한다.

제41조【지방세환급금의 직권지급】 ① 지방자치단체의 장은 다음 각 호의 어느 하나에 해당하는 경우에는 제39조 제1항에 따른 지방세환급금 권리자의 지급청구가 없더라도 해당 계좌에 이체입금하는 방법으로 지방세환급금을 지급할 수 있다.
1. 「지방세징수법」 제23조에 따라 지방세를 자동계좌이체로 납부한 자 중 지방세환급금의 직권지급에 미리 동의한 경우 (2024. 3. 26. 개정)
2. 제31조에 따른 결정 또는 경정 청구서, 제38조 제4항에 따른 지방세 환급청구서, 제44조 제1항에 따른 지방세환급금 양도신청서에 지급계좌를 기재한 경우(해

제19조【지방세환급금 지급계좌의 신고】 영 제40조에 따른 지방세환급금 지급계좌의 신고(변경신고를 포함한다)는 별지 제25호 서식의 지방세환급금 지급계좌 개설(변경) 신고서에 따른다.

세자가 지방세의 충당에 동의하거나 체납된 지방세가 있더라도 그 환급금으로 충당할 수 없다.

제61조【물납재산의 환급】 ① 납세자가 「지방세법」 제117조에 따라 재산세를 물납(物納)한 후 그 부과의 전부 또는 일부를 취소하거나 감액하는 경정결정에 따라 환급하는 경우에는 그 물납재산으로 환급하여야 한다. 다만, 그 물납재산이 매각되었거나 다른 용도로 사용되고 있는 경우 등 대통령령으로 정하는 경우에는 제60조를 준용한다.

② 제1항 본문에 따라 환급하는 경우에는 제62조를 적용하지 아니한다.

③ 물납재산을 수납할 때부터 환급할 때까지의 관리비용 부담 주체 등 물납재산의 환급에 관한 세부적인 사항은 대통령령으로 정한다.

당 지방세환급금으로 한정한다)

3. 제40조에 따라 지방세환급금의 지급계좌를 신고한 경우

② 제1항에 따라 지방세환급금을 직권으로 지급한 경우에는 그 사실을 지방세환급금의 권리자에게 통지하여야 한다.

제42조【물납재산의 환급】 ① 법 제61조 제1항 본문에 따라 물납재산을 환급하는 경우에 지방자치단체가 해당 물납재산을 유지 또는 관리하기 위하여 지출한 비용은 지방자치단체의 부담으로 한다. 다만, 지방자치단체가 물납재산에 대하여 「법인세법 시행령」 제31조 제2항에 따른 자본적 지출을 한 경우에는 이를 납세자의 부담으로 한다.

② 법 제61조 제1항 단서에서 "그 물납재산이 매각되었거나 다른 용도로 사용되고 있는 경우 등 대통령령으로 정하는 경우"란 다음 각 호의 어느 하나에 해당하는 경우를 말한다.

1. 해당 물납재산이 매각된 경우
2. 해당 물납재산의 성질상 분할하여 환급하는 것이 곤란한 경우
3. 해당 물납재산이 임대 중이거나 다른 행정용도로 사용되고 있는 경우
4. 해당 물납재산에 대한 사용계획이 수립되어 그 물납재산으로 환급하는 것이 곤란하다고 인정되는 경우

③ 물납재산의 수납 이후 발생한 과실(법정과실 및 천연

제20조【지방세환급금의 직권지급 통지】 영 제41조 제2항에 따른 지방세환급금 직권지급 통지는 별지 제26호 서식의 지방세환급금 직권지급 사실 통지에 따른다.

제62조【지방세환급가산금】 ① 지방자치단체의 장은 지방세환급금을 제60조에 따라 충당하거나 지급할 때에는 대통령령으로 정하는 날부터 지방세환급금을 충당하는 날이나 지급결정을 하는 날까지의 기간과 금융회사의 예금이자율 등을 고려하여 대통령령으로 정하는 이율에 따라 계산한 금액(이하 "지방세환급가산금"이라 한다)을 지방세환급금에 가산하여야 한다. (2021. 12. 28. 개정)

② 제60조 제6항에 따라 지방세환급금을 지방세에 충당하는 경우 지방세환급가산금은 지급결정을 한 날까지 가산한다.

③ 제1항에도 불구하고 다음 각 호의 어느 하나에 해당하는 사유 없이 대통령령으로 정하는 고충민원의 처리에 따라 지방세환급금을 충당하거나 지급하는 경우에는 지방세환급가산금을 가산하지 아니한다. (2021. 12. 28. 개정)

1. 제50조에 따른 경정 등의 청구 (2021. 12. 28. 개정)
2. 제7장에 따른 이의신청, 심판청구, 「감사원법」에 따른 심사청구나 「행정소송법」에 따른 소송에 대한 결정이나 판결 (2021. 12. 28. 개정)

예판 ……

【판례】 지방세환급가산금 적용 범위

과실을 말한다)은 납세자에게 환급하지 아니한다.

제43조【지방세환급가산금의 계산】 ① 법 제62조 제1항에서 "대통령령으로 정하는 날"이란 다음 각 호의 구분에 따른 날의 다음 날을 말한다. (2021. 12. 31. 개정)

1. 착오납부, 이중납부나 납부의 기초가 된 신고 또는 부과를 경정(제6호에 해당하는 경우는 제외한다)하거나 취소함에 따라 환급하는 경우: 그 지방세의 납부일(지방세관계법에 따라 특별징수의무자가 특별징수하여 납부한 세액의 환급의 경우 해당 세목의 법정신고기한 만료일). 이 경우 지방세가 「지방세징수법」 제25조에 따른 분할고지로 둘 이상의 납기가 있는 경우와 지방세가 2회 이상 분할납부된 경우에는 그 마지막 납부일로 하되, 지방세환급금이 마지막에 납부된 금액을 초과하는 경우에는 그 금액이 될 때까지 납부일의 순서로 소급하여 계산한 지방세의 각 납부일로 한다. (2021. 12. 31. 개정)
2. 「지방세법」 제128조 제3항에 따라 연세액을 일시납부한 경우로서 같은 법 제130조에 따른 세액의 일할계산으로 환급하는 경우: 소유권이전등록일 · 양도일이나 사용을 폐지한 날. 다만, 납부일이 소유권이전등록일 · 양도일이나 사용을 폐지한 날 이후인 경우에는 그 납부일로 한다. (2021. 12. 31. 개정)
3. 적법하게 납부된 지방세의 감면으로 환급하는 경우: 그 감면 결정일 (2021. 12. 31. 개정)

☜ 운영예규 법62 - 2…시행령 43-1 【지방세환급가산금의 기산일】 (2022. 10. 25. 번호개정)

1. 취득세를 비과세, 과세면제 또는 경감받은 후에 해당 과세물건이 취득세 부과대상 또는 추징대상이 되어 농어촌특별세의 환급금이 발생한 경우에는 「지방세기본법 시행령」 제43조 제1항 제1호를 적용한다. (2022. 10. 25. 개정)
2. 「지방세특례제한법」 제4조 제4항에 따라 지방세환급금이 발생한 경우에는 「지방세기본법 시행령」 제43조 제1항 제3호를 적용한다. (2022. 10. 25. 개정)
3. 조례의 개정으로 지방세환급금이 발생한 경우에는 「지방세기본법 시행령」 제43조 제1항 제4호를 적용한다. (2022. 10. 25. 개정)

- 담배의 훼손 등으로 인하여 담배소비세를 환급하게 되는 경우 그 환급이자에 대한 기산일을 담배소비세 납부일이 아닌 담배소비세 환급신청일로부터 30일이 경과한 다음날이 됨. (대법 2003다25812, 2003. 10. 9.)

【예규】 환급금 소멸시효 기산일

- 법인세법 제72조에 따른 환급으로 인하여 세액이 달라진 경우에는 그 환급세액에 따라 소득분의 세액을 환급하도록 되어 있으므로 귀문의 경우 주민세(법인세분) 환급금 소멸시효의 기산은 법인세액이 감액 경정된 날부터 하는 것이 합리적임. (지방세분석과-1638, 2013. 7. 8.)
- 연부계약이 경개계약으로 변경되어 매수자가 A에서 B로 변경된 경우 당초 A는 후발적 사유에 해당되어 경정청구가 가능하고, 환급금 기산일은 경정청구의 다음날로 보는 것이 타당함. (지방세정책과-1848, 2019. 5. 10.)

운영예규 법62-1 【환급가산금 계산의 대상금액】

「지방세기본법」 제62조의 규정에 의한 환급가산금의 계산에 있어서 그 대상이 되는 금액에는 납세자가 납부한 본세, 가산금, 중가산금, 체납처분비 및 연부연납이자세액이 포함된다.

4. 적법하게 납부된 후 법령 또는 조례가 개정되어 환급하는 경우: 그 개정된 법령 또는 조례 규정의 시행일 (2021. 12. 31. 개정)
5. 법 또는 지방세관계법에 따른 환급세액의 신고, 환급신청이나 신고한 환급세액의 경정·결정으로 환급하는 경우: 그 신고일(신고한 날이 법정신고기일 전인 경우에는 해당 법정신고기일) 또는 신청을 한 날부터 30일이 지난 날(지방세관계법에서 환급기한을 정하고 있는 경우에는 그 환급기한의 다음 날). 다만, 환급세액을 신고하지 않아 결정에 따라 환급하는 경우에는 그 결정일부터 30일이 지난 날로 한다. (2021. 12. 31. 개정)
6. 다음 각 목의 어느 하나에 해당하는 사유로 지방소득세를 환급하는 경우: 지방자치단체의 장이 결정하거나 경정한 날부터 30일이 지난 날 (2021. 12. 31. 개정)
   가. 법 제50조에 따른 경정청구 없이 세무서장 또는 지방국세청장이 결정하거나 경정한 자료에 따라 지방소득세를 환급하는 경우 (2021. 12. 31. 개정)
   가. 삭 제 (2024. 12. 31.)
   나. 「지방세법」 제103조의 62에 따라 법인지방소득세 특별징수세액을 환급하는 경우 (2021. 12. 31. 개정)
   다. 「지방세법」 제103조의 64 제3항 제2호에 따라 지방소득세를 환급하는 경우 (2021. 12. 31. 개정)

② 법 제62조 제1항에서 "대통령령으로 정하는 이율"이란 「국세기본법 시행령」 제43조의 3 제2항 본문에 따른

편주

영 43조 1항 6호 가목의 개정규정은 2025. 1. 1. 이후 지방세환급금을 결정하거나 경정하는 경우부터 적용함. (영 부칙(2024. 12. 31.) 2조)

이자율(이하 이 항에서 "기본이자율"이라 한다)을 말한다. 다만, 납세자가 법 제7장에 따른 이의신청, 심판청구, 「감사원법」에 따른 심사청구 또는 「행정소송법」에 따른 소송을 제기하여 그 결정 또는 판결에 의하여 지방자치단체의 장이 지방세환급금을 지급하는 경우로서 그 결정 또는 판결이 확정된 날부터 40일 이후에 납세자에게 지방세환급금을 지급하는 경우에는 기본이자율의 1.5배에 해당하는 이자율로 한다. (2021. 12. 31. 개정)

③ 법 제62조 제3항 각 호 외의 부분에서 "대통령령으로 정하는 고충민원"이란 지방세와 관련하여 납세자가 법 제62조 제3항 각 호의 불복청구 등을 그 기한까지 제기하지 않은 사항에 대하여 지방자치단체의 장에게 직권으로 법 또는 지방세관계법에 따른 처분의 취소, 변경이나 그 밖에 필요한 처분을 해 줄 것을 요청하는 민원을 말한다. (2021. 12. 31. 개정)

제63조【지방세환급금에 관한 권리의 양도】 ① 지방세환급금(지방세환급가산금을 포함한다. 이하 이 조에서 같다)에 관한 납세자의 권리는 대통령령으로 정하는 바에 따라 타인에게 양도할 수 있다. (2023. 3. 14. 개정)

② 지방자치단체의 장은 지방세환급금에 관한 권리의 양도 요구가 있는 경우에 양도인 또는 양수인이 납부할 지방자치단체의 징수금이 있으면 그 지방자치단체의 징수금에 충당하고, 남은 금액에 대해서는 양도의 요구에

제44조【지방세환급금의 양도】 ① 납세자는 법 제63조에 따라 지방세환급금을 타인에게 양도하려는 경우에는 다음 각 호의 사항을 적은 요구서를 해당 지방자치단체의 장에게 제출하여야 한다. (2023. 3. 14. 개정)

1. 권리자(양도인)의 성명과 주소 또는 영업소
2. 양수인의 성명과 주소 또는 영업소
3. 양도하려는 지방세환급금이 발생한 연도·세목과 금액

② 지방자치단체의 장은 제1항에 따른 신청서를 접수하였을

제22조【지방세환급금의 양도 요구】 (2023. 3. 14. 제목개정)
영 제44조 제1항에 따른 지방세환급금의 양도 요구는 별지 제27호 서식의 지방세환급금 양도 요구서에 따른다. (2023. 3. 14. 개정)

지체 없이 따라야 한다. (2023. 3. 14. 신설)

제64조 【지방세환급금의 소멸시효】 ① 지방세환급금과 지방세환급가산금에 관한 납세자의 권리는 행사할 수 있는 때부터 5년간 행사하지 아니하면 시효로 인하여 소멸한다.
② 제1항의 소멸시효에 관하여는 이 법 또는 지방세관계법에 별도의 규정이 있는 것을 제외하고는 「민법」을 따른다. 이 경우 지방세환급금 또는 지방세환급가산금과 관련된 과세처분의 취소 또는 무효확인 청구의 소 등 행정소송을 청구한 경우 그 시효의 중단에 관하여는 「민법」 제168조 제1호에 따른 청구를 한 것으로 본다.
③ 제1항의 소멸시효는 지방자치단체의 장이 납세자의 지방세 환급청구를 촉구하기 위하여 납세자에게 하는 지방세 환급청구의 안내·통지 등으로 인하여 중단되지 아니한다. (2018. 12. 24. 신설)

예 판

【판례】 지방세환급금 소멸시효 적용 범위

- 과세처분이 당연무효 또는 부존재 처분에 해당하여 부당이득반환청구권을 행사할 수 있는 경우라고 하더라도, 해당 과오납금에 대한 환급청구권의 소멸시효는 5년임. (대법 96다29878, 1996. 11. 12.)

【예규】 연부취득 계약 해제와 소멸시효

- 착오납부·이중납부 등 과오납부된 환급금 외에 적법하게 납부 또는 납입된 후에 계약취소 등 변경사유가 발생할 경우 지방세환급금과 환급가산금에 관한 권리를 행사할 수 있는 때라

때에는 양도인과 양수인의 다른 체납액이 없으면 이에 응하여야 한다.
② 삭 제 (2023. 3. 14.)
③ 제1항에 따른 지방세환급금 양도 신청이 있는 경우 지방자치단체의 장은 그 처리 결과를 7일 이내에 양도인과 양수인에게 통지하여야 한다.
③ 삭 제 (2023. 3. 14.)

운영예규 법63…시행령44-1 【지방세환급금 양도신청에 따른 처리방법】

지방세환급금의 양도신청을 접수한 지방자치단체의 장은 양도자와 양수자의 체납조회(전국 체납조회를 포함한다)를 하여야 하며, 체납액(타 지방자치단체의 체납액을 포함한다)이 있을 경우에는 양도를 허가하지 않아야 한다.

법63…시행령44-2 【지방세환급금에 관한 권리의 양도】

법 제63조에 따라 지방세환급금에 관한 권리를 양도한 경우에, 양도인과 양수인간에 지방세환급가산금에 관한 특별한 약정이 없는 때에는 다음 각 호에 따라 환급한다.

1. 지방세환급금 전액을 양도한 때에는 양수인에게 지방세환급가산금을 충당 또는 환급한다.
2. 지방세환급금 중 일부를 양도·양수한 때에는 그 양도·양수한 금액에 대하여 양도한 날을 기준으로 양도일까지의 가산금은 양도인에게 충당 또는 환급하고, 양도일의 다음날부터 지급일까지의 가산금은 양수인에게 충당 또는 환급한다.

운영예규 법64-1 【지방세환급금의 소멸시효 기산일】

「지방세기본법」 제64조 제1항 따른 "행사할 수 있는 때"라

함은 해당 사유 발생시점으로 보아야 할 것이고, 구 지방세법 운용세칙 제105-5 제4호에서 연부취득 중인 과세물건을 마지막 연부금 지급일 전에 계약을 해제한 때에는 이미 납부한 취득세는 환부하도록 규정하고 있으므로, 잔금지급일 전에 계약이 취소되었다면 납부한 취득세를 전액 환부하게 되는 것이며, 계약해제 등의 취소사유 발생한 시점을 소멸시효 기산일로 보는 것이 타당함(지방세정책과-787, 2015. 3. 5.)

- 지방세법상 감면대상인 취득세액을 납부한 다음 5년 이내에 사망하고 그 상속자가 재산을 상속받는 경우에는 민법 제181조의 규정에 따라 상속 확정일부터 6월 동안 지방세환급금 청구권의 소멸시효가 정지된다고 할 것임. (지방세분석과-643, 2013. 2. 26.)
- 지방자치단체의 장이 법령의 개정으로 과세 근거규정이 없어졌음에도 지방세를 부과하여 납부자가 이를 납부한 경우에 지방세환급금에 관한 권리의 소멸시효 기산점인 "이를 행사할 수 있는 때"는 납세자가 지방세를 납부한 날이라고 할 것임. (법제 12-0675, 2012. 12. 14.)

제2절 납세담보

제65조【담보의 종류】 이 법 또는 지방세관계법에 따라 제공하는 담보(이하 "납세담보"라 한다)는 다음 각 호의 어느 하나에 해당하는 것이어야 한다.

1. 금전
2. 국채 또는 지방채

함은 「지방세기본법 시행령」 제43조 제1항 각 호의 날을 말한다. 다만, 납부 후 그 납부의 기초가 된 신고 또는 부과를 경정하거나 취소하여 지방세환급금이 발생된 경우에는 경정결정일 또는 부과취소일을 말한다. (2022. 10. 25. 개정)

법64-2【농어촌특별세환급금의 소멸시효 기산일】 취득세를 비과세, 과세면제 또는 경감 받은 후에 해당 과세물건이 취득세 부과대상 또는 추징대상이 되었을 때 발생하는 농어촌특별세의 환급금에 대한 소멸시효 기산일은 그 본세인 취득세의 경정결정일을 말한다.

제2절 납세담보

【조심판례】 납세담보의 범위

- 공탁서는 국가에 대한 공탁물 출급청구권을 증명하는 서류중의 하나에 불과하여 이를 국채·지방채 또는 유가증권에 해당된다고 볼 수 없음은 물론 국세기본법 제29조에 열거된 납세

3. 지방자치단체의 장이 확실하다고 인정하는 유가증권
4. 납세보증보험증권
5. 지방자치단체의 장이 확실하다고 인정하는 보증인의 납세보증서

운영예규 법65-2【지방자치단체의 장이 확실하다고 인정하는 보증인】

「지방세기본법」 제65조 제5호의 "지방자치단체의 장이 확실하다고 인정하는 보증인"이라 함은 다음 각 호의 자를 말한다.

1. 「은행법」의 규정에 의한 금융기관
2. 「신용보증기금법」의 규정에 의한 신용보증기금
3. 보증채무를 이행할 수 있는 자력이 충분하다고 지방자치단체의 장이 인정하는 자

6. 토지
7. 보험에 든 등기되거나 등록된 건물·공장재단·광업재단·선박·항공기 또는 건설기계

제66조【담보의 평가】 납세담보의 가액은 다음 각 호에 따른다.

담보 중 어느 것에도 해당된다고 볼 수 없는 것이므로, 처분청이 청구인의 연부연납허가신청을 불허한 처분은 정당한 것임. (조심 2010서4033, 2011. 4. 14.)

운영예규 법65-1【지방자치단체의 장이 확실하다고 인정하는 유가증권】

「지방세기본법」 제65조 제3호에서 규정하는 "지방자치단체의 장이 확실하다고 인정하는 유가증권"은 다음 각 호의 증권을 포함한다.

1. 한국은행 통화안정증권 등 특별법에 의하여 설립된 법인이 발행한 채권
2. 한국증권거래소에 상장된 법인의 사채권 중 보증사채 및 전환사채
3. 한국증권거래소에 상장된 유가증권 또는 금융투자협회에 등록된 유가증권 중 매매사실이 있는 것
4. 양도성 예금증서
5. 「자본시장과 금융투자업에 관한 법률」에 의한 수익증권 중 무기명 수익증권
6. 「자본시장과 금융투자업에 관한 법률」에 의한 수익증권 중 환매청구 가능한 수익증권

운영예규 법65-3【납세담보재산의 보험계약금액】

「지방세기본법」 제65조 제7호에 따른 재산의 경우 당해 재산의 보험계약금액은 그 재산에 의하여 담보된 지방세, 가산금과 체납처분비의 합계액(선순위에 피담보채권이 있을 때는 그 피담보채권액을 가산한 금액) 이상이어야 한다.

1. 국채, 지방채 및 유가증권: 대통령령으로 정하는 바에 따라 시가(時價)를 고려하여 결정한 가액
2. 납세보증보험증권: 보험금액
3. 납세보증서: 보증액
4. 토지, 주택, 주택 외 건축물, 선박, 항공기 및 건설기계: 「지방세법」 제4조 제1항 및 제2항에 따른 시가표준액
5. 공장재단 또는 광업재단: 감정기관이나 그 재산의 감정평가에 관한 전문적 기술을 보유한 자의 평가액

제45조【납세담보 시 국채 등의 평가】 법 제66조 제1호에 따른 시가를 고려하여 결정한 가액은 법 제65조에 따른 납세담보(이하 "납세담보"라 한다)로 제공하는 날의 전날을 평가기준일로 하여 「상속세 및 증여세법 시행령」 제58조 제1항을 준용하여 계산한 가액으로 한다.

제67조【담보의 제공방법】 ① 금전 또는 유가증권을 납세담보로 제공하려는 자는 이를 공탁하고 공탁영수증을 지방자치단체의 장에게 제출하여야 한다. 다만, 등록된 국채·지방채 또는 사채(社債)의 경우에는 담보제공의 뜻을 등록하고 등록확인증을 제출하여야 한다.

운영예규 법67-1【담보제공의 등록】

「지방세기본법」 제67조 제1항 단서에 따른 "담보제공의 뜻을 등록"이란 「국채법」 제9조와 「은행법」 제33조의 5 제5항에 따른 등록을 말한다. (2022. 10. 25. 개정)

② 납세보증보험증권 또는 납세보증서를 납세담보로 제공하려는 자는 그 보험증권 또는 보증서를 지방자치단체의 장에게 제출하여야 한다.

제46조【납세담보의 제공】 ① 법 제67조에 따라 납세담보를 제공하려는 자는 담보할 지방세의 100분의 120(현금 또는 납세보증보험증권의 경우에는 100분의 110) 이상의 가액에 상당하는 납세담보의 제공과 함께 행정안전부령으로 정하는 납세담보제공서를 제출하여야 한다. 다만, 그 지방세가 확정되지 아니한 경우에는 지방자치단체의 장이 정하는 가액에 해당하는 납세담보를 제공하여야 한다. (2017. 7. 26. 직제개정 ; 행정안전부와~직제 부칙)

② 법 제67조 제2항에 따라 납세담보로 제공하는 납세보증보험증권은 그 보험증권의 보험기간이 납세담보를 필요로 하는 기간에 30일 이상을 더한 것이어야 한다. 다만, 납부기한이 확정되지 아니한 지방세의 경우에는 지

제23조【납세담보의 제공】 ① 법 제67조 및 영 제46조 제1항에 따른 납세담보제공서는 별지 제29호 서식의 납세담보제공서에 따른다.

② 법 제67조 제2항에 따른 납세보증서는 별지 제30호 서식의 납세보증서에 따른다.

③ 토지, 주택, 주택 외 건물, 선박, 항공기, 건설기계 또는 공장재단·광업재단을 납세담보로 제공하려는 자는 등기필증, 등기완료통지서 또는 등록확인증을 지방자치단체의 장에게 제시하여야 하며, 지방자치단체의 장은 이에 따라 저당권 설정을 위한 등기 또는 등록의 절차를 밟아야 한다.

예판

【판례】 보증보험의 효력

- 보증보험이란 피보험자와 어떠한 법률관계를 가진 보험계약자의 채무불이행으로 인하여 피보험자가 입게 될 손해의 전보(塡補)를 보험자가 인수하는 것을 내용으로 하는 손해보험으로 형식적으로는 채무자의 채무불이행을 보험사고로 하는 보험계약이나 실질적으로는 보증의 성격을 가지고 보증계약과 같은 효과를 목적으로 하는 것임. (대법 2004다58277, 2005. 8. 25.)

방자치단체의 장이 정하는 기간에 따른다.

③ 지방자치단체의 장은 납세자가 토지, 주택, 주택 외 건물, 선박, 항공기, 건설기계 또는 공장재단·광업재단을 납세담보로 제공하려는 경우에는 법 제67조 제3항에 따라 제시된 등기필증, 등기완료통지서 또는 등록확인증이 사실과 일치하는지 조사하여 다음 각 호의 어느 하나에 해당하는 경우에는 다른 담보를 제공하게 하여야 한다.

1. 법 또는 지방세관계법에 따라 담보제공이 금지되거나 제한된 경우. 다만, 주무관청의 허가를 받아 제공하는 경우는 제외한다.
2. 법 또는 지방세관계법에 따라 사용·수익이 제한된 것으로 납세담보의 목적을 달성할 수 없다고 인정된 경우
3. 그 밖에 납세담보의 목적을 달성할 수 없다고 인정된 경우

④ 보험에 든 주택, 주택 외 건물, 선박, 항공기, 건설기계 또는 공장재단·광업재단을 납세담보로 제공하려는 자는 그 화재보험증권을 제출하여야 한다. 이 경우 그 보험기간은 제2항을 준용한다.

⑤ 법 제67조 제3항에 따라 저당권을 설정하기 위한 등기 또는 등록을 하려는 경우에는 다음 각 호의 사항을 적은 문서로 등기·등록관서에 촉탁하여야 한다.

1. 재산의 표시
2. 등기 또는 등록의 원인과 그 연월일
3. 등기 또는 등록의 목적

③ 법 제67조 제3항 및 영 제46조 제5항에 따른 저당권 설정을 위한 등기 또는 등록의 촉탁은 별지 제31호 서식의 납세담보에 따른 저당권 설정 등기(등록) 촉탁서에 따른다.

제68조【담보의 변경과 보충】 ① 납세담보를 제공한 자는 지방자치단체의 장의 승인을 받아 담보를 변경할 수 있다.

② 지방자치단체의 장은 납세담보물의 가액 또는 보증인의 지급능력 감소, 그 밖의 사유로 그 납세담보로써 지방자치단체의 징수금의 납부를 담보할 수 없다고 인정하면 담보를 제공한 자에게 담보물 추가제공 또는 보증인 변경을 요구할 수 있다.

예판

【예규】 납세담보 변경승인 사유

• 납세자가 제공한 납세담보가 공시지가 상승으로 평가액이 과다하게 된 경우에는 국세기본법 시행령 제15조 제1항 제2호의 납세담보의 변경승인 신청사유에 해당함. (국세청 서면1팀 - 742, 2007. 6. 7.)

제69조【담보에 의한 납부와 징수】 ① 납세담보로 금전을 제공한 자는 그 금전으로 담보한 지방자치단체의 징수금을 납부할 수 있다.

4. 저당권의 범위
5. 등기 또는 등록 권리자
6. 등기 또는 등록 의무자의 성명과 주소 또는 영업소

제47조【납세담보의 변경과 보충】 ① 지방자치단체의 장은 납세자가 법 제68조 제1항에 따라 납세담보의 변경승인을 신청한 경우에는 다음 각 호의 어느 하나에 해당하면 이를 승인하여야 한다.

1. 보증인의 납세보증서를 갈음하여 다른 담보재산을 제공한 경우
2. 제공한 납세담보의 가액이 변동되어 과다하게 된 경우
3. 납세담보로 제공한 유가증권 중 상환기간이 정해진 것이 그 상환시기에 이른 경우

② 제1항에 따른 납세담보의 변경승인 신청 또는 법 제68조 제2항에 따른 납세담보물의 추가제공이나 보증인 변경의 요구는 문서로 하여야 한다.

제48조【납세담보에 의한 납부와 징수】 ① 법 제69조 제1항에 따라 납세담보로 제공한 금전으로 지방자치단체의 징수금을 납부하려는 자는 그 뜻을 적은 문서로 지방자치단체의 장에게 신청하여야 한다. 이 경우 신청한 금액에 상당하는 지방자치단체의 징수금을 납부한

제24조【납세담보의 변경과 보충】 ① 법 제68조 제1항 및 영 제47조 제2항에 따른 납세담보의 변경승인 신청은 별지 제32호 서식의 납세담보 변경승인 신청서에 따른다.

② 법 제68조 제2항 및 영 제47조 제2항에 따른 납세담보물의 추가제공 요구 또는 보증인의 변경 요구는 별지 제33호 서식의 납세담보물의 추가제공(보증인의 변경) 요구에 따른다.

제25조【납세담보에 의한 납부 신청과 징수 통지】 ① 법 제69조 제1항 및 영 제48조 제1항 전단에 따른 납세담보에 의한 지방자치단체의 징수금 납부신청은 별지 제34호 서

② 지방자치단체의 장은 납세담보를 제공받은 지방자치단체의 징수금이 담보의 기간에 납부되지 아니하면 대통령령으로 정하는 바에 따라 그 담보로써 그 지방자치단체의 징수금을 징수한다.

제70조 【담보의 해제】 지방자치단체의 장은 납세담보를 제공받은 지방자치단체의 징수금이 납부되면 지체 없이 담보 해제 절차를 밟아야 한다.

것으로 본다.

② 지방자치단체의 장은 법 제69조 제2항에 따라 납세담보로 지방자치단체의 징수금을 징수하려는 경우 납세담보가 금전이면 그 금전을 해당 지방자치단체의 징수금에 충당하고, 납세담보가 금전 외의 것이면 다음 각 호의 구분에 따른 방법으로 징수하거나 환가한 금전을 해당 지방자치단체의 징수금에 충당한다.

1. 국채·지방채나 그 밖의 유가증권, 토지, 주택, 주택 외 건물, 선박, 항공기, 건설기계 또는 공장재단·광업재단인 경우 : 「지방세징수법」 제3장 제10절에서 정하는 공매절차에 따라 매각
2. 납세보증보험증권인 경우 : 해당 납세보증보험사업자에게 보험금의 지급을 청구
3. 납세보증서인 경우 : 법에서 정하는 납세보증인으로부터의 징수절차에 따라 징수

③ 제2항에 따라 납세담보를 환가한 금액이 징수할 지방자치단체의 징수금을 충당하고 남은 경우에는 「지방세징수법」 제3장 11절에서 정하는 공매대금의 배분 방법에 따라 배분한 후 납세자에게 지급한다.

제49조 【납세담보의 해제】 ① 법 제70조에 따른 납세담보의 해제는 그 뜻을 적은 문서를 납세담보를 제공한 자에게 통지함으로써 한다. 이 경우 납세담보를 제공할 때 제출한 관계 서류가 있으면 그 서류를 첨부하여야 한다.

식의 납세담보에 의한 지방자치단체의 징수금 납부신청서에 따른다.

② 지방자치단체의 장은 영 제48조 제1항 또는 제2항에 따라 납세담보로 지방자치단체의 징수금을 징수한 경우에는 지체 없이 납세담보를 제공한 자에게 별지 제35호 서식의 납세담보에 의한 지방자치단체의 징수금 징수 통지에 따라 통지하여야 한다.

제26조 【납세담보의 해제】 ① 법 제70조 및 영 제49조 제1항에 따른 납세담보의 해제 통지는 별지 제36호 서식의 납세담보의 해제 통지

제5장 지방세와 다른 채권의 관계

제71조【지방세의 우선 징수】 ① 지방자치단체의 징수금은 다른 공과금과 그 밖의 채권에 우선하여 징수한다. 다만, 다음 각 호의 어느 하나에 해당하는 공과금과 그 밖의 채권에 대해서는 우선 징수하지 아니한다.

1. 국세 또는 공과금의 체납처분을 하여 그 체납처분 금액에서 지방자치단체의 징수금을 징수하는 경우의 그 국세 또는 공과금의 체납처분비
2. 강제집행·경매 또는 파산절차에 따라 재산을 매각하여 그 매각금액에서 지방자치단체의 징수금을 징수하는 경우의 해당 강제집행·경매 또는 파산절차에 든 비용

② 제1항을 적용할 때 제46조 제5항에 따라 저당권의 등기 또는 등록을 촉탁한 경우에는 같은 항 각 호에 준하는 사항을 적은 문서로 등기·등록관서에 저당권 말소의 등기 또는 등록을 촉탁하여야 한다.

제5장 지방세와 다른 채권의 관계

운영예규 법71-1【지방세의 우선징수】

「지방세기본법」 제71조 제1항에서 규정하고 있는 "우선하여 징수한다"라고 함은 납세자의 재산을 강제매각절차에 의하여 매각하는 경우에 그 매각대금 또는 추심금액 중에서 지방세를 우선하여 징수하는 것을 말한다.

운영예규 법71-2【강제집행 등에 소요된 비용】

「지방세기본법」 제71조 제1항 제2호에서 규정하는 "강제집행·경매 또는 파산절차에 든 비용"에는 다음에 열거하는 비용이 포함된다.

에 따른다.

② 영 제49조 제2항에 따른 저당권 말소의 등기 또는 등록의 촉탁은 별지 제37호 서식의 납세담보 해제에 따른 저당권 말소 등기(등록) 촉탁서에 따른다.

제5장 지방세와 다른 채권의 관계

예판

【판례】·담보물건과 지방세 우선

– 저당부동산이 저당권설정자로부터 제3자에게 양도되고 위 설정자에게 저당권에 우선하여 징수당할 아무런 조세의 체납이 없었다면 양수인에게 부과한 지방세의 법정기일이 앞선다거나 당해세라 하여 우선 징수할 수 없다고 할 것임. (대법 2012다200530, 2012. 9. 27.)

· 배당 범위

– 근저당권에 우선하는 당해세에 관한 것이라고 하더라도, 배당요구의 종기까지 교부청구한 금액만을 배당받을

3. 다음 각 목의 어느 하나에 해당하는 기일(이하 "법정기일"이라 한다) 전에 전세권 · 질권 · 저당권의 설정을 등기 · 등록한 사실 또는 「주택임대차보호법」 제3조의 2 제2항 및 「상가건물 임대차보호법」 제5조 제2항에 따른 대항요건과 임대차계약증서상의 확정일자(確定日字)를 갖춘 사실이 대통령령으로 정하는 바에 따라 증명되는 재산을 매각하여 그 매각금액에서 지방세(그 재산에 대하여 부과된 지방세는 제외한다)를 징수하는 경우의 그 전세권 · 질권 · 저당권에 따라 담보된 채권, 등기 또는 확정일자를 갖춘 임대차계약증서상의 보증금 (2020. 12. 29. 개정)

1. 강제집행의 경우에는 강제집행의 준비비용인 집행문의 부여, 판결의 송달, 집행신청을 하기 위한 출석에 필요한 비용(재판 외의 비용에 한함) 등과 강제집행의 개시에 의하여 발생한 비용인 집달관의 수수료, 체당금(위임사무처리의 비용), 감정비용, 담보공여의 비용, 압류재산의 보존비용 등에서 채무자가 부담하여야 할 비용
2. 「민사소송법」에 의한 경매절차의 경우에는 전호에 준하는 비용
3. 파산절차의 경우에는 「채무자회생 및 파산에 관한 법률」 제473조(재단채권의 범위) 제3호에서 규정한 관리, 환가 및 배당에 관한 비용, 같은 법 제348조 제1항 단서에 따라 파산관재인이 파산재단을 위한 강제집행 등의 절차를 속행하는 경우의 비용 등

제50조 【지방세의 우선】 ① 법 제71조 제1항 제3호에 따른 전세권 · 질권 · 저당권의 설정을 등기 · 등록한 사실 또는 「주택임대차보호법」 제3조의 2 제2항 및 「상가건물 임대차보호법」 제5조 제2항에 따른 대항요건과 임대차계약증서상의 확정일자를 갖춘 사실은 다음 각 호의 어느 하나에 해당하는 것으로 증명한다.

1. 등기사항증명서
2. 공증인의 증명
3. 질권에 대한 증명으로서 지방자치단체의 장이 인정하는 것
4. 금융회사 등의 장부등으로 증명되는 것으로서 지방자치단체의 장이 인정하는 것 (2019. 12. 31. 개정)

수 있을 뿐이고, 그 당해세에 대한 부대세의 일종인 가산금 및 중가산금의 경우에도, 교부청구 이후 배당기일까지의 가산금 또는 중가산금을 포함하여 지급을 구하는 취지를 배당요구종기 이전에 명확히 밝히지 않았다면, 배당요구종기까지 교부청구를 한 금액에 한하여만 배당받을 수 있음. (대법 2011다44160, 2012. 5. 10.)

【예규】 당해세의 범위는 채권이 미치는 토지에 부과된 재산세로 한정되는 것이 아니라 압류원인인 전체토지에 대하여 부과된 재산세로 봄이 타당함. (지방세운영과-1184, 2011. 3. 15.)

편주

- 법 71조 1항 및 2항의 개정규정은 2024. 1. 1.부터 시행함. (법 부칙(2020. 12. 29.) 1조 5호) (2021. 12. 28. 개정)
- 2023. 12. 31. 이전에 납세의무가 성립된 분에 대해서는 법 71조 1항 3호부터 5호까지 및 2항 단서의 개정규정에도 불구하고 종전의 규정에 따르며, 2023. 12. 31. 이전에 법 45조부터 48조까지의 규정에 따른 주된 납세자의 납세의무가 성립한 경우의 제2차 납세의무자에 대해서도 또한 같음. (법 부칙(2020. 12. 29.) 6조) (2021. 12. 28. 개정)

가. 과세표준과 세액의 신고에 의하여 납세의무가 확정되는 지방세의 경우 신고한 해당 세액에 대해서는 그 신고일

나. 과세표준과 세액을 지방자치단체가 결정 또는 경정하는 경우에 고지한 해당 세액(제55조 제1항 제3호 · 제4호에 따른 납부지연가산세 및 제56조 제1항 제2호의 2 · 제3호에 따른 특별징수 납부지연가산세를 포함한다)에 대해서는 납세고지서의 발송일 (2024. 12. 31. 개정)

편주

법 71조 1항 3호 나목의 개정규정은 2025. 1. 1. 이후 특별징수 납부지연가산세를 부과하는 경우부터 적용함. (법 부칙(2024. 12. 31.) 3조)

다. 특별징수의무자로부터 징수하는 지방세의 경우에는 가목 및 나목의 기일과 관계없이 그 납세의무의 확정일

5. 그 밖에 공부(公簿)상으로 증명되는 것

라. 양도담보재산 또는 제2차 납세의무자의 재산에서 지방세를 징수하는 경우에는 납부통지서의 발송일

마. 「지방세징수법」 제33조 제2항에 따라 납세자의 재산을 압류한 경우에 그 압류와 관련하여 확정된 세액에 대해서는 가목부터 라목까지의 기일과 관계없이 그 압류등기일 또는 등록일

바. 가산금의 경우 그 가산금을 가산하는 고지세액의 납부기한이 지난 날

바. 삭 제 (2020. 12. 29.)

운영예규 법71－3【법정기일】

「지방세기본법」 제71조 제1항 제3호에서 규정하는 "법정기일"은 지방세 채권과 저당권 등에 의하여 담보된 채권간의 우선 여부를 결정하는 기준일을 말하는데, 이 규정에서 정한 신고일·발송일 등의 구체적인 사항은 다음과 같다.

1. "신고일"이라 함은 「지방세기본법」 및 같은 법 시행령, 지방세관계법령에 의한 신고서를 지방자치단체의 장에게 제출하는 날을 말한다.
2. "발송일"이라 함은 다음 각 호의 구분에 의한 날을 말한다.
   가. 우편송달의 경우 : 통신일부인이 찍힌 날
   나. 교부송달의 경우 : 고지서 등을 받아야 할 자에게 교부한 때
   다. 공시송달의 경우 : 반송 또는 수령 거부된 당초 고지서 등의 발송일. 다만, 주소불분명 등으로 처음부터 공시송달에 의하는 경우에는 「지방세기본법」 제33조의 규정에 의한 공고일

운영예규 법71－8【저당권】

1. "저당권"이라 함은 채무자 또는 제3자(물상보증인)가 채무의 담보로 제공한 부동산 기타의 목적물을 채권자가 인도받지 아니하고 담보제공자의 사용·수익에 맡겨두면서 변제가 없을 때에 그 목적물로부터 우선변제를 받는 것을 목적으로 하는 담보물권을 말하며 저당권에는 「민법」 제357조의 근저당을 포함한다.
2. 「지방세기본법」 제71조 제1항 제3호에 따른 지방세의 법정기일 전에 설정등기 된 저당권의 범위에는 본인의 채무를 담보하기 위해 설정등기 한 저당권은 물론, 제3자를 위한 연대보증채무를 담보하기 위해 설정등기 한 저당권도 포함된다.

법71－9【저당권의 목적물가액】

지방세에 우선하는 채권액은 저당권이 설정된 재산의 가액을 한도로 하며, 그 「매각대금」에는 부합물, 종물, 과실 등

운영예규 법71－6【질 권】

「지방세기본법」 제71조 제1항 제3호의 "질권"에는 납세자에 대한 채권으로 납세자의 재산에 질권을 설정하고 있는 경우와 납세자 이외의 자에 대한 채권으로 납세자의 재산에 질권을 설정하고 있는 경우(납세자가 물상보증인이 되고 있는 경우 등)를 포함한다.

법71－7【질권에 의하여 담보되는 채권액의 범위】

질권에 의하여 담보되는 채권액의 범위에는 설정행위에 특별한 규정이 없는 한 「민법」 제334조에서 규정하

라. 전자송달의 경우 : 지방세정보통신망에 저장된 때

3. "압류등기일 또는 등록일"이라 함은 등기부 또는 등록부에 기재된 압류서류의 접수일을 말한다.

법71 -4【전세권】

「지방세기본법」 제71조 제1항 제3호에서 "전세권"이라 함은 전세금을 지급하고 타인의 부동산을 점유하여 그 부동산의 용도에 좇아 사용·수익하는 것을 내용으로 하는 권리로서 등기된 것을 말한다.

법71 -5【전세권에 의하여 담보되는 채권액의 범위】

전세권에 의하여 담보되는 채권액의 범위는 전세금 외에 위약금이나 배상금 등으로 등기된 금액을 포함한다.

4. 「주택임대차보호법」 제8조 또는 「상가건물 임대차보호법」 제14조가 적용되는 임대차관계에 있는 주택 또는 건물을 매각하여 그 매각금액에서 지방세를 징수하는 경우에는 임대차에 관한 보증금 중 일정액으로서 각 규정에 따라 임차인이 우선하여 변제받을 수 있는 금액에 관한 채권 (2020. 12. 29. 개정)

5. 사용자의 재산을 매각하거나 추심하여 그 매각금액 또는 추심금액에서 지방세를 징수하는 경우에는 「근로기준법」 제38조 제2항 및 「근로자퇴직급여 보장법」 제12조 제2항에 따라 지방세에 우선하여 변제되는 임금, 퇴직금, 재해보상금 (2020. 12. 29. 개정)

② 납세의무자를 등기의무자로 하고 채무불이행을 정지조건으로 하는 대물변제의 예약(豫約)을 근거로 하여 권

저당권의 효력이 미치는 것의 매각대금을 포함한다.

법71 -10【저당권에 의하여 담보되는 채권액의 범위】

저당권에 의하여 담보되는 채권액의 범위에는 채권의 원금, 이자, 위약금, 채무불이행으로 인한 손해배상 및 저당권실행비용을 포함하되 등기된 채권최고액의 범위 이내에 한한다.

법71 -11【후순위저당채권 등에의 배당】

저당채권 등에 우선하는 지방세채권에 대한 배당 없이 저당권 등이 경락대금 등을 배당받았으면 지방세채권을 부당이득한 것으로 본다.

② 지방자치단체의 장은 법 제71조 제1항 제4호 및 제5호에 따른 지방세에 우선하는 채권과 관계있는 재산을 압류한 경우에는 그 사실을 해당 채권자에게 다음 각 호의 사항을 적은 문서로 통지하여야 한다. 다만, 법 제71조 제1항 제5호에 따른 채권을 가진 자가 여러 명인 경우에는 지방자치단체의 장이 선정하는 대표자에게 통지할 수 있으며 통지를 받은 대표자는 공고 또는 게시의 방법으로 그 사실을 해당 채권의 다른 채권자에게 알려야 한다.

1. 체납자의 성명과 주소 또는 영업소
2. 압류와 관계되는 지방세의 과세연도·세목·세액과 납부기한
3. 압류재산의 종류·대상 및 수량과 소재지
4. 압류 연월일

는 원본, 이자, 위약금, 질권실행비용, 질물보존비용 및 채무불이행 또는 질물의 하자로 인한 손해배상금 등이 포함된다.

제27조【지방세에 우선하는 채권을 가진 자 등에 대한 통지】 영 제50조 제2항에 따른 지방세에 우선하는 채권과 관계있는 재산의 압류 통지 또는 같은 조 제3항에 따른 가등기권리자에 대한 압류 통지는 별지 제38호 서식의 압류사실 통지에 따른다.

리이전의 청구권 보전(保全)을 위한 가등기(가등록을 포함한다. 이하 같다)와 그 밖에 이와 유사한 담보의 대상으로 된 가등기가 되어 있는 재산을 압류하는 경우에 그 가등기를 근거로 한 본등기가 압류 후에 되었을 때에는 그 가등기의 권리자는 그 재산에 대한 체납처분에 대하여 그 가등기를 근거로 한 권리를 주장할 수 없다. 다만, 지방세(그 재산에 대하여 부과된 지방세는 제외한다)의 법정기일 전에 가등기된 재산에 대해서는 그 권리를 주장할 수 있다. (2020. 12. 29. 단서개정)

운영예규 법71－14【대물변제의 예약】

「지방세기본법」 제71조 제2항에서 "정지조건으로 하는 대물변제의 예약"이라 함은 소비대차의 당사자 간에서 채무자가 기한 내에 변제를 하지 않으면 채권담보의 목적물의 소유권이 당연히 채권자에게 이전된다고 미리 약정하는 것을 말한다.

법71－15【가등기, 가등록】

"가등기, 가등록"이라 함은 본등기 또는 본등록을 할 수 있는 형식적 또는 실질적 요건을 완비하지 못한 경우에 장래의 본등기 또는 본등록의 순위보존을 위하여 하는 등기, 등록을 말하며 가등기, 가등록에 기한 본등기, 본등록의 순위는 가등기, 가등록의 순위에 의한다.

☞

운영예규 법71－13【임금채권 등의 우선변제】

임차인의 보증금 중 일정액 및 임금채권과 지방세 등 다른 채권과의 우선순위에 관하여는 「지방세기본법」 제71조 제1항 제4호 및 제5호, 「주택임대차보호법」 제8조 그리고 「근로기준법」 제38조의 규정을 종합하여 판단하여야 하는 바, 그 우선순위는 다음과 같다.

1. 압류재산에 「지방세기본법」 제71조 제1항 제3호에 규정하는 지방세의 법정기일(이하 "법정기일"이라 한다) 전에 질권 또는 저당권에 의하여 담보된 채권이나 등기 또는 확정일자를 갖춘 임대차계약증서상의 보증금이 있는 경우
   - (1순위) 임차인의 보증금 중 일정액, 최종 3월분의 임금과 최종 3년간의 퇴직금 및 재해보상금
   - (2순위) 질권 또는 저당권에 의하여 담보된 채권
   - (3순위) 최종 3월분 이외의 임금 및 기타 근로관계로 인한 채권
   - (4순위) 지방세
   - (5순위) 일반채권
2. 압류재산에 지방세의 법정기일 이후에 질권 또는 저당권에 의하여 담보된 채권이나 등기 또는 확정일자를 갖춘 임대차계약증서상의 보증금이 있는 경우
   - (1순위) 임차인의 보증금 중 일정액, 최종 3월분의 임금과 최종 3년간의 퇴직금 및 재해보상금
   - (2순위) 지방세
   - (3순위) 질권 또는 저당권에 의하여 담보된 채권
   - (4순위) 최종 3월분 이외의 임금 및 기타 근로관계로 인한 채권
   - (5순위) 일반채권

③ 지방자치단체의 장은 제2항에 따른 가등기 재산을 압류하거나 공매할 때에는 가등기권리자에게 지체 없이 알려야 한다.

운영예규 법71-16【압류사실통지를 받지 못한 우선채권】 「지방세기본법」 제71조 제3항에서 규정하는 통지를 받지 못한 자라도 지방세보다 우선하는 채권임이 확인되는 경우에는 지방세보다 우선 변제된다.

④ 지방자치단체의 장은 납세자가 제3자와 짜고 거짓으로 그 재산에 대하여 제1항 제3호에 따른 임대차계약, 전세권·질권 또는 저당권의 설정계약, 제2항에 따른 가등기설정계약 또는 제75조에 따른 양도담보설정계약을 하고 확정일자를 갖추거나 등기 또는 등록 등을 하여, 그 재산의 매각금액으로 지방자치단체의 징수금을 징수하기 어렵다고 인정하면 그 행위의 취소를 법원에 청구할 수 있다. 이 경우 납세자가 지방세의 법정기일 전 1년

3. 압류재산에 질권 또는 저당권에 의하여 담보된 채권이나 등기 또는 확정일자를 갖춘 임대차계약증서상의 보증금이 없는 경우
   (1순위) 임차인의 보증금 중 일정액, 최종 3월분의 임금과 최종 3년간의 퇴직금 및 재해보상금
   (2순위) 최종 3월분 이외의 임금 및 기타 근로관계로 인한 채권
   (3순위) 지방세
   (4순위) 일반채권

③ 법 제71조 제3항에 따른 가등기권리자에 대한 압류의 통지는 제2항을 준용한다.

제51조【상대방과 짜고 한 거짓계약으로 추정되는 계약의 특수관계인의 범위】 법 제71조 제4항 후단에서 "대통령령으로 정하는 자"란 해당 납세자와 제24조 제2항 각 호의 어느 하나에 해당하는 관계에 있는 자를 말한다. (2023. 3. 14. 개정)

내에 그의 특수관계인 중 대통령령으로 정하는 자와 「주택임대차보호법」 또는 「상가건물 임대차보호법」에 따른 임대차계약, 전세권·질권 또는 저당권의 설정계약, 가등기설정계약 또는 양도담보설정계약을 한 경우에는 상대방과 짜고 한 거짓계약으로 추정한다.

⑤ 제1항 제3호 각 목 외의 부분 및 제2항 단서에 따른 그 재산에 대하여 부과된 지방세는 다음 각 호와 같다. (2023. 5. 4. 개정)

1. 재산세 (2023. 5. 4. 신설)
2. 자동차세(자동차 소유에 대한 자동차세만 해당한다) (2023. 5. 4. 신설)
3. 지역자원시설세(소방분에 대한 지역자원시설세만 해당한다) (2023. 5. 4. 신설)
4. 지방교육세(재산세와 자동차세에 부가되는 지방교육세만 해당한다) (2023. 5. 4. 신설)

⑥ 제1항 제3호 각 목 외의 부분 및 제2항 단서에도 불구하고 「주택임대차보호법」 제3조의 2 제2항에 따라 대항요건과 확정일자를 갖춘 임차권에 의하여 담보된 보증금반환채권 또는 같은 법 제2조에 따른 주거용 건물에 설정된 전세권에 의하여 담보된 채권(이하 이 항에서 "임대차보증금반환채권등"이라 한다)은 해당 임차권 또는 전세권이 설정된 재산이 지방세의 체납처분 또는 경매·공매 절차를 통하여 매각되어 그 매각금액에서 지방세를 징수하는 경우 그 확정일자 또는 설정일보다 법

정기일이 늦은 해당 재산에 대하여 부과된 제5항 제1호, 제3호 및 제4호(재산세에 부가되는 지방교육세만 해당한다)에 해당하는 지방세(이하 이 조에서 "재산세등"이라 한다)의 우선 징수 순서에 대신하여 변제될 수 있다. 이 경우 대신 변제되는 금액은 우선 징수할 수 있었던 해당 재산에 대하여 부과된 재산세등의 징수액에 한정하며, 임대차보증금반환채권등보다 우선 변제되는 저당권 등의 변제액과 제1항 제3호 각 목 외의 부분 및 제2항 단서에 따라 해당 재산에 대하여 부과된 재산세등을 우선 징수하는 경우에 배분받을 수 있었던 임대차보증금반환채권등의 변제액에는 영향을 미치지 아니한다. (2023. 5. 4. 신설)

운영예규 법71-17【지방세 우선징수권의 예외】
지방세의 우선징수에 대하여 타 법에 다음과 같은 예외가 있음을 유의하여야 한다.
1. 「채무자 회생 및 파산에 관한 법률」 제477조(재단부족의 경우의 변제방법)의 규정에 의거 재단채권으로 있는 지방세가 타의 공익채권 또는 재단채권과 동등 변제되는 것
2. 「관세법」 제3조(관세징수의 우선)의 규정에 의한 관세를 납부하여야 할 물품에 대하여는 관세가 다른 조세 등에 우선한다.

제72조【직접 체납처분비의 우선】 지방자치단체의 징수금 체납으로 인하여 납세자의 재산에 대한 체납처분을 하였을 경우에 그 체납처분비는 제71조 제1항 제3

예판

【예규】• 체납처분비는 부담 주체

국세징수법 제9조 제2항에서 세무서장은 납세자가 체납액 중 국

호 및 제74조에도 불구하고 다른 지방자치단체의 징수금과 국세 및 그 밖의 채권에 우선하여 징수한다.

제73조【압류에 의한 우선】 ① 지방자치단체의 징수금의 체납처분에 의하여 납세자의 재산을 압류한 후 다른 지방자치단체의 징수금 또는 국세의 교부청구가 있으면 압류에 관계되는 지방자치단체의 징수금은 교부청구한 다른 지방자치단체의 징수금 또는 국세에 우선하여 징수한다.

② 다른 지방자치단체의 징수금 또는 국세의 체납처분에 의하여 납세자의 재산을 압류한 후 지방자치단체의 징수금 교부청구가 있으면 교부청구한 지방자치단체의 징수금은 압류에 관계되는 지방자치단체의 징수금 또는 국세의 다음으로 징수한다.

예판

【판례】 • 압류선착주의에 따른 지방세 우선

- 압류선착주의에서 의미하는 '압류에 관계되는 국세'란 압류의 원인이 된 국세뿐만 아니라 압류의 효력이 미치는 국세도 포함됨. (대법 2005다11848, 2007. 12. 14.)

• 압류선착주의의 취지

- 압류선착주의 취지는 다른 조세채권자보다 조세채무자의 자산 상태에 주의를 기울이고 조세징수에 열의를 가지고 있는 징수권자에게 우선권을 부여하고자 하는 것이고, 압류선착주의는 조세가 체납처분절차를 통하여 징수되는 경우뿐만 아니라 구 민사소송법(2002. 1. 26. 법률 제6626호로 개정

세와 가산금을 완납한 경우에 체납처분비를 징수하고자 할 때에는 납세자에게 국세징수법 시행령 제17조에 정하는 바에 의하여 고지서를 발부하여야 한다라고 규정하고 있으므로 지방세 체납처분에 따른 소요비용인 체납처분비도 체납자의 부담이 타당함. (세정과-3858, 2007. 9. 18.)

• 징수금 우선순위

지방세법에서 지방자치단체의 징수금은 체납처분비 → 가산금 → 지방세 순으로 징수한다고 규정하고 있으므로 비록, 가산금의 법정기일이 저당권설정일보다 후순위라고 하더라도 공매 또는 경매로 인한 징수금을 충당함에 있어서는 가산금을 본세보다 먼저 징수하는 것이 타당함. (세정과-403, 2006. 2. 1.)

예판

【예규】 지방세와 근저당권에 의하여 담보된 채권의 우선순위

• 납세의무자가 취득세를 신고만 하고 납부하지 아니하였다고 하더라도 저당권의 목적이 되는 재산에 대한 근저당권 설정일보다 납세의무자가 취득세를 신고한 날이 앞선다면, 해당 지방세를 우선 징수하는 것이 타당하다 할 것이고, 근저당권 설

되기 전의 것)에 의한 강제집행절차를 통하여 징수되는 경우에도 적용되어야 한다. (대법 2001다83777, 2003. 7. 11.)

제74조 【담보가 있는 지방세의 우선】 납세담보가 되어 있는 재산을 매각하였을 때에는 제73조에도 불구하고 해당 지방자치단체에서 다른 지방자치단체의 징수금과 국세에 우선하여 징수한다.

제75조 【양도담보권자 등의 물적 납세의무】 (2020. 12. 29. 제목개정)

① 납세자가 지방자치단체의 징수금을 체납한 경우에 그 납세자에게 양도담보재산이 있을 때에는 그 납세자의 다른 재산에 대하여 체납처분을 집행하고도 징수할 금액이 부족한 경우에만 그 양도담보재산으로써 납세자에 대한 지방자치단체의 징수금을 징수할 수 있다. 다만, 지방자치단체의 징수금의 법정기일 전에 담보의 대상이 된 양도담보재산에 대해서는 지방자치단체의 징수금을 징수할 수 없다.

② 제1항에 따른 양도담보재산은 당사자 간의 양도담보설정계약에 따라 납세자가 그 재산을 양도한 때에 실질적으로 양도인에 대한 채권담보의 대상이 된 재산으로 한다.

③ 납세자가 종중(宗中)인 경우로서 지방자치단체의 징수금을 체납한 경우 그 납세자에게 「부동산 실권리자명의

정일 이후에 기한이 도과하여 발생한 가산금에 대하여는 저당권에 의하여 담보된 채권이 당해 가산금보다 배분 순위에 있어 우선함. (세정과-1405, 2006. 4. 6.)

예 판

【예규】 양도담보권이 소멸된 경우의 물적 납세의무

- 세무서장이 국세기본법 제42조에 따른 물적 납세의무의 대상이 되는 양도담보재산에 해당되는 양도담보채권의 채무자에게 채권압류를 통지한 경우라도 그 양도담보권자가 국세징수법 제13조에 따른 납부의 고지를 받기 전에 양도담보권을 실행하여 이미 그 양도담보권이 소멸된 경우에는 더 이상 「국세기본법」 제42조에 따른 물적 납세의무를 부담하지 않는 것임. (국세청 재조세-478, 2011. 4. 20.)

등기에 관한 법률」 제8조 제1호에 따라 종중 외의 자에게 명의신탁한 재산이 있을 때에는 그 납세자의 다른 재산에 대하여 체납처분을 집행하고도 징수할 금액이 부족한 경우에만 그 명의신탁한 재산으로써 납세자에 대한 지방자치단체의 징수금을 징수할 수 있다. (2020. 12. 29. 신설)

운영예규 법75－1【양도담보재산】

법 제75조에서 "양도담보재산"이란 납세자가 자기 또는 제3자의 채무를 담보하기 위하여 채권자 또는 제3자에게 양도한 재산을 말하며, 다음 각 호의 어느 하나에 해당하는 양도담보설정계약에 의하는 것으로 한다.

1. 채권의 담보목적을 위하여 담보의 목적물을 채권자에게 양도하고 그 담보된 채무를 이행하는 경우에는 채권자로부터 그 목적물을 반환받고 불이행하는 경우에는 채권자가 그 재산을 매각하여 우선변제를 받거나 그 재산을 확정적으로 취득한다는 취지의 양도담보설정계약(협의의 양도담보)
2. 담보를 위한 권리이전을 매매형식에 의하고 매도인이 약정기간 내에 매매대가를 반환하면 매수인으로부터 목적물을 되돌려 받을 수 있는 권리를 유보한 매매(환매약관부매매)의 형식을 취한 양도담보설정계약 또는 매도한 목적물에 대하여 매도인이 장래 예약완결권을 행사함으로써 재차 매매계약이 성립하여 목적물을 다시 매도인에게 돌려준다는 취지의 예약(재매매의 예약)의 형식을 취한 양도담보설정계약(매도담보)

운영예규 법75－2【양도담보의 목적물】

동산, 유가증권, 채권, 부동산, 무체재산권 등과 그 이외에 법률상으로 아직 권리로 인정되어 있지 않은 것이라도 양도할 수 있는 것은 모두 양도담보의 목적물이 된다.

법75－3【양도담보의 공시방법】

양도담보의 공시는 다음 각 호의 방법에 의하여 목적물의 권리를 이전함에 의한다.

1. 동산 … 인도 또는 점유개정
2. 부동산 … 등기
3. 무기명채권 및 지시채권 … 증서의 교부
4. 지명채권 … 양도인으로부터 통지 또는 채무자의 승낙
5. 기타 … 인도, 등기 또는 등록 등 위 각호에 준함.

운영예규 법75－4【제2차 납세의무자의 재산에 대한 양도담보권자의 물적납세의무】

제2차 납세의무자도 「지방세기본법」 제2조 제1항 제12호의 규정에 의하여 납세자에 해당하므로 그 소유재산에 대한 양도담보권자는 물적납세의무를 진다.

법75－5【양도담보권의 실행과 물적납세의무】

「지방세기본법」 제75조에 의한 양도담보권자의 물적납세의무에 해당되어 납세고지를 받기 전에 양도담보권을 실행하여 소유권을 취득하고 양도담보권자의 대금채무와 양도담보설정자의 피담보채무를 상계하였으면 양도담보권은 이미 소멸한 것이므로 물적납세의무를 지울 수 없다.

제6장 납세자의 권리

제76조【납세자권리헌장의 제정 및 교부】 ① 지방자치단체의 장은 제78조부터 제87조까지의 사항과 그 밖에 납세자의 권리보호에 관한 사항을 포함하는 납세자권리헌장을 제정하여 고시하여야 한다.

② 세무공무원은 다음 각 호의 어느 하나에 해당하는 경우에는 제1항에 따른 납세자권리헌장의 내용이 수록된 문서를 납세자에게 내주어야 한다.

1. 제102조부터 제109조까지의 규정에 따른 지방세에 관한 범칙사건(이하 "범칙사건"이라 한다)을 조사(이하 "범칙사건조사"라 한다)하는 경우
2. 세무조사를 하는 경우 (2019. 12. 31. 개정)

③ 세무공무원은 범칙사건조사나 세무조사를 시작할 때 신분을 증명하는 증표를 납세자 또는 관계인에게 제시한 후 납세자권리헌장을 교부하고 그 요지를 직접 낭독해 주어야 하며, 조사사유, 조사기간, 제77조 제2항에 따른 납세자보호관(이하 "납세자보호관"이라 한다)의 납세자 권리보호 업무에 관한 사항·절차 및 권리구제 절차 등을 설명하여야 한다. (2018. 12. 24. 신설)

④ 세무공무원은 범칙사건조사나 세무조사를 서면으로 하는 경우에는 제3항에 따라 낭독해 주어야 하는 납세자권리헌장의 요지와 설명하여야 하는 사항을 납세자 또는 관계

제6장 납세자의 권리

제6장 납세자의 권리

인에게 서면으로 알려주어야 한다. (2018. 12. 24. 신설)

제77조 【납세자 권리보호】 ① 지방자치단체의 장은 직무를 수행할 때 납세자의 권리가 보호되고 실현될 수 있도록 하여야 한다. (2017. 12. 26. 개정)
② 지방자치단체의 장은 납세자보호관을 배치하여 지방세 관련 고충민원의 처리, 세무상담 등 대통령령으로 정하는 납세자 권리보호업무를 전담하여 수행하게 하여야 한다. (2017. 12. 26. 개정)
③ 납세자보호관의 자격·권한 등 제도의 운영에 필요한 사항은 대통령령으로 정한다. (2018. 12. 24. 개정)

제78조 【납세자의 성실성 추정】 세무공무원은 납세자가 제82조 제2항 제1호부터 제3호까지, 제5호 및 제6호 중 어느 하나에 해당하는 경우를 제외하고는 납세자가 성실하며 납세자가 제출한 서류 등이 진실한 것이라고 추정하여야 한다. (2021. 12. 28. 개정)

제79조 【납세자의 협력의무】 납세자는 세무공무원의 적법한 질문·조사, 제출명령에 대하여 성실하게 협력하여야 한다.

제80조 【조사권의 남용 금지】 ① 지방자치단체의 장은 적절하고 공평한 과세의 실현을 위하여 필요한 최소한

제51조의 2 【납세자보호관의 업무·권한·자격 등】
① 법 제77조 제2항에서 "대통령령으로 정하는 납세자 권리보호업무"란 다음 각 호의 업무를 말한다. (2017. 12. 29. 신설)
1. 지방세 관련 고충민원의 처리, 세무상담 등에 관한 사항 (2017. 12. 29. 신설)
2. 세무조사·체납처분 등 권리보호요청에 관한 사항 (2017. 12. 29. 신설)
3. 납세자권리헌장 준수 등에 관한 사항 (2017. 12. 29. 신설)
4. 세무조사 기간 연장 및 연기에 관한 사항 (2017. 12. 29. 신설)
5. 법 제93조의 2에 따른 지방자치단체 선정 대리인의 운영에 관한 사항 (2024. 12. 31. 신설)
6. 그 밖에 납세자 권리보호와 관련하여 조례로 정하는 사항 (2024. 12. 31. 호번개정)
② 납세자보호관이 제1항의 업무를 처리하기 위한 권한은 다음 각 호와 같다. (2017. 12. 29. 신설)
1. 위법·부당한 처분에 대한 시정요구 (2017. 12. 29. 신설)

의 범위에서 세무조사를 하여야 하며, 다른 목적 등을 위하여 조사권을 남용해서는 아니 된다.

② 지방자치단체의 장은 다음 각 호의 경우가 아니면 같은 세목 및 같은 과세연도에 대하여 재조사를 할 수 없다.

1. 지방세 탈루의 혐의를 인정할 만한 명백한 자료가 있는 경우
2. 거래상대방에 대한 조사가 필요한 경우
3. 둘 이상의 사업연도와 관련하여 잘못이 있는 경우
4. 제88조 제5항 제2호 단서, 제96조 제1항 제3호 단서 또는 제100조에 따라 심판청구에 관하여 준용하는 「국세기본법」 제65조 제1항 제3호 단서에 따른 필요한 처분의 결정에 따라 조사를 하는 경우 (2019. 12. 31. 개정)
5. 납세자가 세무공무원에게 직무와 관련하여 금품을 제공하거나 금품제공을 알선한 경우 (2018. 12. 24. 신설)
6. 제84조의 3 제3항에 따른 조사를 실시한 후 해당 조사에 포함되지 아니한 부분에 대하여 조사하는 경우 (2019. 12. 31. 신설)
7. 그 밖에 제1호부터 제6호까지의 경우와 유사한 경우로서 대통령령으로 정하는 경우 (2019. 12. 31. 개정)

③ 세무공무원은 세무조사를 하기 위하여 필요한 최소한의

2. 위법 · 부당한 세무조사의 일시중지 요구 및 중지 요구 (2017. 12. 29. 신설)

2의 2. 세무조사 과정에서 위법 · 부당한 행위를 한 세무공무원 교체 명령 요구 및 징계 요구 (2020. 12. 31. 신설)

3. 위법 · 부당한 처분이 행하여 질 수 있다고 인정되는 경우 그 처분 절차의 일시중지 요구 (2017. 12. 29. 신설)
4. 그 밖에 납세자의 권리보호와 관련하여 조례로 정하는 사항 (2017. 12. 29. 신설)

③ 납세자보호관은 지방자치단체 소속 공무원 또는 조세 · 법률 · 회계 분야의 전문지식과 경험을 갖춘 사람 중에서 그 직급 또는 경력 등을 고려하여 해당 지방자치단체의 조례로 정하는 바에 따라 지방자치단체의 장이 임명하거나 위촉한다. (2017. 12. 29. 신설)

④ 지방자치단체의 장은 납세자보호관의 납세자 권리보호 업무 추진실적을 법 제149조에 따른 통계자료의 공개 시기 및 방법에 준하여 정기적으로 공개하여야 한다. (2017. 12. 29. 신설)

⑤ 제1항에 따른 납세자보호관의 업무처리 기간 및 방법, 그 밖의 납세자보호관 제도의 운영에 필요한 사항은 조례로 정한다. (2018. 12. 31. 개정)

제52조 【재조사 금지의 예외】 법 제80조 제2항 제7호에서 "대통령령으로 정하는 경우"란 다음 각 호의 어느 하나에 해당하는 경우를 말한다. (2019. 12. 31. 개정)

범위에서 장부등의 제출을 요구하여야 하며, 조사대상 세목 및 과세연도의 과세표준과 세액의 계산과 관련 없는 장부등의 제출을 요구해서는 아니 된다. (2019. 12. 31. 신설)

④ 누구든지 세무공무원으로 하여금 법령을 위반하게 하거나 지위 또는 권한을 남용하게 하는 등 공정한 세무조사를 저해하는 행위를 하여서는 아니 된다.

제80조의 2【세무조사 범위 확대의 제한】 ① 세무공무원은 구체적인 세금탈루 혐의가 여러 과세기간 또는 다른 세목까지 관련되는 것으로 확인되는 경우 등 대통령령으로 정하는 경우를 제외하고는 조사진행 중 세무조사의 범위를 확대할 수 없다. (2023. 3. 14. 신설)

② 세무공무원은 제1항에 따라 세무조사의 범위를 확대하는 경우에는 그 사유와 범위를 납세자에게 문서로 통지하여야 한다. (2023. 3. 14. 신설)

제81조【세무조사 등에 따른 도움을 받을 권리】 납세자는 범칙사건조사 및 세무조사를 받는 경우에 변호사, 공인회계사, 세무사로 하여금 조사에 참석하게 하거나 의견을 진술하게 할 수 있다.

1. 법 제102조부터 제109조까지의 규정에 따른 지방세에 관한 범칙사건을 조사(이하 "범칙사건조사"라 한다)하는 경우
2. 세무조사 중 서면조사만 하였으나 법 또는 지방세관계법에 따른 경정을 다시 할 필요가 있는 경우 (2019. 12. 31. 개정)
3. 각종 과세정보의 처리를 위한 재조사나 지방세환급금의 결정을 위한 확인조사 등을 하는 경우

제52조의 2【세무조사 범위의 예외적 확대 사유】 법 제80조의 2 제1항에서 "구체적인 세금탈루 혐의가 여러 과세기간 또는 다른 세목까지 관련되는 것으로 확인되는 경우 등 대통령령으로 정하는 경우"란 다음 각 호의 어느 하나에 해당하는 경우를 말한다. (2023. 3. 14. 신설)

1. 다른 과세기간 · 세목 또는 항목에 대한 구체적인 세금탈루 증거자료가 확인되어 다른 과세기간 · 세목 또는 항목에 대한 조사가 필요한 경우 (2023. 3. 14. 신설)
2. 명백한 세금탈루 혐의나 법 또는 지방세관계법 적용의 착오 등이 있는 조사대상 과세기간의 특정 항목이 다른 과세기간에도 있어 동일하거나 유사한 세금탈루 혐의나 법 또는 지방세관계법 적용 착오 등이 있을 것으로 의심되어 다른 과세기간의 그 항목에 대한 조사가 필요한 경우 (2023. 3. 14. 신설)

제82조 【세무조사 대상자 선정】 ① 지방자치단체의 장은 다음 각 호의 어느 하나에 해당하는 경우에 정기적으로 신고의 적정성을 검증하기 위하여 대상을 선정(이하 "정기선정"이라 한다)하여 세무조사를 할 수 있다. 이 경우 지방자치단체의 장은 제147조 제1항에 따른 지방세심의위원회의 심의를 거쳐 객관적 기준에 따라 공정하게 대상을 선정하여야 한다. (2019. 12. 31. 후단개정)

1. 지방자치단체의 장이 납세자의 신고내용에 대한 성실도 분석결과 불성실의 혐의가 있다고 인정하는 경우
2. 최근 4년 이상 지방세와 관련한 세무조사를 받지 아니한 납세자에 대하여 업종, 규모 등을 고려하여 대통령령으로 정하는 바에 따라 신고내용이 적절한지를 검증할 필요가 있는 경우
3. 무작위추출방식으로 표본조사를 하려는 경우

② 지방자치단체의 장은 정기선정에 의한 조사 외에 다음 각 호의 어느 하나에 해당하는 경우에는 세무조사를 할 수 있다.

1. 납세자가 이 법 또는 지방세관계법에서 정하는 신고·납부, 담배의 제조·수입 등에 관한 장부의 기록 및 보관 등 납세협력의무를 이행하지 아니한 경우
2. 납세자에 대한 구체적인 탈세 제보가 있는 경우
3. 신고내용에 탈루나 오류의 혐의를 인정할 만한 명백한 자료가 있는 경우
4. 납세자가 세무조사를 신청하는 경우

【판례】 세무조사 대상자 선정기준

- 구 국세기본법에서 정한 세무조사대상 선정사유가 없음에도 세무조사대상으로 선정하여 과세자료를 수집하고 그에 기하여 과세처분을 하는 것은 특별한 사정이 없는 한 위법함. (대법 2012두911, 2014. 6. 26.)

제53조 【정기 세무조사 대상자 선정 기준】 법 제82조 제1항 제2호에 따라 실시하는 세무조사는 납세자의 이력, 사업현황, 과세정보 등을 고려하여 지방자치단체의 장이 정하는 기준에 따른다.

제28조 【세무조사의 신청】 법 제

5. 무자료거래, 위장 · 가공거래 등 거래 내용이 사실과 다른 혐의가 있는 경우 (2021. 12. 28. 신설)
6. 납세자가 세무공무원에게 직무와 관련하여 금품을 제공하거나 금품제공을 알선한 경우 (2021. 12. 28. 신설)

제83조 【세무조사의 통지와 연기신청 등】 (2023. 3. 14. 제목개정)

① 세무공무원은 지방세에 관한 세무조사를 하는 경우에는 조사를 받을 납세자(제139조에 따른 납세관리인이 정해져 있는 경우에는 납세관리인을 포함한다. 이하 이 조에서 같다)에게 조사를 시작하기 15일 전까지 조사대상 세목, 조사기간, 조사 사유 및 그 밖에 대통령령으로 정하는 사항을 알려야 한다. 다만, 사전에 알릴 경우 증거인멸 등으로 세무조사의 목적을 달성할 수 없다고 인정되는 경우에는 사전통지를 생략할 수 있다. (2017. 12. 26. 개정)

② 제1항에 따른 통지를 받은 납세자는 천재지변이나 그 밖에 대통령령으로 정하는 사유로 조사를 받기 곤란한 경우에는 대통령령으로 정하는 바에 따라 지방자치단체의 장에게 조사를 연기해 줄 것을 신청할 수 있다.

③ 제2항에 따른 연기신청을 받은 지방자치단체의 장은 연기신청의 승인 여부를 결정하고 조사를 시작하기 전까지 그 결과(연기 결정 시 연기한 기간을 포함한다)를 납세자에게 알려야 한다. (2023. 3. 14. 개정)

제54조 【세무조사의 사전통지와 연기신청 등】 (2018. 12. 31. 제목개정)

① 법 제83조 제1항 본문에서 "그 밖에 대통령령으로 정하는 사항"이란 다음 각 호의 사항을 말한다.
1. 납세자 및 법 제139조에 따른 납세관리인(이하 "납세관리인"이라 한다)의 성명과 주소 또는 영업소
2. 조사대상 기간
3. 세무조사를 수행하는 세무공무원의 인적사항
4. 그 밖에 필요한 사항

② 법 제83조 제2항에서 "대통령령으로 정하는 사유"란 다음 각 호의 어느 하나에 해당하는 경우를 말한다.
1. 화재 및 도난, 그 밖의 재해로 사업상 중대한 어려움이 있는 경우
2. 납세자 또는 납세관리인의 질병, 중상해, 장기출장 등으로 세무조사를 받는 것이 곤란하다고 판단되는 경우
3. 권한 있는 기관에 장부등이 압수되거나 영치된 경우 (2019. 12. 31. 개정)
4. 제1호부터 제3호까지에 준하는 사유가 있는 경우

③ 법 제83조 제2항에 따라 세무조사를 연기하여 줄 것

82조 제2항 제4호에 따른 납세자의 세무조사 신청은 별지 제39호 서식의 지방세 세무조사 신청서에 따른다.

제29조 【세무조사의 사전 통지와 연기 신청】 ① 법 제83조 제1항 본문에 따른 세무조사의 사전 통지는 별지 제40호 서식의 지방세 세무조사 사전 통지에 따른다.

② 법 제83조 제2항 및 영 제54조

④ 지방자치단체의 장은 다음 각 호의 어느 하나에 해당하는 사유가 있는 경우에는 제3항에 따라 연기한 기간이 만료되기 전에 조사를 시작할 수 있다. (2023. 3. 14. 신설)

1. 제2항에 따른 연기 사유가 소멸한 경우 (2023. 3. 14. 신설)
2. 조세채권을 확보하기 위하여 조사를 긴급히 시작할 필요가 있다고 인정되는 경우 (2023. 3. 14. 신설)

⑤ 지방자치단체의 장은 제4항 제1호의 사유로 조사를 시작하려는 경우에는 조사를 시작하기 5일 전까지 조사를 받을 납세자에게 연기 사유가 소멸한 사실과 조사기간을 통지하여야 한다. (2023. 3. 14. 신설)

⑥ 세무공무원은 제1항 단서에 따라 사전통지를 생략하고 세무조사를 시작하거나 제4항 제2호의 사유로 세무조사를 시작할 때 다음 각 호의 구분에 따른 사항이 포함된 세무조사통지서를 세무조사를 받을 납세자에게 교부하여야 한다. 다만, 폐업 등 대통령령으로 정하는 경우에는 그러하지 아니하다. (2023. 3. 14. 개정)

1. 제1항 단서에 따라 사전통지를 생략하고 세무조사를 시작하는 경우: 다음 각 목의 사항 (2023. 3. 14. 개정)
   가. 사전통지 사항 (2023. 3. 14. 개정)
   나. 사전통지를 하지 아니한 사유 (2023. 3. 14. 개정)
   다. 그 밖에 세무조사의 시작과 관련된 사항으로서 대통령령으로 정하는 사항 (2023. 3. 14. 개정)
2. 제4항 제2호의 사유로 세무조사를 시작하는 경우 : 조

을 신청하려는 자는 다음 각 호의 사항을 적은 신청서를 해당 지방자치단체의 장에게 제출하여야 한다.

1. 세무조사를 연기받으려는 자의 성명과 주소 또는 영업소
2. 세무조사를 연기받으려는 기간
3. 세무조사를 연기받으려는 사유
4. 그 밖에 필요한 사항

④ 법 제83조 제6항 각 호 외의 부분 단서에서 "폐업 등 대통령령으로 정하는 경우"란 다음 각 호의 어느 하나에 해당하는 경우를 말한다. (2024. 3. 26. 개정)

1. 납세자가 세무조사 대상이 된 사업을 폐업한 경우 (2018. 12. 31. 신설)
2. 납세자가 납세관리인을 정하지 않은 경우로서 국내에 주소 또는 거소를 두지 않은 경우 (2018. 12. 31. 신설)
3. 납세자 또는 납세관리인이 세무조사통지서의 수령을 거부하거나 회피하는 경우 (2018. 12. 31. 신설)

제3항에 따른 세무조사의 연기신청은 별지 제41호 서식의 지방세 세무조사 연기신청서에 따른다.

③ 법 제83조 제3항에 따른 세무조사의 연기신청에 대한 승인 여부 통지는 별지 제42호 서식의 지방세 세무조사 연기신청에 대한 승인 여부 통지에 따른다.

④ 법 제83조 제6항 본문에 따른 세무조사통지서는 별지 제40호의 2 서식의 지방세 세무조사통지서에 따른다. (2024. 3. 26. 개정)

사를 긴급히 시작하여야 하는 사유 (2023. 3. 14. 개정)

제84조【세무조사 기간】 ① 지방자치단체의 장은 조사대상 세목·업종·규모, 조사 난이도 등을 고려하여 세무조사 기간을 20일 이내로 하여야 한다. 다만, 다음 각 호의 어느 하나에 해당하는 사유가 있는 경우에는 그 사유가 해소되는 날부터 20일 이내로 세무조사 기간을 연장할 수 있다.

1. 납세자가 장부등의 은닉, 제출지연, 제출거부 등 조사를 기피하는 행위가 명백한 경우 (2019. 12. 31. 개정)
2. 거래처 조사, 거래처 현지 확인 또는 금융거래 현지 확인이 필요한 경우
3. 지방세 탈루 혐의가 포착되거나 조사 과정에서 범칙사건조사로 조사 유형이 전환되는 경우
4. 천재지변, 노동쟁의로 조사가 중단되는 등 지방자치단체의 장이 정하는 사유에 해당하는 경우
5. 세무조사 대상자가 세금 탈루 혐의에 대한 해명 등을 위하여 세무조사 기간의 연장을 신청한 경우 (2017. 12. 26. 신설)
6. 납세자보호관이 세무조사 대상자의 세금 탈루 혐의의 해명과 관련하여 추가적인 사실 확인이 필요하다고 인정하는 경우 (2018. 12. 24. 신설)

② 지방자치단체의 장은 납세자가 자료의 제출을 지연하는 등 대통령령으로 정하는 사유로 세무조사를 진행하기

제55조【세무조사의 중지】 법 제84조 제2항 전단에서 "납세자가 자료의 제출을 지연하는 등 대통령령으로

제31조【세무조사 기간의 연장 등의 통지】 ① 지방자치단체의 장은 법 제84조 제1항 제3호에 따라 세무조사 과정에서 법 제76조 제2항 제1호에 따른 범칙사건조사로 조사 유형을 전환할 경우에는 별지 제44호 서식의 지방세 세무조사 유형전환 통지에 따라 납세자에게 통지하여야 한다.

② 법 제84조 제4항에 따른 세무조사 기간 연장 등의 통지는 다음 각 호의 구분에 따른다.

어려운 경우에는 세무조사를 중지할 수 있다. 이 경우 그 중지기간은 제1항에 따른 세무조사 기간 및 세무조사 연장기간에 산입하지 아니한다.

③ 세무공무원은 제2항에 따른 세무조사의 중지기간 중에는 납세자에 대하여 세무조사와 관련한 질문을 하거나 장부등의 검사·조사 또는 그 제출을 요구할 수 없다. (2019. 12. 31. 개정)

④ 지방자치단체의 장은 제2항에 따라 세무조사를 중지한 경우에는 그 중지사유가 소멸되면 즉시 조사를 재개하여야 한다. 다만, 조세채권의 확보 등 긴급히 조사를 재개하여야 할 필요가 있는 경우에는 중지사유가 소멸되기 전이라도 세무조사를 재개할 수 있다. (2018. 12. 24. 항번개정)

⑤ 지방자치단체의 장은 제1항 단서에 따라 세무조사 기간을 연장할 때에는 연장사유와 그 기간을 미리 납세자(제139조에 따른 납세관리인이 정해져 있는 경우에는 납세관리인을 포함한다)에게 문서로 통지하여야 하고, 제2항 또는 제4항에 따라 세무조사를 중지하거나 재개하는 경우에는 그 사유를 문서로 통지하여야 한다. (2018. 12. 24. 개정)

⑥ 지방자치단체의 장은 세무조사 기간을 단축하기 위하여 노력하여야 하며, 장부기록 및 회계처리의 투명성 등 납세성실도를 검토하여 더 이상 조사할 사항이 없다고 판단될 때에는 조사기간 종료 전이라도 조사를 조기에 종결할 수 있다. (2018. 12. 24. 항번개정)

정하는 사유"란 다음 각 호의 어느 하나에 해당하는 경우를 말한다.

1. 법 제83조 제2항 및 이 영 제54조 제2항에 따라 세무조사 연기신청 사유에 해당되어 납세자가 세무조사 중지를 신청한 경우
2. 국외자료의 수집·제출 또는 상호합의절차 개시에 따라 외국 과세기관과의 협의가 필요한 경우
3. 다음 각 목의 어느 하나에 해당하여 세무조사를 정상적으로 진행하기 어려운 경우
   가. 납세자의 소재를 알 수 없는 경우
   나. 납세자가 해외로 출국한 경우
   다. 납세자가 장부등을 은닉하거나 그 제출을 지연 또는 거부한 경우 (2019. 12. 31. 개정)
   라. 노동쟁의가 발생한 경우
   마. 그 밖에 이와 유사한 사유가 있는 경우
4. 제51조의 2 제2항 제2호에 따라 납세자보호관이 세무조사의 일시중지 또는 중지 요구를 하는 경우 (2018. 12. 31. 신설)

1. 법 제84조 제1항 단서에 따라 세무조사 기간을 연장하는 경우 : 별지 제45호 서식에 따른 지방세 세무조사 기간 연장 통지
2. 법 제84조 제2항에 따라 세무조사를 중지하는 경우 : 별지 제46호 서식의 지방세 세무조사 중지 통지
3. 법 제84조 제3항에 따라 세무조사를 재개하는 경우 : 별지 제47호 서식의 지방세 세무조사 재개 통지

제30조【세무조사 기간연장 또는 중지 신청】(2018. 12. 31. 제목개정) 법 제84조 제1항 제5호 또는 영 제55조 제1호에 따른 세무조사의 기간 연장 또는 중지 신청은 별지 제43호 서식의 지방세 세무조사(기간연장, 중지) 신청서에 따른다. (2018. 12. 31. 개정)

제84조의 2【장부등의 보관 금지】 ① 세무공무원은 세무조사(범칙사건조사를 포함한다. 이하 이 조에서 같다)의 목적으로 납세자의 장부등을 지방자치단체에 임의로 보관할 수 없다. (2019. 12. 31. 신설)

② 제1항에도 불구하고 세무공무원은 제82조 제2항 각 호의 어느 하나의 사유에 해당하는 경우에는 조사 목적에 필요한 최소한의 범위에서 납세자, 소지자 또는 보관자 등 정당한 권한이 있는 자가 임의로 제출한 장부등을 납세자의 동의를 받아 지방자치단체에 일시 보관할 수 있다. (2019. 12. 31. 신설)

③ 세무공무원은 제2항에 따라 납세자의 장부등을 지방자치단체에 일시 보관하려는 경우 납세자로부터 일시 보관 동의서를 받아야 하며, 일시 보관증을 교부하여야 한다. (2019. 12. 31. 신설)

④ 세무공무원은 제2항에 따라 일시 보관하고 있는 장부등에 대하여 납세자가 반환을 요청한 경우에는 그 반환을 요청한 날부터 14일 이내에 장부등을 반환하여야 한다. 다만, 조사목적을 달성하기 위하여 필요한 경우에는 납세자보호관의 승인을 거쳐 한 차례만 14일 이내의 범위에서 보관 기간을 연장할 수 있다. (2019. 12. 31. 신설)

⑤ 제4항에도 불구하고 세무공무원은 납세자가 제2항에 따라 일시 보관하고 있는 장부등의 반환을 요청한 경우로서 세무조사에 지장이 없다고 판단될 때에는 요청한 장부등을 즉시 반환하여야 한다. (2019. 12. 31. 신설)

제55조의 2【장부등의 일시 보관 방법 및 절차】 ① 세무공무원은 법 제84조의 2 제2항에 따라 장부등을 일시 보관하려는 경우 장부등의 일시 보관 전에 납세자, 소지자 또는 보관자 등 정당한 권한이 있는 자(이하 이 조에서 "납세자등"이라 한다)에게 다음 각 호의 사항을 고지해야 한다. (2019. 12. 31. 신설)

1. 법 제82조 제2항 각 호의 사유 중 장부등을 일시 보관하는 사유 (2019. 12. 31. 신설)
2. 납세자등이 동의하지 않으면 장부등을 일시 보관할 수 없다는 내용 (2019. 12. 31. 신설)
3. 납세자등이 임의로 제출한 장부등에 대해서만 일시 보관할 수 있다는 내용 (2019. 12. 31. 신설)
4. 납세자등이 요청하는 경우 일시 보관 중인 장부등을 반환받을 수 있다는 내용 (2019. 12. 31. 신설)

② 납세자등은 조사목적이나 조사범위와 관련이 없다는 사유 등으로 일시 보관에 동의하지 않는 장부등에 대해서는 세무공무원에게 일시 보관할 장부등에서 제외할 것을 요청할 수 있다. 이 경우 세무공무원은 정당한 사유 없이 해당 장부등을 일시 보관할 수 없다. (2019. 12. 31. 신설)

제31조의 2【장부 등의 일시 보관】 ① 법 제84조의 2 제3항에 따른 일시 보관 동의서는 별지 제47호의 2 서식의 장부 등 일시 보관 동의서에 따른다. (2019. 12. 31. 신설)

② 법 제84조의 2 제3항에 따른 일시 보관증은 별지 제47호의 3 서식의 장부 등 일시 보관증에 따른다. (2019. 12. 31. 신설)

③ 법 제84조의 2 제4항에 따른 장부등의 반환 요청서는 별지 제47호의 4 서식의 장부 등 반환 요청서에 따른다. (2019. 12. 31. 신설)

④ 세무공무원은 법 제84조의 2 제4

⑥ 제4항 및 제5항에 따라 납세자에게 장부등을 반환하는 경우 세무공무원은 장부등의 사본을 보관할 수 있고, 그 사본이 원본과 다름없다는 사실을 확인하는 납세자의 서명 또는 날인을 요구할 수 있다. (2019. 12. 31. 신설)
⑦ 제1항부터 제6항까지에서 규정한 사항 외에 장부등의 일시 보관 방법 및 절차 등에 관하여 필요한 사항은 대통령령으로 정한다. (2019. 12. 31. 신설)

제84조의 3【통합조사의 원칙】 ① 세무조사는 이 법 및 지방세관계법에 따라 납세자가 납부하여야 하는 모든 지방세 세목을 통합하여 실시하는 것을 원칙으로 한다. (2019. 12. 31. 신설)
② 제1항에도 불구하고 다음 각 호의 어느 하나에 해당하는 경우에는 특정한 세목만을 조사할 수 있다. (2019. 12. 31. 신설)
1. 세목의 특성, 납세자의 신고유형, 사업규모 또는 세금탈루 혐의 등을 고려하여 특정 세목만을 조사할 필요가 있는 경우 (2019. 12. 31. 신설)
2. 조세채권의 확보 등을 위하여 특정 세목만을 긴급히 조사할 필요가 있는 경우 (2019. 12. 31. 신설)
3. 그 밖에 세무조사의 효율성 및 납세자의 편의 등을 고려하여 특정 세목만을 조사할 필요가 있는 경우로서 대통령령으로 정하는 경우 (2019. 12. 31. 신설)
③ 제1항 및 제2항에도 불구하고 다음 각 호의 어느 하

③ 법 제84조의 2 제4항 및 제5항에 따라 장부등을 반환한 경우를 제외하고 세무공무원은 해당 세무조사를 종결할 때까지 일시 보관한 장부등을 모두 반환해야 한다. (2019. 12. 31. 신설)

제55조의 3【특정 세목에 대한 세무조사 사유】 ① 법 제84조의 3 제2항 제3호에서 "대통령령으로 정하는 경우"란 법 제82조 제2항 제4호에 따라 납세자가 특정 세목에 대하여 세무조사를 신청한 경우를 말한다. (2019.

항 · 제5항 및 영 제55조의 2 제3항에 따라 장부등을 반환하는 경우에는 별지 제47호의 5 서식의 장부 등 반환 확인서를 받아야 한다. (2019. 12. 31. 신설)

나에 해당하는 경우에는 해당 호의 사항에 대한 확인을 위하여 필요한 부분에 한정한 조사를 실시할 수 있다. (2019. 12. 31. 신설)

1. 제50조 제3항에 따른 경정 등의 청구에 따른 처리, 제58조에 따른 부과취소 및 변경 또는 제60조 제1항에 따른 지방세환급금의 결정을 위하여 확인이 필요한 경우 (2019. 12. 31. 신설)
2. 제88조 제5항 제2호 단서, 제96조 제1항 제3호 단서 또는 제100조에 따라 심판청구에 관하여 준용하는 「국세기본법」 제65조 제1항 제3호 단서에 따른 재조사 결정에 따라 사실관계의 확인이 필요한 경우 (2019. 12. 31. 신설)
3. 거래상대방에 대한 세무조사 중에 거래 일부의 확인이 필요한 경우 (2019. 12. 31. 신설)
4. 납세자에 대한 구체적인 탈세 제보가 있는 경우로서 해당 탈세 혐의에 대한 확인이 필요한 경우 (2019. 12. 31. 신설)
5. 명의위장, 차명계좌의 이용을 통하여 세금을 탈루한 혐의에 대한 확인이 필요한 경우 (2019. 12. 31. 신설)
6. 그 밖에 세무조사의 효율성 및 납세자의 편의 등을 고려하여 특정 사업장, 특정 항목 또는 특정 거래에 대한 조사가 필요한 경우로서 대통령령으로 정하는 경우 (2019. 12. 31. 신설)

12. 31. 신설)

② 법 제84조의 3 제3항 제6호에서 "대통령령으로 정하는 경우"란 무자료거래, 위장·가공 거래 등 특정 거래 내용이 사실과 다른 구체적인 혐의가 있는 경우로서 조세채권의 확보 등을 위하여 긴급한 조사가 필요한 경우를 말한다. (2019. 12. 31. 신설)

제85조【세무조사 등의 결과 통지】 ① 세무공무원은 범칙사건조사 및 세무조사(서면조사를 포함한다)를 마친 날부터 20일(제33조 제1항 각 호의 어느 하나에 해당하는 경우에는 40일) 이내에 다음 각 호의 사항이 포함된 조사결과를 서면으로 납세자(제139조에 따른 납세관리인이 정해져 있는 경우에는 납세관리인을 포함한다. 이하 이 조에서 같다)에게 알려야 한다. 다만, 조사결과를 통지하기 곤란한 경우로서 대통령령으로 정하는 경우에는 결과 통지를 생략할 수 있다. (2020. 12. 29. 개정)

1. 세무조사 내용 (2018. 12. 24. 신설)
2. 결정 또는 경정할 과세표준, 세액 및 산출근거 (2018. 12. 24. 신설)
3. 그 밖에 대통령령으로 정하는 사항 (2018. 12. 24. 신설)

② 세무공무원은 제1항에도 불구하고 다음 각 호의 어느 하나에 해당하는 사유로 제1항에 따른 기간 이내에 조사결과를 통지할 수 없는 부분이 있는 경우에는 납세자의 동의를 얻어 그 부분을 제외한 조사결과를 납세자에게 설명하고, 이를 서면으로 통지할 수 있다. (2020. 12. 29. 신설)

1. 「국제조세조정에 관한 법률」 및 조세조약에 따른 국외자료의 수집·제출 또는 상호합의절차 개시에 따라 외국 과세기관과의 협의가 진행 중인 경우 (2020. 12. 29. 신설)
2. 해당 세무조사와 관련하여 지방세관계법의 해석 또는 사실관계 확정을 위하여 행정안전부장관에 대한 질의 절차가 진행 중인 경우 (2020. 12. 29. 신설)

예판

【예규】 세무조사 결과 통지의 의미

- 세무조사 결과통지는 납세의무를 확정시키는 부과처분이 아니라 세무조사를 받은 자에게 세무조사의 결과를 통지하고 앞으로 그에 따라 과세할 예정임을 알리는 것에 지나지 아니하는 것으로서, 이에 대한 과세전적부심사 역시 당해 세무조사 결과에 따른 과세예고세액만을 대상으로 하는 것일 뿐, 그와 관련하여 이미 부과처분된 세액까지 심사의 대상으로 할 수는 없다 할 것이고 과세관청이 이미 부과처분한 부분에 대하여는 이의신청이나 심사청구로서 다투어야 할 것이다. (감심 2003-28, 2003. 3. 25.)

제56조【세무조사의 결과 통지의 예외사유】 ① 법 제85조 제1항 제3호에서 "대통령령으로 정하는 사항"이란 다음 각 호의 사항을 말한다. (2020. 12. 31. 개정)

1. 세무조사 대상 기간 및 세목 (2018. 12. 31. 신설)
2. 과세표준 및 세액을 결정 또는 경정하는 경우 그 사유 (2018. 12. 31. 신설)
3. 법 제49조에 따라 과세표준 수정신고서를 제출할 수 있다는 사실 (2018. 12. 31. 신설)
4. 법 제88조 제2항에 따라 과세전적부심사를 청구할 수 있다는 사실 (2019. 12. 31. 개정)

② 법 제85조 제1항 각 호 외의 부분 단서에서 "대통령령으로 정하는 경우"란 다음 각 호의 어느 하나에 해당

제32조【세무조사 등의 결과 통지】 법 제85조 제1항 각 호 외의 부분 본문에 따른 범칙사건조사 또는 세무조사의 결과 통지는 별지 제48호 서식의 지방세 범칙사건조사(세무조사) 결과 통지에 따른다. (2020. 12. 31. 개정)

③ 제2항 각 호에 해당하는 사유가 해소된 때에는 그 사유가 해소된 날부터 20일(제33조 제1항 각 호의 어느 하나에 해당하는 경우에는 40일) 이내에 제2항에 따라 통지한 부분 외에 대한 조사결과를 납세자에게 설명하고, 이를 서면으로 통지하여야 한다. (2020. 12. 29. 신설)

제85조의 2【세무조사의 절차 등】 제76조부터 제80조까지, 제80조의 2, 제81조부터 제84조까지, 제84조의 2, 제84조의 3 및 제85조에서 정한 사항 외에 세무조사(범칙사건조사를 포함한다)에 공통적으로 적용하여야 할 사항 · 절차 등에 대해서는 행정안전부장관이 별도로 정할 수 있다. (2023. 5. 4. 신설)

제86조【비밀유지】 ① 세무공무원은 납세자가 이 법 또는 지방세관계법에서 정한 납세의무를 이행하기 위하여 제출한 자료나 지방세의 부과 또는 징수를 목적으로 업무상 취득한 자료 등(이하 "과세정보"라 한다)을 다른 사람에게 제공 또는 누설하거나 목적 외의 용도로 사용해서는 아니 된다. 다만, 다음 각 호의 어느 하나에 해당하는 경우에는 그 사용 목적에 맞는 범위에서 납세자의 과세정보를 제공할 수 있다.

1. 국가기관이 조세의 부과 또는 징수의 목적에 사용하기 위하여 과세정보를 요구하는 경우
2. 국가기관이 조세쟁송을 하거나 조세범을 소추(訴追)할

하는 경우를 말한다. (2020. 12. 31. 개정)

1. 「지방세징수법」 제22조에 따른 납기 전 징수의 사유가 있는 경우
2. 조사결과를 통지하려는 날부터 부과 제척기간의 만료일 또는 지방세징수권의 소멸시효 완성일까지의 기간이 3개월 이하인 경우
3. 납세자의 소재가 불명하거나 폐업으로 통지가 불가능한 경우
4. 납세관리인을 정하지 아니하고 국내에 주소 또는 영업소를 두지 아니한 경우
5. 법 제88조 제5항 제2호 단서, 제96조 제1항 제3호 단서 또는 법 제96조 제7항 및 「국세기본법」 제81조에 따라 준용되는 같은 법 제65조 제1항 제3호 단서에 따른 재조사 결정에 따라 조사를 마친 경우 (2024. 3. 26. 개정)
6. 세무조사 결과 통지서의 수령을 거부하거나 회피하는 경우 (2018. 12. 31. 신설)

목적으로 과세정보를 요구하는 경우

3. 법원의 제출명령 또는 법관이 발급한 영장에 의하여 과세정보를 요구하는 경우
4. 지방자치단체 상호 간 또는 지방자치단체와 지방세조합 간에 지방세의 부과·징수, 조세의 불복·쟁송, 조세범 소추, 범칙사건조사·세무조사·질문·검사, 체납확인, 체납처분 또는 지방세 정책의 수립·평가·연구에 필요한 과세정보를 요구하는 경우 (2020. 12. 29. 개정)
5. 행정안전부장관이 제135조 제2항 각 호, 제150조 제2항 및 「지방세징수법」 제11조 제4항에 따른 업무 또는 지방세 정책의 수립·평가·연구에 관한 업무를 처리하기 위하여 과세정보를 요구하는 경우 (2020. 12. 29. 개정)
6. 통계청장이 국가통계 작성 목적으로 과세정보를 요구하는 경우
7. 「사회보장기본법」 제3조 제2호에 따른 사회보험의 운영을 목적으로 설립된 기관이 관련 법률에 따른 소관 업무의 수행을 위하여 과세정보를 요구하는 경우
8. 국가기관, 지방자치단체 및 「공공기관의 운영에 관한 법률」에 따른 공공기관이 급부·지원 등을 위한 자격심사에 필요한 과세정보를 당사자의 동의를 받아 요구하는 경우
9. 지방세조합장이 「지방세징수법」 제8조, 제9조, 제11

예 판

【판례】 비밀유지의 적용 대상

• 공개대상 정보가 컴퓨터 시스템에 의하여 단순히 검색·편집할 수 있어 새로운 정보의 생산 또는 가공에 해당하지 않는 경우에는 공개 대상이나, 납세자의 과정정보를 조회한 로그인 자료와 같이 자료의 백업 등 수차의 절차를 거쳐야 하고 시스템운영에 지장을 초래할 수 있는 경우에는 과세관청이 보유·관리하고 있는 정보로 볼 수 없어 공개대상에 해당하지 아니함. (대법 2011두9942, 2013. 9. 13.)

【예규】 체납액 징수 목적으로 이장에게 체납정보 제공

• 이장의 경우 행정시책의 효율적인 수행을 목적으로 하는 지방자치단체의 하부조직에 해당된다고 할 것이고, 그 이장에게 지방세 체납액 징수독려를 목적으로 제공된 관할구역 내 체납자의 과세정보가 「지방세기본법」 제86조에서 규정한 지방세 체납세액 징수독려 목적 외의 용도로 사용하지 아니하였다면, 「지방세기본법」 제86조 및 제132조의 규정에 위반이 아님.

조 및 제71조 제5항에 따른 업무를 처리하기 위하여 과세정보를 요구하는 경우 (2020. 12. 29. 신설)

10. 그 밖에 다른 법률에 따라 과세정보를 요구하는 경우 (2020. 12. 29. 호번개정)

② 제1항 제1호 · 제2호 · 제4호(제135조 제2항에 따라 지방세통합정보통신망을 이용하여 다른 지방자치단체의 장에게 과세정보를 요구하는 경우는 제외한다) 및 제6호부터 제10호까지의 경우에 과세정보의 제공을 요구하는 자는 다음 각 호의 사항을 기재한 문서로 해당 지방자치단체의 장 또는 지방세조합장에게 요구하여야 한다. (2020. 12. 29. 개정)

1. 납세자의 인적사항
2. 사용목적
3. 요구하는 정보의 내용

③ 세무공무원은 제1항 또는 제2항을 위반한 과세정보 제공을 요구받으면 거부하여야 한다.

④ 제1항 단서에 따라 과세정보를 알게 된 자(이 항 단서에 따라 행정안전부장관으로부터 과세정보를 제공받아 알게 된 자를 포함한다)는 이를 다른 사람에게 제공 또는 누설하거나 그 사용 목적 외의 용도로 사용해서는 아니 된다. 다만, 행정안전부장관이 제1항 제5호에 따라 알게 된 과세정보를 제135조 제2항에 따라 지방세통합정보통신망을 이용하여 제공하는 경우에는 그러하지 아니하다. (2019. 12. 31. 개정)

(지방세정책과-2731, 2018. 7. 11.)

⑤ 세무공무원(지방자치단체의 장 또는 행정안전부장관을 포함한다)은 제1항 제4호 또는 제5호에 따라 지방세 정책의 수립·평가·연구를 목적으로 과세정보를 이용하려는 자가 과세정보의 일부의 제공을 요구하는 경우에는 그 사용 목적에 맞는 범위에서 개별 납세자의 과세정보를 직접적 또는 간접적 방법으로 확인할 수 없는 상태로 가공하여 제공하여야 한다. (2020. 12. 29. 신설)

⑥ 이 조에 따라 과세정보를 제공받아 알게 된 사람 중 공무원이 아닌 사람은 「형법」이나 그 밖의 법률에 따른 벌칙을 적용할 때에는 공무원으로 본다. (2020. 12. 29. 항번개정)

제87조【납세자 권리 행사에 필요한 정보의 제공】 ① 세무공무원은 납세자(세무사 등 납세자로부터 세무업무를 위임받은 자를 포함한다)가 본인의 권리 행사에 필요한 정보를 요구하면 신속하게 정보를 제공하여야 한다.

② 제1항에 따라 제공하는 정보의 범위와 수임대상자 등 필요한 사항은 대통령령으로 정한다.

예판

【예규】제3자의 지방세 과세자료 신청시 위임장의 범위

- 세무공무원은 납세의무자가 아닌 다른 사람에게 지방세 관련 자료를 제공하지 못하도록 되어 있으나, 납세의무자의 위임이 있는 경우에는 납세의무자가 신청한 것으로 보아 납세증명서 발급 및 지방세 관련 자료를 제공하고 있음. 이 경우, 납세의무자의 위임의사 확인은 납세의무자의 위임의사를 날인한 위임장

제57조【제공 정보의 범위 등】 ① 법 제87조 제1항에 따라 세무공무원이 제공하는 정보의 범위는 다음 각 호의 구분에 따른다.

1. 납세자 본인이 요구하는 경우: 납세자 본인의 납세와 관련된 정보와 납세자 본인에 대한 체납처분, 행정제재 및 고발 등과 관련된 정보 (2018. 12. 31. 개정)
2. 납세자로부터 세무업무를 위임받은 자가 요구하는 경우: 제1호에 따른 정보로서 「개인정보 보호법」 제23조에 따른 민감정보에 해당하지 아니하는 정보

② 세무공무원은 제1항에 따라 정보를 제공하는 경우에는 주민등록증 등 신분증명서에 의하여 정보를 요구하는 자가 납세자 본인 또는 납세자로부터 세무업무를 위임받은 자임을 확인하여야 한다. 다만, 세무공무원이 정보통신망을 통하여 정보를

제33조【지방세 정보의 제공방법】 ① 법 제87조 제1항 및 영 제57조 제1항에 따른 과세정보의 제공은 별지 제49호 서식의 지방세 세목별 과세증명서에 따른다.

② 법 제87조 제1항 및 영 제57조 제3항에 따른 지방소득세 납부내역의 제공은 별지 제50호 서식의 비거주자 등의 지방소득세 납부내역 증명서에 따른다. 이 경우 지방자치단체의 장은 별지 제51호 서식의 비거주자 등의 지방소득에 납부내역 증명서 발급대장에 따라 지방소득세

과 위임받은 사람의 신분증 등 확인을 종합하여 납세증명서 발급기관인 과세관청의 판단에 의하고 있음. 다만, 지방세수납리스트 등 지방세 과세자료를 제공할 경우에는 위임장 제출 등에 대한 명문규정이 없으므로 과세관청은 납세증명서 발급 신청시 제출토록 되어 있는 위임장에 준하여 납세의무자의 위임여부를 확인해야 할 사안임. (지방세운영과-1208, 2008. 9. 12.)

제88조【과세전적부심사】 ① 지방자치단체의 장은 다음 각 호의 어느 하나에 해당하는 경우에는 미리 납세자에게 그 내용을 서면으로 통지(이하 이 조에서 "과세예고통지"라 한다)하여야 한다. (2019. 12. 31. 신설)

1. 지방세 업무에 대한 감사나 지도·점검 결과 등에 따라 과세하는 경우. 다만, 제150조, 「감사원법」 제33조, 「지방자치법」 제188조 및 제190조에 따른 시정요구에 따라 과세처분하는 경우로서 시정요구 전에 과세처분 대상자가 지적사항에 대한 소명안내를 받은 경우는 제외한다. (2021. 1. 12. 단서개정 ; 지방자치법 부칙)
2. 세무조사에서 확인된 해당 납세자 외의 자에 대한 과세자료 및 현지 확인조사에 따라 과세하는 경우 (2019. 12. 31. 신설)
3. 비과세 또는 감면 신청을 반려하여 과세하는 경우(「지방세법」에서 정한 납기에 따라 납세고지하는 경우는 제외한다) (2020. 12. 29. 신설)
4. 비과세 또는 감면한 세액을 추징하는 경우 (2020. 12. 29. 신설)

제공하는 경우에는 전자서명 등을 통하여 그 신원을 확인하여야 한다.

② 세무공무원은 제1항에 따라 정보를 제공하는 경우에는 주민등록증(모바일 주민등록증을 포함한다) 등 신분증명서에 의하여 정보를 요구하는 자가 납세자 본인 또는 납세자로부터 세무업무를 위임받은 자임을 확인하여야 한다. 다만, 세무공무원이 정보통신망을 통하여 정보를 제공하는 경우에는 전자서명 등을 통하여 그 신원을 확인하여야 한다. (2024. 12. 3. 개정 ; 주민등록법 시행령 부칙)

③ 지방소득세 납부내역을 제공받으려는 「지방세법」 제85조 제1항 제4호 및 제7호에 따른 비거주자 또는 외국법인은 다음 각 호의 어느 하나에 해당하는 서류를 같은 법 제89조에 따른 납세지를 관할하는 지방자치단체의 장에게 제출하여야 한다.

1. 지방소득세를 납부한 영수증
2. 특별징수의무자가 발급한 특별징수영수증 또는 특별징수명세서
3. 그 밖에 지방소득세를 납부한 사실을 확인할 수 있는 서류

④ 제3항에 따른 납부내역 제공 요청을 받은 지방자치단체의 장은 제3항 각 호의 어느 하나에 해당하는 서류가 제출되지 아니하거나 지방소득세 납부내역을 알 수 없는 경우에는 납부내역을 제공하지 아니할 수 있다.

⑤ 제1항부터 제4항까지에서 규정한 사항 외에 납세자 납부내역 증명서 제공내역을 관리하여야 한다.

5. 납세고지하려는 세액이 30만원 이상인 경우(「지방세법」에서 정한 납기에 따라 납세고지하는 경우 등 대통령령으로 정하는 사유에 따라 과세하는 경우는 제외한다) (2020. 12. 29. 개정)

② 다음 각 호의 어느 하나에 해당하는 통지를 받은 자는 통지받은 날부터 30일 이내에 지방자치단체의 장에게 통지내용의 적법성에 관한 심사(이하 "과세전적부심사"라 한다)를 청구할 수 있다. (2019. 12. 31. 항번개정)

1. 세무조사결과에 대한 서면 통지
2. 제1항 각 호에 따른 과세예고통지 (2019. 12. 31. 개정)
3. 그 밖에 대통령령으로 정하는 통지
3. 삭 제 (2020. 12. 29.)

예판

【조심판례】 처분청이 지방세 업무에 대한 감사나 지도·점검에 따라 부과처분을 함에 있어, 청구법인에게 과세전적부심사의 기회를 주지 아니한 채 이 건 등록면허세 등을 부과·고지하여 납세고지 전 권리구제제도인 위 규정을 위반한 만큼 과세예고통지를 하지 아니하고 이 건 등록면허세 등을 부과한 처분은 잘못이 있는 것으로 판단됨. (조심 2018지1259, 2020. 1. 23.)

【조심판례】 과세전적부심사의 결정이 있기 전에 취득세를 부과하였다 하더라도 그 후에 과세전적부심사 결정서가 송달돼서 당초 처분의 절차적 하자가 치유된 것으로 보이고, 그 결정서 통지일을 기산일로 하여 불복을 제기하면 됨. (조심 2016지1063, 2017. 1. 5.)

의 권리 행사에 필요한 정보의 제공 방법과 절차 등에 관하여 필요한 사항은 행정안전부장관이 정한다. (2017. 7. 26. 직제개정 ; 행정안전부와~직제 부칙)

제58조【과세전적부심사】 ① 법 제88조 제2항에 따라 과세전적부심사를 청구하려는 자는 다음 각 호의 사항을 적은 과세전적부심사청구서에 증거서류나 증거물을 첨부(증거서류나 증거물이 있는 경우에 한정한다)하여 지방자치단체의 장(법 제90조에 따른 이의신청의 결정기관을 말한다)에게 제출해야 한다. (2019. 12. 31. 개정)

1. 청구인의 성명과 주소 또는 영업소
2. 법 제88조 제2항 각 호의 통지를 받은 연월일 (2019. 12. 31. 개정)
3. 청구세액
4. 청구 내용 및 이유

② 제1항에 따라 과세전적부심사청구서를 제출받은 지방자치단체의 장은 그 청구부분에 대하여 법 제88조 제4항에 따른 결정이 있을 때까지 과세표준 및 세액의 결정이나 경정결정을 유보해야 한다. 다만, 법 제88조 제3항 각 호의 어느 하나에 해당하는 경우에는 그렇지 않다. (2019. 12. 31. 개정)

예판

【예규】 과세전적부심사의 의미

• 세무조사 결과통지는 납세의무를 확정시키는 부과처분이 아

제35조【과세전적부심사의 청구 및 결과 통지 등】 ① 법 제88조 제2항 및 영 제58조 제1항에 따른 과세전적부심사청구서는 별지 제53호 서식의 과세전적부심사청구서에 따른다. (2019. 12. 31. 개정)

② 법 제88조 제2항 및 영 제58조 제1항에 따라 과세전적부심사청구서를 접수한 지방자치단체의 장은 별지 제53호 서식의 과세전적부심사청구서에 딸린 접수증에 접수사실을 증명하는 표시를 하여 과세전적부심사를 청구한 자에게 주어야 한다. (2019. 12. 31. 개정)

③ 법 제88조 제4항에 따른 과세전적부심사의 결과 통지는 별지 제54호 서식의 과세전적부심사 결과 통지에 따른다. (2019. 12. 31. 개정)

④ 법 제88조 제7항에 따른 과세표준 및 세액의 조기 결정·경정결정 신

③ 다음 각 호의 어느 하나에 해당하는 경우에는 제2항을 적용하지 아니한다. (2019. 12. 31. 개정)

예판

【예규】「지방세기본법」 제88조 제3항에 따라 과세전적부심사청구 대상이 아닌 경우 과세예고 생략 가능(지방세정책과-262, 2020. 1. 15.)

1. 「지방세징수법」 제22조 제1항 각 호에 따른 납기 전 징수의 사유가 있거나 지방세관계법에서 규정하는 수시부과의 사유가 있는 경우

1. 삭 제 (2020. 12. 29.)
2. 범칙사건조사를 하는 경우 (2015. 12. 29. 개정)
3. 세무조사결과 통지 및 과세예고통지를 하는 날부터 지방세 부과 제척기간의 만료일까지의 기간이 3개월 이하인 경우 (2019. 12. 31. 개정)

니라 세무조사를 받은 자에게 세무조사의 결과를 통지하고 앞으로 그에 따라 과세할 예정임을 알리는 것에 지나지 아니하는 것으로서, 이에 대한 과세전적부심사 역시 당해 세무조사결과에 따른 과세예고세액만을 대상으로 하는 것일 뿐, 그와 관련하여 이미 부과처분된 세액까지 심사의 대상으로 할 수는 없다 할 것이고 과세관청이 이미 부과처분한 부분에 대하여는 이의신청이나 심사청구로써 다투어야 할 것이다. (감심 2003-28, 2003. 3. 25.)

③ 법 제88조 제1항 제5호에서 "「지방세법」에서 정한 납기에 따라 납세고지하는 경우 등 대통령령으로 정하는 사유에 따라 과세하는 경우"란 다음 각 호의 경우를 말한다. (2020. 12. 31. 신설)

1. 「지방세법」에서 정한 납기에 따라 납세고지하는 경우
2. 납세의무자가 신고한 후 납부하지 않은 세액에 대하여 납세고지하는 경우 (2020. 12. 31. 신설)
3. 세무서장 또는 지방국세청장이 결정 또는 경정한 자료에 따라 지방소득세를 납세고지하는 경우 (2020. 12. 31. 신설)
4. 「지방세징수법」 제22조 제2항 전단에 따라 납기 전에 징수하기 위하여 고지하는 경우 (2020. 12. 31. 신설)
5. 「지방세법」 제62조 · 제98조 · 제103조의 9 · 제103조의 26 및 제128조 제2항 단서에 따라 수시로 그 세액을 결정하여 부과 · 징수하는 경우 (2020. 12. 31. 신설)
6. 법 제88조 제5항 제2호 단서, 제96조 제1항 제3호 단서 또는 제96조 제7항 및 「국세기본법」 제81조에 따

청은 별지 제55호 서식의 조기결정(경정결정) 신청서에 따른다. (2019. 12. 31. 개정)

제34조【과세예고 통지】 법 제88조 제2항 제2호에 따른 과세예고 통지는 별지 제52호 서식의 지방세 과세예고 통지에 따른다. (2019. 12. 31. 개정)

4. 그 밖에 법령과 관련하여 유권해석을 변경하여야 하거나 새로운 해석이 필요한 경우 등 대통령령으로 정하는 경우

④ 과세전적부심사청구를 받은 지방자치단체의 장은 제147조 제1항에 따른 지방세심의위원회의 심사를 거쳐 제5항에 따른 결정을 하고 그 결과를 청구받은 날부터 30일 이내에 청구인에게 알려야 한다. 이 경우 대통령령으로 정하는 사유가 있으면 30일의 범위에서 1회에 한정하여 심사기간을 연장할 수 있다. (2019. 12. 31. 개정)

⑤ 과세전적부심사청구에 대한 결정은 다음 각 호의 구분에 따른다. (2019. 12. 31. 항번개정)

1. 청구가 이유 없다고 인정되는 경우: 채택하지 아니한다는 결정
2. 청구가 이유 있다고 인정되는 경우: 채택하거나 일부 채택한다는 결정. 다만, 구체적인 채택의 범위를 정하기 위하여 사실관계 확인 등 추가적으로 조사가 필요한 경우에는 제2항 각 호의 통지를 한 지방자치단체의 장으로 하여금 이를 재조사하여 그 결과에 따라 당

라 준용되는 같은 법 제65조 제1항 제3호 단서에 따른 재조사 결정을 하여 그 재조사한 결과에 따라 과세하는 경우 (2024. 3. 26. 개정)

④ 법 제88조 제2항 제3호에서 "대통령령으로 정하는 통지"란 비과세 또는 감면의 신청을 반려하는 통지를 말한다. (2019. 12. 31. 개정)

④ 삭 제 (2020. 12. 31.)

⑤ 법 제88조 제3항 제4호에서 "법령과 관련하여 유권해석을 변경하여야 하거나 새로운 해석이 필요한 경우 등 대통령령으로 정하는 경우"란 다음 각 호의 어느 하나에 해당하는 경우를 말한다. (2019. 12. 31. 개정)

1. 법령과 관련하여 유권해석을 변경하여야 하거나 새로운 해석이 필요한 경우
2. 「국제조세조정에 관한 법률」에 따라 조세조약을 체결한 상대국이 상호합의절차의 개시를 요청한 경우
3. 법 제88조 제1항 제3호에 따른 과세예고통지 중 다음 각 목의 어느 하나에 해당하는 납세고지에 대하여 과세예고통지를 하는 경우 (2019. 12. 31. 신설)
   가. 법정신고기한까지 신고한 세액에 대한 납세고지 (2019. 12. 31. 신설)
   나. 세무서장 또는 지방국세청장이 결정 또는 경정한 자료에 따른 지방소득세 납세고지 (2019. 12. 31. 신설)
4. 법 제88조 제5항 제2호 단서, 법 제96조 제1항 제3호 단서 또는 법 제96조 제6항 및 「국세기본법」 제81조에 따라 준용되는 같은 법 제65조 제1항 제3호 단서에 따른 재조사 결정에 따라 조사하는 경우 (2019. 12. 31. 개정)

3~4. 삭 제 (2020. 12. 31.)

초 통지 내용을 수정하여 통지하도록 하는 재조사 결정을 할 수 있다. (2019. 12. 31. 단서개정)
3. 청구기간이 지났거나 보정기간에 보정하지 아니하는 경우: 심사하지 아니한다는 결정

⑥ 과세전적부심사에 관하여는 「행정심판법」 제15조, 제16조, 제20조부터 제22조까지, 제29조, 제36조 제1항 및 제39조부터 제42조까지의 규정을 준용한다. 이 경우 "위원회"는 "지방세심의위원회"로 본다. (2019. 12. 31. 항번개정)

⑦ 제2항 각 호의 어느 하나에 해당하는 통지를 받은 자는 과세전적부심사를 청구하지 아니하고 그 통지를 한 지방자치단체의 장에게 통지받은 내용의 전부 또는 일부에 대하여 과세표준 및 세액을 조기에 결정 또는 경정결정을 해 줄 것을 신청할 수 있다. 이 경우 해당 지방자치단체의 장은 신청받은 내용대로 즉시 결정 또는 경정결정을 하여야 한다. (2019. 12. 31. 개정)

⑧ 과세전적부심사에 관하여는 제92조, 제93조, 제94조 제2항, 제95조, 제96조 제1항 각 호 외의 부분 단서 및 같은 조 제4항 · 제5항을 준용한다. (2019. 12. 31. 항번개정)

⑨ 과세전적부심사의 청구절차 및 심사방법, 그 밖에 필요한 사항은 대통령령으로 정한다. (2019. 12. 31. 항번개정)

⑥ 법 제88조 제4항 후단에서 "대통령령으로 정하는 사유"란 다음 각 호의 어느 하나에 해당하는 경우를 말한다. (2019. 12. 31. 개정)
1. 다른 기관에 법령해석을 요청하는 경우
2. 풍수해, 화재, 천재지변 등으로 법 제147조에 따른 지방세심의위원회를 소집할 수 없는 경우
3. 청구인의 요청이 있거나 관련 자료의 조사 등을 위하여 필요한 경우로서 법 제147조에 따른 지방세심의위원회에서 심사기간의 연장을 결정하는 경우
4. 법 제93조의 2 제2항에 따른 대리인의 선정 등을 위해 필요한 경우 (2019. 12. 31. 신설)

⑦ 제1항에 따른 과세전적부심사청구서의 제출 · 접수 및 이송, 심사기간의 계산, 의견서의 제출 등에 대해서는 제59조 제2항부터 제6항까지의 규정을 준용한다. 이 경우 "처분청"은 각각 "법 제88조 제2항 각 호의 통지를 한 지방자치단체의 장"으로, "이의신청기관"은 각각 "과세전적부심사기관"으로, "이의신청서"는 각각 "과세전적부심사청구서"로, "이의신청을 하려는 자"는 "과세전적부심사를 청구하려는 자"로, "법 제96조 제1항"을 "법 제88조 제4항"으로, "법 제88조 제4항에 따른 과세전적부심사에 대한 결정서(결정이 있은 경우만 해당한다)"를 "법 제88조 제2항 제1호에 따른 세무조사 결과에 대한 서면 통지 또는 같은 항 제2호에 따른 과세예고 통지"로 본다. (2024. 12. 31. 신설)

편주

영 58조 7항의 개정규정은 2025. 1. 1. 당시 과세전적부심사기관이 아닌 다른 기관에 과세전적부심사청구서가 접수 · 제출되어 있는 경우에도 적용함. (영 부칙(2024. 12. 31.) 3조)

제7장 이의신청과 심판청구

(2019. 12. 31. 제목개정)

제89조【청구대상】 ① 이 법 또는 지방세관계법에 따른 처분으로서 위법·부당한 처분을 받았거나 필요한 처분을 받지 못하여 권리 또는 이익을 침해당한 자는 이 장에 따른 이의신청 또는 심판청구를 할 수 있다. (2020. 12. 29. 개정)

【조심판례】 지방세 부당감면 제보 거부 및 그에 따른 포상금지급신청 거부는 처분청의 자율적인 처리를 기대하는 단순한 민원성격에 해당되므로 이러한 법령의 해석·질의에 대한 답변, 진정사건 이나 청원 등에 대한 처리결과 통보, 민원요청에 따른 처분청의 결과 통지(민원회신) 등은 불복청구의 대상이 되는 처분으로 볼수는 없음. (조심 2015지675, 2016. 3. 28.)

② 다음 각 호의 처분은 제1항의 처분에 포함되지 아니한다.

1. 이 장에 따른 이의신청 또는 심판청구에 대한 처분. 다만, 이의신청에 대한 처분에 대하여 심판청구를 하는 경우는 제외한다. (2019. 12. 31. 개정)
2. 제121조 제1항에 따른 통고처분
3. 「감사원법」에 따라 심사청구를 한 처분이나 그 심사청구에 대한 처분
4. 과세전적부심사의 청구에 대한 처분

제7장 이의신청 심판청구

(2020. 12. 31. 제목개정)

운영예규 **법89-1【지방세기본법 또는 지방세관계법에 따른 처분】**

감사원장의 시정요구에 따른 처분도 「지방세기본법」 제89조 제1항의 처분으로 본다.

법89-2【필요한 처분을 받지 못한 경우】

「지방세기본법」 제89조 제1항에 따른 "필요한 처분을 받지 못함"이란 처분청이 다음 각 호의 사항을 명시적 또는 묵시적으로 거부하거나(거부처분) 아무런 의사 표시를 하지 아니하는 것(부작위)을 말한다.

1. 비과세·감면신청에 대한 결정
2. 지방세의 환급
3. 압류해제
4. 기타 전 각호에 준하는 것

법89-3【권리 또는 이익의 침해를 당한 자】

1. "권리 또는 이익을 침해당한 자"라 함은 위법·부당한 처분을 받거나 필요한 처분을 받지 못한 직접적인 당사자를 말한다.
2. 제3자적 지위에 있는 자도 당해 위법·부당한 처분으로 인하여 자신의 권리 또는 이익의 침해를 당한 경우는 불복청구할 수 있다. 다만, 간접적 반사적인 이익의 침해를 받은 자는 불복청구를 할 수 없다.

법89-4【이의신청·심사청구와 감사원 심사청구와의 관계】

제7장 이의신청 및 심판청구 (2020. 12. 31. 제목개정)

【판례】 • 원고적격

- 과세관청이 부동산을 압류한 이후에 소유권이전등기를 마친 사람은 그 압류처분에 대하여 사실상이고 간접적인 이해관계를 가질 뿐 법률상 직접적이고 구체적인 이익을 가지는 것은 아니어서 그 압류처분의 취소를 구할 당사자적격이 없음. (대법 2004두6051, 2004. 9. 24.)

• 소의 범위

- 납부불성실가산세는 본세의 납세의무가 아예 성립하지 아니한 경우에는 이를 부과·징수할 수 없고, 불복기간 등의 경과로 본세의 납세의무를 더 이상 다툴 수 없게 된 경우에도 마찬가지임. (대법 2013두27128, 2014. 4. 24.)

【조심판례】 • 무납부고지는 이미 확정된 세액을 징수하기 위한 절차에 불과할 뿐 불복청구의 대상이 되는 처분으로 볼 수는 없음. (조심 2014지1223, 2014. 9. 3.)

• 납세의무자가 취득세를 신고납부하는

5. 이 법에 따른 과태료의 부과

③ 제1항에 따른 자가 위법·부당한 처분을 받았거나 필요한 처분을 받지 못함으로 인하여 권리 또는 이익을 침해당하게 될 이해관계인으로서 다음 각 호의 어느 하나에 해당하는 자는 이 장에 따른 이의신청 또는 심판청구를 할 수 있다. (2023. 3. 14. 신설)

1. 제2차 납세의무자로서 납부통지서를 받은 자 (2023. 3. 14. 신설)
2. 이 법 또는 지방세관계법에 따라 물적납세의무를 지는 자로서 납부통지서를 받은 자 (2023. 3. 14. 신설)
3. 보증인 (2023. 3. 14. 신설)

운영예규 법89-7【불이익 변경금지의 원칙】

1. 이의신청에 있어서는 청구인의 주장하지 아니한 내용에 대하여도 불이익한 변경이 아닌 한도 안에서 심사하여 결정할 수 있다. (2022. 10. 25. 개정)

법89-8【법정대리인의 불복청구】

친권자, 후견인, 재산관리인, 상속재산 관리인 등의 법정대리인은 본인을 대리하여 불복청구를 할 수 있다. 이 경우 법정대리인임을 입증하는 서면을 제출하여야 한다.

제90조【이의신청】 이의신청을 하려면 그 처분이 있은 것을 안 날(처분의 통지를 받았을 때에는 그 통지를 받은 날)부터 90일 이내에 대통령령으로 정하는 바에 따라 불복의 사유를 적어 특별시세·광역시세·도세[도세 중

동일한 처분에 대하여 이의신청 또는 심판청구와 감사원 심사청구를 중복 제기한 경우에는 청구인에게 감사원 심사청구를 취하하지 아니하면 불복신청이 각하됨을 통지하여야 한다. 다만, 감사원 심사청구가 청구기간을 경과한 때에는 이의신청 또는 심판청구의 기간 내에 제기된 불복청구를 처리한다. (2022. 10. 25. 개정)

법89-5【제2차납세의무자의 불복】

1. 제2차 납세의무자로 지정되어 납부통지서를 받은 납세의무자는 그 납부통지에 대하여 불복청구를 할 수 있다.
2. 제2차 납세의무자 또는 납세보증인은 납부통지된 처분에 대하여 불복한 경우에 그 납부통지의 원천이 된 본래 납세의무자에 대한 처분의 확정 여부에 관계없이 독립하여 납부통지된 세액의 내용에 관하여 다툴 수 있다.

법89-6【체납처분에 대한 불복】

1. 납세자에 대한 재산의 압류·매각 및 청산(배분)의 체납처분은 불복청구의 대상이 된다.
2. 체납처분으로 압류한 재산이 제3자의 소유인 경우 제3자는 압류처분에 대하여 불복청구를 할 수 있다.

제59조【이의신청】 ① 법 제90조에 따라 이의신청을 하려는 자는 다음 각 호의 사항 등을 적은 이의신청서 2부에 증명서류를 각각 첨부하여 소관 지방자치단체의 장(이하 "이의신청기관"이라 한다)에게 제출하여야

과정에서 과세관청이 이를 수납하는 행위는 단순한 사무적 행위에 불과할 뿐 불복청구의 대상이 되는 처분으로 볼 수 없음. (조심 2015지1070, 2015. 10. 17.)

• 청구법인 스스로 감면 대상이라고 하여 과세표준신고서를 제출하였음에도 그 후 비과세 대상이라고 하며 경정청구를 하였으나, 비과세나 감면 모두 세액이 "0원"이 되는 것이어서 청구법인이 한 경정청구는 적법한 것으로 볼 수 없으므로 처분청의 경정청구 거부처분은 단순한 민원 회신에 불과하다 할 것이어서 이를 근거로 한 청구 법인의 이 건 심판청구는 부적법함. (조심 2014지2128, 2016. 11. 29.)

제36조【이의신청】 ① 법 제90조 및 영 제59조 제1항에 따른 이의신청서는 별지 제56호 서식의 이의신청서에 따른다.

소방분 지역자원시설세 및 시·군세에 부가하여 징수하는 지방교육세와 특별시세·광역시세 중 특별시분 재산세, 소방분 지역자원시설세 및 구세(군세 및 특별시분 재산세를 포함한다)에 부가하여 징수하는 지방교육세는 제외한다]의 경우에는 시·도지사에게, 특별자치시세·특별자치도세의 경우에는 특별자치시장·특별자치도지사에게, 시·군·구세[도세 중 소방분 지역자원시설세 및 시·군세에 부가하여 징수하는 지방교육세와 특별시세·광역시세 중 특별시분 재산세, 소방분 지역자원시설세 및 구세(군세 및 특별시분 재산세를 포함한다)에 부가하여 징수하는 지방교육세를 포함한다]의 경우에는 시장·군수·구청장에게 이의신청을 하여야 한다. (2019. 12. 31. 개정)

예판

【판례】이의신청과 관련된 문서를 접수하지 아니하고 부과처분에 대한 소명자료 만을 제출한 경우에는 정당한 이의신청이 이루어진 것으로 볼 수 없음. (의정부지법 2018구합17107, 2019. 8. 13. : 대법확정)

운영예규 법90－1【이의신청의 관할청】

1. 지방자치단체의 관할구역 변경으로 처분의 통지를 한 지방자치단체와 불복청구 할 때의 지방자치단체가 다른 경우에는 불복청구를 할 당시의 납세지를 관할하는 지방자치단체의 장이 이의신청의 관할청이 된다.
2. 납세자가 부과처분의 통지를 받은 후 주소 또는 사업장을

한다.

1. 신청인의 성명과 주소 또는 영업소
2. 통지를 받은 연월일 또는 처분이 있은 것을 안 연월일
3. 통지된 사항 또는 처분의 내용
4. 불복의 사유

② 처분청이 이의신청기관을 잘못 통지하여 이의신청서가 다른 기관에 접수된 경우 또는 이의신청을 하려는 자가 이의신청서를 처분청에 제출하여 접수된 경우에는 정당한 권한이 있는 이의신청기관에 해당 이의신청서가 접수된 것으로 본다.

③ 제2항에 따라 정당한 권한이 있는 이의신청기관이 아닌 다른 기관이 이의신청서를 접수하였을 때에는 이를 정당한 권한이 있는 이의신청기관에 지체 없이 이송하고 그 사실을 신청인에게 통지하여야 한다. 이 경우 처분청이 이의신청서를 접수하였을 때에는 이의신청서 중 1부만을 이송한다.

④ 법 제96조 제1항에 따른 결정기간을 계산하는 경우 제3항에 따라 정당한 권한이 있는 이의신청기관이 이의신청서를 이송받은 날을 기산일로 한다.

⑤ 이의신청기관이 시·도지사인 경우 시·도지사는 제1항에 따라 이의신청서를 제출받았을 때에는 지체 없이 그 중 1부를 처분청에 송부하고, 처분청은 그 이의신청서를 송부받은 날(제3항 후단에 따라 처분청이 이의신청서를 접수한 경우에는 이의신청서를 접수한 날을 말한다)부터

② 법 제90조 및 영 제59조에 따라 이의신청서를 접수한 기관은 별지 제56호 서식의 이의신청서에 딸린 접수증에 접수사실을 증명하는 표시를 하여 이의신청을 한 자에게 주어야 한다.

③ 영 제59조 제5항에 따른 이의신청에 대한 의견서는 별지 제57호 서식의 이의신청(심판청구)에 대한 의견서에 따른다. (2020. 12. 31. 개정)

변경한 경우에는 처분의 통지를 한 지방자치단체의 장(납세지 변경 전 지방자치단체의 장)이 이의신청의 관할청이 된다.

제91조【심판청구】(2019. 12. 31. 제목개정)

① 이의신청을 거친 후에 심판청구를 할 때에는 이의신청에 대한 결정 통지를 받은 날부터 90일 이내에 조세심판원장에게 심판청구를 하여야 한다. (2019. 12. 31. 개정)

② 제1항에도 불구하고 다음 각 호의 어느 하나에 해당하는 경우에는 해당 호에서 정하는 날부터 90일 이내에 심판청구를 할 수 있다. (2023. 3. 14. 개정)

1. 제96조 제1항 본문에 따른 결정기간 내에 결정의 통지를 받지 못한 경우: 그 결정기간이 지난 날 (2023. 3. 14. 개정)
2. 이의신청에 대한 재조사 결정이 있은 후 제96조 제4항 전단에 따른 처분기간 내에 처분 결과의 통지를 받지 못한 경우: 그 처분기간이 지난 날 (2023. 3. 14. 개정)

10일 이내에 의견을 시·도지사에게 제출하여야 한다.

⑥ 제5항에 따른 의견서에는 법 제88조 제4항에 따른 과세전적부심사에 대한 결정서(결정이 있은 경우만 해당한다), 처분의 근거·이유 및 그 사실을 증명할 서류, 청구인이 제출한 증거서류 및 증거물, 그 밖의 심리자료 모두를 첨부해야 한다. (2019. 12. 31. 개정)

제60조【심판청구】(2020. 12. 31. 제목개정)

① 법 제91조에 따라 심판청구를 하려는 자는 다음 각 호의 사항을 적은 심판청구서 2부에 증명서류를 각각 첨부하여 조세심판원장에게 제출해야 한다. (2020. 12. 31. 개정)

1. 청구인의 성명과 주소 또는 영업소
2. 이의신청에 대한 결정의 통지를 받은 연월일 또는 이의신청을 한 연월일
3. 이의신청에 대한 결정사항
4. 불복의 취지와 그 사유
5. 그 밖에 필요한 사항

② 제1항에 따른 심판청구서의 제출·접수 및 이송, 청구기간의 계산, 의견서의 제출 등에 대해서는 제59조 제2항부터 제6항까지의 규정을 준용한다. 이 경우 "처분청"은 "이의신청기관"으로, "이의신청기관"은 "심판청구기관"으로, "이의신청서"는 "심판청구서"로, "이의신청"은 "심판청구"로, "시·도지사"는 "조세심판원장"으

제37조【심판청구】(2020. 12. 31. 제목개정)

① 법 제91조 및 영 제60조 제1항에 따른 심판청구서는 별지 제59호 서식의 심판청구서에 따른다. (2020. 12. 31. 개정)

② 법 제91조 및 영 제60조에 따라 심판청구서를 접수한 기관은 별지 제59호 서식의 심판청구서에 딸린 접수증에 접수사실을 증명하는 표시를 하여 심판청구를 한 자에게 주어야 한다. (2020. 12. 31. 개정)

③ 이의신청을 거치지 아니하고 바로 심판청구를 할 때에는 그 처분이 있은 것을 안 날(처분의 통지를 받았을 때에는 통지받은 날)부터 90일 이내에 조세심판원장에게 심판청구를 하여야 한다. (2019. 12. 31. 개정)

예판

【조심판례】 압류처분관련 심판청구 기한

• 처분청의 2009년 이후 부과된 3건의 체납 지방세의 송달지가 청구인의 주민등록상 주소지와 일치하는 사실로 보아 나머지 체납지방세도 동일한 방법으로 송달하였거나 공시송달하였을 가능성이 충분한 점 등에 비추어 이 건 심판청구는 이 건 쟁점토지의 압류처분일부터 90일을 경과하여 제기되어 부적합함. (조심 2017지206, 2018. 9. 13.)

운영예규 법91-1【이의신청 또는 심판청구의 기산일】 (2022. 10. 25. 제목개정)

이의신청 또는 심판청구기간의 기산일은 다음 각 호와 같다. (2022. 10. 25. 개정)

1. 「지방세기본법」 제33조 제1항 각 호의 사유에 해당하여 공시송달 한 처분에 대하여 이의가 있을 때에는 공시송달의 공지일로부터 14일 경과한 날
2. 부과의 결정을 철회하였다가 재결정하여 통지한 처분에 대하여 이의가 있을 때에는 재결정의 통지를 받은 날의 다음날
3. 처분의 통지서를 사용인, 기타 종업원 또는 동거인이 받

로, "과세전적부심사"는 "과세전적부심사 또는 이의신청"으로 본다. (2020. 12. 31. 개정)

③ 제2항에도 불구하고 조세심판원장은 법 제91조 제3항에 따라 심판청구서를 접수했을 때에는 지체 없이 그 중 1부를 처분청에 송부해야 하며, 처분청은 그 심판청구서를 송부받은 날부터 10일 이내에 의견서(특별시세·광역시세·특별자치시세·도세 및 특별자치도세에 관한 심판청구서를 제출받은 경우에는 특별시장·광역시장·특별자치시장·도지사 및 특별자치도지사의 의견서를 말한다) 및 제59조 제6항에 따른 자료 일체를 조세심판원장에게 제출해야 한다. (2020. 12. 31. 개정)

운영예규 법91-2【취하한 사건에 대한 불복】

청구인이 이의신청을 취하한 경우에도 청구기간 내에는 다시 이의신청을 할 수 있다. (2022. 10. 25. 개정)

법91-3【이의신청 결정통지를 받지 못한 경우의 심판청구】

이의신청 결정기간 내에 결정통지를 받지 못한 경우에는 그 결정기간이 경과한 날부터 심판청구를 할 수 있다. 다만, 결정기간이 경과한 후에 이의신청을 기각하는 결정의 통지를 받은 경우에는 그 결정통지를 받은 날로부터 90일내에 심판청구를 하여야 한다. (2022. 10. 25. 개정)

③ 영 제60조 제3항에 따른 심판청구에 대한 의견서는 별지 제57호 서식의 이의신청(심판청구)에 대한 의견서에 따른다. (2020. 12. 31. 개정)

예판

【조심판례】 신고납부 세목의 경우 불복청구 기산일

• 신고납부방식의 세목에 있어 신고납부기한내에 신고를 하고 납부한 경우 납부한 때에 처분이 있는 것으로 봄이 타당하므로 불복청구 기산일은 납부일이 타당 (조심 2009지1109, 2010. 11. 10.)

은 경우는 사용인, 기타 종업원 또는 동거인이 처분의 통지를 받은 날의 다음날

4. 피상속인의 사망 전에 피상속인에게 행하여진 처분에 대하여 상속인이 불복청구를 하는 경우에는 피상속인이 당해 처분의 통지를 받은 날의 다음 날

제92조【관계 서류의 열람 및 의견진술권】 이의신청인, 심판청구인 또는 처분청(처분청의 경우 심판청구로 한정한다)은 그 신청 또는 청구에 관계되는 서류를 열람할 수 있으며, 대통령령으로 정하는 바에 따라 지방자치단체의 장 또는 조세심판원장에게 의견을 진술할 수 있다. (2019. 12. 31. 개정)

제93조【이의신청의 대리인】 (2023. 12. 29. 제목개정)
① 이의신청인과 처분청은 변호사, 세무사 또는 「세무사법」에 따른 세무사등록부 또는 공인회계사 세무대리업무등록부에 등록한 공인회계사를 대리인으로 선임할 수 있다. (2021. 11. 23. 개정 ; 세무사법 부칙)
② 이의신청인은 신청 금액이 1천만원 미만인 경우에는 그의 배우자, 4촌 이내의 혈족 또는 그의 배우자의 4촌 이내 혈족을 대리인으로 선임할 수 있다. (2023. 12. 29. 개정)

제61조【관계 서류의 열람신청】 ① 법 제92조에 따라 이의신청 또는 심판청구에 관계되는 서류를 열람하려는 자는 구술로 해당 지방자치단체의 장 또는 조세심판원장에게 그 열람을 요구할 수 있다. (2020. 12. 31. 개정)
② 제1항에 따른 요구를 받은 해당 지방자치단체의 장 또는 조세심판원장은 그 서류를 열람 또는 복사하게 하거나 그 사본이 원본과 다름이 없음을 확인하여야 한다.
③ 제1항에 따른 요구를 받은 해당 지방자치단체의 장 또는 조세심판원장은 필요하다고 인정하는 경우에는 열람하거나 복사하는 자의 서명을 요구할 수 있다.

제62조【의견진술】 ① 법 제92조에 따라 의견을 진술하려는 자는 진술자의 성명과 주소 또는 영업소(진술자가 처분청인 경우 처분청의 명칭과 소재지를 말한다), 진술하려는 내용의 개요를 적은 문서로 해당 지방자치단체의 장 또는 조세심판원장에게 신청하여야 한다.
② 제1항에 따른 신청을 받은 지방자치단체의 장 또는 조세심판원장은 출석 일시 및 장소와 필요하다고 인정되는 진술시간을 정하여 법 제147조에 따른 지방세심의

제38조【의견진술】 ① 법 제92조 및 영 제62조 제1항에 따른 이의신청 또는 심판청구와 관련된 의견진술 신청은 별지 제60호 서식의 의견진술 신청서에 따른다. (2020. 12. 31. 개정)
② 영 제62조 제2항에 따른 의견진술을 위한 출석 통지는 별지 제61호

② 이의신청인은 신청 금액이 2천만원 미만인 경우에는 그의 배우자, 4촌 이내의 혈족 또는 그의 배우자의 4촌 이내 혈족을 대리인으로 선임할 수 있다. (2024. 12. 31. 개정)

편주 법 93조 2항의 개정규정은 2025. 1. 1. 당시 진행 중인 이의신청 사건에 대해서도 적용함. (법 부칙(2024. 12. 31.) 4조)

③ 대리인의 권한은 서면으로 증명하여야 하며, 대리인을 해임하였을 때에는 그 사실을 서면으로 신고하여야 한다.

④ 대리인은 본인을 위하여 그 신청에 관한 모든 행위를 할 수 있다. 다만, 그 신청의 취하는 특별한 위임을 받은 경우에만 할 수 있다. (2023. 12. 29. 개정)

제93조의 2 【지방자치단체 선정 대리인】 ① 과세전적부심사 청구인 또는 이의신청인(이하 이 조에서 "이의신청인등"이라 한다)은 지방자치단체의 장에게 다음

위원회, 법 제96조 제7항에 따라 준용하는 「국세기본법」 제7장 제3절에 따른 조세심판관회의 또는 조세심판관합동회의 회의개최일 3일 전까지 신청인에게 통지하여 의견진술의 기회를 주어야 한다. (2024. 3. 26. 개정)

1. 이의신청, 심사청구 또는 심판청구의 목적이 된 사항이 경미하거나 기일이 경과한 후 그 신청 또는 청구가 있은 경우
2. 이의신청, 심사청구 또는 심판청구의 목적이 된 사항이 법령해석에 관한 것으로서 의견진술이 필요 없다고 인정되는 경우

1.~2. 삭 제 (2020. 12. 31.)

③ 제2항의 경우 의견진술이 필요없다고 인정되면 지방자치단체의 장 또는 조세심판원장은 이유를 구체적으로 밝혀 신청인에게 통지하여야 한다.

③ 삭 제 (2020. 12. 31.)

④ 법 제92조에 따라 의견진술을 하는 자는 간단하고 명료하게 하여야 하며, 필요한 경우에는 이에 관한 증거와 그 밖의 자료를 제시할 수 있다.

⑤ 제4항에 따른 의견진술은 진술하려는 의견을 기록한 문서의 제출로 갈음할 수 있다.

⑥ 제2항의 통지는 서면으로 하거나 청구서에 적힌 전화, 휴대전화를 이용한 문자전송, 팩시밀리 또는 전자우편 등의 방법으로 할 수 있다. (2020. 12. 31. 개정)

제62조의 2 【지방자치단체 선정 대리인】 ① 법 제93조의 2 제1항에 따라 대리인의 선정을 신청하려는 자는 다음 각 호의 사항을 적은 문서를 지방자치단체의 장

서식의 출석 통지에 따른다.

③ 영 제62조 제3항에 따른 의견진술 신청에 대한 거부의 통지는 별지 제62호 서식의 의견진술신청 거부 통지에 따른다.

③ 삭 제 (2020. 12. 31.)

각 호의 요건을 모두 갖추어 대통령령으로 정하는 바에 따라 변호사, 세무사 또는 「세무사법」에 따른 세무사등록부 또는 공인회계사 세무대리업무등록부에 등록한 공인회계사를 대리인으로 선정하여 줄 것을 신청할 수 있다. (2021. 11. 23. 개정 ; 세무사법 부칙)

1. 이의신청인등의 「소득세법」 제14조 제2항에 따른 종합소득금액과 소유 재산의 가액이 각각 대통령령으로 정하는 금액 이하일 것 (2019. 12. 31. 신설)

1. 이의신청인등이 다음 각 목의 어느 하나에 해당할 것 (2024. 12. 31. 개정)
   가. 개인인 경우: 「소득세법」 제14조 제2항에 따른 종합소득금액과 소유 재산의 가액이 각각 대통령령으로 정하는 금액 이하일 것 (2024. 12. 31. 개정)
   나. 법인(「법인세법」 제2조 제1호에 따른 내국법인 및 같은 조 제3호에 따른 외국법인을 말하며, 제153조에 따라 준용되는 「국세기본법」 제13조에 따라 법인으로 보는 단체를 포함한다)인 경우: 「법인세법」 제43조의 기업회계기준에 따라 계산한 매출액과 자산이 각각 대통령령으로 정하는 금액 이하일 것 (2024. 12. 31. 개정)

편주

법 93조의 2 제1항의 개정규정은 2025. 1. 1. 이후 지방자치단체 선정 대리인의 선정을 신청하는 경우부터 적용함. (법 부칙 (2024. 12. 31.) 5조)

에게 제출해야 한다. (2019. 12. 31. 신설)

1. 과세전적부심사 청구인 또는 이의신청인(이하 이 조에서 "이의신청인등"이라 한다)의 성명과 주소 또는 거소 (2019. 12. 31. 신설)
2. 이의신청인등이 법 제93조의 2 제1항 각 호의 요건을 충족한다는 사실 (2019. 12. 31. 신설)
3. 지방자치단체의 장이 이의신청인등의 법 제93조의 2 제1항 각 호의 요건 충족 여부를 확인할 수 있다는 것에 대한 동의에 관한 사항 (2019. 12. 31. 신설)

② 법 제93조의 2 제1항 제1호 가목에서 "대통령령으로 정하는 금액"이란 다음 각 호의 구분에 따른 금액을 말한다. (2024. 12. 31. 개정)

1. 종합소득금액의 경우: 5천만원(배우자의 종합소득금액을 포함한다). 이 경우 「소득세법」 제70조에 따른 신고기한 이전에 대리인의 선정을 신청하는 경우 그 신청일이 속하는 과세기간의 전전 과세기간의 종합소득금액을 대상으로 하고, 그 신고기한이 지난 후 신청하는 경우 그 신청일이 속하는 과세기간의 직전 과세기간의 종합소득금액을 대상으로 한다. (2019. 12. 31. 신설)

1. 종합소득금액의 경우: 5천만원. 이 경우 「소득세법」 제70조에 따른 신고기한 이전에 대리인의 선정을 신청하는 경우 그 신청일이 속하는 과세기간의 전전 과세기간의 종합소득금액을 대상으로 하고, 그 신고기한이 지난 후 신청하는 경우 그 신청일이 속하는 과세기간의 직전 과세기간의 종합소득금액을 대상으로 한

2. 이의신청인등이 법인(제153조에 따라 준용되는 「국세기본법」 제13조에 따라 법인으로 보는 단체를 포함한다)이 아닐 것 (2020. 12. 29. 개정)

2. 삭 제 (2024. 12. 31.)

3. 대통령령으로 정하는 고액·상습 체납자 등이 아닐 것 (2019. 12. 31. 신설)

4. 대통령령으로 정하는 금액 이하인 청구 또는 신청일 것 (2019. 12. 31. 신설)

5. 담배소비세, 지방소비세 및 레저세가 아닌 세목에 대한 청구 또는 신청일 것 (2019. 12. 31. 신설)

② 지방자치단체의 장은 제1항에 따른 신청이 제1항 각 호의 요건을 모두 충족하는 경우 지체 없이 대리인을 선정하고, 신청을 받은 날부터 7일 이내에 그 결과를 이의신청인등과 대리인에게 각각 통지하여야 한다. (2019. 12. 31. 신설)

③ 제1항에 따른 대리인의 권한에 관하여는 제93조 제4항을 준용한다. (2019. 12. 31. 신설)

④ 제1항에 따른 대리인의 선정, 관리 등 그 운영에 필요한 사항은 대통령령으로 정한다. (2020. 12. 29. 개정)

제94조【청구기한의 연장 등】 ① 이의신청인 또는 심판청구인이 제26조 제1항에서 규정하는 사유(신고·신청·청구 및 그 밖의 서류의 제출·통지에 관한 기한연장 사유로 한정한다)로 인하여 이의신청 또는 심판청구기간에 이의신청 또는 심판청구를 할 수 없을 때에는 그 사유

다. (2024. 12. 31. 개정)

2. 소유 재산의 가액의 경우: 다음 각 목에 따른 재산(배우자 소유 재산의 가액을 포함한다)의 평가 가액 합계액이 5억원. 다만, 지역 실정을 고려하여 필요한 경우에는 5억원을 초과하지 않는 범위에서 조례로 달리 정할 수 있다. (2019. 12. 31. 신설)

2. 소유 재산의 가액의 경우: 다음 각 목에 따른 재산의 평가 가액 합계액이 5억원. 다만, 지역 실정을 고려하여 필요한 경우에는 5억원을 초과하지 않는 범위에서 조례로 달리 정할 수 있다. (2024. 12. 31. 개정)

가. 「지방세법」 제6조 제2호에 따른 부동산 (2019. 12. 31. 신설)

나. 「지방세법」 제6조 제14호부터 제18호까지의 회원권 (2019. 12. 31. 신설)

다. 「지방세법 시행령」 제123조 제1호 및 제2호에 따른 승용자동차 (2019. 12. 31. 신설)

③ 법 제93조의 2 제1항 제1호 나목에서 "대통령령으로 정하는 금액"이란 다음 각 호의 구분에 따른 금액을 말한다. 이 경우 「법인세법」 제60조에 따른 신고기한 이전에 지방자치단체 대리인의 선정을 신청하는 경우에는 그 신청일이 속하는 사업연도의 전전 사업연도를 기준으로 해당 사업연도의 매출액과 해당 사업연도말의 자산가액을 대상으로 하고, 해당 신고기한 후에 신청하는 경우에는 그 신청일이 속하는 사업연도의 직전 사업연도를 기준으로 해당 사업연도의 매출액과 해당 사업연

가 소멸한 날부터 14일 이내에 이의신청 또는 심판청구를 할 수 있다. 이 경우 신청인 또는 청구인은 그 기간 내에 이의신청 또는 심판청구를 할 수 없었던 사유, 그 사유가 발생한 날 및 소멸한 날, 그 밖에 필요한 사항을 기재한 문서를 함께 제출하여야 한다. (2019. 12. 31. 개정)

② 제90조 및 제91조에 따른 기한까지 우편으로 제출(제25조 제1항에서 정한 날을 기준으로 한다)한 이의신청서 또는 심판청구서가 신청기간 또는 청구기간이 지나서 도달한 경우에는 그 기간만료일에 적법한 신청 또는 청구를 한 것으로 본다. (2023. 12. 29. 개정)

③ 제90조 및 제91조의 기간은 불변기간으로 한다.

예판

【판례】 • 청구기한 연장 대상

- 취득세가 취소되면 재산세도 취소해 주겠다는 과세관청의 견해를 신뢰하여 재산세 소송을 제기하지 않은 경우라면 제소기간 특례를 적용할 수 있기는 하나, 이후 재산세를 직권취소하여 주지 못하겠다는 처분청의 견해가 있었다면 이때로부터 제소기간의 특례의 기산점이 됨. (서울고법 2000누12357, 2001. 9. 6.: 대법확정)

• 당연무효 인정사례

- 취득자 모르게 법무사에게 위임하여 한 것으로서 취득자 의사에 기하지 아니한 채 이루어진 중대하고 명백한 하자가 있고, 사후에 원고로부터 추인을 받은 것으로 보기도 어려워 무효이며, 이에 기초한 취득세 등의 본세 징수처분과 그 가산세의 부과 및 징수처분도 무효 해당 (대법 2014두10967, 2014. 11. 27.)

도말 자산가액을 대상으로 한다. (2024. 12. 31. 신설)

1. 매출액의 경우: 3억원 (2024. 12. 31. 신설)
2. 자산가액의 경우: 5억원 (2024. 12. 31. 신설)

④ 법 제93조의 2 제1항 제3호에서 "대통령령으로 정하는 고액 · 상습체납자 등"이란 「지방세징수법」 제8조에 따른 출국금지 대상자 및 같은 법 제11조에 따른 명단공개 대상자를 말한다. (2024. 12. 31. 항번개정)

④ 법 제93조의 2 제1항 제4호에서 "대통령령으로 정하는 금액"이란 1천만원을 말한다. (2024. 12. 31. 개정)

⑤ 법 제93조의 2 제1항 제4호에서 "대통령령으로 정하는 금액"이란 2천만원을 말한다. (2024. 12. 31. 개정)

⑥ 특별시장 · 광역시장 · 특별자치시장 · 도지사 또는 특별자치도지사는 대리인을 선정하는 경우 미리 위촉한 사람 중에서 선정하고, 시장 · 군수 · 구청장은 특별시장 · 광역시장 · 도지사가 위촉한 사람 중에서 선정할 수 있다. (2024. 12. 31. 항번개정)

⑦ 제1항부터 제6항까지에서 규정한 사항 외에 소유 재산의 평가 방법, 대리인의 임기 · 위촉, 대리인 선정을 위한 신청 방법 · 절차 등 지방자치단체 선정 대리인 제도의 운영에 필요한 사항은 해당 지방자치단체의 조례로 정한다. (2024. 12. 31. 개정)

제95조 【보정요구】 ① 이의신청을 받은 지방자치단체의 장은 그 신청의 서식 또는 절차에 결함이 있는 경우와 불복사유를 증명할 자료의 미비로 심의할 수 없다고 인정될 경우에는 20일간의 보정기간을 정하여 문서로 그 결함의 보정을 요구할 수 있다. 다만, 보정할 사항이 경미한 경우에는 직권으로 보정할 수 있다. (2019. 12. 31. 개정)
② 제1항에 따른 보정을 요구받은 이의신청인은 문서로 결함을 보정하거나, 지방자치단체에 출석하여 보정할 사항을 말하고, 말한 내용을 지방자치단체 소속 공무원이 기록한 서면에 서명하거나 날인함으로써 보정할 수 있다. (2019. 12. 31. 개정)
③ 제1항에 따른 보정기간은 제96조에 따른 결정기간에 포함하지 아니한다.

운영예규 법95-1【청구서의 보정사항】
이의신청서 또는 심판청구서의 형식을 취하지 아니하고 처분의 취소, 변경 또는 필요한 처분을 요구하는 서면이 제출되었을 경우에는 보정을 요구하여 심리할 수 있다. (2022. 10. 25. 개정)

법95-2【보정요구의 당사자】
대리인을 선임하여 불복청구를 한 경우 보정요구서의 송달은 본인 또는 대리인 중 누구에게도 할 수 있다.

법95-3【경미한 사항의 직권보정】
불복청구서가 법정양식과 상이(구양식, 「국세기본법」의 양식 사용 등)하거나 경미한 사항에 착오 또는 누락 등이 있는 경우에는 직권으로 보정할 수 있다.

제63조 【보정요구】 ① 이의신청기관 또는 심판청구의 결정기관(법 제96조 제1항 및 제7항에 따라 결정을 하는 기관을 말한다. 이하 같다)의 장은 법 제95조 제1항 본문, 법 제100조에서 준용하는 「국세기본법」 제63조 및 제81조에 따른 보정요구를 할 때에는 다음 각 호의 사항을 포함해야 한다. (2024. 3. 26. 개정)
1. 보정할 사항
2. 보정을 요구하는 이유
3. 보정할 기간
4. 그 밖에 필요한 사항

② 이의신청기관 또는 심판청구의 결정기관은 법 제95조 제1항 본문, 법 제100조에서 준용하는 「국세기본법」 제63조 및 제81조에 따라 직권으로 보정했을 때에는 그 결과를 해당 신청인 또는 청구인에게 문서로 통지해야 한다. (2020. 12. 31. 개정)

제39조 【보정요구】 ① 영 제63조 제1항에 따른 보정요구는 별지 제63호 서식의 이의신청(심판청구)에 대한 보정요구에 따른다. (2020. 12. 31. 개정)
② 제1항에 따른 보정요구서의 송달은 배달증명우편으로 하여야 한다.
③ 법 제95조 제1항 단서 및 영 제63조 제2항에 따른 직권 보정결과의 통지는 별지 제64호 서식의 이의신청(심판청구)에 대한 보정결과 통지에 따른다. (2020. 12. 31. 개정)

제96조【결정 등】 ① 이의신청을 받은 지방자치단체의 장은 신청을 받은 날부터 90일 이내에 제147조 제1항에 따른 지방세심의위원회의 의결에 따라 다음 각 호의 구분에 따른 결정을 하고 신청인에게 이유를 함께 기재한 결정서를 송달하여야 한다. 다만, 이의신청 기간이 지난 후에 제기된 이의신청 등 대통령령으로 정하는 사유에 해당하는 경우에는 제147조 제1항에 따른 지방세심의위원회의 의결을 거치지 아니하고 결정할 수 있다. (2019. 12. 31. 개정)

1. 이의신청이 적법하지 아니한 때(행정소송, 심판청구 또는 「감사원법」에 따른 심사청구를 제기하고 이의신청을 제기한 경우를 포함한다) 또는 이의신청 기간이 지났거나 보정기간에 필요한 보정을 하지 아니할 때: 신청을 각하하는 결정 (2020. 12. 29. 개정)
2. 이의신청이 이유 없다고 인정될 때: 신청을 기각하는 결정 (2019. 12. 31. 개정)
3. 이의신청이 이유 있다고 인정될 때: 신청의 대상이 된 처분의 취소, 경정 또는 필요한 처분의 결정. 다만, 처분의 취소·경정 또는 필요한 처분의 결정을 하기 위하여 사실관계 확인 등 추가적으로 조사가 필요한 경우에는 처분청으로 하여금 이를 재조사하여 그 결과에 따라 취소·경정하거나 필요한 처분을 하도록 하는 재조사 결정을 할 수 있다. (2019. 12. 31. 개정)

② 제1항에 따른 결정은 해당 처분청을 기속(羈束)한다.

제64조【결정 등】 ① 이의신청기관 또는 심판청구의 결정기관은 법 제96조에 따른 결정을 한 때에는 주문(主文)과 이유를 붙인 결정서를 정본(正本)과 부본(副本)으로 작성하여 정본은 신청인 또는 청구인에게 송달하고, 부본은 처분청에 송달해야 한다. 다만, 심판청구에 관한 사항은 「국세기본법」 제78조 제5항을 준용한다. (2020. 12. 31. 개정)

② 제1항에 따라 이의신청에 관한 결정서를 송달할 때에는 그 결정서를 받은 날부터 90일 이내에 이의신청인이 심판청구를 제기할 수 있다는 뜻과 제기해야 하는 기관을 함께 적어야 하며, 심판청구에 관한 결정서를 송달할 때에는 그 결정서를 받은 날부터 90일 이내에 심판청구인이 행정소송을 제기할 수 있다는 뜻을 적어야 한다. (2020. 12. 31. 개정)

③ 법 제96조 제1항 각 호 외의 부분 단서에서 "대통령령으로 정하는 사유에 해당하는 경우"란 다음 각 호의 어느 하나에 해당하는 경우를 말한다. (2017. 12. 29. 신설)

1. 이의신청의 내용이 다음 각 목의 어느 하나에 해당하는 경우 (2020. 12. 31. 개정)
   가. 법 제96조 제1항 제1호에 따른 각하결정사유에 해당하는 경우 (2017. 12. 29. 신설)
   나. 이의신청 금액이 100만원 이하로서 유사한 이의신청에 대하여 법 제147조에 따른 지방세심의위원회(이하 "지방세심의위원회"라 한다) 의결을 거

제40조【결 정】 ① 법 제96조 제1항 및 영 제64조 제1항에 따른 이의신청에 대한 결정서는 별지 제65호 서식의 이의신청 결정서에 따르며, 법 제96조 제4항에 따른 심판청구에 대한 결정서는 「국세기본법 시행규칙」 별지 제41호 서식을 준용한다. (2020. 12. 31. 개정)

③ 제1항에 따른 결정을 하였을 때에는 해당 처분청은 결정의 취지에 따라 즉시 필요한 처분을 하여야 한다.
④ 제1항 제3호 단서에 따른 재조사 결정이 있는 경우 처분청은 재조사 결정일부터 60일 이내에 결정서 주문에 기재된 범위에 한정하여 조사하고, 그 결과에 따라 취소·경정하거나 필요한 처분을 하여야 한다. 이 경우 처분청은 제83조 또는 제84조에 따라 조사를 연기하거나 조사기간을 연장하거나 조사를 중지할 수 있다. (2017. 12. 26. 신설)
⑤ 처분청은 제1항 제3호 단서 및 제4항 전단에도 불구하고 재조사 결과 신청인의 주장과 재조사 과정에서 확인한 사실관계가 다른 경우 등 대통령령으로 정하는 경우에는 해당 신청의 대상이 된 당초의 처분을 취소·경정하지 아니할 수 있다. (2023. 3. 14. 신설)
⑥ 제1항 제3호 단서, 제4항 및 제5항에서 규정한 사항 외에 재조사 결정에 필요한 사항은 대통령령으로 정한다. (2023. 3. 14. 개정)
⑦ 심판청구에 관하여는 이 법 또는 지방세관계법에서 규정한 것을 제외하고는 「국세기본법」 제7장 제3절을 준용한다. (2023. 3. 14. 항번개정)
⑧ 지방자치단체의 장은 이의신청의 대상이 되는 처분이 「지방세법」 제91조, 제103조, 제103조의 19, 103조의 34, 103조의 41 및 제103조의 47에 따른 지방소득세의 과세표준 산정에 관한 사항인 경우에는 「소득세법」 제

쳐 법 제96조 제1항 제3호 본문에 따른 결정이 있었던 경우 (2020. 12. 31. 개정)
2. 신청기간이 지난 후에 이의신청이 제기된 경우 (2020. 12. 31. 개정)

④ 이의신청의 내용이 다음 각 호의 어느 하나에 해당하는 경우에는 제3항 제1호 나목에도 불구하고 지방세심의위원회 의결을 거쳐 결정한다. (2020. 12. 31. 개정)
1. 지방세심의위원회의 의결사항과 배치되는 새로운 조세심판, 법원 판결 또는 행정안전부장관의 해석 등이 있는 경우 (2017. 12. 29. 신설)
2. 지방세심의위원회의 위원장이 지방세심의위원회 의결을 거쳐 결정할 필요가 있다고 인정하는 경우 (2017. 12. 29. 신설)

⑤ 이의신청기관 또는 심판청구의 결정기관은 법 제96조 제1항 또는 제7항에 따른 신청 또는 청구에 대한 결정기간(이하 이 조에서 "결정기간"이라 한다)이 지나도 결정을 하지 못했을 때에는 지체 없이 이의신청인에게는 결정기간이 경과한 날부터 심판청구 또는 행정소송을 제기할 수 있다는 뜻과 제기해야 하는 기관을, 심판청구인에게는 결정기간이 경과한 날부터 행정소송을 제기할 수 있다는 뜻을 통지해야 한다. (2024. 3. 26. 개정)
⑥ 처분청은 법 제96조 제4항(법 제88조 제8항에서 준용하는 경우를 포함한다)에 따라 신청 또는 청구의 대상이 된 처분의 취소·경정을 하거나 필요한 처분을 하였을 때에는 그 처분결과

② 영 제64조 제5항에 따른 결정기간 내 미결정에 따른 통지는 별지 제66호 서식의 이의신청(심판청구) 결정기간 내 미결정 통지에 따른다. (2020. 12. 31. 개정)

6조 또는 「법인세법」 제9조에 따른 납세지를 관할하는 국세청장 또는 세무서장에게 의견을 조회할 수 있다. (2023. 3. 14. 항번개정)

예판

【판례】 재조사결정의 효력 발생시기

• 재조사결정은 처분청의 후속 처분에 의하여 그 내용이 보완됨으로써 이의신청 등에 대한 결정으로서의 효력이 발생한다고 할 것이므로, 재조사결정에 따른 심사청구기간이나 심판청구기간 또는 행정소송의 제소기간은 이의신청인 등이 후속 처분의 통지를 받은 날부터 기산된다고 봄이 상당함. (대법 2007두12514, 2010. 6. 25.)

운영예규 법96-1 【각하결정사항】

1. 「지방세기본법」 제96조 제1항 제1호에서 규정하는 각하결정을 하여야 하는 때에는 다음의 경우를 포함한다.
   가. 불복청구의 대상이 된 처분이 존재하지 않을 때(처분의 부존재)
   나. 불복청구의 대상이 된 처분에 의하여 권리 또는 이익의 침해를 당하지 않은 자의 불복(당사자 적격의 부존재)
   다. 불복청구의 대상이 되지 아니하는 처분에 대한 불복(청구대상 적격의 부존재)
   라. 대리권 없는 자의 불복
2. 이의신청 또는 심사청구를 한 동일한 처분에 대하여 감사원 심사청구가 불복제기 기간 내에 중복 제기되었을 때에는 이의신청 또는 심사청구를 각하한다.
3. 동일한 처분에 대하여 청구기간 내에 이의신청·심사청

를 지체 없이 서면으로 이의신청인(법 제88조 제8항에서 준용하는 경우에는 과세전적부심사 청구인을 말한다)에게 통지해야 한다. (2020. 12. 31. 개정)

⑥ 처분청은 법 제96조 제4항(법 제88조 제8항에서 준용하는 경우를 포함한다)에 따라 신청 또는 청구의 대상이 된 처분의 취소·경정을 하거나 필요한 처분을 하였을 때에는 그 처분결과를, 법 제96조 제5항(법 제88조 제8항에서 준용하는 경우를 포함한다)에 따라 당초의 처분을 취소·경정하지 않았을 때에는 그 사실을 지체 없이 서면으로 이의신청인(법 제88조 제8항에서 준용하는 경우에는 과세전적부심사 청구인을 말한다)에게 통지해야 한다. (2024. 3. 26. 개정)

⑦ 법 제96조 제5항(법 제88조 제8항에서 준용하는 경우를 포함한다)에서 "신청인의 주장과 재조사 과정에서 확인한 사실관계가 다른 경우 등 대통령령으로 정하는 경우"란 다음 각 호의 어느 하나에 해당하는 경우를 말한다. (2024. 3. 26. 신설)

1. 신청인의 주장과 재조사 과정에서 확인한 사실관계가 달라 당초의 처분을 유지할 필요가 있는 경우 (2024. 3. 26. 신설)
2. 신청인의 주장에 대한 사실관계를 확인할 수 없는 경우 (2024. 3. 26. 신설)

③ 영 제64조 제6항에 따른 처분의 취소·경정 등의 결과 통지는 별지 제66호의 2 서식의 처분의 취소·경정 등 결과 통지에 따른다. (2017. 12. 29. 신설)

구 또는 심판청구가 중복제기 되었을 때에는 청구인의 의사를 확인하여 처리한다. 이 경우 청구인이 선택하지 않은 불복청구는 각하한다.

4. 이의신청이 각하결정된 사항에 대하여 심사청구 또는 심판청구를 하였을 경우에는 전심(이의신청)의 각하결정에 흠이 없는 한 심사청구 또는 심판청구도 각하한다.

제97조【결정의 경정】 ① 이의신청에 대한 결정에 오기, 계산착오, 그 밖에 이와 비슷한 잘못이 있는 것이 명백할 때에는 지방자치단체의 장은 직권으로 또는 이의신청인의 신청을 받아 결정을 경정할 수 있다. (2019. 12. 31. 개정)
② 제1항에 따른 경정의 세부적인 절차는 대통령령으로 정한다.

제98조【다른 법률과의 관계】 ① 이 법 또는 지방세관계법에 따른 이의신청의 대상이 되는 처분에 관한 사항에 관하여는 「행정심판법」을 적용하지 아니한다. 다만, 이의신청에 대해서는 같은 법 제15조, 제16조, 제20조부터 제22조까지, 제29조, 제36조 제1항 및 제39조부터 제42조까지의 규정을 준용하며, 이 경우 "위원회"는 "지방세심의위원회"로 본다. (2019. 12. 31. 개정)
② 심판청구의 대상이 되는 처분에 관한 사항에 관하여는 「국세기본법」 제56조 제1항을 준용한다.
③ 제89조에 규정된 위법한 처분에 대한 행정소송은 「행

제65조【결정의 경정】 지방자치단체의 장은 법 제97조 제1항에 따른 경정 결과를 지체 없이 이의신청인에게 통지해야 한다. (2020. 12. 31. 개정)

제41조【결정의 경정신청과 통지】 ① 법 제97조 제1항에 따른 이의신청에 대한 결정의 경정신청은 별지 제67호 서식의 이의신청 결정의 경정신청서에 따른다. (2020. 12. 31. 개정)
② 영 제65조에 따른 경정의 결과 통지는 별지 제68호 서식의 이의신청 경정 결과 통지에 따른다. (2020. 12. 31. 개정)

제42조【이의신청에 대한 「행정심판법」의 준용】 (2020. 12. 31. 제목개정)
법 제98조 제1항 단서에 따라 이의신청에 대하여 「행정심판법」의 규정을 준용하는 경우에 사용하는 서식은 다음 각 호와 같다. (2020. 12. 31. 개정)
1. 「행정심판법」 제15조 제1항을 준

정소송법」 제18조 제1항 본문, 같은 조 제2항 및 제3항에도 불구하고 이 법에 따른 심판청구와 그에 대한 결정을 거치지 아니하면 제기할 수 없다. 다만, 심판청구에 대한 재조사 결정(제100조에 따라 심판청구에 관하여 준용하는 「국세기본법」 제65조 제1항 제3호 단서에 따른 재조사 결정을 말한다)에 따른 처분청의 처분에 대한 행정소송은 그러하지 아니하다. (2019. 12. 31. 신설)

④ 제3항 본문에 따른 행정소송은 「행정소송법」 제20조에도 불구하고 심판청구에 대한 결정의 통지를 받은 날부터 90일 이내에 제기하여야 한다. 다만, 제100조에 따라 심판청구에 관하여 준용하는 「국세기본법」 제65조 제2항에 따른 결정기간(이하 이 조에서 "결정기간"이라 한다) 내에 결정의 통지를 받지 못한 경우에는 결정의 통지를 받기 전이라도 그 결정기간이 지난 날부터 행정소송을 제기할 수 있다. (2019. 12. 31. 신설)

⑤ 제3항 단서에 따른 행정소송은 「행정소송법」 제20조에도 불구하고 다음 각 호의 기간 내에 제기하여야 한다. (2019. 12. 31. 신설)

1. 이 법에 따른 심판청구를 거치지 아니하고 제기하는 경우: 재조사 후 행한 처분청의 처분의 결과 통지를 받은 날부터 90일 이내. 다만, 제100조에 따라 심판청구에 관하여 준용하는 「국세기본법」 제65조 제5항에 따른 처분기간(제100조에 따라 심판청구에 관하여 준용하는 「국세기본법」 제65조 제5항 후단에 따라 조사

용하는 경우의 선정대표자 선정서 : 별지 제69호 서식의 선정대표자 선정서

2. 「행정심판법」 제15조 제5항을 준용하는 경우의 선정대표자 해임서 : 별지 제70호 서식의 선정대표자 해임서
3. 「행정심판법」 제16조 제3항을 준용하는 경우의 이의신청인 지위승계 신고서 : 별지 제71호 서식의 이의신청인 지위승계 신고서 (2020. 12. 31. 개정)
4. 「행정심판법」 제16조 제5항을 준용하는 경우의 이의신청인 지위승계 허가신청서 : 별지 제72호 서식의 이의신청인 지위승계 허가신청서 (2020. 12. 31. 개정)
5. 「행정심판법」 제16조 제8항, 제20조 제6항 및 제29조 제7항을 준용하는 경우의 지방세심의위원회 결정에 대한 이의신청서 : 별지 제73호 서식의 지방세심의위원회 결정에 대한 이의신청서
6. 「행정심판법」 제20조 제2항을 준

를 연기하거나 조사기간을 연장하거나 조사를 중지한 경우에는 해당 기간을 포함한다. 이하 이 호에서 같다) 내에 처분청의 처분 결과 통지를 받지 못하는 경우에는 그 처분기간이 지난 날부터 행정소송을 제기할 수 있다. (2019. 12. 31. 신설)

2. 이 법에 따른 심판청구를 거쳐 제기하는 경우: 재조사 후 행한 처분청의 처분에 대하여 제기한 심판청구에 대한 결정의 통지를 받은 날부터 90일 이내. 다만, 결정기간 내에 결정의 통지를 받지 못하는 경우에는 그 결정기간이 지난 날부터 행정소송을 제기할 수 있다. (2019. 12. 31. 신설)

⑥ 「감사원법」에 따른 심사청구를 거친 경우에는 이 법에 따른 심판청구를 거친 것으로 보고 제3항을 준용한다. (2019. 12. 31. 신설)

⑦ 제4항의 기간은 불변기간(不變期間)으로 한다. (2019. 12. 31. 신설)

제99조 【청구의 효력 등】 ① 이의신청 또는 심판청구는 그 처분의 집행에 효력이 미치지 아니한다. 다만, 압류한 재산에 대해서는 대통령령으로 정하는 바에 따라 그 공매처분을 보류할 수 있다. (2019. 12. 31. 개정)

② 이의신청 또는 심판청구에 관한 심의절차 및 그 밖에 필요한 사항은 대통령령으로 정한다. (2019. 12. 31. 개정)

제66조 【이의신청 등에 따른 공매처분의 보류기한】 법 제99조 제1항 단서에 따라 공매처분을 보류할 수 있는 기한은 이의신청 또는 심판청구의 결정이 있는 날부터 30일까지로 한다. (2020. 12. 31. 개정)

용하는 경우의 이의신청 참가 허가신청서 : 별지 제74호 서식의 이의신청 참가 허가신청서 (2020. 12. 31. 개정)

7. 「행정심판법」 제21조 제1항을 준용하는 경우의 이의신청 참가요구서 : 별지 제75호 서식의 이의신청 참가요구서 (2020. 12. 31. 개정)
8. 「행정심판법」 제29조 제3항을 준용하는 경우의 이의신청 변경신청서 : 별지 제76호 서식의 이의신청 변경신청서 (2020. 12. 31. 개정)
9. 「행정심판법」 제36조 제1항을 준용하는 경우의 직권 증거조사 또는 같은 법 제40조 제1항을 준용하는 경우의 구술심리를 위한 출석통지서 : 별지 제77호 서식의 출석통지서
10. 「행정심판법」 제36조 제1항을 준용하는 경우의 증거조사신청서 : 별지 제78호 서식의 증거조사신청서
11. 「행정심판법」 제36조 제1항을 준용하는 경우의 증거조사조서 : 별

제100조【이의신청 및 심판청구에 관한 「국세기본법」의 준용】(2019. 12. 31. 제목개정)
이 장에서 규정한 사항을 제외한 이의신청 등의 사항에 관하여는 「국세기본법」 제7장을 준용한다. (2020. 12. 29. 개정)

제8장 범칙행위 등에 대한 처벌 및 처벌절차

제1절 통 칙

제101조【처 벌】 이 법 또는 지방세관계법을 위반한 자에 대해서는 이 장 제2절 및 제3절과 제133조 및 제134조에서 정한 바에 따라 처벌한다.

제8장 범칙행위 등에 대한 처벌 및 처벌절차

지 제79호 서식의 증거조사조서
12. 「행정심판법」 제40조 제1항 단서를 준용하는 경우의 구술심리신청서 : 별지 제80호 서식의 구술심리신청서
13. 「행정심판법」 제40조 제2항을 준용하는 경우의 서면심리통지서 : 별지 제81호 서식

제8장 범칙행위 등에 대한 처벌 및 처벌절차

제2절 범칙행위 처벌

제102조 【지방세의 포탈】 ① 사기나 그 밖의 부정한 행위로써 지방세를 포탈하거나 지방세를 환급·공제받은 자는 2년 이하의 징역 또는 탈세액이나 환급·공제받은 세액(이하 "포탈세액등"이라 한다)의 2배 이하에 상당하는 벌금에 처한다. 다만, 다음 각 호의 어느 하나에 해당하는 경우에는 3년 이하의 징역 또는 포탈세액등의 3배 이하에 상당하는 벌금에 처한다.

1. 포탈세액등이 3억원 이상이고, 그 포탈세액등이 신고납부하여야 할 세액의 100분의 30 이상인 경우
2. 포탈세액등이 5억원 이상인 경우

② 제1항의 경우에 포탈하거나 포탈하려 한 세액 또는 환급·공제를 받은 세액은 즉시 징수한다.

③ 제1항의 죄를 지은 자에 대해서는 정상(情狀)에 따라 징역형과 벌금형을 병과(倂科)할 수 있다.

④ 제1항의 죄를 지은 자가 포탈세액등에 대하여 제49조에 따라 법정신고기한이 지난 후 2년 이내에 수정신고를 하거나 제51조에 따라 법정신고기한이 지난 후 6개월 이내에 기한 후 신고를 하였을 때에는 형을 감경할 수 있다.

⑤ 제1항의 죄를 상습적으로 지은 자에 대해서는 형의 2분의 1을 가중한다.

⑥ 제1항에서 규정하는 포탈범칙행위의 기수(旣遂) 시기

편주

• 범칙행위 처벌 요약

조 문	구 분	처 벌 내 용
§102	조세포탈	2년 이하 징역 또는 포탈세액 2배 이하 벌금. 단, 포탈세액 3억원 이상이고 신고납부할 세액의 30% 이상인 경우 또는 포탈세액이 5억원 이상인 경우에는 3년 이하의 징역 또는 포탈세액 3배 이하 벌금
§103	체납처분 면탈	최고 3년 이하 징역 또는 3천만원 이하 벌금
§104	장부의 소각·파기	2년 이하 징역 또는 2천만원 이하 벌금
§105	성실신고방해	최고 2년 이하 징역 또는 2천만원 이하 벌금
§106	명의대여행위	최고 2년 이하 징역 또는 2천만원 이하 벌금
§107	특별징수 불이행	최고 2년 이하 징역 또는 2천만원 이하 벌금
§108	명령사항 위반	500만원 이하 과태료
§109	양벌규정	행위자 개인 및 그 소속법인 양벌
§110	「형법」적용의 일부배제	벌금경합에 관한 제한가중규정 적용 배제

• 범칙행위 처벌절차 요약

구 분	조 문	처 벌 절 차
심문, 압수, 수색	§114	필요시 범칙 혐의자나 참고인 심문·압수·수색
압수·수색영장	§115	범칙행위 진행 중 또는 도피·증거인멸 우려로 시간적 여유가 없는 경우 압수수색한 때로부터 48시간 이내 관할

예판

【판례】 지방세 범칙행위 적용 범위

• 농업을 주업으로 하지 않는 자가 자신을 자경농민이라고 하면서 허위로 영농계획서를 작성하여 자경농민에 따른 취득세 감면받은 경우에는 조세범 처벌대상 사기 기타 부정한 행위에 해당함. (대법 2011도15307, 2012. 11. 15.)

• 선의의 계약명의신탁에 있어서 명의수탁자가 대체취득에 따른 취득세 등을 감면을 받은 경우에는 조세범 처벌대상 사기 기타 부정한 행위로 볼 수 없음. (대법 2011도15307, 2012. 11. 15.)

는 다음 각 호의 구분에 따른다.

1. 납세의무자의 신고에 의하여 지방세가 확정되는 세목: 신고기한이 지난 때
2. 지방자치단체의 장이 세액을 결정하여 부과하는 세목: 납부기한이 지난 때

제103조【체납처분 면탈】 ① 납세의무자 또는 납세의무자의 재산을 점유하는 자가 체납처분의 집행을 면탈하거나 면탈하게 할 목적으로 그 재산을 은닉·탈루하거나 거짓 계약을 하였을 때에는 3년 이하의 징역 또는 3천만원 이하의 벌금에 처한다.

②「형사소송법」 제130조 제1항에 따른 압수물건을 보관한 자 또는「지방세징수법」 제49조 제1항에 따른 압류물건을 보관한 자가 그 보관한 물건을 은닉·탈루하거나 손괴 또는 소비하였을 때에도 3년 이하의 징역 또는 3천만원 이하의 벌금에 처한다.

③ 제1항과 제2항의 사정을 알고도 제1항과 제2항의 행위를 방조하거나 거짓 계약을 승낙한 자는 2년 이하의 징역 또는 2천만원 이하의 벌금에 처한다.

예판

【판례】 • 체납처분 면탈자 적용 범위

- 지방세 체납에 따른 강제집행을 피하기 위해 가장이혼을 하고 체납자의 재산을 부부일방에게 이전한 경우에는 조세범 처벌대상인 체납처분의 집행을 면탈할 목적으로 거짓 계약

구 분	조 문	처 벌 절 차
		지방법원 판사에게 영장 청구
심문조서의 작성	§117	심문, 수색, 압수 또는 영치시
처분 및 보고	§120	통고처분, 고발, 무혐의 처분
통고처분	§121	범칙에 확증을 갖게 된 경우
고 발	§124	통고처분 후 15일 이내 불이행시

• **범칙행위 처벌절차 흐름**

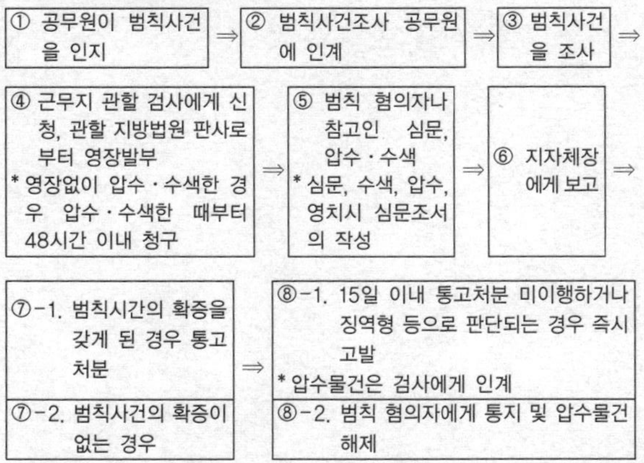

① 공무원이 범칙사건을 인지 ⇒ ② 범칙사건조사 공무원에 인계 ⇒ ③ 범칙사건을 조사 ⇒

④ 근무지 관할 검사에게 신청, 관할 지방법원 판사로부터 영장발부
* 영장없이 압수·수색한 경우 압수·수색한 때부터 48시간 이내 청구
⇒ ⑤ 범칙 혐의자나 참고인 심문, 압수·수색
* 심문, 수색, 압수, 영치시 심문조서의 작성
⇒ ⑥ 지자체장에게 보고 ⇒

⑦-1. 범칙시간의 확증을 갖게 된 경우 통고처분
⇒ ⑧-1. 15일 이내 통고처분 미이행하거나 징역형 등으로 판단되는 경우 즉시 고발
* 압수물건은 검사에게 인계

⑦-2. 범칙사건의 확증이 없는 경우 ⇒ ⑧-2. 범칙 혐의자에게 통지 및 압수물건 해제

을 체결한 행위로 볼 수 있음. (대법 2013도10477, 2013. 10. 24.)

• **조세범처벌법상의 3회 이상의 체납판단**

- 조세범처벌법 제10조에 규정된 '납세의무자가 정당한 사유 없이 1 회계연도에 3회 이상 체납하는 경우'에 있어서 체납회수는 납세고지서 또는 납입통지서 1통을 1회로 보아서 계산하여야 하고, 그 납세고지서 등에 여러 개의 조세가 함께 기재되었다고 하여 각 세목별로 체납회수를 따로 계산하여서는 안된다. (대법 2000도5725. 2001. 2. 13.)

제104조 【장부 등의 소각·파기 등】 지방세를 포탈하기 위한 증거인멸의 목적으로 이 법 또는 지방세관계법에서 갖추어 두도록 하는 장부 또는 증거서류(제144조 제3항에 따른 전산조직을 이용하여 작성한 장부 또는 증거서류를 포함한다)를 해당 지방세의 법정신고기한이 지난 날부터 5년 이내에 소각·파기하거나 숨긴 자는 2년 이하의 징역 또는 2천만원 이하의 벌금에 처한다.

제105조 【성실신고 방해 행위】 ① 납세의무자를 대리하여 세무신고를 하는 자가 지방세의 부과 또는 징수를 면하게 하기 위하여 타인의 지방세에 관하여 거짓으로 신고를 하였을 때에는 2년 이하의 징역 또는 2천만원 이하의 벌금에 처한다.

② 납세의무자로 하여금 과세표준의 신고(신고의 수정을 포함한다. 이하 이 항에서 "신고"라 한다)를 하지 아

니하게 하거나 거짓으로 신고하게 한 자 또는 지방세의 징수나 납부를 하지 않을 것을 선동하거나 교사한 자는 1년 이하의 징역 또는 1천만원 이하의 벌금에 처한다.

제106조【명의대여 행위 등】 ① 지방세의 회피 또는 강제집행의 면탈을 목적으로 타인의 명의로 사업자등록을 하거나 타인의 명의로 등록된 사업자등록을 이용하여 사업을 한 자는 2년 이하의 징역 또는 2천만원 이하의 벌금에 처한다. (2018. 12. 24. 개정)
② 지방세의 회피 또는 강제집행의 면탈을 목적으로 타인이 자신의 명의로 사업자등록을 할 것을 허락하거나 자신의 명의로 등록한 사업자등록을 타인이 이용하여 사업을 하도록 허락한 자는 1년 이하의 징역 또는 1천만원 이하의 벌금에 처한다. (2018. 12. 24. 개정)

제107조【특별징수 불이행범】 ① 특별징수의무자가 정당한 사유 없이 지방세를 징수하지 아니한 경우에는 1천만원 이하의 벌금에 처한다.
② 특별징수의무자가 정당한 사유 없이 징수한 세금을 납부하지 아니한 경우에는 2년 이하의 징역 또는 2천만원 이하의 벌금에 처한다.

제108조【명령사항 위반 등에 대한 과태료 부과】 ① 지방자치단체의 장은 다음 각 호의 어느 하나에 해당하

제67조【과태료의 부과기준】 법 제108조 제1항에 따른 과태료의 부과기준은 별표 1과 같다.

는 자에게는 500만원 이하의 과태료를 부과한다.

1. 「지방세징수법」 제56조 제2항에 따른 자동차 또는 건설기계의 인도 명령을 위반한 자
2. 이 법 또는 지방세관계법의 질문 · 검사권 규정에 따른 세무공무원의 질문에 대하여 거짓으로 진술하거나 그 직무집행을 거부하거나 기피한 자

② 제1항에 따른 과태료는 대통령령으로 정하는 바에 따라 지방자치단체의 장이 부과 · 징수한다.

제109조 【양벌 규정】 법인(제153조에 따라 준용되는 「국세기본법」 제13조에 따른 법인으로 보는 단체를 포함한다. 이하 같다)의 대표자, 법인 또는 개인의 대리인, 사용인, 그 밖의 종업원이 그 법인 또는 개인의 업무에 관하여 이 절에서 규정하는 범칙행위를 하면 그 행위자를 벌할 뿐만 아니라 그 법인 또는 개인에게도 해당 조문의 벌금형을 과(科)한다. 다만, 법인 또는 개인이 그 위반행위를 방지하기 위하여 해당 업무에 관하여 상당한 주의와 감독을 게을리하지 아니한 경우에는 그러하지 아니하다.

제110조 【「형법」 적용의 일부 배제】 제102조 및 제107조에 따른 범칙행위를 한 자에 대해서는 「형법」 제38조 제1항 제2호 중 벌금경합에 관한 제한가중규정을 적용하지 아니한다.

편주

명령사항 위반 등에 대한 과태료 부과 개별기준(별표 1)

위반행위	근거 법조문	과태료 금액		
		1회	2회	3회이상
1. 건설기계 또는 자동차의 인도명령을 위반한 경우	법 제108조 제1항 제1호	2백만원	3백만원	5백만원
2. 세무공무원의 질문에 대하여 거짓으로 진술하는 경우 또는 세무공무원의 직무집행을 거부 또는 기피하는 경우	법 제108조 제1항 제2호	2백만원	3백만원	5백만원

제111조【고 발】 이 절에 따른 범칙행위는 지방자치단체의 장의 고발이 있어야 공소를 제기할 수 있다. (2020. 12. 29. 개정)

제112조【공소시효의 기간】 제102조부터 제107조까지 및 제109조에 따른 범칙행위의 공소시효는 7년으로 한다. 다만, 제109조에 따른 행위자가 「특정범죄 가중처벌 등에 관한 법률」 제8조의 적용을 받는 경우에는 제109조에 따른 법인에 대한 공소시효는 10년이 지나면 완성된다. (2018. 12. 24. 개정)

제3절 범칙행위 처벌절차

제113조【범칙사건조사의 요건】 세무공무원 중 근무지 등을 고려하여 대통령령으로 정하는 바에 따라 지방검찰청 검사장이 지명한 사람(이하 "범칙사건조사공무원"이라 한다)은 다음 각 호의 어느 하나에 해당하는 경우에는 범칙사건조사를 하여야 한다.

1. 범칙사건의 혐의가 있는 자를 처벌하기 위하여 증거수집 등이 필요한 경우
2. 지방세 포탈 혐의가 있는 금액 등의 연간 액수가 대통령령으로 정하는 금액 이상인 경우

제68조【범칙사건조사공무원 및 포탈 혐의 금액 등】 ① 법 제113조에 따른 지방검찰청 검사장이 지명한 사람은 세무공무원 중 지방자치단체의 장의 제청으로 그 근무지를 관할하는 지방검찰청 검사장이 지명한 사람(이하 "범칙사건조사공무원"이라 한다)으로 한다.

② 법 제113조 제2호에서 "대통령령으로 정하는 금액 이상인 경우"란 다음 각 호의 어느 하나에 해당하는 경우

제114조【범칙 혐의자 등에 대한 심문·압수·수색】 범칙사건조사공무원은 범칙사건조사를 위하여 필요한 경우에는 범칙 혐의자나 참고인을 심문하거나 압수·수색할 수 있다. 이 경우 압수 또는 수색을 할 때에는 대통령령으로 정하는 사람을 참여하게 하여야 한다.

제115조【압수·수색영장】 ① 범칙사건조사공무원이 범칙사건조사를 하기 위하여 압수 또는 수색을 할 때에는 근무지 관할 검사에게 신청하여 검사의 청구를 받은 관할 지방법원 판사가 발부한 압수·수색영장이 있

를 말한다.

1. 연간 지방세 포탈 혐의금액(가산세는 제외한다)이 3천만원 이상인 경우
2. 법정신고기한까지 과세표준 신고를 하지 아니한 경우로서 그 과세표준의 연간 합계액이 10억원 이상인 경우(납부세액이 없는 경우는 제외한다)
3. 신고하여야 할 납부세액을 100분의 50 이하로 과소신고한 경우로서 그 과세표준의 연간 합계액이 20억원 이상인 경우

③ 제2항 제1호에 따른 포탈 혐의금액은 법 제102조 제1항에 따른 사기나 그 밖의 부정한 행위로써 지방세를 포탈하거나 지방세를 환급·공제받은 혐의가 있는 금액으로 한다.

제69조【범칙 혐의자 등에 대한 심문·압수·수색】 ① 법 제114조 후단에서 "대통령령으로 정하는 사람"이란 다음 각 호의 어느 하나에 해당하는 사람을 말한다.

1. 범칙 혐의자
2. 범칙행위와 관련된 물건의 소유자 또는 소지자
3. 변호사, 세무사 또는 「세무사법」 제20조의 2 제1항에 따라 등록한 공인회계사로서 범칙 혐의자의 대리인
4. 제1호 또는 제2호에 해당하는 사람의 동거인, 사용인 또는 그 밖의 종업원으로서 사리를 분별할 수 있는 성년인 사람(제1호부터 제3호까지의 규정에 해당하는

어야 한다. 다만, 다음 각 호의 어느 하나에 해당하는 경우에는 범칙 혐의자 및 그 밖에 대통령령으로 정하는 자에게 그 사유를 알리고 영장 없이 압수하거나 수색할 수 있다.

1. 제102조부터 제107조까지의 범칙행위가 진행 중인 경우
2. 범칙혐의자가 도피하거나 증거를 인멸할 우려가 있어 압수·수색영장을 발부받을 시간적 여유가 없는 경우

② 범칙사건조사공무원이 제1항 단서에 따라 영장 없이 압수하거나 수색한 경우에는 압수하거나 수색한 때부터 48시간 이내에 압수·수색영장 청구절차에 따라 관할 지방법원 판사에게 압수·수색영장을 청구하여야 한다.

③ 범칙사건조사공무원은 제2항에 따른 압수·수색영장을 발부받지 못한 경우에는 즉시 압수한 물건을 압수당한 본인에게 반환하여야 한다.

④ 범칙사건조사공무원이 압수한 물건을 운반하거나 보관하기 어려운 경우에는 압수한 물건을 소유자, 소지자 또는 관공서(이하 "소유자등"이라 한다)로 하여금 보관하게 할 수 있다. 이 경우 소유자등으로부터 보관증을 받고 봉인(封印)이나 그 밖의 방법으로 압수한 물건임을 명백히 하여야 한다.

제116조【「형사소송법」의 준용】 압수 또는 수색과 압수·수색영장에 관하여 이 법에서 규정한 것을 제외하고는 「형사소송법」 중 압수 또는 수색과 압수·수색

사람이 참여할 수 없거나 참여를 거부하는 경우만 해당한다)

② 법 제114조에 따른 심문 또는 압수·수색 등에 필요한 서식은 행정안전부령으로 정한다. (2017. 7. 26. 직제개정 ; 행정안전부와~직제 부칙)

③ 법 제115조 제1항 각 호 외의 부분 단서에서 "대통령령으로 정하는 자"란 제1항 제2호부터 제4호까지의 어느 하나에 해당하는 자를 말한다.

제70조【압수물건 등의 매각공고】 지방자치단체의 장은 「형사소송법」 제132조에 따라 압수물건 또는 영치물건을 매각하는 경우에는 물건의 품명, 수량, 매각사유, 매각장소와 그 일시, 그 밖의 필요한 사항을 지방자치단체의 정보통신망 또는 공보에 게시하는 방법으로 공고하여야 한다.

제71조【범칙사건조사공무원의 압수물건 등 매수 금지】 범칙사건조사공무원은 압수물건, 영치물건 또는 몰수물건을 직접 또는 간접으로 매수(買收)할 수 없다.

제43조【압수·수색영장】 법 제114조·제115조·제116조·제117조 및 영 제69조 제2항에 따른 압수·수색·영치(領置)에 필요한 서식은 다음 각 호의 구분에 따른 서식에 따른다.

1. 별지 제82호 서식의 압수·수색영장 신청
2. 별지 제83호 서식의 압수·수색조서
3. 별지 제84호 서식의 압수물건 보관증
4. 별지 제85호 서식의 압수물건 봉인 표지 (2021. 9. 7. 개정 ; 어려운 법령용어~행정안전부령)
5. 별지 제86호 서식의 압수목록
6. 별지 제87호 서식의 장부·서류 등 임시반환 확인서
7. 별지 제88호 서식의 일시보관증
8. 별지 제89호 서식의 일시보관 서류 등의 목록

영장에 관한 규정을 준용한다.

제117조【심문조서의 작성】 범칙사건조사공무원은 범칙사건조사를 하는 과정에서 심문, 수색, 압수 또는 영치(領置)를 하였을 때에는 그 경위(經緯)를 기록하여 참여자 또는 심문을 받은 사람에게 확인하게 한 후 그와 함께 서명날인을 하여야 한다. 참여자 또는 심문을 받은 사람이 서명날인을 하지 아니하거나 할 수 없을 때에는 그 사유를 기록하여야 한다.

제118조【범칙사건의 관할 및 인계】 ① 범칙사건은 지방세의 과세권 또는 지방세징수권(제6조에 따라 위탁한 경우와 「지방세징수법」 제18조에 따라 징수촉탁을 받은 경우는 제외한다)이 있는 지방자치단체에 소속된 범칙사건조사공무원이 담당한다.

② 제1항에도 불구하고 시·도에 소속된 범칙사건조사공무원은 관할구역의 시·군·구에 소속된 범칙사건조사공무원과 공동으로 시·군세 및 구세에 관한 범칙사건을 담당할 수 있다.

③ 제1항 및 제2항에 따라 범칙사건을 관할하는 지방자치단체가 아닌 지방자치단체나 국가기관에 소속된 공무원이 인지한 범칙사건은 그 범칙사건을 관할하는 지방자치단체에 소속된 범칙사건조사공무원에게 지체 없이 인계하여야 한다.

제44조【심문조서 등】 ① 법 제114조·제117조 및 영 제69조 제2항에 따른 심문조서는 별지 제90호 서식의 범칙혐의자 심문조서에 따른다.

② 법 제113조에 따른 범칙사건조사공무원(이하 "범칙사건조사공무원"이라 한다)은 범칙행위를 입증하기 위하여 필요한 경우에는 제1항에 따른 심문조서 외에 범칙 혐의자 또는 참고인으로부터 별지 제91호 서식에 따른 확인서, 별지 제92호 서식에 따른 진술서(서술형) 또는 별지 제93호 서식에 따른 진술서(문답형)를 받을 수 있다.

③ 범칙사건조사공무원이 제2항에 따라 범칙 혐의자 또는 참고인으로부터 확인서 또는 진술서를 받을 때에는 다음 각 호의 사항을 유의하여야 한다.

1. 확인서 또는 진술서는 간인을 하여야 한다.
2. 확인서 또는 진술서에는 범칙행위 입증자료와 그 밖에 과세에

④ 제1항 및 제2항에 따라 범칙사건을 관할하는 지방자치단체가 아닌 지방자치단체나 국가기관에 소속된 공무원이 다른 지방자치단체 관할 범칙사건의 증거를 발견하였을 때에는 그 다른 지방자치단체에 소속된 범칙사건조사공무원에게 지체 없이 인계하여야 한다.

제119조【국가기관 등에 대한 협조 요청】 ① 지방자치단체의 장은 범칙사건조사를 하거나 직무를 집행할 때 필요하면 국가기관 또는 다른 지방자치단체에 협조를 요청할 수 있다.
② 제1항에 따라 협조 요청을 받은 국가기관 및 지방자치단체는 정당한 사유가 없으면 협조하여야 한다.

제120조【범칙처분의 종류 및 보고】 ① 범칙사건에 대한 처분의 종류는 다음 각 호와 같다.
1. 통고처분
2. 고발
3. 무혐의
② 범칙사건조사공무원은 범칙사건조사를 마쳤을 때에는 지방자치단체의 장에게 보고하여야 한다.

제121조【통고처분】 ① 지방자치단체의 장은 범칙사건조사를 하여 범칙의 확증(確證)을 갖게 되었을 때에는 대통령령으로 정하는 바에 따라 그 대상이 되는 자에

제72조【통고처분의 방법 및 벌금상당액 기준 등】 ① 지방자치단체의 장은 법 제121조 제1항에 따라 통고처분을 하는 경우에는 통고서를 작성하여 범칙사건조사

필요한 자료를 첨부하여야 한다.
3. 범칙행위 입증자료나 그 밖에 과세에 필요한 자료가 확보되지 아니하여 범칙 혐의자 또는 참고인의 진술에만 의존하여야 하는 경우에는 별지 제93호 서식의 진술서(문답형)을 받아야 한다.

제45조【양벌규정 적용여부 검토】 범칙사건조사공무원이 법 제120조 제2항에 따라 범칙사건조사 결과를 보고할 때에는 별지 제94호 서식에 따른 양벌규정 적용여부 검토서를 첨부하여야 한다.

제46조【통고처분】 법 제121조 제1항 및 영 제72조 제1항에 따른 통고서는 별지 제95호 서식의 통고

게 그 이유를 구체적으로 밝혀 벌금에 해당하는 금액(이하 "벌금상당액"이라 한다) 또는 몰수 대상이 되는 물품, 추징금, 서류의 송달비용 및 압수물건의 운반·보관비용을 지정한 장소에 납부할 것을 통고하여야 한다. 다만, 몰수 대상이 되는 물품에 대해서는 그 물품을 납부하겠다는 의사표시(이하 "납부신청"이라 한다)를 하도록 통고할 수 있다.

② 제1항 단서에 따른 통고처분을 받은 자가 그 통고에 따라 납부신청을 하고 몰수 대상이 되는 물품을 가지고 있는 경우에는 공매나 그 밖에 필요한 처분을 할 때까지 그 물품을 보관하여야 한다.

③ 제1항에 따른 통고처분을 받은 자가 통고받은 대로 이행하였을 때에는 동일한 사건에 대하여 다시 범칙사건조사를 받거나 처벌받지 아니한다.

④ 벌금상당액의 부과기준은 대통령령으로 정한다.

제122조 【공소시효의 중단】 제121조 제1항에 따른 통고처분이 있으면 공소시효는 중단된다.

제123조 【일사부재리】 범칙자가 통고받은 대로 이행하였을 때에는 동일한 사건에 대하여 소추받지 아니한다.

제124조 【고발의무】 ① 지방자치단체의 장은 제121조 제1항에 따른 통고처분을 받은 자가 통고서를 송

를 마친 날부터 10일 이내에 범칙자 및 법 제109조에 따른 법인 또는 개인에게 각각 통고하여야 한다.

예판

【예규】 통고처분시 벌금상당액 부과기준이 없었던 구 법령 하에서 이루어진 범칙행위라도 현행 「지방세기본법 시행령」 제102조의 6 제2항[별표 3]에 따른 벌금상당액의 부과기준으로 부과함이 타당(지방세특례제도과-2748, 2016. 9. 28.)

② 법 제121조 제4항에 따른 벌금상당액의 부과기준은 별표 2와 같다.

③ 범칙사건조사공무원은 「형사소송법」의 규정에 준용하여 문서를 작성하고 송달하여야 한다.

서에 따른다.

제47조 【고 발】 법 제124조에 따른 고발은 별지 제96호 서식의 고

달받은 날부터 15일 이내에 통고받은 대로 이행하지 아니한 경우에는 고발하여야 한다. 다만, 15일이 지났더라도 고발되기 전에 통고받은 대로 이행하였을 때에는 고발하지 아니한다.

② 지방자치단체의 장은 다음 각 호의 어느 하나에 해당하는 경우에는 통고처분을 거치지 아니하고 대상자를 즉시 고발하여야 한다.

1. 정상에 따라 징역형에 처할 것으로 판단되는 경우
2. 제121조 제1항에 따른 통고대로 이행할 자금이나 납부 능력이 없다고 인정되는 경우
3. 거소가 분명하지 아니하거나 서류를 받기를 거부하여 통고처분을 할 수 없는 경우
4. 도주하거나 증거를 인멸할 우려가 있는 경우

제125조【압수물건의 인계】 ① 지방자치단체의 장은 제124조에 따라 고발한 경우 압수물건이 있을 때에는 압수목록을 첨부하여 검사 또는 사법경찰관에게 인계하여야 한다. (2021. 12. 28. 개정)

② 지방자치단체의 장은 제115조 제4항에 따라 소유자등이 보관하는 것에 대해서는 검사 또는 사법경찰관에게 보관증을 인계하고, 소유자등에게 압수물건을 검사 또는 사법경찰관에게 인계하였다는 사실을 통지하여야 한다. (2021. 12. 28. 개정)

발서에 따른다.

제126조【무험의 통지 및 압수의 해제】 지방자치단체의 장은 범칙사건조사를 하여 범칙의 확증을 갖지 못하였을 때에는 그 뜻을 범칙 혐의자에게 통지하고 물건을 압수하였을 때에는 압수 해제를 명하여야 한다.

제9장 과세자료의 제출 및 관리

제127조【과세자료제출기관의 범위】 과세자료를 제출하여야 하는 기관 등(이하 "과세자료제출기관"이라 한다)은 다음 각 호와 같다.

1. 「국가재정법」 제6조에 따른 독립기관 및 중앙관서(독립기관 및 중앙관서의 업무를 위임받거나 위탁받은 기관을 포함한다)와 그 하급행정기관 및 보조기관
2. 지방자치단체 및 지방자치단체의 업무를 위임받거나 위탁받은 기관과 지방자치단체조합(이하 이 조에서 "지방자치단체등"이라 한다)
3. 「금융위원회의 설치 등에 관한 법률」에 따른 금융감독원과 「금융실명거래 및 비밀보장에 관한 법률」 제2조 제1호 각 목에 규정된 은행, 회사, 조합 및 그 중앙회, 금고 및 그 연합회, 보험회사, 체신관서 등 법인 ·

제9장 과세자료의 제출 및 관리

제48조【무혐의 통지】 법 제126조에 따른 범죄의 확증을 갖지 못하였을 때의 통지는 별지 제97호 서식의 무혐의 통지서에 따른다.

제9장 과세자료의 제출 및 관리

기관 또는 단체
4. 공공기관 및 정부의 출연·보조를 받는 기관이나 단체
5. 「지방공기업법」에 따른 지방직영기업·지방공사·지방공단 및 지방자치단체의 출연·보조를 받는 기관이나 단체
6. 「민법」을 제외한 다른 법률에 따라 설립되거나 국가 또는 지방자치단체등의 지원을 받는 기관이나 단체로서 이들의 업무에 관하여 제1호나 제2호에 따른 기관으로부터 감독 또는 감사·검사를 받는 기관이나 단체, 그 밖에 공익 목적으로 설립된 기관이나 단체 중 대통령령으로 정하는 기관이나 단체

제128조 【과세자료의 범위】 ① 과세자료제출기관이 제출하여야 하는 과세자료는 다음 각 호의 어느 하나에 해당하는 자료로서 지방세의 부과·징수와 납세의 관리에 직접적으로 필요한 자료로 한다.
1. 법률에 따라 인가·허가·특허·등기·등록·신고 등을 하거나 받는 경우 그에 관한 자료
2. 법률에 따라 하는 조사·검사 등의 결과에 관한 자료
3. 법률에 따라 보고받은 영업·판매·생산·공사 등의 실적에 관한 자료
4. 과세자료제출기관이 지급하는 각종 보조금·보험급여·공제금 등의 지급 현황 및 제127조 제6호에 따른 기관이나 단체의 회원·사업자 등의 사업실적에 관한

제73조 【과세자료제출기관의 범위】 법 제127조 제6호에서 "대통령령으로 정하는 기관이나 단체"란 다음 각 호의 기관이나 단체를 말한다.
1. 「건설산업기본법」에 따른 공제조합
2. 「공인노무사법」에 따른 공인노무사회
3. 「관세사법」에 따른 관세사회
4. 「국민건강보험법」에 따른 국민건강보험공단
5. 「국민연금법」에 따른 국민연금공단
6. 「기술사법」에 따른 기술사회
7. 「법무사법」에 따른 대한법무사협회
8. 「변호사법」에 따른 대한변호사협회
9. 「보험업법」에 따른 보험요율 산출기관
10. 「산업재해보상보험법」에 따른 근로복지공단
11. 「세무사법」에 따른 한국세무사회
12. 「여신전문금융업법」에 따른 여신전문금융업협회
13. 「해외건설 촉진법」에 따른 해외건설협회
14. 「환경영향평가법」에 따른 환경영향평가협회

자료
5. 이 법 및 지방세관계법에 따라 체납된 지방세(지방세와 함께 부과하는 국세를 포함한다)의 징수를 위하여 필요한 자료

② 제1항에 따른 과세자료의 구체적인 범위는 과세자료제출기관별로 대통령령으로 정한다.

제129조【과세자료의 제출방법】 ① 과세자료제출기관의 장은 분기별로 분기 만료일이 속하는 달의 다음 달 말일까지 대통령령으로 정하는 절차와 방법에 따라 행정안전부장관 또는 지방자치단체의 장에게 과세자료를 제출하여야 한다. 다만, 과세자료의 발생빈도와 활용시기 등을 고려하여 대통령령으로 그 과세자료의 제출시기를 달리 정할 수 있다. (2017. 7. 26. 직제개정 ; 정부조직법 부칙)

② 과세자료제출기관의 장은 제1항에 따라 과세자료를 제출하는 경우에는 그 기관이 접수하거나 작성한 과세자료의 목록을 함께 제출하여야 한다.

③ 제2항에 따라 과세자료의 목록을 받은 행정안전부장관 또는 지방자치단체의 장은 이를 확인한 후 빠진 것이 있거나 보완이 필요하다고 인정되면 과세자료를 제출한 기관에 대하여 과세자료를 추가하거나 보완하여 제출할 것을 요구할 수 있다. (2017. 7. 26. 직제개정 ; 정부조직법 부칙)

④ 과세자료의 제출서식에 관하여 필요한 사항은 행정안전부령으로 정한다. (2017. 7. 26. 직제개정 ; 정부조직법 부칙)

제74조【과세자료의 범위 및 제출시기 등】 법 제127조에 따른 과세자료제출기관(이하 "과세자료제출기관"이라 한다)이 법 제128조에 따라 제출하여야 하는 과세자료의 구체적인 범위와 법 제129조 제1항에 따라 과세자료를 제출받을 기관 및 그 제출시기는 별표 3과 같다.

제75조【과세자료의 추가·보완】 과세자료제출기관은 법 제129조 제3항에 따라 행정안전부장관 또는 지방자치단체의 장으로부터 과세자료의 추가 또는 보완을 요구받은 경우에는 정당한 사유가 없으면 요구받은 날부터 15일 이내에 요구에 따라야 한다. (2017. 7. 26. 직제개정 ; 행정안전부와~직제 부칙)

제49조【과세자료의 제출서식 등】 ① 법 제129조 제4항 및 영 제74조에 따른 과세자료의 제출서식은 별표 2에 따라 별지 제98호 서식부터 별지 제422호 서식까지 및 제428호 서식부터 제436호 서식까지에 따른다. (2024. 12. 31. 개정)

② 법 제127조에 따른 과세자료제출기관은 행정안전부장관과 협의하여 법 제129조 제1항, 영 제74조 및 별표 3에 따른 과세자료를 이동식 저장매체 또는 정보통신망을 이용하여 제출할 수 있다. (2017. 7. 26. 직제개정 ; 행정안전부와~직제 시행규칙 부칙)

제130조【과세자료의 수집에 관한 협조 요청】 ① 행정안전부장관은 지방세통합정보통신망 운영을 위하여 필요하다고 인정하는 경우에는 제128조에 따른 과세자료 외에 과세자료로 활용할 가치가 있다고 인정되는 자료가 있으면 그 자료를 보유하고 있는 과세자료제출기관의 장에게 그 자료의 수집에 협조해 줄 것을 요청할 수 있다. (2019. 12. 31. 개정)
② 지방자치단체의 장은 제128조에 따른 과세자료 외에 과세자료로 활용할 가치가 있다고 인정되는 자료가 있으면 그 자료를 보유하고 있는 과세자료제출기관의 장에게 그 자료의 수집에 협조해 줄 것을 요청할 수 있다.
③ 제1항 및 제2항에 따른 요청을 받은 해당 과세자료제출기관의 장은 정당한 사유가 없으면 협조하여야 한다.

제131조【과세자료제출기관의 책임】 ① 과세자료제출기관의 장은 소속 공무원이나 임직원이 이 장에 따른 과세자료의 제출의무를 성실하게 이행하는지를 수시로 점검하여야 한다.
② 행정안전부장관 또는 지방자치단체의 장은 과세자료제출기관 또는 그 소속 공무원이나 임직원이 이 장에 따른 과세자료의 제출의무를 성실하게 이행하지 아니하면 그 기관을 감독하거나 감사·검사하는 기관의 장에게 그 사실을 통보하여야 한다. (2017. 7. 26. 직제개정 ; 정부조직법 부칙)

제132조【비밀유지 의무】 ① 행정안전부 및 지방자치단체 소속 공무원은 이 장에 따라 받은 과세자료(제130조에 따라 수집한 자료를 포함한다. 이하 이 조에서 같다)를 타인에게 제공 또는 누설하거나 목적 외의 용도로 사용해서는 아니 된다. 다만, 다음 각 호의 경우에는 제공할 수 있다. (2017. 7. 26. 직제개정 ; 정부조직법 부칙)

1. 제86조 제1항 단서 및 같은 조 제2항에 따라 제공하는 경우
2. 제135조 제2항에 따라 제공하는 경우

② 행정안전부 및 지방자치단체 소속 공무원은 제1항을 위반하는 과세자료의 제공을 요구받으면 거부하여야 한다. (2017. 7. 26. 직제개정 ; 정부조직법 부칙)

③ 제1항 단서에 따라 과세자료를 받은 자는 타인에게 제공 또는 누설하거나 목적 외의 용도로 사용해서는 아니 된다.

제133조【과세자료 비밀유지 의무 위반에 대한 처벌】 제132조 제1항 또는 제3항을 위반하여 과세자료를 타인에게 제공 또는 누설하거나 목적 외의 용도로 사용한 자는 3년 이하의 징역 또는 3천만원 이하의 벌금에 처한다.

제134조【징역과 벌금의 병과】 제133조에 따른 징역과 벌금은 병과할 수 있다.

예판

【예규】 • 특정단체의 업무에 이용하기 위한 지방세 과세자료의 열람 가능 여부

– 세무공무원은 납세자가 지방세법이 정한 납세의무를 이행하기 위하여 제출한 자료나 지방세의 부과 · 징수 목적으로 업무상 취득한 자료 등을 타인에게 제공 · 누설 · 목적 외의 용도로 사용을 금하고 있으므로 ○○○○의 업무에 이용하기 위한 지방세 과세자료의 열람은 곤란. 다만, 본인의 주민등록등본 등 본인의 동의여부를 확인할 수 있는 서류를 제출하는 경우 제3자에 의한 지방세 완납증명서 등 발급은 가능 (세정과 13407 –244, 1999. 12. 2.)

• 특정납세자의 과세정보는 비공개대상정보에 해당된다고 한 사례

– 특정납세자의 과세정보는 헌법상 사생활 비밀 보장의무에 해당되고, 본인이 본인의 정보를 요구한다든가 공공기관이 공공목적으로 요구하는 경우 등을 제외하고는 제3자에게 제공할 수 없는 비밀준수정보 내지는 비공개대상정보이어서 구 지방세법 제69조에 따른 비공개정보에 해당됨. (지방세운영과–1778, 2010. 4. 29.)

• 과세정보의 제공주체인 세무공무원에 행정자치부 공무원이 해당하는지 여부

– 재산세는 시장 · 군수 · 구청장이 부과하는 시군세로서 행정자치부는 재산세의 과세자료를 별도로 보유하고 있지 아니하고, 구 지방세법 제69조는 과세정보의 제공주체를 세무공무원으로 한정하고 있고 구 지방세법 제1조 제1항은 세무공무원을 지방자치단체의 장과 그 위임을 받은 공무원으로 규정하고 있는바 행정자치부는 과세정보의 제공주체인 세무공무원에 해당하지 않음. (세정과–2274, 2006. 6. 7.)

제10장 지방세 업무의 정보화

제135조【지방세 업무의 정보화】 ① 지방자치단체의 장 또는 지방세조합장은 지방세 업무의 효율성과 투명성을 높이기 위하여 지방세통합정보통신망을 이용하여 이 법 또는 지방세관계법에 규정된 업무를 처리하여야 한다. 다만, 제24조 제2항에 따른 장애가 있는 경우에는 그러하지 아니하다. (2020. 12. 29. 개정)

② 행정안전부장관은 지방세 관련 정보의 효율적 관리와 전자신고, 전자납부, 전자송달 등 납세편의를 위하여 지방세통합정보통신망을 설치하고, 다음 각 호의 업무를 처리한다. (2019. 12. 31. 개정)

1. 제129조에 따라 받은 과세자료 및 제130조에 따라 수집한 자료의 제공(지방자치단체의 장에게 제공하는 경우로 한정한다) 및 관리
2. 제86조 제1항 제5호에 따라 제공받은 과세정보의 제공. 다만, 다음 각 목의 어느 하나에 해당하는 경우에만 제공할 수 있다. (2019. 12. 31. 개정)
   가. 국가기관이 조세의 부과 또는 징수의 목적에 사용하기 위하여 요구하는 경우
   나. 통계청장이 국가통계작성 목적으로 요구하는 경우
   다. 「사회보장기본법」 제3조 제2호에 따른 사회보험

제10장 지방세 업무의 정보화

의 운영을 목적으로 설립된 기관이 관련 법률에 따른 소관업무의 수행을 위하여 요구하는 경우

라. 국가기관, 지방자치단체 및 「공공기관의 운영에 관한 법률」에 따른 공공기관이 급부 · 지원 등을 위한 자격심사를 위하여 당사자의 동의를 받아 요구하는 경우

마. 「지방행정제재 · 부과금의 징수 등에 관한 법률」 제20조 제2항 제1호 및 제2호에 따른 업무를 처리하기 위하여 필요하다고 인정하는 경우 (2020. 3. 24. 개정 ; 지방세외~부칙)

바. 다른 법률에 따른 요구가 있는 경우

3. 지방자치단체의 장 또는 지방세조합장이 필요로 하는 지방세 부과 · 징수, 조세의 불복 · 쟁송, 범칙사건조사 · 세무조사 · 질문 · 검사, 체납확인, 체납처분 및 지방세 정책의 수립 · 평가 · 연구에 필요한 정보의 제공 (2020. 12. 29. 개정)
4. 제149조에 따라 지방자치단체로부터 받은 지방세 통계자료 등의 관리
5. 전자신고, 전자납부, 전자송달 등 납세편의를 위한 서비스 제공
6. 그 밖에 납세자의 편의를 위한 서비스 제공

③ 행정안전부장관은 지방세 업무의 효율성 및 투명성을 높이고, 납세자의 편의를 위하여 지방세 업무와 관련된 다른 정보처리시스템과의 연계방안을 마련하여 시행

할 수 있다. (2017. 7. 26. 직제개정 ; 정부조직법 부칙)

④ 행정안전부장관은 지방세통합정보통신망을 통하여 수집한 과세정보를 분석·가공하여 작성한 통계를 지방자치단체 간 공동이용이나 대국민 공개를 위한 자료로 활용할 수 있다. (2019. 12. 31. 신설)

⑤ 행정안전부장관은 제4항에 따른 업무수행을 위하여 필요한 경우에는 지방자치단체의 장 또는 지방세조합장에게 정보를 요구할 수 있으며, 지방자치단체의 장 또는 지방세조합장은 특별한 사정이 없으면 이에 협조하여야 한다. (2020. 12. 29. 개정)

⑥ 제1항부터 제5항까지에서 규정한 사항에 대한 처리 절차·기준·방법 등에 필요한 사항은 행정안전부령으로 정한다. (2019. 12. 31. 개정)

⑦ 행정안전부장관 및 지방자치단체의 장은 지방세통합정보통신망의 운영 등 지방세와 관련된 정보화 사업의 효율적인 추진을 위하여 지방세 관련 정보화 업무를 「전자정부법」 제72조에 따른 한국지역정보개발원에 위탁할 수 있다. (2019. 12. 31. 개정)

제136조【지방세수납정보시스템 운영계획의 수립·시행】 ① 행정안전부장관은 납세자가 모든 지방자치단체의 지방세를 편리하게 조회하고 납부할 수 있도록 하기 위하여 다음 각 호의 사항을 포함하는 지방세수납정보시스템 운영계획을 수립·시행하여야 한다. (2017. 7.

제49조의 2【지방세통합정보통신망 개발·운영 위원회】(2024. 3. 26. 제목개정)

법 제135조 제5항에 따라 지방세 관련 정보화 업무를 위탁하는 경우 지방세통합정보통신망 개발·운영에 관한 사항 등을 심의·의결하기 위하여 「전자정부법」 제72조에 따른 한국지역정보개발원에 지방세통합정보통신망 개발·운영 위원회를 둘 수 있다. (2024. 3. 26. 개정)

26. 직제개정 ; 정부조직법 부칙)
1. 지방세통합정보통신망과 지방세수납대행기관 정보통신망의 연계 (2019. 12. 31. 개정)
2. 지방세 납부의 실시간 처리 및 안전한 관리와 수납통합처리시스템의 운영
3. 지방세 납부의 편의성 제고를 위한 각종 서식의 개선
4. 지방세의 전국적인 조회 · 납부 · 수납처리 절차 및 성능개선과 안전성 제고에 관한 사항
5. 그 밖에 대통령령으로 정하는 지방세수납정보시스템과 관련된 기관의 범위 등 운영계획의 수립 · 시행에 필요한 사항

② 행정안전부장관은 제1항에 따른 지방세수납정보시스템 운영계획을 수립 · 시행할 때에는 납세자의 편의성을 우선적으로 고려하여야 하며, 지방세수납정보시스템의 이용에 지역 간 차별이 없도록 하여야 한다. (2017. 7. 26. 직제개정 ; 정부조직법 부칙)

제137조【지방세입 정보관리 전담기구의 설치 등】

① 지방세입(지방세와 지방세외수입을 말한다. 이하 이 조 및 제151조에서 같다)의 부과 · 징수에 필요한 자료 등의 수집 · 관리 및 제공을 위하여 행정안전부에 지방세입 정보관리 전담기구를 설치할 수 있다. (2020. 12. 29. 개정)

② 제1항에 따른 지방세입 정보관리 전담기구의 조직 및 운영 등에 필요한 사항은 대통령령으로 정한다.

제76조【지방세수납정보시스템 관련 기관의 범위】

법 제136조 제1항 제5호에 따른 지방세수납정보시스템과 관련된 기관은 다음 각 호의 기관으로 한다.

1. 지방자치단체
2. 지방자치단체의 금고
3. 지방세수납대행기관
4. 「지방회계법 시행령」 제62조에 따른 세입금통합수납처리시스템의 약정 당사자 중 같은 조 제3호 또는 제4호에 해당하는 자
5. 「지방세법 시행령」 제52조 제1항에 따라 면허에 대한 등록면허세의 납부 여부를 확인하여야 하는 면허부여기관

제138조【전자송달, 전자납부 등에 대한 우대】 지방세통합정보통신망 또는 연계정보통신망을 통한 전자송달을 신청한 자와 전자납부를 한 자 또는 납부기한보다 앞서 지방세를 납부한 자에 대해서는 지방자치단체가 조례로 정하는 바에 따라 우대할 수 있다. (2019. 12. 31. 개정)

제11장 보 칙

제139조【납세관리인】 ① 국내에 주소 또는 거소를 두지 아니하거나 국외로 주소 또는 거소를 이전하려는 납세자는 지방세에 관한 사항을 처리하기 위하여 납세관리인을 정하여야 한다.

② 제1항에 따른 납세관리인을 정한 납세자는 대통령령으로 정하는 바에 따라 지방자치단체의 장에게 신고하여야 한다. 납세관리인을 변경하거나 해임할 때에도 또한 같다.

③ 지방자치단체의 장은 납세자가 제2항에 따른 신고를 하지 아니하면 납세자의 재산이나 사업의 관리인을 납세관리인으로 지정할 수 있다.

제11장 보 칙

제77조【납세관리인의 지정 및 변경 등 신고】 ① 법 제139조 제2항 전단 또는 같은 조 제4항에 따라 납세관리인 지정의 신고를 하려는 자는 다음 각 호의 사항을 적은 신고서를 지방자치단체의 장에게 제출하여야 한다. (2023. 3. 14. 개정)

1. 납세자의 성명과 주소 또는 영업소
2. 납세관리인의 성명과 주소 또는 영업소
3. 지정의 이유

② 법 제139조 제2항 후단에 따라 납세관리인의 변경 또는 해임의 신고를 하려는 자는 다음 각 호의 사항을 적

제10장 보 칙

제50조【납세관리인의 지정 및 변경신고 등】 ① 법 제139조 제2항 전단, 같은 조 제4항, 제6항 및 영 제77조 제1항에 따른 납세관리인의 지정신고는 별지 제423호 서식의 납세관리인 지정신고서에 따른다.

② 법 제139조 제2항 후단 및 영 제77조 제2항에 따른 납세관리인의

④ 재산세의 납세의무자는 해당 재산을 직접 사용·수익하지 아니하는 경우에는 그 재산의 사용자·수익자를 납세관리인으로 지정하여 신고할 수 있다.

⑤ 지방자치단체의 장은 재산세의 납세의무자가 제4항에 따라 재산의 사용자·수익자를 납세관리인으로 지정하여 신고하지 아니하는 경우에도 그 재산의 사용자·수익자를 납세관리인으로 지정할 수 있다.

⑥ 「지방세법」 제107조 제1항 제3호에 따른 신탁재산의 재산세 납세의무자는 위탁자를 납세관리인으로 지정하여 신고할 수 있다.

⑥ 삭 제 (2020. 12. 29.)

운영예규 법139-2【납세관리인의 권한소멸】

납세관리인은 다음 각 호에 따른 사유가 발생한 때 그 권한이 소멸한다.

1. 납세자의 해임행위(「민법」 제128조)
2. 납세자의 사망
3. 납세관리인의 사망, 피성년후견인 지정 또는 파산 등

법139-3【납세관리인의 권한 소멸후의 효과】

납세관리인의 권한 소멸 후 그 소멸한 사실을 모르고 그 납

은 신고서를 지방자치단체의 장에게 제출하여야 한다.

1. 제1항 제1호와 제2호의 사항
2. 변경 후의 납세관리인의 성명과 주소 또는 영업소(변경신고의 경우에만 해당한다)
3. 변경의 이유(변경신고의 경우에만 해당한다)

제78조【납세관리인의 변경요구 등】 ① 지방자치단체의 장은 법 제139조 제2항 및 제4항에 따라 신고된 납세관리인이 부적당하다고 인정될 때에는 납세자에게 기한을 지정하여 그 변경을 요구할 수 있다.

② 지방자치단체의 장은 제1항에 따른 요구를 받은 납세자가 그 지정기한까지 납세관리인 변경의 신고를 하지 아니하였을 때에는 납세관리인의 지정이 없는 것으로 보고, 법 제139조 제3항 및 제5항에 따라 납세자의 재산이나 사업의 관리인을 납세관리인으로 지정할 수 있다.

③ 지방자치단체의 장은 법 제139조 제3항·제5항 및 이 조 제2항에 따라 납세관리인을 지정하였을 때에는 그 납세자와 납세관리인에게 지체 없이 통지하여야 한다. (2024. 12. 31. 개정)

운영예규 법139-1【납세관리인의 지정】

납세의무자 또는 특별징수의무자가 국내에 주소 또는 거소를 두지 아니하는 경우에는 납세에 관한 사항을 처리하기 위하여 납세관리인을 신고하여야 하나 신고가 없을 경우에

변경신고 또는 해임신고는 별지 제424호 서식의 납세관리인 변경(해임) 신고서에 따른다.

제51조【납세관리인의 지정통지】 법 제139조 제3항, 제5항 및 영 제78조 제3항에 따른 납세관리인의 지정통지는 별지 제425호 서식의 납세관리인 지정통지에 따른다.

세관리인에게 행한 행위 또는 그 납세관리인이 행한 행위는 당해 납세자(납세의무승계자 포함)에게 효력이 있다.

제140조【세무공무원의 질문·검사권】 ① 세무공무원은 지방세의 부과·징수에 관련된 사항을 조사하기 위하여 필요할 때에는 다음 각 호의 자에게 질문하거나 그 자의 장부등을 검사할 수 있다. (2019. 12. 31. 개정)

1. 납세의무자 또는 납세의무가 있다고 인정되는 자
2. 특별징수의무자
3. 제1호 또는 제2호의 자와 금전 또는 물품을 거래한 자 또는 그 거래를 하였다고 인정되는 자
4. 그 밖에 지방세의 부과·징수에 직접 관계가 있다고 인정되는 자

② 제1항의 경우에 세무공무원은 신분을 증명하는 증표를 지니고 관계인에게 보여 주어야 한다.

③ 세무공무원은 조사에 필요한 경우 제1항 각 호의 자로 하여금 보고하게 하거나 그 밖에 필요한 장부등의 제출을 요구할 수 있다. (2019. 12. 31. 개정)

제141조【매각·등기·등록 관계 서류의 열람 등】 세무공무원이 취득세 및 재산세를 부과·징수하기 위하여 토지·건축물 등 과세물건의 매각·등기·등록 및 그 밖의 현황에 대한 관계 서류의 열람 또는 복사를 요청하는 경우 관계 기관은 협조하여야 한다.

는 재산이나 사업의 관리인을 납세관리인으로 지방자치단체의 장이 지정할 수 있다.

예판

【예규】 납세자의 동의가 있는 경우와 「지방세기본법」 제108조(세무조사권 남용금지) 제2항 또는 제110조(세무조사 대상자 선정) 제2항 등 예외적인 경우를 제외하고는 자치단체의 세무공무원이라 하더라도 「지방세기본법」 제110조 내지 제112조에 의한 '세무조사'와 무관한 자료제출 요구 및 현장조사·확인 등의 경우에는 동법 제136조(세무공무원의 질문·검사권)를 적용할 수 없다고 할 것임. (지방세특례제도과-1819, 2016. 7. 28.)

제79조【자격증명서】 법 제140조 제2항에 따른 신분을 증명하는 증표는 세무공무원에 대하여 지방자치단체의 장이 다음 각 호의 사항을 증명한 증표로 한다.

1. 소속
2. 직위, 성명 및 생년월일
3. 질문·검사·수사 또는 지방세 체납자의 재산압류 권한에 관한 사항

운영예규 법140-1【질 문】

「지방세기본법」 제140조의 "질문"은 구두 또는 서면에 의하여 할 수 있으며, 구두에 의한 질문의 내용이 중요한 사항인 때에는 그 전말을 기록하여야 하고, 전말을 기록한 서류에는 답변자의 서명날인을 받아야 하며, 답변자가 서명날인을 거부할 때는 그 뜻을 부기하여야 한다.

제52조【증 표】 법 제140조 제2항 및 영 제79조에 따른 증표는 별지 제426호 서식의 세무공무원증에 따른다.

제142조【지급명세서 자료의 이용】「금융실명거래 및 비밀보장에 관한 법률」 제4조 제4항에도 불구하고 세무공무원은 「지방세법」 제103조의 13 및 제103조의 29에 따라 제출받은 이자소득 또는 배당소득에 대한 지급명세서를 다음 각 호의 용도에 이용할 수 있다.
1. 지방세 탈루의 혐의를 인정할 만한 명백한 자료의 확인
2. 체납자의 재산조회와 체납처분

제143조【교부금전의 예탁】 ① 이 법 또는 지방세관계법과 그 법의 위임에 의하여 제정된 조례에 따라 채권자, 납세자, 그 밖의 자에게 교부할 금전은 「지방회계법」 제38조에 따라 지정된 금고에 예탁할 수 있다.
② 세무공무원은 제1항에 따라 예탁하였을 때에는 채권자, 납세자, 그 밖의 자에게 알려야 한다.

제144조【장부 등의 비치와 보존】 ① 납세자는 이 법 및 지방세관계법에서 규정하는 바에 따라 장부 및 증거서류를 성실하게 작성하여 갖춰 두어야 한다.
② 제1항에 따른 장부 및 증거서류는 법정신고기한이 지난 날부터 5년간 보존하여야 한다.
③ 납세자는 제1항에 따른 장부와 증거서류의 전부 또는 일부를 전산조직을 이용하여 작성할 수 있다. 이 경우 그 처리과정 등을 대통령령으로 정하는 기준에 따라 자기테이프, 디스켓 또는 그 밖의 정보보존 장치에 보존하

예 판

【예규】조세채권 등에 충당한 잔액을 공탁할 수 있는지 여부
• 체납처분의 대상이 된 부동산에 이미 가압류등기가 되어 있더라도 그 가압류채권이 조세채권이나 압류재산에 설정된 근저당권 등의 피담보채무보다 선순위이거나 동순위인 경우를 제외하고는 조세채권 등에 충당한 잔액은 이를 체납자에게 지급할 것이지 가압류채권자를 위하여 공탁하거나 배분할 수는 없다(대법 2000두7971, 2002. 3. 26.)고 사료됨. (세정과-2675, 2006. 6. 28.)

제80조【장부등의 비치와 보존】(2019. 12. 31. 제목개정)
① 법 제144조 제3항 후단에서 "대통령령으로 정하는 기준"이란 다음 각 호의 기준을 말한다.

제53조【교부금전의 예탁 통지】 법 제143조 제2항에 따른 교부금전의 예탁 통지는 별지 제427호 서식의 교부금전 예탁통지서에 따른다.

운영예규 법144…시행령80-1
【전자기록의 보존】
1. 「지방세기본법」 제144조 제3항에

여야 한다.

④ 제1항을 적용하는 경우 「전자문서 및 전자거래 기본법」 제5조 제2항에 따른 전자화문서로 변환하여 같은 법 제31조의 2에 따른 공인전자문서센터에 보관하였을 때에는 제1항에 따라 장부 및 증거서류를 갖춘 것으로 본다. 다만, 계약서 등 위조·변조하기 쉬운 장부 및 증거서류로서 대통령령으로 정하는 것은 그러하지 아니하다.

1. 자료를 저장하거나 저장된 자료를 수정·추가 또는 삭제하는 절차·방법 등이 마련되어 있고 해당 정보보존 장치의 생산과 이용에 관련된 전산조직의 개발과 운영에 관한 기록을 보관할 것
2. 정보보존 장치에 저장된 자료의 내용을 쉽게 확인할 수 있도록 하거나 이를 문서화할 수 있는 장치와 절차가 마련되어 있어야 하며, 필요 시 다른 정보보존 장치에 복제가 가능하도록 되어 있을 것
3. 정보보존 장치가 거래 내용 및 변동사항을 포괄하고 있어야 하며, 과세표준과 세액을 결정할 수 있도록 검색과 이용이 가능한 형태로 보존되어 있을 것

② 제1항에 따른 정보보존 장치에 대한 세부적인 기준 등에 관하여 필요한 사항은 행정안전부장관이 정한다. (2017. 7. 26. 직제개정 ; 행정안전부와~직제 부칙)

③ 법 제144조 제4항 단서에서 "대통령령으로 정하는 것"이란 다음 각 호의 어느 하나에 해당하는 문서를 말한다.

1. 「상법 시행령」 등 다른 법령에 따라 원본을 보존하여야 하는 문서
2. 등기·등록 또는 명의 변경이 필요한 자산의 취득 및 양도와 관련하여 기명날인 또는 서명한 계약서
3. 소송과 관련하여 제출·접수한 서류 및 판결문 사본. 다만, 재발급이 가능한 서류는 제외한다.
4. 인가·허가와 관련하여 제출·접수한 서류 및 인·허가증. 다만, 재발급이 가능한 서류는 제외한다.

따라 장부와 증거서류의 전부 또는 일부를 전산조직을 이용하여 작성하는 경우에는 이와 관계되는 전자기록과 가시(可視)방법이 모두 보존되어야 한다.

2. 전자기록을 작성한 전산조직이 기존 전자기록과 호환될 수 없는 다른 전산조직으로 교체되는 경우에는 기존 전자기록이 새로운 시스템에 맞는 구조로 변환되어 보존되거나 기존 전자기록이 가시(可視)화 될 수 있어야 한다.

법144…시행령80－2【전자기록의 복구】

1. 전자기록 중 일부라도 분실·손상되어 가시(可視)화될 수 없는 경우에는 해당 파일이 지체 없이 복구되거나 재작성 되어야 한다.
2. 분실·손상된 파일이 복구되거나 재작성 되지 못하는 경우의 관련자료 입증책임은 납세자에게 지운다.

법144…시행령80－3【제재 규정】

전자기록 등의 제출요구에 정당한 사유 없이 응하지 아니하는 경우에는 「지방세기본법」 제108조 제1항 제2호를 적용한다.

제145조【서류접수증 교부】 ① 지방자치단체의 장은 과세표준 신고서, 과세표준 수정신고서, 경정청구서 또는 과세표준신고·과세표준수정신고·경정청구와 관련된 서류 및 그 밖에 대통령령으로 정하는 서류를 받으면 접수증을 내주어야 한다. 다만, 우편신고 등 대통령령으로 정하는 경우에는 접수증을 내주지 아니할 수 있다.
② 지방자치단체의 장은 제1항의 신고서 등을 지방세통합정보통신망으로 제출받은 경우에는 접수사실을 전자적 형태로 통보할 수 있다. (2019. 12. 31. 개정)

제146조【포상금의 지급】 ① 지방자치단체의 장 또는 지방세조합장은 다음 각 호의 어느 하나에 해당하는 자에게는 예산의 범위에서 포상금을 지급할 수 있다. 이 경우 포상금은 1억원을 초과할 수 없다. (2020. 12. 29. 개정)
1. 지방세를 탈루한 자의 탈루세액 또는 부당하게 환급·감면받은 세액을 산정하는 데 중요한 자료를 제공한 자
2. 체납자의 은닉재산을 신고한 자
3. 버려지거나 숨은 세원(稅源)을 찾아내어 부과하게 한 자

예판

【예규】「지방세기본법」 제146조 제1항 제3호
- '버려지거나 숨은 세원'의 의미는 과세대상임이 명확하지 않거나 외견상으로는 과세대상임을 알 수 없어 과세관청이 과세하

제81조【서류접수증 교부】 ① 법 제145조 제1항 본문에서 "대통령령으로 정하는 서류"란 다음 각 호의 어느 하나에 해당하는 서류를 말한다.
1. 과세전적부심사청구서, 이의신청서 및 심판청구서 (2020. 12. 31. 개정)
2. 법 또는 지방세관계법에 따라 제출기한이 정해진 서류
3. 그 밖에 지방자치단체의 장이 납세자의 권익보호에 필요하다고 인정하여 지정한 서류

② 법 제145조 제1항 단서에서 "우편신고 등 대통령령으로 정하는 경우"란 과세표준 신고서 등의 서류를 우편이나 팩스로 제출하는 경우를 말한다.

제82조【포상금의 지급】 ① 법 제146조 제1항 제1호에 해당하는 자에게는 탈루세액 또는 부당하게 환급·감면받은 세액(이하 이 조에서 "탈루세액등"이라 한다)에 다음의 지급률을 곱하여 계산한 금액을 포상금으로 지급할 수 있다.

탈루세액등	지급률
3천만원 이상 1억원 이하	100분의 15
1억원 초과 5억원 이하	1,500만원 + 1억원을 초과하는 금액의 100분의 10

지 않았던 소득이나 재산 등을 말하는 것임. (지방세정책과-2379, 2020. 6. 22.)

4. 행정안전부령으로 정하는 체납액 징수에 기여한 자 (2017. 7. 26. 직제개정 ; 정부조직법 부칙)
5. 제1호부터 제4호까지의 규정에 준하는 경우로서 지방자치단체의 장이 지방세 부과 · 징수에 또는 지방세조합장이 지방세 징수에 특별한 공적이 있다고 인정하는 자 (2020. 12. 29. 개정)

② 제1항 제1호 및 제2호의 경우 탈루세액, 부당하게 환급 · 감면받은 세액, 은닉재산의 신고를 통하여 징수된 금액이 대통령령으로 정하는 금액 미만인 경우 또는 공무원이 직무와 관련하여 자료를 제공하거나 은닉재산을 신고한 경우에는 포상금을 지급하지 아니한다.

③ 제1항 제1호에서 "중요한 자료"란 다음 각 호의 구분에 따른 자료 또는 정보를 말한다.

1. 지방세 탈루 또는 부당하게 환급 · 감면받은 내용을 확인할 수 있는 거래처, 거래일 또는 거래기간, 거래품목, 거래수량 및 금액 등 구체적 사실이 기재된 자료 또는 장부(자료 또는 장부 제출 당시에 납세자의 부도 · 폐업 또는 파산 등으로 인하여 과세실익이 없다고 인정되는 것과 세무조사가 진행 중인 것은 제외한다. 이하 이 조에서 "자료등"이라 한다)

탈루세액등	지급률
5억원 초과	5,500만원 + 5억원을 초과하는 금액의 100분의 5

② 법 제146조 제1항 제2호에 해당하는 자에게는 은닉재산의 신고를 통하여 징수된 금액(이하 이 조에서 "징수금액"이라 한다)에 다음의 지급률을 곱하여 계산한 금액을 포상금으로 지급할 수 있다.

징수금액	지급률
1천만원 이상 5천만원 이하	100분의 15
5천만원 초과 1억원 이하	750만원 + 5천만원을 초과하는 금액의 100분의 10
1억원 초과	1,250만원 + 1억원을 초과하는 금액의 100분의 5

③ 법 제146조 제1항 제1호 또는 제2호에 따른 포상금은 현금지급, 이체입금 등의 방법에 따라 지급한다.

④ 법 제146조 제2항에서 "대통령령으로 정하는 금액"이란 탈루세액등의 경우에는 3천만원, 징수금액의 경우는 1천만원을 말한다.

⑤ 법 제146조 제3항 제3호에서 "대통령령으로 정하는 자료등"이란 다음 각 호의 어느 하나에 해당하는 자료 또는 정보(이하 이 조에서 "자료등"이라 한다)를 말한다.

1. 지방세 탈루 또는 부당한 환급 · 감면과 관련된 회계부정 등에 관한 자료등

제54조【체납액 징수에 기여한 자】 ① 법 제146조 제1항 제4호에서 "행정안전부령으로 정하는 체납액 징수에 기여한 자"란 지속적인 납부독려, 체납처분 등 특별한 노력으로 체납액 징수에 기여한 자를 말한다. (2017. 7. 26. 직제개정 ; 행정안전부와~시행규칙 부칙)

② 제1항을 적용할 때 다음 각 호의 어느 하나에 해당하는 경우에는 특별한 노력으로 체납액 징수에 기여한 것으로 보지 아니한다.

1. 단순히 독촉장, 납부최고서, 체납액 고지서를 발송한 후 체납자의 자진 납부에 따라 체납액이 징수되는 경우
2. 과세물건에 대한 압류만으로 해당 과세물건에 대한 체납액이 징수된 경우
3. 해당 지방자치단체 외의 자가 체납자의 재산에 대하여 실시한 공

2. 자료등의 소재를 확인할 수 있는 구체적인 정보
3. 그 밖에 지방세 탈루 또는 부당하게 환급·감면받은 수법, 내용, 규모 등의 정황으로 보아 중요하다고 인정할 만한 자료등으로서 대통령령으로 정하는 자료등

④ 제1항 제2호에서 "은닉재산"이란 체납자가 은닉한 현금, 예금, 주식, 그 밖에 재산적 가치가 있는 유형·무형의 재산을 말한다. 다만, 다음 각 호의 재산은 제외한다.

1. 「지방세징수법」 제39조에 따른 사해행위 취소소송의 대상이 되어 있는 재산
2. 세무공무원이 은닉사실을 알고 조사 또는 체납처분 절차에 착수한 재산
3. 그 밖에 체납자의 은닉재산을 신고받을 필요가 없다고 인정되는 재산으로서 대통령령으로 정하는 재산

⑤ 제1항 제1호 및 제2호에 따른 자료의 제공 또는 신고는 성명과 주소를 분명히 적고 서명하거나 날인한 문서로 하여야 한다. 이 경우 객관적으로 확인되는 증거자료 등을 첨부하여야 한다.

⑥ 제1항 제1호 또는 제2호에 따른 포상금 지급과 관련된 업무를 담당하는 공무원은 자료 제공자 또는 신고자의 신원 등 신고 또는 제보와 관련된 사항을 목적 외의 용도로 사용하거나 타인에게 제공 또는 누설해서는 아니 된다.

⑦ 제1항 제1호 및 제2호에 따른 포상금의 지급기준, 지급방법과 제5항에 따른 신고기간, 자료 제공 및 신고 방법 등에 필요한 사항은 대통령령으로 정한다.

2. 그 밖에 지방세 탈루 또는 부당한 환급·감면의 수법, 내용, 규모 등 정황으로 보아 중요하다고 인정되는 자료등

⑥ 법 제146조 제4항 제3호에서 "대통령령으로 정하는 재산"이란 체납자 본인의 명의로 등기·등록된 국내에 있는 재산을 말한다.

⑦ 제1항부터 제6항까지에서 규정한 사항 외에 포상금의 신고 방법 등에 관하여 필요한 사항은 지방자치단체의 조례나 「지방자치법」 제178조 제1항에 따른 지방자치단체조합회의의 심의·의결을 거쳐 정하는 포상금 관련 규정(規程)으로 정한다. (2021. 12. 31. 개정)

예판

【판례】 포상금 지급요건

- 포상금 지급대상이 되는 '중요한 자료'에는 과세관청이 조세탈루 사실을 비교적 용이하게 확인할 수 있는 구체적인 자료

매 또는 경매 등에 참가하여 받은 배당금으로 체납액이 징수되는 경우

⑧ 제1항 제3호부터 제5호까지에 해당하는 포상금 지급대상, 지급기준, 지급방법 등에 필요한 사항은 지방자치단체의 조례 또는 「지방자치법」 제178조 제1항에 따른 지방자치단체조합회의의 심의·의결을 거쳐 정하는 포상금 관련 규정(規程)으로 정한다. (2023. 3. 14. 개정)
⑨ 지방자치단체의 장 및 지방세조합장은 이 법이나 그 밖의 법령에서 정한 포상금에 관한 규정에 따르지 아니하고는 어떠한 금전이나 물품도 지방세의 납부 등 세수 증대에 기여하였다는 이유로 지급할 수 없다. (2020. 12. 29. 개정)

제147조【지방세심의위원회 등의 설치·운영】(2020. 12. 29. 제목개정)
① 다음 각 호의 사항을 심의하거나 의결하기 위하여 지방자치단체에 지방세심의위원회를 둔다. (2020. 12. 29. 개정)
1. 제82조 제1항에 따른 세무조사대상자 선정에 관한 사항 (2023. 3. 14. 개정)
2. 제88조에 따른 과세전적부심사에 관한 사항 (2023. 3. 14. 개정)
3. 제90조 및 제91조에 따른 이의신청에 관한 사항 (2023. 3. 14. 개정)
4. 「지방세징수법」 제11조 제1항 및 제3항에 따른 체납자의 체납정보 공개에 관한 사항 (2023. 3. 14. 개정)
5. 「지방세징수법」 제11조의 4에 따른 감치에 관한 사항

가 포함되어 있어야만 하고, 제공된 자료가 단지 탈세 가능성의 지적, 추측성 의혹의 제기, 단순한 풍문의 수집 등에 불과한 정도라거나, 제보 후에 과세관청의 통상적인 세무조사나 납세의무자의 자진신고 등에 의하여 비로소 구체적인 조세탈루 사실이 확인되었다면 '중요한 자료'로 볼 수 없음. (대법 2013두18568, 2014. 3. 13.)

제83조【지방세심의위원회의 구성 등】 ① 지방세심의위원회는 다음 각 호의 구분에 따라 구성한다. (2017. 12. 29. 개정)
1. 특별시·광역시·특별자치시·도 또는 특별자치도(이하 "시·도등"이라 한다)에 두는 지방세심의위원회는 위원장 1명과 부위원장 1명을 포함하여 25명 이내의 위원으로 성별을 고려하여 구성한다. 다만, 조례로 정하는 바에 따라 위원의 정수를 10명의 범위에서 더 늘릴 수 있다. (2019. 12. 31. 단서신설)
2. 시·군·구에 두는 지방세심의위원회는 위원장 1명과 부위원장 1명을 포함하여 19명 이내의 위원으로 성별을 고려하여 구성한다. 다만, 조례로 정하는 바에 따라 위원의 정수를 6명의 범위에서 더 늘릴 수 있다. (2019. 12. 31. 단서신설)

(2023. 3. 14. 개정)

6. 「지방세법」 제10조의 2에 따른 시가인정액의 산정 등에 관한 사항 (2023. 3. 14. 개정)
7. 「지방재정법」 제44조의 2에 따라 예산안에 첨부되는 자료로서 대통령령으로 정하는 자료에 관한 사항 (2023. 3. 14. 개정)
8. 지방세관계법에 따라 지방세심의위원회의 심의를 받도록 규정한 사항 (2023. 3. 14. 개정)
9. 그 밖에 지방자치단체의 장이 필요하다고 인정하는 사항 (2023. 3. 14. 개정)

② 제1항 제4호 및 제9호의 사항을 심의하거나 의결하기 위하여 지방세조합에 지방세징수심의위원회를 둔다. 이 경우 제1항 제9호 중 "지방자치단체의 장"은 "지방세조합장"으로 본다. (2023. 3. 14. 개정)

③ 제1항에 따른 지방세심의위원회 및 제2항에 따른 지방세징수심의위원회의 조직과 운영, 그 밖의 중요한 사항은 대통령령으로 정한다. (2020. 12. 29. 개정)

④ 제1항에 따른 지방세심의위원회 및 제2항에 따른 지방세징수심의위원회의 위원 중 공무원이 아닌 사람은 「형법」과 그 밖의 법률에 따른 벌칙을 적용할 때에는 공무원으로 본다. (2020. 12. 29. 개정)

예판

【조심판례】 공동주택가격이 공시되지 않은 경우 그 시가표준액

② 지방세심의위원회의 위원장은 제3항 제2호부터 제4호까지의 규정에 따른 위원(이하 "위촉위원"이라 한다) 중 전체 위원으로부터 호선되는 사람이 되고, 부위원장은 다음 각 호의 구분에 따른 사람이 된다.

1. 시·도 등에 두는 지방세심의위원회의 부위원장은 지방세에 관한 사무를 담당하는 실장·국장 또는 본부장이 된다.
2. 시·군·구에 두는 지방세심의위원회의 부위원장은 지방세에 관한 사무를 담당하는 실장 또는 국장(실장 및 국장 이 없는 시·군·구의 경우에는 과장 또는 담당관을 말한다)이 된다.

③ 지방세심의위원회의 위원은 다음 각 호의 어느 하나에 해당하는 사람 중에서 지방자치단체의 장이 임명하거나 위촉하는 사람이 된다. 이 경우 위촉위원이 전체위원의 과반수가 되어야 한다.

1. 다음 각 목의 구분에 따른 공무원
   가. 시·도등에 두는 지방세심의위원회 위원의 경우에는 지방세에 관한 사무를 담당하는 4급 이상 공무원
   나. 시·군·구에 두는 지방세심의위원회 위원의 경우에는 지방세에 관한 사무를 담당하는 5급 이상 공무원
2. 판사, 검사, 군법무관, 변호사, 공인회계사, 세무사 또는 감정평가사의 직(職)에 3년 이상 종사한 사람
3. 대학에서 법학, 회계학, 세무학 또는 부동산평가학을 교수하는 사람으로서 조교수 이상의 직에 재직하는 사람

의 결정을 위해서는 「지방세기본법」 제147조에 따른 지방세심의위원회의 심의를 거치도록 규정하고 있음에도 처분청은 이 건 재산세 등을 산정·부과하면서 지방세심의위원회의 심의를 거치지 않는 등 법정절차를 누락하였고 이는 치유할 수 없는 절차상의 흠결로 보이는 점 등에 비추어 청구인에게 재산세 등을 부과한 이 건 처분에는 잘못이 있다고 판단됨(조심 2020지2074, 2021. 9. 16.)

4. 그 밖에 지방세에 관하여 전문지식과 경험이 풍부한 사람

④ 위촉위원의 임기는 2년으로 한다.

⑤ 위촉위원이 궐위된 때에는 새로 위촉하되, 새로 위촉된 위원의 임기는 전임자의 남은 임기로 한다.

⑥ 위원장이 부득이한 사유로 직무를 수행할 수 없을 때에는 부위원장이 그 직무를 대행하고, 부위원장이 부득이한 사유로 위원장의 직무를 대행할 수 없을 때에는 위원 중 연장자 순으로 위원장의 직무를 대행한다.

제83조의 2【지방세심의위원회의 심의대상】 법 제147조 제1항 제7호에서 "대통령령으로 정하는 자료"란 「지방재정법 시행령」 제49조의 2 제2호의 2의 세입예산추계분석보고서(지방세에 관한 사항으로 한정한다)를 말한다. (2024. 3. 26. 신설)

제84조【지방세심의위원회의 운영】 ① 지방세심의위원회의 회의는 다음 각 호의 구분에 따라 구성한다. 이 경우 위원장을 포함한 위촉위원이 구성원의 과반수가 되어야 한다.

1. 시·도 등에 두는 지방세심의위원회의 회의는 위원장, 부위원장, 그 밖에 지방자치단체의 장이 회의마다 지정하는 9명의 위원으로 구성한다.
2. 시·군·구에 두는 지방세심의위원회의 회의는 위원

장, 부위원장, 그 밖에 지방자치단체의 장이 회의마다 지정하는 7명의 위원으로 구성한다.

② 지방세심의위원회의 회의는 위원장이 지방자치단체의 장의 요구로 소집하고, 위원장이 그 회의를 주재한다.

③ 위원장은 지방세심의위원회를 대표하며, 지방세심의위원회의 업무를 총괄한다.

④ 지방세심의위원회는 제1항에 따른 구성원 과반수의 출석과 출석위원 과반수의 찬성으로 의결한다.

⑤ 지방세심의위원회는 회의를 운영할 때 필요하다고 인정하면 신청인·청구인 등 이해관계인, 참고인, 전문가, 관계 공무원 또는 납세자보호관을 출석시켜 의견을 듣거나 증명자료의 제출을 요구할 수 있다. (2017. 12. 29. 개정)

⑥ 지방세심의위원회의 사무를 처리하기 위하여 지방세심의위원회에 간사 1명을 두며, 간사는 지방자치단체의 장이 소속 공무원 중에서 지명한다.

제85조【지방세심의위원회 위원의 제척·기피·회피】 ① 지방세심의위원회의 위원이 다음 각 호의 어느 하나에 해당하는 경우에는 그 안건의 심의·의결에서 제척(除斥)된다.

1. 위원이나 그 배우자 또는 그 배우자였던 사람이 해당 안건의 당사자(당사자인 법인·단체 등의 임원 또는 직원인 경우를 포함한다. 이하 이 호 및 제2호에서 같다)가 되거나 그 안건의 당사자와 공동권리자 또는 공

동의무자인 경우

2. 위원이 해당 안건의 당사자와 친족이거나 친족이었던 경우
3. 위원이 해당 안건에 관하여 증언, 진술, 자문, 연구, 용역 또는 감정을 한 경우
4. 위원이나 위원이 속한 법인이 해당 안건 당사자의 대리인으로서 관여하거나 관여하였던 경우
5. 위원(위촉위원만 해당한다)이 안건의 대상이 된 처분 또는 부작위 등에 관여한 경우

② 신청인이나 청구인 등 안건의 당사자는 위원에게 공정한 심의·의결을 기대하기 어려운 사정이 있는 경우에는 지방세심의위원에 기피 신청을 할 수 있으며, 지방세심의위원회는 의결로 이를 결정한다. 이 경우 기피 신청의 대상인 위원은 그 의결에 참여하지 못한다.

③ 지방세심의위원회의 회의에 참석하는 위원은 제1항 각 호의 어느 하나에 해당하거나 심의 또는 의결의 공정성을 기대하기 어려운 사정이 있는 경우 스스로 그 안건의 심의·의결에서 회피(回避)하여야 한다.

제86조【지방세심의위원회 위원의 해임 및 해촉】 지방자치단체의 장은 지방세심의위원회의 위원이 다음 각 호의 어느 하나에 해당하는 경우에는 해당 위원을 해임 또는 해촉(解囑)할 수 있다.

1. 심신장애로 인하여 직무를 수행할 수 없게 된 경우

법	영	규칙
	2. 직무와 관련된 비위사실이 있는 경우 3. 직무태만, 품위손상이나 그 밖의 사유로 인하여 위원으로 적합하지 아니하다고 인정되는 경우 4. 제85조 제1항 각 호의 어느 하나에 해당하는 데에도 불구하고 회피하지 아니한 경우 5. 위원 스스로 직무를 수행하는 것이 곤란하다고 의사를 밝히는 경우 **제86조의 2【지방세심의위원회의 분과위원회】** ① 시·도 등에 두는 지방세심의위원회의 업무를 전문적·효율적으로 수행하기 위해 필요한 경우에는 해당 지방세심의위원회에 분과위원회를 둘 수 있다. (2023. 3. 14. 신설) ② 제1항에 따른 분과위원회의 구성 및 운영 등에 필요한 사항은 해당 지방세심의위원회의 의결을 거쳐 위원장이 정한다. (2023. 3. 14. 신설) **제87조【지방세심의위원회의 운영세칙】** 이 영에서 규정한 사항 외에 지방세심의위원회의 조직 및 운영에 필요한 사항은 지방세심의위원회의 의결을 거쳐 위원장이 정한다.	
제148조【지방세법규해석심사위원회】 (2019. 12. 31. 제목개정) ① 이 법 및 지방세관계법과 지방세 관련 예규 등의 해석	**제88조【지방세법규해석심사위원회의 구성 및 운영】** (2019. 12. 31. 제목개정) ① 법 제148조 제1항에 따른 지방세법규해석심사위원회	

에 관한 사항을 심의하기 위하여 행정안전부에 지방세법규해석심사위원회를 둔다. (2019. 12. 31. 개정)
② 지방세법규해석심사위원회의 위원은 공정한 심의를 기대하기 어려운 사정이 있다고 인정될 때에는 대통령령으로 정하는 바에 따라 지방세법규해석심사위원회 회의에서 제척(除斥)되거나 회피(回避)하여야 한다. (2019. 12. 31. 개정)
③ 제1항에 따른 지방세법규해석심사위원회의 설치·구성 및 운영방법, 해석에 관한 질의회신의 처리 절차 및 방법, 그 밖에 필요한 사항은 대통령령으로 정한다. (2019. 12. 31. 개정)
④ 제1항에 따른 지방세법규해석심사위원회의 위원 중 공무원이 아닌 사람은 「형법」과 그 밖의 법률에 따른 벌칙을 적용할 때에는 공무원으로 본다. (2019. 12. 31. 개정)

제149조【통계의 작성 및 공개】 ① 지방자치단체의 장은 지방세 관련 자료를 분석·가공한 통계를 작성하여 공개하여야 한다.
② 지방자치단체의 장은 지방세 통계자료 및 추계자료 등 지방세 운용 관련 자료를 행정안전부장관에게 제출하여야 한다. (2017. 7. 26. 직제개정 ; 정부조직법 부칙)
③ 행정안전부장관은 제2항에 따라 받은 자료를 토대로 지방세 운용상황을 분석하고 그 결과를 공개하여야 한다. (2017. 7. 26. 직제개정 ; 정부조직법 부칙)

(이하 "지방세법규해석심사위원회"라 한다)는 다음 각 호의 사항 중 위원장이 회의에 부치는 사항을 심의한다. (2019. 12. 31. 개정)
1. 법 및 지방세관계법의 입법 취지에 따른 해석이 필요한 사항
2. 법 및 지방세관계법에 관한 기존의 해석 또는 일반화된 지방세 업무의 관행을 변경하는 사항
3. 지방자치단체 간 운영 등이 달라 조정이 필요하다고 인정하는 사항
4. 그 밖에 법 및 지방세관계법과 지방세 관련 예규 등의 해석에 관한 사항

② 지방세법규해석심사위원회는 위원장을 포함하여 30명 이내의 위원으로 성별을 고려하여 구성한다. (2019. 12. 31. 개정)
③ 위원장은 행정안전부에서 지방세에 관한 사무를 총괄하는 실장이 된다. (2017. 7. 26. 직제개정 ; 행정안전부와~직제 부칙)
④ 지방세법규해석심사위원회의 위원은 다음 각 호의 사람 중에서 행정안전부장관이 임명하거나 위촉하는 사람이 된다. (2019. 12. 31. 개정)
1. 행정안전부 소속 4급 이상 공무원 또는 고위공무원단에 속하는 공무원 (2017. 7. 26. 직제개정 ; 행정안전부와~직제 부칙)
2. 지방자치단체의 4급 이상 공무원 중 해당 지방자치단

제55조【통계자료의 작성 및 공개】 ① 법 제149조에 따른 통계자료는 지방세 부과·징수·체납 및 납세자보호관의 납세자 권리보호 업무와 관련된 내용으로 한다. (2017. 12. 29. 개정)
② 지방자치단체의 장은 제1항에 따른 통계자료를 결산의 승인 후 2개월 이내(납세자보호관의 납세자 권

④ 제1항부터 제3항까지의 규정에 따른 통계자료의 내용과 공개시기 및 방법, 자료제출, 분석 등에 필요한 사항은 행정안전부령으로 정한다. (2017. 7. 26. 직제개정 ; 정부조직법 부칙)

제150조【지방세 운영에 대한 지도 등】 ① 행정안전부장관 또는 시·도지사는 지방세의 부과·징수, 그 밖에 이 법이나 지방세관계법에서 정한 사항의 원활한 운영 및 집행을 위하여 필요한 경우에는 지방자치단체(시·도지사의 경우에는 시·도내에 있는 시·군·구로 한정한다. 이하 이 조에서 같다)에 대하여 지도·조언을 하거나 그 운영·집행에 위법사항이 있는지 점검할 수 있다. (2017. 7. 26. 직제개정 ; 정부조직법 부칙)
② 행정안전부장관 또는 시·도지사는 제1항에 따른 지도·조언 및 점검을 위하여 필요한 경우에는 지방자치단체에 자료의 제출을 요구할 수 있다. (2017. 7. 26. 직제개정 ; 정부조직법 부칙)
③ 행정안전부장관은 지방세 부과·징수 등에 공적이 있다고 인정되는 지방자치단체와 공무원에 대해서는 대통령령으로 정하는 바에 따라 포상할 수 있다. (2024. 12. 31. 신설)

체의 장이 추천하는 사람
3. 법제처의 4급 이상 공무원 또는 고위공무원단에 속하는 공무원 중 법제처장이 추천하는 사람
4. 조세심판원의 4급 이상 공무원 또는 고위공무원단에 속하는 공무원 중 조세심판원장이 추천하는 사람
5. 다음 각 목의 어느 하나에 해당하는 사람
   가. 변호사·공인회계사·세무사의 직에 5년 이상 종사한 사람
   나. 「고등교육법」 제2조 제1호 또는 제3호에 따른 학교에서 법률·회계·조세 등을 가르치는 부교수 이상으로 재직하고 있거나 재직하였던 사람
   다. 그 밖에 지방세에 관하여 전문지식과 경험이 풍부한 사람

⑤ 제4항 제5호의 위원의 임기는 2년으로 하며, 한 차례만 연임할 수 있다. (2019. 12. 31. 개정)
⑥ 위원장은 지방세법규해석심사위원회를 대표하고, 지방세법규해석심사위원회의 업무를 총괄한다. (2019. 12. 31. 개정)
⑦ 위원장이 부득이한 사유로 직무를 수행할 수 없는 경우에는 제4항 각 호의 위원 중 위원장이 미리 지명한 위원이 그 직무를 대행한다. (2019. 12. 31. 개정)
⑧ 위원장은 지방세법규해석심사위원회의 회의를 소집하고, 그 의장이 된다. (2019. 12. 31. 개정)
⑨ 지방세법규해석심사위원회의 회의는 위원장과 위원

리보호 업무의 경우에는 회계연도가 종료된 날부터 2개월 이내)에 지방자치단체의 정보통신망 또는 공보에 게시하거나 그 밖의 방법을 통하여 공개하여야 한다. 이 경우 지방자치단체의 장은 「지방재정법」 제60조 제1항 제1호에 따른 세입·세출예산의 운용상황에 포함하여 공개할 수 있다. (2017. 12. 29. 개정)
③ 제1항 또는 제2항에서 규정한 사항 외에 지방세 통계자료의 작성방법 및 절차 등에 필요한 사항은 행정안전부장관이 정한다. (2017. 7. 26. 직제개정 ; 행정안전부와~시행규칙 부칙)

장이 회의마다 지정하는 8명 이상 14명 이내의 위원으로 구성하되, 제4항 제5호의 위원이 2분의 1 이상 포함되어야 한다. (2020. 3. 31. 개정)

⑩ 지방세법규해석심사위원회의 회의는 제9항에 따른 구성원 과반수의 출석으로 개의하고, 출석위원 과반수의 찬성으로 의결한다. (2019. 12. 31. 개정)

⑪ 지방세법규해석심사위원회의 회의는 공개하지 않는다. 다만, 위원장이 필요하다고 인정하는 경우에는 공개할 수 있다. (2019. 12. 31. 개정)

⑫ 이 영에서 규정한 사항 외에 지방세법규해석심사위원회의 구성 및 운영에 필요한 사항은 지방세법규해석심사위원회의 의결을 거쳐 행정안전부장관이 정한다. (2019. 12. 31. 개정)

제89조【지방세법규해석심사위원회 위원의 제척·회피】(2019. 12. 31. 제목개정)

① 지방세법규해석심사위원회의 위원이 다음 각 호의 어느 하나에 해당하는 경우에는 법 제148조 제2항에 따라 해당 안건에 대한 지방세법규해석심사위원회의 회의에서 제척된다. (2019. 12. 31. 개정)

1. 질의자(지방세에 대한 해석 등에 관하여 질의한 자를 말하며, 지방자치단체의 장이 해석을 요청한 경우에는 해당 지방자치단체의 장에게 질의한 자를 포함한

다. 이하 이 항에서 같다) 또는 질의자의 위임을 받아 질의 업무를 수행하거나 수행하였던 자인 경우
2. 제1호에 규정된 사람의 친족이거나 친족이었던 경우
3. 제1호에 규정된 사람의 사용인이거나 사용인이었던 경우
4. 질의의 대상이 되는 처분이나 처분에 대한 이의신청 또는 심판청구에 관하여 증언 또는 감정을 한 경우 (2020. 12. 31. 개정)
5. 질의일 전 최근 5년 이내에 질의의 대상이 되는 처분, 처분에 대한 이의신청·심판청구 또는 그 기초가 되는 세무조사에 관여했던 경우 (2020. 12. 31. 개정)
6. 제4호 또는 제5호에 해당하는 법인 또는 단체에 속하거나 질의일 전 최근 5년 이내에 속하였던 경우
7. 그 밖에 질의자 또는 질의자의 위임을 받아 질의 업무를 수행하는 자의 업무에 관여하거나 관여하였던 경우

② 지방세법규해석심사위원회의 위원은 제1항 각 호의 어느 하나에 해당하는 경우에는 스스로 해당 안건에 대한 지방세법규해석심사위원회의 회의에서 회피하여야 한다. (2019. 12. 31. 개정)

제90조【지방세법규해석심사위원회 위원의 해임 및 해촉】(2019. 12. 31. 제목개정)
행정안전부장관은 지방세법규해석심사위원회 위원이

다음 각 호의 어느 하나에 해당하는 경우에는 해당 위원을 해임 또는 해촉할 수 있다. (2019. 12. 31. 개정)

1. 심신장애로 인하여 직무를 수행할 수 없게 된 경우
2. 직무와 관련된 비위사실이 있는 경우
3. 직무태만, 품위손상이나 그 밖의 사유로 인하여 위원으로 적합하지 아니하다고 인정되는 경우
4. 제89조 제1항 각 호의 어느 하나에 해당하는 데에도 불구하고 회피하지 아니한 경우
5. 위원 스스로 직무를 수행하는 것이 곤란하다고 의사를 밝히는 경우

제91조【지방세 예규 등 해석에 관한 절차 및 방법】

① 법 및 지방세관계법과 지방세 관련 예규 등(이하 "지방세예규등"이라 한다)의 해석과 관련된 질의는 법 제20조에 따른 해석의 기준 등에 따라 해석하여 회신하여야 한다.

② 지방자치단체의 장이 지방세예규등에 대한 해석을 요청할 때에는 해석과 관련된 의견을 첨부하여야 한다.

③ 시장·군수 또는 구청장이 지방세예규등에 대한 해석을 요청할 때에는 시·도지사를 경유하여야 한다. 이 경우 시·도지사는 해당 해석 요청에 대한 의견을 첨부하여야 한다.

④ 제1항부터 제3항까지에서 규정한 사항 외에 법 제148조 제3항에 따른 해석에 관한 질의회신의 처리 절차 및

제150조의 2【지방세 불복 · 쟁송의 지원】(2023. 12. 29. 제목개정)

① 행정안전부장관은 이 법 또는 지방세관계법에 따른 처분 등에 대한 다음 각 호의 불복 · 쟁송 관련 업무를 체계적으로 관리하고 해당 업무를 수행하는 지방자치단체의 장을 효율적으로 지원하기 위한 방안을 마련하여 시행할 수 있다. (2023. 12. 29. 개정)

1. 제7장에 따른 심판청구 (2023. 12. 29. 개정)
2. 「감사원법」에 따른 심사청구 (2023. 12. 29. 개정)
3. 행정소송 및 「민사소송법」에 따른 소송 (2023. 12. 29. 개정)

② 지방자치단체의 장은 제1항 각 호의 불복 · 쟁송의 청구서 또는 소장 등을 접수하거나 송달받은 경우로서 같은 항 각 호 외의 부분에 따른 지원을 받기 위하여 필요한 경우에는 청구번호 또는 사건번호 등 대통령령으로 정하는 사항을 행정안전부장관에게 제출할 수 있다. (2023. 12. 29. 개정)

방법은 행정안전부장관이 정한다. (2017. 7. 26. 직제개정 ; 행정안전부와~직제 부칙)

제92조【수당 등】 지방세심의위원회, 징수심의위원회 및 지방세법규해석심사위원회의 회의에 출석한 위원 및 관계인 등에게는 예산의 범위에서 수당과 여비를 지급할 수 있다. 다만, 공무원이 그 소관 업무와 직접적으로 관련되는 지방세심의위원회, 징수심의위원회 및 지방세법규해석심사위원회의 회의에 출석하는 경우에는 그렇지 않다. (2021. 12. 31. 개정)

제92조의 2【지방세 운영에 대한 지도 등】 행정안전부장관은 법 제150조 제3항에 따라 지방세 부과 · 징수 등에 공적이 있다고 인정되는 지방자치단체와 공무원에 대해 포상금 지급, 「정부 표창 규정」에 따른 표창 등을 할 수 있다. (2024. 12. 31. 신설)

제92조의 3【지방세 불복 · 쟁송의 지원 등 자료 제출】(2024. 12. 31. 조번개정)

법 제150조의 2 제2항에서 "청구번호 또는 사건번호 등 대통령령으로 정하는 사항"이란 다음 각 호의 사항을 말한다. (2024. 3. 26. 신설)

1. 청구번호 또는 사건번호 (2024. 3. 26. 신설)
2. 사건명 (2024. 3. 26. 신설)

편주

영 92조의 2의 개정규정은 2024. 7. 1.부터 시행함. (영 부칙(2024. 3. 26.) 1조 단서)

편주

법 150조의 2 제2항 및 3항의 개정규정은 2024. 7. 1.부터 시행함. (법 부칙(2023. 12. 29.) 1조 단서)

③ 지방자치단체의 장은 제1항 각 호의 불복·쟁송에 대한 결정 또는 판결 등이 있는 경우로서 같은 항 각 호 외의 부분에 따른 지원을 받기 위하여 필요한 경우에는 그 결과를 행정안전부장관에게 제출할 수 있다. (2023. 12. 29. 개정)

④ 지방자치단체의 장은 이 법 또는 지방세관계법에 따른 처분에 대한 심판청구 또는 행정소송에 대한 지원이 필요한 경우에는 행정안전부장관 또는 시·도지사에게 조세심판 또는 행정소송의 참가를 요청할 수 있다. (2023. 12. 29. 개정)

제151조【지방세연구기관의 설립·운영】 ① 지방세입 제도의 발전에 필요한 연구·조사·교육 및 이와 관계된 지방자치단체 사업을 위한 지원 등을 하기 위하여 지방자치단체가 출연·운영하는 법인으로 지방세연구기관(이하 "지방세연구원"이라 한다)을 설립한다. (2020. 12. 29. 개정)

② 지방세연구원의 이사회는 성별을 고려하여 이사장과 원장을 포함한 12명 이내의 이사로 구성하고, 감사 2명을 둔다. 이 경우 이사는 특별시장·광역시장·특별자

3. 청구일 또는 소 제기일 (2024. 3. 26. 신설)
4. 답변서의 제출기한 (2024. 3. 26. 신설)
5. 사실관계, 처분내용 및 쟁점 등 사건의 개요 (2024. 3. 26. 신설)
6. 관계 법령 (2024. 3. 26. 신설)

제93조【지방세연구원의 공무원 파견 요청】 ① 법 제151조 제1항에 따른 지방세연구기관(이하 "지방세연구원"이라 한다)은 그 설립 목적의 달성과 전문성 향상을 위하여 필요할 때에는 국가기관 및 지방자치단체 소속 공무원의 파견을 요청할 수 있다.

② 제1항에 따라 소속 공무원의 파견을 요청받은 국가기관 및 지방자치단체의 장은 그 소속 공무원 중 지방세에 관하여 전문지식과 경험이 풍부한 자를 지방세연구원에 파견할 수 있다.

치시장·도지사·특별자치도지사 및 시장·군수·구청장이 각각 협의하여 공무원, 교수 등 지방세에 대한 조예가 있는 사람을 각각 같은 수로 추천·선출하되, 이사장은 특별시장·광역시장·특별자치시장·도지사·특별자치도지사가 협의하여 추천한 사람 중에서 이사회의 의결을 거쳐 선출한다.

③ 지방세연구원의 원장 및 감사는 이사회의 의결을 거쳐 이사장이 임명하며, 이사장과 감사는 비상근으로 한다.

④ 지방세연구원은 다음 각 호의 사항을 인터넷 홈페이지에 공시(이하 이 조에서 "경영공시"라 한다)하여야 한다. (2023. 12. 29. 신설)

1. 해당 연도의 경영목표, 예산 및 운영계획 (2023. 12. 29. 신설)
2. 전년도의 결산서 (2023. 12. 29. 신설)
3. 전년도의 임원 및 운영인력 현황 (2023. 12. 29. 신설)
4. 전년도의 인건비 예산 및 집행 현황 (2023. 12. 29. 신설)
5. 경영실적의 평가결과 (2023. 12. 29. 신설)
6. 외부기관의 감사결과, 조치요구사항 및 이행결과 (2023. 12. 29. 신설)
7. 기본재산 및 채무 변동 등 재무 현황 (2023. 12. 29. 신설)
8. 그 밖에 경영에 관한 중요한 사항으로서 대통령령으로 정하는 사항 (2023. 12. 29. 신설)

⑤ 경영공시의 시기 및 주기 등에 관하여 필요한 사항은

제93조의 2【경영공시 사항 및 시기】 ① 법 제151조 제4항 제8호에서 "대통령령으로 정하는 사항"이란 다음 각 호의 사항을 말한다. (2024. 3. 26. 신설)

법	시행령	시행규칙
대통령령으로 정한다. (2023. 12. 29. 신설) ⑥ 지방세연구원의 설립·운영에 관한 사항은 정관으로 정하되, 이 법에서 정하지 아니한 그 밖의 사항에 관하여는 「민법」 제32조와 「공익법인의 설립·운영에 관한 법률」(같은 법 제5조는 제외한다)을 준용한다. (2023. 12. 29. 항번개정) ⑦ 행정안전부장관은 지방세연구원에 지방세입과 관련한 연구·조사 등의 업무를 수행하게 할 수 있다. 이 경우 행정안전부장관은 해당 업무를 수행하는 데 필요한 비용을 지원하기 위하여 지방세 연구원에 출연할 수 있다. (2023. 12. 29. 항번개정)	1. 전년도의 재무상태표, 손익계산서 등 재무제표[주석(註釋)을 포함한다] (2024. 3. 26. 신설) 2. 전년도의 금융회사 등으로부터의 자금 차입 현황 (2024. 3. 26. 신설) 3. 전년도의 채무보증 및 담보 제공 현황 (2024. 3. 26. 신설) ② 법 제151조 제5항에 따른 경영공시의 시기 및 주기는 다음 각 호와 같다. (2024. 3. 26. 신설) 1. 법 제151조 제4항 제1호의 사항: 매 회계연도 개시 후 1개월 이내 (2024. 3. 26. 신설) 2. 법 제151조 제4항 제2호부터 제4호까지 및 제7호·제8호의 사항: 전년도 결산서를 이사회에서 의결한 후 7일 이내 (2024. 3. 26. 신설) 3. 법 제151조 제4항 제5호의 사항: 경영실적 평가결과 통보일부터 1개월 이내 (2024. 3. 26. 신설) 4. 법 제151조 제4항 제6호의 사항: 감사결과 또는 이행결과 통보일부터 1개월 이내 (2024. 3. 26. 신설)	
제151조의 2【지방세 관련 사무의 공동 수행을 위한 지방자치단체조합의 설립】 ① 지방세의 납부, 체납, 징수, 불복 등 지방세 관련 사무 중 복수의 지방자치단체에 걸쳐 있어서 통합적으로 처리하는 것이 효율적이라고 판단되는 대통령령으로 정하는 사무를 지방자치단체가 공동으로 수행하기 위하여 「지방자치법」 제176조 제1항에 따른 지방자치단체조합을 설립한다. (2023. 3.	**제93조의 3【지방자치단체조합의 사무】** (2024. 3. 26. 조번개정) ① 법 제151조의 2 제1항에서 "대통령령으로 정하는 사무"란 다음 각 호의 사무를 말한다. (2021. 12. 31. 신설) 1. 「지방세법」 제71조에 따른 지방소비세의 납입 관리에 관한 사무 (2021. 12. 31. 신설) 2. 「지방세징수법」 제8조·제9조 및 제11조에 따른 출국금	

14. 개정)

② 그 밖에 지방세조합의 설립절차와 운영 등에 관한 사항은 대통령령으로 정한다. (2020. 12. 29. 신설)

지 요청, 체납 또는 정리보류 자료의 제공과 고액·상습체납자의 명단공개에 관한 사무 (2022. 6. 7. 개정)

3. 「지방세징수법」 제103조의 2 제1항 각 호의 업무의 대행에 관한 사무 (2022. 6. 7. 개정)

4. 법 또는 지방세관계법에서 위탁·대행하는 사무 (2021. 12. 31. 신설)

5. 법 또는 지방세관계법에 따른 처분에 대한 심판청구 또는 행정소송의 공동 대응을 위한 지원 사무 (2021. 12. 31. 신설)

6. 그 밖에 지방자치단체가 공동으로 지방세 관련 사무를 수행하기 위하여 법 제151조의 2 제1항에 따른 지방자치단체조합의 규약으로 정하는 사무 (2021. 12. 31. 신설)

제93조의 4【과세자료제출기관협의회의 설치 및 운영】(2024. 3. 26. 조번개정)

① 과세자료 및 과세정보의 제출·관리와 지방세 업무의 정보화 등에 관한 다음 각 호의 사항을 협의하기 위하여 행정안전부에 과세자료제출기관협의회(이하 "협의회"라 한다)를 둔다. (2020. 3. 31. 신설)

1. 법 제86조 제1항 각 호 외의 부분 단서에 따른 과세정보의 제공 (2020. 3. 31. 신설)
2. 법 제128조에 따른 과세자료의 제출 (2020. 3. 31. 신설)
3. 법 제135조 제2항에 따른 지방세정보통신망 및 같은 조 제3항에 따른 다른 정보처리시스템과의 연계 (2020. 3. 31. 신설)

3. 법 제135조 제2항에 따른 지방세통합정보통신망 및 같은 조 제3항에 따른 다른 정보처리시스템과의 연계 (2024. 3. 26. 개정)

4. 그 밖에 제1호부터 제3호까지의 사항과 관련하여 협의가 필요한 사항 (2020. 3. 31. 신설)

② 협의회의 장은 행정안전부의 지방세 관련 업무를 총괄하는 고위공무원단에 속하는 공무원이 되며, 구성원은 다음 각 호의 사람이 된다. (2020. 3. 31. 신설)

1. 법 제127조에 따른 과세자료제출기관 중 행정안전부장관이 정하는 기관의 과장급 직위의 공무원 (2020. 3. 31. 신설)
2. 「지방자치법」 제182조 제1항 제1호 및 제3호에 따른 전국적 협의체의 대표자가 장으로 있는 지방자치단체의 과장급 직위의 공무원 (2021. 12. 16. 개정 ; 지방자치법 시행령 부칙)
3. 「전자정부법」 제72조 제1항에 따른 한국지역정보개발원의 직원으로서 법 제135조 제5항에 따라 위탁업무를 수행하는 사람 (2020. 3. 31. 신설)

③ 제1항 및 제2항에서 규정한 사항 외에 협의회의 구성·운영 등에 필요한 사항은 행정안전부장관이 정한다. (2020. 3. 31. 신설)

제87조의 2【지방자치단체조합에 두는 지방세징수심의위원회의 구성 및 운영】 ① 법 제147조 제2항에 따

라 법 제151조의 2에 따른 지방자치단체조합에 두는 지방세징수심의위원회(이하 "징수심의위원회"라 한다)는 위원장 1명과 부위원장 1명을 포함하여 15명 이내의 위원으로 성별을 고려하여 구성한다. (2021. 12. 31. 신설)

② 징수심의위원회의 위원장은 위촉위원 중 호선하고, 부위원장은 법 제151조의 2에 따른 지방자치단체조합 사무기구의 장으로 한다. (2021. 12. 31. 신설)

③ 징수심의위원회의 위원은 다음 각 호의 사람 중에서 법 제151조의 2에 따른 지방자치단체조합의 장이 임명하거나 위촉하되, 위촉위원이 전체위원의 과반수가 되어야 한다. (2021. 12. 31. 신설)

1. 지방세 체납사무를 담당하는 법 제151조의 2에 따른 지방자치단체조합의 직원 (2021. 12. 31. 신설)
2. 제83조 제3항 제2호부터 제4호까지의 규정 중 어느 하나에 해당하는 사람 (2021. 12. 31. 신설)

④ 징수심의위원회 회의는 위원장, 부위원장과 법 제151조의 2에 따른 지방자치단체조합의 장이 회의마다 지정하는 위원 7명을 포함하여 총 9명으로 구성한다. (2021. 12. 31. 신설)

⑤ 제1항부터 제4항까지에서 규정한 사항 외에 징수심의위원회 위원의 임기, 제척 · 기피 · 회피, 위원의 해임 · 해촉과 징수심의위원회 운영세칙에 관하여는 제84조(제1항은 제외한다)부터 제87조까지의 규정을 준용한다. 이 경우 "지방세심의위원회"는 "징수심의위원회"로,

제152조【지방세발전기금의 설치·운용】 ① 지방자치단체는 지방세에 대한 연구·조사 및 평가 등에 사용되는 경비를 충당하기 위하여 지방세발전기금을 설치·운용하여야 한다. 이 경우 지방자치단체는 매년 전전년도 보통세 세입결산액(특별시의 경우에는 제9조에 따른 특별시분 재산세를 제외하고, 특별시 관할구역의 자치구의 경우에는 제10조에 따라 교부받은 특별시분 재산세를 포함한다)에 대통령령으로 정하는 비율을 적용하여 산출한 금액을 지방세발전기금으로 적립하여야 한다.
② 지방세발전기금의 적립, 용도, 운용 및 관리에 관한 사항은 대통령령으로 정한다.

"지방자치단체의 장"은 "법 제151조의 2에 따른 지방자치단체조합의 장"으로, "소속 공무원"은 "법 제151조의 2에 따른 지방자치단체조합의 직원"으로 본다. (2021. 12. 31. 신설)

제93조의 5【세무공무원 교육훈련】 (2024. 3. 26. 조번개정)
① 행정안전부장관은 세무공무원의 직무역량 강화를 위한 교육과정을 운영해야 한다. (2020. 3. 31. 신설)
② 지방자치단체의 장은 소속 세무공무원이 제1항에 따른 교육과정을 이수할 수 있도록 노력해야 한다. (2020. 3. 31. 신설)

제94조【지방세발전기금의 적립 및 용도 등】 ① 법 제152조 제1항 후단에서 "대통령령으로 정하는 비율"이란 다음 각 호의 비율을 합한 비율을 말한다.
1. 1만분의 1.2 (2020. 9. 8. 개정)
2. 1만분의 0.5의 범위에서 지방자치단체의 조례로 정하는 경우에는 그 비율 (2019. 12. 31. 개정)
② 법 제152조 제1항 후단에 따라 적립된 지방세발전기금은 다음 각 호의 용도로 사용되어야 한다.
1. 지방세연구원에 대한 출연
2. 「지방세특례제한법」 제4조 제3항 후단에 따른 지방세 감면의 필요성, 성과 및 효율성 등에 관한 분석·평가

③ 제1항 및 제2항에 따라 지방세발전기금으로 적립하여 지방세연구원에 출연하여야 하는 금액을 예산에 반영하여 지방세연구원에 출연한 경우에는 그 부분에 대해서만 제1항에 따른 지방세발전기금 적립 의무를 이행한 것으로 본다.

제152조의 2【가족관계등록 전산정보자료의 요청】(2021. 12. 28. 제목개정)

① 행정안전부장관이나 지방자치단체의 장은 다음 각 호의 업무를 처리하기 위하여 필요한 경우에는 법원행정처장에게 「가족관계의 등록 등에 관한 법률」 제11조 제6항에 따른 등록전산정보자료의 제공을 요청할 수 있다. 이 경우 법원행정처장은 특별한 사유가 없으면 이에 협조하여야 한다. (2021. 12. 28. 개정)

1. 제42조에 따른 상속인에 대한 피상속인의 납세의무 승계 (2017. 12. 26. 신설)
2. 제46조에 따른 과점주주에 대한 제2차 납세의무 부여 (2017. 12. 26. 신설)
3. 제60조 제7항에 따른 주된 상속자에 대한 사망자 지방세환급금의 지급 (2017. 12. 26. 신설)
4. 제88조 제6항 및 제98조 제1항 단서에서 준용하는 「행정심판법」에 따른 과세전적부심사 및 이의신청의 신청인·청구인 지위 승계의 신고 또는 허가 (2019. 12. 31. 개정)

3. 지방세의 연구·홍보
4. 지방세 담당 공무원의 교육
5. 그 밖에 지방세 발전 및 세정운영 지원

③ 지방자치단체는 적립된 지방세발전기금 중 제1항 제1호의 비율을 적용하여 적립된 금액을 제2항 제1호의 용도에 우선 사용하여야 한다.

④ 지방자치단체는 제3항에 따른 금액을 해당 연도의 3월 31일까지 지방세연구원에 출연하여야 한다.

⑤ 지방자치단체는 해당 연도에 실제로 출연한 금액이 제3항에 따른 금액과 다를 경우에는 그 차액에 해당하는 금액을 그 다음 연도의 지방세발전기금 예산에 반영하여 정산하여야 한다.

제94조의 2【등록전산정보자료의 제공】 행정안전부장관은 법 제152조의 2 제2항에 따라 「가족관계의 등록 등에 관한 법률」 제11조 제6항에 따른 등록전산정보자료를 지방세정보통신망을 통하여 지방자치단체의 장에게 제공해야 한다. (2021. 12. 31. 신설)

② 행정안전부장관은 제1항에 따라 제공받은 등록전산정보자료를 대통령령으로 정하는 바에 따라 지방자치단체의 장에게 제공할 수 있다. (2021. 12. 28. 신설)

제153조【「국세기본법」 등의 준용】 지방세의 부과·징수에 관하여 이 법 또는 지방세관계법에서 규정한 것을 제외하고는 「국세기본법」과 「국세징수법」을 준용한다.

예판

【판례】 체납자 출국금지 적용 요건

- 재산을 해외로 도피시킬 우려가 있는지 여부 등을 확인하지 아니한 채 단순히 일정 금액 이상의 조세를 체납하였고, 그 체납에 정당한 사유가 없다는 사유만으로 바로 출국금지 처분을 하는 것은 허용되지 않으며, 재산의 해외 도피 가능성 여부는 조세 체납의 경위, 조세 체납자의 연령과 직업, 경제적 활동과 수입 정도 및 재산상태, 그간의 조세 납부 실적 및 조세 징수처분의 집행과정, 종전에 출국했던 이력과 목적·기간·소요 자금의 정도, 가족관계 및 가족의 생활정도·재산상태 등을 두루 고려하여 결정하여야 함. (대법 2013두16647, 2014. 1. 29.)

운영예규 **법153-1【국세기본법 기본통칙 등의 준용】**
지방세의 부과와 징수에 관하여 동 예규에서 규정한 것을 제외하고는 「국세기본법 기본통칙」과 「국세징수법 기본통칙」을 준용한다.

제94조의 2【등록전산정보자료의 제공】 행정안전부장관은 법 제152조의 2 제2항에 따라 「가족관계의 등록 등에 관한 법률」 제11조 제6항에 따른 등록전산정보자료를 지방세통합정보통신망을 통하여 지방자치단체의 장에게 제공해야 한다. (2024. 3. 26. 개정)

제95조【민감정보 및 고유식별정보의 처리】 ① 행정안전부장관, 세무공무원, 법 제6조 제1항에 따라 권한을 위탁 또는 위임받은 중앙행정기관의 장(소속기관을 포함한다), 지방자치단체의 장이나 법 제151조의 2에 따른 지방자치단체조합의 장, 같은 조 제2항에 따라 권한을 재위임받은 소속 공무원(법 제151조의 2에 따른 지방자치단체조합의 경우 지방자치단체에서 파견된 공무원으로 한다) 및 법 제127조에 따른 과세자료제출기관은 법 또는 지방세관계법에 따른 지방세에 관한 사무를 수행하기 위하여 불가피한 경우 「개인정보 보호법」 제23조에 따른 건강에 관한 정보 또는 같은 법 시행령 제18조 제2호에 따른 범죄경력자료에 해당하는 정보(이하 이 조에서 "건강정보등"이라 한다)나 「개인정보 보호법」 제24조 및 같은 법 시행령 제19조에 따른 주민등록번호, 여권번호, 운전면허의 면허번호 또는 외국인등록번호(이하 이 조에서 "주민등록번호등"이라 한다)가 포함된 자료를 처리할 수 있다. (2021. 12. 31. 개정)

② 특별징수의무자는 특별징수 사무를 수행하기 위하여 불가

법	영	규칙
제154조【전환 국립대학법인의 납세의무에 대한 특례】 지방세관계법에서 규정하는 납세의무에도 불구하고 종전에 국립대학 또는 공립대학이었다가 전환된 국립대학법인에 대한 지방세의 납세의무를 적용할 때에는 전환 국립대학법인을 별도의 법인으로 보지 아니하고 국립대학법인으로 전환되기 전의 국립학교 또는 공립학교로 본다. 다만, 전환국립대학법인이 해당 법인의 설립 근거가 되는 법률에 따른 교육·연구 활동에 지장이 없는 범위 외의 수익사업에 사용된 과세대상에 대한 납세의무에 대해서는 그러지 아니하다. (2019. 12. 31. 신설)	피한 경우 주민등록번호등이 포함된 자료를 처리할 수 있다. ③ 조세심판원장은 법 제91조에 따른 지방세 심판청구에 관한 사무를 수행하기 위하여 불가피한 경우 건강정보등 또는 주민등록번호등이 포함된 자료를 처리할 수 있다. ④ 지방세심의위원회는 법 제147조 제1항 각 호의 사항을 처리하기 위하여 불가피한 경우 건강정보등 또는 주민등록번호등이 포함된 자료를 처리할 수 있다. ⑤ 징수심의위원회는 법 제147조 제1항 제3호 및 제6호의 사항을 처리하기 위하여 불가피한 경우 건강정보등 또는 주민등록번호등이 포함된 자료를 처리할 수 있다. (2021. 12. 31. 신설) ⑥ 「전자정부법」 제72조에 따른 한국지역정보개발원은 법 제135조 제7항에 따라 위탁받은 지방세 관련 정보화 업무를 수행하기 위하여 불가피한 경우 건강정보등 또는 주민등록번호등이 포함된 자료를 처리할 수 있다. (2024. 12. 31. 개정)	

부　칙 (2024. 12. 31. 법률 제20629호)

제1조【시행일】 이 법은 2025년 1월 1일부터 시행한다.

제2조【서류의 송달에 관한 적용례】 제28조 제5항의 개정규정은 이 법 시행 이후 송달하는 서류분부터 적용한다.

제3조【특별징수 납부지연가산세에 관한 적용례】 제34조 제1항 제12호 라목, 제35조 제2항 제3호, 제56조 제1항 제2호의 2 및 제71조 제1항 제3호 나목의 개정규정은 이 법 시행 이후 특별징수 납부지연가산세를 부과하는 경우부터 적용한다.

제4조【이의신청 대리인 선임 기준 완화에 관한 적용례】 제93조 제2항의 개정규정은 이 법 시행 당시 진행 중인 이의신청 사건에 대해서도 적용한다.

제5조【지방자치단체 선정 대리인의 신청자격 확대에 관한 적용례】 제93조의 2 제1항의 개정규정은 이 법 시행 이후 지방자치단체 선정 대리인의 선정을 신청하는 경우부터 적용한다.

부　칙 (2023. 12. 29. 법률 제19859호)

제1조【시행일】 이 법은 2024년 1월 1일부터 시행한다. 다만, 제150조의 2 제2항 및 제3항의 개정규정은 2024년 7월 1일부터 시행한다.

제2조【법인의 제2차 납세의무에 관한 적용례】 제47조 제1항 제3호의 개정규정은 이 법 시행 이후 출자자의 납세의무가 성립하는 경우부터 적용한다.

부　칙 (2024. 12. 31. 대통령령 제35175호)

제1조【시행일】 이 영은 2025년 1월 1일부터 시행한다.

제2조【지방세환급가산금 기산일에 관한 적용례】 제43조 제1항 제6호 가목의 개정규정은 이 영 시행 이후 지방세환급금을 결정하거나 경정하는 경우부터 적용한다.

제3조【과세전적부심사에 관한 적용례】 제58조 제7항의 개정규정은 이 영 시행 당시 과세전적부심사기관이 아닌 다른 기관에 과세전적부심사청구서가 접수·제출되어 있는 경우에도 적용한다.

부　칙 (2024. 12. 17. 대통령령 제35081호 ; 녹색건축물 조성 지원법 시행령 부칙)

제1조【시행일】 이 영은 2025년 1월 1일부터 시행한다.

제2조·제3조 생　략

제4조【다른 법령의 개정】 ①·② 생　략

③ 지방세기본법 시행령 일부를 다음과 같이 개정한다.

별표 3 제67호의 과세자료의 구체적인 범위란 중 "건축물에너지 효율등급 인증 및 제로에너지건축물 인증"을 "제로에너지건축물 인증"으로 한다.

부　칙 (2024. 12. 3. 대통령령 제35038호 ; 주민등록법 시행령 부칙)

제1조【시행일】 이 영은 2024년 12월 27일부터 시행한다. (단서 생략)

부　칙 (2024. 12. 31. 행정안전부령 제537호)

이 규칙은 2025년 1월 1일부터 시행한다.

부　칙 (2024. 12. 20. 행정안전부령 제531호 ; 주민등록법 시행규칙 부칙)

제1조【시행일】 규칙은 2024년 12월 27일부터 시행한다.

제2조【다른 법령의 개정】 ①~⑥ 생　략

⑦ 지방세기본법 시행규칙 일부를 다음과 같이 개정한다.

별지 제20호 서식의 부표, 별지 제22호 서식의 부표 및 별지 제23호 서식의 부표의 유의사항란 제1호 중 "주민등록증"을 각각 "주민등록증(모바일 주민등록증을 포함합니다)"으로 한다.

⑧·⑨ 생　략

부　칙 (2024. 3. 26. 행정안전부령 제472호)

제3조【사업양수인의 제2차 납세의무에 관한 적용례】 제48조 제2항의 개정규정은 이 법 시행 전에 사업이 양도·양수된 경우로서 이 법 시행 당시 제2차 납세의무자로서 납부통지를 받지 않은 경우에 대해서도 적용한다.

부 칙 (2023. 5. 4. 법률 제19401호)

제1조【시행일】 이 법은 공포한 날부터 시행한다.

제2조【지방세의 우선 징수에 관한 적용례】 제71조의 개정규정은 이 법 시행 이후 「지방세징수법」 제92조에 따른 매각결정 또는 「민사집행법」 제128조에 따른 매각허가결정을 하는 경우부터 적용한다.

부 칙 (2023. 3. 14. 법률 제19229호)

제1조【시행일】 이 법은 공포한 날부터 시행한다. 다만, 제63조 제2항의 개정규정은 2023년 6월 1일부터 시행하고, 법률 제17768호 지방세기본법 일부개정법률 제56조 제3항의 개정규정은 2025년 1월 1일부터 시행한다.

제2조【부과의 제척기간에 관한 적용례】 제38조 제3항의 개정규정은 이 법 시행 이후 제7장에 따른 이의신청·심판청구, 「감사원법」에 따른 심사청구 또는 행정소송에 대한 결정이나 판결이 확정되어 재산을 사실상 취득한 자가 따로 있다는 사실이 확인되는 경우(이 법 시행 전에 부과의 제척기간이 만료된 경우는 제외한다)부터 적용한다.

제3조【상속으로 인한 납세의무의 승계에 관한 적용례】 제42조 제3항 제3호의 개정규정은 이 법 시행 이후 상속이 개시되는 경우부터 적용한다.

제4조【경정 등의 청구에 관한 적용례 및 특례】 ① 제50조

제2조【다른 법령의 개정】 ①~⑱ 생 략

⑲ 지방세기본법 시행령 일부를 다음과 같이 개정한다.

제39조 제3항 중 "주민등록증"을 "주민등록증(모바일 주민등록증을 포함한다)"으로 한다.

제57조 제2항 본문 중 "주민등록증"을 "주민등록증(모바일 주민등록증을 포함한다)"으로 한다.

⑳~㉓ 생 략

부 칙 (2024. 7. 9. 대통령령 제34683호 ; 계량에 관한 법률 시행령 부칙)

제1조【시행일】 이 영은 2024년 7월 10일부터 시행한다.

제2조【다른 법령의 개정】 ① 지방세기본법 시행령 일부를 다음과 같이 개정한다.

별표 3 제19호의 과세자료의 구체적인 범위란 중 "제16조 및 제44조에 따른 형식승인기관 및 적합성확인기관"을 "제16조에 따른 형식승인기관"으로 한다.

② 생 략

부 칙 (2024. 7. 2. 대통령령 제34657호 ; 벤처기업육성에 관한 특별조치법 시행령 부칙)

제1조【시행일】 이 영은 2024년 7월 10일부터 시행한다. (단서 생략)

제2조【다른 법령의 개정】 ①~㊵ 생 략

이 규칙은 공포한 날부터 시행한다.

부 칙 (2023. 3. 14. 행정안전부령 제382호)

제1조【시행일】 이 규칙은 공포한 날부터 시행한다. 다만, 제22조, 별지 제27호 서식 및 별지 제28호 서식의 개정규정은 2023년 6월 1일부터 시행한다.

제2조【지방세환급금의 양도에 관한 경과조치】 제22조 및 별지 제28호 서식의 개정규정에도 불구하고 부칙 제1조 단서에 따른 시행일 전에 제22조 제1항에 따른 지방세환급금 양도 신청서를 제출한 경우의 지방세환급금의 양도에 관하여는 종전의 규정에 따른다.

부 칙 (2022. 6. 7. 행정안전부령 제335호)

이 규칙은 공포한 날부터 시행한다.

부 칙 (2021. 12. 31. 행정안전부령 제299호)

이 규칙은 2022년 1월 1일부터 시행한다.

**부 칙 (2021. 9. 7. 행정안전부령 제274호 ; 어려운 법령용어 정비를 위한 29개 법령의 일부

제2항 제1호의 개정규정(같은 조 제6항에 따라 준용되는 경우를 포함한다)은 2023년 1월 1일 이후 제7장에 따른 심판청구, 「감사원법」에 따른 심사청구에 대한 결정이 확정되는 경우부터 적용한다.

② 제1항에도 불구하고 2023년 1월 1일부터 이 법 시행 전에 제7장에 따른 심판청구, 「감사원법」에 따른 심사청구에 대한 결정이 확정된 경우에는 이 법 시행일부터 90일 이내에 경정을 청구할 수 있다.

제5조【지방세환급금에 관한 권리의 양도에 관한 적용례】 제63조 제2항의 개정규정은 같은 개정규정 시행 이후 지방세환급금에 관한 권리의 양도 요구를 하는 경우부터 적용한다.

제6조【무조사의 통지 등에 관한 적용례】 제80조의 2, 제83조 제4항 · 제5항, 같은 조 제6항 제2호의 개정규정은 이 법 시행 이후 세무조사를 시작하는 경우부터 적용한다.

제7조【청구대상에 관한 적용례】 제89조 제3항의 개정규정은 2023년 1월 1일 이후 제7장에 따른 이의신청 또는 심판청구를 하는 경우부터 적용한다.

제8조【심판청구에 관한 적용례】 제91조 제2항 제2호의 개정규정은 이 법 시행 전에 이의신청을 제기한 경우로서 이 법 시행 당시 같은 개정규정에 따른 청구기간이 경과하지 아니한 경우에도 적용한다.

부 칙 (2021. 12. 28. 법률 제18654호)

제1조【시행일】 이 법은 2022년 1월 1일부터 시행한다. 다만, 제125조의 개정규정은 공포한 날부터 시행한다.

제2조【경정결정 또는 경정 관련 진행상황 등의 통보에 관한 적용례】 제50조 제5항의 개정규정은 이 법 시행 이후 제50조 제1항 또는 제2항에 따라 과세표준 및 세액의 결정 또는 경

㊶ 지방세기본법 시행령 일부를 다음과 같이 개정한다.

별표 3 제106호의 과세자료의 구체적 범위란 중 "「벤처기업육성에 관한 특별조치법」"을 "「벤처기업육성에 관한 특별법」"으로 한다.

㊷~㊵ 생 략

제3조 생 략

부 칙 (2024. 6. 18. 대통령령 제34573호 ; 재난 및 안전관리 기본법 시행령 부칙)

제1조【시행일】 이 영은 2024년 6월 27일부터 시행한다. 다만, 제26조, 제29조, 제29조의 2부터 제29조의4까지, 제44조, 제68조 제2항 제1호, 제69조, 제73조의 2 제2항 제1호, 제73조의 5 제1항, 제79조의 5부터 제79조의 7까지, 별표 2의 개정규정 및 부칙 제3조는 2024년 7월 17일부터 시행한다.

제2조 생 략

제3조【다른 법령의 개정】 ①~③ 생 략

④ 지방세기본법 시행령 일부를 다음과 같이 개정한다.

제8조의 2 제1항 제2호 중 "「재난 및 안전관리 기본법」 제60조 제2항"을 "「재난 및 안전관리 기본법」 제60조 제3항"으로 한다.

⑤ 생 략

부 칙 (2024. 3. 26. 대통령령 제34351호)

제1조【시행일】 이 영은 공포한 날부터 시행한다. (단

개정에 관한 행정안전부령)

이 규칙은 공포한 날부터 시행한다.

부 칙 (2020. 12. 31. 행정안전부령 제227호)

이 규칙은 2021년 1월 1일부터 시행한다.

부 칙 (2020. 12. 1. 농림축산식품부령 제457호 ; 농림축산식품부 소관 친환경농어업 육성 및 유기식품 등의 관리 · 지원에 관한 법률 시행규칙 부칙)

제1조【시행일】 이 규칙은 공포한 날부터 시행한다.

제2조~제4조 생 략

제5조【다른 법령의 개정】 ①~⑨ 생 략

⑩ 지방세기본법 시행규칙 일부를 다음과 같이 개정한다.

별표 2 제265호의 과세자료명란을 다음과 같이 한다.

「친환경농어업 육성 및 유기식품 등의 관리 · 지원에 관한 법률」 제26조 및 제35조에 따른 유기식품등의 인증기관의 지정 및 무농약농산물 · 무농약원료가공식품 및 무항생제수산물등의 인증기관의 지정, 「축산법」 제42조의

정이 청구되는 경우부터 적용한다.

제3조【지방세환급가산금의 가산에 관한 적용례】 제62조 제1항 및 제3항의 개정규정은 이 법 시행 이후 지방자치단체의 장이 제60조 제1항에 따라 지방세환급금을 결정하는 경우부터 적용한다.

부 칙 (2021. 12. 7. 법률 제18544호 ; 지방세법 부칙)

제1조【시행일】 이 법은 2022년 1월 1일부터 시행한다.

제2조～제4조 생 략

제5조【다른 법률의 개정】 지방세기본법 일부를 다음과 같이 개정한다.

제11조의 2 중 "「지방세법」 제71조 제3항 제3호 가목 및 나목"을 "「지방세법」 제71조 제3항 제3호 및 제4호"로 한다.

부 칙 (2021. 11. 23. 법률 제18521호 ; 세무사법 부칙)

제1조【시행일】 이 법은 공포한 날부터 시행한다. (단서생략)

제2조～제3조 생 략

제4조【다른 법률의 개정】 ①～④ 생 략

⑤ 지방세기본법 일부를 다음과 같이 개정한다.

제93조 제1항 중 "「세무사법」 제20조의 2 제1항에 따라 등록한"을 "「세무사법」에 따른 세무사등록부 또는 공인회계사 세무대리업무등록부에 등록한"으로 한다.

제93조의 2 제1항 각 호 외의 부분 중 "「세무사법」 제20조의 2 제1항에 따라 등록한"을 "「세무사법」에 따른 세무사등록부 또는 공인회계사 세무대리업무등록부에 등록한"으로 한다.

부 칙 (2021. 1. 12. 법률 제17893호 ; 지방자치법 부칙)

서 생략)

제2조【다른 법령의 개정】 지방회계법 시행령 일부를 다음과 같이 개정한다.

제19조 제1항 중 "지방세정보통신망"을 "지방세통합정보통신망"으로 한다.

부 칙 (2023. 12. 29. 대통령령 제34077호)

이 영은 2024년 1월 1일부터 시행한다.

부 칙 (2023. 6. 7. 대통령령 제33517호 ; 수상레저기구의 등록 및 검사에 관한 법률 시행령 부칙)

제1조【시행일】 이 영은 2023년 6월 11일부터 시행한다.

제2조～제4조 생 략

제5조【다른 법령의 개정】 ①～⑤ 생 략

⑥ 지방세기본법 시행령 일부를 다음과 같이 개정한다.

별표 3 제157호의 과세자료의 구체적인 범위란 중 "「수상레저안전법」 제30조에 따른 수상레저기구 등록"을 "「수상레저기구의 등록 및 검사에 관한 법률」 제6조에 따른 동력수상레저기구 등록"으로 한다.

제6조 생 략

부 칙 (2023. 4. 18. 대통령령 제33417호 : 오존층 보호를 위한 특정물질의 제조규제 등에 관한 법률 시행령 부칙)

제1조【시행일】 이 영은 2023년 4월 19일부터 시행한다.

제2조 생 략

제3조【다른 법령의 개정】 ① 지방세기본법 시행령 일부를 다음과 같이 개정한다.

별표 3 제184호 중 "「오존층 보호를 위한 특정물질의 제조

8에 따른 무항생제축산물 의 인증기관의 지정에 관한 자료

별지 제389호 서식 중 "무농약농산물등"을 "무농약농산물 · 무농약원료가공식품 · 무항생제수산물등 및 무항생제축산물"로 한다.

⑪ · ⑫ 생 략

제6조 생 략

부 칙 (2020. 5. 12. 농림축산식품부령 제424호 ; 농업소득의 보전에 관한 법률 시행규칙 부칙)

제1조【시행일】 이 규칙은 공포한 날부터 시행한다.

제2조 생 략

제3조【다른 법령의 개정】 ①～④ 생 략

⑤ 지방세기본법 시행규칙 일부를 다음과 같이 개정한다.

별표 2 제69호의 과세자료명란을 다음과 같이 한다.

「농업 · 농촌 공익기능 증진 직접지불제도 운영에 관한 법률」 제7조 · 제22조에 따른 공익직접지불금 및 「농산물의 생산자를 위한 직접지불제도 시행규정」 제3조에 따른 직접 소득보조금 지급에 관한 자료

제1조【시행일】이 법은 공포 후 1년이 경과한 날부터 시행한다.

제2조～제21조 생 략

제22조【다른 법률의 개정】①～⑤1 생 략

⑤2 지방세기본법 일부를 다음과 같이 개정한다.

제2조 제1항 제27호 중 "「지방자치법」 제159조 제1항"을 "「지방자치법」 제176조 제1항"으로 한다.

제88조 제1항 제1호 단서 중 "「지방자치법」 제169조 및 제171조"를 "「지방자치법」 제188조 및 제190조"로 한다.

⑤3～⑥9 생 략

제23조 생 략

부 칙 (2020. 12. 29. 법률 제17768호)

제1조【시행일】이 법은 2021년 1월 1일부터 시행한다. 다만, 다음 각 호의 개정규정은 각 호의 구분에 따른 날부터 시행한다.

1. 제9조 제2항의 개정규정: 공포한 날
2. 제6조, 제146조 제1항(지방세조합과 관련된 개정사항으로 한정한다)·제8항·제9항, 제147조 제1항(지방세조합과 관련된 개정사항으로 한정한다), 같은 조 제2항부터 제4항까지 및 제151조의 2의 개정규정: 공포 후 1년이 경과한 날
3. 제86조 제1항 제4호(지방세조합과 관련된 개정사항으로 한정한다)·제1항 제9호·제2항, 제135조 제1항·제2항 제3호(지방세조합과 관련된 개정사항으로 한정한다)의 개정규정: 2023년 1월 25일 (2021. 12. 28. 개정)
4. 법률 제16854호 지방세기본법 일부개정법률 제135조 제5항의 개정규정: 2023년 1월 25일 (2021. 12. 28. 신설)
5. 제2조 제1항 제14호·제22호부터 제24호까지·제26호·제33호, 제34조 제1항 제12호, 제35조 제2항, 제39조 제1항부규제 등에 관한 법률」"을 "「오존층 보호 등을 위한 특정물질의 관리에 관한 법률」"로 한다.

② 생 략

부 칙 (2023. 4. 11. 대통령령 제33382호 ; 국가보훈부와 그 소속기관 직제 부칙)

제1조【시행일】이 영은 2023년 6월 5일부터 시행한다.

제2조～제4조 생 략

제5조【다른 법령의 개정】①～㉛ 생 략

㉜ 지방세기본법 시행령 일부를 다음과 같이 개정한다.

별표 3 제46호의 과세자료제출기관란 및 같은 표 제47호의 과세자료제출기관란을 각각 다음과 같이 한다.

국가보훈부

㉜～㉝3 생 략

부 칙 (2023. 4. 5. 대통령령 제33377호 ; 재외동포청 직제 부칙)

제1조【시행일】이 영은 2023년 6월 5일부터 시행한다.

제2조·제3조 생 략

제4조【다른 법령의 개정】①～⑭ 생 략

⑮ 지방세기본법 시행령 일부를 다음과 같이 한다.

별표 3 제281호를 다음과 같이 한다.

281	「해외이주법」 제10조에 따른 해외이주알선업 등록 등에 관한 자료	재외동포청	행정안전부	매년 1월 5일

⑯ 생 략

부 칙 (2023. 3. 14. 대통령령 제33327호)

제1조【시행일】이 영은 공포한 날부터 시행한다. 다만, 제

부 칙 (2019. 12. 31. 행정안전부령 제151호)

이 규칙은 2020년 1월 1일부터 시행한다.

부 칙 (2018. 12. 31. 행정안전부령 제92호)

이 규칙은 2019년 1월 1일부터 시행한다.

부 칙 (2017. 12. 29. 행정안전부령 제26호)

이 규칙은 2018년 1월 1일부터 시행한다.

부 칙 (2017. 7. 26. 행정안전부령 제1호 ; 행정안전부와 그 소속기관 직제 시행규칙 부칙)

제1조【시행일】이 규칙은 공포한 날부터 시행한다.

제2조～제7조 생 략

제8조【다른 법령의 개정】①～㉔ 생 략

㉕ 지방세기본법 시행규칙 일부를 다음과 같이 개정한다.

제2조, 제21조 전단 및 제54조 제1항 중 "행정자치부령"을 각각 "행정안전부령"으로 한다.

제3조 제2항, 같은 조 제3항 각 호 외

터 제4항까지, 제55조 제1항 · 제2항 · 제4항 · 제5항, 제56조, 제71조 제1항 · 제2항의 개정규정: 2024년 1월 1일 (2021. 12. 28. 신설)

제2조【지방세징수권의 소멸시효에 관한 적용례】 제39조 제1항, 제3항 및 제4항의 개정규정은 부칙 제1조 제5호에 따른 시행일 이후 납세의무가 성립하는 분부터 적용한다. (2021. 12. 28. 개정)

제3조【상속으로 인한 납세의무의 승계에 관한 적용례】 제42조 제2항 및 제3항의 개정규정은 이 법 시행 이후 상속이 개시되는 분부터 적용한다.

제4조【명의신탁된 종중 재산의 물적 납세의무에 관한 적용례】 제75조 제3항의 개정규정은 이 법 시행 이후 납세의무가 성립하는 분부터 적용한다.

제5조【세무조사 등의 결과 통지에 관한 적용례】 제85조 제1항 각 호 외의 부분 본문, 같은 조 제2항 및 제3항의 개정규정은 이 법 시행 이후 범칙사건조사 또는 세무조사를 개시하는 경우부터 적용한다.

제6조【납부지연가산세 및 특별징수 납부지연가산세에 관한 경과조치】 부칙 제1조 제5호에 따른 시행일 전에 납세의무가 성립된 분에 대해서는 제2조 제1항 제14호 · 제22호부터 제24호까지 · 제26호 · 제33호, 제55조 제1항 · 제2항 · 제4항 · 제5항, 제56조 및 제71조 제1항 제3호부터 제5호까지 및 같은 조 제2항 단서의 개정규정에도 불구하고 종전의 규정에 따른다. 부칙 제1조 제5호에 따른 시행일 전에 제45조부터 제48조까지의 규정에 따른 주된 납세자의 납세의무가 성립한 경우의 제2차 납세의무자에 대해서도 또한 같다. (2021. 12. 28. 개정)

제7조【가산세 납세의무 성립시기에 관한 경과조치】 부칙 제1조 제5호에 따른 시행일 전에 종전의 제34조 제1항 제12호 44조의 개정규정은 2023년 6월 1일부터 시행한다.

제2조【전자송달 신청의 철회 간주의 예외에 관한 적용례】 제14조 제4항 제2호 단서의 개정규정은 이 영 시행 전에 서류가 전자송달된 경우로서 이 영 시행 당시 제14조 제4항 제2호 본문의 사유에 해당하지 않는 경우에 대해서도 적용한다.

제3조【제2차 납세의무를 지는 특수관계인의 범위에 관한 적용례】 제24조 제1항 및 제2항의 개정규정은 2023년 1월 1일 이후 지방자치단체의 징수금의 과세기준일 또는 납세의무성립일(이에 관한 규정이 없는 세목의 경우에는 납기개시일)이 도래하는 경우부터 적용한다.

제4조【상대방과 짜고 한 거짓계약으로 추정되는 계약의 특수관계인의 범위에 관한 적용례】 제51조의 개정규정은 2023년 1월 1일 이후 「주택임대차보호법」 또는 「상가건물 임대차보호법」에 따른 임대차계약, 전세권 · 질권 또는 저당권의 설정계약, 가등기 설정계약 또는 양도담보설정계약을 하는 경우부터 적용한다.

제5조【지방세환급금의 양도에 관한 경과조치】 제44조 제2항 및 제3항의 개정규정에도 불구하고 부칙 제1조 단서에 따른 시행일 전에 제44조 제1항에 따라 지방세환급금 양도 신청서를 제출한 경우의 지방세환급금의 양도에 관하여는 종전의 규정에 따른다.

부 칙 (2022. 11. 29. 대통령령 제33004호 ; 화재예방, 소방시설 설치 · 유지 및 안전관리에 관한 법률 시행령 부칙)

제1조【시행일】 이 영은 2022년 12월 1일부터 시행한다. (단서 생략)

제2조~제15조 생 략

제16조【다른 법령의 개정】 ①~㉙ 생 략

㉚ 지방세기본법 시행령 일부를 다음과 같이 개정한다.

의 부분, 제49조 제2항 및 제55조 제3항 중 "행정자치부장관"을 각각 "행정안전부장관"으로 한다.

별표 1 제3호의 기준란, 같은 표 제4호의 기준란, 별표 2 제262호의 과세자료명란 및 같은 표 제263호의 과세자료명란 중 "행정자치부장관"을 각각 "행정안전부장관"으로 한다.

별지 제1호 서식 작성방법란 제4호 바목 중 "행정자치부장관"을 "행정안전부장관"으로 한다.

㉖~㊿ 생 략

부 칙 (2017. 3. 28. 행정자치부령 제114호)

이 규칙은 공포한 날부터 시행한다.

부 칙 (2016. 6. 1. 행정자치부령 제72호)

제1조【시행일】 이 규칙은 공포한 날부터 시행한다.

제2조【지방세환급금의 직권지급에 관한 적용례】 제33조의 2의 개정규정은 이 규칙 시행 후 지방세환급금이 발생한 분부터 적용한다.

부 칙 (2015. 12. 31. 행정자치부령 제56호)

에 따라 납세의무가 성립한 가산세에 대해서는 같은 개정규정에도 불구하고 종전의 규정에 따른다. (2021. 12. 28. 개정)

제8조【지방세 납세의무의 확정에 관한 경과조치】 부칙 제1조 제5호에 따른 시행일 전에 제35조 제1항에 따라 세액이 확정된 가산세에 대해서는 같은 조 제2항 제2호 및 제3호의 개정규정에도 불구하고 종전의 규정에 따른다. (2021. 12. 31. 개정)

제9조【연대납세의무의 한도에 관한 경과조치】 이 법 시행 전에 법인이 분할되거나 분할합병된 경우의 연대납세의무 한도에 대해서는 제44조 제2항 및 제3항의 개정규정에도 불구하고 종전의 규정에 따른다.

제10조【과세전적부심사 청구에 관한 경과조치】 ① 이 법 시행 전에 종전의 제88조 제2항 제3호에 따른 통지를 받은 경우에는 같은 개정규정에도 불구하고 종전의 규정에 따른다.
② 이 법 시행 전에 종전의 제88조 제2항 각 호에 따른 통지를 받은 경우에는 같은 조 제3항 제1호의 개정규정에도 불구하고 종전의 규정에 따른다.

부 칙 (2020. 12. 22. 법률 제17651호 ; 국제조세조정에 관한 법률 부칙)

제1조【시행일】 이 법은 2021년 1월 1일부터 시행한다. (단서 생략)

제2조~제30조 생 략

제31조【다른 법률의 개정】 ①~③ 생 략
④ 지방세기본법 일부를 다음과 같이 개정한다.

제38조 제1항 각 호 외의 부분 단서 중 "「국제조세조정에 관한 법률」 제25조"를 "「국제조세조정에 관한 법률」 제51조"로 한다.

⑤~⑦ 생 략

별표 3 제289호 중 "「화재예방, 소방시설 설치 · 유지 및 안전관리에 관한 법률」"을 "「소방시설 설치 및 관리에 관한 법률」"로 하고, 같은 표 제301호 중 "「화재예방, 소방시설 설치 · 유지 및 안전관리에 관한 법률 시행령」 별표 2"를 "「소방시설 설치 및 관리에 관한 법률 시행령」 별표 2"로 한다.

㉛~㊴ 생 략

제17조 생 략

부 칙 (2022. 6. 28. 대통령령 제32733호 ; 중소기업창업 지원법 시행령 부칙)

제1조【시행일】 이 영은 2022년 6월 29일부터 시행한다.

제2조 생 략

제3조【다른 법령의 개정】 ①~㉔ 생 략
㉕ 지방세기본법 시행령 일부를 다음과 같이 개정한다.

별표 3 제247호의 과세자료의 구체적인 범위란을 다음과 같이 한다.

「중소기업창업 지원법」 제45조에 따른 공장 설립계획의 승인에 관한 자료

㉖~㉚ 생 략

제4조 생 략

부 칙 (2022. 6. 7. 대통령령 제32665호)

제1조【시행일】 이 영은 공포한 날부터 시행한다.

제2조【납부지연가산세액의 이자율에 관한 경과조치】 이 영 시행 전에 납세의무가 성립한 납부지연가산세를 이 영 시행 이후 납부하는 경우 이 영 시행일 전의 기간분에 대한 납부지연가산세의 계산에 적용되는 이자율은 제34조의 개정규정에도 불구하고 종전의 규정에 따르고, 이 영 시행 이후의 기간

이 규칙은 2016년 1월 1일부터 시행한다.

부 칙 (2015. 5. 18. 행정자치부령 제25호)

제1조【시행일】 이 규칙은 공포한 날부터 시행한다.

제2조【「선박의 입항 및 출항 등에 관한 법률」의 시행에 관한 경과조치】 별표 2 제201호의 개정규정 중 "「선박의 입항 및 출항 등에 관한 법률」 제24조"는 2015년 8월 3일까지는 "「항만법」 제32조"로 본다.

부 칙 (2014. 11. 19. 행정자치부령 제1호 ; 행정자치부와 그 소속기관 직제 시행규칙 부칙)

제1조【시행일】 이 규칙은 공포한 날부터 시행한다. 다만, 부칙 제6조에 따라 개정되는 시행규칙 중 이 규칙 시행 전에 공포되었으나 시행일이 도래하지 아니한 시행규칙을 개정한 부분은 각각 해당 시행규칙의 시행일부터 시행한다.

제2조~제5조 생 략

제6조【다른 법령의 개정】 ①~㉔ 생 략
㉕ 지방세기본법 시행규칙 일부를 다음과 같이 개정한다.

제32조 생 략

부 칙 (2020. 3. 24. 법률 제17091호 ; 지방세외수입금의 징수 등에 관한 법률 부칙)

제1조【시행일】 이 법은 공포한 날부터 시행한다. (단서 생략)

제2조～제3조 생 략

제4조【다른 법률의 개정】 ①～⑱ 생 략

⑲ 지방세기본법 일부를 다음과 같이 개정한다.

제135조 제2항 제2호 마목 중 "「지방세외수입금의 징수 등에 관한 법률」"을 "「지방행정제재 · 부과금의 징수 등에 관한 법률」"로 한다.

⑳～⑫ 생 략

제5조 생 략

부 칙 (2019. 12. 31. 법률 제16854호)

제1조【시행일】 이 법은 2020년 1월 1일부터 시행한다. 다만, 다음 각 호의 개정규정은 각 호의 구분에 따른 날부터 시행한다.

1. 제2조 제1항 제28호, 제29호부터 제31호까지, 제24조 제2항, 제25조 제2항, 제28조 제1항 단서, 제30조 제8항, 제32조 단서, 제33조 제2항, 제86조 제2항 각 호 외의 부분, 같은 조 제4항 단서, 제130조 제1항, 제135조, 제136조 제1항 제1호, 제138조 및 제145조 제2항의 개정규정: 2023년 1월 25일 (2021. 12. 28. 개정)
2. 제13조 제1항 후단, 제34조 제1항 제10호 사목, 제38조 제2항 제1호, 제50조 제3항 단서, 제71조 제5항, 제7장의 제목, 제89조 제2항 제1호(심사청구 제도 폐지와 관련된 개정사항으로 한정한다), 제90조, 제91조의 제목, 같은 조 제1항부터 제3항까지, 제92조, 제93조 제1항 · 제2항, 제94조 제1항 · 제

분에 대한 납부지연가산세의 계산에 적용되는 이자율은 제34조의 개정규정에 따른다.

부 칙 (2022. 2. 18. 대통령령 제32455호 ; 지역 산업위기 대응 및 지역경제 회복을 위한 특별법 시행령 부칙)

제1조【시행일】 이 영은 2022년 2월 18일부터 시행한다.

제2조【다른 법령의 개정】 ①～⑤ 생 략

⑥ 지방세기본법 시행령 일부를 다음과 같이 개정한다.

제8조의 2 제1항 제1호 다목 중 "「국가균형발전 특별법」 제17조 제2항"을 "「지역 산업위기 대응 및 지역경제 회복을 위한 특별법」 제10조 제1항"으로 한다.

⑦ 생 략

부 칙 (2022. 2. 17. 대통령령 제32447호 ; 근로자직업능력 개발법 시행령 부칙)

제1조【시행일】 이 영은 2022년 2월 18일부터 시행한다.

제2조【다른 법령의 개정】 ①～⑥⓪ 생 략

⑥① 지방세기본법 시행령 일부를 다음과 같이 개정한다.

별표 3 제58호의 과세자료의 구체적인 범위란 중 "「근로자직업능력 개발법」"을 "「국민 평생 직업능력 개발법」"으로 한다.

⑥②～⑦② 생 략

제3조 생 략

부 칙 (2021. 12. 31. 대통령령 제32294호)

제1조【시행일】 이 영은 2022년 1월 1일부터 시행한다. 다만, 다음 각 호의 개정규정은 해당 호에서 정한 날부터 시행한다.

1. 제3조, 제82조 제7항, 제87조의 2, 제92조, 제93조의 2(제1항 제2호를 제외한다)부터 제93조의 4까지 및 제95조의 개정규정: 공포한 날

제2조 제1항 및 제62조의 2 제1항 중 "안전행정부령"을 각각 "행정자치부령"으로 한다.

제3조 및 제60조의 2 제2항 중 "안전행정부장관"을 각각 "행정자치부장관"으로 한다.

별표 2 제174호 및 제175호의 과세자료명란 중 "안전행정부장관"을 각각 "행정자치부장관"으로 한다.

㉖～㊷ 생 략

부 칙 (2014. 1. 22. 안전행정부령 제54호)

이 규칙은 공포한 날부터 시행한다.

부 칙 (2013. 3. 23. 안전행정부령 제1호 ; 안전행정부와 그 소속기관 직제 시행규칙 부칙)

제1조【시행일】 이 규칙은 공포한 날부터 시행한다.

제2조～제4조 생 략

제5조【다른 법령의 개정】 ①～㉜ 생 략

㉝ 지방세기본법 시행규칙 일부를 다음과 같이 개정한다.

제2조 제1항 및 제62조의 2 제1항 중 "행정안전부령"을 각각 "안전행정부령"으로 한다.

2항, 제95조 제1항 본문, 같은 조 제2항, 제96조 제1항 · 제7항, 제97조 제1항, 제98조 제1항, 같은 조 제3항부터 제7항까지, 제99조 제1항 본문, 같은 조 제2항, 제100조의 제목, 제147조의 제목, 같은 조 제1항 제2호, 제152조의 2 제4호(심사청구 제도 폐지와 관련된 개정사항으로 한정한다)의 개정규정: 2021년 1월 1일

3. 제93조의 2의 개정규정: 2020년 3월 2일

제2조【고액 지방세징수권의 소멸시효 연장에 관한 적용례】 제39조 제1항의 개정규정은 이 법 시행 이후 납세의무가 성립하는 분부터 적용한다.

제3조【기한 후 신고한 자에 대한 수정신고 및 경정청구 허용에 관한 적용례】 제49조 제1항 및 제50조 제1항 · 제4항(기한후신고서와 관련된 개정사항으로 한정한다)의 개정규정은 이 법 시행 전에 기한후신고서를 제출하고 이 법 시행 이후 과세표준 수정신고서를 제출하거나 지방세의 과세표준 및 세액의 결정 또는 경정을 청구하는 경우에도 적용한다.

제4조【경정 등의 청구에 관한 적용례】 제50조 제4항 전단의 개정규정은 이 법 시행 이후 경정 등을 청구하는 분부터 적용한다.

제5조【가산세 감면 등에 관한 적용례】 제57조 제2항의 개정규정은 이 법 시행 전에 법정신고기한이 만료된 경우로서 이 법 시행 이후 최초로 수정신고하거나 기한 후 신고하는 분에 대해서도 적용한다.

제6조【지방세환급가산금 지급에 관한 적용례】 제62조 제1항 제2호 단서의 개정규정은 이 법 시행 이후 연세액을 일시납부하는 분부터 적용한다.

제7조【세무조사 등에 관한 적용례】 제80조 제2항 제6호 및 제84조의 3의 개정규정은 이 법 시행 이후 개시하는 세무조

2. 제93조의 2 제1항 제2호의 개정규정: 2022년 2월 3일

제2조【지방세환급가산금 지급대상 기간의 기산일에 관한 적용례】 ① 제43조 제1항 제1호 전단의 개정규정은 이 영 시행 전에 경정청구되어 이 영 시행 이후 그 경정에 따라 산정하는 지방세환급가산금에 대해서도 적용한다.

② 제43조 제1항 제5호 본문(지방세관계법에서 환급기한을 정하고 있는 경우와 관련한 개정사항에 한정한다)의 개정규정은 이 영 시행 이후 환급세액을 신고하거나 환급신청하거나 신고한 환급세액의 경정 · 결정을 하는 경우부터 적용한다.

제3조【지방세환급금의 충당에 관한 경과조치】 이 영 시행 전에 환급세액을 신고하거나 환급신청하거나 신고한 환급세액의 경정 · 결정을 한 경우 법 제60조 제3항에 따른 지방세환급금의 충당에 관하여는 제37조의 2 제5호의 개정규정에도 불구하고 종전의 「지방세기본법」(법률 제18654호로 개정되기 전의 것을 말한다) 제62조 제1항 제5호에 따른다.

제4조【「지방자치법」 개정에 따른 경과조치】 제82조 제7항의 개정규정 중 "「지방자치법」 제178조 제1항"은 2022년 1월 12일까지 "「지방자치법」 제161조 제1항"으로 본다.

제5조【과태료의 부과기준에 관한 경과조치】 이 영 시행 전의 위반행위에 대하여 과태료의 부과기준을 적용할 때에는 별표 1 제1호 나목 단서의 개정규정에도 불구하고 종전의 규정에 따른다.

제6조【다른 법령의 개정】 대통령령 제32223호 지방자치법 시행령 전부개정령안 일부를 다음과 같이 개정한다.

부칙 제5조 제48항 중 "제93조의 2 제2항 제2호"를 "제93조의 3 제2항 제2호"로 한다.

제3조 및 제60조의 2 제2항 중 "행정안전부장관"을 각각 "안전행정부장관"으로 한다.

㉞~㊿① 생 략

부 칙 (2013. 1. 14. 행정안전부령 제335호)

이 규칙은 공포한 날부터 시행한다.

부 칙 (2012. 7. 31. 행정안전부령 제309호)

이 규칙은 공포한 날부터 시행한다.

부 칙 (2012. 3. 30. 행정안전부령 제289호)

이 규칙은 2012년 4월 1일부터 시행한다.

부 칙 (2011. 12. 31. 행정안전부령 제271호)

이 규칙은 공포한 날부터 시행한다. 다만, 제60조의 2의 개정규정은 공포 후 3개월이 경과한 날부터 시행한다.

부 칙 (2011. 11. 30. 행정안전부령 제257호)

이 규칙은 공포한 날부터 시행한다.

사부터 적용한다.

제8조【세무조사 대상자의 선정방법에 관한 적용례】 제82조 제1항 각 호 외의 부분 후단 및 제147조 제1항 제5호의 개정규정은 이 법 시행 이후 세무조사 대상자를 선정하는 경우부터 적용한다.

제9조【재조사 결정에 따른 처분에 대한 불복청구에 관한 적용례】 제89조 제2항 제1호(재조사 결정에 따른 처분에 대한 불복청구와 관련된 개정사항으로 한정한다)의 개정규정은 2020년 1월 1일 전에 재조사를 실시하고 2020년 1월 1일 이후 그에 따른 처분을 받은 경우에도 적용한다.

제10조【지방자치단체 선정 대리인에 관한 적용례】 제93조의 2의 개정규정은 2020년 3월 2일 전에 과세전적부심사청구 또는 이의신청을 하고 2020년 3월 2일 이후 대리인 선정을 신청하는 경우에도 적용한다.

제11조【조세심판전치주의 도입에 관한 적용례 등】 ① 제98조 제3항부터 제7항까지의 개정규정은 2021년 1월 1일 이후 행정소송을 제기하는 경우부터 적용한다.
② 2021년 1월 1일 당시 종전의 제89조 제1항에 따라 심사청구를 거쳤거나 부칙 제12조에 따른 심사청구를 거친 경우에는 제98조 제3항의 개정규정에 따른 심판청구와 그에 대한 결정을 거친 것으로 본다.

제12조【심사청구제도 폐지에 관한 경과조치】 2021년 1월 1일 당시 심사청구 중인 사건에 대해서는 제13조 제1항 후단, 제38조 제2항 제1호, 제50조 제3항 단서, 제7장의 제목, 제89조 제1항, 같은 조 제2항 제1호(심사청구제도 폐지와 관련된 개정사항으로 한정한다), 제91조, 제92조, 제93조 제1항·제2항, 제94조 제1항·제2항, 제95조 제1항 본문, 같은 조 제2항, 제96조 제1항(심사청구 제도 폐지와 관련된 개정사항으로 한정한

부 칙 (2021. 12. 16. 대통령령 제32223호 ; 지방자치법 시행령 부칙)

제1조【시행일】 이 영은 2022년 1월 13일부터 시행한다. (단서생략)

제2조~제4조 생 략

제5조【다른 법령의 개정】 ①~㊼ 생 략
㊽ 지방세기본법 시행령 일부를 다음과 같이 개정한다.
제93조의 2 제2항 제2호 중 "「지방자치법」 제165조 제1항 제1호 및 제3호"를 "「지방자치법」 제182조 제1항 제1호 및 제3호"로 한다.
㊾~66 생 략

제6조 생 략

부 칙 (2021. 9. 14 대통령령 제31986호 ; 건설기술 진흥법 시행령 부칙)

제1조【시행일】 이 영은 공포한 날부터 시행한다. (단서생략)

제2조 생 략

제3조【다른 법령의 개정】 ①~⑲ 생 략
⑳ 지방세기본법 시행령 일부를 다음과 같이 개정한다.
별표 3 제8호의 과세자료의 구체적인 범위란 중 "건설기술용역사업"을 "건설엔지니어링사업"으로 한다.
㉑~㉖ 생 략

부 칙 (2021. 8. 31. 대통령령 제31961호 ; 한국광해광업공단법 시행령 부칙)

제1조【시행일】 이 영은 2021년 9월 10일부터 시행한다.

제2조·제3조 생 략

제4조【다른 법령의 개정】 ①~⑳ 생 략

부 칙 (2010. 12. 23. 행정안전부령 제176호)

제1조【시행일】 이 규칙은 2011년 1월 1일부터 시행한다.

제2조【서식의 사용에 관한 경과조치】 지방세 세목의 변경 등으로 인하여 이 규칙에 따른 서식을 사용하기 곤란하다고 인정되는 경우에는 종전의 「지방세법 시행규칙」에 따른 서식을 수정하여 사용할 수 있다.

제3조【다른 법령과의 관계】 이 규칙 시행 당시 다른 법령에서 종전의 「지방세법 시행규칙」 또는 그 규정을 인용하고 있는 경우 이 규칙에 그에 해당하는 규정이 있으면 종전의 「지방세법 시행규칙」 또는 그 규정을 갈음하여 이 규칙 또는 이 규칙의 해당 규정을 인용한 것으로 본다.

다)·제7항, 제97조 제1항, 제98조 제1항, 제99조 제1항 본문 및 같은 조 제2항, 제100조의 제목, 제147조 제1항 제2호 및 제152조의 2 제4호(심사청구 제도 폐지와 관련된 개정사항으로 한정한다)의 개정규정에도 불구하고 종전의 규정에 따른다.

제13조【경정 등의 청구기간 변경에 관한 경과조치】 이 법 시행 당시 경정 등 청구기간이 경과하지 아니한 분에 대해서는 제50조 제2항 각 호 외의 부분의 개정규정에도 불구하고 종전의 규정에 따른다.

제14조【가산세 감면 등에 관한 경과조치】 이 법 시행 전에 수정신고하거나 기한 후 신고한 분에 대해서는 제57조 제2항의 개정규정에도 불구하고 종전의 규정에 따른다. 이 법 시행 전에 수정신고하거나 기한 후 신고한 분에 대하여 이 법 시행 이후 다시 수정신고하거나 기한 후 신고하는 분에 대해서도 또한 같다.

제15조【지방세예규심사위원회의 명칭 변경에 관한 경과조치】 ① 이 법 시행 당시 종전의 제148조에 따른 지방세예규심사위원회는 제148조의 개정규정에 따른 지방세법규해석심사위원회로 본다.

② 이 법 시행 당시 종전의 제148조에 따라 임명되거나 위촉된 지방세예규심사위원회의 위원은 제148조의 개정규정에 따라 지방세법규해석심사위원회의 위원으로 임명되거나 위촉된 것으로 본다.

제16조【국립대학법인의 납세의무에 대한 적용례】 ① 제154조의 개정규정은 이 법 시행 전에 전환된 국립대학법인에 대해서도 적용한다.

② 제154조의 개정규정은 이 법 시행 이후 성립하는 납세의무부터 적용한다.

부　칙 (2018. 12. 24. 법률 제16039호)

㉑ 지방세기본법 시행령 일부를 다음과 같이 개정한다.

별표 3 제44호의 과세자료제출기관란 중 "「광산피해의 방지 및 복구에 관한 법률」에 따른 한국광해관리공단"을 "「한국광해광업공단법」에 따른 한국광해광업공단"으로 한다.

㉒~㉙ 생　략

제5조 생　략

부　칙 (2021. 2. 19. 대통령령 제31472호 ; 수산식품산업의 육성 및 지원에 관한 법률 시행령 부칙)

제1조【시행일】 이 영은 2021년 2월 19일부터 시행한다.

제2조·제3조 생　략

제4조【다른 법령의 개정】 ①~⑨ 생　략

⑩ 지방세기본법 시행령 일부를 다음과 같이 개정한다.

별표 3 제163호 중 "「식품산업진흥법」 제19조의 5"를 "「수산식품산업의 육성 및 지원에 관한 법률」 제16조"로 하고, 같은 표 제164호 중 "「식품산업진흥법」 제24조에 따른 우수식품등인증기관"을 "「식품산업진흥법」 제24조에 따른 우수식품등인증기관 및 「수산식품산업의 육성 및 지원에 관한 법률」 제31조에 따른 우수수산식품등인증기관"으로 한다.

⑪ 생　략

제5조 생　략

부　칙 (2021. 2. 17. 대통령령 제31450호 ; 주류 면허 등에 관한 법률 시행령 부칙)

제1조【시행일】 이 영은 공포한 날부터 시행한다.

제2조～제4조 생　략

제5조【다른 법령의 개정】 ①~④ 생　략

⑤ 지방세기본법 시행령 일부를 다음과 같이 개정한다.

운영예규 부　칙 (2022. 10. 25. 행정안전부예규 제223호)

제1조【시행일】 이 예규는 2022년 10월 31일부터 시행한다.

제2조【전통사찰보존지 및 향교재산 중 임대농지의 수익사업 판단에 관한 적용례】 법106…시행령102－4의 개정규정은 2022년에 납세의무가 성립한 재산세 분부터 적용한다.

제3조【재검토기한】 행정안전부장관은 「훈령·예규 등의 발령 및 관리에 관한 규정」에 따라 이 예규에 대하여 2019년 7월 1일 기준으로 매 3년이 되는 시점(매 3년째의 6월 30일까지를 말한다)마다 그 타당성을 검토하여 개선 등의 조치를 하여야 한다.

부　칙 (2019. 5. 31. ; 행정안전부예규 제74호)

제1조【시행일】 이 예규는 2019년 6월 1일부터 시행한다.

제2조【재검토기한】 행정안전부장관은 「훈령·예규 등의 발령 및 관리에 관한 규정」에 따라 이 예규에 대하여 2019년 7월 1일 기준으로 매 3년이 되는 시점(매 3년째의 6월 30일까지를 말한다)마다 그 타당성을 검토하여 개선 등의 조치를 하여야 한다.

제1조【시행일】 이 법은 2019년 1월 1일부터 시행한다.

제2조【지방세 부과의 제척기간 연장사유에 관한 적용례】 ① 제38조 제2항 제3호의 개정규정은 이 법 시행 이후 경정청구하는 분부터 적용한다.

② 제38조 제2항 제4호의 개정규정은 이 법 시행 이후 세무서장 또는 지방국세청장이 지방소득세 관련 소득세 또는 법인세 과세표준과 세액의 결정·경정 등에 관한 자료를 통보하는 경우부터 적용한다.

제3조【지방세징수권 소멸시효 정지사유에 관한 적용례】 제40조 제3항 제7호의 개정규정은 이 법 시행 이후 신고 또는 고지하는 분부터 적용한다.

제4조【지방소득세 경정청구에 관한 적용례】 제50조 제4항의 개정규정은 이 법 시행 이후 개시하는 과세기간분 또는 사업연도분부터 적용한다.

제5조【납부불성실·환급불성실가산세 감면에 관한 적용례】 제55조 제3항 및 제60조 제10항의 개정규정은 이 법 시행 이후 개시하는 과세기간분 또는 사업연도분부터 적용한다.

제6조【세무조사에 관한 적용례】 ① 제76조 제3항·제4항, 제80조 제3항, 제83조 제4항 및 제84조 제1항 제6호의 개정규정은 이 법 시행 이후 개시하는 범칙사건조사 또는 세무조사부터 적용한다.

② 제80조 제2항 제5호의 개정규정은 이 법 시행 이후 금품을 제공하거나 금품제공을 알선하는 분부터 적용한다.

③ 제84조 제3항 및 제85조의 개정규정은 이 법 시행 당시 진행 중인 세무조사에 대해서도 적용한다.

제7조【공소시효에 관한 경과조치】 이 법 시행 전에 범한 죄의 공소시효에 관하여는 제112조 본문의 개정규정에도 불구하고 종전의 규정에 따른다.

별표 3 제241호의 과세자료의 구체적인 범위란 중 "「주세법」 제6조 및 제8조"를 "「주류 면허 등에 관한 법률」 제3조 및 제5조"로 하고, 같은 표 제242호의 과세자료의 구체적인 범위란 중 "「주세법」 제7조"를 "「주류 면허 등에 관한 법률」 제4조"로 한다.

⑥~⑧ 생 략

제6조 생 략

부 칙 (2021. 2. 9. 대통령령 제31438호 ; 해양조사와 해양정보 활용에 관한 법률 시행령 부칙)

제1조【시행일】 이 영은 2021년 2월 19일부터 시행한다.

제2조·제3조 생 략

제4조【다른 법령의 개정】 ①~⑩ 생 략

⑪ 지방세기본법 시행령 일부를 다음과 같이 개정한다.

별표 3 제24호 중 "「공간정보의 구축 및 관리 등에 관한 법률」 제54조에 따른 수로사업"을 "「해양조사와 해양정보 활용에 관한 법률」 제30조에 따른 해양조사·정보업"으로 한다.

⑫~⑰ 생 략

제5조 생 략

부 칙 (2020. 12. 31. 대통령령 제31349호 ; 자치경찰사무와 시도자치경찰위원회의 조직 및 운영 등에 관한 규정 부칙)

제1조【시행일】 이 영은 2021년 1월 1일부터 시행한다.

제2조~제3조 생 략

제4조【다른 법령의 개정】 ①~㊲ 생 략

㊳ 지방세기본법 시행령 일부를 다음과 같이 개정한다.

별표 3 제18호, 제80호, 제125호, 제126호, 제259호 및 제296호 중 "지방경찰청"을 각각 "시·도경찰청"으로 한다.

㊴~㊾ 생 략

부　칙 (2017. 12. 26. 법률 제15291호)

제1조【시행일】 이 법은 2018년 1월 1일부터 시행한다.

제2조【과소신고·초과환급신고가산세 및 납부불성실·환급불성실가산세에 관한 적용례】 제54조 제3항 제2호 및 제55조 제2항의 개정규정은 이 법 시행 후 양도소득에 대한 지방소득세 과세표준을 수정신고하거나 결정 또는 경정하는 경우부터 적용한다.

제3조【가산세 감면에 관한 적용례】 제57조 제2항 제4호의 개정규정은 이 법 시행 후 도래하는 확정신고기한까지 신고하거나 수정신고하는 경우부터 적용한다.

제4조【지방세환급가산금 지급에 관한 적용례】 제62조 제1항 제7호 다목의 개정규정은 이 법 시행 후 내국법인이 해산하는 경우부터 적용한다.

제5조【세무조사의 사전통지에 관한 적용례】 제83조 제1항 본문의 개정규정은 이 법 시행 후 세무조사의 사전통지를 하는 경우부터 적용한다.

제6조【이의신청 또는 심사청구 등의 결정에 관한 적용례 등】 ① 제96조 제1항 각 호 외의 부분 단서(제88조 제7항에서 준용하는 경우를 포함한다)는 이 법 시행 후 과세전적부심사를 청구하거나 이의신청 또는 심사청구를 제기하는 경우부터 적용한다.

② 제1항에도 불구하고 이 법 시행 전에 종전의 규정에 따라 이의신청을 제기한 경우로서 이 법 시행 후 심사청구를 제기하는 경우에는 제96조 제1항 각 호 외의 부분 단서의 개정규정에도 불구하고 종전의 규정에 따른다.

부　칙 (2017. 7. 26. 법률 제14839호 ; 정부조직법 부칙)

제1조【시행일】 ① 이 법은 공포한 날부터 시행한다. 다만,

부　칙 (2020. 12. 31. 대통령령 제31341호)

제1조【시행일】 이 영은 2021년 1월 1일부터 시행한다.

제2조【공시송달에 관한 적용례】 제18조 제2호의 개정규정은 납세자에 대한 첫 방문이 이 영 시행 이후인 경우부터 적용한다.

제3조【지방세법규해석심사위원회 위원의 제척·회피에 관한 경과조치】 이 영 시행 전에 지방세법규해석심사위원회의 위원이 질의의 대상이 되는 처분에 대한 심사청구에 관하여 증언 또는 감정을 했거나 질의의 대상이 되는 처분에 대한 심사청구에 관여했던 경우에는 제89조 제1항 제4호 및 제5호의 개정규정에도 불구하고 종전의 규정에 따라 해당 안건에 대한 지방세법규해석심사위원회의 회의에서 제척되며, 스스로 회피해야 한다.

부　칙 (2020. 12. 10. 대통령령 제31252호 ; 전자문서 및 전자거래 기본법 시행령 부칙)

제1조【시행일】 이 영은 2020년 12월 10일부터 시행한다.

제2조【다른 법령의 개정】 ① 지방세기본법 시행령 일부를 다음과 같이 개정한다.

별표 3 제232호의 과세자료의 구체적인 범위란 중 "공인전자문서센터 및 공인전자문서중계자의 지정"을 "공인전자문서센터의 지정 및 공인전자문서중계자의 인증"으로 한다.

② 생　략

부　칙 (2020. 12. 8. 대통령령 제31222호 ; 전자서명법 시행령 부칙)

제1조【시행일】 이 영은 2020년 12월 10일부터 시행한다.

제2조【다른 법령의 개정】 ①~㉗ 생　략

㉘ 지방세기본법 시행령 일부를 다음과 같이 개정한다.

부칙 제5조에 따라 개정되는 법률 중 이 법 시행 전에 공포되었으나 시행일이 도래하지 아니한 법률을 개정한 부분은 각각 해당 법률의 시행일부터 시행한다.

제2조～제4조 생 략

제5조【다른 법률의 개정】 ①～⑽ 생 략

⑼ 지방세기본법 일부를 다음과 같이 개정한다.

제2조 제1항 제28호, 제12조 제1항부터 제4항까지, 제13조 제2항·제3항, 제28조 제1항, 제86조 제1항 제5호, 같은 조 제4항 본문·단서, 제129조 제1항 본문, 같은 조 제3항, 제130조 제1항, 제131조 제2항, 제135조 제2항 각 호 외의 부분, 같은 조 제3항·제5항, 제136조 제1항 각 호 외의 부분, 같은 조 제2항, 제149조 제2항·제3항 및 제150조 제1항·제2항 중 "행정자치부장관"을 각각 "행정안전부장관"으로 한다.

제2조 제1항 제28호, 제25조 제3항, 제60조 제7항, 제129조 제4항, 제135조 제4항, 제146조 제1항 제4호 및 제149조 제4항 중 "행정자치부령"을 각각 "행정안전부령"으로 한다.

제132조 제1항 각 호 외의 부분 본문, 같은 조 제2항, 제137조 제1항 및 제148조 제1항 중 "행정자치부"를 각각 "행정안전부"로 한다.

⑽～㉜ 생 략

제6조 생 략

부 칙 (2017. 1. 4. 법률 제14524호 ; 보조금 관리에 관한 법률 부칙)

제1조【시행일】 이 법은 공포한 날부터 시행한다. 다만, 부칙 제4조는 2017년 3월 28일부터 시행하고, 법률 제13931호 보조금 관리에 관한 법률 일부개정법률 제26조의 3, 제26조의 10, 제36조의 2 제1항 제1호 및 법률 제13931호 보조금 관리에 관한 법률 일부개정법률 부칙 제3조의 개정규정은 2017년 6월 1

제7조 제1항 제1호 중 "「전자서명법」 제2조 제8호에 따른 공인인증서"를 "「전자서명법」 제2조 제6호에 따른 인증서로서 서명자의 실지명의를 확인할 수 있는 인증서"로 한다.

㉙～㊲ 생 략

제3조 생 략

부 칙 (2020. 12. 8. 대통령령 제31221호 ; 소프트웨어산업 진흥법 시행령 부칙)

제1조【시행일】 이 영은 2020년 12월 10일부터 시행한다.

제2조～제7조 생 략

제8조【다른 법령의 개정】 ①～⑮ 생 략

⑯ 지방세기본법 시행령 일부를 다음과 같이 개정한다.

별표 3 제155호의 과세자료의 구체적인 범위란 중 "「소프트웨어산업 진흥법」 제5조, 제13조 및 제23조"를 "「소프트웨어 진흥법」 제11조, 제20조 및 제21조"로 한다.

⑰～⑳ 생 략

제9조 생 략

부 칙 (2020. 9. 8 대통령령 제30994호)

제1조【시행일】 이 영은 2021년 1월 1일부터 시행한다.

제2조【지방세발전기금의 적립 비율에 관한 특례】 2021회계연도의 지방세발전기금의 적립 비율은 제94조 제1항 제1호의 개정규정에도 불구하고 1만분의 1.3으로 한다.

부 칙 (2020. 8. 26. 대통령령 제30975호 ; 친환경농어업 육성 및 유기식품 등의 관리·지원에 관한 법률 시행령 부칙)

제1조【시행일】 이 영은 2020년 8월 28일부터 시행한다.

제2조 생 략

일부터 시행한다.

제2조 · 제3조 생　략

제4조 【다른 법률의 개정】 ① 법률 제14474호 지방세기본법 전부개정법률 일부를 다음과 같이 개정한다.

법률 제14474호 지방세기본법 전부개정법률 부칙 제13조에 제15항을 다음과 같이 신설한다.

⑮ 법률 제14524호 보조금 관리에 관한 법률 일부개정법률 일부를 다음과 같이 개정한다.

제26조의 3 제1항 제6호 바목 중 "같은 법 제114조 제1항"을 "「지방세기본법」 제86조 제1항"으로 한다.

② 생　략

부　칙 (2016. 12. 27. 법률 제14474호)

제1조 【시행일】 이 법은 공포 후 3개월이 경과한 날부터 시행한다.

제2조 【과점주주의 취득에 대한 지방세 부과의 제척기간 변경에 관한 적용례】 제38조 제1항 제2호 단서의 개정규정은 이 법 시행 후 지방세를 부과할 수 있는 날이 개시되는 분부터 적용한다.

제3조 【초과환급신고가산세의 부과에 관한 적용례】 제54조의 개정규정 중 초과환급신고가산세의 부과에 관한 사항은 이 법 시행 후 초과환급신고하는 분부터 적용한다.

제4조 【환급불성실가산세의 부과에 관한 적용례】 제55조의 개정규정 중 환급불성실가산세의 부과에 관한 사항은 이 법 시행 후 초과환급받는 분부터 적용한다.

제5조 【가산세의 감면에 관한 적용례】 제57조 제2항의 개정규정은 이 법 시행 후 최초로 기한 후 신고를 하는 분부터 적용한다.

제3조 【다른 법령의 개정】 ①~③ 생　략

④ 지방세기본법 시행령 일부를 다음과 같이 개정한다.

별표 3 제265호의 과세자료의 구체적인 범위란 중 "무농약농수산물등"을 "무농약농산물 · 무농약원료가공식품 및 무항생제수산물등"으로 한다.

⑤~⑦ 생　략

부　칙 (2020. 8. 4. 대통령령 제30893호 ; 신용정보의 이용 및 보호에 관한 법률 시행령 부칙)

제1조 【시행일】 ① 이 영은 2020년 8월 5일부터 시행한다. (단서 생략)

②·③ 생　략

제2조 생　략

제3조 【다른 법령의 개정】 ①~52 생　략

53 지방세기본법 시행령 일부를 다음과 같이 개정한다.

별표 3 제167호의 과세자료의 구체적인 범위란 중 "신용정보업"을 "신용정보업 · 채권추심업 · 본인신용정보관리업"으로 한다.

54~65 생　략

제4조 생　략

부　칙 (2020. 7. 28. 대통령령 제30876호 ; 항만법 시행령 부칙)

제1조 【시행일】 이 영은 2020년 7월 30일부터 시행한다.

제2조~제13조 생　략

제14조 【다른 법령의 개정】 ①~⑰ 생　략

⑱ 지방세기본법 시행령 일부를 다음과 같이 개정한다.

별표 3 제299호 중 "항만공사실시계획"을 "항만개발사업실시계획"으로, "항만공사의 준공"을 "항만개발사업의 준공"으로 한다.

제6조【지방세환급가산금에 관한 적용례】 제62조 제1항 제7호의 개정규정은 이 법 시행 후 지방세환급금이 발생하는 분부터 적용한다.

제7조【과세전적부심사에 관한 적용례】 제88조 제5항의 개정규정은 이 법 시행 후 과세전적부심사를 청구하는 분부터 적용한다.

제8조【이의신청 또는 심사청구에 관한 적용례】 제98조 제1항의 개정규정은 이 법 시행 후 이의신청 또는 심사청구하는 분부터 적용한다.

제9조【일반적 경과조치】 이 법 시행 전에 종전의 규정에 따라 부과하였거나 부과하여야 할 지방자치단체의 징수금에 대해서는 종전의 규정에 따른다.

제10조【경정 등의 청구 기간 연장에 관한 경과조치】 이 법 시행 전에 종전의 제51조 제2항에 따른 청구기간이 경과한 분에 대해서는 제50조 제2항 각 호 외의 부분의 개정규정에도 불구하고 종전의 규정에 따른다.

제11조【지방세에 관한 범칙행위의 벌칙 등에 관한 경과조치】 ① 2011년 1월 1일 전의 행위에 대한 벌칙의 적용은 종전의 「지방세법」(법률 제10221호로 개정되기 전의 것을 말한다) 제84조에 따른다.
② 2011년 1월 1일 전에 포탈된 지방세의 일시 부과·징수에 대해서는 종전의 「지방세법」(법률 제10221호로 개정되기 전의 것을 말한다) 제85조에 따른다.

제12조【벌칙 등에 관한 경과조치】 ① 2012년 4월 1일 전의 행위에 대한 벌칙, 과태료, 양벌규정, 「형법」 적용의 일부 배제, 고발 및 공소시효의 기간에 관하여는 종전의 「지방세기본법」(법률 제11136호로 개정되기 전의 것을 말한다) 제132조 및 제133조와 같은 법 제134조 제1항에 따라 준용되는 「조세

⑲~㉛ 생 략

제15조 생 략

부 칙 (2020. 4. 28. 대통령령 제30640호 ; 농업소득의 보전에 관한 법률 시행령 부칙)

제1조【시행일】 이 영은 2020년 5월 1일부터 시행한다.

제2조~제5조 생 략

제6조【다른 법령의 개정】 ①~⑮ 생 략
⑯ 지방세기본법 시행령 일부를 다음과 같이 개정한다.

별표 3 제73호의 과세자료의 구체적인 범위란을 다음과 같이 한다.

「농업·농촌 공익기능 증진 직접지불제도 운영에 관한 법률」 제7조, 제8조, 제10조 및 제11조에 따른 기본형공익직접지불금 지급 및 지급대상 농지등에 관한 자료

⑰~⑳ 생 략

제7조 생 략

부 칙 (2020. 3. 31. 대통령령 제30582호)

이 영은 공포한 날부터 시행한다.

부 칙 (2019. 12. 31. 대통령령 제30317호)

제1조【시행일】 이 영은 2020년 1월 1일부터 시행한다. 다만, 제62조의 2의 개정규정은 2020년 3월 2일부터 시행한다.

제2조【세무조사의 결과 통지의 예외사유에 관한 적용례】 제56조 제2항 제5호의 개정규정은 이 영 시행 이후 법 제96조 제6항 및 「국세기본법」 제81조에 따라 준용되는 같은 법 제65조 제1항 제3호 단서에 따라 결정하는 재조사를 마치는 경우부터 적용한다.

범 처벌법」에 따른다.

② 2012년 4월 1일 전의 행위에 대한 처벌절차에 관하여는 종전의 「지방세기본법」(법률 제11136호로 개정되기 전의 것을 말한다) 제134조 제2항에 따라 준용되는 「조세범 처벌절차법」에 따른다.

제13조 【다른 법률의 개정】 ① 가등기담보 등에 관한 법률 일부를 다음과 같이 개정한다.

제17조 제3항 중 "「지방세기본법」"을 "「지방세기본법」, 「지방세징수법」"으로 한다.

② 국제조세조정에 관한 법률 일부를 다음과 같이 개정한다.

제24조 제1항 중 "「지방세기본법」 제119조"를 "「지방세기본법」 제91조"로, "「지방세기본법」 제123조"를 "「지방세기본법」 제96조"로 한다.

③ 기초연금법 일부를 다음과 같이 개정한다.

제11조 제2항 제1호 나목 중 "「지방세기본법」 제114조"를 "「지방세기본법」 제86조"로 한다.

④ 대도시권 광역교통 관리에 관한 특별법 일부를 다음과 같이 개정한다.

제11조 제3항 중 "「지방세기본법」 제41조부터 제49조까지의 규정을"을 "「지방세기본법」 제41조부터 제48조까지 및 「지방세징수법」 제15조를"로 한다.

⑤ 먹는물관리법 일부를 다음과 같이 개정한다.

제31조 제11항 전단 중 "「지방세기본법」 제114조"를 "「지방세기본법」 제86조"로 한다.

⑥ 소득세법 일부를 다음과 같이 개정한다.

제26조 제8항 중 "「지방세기본법」 제77조"를 "「지방세기본법」 제62조"로 한다.

⑦ 전자정부법 일부를 다음과 같이 개정한다.

제3조 【상속으로 얻은 재산가액에 관한 경과조치】 이 영 시행 전에 상속이 개시된 경우에 대해서는 제21조 제1항의 개정규정에도 불구하고 종전의 규정에 따른다.

제4조 【지방세법규해석심사위원회 위원의 연임에 관한 경과조치】 이 영 시행 당시 제88조 제4항 제5호에 따른 위원에 대하여 제88조 제5항의 개정규정을 적용할 때에는 이 영 시행 당시의 임기를 최초의 임기로 본다.

부 칙 (2019. 12. 24. 대통령령 제30256호 ; 산업안전보건법 시행령 부칙)

제1조 【시행일】 이 영은 2020년 1월 16일부터 시행한다. 다만, 제13조 및 별표 35 제4호 나목의 개정규정은 2021년 1월 1일부터 시행하고, 제86조, 별표 35 제4호 러목(법 제35조 제5호에 관한 부분으로 한정한다) 및 트목부터 지목까지의 개정규정은 2021년 1월 16일부터 시행한다.

제2조~제31조 생 략

제32조 【다른 법령의 개정】 ①~㉜ 생 략

㉝ 지방세기본법 시행령 일부를 다음과 같이 개정한다.

별표 3 제130호의 과세자료의 구체적인 범위란 중 "「산업안전보건법」 제15조, 제38조의 2, 제38조의 4 및 제52조의 4"를 "「산업안전보건법」 제21조, 제120조, 제121조 및 제145조"로 한다.

㉞~㊵ 생 략

제33조 생 략

부 칙 (2019. 6. 11. 대통령령 제29849호 ; 한국해양교통안전공단법 시행령 부칙)

제1조 【시행일】 이 영은 2019년 7월 1일부터 시행한다.

제2조 【다른 법령의 개정】 ①~⑥ 생 략

제40조 제1항 제3호 중 "「지방세기본법」 제114조 제1항"을 "「지방세기본법」 제86조 제1항"으로 한다.

⑧ 제주특별자치도 설치 및 국제자유도시 조성을 위한 특별법 일부를 다음과 같이 개정한다.

제121조 제1항 중 "「지방세기본법」 제26조 제1항, 같은 조 제2항 단서, 제42조 제2항 후단, 제65조 제1항 · 제2항, 제81조 제1항, 제96조 제1항 제4호, 제111조 제1항 본문, 같은 조 제2항, 제116조 제1항 제3호, 제140조 제1항 단서, 같은 조 제5항 및 제141조 제2항"을 "「지방세기본법」 제26조 제1항, 같은 조 제2항 단서, 제42조 제2항 후단, 제83조 제1항 본문, 같은 조 제2항, 제88조 제1항 제3호 및 제147조 제2항"으로 한다.

⑨ 법률 제14475호 지방세법 일부개정법률 일부를 다음과 같이 개정한다.

제4조 제4항 중 "「지방세기본법」 제141조"를 "「지방세기본법」 제147조"로 하고, 제7조 제5항 전단 중 "「지방세기본법」 제47조 제2호"를 "「지방세기본법」 제46조 제2호"로 하며, 제21조 제1항 중 "「지방세기본법」 제53조의 2부터 제53조의 4"를 "「지방세기본법」 제53조부터 제55조"로 하고, 같은 조 제2항 본문 중 "「지방세기본법」 제53조의 2, 제53조의 4의 규정에도"를 "「지방세기본법」 제53조, 제55조에도"로 하며, 제30조 제4항 후단 중 "「지방세기본법」 제53조의 2 및 제53조의 3"을 "「지방세기본법」 제53조 및 제54조"로 하고, 제31조 제3항 후단 중 "「지방세기본법」 제77조"를 "「지방세기본법」 제62조"로 하며, 같은 조 제4항 중 "「지방세기본법」 제53조의 5"를 "「지방세기본법」 제56조"로 하고, 제32조 중 "「지방세기본법」 제53조의 2부터 제53조의 4"를 "「지방세기본법」 제53조부터 제55조"로 하며, 제35조 제4항 본문 중 "「지방세기본법」 제53조의 2부터 제53조의 4"를 "「지방세기본법」 제53조부터 제55조"로 하고,

⑦ 지방세기본법 시행령 일부를 다음과 같이 개정한다.

별표 3 제145호의 과세자료제출기관란 중 "「선박안전법」에 따른 선박안전기술공단"을 "「한국해양교통안전공단법」에 따라 설립된 한국해양교통안전공단"으로 한다.

⑧~⑩ 생 략

부 칙 (2019. 4. 2. 대통령령 제29677호 ; 중소기업진흥에 관한 법률 시행령 부칙)

제1조【시행일】 이 영은 공포한 날부터 시행한다.

제2조【다른 법령의 개정】 ①~54 생 략

55 지방세기본법 시행령 일부를 다음과 같이 개정한다.

별표 3 제106호의 과세자료제출기관란 중 "중소기업진흥공단"을 "중소벤처기업진흥공단"으로 한다.

56~61 생 략

부 칙 (2019. 3. 12. 대통령령 제29617호 ; 철도건설법 시행령 부칙)

제1조【시행일】 이 영은 2019년 3월 14일부터 시행한다.

제2조 · 제3조 생 략

제4조【다른 법령의 개정】 ①~㉓ 생 략

㉔ 지방세기본법 시행령 일부를 다음과 같이 개정한다.

별표 3 제254호의 과세자료의 구체적인 범위란 중 "「철도건설법」"을 "「철도의 건설 및 철도시설 유지관리에 관한 법률」"로 한다.

㉕~㉝ 생 략

부 칙 (2019. 1. 22. 대통령령 제29498호 ; 승강기시설 안전관리법 시행령 부칙)

같은 항 단서 중 "「지방세기본법」 제53조의 2 또는 제53조의 3"을 "「지방세기본법」 제53조 또는 제54조"로 하며, 제37조 제1항 전단 중 "「지방세기본법」 제76조"를 "「지방세기본법」 제60조"로 하고, 같은 항 후단 중 "같은 법 제77조"를 "같은 법 제62조"로 하며, 제45조 제1항 중 "「지방세기본법」 제53조의 2부터 제53조의 4"를 "「지방세기본법」 제53조부터 제55조"로 하고, 제60조 제4항 중 "「지방세기본법」 제53조의 5"를 "「지방세기본법」 제56조"로 하며, 제61조 제1항 본문 중 "「지방세기본법」 제53조의 2 또는 제53조의 3"을 "「지방세기본법」 제53조 또는 제54조"로 하고, 같은 항 단서 중 "「지방세기본법」 제53조의 4"를 "「지방세기본법」 제55조"로 하며, 제71조 제2항 중 "「지방세기본법」 제53조의 5"를 "「지방세기본법」 제56조"로 하고, 제83조 제4항 중 "「지방세기본법」 제53조의 2부터 제53조의 4"를 "「지방세기본법」 제53조부터 제55조"로 하며, 제84조의 6 제3항 중 "「지방세기본법」 제53조의 2부터 제53조의 4"를 "「지방세기본법」 제53조부터 제55조"로 하고, 제93조 제1항 제3호 중 "「지방세기본법」 제53조의 2부터 제53조의 4"를 "「지방세기본법」 제53조부터 제55조"로 하며, 제96조 제1항 중 "「지방세기본법」 제50조"를 "「지방세기본법」 제49조"로 하고, 같은 조 제2항 중 "「지방세기본법」 제50조 및 제51조"를 "「지방세기본법」 제49조 및 제50조"로 하며, 같은 조 제3항 후단 중 "「지방세기본법」 제53조의 3 또는 제53조의 4"를 "「지방세기본법」 제54조 또는 제55조"로 하고, 같은 조 제4항 중 "「지방세기본법」 제77조"를 "「지방세기본법」 제62조"로 하며, 제98조 제3항 중 "「지방세기본법」 제53조의 2 및 제53조의 3"을 "「지방세기본법」 제53조 및 제54조"로 하고, 제99조 단서 중 "「지방세기본법」 제53조의 2 또는 제53조의 3"을 각각 "「지방세기본법」 제53조 또는 제54조"로 하며, 제100조 제2항 중 "「지

제1조【시행일】 이 영은 2019년 3월 28일부터 시행한다.

제2조～제10조 생 략

제11조【다른 법령의 개정】 ①～④ 생 략

⑤ 지방세기본법 시행령 일부를 다음과 같이 개정한다.

별표 3 제160호 및 제161호를 각각 다음과 같이 한다.

160	「승강기 안전관리법」 제6조 및 제39조에 따른 승강기 제조업 · 수입업의 등록 및 승강기 유지관리업의 등록에 관한 자료	지방자치단체	행정안전부	매분기의 첫째 달 5일
161	「승강기 안전관리법」 제28조에 따라 검사한 승강기 설치검사에 관한 자료	「승강기 안전관리법」에 따른 한국승강기안전공단	행정안전부	매년 6월 5일, 12월 5일

⑥～⑧ 생 략

제12조 생 략

부 칙 (2018. 12. 31. 대통령령 제29436호)

제1조【시행일】 이 영은 2019년 1월 1일부터 시행한다.

제2조【납부불성실가산세 등에 대한 이자율에 관한 경과조치】 이 영 시행 전에 법 제55조 제1항 또는 제56조에 따른 납부불성실가산세 · 환급불성실가산세 또는 특별징수납부 등 불성실가산세를 부과해야 하는 사유가 발생한 경우에는 제34조의 개정규정에도 불구하고 종전의 규정에 따른다.

부 칙 (2018. 6. 26. 대통령령 제28991호)

방세기본법」 제76조”를 “「지방세기본법」 제60조”로 하고, 제101조 제2항 단서 중 “「지방세기본법」 제77조 제1항 제5호”를 “「지방세기본법」 제62조 제1항 제5호”로 하며, 같은 조 제3항 중 “「지방세기본법」 제76조 및 제77조”를 “「지방세기본법」 제60조 및 제62조”로 하고, 제102조 제1항 중 “「지방세기본법」 제53조의 5”를 “「지방세기본법」 제56조”로 하며, 제103조의 2 제3호 중 “「지방세기본법」 제53조의 2부터 제53조의 4”를 “「지방세기본법」 제53조부터 제55조”로 하고, 제103조의 7 제8항 후단 중 “「지방세기본법」 제77조”를 “「지방세기본법」 제62조”로 하며, 제103조의 8 단서 중 “「지방세기본법」 제53조의 2 또는 제53조의 3”을 각각 “「지방세기본법」 제53조 또는 제54조”로 하고, 제103조의 13 제3항 후단 중 “「지방세기본법」 제53조의 5”를 “「지방세기본법」 제56조”로 하며, 제103조의 14 본문 중 “「지방세기본법」 제53조의 5”를 “「지방세기본법」 제56조”로 하고, 제103조의 17 제2항 중 “「지방세기본법」 제53조의 5”를 “「지방세기본법」 제56조”로 하며, 제103조의 24 제2항 중 “「지방세기본법」 제50조 및 제51조”를 “「지방세기본법」 제49조 및 제50조”로 하고, 같은 조 제3항 후단 중 “「지방세기본법」 제53조의 3 또는 제53조의 4”를 “「지방세기본법」 제54조 또는 제55조”로 하며, 같은 조 제4항 중 “「지방세기본법」 제77조”를 “「지방세기본법」 제62조”로 하고, 같은 조 제5항 전단 중 “「지방세기본법」 제51조”를 “「지방세기본법」 제50조”로 하며, 제103조의 25 제1항 제2호 나목 중 “「지방세기본법」 제51조”를 “「지방세기본법」 제50조”로 하고, 제103조의 27 제2항 중 “「지방세기본법」 제76조”를 “「지방세기본법」 제60조”로 하며, 제103조의 28 제2항 단서 중 “「지방세기본법」 제77조 제1항 제5호 단서”를 “「지방세기본법」 제62조 제1항 제5호 단서”로 하고, 같은 조 제3항 본문 중 “「지방세기본법」 제76조 및 제77조”

제1조【시행일】 이 영은 공포한 날부터 시행한다.

제2조【기한연장과 분납한도의 특례에 관한 적용례】 제8조의 2의 개정규정은 이 영 시행 이후 기한연장을 결정(납세자가 신청한 경우에는 승인)하는 분부터 적용한다.

부 칙 (2017. 12. 29. 대통령령 제28523호)

이 영은 2018년 1월 1일부터 시행한다.

부 칙 (2017. 7. 26. 대통령령 제28211호 ; 행정안전부와 그 소속기관 직제 부칙)

제1조【시행일】 이 영은 공포한 날부터 시행한다. 다만, 부칙 제8조에 따라 개정되는 대통령령 중 이 영 시행 전에 공포되었으나 시행일이 도래하지 아니한 대통령령을 개정한 부분은 각각 해당 대통령령의 시행일부터 시행한다.

제2조～제7조 생 략

제8조【다른 법령의 개정】 ①～⑬ 생 략

⑭ 지방세기본법 시행령 일부를 다음과 같이 개정한다.

제6조 제6호, 제7조 제1항 제1호, 제14조 제4항 제1호, 제57조 제5항, 제75조, 제80조 제2항, 제88조 제4항 각 호 외의 부분, 같은 조 제12항, 제90조 각 호 외의 부분, 제91조 제4항 및 제95조 제1항 중 “행정자치부장관”을 각각 “행정안전부장관”으로 한다.

제14조 제1항 제6호, 제15조, 제37조 제5항 후단, 제46조 제1항 본문 및 제69조 제2항 중 “행정자치부령”을 각각 “행정안전부령”으로 한다.

제88조 제3항 및 같은 조 제4항 제1호 중 “행정자치부”를 각각 “행정안전부”로 한다.

별표 3 제1호부터 제296호까지의 제출받을 기관란 및 같은 표 제240호의 과세자료제출기관란 중 “행정자치부”를 각각를 "「지방세기본법」 제60조 및 제62조"로 하며, 제103조의 29 제4항 중 "「지방세기본법」 제53조의 5"를 "「지방세기본법」 제56조"로 하고, 제103조의 30 제1항 단서 중 "「지방세기본법」 제53조의 2 또는 제53조의 3"을 "「지방세기본법」 제53조 또는 제54조"로 하며, 제103조의 61 중 "「지방세기본법」 제53조의 3"을 "「지방세기본법」 제54조"로 하고, 제103조의 64 제2항 중 "「지방세기본법」 제50조"를 "「지방세기본법」 제49조"로 하며, 제137조 제2항 중 "「지방세기본법」 제53조의 2부터 제53조의 4"를 "「지방세기본법」 제53조부터 제55조"로 하고, 같은 조 제4항 중 "「지방세기본법」 제53조의 5"를 "「지방세기본법」 제56조"로 하며, 제147조 제1항 제3호 중 "「지방세기본법」 제53조의 2부터 제53조의 4"를 "「지방세기본법」 제53조부터 제55조"로 하고, 제153조 제1항 중 "「지방세기본법」 제53조의 2 또는 제53조의 3"을 "「지방세기본법」 제53조 또는 제54조"로 하며, 같은 조 제2항 중 "「지방세기본법」 제53조의 4"를 "「지방세기본법」 제55조"로 한다.

⑩ 지방세외수입금의 징수 등에 관한 법률 일부를 다음과 같이 개정한다.

제5조 제1항 중 "「지방세기본법」 제134조의 5 또는 제134조의 6"을 "「지방세기본법」 제129조 또는 제130조"로, "같은 법 제134조의 3"을 "같은 법 제127조"로, "「지방세기본법」 제134조의 4"를 "「지방세기본법」 제128조"로 하고, 제7조의 3 제1항 본문 중 "「지방세기본법」 제141조"를 "「지방세기본법」 제147조"로 하며, 제17조 제3항 후단 중 "「지방세기본법」 제85조부터 제90조"를 "「지방세기본법」 제65조부터 제70조"로 한다.

⑪ 지방세특례제한법 일부를 다음과 같이 개정한다.

제2조 제2항 본문 중 "「지방세기본법」과 「지방세법」"을 "「지방세기본법」, 「지방세징수법」 및 「지방세법」"으로 하고, 같은 "행정안전부"로 한다.

별표 3 제61호 및 제220호의 과세자료제출기관란 중 "국민안전처"를 각각 "행정안전부"로 한다.

별표 3 제75호의 과세자료제출기관란 중 "국민안전처"를 "소방청"으로 한다.

별표 3 제106호의 과세자료제출기관란 중 "산업통상자원부"를 "중소벤처기업부"로 한다.

별표 3 제262호의 과세자료의 구체적인 범위란, 같은 표 제263호의 과세자료의 구체적인 범위란 및 같은 표 비고 제2호·제3호 중 "행정자치부장관"을 각각 "행정안전부장관"으로 한다.

⑮~⑱ 생 략

부 칙 (2017. 3. 27. 대통령령 제27958호)

제1조【시행일】 이 영은 2017년 3월 28일부터 시행한다.

제2조【전자송달 철회에 관한 적용례】 제14조 제4항의 개정규정은 이 영 시행 전에 전자송달을 신청하여 이 영 시행 당시 전자송달을 받고 있는 자에 대해서도 적용한다.

제3조【과세예고 통지 대상 변경에 관한 적용례】 제58조 제3항 제1호 단서의 개정규정은 이 영 시행 이후 소명안내를 받는 경우부터 적용한다.

제4조【기한연장 시 담보 제공 예외사유 제외에 관한 경과조치】 이 영 시행 전에 종전의 제7조에 따라 기한연장을 신청한 경우에는 제9조 제2항의 개정규정에도 불구하고 종전의 규정에 따른다.

제5조【지방세환급금 양도 신청의 처리 결과 통지에 관한 경과조치】 이 영 시행 전에 종전의 제66조 제1항에 따라 지방세환급금의 양도 신청을 한 경우에는 제44조 제3항의 개정규정에도 불구하고 종전의 규정에 따른다.

항 단서 중 "「지방세기본법」 및 「지방세법」"을 "「지방세기본법」, 「지방세징수법」 및 「지방세법」"으로 하며, 제3조 제1항 중 "「지방세기본법」, 「지방세법」"을 "「지방세기본법」, 「지방세징수법」, 「지방세법」"으로 하고, 제4조 제3항 전단 중 "「지방세기본법」 제141조"를 "「지방세기본법」 제147조"로 하며, 제169조 제2항 중 "「지방세기본법」 제52조"를 "「지방세기본법」 제51조"로 한다.

⑫ 지방자치법 일부를 다음과 같이 개정한다.

제140조 제7항 중 "「지방세기본법」 제118조와 제121조부터 제127조"를 "「지방세기본법」 제90조와 제94조부터 제100조"로 한다.

⑬ 특정범죄 가중처벌 등에 관한 법률 일부를 다음과 같이 개정한다.

제8조 제1항 중 "「지방세기본법」 제129조 제1항"을 "「지방세기본법」 제102조 제1항"으로 한다.

⑭ 한국주택금융공사법 일부를 다음과 같이 개정한다.

제43조의 4 제2항 제1호 중 "「지방세기본법」 제99조 제1항"을 "「지방세기본법」 제71조 제1항"으로 한다.

⑮ 법률 제14524호 보조금 관리에 관한 법률 일부개정법률 일부를 다음과 같이 개정한다. (2017. 1. 4. 신설 ; 보조금 관리에 관한 법률 부칙)

제26조의 3 제1항 제6호 바목 중 "같은 법 제114조 제1항"을 "「지방세기본법」 제86조 제1항"으로 한다.

제14조 【다른 법령과의 관계】 이 법 시행 당시 다른 법령(조례를 포함한다)에서 종전의 「지방세기본법」 또는 그 규정을 인용한 경우에 이 법에 그에 해당하는 규정이 있을 때에는 이 법 또는 이 법의 해당 조항을 각각 인용한 것으로 본다.

부　칙 (2016. 5. 29. 법률 제14197호 ; 지방회계법 부칙)

제6조 【특수관계인의 범위 조정에 관한 경과조치】 ① 2013년 1월 1일 전에 성립한 납세의무의 경우 제2차 납세의무를 지는 특수관계인의 범위에 대해서는 대통령령 제24295호 지방세기본법 시행령 일부개정령 제2조의 2 및 제24조의 개정규정에도 불구하고 종전의 「지방세기본법 시행령」(대통령령 제24295호로 개정되기 전의 것을 말한다)에 따른다.

② 2013년 1월 1일 전에 체결된 계약의 경우 짜고 한 거짓 계약으로 추정되는 계약의 상대방인 특수관계인의 범위에 대해서는 대통령령 제24295호 지방세기본법 시행령 일부개정령 제2조의 2 및 제87조의 개정규정에도 불구하고 종전의 「지방세기본법 시행령」(대통령령 제24295호로 개정되기 전의 것을 말한다)에 따른다.

제7조 【과태료 부과기준 변경에 관한 경과조치】 2014년 1월 1일 전의 위반행위에 대한 과태료 부과처분은 대통령령 제25059호 지방세기본법 시행령 일부개정령 별표 1의 개정규정 중 1회 위반행위의 과태료 부과기준에 따른다.

제8조 【다른 법령의 개정】 ① 관세법 시행령 일부를 다음과 같이 개정한다.

별표 3 제34호의 과세자료명란 중 "「지방세기본법」 제76조 제1항"을 "「지방세기본법」 제60조 제1항"으로 한다.

② 국가를 당사자로 하는 계약에 관한 법률 시행령 일부를 다음과 같이 개정한다.

제12조 제3항 제3호 중 "「지방세기본법」 제129조"를 "「지방세기본법」 제102조"로 한다.

③ 국민건강증진법 시행령 일부를 다음과 같이 개정한다.

제27조의 4 제2항 전단 중 "「지방세기본법」 제86조"를 "「지방세기본법」 제66조"로 한다.

④ 국제조세조정에 관한 법률 시행령 일부를 다음과 같이 개

제1조【시행일】 이 법은 공포 후 6개월이 경과한 날부터 시행한다. (단서 생략)

제2조 생 략

제3조【다른 법률의 개정】 ①~③ 생 략

④ 지방세기본법 일부를 다음과 같이 개정한다.

제72조 제1항 중 "「지방재정법」 제77조"를 "「지방회계법」 제38조"로 한다.

⑤~⑩ 생 략

제4조 생 략

부 칙 (2015. 12. 29. 법률 제13635호)

제1조【시행일】 이 법은 2016년 1월 1일부터 시행한다. 다만, 제93조의 2의 개정규정은 2018년 1월 1일부터 시행한다.

제2조【부과의 제척기간 변경에 관한 적용례】 제38조 제1항 제2호 및 제4호의 개정규정은 이 법 시행 후 지방세를 부과할 수 있는 날이 개시되는 분부터 적용한다.

제3조【가산세 부과에 관한 적용례】 제53조의 2, 제53조의 3 및 제53조의 5의 개정규정은 이 법 시행 후 가산세를 가산할 지방세의 납세의무가 성립하는 경우부터 적용한다.

제4조【지방세환급가산금에 관한 적용례】 제77조의 개정규정은 이 법 시행 후 경정청구를 하는 분부터 적용한다.

제5조【체납처분의 중지에 관한 적용례】 제94조 제2항의 개정규정은 이 법 시행 후 체납처분 절차를 개시하는 분부터 적용한다.

제6조【체납처분의 유예에 관한 적용례】 제95조 제1항의 개정규정은 이 법 시행 후 체납처분의 유예를 신청하는 분부터 적용한다.

제7조【지방세 가산금의 법정기일에 관한 적용례】 제99조 정한다.

제44조 제1항 제2호 다목 중 "「지방세기본법」 제45조부터 제49조까지"를 "「지방세기본법」 제45조부터 제48조까지 및 「지방세징수법」 제15조"로 한다.

⑤ 부동산 실권리자명의 등기에 관한 법률 시행령 일부를 다음과 같이 개정한다.

제3조 제4항 중 "「지방세기본법 시행령」 제65조"를 "「지방세기본법 시행령」 제43조"로 한다.

제4조의 3 중 "「지방세기본법」 제85조부터 제90조까지"를 "「지방세기본법」 제65조부터 제70조까지"로 한다.

⑥ 지방세법 시행령 일부를 다음과 같이 개정한다.

제4조 제9항 제1호 중 "「지방세기본법」 제145조"를 "「지방세기본법」 제151조"로 한다.

제11조 제1항 중 "「지방세기본법」 제47조 제2호"를 "「지방세기본법」 제46조 제2호"로 한다.

제100조의 10 본문 중 "「지방세기본법」 제135조"를 "「지방세기본법」 제139조"로 한다.

제100조의 13 제1항 단서 중 "「지방세기본법」 제142조"를 "「지방세기본법」 제135조"로 한다.

제100조의 18 제5항 제2호 단서 중 "「지방세기본법 시행령」 제65조"를 "「지방세기본법 시행령」 제43조"로 한다.

⑦ 지방세외수입금의 징수 등에 관한 법률 시행령 일부를 다음과 같이 개정한다.

제5조의 5 제1항 제3호 중 "「지방세기본법」 제141조"를 "「지방세기본법」 제147조"로 한다.

⑧ 지방세특례제한법 시행령 일부를 다음과 같이 개정한다.

제2조 제3항 제1호 중 "「지방세기본법」 제145조"를 "「지방세기본법」 제151조"로 한다.

제1항 제3호 바목의 개정규정은 이 법 시행 후 가산금을 가산하는 고지세액의 납부기한이 지나는 분부터 적용한다.

제8조【과세전적부심사에 관한 적용례】 제116조 제7항의 개정규정은 이 법 시행 후 과세전적부심사를 청구하는 분부터 적용한다.

제9조【과세자료 비밀유지 의무 위반에 관한 적용례】 제134조의 9의 개정규정은 이 법 시행 후 제134조의 8 제1항 또는 제3항을 위반한 분부터 적용한다.

제10조【포상금 지급에 관한 적용례】 제138조 제1항의 개정규정은 이 법 시행 후 같은 항 각 호의 어느 하나에 해당하는 자(같은 항 제5호의 경우에는 이 법 시행 후 지방자치단체의 장이 지방세 징수에 특별한 공적이 있다고 인정하는 자를 말한다)부터 적용한다.

제11조【고액·상습체납자의 명단공개에 관한 적용례】 제140조 제4항의 개정규정은 이 법 시행 후 명단을 공개하는 경우부터 적용한다.

제12조【일반적 경과조치】 이 법 시행 전에 종전의 규정에 따라 부과하였거나 부과하여야 할 지방세에 관하여는 종전의 규정에 따른다.

제13조【납부최고서 발급에 관한 경과조치】 이 법 시행 전에 납부기한이 경과하여 제2차납세의무자에게 납부최고서를 발급하려는 경우에는 제61조 제2항의 개정규정에도 불구하고 종전의 규정에 따른다.

제14조【포상금 지급에 관한 경과조치】 이 법 시행 전에 세수증대에 기여한 행위에 대한 포상금 등의 지급에 관하여는 제138조 제1항의 개정규정에도 불구하고 종전의 규정에 따른다.

부 칙 (2015. 5. 18. 법률 제13293호)

제84조의 2 제2항 전단 중 "「지방세기본법」 제76조"를 "「지방세기본법」 제60조"로 하며, 같은 항 후단 중 "「지방세기본법」 제77조"를 "「지방세기본법」 제62조"로 한다.

⑨ 한국농어촌공사 및 농지관리기금법 시행령 일부를 다음과 같이 개정한다.

제19조의 14 제2항 제1호 중 "「지방세기본법」 제99조 제1항"을 "「지방세기본법」 제71조 제1항"으로 한다.

제9조【다른 법령과의 관계】 이 영 시행 당시 다른 법령(조례를 포함한다)에서 종전의 「지방세기본법 시행령」 또는 그 규정을 인용한 경우에 이 영에 그에 해당하는 규정이 있을 때에는 이 영 또는 이 영의 해당 규정을 각각 인용한 것으로 본다.

부 칙 (2017. 1. 17. 대통령령 제27793호 ; 부동산 거래신고 등에 관한 법률 시행령 부칙)

제1조【시행일】 이 영은 2017년 1월 20일부터 시행한다.

제2조·제3조 생 략

제4조【다른 법령의 개정】 ①~⑨ 생 략

⑩ 지방세기본법 시행령 일부를 다음과 같이 개정한다.

별표 2 제141호의 과세자료명란 중 "「부동산 거래신고에 관한 법률」 제3조 및 제6조"를 "「부동산 거래신고 등에 관한 법률」 제3조 및 제5조"로 한다.

⑪·⑫ 생 략

제5조 생 략

부 칙 (2016. 11. 29. 대통령령 제27621호 ; 지방회계법 시행령 부칙)

제1조【시행일】 이 영은 2016년 11월 30일부터 시행한다.

제2조【다른 법령의 개정】 ①~⑦ 생 략

제1조【시행일】 이 법은 공포한 날부터 시행한다. 다만, 제115조 제1항 · 제2항 및 제140조 제1항 · 제2항 · 제5항 · 제6항의 개정규정은 2016년 1월 1일부터 시행한다.

제2조【상여에 대한 주민세 종업원분의 납세의무 성립시기에 관한 적용례】 제34조 제2항 제3호의 개정규정은 이 법 시행 후 「소득세법」 제131조 제2항에 따라 원천징수하는 분부터 적용한다.

제3조【납부불성실 가산세 부과에 관한 적용례】 제53조의4의 개정규정은 이 법 시행 후 납부불성실 가산세를 부과하는 경우부터 적용한다.

제4조【납기 전 징수에 관한 적용례】 제73조 제1항의 개정규정은 이 법 시행 후 지방세의 납기 전 징수사유가 발생하는 경우부터 적용한다.

제5조【지방세환급금의 충당과 환급에 관한 적용례】 제76조 제6항 및 제7항의 개정규정은 이 법 시행 후 지급결정을 한 지방세환급금부터 적용한다.

제6조【자동차 등의 압류절차에 관한 적용례】 제91조의2의 개정규정은 이 법 시행 후 자동차 또는 건설기계를 압류하는 경우부터 적용한다.

제7조【이의신청 등에 관한 적용례】 제116조 제5항, 제123조 제1항 각 호 외의 부분 단서 및 제125조 제1항 단서의 개정규정은 이 법 시행 후 제기하는 과세전적부심사, 이의신청 및 심사청구부터 적용한다.

제8조【고액 · 상습체납자의 명단공개에 관한 적용례】 제140조의 개정규정은 이 법 시행 후 최초로 지방자치단체의 장이 지방세심의위원회의 심의를 거쳐 명단을 공개하는 경우부터 적용한다.

제9조【경정 등의 청구에 관한 경과조치】 이 법 시행 당시

⑧ 지방세기본법 시행령 일부를 다음과 같이 개정한다.

제5조 제4호 나목 중 "「지방재정법 시행령」 제103조 제1항 및 제2항"을 "「지방회계법 시행령」 제49조 제1항 및 제2항"으로 하고, 같은 호 다목 중 "「지방재정법 시행령」 제103조의 2"를 "「지방회계법 시행령」 제62조"로 한다.

제62조 제2항 중 "「지방재정법 시행령」 제103조 제1항 및 제2항"을 "「지방회계법 시행령」 제49조 제1항 및 제2항"으로 한다.

제11조의 2 제4호 중 "「지방재정법 시행령」 제103조의 2"를 "「지방회계법 시행령」 제62조"로 한다.

⑨~⑱ 생 략

제3조 생 략

부 칙 (2016. 9. 22. 대통령령 제27506호 ; 기초연구진흥 및 기술개발지원에 관한 법률 시행령 부칙)

제1조【시행일】 이 영은 2016년 9월 23일부터 시행한다.

제2조 · 제3조 생 략

제4조【다른 법령의 개정】 ①~⑳ 생 략

㉑ 지방세기본법 시행령 일부를 다음과 같이 개정한다.

별표 2 제154호의 과세자료명란 중 "「기초연구진흥 및 기술개발지원에 관한 법률」 제14조와 같은 법 시행령 제16조에 따른 신고"를 "「기초연구진흥 및 기술개발지원에 관한 법률」 제14조의 2와 같은 법 시행령 제16조의 2에 따른 신청"으로 한다.

㉒~㉔ 생 략

부 칙 (2016. 8. 31. 대통령령 제27472호 ; 감정평가 및 감정평가사에 관한 법률 시행령 부칙)

제1조【시행일】 이 영은 2016년 9월 1일부터 시행한다.

제2조~제5조 생 략

종전의 규정에 따른 기간이 경과하지 아니한 결정 또는 경정의 청구에 관하여는 제51조의 개정규정을 적용한다.

부 칙 (2014. 11. 19. 법률 제12844호 ; 정부조직법 부칙)

제1조 【시행일】 이 법은 공포한 날부터 시행한다. 다만, 부칙 제6조에 따라 개정되는 법률 중 이 법 시행 전에 공포되었으나 시행일이 도래하지 아니한 법률을 개정한 부분은 각각 해당 법률의 시행일부터 시행한다.

제2조～제5조 생 략

제6조 【다른 법률의 개정】 ①～⑯ 생 략

⑰ 지방세기본법 일부를 다음과 같이 개정한다.

제2조 제1항 제28호, 제25조 제3항, 제134조의 5 제4항, 제138조 제1항 제4호, 제142조 제5항 및 제144조 제4항 중 "안전행정부령"을 각각 "행정자치부령"으로 한다.

제2조 제1항 제28호, 제12조 제1항부터 제4항까지, 제13조 제2항 · 제3항, 제28조 제1항, 제69조 제3항 · 제4항, 제114조 제1항 제5호, 같은 조 제4항 본문 · 단서, 제134조의 5 제1항 본문, 같은 조 제3항, 제134조의 6 제1항, 제134조의 7 제2항, 제142조 제3항 각 호 외의 부분, 같은 조 제4항 · 제6항, 제142조의 2 제1항 각 호 외의 부분, 같은 조 제2항 및 제144조 제2항 · 제3항 중 "안전행정부장관"을 각각 "행정자치부장관"으로 한다.

제134조의 8 제1항 각 호 외의 부분 본문, 같은 조 제2항 및 제142조의 3 제1항 중 "안전행정부"를 각각 "행정자치부"로 한다.

⑱～㉘ 생 략

제7조 생 략

부 칙 (2014. 5. 20. 법률 제12617호 ; 기초연금법 부칙)

제1조 【시행일】 이 법은 2014년 7월 1일부터 시행한다. (단

제6조 【다른 법령의 개정】 ①～⑯ 생 략

⑰ 지방세기본법 시행령 일부를 다음과 같이 개정한다.

제81조의 14 제1항 제1호 중 "「부동산 가격공시 및 감정평가에 관한 법률」 제2조 제9호"를 "「감정평가 및 감정평가사에 관한 법률」 제2조 제4호"로 한다.

⑱～㉒ 생 략

제7조 생 략

부 칙 (2016. 6. 28. 대통령령 제27285호 ; 물류시설의 개발 및 운영에 관한 법률 시행령 부칙)

제1조 【시행일】 이 영은 2016년 6월 30일부터 시행한다.

제2조 【다른 법령의 개정】 ①～④ 생 략

⑤ 지방세기본법 시행령 일부를 다음과 같이 개정한다.

별표 2 제36호의 과세자료명란 중 "「물류시설의 개발 및 운영에 관한 법률」 제22조에 따른 물류단지"를 "「물류시설의 개발 및 운영에 관한 법률」 제22조에 따른 일반물류단지 또는 같은 법 제22조의 2에 따른 도시첨단물류단지"로 한다.

⑥～⑧ 생 략

부 칙 (2016. 5. 31. 대통령령 제27205호 ; 기술신용보증기금법 시행령 부칙)

제1조 【시행일】 이 영은 2016년 9월 30일부터 시행한다. (단서 생략)

제2조 【다른 법령의 개정】 ①～㊹ 생 략

㊺ 지방세기본법 시행령 일부를 다음과 같이 개정한다.

별표 2 제163호 과세자료제출기관란 중 "「기술신용보증기금법」에 따른 기술신용보증기금"을 "「기술보증기금법」에 따른 기술보증기금"으로 한다.

서 생략)

제2조~제14조 생 략

제15조【다른 법률의 개정】 ①~③ 생 략

④ 지방세기본법 일부를 다음과 같이 개정한다.

제92조 제2항 제5호 중 "「기초노령연금법」에 따른 연금"을 "「기초연금법」에 따른 기초연금"으로 한다.

러. 「기초연금법」

⑤ 생 략

제16조 생 략

부 칙 (2014. 1. 1. 법률 제12152호)

제1조【시행일】 이 법은 2014년 1월 1일부터 시행한다. 다만, 제142조 제3항 제1호의 2 마목의 개정규정은 2014년 8월 7일부터 시행한다.

제2조【일반적 적용례】 이 법은 이 법 시행 후 최초로 납세의무가 성립하는 분부터 적용한다.

제3조【부과의 제척기간 연장에 관한 적용례】 제38조 제1항 제1호의 2의 개정규정은 이 법 시행 후 최초로 해당 지방세를 부과할 수 있는 날이 개시되는 경우부터 적용한다.

제4조【가산세 산정기준 변경에 관한 적용례】 제53조의 2 및 제53조의 3의 개정규정은 이 법 시행 후 가산세를 가산할 지방세의 납세의무가 성립하는 경우부터 적용한다.

제5조【신탁을 원인으로 한 부동산의 이전등기에 관한 적용례】 제63조 제1항 각 호 외의 부분 단서 및 같은 항 제4호의 개정규정은 이 법 시행 후 최초로 부동산의 소유권을 이전하기 위하여 등기관서의 장에게 등기를 신청하는 경우부터 적용한다.

부 칙 (2013. 8. 13. 법률 제12047호)

㊻~㊾ 생 략

제3조 생 략

부 칙 (2016. 4. 26. 대통령령 제27110호 ; 승강기시설 안전관리법 시행령 부칙)

제1조【시행일】 이 영은 공포한 날부터 시행한다. 다만, 제14조의 5 제2항, 제15조 제1항, 제20조 제2항·제3항, 제20조의 2 및 별표 제2호의 개정규정과 부칙 제2조의 규정은 2016년 7월 1일부터 시행한다.

제2조【다른 법령의 개정】 ①·② 생 략

③ 지방세기본법 시행령 일부를 다음과 같이 개정한다.

별표 2 제13호의 과세자료제출기관란 중 "한국승강기안전관리원"을 "한국승강기안전공단"으로 한다.

부 칙 (2016. 3. 22. 대통령령 제27038호 ; 외국환거래법 시행령 부칙)

제1조【시행일】 이 영은 공포한 날부터 시행한다. (단서 생략)

제2조·제3조 생 략

제4조【다른 법령의 개정】 ① 생 략

② 「지방세기본법 시행령」 일부를 다음과 같이 개정한다.

별표 2 제151호의 과세자료제출기관란 중 "「한국은행법」에 따른 한국은행"을 "관세청"으로 한다.

부 칙 (2015. 12. 31. 대통령령 제26835호)

제1조【시행일】 이 영은 2016년 1월 1일부터 시행한다.

제2조【전자송달의 신청 철회에 관한 적용례】 제13조 제4항의 개정규정은 이 영 시행 이후 지방세정보통신망에 접속하

이 법은 공포한 날부터 시행한다.

부　칙 (2013. 5. 28. 법률 제11845호 ; 자본시장과 금융투자업에 관한 법률 부칙)

제1조【시행일】 이 법은 공포 후 3개월이 경과한 날부터 시행한다. (단서 생략)

제2조～제15조 생　략

제16조【다른 법률의 개정】 ①～㉒ 생　략

㉓ 지방세기본법 일부를 다음과 같이 개정한다.

제47조 각 호 외의 부분 본문 중 "「자본시장과 금융투자업에 관한 법률」 제9조 제13항 제1호에 따른 유가증권시장"을 "「자본시장과 금융투자업에 관한 법률」에 따른 증권시장으로서 대통령령으로 정하는 증권시장"으로 한다.

제17조 생　략

부　칙 (2013. 3. 23. 법률 제11690호 ; 정부조직법 부칙)

제1조【시행일】 ① 이 법은 공포한 날부터 시행한다.

② 부칙 제6조에 따라 개정되는 법률 중 이 법의 시행 전에 공포되었으나 시행일이 도래하지 아니한 법률을 개정한 부분은 각각 해당 법률의 시행일부터 시행하되, 같은 조 제477항에 따른 「약사법」 제47조 제1항 및 제481항에 따른 「의료기기법」 제18조 제1항의 개정규정은 이 법 시행 후 1년의 범위에서 해당 법률에 관한 대통령령으로 정하는 날부터 시행한다.

제2조～제5조 생　략

제6조【다른 법률의 개정】 ①～⑳⓪ 생　략

⑳① 지방세기본법 일부를 다음과 같이 개정한다.

제2조 제1항 제28호, 제25조 제3항, 제134조의 5 제4항, 제138조 제1항 제4호, 제142조 제5항 및 제144조 제4항 중 "행정여 서류를 열람할 수 있게 하는 분부터 적용한다.

제3조【지방세 환급금 양도에 관한 적용례】 제66조 제2항의 개정규정은 이 영 시행 이후 지방세 환급금의 양도를 신청하는 경우부터 적용한다.

부　칙 (2015. 7. 24. 대통령령 제26438호 ; 액화석유가스의 안전관리 및 사업법 시행령 부칙)

제1조【시행일】 이 영은 2015년 7월 29일부터 시행한다.

제2조 · 제3조 생　략

제4조【다른 법령의 개정】 ①～⑪ 생　략

⑫ 지방세기본법 시행령 일부를 다음과 같이 개정한다.

별표 2 제161호의 과세자료명란 중 "「액화석유가스의 안전관리 및 사업법」 제18조"를 "「액화석유가스의 안전관리 및 사업법」 제36조"로 하고, 같은 표 제175호의 과세자료명란 중 "「액화석유가스의 안전관리 및 사업법」 제3조"를 "「액화석유가스의 안전관리 및 사업법」 제5조"로 하며, 같은 표 제176호의 과세자료명란 중 "「액화석유가스의 안전관리 및 사업법」 제6조"를 "「액화석유가스의 안전관리 및 사업법」 제8조"로 하고, 같은 표 제222호의 과세자료명란 중 "등록 및 석유판매업의 등록에 관한"을 "등록, 석유판매업의 등록에 관한 자료 및 「액화석유가스의 안전관리 및 사업법」 제17조에 따른 액화석유가스 수출입업의 등록에 관한"으로 한다.

⑬～⑯ 생　략

제5조 생　략

부　칙 (2015. 6. 1. 대통령령 제26302호 ; 측량 · 수로조사 및 지적에 관한 법률 시행령 부칙)

제1조【시행일】 이 영은 2015년 6월 4일부터 시행한다.

안전부령"을 각각 "안전행정부령"으로 한다.

제2조 제1항 제28호, 제12조 제1항부터 제4항까지, 제13조 제2항·제3항, 제28조 제1항, 제69조 제3항·제4항, 제134조의 5 제1항 본문, 같은 조 제3항, 제134조의 6 제1항, 제134조의 7 제2항, 제142조 제3항 각 호 외의 부분, 같은 조 제4항·제6항, 제142조의 2 제1항 각 호 외의 부분, 같은 조 제2항 및 제144조 제2항·제3항 중 "행정안전부장관"을 각각 "안전행정부장관"으로 한다.

제63조 제1항 제3호 중 "외교통상부장관"을 "외교부장관"으로 한다.

제134조의 8 제1항 본문 및 같은 조 제2항 중 "행정안전부"를 각각 "안전행정부"로 한다.

⑳②~⑦⑩ 생 략

제7조 생 략

부 칙 (2013. 1. 1. 법률 제11616호)

제1조【시행일】 이 법은 2013년 1월 1일부터 시행한다. 다만, 제65조 제2항 및 제3항의 개정규정은 2013년 4월 1일부터, 제140조 제1항의 개정규정은 2013년 7월 1일부터 각각 시행한다.

제2조【가산세율 변경에 따른 적용례】 제53조의 2부터 제53조의 5까지의 개정규정은 이 법 시행 후 가산세를 가산할 지방세의 납세의무가 성립하는 분부터 적용한다.

제3조【가산세 감면 제한에 따른 적용례】 제54조 제3항의 개정규정은 이 법 시행 후 수정신고 또는 기한 후 신고하는 분부터 적용한다.

제4조【지방세환급금 충당의 소급효에 관한 적용례】 제76조 제3항의 개정규정은 이 법 시행 후 발생하는 지방세환급금에 대한 충당분부터 적용한다.

제2조【다른 법령의 개정】 ①~㊹ 생 략

㊺ 지방세기본법 시행령 일부를 다음과 같이 개정한다.

별표 2 제25호의 과세자료명란, 같은 표 제32호의 과세자료명란, 같은 표 제112호의 과세자료명란 및 같은 표 제184호의 과세자료명란 중 "「측량·수로조사 및 지적에 관한 법률」"을 각각 "「공간정보의 구축 및 관리 등에 관한 법률」"로 한다.

㊻~54 생 략

제3조 생 략

부 칙 (2015. 5. 18. 대통령령 제26242호)

제1조【시행일】 이 영은 공포한 날부터 시행한다.

제2조【과세전적부심사 기간 연장에 관한 적용례】 제94조 제4항 제3호의 개정규정은 이 영 시행 당시 과세전적부심사가 진행 중인 경우에도 적용한다.

제3조【「선박의 입항 및 출항 등에 관한 법률」등의 시행에 관한 경과조치】 ① 별표 2 제205호의 개정규정 중 "「선박의 입항 및 출항 등에 관한 법률」 제24조"는 2015년 8월 3일까지는 "「항만법」 제32조"로 본다.

② 별표 2 제225호의 개정규정 중 "「에너지이용 합리화법」에 따른 한국에너지공단"은 2015년 7월 28일까지는 "「에너지이용 합리화법」에 따른 에너지관리공단"으로 본다.

부 칙 (2015. 1. 6. 대통령령 제25985호 ; 해양수산부와 그 소속기관 직제 부칙)

제1조【시행일】 이 영은 공포한 날부터 시행한다.

제2조·제3조 생 략

제4조【다른 법령의 개정】 ①~③ 생 략

④ 지방세기본법 시행령 일부를 다음과 같이 개정한다.

제5조【포상금 지급에 관한 적용례】 제138조의 개정규정은 이 법 시행 후 같은 조 제1항 각 호의 어느 하나에 해당하는 자(같은 항 제5호의 경우에는 이 법 시행 후 지방자치단체의 장이 지방세 징수에 특별한 공적이 있다고 인정하는 자를 말한다)부터 적용한다.

제6조【포상금 지급에 관한 경과조치】 이 법 시행 전에 세수증대에 기여한 행위에 대한 포상금 등의 지급에 관해서는 제138조의 개정규정에도 불구하고 종전의 해당 조례에 따른다.

부 칙 (2011. 12. 31. 법률 제11136호)

제1조【시행일】 이 법은 공포 후 3개월이 경과한 날부터 시행한다. 다만, 제40조 제3항·제4항, 제68조 제3항, 제92조 제2항, 제97조, 제99조 제1항, 제145조 제1항 및 제146조 제3항의 개정규정은 공포한 날부터 시행한다.

제2조【벌칙 등에 관한 경과조치】 ① 이 법 시행 전의 행위에 대한 벌칙, 과태료, 양벌규정, 「형법」 적용의 일부 배제, 고발 및 공소시효의 기간에 관하여는 제130조, 제130조의 2부터 제130조의 4까지, 제131조의 2부터 제131조의 4까지, 제132조, 제133조 및 제134조 제1항의 개정규정에도 불구하고 종전의 제132조 및 제133조와 종전의 제134조 제1항에 따라 준용되는 「조세범 처벌법」에 따른다.

② 이 법 시행 전의 행위에 대한 처벌절차에 관하여는 제133조의 2부터 제133조의 14까지 및 제134조 제2항의 개정규정에도 불구하고 종전의 제134조 제2항에 따라 준용되는 「조세범 처벌절차법」에 따른다.

제3조【급여금에 대한 압류해제에 관한 적용례】 제92조 제2항의 개정규정은 이 법 시행 후 최초로 지급받는 급여금분부터 적용한다.

별표 2 제114호 및 제115호의 과세자료제출기관란 중 "지방해양항만청"을 각각 "지방해양수산청"으로 한다.

⑤~㉚ 생 략

제5조 생 략

부 칙 (2014. 12. 30. 대통령령 제25918호 ; 농업소득의 보전에 관한 법률 시행령 부칙)

제1조【시행일】 이 영은 2015년 1월 1일부터 시행한다.

제2조~제3조 생 략

제4조【다른 법령의 개정】 ①~⑥ 생 략

⑦ 지방세기본법 시행령 일부를 다음과 같이 개정한다.

별표 2 제153호의 과세자료명란 중 "「쌀소득 등의 보전에 관한 법률」 제4조, 제5조, 제9조 및 제11조에 따른 쌀소득 등의"를 "「농업소득의 보전에 관한 법률」 제4조, 제5조, 제10조 및 제12조에 따른 농업소득의"로 한다.

⑧~⑨ 생 략

제5조 생 략

부 칙 (2014. 11. 19. 대통령령 제25751호 ; 행정자치부와 그 소속기관 직제 부칙)

제1조【시행일】 이 영은 공포한 날부터 시행한다. 다만, 부칙 제5조에 따라 개정되는 대통령령 중 이 영 시행 전에 공포되었으나 시행일이 도래하지 아니한 대통령령을 개정한 부분은 각각 해당 대통령령의 시행일부터 시행한다.

제2조~제4조 생 략

제5조【다른 법령의 개정】 ①~㉑⑧ 생 략

㉑⑨ 지방세기본법 시행령 일부를 다음과 같이 개정한다.

제3조 제2항·제3항, 제7조 제1항 제1호, 제102조의 9 및 제115

제4조 【다른 법률의 개정】 특정범죄가중처벌 등에 관한 법률 일부를 다음과 같이 개정한다.

제1조 중 "「조세범 처벌법」"을 "「조세범 처벌법」, 「지방세기본법」"으로 하고, 제8조 제1항 중 "「조세범 처벌법」 제3조 제1항, 제4조 및 제5조"를 "「조세범 처벌법」 제3조 제1항, 제4조 및 제5조, 「지방세기본법」 제129조 제1항"으로 한다.

부 칙 (2011. 4. 12. 법률 제10580호 ; 부동산등기법 부칙)

제1조 【시행일】 이 법은 공포 후 6개월이 경과한 날부터 시행한다. (단서 생략)

제2조 · 제3조 생 략

제4조 【다른 법률의 개정】 ①~㉜ 생 략

㉝ 지방세기본법 일부를 다음과 같이 개정한다.

제87조 제3항 중 "등기필증"을 "등기필증, 등기완료통지서"로 한다.

㉞~㊷ 생 략

제5조 생 략

부 칙 (2011. 3. 29. 법률 제10468호)

제1조 【시행일】 이 법은 2014년 1월 1일부터 시행한다.

제2조 【지역자원시설세에 관한 적용례】 화력발전에 대한 지역자원시설세의 부과는 이 법 시행 후 최초로 발전하는 분부터 적용한다.

조 제1항 중 "안전행정부장관"을 각각 "행정자치부장관"으로 한다.

제13조 제1항 제5호, 제15조 제1항, 제63조 제4항 및 제64조 제5항 후단 중 "안전행정부령"을 각각 "행정자치부령"으로 한다.

별표 2 제1호부터 제184호까지의 제출받을 기관란 중 "안전행정부"를 각각 "행정자치부"로 하고, 같은 표 제177호 및 제178호의 과세자료명란 중 "안전행정부장관"을 각각 "행정자치부장관"으로 하며, 같은 표 비고 제2호 중 "안전행정부장관"을 "행정자치부장관"으로 한다.

⑳~⑱ 생 략

부 칙 (2014. 7. 28. 대통령령 제25523호 ; 부동산 거래신고에 관한 법률 시행령 부칙)

제1조 【시행일】 이 영은 2014년 7월 29일부터 시행한다.

제2조 생 략

제3조 【다른 법령의 개정】 ①·② 생 략

③ 지방세기본법 시행령 일부를 다음과 같이 개정한다.

별표 2 제141호의 과세자료명란 중 "「공인중개사의 업무 및 부동산 거래신고에 관한 법률」 제27조 및 제28조"를 "「부동산 거래신고에 관한 법률」 제3조 및 제6조"로 한다.

④ 생 략

제4조 생 략

부 칙 (2014. 7. 28. 대통령령 제25522호 ; 공인중개사의 업무 및 부동산 거래신고에 관한 법률 시행령 부칙)

제1조 【시행일】 이 영은 2014년 7월 29일부터 시행한다.

제2조 【다른 법령의 개정】 ①~④ 생 략

⑤ 지방세기본법 시행령 일부를 다음과 같이 개정한다.

별표 2 제167호의 과세자료명란 중 "「공인중개사의 업무 및 부동산 거래신고에 관한 법률」"을 "「공인중개사법」"으로 한다.
⑥·⑦ 생 략

제3조 생 략

부 칙 (2014. 7. 14. 대통령령 제25456호 ; 도로법 시행령 부칙)

제1조 【시행일】 이 영은 2014년 7월 15일부터 시행한다.

제2조～제4조 생 략

제5조 【다른 법령의 개정】 ①～㊵ 생 략

㊶ 지방세기본법 시행령 일부를 다음과 같이 개정한다.

별표 2 제63호의 과세자료명란 중 "「도로법」 제38조"를 "「도로법」 제61조"로 한다.

㊷～㊿ 생 략

제6조 생 략

부 칙 (2014. 2. 21. 대통령령 제25204호 ; 세무사법 시행령 부칙)

제1조 【시행일】 이 영은 공포한 날부터 시행한다.

제2조 【다른 법령의 개정】 ① 지방세기본법 시행령 일부를 다음과 같이 개정한다.

제102조의 7 제4호 중 "세무사회"를 "한국세무사회"로 한다.

② 생 략

부 칙 (2014. 1. 1. 대통령령 제25059호)

제1조 【시행일】 이 영은 2014년 1월 1일부터 시행한다.

제2조 【과태료 부과기준 변경에 관한 경과조치】 ① 이 영 시행 전의 위반행위에 대한 과태료 부과처분은 별표 1의 개정규정 중 1회 위반행위의 과태료 부과기준에 따른다.

② 이 영 시행 전의 위반행위로 받은 과태료 부과처분은 별표 1

의 개정규정에 따른 위반행위의 횟수 산정에 포함하지 아니한다.

부 칙 (2013. 8. 27. 대통령령 제24697호 ; 자본시장과 금융투자업에 관한 법률 시행령 부칙)

제1조 【시행일】 이 영은 2013년 8월 29일부터 시행한다. (단서 생략)

제2조 ~ 제11조 생 략

제12조 【다른 법령의 개정】 ①~㉝ 생 략

㉞ 지방세기본법 시행령 일부를 다음과 같이 개정한다.

제24조 제목 외의 부분을 제2항으로 하고, 같은 조에 제1항을 다음과 같이 신설한다.

① 법 제47조 각 호 외의 부분 본문에서 "대통령령으로 정하는 증권시장"이란 「자본시장과 금융투자업에 관한 법률 시행령」 제176조의 9 제1항에 따른 유가증권시장을 말한다.

㉟ 생 략

제13조 생 략

부 칙 (2013. 3. 23. 대통령령 제24425호 ; 안전행정부와 그 소속기관 직제 부칙)

제1조 【시행일】 이 영은 공포한 날부터 시행한다. 다만, 부칙 제6조에 따라 개정되는 대통령령 중 이 영 시행 전에 공포되었으나 시행일이 도래하지 아니한 대통령령을 개정한 부분은 각각 해당 대통령령의 시행일부터 시행한다.

제2조 ~ 제5조 생 략

제6조 【다른 법률의 개정】 ①~⑭ 생 략

⑮ 지방세기본법 시행령 일부를 다음과 같이 개정한다.

제3조 제2항 · 제3항, 제7조 제1항 제1호, 제102조의 9 및 제115조 제1항 중 "행정안전부장관"을 각각 "안전행정부장관"으

로 한다.

제13조 제1항 제5호, 제15조 제1항, 제63조 제4항 및 제64조 제5항 후단 중 "행정안전부령"을 각각 "안전행정부령"으로 한다.

별표의 제1호부터 제130호까지의 제출받을 기관란 중 "행정안전부"를 각각 "안전행정부"로 하고, 같은 표 제19호의 과세자료제출기관란 중 "교육과학기술부"를 "미래창조과학부"로 하며, 같은 표의 제33호부터 제36호까지, 제63호, 제89조 및 제122호의 과세자료제출기관란 중 "국토해양부"를 각각 "국토교통부"로 하고, 같은 표 제41호의 과세자료제출기관란 중 "농림수산식품부"를 "식품의약품안전처"로 하며, 같은 표 제46호의 과세자료제출기관란 중 "방송통신위원회"를 "미래창조과학부"로 하고, 같은 표 제50호 및 제52호의 과세자료제출기관란 중 "식품의약품안전청"을 각각 "식품의약품안전처"로 하며, 같은 표 제54호의 과세자료제출기관란 중 "외교통상부"를 "외교부"로 하고, 같은 표 제94호, 제116호부터 제119호까지의 과세자료제출기관란 중 "지식경제부"를 각각 "산업통상자원부"로 하며, 같은 표 제100호의 과세자료제출기관란 중 "농림수산식품부"를 "농림축산식품부"로 하고, 같은 표 제115호의 과세자료제출기관란 중 "국토해양부"를 "해양수산부"로 한다.

⑯~⑲ 생 략

부 칙 (2013. 1. 1. 대통령령 제24295호)

제1조 【시행일】 이 영은 2013년 1월 1일부터 시행한다.

제2조 【특수관계인의 범위 조정에 따른 경과조치】 ① 이 영 시행 당시 이미 성립한 납세의무의 경우 2차 납세의무를 지는 특수관계인의 범위에 관해서는 제2조의 2 및 제24조의 개정규정에도 불구하고 종전의 규정에 따른다.

② 이 영 시행 당시 이미 체결된 계약의 경우 짜고 한 거짓 계

약으로 추정되는 계약의 상대방인 특수관계인의 범위에 관해서는 제2조의 2 및 제87조의 개정규정에도 불구하고 종전의 규정에 따른다.

부 칙 (2012. 3. 30. 대통령령 제23692호)

이 영은 2012년 4월 1일부터 시행한다.

부 칙 (2012. 1. 6. 대통령령 제23488호 ; 민감정보 및 고유식별정보 처리 근거 마련을 위한 과세자료의 제출 및 관리에 관한 법률 시행령 등 일부개정령)

제1조【시행일】 이 영은 공포한 날부터 시행한다. (단서 생략)

제2조【유효기간】 제74조에 따른 「대한적십자사 조직법 시행령」 제4조의 개정규정은 2014년 12월 31일까지 그 효력을 가진다.

부 칙 (2011. 12. 31. 대통령령 제23483호)

이 영은 공포한 날부터 시행한다. 다만, 제8장의 2(제102조의 2부터 제102조의 6까지), 제8장의 3(제102조의 7부터 제102조의 9까지) 및 별표의 개정규정은 공포 후 3개월이 경과한 날부터 시행한다.

부 칙 (2011. 12. 8. 대통령령 제23356호 ; 영유아보육법 시행령 부칙)

제1조【시행일】 이 영은 2011년 12월 8일부터 시행한다. (단서 생략)

제2조【다른 법령의 개정】 ①~51 생 략

52 지방세기본법 시행령 일부를 다음과 같이 개정한다.

별표의 75의 과세자료명란 중 "영유아보육시설"을 "어린이집"으로 한다.

⑬~⑭ 생 략

부 칙 (2011. 5. 30. 대통령령 제22941호)

제1조【시행일】 이 영은 공포한 날부터 시행한다.

제2조【과세자료의 제출 등에 관한 적용례】 제102조의 2부터 제102조의 4까지 및 별표의 개정규정은 이 영 시행 후 과세자료제출기관이 접수하거나 작성하는 과세자료부터 적용한다.

부 칙 (2010. 12. 30. 대통령령 제22585호)

제1조【시행일】 이 영은 2011년 1월 1일부터 시행한다.

제2조【지방세발전기금의 지방세연구원 출연에 관한 정산특례】 지방자치단체는 지방세발전기금이 제114조 제2항 제2호부터 제5호까지의 개정규정의 용도로 사용되는 등의 사유로 지방세연구원이 설립되는 연도에 같은 조 제3항 제1호의 개정규정의 금액보다 적은 금액을 지방세연구원에 출연하게 된 때에는 그 부족액을 다음 연도의 지방세발전기금에 추가로 적립하여 출연하여야 한다. 이 경우 그 부족액을 추가로 적립하는 데에 필요한 범위에서 제114조 제1항 제1호 나목 및 제2호 나목의 개정규정에 따른 조례의 비율 상한을 적용하지 아니한다.

지방세기본법 시행령 별표

〔**별표 1**〕 (2021. 12. 31. 개정)

명령사항 위반 등에 대한 과태료 부과기준(제67조 관련)

1. 일반기준

가. 위반행위의 횟수에 따른 과태료 부과기준은 최근 1년간 같은 위반행위로 과태료 부과처분을 받은 경우에 적용한다. 이 경우 기간의 계산은 위반행위에 대하여 과태료 부과처분을 받은 날과 그 처분 후 다시 같은 위반행위를 하여 적발된 날을 기준으로 한다.

나. 가목에 따라 가중된 부과처분을 하는 경우 가중처분의 적용 차수는 그 위반행위 전 부과처분 차수(가목에 따른 기간 내에 과태료 부과처분이 둘 이상 있었던 경우에는 높은 차수를 말한다)의 다음 차수로 한다. 다만, 적발된 날부터 소급하여 3년이 되는 날 전에 한 부과처분은 가중처분의 차수 선정 대상에서 제외한다. (2021. 12. 31. 개정)

편주

2021. 12. 31. 이전의 위반행위에 대하여 과태료의 부과기준을 적용할 때에는 별표 1 제1호 나목 단서의 개정규정에도 불구하고 종전의 규정에 따름. (영 부칙(2021. 12. 31.) 5조)

다. 부과권자는 다음의 어느 하나에 해당하는 경우에는 제2호에 따른 과태료 금액의 2분의 1 범위에서 그 금액을 감경할 수 있다. 다만, 과태료를 체납하고 있는 위반행위자의 경우에는 그렇지 않다.

1) 위반행위자가 「질서위반행위규제법 시행령」 제2조의 2 제1항 각 호의 어느 하나에 해당하는 경우

2) 위반행위가 사소한 부주의나 오류로 인한 것으로 인정되는 경우

3) 위반행위자가 법 위반상태를 시정하거나 해소하기 위하여 노력한 것이 인정되는 경우

4) 그 밖에 위반행위의 정도, 위반행위의 동기와 그 결과 등을 고려하여 감경할 필요가 있다고 인정되는 경우

라. 부과권자는 다음의 어느 하나에 해당하는 경우에는 제2호에 따른 과태료 금액의 2분의 1의 범위에서 가중할 수 있다. 다만, 법 제108조 제1항에 따른 과태료 금액의 상한을 넘을 수 없다.

1) 위반의 내용·정도가 중대하여 이용자 등에게 미치는 피해가 크다고 인정되는 경우

2) 법 위반상태의 기간이 6개월 이상인 경우

3) 그 밖에 위반행위의 정도, 위반행위의 동기와 그 결과 등을 고려하여 가중할 필요가 있다고 인정되는 경우

2. 개별기준

위반행위	근거 법조문	과태료 금액		
		1회 위반	2회 위반	3회 이상 위반
가. 「지방세징수법」 제56조 제2항에 따른 자동차 또는 건설기계의 인도 명령을 위반한 경우	법 제108조 제1항 제1호	2백만원	3백만원	5백만원
나. 법 또는 지방세관계법의 질문·검사권 규정에 따른 세무공무원의 질문에 대하여 거짓으로 진술하거나 그 직무집행을 거부하거나 기피한 경우	법 제108조 제1항 제2호	2백만원	3백만원	5백만원

〔별표 2〕

벌금상당액 부과기준(제72조 제2항 관련)

1. 일반기준

가. 제2호의 개별기준에 따른 범칙행위의 위반횟수에 따른 벌금상당액의 부과기준은 해당 범칙행위가 있은 날 이전 최근 3년간 같은 범칙행위로 통고처분이나 유죄의 확정판결을 받은 경우에 적용한다.

나. 법 제102조 제1항의 지방세의 포탈을 상습적으로 범한 경우에는 제2호의 개별기준에 따른 벌금상당액의 100분의 50을 가중한다.

다. 법 제102조 제1항에 따른 지방세 포탈을 한 자가 범칙사건조사공무원이 지방세 범칙사건조사를 시작하기 전에 법 제49조에 따른 수정신고(이하 "수정신고"라 한다)를 하거나 같은 법 제51조에 따른 기한 후 신고(이하 "기한 후 신고"라 한다)를 한 경우(추가납부할 세액을 납부하지 않은 경우는 제외한다)에는 제2호의 개별기준에 따른 벌금상당액에서 다음의 기준에 따른 금액을 감경한다.

1) 법정신고기한의 다음 날부터 6개월이 되는 날 이전에 수정신고를 하거나 법정신고기한의 다음 날부터 1개월이 되는 날 이전에 기한 후 신고를 한 경우: 제2호의 개별기준에 따른 벌금상당액의 100분의 50

2) 법정신고기한의 다음 날부터 6개월 초과 1년 이전에 수정신고를 한 경우: 제2호의 개별기준에 따른 벌금상당액의 100분의 20

3) 법정신고기한의 다음 날부터 1년 초과 2년 이내에 수정신고를 한 경우: 제2호의 개별기준에 따른 벌금상당액의 100분의 10

라. 다른 사람의 지방세 범칙행위를 방조한 자는 그 범칙행위에의 가담정도에 따라 제2호의 개별기준에 따른 벌금상당액을 감경할 수 있다.

마. 범칙행위자가 심신장애로 인하여 사물을 분별하거나 의사를 결정할 능력이 미약한 사람이거나 청각 또는 언어 장애가 있는 사람인 경우에는 제2호의 개별기준에 따른 벌금상당액의 100분의 50에 해당하는 금액을 감경한다.

바. 범칙행위가 경합하는 경우에는 다음의 기준에 따라 벌금상당액을 산정한다.

1) 법 제103조부터 제106조까지의 규정에 따른 범칙행위가 경합하는 경우에는 각 범칙행위에 대한 벌금상당액 중 가장 무거운 벌금상당액에 그 2분의 1을 가중한다. 다만, 가중하는 경우에도 각 범칙행위에 대한 벌금상당액을 합산한 금액을 초과할 수 없다.

2) 법 제102조 및 제107조의 규정에 따른 범칙행위가 경합하는 경우에는 각 범칙행위에 대한 벌금상당액을 합산한다.

3) 1)에 따른 범칙행위와 2)에 따른 범칙행위가 경합하는 경우에는 각 범칙행위에 대한 벌금상당액을 산정하여 합산한다.

사. 가목부터 바목까지의 규정에 따른 가중·감경 사유가 경합하는 경우에는 다음의 순서에 따라 제2호의 개별기준에 따른 벌금상당액을 가중하거나 감경한다.

1) 가목의 위반 횟수에 의한 가중

2) 나목의 상습에 의한 가중

3) 다목의 수정신고 등에 의한 감경

4) 라목의 가담정도에 의한 감경

5) 마목의 심신미약 등에 의한 감경

6) 바목의 범칙행위 경합에 의한 가중

아. 가목부터 사목까지의 규정에 따라 벌금상당액을 산정한 결과 10원 미만의 끝수가 있으면 이를 버린다.

자. 가목부터 사목까지의 규정에 따라 산정된 벌금상당액이 법에 따라 산정된 벌금액의 상한을 초과하는 경우에는 법에 따라 산정된 벌금액의 상한을 벌금상당액으로 본다.

2. 개별기준

범칙행위	벌금상당액		
	1차 위반	2차 위반	3차 이상 위반
가. 법 제102조 제1항에 따른 지방세 포탈을 한 경우			
1) 법 제102조 제1항 본문에 해당하는 경우	탈세액 또는 환급·공제받은 세액의 0.5배의 금액	탈세액 또는 환급·공제받은 세액의 1배의 금액	탈세액 또는 환급·공제받은 세액의 2배의 금액
2) 법 제102조 제1항 단서에 해당하는 경우	탈세액 또는 환급·공제받은 세액의 0.5배의 금액	탈세액 또는 환급·공제받은 세액의 2배의 금액	탈세액 또는 환급·공제받은 세액의 3배의 금액
나. 법 제103조 제1항 또는 제2항에 따른 범칙행위를 한 경우	체납액. 다만, 재산가액(「상속세 및 증여세법」 제60조부터 제66조까지의 규정에 따라 평가한 가액)이 체납액보다 적은 경우에는 그 재산가액을 벌금상당액으로 한다.	체납액의 2배에 해당하는 금액. 다만, 재산가액(「상속세 및 증여세법」 제60조부터 제66조까지의 규정에 따라 평가한 가액)이 체납액보다 적은 경우에는 그 재산가액을 벌금상당액으로 한다.	체납액의 2배에 해당하는 금액. 다만, 재산가액(「상속세 및 증여세법」 제60조부터 제66조까지의 규정에 따라 평가한 가액)이 체납액보다 적은 경우에는 그 재산가액을 벌금상당액으로 한다.
다. 법 제103조 제3항에 따른 범칙행위를 한 경우	나목의 1차 위반에 따른 금액의 3분의 2에 해당하는 금액	나목의 1차 위반에 따른 금액의 3분의 4에 해당하는 금액	나목의 1차 위반에 따른 금액의 3분의 4에 해당하는 금액
라. 법 제104조에 따른 범칙행위를 한 경우	소각·파기하거나 은닉한 장부의 연도 및 그 직전 연도에 지방세를 신고납부 했거나 신고납부 했어야 할 지방세 과세표준금액 또는 이에 준하는 금액의 1년간 평균액의 100분의 10에 해당하는 금액. 다만, 그 금액이 500만원 미만인 경우에는 500만원을 벌금상당액으로 한다.	소각·파기하거나 은닉한 장부의 연도 및 그 직전 연도에 지방세를 신고납부 했거나 신고납부 했어야 할 지방세 과세표준금액 또는 이에 준하는 금액의 1년간 평균액의 100분의 20에 해당하는 금액. 다만, 그 금액이 500만원 미만인 경우에는 500만원을 벌금상당액으로 한다.	소각·파기하거나 은닉한 장부의 연도 및 그 직전 연도에 지방세를 신고납부 했거나 신고납부 했어야 할 지방세 과세표준금액 또는 이에 준하는 금액의 1년간 평균액의 100분의 20에 해당하는 금액. 다만, 그 금액이 500만원 미만인 경우에는 500만원을 벌금상당액으로 한다.
마. 법 제105조 제1항에 따른 범칙행위를 한 경우	1천만원	2천만원	2천만원

범칙행위	벌금상당액		
	1차 위반	2차 위반	3차 이상 위반
바. 법 제105조 제2항에 따른 범칙행위를 한 경우	500만원	1천만원	1천만원
사. 법 제106조 제1항에 따른 범칙행위를 한 경우	지방세를 회피하거나 강제집행을 면탈한 세액의 0.5배의 금액. 다만, 그 금액이 50만원 미만이거나 지방세를 회피하거나 강제집행을 면탈한 세액이 없는 경우에는 50만원을 벌금상당액으로 한다.	지방세를 회피하거나 강제집행을 면탈한 세액. 다만, 그 금액이 50만원 미만이거나 지방세를 회피하거나 강제집행을 면탈한 세액이 없는 경우에는 50만원을 벌금상당액으로 한다.	지방세를 회피하거나 강제집행을 면탈한 세액. 다만, 그 금액이 50만원 미만이거나 지방세를 회피하거나 강제집행을 면탈한 세액이 없는 경우에는 50만원을 벌금상당액으로 한다.
아. 법 제106조 제2항에 따른 범칙행위를 한 경우	사목의 1차 위반에 따른 벌금상당액의 2분의 1에 해당하는 금액. 다만, 그 금액이 50만원 미만이거나 지방세를 회피하거나 강제집행을 면탈한 세액이 없는 경우에는 50만원을 벌금상당액으로 한다.	사목의 1차 위반에 따른 벌금상당액. 다만, 그 금액이 50만원 미만이거나 지방세를 회피하거나 강제집행을 면탈한 세액이 없는 경우에는 50만원을 벌금상당액으로 한다.	사목의 1차 위반에 따른 벌금상당액. 다만, 그 금액이 50만원 미만이거나 지방세를 회피하거나 강제집행을 면탈한 세액이 없는 경우에는 50만원을 벌금상당액으로 한다.
자. 법 제107조 제1항에 따른 범칙행위를 한 경우	징수하지 않은 세액. 다만, 그 금액이 50만원 미만인 경우에는 50만원을 벌금상당액으로 한다.	징수하지 않은 세액의 2배에 해당하는 금액. 다만, 그 금액이 50만원 미만인 경우에는 50만원을 벌금상당액으로 한다.	징수하지 않은 세액의 2배에 해당하는 금액. 다만, 그 금액이 50만원 미만인 경우에는 50만원을 벌금상당액으로 한다.
차. 법 제107조 제2항에 따른 범칙행위를 한 경우	납부하지 않은 세액. 다만, 그 금액이 100만원 미만인 경우에는 100만원을 벌금상당액으로 한다.	납부하지 않은 세액의 2배에 해당하는 금액. 다만, 그 금액이 100만원 미만인 경우에는 100만원을 벌금상당액으로 한다.	납부하지 않은 세액의 2배에 해당하는 금액. 다만, 그 금액이 100만원 미만인 경우에는 100만원을 벌금상당액으로 한다.

〔**별표 3**〕 (2024. 3. 26. 개정 ; 2024. 7. 2. 개정 ; 벤처기업~부칙, 2024. 7. 9. 개정 ; 계량에~부칙, 2024. 12. 17. 개정 ; 녹색건축물~부칙, 2024. 12. 31. 개정)

과세자료의 구체적인 범위 및 제출시기 등(제74조 관련)

번호	과세자료의 구체적인 범위	과세자료제출기관	제출받을 기관	과세자료 제출시기
1	「가족관계의 등록 등에 관한 법률」 제9조 또는 제11조에 따른 가족관계등록부 또는 폐쇄등록부에 관한 전산정보자료	법원행정처	행정안전부	매월 5일
2	「가족관계의 등록 등에 관한 법률」 제99조에 따른 개명 허가 및 신고에 관한 자료	법원행정처	행정안전부	매월 1일
3	「개발제한구역의 지정 및 관리에 관한 특별조치법」 제3조에 따른 개발제한구역의 지정 및 해제에 관한 자료 (2023. 3. 14. 호번개정)	국토교통부	행정안전부	매년 6월 5일
4	「건강기능식품에 관한 법률」 제5조에 따른 건강기능식품 제조업의 허가에 관한 자료 (2023. 3. 14. 호번개정)	식품의약품안전처	행정안전부	매분기의 첫째 달 5일
5	「건설기계관리법」 제3조에 따른 건설기계 등록 등에 관한 자료 (2023. 3. 14. 호번개정)	지방자치단체	행정안전부	매년 6월 5일
6	「건설기계관리법」 제14조에 따른 건설기계 검사대행자의 지정에 관한 자료 (2023. 3. 14. 호번개정)	국토교통부	행정안전부	매분기의 첫째 달 5일
7	「건설기술 진흥법」 제26조에 따른 건설엔지니어링사업 등록에 관한 자료 (2023. 3. 14. 호번개정)	지방자치단체	행정안전부	매년 1월 5일
8	「건설산업기본법」 제9조에 따른 건설업 등록에 관한 자료 (2023. 3. 14. 호번개정)	지방자치단체	행정안전부	매년 1월 5일
9	「건설산업기본법」 제22조 제4항에 따른 건설공사대장에 관한 자료 (2023. 3. 14. 호번개정)	국토교통부, 지방자치단체	행정안전부	매월 5일
10	「건설산업기본법」 제54조 및 제55조에 따른 공제조합 설립의 인가 및 공제조합의 임원 출자 등에 관한 자료 (2023. 3. 14. 호번개정)	국토교통부, 「건설산업기본법」에 따른 건설공제조합	행정안전부	매년 6월 5일, 12월 5일
11	「건축법」 제11조, 제14조 및 제20조에 따른 건축허가, 신고 및 가설건축물 건축허가·축조신고에 관한 자료 (2023. 3. 14. 호번개정)	지방자치단체	행정안전부	매월 15일

번호	과세자료의 구체적인 범위	과세자료제출기관	제출받을 기관	과세자료 제출시기
12	「건축법」 제22조에 따른 건축물의 사용승인에 관한 자료 (2023. 3. 14. 호번개정)	지방자치단체	행정안전부	매월 5일
13	「건축법」 제80조 및 제83조에 따른 이행강제금 부과 및 옹벽 등의 공작물 축조신고에 관한 자료 (2023. 3. 14. 호번개정)	지방자치단체	행정안전부	매년 6월 5일
14	「게임산업진흥에 관한 법률」 제26조 제1항 및 제3항에 따른 게임제공업 허가 및 등록에 관한 자료 (2023. 3. 14. 호번개정)	지방자치단체	행정안전부	매년 1월 5일
15	「경제자유구역의 지정 및 운영에 관한 특별법」 제9조의7에 따른 토지공급에 관한 자료 (2023. 3. 14. 호번개정)	「경제자유구역의 지정 및 운영에 관한 특별법」 제8조의3에 따른 개발사업시행자(법 제127조 제1호ㆍ제2호ㆍ제4호 및 제5호에 따른 과세자료 제출기관으로 한정한다)	행정안전부	매월 5일
16	「경륜ㆍ경정법」 제5조 및 제9조에 따른 경륜장 또는 경정장의 설치 허가 및 장외매장 허가에 관한 자료 (2023. 3. 14. 호번개정)	문화체육관광부	행정안전부	매년 1월 5일
17	「경비업법」 제4조에 따른 경비업 허가에 관한 자료 (2023. 3. 14. 호번개정)	시ㆍ도경찰청 (2020. 12. 31. 개정 ; 자치경찰~부칙)	행정안전부	매년 1월 5일
18	「계량에 관한 법률」 제9조에 따른 계량기 수입업의 신고에 관한 자료 (2023. 3. 14. 호번개정)	지방자치단체	행정안전부	매분기의 첫째 달 5일
19	「계량에 관한 법률」 제16조 및 제44조에 따른 형식승인기관 및 적합성확인기관의 지정에 관한 자료 (2023. 3. 14. 호번개정) 「계량에 관한 법률」 제16조에 따른 형식승인기관의 지정에 관한 자료 (2024. 7. 9. 개정 ; 계량에~부칙)	산업통상자원부, 국가기술표준원	행정안전부	매분기의 첫째 달 5일
20	「고용보험법」 제15조에 따른 피보험자격의 취득 및 상실 등에 관한 신고자료 (2023. 3. 14. 호번개정)	고용노동부, 「산업재해보상보험법」에 따른 근로복지공단	행정안전부	매월 5일
21	「골재채취법」 제14조 및 제17조에 따른 골재채취업의 등록 및 양도에 관한 자료 (2023. 3. 14. 호번개정)	지방자치단체	행정안전부	매월 5일
22	「공간정보의 구축 및 관리 등에 관한 법률」 제44조에 따른 측량업 등록에 관한 자료 (2023. 3. 14. 호번개정)	국토지리정보원, 지방자치단체	행정안전부	매년 1월 5일

번호	과세자료의 구체적인 범위	과세자료제출기관	제출받을 기관	과세자료 제출시기
23	「해양조사와 해양정보 활용에 관한 법률」 제30조에 따른 해양조사·정보업 등록에 관한 자료 (2023. 3. 14. 호번개정)	국립해양조사원	행정안전부	매년 1월 5일
24	「공간정보의 구축 및 관리 등에 관한 법률」 제76조의 3에 따른 부동산종합공부의 등록사항 등에 관한 자료(공동주택가격, 개별공시지가, 건축물 사용승인, 지목변경 등) (2023. 3. 14. 호번개정)	국토교통부	행정안전부	매월 5일
25	「공간정보의 구축 및 관리 등에 관한 법률」 제81조에 따른 지목변경 신청에 관한 자료 (2023. 3. 14. 호번개정)	지방자치단체	행정안전부	매월 5일
26	「공공주택 특별법」 제32조에 따른 토지공급에 관한 자료 (2023. 3. 14. 호번개정)	「공공주택 특별법」 제4조에 따른 공공주택사업자(법 제127조 제1호·제2호·제4호 및 제5호에 따른 과세자료 제출기관으로 한정한다)	행정안전부	매월 5일
27	「공연법」 제9조에 따른 공연장의 등록에 관한 자료 (2023. 3. 14. 호번개정)	지방자치단체	행정안전부	매년 1월 5일
28	「공유수면 관리 및 매립에 관한 법률」 제28조에 따른 공유수면 매립면허에 관한 자료 (2023. 3. 14. 호번개정)	해양수산부, 지방해양수산청, 지방자치단체	행정안전부	매년 6월 5일
29	「공유재산 및 물품 관리법」 제36조·제39조 및 제40조에 따른 일반재산의 매각·교환 및 양여에 관한 자료 (2023. 3. 14. 호번개정)	지방자치단체(「공유재산 및 물품 관리법」 제43조의 2에 따라 일반재산의 관리·처분에 관한 사무를 위탁한 경우에는 위탁받은 기관을 말한다)	행정안전부	매년 6월 5일, 12월 5일
30	「공익사업을 위한 토지 등의 취득 및 보상에 관한 법률」에 따라 토지등의 소유자에게 지급하는 보상금 지급에 관한 자료 (2023. 3. 14. 호번개정)	「공익사업을 위한 토지 등의 취득 및 보상에 관한 법률」 제2조 제3호에 따른 사업시행자(법 제127조 제1호·제2호·제4호 및 제5호에 따른 과세자료 제출기관으로 한정한다)	행정안전부	매월 15일
31	「공인노무사법」 제5조에 따른 공인노무사업 등록에 관한 자료 (2023. 3. 14. 호번개정)	「공인노무사법」에 따른 공인노무사회	행정안전부	매년 1월 5일

번호	과세자료의 구체적인 범위	과세자료제출기관	제출받을 기관	과세자료 제출시기
32	「공인노무사법」 제7조의4에 따른 노무법인의 설립인가에 관한 자료 (2023. 3. 14. 호번개정)	고용노동부	행정안전부	매분기의 첫째 달 5일
33	「공인중개사법」 제9조, 제13조 및 제21조에 따른 중개사무소의 개설등록, 분사무소 설치신고 등에 관한 자료 (2023. 3. 14. 호번개정)	지방자치단체	행정안전부	매월 5일
34	「공인회계사법」 제24조에 따른 회계법인의 등록에 관한 자료 (2023. 3. 14. 호번개정)	「금융위원회의 설치 등에 관한 법률」에 따른 금융위원회	행정안전부	매년 1월 5일
35	「공중위생관리법」 제3조에 따른 공중위생영업 신고에 관한 자료 (2023. 3. 14. 호번개정)	지방자치단체	행정안전부	매년 1월 5일
36	「공증인법」 제17조에 따른 공증인사무소 및 임명공증인의 합동사무소의 설치인가에 관한 자료 (2023. 3. 14. 호번개정)	법무부	행정안전부	매년 1월 5일
37	「공탁규칙」 제20조에 따른 공탁서에 관한 자료 (2023. 3. 14. 호번개정)	법원행정처	행정안전부	매월 5일
38	「관광진흥법」 제4조부터 제6조까지의 규정에 따른 관광사업 등록 등에 관한 자료 (2023. 3. 14. 호번개정)	문화체육관광부, 지방자치단체	행정안전부	매년 1월 5일
39	「관세법」 제46조에 따른 관세 등의 환급에 관한 자료 (2023. 3. 14. 호번개정)	관세청	행정안전부	매년 1월 5일
40	「관세법」 제143조, 제196조 및 제241조에 따른 허가판매 또는 신고물품 중 「담배사업법」 제2조에 따른 담배에 관한 자료 (2023. 3. 14. 호번개정)	관세청	행정안전부	매월 5일
41	「관세법」 제156조, 제174조 및 제222조에 따른 보세구역 외 장치의 허가, 특허보세구역의 설치·운영의 특허 및 보세운송업자 등의 등록에 관한 자료 (2023. 3. 14. 호번개정)	관세청	행정안전부	매년 6월 5일, 12월 5일
42	「관세사법」 제7조, 제9조, 제17조의 2 및 제19조에 따른 관세사 업무등록, 사무소 설치, 관세법인의 등록 및 통관취급법인의 등록 등에 관한 자료 (2023. 3. 14. 호번개정)	관세청, 「관세사법」에 따른 관세사회	행정안전부	매년 1월 5일
43	「광산피해의 방지 및 복구에 관한 법률」 제13조에 따른 전문광해방지사업자의 등록에 관한 자료 (2023. 3. 14. 호번개정)	산업통상자원부, 「한국광해광업공단법」에 따른 한국광해관업공단 (2021. 8. 31. 개정 ; 한국~부칙)	행정안전부	매분기의 첫째 달 5일

번호	과세자료의 구체적인 범위	과세자료제출기관	제출받을 기관	과세자료 제출시기
44	「광업법」 제15조에 따른 광업권설정 허가에 관한 자료 (2023. 3. 14. 호번개정)	광업등록사무소	행정안전부	매년 1월 5일
45	「교통·에너지·환경세법」 제7조, 제8조, 제9조 및 제17조에 따른 과세표준의 신고 납부, 결정·경정결정·재경정 및 세액의 공제와 환급에 관한 자료 (2023. 3. 14. 호번개정)	관세청	행정안전부	매월 5일
46	「국가유공자 등 예우 및 지원에 관한 법률」 제6조에 따라 등록결정된 국가유공자에 관한 자료 (2023. 3. 14. 호번개정)	국가보훈부 (2023. 4. 11. 개정 ; 국가보훈부~부칙)	행정안전부	매년 6월 5일, 12월 5일
	「국가유공자 등 예우 및 지원에 관한 법률」 제6조에 따라 등록결정된 국가유공자, 「보훈보상대상자 지원에 관한 법률」 제2조 제1항 각 호에 따른 보훈보상대상자 및 법률 제11041호 국가유공자 등 예우 및 지원에 관한 법률 일부개정법률 부칙 제19조에 해당하는 사람에 관한 자료 (2024. 12. 31. 개정)	국가보훈부	행정안전부	매년 6월 5일, 12월 5일
47	「국가유공자 등 예우 및 지원에 관한 법률」 제52조에 따른 대부금 수령자에 관한 자료 (2023. 3. 14. 호번개정)	국가보훈부 (2023. 4. 11. 개정 ; 국가보훈부~부칙)	행정안전부	매년 6월 5일
48	「국민건강보험법」 제6조 및 제70조에 따른 직장가입자에 관한 자료 및 통보된 보수 등에 관한 자료 (2023. 3. 14. 호번개정)	「국민건강보험법」에 따른 국민건강보험공단	행정안전부	매월 5일
49	「국민기초생활 보장법」 제27조에 따른 수급자 급여의 실시에 관한 자료 (2023. 3. 14. 호번개정)	지방자치단체	행정안전부	매년 8월 5일 매년 7월 5일 (2024. 3. 26. 개정)
50	「국세기본법」 제51조에 따른 국세환급금에 관한 자료 (2023. 3. 14. 호번개정)	국세청	행정안전부	매월 5일
51	「국유림의 경영 및 관리에 관한 법률」 제27조에 따른 국유임산물의 매각에 관한 자료 (2023. 3. 14. 호번개정)	산림청, 지방산림청, 지방자치단체	행정안전부	매월 5일

번호	과세자료의 구체적인 범위	과세자료제출기관	제출받을 기관	과세자료 제출시기
52	「국유재산법」 제48조, 제54조 및 제55조에 따른 일반재산의 매각·교환 및 양여에 관한 자료 (2023. 3. 14. 호번개정)	기획재정부, 「국가재정법」 제6조에 따른 중앙관서(「국유재산법」 제42조에 따라 기획재정부 및 중앙관서의 일반재산의 관리·처분에 관한 사무를 위임·위탁한 경우에는 위임·위탁받은 기관을 말한다)	행정안전부	매년 6월 5일, 12월 5일
53	「국토의 계획 및 이용에 관한 법률」 제32조에 따른 도시·군관리계획에 관한 지형도면 고시 자료 (2023. 3. 14. 호번개정)	국토교통부, 지방자치단체	행정안전부	매년 6월 5일
54	「국토의 계획 및 이용에 관한 법률」 제56조 제1항 제2호에 따른 토지의 형질변경허가에 관한 자료 (2023. 3. 14. 호번개정)	지방자치단체	행정안전부	매월 5일
55	「군복 및 군용장구의 단속에 관한 법률」 제3조에 따른 군복 또는 군용장구의 제조 또는 판매업의 허가에 관한 자료 (2023. 3. 14. 호번개정)	국방부	행정안전부	매년 1월 5일
56	「군사기지 및 군사시설 보호법」 제5조 제1항에 따른 보호구역의 지정에 관한 자료 (2023. 3. 14. 호번개정)	국방부	행정안전부	매년 6월 5일

번호	과세자료의 구체적인 범위	과세자료제출기관	제출받을 기관	과세자료 제출시기
57	「국민평생직업능력 개발법」 제27조, 제28조 및 제31조에 따른 직업능력개발훈련시설의 설치·승인·지정 및 지정취소에 관한 자료 (2023. 3. 14. 호번개정)	고용노동부, 지방고용노동청	행정안전부	매년 6월 5일, 12월 5일
58	「근로자퇴직급여 보장법」 제26조에 따른 퇴직연금사업자의 등록에 관한 자료 (2023. 3. 14. 호번개정)	고용노동부, 「금융위원회의 설치 등에 관한 법률」에 따른 금융위원회 금융감독원, 지방고용노동청	행정안전부	매년 1월 5일
59	「금융지주회사법」 제3조에 따른 금융지주회사의 인가에 관한 자료 (2023. 3. 14. 호번개정)	「금융위원회의 설치 등에 관한 법률」에 따른 금융위원회	행정안전부	매년 1월 5일
60	「급경사지 재해예방에 관한 법률」 제27조에 따른 계측기기의 성능검사대행자의 등록에 관한 자료 (2023. 3. 14. 호번개정)	국민안전처	행정안전부	매년 1월 5일
61	「기상산업진흥법」 제6조에 따른 기상사업 등록에 관한 자료 (2023. 3. 14. 호번개정)	기상청	행정안전부	매년 1월 5일
62	「기술사법」 제6조에 따라 등록된 기술사사무소 개설 등록에 관한 자료 (2023. 3. 14. 호번개정)	「기술사법」에 따른 기술사회	행정안전부	매년 1월 5일

번호	과세자료의 구체적인 범위	과세자료제출기관	제출받을 기관	과세자료 제출시기
63	「기술의 이전 및 사업화 촉진에 관한 법률」 제35조의 2에 따른 기술신탁관리업의 허가에 관한 자료 (2023. 3. 14. 호번개정)	산업통상자원부	행정안전부	매분기의 첫째 달 5일
64	「기초연구진흥 및 기술개발지원에 관한 법률」 제14조의 2에 따른 기업부설연구소등의 인정 및 신고에 관한 자료 (2023. 3. 14. 호번개정)	과학기술정보통신부 (2017. 12. 29. 직제개정)	행정안전부	매년 6월 5일, 12월 5일
65	「내수면어업법」 제6조 및 제9조에 따른 내수면어업 면허 및 허가에 관한 자료 (2023. 3. 14. 호번개정)	지방자치단체	행정안전부	매년 1월 5일
66	「노인복지법」 제33조, 제35조, 제37조, 제39조 및 제39조의 5에 따른 노인복지시설 설치에 관한 자료 (2023. 3. 14. 호번개정)	보건복지부, 지방자치단체	행정안전부	매년 6월 5일
67	「녹색건축물 조성 지원법」 제16조 및 제17조에 따른 녹색건축 인증, 건축물에너지 효율등급 인증 및 제로에너지건축물 인증에 관한 자료 (2023. 3. 14. 호번개정)	국토교통부	행정안전부	매년 6월 5일

번호	과세자료의 구체적인 범위	과세자료제출기관	제출받을 기관	과세자료 제출시기
	「녹색건축물 조성 지원법」 제16조 및 제17조에 따른 녹색건축 인증, 제로에너지건축물 인증에 관한 자료 (2024. 12. 17. 개정 ; 녹색건축물~부칙)			
68	「농산물의 생산자를 위한 직접지불제도 시행규정」 제3조에 따른 직접 소득보조금 지급에 관한 자료 (2023. 3. 14. 호번개정)	농림축산식품부, 지방자치단체	행정안전부	매월 5일
69	「농약관리법」 제3조에 따른 제조업 · 원제업 · 수입업 및 판매업의 등록에 관한 자료 (2023. 3. 14. 호번개정)	농촌진흥청	행정안전부	매분기의 첫째 달 5일
70	「농약관리법」 제3조의 2에 따른 수출입식물방제업 신고에 관한 자료 (2023. 3. 14. 호번개정)	국립식물검역원	행정안전부	매년 1월 5일
71	「농어업경영체 육성 및 지원에 관한 법률」 제4조에 따른 농어업경영정보의 등록에 관한 자료 (2023. 3. 14. 호번개정)	농림축산식품부, 해양수산부, 국립농산물품질관리원, 국립수산물품질관리원	행정안전부	매분기의 첫째 달 5일

번호	과세자료의 구체적인 범위	과세자료제출기관	제출받을 기관	과세자료 제출시기
72	「농업·농촌 공익기능 증진 직접지불제도 운영에 관한 법률」 제7조, 제8조, 제10조 및 제11조에 따른 기본형 공익직접지불금 지급 및 지급대상 농지등에 관한 자료 (2023. 3. 14. 호번개정)	농림축산식품부, 지방자치단체	행정안전부	매월 5일
73	「농지법」 제34조에 따른 농지의 전용허가에 관한 자료 (2023. 3. 14. 호번개정)	농림축산식품부, 지방자치단체	행정안전부	매년 6월 5일, 12월 5일
74	「다중이용업소의 안전관리에 관한 특별법」 제16조에 따른 화재위험평가 대행자의 등록에 관한 자료 (2023. 3. 14. 호번개정)	소방청 (2017. 7. 26. 직제개정 ; 행정안전부와 그 소속기관 직제 부칙)	행정안전부	매년 1월 5일
75	「담배사업법」 제11조에 따른 담배제조업의 허가에 관한 자료 (2023. 3. 14. 호번개정)	기획재정부	행정안전부	매월 5일
76	「담보부사채신탁법」 제5조에 따른 담보부사채신탁업 등록에 관한 자료 (2023. 3. 14. 호번개정)	「금융위원회의 설치 등에 관한 법률」에 따른 금융위원회	행정안전부	매년 1월 5일
77	「대기환경보전법」 제23조에 따른 배출시설 허가 또는 신고에 관한 자료 (2023. 3. 14. 호번개정)	지방자치단체	행정안전부	매년 1월 5일
78	「대부업 등의 등록 및 금융이용자 보호에 관한 법률」 제3조에 따른 대부업 등록에 관한 자료 (2023. 3. 14. 호번개정)	지방자치단체	행정안전부	매년 1월 5일
79	「도로교통법」 제99조에 따른 자동차운전학원의 등록에 관한 자료 (2023. 3. 14. 호번개정)	시·도경찰청 (2020. 12. 31. 개정 ; 자치경찰~부칙)	행정안전부	매년 1월 5일
80	「도로법」 제61조에 따른 도로점용 허가에 관한 자료 (2023. 3. 14. 호번개정)	국토교통부, 지방국토관리청, 지방자치단체	행정안전부	매년 1월 5일
81	「도시가스사업법」 제3조에 따른 가스도매사업, 일반도시가스사업, 도시가스충전사업, 나프타부생가스·바이오가스제조사업 및 합성천연가스제조사업의 허가에 관한 자료 (2023. 3. 14. 호번개정)	산업통상자원부, 지방자치단체	행정안전부	매분기의 첫째 달 5일
82	「도시가스사업법」 제15조에 따른 가스충전시설, 특정가스사용시설의 설치·변경 공사 완성검사에 관한 자료 (2023. 3. 14. 호번개정)	지방자치단체	행정안전부	매월 5일

번호	과세자료의 구체적인 범위	과세자료제출기관	제출받을 기관	과세자료 제출시기
83	「도시개발법」 제26조에 따른 토지공급에 관한 자료 (2023. 3. 14. 호번개정)	「도시개발법」 제11조에 따른 시행자(법 제127조 제1호·제2호·제4호 및 제5호에 따른 과세자료 제출기관으로 한정한다)	행정안전부	매월 5일
84	「도시교통정비 촉진법」 제26조에 따른 교통영향평가대행자의 등록에 관한 자료 (2023. 3. 14. 호번개정)	국토교통부	행정안전부	매년 1월 5일
85	「도시철도법」 제26조에 따른 도시철도운송사업의 면허에 관한 자료 (2023. 3. 14. 호번개정)	지방자치단체	행정안전부	매년 1월 5일
86	「디자인보호법」 제88조에 따른 디자인권의 설정등록에 관한 자료 (2023. 3. 14. 호번개정)	특허청	행정안전부	매년 1월 5일
87	「마약류 관리에 관한 법률」 제6조 제1항 제1호부터 제3호까지의 규정에 따른 마약류 취급자 허가에 관한 자료 (2023. 3. 14. 호번개정)	식품의약품안전처, 지방자치단체	행정안전부	매년 1월 5일

번호	과세자료의 구체적인 범위	과세자료제출기관	제출받을 기관	과세자료 제출시기
88	「마약류 관리에 관한 법률」 제6조의 2에 따른 원료물질수출입업자 등의 허가에 관한 자료 (2023. 3. 14. 호번개정)	식품의약품안전처	행정안전부	매분기의 첫째 달 5일
89	「마약류 관리에 관한 법률」 제18조 및 제21조에 따른 마약류 수출입 및 제조의 허가에 관한 자료 (2023. 3. 14. 호번개정)	식품의약품안전처	행정안전부	매년 1월 5일
90	「먹는물관리법」 제21조에 따른 먹는샘물등의 제조업의 허가, 먹는샘물등의 수입판매업·수처리제 제조업의 등록, 먹는샘물등의 유통전문판매업·정수기제조업 또는 수입판매업의 신고에 관한 자료 (2023. 3. 14. 호번개정)	지방자치단체	행정안전부	매분기의 첫째 달 5일
91	「목재의 지속가능한 이용에 관한 법률」 제24조에 따른 목재생산업의 등록에 관한 자료 (2023. 3. 14. 호번개정)	지방자치단체	행정안전부	매년 1월 5일

번호	과세자료의 구체적인 범위	과세자료제출기관	제출받을 기관	과세자료 제출시기
92	「물류시설의 개발 및 운영에 관한 법률」 제22조에 따른 일반물류단지 또는 같은 법 제22조의 2에 따른 도시첨단물류단지 안의 토지에 관한 자료 (2023. 3. 14. 호번개정)	국토교통부, 지방자치단체	행정안전부	매년 6월 5일
93	「물류시설의 개발 및 운영에 관한 법률」 제50조에 따른 토지공급에 관한 자료 (2023. 3. 14. 호번개정)	「물류시설의 개발 및 운영에 관한 법률」 제27조에 따른 시행자(법 제127조 제1호ㆍ제2호ㆍ제4호 및 제5호에 따른 과세자료 제출기관으로 한정한다)	행정안전부	매월 5일
94	「물류정책기본법」 제43조에 따른 국제물류주선업의 등록에 관한 자료 (2023. 3. 14. 호번개정)	지방자치단체	행정안전부	매년 1월 5일
95	「민간임대주택에 관한 특별법」 제5조에 따른 임대사업자의 등록에 관한 자료 (2023. 3. 14. 호번개정)	지방자치단체	행정안전부	매월 5일
96	「민사집행법」 제83조 및 제149조에 따른 경매개시결정 및 배당표의 확정 등에 관한 자료 (2023. 3. 14. 호번개정)	법원행정처	행정안전부	매월 5일
97	「민사집행법」 제105조에 따른 매각물건명세서 등에 관한 자료 (2023. 3. 14. 신설)	법원행정처	행정안전부	매월 5일
98	「박물관 및 미술관 진흥법」 제16조에 따른 박물관 및 미술관의 등록 등에 관한 자료	문화체육관광부, 지방자치단체	행정안전부	매년 1월 5일
99	「반도체집적회로의 배치설계에 관한 법률」 제21조에 따른 배치설계권의 설정등록에 관한 자료	특허청	행정안전부	매년 1월 5일
100	「방문판매 등에 관한 법률」 제5조 및 제13조에 따른 방문판매업자등의 신고 및 다단계판매업자의 등록에 관한 자료	공정거래위원회, 지방자치단체	행정안전부	매년 1월 5일
101	「방송법」 제9조에 따른 지상파방송사업ㆍ위성방송사업ㆍ중계유선방송사업ㆍ종합유선방송사업ㆍ방송채널사용사업ㆍ전광판방송사업ㆍ음악유선방송사업 및 전송망사업의 허가ㆍ승인ㆍ등록에 관한 자료	과학기술정보통신부, 방송통신위원회 (2017. 12. 29. 직제개정)	행정안전부	매분기의 첫째 달 5일
102	「법무사법」 제14조, 제17조 및 제18조에 따른 업무개시, 폐업 및 휴업의 신고에 관한 자료	「법무사법」에 따른 대한법무사협회	행정안전부	매년 1월 5일

번호	과세자료의 구체적인 범위	과세자료제출기관	제출받을 기관	과세자료 제출시기
103	「법무사법」 제34조에 따른 법무사법인의 설립 인가에 관한 자료 (2023. 3. 14. 개정)	법원행정처	행정안전부	매분기의 첫째 달 5일
104	「법인세법」 제109조에 따라 신고된 법인 자본금 현황에 관한 자료	국세청	행정안전부	매년 8월 5일 매년 7월 5일 (2024. 3. 26. 개정)
105	「법인세법」 제119조에 따라 제출된 주식등변동상황명세에 관한 자료	국세청	행정안전부	매년 6월 5일, 12월 5일
106	「벤처기업육성에 관한 특별법」 제17조의 2 및 제25조에 따른 신기술창업집적지역의 지정 및 벤처기업확인서 발급에 관한 자료 (2024. 7. 2. 개정 ; 벤처기업~부칙)	중소벤처기업부, 「기술보증기금법」에 따른 기술보증기금, 「중소기업진흥에 관한 법률」에 따른 중소벤처기업진흥공단 (2019. 4. 2. 개정 ; 중소기업 ~부칙)	행정안전부	매년 6월 5일
107	「변리사법」 제5조 및 제6조의 3에 따른 변리사업 등록 및 인가에 관한 자료	특허청	행정안전부	매년 1월 5일
108	「변호사법」 제15조에 따른 변호사의 개업신고에 관한 자료	「변호사법」에 따른 대한변호사협회	행정안전부	매년 1월 5일

번호	과세자료의 구체적인 범위	과세자료제출기관	제출받을 기관	과세자료 제출시기
109	「변호사법」 제41조, 제58조의 3 및 제58조의 19에 따른 법무법인·법무법인(유한)·법무조합의 설립 인가에 관한 자료	법무부	행정안전부	매분기의 첫째 달 5일
110	「보험업법」 제4조, 제89조 및 제187조에 따른 보험업 허가, 보험중개사의 등록 및 손해사정업 등록에 관한 자료	「금융위원회의 설치 등에 관한 법률」에 따른 금융위원회	행정안전부	매년 1월 5일
111	「보험업법」 제183조에 따른 보험계리업의 등록에 관한 자료	「금융위원회의 설치 등에 관한 법률」에 따른 금융위원회	행정안전부	매분기의 첫째 달 5일
112	「부가가치세법」 제8조에 따른 사업자등록에 관한 자료	국세청	행정안전부	매월 5일
113	「부가가치세법」 제54조에 따른 매출처별 세금계산서 합계표에 관한 자료	국세청	행정안전부	매분기의 첫째 달 5일
114	「부가가치세법」 제55조 제2항에 따른 부동산임대공급가액명세에 관한 자료	국세청	행정안전부	매년 5월 5일
115	「부동산 가격공시에 관한 법률」 제10조에 따라 결정·공시한 개별공시지가에 관한 자료	지방자치단체	행정안전부	매년 6월 5일
116	「부동산 가격공시에 관한 법률」 제18조에 따라 결정·공시한 공동주택가격에 관한 자료	국토교통부	행정안전부	매년 5월 5일

번호	과세자료의 구체적인 범위	과세자료제출기관	제출받을 기관	과세자료 제출시기
117	「부동산개발업의 관리 및 육성에 관한 법률」 제4조에 따른 부동산개발업의 등록에 관한 자료	국토교통부, 지방자치단체	행정안전부	매년 1월 5일
118	「부동산 거래신고 등에 관한 법률」 제3조 및 제5조에 따른 부동산거래의 신고 및 부동산 거래신고가격의 검증에 관한 자료	국토교통부, 지방자치단체	행정안전부	매월 5일
119	「부동산등기법」 제62조에 따른 소유권변경사실의 통지에 관한 자료	법원행정처	행정안전부	매월 1일
120	「부동산등기법」 제75조에 따른 저당권의 등기에 관한 사항	법원행정처	행정안전부	매월 5일
121	「부동산등기법」 제81조에 따른 신탁등기의 등기사항에 관한 자료	법원행정처	행정안전부	매년 6월 5일
122	「부동산 실권리자명의 등기에 관한 법률」 제5조에 따른 명의신탁 과징금 부과에 관한 자료	지방자치단체	행정안전부	매년 1월 5일
123	「부동산투자회사법」 제9조, 제22조의 3 및 제23조에 따른 부동산투자회사의 영업인가, 자산관리회사의 설립인가 및 부동산투자자문회사의 등록에 관한 자료	국토교통부	행정안전부	매분기의 첫째 달 5일
124	「비파괴검사기술의 진흥 및 관리에 관한 법률」 제11조에 따른 비파괴검사업의 등록에 관한 자료	과학기술정보통신부 (2017. 12. 29. 직제 개정)	행정안전부	매분기의 첫째 달 5일
125	「사격 및 사격장 안전관리에 관한 법률」 제6조에 따른 사격장 설치허가에 관한 자료	경찰청, 시·도경찰청(2020. 12. 31. 개정 ; 자치경찰~부칙)	행정안전부	매년 1월 5일
126	「사행행위 등 규제 및 처벌 특례법」 제13조에 따른 사행기구 제조업 및 사행기구 판매업 허가에 관한 자료	경찰청, 시·도경찰청 (2020. 12. 31. 개정 ; 자치경찰~부칙)	행정안전부	매년 1월 5일
127	「사회적기업 육성법」 제7조에 따른 사회적기업의 인증에 관한 자료	고용노동부	행정안전부	매년 6월 5일, 12월 5일
128	「산림자원의 조성 및 관리에 관한 법률」 제13조에 따른 산림경영계획의 인가에 관한 자료	지방자치단체	행정안전부	매년 6월 5일
129	「산림자원의 조성 및 관리에 관한 법률」 제36조에 따른 입목벌채 등의 허가 및 신고 등에 관한 자료	산림청, 지방산림청, 지방자치단체	행정안전부	매월 5일

번호	과세자료의 구체적인 범위	과세자료제출기관	제출받을 기관	과세자료 제출시기
130	「산업안전보건법」 제21조, 제120조, 제121조 및 제145조에 따른 안전관리전문기관의 지정, 석면조사기관의 지정, 석면해체·제거업의 등록 및 산업안전지도사·산업보건지도사의 등록에 관한 자료 (2019. 12. 24. 개정 ; 산업안전보건법 시행령 부칙)	고용노동부	행정안전부	매분기의 첫째 달 5일
131	「산업입지 및 개발에 관한 법률」 제38조에 따른 토지공급에 관한 자료	「산업입지 및 개발에 관한 법률」 제16조에 따른 사업시행자(법 제127조 제1호·제2호·제4호 및 제5호에 따른 과세자료 제출기관으로 한정한다)	행정안전부	매월 5일
132	「산업집적활성화 및 공장설립에 관한 법률」 제16조에 따른 공장등록에 관한 자료	지방자치단체	행정안전부	매년 1월 5일
133	「산업집적활성화 및 공장설립에 관한 법률」 제38조에 따른 입주계약 등에 관한 자료	산업통상자원부, 지방자치단체	행정안전부	매월 5일
134	「산업표준화법」 제13조에 따른 산업표준인증기관의 지정에 관한 자료	산업통상자원부, 국가기술표준원	행정안전부	매분기의 첫째 달 5일
135	「산지관리법」 제14조 및 제15조에 따른 산지전용허가 및 산지전용신고 등에 관한 자료	산림청, 지방산림청, 국유림관리소, 지방자치단체	행정안전부	매년 6월 5일
136	「상가건물 임대차보호법」 제4조 제1항에 따른 임대차에 관한 자료	국세청	행정안전부	매분기의 첫째 달 5일
137	「상속세 및 증여세법」 제82조 제3항에 따른 특정시설물을 이용할 수 있는 권리의 명의개서 및 변경에 관한 자료	국세청	행정안전부	매년 6월 5일
138	「상표법」 제82조에 따른 상표권의 설정등록에 관한 자료	특허청	행정안전부	매년 1월 5일
139	「상호저축은행법」 제6조에 따른 상호저축은행의 인가에 관한 자료	「금융위원회의 설치 등에 관한 법률」에 따른 금융위원회	행정안전부	매년 1월 5일
140	「서민의 금융생활 지원에 관한 법률」 제40조에 따른 금융기관의 휴면예금 출연에 관한 자료	「서민의 금융생활 지원에 관한 법률」에 따른 서민금융진흥원	행정안전부	매분기의 첫째 달 5일
141	「석유 및 석유대체연료 사업법」 제25조에 따른 품질검사기관의 지정에 관한 자료	산업통상자원부, 「석유 및 석유대체연료 사업법」 제25조의 2에 따른 한국석유관리원	행정안전부	매분기의 첫째 달 5일

번호	과세자료의 구체적인 범위	과세자료제출기관	제출받을 기관	과세자료 제출시기
142	「석유 및 석유대체연료 사업법」 제32조에 따른 석유대체연료 제조·수출입업의 등록에 관한 자료	「석유 및 석유대체연료 사업법」 제25조의 2에 따른 한국석유관리원	행정안전부	매분기의 첫째 달 5일
143	「석유 및 석유대체연료 사업법」 제5조, 제9조 및 제10조에 따른 석유정제업의 등록, 석유수출입업의 등록, 석유판매업의 등록에 관한 자료	산업통상자원부, 지방자치단체, 「석유 및 석유대체연료 사업법」 제25조의 2에 따른 한국석유관리원	행정안전부	매년 1월 5일
144	「선박법」 제8조에 따른 선박의 등록에 관한 자료	지방해양수산청	행정안전부	매년 6월 5일
145	「선박안전법」 제8조부터 제10조까지의 규정에 따른 선박검사 기록에 관한 자료	해양수산부, 「한국해양교통안전공단법」에 따라 설립된 한국해양교통안전공단 (2019. 6. 11. 개정 ; 한국해양교통~부칙)	행정안전부	매월 5일
146	「선박의 입항 및 출항 등에 관한 법률」 제24조에 따른 예선업의 등록에 관한 자료	해양수산부	행정안전부	매년 1월 5일
147	「선박투자회사법」 제13조에 따른 선박투자업의 인가에 관한 자료	해양수산부	행정안전부	매년 1월 5일
148	「선박투자회사법」 제31조에 따른 선박운용회사의 허가에 관한 자료	해양수산부	행정안전부	매분기의 첫째 달 5일
149	「세무사법」 제6조에 따른 세무사 등록에 관한 자료	국세청	행정안전부	매년 1월 5일
150	「세무사법」 제16조의 4에 따른 세무법인의 등록에 관한 자료	기획재정부	행정안전부	매분기의 첫째 달 5일
151	「소금산업 진흥법」 제23조에 따른 염전개발업 및 소금제조업의 허가에 관한 자료	지방자치단체	행정안전부	매년 6월 5일
152	「소득세법」 제104조 제1항 및 제3항에 따른 미등기양도자산 양도소득세 신고 및 결정에 관한 자료	국세청	행정안전부	매년 6월 5일, 12월 5일
153	「소득세법」에 따른 농업 외의 종합소득금액(「소득세법」 제4조 제1항 제1호에 따른 종합소득에서 농업, 임업에서 발생하는 소득 및 「소득세법 시행령」 제9조에 따른 농가부업소득 및 부동산임대소득을 제외한 금액을 말한다)에 관한 자료	국세청	행정안전부	매분기의 첫째 달 5일

번호	과세자료의 구체적인 범위	과세자료제출기관	제출받을 기관	과세자료 제출시기
154	「소방시설공사업법」 제4조에 따른 소방시설업의 등록에 관한 자료	지방자치단체	행정안전부	매년 1월 5일
155	「소프트웨어 진흥법」 제11조, 제20조 및 제21조에 따른 소프트웨어 진흥시설의 지정, 소프트웨어 품질인증기관의 지정 및 소프트웨어프로세스 품질인증기관의 지정에 관한 자료 (2020. 12. 8. 개정 ; 소프트웨어~부칙)	과학기술정보통신부 (2017. 12. 29. 직제 개정)	행정안전부	매분기의 첫째 달 5일
156	「송유관 안전관리법」 제5조에 따른 송유관 설치 완성검사 등에 관한 자료	「고압가스 안전관리법」에 따른 한국가스안전공사	행정안전부	매년 6월 5일, 12월 5일
157	「수상레저기구의 등록 및 검사에 관한 법률」 제6조에 따른 동력수상레저기구 등록에 관한 자료 (2023. 6. 7. 개정 ; 수상레저~부칙)	지방자치단체	행정안전부	매월 5일
158	「수의사법」 제17조에 따른 동물병원의 개설신고에 관한 자료	지방자치단체	행정안전부	매년 1월 5일
159	「물환경보전법」 제33조에 따른 폐수배출시설의 설치 허가 및 신고에 관한 자료 (2023. 3. 14. 개정)	환경부, 지방자치단체	행정안전부	매분기의 첫째 달 5일
160	「승강기 안전관리법」 제6조 및 제39조에 따른 승강기 제조업·수입업의 등록 및 승강기 유지관리업의 등록에 관한 자료 (2019. 1. 22. 개정 ; 승강기시설~부칙)	지방자치단체	행정안전부	매분기의 첫째 달 5일
161	「승강기 안전관리법」 제28조에 따라 검사한 승강기 설치검사에 관한 자료 (2019. 1. 22. 개정 ; 승강기시설~부칙)	「승강기시설 안전관리법」에 따른 한국승강기안전공단	행정안전부	매년 6월 5일, 12월 5일
162	「식물방역법」 제40조에 따른 수출입목재열처리업의 등록에 관한 자료	농림축산식품부	행정안전부	매년 1월 5일
163	「수산식품산업의 육성 및 지원에 관한 법률」 제16조에 따른 수산물가공업의 신고에 관한 자료 (2021. 2. 19. 개정 ; 수산식품~시행령 부칙)	해양수산부, 지방자치단체	행정안전부	매분기의 첫째 달 5일
164	「식품산업진흥법」 제24조에 따른 우수식품등인증기관 및 「수산식품산업의 육성 및 지원에 관한 법률」 제31조에 따른 우수수산식품등 인증기관의 지정에 관한 자료 (2021. 2. 19. 개정 ; 수산식품~시행령 부칙)	농림축산식품부, 해양수산부, 국립농산물품질관리원, 국립수산물품질관리원	행정안전부	매분기의 첫째 달 5일

번호	과세자료의 구체적인 범위	과세자료제출기관	제출받을 기관	과세자료 제출시기
165	「식품위생법」 제37조에 따른 허가 및 신고에 관한 자료	지방식품의약품안전청, 지방자치단체	행정안전부	매월 15일
166	「식품위생법」 제88조에 따른 집단급식소의 설치 신고에 관한 자료	지방자치단체	행정안전부	매분기의 첫째 달 5일
167	「신용정보의 이용 및 보호에 관한 법률」 제4조 및 제25조에 따른 신용정보업·채권추심업·본인신용정보관리업 허가 및 신용정보집중기관의 허가에 관한 자료 (2020. 8. 4. 개정 ; 신용정보의~부칙)	「금융위원회의 설치 등에 관한 법률」에 따른 금융위원회	행정안전부	매년 1월 5일
168	「신행정수도 후속대책을 위한 연기·공주지역 행정중심복합도시 건설을 위한 특별법」 제25조에 따른 토지 공급에 관한 자료	「신행정수도 후속대책을 위한 연기·공주지역 행정중심복합도시 건설을 위한 특별법」 제18조에 따른 사업시행자(법 제127조 제1호·제2호·제4호 및 제5호에 따른 과세자료 제출기관으로 한정한다)	행정안전부	매월 5일
169	「실용신안법」 제21조에 따른 실용신안권의 설정등록에 관한 자료	특허청	행정안전부	매년 1월 5일
170	「액화석유가스의 안전관리 및 사업법」 제5조 및 제8조에 따른 액화석유가스 충전사업·가스용품 제조사업·액화석유가스 집단공급사업·액화석유가스 판매사업의 허가, 액화석유가스 충전사업자의 영업소 설치의 허가 및 액화석유가스 저장소의 설치 허가에 관한 자료	지방자치단체	행정안전부	매년 6월 5일
171	「액화석유가스의 안전관리 및 사업법」 제17조에 따른 액화석유가스 수출입업의 등록에 관한 자료	산업통상자원부, 지방자치단체, 「석유 및 석유대체연료 사업법」 제25조의 2에 따른 한국석유관리원	행정안전부	매년 1월 5일
172	「액화석유가스의 안전관리 및 사업법」 제36조에 따른 액화석유가스의 충전시설, 집단공급시설, 판매시설, 영업소시설, 저장시설 또는 가스용품 제조시설의 설치·변경공사의 완성검사에 관한 자료	산업통상자원부, 「고압가스 안전관리법」에 따른 한국가스안전공사	행정안전부	매년 6월 5일

번호	과세자료의 구체적인 범위	과세자료제출기관	제출받을 기관	과세자료 제출시기
173	「약사법」 제31조 및 제85조에 따른 의약품의 제조업 허가, 의약품의 제조판매품목 허가·신고 및 의약외품의 제조업신고에 관한 자료	농림축산식품부, 해양수산부, 식품의약품안전처	행정안전부	매분기의 첫째 달 5일
174	「어선법」 제13조에 따른 어선의 등록에 관한 자료	지방자치단체	행정안전부	매분기의 첫째 달 5일
175	「에너지이용 합리화법」 제25조에 따른 에너지절약전문기업의 등록에 관한 자료	산업통상자원부, 「에너지이용 합리화법」에 따른 한국에너지공단	행정안전부	매분기의 첫째 달 5일
176	「에너지이용 합리화법」 제39조에 따른 검사대상기기 설치자 및 변경자 등에 관한 자료	「에너지이용 합리화법」에 따른 한국에너지공단	행정안전부	매년 6월 5일, 12월 5일
177	「여객자동차 운수사업법」 제4조에 따른 여객자동차운송사업 면허 등에 관한 자료	국토교통부, 지방자치단체	행정안전부	매년 1월 5일
178	「여객자동차 운수사업법」 제49조의 2에 따른 여객자동차운송가맹사업의 면허에 관한 자료	국토교통부, 지방자치단체	행정안전부	매분기의 첫째 달 5일
179	「여객자동차 운수사업법」 제50조 제4항에 따른 보조금 지급에 관한 자료	지방자치단체	행정안전부	매월 5일

번호	과세자료의 구체적인 범위	과세자료제출기관	제출받을 기관	과세자료 제출시기
180	「여신전문금융업법」 제3조에 따른 허가 및 등록에 관한 자료	「금융위원회의 설치 등에 관한 법률」에 따른 금융위원회	행정안전부	매년 1월 5일
181	「여신전문금융업법」 제33조에 따른 대여시설이용자 명의로 등록된 자료 및 같은 법 제64조 제6호에 따른 신용카드업자의 신용카드가맹점에 대한 신용카드 및 직불카드의 대금결제에 관한 자료	「여신전문금융업법」에 따른 여신전문금융업협회	행정안전부	매월 5일
182	「영유아보육법」 제13조에 따른 어린이집 인가에 관한 자료	지방자치단체	행정안전부	매월 15일
183	「영화 및 비디오물의 진흥에 관한 법률」 제26조에 따른 영화업자의 신고에 관한 자료	지방자치단체	행정안전부	매년 1월 5일
184	「오존층 보호 등을 위한 특정물질의 관리에 관한 법률」 제4조 및 제11조에 따른 특정물질 제조업허가·신고 및 특정물질수입의 허가에 관한 자료 (2023. 4. 18. 개정 ; 오존층~부칙)	산업통상자원부	행정안전부	매년 1월 5일
185	「옥외광고물 등의 관리와 옥외광고산업 진흥에 관한 법률」 제11조에 따른 옥외광고사업의 등록에 관한 자료	지방자치단체	행정안전부	매분기의 첫째 달 5일

번호	과세자료의 구체적인 범위	과세자료제출기관	제출받을 기관	과세자료 제출시기
186	「외국법자문사법」 제16조에 따른 외국법자문법률사무소의 설립 인가에 관한 자료	법무부	행정안전부	매분기의 첫째 달 5일
187	「외국법자문사법」 제26조에 따른 외국법자문사의 개업 신고에 관한 자료	「변호사법」에 따른 대한변호사협회	행정안전부	매년 1월 5일
188	「외국인근로자의 고용 등에 관한 법률」 제8조에 따른 외국인근로자 고용허가에 관한 자료	고용노동부	행정안전부	매월 5일
189	「외국인근로자의 고용 등에 관한 법률」 제27조의 2에 따른 대행기관의 지정에 관한 자료	고용노동부	행정안전부	매분기의 첫째 달 5일
190	「외국인투자 촉진법」 제5조 및 제6조에 따른 외국인투자신고 및 허가에 관한 자료	산업통상자원부	행정안전부	매월 5일
191	「외국환거래법」 제8조에 따른 외국환업무 등록에 관한 자료	기획재정부	행정안전부	매년 6월 5일, 12월 5일
192	「외국환거래법」 제8조에 따른 환전업무의 등록에 관한 자료	관세청	행정안전부	매월 5일
193	「외국환거래법」 제9조에 따른 외국환중개업무의 인가에 관한 자료	기획재정부	행정안전부	매년 6월 5일
194	「원양산업발전법」 제6조에 따른 원양어업의 허가 및 신고에 관한 자료	해양수산부	행정안전부	매년 1월 5일
195	「원자력안전법」 제78조에 따른 판독업무자의 등록에 관한 자료	원자력안전위원회	행정안전부	매년 1월 5일
196	「위험물안전관리법」 제6조에 따른 위험물시설의 설치 및 변경 등에 관한 자료	지방자치단체	행정안전부	매년 6월 5일
197	「유아교육법」 제8조에 따른 유치원 설립 인가에 관한 자료	교육청	행정안전부	매월 15일
198	「유통산업발전법」 제8조에 따른 대규모점포 등의 개설 등록 등에 관한 자료	지방자치단체	행정안전부	매분기의 첫째 달 5일
199	「유통산업발전법」 제29조에 따른 공동집배송센터의 지정 등에 관한 자료	산업통상자원부	행정안전부	매년 6월 5일, 12월 5일
200	「은행법」 제8조에 따른 은행업의 인가에 관한 자료	「금융위원회의 설치 등에 관한 법률」에 따른 금융위원회	행정안전부	매년 1월 5일
201	「의료기기법」 제6조 및 제15조부터 제17조까지의 규정에 따른 의료기기 제조업, 수입업 허가 수리업 및 판매업 등의 신고에 관한 자료	식품의약품안전처, 지방자치단체	행정안전부	매년 1월 5일

번호	과세자료의 구체적인 범위	과세자료제출기관	제출받을 기관	과세자료 제출시기
202	「의료법」 제33조에 따른 의료기관의 개설신고 또는 허가에 관한 자료	지방자치단체	행정안전부	매년 8월 5일 매년 7월 5일 (2024. 3. 26. 개정)
203	「의료법」 제82조에 따른 안마시술소 또는 안마원의 개설 신고에 관한 자료	지방자치단체	행정안전부	매분기의 첫째 달 5일
204	「인쇄문화산업 진흥법」 제12조에 따른 인쇄사의 신고에 관한 자료	지방자치단체	행정안전부	매분기의 첫째 달 5일
205	「입목에 관한 법률」 제8조에 따른 입목의 등록에 관한 자료	지방자치단체	행정안전부	매년 6월 5일, 12월 5일
206	「자동차관리법」 제8조, 제11조, 제12조 및 제13조에 따른 자동차의 신규등록, 변경등록, 이전등록 및 말소등록에 관한 자료	지방자치단체	행정안전부	매월 5일
207	「자동차관리법」 제20조에 따른 자동차 등록번호판발급대행자의 지정에 관한 자료	지방자치단체	행정안전부	매분기의 첫째 달 5일
208	「자동차관리법」 제30조 및 제32조 제3항에 따른 자동차자기인증을 위한 제작·시험·검사시설 등의 등록 및 성능시험대행자의 지정에 관한 자료	국토교통부	행정안전부	매분기의 첫째 달 5일
209	「자동차관리법」 제34조에 따른 자동차의 튜닝승인에 관한 자료	지방자치단체, 「교통안전공단법」에 따라 설립된 교통안전공단	행정안전부	매월 5일
210	「자동차관리법」 제43조에 따른 정기검사에 관한 자료	국토교통부, 지방자치단체	행정안전부	매월 5일
211	「자동차관리법」 제44조 및 제44조의 2에 따른 자동차검사대행자 및 자동차 종합검사대행자의 지정에 관한 자료	국토교통부	행정안전부	매분기의 첫째 달 5일
212	「자동차관리법」 제48조에 따른 이륜자동차 사용 신고 등에 관한 자료	지방자치단체	행정안전부	매년 6월 5일
213	「자동차관리법」 제53조에 따른 자동차관리사업 등록에 관한 자료	지방자치단체	행정안전부	매년 1월 5일
214	「자동차관리법」 제60조에 따른 자동차경매장의 개설·운영 승인에 관한 자료	지방자치단체	행정안전부	매분기의 첫째 달 5일

번호	과세자료의 구체적인 범위	과세자료제출기관	제출받을 기관	과세자료 제출시기
215	「자동차손해배상 보장법」 제5조에 따른 책임보험등의 가입에 관한 자료	국토교통부	행정안전부	매월 5일
216	「자본시장과 금융투자업에 관한 법률」 제8조에 따른 금융투자업자 인가 및 등록에 관한 자료	「금융위원회의 설치 등에 관한 법률」에 따른 금융위원회	행정안전부	매년 1월 5일
217	「자본시장과 금융투자업에 관한 법률」 제12조, 제18조, 제101조, 제182조, 제254조, 제258조, 제263조, 제279조, 제355조, 제360조 및 제365조에 따른 금융투자업의 인가, 투자자문업·투자일임업의 등록, 유사투자자문업의 신고, 집합투자기구의 등록, 일반사무관리회사의 등록, 집합투자기구평가회사의 등록, 채권평가회사의 등록, 외국 집합투자기구의 등록, 자금중개회사의 인가, 단기금융업무의 인가 및 명의개서대행회사의 등록에 관한 자료	「금융위원회의 설치 등에 관한 법률」에 따른 금융위원회	행정안전부	매분기의 첫째 달 5일
218	「자연공원법」 제20조에 따른 공원사업의 시행 및 공원시설의 관리 허가에 관한 자료	환경부, 지방자치단체	행정안전부	매분기의 첫째 달 5일

번호	과세자료의 구체적인 범위	과세자료제출기관	제출받을 기관	과세자료 제출시기
219	「장애인복지법」 제32조에 따른 장애인 등록에 관한 자료	지방자치단체	행정안전부	매월 15일
220	「재해경감을 위한 기업의 자율활동 지원에 관한 법률」 제8조의 2에 따른 재해경감우수기업 인증대행기관의 지정에 관한 자료	행정안전부 (2017. 7. 26. 직제개정 ; 행정안전부와~직제 부칙)	행정안전부	매년 1월 5일
221	「저작권법」 제53조, 제57조, 제63조, 제90조 및 제98조에 따른 저작권의 등록, 배타적발행권의 설정, 출판권의 설정, 저작인접권의 등록 및 데이터베이스제작자의 권리의 등록에 관한 자료	문화체육관광부	행정안전부	매월 5일
222	「저작권법」 제56조에 따른 인증기관의 지정에 관한 자료	문화체육관광부	행정안전부	매분기의 첫째 달 5일
223	「저작권법」 제105조에 따른 저작권신탁관리업의 허가 및 저작권대리중개업의 신고에 관한 자료	문화체육관광부	행정안전부	매년 1월 5일
224	「전기공사업법」 제4조에 따른 전기공사업 등록에 관한 자료	지방자치단체	행정안전부	매년 1월 5일
225	「전기사업법」 제7조에 따른 전기사업 허가에 관한 자료	산업통상자원부, 지방자치단체	행정안전부	매년 1월 5일

번호	과세자료의 구체적인 범위	과세자료제출기관	제출받을 기관	과세자료 제출시기
226	「전기용품 및 생활용품 안전관리법」 제4조에 따른 안전인증기관의 지정에 관한 자료	산업통상자원부, 국가기술표준원	행정안전부	매분기의 첫째 달 5일
227	「전기통신사업법」 제6조에 따른 기간통신사업 등록에 관한 자료 (2019. 12. 31. 개정)	과학기술정보통신부 (2017. 12. 29. 직제개정)	행정안전부	매년 1월 5일
228	「전기통신사업법」 제6조 및 제22조에 따른 기간통신사업의 등록 및 부가통신사업의 신고에 관한 자료 (2019. 12. 31. 개정)	중앙전파관리소	행정안전부	매년 1월 5일
229	「전자금융거래법」 제28조에 따른 전자금융업의 허가 및 등록에 관한 자료	「금융위원회의 설치 등에 관한 법률」에 따른 금융위원회	행정안전부	매년 1월 5일
230	「전자금융거래법」 제29조에 따른 전자채권관리기관의 등록에 관한 자료	「금융위원회의 설치 등에 관한 법률」에 따른 금융위원회	행정안전부	매분기의 첫째 달 5일
231	「전자무역 촉진에 관한 법률」 제6조에 따른 전자무역기반사업자 지정에 관한 자료	산업통상자원부	행정안전부	매년 1월 5일
232	「전자문서 및 전자거래 기본법」 제31조의 2 및 제31조의18에 따른 공인전자문서센터의 지정 및 공인전자문서중계자의 인증에 관한 자료 (2020. 12. 10. 개정 ; 전자문서~부칙)	과학기술정보통신부 (2017. 12. 29. 직제개정)	행정안전부	매분기의 첫째 달 5일
233	「전자상거래 등에서의 소비자보호에 관한 법률」 제12조에 따른 통신판매업자 신고에 관한 자료	공정거래위원회, 지방자치단체	행정안전부	매년 1월 5일
234	「전자어음의 발행 및 유통에 관한 법률」 제3조에 따른 전자어음관리기관의 지정에 관한 자료	법무부	행정안전부	매년 6월 5일, 12월 5일
235	「전파법」 제58조의 2에 따른 방송통신기자재등의 적합성평가에 관한 자료	국립전파연구원	행정안전부	매년 1월 5일
236	「정보통신공사업법」 제14조에 따른 정보통신공사업 등록에 관한 자료	지방자치단체	행정안전부	매년 1월 5일
237	「정보통신망 이용촉진 및 정보보호 등에 관한 법률」 제23조의 3에 따른 본인확인기관의 지정에 관한 자료	방송통신위원회	행정안전부	매분기의 첫째 달 5일
238	「제대혈 관리 및 연구에 관한 법률」 제11조에 따른 기증제대혈은행 또는 가족제대혈은행의 허가 등에 관한 자료	보건복지부	행정안전부	매분기의 첫째 달 5일
239	「종자산업법」 제38조에 따른 종자의 수입 판매 신고에 관한 자료	국립종자원	행정안전부	매년 1월 5일

번호	과세자료의 구체적인 범위	과세자료제출기관	제출받을 기관	과세자료 제출시기
240	「주민등록법」 제30조에 따른 주민등록전산정보에 관한 자료	행정안전부 (2017. 7. 26. 직제개정 ; 행정안전부와~부칙)	행정안전부	매월 5일
241	「주류 면허 등에 관한 법률」 제3조 및 제5조에 따른 제조업 및 판매업 면허에 관한 자료 (2021. 2. 17. 개정 ; 주류 면허~부칙)	국세청	행정안전부	매년 1월 5일
242	「주류 면허 등에 관한 법률」 제4조에 따른 밑술 또는 술덧의 제조면허에 관한 자료 (2021. 2. 17. 개정 ; 주류 면허~부칙)	국세청	행정안전부	매분기의 첫째 달 5일
243	「주차장법」 제19조에 따른 부설주차장의 설치 등에 관한 자료	지방자치단체	행정안전부	매년 6월 5일, 12월 5일
244	「주차장법」 제19조의 12에 따른 전문검사기관의 지정에 관한 자료	국토교통부	행정안전부	매분기의 첫째 달 5일
245	「주택법」 제4조 및 제8조에 따른 주택건설사업 등의 등록 및 등록말소에 관한 자료	국토교통부	행정안전부	매월 5일
246	「주택법」 제41조에 따른 바닥충격음 성능등급 인정기관의 지정에 관한 자료	국토교통부	행정안전부	매분기의 첫째 달 5일

번호	과세자료의 구체적인 범위	과세자료제출기관	제출받을 기관	과세자료 제출시기
247	「중소기업창업 지원법」 제45조에 따른 공장 설립계획의 승인에 관한 자료 (2022. 6. 28. 개정 ; 중소기업창업~부칙)	지방자치단체	행정안전부	매년 6월 5일, 12월 5일
248	「지능형전력망의 구축 및 이용촉진에 관한 법률」 제12조에 따른 지능형전력망사업자의 등록에 관한 자료	산업통상자원부	행정안전부	매분기의 첫째 달 5일
249	「지역신용보증재단법」에 따른 보증료의 환급에 관한 자료	「지역신용보증재단법」에 따른 신용보증재단중앙회	행정안전부	매분기의 첫째 달 5일
250	「지하수법」 제7조, 제8조, 제9조 및 제30조의 3에 따른 지하수개발·이용의 허가, 신고, 준공신고 및 지하수이용부담금의 부과·징수에 관한 자료	지방자치단체	행정안전부	매월 5일
251	「진폐의 예방과 진폐근로자의 보호 등에 관한 법률」 제15조에 따른 건강진단기관의 지정에 관한 자료	고용노동부	행정안전부	매분기의 첫째 달 5일
252	「집단에너지사업법」 제6조에 따른 열 생산시설의 신설 등의 허가 등에 관한 자료	산업통상자원부	행정안전부	매년 1월 5일
253	「집단에너지사업법」 제9조에 따른 집단에너지공급사업의 허가에 관한 자료	산업통상자원부	행정안전부	매분기의 첫째 달 5일

번호	과세자료의 구체적인 범위	과세자료제출기관	제출받을 기관	과세자료 제출시기
254	「철도의 건설 및 철도시설 유지관리에 관한 법률」 제23조의2에 따른 철도시설의 점용허가에 관한 자료 (2019. 3. 12. 개정 ; 철도건설법 시행령 부칙)	국토교통부	행정안전부	매분기의 첫째 달 5일
255	「철도사업법」 제5조 및 제34조에 따른 철도사업 면허 및 전용철도운영 등록에 관한 자료	국토교통부	행정안전부	매년 1월 5일
256	「철도안전법」 제45조에 따라 건축 등이 제한된 토지에 관한 자료	국토교통부	행정안전부	매년 6월 5일, 12월 5일
257	「체육시설의 설치 · 이용에 관한 법률」 제19조에 따른 체육시설업의 등록에 관한 자료	지방자치단체	행정안전부	매년 1월 5일
258	「체육시설의 설치 · 이용에 관한 법률」 제20조에 따른 체육시설업의 신고에 관한 자료	지방자치단체	행정안전부	매년 6월 5일, 12월 5일
259	「총포 · 도검 · 화약류 등의 안전관리에 관한 법률」 제12조에 따른 총포등의 소지허가에 관한 자료	시 · 도경찰청 (2020. 12. 31. 개정 ; 자치경찰~부칙)	행정안전부	매년 1월 5일
260	「축산물 위생관리법」 제22조 및 제24조에 따른 축산물가공업 등의 허가 및 신고에 관한 자료	식품의약품안전처, 지방자치단체	행정안전부	매년 1월 5일
261	「축산법」 제22조에 따른 축산업 허가 및 등록에 관한 자료	지방자치단체	행정안전부	매월 5일
262	가. 「출입국관리법」 제3조 및 제6조에 따른 국민의 출국 및 입국 심사에 관한 자료 중 출입국기록 나. 「출입국관리법」 제12조 및 제28조에 따른 외국인의 입국 및 출국 심사에 관한 자료 중 출입국기록 (2023. 3. 14. 개정)	법무부	행정안전부	가. 매월 5일 나. 수시
263	「출입국관리법」 제31조에 따른 외국인등록에 관한 자료 중 행정안전부장관(또는 지방자치단체의 장)이 정하는 과세목적에 필요한 정보 (2017. 7. 26. 직제개정 ; 행정안전부와 그 소속기관 직제 부칙)	법무부	행정안전부	매일 (2023. 3. 14. 개정)
264	「출판문화산업 진흥법」 제9조에 따른 출판사의 신고에 관한 자료	지방자치단체	행정안전부	매분기의 첫째 달 5일

번호	과세자료의 구체적인 범위	과세자료제출기관	제출받을 기관	과세자료 제출시기
265	「친환경농어업 육성 및 유기식품등의 관리·지원에 관한 법률」 제26조 및 제35조에 따른 유기식품등의 인증기관의 지정 및 무농약농산물·무농약원료가공식품 및 무항생제수산물등의 인증기관의 지정에 관한 자료 (2020. 8. 26. 개정 ; 친환경농어업~부칙)	농림축산식품부, 해양수산부, 국립농산물품질관리원, 국립수산물품질관리원	행정안전부	매분기의 첫째 달 5일
266	「택지개발촉진법」 제18조에 따른 토지공급에 관한 자료	「택지개발촉진법」 제7조에 따른 시행자(법 제127조 제1호·제2호·제4호 및 제5호에 따른 과세자료 제출기관으로 한정한다)	행정안전부	매월 5일
267	「특허법」 제87조에 따른 특허권의 설정등록에 관한 자료	특허청	행정안전부	매년 1월 5일
268	「평생교육법」 제30조, 제31조, 제32조, 제33조, 제35조, 제36조, 제37조, 제38조 및 제38조의 2에 따른 평생교육시설 설치·운영에 관한 자료	교육부 교육청	행정안전부	매년 6월 5일, 12월 5일
269	「폐기물의 국가 간 이동 및 그 처리에 관한 법률」 제18조의 2에 따른 수출입관리폐기물의 수출 또는 수입의 신고, 「폐기물관리법」 제25조에 따른 폐기물처리업 허가 등에 관한 자료 (2019. 12. 31. 개정)	환경부, 지방환경청, 지방자치단체, 「한국환경공단법」에 따른 한국환경공단	행정안전부	매월 5일
270	「하천법」 제33조에 따른 하천점용 허가 등에 관한 자료	환경부, 유역·지방환경청, 지방자치단체 (2023. 3. 14. 개정)	행정안전부	매년 1월 5일
271	「학원의 설립·운영 및 과외교습에 관한 법률」 제6조에 따른 등록 및 같은 법 제14조에 따른 신고에 관한 자료	교육청	행정안전부	매월 15일
272	「한국농어촌공사 및 농지관리기금법」 제19조에 따라 임차한 농지에 관한 자료	「한국농어촌공사 및 농지관리기금법」에 따른 한국농어촌공사	행정안전부	매년 6월 5일
273	「한국마사회법」 제4조 및 제6조에 따른 경마장의 설치허가 및 장외발매소설치 등의 승인에 관한 자료	농림축산식품부	행정안전부	매분기의 첫째 달 5일
274	「한국주택금융공사법」에 따른 주택담보노후연금보증 주택에 관한 자료	「한국주택금융공사법」에 따른 한국주택금융공사	행정안전부	매년 6월 5일

번호	과세자료의 구체적인 범위	과세자료제출기관	제출받을 기관	과세자료 제출시기
275	「할부거래에 관한 법률」 제18조에 따른 선불식 할부거래업의 등록 등에 관한 자료	지방자치단체	행정안전부	매분기의 첫째 달 5일
276	「항공안전법」 제7조에 따른 항공기 등록에 관한 자료 (2019. 12. 31. 개정)	국토교통부	행정안전부	매년 6월 5일
277	「항공안전법」 제27조 제1항, 「항공사업법」 제7조, 제30조 및 제44조에 따른 기술표준품의 형식승인, 정기편 운항 노선별 허가·부정기편 운항,	국토교통부	행정안전부	매년 1월 5일
277	항공기사용사업의 등록 및 항공기취급업의 등록에 관한 자료 (2019. 12. 31. 개정)			
278	「항공안전법」 제52조에 따른 상업서류 송달업 신고에 관한 자료 (2019. 12. 31. 개정)	지방항공청	행정안전부	매년 1월 5일
279	「항만운송사업법」 제4조 및 제26조의 3에 따른 항만운송사업의 등록 및 항만운송관련사업의 등록에 관한 자료	해양수산부	행정안전부	매분기의 첫째 달 5일
280	「해외건설 촉진법」 제6조에 따른 해외건설업 신고에 관한 자료	「해외건설 촉진법」에 따른 해외건설협회	행정안전부	매년 1월 5일
281	「해외이주법」 제10조에 따른 해외이주알선업 등록 등에 관한 자료 (2023. 4. 5. 개정 ; 재외동포~부칙)	재외동포청	행정안전부	매년 1월 5일
282	「해운법」 제4조, 제6조, 제7조, 제26조 및 제33조에 따른 해상여객운송사업의 면허·승인, 해상여객운송사업자·해상화물운송사업자의 국내지사 설치 신고 및 해운중개업·해운대리점업·선박대여업·선박관리업의 등록에 관한 자료	해양수산부	행정안전부	매분기의 첫째 달 5일
283	「해운법」 제24조에 따른 해상화물운송사업의 등록에 관한 자료	해양수산부	행정안전부	매년 6월 5일, 12월 5일
284	「해저광물자원 개발법」 제12조 및 제14조에 따른 해저광물 탐사권 및 해저광물 채취권의 설정허가에 관한 자료	산업통상자원부	행정안전부	매년 1월 5일
285	「혈액관리법」 제6조에 따른 혈액원 개설 허가에 관한 자료	보건복지부	행정안전부	매분기의 첫째 달 5일
286	「화물자동차 운수사업법」 제3조에 따른 화물자동차 운송사업의 허가 등에 관한 자료	국토교통부	행정안전부	매분기의 첫째 달 5일

번호	과세자료의 구체적인 범위	과세자료제출기관	제출받을 기관	과세자료 제출시기
287	「화물자동차 운수사업법」 제43조 제2항에 따른 보조금 지급에 관한 자료	지방자치단체	행정안전부	매월 5일
288	「화장품법」 제3조에 따른 화장품 제조업자 및 제조판매업자의 등록에 관한 자료	지방식품의약품안전청	행정안전부	매년 1월 5일
289	「소방시설 설치 및 관리에 관한 법률」 제29조에 따른 소방시설관리업 등록에 관한 자료 (2022. 11. 29. 개정 ; 화재예방~부칙)	지방자치단체	행정안전부	매년 1월 5일
290	「화학무기·생물무기의 금지와 특정화학물질·생물작용제 등의 제조·수출입 규제 등에 관한 법률」 제5조, 제11조 및 제12조에 따른 1종화학물질의 제조·수입 허가 및 특정화학물질의 수출 허가에 관한 자료	산업통상자원부	행정안전부	매년 1월 5일
291	「환경기술 및 환경산업 지원법」 제15조에 따른 환경전문공사업의 등록에 관한 자료	지방자치단체	행정안전부	매년 1월 5일
292	「환경분야 시험·검사 등에 관한 법률」 제9조에 따른 측정기기의 형식승인에 관한 자료	국립환경과학원	행정안전부	매년 1월 5일
293	「환경분야 시험·검사 등에 관한 법률」 제16조에 따른 측정대행업의 등록에 관한 자료	지방자치단체	행정안전부	매년 1월 5일
294	「환경영향평가법」 제54조에 따른 환경영향평가업 등록에 관한 자료	「환경영향평가법」에 따른 환경영향평가협회	행정안전부	매년 1월 5일
295	「환경개선비용 부담법 시행령」 제9조에 따른 환경개선부담금의 환급에 관한 자료	환경부, 지방자치단체	행정안전부	매월 5일
296	자동차 도난신고에 관한 자료	시·도경찰청 (2020. 12. 31. 개정 ; 자치경찰~부칙)	행정안전부	매년 6월 5일, 12월 5일
297	「사회복지사업법」 제16조에 따른 사회복지법인 설립허가에 관한 자료 (2017. 12. 29. 신설)	보건복지부, 지방자치단체	행정안전부	매월 5일
298	「중견기업 성장촉진 및 경쟁력 강화에 관한 특별법」 제2조에 따른 중견기업에 관한 자료 (2017. 12. 29. 신설)	중소벤처기업부, 한국중견기업연합회	행정안전부	매월 5일
299	「항만법」 제10조 및 제12조에 따른 항만개발사업실시계획의 승인 및 항만개발사업의 준공에 관한 자료 (2020. 7. 28. 개정 ; 항만법 시행령 부칙)	해양수산부	행정안전부	매년 1월 15일 7월 15일

번호	과세자료의 구체적인 범위	과세자료제출기관	제출받을 기관	과세자료 제출시기
300	「재외동포의 출입국과 법적 지위에 관한 법률」 제5조 및 제6조에 따른 재외동포체류 자격 및 국내거소신고에 관한 자료 (2018. 12. 31. 신설)	법무부	행정안전부	매일 (2023. 3. 14. 개정)
301	「소방시설 설치 및 관리에 관한 법률 시행령」 별표 2에 따른 특정소방대상물 중 중점관리 대상에 관한 자료 (2022. 11. 29. 개정 ; 화재예방~부칙)	소방청	행정안전부	매년 6월 5일
302	「소득세법」 제4조, 제19조, 제24조, 제80조, 제127조 및 제168조에 관한 자료 중 행정안전부장관이 정하는 납세의 관리에 필요한 정보 (2024. 3. 26. 신설)	국세청	행정안전부	매년 1월 5일
303	「전파법」 제19조 및 제19조의 2에 따른 무선국의 개설 허가 및 신고에 관한 자료 중 행정안전부장관이 정하는 납세의 관리에 필요한 정보 (2024. 3. 26. 신설)	과학기술정보통신부	행정안전부	매년 1월 5일 및 매월 5일
304	「환경오염시설의 통합관리에 관한 법률」 제6조에 따른 배출시설등의 허가 등에 관한 자료 (2024. 12. 31. 신설)	환경부, 유역환경청, 지방환경청 또는 수도권대기환경청	행정안전부	매년 7월 5일

비 고

1. 제출시기에 따라 제출하여야 하는 과세자료의 범위
   가. 과세자료 제출시기가 매월 5일인 경우: 전월의 과세자료분
   나. 과세자료 제출시기가 매월 15일인 경우: 전월의 과세자료분
   다. 과세자료 제출시기가 매년 1월 5일인 경우: 전년도의 과세자료분
   라. 과세자료 제출시기가 매년 5월 5일인 경우: 전년도 5월부터 해당 연도 4월까지의 과세자료분
   마. 과세자료 제출시기가 매년 6월 5일인 경우: 전년도 6월부터 해당 연도 5월까지의 과세자료분
   바. 과세자료 제출시기가 매년 8월 5일인 경우: 전년도 8월부터 해당 연도 7월까지의 과세자료분
   사. 과세자료 제출시기가 매년 6월 5일 및 12월 5일인 경우: 그 시기가 속하는 달의 직전 6개월간의 과세자료분
   아. 과세자료 제출시기가 매분기의 첫째 달 5일인 경우: 그 시기가 속하는 분기의 직전 분기의 과세자료분
2. 위 표에 따른 과세자료 제출시기 및 제1호에 따른 과세자료의 범위에도 불구하고 행정안전부장관은 법 제135조 제3항에 따라 연계된 정보처리시스템을 통하여 위 표에 따른 과세자료를 제공받는 경우에는 해당 과세자료를 보유하고 있는 과세자료제출기관의 장과 협의하여 그 제출시기와 제출하여야 하는 과세자료의 범위를 별도로 정할 수 있다. (2017. 7. 26. 직제개정 ; 행정안전부와~직제 부칙)
3. 행정안전부장관은 위 표에 따라 제출받은 과세자료를 지방자치단체의 장에게 제공하여야 한다. (2017. 7. 26. 직제개정 ; 행정안전부와~직제 부칙)

지방세기본법 시행규칙 별표

〔별표 1〕 (2024. 3. 26. 개정)

지방세통합정보통신망의 지정기준(제2조 관련) (2024. 3. 26. 제목개정)

항 목	기 준
1. 목적	「지방세기본법」, 「지방세징수법」, 「지방세법」 또는 「지방세특례제한법」에 따른 서류의 송달 및 지방세의 납부 등을 전자적으로 하여 납세자에게 편의를 제공하려는 것임.
2. 적용범위 관련	다음 각 목의 사항의 전부 또는 일부를 수행할 수 있는 기능을 갖출 것 가. 지방세와 관련한 납세고지서 및 납부통지서 송달 나. 지방세환급금 지급통지서 송달 다. 「지방세기본법」 제96조 제1항에 따른 결정서 송달 라. 신고안내문 송달 마. 지방자치단체의 징수금 납부 및 그 확인서의 발급 바. 그 밖에 「지방세기본법」, 「지방세징수법」, 「지방세법」 및 「지방세특례제한법」에 규정된 사항
3. 전자문서의 송달장소 관련	행정안전부장관이 고시하는 기준에 맞는 전자우편주소로 송달할 수 있는 기능을 갖추거나 지방세정보통신망 자체의 전자사서함 기능을 갖출 것 (2017. 7. 26. 직제개정 ; 행정안전부와~시행규칙 부칙)
3. 전자문서의 송달장소 관련 (2024. 3. 26. 개정)	행정안전부장관이 고시하는 기준에 맞는 전자우편주소로 송달할 수 있는 기능을 갖추거나 지방세통합정보통신망 자체의 전자사서함 기능을 갖출 것
4. 자료전송 관련	지방세 납세고지서 등 행정안전부장관이 정하는 중요한 자료는 암호화하여 전송할 기능을 갖출 것 (2017. 7. 26. 직제개정 ; 행정안전부와~시행규칙 부칙)

〔별표 2〕 (2024. 3. 26. 개정)

과세자료의 제출서식(제49조 제1항 관련)

번호	과세자료 제출근거	과세자료명	제출서식
1	영 별표 3 제1호	「가족관계의 등록 등에 관한 법률」 제9조 또는 제11조에 따른 가족관계등록부 또는 폐쇄등록부에 관한 전산정보자료	별지 제98호 서식
2	영 별표 3 제2호	「가족관계의 등록 등에 관한 법률」 제99조에 따른 개명 허가 및 신고에 관한 자료	별지 제99호 서식
3	영 별표 3 제3호	「감정평가 및 감정평가사에 관한 법률」 제21조에 따른 감정평가사무소의 개설 신고 등에 관한 자료	별지 제100호 서식
4	영 별표 3 제4호	「개발제한구역의 지정 및 관리에 관한 특별조치법」 제3조에 따른 개발제한구역의 지정 및 해제에 관한 자료	별지 제101호 서식
5	영 별표 3 제5호	「건강기능식품에 관한 법률」 제5조에 따른 건강기능식품제조업의 허가에 관한 자료	별지 제102호 서식
6	영 별표 3 제6호	「건설기계관리법」 제3조에 따른 건설기계 등록 등에 관한 자료	별지 제103호 서식
7	영 별표 3 제7호	「건설기계관리법」 제14조에 따른 건설기계 검사대행자의 지정에 관한 자료	별지 제104호 서식
8	영 별표 3 제8호	「건설기술 진흥법」 제26조에 따른 건설기술용역사업 등록에 관한 자료	별지 제105호 서식
9	영 별표 3 제9호	「건설산업기본법」 제9조에 따른 건설업 등록에 관한 자료	별지 제106호 서식
10	영 별표 3 제10호	「건설산업기본법」 제22조 제4항에 따른 건설공사대장에 관한 자료	별지 제107호 서식
11	영 별표 3 제11호	「건설산업기본법」 제54조 및 제55조에 따른 공제조합 설립의 인가 및 공제조합의 임원, 출자 등에 관한 자료	별지 제108호 서식

번호	과세자료 제출근거	과세자료명	제출서식
12	영 별표 3 제12호	「건축법」 제11조, 제14조 및 제20조에 따른 건축허가, 신고 및 가설건축물 건축허가·축조신고에 관한 자료	별지 제109호 서식 및 별지 제110호 서식
13	영 별표 3 제13호	「건축법」 제22조에 따른 건축물의 사용승인에 관한 자료	별지 제111호 서식
14	영 별표 3 제14호	「건축법」 제80조 및 제83조에 따른 이행강제금 부과 및 옹벽 등의 공작물 축조신고에 관한 자료	별지 제112호 서식 및 별지 제113호 서식
15	영 별표 3 제15호	「게임산업진흥에 관한 법률」 제26조 제1항 및 제3항에 따른 게임제공업 허가 및 등록에 관한 자료	별지 제114호 서식
16	영 별표 3 제16호	「경제자유구역의 지정 및 운영에 관한 특별법」 제9조의 7에 따른 토지공급에 관한 자료	별지 제115호 서식
17	영 별표 3 제17호	「경륜·경정법」 제5조 및 제9조에 따른 경륜장 또는 경정장의 설치 허가 및 장외매장 허가에 관한 자료	별지 제116호 서식 및 별지 제117호 서식
18	영 별표 3 제18호	「경비업법」 제4조에 따른 경비업 허가에 관한 자료	별지 제118호 서식
19	영 별표 3 제19호	「계량에 관한 법률」 제9조에 따른 계량기 수입업의 신고에 관한 자료	별지 제119호 서식
20	영 별표 3 제20호	「계량에 관한 법률」 제16조 및 제44조에 따른 형식승인기관 및 적합성확인기관의 지정에 관한 자료	별지 제120호 서식
21	영 별표 3 제21호	「고용보험법」 제15조에 따른 피보험자격의 취득 및 상실 등에 관한 신고자료	별지 제121호 서식
22	영 별표 3 제22호	「골재채취법」 제14조 및 제17조에 따른 골재채취업의 등록 및 양도에 관한 자료	별지 제122호 서식
23	영 별표 3 제23호	「공간정보의 구축 및 관리 등에 관한 법률」 제44조에 따른 측량업 등록에 관한 자료	별지 제123호 서식
24	영 별표 3 제24호	「공간정보의 구축 및 관리 등에 관한 법률」 제54조에 따른 수로사업 등록에 관한 자료	별지 제124호 서식
25	영 별표 3 제25호	「공간정보의 구축 및 관리 등에 관한 법률」 제76조의 3에 따른 부동산종합공부의 등록사항 등에 관한 자료(공동주택가격, 개별공시지가, 건축물 사용승인, 지목변경 등)	별지 제125호 서식
26	영 별표 3 제26호	「공간정보의 구축 및 관리 등에 관한 법률」 제81조에 따른 지목변경 신청에 관한 자료	별지 제126호 서식
27	영 별표 3 제27호	「공공주택 특별법」 제32조에 따른 토지공급에 관한 자료	별지 제115호 서식
28	영 별표 3 제28호	「공연법」 제9조에 따른 공연장의 등록에 관한 자료	별지 제127호 서식
29	영 별표 3 제29호	「공유수면 관리 및 매립에 관한 법률」 제28조에 따른 공유수면 매립면허에 관한 자료	별지 제128호 서식
30	영 별표 3 제30호	「공유재산 및 물품 관리법」 제36조·제39조 및 제40조에 따른 일반재산의 매각·교환 및 양여에 관한 자료	별지 제129호 서식
31	영 별표 3 제31호	「공익사업을 위한 토지 등의 취득 및 보상에 관한 법률」에 따라 토지등의 소유자에게 지급하는 보상금 지급에 관한 자료	별지 제130호 서식
32	영 별표 3 제32호	「공인노무사법」 제5조에 따른 공인노무사업 등록에 관한 자료	별지 제131호 서식

번호	과세자료 제출근거	과세자료명	제출서식
33	영 별표 3 제33호	「공인노무사법」 제7조의 4에 따른 노무법인의 설립인가에 관한 자료	별지 제132호 서식
34	영 별표 3 제34호	「공인중개사법」 제9조, 제13조 및 제21조에 따른 중개사무소의 개설등록, 분사무소 설치신고 등에 관한 자료	별지 제133호 서식
35	영 별표 3 제35호	「공인회계사법」 제24조에 따른 회계법인의 등록에 관한 자료	별지 제134호 서식
36	영 별표 3 제36호	「공중위생관리법」 제3조에 따른 공중위생영업 신고에 관한 자료	별지 제135호 서식
37	영 별표 3 제37호	「공증인법」 제17조에 따른 공증인사무소 및 임명공증인의 합동사무소의 설치인가에 관한 자료	별지 제136호 서식
38	영 별표 3 제38호	「공탁규칙」 제20조에 따른 공탁서에 관한 자료	별지 제137호 서식
39	영 별표 3 제39호	「관광진흥법」 제4조부터 제6조까지의 규정에 따른 관광사업 등록 등에 관한 자료	별지 제138호 서식
40	영 별표 3 제40호	「관세법」 제46조에 따른 관세 등의 환급에 관한 자료	별지 제139호 서식
41	영 별표 3 제41호	「관세법」 제143조, 제196조 및 제241조에 따른 허가판매 또는 신고물품 중 「담배사업법」 제2조에 따른 담배에 관한 자료	별지 제140호 서식
42	영 별표 3 제42호	「관세법」 제156조, 제174조 및 제222조에 따른 보세구역 외 장치의 허가, 특허보세구역의 설치·운영의 특허 및 보세운송업자 등의 등록에 관한 자료	별지 제141호 서식, 별지 제142호 서식 및 별지 제143호 서식
43	영 별표 3 제43호	「관세사법」 제7조, 제9조, 제17조의 2 및 제19조에 따른 관세사 업무등록, 사무소 설치, 관세법인의 등록 및 통관취급법인의 등록 등에 관한 자료	별지 제144호 서식 및 별지 제145호 서식
44	영 별표 3 제44호	「광산피해의 방지 및 복구에 관한 법률」 제13조에 따른 전문광해방지사업자의 등록에 관한 자료	별지 제146호 서식
45	영 별표 3 제45호	「광업법」 제15조에 따른 광업권설정 허가에 관한 자료	별지 제147호 서식
46	영 별표 3 제46호	「교통·에너지·환경세법」 제7조, 제8조, 제9조 및 제17조에 따른 과세표준의 신고, 납부, 결정·경정결정·재경정 및 세액의 공제와 환급에 관한 자료	별지 제148호 서식
47	영 별표 3 제47호	「국가유공자 등 예우 및 지원에 관한 법률」 제6조에 따라 등록결정된 국가유공자에 관한 자료	별지 제149호 서식
48	영 별표 3 제48호	「국가유공자 등 예우 및 지원에 관한 법률」 제52조에 따른 대부금 수령자에 관한 자료	별지 제150호 서식
49	영 별표 3 제49호	「국민건강보험법」 제6조 및 제70조에 따른 직장가입자에 관한 자료 및 통보된 보수 등에 관한 자료	별지 제151호 서식 및 별지 제152호 서식
50	영 별표 3 제50호	「국민기초생활 보장법」 제27조에 따른 수급자 급여의 실시에 관한 자료	별지 제153호 서식
51	영 별표 3 제51호	「국세기본법」 제51조에 따른 국세환급금에 관한 자료	별지 제154호 서식
52	영 별표 3 제52호	「국유림의 경영 및 관리에 관한 법률」 제27조에 따른 국유임산물의 매각에 관한 자료	별지 제155호 서식
53	영 별표 3 제53호	「국유재산법」 제48조, 제54조 및 제55조에 따른 일반재산의 매각·교환 및 양여에 관한 자료	별지 제156호 서식

번호	과세자료 제출근거	과세자료명	제출서식
54	영 별표 3 제54호	「국토의 계획 및 이용에 관한 법률」 제32조에 따른 도시·군관리계획에 관한 지형도면 고시 자료	별지 제157호 서식
55	영 별표 3 제55호	「국토의 계획 및 이용에 관한 법률」 제56조 제1항 제2호에 따른 토지의 형질 변경허가에 관한 자료	별지 제158호 서식
56	영 별표 3 제56호	「군복 및 군용장구의 단속에 관한 법률」 제3조에 따른 군복 또는 군용장구의 제조 또는 판매업의 허가에 관한 자료	별지 제159호 서식
57	영 별표 3 제57호	「군사기지 및 군사시설 보호법」 제5조 제1항에 따른 보호구역의 지정에 관한 자료	별지 제160호 서식
58	영 별표 3 제58호	「근로자직업능력 개발법」 제27조, 제28조 및 제31조에 따른 직업능력개발훈련시설의 설치 승인·지정 및 지정취소에 관한 자료	별지 제161호 서식
59	영 별표 3 제59호	「근로자퇴직급여 보장법」 제26조에 따른 퇴직연금사업자의 등록에 관한 자료	별지 제162호 서식
60	영 별표 3 제60호	「금융지주회사법」 제3조에 따른 금융지주회사의 인가에 관한 자료	별지 제163호 서식
61	영 별표 3 제61호	「급경사지 재해예방에 관한 법률」 제27조에 따른 계측기기의 성능검사대행자의 등록에 관한 자료	별지 제164호 서식
62	영 별표 3 제62호	「기상산업진흥법」 제6조에 따른 기상사업 등록에 관한 자료	별지 제165호 서식
63	영 별표 3 제63호	「기술사법」 제6조에 따라 등록된 기술사사무소 개설 등록에 관한 자료	별지 제166호 서식
64	영 별표 3 제64호	「기술의 이전 및 사업화 촉진에 관한 법률」 제35조의 2에 따른 기술신탁관리업의 허가에 관한 자료	별지 제167호 서식
65	영 별표 3 제65호	「기초연구진흥 및 기술개발 지원에 관한 법률」 제14조의 2에 따른 기업부설연구소등의 인정 및 신고에 관한 자료	별지 제168호 서식
66	영 별표 3 제66호	「내수면어업법」 제6조 및 제9조에 따른 내수면어업 면허 및 허가에 관한 자료	별지 제169호 서식
67	영 별표 3 제67호	「노인복지법」 제33조, 제35조, 제37조, 제39조 및 제39조의 5에 따른 노인복지시설 설치에 관한 자료	별지 제170호 서식
68	영 별표 3 제68호	「녹색건축물 조성 지원법」 제16조 및 제17조에 따른 녹색건축 인증, 건축물에너지 효율등급 인증 및 제로에너지건축물 인증에 관한 자료	별지 제171호 서식, 별지 제172호 서식 및 별지 제173호 서식
69	영 별표 3 제69호	「농업·농촌 공익기능 증진 직접지불제도 운영에 관한 법률」 제7조·제22조에 따른 공익직접지불금 및 「농산물의 생산자를 위한 직접지불제도 시행규정」 제3조에 따른 직접 소득보조금 지급에 관한 자료 (2020. 5. 12. 개정 ; 농업소득의~부칙)	별지 제174호 서식
70	영 별표 3 제70호	「농약관리법」 제3조에 따른 제조업·원제업·수입업 및 판매업의 등록에 관한 자료	별지 제175호 서식
71	영 별표 3 제71호	「농약관리법」 제3조의 2에 따른 수출입식물방제업 신고에 관한 자료	별지 제176호 서식
72	영 별표 3 제72호	「농어업경영체 육성 및 지원에 관한 법률」 제4조에 따른 농어업경영정보의 등록에 관한 자료	별지 제177호 서식
73	영 별표 3 제73호	「농업소득의 보전에 관한 법률」 제4조, 제5조, 제10조 및 제12조에 따른 농업소득보전직접지불금 지급 및 지급대상 농지에 관한 자료	별지 제178호 서식

번호	과세자료 제출근거	과세자료명	제출서식
74	영 별표 3 제74호	「농지법」 제34조에 따른 농지의 전용허가에 관한 자료	별지 제179호 서식
75	영 별표 3 제75호	「다중이용업소의 안전관리에 관한 특별법」 제16조에 따른 화재위험평가 대행자의 등록에 관한 자료	별지 제180호 서식
76	영 별표 3 제76호	「담배사업법」 제11조에 따른 담배제조업의 허가에 관한 자료	별지 제181호 서식
77	영 별표 3 제77호	「담보부사채신탁법」 제5조에 따른 담보부사채신탁업 등록에 관한 자료	별지 제182호 서식
78	영 별표 3 제78호	「대기환경보전법」 제23조에 따른 배출시설 허가 또는 신고에 관한 자료	별지 제183호 서식
79	영 별표 3 제79호	「대부업 등의 등록 및 금융이용자 보호에 관한 법률」 제3조에 따른 대부업 등록에 관한 자료	별지 제184호 서식
80	영 별표 3 제80호	「도로교통법」 제99조에 따른 자동차운전학원의 등록에 관한 자료	별지 제185호 서식
81	영 별표 3 제81호	「도로법」 제61조에 따른 도로점용 허가에 관한 자료	별지 제186호 서식
82	영 별표 3 제82호	「도시가스사업법」 제3조에 따른 가스도매사업, 일반도시가스사업, 도시가스충전사업, 나프타부생가스·바이오가스제조사업 및 합성천연가스제조사업의 허가에 관한 자료	별지 제187호 서식
83	영 별표 3 제83호	「도시가스사업법」 제15조에 따른 가스충전시설, 특정가스사용시설의 설치·변경공사 완성검사에 관한 자료	별지 제188호 서식
84	영 별표 3 제84호	「도시개발법」 제26조에 따른 토지공급에 관한 자료	별지 제115호 서식

번호	과세자료 제출근거	과세자료명	제출서식
85	영 별표 3 제85호	「도시교통정비 촉진법」 제26조에 따른 교통영향평가대행자의 등록에 관한 자료	별지 제189호 서식
86	영 별표 3 제86호	「도시철도법」 제26조에 따른 도시철도운송사업의 면허에 관한 자료	별지 제190호 서식
87	영 별표 3 제87호	「디자인보호법」 제88조에 따른 디자인권의 설정등록에 관한 자료	별지 제191호 서식
88	영 별표 3 제88호	「마약류 관리에 관한 법률」 제6조 제1항 제1호부터 제3호까지의 규정에 따른 마약류 취급자 허가에 관한 자료	별지 제192호 서식
89	영 별표 3 제89호	「마약류 관리에 관한 법률」 제6조의 2에 따른 원료물질수출입업자등의 허가에 관한 자료	별지 제193호 서식
90	영 별표 3 제90호	「마약류 관리에 관한 법률」 제18조 및 제21조에 따른 마약류 수출입 및 제조의 허가에 관한 자료	별지 제194호 서식
91	영 별표 3 제91호	「먹는물관리법」 제21조에 따른 먹는샘물등의 제조업의 허가, 먹는샘물등의 수입판매업·수처리제 제조업의 등록, 먹는샘물등의 유통전문판매업·정수기제조업 또는 수입판매업의 신고에 관한 자료	별지 제195호 서식
92	영 별표 3 제92호	「목재의 지속가능한 이용에 관한 법률」 제24조에 따른 목재생산업의 등록에 관한 자료	별지 제196호 서식
93	영 별표 3 제93호	「물류시설의 개발 및 운영에 관한 법률」 제22조에 따른 일반물류단지 또는 같은 법 제22조의 2에 따른 도시첨단물류단지 안의 토지에 관한 자료	별지 제197호 서식
94	영 별표 3 제94호	「물류시설의 개발 및 운영에 관한 법률」 제50조에 따른 토지공급에 관한 자료	별지 제115호 서식

번호	과세자료 제출근거	과세자료명	제출서식
95	영 별표 3 제95호	「물류정책기본법」 제43조에 따른 국제물류주선업의 등록에 관한 자료	별지 제198호 서식
96	영 별표 3 제96호	「민간임대주택에 관한 특별법」 제5조에 따른 임대사업자의 등록에 관한 자료	별지 제199호 서식
97	영 별표 3 제97호	「민사집행법」 제83조 및 제149조에 따른 경매개시결정 및 배당표의 확정 등에 관한 자료	별지 제200호 서식 및 별지 제201호 서식
98	영 별표 3 제98호	「박물관 및 미술관 진흥법」 제16조에 따른 박물관 및 미술관의 등록 등에 관한 자료	별지 제202호 서식
99	영 별표 3 제99호	「반도체집적회로의 배치설계에 관한 법률」 제21조에 따른 배치설계권의 설정등록에 관한 자료	별지 제191호 서식
100	영 별표 3 제100호	「방문판매 등에 관한 법률」 제5조 및 제13조에 따른 방문판매업자등의 신고 및 다단계판매업자의 등록에 관한 자료	별지 제203호 서식 및 별지 제204호 서식
101	영 별표 3 제101호	「방송법」 제9조에 따른 지상파방송사업 · 위성방송사업 · 중계유선방송사업 · 종합유선방송사업 · 방송채널사용사업 · 전광판방송사업 · 음악유선방송사업 및 전송망사업의 허가 · 승인 · 등록에 관한 자료	별지 제205호 서식
102	영 별표 3 제102호	「법무사법」 제14조, 제17조 및 제18조에 따른 업무개시, 폐업 및 휴업의 신고에 관한 자료	별지 제206호 서식
103	영 별표 3 제103호	「법무사법」 제34조에 따른 법무사합동법인의 설립 인가에 관한 자료	별지 제207호 서식
104	영 별표 3 제104호	「법인세법」 제109조에 따라 신고된 법인 자본금 현황에 관한 자료	별지 제208호 서식

번호	과세자료 제출근거	과세자료명	제출서식
105	영 별표 3 제105호	「법인세법」 제119조에 따라 제출된 주식등변동상황명세에 관한 자료	별지 제209호 서식
106	영 별표 3 제106호	「벤처기업육성에 관한 특별조치법」 제17조의 2 및 제25조에 따른 신기술창업집적지역의 지정 및 벤처기업확인서 발급에 관한 자료	별지 제210호 서식
107	영 별표 3 제107호	「변리사법」 제5조 및 제6조의 3에 따른 변리사업 등록 및 인가에 관한 자료	별지 제211호 서식
108	영 별표 3 제108호	「변호사법」 제15조에 따른 변호사의 개업신고에 관한 자료	별지 제212호 서식
109	영 별표 3 제109호	「변호사법」 제41조, 제58조의 3 및 제58조의 19에 따른 법무법인 · 법무법인(유한) · 법무조합의 설립 인가에 관한 자료	별지 제213호 서식
110	영 별표 3 제110호	「보험업법」 제4조, 제89조 및 제187조에 따른 보험업 허가, 보험중개사의 등록 및 손해사정업 등록에 관한 자료	별지 제214호 서식, 별지 제215호 서식 및 별지 제216호 서식
111	영 별표 3 제111호	「보험업법」 제183조에 따른 보험계리업의 등록에 관한 자료	별지 제217호 서식
112	영 별표 3 제112호	「부가가치세법」 제8조에 따른 사업자등록에 관한 자료	별지 제218호 서식
113	영 별표 3 제113호	「부가가치세법」 제54조에 따른 매출처별 세금계산서 합계표에 관한 자료	별지 제219호 서식
114	영 별표 3 제114호	「부가가치세법」 제55조 제2항에 따른 부동산임대공급가액명세에 관한 자료	별지 제220호 서식
115	영 별표 3 제115호	「부동산 가격공시에 관한 법률」 제10조에 따라 결정 · 공시한 개별공시지가에 관한 자료	별지 제221호 서식

번호	과세자료 제출근거	과세자료명	제출서식
116	영 별표 3 제116호	「부동산 가격공시에 관한 법률」 제18조에 따라 결정·공시한 공동주택가격에 관한 자료	별지 제222호 서식
117	영 별표 3 제117호	「부동산개발업의 관리 및 육성에 관한 법률」 제4조에 따른 부동산개발업의 등록에 관한 자료	별지 제223호 서식
118	영 별표 3 제118호	「부동산 거래신고 등에 관한 법률」 제3조 및 제5조에 따른 부동산거래의 신고 및 부동산 거래신고가격의 검증에 관한 자료	별지 제224호 서식
119	영 별표 3 제119호	「부동산등기법」 제62조에 따른 소유권 변경사실의 통지에 관한 자료	별지 제225호 서식
120	영 별표 3 제120호	「부동산등기법」 제75조에 따른 저당권의 등기에 관한 사항	별지 제226호 서식
121	영 별표 3 제121호	「부동산등기법」 제81조에 따른 신탁등기의 등기사항에 관한 자료	별지 제227호 서식
122	영 별표 3 제122호	「부동산 실권리자명의 등기에 관한 법률」 제5조에 따른 명의신탁 과징금 부과에 관한 자료	별지 제228호 서식
123	영 별표 3 제123호	「부동산투자회사법」 제9조, 제22조의 3 및 제23조에 따른 부동산투자회사의 영업인가, 자산관리회사의 설립 인가 및 부동산투자자문회사의 등록에 관한 자료	별지 제229호 서식, 별지 제230호 서식 및 별지 제231호 서식
124	영 별표 3 제124호	「비파괴검사기술의 진흥 및 관리에 관한 법률」 제11조에 따른 비파괴검사업의 등록에 관한 자료	별지 제232호 서식
125	영 별표 3 제125호	「사격 및 사격장 안전관리에 관한 법률」 제6조에 따른 사격장 설치허가에 관한 자료	별지 제233호 서식
126	영 별표 3 제126호	「사행행위 등 규제 및 처벌특례법」 제13조에 따른 사행기구 제조업 및 판매업 허가에 관한 자료	별지 제234호 서식
127	영 별표 3 제127호	「사회적기업 육성법」 제7조에 따른 사회적기업의 인증에 관한 자료	별지 제235호 서식
128	영 별표 3 제128호	「산림자원의 조성 및 관리에 관한 법률」 제13조에 따른 산림경영계획의 인가에 관한 자료	별지 제236호 서식
129	영 별표 3 제129호	「산림자원의 조성 및 관리에 관한 법률」 제36조에 따른 입목벌채 등의 허가 및 신고 등에 관한 자료	별지 제155호 서식
130	영 별표 3 제130호	「산업안전보건법」 제15조, 제38조의 2, 제38조의 4 및 제52조의 4에 따른 안전관리전문기관의 지정, 석면조사기관의 지정, 석면해체·제거업의 등록 및 산업안전지도사·산업보건지도사의 등록에 관한 자료	별지 제237호 서식, 별지 제238호 서식, 별지 제238호 서식 및 별지 제240호 서식
131	영 별표 3 제131호	「산업입지 및 개발에 관한 법률」 제38조에 따른 토지공급에 관한 자료	별지 제115호 서식
132	영 별표 3 제132호	「산업집적활성화 및 공장설립에 관한 법률」 제16조에 따른 공장등록에 관한 자료	별지 제241호 서식
133	영 별표 3 제133호	「산업집적활성화 및 공장설립에 관한 법률」 제38조에 따른 입주계약 등에 관한 자료	별지 제242호 서식
134	영 별표 3 제134호	「산업표준화법」 제13조에 따른 산업표준인증기관의 지정에 관한 자료	별지 제243호 서식
135	영 별표 3 제135호	「산지관리법」 제14조 및 제15조에 따른 산지전용허가 및 산지전용신고 등에 관한 자료	별지 제244호 서식

번호	과세자료 제출근거	과세자료명	제출서식
136	영 별표 3 제136호	「상가건물 임대차보호법」 제4조 제1항에 따른 임대차에 관한 자료	별지 제245호 서식
137	영 별표 3 제137호	「상속세 및 증여세법」 제82조 제3항에 따른 특정시설물을 이용할 수 있는 권리의 명의개서 및 변경에 관한 자료	별지 제246호 서식
138	영 별표 3 제138호	「상표법」 제82조에 따른 상표권의 설정등록에 관한 자료	별지 제191호 서식
139	영 별표 3 제139호	「상호저축은행법」 제6조에 따른 상호저축은행의 인가에 관한 자료	별지 제247호 서식
140	영 별표 3 제140호	「서민의 금융생활 지원에 관한 법률」 제40조에 따른 금융기관의 휴면예금 출연에 관한 자료	별지 제248호 서식
141	영 별표 3 제141호	「석유 및 석유대체연료 사업법」 제25조에 따른 품질검사기관의 지정에 관한 자료	별지 제249호 서식
142	영 별표 3 제142호	「석유 및 석유대체연료 사업법」 제32조에 따른 석유대체연료 제조·수출입업의 등록에 관한 자료	별지 제250호 서식
143	영 별표 3 제143호	「석유 및 석유대체연료 사업법」 제5조, 제9조 및 제10조에 따른 석유정제업의 등록, 석유수출입업의 등록, 석유판매업의 등록에 관한 자료	별지 제251호 서식
144	영 별표 3 제144호	「선박법」 제8조에 따른 선박의 등록에 관한 자료	별지 제252호 서식
145	영 별표 3 제145호	「선박안전법」 제8조부터 제10조까지의 규정에 따른 선박검사 기록에 관한 자료	별지 제253호 서식
146	영 별표 3 제146호	「선박의 입항 및 출항 등에 관한 법률」 제24조에 따른 예선업의 등록에 관한 자료	별지 제254호 서식
147	영 별표 3 제147호	「선박투자회사법」 제13조에 따른 선박투자업의 인가에 관한 자료	별지 제255호 서식
148	영 별표 3 제148호	「선박투자회사법」 제31조에 따른 선박운용회사의 허가에 관한 자료	별지 제256호 서식
149	영 별표 3 제149호	「세무사법」 제6조에 따른 세무사 등록에 관한 자료	별지 제257호 서식
150	영 별표 3 제150호	「세무사법」 제16조의 4에 따른 세무법인의 등록에 관한 자료	별지 제258호 서식
151	영 별표 3 제151호	「소금산업 진흥법」 제23조에 따른 염전개발업 및 소금 제조업의 허가에 관한 자료	별지 제259호 서식
152	영 별표 3 제152호	「소득세법」 제104조 제1항 및 제3항에 따른 미등기양도자산 양도소득세 신고 및 결정에 관한 자료	별지 제260호 서식
153	영 별표 3 제153호	「소득세법」에 따른 농업 외의 종합소득금액(「소득세법」 제4조 제1항 제1호에 따른 종합소득에서 농업, 임업에서 발생하는 소득 및 「소득세법 시행령」 제9조에 따른 농가부업소득 및 부동산임대소득을 제외한 금액을 말한다)에 관한 자료	별지 제261호 서식
154	영 별표 3 제154호	「소방시설공사업법」 제4조에 따른 소방시설업의 등록에 관한 자료	별지 제262호 서식
155	영 별표 3 제155호	「소프트웨어산업 진흥법」 제5조, 제13조 및 제23조에 따른 소프트웨어 진흥시설의 지정, 소프트웨어 품질인증기관의 지정 및 소프트웨어프로세스 품질인증기관의 지정에 관한 자료	별지 제263호 서식, 별지 제264호 서식 및 별지 제265호 서식
156	영 별표 3 제156호	「송유관 안전관리법」 제5조에 따른 송유관 설치 완성검사 등에 관한 자료	별지 제266호 서식
157	영 별표 3 제157호	「수상레저안전법」 제30조에 따른 수상레저기구 등록에 관한 자료	별지 제267호 서식

번호	과세자료 제출근거	과세자료명	제출서식
158	영 별표 3 제158호	「수의사법」 제17조에 따른 동물병원의 개설신고에 관한 자료	별지 제268호 서식
159	영 별표 3 제159호	「수질 및 수생태계 보전에 관한 법률」 제33조에 따른 폐수배출시설의 설치 허가 및 신고에 관한 자료	별지 제269호 서식
160	영 별표 3 제160호	「승강기시설 안전관리법」 제5조 및 제11조에 따른 승강기 제조업·수입업의 등록 및 승강기 유지관리업의 등록에 관한 자료	별지 제270호 서식 및 별지 제271호 서식
161	영 별표 3 제161호	「승강기시설 안전관리법」 제13조에 따라 검사한 승강기 완성검사에 관한 자료	별지 제272호 서식
162	영 별표 3 제162호	「식물방역법」 제40조에 따른 수출입목재열처리업의 등록에 관한 자료	별지 제273호 서식
163	영 별표 3 제163호	「식품산업진흥법」 제19조의 5에 따른 수산물가공업의 신고에 관한 자료	별지 제274호 서식
164	영 별표 3 제164호	「식품산업진흥법」 제24조에 따른 우수식품등인증기관의 지정에 관한 자료	별지 제275호 서식
165	영 별표 3 제165호	「식품위생법」 제37조에 따른 허가 및 신고에 관한 자료	별지 제276호 서식
166	영 별표 3 제166호	「식품위생법」 제88조에 따른 집단급식소의 설치 신고에 관한 자료	별지 제277호 서식
167	영 별표 3 제167호	「신용정보의 이용 및 보호에 관한 법률」 제4조 및 제25조에 따른 신용정보업 허가 및 신용정보집중기관의 허가에 관한 자료	별지 제278호 서식 및 별지 제279호 서식
168	영 별표 3 제168호	「신행정수도 후속대책을 위한 연기·공주지역 행정중심복합도시 건설을 위한 특별법」 제25조에 따른 토지공급에 관한 자료	별지 제115호 서식
169	영 별표 3 제169호	「실용신안법」 제21조에 따른 실용신안권의 설정등록에 관한 자료	별지 제191호 서식
170	영 별표 3 제170호	「액화석유가스의 안전관리 및 사업법」 제5조 및 제8조에 따른 액화석유가스 충전사업·가스용품 제조사업·액화석유가스 집단공급사업·액화석유가스 판매사업의 허가, 액화석유가스 충전사업자의 영업소 설치의 허가 및 액화석유가스 저장소의 설치 허가에 관한 자료	별지 제280호 서식 및 별지 제281호 서식
171	영 별표 3 제171호	「액화석유가스의 안전관리 및 사업법」 제17조에 따른 액화석유가스 수출입업의 등록에 관한 자료	별지 제282호 서식
172	영 별표 3 제172호	「액화석유가스의 안전관리 및 사업법」 제36조에 따른 액화석유가스의 충전시설, 집단공급시설, 판매시설, 영업소시설, 저장시설 또는 가스용품 제조시설의 설치·변경공사의 완성검사에 관한 자료	별지 제283호 서식
173	영 별표 3 제173호	「약사법」 제31조 및 제85조에 따른 의약품의 제조업 허가, 의약품의 제조판매품목 허가·신고 및 의약외품의 제조업 신고에 관한 자료	별지 제284호 서식
174	영 별표 3 제174호	「어선법」 제13조에 따른 어선의 등록에 관한 자료	별지 제285호 서식
175	영 별표 3 제175호	「에너지이용 합리화법」 제25조에 따른 에너지절약전문기업의 등록에 관한 자료	별지 제286호 서식
176	영 별표 3 제176호	「에너지이용 합리화법」 제39조에 따른 검사대상기기 설치자 및 변경자 등에 관한 자료	별지 제287호 서식
177	영 별표 3 제177호	「여객자동차 운수사업법」 제4조에 따른 여객자동차운송사업 면허 등에 관한 자료	별지 제288호 서식

번호	과세자료 제출근거	과세자료명	제출서식
178	영 별표 3 제178호	「여객자동차 운수사업법」 제49조의2에 따른 여객자동차운송가맹사업의 면허에 관한 자료	별지 제289호 서식
179	영 별표 3 제179호	「여객자동차 운수사업법」 제50조 제4항에 따른 보조금 지급에 관한 자료	별지 제290호 서식
180	영 별표 3 제180호	「여신전문금융업법」 제3조에 따른 허가 및 등록에 관한 자료	별지 제291호 서식
181	영 별표 3 제181호	「여신전문금융업법」 제33조에 따른 대여시설이용자 명의로 등록된 자료 및 같은 법 제64조 제6호에 따른 신용카드업자의 신용카드가맹점에 대한 신용카드 및 직불카드의 대금결제에 관한 자료	별지 제292호 서식 및 별지 제293호 서식
182	영 별표 3 제182호	「영유아보육법」 제13조에 따른 어린이집 인가에 관한 자료	별지 제294호 서식
183	영 별표 3 제183호	「영화 및 비디오물의 진흥에 관한 법률」 제26조에 따른 영화업자의 신고에 관한 자료	별지 제295호 서식
184	영 별표 3 제184호	「오존층 보호를 위한 특정 물질의 제조규제 등에 관한 법률」 제4조 및 제11조에 따른 특정물질 제조업허가 · 신고 및 특정물질수입의 허가에 관한 자료	별지 제296호 서식
185	영 별표 3 제185호	「옥외광고물 등의 관리와 옥외광고산업 진흥에 관한 법률」 제11조에 따른 옥외광고사업의 등록에 관한 자료	별지 제297호 서식
186	영 별표 3 제186호	「외국법자문사법」 제16조에 따른 외국법자문법률사무소의 설립 인가에 관한 자료	별지 제213호 서식
187	영 별표 3 제187호	「외국법자문사법」 제26조에 따른 외국법자문사의 개업신고에 관한 자료	별지 제212호 서식

번호	과세자료 제출근거	과세자료명	제출서식
188	영 별표 3 제188호	「외국인근로자의 고용 등에 관한 법률」 제8조에 따른 외국인근로자 고용허가에 관한 자료	별지 제298호 서식
189	영 별표 3 제189호	「외국인근로자의 고용 등에 관한 법률」 제27조의 2에 따른 대행기관의 지정에 관한 자료	별지 제299호 서식
190	영 별표 3 제190호	「외국인투자 촉진법」 제5조 및 제6조에 따른 외국인투자신고 및 허가에 관한 자료	별지 제300호 서식
191	영 별표 3 제191호	「외국환거래법」 제8조에 따른 외국환업무 등록에 관한 자료	별지 제301호 서식
192	영 별표 3 제192호	「외국환거래법」 제8조에 따른 환전업무의 등록에 관한 자료	별지 제302호 서식
193	영 별표 3 제193호	「외국환거래법」 제9조에 따른 외국환중개업무의 인가에 관한 자료	별지 제303호 서식
194	영 별표 3 제194호	「원양산업발전법」 제6조에 따른 원양어업의 허가 및 신고에 관한 자료	별지 제304호 서식
195	영 별표 3 제195호	「원자력안전법」 제78조에 따른 판독업무자의 등록에 관한 자료	별지 제305호 서식
196	영 별표 3 제196호	「위험물안전관리법」 제6조에 따른 위험물시설의 설치 및 변경 등에 관한 자료	별지 제306호 서식
197	영 별표 3 제197호	「유아교육법」 제8조에 따른 유치원 설립 인가에 관한 자료	별지 제307호 서식
198	영 별표 3 제198호	「유통산업발전법」 제8조에 따른 대규모점포 등의 개설등록 등에 관한 자료	별지 제308호 서식
199	영 별표 3 제199호	「유통산업발전법」 제29조에 따른 공동집배송센터의 지정 등에 관한 자료	별지 제309호 서식
200	영 별표 3 제200호	「은행법」 제8조에 따른 은행업의 인가에 관한 자료	별지 제310호 서식

번호	과세자료 제출근거	과세자료명	제출서식
201	영 별표 3 제201호	「의료기기법」 제6조 및 제15조부터 제17조까지의 규정에 따른 의료기기 제조업·수입업 허가 및 수리업·판매업 등의 신고에 관한 자료	별지 제311호 서식
202	영 별표 3 제202호	「의료법」 제33조에 따른 의료기관의 개설신고 또는 허가에 관한 자료	별지 제312호 서식
203	영 별표 3 제203호	「의료법」 제82조에 따른 안마시술소 또는 안마원의 개설 신고에 관한 자료	별지 제313호 서식
204	영 별표 3 제204호	「인쇄문화산업 진흥법」 제12조에 따른 인쇄사의 신고에 관한 자료	별지 제314호 서식
205	영 별표 3 제205호	「입목에 관한 법률」 제8조에 따른 입목의 등록에 관한 자료	별지 제315호 서식
206	영 별표 3 제206호	「자동차관리법」 제8조, 제11조, 제12조 및 제13조에 따른 자동차의 신규등록, 변경등록, 이전등록 및 말소등록에 관한 자료	별지 제316호 서식
207	영 별표 3 제207호	「자동차관리법」 제20조에 따른 자동차 등록번호판발급대행자의 지정에 관한 자료	별지 제317호 서식
208	영 별표 3 제208호	「자동차관리법」 제30조 및 제32조 제3항에 따른 자동차자기인증을 위한 제작·시험·검사시설 등의 등록 및 성능시험대행자의 지정에 관한 자료	별지 제318호 서식 및 별지 제319호 서식
209	영 별표 3 제209호	「자동차관리법」 제34조에 따른 자동차의 튜닝승인에 관한 자료	별지 제320호 서식
210	영 별표 3 제210호	「자동차관리법」 제43조에 따른 정기검사에 관한 자료	별지 제321호 서식
211	영 별표 3 제211호	「자동차관리법」 제44조 및 제44조의 2에 따른 자동차검사대행자 및 자동차종합검사대행자의 지정에 관한 자료	별지 제322호 서식
212	영 별표 3 제212호	「자동차관리법」 제48조에 따른 이륜자동차 사용 신고 등에 관한 자료	별지 제323호 서식
213	영 별표 3 제213호	「자동차관리법」 제53조에 따른 자동차관리사업 등록에 관한 자료	별지 제324호 서식
214	영 별표 3 제214호	「자동차관리법」 제60조에 따른 자동차경매장의 개설·운영 승인에 관한 자료	별지 제325호 서식
215	영 별표 3 제215호	「자동차손해배상 보장법」 제5조에 따른 책임보험등의 가입에 관한 자료	별지 제326호 서식
216	영 별표 3 제216호	「자본시장과 금융투자업에 관한 법률」 제8조에 따른 금융투자업자 인가 및 등록에 관한 자료	별지 제327호 서식
217	영 별표 3 제217호	「자본시장과 금융투자업에 관한 법률」 제12조, 제18조, 제101조, 제182조, 제254조, 제258조, 제263조, 제279조, 제355조, 제360조 및 제365조에 따른 금융투자업의 인가, 투자자문업·투자일임업의 등록, 유사투자자문업의 신고, 집합투자기구의 등록, 일반사무관리회사의 등록, 집합투자기구평가회사의 등록, 채권평가회사의 등록, 외국 집합투자기구의 등록, 자금중개회사의 인가, 단기금융업무의 인가 및 명의개서대행회사의 등록에 관한 자료	별지 제328호 서식, 별지 제329호 서식, 별지 제330호 서식, 별지 제331호 서식, 별지 제332호 서식, 별지 제333호 서식, 별지 제334호 서식, 별지 제335호 서식, 별지 제336호 서식, 별지 제337호 서식 및 별지 제338호 서식
218	영 별표 3 제218호	「자연공원법」 제20조에 따른 공원사업의 시행 및 공원시설의 관리 허가에 관한 자료	별지 제339호 서식
219	영 별표 3 제219호	「장애인복지법」 제32조에 따른 장애인 등록에 관한 자료	별지 제340호 서식

번호	과세자료 제출근거	과세자료명	제출서식
220	영 별표 3 제220호	「재해경감을 위한 기업의 자율활동 지원에 관한 법률」 제8조의 2에 따른 재해경감 우수기업 인증대행기관의 지정에 관한 자료	별지 제341호 서식
221	영 별표 3 제221호	「저작권법」 제53조, 제57조, 제63조, 제90조 및 제98조에 따른 저작권의 등록, 배타적발행권의 설정, 출판권의 설정, 저작인접권의 등록 및 데이터베이스제작자의 권리의 등록에 관한 자료	별지 제342호 서식
222	영 별표 3 제222호	「저작권법」 제56조에 따른 인증기관의 지정에 관한 자료	별지 제343호 서식
223	영 별표 3 제223호	「저작권법」 제105조에 따른 저작권신탁관리업의 허가 및 저작권대리중개업의 신고에 관한 자료	별지 제344호 서식
224	영 별표 3 제224호	「전기공사업법」 제4조에 따른 전기공사업 등록에 관한 자료	별지 제345호 서식
225	영 별표 3 제225호	「전기사업법」 제7조에 따른 전기사업 허가에 관한 자료	별지 제346호 서식
226	영 별표 3 제226호	「전기용품 및 생활용품 안전관리법」 제4조에 따른 안전인증기관의 지정에 관한 자료	별지 제347호 서식
227	영 별표 3 제227호	「전기통신사업법」 제6조에 따른 기간통신사업 허가에 관한 자료	별지 제348호 서식
228	영 별표 3 제228호	「전기통신사업법」 제21조 및 제22조에 따른 별정통신사업의 등록 및 부가통신사업의 신고에 관한 자료	별지 제349호 서식
229	영 별표 3 제229호	「전자금융거래법」 제28조에 따른 전자금융업의 허가 및 등록에 관한 자료	별지 제350호 서식
230	영 별표 3 제230호	「전자금융거래법」 제29조에 따른 전자채권관리기관의 등록에 관한 자료	별지 제351호 서식
231	영 별표 3 제231호	「전자무역 촉진에 관한 법률」 제6조에 따른 전자무역기반사업자 지정에 관한 자료	별지 제352호 서식
232	영 별표 3 제232호	「전자문서 및 전자거래 기본법」 제31조의 2 및 제31조의 18에 따른 공인전자문서센터 및 공인전자문서중계자의 지정에 관한 자료	별지 제353호 서식
233	영 별표 3 제233호	「전자상거래 등에서의 소비자보호에 관한 법률」 제12조에 따른 통신판매업자 신고에 관한 자료	별지 제354호 서식
234	영 별표 3 제234호	「전자어음의 발행 및 유통에 관한 법률」 제3조에 따른 전자어음관리기관의 지정에 관한 자료	별지 제355호 서식
235	영 별표 3 제235호	「전파법」 제58조의 2에 따른 방송통신기자재등의 적합성평가에 관한 자료	별지 제356호 서식
236	영 별표 3 제236호	「정보통신공사업법」 제14조에 따른 정보통신공사업 등록에 관한 자료	별지 제357호 서식
237	영 별표 3 제237호	「정보통신망 이용촉진 및 정보보호 등에 관한 법률」 제23조의 3에 따른 본인확인기관의 지정에 관한 자료	별지 제358호 서식
238	영 별표 3 제238호	「제대혈 관리 및 연구에 관한 법률」 제11조에 따른 기증제대혈은행 또는 가족제대혈은행의 허가 등에 관한 자료	별지 제359호 서식
239	영 별표 3 제239호	「종자산업법」 제38조에 따른 종자의 수입 판매 신고에 관한 자료	별지 제360호 서식
240	영 별표 3 제240호	「주민등록법」 제30조에 따른 주민등록전산정보에 관한 자료	별지 제361호 서식
241	영 별표 3 제241호	「주세법」 제6조 및 제8조에 따른 제조업 및 판매업 면허에 관한 자료	별지 제362호 서식

번호	과세자료 제출근거	과세자료명	제출서식
242	영 별표 3 제242호	「주세법」 제7조에 따른 밑술 또는 술덧의 제조면허에 관한 자료	별지 제363호 서식
243	영 별표 3 제243호	「주차장법」 제19조에 따른 부설주차장의 설치 등에 관한 자료	별지 제364호 서식
244	영 별표 3 제244호	「주차장법」 제19조의 12에 따른 전문검사기관의 지정에 관한 자료	별지 제365호 서식
245	영 별표 3 제245호	「주택법」 제4조 및 제8조에 따른 주택건설사업 등의 등록 및 등록말소에 관한 자료	별지 제366호 서식
246	영 별표 3 제246호	「주택법」 제41조에 따른 바닥충격음 성능등급 인정기관의 지정에 관한 자료	별지 제367호 서식
247	영 별표 3 제247호	「중소기업창업 지원법」 제33조에 따른 사업계획 승인에 관한 자료	별지 제368호 서식
248	영 별표 3 제248호	「지능형전력망의 구축 및 이용촉진에 관한 법률」 제12조에 따른 지능형전력망사업자의 등록에 관한 자료	별지 제369호 서식
249	영 별표 3 제249호	「지역신용보증재단법」에 따른 보증료의 환급에 관한 자료	별지 제370호 서식
250	영 별표 3 제250호	「지하수법」 제7조, 제8조, 제9조 및 제30조의 3에 따른 지하수개발·이용의 허가, 신고, 준공신고 및 지하수이용부담금의 부과·징수에 관한 자료	별지 제371호 서식, 별지 제372호 서식 및 별지 제373호 서식
251	영 별표 3 제251호	「진폐의 예방과 진폐근로자의 보호 등에 관한 법률」 제15조에 따른 건강진단기관의 지정에 관한 자료	별지 제374호 서식
252	영 별표 3 제252호	「집단에너지사업법」 제6조에 따른 열 생산시설의 신설 등의 허가 등에 관한 자료	별지 제375호 서식
253	영 별표 3 제253호	「집단에너지사업법」 제9조에 따른 집단에너지공급사업의 허가에 관한 자료	별지 제376호 서식
254	영 별표 3 제254호	「철도건설법」 제23조의 2에 따른 철도시설의 점용허가에 관한 자료	별지 제377호 서식
255	영 별표 3 제255호	「철도사업법」 제5조 및 제34조에 따른 철도사업 면허 및 전용철도운영 등록에 관한 자료	별지 제378호 서식
256	영 별표 3 제256호	「철도안전법」 제45조에 따라 건축 등이 제한된 토지에 관한 자료	별지 제379호 서식
257	영 별표 3 제257호	「체육시설의 설치·이용에 관한 법률」 제19조에 따른 체육시설업의 등록에 관한 자료	별지 제380호 서식
258	영 별표 3 제258호	「체육시설의 설치·이용에 관한 법률」 제20조에 따른 체육시설업의 신고에 관한 자료	별지 제381호 서식
259	영 별표 3 제259호	「총포·도검·화약류 등의 안전관리에 관한 법률」 제12조에 따른 총포 등의 소지허가에 관한 자료	별지 제382호 서식
260	영 별표 3 제260호	「축산물 위생관리법」 제22조 및 제24조에 따른 축산물가공업 등의 허가 및 신고에 관한 자료	별지 제383호 서식
261	영 별표 3 제261호	「축산법」 제22조에 따른 축산업 허가 및 등록에 관한 자료	별지 제384호 서식
262	영 별표 3 제262호	「출입국관리법」 제3조 및 제6조에 따른 국민의 출국 및 입국에 관한 자료 중 행정안전부장관(또는 지방자치단체의 장)이 정하는 과세목적에 필요한 정보 (2017. 7. 26. 직제개정 ; 행정안전부와~부칙)	별지 제385호 서식
263	영 별표 3 제263호	「출입국관리법」 제31조에 따른 외국인등록에 관한 자료 중 행정안전부장관(또는 지방자치단체의 장)이 정하는 과세목적에 필요한 정보 (2017. 7. 26. 직제개정 ; 행정안전부와~부칙)	별지 제386호 서식
264	영 별표 3 제264호	「출판문화산업 진흥법」 제9조에 따른 출판사의 신고에 관한 자료	별지 제387호 서식

번호	과세자료 제출근거	과세자료명	제출서식
265	영 별표 3 제265호	「친환경농어업 육성 및 유기식품 등의 관리 · 지원에 관한 법률」 제26조 및 제35조에 따른 유기식품등의 인증기관의 지정 및 무농약농산물 · 무농약원료가공식품 및 무항생제수산물등의 인증기관의 지정, 「축산법」 제42조의 8에 따른 무항생제축산물의 인증기관의 지정에 관한 자료 (2020. 12. 1. 개정 ; 농림축산식품부~부칙)	별지 제388호 서식 및 별지 제389호 서식
266	영 별표 3 제266호	「택지개발촉진법」 제18조에 따른 토지공급에 관한 자료	별지 제115호 서식
267	영 별표 3 제267호	「특허법」 제87조에 따른 특허권의 설정등록에 관한 자료	별지 제191호 서식
268	영 별표 3 제268호	「평생교육법」 제30조, 제31조, 제32조, 제33조, 제35조, 제36조, 제37조, 제38조 및 제38조의 2에 따른 평생교육시설 설치 · 운영에 관한 자료	별지 제390호 서식
269	영 별표 3 제269호	「폐기물관리법」 제24조의 2 및 제25조에 따른 폐기물의 수출입 신고 및 폐기물처리업 허가 등에 관한 자료	별지 제391호 서식 및 별지 제392호 서식
270	영 별표 3 제270호	「하천법」 제33조에 따른 하천점용 허가 등에 관한 자료	별지 제393호 서식
271	영 별표 3 제271호	「학원의 설립 · 운영 및 과외교습에 관한 법률」 제6조에 따른 등록 및 같은 법 제14조에 따른 신고에 관한 자료	별지 제394호 서식
272	영 별표 3 제272호	「한국농어촌공사 및 농지관리기금법」 제19조에 따라 임차한 농지에 관한 자료	별지 제395호 서식
273	영 별표 3 제273호	「한국마사회법」 제4조 및 제6조에 따른 경마장의 설치허가 및 장외발매소 설치 등의 승인에 관한 자료	별지 제396호 서식
274	영 별표 3 제274호	「한국주택금융공사법」에 따른 주택담보노후연금보증 주택에 관한 자료	별지 제397호 서식
275	영 별표 3 제275호	「할부거래에 관한 법률」 제18조에 따른 선불식 할부거래업의 등록 등에 관한 자료	별지 제398호 서식
276	영 별표 3 제276호	「항공법」 제3조에 따른 항공기 등록에 관한 자료	별지 제399호 서식
277	영 별표 3 제277호	「항공법」 제20조 제1항, 제112조, 제134조 및 제137조에 따른 기술표준품의 형식승인, 정기편 운항노선별 허가 · 부정기편 운항, 항공기사용사업의 등록 및 항공기취급업의 등록에 관한 자료	별지 제400호 서식, 별지 제401호 서식, 별지 제402호 서식 및 별지 제403호 서식
278	영 별표 3 제278호	「항공법」 제139조에 따른 상업서류 송달업 신고에 관한 자료	별지 제404호 서식
279	영 별표 3 제279호	「항만운송사업법」 제4조 및 제26조의 3에 따른 항만운송사업의 등록 및 항만운송관련사업의 등록에 관한 자료	별지 제405호 서식
280	영 별표 3 제280호	「해외건설 촉진법」 제6조에 따른 해외건설업 신고에 관한 자료	별지 제406호 서식
281	영 별표 3 제281호	「해외이주법」 제10조에 따른 해외이주알선업 등록 등에 관한 자료	별지 제407호 서식
282	영 별표 3 제282호	「해운법」 제4조, 제6조, 제7조, 제26조 및 제33조에 따른 해상여객운송사업의 면허 · 승인, 해상여객운송사업자 · 해상화물운송사업자의 국내지사 설치신고 및 해운중개업 · 해운대리점업 · 선박대여업 · 선박관리업의 등록에 관한 자료	별지 제408호 서식, 별지 제409호 서식 및 별지 제410호 서식
283	영 별표 3 제283호	「해운법」 제24조에 따른 해상화물운송사업의 등록에 관한 자료	별지 제411호 서식

번호	과세자료 제출근거	과세자료명	제출서식
284	영 별표 3 제284호	「해저광물자원 개발법」 제12조 및 제14조에 따른 해저광물 탐사권 및 해저광물 채취권의 설정허가에 관한 자료	별지 제412호 서식
285	영 별표 3 제285호	「혈액관리법」 제6조에 따른 혈액원 개설 허가에 관한 자료	별지 제413호 서식
286	영 별표 3 제286호	「화물자동차 운수사업법」 제3조에 따른 화물자동차 운송사업의 허가 등에 관한 자료	별지 제414호 서식
287	영 별표 3 제287호	「화물자동차 운수사업법」 제43조 제2항에 따른 보조금 지급에 관한 자료	별지 제290호 서식
288	영 별표 3 제288호	「화장품법」 제3조에 따른 화장품 제조업자 및 제조판매업자의 등록에 관한 자료	별지 제415호 서식
289	영 별표 3 제289호	「화재예방, 소방시설 설치·유지 및 안전관리에 관한 법률」 제29조에 따른 소방시설관리업 등록에 관한 자료	별지 제416호 서식
290	영 별표 3 제290호	「화학무기·생물무기의 금지와 특정화학물질·생물작용제 등의 제조·수출입 규제 등에 관한 법률」 제5조, 제11조 및 제12조에 따른 1종화학물질의 제조·수입 허가 및 특정화학물질의 수출허가에 관한 자료	별지 제417호 서식
291	영 별표 3 제291호	「환경기술 및 환경산업 지원법」 제15조에 따른 환경전문공사업의 등록에 관한 자료	별지 제418호 서식
292	영 별표 3 제292호	「환경분야 시험·검사 등에 관한 법률」 제9조에 따른 측정기기의 형식승인에 관한 자료	별지 제419호 서식
293	영 별표 3 제293호	「환경분야 시험·검사 등에 관한 법률」 제16조에 따른 측정대행업의 등록에 관한 자료	별지 제418호 서식
294	영 별표 3 제294호	「환경영향평가법」 제54조에 따른 환경영향평가업 등록에 관한 자료	별지 제420호 서식
295	영 별표 3 제295호	「환경개선비용 부담법 시행령」 제9조에 따른 환경개선부담금의 환급에 관한 자료	별지 제421호 서식
296	영 별표 3 제296호	자동차 도난신고에 관한 자료	별지 제422호 서식
297	영 별표 3 제297호 (2017. 12. 29. 신설)	「사회복지사업법」 제16조에 따른 사회복지법인 설립허가에 관한 자료	별지 제428호 서식
298	영 별표 3 제298호 (2017. 12. 29. 신설)	「중견기업 성장촉진 및 경쟁력 강화에 관한 특별법」 제2조에 따른 중견기업에 관한 자료	별지 제429호 서식
299	영 별표 3 제299호 (2018. 12. 31. 신설)	「항만법」 제10조 및 제12조에 따른 항만공사실시계획의 승인 및 항만공사의 준공에 관한 자료	별지 제430호 서식 및 별지 제431호 서식
300	영 별표 3 제300호 (2018. 12. 31. 신설)	「재외동포의 출입국과 법적 지위에 관한 법률」 제5조 및 제6조에 따른 재외동포체류자격 및 국내거소신고에 관한 자료	별지 제432호 서식
301	영 별표 3 제301호 (2018. 12. 31. 신설)	「화재예방, 소방시설 설치·유지 및 안전관리에 관한 법률 시행령」 별표 2에 따른 특정소방대상물 중 중점관리대상에 관한 자료	별지 제433호 서식
302	영 별표 3 제302호 (2024. 3. 26. 신설)	「소득세법」 제4조, 제19조, 제24조, 제80조, 제127조 및 제168조에 관한 자료 중 행정안전부장관이 정하는 납세의 관리에 필요한 정보	별지 제434호 서식
303	영 별표 3 제303호 (2024. 3. 26. 신설)	「전파법」 제19조 및 제19조의 2에 따른 무선국의 개설 허가 및 신고에 관한 자료 중 행정안전부장관이 정하는 납세의 관리에 필요한 정보	별지 제435호 서식

비고 : 과세자료제출기관과 과세자료를 제공받는 기관은 서로 협의하여 자료의 종류에 따라 서식을 변형하거나 일부 항목을 추가·삭제할 수 있습니다.

〔**별표 2**〕(2024. 12. 31. 개정)

과세자료의 제출서식(제49조 제1항 관련)

번호	과세자료 제출근거	과세자료명	제출서식
1	영 별표 3 제1호	「가족관계의 등록 등에 관한 법률」 제9조 또는 제11조에 따른 가족관계등록부 또는 폐쇄등록부에 관한 전산정보자료	별지 제98호 서식
2	영 별표 3 제2호	「가족관계의 등록 등에 관한 법률」 제99조에 따른 개명 허가 및 신고에 관한 자료	별지 제99호 서식
3	영 별표 3 제3호	「개발제한구역의 지정 및 관리에 관한 특별조치법」 제3조에 따른 개발제한구역의 지정 및 해제에 관한 자료	별지 제101호 서식
4	영 별표 3 제4호	「건강기능식품에 관한 법률」 제5조에 따른 건강기능식품제조업의 허가에 관한 자료	별지 제102호 서식
5	영 별표 3 제5호	「건설기계관리법」 제3조에 따른 건설기계 등록 등에 관한 자료	별지 제103호 서식
6	영 별표 3 제6호	「건설기계관리법」 제14조에 따른 건설기계 검사대행자의 지정에 관한 자료	별지 제104호 서식
7	영 별표 3 제7호	「건설기술 진흥법」 제26조에 따른 건설기술용역사업 등록에 관한 자료	별지 제105호 서식
8	영 별표 3 제8호	「건설산업기본법」 제9조에 따른 건설업 등록에 관한 자료	별지 제106호 서식
9	영 별표 3 제9호	「건설산업기본법」 제22조 제4항에 따른 건설공사대장에 관한 자료	별지 제107호 서식
10	영 별표 3 제10호	「건설산업기본법」 제54조 및 제55조에 따른 공제조합 설립의 인가 및 공제조합의 임원, 출자 등에 관한 자료	별지 제108호 서식
11	영 별표 3 제11호	「건축법」 제11조, 제14조 및 제20조에 따른 건축허가, 신고 및 가설건축물 건축허가·축조신고에 관한 자료	별지 제109호 서식 및 별지 제110호 서식
12	영 별표 3 제12호	「건축법」 제22조에 따른 건축물의 사용승인에 관한 자료	별지 제111호 서식
13	영 별표 3 제13호	「건축법」 제80조 및 제83조에 따른 이행강제금 부과 및 옹벽 등의 공작물 축조신고에 관한 자료	별지 제112호 서식 및 별지 제113호 서식
14	영 별표 3 제14호	「게임산업진흥에 관한 법률」 제26조 제1항 및 제3항에 따른 게임제공업 허가 및 등록에 관한 자료	별지 제114호 서식
15	영 별표 3 제15호	「경제자유구역의 지정 및 운영에 관한 특별법」 제9조의 7에 따른 토지공급에 관한 자료	별지 제115호 서식
16	영 별표 3 제16호	「경륜·경정법」 제5조 및 제9조에 따른 경륜장 또는 경정장의 설치 허가 및 장외매장 허가에 관한 자료	별지 제116호 서식 및 별지 제117호 서식
17	영 별표 3 제17호	「경비업법」 제4조에 따른 경비업 허가에 관한 자료	별지 제118호 서식

번호	과세자료 제출근거	과세자료명	제출서식
18	영 별표 3 제18호	「계량에 관한 법률」 제9조에 따른 계량기 수입업의 신고에 관한 자료	별지 제119호 서식
19	영 별표 3 제19호	「계량에 관한 법률」 제16조에 따른 형식승인기관의 지정에 관한 자료	별지 제120호 서식
20	영 별표 3 제20호	「고용보험법」 제15조에 따른 피보험자격의 취득 및 상실 등에 관한 신고자료	별지 제121호 서식
21	영 별표 3 제21호	「골재채취법」 제14조 및 제17조에 따른 골재채취업의 등록 및 양도에 관한 자료	별지 제122호 서식
22	영 별표 3 제22호	「공간정보의 구축 및 관리 등에 관한 법률」 제44조에 따른 측량업 등록에 관한 자료	별지 제123호 서식
23	영 별표 3 제23호	「해양조사 및 해양정보 활용에 관한 법률」 제30조에 따른 해양조사·정보업의 등록에 관한 자료	별지 제124호 서식
24	영 별표 3 제24호	「공간정보의 구축 및 관리 등에 관한 법률」 제76조의 3에 따른 부동산종합공부의 등록사항 등에 관한 자료(공동주택가격, 개별공시지가, 건축물 사용승인 및 지목변경 등)	별지 제125호 서식
25	영 별표 3 제25호	「공간정보의 구축 및 관리 등에 관한 법률」 제81조에 따른 지목변경 신청에 관한 자료	별지 제126호 서식

번호	과세자료 제출근거	과세자료명	제출서식
26	영 별표 3 제26호	「공공주택 특별법」 제32조에 따른 토지공급에 관한 자료	별지 제115호 서식
27	영 별표 3 제27호	「공연법」 제9조에 따른 공연장의 등록에 관한 자료	별지 제127호 서식
28	영 별표 3 제28호	「공유수면 관리 및 매립에 관한 법률」 제28조에 따른 공유수면 매립면허에 관한 자료	별지 제128호 서식
29	영 별표 3 제29호	「공유재산 및 물품 관리법」 제36조·제39조 및 제40조에 따른 일반재산의 매각·교환 및 양여에 관한 자료	별지 제129호 서식
30	영 별표 3 제30호	「공익사업을 위한 토지 등의 취득 및 보상에 관한 법률」에 따라 토지 등의 소유자에게 지급하는 보상금 지급에 관한 자료	별지 제130호 서식
31	영 별표 3 제31호	「공인노무사법」 제5조에 따른 공인노무사업 등록에 관한 자료	별지 제131호 서식
32	영 별표 3 제32호	「공인노무사법」 제7조의 4에 따른 노무법인의 설립인가에 관한 자료	별지 제132호 서식
33	영 별표 3 제33호	「공인중개사법」 제9조, 제13조 및 제21조에 따른 중개사무소의 개설등록, 분사무소 설치신고 등에 관한 자료	별지 제133호 서식
34	영 별표 3 제34호	「공인회계사법」 제24조에 따른 회계법인의 등록에 관한 자료	별지 제134호 서식
35	영 별표 3 제35호	「공중위생관리법」 제3조에 따른 공중위생영업 신고에 관한 자료	별지 제135호 서식

번호	과세자료 제출근거	과세자료명	제출서식
36	영 별표 3 제36호	「공증인법」 제17조에 따른 공증인 사무소 및 임명공증인의 합동사무소의 설치인가에 관한 자료	별지 제136호 서식
37	영 별표 3 제37호	「공탁규칙」 제20조에 따른 공탁서에 관한 자료	별지 제137호 서식
38	영 별표 3 제38호	「관광진흥법」 제4조부터 제6조까지의 규정에 따른 관광사업 등록 등에 관한 자료	별지 제138호 서식
39	영 별표 3 제39호	「관세법」 제46조에 따른 관세 등의 환급에 관한 자료	별지 제139호 서식
40	영 별표 3 제40호	「관세법」 제143조, 제196조 및 제241조에 따른 허가판매 또는 신고물품 중 「담배사업법」 제2조에 따른 담배에 관한 자료	별지 제140호 서식
41	영 별표 3 제41호	「관세법」 제156조, 제174조 및 제222조에 따른 보세구역 외 장치의 허가, 특허보세구역의 설치·운영의 특허 및 보세운송업자 등의 등록에 관한 자료	별지 제141호 서식, 별지 제142호 서식 및 별지 제143호 서식
42	영 별표 3 제42호	「관세사법」 제7조, 제9조, 제17조의2 및 제19조에 따른 관세사 업무등록, 사무소 설치, 관세법인의 등록 및 통관취급법인의 등록 등에 관한 자료	별지 제144호 서식 및 별지 제145호 서식
43	영 별표 3 제43호	「광산피해의 방지 및 복구에 관한 법률」 제13조에 따른 전문광해방지사업자의 등록에 관한 자료	별지 제146호 서식
44	영 별표 3 제44호	「광업법」 제15조에 따른 광업권설정 허가에 관한 자료	별지 제147호 서식
45	영 별표 3 제45호	「교통·에너지·환경세법」 제7조, 제8조, 제9조 및 제17조에 따른 과세표준의 신고, 납부, 결정·경정결정·재경정 및 세액의 공제와 환급에 관한 자료	별지 제148호 서식
46	영 별표 3 제46호	「국가유공자 등 예우 및 지원에 관한 법률」 제6조에 따라 등록결정된 국가유공자, 「보훈보상대상자 지원에 관한 법률」 제2조 제1항 각 호의 어느 하나에 해당하는 보훈보상대상자 및 법률 제11041호 국가유공자 등 예우 및 지원에 관한 법률 일부개정법률 부칙 제19조에 해당하는 사람에 관한 자료	별지 제149호 서식
47	영 별표 3 제47호	「국가유공자 등 예우 및 지원에 관한 법률」 제52조에 따른 대부금 수령자에 관한 자료	별지 제150호 서식
48	영 별표 3 제48호	「국민건강보험법」 제6조 및 제70조에 따른 직장가입자에 관한 자료 및 통보된 보수 등에 관한 자료	별지 제151호 서식 및 별지 제152호 서식
49	영 별표 3 제49호	「국민기초생활 보장법」 제27조에 따른 수급자 급여의 실시에 관한 자료	별지 제153호 서식

번호	과세자료 제출근거	과세자료명	제출서식
50	영 별표 3 제50호	「국세기본법」 제51조에 따른 국세환급금에 관한 자료	별지 제154호 서식
51	영 별표 3 제51호	「국유림의 경영 및 관리에 관한 법률」 제27조에 따른 국유임산물의 매각에 관한 자료	별지 제155호 서식
52	영 별표 3 제52호	「국유재산법」 제48조, 제54조 및 제55조에 따른 일반재산의 매각 · 교환 및 양여에 관한 자료	별지 제156호 서식
53	영 별표 3 제53호	「국토의 계획 및 이용에 관한 법률」 제32조에 따른 도시 · 군관리계획에 관한 지형도면 고시 자료	별지 제157호 서식
54	영 별표 3 제54호	「국토의 계획 및 이용에 관한 법률」 제56조 제1항 제2호에 따른 토지의 형질변경허가에 관한 자료	별지 제158호 서식
55	영 별표 3 제55호	「군복 및 군용장구의 단속에 관한 법률」 제3조에 따른 군복 또는 군용장구의 제조 또는 판매업의 허가에 관한 자료	별지 제159호 서식
56	영 별표 3 제56호	「군사기지 및 군사시설 보호법」 제5조 제1항에 따른 보호구역의 지정에 관한 자료	별지 제160호 서식
57	영 별표 3 제57호	「국민 평생 직업능력 개발법」 제27조, 제28조 및 제31조에 따른 직업능력개발훈련시설의 설치 승인 · 지정 및 지정취소에 관한 자료	별지 제161호 서식

번호	과세자료 제출근거	과세자료명	제출서식
58	영 별표 3 제58호	「근로자퇴직급여 보장법」 제26조에 따른 퇴직연금사업자의 등록에 관한 자료	별지 제162호 서식
59	영 별표 3 제59호	「금융지주회사법」 제3조에 따른 금융지주회사의 인가에 관한 자료	별지 제163호 서식
60	영 별표 3 제60호	「급경사지 재해예방에 관한 법률」 제27조에 따른 계측기기의 성능검사대행자의 등록에 관한 자료	별지 제164호 서식
61	영 별표 3 제61호	「기상산업진흥법」 제6조에 따른 기상사업 등록에 관한 자료	별지 제165호 서식
62	영 별표 3 제62호	「기술사법」 제6조에 따라 등록된 기술사사무소 개설 등록에 관한 자료	별지 제166호 서식
63	영 별표 3 제63호	「기술의 이전 및 사업화 촉진에 관한 법률」 제35조의 2에 따른 기술신탁관리업의 허가에 관한 자료	별지 제167호 서식
64	영 별표 3 제64호	「기초연구진흥 및 기술개발 지원에 관한 법률」 제14조의 2에 따른 기업부설연구소등의 인정 및 신고에 관한 자료	별지 제168호 서식
65	영 별표 3 제65호	「내수면어업법」 제6조 및 제9조에 따른 내수면어업 면허 및 허가에 관한 자료	별지 제169호 서식
66	영 별표 3 제66호	「노인복지법」 제33조, 제35조, 제37조, 제39조 및 제39조의 5에 따른 노인복지시설 설치에 관한 자료	별지 제170호 서식

번호	과세자료 제출근거	과세자료명	제출서식
67	영 별표 3 제67호	「녹색건축물 조성 지원법」 제16조 및 제17조에 따른 녹색건축 인증, 건축물에너지 효율등급 인증 및 제로에너지건축물 인증에 관한 자료	별지 제171호 서식 별지 제172호 서식 및 별지 제173호 서식
68	영 별표 3 제68호	「농산물의 생산자를 위한 직접지불제도 시행규정」 제3조에 따른 직접소득보조금 지급에 관한 자료	별지 제174호 서식
69	영 별표 3 제69호	「농약관리법」 제3조에 따른 제조업·원제업·수입업 및 판매업의 등록에 관한 자료	별지 제175호 서식
70	영 별표 3 제70호	「농약관리법」 제3조의 2에 따른 수출입식물방제업 신고에 관한 자료	별지 제176호 서식
71	영 별표 3 제71호	「농어업경영체 육성 및 지원에 관한 법률」 제4조에 따른 농어업경영 정보의 등록에 관한 자료	별지 제177호 서식
72	영 별표 3 제72호	「농업·농촌 공익기능 증진 직접지불제도 운영에 관한 법률」 제7조, 제8조, 제10조 및 제11조에 따른 기본형공익직접지불금의 지급 및 지급대상 농지 등에 관한 자료	별지 제178호 서식
73	영 별표 3 제73호	「농지법」 제34조에 따른 농지의 전용허가에 관한 자료	별지 제179호 서식
74	영 별표 3 제74호	「다중이용업소의 안전관리에 관한 특별법」 제16조에 따른 화재위험평가 대행자의 등록에 관한 자료	별지 제180호 서식
75	영 별표 3 제75호	「담배사업법」 제11조에 따른 담배제조업의 허가에 관한 자료	별지 제181호 서식
76	영 별표 3 제76호	「담보부사채신탁법」 제5조에 따른 담보부사채신탁업 등록에 관한 자료	별지 제182호 서식
77	영 별표 3 제77호	「대기환경보전법」 제23조에 따른 배출시설 허가 또는 신고에 관한 자료	별지 제183호 서식
78	영 별표 3 제78호	「대부업 등의 등록 및 금융이용자 보호에 관한 법률」 제3조에 따른 대부업 등록에 관한 자료	별지 제184호 서식
79	영 별표 3 제79호	「도로교통법」 제99조에 따른 자동차운전학원의 등록에 관한 자료	별지 제185호 서식
80	영 별표 3 제80호	「도로법」 제61조에 따른 도로점용허가에 관한 자료	별지 제186호 서식
81	영 별표 3 제81호	「도시가스사업법」 제3조에 따른 가스도매사업, 일반도시가스사업, 도시가스충전사업, 나프타부생가스·바이오가스제조사업 및 합성천연가스제조사업의 허가에 관한 자료	별지 제187호 서식
82	영 별표 3 제82호	「도시가스사업법」 제15조에 따른 가스충전시설, 특정가스사용시설의 설치·변경 공사 완성검사에 관한 자료	별지 제188호 서식
83	영 별표 3 제83호	「도시개발법」 제26조에 따른 토지공급에 관한 자료	별지 제115호 서식
84	영 별표 3 제84호	「도시교통정비 촉진법」 제26조에 따른 교통영향평가대행자의 등록에 관한 자료	별지 제189호 서식

번호	과세자료 제출근거	과세자료명	제출서식
85	영 별표 3 제85호	「도시철도법」 제26조에 따른 도시철도운송사업의 면허에 관한 자료	별지 제190호 서식
86	영 별표 3 제86호	「디자인보호법」 제88조에 따른 디자인권의 설정등록에 관한 자료	별지 제191호 서식
87	영 별표 3 제87호	「마약류 관리에 관한 법률」 제6조 제1항 제1호부터 제3호까지의 규정에 따른 마약류 취급자 허가에 관한 자료	별지 제192호 서식
88	영 별표 3 제88호	「마약류 관리에 관한 법률」 제6조의 2에 따른 원료물질수출입업자등의 허가에 관한 자료	별지 제193호 서식
89	영 별표 3 제89호	「마약류 관리에 관한 법률」 제18조 및 제21조에 따른 마약류 수출입 및 제조의 허가에 관한 자료	별지 제194호 서식
90	영 별표 3 제90호	「먹는물관리법」 제21조에 따른 먹는샘물등의 제조업의 허가, 먹는샘물등의 수입판매업 · 수처리제 제조업의 등록, 먹는샘물등의 유통전문판매업 · 정수기제조업 또는 수입판매업의 신고에 관한 자료	별지 제195호 서식
91	영 별표 3 제91호	「목재의 지속가능한 이용에 관한 법률」 제24조에 따른 목재생산업의 등록에 관한 자료	별지 제196호 서식
92	영 별표 3 제92호	「물류시설의 개발 및 운영에 관한 법률」 제22조에 따른 일반물류단지 또는 같은 법 제22조의 2에 따른 도시첨단물류단지 안의 토지에 관한 자료	별지 제197호 서식

번호	과세자료 제출근거	과세자료명	제출서식
93	영 별표 3 제93호	「물류시설의 개발 및 운영에 관한 법률」 제50조에 따른 토지공급에 관한 자료	별지 제115호 서식
94	영 별표 3 제94호	「물류정책기본법」 제43조에 따른 국제물류주선업의 등록에 관한 자료	별지 제198호 서식
95	영 별표 3 제95호	「민간임대주택에 관한 특별법」 제5조에 따른 임대사업자의 등록에 관한 자료	별지 제199호 서식
96	영 별표 3 제96호	「민사집행법」 제83조 및 제149조에 따른 경매개시결정 및 배당표의 확정 등에 관한 자료	별지 제200호 서식 및 별지 제201호 서식
98	영 별표 3 제98호	「박물관 및 미술관 진흥법」 제16조에 따른 박물관 및 미술관의 등록 등에 관한 자료	별지 제202호 서식
99	영 별표 3 제99호	「반도체집적회로의 배치설계에 관한 법률」 제21조에 따른 배치설계권의 설정등록에 관한 자료	별지 제191호 서식
100	영 별표 3 제100호	「방문판매 등에 관한 법률」 제5조 및 제13조에 따른 방문판매업자등의 신고 및 다단계판매업자의 등록에 관한 자료	별지 제203호 서식 및 별지 제204호 서식
101	영 별표 3 제101호	「방송법」 제9조에 따른 지상파방송사업 · 위성방송사업 · 중계유선방송사업 · 종합유선방송사업 · 방송채널사용사업 · 전광판방송사업 · 음악유선방송사업 및 전송망사업의 허가 · 승인 · 등록에 관한 자료	별지 제205호 서식

번호	과세자료 제출근거	과세자료명	제출서식
102	영 별표 3 제102호	「법무사법」 제14조, 제17조 및 제18조에 따른 업무개시, 폐업 및 휴업의 신고에 관한 자료	별지 제206호 서식
103	영 별표 3 제103호	「법무사법」 제34조에 따른 법무사법인의 설립 인가에 관한 자료	별지 제207호 서식
104	영 별표 3 제104호	「법인세법」 제109조에 따라 신고된 법인 자본금 현황에 관한 자료	별지 제208호 서식
105	영 별표 3 제105호	「법인세법」 제119조에 따라 제출된 주식등변동상황명세에 관한 자료	별지 제209호 서식
106	영 별표 3 제106호	「벤처기업육성에 관한 특별조치법」 제17조의 2 및 제25조에 따른 신기술창업집적지역의 지정 및 벤처기업확인서 발급에 관한 자료	별지 제210호 서식
107	영 별표 3 제107호	「변리사법」 제5조 및 제6조의 3에 따른 변리사업 등록 및 인가에 관한 자료	별지 제211호 서식
108	영 별표 3 제108호	「변호사법」 제15조에 따른 변호사의 개업신고에 관한 자료	별지 제212호 서식
109	영 별표 3 제109호	「변호사법」 제41조, 제58조의 3 및 제58조의 19에 따른 법무법인 · 법무법인(유한) · 법무조합의 설립 인가에 관한 자료	별지 제213호 서식
110	영 별표 3 제110호	「보험업법」 제4조, 제89조 및 제187조에 따른 보험업 허가, 보험중개사의 등록 및 손해사정업 등록에 관한 자료	별지 제214호 서식, 별지 제215호 서식 및 별지 제216호 서식
111	영 별표 3 제111호	「보험업법」 제183조에 따른 보험계리업의 등록에 관한 자료	별지 제217호 서식
112	영 별표 3 제112호	「부가가치세법」 제8조에 따른 사업자등록에 관한 자료	별지 제218호 서식
113	영 별표 3 제113호	「부가가치세법」 제54조에 따른 매출처별 세금계산서 합계표에 관한 자료	별지 제219호 서식
114	영 별표 3 제114호	「부가가치세법」 제55조 제2항에 따른 부동산임대공급가액명세에 관한 자료	별지 제220호 서식
115	영 별표 3 제115호	「부동산 가격공시에 관한 법률」 제10조에 따라 결정 · 공시한 개별공시지가에 관한 자료	별지 제221호 서식
116	영 별표 3 제116호	「부동산 가격공시에 관한 법률」 제18조에 따라 결정 · 공시한 공동주택가격에 관한 자료	별지 제222호 서식
117	영 별표 3 제117호	「부동산개발업의 관리 및 육성에 관한 법률」 제4조에 따른 부동산개발업의 등록에 관한 자료	별지 제223호 서식
118	영 별표 3 제118호	「부동산 거래신고 등에 관한 법률」 제3조 및 제5조에 따른 부동산거래의 신고 및 부동산 거래신고가격의 검증에 관한 자료	별지 제224호 서식
119	영 별표 3 제119호	「부동산등기법」 제62조에 따른 소유권변경사실의 통지에 관한 자료	별지 제225호 서식
120	영 별표 3 제120호	「부동산등기법」 제75조에 따른 저당권의 등기에 관한 사항	별지 제226호 서식

번호	과세자료 제출근거	과세자료명	제출서식
121	영 별표 3 제121호	「부동산등기법」 제81조에 따른 신탁등기의 등기사항에 관한 자료	별지 제227호 서식
122	영 별표 3 제122호	「부동산 실권리자명의 등기에 관한 법률」 제5조에 따른 명의신탁 과징금 부과에 관한 자료	별지 제228호 서식
123	영 별표 3 제123호	「부동산투자회사법」 제9조, 제22조의 3 및 제23조에 따른 부동산투자회사의 영업인가, 자산관리회사의 설립 인가 및 부동산투자자문회사의 등록에 관한 자료	별지 제229호 서식, 별지 제230호 서식 및 별지 제231호 서식
124	영 별표 3 제124호	「비파괴검사기술의 진흥 및 관리에 관한 법률」 제11조에 따른 비파괴검사업의 등록에 관한 자료	별지 제232호 서식
125	영 별표 3 제125호	「사격 및 사격장 안전관리에 관한 법률」 제6조에 따른 사격장 설치허가에 관한 자료	별지 제233호 서식
126	영 별표 3 제126호	「사행행위 등 규제 및 처벌특례법」 제13조에 따른 사행기구 제조업 및 판매업 허가에 관한 자료	별지 제234호 서식
127	영 별표 3 제127호	「사회적기업 육성법」 제7조에 따른 사회적기업의 인증에 관한 자료	별지 제235호 서식
128	영 별표 3 제128호	「산림자원의 조성 및 관리에 관한 법률」 제13조에 따른 산림경영계획의 인가에 관한 자료	별지 제236호 서식

번호	과세자료 제출근거	과세자료명	제출서식
129	영 별표 3 제129호	「산림자원의 조성 및 관리에 관한 법률」 제36조에 따른 입목벌채 등의 허가 및 신고 등에 관한 자료	별지 제155호 서식
130	영 별표 3 제130호	「산업안전보건법」 제21조, 제120조, 제121조 및 제145조에 따른 안전관리전문기관의 지정, 석면조사기관의 지정, 석면해체·제거업의 등록 및 산업안전지도사·산업보건지도사의 등록에 관한 자료	별지 제237호 서식, 별지 제238호 서식, 별지 제239호 서식 및 별지 제240호 서식
131	영 별표 3 제131호	「산업입지 및 개발에 관한 법률」 제38조에 따른 토지공급에 관한 자료	별지 제115호 서식
132	영 별표 3 제132호	「산업집적활성화 및 공장설립에 관한 법률」 제16조에 따른 공장등록에 관한 자료	별지 제241호 서식
133	영 별표 3 제133호	「산업집적활성화 및 공장설립에 관한 법률」 제38조에 따른 입주계약 등에 관한 자료	별지 제242호 서식
134	영 별표 3 제134호	「산업표준화법」 제13조에 따른 산업표준인증기관의 지정에 관한 자료	별지 제243호 서식
135	영 별표 3 제135호	「산지관리법」 제14조 및 제15조에 따른 산지전용허가 및 산지전용신고 등에 관한 자료	별지 제244호 서식
136	영 별표 3 제136호	「상가건물 임대차보호법」 제4조 제1항에 따른 임대차에 관한 자료	별지 제245호 서식

번호	과세자료 제출근거	과세자료명	제출서식
137	영 별표 3 제137호	「상속세 및 증여세법」 제82조 제3항에 따른 특정시설물을 이용할 수 있는 권리의 명의개서 및 변경에 관한 자료	별지 제246호 서식
138	영 별표 3 제138호	「상표법」 제82조에 따른 상표권의 설정등록에 관한 자료	별지 제191호 서식
139	영 별표 3 제139호	「상호저축은행법」 제6조에 따른 상호저축은행의 인가에 관한 자료	별지 제247호 서식
140	영 별표 3 제140호	「서민의 금융생활 지원에 관한 법률」 제40조에 따른 금융기관의 휴면예금 출연에 관한 자료	별지 제248호 서식
141	영 별표 3 제141호	「석유 및 석유대체연료 사업법」 제25조에 따른 품질검사기관의 지정에 관한 자료	별지 제249호 서식
142	영 별표 3 제142호	「석유 및 석유대체연료 사업법」 제32조에 따른 석유대체연료 제조·수출입업의 등록에 관한 자료	별지 제250호 서식
143	영 별표 3 제143호	「석유 및 석유대체연료 사업법」 제5조, 제9조 및 제10조에 따른 석유정제업의 등록, 석유수출입업의 등록, 석유판매업의 등록에 관한 자료	별지 제251호 서식
144	영 별표 3 제144호	「선박법」 제8조에 따른 선박의 등록에 관한 자료	별지 제252호 서식
145	영 별표 3 제145호	「선박안전법」 제8조부터 제10조까지의 규정에 따른 선박검사 기록에 관한 자료	별지 제253호 서식

번호	과세자료 제출근거	과세자료명	제출서식
146	영 별표 3 제146호	「선박의 입항 및 출항 등에 관한 법률」 제24조에 따른 예선업의 등록에 관한 자료	별지 제254호 서식
147	영 별표 3 제147호	「선박투자회사법」 제13조에 따른 선박투자업의 인가에 관한 자료	별지 제255호 서식
148	영 별표 3 제148호	「선박투자회사법」 제31조에 따른 선박운용회사의 허가에 관한 자료	별지 제256호 서식
149	영 별표 3 제149호	「세무사법」 제6조에 따른 세무사 등록에 관한 자료	별지 제257호 서식
150	영 별표 3 제150호	「세무사법」 제16조의 4에 따른 세무법인의 등록에 관한 자료	별지 제258호 서식
151	영 별표 3 제151호	「소금산업 진흥법」 제23조에 따른 염전개발업 및 소금 제조업의 허가에 관한 자료	별지 제259호 서식
152	영 별표 3 제152호	「소득세법」 제104조 제1항 및 제3항에 따른 미등기양도자산 양도소득세 신고 및 결정에 관한 자료	별지 제260호 서식
153	영 별표 3 제153호	「소득세법」에 따른 농업 외의 종합소득금액(「소득세법」 제4조 제1항 제1호에 따른 종합소득에서 농업, 임업에서 발생하는 소득 및 「소득세법 시행령」 제9조에 따른 농가부업소득 및 부동산임대소득을 제외한 금액을 말한다)에 관한 자료	별지 제261호 서식
154	영 별표 3 제154호	「소방시설공사업법」 제4조에 따른 소방시설업의 등록에 관한 자료	별지 제262호 서식

번호	과세자료 제출근거	과세자료명	제출서식
155	영 별표 3 제155호	「소프트웨어 진흥법」 제11조, 제20조 및 제21조에 따른 소프트웨어 진흥시설의 지정, 소프트웨어 품질인증기관의 지정 및 소프트웨어프로세스 품질인증기관의 지정에 관한 자료	별지 제263호 서식, 별지 제264호 서식 및 별지 제265호 서식
156	영 별표 3 제156호	「송유관 안전관리법」 제5조에 따른 송유관 설치 완성검사 등에 관한 자료	별지 제266호 서식
157	영 별표 3 제157호	「수상레저기구의 등록 및 검사에 관한 법률」 제6조에 따른 동력수상레저기구의 등록에 관한 자료	별지 제267호 서식
158	영 별표 3 제158호	「수의사법」 제17조에 따른 동물병원의 개설신고에 관한 자료	별지 제268호 서식
159	영 별표 3 제159호	「물환경보전법」 제33조에 따른 폐수배출시설의 설치 허가 및 신고에 관한 자료	별지 제269호 서식
160	영 별표 3 제160호	「승강기 안전관리법」 제6조 및 제39조에 따른 승강기 제조업·수입업의 등록 및 승강기 유지관리업의 등록에 관한 자료	별지 제270호 서식 및 별지 제271호 서식
161	영 별표 3 제161호	「승강기 안전관리법」 제28조에 따라 검사한 승강기 설치검사에 관한 자료	별지 제272호 서식
162	영 별표 3 제162호	「식물방역법」 제40조에 따른 수출입목재열처리업의 등록에 관한 자료	별지 제273호 서식
163	영 별표 3 제163호	「수산식품산업의 육성 및 지원에 관한 법률」 제16조에 따른 수산물가공업의 신고에 관한 자료	별지 제274호 서식

번호	과세자료 제출근거	과세자료명	제출서식
164	영 별표 3 제164호	「식품산업진흥법」 제24조에 따른 우수식품등인증기관 및 「수산식품산업의 육성 및 지원에 관한 법률」 제31조에 따른 우수수산식품등인증기관의 지정에 관한 자료	별지 제275호 서식
165	영 별표 3 제165호	「식품위생법」 제37조에 따른 영업허가 및 신고에 관한 자료	별지 제276호 서식
166	영 별표 3 제166호	「식품위생법」 제88조에 따른 집단급식소의 설치 신고에 관한 자료	별지 제277호 서식
167	영 별표 3 제167호	「신용정보의 이용 및 보호에 관한 법률」 제4조 및 제25조에 따른 신용정보업 허가 및 신용정보집중기관의 허가에 관한 자료	별지 제278호 서식 및 별지 제279호 서식
168	영 별표 3 제168호	「신행정수도 후속대책을 위한 연기·공주지역 행정중심복합도시 건설을 위한 특별법」 제25조에 따른 토지공급에 관한 자료	별지 제115호 서식
169	영 별표 3 제169호	「실용신안법」 제21조에 따른 실용신안권의 설정등록에 관한 자료	별지 제191호 서식
170	영 별표 3 제170호	「액화석유가스의 안전관리 및 사업법」 제5조 및 제8조에 따른 액화석유가스 충전사업·가스용품 제조사업·액화석유가스 집단공급사업·액화석유가스 판매사업의 허가, 액화석유가스 충전사업자의 영업소 설치의 허가 및 액화석유가스 저장소의 설치 허가에 관한 자료	별지 제280호 서식 및 별지 제281호 서식

번호	과세자료 제출근거	과세자료명	제출서식
171	영 별표 3 제171호	「액화석유가스의 안전관리 및 사업법」 제17조에 따른 액화석유가스 수출입업의 등록에 관한 자료	별지 제282호 서식
172	영 별표 3 제172호	「액화석유가스의 안전관리 및 사업법」 제36조에 따른 액화석유가스의 충전시설, 집단공급시설, 판매시설, 영업소시설, 저장시설 또는 가스용품 제조시설의 설치·변경공사의 완성검사에 관한 자료	별지 제283호 서식
173	영 별표 3 제173호	「약사법」 제31조 및 제85조에 따른 의약품의 제조업 허가, 의약품의 제조판매품목 허가·신고 및 의약외품의 제조업신고에 관한 자료	별지 제284호 서식
174	영 별표 3 제174호	「어선법」 제13조에 따른 어선의 등록에 관한 자료	별지 제285호 서식
175	영 별표 3 제175호	「에너지이용 합리화법」 제25조에 따른 에너지절약전문기업의 등록에 관한 자료	별지 제286호 서식
176	영 별표 3 제176호	「에너지이용 합리화법」 제39조에 따른 검사대상기기 설치자 및 변경자 등에 관한 자료	별지 제287호 서식
177	영 별표 3 제177호	「여객자동차 운수사업법」 제4조에 따른 여객자동차운송사업 면허 등에 관한 자료	별지 제288호 서식

번호	과세자료 제출근거	과세자료명	제출서식
178	영 별표 3 제178호	「여객자동차 운수사업법」 제49조의2에 따른 여객자동차운송가맹사업의 면허에 관한 자료	별지 제289호 서식
179	영 별표 3 제179호	「여객자동차 운수사업법」 제50조 제4항에 따른 보조금 지급에 관한 자료	별지 제290호 서식
180	영 별표 3 제180호	「여신전문금융업법」 제3조에 따른 허가 및 등록에 관한 자료	별지 제291호 서식
181	영 별표 3 제181호	「여신전문금융업법」 제33조에 따른 대여시설이용자 명의로 등록된 자료 및 같은 법 제64조 제6호에 따른 신용카드업자의 신용카드가맹점에 대한 신용카드 및 직불카드의 대금결제에 관한 자료	별지 제292호 서식 및 별지 제293호 서식
182	영 별표 3 제182호	「영유아보육법」 제13조에 따른 어린이집 인가에 관한 자료	별지 제294호 서식
183	영 별표 3 제183호	「영화 및 비디오물의 진흥에 관한 법률」 제26조에 따른 영화업자의 신고에 관한 자료	별지 제295호 서식
184	영 별표 3 제184호	「오존층 보호를 위한 특정 물질의 제조규제 등에 관한 법률」 제4조 및 제11조에 따른 특정물질 제조업허가·신고 및 특정물질수입의 허가에 관한 자료	별지 제296호 서식

번호	과세자료 제출근거	과세자료명	제출서식
185	영 별표 3 제185호	「옥외광고물 등의 관리와 옥외광고산업 진흥에 관한 법률」 제11조에 따른 옥외광고사업의 등록에 관한 자료	별지 제297호 서식
186	영 별표 3 제186호	「외국법자문사법」 제16조에 따른 외국법자문법률사무소의 설립 인가에 관한 자료	별지 제213호 서식
187	영 별표 3 제187호	「외국법자문사법」 제26조에 따른 외국법자문사의 개업신고에 관한 자료	별지 제212호 서식
188	영 별표 3 제188호	「외국인근로자의 고용 등에 관한 법률」 제8조에 따른 외국인근로자 고용허가에 관한 자료	별지 제298호 서식
189	영 별표 3 제189호	「외국인근로자의 고용 등에 관한 법률」 제27조의 2에 따른 대행기관의 지정에 관한 자료	별지 제299호 서식
190	영 별표 3 제190호	「외국인투자 촉진법」 제5조 및 제6조에 따른 외국인투자신고 및 허가에 관한 자료	별지 제300호 서식
191	영 별표 3 제191호	「외국환거래법」 제8조에 따른 외국환업무 등록에 관한 자료	별지 제301호 서식
192	영 별표 3 제192호	「외국환거래법」 제8조에 따른 환전업무의 등록에 관한 자료	별지 제302호 서식
193	영 별표 3 제193호	「외국환거래법」 제9조에 따른 외국환중개업무의 인가에 관한 자료	별지 제303호 서식
194	영 별표 3 제194호	「원양산업발전법」 제6조에 따른 원양어업의 허가 및 신고에 관한 자료	별지 제304호 서식

번호	과세자료 제출근거	과세자료명	제출서식
195	영 별표 3 제195호	「원자력안전법」 제78조에 따른 판독업무자의 등록에 관한 자료	별지 제305호 서식
196	영 별표 3 제196호	「위험물안전관리법」 제6조에 따른 위험물시설의 설치 및 변경 등에 관한 자료	별지 제306호 서식
197	영 별표 3 제197호	「유아교육법」 제8조에 따른 유치원 설립 인가에 관한 자료	별지 제307호 서식
198	영 별표 3 제198호	「유통산업발전법」 제8조에 따른 대규모점포 등의 개설등록 등에 관한 자료	별지 제308호 서식
199	영 별표 3 제199호	「유통산업발전법」 제29조에 따른 공동집배송센터의 지정 등에 관한 자료	별지 제309호 서식
200	영 별표 3 제200호	「은행법」 제8조에 따른 은행업의 인가에 관한 자료	별지 제310호 서식
201	영 별표 3 제201호	「의료기기법」 제6조 및 제15조부터 제17조까지의 규정에 따른 의료기기 제조업·수입업 허가 및 수리업·판매업 등의 신고에 관한 자료	별지 제311호 서식
202	영 별표 3 제202호	「의료법」 제33조에 따른 의료기관의 개설신고 또는 허가에 관한 자료	별지 제312호 서식
203	영 별표 3 제203호	「의료법」 제82조에 따른 안마시술소 또는 안마원의 개설 신고에 관한 자료	별지 제313호 서식
204	영 별표 3 제204호	「인쇄문화산업 진흥법」 제12조에 따른 인쇄사의 신고에 관한 자료	별지 제314호 서식
205	영 별표 3 제205호	「입목에 관한 법률」 제8조에 따른 입목의 등록에 관한 자료	별지 제315호 서식

번호	과세자료 제출근거	과세자료명	제출서식
206	영 별표 3 제206호	「자동차관리법」 제8조, 제11조, 제12조 및 제13조에 따른 자동차의 신규등록, 변경등록, 이전등록 및 말소등록에 관한 자료	별지 제316호 서식
207	영 별표 3 제207호	「자동차관리법」 제20조에 따른 자동차 등록번호판발급대행자의 지정에 관한 자료	별지 제317호 서식
208	영 별표 3 제208호	「자동차관리법」 제30조 및 제32조 제3항에 따른 자동차자기인증을 위한 제작·시험·검사시설 등의 등록 및 성능시험대행자의 지정에 관한 자료	별지 제318호 서식 및 별지 제319호 서식
209	영 별표 3 제209호	「자동차관리법」 제34조에 따른 자동차의 튜닝승인에 관한 자료	별지 제320호 서식
210	영 별표 3 제210호	「자동차관리법」 제43조에 따른 정기검사에 관한 자료	별지 제321호 서식
211	영 별표 3 제211호	「자동차관리법」 제44조 및 제44조의2에 따른 자동차검사대행자 및 자동차종합검사대행자의 지정에 관한 자료	별지 제322호 서식
212	영 별표 3 제212호	「자동차관리법」 제48조에 따른 이륜자동차 사용 신고 등에 관한 자료	별지 제323호 서식
213	영 별표 3 제213호	「자동차관리법」 제53조에 따른 자동차관리사업 등록에 관한 자료	별지 제324호 서식
214	영 별표 3 제214호	「자동차관리법」 제60조에 따른 자동차경매장의 개설·운영 승인에 관한 자료	별지 제325호 서식

번호	과세자료 제출근거	과세자료명	제출서식
215	영 별표 3 제215호	「자동차손해배상 보장법」 제5조에 따른 책임보험등의 가입에 관한 자료	별지 제326호 서식
216	영 별표 3 제216호	「자본시장과 금융투자업에 관한 법률」 제8조에 따른 금융투자업자 인가 및 등록에 관한 자료	별지 제327호 서식
217	영 별표 3 제217호	「자본시장과 금융투자업에 관한 법률」 제12조, 제18조, 제101조, 제182조, 제254조, 제258조, 제263조, 제279조, 제355조, 제360조 및 제365조에 따른 금융투자업의 인가, 투자자문업·투자일임업의 등록, 유사투자자문업의 신고, 집합투자기구의 등록, 일반사무관리회사의 등록, 집합투자기구평가회사의 등록, 채권평가회사의 등록, 외국 집합투자기구의 등록, 자금중개회사의 인가, 단기금융업무의 인가 및 명의개서대행회사의 등록에 관한 자료	별지 제328호 서식, 별지 제329호 서식, 별지 제330호 서식, 별지 제331호 서식, 별지 제332호 서식, 별지 제333호 서식, 별지 제334호 서식, 별지 제335호 서식, 별지 제336호 서식, 별지 제337호 서식 및 별지 제338호 서식
218	영 별표 3 제218호	「자연공원법」 제20조에 따른 공원사업의 시행 및 공원시설의 관리 허가에 관한 자료	별지 제339호 서식
219	영 별표 3 제219호	「장애인복지법」 제32조에 따른 장애인 등록에 관한 자료	별지 제340호 서식
220	영 별표 3 제220호	「재해경감을 위한 기업의 자율활동 지원에 관한 법률」 제8조의 2에 따른 재해경감 우수기업 인증대행기관의 지정에 관한 자료	별지 제341호 서식

번호	과세자료 제출근거	과세자료명	제출서식
221	영 별표 3 제221호	「저작권법」 제53조, 제57조, 제63조, 제90조 및 제98조에 따른 저작권의 등록, 배타적발행권의 설정, 출판권의 설정, 저작인접권의 등록 및 데이터베이스제작자의 권리의 등록에 관한 자료	별지 제342호 서식
222	영 별표 3 제222호	「저작권법」 제56조에 따른 인증기관의 지정에 관한 자료	별지 제343호 서식
223	영 별표 3 제223호	「저작권법」 제105조에 따른 저작권신탁관리업의 허가 및 저작권대리중개업의 신고에 관한 자료	별지 제344호 서식
224	영 별표 3 제224호	「전기공사업법」 제4조에 따른 전기공사업 등록에 관한 자료	별지 제345호 서식
225	영 별표 3 제225호	「전기사업법」 제7조에 따른 전기사업 허가에 관한 자료	별지 제346호 서식
226	영 별표 3 제226호	「전기용품 및 생활용품 안전관리법」 제4조에 따른 안전인증기관의 지정에 관한 자료	별지 제347호 서식
227	영 별표 3 제227호	「전기통신사업법」 제6조에 따른 기간통신사업 등록에 관한 자료	별지 제348호 서식
228	영 별표 3 제228호	「전기통신사업법」 제6조 및 제22조에 따른 기간통신사업 등록 및 부가통신사업의 신고에 관한 자료	별지 제349호 서식
229	영 별표 3 제229호	「전자금융거래법」 제28조에 따른 전자금융업의 허가 및 등록에 관한 자료	별지 제350호 서식

번호	과세자료 제출근거	과세자료명	제출서식
230	영 별표 3 제230호	「전자금융거래법」 제29조에 따른 전자채권관리기관의 등록에 관한 자료	별지 제351호 서식
231	영 별표 3 제231호	「전자무역 촉진에 관한 법률」 제6조에 따른 전자무역기반사업자 지정에 관한 자료	별지 제352호 서식
232	영 별표 3 제232호	「전자문서 및 전자거래 기본법」 제31조의 2 및 제31조의 18에 따른 공인전자문서센터 및 공인전자문서중계자의 지정에 관한 자료	별지 제353호 서식
233	영 별표 3 제233호	「전자상거래 등에서의 소비자보호에 관한 법률」 제12조에 따른 통신판매업자 신고에 관한 자료	별지 제354호 서식
234	영 별표 3 제234호	「전자어음의 발행 및 유통에 관한 법률」 제3조에 따른 전자어음관리기관의 지정에 관한 자료	별지 제355호 서식
235	영 별표 3 제235호	「전파법」 제58조의 2에 따른 방송통신기자재등의 적합성평가에 관한 자료	별지 제356호 서식
236	영 별표 3 제236호	「정보통신공사업법」 제14조에 따른 정보통신공사업 등록에 관한 자료	별지 제357호 서식
237	영 별표 3 제237호	「정보통신망 이용촉진 및 정보보호 등에 관한 법률」 제23조의 3에 따른 본인확인기관의 지정에 관한 자료	별지 제358호 서식
238	영 별표 3 제238호	「제대혈 관리 및 연구에 관한 법률」 제11조에 따른 기증제대혈은행 또는 가족제대혈은행의 허가 등에 관한 자료	별지 제359호 서식

번호	과세자료 제출근거	과세자료명	제출서식
239	영 별표 3 제239호	「종자산업법」 제38조에 따른 종자의 수입 판매 신고에 관한 자료	별지 제360호 서식
240	영 별표 3 제240호	「주민등록법」 제30조에 따른 주민등록전산정보에 관한 자료	별지 제361호 서식
241	영 별표 3 제241호	「주류 면허 등에 관한 법률」 제3조 및 제5조에 따른 주류 제조업 및 판매업 면허에 관한 자료	별지 제362호 서식
242	영 별표 3 제242호	「주류 면허 등에 관한 법률」 제4조에 따른 밑술 또는 술덧의 제조면허에 관한 자료	별지 제363호 서식
243	영 별표 3 제243호	「주차장법」 제19조에 따른 부설주차장의 설치 등에 관한 자료	별지 제364호 서식
244	영 별표 3 제244호	「주차장법」 제19조의 12에 따른 전문검사기관의 지정에 관한 자료	별지 제365호 서식
245	영 별표 3 제245호	「주택법」 제4조 및 제8조에 따른 주택건설사업 등의 등록 및 등록말소에 관한 자료	별지 제366호 서식
246	영 별표 3 제246호	「주택법」 제41조에 따른 바닥충격음 성능등급 인정기관의 지정에 관한 자료	별지 제367호 서식
247	영 별표 3 제247호	「중소기업창업 지원법」 제45조에 따른 공장 설립계획 승인에 관한 자료	별지 제368호 서식
248	영 별표 3 제248호	「지능형전력망의 구축 및 이용촉진에 관한 법률」 제12조에 따른 지능형전력망사업자의 등록에 관한 자료	별지 제369호 서식

번호	과세자료 제출근거	과세자료명	제출서식
249	영 별표 3 제249호	「지역신용보증재단법」에 따른 보증료의 환급에 관한 자료	별지 제370호 서식
250	영 별표 3 제250호	「지하수법」 제7조, 제8조, 제9조 및 제30조의 3에 따른 지하수개발 · 이용의 허가, 신고, 준공신고 및 지하수이용부담금의 부과 · 징수에 관한 자료	별지 제371호 서식, 별지 제372호 서식 및 별지 제373호 서식
251	영 별표 3 제251호	「진폐의 예방과 진폐근로자의 보호 등에 관한 법률」 제15조에 따른 건강진단기관의 지정에 관한 자료	별지 제374호 서식
252	영 별표 3 제252호	「집단에너지사업법」 제6조에 따른 열 생산시설의 신설 등의 허가 등에 관한 자료	별지 제375호 서식
253	영 별표 3 제253호	「집단에너지사업법」 제9조에 따른 집단에너지공급사업의 허가에 관한 자료	별지 제376호 서식
254	영 별표 3 제254호	「철도의 건설 및 철도시설 유지관리에 관한 법률」 제23조의 2에 따른 철도시설의 점용허가에 관한 자료	별지 제377호 서식
255	영 별표 3 제255호	「철도사업법」 제5조 및 제34조에 따른 철도사업 면허 및 전용철도운영 등록에 관한 자료	별지 제378호 서식
256	영 별표 3 제256호	「철도안전법」 제45조에 따라 건축 등이 제한된 토지에 관한 자료	별지 제379호 서식
257	영 별표 3 제257호	「체육시설의 설치 · 이용에 관한 법률」 제19조에 따른 체육시설업의 등록에 관한 자료	별지 제380호 서식

번호	과세자료 제출근거	과세자료명	제출서식
258	영 별표 3 제258호	「체육시설의 설치·이용에 관한 법률」 제20조에 따른 체육시설업의 신고에 관한 자료	별지 제381호 서식
259	영 별표 3 제259호	「총포·도검·화약류 등의 안전관리에 관한 법률」 제12조에 따른 총포 등의 소지허가에 관한 자료	별지 제382호 서식
260	영 별표 3 제260호	「축산물 위생관리법」 제22조 및 제24조에 따른 축산물가공업 등의 허가 및 신고에 관한 자료	별지 제383호 서식
261	영 별표 3 제261호	「축산법」 제22조에 따른 축산업 허가 및 등록에 관한 자료	별지 제384호 서식
262	영 별표 3 제262호	「출입국관리법」 제3조 및 제6조에 따른 국민의 출국 및 입국 심사에 관한 자료(출입국기록으로 한정한다) 중 행정안전부장관(또는 지방자치단체의 장)이 정하는 과세목적에 필요한 정보와 「출입국관리법」 제12조 및 제28조에 따른 외국인의 입국 및 출국 심사에 관한 자료(출입국기록으로 한정한다) 중 행정안전부장관(또는 지방자치단체의 장)이 정하는 과세목적에 필요한 정보	별지 제385호 서식
263	영 별표 3 제263호	「출입국관리법」 제31조에 따른 외국인등록에 관한 자료 중 행정안전부장관(또는 지방자치단체의 장)이 정하는 과세목적에 필요한 정보	별지 제386호 서식

번호	과세자료 제출근거	과세자료명	제출서식
264	영 별표 3 제264호	「출판문화산업 진흥법」 제9조에 따른 출판사의 신고에 관한 자료	별지 제387호 서식
265	영 별표 3 제265호	「친환경농어업 육성 및 유기식품 등의 관리·지원에 관한 법률」 제26조 및 제35조에 따른 유기식품등의 인증기관의 지정 및 무농약농산물·무농약원료가공식품 및 무항생제수산물등의 인증기관의 지정, 「축산법」 제42조의 8에 따른 무항생제축산물의 인증기관의 지정에 관한 자료	별지 제388호 서식 및 별지 제389호 서식
266	영 별표 3 제266호	「택지개발촉진법」 제18조에 따른 토지공급에 관한 자료	별지 제115호 서식
267	영 별표 3 제267호	「특허법」 제87조에 따른 특허권 등의 설정등록에 관한 자료	별지 제191호 서식
268	영 별표 3 제268호	「평생교육법」 제30조부터 제33조까지, 제35조부터 제38조까지 및 제38조의 2에 따른 평생교육시설 설치·운영에 관한 자료	별지 제390호 서식
269	영 별표 3 제269호	「폐기물의 국가 간 이동 및 그 처리에 관한 법률」 제18조의 2에 따른 수출입관리폐기물의 수출 또는 수입의 신고, 「폐기물관리법」 제25조에 따른 폐기물처리업 허가 등에 관한 자료	별지 제391호 서식 및 별지 제392호 서식
270	영 별표 3 제270호	「하천법」 제33조에 따른 하천점용허가 등에 관한 자료	별지 제393호 서식

번호	과세자료 제출근거	과세자료명	제출서식
271	영 별표 3 제271호	「학원의 설립·운영 및 과외교습에 관한 법률」 제6조에 따른 등록 및 같은 법 제14조에 따른 신고에 관한 자료	별지 제394호 서식
272	영 별표 3 제272호	「한국농어촌공사 및 농지관리기금법」 제19조에 따라 임차한 농지에 관한 자료	별지 제395호 서식
273	영 별표 3 제273호	「한국마사회법」 제4조 및 제6조에 따른 경마장의 설치허가 및 장외발매소 설치 등의 승인에 관한 자료	별지 제396호 서식
274	영 별표 3 제274호	「한국주택금융공사법」에 따른 주택담보노후연금보증 주택에 관한 자료	별지 제397호 서식
275	영 별표 3 제275호	「할부거래에 관한 법률」 제18조에 따른 선불식 할부거래업의 등록 등에 관한 자료	별지 제398호 서식
276	영 별표 3 제276호	「항공안전법」 제7조에 따른 항공기 등록에 관한 자료	별지 제399호 서식
277	영 별표 3 제277호	「항공안전법」 제27조 제1항, 「항공사업법」 제7조, 제30조 및 제44조에 따른 기술표준품의 형식승인, 정기편 운항노선별 허가·부정기편 운항 허가, 항공기사용사업의 등록 및 항공기취급업의 등록에 관한 자료	별지 제400호 서식, 별지 제401호 서식, 별지 제402호 서식 및 별지 제403호 서식
278	영 별표 3 제278호	「항공사업법」 제52조에 따른 상업서류 송달업 신고에 관한 자료	별지 제404호 서식

번호	과세자료 제출근거	과세자료명	제출서식
279	영 별표 3 제279호	「항만운송사업법」 제4조 및 제26조의3에 따른 항만운송사업의 등록 및 항만운송관련사업의 등록에 관한 자료	별지 제405호 서식
280	영 별표 3 제280호	「해외건설 촉진법」 제6조에 따른 해외건설업 신고에 관한 자료	별지 제406호 서식
281	영 별표 3 제281호	「해외이주법」 제10조에 따른 해외이주알선업 등록 등에 관한 자료	별지 제407호 서식
282	영 별표 3 제282호	「해운법」 제4조, 제6조, 제7조, 제26조 및 제33조에 따른 해상여객운송사업의 면허·승인, 해상여객운송사업자·해상화물운송사업자의 국내지사 설치신고 및 해운중개업·해운대리점업·선박대여업·선박관리업의 등록에 관한 자료	별지 제408호 서식, 별지 제409호 서식 및 별지 제410호 서식
283	영 별표 3 제283호	「해운법」 제24조에 따른 해상화물운송사업의 등록에 관한 자료	별지 제411호 서식
284	영 별표 3 제284호	「해저광물자원 개발법」 제12조 및 제14조에 따른 해저광물 탐사권 및 해저광물 채취권의 설정허가에 관한 자료	별지 제412호 서식
285	영 별표 3 제285호	「혈액관리법」 제6조에 따른 혈액원 개설 허가에 관한 자료	별지 제413호 서식
286	영 별표 3 제286호	「화물자동차 운수사업법」 제3조에 따른 화물자동차 운송사업의 허가 등에 관한 자료	별지 제414호 서식

번호	과세자료 제출근거	과세자료명	제출서식
287	영 별표 3 제287호	「화물자동차 운수사업법」 제43조 제2항에 따른 보조금 지급에 관한 자료	별지 제290호 서식
288	영 별표 3 제288호	「화장품법」 제3조에 따른 화장품 제조업자 및 제조판매업자의 등록에 관한 자료	별지 제415호 서식
289	영 별표 3 제289호	「소방시설 설치 및 관리에 관한 법률」 제29조에 따른 소방시설관리업 등록에 관한 자료	별지 제416호 서식
290	영 별표 3 제290호	「화학무기 · 생물무기의 금지와 특정화학물질 · 생물작용제 등의 제조 · 수출입 규제 등에 관한 법률」 제5조, 제11조 및 제12조에 따른 1종화학물질의 제조 · 수입 허가 및 특정화학물질의 수출 허가에 관한 자료	별지 제417호 서식
291	영 별표 3 제291호	「환경기술 및 환경산업 지원법」 제15조에 따른 환경전문공사업의 등록에 관한 자료	별지 제418호 서식
292	영 별표 3 제292호	「환경분야 시험 · 검사 등에 관한 법률」 제9조에 따른 측정기기의 형식승인에 관한 자료	별지 제419호 서식
293	영 별표 3 제293호	「환경분야 시험 · 검사 등에 관한 법률」 제16조에 따른 측정대행업의 등록에 관한 자료	별지 제418호 서식
294	영 별표 3 제294호	「환경영향평가법」 제54조에 따른 환경영향평가업 등록에 관한 자료	별지 제420호 서식
295	영 별표 3 제295호	「환경개선비용 부담법 시행령」 제9조에 따른 환경개선부담금의 환급에 관한 자료	별지 제421호 서식
296	영 별표 3 제296호	자동차 도난신고에 관한 자료	별지 제422호 서식
297	영 별표 3 제297호	「사회복지사업법」 제16조에 따른 사회복지법인 설립허가에 관한 자료	별지 제428호 서식
298	영 별표 3 제298호	「중견기업 성장촉진 및 경쟁력 강화에 관한 특별법」 제2조에 따른 중견기업에 관한 자료	별지 제429호 서식
299	영 별표 3 제299호	「항만법」 제10조 및 제12조에 따른 항만공사실시계획의 승인 및 항만공사의 준공에 관한 자료	별지 제430호 서식 및 별지 제431호 서식
300	영 별표 3 제300호	「재외동포의 출입국과 법적 지위에 관한 법률」 제5조 및 제6조에 따른 재외동포체류자격 및 국내거소신고에 관한 자료	별지 제432호 서식
301	영 별표 3 제301호	「소방시설 설치 및 관리에 관한 법률 시행령」 별표 2에 따른 특정소방대상물 중 중점관리대상에 관한 자료	별지 제433호 서식
302	영 별표 3 제302호	「소득세법」 제4조, 제19조, 제24조, 제80조, 제127조 및 제168조에 관한 자료 중 행정안전부장관이 정하는 납세의 관리에 필요한 정보	별지 제434호 서식

번호	과세자료 제출근거	과세자료명	제출서식
303	영 별표 3 제303호	「전파법」 제19조 및 제19조의 2에 따른 무선국의 개설 허가 및 신고에 관한 자료 중 행정안전부장관이 정하는 납세의 관리에 필요한 정보	별지 제435호 서식
304	영 별표 3 제304호	「환경오염시설의 통합관리에 관한 법률」 제6조에 따른 배출시설 등의 허가 등에 관한 자료	별지 제436호 서식

서 식 목 차

- **[별지 제112호 서식]** 이행강제금 부과에 관한 자료
- **[별지 제113호 서식]** 옹벽 등의 공작물 축조신고에 관한 자료
- **[별지 제114호 서식]** 게임제공업 허가 및 등록에 관한 자료
- **[별지 제115호 서식]** 토지 공급에 관한 자료
- **[별지 제116호 서식]** 경륜장 또는 경정장의 설치 허가에 관한 자료
- **[별지 제117호 서식]** 장외매장 허가에 관한 자료
- **[별지 제118호 서식]** 경비업 허가에 관한 자료
- **[별지 제119호 서식]** 계량기 수입업의 신고에 관한 자료
- **[별지 제120호 서식]** 형식승인기관의 지정에 관한 자료 (2024. 12. 31. 개정)
- **[별지 제121호 서식]** 피보험자격의 취득 및 상실 등에 관한 신고자료
- **[별지 제122호 서식]** 골재채취업의 등록 및 양도에 관한 자료
- **[별지 제123호 서식]** 측량업 등록에 관한 자료
- **[별지 제124호 서식]** 해양조사·정보업 등록에 관한 자료 (2024. 12. 31. 개정)
- **[별지 제125호 서식]** 부동산종합공부의 등록사항에 관한 자료
- **[별지 제126호 서식]** 지목변경 신청에 관한 자료
- **[별지 제127호 서식]** 공연장의 등록에 관한 자료
- **[별지 제128호 서식]** 공유수면 매립면허에 관한 자료
- **[별지 제129호 서식]** 공유재산의 매각·교환 및 양여에 관한 자료
- **[별지 제130호 서식]** 보상금 지급에 관한 자료
- **[별지 제131호 서식]** 공인노무사업 등록에 관한 자료
- **[별지 제132호 서식]** 노무법인의 설립인가에 관한 자료
- **[별지 제133호 서식]** 중개사무소의 개설등록, 분사무소 설치신고 등에 관한 자료
- **[별지 제134호 서식]** 회계법인의 등록에 관한 자료
- **[별지 제135호 서식]** 공중위생영업 신고에 관한 자료
- **[별지 제136호 서식]** 공증인사무소 및 임명공증인의 합동사무소의 설치인가에 관한 자료
- **[별지 제137호 서식]** 공탁서에 관한 자료
- **[별지 제138호 서식]** 관광사업 등록 등에 관한 자료
- **[별지 제139호 서식]** 관세 등의 환급에 관한 자료
- **[별지 제140호 서식]** 허가판매 또는 신고물품 중 「담배사업법」 제2조에 따른 담배에 관한 자료
- **[별지 제141호 서식]** 보세구역 외 장치의 허가에 관한 자료
- **[별지 제142호 서식]** 특허보세구역의 설치·운영의 특허에 관한 자료
- **[별지 제143호 서식]** 보세운송업자 등의 등록에 관한 자료
- **[별지 제144호 서식]** 관세사 업무등록, 사무소 설치, 관세법인의 등록에 관한 자료
- **[별지 제145호 서식]** 통관취급법인의 등록 등에 관한 자료
- **[별지 제146호 서식]** 전문광해방지사업자의 등록에 관한 자료
- **[별지 제147호 서식]** 광업권설정 허가에 관한 자료
- **[별지 제148호 서식]** 과세표준의 신고, 납부, 결정·경정결정·재경정 및 세액의 공제와 환급에 관한 자료
- **[별지 제149호 서식]** 등록결정된 국가유공자 등에 관한 자료 (2024. 12. 31. 개정)
- **[별지 제150호 서식]** 대부금 수령자에 관한 자료
- **[별지 제151호 서식]** 직장가입자에 관한

자료
- [별지 제152호 서식] 통보된 보수 등에 관한 자료
- [별지 제153호 서식] 수급자 급여의 실시에 관한 자료
- [별지 제154호 서식] 국세환급금에 관한 자료
- [별지 제155호 서식] 국유임산물의 매각, 입목벌채 등의 허가 및 신고 등에 관한 자료
- [별지 제156호 서식] 일반재산의 매각·교환 및 양여에 관한 자료
- [별지 제157호 서식] 도시·군관리계획에 관한 지형도면 고시 자료
- [별지 제158호 서식] 토지의 형질변경허가에 관한 자료
- [별지 제159호 서식] 군복 또는 군용장구의 제조 또는 판매업의 허가에 관한 자료
- [별지 제160호 서식] 보호구역의 지정에 관한 자료
- [별지 제161호 서식] 직업능력개발 훈련 시설의 설치 승인, 지정 및 취소에 관한 자료
- [별지 제162호 서식] 퇴직연금사업자의 등록에 관한 자료
- [별지 제163호 서식] 금융지주회사의 인가에 관한 자료
- [별지 제164호 서식] 계측기기의 성능검사대행자의 등록에 관한 자료
- [별지 제165호 서식] 기상사업 등록에 관한 자료
- [별지 제166호 서식] 기술사사무소의 개설 등록에 관한 자료
- [별지 제167호 서식] 기술신탁관리업의 허가에 관한 자료
- [별지 제168호 서식] 기업부설연구소등의 인정 및 신고에 관한 자료
- [별지 제169호 서식] 내수면어업 면허 및 허가에 관한 자료
- [별지 제170호 서식] 노인복지시설 설치에 관한 자료
- [별지 제171호 서식] 녹색건축 인증에 관한 자료
- [별지 제172호 서식] 건축물 에너지 효율등급 인증에 관한 자료
- [별지 제173호 서식] 제로에너지건축물 인증에 관한 자료
- [별지 제174호 서식] 직접 소득보조금 지급에 관한 자료 (2024. 12. 31. 개정)
- [별지 제175호 서식] 제조업·원제업·수입업 및 판매업의 등록에 관한 자료
- [별지 제176호 서식] 수출입식물방제업 신고에 관한 자료
- [별지 제177호 서식] 농어업경영정보의 등록에 관한 자료
- [별지 제178호 서식] 기본형공익직접지불금 지급 및 지급대상 농지 등에 관한 자료 (2024. 12. 31. 개정)
- [별지 제179호 서식] 농지의 전용허가에 관한 자료
- [별지 제180호 서식] 화재위험평가 대행자의 등록에 관한 자료
- [별지 제181호 서식] 담배제조업의 허가에 관한 자료
- [별지 제182호 서식] 담보부사채신탁업 등록에 관한 자료
- [별지 제183호 서식] 배출시설 허가 또는 신고에 관한 자료
- [별지 제184호 서식] 대부업 등록에 관한 자료
- [별지 제185호 서식] 자동차운전학원의 등록에 관한 자료
- [별지 제186호 서식] 도로점용 허가에 관한 자료
- [별지 제187호 서식] 가스도매사업, 일반도시가스사업, 도시가스충전사업, 나프타부생가스·바이오가스제조사업 및 합성천연가스제조사업의 허가에 관한 자료
- [별지 제188호 서식] 가스충전시설, 특정가스사용시설의 설치·변경공사 완성검사에 관한 자료
- [별지 제189호 서식] 교통영향평가대행자의 등록에 관한 자료

- **[별지 제190호 서식]** 도시철도운송사업의 면허에 관한 자료
- **[별지 제191호 서식]** 특허권·실용신안권·디자인권·상표권·배치설계권 설정등록에 관한 자료
- **[별지 제192호 서식]** 마약류취급자 허가에 관한 자료
- **[별지 제193호 서식]** 원료물질수출입업자 등의 허가에 관한 자료
- **[별지 제194호 서식]** 마약류 수출입 및 제조의 허가에 관한 자료
- **[별지 제195호 서식]** 먹는샘물등의 제조업의 허가, 먹는샘물등의 수입판매업·수처리제 제조업의 등록, 먹는샘물등의 유통전문판매업·정수기 제조업 또는 수입판매업의 신고에 관한 자료
- **[별지 제196호 서식]** 목재생산업의 등록에 관한 자료
- **[별지 제197호 서식]** 일반물류단지 또는 첨단물류단지 안의 토지에 관한 자료
- **[별지 제198호 서식]** 국제물류주선업 등록에 관한 자료
- **[별지 제199호 서식]** 임대사업자의 등록에 관한 자료
- **[별지 제200호 서식]** 경매개시 결정 등에 관한 자료
- **[별지 제201호 서식]** 배당표의 확정에 관한 자료
- **[별지 제202호 서식]** 박물관 및 미술관의 등록 등에 관한 자료
- **[별지 제203호 서식]** 방문판매업자등의 신고에 관한 자료
- **[별지 제204호 서식]** 다단계판매업자의 등록에 관한 자료
- **[별지 제205호 서식]** 지상파방송사업·위성방송사업·중계유선방송사업·종합유선방송사업·방송채널사용사업·전광판방송사업·음악유선방송사업 및 전송망사업의 허가·승인·등록에 관한 자료
- **[별지 제206호 서식]** 업무개시, 폐업 및 휴업의 신고에 관한 자료
- **[별지 제207호 서식]** 법무사법인의 설립 인가에 관한 자료 (2024. 12. 31. 개정)
- **[별지 제208호 서식]** 법인 자본금 현황에 관한 자료
- **[별지 제209호 서식]** 주식등변동상황 명세에 관한 자료
- **[별지 제210호 서식]** 신기술창업집적지역 지정 및 벤처기업확인서 발급에 관한 자료
- **[별지 제211호 서식]** 변리사업 등록 및 인가에 관한 자료
- **[별지 제212호 서식]** 변호사 또는 외국법자문사의 개업신고에 관한 자료
- **[별지 제213호 서식]** 법무법인·법무법인(유한)·법무조합 및 외국법자문법률사무소의 설립 인가에 관한 자료
- **[별지 제214호 서식]** 보험업 허가에 관한 자료
- **[별지 제215호 서식]** 보험중개사의 등록에 관한 자료
- **[별지 제216호 서식]** 손해사정업 등록에 관한 자료
- **[별지 제217호 서식]** 보험계리업의 등록에 관한 자료
- **[별지 제218호 서식]** 사업자등록에 관한 자료
- **[별지 제219호 서식]** 매출처별 세금계산서 합계표에 관한 자료
- **[별지 제220호 서식]** 부동산임대공급가액 명세에 관한 자료
- **[별지 제221호 서식]** 개별공시지가에 관한 자료
- **[별지 제222호 서식]** 공동주택가격에 관한 자료
- **[별지 제223호 서식]** 부동산개발업의 등록에 관한 자료
- **[별지 제224호 서식]** 부동산거래의 신고 및 부동산 거래신고가격의 검증에 관한 자료
- **[별지 제225호 서식]** 소유권변경 사실의 통지에 관한 자료
- **[별지 제226호 서식]** 저당권의 등기에

관한 자료

- [별지 제227호 서식] 신탁등기의 등기사항에 관한 자료
- [별지 제228호 서식] 명의신탁 과징금 부과에 관한 자료
- [별지 제229호 서식] 부동산투자회사의 영업인가에 관한 자료
- [별지 제230호 서식] 자산관리회사의 설립 인가에 관한 자료
- [별지 제231호 서식] 부동산투자자문 회사의 등록에 관한 자료
- [별지 제232호 서식] 비파괴검사업의 등록에 관한 자료
- [별지 제233호 서식] 사격장 설치허가에 관한 자료
- [별지 제234호 서식] 사행기구 제조업 및 판매업 허가에 관한 자료
- [별지 제235호 서식] 사회적기업의 인증에 관한 자료
- [별지 제236호 서식] 산림경영계획의 인가에 관한 자료
- [별지 제237호 서식] 안전관리전문기관의 지정에 관한 자료
- [별지 제238호 서식] 석면조사기관의 지정에 관한 자료
- [별지 제239호 서식] 석면해체·제거업의 등록에 관한 자료
- [별지 제240호 서식] 산업안전지도사·산업보건지도사의 등록에 관한 자료
- [별지 제241호 서식] 공장등록에 관한 자료
- [별지 제242호 서식] 입주계약 등에 관한 자료
- [별지 제243호 서식] 산업표준인증기관의 지정에 관한 자료
- [별지 제244호 서식] 산지전용허가 및 산지전용신고 등에 관한 자료
- [별지 제245호 서식] 상가 임대차에 관한 자료
- [별지 제246호 서식] 특정시설물 이용 권리의 명의개서 및 변경에 관한 자료
- [별지 제247호 서식] 상호저축은행의 인가에 관한 자료
- [별지 제248호 서식] 금융기관의 휴면예금 출연에 관한 자료
- [별지 제249호 서식] 품질검사기관의 지정에 관한 자료
- [별지 제250호 서식] 석유대체연료 제조·수출입업의 등록에 관한 자료
- [별지 제251호 서식] 석유정제업의 등록, 석유수출입업의 등록 및 석유판매업의 등록에 관한 자료
- [별지 제252호 서식] 선박의 등록에 관한 자료
- [별지 제253호 서식] 선박검사 기록에 관한 자료
- [별지 제254호 서식] 예선업의 등록에 관한 자료
- [별지 제255호 서식] 선박투자업의 인가에 관한 자료
- [별지 제256호 서식] 선박운용회사의 허가에 관한 자료
- [별지 제257호 서식] 세무사 등록에 관한 자료
- [별지 제258호 서식] 세무법인의 등록에 관한 자료
- [별지 제259호 서식] 염전개발업 및 소금 제조업의 허가에 관한 자료
- [별지 제260호 서식] 미등기양도자산 양도소득세 신고 및 결정에 관한 자료
- [별지 제261호 서식] 농업 외의 종합소득금액에 관한 자료
- [별지 제262호 서식] 소방시설업의 등록에 관한 자료
- [별지 제263호 서식] 소프트웨어 진흥시설의 지정에 관한 자료
- [별지 제264호 서식] 소프트웨어 품질인증기관의 지정에 관한 자료
- [별지 제265호 서식] 소프트웨어프로세스 품질인증기관의 지정에 관한 자료
- [별지 제266호 서식] 송유관 설치

완성검사 등에 관한 자료 (2021. 9. 7. 개정 ; 어려운 법령용어 ~ 행정안전부령)

- [별지 제267호 서식] 동력수상레저기구 등록에 관한 자료 (2024. 12. 31. 개정)
- [별지 제268호 서식] 동물병원의 개설신고에 관한 자료
- [별지 제269호 서식] 폐수배출시설의 설치 허가 및 신고에 관한 자료
- [별지 제270호 서식] 승강기 제조업·수입업의 등록에 관한 자료
- [별지 제271호 서식] 승강기 유지관리업의 등록에 관한 자료
- [별지 제272호 서식] 승강기 설치검사에 관한 자료 (2024. 12. 31. 개정)
- [별지 제273호 서식] 수출입목재 열처리업의 등록에 관한 자료
- [별지 제274호 서식] 수산물가공업의 신고에 관한 자료
- [별지 제275호 서식] 우수식품등 인증기관 및 우수수산식품등인증기관의 지정에 관한 자료 (2024. 12. 31. 개정)
- [별지 제276호 서식] 영업허가 및 신고에 관한 자료
- [별지 제277호 서식] 집단급식소의 설치 신고에 관한 자료
- [별지 제278호 서식] 신용정보업 허가에 관한 자료
- [별지 제279호 서식] 신용정보집중기관의 허가에 관한 자료
- [별지 제280호 서식] 액화석유가스 충전사업, 가스용품 제조사업, 액화석유가스 집단공급사업, 액화석유가스 판매사업의 허가 및 액화석유가스 충전사업자의 영업소 설치의 허가에 관한 자료
- [별지 제281호 서식] 액화석유가스 저장소의 설치 허가에 관한 자료
- [별지 제282호 서식] 액화석유가스 수출입업의 등록에 관한 자료
- [별지 제283호 서식] 액화석유가스의 충전시설, 집단공급시설, 판매시설, 영업소 시설, 저장시설 또는 가스용품 제조시설의 설치·변경공사 완성검사에 관한 자료
- [별지 제284호 서식] 의약품의 제조업 허가, 의약품의 제조판매품목 허가·신고 및 의약외품의 제조업신고에 관한 자료
- [별지 제285호 서식] 어선의 등록에 관한 자료
- [별지 제286호 서식] 에너지절약 전문기업의 등록에 관한 자료
- [별지 제287호 서식] 검사대상기기 설치자 및 변경자 등에 관한 자료
- [별지 제288호 서식] 여객자동차운송사업 면허 등에 관한 자료
- [별지 제289호 서식] 여객자동차운송 가맹사업의 면허에 관한 자료
- [별지 제290호 서식] 보조금 지급에 관한 자료
- [별지 제291호 서식] 여신전문금융업 허가 및 등록에 관한 자료
- [별지 제292호 서식] 대여시설이용자 명의로 등록된 자료
- [별지 제293호 서식] 신용카드업자의 신용카드가맹점에 대한 신용카드 및 직불카드의 대금결제에 관한 자료
- [별지 제294호 서식] 어린이집 인가에 관한 자료
- [별지 제295호 서식] 영화업자의 신고에 관한 자료
- [별지 제296호 서식] 특정물질 제조업 허가·신고 및 특정물질수입의 허가에 관한 자료
- [별지 제297호 서식] 옥외광고사업의 등록에 관한 자료
- [별지 제298호 서식] 외국인근로자 고용허가에 관한 자료
- [별지 제299호 서식] 대행기관의 지정에 관한 자료
- [별지 제300호 서식] 외국인투자신고 및 허가에 관한 자료
- [별지 제301호 서식] 외국환업무 등록에 관한 자료

- [별지 제302호 서식] 환전업무의 등록에 관한 자료
- [별지 제303호 서식] 외국환중개업무의 인가에 관한 자료
- [별지 제304호 서식] 원양어업의 허가 및 신고에 관한 자료
- [별지 제305호 서식] 판독업무자의 등록에 관한 자료
- [별지 제306호 서식] 위험물시설의 설치 및 변경 등에 관한 자료
- [별지 제307호 서식] 유치원 설립 인가에 관한 자료
- [별지 제308호 서식] 대규모점포 등의 개설등록 등에 관한 자료
- [별지 제309호 서식] 공동집배송센터의 지정 등에 관한 자료
- [별지 제310호 서식] 은행업의 인가에 관한 자료
- [별지 제311호 서식] 의료기기 제조업·수입업 허가 및 수리업·판매업 등의 신고에 관한 자료
- [별지 제312호 서식] 의료기관의 개설신고 또는 허가에 관한 자료
- [별지 제313호 서식] 안마시술소 또는 안마원의 개설 신고에 관한 자료
- [별지 제314호 서식] 인쇄사의 신고에 관한 자료
- [별지 제315호 서식] 입목의 등록에 관한 자료
- [별지 제316호 서식] 자동차의 신규등록, 변경등록, 이전등록 및 말소등록에 관한 자료
- [별지 제317호 서식] 자동차 등록번호판발급대행자의 지정에 관한 자료
- [별지 제318호 서식] 자동차자기인증을 위한 제작·시험·검사시설 등의 등록에 관한 자료
- [별지 제319호 서식] 성능시험대행자의 지정에 관한 자료
- [별지 제320호 서식] 자동차의 튜닝승인에 관한 자료
- [별지 제321호 서식] 정기검사에 관한 자료
- [별지 제322호 서식] 자동차검사대행자 및 자동차 종합검사대행자의 지정에 관한 자료
- [별지 제323호 서식] 이륜자동차 사용 신고 등에 관한 자료
- [별지 제324호 서식] 자동차관리사업 등록에 관한 자료
- [별지 제325호 서식] 자동차경매장의 개설·운영 승인에 관한 자료
- [별지 제326호 서식] 책임보험등의 가입에 관한 자료
- [별지 제327호 서식] 금융투자업자 인가 및 등록에 관한 자료
- [별지 제328호 서식] 금융투자업의 인가에 관한 자료
- [별지 제329호 서식] 투자자문업 또는 투자일임업의 등록에 관한 자료
- [별지 제330호 서식] 유사투자자문업의 신고에 관한 자료
- [별지 제331호 서식] 집합투자기구의 등록에 관한 자료
- [별지 제332호 서식] 일반사무관리회사의 등록에 관한 자료
- [별지 제333호 서식] 집합투자기구 평가회사의 등록에 관한 자료
- [별지 제334호 서식] 채권평가회사의 등록에 관한 자료
- [별지 제335호 서식] 외국 집합투자기구의 등록에 관한 자료
- [별지 제336호 서식] 자금중개회사의 인가에 관한 자료
- [별지 제337호 서식] 단기금융업무의 인가에 관한 자료
- [별지 제338호 서식] 명의개서대행회사의 등록에 관한 자료
- [별지 제339호 서식] 공원사업의 시행 및 공원시설의 관리 허가에 관한 자료
- [별지 제340호 서식] 장애인 등록에 관한 자료
- [별지 제341호 서식] 재해경감 우수기업

- **[별지 제380호 서식]** 체육시설업의 등록에 관한 자료
- **[별지 제381호 서식]** 체육시설업의 신고에 관한 자료
- **[별지 제382호 서식]** 총포 등의 소지허가에 관한 자료
- **[별지 제383호 서식]** 축산물가공업 등의 허가 및 신고에 관한 자료
- **[별지 제384호 서식]** 축산업 허가 및 등록에 관한 자료
- **[별지 제385호 서식]** 국민 및 외국인의 출국 및 입국에 관한 자료 (2024. 12. 31. 개정)
- **[별지 제386호 서식]** 외국인등록에 관한 자료
- **[별지 제387호 서식]** 출판사의 신고에 관한 자료
- **[별지 제388호 서식]** 유기식품등의 인증기관의 지정에 관한 자료
- **[별지 제389호 서식]** 무농약농산물등의 인증기관의 지정에 관한 자료 (2020. 12. 1. 개정)
- **[별지 제390호 서식]** 평생교육시설 설치·운영에 관한 자료
- **[별지 제391호 서식]** 수출입관리폐기물의 수출 또는 수입신고 (2024. 12. 31. 개정)
- **[별지 제392호 서식]** 폐기물처리업 허가 등에 관한 자료
- **[별지 제393호 서식]** 하천점용 허가 등에 관한 자료
- **[별지 제394호 서식]** 학원 및 교습소의 등록·신고에 관한 자료
- **[별지 제395호 서식]** 임차한 농지에 관한 자료
- **[별지 제396호 서식]** 경마장의 설치허가 및 장외발매소 설치 등의 승인에 관한 자료
- **[별지 제397호 서식]** 주택담보노후연금보증 주택에 관한 자료
- **[별지 제398호 서식]** 선불식 할부거래업의 등록 등에 관한 자료
- **[별지 제399호 서식]** 항공기 등록에 관한 자료
- **[별지 제400호 서식]** 기술표준품의 형식승인에 관한 자료
- **[별지 제401호 서식]** 정기편 운항노선별 허가 및 부정기편 운항 허가에 관한 자료 (2024. 12. 31. 개정)
- **[별지 제402호 서식]** 항공기사용사업의 등록에 관한 자료
- **[별지 제403호 서식]** 항공기취급업의 등록에 관한 자료
- **[별지 제404호 서식]** 상업서류 송달업 신고에 관한 자료
- **[별지 제405호 서식]** 항만운송사업의 등록 및 항만운송관련사업의 등록에 관한 자료
- **[별지 제406호 서식]** 해외건설업 신고에 관한 자료
- **[별지 제407호 서식]** 해외이주알선업 등록 등에 관한 자료
- **[별지 제408호 서식]** 해상여객운송사업의 면허 및 승인에 관한 자료
- **[별지 제409호 서식]** 해상여객운송사업자 및 해상화물운송사업자의 국내지사 설치 신고에 관한 자료
- **[별지 제410호 서식]** 해운중개업, 해운대리점업, 선박대여업 또는 선박관리업의 등록에 관한 자료
- **[별지 제411호 서식]** 해상화물운송사업의 등록에 관한 자료
- **[별지 제412호 서식]** 해저광물 탐사권 및 해저광물 채취권의 설정허가에 관한 자료
- **[별지 제413호 서식]** 혈액원 개설 허가에 관한 자료
- **[별지 제414호 서식]** 화물자동차 운송사업의 허가 등에 관한 자료
- **[별지 제415호 서식]** 화장품 제조업자 및 제조판매업자의 등록에 관한 자료
- **[별지 제416호 서식]** 소방시설관리업 등록에 관한 자료
- **[별지 제417호 서식]** 1종화학물질의 제조·수입 허가 및 특정화학물질의 수출 허가에 관한 자료

[별지 제1호 서식] (2020. 12. 31. 개정)

지방세 기한연장 신청서

※ 색상이 어두운 난은 신청인이 작성하지 아니하며, 아래의 작성방법을 읽고 작성하시기 바랍니다.

접수번호	접수일	처리기간 3일

납세자	성명(법인명)	주민(법인, 외국인)등록번호
	상호(법인인 경우 대표자)	사업자등록번호
	주소(영업소)	
	전화번호 (휴대전화:)	전자우편주소
신청 내용	기한연장 대상	
	당초 기한 년 월 일까지	연장을 받으려는 기한 년 월 일까지
	연장을 받으려는 사유(내용이 많은 경우 별지 기재)	
	그 밖에 필요한 사항	

「지방세기본법」 제26조 제1항 및 같은 법 시행령 제7조 제1항에 따라 위와 같이 기한연장을 신청합니다.

년 월 일

신청인 (서명 또는 인)

지방자치단체의 장 귀하

위 임 장

위 납세자 등 본인은 아래 "위임받은 자"에게 기한연장 신청을 위임합니다.

위임자(납세자 등)
(서명 또는 인)
위임받은 자(신청인)
(서명 또는 인)

위임 받은 자	성명		주민등록번호		위임자와의 관계	
	주소			전화번호		

첨부서류	연장 받으려는 사유를 증명하는 서류	수수료 없음

작성방법

1. 기한연장 대상: 연장 받으려는 기한의 종류(신고·신청·청구 또는 그 밖의 서류의 제출·통지)를 적습니다.
2. 당초 기한: 당초에 신고나 신청 등을 해야 할 기한을 적습니다.
3. 연장을 받으려는 기한: 연장을 받으려는 기한을 적습니다. 다만, 연장 기한은 기한연장을 승인한 날의 다음 날부터 6개월 이내로 합니다. 또한 지방자치단체의 장은 기한을 연장한 후에도 해당 기한연장의 사유가 소멸되지 않은 경우에는 6개월을 넘지 않는 범위에서 한 차례만 그 기한을 연장할 수 있습니다.
4. 연장 받으려는 사유(「지방세기본법 시행령」 제6조)
   가. 납세자가 재해 등을 입거나 도난당한 경우
   나. 납세자 또는 동거가족이 질병이나 중상해로 6개월 이상의 치료가 필요하거나 사망하여 상중(喪中)인 경우
   다. 권한 있는 기관에 장부·서류가 압수되거나 영치된 경우
   라. 납세자가 사업에 현저한 손실을 입거나 사업이 중대한 위기에 처한 경우(납부의 경우로 한정합니다)
   마. 정전, 프로그램의 오류, 그 밖의 부득이한 사유로 지방자치단체의 금고나 금융회사 등의 정보처리장치·시스템 등을 정상적으로 가동시킬 수 없는 경우
   바. 지방자치단체의 금고 또는 지방세수납대행기관의 휴무, 그 밖에 부득이한 사유로 정상적인 신고 또는 납부가 곤란하다고 행정안전부장관이 인정하는 경우
   사. 납세자의 장부 작성을 대행하는 세무사(세무법인을 포함합니다) 또는 공인회계사(회계법인을 포함합니다)가 재해 등을 입거나 도난당한 경우(지방소득세에 관하여 신고·신청·청구 또는 그 밖의 서류 제출·통지를 하거나 납부하는 경우로 한정합니다)
   아. 가목부터 바목까지에 준하는 사유가 있는 경우

처리절차

신청서 제출	→	접 수	→	첨부서류 확인 및 검토	→	결정(승인)	→	통 지
신청인		지방자치단체		지방자치단체		지방자치단체		지방자치단체

210mm×297mm[백상지(80g/㎡) 또는 중질지(80g/㎡)]

[별지 제2호 서식]

지방세 납부기한 연장 신청서

※ 색상이 어두운 난은 신청인이 작성하지 않습니다.

접수번호	접수일	처리기간 3일

납세자	성명(법인명)	주민(법인, 외국인)등록번호
	상호(법인인 경우 대표자)	사업자등록번호
	주소(영업소)	
	전화번호 (휴대전화:)	전자우편주소

신청내용

납부기한을 연장 받을 지방세의 내용

주요세목	과세물건(대상)	납부기한	세액	연장 받을 금액
연장 받으려는 기한	년 월 일까지			
연장 받으려는 사유 (내용이 많은 경우 별지 기재)				

분납기한 및 분납금액(신고분에 한정함)

횟수	주요세목	분납기한	분납금액
1회		. . .	
2회		. . .	
3회		. . .	
담보물건			

「지방세기본법」 제26조 제1항 및 같은 법 시행령 제7조 제1항에 따라 위와 같이 납부기한 연장을 신청합니다.

년 월 일

신청인 (서명 또는 인)

지방자치단체의 장 귀하

위임장

위 납세자 본인은 아래 "위임받은 자"에게 납부기한 연장 신청을 위임합니다.

위임자(납세자) (서명 또는 인)
위임받은 자(신청인) (서명 또는 인)

위임 받은 자	성명		주민등록번호		위임자와의 관계	
	주소			전화번호		

첨부 서류	연장 받으려는 사유를 증명하는 서류	수수료 없음

처 리 절 차

신청서 제출	→	접 수	→	첨부서류 확인 및 검토	→	결정(승인)	→	통 지
신청인		지방자치단체		지방자치단체		지방자치단체		지방자치단체

210mm×297mm[백상지(80g/㎡) 또는 중질지(80g/㎡)]

[별지 제7호 서식] (2018. 12. 31. 개정)

지방세 서류 송달장소 [ ] 신고서 / [ ] 변경신고서

※ 색상이 어두운 난은 신청인이 작성하지 않으며, [ ]에는 해당되는 곳에 √표를 합니다.

접수번호		접수일	처리기간 즉시
송달받을 자	성명(법인명)		주민(법인, 외국인)등록번호
	상호(법인인 경우 대표자)		사업자등록번호
	주소(영업소)		
	전화번호 (휴대전화:)		전자우편주소
송달장소 신고(변경신고)세목	전체 세목[ ]		개별 세목[ ] ( )
신고 내용	송달장소 신고	송달받을 장소	
		송달받을 장소를 정하는 이유	
	송달장소 변경신고	변경 전 송달받을 장소	
		변경 후 송달받을 장소	
		송달받을 장소를 변경하는 이유	

「지방세기본법」 제29조 및 같은 법 시행령 제11조에 따라 위와 같이 서류 송달장소를 신고(변경신고) 합니다.

년 월 일

신고인 (서명 또는 인)

지방자치단체의 장 귀하

위임장

위 신청인 본인은 아래 "위임받은 자"에게 서류 송달장소 [ ]신고 [ ]변경신고를 위임합니다.

위임자(송달받을 자) (서명 또는 인)

위임받은 자(신고인) (서명 또는 인)

위임 받은 자	성명		주민등록번호		위임자와의 관계	
	주소			전화번호		

첨부서류	송달장소를 증명할 수 있는 서류	수수료 없음

작 성 방 법

기존 송달장소를 변경하는 경우에는 송달장소 변경신고 난에 해당 사안을 적습니다.

210mm×297mm[백상지(80g/㎡) 또는 중질지(80g/㎡)]

[별지 제9호 서식] (2023. 3. 14. 개정)

지방세 전자송달 [ ] 신청서 / [ ] 철회신청서

※ 색상이 어두운 난은 신청인이 작성하지 않으며, [ ]에는 해당되는 곳에 √표를 합니다.

접수번호		접수일	처리기간 즉시
납세자	성명(법인명)		주민(법인, 외국인)등록번호
	상호(법인인 경우 대표자)		사업자등록번호
	주소(영업소)		
	전화번호 (휴대전화:)		전자송달을 받을 전자우편주소
신청 서류	납세고지서	재산세 [ ] 개인분 주민세 [ ]	자동차세 [ ] 면허분 등록면허세 [ ]
	기타	납부통지서 [ ] 지방세환급금 지급통지서 [ ]	기타 [ ]
철회사유			

「지방세기본법」 제30조 제7항 및 같은 법 시행령 제14조 제1항에 따라 위와 같이 전자송달을 신청(전자송달의 신청을 철회)합니다.

년 월 일

신청인 (서명 또는 인)

지방자치단체의 장 귀하

위임장

위 신청인 본인은 아래 "위임받은 자"에게 전자송달의 [ ]신청 [ ]철회신청을 위임합니다.

위임자(납세자 등) (서명 또는 인)

위임받은 자(신청인) (서명 또는 인)

위임 받은 자	성명		주민등록번호		위임자와의 관계	
	주소			전화번호		

첨부서류	없음	수수료 없음

유 의 사 항

1. 「지방세기본법 시행령」 제14조 제4항에 따라 전자송달된 서류를 5회 연속하여 확인 또는 열람하지 않을 경우에는 전자송달 신청을 철회한 것으로 봅니다. 다만, 전자송달된 납부고지서에 의한 세액을 그 납부기한까지 전액 납부한 경우는 제외합니다.
2. 「지방세기본법」 제96조 제1항에 따른 결정서의 전자송달 신청의 경우는 별지 제56호 서식을 사용합니다.

210mm×297mm[백상지(80g/㎡) 또는 중질지(80g/㎡)]

[별지 제11호 서식] (2020. 12. 31. 개정)

지방세 상속인대표자 신고서

※ 색상이 어두운 난은 신청인이 작성하지 않습니다.

접수번호	접수일	처리기간 즉시

피상속인	성명		주민등록번호	
	주소			
	상속재산		상속개시일	

상속인				
피상속인과의 관계	성명	주민등록번호	주소	전화번호 (휴대전화)

대표자	성명	
	주소	
	대표자로 정한 이유	

「지방세기본법」 제42조 제3항 후단 및 같은 법 시행령 제22조 제1항에 따라 위와 같이 신고합니다.

년 월 일

신고인 (서명 또는 인)

지방자치단체의 장 귀하

위임장

위 상속인들은 아래 "위임받은 자"에게 상속인대표자 신고를 위임합니다.

위임자(상속인대표자) (서명 또는 인)
위임받은 자(신고인) (서명 또는 인)

위임 받은 자	성명		주민등록번호		위임자와의 관계	
	주소			전화번호		

첨부서류	피상속인의 가족관계증명서 1부	수수료 없음

행정정보 공동이용 동의서

본인은 이 건 업무처리와 관련하여 「전자정부법」 제36조 제1항에 따른 행정정보의 공동이용을 통하여 담당 직원이 필요한 사항을 확인하는 것에 동의합니다. 동의하지 않는 경우에는 신청인이 직접 관련서류를 제출해야 합니다.

신고인(위임한 사람) (서명 또는 인)

210mm×297mm[백상지(80g/㎡) 또는 중질지(80g/㎡)]

[별지 제13호 서식] (2019. 12. 31. 개정)

지방세 과세표준 수정신고서

※ 색상이 어두운 난은 신청인이 작성하지 아니하며, 아래의 유의사항을 읽고 작성하시기 바랍니다.

접수번호	접수일	처리기간 즉시

납세자	성명(법인명)	주민(법인, 외국인)등록번호
	상호(법인인 경우 대표자)	사업자등록번호
	주소(영업소)	
	전화번호 (휴대전화:)	전자우편주소

신고내용					
세목					
법정신고기한			최초신고일		
수정신고사유					
수정신고대상 (과세물건)					
구분	과세표준	산출세액	가산세	비과/감면액	납부세액
종전신고					
수정신고					
추가납부세액					

「지방세기본법」 제49조 및 같은 법 시행령 제28조에 따라 위와 같이 수정신고 합니다.

년 월 일

신고인 (서명 또는 인)

지방자치단체의 장 귀하

위임장

위 납세자는 아래 "위임받은 자"에게 과세표준 수정신고를 위임합니다.

위임자(납세자) (서명 또는 인)
위임받은 자(신고인) (서명 또는 인)

위임 받은 자	성명		주민등록번호		위임자와의 관계	
	주소			전화번호		

접수증(과세표준 수정신고)			
성 명		주 소	
구비서류 1. 수정한 내용을 증명하는 서류 2. 수정신고사유를 증명하는 서류(과소신고가산세 구분 관련)			접수인 접수일자

유 의 사 항

1. 법정신고기한까지 과세표준 신고서를 제출한 경우에만 수정신고를 할 수 있습니다.
2. 추가납부세액에는 수정신고에 따른 납부세액에서 종전신고에 따른 납부세액을 차감한 금액을 적습니다.

210mm×297mm[백상지(80g/㎡) 또는 중질지(80g/㎡)]

[별지 제14호 서식] (2019. 12. 31. 개정)

지방세 과세표준 및 세액 등의 결정 또는 경정 청구서

※ 색상이 어두운 난은 신청인이 작성하지 아니하며, 아래의 유의사항을 읽고 작성하시기 바랍니다.

접수번호	접수일	처리기간	2개월

납세자	성명(법인명)	주민(법인, 외국인)등록번호
	상호(법인인 경우 대표자)	사업자등록번호
	주소(영업소)	
	전화번호 (휴대전화:)	전자우편주소
	지급계좌 은행명	계좌번호

결정 또는 경정청구내용	법정신고일			최초신고일		
	경정청구 대상(과세물건)					
	구분		과세표준	산출세액	비과세/감면액	납부세액
	( )세	당초신고				
		결정 또는 경정신고				
		증 감 액				
	( )세	당초신고				
		결정 또는 경정신고				
		증 감 액				
	결정 또는 경정청구 이유(내용이 많은 경우 별지 기재)			사유발생일		

「지방세기본법」 제50조 및 같은 법 시행령 제31조에 따라 위와 같이 결정 또는 경정을 청구합니다.

년 월 일

청구인 (서명 또는 인)

지방자치단체의 장 귀하

위 임 장

위 납세자는 아래 "위임받은 자"에게 과세표준 및 세액 등의 결정 또는 경정의 청구를 위임합니다.

위임자(납세자) (서명 또는 인)

위임받은 자(청구인) (서명 또는 인)

위임 받은 자	성명		주민등록번호		위임자와의 관계	
	주소			전화번호		

접수증(과세표준 및 세액의 결정 또는 경정청구)			
성 명		주 소	
구비서류	결정 또는 경정청구 사유를 증명하는 서류	접수인	
		접수일자	

유 의 사 항

1. 지급계좌의 예금주와 납세자는 동일해야 합니다.
2. 지급계좌를 기재한 경우 결정 또는 경정으로 지방세환급금이 발생하면 별도의 지급청구가 없더라도 해당 계좌에 지방세환급금이 지급될 수 있습니다.

처 리 절 차

신청서 제출	→	접 수	→	첨부서류 확인 및 관련사안 검토	→	결 정	→	통 지
신청인		지방자치단체		지방자치단체		지방자치단체		지방자치단체

210mm×297mm[백상지(80g/㎡) 또는 중질지(80g/㎡)]

[별지 제15호의 2 서식] (2022. 6. 7. 개정)

행 정 기 관 명

수신

(경유)

제목 지방세 과세표준 및 세액의 결정 통지

「지방세기본법」 제51조 제3항 본문에 따라 기한 후 신고에 대한 결정 결과를 다음과 같이 통지합니다.

납세자	성명(법인명)		생년월일 (법인등록번호)	
	상호(대표자)		사업자등록번호	
	주소(영업소)			
법정신고일			기한 후 신고일	
결정사유				

구분		과세표준	산출세액	비과세/감면액	가산세		납부세액
					무신고	납부지연	
( )세	당초 신고						
	결정						
	증감액						
( )세	당초 신고						
	결정						
	증감액						

끝.

발 신 명 의 [직인]

기안자 직위(직급) 서명 검토자 직위(직급) 서명 결재권자 직위(직급) 서명

협조자

시행 처리과명-연도별 일련번호(시행일) 접수 처리과명-연도별 일련번호(접수일)

우 도로명주소 / 홈페이지 주소

전화번호( ) 팩스번호( ) / 공무원의 전자우편주소 / 공개 구분

210mm×297mm(백상지 80g/㎡)

[별지 제16호 서식] (2022. 6. 7. 개정)

지방세 가산세 감면 등 신청서

※ 색상이 어두운 난은 신청인이 작성하지 아니하며, 아래의 작성방법을 읽고 작성하시기 바랍니다.

접수번호	접수일	처리기간 5일

납세자	성명(법인명)	주민(법인, 외국인)등록번호
	상호(법인인 경우 대표자)	사업자등록번호
	주소(영업소)	
	전화번호 (휴대전화:)	전자우편주소

신청 내용	사유 발생일	
	감면 등을 받으려는 가산세와 관계되는 세목과 부과연월	세 년 월
	감면 등을 받으려는 가산세의 종류와 세액	가산세 원
	의무를 이행할 수 없었던 사유(구체적으로 작성하며, 내용이 많은 경우 별지 기재)	

「지방세기본법」 제57조 및 같은 법 시행령 제35조 제1항에 따라 가산세의 감면을 신청합니다.

년 월 일

신청인 (서명 또는 인)

지방자치단체의 장 귀하

위 임 장

위 납세자는 아래 "위임받은 자"에게 지방세 가산세의 감면 등 신청을 위임합니다.

위임자(납세자) (서명 또는 인)
위임받은 자(신청인) (서명 또는 인)

위임 받은 자	성명		주민등록번호		위임자와의 관계	
	주소			전화번호		

첨부서류	의무를 이행할 수 없었음을 증명하는 자료	수수료 없음

작성방법

1. 사유 발생일: 의무를 이행할 수 없었던 사유의 발생일을 적습니다.
2. 감면 등을 받으려는 가산세와 관계되는 세목과 부과연월: 감면 등을 받으려는 가산세와 관계되는 세목과 부과연월을 적습니다.
3. 감면 등을 받으려는 가산세의 종류와 세액: 무신고가산세, 과소신고가산세, 납부지연가산세 등과 그 감면받을 세액을 적습니다.
4. 의무를 이행할 수 없었던 사유: 천재지변, 화재, 그 밖의 의무를 이행할 수 없었던 정당한 사유 등을 적습니다.

처리절차

신청서 제출	→	접 수	→	첨부서류 확인 및 검토	→	결 정	→	통 지
신청인		지방자치단체		지방자치단체		지방자치단체		지방자치단체

210mm×297mm[백상지(80g/㎡) 또는 중질지(80g/㎡)]

[별지 제19호 서식]

지방세환급금 충당 [ ] 동의서 / [ ] 청구서

※ 색상이 어두운 난은 신청인이 작성하지 않으며, [ ]에는 해당되는 곳에 √표를 합니다.

접수번호	접수일	처리기간 즉시

권리자	성명(법인명)	주민(법인, 외국인)등록번호
	주소(영업소)	사업자등록번호
	전화번호 (휴대전화:)	전자우편주소

지방세 환급금 내역	세목	부과연월	과세번호	①환급금	②환급가산금	환급금 합계(①+②)
	계					

충당내역	세목	부과연월	과세번호	충당액
	계			

「지방세기본법」 제60조 제2항 및 제60조 제4항에 따라 지방세환급금의 충당에 [ ]동의 [ ]청구 합니다.

년 월 일

청구(동의)인 (서명 또는 인)

지방자치단체의 장 귀하

위 임 장

위 권리자 본인은 아래 "위임받은 자"에게 지방세환급금 충당 동의(청구)에 대한 권한을 위임합니다.

위임자(권리자) (서명 또는 인)
위임받은 자(청구 · 동의인) (서명 또는 인)

위임 받은 자	성명		주민등록번호		위임자와의 관계	
	주소			전화번호		

첨부서류	없음	수수료 없음

210mm×297mm[백상지(80g/㎡) 또는 중질지(80g/㎡)]

[별지 제22호 서식]

지방세 환급청구서

※ 색상이 어두운 난은 신청인이 작성하지 않으며, [ ]에는 해당되는 곳에 √표를 합니다.

접수번호		접수일			처리기간	즉시	
권리자	성명(법인명)			주민(법인, 외국인)등록번호			
	주소(영업소)						
환급 방법	[ ]현금지급	[ ]계좌이체		금융회사		계좌번호	

지방세 환급금 내역	세목	부과연월	과세번호	납부일자	환급금	환급 가산금	충당액	청구액
	계							

「지방세기본법」 제60조 제1항 후단 및 같은 법 시행령 제38조 제4항에 따라 위와 같이 지방세환급금을 청구합니다.

년 월 일

청구인 (서명 또는 인)

(휴대)전화번호

지방자치단체의 장 귀하

이 지방세환급금에 대한 환급청구의 권한을 위의 청구인에게 위임합니다.

위임자(권리자) (서명 또는 인)

210mm×297mm[백상지(80g/㎡) 또는 중질지(80g/㎡)]

[별지 제23호 서식] (2018. 12. 31. 개정)

지방소득세 [ ] 특별징수분 / [ ] 신고 · 고지분 환급청구서

※ 뒤쪽의 작성방법을 읽고 작성하시기 바라며, [ ]에는 해당되는 곳에 √표를 합니다. (앞쪽)

접수번호	접수일	처리기간	즉시
특별징수 의무자	①상호(법인명)	②법인(주민)등록번호	
		③사업자등록번호	
	④사업장 소재지	⑤전화번호 (휴대전화:)	
납세 의무자 (소득자)	⑥성명(대표자)	⑦주민(법인)등록번호	
	⑧상호(법인명)	⑨사업자등록번호	
	⑩주소(영업소)		
	⑪전화번호 (휴대전화:)	⑫전자우편주소	

환급신청내용

⑬소득의 종류	⑭귀속 과세연도	⑮당초 지방소득세	⑯경정 후 지방소득세	⑰조정 환급분	⑱지방소득세 환급금 (⑮-⑯-⑰)	⑲납세지
계						

⑳환급청구이유			
㉑지급계좌	금융회사	계좌번호	

「지방세기본법」 제60조 제1항 후단 및 같은 법 시행령 제38조 제4항에 따라 위와 같이 지방소득세의 환급을 청구합니다.

년 월 일

청구인(환급대상자) (서명 또는 인)

지방자치단체의 장 귀하

※ 지급계좌의 예금주와 청구인(환급대상자)은 동일해야 합니다.
※ 지급계좌를 적은 경우 지방세환급금이 발생하면 별도의 청구가 없더라도 해당 계좌에 지급될 수 있습니다.

㉒경유	
특별(원천)징수의무자 (서명 또는 인)	위 환급청구액에 대하여 특별(원천)징수의무자는 별도로 조정환급을 할 수 없음

(뒤쪽)

첨부서류	특별징수분 지방소득세 환급청구 시	1. 원천징수세액 환급신청서 2. 소득자별 환급신청명세서 3. 연말정산분 원천징수 이행상황신고서(부표 포함) 4. 지방소득세 특별징수계산서 및 명세서 5. 국세환급금 통지서(또는 통장입금분) 사본 6. 그 밖에 필요한 서류
	신고 · 고지분 지방소득세 환급청구 시	1. 국세환급금 통지서(또는 통장입금분) 사본 2. 종합소득세 과세표준 확정신고서 사본 3. 그 밖에 필요한 서류

작 성 방 법

□ **특별징수의무자**

①상호(법인명): 개인사업자는 상호, 법인은 법인등기부상의 법인명을 적습니다.
②법인(주민)등록번호: 특별징수의무자가 법인인 경우 법인등기부등본상의 법인등록번호를, 개인인 경우 대표자의 주민등록번호를 적습니다.
③사업자등록번호: 「소득세법」, 「법인세법」, 「부가가치세법」에 따라 등록된 사업장의 등록번호를 적습니다.
④사업장 소재지: 법인은 법인의 주사무소 소재지, 개인사업자는 주된 사업장 소재지를 적습니다. 다만, 주사무소 또는 주된 사업장의 소재지와 분사무소 또는 해당 사업장 소재지가 다를 경우 분사무소 또는 해당 사업장의 소재지를 적습니다.
⑤전화번호: 연락이 가능한 일반전화 및 휴대전화 번호를 적습니다.

□ **납세의무자(소득자)**

⑥성명: 소득자의 성명을 적습니다.
⑦주민(법인)등록번호: 소득자의 주민등록번호(법인인 경우 법인등록번호, 외국인인 경우 외국인등록번호)를 적습니다.
⑧상호(법인명): 개인사업자는 상호, 법인은 법인등기부상의 법인명을 적습니다.
⑨사업자등록번호: 「소득세법」, 「법인세법」, 「부가가치세법」에 따라 등록된 사업장의 등록번호를 적습니다.
⑩주소: 주민등록되어 있는 주소를 적되, 주민등록되어 있는 주소가 사실상의 거주지와 다른 경우 사실상의 거주지를 적습니다.
⑪전화번호: 연락이 가능한 일반전화 및 휴대전화 번호를 적습니다.
⑫전자우편주소: 연락이 가능한 전자우편주소를 적습니다.

□ **환급신청내용**

⑬소득의 종류: 특별징수, 종합소득 등을 적습니다.
⑭귀속과세연도: 환급 받으려는 지방소득세의 과세연도를 적습니다.
⑮당초 지방소득세: 당초 납부한 지방소득세액을 적습니다.
⑯경정 후 지방소득세: 변경 후 결정된 지방소득세액을 적습니다.
⑰조정환급분: 당월 납부 할 특별징수세액에서 차감 조정된 세액을 적습니다.
⑱지방소득세 환급금:'⑮ - ⑯ - ⑰'의 금액을 적습니다.
⑲납세지: 당초 지방소득세를 납부한 시 · 군 · 구청명을 적습니다.
⑳환급청구이유: 착오납부(납세지 착오 등), 이중납부 등의 환급이유를 적습니다.
㉑지급계좌: 환급금을 받을 금융회사 및 계좌번호를 적되 환급대상자(특별징수의무자 또는 소득자) 본인의 계좌를 적습니다.
㉒경유: 소속 대표자(특별징수의무자) 확인 후 날인을 받습니다.

210mm×297mm[백상지(80g/㎡) 또는 중질지(80g/㎡)]

[별지 제25호 서식]

지방세환급금 지급계좌 개설(변경)신고서

※ 색상이 어두운 난은 신청인이 작성하지 않으며, [ ]에는 해당되는 곳에 √표를 합니다.

접수번호	접수일자	처리기간	즉시

납세자	성명(법인명)	주민(법인, 외국인)등록번호
	상호(법인인 경우 대표자)	사업자등록번호
	주소(영업소)	전화번호 (휴대전화:)

구분	[ ] 계좌신고 [ ] 계좌변경	
	당초	변경
금융회사		
계좌번호		
변경사유		

「지방세기본법 시행령」 제40조에 따라 지급계좌를 신고(변경신고)하오니 본인에 대한 지방세환급금이 발생할 때마다 위의 계좌로 이체하여 주시기 바랍니다.

년 월 일

신고인 (서명 또는 인)

지방자치단체의 장 귀하

위 임 장

위 납세자 본인은 아래 "위임받은 자"에게 지방세환급금 지급계좌의 신고(변경신고)를 위임합니다.

위임자(납세자) (서명 또는 인)
위임받은 자(신고인) (서명 또는 인)

위임 받은 자	성명		주민등록번호		위임자와의 관계	
	주소			전화번호		

첨부서류	없음	수수료 없음

유 의 사 항

지방세환급금이 발생할 때마다 별도의 지급청구가 없더라도 신고한 계좌로 지급됩니다.

210mm×297mm[백상지(80g/㎡) 또는 중질지(80g/㎡)]

[별지 제27호 서식] (2023. 3. 14. 개정)

지방세환급금 양도 요구서

※ 색상이 어두운 난은 요구자가 작성하지 않습니다.

접수번호		접수일		처리기간	지체 없이
양도인(권리자)	성명(법인명)		주민(법인, 외국인)등록번호		
	상호(법인인 경우 대표자)		사업자등록번호		
	주소(영업소)				
	전화번호 (휴대전화:)		전자우편주소		
양수인	성명(법인명)		주민(법인, 외국인)등록번호		
	상호(법인인 경우 대표자)		사업자등록번호		
	주소(영업소)				
	전화번호 (휴대전화:)		전자우편주소		
	지급계좌	금융회사	계좌번호		
세목	부과연월	과세번호	환급금 지급액	양도하려는 금액	

위 양도인(권리자)의 지방세환급금에 대해 「지방세기본법」 제63조 및 같은 법 시행령 제44조 제1항에 따라 위와 같이 양도를 요구합니다.

년 월 일

요구자 (서명 또는 인)

지방자치단체의 장 귀하

위임장

위 양도인 본인은 아래 "위임받은 자"에게 지방세환급금의 양도 요구를 위임합니다.

위임자(양도인) (서명 또는 인)

위임받은 자(요구자) (서명 또는 인)

위임 받은 자	성명		주민등록번호		위임자와의 관계	
	주소			전화번호		

첨부서류	1. 양도인 외 방문 또는 우편 접수인 경우: 양도인의 신분증 사본 2. 양도인이 법인인 경우: 법인인감증명서 3. 양도인이 미성년자인 경우: 양도인과 법정대리인의 관계를 증명할 수 있는 서류 및 법정대리인의 신분증 사본 4. 양도인이 단체인 경우: 단체등록증 및 대표자 신분증 사본	수수료 없음

유 의 사 항

「지방세기본법」 제63조 제2항에 따라 양도인이나 양수인이 납부할 지방자치단체의 징수금이 있으면 그 지방자치단체의 징수금에 충당하고, 남은 금액에 대해 양도 처리됩니다.

210mm×297mm[백상지(80g/㎡) 또는 중질지(80g/㎡)]

[별지 제30호 서식] (2021. 12. 31. 개정)

납세보증서

※ 색상이 어두운 난은 신청인이 작성하지 않습니다.

접수번호		접수일	처리기간 즉시
납세자	성명(법인명)	주민(법인, 외국인)등록번호	
	상호(법인인 경우 대표자)	사업자등록번호	
	주소(영업소)		
	전화번호 (휴대전화:)	전자우편주소	
납세 보증인	성명(법인명)	주민(법인, 외국인)등록번호	
	상호(법인인 경우 대표자)	사업자등록번호	
	주소(영업소)		
	전화번호 (휴대전화:)	전자우편주소	
보증한 총 금액			

납세보증에 관련된 지방자치단체의 징수금 내역

주요세목	부과연월	과세번호	지방자치단체의 징수금			
			계	지방세	가산금	체납처분비

「지방세기본법」 제67조 제2항에 따라 위 납세자가 년 월 일까지 지방자치단체의 징수금을 완납하지 않았을 경우 본인 책임 하에 납부할 것을 보증합니다.

년 월 일

납세보증인 (서명 또는 인)

지방자치단체의 장 귀하

첨부서류	1. 납세보증인의 인감증명서(용도가 납세보증용일 것) 2. 납세보증인의 납부능력을 증명할 수 있는 서류	수수료 없음

210mm×297mm[백상지(80g/㎡) 또는 중질지(80g/㎡)]

[별지 제32호 서식]

납세담보 변경승인 신청서

※ 색상이 어두운 난은 신청인이 작성하지 않습니다.

접수번호		접수일	처리기간 5일
납세자	성명(법인명)		주민(법인, 외국인)등록번호
	상호(법인인 경우 대표자)		사업자등록번호
	주소(영업소)		
	전화번호 (휴대전화:)		전자우편주소
변경 사유			
이미 제공한 납세담보의 명세			
변경하는 납세담보의 명세			

「지방세기본법」 제68조 제1항 및 같은 법 시행령 제47조 제2항에 따라 납세담보의 변경을 신청합니다.

년 월 일

신청인 (서명 또는 인)

지방자치단체의 장 귀하

위임장

위 납세자 본인은 아래 "위임받은 자"에게 납세담보 변경승인 신청을 위임합니다.

위임자(납세자) (서명 또는 인)
위임받은 자(신청인) (서명 또는 인)

위임 받은 자	성명		주민등록번호		위임자와의 관계	
	주소			전화번호		

첨부서류	변경하려는 납세담보의 내역 등을 증명하는 서류	수수료 없음

210mm×297mm[백상지(80g/㎡) 또는 중질지(80g/㎡)]

[별지 제34호 서식]

납세담보에 의한 지방자치단체의 징수금 납부신청서

※ 색상이 어두운 난은 신청인이 작성하지 않습니다.

접수번호		접수일	처리기간 즉시
납세자	성명(법인명)		주민(법인, 외국인)등록번호
	상호(법인인 경우 대표자)		사업자등록번호
	주소(영업소)		
	전화번호 (휴대전화:)		전자우편주소
이미 납세담보로 제공한 금액			

납세담보로 납부하려는 지방자치단체의 징수금의 내역

세목	부과연월	과세번호	지방자치단체의 징수금			
			계	지방세	가산금	체납처분비

초과액 또는 부족액	

「지방세기본법」 제69조 제1항 및 같은 법 시행령 제48조 제1항 전단에 따라 납세담보로 제공한 금전으로 지방자치단체의 징수금을 납부하고자 합니다.

년 월 일

신청인 (서명 또는 인)

지방자치단체의 장 귀하

위임장

위 납세자 본인은 아래 "위임받은 자"에게 납세담보로 제공한 금전으로 지방자치단체의 징수금을 납부하는 신청을 위임합니다.

위임자(납세자) (서명 또는 인)
위임받은 자(신청인) (서명 또는 인)

위임 받은 자	성명		주민등록번호		위임자와의 관계	
	주소			전화번호		

첨부서류	없음	수수료 없음

210mm×297mm[백상지(80g/㎡) 또는 중질지(80g/㎡)]

[별지 제39호 서식]

지방세 세무조사 신청서

※ 색상이 어두운 난은 신청인이 작성하지 아니하며, 아래의 유의사항을 읽고 작성하시기 바랍니다.

접수번호	접수일	처리기간 7일

납세자	성명(법인명)	주민(법인, 외국인)등록번호
	상호(법인인 경우 대표자)	사업자등록번호
	주소(영업소)	
	전화번호 (휴대전화:)	전자우편주소
희망 조사기간	~	
신청사유 (내용이 많은 경우 별지 기재)		

「지방세기본법」 제82조 제2항 제4호에 따라 위와 같이 세무조사를 신청합니다.

년 월 일

신청인 (서명 또는 인)

지방자치단체의 장 귀하

위 임 장

위 납세자 본인은 아래 "위임받은 자"에게 지방세 세무조사 신청을 위임합니다.

위임자(납세자) (서명 또는 인)

위임받은 자(신청인) (서명 또는 인)

위임 받은 자	성명		주민등록번호		위임자와의 관계	
	주소			전화번호		

첨부서류	없음	수수료 없음

유 의 사 항

1. 희망 조사기간에는 세무조사를 희망하는 기간을 기재합니다.
2. 요청사유는 세무조사를 요청하는 사유(폐업 또는 휴업예정 등)를 기재합니다.
3. 신청한 세무조사는 과세관청의 세무조사 일정 등에 따라 거부되거나 일정이 조정될 수 있습니다.

처 리 절 차

신청서 제출	→	접 수	→	신청사유 등 확인 및 검토	→	결 정	→	통 지
신청인		지방자치단체		지방자치단체		지방자치단체		지방자치단체

210mm×297mm[백상지(80g/㎡) 또는 중질지(80g/㎡)]

[별지 제40호의 2 서식] (2024. 3. 26. 개정)

행정기관명

수신

(경유)

제목 지방세 세무조사통지서

「지방세기본법」 제83조 제6항 본문에 따라 지방세 세무조사에 대하여 다음과 같이 통지합니다.

납세자	성명(법인명)		생년월일 (법인등록번호)	
	상호 (법인인 경우 대표자)		사업자등록번호	
	주소(영업소)			
납세관리인	성명(법인명)		생년월일 (법인등록번호)	
	상호 (법인인 경우 대표자)		사업자등록번호	
	주소(영업소)			

세무조사내역

조사대상 세목							
조사대상 기간	~						
조사 기간	~						
조사 사유							
조사공무원	소속		직급		성명		외 명
그 밖에 필요한 사항							
사전통지를 하지 않은 사유							

※ 세무조사를 하기 전에 사전통지를 하고 있으나, 귀하(귀 법인)에 대해서는 「지방세기본법」 제83조 제1항 단서에 따라 세무조사 사전통지를 하지 않았습니다. 끝.

발 신 명 의 

기안자 직위(직급) 서명 검토자 직위(직급) 서명 결재권자 직위(직급) 서명

협조자

시행 처리과명-연도별 일련번호(시행일) 접수 처리과명-연도별 일련번호(접수일)

우 도로명주소 / 홈페이지 주소

전화번호( ) 팩스번호( ) / 공무원의 전자우편주소 / 공개 구분

210mm×297mm(백상지 80g/㎡)

[별지 제41호 서식]

지방세 세무조사 연기신청서

※ 색상이 어두운 난은 신청인이 작성하지 아니하며, 아래의 유의사항을 읽고 작성하시기 바랍니다.

접수번호	접수일	처리기간 7일

납세자 (세무조사를 연기받으려는 자)	성명(법인명)	주민(법인, 외국인)등록번호
	상호(법인인 경우 대표자)	사업자등록번호
	주소(영업소)	
	전화번호 (휴대전화:)	전자우편주소

당초 조사기간	~
연기신청 조사기간	
연기신청 사유 (내용이 많은 경우 별지 기재)	

「지방세기본법」 제83조 제2항 및 같은 법 시행령 제54조 제3항에 따라 위와 같이 세무조사의 연기를 신청합니다.

년 월 일

신청인 (서명 또는 인)

지방자치단체의 장 귀하

위임장

위 납세자(세무조사 연기를 받으려는 자) 본인은 아래 "위임받은 자"에게 지방세 세무조사 연기 신청을 위임합니다.

위임자 (서명 또는 인)

위임받은 자(신청인) (서명 또는 인)

위임 받은 자	성명		주민등록번호		위임자와의 관계	
	주소			전화번호		

첨부서류	연기 받으려는 사유를 증명하는 서류	수수료 없음

유 의 사 항

1. 연기신청 조사기간은 연기하여 조사받을 수 있는 조사기간을 기재합니다.
2. 연기신청 사유는 「지방세기본법」 제83조 제2항 및 같은 법 시행령 제54조 제2항에 따른 사유를 기재합니다.

처 리 절 차

신청서 제출	→	접 수	→	세무조사 연기 검토	→	결 정	→	세무조사 연기여부 통지
신청인		지방자치단체		지방자치단체		지방자치단체		지방자치단체

210mm×297mm[백상지(80g/㎡) 또는 중질지(80g/㎡)]

[별지 제43호 서식] (2018. 12. 31. 개정)

지방세 세무조사 [ ] 기간연장 / [ ] 중지 신청서

※ 색상이 어두운 난은 신청인이 작성하지 아니하며, 아래의 유의사항을 읽고 작성하시기 바랍니다.

접수번호	접수일	처리기간 7일

납세자	성명(법인명)	주민(법인, 외국인)등록번호
	상호(법인인 경우 대표자)	사업자등록번호
	주소(영업소)	
	전화번호 (휴대전화:)	전자우편주소

당초 조사기간	~
기간연장(중지) 신청 기간	~
신청 사유 (내용이 많은 경우 별지 기재)	

「지방세기본법」 제84조 제1항 제5호 또는 같은 법 시행령 제55조 제1호에 따라 세무조사 기간연장(중지)를 신청합니다.

년 월 일

신청인 (서명 또는 인)

지방자치단체의 장 귀하

위 임 장

위 납세자(세무조사 기간연장 또는 중지를 받으려는 자) 본인은 아래 "위임받은 자"에게 지방세 세무조사 기간연장 또는 중지의 신청을 위임합니다.

위임자 (서명 또는 인)

위임받은 자(신청인) (서명 또는 인)

위임 받은 자	성명		주민등록번호		위임자와의 관계	
	주소			전화번호		

첨부서류	세무조사 기간의 연장 또는 중지를 받으려는 사유를 증명하는 서류	수수료 없음

유 의 사 항

1. 기간연장(중지) 신청 기간은 세무조사의 기간연장 또는 중지가 필요한 기간을 기재합니다.
2. 신청 사유는 「지방세기본법」 제85조 제1항 제5호 또는 같은 법 시행령 제55조 제1호에 따른 사유를 기재합니다.

처 리 절 차

신청서 제출	→	접 수	→	신청 사유 등 확인 및 검토	→	결 정	→	세무조사 기간연장(중지)여부 통지
신청인		지방자치단체		지방자치단체		지방자치단체		지방자치단체

210mm×297mm[백상지(80g/㎡) 또는 중질지(80g/㎡)]

[별지 제47호의 2 서식] (2019. 12. 31. 신설)

장부 등 일시 보관 동의서

성명(법인명)		생년월일(법인등록번호)	
상호(대표자)		사업자등록번호	
주소(영업소)			

위 본인은 세무공무원으로부터 장부 등의 일시 보관에 관하여 「지방세기본법 시행령」 제55조의 2 제 1항 각 호의 사항에 대해 안내를 받았으며, 세무공무원이 요청한 장부 등을 제출하여 귀 지방단치단체에 일시 보관하는 것에 대해 동의합니다.

일시 보관 장부 등 목록

연번	장부 등의 명칭	수량	소유자	비고

년 월 일

동의자 인적사항

성 명 : (서명 또는 인)

생년월일 :

주 소 :

지방자치단체의 장 귀하

210mm×297mm[백상지(80g/㎡) 또는 중질지(80g/㎡)]

[별지 제47호의 3 서식] (2019. 12. 31. 신설)

장부 등 일시 보관증

성명(법인명)		생년월일(법인등록번호)	
상호(대표자)		사업자등록번호	
주소(영업소)			

「지방세기본법」 제84조의 2 제3항에 따라 아래 장부 등을 본 지방자치단체에서 ○○○○년 ○○월 ○○일까지 일시 보관합니다.

일시 보관 장부 등 목록

번호	장부 등 명칭	수량	소유자	비고

년 월 일

조사자 소 속 :

직 급 : (서명 또는 인)

성명 :

귀하

210mm×297mm[백상지(80g/㎡) 또는 중질지(80g/㎡)]

[별지 제47호의 4 서식] (2019. 12. 31. 신설)

장부 등 반환 요청서

성명(법인명)		생년월일(법인등록번호)	
상호(대표자)		사업자등록번호	
주소(영업소)			

위 본인은 「지방세기본법」 제84조의 2 제4항에 따라 세무조사와 관련하여 귀 지방자치단체에 일시 보관하고 있는 아래 장부 등의 반환을 요청합니다.

반환 요청 장부 등 목록

번호	장부 등 명칭	제출일	수량	소유자	비고

년 월 일

지방자치단체의 장 귀하

210mm×297mm[백상지(80g/㎡) 또는 중질지(80g/㎡)]

[별지 제47호의 5 서식] (2019. 12. 31. 신설)

장부 등 반환 확인서

성명(법인명)		생년월일(법인등록번호)	
상호(대표자)		사업자등록번호	
주소(영업소)			

「지방세기본법」 제84조의 2 제3항에 따라 아래 장부 등을 본 지방자치단체에서 ○○○○년 ○○월 ○○일까지 일시 보관합니다.

반환 장부 등 목록

번호	장부 등 명칭	제출일	수량	소유자	비고

년 월 일

지방자치단체의 장 귀하

210mm×297mm[백상지(80g/㎡) 또는 중질지(80g/㎡)]

[별지 제49호 서식] (2024. 12. 31. 개정)

발급번호
Issuance Number

지방세 세목별 과세증명서
Local Tax Assessment Certificate

납세자 Taxpayer	성명(법인명) Name(Name of Corporation)		주민(법인, 외국인)등록번호 Resident(Corporation, Foreign)Registraion No.		
	주소(영업소) Address(Business Office)				
상호 Company Name			사용목적 Purpose of Use		
과세대상 Tax Objects					
세목 Tax Items	부과연월 Tax Year-Month	부과유형 Tax Pattern	과세번호 Tax No.	세액 Tax Amount	비고 Remarks

수입증지
수수료
(자치단체 조례에서 정하는 금액)
FEE

위와 같이 과세되었음을 증명합니다.
I hereby certify that the above tax assessment is true and correct

년 월 일(YYYY/MM/DD)

신청인 성명(법인명):
Applicant Name(Name of Corporation)

주소(영업소):
Address(Business Office)

발 신 명 의 직인

Head of the City/County/District/Town Government of ________

※ 이 증명서는 재산소유 유무의 확인용으로 사용할 수 없습니다.
This certificate does not verify the ownership of any properties.

210mm×297mm[백상지(80g/㎡)]

[별지 제49호 서식 부표] (2024. 12. 31. 개정)

재산세(토지) 과세내역

과세번호 :

납세자명					
1	필지명				
	토지형태			취득일자	
	공부지목		공부면적	공시지가	
	현황지목		해당면적	전년공시지가	
	필지과표		도시지역면적	도시지역분과표	
	종합합산세액		별도합산세액	분리과세세액	
	구분	재산세(토지)	재산세(도시지역분)	지방교육세	합계
	세액				
2	필지명				
	토지형태			취득일자	
	공부지목		공부면적	공시지가	
	현황지목		해당면적	전년공시지가	
	필지과표		도시지역면적	도시지역분과표	
	종합합산세액		별도합산세액	분리과세세액	
	구분	재산세(토지)	재산세(도시지역분)	지방교육세	합계
	세액				
3	필지명				
	토지형태			취득일자	
	공부지목		공부면적	공시지가	
	현황지목		해당면적	전년공시지가	
	필지과표		도시지역면적	도시지역분과표	
	종합합산세액		별도합산세액	분리과세세액	
	구분	재산세(토지)	재산세(도시지역분)	지방교육세	합계
	세액				

※ 이 내역서상 필지별 세액은 과세표준을 기준으로 안분한 금액이므로 참고용으로만 사용가능합니다.

[별지 제50호 서식]

발급번호 Issuance Number					
비거주자 등의 지방소득세 납부내역 증명서 Certificate for Non-resident's Local Income Tax Payment					
특별징수의무자 Special Withholding Agent	상 호 Name of Business		사업자등록번호 Business Registration No.		- -
	소 재 지 (주 소) Location (Address)				
	성명(법인명) Name(Name of Corporation)		주민 · 외국인 · 법인등록번호 Resident · Foreign · Corporation No.		-
소 득 귀 속 연 월 Period for the Payment (YYYY/MM)			지 급 연 월 일 Date of Payment(YYYY/MM/DD)		
소 득 의 종 류 Type of Income		지 급 금 액 Amount Paid		세 율 Tax Rate	
납세의무자 Taxpayer	국 적 Nationality				
	성명(법인명) Name(Name of Corporation)				
	주 소 Address				

징 수 세 액
Details of Local Income Tax Withheld

구 분 Classification	납부할 세액 Amount of Tax Due	납부세액 Amount of Paid Tax	미납세액 Amount of Unpaid Tax	납부연월일 Date of Tax Payment
본 세 Local Income Tax				

1. 비거주자 등의 국내소득에 대한 납부내역이 위와 같음을 증명하여 주시기 바랍니다.
   I hereby request you to certify that the tax amount described above is duly paid by way of tax withholding under the Korean local tax laws.
2. 증명서 발급을 위해 필요한 개인정보(개인식별번호, 이름, 주소 등)의 수집 및 이용에 동의합니다. (예 [ ], 아니오 [ ])
   I agree to the collection and use of personal information (ID number, name, address, etc.) necessary for the issuance of the certificate (Agree [ ], Disagree [ ])

년 월 일 (YYYY/MM/DD)

신 청 인 (서명 또는 인)
Applicant

Signature or Seal

지방자치단체의 장 귀하
To the Head of the City/County/District/Town Government of ______

첨부서류(택일 제출) : 1. 특별징수영수증(특별징수의무자 발행본)
2. 특별징수명세서(특별징수의무자 발행본)
3. 지방자치단체의 장이 납부세액을 확인할 수 있는 기타 서류
Select one and submit it: 1. Withholding tax receipt(Issued by the withholding agent)
2. Withholding tax statement(Issued by the withholding agent)
3. Any other document showing the amount of paid tax

위 사실을 증명합니다.
I hereby certify the above to be true.

년 월 일 (YYYY/MM/DD)

지 방 자 치 단 체 의 장 직인

Head of the City/County/District/Town Government of ______

※ 이 증명서는 재산소유 유무의 확인용으로 사용할 수 없습니다.

210mm×297mm[백상지(80g/㎡)]

[별지 제52호 서식] (2022. 6. 7. 개정)

행 정 기 관 명

수신
(경유)
제목 지방세 과세예고 통지

1. 귀하에게 다음과 같은 지방세가 과세될 예정임을 알려드립니다.
2. 이에 대해 이의가 있을 경우에는 「지방세기본법」 제88조 제2항에 따라 통지받은 날부터 30일 이내에 과세전적부심사를 청구하시기 바랍니다.

납세자	성명(법인명)		주민(법인, 외국인)등록번호	
	상호(법인인 경우 대표자)		사업자등록번호	
	주소(영업소)			

과세예정내역

세목	과세대상	귀속연도	과세표준	세율	과세예정연월	지방세				과세사유	관련법령
						계	산출 세액	가산세			
								무신고/과소신고	납부지연		

가산세 산출내역

세목	가산세 구분	대상금액	세율	감면액	가산된 세액	관련법령
계						

끝.

발 신 명 의 직인

기안자 직위(직급) 서명 검토자 직위(직급) 서명 결재권자 직위(직급) 서명
협조자
시행 처리과명-연도별 일련번호(시행일) 접수 처리과명-연도별 일련번호(접수일)
우 도로명주소 / 홈페이지 주소
전화번호( ) 팩스번호( ) / 공무원의 전자우편 주소 /공개 구분

210mm×297mm[백상지(80g/㎡) 또는 중질지(80g/㎡)]

[별지 제53호 서식] (2024. 12. 31. 개정)

과세전적부심사청구서

※ 색상이 어두운 난은 신청인이 작성하지 아니하며, 뒤쪽의 작성방법을 읽고 작성하시기 바랍니다. (앞쪽)

접수번호		접수일	처리기간 30일
납세자	성명(법인명)		주민(법인, 외국인)등록번호
	상호(법인인 경우 대표자)		사업자등록번호
	주소(영업소)		
	전화번호 (휴대전화:)		전자우편주소
대리인	성명(법인명)		주민(법인, 외국인)등록번호
	상호(법인인 경우 대표자)		사업자등록번호
	주소(영업소)		
	전화번호 (휴대전화:)		전자우편주소

청구 내역				
	①통지기관			
	②통지받은 연월일			
	③통지내용	세목	그 밖의 내용	
		세액		
	④청구세액	통지된 세액	청구대상 세액	
	⑤청구내용 및 이유(내용이 많은 경우 별지 기재)			

「지방세기본법」 제88조 제2항 및 같은 법 시행령 제58조 제1항에 따라 과세전적부심사를 청구합니다.

년 월 일

청구인 (서명 또는 인)

지방자치단체의 장 귀하

첨부서류	1. 지방세 세무조사 등의 결과 통지, 지방세 과세예고 통지, 비과세 또는 감면을 반려하는 통지 2. 증거서류 또는 증거물(증거서류나 증거물이 있는 경우만 해당합니다)	수수료 없음

위 과세전적부심사청구에 관한 권한을 위의 대리인에게 위임합니다.

위임자(납세자) (서명 또는 인)

과세전적부심사청구서 접수증

(접수번호 호)

성명(법인명)		주소(영업소)	
접수자		접수일자	

1. 과세전적부심사 청구인은 「지방세기본법」 제88조 및 제92조에 따라 지방자치단체의 장에게 그 신청 또는 청구에 관계되는 서류의 열람을 요구할 수 있으며, 의견을 진술할 수 있습니다.
   ※ 열람가능 자료: 지방세심의위원회에 상정되는 심의자료 중 청구인의 주장, 처분청의 의견, 관련 법령 및 사실관계 등
   ※ 의견진술 신청서: 「지방세기본법 시행규칙」 별지 제60호 서식
2. 「지방세기본법」 제93조의 2에 따른 요건을 갖춘 과세전적부심사 청구인은 지방자치단체의 장에게 지방자치단체 선정 대리인을 신청할 수 있습니다.

210mm×297mm[백상지(80g/㎡) 또는 중질지(80g/㎡)]

(뒤쪽)

지방자치단체 선정 대리인 제도 안내

1. 개요
   「지방세기본법」 제93조의 2에 따른 요건을 갖춘 과세전적부심사 청구인이 지방자치단체의 장이 위촉한 변호사, 세무사 또는 공인회계사를 대리인으로 선정해 줄 것을 신청할 수 있는 제도로, 무료로 서비스를 받을 수 있습니다.
2. 신청자격
   가. 2천만원 이하의 과세전적부심사청구를 하는 자가 대리인이 없을 것
   나. 종합소득금액이 5천만원 이하이고 소유 재산 가액이 5억원 이하인 개인이거나, 매출액이 3억원 이하이고 자산가액이 5억원 이하인 법인일 것
   다. 고액·상습 체납자 등(「지방세징수법」 제8조에 따른 출국금지 대상자 또는 같은 법 제11조에 따른 명단공개 대상자)이 아닐 것
   라. 과세전적부심사 청구의 대상이 되는 세목이 담배소비세, 지방소비세 및 레저세가 아닐 것
3. 신청절차
   신청하려는 지방자치단체의 조례 및 조례 시행규칙을 참고해 지방자치단체 선정 대리인 신청서를 과세전적부심사청구서 제출기관에 제출해야 합니다.

작성방법 및 유의사항

1. 청구내역
   ① 통지기관: 과세예고 등을 통지한 행정기관을 적습니다.
   ② 통지받은 연월일: 과세예고 등을 통지받은 연월일을 적습니다.
   ③ 통지내용: 과세가 예고된 세목과 세액 등을 적습니다.
   ④ 청구세액: 과세가 예고된 세액과 과세전적부심사 청구대상이 되는 세액을 적습니다.
   ⑤ 청구내용 및 이유: 통지 등의 결과에 대한 취소, 경정 등과 그에 대한 이유 및 내용 등을 적습니다.
2. 제출기관
   ① 특별시세·광역시세·도세[도세 중 특정 부동산에 대한 지역자원시설세 및 시·군세에 부가하여 징수하는 지방교육세와 특별시세·광역시세 중 특별시분 재산세, 특정 부동산에 대한 지역자원시설세 및 구세(군세 및 특별시분 재산세를 포함한다)에 부가하여 징수하는 지방교육세는 제외한다]의 경우 시·도지사
   ② 특별자치시세의 경우 특별자치시장
   ③ 특별자치도세의 경우 특별자치도지사
   ④ 시·군·구세[도세 중 특정 부동산에 대한 지역자원시설세 및 시·군세에 부가하여 징수하는 지방교육세와 특별시세·광역시세 중 특별시분 재산세, 특정 부동산에 대한 지역자원시설세 및 구세(군세 및 특별시분 재산세를 포함한다)에 부가하여 징수하는 지방교육세를 포함한다]의 경우 시장·군수·구청장

처리절차

청구서 작성	→	접 수	→	첨부서류 확인 및 검토	→	심사	→	결정·결재	→	통 보
청구인		지방자치단체		지방자치단체		지방세심의위원회		지방자치단체		지방자치단체

210mm×297mm[백상지(80g/㎡) 또는 중질지(80g/㎡)]

[별지 제54호 서식] (2019. 12. 31. 개정)

행 정 기 관 명

수신

(경유)

제목 과세전적부심사 결과 통지

귀하(귀 법인)가 년 월 일 청구한 과세전적부심사에 대하여 다음과 같이 결정하였음을 「지방세기본법」 제88조 제4항에 따라 알려 드립니다.

접수번호			접수일	. . .
납세자	성명(법인명)		생년월일 (법인등록번호)	
	상호 (법인인 경우 대표자)		사업자등록번호	
	주소(영업소)			
대리인	성명(법인명)		생년월일 (법인등록번호)	
	상호 (법인인 경우 대표자)		사업자등록번호	
	주소(영업소)			
심사결정 결과				
심사결정 주요사유				

끝.

발 신 명 의 직인

기안자 직위(직급) 서명 검토자 직위(직급) 서명 결재권자 직위(직급) 서명

협조자

시행 처리과명-연도별 일련번호(시행일) 접수 처리과명-연도별 일련번호(접수일)

우 도로명주소 / 홈페이지 주소

전화번호( ) 팩스번호( ) / 공무원의 전자우편주소 / 공개 구분

210mm×297mm(백상지 80g/㎡)

[별지 제55호 서식] (2019. 12. 31. 개정)

조기결정(경정결정) 신청서

※ 색상이 어두운 난은 신청인이 작성하지 않습니다.

접수번호	접수일	처리기간 즉시

납세자	성명(법인명)		주민(법인, 외국인)등록번호	
	상호(법인인 경우 대표자)		사업자등록번호	
	주소(영업소)			
	전화번호 (휴대전화:)		전자우편주소	
통지기관			통지받은 연월일	

조기 결정 · 경정결정 신청내용							
세목	과세대상	귀속연도	과세표준	지방세			신청세액
				계	산출세액	가산세	

「지방세기본법」 제88조 제7항에 따라 위와 같이 과세표준 및 세액을 조기에 결정 · 경정결정해 줄 것을 신청합니다.

년 월 일

신청인 (서명 또는 인)

지방자치단체의 장 귀하

위임장

위 납세자 본인은 아래 "위임받은 자"에게 지방세 조기 결정 · 경정결정 신청을 위임합니다.

위임자(납세자) (서명 또는 인)

위임받은 자(신청인) (서명 또는 인)

위임 받은 자	성명		주민등록번호		위임자와의 관계	
	주소			전화번호		

첨부서류	없음	수수료 없음

조기결정 · 경정결정 신청서 접수증

(접수번호 호)

성명(법인명)		주소(영업소)	
접수자		접수일자	

210mm×297mm[백상지(80g/㎡) 또는 중질지(80g/㎡)]

[별지 제56호 서식] (2024. 12. 31. 개정)

이의신청서

※ 색상이 어두운 난은 신청인이 작성하지 아니하며, 뒤쪽의 작성방법을 읽고 작성하시기 바랍니다. (앞쪽)

접수번호	접수일	처리기간 90일

구분		
납세자 등	성명(법인명)	주민(법인, 외국인)등록번호
	상호(법인인 경우 대표자)	사업자등록번호
	주소(영업소)	
	전화번호 (휴대전화:)	전자우편주소
대리인	성명(법인명)	주민(법인, 외국인)등록번호
	상호(법인인 경우 대표자)	사업자등록번호
	주소(영업소)	
	전화번호 (휴대전화:)	전자우편주소

신청내용

①처분청	②처분통지를 받은 연월일(또는 처분이 있었음을 안 연월일)
③통지된 사항 또는 처분의 내용(부과연월, 세목 및 세액 등을 기재)	
④불복의 사유(내용이 많은 경우 별지 기재)	
⑤결정서 전자송달 신청 여부	신청[ ] 신청하지 않음[ ]

「지방세기본법」 제90조 및 같은 법 시행령 제59조 제1항에 따라 이의신청합니다.

년 월 일

신청인 (서명 또는 인)

지방자치단체의 장 귀하

첨부서류	1. 불복사유서(불복의 사유를 별지로 기재한 경우) 2. 불복사유에 대한 증거서류(첨부서류가 많을 경우 목록 별도 첨부)	수수료 없음

위 이의신청에 관한 모든 권한을 위의 대리인에게 위임합니다.

위임자 (서명 또는 인)

이의신청서 접수증

(접수번호 호)

성명(법인명)		주소(영업소)	
접수자		접수일자	

1. 이의신청인은 「지방세기본법」 제88조 및 제92조에 따라 지방자치단체의 장에게 그 신청 또는 청구에 관계되는 서류의 열람을 요구할 수 있으며, 의견을 진술할 수 있습니다.
   ※ 열람가능 자료: 지방세심의위원회에 상정되는 심의자료 중 청구인의 주장, 처분청의 의견, 관련 법령 및 사실관계 등
   ※ 의견진술 신청서: 「지방세기본법 시행규칙」 별지 제60호 서식
2. 「지방세기본법」 제93조의 2에 따른 요건을 갖춘 이의신청인은 지방자치단체 선정 대리인을 신청할 수 있습니다.

210mm×297mm[백상지(80g/㎡) 또는 중질지(80g/㎡)]

(뒤쪽)

지방자치단체 선정 대리인 제도 안내

1. 개요
   「지방세기본법」 제93조의 2에 따른 요건을 갖춘 이의신청인이 지방자치단체의 장이 위촉한 변호사, 세무사 또는 공인회계사를 대리인으로 선정해 줄 것을 신청할 수 있는 제도로, 무료로 서비스를 받을 수 있습니다.
2. 신청자격
   가. 2천만원 이하의 이의신청을 하는 자가 대리인이 없을 것
   나. 종합소득금액이 5천만원 이하이고 소유 재산 가액이 5억원 이하인 개인이거나, 매출액이 3억원 이하이고 자산가액이 5억원 이하인 법인일 것
   다. 고액·상습 체납자 등(「지방세징수법」 제8조에 따른 출국금지 대상자 또는 같은 법 제11조에 따른 명단공개 대상자)이 아닐 것
   라. 이의신청의 대상이 되는 세목이 담배소비세, 지방소비세 및 레저세가 아닐 것
3. 신청절차
   신청하려는 지방자치단체의 조례 및 조례 시행규칙을 참고해 지방자치단체 선정 대리인 신청서를 이의신청서 제출기관에 제출해야 합니다.

작성방법

1. 신청내용
   ① 처분청: 처분을 한 행정기관을 적습니다.
   ② 처분통지를 받은 연월일: 통지받은 연월일을 적습니다.
   ③ 통지된 사항 또는 처분의 내용: 통지 또는 처분의 내용을 적습니다.
   ④ 불복 사유: 불복하는 사유를 적습니다.
   ⑤ 결정서 전자송달 신청 여부: 신청여부에 따라 해당하는 곳에 체크[√] 합니다.
2. 제출기관
   ① 특별시세·광역시세·도세[도세 중 특정 부동산에 대한 지역자원시설세 및 시·군세에 부가하여 징수하는 지방교육세와 특별시세·광역시세 중 특별시분 재산세, 특정 부동산에 대한 지역자원시설세 및 구세(군세 및 특별시분 재산세를 포함한다)에 부가하여 징수하는 지방교육세는 제외한다]의 경우 시·도지사
   ② 특별자치시세의 경우 특별자치시장
   ③ 특별자치도세의 경우 특별자치도지사
   ④ 시·군·구세[도세 중 특정 부동산에 대한 지역자원시설세 및 시·군세에 부가하여 징수하는 지방교육세와 특별시세·광역시세 중 특별시분 재산세, 특정 부동산에 대한 지역자원시설세 및 구세(군세 및 특별시분 재산세를 포함한다)에 부가하여 징수하는 지방교육세를 포함한다]의 경우시장·군수·구청장

처리절차

신청서 제출	→	접 수	→	첨부서류 확인 및 검토	→	심의·의결	→	결 정	→	결정서 송달
신청인		지방자치단체		지방자치단체		지방세심의위원회		지방자치단체		지방자치단체

210mm×297mm[백상지(80g/㎡) 또는 중질지(80g/㎡)]

[별지 제59호 서식] (2024. 12. 31. 개정)

심판청구서

※ 색상이 어두운 난은 신청인이 작성하지 아니하며, 뒤쪽의 작성방법을 읽고 작성하시기 바랍니다. (앞쪽)

접수번호	접수일	처리기간 90일

납세자 등	성명(법인명)	주민(법인, 외국인)등록번호
	상호(법인인 경우 대표자)	사업자등록번호
	주소(영업소)	
	전화번호 (휴대전화:)	전자우편주소
대리인	성명(법인명)	주민(법인, 외국인)등록번호
	상호(법인인 경우 대표자)	사업자등록번호
	주소(영업소)	
	전화번호 (휴대전화:)	전자우편주소

청구내용	
①처분청	②처분통지를 받은 연월일(또는 처분이 있었음을 안 연월일)
③통지된 사항 또는 처분의 내용(부과연월, 세목, 세액 등을 기재)	
④이의신청을 한 연월일	⑤이의신청 결정서를 받은 연월일(또는 결정기간이 경과한 연월일)
⑥이의신청에 대한 결정사항	
⑦불복의 사유(내용이 많은 경우 별지 기재)	

「지방세기본법」 제91조 및 같은 법 시행령 제60조 제1항에 따라 위와 같이 심판청구합니다.

년 월 일

신청인 (서명 또는 인)

조세심판원장 귀하

첨부서류	1. 불복사유서(불복의 사유를 별지로 기재한 경우) 2. 불복사유에 대한 증거 서류(첨부서류가 많을 경우 목록 별도 첨부)	수수료 없음

위 심판청구에 관한 모든 권한을 위의 대리인에게 위임합니다.

위임자 (서명 또는 인)

심판청구서 접수증

(접수번호 호)

성명(법인명)		주소(영업소)	
접수자		접수일자	

210mm×297mm[백상지(80g/㎡) 또는 중질지(80g/㎡)]

(뒤쪽)

작 성 방 법

☐ 청구내용

①처분청: 처분을 한 행정기관을 적습니다.

②처분통지를 받은 연월일: 통지받은 연월일을 적습니다.

③통지된 사항 또는 처분의 내용: 행정기관으로부터 받은 처분의 내용을 작성합니다.

④이의신청을 한 연월일, ⑤이의신청 결정통지를 받은 연월일, ⑥이의신청에 대한 결정사항: 이의신청을 한 경우에만 작성합니다.

⑦ 불복의 사유: 불복하는 사유를 적습니다.

처 리 절 차

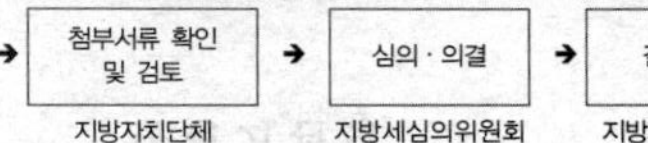

210mm×297mm[백상지(80g/㎡) 또는 중질지(80g/㎡)]

[별지 제60호 서식] (2024. 12. 31. 개정)

의견진술 신청서

※ 색상이 어두운 난은 신청인이 작성하지 않습니다.

접수번호	접수일	처리기간 3일

신청인	성명(법인명)	주민(법인, 외국인)등록번호
	상호(법인인 경우 대표자)	사업자등록번호
	주소(영업소)	
	전화번호 (휴대전화:)	전자우편주소

진술하려는 내용의 개요

「지방세기본법」 제92조(제88조 제8항에서 준용하는 경우를 포함한다) 및 같은 법 시행령 제62조 제1항에 따라 위와 같이 의견진술을 신청합니다.

년 월 일

신청인 (서명 또는 인)

지방자치단체의 장 또는 조세심판원장 귀하

처리절차

신청서 작성	→	접 수	→	진술내용 · 출석여부 검토 등	→	결 재	→	통 보
신청인		지방자치단체, 조세심판원		지방자치단체, 조세심판원		지방자치단체, 조세심판원		지방자치단체, 조세심판원

210mm×297mm[백상지(80g/㎡) 또는 중질지(80g/㎡)]

[별지 제66호의 2 서식] (2020. 12. 31. 개정)

행 정 기 관 명

수신자

(경 유)

제 목 재조사 결정에 따른 처분의 취소 · 경정 등 결과 통지

「지방세기본법 시행령」 제64조 제6항에 따라 재조사 결정에 따른 처분의 취소 · 경정 등 결과를 다음과 같이 통지합니다.

이의신청 번호		제 호			
신청인 (납세자 등)	성명(법인명)		생년월일 (법인등록번호)		
	상호(대표자)		사업자등록번호		
	주소(영업소)				
신고(납부)일			결정(경정)일		
결정 또는 경정 등 사유					
주요 결정 등 내역					
구분		과세표준	산출세액	비과세/감면액	환급액
( )세	당초 신고(납부)				
	결정 또는 경정 등				
	증감액				
( )세	당초 신고(납부)				
	결정 또는 경정 등				
	증감액				

끝.

발 신 명 의 직인

기안자 직위(직급) 서명 검토자 직위(직급) 서명 결재권자 직위(직급) 서명

협조자

시행 처리과명-연도별 일련번호(시행일) 접수 처리과명-연도별 일련번호(접수일)

우 도로명주소 / 홈페이지 주소

전화번호( ) 팩스번호( ) / 공무원의 전자우편주소 / 공개 구분

210mm×297mm(백상지 80g/㎡)

[별지 제67호 서식] (2020. 12. 31. 개정)

이의신청 결정의 경정신청서

※ 색상이 어두운 난은 신청인이 작성하지 않으며, [ ]에는 해당되는 곳에 √표를 합니다.

접수번호	접수일	처리기간 14일

납세자	성명(법인명)		주민(법인, 외국인)등록번호	
	상호(법인인 경우 대표자)		사업자등록번호	
	주소(영업소)			
	전화번호 (휴대전화:)		전자우편주소	
대리인	성명(법인명)		주민(법인, 외국인)등록번호	
	상호(법인인 경우 대표자)		사업자등록번호	
	주소(영업소)			
	전화번호 (휴대전화:)		전자우편주소	

결정의 경정신청 내용	
처분청	
이의신청 결정번호	제 호
신청내용 및 이유 (내용이 많은 경우 별지 기재)	

「지방세기본법」 제97조 제1항에 따라 위와 같이 이의신청 결정의 경정을 신청합니다.

년 월 일

신청인 (서명 또는 인)

지방자치단체의 장 귀하

첨부서류	결정 경정의 사유를 증명하는 서류	수수료 없음

위 결정 경정 신청에 관한 모든 권한을 위의 대리인에게 위임합니다.

위임자 (서명 또는 인)

처리절차

신청서 제출 (신청인) → 접 수 (지방자치단체) → 첨부서류 확인 및 검토 (지방자치단체) → 결 정 (지방자치단체) → 통 지 (지방자치단체)

210mm×297mm[백상지(80g/㎡) 또는 중질지(80g/㎡)]

[별지 제69호 서식] (2020. 12. 31. 개정)

선정대표자 선정서

※ 색상이 어두운 난은 신청인이 작성하지 않습니다.

접수번호	접수일	

이의신청 번호	제 호			
신청인	외 명			
처분청				
선정대표자	성명		생년월일	
	주소			
	성명		생년월일	
	주소			
	성명		생년월일	
	주소			

「지방세기본법」 제98조 제1항 단서 및 「행정심판법」 제15조 제1항에 따라 위와 같이 선정대표자를 선정합니다.

월 일

신청인 (서명 또는 인)

(지방자치단체) 지방세심의위원회 위원장 귀하

첨부서류	없음	수수료 없음

210mm×297mm[백상지(80g/㎡) 또는 중질지(80g/㎡)]

[별지 제70호 서식] (2020. 12. 31. 개정)

선정대표자 해임서

※ 색상이 어두운 난은 신청인이 작성하지 않습니다.

접수번호	접수일	

이의신청 번호	제 호	
신청인	외 명	
처분청		
해임된 선정대표자	성명	생년월일
	주소	
	성명	생년월일
	주소	
	성명	생년월일
	주소	

「지방세기본법」 제98조 제1항 단서 및 「행정심판법」 제15조 제5항에 따라 위와 같이 선정대표자를 해임합니다.

월 일

신청인 (서명 또는 인)

(지방자치단체) 지방세심의위원회 위원장 귀하

첨부서류	없음	수수료 없음

210mm×297mm[백상지(80g/㎡) 또는 중질지(80g/㎡)]

[별지 제71호 서식] (2020. 12. 31. 개정)

이의신청인 지위승계 신고서

※ 색상이 어두운 난은 신청인이 작성하지 않습니다.

접수번호	접수일	

이의신청 번호	제 호	
신청인		
처분청		
승계인	성명(법인명)	주민(외국인, 법인)등록번호
	주소(영업소)	
승계 원인		
증명 방법		

「지방세기본법」 제98조 제1항 단서 및 「행정심판법」 제16조 제3항에 따라 위와 같이 청구인의 지위를 승계하고자 합니다.

년 월 일

신고인 (서명 또는 인)

(지방자치단체) 지방세심의위원회 위원장 귀하

첨부서류	사망 등에 의한 권리·이익의 승계 또는 합병 사실을 증명하는 서류	수수료 없음

처리 절차

신고서 작성	→	접수
신고인		지방세심의위원회

210mm×297mm[백상지(80g/㎡) 또는 중질지(80g/㎡)]

[별지 제72호 서식] (2020. 12. 31. 개정)

이의신청인 지위승계 허가신청서

※ 색상이 어두운 난은 신청인이 작성하지 않습니다.

접수번호	접수일	
이의신청 번호	제 호	
신청인		
처분청		
승계인	성명(법인명)	
	주민(외국인, 법인)등록번호	
	주소(영업소)	
승계 원인		
증명 방법		

「지방세기본법」 제98조 제1항 단서 및 「행정심판법」 제16조 제5항에 따라 위와 같이 청구인 지위승계 허가를 신청합니다.

년 월 일

신청인 (서명 또는 인)

(지방자치단체) 지방세심의위원회 위원장 귀하

첨부서류	없음	수수료 없음

처리절차

신청서 제출 (신청인) → 접 수 (지방세심의위원회) → 결 정 (지방세심의위원회) → 통 지 (지방세심의위원회)

210mm×297mm[백상지(80g/㎡) 또는 중질지(80g/㎡)]

[별지 제73호 서식] (2020. 12. 31. 개정)

지방세심의위원회 결정에 대한 이의신청서

※ 색상이 어두운 난은 신청인이 작성하지 않으며, [ ]에는 해당되는 곳에 √표를 합니다.

접수번호	접수일	
이의신청 번호	제 호	
신청인		
처분청		
신청대상 결정의 종류	[ ] 청구인 지위 승계 불허가 결정 [ ] 이의신청 참가 불허가 결정 [ ] 이의신청 변경 불허가 결정	
결정연월일		
결정내용		
결정서 수령일		
이의신청 취지		
이의신청 사유		
소명 방법		

「지방세기본법」 제98조 제1항 단서 및 「행정심판법」 제16조 제8항 · 제20조 제6항 및 제29조 제7항에 따라 지방세심의위원회의 결정에 대하여 이의를 신청합니다.

년 월 일

신청인 (서명 또는 인)

(지방자치단체) 지방세심의위원회 위원장 귀하

첨부서류	이의신청 사유를 증명할 수 있는 서류	수수료 없음

처리절차

신청서 제출 (신청인) → 접 수 (지방세심의위원회) → 결 정 (지방세심의위원회) → 통 지 (지방세심의위원회)

210mm×297mm[백상지(80g/㎡) 또는 중질지(80g/㎡)]

[별지 제74호 서식] (2020. 12. 31. 개정)

이의신청 참가 허가신청서

※ 색상이 어두운 난은 신청인이 작성하지 않습니다.

접수번호		접수일
이의신청 번호		제 호
신청인		
처분청		
참가 신청인	성명(법인명)	
	주민(법인, 외국인)등록번호	
	주소(영업소)	
신청 취지		
신청 이유 (내용이 많은 경우 별지 기재)		

「지방세기본법」 제98조 제1항 단서 및 「행정심판법」 제20조 제2항에 따라 위와 같이 이의신청(심사청구) 참가 허가를 신청합니다.

년 월 일

신청인 (서명 또는 인)

(지방자치단체) 지방세심의위원회 위원장 귀하

첨부서류	신청서 부본	수수료 없음

처리절차

신청서 제출	→	접 수	→	결 정	→	통 지
신청인		지방세심의위원회		지방세심의위원회		지방세심의위원회

210mm×297mm[백상지(80g/㎡) 또는 중질지(80g/㎡)]

[별지 제349호 서식] (2019. 12. 31. 개정)

기간통신사업의 등록 및 부가통신사업의 신고에 관한 자료

성명 (법인명)	주민(법인) 등록번호	상호	자본금	사업장 소재지	사업장 전화번호	구분 (별정통신, 부가통신)	종업원수 (명)	등록 (신고)일

210mm×297mm (백상지 80g/㎡)

[별지 제423호 서식]

납세관리인 지정신고서

※ 색상이 어두운 난은 신청인이 작성하지 않습니다.

접수번호	접수일	처리기간	즉시

구분	항목		항목	
납세자	성명(법인명)		주민(법인, 외국인)등록번호	
	상호(법인인 경우 대표자)		사업자등록번호	
	주소(영업소)			
	전화번호 (휴대전화:)		전자우편주소	
납세관리인	성명(법인명)		주민(법인, 외국인)등록번호	
	상호(법인인 경우 대표자)		사업자등록번호	
	주소(영업소)			
	전화번호 (휴대전화:)		전자우편주소	
과세대상				
납세관리인 지정 이유				
관련법률	「지방세기본법」 제139조 제 항			

「지방세기본법」 제139조 제2항 전단, 제4항, 제6항 및 같은 법 시행령 제77조 제1항에 따라 위와 같이 납세관리인을 신고합니다.

년 월 일

신고인 (서명 또는 인)

지방자치단체의 장 귀하

위 임 장

위 납세자 본인은 아래 "위임받은 자"에게 납세관리인 지정신고를 위임합니다.

위임자(납세자) (서명 또는 인)

위임받은 자(신고인) (서명 또는 인)

위임 받은 자	성명		주민등록번호		위임자와의 관계	
	주소				전화번호	

첨부서류	없음	수수료 없음

210mm×297mm[백상지(80g/㎡) 또는 중질지(80g/㎡)]

[별지 제424호 서식]

납세관리인 [ ] 변경 / [ ] 해임 신고서

※ 색상이 어두운 난은 신청인이 작성하지 않으며, [ ]에는 해당되는 곳에 √표를 합니다.

접수번호	접수일	처리기간	즉시

구분	항목		항목	
납세자	성명(법인명)		주민(법인, 외국인)등록번호	
	상호(법인인 경우 대표자)		사업자등록번호	
	주소(영업소)			
	전화번호 (휴대전화:)		전자우편주소	
변경 전 납세관리인	성명(법인명)		주민(법인, 외국인)등록번호	
	상호(법인인 경우 대표자)		사업자등록번호	
	주소(영업소)			
	전화번호 (휴대전화:)		전자우편주소	
변경 후 납세관리인	성명(법인명)		주민(법인, 외국인)등록번호	
	상호(법인인 경우 대표자)		사업자등록번호	
	주소(영업소)			
	전화번호 (휴대전화:)		전자우편주소	
변경(해임) 이유				

위와 같이 납세관리인을 [ ] 변경 / [ ] 해임 하였기에 「지방세기본법」 제139조 제2항 후단 및 같은 법 시행령 제77조 제2항에 따라 신고합니다.

년 월 일

신고인 (서명 또는 인)

지방자치단체의 장 귀하

위 임 장

위 납세자 본인은 아래 "위임받은 자"에게 납세관리인의 변경(해임) 신고를 위임합니다.

위임자(납세자 등) (서명 또는 인)

위임받은 자(신고인) (서명 또는 인)

위임 받은 자	성명		주민등록번호		위임자와의 관계	
	주소				전화번호	

첨부서류	없음	수수료 없음

210mm×297mm[백상지(80g/㎡) 또는 중질지(80g/㎡)]

[별지 제428호 서식] (2017. 12. 29. 신설)

사회복지법인 설립허가에 관한 자료

법인명	법인 등록번호	소재지	법인종류 (시설/지원)	대표자 성명	목적사업의 종류	수익사업의 종류	설립목적

210mm×297mm (백상지 80g/㎡)

[별지 제429호서식] (2017. 12. 29. 신설)

중견기업 확인에 관한 자료

법인명	법인 등록번호	대표자 성명	주소	창업일	업종	매출액	확인번호

210mm×297mm (백상지 80g/㎡)

[별지 제430호 서식] (2018. 12. 31. 신설)

항만공사실시계획 승인에 관한 자료

사업시행자			공사명	공사개요	사업지	승인일	연면적(㎡)
성명(법인명)	주민(법인)등록번호	주소					

297mm×210mm (백상지 80g/㎡)

[별지 제431호 서식] (2018. 12. 31. 신설)

항만공사 준공에 관한 자료

사업시행자			공사명	사업지	시설면적(㎡)	준공일	준공시 사업비(원)
성명(법인명)	주민(법인)등록번호	주소					

297mm×210mm (백상지 80g/㎡)

[별지 제432호 서식] (2018. 12. 31. 신설)

재외동포체류자격 및 국내거소신고에 관한 자료

재외동포 인적사항			거소	연락처	입국일자	체류기간	체류지 변경사항	
성명	성별	생년월일					일자	내용

297mm×210mm (백상지 80g/㎡)

[별지 제433호 서식] (2018. 12. 31. 신설)

특정소방대상물 중 중점관리대상에 관한 자료

소유자				중점관리 대상항목	등록일	상호	부동산 소재지	층수	건축물 연면적 (㎡)	건축물 바닥면적 (㎡)
소유자 (법인명)	주민(법인) 등록번호	주소	전화번호							

297mm×210mm (백상지 80g/㎡)

[별지 제434호 서식] (2024. 3. 26.신설)

소득발생 내역

소득구분	상호	지급처	총수입금액 (총급여액· 총연금액 포함)	원천징수 세액	업종코드	단순경비율(%)

※ 제출 대상은 「지방세법 시행령」 제92조 제4항에 따라 과세표준, 세액 등이 임시 산정된 과세표준확정신고 및 납부계산서를 국세청장으로부터 송달받은 자로 한다.

[별지 제435호 서식] (2024. 3. 26.신설)

무선국의 허가 및 신고에 관한 자료

성명 (법인명)	주민(법인) 등록번호	사업자 등록번호	주소	설치장소	정기/ 수시	무선국 명칭	무선국 종별	허가 (신고) 번호	허가 (신고) 구분	허가(신고) 일자 (변경일자 포함)	검사증명서 교부일	허가(신고) 유효 기간	호출명칭

[별지 제436호 서식] (2024. 12. 31.신설)

배출시설 등의 허가 등에 관한 자료

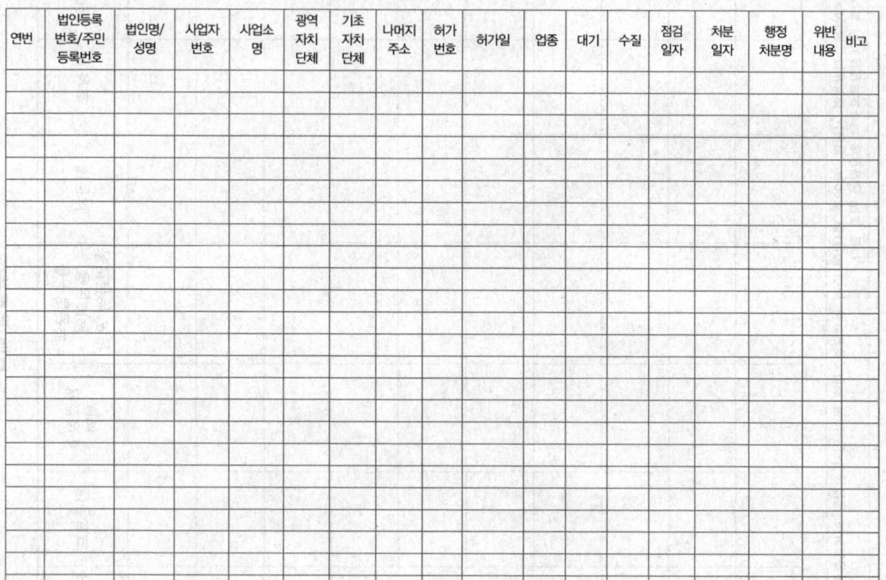

연번	법인등록번호/주민등록번호	법인명/성명	사업자번호	사업소명	광역자치단체	기초자치단체	나머지주소	허가번호	허가일	업종	대기	수질	점검일자	처분일자	행정처분명	위반내용	비고

210mm×297mm[백상지(80g/㎡) 또는 중질지(80g/㎡)]

지방세징수법

지징법 예규판례

법 률

제1장 총 칙

시 행 령

제1장 총 칙

시행규칙

제1장 총 칙

제2절 징수유예

제2절 징수유예

제3절 독 촉

제3장 체납처분

제1절 체납처분의 절차

제3절 독 촉

제3장 체납처분

제1절 통 칙

제3장 체납처분

제11절 청 산

제11절의 2 공매등의 대행

제9절 청 산

제9절의 2 공매 등의 대행 등

제12절 체납처분의 중지 · 유예

제10절 체납처분의 유예 등

운영예규

지방세징수법

개정 2024. 12. 31. 법률 제20631호

2023. 12. 29. 법률 제19861호
(가상자산 이용자 보호 등에 관한 법률 부칙)
2023. 7. 18. 법률 제19563호
2023. 3. 14. 법률 제19231호
2022. 1. 28. 법률 제18794호
(지방자치법 부칙) 2021. 1. 12. 법률 제17893호
2020. 12. 29. 법률 제17770호
(국제조세조정에~법률) 2020. 12. 22. 법률 제17651호
(도로명주소법 부칙) 2020. 12. 8. 법률 제17574호
2020. 3. 24. 법률 제17092호
(신용정보의~부칙) 2020. 2. 4. 법률 제16957호
2020. 1. 29. 법률 제16886호
(금융회사부실자산~법률 부칙) 2019. 11. 26. 법률 제16652호
2018. 12. 24. 법률 제16040호
2017. 12. 26. 법률 제15294호
(정부조직법 부칙) 2017. 7. 26. 법률 제14839호
(보조금 관리에 관한 법률 부칙)
2017. 1. 4. 법률 제14524호
제정 2016. 12. 27. 법률 제14476호

지방세징수법 시행령

개정 2024. 12. 31. 대통령령 제35176호
(재난 및 안전관리 기본법 시행령 부칙)
2024. 6. 18. 대통령령 제34573호
2024. 3. 26. 대통령령 제34352호

2023. 3. 31. 대통령령 제33368호
2023. 3. 14. 대통령령 제33326호
2022. 6. 7. 대통령령 제32667호
(지역 산업위기~부칙) 2022. 2. 18. 대통령령 제32455호
2022. 1. 28. 대통령령 제32372호
(감정평가 및~부칙) 2022. 1. 21. 대통령령 제32352호
2021. 4. 27. 대통령령 제31647호
(국세징수법 시행령 부칙) 2021. 2. 17. 대통령령 제31453호
2020. 12. 31. 대통령령 제31342호
(전자서명법 시행령 부칙)
2020. 12. 8. 대통령령 제31222호
2020. 3. 24. 대통령령 제30544호
2018. 12. 31. 대통령령 제29439호
2018. 6. 26. 대통령령 제28992호
2018. 3. 27. 대통령령 제28715호
(행정안전부와 그 소속기관 직제 부칙)
2017. 7. 26. 대통령령 제28211호
제정 2017. 3. 27. 대통령령 제27959호

지방세징수법 시행규칙

개정 2024. 12. 31.
행정안전부령 제538호
2024. 3. 26.
행정안전부령 제473호

2023. 12. 29. 행정안전부령 제449호
2023. 3. 31. 행정안전부령 제391호
2023. 3. 14. 행정안전부령 제383호
2022. 3. 18. 행정안전부령 제323호
(어려운 법령용어~행정안전부령)
2021. 9. 7. 행정안전부령 제274호
(국제조세조정에~부칙)
2021. 3. 16. 행정안전부령 제840호
2020. 12. 31. 행정안전부령 제226호
2020. 3. 24. 행정안전부령 제173호
2018. 12. 31. 행정안전부령 제 94호
2018. 3. 27. 행정안전부령 제 49호
2017. 3. 28. 행정자치부령 제115호

운영 예규

개정 2022. 10. 25. 행정안전부예규 제223호
제정 2019. 5. 31. 행정안전부예규 제 74호

제1장 총 칙

제1조 【목 적】 이 법은 지방세 징수에 필요한 사항을 규정함으로써 지방세수입을 확보함을 목적으로 한다.

제2조 【정 의】 ① 이 법에서 사용하는 용어의 뜻은 다음과 같다.

1. "체납자"란 납세자로서 지방세를 납부기한까지 납부하지 아니한 자를 말한다.
2. "체납액"이란 체납된 지방세와 체납처분비를 말한다. (2020. 12. 29. 개정)

② 제1항 외에 이 법에서 사용하는 용어의 뜻은 「지방세기본법」에서 정하는 바에 따른다.

제3조 【다른 법률과의 관계】 이 법에서 규정한 사항 중 「지방세기본법」이나 같은 법 제2조 제1항 제4호에 따른 지방세관계법(이 법은 제외한다. 이하 "지방세관계법"이라 한다)에 특별한 규정이 있는 것에 관하여는 그 법률에서 정하는 바에 따른다.

제4조 【지방자치단체의 징수금 징수의 순위】 ① 지방자치단체의 징수금의 징수 순위는 다음 각 호의 순서

제1장 총 칙

제1조 【목 적】 이 영은 「지방세징수법」에서 위임된 사항과 그 시행에 필요한 사항을 규정함을 목적으로 한다.

편주

- 법 2조 1항 2호의 개정규정은 2024. 1. 1.부터 시행함. (법 부칙(2020. 12. 29.) 1조 단서) (2022. 1. 28. 개정)
- 2023. 12. 31. 이전에 납세의무가 성립된 분에 대해서는 법 2조 1항 2호의 개정규정에도 불구하고 종전의 규정에 따름. (법 부칙(2020. 12. 29.) 4조) (2022. 1. 28. 개정)

예판

【예규】 징수금 중 우선순위

제1장 총 칙

제1조 【목 적】 이 규칙은 「지방세징수법」 및 같은 법 시행령에서 위임된 사항과 그 시행에 필요한 사항을 규정함을 목적으로 한다.

에 따른다.

1. 체납처분비
2. 지방세(가산세는 제외한다) (2020. 12. 29. 개정)

편주

- 법 4조 1항 2호 및 3호의 개정규정은 2024. 1. 1.부터 시행함. (법 부칙(2020. 12. 29.) 1조 단서) (2022. 1. 28. 개정)
- 2023. 12. 31. 이전에 납세의무가 성립된 분에 대해서는 법 4조 1항 2호 및 3호의 개정규정에도 불구하고 종전의 규정에 따름. (법 부칙(2020. 12. 29.) 4조) (2022. 1. 28. 개정)

3. 가산세 (2020. 12. 29. 개정)

② 제1항 제2호의 경우에 제17조에 따라 징수가 위임된 도세는 시·군세에 우선하여 징수한다.

제5조【납세증명서의 제출 및 발급】 ① 납세자(미과세된 자를 포함한다. 이하 이 조에서 같다)는 다음 각 호의 어느 하나에 해당하는 경우에는 대통령령으로 정하는 바에 따라 납세증명서를 제출하여야 한다. 다만, 제4호에 해당하여 납세증명서를 제출할 때에는 이전하는 부동산의 소유자에게 부과되었거나 납세의무가 성립된 해당 부동산에 대한 취득세, 재산세, 지방교육세 및 지역자원시설세의 납세증명서로 한정한다.

1. 국가·지방자치단체 또는 대통령령으로 정하는 정부관리기관으로부터 대금을 받을 때

- 구 지방세법 제33조(법률 제10340호, 2010. 6. 4. 개정 이전)에서 지방자치단체의 징수금은 체납처분비 → 가산금 → 지방세 순으로 징수한다고 규정하고 있으므로, 비록 가산금의 법정기일이 저당권설정일보다 후순위라고 하더라도 공매 또는 경매로 인한 징수금을 충당함에 있어서는 가산금을 본세보다 먼저 징수하는 것이 타당함. (세정과-403, 2006. 2. 1.)

제2조【납세증명서】「지방세징수법」(이하 "법"이라 한다) 제5조 제1항 각 호 외의 부분에 따른 납세증명서는 발급일 현재 다음 각 호의 금액을 제외하고는 다른 체납액이 없다는 사실을 증명하는 것으로 한다.

1. 법 제25조·제25조의 2·제26조 또는 제105조에 따른 유예액 (2022. 1. 28. 개정)
2. 「채무자 회생 및 파산에 관한 법률」 제140조에 따른 징수유예액 또는 체납처분에 따라 압류된 재산의 환가유예에 관련된 체납액
3. 「신탁법」 제2조에 따른 수탁자(이하 "수탁자"라 한다)가 「지방세법」 제119조의 2에 따라 그 신탁재산으로써 위탁자의

☞

편주

법률 17770호 지방세징수법 일부개정법률 부칙 1조 단서에 따른 시행일인 2024. 1. 1. 전에 납세의무가 성립된 분에 대해서는 영 2조 3호의 개정규정에도 불구하고 종전의 규정에 따름. (영 부칙(2024. 3. 26.) 3조)

재산세·가산금 또는 체납처분비(이하 "재산세등"이라 한다)를 납부할 물적납세의무가 있는 경우 그 수탁자의 물적납세의무와 관련하여 체납한 재산세등 (2023. 3. 14. 개정)

3. 「신탁법」 제2조에 따른 수탁자(이하 "수탁자"라 한다)가 「지방세법」 제119조의 2에 따라 그 신탁재산으로써 위탁자의 재산세 또는 체납처분비(이하 "재산세등"이라 한다)를 납부할 물적납세의무가 있는 경우 그 수탁자의 물적납세의무와 관련하여 체납한 재산세등 (2024. 3. 26. 개정)
4. 법 제16조 제1항에 따른 양도담보권자(이하 "양도담보권자"라 한다)가 「지방세기본법」 제75조 제1항에 따라 그 양도담보재산으로써 양도인의 지방자치단체의 징수금을 납부할 물적납세의무가 있는 경우 그 양도담보권자의 물적납세의무와 관련하여 체납한 지방자치단체의 징수금 (2023. 3. 14. 신설)
5. 법 제16조 제1항에 따른 종중 재산의 명의수탁자(이하 "명의수탁자"라 한다)가 「지방세기본법」 제75조 제3항에 따라 종중이 명의신탁한 재산으로써 종중의 지방자치단체의 징수금을 납부할 물적납세의무가 있는 경우 그 명의수탁자의 물적납세의무와 관련하여 체납한 지방자치단체의 징수금 (2023. 3. 14. 신설)
6. 「지방세특례제한법」 제167조의 4 제1항 각 호에 따른 체납액 징수특례를 적용받은 개인지방소득세 체납액 (2023. 3. 14. 호번개정)

2. 「출입국관리법」 제31조에 따른 외국인등록 또는 「재외동포의 출입국과 법적 지위에 관한 법률」 제6조에 따른 국내거소신고를 한 외국인이 체류기간 연장허가 등 대통령령으로 정하는 체류 관련 허가 등을 법무부장관에게 신청하는 경우 (2021. 1. 28. 개정)
3. 내국인이 해외이주 목적으로 「해외이주법」 제6조에 따라 외교부장관에게 해외이주신고를 하는 경우 (2020. 1. 29. 개정)

제3조 【정부관리기관】 법 제5조 제1항 제1호에서 "대통령령으로 정하는 정부관리기관"이란 「감사원법」 제22조 제1항 제3호 및 제4호에 따라 검사대상이 되는 법인 또는 단체 등을 말한다.

제4조 【납세증명서의 제출】 ① 법 제5조 제1항 제1호에 따른 대금을 지급받는 자가 원래의 계약자 외의 자인 경우에는 다음 각 호의 구분에 따라 납세증명서를 제출하여야 한다. (2020. 3. 24. 항번개정)
1. 채권양도로 인한 경우 : 양도인과 양수인 양쪽의 납세증명서를 제출할 것
2. 법원의 전부명령(轉付命令)에 의한 경우 : 압류채권자의 납세증명서를 제출할 것
3. 「하도급거래 공정화에 관한 법률」 제14조 제1항 제1호 및 2호에 따라 건설공사의 하도급대금을 직접 지급받는 경우 : 수급사업자의 납세증명서를 제출할 것

② 법 제5조 제1항 제2호에서 "체류기간 연장허가 등 대통령령으로 정하는 체류 관련 허가 등"이란 다음 각 호의 어느 하나에 해당하는 것을 말한다. (2022. 1. 28. 개정)
1. 「재외동포의 출입국과 법적 지위에 관한 법률」 제6조에 따른 국내거소신고 (2020. 3. 24. 신설)
2. 「출입국관리법」 제20조에 따른 체류자격 외 활동허가 (2020. 3. 24. 신설)
3. 「출입국관리법」 제21조에 따른 근무처 변경·추가에

4. 「신탁법」에 따른 신탁을 원인으로 부동산의 소유권을 수탁자에게 이전하기 위하여 등기관서의 장에게 등기를 신청할 때

예판

【판례】 납세증명서의 효력

• 납세증명서 등의 서류를 제출하도록 한 취지는 조세의 체납을 방지하며 그 징수를 촉진하고자 함에 목적이 있는 것이므로 국가로부터 위 증명서 등의 제출을 요구받고도 불응하면 계약의 체결이나 금원의 지급을 거절할 수 있는 사유가 될 수 있을 뿐 위 증명서 등의 제출이 계약 또는 채권행사의 유효요건이 되는 것은 아니므로, 체납자의 채권자가 체납자의 납세증명서 없이 공사대금의 지급을 요구할 수 있음. (대법 80다622, 1980. 6. 24.)

【예규】 부동산 신탁등기용 납세증명서 발급

• 납세증명서는 증명서 발급일 현재 체납액이 없다는 사실을 증명하는 것이므로, 부동산 취득 후 바로 소유권이전등기와 신탁등기를 일괄 신청하는 경우라고 하더라도 부동산 취득자(위탁자)에게 과세된 그 부동산에 대한 취득세 납부여부를 조회할 것이 아니라 체납여부를 조회하여 그 부동산에 취득자(위탁자)에게 부과된 취득세 · 재산세 · 지방교육세 · 지역자원시설세 체납액이 없다면 지방세 납세증명서 발급은 가능함. 다만, 부동산 취득자(위탁자)는 취득세를 납부하지 아니하면 부동산등기법 제29조 제10호의 규정에 의거 각하대상으로 소유권이전등기신청시까지 취득세를 납부하고 취득세 영수필확인서를 첨부하여야 함. (지방세정책과-1838, 2017. 12. 14.)

운영예규 법5-1 【납세증명서의 발급】

1. 납세증명서는 사실증명과는 달리 지방세를 보전하기 위

관한 허가 또는 신고 (2020. 3. 24. 신설)

4. 「출입국관리법」 제23조에 따른 체류자격 부여 (2020. 3. 24. 신설)
5. 「출입국관리법」 제24조에 따른 체류자격 변경허가 (2020. 3. 24. 신설)
6. 「출입국관리법」 제25조에 따른 체류기간 연장허가 (2020. 3. 24. 신설)
7. 「출입국관리법」 제31조에 따른 외국인등록 (2020. 3. 24. 신설)

제5조 【납세증명서 제출의 예외】 ① 법 제5조 제1항 제1호의 경우에 다음 각 호의 어느 하나에 해당하면 납세증명서를 제출하지 아니하여도 된다.

1. 「국가를 당사자로 하는 계약에 관한 법률 시행령」 제26조 제1항 각 호의 규정(같은 항 제1호 라목은 제외한다) 및 「지방자치단체를 당사자로 하는 계약에 관한 법률 시행령」 제25조 제1항 각 호의 규정(같은 항 제7호 가목은 제외한다)에 해당하는 수의계약과 관련하여 대금을 지급받는 경우
2. 국가 또는 지방자치단체가 대금을 지급받아 그 대금이 국고 또는 지방자치단체의 금고에 귀속되는 경우
3. 지방세의 체납처분에 의한 채권압류에 의하여 세무공무원이 그 대금을 지급받는 경우
4. 「채무자 회생 및 파산에 관한 법률」 제355조에 따른

하여 「지방세징수법」 제5조에 따라 발급한 증명서를 말한다.

2. 지방세납세증명서를 제출하는 경우는 「지방세징수법」 제5조 제1항 각 호의 경우로 한정하고, 제5조 제2항에 따라 발급한다.

법5-2【납세증명서의 발급신청】

납세증명서의 발급신청은 본인 이외의 제3자도 할 수 있으며, 우편에 의하여도 할 수 있다. 다만, 제3자가 신청할 경우에는 위임장, 본인(법인의 경우에는 대표자)의 신분증(사본 포함), 제3자의 신분증을 함께 제출하여야 한다. (2022. 10. 25. 개정)

파산관재인이 납세증명서를 발급받지 못하여 파산절차의 진행이 곤란하다고 관할법원이 인정하고, 해당 법원이 납세증명서의 제출 예외를 지방자치단체의 장에게 요청하는 경우

5. 납세자가 계약대금 전액을 체납세액으로 납부하거나 계약대금 중 일부금액으로 체납세액 전액을 납부하려는 경우

② 법 제5조 제1항 제4호의 경우로서 신탁 대상 부동산의 소유권 이전 관련 확정판결, 그 밖에 이에 준하는 집행권원(執行權原)에 의하여 등기를 신청하는 경우에는 납세증명서를 제출하지 않을 수 있다. (2018. 12. 31. 신설)

③ 납세자가 법 제5조 제1항 각 호의 어느 하나에 해당하여 납세증명서를 제출하여야 하는 경우에 해당 주무관청 등은 지방자치단체의 장에게 조회(지방세정보통신망을 통한 조회에 한정한다)하거나 납세자의 동의를 받아 「전자정부법」 제36조 제1항에 따른 행정정보의 공동이용을 통하여 그 체납사실 여부를 확인함으로써 납세증명서의 제출을 생략하게 할 수 있다. (2018. 12. 31. 항번개정)

③ 납세자가 법 제5조 제1항 각 호의 어느 하나에 해당하여 납세증명서를 제출하여야 하는 경우에 해당 주무관청 등은 지방자치단체의 장에게 조회(지방세통합정보통신망을 통한 조회에 한정한다)하거나 납세자의 동의를 받아 「전자정부법」 제36조 제1항에 따른 행정정보의 공동이용을 통하여 그 체납사실 여부를 확인함으로써 납세증명서의 제출을 생략하게 할 수 있다. (2024. 3. 26. 개정)

② 납세자로부터 납세증명서의 발급신청을 받으면 세무공무원은 그 사실을 확인하여 즉시 발급하여야 한다.

제6조【납세증명서의 신청 및 발급】 ① 법 제5조 제2항에 따라 납세증명서를 발급받으려는 자는 세무공무원에게 다음 각 호의 사항을 적은 문서(전자문서를 포함한다)로 신청해야 한다. (2020. 12. 31. 개정)

1. 납세자의 성명(법인인 경우에는 법인명을 말한다. 이하 같다)과 주소, 거소, 영업소 또는 사무소[「지방세기본법」 제2조 제1항 제28호에 따른 지방세정보통신망(이하 "지방세정보통신망"이라 한다) 또는 같은 항 제31호에 따른 연계정보통신망(이하 "연계정보통신망"이라 한다)을 이용하여 송달하는 경우에는 다음 각 목에 따른 전자우편주소, 전자사서함 또는 전자고지함을 말한다. 이하 "주소 또는 영업소"라 한다] (2020. 12. 31. 개정)

1. 납세자의 성명(법인인 경우에는 법인명을 말한다. 이하 같다)과 주소, 거소, 영업소 또는 사무소(지방세통합정보통신망 또는 연계정보통신망을 이용하여 송달하는 경우에는 다음 각 목에 따른 전자우편주소, 전자사서함 또는 전자고지함을 말한다. 이하 "주소 또는 영업소"라 한다) (2024. 3. 26. 개정)
   가. 지방세정보통신망에 가입된 명의인의 전자우편주소 (2020. 12. 31. 개정)
   가. 지방세통합정보통신망에 가입된 명의인의 전자우편주소 (2024. 3. 26. 개정)
   나. 지방세정보통신망의 전자사서함[「전자서명법」 제2조에 따른 인증서(서명자의 실지명의를 확인할 수 있는 것으로 한정한다) 또는 행정안전부장관이 고시하는 본인임을 확인할 수 있는 인증수단으로 접근하여 지방세 고지내역

제2조【납세증명서의 신청 및 발급】 ① 「지방세징수법」(이하 "법"이라 한다) 제5조 및 「지방세징수법 시행령」(이하 "영"이라 한다) 제6조에 따른 납세증명서의 발급신청 및 납세증명은 별지 제1호 서식의 지방세 납세증명(신청)서에 따른다.

② 제1항에 따른 납세증명서의 발급은 무료로 한다.

등을 확인할 수 있는 곳을 말한다] (2020. 12. 31. 개정)

나. 지방세통합정보통신망의 전자사서함[「전자서명법」 제2조에 따른 인증서(서명자의 실지명의를 확인할 수 있는 것으로 한정한다) 또는 행정안전부장관이 고시하는 본인임을 확인할 수 있는 인증수단으로 접근하여 지방세 고지내역 등을 확인할 수 있는 곳을 말한다] (2024. 3. 26. 개정)

다. 연계정보통신망의 전자고지함(연계정보통신망의 이용자가 접속하여 본인의 지방세 고지내역을 확인할 수 있는 곳을 말한다) (2020. 12. 31. 개정)

2. 납세증명서의 사용목적
3. 납세증명서의 수량

② 세무공무원은 제1항에 따라 납세증명서의 발급신청을 받은 때에는 해당 납세자의 체납세액(다른 지방자치단체의 체납세액을 포함한다)을 확인하여 납세증명서를 발급하여야 한다.

제7조【납세증명서의 유효기간】 ① 법 제5조에 따른 납세증명서의 유효기간은 발급일부터 30일로 한다. 다만, 발급일 현재 해당 신청인에게 고지된 지방세가 있거나 발급일부터 30일 이내에 법정 납부기한의 말일이 도래하는 지방세(신고납부하거나 특별징수하여 납부하는 지방세는 제외한다)가 있는 때에는 해당 지방세의 납부기한까지로 유효기간을 단축할 수 있다.

법	영	칙
제6조【미납지방세 등의 열람】 ① 「주택임대차보호법」 제2조에 따른 주거용 건물 또는 「상가건물 임대차보호법」 제2조에 따른 상가건물을 임차하여 사용하려는 자(이하 이 조에서 "임차인"이라 한다)는 건물에 대한 임대차계약을 하기 전 또는 임대차계약을 체결하고 임대차기간이 시작되는 날까지 임대인의 동의를 받아 임대인이 납부하지 아니한 지방세의 열람을 지방자치단체의 장에게 신청할 수 있다. 이 경우 지방자치단체의 장은 열람신청에 응하여야 한다. (2023. 3. 14. 개정) ② 제1항에 따라 임차인이 열람할 수 있는 지방세는 다음 각 호의 어느 하나에 해당하는 지방세로 한정한다. 1. 임대인의 체납액 (2023. 3. 14. 개정) 2. 납세고지서 또는 납부통지서를 발급한 후 납기가 되지 아니한 지방세 (2023. 3. 14. 신설) 3. 지방세관계법에 따라 신고기한까지 신고한 지방세 중 납부하지 아니한 지방세 (2023. 3. 14. 호번개정) ③ 제1항에도 불구하고 임차인이 체결한 임대차계약에 따른 보증금이 대통령령으로 정하는 금액을 초과하는 경우 임차인은 임대차기간이 시작되는 날까지 임대인의 동의 없이 제1항에 따른 열람신청을 할 수 있다. 이 경우	② 세무공무원은 제1항 단서에 따라 유효기간을 단축하였을 때에는 해당 납세증명서에 유효기간과 그 사유를 분명히 밝혀 적어야 한다. **제8조【미납지방세 등의 열람】** (2023. 3. 31. 제목개정) ① 법 제6조 제1항 및 제3항에 따라 미납지방세 등의 열람을 신청하려는 자는 행정안전부령으로 정하는 미납지방세 등 열람신청서에 다음 각 호의 서류를 첨부하여 지방자치단체의 장에게 제출해야 한다. (2023. 3. 31. 개정) 1. 임대인의 동의를 증명할 수 있는 서류(법 제6조 제3항 전단에 따라 임대인의 동의 없이 신청하는 경우에는 임대차계약 사실을 증명할 수 있는 서류를 말한다) (2023. 3. 31. 개정) 2. 임차하려는 자의 신분을 증명할 수 있는 서류 (2023. 3. 31. 개정) ② 법 제6조 제3항 전단에서 "대통령령으로 정하는 금액"이란 1천만원을 말한다. (2023. 3. 31. 개정)	**제3조【미납지방세 등의 열람】** (2023. 3. 31. 제목개정) ① 영 제8조 제1항 각 호 외의 부분에서 "행정안전부령으로 정하는 미납지방세 등 열람신청서"란 별지 제2호 서식의 미납지방세 등 열람신청서를 말한다. (2023. 3. 31. 개정) ② 법 제6조 제3항 후단에 따른 통지는 별지 제2호의 2 서식의 미납지방세 등 열람내역통지서에 따른다. (2023. 3. 31. 개정)

열람신청을 접수한 지방자치단체의 장은 지체 없이 열람 사실을 임대인에게 통지하여야 한다. (2023. 3. 14. 신설)

④ 제1항 및 제3항에 따른 열람신청에 필요한 사항은 대통령령으로 정한다. (2023. 3. 14. 개정)

제7조【관허사업의 제한】 ① 지방자치단체의 장은 납세자가 대통령령으로 정하는 사유 없이 지방세를 체납하면 허가·인가·면허·등록 및 대통령령으로 정하는 신고와 그 갱신(이하 "허가등"이라 한다)이 필요한 사업의 주무관청에 그 납세자에게 허가등을 하지 아니할 것을 요구할 수 있다.

제9조【허가 등의 제한 예외사유】 법 제7조 제1항에서 "대통령령으로 정하는 사유"란 다음 각 호의 어느 하나에 해당하는 경우로서 지방자치단체의 장이 그 사유를 인정하는 경우를 말한다.

1. 공시송달의 방법에 의하여 납세가 고지된 경우
2. 납세자가 풍수해, 벼락, 화재, 전쟁, 그 밖의 재해 또는 도난으로 재산에 심한 손실을 입어 납부가 곤란한 경우 (2023. 3. 14. 개정)
3. 납세자나 그 동거가족이 질병이나 중상해로 6개월 이상의 치료가 필요하여 납부가 곤란한 경우 또는 사망하여 상중으로 납부가 곤란한 경우 (2023. 3. 14. 개정)
4. 납세자가 그 사업에 심한 손해를 입어서 납부가 곤란한 경우
5. 납세자에게 다음 각 목의 어느 하나에 해당하는 사유가 있는 경우
   가. 강제집행을 받은 경우
   나. 파산의 선고를 받은 경우
   다. 경매가 개시된 경우
   라. 법인이 해산한 경우

제4조【관허사업의 제한·정지 또는 취소 요구 등】 ① 법 제7조 제1항 및 영 제11조에 따라 지방자치단체의 장이 주무관청에 관허사업의 허가등을 하지 아니할 것을 요구하는 경우에는 별지 제3호 서식(갑)의 관허사업의 허가등 제한 요구서에 따른다.

② 지방자치단체의 장은 제1항에 따른 요구를 하는 때에는 해당 사실을 별지 제3호 서식(을)의 관허사업의 허가등 제한 요구에 대한 통지서에 따라 체납자에게 알려야 한다.

6. 납세자의 재산이 법 제104조에 따른 체납처분의 중지사유에 해당하는 경우
7. 「지방세법」 제119조의 2에 따라 물적납세의무가 있는 수탁자가 그 물적납세의무와 관련하여 재산세등을 체납한 경우 (2021. 4. 27. 호번개정)
8. 「지방세기본법」 제75조 제1항에 따라 물적납세의무가 있는 양도담보권자가 그 물적납세의무와 관련하여 지방자치단체의 징수금을 체납한 경우 (2023. 3. 14. 신설)
9. 「지방세기본법」 제75조 제3항에 따라 물적납세의무가 있는 명의수탁자가 그 물적납세의무와 관련하여 지방자치단체의 징수금을 체납한 경우 (2023. 3. 14. 신설)
10. 제1호부터 제6호까지의 규정에 준하는 사유가 있는 경우 (2021. 4. 27. 호번개정)

제10조【관허사업 제한 대상 신고】 법 제7조 제1항에서 "대통령령으로 정하는 신고"란 「지방세법 시행령」 별표 1에 규정된 사업을 적법하게 영위하기 위하여 필요한 신고를 말한다. (2020. 12. 31. 개정)

제11조【관허사업 제한 절차 및 방법】 지방자치단체의 장이 법 제7조 제1항에 따라 주무관청에 같은 항에 따른 허가등(이하 "허가등"이라 한다)을 하지 아니할 것을 요구하는 경우에 그 절차와 방법은 행정안전부령으로 정한다. (2017. 7. 26. 행정안전부와~직제 부칙)

② 지방자치단체의 장은 허가등을 받아 사업을 경영하는 자가 지방세를 3회 이상 체납한 경우로서 그 체납액이 30만원 이상일 때에는 대통령령으로 정하는 경우를 제외하고, 그 주무관청에 사업의 정지 또는 허가등의 취소를 요구할 수 있다.

③ 지방자치단체는 30만원 이상 100만원 이하의 범위에서 제2항에 따른 사업의 정지 또는 허가등의 취소를 요구할 수 있는 기준이 되는 체납액을 해당 지방자치단체의 조례로 달리 정할 수 있다.

④ 지방자치단체의 장은 제1항 또는 제2항의 요구를 한 후 해당 지방세를 징수하였을 때에는 지체 없이 요구를 철회하여야 한다.

⑤ 제1항 또는 제2항에 따른 지방자치단체의 장의 요구를 받은 주무관청은 정당한 사유가 없으면 요구에 따라야 한다.

예판

【판례】 관허사업의 범위

• 처분청이 관허사업의 제한요구로 면허의 취소를 요구하고 있다 하더라도 면허를 취소할 것인지 또는 기간을 정하여 영업을 정지시킬 것인지는 주무부서의 재량에 속함. (대법 84누615, 1985. 2. 26.)

【예규】 • "경매가 개시되었을 때"를 지방세를 체납함에 있어 "정당한 사유" 중의 하나로 규정하고 있는 이상, 주관적 사정에 불구하고 경매가 개시된 후에는 관허사업제한이 배제되는 것임. (지방세운영과-2153, 2010. 5. 23.)

• 「신문 등의 자유와 기능보장에 관한 법률」 제12조에 따라 인터넷신문의 등록을 한 자가 세금을 체납한 경우에 같은 법에서는

제12조 【체납횟수의 계산과 관허사업의 정지 또는 허가등의 취소의 예외사유】 ① 법 제7조 제2항에 따른 체납은 납세고지서 1매를 1회로 보아 그 횟수를 계산한다.

② 법 제7조 제2항에서 "대통령령으로 정하는 경우"란 제9조 각 호의 어느 하나에 해당하는 경우로서 지방자치단체의 장이 그 사유를 인정하는 경우를 말한다.

제13조 【관허사업의 정지 또는 허가등의 취소 절차】 지방자치단체의 장은 법 제7조 제2항에 따라 주무관청에 관허사업의 정지 또는 허가등의 취소를 요구하려는 경우에는 다음 각 호의 사항을 적은 문서로 하여야 한다.

1. 사업자의 성명과 주소 또는 영업소
2. 사업종목
3. 사업의 정지 또는 허가등의 취소가 필요한 이유
4. 그 밖의 참고사항

제14조 【관허사업 제한 등의 요구에 관한 조치 결과 회신】 법 제7조 제1항 또는 제2항에 따른 지방자치단체의 장의 요구가 있을 때에는 해당 주무관청은 그 조치 결과를 지체 없이 해당 지방자치단체의 장에게 알려야 한다.

운영예규 법7-1 【관허사업】

「지방세징수법」 제7조에서 「관허사업」이라 함은 허가, 인가,

③ 법 제7조 제2항에 따라 지방자치단체의 장이 주무관청에 관허사업의 정지 또는 허가등의 취소를 요구하는 경우에는 별지 제4호 서식(갑)의 관허사업의 정지 또는 허가등의 취소 요구서에 따른다.

④ 지방자치단체의 장은 제3항에 따른 요구를 하는 때에는 해당 사실을 별지 제4호 서식(을)의 관허사업의 정지 또는 허가등의 취소 요구에 대한 통지서에 따라 체납자에게 알려야 한다.

⑤ 지방자치단체의 장이 제1항 또는 제3항에 따른 요구를 법 제7조 제4항에 따라 철회하는 경우에는 별지 제5호 서식의 철회 요구서에 따른다.

운영예규 법7-2 【체납횟수계산방법과 계산시점】

세금 체납을 이유로 한 등록취소 등의 사유를 규정하고 있지 않더라도 해당 인터넷신문의 등록취소 등의 사유가 될 수 있음. (법제 09-0180, 2009. 7. 3.)

• 「전기통신사업법」 제21조에 따라 신고를 하고 경영하는 부가통신사업은 관허사업에 해당하지 아니함. (법제 08-0135, 2008. 6. 25.)

제8조【출국금지 요청 등】 ① 지방자치단체의 장 또는 「지방세기본법」 제151조의 2에 따른 지방자치단체조합(이하 "지방세조합"이라 한다)의 장(지방자치단체의 장으로부터 체납된 지방세의 징수에 관한 업무를 위탁받은 경우로 한정한다. 이하 "지방세조합장"이라 한다)은 정당한 사유 없이 3천만원 이상(지방세조합장의 경우에는 각 지방자치단체의 장으로부터 징수를 위탁받은 체납 지방세를 합산한 금액이 3천만원 이상인 경우를 말한다)의 지방세를 체납한 자 중 대통령령으로 정하는 자에 대하여 법무부장관에게 「출입국관리법」 제4조 제3항에 따라 출국금지를 요청하여야 한다. (2022. 1. 28. 개정)

② 법무부장관은 제1항에 따른 출국금지 요청에 따라 출국금지를 한 경우에는 지방자치단체의 장 또는 지방세조합장에게 그 결과를 「정보통신망 이용촉진 및 정보보호 등에 관한 법률」 제2조 제1항 제1호에 따른 정보통신망 등을 통하여 통보하여야 한다. (2020. 12. 29. 개정)

③ 지방자치단체의 장 또는 지방세조합장은 다음 각 호의 어느 하나에 해당하는 경우에는 즉시 법무부장관에게

면허, 등록, 신고 등 그 용어에 구애됨이 없이 법령에 의한 일반적인 제한·금지를 특정한 경우에 해제하거나 권리를 설정하여 적법하게 일정한 사실행위 또는 법률행위를 할 수 있게 하는 행정처분을 거쳐서 영위하는 각종 사업을 말한다.

제15조【출국금지 또는 해제의 요청】 ① 법 제8조 제1항에서 "대통령령으로 정하는 자"란 다음 각 호의 어느 하나에 해당하는 사람으로서 지방자치단체의 장 또는 「지방세기본법」 제151조의 2에 따른 지방자치단체조합(이하 "지방세조합"이라 한다)의 장(지방자치단체의 장으로부터 체납된 지방세의 징수에 관한 업무를 위탁받은 자로 한정하며, 이하 "지방세조합장"이라 한다) 이 압류·공매, 담보 제공, 보증인의 납세보증서 등으로 조세채권을 확보할 수 없고, 체납처분을 회피할 우려가 있다고 인정하는 사람을 말한다. (2022. 1. 28. 개정)

1. 배우자 또는 직계존비속이 국외로 이주(국외에 3년 이상 장기체류 중인 경우를 포함한다)한 사람
2. 출국금지 요청일 기준으로 최근 2년간 미화 3만달러 상당액 이상을 국외로 송금한 사람 (2020. 12. 31. 개정)
3. 미화 3만달러 상당액 이상의 국외자산이 발견된 사람 (2020. 12. 31. 개정)
4. 법 제11조 제1항에 따라 명단이 공개된 고액·상습체납자
5. 출국금지 요청일 기준으로 최근 1년간 체납된 지방세

「지방세징수법」 제7조 제2항 및 영 제12조에서 규정하는 3회 이상의 체납횟수 계산의 기초가 되는 체납에는 관허사업 자체에 관한 것에 국한하지 아니하고 기타의 원인으로 인한 지방세의 체납과 본래의 납세의무 외의 제2차 납세의무, 납세보증인의 의무, 연대납세의무 등에 기인하는 체납액이 포함되며, 그 체납액은 30만원 이상인 경우를 말하고 "3회 이상 체납한 때"라 함은 관허사업제한 요구시점에 3건 이상의 체납이 있어야 하는 것으로 한다.

법7-3【주무관청】

「지방세징수법」 제7조 제1항부터 제5항까지에서의 "주무관청"이라 함은 허가, 인가, 면허, 등록 등을 직접 행하는 행정관청을 말한다.

출국금지의 해제를 요청하여야 한다. (2020. 12. 29. 개정)

1. 체납자가 체납액을 전부 납부한 경우
2. 체납자 재산의 압류, 담보 제공 등으로 출국금지 사유가 해소된 경우
3. 지방자치단체의 징수금의 징수를 목적으로 하는 지방자치단체의 권리(이하 "지방세징수권"이라 한다)의 소멸시효가 완성된 경우
4. 그 밖에 대통령령으로 정하는 사유가 있는 경우

④ 제1항부터 제3항까지에서 규정한 사항 외에 출국금지 요청 등의 절차에 관하여 필요한 사항은 대통령령으로 정한다.

가 3천만원 이상인 상태에서 국외 출입 횟수가 3회 이상이거나 국외 체류 일수가 6개월 이상인 사람. 다만, 사업목적, 질병치료, 직계존비속의 사망 등 정당한 사유가 있는 경우에는 출입 횟수나 체류 일수에서 제외한다. (2018. 6. 26. 개정)

6. 법 제39조에 따라 사해행위의 취소 및 원상회복 소송 중이거나 「지방세기본법」 제71조 제4항에 따라 제3자와 짜고 한 거짓계약에 대한 취소소송 중인 사람

② 지방자치단체의 장 또는 지방세조합장은 법 제8조 제1항에 따라 법무부장관에게 체납자에 대한 출국금지를 요청하는 경우에는 다음 각 호의 사항을 구체적으로 밝혀야 한다. (2022. 1. 28. 개정)

1. 제1항 각 호 중 체납자가 해당되는 항목
2. 압류·공매, 담보 제공, 보증인의 납세보증서 등으로 조세채권을 확보할 수 없는 사유
3. 체납자가 체납처분을 회피할 우려가 있다고 인정하는 사유

③ 법 제8조 제3항 제4호에서 "대통령령으로 정하는 사유가 있는 경우"란 체납액의 납부 또는 부과결정의 취소 등에 따라 체납된 지방세가 3천만원 미만으로 된 경우를 말한다. (2018. 6. 26. 개정)

④ 지방자치단체의 장 또는 지방세조합장은 출국금지 중인 사람이 다음 각 호의 어느 하나에 해당하는 경우로서 체납처분을 회피할 목적으로 국외로 도피할 우려가 없다고 인정할 때에는 법무부장관에게 출국금지의 해제

제9조【체납 또는 정리보류 자료의 제공】(2022. 1. 28. 제목개정)

① 지방자치단체의 장 또는 지방세조합장은 지방세 징수 또는 공익 목적을 위하여 필요한 경우로서 「신용정보의 이용 및 보호에 관한 법률」 제25조 제2항 제1호에 따른 종합신용정보집중기관, 그 밖에 대통령령으로 정하는 자가 다음 각 호의 어느 하나에 해당하는 체납자 또는 정리보류자의 인적사항, 체납액 또는 정리보류액에 관한 자료를 요구한 경우에는 자료를 제공할 수 있다. 다만, 체납된 지방세와 관련하여 「지방세기본법」에 따른 이의신청·심판청구, 「감사원법」에 따른 심사청구 또는 행정소송(이하 "심판청구등"이라 한다)이 계속 중인 경우, 그 밖에 대통령령으로 정하는 경우에는 그러하지 아니하다. (2023. 12. 29. 단서개정)

를 요청할 수 있다. (2022. 1. 28. 개정)

1. 국외건설계약 체결, 수출신용장 개설, 외국인과의 합작사업 계약 체결 등 구체적인 사업계획을 가지고 출국하려는 경우
2. 국외에 거주하는 직계존비속이 사망하여 출국하려는 경우
3. 제1호 및 제2호의 사유 외에 본인의 질병치료 등 불가피한 사유로 출국금지를 해제할 필요가 있다고 인정되는 경우

제16조【체납 또는 정리보류 자료의 제공】(2022. 1. 28. 제목개정)

① 법 제9조 제1항 각 호 외의 부분 단서에서 "대통령령으로 정하는 경우"란 다음 각 호의 어느 하나에 해당하는 경우를 말한다.

1. 법 제25조 제1호부터 제3호까지의 사유에 해당되는 경우 (2020. 12. 31. 개정)
2. 법 제105조 제1항에 따라 체납처분이 유예된 경우
3. 「지방세법」 제119조의 2에 따라 물적납세의무가 있는 수탁자가 그 물적납세의무와 관련하여 재산세등을 체납한 경우 (2021. 4. 27. 신설)
4. 「지방세기본법」 제75조 제1항에 따라 물적납세의무가 있는 양도담보권자가 그 물적납세의무와 관련하여 지방자치단체의 징수금을 체납한 경우 (2023. 3. 14. 신설)

1. 체납 발생일부터 1년이 지나고 체납액(정리보류액을 포함한다. 이하 이 조, 제10조 및 제11조의 2에서 같다)이 대통령령으로 정하는 금액 이상(지방세조합장의 경우에는 각 지방자치단체의 장으로부터 징수를 위탁받은 체납액을 합산한 금액이 대통령령으로 정하는 금액 이상인 경우를 말한다)인 자 (2022. 1. 28. 개정)
2. 지방세를 1년에 3회 이상 체납하고 체납액이 대통령령으로 정하는 금액 이상(지방세조합장의 경우에는 각 지방자치단체의 장으로부터 징수를 위탁받은 체납액을 합산한 금액이 대통령령으로 정하는 금액 이상인 경우를 말한다)인 자 (2020. 12. 29. 개정)

② 제1항에 따른 자료의 제공절차 등에 필요한 사항은 대통령령으로 정한다. (2022. 1. 28. 개정)

③ 제1항에 따라 자료를 제공받은 자는 이를 업무 외의 목적으로 누설하거나 이용해서는 아니 된다. (2022. 1. 28. 개정)

5. 「지방세기본법」 제75조 제3항에 따라 물적납세의무가 있는 명의수탁자가 그 물적납세의무와 관련하여 지방자치단체의 징수금을 체납한 경우 (2023. 3. 14. 신설)

② 법 제9조 제1항 제1호 및 제2호에서 "대통령령으로 정하는 금액"이란 각각 500만원을 말한다.

제17조【체납 또는 정리보류 자료의 요구 등】(2022. 1. 28. 제목개정)

① 법 제9조에 따라 체납 또는 정리보류 자료(체납자 또는 정리보류자의 인적사항, 체납액 또는 정리보류액에 관한 자료를 말한다. 이하 같다)를 요구하는 자(이하 이 조에서 "요구자"라 한다)는 다음 각 호의 사항을 적은 문서를 지방자치단체의 장 또는 지방세조합장에게 제출해야 한다. (2022. 1. 28. 개정)
1. 요구자의 성명과 주소 또는 영업소
2. 요구하는 자료의 내용 및 이용목적

② 제1항에 따라 체납 또는 정리보류 자료를 요구받은 지방자치단체의 장 또는 지방세조합장은 제3항에 따른 체납 또는 정리보류 자료파일(자료보관장치, 그 밖에 이와 유사한 매체에 체납 또는 정리보류 자료가 기록·보관된 것을 말한다. 이하 같다) 또는 문서로 이를 제공할 수 있다. (2022. 1. 28. 개정)

③ 지방자치단체의 장 또는 지방세조합장은 체납 또는 정리보류 자료를 전산정보처리조직에 의하여 처리하는

제10조 【외국인 체납자료 제공 등】 ① 행정안전부장관 또는 지방자치단체의 장은 지방세를 체납한 외국인에 대한 관리와 지방세 징수 등을 위하여 법무부장관에게 다음 각 호의 어느 하나에 해당하는 외국인 체납자의 인적사항, 체납액에 관한 자료를 제공할 수 있다. (2017. 7. 26 직제개정 ; 정부조직법 부칙)

1. 체납 발생일부터 1년이 지나고 체납액이 100만원 이상의 범위에서 대통령령으로 정하는 금액 이상인 자
2. 지방세를 3회 이상 체납하고 체납액이 5만원 이상의 범위에서 대통령령으로 정하는 금액 이상인 자

② 제1항에 따른 체납액에 관한 자료의 제공 방법 및 절차, 그 밖에 필요한 사항은 대통령령으로 정한다.

③ 제1항에 따라 체납액에 관한 자료를 제공받은 법무부장관은 이를 업무 외의 목적으로 누설하거나 이용해서는 아니 된다.

경우에는 체납 또는 정리보류 자료파일을 작성할 수 있다. (2022. 1. 28. 개정)

④ 제2항에 따라 제공한 체납 또는 정리보류 자료가 체납액의 납부, 지방세징수권의 소멸시효 완성 등의 사유로 인하여 제공대상 자료에 해당되지 않게 된 경우에는 그 사실을 사유발생일부터 15일 이내에 요구자에게 통지해야 한다. (2022. 1. 28. 개정)

⑤ 제1항부터 제4항까지에서 규정한 사항 외에 체납 또는 정리보류 자료의 요구, 제공, 정리, 관리 및 보관 등에 필요한 사항은 지방자치단체의 장이 정하거나 지방세조합의 규약으로 정한다. (2022. 1. 28. 개정)

제18조 【외국인 체납자료 제공범위 및 절차 등】 ① 법 제10조 제1항 제1호에서 "대통령령으로 정하는 금액"이란 100만원을 말한다.

② 법 제10조 제1항 제2호에 따른 "대통령령으로 정하는 금액"이란 5만원을 말한다.

③ 행정안정부장관 또는 지방자치단체의 장은 법 제10조 제1항에 따른 외국인 체납자료를 전산정보처리조직에 의하여 처리하는 경우에는 체납 자료파일을 작성하여 지방세정보통신망을 통하여 법무부장관에게 제공할 수 있다. (2017. 7. 26. 직제개정 ; 행정안전부와~직제 부칙)

③ 행정안정부장관 또는 지방자치단체의 장은 법 제10조 제1항에 따른 외국인 체납자료를 전산정보처리조직에 의하여 처리하는 경우에는 체납 자료파일을 작성하여 지방

제5조 【외국인 체납자료 제공】 법 제10조에 따라 외국인 인적사항, 체납액에 관한 자료를 제공하는 경우에는 별지 제6호 서식의 지방세 체납 외국인 자료 제공 서식에 따른다.

세통합정보통신망을 통하여 법무부장관에게 제공할 수 있다. (2024. 3. 26. 개정)

제11조 【고액 · 상습체납자의 명단공개】 지방자치단체의 장 또는 지방세조합장은 「지방세기본법」 제86조에도 불구하고 체납 발생일부터 1년이 지난 지방세(정리보류액을 포함한다)가 1천만원 이상(지방세조합장의 경우에는 각 지방자치단체의 장으로부터 징수를 위탁받은 체납 지방세를 합산한 금액이 1천만원 이상인 경우를 말한다)인 체납자에 대해서는 「지방세기본법」 제147조 제1항에 따른 지방세심의위원회(지방세조합장의 경우에는 같은 조 제2항에 따른 지방세징수심의위원회를 말한다. 이하 이 조에서 "지방세심의위원회"라 한다)의 심의를 거쳐 그 인적사항 및 체납액 등(이하 "체납정보"라 한다)을 공개할 수 있다. 다만, 체납된 지방세와 관련하여 심판청구등이 계속 중이거나 그 밖에 대통령령으로 정하는 사유가 있는 경우에는 체납정보를 공개할 수 없다. (2023. 12. 29. 단서개정)

② 제1항 본문에 따른 체납정보 공개(지방자치단체의 장이 공개하는 경우로 한정한다)의 기준이 되는 최저 금액은 1천만원 이상 3천만원 이하의 범위에서 조례로 달리 정할 수 있다. (2020. 12. 29. 개정)

③ 지방자치단체의 장 또는 지방세조합장은 지방세심의위원회의 심의를 거친 공개대상자에게 체납자 명단공개

제19조 【고액 · 상습체납자의 명단공개】 ① 법 제11조 제1항 단서에서 "대통령령으로 정하는 사유가 있는 경우"란 다음 각 호의 어느 하나에 해당하는 경우를 말한다.

1. 체납액의 100분의 50 이상을 납부한 경우 (2022. 1. 28. 개정)
2. 「채무자 회생 및 파산에 관한 법률」 제243조에 따른 회생계획인가의 결정에 따라 체납된 지방세의 징수를 유예받고 그 유예기간 중에 있거나 체납된 지방세를 회생계획의 납부일정에 따라 납부하고 있는 경우
3. 재산 상황, 미성년자 해당 여부 및 그 밖의 사정 등을 고려할 때 「지방세기본법」 제147조 제1항에 따른 지방세심의위원회 또는 같은 조 제2항에 따른 지방세징수심의위원회가 공개할 실익이 없거나 공개하는 것이 부적절하다고 인정하는 경우 (2022. 1. 28. 개정)
4. 「지방세법」 제119조의2에 따라 물적납세의무가 있는 수탁자가 그 물적납세의무와 관련하여 재산세등을 체납한 경우 (2021. 4. 27. 신설)
5. 「지방세기본법」 제75조 제1항에 따라 물적납세의무가 있는 양도담보권자가 그 물적납세의무와 관련하여 지방자치단체의 징수금을 체납한 경우 (2023. 3. 14. 신설)
6. 「지방세기본법」 제75조 제3항에 따라 물적납세의무

대상자임을 알려 소명할 기회를 주어야 하며, 통지일부터 6개월이 지난 후 지방세심의위원회로 하여금 체납액의 납부이행 등을 고려하여 체납자 명단공개 여부를 재심의하게 하여 공개대상자를 선정한다. (2020. 12. 29. 개정)

④ 제1항에 따른 공개는 관보 또는 공보 게재, 행정안전부 또는 지방자치단체의 정보통신망이나 게시판에 게시하는 방법, 지방세조합의 인터넷 홈페이지에 게시하는 방법, 「언론중재 및 피해구제 등에 관한 법률」 제2조 제1호에 따른 언론이 요청하는 경우 체납정보를 제공하는 방법으로 한다. (2020. 12. 29 개정)

⑤ 제1항에 따라 공개되는 체납정보는 체납자의 성명·상호(법인의 명칭을 포함한다), 나이, 직업, 주소 또는 영업소(「도로명주소법」 제2조 제3호에 따른 도로명 및 같은 조 제5호에 따른 건물번호까지로 한다), 체납액의 세목·납부기한 및 체납요지 등으로 한다. (2020. 12. 8. 개정 ; 도로명주소법 부칙)

⑥ 제1항부터 제5항까지의 규정에 따른 체납자 명단공개 등에 필요한 사항은 대통령령으로 정한다.

제11조의 2【둘 이상의 지방자치단체에 체납액이 있는 경우의 처리】 다음 각 호의 구분에 따른 지방자치단체의 장 또는 지방세조합장은 체납자가 둘 이상의 지방자치단체에 체납한 지방세, 체납액 또는 체납 횟수 등(이하 이 조에서 "체납액등"이라 한다)을 다음 각 호의 구

가 있는 명의수탁자가 그 물적납세의무와 관련하여 지방자치단체의 징수금을 체납한 경우 (2023. 3. 14. 신설)

② 지방자치단체의 장 또는 지방세조합장은 법 제11조 제3항에 따라 공개대상자에게 체납자 명단공개 대상자임을 알리는 경우에는 체납된 세금을 납부하도록 촉구하고, 공개 제외 사유에 해당하는 경우에는 이에 관한 소명자료를 제출하도록 안내해야 한다. (2022. 1. 28. 개정)

③ 법인인 체납자의 명단을 공개하는 경우에는 법인의 대표자를 함께 공개할 수 있다.

예 판

【판례】 명단공개의 처분성 관련

- 공공기관의 정보공개에 관한 법률의 목적, 규정 내용 및 취지 등에 비추어 보면, 국민의 정보공개청구권은 법률상 보호되는 구체적인 권리라 할 것이므로, 공공기관에 대하여 정보의 공개를 청구하였다가 공개거부처분을 받은 청구인은 행정소송을 통하여 그 공개거부처분의 취소를 구할 법률상의 이익이 있다. (대법 2003두8395, 2003. 12. 11.)

제6조【고액·상습체납자 명단공개대상자 예정 통지】 법 제11조 제3항 및 영 제19조 제2항에 따라 공개대상자에게 체납자 명단 공개대상자임을 알리는 경우에는 별지 제7호 서식의 체납자 명단 공개대상자 예정 통지서에 따른다.

예 판

【예규】 • 명단공개대상 고액체납자의 체납액의 산정기준

- 고액체납자 명단을 매년 선정·공개하여 납세의무의 이행을 간접 강제함으로써 성실납세 문화 조성을 목적으로 하는 것임을 비추어 볼 때, "체납액"은 당해에 명단공개 대상자를 선정하는 기준일 현재의 지방세 체납액을 말하는 것임. (지방세분석과-1224, 2012. 5. 7.)

• 명단공개 대상자의 주소 등이 분명하지 않은 경우

- "공시송달"이란 「지방세기본법」 제140조의 규정에 따른 명단공개를 하기 위하여 선행되어야 하는 또 다른

분에 따라 합산하여 제8조 제1항, 제9조 제1항 또는 제11조 제1항의 기준에 해당하는 경우에는 제8조에 따른 출국금지 요청, 제9조에 따른 자료의 제공 또는 제11조에 따른 체납정보 공개를 할 수 있다. (2022. 1. 28. 개정)

1. 동일한 특별시·광역시·도·특별자치도(관할 구역 안에 지방자치단체인 시·군이 있는 특별자치도에 한정한다)의 체납액등 또는 그 관할 지방자치단체의 체납액등을 합산하는 경우 : 해당 특별시장·광역시장·도지사 또는 특별자치도지사 (2023. 3. 14. 개정)
2. 전국 단위로 체납액등을 합산하는 경우 : 해당 특별시·광역시·특별자치시·도·특별자치도 또는 그 관할 지방자치단체의 체납액등을 합산한 금액이 가장 많은 특별시장·광역시장·특별자치시장·도지사·특별자치도지사 또는 지방세조합장 (2020. 12. 29. 신설)

제11조의 3【고액체납자의 거래정보등의 제공 요구】 지방세조합장은 각 지방자치단체의 장으로부터 징수를 위탁받은 체납액을 합산한 금액이 1천만원 이상인 체납자에 대한 재산조회를 위하여 「금융실명거래 및 비밀보장에 관한 법률」 제2조 제3호에 따른 금융거래의 내용에 대한 정보 또는 자료(이하 이 조에서 "거래정보등"이라 한다)의 제공을 같은 법 제4조 제2항 각 호 외의 부분 단서에 따라 거래정보등을 보관 또는 관리하는 부서에 요구할 수 있다. (2020. 12. 29. 신설)

절차적 행정행위이므로 명단공개 대상자의 주소 등이 분명하지 않은 경우에는 위의 공시송달을 거친 다음 명단을 공개하는 것이 타당함. (지방세분석과-3498, 2012. 11. 16.)

제11조의 4【고액 · 상습체납자의 감치】 ① 법원은 검사의 청구에 따라 체납자가 다음 각 호의 요건에 모두 해당하는 경우 결정으로 30일의 범위에서 체납된 지방세가 납부될 때까지 그 체납자를 감치(監置)에 처할 수 있다. (2022. 1. 28. 신설)

1. 지방세를 3회 이상 체납하고 있을 것 (2022. 1. 28. 신설)
2. 체납된 지방세가 체납 발생일부터 각각 1년 이상이 경과하였을 것 (2022. 1. 28. 신설)
3. 체납된 지방세의 합계액이 5천만원 이상일 것 (2022. 1. 28. 신설)
4. 체납된 지방세의 납부능력이 있음에도 불구하고 정당한 사유 없이 체납하였을 것 (2022. 1. 28. 신설)
5. 해당 체납자에 대한 감치 필요성에 대하여 「지방세기본법」 제147조에 따른 지방세심의위원회의 의결을 거쳤을 것 (2022. 1. 28. 신설)

② 지방자치단체의 장은 체납자가 제1항 각 호의 요건에 모두 해당하는 경우 체납자의 주소 또는 거소를 관할하는 지방검찰청 또는 지청의 검사에게 체납자의 감치를 신청할 수 있다. (2022. 1. 28. 신설)

③ 지방자치단체의 장은 제2항에 따라 체납자의 감치를 신청하기 전에 체납자에게 대통령령으로 정하는 바에 따라 소명자료를 제출하거나 의견을 진술할 수 있는 기회를 주어야 한다. (2022. 1. 28. 신설)

④ 제1항의 결정에 대해서는 즉시항고를 할 수 있다.

제19조의 2【감치에 관한 체납자의 의견진술 신청 등】 ① 지방자치단체의 장은 법 제11조의 4 제3항에 따라 체납자가 소명자료를 제출하거나 의견진술을 신청할 수 있도록 체납자에게 다음 각 호의 사항을 문서(전자문서의 경우에는 체납자가 동의하는 경우로 한정한다)로

제6조의 2【고액 · 상습체납자의 감치 관련 소명자료 제출 및 의견진술 신청 통지 등】 ① 영 제19조의 2 제1항에 따른 소명자료 제출 및 의견진술 신청에 관한 통지는 별

(2022. 1. 28. 신설)

⑤ 제1항에 따라 감치에 처하여진 체납자는 동일한 체납 사실로 인하여 다시 감치되지 아니한다. (2022. 1. 28. 신설)

⑥ 제1항에 따라 감치에 처하는 재판을 받은 체납자가 그 감치의 집행 중에 체납된 지방세를 납부한 경우 감치 집행을 종료하여야 한다. (2022. 1. 28. 신설)

⑦ 세무공무원은 제1항에 따른 감치집행 시 감치대상자에게 감치사유, 감치기간, 감치집행의 종료 등 감치결정에 대한 사항을 설명하고 그 밖에 감치집행에 필요한 절차에 협력하여야 한다. (2022. 1. 28. 신설)

⑧ 제1항에 따른 감치에 처하는 재판의 절차 및 그 집행, 그 밖에 필요한 사항은 대법원규칙으로 정한다. (2022. 1. 28. 신설)

통지해야 한다. (2022. 6. 7. 신설)

1. 체납자의 성명 및 주소 (2022. 6. 7. 신설)
2. 감치(監置)에 관한 다음 각 목의 사항 (2022. 6. 7. 신설)
   가. 법 제11조의 4 제1항 각 호의 감치요건 (2022. 6. 7. 신설)
   나. 법 제11조의 4 제1항 각 호 외의 부분에 따른 감치기간 (2022. 6. 7. 신설)
   다. 감치 신청의 원인이 되는 체납자의 체납 사실 (2022. 6. 7. 신설)
3. 법 제11조의 4 제3항에 따른 소명자료 제출 및 의견진술 신청에 관한 다음 각 목의 사항 (2022. 6. 7. 신설)
   가. 체납자가 지방자치단체의 장에게 소명자료를 제출하거나 「지방세기본법」 제147조 제1항에 따른 지방세심의위원회에서 의견을 진술할 수 있다는 사실 (2022. 6. 7. 신설)
   나. 가목에 따른 소명자료의 제출 기간 및 의견진술의 신청 기간. 이 경우 그 기간은 통지를 받은 날부터 30일 이상의 기간으로 해야 한다. (2022. 6. 7. 신설)
   다. 가목에 따른 소명자료의 제출 방법 또는 의견진술의 신청 방법 (2022. 6. 7. 신설)
4. 체납자가 법 제11조의 4 제6항에 따라 체납된 지방세를 납부하는 경우에는 감치집행이 종료된다는 사실 (2022. 6. 7. 신설)
5. 그 밖에 제1호부터 제4호까지에 준하는 것으로서 체납

지 제7호의 2 서식에 따른다. 다만, 지방자치단체의 장은 필요하다고 인정하는 경우 별지 제7호의 2 서식과 달리 정할 수 있다. (2023. 3. 14. 신설)

② 영 제19조의 2 제1항에 따른 통지를 받고 소명자료를 제출하는 경우 별지 제7호의 3 서식에 따른다. (2023. 3. 14. 신설)

③ 영 제19조의 2 제1항에 따른 통지를 받고 의견진술을 신청하는 경우 별지 제7호의 4 서식에 따른다. (2023. 3. 14. 신설)

④ 영 제19조의 2 제2항에 따른 지방세심의위원회의 회의 일시 및 장소의 통지는 별지 제7호의 5 서식에 따른다. (2023. 3. 14. 신설)

제2장 징 수

제1절 징수절차

제12조【납세의 고지 등】 ① 지방자치단체의 장은 지방세를 징수하려면 납세자에게 그 지방세의 과세연도·세목·세액 및 그 산출근거·납부기한과 납부장소를 구체적으로 밝힌 문서(전자문서를 포함한다. 이하 같다)로 고지하여야 한다.

자의 소명자료 제출 및 의견진술 신청에 필요하다고 지방자치단체의 장이 정하는 사항 (2022. 6. 7. 신설)

② 지방자치단체의 장은 법 제11조의 4 제3항에 따라 체납자의 의견진술 신청을 받은 경우 「지방세기본법」 제147조 제1항에 따른 지방세심의위원회의 회의 개최일 3일 전까지 해당 체납자에게 회의 일시 및 장소를 통지해야 한다. (2022. 6. 7. 신설)

제2장 징 수

제1절 징수절차

제20조【납세의 고지】 법 제12조에 따른 납세의 고지는 다음 각 호의 사항을 적은 납세고지서 또는 납부통지서로 하여야 한다.

1. 납부할 지방세의 과세연도·세목·세액 및 납부기한
2. 세액의 산출근거와 납부장소. 다만, 하나의 납세고지서 또는 납부통지서로 둘 이상의 과세대상을 동시에 고지하는 경우에는 세액의 산출근거를 생략할 수 있으며, 이 경우 납세자가 세액 산출근거의 열람을 신청하는 때에는 세무공무원은 지체 없이 열람할 수 있도록 하여야 한다.

제2장 징 수

제7조【납세고지서】 법 제12조 및 영 제20조에 따른 납세의 고지는 별지 제8호 서식의 납세고지서에 따른다.

② 지방자치단체의 장은 체납액 중 지방세만을 완납한 납세자에게 체납처분비를 징수할 때에는 대통령령으로 정하는 바에 따라 문서로 고지하여야 한다. (2020. 12. 29. 개정)

편주

- 법 12조 2항의 개정규정은 2024. 1. 1.부터 시행함. (법 부칙(2020. 12. 29.) 1조 단서) (2022. 1. 28. 개정)
- 2023. 12. 31. 이전에 납세의무가 성립된 분에 대해서는 법 12조 2항의 개정규정에도 불구하고 종전의 규정에 따름. (법 부칙(2020. 12. 29.) 4조) (2022. 1. 28. 개정)

예판

【판례】 납세고지서의 효력

- 신고불성실가산세와 납부불성실가산세를 부과한 납세고지서에 각 가산세가 종류별로 구분되지 아니한 채 그 합계액이 본세액과 별도로 기재되어 있을 뿐이고, 각 가산세의 산출근거도 기재되어 있지 않은 경우에는, 관계 법령에서 요구하는 기재사항을 누락하는 등의 하자가 있어 그 부과처분은 위법함. (대법 2010두12347, 2012. 10. 18.)
- 납세고지서에 세율 또는 과세표준 등 관계 법령에서 요구하는 기재사항을 일부 누락한 하자가 있고, 원고가 취득세 등을 신고할 당시 이미 취득세 등의 세율과 과세표준을 알고 있었더라도 그 하자가 보완되거나 치유되었다고 볼 수도 없어 해당 부과처분은 위법함. (대법 2015두38931, 2015. 9. 24.)

제21조【체납처분비의 납부고지】 법 제12조 제2항에 따른 체납처분비고지서에는 다음 각 호의 사항을 적어야 한다.

1. 체납처분비의 징수에 관계되는 지방세의 과세연도 및 세목
2. 체납처분비와 그 산출근거 · 납부기한 및 납부장소

예판

【조심판례】 처분청이 취득세 등 납세고지서에 가산세액, 산출근거 및 그 내역 등을 구분기재하지 아니하고 통지하여 하자가 있고, 납세고지서의 흠결을 보완하였다거나 하자가 치유되었음을 뒷받침할 만한 증빙(과세예고 등)이 없으므로 청구법인에게 송달한 이 건 납세고지서는 그 기재 내용에 치유할 수 없는 잘못이 있음. (조심 2015지676, 2015. 7. 21.)

제8조【체납처분비의 고지】 법 제12조 제2항 및 영 제21조에 따른 체납처분비 고지서는 별지 제9호 서식에 따른다.

제13조【납세고지서의 발급시기】 납세고지서의 발급시기는 다음 각 호의 구분에 따른다.

1. 납부기한이 일정한 경우 : 납기가 시작되기 5일 전
2. 납부기한이 일정하지 아니한 경우 : 부과결정을 한 때
3. 법령에 따라 기간을 정하여 징수유예 등을 한 경우 : 그 기간이 만료한 날의 다음 날

제14조【납부기한의 지정】 지방자치단체의 장은 지방자치단체의 징수금의 납부기한을 납세 또는 납부의 고지를 하는 날부터 30일 이내로 지정할 수 있다.

제15조【제2차 납세의무자에 대한 납부고지】 지방자치단체의 장은 납세자의 지방자치단체의 징수금을 「지방세기본법」 제45조부터 제48조까지의 규정에 따른 제2차 납세의무자(보증인을 포함한다. 이하 같다)로부터 징수하려면 제2차 납세의무자에게 징수하려는 지방자치단체의 징수금의 과세연도·세목·세액 및 그 산출근거·납부기한·납부장소와 제2차 납세의무자로부터 징수할 금액 및 그 산출근거, 그 밖에 필요한 사항을 기록한 납부통지서로 고지하여야 한다. 이 경우 납세자에게 그 사실을 알려야 한다.

예판

【판례】 제2차 납세의무의 의미, 성립시기 등

• 제2차 납세의무자에 대한 납부고지는 주된 납세의무자에 대한

운영예규 법13-1【납세고지서의 발부시기 경과 후에 발부한 납세고지서의 효력】

납세고지서의 발부시기에 관한 법 제13조의 규정은 훈시규정이므로, 동조의 발부시기 이후에 발부된 고지서도 그 효력에는 영향이 없다.

제22조【제2차 납세의무자에 대한 납부고지】 법 제15조에 따른 제2차 납세의무자에 대한 납부통지서에는 다음 각 호의 사항을 적어야 한다.

1. 납세자의 성명과 주소 또는 영업소
2. 체납액의 과세연도·세목·세액·산출근거 및 납부기한
3. 제2호의 체납액 중 「지방세기본법」 제45조부터 제48조까지에 따른 제2차 납세의무자로부터 징수할 금액, 그 산출근거·납부기한과 납부장소
4. 제2차 납세의무자에게 적용한 규정

운영예규 법15-1【제2차납세의무자 상호간의 관계】

제2차납세의무자가 2인 이상인 경우에 상호간의 관계는 다

제9조【제2차 납세의무자에 대한 납부의 고지】 ① 법 제15조 및 영 제22조에 따른 제2차 납세의무자에 대한 납부통지서는 별지 제10호 서식에 따른다.

② 지방자치단체의 장은 제1항에 따른 납부통지서를 발부할 때에는 별지 제8호 서식의 납세고지서를 첨부하여야 한다.

운영예규 법15-4【제2차납세의무자로부터 징수

부과처분과는 독립된 것으로서, 제2차 납세의무가 성립하기 위해서는 주된 납세의무에 체납처분을 집행하여 부족액이 생기는 것을 요하지 아니하고 체납처분을 하면 객관적으로 징수부족액이 생길 것으로 인정되면 성립되는 것이며(대법 2003두10718, 2004. 5. 14.), 그 납세의무의 성립시기는 주된 납세의무자 체납 등 그 요건이 해당하는 사실이 발생하여야 하므로, 적어도 주된 납세의무의 납부기한이 경과된 이후라 할 것임. (대법 2010두13234, 2012. 5. 9., 지방세분석과-2044, 2012. 7. 17.)

【조심판례】 제2차 납세의무자 지정

- 「지방세징수법」 제15조에서 지방자치단체의 장이 그 징수금을 과점주주 등 제2차 납세의무자로부터 징수하려면 제2차 납세의무자로부터 징수할 금액 및 그 산출근거, 그 밖에 필요한 사항을 기록한 납부통지서로 고지하여야 한다고 규정하고 있으나 처분청은 이 건 법인세분의 제2차 납세의무자로 지정하고 납부 통지를 한 사실이 없으므로 이 건 법인세분의 제2차 납세의무자로 지정하고 납부통지를 한 처분은 잘못이 있다고 판단됨. (조심 2017지13, 2019. 6. 5.)

운영예규 법15-5【체납처분비와의 관계】

「지방세징수법」 제15조의 "제2차납세의무자로부터 징수할 금액"을 징수하기 위하여 필요한 체납처분비는 그 "징수할 금액" 외로 징수할 수 있다.

제16조【양도담보권자등에 대한 징수절차】(2022. 1. 28. 제목개정)

① 지방자치단체의 장은 「지방세기본법」 제75조에 따라 양도담보권자나 종중(宗中) 재산의 명의수탁자(이하 이

음과 같다.

1. 제2차납세의무자 1인에 대하여 발생한 이행(납부, 충당 등) 이외의 사유는 다른 제2차납세의무자의 제2차 납세의무에는 영향을 미치지 아니한다. 따라서, 징수유예 등의 처분을 제2차납세의무자 1인에 대하여 한 경우 다른 제2차납세의무자에게는 징수유예 등의 효력은 미치지 아니한다.
2. 제2차납세의무자 1인이 그의 제2차 납세의무를 이행한 경우에는 그 이행에 의하여 제2차 납세의무가 소멸된 세액이 다른 제2차납세의무자의 제2차 납세의무의 범위에 포함되어 있으면 그 범위 내 제2차 납세의무도 소멸한다. 이 경우 범위에 포함되어 있는지에 관하여는 분배 등을 한 재산의 가액을 기준으로 하여 판정한다.

법15-2【정리채권이 면책된 경우】

주된 납세자가 「채무자 회생 및 파산에 관한 법률」 제251조(회생채권 등의 면책 등)의 규정에 의하여 지방세의 납세의무에 대하여 면책된 경우에 있어서도 제2차 납세의무에 관한 지방세의 납세의무에는 영향을 미치지 아니한다.

법15-3 【시효의 중단】

주된 납세자의 납세의무의 시효중단의 효력은 제2차 납세의무에 미치며, 제2차납세의무자에 대한 납부최고·압류처분 등으로 인한 시효중단의 효력은 주된 납세자의 납세의무에 대하여 그 효력이 미치지 아니한다.

제23조【양도담보권자등에 대한 고지 등】(2022. 1. 28. 제목개정)

양도담보권자 또는 명의수탁자(이하 이 조에서 "양도담보권자등"이라 한다)에 대한 납부의 고지는 다음 각 호

할 금액】

「지방세징수법」 제15조의 "납부통지서"에 기재하는 "제2차납세의무자로부터 징수할 금액"이라 함은 다음의 금액을 말하되, 주된 납세자에 대한 체납처분을 종결하기 전이라도 징수할 금액에 부족하다고 인정되는 범위 내에서 납부통지를 할 수 있다.

1. 출자자의 제2차 납세의무(「지방세기본법」 제46조)에 있어서는 법인에 대하여 체납처분을 집행하여도 징수할 금액에 부족한 체납액 중 출자지분율에 해당하는 금액
2. 재산 등의 가액을 한도로 하는 제2차 납세의무(「지방세기본법」 제45조, 제47조, 제48조)에 있어서는 주된 납세자에 대하여 체납처분을 집행하여도 징수할 금액에 부족한 체납액의 범위 안에서 그 재산 등의 가액을 한도로 하는 금액

제10조【양도담보권자 등에 대한 납부의 고지】(2022. 3. 18. 제목개정)

① 법 제16조 제1항 및 영 제23조에 따른 납부의 고지는 다음 각 호의

조에서 "양도담보권자등"이라 한다)에게 납세자에 대한 지방자치단체의 징수금을 징수할 때에는 제15조를 준용하여 미리 납부의 고지를 하여야 한다. (2022. 1. 28. 개정)

② 양도담보권자등에게 납세자에 대한 지방자치단체의 징수금을 징수할 때에는 제22조를 준용한다. (2022. 1. 28. 개정)

③ 제1항에 따라 양도담보권자에게 고지를 하거나 양도담보재산을 압류한 후 그 재산의 양도에 따라 담보된 채권이 채무불이행이나 그 밖의 변제 외의 이유로 소멸된 경우(양도담보재산의 환매, 재매매의 예약, 그 밖에 이와 유사한 계약을 체결한 경우에 기한의 경과 등 그 계약의 이행 외의 이유로 계약의 효력이 상실되었을 때를 포함한다)에도 양도담보재산으로 존속하는 것으로 본다. (2022. 1. 28. 개정)

예판

【예규】 양도담보권자로부터 납세자의 국세·가산금 또는 체납처분비를 징수하고자 할 때에는 양도담보권자에게 납부의 고지를 하여야 하는 것임. (국세청 징세과-830, 2010. 8. 30.)

제17조【도세 등에 대한 징수의 위임】 ① 시장·군수·구청장은 그 시·군·구 내의 특별시세·광역시세·도세·특별자치도세(이하 "시·도세"라 한다)를 징수하여 특별시·광역시·도·특별자치도(관할 구역 안에 지방자치단체인 시·군이 있는 특별자치도에 한정한다. 이하 이 조에서 같다)에 납입할 의무를 진다. 다만, 특별시

의 사항을 적은 문서로 해야 한다. (2023. 3. 14. 개정)

1. 납세자 및 양도담보권자등의 성명과 주소 또는 영업소 (2022. 1. 28. 개정)
2. 체납액의 과세연도·세목·세액 및 납부기한
3. 제2호의 세액 중 양도담보권자등으로부터 징수해야 할 납세자의 지방자치단체의 징수금의 세액 및 그 산출근거·납부기한과 납부장소 (2022. 1. 28. 개정)
4. 납세자 및 양도담보권자등에게 적용한 규정 (2022. 1. 28. 개정)

제24조【특별시세·광역시세·도세·특별자치도세 징수의 위임 등】 (2023. 3. 14. 제목개정)

① 시장·군수·구청장(자치구의 구청장을 말한다. 이하 같다)이 법 제17조 제1항 본문에 따라 징수하는 그 시·군·구(자치구를 말한다. 이하 같다) 내의 특별시세·광역시세·도세·특별자치도세에 대하여 체납처분

구분에 따른다. (2022. 3. 18. 개정)

1. 양도담보권자의 경우 : 별지 제11호 서식의 양도담보권자에 대한 납부통지서 (2022. 3. 18. 개정)
2. 종중 재산의 명의수탁자의 경우 : 별지 제11호의 2 서식의 종중 재산의 명의수탁자에 대한 납부통지서 (2022. 3. 18. 개정)

② 지방자치단체의 장은 법 제16조 제1항 및 영 제23조에 따라 납부의 고지를 할 때에는 납세고지서를 첨부해야 한다. (2022. 3. 18. 개정)

장·광역시장·도지사·특별자치도지사(관할 구역 안에 지방자치단체인 시·군이 있는 특별자치도의 도지사에 한정한다. 이하 이 조에서 같다)는 필요한 경우 납세자에게 직접 납세고지서를 발급할 수 있다. (2023. 3. 14. 개정)

② 제1항의 시·도세 징수의 비용은 시·군·구가 부담하고, 특별시장·광역시장·도지사·특별자치도지사는 대통령령으로 정하는 교부율과 교부기준에 따른 특별시·광역시·도·특별자치도의 조례로 정하는 바에 따라 그 처리비용으로 시·군·구에 징수교부금을 교부하여야 한다. 다만, 해당 지방세와 함께 징수하는 시·도세와 「지방세기본법」 제9조에 따른 특별시분 재산세를 해당 지방세의 고지서에 병기하여 징수하는 경우에는 징수교부금을 교부하지 아니한다. (2023. 3. 14. 개정)

을 하는 경우에 드는 비용은 시·군·구의 부담으로 하고, 체납처분 후에 징수되는 체납처분비는 시·군·구의 수입으로 한다. (2023. 3. 14. 개정)

② 법 제17조 제2항에 따른 교부율(시·군·구에서 징수하여 특별시·광역시·도·특별자치도에 납입한 징수금액에 대한 각 시·군·구별 분배 금액의 합계액의 비율을 말한다)은 100분의 3으로 한다. (2023. 3. 14. 개정)

③ 법 제17조 제2항에 따른 시·군·구별 교부기준(징수교부금으로 확정된 특별시세·광역시세·도세·특별자치도세 징수금의 일정부분을 각 시·군·구에 분배하는 기준을 말한다)은 각 시·군·구에서 징수한 특별시세·광역시세·도세·특별자치도세 징수금액의 100분의 3으로 한다. 다만, 지역실정을 고려하여 필요할 경우에는 특별시·광역시·도·특별자치도의 조례로 징수금액 외에 징수건수를 반영하는 등 교부기준을 달리 정할 수 있으며, 징수건수를 반영할 경우에는 레저세의 징수건수는 포함하지 아니한다. (2023. 3. 14. 개정)

④ 시장·군수·구청장이 징수한 특별시세·광역시세·도세·특별자치도세는 납입서를 첨부하여 다음 각 호의 구분에 따라 지정된 기한 내에 특별시·광역시·도·특별자치도의 금고에 납입하거나 지정된 은행 또는 체신관서를 통하여 특별시·광역시·도·특별자치도의 금고에 납입하여야 한다. (2023. 3. 14. 개정)

1. 특별시·광역시·도·특별자치도의 금고, 지정된 은

제11조【징수한 지방세의 납부】

① 영 제24조 제4항에 따라 시장·군수·구청장(자치구의 구청장을 말한다. 이하 같다)이 징수한 특별시세·광역시세·도세를 특별시·광역시·도의 금고에 납입할 경우에는 별지 제12호 서식의 납입서에 따른다.

제18조【징수촉탁】 ①「지방세기본법」, 이 법이나 지방세관계법에 따라 지방자치단체의 징수금을 납부할 자의 주소 또는 재산이 다른 지방자치단체에 있을 때에는 세무공무원은 그 주소지 또는 재산 소재지의 세무공무원에게 그 징수를 촉탁할 수 있다.
② 제1항에 따라 징수를 촉탁받은 세무공무원이 속하는 지방자치단체는 촉탁받은 사무의 비용과 송금비용 및 체납처분비를 부담하고, 징수한 지방자치단체의 징수금에서 다음 각 호의 금액을 뺀 나머지 금액을 촉탁한 세무공무원이 속하는 지방자치단체에 송금하여야 한다.
1. 지방자치단체의 징수금에서 체납처분비를 뺀 금액에 대통령령으로 정하는 비율을 곱하여 산정한 금액
2. 체납처분비
③ 지방자치단체는 상호 간에 지방세의 징수촉탁에 관한 협약을 체결할 수 있다. 이 경우 징수촉탁에 관한 협약에는 징수촉탁사무의 내용과 범위, 촉탁사무의 관리 및 처리비용, 경비의 부담 등에 관한 사항이 포함되어야 한다.

행 또는 체신관서 소재지에 있는 시·군·구는 수납한 날의 다음 날까지 (2023. 3. 14. 개정)
2. 특별시·광역시·도·특별자치도의 금고, 지정된 은행 또는 체신관서 소재지 외에 있는 시·군·구는 수납한 날부터 5일 이내 (2023. 3. 14. 개정)

제25조【징수촉탁의 절차 등】 ① 법 제18조에 따라 징수촉탁을 하려는 세무공무원은 다음 각 호의 사항을 적은 문서로 하여야 한다.
1. 납세자의 변경 전과 변경 후의 주소 또는 영업소
2. 징수촉탁을 하는 지방세의 과세연도·세목·과세대상·과세표준·세율·납부기한 및 그 금액
3. 독촉장 또는 납부최고서를 발급한 사실이 있는지와 그 발급 연월일
4. 그 밖의 참고사항
② 제1항에 따라 징수촉탁을 받은 세무공무원은 징수촉탁을 한 세무공무원에게 지체 없이 인수서를 발송하여야 한다.
③ 제1항 및 제2항에 따라 징수촉탁을 한 경우에 그 징수가 지연되거나 그 밖에 특별한 사유가 있을 때에는 징수촉탁을 한 세무공무원은 징수촉탁을 받은 세무공무원과 협의하여 직접 징수촉탁을 받은 지방자치단체의 구역에서 해당 체납자에 대하여 체납처분을 할 수 있다.
④ 법 제18조 제2항 제1호에서 "대통령령으로 정하는 비

② 시장·군수·구청장이 징수한 시·군·구(자치구를 말한다. 이하 같다)세를 시·군·구의 금고에 납입할 경우에는 제1항을 준용한다.

제12조【징수촉탁 등】 ① 법 제18조 및 영 제25조 제1항에 따른 징수촉탁은 별지 제13호 서식의 징수촉탁서에 따른다.
② 영 제25조 제2항에 따라 징수촉탁서를 받은 세무공무원이 발송하여야 하는 인수서는 별지 제14호 서식의 징수촉탁 인수서에 따른다. 다만, 지방자치단체의 징수금을 납부할 자가 그 관할구역에 거주하지 아니하거나 압류할 재산이 없어 그 인수가 불가할 때에는 그 사실을 별지 제15호 서식의 징수촉탁 인수 불가

예판

【예규】 수탁자치단체의 수탁업무 관할범위

• 지방세법 제56조 제1항에서 특정 지방자치단체의 징수금을 납부할 자의 주소 또는 재산이 다른 자치단체에 있는 경우에 한하여 그 자치단체에 징수를 촉탁함으로써 위탁기관의 징수금을 징수할 수 있도록 규정하고 있는 입법취지를 고려하여 볼 때, 동 규정에 의한 징수촉탁의 개념은 동조 제3항에서 규정하는 "자동차세의 징수촉탁"의 경우에도 동일하게 적용되는 것이라 할 것이므로, 지방세법 제56조 제3항 및 자치단체간 협약에 의하여 위탁자치단체가 수탁자치단체에 징수촉탁하여 위탁자치단체의 자동차세 징수금을 징수함에 있어 수탁자치단체가 자동차 번호판을 영치할 수 있는 지역적 범위는 수탁자치단체의 관할지역내에 한정되는 것으로 보아야 하고, 수탁자치단체의 지역적 범위를 넘어서 번호판을 영치하는 경우는 지방세법 제56조 제3항에서 규정하는 자동차세징수촉탁에 해당되지 않는 것임. (지방세운영과-2228, 2010. 5. 27.)

제19조 【지방자치단체의 징수금에 대한 납부의무 면제】 ① 시·군·구세 또는 특별시세·광역시세·특별자치시세·도세·특별자치도세의 특별징수의무자는 받았던 지방자치단체의 징수금을 불가피한 사고로 잃어버렸을 때에는 그 사실을 증명하여 시·군·구세는 시장·군수·구청장에게, 특별시세·광역시세·특별자치시세·도세·특별자치도세는 특별시장·광역시장·특별자치시장·도지사·특별자치도지사에게 지방자치단체의 징수금 납부의무의 면제를 신청할 수 있다.

율"이란 100분의 30을 말한다.

예판

【예규】 자동차세 체납이 있는 차량을 발견 후에 자동차 소유자에게 체납세액 납부안내 문자발송에 그쳤다면, 「지방자치단체 지방세 징수촉탁 협약서」상 '번호판 영치업무'에 해당한다 보기 어려움. (지방세정책과-2386, 2023. 7. 4.)

제26조 【불가피한 사고】 법 제19조 제1항에 따른 불가피한 사고는 선량한 관리자의 주의를 다하고도 예방할 수 없는 사고로 한다.

통지서에 따라 징수촉탁을 한 세무공무원에게 통지하여야 한다.

③ 세무공무원은 제2항 본문에 따른 인수서를 발송한 때에는 지방자치단체의 징수금을 납부할 자에게 납부기한을 지정하여 별지 제16호 서식의 징수촉탁 인수 통지서를 발부하여야 한다.

제13조 【징수금에 대한 납부의무 면제 신청 등】 ① 법 제19조 제1항에 따른 특별징수의무자의 징수금 납부의무 면제 신청은 별지 제17호 서식의 잃어버린 징수금의 납부의무 면제 신청서에 따른다.

② 지방자치단체의 장은 제1항의 신청을 받은 날부터 30일 이내에 면제 여부를 결정하여야 한다.
③ 제2항의 결정에 불복하는 자는 결정의 통지를 받은 날부터 14일 이내에 특별시세·광역시세·특별자치시세·도세·특별자치도세의 경우에는 행정안전부장관에게, 시·군·구세의 경우에는 특별시장·광역시장·도지사·특별자치도지사(관할 구역 안에 지방자치단체인 시·군이 있는 특별자치도의 도지사에 한정한다)에게 심사를 청구할 수 있다. (2023. 3. 14. 개정)
④ 행정안전부장관 또는 특별시장·광역시장·도지사·특별자치도지사는 제3항의 심사청구를 받은 날부터 30일 이내에 결정을 하여야 한다. (2023. 3. 14. 개정)

제20조【제3자의 납부】 ① 지방자치단체의 징수금은 납세자를 위하여 제3자가 납부할 수 있다.
② 제1항에 따른 제3자의 납부는 납세자의 명의로 납부하는 것으로 한정한다.
③ 제1항에 따라 납세자를 위하여 지방자치단체의 징수금을 납부한 제3자는 지방자치단체에 대하여 그 반환을 청구할 수 없다.

제21조【지방세에 관한 상계 금지】 지방자치단체의 징수금과 지방자치단체에 대한 채권으로서 금전의 급부(給付)를 목적으로 하는 것은 법률에 따로 규정이 있는

예판

【판례】 제3자 납부의 효력
• 체납자의 조세채무임을 알면서 체납자 명의로 그 세금을 납부한 경우에는 체납자의 조세채무 이행으로서 원칙적으로 유효하고, 이 경우 조세채무는 소멸하므로 세금을 납부한 제3자와 처분청 사이에 부당이득의 문제는 생기지 아니하고, 다만 제3자와 체납자 사이에서 사무관리 또는 부당이득의 문제만 발생할 뿐임. (대법 98다27579, 1998. 10. 9.)

예판

【예규】 지방세법 제63조의 규정에 의거 지방자치단체의 징수금

② 법 제19조 제2항 또는 제4항에 따른 특별징수의무자의 징수금 납부의무 면제 여부에 대한 결정의 통지는 별지 제18호 서식의 잃어버린 징수금의 납부의무 면제 여부 결정 통지서에 따른다.

예판

【예규】 제3자가 해당 납세자의 징수금을 해당 납세자 명의로 납부할 수 있으며, 대납한 제3자는 지방자치단체에게 반환청구를 할 수 없음. (지방세분석과-1162, 2013. 6. 5.)

운영예규 법21-1【상계의 금지】
채권이 압류된 경우 제3채무자가 가

것을 제외하고는 상계(相計)할 수 없다. 환급금에 관한 채권과 지방자치단체에 대한 채무로서 금전의 급부를 목적으로 하는 것에 대해서도 또한 같다.

제22조【납기 전 징수】 ① 지방자치단체의 장은 납세자에게 다음 각 호의 어느 하나에 해당하는 사유가 있는 경우 납기 전이라도 이미 납세의무가 성립된 지방세를 확정하여 지방자치단체의 징수금을 징수할 수 있다. (2023. 3. 14. 개정)

운영예규 법22-1【납기전】
「지방세징수법」 제22조에서 "납기 전"이라 함은 동 예규 「지방세기본법」 2-2에 게기하는 납부기한의 도래 전을 말한다.

법22-2【납세의무가 성립된 지방세를 확정】
「지방세징수법」 제22조에서 "납세의무가 성립된 지방세를 확정"이라 함은 「지방세기본법」 제35조 제1항 및 제2항 각 호에 해당되어 세액이 확정되는 것을 말한다.

1. 국세, 지방세, 그 밖의 공과금의 체납으로 강제징수 또는 체납처분이 시작된 경우 (2023. 3. 14. 개정)

운영예규 법22-3【지방세, 공과금】
「지방세징수법」 제22조에서 "국세", "공과금"이라 함은 각각 「국세기본법」 제2조 제1호(국세의 정의) 및 「지방세기본법」 제2조 제1항 제26호(공과금의 정의)에서 정한 것을 말한다.

과 지방자치단체의 채권으로서 금전급부를 목적으로 하는 것은 법률에 따른 규정이 있는 것을 제외하고는 상계할 수 없는 것이므로, 귀문의 경우 수용에 따른 보상금과 환지청산금을 각각 별개로 하여 지방세법 제109조 제1항 및 제3항 제2호의 규정에 의하여 처리하여야 함. (세정과 13430-245, 2002. 3. 13.)

제27조【납기 전에 징수하는 지방세】 법 제22조 제1항에 따라 납기 전이라도 징수할 수 있는 지방자치단체의 징수금은 다음 각 호의 어느 하나에 해당하는 것으로서 지방자치단체의 장이 납부기한까지 기다려서는 해당 지방세를 징수할 수 없다고 인정하는 것으로 한정한다.

1. 신고납부를 하거나 납세의 고지를 하는 지방세
2. 특별징수하는 지방세
3. 납세조합이 징수하는 지방세

지는 반대채권과 피압류채권과의 상계에 관하여는 다음에 유의한다.

1. 제3채무자는 수동채권이 압류된 후에 취득한 채권을 자동채권으로 하여 상계할 수 없다. (「민법」 제498조 참조)
2. 제3채무자가 압류 전에 자동채권을 취득한 경우에도 압류시에 상계적상에 있지 아니하면 상계로써 지방자치단체에 대항하지 못한다.
3. 제3채무자가 가지는 자동채권은 수동채권의 압류 전에 변제기가 도래하였으나 수동채권은 변제기가 도래하지 아니한 경우에도 수동채권에 관하여 제3채무자가 기한의 이익을 포기할 수 있는 때에는 압류 후에 있어서도 상계할 수 있다. (대법원 '79. 6. 12 선고, 79다 662 사건 참조)

2. 「민사집행법」에 따른 강제집행이 시작되거나 「채무자 회생 및 파산에 관한 법률」에 따른 파산선고를 받은 경우 (2023. 3. 14. 개정)
3. 경매가 시작된 경우 (2023. 3. 14. 개정)
4. 법인이 해산한 경우 (2023. 3. 14. 개정)
5. 지방자치단체의 징수금을 포탈하려는 행위가 있다고 인정되는 경우 (2023. 3. 14. 개정)
6. 「어음법」 및 「수표법」에 따른 어음교환소에서 거래정지처분을 받은 경우 (2023. 3. 14. 개정)
7. 납세자가 납세관리인을 정하지 아니하고 국내에 주소 또는 거소를 두지 아니하게 된 경우 (2023. 3. 14. 개정)
8. 「신탁법」에 따른 신탁을 원인으로 납세의무가 성립된 부동산의 소유권을 이전하기 위하여 등기관서의 장에게 등기를 신청하는 경우 (2023. 3. 14. 개정)

② 지방자치단체의 장은 제1항에 따라 납기 전에 징수하려면 납부기한을 정하여 그 취지를 납세자에게 고지하여야 한다. 이 경우 이미 납세고지를 하였으면 납부기한의 변경을 문서로 고지하여야 한다.

예판

【판례】 납기전 징수 대상자

• 납기전 징수와 보전압류의 대상 "납세자"에는 주된 납세의무자 뿐만 아니라 제2차 납세의무자도 포함되므로, 주된 납세의무의 확정절차나 그에 대한 체납처분절차를 거치지 아니하고 더 나아가 제2차 납세의무자지정통지를 하지 아니한 상태라

운영예규 법22－4【강제집행】

「지방세징수법」 제22조에서 규정하는 "강제집행"이라 함은 「민사집행법」 제2편에 의한 강제집행을 말하는 것이나 가압류 및 가처분은 포함되지 아니한다.

운영예규 법22－5【지방세를 포탈하고자 하는 행위】

「지방세징수법」 제22조에서 "지방자치단체의 징수금을 포탈하려는 행위"라 함은 사기, 기타 부정한 방법으로 지방세 등을 면하거나 면하고자 하는 행위, 지방세 등의 환급·공제를 받거나 받고자 하는 행위 또는 지방세 등의 체납처분의 집행을 면하거나 면하고자 하는 행위를 말한다.

제28조【납기 전 징수의 고지】 법 제22조 제2항에 따른 고지를 할 때에는 같은 조 제1항에 따라 납기 전에 징수를 하는 뜻을 제20조에 따른 납세고지서 또는 납부통지서에 적어야 한다. 다만, 이미 납세의 고지를 하였거나 납세의 고지를 요하지 아니하는 경우에는 납부기한을 변경하는 뜻을 적은 문서(전자문서를 포함한다)로 고지하여야 한다.

제14조【납부기한의 변경 고지】 법 제22조 제2항 후단 및 영 제28조 단서에 따라 납부기한을 변경하는 뜻을 고지하는 경우에는 별지 제19호 서식의 납부기한 변경 고지서에 따른다.

제15조【지방세종합정보통신망을 이용한 지방세 납부확인서의 발급】 (2024. 3. 26. 제목개정)

하더라도 제2차 납세의무자에 대하여 압류처분 할 수 있음.
(대법 87다카684, 1989. 2. 28.)

제23조【납부의 방법】(2023. 3. 14. 제목개정)
① 지방자치단체의 징수금은 다음 각 호의 방법으로 납부한다. (2023. 3. 14. 개정)

1. 현금(대통령령으로 정하는 바에 따라 계좌이체하는 경우를 포함한다) (2023. 3. 14. 개정)
2. 「증권에 의한 세입납부에 관한 법률」에 따른 증권 (2023. 3. 14. 개정)
3. 대통령령으로 정하는 지방세수납대행기관(이하 "지방세수납대행기관"이라 한다)을 통하여 처리되는 다음 각 목의 결제수단(대통령령으로 정하는 지방자치단체의 징수금을 납부하는 경우만 해당한다) (2023. 3. 14. 개정)
   가. 「여신전문금융업법」 제2조 제3호에 따른 신용카드 또는 같은 조 제6호에 따른 직불카드 (2023. 3. 14. 개정)
   나. 「정보통신망 이용촉진 및 정보보호 등에 관한 법률」 제2조 제10호에 따른 통신과금서비스 (2023. 3. 14. 개정)
   다. 그 밖에 가목 또는 나목과 유사한 것으로서 대통령령으로 정하는 결제수단 (2023. 3. 14. 개정)

제29조【납부 및 수납의 방법】 ① 납세자가 지방자치단체의 징수금을 납부할 때에는 지방자치단체의 금고 또는 제3항에 따른 지방세수납대행기관에 납부해야 한다. (2023. 3. 14. 개정)

② 법 제23조 제1항 제1호에서 "대통령령으로 정하는 바에 따라 계좌이체하는 경우"란 제3항에 따른 지방세수납대행기관에 개설된 계좌로 「전자금융거래법」 제2조 제8호에 따른 전자적 장치를 이용해 자금을 이체하는 경우를 말한다. (2023. 3. 14. 개정)

③ 법 제23조 제1항 제3호 각 목 외의 부분에서 "대통령령으로 정하는 지방세수납대행기관"이란 다음 각 호의 자를 말한다. (2023. 3. 14. 개정)

1. 「지방회계법 시행령」 제49조 제1항 또는 제2항에 따라 지방자치단체 금고 업무의 일부를 대행하는 자 (2023. 3. 14. 개정)
2. 정보통신망을 이용하여 신용카드, 직불카드, 통신과금서비스 등에 의한 결제를 수행하는 기관으로서 지방자치단체의 장이 지방세수납대행기관으로 지정하는 자 (2023. 3. 14. 개정)

④ 법 제23조 제1항 제3호 각 목 외의 부분에서 "대통령령으로 정하는 지방자치단체 징수금"이란 자동차 주행에 대

지방자치단체의 장은 납세자가 지방자치단체의 징수금을 납부한 때에는 납세자의 요청(지방세정보통신망을 통한 요청을 포함한다)에 따라 다음 각 호의 구분에 따른 납부확인서를 발급한다.

지방자치단체의 장은 납세자가 지방자치단체의 징수금을 납부한 때에는 납세자의 요청(지방세종합정보통신망을 통한 요청을 포함한다)에 따라 다음 각 호의 구분에 따른 납부확인서를 발급한다. (2024. 3. 26. 개정)

1. 취득세 또는 등록면허세(취득세 또는 등록면허세에 부가하여 징수하는 지방세와 국세를 포함한다) 및 가산금을 납부한 경우 : 별지 제20호 서식의 취득세(등록면허세) 납부확인서

1. 취득세 또는 등록면허세(취득세 또는 등록면허세에 부가하여 징수하는 지방세와 국세를 포함한다)를 납부한 경우 : 별지 제20호 서식의 취득세(등록면허세) 납부확인서 (2024. 3. 26. 개정)

2. 취득세 및 등록면허세를 제외한 지방세(해당 지방세에 부가하여 징수하는 지방세와 국세를 포함한다) 및 가산금

② 납세의무자는 「지방세기본법」 제35조 제1항 제3호에 따른 지방세를 지방세수납대행기관을 통하여 제1항 제1호 또는 제3호의 결제수단으로 자동납부할 수 있다. 다만, 납부기한이 지난 것은 그러하지 아니하다. (2023. 3. 14. 개정)

③ 제1항 제3호의 결제수단으로 지방자치단체의 징수금을 납부하는 경우에는 지방세수납대행기관의 승인일을 납부일로 본다. (2023. 3. 14. 개정)

④ 지방자치단체의 장은 지방세를 체납한 자 중 대통령령으로 정하는 자에게는 신용카드에 의한 지방세 납부를 제한할 수 있다.

④ 삭 제 (2018. 12. 24.)

⑤ 지방자치단체의 징수금 납부에 관하여 그 밖에 필요한 사항은 대통령령으로 정한다. (2023. 3. 14. 개정)

예판

【예규】 지방세수납대행기관이 신용카드 승인을 하지 아니하여 미납된 경우 가산세

• "B"법인이 "A"카드사에 인터넷 카드납부를 위해 "지방소득세 특별징수분 납입서 및 영수필통지서"를 FAX를 발송하였으나, 지방세수납대행기관인 "A"카드사 지방세 납부 승인이 없었다면 납부하였다고 볼 수 없으므로 특별징수의무자가 지방세법 제173조의 3 제1항의 규정에 의하여 특별징수세액을 징수하였을 경우에는 그 징수일에 속하는 달의 다음달 10일까지 관할 시·군에 납입하여야 함에도 지방세수납대행기관(A카드사)이 신용카드 승인을 하지 아니하여 납부를 이행하지 아니한 결과를 초래하게 된 경우에는 100분의 10에 해당하는 가산세를 부과하여야 할 것임. (지방세운영과-2780, 2010. 7. 1.)

한 자동차세를 제외한 모든 지방자치단체 징수금(부가되는 농어촌특별세를 포함한다)을 말한다. (2023. 3. 14. 개정)

제30조 【세무공무원의 지방자치단체의 징수금 수납】 (2023. 3. 14. 제목개정)

① 지방자치단체의 징수금은 지방자치단체의 금고 또는 지방세수납대행기관에서 수납해야 하며, 세무공무원은 이를 수납할 수 없다. 다만, 다음 각 호의 어느 하나에 해당하는 경우에는 세무공무원이 지방자치단체의 징수금을 수납할 수 있다. (2023. 3. 14. 개정)

1. 지방자치단체의 금고 및 지방세수납대행기관이 없는 도서·오지 등으로서 지방자치단체의 조례로 정하는 지역에서 수납하는 경우 (2023. 3. 14. 개정)
2. 지방자치단체의 조례로 정하는 금액 이하의 소액 지방세를 수납하는 경우 (2023. 3. 14. 개정)

② 제1항 각 호 외의 부분 단서에 따라 세무공무원이 징수한 지방자치단체의 징수금을 각 지방자치단체의 금고에 납입할 때에는 제24조 제4항을 준용한다. (2023. 3. 14. 개정)

을 납부한 경우 : 별지 제21호 서식의 지방세 납부확인서

2. 취득세 및 등록면허세를 제외한 지방세(해당 지방세에 부가하여 징수하는 지방세와 국세를 포함한다)를 납부한 경우 : 별지 제21호 서식의 지방세 납부확인서 (2024. 3. 26. 개정)

제16조 【세무공무원이 직접 수납하는 지방자치단체의 징수금에 대한 영수증의 발급 등】 세무공무원은 영 제29조 제2항 단서에 따라 지방세를 직접 수납하는 경우에는 별지 제22호 서식의 영수증서 원부 및 별지 제23호 서식의 원부에 따라 영수증서 원부철을 작성하고, 납세자에게는 별지 제24호 서식의 영수증서를 발급하여야 하며, 징수관에게는 별지 제25호 서식의 영수확인보고서를 제출하여야 한다. 다만, 납세자가 제출하는 별지 제8호 서식의 납세고지서 또는 신고납부서에 의하여 지방세를 납부한 경우에는

제24조【자동계좌이체에 의한 지방세 납부】 지방세수납대행기관에 예금계좌가 설치되어 있는 납세의무자는 「지방세기본법」 제35조 제1항 제3호에 따른 지방세를 해당 예금계좌로부터 자동이체하여 납부할 수 있다. 다만, 납부기한이 지난 것은 그러하지 아니하다. (2020. 3. 24. 개정)

제24조【자동계좌이체에 의한 지방세 납부】 삭 제 (2023. 3. 14.)

제24조의 2【가족관계등록 전산정보자료 요청】 ① 행정안전부장관 또는 지방자치단체의 장은 다음 각 호의 업무를 처리하기 위하여 필요한 경우 법원행정처장에게 「가족관계의 등록 등에 관한 법률」 제11조 제4항에 따른 전산정보자료(이하 "전산정보자료"라 한다)의 제공을 요청할 수 있다. 이 경우 요청을 받은 법원행정처장은 특별한 사유가 없으면 이에 협조하여야 한다. (2023. 3. 14. 개정)

1. 제8조에 따른 출국금지 요청 (2020. 12. 29. 신설)
2. 제36조 제7호에 해당하는 자에 대한 질문·검사 (2020. 12. 29. 신설)
3. 제47조에 따른 상속인에 대한 체납처분 (2020. 12. 29. 신설)
4. 제71조 제1항·제2항 또는 제72조에 따른 압류재산 매각 (2023. 3. 14. 신설)
5. 「금융실명거래 및 비밀보장에 관한 법률」 제4조 제1항 제2호에 따른 재산조회 등을 위하여 필요로 하는 거래정보등의 제공 (2023. 3. 14. 호번개정)

제30조의 2【등록전산정보자료의 제공】 행정안전부장관은 법 제24조의 2 제2항에 따라 등록전산정보자료를 지방자치단체의 장에게 제공하는 경우 지방세정보통신망을 통해 제공해야 한다. (2020. 12. 31. 신설)

해당 납세고지서 또는 신고납부서로 영수증서 원부철을 갈음할 수 있으며, 납세자에게는 해당 납세고지서 또는 납부서 중 납세자보관용 영수증을 교부함으로써 별지 제24호 서식의 영수증서의 발급을 갈음할 수 있다.

② 행정안전부장관은 제1항에 따라 제공받은 전산정보자료를 대통령령으로 정하는 바에 따라 지방자치단체의 장에게 제공할 수 있다. (2023. 3. 14. 개정)

제24조의 3 【가족관계등록 전산정보자료의 공동이용】「한국자산관리공사 설립 등에 관한 법률」에 따른 한국자산관리공사 또는 지방세조합은 제103조의 3 제1항 각 호의 업무를 대행하기 위하여 필요한 경우 「전자정부법」 제36조 제1항에 따라 전산정보자료를 공동이용(「개인정보 보호법」 제2조 제2호에 따른 처리를 포함한다)할 수 있다. (2023. 12. 29. 개정)

제2절 징수유예

제25조 【납기 시작 전의 징수유예】(2020. 12. 29. 제목개정)
지방자치단체의 장은 납기가 시작되기 전에 납세자가 다음 각 호의 어느 하나에 해당하는 사유로 지방세를 납부할 수 없다고 인정할 때에는 대통령령으로 정하는 바에 따라 납세 고지를 유예(이하 "고지유예"라 한다)하거나 결정한 세액을 분할하여 고지(이하 "분할고지"라 한다)할 것을 결정할 수 있다. (2020. 12. 29. 개정)
1. 풍수해, 벼락, 화재, 전쟁, 그 밖의 재해 또는 도난으로

제30조의 2 【등록전산정보자료의 제공】 행정안전부장관은 법 제24조의 2 제2항에 따라 등록전산정보자료를 지방자치단체의 장에게 제공하는 경우 지방세통합정보통신망을 통해 제공해야 한다. (2024. 3. 26. 개정)

제2절 징수유예

제31조 【징수유예등의 결정 및 기간 등】(2020. 12. 31. 제목개정)
① 지방자치단체의 장이 법 제25조 제1호부터 제4호까지 또는 제6호의 사유로 법 제25조에 따른 고지유예, 분할고지 또는 법 제25조의 2에 따른 징수유예(이하 "징수유예등"이라 한다)를 하는 경우 징수유예등의 기간은 그 징수유예등을 결정한 날의 다음 날부터 6개월 이내로 하고, 분할하여 납부할 수 있도록 할 경우 그 기간 중의 분납기한과 분납금액은 관할 지방자치단체의 장이 정한다.

편주

사유발생일에 따른 "징수유예 등" 예시

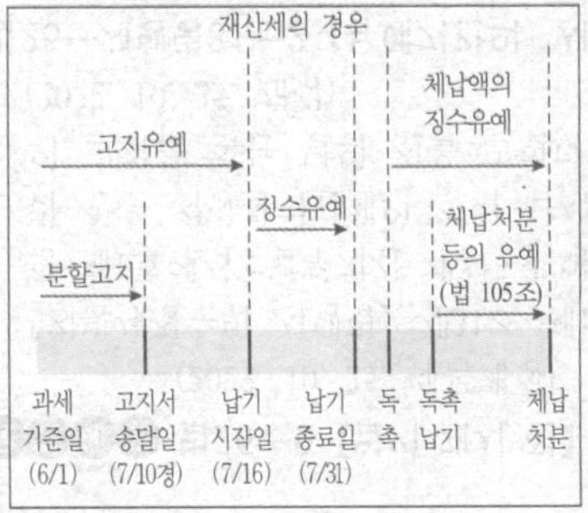

재산에 심한 손실을 입은 경우 (2020. 12. 29. 개정)
2. 사업에 현저한 손실을 입은 경우 (2020. 12. 29. 개정)
3. 사업이 중대한 위기에 처한 경우 (2020. 12. 29. 개정)
4. 납세자 또는 동거가족이 질병이나 중상해(重傷害)로 6개월 이상의 치료가 필요한 경우 또는 사망하여 상중(喪中)인 경우 (2023. 3. 14. 개정)
5. 조세조약에 따라 외국의 권한 있는 당국과 상호합의절차가 진행 중인 경우. 이 경우 「국제조세조정에 관한 법률」 제24조 제2항 · 제4항 및 제6항에 따른 징수유예의 특례에 따른다. (2020. 12. 29. 개정)
6. 제1호부터 제4호까지의 경우에 준하는 사유가 있는 경우 (2020. 12. 29. 개정)

예판

【조심판례】 국세 징수유예와 관련 지방세 징수유예와의 관계
• 이 건 지방소득세에 대하여 징수유예 승인권자인 처분청이 징수유예를 승인한 사실이 없으므로 법인세 징수유예 기간이 만료한 날의 다음날에 이 건 지방소득세 등의 납세고지서가 발급되어야 한다는 청구주장 또한 받아들이기 어려움. (조심 2015지703, 2015. 12. 18.)

운영예규 **법25－1【징수유예를 받을 수 있는 납세자】**
징수유예를 받을 수 있는 「지방세징수법」 제25조 및 제25조의 2의 "납세자"에는 특별징수의무자, 승계납세의무자, 연대납세의무자, 제2차납세의무자 및 보증인이 포함된다. (2022. 10. 25. 개정)

(2020. 12. 31. 개정)
② 제1항에 따른 징수유예등의 기간이 만료될 때까지 징수유예등의 사유가 지속되는 경우에는 한 차례에 한정하여 6개월 이내의 기간을 정하여 다시 징수유예등을 결정할 수 있으며, 그 기간 중의 분납기한과 분납금액은 관할 지방자치단체의 장이 정한다. (2020. 12. 31. 개정)
③ 법 제25조 제5호의 사유로 인한 징수유예등의 기간은 세액의 납부기한 다음 날 또는 상호합의절차의 개시일 중 나중에 도래하는 날부터 상호합의절차의 종료일까지로 한다. (2020. 12. 31. 개정)

제31조의 2【징수유예등의 결정 및 기간의 특례】

(2020. 12. 31. 제목개정)
① 제31조에도 불구하고 다음 각 호의 어느 하나에 해당하는 자에 대해 법 제25조 제1호부터 제4호까지 또는 제6호의 사유로 징수유예등을 결정하는 경우 그 징수유예등의 기간은 징수유예등을 결정한 날의 다음 날부터 1년 이내로 한다. 다만, 본문에 따라 징수유예등을 결정한 후에도 해당 징수유예등의 사유가 지속되는 경우에는 제3항에 따른 기간의 범위에서 6개월마다 징수유예등의 결정을 다시 할 수 있다. (2020. 12. 31. 개정)
1. 다음 각 목의 어느 하나의 지역에 사업장이 소재한 「조세특례제한법 시행령」 제2조에 따른 중소기업 (2018. 6. 26. 신설)

예판

【예규】 고용재난지역으로 지정되어 지방세 징수유예를 결정한 이후, 고용재난지역 지정기간은 종료되었으나, 징수유예 사유는 지속되는 경우라면, 기간연장을 위한 고용재난지역으로 지정 유지 등 별도의 요건을 규정하지 않은 이상 고용재난지역 지정기간이 종료되더라도 2년 이내의 범위에서 6개월 마다 징수유예 결정을 다시 할 수 있다고 할 것임 (지방세정책과－3534, 2022. 8. 22.)

운영예규 **법25－9【납기 개시 전】**
(2022. 10. 25. 제목개정)
「지방세징수법 시행령」 제31조 제1항 제1호에서 "납부기간 개시 전"이라 함은 지방자치단체의 장이 납세의 고지를 하는 날의 전을 말한다. (2022. 10. 25. 개정)

법25…시행령31－2【유예기간의 시작일】
유예기간의 시작일은 납기나 납입기한이 종료하는 날로 한다. 다만, 그 날이 부적당하다고 인정하는 때에는 과세권자가 별도로 그 시작일을 지정할 수 있다.

법25－2【유예액】

「지방세징수법」 제25조 및 제25조의2의 규정에 의하여 고지유예, 분할고지, 징수유예 등 유예를 할 수 있는 지방세의 금액은 「지방세징수법」 제25조 각 호의 사유를 원인으로 하여 납부할 수 없다고 인정되는 범위의 금액을 한도로 한다. (2022. 10. 25. 개정)

법25－3【유예기간의 시기】

유예기간의 시기는 당초 지정 납부기한이 종료하는 날로 한다. 다만, 그 날이 부적당하다고 인정하는 때에는 별도로 그 시기를 지정할 수 있다.

법25－4【그 밖의 재해】

「지방세징수법」 제25조 제1호에서 “그 밖의 재해”라 함은 한해, 냉해, 지진, 기타 자연현상의 이변에 의한 재해와 화약류의 폭발, 광해, 교통사고 기타의 인위에 의한 이상한 재해를 포함한다. (2022. 10. 25. 개정)

법25－7【동거가족】

「지방세징수법」 제25조 제4호에서 “동거가족”이라 함은 납세자와 「민법」 제779조(가족의 범위)에 따른 가족관계에 있는 자로서 생계를 같이 하는 자를 말한다. (2022. 10. 25. 개정)

법25－8【징수유예를 할 수 있는 기타 사유】

「지방세징수법」 제25조 제6호에 따른 “제1호부터 제4호까지의 규정에 준하는 사유가 있는 경우”란 징수절차를 즉시 강행할 경우 납세자에게 돌이킬 수 없는 손해를 가하여 경제생활을 위태롭게 할 우려가 있는 경우로서 다음의 어느 하나에 해당하는 경우를 말한다. (2022. 10. 25. 개정)

1. 납세자와 「지방세기본법 시행령」 제2조 제1항에 따른 친족관계에 있는 자(동거가족을 제외한다)가 질병이 있어 납세자가 그 치료비용을 부담해야 하는 경우

가. 「고용정책 기본법」 제32조의 2 제2항에 따라 선포된 고용재난지역 (2018. 6. 26. 신설)

나. 「고용정책 기본법 시행령」 제29조 제1항에 따라 지정ㆍ고시된 지역 (2018. 6. 26. 신설)

다. 「지역 산업위기 대응 및 지역경제 회복을 위한 특별법」 제10조 제1항에 따라 지정된 산업위기대응특별지역 (2022. 2. 18. 개정 ; 지역 산업위기～부칙)

2. 「재난 및 안전관리 기본법」 제60조 제3항에 따라 선포된 특별재난지역(선포일부터 2년으로 한정한다) 내에서 피해를 입은 납세자 (2024. 6. 18. 개정 ; 재난 및～기본법)

② 제1항 각 호 외의 부분 본문에 따른 징수유예등의 결정은 법 제25조 제1호부터 제4호까지 또는 제6호의 사유로 제31조에 따른 징수유예등의 결정을 받고 그 징수유예등의 기간 중에 있는 경우에도 할 수 있다. (2020. 12. 31. 개정)

③ 제1항 각 호 외의 부분 단서(제2항에 따라 징수유예등을 결정한 경우를 포함한다)에 따라 징수유예등을 결정할 수 있는 기간은 최대 2년으로 하되, 다음 각 호의 기간을 포함하여 산정한다. (2018. 6. 26. 신설)

1. 제1항 각 호 외의 부분 본문에 따라 징수유예등이 된 기간 (2018. 6. 26. 신설)
2. 제31조 및 이 조 제2항에 따라 징수유예등이 된 기간 (2018. 6. 26. 신설)

2. 사업을 영위하지 아니하는 납세자로서 소득이 현저히 감소하거나 전혀 없는 경우
3. 납세자의 거래처 등이 다음 각 목에 따른 사유가 있어 납세자가 매출채권 등을 회수하기 곤란하게 된 경우
   가. 파산선고
   나. 회생절차의 개시결정
   다. 어음교환소의 거래정지처분
   라. 사업의 부진 또는 부도로 인한 휴·폐업
   마. 가부터 라까지의 사유와 유사한 사유
4. 「채무자 회생 및 파산에 관한 법률」에 따라 회생결정을 받고 납부계획서를 제출한 경우
5. 1부터 4까지의 경우와 유사한 경우

제25조의 2【고지된 지방세 등의 징수유예】 지방자치단체의 장은 납세자가 납세의 고지 또는 독촉을 받은 후에 제25조 각 호의 어느 하나에 해당하는 사유로 고지된 지방세 또는 체납액을 납부기한까지 납부할 수 없다고 인정할 때에는 대통령령으로 정하는 바에 따라 납부기한을 다시 정하여 징수를 유예(이하 "징수유예"라 한다)할 수 있다. 다만, 외국의 권한 있는 당국과 상호합의절차가 진행 중인 경우 징수유예는 「국제조세조정에 관한 법률」 제24조 제3항부터 제6항까지에서 정하는 징수유예의 특례에 따른다. (2020. 12. 29. 신설)

제25조의 3【징수유예등의 신청 및 통지】 ① 납세자는 고지유예, 분할고지 또는 징수유예(이하 "징수유예

④ 제1항 또는 제2항에 따라 징수유예등을 결정하는 경우 그 기간 중의 분납기한과 분납금액은 지방자치단체의 장이 정한다. (2018. 6. 26. 신설)

☞ **운영예규 법25-5【사업에 현저한 손실】**
「지방세징수법」 제25조 제2호에서 "사업에 현저한 손실을 입은 경우"라 함은 납세자가 경영하는 사업에 관하여 현저한 결손을 받은 것을 말하며, 그 손실에는 사업에 관하여 생긴 손실 이외의 사유로 인한 손실은 포함하지 아니한다. (2022. 10. 25. 개정)

법25-6【사업의 중대한 위기】
「지방세징수법」 제25조 제3호에서 "사업이 중대한 위기에 처한 경우"라 함은 판매의 급격한 감소, 재고의 누적, 매출채권의 회수곤란, 노동쟁의로 인한 조업중단, 기타의 사정에 의한 자금경색으로 부도발생 또는 기업도산의 우려가 있는 경우 등을 말한다. (2022. 10. 25. 개정)

제32조【징수유예등의 신청절차】 ① 납세자는 법 제25조의 3 제1항에 따라 징수유예등을 신청하려는 경

제17조【징수유예등의 신청】 법 제25조의 3 제1항 및 영 제32조 제1

법	영	칙
등”이라 한다)를 받으려는 때에는 대통령령으로 정하는 바에 따라 지방자치단체의 장에게 신청할 수 있다. (2020. 12. 29. 신설)	우 고지 예정이거나 고지된 지방세의 납부기한, 체납된 지방세의 독촉기한 또는 최고기한(이하 이 조에서 “납부기한등”이라 한다)의 3일 전까지 다음 각 호의 사항을 적은 신청서(전자문서를 포함한다)를 지방자치단체의 장에게 제출해야 한다. 다만, 지방자치단체의 장이 납부기한등의 3일 전까지 신청서를 제출할 수 없다고 인정하는 납세자의 경우에는 납부기한등의 만료일까지 제출할 수 있다. (2020. 12. 31. 개정) 1. 납세자의 성명과 주소 또는 영업소 2. 납부할 지방세의 과세연도·세목·세액 및 납부기한 3. 제2호의 세액 중 징수유예등을 받으려는 세액 4. 징수유예등을 받으려는 이유와 기간 5. 분할납부의 방법에 의하여 징수유예등을 받으려는 경우에는 그 분할납부 세액 및 횟수 ② 지방자치단체의 장은 징수유예등의 사유가 있을 때에는 직권으로 징수유예등을 할 수 있다.	항에 따른 징수유예등의 신청은 별지 제26호 서식의 징수유예등 신청서에 따른다. (2020. 12. 31. 개정)
② 제1항에 따라 징수유예등을 신청 받은 지방자치단체의 장은 고지 예정이거나 고지된 지방세의 납부기한, 체납된 지방세의 독촉기한 또는 최고기한(이하 이 조에서 “납부기한등”이라 한다)의 만료일까지 해당 납세자에게 승인 여부를 통지하여야 한다. (2020. 12. 29. 신설) ③ 납세자가 납부기한등의 만료일 10일 전까지 제1항에 따른 신청을 한 경우로서 지방자치단체의 장이 신청일	**제33조【징수유예등에 관한 통지】** ① 지방자치단체의 장이 법 제25조의 3 제2항에 따라 징수유예등을 승인하거나 같은 조 제4항에 따라 징수유예등을 통지하는 경우에는 다음 각 호의 사항을 적은 문서로 납세자에게 알려야 하고, 징수유예등을 하지 않기로 결정했을 경우에는 그 사유를 적은 문서로 납세자에게 알려야 한다. (2020. 12. 31. 개정)	**제18조【징수유예등에 관한 통지】** 법 제25조의 3 제2항 및 영 제33조 제1항에 따른 징수유예등의 승인 여부와 같은 법 제25조의 3 제4항 및 영 제33조 제2항에 따른 징수유예등의 통지는 별지 제27호서식의 징수유예등 결과 통지서에 따른

부터 10일 이내에 승인 여부를 통지하지 아니하면 그 10일이 되는 날에 제1항에 따른 신청을 승인한 것으로 본다. (2020. 12. 29. 신설)

④ 지방자치단체의 장은 징수유예등을 하였을 때에는 즉시 납세자에게 그 사실을 통지하여야 한다. (2020. 12. 29. 신설)

제26조【송달불능으로 인한 징수유예등과 부과 철회】 ① 지방자치단체의 장은 주소 또는 영업소가 분명하지 아니한 경우 등 대통령령으로 정하는 사유로 납세고지서를 송달할 수 없을 때에는 대통령령으로 정하는 기간 동안 징수유예등을 할 수 있다. (2020. 12. 29. 개정)

운영예규 법26-1【납세고지서를 송달할 수 없는 때】

「지방세징수법」 제26조 제1항에서 주소 또는 영업소의 불명으로 인하여 "납세고지서를 송달할 수 없을 때"라 함은 「지방세기본법」 제30조(서류송달의 방법)의 규정에 의한 송달을 할 수 없는 때를 말하며, 「지방세기본법」 제33조(공시

1. 징수유예등을 한 지방세의 과세연도 · 세목 · 세액 및 납부기한
2. 분할납부의 방법으로 징수유예등을 하였을 때에는 그 분할납부 금액 및 횟수
3. 징수유예등의 기간
4. 그 밖에 필요한 사항

② 지방자치단체의 장이 징수유예등을 하지 않기로 결정했을 경우에는 그 사유를 적은 문서로 납세자에게 알려야 한다. (2020. 12. 31. 신설)

③ 징수유예등의 결정의 효력은 다음 각 호의 구분에 따른 날에 발생한다. (2020. 12. 31. 항번개정)

1. 납세자의 신청에 의하여 결정하는 경우에는 그 신청일
2. 직권으로 결정하는 경우에는 그 통지서의 발급일

제34조【송달불능으로 인한 징수유예등】 ① 법 제26조 제1항에서 "주소 또는 영업소가 분명하지 아니한 경우 등 대통령령으로 정하는 사유"란 다음 각 호의 어느 하나에 해당하는 경우를 말한다.

1. 납세자의 주소 또는 영업소가 분명하지 아니하여 등기우편에 의한 고지를 하여도 반송된 경우
2. 납세자의 주소 또는 영업소가 국외에 있어 고지할 수 없는 경우
3. 제1호 및 제2호에 준하는 사유가 있는 경우

② 법 제26조 제1항에서 "대통령령으로 정하는 기간"이

다. (2020. 12. 31. 개정)

예판

【예규】송달불능으로 인한 징수유예 등의 진행

- 납세고지서 송달이 불가능하여 지방세 채무의 확정을 위한 공시송달을 하였다고 하더라도 징수유예 또는 부과철회 등의 절차를 진행할 수 있음. (지방세운영과-200, 2008. 7. 9.)

송달)는 이에 포함되지 아니한다.

법26-3【부과철회와 소멸시효】

납세고지서의 송달불능으로 인한 부과철회의 경우에는 고지의 효력이 발생하지 아니하므로 조세채권에 대한 시효중단의 효력이 없다.

② 지방자치단체의 장은 제1항에 따라 징수유예등을 한 지방세의 징수를 확보할 수 없다고 인정할 때에는 그 부과결정을 철회할 수 있다. (2020. 12. 29. 개정)

③ 지방자치단체의 장은 제1항에 따라 징수유예등을 하거나 제2항에 따라 부과결정을 철회한 후 납세자의 행방 또는 재산을 발견하였을 때에는 지체 없이 부과 또는 징수의 절차를 밟아야 한다.

제27조【징수유예등에 관한 담보】 지방자치단체의 장은 징수유예등을 결정할 때에는 그 유예에 관계되는 금액에 상당하는 납세담보의 제공을 요구할 수 있다. (2020. 12. 29. 개정)

제28조【징수유예 등의 효과】(2020. 12. 29. 제목개정)

① 지방자치단체의 장은 제25조의 2에 따라 징수유예를 한 경우에는 그 징수유예기간이 끝날 때까지 「지방세기본법」 제55조 제1항 제3호에 따른 납부지연가산세를 징수하지 아니한다. (2020. 12. 29. 개정)

② 지방자치단체의 장은 제25조의 2에 따라 징수유예

란 징수유예등을 결정한 날부터 6개월 이내의 기간을 말한다.

운영예규 법26-2【지방세의 징수를 확보할 수 없다고 인정】

「지방세징수법」 제26조 제2항에서 규정하고 있는 "지방세의 징수를 확보할 수 없다고 인정"이라 함은 당해 납세자로부터 지방세를 징수할 수 없을 뿐 아니라 제2차납세의무자(「지방세기본법」 제45조부터 제48조까지)등도 발견되지 아니하여 지방세의 징수를 확보할 수 없다고 판단되는 것을 말한다.

운영예규 법27-1【징수유예 등에 관한 담보】

「지방세징수법」 제27조에서 규정하고 있는 "그 유예에 관계되는 금액에 상당하는 납세담보"란 징수유예하는 지방세액을 초과하는 담보를 말하며, 이미 저당권설정 등의 우선순위 담보가 있는 경우에는 그 담보를 제외하고도 지방세를 확보할 수 있어야 한다.

편주

- 법 28조 1항(가산금과 관련된 개정사항에 한정)의 개정규정은 2024. 1. 1.부터 시행함. (법 부칙(2020. 12. 29.) 1조 단서) (2022. 1. 28. 개정)

예판

【조심판례】담보제공을 하지 않은 경우 징수유예 신청에 대한 거부 처분

- 납세자가 경기의 극심한 침체로 인한 영업손실 및 자금난으로 부도위기 등 사업의 중대한 위기에 처해 있다고 인정한다 하더라도 지방세의 징수유예를 신청하면서 이에 상응하는 담보를 제공하지 아니하였으며 구 지방세법 제42조 및 같은 법 시행령 제32조에서 정하고 있는 담보의 종류가 아닌 이

를 한 경우에는 그 징수유예기간이 끝날 때까지 「지방세기본법」 제55조 제1항 제4호에 따른 납부지연가산세 및 같은 법 제56조 제1항 제2호·제2호의 2·제3호에 따른 특별징수 납부지연가산세를 징수하지 아니한다. (2024. 12. 31. 개정)

③ 지방자치단체의 장은 제25조의 2에 따라 징수유예를 한 기간 중에는 그 유예한 지방세 또는 체납액에 대하여 체납처분(교부청구는 제외한다)을 할 수 없다. (2020. 12. 29. 신설)

④ 「채무자 회생 및 파산에 관한 법률」 제140조에 따라 징수가 유예되었을 경우 그 유예기간은 「지방세기본법」 제55조 제1항 제3호·제4호에 따른 납부지연가산세 및 같은 법 제56조 제1항 제2호·제2호의 2·제3호에 따른 특별징수 납부지연가산세의 계산기간에 산입하지 아니한다. (2024. 12. 31. 개정)

⑤ 외국의 권한 있는 당국과의 상호합의절차가 진행중이라는 이유로 지방세 또는 체납액의 징수를 유예한 경우에는 제1항 및 제2항의 규정을 적용하지 아니하고 「국제조세조정에 관한 법률」 제24조 제5항을 적용한다. (2020. 12. 29. 개정)

제29조 【징수유예등의 취소】 ① 지방자치단체의 장은 징수유예등을 받은 자가 다음 각 호의 어느 하나에 해당하게 되었을 때에는 그 징수유예등을 취소하고 그 징수유예등에 관계되는 지방세 또는 체납액을 한꺼번에 징수할 수 있다. (2020. 12. 29. 개정)

• 2023. 12. 31. 이전에 납세의무가 성립된 분에 대해서는 법 28조 1항의 개정규정에도 불구하고 종전의 규정에 따름. (법 부칙(2020. 12. 29.) 4조) (2022. 1. 28. 개정)

예판

【예규】 징수유예 취소사유의 범위

• 과세관청으로부터 징수유예 받은 당해 지방세에 대하여 조세불복절차로서 감사원 심사청구를 하였다 하더라도 그 심사청구상 지방세의 부과처분에 대한 징수유예를 신청한 것에 대하여 처분청이 이를 거부한 처분은 잘못이 없는 것임. (조심 2009지166, 2009. 11. 6.)

운영예규 법29-4 【기간의 단축】

납부자력(納付資力)의 증가 등의 사유가 생긴 경우에는 징수유예의 취소 대신에 유예기간을 단축하는 것

1. 지방세와 체납액을 지정된 기한까지 납부하지 아니하였을 때 (2020. 12. 29. 개정)

운영예규 법29-3【지정된 기한】

「지방세징수법」 제29조 제1항 제1호에서 "지정된 기한"이라 함은 분할납부하는 경우의 각 분납기한을 말한다.

2. 담보의 변경이나 그 밖에 담보 보전에 필요한 지방자치단체의 장의 명령에 따르지 아니하였을 때 (2020. 12. 29. 개정)
3. 징수유예등을 받은 자의 재산상황, 그 밖에 사업의 변화로 인하여 유예할 필요가 없다고 인정될 때
4. 제22조 제1항 각 호의 어느 하나에 해당되어 그 유예한 기한까지 유예에 관계되는 지방자치단체의 징수금 또는 체납액의 전액(全額)을 징수할 수 없다고 인정될 때

② 지방자치단체의 장은 제1항에 따라 징수유예등을 취소하였을 때에는 납세자에게 그 사실을 통지하여야 한다. (2020. 12. 29. 개정)

③ 지방자치단체의 장은 제1항 제1호, 제2호 또는 제4호에 따라 징수유예를 취소한 경우에는 그 지방세 또는 체납액에 대하여 다시 징수유예를 할 수 없다. (2020. 12. 29. 신설)

구 행위는 징수유예 취소사유에 해당되지 아니함. (세정과 13407-817, 1997. 7. 15.)

운영예규 법29-1【한꺼번에 징수】

「지방세징수법」 제29조 제1항에서 "한꺼번에 징수"라 함은 분할고지를 허용한 경우에 기한 미도래의 유예금액까지 징수하는 것을 말한다.

법29-2【유예기간경과 후 체납처분절차】

「지방세징수법」 제25조의 2(고지된 지방세 등의 징수유예)의 규정에 의하여 징수를 유예한 금액을 유예한 기한까지 납부하지 않는 때에는 그 징수유예의 취소절차를 밟을 필요없이 바로 독촉 또는 체납처분을 할 수 있다. (2022. 10. 25. 개정)

제35조【징수유예등의 취소통지】 법 제29조 제2항에 따른 징수유예등의 취소통지는 다음 각 호의 사항을 적은 문서로 하여야 한다.

1. 취소 연월일
2. 취소의 이유

도 허용된다.

법29-5【변명의 청취】

지방자치단체의 장은 「지방세징수법」 제29조의 규정에 의하여 징수유예를 취소하는 경우, 동조 제1항 제4호에 해당하는 사실이 있는 때를 제외하고는 유예를 받은 자의 사전변명을 들어 참고하여야 한다.

제19조【징수유예등의 취소 통지】 (2020. 12. 31. 제목개정)

법 제29조 제2항 및 영 제35조에 따른 징수유예등의 취소 통지는 별지 제28호 서식의 징수유예등 취소 통지서에 따른다.

제3절 독 촉

제30조【가산금】 지방세를 납부기한까지 완납하지 아니하면 납부기한이 지난 날부터 체납된 지방세의 100분의 3에 상당하는 가산금을 징수한다. 다만, 국가와 지방자치단체(「지방자치법」 제176조에 따른 지방자치단체조합을 포함한다)에 대해서는 가산금을 징수하지 아니한다. (2021. 1. 12. 개정 ; 지방자치법 부칙)

제30조【가산금】 삭 제 (2020. 12. 29.)

- 법 30조의 개정규정은 2024. 1. 1.부터 시행함. (법 부칙 (2020. 12. 29.) 1조 단서) (2022. 1. 28. 개정)
- 2023. 12. 31. 이전에 납세의무가 성립된 분에 대해서는 법 30조의 개정규정에도 불구하고 종전의 규정에 따름. (법 부칙 (2020. 12. 29.) 4조) (2022. 1. 28. 개정)
- 2024. 1. 1. 당시 다른 법령에서 가산금에 관하여 법 30조를 인용하고 있는 경우에는 종전의 법 30조의 규정을 인용한 것으로 보아 해당 규정에 따라 가산금을 징수함. (법 부칙 (2020. 12. 29.) 5조) (2022. 1. 28. 개정)

제31조【중가산금】 ① 체납된 지방세를 납부하지 아니하였을 때에는 납부기한이 지난 날부터 1개월이 지날 때마다 체납된 지방세의 1만분의 75에 상당하는 가산금(이하 "중가산금"이라 한다)을 제30조에 따른 가산금에 더하여 징수한다. 이 경우 중가산금을 가산하여 징수하는 기간은 60개월을 초과할 수 없다. (2018. 12. 24. 개정)

제3절 독 촉

제36조【가산금】 법 제30조에 따른 가산금 및 법 제31조 제1항에 따른 중가산금은 해당 세목의 세입으로 한다.

제36조【가산금】 삭 제 (2024. 3. 26.)

운영예규 법30-1【가산금】

고지된 지방세 중 일부가 체납된 경우에도 당해 체납된 지방세에 대한 가산금을 징수한다.

법30-2【체납된 지방세의 범위】

「지방세징수법」 제30조의 "체납된 지방세"의 범위는 납세고지서의 건별·세목별로 계산한다.

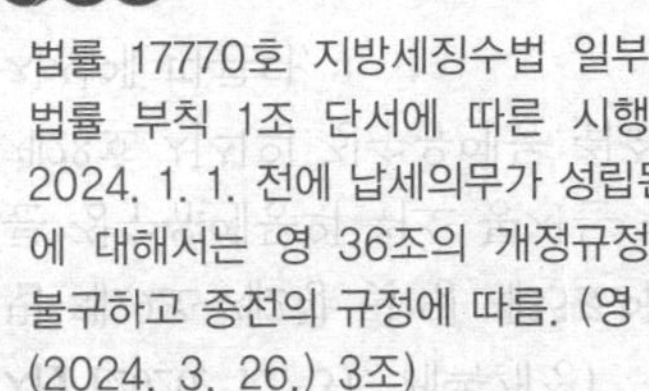

법률 17770호 지방세징수법 일부개정법률 부칙 1조 단서에 따른 시행일인 2024. 1. 1. 전에 납세의무가 성립된 분에 대해서는 영 36조의 개정규정에도 불구하고 종전의 규정에 따름. (영 부칙 (2024. 3. 26.) 3조)

【판례】 가산금의 성격

- 가산금과 중가산금은 조세를 납부기한까지 납부하지 아니하면 과세청의 확정절차 없이도 법률 규정에 의하여 당연히 발생하는 것이므로 가산금 또는 중가산금의 고지가 항고소송의 대상이 되는 처분이라고 볼 수 없음. (대법 2000두2013, 2000. 9. 22.)

② 제1항은 제30조 단서의 경우와 체납된 납세고지서별 세액이 30만원 미만일 때에는 적용하지 아니한다. 이 경우 같은 납세고지서에 둘 이상의 세목이 함께 적혀 있을 때에는 세목별로 판단한다.

③ 외국의 권한 있는 당국과 상호합의절차가 진행 중이라는 이유로 체납액의 징수를 유예한 경우에는 제1항을 적용하지 아니하고 「국제조세조정에 관한 법률」 제49조 제5항에 따른 가산금에 대한 특례를 적용한다. (2020. 12. 22. 개정 ; 국제조세~부칙)

제31조【중가산금】 삭 제 (2020. 12. 29.)

편주

- 법 31조의 개정규정은 2024. 1. 1.부터 시행함. (법 부칙(2020. 12. 29.) 1조 단서) (2022. 1. 28. 개정)
- 2023. 12. 31. 이전에 납세의무가 성립된 분에 대해서는 법 31조의 개정규정에도 불구하고 종전의 규정에 따름. (법 부칙(2020. 12. 29.) 4조) (2022. 1. 28. 개정)
- 2024. 1. 1. 당시 다른 법령에서 가산금에 관하여 법 31조를 인용하고 있는 경우에는 종전의 법 31조의 규정을 인용한 것으로 보아 해당 규정에 따라 가산금을 징수함. (법 부칙(2020. 12. 29.) 5조) (2022. 1. 28. 개정)

제32조【독촉과 최고】 ① 지방자치단체의 장은 납세자(제2차 납세의무자는 제외한다)가 지방세를 납부기

운영예규 법31-1【중가산금 가산시의 기간계산】

「지방세징수법」 제31조의 기간계산은 「민법」의 기간계산의 방법에 따르며, 특히 다음에 유의하여야 한다.

1. 기간의 말일이 공휴일에 해당한 때에는 기간은 그 익일에 만료한다.
2. 「지방세징수법」 제25조의 2(고지된 지방세 등의 징수유예)의 규정에 의한 징수유예 등의 기간은 이 기간계산에 포함하지 아니한다. (2022. 10. 25. 개정)
3. 「지방세징수법」 제106조(정리보류 등) 제3항의 규정에 의하여 정리보류를 취소한 때에는 정리보류기간을 이 기간계산에 포함하여 당초 정리보류가이 없는 것으로 보아 다시 중가산금을 계산한다. (2022. 10. 25. 개정)

제37조【독촉장의 기재사항】 법 제32조 제1항 본문에 따른 독촉장에는 납부할 지방세의 과세연도·세목·세액·가산금·납부기한 및 납부장소를 적어야 한다.

제37조【독촉장의 기재사항】 법 제32조 제1항 본문에 따른 독촉장에는 납부할 지방세의 과세연도·세목·

제20조【독촉장】 ① 법 제32조 제1항 본문 및 영 제37조에 따른 독

한까지 완납하지 아니하면 납부기한이 지난 날부터 50일 이내에 독촉장을 문서로 고지하여야 한다. 다만, 제22조에 따라 지방세를 징수하는 경우에는 그러하지 아니하다.

② 지방자치단체의 장은 제2차 납세의무자가 체납액을 그 납부기한까지 완납하지 아니하면 제22조 제1항에 따라 징수할 경우를 제외하고는 납부기한이 지난 후 10일 이내에 납부최고서를 발급하여야 한다.
③ 독촉장 또는 납부최고서를 발급할 때에는 납부기한을 발급일부터 20일 이내로 한다. (2018. 12. 24. 개정)

예판

【예규】 ・신탁재산의 물적납세의무자에 대한 체납처분
- 신탁재산의 수탁자에 대한 물적납세의무 지정에 따른 납부통지 후 국세징수법을 준용하여 별도의 납부최고 절차 없이도 체납처분(압류)이 가능함. (지방세정책과-724, 2024. 2. 20.)

【판례】 ・독촉의 효력
- 독촉절차 없이 이루어진 압류처분은 취소 사유에는 해당하나 당연무효에는 해당하지 않음. (대법 87누383, 1987. 9. 22.)
- 파선선고 이전의 체납을 원인으로 인해 파선선고 후에 발생한 가산금은 재단채권에 해당하지 않는 조세채권이며, 이러한 '파

세액・납부기한 및 납부장소를 적어야 한다. (2024. 3. 26. 개정)

편주
법률 17770호 지방세징수법 일부개정법률 부칙 1조 단서에 따른 시행일인 2024. 1. 1. 전에 납세의무가 성립된 분에 대해서는 영 37조의 개정규정에도 불구하고 종전의 규정에 따름. (영 부칙(2024. 3. 26.) 3조)

제38조【제2차 납세의무자에 대한 납부최고】 법 제32조 제2항에 따른 제2차 납세의무자에 대한 납부최고는 다음 각 호의 사항을 적은 문서로 하여야 한다.
1. 납세자의 성명과 주소 또는 영업소
2. 제2차 납세의무자로부터 징수하려는 지방세의 과세연도・세목・세액・가산금・납부기한 및 납부장소
2. 제2차 납세의무자로부터 징수하려는 지방세의 과세연도・세목・세액・납부기한 및 납부장소 (2024. 3. 26. 개정)

편주
법률 17770호 지방세징수법 일부개정법률 부칙 1조 단서에 따른 시행일인 2024. 1. 1. 전에 납세의무가 성립된 분에 대해서는 영 38조 2호의 개정규정에도 불구하고 종전의 규정에 따름. (영 부칙(2024. 3. 26.) 3조)

운영예규 법32-1【연대납세의무자에 대한 독촉】
공유물・공동사업자 등 연대납세의무자에 대한 독촉은 연

촉장은 별지 제29호 서식에 따른다.
② 제1항에 따른 독촉장은 각 납세고지서별로 발부하여야 한다.

제21조【제2차 납세의무자에 대한 납부최고】 법 제32조 제2항 및 영 제38조에 따른 제2차 납세의무자에 대한 납부최고서는 별지 제30호 서식에 따른다.

제22조【체납액 고지서의 발부】 지방자치단체의 장은 법 제32조 제3항에 따른 독촉장 또는 납부최고서에 기재된 납부기한까지 지방세 및 가산금이 완납되지 아니한 경우에는 별지 제31호 서식의 체납액 고지서를 발부할 수 있다.

제22조【체납액 고지서의 발부】 지방자치단체의 장은 법 제32조 제3항에 따른 독촉장 또는 납부최고서에 기재된 납부기한까지 지방세가 완납되지 아니한 경우에는 별지 제

산채권도 아니고 재단채권도 아닌 조세채권'에 대한 납세의무자는 파산관재인이 아니라 파산채무자임(대법 2015다216444, 2017. 11. 29, 대법 2019두32436, 2019. 5. 10.)

제32조의 2【실태조사】 ① 지방자치단체의 장은 제32조에 따라 독촉과 최고를 하였음에도 납부기한까지 납부하지 아니한 납세자에 대한 현황을 파악하기 위하여 대통령령으로 정하는 바에 따라 조사(이하 이 조에서 "실태조사"라 한다)를 실시할 수 있다. (2022. 1. 28. 신설)

대납세의무자 각 개인별로 독촉장을 발부하여야 하며, 각각 독촉장을 발부하지 아니한 경우에는 그 효력이 없다.

법32-2【독촉장의 발부기한 등】

납부기한으로부터 50일이 경과한 후에 발부한 독촉장도 그 효력에는 영향이 없으며, 독촉장에서 납부기한을 발부일로부터 20일 후로 지정하더라도 20일 이내의 납부기한을 붙인 독촉장을 발부한 것으로 본다.

법32-3【독촉을 생략할 수 있는 경우】

독촉은 체납처분의 전제가 되나 "자동차세"의 경우에는 독촉 없이 체납처분이 가능하며, 「지방세징수법」 제22조(납기 전 징수)의 규정에 의하여 납기 전 징수를 하는 경우와 「지방세징수법」 제33조 제2항의 규정에 의하여 확정 전 보전압류(납세의무가 확정되리라고 추정되는 금액을 한도로 하는 재산압류)를 하는 경우에는 독촉을 요하지 아니한다.

제38조의 2【실태조사 대상 및 방법 등】 ① 지방자치단체의 장은 법 제32조에 따라 독촉과 최고를 하였음에도 납부기한까지 납부하지 않은 납세자에 대한 현황을 파악하기 위한 경우로서 다음 각 호의 어느 하나에 해당하는 경우에는 법 제32조의 2에 따른 실태조사(이하 "실태조사"라 한다)를 실시할 수 있다. (2023. 3. 14. 신설)

1. 법 제33조에 따른 압류, 법 제39조에 따른 사해행위의 취소 및 원상회복 청구, 법 제40조부터 제42조까지의 규정에 따른 압류금지 재산 등의 확인 및 법 제64조에 따른 압류의 해제를 위하여 필요한 경우 (2023. 3. 14. 신설)
2. 법 제71조부터 제96조까지의 규정에 따른 압류재산

31호 서식의 체납액 고지서를 발부할 수 있다. (2024. 3. 26. 개정)

법	영	칙
	매각 절차를 위하여 필요한 경우 (2023. 3. 14. 신설) 3. 법 제105조에 따른 체납처분의 유예 및 법 제106조에 따른 정리보류와 그 사후관리를 위하여 필요한 경우 (2023. 3. 14. 신설) 4. 그 밖에 체납액 징수를 위하여 지방자치단체의 장이 필요하다고 인정하는 경우 (2023. 3. 14. 신설)	
	② 지방자치단체의 장은 실태조사 시기를 포함한 체납자 실태조사 계획을 행정안전부령으로 정하는 바에 따라 매년 수립해야 한다. (2023. 3. 14. 신설) ③ 지방자치단체의 장은 실태조사를 위하여 필요한 경우 지방세정보통신망을 통하여 체납자 현황을 확인할 수 있다. (2023. 3. 14. 신설) ③ 지방자치단체의 장은 실태조사를 위하여 필요한 경우 지방세통합정보통신망을 통하여 체납자 현황을 확인할 수 있다. (2024. 3. 26. 개정) ④ 실태조사는 다음 각 호의 방법으로 실시한다. (2023. 3. 14. 신설) 1. 서면조사 (2023. 3. 14. 신설) 2. 전화조사 (2023. 3. 14. 신설) 3. 현장조사 (2023. 3. 14. 신설)	**제22조의 2【체납자 실태조사 계획 수립】** 지방자치단체의 장은 영 제38조의 2 제2항에 따라 매년 3월 31일까지 체납자 실태조사 계획을 수립해야 한다. (2023. 3. 14. 신설)
② 지방자치단체의 장은 실태조사 결과에 대한 관리를 위하여 제1항에 따른 납세자 관리대장(이하 "관리대장"이라 한다)을 비치하고 필요한 사항을 기재하여야 한다. 이 경	**제38조의 3【관리대장의 관리 및 자료제공】** ① 법 제32조의 2 제2항에 따른 납세자 관리대장(이하 "관리대장"이라 한다)에는 다음 각 호의 사항이 포함되어야 한	**제22조의 3【납세자 관리대장】** 영 제38조의 3 제1항 각 호 외의 부분에 따른 납세자 관리대장은 별지

법	영	칙
우 해당 사항을 전산처리하는 경우에는 관리대장을 갖춘 것으로 본다. (2022. 1. 28. 신설) ③ 지방자치단체의 장은 국가기관, 지방자치단체가 「사회보장기본법」에서 규정한 사회보장정책을 원활하게 수립·추진하기 위하여 관리대장을 요청하는 경우 그 목적에 맞게 관리대장을 제공할 수 있다. (2022. 1. 28. 신설) ④ 실태조사의 대상·시기·방법, 관리대장의 관리 및 제3항에 따라 제공하는 관리대장의 범위·내용·종류·방법 등에 관한 사항은 대통령령으로 정한다. (2022. 1. 28. 신설)	다. (2023. 3. 14. 신설) 1. 납세자의 인적사항 (2023. 3. 14. 신설) 2. 체납 현황 (2023. 3. 14. 신설) 3. 체납처분 및 행정제재처분 내역 (2023. 3. 14. 신설) 4. 거주 및 재산 현황 (2023. 3. 14. 신설) 5. 체납사유 및 징수대책 (2023. 3. 14. 신설) ② 지방자치단체의 장은 실태조사 결과를 지방세정보통신망을 활용하여 전자적으로 관리할 수 있다. (2023. 3. 14. 신설) ② 지방자치단체의 장은 실태조사 결과를 지방세통합정보통신망을 활용하여 전자적으로 관리할 수 있다. (2024. 3. 26. 개정) ③ 지방자치단체의 장은 법 제32조의 2 제3항에 따라 국가기관, 지방자치단체가 「사회보장기본법」에서 규정한 사회보장정책을 수립·추진하기 위하여 관리대장을 요청하는 경우에는 생계유지가 곤란하다고 인정되어 정리보류된 체납자의 인적사항을 지방세정보통신망과 연계된 정보통신망을 통해 제공할 수 있다. (2023. 3. 14. 신설) ③ 지방자치단체의 장은 법 제32조의 2 제3항에 따라 국가기관, 지방자치단체가 「사회보장기본법」에서 규정한 사회보장정책을 수립·추진하기 위하여 관리대장을 요청하는 경우에는 생계유지가 곤란하다고 인정되어 정리보류된 체납자의 인적사항을 지방세통합정보통신망과 연계된 정보통신망을 통해 제공할 수 있다. (2024. 3. 26. 개정)	제31호의2 서식에 따른다. (2023. 3. 14. 신설)

제3장 체납처분

제1절 체납처분의 절차

제33조【압 류】 ① 지방자치단체의 장은 다음 각 호의 어느 하나에 해당하는 경우에는 납세자의 재산을 압류한다.

1. 납세자가 독촉장(납부최고서를 포함한다. 이하 같다)을 받고 지정된 기한까지 지방자치단체의 징수금을 완납하지 아니할 때
2. 제22조 제1항에 따라 납세자가 납부기한 전에 지방자치단체의 징수금의 납부 고지를 받고 지정된 기한까지 완납하지 아니할 때

② 제1항에도 불구하고 지방자치단체의 장은 제22조 제1항 각 호의 어느 하나에 해당하는 사유로 이미 납세의무가 성립한 그 지방세를 징수할 수 없다고 인정되는 경우에 납세자의 재산을 납기 전이라도 압류할 수 있다. 이 경우 지방자치단체의 장은 납세의무가 확정되리라고 추정되는 금액의 한도에서 압류하여야 한다.

③ 납세의 고지 또는 독촉을 받고 납세자가 도피할 우려가 있어 납부기한까지 기다려서는 고지한 지방세나 그 체납액을 징수할 수 없다고 인정되는 경우에는 제2항을 준용한다.

④ 지방자치단체의 장은 제2항 또는 제3항에 따라 재산

제3장 체납처분

제1절 통 칙

제39조【공유물에 대한 체납처분】 압류할 재산이 공유물인 경우에 그 몫이 정해져 있지 아니하면 그 몫이 균등한 것으로 보아 체납처분을 집행한다.

제40조【압류통지】 법 제33조 제4항에 따른 압류통

제3장 체납처분

제23조【납기 전 보전 압류의 통

을 압류하였으면 해당 납세자에게 문서로 알려야 한다.

⑤ 지방자치단체의 장은 다음 각 호의 어느 하나에 해당할 때에는 제2항 또는 제3항에 따른 재산의 압류를 즉시 해제하여야 한다.

1. 제4항에 따른 통지를 받은 자가 납세담보를 제공하고 압류해제를 요구할 때
2. 압류를 한 날부터 3개월이 지날 때까지 압류에 의하여 징수하려는 지방세를 확정하지 아니하였을 때

⑥ 지방자치단체의 장은 제2항 또는 제3항에 따라 압류한 재산이 금전, 납부기한까지 추심할 수 있는 예금 또는 유가증권인 경우 납세자가 신청할 때에는 그 압류 재산을 확정된 지방자치단체의 징수금에 충당할 수 있다.

예판

【판례】 • 무효나 위법한 체납처분 사례

- 위탁자 명의로 부과된 신탁재산에 대한 취득세, 재산세 등의 체납을 이유로 당해 신탁재산에 대해 압류하거나 교부청구를 한 것은 무효이며, 그 신탁의 내용이 부동산담보신탁의 경우에도 동일함. (대법 2010두27998, 2013. 1. 24.)
- 신탁계약서상의 신탁회사의 지방세 납부의무의 규정을 들어 체납자가 아닌 신탁회사로부터 지방세를 직접 징수할 수는 없음. (대법 2013다217054, 2014. 3. 13.)
- 압류의 대상을 납세자의 재산에 국한하고 있으므로 납세자가 아닌 제3자의 재산을 대상으로 한 압류처분은 그 처분의 내용이 법률상 실현될 수 없는 것이어서 당연 무효임(대법 2000다68924, 2001. 2. 23.)

지의 문서에는 다음 각 호의 사항을 적어야 한다.

1. 납세자의 성명과 주소 또는 영업소
2. 압류에 관계되는 지방세의 과세연도 · 세목 및 세액
3. 압류재산의 종류 · 수량 및 품질과 소재지
4. 압류 연월일
5. 조서 작성 연월일
6. 압류의 사유
7. 압류해제의 요건

제41조 【체납처분의 속행】 지방자치단체의 장은 체납자가 파산선고를 받은 경우에도 이미 압류한 재산이 있을 때에는 체납처분을 속행하여야 한다.

예판

【조심판례】 유체동산 압류 사례

• 이 건 유체동산은 청구인과 ○○○이 동거할 당시 이 건 주택에 입주하면서 매입한 것으로 보이는 점 등에 비추어 이 건 유체동산은 청구인과 ○○○의 공유재산이라고 보는 것이 타당하므로 처분청이 이를 압류한 처분은 잘못이 없다고 판단된다. (조심2017지1165, 2017. 12. 27.)

운영예규 법33－5 【재산의 양도 또는 추심가능성】

1. 압류의 대상이 되는 재산은 양도 또는 추심할 수 있는 것이어야 한다.

지】 법 제33조 제4항 및 영 제40조에 따른 압류 통지의 문서는 별지 제32호 서식의 납기 전 보전 압류 통지서에 따른다.

운영예규 법33－14 【조건부 또는 기한부 법률행위에 의하여 재산이 이전된 경우 등】

조건부 또는 기한부 법률행위의 목적이 된 재산을 압류한 경우 압류 후에 그 조건의 성취 또는 기한의 도래에 의하여 권리를 취득한 자는 그 권리의 취득으로 지방자치단체의 장에 대항하지 못한다. 매매계약 또는 재매매의 예약의 목적이 된 재산을 압

• **적법한 체납처분 사례**
- 체납자와 법률관계가 없는 제3자가 착오로 체납자의 계좌로 잘못 이체한 예금계좌를 압류하였더라도 유효한 압류처분에 해당됨. (대법 2005다59673, 2006. 3. 24.)

운영예규 법33－1【재산의 귀속】

1. 압류의 대상이 되는 재산은 압류당시에 체납자에게 귀속되고 있는 것이어야 한다.
2. 재산이 다음 각 목의 어느 하나에 해당하는 경우에는 체납자에게 귀속되는 것으로 추정한다.
   가. 동산 및 유가증권…체납자가 소지하고 있을 것(「민법」 제197조 참조)
   나. 등록공사채등…등록명의가 체납자일 것(「국채법」 제8조, 「주식 · 사채 등의 전자등록에 관한 법률」 제22조, 제35조 참조) (2022. 10. 25. 개정)
   다. 등기 또는 등록된 부동산, 선박, 건설기계, 자동차, 항공기 및 지상권, 광업권 등의 권리와 특허권 기타의 무체재산권 등…등기 또는 등록의 명의인이 체납자일 것
   라. 미등기의 부동산소유권, 기타의 부동산에 관한 권리 및 미등록의 저작권…점유의 사실, 건축물대장, 토지대장 기타 장부서류의 기재 등에 의해 체납자에게 귀속한다고 인정되는 것
   마. 합명회사 및 합자회사의 사원의 지분…정관 또는 상업등기부상 사원의 명의가 체납자일 것(「상법」 제37조, 제179조, 제180조, 제183조, 제269조, 「상업등기처리규칙」 제51조 참조) (2022. 10. 25. 개정)
   바. 유한회사의 사원의 지분…정관, 사원명부 또는 상업등기부상 명의인이 체납자일 것(「상법」 제543조, 제

2. 전항의 양도 또는 추심가능성에 관하여는 다음 사항에 유의한다.
   가. 유가증권 중 지시금지어음 및 수표는 「어음법」 제11조(당연한 지시증권성) 또는 「수표법」 제14조(당연한 지시증권성)의 규정에 의하며 지명(시)채권의 양도방식에 따라 양도할 수 있다. (「민법」 제508조 참조)
   나. 상속권, 부양청구권, 위자료청구권, 재산분할청구권 등과 같이 납세자의 일신에 전속하는 권리는 양도할 수 없다. 다만, 그 권리의 행사로 인하여 금전적 채권 등으로 전환되었을 때는 예외이다.
   다. 요역지의 소유권에 부종하는 지역권 또는 채권에 부종하는 유치권, 질권, 저당권 등은 주된 권리와 분리하여 양도할 수 없다.
   라. 상호는 영업을 폐지하거나 영업과 함께 하는 경우가 아니면 양도할 수 없다. (「상법」 제25조 참조)

법33－6【양도금지의 특약이 있는 재산】

당사자 간의 계약에 의하여 양도금지의 특약이 있는 재산도 압류의 대상이 된다.

법33－7【부과 등의 처분에 쟁송이 있는 경우의 압류】

과세에 관한 처분, 고지 등에 대하여 이의신청, 심사, 심판의 청구, 소송 등이 계속 중인 경우에도 그 처분이 취소될 때까지는 쟁송에 관련된 지방세의 체납에 기하여 재산을 압류할 수 있다.

법33－8【재산의 선택】

세무공무원이 압류재산을 선택하는 것은 재량에 속하나 다음의 사항을 고려하여 선택하여야 한다.

1. 압류재산이 환가하기에 편리하고 보관 및 인도에 편리할 것
2. 압류재산이 납세자의 생계유지 및 사업계속에 지장이 적

류한 경우 압류 후에 그 매매를 완결하는 의사표시에 의하여 소유권을 취득한 자 또한 같다. 다만, 이들 권리를 보전하기 위하여 압류 전에 가등기가 된 경우에는 동 예규 「지방세징수법」 33－15에 의한다.

법33－15【가등기된 재산】

가등기된 재산의 압류에 대하여는 다음에 유의한다.

1. 가등기된 재산에 대하여는 등기의 명의인의 재산으로 압류할 수 있으나 압류 후 가등기에 기한 본등기가 되는 때에는 그 본등기의 순위는 가등기의 순위에 따르므로(「부동산등기본법」 제91조 참조) 그 본등기가 압류의 대상인 권리를 이전하는 것인 경우에는 압류의 효력이 상실된다. 다만, 담보목적의 가등기를 한 재산인 경우에는 「지방세기본법」 제71조 제2항에 따른다.
2. 전호 본문의 경우에 세무공무원은 가등기원인을 조사하여 담보의 목적으로 가등기가 된 것으로 인정되는 때에는 일단 압류한 후 본등기 이전시에는 가등기권자에게 「지방세기본법」 제75조(양도담보권자의 물적 납세의무)의 규정에 의한 양도담보권자로서 물적 납세

549조, 제557조 참조)

사. 채권…차용증서, 예금통장, 매출장 기타 거래관계 장부 서류 등에 의해 체납자에게 귀속한다고 인정되는 것

법33-2【부부 또는 동거친족재산의 귀속】

배우자(사실혼 관계를 포함한다) 또는 동거친족이 납세자의 재산 또는 수입에 의하여 생계를 유지하고 있을 때에는 납세자의 주거에 있는 재산은 납세자에 귀속한 것으로 추정한다. 다만, 「민법」 기타 법령에 특별한 규정이 있는 경우에는 그러하지 아니하다.

법33-3【재산의 소재】

1. 압류의 대상이 되는 재산은 이 법의 효력이 미치는 지역 내에 있는 재산이어야 한다.
2. 전항의 재산의 소재지 결정에 있어서는 「상속세 및 증여세법」 제5조(상속재산 등의 소재지)의 규정을 준용한다.

법33-4【재산의 금전적 가치】

압류의 대상이 되는 재산은 금전적 가치를 가진 것이어야 한다. 따라서 금전 또는 물건의 급부를 목적으로 하지 않는 행위(예 : 연주를 하는 것 등) 또는 부작위(예 : 경업금지)를 목적으로 하는 채권 등은 압류의 대상이 되지 아니한다.

법33-19【압류의 효력】

압류는 그 대상이 된 재산의 법률상 또는 사실상 처분을 금지하는 효력이 있다. 따라서 압류 후에 있어서의 그 재산의 양도 또는 권리설정 등의 법률상 처분은 압류채권자인 지방자치단체의 장에게 대항하지 못한다. 이 경우 압류에 의하여 금지되는 법률상 또는 사실상의 처분은 압류채권자인 지방자치단체에 불이익한 것에 한하므로 지방자치단체에 유리한 처분은 포함되지 아니한다. (예 : 압류재산에 관한 전세계약의 해제)

을 것

법33-9【압류재산상에 제3자가 가진 권리의 보호】

세무공무원이 압류재산을 선택함에 있어서는 체납처분의 집행에 지장이 없는 한 그 재산에 관하여 제3자가 가진 권리(질권, 저당권, 유치권, 전세권, 임차권, 사용대차권, 지상권 등)를 해하지 아니하도록 선택하여야 한다.

법33-10【압류전의 최고】

독촉장, 납부최고서 또는 양도담보권자에 대한 고지서를 발부한 후 6월 이상을 지나서 압류를 하려 할 때에는 미리 납부를 촉구하여야 한다.

법33-11【야간, 휴일의 압류】

지방자치단체의 장은 야간, 토요일, 일요일 기타 공휴일에는 특히 필요하다고 인정하는 경우를 제외하고는 압류를 하지 아니한다.

법33-12【양도담보재산】

양도담보재산은 양도담보권자에게 속하는 재산으로서 그 양도담보권자의 체납액의 징수를 위하여 압류할 수 있으며, 또한 그 양도인의 체납액의 징수를 위하여 「지방세기본법」 제75조(양도담보권자 등의 물적 납세의무)의 규정에 의하여 압류할 수 있다. (2022. 10. 25. 개정)

법33-13【공유재산에 대한 압류】

압류할 재산이 법률의 규정 또는 당사자의 의사표시에 의하여 공유로 된 경우에 각자의 지분이 정하여지지 아니하거나 불명인 때에는 그 지분이 균등한 것으로 추정하여 압류한다. (「민법」 제262조 제2항 참조)

의무를 지정할 것을 검토하여 조세채권의 일실을 방지하여야 한다.

법33-16【초과압류의 금지】

재산의 압류는 지방세를 징수하기 위하여 필요한 범위를 초과할 수 없다. 다만, 불가분물 등 부득이한 경우는 예외로 한다.

법33-17【종물에 대한 압류의 효력】

주물을 압류한 때에는 종물에도 효력이 미친다. (「민법」 제100조 제2항 참조)

법33-18【보험에 가입된 재산】

압류재산이 보험에 가입된 경우 화재 등에 의하여 멸실된 때에는 지방자치단체장은 지체 없이 보험계약에 기한 보험금청구권에 대하여 압류절차를 밟아야 한다.

제34조 【신분증의 제시】 세무공무원이 체납처분을 하기 위하여 질문·검사 또는 수색을 하거나 재산을 압류할 때에는 신분을 표시하는 증표를 지니고 관계자에게 보여 주어야 한다.

제35조 【수색의 권한과 방법】 ① 세무공무원은 재산을 압류하기 위하여 필요할 때에는 체납자의 가옥·선박·창고 또는 그 밖의 장소를 수색하거나 폐쇄된 문·금고 또는 기구를 열게 하거나 직접 열 수 있다. 체납자의 재산을 점유·보관하는 제3자가 재산의 인도(引渡) 또는 이전을 거부할 때에도 또한 같다. (2022. 1. 28. 후단개정)

예판

【조심판례】 수색조서의 효력

• 소재명인 납세의무자를 대신해 그 배우자를 상대로 세무서 사무실에서 작성한 '수색조서'도 '소멸시효중단'의 효력이 있음. (국심2002서2744, 2002. 11. 6.)

② 세무공무원은 제3자의 가옥·선박·창고 또는 그 밖의 장소에 체납자의 재산을 은닉한 혐의가 있다고 인정될 때에는 제3자의 가옥·선박·창고 또는 그 밖의 장소를 수색하거나 폐쇄된 문·금고 또는 기구를 열게 하거나 직접 열 수 있다.

③ 제1항 또는 제2항에 따른 수색은 해뜰 때부터 해질

운영예규 법34-1 【관계자의 범위】

「지방세징수법」 제34조에서 세무공무원이 신분을 표시하는 증표를 제시하여야 하는 "관계자"라 함은 법 제36조(체납처분에 따른 질문·검사권), 제35조(수색의 권한과 방법), 제33조(압류) 등의 규정에 의하여 질문·검사 또는 수색을 받거나 재산의 압류를 당하는 자와 법 제37조(참여자 설정)의 규정에 의한 수색·검사에의 참여자, 영 제43조(체납처분집행중의 출입제한)의 규정에 의한 출입제한을 받는 자 등을 말한다.

운영예규 법35-1 【그 밖의 장소】

「지방세징수법」 제35조 제1항 및 제2항에서 수색을 할 수 있는 "그 밖의 장소"에는 체납자 또는 제3자가 사용하거나 사용하고 있다고 인정되는 사무실, 영업소, 공장, 헛간 등의 건물 외에 숙박중의 여관방 등, 건물의 부지 등을 포함한다.

법35-2 【폐쇄된 문등을 여는 것】

세무공무원은 수색에 임하였을 때는 체납자 또는 제3자가 사용하거나 사용하고 있다고 인정되는 폐쇄된 문, 금고 또는 기구를 사용자에게 열게 하거나 세무공무원 자신이 열 수 있다. 그러나 세무공무원 자신이 열 경우에는 체납자등이 세무공무원의 요구에 따르지 않거나 수색장소에 없는 등 부득이할 때에 한한다.

법35-3 【체납자의 재산을 점유하는 제3자】

「지방세징수법」 제35조 제1항에서 "체납자의 재산을 점유·보관하는 제3자"라 함은 정당한 권한의 유무에 관계없이 체납자의 재산을 자기의 점유로 이전, 사실상 지배하는 제3자를 말한다. (2022. 10. 25. 개정)

제24조 【신분증】 법 제34조에 따른 증표는 「지방세기본법 시행규칙」 별지 제426호 서식에 따른다.

운영예규 법35-4 【인도를 거부할 때】

「지방세징수법」 제35조 제1항에서 "인도 또는 이전을 거부할 때"에는 법 제44조(질권이 설정된 재산의 압류)의 규정에 의하여 인도요구를 받은 자 또는 법 제48조(동산과 유가증권의 압류)의 규정에 의하여 보관하는 자가 인도를 하지 아니한 때를 포함한다. (2022. 10. 25. 개정)

법35-6 【시효의 중단】

압류하기 위하여 수색을 하였으나 압류할 재산이 없어 압류할 수 없는 경우에도 그 수색을 착수했을 때에 시효중단의 효력이 발생한다. 이 경우에 그 수색이 제3자의 주거 등에 대하여 행하여진 경우에는 수색한

때까지만 할 수 있다. 다만, 해가 지기 전에 시작한 수색은 해가 진 후에도 계속할 수 있다.

운영예규 법35-5 【수색시간제한】

「지방세징수법」 제35조 제3항에서 "해 뜰 때부터 해질 때까지"는 역에 따른 지방별 해의 일출·일몰시간을 기준으로 한다.

④ 주로 야간에 대통령령으로 정하는 영업을 하는 장소에 대해서는 제3항에도 불구하고 해가 진 후에도 영업 중에는 수색을 시작할 수 있다.

⑤ 세무공무원은 제1항 또는 제2항에 따라 수색을 하였으나 압류할 재산이 없을 때에는 수색조서를 작성하여 체납자 또는 제37조에 따른 참여자와 함께 서명날인하여야 하며, 참여자가 서명날인을 거부할 경우 그 사실을 수색조서에 함께 적어야 한다.

⑥ 세무공무원은 제5항에 따라 수색조서를 작성하였을 때에는 그 등본을 수색을 받은 체납자 또는 참여자에게 내주어야 한다.

제36조 【체납처분에 따른 질문·검사권】 세무공무원은 체납처분을 집행하면서 압류할 재산의 소재 또는 수량을 알고자 할 때에는 다음 각 호의 어느 하나에 해당하는 자에게 질문하거나 장부, 서류, 그 밖의 물건의 검사 또는 제출을 요구할 수 있다.

제42조 【야간수색 대상 영업】 법 제35조 제4항에서 "대통령령으로 정하는 영업"이란 다음 각 호의 어느 하나에 해당하는 영업을 말한다.

1. 객실을 설비하여 음식과 주류를 제공하고, 유흥종사자에게 손님을 유흥하게 하는 영업
2. 무도장(舞蹈場)을 설치하여 일반인에게 이용하게 하는 영업
3. 주류, 식사, 그 밖의 음식물을 제공하는 영업
4. 제1호부터 제3호까지의 규정과 유사한 영업

제43조 【체납처분 집행 중의 출입 제한】 세무공무원은 다음 각 호의 어느 하나에 해당하는 경우로서 필요하다고 인정하면 체납처분 집행 중 그 장소에 있는 관계인이 아닌 사람에게 나가 달라고 하거나 관계인이 아닌 사람이 그 장소에 출입하는 것을 제한할 수 있다.

1. 법 제33조에 따라 재산을 압류하는 경우
2. 법 제35조에 따라 수색을 하는 경우

취지를 수색조서의 등본 등에 의거 체납자에게 통지하여야 시효중단의 효력이 발생한다. (「지방세기본법」 제40조 제1항 제4호, 「민법」 제176조 참조)

제25조 【수색조서】 법 제35조 제5항에 따른 수색조서는 별지 제33호 서식에 따른다.

1. 체납자
2. 체납자와 거래관계가 있는 자
3. 체납자의 재산을 점유하는 자
4. 체납자와 채권·채무 관계가 있는 자
5. 체납자가 주주 또는 사원인 법인

운영예규 법36-2【체납자가 주주 또는 사원인 법인】

「지방세징수법」 제36조 제5호의 "체납자가 주주 또는 사원인 법인"이란 체납자가 주주 또는 사원인 다음의 법인을 말한다.

1. 주식회사
2. 합명회사
3. 합자회사
4. 유한회사
5. 「민법」에 의한 비영리사단법인
6. 특별법에 의한 법인
7. 법인격 없는 사단

6. 체납자인 법인의 주주 또는 사원
7. 체납자의 재산을 은닉한 혐의가 있다고 인정되는 자로서 대통령령으로 정하는 자 (2020. 3. 24. 개정)

운영예규 법36-1【질 문】

「지방세징수법」 제36조 "질문"은 구두 또는 서면에 의하여 할 수 있으며, 구두에 의한 질문의 내용이 중요한 사항인 때에는 그 전말을 기록하여야 하고, 전말을 기록한 서류에는 답변자의 서명날인을 받아야 하며, 답변자가 서명날인을 거부할 때는 그 뜻을 부기하여야 한다.

3. 법 제36조에 따라 질문 또는 검사를 하는 경우

제44조【질문·검사 등의 요구】(2020. 3. 24. 제목개정)

법 제36조 제7호에서 "대통령령으로 정하는 자"란 체납자와 「지방세기본법 시행령」 제2조 제1항에 따른 친족관계에 있는 자 또는 같은 조 제2항에 따른 경제적 연관관계에 있는 자를 말한다. (2020. 3. 24. 개정)

제37조【참여자 설정】 ① 세무공무원은 제35조 또는 제36조에 따라 수색 또는 검사를 할 때에는 수색 또는 검사를 받는 사람과 그의 가족·동거인이나 사무원, 그 밖의 종업원을 증인으로 참여시켜야 한다.
② 제1항의 경우에 참여자가 없을 때 또는 참여 요청에 따르지 아니할 때에는 성년자 2명 이상 또는 다른 지방자치단체의 공무원이나 경찰공무원을 증인으로 참여시켜야 한다.

운영예규 법37-2【경찰공무원】
「지방세징수법」 제37조 제2항에서 "경찰공무원"은 가능한 한 수색 또는 검사하는 장소를 관할하는 경찰관서의 경찰공무원으로 한다.

☞ **운영예규 법37-1【성년자】**
「지방세징수법」 제37조 제2항에서 "성년자"란 「민법」 제4조(성년)에 따른 19세 이상인 자 외에 동법 제826조의 2(성년의제)에 따른 혼인한 미성년자를 포함한다.

제38조【압류조서】 ① 세무공무원은 체납자의 재산을 압류할 때에는 압류조서를 작성하여야 한다. 이 경우에 압류재산이 다음 각 호의 어느 하나에 해당할 때에는 그 등본을 체납자에게 내주어야 한다.
1. 동산 또는 유가증권

운영예규 법38-4【동산 또는 유가증권】
1. 「지방세징수법」 제38조 제1항 제1호의 동산은 「민법」 제99조 제2항(동산)에 따른 동산 중 법 제55조(부동산 등의 압류절차)에 따른 선박과 법 제56조(자동차 등의 압류절차)에 따른 선박·자동차·건설기계 또는 항공기 등을 제외한 것으로 한다. (2022. 10. 25. 개정)

☞ **운영예규 법38-1【수색한 경우】**
압류를 수색에 의하여 한 경우에는 압류조서에 법 제35조(수색의 권한과 방법)의 규정에 의하여 수색한 뜻과 수색의 목적 및 장소를 부기하여야 한다.

법38-2【압류조서 작성과 압류의 효력】
압류조서는 압류의 사실을 기록증명하는 것으로 그 작성이 압류처분의 효력발생 요건인 것은 아니다.

법38-3【참가압류의 효력】
「지방세징수법」 제68조 제1항(참가압류의 효력 등)의 규정에 의하여 참가압류가 압류의 효력이 생긴 때에는 압류조서를 작성하지 아니한다.

법38-5【보전압류의 경우】

제26조【압류조서】 법 제38조에 따른 압류조서는 별지 제34호 서식에 따른다.

2. 「지방세징수법」 제38조 제1항 제1호의 유가증권은 재산권을 표시하는 증권으로 그 권리의 행사 또는 이전이 증권에 의하여 행하여지는 것을 말한다.

2. 채권
3. 채권과 소유권을 제외한 재산권(이하 "무체재산권등"이라 한다)

② 세무공무원은 압류조서에 제37조에 따른 참여자의 서명날인을 받아야 하며, 참여자가 서명날인을 거부하였을 때에는 그 사실을 압류조서에 함께 적어야 한다.
③ 세무공무원은 질권(質權)이 설정된 동산 또는 유가증권을 압류하였을 때에는 그 동산 또는 유가증권의 질권자에게 압류조서의 등본을 내주어야 한다.
④ 세무공무원은 채권을 압류하였을 때에는 채권의 추심이나 그 밖의 처분을 금지한다는 뜻을 압류조서에 함께 적어야 한다.

「지방세징수법」 제33조 제2항(납기전 압류)의 규정에 의하여 보전압류를 하는 경우에는 이 규정에 의하여 납세의무가 있다고 인정되는 자 또는 납세자를 체납자로 보아 압류조서를 작성하는 것으로 한다. 이 경우 규칙 제26조 (압류조서)의 "지방세의 과세연도, 세목, 세액과 납부기한"은 보전압류금액, 보전압류금액의 결정근거가 되는 지방세의 연도 및 세목을 기재한다.

제39조 【사해행위의 취소 및 원상회복】 지방자치단체의 장은 체납처분을 집행할 때 납세자가 지방세 징수를 피하기 위하여 재산권을 목적으로 한 법률행위(「신탁법」에 따른 사해신탁을 포함한다)를 한 경우에는 「민법」 제406조·제407조 및 「신탁법」 제8조를 준용하여 사해행위의 취소 및 원상회복을 법원에 청구할 수 있다.

제45조 【사해행위 취소 등의 절차】 지방자치단체의 장은 법 제39조에 따른 사해행위의 취소 및 원상회복을 요구할 때에는 「민법」과 「민사소송법」에 따라 체납자 또는 재산양수인을 상대로 소송을 제기하여야 한다.

관련법령

민 법

제406조 【채권자취소권】 ① 채무자가 채권자를 해함을 알고 재산권을 목적으로 한 법률행위를 한 때에는 채권자는 그 취소

운영예규 법39-4 【취소후의 체납처분 등】

사해행위의 취소에 의하여 납세자의 일반재산에 복귀한 재산 또는 재산의 반환에 대신한 손해배상금에 대한 체납처분은 다음에 의한다.

1. 인도를 받은 동산·유가증권에 대하여는 압류를 한다. 또한 판결이

예판

【판례】 사행행위 취소 적용 범위

- 채무초과 상태에서 유일한 적극재산을 등록세만 납부하고 취득세 등을 전혀 납부하지 않은 상태에서 신탁회사에 신탁하고 금융기관을 우선 수익자로 정하여 압류 및 조세징수절차를 원천적으로 봉쇄하고 이후 관련 체납세를 전혀 납부하지 않은 것은 조세회피 목적의 사행해위에 해당함. (서울고법 2012나26475, 2013. 1. 17. 판결 : 대법확정)

운영예규 법39 - 1 【납세자의 무자력】

「지방세징수법」 제39조에 의한 사해행위의 취소를 요구할 수 있는 경우는 압류를 면하고자 양도한 재산 이외에 다른 자력이 없어 지방세를 완납할 수 없는 경우로 한다.

법39 - 2 【체납처분을 집행함에 있어서의 의미】

「지방세징수법」 제39조에서 "체납처분을 집행할 때"라 함은 지방자치단체의 장이 사해행위의 취소를 요구할 수 있는 시점을 정한 것으로서 사해행위의 시점을 정한 것이 아니다.

제39조의 2 【체납처분의 위탁】 ① 지방자치단체의 장은 제11조 제1항 본문에 따른 명단공개 기준에 해당하

및 원상회복을 법원에 청구할 수 있다. 그러나 그 행위로 인하여 이익을 받은 자나 전득한 자가 그 행위 또는 전득당시에 채권자를 해함을 알지 못한 경우에는 그러하지 아니하다.

② 전항의 소는 채권자가 취소원인을 안 날로부터 1년, 법률행위 있은 날로부터 5년 내에 제기하여야 한다.

제407조 【채권자취소의 효력】 전조의 규정에 의한 취소와 원상회복은 모든 채권자의 이익을 위하여 그 효력이 있다.

운영예규 법39 - 3 【지방세가 목적물의 가액보다 적은 경우의 처리】

사해행위 취소의 소를 제기하는 경우에 있어 지방세의 액이 사해행위의 목적이 된 재산의 처분예정가액보다 적은 때에는 다음에 의한다.

1. 사해행위의 목적이 된 재산이 가분인 때에는 지방세에 상당하는 사해행위의 일부의 취소와 재산의 일부의 반환을 청구하는 것으로 한다.
2. 사해행위의 목적이 된 재산이 불가분인 때에는 사해행위의 전부취소와 재산의 반환을 청구하는 것으로 한다. 다만, 그 재산의 처분예정가액이 현저히 지방세를 초과할 때는 그 재산의 반환 대신에 상당액의 손해배상을 청구하여도 무방하다.

제45조의 2 【체납처분의 위탁 절차 등】 ① 지방자치단체의 장은 법 제39조의 2 제1항에 따라 체납처분을

있음에도 불구하고 피고가 인도하지 아니할 때에도 같다.

2. 등기를 말소하여야 할 취지의 판결을 받은 부동산 기타 재산에 관하여는 즉시 그 판결에 의하여 등기말소를 함과 동시에 압류를 한다.
3. 손해의 배상금액의 지급을 받은 경우에는 채권압류시에 있어서 제3채무자로부터 급부를 받은 금전에 준하여 처리한다. 또한 판결이 있음에도 불구하고 피고가 지급을 하지 아니할 때에는 집행문 부여를 받아 민사집행법에 의하여 강제집행을 한다.
4. 반환을 받은 재산에 대하여 체납처분을 하고 지방세에 충당한 후 잔여가 있는 경우에는 그 잔여분은 체납자에게 주지 아니하고 그 재산의 반환을 한 수익자 또는 전득자에게 반환한다.

법39 - 5 【사해행위 취소법률】

세무공무원은 「민법」 제406조 및 제407조의 규정을 준용하여 사해행위의 취소를 법원에 청구할 수 있다.

제26조의 2 【체납처분 위탁사실의 통지】 법 제39조의 2 제1항 및

는 고액·상습체납자의 수입물품에 대한 체납처분을 세관장에게 위탁할 수 있다. (2020. 12. 29. 신설)

② 제1항에 따른 체납처분의 위탁 또는 위탁 철회에 필요한 사항은 대통령령으로 정한다. (2020. 12. 29. 신설)

제2절 압류금지 재산

제40조【압류금지 재산】 다음 각 호의 재산은 압류할 수 없다.

1. 체납자와 그 동거가족의 생활에 없어서는 아니 될 의

위탁하려면 법 제11조 제1항 본문에 따른 명단공개 기준에 해당하는 고액·상습체납자(이하 이 조에서 "고액·상습체납자"라 한다)에게 1개월 이내의 기간을 정하여 체납된 세금을 납부하지 않는 경우 수입물품에 대한 체납처분을 세관장에게 위탁할 수 있다는 사실을 미리 알려야 한다. (2020. 12. 31. 신설)

② 지방자치단체의 장은 법 제39조의 2 제1항에 따라 세관장에게 체납처분을 위탁한 경우 즉시 그 위탁사실을 고액·상습체납자에게 알려야 한다. (2020. 12. 31. 신설)

③ 지방자치단체의 장은 고액·상습체납자가 다음 각 호의 어느 하나의 경우에 해당하는 경우 즉시 해당 고액·상습체납자의 수입물품에 대한 체납처분의 위탁을 철회해야 한다. (2020. 12. 31. 신설)

1. 체납된 지방세의 전부 또는 일부를 납부하여 고액·상습체납자의 범위에서 제외되는 경우 (2020. 12. 31. 신설)
2. 법 제11조 제1항 단서에 해당하는 경우 (2020. 12. 31. 신설)

운영예규 법40-2【특별법에 의한 압류제한】

「지방세징수법」 이외의 압류를 제한한 특별법의 규정으로 다음과 같은 것이 있다.

영 제45조의 2 제2항에 따른 체납처분 위탁 통지는 별지 제34호의 2 서식에 따른다. (2020. 12. 31. 신설)

운영예규 법40-1【압류금지】

「지방세징수법」 제40조에서 "압류금지"라 함은 절대적으로 압류를 금하

복, 침구, 가구와 주방기구

2. 체납자와 그 동거가족에게 필요한 3개월간의 식료와 연료

운영예규 법40-3【3월간의 식료와 연료】

「지방세징수법」 제40조 제2호에서 "체납자와 그 동거가족에게 필요한 3월간의 식료와 연료"라 함은 식료는 기본적인 주·부식품과 조미료를 말하며, 연료는 취사용 및 난방용, 연탄, 유류, 가스 등의 연료를 말한다. 그 소요량에 있어서는 보통의 건강유지에 필요한 범위로 한다.

3. 인감도장이나 그 밖에 직업상 필요한 도장

운영예규 법40-4【실인 기타 직업에 필요한 인장】

「지방세징수법」 제40조 제3호에서 "직업에 필요한 인장"이라 함은 회사의 사인, 공무원·회사원·변호사·공증인·공인회계사·세무사 등이 직무상 사용하는 인장 및 화가·서예가의 낙관 등 직업 및 생활에 필요불가결한 인장으로 현재 사용하고 있는 것을 말한다.

4. 제사·예배에 필요한 물건, 비석 및 묘지
5. 체납자 또는 그 동거가족의 상사(喪事)·장례에 필요한 물건
6. 족보나 그 밖에 체납자의 가정에 필요한 장부·서류

운영예규 법40-6【족보나 그 밖에 체납자의 가정에 필요한 장부·서류】

「지방세징수법」 제40조 제6호에서 "족보나 그 밖에 체납자

1. 「국가유공자 등 예우 및 지원에 관한 법률」 제19조(권리의 보호)
2. 「선원법」 제152조(양도 또는 압류의 금지)
3. 「산업재해보상 보험법」 제88조(수급권의 보호)
4. 「국민기초생활 보장법」 제35조(압류금지)
5. 「우편법」 제7조(우편 전용 물건 등의 압류 금지와 부과 면제) 및 제8조(우편물의 압류거부권) (2022. 10. 25. 개정)
6. 「국민건강보험법」 제59조(수급권의 보호)
7. 「자동차 손해배상 보장법」 제40조(압류 등의 금지)
8. 「형사보상 및 명예회복에 관한 법률」 제23조(보상청구권의 양도 및 압류의 금지)
9. 「상법」 제744조(선박의 압류·가압류)
10. 「채무자 회생 및 파산에 관한 법률」 제58조(다른 절차의 중지 등)
11. 「공장 및 광업재단 저당법」 제14조(공장재단 구성물의 양도 등 금지)
12. 「의료법」 제13조(의료기재의 압류금지)
13. 「국민연금법」 제58조(수급권의 보호)
14. 「건설산업 기본법」 제88조(임금에 대한 압류의 금지)
15. 「공무원연금법」 제39조(권리의 보호)

운영예규 법40-5【제사·예배에 필요한 물건】

「지방세징수법」 제40조 제4호에서 "제사·예배에 필요한 물건"이라 함은 체납자 또는 그 동거가족의 제사 또는 예배에 실제로 사용되는 제구 등을 말하며, 단순히 상품 또는 골동품으로서 소장하고 있는 것은 제외된다.

는 것을 말하며, 압류금지재산인 것이 외관상으로 명백한 것을 압류한 때에는 그 압류는 무효가 된다. 다만, 외관상 명백하지 아니한 것을 압류한 때에는 취소의 원인이 될 수 있는 것이다.

의 가정에 필요한 장부 · 서류"에는 예술품 또는 골동품등으로서 가지고 있는 것을 제외한다.

7. 직무상 필요한 제복
8. 훈장이나 그 밖의 명예의 증표
9. 체납자와 그 동거가족의 학업에 필요한 서적과 기구

운영예규 법40-8【학업에 필요한 서적과 기구】

「지방세징수법」 제40조 제9호에서 "학업에 필요한 서적과 기구"란 「초 · 중등교육법」 제2조, 「고등교육법」 제2조에 따른 학교에서 학업하거나 이와 동등 정도의 학업을 하는데 필요한 교과서, 참고서, 사전 등의 서적과 책상, 서가, 문방구 등 기구를 말한다.

10. 발명 또는 저작에 관한 것으로서 공표되지 아니한 것
11. 법령에 따라 급여하는 사망급여금과 상이급여금(傷痍給與金)

운영예규 법40-10【법령에 의하여 급여하는 사망급여금과 상이급여금】

「지방세징수법」 제40조 제11호의 사망급여금과 상이급여금의 급여를 규정하는 법령으로는 다음과 같은 것이 있다.

1. 「국가유공자등예우 및 지원에 관한 법률」 : 제12조(보상금), 제14조(생활조정수당), 제15조(간호수당), 제17조(사망일시금)
2. 「근로기준법」 : 제78조(요양보상), 제79조(휴업보상), 제80조(장해보상), 제82조(유족보상), 제83조(장의비)
3. 「선원법」 : 제94조(요양보상), 제96조(상병보상), 제97조

운영예규 법40-7【훈장이나 그 밖의 명예의 증표】

「지방세징수법」 제40조 제8호에서 "훈장이나 그 밖의 명예의 증표"라 함은 체납자 또는 그 동거가족이 받은 것으로 훈장은 국내외 것을 불문하고 약장 등도 포함하며, 그 밖의 명예의 증표는 경기, 학예, 기예 등의 표창으로서 수여된 상패, 상배, 메달 등을 말한다.

운영예규 법40-9【발명 또는 저작에 관한 것으로서 공표되지 아니한 것】

「지방세징수법」 제40조 제10호에서 "발명"이란 자연법칙을 이용한 기술적 사상의 창작으로서 고도의 것을 말하며, "저작"이란 표현의 방법 또는 형식의 여하를 막론하고 문서, 연술, 회화, 조각, 공예, 건축, 지도, 도형, 모형, 사진, 악보, 연주, 가창, 무보, 각본, 연출, 음반, 녹음필름, 영화와 기타 학문 또는 예술의 범위에 속하는 일체의 물건을 말한다. 발명의 특허를 받거나 발명 또는 저작한 것을 간행, 흥업 또는 전람에 공한 때에는 공표한 것이 된다. (「특허법」 제2조, 「저작권법」 제2조 참조)

(장해보상), 제99조(유족보상), 제100조(장제비)

4. 「산업재해 보상보험법」: 제40조(요양급여), 제52조(휴업급여), 제57조 (장해급여), 제62조(유족급여), 제71조(장의비), 제78조(장해특별급여), 제79조(유족특별급여)

12. 의료 · 조산(助産)의 업(業) 또는 동물진료업에 필요한 기구 · 약품과 그 밖의 재료
13. 「주택임대차보호법」 제8조 및 같은 법 시행령에 따라 우선변제를 받을 수 있는 금액

14. 체납자의 생계유지에 필요한 소액금융재산으로서 대통령령으로 정하는 것

제41조【조건부 압류금지 재산】 다음 각 호의 재산은 체납자가 체납액에 충당할 만한 다른 재산을 제공할 때에는 압류할 수 없다.

1. 농업에 필요한 기계 · 기구, 가축류의 사료, 종자와 비료
2. 어업에 필요한 어망(漁網) · 어구(漁具)와 어선
3. 직업 또는 사업에 필요한 기계 · 기구와 비품

운영예규 법40-11【의료 · 조산의 업 또는 동물진료업】

「지방세징수법」 제40조 제12호에서 "의료 · 조산의 업 또는 동물진료업"이란 「의료법」 제2조 및 제3조에 따른 의료인이 의료기관에서 행하는 의료 · 조산의 업과 「수의사법」 제2조에 따른 동물진료업을 말한다.

제46조【압류금지 재산】 ① 법 제40조 제14호에서 "대통령령으로 정하는 것"이란 다음 각 호의 구분에 따른 보장성보험의 보험금, 해약환급금 및 만기환급금과 개인별 잔액이 185만원 이하인 예금(적금, 부금, 예탁금과 우편대체를 포함한다)을 말한다. (2020. 3. 24. 개정)

제46조【압류금지 재산】 ① 법 제40조 제14호에서 "대통령령으로 정하는 것"이란 다음 각 호의 구분에 따른 보장성보험의 보험금, 해약환급금 및 만기환급금과 개인별 잔액이 250만원 이하인 예금(적금, 부금, 예탁금과 우편대체를 포함한다)을 말한다. (2024. 3. 26. 개정)

1. 사망보험금 중 1천만원 이하의 보험금

1. 사망보험금 중 1천5백만원 이하의 보험금 (2024. 3. 26. 개정)
2. 상해 · 질병 · 사고 등을 원인으로 체납자가 지급받는

편주

영 46조 1항 각 호 외의 부분, 같은 항 1호 · 3호 · 4호의 개정규정은 2024. 3. 26. 이후 압류하는 경우부터 적용함. (영 부칙(2024. 3. 26.) 2조)

운영예규 법41-1【체납액에 충당할 만한 다른 재산의 제공】

「지방세징수법」 제41조 규정에 의하여 "체납액에 충당할 만한 다른 재산을 제공할 때"라 함은 체납액의 전액을 징수할 수 있는 재산(이미 압류된 재산이 있는 때에는 그와 합산하여 산정)을 즉시 압류할 수 있는 상태로 제공하는 것을 말한다.

법41-2【농업등에 필요한 재산】

「지방세징수법」 제41조 각 호에서 농업에 "필요한 기계", 어업에 "필요한 어망", 직업 또는 사업에 "필요한 기계" 등이라 함은 현실적으로 당해 사업을 영위하는 자가 그 기계 등 재산을 압류당함으로써 당해 사업의 현재 정도의 계속유지에 지장을 초래한다고 인정될 정도로 당해 사업에 관계가 있는 기계 등을 말한다. 따라서 당해 사업에 필요불가결한 것에 한정되는 것은 아니다.

제42조【급여채권의 압류 제한】 ① 급료·연금·임금·봉급·상여금·세비·퇴직연금, 그 밖에 이와 비슷한 성질을 가진 급여채권에 대해서는 그 총액의 2분의 1은 압류할 수 없다. 다만, 그 금액이 표준적인 가구의

보장성보험의 보험금 중 다음 각 목에 해당하는 보험금

가. 진료비, 치료비, 수술비, 입원비, 약제비 등 치료 및 장애 회복을 위하여 실제 지출되는 비용을 보장하기 위한 보험금

나. 치료 및 장애 회복을 위한 보험금 중 가목에 해당하는 보험금을 제외한 보험금의 2분의 1에 해당하는 금액

3. 보장성보험의 해약환급금 중 150만원 이하의 금액

3. 보장성보험의 해약환급금 중 250만원 이하의 금액 (2024. 3. 26. 개정)

4. 보장성보험의 만기환급금 중 150만원 이하의 금액

4. 보장성보험의 만기환급금 중 250만원 이하의 금액 (2024. 3. 26. 개정)

② 체납자가 보장성보험의 보험금, 해약환급금 또는 만기환급금 채권을 취득하는 보험계약이 둘 이상인 경우에는 다음 각 호의 구분에 따라 제1항 각 호의 금액을 계산한다.

1. 제1항 제1호, 제3호 및 제4호 : 보험계약별 사망보험금, 해약환급금, 만기환급금을 각각 합산한 금액
2. 제1항 제2호 나목 : 보험계약별 금액

제47조【급여의 압류 범위】 ① 법 제42조에 따른 총액은 지급받을 수 있는 급여금 전액에서 그 근로소득 또는 퇴직소득에 대한 소득세 및 개인지방소득세를 뺀 금액으로 한다.

「국민기초생활 보장법」에 따른 최저생계비를 고려하여 대통령령으로 정하는 금액에 미치지 못하는 경우 또는 표준적인 가구의 생계비를 고려하여 대통령령으로 정하는 금액을 초과하는 경우에는 각각 대통령령으로 정하는 금액을 압류할 수 없다.
② 퇴직금이나 그 밖에 이와 비슷한 성질을 가진 급여채권에 대해서는 그 총액의 2분의 1은 압류할 수 없다.

운영예규 법42-1【그 밖에 이와 비슷한 성질을 가진 급여채권】

「지방세징수법」 제42조의 "그 밖에 이와 비슷한 성질을 가진 급여채권"이라 함은 일직료·숙직료·통근수당 및 현물급여를 포함하는 것으로 한다.

제43조【초과압류의 금지】 지방자치단체의 장은 지방세를 징수하기 위하여 필요한 재산 외의 재산을 압류할 수 없다.

제3절 체납처분의 효력

제44조【질권이 설정된 재산의 압류】 ① 세무공무원이 질권이 설정된 재산을 압류하려는 경우에는 그 질권자에게 문서로써 그 질권의 대상물의 인도를 요구하여야 한다. 이 경우 질권자는 질권의 설정 시기에 관계없이 질권의 대상물을 세무공무원에게 인도하여야 한다.

② 법 제42조 제1항 단서에서 "「국민기초생활 보장법」에 따른 최저생계비를 고려하여 대통령령으로 정하는 금액"이란 월 185만원을 말한다. (2020. 3. 24. 개정)

② 법 제42조 제1항 단서에서 "「국민기초생활 보장법」에 따른 최저생계비를 고려하여 대통령령으로 정하는 금액"이란 월 250만원을 말한다. (2024. 3. 26. 개정)
③ 법 제42조 제1항 단서에서 "표준적인 가구의 생계비를 고려하여 대통령령으로 정하는 금액"이란 제1호와 제2호의 금액을 더한 금액을 말한다.
1. 월 300만원
2. 다음의 계산식에 따라 계산한 금액. 다만, 계산한 금액이 0보다 작은 경우에는 0으로 본다.
   [법 제42조 제1항 본문에 따른 압류금지금액(월액으로 계산한 금액을 말한다) − 제1호의 금액] × 1/2

편주

영 47조 2항의 개정규정은 2024. 3. 26. 이후 압류하는 경우부터 적용함. (영 부칙(2024. 3. 26.) 2조)

제27조【질물의 인도 요구】 법 제44조 제1항에 따른 질권의 대상물의 인도 요구는 별지 제35호 서식의 질물(質物)의 인도 요구서에 따른다.

② 세무공무원은 질권자가 제1항에 따라 질권의 대상물을 인도하지 아니하는 경우에는 즉시 압류하여야 한다.

제45조【가압류·가처분 재산에 대한 체납처분의 효력】 재판상의 가압류 또는 가처분 재산이 체납처분 대상인 경우에도 이 법에 따른 체납처분을 한다.

운영예규 법45-1【가압류】

「지방세징수법」 제45조에서 "가압류"란 법원의 판결 또는 결정에 의한 가압류로서 민사집행법 제4편(보전처분)에 의한 강제집행을 보전하기 위한 가압류뿐 아니라「채무자 회생 및 파산에 관한 법률」 제43조(가압류·가처분 그 밖의 보전처분), 제323조(파산선고 전의 보전처분), 제592조(보전처분) 등에 따른 가압류를 포함한다.

법45-2【가처분】

「지방세징수법」 제45조에서 "가처분"이란 법원의 판결 또는 결정에 의한 가처분으로서「민사집행법」 제300조 제1항에 따른 다툼의 대상에 관한 가처분뿐 아니라「채무자 회생 및 파산에 관한 법률」 제43조(가압류·가처분 그 밖의 보전처분), 제323조(파산선고 전의 보전처분), 제592조(보전처분) 등에 따른 가처분을 포함한다. 다만,「민사집행법」 제300조 제2항에 따른 권리관계에 대하여 임시의 지위를 정하는 가처분은 금전 지급을 내용으로 하는 체납처분과의 경합이 생기지 아니하므로 이 조의 가처분에는 포함하지 아니한다. (2022. 10. 25. 개정)

제46조【과실에 대한 압류의 효력】 압류의 효력은 압류재산으로부터 생기는 천연과실(天然果實) 또는 법

제48조【가압류·가처분 재산에 대한 압류 통지】 세무공무원이 법 제45조에 따라 재판상의 가압류 또는 가처분을 받은 재산을 압류할 때에는 그 뜻을 해당 법원, 집행공무원 또는 강제관리인에게 통지하여야 한다. 그 압류를 해제할 때에도 또한 같다.

☞

운영예규 법45-3【가압류 또는 가처분의 효력】

「지방세징수법」 제45조에서 "재판상에 가압류 또는 가처분 재산이 체납처분 대상인 경우에도 이 법에 따른 체납처분을 한다."이라 함은 지방자치단체의 장이 가압류 또는 가처분 받은 재산을 압류하여 매각하는 경우에 가압류 또는 가처분에 의하여 저지되지 아니하고 집행할 수 있는 것을 말한다. 다만, 처분금지가처분이 된 재산을 압류한 경우로서 가처분권자가 본안소송에서 승소하여 자기 앞으로 소유권이전을 하는 경우에는 가처분이후에 이루어진 체납처분에 의한 압류등기를 말소신청 할 수 있으므로 지방자치단체의 장은 당해 가처분에 대한 본안소송의 확정결정을 기다려 그 결과에 따라 공매 여부를 결정하여야 한다.

제49조【과실에 대한 압류의 효력의 특례】 법 제46조에 따른 천연과실(天然果實) 중 성숙한 것은 토지 또

제28조【가압류·가처분 재산에 대한 압류 및 압류해제 통지】 영 제48조에 따른 가압류 또는 가처분 중의 재산에 대한 압류 통지 및 압류해제 통지는 부동산인 경우에는 별지 제36호 서식(갑)의, 동산인 경우에는 별지 제36호 서식(을)의 가압류 또는 가처분 중의 재산 압류 또는 압류해제 통지서에 따른다.

정과실(法定果實)에 미친다. 다만, 체납자 또는 제3자가 압류재산을 사용하거나 수익하는 경우에는 그 재산으로부터 생기는 천연과실(그 재산의 매각으로 인하여 권리를 이전할 때까지 거두어들이지 아니한 천연과실은 제외한다)에 대해서는 미치지 아니한다.

운영예규 법46-1【수취의 방법과 비용】

천연과실을 수취하는 경우에는 세무공무원이 스스로 수취하거나 제3자 또는 체납자로 하여금 수취하게 할 수 있으며, 수취에 필요한 비용은 체납처분비로서 징수할 수 있다.

법46-2【법정과실에 대한 압류】

1. 지방자치단체의 장은 압류의 효력이 법정과실에 미치는 경우 원본에 대한 압류와 동시에 그 과실의 지급의무를 지는 제3채무자에 대하여 압류의 통지를 하여야 한다.
2. 원본에 대한 압류의 효력은 그 압류 후에 생긴 법정과실에도 미치는 것이나 압류 시까지 이미 발생한 법정과실에 대하여는 별도의 압류를 하지 아니하는 한 압류의 효력이 미치지 아니한다.

제47조【상속·합병의 경우에 대한 체납처분의 효력】 ① 체납자의 재산에 대하여 체납처분을 집행한 후 체납자가 사망하였거나 체납자인 법인이 합병으로 소멸되었을 때에도 그 재산에 대한 체납처분은 계속 진행하여야 한다.

② 체납자가 사망한 후 체납자 명의의 재산에 대하여 한 압류는 그 재산을 상속한 상속인에 대하여 한 것으로 본다.

는 입목(立木)과 분리하여 동산으로 볼 수 있다.

운영예규 법47-1【체납자 명의의 재산】

「지방세징수법」 제47조 제2항의 "체납자 명의의 재산"이라 함은 압류를 함에 있어서 세무공무원이 재산의 귀속을 명의에 의하여 판단하는 재산, 예를 들면 부동산, 선박, 항공기, 자동차, 건설기계 또는 각종 기명식 유가증권으로서, 체납자의 명의로 되어 있는 재산에 국한되지 아니하고 기타의 재산이라도 사회통념상 체납자의 소유의 재산이라고 인정되는 것은 포함하는 것으로 한다.

☞

제4절 동산과 유가증권의 압류

제48조【동산과 유가증권의 압류】 ① 동산 또는 유가증권의 압류는 세무공무원이 점유함으로써 한다. (2020. 12. 29. 항번개정)

② 세무공무원은 체납자와 그 배우자의 공유재산으로서 체납자가 단독으로 점유하거나 배우자와 공동으로 점유하고 있는 동산 또는 유가증권을 제1항에 따라 압류할 수 있다. (2020. 12. 29. 신설)

운영예규 법48-1【압류의 효력발생시기】

동산 또는 유가증권에 대한 압류의 효력은 세무공무원이 그 재산을 점유한 때에 발생한다.

법48-2【금전의 압류】

세무공무원이 금전을 압류한 경우에는 그 금전만큼 체납자의 압류에 관계되는 체납액을 징수한 것으로 본다.

법48-3【등기되지 아니한 선박등】

「지방세징수법」 제55조(부동산 등의 압류절차)의 규정을 적용받지 아니하는 선박과 법 제56조(자동차 등의 압류절차)의 규정을 적용받지 아니하는 등록되지 아니한 선박, 자동차, 건설기계, 항공기 또는 경량항공기는 동산으로서 압류한다. (2022. 10. 25. 개정)

제49조【압류 동산의 사용·수익】 ① 제48조에도 불구하고 운반하기 곤란한 동산은 체납자 또는 제3자로 하여금 보관하게 할 수 있다. 이 경우 봉인(封印)이나 그

제2절 동산의 압류

운영예규 법48-5【화물상환증 등이 발행된 물건】

화물상환증, 창고증권 또는 선화증권이 발행된 물건에 대하여는 동산으로 압류할 수 없고, 이들 증권을 유가증권으로서 압류하여야 한다. (「상법」 제129조 내지 제133조, 제156조, 제157조 참조)

법48-6【유가증권이 아닌 것의 압류】

유가증권이란 재산권을 표시하는 증권으로서 그 권리의 행사 또는 이전을 증권으로써 하는 것을 말하는 것으로 재산권을 표시하는 것이 아닌 차용증서 또는 수취증권과 같은 증거증권은 유가증권이 아니므로 채권의 압류절차에 따라 압류한다.

법48-7【유가증권의 종류】

유가증권에는 어음, 수표, 국채증권, 지방채증권, 사채권, 주권, 출자증권, 신탁의 무기명 수익증권, 창고증권, 화물상환증, 선화증권, 상품권 등이 있다.

법48-8【제3자 등에 대한 인도요구】

압류할 재산을 제3자가 질권 이외의 사유로서 점유하는 경우에 세무공무원은 특히 체납처분의 집행상 지장이 있다고 인정되는 경우를 제외하고는 법 제44조(질권이 설정된 재산의 압류)의 규정을 준용하여 그 인도요구를 문서에 의하여야 한다.

제50조【압류동산의 표시】 세무공무원은 법 제49조 제1항 후단에 따라 압류재산임을 표시할 때에는 압류 연월일과 압류한 세무공무원이 소속된 지방자치단체의 명

운영예규 법48-4【공장저당목적물, 재단소속물과의 관계】

1. 압류할 동산이 「공장 및 광업재단 저당법」에 의하여 공장저당의 목적이 되고 있는 토지 또는 건물에 설치되어 있는 기계, 기구 기타 공장에 이용하고 있는 동산인 때에는 같은 법의 규정에 의하여 원칙으로는 토지 또는 건물과 별개로 압류하지 못한다.
2. 공장재단, 광업재단에 속하는 동산은 원칙으로 각각의 동산으로서 압류하지 못한다.

제29조【압류 동산의 표시】 법 제49조 제1항 후단 및 영 제50조에 따른 압류 동산의 표시는 별지 제37

밖의 방법으로 압류재산임을 명백히 하여야 한다.

운영예규 법49-2【운반하기 곤란한 재산】
「지방세징수법」 제49조 제1항 단서에서 압류물건을 체납자 또는 제3자에게 보관하게 할 수 있는 사유가 되는 "운반하기 곤란한 동산"이란 다음 각 호의 재산을 말한다.

1. 압류물건이 상당히 중량물인 것, 그 기초가 견고하게 부착되어 분리하기 곤란한 것, 대형물인 것, 산간벽지의 공장현장 등에 있는 것, 분량이 많은 것 등 운반에 곤란함이 있다고 인정되는 것
2. 압류물건을 체납자와의 계약에 의한 임차권, 사용대차권, 기타 동산의 사용, 수익할 권리에 기하여 제3자가 점유하는 경우로서 법 제49조(압류동산의 사용, 수익) 제2항의 규정에 의하여 사용, 수익을 허가할 필요가 있다고 인정하는 것

② 지방자치단체의 장은 제1항에 따라 압류한 동산을 체납자 또는 그 동산을 사용하거나 수익할 권리를 가진 제3자에게 보관하게 한 경우에는 지방세 징수에 지장이 없다고 인정되면 그 동산의 사용 또는 수익을 허가할 수 있다.

운영예규 법49-6【사용 또는 수익】
「지방세징수법」 제49조 제2항에서 "압류한 동산을 사용하거나 수익할 권리를 가진 제3자"라 함은 체납자와의 계약에 의한 임차권, 사용대차권, 기타 동산의 사용 또는 수익을 할 권리 [예를 들면 수치인이 임치인(체납자)의 동의를 얻어

칭을 명백히 하여야 한다.

운영예규 법49-1【압류재산의 보관과 책임】
압류한 동산 또는 유가증권(법 제49조 제1항에 따라 체납자 또는 제3자가 보관하는 것은 제외)은 지방자치단체의 장이 선량한 관리자의 주의로서 관리하여야 하며, 지방자치단체의 장이 그 직무를 행함에 있어서 고의 또는 과실에 의하여 위법하게 압류한 재산을 망실하거나 훼손하여 체납자 등에게 손해를 끼친 경우에는 지방자치단체는 국가배상법이 정하는 바에 따라 체납자 등에 대하여 그 손해를 배상할 책임을 진다.

법49-3【봉인 또는 그밖의 방법】
「지방세징수법」 제49조 제1항에서 "봉인"이라 함은 압류재산임을 표지하는 표식을 말하고 "그 밖의 방법"이라 함은 공시문, 입찰, 목찰, 새끼치기 등에 의하여 압류재산임을 명백히 하는 방법을 말한다.

제51조【압류 동산의 사용·수익 절차】 ① 법 제49조 제2항에 따라 압류된 동산을 사용하거나 수익하려는 자는 행정안전부령으로 정하는 압류재산 사용·수익 허가신청서를 지방자치단체의 장에게 제출하여야 한다. (2017. 7. 26. 직제개정 ; 행정안전부와~직제 부칙)

② 제1항에 따라 압류재산 사용·수익 허가신청서를 받은 지방자치단체의 장은 해당 사용·수익 행위가 압류재산의 보전(保全)에 지장을 주는지를 조사하여 그 허가 여부를 신청인에게 통지하여야 한다.

호 서식에 따른다.

운영예규 법49-4【봉인 등의 효과】
봉인, 그 밖의 방법에 의한 압류의 표시가 된 때에는 그 재산의 양수로써 압류에 대항할 수 없다.

법49-5【보관증의 제출】
「지방세징수법」 제49조 제1항에 따라 운반하기 곤란한 동산을 체납자 또는 제3자에게 보관하게 할 경우에는 원칙으로 보관자로부터 보관증을 제출하게 하여야 하며, 이 보관증은 압류조서의 여백을 사용하여 작성하게 할 수 있다.

제30조【압류 동산의 사용·수익 허가신청】 법 제49조 제2항 및 영 제51조(영 제58조에서 준용하는 경우를 포함한다)에 따른 압류 동산의 사용·수익 허가신청서는 별지 제38호 서식에 따른다.

임치물을 사용하는 경우 등] 등을 가진 자를 말한다.

법49-7【지방세징수에 지장이 있는 경우】

「지방세징수법」 제49조 제2항에서 "지방세징수에 지장"이 있는 경우라 함은 압류동산을 본래의 용법과 다르게 사용 또는 수익함으로써 징수에 지장이 있는 경우와 그 재산을 본래의 용법에 따라 사용 또는 수익함으로써 압류당시의 가치를 현저히 감소시키는 경우를 포함하나 그 판정에 있어서는 동산의 종류, 성질, 체납처분의 긴급도, 납세자의 성실성 등을 참작한다.

법49-8【허가의 내용】

압류한 동산의 사용, 수익은 통상의 용법에 따라 종래의 사용 또는 수익을 계속하는 정도의 범위 안에서 허가한다.

제50조【유가증권에 관한 채권의 추심】 ① 지방자치단체의 장은 유가증권을 압류하였을 때에는 그 유가증권에 관계되는 금전채권을 추심할 수 있다.

② 지방자치단체의 장은 제1항에 따라 금전채권을 추심하였을 때에는 추심한 금액의 한도에서 체납자의 압류에 관계되는 체납액을 징수한 것으로 본다.

제5절 채권의 압류

제51조【채권의 압류 절차】 ① 지방자치단체의 장은 채권을 압류할 때에는 그 뜻을 해당 채권의 채무자

③ 제2항에 따라 허가를 받은 자는 압류재산을 사용하거나 수익할 때 선량한 관리자의 주의를 다하여야 하며, 지방자치단체의 장이 해당 재산의 인도를 요구하는 경우에는 지체 없이 이에 따라야 한다.

운영예규 법50-1【추심하는 유가증권】

「지방세징수법」 제50조 제1항에서 "유가증권에 관계되는 금전채권"이라 함은 압류한 유가증권에 기하여 행사할 수 있는 채권 중 금전의 급부를 목적으로 하는 것을 말한다. 따라서 금전의 급부를 목적으로 하는 채권 이외의 재산권을 표시하는 유가증권(창고증권 등)에 있어서는 같은 조의 규정을 적용하지 아니하고 직접 그 유가증권을 매각한다.

제3절 채권의 압류

제53조【채무불이행에 따른 절차】 ① 지방자치단체의 장은 법 제51조 제1항에 따라 채권 압류의 통지를 받

운영예규 법50-2【추심하는 경우】

「지방세징수법」 제50조 제1항에 따라 추심을 하는 유가증권은 그 유가증권에 관한 금전채권의 이행기일이 이미 도래하였거나 가까운 장래에 도래하는 것으로서 매각하는 것보다 추심하는 것이 징수상 유리하다고 인정되는 것에 한한다.

제31조【채권 압류의 통지】 ① 법 제51조 제1항에 따른 채권 압류

(이하 "제3채무자"라 한다)에게 통지하여야 한다.

운영예규 법51-2【채무자의 범위】

「지방세징수법」 제51조 제1항의 "채무자"란 체납자에 대하여 금전 또는 매각할 수 있는 재산의 지급을 목적으로 하는 채무를 부담하는 자를 말한다.

② 지방자치단체의 장은 제1항에 따른 통지를 하였을 때에는 체납액을 한도로 하여 체납자인 채권자를 대위(代位)한다.

운영예규 법51-13【채권의 대위행사】

「지방세징수법」 제51조 제2항의 지방자치단체의 장이 "채권자에게 대위한다"라 함은 피압류채권의 채권자인 체납자에 대위하여 그 채권을 제3채무자로부터 자기의 이름으로 추심하는 것을 말한다.

법51-14【대위의 범위】

지방자치단체의 장이 채권자에 대위하여 추심할 수 있는 범위는 지방세, 가산금과 체납처분비를 한도로 하는 것이 원칙이나 우선채권이 있는 채권이나 불가분급부를 목적으로 하는 채권을 압류한 경우 등 체납액의 징수를 위하여 불가피한 경우에는 압류한 채권의 전액에 대하여 대위할 수 있다.

③ 지방자치단체의 장은 제1항에 따라 채권을 압류하였을 때에는 그 사실을 체납자에게 통지하여야 한다.

예판

【예규】 채권압류로 인한 시효중단 효력은 압류일 이후 과세된 체

은 채무자가 채무이행의 기한이 지나도 이행하지 아니하는 경우에는 최고를 하여야 한다.

② 지방자치단체의 장은 제1항에 따라 최고를 받은 채무자가 최고한 기한까지 채무를 이행하지 아니하는 경우에는 채권자를 대위(代位)하여 채무자를 상대로 소송을 제기하여야 한다. 다만, 채무이행의 자력(資力)이 없다고 인정하는 경우에는 채권의 압류를 해제할 수 있다.

운영예규 법51-15【제3채무자에 대한 제소절차】

압류한 채권의 추심을 위하여 영 제53조(채무불이행에 따른 절차)에 따라 제3채무자를 상대로 소송을 제기하고자 할 경우에는 「국가를 당사자로 하는 소송에 관한 법률」 제3조(소송수행자의 지정 및 소송대리인의 선임) 및 동법 제13조(권한의 위임)에 따라 법무부장관(검찰총장·고등검찰청검사장 또는 지방검찰청검사장)의 지휘를 받아야 한다.

제52조【조건부채권의 압류】 지방자치단체의 장은 신원보증금, 계약보증금 등의 조건부채권을 그 조건 성립 전에도 압류할 수 있다. 이 경우 압류한 후에 채권이 성립되지 아니할 것이 확정된 때에는 그 압류를 지체 없이 해제하여야 한다.

의 통지는 별지 제39호 서식(갑)의 채권 압류 통지서에 따른다.

② 법 제51조 제3항에 따른 채권 압류의 통지는 별지 제39호 서식(을)의 채권 압류 통지서에 따른다.

납 지방세에는 미치지 아니함. (지방세특례제도과-2349, 2019. 6. 19.)

운영예규 법51-1【채 권】

1. 「지방세징수법」 제51조에서 "채권"이란 금전 또는 매각할 수 있는 재산의 지급을 목적으로 하는 것을 말하며, 장래 발생하는 채권이라도 압류당시에 그 원인이 확정되어 있고 그 발생이 확실하다고 인정하는 것(예를 들면 장래 발생하는 급료채권 등) 및 당사자간에 양도금지의 특약이 있는 것도 압류할 수 있다.
2. 기타 추심할 수 없는 권리는 무체재산권의 압류절차를 밟아 압류한다.

법51-3【연대채무자가 있는 채권】

2인 이상의 채무자가 있는 채권으로 이들 채무자가 연대채무를 지고 있는 것을 압류하는 경우에는 모든 채무자를 제3채무자로 하여 압류절차를 밟아야 한다. 이 경우에 제3채무자가 임의로 이행을 하지 아니할 때에는 어느 채무자에 대하여도 「민사집행법」에 따라 강제집행을 할 수가 있다. (「민법」 제414조 참조)

법51-4【보증인이 있는 채권】

1. 보증인이 있는 채권을 압류한 경우에는 주된 채권의 압류와 동시에 보증인을 제3채무자로 하여 그 보증인에 대한 채권을 별개로 압류한다.
2. 보증인이 있는 채권을 압류한 경우 그 보증인은 「민법」에 따른 최고의 항변권과 검색의 항변권을 가진다. 다만, 연대보증인의 경우에 있어서는 그러하지 아니하다. (「민법」 제437조 참조)

법51-5【저당권에 의하여 담보되는 채권의 압류】

운영예규 법51-7【기한의 정함이 없는 채권의 압류】

채무이행기간의 정함이 없는 채권을 압류한 경우에는 세무공무원이 기한을 지정(「민법」 제387조 제2항 참조)함과 동시에 그 기한까지 세무공무원에게 이행을 할 것을 채권압류통지서에 기재하여야 한다.

법51-8【추심한 금전 이외의 물건의 압류】

지방자치단체의 장이 체납자에게 대위하여 제3채무자로부터 추심한 것이 금전 이외의 것인 경우에는 그 재산의 종류별로 각각의 압류절차를 밟아야 한다.

법51-9【채권증서의 점유】

지방자치단체의 장은 채권의 압류를 위하여 필요하다고 인정하는 때에는 동산의 압류절차에 관한 규정을 준용하여 채권에 관한 증서를 점유할 수 있다.

법51-10【추심의 책임】

세무공무원이 피압류채권에 대하여 추심절차를 태만히 하여 시효가 완성하는 등 추심권의 행사에 있어서 고의 또는 과실로 위법하게 체납자에게 손해를 끼친 때에는 지방자치단체는 「국가배상법」에 따라 체납자에게 그 손해를 배상하여야 한다.

법51-11【채무변제를 위하여 어음, 수표가 교부된 경우의 채권압류】

기존채무에 관하여 어음이나 수표가 교부된 경우 그것이 채무변제에 "갈음하여" 교부되었다는 당사자의 명백한 의사표시가 없으면 그것은 채무변제를 "위하여" 교부된 것으로 추정되므로(대물변제가 아님) 당해 채권에 대해서 압류할 수 있다.

운영예규 법51-6【보증금에 대한 압류】

물건의 임대차인 경우에 임대료, 기타 임대차계약상의 채무를 담보할 목적으로 임차인이 임대인에게 교부하는 보증금의 압류에 관하여는 다음에 유의한다.

1. 임대차계약이 계속 중인 기간에는 임차인은 보증금의 반환청구권을 갖지 아니하고 또 계약 종료 시에 임차인에게 채무불이행이 있으면 보증금은 당연히 손해배상금으로 충당된다. 따라서 보증금은 장차 임대차관계종료시에 생기는 반환청구권으로서 압류한다.
2. 임대인이 임대차의 목적물을 양도한 경우에는 특약이 있는 경우를 제외하고 보증금반환채무는 새 임대인에게 인계되는 것으로, 임차인은 임대차종료시에 새 임대인에 대하여 보증금반환청구권을 갖는다.

저당권에 의하여 담보된 채권을 압류한 경우에는 지방자치단체의 장은 그 채권의 압류의 등기를 관계기관에 촉탁할 수 있다(「민법」 제348조, 「부동산등기본법」 제3조 제5호, 제6조, 제61조 참조). 이 경우 그 촉탁을 한 지방자치단체의 장은 그 저당권을 설정한 재산의 권리자(제3채무자를 제외한다)에게 압류한 사실을 통지하여야 한다.

제52조【채권 압류의 효력】 채권 압류의 효력은 채권 압류 통지서가 제3채무자에게 송달된 때에 발생한다.

운영예규 법52-1【효력발생의 시기】

채권압류의 효력은 채권압류통지서가 채무자에게 송달된 때에 발생하며, 압류조서등본의 교부는 압류의 효력발생요건이 되지 아니한다.

법52-2【이행의 금지】

제3채무자는 채권의 압류통지서(규칙 제31조 제1항의 서식)를 받은 때에 그 범위에 있어서 채권자에 대한 이행이 금지된다. 따라서 채권압류통지서의 송달을 받은 후에 제3채무자가 체납자에 대하여 이행을 한 경우에 그 채무이행으로서 압류채권자인 지방자치단체에 대항할 수 없다.

법52-3【채권의 양도 등】(2022. 10. 25. 번호개정)

제3채무자가 채권의 압류를 받은 때에는 체납자가 그 채권의 양도, 면제, 기한유예 또는 상계를 하여도 제3채무자는 이들 행위에 관계없이 압류채권자에 이행을 하여야 한다.

법51-12【주권발행 전 주식에 대한 압류】

법인이 주권을 발행하지 아니한 경우에는 체납자인 주주가 회사에 대하여 갖는 주주권을 압류하고 일정기간 내에 주권을 발행하여 세무공무원에게 인도하라는 뜻을 해당 법인에게 통지하여야 하며, 그 기간 내에 주권을 발행하지 아니하고 「상법」 제335조 제3항 후단(회사 성립 후 또는 신주의 납입기일 후 6월이 경과한 때)의 규정에 해당하는 때에는 주식에 대하여 매각절차를 진행하여야 한다.

☞

운영예규 법52-4【동시이행의 항변권 또는 선택권의 행사】

(2022. 10. 25. 번호개정)

제3채무자가 동시이행항변권을 갖는 경우(「민법」 제536조 참조) 또는 제3채무자 혹은 제3자가 선택권을 갖는 경우(「민법」 제380조 내지 제386조 참조)에는 압류 후에도 이러한 권리를 행사할 수 있다.

법52-5【전부명령과 채권압류】(2022. 10. 25. 번호개정)

1. 지방자치단체의 장이 압류하기 전에 법원의 압류명령과 동시 또는 뒤따른 유효한 전부명령(轉付命令)이 제3채무자에게 송달(「민사집행법」 제227조 제2항 및 제3항에 의한 통지절차)되면 압류채권은 지급에 갈음하여 압류채권자에게 이전되므로 채권이 소멸되어 압류대상이 될 수 없다.
2. 지방자치단체의 장의 채권압류통지서가 제3채무자에게 송달되면 그 후 그 채권과 관련된 제3채무자에 대한 전부명령은 지방자치단체의 장의 채권압류에 영향을 미치지 아니한다.

제53조【채권 압류의 범위】 지방자치단체의 장은 채권을 압류할 때에는 체납액을 한도로 하여야 한다. 다만, 압류할 채권이 체납액을 초과하는 경우에 필요하다고 인정하면 그 채권 전액을 압류할 수 있다.

제54조【계속수입의 압류】 급료·임금·봉급·세비·퇴직연금, 그 밖에 이와 유사한 채권의 압류는 체납액을 한도로 하여 압류 후에 수입(收入)할 금액에 미친다.

운영예규 법54-1【그 밖에 이에 유사한 채권】

「지방세징수법」 제54조에서 "그 밖에 이에 유사한 채권"이란 계속적 지급을 목적으로 하는 계약에 의하여 발생하는 수입을 청구할 수 있는 권리, 예를 들면 임대차계약에 따른 토지임대료, 가임의 청구권 등을 말한다.

법54-2【압류된 계속수입이 증액된 경우】

지방자치단체의 장이 체납자의 계속수입을 압류한 경우에는 겸임, 승급 등으로 증액된 수입의 부분에도 당초의 압류의 효력이 미친다.

예판

【예규】 제3채무자가 체납자에게 지급할 채무액에 여러 건의 채권압류가 있는 경우 선압류권자인 자치단체에 채권액을 전액 지급하여 다른 압류권자에게 배분하게 할 수 없음. (지방세정책과-1315, 2019. 9. 26.)

운영예규 법53-1【필요하다고 인정하는 때】

「지방세징수법」 제53조에서 "필요하다고 인정"하는 경우라 함은 당해 채권에 대한 채무자의 자력상태가 그 이행이 확실하다고 인정할 수 없는 경우 또는 당해 채권에 대하여 지방세보다 우선하는 질권이 설정된 경우 등으로서 압류에 관련된 지방세의 징수가 확실하지 아니한 것으로 인정되어 세무공무원이 채권의 전부를 압류할 필요가 있다고 인정하는 경우로 한다.

제6절 부동산 등의 압류

제55조【부동산 등의 압류 절차】 ① 지방자치단체의 장은 다음 각 호의 재산을 압류할 때에는 압류조서를 첨부하여 압류등기를 소관 등기소에 촉탁하여야 한다. 그 변경의 등기에 관하여도 또한 같다. (2022. 1. 28. 개정)

제4절 부동산 등의 압류

제54조【부동산 등의 압류등기 등】 ① 지방자치단체의 장은 법 제55조 제1항 제1호 및 제2호에 따른 부동산·공장재단 또는 광업재단의 압류등기 또는 그 변경등기를 촉탁할 때에는 다음 각 호의 사항을 적은 문서로

제32조【부동산 등의 압류등기 촉탁 등】 ① 법 제55조 제1항 제1호·제2호 및 영 제54조 제1항에 따른 부동산·공장재단 또는 광업재

1. 「부동산등기법」 등에 따라 등기된 부동산 (2022. 1. 28. 신설)
2. 「공장 및 광업재단 저당법」에 따라 등기된 공장재단 및 광업재단 (2022. 1. 28. 신설)
3. 「선박등기법」에 따라 등기된 선박 (2022. 1. 28. 신설)

② 지방자치단체의 장은 압류하기 위하여 제1항 제1호에 따른 부동산 및 같은 항 제2호에 따른 공장재단 또는 광업재단을 분할하거나 구분할 때에는 분할 또는 구분의 등기를 소관 등기소에 촉탁하여야 한다. 합병 또는 변경의 등기에 관하여도 또한 같다. (2022. 1. 28. 개정)

해야 한다. (2022. 1. 28. 개정)
1. 재산의 표시
2. 등기원인과 그 연월일
3. 등기의 목적
4. 등기권리자
5. 등기의무자의 성명과 주소 또는 영업소

② 지방자치단체의 장은 법 제55조 제1항 제3호에 따른 선박의 압류등기 또는 그 변경등기를 촉탁할 때에는 다음 각 호의 사항을 적은 문서로 해야 한다. (2022. 1. 28. 개정)
1. 선박의 표시
2. 선적항
3. 선박소유자의 성명 또는 명칭
4. 등기원인과 그 연월일
5. 등기의 목적
6. 등기권리자
7. 등기의무자의 성명과 주소 또는 영업소

제55조【부동산 등의 분할 또는 구분 등기 등】 ① 법 제55조 제2항에 따른 부동산, 공장재단 또는 광업재단의 분할·구분·합병 또는 변경 등기의 촉탁에 대해서는 제54조 제1항을 준용한다.
② 지방자치단체의 장은 제1항에 따라 제54조 제1항을 준용하는 경우에는 그 촉탁서에 대위등기의 원인을 함께 적어야 한다.

단의 압류등기 또는 그 변경등기의 촉탁은 별지 제40호 서식의 지방세 체납처분에 의한 압류(변경)등기 촉탁서에 따른다. (2022. 3. 18. 개정)
② 법 제55조 제1항 제3호 및 영 제54조 제2항에 따른 선박의 압류등기 또는 그 변경등기의 촉탁은 별지 제41호 서식의 지방세 체납처분에 의한 선박압류(변경)등기 촉탁서에 따른다. (2022. 3. 18. 개정)

제33조【부동산 등의 분할 또는 구분의 등기 촉탁 등】 법 제55조 제2항 및 영 제55조에 따른 부동산, 공장재단 또는 광업재단의 분할·구분·합병 또는 변경등기의 촉탁은 별지 제42호 서식의 부동산·공장재단·광업재단 분할(구분·합

③ 지방자치단체의 장은 등기되지 아니한 부동산을 압류할 때에는 토지대장 등본, 건축물대장 등본 또는 부동산종합증명서를 갖추어 보존등기를 소관 등기소에 촉탁하여야 한다.

④ 지방자치단체의 장은 제1항 제3호에 따른 선박을 압류하였을 때에는 체납자(해당 재산을 점유한 제3자를 포함한다)에게 해당 재산을 인도할 것을 명하여 점유할 수 있다. (2022. 1. 28. 신설)

⑤ 지방자치단체의 장은 제1항 또는 제3항에 따라 압류하였을 때에는 그 사실을 체납자에게 통지하여야 한다. (2022. 1. 28. 항번개정)

운영예규 법55-1【부동산의 범위】

「지방세징수법」 제55조 제1항 제1호에서 "부동산"이란 토지와 그 정착물을 말하며(「민법」 제99조 제1항 참조), 다음에 유의하여야 한다. (2022. 10. 25. 개정)

1. 건축중인 건물은 건물의 사용목적으로 보아 사용가능한 정도로 완성되지 아니한 때에는 동산으로 압류하고, 사용가능한 정도로 완성한 때에는 법 제55조 제3항에 따른 보존등기 후 부동산으로 압류한다.
2. 부동산에 관한 소유권 이외의 용익물권(지상권, 전세권 등)과 광업권, 입어권 등은 법 제61조(무체재산권 등의 압류)의 무체재산권압류절차를 밟아 압류한다.
3. 토지에 부착한 수목의 집단으로 「입목에 관한 법률」에 따라 소유권보존의 등기를 한 입목에 대하여는 건물과 같이 토지와 독립된 부동산으로 압류한다.

제56조【부동산의 보존등기 절차】 ① 법 제55조 제3항에 따른 미등기 부동산에 대한 보존등기의 촉탁에 대해서는 제54조 제1항 및 제55조 제2항을 준용한다.

② 지방자치단체의 장은 체납처분을 할 때 필요하면 소관 관서에 토지대장 등본이나 건축물대장 등본 또는 부동산종합증명서를 발급하여 줄 것을 요구할 수 있다.

병·변경)대위등기 촉탁서에 따른다. 다만, 변경등기 중 상속으로 인한 소유권이전등기의 촉탁은 별지 제43호 서식의 상속으로 인한 소유권이전대위등기 촉탁서에 따른다.

제34조【부동산의 보존등기 촉탁】 법 제55조 제3항 및 영 제56조 제1항에 따른 보존등기의 촉탁은 별지 제44호 서식의 보존대위등기 촉탁서에 따른다.

제35조【부동산 등의 압류 통지】 법 제55조 제5항, 제56조 제3항, 제58조 제1항 및 제61조 제1항에 따른 부동산 및 자동차 등 재산의 압류의 통지는 별지 제45호 서식의 재산 압류 통지서에 따른다. (2022. 3. 18. 개정)

제56조【자동차 등의 압류 절차】(2022. 1. 28. 제목 개정)

① 지방자치단체의 장은 다음 각 호에 따른 재산을 압류하는 경우에는 압류의 등록을 관계 기관에 촉탁하여야 한다. 변경의 등록에 관하여도 또한 같다. (2022. 1. 28. 개정)

1. 「자동차관리법」에 따라 등록된 자동차 (2022. 1. 28. 개정)
2. 「건설기계관리법」에 따라 등록된 건설기계 (2022. 1. 28. 개정)
3. 「항공안전법」에 따라 등록된 항공기 또는 경량항공기(이하 이 절에서 "항공기등"이라 한다) (2022. 1. 28. 개정)
4. 「선박법」에 따라 등록된 선박(「선박등기법」에 따라 등기된 선박은 제외한다) (2022. 1. 28. 개정)

② 지방자치단체의 장은 제1항 각 호에 따른 재산을 압류하였을 때에는 체납자(해당 재산을 점유한 제3자를 포함한다)에게 해당 재산을 인도할 것을 명하여 점유할 수 있다. (2022. 1. 28. 개정)

③ 지방자치단체의 장은 제1항에 따라 압류하였을 때에

제57조【자동차 등의 압류등록 등】 ① 법 제56조 제1항 제1호부터 제3호까지의 규정에 따른 자동차, 건설기계, 항공기 또는 경량항공기의 압류등록 또는 그 변경등록의 촉탁에 관하여는 제54조 제1항을 준용한다. (2022. 1. 28. 개정)

② 법 제56조 제1항 제4호에 따른 선박의 압류등록 또는 그 변경등록의 촉탁에 관하여는 제54조 제2항을 준용한다. (2022. 1. 28. 신설)

제36조【자동차 등의 압류등록 촉탁】 ① 법 제56조 제1항 제1호부터 제3호까지 및 영 제57조 제1항에 따른 자동차, 건설기계, 항공기 또는 경량항공기(이하 "항공기등"이라 한다)의 압류등록 또는 변경등록의 촉탁은 별지 제46호 서식의 자동차·건설기계·항공기등 압류(변경)등록 촉탁서에 따른다. (2022. 3. 18. 개정)

② 법 제56조 제1항 제4호 및 영 제57조 제2항에 따른 선박의 압류등록 또는 변경등록의 촉탁은 별지 제46호의 2 서식의 선박 압류(변경)등록 촉탁서에 따른다. (2022. 3. 18. 신설)

제37조【압류자동차 등의 인도 명령】 법 제56조 제2항에 따른 압류재산의 인도 명령은 별지 제47호 서식의 압류재산(자동차·건설기계·항공기등·선박) 인도 명령서

는 그 사실을 체납자에게 통지하여야 한다.

제57조【부동산 등의 압류의 효력】 ① 제55조 또는 제56조에 따른 압류의 효력은 그 압류의 등기 또는 등록이 완료된 때에 발생한다.
② 제1항에 따른 압류는 압류재산의 소유권이 이전되기 전에 「지방세기본법」 제71조 제1항 제3호에 따른 법정기일이 도래한 지방세의 체납액에 대해서도 그 효력이 미친다.

제58조【저당권자 등에 대한 압류 통지】 ① 지방자치단체의 장은 전세권·질권 또는 저당권이 설정된 재산을 압류하였을 때에는 그 사실을 해당 채권자에게 통지하여야 한다.
② 지방세보다 우선권을 가진 채권자가 제1항에 따른 통지를 받고 그 권리를 행사하려면 통지를 받은 날부터 10일 내에 그 사실을 지방자치단체의 장에게 신고하여야 한다.

제59조【압류 부동산 등의 사용·수익】 ① 체납자는 지방자치단체의 장이 제55조 또는 제56조에 따라 압류한 재산을 사용하거나 수익할 수 있다. 다만, 지방자치단체의 장은 그 가치가 현저하게 줄어들 우려가 있다고 인정할 때에는 사용 또는 수익을 제한할 수 있다. (2022. 1. 28. 개정)

운영예규 법58-1【우선권자】
「지방세징수법」 제58조 제2항에서 "지방세보다 우선권을 가진 채권자"라 함은 지방세기본법 제71조 제1항 제3호(지방세의 우선징수)에 해당하는 자를 말한다.

제58조【압류 부동산 등의 사용·수익 절차】 법 제59조 제1항 및 제2항에 따라 압류된 재산을 압류 당시와 달리 사용하거나 수익하려는 경우에는 제51조를 준용한다.

에 따른다. (2022. 3. 18. 개정)

운영예규 법59－1【가치가 현저하게 감손될 우려】

「지방세징수법」 제59조 제1항에서 “가치가 현저하게 줄어들 우려가 있다고 인정할 때”라 함은 압류부동산을 그 본래의 사용목적에 따라 사용, 수익하거나 달리 사용, 수익하는 경우를 포함하여 압류당시의 그 재산의 가치를 감소시킴으로써 체납액징수에 지장을 줄 것으로 인정되는 때를 말한다.

② 지방자치단체의 장이 제55조 또는 제56조에 따라 압류한 재산을 사용하거나 수익할 권리를 가진 제3자에 관하여는 제1항을 준용한다. (2022. 1. 28. 개정)

③ 지방자치단체의 장은 체납처분을 집행할 때 필요하다고 인정하면 제55조 제1항 제3호에 따른 선박, 제56조 제1항 각 호에 따른 재산에 대하여 일시 정박 또는 일시 정류를 하게 할 수 있다. 다만, 출항준비(出航準備)를 완료한 제55조 제1항 제3호에 따른 선박, 제56조 제1항 제3호에 따른 항공기등 또는 같은 항 제4호에 따른 선박에 대해서는 일시 정박 또는 일시 정류를 하게 할 수 없다. (2022. 1. 28. 개정)

④ 지방자치단체의 장은 제3항에 따라 일시 정박 또는 일시 정류를 하게 하였을 때에는 감시와 보존에 필요한 처분을 하여야 한다.

운영예규 법59－4【감시와 보존에 필요한 처분】

「지방세징수법」 제59조 제4항에서 “감시와 보존에 필요한 처분”이라 함은 관리인을 선정하거나 격납고에 격납하거나

운영예규 법59－2【제3자】

「지방세징수법」 제59조 제2항에서 압류한 재산을 사용하거나 수익할 권리를 가진 “제3자”라 함은 당해 부동산 등에 대한 지상권자와 임차권자 등을 말한다. (2022. 10. 25. 개정)

운영예규 법59－3【출항준비 등의 완료】

「지방세징수법」 제59조 제3항에서 “출항준비를 완료한”이라 함은 화객의 수송에 필요한 정비, 화물의 적재, 여객의 승선, 탑승 등 제반사정으로 보아 출항준비를 사실상 완료한 것을 말한다.

계류하는 등 압류한 선박, 항공기, 건설기계 또는 자동차의 보존을 위하여 필요한 처분을 하는 것을 말한다.

제60조【제3자의 소유권 주장】 압류한 재산에 대하여 소유권을 주장하고 반환을 청구하려는 제3자는 매각 5일 전까지 소유자임을 확인할 수 있는 증거서류를 지방자치단체의 장에게 제출하여야 한다.

운영예규 법60-1【제3자의 소유권주장】
제3자의 소유권주장은 압류재산이 압류당시에 이미 제3자에게 귀속되어 압류권자에게 우선적 지위가 있음을 지방자치단체의 장에게 주장하여야 하다.

제59조【제3자의 소유권 주장】 ① 세무공무원은 법 제60조에 따라 제3자가 압류재산에 대하여 소유권을 주장하고 반환을 청구하는 경우에는 그 재산에 대한 체납처분의 집행을 정지하여야 한다.
② 세무공무원은 제1항에 따른 청구의 이유가 정당하다고 인정하면 지체 없이 압류를 해제하여야 하며, 그 청구의 이유가 부당하다고 인정하면 지체 없이 그 뜻을 청구인에게 통지하여야 한다.
③ 세무공무원은 제2항에 따라 통지를 받은 청구인이 통지받은 날부터 15일 이내에 체납자를 상대로 그 재산에 대하여 소송을 제기한 사실을 증명하지 아니하면 지체 없이 체납처분을 계속 집행하여야 한다.

제7절 무체재산권등의 압류

제61조【무체재산권등의 압류】 ① 지방자치단체의 장은 무체재산권등을 압류하였을 때에는 그 사실을 해당 권리자에게 통지하여야 한다.
② 지방자치단체의 장은 무체재산권등을 압류할 때 그 무체재산권등의 이전에 관하여 등기 또는 등록이 필요한 것

제5절 무체재산권 등의 압류

제60조【무체재산권등의 압류 등기 또는 등록 등】
① 지방자치단체의 장은 법 제61조 제2항에 따라 법 제

제38조【무체재산권등의 압류등기 또는 등록의 촉탁】 법 제61조 제

에 대해서는 압류의 등기 또는 등록을 관계 관서에 촉탁하여야 한다. 변경의 등기 또는 등록에 관하여도 또한 같다.

③ 지방자치단체의 장은 제1항에 따라 「가상자산 이용자 보호 등에 관한 법률」 제2조 제1호에 따른 가상자산(이하 "가상자산"이라 한다)을 압류하려는 경우 체납자[같은 법 제2조 제2호에 따른 가상자산사업자(이하 "가상자산사업자"라 한다) 등 제3자가 체납자의 가상자산을 보관하고 있을 때에는 그 제3자를 말한다]에게 대통령령으로 정하는 바에 따라 해당 가상자산의 이전을 요구하여야 한다. 이 경우 제3자에게 이전을 요구하는 경우에는 문서로 하여야 한다. (2023. 7. 18. 개정 ; 가상자산~부칙)

④ 지방자치단체의 장은 제2항에 따라 압류하였을 때에는 그 사실을 체납자에게 통지하여야 한다. (2022. 1. 28. 항번개정)

38조 제1항 제3호에 따른 무체재산권등(이하 "무체재산권등"이라 한다)의 압류 등기 또는 등록과 그 변경 등기 또는 등록을 촉탁할 때에는 다음 각 호의 사항을 적은 문서로 하여야 한다.

1. 무체재산권등의 표시
2. 등기 또는 등록의 원인과 그 연월일
3. 등기 또는 등록의 목적
4. 등기 또는 등록의 권리자
5. 무체재산권등의 권리자의 성명과 주소 또는 영업소

② 지방자치단체의 장은 제1항의 문서에 압류조서를 첨부하여야 한다.

제60조의 2【가상자산의 압류】 ① 지방자치단체의 장은 법 제61조 제3항에 따라 「특정 금융거래정보의 보고 및 이용 등에 관한 법률」에 따른 가상자산(이하 "가상자산"이라 한다)의 이전을 요구하는 경우 다음 각 호의 구분에 따라 이전하도록 요구해야 한다. (2022. 6. 7. 신설)

1. 체납자나 제3자(「특정 금융거래정보의 보고 및 이용 등에 관한 법률」 제2조 제1호 하목에 따른 가상자산사업자는 제외한다. 이하 이 호에서 같다)가 체납자의 가상자산을 보관하고 있는 경우 : 체납자 또는 제3자에게 지방자치단체의 장이 지정하는 가상자산주소(「특정 금융거래정보의 보고 및 이용 등에 관한 법률 시행령」 제10조의 10 제2호 나목에 따른 가상자산주소를 말하며,

2항 및 영 제60조 제1항에 따른 무체재산권등의 압류등기·등록 또는 변경등기·등록의 촉탁은 별지 제48호 서식의 지방세 체납처분에 의한 무체재산권 압류(변경)등기(등록) 촉탁서에 따른다.

운영예규 법61-1【무체재산권등의 압류】

1. 법 제61조에서 "무체재산권등"이라 함은 채권과 소유권을 제외한 재산권으로(법 제38조 제1항 제3호 참조) 지상권, 전세권, 광업권, 입어권 등을 말한다.
2. 무체재산권등 중에서 지상권, 전세권, 합명회사의 사원의 지분 등 제3채무자 또는 이에 준하는 자가 있는 재산을 압류한 때에는 이들 제3채무자 등에게 압류의 통지를 하여야 한다.

※ 기타 제3채무자 등이 있는 재산의 예

가. 합자회사, 유한회사 등의 사원지분
나. 공유동산의 지분
다. 특허권 등에 있어서의 실시권
라. 상표권에 있어서의 사용권
마. 출판권
바. 환매권 등

법61-2【권리증서의 점유】

지방자치단체의 장은 무체재산권의 압류에 있어서 필요하다고 인정하는 때에는 동산의 압류절차에 관한 규정을 준용하여 당해 권리에 관한 권리증, 기타 증서 등을 점유한다.

제2호에 따른 계정은 제외한다. 이하 같다)로 해당 가상자산을 이전하도록 요구할 것 (2022. 6. 7. 신설)

2. 「특정 금융거래정보의 보고 및 이용 등에 관한 법률」 제2조 제1호 하목에 따른 가상자산사업자(이하 "가상자산사업자"라 한다)가 체납자의 가상자산을 보관하고 있는 경우 : 가상자산사업자에게 체납자의 계정(가상자산사업자가 가상자산의 거래·보관 등의 서비스 제공을 위해 고객에게 부여한 고유식별부호를 말한다. 이하 같다)에서 지방자치단체의 장이 지정하는 계정으로 해당 가상자산을 이전하도록 요구할 것 (2022. 6. 7. 신설)

② 지방자치단체의 장이 법 제61조 제3항에 따라 가상자산의 이전을 문서로 요구하는 경우 그 문서에는 다음 각 호의 사항이 포함되어야 한다. (2022. 6. 7. 신설)

1. 체납자의 성명 또는 명칭과 주소 (2022. 6. 7. 신설)
2. 체납자의 가상자산을 보관하고 있는 자의 성명 또는 명칭과 주소(제3자가 체납자의 가상자산을 보관하고 있는 경우로 한정한다) (2022. 6. 7. 신설)
3. 이전하는 가상자산의 종류 및 규모 (2022. 6. 7. 신설)
4. 가상자산의 이전 기한 (2022. 6. 7. 신설)
5. 제1항 각 호에 따라 지방자치단체의 장이 지정하는 가상자산주소 또는 계정 (2022. 6. 7. 신설)
6. 그 밖에 제1호부터 제5호까지에 준하는 것으로서 가상자산의 이전에 필요하다고 지방자치단체의 장이 정

제62조【국유·공유 재산에 관한 권리의 압류】 ① 지방자치단체의 장은 체납자가 국유 또는 공유 재산을 매수한 것이 있을 때에는 소유권 이전 전이라도 그 재산에 관한 체납자의 정부 또는 공공단체에 대한 권리를 압류한다.

운영예규 법62-1【정부 또는 공공단체에 대한 권리】

「지방세징수법」 제62조 제1항에서 "정부 또는 공공단체에 대한 권리"라 함은 그 국유재산 또는 공유재산에 대하여 그 매수대금을 일시불 또는 연부 등으로 납부할 것을 조건으로 매수계약이 성립되어 있는 경우 장래 그 매수대금 완납시에 그 재산의 소유권을 이전받을 수 있는 권리를 말한다.

② 지방자치단체의 장은 제1항에 따라 압류하였을 때에는 그 사실을 체납자에게 통지하여야 한다.

③ 제1항에 따른 압류재산을 매각함에 따라 이를 매수한 자는 그 대금을 완납한 때에 그 국유 또는 공유 재산에 관한 체납자의 정부 또는 공공단체에 대한 모든 권리·의무를 승계한다.

운영예규 법62-2【분납 중 압류관계】

하는 사항 (2022. 6. 7. 신설)

③ 지방자치단체의 장은 체납자의 가상자산이 두 종류 이상인 경우 매각의 용이성 및 가상자산의 종류별 규모 등을 고려하여 특정 가상자산을 우선하여 이전하도록 요구할 수 있다. (2022. 6. 7. 신설)

제61조【국유·공유 재산에 관한 권리의 압류등록】

① 지방자치단체의 장은 법 제62조 제1항에 따라 국유 또는 공유 재산에 관한 권리를 압류할 때에는 다음 각 호의 사항을 적은 문서로 압류의 등록을 관계 관서에 촉탁하여야 한다.

1. 계약자의 성명과 주소 또는 영업소
2. 국유·공유 재산의 표시
3. 그 밖에 필요한 사항

② 제1항에 따라 촉탁을 받은 관계 관서는 관계 대장에 그 사실을 등록하고 그 뜻을 지체 없이 지방자치단체의 장에게 통지하여야 한다.

③ 지방자치단체의 장은 제1항의 문서에 압류조서를 첨부하여야 한다.

제39조【국유·공유 재산에 관한 권리의 압류등록의 촉탁】 법 제62조 제1항 및 영 제61조 제1항에 따른 국유·공유 재산에 관한 권리의 압류등록의 촉탁은 별지 제49호 서식의 지방세 체납처분에 의한 국유·공유재산에 대한 권리 압류등록 촉탁서에 따른다.

체납자가 국공유재산에 대하여 매매계약을 체결하고 그 매수대금을 분납 중에 있는 때에는 당해 계약의 해제, 기타 사유 등에 의한 기납부금 반환청구권을 조건부채권으로서 당해 기관을 제3채무자로 하여 채권압류절차를 취할 수 있다.

법62 - 3【완납후 소유권미이전인 경우】

체납자가 매수대금을 완납하였으나 당해 재산에 대한 소유권을 이전하지 아니한 때에는 지방자치단체의 장은 체납자를 대위하여 관계기관에서 소유권이전에 필요한 서류를 발급받아 법 제55조 제3항(등기되지 아니한 부동산의 압류절차)의 규정을 준용하여 이전등기를 함과 동시에 압류절차를 취한다.

제8절 압류의 해제

제63조【압류해제의 요건】 ① 지방자치단체의 장은 다음 각 호의 어느 하나에 해당하는 경우에는 압류를 즉시 해제하여야 한다.

1. 납부, 충당, 공매의 중지, 부과의 취소, 그 밖의 사유로 압류가 필요 없게 되었을 때

운영예규 법63 - 1【그 밖의 사유】

「지방세징수법」 제63조 제1항 제1호에서 "그 밖의 사유"란 체납액이 다음 각 호의 어느 하나에 해당하는 사유 등으로 인하여 소멸하는 것을 말한다.

1. 압류된 타재산을 매각하여 그 대금으로 해당 체납액이 전액 충당된 경우
2. 교부청구에 의하여 교부받은 금액으로 압류에 관계된 체

제6절 압류의 해제

제62조【압류해제조서】 지방자치단체의 장은 법 제63조에 따라 재산의 압류를 해제할 때에는 행정안전부령으로 정하는 압류해제조서를 작성하여야 한다. 다만, 압류를 해제하려는 재산이 동산이나 유가증권인 경우에는 압류조서의 여백에 해제 연월일과 그 이유를 덧붙여 적는 것으로 압류해제조서를 갈음할 수 있다. (2017. 7. 26. 직제개정 ; 행정안전부와~직제 부칙)

제62조의 2【가상자산의 압류 해제】 지방자치단체의 장은 법 제63조에 따라 가상자산의 압류를 해제하는 경우 체납자의 가상자산주소(가상자산사업자가 아닌 제

제40조【압류해제조서】 법 제63조 및 영 제62조에 따른 압류해제조서는 별지 제50호 서식에 따른다.

납액을 전액 충당한 경우
3. 기타 법률규정의 변경 등으로 인하여 압류에 관계된 체납액의 전액이 면제된 경우

2. 압류한 재산에 대한 제3자의 소유권 주장이 상당한 이유가 있다고 인정할 때
3. 제3자가 체납자를 상대로 소유권에 관한 소송을 제기하여 승소 판결을 받고 그 사실을 증명하였을 때

운영예규 법63-2【소유권이전등기와 압류해제】

「지방세징수법」 제63조 제1항 제3호에서 "승소판결을 받고 그 사실을 증명한 때 압류를 해제한다."라 함은 민사소송의 결과 압류된 재산이 압류당시 이미 제3자의 소유라는 사실 확정된 경우에는 체납자의 소유라고 보고 한 압류는 해제하여야 함을 말한다.

② 지방자치단체의 장은 다음 각 호의 어느 하나에 해당하는 경우에는 압류재산의 전부 또는 일부에 대하여 압류를 해제할 수 있다. 다만, 제5호의 경우에는 즉시 압류를 해제하여야 한다.
1. 압류 후 재산가격의 변동 또는 그 밖의 사유로 그 가격이 징수할 체납액의 전액을 현저히 초과할 때
2. 압류에 관계되는 체납액의 일부가 납부되거나 충당되었을 때
3. 부과의 일부를 취소하였을 때

3자가 가상자산을 보관했던 경우에는 그 제3자의 가상자산주소를 말한다) 또는 계정으로 해당 가상자산을 이전해야 한다. (2022. 6. 7. 신설)

운영예규 법63-4【초과압류관계】

「지방세징수법」 제63조 제2항 각 호에 해당하는 사유로 압류재산 중 일부의 압류를 해제하려고 하는 경우에는 당해 재산이 가분물인 때에는 그 초과하는 가액에 상당하는 부분에 대하여 압류를 해제하고 불가분물인 때에는 압류를 해제하지 않는다.

운영예규 법63-3【가격의 변동, 그 밖의 사유】

「지방세징수법」 제63조 제2항 제1호에서 "그 밖의 사유"라 함은 압류한 재산의 개량 등으로 가액이 현저하게 증가되거나 압류에 관련하는 지방세보다 우선하는 채권이 소멸한 경우 등을 말한다.

4. 압류할 수 있는 다른 재산을 체납자가 제공하여 그 재산을 압류하였을 때
5. 압류한 금융재산 중 「국민기초생활 보장법」에 따른 급여, 「장애인복지법」에 따른 장애수당, 「기초연금법」에 따른 기초연금, 「한부모가족지원법」에 따른 복지급여 등 국가 또는 지방자치단체로부터 지급받은 급여금품으로서 법률에 따라 압류가 금지된 재산임을 증명한 때
6. 압류재산이 사실상 멸실되었다고 인정되는 경우로서 대통령령으로 정하는 경우에 해당할 때 (2020. 3. 24. 신설)

예판

【예규】 압류해제 요건

- 부동산이 압류처분 당시 체납자의 소유에 속하는 이상 압류처분 이후에 체납자를 상대로 소유권 이전등기절차이행청구의 소를 제기하였다 하더라도 그와 같은 사정만으로는 위 압류해제의 요건에 해당(대법 96누3234, 1997. 2. 14.)되지 않음으로 압류처분 이후에 제3자가 체납자를 상대로 지분소유권이전등기소송을 제기하여 승소판결을 받고 그 판결에 기하여 제3자 명의의 지분소유권이전등기를 경료하였다 하여도 압류된 재산이 압류당시 제3자의 소유로 되는 것은 아님. (대법 84누520, 1985. 5. 14.) 따라서 신탁자가 체납자(수탁자)를 상대로 소유권에 관한 소송을 제기하여 「명의신탁해지를 원인으로 한 소유권이전등기 이행」 확정판결을 받았다 하더라도 그와 같은 사정만으로는 압류해제의 요건에 해당되지 않음. (세정과-2732, 2005. 9. 16.)

제64조 【압류의 해제】 ① 지방자치단체의 장은 재산

제61조의 2 【압류해제의 요건】 법 제63조 제2항 제6호에서 "대통령령으로 정하는 경우"란 압류재산인 자동차가 「자동차등록령」 제31조 제5항 제7호에 해당하는 경우를 말한다. (2022. 1. 28. 개정)

예판

【조심판례】 공유지분에 대한 압류의 효력

- 공유지분에 대한 압류의 효력은 그 재산 전체에 미친다 할 것이므로 압류된 토지가 분할되면서 다른 공유자가 취득하는 부동산에도 압류의 효력은 계속 유지된다 할 것임. (조심2018지593, 2018. 6. 21.)

제63조 【압류해제의 통지】 법 제64조 제1항에 따른

제41조 【압류해제의 통지】 법 제

의 압류를 해제하였을 때에는 그 사실을 그 재산의 압류통지를 한 권리자, 제3채무자 또는 제3자에게 알려야 한다.
② 제1항의 경우에 압류의 등기 또는 등록을 한 것에 대해서는 압류해제조서를 첨부하여 압류말소의 등기 또는 등록을 관계 관서에 촉탁하여야 한다.
③ 지방자치단체의 장은 제3자에게 압류재산을 보관하게 한 경우에 그 재산에 대한 압류를 해제하였을 때에는 그 재산을 보관한 자에게 압류해제의 통지를 하고, 압류재산은 체납자 또는 정당한 권리자에게 반환하여야 한다. 이 경우 압류재산의 보관증을 받았을 때에는 보관증을 반환하여야 한다.
④ 지방자치단체의 장은 제3항의 경우 필요하다고 인정하면 재산을 보관한 자로 하여금 그 재산을 체납자 또는 정당한 권리자에게 인도하게 할 수 있다. 이 경우 재산을 보관한 자로부터 압류재산을 받을 것을 체납자 또는 정당한 권리자에게 알려야 한다.
⑤ 지방자치단체의 장은 보관 중인 재산을 반환할 때에는 영수증을 받아야 한다. 다만, 압류조서에 영수 사실을 기입(記入)하여 서명·날인하게 함으로써 영수증을 갈음할 수 있다.

예판

【판례】 압류처분 이후에 제3자가 체납자를 상대로 한 지분소유권이전등기 소송에서 승소하여 자기명의로 지분소유권이전등기를 경료해 놓은 경우 압류해제의 가부

• 국세징수법 제53조 제1항 제3호의 규정은 민사소송의 결과 압

압류해제의 통지는 문서로 하여야 한다.

제64조【압류말소의 등기 또는 등록】 법 제64조 제2항에 따른 압류말소의 등기 또는 등록의 촉탁에 대해서는 제54조 제1항 및 제2항을 준용한다.

운영예규 법64-1【보관중인 재산의 반환】

1. 압류가 해제된 경우에 압류를 위하여 지방자치단체의 장 또는 제3자가 보관중인 압류재산은 법 제64조 제3항 내지 제5항의 규정에 의하여 지체 없이 반환하여야 한다.

64조 제1항 및 영 제63조에 따른 압류해제의 통지는 별지 제51호 서식의 압류해제 통지서에 따른다.

제42조【압류말소의 등기 또는 등록의 촉탁】 법 제64조 제2항 및 영 제64조에 따른 압류말소의 등기 또는 등록의 촉탁은 별지 제52호 서식의 압류말소 등기(등록) 촉탁서에 따른다.

운영예규 법64-3【채권증서 등의 인도】

1. 채권 등의 압류를 해제하는 경우에 압류당시 필요에 의하여 점유

류된 재산이 압류당시 제3자의 소유라는 사실이 확정된 경우에는 체납자의 소유라고 보고 한 압류집행은 위법한 것이 되므로 그 압류를 해제하여야 한다는 취지로서 압류처분 이후에 제3자가 체납자를 상대로 지분소유권이전등기소송을 제기하여 승소판결을 받고 그 판결에 기하여 제3자 명의의 지분소유권이전등기를 경료하였다 하여도 압류된 재산이 압류당시 제3자의 소유로 되는 것은 아니므로 이는 압류해제의 요건에 해당하지 아니한다. (대법 84누520, 1985. 5. 14., 압류해제신청보류처분 취소)

제65조【부동산 등기 수수료의 면제】 지방자치단체가 지방세를 징수하기 위하여 부동산에 대한 등기를 신청하는 경우에는 「부동산등기법」 제22조 제3항에 따른 수수료를 면제한다.

제9절 교부청구 및 참가압류

제66조【교부청구】 지방자치단체의 장은 제22조 제1항 제1호부터 제4호까지 또는 제6호에 해당할 때에는 해당 관서, 공공단체, 집행법원, 집행공무원, 강제관리인, 파산관재인 또는 청산인에 대하여 체납액의 교부를 청구하여야 한다.

운영예규 법66-2【교부청구를 할 수 있는 시기】
교부청구는 다음 각 호의 어느 하나에 해당하는 시기까지 하여야 한다.

이 경우 반환이란 점유의 이전, 즉 인도를 말하며, 현실의 인도에 한하지 아니하고 간이인도를 포함한다. (「민법」 제188조 제2항 참조)

2. 압류를 해제하는 경우의 관계재산의 인도는 인도 당시 물건이 소재하는 장소에서 행한다. 다만, 관계 지방세의 부과취소 등 국가의 책임에 속하는 사유에 의하여 지방자치단체의 장이 압류를 해제하는 경우에는 압류당시 물건이 존재하였던 장소에서 인도한다(「민법」 제467조 제1항 참조). 그러나 부과의 일부가 취소된 후 잔액의 납부에 의하여 압류를 해제하는 경우에는 그러하지 아니하다.

법64-2【참가압류가 있는 경우의 인도】
압류를 해제하는 재산에 타기관으로부터 참가압류가 되어 있는 경우의 재산의 인도는 법 제68조 제2항(참가압류기관에 대한 압류해제의 통지 등)의 규정에 따라 처리한다.

제7절 교부청구 및 참가압류

제65조【파산선고에 따른 교부청구】 지방자치단체의 장이 법 제66조에 따라 파산관재인에게 교부청구를 할 때에는 다음 각 호에 따라야 한다.

1. 압류한 재산의 가액이 징수할 금액보다 적거나 적다고 인정될 때에는 재단채권(財團債權)으로서 파산관재인에게 그 부족액을 교부청구할 것
2. 납세담보물 제공자가 파산선고를 받아 체납처분에 의하여 그 담보물을 공매하려는 경우에는 「채무자 회생 및 파

한 채권에 관한 증서 또는 권리에 관한 증서 등이 있을 때에는 이를 권리자에게 인도한다.

2. 동산의 압류를 해제하는 경우 당해 동산에 관하여 법 제49조 제1항(압류동산의 사용수익) 후단의 규정에 의하여 실시한 봉인, 기타 압류재산임을 표시하는 표지가 있을 경우에는 이를 해제한다.

제43조【교부청구】 법 제66조에 따른 교부청구는 별지 제53호 서식의 교부청구서에 따른다.

1. 체납처분의 경우 : 관계기관이 정한 배분요구종기일(법 제81조 참조)
2. 「민사집행법」 제189조 제2항의 유체동산에 대한 강제집행 또는 경매의 경우 : 경매기일의 종료시(「민사집행법」 제220조 참조)
3. 부동산에 대한 강제집행 또는 경매의 경우 : 배당요구종기일(「민사집행법」 제84조 제1항 참조)
4. 금전채권에 대한 강제집행의 경우 : 전부명령이 있는 때에는 전부명령이 제3채무자에게 송달되기 이전(「민사집행법」 제247조 제2항 참조), 추심명령이 있는 때에는 압류채권자가 추심하고 집행법원에 신고하기 이전(「민사집행법」 제247조 제1항 참조)
5. 유체동산에 관한 청구에 대한 강제집행의 경우 : 그 동산의 매각대금을 집행관이 영수할 때(「민사집행법」 제243조 제3항, 제220조 제1항 참조)
6. 부동산에 관한 청구에 대한 강제집행의 경우 : 첫 매각기일 이전(「민사집행법」 제244조 제2항, 제84조 제1항 참조)
7. 상기 재산권 이외에 재산권에 대한 강제집행 또는 경매의 경우 : 그 재산권의 성질 및 그 처분의 방법에 따라 1 내지 6에 준하는 때

제67조【참가압류】 ① 지방자치단체의 장은 압류하려는 재산을 이미 다른 기관에서 압류하고 있을 때에는 제66조에 따른 교부청구를 갈음하여 참가압류 통지서를

산에 관한 법률」 제447조에 따른 절차를 밟은 후 별제권(別除權)을 행사하여도 부족하거나 부족하다고 인정되는 금액을 교부청구할 것. 다만, 파산관재인이 그 재산을 매각하려는 경우에는 징수할 금액을 교부청구하여야 한다.

운영예규 법66-3【교부청구의 제한】
지방자치단체의 장은 교부청구를 하고자 할 때 제3자 권리의 목적으로 되어 있지 아니하고 매각이 용이한 재산이 있을 경우 그 재산으로 지방세의 전액을 징수할 수 있다고 인정될 경우에는 교부청구를 하지 아니할 수 있다.

법66-4【교부청구 후 지방세의 증액 및 감액】
지방자치단체의 장은 교부청구 사유 진행 중 교부청구한 지방세의 증감이 생긴 경우에는 즉시 당해 기관에 그 사실을 통지하여야 한다.

법66-5【교부청구의 효과】
교부청구 후 교부청구를 받은 집행기관의 체납처분, 강제집행 또는 경매의 절차가 해제되거나 취소되는 경우에는 교부청구는 그 효력을 상실한다.

운영예규 법67-1【참가압류의 제한】
지방자치단체의 장은 참가압류를 함에 있어서 납세자가 따로 매각이 용이한 재산으로 제3자의 권리의 목적으로 되어

운영예규 법66-1【교부청구를 할 수 있는 지방세】
「지방세징수법」 제66조의 교부청구를 할 수 있는 지방세에는 다음의 것이 포함된다.
1. 제2차 납세의무자의 지방세
2. 납세보증인의 지방세
3. 법 제33조 제2항(납기전보전압류)의 납기전보전압류에 관련된 지방세
4. 법 제25조(납기 시작 전의 징수유예) 및 제25조의 2(고지된 지방세 등의 징수유예), 제26조(송달불능으로 인한 징수유예등과 부과 철회)의 징수유예를 한 지방세 (2022. 10. 25. 개정)
5. 법 제105조(체납처분유예)의 체납처분유예를 한 지방세

제44조【참가압류의 통지】 ① 법 제67조 제1항에 따른 참가압류 통지서는 별지 제54호 서식(갑)에 따

그 재산을 이미 압류한 기관(이하 "기압류기관"이라 한다)에 송달함으로써 그 압류에 참가할 수 있다.
② 지방자치단체의 장은 제1항에 따라 압류에 참가하였을 때에는 그 사실을 체납자와 그 재산에 대하여 권리를 가진 제3자에게 통지하여야 한다.
③ 지방자치단체의 장은 제1항에 따라 참가압류하려는 재산이 권리의 변동에 등기 또는 등록이 필요한 것일 때에는 참가압류의 등기 또는 등록을 관계 관서에 촉탁하여야 한다.

제68조 【참가압류의 효력 등】 ① 제67조에 따라 참가압류를 한 후에 기압류기관이 그 재산에 대한 압류를 해제하였을 때에는 그 참가압류(제67조 제3항에 해당하는 재산에 대하여 둘 이상의 참가압류가 있는 경우에는 그 중 가장 먼저 등기 또는 등록된 것으로 하고, 그 밖의 재산에 대하여 둘 이상의 참가압류가 있는 경우에는 그 중 가장 먼저 참가압류 통지서가 송달된 것으로 한다)는 다음 각 호의 구분에 따른 시기로 소급하여 압류의 효력이 생긴다.
1. 제67조 제3항에 해당하는 재산 외의 재산 : 참가압류 통지서가 기압류기관에 송달된 때
2. 제67조 제3항에 해당하는 재산 : 참가압류의 등기 또는 등록이 완료된 때

② 기압류기관은 압류를 해제하였을 때에는 압류가 해제된 재산 목록을 첨부하여 그 사실을 참가압류한 지방

있지 아니한 것을 보유하고 있고 그 재산에 의하여 지방세의 전액을 징수할 수 있다고 인정될 경우에는 참가압류를 하지 아니할 수 있다.

법67-2 【참가압류에 관계되는 지방세의 증감】
참가압류 후 참가압류한 지방세의 증감이 생긴 경우에는 그 사유와 증감액을 즉시 기압류기관에 통지하여야 한다.

운영예규 법68-1 【둘 이상의 참가압류가 있는 경우와 압류해제】
1. 둘 이상의 참가압류가 있는 재산에 대하여 기압류기관이 그 재산에 대한 압류를 해제하는 경우에는 그 해제에 의하여 압류의 효력이 생기는 선순위참가압류기관에 후순위참가압류기관이 제출한 참가압류통지서를 인도하여야 한다.
2. 전항의 규정에 의하여 참가압류통지서가 인도되면 당초 참가압류를 한 때에 전항의 선순위참가압류기관에 참가압류를 한 것으로 본다.

법68-2 【참가압류의 효력】
참가압류는 기압류기관에 대하여 교부청구를 한 효력, 즉 배당요구를 한 효력이 있다.

른다.
② 법 제67조 제2항에 따른 참가압류의 통지는 별지 제54호 서식(을)의 참가압류 통지서에 따른다.

제45조 【기압류기관의 압류해제 통지 등】 ① 법 제68조 제2항에 따

자치단체의 장에게 통지하여야 한다.

③ 기압류기관은 압류를 해제한 재산이 동산 또는 유가증권으로서 기압류기관이 점유하고 있거나 제3자에게 보관하게 한 재산일 때에는 압류에 참가한 지방자치단체의 장에게 직접 인도하여야 한다. 다만, 제3자가 보관하고 있는 재산에 대해서는 그 제3자가 발행한 보관증을 인도함으로써 재산의 직접 인도를 갈음할 수 있다.

④ 압류에 참가한 지방자치단체의 장은 기압류기관이 그 압류재산을 장기간 매각하지 아니할 때에는 이에 대한 매각처분을 기압류기관에 최고할 수 있다.

⑤ 매각처분을 최고한 지방자치단체의 장은 제4항에 따라 매각처분을 최고받은 기압류기관이 최고받은 날부터 3개월 이내에 다음 각 호의 어느 하나에 해당하는 행위를 하지 아니하면 그 압류재산을 매각할 수 있다.

1. 제103조의 3 제1항 제1호 및 제2호에 따라 공매 또는 수의계약의 대행을 의뢰하는 서면 송부 (2023. 12. 29. 개정)
2. 제72조에 따른 수의계약 방식으로 매각하려는 사실을 체납자 등에게 통지
3. 제78조 제2항에 따른 공매공고

⑥ 매각처분을 최고한 지방자치단체의 장이 제5항에 따라 압류재산을 매각하려는 경우에는 그 내용을 기압류기관에 통지하여야 한다.

⑦ 제6항에 따른 통지를 받은 기압류기관은 점유 중이거

제66조 【기압류기관의 동산 등 인도 통지】 법 제67조 제1항에 따른 기압류기관(이하 "기압류기관"이라 한다)은 법 제68조 제3항에 따라 압류를 해제한 동산 또는 유가증권을 압류에 참가한 지방자치단체의 장에게 인도하거나 같은 조 제7항에 따라 압류재산의 매각처분을 최고한 지방자치단체의 장에게 인도할 때에는 행정안전부령으로 정하는 참가압류재산 인도통지서를 보내야 한다. 이 경우 압류재산을 제3자가 보관하고 있는 상태로 인도하려면 참가압류재산 통지서에 그 보관증과 보관자에 대한 인도지시서를 첨부하여야 한다. (2017. 7. 26. 직제개정 ; 행정안전부와~직제 부칙)

제67조 【참가압류한 동산 등의 인수】 ① 압류에 참가한 지방자치단체의 장이 제66조에 따라 기압류기관으로부터 동산 또는 유가증권의 인도 통지를 받았을 때에는 지체 없이 해당 동산 또는 유가증권을 인수하여야 한다.

② 제1항에 따라 동산 또는 유가증권을 인수한 지방자치단체의 장은 해당 재산이 제3자가 보관하고 있는 재산인 경우에는 제66조 후단에 따라 받은 보관증과 인도지시서를 그 보관자에게 내주어야 한다.

③ 제1항에 따라 동산 또는 유가증권을 인수한 지방자치단체의 장은 필요하다고 인정하면 인수한 동산 또는 유가증권을 체납자 또는 그 재산을 점유한 제3자에게 보관하게 할 수 있다.

른 기압류기관의 압류해제의 통지는 별지 제55호 서식의 기압류기관 압류해제 통지서에 따른다.

② 법 제68조 제3항·제7항 및 영 제66조에 따른 참가압류재산 인도의 통지는 별지 제56호 서식의 참가압류재산 인도 통지서에 따른다.

제46조 【참가압류기관의 매각처분 최고 및 통지】 ① 법 제68조 제4항에 따른 참가압류재산 매각처분의 최고는 별지 제57호 서식의 참가압류재산 매각처분 최고서에 따른다.

② 법 68조 제6항에 따른 참가압류재산 매각처분의 통지는 별지 제58호 서식의 참가압류재산 매각처분 통지서에 따른다.

제47조 【참가압류재산의 인수 통지】 영 제67조 제4항에 따른 참가압류 재산인수의 통지는 별지 제59호 서식의 참가압류재산 인수 통지서에 따른다.

나 제3자로 하여금 보관하게 한 동산 또는 유가증권 등 압류재산을 제4항에 따라 매각처분을 최고한 지방자치단체의 장에게 인도하여야 한다. 이 경우 인도 방법에 관하여는 제3항을 준용한다.

제69조【압류 해제에 관한 규정의 준용】 참가압류의 해제에 관하여는 제63조부터 제65조까지의 규정을 준용한다.

운영예규 법69-1 【해제의 순서】
기압류기관에서 당해 재산의 압류를 해제할 때에는 선순위참가압류를 한 행정기관에 통지와 함께 동산, 유가증권 등을 인도한 후에 해제하여야 하며, 후순위참가압류기관에도 그 뜻을 통지하여야 한다.

제70조【교부청구의 해제】 ① 지방자치단체의 장은 납부, 충당, 부과의 취소나 그 밖의 사유로 교부를 청구한 체납액의 납부의무가 소멸되었을 때에는 교부청구를 해제하여야 한다.

② 제1항에 따른 교부청구의 해제는 교부청구를 받은 기관에 그 뜻을 통지함으로써 한다.

④ 압류에 참가한 지방자치단체의 장이 제1항에 따라 동산 또는 유가증권을 인수하였을 때에는 인도를 한 기압류기관에 지체 없이 그 사실을 통지하여야 한다.

제68조【일반 압류 규정의 준용】 참가압류에 대하여 이 영에 특별한 규정이 없는 경우에는 이 영 중 일반압류에 관한 규정을 준용한다.

운영예규 법69-2 【동산 등의 보관비용】
기압류기관은 압류를 해제하고 선순위참가압류기관에게 목적물을 인도할 때까지의 보관비용을 부담한다. 이 경우에 있어서 보관 및 인도비용은 체납처분비로 징수할 수 있다.

제48조【교부청구의 해제 통지】 법 제70조 제2항에 따른 교부청구 해제의 통지는 별지 제60호 서식의 교부청구 해제 통지서에 따른다.

제10절 압류재산의 매각

제71조 【공 매】 ① 지방자치단체의 장은 압류한 동산, 유가증권, 부동산, 무체재산권등과 제51조 제2항에 따라 체납자를 대위하여 받은 물건[통화(通貨)는 제외한다]을 대통령령으로 정하는 바에 따라 공매한다.

② 제1항에도 불구하고 지방자치단체의 장은 다음 각 호의 압류재산을 해당 호에서 정하는 방법으로 직접 매각할 수 있다. (2022. 1. 28. 개정)

1. 「자본시장과 금융투자업에 관한 법률」 제8조의2 제4항 제1호에 따른 증권시장(이하 "증권시장"이라 한다)에 상장된 증권 : 증권시장에서의 매각 (2022. 1. 28. 개정)
2. 가상자산사업자를 통하여 거래되는 가상자산 : 가상자산사업자를 통한 매각 (2022. 1. 28. 개정)

제8절 압류재산의 매각

제69조 【공매방법】 ① 지방자치단체의 장은 법 제71조 제1항에 따라 공매하는 경우에는 각각의 재산별로 공매하여야 한다. 다만, 지방자치단체의 장이 공매할 재산이 여러 개인 경우로서 해당 재산의 위치·형태·이용관계 등을 고려하여 이를 일괄하여 공매하는 것이 적합하다고 인정하는 경우에는 직권으로 또는 이해관계인의 신청에 따라 일괄하여 공매할 수 있다.

② 제1항 단서에 따라 여러 개의 재산을 일괄하여 공매할 때 각 재산의 매각대금을 특정할 필요가 있는 경우에는 각 재산에 대한 매각예정가격의 비율을 정하여야 하며, 각 재산의 매각대금은 총 매각대금을 각 재산의 매각예정가격비율에 따라 나눈 금액으로 한다.

③ 제1항 단서에 따라 여러 개의 재산을 일괄하여 공매할 수 있는 경우라 하더라도 그 가운데 일부의 매각대금으로 체납액을 변제하기에 충분하면 다른 재산은 공매하지 아니한다. 다만, 토지와 그 위의 건물을 일괄하여 공매하는 경우나 재산을 분리하여 공매하면 그 경제적 효용이 현저하게 떨어지는 경우 또는 체납자의 동의가 있는 경우에는 그러하지 아니하다.

④ 제3항 본문의 경우에 체납자는 그 재산 가운데 매각할 것을 지정할 수 있다.

③ 지방자치단체의 장은 제2항 각 호의 구분에 따라 압류재산을 직접 매각하려는 경우에는 매각 전에 그 사실을 체납자 등 대통령령으로 정하는 자에게 통지하여야 한다. (2023. 3. 14. 신설)
④ 제33조 제2항에 따라 압류한 재산은 그 압류에 관계되는 지방세의 납세의무가 확정되기 전에는 공매할 수 없다. (2023. 3. 14. 항번개정)
⑤ 심판청구등이 계속 중인 지방세의 체납으로 압류한 재산은 그 신청 또는 청구에 대한 결정이나 소(訴)에 대한 판결이 확정되기 전에는 공매할 수 없다. 다만, 그 재산이 제72조 제1항 제2호에 해당하는 경우는 그 신청 또는 청구에 대한 결정이나 소에 대한 판결이 확정되기 전이라도 공매할 수 있다. (2023. 12. 29. 개정)
⑤ 지방자치단체의 장은 압류한 재산의 공매에 전문 지식이 필요하거나 그 밖에 특수한 사정이 있어 직접 공매하기에 적당하지 아니하다고 인정할 때에는 대통령령으로 정하는 바에 따라 「한국자산관리공사 설립 등에 관한 법률」에 따른 한국자산관리공사(이하 "한국자산관리공사"라 한다) 또는 지방세조합으로 하여금 공매를 대행하게 할 수 있으며, 이 경우의 공매는 지방자치단체의 장이 한 것으로 본다. (2020. 12. 29. 개정)
⑥ 제5항에 따라 압류한 재산의 공매를 한국자산관리공사 또는 지방세조합이 대행하는 경우에는 "지방자치단체의 장"은 "한국자산관리공사 또는 지방세조합"으로, "세무공무원"은 "한국자산관리공사 또는 지방세조합의 직원(임원을 포함하며, 지방세조합의 경우에는 지방자치단체에서 파견된 공무원을 포함한다. 이하 같다)"으로, "공매를 집행하는 공무원"은 "공매

제70조【압류재산 직접 매각 시 통지 대상】 법 제71조 제3항에서 "체납자 등 대통령령으로 정하는 자"란 다음 각 호의 자를 말한다. (2023. 3. 14. 신설)
1. 체납자 (2023. 3. 14. 신설)
2. 납세담보물 소유자 (2023. 3. 14. 신설)
3. 압류재산에 질권 또는 그 밖의 권리를 가진 자 (2023. 3. 14. 신설)

제71조【압류재산의 인도】 ① 지방자치단체의 장은 법 제71조 제5항에 따라 한국자산관리공사에 공매를 대행하게 하였을 때에는 점유하고 있거나 제3자에게 보관하게 한 압류재산을 한국자산관리공사에 인도할 수 있다. 다만, 제3자에게 보관하게 한 재산에 대해서는 그 제3자가 발행한 해당 재산의 보관증을 인도함으로써 재산의 인도를 갈음할 수 있다.
② 한국자산관리공사는 제1항에 따라 압류재산을 인수하였을 때에는 인계·인수서를 작성하여야 한다.

제71조【압류재산의 인도】 삭 제 (2022. 1. 28.)

제72조【공매대행의 해제 요구】 ① 한국자산관리공사는 공매대행을 의뢰받은 날부터 2년이 지나도 공매되지 아니한 재산이 있는 경우에는 지방자치단체의 장에게 해당 재산에 대한 공매대행 의뢰를 해제해 줄 것을 요구할 수 있다.
② 제1항에 따라 해제 요구를 받은 지방자치단체의 장은 특별한 사정이 있는 경우를 제외하고는 해제 요구에 따라야 한다.

제72조【공매대행의 해제 요구】 삭 제 (2022. 1. 28.)

를 대행하는 한국자산관리공사 또는 지방세조합의 직원"으로, "지방자치단체"는 "한국자산관리공사의 본사 · 지사 · 출장소 또는 지방세조합"으로 본다. (2020. 12. 29. 개정)
⑦ 지방자치단체의 장은 제5항에 따라 한국자산관리공사 또는 지방세조합이 공매를 대행하는 경우에는 대통령령으로 정하는 바에 따라 수수료를 지급할 수 있다. (2020. 12. 29. 개정)
⑧ 제5항에 따라 한국자산관리공사 또는 지방세조합이 공매를 대행하는 경우에 제6항에 따른 한국자산관리공사 또는 지방세조합의 직원은 「형법」이나 그 밖의 법률에 따른 벌칙을 적용할 때에는 세무공무원으로 본다. (2020. 12. 29. 개정)
⑨ 제5항에 따라 한국자산관리공사 또는 지방세조합이 대행하는 공매에 필요한 사항은 대통령령으로 정한다. (2020. 12. 29. 개정)
⑤~⑨ 삭 제 (2022. 1. 28.)

운영예규 법71 - 1【매각의 대상】
1. 압류한 채권 중 그 변제기간이 추심을 하려는 때부터 6월내에 도래하지 아니한 것과 추심이 현저히 곤란한 것은 법 제10절(압류재산의 매각)의 정하는 바에 따라 매각할 수 있다.
2. 압류한 유가증권 중 법 제50조(유가증권에 관한 채권의 추심)의 규정에 의하여 관계되는 금전채권을 추심하는 경우에는 이를 매각하지 아니한다.

법71 - 2【자동차등의 매각전의 점유】
자동차 또는 건설기계는 지방자치단체의 장이 매각에 지장이 없다고 인정하는 경우를 제외하고는 법 제56조(자동차 등의 압류절차) 제2항의 규정에 의하여 이를 점유한 후에 매각한다.

법71 - 3【불복청구중인 지방세와 다른 체납액이 있는 경우의 공매】
「지방세기본법」에 의한 이의신청 · 심판청구 또는 「감사원법」

제73조【공매대행의 세부사항】 법 제71조 제5항에 따라 한국자산관리공사가 대행하는 공매에 필요한 사항으로서 이 영에서 정하지 아니한 것은 행정안전부장관이 한국자산관리공사와 협의하여 정한다. (2017. 7. 26. 직제개정 ; 행정안전부와~직제 부칙)

제73조【공매대행의 세부사항】 삭 제 (2022. 1. 28.)

제74조【공매대행 수수료】 법 제71조 제7항에 따른 수수료는 공매대행에 드는 실제 비용을 고려하여 행정안전부령으로 정한다. (2017. 7. 26. 직제개정 ; 행정안전부와~직제 부칙)

제74조【공매대행 수수료】 삭 제 (2022. 1. 28.)

제74조의 2【전문매각기관의 매각대행】 ① 지방자치단체의 장은 다음 각 호의 어느 하나에 해당하는 기관 중에서 법 제71조의 2 제1항에 따른 전문매각기관(이하 "전문매각기관"이라 한다)을 선정한다. (2018. 3. 27. 신설)
1. 지방자치단체의 장이 법 제71조의 2 제1항에 따른 예술품등(이하 "예술품등"이라 한다)의 매각에 전문성과 경험을 갖춘 기관으로 인정하여 공보 및 해당 지방자치단체의 홈페이지에 공고한 기관 (2018. 3. 27. 신설)
2. 국세청장이 「국세징수법 시행령」 제75조 제1항에 따라 관보 및 국세청 홈페이지에 공고한 기관 (2021. 2. 17. 개정 ; 국세징수법 시행령 부칙)
② 제1항에도 불구하고 시장 · 군수 · 구청장은 필요한 경우 특별시장 · 광역시장 · 도지사가 제1항 제1호에 따라 공고한 기관 중에서 전문매각기관을 선정할 수 있다. (2018. 3. 27. 신설)
③ 법 제71조의 2 제1항에 따라 예술품등의 매각대행을 신청하

제52조【공매대행수수료】 영 제74조에 따른 수수료는 「국세징수법 시행규칙」 제41조의 5를 준용한다. 이 경우 "세무서장"은 "지방자치단체의 장"으로 본다.

제52조【공매대행수수료】 삭 제 (2022. 3. 18.)

에 따른 심사청구가 계류 중(이하 다음 각 호에서 "불복청구중"이라 한다)에 있는 지방세와 다른 체납액이 있는 경우의 압류재산의 공매는 다음 각 호에 의한다. (2022. 10. 25. 개정)

1. 불복청구중인 지방세에 관계되는 압류재산과 기타의 체납액에 관계되는 압류재산이 서로 다른 재산인 때에는 후자만 공매한다.
2. 불복청구중인 지방세에 관계되는 압류재산과 기타의 체납액에 관계되는 압류재산이 동일한 재산인 경우에는 기타의 체납액징수를 위하여 필요한 경우에는 매각할 수 있다.

법71－4【공매의 제한】

지방자치단체의 장은 법 제71조(공매) 제2항 및 제3항의 경우 외에도 다음 각 호의 어느 하나에 해당하는 사유가 있는 때에는 공매를 하지 아니한다.

1. 「행정소송법」 제23조(집행정지)에 따라 법원이 체납처분에 대한 집행정지결정을 한 때
2. 법 제25조의 2(고지된 지방세 등의 징수유예)에 따라 체납액 등의 징수유예를 한 때 (2022. 10. 25. 개정)
3. 법 제60조(제3자의 소유권의 주장)에 따라 제3자가 압류재산의 소유권을 주장하고 반환을 청구한 때
4. 「채무자 회생 및 파산에 관한 법률」 제44조(다른 절차의 중지명령 등)에 따라 법원이 체납처분의 중지를 명한 때와 동법 제58조 제2항(다른 절차의 중지)에 따라 체납처분이 중지된 때
5. 「채무자 회생 및 파산에 관한 법률」 제140(벌금·조세 등의 감면)에 따라 회생계획에서 징수유예 또는 환가의 유예가 인가된 때
6. 법 제105조(체납처분유예)의 규정에 의하여 체납처분유예를 한 때

려는 납세자는 행정안전부령으로 정하는 신청서를 작성하여 지방자치단체의 장에게 제출하여야 한다. (2018. 3. 27. 신설)

④ 지방자치단체의 장은 직권 또는 제3항의 신청에 따라 전문매각기관을 선정하여 예술품등의 매각대행을 의뢰한 경우 매각 대상인 예술품등을 소유한 납세자에게 그 사실을 통지하여야 한다. (2018. 3. 27. 신설)

⑤ 지방자치단체의 장은 법 제71조의 2 제1항에 따라 전문매각기관에 예술품등의 매각을 대행하게 하였을 때에는 직접 점유하고 있거나 제3자에게 보관하게 한 매각 대상 예술품등을 전문매각기관에 인도할 수 있다. 다만, 제3자에게 보관하게 한 예술품등에 대해서는 그 제3자가 발행한 해당 예술품등의 보관증을 인도함으로써 예술품등의 인도를 갈음할 수 있다. (2018. 3. 27. 신설)

⑥ 전문매각기관은 제5항에 따라 매각 대상 예술품등을 인수하였을 때에는 인계·인수서를 작성하여야 한다. (2018. 3. 27. 신설)

⑦ 제1항부터 제6항까지에서 규정한 사항 외에 전문매각기관의 선정 및 예술품등의 매각 절차에 필요한 세부적인 사항은 지방자치단체의 조례로 정한다. (2018. 3. 27. 신설)

제74조의 2【전문매각기관의 매각대행】 삭 제 (2022. 1. 28.)

법71－5【제2차 납세의무자 등의 재산에 대한 매각제한】 제2차납세의무자, 납세보증인 또는 물적납세의무자의 재산은 주된 납세자의 재산을 매각한 후에 매각한다. 다만, 주된 납세자의 재산의 매각이 현저히 곤란한 사정이 있거나 제2차납세의무자 등의 재산의 가액이 현저히 감소할 우려가 있는 경우 기타 지방자치단체의 장이 부득이하다고 판단하는 경우에는 그러하지 아니하다.

제71조의 2【전문매각기관의 매각대행 등】 ① 지방자치단체의 장은 압류한 재산이 예술적·역사적 가치가 있어 가격을 일률적으로 책정하기 어렵고, 그 매각에 전문적인 식견이 필요하여 직접 매각하기에 적당하지 아니한 물품(이하 "예술품등"이라 한다)인 경우에는 직권이나 납세자의 신청에 따라 예술품등의 매각에 전문성과 경험이 있는 기관 중에서 전문매각기관을 선정하여 예술품등의 매각을 대행하게 할 수 있다. (2017. 12. 26. 신설)
② 제1항에 따라 선정된 전문매각기관(이하 "전문매각기관"이라 한다) 및 전문매각기관의 임직원은 직접적으로든 간접적으로든 매각을 대행하는 예술품등을 매수하지 못한다. (2017. 12. 26. 신설)
③ 지방자치단체의 장은 제1항에 따라 전문매각기관이 매각을 대행하는 경우 대통령령으로 정하는 바에 따라 수수료를 지급할 수 있다. (2017. 12. 26. 신설)
④ 제1항에 따른 납세자의 신청절차, 전문매각기관의 선정절차 및 예술품등의 매각절차에 필요한 세부적인 사항은 대통령령으로 정한다. (2017. 12. 26. 신설)
⑤ 제1항에 따라 전문매각기관이 매각을 대행하는 경우 전문매각기관의 임직원은 「형법」 제129조에서 제132조까지의 규정을 적용할 때에는 공무원으로 본다. (2017. 12. 26. 신설)

제71조의 2【전문매각기관의 매각대행 등】 삭 제

제74조의 3【전문매각기관의 매각대행 수수료】 법 제71조의 2 제3항에 따른 수수료는 매각대행에 드는 실제 비용을 고려하여 행정안전부령으로 정한다. (2018. 3. 27. 신설)

제74조의 3【전문매각기관의 매각대행 수수료】 삭

(2022. 1. 28.)

제72조 【수의계약】 ① 압류재산이 다음 각 호의 어느 하나에 해당하는 경우에는 수의계약으로 매각할 수 있다.

1. 수의계약으로 매각하지 아니하면 매각대금이 체납처분비에 충당하고 남을 여지가 없는 경우
2. 부패·변질 또는 감량되기 쉬운 재산으로서 속히 매각하지 아니하면 재산가액이 줄어들 우려가 있는 경우

운영예규 법72-4 【재산가액이 줄어들 우려가 있는 경우】
「지방세징수법」 제72조 제1항 제2호에서 "속히 매각하지 아니하면 재산가액이 줄어들 우려가 있는 경우"란 생선, 채소, 식료품 또는 크리스마스용품 같은 계절용품 등 공매시까지 기다리면 부패·변질·감량·수요격감 등으로 재산가격이 줄어들 우려가 있는 경우를 말한다.

3. 압류한 재산의 추산(推算) 가격이 1천만원 미만인 경우

운영예규 법72-5 【추산가격】 (2022. 10. 25. 번호개정)
「지방세징수법」 제72조 제1항 제3호 및 영 제75조(수의계약)의 규정에 의한 "추산가격"이라 함은 압류재산의 매각구분별로 일괄매각가액 또는 개별매각가액을 말한다.

4. 법령으로 소지(所持) 또는 매매가 규제된 재산인 경우

운영예규 법72-6 【법령으로 소지 또는 매매가 규제된 재산】 (2022. 10. 25. 번호개정)

제 (2022. 1. 28.)

제75조 【수의계약】 ① 지방자치단체의 장은 압류재산을 법 제72조에 따라 수의계약으로 매각하려는 경우에는 추산가격조서를 작성하고 매수하려는 2인 이상으로부터 견적서를 받아야 한다. 다만, 법 제72조 제1항 제5호에 해당하여 수의계약을 하는 경우로서 그 매각금액이 최종 공매 시의 매각예정가격 이상인 경우에는 견적서를 받지 아니할 수 있다.

② 지방자치단체의 장은 압류재산을 법 제72조에 따라 수의계약으로 매각하려는 경우 그 사실을 다음 각 호의 자에게 통지해야 한다. (2022. 1. 28. 개정)

1. 체납자 (2022. 1. 28. 신설)
2. 납세담보물소유자 (2022. 1. 28. 신설)
3. 압류재산에 전세권·질권·저당권 또는 그 밖의 권리를 가진 자 (2022. 1. 28. 신설)

제53조 【수의계약의 통지】 ① 영 제75조 제2항에 따른 수의계약 매각의 통지는 별지 제64호 서식의 압류재산의 수의계약 매각 통지서에 따른다.

② 지방자치단체의 장은 법 제80조에 따라 별지 제70호 서식에 따른 공매 통지를 하면서 법 제72조 제1항 제5호에 해당하여 법 제72조에 따른 수의계약으로 매각할 수 있다는 뜻을 함께 통지하였으면 제1항에 따른 서식에 따르지 아니할 수 있다. (2022. 3. 18. 개정)

③ 법 제72조 제2항에 따라 한국자산관리공사가 수의계약을 대행한 경우 그 인

「지방세징수법」 제72조 제1항 제4호에서의 "법령으로 소지 또는 매매가 규제된 재산"의 예로는 다음의 것이 있다.

1. 「주세법」에 의한 주정
2. 「마약류 관리에 관한 법률」에 의한 마약
3. 「총포·도검·화약류 등의 안전관리에 관한 법률」에 의한 총포, 화약류
4. 「인삼산업법」에 의한 홍삼포에서 수확한 수삼
5. 「담배사업법」에 의한 잎담배

5. 제1회 공매 후 1년간 5회 이상 공매하여도 매각되지 아니한 경우
6. 공매하는 것이 공익을 위하여 적절하지 아니한 경우

② 지방자치단체의 장은 필요한 경우 제1항에 따른 수의계약을 대통령령으로 정하는 바에 따라 한국자산관리공사로 하여금 대행하게 할 수 있다. 이 경우 수의계약은 지방자치단체의 장이 한 것으로 보며, 수의계약에 관하여는 제71조 제6항부터 제9항까지의 규정을 준용한다.

② 삭 제 (2022. 1. 28.)

운영예규 법72-1【수의계약의 의의】

「지방세징수법」 제72조에서 "수의계약"이라 함은 압류재산의 매각을 입찰·경매 등의 경쟁방법에 의하지 아니하고 지방자치단체의 장, 한국자산관리공사 또는 지방세조합이 매수인과 가액을 결정하여 매각하는 계약을 말한다. (2022. 10. 25. 개정)

법72-2【수의계약의 통지】

수의계약에 의하여 압류재산을 매각하고자 할 경우, 그 매각 5일 전까지 체납자 및 이해관계자에게 통지하여야 한다.

운영예규 법72-7【공매하는 것이 공익을 위하여 적절하지 아니한 경우】(2022. 10. 25. 번호개정)

「지방세징수법」 제72조 제1항 제6호에서 "공매하는 것이 공익을 위하여 적절하지 아니한 경우"란 「공익사업을 위한 토지 등의 취득 및 보상에 관한 법률」, 「국토의 계획 및 이용에 관한 법률」 등에 따라 토지를 수용할 수 있는 자로부터 압류토지를 수용할 뜻이 고지된 때, 「징발법」의 규정에 따라 징발관이 압류물건을 징발할 의사가 있음을 통지한 때 등을 말한다.

☜

③ 법 제72조 제2항에 따라 한국자산관리공사가 수의계약을 대행하는 경우 수의계약 대행의 통지, 압류재산의 인도, 해제 요구, 수수료 등에 대해서는 제70조부터 제74조까지 및 제81조를 준용한다.

③ 삭 제 (2022. 1. 28.)

계·인수는 별지 제63호 서식을 준용한다.

③ 삭 제 (2022. 3. 18.)

④ 영 75조 제3항에 따라 준용되는 영 제70조에 따른 수의계약대행 의뢰 및 수의계약대행 통지는 각각 별지 제61호 서식 및 별지 제62호 서식을 준용한다.

④ 삭 제 (2022. 3. 18.)

법72-3【공매보증금의 부적용】
수의계약에 의하여 압류재산을 매각하는 경우에는 법 제76조(공매보증금)의 공매보증금에 관한 규정은 적용되지 아니한다.

제73조【공매대상 재산에 대한 현황조사】 ① 지방자치단체의 장은 제74조에 따라 매각예정가격을 결정하기 위하여 공매대상 재산의 현 상태, 점유관계, 임차료 또는 보증금의 액수, 그 밖의 현황을 조사하여야 한다.
② 세무공무원은 제1항에 따른 조사를 위하여 건물에 출입할 수 있고, 체납자 또는 건물을 점유하는 제3자에게 질문하거나 문서 제시를 요구할 수 있다.
③ 세무공무원은 제2항에 따라 건물에 출입하기 위하여 필요할 때에는 잠긴 문을 여는 등 적절한 처분을 할 수 있다.
④ 세무공무원은 제2항 및 제3항의 경우 직무상 필요한 범위 외에 다른 목적 등을 위하여 그 권한을 남용해서는 아니 된다. (2020. 1. 29. 신설)

제74조【매각예정가격의 결정】 ① 지방자치단체의 장은 압류재산을 공매하려면 그 재산의 매각예정가격을 결정하여야 한다.

운영예규 법74-1【매각예정가격】
「지방세징수법」 제74조에서의 "매각예정가격"이라 함은 압류재산을 공매할 때에 지방자치단체의 장이 공매재산의 객관적인 시가를 기준으로 공매의 특수성을 고려하여 예정한 공매재산가격을 말하는 것이며, 공매재산의 최저 공매가격으로서의 의의를 갖는다.

법74-3【감정인의 평가와 매각예정가격과의 관계】
지방자치단체의 장이 감정인에게 평가를 의뢰하여 그 가액

제54조【공매대상 재산 현황조사】 법 제73조 제1항에 따른 공매대상 재산의 현황조사는 별지 제65호 서식의 공매대상 재산 현황조사서에 따른다.

제55조【매각예정가격 조서】 법 제74조 제1항에 따른 공매대상 재산의 매각예정가격의 결정은 별지 제66호 서식의 공매대상 재산 매각예정가격 조서에 따른다.

② 지방자치단체의 장은 매각예정가격을 결정하기 어려울 때에는 대통령령으로 정하는 바에 따라 감정인에게 평가를 의뢰하여 그 가액(價額)을 참고할 수 있다.

운영예규 법74－2【매각예정가격을 결정하기 어려운 때】

「지방세징수법」 제74조 제2항에서 "지방자치단체의 장이 매각예정가격을 결정하기 어려운 때"라 함은 재산평가에 특히 정확을 기할 필요가 있거나 가격결정에 분쟁이 예상되는 경우 등을 말한다.

③ 감정인은 제2항의 평가를 위하여 필요한 경우 제73조 제2항에 따른 조치를 할 수 있다. (2023. 3. 14. 신설)

④ 감정인은 제3항에 따라 조치를 하는 경우 직무상 필요한 범위 외에 다른 목적 등을 위하여 그 권한을 남용해서는 아니 된다. (2023. 3. 14. 신설)

제75조【공매 장소】 공매는 관할 지방자치단체의 청사 또는 공매재산이 있는 지방자치단체의 청사에서 한다. 다만, 지방자치단체의 장이 필요하다고 인정할 때에는 다른 장소에서 공매할 수 있다.

제76조【공매보증금】 ① 지방자치단체의 장은 압류

을 참고로 매각예정가격을 결정하는 경우에는 감정가격을 기준으로 상·하 각각 10% 범위 내에서 결정한다.

제76조【감정인】 ① 지방자치단체의 장이 법 제74조 제2항에 따라 공매대상 재산의 평가를 의뢰할 수 있는 감정인은 다음 각 호의 구분에 따른 자로 한다.

1. 공매대상 재산이 부동산인 경우 : 「감정평가 및 감정평가사에 관한 법률」에 따른 감정평가법인등 (2022. 1. 21. 개정 ; 감정평가 및~시행령 부칙)
2. 공매대상 재산이 제1호 외의 재산인 경우 : 해당 재산과 관련된 분야에 5년 이상 종사한 전문가

② 지방자치단체의 장은 법 제74조 제2항에 따라 감정인에게 공매대상 재산의 평가를 의뢰한 경우에는 행정안전부령으로 정하는 바에 따라 수수료를 지급할 수 있다. (2017. 7. 26. 직제개정 ; 행정안전부와~직제 부칙)

운영예규 법74…시행령76－1【감정평가업자】

「지방세징수법 시행령」 제76조(감정인)에서 "감정평가법인등"이란 「감정평가 및 감정평가사에 관한 법률」 제21조에 따라 사무소를 개설한 감정평가사와 제29조에 따라 인가를 받은 감정평가법인을 말한다. (2022. 10. 25. 개정)

제77조【국공채 등의 공매보증금 갈음】 입찰자 등은 법 제76조 제3항에 따라 국채 또는 지방채, 증권시장에 상장된 증권 또는 「보험업법」에 따른 보험회사가 발

제56조【감정서 및 감정수수료】 ① 법 제74조 제2항 및 영 제76조 제1항에 따라 공매대상 재산의 평가를 의뢰받은 감정인의 감정은 별지 제67호 서식의 감정서에 따른다.

② 영 제76조 제2항에 따른 수수료는 「국세징수법 시행규칙」 별표 2를 준용한다. 이 경우 "세무서장"은 "지방자치단체의 장"으로 본다. (2023. 3. 14. 개정)

③ 제2항에도 불구하고 무형자산 등 자산의 특수성으로 인하여 「국세징수법 시행규칙」 별표 2의 수수료를 준용하기 곤란한 경우에는 지방자치단체의 장이 감정인과 협의하여 수수료를 별도로 정할 수 있다. (2023. 3. 14. 개정)

재산을 공매하는 경우에 필요하다고 인정하면 공매보증금을 받을 수 있다.

② 공매보증금은 매각예정가격의 100분의 10 이상으로 한다.

③ 공매보증금은 국채 또는 지방채, 증권시장에 상장된 증권 또는 「보험업법」에 따른 보험회사가 발행한 보증보험증권으로 갈음할 수 있다. 이 경우 필요한 요건은 대통령령으로 정한다.

④ 낙찰자 또는 경락자(競落者)가 매수계약을 체결하지 아니하였을 때에는 지방자치단체의 장은 공매보증금을 체납처분비, 압류와 관계되는 지방세의 순으로 충당한 후 남은 금액은 체납자에게 지급한다. (2020. 12. 29. 개정)

편주

- 법 76조 4항의 개정규정은 2024. 1. 1.부터 시행함. (법 부칙(2020. 12. 29.) 1조 단서) (2022. 1. 28. 개정)
- 2023. 12. 31. 이전에 납세의무가 성립된 분에 대해서는 법 76조 4항의 개정규정에도 불구하고 종전의 규정에 따름. (법 부칙(2020. 12. 29.) 4조) (2022. 1. 28. 개정)

운영예규 **법76－1【공매보증금의 매수대금충당】**
공매재산의 매수인은 그 납부한 공매보증금을 매수대금에 충당할 수 있다.

법76－2【공매보증금의 반환】
지방자치단체의 장은 법 제76조에 의하여 받은 공매보증금

행한 보증보험증권(이하 "국공채등"이라 한다)으로 공매보증금을 갈음하려는 경우에는 해당 국공채등에 다음 각 호의 구분에 따른 서류를 첨부하여 지방자치단체의 장에게 제출하여야 한다.

1. 무기명국채 또는 미등록공사채로 납부하는 경우 : 질권설정서
2. 등록국채 또는 등록공사채로 납부하는 경우 : 다음 각 목의 서류 (2020. 3. 24. 개정)
   가. 담보권등록증명서 (2020. 3. 24. 신설)
   나. 등록국채 또는 등록공사채 기명자의 인감증명서 또는 본인서명사실확인서를 첨부한 위임장 (2020. 3. 24. 신설)
3. 주식(출자증권을 포함한다)으로 납부하는 경우 : 다음 각 목의 구분에 따른 서류
   가. 무기명주식인 경우 : 해당 주식을 발행한 법인의 주식확인증
   나. 기명주식인 경우 : 질권설정에 필요한 서류. 이 경우 질권설정에 필요한 서류를 제출받은 지방자치단체의 장은 질권설정의 등록을 해당 법인에 촉탁하여야 한다.

제57조【질권설정서】 영 제77조 제1호에 따른 질권설정서는 별지 제68호 서식에 따른다.

을 다음의 경우에 지체 없이 납부자에게 반환하여야 한다.

1. 법 제88조(입찰과 개찰) 제3항의 규정에 의하여 낙찰자를 결정할 경우에 다른 입찰자가 납부한 것
2. 모든 입찰이 매각예정가격 미만으로 낙찰자가 없는 경우에 입찰자가 납부한 것

제77조 【매수인의 제한】 ① 다음 각 호의 어느 하나에 해당하는 자는 직접적으로든 간접적으로든 압류재산을 매수하지 못한다. (2024. 12. 31. 항번개정)

1. 체납자 (2020. 3. 24. 개정)
2. 세무공무원 (2020. 3. 24. 개정)
3. 매각 부동산을 평가한 「감정평가 및 감정평가사에 관한 법률」에 따른 감정평가법인등(같은 법 제29조에 따른 감정평가법인인 경우 그 감정평가법인 및 소속 감정평가사를 말한다) (2023. 3. 14. 개정)

② 공매재산의 매수신청인이 제78조 제2항 제9호에 따른 매각결정 기일(제92조 제2항에 따라 매각결정 기일이 연기된 경우 연기된 매각결정 기일을 말한다) 전까지 공매재산의 매수인이 되기 위하여 다른 법령에 따라 갖추어야 하는 자격을 갖추지 못한 경우에는 공매재산을 매수하지 못한다. (2024. 12. 31. 신설)

운영예규 법77-1 【체납자】

「지방세징수법」 제77조에서 "체납자"라 함은 공매의 원인이 되는 체납액의 체납자 중 공매재산의 소유권자를 말하

제78조 【공매보증금을 갈음하는 국공채등의 평가】 제77조에 따라 공매보증금을 갈음하는 국공채등을 제출하는 경우에 그 가액의 평가에 대해서는 「지방세기본법」 제66조 제1호 및 제3호의 규정을 준용한다. 이 경우 「지방세기본법」 제66조 제1호에 따라 「지방세기본법 시행령」 제45조를 준용할 때 "담보로 제공하는 날"은 "납부하는 날"로 본다.

운영예규 법77-2 【매수인의 제한】

「지방세징수법」 제77조에서 "직접적으로든 간접적으로든"이라고 함은 자기가 직접 매수인이 되는 것 뿐 아니라 실질

며, 지방세기본법 제75조(양도담보권자의 물적납세의무)의 규정에 의한 양도담보재산에 대하여 양도담보설정자의 체납액을 징수하기 위하여 매각하는 경우에 있어서 양도담보권자는 제외된다.

제78조【공매의 방법과 공고】 ① 공매는 입찰 또는 경매(정보통신망을 이용한 것을 포함한다)의 방법으로 한다.

② 지방자치단체의 장은 공매를 하려면 다음 각 호의 사항을 공고하여야 한다. 이 경우 동일한 재산에 대한 공매·재공매 등 여러 차례의 공매에 관한 사항을 한꺼번에 공고할 수 있다.

1. 매수대금의 납부기한
2. 공매재산의 명칭, 소재, 수량, 품질, 매각예정가격, 그 밖의 중요한 사항

운영예규 법78-4【그 밖의 중요한 사항】

「지방세징수법」 제78조 제2항 제2호에서 "그 밖의 중요한 사항"이라 함은 공매재산이 농지인 경우 매수인으로서 농지 취득 자격증명이 필요하다는 사실 등을 말한다. (2022. 10. 25. 개정)

상 자기가 취득할 목적아래 자기의 계산하에 타인을 매수명의인으로 하는 것을 포함한다.

운영예규 법78-3【개별매각과 일괄매각】

동일의 체납자에 대하여 수개의 압류재산이 있는 경우에는 개별매각을 원칙으로 한다. 다만, 공매재산의 성질·용도 등에 의하여 개별 매각하는 경우에는 가격의 저하, 제3자의 권리침해 등이 되어 일괄 매각하는 것이 적당하다고 인정되는 때는 일괄매각을 할 수 있다.

제79조【공매공고 사항】 ① 지방자치단체의 장은 법 제78조 제2항에 따라 공매공고를 할 때 공매할 토지의 지목(地目) 또는 지적(地籍)이 토지대장의 표시와 다른 경우에는 그 사실을 공매공고문에 함께 적어야 한다.
② 지방자치단체의 장은 법 제78조 제2항에 따라 공고한 사항이 변경되었을 때에는 변경된 사항을 지체 없이 다시 공고하여야 한다.

제80조【공매공고의 통지】 한국자산관리공사는 법 제71조 제5항에 따라 공매를 대행함으로써 법 제78조 제2항에 따라 공매공고를 하였을 때에는 지체 없이 그 사실을 해당 지방자치단체의 장에게 통지하여야 한다.

제80조【공매공고의 통지】 삭 제 (2022. 1. 28.)

운영예규 법78-1【입 찰】

「지방세징수법」 제78조 제1항에서 "입찰"이라 함은 압류재산을 매각하는 경우에 그 재산을 매수할 청약자에게 각자 입찰가액 기타 필요한 사항을 기재한 입찰서로써 매수의 신청을 하게 하여 매각예정가격 이상의 입찰자 중 최고가 입찰자를 낙찰자로 하여 그 자에게 매각결정을 행하고 그 자를 매수인으로 정하는 방법을 말한다.

법78-2【경 매】

「지방세징수법」 제78조 제1항에서 "경매"라 함은 압류재산을 매각하는 경우에 그 재산을 매수할 청약자에게 구두 등으로 순차 고가한 매수의 신청을 하게 하여 매각예정가격 이상의 청약자 중 최고가 청약자를 낙찰자로 하여 그 자에게 매각결정을 행하고 그 자를 매수인으로 정하는 방법을 말한다.

3. 입찰 또는 경매의 장소와 일시(기간입찰의 경우에는 입찰기간)
4. 개찰(開札)의 장소와 일시
5. 공매보증금을 받을 때에는 그 금액
6. 공매재산이 공유물의 지분인 경우 공유자(체납자는 제외한다. 이하 같다)에게 우선매수권이 있다는 사실
7. 배분요구의 종기(終期)
8. 배분요구의 종기까지 배분을 요구하여야 배분받을 수 있는 채권
9. 매각결정 기일
10. 매각으로도 소멸하지 아니하는 공매재산에 대한 지상권, 전세권, 대항력 있는 임차권 또는 가등기가 있는 경우 그 사실
11. 공매재산의 매수인에게 일정한 자격이 필요한 경우 그 사실
12. 제82조 제2항 각 호에 따른 자료의 제공 내용 및 기간
13. 제90조에 따른 차순위 매수신고의 기간과 절차

③ 제2항에 따른 공매공고는 지방자치단체, 그 밖의 적절한 장소에 게시한다. 다만, 필요에 따라 관보·공보 또는 일간신문에 게재할 수 있다.

④ 지방자치단체의 장은 제3항에 따른 공매공고를 할 때에는 게시 또는 게재와 함께 정보통신망을 통하여 그 공고 내용을 알려야 한다.

⑤ 제2항 제7호에 따른 배분요구의 종기(이하 "배분요

제81조【압류 해제의 통지】 ① 지방자치단체의 장은 한국자산관리공사에 압류재산의 공매를 대행하게 한 후 공매기일 전에 해당 재산의 압류를 해제하였을 때에는 지체 없이 그 사실을 한국자산관리공사에 통지하여야 한다.

② 제1항에 따라 통지를 받은 한국자산관리공사는 지체 없이 해당 재산의 공매를 중지하고 그 사실을 관할 지방자치단체의 장에게 통지하여야 한다.

제81조【압류 해제의 통지】 삭 제 (2022. 1. 28.)

제82조【배분요구의 종기 연기사유】 법 제78조 제5

구의 종기"라 한다)는 절차에 필요한 기간을 고려하여 정하되, 최초의 입찰기일 이전으로 하여야 한다. 다만, 공매공고에 대한 등기 또는 등록이 지연되거나 누락되는 등 대통령령으로 정하는 사유로 공매절차가 진행되지 못하는 경우 지방자치단체의 장은 배분요구의 종기를 최초의 입찰기일 이후로 연기할 수 있다.

⑥ 제2항 제9호에 따른 매각결정 기일은 같은 항 제4호에 따른 개찰일부터 7일(토요일, 일요일, 「공휴일에 관한 법률」 제2조의 공휴일 및 같은 법 제3조의 대체공휴일은 제외한다) 이내로 정하여야 한다. (2023. 3. 14. 개정)

⑥ 제2항 제9호에 따른 매각결정 기일(이하 "매각결정 기일"이라 한다)은 같은 항 제4호에 따른 개찰일부터 7일(토요일, 일요일, 「공휴일에 관한 법률」 제2조의 공휴일 및 같은 법 제3조의 대체공휴일은 제외한다) 이내로 정하여야 한다. (2024. 12. 31. 개정)

⑦ 경매의 방법으로 재산을 공매할 때에는 경매인을 선정하여 이를 취급하게 할 수 있다.

⑧ 제2항에 따른 공고에 필요한 사항은 대통령령으로 정한다.

제79조【공매공고에 대한 등기 또는 등록의 촉탁】 지방자치단체의 장은 제78조에 따라 공매공고를 한 압류재산이 등기 또는 등록을 필요로 하는 경우에는 공매공고를 한 즉시 그 사실을 등기부 또는 등록부에 기입하도록 관계 관서에 촉탁하여야 한다.

항 단서에서 "공매공고에 대한 등기 또는 등록이 지연되거나 누락되는 등 대통령령으로 정하는 사유"란 다음 각 호의 어느 하나에 해당하는 경우를 말한다.

1. 공매공고의 등기 또는 등록이 지연되거나 누락된 경우
2. 법 제80조 제1항에 따른 공매통지가 누락되는 등의 사유로 다시 법 제78조 제2항에 따른 공매공고를 하여야 하는 경우 (2022. 6. 7. 개정)
3. 그 밖에 이와 유사한 사유로 공매공고를 다시 진행하는 경우

제58조【공매공고에 대한 등기 또는 등록의 촉탁】 법 제79조에 따른 공매공고의 등기 또는 등록의 촉탁은 별지 제69호 서식의 공매공고의 등기(등록) 촉탁서에 따른다.

제80조【공매 통지】 ① 지방자치단체의 장은 제78조 제2항에 따른 공매공고를 하였을 때에는 즉시 그 내용을 다음 각 호의 자에게 통지하여야 한다. (2022. 1. 28. 항번개정)

1. 체납자
2. 납세담보물 소유자
3. 다음 각 목의 구분에 따른 자 (2020. 12. 29. 개정)
   가. 공매재산이 공유물의 지분인 경우 : 공매공고의 등기 또는 등록 전날을 기준으로 한 공유자 (2020. 12. 29. 개정)
   나. 공매재산이 부부공유의 동산 · 유가증권인 경우 : 체납자의 배우자 (2020. 12. 29. 개정)
4. 공매재산에 대하여 공매공고의 등기 또는 등록 전일 현재 전세권 · 질권 · 저당권 또는 그 밖의 권리를 가진 자

② 제1항 각 호의 자 중 일부에 대한 공매 통지의 송달 불능 등의 사유로 인하여 동일한 공매재산에 대하여 공매공고를 다시 하는 경우, 그 이전 공매공고 당시 공매 통지가 도달되었던 제1항 제3호 및 제4호의 자에게 다시 하는 공매 통지는 주민등록표 등본 등 공매 집행기록에 표시된 주소 · 거소 · 영업소 또는 사무소에 등기우편을 발송하는 방법으로 할 수 있다. 이 경우 그 공매 통지는 「지방세기본법」 제32조 본문에도 불구하고 송달받아야 할 자에게 발송한 때에 통지의 효력이 발생한 것으로 본다. (2022. 1. 28. 신설)

운영예규 **법80-1【그 밖의 권리를 가진 자】**

「지방세징수법」 제80조에서 "그 밖의 권리를 가진 자"에는 지상권 · 지역권 · 전세권 및 등기된 임차권을 가진 자, 가등기권자와 교부청구를 한 자를 포함한다.

법80-2【공매통지서의 송달】

공매공고로서 공매통지에 갈음할 수 없으므로 공매통지서가 반송된 경우에는 「지방세기본법」 제33조(공시송달)의 규정에 의하여 공시송달을 하여야 한다.

제59조【공매통지】 법 제80조에 따른 공매의 통지는 별지 제70호 서식의 공매 통지서에 따른다.

제81조 【배분요구 등】 ① 제79조에 따른 공매공고의 등기 또는 등록 전까지 등기되지 아니하거나 등록되지 아니한 다음 각 호의 채권을 가진 자는 제99조 제1항에 따라 배분을 받으려면 배분요구의 종기까지 지방자치단체의 장에게 배분을 요구하여야 한다.

1. 압류재산에 관계되는 체납액
2. 교부청구와 관계되는 체납액·국세 또는 공과금
3. 압류재산에 관계되는 전세권·질권 또는 저당권에 의하여 담보된 채권
4. 「주택임대차보호법」 또는 「상가건물 임대차보호법」에 따라 우선변제권이 있는 임차보증금 반환채권
5. 「근로기준법」 또는 「근로자퇴직급여 보장법」에 따라 우선변제권이 있는 임금, 퇴직금, 재해보상금 및 그 밖에 근로관계로 인한 채권
6. 압류재산에 관계되는 가압류채권
7. 집행력 있는 정본에 의한 채권

② 매각으로 소멸되지 아니하는 전세권을 가진 자가 배분을 받으려면 배분요구의 종기까지 배분을 요구하여야 한다.

③ 제1항 및 제2항에 따른 배분요구에 따라 매수인이 인수하여야 할 부담이 달라지는 경우 배분요구를 한 자는 배분요구의 종기가 지난 뒤에는 요구를 철회할 수 없다.

④ 지방자치단체의 장은 공매공고의 등기 또는 등록 전에 등기되거나 등록된 제1항 각 호의 채권을 가진 자(이하 "채권신고대상채권자"라 한다)로 하여금 채권의 유

제60조 【채권신고 및 배분요구 등】 ① 법 제81조 제1항 및 제2항에 따른 배분요구와 같은 조 제4항에 따른 채권신고는 별지 제71호 서식의 채권신고 및 배분요구서에 따른다.

② 법 제81조 제4항에 따른 채권신고 최고 및 같은 조 제6항에 따른 배분요구 안내는 별지 제72호 서식의 채

무, 그 원인 및 액수(원금, 이자, 비용, 그 밖의 부대채권을 포함한다)를 배분요구의 종기까지 지방자치단체의 장에게 신고하도록 최고하여야 한다. ⑤ 지방자치단체의 장은 채권신고대상채권자가 제4항에 따른 신고를 하지 아니할 때에는 등기사항증명서 등 공매 집행기록에 있는 증명자료에 따라 해당 채권신고대상채권자의 채권액을 계산한다. 이 경우 해당 채권신고대상채권자는 채권액을 추가할 수 없다. ⑥ 지방자치단체의 장은 제1항 및 제2항에 해당하는 자와 다음 각 호의 기관의 장에게 배분요구의 종기까지 배분요구를 하여야 한다는 사실을 안내하여야 한다. 1. 행정안전부 (2017. 7. 26 직제개정 ; 정부조직법 부칙) 2. 국세청 3. 관세청 4. 「국민건강보험법」에 따른 국민건강보험공단 5. 「국민연금법」에 따른 국민연금공단 6. 「산업재해보상보험법」에 따른 근로복지공단 ⑦ 지방자치단체의 장은 제80조에 따라 공매 통지를 할 때 제4항에 따른 채권 신고의 최고 또는 제6항에 따른 배분요구의 안내에 관한 사항을 포함한 경우에는 각 해당 항에 따른 최고 또는 안내를 한 것으로 본다. ⑧ 제6항에 따른 안내는 「지방세기본법」 제2조 제1항 제28호에 따른 지방세통합정보통신망을 통하여 할 수 있다. (2023. 12. 29. 개정)		권신고 최고 및 배분요구 안내서에 따른다.

⑨ 체납자의 배우자는 공매재산이 제48조 제2항에 따라 압류한 부부공유의 동산 또는 유가증권에 해당하는 경우 배분요구의 종기까지 매각대금 중 공유지분에 상응하는 대금을 지급하여 줄 것을 지방자치단체의 장에게 요구할 수 있다. (2020. 12. 29. 신설)

제82조【공매재산명세서의 작성 및 비치 등】 ① 지방자치단체의 장은 공매재산에 대하여 제73조에 따른 현황조사를 기초로 다음 각 호의 사항이 포함된 공매재산명세서를 작성하여야 한다.

1. 공매재산의 명칭, 소재, 수량, 품질, 매각예정가격, 그 밖의 중요한 사항
2. 공매재산의 점유자 및 점유 권원, 점유할 수 있는 기간, 임차료 또는 보증금에 관한 관계인의 진술
3. 제81조 제1항 및 제2항에 따른 배분요구 현황 및 같은 조 제4항에 따른 채권신고 현황
4. 공매재산에 대하여 등기된 권리 또는 가처분으로서 매각으로 효력을 잃지 아니하는 것
5. 매각에 따라 설정된 것으로 보게 되는 지상권의 개요

② 지방자치단체의 장은 다음 각 호의 자료를 입찰 시작 7일 전부터 입찰 마감 전까지 지방자치단체에 갖추어 두거나 정보통신망 등을 이용하여 게시함으로써 입찰에 참가하려는 자가 열람할 수 있게 하여야 한다.

1. 제1항에 따른 공매재산명세서

제61조【공매재산명세서】 법 제82조 제1항에 따른 공매재산명세서는 별지 제73호 서식에 따른다.

2. 제74조 제2항에 따라 감정인이 평가한 가액에 관한 자료
3. 그 밖에 입찰가격을 결정하는 데 필요한 자료

제83조 【공매의 취소 및 공고】 ① 지방자치단체의 장은 다음 각 호의 어느 하나에 해당하는 경우에는 공매를 취소할 수 있다.

1. 해당 재산의 압류를 해제한 경우
2. 제105조에 따라 체납처분을 유예한 경우
3. 「행정소송법」 제23조에 따라 법원이 체납처분에 대한 집행정지의 결정을 한 경우
4. 그 밖에 공매를 진행하기 곤란한 경우로서 대통령령으로 정하는 경우

② 지방자치단체의 장은 제1항에 따라 공매를 취소한 후 그 사유가 소멸되어 공매를 계속할 필요가 있다고 인정할 때에는 제91조에 따라 재공매할 수 있다.

③ 지방자치단체의 장은 제78조 제2항 제9호에 따른 매각결정 기일(이하 "매각결정 기일"이라 한다) 전에 공매를 취소하면 공매 취소 사실을 공고하여야 한다.

③ 지방자치단체의 장은 매각결정 기일 전에 공매를 취소하면 공매 취소 사실을 공고하여야 한다. (2024. 12. 31. 개정)

제84조 【공매공고 기간】 공매는 공고한 날부터 10일이 지난 후에 한다. 다만, 그 재산을 보관하는 데에 많은 비용이 들거나 재산의 가액이 현저히 줄어들 우려가

제83조 【공매취소의 사유】 법 제83조 제1항 제4호에서 "대통령령으로 정하는 경우"란 다음 각 호의 어느 하나에 해당하는 경우를 말한다. (2022. 1. 28. 개정)

1. 지방자치단체의 장이 직권으로 해당 재산의 공매대행 의뢰를 해제한 경우 (2022. 1. 28. 신설)
2. 「한국자산관리공사 설립 등에 관한 법률」에 따른 한국자산관리공사 또는 지방세조합(이하 "공매등대행기관"이라 한다)이 제91조의 7 제1항에 따라 해당 재산의 공매대행 의뢰를 해제해 줄 것을 요구한 경우 (2022. 1. 28. 신설)

있으면 10일이 지나기 전이라도 할 수 있다.

운영예규 법84-1【보관에 많은 비용이 들거나】

「지방세징수법」 제84조 단서에서 "재산의 보관에 많은 비용이 들거나"란 공매재산의 가액에 비하여 많은 보관비용이 드는 것을 말한다. 예를 들면, 상당량의 훼손품·반제품 등과 같이 보관창고에 보관시킬 경우 많은 보관비용이 소요되는 경우와 생선·식료품, 부패·변질의 우려가 있는 화학약품 등과 같이 특수의 보관설비에 보관하여야 하고, 이를 위하여 상당한 고가의 보관비용을 요하는 경우가 이에 해당한다.

법84-2【재산의 가액이 현저히 줄어들 우려가 있는 때】

「지방세징수법」 제84조 단서에서 "재산의 가액이 현저히 줄어들 우려가 있는 때"란 공매재산을 신속히 매각하지 아니하면 그 가액이 현저히 줄어들 우려가 있을 때를 말한다. 예를 들면, 선어, 채소, 생선, 식료품 또는 크리스마스용품 같은 계절품목 등과 같은 것을 공매하는 경우가 이에 해당한다.

법84-3【공고의 계속】

공고는 공고한 날로부터 공매일까지 게시한다. 공고 후 공고에 관한 서류가 훼손된 경우에는 신속히 다시 게시하여야 하며, 이 경우에도 10일의 기간계산은 당초의 공고게시일을 기준으로 하여 계산한다.

제85조【공매의 중지】 ① 공매를 집행하는 공무원은 매각결정 기일 전에 체납자 또는 제3자가 그 체납액을 완납하면 공매를 중지하여야 한다. 이 경우 매수하려는 자들에게 구술(口述)이나 그 밖의 방법으로 알림으로써 제83조에 따른 공고를 갈음한다.

② 여러 재산을 한꺼번에 공매하는 경우에 그 일부의 공매대금으로 체납액 전액에 충당될 때에는 남은 재산의 공매는 중지하여야 한다.

제86조【공매공고의 등기 또는 등록 말소】 지방자치단체의 장은 다음 각 호의 어느 하나에 해당하는 경우에는 제79조에 따른 공매공고의 등기 또는 등록을 말소할 것을 관계 관서에 촉탁하여야 한다.

1. 제83조에 따라 공매취소의 공고를 한 경우
2. 제85조에 따라 공매를 중지한 경우
3. 제95조에 따라 매각결정을 취소한 경우

제87조【공매참가의 제한】 지방자치단체의 장은 다음 각 호의 어느 하나에 해당한다고 인정되는 사실이 있는 자에 대해서는 그 사실이 있은 후 2년간 공매장소 출입을 제한하거나 입찰에 참가시키지 아니할 수 있다. 그 사실이 있은 후 2년이 지나지 아니한 자를 사용인이나 그 밖의 종업원으로 사용한 자와 이러한 자를 입찰 대리인으로 한 자에 대해서도 또한 같다.

1. 입찰을 하려는 자의 공매참가, 최고가격 입찰자의 결정 또는 매수인의 매수대금 납부를 방해한 사실

운영예규 법87－3【공매참가를 방해한 사실】

「지방세징수법」 제87조 제1호에서 "공매참가를 방해한 사

제84조【공매참가 제한의 통지】 ① 지방자치단체의 장은 법 제87조에 따라 공매참가를 제한하였을 때에는 그 사실을 한국자산관리공사에 통지하여야 한다.
② 한국자산관리공사는 법 제71조 제5항에 따라 공매를 대행함으로써 법 제87조에 따라 공매참가를 제한하였을 때에는 그 사실을 해당 지방자치단체의 장에게 통지하여야 한다.

제84조【공매참가 제한의 통지】 삭 제 (2022. 1. 28.)

운영예규 법87－5【매수대금납부를 방해한 사실】

「지방세징수법」 제87조 제1호에서 "매수대금납부를 방해한 사실"이라 함은 매수대금의 납부를 못하도록 매수자에게 압력을 가하거나 매수대금을 납부하는 것이 극히 불이익이

제62조【공매공고의 등기 또는 등록 말소의 촉탁】 법 제86조에 따른 공매공고의 등기 또는 등록 말소의 촉탁은 별지 제74호 서식의 공매공고 등기(등록)의 말소등기(등록) 촉탁서에 따른다.

제63조【공매참가 제한의 통지】 법 제87조 및 영 제91조의 4 제1항 제2호에 따른 공매참가 제한의 통지는 별지 제75호 서식의 공매참가 제한 통지서에 따른다. (2022. 3. 18. 개정)

실"이라 함은 공매가 중지 또는 연기되었다고 위장 진술하여 다른 사람을 공매에 참가하지 못하게 하거나 공매에 참가하면 폭행을 가한다고 협박한 사실 또는 공매장소에의 입장을 압력으로 방해한 사실 등을 말한다. 이 경우 방해의 결과로 방해받은 자가 공매에 참가한지의 여부는 불문한다.

법87-4【최고가격입찰자의 결정을 방해한 사실】
「지방세징수법」 제87조 제1호에서 "최고가격입찰자의 결정을 방해한 사실"이라 함은 공매담당 직원에게 폭행을 가하여 최고가격입찰자의 결정을 방해한 사실 또는 최고가격입찰자의 추첨(법 제88조 제4항 참조)에 참가할 자에게 협박하여 추첨에 참가하지 못하게 한 사실 등을 말한다.

2. 공매에서 부당하게 가격을 낮출 목적으로 담합한 사실
3. 거짓 명의로 매수신청을 한 사실

운영예규 법87-1【형법과의 관계】
「지방세징수법」 제87조 각호의 1에 해당하는 자에 대하여는 「형법」 제136조(공무집행방해) 및 제315조(경매, 입찰의 방해) 등 형벌규정의 적용에 의한 처벌의 유무에 관계없이 공매참가를 제한할 수 있다.

법87-2【입찰자 또는 경매인의 신분증명】
지방자치단체의 장은 공매참가자를 제한하기 위하여 필요하다고 인정하는 때에는 공매참가자에 대하여 신분에 관한 증명을 요구할 수 있다.

제88조【입찰과 개찰】 ① 입찰하려는 자는 주소 또는 거소, 성명, 매수하려는 재산의 명칭, 입찰가격, 공매

된다고 매수자를 속이는 행위등을 말한다.

운영예규 법87-6【부당하게 담합한 사실】
「지방세징수법」 제87조 제2호에서 "부당하게 가격을 떨어뜨릴 목적으로 담합한 사실"이라 함은 공매시의 공매가격을 인하하기 위하여 경쟁에 의한 공정한 가격의 형성을 방해할 목적으로 공매참가자 상호간에 어느 가액 이상의 입찰을 하지 아니하여 특정의 자에게 저가로 매수하게 하도록 합의 약정한 사실을 말한다.

운영예규 법87-7【허위명의로 매수신청한 사실】
「지방세징수법」 제87조 제3호에서 "허위명의로 매수신청한 사실"이라 함은 가공인물의 명의를 사용하는 경우 외에 실재하는 타인명의를 사용하여 매수신청한 경우를 포함한다.

운영예규 법88-1【입찰서의 교환 등의 금지】
입찰자는 이미 제출한 입찰서의 교환·변경 또는 취소를 할

제64조【입찰서】 법 제88조 제1항에 따라 제출하는 입찰서류는 별

보증금, 그 밖에 필요한 사항을 적어 개찰이 시작되기 전에 공매를 집행하는 공무원에게 제출하여야 한다.

② 개찰은 공매를 집행하는 공무원이 공개하여야 하고 각각 적힌 입찰가격을 불러 입찰조서에 기록하여야 한다.

③ 매각예정가격 이상의 최고액 입찰자를 낙찰자로 한다.

운영예규 법88－4【낙찰자 결정의 조건】

「지방세징수법」 제88조 제3항에 따른 낙찰자는 다음 각 호의 모든 조건을 충족하는 자로 결정한다.

1. 낙찰자로 결정하려는 자의 입찰가격이 매각예정가격 이상이고 최고액의 입찰자일 것
2. 공매보증금을 받는 경우에는 소정의 공매보증금을 납부한 자일 것
3. 법 제77조(매수인의 제한) 및 제87조(공매참가의 제한) 또는 기타 법령에 의하여 매수인이 될 수 없는 자가 아닐 것
4. 공매재산의 매수에 일정한 자격이나 조건을 필요로 하는 경우(예 : 「주세법」에 의한 주정을 공매하는 때)에는 그 자격이나 조건을 구비한 자일 것

법88－5【매각구분별 낙찰자의 결정】

「지방세징수법」 제88조 제3항의 규정에 의한 최고액입찰자는 공매재산의 매각구분별로 결정한다. 따라서 일괄입찰을 매각조건으로 한 경우에는 일괄입찰가액에 의하여 낙찰자를 결정하고 개별매각을 조건으로 한 경우에는 개별입찰가액에 의하여 낙찰자를 결정한다.

④ 낙찰이 될 가격의 입찰을 한 자가 둘 이상일 때에는 즉시 추첨으로 낙찰자를 정한다.

수 없다.

법88－2【개찰방법】

공매를 집행하는 공무원은 입찰서의 제출을 마감한 후 공매공고에 기재한 장소 및 일시에 공개하여 개찰하여야 한다.

법88－3【개찰의 입회】

공매를 집행하는 공무원이 개찰을 하는 경우에는 입찰자를 입회시켜야 하며, 개찰의 장소에 입찰자가 없거나 입찰자가 입회하지 아니한 때에는 입찰사무에 관계없는 세무공무원을 입회시켜야 한다.

지 제76호 서식의 입찰서에 따른다.

제65조【입찰조서】 법 제88조 제2항에 따른 입찰조서는 별지 제77호 서식에 따른다.

⑤ 제4항의 경우에 해당 입찰자 중 출석하지 아니한 자 또는 추첨을 하지 아니한 자가 있을 때에는 입찰 사무에 관계없는 공무원으로 하여금 대신 추첨하게 할 수 있다.
⑥ 매각예정가격 이상으로 입찰한 자가 없을 때에는 즉시 그 장소에서 재입찰에 부칠 수 있다.

제89조【공유자·배우자의 우선매수권】(2020. 12. 29. 제목개정)
① 공매재산이 공유물의 지분인 경우 공유자는 매각결정 기일 전까지 제76조에 따른 공매보증금을 제공하고 매각예정가격 이상인 최고입찰가격과 같은 가격으로 공매재산을 우선매수하겠다는 신고를 할 수 있다.
② 체납자의 배우자는 공매재산이 제48조 제2항에 따라 압류된 부부공유의 동산 또는 유가증권인 경우 제1항을 준용하여 공매재산을 우선매수하겠다는 신고를 할 수 있다. (2020. 12. 29. 개정)
③ 지방자치단체의 장은 제1항 또는 제2항에 따른 우선매수 신고가 있는 경우 제88조 제3항·제4항 및 제91조 제1항에도 불구하고 그 공유자 또는 체납자의 배우자에게 매각한다는 결정을 하여야 한다. (2020. 12. 29. 신설)
④ 지방자치단체의 장은 여러 사람의 공유자가 우선매수 신고를 하고 제2항의 절차를 마쳤을 때에는 특별한 협의가 없으면 공유지분의 비율에 따라 공매재산을 매수하게 한다. (2020. 12. 29. 항번개정)

운영예규 법88－6【재입찰을 할 수 있는 경우와 매각예정가격】

1. 「지방세징수법」 제88조 제6항의 규정에 의하여 재입찰을 할 수 있는 경우는 입찰자가 없거나 매각예정가격 이상인 입찰가격의 입찰자가 없는 때에 한한다.
2. 재입찰에 있어서 매각예정가격의 변경은 허용되지 아니한다.

⑤ 지방자치단체의 장은 제2항에 따른 매각결정 후 매수인이 매각대금을 납부하지 아니하였을 때에는 매각예정가격 이상의 최고액 입찰자에게 다시 매각결정을 할 수 있다. (2020. 12. 29. 항번개정)

제90조 【차순위 매수신고】 ① 제88조에 따라 낙찰자가 결정된 후에 그 낙찰자 외의 입찰자는 매각결정 기일 전까지 공매보증금을 제공하고 제95조 제1항 제2호 또는 제3호에 해당하는 사유로 매각결정이 취소되는 경우에 최고입찰가격에서 공매보증금을 뺀 금액 이상의 가격으로 공매재산을 매수하겠다는 신고(이하 "차순위 매수신고"라 한다)를 할 수 있다. (2023. 12. 29. 개정)
② 제1항에 따라 차순위 매수신고를 한 자(이하 "차순위 매수신고자"라 한다)가 둘 이상인 경우에 지방자치단체의 장은 최고액의 매수신고자를 차순위 매수신고자로 정한다. 다만, 최고액의 매수신고자가 둘 이상인 경우에는 추첨으로 차순위 매수신고자를 정한다.
③ 지방자치단체의 장은 차순위 매수신고가 있는 경우에 제95조 제1항 제2호 또는 제3호에 해당하는 사유로 매각결정을 취소한 날부터 3일(토요일, 일요일, 「공휴일에 관한 법률」 제2조의 공휴일 및 같은 법 제3조의 대체공휴일은 제외한다) 이내에 차순위 매수신고자를 매수인으로 정하여 매각결정을 할 것인지를 결정하여야 한다. 다만, 다음 각 호의 어느 하나에 해당하는 사유가 있는 경우에는 차순

편주

법 90조의 개정규정은 2024. 7. 1.부터 시행함. (법 부칙 (2023. 12. 29.) 1조 단서)

편주

법 90조의 개정규정은 2024. 7. 1.부터 시행함. (법 부칙 (2023. 12. 29.) 1조 단서)

위 매수신고자에게 매각한다는 결정을 할 수 없다. (2023. 12. 29. 개정)

1. 제92조 제1항 제1호 · 제3호 또는 제4호에 해당하는 경우
2. 차순위 매수신고자가 제87조에 따라 공매참가가 제한된 자로 확인된 경우

제91조【재공매】 지방자치단체의 장은 다음 각 호의 어느 하나에 해당하는 경우 재공매를 한다. (2023. 12. 29. 개정)

1. 재산을 공매하여도 매수 희망자가 없거나 입찰가격이 매각예정가격 미만인 경우 (2023. 12. 29. 개정)
2. 제95조 제1항 제2호 또는 제3호에 해당하는 사유로 매각결정을 취소한 경우 (2023. 12. 29. 개정)

② 공매재산의 매수인이 매수대금의 납부기한까지 대금을 납부하지 아니하였을 때에는 그 매매를 해약하고 재공매한다.

② 삭 제 (2023. 12. 29.)

편주

법 91조의 개정규정은 2024. 7. 1.부터 시행함. (법 부칙(2023. 12. 29.) 1조 단서)

③ 지방자치단체의 장은 재공매할 때마다 매각예정가격의 100분의 10에 해당하는 금액을 차례로 줄여 공매하며, 매각예정가격의 100분의 50에 해당하는 금액까지 차

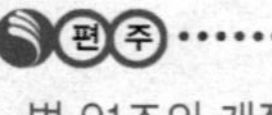

편주

법 91조의 개정규정은 2024. 7. 1.부터 시행함. (법 부칙(2023. 12. 29.) 1조 단서)

운영예규 법91 - 1【재공매와 공매조건의 변경】

재공매를 하는 경우에는 직전의 공매상황 등에 따라 매각예정가격, 공매의 장소, 공매방법, 매각구분 등 공매조건을 변경할 수 있다.

법91 - 2【재공매와 매각예정가격】

공매재산에 심한 가격변동이 있어 매각예정가격이 부적당하다고 인정되는 때에는 그 시가에 따라 새로이 매각예정가격을 정하여야 한다.

례로 줄여 공매하여도 매각되지 아니할 때에는 제74조에 따라 새로 매각예정가격을 정하여 재공매할 수 있다. 다만, 제88조 제6항에 따라 즉시 재입찰에 부친 경우에는 그러하지 아니하다.

④ 제1항에 따른 재공매의 경우에는 제74조부터 제78조까지 및 제80조부터 제90조까지의 규정을 준용한다. 다만, 지방자치단체의 장은 제84조에도 불구하고 공매공고 기간을 5일까지 단축할 수 있다. (2023. 12. 29. 개정)

제92조【매각결정 및 매수대금의 납부기한 등】 ① 지방자치단체의 장은 제88조에 따라 낙찰자를 결정하였을 때에는 낙찰자를 매수인으로 정하여 다음 각 호의 사유가 없으면 매각결정 기일에 매각결정을 하여야 한다.

1. 매각결정 전에 제85조에 따른 공매 중지 사유가 있는 경우
2. 낙찰자가 제87조에 따라 공매참가가 제한된 자로 확인된 경우
2. 낙찰자가 제77조에 따라 매수가 제한된 자 또는 제87조에 따라 공매참가가 제한된 자로 확인된 경우 (2024. 12. 31. 개정)
3. 제89조에 따라 공유자가 우선매수 신고를 한 경우
4. 그 밖에 매각결정을 할 수 없는 중대한 사실이 있다고 지방자치단체의 장이 인정하는 경우

② 지방자치단체의 장은 낙찰자가 공매재산의 매수인이 되기 위하여 다른 법령에 따라 갖추어야 하는 자격을 갖추지 못한 경우에는 매각결정 기일을 1회에 한정하여 당

편주

법 91조의 개정규정은 2024. 7. 1.부터 시행함. (법 부칙(2023. 12. 29.) 1조 단서)

제85조【매각결정 여부의 통지】 ① 지방자치단체의 장은 법 제92조 제1항 각 호의 사유로 매각결정을 할 수 없을 때에는 낙찰자에게 그 사유를 통지하여야 한다.

운영예규 법92-2【매각결정의 효과】

매각결정은 매각하는 재산에 대하여 체납자(지방세기본법 제75조의 양도담보권자, 물상보증인 등을 포함한다)와 최고가 청약자 등(92-1 참조)과의 사이에 매매계약이 성립하는 효과를 발생한다.

운영예규 법92-3【그 밖에 매각결정을 할 수 없는 중대한 사실】

「지방세징수법」 제92조 제1항 제4호에서 "그 밖에 매각결정을 할 수 없는 중대한 사실이 있다고 지방자치단체장이 인정하는 경우"라 함은 매수인으로서 농지 취득 자격증명

제66조【매각결정을 할 수 없는 사유의 통지 등】 ① 영 제85조 제1항에 따른 매각결정 불가 사유의 통지는 별지 제78호 서식의 매각결정 불가 통지서에 따른다.

초 매각결정 기일부터 10일 이내의 범위에서 연기할 수 있다. (2024. 12. 31. 신설)

편주

법 92조 2항의 개정규정은 2025. 1. 1. 이후 공매공고를 하는 경우부터 적용함. (법 부칙(2024. 12. 31.) 2조)

③ 매각결정의 효력은 매각결정 기일에 매각결정을 한 때에 발생한다. (2024. 12. 31. 항번개정)

④ 지방자치단체의 장은 매각결정을 하였을 때에는 매수인에게 매수대금의 납부기한을 정하여 매각결정 통지서를 발급하여야 한다. 다만, 권리 이전에 등기 또는 등록이 필요하지 아니한 재산의 매수대금을 즉시 납부시킬 때에는 구술로 통지할 수 있다. (2024. 12. 31. 항번개정)

⑤ 제4항에 따른 납부기한은 매각결정을 한 날부터 7일 내로 한다. 다만, 지방자치단체의 장이 필요하다고 인정할 때에는 그 납부기한을 30일을 한도로 연장할 수 있다. (2024. 12. 31. 개정)

운영예규 법92－1【매각결정】

「지방세징수법」 제92조에서 "매각결정"이라 함은 지방자치단체의 장이 공매에 있어서의 낙찰자 또는 경락자나 수의계약에 의한 매각에 있어서의 매수인이 될 자(이하 92－2에서

이 필요함에도 그 자격 증명을 갖추지 못한 경우 등을 말한다. (2022. 10. 25. 신설)

② 한국자산관리공사는 법 제71조 제5항에 따라 공매를 대행하는 중에 이 조 제1항 또는 법 제92조 제3항에 따라 통지를 하였을 때에는 지체 없이 그 사실을 해당 지방자치단체의 장에게 통지하여야 한다.

② 삭　제 (2022. 1. 28.)

운영예규 법92－4【필요하다고 인정하는 경우】

(2022. 10. 25. 번호 · 제목개정)

「지방세징수법」 제92조 제4항 단서에서 "필요하다고 인정하는 경우"라 함은 매각재산가액의 고액, 천재 · 지변 등의 사유로 매수자가 매수대금을 7일 내에 납부할 수 없다고 인정되거나 기타 납부기한을 연장하는 것이 매각에 유리하다고 지방자치단체의 장이 인정하는 경우를 말한다. (2022. 10. 25. 개정)

② 법 제92조 제3항 본문에 따른 매각결정 통지서는 별지 제79호 서식에 따른다.

"최고가 청약자 등"이라 한다)에 대하여 그 매수의 청약을 한 재산을 그들에게 매각하기로 결정하는 처분을 말한다.

제92조의 2【매수대금의 차액납부】 ① 공매재산에 대하여 저당권이나 대항력 있는 임차권 등을 가진 매수신청인으로서 대통령령으로 정하는 자는 매각결정 기일 전까지 지방자치단체의 장에게 제99조에 따라 자신에게 배분될 금액을 제외한 금액을 매수대금으로 납부(이하 "차액납부"라 한다)하겠다는 신청을 할 수 있다. (2023. 12. 29. 신설)

② 제1항에 따른 신청을 받은 지방자치단체의 장은 그 신청인을 매수인으로 정하여 매각결정을 할 때 차액납부 허용 여부를 함께 결정하여 통지하여야 한다. (2023. 12. 29. 신설)

③ 지방자치단체의 장은 제2항에 따라 차액납부 허용 여부를 결정할 때 차액납부를 신청한 자가 다음 각 호의 어느 하나에 해당하는 경우에는 차액납부를 허용하지 아니할 수 있다. (2023. 12. 29. 신설)

1. 배분요구의 종기까지 배분요구를 하지 아니하여 배분받을 자격이 없는 경우 (2023. 12. 29. 신설)
2. 배분받으려는 채권이 압류 또는 가압류되어 지급이 금지된 경우 (2023. 12. 29. 신설)
3. 배분순위에 비추어 실제로 배분받을 금액이 없는 경우 (2023. 12. 29. 신설)

제85조의 2【차액납부의 신청 절차 등】 ① 법 제92조의 2 제1항에서 "대통령령으로 정하는 자"란 공매재산에 다음 각 호의 권리를 가진 매수신청인을 말한다. (2024. 3. 26. 신설)

1. 저당권, 전세권 또는 가등기담보권 (2024. 3. 26. 신설)
2. 대항력 있는 임차권 또는 등기된 임차권 (2024. 3. 26. 신설)

② 법 제92조의 2 제1항에 따라 차액납부를 신청하려는 자는 행정안전부령으로 정하는 차액납부 신청서를 작성하여 지방자치단체의 장에게 제출해야 한다. (2024. 3. 26. 신설)

편주

영 85조의 2의 개정규정은 2024. 7. 1.부터 시행함. (영 부칙(2024. 3. 26.) 1조 단서)

제66조의 2【차액납부의 신청】 법 제92조의 2 제1항에 따라 차액납부를 신청하려는 자는 영 제85조의 2 제2항에 따라 별지 제79호의 2서식에 따른 차액납부 신청서에 저당권, 전세권, 가등기담보권, 대항력 있는 임차권 또는 등기된 임차권이 있음을 증명하는 서류를 첨부하여 지방자치단체의 장에게 제출해야 한다. (2024. 3. 26. 신설)

4. 그 밖에 제1호부터 제3호까지에 준하는 사유가 있는 경우 (2023. 12. 29. 신설)

④ 지방자치단체의 장은 차액납부를 허용하기로 결정한 경우에는 제92조 제5항에도 불구하고 대금납부기한을 정하지 아니하며, 이 조 제5항에 따른 배분기일에 매수인에게 차액납부를 하게 하여야 한다. (2024. 12. 31. 개정)

⑤ 지방자치단체의 장은 차액납부를 허용하기로 결정한 경우에는 제98조 제1항에도 불구하고 그 결정일부터 30일 이내의 범위에서 배분기일을 정하여 배분하여야 한다. 다만, 30일 이내에 배분계산서를 작성하기 곤란한 경우에는 배분기일을 30일 이내의 범위에서 연기할 수 있다. (2023. 12. 29. 신설)

⑥ 지방자치단체의 장으로부터 차액납부를 허용하는 결정을 받은 매수인은 그가 배분받아야 할 금액에 대하여 제102조 제1항 및 제2항에 따라 이의가 제기된 경우 이의가 제기된 금액을 이 조 제5항에 따른 배분기일에 납부하여야 한다. (2023. 12. 29. 신설)

⑦ 제1항부터 제6항까지에서 규정한 사항 외에 차액납부의 신청 절차 및 차액납부 금액의 계산 방법 등에 필요한 사항은 대통령령으로 정한다. (2023. 12. 29. 신설)

편주

법 92조의 2의 개정규정은 2024. 7. 1. 이후 공매공고를 하는 경우부터 적용함. (법 부칙(2023. 12. 29.) 1조 단서 및 2조)

제93조【매수대금의 납부최고】 지방자치단체의 장은 매수인이 매수대금을 지정된 기한까지 납부하지 아니하였을 때에는 다시 기한을 지정하여 최고하여야 한다.

제94조【매수대금 납부의 효과】 ① 매수인은 매수대금을 납부한 때에 매각재산을 취득한다.

운영예규 법94-1【매각재산의 승계취득】

「지방세징수법」 제94조 제1항의 "매각재산을 취득한다."라 함은 매수인이 체납자로부터 매각재산을 승계적으로 취득함을 말한다.

법94-2【위험부담의 이전시기】

매각재산의 매각에 따른 위험부담의 이전시기는 매수대금의 전액을 납부한 때로 한다. 따라서 매각재산의 매수인으로부터 매수대금의 전액을 납부받기 전에 그 재산상에 생긴 위험(예를 들면, 소실·도난 등)은 체납자가 부담하고 매수대금의 납부가 있은 후에 그 재산상에 생긴 위험은 그 재산의 등기절차, 현실의 인도 유무에 불구하고 매수인이 부담한다.

② 지방자치단체의 장이 매수대금을 수령하였을 때에는 체납자로부터 매수대금만큼의 체납액을 징수한 것으로 본다.

운영예규 법94-3【징수한 것으로 본다】

「지방세징수법」 제94조 제2항에서 "징수한 것으로 본다"라 함은 공매를 집행하는 공무원이 매각대금을 영수한 때에 그 매각대금에 관한 위험(예 : 유실·도난 등)의 부담을 체납자가 면하는 것(따라서 매수대금의 영수 후 위험이 발생하여

제86조【매수대금의 납부최고 기한】 지방자치단체의 장은 법 제93조에 따라 매수대금의 납부를 최고할 때에는 납부기한을 최고일부터 10일 이내로 정한다.

제87조【공매보증금 등의 인계 등】 ① 한국자산관리공사는 공매 또는 수의계약을 대행하여 다음 각 호의 금액을 수령하였을 때에는 법 제97조 제1항 각 호 외의 부분 단서에 따라 배분을 대행하는 경우를 제외하고는 그 금액을 지체 없이 해당 지방자치단체의 세입세출외현금출납원에게 인계하거나 세입세출외현금출납원 계좌에 입금하여야 한다.

1. 법 제76조 제1항에 따른 공매보증금
2. 법 제92조 제3항에 따른 매수대금

② 한국자산관리공사는 제1항에 따라 수령한 공매보증금 등을 세입세출외현금출납원 계좌에 입금하였을 때에는 지체 없이 그 사실을 세입세출외현금출납원에게 통지하여야 한다.

제87조【공매보증금 등의 인계 등】 삭 제 (2022. 1. 28.)

제67조【매수대금의 납부최고】 법 제93조 및 영 제86조에 따른 매수대금의 납부최고는 별지 제80호 서식의 매수대금 납부최고서에 따른다.

도 체납자의 지방세를 소멸시키는 효과에는 영향이 없다)과 당해 체납액에 관한 중가산금의 계산(법 제31조 참조)이 매각대금을 영수한 시점에서 정지되는 것을 말한다.

제95조 【매각결정의 취소】 ① 지방자치단체의 장은 다음 각 호의 어느 하나에 해당하는 경우에는 압류재산의 매각결정을 취소하고 그 사실을 매수인에게 통지하여야 한다.

1. 제92조에 따른 매각결정을 한 후 매수인이 매수대금을 납부하기 전에 체납자가 매수인의 동의를 받아 압류와 관련된 체납액을 납부하고 매각결정 취소를 신청하는 경우
2. 매수인이 제92조의 2 제4항에 따라 배분기일에 차액납부를 하지 아니하거나 같은 조 제6항에 따라 이의가 제기된 금액을 납부하지 아니한 경우 (2023. 12. 29. 신설)
3. 제93조에 따라 최고하여도 매수인이 매수대금을 지정된 기한까지 납부하지 아니하는 경우 (2023. 12. 29. 호번개정)

편주

법 95조의 개정규정은 2024. 7. 1.부터 시행함. (법 부칙 (2023. 12. 29.) 1조 단서)

운영예규 법95-1 【매각결정취소의 통지】

「지방세징수법」 제95조 제1항에 따라 매각결정이 취소된

제88조 【매각결정 취소의 통지】 한국자산관리공사는 법 제71조 제5항에 따라 공매를 대행하는 중에 법 제95조 제1항에 따라 매각결정을 취소하였을 때에는 지체 없이 그 사실을 해당 지방자치단체의 장에게 통지하여야 한다.

제88조 【매각결정 취소의 통지】 삭 제 (2022. 1. 28.)

편주

법 95조의 개정규정은 2024. 7. 1.부터 시행함. (법 부칙 (2023. 12. 29.) 1조 단서)

제68조 【매각결정의 취소 통지】 법 제95조 제1항에 따른 매각결정의 취소 통지는 별지 제81호 서식의 매각결정 취소 통지서에 따른다.

때에는 매수인에게 통지함과 동시에 이해관계인(체납자 등)에게도 되도록 서면으로 통지한다.

② 제1항 제1호에 해당하여 압류재산의 매각결정을 취소하는 경우 공매보증금은 매수인에게 반환하고, 제1항 제2호 또는 제3호에 해당하여 압류재산의 매각결정을 취소하는 경우 공매보증금은 체납처분비, 압류와 관계되는 지방세의 순으로 충당하며, 남은 금액은 체납자에게 지급한다. (2023. 12. 29. 개정)

제96조【매각재산의 권리이전 절차】 매각재산에 대하여 체납자가 권리이전의 절차를 밟지 아니할 때에는 대통령령으로 정하는 바에 따라 지방자치단체의 장이 대신하여 그 절차를 밟는다. (2022. 1. 28. 단서삭제)

운영예규 법96-1【동산등의 인도】

1. 지방자치단체의 장 또는 한국자산관리공사 또는 지방세조합이 매각한 동산·유가증권 또는 자동차·건설기계로서 보관중의 것은 매수인이 매수대금을 납부한 때에 이를 매수인에게 인도하여야 한다. (2022. 10. 25. 개정)
2. 지방자치단체의 장, 한국자산관리공사 또는 지방세조합이 전항의 경우에 그 재산을 법 제49조 단서(동산·유가증권의 제3자 보관)등의 규정에 의하여 체납자 또는 제3자에 보관시키고 있는 경우에는 법 제64조 제3항(제3자에게 압류재산을 보관하게 한 경우의 압류해제) 및 제4항(압류재산 인도위촉)의 규정을 준용하여 매수인에게 인도한다. (2022. 10. 25. 개정)

편주

법 95조의 개정규정은 2024. 7. 1.부터 시행함. (법 부칙(2023. 12. 29.) 1조 단서)

제89조【권리이전등기의 촉탁】 지방자치단체의 장은 법 제96조에 따라 매각재산의 권리이전 절차를 밟을 때에는 권리이전의 등기 또는 등록이나 매각에 수반하여 소멸되는 권리의 말소등기 촉탁서에 다음 각 호의 문서를 첨부하여 촉탁해야 한다. (2022. 1. 28. 개정)

1. 매수인이 제출한 등기청구서
2. 매각결정통지서 또는 그 등본이나 배분계산서 등본

운영예규 법96…시행령89-1【매각에 수반하여 소멸되는 권리】

「지방세징수법 시행령」 제89조에서 "매각에 수반하여 소멸되는 권리"에는 다음의 것이 있으며, 이들 권리는 매수인이 매수대금을 납부한 때에 소멸하는 것으로 한다.

1. 매각재산상에 설정된 저당권 등의 담보물권
2. 전호의 소멸하는 담보물권 등에 대항할 수 없는 용익물권, 등기된 임차권

제69조【권리이전 등기·등록의 촉탁 등】 ① 법 제96조 및 영 제89조에 따른 권리이전등기 또는 등록의 촉탁은 별지 제82호 서식의 공매처분에 의한 소유권이전등기(등록) 촉탁서에 따른다.

② 영 제89조 제1호에 따라 매수인이 제출하는 등기청구서는 별지 제83호 서식의 등기(등록)청구서에 따른다.

법96-2【유가증권의 배서등】
지방자치단체의 장, 한국자산관리공사 또는 지방세조합이 매각한 유가증권을 매수인에게 인도하는 경우에는 그 증권에 관한 권리의 이전에 대하여 체납자의 배서·명의변경 등 절차가 필요한 때에는 이들 절차의 이행을 체납자에게 요구한다. 다만, 체납자가 이에 응하지 않는 경우에는 그 증권에 관한 권리가 지방세체납처분에 의하여 매수인에게 이전되었음을 표시하는 확인서를 지방자치단체의 장, 한국자산관리공사 또는 지방세조합의 명의로 발급한다. (2022. 10. 25. 개정)

법96-3【채권등의 권리이전절차】
지방자치단체의 장, 한국자산관리공사 또는 지방세조합이 매각한 채권 또는 제3채무자가 있는 무체재산권 등의 매수인이 그 매수대금을 납부한 경우에는 점유한 채권증서, 권리증서 등을 매수인에게 인도하고 매수인의 권리취득을 확실하게 하기 위하여 필요한 조치를 취한다. (2022. 10. 25. 개정)

법96-4【매수인이 제3취득자인 경우의 권리이전】
매각재산의 매수인이 제3취득자(압류의 등기·등록 후 소유권을 취득한 자)인 때에도 매각재산의 권리이전절차를 밟아야 한다.

법96-5【담보책임】
「민법」 제578조(경매와 매도인의 담보책임)은 압류재산의 매각의 경우에 준용한다.

3. 기타 압류에 대항할 수 없는 권리

제90조【국유·공유 재산의 매각 통지】 ① 지방자치단체의 장은 체납처분에 따라 국유·공유 재산을 매수한 자가 그 매수대금을 완납하였을 때에는 해당 국유·공유 재산의 매수대금 중 체납자가 아직 지급하지 못한 금액을 납입하고, 지체 없이 매각사실을 관계 관서에 통지하여야 한다.
② 제1항에 따라 통지를 받은 관계 관서는 소유권 이전에 관한 서류를 매수인에게 발급하여야 한다.

제70조【국유·공유 재산의 매각 통지】 영 제90조 제1항에 따른 국유·공유 재산의 매각 통지는 별지 제84호 서식의 국유·공유 재산 매각 통지서에 따른다.

제11절 청 산

제97조【배분금전의 범위】 ① 지방자치단체의 장은 다음 각 호의 금전을 제99조에 따라 배분하여야 한다. (2022. 1. 28. 단서삭제)

1. 압류한 금전
2. 채권·유가증권·무체재산권등의 압류로 인하여 체납자 또는 제3채무자로부터 받은 금전
3. 압류재산의 매각대금 및 그 매각대금의 예치 이자
4. 교부청구에 의하여 받은 금전

② 제1항 단서에 따라 금전의 배분을 한국자산관리공사가 대행하는 경우에는 제71조 제8항을 준용한다.

② 삭 제 (2022. 1. 28.)

제98조【배분기일의 지정】 ① 지방자치단체의 장은 제97조 제1항 제2호 및 제3호의 금전을 배분하려면 체납자, 제3채무자 또는 매수인으로부터 해당 금전을 받은 날부터 30일 이내에서 배분기일을 정하여 배분하여야 한다. 다만, 30일 이내에 배분계산서를 작성하기 곤란한 경우에는 배분기일을 30일 이내에서 연기할 수 있다.

② 지방자치단체의 장은 제1항 또는 제92조의 2 제5항에 따라 배분기일을 정하였을 때에는 체납자, 채권신고대상채권자 및 배분요구를 한 채권자(이하 "체납자등"이라 한다)에게 통지하여야 한다. (2023. 12. 29. 개정)

제9절 청 산

편주

법 98조 2항의 개정규정은 2024. 7. 1.부터 시행함. (법 부칙 (2023. 12. 29.) 1조 단서)

제71조【배분기일 통지서】 법 제98조 제2항에 따른 배분기일의 통지는 별지 제85호 서식의 배분기일 통지서에 따른다.

③ 제2항에도 불구하고 체납자등이 외국에 있거나 있는 곳이 분명하지 아니할 때에는 통지하지 아니할 수 있다.

제99조【배분 방법】 ① 제97조 제1항 제2호 및 제3호의 금전은 다음 각 호의 체납액과 채권에 배분한다. 다만, 제81조 제1항 및 제2항에 따라 배분요구의 종기까지 배분요구를 하여야 하는 채권의 경우에는 배분요구를 한 채권에 대해서만 배분한다.

1. 압류재산에 관계되는 체납액
2. 교부청구를 받은 체납액·국세 또는 공과금
3. 압류재산에 관계되는 전세권·질권 또는 저당권에 의하여 담보된 채권
4. 「주택임대차보호법」 또는 「상가건물 임대차보호법」에 따라 우선변제권이 있는 임차보증금 반환채권
5. 「근로기준법」 또는 「근로자퇴직급여 보장법」에 따라 우선변제권이 있는 임금, 퇴직금, 재해보상금 및 그 밖에 근로관계로 인한 채권
6. 압류재산에 관계되는 가압류채권
7. 집행력 있는 정본에 의한 채권

② 제97조 제1항 제1호 및 제4호의 금전은 각각 그 압류 또는 교부청구에 관계되는 체납액에 충당한다.

③ 제1항과 제2항에 따라 금전을 배분하거나 충당하고 남은 금액이 있을 때에는 체납자에게 지급하여야 한다.

④ 지방자치단체의 장은 매각대금이 제1항 각 호의 체납

예판

【판례】조세채권 배분대상 범위

• 매각대금이 완납되어 압류재산이 매수인에게 이전되기 전까지 성립·확정된 조세채권에 관해서만 교부청구를 할 수 있고, 그 이후에 성립·확정된 조세채권은 설령 배분계산서 작성 전까지 교부청구를 하였더라도 압류재산 매각대금 등의 배분대상에 포함될 수 없다고 보아야 할 것임(대법 2014두4085, 2016. 11. 24.)

운영예규 법99-2【압류 후에 설정한 전세권·질권·저당권】

「지방세징수법」 제99조 제1항 제3호의 규정에 의하여 배분을 받는 채권의 범위에는 압류재산에 관계되는 전세권, 질권 또는 저당권에 의하여 담보된 채권으로서 압류 후에 설정한 전세권·질권 또는 저당권 등에 의하여 담보된 채권을 포함한다.

운영예규 법99-4【파산관재인등에 대한 지급】

「지방세징수법」 제99조 제3항에 따라 배분금전의 잔액은

운영예규 법99-1【배분할 금액의 확정】

지방자치단체의 장, 한국자산관리공사 또는 지방세조합이 법 제99조 규정에 의하여 배분의 대상이 될 채권의 금액을 확정하여야 하며, 이를 위하여 필요한 경우에는 체납자 및 채무자에 대하여 질문하거나 그 재산에 관한 장부서류의 제시요구 등 협조를 요청할 수 있다. (2022. 10. 25. 개정)

법99-5【가압류·가처분재산의 매각대금 잔액배분】

지방자치단체의 장이 체납자의 재산 중 재판상의 가압류 또는 가처분을 받은 재산을 압류하여 공매처분하고 그 매각대금으로 지방세에 충당한 후 잔액이 남은 경우 그 잔액은 체납자에게 지급한다. 다만, 압류 후 소유권이 제3자에게 이전된 경우에는 제3자에게 배분한다.

운영예규 법99-3【배분잔액의 양도담보권자 등에

액과 채권의 총액보다 적을 때에는 「민법」이나 그 밖의 법령에 따라 배분할 순위와 금액을 정하여 배분하여야 한다.
⑤ 지방자치단체의 장은 제1항에 따른 배분이나 제2항에 따른 충당을 할 때 지방세에 우선하는 채권이 있음에도 불구하고 배분 순위의 착오나 부당한 교부청구 또는 그 밖에 이에 준하는 사유로 체납액에 먼저 배분하거나 충당한 경우에는 그 배분하거나 충당한 금액을 지방세에 우선하는 채권자에게 지방세환급금 환급의 예에 따라 지급한다.

제100조【국유 · 공유 재산 매각대금의 배분】 제62조 제1항에 따라 압류한 국유 또는 공유 재산에 관한 권리의 매각대금의 배분 순위는 다음 각 호의 순서에 따른다.
1. 국유 또는 공유 재산의 매수대금 중 체납자가 아직 지급하지 못한 금액을 지급
2. 체납액에 충당
3. 제1호에 따라 지급하거나 제2호에 따라 충당하고 남은 금액을 체납자에게 지급

제101조【배분계산서의 작성】 ① 지방자치단체의 장은 제97조에 따라 금전을 배분할 때에는 배분계산서 원안(原案)을 작성하여 배분기일 7일 전까지 갖추어 두어야 한다.
② 체납자등은 지방자치단체의 장에게 교부청구서, 감정평가서, 채권신고서, 배분요구서, 배분계산서 원안 등

체납자에게 지급하여야 하나 체납자에게 파산선고가 있는 경우에는 파산관재인(「채무자 회생 및 파산에 관한 법률」 제384조 참조), 체납자에게 회생절차 개시결정이 있는 경우에는 관리인(「채무자 회생 및 파산에 관한 법률」 제56조 참조)등 타 법령에 따라 체납자 이외의 자에게 지급하여야 할 경우가 있음을 유의하여야 한다.

☞ **운영예규 법99-6【배분순위의 착오】**
「지방세징수법」 제99조 제5항에서 "배분순위의 착오"라 함은 지방자치단체의 장이 법 제97조에 규정하는 금전을 배분함에 있어서 지방세에 우선하는 채권이 있음에도 불구하고 그러한 채권의 존재를 알지 못하거나 그러한 금액을 잘못 판단하는 것을 말한다.

법99-7【교부청구의 부당】
「지방세징수법」 제99조 제5항에서 "교부청구의 부당"이라 함은 지방자치단체의 장이 법 제66조 규정에 의하여 교부청구를 함에 있어서 지방세채권의 금액을 잘못 판단하여 과다하게 청구하였거나 해당 지방세가 없음에도 불구하고 착오로 청구하는 것을 말한다.

☞ **운영예규 법101-1【작성시기】**
매각재산의 매수자가 매수대금을 완납한 때에는 지방자치단체의 장, 한국자산관리공사 또는 지방세조합은 지체 없이 배분계산서를 작성한다. (2022. 10. 25. 개정)

의 지급】
1. 「지방세징수법」 제99조 제3항의 규정에 의하여 배분한 금전의 잔액은 체납자에게 지급하여야 하나, 매각한 재산이 양도담보재산 또는 물상보증인에 관한 것인 때에는 배분한 금전의 잔액은 이들 양도담보권자 또는 압류시의 담보물의 소유자에게 지급한다.
2. 압류재산에 대하여 압류 후 소유권이 이전된 경우에 배분한 금전에 잔액이 있는 때에는 그 잔여의 금전은 최종소유자에게 지급한다.

제72조【배분계산서 등】 ① 법 제101조 제1항에 따른 배분계산서 원안은 별지 제86호 서식의 배분계산서에 따른다.
② 법 제101조 제2항에 따른 배분금

배분금액 산정의 근거가 되는 서류의 열람 또는 복사를 신청할 수 있다.
③ 지방자치단체의 장은 제2항에 따른 열람 또는 복사의 신청을 받았을 때에는 열람·복사하도록 제공하여야 한다.

제102조【배분계산서에 대한 이의 등】(2023. 12. 29. 제목개정)
① 배분기일에 출석한 체납자등은 배분기일이 끝나기 전까지 자기의 채권에 관계되는 범위에서 제101조 제1항에 따른 배분계산서 원안에 기재된 다른 채권자의 채권 또는 채권의 순위에 대하여 이의를 제기할 수 있다.
② 제1항에도 불구하고 체납자는 배분기일에 출석하지 아니하였더라도 배분계산서 원안이 갖추어진 이후부터 배분기일이 끝나기 전까지 서면으로 이의를 제기할 수 있다.
③ 지방자치단체의 장은 다음 각 호의 구분에 따라 배분계산서를 확정하여 배분을 실시하고, 확정되지 아니한 부분에 대해서는 배분을 유보한다. (2023. 12. 29. 개정)
1. 제1항 및 제2항에 따른 이의제기가 있는 경우 (2023. 12. 29. 개정)
  가. 지방자치단체의 장이 이의제기가 정당하다고 인정하거나 배분계산서 원안과 다른 내용으로 체납자등이 한 합의가 있는 경우 : 정당하다고 인정된 이의제기의 내용 또는 합의에 따라 배분계산서를 수정하여 확정 (2023. 12. 29. 개정)

액 산정의 근거가 되는 서류의 열람 또는 복사 신청은 별지 제87호 서식의 배분 관련 서류의 열람·복사 신청서에 따른다.

③ 법 제102조 제1항 및 제2항에 따른 배분계산서 원안에 대한 이의제기는 별지 제88호 서식의 배분계산서 원안에 대한 이의제기서에 따른다.

나. 지방자치단체의 장이 이의제기가 정당하다고 인정하지 아니하고 배분계산서 원안과 다른 내용으로 체납자등이 한 합의도 없는 경우 : 배분계산서 중 이의제기가 없는 부분에 한정하여 확정 (2023. 12. 29. 개정)

2. 제1항 및 제2항에 따른 이의제기가 없는 경우 : 배분계산서 원안대로 확정 (2023. 12. 29. 개정)

④ 배분기일에 출석하지 아니한 채권자는 배분계산서 원안과 같이 배분을 실시하는 데에 동의한 것으로 보고, 그가 다른 체납자등이 제기한 이의에 관계된 경우 그 이의제기에 동의하지 아니한 것으로 본다. (2023. 12. 29. 개정)

제102조의 2【배분계산서에 대한 이의의 취하간주】 제102조 제3항 제1호 나목에 따라 배분계산서 중 이의제기가 있어 확정되지 아니한 부분이 있는 경우 이의를 제기한 체납자등이 지방자치단체의 장의 배분계산서 작성에 관하여 심판청구등을 한 사실을 증명하는 서류를 배분기일부터 1주일 이내에 제출하지 아니하면 이의제기가 취하된 것으로 본다. (2023. 12. 29. 신설)

제103조【배분금전의 예탁】 ① 지방자치단체의 장은 다음 각 호의 어느 하나에 해당하는 사유가 있는 경우 그 채권에 관계되는 배분금전을 「지방회계법」 제38조에 따라 지정된 금고에 예탁하여야 한다. (2023. 12. 29. 개정)

1. 채권에 정지조건 또는 불확정기한이 붙어 있는 경우

운영예규 법103-1【채권자】

「지방세징수법」 제103조 제1항에서 "채권자"라 함은 법 제99조(배분방법)의 규정에 의하여 배분금전의 배분을 받는 자를 말한다.

(2023. 12. 29. 개정)

2. 가압류채권자의 채권인 경우 (2023. 12. 29. 개정)

3. 체납자등이 제102조의 2에 따라 배분계산서 작성에 대하여 심판청구등을 한 사실을 증명하는 서류를 제출한 경우 (2023. 12. 29. 개정)

4. 그 밖의 사유로 배분금전을 체납자등에게 지급하지 못한 경우 (2023. 12. 29. 개정)

② 지방자치단체의 장은 제1항에 따라 배분금전을 예탁한 경우에는 그 사실을 체납자등에게 통지하여야 한다. (2023. 12. 29. 개정)

제103조의 2【예탁금에 대한 배분의 실시】 ① 지방자치단체의 장은 제103조에 따라 배분금전을 예탁한 후 다음 각 호의 어느 하나에 해당하는 사유가 있는 경우 예탁금을 당초 배분받을 체납자등에게 지급하거나 배분계산서 원안을 변경하여 예탁금에 대한 추가 배분을 실시하여야 한다. (2023. 12. 29. 신설)

1. 배분계산서 작성에 관한 심판청구등의 결정·판결이 확정된 경우 (2023. 12. 29. 신설)

2. 그 밖에 예탁의 사유가 소멸한 경우 (2023. 12. 29. 신설)

② 지방자치단체의 장은 제1항에 따라 예탁금의 추가 배분을 실시하려는 경우 당초의 배분계산서에 대하여 이의를 제기하지 아니한 체납자등을 위해서도 배분계산서를 변경하여야 한다. (2023. 12. 29. 신설)

제91조【배분금전 예탁의 통지】 지방자치단체의 장은 법 제103조 제2항에 따라 예탁한 사실을 통지할 때에는 법 제102조 제3항 및 제4항에 따라 확정된 배분계산서 등본을 첨부하여야 한다.

제73조【배분금전 예탁의 통지】 법 제103조 제2항 및 영 제91조에 따른 배분금전 예탁의 통지는 별지 제89호 서식의 배분금전의 예탁 통지서에 따른다.

③ 체납자등은 제1항에 따른 추가 배분기일에 제102조에 따라 이의를 제기할 경우 종전의 배분기일에서 주장할 수 없었던 사유만을 주장할 수 있다. (2023. 12. 29. 신설)

제11절의 2 공매등의 대행 (2022. 1. 28. 신설)

제103조의 3【공매등의 대행】(2023. 12. 29. 조번개정)
① 지방자치단체의 장은 다음 각 호의 업무(이하 이 조에서 "공매등"이라 한다)에 전문지식이 필요하거나 그 밖에 직접 공매등을 하기에 적당하지 아니하다고 인정하는 경우 대통령령으로 정하는 바에 따라 「한국자산관리공사 설립 등에 관한 법률」에 따른 한국자산관리공사 또는 지방세조합(이하 "공매등대행기관"이라 한다)으로 하여금 공매등을 대행하게 할 수 있다. 이 경우 공매등은 지방자치단체의 장이 한 것으로 본다. (2022. 1. 28. 신설)
1. 제71조에 따른 공매 (2022. 1. 28. 신설)
2. 제72조에 따른 수의계약 (2022. 1. 28. 신설)
3. 제96조에 따른 매각재산의 권리이전 (2022. 1. 28. 신설)
4. 제97조에 따른 금전의 배분 (2022. 1. 28. 신설)

② 제1항에 따라 압류한 재산의 공매등을 공매등대행기관이 대행하는 경우에는 "지방자치단체의 장" 또는 "지방자치단체"는 "공매등대행기관"으로, "세무공무원" 또

제9절의 2 공매 등의 대행 등 (2022. 1. 28. 신설)

제91조의 2【공매대행 의뢰 등】① 지방자치단체의 장은 법 제103조의 3 제1항 제1호에 따라 압류재산의 공매를 공매등대행기관에 대행하게 하는 경우에는 행정안전부령으로 정하는 공매대행 의뢰서를 공매등대행기관에 보내야 한다. (2024. 12. 31. 개정)

② 지방자치단체의 장은 제1항에 따라 공매를 대행하게 하는 경우 공매대행 사실을 다음 각 호의 자에게 통지해야 한다. (2022. 1. 28. 신설)
1. 체납자 (2022. 1. 28. 신설)
2. 납세담보물 소유자 (2022. 1. 28. 신설)
3. 압류재산에 전세권·질권·저당권 또는 그 밖의 권리를 가진 자 (2022. 1. 28. 신설)
4. 법 제49조 제1항 전단에 따라 압류재산을 보관하고 있는 자 (2022. 1. 28. 신설)

제73조의 2【공매대행 의뢰서】(2022. 3. 18. 조번개정)
법 제103조의 2 제1항 제1호 및 영 제91조의2 제1항에 따른 공매대행 의뢰서는 별지 제90호 서식에 따른다. (2022. 3. 18. 개정)

제73조의 3【공매대행의 통지】(2022. 3. 18. 조번개정)
영 제91조의2 제2항에 따른 공매대행의 통지는 별지 제91호 서식의 공매대행 통지서에 따른다. (2022. 3. 18. 개정)

는 "공무원"은 "공매등대행기관의 직원(임원 및 지방자치단체에서 파견된 공무원을 포함한다. 이하 같다)"으로 본다. (2022. 1. 28. 신설)

제91조의 3【압류재산의 인도】 ① 지방자치단체의 장은 법 제103조의 3 제1항 제1호에 따라 공매등대행기관에 공매를 대행하게 한 때에는 점유하고 있거나 제3자에게 보관하게 한 압류재산을 공매등대행기관에 인도할 수 있다. 이 경우 제3자에게 보관하게 한 재산에 대해서는 그 제3자가 발행한 해당 재산의 보관증을 인도함으로써 재산의 인도를 갈음할 수 있다. (2024. 12. 31. 개정)
② 공매등대행기관은 제1항에 따라 압류재산을 인수했을 때에는 인계·인수서를 작성해야 한다. (2022. 1. 28. 신설)

제91조의 4【공매등대행기관에 대한 압류 해제 등의 통지】 ① 지방자치단체의 장은 법 제103조의 3 제1항 제1호에 따라 공매등대행기관에 공매를 대행하게 한 후 다음 각 호의 어느 하나에 해당하는 사유가 발생한 경우에는 지체 없이 그 사실을 공매등대행기관에 통지해야 한다. (2024. 12. 31. 개정)
1. 매각결정 전에 법 제63조에 따라 해당 재산의 압류를 해제한 경우 (2022. 1. 28. 신설)
2. 법 제87조에 따라 공매참가를 제한한 경우 (2022. 1. 28. 신설)

② 제1항 제1호에 따라 통지를 받은 공매등대행기관은 지체 없이 해당 재산의 공매를 취소해야 한다. (2022. 1. 28. 신설)

제91조의 5【공매등대행기관의 공매공고 등 통

제73조의 4【압류재산의 인계·인수서】 (2022. 3. 18. 조번개정)
영 제91조의 3 제2항에 따른 압류재산의 인계·인수서는 별지 제92호 서식에 따른다. (2022. 3. 18. 개정)

제74조【서식의 준용】 법 제103조의 2 제1항에 따른 공매등대행기관이 같은 항 각 호의 업무를 대행하는 경우의 서식에 관하여는 별지 제64호 서식부터 별지 제89호 서식까지를 준용한다. (2022. 3. 18. 개정)

지】 공매등대행기관은 법 제103조의 3 제1항 제1호에 따라 공매를 대행할 때 다음 각 호의 어느 하나에 해당하는 경우에는 지체 없이 그 사실을 해당 지방자치단체의 장에게 통지해야 한다. (2024. 12. 31. 개정)

1. 법 제78조 제2항에 따라 공매공고를 한 경우 (2022. 1. 28. 신설)
2. 법 제87조에 따라 공매참가를 제한한 경우 (2022. 1. 28. 신설)
3. 법 제90조 제3항 또는 제92조 제1항에 따라 매각 여부를 결정한 경우 (2022. 1. 28. 신설)
4. 법 제95조 제1항에 따라 매각결정을 취소한 경우 (2022. 1. 28. 신설)
5. 제91조의 4 제2항에 따라 공매를 취소한 경우 (2022. 1. 28. 신설)

제91조의 6 【공매보증금 등의 인계 등】 ① 공매등대행기관은 법 제103조의 3 제1항 제1호에 따른 공매로 다음 각 호의 금액을 수령하였을 때에는 같은 항 제4호에 따라 배분을 대행하는 경우를 제외하고는 그 금액을 지체 없이 해당 지방자치단체의 세입세출외현금출납원에게 인계하거나 세입세출외현금출납원 계좌에 입금해야 한다. (2024. 12. 31. 개정)

1. 법 제76조 제1항에 따른 공매보증금 (2022. 1. 28. 신설)
2. 법 제92조 제4항에 따른 매수대금 (2024. 12. 31. 개정)

③ 지방자치단체의 장은 제1항에 따라 공매등대행기관이 공매등을 대행하는 경우 대통령령으로 정하는 바에 따라 수수료를 지급할 수 있다. (2022. 1. 28. 신설)

④ 공매등대행기관이 제1항 제1호, 제2호 및 제4호의 업무를 대행하는 경우 공매등대행기관의 직원은 「형법」이나 그 밖의 법률에 따른 벌칙을 적용할 때에는 세무공무원으로 본다. (2022. 1. 28. 신설)

⑤ 제1항에 따라 공매등대행기관이 대행하는 공매등에 필요한 사항은 대통령령으로 정한다. (2022. 1. 28. 신설)

② 공매등대행기관은 제1항에 따라 수령한 공매보증금 등을 세입세출외현금출납원 계좌에 입금하였을 때에는 지체 없이 그 사실을 세입세출외현금출납원에게 통지해야 한다. (2022. 1. 28. 신설)

제91조의 7【공매대행 의뢰 해제 요구】 ① 공매등대행기관은 공매대행을 의뢰받은 날부터 2년이 지나도 공매되지 않은 재산이 있는 경우에는 지방자치단체의 장에게 해당 재산에 대한 공매대행 의뢰를 해제해 줄 것을 요구할 수 있다. (2022. 1. 28. 신설)

② 제1항에 따라 해제 요구를 받은 지방자치단체의 장은 특별한 사정이 있는 경우를 제외하고는 해제 요구에 따라야 한다. (2022. 1. 28. 신설)

제91조의 8【공매대행 수수료】 법 제103조의 3 제3항에 따른 수수료는 공매대행에 드는 실제 비용을 고려하여 행정안전부령으로 정한다. (2024. 12. 31. 개정)

제91조의 9【공매대행의 세부사항】 법 제103조의 3 제1항 제1호에 따라 공매등대행기관이 대행하는 공매에 필요한 사항으로서 이 영에서 정하지 않은 사항은 행정안전부장관이 공매등대행기관과 협의하여 정한다. (2024. 12. 31. 개정)

제91조의 10【수의계약 대행】 지방자치단체의 장이

제73조의 5【공매대행 수수료】 법 제103조의 2 제3항 및 영 제91조의 8에 따른 수수료는 「국세징수법 시행규칙」 제78조를 준용한다. 이 경우 "세무서장"은 "지방자치단체의 장"으로, "한국자산관리공사"는 "공매등대행기관"으로 본다. (2022. 3. 18. 신설)

**제73조의 6【수의계약의 대

제103조의 4【전문매각기관의 매각대행 등】(2023. 12. 29. 조번개정)

① 지방자치단체의 장은 압류한 재산이 예술적·역사적 가치가 있어 가격을 일률적으로 책정하기 어렵고, 그 매각에 전문적인 식견이 필요하여 직접 매각하기에 적당하지 아니한 물품(이하 "예술품등"이라 한다)인 경우에는 직권이나 납세자의 신청에 따라 예술품등의 매각에 전문성과 경험이 있는 기관 중에서 전문매각기관을 선정하여 예술품등의 매각을 대행하게 할 수 있다. (2022. 1. 28. 신설)

② 제1항에 따라 선정된 전문매각기관(이하 "전문매각기관"이라 한다) 및 전문매각기관의 임직원은 직접적으로든 간접적으로든 매각을 대행하는 예술품등을 매수하지 못한다. (2022. 1. 28. 신설)

③ 지방자치단체의 장은 제1항에 따라 전문매각기관이 매각을 대행하는 경우 대통령령으로 정하는 바에 따라 수수료를 지급할 수 있다. (2022. 1. 28. 신설)

법 제103조의 3 제1항 제2호에 따른 수의계약(수의계약과 관련된 같은 항 제3호 및 제4호의 업무를 포함한다)을 공매등대행기관에 대행하게 하는 경우 대행 의뢰, 압류재산의 인도, 매수대금 등의 인계, 해제 요구, 수수료 등에 관하여는 제91조의 2부터 제91조의 9까지의 규정(제91조의 4 및 제91조의 5는 재산의 압류를 해제함에 따라 공매를 취소하는 부분으로 한정한다)을 준용한다. (2024. 12. 31. 개정)

제91조의 11【전문매각기관의 매각대행】 ① 지방자치단체의 장은 다음 각 호의 기관 중에서 법 제103조의 4 제1항에 따른 전문매각기관(이하 "전문매각기관"이라 한다)을 선정한다. (2024. 12. 31. 개정)

1. 지방자치단체의 장이 법 제103조의 4 제1항에 따른 예술품등(이하 "예술품등"이라 한다)의 매각에 전문성과 경험을 갖춘 기관으로 인정하여 공보 및 해당 지방자치단체의 홈페이지에 공고한 기관 (2024. 12. 31. 개정)
2. 국세청장이 「국세징수법 시행령」 제75조 제1항에 따라 관보 및 국세청 홈페이지에 공고한 기관 (2022. 1. 28. 신설)

② 제1항에도 불구하고 시장·군수·구청장은 필요한 경우 특별시장·광역시장·도지사가 제1항 제1호에 따라 공고한 기관 중에서 전문매각기관을 선정할 수 있다. (2022. 1. 28. 신설)

③ 법 제103조의 4 제1항에 따라 예술품등의 매각대행을 신청하려는 납세자는 행정안전부령으로 정하는 신청서

행】 영 제91조의 10에서 준용하는 영 제91조의 2 및 제91조의 3에 따른 수의계약의 대행 의뢰, 대행 통지 및 압류재산의 인계·인수의 서식에 관하여는 별지 제90호 서식부터 별지 제92호 서식까지를 각각 준용한다. (2022. 3. 18. 신설)

제73조의 7【매각대행 신청서 등】(2022. 3. 18. 조번개정)

④ 제1항에 따른 납세자의 신청절차, 전문매각기관의 선정절차 및 예술품등의 매각절차에 필요한 세부적인 사항은 대통령령으로 정한다. (2022. 1. 28. 신설)

⑤ 제1항에 따라 전문매각기관이 매각을 대행하는 경우 전문매각기관의 임직원은 「형법」 제129조부터 제132조까지의 규정을 적용할 때에는 공무원으로 본다. (2022. 1. 28. 신설)

를 작성하여 지방자치단체의 장에게 제출해야 한다. (2024. 12. 31. 개정)

④ 지방자치단체의 장은 직권 또는 제3항의 신청에 따라 전문매각기관을 선정하여 예술품등의 매각대행을 의뢰한 경우 매각 대상인 예술품등을 소유한 납세자에게 그 사실을 통지해야 한다. (2022. 1. 28. 신설)

⑤ 지방자치단체의 장은 법 제103조의 4 제1항에 따라 전문매각기관에 예술품등의 매각을 대행하게 한 때에는 직접 점유하고 있거나 제3자에게 보관하게 한 매각 대상 예술품등을 전문매각기관에 인도할 수 있다. 이 경우 제3자에게 보관하게 한 예술품등에 대해서는 그 제3자가 발행한 해당 예술품등의 보관증을 인도함으로써 예술품등의 인도를 갈음할 수 있다. (2024. 12. 31. 개정)

⑥ 전문매각기관은 제5항에 따라 매각 대상 예술품등을 인수한 때에는 인계·인수서를 작성해야 한다. (2022. 1. 28. 신설)

⑦ 제1항부터 제6항까지에서 규정한 사항 외에 전문매각기관의 선정 및 예술품등의 매각 절차에 관하여 필요한 세부사항은 지방자치단체의 조례로 정한다. (2022. 1. 28. 신설)

제91조의 12【전문매각기관의 매각대행 수수료】 법 제103조의 4 제3항에 따른 수수료는 매각대행에 드는 실제 비용을 고려하여 행정안전부령으로 정한다. (2024. 12. 31. 개정)

① 영 제91조의 11 제3항에 따른 신청서는 별지 제93호 서식에 따른다. (2022. 3. 18. 개정)

② 영 제91조의 11 제4항에 따른 통지는 별지 제94호의 서식에 따른다. (2022. 3. 18. 개정)

제73조의 8【매각대행 수수료】 (2022. 3. 18. 조번개정) 법 제103조의 3 제3항 및 영 제91조의 12에 따른 수수료는 별표와 같다. (2022. 3. 18. 개정)

제12절 체납처분의 중지 · 유예

제104조 【체납처분의 중지】 (2024. 12. 31. 제목개정)

① 체납처분의 목적물인 총재산의 추산가액이 체납처분비에 충당하고 남을 여지가 없을 때에는 체납처분을 중지하여야 한다.

② 체납처분의 목적물인 재산이 「지방세기본법」 제71조 제1항 제3호에 따른 채권의 담보가 된 재산인 경우에 그 추산가액이 체납처분비와 해당 채권금액에 충당하고 남을 여지가 없을 때에도 체납처분을 중지하여야 한다. 다만, 체납처분의 목적물인 재산에 대하여 제66조에 따른 교부청구 또는 제67조에 따른 참가압류가 있는 경우 지방자치단체의 장은 체납처분을 중지하지 아니할 수 있다.

③ 지방자치단체의 장은 제1항 또는 제2항에 따라 체납처분의 집행을 중지하려는 경우에는 「지방세기본법」 제147조 제1항에 따른 지방세심의위원회의 심의를 거쳐 대통령령으로 정하는 바에 따라 그 사실을 1개월간 공고하여야 한다. (2020. 3. 24. 개정)

③ 지방자치단체의 장은 제1항 또는 제2항에 따라 체납처분의 집행을 중지하려는 경우에는 「지방세기본법」 제147조 제1항에 따른 지방세심의위원회의 심의를 거쳐야 한다. (2024. 12. 31. 개정)

편주

법 104조 3항의 개정규정은 2025. 1. 1. 이후 체납처분의 집행

제10절 체납처분의 유예 등 (2024. 12. 31. 제목개정)

운영예규 법104-1 【체납처분의 중지의 효과】

「지방세징수법」 제104조에 의하여 체납처분의 중지를 한 때에는 당해 재산의 압류를 해제하여야 하며, 법 제106조(결손처분)의 규정에 의하여 결손처분을 할 수 있다.

제92조 【체납처분 집행의 중지와 공고】 ① 지방자치단체의 장은 법 제104조 제3항에 따라 체납처분 집행의 중지를 공고할 때에는 지방자치단체의 정보통신망이나 게시판에 다음 각 호의 사항을 게시하여야 한다. 다만, 필요한 경우에는 관보 · 공보 또는 일간신문에 게재할 수 있다.

1. 체납자의 성명과 주소 또는 영업소
2. 체납액
3. 체납처분 중지의 이유
4. 그 밖에 필요한 사항

② 제1항에 따른 공고는 지방자치단체의 장이 「지방세기본법」 제147조에 따른 지방세심의위원회로부터 체납처분 집행의 중지에 관한 의결을 통지받은 날부터 10일 이내에 하여야 한다.

③ 지방자치단체의 장은 제2항에 따른 통지를 받아 체납처분의 집행을 중지하였을 때에는 해당 재산의 압류를 해제하여야 한다.

제92조 【체납처분 집행의 중지와 공고】 삭 제 (2024. 12. 31.)

예판

【예규】 파산선고 이전에 과세관청에서 압류한 부동산에 대하여 체납처분을 실시한 경우, 그 이후 파산선고를 하였다 하더라도 '부동산 공매 등' 체납처분 속행을 제한되지 아니한다고 보아야 할 것임. (지방세운영과-3991, 2010. 8. 31.)

을 중지하려는 경우부터 적용함. (법 부칙(2024. 12. 31.) 3조)

④ 체납자(체납자와 체납처분의 목적물인 재산의 소유자가 다른 경우에는 그 소유자를 포함한다)는 제1항 또는 제2항의 체납처분 중지 사유에 해당하는 경우 체납처분의 중지를 지방자치단체의 장에게 요청할 수 있다.

제105조【체납처분 유예】 ① 지방자치단체의 장은 체납자가 다음 각 호의 어느 하나에 해당하는 경우에는 그 체납액에 대하여 체납처분에 의한 재산의 압류나 압류재산의 매각을 대통령령으로 정하는 바에 따라 유예할 수 있다.

1. 지방자치단체의 조례로 정하는 기준에 따른 성실납부자로 인정될 경우
2. 재산의 압류나 압류재산의 매각을 유예함으로써 사업을 정상적으로 운영할 수 있게 되어 체납액을 징수할 수 있다고 인정될 경우

② 지방자치단체의 장은 제1항에 따라 유예를 하는 경우에 필요하다고 인정하면 이미 압류한 재산의 압류를 해제할 수 있다.

③ 지방자치단체의 장은 제1항 및 제2항에 따라 재산의 압류를 유예하거나 압류한 재산의 압류를 해제하는 경우에는 그에 상당하는 납세담보의 제공을 요구할 수 있다.

제93조【체납처분 유예】 ① 법 제105조 제1항에 따른 체납처분 유예의 기간은 그 유예한 날의 다음 날부터 1년 이내로 한다.

② 제1항에도 불구하고 다음 각 호의 어느 하나에 해당하는 자에 대하여 체납처분을 유예하는 경우(제1항에 따라 체납처분을 유예받고 그 유예기간 중에 있는 자에 대하여 유예하는 경우를 포함한다) 그 체납처분 유예의 기간은 체납처분을 유예한 날의 다음 날부터 2년(제1항에 따라 체납처분을 유예받은 분에 대해서는 그 유예기간을 포함하여 산정한다) 이내로 할 수 있다. (2018. 6. 26. 신설)

1. 다음 각 목의 어느 하나의 지역에 사업장이 소재한 「조세특례제한법 시행령」 제2조에 따른 중소기업 (2018. 6. 26. 신설)
   가. 「고용정책 기본법」 제32조의 2 제2항에 따라 선포된 고용재난지역 (2018. 6. 26. 신설)
   나. 「고용정책 기본법 시행령」 제29조 제1항에 따라 지정·고시된 지역 (2018. 6. 26. 신설)

예판

【예규】 체납처분을 유예한 경우 중가산금의 징수까지 유예되는지 여부

- 체납처분등의 유예는 체납자가 사업을 정상적으로 운영할 수 있도록 일정기간 재산의 압류 또는 압류재산의 매각을 유보하는 것으로 미루어 보면 체납처분을 유예한 경우에는 체납처분의 집행을 유예할 뿐만 아니라 중가산금의 징수 또한 유예된다고 볼 수 있음. (세정과 13430-170, 1997. 4. 9.)

④ 제1항에 따른 유예의 신청·승인·통지 등의 절차에 관하여 필요한 사항은 대통령령으로 정한다.
⑤ 체납처분 유예의 취소와 체납액의 일시징수에 관하여는 제29조를 준용한다.

제106조【정리보류 등】(2022. 1. 28. 제목개정)
① 지방자치단체의 장은 납세자에게 다음 각 호의 어느 하나에 해당하는 사유가 있을 때에는 정리보류를 할 수 있다. (2022. 1. 28. 개정)
1. 체납처분이 종결되고 체납액에 충당된 배분금액이 그 체납액보다 적을 때
2. 체납처분을 중지하였을 때
3. 지방세징수권의 소멸시효가 완성되었을 때
3. 삭 제 (2022. 1. 28.)
4. 체납자의 행방불명 등 대통령령으로 정하는 바에 따라 징수할 수 없다고 인정될 때

② 지방자치단체의 장은 지방세징수권의 소멸시효가 완성되었을 때에는 시효완성정리를 하여야 한다. (2022. 1. 28. 신설)
③ 지방자치단체의 장은 제1항에 따라 정리보류를 한 후 압류할 수 있는 다른 재산을 발견하였을 때에는 지체 없이 체납처분을 하여야 한다. (2022. 1. 28. 개정)

예판

【조심판례】 결손처분의 효력
• 기 결손처분한 압류대상 체납세금에 대하여 결손처분취소 후 압

다. 「지역 산업위기 대응 및 지역경제 회복을 위한 특별법」 제10조 제1항에 따라 지정된 산업위기대응특별지역 (2022. 2. 18. 개정 ; 지역 산업위기~부칙)
2. 「재난 및 안전관리 기본법」 제60조 제3항에 따라 선포된 특별재난지역(선포일로부터 2년으로 한정한다) 내에서 피해를 입은 납세자 (2024. 6. 18. 개정 ; 재난 및~부칙)

③ 지방자치단체의 장은 체납처분이 유예된 체납액을 제1항 또는 제2항에 따른 체납처분 유예기간 내에 분할하여 징수할 수 있다. (2018. 6. 26. 개정)
④ 체납처분 유예의 신청·통지·취소통지 등에 대해서는 제32조, 제33조 및 제35조를 준용한다. (2018. 6. 26. 항번개정)

제94조【정리보류】(2022. 1. 28. 제목개정)
① 법 제106조 제1항 제4호에 따른 정리보류는 다음 각 호의 어느 하나에 해당하는 경우로 한정한다. (2022. 1. 28. 개정)
1. 체납자가 행방불명이거나 재산이 없다는 것이 판명된 경우
2. 「채무자 회생 및 파산에 관한 법률」 제251조에 따라 체납한 회사가 납부의무를 면제받게 된 경우

② 지방자치단체의 장은 제1항 제1호에 따라 정리보류를 하려는 때에는 체납자와 관계가 있다고 인정되는 행

류하여야 함에도 불구하고 결손처분취소를 하지 아니하여 압류대상 체납세금이 없는 상태에서 부동산 압류한 처분은 잘못임. (국심2006부2657, 2006. 12. 11.)

【예규】 • 결손처분 후 새로운 재산이 발견되었을 때, 결손처분을 취소하지 않고 한 압류처분의 효력

- 대법원 판례(95다46043, 1996. 3. 12.)도 조세법률주의 원칙에 비추어 그 처분의 취소는 납세고지절차, 혹은 징수유예의 취소절차에 준하여 적어도 그 취소의 사유와 범위를 구체적으로 특정한 서면에 의하여 납세자에게 통지함으로써 그 효력이 발생한다고 명시하고 있으므로 결손처분 후 새로이 체납자의 재산이 발견되어 결손처분한 것을 취소하지 않고 압류를 하였다면 압류의 효력은 결손처분한 것에 대해서는 효력이 미치지 않는 것으로 판단됨. (지방세분석과-3933, 2012. 12. 17.)

• 결손처분이 적법하게 취소되면 결손처분된 지방세는 취소의 소급효에 의거 당초부터 없었던 것으로 되어 소멸하지 않은 것으로 보게 됨. (지방세운영과-3408, 2010. 8. 6.)

제107조 【체납처분에 관한 「국세징수법」의 준용】

지방자치단체의 징수금의 체납처분에 관하여는 「지방세기본법」, 이 법이나 지방세관계법에서 규정하고 있는 사항을 제외하고는 국세 체납처분의 예를 준용한다.

예 판

【판례】 • 과세관청이 결손처분을 취소하지 않고 경매절차에서 결손처분세액을 포함하여 교부청구한 경우 절차적 요건이 흠결되어 적법하다고 볼 수 없어 강제환가절차에서 배당을 받을 수 없음. (대법 2019두32436, 2019. 8. 9.)

정기관에 체납자의 행방이나 재산의 유무를 확인(「전자정부법」 제36조 제1항에 따른 행정정보의 공동이용을 통하여 조회하여 확인하는 것을 포함한다)해야 한다. 다만, 체납된 지방세가 30만원 미만인 때에는 체납자의 행방이나 재산 유무를 확인하지 않을 수 있다. (2022. 1. 28. 개정)

③ 지방자치단체의 장은 법 제106조 제2항에 따라 결손처분을 취소하였을 때에는 지체 없이 납세자에게 그 취소사실을 통지하여야 한다.

③ 삭 제 (2022. 1. 28.)

운영예규 법106-2【제2차 납세의무자등이 있는 경우】

제2차납세의무자, 양도담보권자, 납세보증인 또는 물상보증인으로부터 체납액을 징수할 수 있는 때에는 주된 납세자의 지방세에 대하여 정리보류를 하지 아니한다. 다만, 제2차납세의무자 또는 납세보증인 등에 대하여 정리보류 사유가 있는 경우에는 이들에 대하여 주된 납세자와 관계없이 정리보류를 할 수 있다. (2022. 10. 25. 개정)

• **준용의 범위**

세외수입 관련 규정의 국세징수에 관한 준용 규정은 체납처분의 절차에 따라 강제징수할 수 있다는 소위 자력집행권이 있음을 규정한 것이지, 국세 · 지방세가 저당권 등에 우선한다는 등 국세우선권의 규정은 준용할 수 없음. (대법 89다카17898, 1990. 3. 9.)

부 칙 (2024. 12. 31. 법률 제20631호)

제1조【시행일】 이 법은 2025년 1월 1일부터 시행한다.

제2조【매각결정 기일의 연기에 관한 적용례】 제92조 제2항의 개정규정은 이 법 시행 이후 공매공고를 하는 경우부터 적용한다.

제3조【체납처분의 중지에 관한 적용례】 제104조 제3항의 개정규정은 이 법 시행 이후 체납처분의 집행을 중지하려는 경우부터 적용한다.

부 칙 (2023. 12. 29. 법률 제19861호)

제1조【시행일】 이 법은 2024년 1월 1일부터 시행한다. 다만, 제90조, 제91조, 제92조의 2, 제95조 및 제98조 제2항의 개정규정은 2024년 7월 1일부터 시행한다.

제2조【매수대금의 차액납부에 관한 적용례】 제92조의 2의 개정규정은 2024년 7월 1일 이후 공매공고를 하는 경우부터 적용한다.

부 칙 (2023. 7. 18. 법률 제19563호 ; 가상자산 이용자 보호 등에 관한 법률 부칙)

제1조【시행일】 이 법은 공포 후 1년이 경과한 날부터 시행한다. 다만, 부칙 제2조 제6항은 2025년 1월 1일부터 시행한다.

제2조【다른 법률의 개정】 ①~⑥ 생 략

⑦ 지방세징수법 일부를 다음과 같이 개정한다.

제61조 제3항 전단 중 "「특정 금융거래정보의 보고 및 이용 등에 관한 법률」 제2조 제3호"를 "「가상자산 이용자 보호 등에 관한 법률」 제2조 제1호"로, "제2조 제1호하목"을 "제2조 제2

부 칙 (2024. 12. 31. 대통령령 제35176호)

이 영은 2025년 1월 1일부터 시행한다.

부 칙 (2024. 6. 18. 대통령령 제34573호 ; 재난 및 안전관리 기본법 시행령 부칙)

제1조【시행일】 이 영은 2024년 6월 27일부터 시행한다. 다만, 제26조, 제29조, 제29조의 2부터 제29조의 4까지, 제44조, 제68조 제2항 제1호, 제69조, 제73조의 2 제2항 제1호, 제73조의 5 제1항, 제79조의 5부터 제79조의 7까지, 별표 2의 개정규정 및 부칙 제3조는 2024년 7월 17일부터 시행한다.

제2조 생 략

제3조【다른 법령의 개정】 ①~④ 생 략

⑤ 지방세징수법 시행령 일부를 다음과 같이 개정한다.

제31조의 2 제1항 제2호 및 제93조 제2항 제2호 중 "「재난 및 안전관리 기본법」 제60조 제2항"을 각각 "「재난 및 안전관리 기본법」 제60조 제3항"으로 한다.

부 칙 (2024. 3. 26. 대통령령 제34352호)

제1조【시행일】 이 영은 공포한 날부터 시행한다. 다만, 제85조의 2의 개정규정은 2024년 7월 1일부터 시행한다.

제2조【압류금지 재산 등에 관한 적용례】 제46조 제1항 각 호 외의 부분, 같은 항 제1호 · 제3호 · 제4호 및

부 칙 (2024. 12. 31. 행정안전부령 제538호)

이 규칙은 2025년 1월 1일부터 시행한다.

부 칙 (2024. 3. 26. 행정안전부령 제473호)

제1조【시행일】 이 규칙은 공포한 날부터 시행한다. 다만, 제66조의 2, 별지 제79호 서식, 별지 제79호의 2 서식, 별지 제81호 서식 및 별지 제85호 서식의 개정규정은 2024년 7월 1일부터 시행한다.

제2조【지방세 납부확인서 등에 관한 경과조치】 법률 제17770호 지방세징수법 일부개정법률 부칙 제1조 단서에 따른 시행일인 2024년 1월 1일 전에 납세의무가 성립된 분에 대해서는 제15조 제1호 · 제2호 및 제22조의 개정규정에도 불구하고 종전의 규정에 따른다.

부 칙 (2023. 12. 29. 행정안전부령 제449호)

호"로 한다.
⑧ 생 략

부 칙 (2023. 3. 14. 법률 제19231호)

제1조【시행일】 이 법은 공포한 날부터 시행한다. 다만, 제6조의 개정규정은 2023년 4월 1일부터 시행한다.

제2조【미납지방세 등의 열람에 관한 적용례】 제6조의 개정규정은 같은 개정규정 시행 전에 임대차계약을 체결한 경우로서 같은 개정규정 시행 이후 열람을 신청하는 경우에도 적용한다.

제3조【납기 전 징수에 관한 적용례】 제22조 제1항 제2호의 개정규정은 이 법 시행 이후 파산선고를 받는 경우부터 적용한다.

제4조【압류재산 직접 매각 통지에 관한 적용례】 제71조 제3항의 개정규정은 이 법 시행 전에 압류한 재산을 이 법 시행 이후 제71조 제2항 각 호의 구분에 따라 직접 매각하는 경우에도 적용한다.

제5조【매각결정 기일에 관한 적용례】 제78조 제6항의 개정규정은 이 법 시행 이후 공매공고를 하는 경우부터 적용한다.

제6조【차순위 매수신고에 관한 경과조치】 이 법 시행 전에 공매공고를 한 경우 차순위 매수신고자에 대한 매각결정에 대해서는 제90조 제3항의 개정규정에도 불구하고 종전의 규정에 따른다.

제7조【다른 법률의 개정】 지방세특례제한법 일부를 다음과 같이 개정한다.

제92조의2 제1항 각 호 외의 부분 중 "「지방세징수법」 제23조에 따른 신용카드 자동이체 방식 또는 같은 법 제24조에 따른 계좌 자동이체 방식(이하 이 조에서 "자동이체 방식"이라 한다)"을 "「지방세징수법」 제23조 제2항에 따른 자동납부 방식(이하 이 제47조 제2항의 개정규정은 이 영 시행 이후 압류하는 경우부터 적용한다.

제3조【납세증명서 등에 관한 경과조치】 법률 제17770호 지방세징수법 일부개정법률 부칙 제1조 단서에 따른 시행일인 2024년 1월 1일 전에 납세의무가 성립된 분에 대해서는 제2조 제3호, 제36조, 제37조 및 제38조 제2호의 개정규정에도 불구하고 종전의 규정에 따른다.

부 칙 (2023. 3. 31. 대통령령 제33368호)

이 영은 2023년 4월 1일부터 시행한다.

부 칙 (2023. 3. 14. 대통령령 제33326호)

이 영은 공포한 날부터 시행한다.

부 칙 (2022. 6. 7. 대통령령 제32667호)

이 영은 공포한 날부터 시행한다. 다만, 제19조의2의 개정규정은 2022년 7월 29일부터 시행한다.

부 칙 (2022. 2. 18. 대통령령 제32455호 ; 지역 산업위기 대응 및 지역경제 회복을 위한 특별법 시행령 부칙)

제1조【시행일】 이 영은 2022년 2월 18일부터 시행한다.

제2조【다른 법령의 개정】 ①~⑥ 생 략

⑦ 지방세징수법 시행령 일부를 다음과 같이 개정한다.

제31조의2 제1항 제1호 다목 및 제93조 제2항 제1호 다목 중 "「국가균형발전 특별법」 제17조 제2항"을 각각 "「지역 산업위기 대응 및 지역경제 회복을 위한 특별법」 제10조 제1항"으로 한다.

이 규칙은 2024년 1월 1일부터 시행한다.

부 칙 (2023. 3. 31. 행정안전부령 제391호)

이 규칙은 2023년 4월 1일부터 시행한다.

부 칙 (2022. 3. 14. 행정안전부령 제383호)

제1조【시행일】 이 규칙은 공포한 날부터 시행한다.

제2조【체납자 실태조사 계획 수립에 관한 특례】 2023년에 수립하는 체납자 실태조사 계획은 제22조의2의 개정규정에도 불구하고 2023년 4월 30일까지 수립해야 한다.

부 칙 (2022. 3. 18. 행정안전부령 제323호)

이 규칙은 공포한 날부터 시행한다.

부 칙 (2021. 9. 7. 행정안전부령 제274호 ; 어려운 법령용어 정비를 위한 29개 법령의 일부개정에 관한 행정안전부령)

이 규칙은 공포한 날부터 시행한다.

조에서 "자동납부 방식"이라 한다)"으로 하고, 같은 항 제1호 및 제2호 중 "자동이체 방식"을 각각 "자동납부 방식"으로 한다.

부　칙 (2022. 1. 28. 법률 제18794호)

제1조【시행일】 이 법은 공포한 날부터 시행한다. 다만, 법률 제17770호 지방세징수법 일부개정법률 제8조제1항 및 제1조 제1항 본문의 개정규정은 2022년 2월 3일부터 시행하고, 법률 제17770호 지방세징수법 일부개정법률 제11조의 4의 개정규정은 공포 후 6개월이 경과한 날부터 시행하며, 제32조의 2의 개정규정은 2023년 1월 1일부터 시행한다.

제2조【고액·상습체납자에 대한 감치에 관한 적용례】 제11조의 4의 개정규정은 이 법 시행 이후 지방세를 체납하는 분부터 적용한다.

제3조【종중 재산의 명의수탁자에 대한 징수절차에 관한 적용례】 종중 재산의 명의수탁자에 대한 제16조 제1항 및 제2항의 개정규정은 이 법 시행 이후 납세의무가 성립하는 경우부터 적용한다.

제4조【선박 또는 항공기등의 압류절차에 관한 적용례】 제55조 제4항 및 제56조 제2항의 개정규정은 이 법 시행 이후 선박 또는 항공기등을 압류하는 경우부터 적용한다.

제5조【가상자산의 매각에 관한 적용례】 제71조 제2항의 개정규정은 이 법 시행 전에 압류한 가상자산을 이 법 시행 이후 매각하는 경우에도 적용한다.

제6조【공매 통지에 관한 적용례】 제80조 제2항의 개정규정은 이 법 시행 이후 최초의 공매공고를 하는 경우부터 적용한다.

부　칙 (2021. 1. 12. 법률 제17893호 ; 지방자치법 부칙)

제1조【시행일】 이 법은 공포 후 1년이 경과한 날부터 시

부　칙 (2022. 1. 28. 대통령령 제32372호)

이 영은 공포한 날부터 시행한다. 다만, 다음 각 호의 개정규정은 2022년 2월 3일부터 시행한다.

1. 제15조의 개정규정
2. 제17조 제1항부터 제3항까지 및 제19조 제2항의 개정규정 중 "지방자치단체의 장 또는 지방세조합장"을 개정하는 부분
3. 제17조 제5항의 개정규정 중 "지방자치단체의 장이 정하거나 지방세조합의 규약으로 정한다"를 개정하는 부분

부　칙 (2022. 1. 21. 대통령령 제32352호 ; 감정평가 및 감정평가사에 관한 법률 시행령 부칙)

제1조【시행일】 이 영은 2022년 1월 21일부터 시행한다.

제2조～제4조 생　략

제5조【다른 법령의 개정】 ①～53 생　략

54 지방세징수법 시행령 일부를 다음과 같이 개정한다.

제76조 제1항 제1호 중 "「감정평가 및 감정평가사에 관한 법률」 제2조 제4호에 따른 감정평가업자"를 "「감정평가 및 감정평가사에 관한 법률」에 따른 감정평가법인등"으로 한다.

55～64 생　략

부　칙 (2021. 4. 27. 대통령령 제31647호)

제1조【시행일】 이 영은 공포한 날부터 시행한다.

제2조【수탁자의 물적납세의무에 따른 납세증명서 발급 등에 관한 적용례】 제2조 제3호, 제9조 제8호, 제16조 제1항 제3호 및 제19조 제1항 제4호의 개정규정은 이 영 시행 이후 재산세등을 부과하는 경우부터 적용한다.

부　칙 (2021. 2. 17. 대통령령 제31453호 ; 국세징수법 시행령 부칙)

부　칙 (2021. 3. 16. 기획재정부령 제840호 ; 국제조세조정에 관한 법률 시행령 부칙)

제1조【시행일】 이 규칙은 공포한 날부터 시행한다.

제2조～제10조 생　략

제11조【다른 법령의 개정】 지방세징수법 시행규칙 일부를 다음과 같이 개정한다.

별지 제26호 서식 뒤쪽의 작성방법란 제8호 가목 5) 후단 중 "「국제조세조정에 관한 법률」 제24조 제2항부터 제6항까지의 규정에 따른 징수유예의 특례"를 "「국제조세조정에 관한 법률」 제49조 제1항부터 제5항까지의 규정에 따른 납부기한등의 연장 등의 적용특례"로 한다.

제12조 생　략

부　칙 (2020. 12. 31. 행정안전부령 제226호)

이 규칙은 2021년 1월 1일부터 시행한다.

부　칙 (2020. 3. 24. 행정안전부령 제173호)

이 규칙은 공포한 날부터 시행한다.

**부　칙 (2018. 12. 31. 행정안전부령

행한다.

제2조～제21조 생 략

제22조 【다른 법률의 개정】 ①～53 생 략

54 지방세징수법 일부를 다음과 같이 개정한다.

제30조 단서 중 "「지방자치법」 제159조"를 "「지방자치법」 제176조"로 한다.

55～69 생 략

제23조 생 략

부 칙 (2020. 12. 29. 법률 제17770호)

제1조 【시행일】 이 법은 2021년 1월 1일부터 시행한다. 다만, 제8조, 제9조(지방세조합장의 체납액 합산 제재와 관련된 개정사항에 한정한다), 제11조, 제11조의 2 제2호, 제11조의 3의 개정규정은 2022년 2월 3일부터 시행하고, 제2조 제1항 제2호, 제4조 제1항 제2호·제3호, 제12조 제2항, 제28조 제1항·제2항·제4항(가산금과 관련된 개정사항에 한정한다), 제30조, 제31조, 제76조 제4항 및 제95조 제2항의 개정규정은 2024년 1월 1일부터 시행하며, 제71조의 개정규정은 공포 후 1년이 경과한 날부터 시행한다. (2022. 1. 28. 단서개정)

제2조 【둘 이상의 지방자치단체에 체납액이 있는 경우의 처리에 관한 적용례】 ① 제9조 제1항 제1호 및 제11조의 2 제1호의 개정규정은 이 법 시행 이후 둘 이상의 지방자치단체의 체납액 등을 합산하여 제8조 제1항, 제9조 제1항 또는 제11조 제1항의 각 기준에 해당하는 경우부터 적용한다.

② 제11조의 2 제2호의 개정규정은 2022년 2월 3일 이후 둘 이상의 지방자치단체의 체납액 등을 합산하여 제8조 제1항, 제9조 제1항 또는 제11조 제1항의 각 기준에 해당하는 경우부터 적용한다.

제1조 【시행일】 이 영은 공포한 날부터 시행한다.

제2조～제6조 생 략

제7조 【다른 법령의 개정】 ①～⑬ 생 략

⑭ 지방세징수법 시행령 일부를 다음과 같이 개정한다.

제74조의 2 제1항 제2호 중 "「국세징수법 시행령」 제68조의 7 제1항"을 "「국세징수법 시행령」 제75조 제1항"으로 한다.

⑮～⑯ 생 략

제8조 생 략

부 칙 (2020. 12. 31. 대통령령 제31342호)

제1조 【시행일】 이 영은 2021년 1월 1일부터 시행한다.

제2조 【출국금지 요청 대상 확대에 따른 적용례】 제15조 제1항 제2호 및 제3호의 개정규정은 이 영 시행 당시 같은 개정규정의 출국금지 요청 요건을 충족한 사람에 대해서도 적용한다.

제3조 【고액·상습체납자 명단공개 제외 기준 강화에 따른 적용례】 제19조 제1항 제1호의 개정규정은 이 영 시행 이후 고액·상습체납자 명단공개 대상을 정하는 경우부터 적용한다.

제4조 【징수유예등의 신청절차에 관한 적용례】 제32조 제1항의 개정규정은 이 영 시행 이후 징수유예등을 신청하는 경우부터 적용한다.

제5조 【징수유예등의 통지에 관한 적용례】 제33조 제1항 및 제2항의 개정규정은 이 영 시행 이후 징수유예등에 관한 결정을 하는 경우부터 적용한다.

부 칙 (2020. 12. 8. 대통령령 제31222호 ; 전자서명법 시행령 부칙)

제1조 【시행일】 이 영은 2020년 12월 10일부터 시행한다.

제2조 【다른 법령의 개정】 ①～㉙ 생 략

㉚ 지방세징수법 시행령 일부를 다음과 같이 개정한다.

제94호)

이 규칙은 2019년 1월 1일부터 시행한다.

부 칙 (2018. 3. 27. 행정안전부령 제49호)

이 규칙은 2018년 3월 27일부터 시행한다.

부 칙 (2017. 3. 28. 행정자치부령 제115호)

제1조 【시행일】 이 규칙은 공포한 날부터 시행한다.

제2조 【다른 법령과의 관계】 이 규칙 시행 당시 다른 법령(조례를 포함한다)에서 종전의 「지방세기본법 시행규칙」 또는 그 규정을 인용하고 있는 경우 이 규칙에 그에 해당하는 규정이 있으면 종전의 「지방세기본법 시행규칙」 또는 그 규정을 갈음하여 이 규칙 또는 이 규칙의 해당 규정을 인용한 것으로 본다.

제3조【징수유예등의 승인 여부 및 통지에 관한 적용례】 제25조의 3 제2항 및 제3항의 개정규정은 이 법 시행 이후 납세자가 징수유예등을 신청하는 경우부터 적용한다.

제4조【가산금 폐지에 따른 경과조치】 부칙 제1조 단서에 따른 시행일 전에 납세의무가 성립된 분에 대해서는 제2조 제1항 제2호, 제4조 제1항 제2호·제3호, 제12조 제2항, 제28조 제1항·제2항·제4항, 제30조, 제31조, 제76조 제4항 및 제95조 제2항의 개정규정에도 불구하고 종전의 규정에 따른다.

제5조【가산금 폐지에 따른 다른 법령의 적용에 관한 경과조치】 부칙 제1조 단서에 따른 시행일 당시 다른 법령에서 가산금에 관하여 「지방세징수법」 제30조 또는 제31조를 인용하고 있는 경우에는 종전의 「지방세징수법」 제30조 및 제31조의 규정을 인용한 것으로 보아 해당 규정에 따라 가산금을 징수한다.

부 칙 (2020. 12. 22. 법률 제17651호 ; 국제조세조정에 관한 법률 부칙)

제1조【시행일】 이 법은 2021년 1월 1일부터 시행한다. (단서 생략)

제2조~제30조 생 략

제31조【다른 법률의 개정】 ①~⑤ 생 략

⑥ 지방세징수법 일부를 다음과 같이 개정한다.

제25조 제1항 제5호 후단 중 "「국제조세조정에 관한 법률」 제24조 제2항부터 제6항까지의 규정에 따른 징수유예의 특례"를 "「국제조세조정에 관한 법률」 제49조에 따른 납부기한등의 연장 등의 적용 특례"로 한다.

제28조 제3항 중 "「국제조세조정에 관한 법률」 제24조 제5항"을 "「국제조세조정에 관한 법률」 제49조 제5항"으로 한다.

제31조 제3항 중 "「국제조세조정에 관한 법률」 제24조 제5항 제6조 제1항 제1호 중 "「전자서명법」 제2조 제8호에 따른 공인인증서"를 "「전자서명법」 제2조 제6호에 따른 인증서로서 서명자의 실지명의를 확인할 수 있는 인증서"로 한다.

㉛~㊲ 생 략

제3조 생 략

부 칙 (2020. 3. 24. 대통령령 제30544호)

제1조【시행일】 이 영은 공포한 날부터 시행한다. 다만, 제4조의 개정규정은 2020년 4월 30일부터 시행한다.

제2조【신용카드를 통한 지방세 납부에 관한 적용례】 제30조 제1항의 개정규정은 이 영 시행 전에 납세의무가 성립된 분에 대해서도 적용한다.

제3조【압류금지 재산에 관한 적용례】 제46조 제1항 및 제47조 제2항의 개정규정은 이 영 시행 이후 압류하는 분부터 적용한다.

부 칙 (2018. 12. 31. 대통령령 제29439호)

이 영은 2019년 1월 1일부터 시행한다.

부 칙 (2018. 6. 26. 대통령령 제28992호)

제1조【시행일】 이 영은 공포한 날부터 시행한다. 다만, 제15조 제1항 및 제3항의 개정 규정은 2018년 6월 27일부터 시행한다.

제2조【고용재난지역 등에 소재한 중소기업 등의 징수유예등의 특례에 관한 적용례】 제31조의 2의 개정규정은 이 영 시행 이후 징수유예등을 결정하는 분부터 적용한다.

제3조【고용재난지역 등에 소재한 중소기업 등의 체납처분유예에 관한 적용례】 제93조 제2항의 개정규정은 이 영 시행 이후 체납처분을 유예하는 분부터 적용한다.

운영예규 부 칙 (2022. 10. 25. 행정안전부예규 제223호)

제1조【시행일】 이 예규는 2022년 10월 31일부터 시행한다.

제2조【전통사찰보존지 및 향교재산 중 임대농지의 수익사업 판단에 관한 적용례】 법 106…시행령 102-4의 개정규정은 2022년에 납세의무가 성립한 재산세 분부터 적용한다.

제3조【재검토기한】 행정안전부장관은 「훈령·예규 등의 발령 및 관리에 관한 규정」에 따라 이 예규에 대하여 2019년 7월 1일 기준으로 매 3년이 되는 시점(매 3년째의 6월 30일까지를 말한다)마다 그 타당성을 검토하여 개선 등의 조치를 하여야 한다.

부 칙 (2019. 5. 31. 행정안전부예규 제74호)

제1조【시행일】 이 예규는 2019년 6월 1일부터 시행한다.

제2조【재검토기한】 행정안전부장관은 「훈령·예규 등의 발령 및 관리에 관한 규정」에 따라 이 예규에 대하여 2019년 7월 1일 기준으로 매 3년이 되는 시점(매 3년째의 6월 30일까지를 말한다)마다 그 타당성을 검토하여 개선 등의 조치를 하여야 한다.

항"을 "「국제조세조정에 관한 법률」 제49조 제5항"으로 한다.
⑦ 생 략

제32조 생 략

부 칙 (2020. 12. 8. 법률 제17574호 ; 도로명주소법 부칙)

제1조【시행일】 이 법은 공포 후 6개월이 경과한 날부터 시행한다.

제2조~제17조 생 략

제18조【다른 법률의 개정】 ① 생 략
② 지방세징수법 일부를 다음과 같이 개정한다.

제11조 제5항 중 "「도로명주소법」 제2조 제5호의 도로명 및 같은 조 제7호의 건물번호"를 "「도로명주소법」제2조 제3호에 따른 도로명 및 같은 조 제5호에 따른 건물번호"로 한다.
③ 생 략

제19조 생 략

부 칙 (2020. 3. 24. 법률 제17092호)

제1조【시행일】 이 법은 공포한 날부터 시행한다. 다만, 제9조 제1항, 제11조 제1항 단서 및 제71조 제4항의 개정규정은 2021년 1월 1일부터 시행한다.

제2조【매수인의 제한에 관한 적용례】 제77조의 개정규정은 이 법 시행 이후 압류재산을 매각하는 경우부터 적용한다.

제3조【체납 또는 결손처분 자료의 제공 등에 관한 경과조치】 부칙 제1조 단서에 따른 시행일 전에 「지방세기본법」에 따른 심사청구를 하여 그 심사청구가 계류 중인 경우에는 제9조 제1항 각 호 외의 부분 단서, 제11조 제1항 단서 및 제71조 제4항 본문의 개정규정에도 불구하고 종전의 규정에 따른다.

부 칙 (2018. 3. 27. 대통령령 제28715호)

이 영은 2018년 3월 27일부터 시행한다.

부 칙 (2017. 7. 26. 대통령령 제28211호 ; 행정안전부와 그 소속기관 직제 부칙)

제1조【시행일】 이 영은 공포한 날부터 시행한다. 다만, 부칙 제8조에 따라 개정되는 대통령령 중 이 영 시행 전에 공포되었으나 시행일이 도래하지 아니한 대통령령을 개정한 부분은 각각 해당 대통령령의 시행일부터 시행한다.

제2조~제7조 생 략

제8조【다른 법령의 개정】 ①~⑰⑥ 생 략
⑰⑦ 지방세징수법 시행령 일부를 다음과 같이 개정한다.

제6조 제1항 제1호, 제18조 제3항 및 제73조 중 "행정자치부장관"을 각각 "행정안전부장관"으로 한다.

제11조, 제51조 제1항, 제62조 본문, 제66조 전단, 제70조 제1항, 제74조 및 제76조 제2항 중 "행정자치부령"을 각각 "행정안전부령"으로 한다.
⑰⑧~㉘⑧ 생 략

부 칙 (2017. 3. 27. 대통령령 제27959호)

제1조【시행일】 이 영은 2017년 3월 28일부터 시행한다.

제2조【관허사업 제한 절차 등에 관한 경과조치】 이 영 시행 전에 종전의 「지방세기본법 시행령」(대통령령 제27958호로 개정되기 전의 것을 말한다. 이하 "종전의 지방세기본법 시행령"이라 한다) 제49조에 따라 관허사업 제한 절차 등을 조례로 규정한 경우로서 이 영 시행 당시 관허사업 제한 절차 등이 진행 중인 경우에는 제11조의 규정에도 불구하고 그 제한 절차 등은 종전의 규정에 따른다.

제3조【다른 법령의 개정】 ① 국민건강보험법 시행령 일

부 칙 (2020. 2. 4. 법률 제16957호 ; 신용정보의 이용 및 보호에 관한 법률 부칙)

제1조【시행일】 이 법은 공포 후 6개월이 경과한 날부터 시행한다. (단서생략)

제2조～제11조 생 략

제12조【다른 법률의 개정】 ①～㉒ 생 략

㉓ 지방세징수법 일부를 다음과 같이 개정한다.

제9조 제1항 중 "「신용정보의 이용 및 보호에 관한 법률」 제2조에 따른 신용정보회사 또는 신용정보집중기관"을 "「신용정보의 이용 및 보호에 관한 법률」 제25조 제2항 제1호에 따른 종합신용정보집중기관"으로 한다.

㉔～㉙ 생 략

제13조 생 략

부 칙 (2020. 1. 29. 법률 제16886호)

이 법은 공포 후 3개월이 경과한 날부터 시행한다.

부 칙 (2019. 11. 26. 법률 제16652호 ; 금융회사부실자산 등의 효율적 처리 및 한국자산관리공사의 설립에 관한 법률 부칙)

제1조【시행일】 이 법은 공포한 날부터 시행한다.

제2조【다른 법률의 개정】 ①～㉝ 생 략

㉞ 지방세징수법 일부를 다음과 같이 개정한다.

제71조 제5항 중 "「금융회사부실자산 등의 효율적 처리 및 한국자산관리공사의 설립에 관한 법률」"을 "「한국자산관리공사 설립 등에 관한 법률」"로 한다.

㉟～㊵ 생 략

제3조 생 략

부를 다음과 같이 개정한다.

별표 4의 3 제1호 사목 중 "「지방세기본법」"을 "「지방세기본법」, 「지방세징수법」"으로 한다.

② 국민연금법 시행령 일부를 다음과 같이 개정한다.

별표 2의 3 제2호 마목 중 "「지방세기본법」"을 "「지방세기본법」, 「지방세징수법」"으로 한다.

③ 농어촌특별세법 시행령 일부를 다음과 같이 개정한다.

제10조 제3항 중 "「지방세기본법 시행령」 제55조 제1항"을 "「지방세징수법 시행령」 제24조 제1항"으로 한다.

④ 세무사법 시행령 일부를 다음과 같이 개정한다.

별표 2 제2호 다목 중 "「지방세기본법」"을 "「지방세기본법」·「지방세징수법」"으로 한다.

⑤ 지방세법 시행령 일부를 다음과 같이 개정한다.

제80조 제3항 중 "「지방세기본법」 제45조 및 제61조 제2항·제3항"을 "「지방세징수법」 제15조 및 제32조 제2항·제3항"으로 한다.

⑥ 지방재정법 시행령 일부를 다음과 같이 개정한다.

제39조 제1호 중 "「지방세기본법」 제67조"를 "「지방세징수법」 제17조"로 한다.

⑦ 지방세특례제한법 시행령 일부를 다음과 같이 개정한다.

제2조 제1항 제1호 중 "「지방세기본법」"을 "「지방세기본법」, 「지방세징수법」"으로 하고, 같은 항 제2호 중 "「지방세기본법」"을 "「지방세기본법」, 「지방세징수법」"으로 한다.

제4조【다른 법령과의 관계】 이 영 시행 당시 다른 법령(조례를 포함한다)에서 종전의 지방세기본법 시행령 또는 그 규정을 인용하고 있는 경우 이 영에 그에 해당하는 규정이 있으면 종전의 지방세기본법 시행령 또는 그 규정을 갈음하여 이 영 또는 이 영의 해당 조항을 각각 인용한 것으로 본다.

부　칙 (2018. 12. 24. 법률 제16040호)

제1조【시행일】 이 법은 2019년 1월 1일부터 시행한다.

제2조【중가산금에 관한 경과조치】 이 법 시행 당시 체납된 지방세를 납부하지 아니한 경우로서 납부기한이 지난 날부터 이 법 시행 전까지 가산되는 중가산금에 대해서는 제31조 제1항 전단의 개정규정에도 불구하고 종전의 규정에 따른다.

부　칙 (2017. 12. 26. 법률 제15294호)

이 법은 공포한 날부터 시행한다. 다만, 제8조 제1항의 개정규정은 공포 후 6개월이 경과한 날부터 시행하고, 제71조의 2의 개정규정은 공포 후 3개월이 경과한 날부터 시행한다.

부　칙 (2017. 7. 26. 법률 제14839호 ; 정부조직법 부칙)

제1조【시행일】 ① 이 법은 공포한 날부터 시행한다. 다만, 부칙 제5조에 따라 개정되는 법률 중 이 법 시행 전에 공포되었으나 시행일이 도래하지 아니한 법률을 개정한 부분은 각각 해당 법률의 시행일부터 시행한다.

제2조～제4조 생　략

제5조【다른 법률의 개정】 ①～⑨ 생　략

⑨ 지방세징수법 일부를 다음과 같이 개정한다.

제10조 제1항 각 호 외의 부분 및 제19조 제3항·제4항 중 "행정자치부장관"을 각각 "행정안전부장관"으로 한다.

제11조 제4항 및 제81조 제6항 제1호 중 "행정자치부"를 각각 "행정안전부"로 한다.

⑨～⑻ 생　략

제6조 생　략

부　칙 (2017. 1. 4. 법률 제14524호 ; 보조금 관리에 관한 법률 부칙)

제1조【시행일】 이 법은 공포한 날부터 시행한다. 다만, 부칙 제4조는 2017년 3월 28일부터 시행하고, 법률 제13931호 보조금 관리에 관한 법률 일부개정법률 제26조의 3, 제26조의 10, 제36조의 2 제1항 제1호 및 법률 제13931호 보조금 관리에 관한 법률 일부개정법률 부칙 제3조의 개정규정은 2017년 6월 1일부터 시행한다.

제2조·제3조 생　략

제4조【다른 법률의 개정】 ① 생　략

② 법률 제14476호 지방세징수법 일부를 다음과 같이 개정한다.

법률 제14476호 지방세징수법 부칙 제4조에 제65항을 다음과 같이 신설한다.

⑥ 법률 제14524호 보조금 관리에 관한 법률 일부개정법률 일부를 다음과 같이 개정한다.

제26조의 3 제1항 제6호 바목 중 "「지방세기본법」 제63조"를 "「지방세징수법」 제5조"로 한다.

부　칙 (2016. 12. 27. 법률 제14476호)

제1조【시행일】 이 법은 공포 후 3개월이 경과한 날부터 시행한다. 다만, 제23조 제2항은 2017년 6월 1일부터, 제65조는 2018년 1월 1일부터 시행한다.

제2조【체납처분 중지 공고에 관한 적용례】 제104조 제3항은 이 법 시행 후 체납처분의 집행을 중지하려는 경우부터 적용한다.

제3조【일반적 경과조치】 ① 이 법 시행 전에 종전의 「지방세기본법」이나 지방세관계법에 따라 부과하였거나 부과하여야 할 지방자치단체의 징수금의 징수에 대해서는 종전의 「지방세기본법」에 따른다.

② 지방자치단체의 징수금의 징수와 관련하여 이 법 시행 당시 종전의 「지방세기본법」에 따라 지방자치단체의 장 등에게 한 행위와 지방자치단체의 장 등이 한 행위는 이 법에 따라 지방자치단체의 장 등에게 한 행위 또는 지방자치단체의 장 등이 한 행위로 본다.

제4조【다른 법률의 개정】 ① 가축분뇨의 관리 및 이용에 관한 법률 일부를 다음과 같이 개정한다.

제14조 제2항 제3호 중 "「지방세기본법」"을 "「지방세징수법」"으로 한다.

② 건강기능식품에 관한 법률 일부를 다음과 같이 개정한다.

제11조 제2항 제3호 중 "「지방세기본법」"을 "「지방세징수법」"으로 한다.

③ 건설기계관리법 일부를 다음과 같이 개정한다.

제24조의 2 제2항 제3호 중 "「지방세기본법」"을 "「지방세징수법」"으로 한다.

④ 건설폐기물의 재활용촉진에 관한 법률 일부를 다음과 같이 개정한다.

제31조 제2항 전단 중 "「지방세기본법」"을 "「지

방세징수법」”으로 한다.

제45조 제1항 제4호 중 “「지방세기본법」”을 “「지방세징수법」”으로 한다.

⑤ 게임산업진흥에 관한 법률 일부를 다음과 같이 개정한다.

제29조 제3항 중 “「지방세기본법」”을 “「지방세징수법」”으로 한다.

⑥ 공무원범죄에 관한 몰수 특례법 일부를 다음과 같이 개정한다.

제40조 제1항 제1호 중 “「지방세기본법」”을 “「지방세징수법」”으로 한다.

⑦ 공무원연금법 일부를 다음과 같이 개정한다.

제32조 제1항 단서 중 “「지방세기본법」”을 “「지방세징수법」”으로 한다.

⑧ 공중위생관리법 일부를 다음과 같이 개정한다.

제3조의 2 제2항 중 “「지방세기본법」”을 “「지방세징수법」”으로 한다.

⑨ 관광진흥법 일부를 다음과 같이 개정한다.

제8조 제2항 제3호 중 “「지방세기본법」”을 “「지방세징수법」”으로 한다.

⑩ 군인연금법 일부를 다음과 같이 개정한다.

제7조 제1항 제3호 중 “「지방세기본법」”을 “「지방세징수법」”으로 한다.

⑪ 기업활동 규제완화에 관한 특별조치법 일부를 다음과 같이 개정한다.

제60조의 13 제1항 각 호 외의 부분 본문 중 “「지방세기본법」”을 “「지방세징수법」”으로 한다.

⑫ 대기환경보전법 일부를 다음과 같이 개정한다.

제27조 제3항 제3호 중 “「지방세기본법」”을 “「지방세징수법」”으로 한다.

제35조 제6항 중 “「지방세기본법」 제59조 및 제60조”를 “「지방세징수법」 제30조 및 제31조”로 한다.

⑬ 도시가스사업법 일부를 다음과 같이 개정한다.

제7조 제2항 중 “「지방세기본법」”을 “「지방세징수법」”으로 한다.

⑭ 도시철도법 일부를 다음과 같이 개정한다.

제38조 제2항 중 “「지방세기본법」”을 “「지방세징수법」”으로 한다.

⑮ 마리나항만의 조성 및 관리 등에 관한 법률 일부를 다음과 같이 개정한다.

제28조의 3 제2항 제3호 중 “「지방세기본법」”을 “「지방세징수법」”으로 한다.

⑯ 마약류 불법거래 방지에 관한 특례법 일부를 다음과 같이 개정한다.

제50조 제1항 제1호 중 “「지방세기본법」”을 “「지방세징수법」”으로 한다.

⑰ 먹는물관리법 일부를 다음과 같이 개정한다.

제25조 제2항 제3호 중 “「지방세기본법」”을 “「지방세징수법」”으로 한다.

⑱ 별정우체국법 일부를 다음과 같이 개정한다.

제31조 제1항 단서 중 “「지방세기본법」”을 “「지방세징수법」”으로 한다.

⑲ 불법정치자금 등의 몰수에 관한 특례법 일부를 다음과 같이 개정한다.

제39조 제1항 중 “「지방세기본법」”을 “「지방세징수법」”으로 한다.

⑳ 사료관리법 일부를 다음과 같이 개정한다.

제9조 제2항 중 “「지방세기본법」”을 “「지방세징수법」”으로 한다.

㉑ 사행행위 등 규제 및 처벌 특례법 일부를 다음과 같이 개정한다.

제9조 제2항 제3호 중 “「지방세기본법」”을 “「지방세징수법」”으로 한다.

㉒ 생활주변방사선 안전관리법 일부를 다음과 같이 개정한다.

제10조 제2항 중 “「지방세기본법」”을 “「지방세징수법」”으로 한다.

㉓ 석유 및 석유대체연료 사업법 일부를 다음과 같이 개정한다.

제7조 제2항 제3호 중 “「지방세기본법」”을 “「지방세징수법」”으로 한다.

㉔ 석탄산업법 일부를 다음과 같이 개정한다.

제20조 제2항 제3호 중 “「지방세기본법」”을 “「지방세징수법」”으로 한다.

㉕ 선박법 일부를 다음과 같이 개정한다.

제8조의 3 중 “「지방세기본법」”을 “「지방세징수법」”으로 한다.

㉖ 소금산업 진흥법 일부를 다음과 같이 개정한다.

제25조 제2항 제3호 중 “「지방세기본법」”을 “「지방세징수법」”으로 한다.

㉗ 소방시설공사업법 일부를 다음과 같이 개정한다.

제7조 제2항 제3호 중 “「지방세기본법」”을 “「지방세징수법」”으로 한다.

㉘ 수상레저안전법 일부를 다음과 같이 개정한다.

제33조의 3 중 “「지방세기본법」”을 “「지방세징수법」”으로 한다.

㉙ 수입식품안전관리 특별법 일부를 다음과 같이 개정한다.

제16조 제2항 제3호 중 “「지방세기본법」”을 “「지방세징수법」”으로 한다.

㉚ 수질 및 수생태계 보전에 관한 법률 일부를 다음과 같이 개정한다.

제36조 제2항 제3호 및 제65조 제2항 제3호 중 “「지방세기본법」”을 각각 “「지방세징수법」”으로 한다.

㉛ 식품위생법 일부를 다음과 같이 개정한다.

제39조 제2항 제3호 중 “「지방세기본법」”을 “「지방세징수법」”으로 한다.

㉜ 액화석유가스의 안전관리 및 사업법 일부를 다음과 같이 개정한다.

제12조 제2항 제3호 중 “「지방세기본법」”을 “「지방세징수법」”으로 한다.

㉝ 어선법 일부를 다음과 같이 개정한다.

제13조의 3 중 “「지방세기본법」”을 “「지방세징수법」”으로 한다.

㉞ 어장관리법 일부를 다음과 같이 개정한다.

제19조 제2항 제3호 중 “「지방세기본법」”을 “「지방세징수법」”으로 한다.

㉟ 영화 및 비디오물의 진흥에 관한 법률 일부를 다음과 같이 개정한다.

제46조 제2항 및 제63조 제3항 중 “「지방세기본법」”을 각각 “「지방세징수법」”으로 한다.

㊱ 위험물안전관리법 일부를 다음과 같이 개정한다.

제10조 제2항 중 “「지방세기본법」”을 “「지방세징수법」”으로 한다.

㊲ 유선 및 도선 사업법 일부를 다음과 같이 개정한다.

제3조의 3 제2항 제3호 중 “「지방세기본법」”을 “「지방세징수법」”으로 한다.

㊳ 음악산업진흥에 관한 법률 일부를 다음과 같이 개정한다.

제23조 제2항 중 “「지방세기본법」”을 “「지방세징수법」”으로 한다.

㊴ 응급의료에 관한 법률 일부를 다음과 같이 개정한다.

제54조 제2항 제3호 중 “「지방세기본법」”을 “「지방세징수법」”으로 한다.

㊵ 자동차관리법 일부를 다음과 같이 개정한다.

제14조 제2호 중 “「지방세기본법」”을 “「지방세징수법」”으로 한다.

㊶ 전기·전자제품 및 자동차의 자원순환에 관한 법률 일부를 다음과 같이 개정한다.

제35조 제2항 전단 중 “「지방세기본법」”을 “「지방세징수법」”으로 한다.

㊷ 제주특별자치도 설치 및 국제자유도시 조성을 위한 특별법 일부를 다음과 같이 개정한다.

제121조 제2항 및 제3항을 각각 제3항 및 제4항으로 하고, 같은 조에 제2항을 다음과 같이 신설한다.

② 「지방세징수법」 제7조 제1항·제2항, 제11조 제1항 단서, 같은 조 제6항, 제26조 제1항 및 제106조 제1항 제4호에서 대통령령으로 정하도록 한 사항은 도조례로 정할 수 있다.

㊸ 주택법 일부를 다음과 같이 개정한다.

제57조 제3항 제2호 가목 중 “「지방세기본법」”을 “「지방세징수법」”으로 한다.

㊹ 중소기업진흥에 관한 법률 일부를 다음과 같이 개정한다.

제62조의 17 제1항 제3호 중 “「지방세기본법」”을 “「지방세징수법」”으로 한다.

㊺ 지방세법 일부를 다음과 같이 개정한다.

제2조 중 “「지방세기본법」”을 “「지방세기본법」 및 「지방세징수법」”으로 하고, 제5조의 제목 “(「지방세기본법」의 적용)”을 “(「지방세기본법」 및 「지방세징수법」의 적용)”으로 하며, 같은 조 중 “「지방세기본법」”을 “「지방세기본법」 및 「지방세징수법」”으로 하고, 제100조 제1항, 제103조의 27 제1항 및 제103조의 45 제1항 중 “「지방세기본법」”을 각각 “「지방세기본법」 및 「지방세징수법」”으로 하며, 제103조의 46 제1항 중 “「지방세기본법」 제59조 및 제60조”를 “「지방세징수법」 제30조 및 제31조”로 하고, 제119조의 2 중 “「지방세기본법」 제91조”를 “「지방세징수법」 제33조”로 한다.

㊻ 지방세외수입금의 징수 등에 관한 법률 일부를 다음과 같이 개정한다.

제17조 제5항 중 “「지방세기본법」 제84조”를 “「지방세징수법」 제29조”로 하고, 제19조 중 “「지방세기본법」 제96조”를 “「지방세징수법」 제106조”로 한다.

㊼ 지방세특례제한법 일부를 다음과 같이 개정한다.

제92조의 2 제1항 각 호 외의 부분 중 “같은 법 제

74조의 2"를 "「지방세징수법」 제24조"로 한다.

⑱ 지방재정법 일부를 다음과 같이 개정한다.

제29조 제3항 중 "「지방세기본법」 제67조 제2항"을 "「지방세징수법」 제17조 제2항"으로 한다.

⑲ 지하수법 일부를 다음과 같이 개정한다.

제11조 제2항 제3호 및 제25조 제1항 제8호 중 "「지방세기본법」"을 각각 "「지방세징수법」"으로 하고, 제30조의 3 제4항 후단 중 "「지방세기본법」 제57조 및 제59조"를 "「지방세징수법」 제14조 및 제30조"로 한다.

㊿ 집단에너지사업법 일부를 다음과 같이 개정한다.

제12조 제2항 제3호 중 "「지방세기본법」"을 "「지방세징수법」"으로 한다.

51 채무자 회생 및 파산에 관한 법률 일부를 다음과 같이 개정한다.

제40조 제2항 제3호, 제44조 제1항 제5호 전단, 제58조 제3항 전단, 제140조 제2항, 제349조 제1항·제2항, 제473조 제2호 본문, 제583조 제1항 제2호 각 목 외의 부분 본문, 제593조 제1항 제5호 전단 및 제600조 제1항 제4호 중 "「지방세기본법」"을 각각 "「지방세징수법」"으로 한다.

52 청소년활동 진흥법 일부를 다음과 같이 개정한다.

제26조 제2항 제3호 중 "「지방세기본법」"을 "「지방세징수법」"으로 한다.

53 체육시설의 설치·이용에 관한 법률 일부를 다음과 같이 개정한다.

제27조 제2항 제3호 중 "「지방세기본법」"을 "「지방세징수법」"으로 한다.

54 총포·도검·화약류 등의 안전관리에 관한 법률 일부를 다음과 같이 개정한다.

제4조의 2 제2항 제3호 중 "「지방세기본법」"을 "「지방세징수법」"으로 한다.

55 토양환경보전법 일부를 다음과 같이 개정한다.

제10조의 2 제1항 각 호 외의 부분 및 제23조의 12 제2항 제3호 중 "「지방세기본법」"을 각각 "「지방세징수법」"으로 한다.

56 폐기물관리법 일부를 다음과 같이 개정한다.

제17조 제7항 및 제33조 제2항 전단 중 "「지방세기본법」"을 각각 "「지방세징수법」"으로 한다.

57 항로표지법 일부를 다음과 같이 개정한다.

제16조 제2항 중 "「지방세기본법」"을 "「지방세징수법」"으로 한다.

58 항만운송사업법 일부를 다음과 같이 개정한다.

제23조 제2항 제3호 중 "「지방세기본법」"을 "「지방세징수법」"으로 한다.

59 해양심층수의 개발 및 관리에 관한 법률 일부를 다음과 같이 개정한다.

제31조 제2항 중 "「지방세기본법」"을 "「지방세징수법」"으로 한다.

60 해양환경관리법 일부를 다음과 같이 개정한다.

제74조 제2항 중 "「지방세기본법」"을 "「지방세징수법」"으로 한다.

61 해운법 일부를 다음과 같이 개정한다.

제17조 제2항 제3호 중 "「지방세기본법」"을 "「지방세징수법」"으로 한다.

62 화재예방, 소방시설 설치·유지 및 안전관리에 관한 법률 일부를 다음과 같이 개정한다.

제32조 제2항 중 "「지방세기본법」"을 "「지방세징수법」"으로 한다.

63 화학물질관리법 일부를 다음과 같이 개정한다.

제37조 제2항 제3호 중 "「지방세기본법」"을 "「지방세징수법」"으로 한다.

64 법률 제13603호 환경오염시설의 통합관리에 관한 법률 일부를 다음과 같이 개정한다.

제11조 제2항 제3호 중 "「지방세기본법」"을 "「지방세징수법」"으로 한다.

65 법률 제14524호 보조금 관리에 관한 법률 일부개정법률 일부를 다음과 같이 개정한다. 제26조의 3 제1항 제6호 바목 중 "「지방세기본법」 제63조"를 "「지방세징수법」 제5조"로 한다.

제5조 【다른 법령과의 관계】 이 법 시행 당시 다른 법령(조례를 포함한다)에서 종전의 「지방세기본법」 또는 그 규정을 인용한 경우 이 법에 그에 해당하는 규정이 있을 때에는 이 법 또는 이 법의 해당 조항을 각각 인용한 것으로 본다.

지방세징수법 시행규칙 별표

〔**별 표**〕 (2022. 3. 18. 개정)

수수료(제73조의 8 관련) (2022. 3. 18. 제목개정)

1. 매각 수수료

매각 수수료는 다음 표의 구분에 따른 기준금액에 공매진행단계별 수수료율을 곱하여 계산한 금액과 최저 수수료 중 큰 금액으로 한다.

구 분	기준금액	공매진행 단 계	수수료율	최저 수수료
가. 법 제85조 제1항 또는 법 제95조 제1항 제1호에 따라 공매가 중지되거나 매각결정을 취소한 경우	해당 납부세액	공매공고 전	0.6%	12만원
		공매공고 후 매각결정 전	0.9%	18만원
		매각결정 후 대금납부 전	1.2%	24만원
나. 매각대행 의뢰가 해제된 경우	체납액 또는 매각예정가격 중 적은 금액	공매공고 전	0.6%	12만원
		공매공고 후 매각결정 전	0.9%	18만원
		매각결정 후 대금납부 전	1.2%	24만원
다. 압류재산을 매각한 경우	해당 매각금액	–	3.0%	30만원
라. 법 제95조 제1항 제2호에 따라 매각결정을 취소한 경우	해당 매수대금	–	1.2%	24만원

비고 :

1. 기준금액이 12억원을 초과하는 경우에는 12억원으로 한다.
2. 동일한 체납자의 재산에 대하여 2건 이상의 공매 절차가 진행 중인 경우에는 각 재산의 공매진행 단계 등에 따른 수수료율 중 가장 높은 수수료율을 적용한다.
3. 법 제95조 제1항 제2호에 따라 매각결정을 취소한 경우 수수료는 법 제76조 제1항에 따른 건별 공매보증금을 한도로 한다.
4. 위 표에도 불구하고 전문매각기관이 매각대행 의뢰를 받은 날부터 10일 이내에 공매가 중지되거나 매각결정이 취소되거나 매각대행 의뢰가 해제된 경우에는 해당 수수료를 면제할 수 있다.

2. 보전 수수료

보전수수료는 전문매각기관이 물품을 감정하거나 운송 또는 보관한 경우 발생한 실제 비용을 보전하기 위한 금액으로 한다.

서 식 목 차

[별지 제1호 서식] (2024. 12. 31. 개정) 정부24(www.gov.kr)에서도 신청할 수 있습니다.

지방세 납세증명(신청)서
Local Tax Payment Certificate (Application)

(앞쪽)

발급번호 Issuance Number	접수일시 Time and Date of receipt	처리기간 Processing period	즉시 Immediately

납세자 Taxpayer	성명(법인명) Name(Name of Corporation)	주민(법인 · 외국인)등록번호 Resident(Corporation · Foreign) Registration Number
	주소(영업소) Address(Business Office)	
	전화번호(휴대전화) Phone number(Cellular phone number)	

증명서의 사용 목적 Purpose of Certificate	[ ] 대금수령 Receipt of payment	대금 지급자 Payer
	[ ] 해외이주 Emigration	이주번호 Emigration No. 해외이주 신고일 Date of the Report 년 yyyy 월 mm 일 dd
	[ ] 부동산 신탁등기 Registration for real estate trust	신탁 부동산의 표시 (소재지, 건물명칭 및 번호) Information of real estate trust (Location, Building name and number)
	[ ] 그 밖의 목적 Others	
증명서 신청부수 Copies of Certificate Needed		부 Copy(Copies)

「지방세징수법」 제5조 및 같은 법 시행령 제6조 제1항에 따라 발급일 현재 「지방세징수법 시행령」 제2조 각 호의 금액을 제외하고는 다른 체납액이 없음을 증명하여 주시기 바랍니다.
Please certify that there are no other taxes on arrears as of the date of issuance except for the amounts stipulated in each subparagraph of Article 2 of the Enforcement Decree of the Local Tax Collection Act in accordance with Article 5 of the Local Tax Collection Act and Article 6 (1) of its Enforcement Decree.

년(yyyy) 월(mm) 일(dd)

신청인(납세자)
Applicant(Taxpayer) (서명 또는 인)
(Signature or Stamp)

징수유예등 또는 체납처분유예의 명세 Suspension of Tax Collection or Suspension of Disposition of Delinquent Tax

유예종류 Type of taxes suspended	유예기간 Period of taxes suspended	과세연도 Tax Year	세목 Tax items	납부기한 Due date for payment	지방세 Tax Amount	가산금 Penalties

「지방세징수법」 제5조 및 같은 법 시행령 제6조 제2항에 따라 발급일 현재 「지방세징수법 시행령」 제2조 각 호의 금액을 제외하고는 다른 체납액이 없음을 증명합니다.
I hereby certify that there are no other taxes on arrears as of the date of issuance except for the amounts stipulated in each subparagraph of Article 2 of the Enforcement Decree of the Local Tax Collection Act in accordance with Article 5 of the Local Tax Collection Act and Article 6 (2) of its Enforcement Decree.

1. 증명서 유효기간: 년(yyyy) 월(mm) 일(dd)
   Period of Validity:
2. 유효기간을 정한 사유: ....
   Reason for determining the validity date:

년(yyyy) 월(mm) 일(dd)

지방자치단체의 장 직인
Mayor · County chief · District chief

210mm×297mm[백상지 80g/㎡(재활용품)]

(뒤쪽)

담당 공무원 확인사항 Matter to be confirmed by the official in charge	해외이주 신고 확인서 사본 1부. (해외이주여권 발급 신청의 경우) Copy of Emigration Report Notification (If you are applying for an Emigration passport)	수수료 없음 Fee free

동 의 서

본인은 이 건 업무 처리와 관련하여 담당 공무원이 「전자정부법」 제36조제1항에 따른 행정정보의 공동이용을 통하여 위의 담당 공무원 확인 사항을 확인하는 것에 동의합니다. * 담당 공무원의 확인에 동의하지 아니하는 경우에는 신청인이 직접 관련 서류를 제출하여야 합니다.
I hereby agree that the official in charge will verify the above 'Matter to be confirmed by the official in charge' through the co-use of administrative information according the Article 36 (1) of the E-Government Act in relation to the processing of this application.
*If the applicant does not agree to the verification by the official in charge, the applicant must submit the relevant document directly.

납세자
Taxpayer (서명 또는 인)
(Signature or Stamp)

[별지 제2호 서식] (2023. 3. 31. 개정)

미납지방세 등 열람신청서 [ ]주택임차 [ ]상가임차

※ 색상이 어두운 칸은 신청인이 작성하지 않으며, [ ]에는 해당되는 곳에 √표를 합니다.

접수번호		접수일	처리기간 즉시
임차인	성명(법인명)		주민(법인 · 외국인)등록번호
	주소(영업소)		
	전화번호 (휴대전화:)		전자우편주소
임대인	성명(법인명)		주민(법인 · 외국인)등록번호
	주소(영업소)		
	전화번호 (휴대전화:)		전자우편주소
임차할 건물 소재지 (건물의 종류 · 명칭 및 동 · 열 · 층 · 호 등을 구체적으로 기재합니다)			

「지방세징수법」 제6조 및 같은 법 시행령 제8조에 따라 위와 같이 미납지방세 등의 열람을 신청합니다.

년 월 일

신청인 (서명 또는 인)

지방자치단체의 장 귀하

첨부서류	1. 임대인의 동의를 증명할 수 있는 서류(아래의 임대인 동의서로 갈음할 수 있으며, 「지방세징수법」 제6조 제1항 전단에 따라 임대인의 동의를 받아 미납지방세 등 열람을 신청하는 경우에만 제출합니다) 2. 임대차계약 사실을 증명할 수 있는 서류 1부(「지방세징수법」 제6조 제3항 전단에 따라 임대인의 동의 없이 미납지방세 등 열람을 신청하는 경우에만 제출합니다) 3. 임차인의 신분을 증명하는 서류 1부	수수료 없음

임대인 동의서

「지방세징수법」 제6조 제1항에 따라 위 임차인이 본인의 미납지방세 등을 열람하는 것에 동의합니다.

년 월 일

임대인 (서명 또는 인)

※ 이 동의서는 「지방세징수법」 제6조 제1항에 따라 임대인의 미납지방세 등의 열람을 신청하는 경우에만 작성합니다.

유의사항

1. 임차인이 임대인의 동의를 받아 임대인의 미납지방세 등의 열람을 신청할 수 있는 기한은 건물에 대한 임대차계약을 하기 전까지 또는 임대차계약을 체결하고 임대차기간이 시작되는 날까지입니다.
2. 임차인이 임대인의 동의 없이 임대인의 미납지방세 등의 열람을 신청할 수 있는 기한은 임대차계약을 체결하고 임대차기간이 시작되는 날까지입니다.

210mm×297mm[백상지 (80g/㎡) 또는 중질지(80g/㎡)]

[별지 제2호의 2 서식] (2023. 3. 31. 신설)

행 정 기 관 명

수신

(경유)

제목 미납지방세 등 열람 내역 통지

「지방세징수법」 제6조 제3항에 따라 귀하에 대한 미납지방세 등의 열람 내역을 다음과 같이 알려드립니다.

임대인	성명(법인명)		생년월일 (법인등록번호)	
	주소(영업소)			
임차인	성명(법인명)		생년월일 (법인등록번호)	
	주소(영업소)			
	임차한 건물 소재지			
열람 시기	년 월 일			
열람한 사항	1. 임대인의 체납액 [ ] 2. 납세고지서 또는 납부통지서를 발급한 후 납기가 되지 아니한 지방세 [ ] 3. 지방세관계법에 따라 신고기한까지 신고한 지방세 중 납부하지 아니한 지방세 [ ]			

발 신 명 의 직인

이 열람 내역 통지에 관하여 문의사항이 있을 때에는 ○○○과 담당자 ○○○(전화:)에게 연락주시면 친절하게 안내해 드리겠습니다.

기안자 직위(직급) 서명 검토자 직위(직급) 서명 결재권자 직위(직급) 서명

협조자

시행 처리과명-연도별 일련번호(시행일) 접수 처리과명-연도별 일련번호(접수일)

우 도로명주소 / 홈페이지 주소

전화번호( ) 팩스번호( ) / 공무원의 전자우편주소 / 공개 구분

210㎜×297㎜(백상지 80g/㎡)

[별지 제7호의 2 서식] (2023. 3. 14. 신설)

행 정 기 관 명

수신자
(경유)
제 목 소명자료 제출 및 의견진술 신청 통지서

체납된 지방세가 납부될 때까지 최대 30일 범위에서 귀하에 대한 감치를 귀하의 주소지 또는 거소지 관할 검찰청에 신청하고자 합니다(근거: 「지방세징수법」 제11조의 4).

납 세 자	성 명 (상 호)		생 년 월 일 (법인등록번호)	
	주 소 (사업장)			
지방세 체납 명세(총체납세액: 원) (단위: 원)				
세 목 명	납부기한	지방세	가산금	계
감치 내용				
감치 신청의 원인이 되는 사실 및 감치요건	※ 내용이 많을 경우 별지 작성			
감치 기간	일 (최대 30일) ※ 「지방세징수법」 제11조의 4 제6항에 따라 체납된 지방세를 납부하는 경우 감치 집행 종료			

「지방세징수법」 제11조의 4 제3항에 따라 감치 신청 전 소명자료를 제출하거나 지방세심의위원회에 의견진술을 할 수 있음을 알려드리니, 이에 대한 소명자료 또는 의견진술 신청서를 「지방세징수법 시행규칙」 제6조의 2 제2항 및 제3항에 따라 20 . . .까지 제출하여 주시기 바랍니다. 끝.

발 신 명 의 직인

이 통지에 대한 문의사항이 있을 때에는 ○○○과 담당자 ○○○(전화:)에게 연락하시면 친절하게 상담해 드리겠습니다.

기안자 직위(직급) 서명 검토자 직위(직급) 서명 결재권자 직위(직급) 서명
협조자
시행 처리과명-연도별 일련번호(시행일자) 접수 처리과명-연도별 일련번호(접수일자)
우 도로명주소 / 홈페이지 주소
전화번호( ) 팩스번호( ) / 기안자의 공식전자우편주소 / 공개 구분

210㎜×297㎜[백상지(80g/㎡) 또는 중질지(80g/㎡)]

[별지 제7호의 3 서식] (2023. 3. 14. 신설)

소명자료 목록

제출자	성명(상호)
	생년월일(법인등록번호)
	주소(사업장)
	전화번호
소명자료에 대한 납세자 의견	

소명자료 제출 목록

번호	명칭	과세연도	자료 요지	비고

「지방세징수법」 제11조의 4 제3항에 따라 붙임과 같이 소명자료를 제출합니다.

년 월 일

제출자 (서명 또는 인)

지방자치단체의 장 귀하

210㎜×297㎜[백상지(80g/㎡) 또는 중질지(80g/㎡)]

[별지 제7호의 4 서식] (2023. 3. 14. 신설)

의견진술 신청서

접수번호	접수일	처리기간

신청인	성명(상호)
	생년월일(법인등록번호)
	주소(사업장)
	전화번호

소명자료 제출 및 의견진술 신청 통지를 받은 날	년 월 일

진술내용

※ 내용이 많을 경우 별지 작성

「지방세징수법」 제11조의 4 제3항에 따라 지방세심의위원회 심의에 참석하여 의견을 진술하고자 위와 같이 신청합니다.

년 월 일

신청인 (서명 또는 인)

지방자치단체의 장 귀하

210㎜×297㎜[백상지(80g/㎡) 또는 중질지(80g/㎡)]

[별지 제7호의 5 서식] (2023. 3. 14. 신설)

행 정 기 관 명

수신자
(경유)

제 목 지방세심의위원회 회의 일시 · 장소 통지

아래의 지방세심의위원회 회의와 관련하여 일시와 장소를 통지하오니 출석하여 회의 안건과 관련하여 진술하여 주시기 바랍니다(근거: 「지방세징수법 시행령」 제19조의 2 제2항).

신 청 인	성 명 (상 호)		생 년 월 일 (법인등록번호)	
	주 소 (사업장)			
회의 안건				
근 거 법 령				
지방세 심의위원회 회의	일 시	년 월 일 오전: 오후:		
	장 소			

출석하실 때는 통지서, 주민등록증, 도장, 그 밖의 참고자료를 가져오시기 바랍니다. 끝.

발 신 명 의 직인

이 통지에 대한 문의사항이 있을 때에는 ○○○과 담당자 ○○○(전화:)에게 연락하시면 친절하게 상담해 드리겠습니다.

기안자 직위(직급) 서명 검토자 직위(직급) 서명 결재권자 직위(직급) 서명
협조자
시행 처리과명-연도별 일련번호(시행일자) 접수 처리과명-연도별 일련번호(접수일자)
우 도로명주소 / 홈페이지 주소
전화번호( ) 팩스번호( ) / 기안자의 공식전자우편주소 / 공개 구분

210㎜×297㎜[백상지(80g/㎡) 또는 중질지(80g/㎡)]

[별지 제8호 서식(전산용1)] (2024. 3. 26. 개정) (앞 쪽)

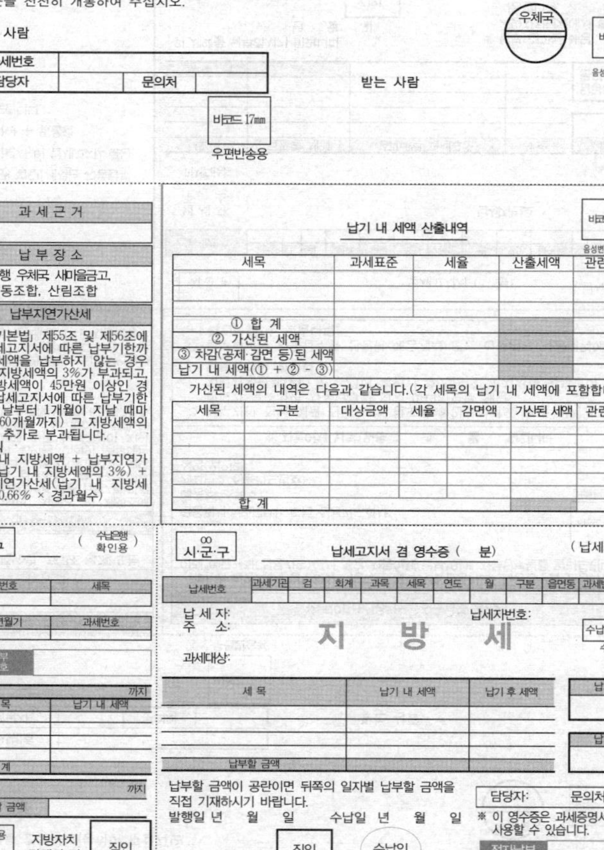

☜ 이곳을 천천히 개봉하여 주십시오.

보내는 사람

과세번호			
담당자		문의처	

우체국

바코드 13㎜

음성변환용(외부)

받는 사람

바코드 17㎜

우편반송용

과 세 근 거

납 부 장 소
전국 은행, 우체국, 새마을금고, 신용협동조합, 산림조합

납부지연가산세
「지방세기본법」 제55조 및 제56조에 따라 납세고지서에 따른 납부기한까지 지방세액을 납부하지 않는 경우에는 그 지방세액의 3%가 부과되고, 해당 지방세액이 45만원 이상인 경우에는 납세고지서에 따른 납부기한이 지난 날부터 1개월이 지날 때마다(최대 60개월까지) 그 지방세액의 0.66%가 추가로 부과됩니다. ※ 계산식 납기 내 지방세액 + 납부지연가산세(납기 내 지방세액의 3%) + 납부지연가산세(납기 내 지방세액 × 0.66% × 경과월수)

납기 내 세액 산출내역

바코드 13㎜

음성변환용(내부)

세목	과세표준	세율	산출세액	관련법령
① 합 계				
② 가산된 세액				
③ 차감(공제·감면 등)된 세액				
납기 내 세액(① + ② - ③)				

가산된 세액의 내역은 다음과 같습니다.(각 세목의 납기 내 세액에 포함합니다)

세목	구분	대상금액	세율	감면액	가산된 세액	관련법령
합 계						

○○ 시·군·구 (수납은행 확인용)

납세자:

기관번호	세목

납세연월기	과세번호

전자납부 번 호

납기 내: 까지

세 목	납기 내 세액
합 계	

납기 후: 까지

납부할 금액	

수납은행용 바코드

수납용

지방자치단체의 장 직인

○○ 시·군·구

납세고지서 겸 영수증 (분) (납세자용)

납세번호	과세기관	검	회계	과목	세목	연도	월	구분	읍면동	과세번호	검

납 세 자:

주 소:

납세자번호:

수납용바코드

수납용

지 방 세

과세대상:

세 목	납기 내 세액	납기 후 세액
납부할 금액		

납기 내 까지

납기 후 까지

납부할 금액이 공란이면 뒤쪽의 일자별 납부할 금액을 직접 기재하시기 바랍니다.

발행일 년 월 일 수납일 년 월 일

담당자: 문의처:

※ 이 영수증은 과세증명서로 사용할 수 있습니다.

지방자치단체의 장 직인 수납인

전자납부 번 호

210mm×297mm(CP지 90g/㎡)

(뒤 쪽)

안 내 말 씀

1. 납세고지서에 따른 납부기한 내에 세액을 납부하지 않으면 다음과 같이 가산금 또는 납부지연가산세가 부과됩니다.
 ① 2023년 이전 납세의무 성립분: 납부기한이 지나면 3%의 가산금이 가산되고, 납세고지서별·세목별 세액이 30만원 이상인 경우에는 납부기한이 지난 후 1개월마다 0.75%(2018년 12월 31일 이전까지 1.2%)의 중가산금이 가산(최대 60개월까지)됩니다.
 ※ 일부만 납부한 경우에는 가산금 또는 중가산금이 달라질 수 있습니다.
 ② 2024년 이후 납세의무 성립분: 납부기한이 지나면 3%의 납부지연가산세가 부과되고, 납세고지서별·세목별 세액이 45만원 이상인 경우에는 납부기한이 지난 후 1개월마다 0.66%의 납부지연가산세가 부과(최대 60개월까지)됩니다.
 ※ 일부만 납부한 경우에는 납부지연가산세가 달라질 수 있습니다.
2. 이 처분에 이의가 있을 경우에는 처분이 있은 것을 안 날(처분의 통지를 받았을 때에는 그 통지를 받은 날)부터 90일 이내에 이의신청(제출기관: 특별시·광역시·특별자치시·도·특별자치도세의 경우 해당 특별시장·광역시장·특별자치시장·도지사·특별자치도지사, 시·군·구세의 경우 해당 시장·군수·구청장) 또는 심판청구(제출기관: 조세심판원장)를 하거나 관할 지방자치단체를 경유하여 감사원에 심사청구를 할 수 있습니다.
3. 2022년 2월 3일 이후 납세의무가 성립한 농어촌특별세의 경우에는 납부기한이 지나면 3%의 납부지연가산세가 부과되고, 농어촌특별세액이 ( )만원 이상인 경우에는 납부기한이 지난 후 1일마다 ( )%의 납부지연가산세 등이 추가(5년간) 됩니다.
4. 납부기한이 지난 후에 세금을 납부하려면 납기 후 세액으로 납부하여야 하며, 농어촌특별세를 함께 납부해야 할 경우 납기 후 세액 및 납부할 세액은 아래 사항을 참고하시기 바랍니다.
 ① 2022년 2월 3일 이후 납세의무가 성립한 농어촌특별세가 ( )만원 이상인 경우에는 아래의 [납부기한 후 납부일자별 농어촌특별세 및 납부할 금액]을 참고하여 앞쪽의 공란의 농어촌특별세 납기 후 세액 및 납부할 금액을 직접 기재하여 납부하시기 바랍니다.
 ② 농어촌특별세액이 없거나 ( )만원 미만인 경우에는 앞쪽에 표기된 납기 후 금액 및 기한에 따라 납부하시기 바랍니다.

⊙ 2022년 2월 3일 이후 납세의무 성립분

[납부기한 후 납부일자별 농어촌특별세 및 납부할 금액]

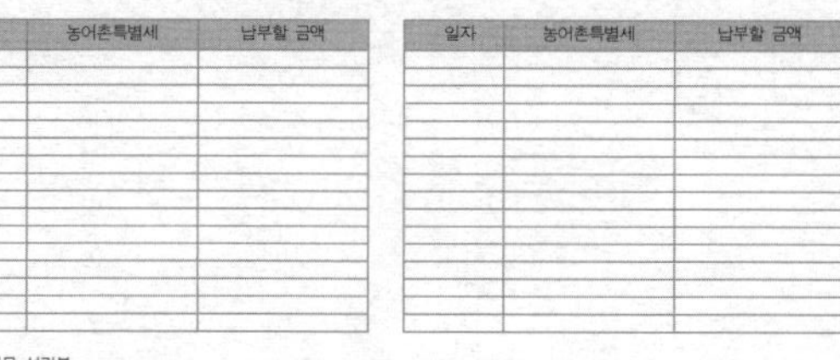

일자	농어촌특별세	납부할 금액	일자	농어촌특별세	납부할 금액

⊙ 2022년 2월 3일 전 납세의무 성립분
 - 납기 후 1개월까지는 3% 가산금이 부과되고, 이후에는 1개월마다 0.75%의 가산금이 추가됩니다.

5. 고지된 금액을 납부기한까지 지방자치단체 금고, 전국 은행, 우체국 등에 납부하시기 바랍니다.
 ※ 납부 후에는 수납을 취소할 수 없으며, 초과납부한 지방세는 환급금 취급 절차에 따라 환급됩니다.
6. 금융기관의 인터넷뱅킹·ARS·ATM과 지방세통합정보통신망(www.wetax.go.kr 또는 위택스 앱)을 통한 전자납부도 가능하며, 인터넷에 의한 전자고지는 신청자에 한하여 시행하고 있습니다.

◆ 전자납부 이용방법
⊙ 인터넷뱅킹: [금융기관 홈페이지] 접속 ⇒ [인터넷뱅킹, 온라인서비스, 지방세납부 등] 선택(각 금융기관 홈페이지를 참조하시기 바랍니다)
⊙ ARS 납부: [거래은행의 ARS전화] 접속 ⇒ [지방세납부 등] 선택 ⇒ 안내에 따라 납부
⊙ ATM 납부: [거래은행의 ATM기] 이용 ⇒ [지방세납부 등] 선택 ⇒ [납부번호입력] ⇒ [납부]
⊙ 위택스(www.wetax.go.kr 또는 위택스 앱)나 인터넷지로(www.giro.or.kr)를 이용하면 365일 지방세납부 가능(07:00 ~ 23:30)

지방세납부 → 자진납부와 조회납부 중 선택 → 공동인증서 확인 → 자진납부는 납부정보 입력하고, 조회납부는 납부정보 조회 → 납부하기 → 계좌번호 및 비밀번호 입력 → 납부확인 → 지방세전자납부확인서 출력

※ 신용카드 납부는 위택스, 카드로택스(www.cardrotax.or.kr), 은행CD/ATM기에서 납부 가능하며, 납부 후 승인 취소나 할부 개월 수 변경은 가능합니다.
※ 전자납부번호는 납부번호와 동일합니다.

◎ 안쪽 면에 내용이 있습니다. 이 곳을 천천히 개봉하여 주십시오.☞

210mm×297mm(CP지 90g/㎡)

[별지 제8호 서식(전산용2)] (2023. 12. 29. 개정)

(앞 쪽)

☜ 이곳을 천천히 개봉하여 주십시오.

보내는 사람

우체국

바코드 13㎜

음성변환용(외부)

과세번호			
담당자		문의처	

받는 사람

바코드 17㎜

우편반송용

과 세 근 거

납 부 근 거

「지방세징수법」 제23조 제2항 또는 제24조

납부지연가산세

「지방세기본법」 제55조 및 제56조에 따라 납세고지서에 따른 납부기한까지 지방세액을 납부하지 않는 경우에는 그 지방세액의 3%가 부과되고, 해당 지방세액이 45만원 이상인 경우에는 납세고지서에 따른 납부기한이 지난 날부터 1개월이 지날 때마다(최대 60개월까지) 그 지방세액의 0.66%가 추가로 부과됩니다.

※ 계산식
납기 내 지방세액 + 납부지연가산세(납기 내 지방세액의 3%) + 납부지연가산세(납기 내 지방세액 × 0.66% × 경과월수)

계좌이체(신용카드) 자동납부 통지서

귀하(귀 법인)께서 납부하실 지방세는 계좌이체(신용카드) 자동납부를 신청하신 아래 예금계좌(신용카드)에서 해당 자동이체(납부)일에 자동납부됨을 알려드립니다.

바코드 13㎜

음성변환용(내부)

금융회사(체신관서) 또는 신용카드회사:
예금주(소유주):
계좌번호(신용카드번호):
성명(법인명):

※ 자동이체(납부)일은 년 월 일입니다.

○ 납부기한 전에 예금 잔액 또는 한도를 확인하십시오. 예금 잔액 또는 한도가 부족하면 자동납부가 되지 아니하므로 해당 지방자치단체(시·군·구)에 확인한 후 별도의 고지서를 발부받아 납부하여야 합니다.

○ 납부결과는 자동납부를 신청한 예금계좌 또는 신용카드 사용내역에서 확인하실 수 있습니다.

귀하(귀 법인)께서는 자동납부 신청자로서 이 납세고지서로는 납부하실 수 없음을 알려드립니다.

∞ 시·군·구

납세고지서 (분) (납세자용)

납세번호	과세기관	검	회계	과목	세목	연도	월	구분	읍면동	과세번호	검

납 세 자:
주 소:

납세자번호:

과세대상:

세 목	납부할 세액	부과내역(과세표준)	세율
납부할 금액			

납부기한
까지

담당자 문의처

위 세액을 납부하시기 바랍니다.

년 월 일

지방자치단체의 장 직인

※ 납부 결과는 해당 지방자치단체에서 확인이 가능합니다.

210mm×297mm(CP지 90g/㎡)

(뒤 쪽)

자동납부에 대한 안내

1. 납부기한까지 납부하지 아니할 경우에는 기한이 지난 날부터 50일 이내에 독촉장이 고지되고, 독촉장을 받고 지정된 기한까지 체납액을 완납(자동납부는 불가합니다)하지 아니할 경우에는 재산의 압류 등 체납처분이나 그 밖의 제재를 받게 됩니다.

2. 이 처분에 이의가 있을 경우에는 처분이 있은 것을 안 날(처분의 통지를 받았을 때에는 그 통지를 받은 날)부터 90일 이내에 이의신청(제출기관: 특별시·광역시·특별자치시·도·특별자치도세의 경우 해당 특별시장·광역시장·특별자치시장·도지사, 특별자치도지사, 시·군·구세의 경우 해당 시장·군수·구청장) 또는 심판청구(제출기관: 조세심판원장)를 하거나 관할 지방자치단체를 경유하여 감사원에 심사청구를 할 수 있습니다.

210mm×297mm(CP지 90g/㎡)

[별지 제8호 서식(전산용3)] (2024. 3. 26. 개정) (앞 쪽)

☜ 이곳을 천천히 개봉하여 주십시오.

보내는 사람

과세번호			
담당자		문의처	

우체국

바코드 13mm

음성변환용(외부)

받는 사람

바코드 17mm

우편반송용

과 세 근 거

납 부 장 소

전국 은행, 우체국, 새마을금고, 신용협동조합, 산림조합

납부지연가산세

「지방세기본법」 제55조 및 제56조에 따라 납세고지서에 따른 납부기한까지 지방세액을 납부하지 않는 경우에는 그 지방세액의 3%가 부과되고, 해당 지방세액이 45만원 이상인 경우에는 납세고지서에 따른 납부기한이 지난 날부터 1개월이 지날 때마다(최대 60개월까지) 그 지방세액의 0.66%가 추가로 부과됩니다.

※ 계산식
납기 내 지방세액 + 납부지연가산세(납기 내 지방세액의 3%) + 납부지연가산세(납기 내 지방세액 × 0.66% × 경과월수)

바코드 13mm

음성변환용(내부)

납기 내 세액 산출내역

세목	과세표준	세율	산출세액	관련법령
① 합 계				
② 가산된 세액				
③ 차감(공제·감면 등)된 세액				
납기 내 세액(① + ② - ③)				

가산된 세액의 내역은 다음과 같습니다.(각 세목의 납기 내 세액에 포함합니다.)

세목	구분	대상금액	세율	감면액	가산된 세액	관련법령
합 계						

차감된 지방세환급금 충당내역은 다음과 같습니다.

세목	환급금 충당액	세목	환급금 충당액

∞ 시·군·구 (수납은행 확 인 용)

납세자:

기관번호	세목

납세연월기	과세번호

전자납부번호	

납기 내:	까지
세 목	납기 내 세액
합 계	

납기 후:	까지
납부할 금액	

수납은행용 바코드 / 수납용

지방자치단체의 장 직인

∞ 시·군·구

납세고지서 겸 영수증 (분) (납세자용)

납세번호	과세기관	검	회계	과목	세목	연도	월	구분	읍면동	과세번호	검

납 세 자:
주 소:

납세자번호:

지 방 세

수납용바코드

수납용

과세대상:

세 목	납기 내 세액	납기 후 세액
납부할 금액		

납기 내
까지

납기 후
까지

납부할 금액이 공란이면 뒤쪽의 일자별 납부할 금액을 직접 기재하시기 바랍니다.

발행일 년 월 일 수납일 년 월 일

담당자: 문의처:

※ 이 영수증은 과세증명서로 사용할 수 있습니다.

지방자치단체의 장 직인 수납인

전자납부 번 호

210mm×297mm(CP지 90g/㎡)

(뒤 쪽)

안 내 말 씀

1. 납세고지서에 따른 납부기한 내에 세액을 납부하지 않으면 다음과 같이 가산금 또는 납부지연가산세가 부과됩니다.
   ① 2023년 이전 납세의무 성립분: 납부기한이 지나면 3%의 가산금이 가산되고, 납세고지서별·세목별 세액이 30만원 이상인 경우에는 납부기한이 지난 후 1개월마다 0.75%(2018년 12월 31일 이전까지 1.2%)의 중가산금이 가산(최대 60개월까지)됩니다.
   ※ 일부만 납부한 경우에는 가산금 또는 중가산금이 달라질 수 있습니다.
   ② 2024년 이후 납세의무 성립분: 납부기한이 지나면 3%의 납부지연가산세가 부과되고, 납세고지서별·세목별 세액이 45만원 이상인 경우에는 납부기한이 지난 후 1개월마다 0.66%의 납부지연가산세가 부과(최대 60개월까지)됩니다.
   ※ 일부만 납부한 경우에는 납부지연가산세가 달라질 수 있습니다.
2. 이 처분에 이의가 있을 경우에는 처분이 있은 것을 안 날(처분의 통지를 받았을 때에는 그 통지를 받은 날)부터 90일 이내에 이의신청(제출기관: 특별시·광역시·특별자치시·도·특별자치도세의 경우 해당 특별시장·광역시장·특별자치시장·도지사·특별자치도지사, 시·군·구세의 경우 해당 시장·군수·구청장) 또는 심판청구(제출기관: 조세심판원장)를 하거나 관할 지방자치단체를 경유하여 감사원에 심사청구를 할 수 있습니다.
3. 2022년 2월 3일 이후 납세의무가 성립한 농어촌특별세의 경우에는 납부기한이 지나면 3%의 납부지연가산세가 부과되고, 농어촌특별세액이 ( )만원 이상인 경우에는 납부기한이 지난 후 1일마다 ( )%의 납부지연가산세 등이 추가(5년간) 됩니다.
4. 납부기한이 지난 후에 세금을 납부하려면 납기 후 세액으로 납부하셔야 하며, 농어촌특별세를 함께 납부해야 할 경우 납기 후 세액 및 납부할 세액은 아래 사항을 참고하시기 바랍니다.
   ① 2022년 2월 3일 이후 납세의무가 성립한 농어촌특별세가 ( )만원 이상인 경우에는 아래의 [납부기한 후 납부일자별 농어촌특별세 및 납부할 금액]을 참고하여 앞쪽의 공란의 농어촌특별세 납기 후 세액 및 납부할 금액을 직접 기재하여 납부하시기 바랍니다.
   ② 농어촌특별세액이 없거나 ( )만원 미만인 경우에는 앞쪽에 표기된 납기 후 금액 및 기한에 따라 납부하시기 바랍니다.

⊙ 2022년 2월 3일 이후 납세의무 성립분

[납부기한 후 납부일자별 농어촌특별세 및 납부할 금액]

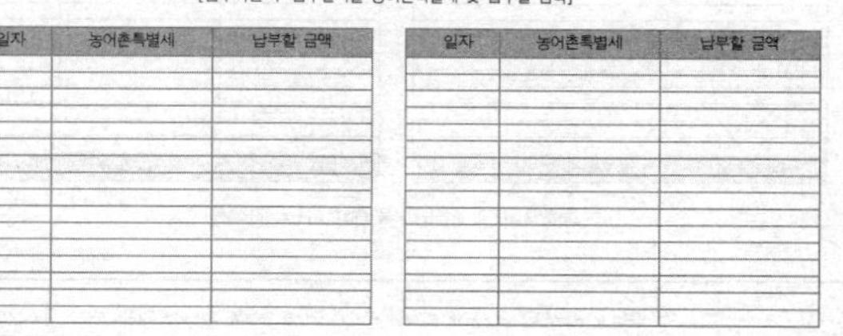

일자	농어촌특별세	납부할 금액	일자	농어촌특별세	납부할 금액

⊙ 2022년 2월 3일 전 납세의무 성립분
- 납기 후 1개월까지는 3% 가산금이 부과되고, 이후에는 1개월마다 0.75%의 가산금이 추가됩니다.

5. 고지된 금액을 납부기한까지 지방자치단체 금고, 전국 은행, 우체국 등에 납부하시기 바랍니다.
   ※ 납부 후에는 수납을 취소할 수 없으며, 초과납부한 지방세는 환급금 취급 절차에 따라 환급됩니다.
6. 금융기관의 인터넷뱅킹·ARS·ATM과 지방세통합정보통신망(www.wetax.go.kr 또는 위택스 앱)을 통한 전자납부도 가능하며, 인터넷에 의한 전자고지는 신청자에 한하여 시행하고 있습니다.

◆ 전자납부 이용방법
⊙ 인터넷뱅킹: [금융기관 홈페이지] 접속 ⇒ [인터넷뱅킹, 온라인서비스, 지방세납부 등] 선택(각 금융기관 홈페이지를 참조하시기 바랍니다)
⊙ ARS 납부: [거래은행의 ARS전화] 접속 ⇒ [지방세납부 등] 선택 ⇒ 안내에 따라 납부
⊙ ATM 납부: [거래은행의 ATM기] 이용 ⇒ [지방세납부 등] 선택 ⇒ [납부번호입력] ⇒ [납부]
⊙ 위택스(www.wetax.go.kr 또는 위택스 앱)나 인터넷지로(www.giro.or.kr)를 이용하면 365일 지방세납부 가능(07:00 ~ 23:30)

지방세납부 → 지진납부와 조회납부 중 선택 → 공동인증서 확인 → 자진납부는 납부정보 입력하고,
조회납부는 납부정보 조회 → 납부하기 → 계좌번호 및 비밀번호 입력 → 납부확인 → 지방세전자납부확인서 출력

※ 신용카드 납부는 위택스, 카드로택스(www.cardrotax.or.kr), 은행CD/ATM기에서 납부 가능하며, 납부 후 승인 취소나 할부 개월 수 변경은 가능합니다.
※ 전자납부번호는 납부번호와 동일합니다.

◎ 안쪽 면에 내용이 있습니다. 이 곳을 천천히 개봉하여 주십시오.☞

210mm×297mm(CP지 90g/㎡)

[별지 제8호 서식(전산용4)] (2024. 3. 26. 개정)

(앞 쪽)

☜ 이곳을 천천히 개봉하여 주십시오.

보내는 사람

과세번호			
담당자		문의처	

바코드 17mm

우편반송용

우체국

바코드 13mm

음성변환용(외부)

받는 사람

과 세 근 거

납 부 장 소
전국 은행 우체국 새마을금고, 신용협동조합, 산림조합

납부지연가산세
「지방세기본법」 제55조 및 제56조에 따라 납세고지서에 따른 납부기한까지 지방세액을 납부하지 않는 경우에는 그 지방세액의 3%가 부과되고, 해당 지방세액이 45만원 이상인 경우에는 납세고지서에 따른 납부기한이 지난 날부터 1개월이 지날 때마다(최대 60개월까지) 그 지방세액의 0.66%가 추가로 부과됩니다.

※ 계산식
납기 내 지방세액 + 납부지연가산세(납기 내 지방세액의 3%) + 납부지연가산세(납기 내 지방세액 × 0.66% × 경과월수)

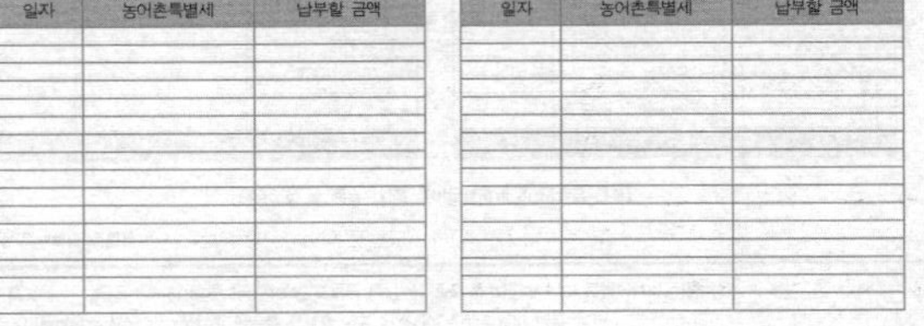

지방자치단체 활용란

※ 지방세 납부방법 안내 등

바코드 13mm

음성변환용(내부)

○○ 시·군·구 (수납은행 확인용)

납세자:

기관번호	세목

납세연월기	과세번호

전자납부 번 호	

납기 내:	까지
세 목	납기 내 세액
합 계	

납기 후:	까지
납부할 금액	

수납은행용 바코드

수납용

지방자치단체의 장 직인

○○ 시·군·구

납세고지서 겸 영수증 (분) (납세자용)

납세번호	과세기관	검	회계	과목	세목	연도	월	구분	읍면동	과세번호	검

납 세 자:
주 소:

납세자번호:

지 방 세

수납용바코드

수납용

과세대상:

세 목	납기 내 세액	납기 후 세액	부과내역(과세표준)	세율
납부할 금액				

납기 내
까지

납기 후
까지

납부할 금액이 공란이면 뒤쪽의 일자별 납부할 금액을 직접 기재하시기 바랍니다.

발행일 년 월 일 수납일 년 월 일

담당자: 문의처:

※ 이 영수증은 과세증명서로 사용할 수 있습니다.

지방자치단체의 장 직인 수납인

전자납부 번 호

210mm×297mm(CP지 90g/㎡)

(뒤 쪽)

안 내 말 씀

1. 납세고지서에 따른 납부기한 내에 세액을 납부하지 않으면 다음과 같이 가산금 또는 납부지연가산세가 부과됩니다.
   ① 2023년 이전 납세의무 성립분: 납부기한이 지나면 3%의 가산금이 가산되고, 납세고지서별·세목별 세액이 30만원 이상인 경우에는 납부기한이 지난 후 1개월마다 0.75%(2018년 12월 31일 이전까지 1.2%)의 중가산금이 가산(최대 60개월까지)됩니다.
   ※ 일부만 납부한 경우에는 가산금 또는 중가산금이 달라질 수 있습니다.
   ② 2024년 이후 납세의무 성립분: 납부기한이 지나면 3%의 납부지연가산세가 부과되고, 납세고지서별·세목별 세액이 45만원 이상인 경우에는 납부기한이 지난 후 1개월마다 0.66%의 납부지연가산세가 부과(최대 60개월까지)됩니다.
   ※ 일부만 납부한 경우에는 납부지연가산세가 달라질 수 있습니다.
2. 이 처분에 이의가 있을 경우에는 처분이 있은 것을 안 날(처분의 통지를 받았을 때에는 그 통지를 받은 날)부터 90일 이내에 이의신청(제출기관: 특별시·광역시·특별자치시·도·특별자치도세의 경우 해당 특별시장·광역시장·특별자치시장·도지사·특별자치도지사, 시·군·구세의 경우 해당 시장·군수·구청장) 또는 심판청구(제출기관: 조세심판원장)를 하거나 관할 지방자치단체를 경유하여 감사원에 심사청구를 할 수 있습니다.
3. 2022년 2월 3일 이후 납세의무가 성립한 농어촌특별세의 경우에는 납부기한이 지나면 3%의 납부지연가산세가 부과되고, 농어촌특별세액이 ( )만원 이상인 경우에는 납부기한이 지난 후 1일마다 ( )%의 납부지연가산세 등이 추가(5년간) 됩니다.
4. 납부기한이 지난 후에 세금을 납부하려면 납기 후 세액으로 납부하셔야 하며, 농어촌특별세를 함께 납부해야 할 경우 납기 후 세액 및 납부할 세액은 아래 사항을 참고하시기 바랍니다.
   ① 2022년 2월 3일 이후 납세의무가 성립한 농어촌특별세가 ( )만원 이상인 경우에는 아래의 [납부기한 후 납부일자별 농어촌특별세 및 납부할 금액]을 참고하여 앞쪽의 공란의 농어촌특별세 납기 후 세액 및 납부할 금액을 직접 기재하여 납부하시기 바랍니다.
   ② 농어촌특별세액이 없거나 ( )만원 미만인 경우에는 앞쪽에 표기된 납기 후 금액 및 기한에 따라 납부하시기 바랍니다.

⊙ 2022년 2월 3일 이후 납세의무 성립분

[납부기한 후 납부일자별 농어촌특별세 및 납부할 금액]

일자	농어촌특별세	납부할 금액	일자	농어촌특별세	납부할 금액

⊙ 2022년 2월 3일 전 납세의무 성립분
- 납기 후 1개월까지는 3% 가산금이 부과되고, 이후에는 1개월마다 0.75%의 가산금이 추가됩니다.

5. 고지된 금액을 납부기한까지 지방자치단체 금고, 전국 은행, 우체국 등에 납부하시기 바랍니다.
   ※ 납부 후에는 수납을 취소할 수 없으며, 초과납부한 지방세는 환급금 취급 절차에 따라 환급됩니다.
6. 금융기관의 인터넷뱅킹·ARS·ATM과 지방세통합정보통신망(www.wetax.go.kr 또는 위택스 앱)을 통한 전자납부도 가능하며, 인터넷에 의한 전자고지는 신청자에 한하여 시행하고 있습니다.

◆ 전자납부 이용방법
⊙ 인터넷뱅킹: [금융기관 홈페이지] 접속 ⇒ [인터넷뱅킹, 온라인서비스, 지방세납부 등] 선택(각 금융기관 홈페이지를 참조하시기 바랍니다)
⊙ ARS 납부: [거래은행의 ARS전화] 접속 ⇒ [지방세납부 등] 선택 ⇒ 안내에 따라 납부
⊙ ATM 납부: [거래은행의 ATM기] 이용 ⇒ [지방세납부 등] 선택 ⇒ [납부번호입력] ⇒ [납부]
⊙ 위택스(www.wetax.go.kr 또는 위택스 앱)나 인터넷지로(www.giro.or.kr)를 이용하면 365일 지방세납부 가능(07:00 ~ 23:30)

지방세납부 → 자진납부와 조회납부 중 선택 → 공동인증서 확인 → 자진납부는 납부정보 입력하고, 조회납부는 납부정보 조회 → 납부하기 → 계좌번호 및 비밀번호 입력 → 납부확인 → 지방세전자납부확인서 출력

※ 신용카드 납부는 위택스, 카드로택스(www.cardrotax.or.kr), 은행CD/ATM기에서 납부 가능하며, 납부 후 승인 취소나 할부 개월 수 변경은 가능합니다.
※ 전자납부번호는 납부번호와 동일합니다.

◎ 안쪽 면에 내용이 있습니다. 이 곳을 천천히 개봉하여 주십시오.☜

210mm×297mm(CP지 90g/㎡)

[별지 제8호 서식(전산용5)] (2024. 3. 26. 개정)

(앞 쪽)

☜ 이곳을 천천히 개봉하여 주십시오.

보내는 사람

과세번호			
담당자		문의처	

우체국

바코드 13mm

음성변환용(외부)

받는 사람

바코드 17mm

우편반송용

과 세 근 거

납 부 장 소

전국 은행 우체국 새마을금고, 신용협동조합, 산림조합

납부지연가산세

「지방세기본법」 제55조 및 제56조에 따라 납세고지서에 따른 납부기한까지 지방세액을 납부하지 않는 경우에는 그 지방세액의 3%가 부과되고, 해당 지방세액이 45만원 이상인 경우에는 납세고지서에 따른 납부기한이 지난 날부터 1개월이 지날 때마다(최대 60개월까지) 그 지방세액의 0.66%가 추가로 부과됩니다.

※ 계산식
납기 내 지방세액 + 납부지연가산세(납기 내 지방세액의 3%) + 납부지연가산세(납기 내 지방세액 × 0.66% × 경과월수)

지방자치단체 활용란
※ 지방세 납부방법 안내 등

바코드 13mm

음성변환용(내부)

세목별 부과내역 및 지방세환급금 충당내역은 아래와 같습니다.

부과세목	부과세액	환급금공제액	충당세목	환급금 충당액

∞ 시·군·구 ______ (수납은행 확인용)

납세자:

기관번호	세목

납세연월기	과세번호

전자납부 번 호

납기 내:	까지
세 목	납기 내 세액
합 계	

납기 후:	까지
납부할 금액	

수납은행용 바코드 / 수납용 | 지방자치단체의 장 | 직인

∞ 시·군·구

납세고지서 겸 영수증 (분)

(납세자용)

납세번호	과세기관	검	회계	과목	세목	연도	월	구분	읍면동	과세번호	검

납 세 자:
주 소:

납세자번호:

수납용바코드
수납용

지 방 세

과세대상:

세 목	납기 내 세액	납기 후 세액	부과내역(과세표준)	세율
납부할 금액				

납기 내
까지

납기 후
까지

납부할 금액이 공란이면 뒤쪽의 일자별 납부할 금액을 직접 기재하시기 바랍니다.

발행일 년 월 일 수납일 년 월 일

담당자: 문의처:

※ 이 영수증은 과세증명서로 사용할 수 있습니다.

지방자치단체의 장 직인 수납인

전자납부 번 호

210mm×297mm(CP지 90g/㎡)

(뒤 쪽)

안 내 말 씀

1. 납세고지서에 따른 납부기한 내에 세액을 납부하지 않으면 다음과 같이 가산금 또는 납부지연가산세가 부과됩니다.
   ① 2023년 이전 납세의무 성립분: 납부기한이 지나면 3%의 가산금이 가산되고, 납세고지서별 · 세목별 세액이 30만원 이상인 경우에는 납부기한이 지난 후 1개월마다 0.75%(2018년 12월 31일 이전까지 1.2%)의 중가산금이 가산(최대 60개월까지)됩니다.
   ※ 일부만 납부한 경우에는 가산금 또는 중가산금이 달라질 수 있습니다.
   ② 2024년 이후 납세의무 성립분: 납부기한이 지나면 3%의 납부지연가산세가 부과되고, 납세고지서별 · 세목별 세액이 45만원 이상인 경우에는 납부기한이 지난 후 1개월마다 0.66%의 납부지연가산세가 부과(최대 60개월까지)됩니다.
   ※ 일부만 납부한 경우에는 납부지연가산세가 달라질 수 있습니다.
2. 이 처분에 이의가 있을 경우에는 처분이 있은 것을 안 날(처분의 통지를 받았을 때에는 그 통지를 받은 날)부터 90일 이내에 이의신청(제출기관: 특별시 · 광역시 · 특별자치시 · 도 · 특별자치도세의 경우 해당 특별시장 · 광역시장 · 특별자치시장 · 도지사 · 특별자치도지사, 시 · 군 · 구세의 경우 해당 시장 · 군수 · 구청장) 또는 심판청구(제출기관: 조세심판원장)를 하거나 관할 지방자치단체를 경유하여 감사원에 심사청구를 할 수 있습니다.
3. 2022년 2월 3일 이후 납세의무가 성립한 농어촌특별세의 경우에는 납부기한이 지나면 3%의 납부지연가산세가 부과되고, 농어촌특별세액이 ( )만원 이상인 경우에는 납부기한이 지난 후 1일마다 ( )%의 납부지연가산세 등이 추가(5년간) 됩니다.
4. 납부기한이 지난 후에 세금을 납부하려면 납기 후 세액으로 납부하셔야 하며, 농어촌특별세를 함께 납부해야 할 경우 납기 후 세액 및 납부할 세액은 아래 사항을 참고하시기 바랍니다.
   ① 2022년 2월 3일 이후 납세의무가 성립한 농어촌특별세가 ( )만원 이상인 경우에는 아래의 [납부기한 후 납부일자별 농어촌특별세 및 납부할 금액]을 참고하여 앞쪽의 공란의 농어촌특별세 납기 후 세액 및 납부할 금액을 직접 기재하여 납부하시기 바랍니다.
   ② 농어촌특별세액이 없거나 ( )만원 미만인 경우에는 앞쪽에 표기된 납기 후 금액 및 기한에 따라 납부하시기 바랍니다.

⊙ 2022년 2월 3일 이후 납세의무 성립분

[납부기한 후 납부일자별 농어촌특별세 및 납부할 금액]

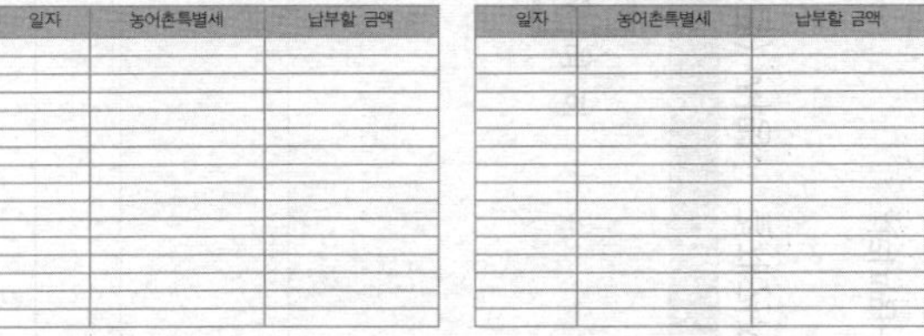

일자	농어촌특별세	납부할 금액	일자	농어촌특별세	납부할 금액

⊙ 2022년 2월 3일 전 납세의무 성립분
- 납기 후 1개월까지는 3% 가산금이 부과되고, 이후에는 1개월마다 0.75%의 가산금이 추가됩니다.

5. 고지된 금액을 납부기한까지 지방자치단체 금고, 전국 은행, 우체국 등에 납부하시기 바랍니다.
   ※ 납부 후에는 수납을 취소할 수 없으며, 초과납부한 지방세는 환급금 취급 절차에 따라 환급됩니다.
6. 금융기관의 인터넷뱅킹 · ARS · ATM과 지방세통합정보통신망(www.wetax.go.kr 또는 위택스 앱)을 통한 전자납부도 가능하며, 인터넷에 의한 전자고지는 신청자에 한하여 시행하고 있습니다.

◆ 전자납부 이용방법
⊙ 인터넷뱅킹: [금융기관 홈페이지] 접속 ⇒ [인터넷뱅킹, 온라인서비스, 지방세납부 등] 선택(각 금융기관 홈페이지를 참조하시기 바랍니다)
⊙ ARS 납부: [거래은행의 ARS전화] 접속 ⇒ [지방세납부 등] 선택 ⇒ 안내에 따라 납부
⊙ ATM 납부: [거래은행의 ATM기] 이용 ⇒ [지방세납부 등] 선택 ⇒ [납부번호입력] ⇒ [납부]
⊙ 위택스(www.wetax.go.kr 또는 위택스 앱)나 인터넷지로(www.giro.or.kr)를 이용하면 365일 지방세납부 가능(07:00 ~ 23:30)

> 지방세납부 → 자진납부와 조회납부 중 선택 → 공동인증서 확인 → 자진납부는 납부정보 입력하고,
> 조회납부는 납부정보 조회 → 납부하기 → 계좌번호 및 비밀번호 입력 → 납부확인 → 지방세전자납부확인서 출력

※ 신용카드 납부는 위택스, 카드로택스(www.cardrotax.or.kr), 은행CD/ATM기에서 납부 가능하며, 납부 후 승인 취소나 할부 개월 수 변경은 가능합니다.
※ 전자납부번호는 납부번호와 동일합니다.

◎ 안쪽 면에 내용이 있습니다. 이 곳을 천천히 개봉하여 주십시오.☞

210mm×297mm(CP지 90g/㎡)

별지 제11호의 2 서식] (2022. 3. 18. 신설)

행 정 기 관 명

수신
경유)
제목 종중 재산의 명의수탁자에 대한 납부통지서

귀하(귀 법인)는 아래 체납자가 명의신탁한 재산을 보유하고 있는 것으로 파악되어, 「지방세기본법」 제75조, 「지방세징수법」 제16조 제1항 및 같은 법 시행령 제23조에 따라 다음과 같이 납부고지를 하오니 년 월 일까지 납부하시기 바랍니다.

납세자	종중의 명칭(대표자)			납세자 번호			
	주소						
체납내역	과세연도	구분	세목	과세번호	계	지방세	가산금	납부기한(당초)
	체납처분비							
	합계							
종중 재산의 명의수탁자	성명(법인명)		주민(법인·외국인) 등록번호					
	주소(영업소)							
	납부할 세액							
	산출근거							
명의신탁재산의 표시								

붙 임 납세고지서 부. 끝.

발신명의 명 의

기안자 직위(직급) 서명 검토자 직위(직급) 서명 결재권자 직위(직급) 서명
협조자
시행 처리과명-연도별 일련번호(시행일) 접수 처리과명-연도별 일련번호(접수일)
우 도로명주소 / 홈페이지 주소
전화번호( ) 팩스번호( ) / 공무원의 전자우편주소 / 공개 구분

210㎜×297㎜(백상지 80g/㎡)

[별지 제12호 서식]

납입서(수납기관 및 시·군·구 금고용)

년도 월(기)분	소 관 청	
회 계 구 분		
관	항	목
세 목	세 액	비 고
계		

위의 금액을 납입합니다.

년 월 일

납입자 (인)

수납기관 | 수납인

영수필통지서(과세기관용)

년도 월(기)분	소 관 청	
회 계 구 분		
관	항	목
세 목	세 액	비 고
계		

위의 금액을 영수하였음을 통지합니다.

년 월 일

지방자치단체의 장 귀하

수납기관 | 수납인

영수증(납입자용)

년도 월(기)분	소 관 청	
회 계 구 분		
관	항	목
세 목	세 액	비 고
계		

위의 금액을 영수합니다.

년 월 일

수납기관 | 수납인

210㎜×297㎜[백상지 (80g/㎡) 또는 중질지 (80g/㎡)]

[별지 제17호 서식]

잃어버린 징수금의 납부의무 면제 신청서

접수번호	접수일		처리기간 30일
신청인 (특별징수의무자)	성명(법인명)		주민(법인·외국인)등록번호
	주소(영업소)		
	전화번호 (휴대전화　　　)		전자우편주소

신청 내용		
구분	지방자치단체의 징수금	잃어버린 지방자치단체의 징수금
세목		
징수연월		
금액		
납세의무자 인원		
면제 신청사유		

「지방세징수법」 제19조 제1항에 따라 위와 같이 지방자치단체의 징수금의 납부의무를 면제받고자 합니다.

년　　월　　일

신청인　　　　(서명 또는 인)

지방자치단체의 장 귀하

첨부서류	면제사유를 입증하는 서류	수수료 없음

유 의 사 항

1. 특별징수의무자는 불가피한 사고로 인하여 받았던 지방자치단체의 징수금을 잃어버렸을 때 그 납부의무의 면제를 신청할 수 있습니다.
※ 불가피한 사고는 「지방세징수법 시행령」 제26조에 따라 선량한 관리자의 주의를 다하고도 예방할 수 없는 사고를 말합니다.
2. 면제 신청 사유는 구체적으로 적습니다.
3. 결정에 불복하는 경우에는 결정의 통지를 받은 날부터 14일 이내에 심사를 청구할 수 있습니다.

처 리 절 차

신청서 제출	→	접 수	→	첨부서류 확인 및 검토	→	결 정	→	통 지
신청인		지방자치단체		지방자치단체		지방자치단체		지방자치단체

210mm×297mm[백상지 (80g/㎡) 또는 중질지(80g/㎡)]

[별지 제20호 서식] (2020. 3. 24. 개정)

원본확인번호:

취득세(등록면허세) 납부확인서

납세번호	기관	검	회계	과목	세목	과세연도	월	구분	읍·면·동	과세번호	검

전자납부번호	

성명(법인명):　　　　주민(법인·외국인)등록번호:

주소(영업소):

등기(등록) 원인:

등기(등록) 물건:

과세표준:　　　　시가표준액:

세 목	지방세	가산금	납 부 일
계			

위 금액의 납부를 확인합니다.

년　　월　　일

지방자치단체의 장 직인

담당자		전화번호	

원본 확인	복사 방지 표시

1차원 바코드

위조·변조 방지 표시

210mm×297mm[백상지(80g/㎡) 또는 중질지(80g/㎡)]

[별지 제26호 서식] (2024. 12. 31. 개정)

[ ] 징수유예등 [ ] 체납처분유예 신청서

(앞쪽)

접수번호	접수일	처리기간 10일(예외적인 경우 즉시)

납세자	성명(법인명)	주민(법인·외국인)등록번호
	주소(영업소)	
	전화번호(휴대전화)	전자우편주소

신청내용

납부할 체납액의 내용						징수유예등(체납처분유예)을 받으려는 지방세(체납액)		
세목	과세 연도	과세 번호	납부기한 (독촉기한)	지방세	가산금	계	지방세	가산금

징수유예등(체납처분유예)의 구분	
징수유예등(체납처분유예)을 받으려는 사유	[징수유예등] 지방세징수법 제25조 제__호 ( ) [체납처분유예] 지방세징수법 제105조 제1항 제__호( )
징수유예등(체납처분유예)을 받으려는 기간	년 월 일부터 년 월 일까지

납부기한 및 분납금액

횟수	연도	세목	납부기한	분납금액(A+B)	지방세(A)	가산금(B)
1회						
2회						
3회						

담보물건	

위와 같이 「지방세징수법」 제25조의 3 제1항 및 제105조 제4항에 따라 징수유예등(체납처분유예)을 신청합니다.

년 월 일

신청인 (서명 또는 인)

지방자치단체의 장 귀하

위 임 장

위 납세자 등 본인은 아래 "위임받은 자"에게 징수유예등(체납처분유예)의 신청을 위임합니다.

년 월 일

위임자(납세자) (서명 또는 인)

위임받은 자(신청인) (서명 또는 인)

위임 받은 자	성명	주민등록번호	위임자와의 관계
	주소		전화번호

첨부서류	1. 징수유예등(체납처분유예)을 받으려는 사유를 증명하는 자료 2. 납세담보제공서(「지방세기본법 시행규칙」 별지 제29호 서식)	수수료 없음

(뒤 쪽)

작 성 방 법

1. 성명(법인명): 개인은 성명, 법인은 법인등기부상의 법인명을 적습니다.
2. 주민(법인·외국인)등록번호: 개인(내국인)은 주민등록번호, 법인은 법인등록번호, 외국인은 외국인등록번호를 적습니다.
3. 주소(영업소)
   - 개인: 주민등록상의 주소를 원칙으로 하되, 주소가 사실상의 거주지와 다른 경우 거주지를 적을 수 있습니다.
   - 법인 또는 개인사업자: 법인은 주사무소 소재지, 개인사업자는 주된 사업장 소재지를 적습니다. 다만, 주사무소 또는 주된 사업장 소재지와 분사무소 또는 해당 사업장의 소재지가 다를 경우 분사무소 또는 해당 사업장의 소재지를 적을 수 있습니다.
4. 전화번호: 연락이 가능한 일반전화(휴대전화)번호를 적습니다.
5. 전자우편주소: 수신이 가능한 전자우편주소(E-mail 주소)를 적습니다.
6. 세목, 과세연도, 과세번호, 납부기한(독촉기한), 지방세, 가산금, 징수유예등(체납처분유예)을 받으려는 지방세(체납액)에 관련된 사항을 적습니다.
7. 징수유예등(체납처분유예)의 구분: 「지방세징수법」 제25조 및 제25조의 2에 따른 고지유예, 분할고지, 징수유예 중 신청하려는 징수유예등의 종류 또는 같은 영 제93조에 따른 체납처분유예를 적습니다.
8. 징수유예등(체납처분유예)을 받으려는 사유: 「지방세징수법」 제25조 또는 제105조 제1항에 따른 징수유예등(체납처분유예)을 받으려는 사유를 적습니다.
   가. 징수유예등 사유(「지방세징수법」 제25조)
      1) 풍수해, 벼락, 화재, 전쟁, 그 밖의 재해 또는 도난으로 재산에 심한 손실을 입은 경우
      2) 사업에 현저한 손실을 입은 경우
      3) 사업이 중대한 위기에 처한 경우
      4) 납세자 또는 동거가족이 질병이나 중상해(重傷害)로 장기치료를 받아야 하는 경우
      5) 조세조약에 따라 외국의 권한 있는 당국과 상호 합의절차가 진행 중인 경우. 이 경우 「국제조세조정에 관한 법률」 제49조제1항부터 제5항까지의 규정에 따른 납부기한등의 연장 등의 적용특례에 따름.
   나. 체납처분유예 사유(「지방세징수법」 제105조 제1항)
      1) 조례로 정하는 기준에 따른 성실납부자로 인정될 때
      2) 재산의 압류나 압류재산의 매각을 유예함으로써 사업을 정상적으로 운영할 수 있게 되어 체납액을 징수할 수 있다고 인정될 때
9. 납부기한 및 분납금액
   가. 징수유예등(체납처분유예)을 받으려는 금액: 납부할 금액(체납액) 중 징수유예등(체납처분유예)(분할고지 제외)을 받고자 신청하는 금액을 적습니다.
   나. 분할납부 고지를 받고자 하는 금액: 분할고지를 신청할 경우 신청하고자 하는 분할납부 금액, 납부 예정일 등을 적습니다.
10. 담보물건: 「지방세징수법」 제27조 또는 제105조 제3항에 따라 지방자치단체의 장이 납세담보를 요구할 경우 제공 가능한 「지방세기본법」 제65조에 해당하는 것이어야 합니다.

처 리 절 차

신청서 작성	→	접 수	→	첨부서류 확인 및 검토	→	결 재	→	통 보
신청인		지방자치단체		지방자치단체		지방자치단체		지방자치단체

[별지 제29호 서식(전산용)] (2024. 3. 26. 개정) (앞 쪽)

[별지 제30호 서식] (2024. 3. 26. 개정)

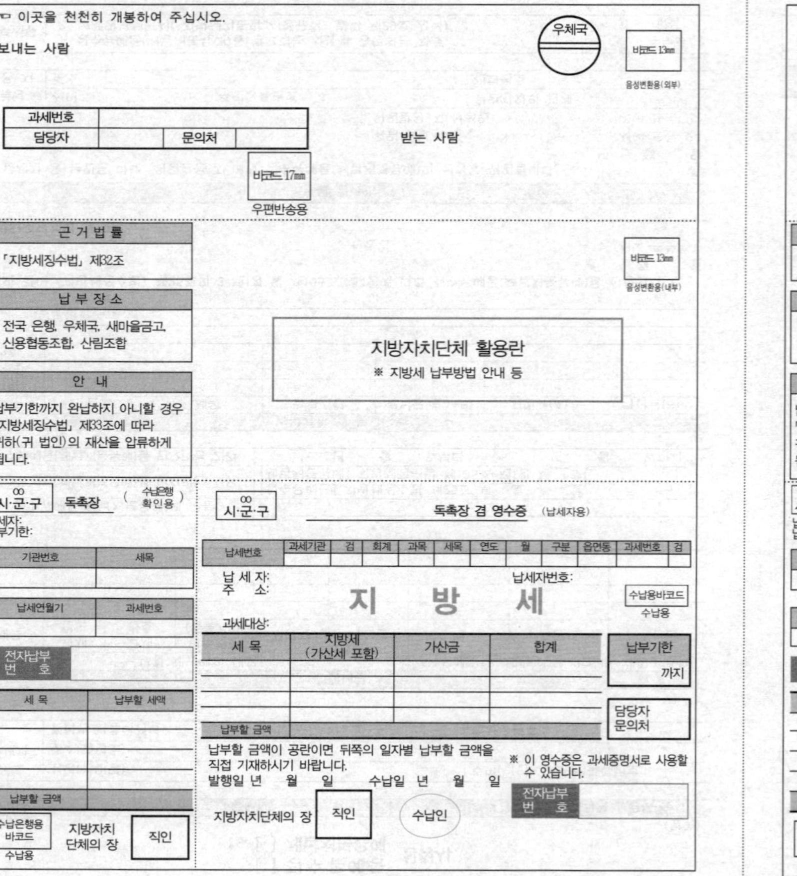

[별지 제29호 서식(전산용)]

☜ 이곳을 천천히 개봉하여 주십시오.

보내는 사람

우체국

바코드 13㎜
음성변환용(외부)

과세번호			
담당자		문의처	

받는 사람

바코드 17㎜
우편반송용

근 거 법 률
「지방세징수법」 제32조

납 부 장 소
전국 은행, 우체국, 새마을금고, 신용협동조합, 산림조합

안 내
납부기한까지 완납하지 아니할 경우 「지방세징수법」 제33조에 따라 귀하(귀 법인)의 재산을 압류하게 됩니다.

바코드 13㎜
음성변환용(내부)

지방자치단체 활용란
※ 지방세 납부방법 안내 등

○○ 시·군·구 독촉장 (수납행 확인용)

납세자:
납부기한:

기관번호	세목

납세연월기	과세번호

전자납부 번 호

세 목	납부할 세액
납부할 금액	

수납은행용 바코드 수납용 | 지방자치 단체의 장 | 직인

○○ 시·군·구 독촉장 겸 영수증 (납세자용)

납세번호	과세기관	검	회계	과목	세목	연도	월	구분	읍면동	과세번호	검

납 세 자:
주 소:
납세자번호:

지 방 세

과세대상:

수납용바코드
수납용

세 목	지방세 (가산세 포함)	가산금	합계
납부할 금액			

납부기한
까지

담당자 문의처

납부할 금액이 공란이면 뒤쪽의 일자별 납부할 금액을 직접 기재하시기 바랍니다.

발행일 년 월 일 수납일 년 월 일

※ 이 영수증은 과세증명서로 사용할 수 있습니다.

전자납부 번 호

지방자치단체의 장 직인 수납인

210㎜×297㎜[백상지 (80g/㎡) 또는 중질지 (80g/㎡)]

[별지 제30호 서식]

☜ 이곳을 천천히 개봉하여 주십시오.

보내는 사람

우체국

바코드 13㎜
음성변환용(외부)

과세번호			
담당자		문의처	

받는 사람

바코드 17㎜
우편반송용

근 거 법 률
「지방세징수법」 제32조

납 부 장 소
전국 은행, 우체국, 새마을금고, 신용협동조합, 산림조합

안 내
납부기한까지 완납하지 아니할 경우 「지방세징수법」 제33조에 따라 귀하(귀 법인)의 재산을 압류하게 됩니다.

바코드 13㎜
음성변환용(내부)

지방자치단체 활용란
※ 지방세 납부방법 안내 등

○○ 시·군·구 납부최고서 (수납행 확인용)

납세자:
납부기한:

기관번호	세목

납세연월기	과세번호

전자납부 번 호

세 목	납부할 세액
납부할 금액	

수납은행용 바코드 수납용 | 지방자치 단체의 장 | 직인

○○ 시·군·구 납부최고서 겸 영수증 (납세자용)

납세번호	과세기관	검	회계	과목	세목	연도	월	구분	읍면동	과세번호	검

■ 제2차 납세의무자(양도담보권자 등)
성명(법인명):
주 소:
납세자 번호:

지 방 세

■ 납세자
성명(법인명):
주 소:
납세자 번호:

수납용바코드
수납용

세 목	지방세 (가산세 포함)	가산금	합계
납부할 금액			

납부기한
까지

담당자 문의처

납부할 금액이 공란이면 뒤쪽의 일자별 납부할 금액을 직접 기재하시기 바랍니다.

발행일 년 월 일 수납일 년 월 일

※ 이 영수증은 과세증명서로 사용할 수 있습니다.

전자납부 번 호

지방자치단체의 장 직인 수납인

210㎜×297㎜[백상지 (80g/㎡) 또는 중질지 (80g/㎡)]

[별지 제31호 서식(전산용1)] (2024. 3. 26. 개정)

☞ 이곳을 천천히 개봉하여 주십시오.

보내는 사람

우체국

바코드 13㎜

음성변환용(외부)

과세번호			
담당자		문의처	

바코드 17㎜

우편반송용

받는 사람

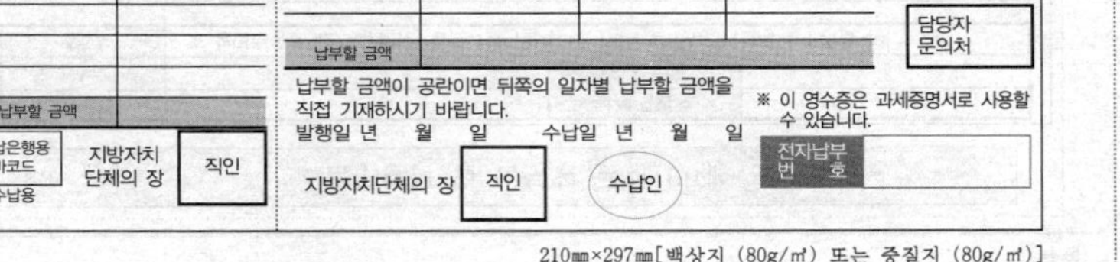

납 부 장 소
전국 은행, 우체국, 새마을금고, 신용협동조합, 산림조합

지방세 안내

바코드 13㎜

음성변환용(내부)

지방자치단체 활용란
※ 지방세 납부방법 안내 등

ㅇㅇ 시·군·구 ______ (수납은행 확인용)

납세자:

기관번호	세목

납세연월기	과세번호

전자납부 번 호	

세 목	납부할 세액
납부할 금액	

수납은행용 바코드 수납용	지방자치 단체의 장	직인

ㅇㅇ 시·군·구

체납액 고지서 겸 영수증 (납세자용)

납세번호	과세기관	검	회계	과목	세목	연도	월	구분	읍면동	과세번호	검

납 세 자: 납세자번호:

주 소:

지 방 세

수납용바코드 수납용

과세대상:

세 목	지방세 (가산세 포함)	가산금	합계
납부할 금액			

납부기한
까지

담당자 문의처

납부할 금액이 공란이면 뒤쪽의 일자별 납부할 금액을 직접 기재하시기 바랍니다.

※ 이 영수증은 과세증명서로 사용할 수 있습니다.

발행일 년 월 일 수납일 년 월 일

지방자치단체의 장 직인 수납인

전자납부 번 호	

210㎜×297㎜[백상지 (80g/㎡) 또는 중질지 (80g/㎡)]

[별지 제31호 서식(전산용2)] (2023. 12. 29. 개정) (앞 쪽)

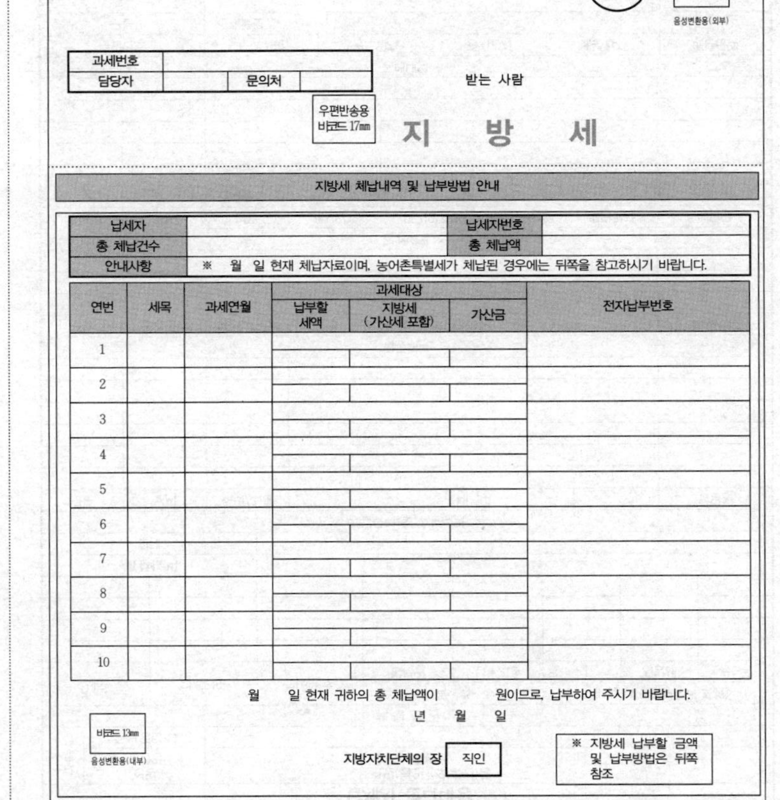

☞ 이곳을 천천히 개봉하여 주십시오.

보내는 사람

우체국

바코드 13㎜

음성변환용(외부)

과세번호			
담당자		문의처	

우편반송용 바코드 17㎜

받는 사람

지 방 세

지방세 체납내역 및 납부방법 안내

납세자		납세자번호	
총 체납건수		총 체납액	
안내사항	※ 월 일 현재 체납자료이며, 농어촌특별세가 체납된 경우에는 뒤쪽을 참고하시기 바랍니다.		

연번	세목	과세연월	과세대상			전자납부번호
			납부할 세액	지방세 (가산세 포함)	가산금	
1						
2						
3						
4						
5						
6						
7						
8						
9						
10						

월 일 현재 귀하의 총 체납액이 원이므로, 납부하여 주시기 바랍니다.

년 월 일

바코드 13㎜

음성변환용(내부)

지방자치단체의 장 직인

※ 지방세 납부할 금액 및 납부방법은 뒤쪽 참조

210㎜×297㎜[백상지 (80g/㎡) 또는 중질지 (80g/㎡)]

[별지 제31호의 2 서식] (2023. 3. 14. 신설)

(앞 쪽)

납세자 관리대장

납세자	성명(법인명)		주민(법인 · 외국인)등록번호	
	주소(영업소)			

체 납 현 황

세목	과세연도	과세번호	독 촉		체 납 액(정리보류액 포함)		
			발부일	납부기한	계	지방세	가산금
체납처분비							
합계							

체납독려 및 처분내역

구분	날짜	독려/처분	내 역	담당자

압류내역

구분	물건종류	설정/해제일	압류물건	해제사유

경매내역

사건번호	구분	법원	개시일자	종기일자	교부청구금액	배당일자	배당금
		경매물건					

공매내역

수임번호	공매기관	공고일자	중지일자	배분일자	배분금액
구분	공매물건				

210㎜×297㎜[백상지 (80g/㎡) 또는 중질지 (80g/㎡)]

(뒤 쪽)

납부일자 별 납부할 금액 안내

납세자		납세자번호	
총 체납건수		총 체납액	
참고	※ 농어촌특별세는 체납기간 동안 1일마다 ( )%의 납부지연가산세가 추가됩니다.		

일자	건수	지방세(가산세 포함)	가산금	농특세가산세(체납분)	납부할 금액	비고

지방세 납부방법 안내

* 지방자치단체 활용란

210㎜×297㎜[백상지 (80g/㎡) 또는 중질지 (80g/㎡)]

(뒤 쪽)

실 태 조 사			
날짜	내 용	조사자 의견	조사자

거주 현황	1. 거주(폐업) 사실 유무: 2. 행선지: 3. 동거가족 및 동거가족의 소득내역: 4. 생활자금 원천: 5. 기타:	
재산 현황	1. 부동산	
	2. 동산, 사업장 잔여재산	
	3. 현금, 예·적금, 주식 등 유가증권	
	4. 거래처 미회수채권, 신용카드 매출채권	
	5. 골프회원권, 기타 재산권	
	6. 연대납세의무자 및 제2차 납세의무자 – 공동사업자, 상속인, 증여자, 청산인 등	
	7. 기타	사업장(점포) 등 임차보증금, 물적 납세의무, 납세의무 승계 등
체납사유		행정제재
		◦ 출국금지: ◦ 명단공개: ◦ 관허사업제한: ◦ 체납액 및 정리보류액 정보제공:
정리보류 결정사유		
징수전망 및 징수대책(조사자 종합의견)		

210㎜×297㎜[백상지 (80g/㎡) 또는 중질지 (80g/㎡)]

[별지 제38호 서식]

압류재산(동산) 사용 · 수익 허가신청서

접수번호		접수일	처리기간 5일
신청인 (사용 · 수익자)	성명(법인명)		주민(법인 · 외국인)등록번호
	주소(영업소)		
	전화번호(휴대전화)		전자우편주소

신 청 내 용			
압류재산의 표시			
압류일	년 월 일 압류		
사용 또는 수익자	성명 (법인명)		주민(법인 · 외국인) 등록번호
	주소 (영업소)		
사용 또는 수익할 재산의 종류 · 표시			
사용 또는 수익방법			

위와 같이 압류재산(동산)을 사용 또는 수익하고자 「지방세징수법」 제49조 제2항 및 같은 법 시행령 제51조 제1항에 따라 위와 같이 신청합니다.

년 월 일

신청인 (서명 또는 인)

지방자치단체의 장 귀하

처 리 절 차

신청서 작성	→	접 수 (담당부서)	→	조사 · 확인 (담당부서)	→	결 재 (과장)	→	압류재산(동산) 사용 · 수익
신청인		처 리 기 관 (지방자치단체의장)		처 리 기 관 (지방자치단체의장)		처 리 기 관 (지방자치단체의장)		

210㎜×297㎜[백상지 (80g/㎡) 또는 중질지 (80g/㎡)]

[별지 제46호의 2 서식] (2022. 3. 18. 신설)

문 서 번 호	선박 압류(변경)등록 촉탁서
선박의 표시	
선적항	
선박소유자 성명 또는 명칭	
등록원인 및 등록 연월일	년 월 일 압류
등록의 목적	체납처분에 따른 압류등록
등록권리자	지방자치단체의 장
등록 의무자 — 성명(법인명)	
등록 의무자 — 주민(법인·외국인) 등 록 번 호	
등록 의무자 — 주소(영업소)	
등록면허세	비과세(「지방세법」 제26조에 따릅니다)

년 월 일

촉탁공무원 성명 　　지방자치단체의 장 [직인]

(관할관서) 귀중

첨 부 서 류	압류조서 부

※ 선박의 표시란에는 다음 사항을 기재합니다.
1. 선박의 종류와 명칭　2. 선질　3. 갑판의 총수
4. 총톤수　5. 순톤수　6. 기관의 종류와 수
7. 추진기의 종류와 수

210㎜×297㎜[백상지 (80g/㎡) 또는 중질지 (80g/㎡)]

[별지 제71호 서식] (2023. 3. 14. 개정)

채권신고 및 배분요구서

※ 뒤쪽의 유의사항을 읽고 작성하여 주시기 바랍니다. (앞 쪽)

접수번호		접수일자		처리기간 1일	
공매재산	공매재산의 표시				
	처분청			체납자	
	배분요구의 종기			배분기일	
채권 현황	채권의 종류				
	실 채 권 액	총계	원	원금	원
		이자	원	기타	원
임대차 현황	용도			전입일(사업자등록일)	
	확정일자			점유일자	
	임차보증금			비고(월세 등)	
배분금 수령계좌	은행명		예금주	계좌번호(계좌사본 첨부)	
배분기일 통지 송달장소	송달구분		송달지	송달장소	

「지방세징수법」 제81조에 따른 채권자로서 위와 같이 채권신고 및 배분요구를 합니다.

년 월 일

채권자 성명(법인명) (서명 또는 인)
주소(영업소)
전화번호

지방자치단체의 장 귀하

처 리 절 차

채권신고 및 배분요구서 작성·제출	→	매각결정 통지	→	매수대금 납부	→	배분기일 통지	→	채권계산서 제출	→	배분기일 (배분금 지급)
채권자 등		지방자치단체의 장		매수인		지방자치단체의 장		채권자 등		채권자 등

210㎜×297㎜[백상지 (80g/㎡) 또는 중질지 (80g/㎡)]

(뒤 쪽)

권리자	신청인 제출서류	담당공무원 확인사항
담보채권자	설정계약서, 채권원인서류 사본	
임대차관계(주택)	임대차계약서 또는 전세권설정계약서 사본(확정일자가 있는 경우 확정일자가 있는 임대차계약서 또는 전세권설정계약서 사본을 제출합니다)	주민등록등 · 초본
임대차관계(상가)	임대차계약서 또는 전세권설정계약서 사본, 관할세무서장의 임대차관계 사실확인서, 사업자등록사항 등의 현황서	사업자등록증명원
임금채권자	1. 지방고용노동관서에서 발급한 체불임금확인서(또는 우선변제 임금채권임을 판단할 수 있는 법원의 확정판결문) 2. 다음 서류 중 하나를 소명자료로 첨부 가. 사용자가 교부한 국민연금보험료 원천공제계산서 나. 원천징수 의무자인 사업자로부터 교부받은 근로소득에 대한 원천징수영수증 다. 국민연금공단이 발급한 국민연금보험료 납부사실확인서 라. 국민건강보험공단이 발급한 국민건강보험료 납부사실확인서 마. 위 4가지 서류중 하나를 제출할 수 없는 경우에는 사용자가 작성한 근로자명부 또는 임금대장 사본	
일반채권자	1. 가압류신청서 및 결정문 사본(가압류채권자인 경우만 해당) 2. 소장사본 및 집행력 있는 집행권원 정본 사본(집행권원에 집행문 부여 확인)	

행정정보 공동이용 동의서

본인은 이 건 업무처리와 관련하여 담당 공무원이 「전자정부법」 제36조 제1항에 따른 행정정보의 공동이용을 통하여 위의 담당공무원 확인사항을 확인하는 것에 동의합니다. * 동의하지 아니하는 경우에는 신청인이 직접 관련 서류를 제출하여야 합니다.

신청인 (서명 또는 인)

유 의 사 항

1. 채권신고 및 배분요구서의 제출기한은 배분요구의 종기까지입니다.
2. 채권의 종류는 근저당, 임금채권, 일반채권 등으로 구분하여 적어야 합니다.
3. 임대차 현황의 용도는 주택 또는 상가건물로 구분하여 적어야 합니다.
4. 배분요구에 따라 매수인에 대한 인수부담이 바뀌게 되는 권리자는 배분요구의 종기가 지난 뒤에는 배분요구를 철회할 수 없습니다.
5. 공매공고 등기 전에 등기(등록)되지 아니한 채권자가 배분요구의 종기가 지난 후에 배분요구 하는 경우 배분에 참여할 수 없습니다.
6. 신고된 송달장소로 배분기일을 통지하므로 송달장소가 변경되는 경우에는 즉시 새로운 송달장소를 신고하여 불이익을 받지 아니하도록 하여야 합니다.
7. 대리인이 서류를 제출하는 경우에는 위임자의 인감증명서 또는 본인서명사실확인서가 첨부된 위임장 1부를 추가로 제출하셔야 합니다(법인인 경우 사용인감확인서, 법인인감증명서 및 법인등기사항증명서를 제출합니다).

채권신고 및 배분요구서 접수증

접수번호	접수일자	신청인 성명

접수자 서명 또는 인

[별지 제79호의 2 서식] (2024. 3. 26. 신설)

차액납부 신청서

※ 뒤쪽의 유의사항를 참고하시기 바라며, 색상이 어두운 칸은 신청인이 작성하지 않습니다.

접수번호	접수일시	처리기간

공매재산	관리번호		
	공매재산의 표시		
	처분청	체납자	매각결정기일
신청인	성명(상호)		
	생년월일(사업자등록번호)		
	소재지		
	전화번호		

「지방세징수법」 제92조의 2 및 같은 법 시행령 제85조의 2에 따라 매수대금의 차액납부를 신청합니다.

년 월 일

신청인 (서명 또는 인)

지방자치단체의 장 귀하

첨부서류	공매재산에 대해 저당권, 전세권, 가등기담보권, 대항력 있는 임차권 또는 등기된 임차권이 있음을 증명하는 서류	수수료 없음

유의사항

1. 매각결정기일 전까지 매수대금 차액납부를 신청할 수 있습니다.
2. 차액납부를 허용하는 결정을 받으면 매수인은 자신에게 배분될 금액을 제외한 금액을 배분기일에 매수대금으로 납부(매수인에게 배분될 금액에 대해 이의가 제기된 경우에는 그 이의 제기 금액도 납부)해야 하고, 이를 납부하지 않은 경우에는 매각결정이 취소됩니다.

[별지 제83호 서식]

등기(등록)청구서

접수번호		접수일	처리기간 1일
신청인 (등기·등록 청구인)	성명(법인명)		주민(법인·외국인)등록번호
	주소(영업소)		
	전화번호(휴대전화)		전자우편주소

신 청 내 용

체납자	성명 (법인명)		주민(법인·외국인) 등록번호	
	주소 (영업소)			
재산의 표시				
매각결정일		년 월 일		
대금납부일		년 월 일		
납부금액		금 원(금 원)		
취득세		금 원(금 원)		

위와 같이 공매에 의하여 본인이 매수하는 바 「지방세징수법」 제96조 및 같은 법 시행령 제89조에 따라 소유권 이전등기(등록)의 촉탁을 청구합니다.

년 월 일

신청인 (서명 또는 인)

지방자치단체의 장 귀하

처 리 절 차

신청서 작성	→	접 수 (담당부서)	→	결 재 (과장)	→	소유권 이전 등기 촉탁
신청인		처 리 기 관 (지방자치단체의 장)		처 리 기 관 (지방자치단체의 장)		

210㎜×297㎜[백상지 (80g/㎡) 또는 중질지 (80g/㎡)]

[별지 제93호 서식] (2022. 3. 18. 개정)

예술품등의 매각대행 신청서

※ 색상이 어두운 난은 신청인이 작성하지 아니합니다.

접수번호		접수일시		처리기간
신청인	성명 (법인명)		생년월일 (법인등록번호)	
	주소 (영업소)			
	전화번호		전자우편주소	

매각대행 의뢰물품

구 분	품 명	보 관 장 소	비 고

* 물품 건별로 작성하고 작성할 내용이 많은 경우 별지 작성

「지방세징수법」 제71조의 2 제1항 및 같은 법 시행령 제74조의 2 제3항에 따라 위와 같이 매각대행을 신청합니다.

년 월 일

신청인 (서명 또는 인)

지방자치단체의장 귀하

210mm×297mm[백상지(80g/㎡) 또는 중질지(80g/㎡)]

[별지 제94호 서식] (2022. 3. 18. 개정)

행 정 기 관 명

수신
(경유)
제목 예술품등 압류물품 매각대행 의뢰 사실 통지

귀하의 지방세 체납액을 징수하기 위하여 압류한 물품 중 예술품등을 전문매각기관에 매각 의뢰하였음을 알려드립니다.
(근거:「지방세징수법 시행령」 제74조의 2 제4항)

체 납 자	성 명 (법인명)		생 년 월 일 (법인등록번호)	
	주 소 (영업소)			
전문매각기관명				

매각대행 의뢰물품			
구 분	품 명	보관장소	비 고

이 통지에 대한 문의사항이 있을 때에는 ○○○과 담당자 ○○○(전화:)에게 연락하시면 친절하게 상담해 드리겠습니다.

끝.

발 신 명 의 직인

기안자 직위(직급) 서명 검토자 직위(직급) 서명 결재권자 직위(직급) 서명
협조자
시행 처리과명-연도별 일련번호(시행일) 접수 처리과명-연도별 일련번호(접수일)
우 도로명주소 / 홈페이지 주소
전화번호( ) 팩스번호( ) / 공무원의 전자우편주소 / 공개구분

210㎜×297㎜[백상지(80g/㎡)]

지방세법

지방세법 예규판례

지방세법 세율

법 률

제 1 장 총 칙

시 행 령

제 1 장 총 칙

시행규칙

제 1 장 총 칙

제 2 장 취 득 세

제 1 절 통 칙

제 2 장 취 득 세

제 1 절 통 칙

제 2 장 취 득 세

제 1 절 통 칙

제 2 절 과세표준과 세율

제 2 절 과세표준과 세율

제 2 절 과세표준과 세율

제 3 장 등록면허세

제 1 절 통 칙

제 2 절 등록에 대한 등록면허세

제 3 장 등록면허세

제 1 절 통 칙

제 2 절 등록에 대한 등록면허세

제 3 장 등록면허세

제 1 절 등록에 대한 등록면허세

제 5 장 담배소비세

제 5 장 담배소비세

제 5 장 담배소비세

제 6 장 지방소비세

제 7 장 주 민 세

제 1 절 통 칙

제 6 장 지방소비세

제 7 장 주 민 세

제 6 장 지방소비세

제 7 장 주민세

제5절 개인지방소득에 대한 특별징수

제6절 내국법인의 각 사업연도의 소득에 대한 지방소득세

제5절 개인지방소득에 대한 특별징수

제6절 내국법인의 각 사업연도의 소득에 대한 지방소득세

제 7 절 내국법인의 각 연결사업연도의 소득에 대한 지방소득세

제 7 절 내국법인의 각 연결사업연도의 소득에 대한 지방소득세

제8절 내국법인의 청산소득에 대한 지방소득세

제8절 내국법인의 청산소득에 대한 지방소득세

제 9 절 외국법인의 각 사업연도의 소득에 대한 지방소득세

제 10 절 동업기업에 대한 과세특례

제 9 절 외국법인의 각 사업연도의 소득에 대한 지방소득세

제 10 절 동업기업에 대한 과세특례

제 9 장 재 산 세

제 1 절 통 칙

제 9 장 재 산 세

제 1 절 통 칙

제 9 장 재산세

제 11 장 지역자원시설세

제 1 절 통 칙

제 2 절 과세표준과 세율

제 3 절 부과 · 징수

제 12 장 지방교육세

제 11 장 지역자원시설세

제 1 절 통 칙

제 2 절 과세표준과 세율

제 3 절 부과 · 징수

제 12 장 지방교육세

제 11 장 지역자원시설세

운영 예규

지 방 세 법

개정 2024. 12. 31. 법률 제20630호
(채무자 회생~부칙) 2024. 2. 13. 법률 제20264호

2023. 12. 29. 법률 제19860호
(행정기관소속~부칙) 2023. 8. 16. 법률 제19634호
(지방자치분권~부칙) 2023. 6. 9. 법률 제19430호
2023. 3. 14. 법률 제19230호
(수상레저기구의 등록~부칙) 2022. 6. 10. 법률 제18957호
2021. 12. 28. 법률 제18655호
2021. 12. 7. 법률 제18544호
2021. 7. 8. 법률 제18294호
(지방자치법 부칙) 2021. 1. 12. 법률 제17893호
2020. 12. 29. 법률 제17769호
(소득세법 부칙) 2020. 12. 29. 법률 제17757호
(국제조세조정~부칙) 2020. 12. 22. 법률 제17651호
2020. 8. 12. 법률 제17473호
2019. 12. 31. 법률 제16855호
2019. 12. 3. 법률 제16663호
(양식산업발전법 부칙) 2019. 8. 27. 법률 제16568호
2018. 12. 31. 법률 제16194호
2018. 12. 31. 법률 제16113호
(법인세법 부칙) 2018. 12. 24. 법률 제16008호
2017. 12. 30. 법률 제15335호
2017. 12. 26. 법률 제15292호
(정부조직법 부칙) 2017. 7. 26. 법률 제14839호
(빈집 및~특례법 부칙) 2017. 2. 8. 법률 제14569호
(도시 및 주거환경정비법 부칙) 2017. 2. 8. 법률 제14567호

지방세법 시행령

개정 2024. 12. 31. 대통령령 제35177호
(근현대 문화유산의~부칙)
2024. 9. 10. 대통령령 제34881호
(계량에 관한 법률 시행령 부칙)
2024. 7. 9. 대통령령 제34683호
(벤처기업 육성에~부칙)
2024. 7. 2. 대통령령 제34657호
2024. 5. 28. 대통령령 제34528호
(매장문화재 보호~ 부칙)
2024. 5. 7. 대통령령 제34491호
(문화재수리 등에~부칙)
2024. 5. 7. 대통령령 제34494호
(문화재보호법 시행령 부칙)
2024. 5. 7. 대통령령 제34488호
(국가유산기본법 시행령 부칙)
2024. 5. 7. 대통령령 제34487호
2024. 3. 26. 대통령령 제34353호
(해상교통안전법 시행령 부칙)
2024. 1. 16. 대통령령 제34153호

2023. 12. 29. 대통령령 제34080호
(벤처투자~부칙) 2023. 12. 19. 대통령령 제34011호
(지방자치분권~부칙) 2023. 7. 7. 대통령령 제33621호
2023. 6. 30. 대통령령 제33609호

지방세법 시행규칙

개정
2024. 12. 31. 행정안전부령 제539호
2024. 5. 28. 행정안전부령 제485호
2024. 3. 26. 행정안전부령 제474호
2024. 1. 22. 행정안전부령 제457호

2023. 12. 29. 행정안전부령 제448호
2023. 6. 30. 행정안전부령 제413호
2023. 5. 3. 행정안전부령 제400호
2023. 3. 28. 행정안전부령 제388호
2023. 3. 14. 행정안전부령 제385호
2022. 6. 7. 행정안전부령 제334호
2022. 3. 31. 행정안전부령 제325호
2021. 12. 31. 행정안전부령 제300호
(어려운 법령 용어 정비를 위한 29개법령의 일부개정에 관한 행정안전부령)
2021. 9. 7. 행정안전부령 제274호
2021. 5. 27. 행정안전부령 제252호
2021. 4. 29. 행정안전부령 제250호
2020. 12. 31. 행정안전부령 제228호
2020. 8. 20. 행정안전부령 제196호
2020. 8. 18. 행정안전부령 제197호
2019. 12. 31. 행정안전부령 제152호
2019. 5. 31. 행정안전부령 제122호
2019. 2. 8. 행정안전부령 제100호
2018. 12. 31. 행정안전부령 제 93호

(지방세징수법 부칙) 2016. 12. 27. 법률 제14476호
(지방세기본법 부칙) 2016. 12. 27. 법률 제14474호
2016. 12. 27. 법률 제14475호
(항공안전법 부칙) 2016. 3. 29. 법률 제14116호
(상표법 부칙) 2016. 2. 29. 법률 제14033호
(주택법 부칙) 2016. 1. 19. 법률 제13805호
(부동산 거래신고에~법률 부칙) 2016. 1. 19. 법률 제13797호
(부동산 가격공시~법률 부칙) 2016. 1. 19. 법률 제13796호
2015. 12. 29. 법률 제13636호
2015. 7. 24. 법률 제13427호
(전투경찰대 설치법 부칙) 2015. 7. 24. 법률 제13425호
2014. 12. 31. 법률 제12954호
2014. 12. 23. 법률 제12855호
(정부조직법 부칙) 2014. 11. 19. 법률 제12844호
2014. 10. 15. 법률 제12801호
(측량·수로조사~법률 부칙) 2014. 6. 3. 법률 제12738호
2014. 5. 20. 법률 제12602호
2014. 3. 24. 법률 제12505호
2014. 1. 1. 법률 제12153호
2013. 12. 26. 법률 제12118호
(부가가치세법 부칙) 2013. 6. 7. 법률 제11873호
(정부조직법 부칙) 2013. 3. 23. 법률 제11690호
2013. 1. 1. 법률 제11617호
2011. 12. 31. 법률 제11137호
(국세기본법 부칙) 2011. 12. 31. 법률 제11124호
(저작권법 부칙) 2011. 12. 2. 법률 제11110호
2011. 12. 2. 법률 제11108호
(신탁법 부칙) 2011. 7. 25. 법률 제10924호
2011. 3. 29. 법률 제10469호
2010. 12. 27. 법률 제10416호
전면개정 2010. 3. 31. 법률 제10221호

(수상레저안전법 시행령 부칙) 2023. 6. 7. 대통령령 제33518호
2023. 5. 30. 대통령령 제33489호
(동물보호법 시행령 부칙) 2023. 4. 27. 대통령령 제33435호
(오존층보호를 위한~부칙) 2023. 4. 18. 대통령령 제33417호
2023. 3. 14. 대통령령 제33325호
2023. 2. 28. 대통령령 제33308호
(수산업법 시행령 부칙) 2023. 1. 10. 대통령령 제33225호
(화재예방~시행령 부칙) 2023. 11. 29. 대통령령 제33004호
(국민건강보험법 시행령 부칙) 2022. 8. 31. 대통령령 제32894호
2022. 6. 30. 대통령령 제32747호
(댐건설 및 주변지역~부칙) 2022. 6. 14. 대통령령 제32697호
(위치정보의 보호 및~부칙) 2022. 4. 19. 대통령령 제32598호
2022. 2. 28. 대통령령 제32511호
(금융회사부실자산 등의~부칙) 2022. 2. 17. 대통령령 제32449호
(근로자직업능력 개발법 시행령 부칙)
2022. 2. 17. 대통령령 제32447호
2021. 12. 31. 대통령령 제32293호
(환경부와 그 소속기관 직제 부칙)
2021. 12. 28. 대통령령 제32251호
(자본시장과~시행령 부칙) 2021. 10. 21. 대통령령 제32091호
(건설기술진흥법 시행령 부칙) 2021. 9. 14. 대통령령 제31986호
(한국광해광업공단법 시행령 부칙)
2021. 8. 31. 대통령령 제31961호
(건축법 시행령 부칙) 2021. 8. 10. 대통령령 제31941호
(먹는물관리법 시행령 부칙) 2021. 7. 13. 대통령령 제31889호
(산업집적활성화~시행령 부칙) 2021. 6. 8. 대통령령 제31741호
(국가균형발전특별법 시행령 부칙)
2021. 6. 8. 대통령령 제31740호
2021. 4. 27. 대통령령 제31646호
(전기안전관리법 시행령 부칙) 2021. 3. 30. 대통령령 제31576호
(수산식품산업의~시행령 부칙) 2021. 2. 19. 대통령령 제31472호
2021. 2. 17. 대통령령 제31463호
(주류면허등에~시행령 부칙) 2021. 2. 17. 대통령령 제31450호

2018. 3. 30. 행정안전부령 제 53호
2017. 12. 29. 행정안전부령 제 27호
(행정안전부와~시행규칙 부칙)
2017. 7. 26. 행정안전부령 제 1호
2016. 12. 30. 행정자치부령 제104호
2015. 12. 31. 행정자치부령 제 55호
(농어촌도로의 구조·시설기준에 관한 규칙 등 일부개정령)
2015. 11. 16. 행정자치부령 제 43호
2015. 7. 24. 행정자치부령 제 31호
2015. 6. 1. 행정자치부령 제 28호
2015. 1. 15. 행정자치부령 제 18호
(행정자치부와~시행규칙 부칙)
2014. 11. 19. 행정자치부령 제 1호
2014. 8. 8. 안전행정부령 제 88호
2014. 3. 14. 안전행정부령 제 62호
2014. 1. 1. 안전행정부령 제 48호
(안전행정부와~시행규칙 부칙)
2013. 3. 23. 안전행정부령 제 1호
2013. 1. 14. 행정안전부령 제336호
2012. 4. 10. 행정안전부령 제292호
2011. 12. 31. 행정안전부령 제272호
2011. 5. 30. 행정안전부령 제221호
2010. 12. 31. 행정안전부령 제185호
전면개정
2010. 12. 23. 행정안전부령 제177호

(해양조사와~시행령 부칙) 2021. 2. 9. 대통령령 제31438호
(어려운 법령용어~대통령령) 2021. 1. 5. 대통령령 제31380호
2020. 12. 31. 대통령령 제31343호
(전자문서 및~시행령 부칙) 2020. 12. 10. 대통령령 제31252호
(한국감정원법 시행령 부칙) 2020. 12. 8. 대통령령 제31243호
(전자서명법 시행령 부칙) 2020. 12. 8. 대통령령 제31222호
(소프트웨어~시행령 부칙) 2020. 12. 8. 대통령령 제31221호
(해양폐기물~시행령 부칙) 2020. 12. 1. 대통령령 제31212호
(친환경농어업~시행령 부칙) 2020. 8. 26. 대통령령 제30975호
2020. 8. 12. 대통령령 제30939호
(벤처투자~시행령 부칙) 2020. 8. 11. 대통령령 제30934호
(신용정보의~시행령 부칙) 2020. 8. 4. 대통령령 제30893호
2020. 6. 2. 대통령령 제30728호
(문화재보호법 시행령 부칙) 2020. 5. 26. 대통령령 제30704호
(산업집적활성화~시행령 부칙) 2020. 5. 12. 대통령령 제30672호
2020. 4. 28. 대통령령 제30633호
2019. 12. 31. 대통령령 제30318호
(산업안전보건법 시행령 부칙) 2019. 12. 24. 대통령령 제30256호
2019. 5. 31. 대통령령 제29797호
(중소기업진흥에~시행령 부칙) 2019. 4. 2. 대통령령 제29677호
(철도건설법 시행령 부칙) 2019. 3. 12. 대통령령 제29617호
(법인세법 시행령 부칙) 2019. 2. 12. 대통령령 제29529호
(교통안전공단법 시행령 부칙) 2019. 2. 8. 대통령령 제29518호
2019. 2. 8. 대통령령 제29512호
(승강기시설~부칙) 2019. 1. 22. 대통령령 제29498호
2018. 12. 31. 대통령령 제29437호
(항로표지법 시행령 부칙) 2018. 4. 30. 대통령령 제28841호
2018. 3. 27. 대통령령 제28714호
(공공기관~시행령 부칙) 2018. 2. 27. 대통령령 제28686호
(빈집 및~시행령 부칙) 2018. 2. 9. 대통령령 제28627호
(시설물의~시행령 부칙) 2018. 1. 16. 대통령령 제28586호
(수질 및~시행령 부칙) 2018. 1. 16. 대통령령 제28583호
2017. 12. 29. 대통령령 제28524호

(폐기물의 국가간 이동~부칙) 2017. 10. 17. 대통령령 제28366호
(행정안전부와~직제 부칙) 2017. 7. 26. 대통령령 제28211호
(공항시설법 시행령 부칙) 2017. 3. 29. 대통령령 제27972호
(항공안전법 시행령 부칙) 2017. 3. 29. 대통령령 제27971호
(지방세징수법 시행령 부칙) 2017. 3. 27. 대통령령 제27959호
(지방세기본법 시행령 부칙) 2017. 3. 27. 대통령령 제27958호
(부동산 거래신고~시행령 부칙) 2017. 1. 17. 대통령령 제27793호
2016. 12. 30. 대통령령 제27710호
(지방회계법 시행령 부칙) 2016. 11. 29. 대통령령 제27621호
(향토예비군~시행령 부칙) 2016. 11. 29. 대통령령 제27619호
(한국감정원법 시행령 부칙) 2016. 8. 31. 대통령령 제27473호
(감정평가 및~시행령 부칙) 2016. 8. 31. 대통령령 제27472호
(부동산 가격~시행령 부칙) 2016. 8. 31. 대통령령 제27471호
(주택법 시행령 부칙) 2016. 8. 11. 대통령령 제27444호
(공중위생관리법 시행령 부칙) 2016. 8. 2. 대통령령 제27431호
(수산종자산업~부칙) 2016. 6. 21. 대통령령 제27245호
2016. 4. 26. 대통령령 제27102호
(도시교통정비~시행령 부칙) 2016. 1. 22. 대통령령 제26928호
(소방시설 설치~시행령 부칙) 2016. 1. 19. 대통령령 제26916호
(총포·도검~시행령 부칙) 2016. 1. 6. 대통령령 제26858호
2015. 12. 31. 대통령령 제26836호
(임대주택법 시행령 부칙) 2015. 12. 28. 대통령령 제26763호
(액화석유가스의~시행령 부칙) 2015. 7. 24. 대통령령 제26438호
2015. 7. 24. 대통령령 제26431호
(주택도시기금법 시행령 부칙) 2015. 6. 30. 대통령령 제26369호
(측량·수로조사~시행령 부칙) 2015. 6. 1. 대통령령 제26302호
2015. 6. 1. 대통령령 제26290호
2014. 12. 30. 대통령령 제25910호
(행정자치부와~직제 부칙) 2014. 11. 19. 대통령령 제25751호
(경제자유구역의~시행령 부칙) 2014. 11. 4. 대통령령 제25700호
2014. 8. 12. 대통령령 제25545호
(공인중개사의~시행령 부칙) 2014. 7. 28. 대통령령 제25522호
2014. 7. 18. 대통령령 제25485호

(도로법 시행령 부칙) 2014. 7. 14. 대통령령 제25456호
(도시철도법 시행령 부칙) 2014. 7. 7. 대통령령 제25448호
2014. 4. 22. 대통령령 제25317호
(금융기관부실~시행령 부칙) 2014. 3. 24. 대통령령 제25279호
2014. 3. 14. 대통령령 제25252호
(국가균형발전 부칙) 2014. 3. 11. 대통령령 제25249호
2014. 3. 14. 대통령령 제25252호
2014. 1. 1. 대통령령 제25058호
(병역법 시행령 부칙) 2013. 12. 4. 대통령령 제24890호
(부가가치세법 시행령 부칙) 2013. 6. 28. 대통령령 제24638호
(종자산업법 시행령 부칙) 2013. 5. 31. 대통령령 제24563호
(과학관육성법 시행령 부칙) 2013. 4. 22. 대통령령 제24502호
(안전행정부와~직제 부칙) 2013. 3. 23. 대통령령 제24425호
2013. 1. 1. 대통령령 제24296호
(대덕연구개발~부칙) 2012. 7. 26. 대통령령 제23993호
(환경영향평가법 시행령 부칙) 2012. 7. 20. 대통령령 제23966호
(방문판매 등에~부칙) 2012. 7. 10. 대통령령 제23947호
(국토의 계획 및~부칙) 2012. 4. 10. 대통령령 제23718호
2012. 4. 10. 대통령령 제23711호
(농수산물유통~부칙) 2012. 1. 25. 대통령령 제23535호
2011. 12. 31. 대통령령 제23482호
2011. 5. 30. 대통령령 제22942호
(소방시설 설치유지~부칙) 2011. 4. 6. 대통령령 제22880호
(전파법 시행령 부칙) 2010. 12. 31. 대통령령 제22605호
2010. 12. 30. 대통령령 제22586호
전면개정 2010. 9. 20. 대통령령 제22395호

운영 예규

개정 2023. 7. 1. 행정안전부예규 제249호
2022. 10. 25. 행정안전부예규 제223호
제정 2019. 5. 31. 행정안전부예규 제 74호

법	영	칙
제1장 총 칙 (2010. 3. 31. 개정)	**제1장 총 칙** (2010. 9. 20. 개정)	**제1장 총 칙** (2010. 12. 23. 개정)
제1조 【목 적】 이 법은 지방자치단체가 과세하는 지방세 각 세목의 과세요건 및 부과·징수, 그 밖에 필요한 사항을 규정함을 목적으로 한다. (2010. 3. 31. 개정)	**제1조 【목 적】** 이 영은 「지방세법」에서 위임된 사항과 그 시행에 필요한 사항을 규정함을 목적으로 한다. (2010. 9. 20. 개정)	**제1조 【목 적】** 이 규칙은 「지방세법」 및 같은 법 시행령에서 위임된 사항과 그 시행에 필요한 사항을 규정함을 목적으로 한다. (2010. 12. 23. 개정)
제2조 【정 의】 이 법에서 사용하는 용어의 뜻은 별도의 규정이 없으면 「지방세기본법」 및 「지방세징수법」에서 정하는 바에 따른다. (2016. 12. 27. 개정 ; 지방세징수법 부칙)		
제3조 【과세 주체】 이 법에 따른 지방세를 부과·징수하는 지방자치단체는 「지방세기본법」 제8조 및 제9조의 지방자치단체의 세목 구분에 따라 해당 지방세의 과세 주체가 된다. (2010. 3. 31. 개정)		
제4조 【부동산 등의 시가표준액】 ① 이 법에서 적용하는 토지 및 주택에 대한 시가표준액은 「부동산 가격공시에 관한 법률」에 따라 공시된 가액(價額)으로 한다. 다만, 개별공시지가 또는 개별주택가격이 공시되지 아니한 경우에는 특별자치시장·특별자치도지사·시장·군수 또는 구청장(자치구의 구청장을 말한다. 이하 같다)이 같은 법에 따라 국토교통부장관이 제공한 토지가격	**제2조 【토지 및 주택의 시가표준액】** 「지방세법」(이하 "법"이라 한다) 제4조 제1항 본문에 따른 토지 및 주택의 시가표준액은 「지방세기본법」 제34조에 따른 세목별 납세의무의 성립시기 당시에 「부동산 가격공시에 관한 법률」에 따라 공시된 개별공시지가, 개별주택가격 또는 공동주택가격으로 한다. (2016. 8. 31. 개정 ; 부동산 가격공시~시행령 부칙)	

비준표 또는 주택가격비준표를 사용하여 산정한 가액으로 하고, 공동주택가격이 공시되지 아니한 경우에는 대통령령으로 정하는 기준에 따라 특별자치시장·특별자치도지사·시장·군수 또는 구청장이 산정한 가액으로 한다. (2016. 12. 27. 단서개정)

② 제1항 외의 건축물(새로 건축하여 건축 당시 개별주택가격 또는 공동주택가격이 공시되지 아니한 주택으로서 토지부분을 제외한 건축물을 포함한다), 선박, 항공기 및 그 밖의 과세대상에 대한 시가표준액은 거래가격, 수입가격, 신축·건조·제조가격 등을 고려하여 정한 기준가격에 종류, 구조, 용도, 경과연수 등 과세대상별 특성을 고려하여 대통령령으로 정하는 기준에 따라 지방자치단체의 장이 결정한 가액으로 한다. (2010. 3. 31. 개정)

예 판

【조심판례】 쟁점건축물은 방제실 등에서 일부의 감시나 제어기능만 수행하고 있을 뿐, 냉·난방, 급·배수, 방화, 방범 등의 빌딩관리시설들을 중앙감시시스템에서 자동적·집중적으로 제어·관리하고 있다고 인정되지 아니함에도 쟁점건축물에 대하여 빌딩자동화시설이 설치된 건축물로 보는 것은 잘못임. (조심 2016지657, 2016. 11. 4.)

제3조【공시되지 아니한 공동주택가격의 산정가액】 법 제4조 제1항 단서에서 "대통령령으로 정하는 기준"이란 지역별·단지별·면적별·층별 특성 및 거래가격 등을 고려하여 행정안전부장관이 정하는 기준을 말한다. 이 경우 행정안전부장관은 미리 관계 전문가의 의견을 들어야 한다. (2017. 7. 26. 직제개정 ; 행정안전부와~직제 부칙)

제4조【건축물 등의 시가표준액 산정기준】 (2021. 12. 31. 제목개정)

① 법 제4조 제2항에서 "대통령령으로 정하는 기준"이란 매년 1월 1일 현재를 기준으로 과세대상별 구체적 특성을 고려하여 다음 각 호의 방식에 따라 행정안전부장관이 정하는 기준을 말한다. (2021. 12. 31. 개정)

1. 오피스텔 : 행정안전부장관이 고시하는 표준가격기준액에 다음 각 목의 사항을 적용한다. (2020. 12. 31. 신설)
   가. 오피스텔의 용도별·층별 지수 (2020. 12. 31. 신설)
   나. 오피스텔의 규모·형태·특수한 부대설비 등의 유무 및 그 밖의 여건에 따른 가감산율(加減算率) (2020. 12. 31. 신설)

1의 2. 제1호 외의 건축물 : 건설원가 등을 고려하여 행정안전부장관이 산정·고시하는 건물신축가격기준액에 다음 각 목의 사항을 적용한다. (2021. 12. 31. 개정)
   가. 건물의 구조별·용도별·위치별 지수 (2010. 9. 20. 개정)
   나. 건물의 경과연수별 잔존가치율 (2010. 9. 20. 개정)

【조심판례】 클럽하우스와 독립되어 위치하며 골프장 관리설비 등을 보관하는 창고로 사용되는 건축물의 시가표준액 산정시 적용되는 용도지수는 80으로 봄이 타당함. (조심 2019지192, 2020. 1. 9.)

☜

	다. 건물의 규모 · 형태 · 특수한 부대설비 등의 유무 및 그 밖의 여건에 따른 가감산율 (2020. 12. 31. 개정) 2. 선박 : 선박의 종류 · 용도 및 건조가격을 고려하여 톤수 간에 차등을 둔 단계별 기준가격에 해당 톤수를 차례대로 적용하여 산출한 가액의 합계액에 다음 각 목의 사항을 적용한다. (2010. 9. 20. 개정) 가. 선박의 경과연수별 잔존가치율 (2010. 9. 20. 개정) 나. 급랭시설 등의 유무에 따른 가감산율 (2010. 9. 20. 개정) 3. 차량 : 차량의 종류별 · 승차정원별 · 최대적재량별 · 제조연도별 제조가격(수입하는 경우에는 수입가격을 말한다) 및 거래가격 등을 고려하여 정한 기준가격에 차량의 경과연수별 잔존가치율을 적용한다. (2010. 9. 20. 개정) 4. 기계장비 : 기계장비의 종류별 · 톤수별 · 형식별 · 제조연도별 제조가격(수입하는 경우에는 수입가격을 말한다) 및 거래가격 등을 고려하여 정한 기준가격에 기계장비의 경과연수별 잔존가치율을 적용한다. (2010. 9. 20. 개정) 5. 입목(立木) : 입목의 종류별 · 수령별 거래가격 등을 고려하여 정한 기준가격에 입목의 목재 부피, 그루 수 등을 적용한다. (2010. 9. 20. 개정) 6. 항공기 : 항공기의 종류별 · 형식별 · 제작회사별 · 정원별 · 최대이륙중량별 · 제조연도별 제조가격 및 거래가격(수입하는 경우에는 수입가격을 말한다)을 고려하여 정한 기준가격에 항공기의 경과연수별 잔	

존가치율을 적용한다. (2010. 9. 20. 개정)

7. 광업권 : 광구의 광물매장량, 광물의 톤당 순 수입가격, 광업권 설정비, 광산시설비 및 인근 광구의 거래가격 등을 고려하여 정한 기준가격에서 해당 광산의 기계 및 시설취득비, 기계설비이전비 등을 뺀다. (2010. 9. 20. 개정)

8. 어업권 · 양식업권 : 인근 같은 종류의 어장 · 양식장의 거래가격과 어구 설치비 등을 고려하여 정한 기준가격에 어업 · 양식업의 종류, 어장 · 양식장의 위치, 어구 또는 장치, 어업 · 양식업의 방법, 채취물 또는 양식물 및 면허의 유효기간 등을 고려한다. (2020. 12. 31. 개정)

9. 골프회원권, 승마회원권, 콘도미니엄 회원권, 종합체육시설 이용회원권 및 요트회원권 : 분양 및 거래가격을 고려하여 정한 기준가격에 「소득세법」에 따른 기준시가 등을 고려한다. (2014. 3. 14. 개정)

10. 토지에 정착하거나 지하 또는 다른 구조물에 설치하는 시설 : 종류별 신축가격 등을 고려하여 정한 기준가격에 시설의 용도 · 구조 및 규모 등을 고려하여 가액을 산출한 후, 그 가액에 다시 시설의 경과연수별 잔존가치율을 적용한다. (2010. 9. 20. 개정)

11. 건축물에 딸린 시설물 : 종류별 제조가격(수입하는 경우에는 수입가격을 말한다), 거래가격 및 설치가격 등을 고려하여 정한 기준가격에 시설물의 용도 · 형태 · 성능 및 규모 등을 고려하여 가액을 산출한 후, 그 가액에 다시 시설물의 경과연수별 잔존가치율을

적용한다. (2010. 9. 20. 개정)

② 제1항 제11호에 따른 건축물에 딸린 시설물(이하 이 항에서 "시설물"이라 한다)의 시가표준액을 적용할 때 그 시설물이 주거와 주거 외의 용도로 함께 쓰이고 있는 건축물의 시설물인 경우에는 그 건축물의 연면적 중 주거와 주거 외의 용도 부분의 점유비율에 따라 제1항 제11호에 따른 시가표준액을 나누어 적용한다. (2010. 9. 20. 개정)

③ 법 제4조 제2항에 따른 건축물, 선박, 항공기 및 그 밖의 과세대상에 대한 시가표준액은 매년 1월 1일 현재 특별자치시장·특별자치도지사·시장·군수 또는 구청장(자치구의 구청장을 말한다. 이하 "시장·군수·구청장"이라 한다)이 제1항의 행정안전부장관이 정하는 기준에 따라 산정하여 특별자치시장 및 특별자치도지사는 직접 결정하고, 시장·군수·구청장(특별자치시장 및 특별자치도지사는 제외한다)은 특별시장·광역시장 또는 도지사(이하 이 조에서 "도지사"라 한다)의 승인을 받아 결정한다. 다만, 시가의 변동 또는 그 밖의 사유로 이미 결정한 시가표준액을 그대로 적용하는 것이 불합리하다고 인정되는 경우에는 도지사·특별자치시장 또는 특별자치도지사는 행정안전부장관의 승인을 받아 해당 시가표준액을 변경결정할 수 있다. (2017. 7. 26. 직제개정 ; 행정안전부와~직제 부칙)

④ 도지사·특별자치시장 또는 특별자치도지사는 제3항에 따라 시가표준액을 승인하거나 변경결정할 때 필요하다고 인정되는 경우에는 관할 지방국세청장과 협의할 수 있다. (2016. 12. 30. 개정)

⑤ 행정안전부장관은 제3항 본문에 따라 결정된 시가표준액에 대하여 조정이 필요하다고 인정되는 경우에는 국세청장과 협의하여 조정기준을 정한 후 해당 도지사·특별자치시장 또는 특별자치도지사에게 통보할 수 있다. (2017. 7. 26. 직제개정 ;

☞ 편주

영 4조 6항의 개정규정은 2023. 1. 1.부터 시행함. (영 부칙 (2021. 12. 31.) 1조 1호)

행정안전부와~직제 부칙)

⑥ 도지사 · 특별자치시장 또는 특별자치도지사는 제3항에 따라 승인하거나 변경결정한 시가표준액을 관할 지방법원장에게 통보하여야 한다. (2016. 12. 30. 개정)

⑦ 제3항 본문에 따라 결정된 시가표준액은 시장 · 군수 · 구청장이 고시하고, 같은 항 단서에 따라 변경결정된 시가표준액은 도지사 · 특별자치시장 또는 특별자치도지사가 고시하여 일반인이 열람할 수 있도록 하여야 한다. (2016. 12. 30. 개정)

⑧ 행정안전부장관은 제1항 · 제3항 또는 제5항에 따라 시가표준액에 관한 기준을 정하거나 승인을 할 때에는 미리 관계 전문가의 의견을 들어야 한다. (2017. 7. 26. 직제개정 ; 행정안전부와~직제 부칙)

⑨ 법 제4조 제3항에서 "대통령령으로 정하는 관련 전문기관"이란 다음 각 호의 어느 하나에 해당하는 기관을 말한다. (2020. 12. 31. 개정)

1. 「지방세기본법」 제151조에 따른 지방세연구원 (2017. 3. 27. 개정 ; 지방세기본법 시행령 부칙)
2. 그 밖에 시가표준액의 기준 산정에 관한 전문성이 있는 것으로 행정안전부장관이 인정하여 고시하는 기관 (2020. 12. 31. 개정)
3. 삭 제 (2020. 12. 31.)

③~⑨ 삭 제 (2021. 12. 31.)

⑩ 행정안전부장관은 제9항 제2호 또는 제3호에 해당하는 기관이 제1항 각 호(제1호는 제외한다)의 과세대상에 대한 시가표준액 기준을 산정하기 위하여 조사 · 연구를 수행하게 하려는 경우에는 제9항 제1호의 기관과 공동으로 조사 · 연구를 수행하게 하여야 한다. (2017. 7. 26. 직제개정 ; 행정안전부와~직제 부칙)

⑩ 삭 제 (2020. 12. 31.)

	제4조의 2【건축물의 시가표준액 결정 절차 등】 ① 특별자치시장·특별자치도지사·시장·군수 또는 구청장(구청장은 자치구의 구청장을 말하며, 이하 "시장·군수·구청장"이라 한다)은 제4조 제1항 제1호 및 제1호의 2의 방식에 따라 관할 구역 내 건축물의 시가표준액을 산정한다. (2021. 12. 31. 신설) ② 시장·군수·구청장은 제1항에 따라 산정한 건축물의 시가표준액에 대하여 행정안전부령으로 정하는 절차에 따라 10일 이상 건축물의 소유자와 이해관계인(이하 이 조에서 "소유자등"이라 한다)의 의견을 들어야 한다. (2023. 12. 29. 개정) ③ 시장·군수·구청장은 다음 각 호의 어느 하나에 해당하는 경우에는 제1항에 따라 산정한 시가표준액을 행정안전부장관이 정하는 기준에 따라 변경할 수 있다. 이 경우 시장·군수·구청장(특별자치시장 및 특별자치도지사는 제외한다)은 그 변경 전에 특별시장·광역시장 또는 도지사(이하 이 조 및 제4조의3에서 "시·도지사"라 한다)의 승인을 받아야 한다. (2023. 6. 30. 개정) 1. 제2항에 따라 소유자등이 제출한 의견에 상당한 이유가 있다고 인정되는 경우 (2023. 6. 30. 신설) 2. 시가의 변동이나 그 밖의 사유로 해당 시가표준액을 그대로 적용하는 것이 불합리하다고 인정되는 경우 (2023. 6. 30. 신설) ④ 시장·군수·구청장은 제3항에도 불구하고 이미 산	**제2조【건축물의 시가표준액 결정 절차】** (2023. 3. 28. 제목개정) ① 특별자치시장·특별자치도지사·시장·군수 또는 구청장(구청장은 자치구의 구청장을 말하며, 이하 "시장·군수·구청장"이라 한다)은 「지방세법 시행령」(이하 "영"이라 한다) 제4조의 2 제1항에 따라 산정된 건축물 시가표준액에 대해 그 소유자와 이해관계인(이하 이 조에서 "소유자등"이라 한다)의 의견을 들으려는 경우에는 다음 각 호의 사항을 「지방세기본법」에 따른 지방세통합정보통신망(이하 "지방세통합정보통신망"이라 한다)에 게재해야 한다. (2023. 3. 28. 개정) 1. 건축물의 시가표준액 (2023. 3. 28. 개정) 2. 의견제출 방법 (2023. 3. 28. 개정) 3. 의견제출 기한 (2023. 3. 28. 개정) 4. 의견제출 서식 (2023. 3. 28. 개정) 5. 그 밖에 소유자등의 의견청취를 위해 행정안전부장관이 필요하다고 인정하는 사항 (2023. 3. 28.

정된 시가표준액의 100분의 20을 초과하여 시가표준액을 변경하려는 경우에는 다음 각 호의 구분에 따른 절차를 거쳐야 한다. (2021. 12. 31. 신설)

1. 특별자치시장 및 특별자치도지사 : 행정안전부장관과 협의 (2021. 12. 31. 신설)
2. 시장·군수·구청장(특별자치시장 및 특별자치도지사는 제외한다) : 시·도지사의 승인. 이 경우 시·도지사는 그 승인 전에 미리 행정안전부장관과 협의해야 한다. (2021. 12. 31. 신설)

⑤ 시장·군수·구청장은 제1항, 제3항 및 제4항에 따라 산정(변경산정을 포함한다)한 시가표준액을 결정하여 매년 6월 1일까지 고시해야 한다. 이 경우 시장·군수·구청장(특별자치시장 및 특별자치도지사는 제외한다)은 그 결정 전에 시·도지사의 승인을 받아야 한다. (2021. 12. 31. 신설)

⑥ 시장·군수·구청장(특별자치시장 및 특별자치도지사는 제외한다)은 제5항에 따라 결정한 시가표준액을 시·도지사에게 제출해야 한다. (2021. 12. 31. 신설)

⑦ 특별자치시장, 특별자치도지사나 시·도지사는 제5항에 따라 결정한 시가표준액이나 제6항에 따라 제출받은 시가표준액을 관할 지방법원장에게 통보해야 한다. (2021. 12. 31. 신설)

제4조의 3【건축물 외 물건의 시가표준액 결정 절차 등】 ① 시장·군수·구청장은 제4조 제1항 제2호부터 제11

개정)

② 시장·군수·구청장(특별자치시장 및 특별자치도지사는 제외한다)은 영 제4조의 2 제3항·제4항 및 제5항 후단에 따라 특별시장·광역시장 또는 도지사(이하 이 조에서 "시·도지사"라 한다)의 시가표준액 승인을 받으려는 경우에는 행정안전부장관이 정하는 바에 따라 승인에 필요한 자료를 시·도지사에게 제출해야 한다. (2023. 3. 28. 개정)

③ 시·도지사는 정당한 사유가 없는 한 제2항에 따라 승인 신청을 받은 날부터 50일 이내에 시장·군수·구청장(특별자치시장 및 특별자치도지사는 제외한다)에게 그 결과를 통보해야 한다. (2023. 3. 28. 개정)

④ 제1항부터 제3항까지에서 규정한 사항 외에 소유자등의 의견청취 및 시가표준액 승인의 절차·방법 등에 필요한 사항은 행정안전부장관이 정한다. (2023. 3. 28. 개정)

호까지에서 규정한 방식에 따라 건축물 외 물건의 시가표준액을 산정하여 결정·고시해야 한다. (2021. 12. 31. 신설)

② 시장·군수·구청장은 해당 연도 1월 1일 이후 제4조 제1항 각 호에서 규정한 사항 외에 신규 물건이 발생하거나 같은 조 제1항 제2호부터 제11호까지에서 규정한 시가표준액 산정방식에 변경이 필요하다고 인정되는 경우에는 행정안전부장관에게 시가표준액 산정기준의 신설 또는 변경을 요청할 수 있다. (2021. 12. 31. 신설)

③ 행정안전부장관은 제2항에 따른 요청이 있는 경우 시가표준액 산정기준의 신설 또는 변경 필요성을 검토한 후 검토결과에 따라 제4조 제1항 제2호부터 제11호까지에서 규정한 시가표준액의 산정방식을 신설하거나 변경할 수 있다. (2021. 12. 31. 신설)

④ 행정안전부장관은 제3항에 따라 시가표준액의 산정기준을 신설하거나 변경하려는 경우에는 미리 관계 전문가의 의견을 들어야 한다. (2021. 12. 31. 신설)

⑤ 시장·군수·구청장은 제3항에 따라 변경 산정한 시가표준액을 변경 결정·고시해야 한다. (2021. 12. 31. 신설)

⑥ 시장·군수·구청장(특별자치시장 및 특별자치도지사는 제외한다)은 제1항 또는 제5항에 따라 결정하거나 변경 결정한 시가표준액을 시·도지사에게 제출해야 한다. (2021. 12. 31. 신설)

⑦ 특별자치시장, 특별자치도지사나 시·도지사는 제1항 또는 제5항에 따라 결정하거나 변경 결정한 시가표준

③ 행정안전부장관은 제2항에 따른 시가표준액의 적정한 기준을 산정하기 위하여 조사·연구가 필요하다고 인정하는 경우에는 대통령령으로 정하는 관련 전문기관에 의뢰하여 이를 수행하게 할 수 있다. (2017. 7. 26. 직제개정 ; 정부조직법 부칙)

④ 제1항과 제2항에 따른 시가표준액의 결정은 「지방세기본법」 제147조에 따른 지방세심의위원회에서 심의한다. (2016. 12. 27. 개정 ; 지방세기본법 부칙)

예판

【판례】 • 시가와 현저한 차이가 있는 시가표준액의 효력

- 시가표준액은 재산의 객관적인 가치, 즉 시가를 적절히 반영하여야 할 것인바 시가나 기타 사정에 비추어 현저히 불합리한 경우에 그 시가표준액 결정은 위법하다고 할 것임. (의정부지법 2008구합1141, 2008. 12. 23. : 대법확정)
- 재산세의 과세표준이 국세의 기준시가 산정기준과 다르고, 상가의 건축물과 토지는 일괄 거래됨에도 이를 나누어 과세표준을 산정하더라도 위법한 것으로는 볼 수 없음. (서울고법 2014누58879, 2015. 1. 25. : 대법확정)
- 법원감정이나 원고가 경락받은 금액만으로 건축물의 시가표준액이 시가나 기타 사정에 비추어 현저하게 불합리하다고 판단할 수 없고 분양가, 경매 감정가 등을 종합적으로 고려하여 판단하여야함. (서울행법 2013구합14863, 2014. 5. 2. : 대법확정)
- 시가표준액이 건물가액의 1/10에도 미치지 못할 정도로 현저히 낮고 이 사건 건물에 관하여 위 각 지수 등의 기계적 적용

액이나 제6항에 따라 제출받은 시가표준액을 관할 지방법원장에게 통보해야 한다. (2021. 12. 31. 신설)

제4조의 4【시가표준액 조사·연구 전문기관】 법 제4조 제3항에서 "대통령령으로 정하는 관련 전문기관"이란 다음 각 호의 기관을 말한다. (2021. 12. 31. 신설)

1. 「지방세기본법」 제151조 제1항에 따른 지방세연구원 (2021. 12. 31. 신설)
2. 그 밖에 시가표준액의 기준 산정에 관한 전문성이 있는 것으로 행정안전부장관이 인정하여 고시하는 기관 (2021. 12. 31. 신설)

제4조의 5【시가표준액심의위원회의 설치 등】 ① 다음 각 호의 사항을 심의하기 위하여 행정안전부장관 소속으로 시가표준액심의위원회(이하 "시가표준액심의위원회"라 한다)를 둔다. (2021. 12. 31. 신설)

1. 제4조 제1항 각 호의 시가표준액 산정방식 (2021. 12. 31. 신설)
2. 제4조의 2 제4항에 따른 건축물의 시가표준액 변경 협의 (2021. 12. 31. 신설)
3. 제4조의 3 제3항에 따른 시가표준액 산정기준의 신설 (2021. 12. 31. 신설)
4. 그 밖에 시가표준액의 산정기준 마련과 관련하여 시가표준액심의위원회의 심의가 필요하다고 행정안전

으로 불합리한 결과가 발생할 것이 명백하다면, 피고로서는 위 조정기준에 따라 하향 조정을 하든지 위 구 지방세법 시행령 규정에 따라 변경 결정 절차를 밟는 등의 조치를 취하여야 함. (서울고법 2014누41741, 2015. 5. 6. : 대법확정)

【조심판례】 개별공시지가를 산정하면서 토지이용상황을 잘못 적용하여 개별공시지가를 낮게 산정하여 공시하였다 하더라도 적법한 절차에 따라 토지의 개별공시지가가 공시되었다면 개별공시지가가 공시되지 아니한 경우라고 보기는 어려움. (조심 2013지194, 2013. 5. 14.)

【예규】 건물시가표준액 산정

- 개인이 승강기 시설을 갖춘 건축물을 신축하는 경우, 해당 건축물의 시가표준액을 산정함에 있어 승강기의 시가표준액을 포함하지 아니함. (지방세운영과-1982, 2015. 7. 1.)
- 공시지가의 지가산정에 명백한 잘못이 있어 「부동산공시법」에 따라 정정결정되어 공고된 이상 당초에 결정·공고된 공시지가는 그 효력을 상실하고 경정결정된 새로운 공시지가가 그 공시기준일에 소급하여 효력을 발생함. (지방세운영과-3923, 2011. 8. 19.)
- 개별주택가격이 공시되지 아니한 주택의 부속토지의 경우, 자치단체의 장이 주택가격비준표를 사용하여 산정한 개별주택가격을 적용하여 재산세를 과세함이 타당하다고 사료됨. (지방세운영과-968, 2013. 6. 10.)
- 급·배수시설의 주기능이 물의 이동이고, 물이 이동하는 양을 결정하는 것은 관의 내부직경이라는 점, 양수발전소 소개 등 현황 게시되는 직경이 내부직경인 점 등을 고려할 때 내부직경을 적용하는 것이 타당하다고 판단됨. (지방세운영과-1857, 2012. 6. 15.)

제5조 【「지방세기본법」 및 「지방세징수법」의 적용】
(2016. 12. 27. 제목개정 ; 지방세징수법 부칙)

부장관이 인정하는 사항 (2021. 12. 31. 신설)

② 시가표준액심의위원회는 위원장 1명과 부위원장 1명을 포함하여 10명 이내의 위원으로 구성한다. (2021. 12. 31. 신설)

③ 시가표준액심의위원회의 위원장은 행정안전부에서 지방세 관련 업무를 담당하는 고위공무원단에 속하는 일반직공무원 중에서 행정안전부장관이 지명한다. (2021. 12. 31. 신설)

④ 시가표준액심의위원회의 위원은 다음 각 호의 사람 중에서 행정안전부장관이 임명하거나 위촉한다. (2021. 12. 31. 신설)

1. 행정안전부 소속 4급 이상 공무원 또는 고위공무원단에 속하는 공무원 (2021. 12. 31. 신설)
2. 변호사, 공인회계사, 세무사 또는 감정평가사의 직(職)에 5년 이상 종사한 사람 (2021. 12. 31. 신설)
3. 「고등교육법」에 따른 대학에서 법률·회계·조세·부동산 등을 가르치는 부교수 이상으로 재직하고 있거나 재직했던 사람 (2021. 12. 31. 신설)
4. 그 밖에 지방세에 관하여 전문지식과 경험이 풍부한 사람 (2021. 12. 31. 신설)

⑤ 제4항 제2호부터 제4호까지의 규정에 따른 위원의 임기는 2년으로 한다. (2021. 12. 31. 신설)

⑥ 시가표준액심의위원회 회의는 재적위원 과반수 출석으로 개의(開議)하고, 출석위원 과반수 찬성으로 의결한다. (2021. 12. 31. 신설)

지방세의 부과·징수에 관하여 이 법 및 다른 법령에서 규정한 것을 제외하고는 「지방세기본법」 및 「지방세징수법」을 적용한다. (2016. 12. 27. 개정 ; 지방세징수법 부칙)

제2장 취 득 세 (2010. 3. 31. 개정)

제1절 통 칙 (2010. 3. 31. 개정)

제6조 【정 의】 취득세에서 사용하는 용어의 뜻은 다음 각 호와 같다. (2010. 3. 31. 개정)

1. "취득"이란 매매, 교환, 상속, 증여, 기부, 법인에 대한 현물출자, 건축, 개수(改修), 공유수면의 매립, 간척에 의한 토지의 조성 등과 그 밖에 이와 유사한 취득으로서 원시취득(수용재결로 취득한 경우 등 과세대상이 이미 존재하는 상태에서 취득하는 경우는 제외한다), 승계취득 또는 유상·무상의 모든 취득을 말한다. (2016. 12. 27. 개정)

예판

【판례】 • **신탁재산 비과세 여부**

- 위탁자가 신탁재산을 공매로 취득한 경우 신탁의 해지로 인한 취득으로 볼 수 없이 비과세를 적용할 수 없고, 공매의

⑦ 제1항부터 제6항까지에서 규정한 사항 외에 시가표준액심의위원회의 구성 및 운영에 필요한 사항은 행정안전부장관이 정한다. (2021. 12. 31. 신설)

제2장 취 득 세 (2010. 9. 20. 개정)

제1절 통 칙 (2010. 9. 20. 개정)

예판

【예규】 • 공유수면에 육지화된 구조물이 설치된 경우, 재산세 과세대상 토지로 볼 수 없음. (부동산세제과-467, 2019. 9. 19.)

• **취득세 과세대상 차량의 범위**

- 야쿠르트 운반용 전동카트는 50시시 미만의 이륜자동차에 해당하는 것으로 보아 취득세 과세대상에서 제외 (지방세운영과-73, 2018. 1. 10.)

• **취득세 과세대상 "급·배수시설" 해당 여부**

- 지하수 관정이 지하수를 공급하는 급수기능을 발휘하고 있다면 과세대상이 아닌 다른 생산설비와 연결하여 사용된다 하더라도 취득세 과세대상에 해당된다고 할 것임. (지방세운영과-2405, 2018. 10. 12.)

• **재건축 조합원 지위승계시 취득원인**

- 재건축사업 진행과정에서 건축물 준공인가 후부터 이전고시 전까지의 기간동안 조합원지위가 승계된 경우, 원시취득자

제2장 취 득 세

(2010. 12. 23. 개정)

제1절 통 칙

(2010. 12. 23. 개정)

예판

【판례】 • **도시개발사업에 따른 증환지의 유상취득 여부**

- 환지방식의 도시개발사업 시행에 따라 증환지의 경우 종전 토지의 가치를 초과하는 환지를 받게 되어 얻게 된 추가이익에 대한 대가로 청산금을 지급하게 되는 것이므로 환지 취득과 청산금 지급은 대가관계가 있다고 볼 수 있어 유상취득에 해당함. (대법 2023두63376, 2024. 4. 12, 2024두32829, 2024. 4. 25.)

• **과세대상 건축물의 범위**

- 양수발전소의 지하발전소는 건축물에 해당되고, 지상과 지하발전소 등

경우 공유물 분할에 의한 취득으로도 볼 수 없음. (의정부지법 2019구합13652, 2020. 10. 20. : 대법확정)

• **건설 중인 아파트 전유부분을 취득하면 대지지분도 함께 취득하는 것임**

－구분건물의 전유부분에 대한 처분이 있게 되면 그에 따라 대지사용권도 당연히 처분된 것이 되고, 그 결과 대지사용권은 그 등기 여하에 불구하고 전유부분과 법률적 운명을 같이하게 되어, 전유부분을 취득한 자가 그 대지권까지 취득하게 된다는 것을 의미함. (대법 2017두53057, 2017. 10. 26.)

운영예규 법6－8【취득의 의미】

「지방세법」 제6조 제1호에서 「취득」이라 함은 취득자가 소유권이전등기·등록 등 완전한 내용의 소유권을 취득하는가의 여부에 관계없이 사실상의 취득행위(잔금지급, 연부금 완납 등) 그 자체를 말하는 것이다.

2. "부동산"이란 토지 및 건축물을 말한다. (2010. 3. 31. 개정)

3. "토지"란 「공간정보의 구축 및 관리 등에 관한 법률」에 따라 지적공부(地籍公簿)의 등록대상이 되는 토지와 그 밖에 사용되고 있는 사실상의 토지를 말한다. (2014. 6. 3. 개정 ; 측량·수로조사~법률 부칙)

관련법령

건축법

제2조【정 의】 ① 이 법에서 사용하는 용어의 뜻은 다음과 같

는 종전 조합원이 되며, 승계조합원은 승계취득한 것으로 보아야 함. (지방세운영과－2768, 2018. 11. 19.)

• **지장물 보상금을 지급한 건축물의 취득세 납세의무 여부**

－취득세 과세대상이 되는 건축물에 대해 지장물 보상금으로 지급하였다 하더라도, 이전비가 아닌 건축물에 대한 취득대가를 지급한 것으로 보아 취득세 납세의무가 있음. (지방세운영과－416, 2017. 4. 24.)

• **건설기계 준설선의 선박 등록시 취득세 과세대상 해당 여부**

－준설선에 대해 취득세를 납부하고 「건설기계관리법」에 따른 건설기계로 등록한 자가 법령 개정 등으로 건설기계 등록을 말소하고 「선박법」에 따른 선박으로 등기·등록을 하더라도 취득세 납세의무가 성립하지 않음. (지방세운영과－346, 2017. 4. 13.)

• **취득세 과세대상 "잔교" 해당 여부**

－육지에서 바다 방향으로 직각으로 돌출되어 있으며, 바다 위의 강관으로 기둥을 박고 그 상부표면을 콘크리트로 포장한 요트 계류장 시설은 부잔교로 허가 받은 구조물이라 하더라도 잔교 또는 잔교와 유사한 구조물로서 취득세 과세대상에 해당함. (지방세운영과－345, 2017. 4. 13.)

• **취득세 과세대상 "수조" 해당 여부**

－바닥이 흙으로 되어 있는 인공호수 형태의 조정·카누 경기장을 지방세법상 취득세 등의 과세대상인 수조에 해당하지 아니함. (지방세운영과－415, 2017. 9. 8.)

• **태양광발전시설의 취득세 과세대상 해당 여부**

－건축물을 신축하면서 20kw 미만의 태양광 발전시설을 설치하여 건축물의 일반조명, 보일러 가동 등 건축물의 건물의 유지관리에 사용하는 경우라면, 지방세법상 개수(改修)에 해당하는지에 관계없이 신축건축물의 취득세 과세표준에 포함되며, 건축물 준공 후에 옥상 또는 옥외 주차장에 20kw 이상의 발전시설을 설치하여 건축물의 유지관리에 사용하는

을 연결하는 발전소진입터널, 발전소하부진입터널, 하부조압수조진입터널, 모선터널은 발전소건축물의 부수시설 해당됨. (대법 2012두1600, 2013. 7. 11.)

－모노레일카 시설에 있어 주행레일과 전기시설은 토지에 정착하는 공작물 등에 속하므로 부동산(건축물)의 범위에 포함되나, 모노레일카 본체는 지방세법상의 차량에 해당됨. (대법 2012두21130, 2013. 2. 14.)

• **과세대상 선박의 범위**

－바다에서 선박을 만들 수 있도록 고안된 반잠수식 선박건조 야외작업장으로서, 선박을 건조할 때에는 물 위에 떠 있다가 선박이 건조되면 이를 적재하여 바다로 이동하는 플로팅 독은 취득세 과세대상 선박에 해당함. (대법 2014두3945, 2014. 6. 26.)

【조심판례】 • 기계장비에 해당여부

－생산과정에서 쟁점크레인은 필수적인 역할을 하는 것으로 보이고, 처분청도 청구법인이 쟁점크레인을 이용하여 제품을 제조한다는 사실을 인정하고 있는 점, 쟁점크레인이 화물하역에 필수적이라는 사정 등에 대하여 구체적으로 입증한 바 없는 반면, 청구법인의 제조과정 전반에 걸쳐 쟁점크레인이 필수적으로

다. (2008. 3. 21. 개정)

2. "건축물"이란 토지에 정착(定着)하는 공작물 중 지붕과 기둥 또는 벽이 있는 것과 이에 딸린 시설물, 지하나 고가(高架)의 공작물에 설치하는 사무소·공연장·점포·차고·창고, 그 밖에 대통령령으로 정하는 것을 말한다. (2008. 3. 21. 개정)

8. "건축"이란 건축물을 신축·증축·개축·재축(再築)하거나 건축물을 이전하는 것을 말한다. (2008. 3. 21. 개정)

9. "대수선"이란 건축물의 기둥, 보, 내력벽, 주계단 등의 구조나 외부 형태를 수선·변경하거나 증설하는 것으로서 대통령령으로 정하는 것을 말한다. (2008. 3. 21. 개정)

건축법 시행령

제3조의 2【대수선의 범위】 법 제2조 제1항 제9호에서 "대통령령으로 정하는 것"이란 다음 각 호의 어느 하나에 해당하는 것으로서 증축·개축 또는 재축에 해당하지 아니하는 것을 말한다. (2008. 10. 29. 개정)

1. 내력벽을 증설 또는 해체하거나 그 벽면적을 30제곱미터 이상 수선 또는 변경하는 것 (2008. 10. 29. 개정)
2. 기둥을 증설 또는 해체하거나 세 개 이상 수선 또는 변경하는 것 (2008. 10. 29. 개정)
3. 보를 증설 또는 해체하거나 세 개 이상 수선 또는 변경하는 것 (2008. 10. 29. 개정)
4. 지붕틀(한옥의 경우에는 지붕틀의 범위에서 서까래는 제외한다)을 증설 또는 해체하거나 세 개 이상 수선 또는 변경하는 것 (2010. 2. 18. 개정)
5. 방화벽 또는 방화구획을 위한 바닥 또는 벽을 증설 또는 해체하거나 수선 또는 변경하는 것 (2008. 10. 29. 개정)
6. 주계단·피난계단 또는 특별피난계단을 증설 또는 해체하거나 수선 또는 변경하는 것 (2008. 10. 29. 개정)
7. 삭 제 (2019. 10. 22.)

경우라면, 해당 건축물과 유기적으로 연결되어 건축물의 효용가치를 증가시키는 건축물에 딸린 시설로서 취득세 과세대상 개수에 해당함. (지방세운영과-682, 2017. 10. 17.)

• **취득세 과세대상 건축물의 범위**
  - 문형 또는 터널형이 아닌 공사장등 사업현장에서 설치·사용하는 소규모 세륜시설은 취득세 과세대상 "차량 또는 기계장비 등을 자동으로 세차 또는 세척하는 시설"에 해당하지 아니함. (지방세운영과-3116, 2015. 10. 5.)
  - 취득한 건축물이 「건축법」에 따른 건축물에 해당하면서 「지방세법 시행령」 제5조 제1항에 따른 시설에도 해당되는 경우에 있어, 납세자가 선택적으로 유리한 과세대상으로 신고하더라도 이를 제한할 근거가 없으므로, 납세자가 해당 건축물을 시설로 취득신고를 하였다면 세율의 특례를 적용할 수 있다고 할 것임. (지방세운영과-3115, 2015. 10. 5.)
  - 발전소 내 구내 변전·배전시설이 건축물의 유지관리 목적이 아닌 생산시설의 일부로 사용되는 경우라면 취득세 과세대상에서 제외된다고 할 것임. (지방세운영과-3115, 2015. 10. 5.)
  - 생산설비의 가동을 위한 변전·배전시설의 경우 취득세 과세대상에서 제외된다고 할 것임. (지방세운영과-2286, 2016. 9. 2.)
  - 육상에서 배타적 경제수역까지 연결·설치된 도관시설은 우리나라의 과세권이 미치는 것으로 취득세 납세의무가 있으며, 육상처리시설에 위치한 자치단체를 납세지로 보아야 할 것임. (지방세운영과-2285, 2016. 9. 2.)

• **취득세 과세대상 기계장비의 범위**
  - 취득세 과세대상이 되는 선별기에는 광업용으로 사용하는 색도를 분류하는 선별기도 포함됨. (지방세운영과-2041, 2015. 7. 9.)

• 취득 당시 잔교의 구조와 기능을 갖추고, 지상에 고착화되지 않아 향후 잔교의 기능으로 사용할 수 있는 경우라면 취득세 과세대상 잔교로 보아 취득세 과세대상에 해당될 것임. (지방

사용된다는 사실이 인정되는 이상 쟁점크레인의 주된 용도는 화물하역용이 아닌 제품제조용으로 봄이 타당한 점 등을 볼 때 화물하역용 기중기에 해당하지 않음. (조심 2019지2316, 2019. 10. 23.)

• 사해행위취소의 판결로 인하여 수익자 명의의 소유권 이전등기가 말소되는 경우 취소의 효과는 채권자와 수익자인 수증자 사이에만 미치고 그 취소의 효력이 소급하여 청구인의 책임재산으로 복구되는 것으로 보기 어려우므로 청구인이 쟁점주택을 새로이 취득한 것으로 보기 어려움. (조심 2015지866, 2015. 12. 23.)

• 조력발전소 구조물 중 수차구조물의 일부, 수로부 및 연결구조물, 송전선로("쟁점공작물")는 그 구조 등에 비추어 방조제 등과 유사한 생산설비의 일종이므로 취득세 과세대상인 건축물로 보기 어려움. (조심 2015지1278, 2016. 11. 28.)

• 이 건 유선장은 바지와는 달리 당초부터 선박(부선)으로 건조되었고, 「지방세법 시행령」에서 규정하는 잔교에 해당하지 아니할 뿐만 아니라, 부양성, 적재성 및 이동성을 갖추고 있고, 항구적으로 해상에 고정된 것으로 볼 수 없으므로 건축물이 아닌 선박으로 보는 것이 타당함. (조심 2015지1184, 2016. 9. 13.)

• 발전용수를 냉각하기 위하여 설치한 냉각탑의 경우 그 상부에 냉각팬이 설

8. 다가구주택의 가구 간 경계벽 또는 다세대주택의 세대 간 경계벽을 증설 또는 해체하거나 수선 또는 변경하는 것 (2008. 10. 29. 개정)
9. 건축물의 외벽에 사용하는 마감재료(법 제52조 제2항에 따른 마감재료를 말한다)를 증설 또는 해체하거나 벽면적 30제곱미터 이상 수선 또는 변경하는 것 (2014. 11. 28. 신설)

4. "건축물"이란 「건축법」 제2조 제1항 제2호에 따른 건축물(이와 유사한 형태의 건축물을 포함한다)과 토지에 정착하거나 지하 또는 다른 구조물에 설치하는 레저시설, 저장시설, 도크(dock)시설, 접안시설, 도관시설, 급수·배수시설, 에너지 공급시설 및 그 밖에 이와 유사한 시설(이에 딸린 시설을 포함한다)로서 대통령령으로 정하는 것을 말한다. (2010. 3. 31. 개정)

예판

【조심판례】 • 수처리시설 및 폐수처리시설의 취득세 과세대상 여부

- 설비 중 수처리시설은 발전설비 전체 생산라인의 중요한 기능을 수행하고 있는 설비로서 발전기와 터빈에 결합하여 전력 생산을 가능하게 하는 기능을 수행하고 있는 핵심적인 생산설비의 일부이므로 취득세 과세대상으로 보기 어려움. 다만, 폐수처리설비의 경우 폐수배출 및 정화를 하고 저장기능도 수행하는 것으로 취득세 과세대상인 배수시설 및 저장시설(수조)에 해당함. (조심 2022지1877, 2024. 5. 21.)

• 바지(BARGE)는 바다 하저에 앵커(Anchor)를 설치하여 쇠사슬로 고정되어 있고, 한쪽은 육지와 연결되어 있으므로 항행성이 있세운영과-3665, 2010. 8. 18.)

• 펌프식·바켓식·딧퍼식 또는 그래브식으로서 자력으로 항해가 불가능한 준설선은 기계장비로 규정하고 있으므로 이에 해당하는 것은 선박에서 제외되어야 할 것으로 판단됨. (지방세운영과-1231, 2013. 6. 26.)

제5조 【시설의 범위】 ① 법 제6조 제4호 및 같은 조 제6호 나목에 따른 레저시설, 저장시설, 독(dock)시설, 접안시설, 도관시설, 급수·배수시설 및 에너지 공급시설은 다음 각 호에서 정하는 시설로 한다. (2021. 1. 5. 개정 ; 어려운 법령용어~대통령령)

1. 레저시설 : 수영장, 스케이트장, 골프연습장(「체육시설의 설치·이용에 관한 법률」에 따라 골프연습장업으로 신고된 20타석 이상의 골프연습장만 해당한다), 전망대, 옥외스탠드, 유원지의 옥외오락시설(유원지의 옥외오락시설과 비슷한 오락시설로서 건물 안 또는 옥상에 설치하여 사용하는 것을 포함한다) (2010. 9. 20. 개정)
2. 저장시설 : 수조, 저유조, 저장창고, 저장조(저장용량이 1톤 이하인 액화석유가스 저장조는 제외한다) 등의 옥외저장시설(다른 시설과 유기적으로 관련되어 있고 일시적으로 저장기능을 하는 시설을 포함한다) (2021. 12. 31. 개정)

치되어 있을 뿐 지붕으로 볼만한 구조를 갖고 있지 아니하므로 건축물로 보기 어렵고, 발전소 내의 발전설비 수리를 위하여 설치한 크레인 및 호이스트의 경우 터빈의 수리 및 정비를 위한 용도이고 이를 화물하역용으로 보기 어려우므로 취득세 과세대상인 기계장비에 해당하지 아니함. (조심 2015지1021, 2016. 5. 23.)

예판

【예규】 • 리모델링으로 인한 급배수시설 등 교체시 취득세 과세 여부

- 건축물 내부에 있는 배관은 건축물의 필수 불가결한 시설일 뿐이므로 배관 등을 교체하는 것이 건물내 기존 급수·배수관의 교체공사로서, 「건축법」 상 대수선에 해당하지 않는다면, 개수로 인한 취득세 과세대상으로 볼 수 없음. (부동산세제과-1123, 2020. 5. 19.)

• 비점오염저감시설은 사업장 부지내에 수질오염 방지대책으로 비점오염원을 집수 및 정화처리하기 위하여 설치·운용된다고 하더라도, 그 기능이 실제 우수 등을 저장하였다가 여과처리를 거쳐 공용하천으로 배출되도록 설치·

다고 보기 어려우며, 자체 동력장치가 없고, 그 구조가 직사각형으로서 화물 등을 적재하여 항행하기에는 부적합하므로 선박으로 보기는 어려움. (조심 2012지423, 2012. 11. 19.)

• 청구법인 화력발전소의 쟁점급·배수시설(탈황설비공사 중 탈황설비에 물을 공급하는 배관)은 탈황설비의 가동 시 석회석과 물을 이송하는 배관시설로서 취득세 과세대상이 되는 급·배수시설에 해당함. (조심 2014지2041, 2015. 3. 11.)

• 청구법인은 경춘선 폐선로 구간의 토지와 궤도를 점용하여 유원시설업 허가를 받았고, 쟁점레일바이크 및 쟁점레일시설은 사람이 승차하여 즐기는 놀이시설로서 유람이나 오락을 위한 시설이므로 취득세 과세대상인 레저시설로 보는 것이 타당함. (조심 2014지408, 2014. 10. 24.)

• 쟁점미술품은 그 설치 형태가 탈·부착이 가능하거나 이동이 가능하여 건축물 자체의 효용을 증가시키는 딸린 시설로 보기는 어려움. 쟁점위성안테나는 철탑이 없는 접시모양의 유리섬유로 구성된 안테나장치인 것으로 나타나므로 이는 건축물의 일종으로서 취득세 등의 과세대상이 되는 방송중계탑으로 보기는 어려움. (조심 2014지1360, 2015. 6. 4.)

5. “건축”이란 「건축법」 제2조 제1항 제8호에 따른 건축을 말한다. (2010. 3. 31. 개정)

6. “개수”란 다음 각 목의 어느 하나에 해당하는 것을 말한다. (2014. 1. 1. 개정)

가. 「건축법」 제2조 제1항 제9호에 따른 대수선 (2014. 1. 1. 개정)

나. 건축물 중 레저시설, 저장시설, 도크(dock)시설, 접안시설, 도관시설, 급수·배수시설, 에너지 공급시

3. 독시설 및 접안시설 : 독, 조선대(造船臺) (2021. 1. 5. 개정 ; 어려운 법령용어~대통령령)

4. 도관시설(연결시설을 포함한다) : 송유관, 가스관, 열수송관 (2010. 9. 20. 개정)

5. 급수·배수시설 : 송수관(연결시설을 포함한다), 급수·배수시설, 복개설비 (2010. 9. 20. 개정)

6. 에너지 공급시설 : 주유시설, 가스충전시설, 환경친화적 자동차 충전시설, 송전철탑(전압 20만 볼트 미만을 송전하는 것과 주민들의 요구로 「전기사업법」 제72조에 따라 이전·설치하는 것은 제외한다) (2019. 12. 31. 개정)

② 법 제6조 제4호 및 같은 조 제6호 나목에서 “대통령령으로 정하는 것”이란 각각 잔교(棧橋)(이와 유사한 구조물을 포함한다), 기계식 또는 철골조립식 주차장, 차량 또는 기계장비 등을 자동으로 세차 또는 세척하는 시설, 방송중계탑(「방송법」 제54조 제1항 제5호에 따라 국가가 필요로 하는 대외방송 및 사회교육방송 중계탑은 제외한다) 및 무선통신기지국용 철탑을 말한다. (2014. 8. 12. 개정)

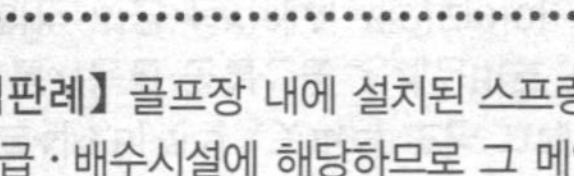

【조심판례】 골프장 내에 설치된 스프링클러는 취득세 과세대상이 되는 급·배수시설에 해당하므로 그 메인판넬의 교체 역시 과세대

운용되고 있는 시설이라 하면 급·배수시설로 보아야 할 것임. (지방세운영과-2604, 2014. 8. 7.)

【예규】 타법에 열거되지 않은 전기충전시설의 취득세 과세대상 여부

• “환경친화적 충전시설”이 타법에 의해 한정되지 않더라도 지방세법상 환경친화적으로 자동차를 충전하는 모든 시설은 취득세 과세대상으로 보는 것이 타당함. (부동산세제과-977, 2024. 3. 7.)

설 및 그 밖에 이와 유사한 시설(이에 딸린 시설을 포함한다)로서 대통령령으로 정하는 것을 수선하는 것 (2014. 1. 1. 개정)

다. 건축물에 딸린 시설물 중 대통령령으로 정하는 시설물을 한 종류 이상 설치하거나 수선하는 것 (2014. 1. 1. 개정)

7. "차량"이란 원동기를 장치한 모든 차량과 피견인차

상인 "개수"에 해당함. (조심 2016지456, 2016. 10. 31.)

제6조 【시설물의 종류와 범위】 법 제6조 제6호 다목에서 "대통령령으로 정하는 시설물"이란 다음 각 호의 어느 하나에 해당하는 시설물을 말한다. (2014. 1. 1. 개정)

1. 승강기(엘리베이터, 에스컬레이터, 그 밖의 승강시설) (2010. 9. 20. 개정)
2. 시간당 20킬로와트 이상의 발전시설 (2010. 9. 20. 개정)
3. 난방용·욕탕용 온수 및 열 공급시설 (2010. 8. 12. 개정)
4. 시간당 7천560킬로칼로리급 이상의 에어컨(중앙조절식만 해당한다) (2010. 9. 20. 개정)
5. 부착된 금고 (2010. 9. 20. 개정)
6. 교환시설 (2010. 9. 20. 개정)
7. 건물의 냉난방, 급수·배수, 방화, 방범 등의 자동관리를 위하여 설치하는 인텔리전트 빌딩시스템 시설 (2010. 9. 20. 개정)
8. 구내의 변전·배전시설 (2010. 9. 20. 개정)

예판

【예규】 모돈(母豚) 육성을 위한 건축물에 지열냉난방보일러 설비를 설치하는 것은 "개수(改修)"에 해당됨. (지방세운영과-1466, 2013. 7. 10.)

제7조 【원동기를 장치한 차량의 범위】 ① 법 제6조

예판

【예규】 사람이 탑승하여 원동기에 의해 공장구내를 이동·청소하는 전동 청소차는 취득세 과세대상인 차량에 해당된다고 판단됨. (지방세운영과-470, 2013. 2. 15.)

☜

및 궤도로 승객 또는 화물을 운반하는 모든 기구를 말한다. (2010. 3. 31. 개정)

예판

【조심판례】 쟁점차량은 캠핑용트레일러로서 「자동차관리법」상 승합자동차로 구분되고, 언제든지 차량에 연결하여 이동할 수 있는 피견인차에 해당한다고 보는 것이 타당함. (조심 2014지418, 2014. 10. 20.)

운영예규 법6-1 【차량의 범위】

「지방세법」 제6조 제7호의 「차량」에는 태양열, 배터리 등 기타 전원을 이용하는 기구와 디젤기관차, 광차 및 축전차 등이 포함된다.

8. "기계장비"란 건설공사용, 화물하역용 및 광업용으로 사용되는 기계장비로서 「건설기계관리법」에서 규정한 건설기계 및 이와 유사한 기계장비 중 행정안전부령으로 정하는 것을 말한다. (2017. 7. 26. 직제개정 ; 정부조직법 부칙)

예판

【조심판례】 취득세 과세대상이 되는 쟁점지게차는 들어올림장치를 가진 모든 지게차를 의미하는 것인바, 쟁점지게차(좌식전동지게차)는 들어올림장치를 가지고 있으므로 취득세 과세대상에 해당함. (조심 2014지2066, 2015. 4. 29.)

9. "항공기"란 사람이 탑승·조종하여 항공에 사용하는

제7호에서 "원동기를 장치한 모든 차량"이란 원동기로 육상을 이동할 목적으로 제작된 모든 용구(총 배기량 50시시 미만이거나 최고정격출력 4킬로와트 이하인 이륜자동차는 제외한다)를 말한다. (2019. 12. 31. 개정)

② 법 제6조 제7호에서 "궤도"란 「궤도운송법」 제2조 제1호에 따른 궤도를 말한다. (2010. 9. 20. 개정)

운영예규 법6-2 【궤 도】

「지방세법」 제6조 제7호에서 「궤도」라 함은 공중에 설치한 밧줄 등에 운반기를 달아 여객 또는 화물을 운송하는 것과 지상에 설치한 선로에 의하여 여객 또는 화물을 운송하는 것을 말한다.

운영예규 법6-3 【기계장비의 범위】

「지방세법」 제6조 제8호의 「기계장비」에는 단순히 생산설비에 고정부착되어 제조공정 중에 사용되는 공기압축기, 천정크레인, 호이스트, 컨베이어 등은 제외한다.

운영예규 법6-6 【항공기의 범위】

「지방세법」 제6조 제9호의 「항공기」에는 사람이 탑승, 조정하지 아니하는 원격조정장치에 의한 항공기(농약살포 항공기 등)는 제외된다.

제3조 【기계장비의 범위】 「지방세법」(이하 "법"이라 한다) 제6조 제8호에서 "행정안전부령으로 정하는 것"이란 별표 1에 규정된 것을 말한다. (2023. 3. 28. 개정)

관련법령

궤도운송법

제2조 【정 의】 이 법에서 사용하는 용어의 뜻은 다음과 같다. (2021. 5. 18. 개정)

1. "궤도"란 사람이나 화물을 운송하는 데에 필요한 궤도시설과 궤도차량

비행기, 비행선, 활공기(滑空機), 회전익(回轉翼) 항공기 및 그 밖에 이와 유사한 비행기구로서 대통령령으로 정하는 것을 말한다. (2010. 3. 31. 개정)

10. "선박"이란 기선, 범선, 부선(艀船) 및 그 밖에 명칭에 관계없이 모든 배를 말한다. (2013. 1. 1. 개정)

11. "입목"이란 지상의 과수, 임목과 죽목(竹木)을 말한다. (2010. 3. 31. 개정)

운영예규 법6-4【입목의 범위】

「지방세법」 제6조 제11호의 「입목」에는 집단적으로 생육되고 있는 지상의 과수·임목·죽목을 말한다. 다만, 묘목 등 이식을 전제로 잠정적으로 생립하고 있는 것은 제외한다.

12. "광업권"이란 「광업법」에 따른 광업권을 말한다. (2010. 3. 31. 개정)

13. "어업권"이란 「수산업법」 또는 「내수면어업법」에 따른 어업권을 말한다. (2010. 3. 31. 개정)

13의 2. "양식업권"이란 「양식산업발전법」에 따른 양식업권을 말한다. (2019. 8. 27. 신설 ; 양식산업발전법 부칙)

14. "골프회원권"이란 「체육시설의 설치·이용에 관한 법률」에 따른 회원제 골프장의 회원으로서 골프장을 이용할 수 있는 권리를 말한다. (2010. 3. 31. 개정)

15. "승마회원권"이란 「체육시설의 설치·이용에 관한 법률」에 따른 회원제 승마장의 회원으로서 승마장을 이용할 수 있는 권리를 말한다. (2010. 3. 31. 개정)

예판

【조심판례】 고정식 부도크(Floating Dock)는 이동성을 갖춘 선박으로 보기 어려움. (조심 2015지873, 2015. 12. 24.)

운영예규 법6-7【선박의 범위】

「지방세법」 제6조 제10호의 「선박」에는 해저관광 또는 학술연구를 위한 잠수캡슐의 모선으로 이용하는 부선과 석유시추선도 포함한다.

운영예규 법6-5【골프회원권 등】

「지방세법」 제6조 제14호, 제15호, 제16호, 제17호, 제18호에서 골프회원권, 콘도미니엄회원권, 승마회원권, 종합체육시설이용회원권 및 요트회원권의 가액에는 보증금, 입회비가 포함된다.

및 이와 관련된 운영·지원 체계가 유기적으로 구성된 케이블철도, 노면전차, 모노레일 및 자기부상열차 등 국토교통부령으로 정하는 운송 체계를 말하며, 삭도(索道)를 포함한다.

광업법

제3조【정 의】 이 법에서 사용하는 용어의 뜻은 다음과 같다. (2019. 8. 27. 개정)

3. "광업권"이란 탐사권과 채굴권을 말한다.

수산업법

제2조【정 의】 이 법에서 사용하는 용어의 뜻은 다음과 같다.

7. "어업권"이란 제7조에 따라 면허를 받아 어업을 경영할 수 있는 권리를 말한다.

내수면어업법

제2조【정 의】 이 법에서 사용하는 용어의 뜻은 다음과 같다. (2020. 2. 18. 개정)

1. "내수면"이란 하천, 댐, 호수, 늪, 저수지와 그 밖에 인공적으로 조성된 민물이나 기수(汽水 : 바닷물과 민물이 섞인 물)의 물흐름 또는 수면을 말한다.

5. "내수면어업"이란 내수면에서 수산동식물을 포획·채취하거나 양식하는 사업을 말한다.

16. "콘도미니엄 회원권"이란 「관광진흥법」에 따른 콘도미니엄과 이와 유사한 휴양시설로서 대통령령으로 정하는 시설을 이용할 수 있는 권리를 말한다. (2010. 3. 31. 개정)
17. "종합체육시설 이용회원권"이란 「체육시설의 설치·이용에 관한 법률」에 따른 회원제 종합 체육시설업에서 그 시설을 이용할 수 있는 회원의 권리를 말한다. (2010. 3. 31. 개정)
18. "요트회원권"이란 「체육시설의 설치·이용에 관한 법률」에 따른 회원제 요트장의 회원으로서 요트장을 이용할 수 있는 권리를 말한다. (2014. 1. 1. 신설)
19. "중과기준세율"이란 제11조 및 제12조에 따른 세율에 가감하거나 제15조 제2항에 따른 세율의 특례 적용기준이 되는 세율로서 1천분의 20을 말한다. (2015. 12. 29. 신설)
20. "연부(年賦)"란 매매계약서상 연부계약 형식을 갖추고 일시에 완납할 수 없는 대금을 2년 이상에 걸쳐 일정액씩 분할하여 지급하는 것을 말한다. (2015. 12. 29. 신설)

예판

【예규】 연부로 취득 중인 주택에 대한 주택 수 포함 등 중과세 적용은 연부금액을 사실상 완납한 날 또는 그 완납한 날 전에 소유권 이전등기를 한 경우에는 그 등기일을 기준으로 해야 할 것임(부동산세제과-1883, 2023. 5. 18.)

- **연부취득 완료 전에 매수인 지분 이전시 취득세 과세 여부**
  연부계약의 변경없이 매수인을 단독명의(甲)에서 공동명의(甲+乙)로만 변경하더라도, 당초 계약을 해지한 것으로 볼 수 없고 권리의무를 일부승계한 것일 뿐이므로 계약이 변경된 이후 '甲'과 '乙'의 지분율에 따라 취득세를 납부하는 것이 타당함. (부동

제8조【콘도미니엄과 유사한 휴양시설의 범위】 법 제6조 제16호에서 "대통령령으로 정하는 시설"이란 「관광진흥법 시행령」 제23조 제1항에 따라 휴양·피서·위락·관광 등의 용도로 사용되는 것으로서 회원제로 운영하는 시설을 말한다. (2010. 9. 20. 개정)

제9조【납세의무자】 ① 「여신전문금융업법」에 따른 시설대여업자가 차량·기계장비·항공기 또는 선박을 시설대여하는 경우에는 그 등기 또는 등록 명의에도 불구하고 시설대여업자(법 제7조 제6항의 경우에는 수입하는 자를 말한다)를 법 제7조 제1항에 따른 납세의무자로 본다. (2010. 9. 20. 개정)
② 운수업체 명의로 등록된 차량과 기계장비대여업체 명의로 등록된 기계장비 중 해당 업체의 납세사실, 차주대장 등으로 그 사실상의 소유자가 따로 있음이 명백히 증명되는 차량과 기계장비에 대해서는 그 등록명의에도 불구하고 사실상 취득한 자를 법 제7조 제1항에 따른 납세의무자로 본다. (2010. 9. 20. 개정)

제9조【납세의무자】 삭 제 (2010. 12. 30.)

【예규】 취득 이후에 측량 등으로 그 면적에 오류가 발견되어 공부상 면적이 증가된다고 하더라도 추가로 대가를 지급한 사실이 없다면 취득세 과세대상이 되지 않는다고 판단됨. (지방세운영과-981, 2012. 3. 29.)

산세제과-519, 2020. 3. 9.)
• 연부금 납부 중 계약이 취소된 경우, 완전한 취득이 아닌 상태에서 납부한 것으로 보아 기 납부한 취득세는 취소 가능함(부동산세제과-3558, 2022. 11. 11., 지방세운영과-2788, 2015. 9. 2., 지방세운영과-869, 2019. 4. 2. 참조)

제7조 【납세의무자 등】 ① 취득세는 부동산, 차량, 기계장비, 항공기, 선박, 입목, 광업권, 어업권, 양식업권, 골프회원권, 승마회원권, 콘도미니엄 회원권, 종합체육시설 이용회원권 또는 요트회원권(이하 이 장에서 "부동산등"이라 한다)을 취득한 자에게 부과한다. (2019. 8. 27. 개정 ; 양식산업발전법 부칙) 자동차분만 농특비

예 판

【조심판례】 선박의 수입업자인 청구법인이 선박을 수입하는 과정에서 행정적인 제반절차 이행을 위해 부득이 소유권보존등기를 이행하였다고 하더라도 청구법인을 선박의 실수요자로 보기는 어렵다 할 것으로서 청구법인과 선박매매계약을 체결하여 시승용으로 사용하고 있는 매수법인이 선박의 실수요자로 보이므로, 선박의 실수요자를 청구법인으로 하여 과세한 처분은 잘못임. (조심 2010지652, 2011. 11. 11.)

운 영 예 규 **법7-1 【납세의무】**

1. 양도담보계약해제, 명의신탁해지로 취득하는 경우에는 그 취득의 방법·절차에 불구하고 그 권리의 인수자가 취득하는 경우로 보아 취득세의 납세의무가 있다.
2. 유상 및 무상취득을 불문하고 적법하게 취득한 다음에는

【판례】 **• 신탁재산의 위탁자 지위 이전에 대한 취득세 과세대상 여부**

– 종부세 등의 회피를 목적으로 법인이 소유하고 있던 주택을 해당 법인의 대표자와 가족관계에 있는 자(남편)에게 신탁을 한 이후 위탁자의 지위를 대표자의 다른 가족(시아버지)에게 10만원을 주고 이전한 경우, 위탁자의 지위 이전에 따른 취득세 과세대상에 해당하고 과세표준은 무상취득으로 보아 시가표준액을 적용하는 것이 타당함 (대법 2024두43294, 2024. 9. 12.)

• 3자간 등기명의 신탁토지에 대한 이중과세 여부

– 매매대금을 모두 지급하고 3자간 등기명의 신탁한 토지에 대해 명의수탁자가 취득세 등을 납부한 경우라도 과세관청이 세무조사를 통해 매매대금 지급일에 명의신탁자가 사실상 취득한 것으로 보아 취득세 등을 부과한 처분은 적법함. (대법 2023두56293, 2024. 1. 25.)

• 한·중 조세조약에 따른 외납세액 공제 및 추가손금산입 인정 여부

– 한·중 조세조약 및 지방세특례제한법 제3조에 따라 법인지방소득세 세액 산정시 중국에서 납부한 세액에 대해 법인세법에 따른 외국납부세액 공제제도만으로 외국납부세액의 이중과세가 완전히 회피되지 않더라도, 조약만으로 법인지방소득세에서 외국납부세액을 공제할 수 없음.
– 공제가 인정되지 않더라도 법인세 과세표준에 익금산입되었

예 판

【조심판례】 • 유언대용신탁의 위탁자 사망에 따라 그 신탁재산의 원본에 대한 사후수익권을 취득하였고 그 신탁의 처분대금을 배당받음으로써 그 신탁이 종료되어 종국적으로 그 신탁재산은 청구인 가족들에게 무상으로 이전된 점 등에 비추어 볼 때 위탁자의 상속개시일에 청구인 가족들에게 그 신탁재산에 대한 취득세 납세의무가 성립함(조심 2021지2796, 2023. 3. 10. 결정)

• 사실상 취득

– 표준대차대조표와 연간 계정별원장(토지) 내역에 취득한 사실이 반영되어 있지 아니하고, 특정기간에 보통예금 거래내역서에 취득신고일에 입·출금(이 건 취득세 등이 납부된 것으로 보인다)된 사실 외에 계약금이나 잔금 지급과 관련한 내역이 나타나지 않는 경우 사실상 취득한 것이라고 단정하기 어려움. (조심 2018

그 후 합의에 의하여 계약을 해제하고 그 재산을 반환하는 경우에도 이미 성립한 조세채권의 행사에 영향을 줄 수 없다. (무상 취득 및 개인간 유상 취득에 있어 60일 이내 계약해제 사실을 입증하는 경우는 제외. 다만, 소유권 이전등기를 경료되지 않은 경우에 한한다.)

던 간접외국납부세액에 대해 익금에서 공제한 후 추가로 손금산입이 불가한데 이는 설령 완전한 조정조항을 두지 아니하여 일부 미흡한 점이 존재하더라도 자의적인 입법조치로서 과세처분이 이중과세금지원칙 위반으로 위법하게 된다고 볼 것은 아님(대법 2023두44634, 2024. 1. 11.)

【판례】 • 소유권이전등기를 아니하여도 계약명의수탁자의 취득세 납세의무는 성립됨

명의신탁자와 명의수탁자가 계약명의신탁약정을 맺고 명의수탁자가 당사자가 되어 명의신탁약정이 있다는 사실을 알지 못하는 소유자와 부동산에 관한 매매계약을 체결한 경우 그 계약은 일반적인 매매계약과 다를 바 없이 유효하므로, 그에 따라 매매대금을 모두 지급하면 소유권이전등기를 마치지 아니하였더라도 명의수탁자에게 취득세 납세의무가 성립하고, 이후 그 부동산을 제3자에게 전매하고서도 최초의 매도인이 제3자에게 직접 매도한 것처럼 소유권이전등기를 마친 경우에도 마찬가지임. (대법 2015두39026, 2017. 9. 12.)

【예규】 • 명의신탁 후 진정명의회복을 원인으로 소유권이전시 납세의무

- 무효인 명의신탁에 기한 소유권 이전등기의 원상회복을 위하여 진정명의 회복을 원인으로 한 소유권 이전 등기 소송의 판결에 따라 부동산의 소유권 이전 절차를 이행하는 경우 부동산 취득에 해당하지 않으며, 무상으로 인한 소유권 취득에 기한 부동산 등기로 보아 등록면허세 1,000분의 15의 세율을 적용하는 것이 타당함. (부동산세제과-3221, 2024. 9. 20.)

• 사실상 취득과 취득세 납세의무

건물소유자의 매도권 행사로 매수인의 지위를 얻은 자가 제3자에게 해당 건물을 매각한 경우, 매수인의 지위를 얻은 자는 취득세 납세의무가 성립 (지방세운영과-2217, 2018. 9. 21.)

• 증여 등기 이행 불능시 취득세 부과취소 가능 여부

지3259, 2019. 6. 26.)

- 잔금지급자가 소유권이전등기를 하는 통상의 사례에 비추어 청구인이 매도인에게 잔금을 지급하였다고 보기 어려워 청구인이 쟁점아파트를 사실상 취득하였다고 보기는 어려움. (조심 2018지1094, 2019. 5. 29.)
- 법원으로부터 "○○○ 명의로 등기되어 있는 이 건 토지의 소유권을 명의신탁 해지를 원인으로 하여 청구인에게 이전등기하라"는 판결을 받고 이 건 토지 일부의 소유권을 청구인 명의로 이전등기 하였으나 청구인 명의로 이전등기하지 못한 사실이 등기사항전부증명서 등에 의하여 확인되는 점, 청구인이 쟁점토지의 전소유자에게 취득대금을 지급한 사실이 나타나지 아니하는 점 등에 비추어, 청구인이 쟁점토지를 사실상 또는 형식상 취득한 것으로 보기는 어려움. (조심 2018지3218, 2019. 9. 25.)

• 청구법인을 포함한 5인의 공동건축주들이 쟁점건물을 신축하여 공동으로 사용승인을 받았다 하더라도 쟁점건물은 당초부터 청구법인이 단독으로 취득하기로 한 약정하에 청구법인의 자금과 노력으로 건축한 건축물로서 청구법인이 쟁점건물의 원시취득자인 것으로 보는 것이 타당하므로 청구법

② 부동산등의 취득은 「민법」, 「자동차관리법」, 「건설기계관리법」, 「항공안전법」, 「선박법」, 「입목에 관한 법률」, 「광업법」, 「수산업법」 또는 「양식산업발전법」 등 관계 법령에 따른 등기·등록 등을 하지 아니한 경우라도 사실상 취득하면 각각 취득한 것으로 보고 해당 취득물건의 소유자 또는 양수인을 각각 취득자로 한다. 다만, 차량, 기계장비, 항공기 및 주문을 받아 건조하는 선박은 승계취득인 경우에만 해당한다. (2019. 8. 27. 개정 ; 양식산업발전법 부칙)

예판

【조심판례】 청구법인이 수분양권을 신탁회사에 권리의무승계계약을 통해 이전하였다 하더라도 금전신탁이 아닌 이상 청구법인은 신탁재산의 사실상 소유자(취득자)의 지위에서 쟁점토지를 신탁하였다고 볼 수 있음(쟁점토지를 취득한 후 신탁한 것으로 보임). (조심 2016지340, 2017. 1. 16.)

③ 건축물 중 조작(造作) 설비, 그 밖의 부대설비에 속하는 부분으로서 그 주체구조부(主體構造部)와 하나가 되어 건축물로서의 효용가치를 이루고 있는 것에 대하여는 주체구조부 취득자 외의 자가 가설(加設)한 경우에도 주체구조부의 취득자가 함께 취득한 것으로 본다. (2013. 1. 1. 개정)

기 성립한 증여에 대한 취득세는 취소할 수 없으며, 다만 상속을 원인으로 등기 시 기 성립한 본인의 증여 지분까지는 취득세 납세 의무가 없다고 할 것임. (지방세운영과-3252, 2016. 12. 28.)

예판

【조심판례】 • 농지취득자격증명을 발급받지 못함으로써 소유권이전등기가 불가하다는 사유로 특약에 따라 매매계약을 해제한 후, 그 재산을 반환하였다 하더라도 이미 성립한 조세채권의 행사에 영향을 줄 수는 없는 것임. (조심 2015지964, 2015. 10. 29.)

• 통상의 형성판결과는 달리 소유권이전등기의 소와 같은 이행판결의 소에서 승소판결을 받고 그로 인한 소유권이전등기를 마치지 아니한 경우에는 등기와 같은 형식적 취득 내지는 소유권 취득의 실질적 요건을 갖추었다고 볼 수는 없음. (조심 2014지1187, 2014. 12. 2.)

• 청구법인을 포함한 4인의 공동건축주들이 이 건 건축물에 대해 임시사용승인을 받았다 하더라도 건축관계자 변경을 통하여 청구법인이 제외되었고, 변경된 건축주가 이 건 부동산 전체에 대하여 사용승인을 받은 것으로 확인되는 점 등에 비추어 청구법인이 공동건축주로 이 건 건축물을 취득하였다고 보기는 어려움. (조심 2015지195, 2016. 3. 17.)

• 청구인의 신용도가 낮아 쟁점주택에 설정된 근저당권의 피담보채무를 인수하지 못하여 매매계약서상 계약금 및 잔금을 지급하지 않고 계약을 철회하였음에도 계약상 잔금지급일에 쟁점주택을 취득한 것으로 보는 것은 무리가 있음. (조심 2015지1277, 2016. 2. 5.)

【예규】 이행판결에 따른 취득시기 및 이전 취득이 당연무효에 해당하는지 여부

• 부동산에 대해 甲이 乙에게 증여계약 후 미등기 상태에서 丙에게 유증되었으나, 乙의 소송으로 소유권이전등기 이행(丙→乙)판결로서 인이 쟁점건물의 5분의 4 지분을 다른 공동건축주들로부터 무상승계취득한 것으로 보아 청구법인의 경정청구를 거부한 처분은 잘못임. (조심 2013지595, 2014. 9. 18.)

• 임차인이 쟁점건물을 임차하기 위하여 그 명의로 건축허가를 받고 직접 비용을 들여 신축하여 사용승인을 받은 후 법원의 조정결정에 따라 임대인 명의로 소유권보존등기가 된 경우 취득세 납세의무는 임차인이 아닌 임대인에게 있다고 보는 것이 타당함. (조심 2015지539, 2016. 6. 21.)

④ 선박, 차량과 기계장비의 종류를 변경하거나 토지의 지목을 사실상 변경함으로써 그 가액이 증가한 경우에는 취득으로 본다. 이 경우 「도시개발법」에 따른 도시개발사업(환지방식만 해당한다)의 시행으로 토지의 지목이 사실상 변경된 때에는 그 환지계획에 따라 공급되는 환지는 조합원이, 체비지 또는 보류지는 사업시행자가 각각 취득한 것으로 본다. (2023. 3. 14. 후단신설)

예판

【조심판례】 • 이 건 조경공사로 인하여 이 건 아파트 등 건축물 부분의 그 고유한 기능 및 효용이 증가한 것으로 보기 보다는 종전 토지 부분의 지목변경으로 인한 가액이 증가한 것으로 보는 것이 타당하다 하겠으므로 이 건 조경공사비가 이 건 아파트의 신축가격에 포함된다는 처분청 의견은 받아들이기 어렵다 하겠음. (조심 2019지2515, 2020. 5. 26.)

• 쟁점토지는 택지공사만 준공되었을 뿐, 건축물과 그 건축물에 접속된 정원 및 부속시설물의 부지로 사실상 변경된 것이 아니라 하겠으므로 제7조 제14항을 적용할 여지가 없고, 쟁점토지는 택지조성공사 이전부터 지목이 대지인 상태에서 다른 토지와 함께 택지조성이 이루어졌을 뿐이므로, 토지의 지목이 사실상 변경된 것으로 보아 지목변경 취득세를 과세하기 어려

이미 취득세를 납부한 丙의 소유권이 乙에게 이전(등기)한 경우에,

- ① 이행판결에 따른 乙에 대한 증여의 취득시기는 증여일이 아니라 이행판결에 따라 丙으로부터 乙에게 소유권을 이전한 날이고, ② 유증을 원인으로 한 丙의 취득세 신고 · 납부의 경우 사법적인 판단 없이 지방세법령에서 당연무효로 보기는 어려움. (부동산세제과-3597, 2024. 10. 21.)

제10조【재산세 과세대장에의 등재】 법 제7조 제4항에 따라 토지의 지목변경에 대하여 취득세를 과세한 시장 · 군수 · 구청장은 재산세 과세대장에 지목변경 내용을 등재하고 관계인에게 통지하여야 한다. (2016. 12. 30. 개정)

움. (조심 2019지1752, 2020. 2. 25.)

⑤ 법인의 주식 또는 지분을 취득함으로써 「지방세기본법」 제46조 제2호에 따른 과점주주 중 대통령령으로 정하는 과점주주(이하 "과점주주"라 한다)가 되었을 때에는 그 과점주주가 해당 법인의 부동산등(법인이 「신탁법」에 따라 신탁한 재산으로서 수탁자 명의로 등기·등록이 되어 있는 부동산등을 포함한다)을 취득(법인설립 시에 발행하는 주식 또는 지분을 취득함으로써 과점주주가 된 경우에는 취득으로 보지 아니한다)한 것으로 본다. 이 경우 과점주주의 연대납세의무에 관하여는 「지방세기본법」 제44조를 준용한다. (2023. 3. 14. 개정)

운영예규 법7-3【과점주주의 납세의무】

1. 과점주주에 대한 취득세를 과세함에 있어 대도시 내 법인 본점 또는 주사무소의 사업용부동산 등에 대하여는 중과세를 하지 아니한다.
2. 과점주주의 납세의무성립 당시 당해 법인의 취득시기가 도래되지 아니한 물건에 대하여는 과점주주에게 납세의무가 없으며, 연부취득 중인 물건에 대하여는 연부 취득시기가 도래된 부분에 한하여 납세의무가 있다.
3. 과점주주 집단내부 및 특수관계자간의 주식거래가 발생하여 과점주주가 소유한 총주식의 비율에 변동이 없다면 과점주주 간주취득세의 납세의무는 없다.

   예시1. 과점주주 집단 내부에서 주식이 이전되는 경우

   예시2. 당해 법인의 주주가 아니었던 자가 기존의 과점주

제10조의 2【과점주주의 범위】 ① 법 제7조 제5항 전단에서 "대통령령으로 정하는 과점주주"란 「지방세기본법」 제46조 제2호에 따른 과점주주 중 주주 또는 유한책임사원(이하 "본인"이라 한다) 1명과 그의 특수관계인 중 다음 각 호의 어느 하나에 해당하는 특수관계인을 말한다. (2023. 3. 14. 신설)

1. 「지방세기본법 시행령」 제2조 제1항 각 호의 사람 (2023. 3. 14. 신설)
2. 「지방세기본법 시행령」 제2조 제2항 제1호의 사람으로서 다음 각 목의 어느 하나에 해당하는 사람 (2023. 3. 14. 신설)
   가. 주주 (2023. 3. 14. 신설)
   나 유한책임사원 (2023. 3. 14. 신설)
3. 「지방세기본법 시행령」 제2조 제3항 제1호 가목에 따른 법인 중 본인이 직접 해당 법인의 경영에 대하여 지배적인 영향력을 행사하고 있는 경우 그 법인 (2023. 3. 14. 신설)
4. 「지방세기본법 시행령」 제2조 제3항 제2호 가목에 따른 개인·법인 중 해당 개인·법인이 직접 본인인 법인의 경영에 대하여 지배적인 영향력을 행사하고 있는 경우 그 개인·법인 (2023. 3. 14. 신설)

주와 친족 기타 특수관계에 있거나 그러한 특수관계를 형성하면서 기존의 과점주주로부터 그 주식의 일부 또는 전부를 이전받아 새로이 과점주주가 되는 경우

예판

【판례】 담보로서 양도받은 주식을 과점주주 간주취득세 납세 의무 여부

– 양도받은 주식에 관한 주주권을 실질적으로 행사하거나 회사 운영을 지배하는 자에 해당하지 않는다고 봄이 상당하므로 간주취득세 납세의무를 부담하는 과점주주에 해당하지 않음. (대법 2024두42116, 2024. 8. 29.)

【조심판례】 • 법인이 자기주식을 취득할 당시에 청구인과 그 특수관계인은 해당 법인의 주식을 별도로 취득하지 않았고 명목상 보유지분율만 증가한 것에 불과하므로 법인의 자기주식 취득으로 인하여 청구인과 그 특수관계인의 지분비율이 증가된 것을 이유로 간주취득세를 부과할 수 없음. (조심 2020지693, 2020. 6. 9.)

• '과점주주에 해당하지 아니하게 되었다'에는 일부 주식을 양도하여 과점주주가 아닌 일반주주가 된 경우뿐만 아니라 주식을 전부양도하면서 해당 법인의 주주가 아니게 된 경우도 포함됨. (조심 2016지860, 2016. 12. 28.)

• 인테리어공사와 관련한 비용은 임차인이 본인의 자금을 투입하여 이 건 건축물을 신축하고, 인테리어공사를 하는 과정에서 건축물의 취득시기 이전에 지급한 비용으로서 임대차계약기간이 만료된 경우 이를 원상회복하기로 약정하였다 하더라도 취득세 과세표준에 포함하는 것이 타당함. (조심 2015지456, 2015. 6. 19.)

• 「지방세법」 제7조 제5항에 의한 "주식을 취득함으로써 과점주주가 되었을 때"라 함은 비상장법인의 주식을 취득하여 당해

5. 「지방세기본법 시행령」 제2조 제3항 제2호 나목에 따른 법인 중 본인이 직접 또는 제4호에 해당하는 자를 통해 어느 법인의 경영에 대하여 지배적인 영향력을 행사하고 있는 경우 그 법인 (2023. 3. 14. 신설)

② 제1항 제3호부터 제5호까지에 따른 법인의 경영에 대한 지배적인 영향력의 기준에 관하여는 「지방세기본법 시행령」 제2조 제4항 제1호 가목 및 같은 항 제2호를 적용한다. 이 경우 같은 항 제1호 가목 및 제2호 나목 중 "100분의 30"은 각각 "100분의 50"으로 본다. (2023. 3. 14. 신설)

제11조【과점주주의 취득 등】 ① 법인의 과점주주(제10조의 2에 따른 과점주주를 말한다. 이하 이 조에서 같다)가 아닌 주주 또는 유한책임사원이 다른 주주 또는 유한책임사원의 주식 또는 지분(이하 "주식등"이라 한다)을 취득하거나 증자 등으로 최초로 과점주주가 된 경우에는 최초로 과점주주가 된 날 현재 해당 과점주주가 소유하고 있는 법인의 주식등을 모두 취득한 것으로 보아 법 제7조 제5항에 따라 취득세를 부과한다. (2023. 3. 14. 개정)

② 이미 과점주주가 된 주주 또는 유한책임사원이 해당 법인의 주식등을 취득하여 해당 법인의 주식등의 총액에 대한 과점주주가 가진 주식등의 비율(이하 이 조에서 "주식등의 비율"이라 한다)이 증가된 경우에는 그 증가분을 취득으로 보아 법 제7조 제5항에 따라 취득세를 부과한다. 다만, 증가된 후의 주식등의 비율이 해당 과점주

회사에 대하여 주권을 행사할 수 있는 날인 주주명부에 명의를 개서한 날을 의미함. (조심 2014지770, 2015. 3. 30.)

【예규】 • **과점주주가 되는 날에 부동산 취득시 납세의무**

과점주주가 된 시기와 취득시기 간 선후관계에 따라 취득세 부담 범위가 달라지나 단순한 일자 비교만으로 선후관계를 판정할 법적 근거가 없으며, '시각'이 아닌 '날'을 기준으로 과점주주가 된 시기나 취득시기를 정한 것으로 해석할 수 없기에 취득세 납세의무가 성립하지 않음. (부동산세제과-681, 2024. 2. 20.)

• 합병 이후 유상증자로 과점주주의 지분이 변동(A법인:B법인, 50%:50%→56%:44%)된 경우에는 과점주주의 지분증가율(100%→100%)이 없으므로 납세의무가 없는 것으로 판단됨. (지방세운영과-337, 2019. 2. 7.)

⑥ 외국인 소유의 취득세 과세대상 물건(차량, 기계장비, 항공기 및 선박만 해당한다)을 직접 사용하거나 국내의 대여시설 이용자에게 대여하기 위하여 소유권을 이전받는 조건으로 임차하여 수입하는 경우에는 수입하는 자가 취득한 것으로 본다. (2023. 12. 29. 개정)

⑦ 상속(피상속인이 상속인에게 한 유증 및 포괄유증과 신탁재산의 상속을 포함한다. 이하 이 장과 제3장에서 같다)으로 인하여 취득하는 경우에는 상속인 각자가 상속받는 취득물건(지분을 취득하는 경우에는 그 지분에 해당하는 취득물건을 말한다)을 취득한 것으로 본다. 이 경우 상속인의 납부의무에 관하여는 「지방세기본법」 제44조 제1항 및 제5항을 준용한다. (2010. 12. 27. 개정)

주가 이전에 가지고 있던 주식등의 최고비율보다 증가되지 아니한 경우에는 취득세를 부과하지 아니한다. (2015. 12. 31. 단서개정)

③ 과점주주였으나 주식등의 양도, 해당 법인의 증자 등으로 과점주주에 해당되지 아니하는 주주 또는 유한책임사원이 된 자가 해당 법인의 주식등을 취득하여 다시 과점주주가 된 경우에는 다시 과점주주가 된 당시의 주식등의 비율이 그 이전에 과점주주가 된 당시의 주식등의 비율보다 증가된 경우에만 그 증가분만을 취득으로 보아 제2항의 예에 따라 취득세를 부과한다. (2017. 12. 29. 개정)

④ 법 제7조 제5항에 따른 과점주주의 취득세 과세자료를 확인한 시장·군수·구청장은 그 과점주주에게 과세할 과세물건이 다른 특별자치시·특별자치도·시·군 또는 구(자치구를 말한다. 이하 "시·군·구"라 한다)에 있을 경우에는 지체 없이 그 과세물건을 관할하는 시장·군수·구청장에게 과점주주의 주식등의 비율, 과세물건, 가격명세 및 그 밖에 취득세 부과에 필요한 자료를 통보하여야 한다. (2016. 12. 30. 개정)

제4조 【과점주주 과세자료의 통보】 영 제11조 제4항에 따른 과점주주의 취득세 부과에 필요한 자료의 통보는 별지 제1호 서식에 따른다. (2010. 12. 23. 개정)

예판

【예규】 사해행위 취소소송의 판결에 따라 단독상속인과 채무자 사이의 상속재산분할협의계약을 취소하고, 채무자로 소유권 이전절차를 이행하는 경우에 등록면허세(1.5%)를 과세가 정당함. (지방세운영과－2183, 2019. 7. 19.)

⑧ 「주택법」 제11조에 따른 주택조합과 「도시 및 주거환경정비법」 제35조 제3항 및 「빈집 및 소규모주택 정비에 관한 특례법」 제23조에 따른 재건축조합 및 소규모재건축조합(이하 이 장에서 "주택조합등"이라 한다)이 해당 조합원용으로 취득하는 조합주택용 부동산(공동주택과 부대시설·복리시설 및 그 부속토지를 말한다)은 그 조합원이 취득한 것으로 본다. 다만, 조합원에게 귀속되지 아니하는 부동산(이하 이 장에서 "비조합원용 부동산"이라 한다)은 제외한다. (2017. 2. 8. 개정 ; 빈집 및~특례법 부칙)

⑨ 「여신전문금융업법」에 따른 시설대여업자가 건설기계나 차량의 시설대여를 하는 경우로서 같은 법 제33조 제1항에 따라 대여시설이용자의 명의로 등록하는 경우라도 그 건설기계나 차량은 시설대여업자가 취득한 것으로 본다. (2010. 12. 27. 신설)

⑩ 기계장비나 차량을 기계장비대여업체 또는 운수업체의 명의로 등록하는 경우(영업용으로 등록하는 경우로 한정한다)라도 해당 기계장비나 차량의 구매계약서, 세금계산서, 차주대장(車主臺帳) 등에 비추어 기계장비나

제11조의 2【비조합원용 부동산의 취득】 법 제7조 제8항 단서에 따른 비조합원용 부동산의 취득 면적은 다음 계산식에 따라 산출한 면적으로 한다. (2021. 12. 31. 신설)

$$\text{일반 분양분 토지의 면적} \times \frac{\text{법 제7조 제8항에 따른 주택조합등이 사업 추진 중에 조합원으로부터 신탁받은 토지의 면적}}{\text{전체 토지의 면적}}$$

차량의 취득대금을 지급한 자가 따로 있음이 입증되는 경우 그 기계장비나 차량은 취득대금을 지급한 자가 취득한 것으로 본다. (2015. 7. 24. 개정)

⑪ 배우자 또는 직계존비속의 부동산등을 취득하는 경우에는 증여로 취득한 것으로 본다. 다만, 다음 각 호의 어느 하나에 해당하는 경우에는 유상으로 취득한 것으로 본다. (2014. 1. 1. 신설)

1. 공매(경매를 포함한다. 이하 같다)를 통하여 부동산등을 취득한 경우 (2014. 1. 1. 신설)
2. 파산선고로 인하여 처분되는 부동산등을 취득한 경우 (2014. 1. 1. 신설)
3. 권리의 이전이나 행사에 등기 또는 등록이 필요한 부동산등을 서로 교환한 경우 (2014. 1. 1. 신설)
4. 해당 부동산등의 취득을 위하여 그 대가를 지급한 사실이 다음 각 목의 어느 하나에 의하여 증명되는 경우 (2015. 12. 29. 개정)
   가. 그 대가를 지급하기 위한 취득자의 소득이 증명되는 경우 (2015. 12. 29. 신설)
   나. 소유재산을 처분 또는 담보한 금액으로 해당 부동산을 취득한 경우 (2015. 12. 29. 신설)
   다. 이미 상속세 또는 증여세를 과세(비과세 또는 감면받은 경우를 포함한다) 받았거나 신고한 경우로서 그 상속 또는 수증 재산의 가액으로 그 대가를 지급한 경우 (2015. 12. 29. 신설)

예 판

【예규】 부부간 유상거래 불인정으로 증여취득 의제시 취득세 과세 여부

부부간 유상거래로 취득신고하였으나, 대가지급 사실 등 유상거래임을 입증하지 못하여 증여취득으로 적용시, 취득세 과세표준은 신고가액과 시가표준액 중 높은 것을 기준으로 함. (부동산세제과-1430, 2020. 6. 24.)

라. 가목부터 다목까지에 준하는 것으로서 취득자의 재산으로 그 대가를 지급한 사실이 입증되는 경우 (2015. 12. 29. 신설)

⑫ 증여자의 채무를 인수하는 부담부(負擔附) 증여의 경우에는 그 채무액에 상당하는 부분은 부동산등을 유상으로 취득하는 것으로 본다. 다만, 배우자 또는 직계존비속으로부터의 부동산등의 부담부 증여의 경우에는 제11항을 적용한다. (2017. 12. 26. 단서신설)

⑬ 상속개시 후 상속재산에 대하여 등기·등록·명의개서(名義改書) 등(이하 "등기등"이라 한다)에 의하여 각 상속인의 상속분이 확정되어 등기등이 된 후, 그 상속재산에 대하여 공동상속인이 협의하여 재분할한 결과 특정 상속인이 당초 상속분을 초과하여 취득하게 되는 재산가액은 그 재분할에 의하여 상속분이 감소한 상속인으로부터 증여받아 취득한 것으로 본다. 다만, 다음 각 호의 어느 하나에 해당하는 경우에는 그러하지 아니하다. (2014. 1. 1. 신설)

1. 제20조 제1항에 따른 신고·납부기한 내에 재분할에 의한 취득과 등기등을 모두 마친 경우 (2018. 12. 31. 개정)
2. 상속회복청구의 소에 의한 법원의 확정판결에 의하여 상속인 및 상속재산에 변동이 있는 경우 (2014. 1. 1. 신설)
3. 「민법」 제404조에 따른 채권자대위권의 행사에 의하여 공동상속인들의 법정상속분대로 등기등이 된 상속재산을 상속인사이의 협의분할에 의하여 재분할하는

예 판

【예규】 상속등기 후 진정명의회복을 원인으로 소유권이전 시 납세의무

법정상속인 중 1인 이상이 취득세를 신고납부한 이후 상속인이 변경되더라도 취득세 신고납부 의무를 이미 이행한 것으로 보아야 하고, 이후 진정명의회복을 원인으로 한 소유권 이전 등기 소송의 판결에 따라 부동산의 소유권 이전 절차를 이행하는 경우 무상으로 인한 소유권 취득에 기한 부동산 등기로 보아 등록면허세의 1,000분의 15의 세율을 적용하는 것이 타당함. (부동산세제과-3222, 2024. 9. 20.)

경우 (2014. 1. 1. 신설)

⑭ 「공간정보의 구축 및 관리 등에 관한 법률」 제67조에 따른 대(垈) 중 「국토의 계획 및 이용에 관한 법률」 등 관계 법령에 따른 택지공사가 준공된 토지에 정원 또는 부속시설물 등을 조성·설치하는 경우에는 그 정원 또는 부속시설물 등은 토지에 포함되는 것으로서 토지의 지목을 사실상 변경하는 것으로 보아 토지의 소유자가 취득한 것으로 본다. 다만, 건축물을 건축하면서 그 건축물에 부수되는 정원 또는 부속시설물 등을 조성·설치하는 경우에는 그 정원 또는 부속시설물 등은 건축물에 포함되는 것으로 보아 건축물을 취득하는 자가 취득한 것으로 본다. (2019. 12. 31. 개정)

⑮ 「신탁법」 제10조에 따라 신탁재산의 위탁자 지위의 이전이 있는 경우에는 새로운 위탁자가 해당 신탁재산을 취득한 것으로 본다. 다만, 위탁자 지위의 이전에도 불구하고 신탁재산에 대한 실질적인 소유권 변동이 있다고 보기 어려운 경우로서 대통령령으로 정하는 경우에는 그러하지 아니하다. (2015. 12. 29. 신설)

【판례】 신탁재산에 대한 위탁자 지위 변경시 과세표준 적용

신탁재산에 대한 위탁자의 지위를 변경한 경우 새로운 위탁자인 원고가 신탁재산을 취득한 것으로 보는 것이 타당하며, 위탁자의 지위 이전에 대한 대가가 신탁재산의 실질가치를 전혀 반영하지 못하고 있는 점을 고려할 때, 시가표준액을 과세표준으로

제11조의 3 【소유권 변동이 없는 위탁자 지위의 이전 범위】 (2021. 12. 31. 조번개정)

법 제7조 제15항 단서에서 "대통령령으로 정하는 경우"란 다음 각 호의 어느 하나에 해당하는 경우를 말한다. (2015. 12. 31. 신설)

1. 「자본시장과 금융투자업에 관한 법률」에 따른 부동산집합투자기구의 집합투자업자가 그 위탁자의 지위를 다른 집합투자업자에게 이전하는 경우 (2015. 12. 31. 신설)
2. 제1호에 준하는 경우로서 위탁자 지위를 이전하였음에도 불구하고 신탁재산에 대한 실질적인 소유권의 변동이 없는 경우 (2015. 12. 31. 신설)

【판례】 3자간 등기명의신탁해지시 명의신탁자 취득세 납세의무

3자간 등기명의신탁에 있어 명의신탁 해지를 원인으로 명의신탁자에게 소유권이 전등기시 신규 취득세 납세의무는 성립하지 않음. (대법 2014두43110, 2018. 3. 22.)

삼는 것이 타당함. (대법 2024두43294, 2024. 9. 12.)

⑯「도시개발법」에 따른 도시개발사업과「도시 및 주거환경정비법」에 따른 정비사업의 시행으로 해당 사업의 대상이 되는 부동산의 소유자(상속인을 포함한다)가 환지계획 또는 관리처분계획에 따라 공급받거나 토지상환채권으로 상환받는 건축물은 그 소유자가 원시취득한 것으로 보며, 토지의 경우에는 그 소유자가 승계취득한 것으로 본다. 이 경우 토지는 당초 소유한 토지 면적을 초과하는 경우로서 그 초과한 면적에 해당하는 부분에 한하여 취득한 것으로 본다. (2023. 3. 14. 신설)

운영예규 법7-2【취득의 시기】

1. 금융회사로부터 융자금을 받아 건축한 주택을 승계취득하는 경우에는 금융회사의 융자금이 건축주로부터 분양받은 자의 명의로 대환되는 때를 취득시기로 보며, 그 이전에 등기한 경우에는 이전등기일이 취득시기가 된다.
2. 차량·기계장비를 할부로 취득하는 경우는 할부금지급시기와 관계없이 실수요자가 인도받는 날과 등록일 중 빠른 날이 취득시기가 된다.
3. 현물출자를 통해 법인 설립을 하는 경우 재산의 취득시기는 법인설립 등기일이다.
4.「지방세법 시행령」제20조 제10항에서 지목이 사실상 변경이란 건축공사 등과 병행되는 경우로서 토지의 형질변경을 수반하는 경우에는 건축 등 그 원인되는 공사가 완료된 때를 취득의 시기로 본다.

2. 삭 제 (2021. 12. 31.)

운영예규 법7-4【건설중인 골프장회원권 등의 취득시기】

골프회원권, 콘도미니엄회원권, 승마회원권 및 종합체육시설이용회원권을 사업자로부터 최초로 취득하는 경우의 취득시기는 회원권에 대한 대금완납 후에 당첨자결정이 된 때에는 당첨자결정일이, 당첨자결정 후에 대금을 납입하는 때에는 잔금지급일이 된다.

법7-5【연부취득】

일시취득 조건으로 취득한 부동산에 대한 대금지급방법을 연부계약형식으로 변경한 경우에는 계약변경 시점에 그 이전에 지급한 대금에 대한 취득세의 납세의무가 발생하며, 그 이후에는 사실상 매 연부금지급일마다 취득세를 납부하여야 한다.

법7-6【대위등기 납세의무자 등】

1. "갑"소유의 미등기건물에 대하여 "을"이 채권확보를 위

운영예규 법7-7【상속에 따른 납세의무자】

매매계약 체결 후 잔금지급이 이루어지기 전에 매도인이 사망하고 매수인에게 소유권이전등기가 되는 경우에도 매도인의 상속인에게 상속에 따른 취득세 납세의무가 있다.

법7-8【신탁재산 지목변경에 따른 납세의무자】

「신탁법」에 따라 신탁 등기가 되어 있는 토지의 지목이 변경된 경우 지목변경에 따른 취득세 납세의무는 수탁자에게 있다.

5. 건축주가 임시사용승인일, 사실상 사용일, 사용승인서교부일 이전에 입주자로부터 잔금을 받은 경우에는 임시사용승인일, 사실상 사용일, 사용승인서교부일이 건축주의 원시취득일과 분양받은 자의 승계취득일이 된다.
6. 취득세 과세물건을 취득함에 있어 그 대금을 약속어음으로 받은 경우에는 대물변제일, 어음결제일과 소유권이전등기일 중 빠른 날이 취득시기가 된다.
7. 아파트·상가 등 구분등기대상 건축물을 원시취득함에 있어 1동의 건축물 중 그 일부에 대하여 임시사용승인을 받거나 사실상 사용하는 경우에는 그 임시사용승인을 받은 부분 또는 사실상 사용하는 부분과 그렇지 않은 부분을 구분하여 취득시기를 각각 판단한다.
8. 주택조합 등이 조합원으로부터 신탁받은 금전으로 매수하는 부동산에 대하여는 사실상의 잔금지급일 또는 등기일 중 빠른 날에 이를 취득한 것으로 본다.

【판례】 • 명의신탁자의 취득세 납세의무는 성립되지 않음

- 계약명의신탁에 의하여 부동산의 등기를 매도인으로부터 명의수탁자 앞으로 이전한 경우 명의신탁자는 매매계약의 당사자가 아니고 명의수탁자와 체결한 명의신탁약정도 무효이어서 매도인이나 명의수탁자에게 소유권이전등기를 청구할 수 있는 지위를 갖지 못함. 따라서 명의신탁자가 매매대금을 부담하였더라도 그 부동산을 사실상 취득한 것으로 볼 수 없으므로, 명의신탁자에게는 취득세 납세의무가 성립하지 않음. (대법 2012두14804, 2012. 10. 25.)

• 신탁재산 지목변경에 따른 취득세 납세의무자는 수탁자임

- 신탁재산에 속하게 되는 부동산 등의 취득에 대한 취득세의 납세의무자도 원칙적으로 수탁자인 점 등에 비추어 보면, 하여 법원의 판결에 의한 소유권보존등기를 "갑"의 명의로 등기할 경우의 취득세 납세의무는 "갑"에게 있다.

2. 법원의 가압류결정에 의한 가압류등기의 촉탁에 의하여 그 전제로 소유권보존등기가 선행된 경우 취득세 미납부에 대한 가산세납세의무자는 소유권보존등기자이다.

【예규】 • 소유권 환원에 따른 취득세 납세의무

- 이미 자기 앞으로 소유권을 표상하는 등기가 되어 있었던 자가 원인무효 등기의 외관을 제거하고 소유권을 원상회복할 경우 취득세 과세대상 부동산을 취득한 것으로 보아 취득세를 과세할 수 없음 : 기존 유권해석(지방세운영과-3006, 2013. 11. 20.) 소급변경(지방세운영과-2043, 2015. 7. 8.)
- 이혼에 따른 재산분할을 합의해제하고 분할한 재산의 소유권을 원상회복하는 것은, 취득세 과세대상 부동산을 취득한 것으로 볼 수 없다고 할 것임. (지방세운영과-3120, 2015. 10. 5.)

• 증여계약을 해제하고 수증자의 소유권이전등기를 말소하여 당초 증여자가 소유권을 회복한다고 하더라도 당초 증여자는 수증

【예규】 • 집합투자기구 변경시 납세의무

- 「자본시장과 금융투자업에 관한 법률」에 따른 집합투자기구의 위탁자인 집합투자업자를 변경하면서 투자신탁 부동산에 대한 소유권의 이전등기 및 대금지급과 같은 사실상의 취득행위가 없는 경우라면 취득세 납세의무가 성립되지 않음. (지방세운영과-904, 2015. 3. 20.)

• 신축건물 원시취득 납세의무자

신탁법에 의한 신탁으로 수탁자에게 소유권이 이전된 토지에 있어 법 제105조 제5항이 규정한 지목의 변경으로 인한 취득세의 납세의무자는 수탁자로 봄이 타당하고, 위탁자가 그 토지의 지목을 사실상 변경하였다고 하여 달리 볼 것은 아님. (대법 2010두2395, 2012. 6. 14.)

- **명의신탁과 취득세 납세의무**
  - 3자간 등기명의신탁 약정에 따라 명의수탁자 명의로 소유권이전등기를 마쳤다가 그 후 무효가 된 명의수탁자 명의의 소유권이전등기를 말소한 다음 신탁자 명의로 소유권이전등기를 마친 경우 이전등기에 따른 새로운 취득세 납세의무가 성립되지 아니함. (대법 2010두28151, 2013. 3. 14.)
- **원인무효와 취득세 납세의무**
  - 채권자에 대한 채무이행을 회피하려고 허위로 증여를 원인으로 소유권이전 등기를 하여, 당해 소유권 이전등기가 원인무효에 해당하게 되는 경우 취득세 납세의무가 성립되지 않음. (대법 2012두12709, 2014. 5. 29.)
- **부동산 신탁과 취득세 납세의무**
  - 부동산 매매대금을 지급하였음에도 매수자 본인 앞으로 소유권이전등기를 하지 아니하고 매도자가 해당 부동산을 신탁토록 한 후 매수자는 신탁수익권만을 제공받는 경우에도 매수자에게 사실상 취득에 따른 취득세 납세의무가 성립함. (울산지법 2010구합3484, 2011. 7. 13. : 대법확정)
- **과점주주와 취득세 납세의무**
  - 유상증자시 일부 주주가 신주인수를 포기하여 다른 주주의 주식비율이 증가되어 과점주주가 된 경우에도 간주취득세 납세의무가 성립됨. (대법 2011두12252, 2012. 6. 28.)
  - 워크아웃을 진행 중인 법인의 주주가 채권을 출자전환하여 과점주주가 된 경우에도 간주취득세 납세의무가 성립함. (대법 2013두18384, 2014. 1. 16.)
  - 과점주주가 되기 이전에 소유권이전등기청구 소송을 제기자의 부동산 등을 새롭게 취득하는 것으로 보는 것이 타당하므로 당초 증여자에게 다시 취득세 납세의무가 성립된다고 판단됨. (지방세운영과-3006, 2013. 11. 20.)
- **국내보세구역에서 직접 해외로 리스하는 경우 취득세 납세의무**
  - 기계장비를 보세구역으로부터 반입없이, 보세구역에서 환적하여 국외로 반송하고 국내에 등기·등록을 경료하지 아니한 경우 취득세 납세의무가 없으며, 해당 기계장비를 우리나라에 반입하거나 국내에 등록하는 경우에 비로소 납세의무가 성립함. (지방세운영과-2288, 2016. 9. 2.)
  - 편주 : 유한회사 또는 주식회사에서 협동조합으로 조직변경하는 것은 양자간 실질이 동일하지 아니한 것으로 취득세 납세의무가 있으나, 지입차량에 해당할 경우 지입특례 적용 가능하다 할 것임.
- **조직변경으로 취득한 영업용차량의 취득세 납세의무**
  - 유한회사 명의로 되어있는 전세버스의 실질적 차량 소유자가 전세버스운송업체가 아닌 별도의 지입차주임이 객관적으로 확인되고, 해당 차량을 협동조합 명의로 이전하는 경우 「지방세법」 제28조 제1항 제3호 다목 1)에 해당하는 세율을 적용하여야 함. (지방세운영과-1847, 2016. 7. 14.)
- **지입차주가 운송회사 명의 차량을 현물출자시 적용 세율**
  - 차량의 대금을 지급한 것으로 입증되는 자가 이미 지입회사 명의로 등록되어 있던 영업용 차량을 현물출자에 따른 차량에 해당한다는 부기등록을 하는 것은 지방세법 제28조 제1항 제3호 라목 규정에 의한 세율이 적용된다고 할 것임. (지방세운영과-558, 2016. 3. 3.)
- **폐기물 운반업 건설기계의 소유권 이전시 취득세 납세의무**
  - 「폐기물 관리법」 등 관계법령에 따라 지입차주에서 기계장비 대여업체 명의로의 소유권 이전이 불가피한 경우라도 구매계약서, 세금계산서, 차주대장(車主臺帳) 등에 의하여 지
  - 처음부터 종교용 건축물을 종교단체로 귀속시킬 목적이었고 종교단체가 건축자금을 제공하였다면 종교단체를 해당 건축물의 원시취득자로 보는 것이 타당하고, 건축편의상 종교단체 대표자 개인명의로 건축허가 및 사용승인을 받았다고 하더라도 개인명의로 등기가 이루어지지 아니한 이상 개인에게는 취득세 납세의무가 성립되지 않음. (지방세운영과-811, 2015. 3. 11.)
  - A공사와 B법인 간 공사용역계약을 체결하고 건축주를 B법인 명의로 변경하여 임시사용승인을 받아 B법인을 납세의무자로 보아 취득세를 신고납부하였으나, 그 신축 부동산의 건축주 명의를 A공사로 변경하는 절차를 이행하라는 법원의 판결을 받은 경우 대금지급 등 사실상 취득 없이 건축주 명의만을 변경한 경우에는 취득세 납세의무가 성립하지 않는다고 할 것이며, 향후 A공사가 사실상 취득 또는 등기를 이행하는 경우 그 시점에 비로소 취득세 납세의무가 성립한다고 할 것임. (지방세운영과-686, 2017. 10. 17.)
- **주유소 세차시설에 대한 납세의무**
  - 지방세법상 주체구조부와 하나가 되어 건축물로서의 효용가치를 이루고 있는 것에 대해서는 주체구조부 취득

하여 승소 확정판결을 받았지만 소유권 이전 말소등기가 경료되지 아니하였다는 이유로 간주취득세 과세대상에 포함하여 과세할 수 없음. (대법 2011두28714, 2015. 1. 15.)

- 취득세의 납세의무를 부담하는 과점주주에 해당하는지 여부는 주주명부상의 주주 명의가 아니라 그 주식에 관하여 의결권 등을 통하여 주주권을 실질적으로 행사하여 법인의 운영을 지배하는지 여부를 기준으로 판단하여야 하며, 과점주주의 주식의 비율이 증가되었는지 여부 역시 주주권을 실질적으로 행사하는 주식을 기준으로 판단하여야 함. (대법 2011두26046, 2016. 3. 10.)

- **계약해제, 계약하자와 취득세 납세의무**
  - 근저당권채무를 인수하기로 하였는데, 의무를 이행하지 아니하여 매매계약을 법정 해제한 경우라도 당초 적법하게 성립한 취득세 납세의무는 소멸되지 아니함. (서울고법 2013누46275, 2014. 8. 22. : 대법확정)
- **사실상 취득과 취득세 납세의무**
  - 유상승계취득의 경우에 대금의 지급과 같은 소유권 취득의 실질적 요건 또는 소유권 이전의 형식도 갖추지 아니한 이상 잔금지급일이 도래하였다고 하여도 취득세 납세의무가 성립되지 아니함. (대법 2002두5115, 2003. 10. 23.)
  - 분양잔금을 지급하고 사실상 취득이 이루어진 이후 대출금 변제조건 미이행으로 인하여 분양계약을 해지되었다고 하더라도 취득세 납세의무가 소멸되지 아니함. (춘천지법 2013구합121, 2013. 8. 16. 판결 : 대법확정)
- **잔금 일부미지급과 취득세 납세의무**
  - 매매의 경우에 있어서는 사회통념상 대금의 거의 전부가 지급되었다고 볼 만한 정도의 대금지급이 이행되었음을 뜻한다고 보아야 하고, 이와 같이 대금의 거의 전부가 지급되었다고 볼 수 있는지 여부는 개별적·구체적 사안에 따라 미입차주의 소유임이 명백히 입증되는 경우라면, 「지방세법」 제28조 제1항 제4호 다목에 따른 세율(등록면허세 1만원)을 적용하여야 할 것임. (지방세운영과-643, 2017. 5. 26.)
- **본인 부동산에 대한 가등기에 기한 본등기시 재차 취득세 납세의무 여부**
  - 부동산 매매잔금을 지급하고 소유권이전등기를 함으로써 취득세 납세의무가 성립된 이후, 그 취득자가 그 부동산에 대하여 가등기에 기한 본등기를 하여 다시 소유권 이전등기를 하는 경우, 취득세 납세의무는 없으며, 「지방세법」 제28조 제1항 제1호 마목 그 밖의 등기에 해당하는 등록면허세를 적용하는 것이 타당함. (지방세운영과-557, 2016. 3. 3.)
- **분할협의 전 공동상속인 사망시 취득세 납세의무 적용기준**
  - 甲의 사망 후 상속재산을 분할협의하지 않은 상태에서 공동상속인 중 1인(乙)이 사망하여 재차상속이 개시된 이후 丙(甲의 공동상속인)으로 분할협의가 이루어진 경우, 乙의 상속인은 취득세 납세의무 없음. (지방세운영과-2641, 2016. 10. 17.)
- **상속개시로 인해 증여 등기 이행 불능시 취득세 납세의무 여부**
  - 등기이행 전 증여자의 사망으로 증여등기를 이행하지 못한 경우라도 기 납부한 증여에 대한 취득세는 환급할 수 없다고 할 것이나, 상속을 원인으로 등기 시, 기 성립한 본인의 증여지분까지는 취득세 납세의무가 없음. (지방세운영과-3252, 2016. 12. 28.)
- **협의 상속에 따른 취득세 납세의무 여부**
  - 법정상속인 중 1인 이상이 상속에 따른 취득세를 신고납부한 후 등기등을 이행하지 아니한 상태에서 분할 또는 재분할 하는 경우라면 새로운 취득세 납세의무가 발생하지 아니함. (지방세운영과-278, 2017. 8. 30.)
- **「부동산등기 특별조치법」 상 등기시 취득세 납세의무 성립 여부**
  - 원시취득일 전에 잔금을 지급하고 분양권을 전매한 경우 사자 외의 자가 가설하였다고 할지라도 주체구조부의 취득자에게 납세의무를 부여하고 있는 점을 고려시 주유소내 세차시설에 대한 취득세 납세의무는 주유시설 소유자에게 있음. (지방세운영과-2040, 2015. 7. 8.)
  - 주체구조부의 취득자가 아닌 자가 임대업자로부터 사업 양수도로 주유기, 세차기를 취득한 경우 취득세 납세의무는 없음. (지방세운영과-815, 2017. 10. 27.)
- **차량에 대한 취득세 납세의무자**
  - 도매업을 주업으로 하는 법인이 해당 법인의 명의로 등기·등록을 이행하지 아니하고, 판매목적으로 차량 등을 제조업체로부터 최초로 취득한 경우라면, 실수요자에 해당하지 아니하여 취득세 납세의무가 없다고 할 것임. (지방세운영과-2143, 2015. 7. 17.)
  - 제조회사로부터 신규차량을 구입하여 등록하지 아니하고 구조변경을 통해 실수요자에게 판매하는 경우, 해당 제작자는 취득세 납세의무가 없음. (지방세운영과-680, 2018. 3. 28.)
- **원시취득 전 분양권 매도시 취득세 납세의무**
  - 주택건설사업자와 공동주택에 대한 분양계약을 체결하고, 건축물 원시취득이 이루어지기 전에 공동명의로 분양계약을 변경한 경우 해당 명의변경

지급 잔금의 액수와 그것이 전체 대금에서 차지하는 비율, 미지급 잔금이 남게 된 경위 등 제반 사정을 종합적으로 고려하여 판단함. 중도금과 잔금을 선납할인 받는 과정에서 잔금의 일부(14백만원 : 전체 1.8%)만 남게 된 경우에는 대금지급의 이행으로 보아 취득세를 과세할 수 없음. (대법 2008두8147, 2010. 10. 14.)

• **지목변경과 취득세 납세의무**

- 지목변경에 대한 시가표준액을 산정함에 있어 인근 비교표준지가 아닌 이용 상황이 유사한 멀리 있는 비교표준지를 선정하여 시가표준액을 산정하더라도 위법하다고 볼 수 없음. (수원행법 2013구합4768, 2013. 12. 26. : 대법확정)

• **원시취득과 취득세 납세의무**

- 학교용 건축물을 신축함에 있어 신축비용 부담 및 도급계약 등은 종교단체가 하였으나 당초부터 당해 건축물의 소유권을 학교로 귀속시키기 위하여 건축허가나 준공 및 소유권보전등기를 학교명의로 한 경우 원시취득에 따른 취득세 납세의무자를 학교로 보아 취득세를 감면할 수 있음. (대법 2014두10042, 2014. 11. 13.)

• **재개발사업과 취득세 납세의무**

- 재개발조합이 관리처분계획을 인가받은 후에 토지 소유자가 사망한 경우, 도시정비법 따라 이전고시가 있을 때까지 사용·수익이 제한될 뿐이고, 재개발사업이 진행 중인 동안에도 존속하다가 이전고시일을 기점으로 새로 분양받은 대지 또는 건축물에 대한 소유권으로 전환되고 소유자들의 토지 등에 대한 소유권이 주택재개발조합으로 이전되는 것도 아니므로, 원고는 상속을 원인한 취득세 납세의무가 성립함. (서울고법 2014누42744, 2014. 8. 26. : 대법확정)

제8조 【납세지】 ① 취득세의 납세지는 다음 각 호에

실상 취득에 해당하지는 아니하나(행자부 지방세운영과-2359, 2015. 7. 31.), 「부동산 특별조치법」에 따라 소유권 이전 등기를 이행하는 경우라면 취득세 납세의무가 성립함. (지방세운영과-280, 2017. 8. 30.)

• **지역주택조합 승계조합원 취득세 납세의무 여부**

- 기존조합원으로부터 자금을 확보하지 않고 조합이 직접 자금을 조달하여 토지를 취득한 후 기존조합원으로부터 타인에게 조합원의 지위가 승계된 경우라도, 승계조합원은 사업토지에 대한 토지지분을 기존조합원으로부터 승계취득한 것이므로 해당 토지지분에 대한 취득세 납세의무(토지대금+프리미엄 포함)가 있음. (지방세운영과-816, 2017. 10. 27.)

• **과점주주 취득세 납세의무**

- 주식 매수인이 매도인과는 특수관계가 없으나, 과점주주 집합군 중의 1인 이상과 특수관계가 있으면서 당초 지분을 초과하지 아니하는 경우 과점주주 간주취득세 납세의무가 성립되지 아니함. (지방세운영과-1745, 2015. 6. 11.)
- 과점주주의 주식 취득에 따른 간주취득세 과세대상은 주주가 해당 법인의 주식을 취득하여 과점주주가 되었을 때만을 말하는 것으로 해석하는 것이 타당하고, 해당 법인의 주식을 보유하고 있는 법인의 주식을 취득함으로써 간접적으로 해당 법인의 주식을 취득하는 경우까지 간주 취득세 과세대상으로 볼 수 없음. (지방세운영과-1744, 2015. 6. 11.)
- 주식명의 신탁사실이 객관적으로 입증되어 제3자로부터 주식을 매수하기 이전에 이미 과점주주에 해당한 경우(명의신탁한 주식을 포함)라면 전체 지분이 아닌 제3자로부터 추가로 취득한 지분에 대해서만 간주취득세 납세의무가 성립된다고 할 것임. (지방세운영과-1978, 2015. 7. 1.)
- 의결권이 없는 자기주식 취득에 해당하는 부분은 과점주주 간주취득세 산정을 위한 발행주식총수 및 소유주식수에서 각각 제외됨. (지방세운영과-2787, 2015. 9. 2.)

된 부분에 대하여는 취득세 납세의무가 성립되지 않음. (지방세운영과-2359, 2015. 8. 4)

• 골프회원권의 양수인이 양도인과 골프회원권에 대한 매매계약을 체결하고 매매대금을 완납하였다면 골프장의 회원명부에 골프회원권의 양도 · 양수로 인한 명의개서를 하지 않은 경우라도 그 골프회원권의 양수인은 골프회원권 취득에 따른 취득세의 납세의무자라고 할 것임. (법제 09-0014, 2009. 3. 18.)

• 위탁자가 부동산신탁계약에 따라 수탁자에게 토지의 소유권을 이전한 후 그 수탁된 토지 위에 건물을 신축하여 수탁된 토지의 지목이 변경된 경우에는 수탁자에게 지목변경에 따른 취득세를 부과해야 함. (법제 08-0419, 2009. 2. 18.)

• **상속 취득세 신고납부**

- 피상속인의 상속재산에 대해 상속인간 협의가 이루어지지 않아 법정지분대로 취득세를 신고하고자 할 경우, 법정상속인 중 1인 이상이 상속재산의 전체에 대해 취득세를 신고할 수 있음. (지방세운영과-414, 2017. 9. 8.)

• **지방공기업 조직변경시 취득세 신고납부**

- 「지방공기업법」에 따라 설립된 지방공사를 상법상의 주식회사로 조직변

서 정하는 바에 따른다. (2010. 3. 31. 개정)

1. 부동산 : 부동산 소재지 (2010. 3. 31. 개정)
2. 차량 : 「자동차관리법」에 따른 등록지. 다만, 등록지가 사용본거지와 다른 경우에는 사용본거지를 납세지로 하고, 철도차량의 경우에는 해당 철도차량의 청소, 유치(留置), 조성, 검사, 수선 등을 주로 수행하는 철도차량기지의 소재지를 납세지로 한다. (2016. 12. 27. 개정)

예판

【판례】 법인이 자동차등록을 하면서 등록관청으로부터 주사무소 소재지 외의 다른 장소를 사용본거지로 인정받아 그 장소가 자동차등록원부에 사용본거지로 기재되었다면, 그 등록이 당연무효이거나 취소되었다는 등의 특별한 사정이 없는 한 차량의 취득세 납세지가 되는 이 사건 조항의 '사용본거지'는 법인의 주사무소 소재지가 아니라 '자동차등록원부에 기재된 사용본거지'를 의미한다고 보아야 한다. (대법 2016두40139, 2017. 11. 9.)

3. 기계장비 : 「건설기계관리법」에 따른 등록지 (2010. 3. 31. 개정)
4. 항공기 : 항공기의 정치장(定置場) 소재지 (2010. 3. 31. 개정)
5. 선박 : 선적항 소재지. 다만, 「수상레저기구의 등록 및 검사에 관한 법률」 제3조 각 호에 해당하는 동력수상레저기구의 경우에는 같은 법 제6조 제1항에 따른 등록지로 하고, 그 밖에 선적항이 없는 선박의 경우에는 정계장 소재지(정계장이 일정하지 아니한 경우에는

- 「공직자윤리법」에 따라 수탁기관이 재산공개대상자의 주식을 처분할 목적으로 수탁받으면서 과점주주가 되는 경우 간주취득세 납세의무가 성립하지 아니함. (지방세운영과-1661, 2016. 6. 27.)
- 「자본시장과 금융투자업에 관한 법률」 제176조의 9 제1항에 따른 유가증권시장에 상장한 법인의 주식을 취득하여 과점주주가 된 경우 간주취득세 납세의무가 없다고 할 것임. (지방세운영과-568, 2016. 3. 3.)
- 과점주주가 주식 또는 지분을 취득하여 기존 간주 취득세를 부담하였던 과점비율보다 증가한 경우라면 주식 또는 지분 취득시점의 과점비율에서 자기주식 취득전의 과점비율을 차감한 비율에 대해서 취득세 납세의무가 성립한다고 할 것이며, 자기주식 취득 등으로 동일시 된 시점 이후에 추가로 취득한 자산에 대해서는 그 시점의 과점비율을 상회하는 비율에 한하여 납세의무가 성립한다고 할 것임. (지방세운영과-3860, 2015. 12. 11.)
- 실질적 주주권이 새로운 과점주주 집단으로 이전되었다고 보기 어려운 이상 「지방세법 시행령」 제11조 제3항에 따라 간주취득세 납세의무는 없다고 할 것임. (지방세운영과-218, 2018. 1. 28.)
- 영농조합법인 조합원의 출자액이 50%를 초과하면서, 조합의 소유관계(합유)가 무력화될 정도로 실질적 권리행사가 가능한 경우(예: 과점주주의 출자총액이 100%인 경우 만장일치가 가능한 체계로 간주 등)라면 간주취득세 납세의무가 있음. (지방세운영과-2581, 2018. 10. 31.)

- **상속회복청구의 소에 의한 법원확정 판결의 범위**
  - 유류분 반환 청구소송에서 「민사소송법」 제220조에 따른 확정판결의 효력이 있는 법원의 조정조서를 받은 경우라면 증여가 아닌 상속으로 보아야 할 것임. (지방세운영과-364, 2015. 2. 1.)
  - 편주 : 비록 판결에 따라 상속지분이 변경되어 당초 상속지분을 초과하는 경우라도 이를 증여로 보아 취득세를 과세하지 않음. 경하는 경우, 부동산등 취득세 납세의무 없음. (지방세운영과-1628, 2018. 7. 16.)

- **사실상 지목변경 취득세 납세의무 여부**
  - 택지공사가 완료되어 있던 토지를 승계취득하여 신탁한 후 건축물을 준공하면서 그 부속토지로 사실상 지목을 변경한 경우 취득세 납세의무가 성립 (지방세운영과-830, 2018. 4. 10.)

선박 소유자의 주소지)로 한다. (2023. 3. 14. 개정)
6. 입목 : 입목 소재지 (2010. 3. 31. 개정)
7. 광업권 : 광구 소재지 (2010. 3. 31. 개정)
8. 어업권·양식업권 : 어장 소재지 (2019. 8. 27. 개정 ; 양식산업발전법 부칙)
9. 골프회원권, 승마회원권, 콘도미니엄 회원권, 종합체육시설 이용회원권 또는 요트회원권 : 골프장·승마장·콘도미니엄·종합체육시설 및 요트 보관소의 소재지 (2014. 1. 1. 개정)

② 제1항에 따른 납세지가 분명하지 아니한 경우에는 해당 취득물건의 소재지를 그 납세지로 한다. (2010. 3. 31. 개정)

③ 같은 취득물건이 둘 이상의 지방자치단체에 걸쳐 있는 경우에는 대통령령으로 정하는 바에 따라 소재지별로 안분(按分)한다. (2010. 3. 31. 개정)

예판

【예규】 • 상속차량 취득세 납세지

- 상속차량에 대해 신고납부기한 이내에 취득신고가 이루어지지 아니하여 부과고지하는 경우 해당 상속 차량의 취득세 납세지는 피상속인이 등록한 자동차관리법상 사용본거지로 판단하여야 함. (지방세운영과-1969, 2016. 7. 27.)

• 건설기계 등록 전이라고 하더라도 시설대여업자와 대여시설이용자간 등록전 리스계약을 체결한 경우라면 취득세 납세의무성립 시점의 대여시설이용자의 사용본거지가 취득세 납세지에 해당됨. (지방세운영과-347, 2011. 1. 19.)

【지침】 배우자 간·직계존비속 간 거래시 배우자의 소득금액 인정 범위 (지방세운영과-2291, 2016. 9. 2.)

제12조【취득세 안분 기준】 법 제8조 제3항에 따라 같은 취득물건이 둘 이상의 시·군·구에 걸쳐 있는 경우 각 시·군·구에 납부할 취득세를 산출할 때 그 과세표준은 취득 당시의 가액을 취득물건의 소재지별 시가표준액 비율로 나누어 계산한다. (2016. 12. 30. 개정)

관련법령

사회기반시설에 대한 민간투자법

제4조【민간투자사업의 추진방식】 3. 사회기반시설의 준공 후 일정기간 동안 사업시행자에게 해당 시설의 소유권이 인정되며 그 기간이 만료되면 시설소유권이 국가 또는 지방자치단체에 귀속되는 방식 (2011. 8. 4. 개정)

제9조【비과세】(2014. 1. 1. 제목개정)

① 국가 또는 지방자치단체(다른 법률에서 국가 또는 지방자치단체로 의제되는 법인은 제외한다. 이하 같다), 「지방자치법」 제176조 제1항에 따른 지방자치단체조합(이하 "지방자치단체조합"이라 한다), 외국정부 및 주한국제기구의 취득에 대해서는 취득세를 부과하지 아니한다. 다만, 대한민국 정부기관의 취득에 대하여 과세하는 외국정부의 취득에 대해서는 취득세를 부과한다. (2021. 1. 12. 개정 ; 지방자치법 부칙)

예판

【예규】사회기반시설 운영 장비에 대한 취득세 납세의무

민간보조사업자가 사회기반시설 구축 · 운영을 위해 지방자치단체와 체결된 협약에 따라 항만 운송장비에 대한 소유권이 자치단체에 귀속되는 경우, 해당 항만 운송장비는 부동산 및 사회기반시설에 속하지 않으므로 비과세 대상이 아니라고 보는 것이 타당함. (부동산세제과-1353, 2024. 4. 11.)

② 국가, 지방자치단체 또는 지방자치단체조합(이하 이 항에서 "국가등"이라 한다)에 귀속 또는 기부채납(「사회기반시설에 대한 민간투자법」 제4조 제3호에 따른 방식으로 귀속되는 경우를 포함한다. 이하 이 항에서 "귀속등"이라 한다)을 조건으로 취득하는 부동산 및 「사회기반시설에 대한 민간투자법」 제2조 제1호 각 목에 해당하는 사회기반시설에 대해서는 취득세를 부과하지 아니한다. 다만, 다음 각 호의 어느 하나에 해당하는 경우 그

예판

【판례】기부채납에 따른 취득세 비과세

- 기부채납 예정토지가 포함된 사업을 승계받은 매수자가 새로이 처분청과 별도 기부채납 약정을 체결하지 않고 매도자와 과세관청 간에 체결된 기부채납의 약정에 따라 기부채납을 한 경우라도 기부채납에 따른 취득세 비과세 대상에 해당함. (대법 2011두17363, 2011. 11. 10.)
- '귀속'이란 법률행위가 아닌 법률의 규정에 의한 소유권의 취득을 의미한다고 보아야 하므로, 인가조건을 부가하여 주택재개발사업을 인가할 당시 인가조건에 따라 취득할 부동산에 대해 지자체가 이를 유상으로 재매입하기로 했다 하더라도, 이는 법률행위에 의한 소유권의 취득에 불과하여 지방세법 제9조 제2항의 '귀속'의 조건이 있었다고 볼 수 없음. (부산지법 2013구합2342, 2014. 4. 18. : 대법확정)
- 한국농어촌공사가 국가로부터 위탁받은 사업을 수행하면서 건물을 자신의 명의로 건축허가를 받아 신축하고 사용승인을 받은 경우에는 국가가 아닌 공사가 원시취득하였다고 봄이 상당함. (수원지법 2013구합21176, 2014. 8. 20. : 대법확정)

【예규】• 국립대학법인에 귀속되는 부동산의 취득세 비과세 여부

- 지자체, 국립대학법인, SPC가 '캠퍼스 조성을 위한 실시협약'을 체결하고, 협약서에 따라 SPC 명의로 건축물을 신축 · 등기 후 건축물의 소유권을 국립대학법인으로 이전하는 경우 해당 건축물은 비과세를 적용할 수 없음. (부동산세제과-1336, 2020. 6. 15.)

• 자치단체 귀속을 위한 상속등기에 대한 취득세 비과세 여부

- 자치단체로의 토지 소유권 이전 이행을 전제로 한 상속등기, 보존등기 시 취득세 및 등록면허세에 대해 「지방세법」 제9

【조심판례】• 대체취득 비과세

- 도로 등으로 용도가 지정되어 있는 쟁점토지를 취득한 것은 처분청에게 기부채납하기 위한 것일 뿐 다른 목적이 없는 점과 쟁점토지를 취득하거나 기부채납 할 당시에 쟁점 사업의 시행자가 신탁회사이었고 신탁회사 명의로 신탁 등기된 후 기부채납된 점 등을 볼 때 비과세 대상임. (조심 2018지374, 2019. 4. 24.)

【예규】• 기부채납에 따른 취득세 비과세 범위

- 용도 폐지된 행정재산이 아닌 일반재산(수익사업용 부지)을 양여하는 조건인 대물변제 계약을 체결하고 토지매매대금의 변제를 위해 건물을 신축하여 자치단체에 이전하는 경우라면 기부채납에 해당하지 아니하므로 취득세 비과세 대상이 아님. (지방세운영과-2042, 2015. 7. 8.)

• 가설건축물 승계취득 시 존속기간 판단 기준

- 가설건축물을 승계취득하여 철거없이 사용한 경우에 있어 종전 건축주의 취득시(축조신고서상 존치기간의 시기와 사실상 취득일 중 빠른 날)부

해당 부분에 대해서는 취득세를 부과한다. (2015. 12. 29. 단서개정) 농특비

예판

【판례】 • 국가등 귀속 비과세 여부
- 무상귀속이나 원상회복을 선택할 수 있는 권한을 유보하는 등 취득 및 등기 당시에 국가 등에 귀속될 것이 사실상 확정되었다고 보기 어려운 경우에는 비과세대상에 해당하지 아니함. (수원고법 2020누1369, 2021. 5. 28. : 대법확정)

【조심판례】 • 일반적인 부동산 유상양도를 '귀속'으로 보아 비과세 적용이 가능한지 여부
- 법인이 국가등과 매매계약을 체결하여 국가등에 임대주택을 매각한 것은 법률의 규정에 의한 일방적인 소유권의 무상이전에 해당하지 않아 「지방세법」 제9조 제2항에 따라 취득세가 비과세 된다고 볼 수 없음. (조심 2024지0153, 2024. 10. 23)
• 철도건설사업으로 조성 또는 설치된 시설은 준공과 동시에 국가에 귀속되도록 규정하고 있고, 쟁점 건축물은 이러한 규정에 따라 국가 등에게 그 소유권이 최종 귀속된 것으로 나타나는 점 등을 고려시 쟁점 건축물은 신축 이전부터 국가에 귀속될 것이 사실상 예정되어 있었고 신축 이후에는 그 소유권이 국가 등에게 최종적으로 귀속된 것으로 확인되므로 취득세를 비과세하는 것이 타당함. (조심 2019지2199, 2020. 4. 17.)

1. 국가등에 귀속등의 조건을 이행하지 아니하고 타인에게 매각·증여하거나 귀속등을 이행하지 아니하는 것으로 조건이 변경된 경우 (2015. 12. 29. 신설)
2. 국가등에 귀속등의 반대급부로 국가등이 소유하고 있는 부동산 및 사회기반시설을 무상으로 양여받거나 기

조 및 제26조의 비과세 규정을 적용함이 타당함. (부동산세제과-153, 2020. 1. 20.)
• 공사는 정부 출자법인으로서 국가(대한민국 정부기관)에 해당되지 아니하므로 농지관리기금을 재원으로 토지를 취득하여 농림축산식품부장관의 승인 하에 관리처분 될 수 있다고 하더라도 국가의 취득으로 볼 수는 없음. (지방세운영과-41, 2014. 1. 6.)
• 신탁업을 주업으로 하는 비상장법인이 타인으로부터 토지를 신탁받아 신탁등기를 한 후, 신탁법인이 신탁법인 명의로 건축허가를 받아 위탁된 토지 위에 건축물을 신축하고 신탁법인 명의로 소유권보존등기를 하여 일부는 분양하고 나머지 일부는 신탁법인이 보유하던 중, 다른 법인이 신탁법인의 과점주주가 된 경우 과점주주가 된 법인의 경우 토지에 대하여는 같은 취득세 비과세 규정이 적용되어 취득세 비과세 대상에 해당하고, 건축물에 대하여는 취득세 비과세 규정이 적용되지 아니하여 취득세 과세 대상에 해당됨. (법제 11-0244, 2011. 6. 23.)

터 철거 등으로 사실상 사용이 불가능하게 되는 날까지의 기간이 1년을 초과하는 경우라면 승계취득일을 취득일로 보아 취득세를 신고납부하여야 할 것임 (지방세운영과-3160, 2016. 12. 19.)
• **임시건축물 취득세 비과세**
- 가설건축물 승계취득시 취득세 과세 여부(존속기간 1년 초과 여부)는 소유자 변경 여부(인적기준)와 관계없이 그 가설건축물의 존치기간(물적기준)을 기준으로 판단 (지방세운영과-3159, 2018. 12. 15.)

부채납 대상물의 무상사용권을 제공받는 경우 (2015. 12. 29. 신설)

③ 신탁(「신탁법」에 따른 신탁으로서 신탁등기가 병행되는 것만 해당한다)으로 인한 신탁재산의 취득으로서 다음 각 호의 어느 하나에 해당하는 경우에는 취득세를 부과하지 아니한다. 다만, 신탁재산의 취득 중 주택조합등과 조합원 간의 부동산 취득 및 주택조합등의 비조합원용 부동산 취득은 제외한다. (2010. 3. 31. 개정) 농특비

1. 위탁자로부터 수탁자에게 신탁재산을 이전하는 경우 (2010. 3. 31. 개정)
2. 신탁의 종료로 인하여 수탁자로부터 위탁자에게 신탁재산을 이전하는 경우 (2011. 7. 25. 개정 ; 신탁법 부칙)
3. 수탁자가 변경되어 신수탁자에게 신탁재산을 이전하는 경우 (2010. 3. 31. 개정)

예판

【판례】 • 신탁이 이루어진 이상 이후 분양대금 환금은 새로운 취득으로 볼 수 없음

- 주택도시보증공사가 주택분양신탁계약을 원인으로 이 사건 토지를 취득한 이상, 그 후에 주택분양보증의 이행을 위하여 수분양자들에게 분양대금을 환급해 주었다고 하더라도 동일한 토지를 재차 취득하는 것으로 볼 수는 없음. (대법 2015두60853, 2017. 6. 15.)

• 수탁자로 소유권이전은 신탁행위로 무상이며 비과세 대상임

- 수탁자가 신탁재산을 이전받아 그에 관한 소유권이전등기를

운영예규 **법9-2【형식적 소유권취득에 대한 비과세등】**

「지방세법」 제9조 제3항의 규정에 의한 「신탁」은 「신탁법」에 의한 신탁으로서 신탁등기가 병행되는 것을 말하므로 명의신탁해지를 원인으로 하는 취득은 과세대상이다.

법9-3【비과세대상인 신탁의 범위】

「지방세법」 제9조 제3항에서 규정한 「신탁」이라 함은 「신탁법」에 의하여 위탁자가 수탁자에 신탁등기를 하거나 신탁해지로 수탁자가 위탁자에게 이전되거나 수탁자가 변경되는 경우를 말하며, 명의신탁해지로 인한 취득 등은 「신탁법」에 의한 신탁이 아니므로 이에 해당되지 아니한다.

편주

신탁법에 따라 신탁된 부동산의 위탁자가 사망하였을 때 해당 부동산은 상속인(수익자)에게 상속에 따른 취득세 납세 의무가 성립됨.

예판

【예규】 신탁재산 상속에 따른 취득세 비과세

신탁재산의 상속은 「지방세법」 제9조 제3항에서의 신탁과 관련된 비과세 대상이 아님. (지방세운영과-290, 2015. 1. 28.)

마쳤다면 무상으로 인한 소유권이전등기에 해당한다고 보아야 함. (대법 2015두60853, 2017. 6. 15.)

④ 「징발재산정리에 관한 특별조치법」 또는 「국가보위에 관한 특별조치법 폐지법률」 부칙 제2항에 따른 동원대상지역 내의 토지의 수용·사용에 관한 환매권의 행사로 매수하는 부동산의 취득에 대하여는 취득세를 부과하지 아니한다. (2010. 3. 31. 개정) 농특비

⑤ 임시흥행장, 공사현장사무소 등(제13조 제5항에 따른 과세대상은 제외한다) 임시건축물의 취득에 대하여는 취득세를 부과하지 아니한다. 다만, 존속기간이 1년을 초과하는 경우에는 취득세를 부과한다. (2010. 12. 27. 개정) 농특비

⑥ 「주택법」 제2조 제3호에 따른 공동주택의 개수(「건축법」 제2조 제1항 제9호에 따른 대수선은 제외한다)로 인한 취득 중 대통령령으로 정하는 가액 이하의 주택과 관련된 개수로 인한 취득에 대해서는 취득세를 부과하지 아니한다. (2016. 1. 19. 개정 ; 주택법 부칙)

⑦ 다음 각 호의 어느 하나에 해당하는 차량에 대해서는 상속에 따른 취득세를 부과하지 아니한다. (2021. 12. 28. 개정)

1. 상속개시 이전에 천재지변·화재·교통사고·폐차·차령초과(車齡超過) 등으로 사용할 수 없게 된 차량으로서 대통령령으로 정하는 차량 (2021. 12. 28. 개정)
2. 차령초과로 사실상 차량을 사용할 수 없는 경우 등 대통령

예판

【조심판례】 가설건축물에 대한 취득세 과세여부의 판단은 취득시점부터 1년이 되는 시점에서 과세여부를 판단하는 것이 아니라 존치기간을 1년을 초과하여 사용할 것을 전제로 축조신고를 하는지의 여부에 따라 판단함. (조심 2014지586, 2014. 9. 23.)

제12조의 2【공동주택 개수에 대한 취득세의 면제 범위】 법 제9조 제6항에서 "대통령령으로 정하는 가액 이하의 주택"이란 개수로 인한 취득 당시 법 제4조에 따른 주택의 시가표준액이 9억원 이하인 주택을 말한다. (2013. 1. 1. 개정)

제12조의 3【취득세 비과세 대상 차량의 범위】 ① 법 제9조 제7항 제1호에서 "대통령령으로 정하는 차량"이란 제121조 제2항 제4호·제5호 또는 제8호에 해당하는 자동차를 말한다. (2021. 12. 31. 개정)

운영예규 법9-1【임시용건축물】

임시용 건축물에 대한 "존속기간 1년 초과" 판단의 기산점은 「건축법」 제20조 규정에 의하여 시장·군수에게 신고한 가설건축물 축조신고서상 존치기간의 시기(그 이전에 사실상 사용한 경우에는 그 사실상 사용일)가 되고, 신고가 없는 경우에는 사실상 사용일이 된다.

령으로 정하는 사유로 상속으로 인한 이전등록을 하지 아니한 상태에서 폐차함에 따라 상속개시일부터 3개월 이내에 말소등록된 차량 (2021. 12. 28. 개정)

2. 차령초과로 사실상 차량을 사용할 수 없는 경우 등 대통령령으로 정하는 사유로 상속으로 인한 이전등록을 하지 아니한 상태에서 폐차함에 따라 상속개시일이 속하는 달의 말일부터 6개월(외국에 주소를 둔 상속인이 있는 경우에는 9개월) 이내에 말소등록된 차량 (2024. 12. 31. 개정)

편주

법 9조 7항 2호의 개정규정은 2025. 1. 1. 전에 상속이 개시되어 2025. 1. 1. 당시 상속개시일이 속하는 달의 말일부터 6개월(외국에 주소를 둔 상속인이 있는 경우에는 9개월)이 지나지 아니한 경우에도 적용함. (법 부칙(2024. 12. 31.) 2조)

제2절 과세표준과 세율 (2010. 3. 31. 개정)

제10조【과세표준의 기준】(2021. 12. 28. 제목개정) 취득세의 과세표준은 취득 당시의 가액으로 한다. 다만, 연부로 취득하는 경우 취득세의 과세표준은 연부금액(매회 사실상 지급되는 금액을 말하며, 취득금액에 포함되는 계약보증금을 포함한다. 이하 이 장에서 같다)으로 한다. (2021. 12. 28. 개정)

② 법 제9조 제7항 제2호에서 "차령초과로 사실상 차량을 사용할 수 없는 경우 등 대통령령으로 정하는 사유"란 상속개시일 현재 「자동차등록령」 제31조 제2항 각 호의 사유를 말한다. (2021. 12. 31. 신설)

③ 법 제9조 제7항에 따라 비과세를 받으려는 자는 그 사유를 증명할 수 있는 서류를 갖추어 시장·군수·구청장에게 신청하여야 한다. (2021. 12. 31. 항번개정)

제2절 과세표준과 세율 (2010. 9. 20. 개정)

제13조【취득 당시의 현황에 따른 부과】 부동산, 차량, 기계장비 또는 항공기는 이 영에서 특별한 규정이 있는 경우를 제외하고는 해당 물건을 취득하였을 때의 사실상의 현황에 따라 부과한다. 다만, 취득하였을 때의 사실상 현황이 분명하지 아니한 경우에는 공부(公簿)상의 등재 현황에 따라 부과한다. (2010. 9. 20. 개정)

제4조의 2【비과세 신청】 영 제12조의 3 제3항에 따른 비과세 신청은 별지 제1호의 2 서식의 자동차 상속 취득세 비과세 신청서에 따른다. (2021. 12. 31. 개정)

제2절 과세표준과 세율

(2010. 12. 23. 개정)

예 판

【예규】 • 지열냉난방설비 또는 주요 부품인 히트펌프가 농업용으로 사용되는 경우라면 농업기계에 해당되는 것임. (지방세운영과-3535, 2013. 12. 30.)

• **잔금지급 후 매매계약 변경으로 타 물건 취득세 종전 과표 공제 여부**
종전토지에 대해 사실상 잔금을 치른 이상, 비록 등기를 이행하지 아니하고 계약을 해제하였다고 하더라도 이미 성립한 종전 토지의 납세의무에 영향을 줄 수 없다고 할 것이고, 그 이후 변경계약을 통해 종전 토지 대금을 제외하고 추가대금을 지급하여 쟁점토지를 취득하였다고 하더라도 종전토지의 취득가액을 쟁점 토지의 취득세 과세표준에서 제외할 수 없다고 할 것임. (지방세운영과-3161, 2016. 12. 19.)

• **주택의 건물 또는 부속 토지만을 취득하는 경우 취득세 시가표준액 적용방법**
공시된 주택가격을 기준으로 지방세법 제4조에 따른 토지의 공시지가와 건축물의 시가표준액 비율로 안분하여 산정하여야 할 것임. (지방세운영과-3160, 2016. 12. 19.)

• **유흥주점에 대한 재산세 중과세율 적용 여부**
유흥주점에 객석과 구분된 별도의 무대가 없더라도 객석 사이 통로 등에 공간이 있어 손님이 춤을 추는 공간(무도장)으로 활용되며, 전체 규모가 주된 영업형태로 볼 수 있는 규모라면 재산세 중과세율 적용대상에 해당됨. (부동산세제과-1851, 2020. 7. 31.)

• 공동주택을 신축하는 경우 조경공사비, 도로포장비 등은 건축물 신축에 대한 과세표준에 포함됨. (지방세운영과-3161, 2018. 12. 28.)

• **지적재조사 사업에 따른 지적공부 변경시 과세여부**
- 지적재조사 사업의 결과로 지적 공부상 면적이 증가하고, 이에

예 판

【판례】 • 학교용지부담금은 관계 법령에 따라 의무적으로 부담하는 비용으로서 취득가격인 간접비용에 포함됨. (서울행법 2019구합50854, 2019. 9. 6. : 대법확정)

• 위탁자로부터 지급받은 신축관련 신탁수수료는 아파트 취득가격에 포함되지 않으며, 건축물의 주체구조부와 하나가 되어 건축물로서의 효용가치를 이루고 있지 아니한 부대시설은 아파트 취득가격에 포함되지 않음. (광주고법(전주) 2019누1611, 2020. 1. 8. : 대법확정)

• 부동산 매매약정시에 매매대금 중 일부는 매도인의 금융기관 대출채무를 승계하기로 하고 잔여대금은 매도인의 미지급 공사대금을 지급하기로 약정한 경우에도 사실상 취득한 것으로 봄이 타당함. (대법 2018두64221, 2019. 3. 14.)

• 지방세법상 '부당행위계산의 부인'에 관한 인용규정은 자산을 저가양도한 경우에 해당되나, 저가양수한 거래상대방의 자산에 대해서도 지방세법으로 규제할 필요성이 있어, 부당행위계산 부인의 대상이 되는 거래에 포함하여야 함. (대법 2019두60694, 2019. 2. 14.)

• **사실상 취득가격 인정 범위**
- 취득자가 1필지의 토지를 취득하면서 그 부분별 가치의 우열을 가리지 않고 토지 전체를 일괄하여 대금을 정하여 매수하였다면 이는 토지 전체를 단위면적당 균일한 가격으로 매수한 것으로 보아 면적비율에 따라 과표를 안분 산정하여야 함. (대법 2012두16404, 2014. 9. 26.)
- 특정차입금의 경우 차입일부터 해당 자산의 취득일까지 발생한 이자에서 특정차입금의 일시예금에서 생기는 수입이자를 차감하는 방법으로 산정하여야 하고, 설령 특정차입금을 실제로 사용하기 전에 미리 차입을 하였다고 하더라도 그에 관한 이

예 판

【예규】 • **법인 합병으로 인한 취득시 취득시기**
- 존속법인의 소멸법인에 대한 부동산 취득시기는 합병기일이 되는 것이나, 비영리재단법인간에 합병을 하면서 해산법인의 잔여재산의 처분이 주무관청의 허가가 있어야만 가능한 경우로 민법상 허가를 받기 전까지는 그 거래가 유동적 무효상태에 있는 경우라면, 그 신고·납부기한은 잔여재산처분 허가가 있는 날로부터 60일 이내로 보아야 할 것임. (지방세운영과-1553, 2016. 6. 17.)

• **무상취득시 감정평가금액으로 취득 신고시 신고서 반려 여부**
- 취득세는 납세의무자의 신고에 의하여 과세표준과 세액이 확정되어 신고행위 자체를 거부할 수 없으므로 취득가액을 감정평가액으로 신고하는 경우라도 신고서를 반려할 수 없음. (지방세운영과-2641, 2016. 10. 17.)

• **무상취득 과세표준**
- 무상취득 후 시가표준액보다 높은 감정평가액을 신고가액으로 취득세를 신고하는 경우 이를 취득세 과세표준으로 봄이 타당 (지방세운영과-2410, 2018. 10. 12.)

따른 조정금을 지자체에 납부시에 취득세 과세대상 취득으로 볼 수 없음. (부동산세제과-1335, 2020. 6. 15.)

• **취득세 과표 포함 여부**

- 회원제 골프장의 부동산 등 체육시설업의 필수시설을 자산관리공사가 실시하는 매각절차를 통해 취득한 경우에는 입회금액을 취득가격에 포함시켜야 할 것이나, 당사자 간의 계약 등을 통해 취득하면서 해당 계약에서 입회금액 승계에 대한 사항을 규정하지 않았고 영업을 포괄적으로 승계했다고 보기도 어려운 경우 등에는 입회금액을 취득가격에 포함시키지 않는 것이 타당함. (지방세운영과-422, 2014. 12. 30.)
- 열수송관을 설치하기 위해 해저터널을 굴착한 경우 해당비용은 열수송관의 취득가액에 포함됨. (지방세운영과-3113, 2015. 10. 5.)
- 취득세 과세표준이 되는 취득가격은 취득시기를 기준으로 판단하여야 하므로, 취득시기 이후 취득가격의 일부 또는 전부를 반환받는다 하더라도 이미 성립된 취득가격에 미치는 영향은 없음.
  - 취득시기 이후 분양가액 일부를 할인하여 반환받은 경우(지방세운영과-2445, 2016. 9. 22.)
  - 취득시점에 적법하게 성립되어 확정된 취득가격에 포함된 부담금에 대해 사후적으로 일부 또는 전부를 반환받은 경우(지방세운영과-2444, 2445, 2016. 9. 22.)
- 연부취득에 있어 연부취득이 완료된 시점까지 발생한 건설자금 이자는 취득세 과세표준에 포함됨. (지방세운영과-2290, 2016. 9. 2.)
- 시행사가 시공사에 신축공사 관련 일괄도급을 위임하였다고 하더라도, 시행사에서 발생한 비용이 해당 부동산 취득과 관련성(판매 관련비용 제외)이 있다면 취득시기까지 발생한 비용은 취득세 과세표준에 포함됨. (지방세운영과-1845, 2016. 7. 14.)
- 기존 건축물의 철거 후 부지조성공사 등을 거쳐 건축공사를 자는 취득가격에 포함됨. (대법 2013두5517, 2013. 9. 12.)
- 건축물의 임시사용승인일 등 그 취득일까지 가설을 완료하지 못한 경우에는 그때까지의 기성고 비율에 따른 공사비 상당만을 취득세의 과세표준에 포함시킬 수 있을 뿐임. (대법 2013두7681, 2013. 9. 12.)
- 교환인 경우 시가감정 과정 없이 당사자 사이의 합의에 의하여 교환대상 목적물의 가액 차이만을 결정하여 그 차액을 지급하는 방식으로 단순교환을 한 경우에는 사실상의 취득가격으로 인정할 수 없음. (대법 2013두11680, 2013. 10. 24.)
- 무변론 판결은 의제자백에 의한 판결문에 해당하여 사실상의 취득가액으로 인정하기 어려워 곧바로 취득세 과세표준으로 사용할 수 없음. (의정부지법 2013구합524, 2013. 10. 8.)
- 법인이 건축물을 건축함에 있어 시공사에게 지급하는 공사대금의 지급 제체에 따른 지연이자를 사실상의 취득가격에 포함되는 연체료로 보아 취득세 과세표준에 포함할 수 있음. (서울고법 2013누51680, 2014. 8. 22. : 대법확정)
- 취득세의 과세표준인 과세대상물건의 취득가액에는 당해 물건 자체의 가격인 직접비용 및 당해 물건 자체의 가격으로 지급되었다고 볼 수 있는 간접비용이 포함되는데, 적극적으로 금원 등을 지출하는 방법뿐만 아니라 소극적으로 보유자산 등을 포기하는 방법을 통해 당해 물건을 취득하는 경우가 있을 수 있고, 이러한 경우에는 당해 물건을 취득하기 위해 포기한 자산 등의 경제적 가치를 취득가액으로 봄이 타당함. (대구고법 2014누5256, 2015. 3. 27. : 대법확정)
- 도시가스공급규정에 의하여 도시가스공급사업자가 부담하는 인입배관 공사비의 50% 상당액이라고 할 것이기 때문에 도시가스사용자가 시공자에게 지급한 인입배관 공사비 분담금은 도시가스공급사업자의 인입배관 취득가격에 포함된다고 할 수 없음. (서울고법 2014누57937, 2015. 2. 12. : 대법확정)

• **공유물분할시 취득세 과세표준**

- A와 B가 공유하여 소유하던 甲토지를 甲토지(A, B 공유)와 乙토지(A 단독소유)로 소유 면적의 변동없이 분할한 경우, 甲토지의 공유자 모두(A, B)를 납세의무자로 하여 甲토지 전체를 과세표준으로 하여야 함. (지방세운영과-2407, 2018. 10. 12.)

• **주택재개발사업에 따른 과표 적용**

- 주택재개발사업의 조합원이 소유권이 이전고시가 되기 전에 입주함으로써 사실상 사용하여 취득이 성립한 경우, 그 취득시점에 산정된 임의 비례율을 적용하여 산출한 취득가액을 과세표준으로 하여 신고납부하여야 하고, 다만 소유권이전고시시점에 확정된 비례율에 따라 수정신고나 경정청구를 할 수 있음. (지방세운영과-1979, 2015. 7. 1.)

• **분양권 프리미엄 취득세 과세표준 적용 시기**

- 개인간 분양권을 거래하는 과정에서 발생된 플러스(+) 프리미엄은 행자부 유권해석(2015. 11. 9.)이 있은 날 이후에 플러스(+) 프리미엄이 포함된 분양권을 취득한 납세자부터 적용하여야 할 것이고, 해석이 있기 전에 플러스(+) 프리미엄이 포함된 분양권을 취득한 납세자의 경우에는

진행하는 경우 철거비와 부지정지공사 비용 등은 신축 건축물 과표에 포함되며, 부지조성공사 등을 추진하면서 지목변경이 함께 수반되는 경우에는 지목변경 관련 비용은 지목변경 과표에, 이외의 비용은 건축물 신축 과표에 포함됨. (지방세운영과-1552, 2016. 6. 17.)

- 부동산 취득과정에서 취득시기 이전에 지급원인이 발생·확정되고 관계법령에 따라 의무적으로 부담하는 학교용지부담금 등은 취득세 과세표준에 포함되며, 학교용지를 취득하여 기부채납함으로써 해당 부담금을 면제받는다고 하더라도 해당 기부채납 비용은 본 물건의 취득을 위하여 '의무적으로 부담하는 비용'에 해당하므로 취득세 과세표준에 포함하여야 함. (지방세운영과-3861, 2015. 12. 11.)
- 건축물 내부에 생산시설(클린룸)을 설치하였다고 하더라도, 건축설비 등 건축물과 고정·부착되어 건축물에 필수적으로 수반되는 설비에 해당한다면, 건축물 자체의 효용을 증가시키는 것으로 보아 취득세 과세표준에 포함하여야 할 것임. (지방세운영과-75, 2017. 3. 10.)
- 토지 및 건축물을 일괄취득하는 부동산 매매거래에서 매매대금(32억원) 중 건축물가액을 "0원"으로 한 경우, 일괄취득하면서 지급한 32억원을 토지와 건축물의 시가표준액 비율로 나눈 금액을 각각의 취득가격으로 판단하여야 함. (지방세운영과-685, 2017. 10. 17.)
- 공동주택 신축시 공사의 시공에 사용된 가설재(유형자산 비품계정)의 감가상각비를 공사원가에 반영한 경우, 해당 신축공사와 관련된 비용에 해당하는 것으로 보아 취득세 과세표준에 포함하여야 함. (지방세운영과-415, 2017. 4. 24.)
- 차량의 사고 등 대물손상으로 인한 보험금 지급액이 차량 시가표준액의 50%를 초과하는 경우, 전 소유자가 교통사고를 접수하지 아니하여 교통사고사실확인서 발급이 불가능한 경우더라도 여타 증빙 자료에 의해 가격하락이 입증되는 경우라면

• **토지거래허가구역 내 취득시기**

- 토지거래허가구역 내 토지에 대한 취득시기는 원칙적으로 잔금지급일이 되고, 다만 그에 대한 취득세 신고·납부시기는 토지거래허가일이 됨. (대법 2012두16695, 2012. 11. 29.)

• **지목변경에 따른 과세표준 적용 범위**

- 주택신축이 제한되는 농지를 주택신축이 허용되는 대지와 일단의 토지로 보아 대지의 개별공시지가를 그대로 적용하여 지목변경에 따른 간주취득세 과세표준을 산정하여 취득세를 부과할 수 없음. (대법 2014두9578, 2014. 11. 13.)

【조심판례】 • 의제자백의 경우 당사자의 주장사실 또는 청구의 원인이 된 사실을 상대방 당사자가 명백히 다투지 아니한 상태에서 법원이 일방의 주장을 그대로 받아들여 판결하는 것이므로 사실상 취득가격이 입증된 취득으로 보기는 어려움. (조심 2015지819, 2015. 7. 13.)

• 대수선 및 증축공사 등이 병행되어 취득가액이 구분되지 아니한 경우에는 시가표준액이 아닌 면적비율로 과세표준을 안분하는 것이 타당함. (조심 2014지2064, 2016. 6. 7.)

• 청구인이 법원에 제출한 매매계약서 및 양도소득세 신고서는 사실상의 취득가격을 입증되는 판결문으로 볼 수 없음. (조심 2015지711, 2016. 1. 29.)

• 광역교통시설부담금, 상·하수도원인자부담금 등은 이 건 아파트의 신축 등을 위하여 관련 법령에 따라 의무적으로 부담해야 하는 비용이고, 아파트를 취득하는 일련의 과정에서 발생된 비용에 해당하므로 비록 청구법인이 아닌 도시개발조합이 쟁점부담금을 지급하였다 하더라도 이 건 아파트 취득세 과세표준 등에 포함하는 것이 타당함. (조심 2015지257, 2015. 5. 11.)

• 가스관을 매설하는 과정에서 발생하는 도로포장공사비는 가스관 설치공사를 위하여 필수적으로 요구되는 비용이므로 이는 취득세 과세표준에 포함되는 것임. (조심 2012지796, 2012. 12. 26.)

기존 과세관청의 세무관행에 따라 처리하는 것이 타당함. (지방세운영과-231, 2016. 1. 21.)

- 부동산을 취득할 수 있는 권리를 마이너스(-) 프리미엄으로 이전 받아 부동산을 취득하는 경우 시행령 개정(2016. 4. 26.) 이전에 마이너스(-) 프리미엄 분양권을 이전 받아 시행령 개정 이후 부동산을 취득하는 경우도 포함, 다만, 특수관계인 간 분양권 거래에 해당하여 현저히 낮게* 거래한 경우 시행령 개정규정 적용 배제 (지방세운영과-1074, 2016. 4. 26.)

  *(판단기준) 시가와 신고가액의 차액이 3억원 이상이거나, 시가의 5% 이상인 경우 (「법인세법」 §52 ①, 「소득세법」 §101 ① 인용)

• **취득세 과세대상 일괄 취득시 안분기준**

- 공매 등을 통해 여러 대의 차량을 일괄 취득시 일괄 취득금액을 시가표준액 비율로 안분하여 각각의 취득가격 산정 (지방세운영과-683, 2017. 10. 17.)

• **과점주주 간주취득세 과표 적용범위**

- 여신금융업법에 따른 시설대여업자의 과점주주가 금융리스차량을 간주취득하는 경우, 간주취득 당시 시설대여업자의 재무제표에 계상된 해당 리스차량에 대한 금융리스채권 잔액을 과세표준으로 적용하는 것이 타당함. (지

"기타 이에 준하는 사항"에 해당하는 것으로 볼 수 있다고 할 것임. (지방세운영과-416, 2017. 9. 8.) - 편주 : 2016 지방세법령 적용요령(2016. 1. 5.)을 보완한 해석사례임.

- 신축 건축물에 설치한 냉동·냉장 설비의 가액은 신축 취득세 과세표준에 포함하여야 함. (지방세운영과-482, 2017. 4. 27.)
  - 이 사건 납골시설은 이 사건 건물(봉안당)에 부속되어 이 사건 건물자체의 효용을 증가시키는데 필수적인 시설로서, 그 공사비를 이 사건 건물에 대한 취득세 등 산정을 위한 과세표준에 포함시킨 것은 적법함. (광주고법 2015누825, 2016. 2. 1. : 대법확정)
  - 그 주체구조부와 하나가 되어 건축물의 효용가치를 이루고 있는 것에 대하여는 주체구조부 취득자 외의 자가 가설한 경우에도 주체구조부의 취득자가 함께 취득한 것으로 본다.'라고 규정하고 있으므로 수분양자들이 비용을 지급하여 발코니의 용도가 거실 등으로 변경되었어도 사용승인일 이전에 원고가 그와 같은 상태의 아파트를 취득한 이상 그 비용은 취득가격에 포함되어야 함. (서울고법 2015누44389, 2015. 11. 10. : 대법확정)
- 등기를 대행하여 발생하는 법무사 수수료는 취득세 과세표준에 포함하지 않음. (지방세운영과-23, 2018. 1. 3.)
- 건축물을 신축하면서 부착하는 등 건축물과 유기적으로 연결하여 전기차 충전기를 설치한 경우 해당 충전기 설치비용은 신축 건축물 취득세 과세표준에 포함 (지방세운영과-74, 2018. 1. 10.)
- 건축물 신축시 건축주가 부담하는 자동 크린넷(쓰레기 자동 집하시설) 설치비용은 신축 건축물 취득세 과세표준에 포함됨. (지방세운영과-321, 2018. 2. 9.)
- 공동주택의 신축·입주지연에 따라 분양회사가 수분양자에게 지급하는 지체보상금은 분양회사의 신축건축물 취득세 과세

1) 가스관을 매설하는 과정에서 지급한 도로사용료 및 도로원인자 부담금은 가스관 설치공사를 위하여 필수적으로 요구되는 비용이므로 이는 취득세 과세표준에 포함되는 것임.
2) 인입배관은 가스제조업소의 가스본관과 연결되어 경제적 일체를 이루고 있으므로 인입배관 공사비를 인입배관의 취득을 위하여 소요된 직접 비용으로 보아 취득세 과세표준에 포함하는 것이 타당함.
3) 시설분담금이라 함은 도시가스사업자가 이미 시설하여 취득한 가스본관 시설비 등을 추후 도시가스 공급 등을 요청하는 수요자에게 사후적으로 부담시키는 것이므로 가스관의 취득과 관련하여 소요된 직·간접비용이라고 보기는 어려움. (조심 2013지268, 2013. 12. 23.)

【예규】 • 연부취득 범위

- 공동주택의 사용승인일 이전에는 연부 취득으로 볼 수 없으나, 공동주택의 사용승인일을 기준으로 분양대금을 2년 이상에 걸쳐 일정액씩 분할하여 지급하도록 되어 있는 경우에는 연부 취득에 해당함. (지방세운영과-14, 2015. 1. 5.)
- 공부상 소유자가 도시개발사업시행자 명의로 이전되어 있지 않더라도 적법한 매도인의 지위에 있는 도시개발사업시행자와 용지매매계약을 체결하였고, 그 계약이 2년 이상이며, 매매계약 당시 매매 목적물인 토지의 위치와 면적이 특정되어 있었다면 취득세 과세대상인 연부취득에 해당됨. (지방세운영과-2145, 2015. 7. 17.)
- 계약서상 잔금일을 특정일이 아닌 "토지사용승낙일 또는 사업준공일"로 정하였다고 하더라도 시행사의 공문 등에서 사업준공일이 계약일로부터 2년 이후로 예정되어 있다면 연부취득에 해당한다고 할 것임. (지방세운영과-1558, 2016. 6. 17.)
- 원시취득 전에는 토지의 분양대금을 2년 이상에 걸쳐 분할하여 지급하는 것으로 계약을 체결한 경우라도 연부취득 납세의무가 없음. (지방세운영과-1062, 2018. 5. 8.)

방세운영과-3005, 2015. 9. 22.)

- 과점주주가 되어 해당 법인의 자동차를 간주취득 하는 경우 농어촌특별세 비과세 적용 (지방세운영과-2641, 2016. 10. 17.)

- **도급공사비를 현물(토지)로 받은 경우 취득시기**
  - 토지의 분양대금을 도급공사비로 대체하여 상계하기로 한 경우, 해당 토지는 매수자가 상계를 완료한 날 사실상 잔금이 지급되어 취득세 납세의무가 성립되었다고 보아야 함. (지방세운영과-606, 2015. 2. 23.)
  - 편주 : 대물변제계약으로 보아 소유권이전등기일을 취득시기로 판단하지 않음.
- **발전소 신축 취득시기** - 편주 : 사실상 사용 여부는 과세권자가 발전설비의 가동현황, 전력 생산의 추이 등의 사실관계를 면밀히 검토하여 판단하여야 함.
  - 사용전 검사일 또는 임시사용 승인일 전에 안전성 등의 사전시험을 위해 일시 사용한 경우라면 취득시기가 도래되었다고 볼 수 없다고 할 것이나, 사용전 검사일 또는 임시사용 승인일 전에라도 일시적 시험운전이 아닌 전력 생산 등의 목적으로 사실상 사용하는 경우라면, 사실상 사용한 날을 취득일로 보아야 할 것임. (지방세운영과-73, 2017. 3. 10.)

표준에 포함되지 않음. (지방세운영과-1623, 2018. 7. 16.)

- PF대출보증수수료를 과세표준에 포함하여 신고납부하였으나 취득일 이후 수수료를 반환 받은 경우 이미 적법하게 성립한 취득세 과세표준에 미치는 영향이 없음. (지방세운영과-1562, 2018. 7. 6.)

운영예규 법10-1【과세표준】

1. 임시사용승인을 받아 사용하는 신축건물에 대한 취득세 과세표준은 임시사용승인일을 기준으로 그 이전에 당해 건물취득을 위하여 지급하였거나 지급하여야 할 비용을 포함한다.
2. 신축건물의 과세표준에는 분양을 위한 선전광고비(신문, TV, 잡지 등 분양광고비)는 제외하고 건축물의 주체구조부와 일체가 된 것은 과세표준으로 포함한다.
3. 사실상 취득가격의 범위에는 지목변경에 수반되는 농지전용부담금, 대체농지조성비, 대체산림조림비는 과세표준에 포함되지만, 취득일 이후 발생하는 「개발이익 환수에 관한 법률」에 따른 개발부담금(공사가 완료되어 발생하는 수익을 전제로 부담함)은 제외한다.
4. 분양하는 건축물의 취득시기 이전에 당해 건축물과 빌트인(Built-in) 등을 선택품목으로 일체로 취득하는 경우 취득가액에 포함한다.

제10조의 2【무상취득의 경우 과세표준】 ① 부동산등을 무상취득하는 경우 제10조에 따른 취득 당시의 가액(이하 "취득당시가액"이라 한다)은 취득시기 현재 불특정 다수인 사이에 자유롭게 거래가 이루어지는 경

- **공유수면 매립 취득시기**
  - 공유수면을 매립하여 토지 준공 전에 토지에 대한 사용승낙이나 허가 없이 제반시설을 신축한 경우, 실시계획 변경고시가 있는 날을 허가를 득해 사실상 사용하는 날로 보아 취득시기로 판단하여야 할 것임. (지방세운영과-1050, 2015. 4. 3.)
- "연부취득"이라 함은 취득세 과세대상 물건이 존재하면서 매매대금 최종지급일까지 2년 이상 이루어져야 하며 그 연부 취득에 해당되는지 여부는 계약내용에 의하여 판단하여야 할 것으로 아파트 분양대금을 3년간에 걸쳐 연부금 방식으로 납부하는 경우라면 그 사실상의 연부금 지급일을 취득일로 하고 그 납부한 연부금액을 과세표준으로 한 취득세를 부과하여야 할 것임. (지방세운영과-3433, 2010. 8. 9.)
- 과세표준이었던 분양전환가격이 대법원 확정판결로 일부무효가 되었다면 무효가 된 계약 일부에 대해서는 실체적인 법률관계에 있어서 소유권을 취득한 것이라고 볼 수 없으므로 그 부분에 대한 취득세는 환급대상으로 판단됨. (지방세운영과-2844, 2011. 6. 17.)

제14조【시가인정액의 산정 및 평가기간의 판단 등】 ① 법 제10조의 2 제1항에서 "매매사례가액, 감정가액, 공매가액 등 대통령령으로 정하는 바에 따라 시가로 인정되는 가액"(이하 "시가인정액"이라 한다)이란 취득

- **특별연고자의 상속재산 분여 취득시기**
  - 상속인이 없어 상속재산의 심판결정으로 특별연고자에게 상속재산의 분여가 확정된 경우 판결확정일을 취득일로 보아야 함. (지방세운영과-641, 2017. 5. 26.)
- **공유물 분할 취득시기**
  - 공유물 분할로 부동산을 취득하는 경우 등기일이 취득일임. (지방세운영과-24, 2018. 1. 4.)

우 통상적으로 성립된다고 인정되는 가액(매매사례가액, 감정가액, 공매가액 등 대통령령으로 정하는 바에 따라 시가로 인정되는 가액을 말하며, 이하 "시가인정액"이라 한다)으로 한다. (2021. 12. 28. 신설)

② 제1항에도 불구하고 다음 각 호의 경우에는 해당 호에서 정하는 가액을 취득당시가액으로 한다. (2021. 12. 28. 신설)

1. 상속에 따른 무상취득의 경우 : 제4조에 따른 시가표준액 (2021. 12. 28. 신설)

☞ 편주

영 14조 1항 2호 각 목 외의 부분 단서의 개정규정은 2024. 1. 1. 이후 취득하는 부동산등에 대해 시가인정액을 산정하는 경우부터 적용함. (영 부칙(2023. 12. 29.) 2조)

일 전 6개월부터 취득일 후 3개월 이내의 기간(이하 이 절에서 "평가기간"이라 한다)에 취득 대상이 된 법 제7조 제1항에 따른 부동산 등(이하 이 장에서 "부동산등"이라 한다)에 대하여 매매, 감정, 경매(「민사집행법」에 따른 경매를 말한다. 이하 이 장에서 같다) 또는 공매(이하 이 조에서 "매매등"이라 한다)한 사실이 있는 경우의 가액으로서 다음 각 호의 구분에 따라 해당 호에서 정하는 가액을 말한다. (2023. 6. 30. 개정)

1. 취득한 부동산등의 매매사실이 있는 경우 : 그 거래가액. 다만, 「소득세법」 제101조 제1항 또는 「법인세법」에 따른 특수관계인(이하 "특수관계인"이라 한다)과의 거래 등으로 그 거래가액이 객관적으로 부당하다고 인정되는 경우는 제외한다. (2021. 12. 31. 신설)
2. 취득한 부동산등에 대하여 둘 이상의 감정기관(행정안전부령으로 정하는 공신력 있는 감정기관을 말한다. 이하 같다)이 평가한 감정가액이 있는 경우 : 그 감정가액의 평균액. 다만, 다음 각 목의 가액은 제외하며, 해당 감정가액이 법 제4조에 따른 시가표준액에 미달하는 경우나 시가표준액 이상인 경우에도 「지방세기본법」 제147조 제1항에 따른 지방세심의위원회(이하 "지방세심의위원회"라 한다)의 심의를 거쳐 감정평가 목적 등을 고려하여 해당 감정가액이 부적정하다고 인정되는 경우에는 지방자치단체의 장이 다른 감정기관에 의뢰하여 감정한 가액으로 하며, 그 가액이

제4조의 3【시가인정액의 산정기준 및 절차 등】 ① 영 제14조 제1항 제2호 각 목 외의 부분 본문에서 "행정안전부령으로 정하는 공신력 있는 감정기관"이란 「감정평가 및 감정평가사에 관한 법률」에 따른 감정평가법인등을 말한다. (2023. 3. 14. 신설)

② 납세자 또는 지방자치단체의 장은 영 제14조 제3항에 따라 「지방세기본법」 제147조 제1항에 따른 지

편주

영 14조 5항의 개정규정은 2024. 1. 1. 이후 취득하는 부동산등에 대해 시가인정액을 산정하는 경우부터 적용함. (영 부칙(2023. 12. 29.) 2조)

납세자가 제시한 감정가액보다 낮은 경우에는 납세자가 제시한 감정가액으로 한다. (2023. 12. 29. 단서개정)

가. 일정한 조건이 충족될 것을 전제로 해당 부동산등을 평가하는 등 취득세의 납부 목적에 적합하지 않은 감정가액 (2021. 12. 31. 신설)

나. 취득일 현재 해당 부동산등의 원형대로 감정하지 않은 경우 그 감정가액 (2021. 12. 31. 신설)

3. 취득한 부동산등의 경매 또는 공매 사실이 있는 경우 : 그 경매가액 또는 공매가액 (2021. 12. 31. 신설)

② 제1항 각 호의 가액이 평가기간 이내의 가액인지에 대한 판단은 다음 각 호의 구분에 따른 날을 기준으로 하며, 시가인정액이 둘 이상인 경우에는 취득일 전후로 가장 가까운 날의 가액(그 가액이 둘 이상인 경우에는 평균액을 말한다)을 적용한다. (2021. 12. 31. 신설)

1. 제1항 제1호의 경우 : 매매계약일 (2021. 12. 31. 신설)
2. 제1항 제2호의 경우 : 가격산정기준일과 감정가액평가서 작성일 (2021. 12. 31. 신설)
3. 제1항 제3호의 경우 : 경매가액 또는 공매가액이 결정된 날 (2021. 12. 31. 신설)

③ 제1항에도 불구하고 납세자 또는 지방자치단체의 장은 취득일 전 2년 이내의 기간 중 평가기간에 해당하지 않는 기간에 매매등이 있거나 평가기간이 지난 후에도 법 제20조 제1항에 따른 신고·납부기한의 만료일부터 6개월 이내의 기간 중에 매매등이 있는 경우에는 행정안방세심의위원회(이하 "지방세심의위원회"라 한다)에 시가인정액(법 제10조의 2 제1항에 따른 시가인정액을 말한다. 이하 같다)에 대해 심의요청하는 경우 다음 각 호의 구분에 따른 기한까지 심의요청해야 한다. (2023. 3. 14. 신설)

1. 취득일 전 2년 이내의 기간 중 평가기간(영 제14조 제1항 각 호 외의 부분에 따른 평가기간을 말한다. 이하 같다)에 해당하지 않는 기간 동안의 매매, 감정, 경매 또는 공매(이하 이 조에서 "매매등"이라 한다)의 가액에 대해 심의요청하는 경우 : 법 제20조 제1항의 무상취득에 따른 취득세 신고·납부기한 만료일 전 70일까지 (2023. 3. 14. 신설)
2. 평가기간이 지난 후로서 법 제20조 제1항에 따른 신고·납부기한의 만료일부터 6개월 이내의 기간 중의 매매등의 가액에 대해 심의요청하는 경우 : 해당 매매등이 있은 날부터 6개월 이내 (2023. 3.

전부령으로 정하는 바에 따라 지방세심의위원회에 해당 매매등의 가액을 제1항 각 호의 가액으로 인정하여 줄 것을 심의요청할 수 있다. (2023. 3. 14. 개정)

④ 제3항에 따른 심의요청을 받은 지방세심의위원회는 취득일부터 제2항 각 호의 날까지의 기간 중에 시간의 경과와 주위환경의 변화 등을 고려할 때 가격변동의 특별한 사정이 없다고 인정하는 경우에는 제3항에 따른 기간 중의 매매등의 가액을 제1항 각 호의 가액으로 심의·의결할 수 있다. (2023. 3. 14. 개정)

⑤ 제1항부터 제4항까지의 규정에 따라 시가인정액으로 인정된 가액이 없는 경우에는 취득한 부동산등의 면적, 위치, 종류 및 용도와 법 제4조에 따른 시가표준액이 동일하거나 유사하다고 인정되는 다른 부동산등의 제1항 각 호에 따른 가액(취득일 전 1년부터 법 제20조 제1항에 따른 신고·납부기한의 만료일까지의 가액으로 한정한다)을 해당 부동산등의 시가인정액으로 본다. (2023. 12. 29. 개정)

⑤ 제1항부터 제4항까지의 규정에 따라 시가인정액으로 인정된 가액이 없는 경우에는 취득한 부동산등의 면적, 위치, 종류 및 용도와 법 제4조에 따른 시가표준액이 동일하거나 유사하다고 인정되는 다른 부동산등(이하 "유사부동산등"이라 한다)의 제1항 각 호에 따른 가액[취득일 전 1년부터 법 제20조 제1항에 따른 신고·납부기한의 만료일까지(이하 "유사부동산등 평가기간"이라 한다)의 가액으로 한정한다]을 해당 부동산등의 시가인정액으로 본다. (2024. 12. 31. 개정)

14. 신설)

③ 지방세심의위원회는 영 제14조 제3항에 따라 시가인정액에 대해 심의요청을 받은 경우 다음 각 호의 구분에 따른 기한까지 그 심의 결과를 서면으로 통지해야 한다. (2023. 3. 14. 신설)

1. 제2항 제1호에 따른 심의요청의 경우 : 심의요청을 받은 날부터 50일 이내 (2023. 3. 14. 신설)
2. 제2항 제2호에 따른 심의요청의 경우 : 심의요청을 받은 날부터 3개월 이내 (2023. 3. 14. 신설)

④ 영 제14조 제5항에 따라 법 제4조에 따른 시가표준액이 동일하거나 유사하다고 인정되는 다른 부동산등에 대한 판단기준은 다음 각 호의 구분에 따른다. (2023. 3. 14. 신설)

1. 「부동산 가격공시에 관한 법률」에 따른 공동주택가격(새로운 공동주택가격이 고시되기 전에는 직전의 공동주택가격을 말한다. 이하 이 항에서 같다)이 있는 공

⑥ 제5항에도 불구하고 납세자 또는 지방자치단체의 장은 부동산등의 취득일 전 2년부터 법 제20조 제1항에 따른 신고·납부기한의 만료일까지의 기간 중 유사부동산등 평가기간에 해당하지 않는 기간에 유사부동산등의 매매등이 있는 경우에는 행정안전부령으로 정하는 바에 따라 지방세심의위원회에 해당 매매등의 가액을 제1항 각 호의 가액으로 인정하여 줄 것을 심의요청할 수 있다. (2024. 12. 31. 신설)

⑦ 제6항에 따른 심의요청을 받은 지방세심의위원회는 부동산등의 취득일부터 유사부동산등의 제2항 각 호의 날까지의 기간 중에 시간의 경과와 주위환경의 변화 등을 고려할 때 가격변동의 특별한 사정이 없다고 인정하는 경우에는 제6항에 따른 기간 중의 유사부동산등의 매매등의 가액을 제1항 각 호의 가액으로 심의·의결할 수 있다. (2024. 12. 31. 신설)

⑥ 제5항에 따른 동일하거나 유사하다고 인정되는 다른 부동산등에 대한 판단기준은 행정안전부령으로 정한다. (2023. 3. 14. 신설)

⑧ 유사부동산등에 대한 판단기준은 행정안전부령으로 정한다. (2024. 12. 31. 개정)

⑨ 시가인정액을 산정할 때 제2항 각 호의 날이 부동산등의 취득일 전인 경우로서 같은 항 같은 호의 날부터 취득일까지 해당 부동산등에 대한 자본적지출액(「소득세법 시행령」 제163조 제3항에 따른 자본적지출액을 말한

동주택의 경우 : 다음 각 목의 요건을 모두 충족하는 다른 공동주택. 다만, 다음 각 목의 요건을 모두 충족하는 다른 공동주택이 둘 이상인 경우에는 산정대상 공동주택과 공동주택가격 차이가 가장 적은 다른 공동주택으로 한다. (2023. 3. 14. 신설)

가. 산정대상 공동주택과 동일한 공동주택단지(「공동주택관리법」에 따른 공동주택단지를 말한다) 내에 있을 것 (2023. 3. 14. 신설)

나. 산정대상 공동주택과의 주거전용면적(「주택법」에 따른 주거전용면적을 말한다. 이하 이 항에서 같다) 차이가 산정대상 공동주택의 주거전용면적을 기준으로 100분의 5 이내일 것 (2023. 3. 14. 신설)

다. 산정대상 공동주택과의 공동주택가격 차이가 산정대상 공동주택의 공동주택가격을 기준으로 100분의 5 이내일 것

2. 대통령령으로 정하는 가액 이하의 부동산등을 무상취득(제1호의 경우는 제외한다)하는 경우 : 시가인정액과 제4조에 따른 시가표준액 중에서 납세자가 정하는 가액 (2021. 12. 28. 신설)
3. 제1호 및 제2호에 해당하지 아니하는 경우 : 시가인정액으로 하되, 시가인정액을 산정하기 어려운 경우에는 제4조에 따른 시가표준액 (2021. 12. 28. 신설)

③ 납세자가 제20조 제1항에 따른 신고를 할 때 과세표준으로 제1항에 따른 감정가액을 신고하려는 경우에는 대통령령으로 정하는 바에 따라 둘 이상의 감정기관(대통령령으로 정하는 가액 이하의 부동산 등의 경우에는 하나의 감정기관으로 한다)에 감정을 의뢰하고 그 결과를 첨부하여야 한다. (2021. 12. 28. 신설)

④ 제3항에 따른 신고를 받은 지방자치단체의 장은 감정기관이 평가한 감정가액이 다른 감정기관이 평가한 감정가액의 100분의 80에 미달하는 등 대통령령으로 정하는 사유에 해당하는 경우에는 1년의 범위에서 기간을 정

다. 이하 이 조에서 같다)이 확인되는 경우에는 그 자본적지출액을 제1항 각 호의 가액에 더할 수 있다. (2024. 12. 31. 항번개정)

제14조의 2 【시가인정액 적용 예외 부동산등】 법 제10조의 2 제2항 제2호에서 "대통령령으로 정하는 가액 이하의 부동산등"이란 취득물건에 대한 시가표준액이 1억원 이하인 부동산등을 말한다. (2021. 12. 31. 신설)

제14조의 3 【시가불인정 감정기관의 지정절차 등】 ① 법 제10조의 2 제3항에서 "대통령령으로 정하는 가액 이하의 부동산 등"이란 다음 각 호의 부동산등을 말한다. (2021. 12. 31. 신설)
1. 시가표준액이 10억원 이하인 부동산등 (2021. 12. 31. 신설)
2. 법 제10조의 5 제3항 제2호의 법인 합병·분할 및 조직 변경을 원인으로 취득하는 부동산등 (2021. 12. 31. 신설)

② 법 제10조의 2 제4항에서 "감정기관이 평가한 감정가액이 다른 감정기관이 평가한 감정가액의 100분의 80에 미달하는 등 대통령령으로 정하는 사유에 해당하는 경우"란 납세자가 제시한 감정가액(이하 이 조에서 "원감

(2023. 3. 14. 신설)
2. 제1호에 따른 공동주택 외의 부동산등의 경우 : 다음 각 목의 요건을 모두 충족하는 다른 부동산등 (2023. 3. 14. 신설)
가. 산정대상 부동산등과 면적·위치·용도가 동일 또는 유사할 것 (2023. 3. 14. 신설)
나. 산정대상 부동산등과의 시가표준액 차이가 산정대상 부동산등의 시가표준액을 기준으로 100분의 5 이내일 것 (2023. 3. 14. 신설)

⑤ 납세자 또는 지방자치단체의 장은 영 제14조 제6항에 따라 지방세심의위원회에 같은 조 제5항에 따른 유사부동산등의 매매등의 가액을 같은 조 제1항 각 호의 가액으로 인정하여 줄 것을 심의요청하는 경우에는 법 제20조 제1항의 무상취득에 따른 취득세 신고·납부기한 만료일 전 70일까지 심의요청해야 한다. (2024. 12. 31. 신설)

⑥ 지방세심의위원회는 제5항에 따

하여 해당 감정기관을 시가불인정 감정기관으로 지정할 수 있다. (2021. 12. 28. 신설)

⑤ 제4항에 따라 시가불인정 감정기관으로 지정된 감정기관이 평가한 감정가액은 그 지정된 기간 동안 시가인정액으로 보지 아니한다. (2021. 12. 28. 신설)

정가액"이라 한다)이 지방자치단체의 장이 다른 감정기관에 의뢰하여 평가한 감정가액(이하 이 조에서 "재감정가액"이라 한다)의 100분의 80에 미달하는 경우를 말한다. (2021. 12. 31. 신설)

③ 지방자치단체의 장은 감정가액이 제2항의 사유에 해당하는 경우에는 부실감정의 고의성과 원감정가액이 재감정가액에 미달하는 정도 등을 고려하여 1년의 범위에서 행정안전부령으로 정하는 기간 동안 원감정가액을 평가한 감정기관을 법 제10조의 2 제4항에 따른 시가불인정 감정기관(이하 이 장에서 "시가불인정감정기관"이라 한다)으로 지정할 수 있다. 이 경우 지방세심의위원회의 심의를 거쳐야 한다. (2021. 12. 31. 신설)

④ 제3항에 따른 지정 기간은 지방자치단체의 장으로부터 시가불인정감정기관 지정 결과를 통지받은 날부터 기산한다. (2021. 12. 31. 신설)

⑤ 지방자치단체의 장은 제3항 후단에 따라 지방세심의위원회의 회의를 개최하기 전에 다음 각 호의 내용을 해당 감정기관에 통지하고, 의견을 청취해야 한다. (2021. 12. 31. 신설)

1. 시가불인정감정기관 지정 내용 및 법적 근거 (2021. 12. 31. 신설)
2. 제1호에 대하여 의견을 제출할 수 있다는 뜻과 의견을 제출하지 않는 경우의 처리 방법 (2021. 12. 31. 신설)
3. 의견제출기한 (2021. 12. 31. 신설)
4. 그 밖에 의견제출에 필요한 사항 (2021. 12. 31. 신설)

라 심의요청을 받은 경우에는 심의요청을 받은 날부터 50일 이내에 그 심의 결과를 서면으로 통지해야 한다. (2024. 12. 31. 신설)

⑦ 제1항부터 제6항까지에서 규정한 사항 외에 시가인정액의 산정 기준 및 절차 등에 필요한 세부사항은 행정안전부장관이 정하여 고시한다. (2024. 12. 31. 개정)

제4조의 4【시가불인정 감정기관의 지정 기간 등】 ① 영 제14조의 3 제3항 전단에서 "행정안전부령으로 정하는 기간"이란 다음 각 호의 구분에 따른 기간을 말한다. 이 경우 감정기관이 제1호 및 제2호에 모두 해당할 때에는 해당 기간 중 가장 긴 기간으로 한다. (2023. 3. 14. 신설)

1. 고의 또는 중대한 과실로 다음 각 목의 어느 하나에 해당하는 부실감정을 한 경우 : 1년 (2023. 3. 14. 신설)
   가. 산정대상 부동산의 위치 · 지형 · 이용상황 · 주변환경 등 객

⑥ 제7조 제11항 및 제12항에 따라 증여자의 채무를 인수하는 부담부 증여의 경우 유상으로 취득한 것으로 보는 채무액에 상당하는 부분(이하 이 조에서 "채무부담액"이라 한다)에 대해서는 제10조의 3에서 정하는 유상승계취득에서의 과세표준을 적용하고, 취득물건의 시가인정액에서 채무부담액을 뺀 잔액에 대해서는 이 조에서 정하는 무상취득에서의 과세표준을 적용한다. (2021. 12. 28. 신설)

⑦ 제4항에 따른 시가불인정 감정기관의 지정기간ㆍ지

⑥ 법 제10조의 2 제7항에 따라 지방자치단체의 장은 시가불인정감정기관을 지정하는 경우에는 다음 각 호의 사항을 행정안전부령으로 정하는 바에 따라 지방세통합정보통신망에 게재해야 한다. (2021. 12. 31. 신설)

1. 시가불인정감정기관의 명칭(상호), 성명(법인인 경우 대표자 성명과 법인등록번호) 및 사업자등록번호 (2021. 12. 31. 신설)
2. 시가불인정감정기관 지정 기간 (2021. 12. 31. 신설)
3. 시가불인정감정기관 지정 사유 (2021. 12. 31. 신설)
4. 시가불인정감정기관 지정 처분이 해제된 경우 그 해제 사실 (2021. 12. 31. 신설)

⑦ 제3항부터 제6항까지에서 규정한 사항 외에 시가불인정감정기관의 지정 및 통지 등에 필요한 사항은 행정안전부령으로 정한다. (2021. 12. 31. 신설)

제14조의 4【부담부증여시 취득가격】 ① 법 제10조의 2 제6항에 따른 부담부증여의 경우 유상으로 취득한 것으로 보는 채무액에 상당하는 부분(이하 이 조에서 "채무부담액"이라 한다)의 범위는 시가인정액을 그 한도로 한다. (2021. 12. 31. 신설)

② 채무부담액은 취득자가 부동산등의 취득일이 속하는 달의 말일부터 3개월 이내에 인수한 것을 입증한 채무액으로서 다음 각 호의 금액으로 한다. (2021. 12. 31. 신설)

1. 등기부 등본으로 확인되는 부동산등에 대한 저당권, 가

관적 가치에 영향을 미치는 요인을 사실과 다르게 조사한 경우 (2023. 3. 14. 신설)

나. 「감정평가 및 감정평가사에 관한 법률」 제2조 및 제25조 제2항을 위반한 경우 (2023. 3. 14. 신설)

다. 납세자와 담합하여 취득세를 부당하게 감소시킬 목적으로 감정가액을 평가한 경우 (2023. 3. 14. 신설)

2. 납세자가 제시한 감정가액이 지방자치단체의 장이 다른 감정기관에 의뢰하여 평가한 감정가액과 비교해서 다음 각 목의 수준으로 미달하는 경우 : 해당 각 목에서 정하는 기간 (2023. 3. 14. 신설)

가. 100분의 70 이상 100분의 80 미만인 경우 : 6개월 (2023. 3. 14. 신설)

나. 100분의 60 이상 100분의 70 미만인 경우 : 9개월 (2023. 3. 14. 신설)

다. 100분의 60 미만인 경우 : 1년

정절차와 제6항에 따라 유상승계취득에서의 과세표준을 적용하는 채무부담액의 범위, 유상승계취득에서 과세표준이 되는 가액과 그 적용 등에 관하여 필요한 사항은 대통령령으로 정한다. (2021. 12. 28. 신설)

압류, 가처분 등에 따른 채무부담액 (2021. 12. 31. 신설)
2. 금융기관이 발급한 채무자 변경 확인서 등으로 확인되는 금융기관의 금융채무액 (2021. 12. 31. 신설)
3. 임대차계약서 등으로 확인되는 부동산등에 대한 임대보증금액 (2021. 12. 31. 신설)
4. 그 밖에 판결문, 공정증서 등 객관적 입증자료로 확인되는 취득자의 채무부담액 (2021. 12. 31. 신설)

제15조【선박·차량 등의 종류 변경】 법 제10조 제3항 전단에 따른 선박·차량 및 기계장비의 종류 변경은 선박의 선질(船質)·용도·기관·정원 또는 최대적재량의 변경이나 차량 및 기계장비의 원동기·승차정원·최대적재량 또는 차체의 변경으로 한다. (2010. 9. 20. 개정)

제15조【선박·차량 등의 종류 변경】 삭 제 (2021. 12. 31.)

제16조【증축 등의 과세표준】 법 제10조 제3항 후단에서 "대통령령으로 정하는 시가표준액"이란 다음 각 호의 구분에 따른 가액을 말한다. (2010. 9. 20. 개정)
1. 취득세 납세의무자나 그 취득물건에 관하여 그와 거래관계가 있었던 자가 관련 장부나 그 밖의 증명서류를 갖추고 있는 경우에는 이에 따라 계산한 가액 (2010. 9. 20. 개정)
2. 제1호에 따른 관련 장부나 증명서류를 갖추고 있지 아니하거나 그 내용 중 취득경비 등의 금액이 해당 취득물건과 유사한 물건을 취득하는 경우에 일반적으로 드는 것으로 인정되는 자재비, 인건비, 그 밖에 취득에 필요한 경비 등을 기준으

(2023. 3. 14. 신설)

② 지방자치단체의 장은 영 제14조의 3 제6항에 따라 시가불인정 감정기관의 지정에 관한 사항을 지방세통합정보통신망에 지체 없이 게재해야 한다. (2023. 3. 14. 신설)

③ 제1항 및 제2항에서 규정한 사항 외에 시가불인정감정기관의 지정 절차 및 방법 등에 필요한 세부 사항은 행정안전부장관이 정하여 고시한다. (2023. 3. 14. 신설)

제10조의 3【유상승계취득의 경우 과세표준】
① 부동산등을 유상거래(매매 또는 교환 등 취득에 대한 대가를 지급하는 거래를 말한다. 이하 이 장에서 같다)로

로 시장 · 군수 · 구청장이 산정한 가액보다 부족한 경우에는 시장 · 군수 · 구청장이 산정한 가액 (2016. 12. 30. 개정)
3. 제1호 및 제2호에도 불구하고 토지의 지목변경의 경우에는 제17조에 따른 가액 (2010. 9. 20. 개정)

제16조【증축 등의 과세표준】 삭 제 (2021. 12. 31.)

제17조【토지의 지목변경에 대한 과세표준】 법 제10조 제3항 전단에 따른 과세표준 중 토지의 지목변경에 대한 과세표준은 토지의 지목이 사실상 변경된 때를 기준으로 제1호의 가액에서 제2호의 가액을 뺀 가액으로 한다. 다만, 제18조 제3항에 따른 판결문 또는 법인장부로 토지의 지목변경에 든 비용이 입증되는 경우에는 그 비용으로 한다. (2010. 9. 20. 개정)
1. 지목변경 이후의 토지에 대한 시가표준액(해당 토지에 대한 개별공시지가의 공시기준일이 지목변경으로 인한 취득일 전인 경우에는 인근 유사토지의 가액을 기준으로 「부동산 가격공시에 관한 법률」에 따라 국토교통부장관이 제공한 토지가격비준표를 사용하여 시장 · 군수 · 구청장이 산정한 가액을 말한다) (2016. 12. 30. 개정)
2. 지목변경 전의 시가표준액(지목변경 공사착공일 현재 공시된 법 제4조 제1항에 따른 시가표준액을 말한다) (2010. 9. 20. 개정)

제17조【토지의 지목변경에 대한 과세표준】 삭 제 (2021. 12. 31.)

제18조【사실상취득가격의 범위 등】 (2021. 12. 31. 제목개정)
① 법 제10조의 3 제1항 각 호 외의 부분에서 "대통령령

승계취득하는 경우 취득당시가액은 취득시기 이전에 해당 물건을 취득하기 위하여 다음 각 호의 자가 거래 상대방이나 제3자에게 지급하였거나 지급하여야 할 일체의 비용으로서 대통령령으로 정하는 사실상의 취득가격(이하 "사실상취득가격"이라 한다)으로 한다. (2023. 12. 29. 개정)

1. 납세의무자 (2023. 12. 29. 신설)
2. 「신탁법」에 따른 신탁의 방식으로 해당 물건을 취득하는 경우에는 같은 법에 따른 위탁자 (2023. 12. 29. 신설)
3. 그 밖에 해당 물건을 취득하기 위하여 비용을 지급하였거나 지급하여야 할 자로서 대통령령으로 정하는 자 (2023. 12. 29. 신설)

편주

법 10조의 3의 개정규정은 2024. 4. 1.부터 시행함. (법 부칙 (2023. 12. 29.) 1조 단서)

☞

예판

【예규】 • **공사중단 중에 발생한 이자비용의 취득세 과세표준**
건축 중 토지소유자와 분쟁으로 인해 공사가 장기간 중단된 경우, 공사중단기간 동안 발생한 차입금 이자비용은 건축물 취득세 과세표준에 포함됨. (부동산세제과-2307, 2020. 9. 4.)

• **학교용지부담금 등이 취득세 과세표준에 포함되는지 여부**
학교용지부담금의 경우 개발사업지역에서 단독주택을 건축하기 위한 토지를 개발하여 분양하거나 공동주택을 분양하는 자에게 부과·징수하는 것으로 「학교용지 확보 등에 관한 특례법」

으로 정하는 사실상의 취득가격"(이하 "사실상취득가격"이라 한다)이란 해당 물건을 취득하기 위하여 거래 상대방 또는 제3자에게 지급했거나 지급해야 할 직접비용과 다음 각 호의 어느 하나에 해당하는 간접비용의 합계액을 말한다. 다만, 취득대금을 일시급 등으로 지급하여 일정액을 할인받은 경우에는 그 할인된 금액으로 하고, 법인이 아닌 자가 취득한 경우에는 제1호, 제2호 또는 제7호의 금액을 제외한 금액으로 한다. (2024. 3. 26. 개정)

1. 건설자금에 충당한 차입금의 이자 또는 이와 유사한 금융비용 (2010. 9. 20. 개정)
2. 할부 또는 연부(年賦) 계약에 따른 이자 상당액 및 연체료 (2021. 12. 31. 단서삭제)
3. 「농지법」에 따른 농지보전부담금, 「문화예술진흥법」 제9조 제3항에 따른 미술작품의 설치 또는 문화예술진흥기금에 출연하는 금액, 「산지관리법」에 따른 대체산림자원조성비 등 관계 법령에 따라 의무적으로 부담하는 비용 (2019. 12. 31. 개정)
4. 취득에 필요한 용역을 제공받은 대가로 지급하는 용역비·수수료(건축 및 토지조성공사로 수탁자가 취득

에 따라 의무적으로 부담해야 하는 비용에 해당하는 점, 학교용지부담금의 경우 취득세 과세대상 단독 또는 공동주택을 취득하지 않을 경우 지출이 필요 없는 비용에 해당하는 점 등을 감안할 때, 학교용지부담금을 취득세 과세표준에 포함하는 것이 타당하다고 할 것이고, 이 외 다른 부담금도 취득시기 이전에 지급원인이 발생·확정되고 관계법령에 따라 의무적으로 부담하는 경우에 해당한다면 취득세 과세표준이 되는 취득가격의 범위에 포함된다고 할 것임. (지방세운영과-3861, 2015. 12. 11.)

- 거래가액 검증결과가 "보류"로 판정되었다면 그 적정성의 검증이 있었다고 볼 수 없으므로 신고된 가액과 시가표준액을 비교하여 과세표준을 산정하여야 하며, 추후 실제거래가격이 확인되었다 하더라도 취득세를 경정할 수 있는 것은 아니라고 할 것임. (지방세운영과-4032, 2011. 8. 26.)

하는 경우 위탁자가 수탁자에게 지급하는 신탁수수료를 포함한다) (2021. 12. 31. 개정)

5. 취득대금 외에 당사자의 약정에 따른 취득자 조건 부담액과 채무인수액 (2010. 9. 20. 개정)
6. 부동산을 취득하는 경우 「주택도시기금법」 제8조에 따라 매입한 국민주택채권을 해당 부동산의 취득 이전에 양도함으로써 발생하는 매각차손. 이 경우 행정안전부령으로 정하는 금융회사 등(이하 이 조에서 "금융회사등"이라 한다) 외의 자에게 양도한 경우에는 동일한 날에 금융회사등에 양도하였을 경우 발생하는 매각차손을 한도로 한다. (2017. 7. 26. 직제개정 ; 행정안전부와~직제 부칙)
7. 「공인중개사법」에 따른 공인중개사에게 지급한 중개보수 (2021. 12. 31. 단서삭제)
8. 붙박이 가구·가전제품 등 건축물에 부착되거나 일체를 이루면서 건축물의 효용을 유지 또는 증대시키기 위한 설비·시설 등의 설치비용 (2019. 12. 31. 신설)
9. 정원 또는 부속시설물 등을 조성·설치하는 비용 (2019. 12. 31. 신설)
10. 제1호부터 제9호까지의 비용에 준하는 비용 (2019. 12. 31. 개정)

② 제1항에도 불구하고 다음 각 호의 어느 하나에 해당하는 비용은 사실상취득가격에 포함하지 않는다. (2021. 12. 31. 개정)

1. 취득하는 물건의 판매를 위한 광고선전비 등의 판매

제4조의 5【금융회사 등】 (2023. 3. 14. 조번개정)

영 제18조 제1항 제6호 후단에서 "행정안전부령으로 정하는 금융회사 등"이란 「자본시장과 금융투자업에 관한 법률」에 따른 투자매매업자 또는 투자중개업자 및 「은행법」에 따른 인가를 받아 설립된 은행을 말한다. (2017. 7. 26. 직제개정 ; 행정안전부와~시행규칙 부칙)

비용과 그와 관련한 부대비용 (2010. 9. 20. 개정)

2. 「전기사업법」, 「도시가스사업법」, 「집단에너지사업법」, 그 밖의 법률에 따라 전기·가스·열 등을 이용하는 자가 분담하는 비용 (2010. 9. 20. 개정)

3. 이주비, 지장물 보상금 등 취득물건과는 별개의 권리에 관한 보상 성격으로 지급되는 비용 (2010. 9. 20. 개정)

4. 부가가치세 (2010. 9. 20. 개정)

5. 제1호부터 제4호까지의 비용에 준하는 비용 (2010. 9. 20. 개정)

③ 법 제10조의 3 제1항 제3호에서 "대통령령으로 정하는 자"란 다음 각 호의 어느 하나에 해당하는 자를 말한다. (2024. 3. 26. 신설)

1. 납세의무자의 특수관계인 (2024. 3. 26. 신설)

2. 납세의무자의 해당 물건 취득을 지원하기 위하여 보조금 등 그 밖의 명칭과 관계없이 비용을 지급한 자 (2024. 3. 26. 신설)

3. 건축물의 준공 전에 건축주의 지위를 양도한 자 (2024. 3. 26. 신설)

4. 그 밖에 납세의무자를 대신하여 해당 물건을 취득하기 위해 비용을 지급했거나 지급해야 할 자 (2024. 3. 26. 신설)

④ 부동산을 취득할 수 있는 권리를 타인으로부터 이전받은 자가 법 제10조 제5항 각 호의 어느 하나에 해당하는 방법으로 부동산을 취득하는 경우로서 해당 부동산 취득을 위하여 지출하였거나 지출할 금액의 합(이하 이 항에서 "실제 지출금액"이라 한다)이

② 지방자치단체의 장은 특수관계인 간의 거래로 그 취득에 대한 조세부담을 부당하게 감소시키는 행위 또는 계산을 한 것으로 인정되는 경우(이하 이 장에서 "부당행위계산"이라 한다)에는 제1항에도 불구하고 시가인정액을 취

분양·공급가격(분양자 또는 공급자와 최초로 분양계약 또는 공급계약을 체결한 자 간 약정한 분양가격 또는 공급가격을 말한다)보다 낮은 경우에는 부동산 취득자의 실제 지출금액을 기준으로 제1항 및 제2항에 따라 산정한 취득가액을 과세표준으로 한다. 다만, 「소득세법」 제101조 제1항 또는 「법인세법」 제2조 제12호에 따른 특수관계인과의 거래로 인한 취득인 경우에는 그러하지 아니하다. (2019. 2. 12. 단서개정 ; 법인세법 시행령 부칙)

⑤ 법 제10조 제6항에서 "대통령령으로 정하는 바에 따라 계산한 취득가격"이란 다음 각 호의 금액을 합한 금액을 말한다. (2016. 4. 26. 항번개정)

1. 제3항 제2호에 따른 법인장부로 증명된 금액 (2010. 9. 20. 개정)
2. 제3항 제2호에 따른 법인장부로 증명되지 아니하는 금액 중 「소득세법」 제163조에 따른 계산서 또는 「부가가치세법」 제32조에 따른 세금계산서로 증명된 금액 (2013. 6. 28. 개정 ; 부가가치세법 시행령 부칙)
3. 부동산을 취득하는 경우 「주택도시기금법」 제8조에 따라 매입한 국민주택채권을 해당 부동산의 취득 이전에 양도함으로써 발생하는 매각차손. 이 경우 금융회사등 외의 자에게 양도한 경우에는 동일한 날에 금융회사등에 양도하였을 경우 발생하는 매각차손을 한도로 한다. (2015. 6. 30. 개정 ; 주택도시기금법 시행령 부칙)

④~⑤ 삭 제 (2021. 12. 31.)

제18조의 2【부당행위계산의 유형】 법 제10조의 3 제2항에 따른 부당행위계산은 특수관계인으로부터 시가인정액보다 낮은 가격으로 부동산을 취득한 경우로서 시가인정액과 사실상취득가격의 차액이 3억원 이상이거

득당시가액으로 결정할 수 있다. (2021. 12. 28. 신설)

③ 부당행위계산의 유형은 대통령령으로 정한다. (2021. 12. 28. 신설)

제10조의 4【원시취득의 경우 과세표준】 ① 부동산등을 원시취득하는 경우 취득당시가액은 사실상취득가격으로 한다. (2021. 12. 28. 신설)

② 제1항에도 불구하고 법인이 아닌 자가 건축물을 건축하여 취득하는 경우로서 사실상취득가격을 확인할 수 없는 경우의 취득당시가액은 제4조에 따른 시가표준액으로 한다. (2021. 12. 28. 신설)

제10조의 5【무상취득 · 유상승계취득 · 원시취득의 경우 과세표준에 대한 특례】 ① 제10조의 2 및 제10조의 3에도 불구하고 차량 또는 기계장비를 취득하는 경우 취득당시가액은 다음 각 호의 구분에 따른 가격 또는 가액으로 한다. (2021. 12. 28. 신설)

1. 차량 또는 기계장비를 무상취득하는 경우 : 제4조 제2항에 따른 시가표준액 (2021. 12. 28. 신설)
2. 차량 또는 기계장비를 유상승계취득하는 경우 : 사실상취득가격. 다만, 사실상취득가격에 대한 신고 또는 신고가액의 표시가 없거나 그 신고가액이 제4조 제2항에 따른 시가표준액보다 적은 경우 취득당시가액은 같은 항에 따른 시가표준액으로 한다. (2021. 12.

나 시가인정액의 100분의 5에 상당하는 금액 이상인 경우로 한다. (2021. 12. 31. 신설)

28. 신설)

3. 차량 제조회사가 생산한 차량을 직접 사용하는 경우 : 사실상취득가격 (2021. 12. 28. 신설)

② 제1항에도 불구하고 천재지변으로 피해를 입은 차량 또는 기계장비를 취득하여 그 사실상취득가격이 제4조 제2항에 따른 시가표준액보다 낮은 경우 등 대통령령으로 정하는 경우 그 차량 또는 기계장비의 취득당시가액은 대통령령으로 정하는 바에 따라 달리 산정할 수 있다. (2021. 12. 28. 신설)

제18조의 3【차량 등의 취득가격】 ① 법 제10조의 5 제2항에서 "천재지변으로 피해를 입은 차량 또는 기계장비를 취득하여 그 사실상취득가격이 제4조 제2항에 따른 시가표준액보다 낮은 경우 등 대통령령으로 정하는 경우"란 다음 각 호의 어느 하나에 해당하는 경우를 말한다. (2023. 6. 30. 개정)

1. 천재지변, 화재, 교통사고 등으로 중고 차량이나 중고 기계장비의 가액이 시가표준액보다 낮은 것으로 시장·군수·구청장이 인정하는 경우 (2023. 6. 30. 신설)
2. 국가, 지방자치단체 또는 지방자치단체조합으로부터 취득하는 경우 (2023. 6. 30. 신설)
3. 수입으로 취득하는 경우 (2023. 6. 30. 신설)
4. 민사소송 및 행정소송의 확정 판결(화해·포기·인낙 또는 자백간주에 의한 것은 제외한다)에 따라 취득가격이 증명되는 경우 (2023. 6. 30. 신설)
5. 법인장부(금융회사의 금융거래 내역서 또는 「감정평가 및 감정평가사에 관한 법률」 제6조에 따른 감정평가서 등 객관적 증거서류에 따라 법인이 작성한 원장·보조장·출납전표 또는 결산서를 말한다)에 따라 취득가격이 증명되는 경우 (2023. 6. 30. 신설)
6. 경매 또는 공매로 취득하는 경우 (2023. 6. 30. 신설)

③ 제10조의 2부터 제10조의 4까지의 규정에도 불구하고 다음 각 호의 경우 취득당시가액의 산정 및 적용 등은 대통령령으로 정한다. (2021. 12. 28. 신설)

1. 대물변제, 교환, 양도담보 등 유상거래를 원인으로 취득하는 경우 (2021. 12. 28. 신설)
2. 법인의 합병·분할 및 조직변경을 원인으로 취득하는 경우 (2021. 12. 28. 신설)
3. 「도시 및 주거환경정비법」 제2조 제8호의 사업시행자, 「빈집 및 소규모주택 정비에 관한 특례법」 제2조 제1항 제5호의 사업시행자 및 「주택법」 제2조 제11호의 주택조합이 취득하는 경우 (2021. 12. 28. 신설)
4. 그 밖에 제1호부터 제3호까지의 규정에 준하는 경우로서 대통령령으로 정하는 취득에 해당하는 경우 (2021. 12. 28. 신설)

② 차량 또는 기계장비의 취득이 제1항에 해당하는 경우 법 제10조에 따른 취득 당시의 가액(이하 "취득당시가액"이라 한다)은 사실상취득가액으로 한다. 다만, 제1항 제5호에 따른 중고 차량 또는 중고 기계장비로서 그 취득가격이 시가표준액보다 낮은 경우(제1호의 경우는 제외한다)에는 해당 시가표준액을 취득당시가액으로 한다. (2023. 6. 30. 단서신설)

제18조의 4【유상·무상·원시취득의 경우 과세표준에 대한 특례】 ① 법 제10조의 5 제3항 각 호에 따른 취득의 경우 취득당시가액은 다음 각 호의 구분에 따른 가액으로 한다. (2023. 3. 14. 항번개정)

1. 법 제10조의 5 제3항 제1호의 경우 : 다음 각 목의 구분에 따른 가액. 다만, 특수관계인으로부터 부동산등을 취득하는 경우로서 법 제10조의 3 제2항에 따른 부당행위계산을 한 것으로 인정되는 경우 취득당시가액은 시가인정액으로 한다. (2021. 12. 31. 신설)
   가. 대물변제 : 대물변제액(대물변제액 외에 추가로 지급한 금액이 있는 경우에는 그 금액을 포함한다). 다만, 대물변제액이 시가인정액보다 적은 경우 취득당시가액은 시가인정액으로 한다. (2023. 12. 29. 단서개정)
   나. 교환 : 교환을 원인으로 이전받는 부동산등의 시가인정액과 이전하는 부동산등의 시가인정액(상

편주

영 18조의 4 제1항 1호 가목 단서 및 같은 호 다목 단서의 개정규정은 2024. 1. 1. 이후 취득하는 경우부터 적용함. (영 부칙(2023. 12. 29.) 3조)

대방에게 추가로 지급하는 금액과 상대방으로부터 승계받는 채무액이 있는 경우 그 금액을 더하고, 상대방으로부터 추가로 지급받는 금액과 상대방에게 승계하는 채무액이 있는 경우 그 금액을 차감한다) 중 높은 가액 (2021. 12. 31. 신설)

다. 양도담보 : 양도담보에 따른 채무액(채무액 외에 추가로 지급한 금액이 있는 경우 그 금액을 포함한다). 다만, 그 채무액이 시가인정액보다 적은 경우 취득당시가액은 시가인정액으로 한다. (2023. 12. 29. 단서개정)

2. 법 제10조의 5 제3항 제2호의 경우 : 시가인정액. 다만, 시가인정액을 산정하기 어려운 경우 취득당시가액은 시가표준액으로 한다. (2021. 12. 31. 신설)

3. 법 제10조의 5 제3항 제3호에 따른 사업시행자 또는 주택조합이 법 제7조 제8항 단서에 따른 비조합원용 부동산 또는 체비지 · 보류지를 취득한 경우 : 다음 계산식에 따라 산출한 가액 (2023. 3. 14. 개정)

가액 = A × [B − (C × B / D)]

A : 해당 토지의 제곱미터당 분양가액

B : 해당 토지의 면적

C : 사업시행자 또는 주택조합이 해당 사업 진행 중 취득한 토지면적(조합원으로부터 신탁받은 토지는 제외한다)

D : 해당 사업 대상 토지의 전체 면적

편주

2023. 3. 14. 전에 「도시 및 주거환경정비법」 74조에 따른 관리처분계획 인가, 「빈집 및 소규모주택 정비에 관한 특례법」 29조에 따른 사업시행계획인가 또는 「주택법」 15조에 따른 사업계획 승인을 받은 사업의 시행으로 법 제10조의 5 제3항 3호에 따른 사업시행자 또는 주택조합이 2023. 3. 14. 이후 취득하는 비조합원용 부동산 또는 체비지 · 보류지에 대해서는 영 18조의 4 제1항 3호의 개정규정에도 불구하고 취득당시가액은 다음 계산식에 따라 산출한 가액으로 함. 다만, 다음 계산식에 따라 산출한 가액이 영 18조의 4 제1항 3호의 개정규정에 따라 산출한 가액보다 높은 경우에는 그렇지 않음. (영 부칙(2023. 3. 14.) 3조의 2 제1항) (2024. 12. 31. 신설)

가액 = A × [B − (C × B / D)]

A: 해당 토지의 제곱미터당 공시지가
B: 해당 토지의 면적
C: 사업시행자 또는 주택조합이 해당 사업 진행 중 취득한 토지면적(조합원으로부터 신탁받은 토지는 제외함)
D: 해당 사업 대상 토지의 전체 면적

편주

2023. 3. 14. 전에 「도시개발법」 29조에 따른 환지계획 인가를 받은 사업의 시행으로 영 18조의 4 제2항 1호에 따른 사업시행자가 2023. 3. 14. 이후 취득하는 체비지 · 보류지에 대해서는 같은 조 1항 4호 가목의 개정규정에도 불구하고 취득당시가액은 다음 계산식에 따라 산출한 가액으로 함. 다만, 다음 계산식에 따라 산출한 가액이 같은 조 1항 4호 가목의 개정규정에 따라 산출한 가액보다 높은 경우에는 그렇지 않음. (영 부칙(2023. 3. 14.) 3조의 2 제2항) (2024. 12. 31. 신설)

가액 = A × [B − (C × B / D)] − E

A: 해당 토지의 제곱미터당 공시지가
B: 해당 토지의 면적
C: 사업시행자가 해당 사업 진행 중 취득한 토지면적
D: 해당 사업 대상 토지의 전체 면적
E: 법 7조 4항 후단에 따른 토지의 지목 변경에 따른 취득가액

4. 법 제10조의 5 제3항 제4호의 경우 : 다음 각 목의 구분에 따른 가액 (2023. 3. 14. 신설)

가. 제2항 제1호에 해당하는 경우 : 다음 계산식에 따라 산출한 가액 (2023. 3. 14. 신설)

가액 = A × [B − (C × B / D)] − E

A : 해당 토지의 제곱미터당 분양가액
B : 해당 토지의 면적
C : 사업시행자가 해당 사업 진행 중 취득한 토지면적
D : 해당 사업 대상 토지의 전체 면적
E : 법 제7조 제4항 후단에 따른 토지의 지목 변경에 따른 취득가액

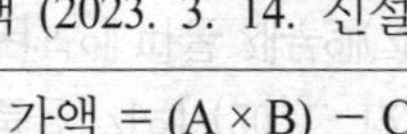

나. 제2항 제2호에 해당하는 경우 : 다음 계산식에 따라 산출한 가액 (2023. 3. 14. 신설)

가액 = (A × B) − C

A : 해당 토지의 제곱미터당 분양가액
B : 해당 토지 면적
C : 법 제7조 제4항 후단에 따른 토지의 지목 변경에 따른 취득가액

편주

2023. 3. 14. 전에 「도시개발법」 29조에 따른 환지계획 인가 또는 「도시 및 주거환경정비법」 74조에 따른 관리처분계획 인가를 받은 사업의 시행으로 영 18조의 4 제2항 2호에 따른 조합원(재개발사업 또는 도시개발사업에 따른 조합

제10조의 6【취득으로 보는 경우의 과세표준】 ① 다음 각 호의 경우 취득 당시가액은 그 변경으로 증가한 가액에 해당하는 사실상취득가격으로 한다. (2021. 12. 28. 신설)

1. 토지의 지목을 사실상 변경한 경우 (2021. 12. 28. 신설)

② 법 제10조의 5 제3항 제4호에서 "대통령령으로 정하는 취득"이란 다음 각 호의 취득을 말한다. (2023. 3. 14. 신설)

1. 「도시개발법」에 따른 도시개발사업의 시행으로 인한 사업시행자의 체비지 또는 보류지의 취득 (2023. 3. 14. 신설)
2. 법 제7조 제16항 후단에 따른 조합원의 토지 취득 (2023. 3. 14. 신설)

제18조의 6【취득으로 보는 경우의 과세표준】 법 제10조의 6 제1항 각 호의 어느 하나에 해당하는 경우로서 사실상취득가격을 확인할 수 없는 경우의 취득당시가액은 다음 각 호의 구분에 따른 가액으로 한다. (2021. 12. 31. 신설)

1. 법 제10조의 6 제1항 제1호의 경우 : 토지의 지목이 사실상 변경된 때를 기준으로 가목의 가액에서 나목의 가액을 뺀 가액 (2021. 12. 31. 신설)
   가. 지목변경 이후의 토지에 대한 시가표준액(해당 토지에 대한 개별공시지가의 공시기준일이 지목변경으로 인한 취득일 전인 경우에는 인근 유사토지의 가액을 기준으로 「부동산 가격공시에 관한 법률」에 따라 국토교통부장관이 제공한 토지가격비준표를 사용하여 시장·군수·구청장이 산정한 가액을 말한다) (2021. 12. 31. 신설)
   나. 지목변경 전의 토지에 대한 시가표준액(지목변경

원의 경우에는 2023. 1. 1.부터 2023. 3. 14. 전까지 환지계획 인가 또는 관리처분계획인가를 받은 경우로 한정함)이 2023. 3. 14. 이후 취득하는 토지에 대해서는 같은 조 1항 4호 나목의 개정규정에도 불구하고 취득당시가액은 다음 계산식에 따라 산출한 가액으로 함. 다만, 다음 계산식에 따라 산출한 가액이 같은 조 1항 4호 나목의 개정규정에 따라 산출한 가액보다 높은 경우에는 그렇지 않음. (영 부칙(2023. 3. 14.) 3조의 2 제3항) (2024. 12. 31. 신설)

> 가액 = (A × B) − C
> A: 해당 토지의 제곱미터당 공시지가
> B: 해당 토지 면적
> C: 법 7조 4항 후단에 따른 토지의 지목 변경에 따른 취득가액

2. 선박, 차량 또는 기계장비의 용도 등 대통령령으로 정하는 사항을 변경한 경우 (2021. 12. 28. 신설)

② 제1항에도 불구하고 법인이 아닌 자가 제1항 각 호의 어느 하나에 해당하는 경우로서 사실상취득가격을 확인할 수 없는 경우 취득당시가액은 제4조에 따른 시가표준액을 대통령령으로 정하는 방법에 따라 계산한 가액으로 한다. (2021. 12. 28. 신설)

③ 건축물을 개수하는 경우 취득당시가액은 제10조의 4에 따른다. (2021. 12. 28. 신설)

④ 제7조 제5항 전단에 따라 과점주주가 취득한 것으로 보는 해당 법인의 부동산등의 취득당시가액은 해당 법인의 결산서와 그 밖의 장부 등에 따른 그 부동산등의 총가액을 그 법인의 주식 또는 출자의 총수로 나눈 가액에 과점주주가 취득한 주식 또는 출자의 수를 곱한 금액

으로 인한 취득일 현재 해당 토지의 변경 전 지목에 대한 개별공시지가를 말한다. 다만, 변경 전 지목에 대한 개별공시지가가 없는 경우에는 인근 유사토지의 가액을 기준으로 「부동산 가격공시에 관한 법률」에 따라 국토교통부장관이 제공한 토지가격비준표를 사용하여 시장 · 군수 · 구청장이 산정한 가액을 말한다) (2021. 12. 31. 신설)

2. 법 제10조의 6 제1항 제2호의 경우 : 법 제4조 제2항에 따른 시가표준액 (2021. 12. 31. 신설)

제18조의 5 【선박 · 차량 등의 종류 변경】 법 제10조의 6 제1항 제2호에서 "선박, 차량 또는 기계장비의 용도 등 대통령령으로 정하는 사항"이란 선박의 선질(船質) · 용도 · 기관 · 정원 · 최대적재량이나 차량 또는 기계장비의 원동기 · 승차정원 · 최대적재량 · 차체를 말한다. (2021. 12. 31. 신설)

제19조 【부동산등의 일괄취득】 (2018. 12. 31. 제목개정)

① 부동산등을 한꺼번에 취득하여 각 과세물건의 취득 당시의 가액이 구분되지 않는 경우에는 한꺼번에 취득한 가격을 각 과세물건별 시가표준액 비율로 나눈 금액을 각각의 취득 당시의 가액으로 한다. (2021. 12. 31. 개정)

② 제1항에도 불구하고 주택, 건축물과 그 부속토지를 한꺼번에 취득한 경우에는 다음 각 호의 계산식에 따라

예판

【판례】 • 대물변제 여부 및 취득시기

– 대여금채권을 회수하기 위하여 분양계약을 체결하여 그 채권을 상계한 경우 대물변제가 아닌 사실상 취득에 해당하며, 그 후 판결에 따라 소유권을 인정받았더라도 그 취득시기는 사실상 취득일임. (대법 2017두56032, 2021. 5. 27.)

• 연부취득여부

– 계약서상 잔금지급일(소유권 이전 관련 서류 교부일)을 특정하지 않았더라도 잔금지급까지 2년이 경과할 것을 예상할 수 있는 경우라면 연부취득에 해당(수원고법 2020누12663, 2021. 5. 21. ; 대법확정)

으로 한다. 이 경우 과점주주는 조례로 정하는 바에 따라 취득당시가액과 그 밖에 필요한 사항을 신고하여야 한다. (2021. 12. 28. 신설)

주택 부분과 주택 외 부분의 취득 당시의 가액을 구분하여 산정한다. (2021. 12. 31. 개정)

1. 주택 부분 :

$$\text{취득 당시의 가액} \times \frac{[\text{건축물 중 주택 부분의 시가표준액(법 제4조 제2항에 따른 시가표준액을 말한다. 이하 이 항에서 같다)}] + [\text{부속토지 중 주택 부분의 시가표준액(법 제4조 제1항에 따른 토지 시가표준액을 말한다. 이하 이 항에서 같다)}]}{\text{건축물과 부속토지 전체의 시가표준액}}$$

(2021. 12. 31. 개정)

2. 주택 외 부분 :

$$\text{취득 당시의 가액} \times \frac{(\text{건축물 중 주택 외 부분의 시가표준액}) + (\text{부속토지 중 주택 외 부분의 시가표준액})}{\text{건축물과 부속토지 전체의 시가표준액}}$$

(2021. 12. 31. 개정)

③ 제1항 및 제2항에도 불구하고 신축 또는 증축으로 주택과 주택 외의 건축물을 한꺼번에 취득한 경우에는 다음 각 호의 계산식에 따라 주택 부분과 주택 외 부분의 취득 당시의 가액을 구분하여 산정한다. (2021. 12. 31. 개정)

1. 주택 부분 :

$$\text{취득 당시의 가액} \times \frac{\text{건축물 중 주택 부분의 연면적}}{\text{건축물 전체의 연면적}}$$

(2021. 12. 31. 개정)

【조심판례】 부동산에 관한 점유취득시효가 완성되면 취득자는 유상승계취득에 있어 잔금이 청산된 경우와 같이 등기명의인에 대하여 소유권이전등기청구권을 가지게 되는 등 그 자체로 취득세의 과세객체가 되는 사실상의 취득행위가 존재한다고 봄이 상당하다 할 것임. (조심 2011지297, 2012. 6. 21.)

【예규】
- 소유권이전등기 절차이행 청구의 판결문상에 매도인이 중도금과 잔금의 수령을 거부하여 취득의 시기가 불분명한 경우 취득일은 확정 판결일이 아니라 소유권 이전등기를 한 날로 봄이 타당함. (지방세운영과-4135, 2010. 9. 7.)
- 사용승인 후 건축주가 사용승인서를 교부받지 못했다고 하여 건축물을 사용할 수 없지는 않은 점, 사용승인서 교부는 단순한 통지행위인 점 등을 종합적으로 감안할 때 "사용승인서 교부일"은 사용승인검사 합격 결정일로 보는 것이 타당함. (지방세운영과-3055, 2012. 9. 27.)
- 사실상의 지목변경 시기는 토지의 지목을 변경하려는 자가 당초 의도한대로 토지의 형질이나 이용상태가 변경된 때를 말하는 것임. (지방세운영과-955, 2012. 3. 28.)
- 조정은 화해와 동일한 효력이 있어 국가기관인 법원이 법률에 의해 실체적 진실을 찾아내는 판결과는 현저한 차이가 있으므

제10조의 7 【취득의 시기】 제10조의 2부터 제10조의 6까지의 규정을 적용하는 경우 취득물건의 취득유형별 취득시기 등에 관하여 필요한 사항은 대통령령으로 정한다. (2021. 12. 28. 신설)

☞

편주

영 20조 1항 1호부터 3호까지의 개정규정은 2024. 1. 1. 전에 무상취득한 경우로서 2024. 1. 1. 당시 그 취득일부터 60일이 경과되지 않은 경우에도 적용함. (영 부칙(2023. 12. 29.) 4조 1항)

2. 주택 외 부분 :

$$\text{취득 당시의 가액} \times \frac{\text{건축물 중 주택 외 부분의 연면적}}{\text{건축물 전체의 연면적}}$$

(2021. 12. 31. 개정)

④ 제1항의 경우에 시가표준액이 없는 과세물건이 포함되어 있으면 부동산등의 감정가액 등을 고려하여 시장·군수·구청장이 결정한 비율로 나눈 금액을 각각의 취득 당시의 가액으로 한다. (2021. 12. 31. 개정)

제20조 【취득의 시기 등】 ① 무상취득의 경우에는 그 계약일(상속 또는 유증으로 인한 취득의 경우에는 상속 또는 유증 개시일을 말한다)에 취득한 것으로 본다. 다만, 해당 취득물건을 등기·등록하지 않고 다음 각 호의 어느 하나에 해당하는 서류로 계약이 해제된 사실이 입증되는 경우에는 취득한 것으로 보지 않는다. (2021. 12. 31. 개정)

1. 화해조서·인낙조서(해당 조서에서 취득일부터 취득일이 속하는 달의 말일부터 3개월 이내에 계약이 해제된 사실이 입증되는 경우만 해당한다) (2023. 12. 29. 개정)
2. 공정증서(공증인이 인증한 사서증서를 포함하되, 취득일부터 취득일이 속하는 달의 말일부터 3개월 이내에 공증받은 것만 해당한다) (2023. 12. 29. 개정)

로 「민사조정법」에 따라 "매매계약 해제를 원인으로 한 소유권이전등기의 말소등기절차를 이행하라"는 조정을 받았다고 하더라도 취득세는 환급할 수 없다고 판단됨. (지방세운영과-2812, 2012. 9. 7.)

- 토지구획정리사업시행자로부터 환지처분 공고일 전에 체비지를 매수하여 잔금을 완납하고 체비지대장에 등재한 자의 경우, 취득세 납세의무 성립시기인 취득일은 잔금지급일임. (법제 08-0413, 2009. 1. 28.)

☞

편주

영 20조 2항의 개정규정은 2024. 1. 1. 이후 유상승계취득하는 경우(사실상의 잔금지급일을 확인할 수 있는 경우로 한정함)부터 적용함. (영 부칙(2023. 12. 29.) 4조 2항)

예판

【조심판례】 청구인은 쟁점부동산을 매매계약서상 잔금지급일이 아닌 매매계약 특약사항에서 정한 방법으로 잔금을 지급하여 취득한 것으로 보는 것이 타당하므로, 이 건 취득세 등의 부과처분은 감면 유예기간이 경과하지 아니하여 추징요건이 완성되지 아니한 때에 한 처분으로서 잘못이 있다고 판단됨. (조심 2019지2005, 2020. 1. 7.)

3. 행정안전부령으로 정하는 계약해제신고서(취득일부터 취득일이 속하는 달의 말일부터 3개월 이내에 제출된 것만 해당한다) (2023. 12. 29. 개정)

② 유상승계취득의 경우에는 사실상의 잔금지급일(신고인이 제출한 자료로 사실상의 잔금지급일을 확인할 수 없는 경우에는 계약상의 잔금지급일을 말하고, 계약상 잔금 지급일이 명시되지 않은 경우에는 계약일부터 60일이 경과한 날을 말한다)에 취득한 것으로 본다. 다만, 해당 취득물건을 등기·등록하지 않고 다음 각 호의 어느 하나에 해당하는 서류로 계약이 해제된 사실이 입증되는 경우에는 취득한 것으로 보지 않는다. (2023. 12. 29. 개정)

1. 화해조서·인낙조서(해당 조서에서 취득일부터 60일 이내에 계약이 해제된 사실이 입증되는 경우만 해당한다) (2023. 12. 29. 개정)
2. 공정증서(공증인이 인증한 사서증서를 포함하되, 취득일부터 60일 이내에 공증받은 것만 해당한다) (2023. 12. 29. 개정)
3. 행정안전부령으로 정하는 계약해제신고서(취득일부터 60일 이내에 제출된 것만 해당한다) (2023. 12. 29. 개정)
4. 부동산 거래신고 관련 법령에 따른 부동산거래계약 해제등 신고서(취득일부터 60일 이내에 등록관청에 제출한 경우만 해당한다) (2023. 12. 29. 개정)

③ 차량·기계장비·항공기 및 선박(이하 이 조에서 "차

제4조의 6【계약해제 신고】 (2023. 3. 14. 조번개정)

영 제20조 제1항 제3호 및 같은 조 제2항 제3호에서 "행정안전부령으로 정하는 계약해제신고서"란 별지 제1호의 3 서식의 계약해제신고서를 말한다. (2024. 12. 31. 개정)

【조심판례】 • 부동산 매매계약서 상 잔금지급일 적용 여부

부동산 매매에 따른 소유권이전등기를 경료한 사실이 없고, 잔금을 지급하지 아니한 사실이 증명되어 유상승계취득의 형식적·실질적 요건을 모두 갖추지 아니한 경우 「지방세법 시행령」 제20조 제2항 규정에도 불구하고 계약상 잔금지급일에 취득한 것으로 볼 수 없음. (조

예판

【조심판례】 • 당해 조합원이 분양신청 기한 내에 분양신청을 완료한 후 그 후 분양신청을 철회하지 않았다면 그 조합원의 지위는 계속하여 유지된다 할 것이고, 이 경우 신축된 부동산의 취득시기는 「지방세법 시행령」 제20조 제6항 단서의 규정에 따라 환지처분 공고일의 다음 날 또는 소유권 이전 고시일의 다음 날과 사실상의 사용일 중 빠른 날을 취득일로 보아야 함. (조심 2015지1031, 2015. 10. 2.)

• 주택조합 조합원이 주택을 배정받아 사용승인을 득한 후 분담금 미납을 원인으로 조합원 자격이 제명되었다 하더라도 청구인은 사용승인일에 쟁점주택을 취득한 것으로 보아야 하고, 그 후 주택조합의 조합원 자격이 박탈되었다 하더라도 이미 적법하게 성립한 취득세 납세의무에 영향을 줄 수는 없음. (조심 2014지1227, 2014. 10. 15.)

☞

량등"이라 한다)의 경우에는 다음 각 호에 따른 날을 최초의 취득일로 본다. (2021. 12. 31. 개정)

1. 주문을 받거나 판매하기 위하여 차량등을 제조 · 조립 · 건조하는 경우 : 실수요자가 차량등을 인도받는 날과 계약서 상의 잔금지급일 중 빠른 날 (2021. 12. 31. 개정)
2. 차량등을 제조 · 조립 · 건조하는 자가 그 차량등을 직접 사용하는 경우 : 차량등의 등기 또는 등록일과 사실상의 사용일 중 빠른 날 (2021. 12. 31. 개정)

④ 수입에 따른 취득은 해당 물건을 우리나라에 반입하는 날(보세구역을 경유하는 것은 수입신고필증 교부일을 말한다)을 취득일로 본다. 다만, 차량등의 실수요자가 따로 있는 경우에는 실수요자가 차량등을 인도받는 날과 계약상의 잔금지급일 중 빠른 날을 승계취득일로 보며, 취득자의 편의에 따라 수입물건을 우리나라에 반입하지 않거나 보세구역을 경유하지 않고 외국에서 직접 사용하는 경우에는 그 수입물건의 등기 또는 등록일을 취득일로 본다. (2021. 12. 31. 단서개정)

⑤ 연부로 취득하는 것(취득가액의 총액이 법 제17조의 적용을 받는 것은 제외한다)은 그 사실상의 연부금 지급일을 취득일로 본다. (2010. 9. 20. 개정)

⑥ 건축물을 건축 또는 개수하여 취득하는 경우에는 사용승인서(「도시개발법」 제51조 제1항에 따른 준공검사 증명서, 「도시 및 주거환경정비법 시행령」 제74조에 따른 준공인가증 및 그 밖에 건축 관계 법령에 따른 사용

심 2023지4237, 2024. 8. 13.)

승인서에 준하는 서류를 포함한다. 이하 이 항에서 같다)를 내주는 날(사용승인서를 내주기 전에 임시사용승인을 받은 경우에는 그 임시사용승인일을 말하고, 사용승인서 또는 임시사용승인서를 받을 수 없는 건축물의 경우에는 사실상 사용이 가능한 날을 말한다)과 사실상의 사용일 중 빠른 날을 취득일로 본다. (2019. 5. 31. 개정)

⑦「주택법」 제11조에 따른 주택조합이 주택건설사업을 하면서 조합원으로부터 취득하는 토지 중 조합원에게 귀속되지 아니하는 토지를 취득하는 경우에는 「주택법」 제49조에 따른 사용검사를 받은 날에 그 토지를 취득한 것으로 보고, 「도시 및 주거환경정비법」 제35조 제3항에 따른 재건축조합이 재건축사업을 하거나 「빈집 및 소규모주택 정비에 관한 특례법」 제23조 제2항에 따른 소규모재건축조합이 소규모재건축사업을 하면서 조합원으로부터 취득하는 토지 중 조합원에게 귀속되지 아니하는 토지를 취득하는 경우에는 「도시 및 주거환경정비법」 제86조 제2항 또는 「빈집 및 소규모주택 정비에 관한 특례법」 제40조 제2항에 따른 소유권이전 고시일의 다음 날에 그 토지를 취득한 것으로 본다. (2018. 2. 9. 개정 ; 빈집 및~시행령 부칙)

⑧ 관계 법령에 따라 매립·간척 등으로 토지를 원시취득하는 경우에는 공사준공인가일을 취득일로 본다. 다만, 공사준공인가일 전에 사용승낙·허가를 받거나 사실상 사용하는 경우에는 사용승낙일·허가일 또는 사실상 사

예판

【판례】 · 지목변경 취득시기

- 개발사업에 따른 지목변경 취득시기는 토지의 현황이 물리적으로 변경된 것 이외 관련 상하수도, 도시가스 등 기반시설이 모두 준공된 때로 보는 것이 타당 (서울행법 2019구합73383, 2020. 6. 12. : 대법확정)

제11조 【부동산 취득의 세율】 ① 부동산에 대한 취득세는 제10조의 2부터 제10조의 6까지의 규정에 따른 과세표준에 다음 각 호에 해당하는 표준세율을 적용하여 계산한 금액을 그 세액으로 한다. (2021. 12. 28. 개정)

예판

【판례】 농지세율 적용 여부

농지 외로의 변경상태가 일시적인 것에 불과하고, 농지로의 원상회복이 용이한 경우라면, 지방세법상 '농지'세율 적용대상에 해당 (서울고법 2020누33123, 2021. 1. 15. ; 대법확정)

용일 중 빠른 날을 취득일로 본다. (2014. 8. 12. 단서개정)

⑨ 차량 · 기계장비 또는 선박의 종류변경에 따른 취득은 사실상 변경한 날과 공부상 변경한 날 중 빠른 날을 취득일로 본다. (2010. 9. 20. 개정)

⑩ 토지의 지목변경에 따른 취득은 토지의 지목이 사실상 변경된 날과 공부상 변경된 날 중 빠른 날을 취득일로 본다. 다만, 토지의 지목변경일 이전에 사용하는 부분에 대해서는 그 사실상의 사용일을 취득일로 본다. (2010. 9. 20. 개정)

⑪ 골프회원권, 승마회원권, 콘도미니엄 회원권, 종합체육시설 이용회원권 및 요트회원권의 존속기한 또는 입회기간을 연장하는 경우에는 기간이 새로 시작되는 날을 취득일로 본다. (2014. 8. 12. 신설)

⑪ 삭 제 (2017. 12. 29.)

⑫ 「민법」 제245조 및 제247조에 따른 점유로 인한 취득의 경우에는 취득물건의 등기일 또는 등록일을 취득일로 본다. (2021. 12. 31. 신설)

⑬ 「민법」 제839조의 2 및 제843조에 따른 재산분할로 인한 취득의 경우에는 취득물건의 등기일 또는 등록일을 취득일로 본다. (2021. 12. 31. 항번개정)

⑭ 제1항, 제2항 및 제5항에 따른 취득일 전에 등기 또는 등록을 한 경우에는 그 등기일 또는 등록일에 취득한 것으로 본다. (2021. 12. 31. 항번개정)

예판

【판례】 골프회원권 입회기간 자동갱신은 새로운 취득으로 볼 수 없음

원고가 기존의 골프회원권을 반납하고 새로운 회원권을 취득한다는 계약서를 작성하거나 입회금을 반환받지도 아니하였으며, 이 사건 골프회원권에 새로운 회원번호가 부여된 것으로 보이지 아니하고 회원권의 종류도 그대로인바, 원고가 회원자격을 상실한 후 이 사건 골프회원권을 새롭게 취득하는 등의 취득세의 담세력의 근거가 되는 재화의 이전이라는 사실 자체가 있다고 보기 어려움. (대법 2016두63323, 2017. 3. 30.)

1. 상속으로 인한 취득 (2010. 12. 27. 개정)
   가. 농지 : 1천분의 23 (2010. 3. 31. 개정)
   나. 농지 외의 것 : 1천분의 28 (2010. 3. 31. 개정)

예판

【예규】 공유물분할 취득세 납세의무 성립 여부
일반건축물대장에서 집합건축물대장으로 전환하면서 소유지분을 공유에서 구분소유로 변경한 후 공유자별 지분을 각각 구분소유로 소유권보존등기를 경료하는 경우 공유물분할에 따른 취득세 납세의무가 성립되지 않음. (지방세운영과-3253, 2016. 12. 28.)

2. 제1호 외의 무상취득 : 1천분의 35. 다만, 대통령령으로 정하는 비영리사업자의 취득은 1천분의 28로 한다. (2010. 12. 27. 개정)

운영예규 **법11-4【합유자 소유권 이전시 세율】**
부동산 합유자 중 일부가 사망하여 잔존 합유재산의 변동이

제21조【농지의 범위】 법 제11조 제1항 제1호 각 목 및 같은 항 제7호 각 목에 따른 농지는 각각 다음 각 호의 토지로 한다. (2010. 12. 30. 개정)

1. 취득 당시 공부상 지목이 논, 밭 또는 과수원인 토지로서 실제 농작물의 경작이나 다년생식물의 재배지로 이용되는 토지. 이 경우 농지 경영에 직접 필요한 농막(農幕)·두엄간·양수장·못·늪·농도(農道)·수로 등이 차지하는 토지 부분을 포함한다. (2010. 9. 20. 개정)

운영예규 **법11…시행령21-1【농지의 범위】**
토지에 일시적·잠정적으로 농작물 등을 심어 둔 경우에는 농지의 범위에 포함하지 아니한다.

2. 취득 당시 공부상 지목이 논, 밭, 과수원 또는 목장용지인 토지로서 실제 축산용으로 사용되는 축사와 그 부대시설로 사용되는 토지, 초지 및 사료밭 (2013. 1. 1. 개정)

제22조【비영리사업자의 범위】 법 제11조 제1항 제2호 단서에서 "대통령령으로 정하는 비영리사업자"란 각각 다음 각 호의 어느 하나에 해당하는 자를 말한다. (2014. 1. 1. 개정)

1. 종교 및 제사를 목적으로 하는 단체 (2010. 9. 20. 개정)

예판

【예규】 소매업 또는 도소매업으로 사업자등록을 한 자가 다른 곳에서 매입한 농작물 또는 다년생식물을 판매하기 전에 일시적으로 화분 또는 가식(假植)상태로 심어두는 토지로 그 비닐하우스 내 일부를 이용하는 경우, 위 비닐하우스가 위치한 토지는 농지에 해당하지 않음. (법제 10-0287, 2010. 10. 1.)

있는 경우에는 「지방세법」 제11조 제1항 제2호의 세율을 적용한다.

3. 원시취득 : 1천분의 28 (2010. 3. 31. 개정)
4. 「신탁법」에 따른 신탁재산인 부동산을 수탁자로부터 수익자에게 이전하는 경우의 취득 : 1천분의 30. 다만, 대통령령으로 정하는 비영리사업자의 취득은 1천분의 25로 한다. (2010. 3. 31. 개정)
4. 삭 제 (2014. 1. 1.)
5. 공유물의 분할 또는 「부동산 실권리자명의 등기에 관한 법률」 제2조 제1호 나목에서 규정하고 있는 부동산의 공유권 해소를 위한 지분이전으로 인한 취득(등기부등본상 본인 지분을 초과하는 부분의 경우에는 제외한다) : 1천분의 23 (2010. 12. 27. 신설)

운영예규 법11-3【공유토지를 단독소유로 취득시 세율】
공유로 되어 있는 부동산을 분할등기하는 경우 자기 소유지분에 대하여는 「지방세법」 제11조 제1항 제5호의 세율을 적용하고, 자기 소유지분 초과분에 대하여는 「지방세법」 제11조 제1항 제7호의 세율을 적용한다.

6. 합유물 및 총유물의 분할로 인한 취득 : 1천분의 23 (2010. 12. 27. 개정)
7. 그 밖의 원인으로 인한 취득 (2010. 12. 27. 호번개정)
   가. 농지 : 1천분의 30 (2010. 3. 31. 개정)
   나. 농지 외의 것 : 1천분의 40 (2010. 3. 31. 개정)

2. 「초·중등교육법」 및 「고등교육법」에 따른 학교, 「경제자유구역 및 제주국제자유도시의 외국교육기관 설립·운영에 관한 특별법」 또는 「기업도시개발 특별법」에 따른 외국교육기관을 경영하는 자 및 「평생교육법」에 따른 교육시설을 운영하는 평생교육단체 (2010. 9. 20. 개정)
3. 「사회복지사업법」에 따라 설립된 사회복지법인 (2010. 9. 20. 개정)
4. 「지방세특례제한법」 제22조 제1항에 따른 사회복지법인등 (2019. 12. 31. 개정)
5. 「정당법」에 따라 설립된 정당 (2010. 9. 20. 개정)

운영예규 법11-2【부동산 교환 취득의 세율】
부동산을 상호교환하여 소유권이전등기를 하는 것은 유상승계취득에 해당하므로 「지방세법」 제11조 제1항 제7호의 세율을 적용하여야 한다.

운영예규 법11-1【부동산 취득의 세율】
1. 명의신탁해지의 판결에 의하여 소유권을 이전한 경우 소유권 취득대가로 법원의 반대급부지급명령을 받거나 사실상 반대급부를 지

8. 제7호 나목에도 불구하고 유상거래를 원인으로 주택[「주택법」 제2조 제1호의 주택으로서 「건축법」에 따른 건축물대장 · 사용승인서 · 임시사용승인서나 「부동산등기법」에 따른 등기부에 주택으로 기재{「건축법」(법률 제7696호로 개정되기 전의 것을 말한다)에 따라 건축허가 또는 건축신고 없이 건축이 가능하였던 주택(법률 제7696호 건축법 일부개정법률 부칙 제3조에 따라 건축허가를 받거나 건축신고가 있는 것으로 보는 경우를 포함한다)으로서 건축물대장에 기재되어 있지 아니한 주택의 경우에도 건축물대장에 주택으로 기재된 것으로 본다}된 주거용 건축물과 그 부속토지를 말한다. 이하 이 조에서 같다]을 취득하는 경우에는 다음 각 목의 구분에 따른 세율을 적용한다. 이 경우 지분으로 취득한 주택의 취득당시가액(제10조의 3 및 제10조의 5 제3항에서 정하는 취득당시가액으로 한정한다. 이하 이 호에서 같다)은 다음 계산식에 따라 산출한 전체 주택의 취득당시가액으로 한다. (2023. 3. 14. 개정)

$$\text{전체 주택의 취득당시가액} = \text{취득 지분의 취득당시가액} \times \frac{\text{전체 주택의 시가표준액}}{\text{취득 지분의 시가표준액}}$$

가. 취득당시가액이 6억원 이하인 주택 : 1천분의 10 (2019. 12. 31. 개정)

나. 취득당시가액이 6억원을 초과하고 9억원 이하인 주택 : 다음 계산식에 따라 산출한 세율. 이 경우

☞ 예판

【조심판례】 • 청구인은 이 건 부동산의 일부를 취득하고 이로부터 1년 이내에 공유물 분할계약에 따라 청구인과 다른 소유자가 이 건 부동산의 101호와 201호로 각각 구분하여 등기하였는바, 이는 청구인과 다른 소유자가 이 건 부동산에 대하여 상호구분소유적 공유관계에 있었다고 보아 공유물분할시 세율특례를 적용하는 것이 타당함. (조심 2018지3497, 2020. 1. 22.)

• 6억원 초과 9억원 이하인 주택과 9억원 초과인 주택을 부부등이 공유지분으로 취득한 경우 각 공유지분의 취득가액이 아닌 당해 주택의 전체 취득가액을 기준으로 취득세 세율을 적용하는 것이 타당함. (조심 2015지1417, 2015. 11. 12.)

제22조의 2【1세대 4주택 이상 주택의 범위】 ① 법 제11조 제4항 제2호에서 "대통령령으로 정하는 1세대 4주택 이상에 해당하는 주택"이란 국내에 주택(법 제11조 제1항 제8호에 따른 주택을 말한다. 이하 이 조에서 같다)을 3개 이상 소유하고 있는 1세대가 추가로 취득하는 모든 주택을 말한다. 이 경우 주택의 공유지분이나 부속토지만을 소유하거나 취득하는 경우에도 주택을 소유하거나 취득한 것으로 본다. (2019. 12. 31. 신설)

② 제1항을 적용할 때 1세대란 주택을 취득하는 자와 「주민등록법」 제7조에 따른 세대별 주민등록표(이하 이 조에서 "세대별 주민등록표"라 한다) 또는 「출입국관리법」 제34조 제1항에 따른 등록외국인기록표 및 외국인등록표(이하 이 조에서 "등록외국인기록표등"이라 한다)에 함께 기재되어 있는 가족(동거인은 제외한다)으로 구성된 세대를 말한다. 다만, 주택을 취득하는 자의 배우자, 미혼인 30세 미만의 직계비속 또는 부모(주택을 취득하는 자가 미혼이고 30세 미만인 경우로 한정한

급한 사실이 입증되는 경우에는 「지방세법」 제11조 제1항 제7호의 세율이 적용되며, 반대급부를 지급하지 않은 경우에는 「지방세법」 제11조 제1항 제2호의 세율이 적용된다.

2. 법인의 흡수합병으로 인하여 피합병법인의 부동산을 합병법인의 명의로 하는 소유권이전은 「지방세법」 제11조 제1항 제2호의 규정에 따라 1,000분의 35의 세율이 적용된다.

3. 「민법」상의 사단법인이 존립기간의 만료, 정관에 정한 해산사유의 발생, 설립허가의 취소(행정관청 등) 등의 사유로 인하여 동 법인을 해산하고 법인격이 다른 새로운 법인을 설립하여 해산법인소유의 부동산을 취득하는 경우에는 「지방세법」 제11조 제1항 제2호에 해당하는 세율을 적용한다.

소수점이하 다섯째자리에서 반올림하여 소수점 넷째자리까지 계산한다. (2019. 12. 31. 개정)

$$(\text{해당 주택의 취득당시가액} \times \frac{2}{3\text{억원}} - 3) \times \frac{1}{100}$$

다. 취득당시가액이 9억원을 초과하는 주택 : 1천분의 30 (2019. 12. 31. 개정)

② 제1항 제1호 · 제2호 · 제7호 및 제8호의 부동산이 공유물일 때에는 그 취득지분의 가액을 과세표준으로 하여 각각의 세율을 적용한다. (2013. 12. 26. 개정)

③ 제10조의 4 및 제10조의 6 제3항에 따라 건축(신축과 재축은 제외한다) 또는 개수로 인하여 건축물 면적이 증가할 때에는 그 증가된 부분에 대하여 원시취득으로 보아 제1항 제3호의 세율을 적용한다. (2021. 12. 28. 개정)

④ 주택을 신축 또는 증축한 이후 해당 주거용 건축물의 소유자(배우자 및 직계존비속을 포함한다)가 해당 주택의 부속토지를 취득하는 경우에는 제1항 제8호를 적용하지 아니한다. (2020. 8. 12. 개정)

1. 주택을 신축 또는 증축한 이후 해당 주거용 건축물의 소유자(배우자 및 직계존비속을 포함한다)가 해당 주택의 부속토지를 취득하는 경우 (2019. 12. 31. 신설)
2. 대통령령으로 정하는 1세대 4주택 이상에 해당하는 주택을 취득하는 경우 (2019. 12. 31. 신설)

1.~2. 삭 제 (2020. 8. 12.)

⑤ 법인이 합병 또는 분할에 따라 부동산을 취득하는 경우

다)는 주택을 취득하는 자와 같은 세대별 주민등록표 또는 등록외국인기록표등에 기재되어 있지 않더라도 1세대에 속한 것으로 본다. (2019. 12. 31. 신설)

제22조의 2 【1세대 4주택 이상 주택의 범위】 삭 제 (2020. 8. 12.)

편주

【예규】 비적격 인적분할합병으로 취득하는 부동산 취득세율

• 2023. 3. 14. 이전에 분할합병을 원인으로 부동산을 취득하였고, 그 대가로 주주에게 주식을 교부하는 것에 대해 대가관계가 있는 것으로 보아(비적격 인적분할) 유상취득 세율을 적용하는 것이 타당함. (부동산세제과-2009, 2024. 6. 17.)

에는 제1항 제7호의 세율을 적용한다. (2023. 3. 14. 신설)

예판

【판례】 • 증여에 따른 취득세율

- 상속인 아닌 자가 사인증여로 소유권을 취득하는 경우에는, 상속 이외의 무상으로 인한 소유권의 취득으로 보아 취득세율을 적용(현행 : 35/100)하는 것이 타당함. (대법 2013두6138, 2013. 10. 11.)

• 농지 세율적용 대상 판단 기준

- 처분청이 주차장 부지로 사용하여 오던 토지를 공부상 지목인 전으로 원상회복하여 주기로 하였음에도 처분청에서 이를 이행하지 않아 주차장부지 상태에서 취득한 경우에는, 취득당시 현황이 불분명한 경우로 보아 공부상 등재 현황인 전으로 보아 취득세를 과세하는 것이 타당함. (대전고법 2013누3526, 2014. 8. 21. : 대법확정)

• 공유물분할 취득세율 적용 범위

- 원고의 원래 공유지분의 범위인 이 사건 각 부동산의 가액 중 1/2에 해당하는 금액을 넘어서지 않는 한도 내에서는 지방세법 제11조 제1항 제5호 소정의 공유물의 분할에 해당한다고 보아야 하지만, 그 범위를 넘어서는 부분은 이에 해당한다고 볼 수 없음. (수원지법 2014구합55916, 2015. 7. 21. : 대법확정)

• 재건축조합 일반분양분 취득시 세율

- 주택재건축조합이 조합원들로부터 신탁받은 토지의 경우 조합원들로부터 승계하여 취득하였음은 신탁의 법리상 당연한 것이므로, 무상 승계취득에 대한 취득세율인 3.5%를 적용함이 타당함. (서울고법 2014누72752, 2015. 6. 30. : 대법확정)
- 1필지의 대지권 형태로 주택과 분리되어 거래될 수 없는 단지 내 도로 등에 대해서는 주택의 부속토지로 보아, 「지방세법」 제11조 제1항 제8호의 주택 유상거래 세율 적용 대상에 해당함. (지방세운영과-2459, 2016. 9. 22.) - 편주 : 공용부분 및

예판

【예규】 • 경락 취득시 세율

- 경락에 의한 취득은 원시취득이 아닌 승계취득에 대한 취득세율을 적용하여야 함. (지방세운영과-1556, 2018. 7. 5.)

• 주택 유상거래 취득세율 적용대상 주택 범위

- 「건축법」 또는 「주택법」에 따라 건축 후 사용승인을 받은 분양형 노인복지주택을 취득하는 경우에도 개정(2015. 7. 24.)된 「지방세법」에 따라 주택유상거래 취득세율(1~3%)을 적용받을 수 있음. (지방세운영과-3039, 2015. 9. 24.)

• 농지 취득세율 해당 여부

- 감정평가서상 농지로 기재되어 있다고 하더라도 취득시점의 사실상 사용현황이 농지가 아닌 경우라면 농지세율 적용 불가 (지방세운영과-828, 2018. 4. 10.)

• 사업용 토지에 대한 취득세율 적용

- 공익사업을 위한 토지 등의 취득 및 보상에 관한 법률에 따른 수용재결의 효과로서 수용에 의한 사업시행자의 소유권 취득은 토지 등 소유자와 사업시행자와의 법률행위에 의한 승계취득이 아니라 법률의 규정에 의한 원시취득에 해당함. (대법 2016두34783, 2016. 6. 23.)
- 2017년부터는 승계취득으로 적용되도록 지방세법 개정
  → 2016. 12. 27. 지방세법 개정시 원시취득의 정의에서 '수용재결로 취득한 경우 등 과세대상이 이미 존재하는 상태에서 취득하는 경우'는 제외하도록 하였는 바, 2017. 1. 1. 이후 납세의무가 성립하는 분부터 승계취득으로 적용됨(법 6조 1호).

【예규】 • 부부가 합유(合有)로 재산을 소유하고 있던 중 남편이

예판

【예규】 • 주택 지분 유상취득시 적용 취득세율

- 대지권 없는(토지지분 : 국유지) 노후 아파트의 건물분을 취득하는 등 시행령 제19조에 따라 계산식 적용시 불합리한 취득당시의 가격 및 세율이 산출되는 경우라면, 인근 유사 공동 주택가격 및 실거래가 등을 기준으로 할 수 있음. (지방세운영과-3859, 2015. 12. 11.)
- 주택의 부속토지 부분과 건축물 부분의 매도자가 달라 각각 별도의 매매계약서를 작성하더라도, 같은 날 취득이 이루어져 1주택 전체 취득가격을 알 수 있는 경우라면, 「지방세법」 제11조 제1항 제8호의 지분 취득 계산식 적용 대상에서 제외된다고 보아야 할 것임. (지방세운영과-121, 2017. 1. 11.)
- 주택의 토지 부분 또는 건축물 부분만을 취득하는 경우라도 주택 유상거래 취득세율 적용대상에 해당함. 다만, 같은 법 제11조 제4항에 따라 주택을 신축 또는 증축한 이후 해당 주거용 건축물의 소유자(배우자 및 직계존비속 포함)가 해당 주택의 부속토지를 취득하는 경우는 제11조 제1항 제8호 적용 제외 (지방세운영과-1065, 2018. 5. 8.)

부속토지의 범위는 공동주택 해당 여부가 아닌 집합건물 해당 여부를 기준으로 판단

- 취득당시 농어촌주택이 「농어촌정비법」에서 정한 요건을 갖추어 농어촌 민박사업에 사용하는 경우에는 주택 유상거래 취득세율 적용대상에 해당됨. (민박사업자가 거주하는 주택과 독립되어 상시 숙박용으로 제공되는 건축물 및 그 부속토지는 제외) (지방세운영과-995, 2016. 4. 19.)
- 관리처분계획인가 후 단전, 단수, 이주완료, 이주비 지급완료 등을 종합적으로 판단하여 이미 주택의 기능을 상실하였다고 인정될 경우 주택 유상거래 세율 적용 배제(지방세운영과-2641, 2016. 10. 17.)

제12조 【부동산 외 취득의 세율】 ① 다음 각 호에 해당하는 부동산등에 대한 취득세는 제10조의 2부터 제10조의 6까지의 규정에 따른 과세표준에 다음 각 호의 표준세율을 적용하여 계산한 금액을 그 세액으로 한다. (2021. 12. 28. 개정)

1. 선박 (2010. 12. 27. 개정)
   가. 등기·등록 대상인 선박(나목에 따른 소형선박은 제외한다) (2010. 12. 27. 개정)
      1) 상속으로 인한 취득 : 1천분의 25 (2010. 12. 27. 개정)
      2) 상속으로 인한 취득 외의 무상취득 : 1천분의 30 (2010. 12. 27. 개정)
      3) 원시취득 : 1천분의 20.2 (2010. 12. 27. 개정)
      4) 수입에 의한 취득 및 주문 건조에 의한 취득 : 1천분의 20.2 (2010. 12. 27. 개정)

사망하여 부인 단독명의가 되는 경우에는 「지방세법」 제11조 제1항 제2호에 따른 무상취득세율을 적용하는 것이 합리적일 것으로 판단됨. (지방세운영과-3488, 2013. 12. 26.)

- 분할로 인하여 받은 부동산이라 함은 공동소유자 사이에 기존의 지분에 변동이 없이 공유물을 분할하는 경우 그 과정에서 이전받은 부분만을 의미하기보다는 이를 포함하여 소유자의 개별명의로 등기되는 소유자 각각의 지분 전체를 의미하는 것이 명백하다고 할 것임. (감심 2013-133, 2013. 9. 12.)

예판

【예규】 • **미등록 대상 차량의 취득세율**

- 운전면허시험장 내에서만 운행되는 기능시험용 미등록차량을 취득하는 경우 「지방세법」 제12조 제1항 다목에 따른 세율(1천분의 20)을 적용 (지방세운영과-2697, 2018. 11. 8.)

• **공유물 분할 취득세율**

- 공유물 분할로 주택을 취득하는 경우 등기부등본상 본인 지분을 초과하는 부분에 대해서는 주택 유상거래 취득세율을 적용하여야 할 것임. 다만, 같은 법 제11조 제4항에 따라 주택을 신축 또는 증축한 이후 해당 주거용 건축물의 소유자(배우자 및 직계존비속 포함)가 해당 주택의 부속토지를 취득하는 경우는 제11조 제1항 제8호 적용 제외 (지방세운영과-219, 2018. 1. 29.)

• **부담부 증여-편주** : 주택을 취득하여 소유권자가 된 이후라야 소유자의 지위에서 비로소 전세를 설정할 수 있는 경우, "증여자의 기존 채무를 인수하는 부담부"라고 볼 수 없음.

- 직계비속이 직계존속으로부터 주택을 매수하면서 직계존속과 전세계약을 체결(세입자 : 직계존속)하여 전세보증금을 제외하고 매매대금을 지급한 경우, 취득자의 소득증명이 있더라도 대금지급 사실 또는 채무승계 사실이 없는 이상 해당 전세보증금에 대해서는 유상거래로 볼 수 없다고 할 것임. (지방세운영과-279, 2017. 8. 30.)
- 부담부분의 원인이 된 계약서 등의 입증서류상 금액(5억원)이 있음에도 시가표준액(3억원)과 유사한 가액을 부담부증여 계약서상 취득가액(3억원)으로 기재한 경우에는, 전세계약서 등의

5) 「신탁법」에 따른 신탁재산인 선박을 수탁자로부터 수익자에게 이전하는 경우의 취득 : 1천분의 30 (2010. 12. 27. 개정)

5) 삭 제 (2014. 1. 1.)

6) 그 밖의 원인으로 인한 취득 : 1천분의 30 (2010. 12. 27. 개정)

나. 소형선박 (2010. 12. 27. 개정)

1) 「선박법」 제1조의 2 제2항에 따른 소형선박 : 1천분의 20.2 (2010. 12. 27. 개정)

2) 「수상레저기구의 등록 및 검사에 관한 법률」 제3조에 따른 동력수상레저기구: 1천분의 20.2 (2022. 6. 10. 개정 ; 수상레저기구의~부칙)

다. 가목 및 나목 외의 선박 : 1천분의 20 (2010. 12. 27. 개정)

2. 차량 (2010. 3. 31. 개정)

가. 대통령령으로 정하는 비영업용 승용자동차 : 1천분의 70. 다만, 대통령령으로 정하는 경자동차(이하 이 조에서 "경자동차"라 한다)의 경우에는 1천분의 40으로 한다. (2020. 12. 29. 개정)

예판

【예규】 자동차 연구개발 목적의 시험·연구용 차량 취득세율
자동차 연구개발 목적의 기업부설연구소를 보유한 자가 시험·연구 목적으로 취득하는 차량으로서 「자동차관리법」에 따른 등록 대상이 아닌 경우, 취득세율은 1천분의 20을 적용하는 것이 타당함. (부동산세제과-368, 2020. 2. 18.)

관련법령

선박법

제1조의 2 【정 의】 ② 이 법에서 "소형선박"이란 다음 각 호의 어느 하나에 해당하는 선박을 말한다.
1. 총톤수 20톤 미만인 기선 및 범선
2. 총톤수 100톤 미만인 부선

제23조 【비영업용 승용자동차 등의 범위】 ① 법 제12조 제1항 제2호 가목에서 "대통령령으로 정하는 비영업용 승용자동차"란 개인 또는 법인이 「여객자동차 운수사업법」에 따라 면허를 받거나 등록을 하고 일반의 수요에 제공하는 것 외의 용도에 제공하는 「자동차관리법」 제3조 제1항 제1호에 따른 승용자동차를 말한다. 다만, 「자동차관리법 시행령」 제7조 제1항 제11호 또는 제12호에 따라 임시운행허가를 받은 승용자동차는 제외한다. (2020. 12. 31. 개정)

입증할 수 있는 서류에 의하여 확인되는 금액(5억원)을 「지방세법」상 취득 당시의 가액으로 적용하여야 할 것임. (지방세운영과-731, 2018. 4. 3.)

나. 「자동차관리법」에 따른 이륜자동차로서 대통령령으로 정하는 자동차 : 1천분의 20 (2019. 12. 31. 신설)
다. 가목 및 나목 외의 자동차 (2019. 12. 31. 개정)
1) 대통령령으로 정하는 비영업용 : 1천분의 50. 다만, 경자동차의 경우에는 1천분의 40으로 한다. (2020. 12. 29. 개정)
2) 대통령령으로 정하는 영업용 : 1천분의 40 (2020. 12. 29. 개정)
3) 「자동차관리법」에 따른 이륜자동차로서 대통령령으로 정하는 자동차 : 1천분의 20 (2010. 3. 31. 개정)
3) 삭 제 (2019. 12. 31.)
라. 가목부터 다목까지의 자동차 외의 차량 : 1천분의 20 (2020. 12. 29. 개정)

운영예규 법12-1【부동산 외 취득의 세율】
「지방세법」 제12조 제1항 제2호에서 규정한 자동차란 「자동차관리법」 제2조에 따른 자동차를 말하며, 영업용이란 「지방세법 시행령」 제122조 제1항에 따른 영업용을 말한다.

3. 기계장비 : 1천분의 30. 다만, 「건설기계관리법」에 따른 등록대상이 아닌 기계장비는 1천분의 20으로 한다. (2010. 12. 27. 개정)
4. 항공기 (2010. 3. 31. 개정)
가. 「항공안전법」 제7조 단서에 따른 항공기 : 1천분의 20 (2016. 3. 29. 개정 ; 항공안전법 부칙)

② 법 제12조 제1항 제2호 가목 단서에서 "대통령령으로 정하는 경자동차"란 「자동차관리법」 제3조에 따른 자동차의 종류 중 경형자동차를 말한다. (2020. 12. 31. 개정)

③ 법 제12조 제1항 제2호 나목에서 "대통령령으로 정하는 자동차"란 총 배기량 125시시 이하이거나 최고정격출력 12킬로와트 이하인 이륜자동차를 말한다. (2019. 12. 31. 개정)

④ 법 제12조 제1항 제2호 다목 1)에 따른 비영업용 자동차는 개인 또는 법인이 「여객자동차 운수사업법」 또는 「화물자동차 운수사업법」에 따라 면허를 받거나 등록을 하고 일반의 수요에 제공하는 것 외의 용도에 제공하는 「자동차관리법」 제2조 제1호에 따른 자동차로 한다. 다만, 「자동차관리법 시행령」 제7조 제1항 제11호 또는 제12호에 따라 임시운행허가를 받은 자동차는 제외한다. (2020. 12. 31. 신설)

⑤ 법 제12조 제1항 제2호 다목 2)에 따른 영업용 자동차는 개인 또는 법인이 「여객자동차 운수사업법」 또는 「화물자동차 운수사업법」에 따라 면허를 받거나 등록을 하고 일반의 수요에 제공하는 용도에 제공되는 「자동차관리법」 제2조 제1호에 따른 자동차로 한다. (2020. 12. 31. 개정)

제24조【소형선박의 범위】 법 제12조 제2항 제1호 단서에서 "총톤수 20톤 미만의 부선 등 대통령령으로 정하는 소형선

나. 그 밖의 항공기 : 1천분의 20.2. 다만, 최대이륙중량이 5,700킬로그램 이상인 항공기는 1천분의 20.1로 한다. (2010. 3. 31. 개정)

5. 입목 : 1천분의 20 (2010. 3. 31. 개정)
6. 광업권 · 어업권 또는 양식업권 : 1천분의 20 (2019. 8. 27. 개정 ; 양식산업발전법 부칙)
7. 골프회원권, 승마회원권, 콘도미니엄 회원권, 종합체육시설 이용회원권 또는 요트회원권 : 1천분의 20 (2014. 1. 1. 개정)

예판

【판례】 골프회원권 입회기간 자동갱신은 새로운 취득으로 볼 수 없음

원고가 기존의 골프회원권을 반납하고 새로운 회원권을 취득한다는 계약서를 작성하거나 입회금을 반환받지도 아니하였으며, 이 사건 골프회원권에 새로운 회원번호가 부여된 것으로 보이지 아니하고 회원권의 종류도 그대로인바, 원고가 회원자격을 상실한 후 이 사건 골프회원권을 새롭게 취득하는 등의 취득세의 담세력의 근거가 되는 재화의 이전이라는 사실 자체가 있다고 보기 어려움. (대법 2016두63323, 2017. 3. 30.)

② 제1항 제1호의 선박 및 같은 항 제3호의 기계장비가 공유물일 때에는 그 취득지분의 가액을 과세표준으로 하여 세율을 적용한다. (2010. 12. 27. 개정)

제13조【과밀억제권역 안 취득 등 중과】 ①「수도권정비계획법」 제6조에 따른 과밀억제권역에서 대통령령

박"이란 「선박법」 제26조 제2호 또는 제3호에 해당하는 소형선박을 말한다. (2010. 9. 20. 개정)

제24조【소형선박의 범위】 삭 제 (2010. 12. 30.)

관련법령

항공안전법 시행령

제4조【등록을 필요로 하지 않는 항공기의 범위】 법 제7조 제1항 단서에서 "대통령령으로 정하는 항공기"란 다음 각 호의 항공기를 말한다. (2021. 11. 16. 개정)

1. 군 또는 세관에서 사용하거나 경찰업무에 사용하는 항공기
2. 외국에 임대할 목적으로 도입한 항공기로서 외국 국적을 취득할 항공기
3. 국내에서 제작한 항공기로서 제작자 외의 소유자가 결정되지 아니한 항공기
4. 외국에 등록된 항공기를 임차하여 법 제5조에 따라 운영하는 경우 그 항공기
5. 항공기 제작자나 항공기 관련 연구기관이 연구 · 개발 중인 항공기

제25조【본점 또는 주사무소의 사업용 부동산】 법 제13조 제1항에서 "대통령령으로 정하는 본점이나 주사무

관련법령

항공안전법

제7조【항공기 등록】 ① 항공기를 소유하거나 임차하여 항공기를 사용할 수 있는 권리가 있는 자(이하 "소유자등"이라 한다)는 항공기를 대통령령으로 정하는 바에 따라 국토교통부장관에게 등록을 하여야 한다. 다만, 대통령령으로 정하는 항공기는 그러하지 아니하다. (2020. 6. 9. 개정)

② 제90조 제1항에 따른 운항증명을 받은 국내항공운송사업자 또는 국제항공운송사업자가 제1항에 따라 항공기를 등록하려는 경우에는 해당 항공기의 안전한 운항을 위하여 국토교통부령으로 정하는 바에 따라 필요한 정비 인력을 갖추어야 한다. (2020. 6. 9. 신설)

관련법령

산업집적활성화 및 공장설립에 관한

으로 정하는 본점이나 주사무소의 사업용으로 신축하거나 증축하는 건축물(「신탁법」에 따른 수탁자가 취득한 신탁재산 중 위탁자가 신탁기간 중 또는 신탁종료 후 위탁자의 본점이나 주사무소의 사업용으로 사용하기 위하여 신축하거나 증축하는 건축물을 포함한다)과 그 부속토지를 취득하는 경우와 같은 조에 따른 과밀억제권역(「산업집적활성화 및 공장설립에 관한 법률」을 적용받는 산업단지·유치지역 및 「국토의 계획 및 이용에 관한 법률」을 적용받는 공업지역은 제외한다)에서 공장을 신설하거나 증설하기 위하여 사업용 과세물건을 취득하는 경우의 취득세율은 제11조 및 제12조의 세율에 중과기준세율의 100분의 200을 합한 세율을 적용한다. (2019. 12. 31. 개정)

편주

과밀억제권역의 범위(수도권정비계획법 시행령 【별표 1】)

• 서울특별시, 인천광역시[강화군, 옹진군, 서구 대곡동·불로동·마전동·금곡동·오류동·왕길동·당하동·원당동, 인천경제자유구역(경제자유구역에서 해제된 지역을 포함함) 및 남동 국가산업단지는 제외함], 의정부시, 구리시, 남양주시(호평동, 평내동, 금곡동, 일패동, 이패동, 삼패동, 가운동, 수석동, 지금동 및 도농동만 해당함), 하남시, 고양시, 수원시, 성남시, 안양시, 부천시, 광명시, 과천시, 의왕시, 군포시, 시흥시[반월특수지역(반월특수지역에서 해제된 지역을 포함함)은 제외함]

② 다음 각 호의 어느 하나에 해당하는 부동산(「신탁법」에 따른 수탁자가 취득한 신탁재산을 포함한다)을 취득

소의 사업용 부동산"이란 법인의 본점 또는 주사무소의 사무소로 사용하는 부동산과 그 부대시설용 부동산(기숙사, 합숙소, 사택, 연수시설, 체육시설 등 복지후생시설과 예비군 병기고 및 탄약고는 제외한다)을 말한다. (2016. 11. 29. 개정 ; 향토예비군 설치법 시행령 부칙)

예판

【예규】 • 「기초연구법」 제14조의 2에 따라 인정받은 기업부설연구소가 연구개발 활동만을 수행하고 법인의 주된 기능 즉, 주요한 의사결정이나 인사, 재무, 총무 등의 업무를 수행하지 않는 경우에는 본점 또는 주사무소에 해당하지 않는다고 보아야 할 것임. (부동산세제과-1026, 2023. 11. 16.)

• 본점용으로 신·증축한 경우라도 건축물 완공 후 본점으로 사용하는 시점에야 건축물 뿐만 아니라 그 부속토지도 비로소 취득세 중과세율 적용대상이 된다고 판단됨. (지방세운영과-1991, 2013. 8. 23.)

• 과밀억제권역에서 위탁자가 취득한 토지를 신탁받은 수탁자가 해당 토지 위에 건축물을 신축·준공하여 수탁자 명의로 건축물에 대한 보존등기를 하고 취득세를 납부하였으며, 신탁을 종료한 후 위탁자가 해당 건축물 중 일부 사무실을 본점사업용으로 사용하고 있는 경우, 이를 위탁자가 "본점이나 주사무소의 사업용 부동산을 취득하는 경우"로 보아 해당 건축물 및 토지에 대하여 취득세 중과기준세율을 적용할 수는 없다고 할 것임. (법제 13-0326, 2013. 8. 30.)

제26조 【대도시 법인 중과세의 예외】 ① 법 제13조 제2항 각 호 외의 부분 단서에서 "대통령령으로 정하는

법률

제2조 【정 의】 이 법에서 사용하는 용어의 뜻은 다음과 같다. (2009. 2. 6. 개정)

14. "산업단지"란 「산업입지 및 개발에 관한 법률」 제6조·제7조·제7조의 2 및 제8조에 따라 지정·개발된 국가산업단지, 일반산업단지, 도시첨단산업단지 및 농공단지를 말한다. (2009. 2. 6. 개정)

예판

【조심판례】 영 제26조 제1항 제1호에 의한 취득세 중과 제외업종은 「사회기반시설에 대한 민간투자법」 제2조 제2호에 의한 사회기반시설사업이면 충분하고 그 법이 정한 방식과 절차에 따라 시행된 사회기반시설사업에 국한되는 것으로 보기는 어려우므로 청구법인이 영위하는 쟁점노인주거복지설은 동 법에 의한 사회기반시설로서 중과세 예외 업종에 해당함. (조심 2015지18634, 2016. 11. 8.)

하는 경우의 취득세는 제11조 제1항의 표준세율의 100분의 300에서 중과기준세율의 100분의 200을 뺀 세율(제11조 제1항 제8호에 해당하는 주택을 취득하는 경우에는 제13조의 2 제1항 제1호에 해당하는 세율)을 적용한다. 다만, 「수도권정비계획법」 제6조에 따른 과밀억제권역(「산업집적활성화 및 공장설립에 관한 법률」을 적용받는 산업단지는 제외한다. 이하 이 조 및 제28조에서 "대도시"라 한다)에 설치가 불가피하다고 인정되는 업종으로서 대통령령으로 정하는 업종(이하 이 조에서 "대도시 중과 제외 업종"이라 한다)에 직접 사용할 목적으로 부동산을 취득하는 경우의 취득세는 제11조에 따른 해당 세율을 적용한다. (2020. 8. 12. 개정)

예판

【예규】 • 대규모점포 임대매장에 대한 취득세 중과세 여부
- 대규모점포 운영 사업자(「유통산업발전법」에 따라 개설등록)가 취득한 부동산에 대해 취득세 중과세 적용을 제외하였으나, 2년 이내에 부동산을 매각함으로써 배제된 중과세율을 적용해야 하는 경우 임대한 매장도 중과세가 적용됨. (부동산세제과-427, 2020. 2. 26.)

• 취득이후 임대사업자 등록을 한 경우 중과세 배제 여부
- 부동산 취득일 당시 「지방세법 시행령」 제26조 제1항 제31호에서 정한 '「민간임대주택에 관한 특별법」 제5조에 따라 등록을 한 임대사업자'의 요건을 갖추지 못하였으므로 중과세율 적용 배제 대상에도 해당되지 않음. (부동산세제과-154, 2020. 1. 20.)

업종"이란 다음 각 호에 해당하는 업종을 말한다. (2010. 9. 20. 개정)

1. 「사회기반시설에 대한 민간투자법」 제2조 제3호에 따른 사회기반시설사업(같은 조 제9호에 따른 부대사업을 포함한다) (2020. 12. 31. 개정)
2. 「한국은행법」 및 「한국수출입은행법」에 따른 은행업 (2010. 9. 20. 개정)
3. 「해외건설촉진법」에 따라 신고된 해외건설업(해당 연도에 해외건설 실적이 있는 경우로서 해외건설에 직접 사용하는 사무실용 부동산만 해당한다) 및 「주택법」 제4조에 따라 국토교통부에 등록된 주택건설사업(주택건설용으로 취득한 후 3년 이내에 주택건설에 착공하는 부동산만 해당한다) (2016. 8. 11. 개정 ; 주택법 시행령 부칙)
4. 「전기통신사업법」 제5조에 따른 전기통신사업 (2010. 9. 20. 개정)
5. 「산업발전법」에 따라 산업통상자원부장관이 고시하는 첨단기술산업과 「산업집적활성화 및 공장설립에 관한 법률 시행령」 별표 1의 2 제2호 마목에 따른 첨단업종 (2020. 5. 12. 개정 ; 산업집적활성화~부칙)
6. 「유통산업발전법」에 따른 유통산업, 「농수산물유통 및 가격안정에 관한 법률」에 따른 농수산물도매시장·농수산물공판장·농수산물종합유통센터·유통자회사 및 「축산법」에 따른 가축시장 (2010. 12. 30.

1. 대도시에서 법인을 설립[대통령령으로 정하는 휴면(休眠)법인(이하 "휴면법인"이라 한다)을 인수하는 경우를 포함한다. 이하 이 호에서 같다]하거나 지점 또는 분사무소를 설치하는 경우 및 법인의 본점·주사무소·지점 또는 분사무소를 대도시 밖에서 대도시로 전입(「수도권정비계획법」 제2조에 따른 수도권의 경우에는 서울특별시 외의 지역에서 서울특별시로의 전입도 대도시로의 전입으로 본다. 이하 이 항 및 제28조 제2항에서 같다)함에 따라 대도시의 부동산을 취득(그 설립·설치·전입 이후의 부동산 취득을 포함한다)하는 경우 (2016. 12. 27. 개정)
2. 대도시(「산업집적활성화 및 공장설립에 관한 법률」을 적용받는 유치지역 및 「국토의 계획 및 이용에 관한 법률」을 적용받는 공업지역은 제외한다)에서 공장을 신설하거나 증설함에 따라 부동산을 취득하는 경우 (2010. 3. 31. 개정)

예판

【예규】 대도시내에 지점 설치 후 5년 이내에 기존 건물을 취득하는 경우라면 업무용·비업무용 또는 사업용·비사업용의 모든 부동산이 취득세 중과세 대상에 해당된다고 할 것이므로 당해 건물을 임대사업 목적용으로 취득하는 경우라도 달리 볼 것은 아니라고 할 것임. (지방세운영과-206, 2012. 1. 17.)

운영예규 법13-2 【중과세 대상 본점에 해당하는지 여부

후단삭제)

7. 「여객자동차 운수사업법」에 따른 여객자동차운송사업 및 「화물자동차 운수사업법」에 따른 화물자동차운송사업과 「물류시설의 개발 및 운영에 관한 법률」 제2조 제3호에 따른 물류터미널사업 및 「물류정책기본법 시행령」 제3조 및 별표 1에 따른 창고업 (2010. 12. 30. 개정)
8. 정부출자법인 또는 정부출연법인(국가나 지방자치단체가 납입자본금 또는 기본재산의 100분의 20 이상을 직접 출자 또는 출연한 법인만 해당한다)이 경영하는 사업 (2013. 1. 1. 개정)
9. 「의료법」 제3조에 따른 의료업 (2010. 9. 20. 개정)
10. 개인이 경영하던 제조업(「소득세법」 제19조 제1항 제3호에 따른 제조업을 말한다). 다만, 행정안전부령으로 정하는 바에 따라 법인으로 전환하는 기업만 해당하며, 법인전환에 따라 취득한 부동산의 가액(법 제4조에 따른 시가표준액을 말한다)이 법인전환 전의 부동산가액을 초과하는 경우에 그 초과부분과 법인으로 전환한 날 이후에 취득한 부동산은 법 제13조 제2항 각 호 외의 부분 본문을 적용한다. (2017. 7. 26. 직제개정 ; 행정안전부와~직제 부칙)
11. 「산업집적활성화 및 공장설립에 관한 법률 시행령」 별표 1의 2 제3호 가목에 따른 자원재활용업종 (2020. 5. 12. 개정 ; 산업집적활성화~시행령 부칙)

제5조 【법인전환 기업】 영 제26조 제1항 제10호 단서에서 "행정안전부령으로 정하는 바에 따라 법인으로 전환하는 기업"이란 법 제13조 제2항 각 호 외의 부분 단서에 따른 대도시(이하 이 조에서 "대도시"라 한다)에서 「부가가치세법」 또는 「소득세법」에 따른 사업자등록을 하고 5년 이상 제조업을 경영한 개인기업이 그 대도시에서 법인으로 전환하는 경우의 해당 기업을 말한다. (2017. 7. 26. 직제개정 ; 행정안전부와~시행

예시】 1. 중과대상에 해당하는 경우 ① 도시형공장을 영위하는 공장의 구내에서 본점용사무실을 증축하는 경우 ② 본점의 사무소전용 주차타워를 신·증축하는 경우 ③ 임대한 토지에 공장을 신설하여 운영하다가 같은 토지 내에 본점 사업용 건축물을 신·증축하는 경우 ④ 대도시 밖에 본점을 둔 법인이 대도시에 건축물을 건축물을 신·증축한 후 5년 이내에 법인의 경영에 필수적이고 중요한 본점의 부서 중 일부 부서가 입주하여 사무를 처리하는 경우 ⑤ 대도시내에 본점을 가지고 있던 법인이 대도시내에 건축물을 신·증축하여 기존 본점을 이전하는 경우 2. 중과대상에 해당하지 않는 경우 ① 병원의 병실을 증축 취득하는 경우 ② 운수업체가 「자동차운수사업법」에 의한 차고용 토지만을 취득하는 경우 ③ 임대업자가 임대하기 위하여 취득한 부동산과 당해 건축물을 임차하여 법인의 본점용으로 사용하는 경우 **법13－4【중과세 대상에 해당되는 지점】** 1. 설립 후 5년이 경과된 법인이 임차하여 사용하던 본점을 이전하고 그 임차건물에 지점을 설치한 후 그 임차건물을 취득한 경우 취득세 중과대상에 해당된다. 2. 법인이 자연인으로부터 영업 일체를 양수하여 그 사업장 위에 지점을 설치한 후 종전과 동일한 사업을 영위하는 경우 그 지점과 관련한 부동산 취득은 취득세 중과대상에 해당된다. **법13－5【중과세 대상에 해당되지 않는 지점】**	12. 「소프트웨어 진흥법」 제2조 제3호에 따른 소프트웨어사업 및 같은 법 제61조에 따라 설립된 소프트웨어공제조합이 소프트웨어산업을 위하여 수행하는 사업 (2020. 12. 8. 개정 ; 소프트웨어～시행령 부칙) 13. 「공연법」에 따른 공연장 등 문화예술시설운영사업 (2010. 9. 20. 개정) 14. 「방송법」 제2조 제2호·제5호·제8호·제11호 및 제13호에 따른 방송사업·중계유선방송사업·음악유선방송사업·전광판방송사업 및 전송망사업 (2010. 9. 20. 개정) 15. 「과학관의 설립·운영 및 육성에 관한 법률」에 따른 과학관시설운영사업 (2013. 4. 22. 개정 ; 과학관육성법 시행령 부칙) 16. 「산업집적활성화 및 공장설립에 관한 법률」 제28조에 따른 도시형공장을 경영하는 사업 (2011. 12. 31. 개정) 17. 「벤처투자 촉진에 관한 법률」 제37조에 따라 등록한 중소기업창업투자회사가 중소기업창업 지원을 위하여 수행하는 사업. 다만, 법인설립 후 1개월 이내에 같은 법에 따라 등록하는 경우만 해당한다. (2020. 8. 11. 개정 ; 벤처투자 촉진에 관한 법률 시행령 부칙) 18. 「한국광해광업공단법」에 따른 한국광해광업공단이 석탄산업합리화를 위하여 수행하는 사업 (2021. 8. 31. 개정 ; 한국광해광업공단법 시행령 부칙) 19. 「소비자기본법」 제33조에 따라 설립된 한국소비자원이 소비자 보호를 위하여 수행하는 사업 (2010. 9. 20. 개정)	규칙 부칙)

1. 본점 이외의 장소에서 경리, 인사, 연구, 연수, 재산관리업무 등 대외적인 거래와 직접적인 관련이 없는 내부적 업무만을 처리하고 있는 경우는 지점이 아닌 본점에 해당된다.
2. 공유 부동산을 분할함에 따른 취득은 중과세 대상에 해당되지 아니한다. (당초 지분을 초과하는 부분은 제외)

20. 「건설산업기본법」 제54조에 따라 설립된 공제조합이 건설업을 위하여 수행하는 사업 (2010. 9. 20. 개정)
21. 「엔지니어링산업 진흥법」 제34조에 따라 설립된 공제조합이 그 설립 목적을 위하여 수행하는 사업 (2010. 9. 20. 개정)
22. 「주택도시기금법」에 따른 주택도시보증공사가 주택건설업을 위하여 수행하는 사업 (2015. 6. 30. 개정 ; 주택도시기금법 시행령 부칙)
23. 「여신전문금융업법」 제2조 제12호에 따른 할부금융업 (2010. 9. 20. 개정)
24. 「통계법」 제22조에 따라 통계청장이 고시하는 한국표준산업분류(이하 "한국표준산업분류"라 한다)에 따른 실내경기장 · 운동장 및 야구장 운영업 (2021. 4. 27. 개정)
25. 「산업발전법」(법률 제9584호 산업발전법 전부 개정법률로 개정되기 전의 것을 말한다) 제14조에 따라 등록된 기업구조조정전문회사가 그 설립 목적을 위하여 수행하는 사업. 다만, 법인 설립 후 1개월 이내에 같은 법에 따라 등록하는 경우만 해당한다. (2010. 9. 20. 개정)
26. 「지방세특례제한법」 제21조 제1항에 따른 청소년단체, 같은 법 제45조에 따른 학술단체 · 장학법인 및 같은 법 제52조에 따른 문화예술단체 · 체육단체가 그 설립 목적을 위하여 수행하는 사업 (2019. 12. 31. 개정)
27. 「중소기업진흥에 관한 법률」 제69조에 따라 설립된 회사가 경영하는 사업 (2010. 9. 20. 개정)

28. 「도시 및 주거환경정비법」 제35조 또는 「빈집 및 소규모주택 정비에 관한 특례법」 제23조에 따라 설립된 조합이 시행하는 「도시 및 주거환경정비법」 제2조 제2호의 정비사업 또는 「빈집 및 소규모주택 정비에 관한 특례법」 제2조 제1항 제3호의 소규모주택정비사업 (2018. 2. 9. 개정 ; 빈집 및 소규모주택 정비에 관한 특례법 시행령 부칙)
29. 「방문판매 등에 관한 법률」 제38조에 따라 설립된 공제조합이 경영하는 보상금지급책임의 보험사업 등 같은 법 제37조 제1항 제3호에 따른 공제사업 (2012. 7. 10. 개정 ; 방문판매 등에 관한 법률 시행령 부칙)
30. 「한국주택금융공사법」에 따라 설립된 한국주택금융공사가 같은 법 제22조에 따라 경영하는 사업 (2010. 9. 20. 개정)
31. 「민간임대주택에 관한 특별법」 제5조에 따라 등록을 한 임대사업자 또는 「공공주택 특별법」 제4조에 따라 지정된 공공주택사업자가 경영하는 주택임대사업 (2016. 8. 11. 단서삭제 ; 주택법 시행령 부칙)
32. 「전기공사공제조합법」에 따라 설립된 전기공사공제조합이 전기공사업을 위하여 수행하는 사업 (2010. 9. 20. 개정)
33. 「소방산업의 진흥에 관한 법률」 제23조에 따른 소방산업공제조합이 소방산업을 위하여 수행하는 사업 (2010. 9. 20. 개정)
34. 「중소기업 기술혁신 촉진법」 제15조 및 같은 법 시행령 제13조에 따라 기술혁신형 중소기업으로 선정된

관련법령 ……………………………

한국주택금융공사법

제22조 【업무의 범위】 ① 공사는 다음 각 호의 업무를 수행한다. (2010. 1. 25. 개정)
1. 채권유동화 (2010. 1. 25. 개정)
2. 채권보유 (2010. 1. 25. 개정)
3. 다음 각 목의 증권에 대한 지급보증 (2010. 1. 25. 개정)
   가. 주택저당증권 (2010. 1. 25. 개정)
   나. 학자금대출증권 (2010. 1. 25. 개정)
   다. 「자산유동화에 관한 법률」 제3조 제1항에 따른 유동화전문회사등이 주택저당채권을 유동화자산으로 하여 발행한 유동화증권 (2010. 1. 25. 개정)
4. 금융기관에 대한 신용공여(信用供與) (2010. 1. 25. 개정)
5. 주택저당채권 또는 학자금대출채권에 대한 평가 및 실사(實査) (2010. 1. 25. 개정)
6. 기금·계정의 관리 및 운용 (2010. 1. 25. 개정)
7. 신용보증 (2010. 1. 25. 개정)
8. 제7호와 관련된 신용보증채무의 이행 및 구상권(求償權)의 행사 (2010. 1. 25. 개정)
9. 주택담보노후연금보증 (2010. 1. 25.

③ 제2항 각 호 외의 부분 단서에도 불구하고 다음 각 호의 어느 하나에 해당하는 경우 그 해당 부분에 대하여는 제2항 본문을 적용한다. (2010. 12. 27. 신설)

1. 제2항 각 호 외의 부분 단서에 따라 취득한 부동산이

기업이 경영하는 사업. 다만, 법인의 본점·주사무소·지점·분사무소를 대도시 밖에서 대도시로 전입하는 경우는 제외한다. (2017. 12. 29. 신설)

35. 「주택법」에 따른 리모델링주택조합이 시행하는 같은 법 제66조 제1항 및 제2항에 따른 리모델링사업 (2021. 12. 31. 신설)

36. 「공공주택 특별법」에 따른 공공매입임대주택(같은 법 제4조 제1항 제2호 및 제3호에 따른 공공주택사업자와 공공매입임대주택을 건설하는 사업자가 공공매입임대주택을 건설하여 양도하기로 2022년 12월 31일까지 약정을 체결하고 약정일부터 3년 이내에 건설에 착공하는 주거용 오피스텔로 한정한다)을 건설하는 사업 (2021. 12. 31. 신설)

37. 「공공주택 특별법」 제4조 제1항에 따라 지정된 공공주택사업자가 같은 법에 따른 지분적립형 분양주택이나 이익공유형 분양주택을 공급·관리하는 사업 (2022. 2. 28. 신설)

② 법 제13조 제2항 각 호 외의 부분 단서에서 "대통령령으로 정하는 주거용 부동산"이란 1구(1세대가 독립하여 구분 사용할 수 있도록 구획된 부분을 말한다. 이하 같다)의 건축물의 연면적(전용면적을 말한다)이 60제곱미터 이하인 공동주택 및 그 부속토지를 말한다. (2010. 12. 30. 개정)

② 삭 제 (2020. 8. 12.)

③ 법 제13조 제3항 제1호 각 목 외의 부분 단서에서 "대

개정)

9의 2. 제9호와 관련된 신탁 (2020. 12. 8. 신설)

10. 주택담보노후연금보증채무의 이행 및 구상권의 행사 (2010. 1. 25. 개정)

11. 제43조의 5에 따른 주택담보노후연금채권의 양수 및 보유와 이에 따른 주택담보노후연금의 지급 (2010. 1. 25. 개정)

12. 제7호 및 제9호와 관련된 신용조사 및 신용정보의 종합관리 (2010. 1. 25. 개정)

13. 주택금융에 관한 조사·연구 및 통계자료의 수집·작성과 국내외 유관기관과의 교류·협력 (2010. 1. 25. 개정)

14. 제1호부터 제13호까지의 업무에 딸린 업무로서 금융위원회의 승인을 받은 업무 (2010. 1. 25. 개정)

② 공사는 제1항 각 호의 업무를 수행할 때 주택가격의 변동 등을 고려하여 서민층의 주택 구입 등을 우선적으로 지원하여야 한다. (2010. 1. 25. 개정)

③ 공사는 위원회의 의결을 거쳐 제1항 각 호의 업무 또는 이와 비슷한 업무를 수행하는 법인에 그 자본금의 전부 또는 일부를 출자할 수 있다. (2010. 1. 25. 개정)

④ 제1항 제9호의 2에 따른 신탁에 관하여는 「자본시장과 금융투자업에 관한 법률」을 적용하지 아니한다. (2020. 12. 8. 신설)

다음 각 목의 어느 하나에 해당하는 경우. 다만, 대도시 중과 제외 업종 중 대통령령으로 정하는 업종에 대하여는 직접 사용하여야 하는 기한 또는 다른 업종이나 다른 용도에 사용·겸용이 금지되는 기간을 3년 이내의 범위에서 대통령령으로 달리 정할 수 있다. (2010. 12. 27. 신설)

가. 정당한 사유 없이 부동산 취득일부터 1년이 경과할 때까지 대도시 중과 제외 업종에 직접 사용하지 아니하는 경우 (2010. 12. 27. 신설)

나. 부동산 취득일부터 1년 이내에 다른 업종이나 다른 용도에 사용·겸용하는 경우 (2020. 8. 12. 목번개정)

2. 제2항 각 호 외의 부분 단서에 따라 취득한 부동산이 다음 각 목의 어느 하나에 해당하는 경우 (2010. 12. 27. 신설)

가. 부동산 취득일부터 2년 이상 해당 업종 또는 용도에 직접 사용하지 아니하고 매각하는 경우 (2010. 12. 27. 신설)

나. 부동산 취득일부터 2년 이상 해당 업종 또는 용도에 직접 사용하지 아니하고 다른 업종이나 다른 용도에 사용·겸용하는 경우 (2010. 12. 27. 신설)

예판

【예규】 • 사용검사일 전에 주거용으로 확장되는 경우라도 발코니 면적이 공동주택 건축물의 연면적에서 제외되는 서비스면적에 해당되는 경우라면 고급주택 연면적 계산에서 제외함이 타당하다고 할 것임. (지방세운영과-4023, 2011. 8. 26.)

통령령으로 정하는 업종"이란 제1항 제3호의 주택건설사업을 말하고, 법 제13조 제3항 제1호 각 목에도 불구하고 직접 사용하여야 하는 기한 또는 다른 업종이나 다른 용도에 사용·겸용이 금지되는 기간은 3년으로 한다. (2010. 12. 30. 개정)

④ 법 제13조 제4항에서 "대통령령으로 정하는 임대가 불가피하다고 인정되는 업종"이란 다음 각 호의 어느 하나에 해당하는 업종을 말한다. (2010. 12. 30. 신설)

1. 제1항 제4호의 전기통신사업(「전기통신사업법」에 따른 전기통신사업자가 같은 법 제41조에 따라 전기통신설비 또는 시설을 다른 전기통신사업자와 공동으로 사용하기 위하여 임대하는 경우로 한정한다) (2010. 12. 30. 신설)
2. 제1항 제6호의 유통산업, 농수산물도매시장·농수산물공판장·농수산물종합유통센터·유통자회사 및 가축시장(「유통산업발전법」 등 관계 법령에 따라 임대가 허용되는 매장 등의 전부 또는 일부를 임대하는 경우 임대하는 부분에 한정한다) (2010. 12. 30. 신설)

제27조【대도시 부동산 취득의 중과세 범위와 적용 기준】 ① 법 제13조 제2항 제1호에서 "대통령령으로 정하는 휴면(休眠)법인"이란 다음 각 호의 어느 하나에 해당하는 법인을 말한다. (2010. 9. 20. 개정)

1. 「상법」에 따라 해산한 법인(이하 "해산법인"이라 한

예판

【예규】 • 휴면법인으로 보는 사업실적 없는 법인에 해당 여부

비록 매출액이 소액이라 하더라도, 그것

- 공동주택 주거전용면적은 외벽의 내부선을 기준으로 산정하도록 규정하면서 남은 면적은 공용면적에 가산하도록 규정하고 있으므로 당해 공동주택 주거전용면적 산정대상에서 제외되는 벽체 면적은 취득세 중과세대상 고급주택 연면적에 포함되지 아니한다고 할 것임. (지방세운영과-1511, 2012. 5. 15.)
- 구분소유가 되지 않는 동일 건물 내에서 고급오락장으로 취득세를 중과세한 후 5년 이내에 위치를 다른 층으로 이전하는 경우라도 영업장 면적의 증가가 없었다면, 이를 다시 취득세 중과세 대상으로 보기는 어렵다고 할 것임. (지방세운영과-3324, 2011. 7. 13.)
- 그린피와 카트피, 캐디피 등을 유료로 받는 등 실질적인 이익을 취하는 경우, 일시적이 아닌 반복적·지속적으로 이루어지는 경우 등에는 사실상 골프장으로 사용된다고 보는 것이 타당함. (지방세운영과-1351, 2013. 7. 2.)
- 고급주택 판단기준인 '1구의 건물의 대지면적'의 일부를 누락한 개별주택가격의 경우 사실상 시가표준액이 없는 경우라고 할 것이므로, 누락된 부속토지를 포함하여 재산정한 시가표준액으로 고급주택 해당 여부를 판단함이 타당함. (지방세운영과-164, 2012. 1. 13.)
- 회원제 골프장으로 사업인가를 받았다고 하더라도 변경인가를 통하여 대중제 골프장으로 등록한 경우라면 대중제 골프장이라고 할 것이므로 이는 회원제 골프장 등록으로 한정하고 있는 취득세 중과세대상 골프장에 해당되지 아니한다고 할 것임. (지방세운영과-2896, 2012. 9. 12.)

④ 제3항을 적용할 때 대통령령으로 정하는 임대가 불가피하다고 인정되는 업종에 대하여는 직접 사용하는 것으로 본다. (2010. 12. 27. 신설)

다) (2010. 9. 20. 개정)

2. 「상법」에 따라 해산한 것으로 보는 법인(이하 "해산간주법인"이라 한다) (2010. 9. 20. 개정)
3. 「부가가치세법 시행령」 제13조에 따라 폐업한 법인(이하 "폐업법인"이라 한다) (2013. 6. 28. 개정 ; 부가가치세법 시행령 부칙)
4. 법인 인수일 이전 1년 이내에 「상법」 제229조, 제285조, 제521조의 2 및 제611조에 따른 계속등기를 한 해산법인 또는 해산간주법인 (2010. 9. 20. 개정)
5. 법인 인수일 이전 1년 이내에 다시 사업자등록을 한 폐업법인 (2010. 9. 20. 개정)
6. 법인 인수일 이전 2년 이상 사업 실적이 없고, 인수일 전후 1년 이내에 인수법인 임원의 100분의 50 이상을 교체한 법인 (2010. 9. 20. 개정)

② 법 제13조 제2항 제1호에 따른 휴면법인의 인수는 제1항 각 호의 어느 하나에 해당하는 법인에서 최초로 그 법인의 과점주주(「지방세기본법」 제46조 제2호에 따른 과점주주를 말한다)가 된 때 이루어진 것으로 본다. (2023. 3. 14. 개정)

③ 법 제13조 제2항 제1호에 따른 대도시에서의 법인 설립, 지점·분사무소 설치 및 법인의 본점·주사무소·지점·분사무소의 대도시 전입에 따른 부동산 취득은 해당 법인 또는 행정안전부령으로 정하는 사무소 또는 사업장(이하 이 조에서 "사무소등"이라 한다)이 그 설립·설치·

이 거래처가 불분명 하거나 정상적인 사업의 영위로 보기 곤란한 경우 등이 아닌 이상 사업 실적이 없다고 단정짓기는 어려움. (부동산세제과-1529, 2020. 7. 2.)

- 채권보전용으로 취득한 경우라도 5년 내에 당해 부동산에 지점을 설치·사용하는 경우라면, 당해 부동산 취득은 지점의 설치에 따른 부동산 취득에 해당되어 취득한 부동산 중 지점설치와 직접 관련된 부분에 대하여는 취득세 중과세대상에 해당되는 것임. (지방세운영과-3440, 2012. 10. 30.)

【판례】 대도시에서 다른 대도시내로 본점이 이전한 경우 등록면허세가 중과
서울특별시 이외의 대도시에서 서울특별시로 이전하는 경우를 특별히 대도시로의 전입으로 간주하고 있는데, 이는 이 사건 법률 조항의 취지를 구체화하여 대도시 중에서도 특히 서울특별시로의 인구집중이나 경제집중으로 인한 폐단을 방지하기 위하여 예외적으로 마련된 것임. (대법 2016두65602, 2018. 11. 29.)

제6조【사무소 등의 범위】 영 제27조 제3항 전단에서 "행정안전부령으로 정하는 사무소 또는 사업장"이란 「법인세법」 제111조·「부가가치세법」 제8조 또는 「소득세법」 제168

운영예규 법13…시행령27-1 **【채권보전용 부동산의 범위】**

1. 채권자가 채권의 담보·변제·실행을 하기 위하여 채권보전용 부동산을 취득하는 경우는 다음과 같다.
   ① 채권에 대한 양도담보로 제공받는 등 채권자가 그 채권의 담보를 위하여 취득하는 경우
   ② 채권에 대한 대물변제로 취득하는 등 채권자가 그 변제를 받는 일환으로 취득하는 경우
   ③ 담보목적물의 부동산에 대한 경매절차에서 채권자가 직접 경락받는 등 채권자가 그 채권의 담보권을 실행하는 과정에서 취득하는 경우
   ④ 제1호부터 제3호와 유사한 사유로 취득하는 경우
2. 채권보전용 부동산을 취득하여 소유권 이전등기를 한 후 일시적으로 사용·수익하는 경우라도 채권 보전·행사용 부동산 소유권 이전으로 보아 중과대상에서 제외한다.

전입 이전에 법인의 본점·주사무소·지점 또는 분사무소의 용도로 직접 사용하기 위한 부동산 취득(채권을 보전하거나 행사할 목적으로 하는 부동산 취득은 제외한다. 이하 이 조에서 같다)으로 하고, 같은 호에 따른 그 설립·설치·전입 이후의 부동산 취득은 법인 또는 사무소등이 설립·설치·전입 이후 5년 이내에 하는 업무용·비업무용 또는 사업용·비사업용의 모든 부동산 취득으로 한다. 이 경우 부동산 취득에는 공장의 신설·증설, 공장의 승계취득, 해당 대도시에서의 공장 이전 및 공장의 업종변경에 따르는 부동산 취득을 포함한다. (2019. 12. 31. 개정)

④ 법 제13조 제2항 제1호를 적용할 때 분할등기일 현재 5년 이상 계속하여 사업을 한 대도시의 내국법인이 법인의 분할(「법인세법」 제46조 제2항 제1호 가목부터 다목까지의 요건을 갖춘 경우만 해당한다)로 법인을 설립하는 경우에는 중과세 대상으로 보지 아니한다. (2013. 1. 1. 개정)

⑤ 법 제13조 제2항 제1호를 적용할 때 대도시에서 설립 후 5년이 경과한 법인(이하 이 항에서 "기존법인"이라 한다)이 다른 기존법인과 합병하는 경우에는 중과세 대상으로 보지 아니하며, 기존법인이 대도시에서 설립 후 5년이 경과되지 아니한 법인과 합병하여 기존법인 외의 법인이 합병 후 존속하는 법인이 되거나 새로운 법인을 신설하는 경우에는 합병 당시 기존법인에 대한 자산비율에 해당하는 부분을 중과세 대상으로 보지 아니한다.

조에 따른 등록대상 사업장(「법인세법」·「부가가치세법」 또는 「소득세법」에 따른 비과세 또는 과세면제 대상 사업장과 「부가가치세법 시행령」 제11조 제2항에 따라 등록된 사업자단위 과세 적용 사업장의 종된 사업장을 포함한다)으로서 인적 및 물적 설비를 갖추고 계속하여 사무 또는 사업이 행하여지는 장소를 말한다. 다만, 다음 각 호의 장소는 제외한다. (2017. 7. 26. 직제개정 ; 행정안전부와~시행규칙 부칙)

1. 영업행위가 없는 단순한 제조·가공장소 (2010. 12. 23. 개정)
2. 물품의 보관만을 하는 보관창고 (2010. 12. 23. 개정)
3. 물품의 적재와 반출만을 하는 하치장 (2010. 12. 23. 개정)

관련법령

체육시설의 설치·이용에 관한 법률 시행령 제20조 【등록 신청】 ③ 제1항에 따라 체육시설업의 등록을 하려는 자 중 회원

⑤ 다음 각 호의 어느 하나에 해당하는 부동산등을 취득하는 경우(고급주택 등을 구분하여 그 일부를 취득하는 경우를 포함한다)의 취득세는 제11조 및 제12조의 세율과 중과기준세율의 100분의 400을 합한 세율을 적용하여 계산한 금액을 그 세액으로 한다. 이 경우 골프장은 그 시설을 갖추어 「체육시설의 설치·이용에 관한 법률」에 따라 체육시설업의 등록(시설을 증설하여 변경등록하는 경우를 포함한다. 이하 이 항에서 같다)을 하는 경우뿐만 아니라 등록을 하지 아니하더라도 사실상 골프장으로 사용하는 경우에도 적용하며, 고급주택·고급오락장에 부속된 토지의 경계가 명확하지 아니할 때에는 그 건축물 바닥면적의 10배에 해당하는 토지를 그 부속토지로 본다. (2023. 3. 14. 개정)

1. 별장 : 주거용 건축물로서 늘 주거용으로 사용하지 아니하고 휴양·피서·놀이 등의 용도로 사용하는 건축물과 그 부속토지(「지방자치법」 제3조 제3항 및 제4항에 따른 읍 또는 면

이 경우 자산비율은 자산을 평가하는 때에는 평가액을 기준으로 계산한 비율로 하고, 자산을 평가하지 아니하는 때에는 합병 당시의 장부가액을 기준으로 계산한 비율로 한다. (2010. 9. 20. 개정)

⑥ 법 제13조 제2항을 적용할 때 「신탁법」에 따른 수탁자가 취득한 신탁재산의 경우 취득 목적, 법인 또는 사무소등의 설립·설치·전입 시기 등은 같은 법에 따른 위탁자를 기준으로 판단한다. (2019. 12. 31. 신설)

제28조 【골프장 등의 범위와 적용기준】 (2023. 12. 29. 제목개정)

① 법 제13조 제5항 각 호 외의 부분 전단에 따른 골프장 등을 구분하여 그 일부를 취득하는 경우는 골프장·고급주택·고급오락장 또는 고급선박을 2명 이상이 구분하여 취득하거나 1명 또는 여러 명이 시차를 두고 구분하여 취득하는 경우로 한다. (2023. 12. 29. 개정)

② 법 제13조 제5항 제1호 전단에서 "대통령령으로 정하는 범위와 기준에 해당하는 농어촌주택과 그 부속토지"란 다음 각 호의 요건을 갖춘 농어촌주택과 그 부속토지를 말한다. (2010. 12. 30. 개정)

1. 대지면적이 660제곱미터 이내이고 건축물의 연면적이 150제곱미터 이내일 것 (2010. 9. 20. 개정)
2. 건축물의 가액(제4조 제1항 제1호의 2를 준용하여 산출한 가액을 말한다. 이하 이 조에서 같다)이 6천500만원 이내일 것 (2020. 12. 31. 개정)
3. 다음 각 목의 어느 하나에 해당하는 지역에 있지 아니할 것

제 골프장업의 등록을 하려는 자는 해당 골프장의 토지 중 다음 각 호에 해당하는 토지 및 골프장 안의 건축물을 구분하여 등록을 신청하여야 한다.

1. 골프코스(티그라운드·페어웨이·러프·해저드·그린 등을 포함한다)
2. 주차장 및 도로
3. 조정지(골프코스와는 별도로 오수처리 등을 위하여 설치한 것은 제외한다)
4. 골프장의 운영 및 유지·관리에 활용되고 있는 조경지(골프장 조성을 위하여 산림훼손, 농지전용 등으로 토지의 형질을 변경한 후 경관을 조성한 지역을 말한다)
5. 관리시설(사무실·휴게시설·매점·창고와 그 밖에 골프장 안의 모든 건축물을 포함하되, 수영장·테니스장·골프연습장·연수시설·오수처리시설 및 태양열이용설비 등 골프장의 용도에 직접 사용되지 아니하는 건축물은 제외한다) 및 그 부속토지
6. 보수용 잔디 및 묘목·화훼 재배지 등 골프장의 유지·관리를 위한 용도로 사용되는 토지

에 있는, 대통령령으로 정하는 범위와 기준에 해당하는 농어촌주택과 그 부속토지는 제외한다). 이 경우 별장의 범위와 적용기준은 대통령령으로 정한다. (2010. 3. 31. 개정)

1. 삭 제 (2023. 3. 14.)
2. 골프장 : 「체육시설의 설치 · 이용에 관한 법률」에 따른 회원제 골프장용 부동산 중 구분등록의 대상이 되는 토지와 건축물 및 그 토지 상(上)의 입목 (2010. 3. 31. 개정)

예판

【조심판례】 청구법인이 마리나선박 임대업을 개시하기까지의 전과정에서 쟁점선박을 업무용이 아닌 비업무용 자가용 선박으로 이용하였다는 객관적인 증빙이 없는 점 등에 비추어 쟁점선박을 고급선박(비업무용 자가용 선박)으로 보기는 어려움. (조심 2015지1781, 2016. 3. 10.)

【판례】 • 유흥주점 중과세 여부

- 일반음식점이 임차인에 의해 유흥주점으로 불법 용도변경되었음을 인지하였음에도 임대차계약을 해지하는 등 적극적인 조치없이 임대차계약을 지속한 경우 중과세 타당 (대전지법 2019구합103040, 2020. 1. 16. ; 대법확정)

• 회원제골프장에서 대중제골프장 전환시 재산세 중과세 제외

- 골프장을 대중골프장으로 운영하기 시작한 이상, 피고로부터 사업계획변경승인을 받지 못하였다거나, 과세기준일 직전에 대중골프장 운영을 시작하였다는 이유만으로 재산세를 회피하기 위한 탈법행위가 있었다고 볼 수 없다. (부산고등법원(창원) 2017누11223, 2018. 1. 31. ; 대법확정)

• 개별 사업소 판단기준

- 각 영업지점 등 소속 종업원들이 원고의 다른 종업원들과 동일한 건물에서 함께 근무하고 있으므로, 사업장별 업무의 기능이 다소 상이하다는 점만을 내세워 기능별로 별개의 사업

(2010. 9. 20. 개정)

가. 광역시에 소속된 군지역 또는 「수도권정비계획법」 제2조 제1호에 따른 수도권지역. 다만, 「접경지역지원법」 제2조 제1호에 따른 접경지역과 「수도권정비계획법」에 따른 자연보전권역 중 행정안전부령으로 정하는 지역은 제외한다. (2017. 7. 26. 직제개정 ; 행정안전부와~직제 부칙)

나. 「국토의 계획 및 이용에 관한 법률」 제6조에 따른 도시지역 및 「부동산 거래신고 등에 관한 법률」 제10조에 따른 허가구역 (2017. 12. 29. 개정)

다. 「소득세법」 제104조의 2 제1항에 따라 기획재정부장관이 지정하는 지역 (2010. 9. 20. 개정)

라. 「조세특례제한법」 제99조의 4 제1항 제1호 가목 5)에 따라 정하는 지역 (2017. 12. 29. 개정)

③ 법 제13조 제5항 제1호 후단에 따른 별장 중 개인이 소유하는 별장은 본인 또는 그 가족 등이 사용하는 것으로 하고, 법인 또는 단체가 소유하는 별장은 그 임직원 등이 사용하는 것으로 하며, 주거와 주거 외의 용도로 겸용할 수 있도록 건축된 오피스텔 또는 이와 유사한 건축물로서 사업장으로 사용하고 있음이 사업자등록증 등으로 확인되지 아니하는 것은 별장으로 본다. (2010. 12. 30. 개정)

② · ③ 삭 제 (2023. 12. 29.)

④ 법 제13조 제5항 제3호에 따라 고급주택으로 보는 주거용 건축물과 그 부속토지는 다음 각 호의 어느 하나에 해당하는 것으로 한다. 다만, 제1호 · 제2호 · 제2호의 2 및 제4호에서 정하는 주거용 건축물과 그 부속토지 또는 공동주택과 그 부속토지는 법 제4조 제1항에 따른 취득 당시의 시가표준액이 9억원을 초과하는 경우만 해당한

소가 있다고 섣불리 단정하여서는 아니 된다. (대법 2016두53562, 2018. 4. 26.)

3. 고급주택 : 주거용 건축물 또는 그 부속토지의 면적과 가액이 대통령령으로 정하는 기준을 초과하거나 해당 건축물에 67제곱미터 이상의 수영장 등 대통령령으로 정하는 부대시설을 설치한 주거용 건축물과 그 부속토지. 다만, 주거용 건축물을 취득한 날부터 60일[상속으로 인한 경우는 상속개시일이 속하는 달의 말일부터, 실종으로 인한 경우는 실종선고일이 속하는 달의 말일부터 각각 6개월(납세자가 외국에 주소를 둔 경우에는 각각 9개월)] 이내에 주거용이 아닌 용도로 사용하거나 고급주택이 아닌 용도로 사용하기 위하여 용도변경공사를 착공하는 경우는 제외한다. (2018. 12. 31. 단서개정)

예판

【조심판례】 • 고급주택의 건축물 연면적 산정시 제외되는 주차장 면적은 직접적인 주차장 해당부분 뿐만 아니라 주차장을 유지·관리·이용하는데 직·간접적인 기능을 수행하는 시설도 포함된다고 보는 것이 타당함. (조심 2014지2071, 2015. 6. 4.)

• 단독주택의 옥탑(쟁점다락방)을 주거 공간의 일부로 사용하고 있는 이상 주택의 연면적에 포함하여 취득세를 중과세(고급주택)한 처분은 적법함. (조심 2015지752, 2015. 7. 13.)

4. 고급오락장 : 도박장, 유흥주점영업장, 특수목욕장, 그 밖에 이와 유사한 용도에 사용되는 건축물 중 대통령령

다. (2020. 12. 31. 단서개정)

1. 1구(1세대가 독립하여 구분 사용할 수 있도록 구획된 부분을 말한다. 이하 같다)의 건축물의 연면적(주차장 면적은 제외한다)이 331제곱미터를 초과하는 주거용 건축물과 그 부속토지 (2020. 12. 31. 개정)
2. 1구의 건축물의 대지면적이 662제곱미터를 초과하는 주거용 건축물과 그 부속토지 (2020. 12. 31. 개정)

2의 2. 1구의 건축물에 엘리베이터(적재하중 200킬로그램 이하의 소형엘리베이터는 제외한다)가 설치된 주거용 건축물과 그 부속토지(공동주택과 그 부속토지는 제외한다) (2011. 12. 31. 신설)

3. 1구의 건축물에 에스컬레이터 또는 67제곱미터 이상의 수영장 중 1개 이상의 시설이 설치된 주거용 건축물과 그 부속토지(공동주택과 그 부속토지는 제외한다) (2011. 12. 31. 개정)
4. 1구의 공동주택(여러 가구가 한 건축물에 거주할 수 있도록 건축된 다가구용 주택을 포함하되, 이 경우 한 가구가 독립하여 거주할 수 있도록 구획된 부분을 각각 1구의 건축물로 본다)의 건축물 연면적(공용면적은 제외한다)이 245제곱미터(복층형은 274제곱미터로 하되, 한 층의 면적이 245제곱미터를 초과하는 것은 제외한다)를 초과하는 공동주택과 그 부속토지 (2010. 9. 20. 개정)

⑤ 법 제13조 제5항 제4호 본문에서 "대통령령으로 정하는 건축물과 그 부속토지"란 다음 각 호의 어느 하나에 해

☜

운영예규 법13…시행령28-1

【전용면적에 포함되는 발코니 범위】

「건축법」상 발코니 및 노대가 접한 면의 길이가 가장 긴 (거실 등) 외벽으로부터 1.5미터를 초과하는 발코니 및 노대 부분은 주거전용 면적으로 산입하여 연면적을 판단하여야 한다. (2022. 10. 25. 개정)

으로 정하는 건축물과 그 부속토지. 다만, 고급오락장용 건축물을 취득한 날부터 60일[상속으로 인한 경우는 상속개시일이 속하는 달의 말일부터, 실종으로 인한 경우는 실종선고일이 속하는 달의 말일부터 각각 6개월(납세자가 외국에 주소를 둔 경우에는 각각 9개월)] 이내에 고급오락장이 아닌 용도로 사용하거나 고급오락장이 아닌 용도로 사용하기 위하여 용도변경공사를 착공하는 경우는 제외한다. (2018. 12. 31. 단서개정)

예판

【판례】 고급오락장 취득 전후의 객관적 사정에 비추어 취득자가 취득 후 바로 고급오락장이 아닌 다른 용도로 이용하고자 하였으나 책임질 수 없는 장애로 인하여 취득 후 30일 이내에 용도변경공사를 착공하지 못하였고, 그러한 장애가 해소되는 즉시 용도변경공사를 착공하려는 의사가 명백한 경우라면, 취득세 중과세율을 적용할 수 없는 정당한 사유가 있다고 보아야 함. (대법 2017두56681, 2017. 11. 29.)

【조심판례】 남성 유흥접객원을 두는 경우도 중과세 대상인 유흥주점영업을 하는 경우로 보아야 함. (조심 2014지2167, 2015. 6. 10.)

당하는 용도에 사용되는 건축물과 그 부속토지를 말한다. 이 경우 고급오락장이 건축물의 일부에 시설되었을 때에는 해당 건축물에 부속된 토지 중 그 건축물의 연면적에 대한 고급오락장용 건축물의 연면적 비율에 해당하는 토지를 고급오락장의 부속토지로 본다. (2010. 12. 30. 개정)

1. 당사자 상호간에 재물을 걸고 우연한 결과에 따라 재물의 득실을 결정하는 카지노장(「관광진흥법」에 따라 허가된 외국인전용 카지노장은 제외한다) (2010. 9. 20. 개정)
2. 사행행위 또는 도박행위에 제공될 수 있도록 자동도박기[파친코, 슬롯머신(slot machine), 아케이드 이퀴프먼트(arcade equipment) 등을 말한다]를 설치한 장소 (2010. 9. 20. 개정)
3. 머리와 얼굴에 대한 미용시설 외에 욕실 등을 부설한 장소로서 그 설비를 이용하기 위하여 정해진 요금을 지급하도록 시설된 미용실 (2010. 9. 20. 개정)
4. 「식품위생법」 제37조에 따른 허가 대상인 유흥주점영업으로서 다음 각 목의 어느 하나에 해당하는 영업장소(공용면적을 포함한 영업장의 면적이 100제곱미터를 초과하는 것만 해당한다) (2014. 12. 30. 개정)
   가. 손님이 춤을 출 수 있도록 객석과 구분된 무도장을 설치한 영업장소(카바레·나이트클럽·디스코클럽 등을 말한다) (2010. 9. 20. 개정)
   나. 유흥접객원(남녀를 불문하며, 임시로 고용된 사람을 포함한다)을 두는 경우로, 별도로 반영구적으

5. 고급선박 : 비업무용 자가용 선박으로서 대통령령으로 정하는 기준을 초과하는 선박 (2010. 3. 31. 개정)

⑥ 제1항과 제2항이 동시에 적용되는 과세물건에 대한 취득세율은 제16조 제5항에도 불구하고 제11조 제1항에 따른 표준세율의 100분의 300으로 한다. (2010. 12. 27. 항번개정)

⑦ 제2항과 제5항이 동시에 적용되는 과세물건에 대한 취득세율은 제16조 제5항에도 불구하고 제11조에 따른 표준세율의 100분의 300에 중과기준세율의 100분의 200을 합한 세율을 적용한다. 다만, 제11조 제1항 제8호에 따른 주택을 취득하는 경우에는 해당 세율에 중과기준세율의 100분의 600을 합한 세율을 적용한다. (2015. 12. 29. 단서신설)

⑧ 제2항에 따른 중과세의 범위와 적용기준, 그 밖에 필요한 사항은 대통령령으로 정하고, 제1항과 제2항에 따른 공장의 범위와 적용기준은 행정안전부령으로 정한다. (2017. 7. 26. 직제개정 ; 정부조직법 부칙)

예판

【판례】 • 매각 후 임차하여 중과세 배제업종에 사용시 취득세 중과세 여부

대도시내 설립된 지 5년이 경과한 기존 법인이 유통시설용 건축물을 신축한 후 직접 사용하지 않고 임대한 부분은 중과대상이 아니나, 대도시 내 취득세 중과배제 업종으로 직접 사용을 하다가 2년 이내에 매각 후 다시 임차하여 중과배제 업종으

로 구획된 객실의 면적이 영업장 전용면적의 100분의 50 이상이거나 객실 수가 5개 이상인 영업장소(룸살롱, 요정 등을 말한다) (2017. 12. 29. 개정)

⑥ 법 제13조 제5항 제5호에서 "대통령령으로 정하는 기준을 초과하는 선박"이란 시가표준액이 3억원을 초과하는 선박을 말한다. 다만, 실험·실습 등의 용도에 사용할 목적으로 취득하는 것은 제외한다. (2016. 12. 30. 개정)

편주

과밀억제권역 안 취득 등 중과

중과대상 자산의 취득		중과세율
과밀억제권역 안 취득	본점 또는 주사무소용 신·증축 건축물 및 그 부속토지(수탁자가 취득한 신탁재산 중 위탁자가 신탁기간 또는 신탁종료 후 위탁자의 본점 또는 주사무소의 사업용으로 사용하는 부동산 포함) 및 공장을 신·증설(산업단지·유치지역·공업지역 제외)하기 위한 사업용 과세물건 취득	표준세율 + 중과기준세율(2%)의 2배
	• 대도시(과밀억제권역 – 산업단지)에서 법인을 설립하거나 지점·분사무	표준세율의 3배 –

제7조 【공장의 범위와 적용기준】

① 법 제13조 제8항에 따른 공장의 범위는 별표 2에 규정된 업종의 공장(「산업집적활성화 및 공장설립에 관한 법률」 제28조에 따른 도시형 공장은 제외한다)으로서 생산설비를 갖춘 건축물의 연면적(옥외에 기계장치 또는 저장시설이 있는 경우에는 그 시설의 수평투영면적을 포함한다)이 500제곱미터 이상인 것

로 사용한 경우에는 중과세 사후관리에 따른 추징 대상임. (대법 2024두43560, 2024. 9. 12.)

• 유통산업을 대도시 중과 제외 업종으로 규정하고 있고, 유통산업의 범위를 유통산업발전법에 따라 임대가 허용되는 유통산업발전법에 따른 대규모점포 만을 의미한다고 볼 근거가 없어 중소규모점포도 포함된다고 보아야 함. (대법 2019두39918, 2019. 9. 10.)

• **대도시내 본점용부동산 신·증축 중과**
- 대도시 안에서 본점 또는 주사무소용 건축물을 신축 또는 증축하여 취득하면 동일한 과밀억제권역 안에 있던 기존의 본점 또는 주사무소에서 이전해 오는 경우라고 하더라도 취득세 중과대상에 해당함. (대법 2012두6551, 2012. 7. 12.)

• **대도시내 지점용 부동산 중과**
- 이 사건 부동산은 법인이 아닌 개인사업자가 영업을 위하여 사용하고 있던 건물인데, 원고가 이를 승계취득하여 지점으로 사용하고 있으므로 취득세 중과대상에 해당함. (서울고법 2015누48855, 2016. 1. 27. : 대법확정)

• **대도시내 본점 이전시 중과적용 범위**
- 등록세 중과대상인 법인이 대도시내로 전입 이전에 '본점의 용도로 직접 사용하기 위하여 취득하는 부동산'의 범위에는 법인의 본점사무실 뿐만 아니라 법인이 인적·물적 설비를 갖추고 본점의 사업 활동을 하는 장소도 포함됨. (대법 2012두20984, 2014. 4. 10.)

• **중과대상 배제업종의 적용 범위**
- 영화관의 경우 중과배제업종인 사회간접자본시설에 해당함. (대법 2013두19844, 2014. 2. 13.)

• **별장에 대한 취득세 중과**
- 공유제 방식(회원이 소유권을 보유)의 콘도를 특정인 또는 특정

중과대상 자산의 취득		중과세율
	소를 설치 및 대도시 지역으로의 법인 전입 등에 따른 대도시의 부동산 취득 • 대도시(유치지역 및 공업지역 제외)에서 공장을 신·증설함에 따른 부동산 취득	중과기준세율 (2%)의 2배
사치성 재산 취득		표준세율 + 중과기준세율 (2%)의 4배

예판

【예규】 • 중과세 배제업종 적용 범위
- "중과제외업종"에 직접 사용하는 부동산이라 함은 해당 "업종"에 직접 사용하는 부동산으로서 본점 사무실도 이에 포함된다고 할 것이나, 법인이 중과대상업종에 영위하는 사업이 있다면 본점 중 중과대상사업 부분에 대해서는 중과세를 적용하여야 할 것임. (지방세운영과-3155, 2015. 10. 7.)
- 오피스텔을 신축·매매 등으로 취득하여 임대사업을 영위하는 경우 취득세 중과 제외 업종인 주택임대사업에 해당함. (지방세운영과-1064, 2018. 5. 8.)

• **법인합병에 따른 지점설치시 대도시 취득세 중과**
- 기존법인이 다른 기존법인과 합병하는 과정에서 피합병법인이 임차하여 사용하던 종전 본점소재지에 존속법인의 지점을 설치한 다음 5년 이내에 임차한 해당 지점용 부동산을 취득하는 경우 그 부동산은 「지방세법 시행령」 제27조 제5항이 적용된다고 봄이 타당함. (지방세운영과-36, 2015. 1. 6.)

• **분사무소 설치후 증여시 대도시 중과 여부**
- 증여는 매각의 범위에 포함되지 않으므로 대도시 중과제외 업종을 영위할 목적으로 부동산을 취득한 법인이 부동산 취득일

을 말한다. 이 경우 건축물의 연면적에는 해당 공장의 제조시설을 지원하기 위하여 공장 경계 구역 안에 설치되는 부대시설(식당, 휴게실, 목욕실, 세탁장, 의료실, 옥외 체육시설 및 기숙사 등 종업원의 후생복지증진에 제공되는 시설과 대피소, 무기고, 탄약고 및 교육시설은 제외한다)의 연면적을 포함한다. (2011. 5. 30. 개정)

② 법 제13조 제8항에 따른 공장의 중과세 적용기준은 다음 각 호와 같다. (2011. 5. 30. 개정)

1. 공장을 신설하거나 증설하는 경우 중과세할 과세물건은 다음 각 목의 어느 하나에 해당하는 것으로 한다. (2010. 12. 23. 개정)
   가. 「수도권정비계획법」 제6조 제1항 제1호에 따른 과밀억제권역(「산업집적활성화 및 공장설립에 관한 법률」의 적용을 받는 산업단지 및 유치지역과 「국토의 계획 및 이용에 관한 법률」의 적용을 받는 공

법인이 독점적 배타적으로 이용하고 있는 경우(매점 등 부대시설이 없고, 숙박명부 등 미비치)에는 별장으로 보아 중과세할 수 있음. (수원지법 2012구합7050, 2012. 11. 7. : 대법확정)

- 골프장 내에 위치하고 있어 휴양·피서·위락 등의 용도로 사용되기에 최적의 조건이라는 점을 감안할 때 상시 주거용으로 사용하였다고 볼 수 없으므로 별장으로 보아 중과세할 수 있음. (서울고법 2013누27441, 2014. 9. 19. : 대법확정)
- 업무용시설로 등록되었다고 하더라도 거실, 화장실, 침실, 주방, 홈시어터 설비 등의 주거용 시설만 갖추고 휴양시설로 사용하는 경우 중과세 대상 별장에 해당함. (수원지법 2013구합2137, 2014. 1. 29. : 대법확정)
- 이 사건 부동산은 숙박시설(휴양콘도미니엄)로 등재되어 있으나 그러한 공부상 용도에도 불구하고, 원고의 임직원들이 이 사건 부동산을 '휴양·피서·놀이' 등의 용도로 주로 사용한 이상 이 사건 부동산은 구 지방세법 소정의 별장에 해당한다고 봄이 타당함. (서울고법 2015누53680, 2015. 4. 12. : 대법확정)

• **고급주택에 대한 취득세 중과**

- 단독주택 단지 내의 주택 소유자들이 공동으로 사용하기 위해 설립한 커뮤니티센터를 단독주택의 연면적에 포함하여 고급주택 여부를 판단할 수 없음. (서울고법 2012누40287, 2013. 8. 9.)
- 주택 주위에 설치되어 있는 울타리 내에 있는 농수로를 복개한 후 그 위에 잔디와 수목을 식재한 경우 해당 농수로용 토지를 고급주택의 부속토지로 지목변경을 한 것으로 보아 간주취득세를 과세할 수 없음. (서울고법 2013누50540, 2014. 7. 23. : 대법확정)
- 취득 당시에는 고급주택에 해당하지 아니하였으나 고급주택 중과요건 규정이 개정되고 그 이후 증축으로 인하여 개정 법령에 따른 중과요건에 해당하는 경우 중과대상에 해당함.

부터 2년 이내에 증여한 경우라도 다른 업종이나 다른 용도에 사용·겸용하지 아니한 경우라면 중과세율 적용대상에 해당되지 아니한다고 할 것임. (지방세운영과-1247, 2015. 4. 27.)

• **본점 신축 대도시 중과 해당 여부**

- 대도시내 기존 본점 건물과는 별도로 건물을 신축하여 교육원으로 사용하는 경우, 신축 건물에 법인의 기획·재무·총무 등 중추적인 주된 기능이 없어 본점용 부동산에 해당하지 아니하고, 본점 직원이 아닌 불특정 다수를 위한 교육 목적으로 운영되어 본점 직원을 위한 부대시설용 부동산에 해당하지도 아니한다면 본점 사업용 부동산의 범위에 해당하지 아니함. (지방세운영과-2439, 2016. 9. 22.)

• **본점 이전시 취득세 중과 해당 여부**

- 수도권에서 설립되어 5년이 경과한 법인이 서울특별시로 전입한 후 5년 이내에 수도권의 부동산을 취득한 경우 취득세 중과세 대상에 해당하지 않음.
  ※ 다만 서울특별시 내의 부동산 취득 및 서울특별시 외에서 지점을 설치하는 경우 중과대상 해당 (지방세운영과-2422, 2018. 10. 12.)
- 법인등기부등본상 본점소재지는 대도시 외 지역인 법인이 대도시 내에 사실상 본점 전입 후 5년 이내에 해당 대도시 내에서 부동산을 취득한 경우 해당 부동산에 대해 취득세 중과세를 적용하여야 할 것임. (지방세운영과-2409, 2018. 10. 12.)

• **지점 이전 대도시 중과 해당 여부**

- 대도시 내 설치 후 5년이 경과한 지점을 동일성을 유지한 채 대도시 내로 이전시 여유공간이 발생하여 해당 공간을 임대사업에 사용할 경우, 중과세 대상에 해당하지 않음. (지방세운영과-996, 2017. 11. 16.)

• **대도시 중과세 휴면법인 해당 여부**

- 인수일 전후 1년 이내에 기존 1인 대표이사 외에 대표이사 1

업지역은 제외한다. 이하 이 항에서 "과밀억제권역"이라 한다)에서 공장을 신설하거나 증설하는 경우에는 신설하거나 증설하는 공장용 건축물과 그 부속토지 (2010. 12. 23. 개정)

나. 과밀억제권역에서 공장을 신설하거나 증설(건축물 연면적의 100분의 20 이상을 증설하거나 건축물 연면적 330제곱미터를 초과하여 증설하는 경우만 해당한다)한 날부터 5년 이내에 취득하는 공장용 차량 및 기계장비 (2010. 12. 23. 개정)

2. 다음 각 목의 어느 하나에 해당하는 경우에는 제1호에도 불구하고 중과세 대상에서 제외한다. (2010. 12. 23. 개정)

가. 기존 공장의 기계설비 및 동력장치를 포함한 모든 생산설비를 포괄적으로 승계취득하는 경우 (2010. 12. 23. 개정)

(서울행법 2014구합61699, 2014. 10. 24. : 대법확정)

- 원고가 채권을 보전할 목적으로 이 사건 주택을 취득하여 이를 주거용으로 사용하지 아니한 채 매도하였다고 하더라도 취득 당시 이 사건 주택의 현황이 고급주택에 해당하는 이상 위 주택의 취득에는 지방세법 제13조 제5항 제3호에 따라 중과세율이 적용됨. (수원지법 2015구합60458, 2015. 10. 8. : 대법확정)

【조심판례】 • 독립된 별개의 지점여부

- 청구법인의 지점인 OOO타워에 인접해 있고 공중보행로로 연결되어 있으며 OOO타워와 동일한 업태의 부동산 임대업을 영위하는 사업장으로, OOO타워에 소재한 타워업무지원센터에서 일괄하여 관리를 총괄하고 있는 것으로 보여, 동일한 사업장으로 볼 수 있고, 청구법인은 이 건 부동산에 대하여 별도의 자동차관리사업을 등록 및 사업자등록도 신청하지 아니한 점 등을 볼 때 별개의 사업장이나 지점으로 보기 어려움. (조심 2018지2018, 2019. 7. 1.)

• 고급오락장 중과세율 적용

- 노래연습장의 등록을 한 임차인이 단순히 주류판매 및 주류반입 등을 이유로 행정처분을 받았다는 사실만으로 이 건 노래연습장을 곧바로 주로 주류와 음식물을 조리·판매하고 유흥접객원을 둘 수 있는 룸살롱 등으로 보기는 어려운 점 등에 비추어 청구인이 소유한 쟁점부동산을 고급오락장(유흥주점영업장)으로 보아 취득세를 중과세한 처분은 잘못이 있음. (조심 2018지951, 2019. 3. 19.)

• 각 개별주택의 울타리를 훨씬 벗어나서 여러 다른 주택들과 도로 등을 사이에 두고 위치하면서 공동 경비실 등으로 구성된 공유재산인 관리동을 사회통념상 각 개별주택과 한 단위의 동일 주거생활공간 내에 있는 것으로 볼 수는 없다 하겠음. (조심 2012지481, 2013. 3. 21.)

인을 공동 대표이사로 추가하는 경우 「지방세법 시행령」 제27조 제1항 제6호의 임원의 100분의 50 이상을 교체한 휴면법인에 해당하는 것임. (지방세운영과-1192, 2016. 5. 16.)

• 주유소 내 무료세차업의 중과제외업종 해당 여부

- 대도시내 지점설치에 따른 부동산을 취득하여 일단의 부동산에서 주유소 운영업과 무료 세차업(사업자 등록 無)을 함께 영위하는 경우, 해당 세차업은 주유소운영업(유통산업)과는 별개의 사업을 영위하고 있는 것으로 보아 취득세 중과대상(업종)에 해당한다고 판단됨. (지방세운영과-684, 2016. 3. 16.)

• '사무소 등' 범위 개정 이후 취득한 부동산의 중과 여부

- 개정(2014. 1. 1.) 전부터 사업자 등록없이 지점의 실질적 요건을 유지해 왔다고 하더라도 개정 이후 5년 내 부동산을 취득한 이상 중과세 대상에 해당한다고 할 것임. (지방세운영과-993, 2017. 11. 16.)

• 사치성 재산을 합병으로 취득시 중과세 적용 여부

- 합병 전 취득세 중과세율을 적용 받았던 소멸법인의 과세물건을 합병으로 존속법인이 취득하는 경우라면, 「지방세법」 제15조 제1항에 따른 세율의 특례 적용대상이 됨. (지방세운영과-3603, 2015. 11. 16.)

• 고급주택 판단 연면적 기준

- 단독주택의 경우도 공동주택과 같이 건축물관리대장 등 공부상으로 건축물의 연면적에서 제외되는 면적에 해당되는 경우 주택 연면적 계산에서 제외하는 것이 타당함. (지방세운영과-383, 2014. 12. 24.)
- 공동주택의 전용면적이 245제곱미터 이내이면서 거실 등으로 확장된 발코니 면적이 건축법상 연면적에서 제외되는 합법적인 서비스면적(1.5제곱미터 이내)에 해당하는 경우 고급주택에 해당하지 아니함. (지방세운영과-281, 2017. 8. 30.)

나. 해당 과밀억제권역에 있는 기존 공장을 폐쇄하고 해당 과밀억제권역의 다른 장소로 이전한 후 해당 사업을 계속 하는 경우. 다만, 타인 소유의 공장을 임차하여 경영하던 자가 그 공장을 신설한 날부터 2년 이내에 이전하는 경우 및 서울특별시 외의 지역에서 서울특별시로 이전하는 경우에는 그러하지 아니하다. (2010. 12. 23. 개정)

다. 기존 공장(승계취득한 공장을 포함한다)의 업종을 변경하는 경우 (2010. 12. 23. 개정)

라. 기존 공장을 철거한 후 1년 이내에 같은 규모로 재축(건축공사에 착공한 경우를 포함한다)하는 경우 (2010. 12. 23. 개정)

마. 행정구역변경 등으로 새로 과밀억제권역으로 편입되는 지역은 편입되기 전에 「산업집적활성화 및 공장설립에 관한

운영예규 법13-1【별장, 고급주택 등】

1. 주거용으로 사용할 수 있는 오피스텔 등의 건축물을 상시 업무용으로 활용하지 않으면서, 휴양·피서·위락 등의 용도로 사용하는 경우 별장에 해당된다.
2. 주거용 건축물의 부속토지라 함은 당해 주택과 경제적 일체를 이루고 있는 토지로서 사회통념상 주거생활공간으로 인정되는 대지를 뜻하므로 이 경우 당해 토지의 필지 수 또는 사용자수가 다수인지의 여부와는 무관하다.
3. 소유자 이외의 자가 주택을 임차하여 별장으로 사용하는 경우에는 중과세대상이다.
4. "구내의 토지"라 함은 통상 담장 또는 울타리 등으로 경계가 구획된 토지를 의미하며, 고급오락장 등이 건물의 일부에 소재하고 있는 경우 중과세율을 적용할 공용면적은 다음 산식에 의한다.

   중과대상 공용면적 = 전체 공용면적 × {중과대상 전용면적 / (중과대상 전용면적 + 중과제외대상 전용면적)}

제13조의 2【법인의 주택 취득 등 중과】 ① 주택(제11조 제1항 제8호에 따른 주택을 말한다. 이 경우 주택의 공유지분이나 부속토지만을 소유하거나 취득하는 경우에도 주택을 소유하거나 취득한 것으로 본다. 이하 이 조 및 제13조의 3에서 같다)을 유상거래를 원인으로

운영예규 법13-3【중과세 대상 공장에 해당하는지 여부 예시】

1. 중과대상에 해당하는 경우
   ① 기존 공장의 승계취득시 기계설비를 제외한 공장대지 및 건물과 동력장치만을 양수한 경우(포괄승계취득으로 보지 아니한다)
   ② 동일 대도시권 내에서 기존 공장의 시설 일체를 매각하고 이전하는 경우(이전지역에서는 공장의 신설로 본다)
2. 중과대상에 해당하지 않는 경우
   ① 기존 공장의 토지, 건축물, 생산설비를 포괄적으로 그대로 승계하거나 시설규모를 축소하여 승계취득하는 경우
   ② 타인소유의 토지와 건축물에 설치된 공장을 그 토지와 건축물은 임대인으로부터, 그 기계장치는 소유자로부터 취득한 경우

제28조의 2【주택 유상거래 취득 중과세의 예외】 법 제13조의 2 제1항을 적용할 때 같은 항 각 호 외의 부분에 따른 주택(이하 이 조 및 제28조의 3부터 제28조의 6까지에서 "주택"이라 한다)으로서 다음 각 호의 어느 하나에 해당하는 주택은 중과세 대상으로 보지 않는

법률」 제13조에 따른 공장설립 승인 또는 건축허가를 받은 경우 (2010. 12. 23. 개정)

바. 부동산을 취득한 날부터 5년 이상 경과한 후 공장을 신설하거나 증설하는 경우 (2010. 12. 23. 개정)

사. 차량 또는 기계장비를 노후 등의 사유로 대체취득하는 경우. 다만, 기존의 차량 또는 기계장비를 매각하거나 폐기처분하는 날을 기준으로 그 전후 30일 이내에 취득하는 경우만 해당한다. (2010. 12. 23. 개정)

3. 제1호 및 제2호를 적용할 때 공장의 증설이란 다음 각 목의 어느 하나에 해당하는 경우를 말한다. (2010. 12. 23. 개정)

가. 공장용으로 쓰는 건축물의 연면적 또는 그 공장의 부속토지 면적을 확장하는 경우 (2010. 12. 23. 개정)

나. 해당 과밀억제권역 안에서 공장을 이전하는 경우에는 종전

취득하는 경우로서 다음 각 호의 어느 하나에 해당하는 경우에는 제11조 제1항 제8호에도 불구하고 다음 각 호에 따른 세율을 적용한다. (2020. 8. 12. 신설)

1. 법인(「국세기본법」 제13조에 따른 법인으로 보는 단체, 「부동산등기법」 제49조 제1항 제3호에 따른 법인 아닌 사단·재단 등 개인이 아닌 자를 포함한다. 이하 이 조 및 제151조에서 같다)이 주택을 취득하는 경우 : 제11조 제1항 제7호 나목의 세율을 표준세율로 하여 해당 세율에 중과기준세율의 100분의 400을 합한 세율 (2020. 8. 12. 신설)

다. (2020. 8. 12. 신설)

1. 법 제4조에 따른 시가표준액(지분이나 부속토지만을 취득한 경우에는 전체 주택의 시가표준액을 말한다)이 1억원 이하인 주택. 다만, 「도시 및 주거환경정비법」 제2조 제1호에 따른 정비구역(종전의 「주택건설촉진법」에 따라 설립인가를 받은 재건축조합의 사업부지를 포함한다)으로 지정·고시된 지역 또는 「빈집 및 소규모주택 정비에 관한 특례법」 제2조 제1항 제4호에 따른 사업시행구역에 소재하는 주택은 제외한다. (2020. 8. 12. 신설)
2. 「공공주택 특별법」 제4조 제1항에 따라 지정된 공공주택사업자가 다음 각 목의 어느 하나에 해당하는 주택을 공급(가목의 경우 신축·개축하여 공급하는 경우를 포함한다)하기 위하여 취득하는 주택 (2022. 2. 28. 개정)
   가. 「공공주택 특별법」 제43조 제1항에 따라 공급하는 공공매입임대주택. 다만, 정당한 사유 없이 그 취득일부터 2년이 경과할 때까지 공공매입임대주택으로 공급하지 않거나 공공매입임대주택으로 공급한 기간이 3년 미만인 상태에서 매각·증여하거나 다른 용도로 사용하는 경우는 제외한다. (2022. 2. 28. 개정)
   나. 「공공주택 특별법」에 따른 지분적립형 분양주택이나 이익공유형 분양주택 (2022. 2. 28. 개정)

2의 2. 「공공주택 특별법」 제4조 제1항에 따라 지정된 공공주택사업자가 제2호 나목의 주택을 분양받은 자로부터 환매하여 취득하는 주택 (2022. 2. 28. 신설)

의 규모를 초과하여 시설하는 경우 (2010. 12. 23. 개정)

다. 레미콘제조공장 등 차량 또는 기계장비 등을 주로 사용하는 특수업종은 기존 차량 및 기계장비의 100분의 20 이상을 증가하는 경우 (2010. 12. 23. 개정)

③ 시장·군수·구청장은 공장의 신설 또는 증설에 따른 중과세 상황부를 갖추어 두어야 한다. (2016. 12. 30. 개정)

2의 3.「공공주택 특별법」 제40조의 7 제2항 제2호에 따른 토지등소유자가 같은 법 제40조의 10 제3항에 따라 공공주택사업자로부터 현물보상으로 공급받아 취득하는 주택 (2022. 2. 28. 신설)

3.「노인복지법」 제32조 제1항 제3호에 따른 노인복지주택으로 운영하기 위하여 취득하는 주택. 다만, 정당한 사유 없이 그 취득일부터 1년이 경과할 때까지 해당 용도에 직접 사용하지 않거나 해당 용도로 직접 사용한 기간이 3년 미만인 상태에서 매각·증여하거나 다른 용도로 사용하는 경우는 제외한다. (2020. 8. 12. 신설)

3의 2.「도시재생 활성화 및 지원에 관한 특별법」 제55조의 3에 따른 토지등소유자가 같은 법 제45조 제1호에 따른 혁신지구사업시행자로부터 현물보상으로 공급받아 취득하는 주택 (2022. 2. 28. 신설)

4.「문화재보호법」 제2조 제3항에 따른 지정문화재 또는 같은 조 제4항에 따른 등록문화재에 해당하는 주택 (2021. 4. 27. 개정)

4. 다음 각 목의 어느 하나에 해당하는 주택 (2024. 5. 7. 개정 ; 문화재~부칙)
   가.「문화유산의 보존 및 활용에 관한 법률」에 따른 지정문화유산 (2024. 5. 7. 개정 ; 문화재~부칙)
   나.「근현대문화유산의 보존 및 활용에 관한 법률」에 따른 등록문화유산 (2024. 5. 7. 개정 ; 문화재~부칙, 2024. 9. 10. 개정 ; 근현대문화유산의~부칙)
   다.「자연유산의 보존 및 활용에 관한 법률」에 따른

천연기념물등 (2024. 5. 7. 개정 ; 문화재~부칙)

5. 「민간임대주택에 관한 특별법」 제2조 제7호에 따른 임대사업자가 같은 조 제4호에 따른 공공지원민간임대주택으로 공급하기 위하여 취득하는 주택. 다만, 정당한 사유 없이 그 취득일부터 2년이 경과할 때까지 공공지원민간임대주택으로 공급하지 않거나 공공지원민간임대주택으로 공급한 기간이 3년 미만인 상태에서 매각·증여하거나 다른 용도로 사용하는 경우는 제외한다. (2020. 8. 12. 신설)
6. 「영유아보육법」 제10조 제5호에 따른 가정어린이집으로 운영하기 위하여 취득하는 주택. 다만, 정당한 사유 없이 그 취득일부터 1년이 경과할 때까지 해당 용도에 직접 사용하지 않거나 해당 용도로 직접 사용한 기간이 3년 미만인 상태에서 매각·증여하거나 다른 용도로 사용하는 경우는 제외하되, 가정어린이집을 「영유아보육법」 제10조 제1호에 따른 국공립어린이집으로 전환한 경우는 당초 용도대로 직접 사용하는 것으로 본다. (2021. 12. 31. 단서개정)
7. 「주택도시기금법」 제3조에 따른 주택도시기금과 「한국토지주택공사법」에 따라 설립된 한국토지주택공사가 공동으로 출자하여 설립한 부동산투자회사 또는 「한국자산관리공사 설립 등에 관한 법률」에 따라 설립된 한국자산관리공사가 출자하여 설립한 부동산투자회사가 취득하는 주택으로서 취득 당시 다음 각 목의 요

건을 모두 갖춘 주택 (2020. 8. 12. 신설)

가. 해당 주택의 매도자(이하 이 호에서 "매도자"라 한다)가 거주하고 있는 주택으로서 해당 주택 외에 매도자가 속한 세대가 보유하고 있는 주택이 없을 것 (2020. 8. 12. 신설)

나. 매도자로부터 취득한 주택을 5년 이상 매도자에게 임대하고 임대기간 종료 후에 그 주택을 재매입할 수 있는 권리를 매도자에게 부여할 것 (2020. 8. 12. 신설)

다. 법 제4조에 따른 시가표준액(지분이나 부속토지만을 취득한 경우에는 전체 주택의 시가표준액을 말한다)이 5억원 이하인 주택일 것 (2020. 8. 12. 신설)

8. 다음 각 목의 어느 하나에 해당하는 주택으로서 멸실시킬 목적으로 취득하는 주택. 다만, 나목 5)의 경우에는 정당한 사유 없이 그 취득일부터 2년이 경과할 때까지 해당 주택을 멸실시키지 않거나 그 취득일부터 6년이 경과할 때까지 주택을 신축하지 않은 경우는 제외하고, 나목 6)의 경우에는 정당한 사유 없이 그 취득일부터 1년이 경과할 때까지 해당 주택을 멸실시키지 않거나 그 취득일부터 3년이 경과할 때까지 주택을 신축하여 판매하지 않은 경우는 제외하며, 나목 5) 및 6) 외의 경우에는 정당한 사유 없이 그 취득일부터 3년이 경과할 때까지 해당 주택을 멸실시키지 않거나 그 취득일부터 7년이 경과할 때까지 주택을 신축하지 않은 경우는 제외한다. (2023. 12. 29. 단서개정)

8. 다음 각 목의 어느 하나에 해당하는 주택으로서 멸실

영 28조의 2 제8호 각 목 외의 부분 단서의 개정규정[같은 호 나목 6) 외의 개정사항만 해당함]은 2024. 1. 1. 이후 멸실시킬 목적으로 주택을 취득하는 경우부터 적용함. (영 부칙(2023. 12. 29.) 5조)

시킬 목적으로 취득하는 주택. 다만, 나목 5)의 경우에는 정당한 사유 없이 그 취득일부터 2년이 경과할 때까지 해당 주택을 멸실시키지 않거나 그 취득일부터 6년이 경과할 때까지 주택을 신축하지 않은 경우는 제외하고, 나목 6)의 경우에는 정당한 사유 없이 그 취득일부터 1년이 경과할 때까지 해당 주택을 멸실시키지 않거나 그 취득일부터 3년이 경과할 때까지 주택을 신축하지 않은 경우 또는 그 취득일부터 5년이 경과할 때까지 신축 주택을 판매하지 않은 경우는 제외하며, 나목 5) 및 6) 외의 경우에는 정당한 사유 없이 그 취득일부터 3년이 경과할 때까지 해당 주택을 멸실시키지 않거나 그 취득일부터 7년이 경과할 때까지 주택을 신축하지 않은 경우는 제외한다. (2024. 12. 31. 단서개정)

가. 「공공기관의 운영에 관한 법률」 제4조에 따른 공공기관 또는 「지방공기업법」 제3조에 따른 지방공기업이 「공익사업을 위한 토지 등의 취득 및 보상에 관한 법률」 제4조에 따른 공익사업을 위하여 취득하는 주택 (2020. 8. 12. 신설)

나. 다음 중 어느 하나에 해당하는 자가 주택건설사업을 위하여 취득하는 주택. 다만, 해당 주택건설 사업이 주택과 주택이 아닌 건축물을 한꺼번에 신축하는 사업인 경우에는 신축하는 주택의 건축면적 등을 고려하여 행정안전부령으로 정하는 바에 따라 산정한 부분으로 한정한다. (2021. 4. 27. 개정)

편주

영 28조의 2 제8호 각 목 외의 부분 단서의 개정규정은 2021. 4. 27.부터 2024. 12. 31.까지의 기간 동안 멸실시킬 목적으로 취득한 주택에 대해서도 적용함. (영 부칙(2024. 12. 31.) 2조 1항)

제7조의 2【주택 유상거래 취득 중과세의 예외】 영 제28조의 2 제8호 나목 본문에 따른 주택건설사업이 주택과 주택이 아닌 건축물을 한꺼번에 신축하는 사업인 경우 다음 각 호의 구분에 따라 산정한

편주

영 28조의 2 제8호 다목의 개정규정은 2025. 1. 1. 이후 멸실시킬 목적으로 주택을 취득하는 경우부터 적용함. (영 부칙(2024. 12. 31.) 2조 2항)

☞

1)「도시 및 주거환경정비법」 제2조 제8호에 따른 사업시행자 (2021. 4. 27. 개정)

2)「빈집 및 소규모주택 정비에 관한 특례법」 제2조 제1항 제5호에 따른 사업시행자 (2021. 4. 27. 개정)

3)「주택법」 제2조 제11호에 따른 주택조합(같은 법 제11조 제2항에 따른 "주택조합설립인가를 받으려는 자"를 포함한다) (2021. 4. 27. 개정)

4)「주택법」 제4조에 따라 등록한 주택건설사업자 (2021. 4. 27. 개정)

5)「민간임대주택에 관한 특별법」 제23조에 따른 공공지원민간임대주택 개발사업 시행자 (2021. 4. 27. 개정)

6) 주택신축판매업[한국표준산업분류에 따른 주거용 건물 개발 및 공급업과 주거용 건물 건설업(자영건설업으로 한정한다)을 말한다]을 영위할 목적으로 「부가가치세법」 제8조 제1항에 따라 사업자 등록을 한 자 (2021. 4. 27. 개정)

다.「공공주택 특별법」 제2조 제1호의 3의 공공매입임대주택을 건설하려는 자(같은 법 제4조에 따른 공공주택사업자와 공공매입임대주택을 건설하여 양도하기로 약정을 체결한 자로 한정한다)가 해당 공공매입임대주택을 건설하기 위하여 취득하는 주택. 다만, 그 약정이 해제·해지된 경우 또는 그 약정에 따라 공공매입임대주택을 건설하지 않거나 양부분에 대해서는 중과세 대상으로 보지 않는다. (2020. 12. 31. 신설)

1.「도시 및 주거환경정비법」 제2조 제2호에 따른 정비사업 중 주거환경을 개선하기 위한 사업, 「주택법」 제2조 제11호 가목에 따른 지역주택조합 및 같은 호 나목에 따른 직장주택조합이 시행하는 사업 : 해당 주택건설사업을 위하여 취득하는 주택의 100분의 100에 해당하는 부분 (2020. 12. 31. 신설)

2.「도시 및 주거환경정비법」 제2조 제2호 나목에 따른 재개발사업 중 도시환경을 개선하기 위한 사업 : 해당 주택건설사업을 위하여 취득하는 주택 중 다음의 비율에 해당하는 부분 (2020. 12. 31. 신설)

$$\frac{\text{신축하는 주택의 연면적}}{\text{신축하는 주택 및 주택이 아닌 건축물 전체의 연면적}}$$

3. 그 밖의 주택건설사업 : 다음 각 목의 구분에 따라 산정한 부분 (2020. 12. 31. 신설)

도하지 않은 경우는 제외한다. (2024. 12. 31. 신설)

9. 주택의 시공자(「주택법」 제33조 제2항에 따른 시공자 및 「건축법」 제2조 제16호에 따른 공사시공자를 말한다)가 다음 각 목의 어느 하나에 해당하는 자로부터 해당 주택의 공사대금으로 취득한 미분양 주택(「주택법」 제54조에 따른 사업주체가 같은 조에 따라 공급하는 주택으로서 입주자모집공고에 따른 입주자의 계약일이 지난 주택단지에서 취득일 현재까지 분양계약이 체결되지 않아 선착순의 방법으로 공급하는 주택을 말한다. 이하 이 조 및 제28조의 6에서 같다). 다만, 가목의 자로부터 취득한 주택으로서 자기 또는 임대계약 등 권원을 불문하고 타인이 거주한 기간이 1년 이상인 경우는 제외한다. (2020. 12. 31. 개정)
   가. 「건축법」 제11조에 따른 허가를 받은 자 (2020. 8. 12. 신설)
   나. 「주택법」 제15조에 따른 사업계획승인을 받은 자 (2020. 8. 12. 신설)

10. 다음 각 목의 어느 하나에 해당하는 자가 저당권의 실행 또는 채권변제로 취득하는 주택. 다만, 취득일부터 3년이 경과할 때까지 해당 주택을 처분하지 않은 경우는 제외한다. (2020. 8. 12. 신설)
   가. 「농업협동조합법」에 따라 설립된 조합 (2020. 8. 12. 신설)
   나. 「산림조합법」에 따라 설립된 산림조합 및 그 중앙

가. 신축하는 주택의 연면적이 신축하는 주택 및 주택이 아닌 건축물 전체 연면적의 100분의 50 이상인 경우 : 해당 주택건설사업을 위하여 취득하는 주택의 100분의 100에 해당하는 부분 (2020. 12. 31. 신설)

나. 신축하는 주택의 연면적이 신축하는 주택 및 주택이 아닌 건축물 전체 연면적의 100분의 50 미만인 경우 : 해당 주택건설사업을 위하여 취득하는 주택 중 제2호의 비율에 해당하는 부분 (2020. 12. 31. 신설)

회 (2020. 8. 12. 신설)

다. 「상호저축은행법」에 따른 상호저축은행 (2020. 8. 12. 신설)

라. 「새마을금고법」에 따라 설립된 새마을금고 및 그 중앙회 (2020. 8. 12. 신설)

마. 「수산업협동조합법」에 따라 설립된 조합 (2020. 8. 12. 신설)

바. 「신용협동조합법」에 따라 설립된 신용협동조합 및 그 중앙회 (2020. 8. 12. 신설)

사. 「은행법」에 따른 은행 (2020. 8. 12. 신설)

11. 다음 각 목의 요건을 갖춘 농어촌주택 (2023. 12. 29. 개정)

가. 「지방자치법」 제3조 제3항 및 제4항에 따른 읍 또는 면에 있을 것 (2023. 12. 29. 개정)

나. 대지면적이 660제곱미터 이내이고 건축물의 연면적이 150제곱미터 이내일 것 (2023. 12. 29. 개정)

다. 건축물의 가액(제4조 제1항 제1호의 2를 준용하여 산출한 가액을 말한다)이 6천500만원 이내일 것 (2023. 12. 29. 개정)

라. 다음의 어느 하나에 해당하는 지역에 있지 아니할 것 (2023. 12. 29. 개정)

1) 광역시에 소속된 군지역 또는 「수도권정비계획법」 제2조 제1호에 따른 수도권지역. 다만, 「접경지역 지원 특별법」 제2조 제1호에 따른 접경

지역과 「수도권정비계획법」에 따른 자연보전권역 중 행정안전부령으로 정하는 지역은 제외한다. (2023. 12. 29. 개정)

2) 「국토의 계획 및 이용에 관한 법률」 제6조에 따른 도시지역 및 「부동산 거래신고 등에 관한 법률」 제10조에 따른 허가구역 (2023. 12. 29. 개정)

3) 「소득세법」 제104조의 2 제1항에 따라 기획재정부장관이 지정하는 지역 (2023. 12. 29. 개정)

4) 「조세특례제한법」 제99조의 4 제1항 제1호 가목 5)에 따라 정하는 지역 (2023. 12. 29. 개정)

12. 사원에 대한 임대용으로 직접 사용할 목적으로 취득하는 주택으로서 1구의 건축물의 연면적(전용면적을 말한다)이 60제곱미터 이하인 공동주택(「건축법 시행령」 별표 1 제1호 다목에 따른 다가구주택으로서 「건축법」 제38조에 따른 건축물대장에 호수별로 전용면적이 구분되어 기재되어 있는 다가구주택을 포함한다). 다만, 다음 각 목의 어느 하나에 해당하는 주택은 제외한다. (2023. 3. 14. 개정)

가. 취득하는 자가 개인인 경우로서 「지방세기본법 시행령」 제2조 제1항 각 호의 어느 하나에 해당하는 관계인 사람에게 제공하는 주택 (2020. 8. 12. 신설)

나. 취득하는 자가 법인인 경우로서 「지방세기본법」 제46조 제2호에 따른 과점주주에게 제공하는 주택 (2020. 8. 12. 신설)

다. 정당한 사유 없이 그 취득일부터 1년이 경과할 때까지 해당 용도에 직접 사용하지 않거나 해당 용도로 직접 사용한 기간이 3년 미만인 상태에서 매각·증여하거나 다른 용도로 사용하는 주택 (2020. 8. 12. 신설)

13. 물적분할[「법인세법」 제46조 제2항 각 호의 요건(같은 항 제2호의 경우 전액이 주식등이어야 한다)을 갖춘 경우로 한정한다]로 인하여 분할신설법인이 분할법인으로부터 취득하는 미분양 주택. 다만, 분할등기일부터 3년 이내에 「법인세법」 제47조 제3항 각 호의 어느 하나에 해당하는 사유가 발생한 경우(같은 항 각 호 외의 부분 단서에 해당하는 경우는 제외한다)는 제외한다. (2020. 12. 31. 신설)

편주 영 28조의 2 제13호의 개정규정은 2025. 1. 1. 이후 납세의무가 성립하는 경우부터 적용함. (영 부칙(2024. 12. 31.) 2조 3항)

☞ 13. 물적분할[「법인세법」 제46조 제2항 각 호의 요건(같은 항 제2호의 경우 전액이 주식등이어야 한다)을 갖춘 경우로 한정한다]로 인하여 분할신설법인이 분할법인으로부터 취득하는 미분양 주택 및 분양계약을 체결한 주택. 다만, 분할등기일부터 3년 이내에 「법인세법」 제47조 제3항 각 호의 어느 하나에 해당하는 사유가 발생한 경우(같은 항 각 호 외의 부분 단서에 해당하는 경우는 제외한다)는 제외한다. (2024. 12. 31. 개정)

편주 영 28조의 2 제13호의 2의 개정규정은 2025. 1. 1. 이후 납세의무가 성립하는 경우부터 적용함. (영 부칙(2024. 12. 31.) 2조 3항)

☞ 13의 2. 「법인세법」 제46조 제2항에 따른 적격분할로 인하여 분할신설법인이 분할법인으로부터 취득하는 미분양 주택 및 분양계약을 체결한 주택. 다만, 분할등기일부터 3년 이내에 「법인세법」 제46조의 3 제3항 각 호의 어느 하나에 해당하는 사유가 발생하는 경우(같은 항 각 호 외의 부분 단서에 해당하는 경우는 제

외한다)는 제외한다. (2024. 12. 31. 신설)

13의 3. 법 제15조 제1항 제3호에 따른 세율의 특례가 적용되는 법인의 합병으로 취득하는 주택 (2024. 12. 31. 신설)

> 편주 영 28조의 2 제13호의 3의 개정규정은 2025. 1. 1. 이후 납세의무가 성립하는 경우부터 적용함. (영 부칙(2024. 12. 31.) 2조 3항)

14. 「주택법」에 따른 리모델링주택조합이 같은 법 제22조 제2항에 따라 취득하는 주택 (2021. 12. 31. 신설)

15. 「주택법」 제2조 제10호 나목의 사업주체가 취득하는 다음 각 목의 주택 (2022. 2. 28. 신설)
   가. 「주택법」에 따른 토지임대부 분양주택을 공급하기 위하여 취득하는 주택 (2022. 2. 28. 신설)
   나. 「주택법」에 따른 토지임대부 분양주택을 분양받은 자로부터 환매하여 취득하는 주택 (2022. 2. 28. 신설)
   다. 「주택법」 제57조의 2 제3항에 따른 거주의무자등의 매입신청을 받거나 거주의무자등의 거주의무 위반으로 취득하는 분양가상한제 적용주택 및 토지임대부 분양주택 (2024. 12. 31. 신설)
   라. 「주택법」 제64조 제2항 단서에 따라 우선 매입하는 분양가상한제 적용주택, 같은 조 제3항에 따라 전매제한 위반으로 취득하는 주택 및 같은 법 제78조의 2 제3항에 따라 취득한 것으로 보는 토지임대부 분양주택 (2024. 12. 31. 신설)
   마. 「주택법」 제65조 제3항에 따라 취득한 것으로 보는 주택 (2024. 12. 31. 신설)

> 편주 영 28조의 2 제15호 다목부터 마목까지의 개정규정은 2025. 1. 1. 이후 납세의무가 성립하는 경우부터 적용함. (영 부칙(2024. 12. 31.) 2조 3항)

16. 「부동산투자회사법」 제2조 제1호 다목에 따른 기업구조조정 부동산투자회사가 2024년 3월 28일부터

> 편주 영 28조의 2 제16호의 개정규정은 2024. 3. 28. 이후 취득하는 아파트부터 적용함. (영 부칙(2024. 5. 28.) 2조)

2025년 12월 31일까지 최초로 유상승계취득하는 「주택법 시행령」 제3조 제1항 제1호에 따른 아파트(이하 이 조 및 제28조의 4에서 "아파트"라 한다)로서 다음 각 목의 요건을 모두 갖춘 아파트 (2024. 5. 28. 신설)

가. 「수도권정비계획법」 제2조 제1호에 따른 수도권 외의 지역에 있을 것 (2024. 5. 28. 신설)

나. 「주택법」 제54조 제1항에 따른 사업주체가 같은 법 제49조에 따른 사용검사 또는 「건축법」 제22조에 따른 사용승인(임시사용승인을 포함한다)을 받은 후 분양되지 않은 아파트일 것 (2024. 5. 28. 신설)

편주

• **주택유상거래 취득세 세율표**

구분	1주택	2주택		3주택	법인·4주택
		일시적 2주택	2주택		
조정대상지역	1~3%	1~3%	8%	12%	12%
非조정대상지역	1~3%	1~3%		8%	12%

• **주택무상취득 취득세 세율표**

구분	주택 증여(증여인 기준)	
	1주택자가 증여시	2주택 이상자가 증여시
조정대상지역	3.5%	12%(3억원 이상에 한함)
非조정대상지역	3.5%	

제28조의 3 【세대의 기준】 ① 법 제13조의 2 제1항부터 제4항까지의 규정을 적용할 때 1세대란 주택을 취득하는 사람과 「주민등록법」 제7조에 따른 세대별 주민등록표(이하 이 조에서

"세대별 주민등록표"라 한다) 또는 「출입국관리법」 제34조 제1항에 따른 등록외국인기록표 및 외국인등록표(이하 이 조에서 "등록외국인기록표등"이라 한다)에 함께 기재되어 있는 가족(동거인은 제외한다)으로 구성된 세대를 말하며 주택을 취득하는 사람의 배우자(사실혼은 제외하며, 법률상 이혼을 했으나 생계를 같이 하는 등 사실상 이혼한 것으로 보기 어려운 관계에 있는 사람을 포함한다. 이하 제28조의 6에서 같다), 취득일 현재 미혼인 30세 미만의 자녀 또는 부모(주택을 취득하는 사람이 미혼이고 30세 미만인 경우로 한정한다)는 주택을 취득하는 사람과 같은 세대별 주민등록표 또는 등록외국인기록표등에 기재되어 있지 않더라도 1세대에 속한 것으로 본다. (2020. 8. 12. 신설)

제28조의 3【세대의 기준】 ① 법 제13조의 2 제1항부터 제4항까지의 규정을 적용할 때 1세대란 주택 취득일 현재 주택을 취득하는 사람과 「주민등록법」 제7조에 따른 세대별 주민등록표(이하 이 조에서 "세대별 주민등록표"라 한다) 또는 「출입국관리법」 제34조 제1항에 따른 등록외국인기록표 및 외국인등록표(이하 이 조에서 "등록외국인기록표등"이라 한다)에 함께 기재되어 있는 가족(동거인은 제외한다)으로 구성된 세대를 말하며 주택을 취득하는 사람의 배우자(사실혼은 제외하며, 법률상 이혼을 했으나 생계를 같이 하는 등 사실상 이혼한 것으로 보기 어려운 관계에 있는 사람을 포함한다. 이하 제28조의 6에서 같다), 취득일 현재 미혼인 30세 미만의 자녀 또는 부모(주택을 취득하는 사람이 미혼이고 30세 미만인 경우로 한정한다)는 주택을 취득하는 사람과 같은 세대별 주

민등록표 또는 등록외국인기록표등에 기재되어 있지 않더라도 1세대에 속한 것으로 본다. (2024. 12. 31. 개정)

② 제1항에도 불구하고 다음 각 호의 어느 하나에 해당하는 경우에는 각각 별도의 세대로 본다. (2020. 8. 12. 신설)

1. 부모와 같은 세대별 주민등록표에 기재되어 있지 않은 30세 미만의 자녀로서 주택 취득일이 속하는 달의 직전 12개월 동안 발생한 소득으로서 행정안전부장관이 정하는 소득이 「국민기초생활 보장법」에 따른 기준 중위소득을 12개월로 환산한 금액의 100분의 40 이상이고, 소유하고 있는 주택을 관리ㆍ유지하면서 독립된 생계를 유지할 수 있는 경우. 다만, 미성년자인 경우는 제외한다. (2021. 12. 31. 개정)
2. 취득일 현재 65세 이상의 직계존속(배우자의 직계존속을 포함하며, 직계존속 중 어느 한 사람이 65세 미만인 경우를 포함한다)을 동거봉양(同居奉養)하기 위하여 30세 이상의 직계비속, 혼인한 직계비속 또는 제1호에 따른 소득요건을 충족하는 성년인 직계비속이 합가(合家)한 경우 (2023. 3. 14. 개정)
3. 취학 또는 근무상의 형편 등으로 세대전원이 90일 이상 출국하는 경우로서 「주민등록법」 제10조의 3 제1항 본문에 따라 해당 세대가 출국 후에 속할 거주지를 다른 가족의 주소로 신고한 경우 (2020. 8. 12. 신설)
4. 별도의 세대를 구성할 수 있는 사람이 주택을 취득한 날부터 60일 이내에 세대를 분리하기 위하여 그 취득한

2. 1세대 2주택(대통령령으로 정하는 일시적 2주택은 제외한다)에 해당하는 주택으로서 「주택법」 제63조의 2 제1항 제1호에 따른 조정대상지역(이하 이 장에서 "조정대상지역"이라 한다)에 있는 주택을 취득하는 경우 또는 1세대 3주택에 해당하는 주택으로서 조정대상지역 외의 지역에 있는 주택을 취득하는 경우 : 제11조 제1항 제7호 나목의 세율을 표준세율로 하여 해당 세율에 중과기준세율의 100분의 200을 합한 세율 (2020. 8. 12. 신설)

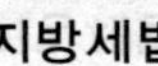

【예규】 • 신규주택 임대목적 취득 시 일시적 2주택 적용 가능 여부
일시적 2주택은 실질적인 거주 여부를 요건으로 하지 않으므로, 신규주택을 임대주택으로 신청(감면) 하더라도 종전 주택을

주택으로 주소지를 이전하는 경우 (2021. 12. 31. 신설)

제28조의 4 【주택 수의 산정방법】 ① 법 제13조의 2 제1항 제2호 및 제3호를 적용할 때 세율 적용의 기준이 되는 1세대의 주택 수는 주택 취득일 현재 취득하는 주택을 포함하여 1세대가 국내에 소유하는 주택, 법 제13조의 3 제2호에 따른 조합원입주권(이하 "조합원입주권"이라 한다), 같은 조 제3호에 따른 주택분양권(이하 "주택분양권"이라 한다) 및 같은 조 제4호에 따른 오피스텔(이하 "오피스텔"이라 한다)의 수를 말한다. 이 경우 조합원입주권 또는 주택분양권에 의하여 취득하는 주택의 경우에는 조합원입주권 또는 주택분양권의 취득일(분양사업자로부터 주택분양권을 취득하는 경우에는 분양계약일)을 기준으로 해당 주택 취득 시의 세대별 주택 수를 산정한다. (2020. 8. 12. 신설)

제28조의 4 【주택 수의 산정방법】 ① 법 제13조의 2 제1항 제2호 및 제3호를 적용할 때 세율 적용의 기준이 되는 1세대의 주택 수는 주택 취득일 현재 취득하는 주택을 포함하여 1세대가 국내에 소유하는 주택, 법 제13조의 3 제2호에 따른 조합원입주권(이하 "조합원입주권"이라 한다), 같은 조 제3호에 따른 주택분양권(이하 "주택분양권"이라 한다) 및 같은 조 제4호에 따른 오피스텔(이하 "오피스텔"이라 한다)의 수를 말한다. 이 경우 조합원입주권 또는 주택분양권에 의하여 취득하는 주택의 경우에는 조합원입주권 또는 주택분양권의 취득일(분양사업자로부터 주택분양권을 취득하는 경우에는 분양계약일을 말하고, 주택분양권의 매매·교환 및 증여

영 28조의 4 제1항 후단의 개정규정은 2025. 1. 1. 이후 1세대에 속하지 않은 자로부터 해당 주택분양권을 취득하는 경우부터 적용함. (영 부칙(2024. 12. 31.) 3조)

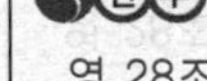

【판례】 상속받은 주택이 재건축되어 분양된 경우 취득원인 여부
- 재건축으로 신축된 주택의 경우 지방세법 시행령 제28조의 4 주택수 산정 규정의 '상속으로 여러 사람이 공동으로 1개의 주택에 소유한 경우'에

일시적 2주택 기간 내 처분한다면 일시적 2주택에 해당하여 중과세율 적용을 배제하는 것이 타당함. (부동산세제과-3728, 2024. 10. 30.)

• **이혼에 따른 재산분할을 종전 주택 처분으로 볼 수 있는 지 여부**
부부가 종전 A주택을 공동명의(50:50)로 보유 중 새로운 B주택을 공동명의(50:50)로 취득하여 일시적 2주택이 된 이후에 협의 이혼에 따른 재산분할로 부부 간에 A주택의 지분을 이전한 경우에 종전 주택의 처분일에 甲이 이혼으로 세대가 분리된 乙에게 재산분할로 종전 주택의 소유권(지분 50%)을 이전하는 것은 같은 세대원이 아닌 자에게 그 소유권을 이전하는 것이므로 "처분"으로 보는 것이 타당하다고 판단됨. (부동산세제과-2469, 2024. 7. 17.)

• **증여받은 분양권 주택을 취득한 경우 주택수 산정기준**
2주택자가 분양사업자로부터 최초 주택분양권을 취득하고 기존 1주택을 처분 후, 배우자 B에게 분양권을 분양권 전매와 동일한 형식으로 증여하여 B가 분양주택을 취득한 경우, 분양권 증여에 대한 증여계약서상 계약일을 취득일로 보는 것이 타당함. (부동산세제과-972, 2024. 3. 7.)

3. 1세대 3주택 이상에 해당하는 주택으로서 조정대상지역에 있는 주택을 취득하는 경우 또는 1세대 4주택 이상에 해당하는 주택으로서 조정대상지역 외의 지역에 있는 주택을 취득하는 경우 : 제11조 제1항 제7호 나목의 세율을 표준세율로 하여 해당 세율에 중과기준세율의 100분의 400을 합한 세율 (2020. 8. 12. 신설)

예판

【예규】 우선수익자가 위탁자의 채무불이행으로 채권 담보의 직

를 통하여 1세대 내에서 동일한 주택분양권에 대한 취득일이 둘 이상이 되는 경우에는 가장 빠른 주택분양권의 취득일을 말한다)을 기준으로 해당 주택 취득 시의 세대별 주택 수를 산정한다. (2024. 12. 31. 후단개정)

② 제1항 전단에도 불구하고 법 제13조의 2 제1항 제2호 및 제3호를 적용할 때 다음 각 호의 어느 하나에 해당하는 주택을 취득하는 경우 세율 적용의 기준이 되는 1세대의 주택 수는 주택 취득일 현재 취득하는 주택을 제외하고 1세대가 국내에 소유하는 주택, 조합원입주권, 주택분양권 및 오피스텔의 수를 말한다. (2024. 3. 26. 신설)

1. 2024년 1월 10일부터 2025년 12월 31일까지 「주택법」 제49조에 따른 사용검사 또는 「건축법」 제22조에 따른 사용승인(임시사용승인을 포함한다)을 받은 신축 주택을 같은 기간 내에 최초로 유상승계취득하는 주택으로서 다음 각 목의 요건을 모두 갖춘 주택 (2024. 3. 26. 신설)

1. 2024년 1월 10일부터 2027년 12월 31일까지 「주택법」 제49조에 따른 사용검사 또는 「건축법」 제22조에 따른 사용승인(임시사용승인을 포함한다)을 받은 신축 주택을 같은 기간 내에 최초로 유상승계취득하는 주택으로서 다음 각 목의 요건을 모두 갖춘 주택 (2024. 12. 31. 개정)

가. 「주택법 시행령」 제2조 제3호에 따른 다가구주택(「건축법」 제38조에 따른 건축물대장에 호수별로 전용면적이 구분되어 기재되어 있는 다가구주택

해당한다거나, '상속을 원인으로 취득한 주택'에 해당한다고 볼 수 없음. (대법 2024두38827, 2024. 7. 11.)

편주

영 28조의 4 제2항 1호의 개정규정은 2028. 12. 31.까지 효력을 가짐. (영 부칙(2024. 3. 26.) 2조 1항) (2024. 12. 31. 개정)

접 목적물인 신탁부동산(주택)을 취득한 것은 채권 변제를 위한 정당한 권리 행사의 일환으로 볼 수 있어, 해당 주택 취득은 취득세 중과 예외에 해당함. (부동산세제과-1175, 2023. 3. 22.)

편주

영 28조의 4 제2항 2호의 개정규정은 2028. 12. 31.까지 효력을 가짐. (영 부칙(2024. 3. 26.) 2조 1항) (2024. 12. 31. 개정))

☞

으로 한정한다. 이하 이 조에서 "다가구주택"이라 한다), 같은 영 제3조 제1항 제2호에 따른 연립주택(이하 이 조에서 "연립주택"이라 한다), 같은 항 제3호에 따른 다세대주택(이하 이 조에서 "다세대주택"이라 한다) 또는 「주택법」 제2조 제20호에 따른 도시형 생활주택(이하 이 조에서 "도시형 생활주택"이라 한다) 중 어느 하나에 해당할 것 (2024. 3. 26. 신설)

나. 전용면적이 60제곱미터 이하이고 취득당시가액이 3억원(「수도권정비계획법」 제2조 제1호에 따른 수도권에 소재하는 경우에는 6억원으로 한다) 이하일 것 (2024. 3. 26. 신설)

2. 2024년 1월 10일부터 2025년 12월 31일까지 유상승계취득하는 주택(신축 후 최초로 유상승계취득한 주택은 제외한다)으로서 다음 각 목의 요건을 모두 갖춘 주택. 다만, 「민간임대주택에 관한 특별법」 제2조 제7호에 따른 임대사업자(이하 이 조에서 "임대사업자"라 한다)가 같은 법 제43조 제1항에 따른 임대의무기간에 가목에 해당하는 주택을 임대 외의 용도로 사용하는 경우 또는 매각·증여하는 경우나 같은 조 제4항 각 호의 경우가 아닌 사유로 같은 법 제6조에 따라 임대사업자 등록이 말소된 경우 해당 주택은 본문에 따른 다음 각 목의 요건을 모두 갖춘 주택에서 제외한다. (2024. 3. 26. 신설)

2. 2024년 1월 10일부터 2027년 12월 31일까지 유상승계취득하는 주택(신축 후 최초로 유상승계취득한 주택

은 제외한다)으로서 다음 각 목의 요건을 모두 갖춘 주택. 다만, 「민간임대주택에 관한 특별법」 제2조 제7호에 따른 임대사업자(이하 이 조에서 "임대사업자"라 한다)가 같은 법 제43조 제1항에 따른 임대의무기간에 가목에 해당하는 주택을 임대 외의 용도로 사용하는 경우 또는 매각 · 증여하는 경우나 같은 조 제4항 각 호의 경우가 아닌 사유로 같은 법 제6조에 따라 임대사업자 등록이 말소된 경우 해당 주택은 본문에 따른 다음 각 목의 요건을 모두 갖춘 주택에서 제외한다. (2024. 12. 31. 개정)

가. 다가구주택, 연립주택, 다세대주택 또는 도시형 생활주택 중 어느 하나에 해당할 것 (2024. 3. 26. 신설)

나. 전용면적이 60제곱미터 이하이고 취득당시가액이 3억원(「수도권정비계획법」 제2조 제1호에 따른 수도권에 소재하는 경우에는 6억원으로 한다) 이하일 것 (2024. 3. 26. 신설)

다. 임대사업자가 해당 주택을 취득한 날부터 60일 이내에 「민간임대주택에 관한 특별법」 제5조에 따라 임대주택으로 등록하거나 임대사업자가 아닌 자가 해당 주택을 취득한 날부터 60일 이내에 같은 조에 따라 임대사업자로 등록하고 그 주택을 임대주택으로 등록할 것 (2024. 3. 26. 신설)

3. 「주택법」 제54조 제1항에 따른 사업주체가 같은 법 제49조에 따른 사용검사를 받은 후 분양되지 않은 같은 법 시행령

편주

- 영 28조의 4 제2항 3호의 개정규정은 2024. 1. 10. 이후 취득하는 아파트부터 적용함. (영 부칙(2024. 5. 28.) 3조)
- 영 28조의 4 제2항 3호의 개정규정은 2026. 12. 31.까지 효력을 가짐. (영 부칙(2024. 3. 26.) 2조 2항) (2024. 12. 31. 개정)

제3조 제1항 제1호에 따른 아파트(이하 이 조에서 "아파트"라 한다)를 2024년 1월 10일부터 2025년 12월 31일까지 최초로 유상승계취득하는 아파트로서 다음 각 목의 요건을 모두 갖춘 아파트 (2024. 3. 26. 신설)

3. 「주택법」 제54조 제1항에 따른 사업주체가 같은 법 제49조에 따른 사용검사 또는 「건축법」 제22조에 따른 사용승인(임시사용승인을 포함한다)을 받은 후 분양되지 않은 아파트를 2024년 1월 10일부터 2025년 12월 31일까지 최초로 유상승계취득하는 아파트로서 다음 각 목의 요건을 모두 갖춘 아파트 (2024. 5. 28. 개정)
   가. 「수도권정비계획법」 제2조 제1호에 따른 수도권 외의 지역에 있을 것 (2024. 3. 26. 신설)
   나. 전용면적 85제곱미터 이하이고 취득당시가액이 6억원 이하일 것 (2024. 3. 26. 신설)

③ 제1항 및 제2항을 적용할 때 주택, 조합원입주권, 주택분양권 또는 오피스텔을 동시에 2개 이상 취득하는 경우에는 납세의무자가 정하는 바에 따라 순차적으로 취득하는 것으로 본다. (2024. 3. 26. 개정)

④ 제1항 및 제2항을 적용할 때 1세대 내에서 1개의 주택, 조합원입주권, 주택분양권 또는 오피스텔을 세대원이 공동으로 소유하는 경우에는 1개의 주택, 조합원입주권, 주택분양권 또는 오피스텔을 소유한 것으로 본다. (2024. 3. 26. 개정)

⑤ 제1항 및 제2항을 적용할 때 상속으로 여러 사람이 공

동으로 1개의 주택, 조합원입주권, 주택분양권 또는 오피스텔을 소유하는 경우 지분이 가장 큰 상속인을 그 주택, 조합원입주권, 주택분양권 또는 오피스텔의 소유자로 보고, 지분이 가장 큰 상속인이 두 명 이상인 경우에는 그 중 다음 각 호의 순서에 따라 그 주택, 조합원입주권, 주택분양권 또는 오피스텔의 소유자를 판정한다. 이 경우, 미등기 상속 주택 또는 오피스텔의 소유지분이 종전의 소유지분과 변경되어 등기되는 경우에는 등기상 소유지분을 상속개시일에 취득한 것으로 본다. (2024. 3. 26. 개정)

1. 그 주택 또는 오피스텔에 거주하는 사람 (2020. 8. 12. 신설)
2. 나이가 가장 많은 사람 (2020. 8. 12. 신설)

⑤ 제1항부터 제4항까지의 규정에 따라 1세대의 주택 수를 산정할 때 다음 각 호의 어느 하나에 해당하는 주택, 조합원입주권, 주택분양권 또는 오피스텔은 소유주택 수에서 제외한다. (2020. 8. 12. 신설)

⑥ 제1항부터 제5항까지의 규정에 따라 1세대의 주택 수를 산정할 때 다음 각 호의 어느 하나에 해당하는 주택, 조합원입주권, 주택분양권 또는 오피스텔은 소유주택(주택 취득일 현재 취득하는 주택을 포함하지 아니한 소유주택을 말한다) 수에서 제외한다. (2024. 3. 26. 개정)

1. 다음 각 목의 어느 하나에 해당하는 주택 (2020. 8. 12. 신설)

   가. 제28조의 2 제1호에 해당하는 주택으로서 주택 수

편주

영 28조의 4 제6항 2호의 개정규정은 2025. 1. 1. 이후 납세의 무가 성립하는 경우부터 적용함. (영 부칙(2024. 12. 31.) 4조)

☞

산정일 현재 같은 호에 따른 해당 주택의 시가표준액 기준을 충족하는 주택 (2020. 8. 12. 신설)

나. 제28조의 2 제3호 · 제5호 · 제6호 및 제12호에 해당하는 주택으로서 주택 수 산정일 현재 해당 용도에 직접 사용하고 있는 주택 (2020. 8. 12. 신설)

다. 제28조의 2 제4호에 해당하는 주택 (2020. 8. 12. 신설)

라. 제28조의 2 제8호 및 제9호에 해당하는 주택. 다만, 제28조의 2 제9호에 해당하는 주택의 경우에는 그 주택의 취득일부터 3년 이내의 기간으로 한정한다. (2020. 8. 12. 신설)

마. 제28조의 2 제11호에 해당하는 주택으로서 주택 수 산정일 현재 같은 호 다목의 요건을 충족하는 주택 (2024. 3. 26. 개정)

2. 「통계법」 제22조에 따라 통계청장이 고시하는 산업에 관한 표준분류에 따른 주거용 건물 건설업을 영위하는 자가 신축하여 보유하는 주택. 다만, 자기 또는 임대계약 등 권원을 불문하고 타인이 거주한 기간이 1년 이상인 주택은 제외한다. (2020. 8. 12. 신설)

2. 「통계법」 제22조에 따라 통계청장이 고시하는 산업에 관한 표준분류에 따른 주거용 건물 건설업 또는 주거용 건물 개발 및 공급업을 영위하는 자가 신축하여 보유하는 주택. 다만, 자기 또는 임대계약 등 권원을 불문하고 타인이 거주한 기간이 1년 이상인 주택은 제

외한다. (2024. 12. 31. 개정)

3. 상속을 원인으로 취득한 주택, 조합원입주권, 주택분양권 또는 오피스텔로서 상속개시일부터 5년이 지나지 않은 주택, 조합원입주권, 주택분양권 또는 오피스텔 (2020. 8. 12. 신설)
4. 주택 수 산정일 현재 법 제4조에 따른 시가표준액(지분이나 부속토지만을 취득한 경우에는 전체 건축물과 그 부속토지의 시가표준액을 말한다)이 1억원 이하인 오피스텔 (2020. 8. 12. 신설)
5. 주택 수 산정일 현재 법 제4조에 따른 시가표준액이 1억원 이하인 부속토지만을 소유한 경우 해당 부속토지 (2023. 3. 14. 신설)
6. 혼인한 사람이 혼인 전 소유한 주택분양권으로 주택을 취득하는 경우 다른 배우자가 혼인 전부터 소유하고 있는 주택 (2023. 3. 14. 신설)
7. 제2항 제1호부터 제3호까지의 규정에 해당하는 주택 (2024. 3. 26. 신설)
8. 2024년 1월 10일부터 2025년 12월 31일까지 「건축법」 제22조에 따른 사용승인(임시사용승인을 포함한다)을 받은 신축 오피스텔을 같은 기간 내에 최초로 유상승계취득하는 오피스텔로서 전용면적이 60제곱미터 이하이고 취득당시가액이 3억원(「수도권정비계획법」 제2조 제1호에 따른 수도권에 소재하는 경우에는 6억원으로 한다) 이하에 해당하는 오피스텔 (2024. 3. 26. 신설)
8. 2024년 1월 10일부터 2027년 12월 31일까지 「건축법」

편주

- 영 28조의 4 제6항 7호(같은 조 2항 1호 · 2호의 규정에 해당하는 주택에 한정함)의 개정규정은 2028. 12. 31.까지 효력을 가짐. (영 부칙(2024. 3. 26.) 2조 1항) (2024. 12. 31. 개정)
- 영 28조의 4 제6항 7호(같은 조 2항 3호의 규정에 해당하는 주택에 한정함)의 개정규정은 2026. 12. 31.까지 효력을 가짐. (영 부칙(2024. 3. 26.) 2조 2항) (2024. 12. 31. 개정)

편주

영 28조의 4 제6항 8호의 개정규정은 2028. 12. 31.까지 효력을 가짐. (영 부칙(2024. 3. 26.) 2조 1항) (2024. 12. 31. 개정)

제22조에 따른 사용승인(임시사용승인을 포함한다)을 받은 신축 오피스텔을 같은 기간 내에 최초로 유상승계취득하는 오피스텔로서 전용면적이 60제곱미터 이하이고 취득당시가액이 3억원(「수도권정비계획법」 제2조제1호에 따른 수도권에 소재하는 경우에는 6억원으로 한다) 이하에 해당하는 오피스텔 (2024. 12. 31. 개정)

9. 2024년 1월 10일부터 2025년 12월 31일까지 유상승계취득하는 오피스텔(신축 후 최초로 유상승계취득한 오피스텔은 제외한다)로서 다음 각 목의 요건을 모두 갖춘 오피스텔. 다만, 임대사업자가 「민간임대주택에 관한 특별법」 제43조 제1항에 따른 임대의무기간에 가목에 해당하는 오피스텔을 임대 외의 용도로 사용하는 경우 또는 매각·증여하는 경우나 같은 조 제4항 각 호의 경우가 아닌 사유로 같은 법 제6조에 따라 임대사업자 등록이 말소된 경우 해당 오피스텔은 본문에 따른 다음 각 목의 요건을 모두 갖춘 오피스텔에서 제외한다. (2024. 3. 26. 신설)

☞ 9. 2024년 1월 10일부터 2027년 12월 31일까지 유상승계취득하는 오피스텔(신축 후 최초로 유상승계취득한 오피스텔은 제외한다)로서 다음 각 목의 요건을 모두 갖춘 오피스텔. 다만, 임대사업자가 「민간임대주택에 관한 특별법」 제43조 제1항에 따른 임대의무기간에 가목에 해당하는 오피스텔을 임대 외의 용도로 사용하는 경우 또는 매각·증여하는 경우나 같은 조 제4항 각 호의 경우가 아닌 사유로 같은 법 제6조에 따라 임대사업자 등록이 말소된 경우 해당 오피스텔은 본

편주

영 28조의 4 제6항 9호의 개정규정은 2028. 12. 31.까지 효력을 가짐. (영 부칙(2024. 3. 26.) 2조 1항) (2024. 12. 31. 개정)

문에 따른 다음 각 목의 요건을 모두 갖춘 오피스텔에서 제외한다. (2024. 12. 31. 개정)

가. 전용면적이 60제곱미터 이하이고 취득당시가액이 3억원(「수도권정비계획법」 제2조 제1호에 따른 수도권에 소재하는 경우에는 6억원으로 한다) 이하일 것 (2024. 3. 26. 신설)

나. 임대사업자가 해당 오피스텔을 취득한 날부터 60일 이내에 「민간임대주택에 관한 특별법」 제5조에 따라 임대주택으로 등록하거나 임대사업자가 아닌 자가 해당 오피스텔을 취득한 날부터 60일 이내에 같은 조에 따라 임대사업자로 등록하고 그 오피스텔을 임대주택으로 등록할 것 (2024. 3. 26. 신설)

제28조의 5【일시적 2주택】 ① 법 제13조의 2 제1항 제2호에 따른 "대통령령으로 정하는 일시적 2주택"이란 국내에 주택, 조합원입주권, 주택분양권 또는 오피스텔을 1개 소유한 1세대가 그 주택, 조합원입주권, 주택분양권 또는 오피스텔(이하 이 조 및 제36조의 3에서 "종전 주택등"이라 한다)을 소유한 상태에서 이사 · 학업 · 취업 · 직장이전 및 이와 유사한 사유로 다른 1주택(이하 이 조 및 제36조의 3에서 "신규 주택"이라 한다)을 추가로 취득한 후 3년(이하 이 조에서 "일시적 2주택 기간"이라 한다) 이내에 종전 주택등(신규 주택이 조합원입주권 또는 주택분양권에 의한 주택이거나 종전 주택등이 조합원입주권

② 조정대상지역에 있는 주택으로서 대통령령으로 정하는 일정가액 이상의 주택을 제11조 제1항 제2호에 따른 무상취득(이하 이 조에서 "무상취득"이라 한다)을 원인으로 취득하는 경우에는 제11조 제1항 제2호에도 불구하고 같은 항 제7호 나목의 세율을 표준세율로 하여 해당 세율에 중과기준세율의 100분의 400을 합한 세율을 적용한다. 다만, 1세대 1주택자가 소유한 주택을 배우자 또는 직계존비속이 무상취득하는 등 대통령령으로 정하

또는 주택분양권인 경우에는 신규 주택을 포함한다)을 처분하는 경우 해당 신규 주택을 말한다. (2023. 2. 28. 개정)
② 제1항을 적용할 때 조합원입주권 또는 주택분양권을 1개 소유한 1세대가 그 조합원입주권 또는 주택분양권을 소유한 상태에서 신규 주택을 취득한 경우에는 해당 조합원입주권 또는 주택분양권에 의한 주택을 취득한 날부터 일시적 2주택 기간을 기산한다. (2020. 8. 12. 신설)
③ 제1항을 적용할 때 종전 주택등이 「도시 및 주거환경정비법」 제74조 제1항에 따른 관리처분계획의 인가 또는 「빈집 및 소규모주택 정비에 관한 특례법」 제29조 제1항에 따른 사업시행계획인가를 받은 주택인 경우로서 관리처분계획인가 또는 사업시행계획인가 당시 해당 사업구역에 거주하는 세대가 신규 주택을 취득하여 그 신규 주택으로 이주한 경우에는 그 이주한 날에 종전 주택등을 처분한 것으로 본다. (2020. 12. 31. 신설)

제28조의 6【중과세 대상 무상취득 등】 ① 법 제13조의 2 제2항에서 "대통령령으로 정하는 일정가액 이상의 주택"이란 취득 당시 법 제4조에 따른 시가표준액(지분이나 부속토지만을 취득한 경우에는 전체 주택의 시가표준액을 말한다)이 3억원 이상인 주택을 말한다. (2020. 8. 12. 신설)
② 법 제13조의 2 제2항 단서에서 "1세대 1주택자가 소유한 주택을 배우자 또는 직계존비속이 무상취득하는

는 경우는 제외한다. (2020. 8. 12. 신설)

③ 제1항 또는 제2항과 제13조 제5항이 동시에 적용되는 과세물건에 대한 취득세율은 제16조 제5항에도 불구하고 제1항 각 호의 세율 및 제2항의 세율에 중과기준세율의 100분의 400을 합한 세율을 적용한다. (2020. 8. 12. 신설)

④ 제1항부터 제3항까지를 적용할 때 조정대상지역 지정고시일 이전에 주택에 대한 매매계약(공동주택 분양계약을 포함한다)을 체결한 경우(다만, 계약금을 지급한 사실 등이 증빙서류에 의하여 확인되는 경우에 한정한다)에는 조정대상지역으로 지정되기 전에 주택을 취득한 것으로 본다. (2020. 8. 12. 신설)

⑤ 제1항부터 제4항까지 및 제13조의 3을 적용할 때 주택의 범위 포함 여부, 세대의 기준, 주택 수의 산정방법 등 필요한 세부 사항은 대통령령으로 정한다. (2020. 8. 12. 신설)

예판

【예규】 • 시가표준액 1억원 이하인 주택 부속토지의 주택 수 제외 기준

- 입법 취지에 따라 해당 규정은 주택 부속토지의 전체 시가표준액이 아닌 소유한 주택 부속토지의 「지방세법」 제4조에 따른 시가표준액을 기준으로 1억원 이하를 판단하는 것이 타당함. (부동산세제과-3435, 2024. 10. 6.)

• 과세관청에서 그 현황을 문화재로 지정된 주택의 부속토지로 판단하였다면, 주택의 부속토지 일부만 문화재로 지정되었다 하더라도 「지방세법 시행령」 제28조의 2 제4호에 따라 취득세 중과세 예외에 해당함. (부동산세제과-3887, 2022. 11. 29.)

등 대통령령으로 정하는 경우"란 다음 각 호의 어느 하나에 해당하는 경우를 말한다. (2020. 8. 12. 신설)

1. 1세대 1주택을 소유한 사람으로부터 해당 주택을 배우자 또는 직계존비속이 법 제11조 제1항 제2호에 따른 무상취득을 원인으로 취득하는 경우 (2020. 8. 12. 신설)
2. 법 제15조 제1항 제6호에 따른 세율의 특례 적용대상에 해당하는 경우 (2024. 12. 31. 개정)
3. 「법인세법」 제46조 제2항에 따른 적격분할로 인하여 분할신설법인이 분할법인으로부터 취득하는 미분양 주택. 다만, 분할등기일부터 3년 이내에 「법인세법」 제46조의 3 제3항 각 호의 어느 하나에 해당하는 사유가 발생하는 경우(같은 항 각 호 외의 부분 단서에 해당하는 경우는 제외한다)는 제외한다. (2020. 12. 31. 신설)
3. 삭 제 (2024. 12. 31.)

제13조의 3【주택 수의 판단 범위】 제13조의 2를 적용할 때 다음 각 호의 어느 하나에 해당하는 경우에는 다음 각 호에서 정하는 바에 따라 세대별 소유 주택 수에 가산한다. (2020. 8. 12. 신설)

1. 「신탁법」에 따라 신탁된 주택은 위탁자의 주택 수에 가산한다. (2020. 8. 12. 신설)
2. 「도시 및 주거환경정비법」 제74조에 따른 관리처분계획의 인가 및 「빈집 및 소규모주택 정비에 관한 특례법」 제29조에 따른 사업시행계획인가로 인하여 취득한 입주자로 선정된 지위[「도시 및 주거환경정비법」에 따른 재건축사업 또는 재개발사업, 「빈집 및 소규모주택 정비에 관한 특례법」에 따른 소규모재건축사업을 시행하는 정비사업조합의 조합원으로서 취득한 것(그 조합원으로부터 취득한 것을 포함한다)으로 한정하며, 이에 딸린 토지를 포함한다. 이하 이 조에서 "조합원입주권"이라 한다]는 해당 주거용 건축물이 멸실된 경우라도 해당 조합원입주권 소유자의 주택 수에 가산한다. (2020. 8. 12. 신설)
3. 「부동산 거래신고 등에 관한 법률」 제3조 제1항 제2호에 따른 "부동산에 대한 공급계약"을 통하여 주택을 공급받는 자로 선정된 지위(해당 지위를 매매 또는 증여 등의 방법으로 취득한 것을 포함한다. 이하 이 조에서 "주택분양권"이라 한다)는 해당 주택분양권을

소유한 자의 주택 수에 가산한다. (2020. 8. 12. 신설)

4. 제105조에 따라 주택으로 과세하는 오피스텔은 해당 오피스텔을 소유한 자의 주택 수에 가산한다. (2020. 8. 12. 신설)

제14조【조례에 따른 세율 조정】 지방자치단체의 장은 조례로 정하는 바에 따라 취득세의 세율을 제11조와 제12조에 따른 세율의 100분의 50의 범위에서 가감할 수 있다. (2010. 3. 31. 개정)

제15조【세율의 특례】 ① 다음 각 호의 어느 하나에 해당하는 취득에 대한 취득세는 제11조 및 제12조에 따른 세율에서 중과기준세율을 뺀 세율로 산출한 금액을 그 세액으로 하되, 제11조 제1항 제8호에 따른 주택의 취득에 대한 취득세는 해당 세율에 100분의 50을 곱한 세율을 적용하여 산출한 금액을 그 세액으로 한다. 다만, 취득물건이 제13조 제2항에 해당하는 경우에는 이 항 각 호 외의 부분 본문의 계산방법으로 산출한 세율의 100분의 300을 적용한다. (2015. 7. 24. 개정)

예판

【판례】 • 1가구1주택 상속에 따른 취득세율 특례

– 재외국민의 국내거소 신고사실증명을 주민등록법에 따른 주민등록표로 보아 상속에 따른 1가구1주택에 취득세 세율특례를 적용할 수 없음. (대법 2013두27128, 2014. 4. 24.)

예판

【지침】 사실혼 해소 재산분할 시 세율특례 적용 여부

–사실혼 해소에 따른 재산분할의 경우 민법상 이혼을 준용하여 세율특례 적용 (지방세운영과-2564, 2016. 10. 7.)

【예규】 • 이혼 재산분할로 과점주주시 취득세 납세의무 여부

–이혼에 따른 재산분할로 과점주주가 된 경우, 이혼 전 과점주주의 동일성을 유지한다면 취득세 납세의무는 없다고 할 것임. 다만, 기존 과점비율을 초과하는 경우에는 납세의무가 성립

	① 이혼 전 →	② 이혼 후 →	③ 재산분할
주식비율	甲 40%	甲 40%	乙 40%
	乙(甲의 배우자) 0%	乙의 母 20%	乙의 母 20%
	기타 60%	기타 40%	기타 40%
과점비율	0%	0%	60%

⇒ 간주취득세 60% 납세의무 성립 (지방세운영과-320, 2018.

예판

【예규】 • 형식상으로 세대별 주민등록표를 분리하여 별도로 세대를 구성하고 있다면, 사실상 함께 거주하고 있다고 하더라도 이를 세대별 주민등록표상에 기재된 1가구로 보기는 어렵다고 할 것임. (지방세운영과-67, 2011. 1. 6.)

• 자동차 소유자 사망(상속 개시) 이후 배우자는 상속에 따른 권리와 의무를 함께 부여받았으므로 재혼하였다 하여 납세의무가 소멸되는 것은 아님. (지방세운영과-717, 2012. 3. 7.)

• **합유물 분할시 세율특례 적용 대상 해당 여부**

–합유등기된 조합의 공동소유 자산을

- 세대별 주민등록표에 세대원으로 기재되어 있는 이상, 원고가 동생과 생계를 같이 하지 않았다는 사정만으로 '1가구 1주택'의 취득에 해당한다고 할 수는 없음. (광주고법 2014누5421, 2014. 8. 28. : 대법확정)
- 수인이 하나의 주택을 공유지분으로 취득한 때에 그에 적용되는 취득세율은 각 공유지분의 가액이 아니라 주택 전체의 가액을 기준으로 판단하여야 한다고 봄이 상당함. (서울행법 2015구합50665, 2015. 5. 29.)

1. 환매등기를 병행하는 부동산의 매매로서 환매기간 내에 매도자가 환매한 경우의 그 매도자와 매수자의 취득 (2010. 3. 31. 개정) 농특비
2. 상속으로 인한 취득 중 다음 각 목의 어느 하나에 해당하는 취득 (2010. 3. 31. 개정) 농특비

가. 대통령령으로 정하는 1가구 1주택의 취득 (2015. 7. 24. 개정)

예판

【판례】상속에 따른 세율특례 적용 여부

상속인의 세대별 주민등록표에 재외국민이 등재되어 있다고 하더라도 1가구의 주택수 산정에서 재외국민이 소유한 주택수는 배제함이 타당 (서울행법 2019구합7706, 2020. 8. 14. ; 대법확정)

나. 「지방세특례제한법」 제6조 제1항에 따라 취득세의 감면대상이 되는 농지의 취득 (2010. 3. 31. 개정)

2. 9.)

제29조 【1가구 1주택의 범위】 ① 법 제15조 제1항 제2호 가목에서 "대통령령으로 정하는 1가구 1주택"이란 상속인(「주민등록법」 제6조 제1항 제3호에 따른 재외국민은 제외한다. 이하 이 조에서 같다)과 같은 법에 따른 세대별 주민등록표(이하 이 조에서 "세대별 주민등록표"라 한다)에 함께 기재되어 있는 가족(동거인은 제외한다)으로 구성된 1가구(상속인의 배우자, 상속인의 미혼인 30세 미만의 직계비속 또는 상속인이 미혼이고 30세 미만인 경우 그 부모는 각각 상속인과 같은 세대별 주민등록표에 기재되어 있지 아니하더라도 같은 가구에 속한 것으로 본다)가 국내에 1개의 주택[주택(법 제11조 제1항 제8호에

조합의 해산 등으로 당초 조합원의 지분대로 분할하는 경우라면, 1천분의 3의 세율을 적용하여야 할 것임. (지방세운영과-1977, 2016. 7. 27.)

- **노동조합간 합병시 세율특례 적용 여부**
  - 노동조합간 신설합병으로 합병신설법인이 피합병해산법인으로부터 이전 받은 부동산에 대해 적격합병 요건에 준하는 기준(주식 또는 출자액 대신 조합원수 적용 등)을 충족하는 경우 취득세 특례세율 적용대상으로 볼 수 있음. (지방세운영과-2754, 2018. 11. 15.)
- **자동차 대여사업자의 실질적 소유권 이전시 세율특례 적용 여부**
  - 캐피탈 회사의 자동차 대여사업용 중고차량을 렌터카 회사로 이전하면서 이용자 리스 계약을 체결한 경우 렌터카 회사는 「지방세법」 제7조 제1항에 따른 취득세 납세의무가 성립한 것이므로, 같은 법 제12조 제1항 제2호 나목 2) 규정에 따른 세율을 적용하여 취득세를 신고납부하여야 할 것임. (지방세운영과-829, 2018. 4. 10.)

3. 「법인세법」 제44조 제2항 또는 제3항에 해당하는 법인의 합병으로 인한 취득. 다만, 법인의 합병으로 인하여 취득한 과세물건이 합병 후에 제16조에 따른 과세물건에 해당하게 되는 경우 또는 합병등기일부터 3년 이내에 「법인세법」 제44조의 3 제3항 각 호의 어느 하나에 해당하는 사유가 발생하는 경우(같은 항 각 호 외의 부분 단서에 해당하는 경우는 제외한다)에는 그러하지 아니하다. (2015. 12. 29. 개정) 농특비

운영예규 법15-1【공유물 분할 합병】

1. 공유물의 분할은 공유권 중 자기지분을 분리하는 것이므로 이때 자기지분을 초과하여 분할등기하는 경우 그 초과분에 대해서도 취득세 납세의무가 있다.
2. 합병으로 인하여 존속하는 법인이 취득하는 소멸법인소유의 과세물건 중 고급오락장 등 합병 전부터 중과세대상에 해당하는 물건인 경우에는 「지방세법」 제15조 제1항 제3호 단서규정에 해당되지 않는다.

4. 공유물·합유물의 분할 또는 「부동산 실권리자명의 등기에 관한 법률」 제2조 제1호 나목에서 규정하고 있는 부동산의 공유권 해소를 위한 지분이전으로 인한 취득(등기부등본상 본인 지분을 초과하는 부분의 경우에는 제외한다) (2017. 12. 26. 개정)

예판

【판례】 •공유물 분할 세율특례 적용 기준
-공유물 분할로 인한 취득시 당초 지분 및 초과 지분 판단시

따른 주택을 말한다)으로 사용하는 건축물과 그 부속토지를 말하되, 제28조 제4항에 따른 고급주택은 제외한다)]을 소유하는 경우를 말한다. (2018. 12. 31. 개정)

② 제1항을 적용할 때 1주택을 여러 사람이 공동으로 소유하는 경우에도 공동소유자 각각 1주택을 소유하는 것으로 보고, 주택의 부속토지만을 소유하는 경우에도 주택을 소유하는 것으로 본다. (2015. 7. 24. 신설)

③ 제1항 및 제2항을 적용할 때 1주택을 여러 사람이 공동으로 상속받는 경우에는 지분이 가장 큰 상속인을 그 주택의 소유자로 본다. 이 경우 지분이 가장 큰 상속인이 두 명 이상일 때에는 지분이 가장 큰 상속인 중 다음 각 호의 순서에 따라 그 주택의 소유자를 판정한다. (2015. 7. 24. 개정)

1. 그 주택에 거주하는 사람 (2010. 9. 20. 개정)
2. 나이가 가장 많은 사람 (2010. 9. 20. 개정)

제29조의 2【분할된 부동산에 대한 과세표준】 법 제15조 제1항 제4호를 적용할 때 공유물을 분할한 후 분할된 부동산에 대한 단독 소유권을 취득하는 경우의 과세표준은 단독 소유권을 취득한 그 분할된 부동산 전체의 시가표준액으로 한다. (2017. 12. 29. 신설)

과세표준 안분에 관한 별도 규정이 없으므로 실제 교환가치에 상응하는 안분 방법이 있다면 시가표준액 비율을 배제하고 그 가액 안분비율을 인정하여야 함. (서울행법 2019구합89135, 2020. 5. 21. ; 대법확정)

• 특정하여 구분소유하고 있다고 인정된 면적(구분소유적 공유면적)이 등기부상 공유지분 면적을 초과하고 있음이 인정되었다고 하여 취득세 특례 세율(1천분의 3)을 달리 볼 것은 아님. (대법 2018두64221, 2019. 3. 14.)

• **법원에서 확정되더라도 등기부상 공유지분 초과분은 특례세율 적용이 배제됨.**

- 구분소유적 공유를 해소하기 위한 지분이전으로 인한 취득의 경우에는 취득자의 등기부상 공유지분에 해당하는 면적에 한하여 특례 세율이 적용되고 취득자의 등기부상 공유지분을 초과하는 부분에 대하여는 특례 세율의 적용이 배제된다고 보아야, 법원의 판결 등에 의해 취득자가 특정하여 구분소유하고 있는 면적이 등기부상 공유지분에 해당하는 면적을 초과하고 있음이 인정되었다 하여 달리 볼 것은 아님. (서울행법 2016구합6771, 2017. 1. 11. : 대법확정)

5. 건축물의 이전으로 인한 취득. 다만, 이전한 건축물의 가액이 종전 건축물의 가액을 초과하는 경우에 그 초과하는 가액에 대하여는 그러하지 아니하다. (2010. 12. 27. 호번개정)
6. 「민법」 제834조, 제839조의 2 및 제840조에 따른 재산분할로 인한 취득 (2015. 7. 24. 개정)
7. 그 밖의 형식적인 취득 등 대통령령으로 정하는 취득 (2010. 12. 27. 호번개정)

제30조【세율의 특례 대상】 ① 법 제15조 제1항 제7호에서 "그 밖의 형식적인 취득 등 대통령령으로 정하는

관련법령

민 법

제834조【협의상 이혼】 부부는 협의에 의하여 이혼할 수 있다.

제839조의 2【재산분할청구권】 ① 협의상 이혼한 자의 일방은 다른 일방에 대하여 재산분할을 청구할 수 있다.

② 제1항의 재산분할에 관하여 협의가 되지 아니하거나 협의할 수 없는 때에는 가정법원은 당사자의 청구에 의하여 당사자 쌍방의 협력으로 이룩한 재산의 액수 기타 사정을 참작하여 분할의 액수와 방법을 정한다. (1990. 1. 13. 신설)

③ 제1항의 재산분할청구권은 이혼한 날부터 2년을 경과한 때에는 소멸한다. (1990. 1. 13. 신설)

제840조【재판상 이혼원인】 부부의 일방은 다음 각호의 사유가 있는 경우에는 가정법원에 이혼을 청구할 수 있다. (1990. 1. 13. 개정)

1. 배우자에 부정한 행위가 있었을 때
2. 배우자가 악의로 다른 일방을 유기한 때
3. 배우자 또는 그 직계존속으로부터 심히 부당한 대우를 받았을 때
4. 자기의 직계존속이 배우자로부터 심히 부당한 대우를 받았을 때
5. 배우자의 생사가 3년 이상 분명하지 아니한 때
6. 기타 혼인을 계속하기 어려운 중대한

② 다음 각 호의 어느 하나에 해당하는 취득에 대한 취득세는 중과기준세율을 적용하여 계산한 금액을 그 세액으로 한다. 다만, 취득물건이 제13조 제1항에 해당하는 경우에는 중과기준세율의 100분의 300을, 같은 조 제5항에 해당하는 경우에는 중과기준세율의 100분의 500을 각각 적용한다. (2010. 12. 27. 단서개정)

1. 개수로 인한 취득(제11조 제3항에 해당하는 경우는 제외한다). 이 경우 과세표준은 제10조의 6 제3항에 따른다. (2021. 12. 28. 후단개정)
2. 제7조 제4항에 따른 선박·차량과 기계장비 및 토지의 가액 증가. 이 경우 과세표준은 제10조의 6 제1항에 따른다. (2021. 12. 28. 후단개정)
3. 제7조 제5항에 따른 과점주주의 취득. 이 경우 과세표준은 제10조의 6 제4항에 따른다. (2021. 12. 28. 후단개정)
4. 제7조 제6항에 따라 외국인 소유의 취득세 과세대상 물건(차량, 기계장비, 항공기 및 선박만 해당한다)의 소유권을 이전 받는 조건으로 임차하여 수입하는 경우의 취득(연부로 취득하는 경우로 한정한다) (2023. 12. 29. 개정)
5. 제7조 제9항에 따른 시설대여업자의 건설기계 또는 차량 취득 (2010. 12. 27. 신설)
6. 제7조 제10항에 따른 취득대금을 지급한 자의 기계장비 또는 차량 취득. 다만, 기계장비 또는 차량을 취득하면서 기계장비대여업체 또는 운수업체의 명의로 등록하는 경우로 한정한다. (2015. 7. 24. 단서신설)

취득"이란 벌채하여 원목을 생산하기 위한 입목의 취득을 말한다. (2015. 12. 31. 신설)

예 판

【예규】 회원제 골프장 내 기존 건축물과 일체가 되어 있는 급수·배수시설 등 시설을 기능향상을 위해 수선하는 경우나, 난방용·욕탕용 온수 및 열공급시설 등 시설물을 설치하는 경우는 「지방세법」에 따른 개수에 해당하므로 구분등록 여부와 관계없이 취득세 중과세율을 적용하는 것이 타당함(부동산세제과-1443, 2023. 4. 13.)

사유가 있을 때

7. 제7조 제14항 본문에 따른 토지의 소유자의 취득 (2019. 12. 31. 신설)
8. 그 밖에 레저시설의 취득 등 대통령령으로 정하는 취득 (2019. 12. 31. 호번개정)

제16조【세율 적용】 ① 토지나 건축물을 취득한 후 5년 이내에 해당 토지나 건축물이 다음 각 호의 어느 하나에 해당하게 된 경우에는 해당 각 호에서 인용한 조항에 규정된 세율을 적용하여 취득세를 추징한다. (2010. 3. 31. 개정)

1. 제13조 제1항에 따른 본점이나 주사무소의 사업용 부동산(본점 또는 주사무소용 건축물을 신축하거나 증축하는 경우와 그 부속토지만 해당한다) (2010. 3. 31. 개정)
2. 제13조 제1항에 따른 공장의 신설용 또는 증설용 부동산 (2010. 3. 31. 개정)
3. 제13조 제5항에 따른 골프장, 고급주택 또는 고급오락장 (2023. 3. 14. 개정)

② 고급주택, 골프장 또는 고급오락장용 건축물을 증축·개축 또는 개수한 경우와 일반건축물을 증축·개축 또는 개수하여 고급주택 또는 고급오락장이 된 경우에 그 증가되는 건축물의 가액에 대하여 적용할 취득세의 세율은 제13조 제5항에 따른 세율로 한다. (2023. 3. 14. 개정)

③ 제13조 제1항에 따른 공장 신설 또는 증설의 경우에 사업용 과세물건의 소유자와 공장을 신설하거나 증설한 자가 다를 때에는 그 사업용 과세물건의 소유자가 공장을 신설하

② 법 제15조 제2항 제8호에서 "레저시설의 취득 등 대통령령으로 정하는 취득"이란 다음 각 호의 어느 하나에 해당하는 취득을 말한다. (2019. 12. 31. 개정)

1. 제5조에서 정하는 시설의 취득 (2010. 9. 20. 개정)
2. 무덤과 이에 접속된 부속시설물의 부지로 사용되는 토지로서 지적공부상 지목이 묘지인 토지의 취득 (2010. 9. 20. 개정)
3. 법 제9조 제5항 단서에 해당하는 임시건축물의 취득 (2010. 9. 20. 개정)
4. 「여신전문금융업법」 제33조 제1항에 따라 건설기계나 차량을 등록한 대여시설이용자가 그 시설대여업자로부터 취득하는 건설기계 또는 차량의 취득 (2010. 12. 30. 신설)
5. 건축물을 건축하여 취득하는 경우로서 그 건축물에 대하여 법 제28조 제1항 제1호 가목 또는 나목에 따른 소유권의 보존 등기 또는 소유권의 이전 등기에 대한 등록면허세 납세의무가 성립한 후 제20조에 따른 취득시기가 도래하는 건축물의 취득 (2010. 12. 30. 신설)

거나 증설한 것으로 보아 같은 항의 세율을 적용한다. 다만, 취득일부터 공장 신설 또는 증설을 시작한 날까지의 기간이 5년이 지난 사업용 과세물건은 제외한다. (2010. 3. 31. 개정)

④ 취득한 부동산이 대통령령으로 정하는 기간에 제13조 제2항에 따른 과세대상이 되는 경우에는 같은 항의 세율을 적용하여 취득세를 추징한다. (2010. 3. 31. 개정)

⑤ 같은 취득물건에 대하여 둘 이상의 세율이 해당되는 경우에는 그중 높은 세율을 적용한다. (2010. 3. 31. 개정)

⑥ 취득한 부동산이 다음 각 호의 어느 하나에 해당하는 경우에는 제5항에도 불구하고 다음 각 호의 세율을 적용하여 취득세를 추징한다. (2020. 8. 12. 개정)

1. 제1항 제1호 또는 제2호와 제4항이 동시에 적용되는 경우 : 제13조 제6항의 세율 (2020. 8. 12. 개정)
2. 제1항 제3호와 제13조의 2 제1항 또는 같은 조 제2항이 동시에 적용되는 경우 : 제13조의 2 제3항의 세율 (2020. 8. 12. 개정)

제17조【면세점】 ① 취득가액이 50만원 이하일 때에는 취득세를 부과하지 아니한다. (2010. 3. 31. 개정)

② 토지나 건축물을 취득한 자가 그 취득한 날부터 1년 이내에 그에 인접한 토지나 건축물을 취득한 경우에는 각각 그 전후의 취득에 관한 토지나 건축물의 취득을 1건의 토지 취득 또는 1구의 건축물 취득으로 보아 제1항을 적용한다. (2010. 3. 31. 개정)

제31조【대도시 부동산 취득의 중과세 추징기간】 법 제16조 제4항에서 "대통령령으로 정하는 기간"이란 부동산을 취득한 날부터 5년 이내를 말한다. (2010. 9. 20. 개정)

제3절 부과 · 징수 (2010. 3. 31. 개정)

제18조 【징수방법】 취득세의 징수는 신고납부의 방법으로 한다. (2010. 3. 31. 개정)

제19조 【통보 등】 다음 각 호의 자는 취득세 과세물건을 매각(연부로 매각한 것을 포함한다)하면 매각일부터 30일 이내에 대통령령으로 정하는 바에 따라 그 물건 소재지를 관할하는 지방자치단체의 장에게 통보하거나 신고하여야 한다. (2010. 3. 31. 개정)

1. 국가, 지방자치단체 또는 지방자치단체조합 (2010. 3. 31. 개정)
2. 국가 또는 지방자치단체의 투자기관(재투자기관을 포함한다) (2010. 3. 31. 개정)
3. 법인(법인격 없는 사단 · 재단을 포함한다) (2010. 3. 31. 개정)
3. 삭 제 (2015. 7. 24.)
4. 그 밖에 제1호 및 제2호에 준하는 기관 및 단체로서 대통령령으로 정하는 자 (2015. 7. 24. 개정)

예판

【예규】 공매 대행시 매각 물건 통보의무 여부
한국자산관리공사는 국가투자기관에 해당하고, 해당 물건의 전(前)소유자는 아니더라도 취득자로부터 매각대금을 인수하는 등 매각행위의 주체가 되는 이상 「지방세법」 제19조 제2호에 따라

제3절 부과 · 징수 (2010. 9. 20. 개정)

제32조 【매각 통보 등】 ① 법 제19조에 따른 매각 통보 또는 신고는 행정안전부령으로 정하는 서식에 따라 물건의 소재지를 관할하는 시장 · 군수 · 구청장에게 통보하거나 신고하여야 한다. (2017. 7. 26. 직제개정 ; 행정안전부와~직제 부칙)

② 시장 · 군수 · 구청장이 제10조의 2에 따른 과점주주에 대한 취득세를 부과하기 위하여 관할 세무서장에게 「법인세법 시행령」 제161조 제6항에 따른 법인의 주식등변동상황명세서에 관한 자료의 열람을 요청하거나 구체적으로 그 대상을 밝혀 관련 자료를 요청하는 경우에는 관할 세무서장은 특별한 사유가 없으면 그 요청에 따라야 한다. (2023. 3. 14. 개정)

③ 시장 · 군수 · 구청장이 법 제13조 제2항에 따라 취득세를 중과하기 위하여 관할 세무서장에게 「부가가치세법 시행령」 제11조에 따른 법인의 지점 또는 분사무소의 사업자등록신청 관련 자료의 열람을 요청하거나 구체적으로 그 대상을 밝혀 관련 자료를 요청하는 경우에는 관할 세무서장은 특별한 사유가 없으면 그 요청에 따라야

제3절 부과 · 징수
(2010. 12. 23. 개정)

제8조 【매각통보】 영 제32조 제1항에 따른 취득세 과세물건의 매각 통보 또는 신고는 별지 제2호 서식에 따른다. (2010. 12. 23. 개정)

매각통보의 의무가 있음. (지방세운영과-1846, 2016. 7. 14.)

제20조【신고 및 납부】 ① 취득세 과세물건을 취득한 자는 그 취득한 날(「부동산 거래신고 등에 관한 법률」 제10조 제1항에 따른 토지거래계약에 관한 허가구역에 있는 토지를 취득하는 경우로서 같은 법 제11조에 따른 토지거래계약에 관한 허가를 받기 전에 거래대금을 완납한 경우에는 그 허가일이나 허가구역의 지정 해제일 또는 축소일을 말한다)부터 60일[무상취득(상속은 제외한다) 또는 증여자의 채무를 인수하는 부담부 증여로 인한 취득의 경우는 취득일이 속하는 달의 말일부터 3개월, 상속으로 인한 경우는 상속개시일이 속하는 달의 말일부터, 실종으로 인한 경우는 실종선고일이 속하는 달의 말일부터 각각 6개월(외국에 주소를 둔 상속인이 있는 경우에는 각각 9개월)] 이내에 그 과세표준에 제11조부터 제13조까지, 제13조의 2, 제13조의 3, 제14조 및 제15조의 세율을 적용하여 산출한 세액을 대통령령으로 정하는 바에 따라 신고하고 납부하여야 한다. (2023. 12. 29. 개정)

운영예규 법20-1【신고 및 납부】

토지거래 허가구역내에서 토지를 취득한 경우 사실상 잔금지급일을 취득일로 본다. 다만, 그 신고·납부는 토지거래 허가 및 해제 등의 사유로 그 매매계약이 확정적으로 유효하게 된 날로부터 60일 이내로 한다.

한다. (2016. 12. 30. 개정)

제33조【신고 및 납부】 ① 법 제20조 제1항부터 제3항까지의 규정에 따라 취득세를 신고하려는 자는 행정안전부령으로 정하는 신고서에 취득물건, 취득일 및 용도 등을 적어 납세지를 관할하는 시장·군수·구청장에게 신고하여야 한다. (2017. 7. 26. 직제개정 ; 행정안전부와~직제 부칙)

② 법 제20조 제1항부터 제3항까지의 규정에 따라 취득세를 납부하려는 자는 행정안전부령으로 정하는 납부서로 해당 시·군 또는 시·군의 금고(「지방재정법 시행령」 제103조에 따라 금고업무를 대행하는 금융회사 등을 포함한다. 이하 "시·군 금고"라 한다)에 납부하여야 한다. (2010. 9. 20. 개정)

② 삭 제 (2011. 12. 31.)

③ 지방자치단체의 금고 또는 지방세수납대행기관(「지방회계법 시행령」 제49조 제1항 및 제2항에 따라 지방자치단체 금고업무의 일부를 대행하는 금융회사 등을 말한다. 이하 같다)은 취득세를 납부받으면 납세자 보관용 영수필 통지서, 취득세 영수필 통지서(등기·등록관서의 시·군·구 통보용) 및 취득세 영수필 확인서 각 1부를 납세자에게 내주고, 지체 없이 취득세 영수필 통지서(시·군·구 보관용) 1부를 해당 시·군·구의 세입징수관에게 송부하여야 한다. 다만, 「전자정부법」 제36조 제1항에 따라 행정기관 간에 취득세 납부사실을 전자적으로 확인할 수 있는 경우에는 납세자에게 납세자 보관용 영수필 통지서를 교부하는

제9조【신고 및 납부】 ① 영 제33조 제1항에 따라 취득세를 신고하려는 자는 별지 제3호 서식의 취득세신고서(주택 취득을 원인으로 신고하려는 경우에는 부표를 포함한다)에 제1호의 서류 및 제2호부터 제6호까지의 서류 중 해당되는 서류를 첨부하여 납세지를 관할하는 시장·군수·구청장에게 신고해야 한다. (2024. 3. 26. 개정)

1. 매매계약서, 증여계약서, 부동산 거래계약 신고필증 또는 법인 장부 등 취득가액 및 취득일 등을 증명할 수 있는 서류 사본 1부 (2020. 8. 18. 개정)
2. 「지방세특례제한법 시행규칙」 별지 제1호 서식의 지방세 감면 신청서 1부 (2020. 8. 18. 개정)
3. 별지 제4호 서식의 취득세 납부서 납세자 보관용 영수증 사본 1부 (2020. 8. 18. 개정)
4. 별지 제8호 서식의 취득세 비과

② 취득세 과세물건을 취득한 후에 그 과세물건이 제13조 제1항부터 제7항까지의 세율의 적용대상이 되었을 때에는 대통령령으로 정하는 날부터 60일 이내에 제13조 제1항부터 제7항까지의 세율(제16조 제6항 제2호에 해당하는 경우에는 제13조의 2 제3항의 세율)을 적용하여 산출한 세액에서 이미 납부한 세액(가산세는 제외한다)을 공제한 금액을 세액으로 하여 대통령령으로 정하는 바에 따라 신고하고 납부하여야 한다. (2020. 8. 12. 개정)

③ 이 법 또는 다른 법령에 따라 취득세를 비과세, 과세면제 또는 경감받은 후에 해당 과세물건이 취득세 부과대상 또는 추징대상이 되었을 때에는 제1항에도 불구하고 그 사유 발생일부터 60일 이내에 해당 과세표준에 제11조부터 제15조까지의 세율을 적용하여 산출한 세액[경감받은 경우에는 이미 납부한 세액(가산세는 제외한다)을 공제한 세액을 말한다]을 대통령령으로 정하는 바에 따라 신고하고 납부하여야 한다. (2018. 12.

것으로 갈음할 수 있다. (2016. 12. 30. 개정)

예 판

【판례】 취득신고에 따른 납부고지서 발부행위는 행정처분에 해당되지 아니함.

취득세 신고내용과 동일한 내용의 납부고지서를 교부한 것을 이 사건 취득세 등의 경정결정이나 부과처분이라고 볼 수는 없음. (서울고법 2016누41134, 2016. 8. 25. : 대법확정)

제34조 【중과세 대상 재산의 신고 및 납부】 법 제20조 제2항에서 "대통령령으로 정하는 날"이란 다음 각 호의 구분에 따른 날을 말한다. (2010. 9. 20. 개정)

1. 법 제13조 제1항에 따른 본점 또는 주사무소의 사업용 부동산을 취득한 경우 : 사무소로 최초로 사용한 날 (2010. 9. 20. 개정)
2. 법 제13조 제1항에 따른 공장의 신설 또는 증설을 위하여 사업용 과세물건을 취득하거나 같은 조 제2항 제2호에 따른 공장의 신설 또는 증설에 따라 부동산을 취득한 경우 : 그 생산설비를 설치한 날. 다만, 그 이전에 영업허가·인가 등을 받은 경우에는 영업허가·인가 등을 받은 날로 한다. (2010. 9. 20. 개정)
3. 법 제13조 제2항 제1호에 따른 부동산 취득이 다음 각 목의 어느 하나에 해당하는 경우 : 해당 사무소 또는 사업장을 사실상 설치한 날 (2010. 9. 20. 개정)

가. 대도시에서 법인을 설립하는 경우 (2010. 9. 20. 개정)

세 확인서 1부 (2020. 8. 18. 개정)

5. 근로소득 원천징수영수증 또는 소득금액증명원 1부 (2020. 8. 18. 개정)
6. 사실상의 잔금지급일을 확인할 수 있는 서류(사실상의 잔금지급일과 계약상의 잔금지급일이 다른 경우만 해당한다) 1부 (2024. 3. 26. 신설)

② 법 제20조 제1항에 따른 취득세의 납부는 별지 제4호 서식에 따른다. (2011. 12. 31. 개정)

③ 「부동산등기법」 제28조에 따라 채권자대위권에 의한 등기신청을 하려는 채권자가 법 제20조 제5항 전단에 따라 납세의무자를 대위하여 부동산의 취득에 대한 취득세를 신고납부한 경우에는 「지방세징수법 시행규칙」 별지 제20호 서식의 취득세(등록면허세) 납부확인서를 발급받을 수 있다. (2020. 12. 31. 신설)

31. 개정)

④ 제1항부터 제3항까지의 신고·납부기한 이내에 재산권과 그 밖의 권리의 취득·이전에 관한 사항을 공부(公簿)에 등기하거나 등록[등재(登載)를 포함한다. 이하 같다]하려는 경우에는 등기 또는 등록 신청서를 등기·등록관서에 접수하는 날까지 취득세를 신고·납부하여야 한다. (2018. 12. 31. 개정)

⑤ 「부동산등기법」 제28조에 따라 채권자대위권에 의한 등기신청을 하려는 채권자(이하 이 조 및 제30조에서 "채권자대위자"라 한다)는 납세의무자를 대위하여 부동산의 취득에 대한 취득세를 신고납부할 수 있다. 이 경우 채권자대위자는 행정안전부령으로 정하는 바에 따라 납부확인서를 발급받을 수 있다. (2020. 12. 29. 신설)

⑥ 지방자치단체의 장은 제5항에 따른 채권자대위자의 신고납부가 있는 경우 납세의무자에게 그 사실을 즉시 통보하여야 한다. (2020. 12. 29. 신설)

예판

【예규】 • 취득일에는 일반세율 과세대상이나, 취득한 후 5년 이내에 중과세대상이 되는 경우 일반세율분은 신고납부기한 60일을 적용할 수 있다고 할 것이나, 중과세분의 경우 취득일에 중과세 대상이 되지 아니하여 중과세 대상이 되는 날부터 30일을 적용할 수 밖에 없다고 할 것이므로 비록, 취득세 일반세율 신고납부기한 이내에 취득세를 신고납부하였다고 하더라도 중과세율 신고납부기한이 경과하였다면 중과세분은 가산세 부과대상에 해당된다고 할 것임. (지방세운영과-4111, 2011. 9. 1.)

나. 대도시에서 법인의 지점 또는 분사무소를 설치하는 경우 (2010. 9. 20. 개정)

다. 대도시 밖에서 법인의 본점·주사무소·지점 또는 분사무소를 대도시로 전입하는 경우 (2010. 9. 20. 개정)

4. 법 제13조 제2항 각 호 외의 부분 단서에 따라 대도시 중과 제외 업종에 직접 사용할 목적으로 부동산을 취득하거나, 법인이 사원에 대한 분양 또는 임대용으로 직접 사용할 목적으로 사원 주거용 목적 부동산을 취득한 후 법 제13조 제3항 각 호의 어느 하나에 해당하는 사유가 발생하여 법 제13조 제2항 각 호 외의 부분 본문을 적용받게 되는 경우에는 그 사유가 발생한 날 (2010. 12. 30. 개정)

5. 법 제13조 제5항에 따른 골프장·고급주택·고급오락장 및 고급선박을 취득한 경우 : 다음 각 목의 구분에 따른 날 (2023. 12. 29. 개정)

가. 건축물을 증축하거나 개축하여 고급주택이 된 경우 : 그 증축 또는 개축의 사용승인서 발급일. 다만, 그 밖의 사유로 고급주택이 된 경우에는 그 사유가 발생한 날로 한다. (2023. 12. 29. 개정)

나. 골프장 : 「체육시설의 설치·이용에 관한 법률」에 따라 체육시설업으로 등록(변경등록을 포함한다)한 날. 다만, 등록을 하기 전에 사실상 골프장으로 사용하는 경우 그 부분에 대해서는

- 신청인이 제출한 지방세감면신청서 및 관련된 구비서류만으로 취득세액 등을 확정할 수 있다면, 별도의 지방세신고서가 없다고 하더라도 취득세 자진신고를 한 것으로 볼 수 있음. (법제 08-0003, 2008. 4. 2.)
- **이용자리스 차량에 대한 취득세 신고납부기한 적용기준**
  - 취득은 시설대여업자가 하고, 등록은 대여시설이용자 명의로 하는 경우, 시설대여업자의 취득세 신고납부기한은 해당 차량의 취득일(잔금지급 등)부터 60일 이내로 적용함이 타당 (지방세운영과-2641, 2016. 10. 17.)
- **차량 강제 이전시 취득세 신고납부**
  - 「자동차관리법」에 따라 법원의 판결 등으로 양도자가 양수자를 갈음하여 그 이전등록을 신청(§12④)한다고 하더라도, 차량을 등록하기 전까지 취득세 또는 등록면허세를 신고납부하여야 함. (지방세운영과-437, 2017. 9. 12.)

사실상 사용한 날로 한다. (2010. 9. 20. 개정)

다. 건축물의 사용승인서 발급일 이후에 관계 법령에 따라 고급오락장이 된 경우 : 그 대상 업종의 영업허가·인가 등을 받은 날. 다만, 영업허가·인가 등을 받지 아니하고 고급오락장이 된 경우에는 고급오락장 영업을 사실상 시작한 날로 한다. (2010. 9. 20. 개정)

라. 선박의 종류를 변경하여 고급선박이 된 경우 : 사실상 선박의 종류를 변경한 날 (2010. 9. 20. 개정)

제35조【등기·등록 시의 취득세 납부기한】 법 제20조 제4항에 따른 등기 또는 등록을 하기 전까지는 등기 또는 등록의 신청서를 등기·등록관서에 접수하는 날까지로 한다. (2010. 9. 20. 개정)

제35조【등기·등록 시의 취득세 납부기한】 삭 제 (2019. 2. 8.)

제35조의 2【분할납부 금액 및 신청】 ① 법 제20조의 2에 따라 취득세를 분할납부할 수 있는 금액은 다음 각 호의 구분에 따른다. (2010. 12. 30. 신설)

1. 2011년 1월 1일부터 2012년 12월 31일까지 취득한 경우 (2010. 12. 30. 신설)
   가. 취득일부터 등기 또는 등록을 하기 전까지는 납부할 취득세액의 100분의 50에 해당하는 금액 (2010. 12. 30. 신설)
   나. 등기 또는 등록 이후부터 취득세 납부기한까지는 납부할 취득세액의 100분의 50에 해당하는 금액 (2010. 12. 30. 신설)
2. 2013년 1월 1일부터 2013년 12월 31일까지 취득한 경우 (2010. 12. 30. 신설)

제20조의 2【분할납부】 개인은 주택(주거용 건축물과 그 부속토지를 말한다), 차량 또는 기계장비를 2013년 12월 31일까지 취득하고 취득일부터 30일 이내에 등기 또는 등록을 하는 경우에는 대통령령으로 정하는 바에 따라 납부할 취득세액의 일부를 취득일부터 60일 이내에 분할납부할 수 있다. (2010. 12. 27. 신설)

제20조의 2【분할납부】 삭 제 (2015. 7. 24.)

가. 취득일부터 등기 또는 등록을 하기 전까지는 납부할 취득세액의 100분의 70에 해당하는 금액 (2010. 12. 30. 신설)

나. 등기 또는 등록 이후부터 취득세 납부기한까지는 납부할 취득세액의 100분의 30에 해당하는 금액 (2010. 12. 30. 신설)

② 법 제20조의 2에 따라 취득세를 분할납부하려는 자는 취득물건에 대한 등기 또는 등록을 하기 전까지 제33조 제1항에 따른 신고서에 분할납부 관련 사항을 적어 시장 · 군수에게 제출하여야 한다. (2011. 12. 31. 개정)

제35조의 2【분할납부 금액 및 신청】 삭 제 (2015. 7. 24.)

제36조【취득세 납부 확인 등】 ① 납세자는 취득세 과세물건을 등기 또는 등록하려는 때에는 등기 또는 등록 신청서에 취득세 영수필 통지서(등기 · 등록관서의 시 · 군 · 구 통보용) 1부와 취득세 영수필 확인서 1부를 첨부하여야 한다. 다만, 「전자정부법」 제36조 제1항에 따라 행정기관 간에 취득세 납부사실을 전자적으로 확인할 수 있는 경우에는 그러하지 아니하다. (2016. 12. 30. 개정)

② 제1항에도 불구하고 「부동산등기법」 제24조 제1항 제2호에 따라 전산정보처리조직을 이용하여 등기를 하려는 때에는 취득세 영수필 통지서(등기 · 등록관서의 시 · 군 · 구 통보용)와 취득세 영수필 확인서를 전자적 이미지 정보로 변환한 자료를 첨부하여야 한다. 다만, 「전자정부법」 제36조 제1항에 따라 행정기관 간에 취득세 납부사실을 전자적으로 확인할 수 있는 경우에는 그

제9조의 2【분할납부 신청】 영 제35조의 2 제2항에 따른 취득세의 분할납부 신청은 별지 제5호의 2 서식에 따른다. (2010. 12. 31. 신설)

제9조의 2【분할납부 신청】 삭 제 (2011. 12. 31.)

러하지 아니하다. (2016. 12. 30. 개정)

③ 납세자는 선박의 취득에 따른 등기 또는 등록을 신청하려는 때에는 등기 또는 등록 신청서에 제1항에 따른 취득세 영수필 통지서(등기·등록관서의 시·군·구 통보용) 1부와 취득세 영수필 확인서 1부를 첨부하여야 한다. 이 경우 등기·등록관서는 「전자정부법」 제36조 제1항에 따른 행정정보의 공동이용을 통하여 선박국적증서를 확인하여야 하며, 신청인이 확인에 동의하지 아니하면 그 사본을 첨부하도록 하여야 한다. (2016. 12. 30. 개정)

④ 등기·등록관서는 등기·등록을 마친 때에는 제1항부터 제3항까지의 규정에 따른 취득세 영수필 확인서 금액란에 반드시 확인도장을 찍어야 하며, 첨부된 취득세 영수필 통지서(등기·등록관서의 시·군·구 통보용)를 등기 또는 등록에 관한 서류와 대조하여 기재내용을 확인하고 접수인을 날인하여 접수번호를 붙인 다음 납세지를 관할하는 시·군·구의 세입징수관에게 7일 이내에 송부해야 한다. (2021. 12. 31. 개정)

⑤ 등기·등록관서는 제4항에도 불구하고 취득세 영수필 통지서(등기·등록관서의 시·군·구 통보용)를 시·군·구의 세입징수관에게 송부하려는 경우 시·군·구의 세입징수관이 「전자정부법」 제36조 제1항에 따른 행정정보의 공동이용을 통하여 취득세 영수필 통지서(등기·등록관서의 시·군·구 통보용)에 해당하는 정보를 확인할 수 있는 때에는 전자적 방법으로 그 정보를 송부

제21조 【부족세액의 추징 및 가산세】 ① 다음 각 호의 어느 하나에 해당하는 경우에는 제10조의 2부터 제10조의 7까지, 제11조부터 제13조까지, 제13조의 2, 제13조의 3, 제14조 및 제15조의 규정에 따라 산출한 세액(이하 이 장에서 "산출세액"이라 한다) 또는 그 부족세액에 「지방세기본법」 제53조부터 제55조까지의 규정에 따라 산출한 가산세를 합한 금액을 세액으로 하여 보통징수의 방법으로 징수한다. (2021. 12. 28. 개정)

1. 취득세 납세의무자가 제20조에 따른 신고 또는 납부의무를 다하지 아니한 경우 (2019. 12. 31. 신설)

2. 제10조 제5항부터 제7항까지의 규정에 따른 과세표준이 확인된 경우 (2019. 12. 31. 신설)

2. 삭 제 (2021. 12. 28.)

할 수 있다. (2016. 12. 30. 개정)

⑥ 시장·군수·구청장은 제4항 및 제5항에 따라 등기·등록관서로부터 취득세 영수필 통지서(등기·등록관서의 시·군·구 통보용) 또는 그에 해당하는 정보를 송부받은 때에는 취득세 신고 및 수납사항 처리부를 작성하고, 취득세의 과오납 및 누락 여부를 확인하여야 한다. (2016. 12. 30. 개정)

제36조의 2 【촉탁등기에 따른 취득세 납부영수증서의 처리】 ① 국가기관 또는 지방자치단체는 등기·가등기 또는 등록·가등록을 등기·등록관서에 촉탁하려는 경우에는 취득세를 납부하여야 할 납세자에게 제33조 제3항에 따른 취득세 영수필 통지서(등기·등록관서의 시·군·구 통보용) 1부와 취득세 영수필 확인서 1부를 제출하게 하고, 촉탁서에 이를 첨부하여 등기·등록관서에 송부하여야 한다. 다만, 「전자정부법」 제36조 제1항에 따라 행정기관 간에 취득세 납부사실을 전자적으로 확인할 수 있는 경우에는 그러하지 아니하다. (2016. 12. 30. 개정)

② 제1항에도 불구하고 「부동산등기법」 제24조 제1항 제2호에 따른 전산정보처리조직을 이용하여 등기를 촉탁하려는 때에는 취득세를 납부하여야 할 납세자로부터 제출받은 취득세 영수필 통지서(등기·등록관서의 시·군·구 통보용)와 취득세 영수필 확인서를 전자적 이미

제10조 【취득세 신고 및 수납사항 처리부】 영 제36조 제6항에 따른 취득세 신고 및 수납사항 처리부는 별지 제6호 서식에 따른다. (2016. 12. 30. 개정)

3. 제13조의 2 제1항 제2호에 따라 일시적 2주택으로 신고하였으나 그 취득일로부터 대통령령으로 정하는 기간 내에 대통령령으로 정하는 종전 주택을 처분하지 못하여 1주택으로 되지 아니한 경우 (2020. 8. 12. 신설)

② 납세의무자가 취득세 과세물건을 사실상 취득한 후 제20조에 따른 신고를 하지 아니하고 매각하는 경우에는 제1항 및 「지방세기본법」 제53조, 제55조에도 불구하고 산출세액에 100분의 80을 가산한 금액을 세액으로 하여 보통징수의 방법으로 징수한다. 다만, 등기·등록이 필요하지 아니한 과세물건 등 대통령령으로 정하는 과세물건에 대하여는 그러하지 아니하다. (2016. 12. 27. 개

지 정보로 변환한 자료를 첨부하여야 한다. 다만, 「전자정부법」 제36조 제1항에 따라 행정기관 간에 취득세 납부사실을 전자적으로 확인할 수 있는 경우에는 그러하지 아니하다. (2016. 12. 30. 개정)

제36조의 3【일시적 2주택에 해당하는 기간 등】 ① 법 제21조 제1항 제3호에 따른 "그 취득일로부터 대통령령으로 정하는 기간"이란 신규 주택(종전 주택등이 조합원입주권 또는 주택분양권인 경우에는 해당 입주권 또는 주택분양권에 의한 주택)을 취득한 날부터 3년을 말한다. (2023. 2. 28. 개정)

② 법 제21조 제1항 제3호에 따른 "대통령령으로 정하는 종전 주택"이란 종전 주택등을 말한다. 이 경우 신규 주택이 조합원입주권 또는 주택분양권에 의한 주택이거나 종전 주택등이 조합원입주권 또는 주택분양권인 경우에는 신규 주택을 포함한다. (2020. 8. 12. 신설)

제37조【중가산세에서 제외되는 재산】 법 제21조 제2항 단서에서 "등기·등록이 필요하지 아니한 과세물건 등 대통령령으로 정하는 과세물건"이란 다음 각 호의 어느 하나에 해당하는 것을 말한다. (2010. 9. 20. 개정)

1. 취득일부터 2년 이내에 취득신고를 한 후 매각한 과세물건 (2010. 9. 20. 개정)
1. 삭 제 (2013. 1. 1.)

정 ; 지방세기본법 부칙)

③ 제1항에도 불구하고 납세의무자가 제20조에 따른 신고기한까지 취득세를 시가인정액으로 신고한 후 지방자치단체의 장이 세액을 경정하기 전에 그 시가인정액을 수정신고한 경우에는 「지방세기본법」 제53조 및 제54조에 따른 가산세를 부과하지 아니한다. (2021. 12. 28. 신설)

예판

【판례】 미등기전매에 따른 중가산세

법인이 택지개발예정지구내에서 농지취득자격이 없어 부득이 부동산을 취득 후 본인 명의로 소유권이전등기를 하지 못한 상태에서 이에 대한 취득신고를 하지 아니하고 매각한 경우라도 미등기 전매에 따른 80% 가산세 대상임. (대법 2004두6136, 2005. 10. 13.)

【예규】 부동산을 취득한 후 2년 내에 취득신고를 하지 않고 2년이 경과하여 해당 부동산을 매각한 경우라면 취득세 중가산세 과세대상에 해당됨. (지방세운영과-1689, 2012. 5. 31.)

제22조【등기자료의 통보】 ① 등기·등록관서의 장은 취득세가 납부되지 아니하였거나 납부부족액을 발견하였을 때에는 대통령령으로 정하는 바에 따라 납세지를 관할하는 지방자치단체의 장에게 통보하여야 한다. (2010. 3. 31. 개정)

② 등기·등록관서의 장이 등기·등록을 마친 경우에는

2. 취득세 과세물건 중 등기 또는 등록이 필요하지 아니하는 과세물건(골프회원권, 승마회원권, 콘도미니엄 회원권, 종합체육시설 이용회원권 및 요트회원권은 제외한다) (2014. 3. 14. 개정)
3. 지목변경, 차량·기계장비 또는 선박의 종류 변경, 주식 등의 취득 등 취득으로 보는 과세물건 (2010. 9. 20. 개정)

제38조【취득세 미납부 및 납부부족액에 대한 통보】 등기·등록관서의 장은 등기 또는 등록 후에 취득세가 납부되지 아니하였거나 납부부족액을 발견하였을 때에는 다음 달 10일까지 납세지를 관할하는 시장·군수·구청장에게 통보하여야 한다. (2016. 12. 30. 개정)

제11조【취득세 미납부 및 납부부족액에 대한 통보】 영 제38조에 따른 취득세 미납부 및 납부부족액에 대한 통보는 별지 제7호 서식에 따른다. (2010. 12. 23. 개정)

취득세의 납세지를 관할하는 지방자치단체의 장에게 그 등기·등록의 신청서 부본(副本)에 접수연월일 및 접수번호를 기재하여 등기·등록일부터 7일 내에 통보하여야 한다. 다만, 등기·등록사업을 전산처리하는 경우에는 전산처리된 등기·등록자료를 행정안전부령으로 정하는 바에 따라 통보하여야 한다. (2017. 7. 26. 직제개정 ; 정부조직법 부칙)

③ 「자동차관리법」 제5조에 따라 자동차의 사용본거지를 관할하지 아니하는 지방자치단체의 장이 자동차의 등록사무(신규등록, 변경등록 및 이전등록을 말한다)를 처리한 경우에는 자동차의 취득가격 등 행정안전부령으로 정하는 사항을 다음 달 10일까지 자동차의 사용본거지를 관할하는 지방자치단체의 장에게 통보하여야 한다. (2017. 7. 26. 직제개정 ; 정부조직법 부칙)

제22조의 2【장부 등의 작성과 보존】 ① 취득세 납세의무가 있는 법인은 대통령령으로 정하는 바에 따라 취득당시가액을 증명할 수 있는 장부와 관련 증거서류를 작성하여 갖춰 두어야 한다. 이 경우 다음 각 호의 장부 및 증거서류를 포함하여야 한다. (2023. 12. 29. 개정)

1. 사업의 재산 상태와 그 거래내용의 변동을 기록한 장부 및 증거서류 (2023. 12. 29. 신설)
2. 「신탁법」에 따른 수탁자가 위탁자로부터 취득세 과세대상 물건의 취득과 관련하여 지급받은 신탁수수료와

제38조의 2【장부 등의 작성과 보존】 취득세 납세의무가 있는 법인은 법 제22조의 2 제1항에 따라 취득당시가액을 증명할 수 있는 다음 각 호의 장부와 증거서류를 작성하여 갖춰 두어야 한다. (2024. 3. 26. 신설)

1. 사업의 재산 상태와 그 거래내용의 변동을 기록한 장부 및 증거서류(「법인세법 시행령」 제31조 제2항에 따른 자본적 지출을 확인할 수 있는 서류를 포함한다) (2024. 3. 26. 신설)
2. 「신탁법」에 따른 수탁자가 위탁자로부터 취득세 과세

제11조의 2【차량 취득세 과세자료의 통보】 ① 법 제22조 제3항에서 "행정안전부령으로 정하는 사항"이란 다음 각 호의 사항을 말한다. (2017. 7. 26. 직제개정 ; 행정안전부와~시행규칙 부칙)

1. 취득자의 인적사항 (2014. 1. 1. 신설)
2. 차량번호 (2014. 1. 1. 신설)
3. 취득일 및 취득가격 (2014. 1. 1. 신설)
4. 그 밖에 차량 취득세 과세내역을 파악하는데 필요한 사항 (2014. 1. 1. 신설)

② 법 제22조 제3항에 따른 차량 취득세 과세자료의 통보는 별지 제7호의 2 서식에 따른다. (2014. 1. 1. 신설)

그 밖의 대가가 있는 경우 이를 종류·목적·용도별로 구분하여 기록한 장부 및 증거서류 (2023. 12. 29. 신설)

② 지방자치단체의 장은 취득세 납세의무가 있는 법인이 제1항에 따른 의무를 이행하지 아니하는 경우에는 산출된 세액 또는 부족세액의 100분의 10에 상당하는 금액을 징수하여야 할 세액에 가산한다. (2013. 1. 1. 신설)

편주

법 22조의 2의 개정규정은 2024. 4. 1.부터 시행함. (법 부칙(2023. 12. 29.) 1조 단서)

제22조의 3【가족관계등록 전산정보 등의 공동이용】 ① 행정안전부장관 또는 지방자치단체의 장은 주택 소유관계 확인 및 취득세 납세의무자의 세대원 확인 등의 업무처리를 위하여 필요한 경우에는 전산매체를 이용하여 법원행정처장에게 「가족관계의 등록 등에 관한 법률」 제11조 제6항에 따른 가족관계 등록사항에 대한 등록전산정보자료의 제공을 요청할 수 있다. 이 경우 요

대상 물건의 취득과 관련하여 지급받은 신탁수수료와 그 밖의 대가가 있는 경우 이를 종류·목적·용도별로 구분하여 기록한 장부 및 증거서류 (2024. 3. 26. 신설)

3. 「지방세기본법」 제46조에 따른 법인의 주주 변동사항을 확인할 수 있는 서류 (2024. 3. 26. 신설)
4. 「도시개발법」 제11조 제1항 제6호에 따른 조합이 시행하는 도시개발사업이나 「도시 및 주거환경정비법」 제35조에 따른 조합이 시행하는 재개발사업 또는 재건축사업을 통하여 취득한 부동산(토지와 건물을 구분한다)의 취득일, 소재지, 면적, 지목, 용도, 사실상취득가격 산정을 위한 분양가액을 확인할 수 있는 서류 (2024. 3. 26. 신설)
5. 법 제10조의 3 제1항 제2호에 따른 위탁자 및 제18조 제3항 각 호의 자가 납세의무자를 대신하여 해당 물건을 취득하기 위하여 지급했거나 지급해야 할 비용을 확인할 수 있는 서류 (2024. 3. 26. 신설)

제38조의 3【정보 제공 요청 등】 (2024. 3. 26. 조번 개정)

① 행정안전부장관 또는 지방자치단체의 장은 법 제22조의 3 제2항에 따라 세대별 보유하고 있는 주택, 조합원입주권, 주택분양권 또는 오피스텔 수의 확인 등을 위하여 필요한 경우에는 국토교통부장관에게 「민간임대주택에 관한 특별법」 제60조에 따른 임대주택정보체계에

제12조【취득세 비과세 등 확인】 ① 법, 「지방세특례제한법」 또는 「조세특례제한법」에 따라 취득세의 비과세 또는 감면으로 법 제7조에 따른 부동산등을 취득하여 등기하거나 등록하려는 경우에는 그 부동산등의 납세지를 관할하는 시장·군수·구청장의 취득세 비과세 또는 감면 확인을 받아야 한다. (2016. 12. 30. 개정)

② 제1항에 따른 취득세 비과세 또는 감면에 대한 시장·군수·구청장의 확인은 별지 제8호 서식에 따른다. (2016. 12. 30. 개정)

청을 받은 법원행정처장은 특별한 사유가 없으면 이에 협조하여야 한다. (2020. 8. 12. 신설)

② 행정안전부장관 또는 지방자치단체의 장은 취득세 납세의무자의 주택 수 확인 등의 업무를 처리하기 위하여 대통령령으로 정하는 바에 따라 국가기관 또는 다른 지방자치단체에게 정보제공 등의 협조를 요청할 수 있다. 이 경우 요청을 받은 자는 정당한 사유가 없으면 협조하여야 한다. (2020. 8. 12. 신설)

③ 행정안전부장관은 제1항 및 제2항에 따라 제공받은 등록전산정보자료를 대통령령으로 정하는 바에 따라 지방자치단체의 장에게 제공할 수 있다. (2020. 8. 12. 신설)

제22조의 4【증여세 관련 자료의 통보】 세무서장 또는 지방국세청장은 「국세기본법」 또는 「상속세 및 증여세법」에 따른 부동산에 대한 증여세의 부과·징수 등에 관한 자료를 대통령령으로 정하는 바에 따라 행정안전부장관 또는 지방자치단체의 장에게 통보하여야 한다. (2021. 12. 28. 신설)

포함된 자료, 「부동산 거래신고 등에 관한 법률」 제24조에 따른 정보 및 「주택법」 제88조에 따른 주택 관련 정보의 제공을 요청할 수 있다. (2020. 8. 12. 신설)

② 행정안전부장관은 법 제22조의 3 제3항에 따라 자료를 지방자치단체의 장에게 제공하는 경우에는 「지방세기본법」 제135조 제2항에 따른 지방세정보통신망을 통하여 제공해야 한다. (2020. 8. 12. 신설)

② 행정안전부장관은 법 제22조의 3 제3항에 따라 자료를 지방자치단체의 장에게 제공하는 경우에는 지방세통합정보통신망을 통하여 제공해야 한다. (2024. 3. 26. 개정)

제38조의 4【증여세 관련 자료의 통보】(2024. 3. 26. 조번개정) 세무서장 또는 지방국세청장은 법 제22조의 4에 따라 행정안전부령으로 정하는 통보서에 「상속세 및 증여세법」 제76조에 따른 부동산 증여세 결정 또는 경정에 관한 자료를 첨부하여 결정 또는 경정한 날이 속하는 달의 다음 달 말일까지 행정안전부장관 또는 지방자치단체의 장에게 통보해야 한다. (2021. 12. 31. 신설)

제12조의 2【부동산 증여 납부 및 징수에 관한 자료】 영 제38조의 4에서 "행정안전부령으로 정하는 통보서"란 별지 제7호의 3 서식에 따른 통보서를 말한다. (2024. 12. 31. 개정)

제3장 등록면허세 (2010. 3. 31. 개정)

제1절 통 칙 (2010. 3. 31. 개정)

제23조【정 의】 등록면허세에서 사용하는 용어의 뜻은 다음과 같다. (2010. 3. 31. 개정)

1. "등록"이란 재산권과 그 밖의 권리의 설정·변경 또는 소멸에 관한 사항을 공부에 등기하거나 등록하는 것을 말한다. 다만, 제2장에 따른 취득을 원인으로 이루어지는 등기 또는 등록은 제외하되, 다음 각 목의 어느 하나에 해당하는 등기나 등록은 포함한다. (2010. 12. 27. 단서개정)

예판

【예규】 법인합병으로 이전되는 저당권의 등록면허세 세율

법인간 합병으로 피합병법인 명의의 근저당권을 합병법인 명의로 변경하는 경우, 근저당권의 단순한 명의변경으로 볼 수 없고 근저당권이 이전되는 것(채권금액의 1천분의 2 세율)으로 보아야 함. (부동산세제과-369, 2020. 2. 18.)

운영예규 법23-1【재산권 등의 정의】

「지방세법」 제23조 제1호에서 「재산권」이라 함은 금전적 가치가 있는 물권·채권·무체재산권 등을 지칭하는 것이며, 「그 밖의 권리」라 함은 재산이외의 권리로서 「부동산등기본법」등 기타 관계법령의 규정에 의하여 등기·등록하는 것을 말한다.

제3장 등록면허세 (2010. 9. 20. 개정)

제1절 통 칙 (2010. 9. 20. 개정)

예판

【판례】 • 등록세 과세대상 범위

– 공유물분할을 위한 경매 취득시 종전 자기소유 공유지분에 대한 이전등기의 경우 등기로서의 효과를 인정하기 어려운 등기로서 등록세 부과대상이 되는 등기에 해당하지 아니함. (서울고법 2012누30778, 2013. 10. 23. 판결 : 대법확정)

• 면허분 등록면허세 과세대상

– 세무서에 폐업신고를 하였더라도 납세자가 면허기관에 폐업에 관한 신청을 하지 않은 경우 해당 면허에 대하여 면허세를 부과한 것은 적법함. (서울고법 2001누7260, 2001. 12. 18. : 대법확정)

【예규】 • 사료 종류, 성분변경시 등록면허세 과세대상

– 「지방세법 시행령」 별표 1에서 사료제조업 등록만 규정하고 있으므로, 사료제조업 등록변경 없는 사료종류·성분 및 성분량의 변경등록은 과세대상에 해당되지 않음. (부동산세제과-161, 2024. 1. 9.)

• 등록면허세는 공부에 등기 또는 등록하는 경우에 그 등기 또는 등록이란 단순한 사실의 존재를 과세객체로 하여 그 등기 또는 등록을 받는 자에게 부과하는 것으로서, 이때 등기 또는 등록행위는 외형상 등기 또는 등록의 요건만 갖추면 과세요건이 충족되는 것으로 보아야 할 것임. (지방세운영과-985, 2014. 3. 20.)

• 취득세 면세점 물건 등기시 등록면허세 납세의무

제3장 등록면허세

(2010. 12. 23. 개정)

운영예규 법23-2【납세의무가 있는 경우】

1. 등기·등록이 된 이후 법원의 판결 등에 의해 그 등기 또는 등록이 무효 또는 취소가 되어 등기·등록이 말소된다 하더라도 이미 납부한 등록면허세는 과오납으로 환급할 수 없다.
2. 지방세 체납처분으로 그 소유권을 국가 또는 지방자치단체명의로 이전하는 경우에 이미 그 물건에 전세권, 가등기, 압류등기 등으로 되어 있는 것을 말소하는 대위적 등기와 성명의 복구나 소유권의 보존 등 일체의 채권자 대위적 등기에 대하여는 그 소유자가 등록면허세를 납부하여야 한다.

가. 광업권·어업권 및 양식업권의 취득에 따른 등록 (2019. 8. 27. 개정 ; 양식산업발전법 부칙)

나. 제15조 제2항 제4호에 따른 외국인 소유의 취득세 과세대상 물건(차량, 기계장비, 항공기 및 선박만 해당한다)의 연부 취득에 따른 등기 또는 등록 (2010. 12. 27. 신설)

다. 「지방세기본법」 제38조에 따른 취득세 부과제척기간이 경과한 물건의 등기 또는 등록 (2017. 12. 26. 신설)

라. 제17조에 해당하는 물건의 등기 또는 등록 (2017. 12. 26. 신설)

2. "면허"란 각종 법령에 규정된 면허·허가·인가·등록·지정·검사·검열·심사 등 특정한 영업설비 또는 행위에 대한 권리의 설정, 금지의 해제 또는 신고의 수리(受理) 등 행정청의 행위(법률의 규정에 따라 의제되는 행위를 포함한다)를 말한다. 이 경우 면허의 종별은 사업의 종류 및 규모 등을 고려하여 제1종부터 제5종까지 구분하여 대통령령으로 정한다. (2015. 12. 29. 개정)

제24조【납세의무자】 다음 각 호의 어느 하나에 해당하는 자는 등록면허세를 납부할 의무를 진다. (2010. 3. 31. 개정)

1. 등록을 하는 자 (2010. 3. 31. 개정)
2. 면허를 받는 자(변경면허를 받는 자를 포함한다). 이

- 비과세·감면 적용 대상이 되어 납부할 취득세액이 없는 경우에는 면세점에 해당하더라도 등록면허세 납세의무가 없음. (지방세운영과-217, 2018. 1. 29.)

제39조【면허의 종류와 종별 구분】 법 제23조 제2호에 따른 면허의 종류와 종별 구분은 별표 1과 같다. (2019. 12. 31. 개정)

☞

운영예규 법24-1【납세의무자】

「지방세법」 제24조 제1호 「등록을 하는 자」란 재산권 기타 권리의 설정·변경 또는 소멸에 관한 사항을 공부에 등기 또는 등록을 받는 등기·등록부상에 기재된 명의자(등기권리자)를 말한다.

경우 납세의무자는 그 면허의 종류마다 등록면허세를 납부하여야 한다. (2010. 3. 31. 개정)

예판

【예규】 • 상호의 변경, 영업소의 소재지 변경, 자본금의 변동, 정보통신기술자의 변경 신고는 면허세 부과대상이나, 법인인 사업주체의 변동을 수반하지 아니하는 대표자의 변경 신고는 면허세의 부과대상이 아님. (법제 06-0303, 2006. 12. 22.)

• **면허분 등록면허세 과세대상 범위**

- 「건축법」 제14조에 따른 건축신고는 같은 법 제11조에 따른 건축허가로 보아 「지방세법 시행령」 별표 각 종별 제26호에 의거, 면허분 등록면허세의 과세대상에 해당함. (지방세운영과-251, 2014. 12. 10.)

제25조 【납세지】 ① 등기 또는 등록에 대한 등록면허세의 납세지는 다음 각 호에서 정하는 바에 따른다. (2015. 12. 29. 개정)

1. 부동산 등기 : 부동산 소재지 (2010. 3. 31. 개정)
2. 선박 등기 또는 등록 : 선적항 소재지 (2015. 12. 29. 개정)
3. 자동차 등록 : 「자동차관리법」에 따른 등록지. 다만, 등록지가 사용본거지와 다른 경우에는 사용본거지를 납세지로 한다. (2010. 12. 27. 단서신설)
4. 건설기계 등록 : 「건설기계관리법」에 따른 등록지 (2010. 3. 31. 개정)
5. 항공기 등록 : 정치장 소재지 (2010. 3. 31. 개정)

법24-2 【납세의무】

1. 당해연도 1월 1일이 지나 면허가 말소된 경우에도 당해연도의 등록면허세의 납세의무가 있으며, 당해연도 1월 1일이 지나 면허의 명의가 변경되는 경우에는 종전의 명의자는 정기분 등록면허세를, 새로운 명의자는 신규 등록면허세를 납부하여야 한다.
2. 등록면허세는 면허의 효력이 존속하는 한 일시적인 휴업 등의 사유가 있을지라도 등록면허세 납세의무를 지는 것이므로 휴업 중에도 매년 1월에 정기분 등록면허세를 납부하여야 한다.
3. 등록면허세의 납세의무는 면허증서를 교부받거나 도달된 때에 납세의무가 발생하는 것이므로 면허증서를 교부받기 전에 면허가 취소된 경우에는 등록면허세 납세의무가 발생하지 아니한다.

예판

【예규】 • **전문자격사 등록면허세(면허분) 부과 기준**

- 전문자격사의 경우 음영 처리된 단계에서 1회 과세하고, 이후 정기분으로 과세하는 것이 타당함. (지방세운영과-2923, 2015. 9. 15.)

※ 아래 표는 2020. 12. 31.까지 개정된 내용이 반영되어 있음.

구분(15종)	근거법률	자격등록	개업신고	사무소 설치
변리사	변리사법	변리사 등록(제5조)	변리사 개업신고(제6조의 2)	
세무사	세무사법	세무사 등록(제6조)		
관세사	관세사법	관세사 등록(제7조)	관세사 개업신고(제10조)	

제15조 【등록면허세 비과세 등 확인】 ① 법, 「지방세특례제한법」 또는 「조세특례제한법」에 따라 등록면허세의 비과세 또는 감면으로 등기 또는 등록하려는 경우에는 법 제25조 제1항에 따른 등록 면허세의 납세지를 관할하는 시장·군수·구청장의 비과세 또는 감면 확인을 받아야 한다. (2016. 12. 30. 개정)

② 제1항에 따른 등록면허세 비과세 또는 감면에 대한 시장·군수·구청장의 확인은 별지 제8호 서식

6. 법인 등기 : 등기에 관련되는 본점 · 지점 또는 주사무소 · 분사무소 등의 소재지 (2010. 3. 31. 개정)
7. 상호 등기 : 영업소 소재지 (2010. 3. 31. 개정)
8. 광업권 및 조광권 등록 : 광구 소재지 (2011. 12. 31. 개정)
9. 어업권, 양식업권 등록 : 어장 소재지 (2019. 8. 27. 개정 ; 양식산업발전법 부칙)
10. 저작권, 출판권, 저작인접권, 컴퓨터프로그램 저작권, 데이터베이스 제작자의 권리 등록 : 저작권자, 출판권자, 저작인접권자, 컴퓨터프로그램 저작권자, 데이터베이스 제작권자 주소지 (2010. 3. 31. 개정)
11. 특허권, 실용신안권, 디자인권 등록 : 등록권자 주소지 (2010. 3. 31. 개정)
12. 상표, 서비스표 등록 : 주사무소 소재지 (2010. 3. 31. 개정)
13. 영업의 허가 등록 : 영업소 소재지 (2010. 3. 31. 개정)
14. 지식재산권담보권 등록 : 지식재산권자 주소지 (2011. 12. 31. 신설)
15. 그 밖의 등록 : 등록관청 소재지 (2011. 12. 31. 호번개정)
16. 같은 등록에 관계되는 재산이 둘 이상의 지방자치단체에 걸쳐 있어 등록면허세를 지방자치단체별로 부과할 수 없을 때에는 등록관청 소재지를 납세지로 한다. (2011. 12. 31. 호번개정)
17. 같은 채권의 담보를 위하여 설정하는 둘 이상의 저

구분(15종)	근거법률	자격등록	개업신고	사무소 설치
공인회계사	공인회계사법	공인회계사 등록(제7조)		
외국세무자문사	세무사법	외국세무자문사의 등록(제19조의 5)		
공인노무사	공인노무사법	공인노무사 자격 취득(제3조)	공인노무사 직무개시 등록(제5조)	
법무사	법무사법	법무사 등록(제7조)	법무사 업무개시 신고(제14조)	
변호사	변호사법	변호사 등록(제7조)	변호사 개업신고(제15조)	
행정사	행정사법	행정사 자격취득(제5조)	행정사 업무신고(제10조)	행정사사무소 설치신고(제14조)
기술사	기술사법	기술사 등록(제5조의 7)		기술사사무소 개설 등록(제6조)
건축사	건축사법	건축사 등록(제18조)		건축사사무소 개설 신고(제23조)
공인중개사	공인중개사법	공인중개사자격 취득(제5조)		공인중개사사무소 개설 등록(제9조)
감정평가사	감정평가 및 감정평가사에 관한 법률	감정평가사 등록(제17조)		감정평가사무소 개설 신고(제21조)
의사	의료법	의사 등록(제11조)		의원 · 조산원 개설의 신고 및 병원 개설의 허가(제33조)

에 따른다. (2016. 12. 30. 개정)

당권을 등록하는 경우에는 이를 하나의 등록으로 보아 그 등록에 관계되는 재산을 처음 등록하는 등록관청 소재지를 납세지로 한다. (2011. 12. 31. 호번개정)

운영예규 법25-1 **【동일채권등기 담보물 추가 시 징수방법】**

1. 동일한 채권담보를 위하여 "갑"지역에 있는 부동산과 "을"지역에 있는 부동산에 대하여 저당권을 설정하는 경우 먼저 설정한 지역에서 채권금액 전체에 대하여 과세하고 "을"지역에 있는 담보물을 나중에 등기할 때에는 "을"지역에서 등록면허세를 과세할 수 없다.
2. 동일채권에 대한 담보물을 추가하는 경우에는 추가로 담보하는 매 담보물건별로 과세하여야 한다.

18. 제1호부터 제14호까지의 납세지가 분명하지 아니한 경우에는 등록관청 소재지를 납세지로 한다. (2011. 12. 31. 개정)

② 면허에 대한 등록면허세의 납세지는 다음 각 호에서 정하는 바에 따른다. (2010. 3. 31. 개정)

1. 해당 면허에 대한 영업장 또는 사무소가 있는 면허 : 영업장 또는 사무소 소재지 (2010. 3. 31. 개정)
2. 해당 면허에 대한 별도의 영업장 또는 사무소가 없는 면허 : 면허를 받은 자의 주소지 (2010. 3. 31. 개정)
3. 제1호 및 제2호에 따른 납세지가 분명하지 아니하거나 납세지가 국내에 없는 경우에는 면허부여기관 소재지를 납세지로 한다. (2015. 12. 29. 신설)

구분(15종)	근거법률	자격등록	개업신고	사무소 설치
약사	약사법	약사 등록 (제6조)		약국의 개설 등록 (제20조)

- **등록분 등록면허세 과세대상 범위**
  - B은행이 A은행을 흡수합병한 후 C은행이 B은행을 다시 흡수합병 하였으나, 부동산에 대한 근저당권 이전 등기가 B은행을 거치지 아니하고 C은행으로 바로 이전등기가 이루어진다면 B의 등록면허세 납세의무는 성립되지 않음. (지방세운영과-1981, 2015. 7. 1.)
  - 2차례에 걸쳐 합병이 있었더라도, 이에 따른 근저당권 이전 등기가 중간 단계없이 1회(생략등기)로 이루어진다면, 생략된 단계에 대한 등록면허세분은 납세의무가 성립되지 않음. (지방세운영과-2356, 2015. 8. 4.)
  - 아파트 명칭을 변경하여 변경등기를 하는 경우 1개의 동(棟)을 기준으로 과세하여야 함. (지방세운영과-2582, 2018. 10. 31.)

제26조【비과세】 ① 국가, 지방자치단체, 지방자치단체조합, 외국정부 및 주한국제기구가 자기를 위하여 받는 등록 또는 면허에 대하여는 등록면허세를 부과하지 아니한다. 다만, 대한민국 정부기관의 등록 또는 면허에 대하여 과세하는 외국정부의 등록 또는 면허의 경우에는 등록면허세를 부과한다. (2010. 3. 31. 개정)

② 다음 각 호의 어느 하나에 해당하는 등기·등록 또는 면허에 대하여는 등록면허세를 부과하지 아니한다. (2015. 12. 29. 개정)

1. 「채무자 회생 및 파산에 관한 법률」 제6조 제3항, 제25조 제1항부터 제3항까지, 제26조 제1항, 같은 조 제3항, 제27조, 제76조 제4항, 제362조 제3항, 제578조의5 제3항, 제578조의8 제3항 및 제578조의9 제3항에 따른 등기 또는 등록 (2023. 12. 29. 개정) 농특비
2. 행정구역의 변경, 주민등록번호의 변경, 지적(地籍) 소관청의 지번 변경, 계량단위의 변경, 등기 또는 등록 담당 공무원의 착오 및 이와 유사한 사유로 인한 등기 또는 등록으로서 주소, 성명, 주민등록번호, 지번, 계량단위 등의 단순한 표시변경·회복 또는 경정 등기 또는 등록 (2015. 12. 29. 개정) 농특비

예판

【예규】 새로운 자동차 등록번호 체계에 따라 자동차 번호를 변경하는 경우 등록면허세 비과세 대상으로 보기 어려움. (부동산세제과-334, 2019. 9. 2.)

운영예규 **법26-1【국가 등에 관한 비과세】**

1. 지방세의 체납으로 인하여 압류의 등기 또는 등록을 한 재산에 대하여 압류해제의 등기 또는 등록 등을 할 경우에는 「지방세법」 제26조에 의하여 등록면허세가 비과세되는 것이다.
2. 국가와 지방자치단체가 공익사업을 위한 토지 등의 취득 및 보상에 관한 법률에 따라 공공사업(도로신설 및 도로확장 등)에 필요한 토지를 수용하여 공공용지에 편입하기 위해 행하는 분필등기, 공유물분할등기는 국가와 지방자치단체가 자기를 위하여 하는 등기에 해당하므로 등록면허세가 비과세되는 것이다.

편주

법 26조 2항 1호의 개정규정은 2024. 1. 1. 전에 「채무자 회생 및 파산에 관한 법률」에 따라 법원이 촉탁하여 등기 또는 등록을 하였으나 2024. 1. 1. 당시 같은 법에 따라 회생절차·간이회생절차가 진행 중이거나 회생계획·간이회생계획을 수행 중인 경우에도 적용함. (법 부칙(2023. 12. 29.) 3조)

운영예규 **법26-3【단순 표시 변경시 비과세】**

재외국민 주민등록제 시행에 따라 외부적인 사유로 국내거소신고번호를 주민등록번호로 변경함에 따른 자동차등록원부 등의 단순한 표시변경에 대하여는 등록면허세를 비과세한다.

예판

【판례】 법원의 촉탁등기로 인한 등록세 비과세

회사정리에 따른 법원촉탁으로 인한 등기 중 유상증자에 따른 자본금 증자 등기도 등록세 비과세 대상에 해당함. (대법 2012다23382, 2014. 1. 16.)

【예규】 · 주민등록번호 변경에 따른 비과세 범위

- 재외국민 주민등록제가 시행됨에 따라, 재외국민이 차량등록원부상 종전 국내거소신고번호를 주민등록번호로 변경·등록하는 경우 「지방세법」 제26조 제2항 제2호 규정의 주민등록번호의 변경에 해당하는 것으로 보아 등록면허세를 비과세 적용하는 것이 타당함. (지방세운영과-1248, 2015. 4. 27.)

· 차대번호 경정등록시 등록면허세 비과세

- 「자동차관리법」 제8조에 따른 자동차 제작·판매자등이 차대번호를 착오 신청하여 이를 소유자가 경정등록하는 경우, 「지방세법」 제26조 제2항 제2호에 따른 등록 담당 공무원의 착오 및 이와 유사한 사유로 인한 경정등록에 해당하는 것으로 보아 등록면허세를 비과세하여야 함. (지

3. 그 밖에 지목이 묘지인 토지 등 대통령령으로 정하는 등록 (2010. 3. 31. 개정)

4. 면허의 단순한 표시변경 등 등록면허세의 과세가 적합하지 아니한 것으로서 대통령령으로 정하는 면허 (2010. 3. 31. 개정)

제40조【비과세】 ① 법 제26조 제2항 제3호에서 "지목이 묘지인 토지 등 대통령령으로 정하는 등록"이란 무덤과 이에 접속된 부속시설물의 부지로 사용되는 토지로서 지적공부상 지목이 묘지인 토지에 관한 등기를 말한다. (2010. 9. 20. 개정)

② 법 제26조 제2항 제4호에서 "대통령령으로 정하는 면허"란 다음 각 호의 어느 하나에 해당하는 면허를 말한다. (2010. 9. 20. 개정)

1. 변경하는 내용이 다음 각 목의 경우에 해당하지 아니하는 변경면허 (2010. 9. 20. 개정)
   가. 면허를 받은 자가 변경되는 경우(사업주체의 변경 없이 단순히 대표자의 명의를 변경하는 경우는 제외한다) (2010. 9. 20. 개정)
   나. 해당 면허에 대한 제39조에 따른 면허의 종별 구분이 상위의 종으로 변경되는 경우 (2010. 9. 20. 개정)
   다. 법 제35조 제2항에 따라 면허가 갱신되는 것으로 보는 경우 (2010. 9. 20. 개정)
2. 「의료법」 및 「수의사법」에 따라 의료업 및 동물진료업을 개설한 자의 다음 각 목의 어느 하나에 해당하는 면허 (2010. 9. 20. 개정)
   가. 「농어촌 등 보건의료를 위한 특별조치법」에 따라 종사명령을 이행하기 위하여 휴업하는 기간 중의 해당 면허와 종사명령기간 중에 개설하는 병원·의원(조산원을 포함한다)의 면허 (2010. 9. 20. 개정)

방세운영과-684, 2017. 10. 17.)

예판

【예규】 보관된 총포를 일정기간 영치 해제·출고하여 소지한 경우, 매년 1월 1일에 그 총포를 소지하였는지 여부와 관계없이 면허세 비과세 대상에 해당되지 아니함. (법제 08-0326, 2008. 11. 4.)

제2절 등록에 대한 등록면허세 (2010. 3. 31. 개정)

제27조 【과세표준】 ① 부동산, 선박, 항공기, 자동차 및 건설기계의 등록에 대한 등록면허세(이하 이 절에서

나. 「수의사법」에 따라 공수의로 위촉된 수의사의 동물진료업의 면허 (2010. 9. 20. 개정)

3. 「총포·도검·화약류 등의 안전관리에 관한 법률 시행령」 제47조 제2항에 따라 총포 또는 총포의 부품이 보관된 경우 그 총포의 소지 면허. 다만, 같은 과세기간 중에 반환받은 기간이 있는 경우는 제외한다. (2016. 1. 6. 개정 ; 총포·도검·화약류~시행령 부칙)

4. 매년 1월 1일 현재 「부가가치세법」에 따른 폐업신고를 하고 폐업 중인 해당 업종의 면허 (2010. 9. 20. 개정)

4. 매년 1월 1일 현재 「부가가치세법」에 따른 폐업신고(같은 연도 1월 25일까지 같은 법 시행령 제13조 제1항·제3항 또는 제5항에 따라 폐업신고를 한 경우를 포함한다)를 하고 폐업 중인 해당 업종의 면허 (2024. 12. 31. 개정)

5. 매년 1월 1일 현재 1년 이상 사실상 휴업 중인 사실이 증명되는 해당 업종의 면허 (2010. 9. 20. 개정)

6. 마을주민의 복지증진 등을 도모하기 위하여 마을주민만으로 구성된 조직의 주민공동체 재산 운영을 위하여 필요한 면허 (2010. 12. 30. 신설)

제2절 등록에 대한 등록면허세 (2010. 9. 20. 개정)

제41조 【정 의】 이 절에서 사용하는 용어의 뜻은 다음과 같다. (2010. 9. 20. 개정)

운영예규 법26-2 【면허분 등록면허세 비과세】

1월 1일 현재 「총포·도검·화약류 등 단속법」 제47조 제2항에 따라 총포 또는 총포의 부품이 보관된 경우 그 총포 등의 소지 면허에 대하여는 등록면허세를 부과하지 아니하되, 같은 과세기간 중 총포 등을 반환받은 기간이 있는 경우에는 최초로 반환받는 때에 해당연도의 등록면허세를 부과한다.

제1절 등록에 대한 등록면허세

(2010. 12. 23. 개정)

"등록면허세"라 한다)의 과세표준은 등록 당시의 가액으로 한다. (2010. 3. 31. 개정)

② 제1항에 따른 과세표준은 조례로 정하는 바에 따라 등록자의 신고에 따른다. 다만, 신고가 없거나 신고가액이 제4조에 따른 시가표준액보다 적은 경우에는 시가표준액을 과세표준으로 한다. (2010. 3. 31. 개정)

③ 제2항에도 불구하고 제23조 제1호 각 목에 따른 취득을 원인으로 하는 등록의 경우 다음 각 호의 구분에 따른 가액을 과세표준으로 한다. 다만, 등록 당시에 자산재평가 또는 감가상각 등의 사유로 그 가액이 달라진 경우에는 변경된 가액을 과세표준으로 한다. (2023. 12. 29. 개정)

1. 제23조 제1호 가목·나목 및 라목에 따른 취득을 원인으로 하는 등록의 경우: 제10조의 2부터 제10조의 6까지에서 정하는 취득당시가액 (2023. 12. 29. 신설)
2. 제23조 제1호 다목에 따른 취득을 원인으로 하는 등록의 경우: 제1항에 따른 등록 당시의 가액과 제10조의 2부터 제10조의 6까지에서 정하는 취득당시가액 중 높은 가액 (2023. 12. 29. 신설)

④ 채권금액으로 과세액을 정하는 경우에 일정한 채권금액이 없을 때에는 채권의 목적이 된 것의 가액 또는 처분의 제한의 목적이 된 금액을 그 채권금액으로 본다.

1. "부동산"이란 법 제6조 제3호 및 제4호에 따른 토지와 건축물을 말한다. (2010. 9. 20. 개정)
2. "선박"이란 법 제6조 제10호에 따른 선박을 말한다. (2010. 9. 20. 개정)
3. "한 건"이란 등기 또는 등록대상 건수마다를 말한다. 「부동산등기법」 등 관계 법령에 따라 여러 개의 등기·등록대상을 한꺼번에 신청하여 등기·등록하는 경우에도 또한 같다. (2010. 9. 20. 개정)

제42조【과세표준의 적용】 ① 법 제27조 제3항 각 호 외의 부분 단서에 따라 자산재평가 또는 감가상각 등의 사유로 변경된 가액을 과세표준으로 할 경우에는 등기일 또는 등록일 현재의 법인장부 또는 결산서 등으로 증명되는 가액을 과세표준으로 한다. (2023. 12. 29. 개정)

② 주택의 토지와 건축물을 한꺼번에 평가하여 토지나 건축물에 대한 과세표준이 구분되지 아니하는 경우에는 한꺼번에 평가한 개별주택가격을 토지나 건축물의 가액 비율로 나눈 금액을 각각 토지와 건축물의 과세표준으로 한다. (2010. 9. 20. 개정)

【예규】영업용 건설기계 등록면허세 과세대상 여부

영업용 건설기계의 소유권을 이전하면서 사용본거지, 소속 대여회사 및 등록번호 변경이 병행되는 경우 사용본거지의 변경은 「지방세법 시행령」 제42조의 2 제4항에 따라 과세제외되나, 소유자 및 사용본거지와는 별개의 등록사항이고 등록번호의 변경은 소속 대여회사의 변경과 필연적 관계가 없으므로 별도 1건으로 대여회사 변경 1건, 등록번호 변경 1건의 등록면허세를 총 2건 신고해야 함. (부동산세제과-1119, 2020. 5. 19.)

(2010. 3. 31. 개정)

⑤ 제1항부터 제4항까지의 규정에 따른 과세표준이 되는 가액의 범위 및 그 적용에 필요한 사항은 대통령령으로 정한다. (2010. 3. 31. 개정)

예판

【판례】 등록세 과세표준

부동산에 관한 처분금지가처분등기의 경우 일정한 채권금액이 없는 것으로 보아 채권금액이 아닌 당해 부동산 가액이 등록세 과표가 됨. (대법 2011두9683, 2013. 2. 28.)

【조심판례】 증자등기와 감자등기가 같은 날 이루어진 경우 등록면허세 과세표준 적용 여부

등록면허세는 개별 등기 또는 등록마다 별도의 납세의무가 성립한다 할 것인바, 과세표준 역시 개별 등기 및 등록을 기준으로 산정하는 것이 타당함. (조심2024지008, 2024. 6. 26.)

【예규】 근저당권 일부 이전시 등록면허세 과세표준

근저당권 설정 등기를 필한 후 근저당권의 피담보채권이 확정되지 아니한 상태에서 근저당권에 대해 일부이전 등기를 하는 경우 「지방세법」 제27조 제4항에 따라 채권의 목적이 된 채권최고액 전체인 기존 근저당권 채권최고액 전액이 과세표준이 됨. (지방세운영과-2446, 2016. 9. 22.)

제28조 【세 율】 ① 등록면허세는 등록에 대하여 제27조의 과세표준에 다음 각 호에서 정하는 세율을 적용하여 계산한 금액을 그 세액으로 한다. 다만, 제1호부터 제5호까지 및 제5호의 2의 규정에 따라 산출한 세액이 해당 각 호의 그 밖의 등기 또는 등록 세율보다 적을 때에는 그 밖의 등기

운영예규 **법27-1 【과세표준의 범위】**

등록면허세 신고서상의 금액과 공부상의 금액이 다를 경우에는 공부상의 금액을 과세표준으로 한다.

편주

저당권은 설정시 채권금액이 확정되는 것으로 최초 설정시 등기권자가 2명 이상으로 공유 등기하고 그 공유자 중 1인의 저당권을 양수한 경우라면 총 채권금액의 1/n이 과표가 됨.

예판

【예규】 · 등록분 등록면허세 세율 적용

- 「도시개발법」 및 「택지개발촉진법」 등에 따른 개발사업으로 인해 종전 지적공부가 폐쇄되고 새로 지적공부가 작성되면서 소유권의 등기명의인이 종전 토지에 대해 말소등기를

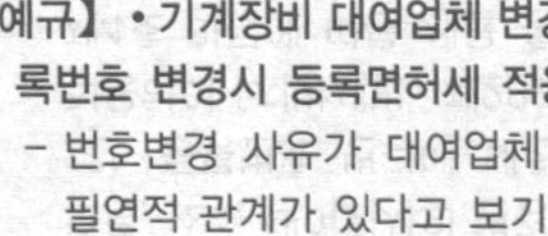

예판

【예규】 · 기계장비 대여업체 변경 및 등록번호 변경시 등록면허세 적용 세율

- 번호변경 사유가 대여업체 변경과 필연적 관계가 있다고 보기 어려우

또는 등록 세율을 적용한다. (2015. 12. 29. 단서신설)

1. 부동산 등기 (2010. 3. 31. 개정)
  가. 소유권의 보존 등기 : 부동산 가액의 1천분의 8 (2015. 12. 29. 개정)
  나. 소유권의 이전 등기 (2010. 12. 27. 신설)
    1) 유상으로 인한 소유권 이전 등기 : 부동산 가액의 1천분의 20. 다만, 제11조 제1항 제8호에 따른 세율을 적용받는 주택의 경우에는 해당 주택의 취득세율에 100분의 50을 곱한 세율을 적용하여 산출한 금액을 그 세액으로 한다. (2017. 12. 26. 개정)
    2) 무상으로 인한 소유권 이전 등기 : 부동산 가액의 1천분의 15. 다만, 상속으로 인한 소유권 이전 등기의 경우에는 부동산 가액의 1천분의 8로 한다. (2010. 12. 27. 신설)
  다. 소유권 외의 물권과 임차권의 설정 및 이전 (2010. 12. 27. 목번개정)
    1) 지상권 : 부동산 가액의 1천분의 2. 다만, 구분지상권의 경우에는 해당 토지의 지하 또는 지상 공간의 사용에 따른 건축물의 이용저해율(利用沮害率), 지하 부분의 이용저해율 및 그 밖의 이용저해율 등을 고려하여 행정안전부장관이 정하는 기준에 따라 특별자치시장·특별자치도지사·시장·군수 또는 구청장이 산정한 해당 토지 가액의 1천분의 2로 한다. (2017.

하고 새로운 토지에 대해 소유권보존등기를 하는 경우에는, 그 형식만이 소유권보존등기일 뿐 관련법령 등에 따라 불가피하게 종전 지적공부를 폐쇄하고 새로이 지적공부를 개설하여 소유권보존등기를 하는 것이므로 등기방식의 특수성 등을 감안하여 「지방세법」 제28조 제1항 제1호 마목에 따른 세율(건당 6천원)을 적용하는 것이 타당함. (지방세운영과-336, 2014. 12. 19.)

- 신탁재산의 소유권이전에 대한 가등기는 「지방세법」 제28조 제1항 제1호 라목 2)에 해당하는 가등기(1천분의 2)의 세율을 적용하고, 신탁가등기에 대하여는 「지방세법」 제28조 제1항 제1호 마목에 해당하는 그 밖의 등기(6천원)의 세율을 적용하여 각각 신고납부해야 할 것임. (지방세운영과-3118, 2015. 10. 5.)

• **본점 지역에 지점 설치시 등록면허세 적용 세율**
- 대도시내 본점을 두고 있는 법인이 같은 지역 내에 지점을 설치하여 법인등기를 하는 경우 해당 등기는 지점의 설치에 해당하므로 중과세율을 적용하여야 함. (지방세운영과-1063, 2018. 5. 8.)

운영예규 법28-3【가등기 등에 대한 세율】

1. 소유권이전 등의 청구권을 보존하기 위한 가등기에 해당하는 경우에는 「지방세법」 제28조 제1항 제1호 라목의 2) 규정을 적용하며, 「가등기담보 등에 관한 법률」에 의한 담보가등기는 저당권등기의 일종으로서 「지방세법」 제28조 제1항 제1호 다목의 2) 세율을 적용한다.
2. 전세권 등에 대해 저당권을 설정하는 경우에는 「지방세법」 제28조 제1항 제1호 다목의 2) 세율을 적용한다.

므로, 소속 대여회사의 변경에 대한 1건, 등록번호 변경에 대한 1건을 적용하여 「지방세법」 제28조 제1항 제4호 라목에 따른 세율 총 2건의 등록면허세를 신고납부해야함. (지방세운영과-1557, 2016. 6. 17.)

• 저당권에 대한 가처분의 경우에는 1천분의 2에 해당하는 세율을 적용하는 것이 타당함. (지방세운영과-1518, 2013. 7. 15.)

• 대도시 지역에서 영리법인을 설립하여 등기할 때, 「지방세법」 제28조 제1항 제6호 가목 1)에 따라 계산한 세액이 11만2천5백원 미만인 경우의 등록면허세는 11만2천5백원에 100분의 300을 적용하여 산정해야 한다고 할 것임. (법제14-0225, 2014. 5. 22.)

7. 26. 직제개정 ; 정부조직법 부칙)

2) 저당권(지상권·전세권을 목적으로 등기하는 경우를 포함한다) : 채권금액의 1천분의 2 (2015. 7. 24. 개정)

3) 지역권 : 요역지(要役地) 가액의 1천분의 2 (2010. 3. 31. 개정)

4) 전세권 : 전세금액의 1천분의 2 (2010. 3. 31. 개정)

5) 임차권 : 월 임대차금액의 1천분의 2 (2010. 3. 31. 개정)

라. 경매신청·가압류·가처분 및 가등기 (2015. 7. 24. 개정)

1) 경매신청 : 채권금액의 1천분의 2 (2015. 7. 24. 개정)

2) 가압류(부동산에 관한 권리를 목적으로 등기하는 경우를 포함한다) : 채권금액의 1천분의 2 (2015. 7. 24. 개정)

3) 가처분(부동산에 관한 권리를 목적으로 등기하는 경우를 포함한다) : 채권금액의 1천분의 2 (2015. 7. 24. 개정)

4) 가등기(부동산에 관한 권리를 목적으로 등기하는 경우를 포함한다) : 부동산 가액 또는 채권금액의 1천분의 2 (2015. 7. 24. 개정)

마. 그 밖의 등기 : 건당 6천원 (2014. 1. 1. 개정)

운영예규 법28-1【요역지, 승역지】

"요역지"란 지역권 설정시 편익을 받은 토지를 말하며, "승역지"는 편익을 제공하는 토지를 말한다.

운영예규 법28-2【저당권의 채무자 명의변경시 세율】

운영예규 법28-12【부동산등기의 세율】

1. 취득시효를 원인으로 소유권에 관한 등기를 하는 경우에는 「지방세법」 제11조 제1항 제2호의 규정을 적용하나, 자기소유 미등기 부동산에 대한 취득시효에 따른 소유권 보존등기를 하는 경우에는 「지방세법」 제28조 제1항 제1호 가목의 세율을 적용한다.
2. 피합병 법인명의로 된 근저당권자를 합병법인 명의로 근저당권자 변경등기하는 경우는 「지방세법」 제28조 제1항 제1호 다목의 세율이 적용된다.
3. 주택건설사업자가 주택건설용 토지에 대한 소유권이전등기를 필한 후 이를 다시 주택건설사업자가 자기명의로 주택 동호별로 지분등기를 경료하는 경우에는 「지방세법」 제28조 제1항 제1호 마목의 규정에 의한 세율이 적용된다.
4. 건축물의 개수로 인하여 건축물면적의 증가 없이 이미 등기된 주요 구조부사항의 표시를 위한 변경등기를 하는 경우에는 「지방세법」 제28조 제1항 제1호 마목 규정에 의한 세율을 적용한다.
5. 등기당시에 착오로 인하여 실제상의 건물 등 표시를 잘못 등기하였다가 다시 정정등기함이 판결에 의하여 명백하게 입증될 경우에는 「지방세법」 제28조 제1항 제1호 마목 규정에 의한 세율을 적용한다.

2. 선박 등기 또는 등록(「선박법」 제1조의 2 제2항에 따른 소형선박을 포함한다) (2015. 7. 24. 개정)
   가. 소유권의 등기 또는 등록 : 선박 가액의 1천분의 0.2 (2015. 7. 24. 개정)
   나. 저당권 설정 등기 또는 등록, 저당권 이전 등기 또

저당권설정등기상 채무자변경은 단순한 표시변경등기로서 「지방세법」 제28조 제1항 제1호 마목, 제2호 다목, 제3호 라목, 제4호 라목의 규정에 의한 세율이 적용된다.

는 등록 : 채권금액의 1천분의 2 (2015. 12. 29. 개정)

다. 그 밖의 등기 또는 등록 : 건당 1만5천원 (2015. 7. 24. 개정)

3. 차량의 등록 (2010. 12. 27. 개정)

가. 소유권의 등록 (2010. 12. 27. 개정)

1) 비영업용 승용자동차 : 1천분의 50. 다만, 경자동차의 경우에는 1천분의 20으로 한다. (2010. 12. 27. 개정)

2) 그 밖의 차량 (2010. 12. 27. 개정)

가) 비영업용 : 1천분의 30. 다만, 경자동차의 경우에는 1천분의 20으로 한다. (2010. 12. 27. 개정)

나) 영업용 : 1천분의 20 (2010. 12. 27. 개정)

나. 저당권 설정 등록 또는 이전 등록 : 채권금액의 1천분의 2 (2015. 12. 29. 개정)

다. 제7조 제10항에 따른 취득대금을 지급한 자 또는 운수업체의 등록 (2015. 7. 24. 신설)

1) 운수업체의 명의를 다른 운수업체의 명의로 변경하는 경우 : 건당 1만5천원 (2015. 7. 24. 신설)

2) 운수업체의 명의를 취득대금을 지급한 자의 명의로 변경하는 경우 : 건당 1만5천원 (2015. 7. 24. 신설)

3) 취득대금을 지급한 자의 명의를 운수업체의 명의로 변경하는 경우 : 건당 1만5천원 (2015. 7. 24. 신설)

제42조의 2【비영업용 승용자동차 등】 ① 법 제28조 제1항 제3호 각 목 외의 부분에서의 “차량”에는 총 배기량 125시시 이하이거나 최고정격출력 12킬로와트 이하인 이륜자동차는 포함하지 않는다. (2019. 12. 31. 개정)

② 법 제28조 제1항 제3호 가목 1)에 따른 비영업용 승용자동차는 제122조 제1항에 따른 비영업용으로서 제123조 제1호 및 제2호에 해당하는 승용자동차로 한다. (2011. 5. 30. 신설)

③ 법 제28조 제1항 제3호 가목 1) 단서 및 같은 목 2) 가) 단서에 따른 경자동차는 각각 「자동차관리법」 제3조에 따른 자동차의 종류 중 경형자동차로 한다. (2011. 5. 30. 신설)

④ 법 제28조 제1항 제3호 라목 및 제4호 라목에 따른 등록에는 「자동차등록령」 제22조 제4항 제4호에 따른 등록 및 「건설기계관리법 시행령」 제6조 제1항에 따른 등록은 포함하지 아니한다. (2015. 7. 24. 개정)

라. 그 밖의 등록 : 건당 1만5천원 (2015. 7. 24. 목번개정)

4. 기계장비 등록 (2010. 12. 27. 개정)

가. 소유권의 등록 : 1천분의 10 (2010. 12. 27. 신설)

나. 저당권 설정 등록 또는 이전 등록 : 채권금액의 1천분의 2 (2015. 12. 29. 개정)

다. 제7조 제10항에 따른 취득대금을 지급한 자 또는 기계장비대여업체의 등록 (2015. 7. 24. 신설)

1) 기계장비대여업체의 명의를 다른 기계장비대여업체의 명의로 변경하는 경우 : 건당 1만원 (2015. 7. 24. 신설)

2) 기계장비대여업체의 명의를 취득대금을 지급한 자의 명의로 변경하는 경우 : 건당 1만원 (2015. 7. 24. 신설)

3) 취득대금을 지급한 자의 명의를 기계장비대여업체의 명의로 변경하는 경우 : 건당 1만원 (2015. 7. 24. 신설)

라. 그 밖의 등록 : 건당 1만원 (2015. 7. 24. 목번개정)

5. 공장재단 및 광업재단 등기 (2010. 3. 31. 개정)

가. 저당권 설정 등기 또는 이전 등기 : 채권금액의 1천분의 1 (2015. 12. 29. 개정)

나. 그 밖의 등기 또는 등록 : 건당 9천원 (2014. 1. 1. 개정)

5의 2. 동산담보권 및 채권담보권 등기 또는 지식재산권

담보권 등록 (2011. 12. 31. 신설)

가. 담보권 설정 등기 또는 등록, 담보권 이전 등기 또는 등록 : 채권금액의 1천분의 1 (2015. 12. 29. 개정)

나. 그 밖의 등기 또는 등록 : 건당 9천원 (2014. 1. 1. 개정)

6. 법인 등기 (2010. 3. 31. 개정)

가. 상사회사, 그 밖의 영리법인의 설립 또는 합병으로 인한 존속법인 (2010. 3. 31. 개정)

1) 설립과 납입 : 납입한 주식금액이나 출자금액 또는 현금 외의 출자가액의 1천분의 4(세액이 11만2천5백원 미만인 때에는 11만2천5백원으로 한다. 이하 이 목부터 다목까지에서 같다) (2014. 1. 1. 개정)

2) 자본증가 또는 출자증가 : 납입한 금액 또는 현금 외의 출자가액의 1천분의 4 (2013. 1. 1. 개정)

나. 비영리법인의 설립 또는 합병으로 인한 존속법인 (2010. 3. 31. 개정)

1) 설립과 납입 : 납입한 출자총액 또는 재산가액의 1천분의 2 (2013. 1. 1. 개정)

2) 출자총액 또는 재산총액의 증가 : 납입한 출자 또는 재산가액의 1천분의 2 (2013. 1. 1. 개정)

다. 자산재평가적립금에 의한 자본 또는 출자금액의 증가 및 출자총액 또는 자산총액의 증가(「자산재

운영예규 법28-8【납입한 출자금액】

「납입한 주식금액이나 출자금액 또는 현금 이외의 출자금액」이라 함은 법인장부상의 금액으로 하지 아니하고 법인 등기시의 법인등기부상 자본금란의 금액으로 한다.

운영예규 법28-6【법인등기에 대한 정의】

「지방세법」 제28조에서 규정한 법인은 민법상의 법인·상법상의 법인·기타 각 특별법상 법인 등 모든 법인을 말하고, 이 때 「상사회사 기타 영리법인」이라 함은 상법의 규정에 의하여 설립된 법인과 기타 법인 중 주주 또는 사원에게 이익을 배분할 수 있도록 정관 등에 규정되어 있는 법인을 말한다.

제43조【법인등기에 대한 세율】 ① 법 제28조 제1항 제6호 나목 1) 2) 외의 부분에 따른 비영리법인은 다음 각 호의 어느 하나에 해당하는 법인으로 한다. (2015. 7. 24. 신설)

1. 「민법」 제32조에 따라 설립된 법인 (2015. 7. 24. 신설)
2. 「사립학교법」 제2조 제2호에 따른 학교법인 (2019. 2. 8. 개정)

운영예규 법28-7【법인등기의 세율】

1. 「민법」 또는 특별법의 규정에 의하여 설립된 법인이 해산절차를 거치지 아니하고 법인격의 동질성을 유지하면서 수개의 법인이 1개의 법인으로 변경등기를 하거나, 단순 명칭변경등기를 하는 경우에는 「지방세법」 제28조 제1항 제6호 바목의 규정에 의한 세율을 적용한다.
2. 법인이 다른 등기소의 관할구역 내로 본점 또는 사무소를 이전하는 경우 본점 또는 주사무소의 신소재지에서는 「지방세법」 제28조

평가법」에 따른 자본전입의 경우는 제외한다) : 증가한 금액의 1천분의 1 (2010. 3. 31. 개정)

운영예규 법28-10【자본증가 등의 범위】
「자본, 출자 및 자산의 총액증가」라 함은 발행주식의 총수, 그 종류와 각종 주식의 내용과 수, 자본·출자 및 재산의 총액 등이 변경된 경우 증가분을 말한다.

라. 본점 또는 주사무소의 이전 : 건당 11만2천5백원 (2014. 1. 1. 개정)
마. 지점 또는 분사무소의 설치 : 건당 4만2백원 (2014. 1. 1. 개정)
바. 그 밖의 등기 : 건당 4만2백원 (2014. 1. 1. 개정)

7. 상호 등 등기 (2010. 3. 31. 개정)
가. 상호의 설정 또는 취득 : 건당 7만8천7백원 (2014. 1. 1. 개정)
나. 지배인의 선임 또는 대리권의 소멸 : 건당 1만2천원 (2014. 1. 1. 개정)
다. 선박관리인의 선임 또는 대리권의 소멸 : 1만2천원 (2014. 1. 1. 개정)

8. 광업권 등록 (2010. 3. 31. 개정)
가. 광업권 설정(광업권의 존속기간 만료 전에 존속기간을 연장한 경우를 포함한다) : 건당 13만5천원 (2014. 1. 1. 개정)
나. 광업권의 변경 (2010. 3. 31. 개정)

3. 그 밖의 특별법에 따라 설립된 법인으로서 「민법」 제32조에 규정된 목적과 유사한 목적을 가진 법인[주주(株主)·사원·조합원 또는 출자자(出資者)에게 이익을 배당할 수 있는 법인은 제외한다] (2015. 7. 24. 신설)

② 법인이 본점이나 주사무소를 이전하는 경우 구(舊) 소재지에는 법 제28조 제1항 제6호 바목에 따라, 신(新) 소재지에는 같은 호 라목에 따라 각각 법 제3장 제2절의 등록에 대한 등록면허세(이하 이 절에서 "등록면허세"라 한다)를 납부하여야 한다. (2015. 7. 24. 항번개정)

② 법인이 본점이나 주사무소를 이전하는 경우 신(新) 소재지에 법 제28조 제1항 제6호 라목에 따라 법 제3장 제2절의 등록에 대한 등록면허세(이하 이 절에서 "등록면허세"라 한다)를 납부하여야 한다. (2024. 12. 31. 개정)

③ 법인이 지점이나 분사무소를 설치하는 경우 본점 또는 주사무소 소재지에는 법 제28조 제1항 제6호 바목에 따라, 지점 또는 분사무소의 소재지에는 같은 호 마목에 따라 각각 등록면허세를 납부하여야 한다. (2015. 7. 24. 항번개정)

③ 법인이 지점이나 분사무소를 설치하는 경우 지점 또는 분사무소의 소재지에 법 제28조 제1항 제6호 마목에 따라 등록면허세를 납부해야 한다. (2024. 12. 31. 개정)

④ 법 제28조 제1항 제6호 바목에 해당하는 등기로서 같은 사항을 본점과 지점 또는 주사무소와 분사무소에서 등기하여야 하는 경우에는 각각 한 건으로 본다. (2015. 7. 24. 항번개정)

④ 삭 제 (2024. 12. 31.)

⑤ 「상법」 제606조에 따라 주식회사에서 유한회사로 조

제1항 제6호 라목의 세율을 적용하고, 구소재지에서는 같은 법 제28조 제1항 제6호 바목의 세율이 적용되며, 동일등기소의 관할구역 내에서 본점 또는 주사무소를 이전하는 경우에는 같은 법 제28조 제1항 제6호 라목의 규정에 의한 세율이 적용된다.

편주
영 43조 2항의 개정규정은 2025. 1. 31. 이후 납세의무가 성립하는 경우부터 적용함. (영 부칙(2024. 12. 31.) 5조).

편주
영 43조 3항의 개정규정은 2025. 1. 31. 이후 납세의무가 성립하는 경우부터 적용함. (영 부칙(2024. 12. 31.) 5조)

편주
영 43조 4항의 개정규정은 2025. 1.

1) 증구(增區) 또는 증감구(增減區) : 건당 6만6천5백원 (2014. 1. 1. 개정)
2) 감구(減區) : 건당 1만5천원 (2014. 1. 1. 개정)

다. 광업권의 이전 (2010. 3. 31. 개정)
1) 상속 : 건당 2만6천2백원 (2014. 1. 1. 개정)
2) 그 밖의 원인으로 인한 이전 : 건당 9만원 (2014. 1. 1. 개정)

라. 그 밖의 등록 : 건당 1만2천원 (2014. 1. 1. 개정)

8의 2. 조광권 등록 (2011. 12. 31. 신설)

가. 조광권 설정(조광권의 존속기간 만료 전에 존속기간을 연장한 경우를 포함한다) : 건당 13만5천원 (2014. 1. 1. 개정)

나. 조광권의 이전 (2011. 12. 31. 신설)
1) 상속 : 건당 2만6천2백원 (2014. 1. 1. 개정)
2) 그 밖의 원인으로 하는 이전 : 건당 9만원 (2014. 1. 1. 개정)

다. 그 밖의 등록 : 건당 1만2천원 (2014. 1. 1. 개정)

9. 어업권·양식업권 등록 (2019. 8. 27. 개정 ; 양식산업발전법 부칙)

가. 어업권·양식업권의 이전 (2019. 8. 27. 개정 ; 양식산업발전법 부칙)
1) 상속 : 건당 6천원 (2014. 1. 1. 개정)
2) 그 밖의 원인으로 인한 이전 : 건당 4만2백원 (2014. 1. 1. 개정)

직변경의 등기를 하는 경우 또는 같은 법 제607조 제5항에 따라 유한회사에서 주식회사로 조직변경의 등기를 하는 경우에는 법 제28조 제1항 제6호 바목에 따른 등록면허세를 납부하여야 한다. (2015. 7. 24. 신설)

31. 이후 납세의무가 성립하는 경우부터 적용함. (영 부칙(2024. 12. 31.) 5조)

나. 어업권 · 양식업권 지분의 이전 (2019. 8. 27. 개정 ; 양식산업발전법 부칙)
1) 상속 : 건당 3천원 (2014. 1. 1. 개정)
2) 그 밖의 원인으로 인한 이전 : 건당 2만1천원 (2014. 1. 1. 개정)
다. 어업권 · 양식업권 설정을 제외한 그 밖의 등록 : 건당 9천원 (2019. 8. 27. 개정 ; 양식산업발전법 부칙)

10. 저작권, 배타적발행권(「저작권법」 제88조 및 제96조에 따라 준용되는 경우를 포함한다), 출판권, 저작인접권, 컴퓨터프로그램 저작권 또는 데이터베이스 제작자의 권리(이하 이 호에서 "저작권등"이라 한다) 등록 (2011. 12. 2. 개정 ; 저작권법 부칙)
가. 저작권등의 상속 : 건당 6천원 (2014. 1. 1. 개정)
나. 「저작권법」 제54조(제90조 및 제98조에 따라 준용되는 경우를 포함한다)에 따른 등록 중 상속 외의 등록(프로그램, 배타적발행권, 출판권 등록은 제외한다) : 건당 4만2백원 (2014. 1. 1. 개정)
다. 「저작권법」 제54조(제90조 및 제98조에 따라 준용되는 경우를 포함한다)에 따른 프로그램, 배타적발행권, 출판권 등록 중 상속 외의 등록 : 건당 2만원 (2014. 1. 1. 개정)
라. 그 밖의 등록 : 건당 3천원 (2014. 1. 1. 개정)

11. 특허권 · 실용신안권 또는 디자인권(이하 이 호에서

관련법령

저작권법

제54조【권리변동 등의 등록 · 효력】 다음 각 호의 사항은 이를 등록할 수 있으며, 등록하지 아니하면 제3자에게 대항할 수 없다. (2006. 12. 28. 개정)
1. 저작재산권의 양도(상속 그 밖의 일반승계의 경우는 제외한다) 또는 처분제한 (2023. 8. 8. 개정 ; 법률용어~법률)
2. 제57조에 따른 배타적발행권 또는 제63조에 따른 출판권의 설정 · 이전 · 변경 · 소멸 또는 처분제한 (2011. 12. 2. 신설)
3. 저작재산권, 제57조에 따른 배타적발행권 및 제63조에 따른 출판권을 목적으로 하는 질권의 설정 · 이전 · 변경 · 소멸 또는 처분제한 (2011. 12. 2. 개정)

제88조【저작인접권의 양도 · 행사 등】 저작인접권의 양도에 관하여는 제45조 제1항을, 실연 · 음반 또는 방송의 이용허락에 관하여는 제46조를, 저작인접권을 목적으로 하는 질권의 행사에 관하여는 제47조를, 저작인접권의 소멸에 관하여는 제49조를, 실연 · 음반 또는 방송의 배타적발행권의 설정 등에 관하여는 제57조부터 제62조까지의 규정을 각각 준용한다. (2011. 12. 2. 개정)

제90조【저작인접권의 등록】 저작인접권 또는 저작인접권의

"특허권등"이라 한다) 등록 (2010. 3. 31. 개정)

가. 상속으로 인한 특허권등의 이전 : 건당 1만2천원 (2014.1. 1. 개정)

나. 그 밖의 원인으로 인한 특허권등의 이전 : 건당 1만8천원 (2014. 1. 1. 개정)

12. 상표 또는 서비스표 등록 (2010. 3. 31. 개정)

가. 「상표법」 제82조 및 제84조에 따른 상표 또는 서비스표의 설정 및 존속기간 갱신 : 건당 7천6백원 (2016. 2. 29. 개정 ; 상표법 부칙)

나. 상표 또는 서비스표의 이전(「상표법」 제196조 제2항에 따른 국제등록기초상표권의 이전은 제외한다) (2016. 2. 29. 개정 ; 상표법 부칙)

1) 상속 : 건당 1만2천원 (2014. 1. 1. 개정)

2) 그 밖의 원인으로 인한 이전 : 건당 1만8천원 (2014. 1. 1. 개정)

13. 항공기의 등록 (2011. 3. 29. 신설)

가. 최대이륙중량 5,700킬로그램 이상의 등록 : 그 가액의 1천분의 0.1 (2011. 3. 29. 신설)

나. 가목 이외의 등록 : 그 가액의 1천분의 0.2 (2011. 3. 29. 신설)

14. 제1호부터 제7호까지의 등기 외의 등기 : 건당 1만2천원 (2014. 1. 1. 개정)

② 다음 각 호의 어느 하나에 해당하는 등기를 할 때에는 그 세율을 제1항 제1호 및 제6호에 규정한 해당 세율

배타적발행권의 등록, 변경등록 등에 관하여는 제53조부터 제55조까지 및 제55조의 2부터 제55조의 5까지의 규정을 준용한다. 이 경우 제55조, 제55조의 2 및 제55조의 3 중 "저작권등록부"는 "저작인접권등록부"로 본다. (2020. 2. 4. 개정)

제96조【데이터베이스제작자의 권리의 양도·행사 등】 데이터베이스의 거래제공에 관하여는 제20조 단서를, 데이터베이스제작자의 권리의 양도에 관하여는 제45조 제1항을, 데이터베이스의 이용허락에 관하여는 제46조를, 데이터베이스제작자의 권리를 목적으로 하는 질권의 행사에 관하여는 제47조를, 공동데이터베이스의 데이터베이스제작자의 권리행사에 관하여는 제48조를, 데이터베이스제작자의 권리의 소멸에 관하여는 제49조를, 데이터베이스의 배타적발행권의 설정 등에 관하여는 제57조부터 제62조까지의 규정을 각각 준용한다. (2011. 12. 2. 개정)

제98조【데이터베이스제작자의 권리의 등록】 데이터베이스제작자의 권리 및 데이터베이스제작자의 권리의 배타적발행권 등록, 변경등록 등에 관하여는 제53조부터 제55조까지 및 제55조의 2부터 제55조의 5까지의 규정을 준용한다. 이 경우 제55조, 제55조의 2 및 제55조의 3 중 "저작권등록부"는 "데이터베이스제작자권리등록부"로 본다. (2020. 2. 4. 개정)

제44조【대도시 법인 중과세의 예외】 법 제28조 제2항 각 호 외의 부분 단서에서 "대통령령으로 정하는 업

예판

【판례】 전기적 화재는 대체취득 감면 요인에 해당되지 아니함

이 사건 화재의 발생원인은 "전기적 요인/미확인단락"인 사실이 인정됨. 그러나 불가항력은 무과실보다 좁은 개념으로서 귀책사유 유무와는 직접적 관련이 없으므로, 위와 같은 사정만으로는 이 사건 화재가 사람의 행위 지배영역 밖에서 발생하였다고 보기 부족하고, 달리 이 사건 화재가 불가항력적이라고 인정할 증거가 없음. (서울고법 2016누34808, 2016. 8. 16. : 대법확정)

(제1항 제1호 가목부터 라목까지의 세율을 적용하여 산정된 세액이 6천원 미만일 때에는 6천원을, 제1항 제6호 가목부터 다목까지의 세율을 적용하여 산정된 세액이 11만2천500원 미만일 때에는 11만2천500원으로 한다)의 100분의 300으로 한다. 다만, 대도시에 설치가 불가피하다고 인정되는 업종으로서 대통령령으로 정하는 업종(이하 이 조에서 "대도시 중과 제외 업종"이라 한다)에 대해서는 그러하지 아니하다. (2016. 12. 27. 단서개정)

1. 대도시에서 법인을 설립(설립 후 또는 휴면법인을 인수한 후 5년 이내에 자본 또는 출자액을 증가하는 경우를 포함한다)하거나 지점이나 분사무소를 설치함에 따른 등기 (2010. 3. 31. 개정)
2. 대도시 밖에 있는 법인의 본점이나 주사무소를 대도시로 전입(전입 후 5년 이내에 자본 또는 출자액이 증가하는 경우를 포함한다)함에 따른 등기. 이 경우 전입은 법인의 설립으로 보아 세율을 적용한다. (2010. 3. 31. 개정)

운영예규 법28－11【대도시 내 법인에 대한 중과】

1. 「지방세법」 제28조 제2항의 대도시지역 내 중과대상인 법인은 영리법인과 비영리법인을 모두 포함한다.
2. 대도시 내 법인에 대한 중과세적용기간은 법인설립 또는 전입등기일로부터 5년을 말한다.
3. 대도시 내에서 5년 이상 제조업을 영위한 개인기업이 당해 대도시 내에서 법인으로 전환하는 경우 "5년 이상"이

종"이란 제26조 제1항 각 호의 어느 하나에 해당하는 업종을 말한다. (2010. 9. 20. 개정)

제45조【대도시 법인 중과세의 범위와 적용기준】

① 법 제28조 제2항 제1호에 따른 법인의 등기로서 관계 법령의 개정으로 인하여 면허나 등록의 최저기준을 충족시키기 위한 자본 또는 출자액을 증가하는 경우에는 그 최저기준을 충족시키기 위한 증가액은 중과세 대상으로 보지 아니한다. (2010. 9. 20. 개정)

② 법 제28조 제2항을 적용할 때 다음 각 호의 어느 하나에 해당하는 경우에는 중과세 대상으로 보지 않는다. (2018. 12. 31. 개정)

1. 분할등기일 현재 5년 이상 계속하여 사업을 경영한 대도시 내의 내국법인이 법인의 분할(「법인세법」 제46조 제2항 제1호 가목부터 다목까지의 요건을 모두 갖춘 경우로 한정한다)로 인하여 법인을 설립하는 경우 (2018. 12. 31. 신설)
2. 「조세특례제한법」 제38조 제1항 각 호의 요건을 모두 갖추어 「상법」 제360조의 2에 따른 주식의 포괄적 교

라 함은 부가가치세법에 의한 사업자등록증교부일로부터 법인설립등기일까지의 기간을 말한다.

③ 제2항 각 호 외의 부분 단서에도 불구하고 대도시 중과 제외 업종으로 법인등기를 한 법인이 정당한 사유 없이 그 등기일부터 2년 이내에 대도시 중과 제외 업종 외의 업종으로 변경하거나 대도시 중과 제외 업종 외의 업종을 추가하는 경우 그 해당 부분에 대하여는 제2항 본문을 적용한다. (2010. 12. 27. 신설)
④ 제2항은 제1항 제6호 바목의 경우에는 적용하지 아니한다. (2010. 12. 27. 항번개정)
⑤ 제2항에 따른 등록면허세의 중과세 범위와 적용기준, 그 밖에 필요한 사항은 대통령령으로 정한다. (2010. 12. 27. 항번개정)
⑥ 지방자치단체의 장은 조례로 정하는 바에 따라 등록면허세의 세율을 제1항 제1호에 따른 표준세율의 100분의 50의 범위에서 가감할 수 있다. (2010. 12. 27. 항번개정)

운영예규 법28-4 【매 1건의 범위】

1. 저당권말소 등기시 동일한 채권액에 대해 수개의 필지, 차량, 기계장비 등에 근저당 설정되어 있을 경우는 매 필지별 또는 대상물건 건별로 과세하여야 한다.
2. 동일인이 소유한 토지 및 단독주택의 주소변경 등기시 토지등기부와 건물등기부가 분리되어 있는 경우는 그 밖의 등기 2건으로 과세하여야 한다.
3. 상호·목적·임원 등기 등 각종 변경등기신청을 하나의

환 또는 같은 법 제360조의 15에 따른 주식의 포괄적 이전에 따라 「금융지주회사법」에 따른 금융지주회사를 설립하는 경우. 이 경우 「조세특례제한법」 제38조 제1항 제2호 및 제3호를 적용할 때 법령에 따라 불가피하게 주식을 처분하는 경우 등 같은 법 시행령 제35조의 2 제13항 각 호의 어느 하나에 해당하는 경우에는 주식을 보유하거나 사업을 계속하는 것으로 본다. (2018. 12. 31. 신설)

3. 「방위산업 발전 및 지원에 관한 법률」 제20조에 따른 방위산업 공제조합을 설립하는 경우 (2021. 4. 27. 신설)

③ 법 제28조 제2항을 적용할 때 대도시에서 설립 후 5년이 경과한 법인(이하 이 항에서 "기존법인"이라 한다)이 다른 기존법인과 합병하는 경우에는 중과세 대상으로 보지 아니하며, 기존법인이 대도시에서 설립 후 5년이 경과되지 아니한 법인과 합병하여 기존법인 외의 법인이 합병 후 존속하는 법인이 되거나 새로운 법인을 신설하는 경우에는 합병 당시 기존법인에 대한 자산비율에 해당하는 부분을 중과세 대상으로 보지 아니한다. 이 경우 자산비율은 자산을 평가하는 때에는 평가액을 기준으로 계산한 비율로 하고, 자산을 평가하지 아니하는 때에는 합병 당시의 장부가액을 기준으로 계산한 비율로 한다. (2010. 9. 20. 개정)
④ 법 제28조 제2항 제2호를 적용할 때 대도시로의 전입 범위

등기부에 동시 신청하는 경우에도 변경사항 별로 각각의 등록면허세를 합산하여 납부한다. 다만, 동일한 변경사항 수개를 동일 등기부에 동시에 신청하는 경우에는 1건의 등록면허세만 납부한다.

4. 토지 1필지가 분할되어 2필지가 되는 경우와 2필지가 합병되어 1필지로 되는 경우 각각 2건의 기타 등기로 과세하여야 한다.

제29조【같은 채권의 두 종류 이상의 등록】 같은 채권을 위하여 종류를 달리하는 둘 이상의 저당권에 관한 등기 또는 등록을 받을 경우에 등록면허세의 부과방법은 대통령령으로 정한다. (2010. 3. 31. 개정)

에 관하여는 제27조 제3항을 준용한다. (2010. 12. 30. 신설)

④ 삭 제 (2016. 12. 30.)

⑤ 법 제28조 제2항을 적용할 때 법인이 다음 각 호의 어느 하나에 해당하는 경우로서 법 제28조 제2항 각 호의 등기에 대한 등록면허세의 과세표준이 구분되지 아니한 경우 해당 법인에 대한 등록면허세는 직전 사업연도(직전 사업연도의 매출액이 없는 경우에는 해당 사업연도, 해당 사업연도에도 매출액이 없는 경우에는 그 다음 사업연도)의 총 매출액에서 제26조 제1항 각 호에 따른 업종(이하 이 항에서 "대도시 중과 제외 업종"이라 한다)과 그 외의 업종(이하 이 항에서 "대도시 중과 대상 업종"이라 한다)의 매출액이 차지하는 비율을 다음 계산식에 따라 가목 및 나목과 같이 산출한 후 그에 따라 안분하여 과세한다. 다만, 그 다음 사업연도에도 매출액이 없는 경우에는 유형고정자산가액의 비율에 따른다. (2010. 12. 30. 개정)

1. 대도시 중과 제외 업종과 대도시 중과 대상 업종을 겸업하는 경우 (2010. 12. 30. 개정)
2. 대도시 중과 제외 업종을 대도시 중과 대상 업종으로 변경하는 경우 (2010. 12. 30. 개정)
3. 대도시 중과 제외 업종에 대도시 중과 대상 업종을 추가하는 경우 (2010. 12. 30. 개정)

<대도시 중과 제외 업종과 대도시 중과 대상 업종의 매출액이 차지하는 비율의 계산식>

가. 해당 법인 중과 대상 업종 매출비율(퍼센트) (2010. 12. 30. 개정)

$$\text{해당 법인 중과 대상 업종 매출비율(퍼센트)} = \frac{\text{해당 법인 중과 대상 업종 산정 매출액*}}{\left(\text{해당 법인 중과 제외 업종 산정 매출액**} + \text{해당 법인 중과 대상 업종 산정 매출액*}\right)} \times 100$$

* 해당 법인 중과 대상 업종 산정 매출액 = (해당 법인 중과 대상 업종 매출액 × 365일) / 해당 법인 중과 대상 업종 운영일수

** 해당 법인 중과 제외 업종 산정 매출액 = (해당 법인 중과 제외 업종 매출액 × 365일) / 해당 법인 중과 제외 업종 운영일수

나. 해당 법인 중과 제외 업종 매출비율(퍼센트) (2010. 12. 30. 개정)

$$\text{해당 법인 중과 제외 업종 매출비율(퍼센트)} = 100 - \text{해당 법인 중과대상 업종 매출비율(퍼센트)}$$

제46조【같은 채권등기에 대한 목적물이 다를 때의 징수방법】 ① 같은 채권을 위한 저당권의 목적물이 종류가 달라 둘 이상의 등기 또는 등록을 하게 되는 경우에 등기·등록관서가 이에 관한 등기 또는 등록 신청을 받았을 때에는 채권금액 전액에서 이미 납부한 등록면허세의 산출기준이 된 금액을 뺀 잔액을 그 채권금액으로 보고 등록면허세를 부과한다. (2010. 9. 20. 개정)

법	시행령	시행규칙
	② 제1항의 경우에 그 등기 또는 등록 중 법 제28조 제1항 제5호에 해당하는 것과 그 밖의 것이 포함될 때에는 먼저 법 제28조 제1항 제5호에 해당하는 등기 또는 등록에 대하여 등록면허세를 부과한다. (2010. 9. 20. 개정) **제47조 【같은 채권등기에 대한 담보물 추가 시의 징수방법】** 같은 채권을 위하여 담보물을 추가하는 등기 또는 등록에 대해서는 법 제28조 제1항 제1호 마목 · 제2호 다목 · 제3호 라목 · 제5호 나목 · 제8호 라목 · 제9호 다목 및 제10호 라목에 따라 등록면허세를 각각 부과한다. (2015. 7. 24. 개정)	
제30조 【신고 및 납부】 ① 등록을 하려는 자는 제27조에 따른 과세표준에 제28조에 따른 세율을 적용하여 산출한 세액을 대통령령으로 정하는 바에 따라 등록을 하기 전까지 납세지를 관할하는 지방자치단체의 장에게 신고하고 납부하여야 한다. (2010. 3. 31. 개정) ② 등록면허세 과세물건을 등록한 후에 해당 과세물건이 제28조 제2항에 따른 세율의 적용대상이 되었을 때에는 대통령령으로 정하는 날부터 60일 이내에 제28조 제2항에 따른 세율을 적용하여 산출한 세액에서 이미 납부한 세액(가산세는 제외한다)을 공제한 금액을 세액으로 하여 납세지를 관할하는 지방자치단체의 장에게 대통령령으로 정하는 바에 따라 신고하고 납부하여야 한다.	**제48조 【신고 및 납부기한 등】** ① 법 제30조 제1항에서 "등록을 하기 전까지"란 등기 또는 등록 신청서를 등기 · 등록관서에 접수하는 날까지를 말한다. 다만, 특허권 · 실용신안권 · 디자인권 및 상표권의 등록에 대한 등록면허세의 경우에는 「특허법」, 「실용신안법」, 「디자인보호법」 및 「상표법」에 따른 특허료 · 등록료 및 수수료의 납부기한까지를 말한다. (2010. 9. 20. 개정) ② 법 제30조 제2항에서 "대통령령으로 정하는 날"이란 다음 각 호의 구분에 따른 날을 말한다. (2010. 12. 30. 개정) 1. 다음 각 목의 어느 하나에 해당하는 경우에는 해당 사무소나 사업장이 사실상 설치된 날 (2010. 12. 30. 개정)	

(2018. 12. 31. 개정)

③ 이 법 또는 다른 법령에 따라 등록면허세를 비과세, 과세면제 또는 경감받은 후에 해당 과세물건이 등록면허세 부과대상 또는 추징대상이 되었을 때에는 제1항에도 불구하고 그 사유 발생일부터 60일 이내에 해당 과세표준에 제28조에 따른 세율을 적용하여 산출한 세액[경감받은 경우에는 이미 납부한 세액(가산세는 제외한다)을 공제한 세액을 말한다]을 납세지를 관할하는 지방자치단체의 장에게 대통령령으로 정하는 바에 따라 신고하고 납부하여야 한다. (2018. 12. 31. 개정)

④ 제1항부터 제3항까지의 규정에 따른 신고의무를 다하지 아니한 경우에도 등록면허세 산출세액을 등록을 하기 전까지(제2항 또는 제3항의 경우에는 해당 항에 따른 신고기한까지) 납부하였을 때에는 제1항부터 제3항까지의 규정에 따라 신고를 하고 납부한 것으로 본다. 이 경우 제32조에도 불구하고 「지방세기본법」 제53조 및 제54조에 따른 가산세를 부과하지 아니한다. (2016. 12. 27. 후단개정 ; 지방세기본법 부칙)

⑤ 채권자대위자는 납세의무자를 대위하여 부동산의 등기에 대한 등록면허세를 신고납부할 수 있다. 이 경우 채권자대위자는 행정안전부령으로 정하는 바에 따라 납부확인서를 발급받을 수 있다. (2020. 12. 29. 신설)

⑥ 지방자치단체의 장은 제5항에 따른 채권자대위자의 신고납부가 있는 경우 납세의무자에게 그 사실을 즉시

가. 법 제28조 제2항 제1호에 따른 대도시에서 법인을 설립하는 경우 (2010. 12. 30. 개정)

나. 법 제28조 제2항 제1호에 따른 대도시에서 법인의 지점이나 분사무소를 설치하는 경우 (2010. 12. 30. 개정)

다. 법 제28조 제2항 제2호에 따른 대도시 밖에 있는 법인의 본점이나 주사무소를 대도시로 전입하는 경우 (2010. 12. 30. 개정)

2. 법 제28조 제2항 각 호 외의 부분 단서에 따라 법인등기를 한 후 법 제28조 제3항에 따른 사유가 발생하여 법 제28조 제2항 각 호 외의 부분 본문을 적용받게 되는 경우에는 그 사유가 발생한 날 (2010. 12. 30. 개정)

③ 법 제30조 제1항부터 제3항까지의 규정에 따라 등록면허세를 신고하려는 자는 행정안전부령으로 정하는 신고서로 납세지를 관할하는 시장·군수·구청장에게 신고하여야 한다. (2017. 7. 26. 직제개정 ; 행정안전부와~직제 부칙)

④ 법 제30조 제1항부터 제3항까지의 규정에 따라 등록면허세를 납부하려는 자는 행정안전부령으로 정하는 납부서로 해당 시·군 또는 시·군 금고에 납부하여야 한다. (2010. 12. 30. 개정)

④ 삭 제 (2011. 12. 31.)

⑤ 지방자치단체의 금고 또는 지방세수납대행기관은 등록면허세를 납부받으면 납세자 보관용 영수증, 등록면허세 영수필 통지서(등기·등록관서의 시·군·구 통보용)

제13조【신고 및 납부】 ① 영 제48조 제3항에 따라 등록에 대한 등록면허세(이하 이 절에서 "등록면허세"라 한다)를 신고하려는 자는 별지 제9호 서식의 등록에 대한 등록면허세 신고서에 다음 각 호의 서류를 첨부하여 납세지를 관할하는 시장·군수·구청장에게 신고해야 한다. (2020. 12. 31. 개정)

1. 전세계약서 등 등록가액 등을 증명할 수 있는 서류 사본 1부 (2020. 12. 31. 개정)

통보하여야 한다. (2020. 12. 29. 신설)

예판

【판례】 취득세신고 후 취득세 신고행위 당연무효

원고들의 취득세 등 신고행위는 원고들이 편취당한 분양대금의 지급관계 등에 기초하여 이루어진 것으로 보일 뿐, 이로써 당시 원고들이 이 사건 상가를 사실상 취득하였다거나 원고들에게 취득세 등 납세의무가 성립하였다고 하기 어렵고, 나아가 그 신고행위의 하자가 중대하고 명백하여 신고행위가 당연무효에 해당(대법 2015다215243, 2018. 10. 25.)

제31조 【특별징수】 ① 특허권, 실용신안권, 디자인권 및 상표권 등록(「표장의 국제등록에 관한 마드리드협정에 대한 의정서」에 따른 국제상표등록출원으로서 「상표법」 제197조에 따른 상표권 등록을 포함한다)의 경우에는 특허청장이 제28조 제1항 제11호 및 제12호에 따라 산출한 세액을 특별징수하여 그 등록일이 속하는 달의 다음 달 말일까지 행정안전부령으로 정하는 서식에 따라 해당 납세지를 관할하는 지방자치단체의 장에게 그 내용을 통보하고 해당 등록면허세를 납부하여야 한다. (2017. 7. 26. 직제개정 ; 정부조직법 부칙)

② 「저작권법」에 따른 등록에 대하여는 해당 등록기관의 장이 제28조 제1항 제10호에 따라 산출한 세액을 특별징수하여 그 등록일이 속하는 달의 다음 달 말일까지 행정안전부령으로 정하는 서식에 따라 해당 납세지를 관할하는 지방자치단체의 장에게 그 내용을 통보하고

및 등록면허세 영수필 확인서 각 1부를 납세자에게 내주고, 지체 없이 등록면허세 영수필 통지서(시·군·구 보관용) 1부를 해당 시·군·구의 세입징수관에게 송부하여야 한다. 다만, 「전자정부법」 제36조 제1항에 따라 행정기관 간에 등록면허세 납부사실을 전자적으로 확인할 수 있는 경우에는 납세자에게 납세자 보관용 영수증을 교부하는 것으로 갈음할 수 있다. (2016. 12. 30. 개정)

제49조 【등록면허세 납부 확인 등】 ① 납세자는 등기 또는 등록하려는 때에는 등기 또는 등록 신청서에 등록면허세 영수필 통지서(등기·등록관서의 시·군·구 통보용) 1부와 등록면허세 영수필 확인서 1부를 첨부하여야 한다. 다만, 「전자정부법」 제36조 제1항에 따라 행정기관 간에 등록면허세 납부사실을 전자적으로 확인할 수 있는 경우에는 그러하지 아니하다. (2016. 12. 30. 개정)

② 제1항에도 불구하고 「부동산등기법」 제24조 제1항 제2호에 따른 전산정보처리조직을 이용하여 등기를 하려는 때에는 등록면허세 영수필 통지서(등기·등록관서의 시·군·구 통보용)와 등록면허세 영수필 확인서를 전자적 이미지 정보로 변환한 자료를 첨부하여야 한다. 다만, 「전자정부법」 제36조 제1항에 따라 행정기관 간에 등록면허세 납부사실을 전자적으로 확인할 수 있는 경우에는 그러하지 아니하다. (2016. 12. 30. 개정)

③ 납세자는 선박의 등기 또는 등록을 신청하려는 때에

---

2. 「지방세특례제한법 시행규칙」 별지 제1호 서식의 지방세 감면 신청서 1부 (2020. 12. 31. 개정)
3. 별지 제8호 서식의 취득세 비과세 확인서 1부 (2020. 12. 31. 개정)
4. 별지 제10호 서식의 등록면허세(등록) 납부서 납세자 보관용 영수증 사본 1부 (2020. 12. 31. 개정)

② 법 제30조 제1항부터 제3항까지에 따른 등록면허세의 납부는 별지 제10호 서식에 따른다. (2011. 12. 31. 개정)

③ 법 제31조 제1항 또는 제2항에 따른 등록면허세 특별징수 내용의 통보는 각각 별지 제13호 서식에 따른다. (2010. 12. 23. 개정)

④ 법 제31조 제1항 또는 제2항에 따라 특별징수한 등록면허세의 납부는 각각 별지 제14호 서식에 따른다. (2010. 12. 23. 개정)

해당 등록면허세를 납부하여야 한다. (2017. 7. 26. 직제개정 ; 정부조직법 부칙)

③ 특별징수의무자가 제1항과 제2항에 따라 특별징수한 등록면허세를 납부하기 전에 해당 권리가 등록되지 아니하였거나 잘못 징수하거나 더 많이 징수한 사실을 발견하였을 경우에는 특별징수한 등록면허세를 직접 환급할 수 있다. 이 경우 「지방세기본법」 제62조에 따른 지방세환급가산금을 적용하지 아니한다. (2016. 12. 27. 후단개정 ; 지방세기본법 부칙)

④ 특별징수의무자가 징수하였거나 징수할 세액을 제1항 또는 제2항에 따른 기한까지 납부하지 아니하거나 부족하게 납부하더라도 특별징수의무자에게 「지방세기본법」 제56조에 따른 가산세는 부과하지 아니한다. (2016. 12. 27. 개정 ; 지방세기본법 부칙)

제32조【부족세액의 추징 및 가산세】 등록면허세 납세의무자가 제30조 제1항부터 제3항까지의 규정에 따른 신고 또는 납부의무를 다하지 아니하면 제27조 및 제28조에 따라 산출한 세액 또는 그 부족세액에 「지방세기본법」 제53조부터 제55조까지의 규정에 따라 산출한 가산세를 합한 금액을 세액으로 하여 보통징수의 방법으로 징수한다. (2016. 12. 27. 개정 ; 지방세기본법 부칙)

1. 신고불성실가산세: 해당 산출세액 또는 부족세액의 100분의 20에 해당하는 금액 (2010. 3. 31. 개정)

는 등기 또는 등록 신청서에 제1항에 따른 등록면허세 영수필 통지서(등기·등록관서의 시·군·구 통보용) 1부와 등록면허세 영수필 확인서 1부를 첨부하여야 한다. 이 경우 등기·등록관서는 「전자정부법」 제36조 제1항에 따른 행정정보의 공동이용을 통하여 선박국적증서를 확인하여야 하며, 신청인이 확인에 동의하지 아니하면 그 사본을 첨부하도록 하여야 한다. (2016. 12. 30. 개정)

④ 등기·등록관서는 등기·등록을 마친 때에는 제1항부터 제3항까지의 규정에 따른 등록면허세 영수필 확인서 금액란에 반드시 확인도장을 찍어야 하며, 첨부된 등록면허세 영수필 통지서(등기·등록관서의 시·군·구 통보용)를 등기 또는 등록에 관한 서류와 대조하여 기재내용을 확인하고 접수인을 날인하여 접수번호를 붙인 다음 납세지를 관할하는 시·군·구의 세입징수관에게 7일 이내에 송부해야 한다. 다만, 광업권·조광권 등록의 경우에는 등록면허세 영수필 통지서(등기·등록관서의 시·군·구 통보용)의 송부를 생략하고, 광업권·조광권 등록현황을 분기별로 그 분기말의 다음 달 10일까지 관할 시장·군수·구청장에게 송부할 수 있다. (2021. 12. 31. 개정)

⑤ 등기·등록관서는 제4항 본문에도 불구하고 등록면허세 영수필 통지서(등기·등록관서의 시·군·구 통보용)를 시·군·구의 세입징수관에게 송부하려는 경우 시·군·구의 세입징수관이 「전자정부법」 제36조 제1항에 따른 행정정보의 공동이용을 통하여 등록면허세 영

2. 납부불성실가산세 (2010. 3. 31. 개정)

1.~2. 삭 제 (2013. 1. 1.)

제33조【등록자료의 통보】 등록면허세의 등록자료 통보에 관하여는 제22조를 준용한다. (2010. 3. 31. 개정)

수필 통지서(등기·등록관서의 시·군·구 통보용)에 해당하는 정보를 확인할 수 있는 때에는 전자적 방법으로 그 정보를 송부할 수 있다. (2016. 12. 30. 개정)

⑥ 시장·군수·구청장은 제4항 본문 및 제5항에 따라 등기·등록관서로부터 등록면허세 영수필 통지서(등기·등록관서의 시·군·구 통보용) 또는 그에 해당하는 정보를 송부받은 때에는 등록면허세 신고 및 수납사항 처리부를 작성하고, 등록면허세의 과오납 및 누락 여부를 확인하여야 한다. (2016. 12. 30. 개정)

제49조의 2【촉탁등기에 따른 등록면허세 납부영수증서의 처리】 ① 국가기관 또는 지방자치단체는 등기·가등기 또는 등록·가등록을 등기·등록관서에 촉탁하려는 경우에는 등록면허세를 납부하여야 할 납세자에게 제48조 제5항에 따른 등록면허세 영수필 통지서(등기·등록관서의 시·군·구 통보용) 1부와 등록면허세 영수필 확인서 1부를 제출하게 하고, 촉탁서에 이를 첨부하여 등기·등록관서에 송부하여야 한다. 다만, 「전자정부법」 제36조 제1항에 따라 행정기관 간에 등록면허세 납부사실을 전자적으로 확인할 수 있는 경우에는 그러하지 아니하다. (2016. 12. 30. 개정)

② 제1항에도 불구하고 「부동산등기법」 제24조 제1항 제2호에 따른 전산정보처리조직을 이용하여 등기를 촉탁하려는 때에는 등록면허세를 납부하여야 할 납세자로

⑤ 영 제49조 제6항에 따른 등록면허세 신고 및 수납사항처리부의 작성에 관하여는 별지 제6호 서식을 준용한다. (2016. 12. 30. 개정)

⑥ 「부동산등기법」 제28조에 따라 채권자대위권에 의한 등기신청을 하려는 채권자가 법 제30조 제5항 전단에 따라 납세의무자를 대위하여 부동산의 등기에 대한 등록면허세를 신고납부한 경우에는 「지방세징수법 시행규칙」 별지 제20호 서식의 취득세(등록면허세) 납부확인서를 발급받을 수 있다. (2020. 12. 31. 신설)

부터 제출받은 등록면허세 영수필 통지서(등기·등록관서의 시·군·구 통보용)와 등록면허세 영수필 확인서를 전자적 이미지 정보로 변환한 자료를 첨부하여야 한다. 다만, 「전자정부법」 제36조 제1항에 따라 행정기관 간에 등록면허세 납부사실을 전자적으로 확인할 수 있는 경우에는 그러하지 아니하다. (2016. 12. 30. 개정)

제50조【등록면허세의 미납부 및 납부부족액에 대한 통보 등】 ① 등기·등록관서의 장은 등기 또는 등록 후에 등록면허세가 납부되지 아니하였거나 납부부족액을 발견한 경우에는 다음 달 10일까지 납세지를 관할하는 시장·군수·구청장에게 통보하여야 한다. (2016. 12. 30. 개정)

② 시장·군수·구청장이 법 제28조 제2항에 따라 대도시 법인등기 등에 대한 등록면허세를 중과하기 위하여 관할 세무서장에게 「부가가치세법 시행령」 제11조에 따른 법인의 지점 또는 분사무소의 사업자등록신청 관련 자료의 열람을 요청하거나 구체적으로 그 대상을 밝혀 관련 자료를 요청하는 경우에는 관할 세무서장은 특별한 사유가 없으면 그 요청에 따라야 한다. (2016. 12. 30. 개정)

제14조【등록면허세 미납부 및 납부부족액 통보】 영 제50조 제1항에 따른 등록면허세 미납부 및 납부부족액에 대한 통보는 별지 제7호 서식에 따른다. (2010. 12. 23. 개정)

제3절 면허에 대한 등록면허세
(2010. 3. 31. 개정)

제34조【세 율】 ① 면허에 대한 등록면허세(이하 이 절에서 "등록면허세"라 한다)의 세율은 다음의 구분에 따른다. (2014. 1. 1. 개정)

구 분	인구 50만 명 이상 시	그 밖의 시	군
제1종	67,500원	45,000원	27,000원
제2종	54,000원	34,000원	18,000원
제3종	40,500원	22,500원	12,000원
제4종	27,000원	15,000원	9,000원
제5종	18,000원	7,500원	4,500원

② 특별자치시 및 도농복합형태의 시에 제1항을 적용할 때 해당 시의 동(洞)지역(시에 적용되는 세율이 적합하지 아니하다고 조례로 정하는 동지역은 제외한다)은 시로 보고, 읍·면지역(시에 적용되는 세율이 적합하지 아니하다고 조례로 정하는 동지역을 포함한다)은 군으로 보며, "인구 50만 이상 시"란 동지역의 인구가 50만 이상인 경우를 말한다. (2013. 1. 1. 개정)

③ 제1항을 적용할 때 특별시·광역시는 인구 50만 이상 시로 보되, 광역시의 군지역은 군으로 본다. (2010. 3. 31. 개정)

④ 제1항부터 제3항까지의 규정에서 "인구"란 매년 1월 1일 현재 「주민등록법」에 따라 등록된 주민의 수를 말하

제3절 면허에 대한 등록면허세
(2010. 9. 20. 개정)

제2절 면허에 대한 등록면허세
(2010. 12. 23. 개정)

며, 이하 이 법에서 같다. (2010. 3. 31. 개정)

⑤ 제1항을 적용할 경우 「지방자치법」 제5조 제1항에 따라 둘 이상의 지방자치단체가 통합하여 인구 50만 이상 시에 해당하는 지방자치단체가 되는 경우 해당 지방자치단체의 조례로 정하는 바에 따라 통합 지방자치단체가 설치된 때부터 5년의 범위(기산일은 통합 지방자치단체가 설치된 날이 속하는 해의 다음 연도 1월 1일로 한다)에서 해당 통합 이전의 세율을 적용할 수 있다. (2021. 1. 12. 개정 ; 지방자치법 부칙)

제35조【신고납부 등】 ① 새로 면허를 받거나 그 면허를 변경받는 자는 면허증서를 발급받거나 송달받기 전까지 제25조 제2항의 납세지를 관할하는 지방자치단체의 장에게 그 등록면허세를 신고하고 납부하여야 한다. 다만, 유효기간이 정하여져 있지 아니하거나 그 기간이 1년을 초과하는 면허를 새로 받거나 그 면허를 변경받은 자는 「지방세기본법」 제34조에도 불구하고 새로 면허를 받거나 면허를 변경받은 때에 해당 면허에 대한 그 다음 연도분의 등록면허세를 한꺼번에 납부할 수 있다. (2020. 12. 29. 단서개정)

② 면허의 유효기간이 정하여져 있지 아니하거나 그 기간이 1년을 초과하는 면허에 대하여는 매년 1월 1일에 그 면허가 갱신된 것으로 보아 제25조 제2항에 따른 납세지를 관할하는 해당 지방자치단체의 조례로 정하는 납

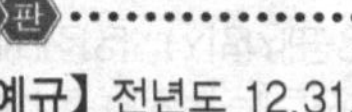

운영예규 법35-1【과세대상】

1. 관계법령 규정에 의하여 기존면허(면허·허가·등록 및 신고 등)를 변경하는 경우에는 그 변경이 「지방세법 시행령」 제40조 제2항 제1호 각 목의 어느 하나에 해당하는 경우만 등록면허세 과세대상이다.
2. 면허를 승계받은 경우에도 해당 면허에 포함되는 의제면허도 승계된 것으로 보아 면허의 종별 구분에 따라 각각 등록면허세를 부과한다.
3. 1구의 토지 내에 각각 독립된 여러 동의 건축물을 신축하는 경우 건축허가를 1건으로 받았다 하더라도 각 동별로 건축허가를 받은 것으로 보아 각각 등록면허세를 부과하여야 한다.

예판

【예규】 전년도 12.31.을 폐업일로 하여 면허세 과세기준일인 1

제16조【신규 면허에 대한 등록면허세의 신고 및 납부】 ① 법 제35조 제1항에 따른 면허에 대한 등록면허세(이하 이 절에서 "등록면허세"라 한다)의 신고는 별지 제15호 서식에 따른다. (2010. 12. 23. 개정)

② 법 제35조 제1항에 따라 등록면허세를 납부하려는 자는 별지 제14호 서식의 납부서를 이용하여 납부하여야 한다. (2011. 12. 31. 개정)

③ 법 제35조 제2항에 따라 등록면허세를 보통징수하는 경우에는 별지 제17호 서식에 따른다. (2010. 12. 23. 개정)

기에 보통징수의 방법으로 매년 그 등록면허세를 부과하고, 면허의 유효기간이 1년 이하인 면허에 대하여는 면허를 할 때 한 번만 등록면허세를 부과한다. (2010. 3. 31. 개정)

③ 다음 각 호의 어느 하나에 해당하는 면허에 대하여는 제2항에도 불구하고 면허를 할 때 한 번만 등록면허세를 부과한다. (2010. 3. 31. 개정)

1. 제조·가공 또는 수입의 면허로서 각각 그 품목별로 받는 면허 (2010. 3. 31. 개정)
2. 건축허가 및 그 밖에 이와 유사한 면허로서 대통령령으로 정하는 면허 (2010. 3. 31. 개정)

④ 등록면허세 납세의무자가 제1항에 따른 신고 또는 납부의무를 다하지 아니한 경우에는 제34조 제1항에 따라 산출한 세액에 「지방세기본법」 제53조부터 제55조까지에 따라 산출한 가산세를 합한 금액을 세액으로 하여 보통징수의 방법으로 징수한다. 다만, 제1항에 따른 신고를 하지 아니한 경우에도 등록면허세를 납부기한까지 납부하였을 때에는 「지방세기본법」 제53조 또는 제54조에 따른 가산세를 부과하지 아니한다. (2016. 12. 27. 개정 ; 지방세기본법 부칙)

제36조【납세의 효력】 피상속인이 납부한 등록면허세는 상속인이 납부한 것으로 보고, 합병으로 인하여 소멸한 법인이 납부한 등록면허세는 합병 후 존속하는 법

월1일 이후에 폐업신고한 경우에 면허가 갱신된 것으로 보아 과세대상임. (지방세운영과-1475, 2019. 5. 23.)

제51조【건축허가와 유사한 면허의 범위】 법 제35조 제3항 제2호에서 "대통령령으로 정하는 면허"란 다음 각 호의 어느 하나에 해당하는 면허를 말한다. (2010. 9. 20. 개정)

1. 매장문화재 발굴 (2010. 9. 20. 개정)
1. 매장유산 발굴 (2024. 5. 7. 개정 ; 국가유산~부칙)
2. 문화재의 국외 반출 (2010. 9. 20. 개정)
2. 국가유산의 국외 반출 (2024. 5. 7. 개정 ; 국가유산~부칙)
3. 「폐기물의 국가 간 이동 및 그 처리에 관한 법률」 제6조, 제10조 또는 제18조의 2에 따른 폐기물의 수출·수입 허가 또는 신고 (2017. 10. 17. 개정 ; 폐기물의 국가간~시행령 부칙)
4. 「농지법」에 따른 농지전용 및 농지전용의 용도변경 (2011. 12. 31. 개정)

인 또는 합병으로 인하여 설립된 법인이 납부한 것으로 본다. (2010. 3. 31. 개정)

제37조 【이미 납부한 등록면허세에 대한 조치】 ① 지방자치단체의 장은 제35조에 따라 면허증서를 발급받거나 송달받기 전에 등록면허세를 신고납부한 자가 면허신청을 철회하거나 그 밖의 사유로 해당 면허를 받지 못하게 된 경우에는 「지방세기본법」 제60조에 따른 지방세환급금의 처리절차에 따라 신고납부한 등록면허세를 환급하여야 한다. 이 경우 같은 법 제62조는 적용하지 아니한다. (2016. 12. 27. 개정 ; 지방세기본법 부칙)
② 면허를 받은 후에 면허유효기간의 종료, 면허의 취소, 그 밖에 이와 유사한 사유로 면허의 효력이 소멸한 경우에는 이미 납부한 등록면허세를 환급하지 아니한다. (2010. 3. 31. 개정)

제38조 【면허 시의 납세확인】 ① 면허의 부여기관이 면허를 부여하거나 변경하는 경우에는 제35조에 따른 등록면허세의 납부 여부를 확인한 후 그 면허증서를 발급하거나 송달하여야 한다. (2010. 3. 31. 개정)
② 제1항에 따른 등록면허세의 납부 여부를 확인하는 방법 등에 관한 사항은 대통령령으로 정한다. (2010. 3. 31. 개정)

5. 토지의 형질 변경 (2010. 9. 20. 개정)
6. 「장사 등에 관한 법률」에 따른 사설묘지 설치 및 사설자연장지 조성(재단법인이 설치 또는 조성한 경우는 제외한다) (2018. 12. 31. 개정)
7. 사설도로 개설 (2010. 9. 20. 개정)
8. 계량기기의 형식승인 및 특정열사용기자재의 검사 (2010. 9. 20. 개정)
9. 「산림자원의 조성 및 관리에 관한 법률」 제36조에 따른 입목벌채 (2011. 12. 31. 개정)
10. 「먹는물관리법」 제9조에 따른 샘물 또는 염지하수의 개발허가 (2014. 12. 30. 개정)
11. 건설기계의 형식승인 (2010. 9. 20. 개정)
12. 보세구역 외 장치의 허가 (2010. 9. 20. 개정)
13. 공유수면의 매립 (2010. 9. 20. 개정)
14. 초지 조성 및 전용 (2010. 9. 20. 개정)
15. 가축분뇨 배출시설의 설치 허가 또는 신고 (2010. 9. 20. 개정)
16. 「전파법」 제58조의 2에 따른 방송통신기자재등의 적합성평가 (2014. 12. 30. 개정)
17. 화약류 사용 (2010. 9. 20. 개정)
18. 비산(飛散) 먼지 발생사업의 신고 (2010. 9. 20. 개정)
19. 특정공사(「소음·진동관리법」 제22조에 따른 특정공사를 말한다)의 사전 신고 (2010. 9. 20. 개정)
20. 「소방시설 설치 및 관리에 관한 법률」 제37조에 따

제38조의 2【면허에 관한 통보】 ① 면허부여기관은 면허를 부여·변경·취소 또는 정지하였을 때에는 면허증서를 교부 또는 송달하기 전에 행정안전부령으로 정하는 바에 따라 그 사실을 관할 특별자치시장·특별자치도지사·시장·군수 또는 구청장에게 통보하여야 한다. (2017. 7. 26. 직제개정 ; 정부조직법 부칙)

② 면허부여기관은 제1항에 따른 면허의 부여·변경·취소 또는 정지에 관한 사항을 전산처리하는 경우에는 그 전산자료를 특별자치시장·특별자치도지사·시장·군수 또는 구청장에게 통보함으로써 제1항에 따른 통보를 갈음할 수 있다. (2016. 12. 27. 개정)

제38조의 3【면허 관계 서류의 열람】 세무공무원이 등록면허세의 부과·징수를 위하여 면허의 부여·변경·취소 또는 정지에 대한 관계 서류를 열람하거나 복사할 것을 청구하는 경우에는 관계 기관은 이에 따라야 한다. (2013. 1. 1. 개정)

제39조【면허의 취소 등】 ① 지방자치단체의 장은 등록면허세를 납부하지 아니한 자에 대하여는 면허부여기관에 대하여 그 면허의 취소 또는 정지를 요구할 수 있다. (2010. 3. 31. 개정)

② 면허부여기관은 제1항에 따른 요구가 있을 때에는 즉시 취소 또는 정지하여야 한다. (2010. 3. 31. 개정)

른 소방용품의 형식승인 (2022. 11. 29. 개정 ; 화재예방~시행령 부칙)

21. 「종자산업법」 제38조 제1항에 따른 종자의 수입 판매신고. 다만, 같은 법 제15조에 따라 국가품종목록에 등재할 수 있는 작물의 종자에 대한 수입 판매신고로 한정한다. (2014. 1. 1. 개정)
22. 선박 및 선박용 물건의 형식승인 및 검정 (2010. 9. 20. 개정)
23. 「산지관리법」에 따른 산지전용 및 산지전용의 용도 변경 (2011. 12. 31. 개정)
24. 임산물의 굴취·채취 (2010. 9. 20. 개정)
25. 「자동차관리법」 제30조에 따른 자동차의 자기인증을 위한 제작자등의 등록(자가사용 목적으로 자동차를 자기인증하기 위한 제작자등의 등록으로 한정한다) (2015. 12. 31. 개정)
26. 사행기구의 제작 또는 수입품목별 검사 (2010. 9. 20. 개정)
27. 유료도로의 신설 또는 개축 (2010. 9. 20. 개정)
28. 지하수의 개발·이용 (2010. 9. 20. 개정)
29. 골재 채취 (2010. 9. 20. 개정)
30. 환경측정기기의 형식승인 (2010. 9. 20. 개정)
31. 건축 및 대수선 (2010. 9. 20. 개정)
32. 공작물의 설치 허가 또는 축조 신고 (2014. 12. 30. 개정)
33. 총포·도검·화약류·분사기·전자충격기 또는 석

제18조【면허에 관한 통보】 법 제38조의 2 제1항에 따른 면허의 부여·변경·취소 또는 정지에 관한 통보는 별지 제19호 서식에 따른다. (2010. 12. 31. 개정)

제17조【면허의 취소 또는 정지 요구】 법 제39조 제1항에 따른 면허의 취소 또는 정지 요구는 별지 제18호 서식에 따른다. (2010. 12. 23. 개정)

③ 면허부여기관이 제2항 또는 그 밖의 사유로 면허를 취소 또는 정지하였을 때에는 즉시 관할 지방자치단체의 장에게 통보하여야 한다. (2010. 3. 31. 개정)

궁의 수출 또는 수입 허가 (2010. 9. 20. 개정)

34. 개발행위허가 중 녹지지역·관리지역 또는 자연환경보전지역에 물건을 1개월 이상 쌓아 놓는 행위 허가 (2010. 9. 20. 개정)
35. 가설건축물의 건축 또는 축조 (2010. 9. 20. 개정)
36. 「농지법」 제36조에 따른 농지의 타용도 일시사용 (2011. 12. 31. 신설)
37. 「산지관리법」 제15조의 2에 따른 산지일시사용 (2011. 12. 31. 신설)
38. 「하수도법」 제34조에 따른 개인하수처리시설의 설치 (2011. 12. 31. 신설)
39. 「지하수법」 제9조의 4에 따른 지하수에 영향을 미치는 굴착행위 (2011. 12. 31. 신설)
40. 도검·화약류·분사기·전자충격기 또는 석궁의 소지허가 (2012. 4. 10. 신설)
41. 「내수면어업법」 제19조 단서에 따른 유해어법의 사용허가 (2014. 12. 30. 신설)
42. 「항공안전법」 제27조 제1항에 따른 기술표준품에 대한 형식승인 (2017. 3. 29. 개정 ; 항공안전법 시행령 부칙)
43. 「산업집적활성화 및 공장설립에 관한 법률」 제28조의 2 제2항에 따른 지식산업센터의 설립완료신고 (2014. 12. 30. 신설)
44. 「화학물질관리법」 제18조에 따른 금지물질 취급 허가 및 같은 법 제19조에 따른 허가물질 제조·수입·

관련법령

경륜 · 경정법

제2조【정 의】 이 법에서 사용하는 용어의 뜻은 다음과 같다. (2021. 6. 15. 개정)

1. "경륜"이란 자전거 경주에 대한 승자투표권(勝者投票券)을 발매하고 경주 결과를 맞힌 사람에게 환급금을 내주는 행위를 말한다.
2. "경정"이란 모터보트 경주에 대한 승자투표권을 발매하고 경주 결과를 맞힌 사람에게 환급금을 내주는 행위를 말한다.
3. "승자투표권"이란 경륜 또는 경정에서 경주 결과를 맞혀 환급

사용 허가 (2014. 12. 30. 신설)

45. 「마약류 관리에 관한 법률」 제18조 제2항 제1호에 따른 마약류 수출의 품목별 허가 또는 같은 법 제51조 제1항에 따른 원료물질 수출입의 승인 (2015. 12. 31. 신설)

제52조【면허 시의 납세 확인】 ① 면허부여기관이 면허를 부여하거나 면허를 변경하는 경우에는 그 면허에 대한 등록면허세(이하 이 절에서 "등록면허세"라 한다)가 납부되었음을 확인하고 면허증서 발급대장의 비고란에 등록면허세의 납부처 · 납부금액 · 납부일 및 면허종별 등을 적은 후 면허증서를 발급하거나 송달하여야 한다. (2010. 9. 20. 개정)

② 면허부여기관은 제1항에 따른 등록면허세의 납부 확인을 위하여 필요한 경우에는 시장 · 군수 · 구청장에게 등록면허세의 납부처 · 납부금액 및 납부일에 관한 정보(이하 이 조에서 "등록면허세 납부정보"라 한다)의 제공을 요청할 수 있다. 이 경우 요청을 받은 시장 · 군수 · 구청장은 특별한 사유가 없으면 이에 협조해야 한다. (2024. 12. 31. 신설)

③ 제2항에 따른 등록면허세 납부정보의 요청 및 그에 따른 제공은 정보통신망 또는 전자우편 등 전자적 방식을 사용할 수 있다. (2024. 12. 31. 신설)

제53조【면허에 관한 통보】 ① 면허부여기관은 면허를 부여 · 변경 · 취소 또는 정지하였을 때에는 면허증서를 발급하

금을 교부받기를 원하는 사람의 청구에 따라 경륜사업자 또는 경정사업자가 발매[「정보통신망 이용촉진 및 정보보호 등에 관한 법률」 제2조 제1항 제1호에 따른 정보통신망(이하 "정보통신망"이라 한다)을 이용한 발매를 포함한다. 이하 같다]하는 승자투표 방법 · 선수번호 및 금액 등이 적혀 있는 표(전자적 형태를 포함한다)를 말한다.

4. "환급금"이란 경륜선수 또는 경정선수의 도착 순위가 확정되었을 때 경륜사업자나 경정사업자가 승자투표권 발매 금액 중에서 발매이익금(發賣利益金) 및 각종 세금 등을 뺀 후 경주 결과를 맞힌 사람 또는 승자투표권을 구매한 사람에게 내주는 금액을 말한다. (2023. 8. 8. 개정)
5. "단위투표금액"이란 승자투표권 발매의 기본단위로서 최저발매금액을 말한다.
6. "구매권"이란 승자투표권과 교환할 수 있도록 금액, 고유번호 및 소멸시효 등을 기재하여 경륜사업자 또는 경정사업자가 발행한 표를 말한다.

거나 송달하기 전에 그 사실을 관할 시장 · 군수에게 통보하여야 한다. (2010. 9. 20. 개정)
② 면허부여기관은 제1항에 따른 면허의 부여 · 변경 · 취소 또는 정지 사항을 전산처리하는 경우에는 그 전산자료를 시장 · 군수에게 통보하여야 한다. (2010. 9. 20. 개정)

제53조【면허에 관한 통보】 ① · ② 삭 제 (2010. 12. 30.)
③ 시장 · 군수 · 구청장은 제40조 제2항 제5호에 해당하여 등록면허세를 비과세하는 경우에는 그 사실을 면허부여기관에 통보하여야 한다. (2016. 12. 30. 개정)

제54조【면허 관계 서류의 열람】 세무공무원이 등록면허세의 부과 · 징수 등을 위하여 면허의 부여 · 변경 · 취소 또는 정지에 대한 관계 서류를 열람하거나 복사할 것을 청구하는 경우에는 관계 기관은 그 청구에 따라야 한다. (2010. 9. 20. 개정)

제54조【면허 관계 서류의 열람】 삭 제 (2010. 12. 30.)

제55조【과세대장의 비치】 시장 · 군수 · 구청장은 등록면허세의 과세대장을 갖추어 두고, 필요한 사항을 등재하여야 한다. 이 경우 해당 사항을 전산처리하는 경우에는 과세대장을 갖춘 것으로 본다. (2016. 12. 30. 개정)

제19조【과세대장의 비치】 ① 영 제55조에 따른 등록면허세의 과세대장은 별지 제20호 서식에 따른다. (2010. 12. 23. 개정)
② 시장 · 군수 · 구청장은 제1항에 따른 등록면허세의 과세대장에 준하여 등록면허세 비과세 및 과세면제 대장을 갖추어 두고, 필요한 사항을 등재하여야 한다. (2016. 12. 30. 개정)

제4장 레 저 세 (2010. 3. 31. 개정)

제40조 【과세대상】 레저세의 과세대상은 다음 각 호와 같다. (2010. 3. 31. 개정)

1. 「경륜·경정법」에 따른 경륜 및 경정 (2010. 3. 31. 개정)
2. 「한국마사회법」에 따른 경마 (2010. 3. 31. 개정)
3. 그 밖의 법률에 따라 승자투표권, 승마투표권 등을 팔고 투표적중자에게 환급금 등을 지급하는 행위로서 대통령령으로 정하는 것 (2010. 3. 31. 개정)

제41조 【납세의무자】 제40조에 따른 과세대상(이하 이 장에서 "경륜등"이라 한다)에 해당하는 사업을 하는 자는 레저세를 납부할 의무가 있다. (2021. 12. 28. 개정)

제42조 【과세표준 및 세율】 ① 레저세의 과세표준은 승자투표권, 승마투표권 등의 발매금총액으로 한다. (2010. 3. 31. 개정)

② 레저세의 세율은 100분의 10으로 한다. (2010. 3. 31. 개정)

제43조 【신고 및 납부】 납세의무자는 승자투표권, 승마투표권 등의 발매일이 속하는 달의 다음 달 10일까지 제42조 제1항에 따른 과세표준에 제42조 제2항에 따

제4장 레 저 세 (2010. 9. 20. 개정)

제56조 【과세대상】 법 제40조 제3호에서 "대통령령으로 정하는 것"이란 「전통 소싸움경기에 관한 법률」에 따른 소싸움을 말한다. (2010. 9. 20. 개정)

예판

【예규】 과세기준일 이후 합유자가 사망한 경우 재산세는 상속인 또는 상속재산 관리인에게 승계됨. (지방세운영과-2111, 2019. 7. 12.)

제57조 【안분기준】 ① 법 제43조에 따라 레저세를 신고납부하는 경우에는 다음 각 호의 구분에 따라 나누어 계산하여 납부하여야 한다. (2021. 12. 31. 항번개정)

제4장 레 저 세 (2010. 12. 23. 개정)

관련법령

한국마사회법

제2조 【정 의】 이 법에서 사용하는 용어의 뜻은 다음과 같다. (2020. 3. 24. 개정)

1. "경마"란 기수가 타고 있는 말의 경주에 대하여 승마투표권(勝馬投票券)을 발매(發賣)하고, 승마투표 적중자에게 환급금을 지급하는 행위를 말한다.

예판

【예규】 레저세 과세대상인 경륜사업을 영위하는 자가 기존의 경륜장 소재지와

른 세율을 곱하여 산출한 세액(이하 이 장에서 "산출세액"이라 한다)을 대통령령으로 정하는 바에 따라 안분계산하여 다음 각 호의 구분에 따른 지방자치단체의 장에게 신고하고 납부하여야 한다. (2021. 12. 28. 개정)

1. 경륜등의 사업장(이하 이 장에서 "경륜장등"이라 한다)에서 발매하는 승자투표권, 승마투표권 등의 경우 : 해당 경륜장등이 소재하는 지방자치단체의 장 (2021. 12. 28. 신설)
2. 장외발매소에서 발매하는 승자투표권, 승마투표권 등의 경우 : 해당 경륜장등이 소재하는 지방자치단체의 장과 해당 장외발매소가 소재하는 지방자치단체의 장 (2021. 12. 28. 신설)
3. 대통령령으로 정하는 정보통신망을 이용하여 발매하는 승자투표권, 승마투표권 등의 경우 : 해당 경륜장등이 소재하는 지방자치단체의 장과 모든 지방자치단체(해당 경륜장등이 소재한 지방자치단체를 포함한다)의 장 (2021. 12. 28. 신설)

제44조【장부 비치의 의무】 납세의무자는 조례로 정하는 바에 따라 경륜등의 시행에 관한 사항을 장부에 기재하고 필요한 사항을 지방자치단체의 장에게 신고하여야 한다. (2010. 3. 31. 개정)

1. 법 제40조에 따른 과세대상 사업장(이하 이 장에서 "경륜장등"이라 한다)에서 직접 발매한 승자투표권·승마투표권 등에 대한 세액은 그 경륜장등 소재지를 관할하는 시장·군수·구청장에게 모두 신고납부한다. (2016. 12. 30. 개정)
2. 장외발매소에서 발매한 승자투표권·승마투표권 등에 대한 세액은 그 경륜장등 소재지와 그 장외발매소 소재지를 관할하는 시장·군수·구청장에게 각각 100분의 50을 신고납부한다. (2021. 12. 31. 단서삭제)
3. 법 제43조 제3호에 따른 승자투표권·승마투표권 등에 대한 세액은 그 경륜장등의 소재지를 관할하는 시장·군수·구청장에게 100분의 50을 신고납부하고, 100분의 50은 발매일이 속하는 해의 1월 1일 현재 「주민등록법」에 따른 19세 이상의 인구통계를 기준으로 하여 다음의 계산식에 따라 안분한 세액을 각 시장·군수·구청장에게 신고납부한다. (2021. 12. 31. 신설)

> 시·군·구별 안분세액 = A × B
> A : 법 제43조 제3호의 승자투표권·승마투표권 등에 대한 세액 × 100분의 50
> B : 각 시·군·구의 안분비율

다른 특별시·광역시 또는 도에 경륜장을 신축한 후 기존의 경륜장을 폐쇄하고 기존의 경륜장 운영인력으로 새로운 경륜장에서 경륜사업을 하는 경우, "경륜장등의 신설"에 해당함. (법제 06-0180, 2006. 7. 28.)

$$\frac{\text{각 시·군·구의 19세 이상 인구}}{\text{전국 19세 이상 인구}}$$

4. 제2호 및 제3호에도 불구하고 경륜장등이 신설된 경우에는 신설 이후 행정안전부령으로 정하는 기간까지 다음 각 목의 비율에 따른 세액을 각 시장·군수·구청장에게 신고납부한다. (2021. 12. 31. 신설)
   가. 장외발매소에서 발매한 승자투표권·승마투표권 등에 대한 세액은 그 경륜장등 소재지를 관할하는 시장·군수·구청장에게 100분의 80을 신고납부하고, 100분의 20은 그 장외발매소 소재지를 관할하는 시장·군수·구청장에게 신고납부한다. (2021. 12. 31. 신설)
   나. 법 제43조 제3호에 따른 승자투표권·승마투표권 등에 대한 세액은 그 경륜장등 소재지를 관할하는 시장·군수·구청장에게 100분의 80을 신고납부하고, 100분의 20은 발매일이 속하는 해의 1월 1일 현재 「주민등록법」에 따른 19세 이상의 인구통계를 기준으로 하여 다음의 계산식에 따라 안분한 세액을 각 시장·군수·구청장에게 신고납부한다. (2021. 12. 31. 신설)

시·군·구별 안분세액 = A × B
A : 법 제43조 제3호의 승자투표권·승마투표권 등에 대한 세액 × 100분의 20

제20조【안분기준을 달리하는 기간】 영 제57조 제1항 제4호에서 "행정안전부령으로 정하는 기간"이란 5년을 말한다. (2021. 12. 31. 개정)

제45조【부족세액의 추징 및 가산세】 ① 납세의무자가 제43조에 따른 신고 또는 납부의무를 다하지 아니하면 산출세액 또는 그 부족세액에 「지방세기본법」 제53조부터 제55조까지의 규정에 따라 산출한 가산세를 합한 금액을 세액으로 하여 보통징수의 방법으로 징수한다. (2016. 12. 27. 개정 ; 지방세기본법 부칙)

1. 신고불성실가산세 : 해당 산출세액 또는 부족세액의 100분

B : 각 시·군·구의 안분비율

$$\frac{\text{각 시·군·구의 19세 이상 인구}}{\text{전국 19세 이상 인구}}$$

② 법 제43조 제3호에서 "대통령령으로 정하는 정보통신망"이란 경륜장등이나 장외발매소 외의 장소에서 이용하는 「정보통신망 이용촉진 및 정보보호 등에 관한 법률」에 따른 정보통신망을 말한다. (2021. 12. 31. 신설)

제58조【신고 및 납부】 ① 법 제43조에 따라 레저세를 신고하려는 자는 행정안전부령으로 정하는 신고서로 제57조 제1항 각 호에 따라 시장·군수·구청장에게 신고해야 한다. (2021. 12. 31. 개정)
② 법 제43조에 따라 레저세를 납부하려는 자는 행정안전부령으로 정하는 납부서로 납부해야 한다. (2021. 12. 31. 개정)

제21조【신고 및 납부】 ① 영 제58조 제1항에 따른 레저세의 신고는 별지 제21호 서식에 따른다. (2010. 12. 23. 개정)
② 영 제58조 제2항에 따른 레저세의 납부는 별지 제14호 서식에 따른다. (2011. 12. 31. 개정)

제22조【보통징수】 법 제45조 제1항 및 제2항에 따라 레저세의 산출세액, 부족세액, 가산세 등을 보통징수의 방법으로 징수할 경우에는 별지 제22호 서식에 따른다. (2010. 12. 23. 개정)

의 10에 해당하는 금액 (2010. 3. 31. 개정)
2. 납부불성실가산세 (2010. 3. 31. 개정)
1.~2. 삭 제 (2013. 1. 1.)
② 납세의무자가 제44조에 따른 의무를 이행하지 아니한 경우에는 산출세액의 100분의 10에 해당하는 금액을 징수하여야 할 세액에 가산하여 보통징수의 방법으로 징수한다. (2010. 3. 31. 개정)

제46조【징수사무의 보조 등】 ① 지방자치단체의 장은 대통령령으로 정하는 바에 따라 납세의무자에게 징수사무의 보조를 명할 수 있다. (2010. 3. 31. 개정)
② 제1항의 경우에 지방자치단체의 장은 납세의무자에게 대통령령으로 정하는 바에 따라 교부금을 교부할 수 있다. (2010. 3. 31. 개정)

제59조【징수에 필요한 사항의 명령 등】 ① 시장·군수·구청장은 납세의무자에게 법 제46조에 따라 징수에 필요한 사항의 이행을 명령할 수 있다. (2016. 12. 30. 개정)
② 시장·군수·구청장은 납세의무자가 레저세를 납부하면 납세의무자에게 그 징수납부에 든 경비를 교부금으로 지급할 수 있다. (2016. 12. 30. 개정)
③ 납세의무자가 제1항에 따른 명령을 위반한 경우에는 교부금의 전부 또는 일부를 지급하지 아니할 수 있다. (2010. 9. 20. 개정)

제5장 담배소비세 (2010. 3. 31. 개정)

제47조【정 의】 담배소비세에서 사용하는 용어의 뜻은 다음과 같다. (2010. 3. 31. 개정)

1. "담배"란 다음 각 목의 어느 하나에 해당하는 것을 말한다. (2020. 12. 29. 개정)
   가. 「담배사업법」 제2조에 따른 담배 (2020. 12. 29. 개정)
   나. 가목과 유사한 것으로서 연초(煙草)의 잎이 아닌 다른 부분을 원료의 전부 또는 일부로 하여 피우거나, 빨거나, 증기로 흡입하거나, 씹거나, 냄새 맡기에 적합한 상태로 제조한 것 (2020. 12. 29. 개정)
   다. 그 밖에 가목과 유사한 것으로서 대통령령으로 정하는 것 (2020. 12. 29. 개정)
2. "수입" 또는 "수출"이란 「관세법」 제2조에 따른 수입 또는 수출을 말한다. (2010. 3. 31. 개정)
3. "보세구역"이란 「관세법」 제154조에 따른 보세구역을 말한다. (2010. 3. 31. 개정)
4. "제조자"란 다음 각 목의 어느 하나에 해당하는 자를 말한다. (2020. 12. 29. 개정)
   가. 「담배사업법」 제11조에 따른 담배제조업허가를 받아 제1호 가목에 따른 담배를 제조하는 자 (2020. 12. 29. 개정)
   나. 제1호 나목 또는 다목에 따른 담배를 판매할 목적

제5장 담배소비세 (2010. 9. 20. 개정)

예판

【예규】 수입판매업자가 수입한 니코틴 원액에 임의로 향신료를 혼합·희석한 후 이를 전자담배용 니코틴 용액으로 판매하였다면 '제조자가 아닌 자가 담배를 제조한 경우'로서 담배소비세 납세의무가 있다고 판단됨. (지방세운영과-85, 2014. 1. 9.)

제5장 담배소비세 (2010. 12. 23. 개정)

관련법령

담배사업법

제2조【정 의】 이 법에서 사용하는 용어의 뜻은 다음과 같다. (2020. 6. 9. 개정)

1. "담배"란 연초(煙草)의 잎을 원료의 전부 또는 일부로 하여 피우거나, 빨거나, 증기로 흡입하거나, 씹거나, 냄새 맡기에 적합한 상태로 제조한 것을 말한다.
2. "저발화성담배"란 담배에 불을 붙인 후 피우지 아니하고 일정시간 이상 내버려둘 경우 저절로 불이 꺼지는 기능을 가진 담배로서 제11조의 5 제2항에 따른 인증을 받은 담배를 말한다.

관세법

제154조【보세구역의 종류】 보세구역은 지정보세구역·특허보세구역 및 종합보세구역으로 구분하고, 지정보세구역은 지정장치장 및 세관검사장으로 구분하며, 특허보세구역은 보세창고·보세공장·보세전시장·보세건설장 및 보세판매장으로 구분한다. (2010. 12. 30. 개정)

으로 제조하는 자 (2020. 12. 29. 개정)

5. "제조장"이란 담배를 제조하는 제조자의 공장을 말한다. (2010. 3. 31. 개정)
6. "수입판매업자"란 다음 각 목의 어느 하나에 해당하는 자를 말한다. (2020. 12. 29. 개정)
   가. 「담배사업법」 제13조에 따라 담배수입판매업의 등록을 하고 제1호 가목에 따른 담배를 수입하여 판매하는 자 (2020. 12. 29. 개정)
   나. 제1호 나목 또는 다목에 따른 담배를 수입하여 판매하는 자 (2020. 12. 29. 개정)
7. "소매인"이란 다음 각 목의 어느 하나에 해당하는 자를 말한다. (2020. 12. 29. 개정)
   가. 「담배사업법」 제16조에 따라 담배소매인의 지정을 받은 자 (2020. 12. 29. 개정)
   나. 제1호 나목 또는 다목에 따른 담배를 소비자에게 판매하는 자 (2020. 12. 29. 개정)
8. "매도"란 담배를 제조자 · 수입판매업자 또는 도매업자가 소매인에게 파는 것을 말한다. (2010. 3. 31. 개정)
9. "판매"란 담배를 소매인이 소비자에게 파는 것을 말한다. (2010. 3. 31. 개정)

8.~9. 삭 제 (2020. 12. 29.)

제48조 【과세대상】 ① 담배소비세의 과세대상은 담배로 한다. (2010. 3. 31. 개정)

② 제1항에 따른 담배는 다음과 같이 구분한다. (2010. 3. 31. 개정)

1. 피우는 담배 (2010. 3. 31. 개정)
   가. 제1종 궐련 (2010. 3. 31. 개정)
   나. 제2종 파이프담배 (2010. 3. 31. 개정)
   다. 제3종 엽궐련 (2010. 3. 31. 개정)
   라. 제4종 각련 (2010. 3. 31. 개정)
   마. 제5종 전자담배 (2010. 12. 27. 신설)
   바. 제6종 물담배 (2014. 5. 20. 신설)
2. 씹는 담배 (2010. 3. 31. 개정)
3. 냄새 맡는 담배 (2010. 3. 31. 개정)
4. 머금는 담배 (2014. 5. 20. 신설)

③ 제2항의 담배의 구분에 관하여는 담배의 성질과 모양, 제조과정 등을 기준으로 하여 대통령령으로 정한다. (2010. 3. 31. 개정)

제49조 【납세의무자】 ① 제조자는 제조장으로부터 반출(搬出)한 담배에 대하여 담배소비세를 납부할 의무가 있다. (2010. 3. 31. 개정)

② 수입판매업자는 보세구역으로부터 반출한 담배에 대하여 담배소비세를 납부할 의무가 있다. (2010. 3. 31. 개정)

예판

【예규】 수입업자의 담배소비세 납세지
「담배사업법」상 수입판매업자로 등록되지 않은 자가 담배를 유

예판

【예규】 • 연초나 니코틴이 함유되지 않은 향신료의 경우는 담배에 해당하지 않아 과세대상으로 볼 수 없음. (지방세운영과-396, 2012. 2. 8.)

• "그 처분을 한 자"는 그 처분에 관한 의사결정을 한 자와 실제 처분행위를 한 자가 구분되거나 동일인 일 수 있다는 점을 고려 할 때 "그 처분에 대한 의사결정을 한 자"로 보는 것이 합리적이라 할 것임. (지방세운영과-1009, 2014. 3. 24.)

제60조 【담배의 구분】 법 제48조 제3항에 따른 담배의 구분은 다음 각 호와 같다. (2020. 12. 31. 개정)

1. 궐련 : 연초에 향료 등을 첨가하여 일정한 폭으로 썬 후 궐련제조기를 이용하여 궐련지로 말아서 피우기 쉽게 만들어진 담배 및 이와 유사한 형태의 담배 (2020. 12. 31. 개정)
2. 파이프담배 : 고급 특수 연초를 중가향(重加香) 처리하고 압착·열처리 등 특수가공을 하여 각 폭을 비교적 넓게 썰어서 파이프를 이용하여 피울 수 있도록 만든 담배 및 이와 유사한 형태의 담배 (2020. 12. 31. 개정)
3. 엽궐련 : 흡연 맛의 주체가 되는 전충엽을 체제와 형태를 잡아 주는 중권엽으로 싸고 겉모습을 아름답게 하기

예판

【조심판례】 • 외항선원 등에게 공급할 목적으로 공급받은 담배를 쟁점판매업자가 이를 외항선원 등에게 공급하지 아니하고 수출한 이상 용도 외 처분에 해당하므로 기 면제한 담배소비세를 추징(제척기간 10년 적용)하는 것은 적법함. (조심 2015지661, 2015. 6. 25.)

• 청구법인이 외국에서 수입한 니코틴농축액에 첨가제를 혼합하여 니코틴용액의 양을 증가시키는 행위가 담배를 제조하는 행위에 해당하는지는 별론으로 하더라도, 지방세법상 담배소비세 과세대상을 전자담배로 규정하고 있고, 전자담배에 대한 세율적용의 기준을 니코틴용액으로 정하고 있으므로 처분청이 쟁점니코틴용액을 담배소비세 과세대상으로 보아 담배소비세를 부과한 처분은 잘못이 없음. (조심 2014지1393, 2015. 1. 15.)

사담배로 허위신고하고 통관·반출하여 유통시켰으나, 이후 허위신고 사실이 밝혀져 담배소비세를 추징하는 경우 납세지는 국내로 반입된 장소(세관) 소재 자치단체임. (지방소득소비세제과-3083, 2020. 9. 2.)

③ 외국으로부터 입국(「남북교류협력에 관한 법률」 제2조 제1호에 따른 출입장소를 이용하여 북한으로부터 들어오는 경우를 포함한다. 이하 이 장에서 같다)하는 사람(이하 이 장에서 "입국자"라 한다)의 휴대품·탁송품(託送品)·별송품(別送品)으로 반입하는 담배 또는 외국으로부터 탁송(託送)의 방법으로 국내로 반입하는 담배에 대해서는 그 반입한 사람이 담배소비세를 납부할 의무가 있다. 다만, 입국자 또는 수입판매업자가 아닌 사람이 외국으로부터 우편으로 반입하는 담배에 대해서는 그 수취인이 담배소비세를 납부할 의무가 있다. (2015. 12. 29. 개정)

④ 제1항부터 제3항까지의 방법 외의 방법으로 담배를 제조하거나 국내로 반입하는 경우에는 그 제조자 또는 반입한 사람이 각각 담배소비세를 납부할 의무가 있다. (2010. 3. 31. 개정)

⑤ 제54조에 따른 면세담배를 반출한 후 제54조 제1항 각 호의 구분에 따른 해당 용도에 사용하지 아니하고 판매, 소비, 그 밖의 처분을 한 경우에는 제1항부터 제4항까지의 규정에도 불구하고 그 처분을 한 자가 담배소비세를 납부할 의무가 있다. (2020. 12. 29. 개정)

위하여 외권엽으로 만 잎말음 담배 및 이와 유사한 형태의 담배 (2020. 12. 31. 개정)

4. 각련 : 하급 연초를 경가향(輕加香)하거나 다소 고급인 연초를 가향하여 가늘게 썰어, 담뱃대를 이용하거나 흡연자가 직접 궐련지로 말아 피울 수 있도록 만든 담배 및 이와 유사한 형태의 담배 (2020. 12. 31. 개정)

5. 전자담배 : 니코틴이 포함된 용액·연초 또는 연초 고형물을 전자장치를 이용하여 호흡기를 통하여 체내에 흡입함으로써 흡연과 같은 효과를 낼 수 있도록 만든 담배 및 이와 유사한 형태의 담배 (2020. 12. 31. 개정)

5의 2. 물담배 : 장치를 이용하여 담배연기를 물로 거른 후 흡입할 수 있도록 만든 담배 및 이와 유사한 형태의 담배 (2020. 12. 31. 개정)

6. 씹는 담배 : 입에 넣고 씹음으로써 흡연과 같은 효과를 낼 수 있도록 가공처리된 담배 및 이와 유사한 형태의 담배 (2020. 12. 31. 개정)

7. 냄새 맡는 담배 : 특수 가공된 담배 가루를 코 주위 등에 발라 냄새를 맡음으로써 흡연과 같은 효과를 낼 수 있도록 만든 가루 형태의 담배 및 이와 유사한 형태의 담배 (2020. 12. 31. 개정)

8. 머금는 담배 : 입에 넣고 빨거나 머금으면서 흡연과 같은 효과를 낼 수 있도록 특수가공하여 포장된 담배 가루, 니코틴이 포함된 사탕 및 이와 유사한 형태로 만든 담배 (2014. 7. 18. 신설)

제50조【납세지】 ① 제49조 제1항과 제2항의 경우 담배소비세의 납세지는 담배가 판매된 소매인의 영업장 소재지로 한다. (2020. 12. 29. 개정)

② 제49조 제3항의 경우 담배소비세의 납세지는 담배가 국내로 반입되는 세관 소재지로 한다. (2015. 12. 29. 개정)

③ 제49조 제4항의 경우 납세지는 다음과 같다. (2010. 3. 31. 개정)

1. 담배를 제조한 경우 : 담배를 제조한 장소 (2010. 3. 31. 개정)
2. 담배를 국내로 반입하는 경우 : 국내로 반입하는 자의 주소지(법인의 경우에는 본점이나 주사무소 소재지) (2023. 12. 29. 개정)

④ 제49조 제5항의 경우 담배소비세의 납세지는 같은 항에 따른 처분을 한 자의 영업장 소재지로 하되, 영업장 소재지가 분명하지 아니한 경우에는 그 처분을 한 장소로 한다. (2010. 3. 31. 개정)

제51조【과세표준】 담배소비세의 과세표준은 담배의 개비수, 중량 또는 니코틴 용액의 용량으로 한다. (2010. 12. 27. 개정)

제52조【세 율】 ① 담배소비세의 세율은 다음 각 호와 같다. (2010. 3. 31. 개정)

편주

법 50조 3항 2호의 개정규정은 2024. 1. 1. 이후 담배를 국내로 반입하는 경우부터 적용함. (법 부칙(2023. 12. 29.) 4조)

예판

【예규】 전자담배 완제품 전체 용량에 대하여 담배소비세를 과세하여야 하며, 만약 니코틴(2㎖)을 기준으로 담배소비세를 신고·납부하였다면 추징과 함께 별도의 가산세를 부과대상이 됨. (지방세운영과-112, 2013. 1. 11.)

1. 피우는 담배 (2010. 3. 31. 개정)
   가. 제1종 궐련 : 20개비당 1,007원 (2014. 12. 23. 개정)
   나. 제2종 파이프담배 : 1그램당 36원 (2014. 12. 23. 개정)
   다. 제3종 엽궐련 : 1그램당 103원 (2014. 12. 23. 개정)
   라. 제4종 각련 : 1그램당 36원 (2014. 12. 23. 개정)
   마. 제5종 전자담배 (2016. 12. 27. 개정)
      1) 니코틴 용액을 사용하는 경우 : 니코틴 용액 1밀리리터당 628원 (2016. 12. 27. 개정)
      2) 연초 및 연초고형물을 사용하는 경우 (2017. 12. 26. 개정)
         가) 궐련형 : 20개비당 897원 (2017. 12. 26. 개정)
         나) 기타유형 : 1그램당 88원 (2017. 12. 26. 개정)
   바. 제6종 물담배 : 1그램당 715원 (2014. 12. 23. 개정)
2. 씹거나 머금는 담배 : 1그램당 364원 (2014. 12. 23. 개정)
3. 냄새 맡는 담배 : 1그램당 26원 (2014. 12. 23. 개정)
4. 머금는 담배 : 1그램당 232원 (2014. 5. 20. 신설)
4. 삭 제 (2014. 12. 23.)

② 제1항에 따른 세율은 그 세율의 100분의 30의 범위에서 대통령령으로 가감할 수 있다. (2010. 3. 31. 개정)

제53조 【미납세 반출】 ① 다음 각 호의 어느 하나에 해당하는 담배에 대하여는 담배소비세를 징수하지 아니한다. (2023. 3. 14. 항번개정)

제61조 【조정세율】 법 제52조 제2항에 따라 조정한 담배소비세의 세율은 다음 각 호와 같다. (2010. 9. 20. 개정)

1. 피우는 담배 (2010. 9. 20. 개정)
   가. 제1종 궐련 : 20개비당 1,007원 (2014. 12. 30. 개정)
   나. 제2종 파이프담배 : 1그램당 36원 (2014. 12. 30. 개정)

1. 담배 공급의 편의를 위하여 제조장 또는 보세구역에서 반출하는 것으로서 다음 각 목의 어느 하나에 해당하는 것 (2015. 12. 29. 개정)
   가. 제54조 제1항에 따른 과세면제 담배를 제조장에서 다른 제조장으로 반출하는 것 (2015. 12. 29. 개정)
   나. 「관세법」 제2조 제4호에 따른 외국물품인 담배를 보세구역에서 다른 보세구역으로 반출하는 것 (2015. 12. 29. 개정)
   다. 제조장 또는 보세구역에서 반출할 때 담배소비세 납세의무가 성립된 담배를 다른 제조장 또는 보세구역에서 반출하는 것 (2015. 12. 29. 개정)
   다. 삭 제 (2023. 3. 14.)
2. 담배를 다른 담배의 원료로 사용하기 위하여 반출하는 것 (2010. 3. 31. 개정)
3. 그 밖에 제조장을 이전하기 위하여 담배를 반출하는 등 대통령령으로 정하는 바에 따라 반출하는 것 (2010. 3. 31. 개정)

② 제1항에 따라 반입된 담배에 대해서는 그 반입장소를 제조장 또는 보세구역으로 보고, 반입자를 제조자 또는 수입판매업자로 보아 담배소비세의 부과 또는 면제에 관한 규정을 적용한다. (2023. 3. 14. 신설)

제54조 【과세면제】 ① 제조자 또는 수입판매업자가

다. 제3종 엽궐련 : 1그램당 103원 (2014. 12. 30. 개정)
라. 제4종 각련 : 1그램당 36원 (2014. 12. 30. 개정)
마. 제5종 전자담배 (2016. 12. 30. 개정)
   1) 니코틴 용액을 사용하는 경우 : 니코틴 용액 1밀리리터당 628원 (2016. 12. 30. 개정)
   2) 연초 및 연초 고형물을 사용하는 경우 (2018. 3. 27. 개정)
      가) 궐련형 : 20개비당 897원 (2018. 3. 27. 개정)
      나) 기타유형 : 1그램당 88원 (2018. 3. 27. 개정)
바. 제6종 물담배 : 1그램당 715원 (2014. 12. 30. 개정)
2. 씹거나 머금는 담배 : 1그램당 364원 (2014. 12. 30. 개정)
3. 냄새 맡는 담배 : 1그램당 26원 (2014. 12. 30. 개정)
4. 머금는 담배 : 1그램당 232원 (2014. 7. 18. 신설)
4. 삭 제 (2014. 12. 30.)

제62조 【미납세 반출】 법 제53조 제1항 제3호에서 "제조장을 이전하기 위하여 담배를 반출하는 등 대통령령으로 정하는 바에 따라 반출하는 것"이란 다음 각 호의 어느 하나에 해당하는 것을 말한다. (2023. 3. 14. 개정)
1. 제조장을 이전하기 위하여 담배를 반출하는 것 (2010. 9. 20. 개정)
2. 수출할 담배를 제조장으로부터 다른 장소에 반출하는 것 (2010. 9. 20. 개정)
3. 담배를 폐기하기 위하여 제조장 또는 수입판매업자의

법	영	칙
담배를 다음 각 호의 어느 하나의 용도에 제공하는 경우에는 담배소비세를 면제한다. (2010. 3. 31. 개정) 1. 수출(수출 상담을 위한 견본용 담배를 포함한다) (2015. 7. 24. 개정) 2. 주한외국군의 관할 구역에서 다음 각 목의 사람에 대한 판매 (2015. 7. 24. 개정) 가. 주한외국군의 군인 (2015. 7. 24. 개정) 나. 외국 국적을 가진 민간인으로서 주한외국군대에서 근무하는 사람 (2015. 7. 24. 개정) 다. 가목 또는 나목에 해당하는 사람의 가족 (2015. 7. 24. 개정) 3. 보세구역에서의 판매 (2010. 3. 31. 개정) 4. 외항선 또는 원양어선의 선원에 대한 판매 (2010. 3. 31. 개정) 5. 국제항로에 취항하는 항공기 또는 여객선의 승객에 대한 판매 (2010. 3. 31. 개정) 6. 담배의 제품개발 · 품질개선 · 품질검사 · 성분분석이나 이에 준하는 시험분석 또는 연구활동 (2023. 3. 14. 개정) 7. 「남북교류협력에 관한 법률」 제13조에 따라 반출승인을 받은 담배로서 북한지역에서 취업 중인 근로자 및 북한지역 관광객에게 판매하는 담배 (2015. 7. 24. 개정) 8. 제1호부터 제7호까지의 담배용도와 유사한 것으로서 대통령령으로 정하는 용도 (2015. 7. 24. 신설)	담배보관장소로부터 폐기장소로 반출하는 것 (2015. 12. 31. 신설) **제63조【과세면제】** 법 제54조 제1항 제8호에서 "대통령령으로 정하는 용도"란 다음 각 호의 어느 하나에	**제22조의 2【과세면제의 표시】** 제조자 또는 수입판매업자는 법 제

② 입국자가 반입하는 담배로서 대통령령으로 정하는 범위의 담배에 대해서는 담배소비세를 면제한다. (2015. 7. 24. 개정)

예판

【예규】 • 담배제조업자가 담배제조 기술의 연구, 국민건강 보호 목적 등의 사유로 "시험분석 및 연구용"으로 사용하게 하기 위해 전문연구단체 및 연구기관에 제공하는 경우에는 담배소비세의 면제가 타당함. (지방세운영과-2131, 2010. 5. 19.)

• 여행자가 아닌 자가 탁송품 · 우편물품 등으로 반입하는 담배는 "외국으로부터 입국하는 사람 등이 반입하는 담배"에 해당되지 않아 담배소비세를 면제할 수 없음. (지방세운영과-1353, 2013. 7. 2.)

③ 우리나라에서 수출된 담배가 포장 또는 품질의 불량, 판매부진, 그 밖의 부득이한 사유로 다시 수입되어 제조장 또는 수입판매업자의 담배보관장소로 반입할 목적으

해당하는 용도를 말한다. (2015. 7. 24. 개정)

1. 해외 함상훈련에 참가하는 해군사관생도 및 승선장병에게 공급하는 용도 (2015. 7. 24. 개정)
2. 외국에 주류(駐留)하는 장병에게 공급하는 용도 (2015. 7. 24. 개정)

제64조【입국자가 반입하는 담배에 대한 면세범위】 (2015. 7. 24. 제목개정)

① 법 제54조 제2항에서 "입국자가 반입하는 담배"란 여행자의 휴대품 · 별송품 · 탁송품으로 반입되는 담배를 말한다. (2015. 7. 24. 개정)

② 법 제54조 제2항에서 "대통령령으로 정하는 범위의 담배"란 다음과 같다. (2018. 3. 27. 개정)

담배종류	수　량
궐 련	200개비
엽궐련	50개비
전자담배	니코틴용액 20밀리리터
	궐련형 200개비
	기타유형 110그램
그 밖의 담배	250그램

제64조의 2【재수입 면세담배의 반입 확인】 법 제54조 제3항에 따라 담배소비세를 면제받은 자는 행정안전부령으로 정하는 확인서에 해당 담배가 제조장 또는

54조 제1항 제2호부터 제8호까지 및 영 제63조의 규정에 따라 담배소비세가 면제되는 담배를 제조 · 판매할 경우에는 담뱃갑 포장지에 가로 1센티미터, 세로 3센티미터의 사각형 안에 "면세용, Duty Free"라고 표시하여야 한다. (2015. 12. 31. 신설)

제23조【재수입 면세담배의 반입 확인】 (2015. 7. 24. 제목개정) 영 제64조의 2에서 "행정안전부령

로 보세구역으로부터 반출된 경우에는 담배소비세를 면제한다. (2015. 7. 24. 신설)

제55조【담배의 반출신고】 제조자 또는 수입판매업자는 담배를 제조장 또는 보세구역에서 반출(제53조에 따른 미납세 반출 및 제54조에 따른 과세면제를 위한 반출을 포함한다)하였을 때에는 대통령령으로 정하는 바에 따라 지방자치단체의 장에게 신고하여야 한다. (2015. 12. 29. 개정)

제56조【제조장 또는 보세구역에서의 반출로 보는 경우】 다음 각 호의 어느 하나에 해당하는 경우에는 제조자 또는 수입판매업자가 담배를 제조장 또는 보세구역에서 반출한 것으로 본다. (2010. 3. 31. 개정)

1. 담배가 그 제조장 또는 보세구역에서 소비되는 경우. 다만, 제54조 제1항 제6호의 용도로 소비되는 경우는 제외한다. (2023. 3. 14. 개정)
2. 제조장에 있는 담배가 공매, 경매 또는 파산절차 등에 따라 환가(換價)되는 경우 (2010. 3. 31. 개정)

수입판매업자의 담배보관장소로 반입된 사실을 증명하는 서류를 첨부하여 반입된 날의 다음 날까지 제조장 또는 주사무소 소재지를 관할하는 특별시장·광역시장·특별자치시장·특별자치도지사·시장 및 군수(이하 이 장에서 "시장·군수"라 한다)에게 제출하여야 한다. (2017. 7. 26. 직제개정 ; 행정안전부와~직제 부칙)

제65조【담배의 반출신고】 ① 법 제55조에 따른 반출신고는 반출한 날이 속하는 달의 다음 달 5일까지 행정안전부령으로 정하는 신고서에 지난 달 특별시·광역시·특별자치시·특별자치도·시 및 군(이하 이 장에서 "시·군"이라 한다)별 판매량을 적은 자료를 첨부하여 제조장 또는 주사무소 소재지를 관할하는 시장·군수에게 해야 한다. 다만, 제68조 제2항 각 호 외의 부분 단서에 따른 수입판매업자의 경우에는 지난 달 시·군별 판매량을 적은 자료를 첨부하지 않을 수 있다. (2019. 12. 31. 개정)
② 제1항에 따른 반출신고는 과세대상 담배와 미납세 반출대상 담배 및 면세대상 담배의 반출이 각각 구분될 수 있도록 하여야 한다. (2010. 9. 20. 개정)
③ 제1항 및 제2항에 따른 신고는 업무의 편의를 위하여 행정안전부령으로 정하는 바에 따라 일정 기간의 신고서를 한꺼번에 제출하게 할 수 있다. (2017. 7. 26. 직제개정 ; 행정안전부와~직제 부칙)
③ 삭 제 (2019. 12. 31.)

으로 정하는 확인서"는 별지 제22호의 2 서식에 따른다. (2017. 7. 26. 직제개정 ; 행정안전부와~시행규칙 부칙)

제24조【반출신고】 ① 영 제65조 제1항에 따라 담배의 반출신고를 하려는 자는 별지 제23호 서식의 담배 반출신고서에 담배 수불(受拂)상황표 및 담배의 반출사실을 증명하는 전표 또는 수입신고필증을 첨부하여 제조장 또는 주사무소 소재지를 관할하는 특별시장·광역시장·특별자치시장·특별자치도지사·시장 또는 군수(이하 이 장에서 "시장·군수"라 한다)에게 제출해야 한다. (2019. 12. 31. 개정)
② 제1항에 따라 담배의 반출신고를 받은 제조장 소재지를 관할하는 시장·군수는 매월 월말집계표를 다음 달 15일까지 제조자의 주사무소 소재지를 관할하는 시장·군수에게

제57조【개업·폐업 등 신고사항 통보】 (2016. 12. 27. 제목개정)

① 기획재정부장관은 다음 각 호의 어느 하나에 해당하는 경우에는 그 사실을 제조장 소재지를 관할하는 지방자치단체의 장에게 통보하여야 한다. (2016. 12. 27. 개정)

1. 「담배사업법」 제11조에 따라 담배제조업의 허가 또는 변경허가를 한 경우 (2016. 12. 27. 개정)
2. 「담배사업법」 제11조의 3에 따라 양도·양수·합병 또는 상속의 신고를 받은 경우 (2016. 12. 27. 개정)
3. 「담배사업법」 제11조의 4에 따라 담배제조업의 허가 취소를 한 경우 (2016. 12. 27. 개정)

② 특별시장·광역시장·특별자치시장·도지사 또는 특별자치도지사는 다음 각 호의 어느 하나에 해당하는 경우 그 사실을 수입판매업자의 주사무소 소재지를 관할하는 지방자치단체의 장에게 통보하여야 한다. (2016. 12. 27. 개정)

1. 「담배사업법」 제13조에 따라 담배수입판매업의 등록 또는 변경등록을 한 경우 (2016. 12. 27. 개정)
2. 「담배사업법」 제15조에 따라 담배수입판매업의 등록을 취소한 경우 (2016. 12. 27. 개정)
3. 「담배사업법」 제22조의 2에 따른 휴업 또는 폐업 신고를 받은 경우 (2016. 12. 27. 개정)

제66조【통보사항】 (2016. 12. 30. 제목개정)

① 법 제57조 제1항에 따라 기획재정부장관은 제조장 소재지를 관할하는 지방자치단체의 장에게 다음 각 호의 구분에 따른 사항을 통보하여야 한다. (2016. 12. 30. 개정)

1. 법 제57조 제1항 제1호의 경우 (2016. 12. 30. 개정)
   가. 명칭 또는 상호와 주소 (2016. 12. 30. 개정)
   나. 대표자와 관리자의 성명과 주소 (2016. 12. 30. 개정)
   다. 생산하는 담배의 품종 (2016. 12. 30. 개정)
   라. 연간 생산규모 (2016. 12. 30. 개정)
   마. 영업개시일 (2016. 12. 30. 개정)
   바. 담배 보관창고의 지번 및 소유권자와 사용권자 현황 (2016. 12. 30. 개정)
   사. 변경내용(변경허가인 경우만 해당한다) (2016. 12. 30. 개정)
   아. 그 밖의 참고사항 (2016. 12. 30. 개정)
2. 법 제57조 제1항 제2호의 경우 (2016. 12. 30. 개정)
   가. 양도인·양수인의 명칭 또는 상호와 주소(양도·양수인 경우만 해당한다) (2016. 12. 30. 개정)
   나. 양도인·양수인, 상속인·피상속인 또는 피합병인·합병 후 존속(설립)법인의 대표자와 관리자의 성명과 주소 (2016. 12. 30. 개정)
   다. 양도·양수일, 상속개시일 또는 합병일 (2016. 12. 30. 개정)

통보해야 한다. (2019. 12. 31. 개정)

제25조【반출사항의 일괄신고】 ① 영 제65조 제3항에 따라 담배의 반출신고서를 한꺼번에 제출하는 기간은 다음 각 호의 구분에 따른다. (2010. 12. 23. 개정)

1. 매월 1일부터 10일까지의 신고서 : 그 달 15일까지 (2010. 12. 23. 개정)
2. 매월 11일부터 20일까지의 신고서 : 그 달 25일까지 (2010. 12. 23. 개정)
3. 매월 21일부터 말일까지의 신고서 : 다음 달 5일까지 (2010. 12. 23. 개정)

② 제1항 각 호에 따른 담배의 반출신고서에는 반출사실을 증명하는 전표 또는 수입면장 사본을 첨부하여야 하며, 같은 항 제3호에 따라 신고서를 제출할 때에는 월말집계표를 함께 제출하여야 한다. (2010. 12. 23. 개정)

제25조【반출사항의 일괄신고】
삭 제 (2019. 12. 31.)

제26조【개업 신고 등】 ① 영 제66조 제1항에 따른 제조장 또는 수입판매업의 개업 신고는 별지 제24호 서식에 따른다. (2010. 12. 23. 개정)

② 영 제66조 제2항에 따른 제조장 또

제58조 【폐업 시의 재고담배 사용계획서 제출】 제조자 또는 수입판매업자는 다음 각 호의 구분에 따라 정하여진 날부터 3일 이내에 그가 보유하고 있는 재고담배의 사용계획서를 제조장 소재지 또는 주사무소 소재지(수입판매업의 경우에 한정한다)를 관할하는 지방자치단체의 장에게 제출하여야 한다. (2020. 12. 29. 개정)

1. 제조자 : 사실상 휴업 또는 폐업한 날 (2020. 12. 29. 개정)
2. 제47조 제6호 가목에 해당하는 수입판매업자 : 「담배사업법」 제22조의 2에 따라 휴업 또는 폐업 신고를 한 날 (2020. 12. 29. 개정)
3. 제47조 제6호 나목에 해당하는 수입판매업자 : 사실상 휴업 또는 폐업한 날 (2020. 12. 29. 신설)

라. 양도·양수 또는 합병 사유 (2016. 12. 30. 개정)
마. 그 밖의 참고사항 (2016. 12. 30. 개정)

3. 법 제57조 제1항 제3호의 경우 (2016. 12. 30. 개정)
가. 명칭 또는 상호와 주소 (2016. 12. 30. 개정)
나. 대표자와 관리자의 성명과 주소 (2016. 12. 30. 개정)
다. 허가취소일 (2016. 12. 30. 개정)
라. 허가취소 사유 (2016. 12. 30. 개정)
마. 그 밖의 참고사항 (2016. 12. 30. 개정)

② 법 제57조 제2항에 따라 특별시장·광역시장·특별자치시장·도지사 또는 특별자치도지사는 수입판매업자의 주사무소 소재지를 관할하는 지방자치단체의 장에게 다음 각 호의 구분에 따른 사항을 통보하여야 한다. (2016. 12. 30. 개정)

1. 법 제57조 제2항 제1호의 경우 (2016. 12. 30. 개정)
가. 명칭 또는 상호와 주소 (2016. 12. 30. 개정)
나. 대표자와 관리자의 성명과 주소 (2016. 12. 30. 개정)
다. 수입하는 담배의 품종 (2016. 12. 30. 개정)
라. 제조(공급)업체명 (2016. 12. 30. 개정)
마. 변경내용(변경등록인 경우만 해당한다) (2016. 12. 30. 개정)
바. 그 밖의 참고사항 (2016. 12. 30. 개정)

2. 법 제57조 제2항 제2호의 경우 (2016. 12. 30. 개정)
가. 명칭 또는 상호와 주소 (2016. 12. 30. 개정)
나. 대표자와 관리자의 성명과 주소 (2016. 12. 30. 개정)

는 수입판매업의 변경신고는 별지 제25호 서식에 따른다. (2010. 12. 23. 개정)

제26조 【개업 신고 등】 삭 제 (2016. 12. 30.)

제27조 【폐업 시의 재고담배 사용계획서 제출】 (2016. 12. 30. 제목개정)

법 제58조에 따른 재고담배 사용계획서는 별지 제26호 서식의 재고담배의 사용계획서에 따른다. (2016. 12. 30. 개정)

제59조【기장의무】 제조자 또는 수입판매업자는 담배의 제조·수입·판매 등에 관한 사항을 대통령령으로

다. 등록취소일 (2016. 12. 30. 개정)

라. 등록취소 사유 (2016. 12. 30. 개정)

마. 그 밖의 참고사항 (2016. 12. 30. 개정)

3. 법 제57조 제2항 제3호의 경우 (2016. 12. 30. 개정)

가. 명칭 또는 상호와 주소 (2016. 12. 30. 개정)

나. 대표자와 관리자의 성명과 주소 (2016. 12. 30. 개정)

다. 휴업기간 또는 폐업일 (2016. 12. 30. 개정)

라. 휴업 또는 폐업의 사유 (2016. 12. 30. 개정)

마. 그 밖의 참고사항 (2016. 12. 30. 개정)

제67조【휴업·폐업의 신고】 법 제57조에 따라 제조자 또는 수입판매업자가 제조장 또는 수입판매업을 휴업하거나 폐업하였을 때에는 다음 각 호의 사항을 신고하여야 한다. 다만, 법 제64조에 따라 납세의 보전을 위한 담보를 제공한 제조자 또는 수입판매업자는 신고하지 아니할 수 있다. (2015. 12. 31. 단서신설)

1. 명칭 또는 상호와 주소 (2010. 9. 20. 개정)
2. 대표자 및 관리자의 성명·주소 (2010. 9. 20. 개정)
3. 휴업기간 또는 폐업일 (2010. 9. 20. 개정)
4. 재고담배의 사용계획서 (2010. 9. 20. 개정)
5. 휴업 또는 폐업의 사유 (2010. 9. 20. 개정)
6. 그 밖의 참고사항 (2010. 9. 20. 개정)

제67조【휴업·폐업의 신고】 삭 제 (2016. 12. 30.)

제68조【기장 의무】 ① 법 제59조에 따라 담배의 제조자가 장부에 적어야 할 사항은 다음 각 호와 같다.

정하는 바에 따라 장부에 기장하고 보존하여야 한다. (2020. 12. 29. 개정)

(2010. 9. 20. 개정)

1. 매입한 담배의 원재료의 종류와 종류별 수량 및 가액(그 원료가 담배인 경우에는 그 담배의 품종별 수량 및 가액을 말한다. 이하 이 조에서 같다), 매입연월일 및 판매자의 성명(법인의 경우에는 법인의 명칭과 대표자의 성명을 말한다)·주소 (2010. 9. 20. 개정)
2. 담배의 제조를 위하여 사용한 원재료의 종류별 수량 및 가격, 사용연월일 (2010. 9. 20. 개정)
3. 도매업자와 소매인에게 판매한 담배의 해당 시·군별, 품종별 수량 (2020. 12. 31. 개정)
4. 제조한 담배의 품종별 수량 및 제조연월일 (2010. 9. 20. 개정)
5. 보관되어 있는 담배의 품종별 수량 (2010. 9. 20. 개정)
6. 반출하거나 반입(법 제63조 제1항 제2호에 따른 반입을 포함한다)한 담배(면세·미납세·과세로 구분한다)의 품종별 수량 및 가액, 반출 또는 반입연월일 및 반입자의 성명(법인의 경우에는 법인의 명칭과 대표자의 성명을 말한다)·주소 (2010. 9. 20. 개정)

② 법 제59조에 따라 수입판매업자가 장부에 적어야 할 사항은 다음 각 호와 같다. 다만, 행정안전부령으로 정하는 수입판매업자의 경우에는 제2호의 사항을 적지 않을 수 있다. (2020. 12. 31. 단서개정)

1. 보세구역으로부터 반출되는 담배의 품종별 수량 (2010. 9. 20. 개정)

제28조 【기장 의무가 없는 수입판매업자】 영 제68조 제2항 각 호 외의 부분 단서에서 "행정안전부령으로 정하는 수입판매업자"란 다음 각 호의 어느 하나에 해당하는 자를 말한다. (2017. 7. 26. 직제개정 ; 행정안전부와

제60조 【신고 및 납부 등】 ① 제조자는 매월 1일부터 말일까지 제조장에서 반출한 담배에 대한 제51조와 제52조에 따른 과세표준과 세율에 따라 산출한 세액(이하 이 장에서 "산출세액"이라 한다)을 대통령령으로 정하는 안분기준에 따라 다음 달 20일까지 각 지방자치단체의 장에게 신고납부하여야 한다. (2019. 12. 31. 개정)

2. 도매업자와 소매인에게 판매한 담배의 해당 시·군별, 품종별 수량 (2020. 12. 31. 개정)
3. 보관되어 있는 담배의 보관 장소별, 품종별 수량 (2010. 9. 20. 개정)
4. 훼손·멸실된 담배의 품종별 수량 (2010. 9. 20. 개정)
5. 보세구역 내에서 소비된 담배의 품종별 수량 (2010. 9. 20. 개정)
6. 그 밖에 담배의 수량 확인 등에 필요한 재고 및 사용수량 등 (2010. 9. 20. 개정)

제69조 【신고 및 납부와 안분기준 등】 ① 법 제60조 제1항에 따라 담배소비세를 신고하고 납부하려는 제조자는 다음 각 호의 사항을 명확히 하여 행정안전부령으로 정하는 신고서로 관할 시장·군수에게 신고하고, 행정안전부령으로 정하는 납부서로 시·군별 산출세액을 납부하여야 한다. (2017. 7. 26. 직제개정 ; 행정안전부와~직제 부칙)

~시행규칙 부칙)
1. 사업개시 후 1년이 경과되지 아니한 수입판매업자 (2010. 12. 23. 개정)
2. 직전 연도의 월평균 담배소비세 납부액이 5억원 이하인 수입판매업자 (2010. 12. 23. 개정)

제29조 【신고 및 납부】 ① 영 제69조 제1항에 따라 담배소비세를 신고하고 납부하려는 제조자는 별지 제27호 서식의 담배소비세 신고서(제조자용)에 별지 제30호 서식의 담배소비세액 공제·환급증명서(공제·환급세액이 있는 경우로 한정한다)를 첨부하여 관할 시장·군수에게 제출하고, 별지 제14호 서식의 납부서로 납부해야 한다. (2019. 12. 31. 개정)

제29조 【신고 및 납부】 ① 영 제69조 제1항에 따라 담배소비세를 신고하고 납부하려는 제조자는 별지 제27호 서식의 담배소비세 신고서(제조자용)에 별지 제30호 서식의 담배소비세액 공제·환급증명서(공제·환급세액이 있는 경우로 한정

② 수입판매업자는 매월 1일부터 말일까지 보세구역에서 반출한 담배에 대한 산출세액을 다음 달 20일까지 대통령령으로 정하는 바에 따라 각 지방자치단체의 장에게 신고납부하여야 한다. (2019. 12. 31. 개정)

③ 제2항의 특별징수의무자는 징수한 담배소비세를 대통령령으로 정하는 안분기준에 따라 다음 달 10일까지 각 지방자치단체의 장에게 납부하여야 한다. 이 경우 특별징수의무자는 담배소비세의 징수·납부에 따른 사무처리비 등을 행정안전부령으로 정하는 바에 따라 해당 지방자치단체의 장에게 납부하여야 할 세액에서 공제할 수 있다. (2017. 7. 26. 직제개정 ; 정부조직법 부칙)

1. 지난해 해당 시·군에서 팔린 담배의 품종별 과세표준과 세율에 따라 산출한 세액 (2019. 12. 31. 개정)
2. 전월 중 제조장에서 반출된 담배의 품종별 과세표준과 세율에 따라 산출한 세액에서 법 제63조에 따라 공제하거나 환급한 세액을 빼고, 법 제61조에 따른 가산세를 합한 총세액 (2010. 9. 20. 개정)
3. 지난해 전 시·군지역(시·군 지역을 말한다. 이하 같다)에서 실제 소매인에게 팔린 담배의 품종별 과세표준과 세율에 따라 산출한 총세액 (2019. 12. 31. 개정)
4. 다음 계산방식에 따라 해당 시·군이 실제로 받을 세액 (2019. 12. 31. 개정)

$$\text{해당 시·군이 실제로 받을 세액} = \text{제2호에 따른 총세액} \times \frac{\text{제1호에 따른 산출세액}}{\text{제3호에 따른 총세액}}$$

② 법 제60조 제2항에 따라 담배소비세를 신고하고 납부하려는 수입판매업자는 다음 각 호의 사항을 명확히 하여 행정안전부령으로 정하는 신고서로 관할 시장·군수에게 신고하고, 행정안전부령으로 정하는 납부서로 시·군별 산출세액을 납부해야 한다. (2019. 12. 31. 개정)

1. 지난해 각 시·군에서 소매인에게 팔린 외국산담배의 품종별 과세표준과 세율에 따라 산출한 세액 (2019. 12. 31. 개정)
2. 전월 중 보세구역에서 반출(법 제53조 제1항 각 호에 따른 반출은 제외한다)된 외국산담배의 품종별 과세

한다) 또는 별지 제30호의 2 서식의 담배소비세액 공제·환급증명서 총괄표(공제·환급세액이 있는 경우로 한정한다)를 첨부하여 관할 시장·군수에게 제출하고, 별지 제14호 서식의 납부서로 납부해야 한다. (2024. 3. 26. 개정)

② 영 제69조 제2항에 따라 담배소비세를 신고하고 납부하려는 수입판매업자는 별지 제28호 서식의 담배소비세 신고서(수입판매업자용)에 별지 제30호 서식의 담배소비세액 공제·환급증명서(공제·환급세액이 있는 경우로 한정한다)를 첨부하여 관할 시장·군수에게 제출하고, 별지 제14호 서식의 납부서로 납부해야 한다. (2019. 12. 31. 개정)

② 영 제69조 제2항에 따라 담배소비세를 신고하고 납부하려는 수입판매업자는 별지 제28호 서식의 담배소비세 신고서(수입판매업자용)에 별지 제30호 서식의 담배소비세액 공제·환급증명서(공제·환급세액이 있는 경우로 한정한다) 또는 별지 제30호의 2 서식의 담배소비세액 공제·환급증명서 총괄표(공

④ 제2항의 특별징수의무자가 징수하였거나 징수할 세액을 제3항에 따른 기한까지 납부하지 아니하거나 부족하게 납부하더라도 특별징수의무자에게 「지방세기본법」 제56조에 따른 가산세는 부과하지 아니한다. (2016. 12. 27. 개정 ; 지방세기본법 부칙)

③~④ 삭 제 (2020. 12. 29.)

⑤ 제49조 제3항에 따른 납세의무자는 세관장에게 대통령령으로 정하는 바에 따라 담배소비세를 신고하고 납부하여야 한다. (2015. 12. 29. 개정)

⑥ 세관장은 「관세법」 제39조에 따라 관세를 부과고지할 때에 담배소비세를 함께 부과고지할 수 있다. (2015. 12. 29. 신설)

⑦ 제5항 및 제6항에 따라 담배소비세를 징수하는 세관장은 지방자치단체의 장의 위탁을 받아 담배소비세를 징수하는 것으로 보며, 세관장은 징수한 담배소비세를 다음 달 10일까지 세관 소재지를 관할하는 지방자치단체의 장에게 징수내역을 첨부하여 납입하여야 한다. 다만, 세관장은 「지방세기본법」 제2조 제28호에 따른 지방세통합정보통신망을 이용하여 같은 조 제30호에 따른 전자납부의 방법으로 징수할 수 있다. (2023. 12. 29. 단서개정)

⑧ 제5항 및 제6항에 따른 담배소비세의 징수에 관하여 이 법에 특별한 규정이 있는 경우를 제외하고는 「관세법」을 준용한다. (2015. 12. 29. 신설)

제61조 【부족세액의 추징 및 가산세】 (2013. 1. 1.

표준과 세율에 따라 산출한 세액에서 법 제63조에 따라 공제하거나 환급한 세액을 빼고, 법 제61조에 따른 가산세를 합한 총세액 (2023. 3. 14. 개정)

3. 지난해 전 시·군지역별로 소매인에게 실제로 팔린 외국산담배의 품종별 과세표준과 세율에 따라 산출한 총세액 (2019. 12. 31. 개정)
4. 다음 계산방식으로 각 시·군이 실제로 받을 세액 (2019. 12. 31. 개정)

$$\text{해당 시·군이 실제로 받을 세액} = \text{제2호에 따른 총세액} \times \frac{\text{제1호에 따른 산출세액}}{\text{제3호에 따른 총세액}}$$

③ 제1항 제1호 및 제3호 또는 제2항 제1호 및 제3호에 따른 세액이 없어 제조자 또는 수입판매업자가 판매한 담배에 대한 시·군별 담배소비세액을 산출할 수 없거나 제68조 제2항 각 호 외의 부분 단서에 따라 시·군별, 품종별 수량을 장부에 적지 아니한 수입판매업자의 경우에는 전전 연도 1월부터 12월까지 각 시·군별로 징수된 담배소비세액(이하 제7항 및 제8항에서 "징수실적"이라 한다)의 비율에 따라 나눈다. (2019. 12. 31. 개정)

④ 법 제60조 제5항에 따라 담배소비세를 신고하고 납부하려는 자는 「관세법」 제96조 제2항에 따라 기획재정부령으로 정하는 신고서 또는 같은 법 제241조 제2항에 따라 기획재정부령이나 관세청장이 정하는 신고서에 담배의 품종·수량 등을 적어 세관장에게 신고하고, 「관세법

제·환급세액이 있는 경우로 한정한다)를 첨부하여 관할 시장·군수에게 제출하고, 별지 제14호서식의 납부서로 납부해야 한다. (2024. 3. 26. 개정)

③ 영 제69조 제5항에 따른 징수내역서는 별지 제28호의 2 서식의 담배소비세 징수내역서에 따른다. (2015. 12. 31. 개정)

제목개정)

① 다음 각 호의 어느 하나에 해당하는 경우에는 그 산출세액 또는 부족세액의 100분의 10에 해당하는 가산세(제4호 또는 제5호의 경우에는 「지방세기본법」 제53조 또는 제54조에 따른 가산세를 말한다)를 징수하여야 할 세액에 가산하여 징수한다. 다만, 제4호 및 제5호의 경우로서 산출세액을 납부하지 아니하거나 산출세액보다 적게 납부하였을 때에는 「지방세기본법」 제55조에 따른 가산세를 추가로 가산하여 징수한다. (2016. 12. 27. 개정 ; 지방세기본법 부칙)

1. 제57조에 따른 개업신고를 하지 아니하고 영업행위를 한 경우 (2010. 3. 31. 개정)

1. 삭 제 (2016. 12. 27.)
2. 제58조에 따른 사용계획서를 제출하지 아니한 경우 (2016. 12. 27. 개정)
3. 제59조에 따른 기장의무를 이행하지 아니하거나 거짓으로 기장한 경우 (2010. 3. 31. 개정)
4. 제60조에 따라 신고하지 아니하였거나 신고한 세액이 산출세액보다 적은 경우 (2010. 3. 31. 개정)
5. 제60조에 따른 지방자치단체별 담배에 대한 산출세액을 거짓으로 신고한 경우 (2020. 12. 29. 개정)

② 다음 각 호의 어느 하나에 해당하는 경우에는 그 산출세액 또는 부족세액의 100분의 30에 해당하는 금액을 징수하여야 할 세액에 가산하여 징수한다. (2010. 3. 31. 개정)

시행령」 제287조에 따라 관세청장이 정하는 납부서로 납부하여야 한다. (2015. 12. 31. 개정)

⑤ 법 제60조 제7항에 따라 세관장이 첨부하는 징수내역서에는 다음 각 호의 사항이 포함되어야 한다. (2015. 12. 31. 개정)

1. 납세의무자의 성명 (2015. 12. 31. 개정)
2. 과세대상 담배의 품종 · 수량 · 세율 · 세액 (2015. 12. 31. 개정)
3. 신고일 또는 부과일 및 납부일 (2015. 12. 31. 개정)
4. 체납 여부 (2015. 12. 31. 개정)

⑥ 제2항에 따라 수입판매업자가 신고 또는 납부하였거나 신고 또는 납부하여야 할 담배소비세에 대하여 착오 등이 있는지에 대한 조사는 주사무소 소재지를 관할하는 시 · 군의 세무공무원이 하고, 착오 등이 확인된 경우에는 해당 시장 · 군수에게 통보하여야 한다. (2010. 9. 20. 개정)

⑦ 시 · 군의 경계가 변경되거나 폐지 · 설치 · 분리 · 병합이 있는 경우에는 다음 각 호의 구분에 따라 징수실적을 보정한다. (2013. 1. 1. 신설)

1. 시 · 군의 경계가 변경되는 구역[종전의 시 · 군(폐지되는 시 · 군을 포함한다)의 구역에서 신설되는 시 · 군 또는 다른 시 · 군에 편입되는 구역을 말한다. 이하 "변경구역"이라 한다]이 종전에 속하였던 시 · 군의 징수실적은 해당 시 · 군의 징수실적에서 변경구역의 징수실적을 차감한다. (2013. 1. 1. 신설)

1. 제53조에 따라 반출된 담배를 해당 용도에 사용하지 아니하고 판매, 소비, 그 밖의 처분을 한 경우 (2020. 12. 29. 개정)
2. 제54조 제1항에 따라 담배소비세가 면제되는 담배를 같은 항 각 호의 구분에 따른 해당 용도에 사용하지 아니하고 판매, 소비, 그 밖의 처분을 한 경우 (2020. 12. 29. 개정)
3. 제조자 또는 수입판매업자가 제55조에 따른 신고를 하지 아니한 경우 (2010. 3. 31. 개정)
4. 부정한 방법으로 제63조에 따른 세액의 공제 또는 환급을 받은 경우 (2010. 3. 31. 개정)
5. 과세표준의 기초가 될 사실의 전부 또는 일부를 은폐하거나 위장한 경우 (2010. 3. 31. 개정)

③ 제1항 및 제2항의 산출세액 및 부족세액은 해당 행위에 의한 담배수량에 대하여 과세표준과 세율을 적용하여 산출한다. (2010. 3. 31. 개정)

제62조 【수시부과】 ① 지방자치단체의 장은 다음 각 호의 어느 하나에 해당하는 경우에는 제60조에도 불구하고 관계 증거자료에 따라 수시로 그 세액을 결정하여 부과·징수할 수 있다. (2010. 3. 31. 개정)
1. 제49조 제1항 및 제2항에 따른 납세의무자가 사업 부진이나 그 밖의 사유로 휴업 또는 폐업의 상태에 있는 경우 (2010. 3. 31. 개정)

2. 변경구역이 편입되어 새로 설치되는 시·군의 징수실적은 편입되는 변경구역의 징수실적을 합산한다. (2013. 1. 1. 신설)
3. 변경구역이 편입되어 존속하는 시·군의 징수실적은 해당 시·군의 징수실적에 편입되는 변경구역의 징수실적을 가산한다. (2013. 1. 1. 신설)

⑧ 변경구역의 징수실적은 매년 1월 1일 현재 「주민등록법」에 따른 주민등록표에 따라 조사한 인구 통계를 기준으로 하여 다음의 계산식에 따라 산출한다. (2013. 1. 1. 신설)

$$\text{변경구역의 징수실적} = \text{변경구역이 종전에 속하였던 시·군의 징수실적} \times \frac{\text{변경구역의 인구}}{\text{변경구역이 종전에 속하였던 시·군의 전체 인구}}$$

2. 제61조에 따라 담배소비세를 징수하는 경우 (2010. 3. 31. 개정)

② 제49조 제4항 및 제5항의 경우에는 해당 사실이 발견되거나 확인되는 때에 그 세액을 결정하여 부과·징수한다. (2010. 3. 31. 개정)

제62조의 2【특별징수】 ① 제61조 제1항 제4호·제5호 또는 같은 조 제2항 제3호·제5호의 위반행위를 한 제조자 또는 수입판매업자에 대하여 세액을 부과·징수하는 경우에는 제62조 제1항 제2호에도 불구하고 해당 제조자 또는 수입판매업자의 주소지(법인의 경우에는 본점 또는 주사무소 소재지)를 관할하는 지방자치단체의 장이 대통령령으로 정하는 바에 따라 세액을 부과·징수하여야 한다. 이 경우 전단에 따른 지방자치단체의 장을 각 지방자치단체가 부과·징수할 담배소비세의 특별징수의무자(이하 이 조에서 "특별징수의무자"라 한다)로 한다. (2023. 12. 29. 신설)

② 특별징수의무자는 제1항 전단에 따라 징수한 담배소비세 및 그 이자를 다음 달 20일까지 대통령령으로 정하는 바에 따라 납세지를 관할하는 각 지방자치단체에 납입하여야 한다. 이 경우 특별징수의무자는 징수·납입에 따른 사무처리비 등을 행정안전부령으로 정하는 바에 따라 지방자치단체에 납입하여야 할 세액에서 공제할 수 있다. (2023. 12. 29. 신설)

제69조의 2【특별징수의무자의 납입과 안분기준 등】 ① 법 제62조의 2 제1항 후단에 따른 특별징수의무자(이하 이 조에서 "특별징수의무자"라 한다)는 같은 항 전단에 따라 세액을 부과·징수하는 경우 납세지를 관할하는 각 지방자치단체의 장에게 세액을 부과·징수한다는 사실을 통보해야 한다. (2024. 3. 26. 신설)

② 특별징수의무자는 법 제62조의 2 제2항 전단에 따라 징수한 담배소비세 및 그 이자에서 같은 항 후단에 따른 사무처리비 등을 공제한 금액을 제69조 제1항 각 호, 같은 조 제2항 각 호 및 같은 조 제3항의 기준에 따라 납세지를 관할하는 각 지방자치단체에 안분하여 납입해야 한다. (2024. 3. 26. 신설)

③ 특별징수의무자는 제2항에 따른 금액을 납세지를 관할하는 각 지방자치단체에 안분하여 납입한 경우 행정안전부령으로 정하는 담배소비세 납입명세서 및 사무처리비 등 공제명세서를 납세지를 관할하는 각 지방자치단체의 장에게 통보해야 한다. (2024. 3. 26. 신설)

제30조【사무처리비 등】 ① 법 제62조의 2 제2항 후단에 따라 공제할 수 있는 사무처리비 등은 다음 각 호의 구분에 따른 금액 또는 비용으로 한다. (2024. 3. 26. 신설)

1. 사무처리비: 법 제62조의 2 제1항 전단에 따라 징수한 담배소비세 징수세액의 1만분의 5에 해당하는 금액 (2024. 3. 26. 신설)
2. 그 밖의 비용: 법 제62조의 2 제1항 후단에 따른 특별징수의무자가 같은 항 전단에 따른 세액의 부과·징수에 관한 소송으로 인하여 지출한 비용으로서 행정안전부장관이 정하는 비용(「법인세법」 제121조, 「부가가치세법」 제32조·제36조 또는 「소득세법」 제163조에 따른 계산서·세금계

③ 특별징수의무자가 징수하였거나 징수할 세액을 제2항에 따른 기한까지 납입하지 아니하거나 부족하게 납입하더라도 해당 특별징수의무자에게 「지방세기본법」 제56조에 따른 가산세를 부과하지 아니한다. (2023. 12. 29. 신설)

④ 제1항 전단에 따른 담배소비세의 부과·징수에 대하여 불복하려는 경우에는 특별징수의무자를 그 처분청으로 본다. (2023. 12. 29. 신설)

편주

법 62조의 2의 개정규정은 2024. 1. 1. 이후 발생하는 법 61조 1항 4호·5호 또는 같은 조 2항 3호·5호의 위반행위에 대하여 세액을 특별징수하는 경우부터 적용함. (법 부칙(2023. 12. 29.) 5조)

제63조【세액의 공제 및 환급】 ① 다음 각 호의 어느 하나에 해당하는 경우에는 세액을 공제하거나 환급한다. 다만, 납세의무자가 이미 납부하였거나 납부하여야 할 가산세는 공제하거나 환급하지 아니한다. (2023. 3. 14. 단서신설)

1. 제조장 또는 보세구역에서 반출된 담배가 천재지변이나 그 밖의 부득이한 사유로 멸실되거나 훼손된 경우 (2010. 3. 31. 개정)
2. 제조장 또는 보세구역에서 반출된 담배가 포장 또는 품질의

제70조【세액의 공제·환급의 대상 및 범위】 ① 법 제63조 제1항 각 호에 해당하는 사유로 세액의 공제 또는 환급을 받으려는 자는 행정안전부령으로 정하는 신청서에 해당 사유의 발생 사실을 증명하는 서류를 첨부하고 사유 발생지역을 관할하는 시장·군수에게 제출하여 공제 또는 환급증명을 발급받아야 한다. (2017. 7. 26. 직제개정 ; 행정안전부와~직제 부칙)

② 제1항에 따른 공제 및 환급증명을 받은 제조자 및 수입판매업자는 다음 달 세액신고 시 납부하여야 할 세액

산서 또는 영수증 등으로 그 지출 사실이 객관적으로 증명되는 경우로 한정한다) (2024. 3. 26. 신설)

② 영 제69조의 2 제3항에 따른 담배소비세 납입명세서 및 사무처리비 등 공제명세서 통보는 별지 제29호 서식에 따른다. (2024. 3. 26. 신설)

제31조【세액의 공제·환급증명의 발급 신청】 ① 영 제70조 제1항에 따른 담배소비세액의 공제·환급증명 발급신청서 및 공제·환급증명서는 각각 별지 제30호 서식에 따른다. (2019. 12. 31. 개정)

② 제1항에 따른 담배소비세액 공제·환급증명서를 발급한 시장·군수는 주사무소 소재지를 관할하는

불량, 판매부진, 그 밖의 부득이한 사유로 제조장 또는 수입판매업자의 담배보관 장소로 반입된 경우 (2010. 3. 31. 개정)

2. 제조장 또는 보세구역에서 반출된 담배가 포장 또는 품질의 불량, 판매부진, 그 밖의 부득이한 사유로 제조장 또는 수입판매업자의 담배보관 장소로 반입된 경우 또는 같은 사유로 제조장 또는 수입판매업자의 담배보관 장소로 반입되지 아니하고 대통령령으로 정하는 바에 따라 폐기된 경우 (2024. 12. 31. 개정)
3. 이미 신고납부한 세액이 초과 납부된 경우 (2010. 3. 31. 개정)
4. 제64조 제4항에 따라 보세구역으로부터 반출하기 전에 담배소비세를 미리 신고납부한 이후 멸실, 훼손 또는 폐기 등의 사유로 담배를 보세구역으로부터 반출하지 못하게 된 경우 (2016. 12. 27. 신설)

② 제1항에 따른 공제·환급의 대상 및 범위에 관하여는 대통령령으로 정한다. (2010. 3. 31. 개정)

③ 제1항 제2호에 따라 반입된 담배에 대해서는 그 반입장소를 제조장 또는 보세구역으로 보고, 반입자를 제조자 또는 수입판매업자로 보아 담배소비세의 부과 또는 면제에 관한 규정을 적용한다. (2023. 3. 14. 신설)

운영예규 법63－1【제조담배의 포장 또는 품질불량의 판단 및 처리】

1. 제조담배의 포장 또는 품질불량 여부를 확인할 때 궐련은 "갑" 단위로, 기타 담배는 "최소포장" 단위로 하여야 한다.

에서 공제받도록 하되, 폐업이나 그 밖의 사유로 다음 달에 신고·납부할 세액이 없는 경우에는 행정안전부령으로 정하는 바에 따라 환급을 신청한다. (2017. 7. 26. 직제개정 ; 행정안전부와~직제 부칙)

제70조의 2【세액의 공제·환급의 사후관리】 ① 제조자 또는 수입판매업자가 법 제63조 제1항 제1호 또는 제2호의 사유로 반입된 담배를 폐기하는 경우에는 폐기하려는 날의 3일 전까지 행정안전부령으로 정하는 신고서에 다음 각 호의 사항을 기재하여 제조장 또는 수입판매업자의 담배보관장소(이 조에서 "보관장소"라 한다)와 폐기장소의 소재지를 관할하는 시장·군수에게 각각 제출하여야 한다. (2017. 7. 26. 직제개정 ; 행정안전부와~직제 부칙)

1. 제조자 또는 수입판매업자의 명칭 또는 상호와 주소 (2015. 12. 31. 신설)
2. 폐기대상 담배의 품종별 수량 (2015. 12. 31. 신설)
3. 폐기장소 및 폐기예정일 (2015. 12. 31. 신설)
4. 법 제63조 제1항 제1호 또는 제2호에 따른 반입일 (2015. 12. 31. 신설)

② 제조자 또는 수입판매업자는 법 제63조 제1항 제2호의 사유로 보관장소로 반입되지 않은 담배를 폐기하는 경우에는 폐기하려는 날의 3일 전까지 행정안전부령으로 정하는 신고서에 제1항 제1호부터 제3호까지의 규정

시장·군수에게 지방세종합정보통신망을 통하여 담배소비세액 공제·환급증명서의 발급 사실을 통보해야 한다. (2024. 3. 26. 신설)

③ 제조자 및 수입판매업자는 영 제70조 제1항에 따라 사유발생지역을 관할하는 시장·군수로부터 발급받은 담배소비세액 공제·환급증명서 전체를 일괄하여 증명할 수 있는 서류를 발급받으려는 경우에는 주사무소 소재지를 관할하는 시장·군수에게 담배소비세액 공제·환급증명서 총괄표의 발급을 신청하고, 담배소비세액 공제·환급증명서 총괄표를 발급받을 수 있다. 이 경우 담배소비세액 공제·환급증명 총괄표 신청서 및 담배소비세액 공제·환급증명서 총괄표는 별지 제30호의 2 서식에 따른다. (2024. 3. 26. 신설)

② 제조자 및 수입판매업자는 영 제70조 제2항에 따라 세액을 환급받으려면 별지 제31호 서식의 담배소비세액 환급신청서에 별지 제30호 서식의 담배소비세액 공제·환급증명서를 첨부하여 주사

2. 제조담배가 물리적으로 손상된 경우에는 사유발생지역의 시장 · 군수의 확인을 받아야 하나, 화학적으로 변질되어 육안으로 식별이 불가능한 때에는 전문기관에 의뢰하여 검정을 받아 사유발생지역의 시장 · 군수에게 신고하여 손상물량을 확정받은 후 규칙 제31조의 규정에 의거 처리하여야 한다.

에 따른 사항을 기재하여 사유 발생지역과 폐기장소의 소재지를 관할하는 시장 · 군수에게 각각 제출하여야 한다. (2024. 12. 31. 신설)

② 제조자와 수입판매업자는 담배의 폐기를 종료한 날부터 7일 이내에 행정안전부령으로 정하는 확인서에 다음 각 호의 사항을 기재하여 보관장소를 관할하는 시장 · 군수와 세액의 공제 또는 환급을 받았거나 받을 시장 · 군수에게 각각 제출하여야 한다. (2017. 7. 26. 직제개정 ; 행정안전부와~직제 부칙)

② 제조자와 수입판매업자는 담배의 폐기를 종료한 날이 속하는 달의 다음 달 말일까지 행정안전부령으로 정하는 확인서에 다음 각 호의 사항을 기재하여 보관장소를 관할하는 시장 · 군수와 세액의 공제 또는 환급을 받았거나 받을 시장 · 군수에게 각각 제출하여야 한다. (2024. 3. 26. 개정)

③ 제조자와 수입판매업자는 담배의 폐기를 종료한 날이 속하는 달의 다음 달 말일까지 행정안전부령으로 정하는 확인서에 다음 각 호의 사항을 기재하여 보관장소를 관할하는 시장 · 군수(제2항에 따라 폐기하는 경우는 제외한다)와 세액의 공제 또는 환급을 받았거나 받을 시장 · 군수에게 각각 제출하여야 한다. (2024. 12. 31. 개정)

1. 제1항 제1호부터 제4호까지의 규정에 따른 사항 (2015. 12. 31. 신설)

1. 제1항 제1호부터 제4호까지의 규정에 따른 사항(제2항에 따라 폐기하는 경우에는 제1항 제4호의 규정에 따른 사항은 제외한다) (2024. 12. 31. 개정)

2. 폐기업체의 명칭 또는 상호와 주소 (2015. 12. 31. 신설)

무소 소재지를 관할하는 시장 · 군수에게 제출해야 한다. (2019. 12. 31. 개정)

④ 제조자 및 수입판매업자는 영 제70조 제2항에 따라 세액을 환급받으려면 별지 제31호 서식의 담배소비세액 환급신청서에 별지 제30호 서식의 담배소비세액 공제 · 환급증명서 또는 별지 제30호의 2 서식의 담배소비세액 공제 · 환급증명서 총괄표를 첨부하여 주사무소 소재지를 관할하는 시장 · 군수에게 제출해야 한다. (2024. 3. 26. 개정)

⑤ 제4항에 따라 환급신청서를 제출받은 시장 · 군수는 모든 시장 · 군수에게 환급신청을 받은 사실을 통보해야 하며, 해당 통보를 받은 시장 · 군수는 환급신청을 받은 시장 · 군수에게 해당 시 · 군이 받은 세액 중 환급해야 하는 세액을 즉시 납입해야 한다. (2024. 3. 26. 개정)

제31조의 2【담배의 폐기 신고】 영 제70조의 2 제1항 및 제2항에서 "행정안전부령으로 정하는 신고서"란 별지

제64조【납세담보】 ① 제조자 또는 수입판매업자의 주사무소 소재지를 관할하는 지방자치단체의 장은 담배소비세의 납세보전을 위하여 대통령령으로 정하는 바에 따라 제조자 또는 수입판매업자에게 담보의 제공을 요구할 수 있다. (2010. 3. 31. 개정)

② 지방자치단체의 장은 제1항에 따라 담보제공을 요구받은 제조자 또는 수입판매업자가 담보를 제공하지 아니하거나 부족하게 제공한 경우 담배의 반출을 금지하거나 세관장에게 반출금지를 요구할 수 있다. (2010. 3. 31. 개정)

③ 제2항에 따라 담배의 반출금지 요구를 받은 세관장은 요구에 따라야 한다. (2010. 3. 31. 개정)

④ 제1항에 따라 담보제공을 요구받은 수입판매업자는 제60조 제2항에도 불구하고 보세구역으로부터 담배를 반출하기 전에 미리 담배소비세를 신고납부하여 담보를 제공하지 아니할 수 있다. 이 경우 「지방세기본법」 제34조 제1항 제4호에도 불구하고 담배소비세를 신고하는 때 납세의무가 성립한다. (2016. 12. 27. 신설)

예판

【판례】 담배소비세분 교육세 납세담보 효력
담배소비세분 교육세에 대하여는 납세의무자로부터 납세담보를 제공받을 수 있다는 근거규정이 없으므로, 납세담보를 제공받은 행위는 무효이고, 무효인 납세담보권의 행사로서 이루어진 위

제71조【납세 담보】 ① 법 제64조에 따라 제조자 또는 수입판매업자로부터 제공받을 수 있는 납세담보액은 다음 각 호에서 정하는 금액 이상으로 한다. (2010. 9. 20. 개정)

1. 제조자 : 제조장에서 반출한 담배에 대한 산출세액과 제조장에서 반출하는 담배에 대한 산출세액의 합계액에서 이미 납부한 세액의 합계액을 뺀 세액에 해당하는 금액 (2010. 9. 20. 개정)
2. 수입판매업자 : 수입신고를 받은 담배에 대한 산출세액과 수입신고를 받는 담배에 대한 산출세액의 합계액에서 이미 납부한 세액의 합계액을 뺀 세액에 해당하는 금액 (2013. 1. 1. 개정)

② 수입판매업자가 수입한 담배를 통관할 때에는 행정안전부령으로 정하는 바에 따라 주사무소 소재지 관할 시장·군수가 발행한 납세담보확인서 또는 납부영수증을 통관지 세관장에게 제출하여야 하며, 세관장은 납세담보확인서에 적힌 담보물량 또는 납부영수증에 적힌 반출물량의 범위에서 통관을 허용하여야 한다. 다만, 「전자정부법」 제36조 제1항에 따른 행정정보의 공동이용을 통하여 제출서류에 대한 정보를 확인할 수 있는 경우에는 그 확인으로 서류제출을 갈음할 수 있다. (2017. 7. 26. 직제개정 ; 행정안전부와~직제 부칙)

③ 제조자 또는 수입판매업자의 주사무소 소재지를 관할하는 지방자치단체의 장은 제1항에도 불구하고 담배

제31호의 2서식의 담배 폐기 신고서 및 담배 폐기 확인서를 말한다. (2017. 7. 26. 직제개정 ; 행정안전부와~시행규칙 부칙)

제31조의 2【담배의 폐기 신고】 영 제70조의 2 제1항 각 호 외의 부분 및 같은 조 제2항에서 "행정안전부령으로 정하는 신고서"와 같은 조 제3항 각 호 외의 부분에서 "행정안전부령으로 정하는 확인서"란 별지 제31호의 2 서식의 담배 폐기 신고서 및 담배 폐기 확인서를 말한다. (2024. 12. 31. 개정)

제32조【납세담보확인서】 영 제71조 제2항 본문에 따른 담배소비세의 납세담보확인서의 발급 신청은 별지 제32호 서식에 따르고, 담배소비세의 납세담보확인서는 별지 제33호 서식에 따른다. (2010. 12. 23. 개정)

교육세에 해당하는 보험금을 청구하여 수령한 것은 부당이득에 해당함. (대법 2004다58277, 2005. 8. 25.)

를 제조장 또는 보세구역에서 반출한 날부터 3년간 담배소비세를 체납하거나 고의로 회피한 사실이 없는 제조자 또는 담배수입업자에 대하여 조례로 정하는 바에 따라 납세담보금액을 감면할 수 있다. (2014. 8. 12. 신설)

제72조【담보에 의한 담배소비세 충당】 법 제64조 제1항에 따라 담보를 제공한 자가 기한 내에 담배소비세를 납부하지 아니하거나 부족하게 납부하였을 때에는 그 담보물을 체납처분비, 담배소비세액 및 가산금에 충당할 수 있다. 이 경우 부족액이 있으면 징수하며, 잔액이 있으면 환급한다. (2010. 9. 20. 개정)

제72조【담보에 의한 담배소비세 충당】 법 제64조 제1항에 따라 담보를 제공한 자가 기한 내에 담배소비세를 납부하지 아니하거나 부족하게 납부하였을 때에는 그 담보물을 체납처분비 및 담배소비세액에 충당할 수 있다. 이 경우 부족액이 있으면 징수하며, 잔액이 있으면 환급한다. (2024. 3. 26. 개정)

편주

2024. 1. 1. 전에 납세의무가 성립된 분에 대해서는 영 72조의 개정규정에도 불구하고 종전의 규정에 따름 (영 부칙 (2024. 3. 26.) 6조)

제6장 지방소비세 (2010. 3. 31. 개정)

제65조【과세대상】 지방소비세의 과세대상은 「부가가치세법」 제4조를 준용한다. (2013. 6. 7. 개정 ; 부가가치세법 부칙)

제66조【납세의무자】 지방소비세는 제65조에 따른 재화와 용역을 소비하는 자의 주소지 또는 소재지를 관할하는 특별시·광역시·특별자치시·도 또는 특별자치도에서 「부가가치세법」 제3조에 따라 부가가치세를 납부할 의무가 있는 자에게 부과한다. (2016. 12. 27. 개정)

제67조【납세지】 지방소비세의 납세지는 「부가가치세법」 제6조에 따른 납세지로 한다. (2013. 6. 7. 개정 ; 부가가치세법 부칙)

제68조【특별징수의무자】 제67조에 따른 납세지를 관할하는 세무서장 또는 「부가가치세법」 제58조 제2항에 따라 재화의 수입에 대한 부가가치세를 징수하는 세관장을 지방소비세의 특별징수의무자로 한다. (2013. 6. 7. 개정 ; 부가가치세법 부칙)

제6장 지방소비세 (2010. 9. 20. 개정)

제6장 지방소비세 (2010. 12. 23. 개정)

제69조【과세표준 및 세액】 ① 지방소비세의 과세표준은 「부가가치세법」에 따른 부가가치세의 납부세액에서 「부가가치세법」 및 다른 법률에 따라 부가가치세의 감면세액 및 공제세액을 빼고 가산세를 더하여 계산한 세액으로 한다. (2010. 3. 31. 개정)

② 지방소비세의 세액은 제1항의 과세표준에 1천분의 253을 적용하여 계산한 금액으로 한다. (2021. 12. 7. 개정)

제70조【신고 및 납부 등】 ① 지방소비세와 부가가치세를 신고·납부·경정 및 환급할 경우에는 제69조 제2항에도 불구하고 같은 항에 따른 지방소비세와 「부가가치세법」 제72조에 따른 부가가치세가 합쳐진 금액으로 신고·납부·경정 및 환급하여야 한다. (2013. 6. 7. 개정 ; 부가가치세법 부칙)

② 「부가가치세법」 제48조부터 제50조까지, 제52조, 제66조 및 제67조에 따라 부가가치세를 신고·납부한 경우에는 지방소비세도 신고·납부한 것으로 본다. (2013. 6. 7. 개정 ; 부가가치세법 부칙)

제71조【납 입】 ① 특별징수의무자는 징수한 지방소비세를 다음 달 20일까지 관할구역의 인구 또는 납입관리의 효율성과 전문성 등을 고려하여 대통령령으로 정하는 특별시장·광역시장·특별자치시장·도지사·특별자치도지사 또는 「지방세기본법」 제151조의 2에 따라

편주

- 법 69조의 개정규정은 2022. 1. 1. 이후 부가가치세법에 따라 납부 또는 환급하는 분부터 적용함. (법 부칙(2021. 12. 7.) 3조)
- 법 69조 2항의 개정규정에도 불구하고 2022. 1. 1.부터 2022. 12. 31.까지 지방소비세의 세액은 법 69조 1항의 과세표준에 1천분의 237을 적용하여 계산한 금액으로 함. (법 부칙(2021. 12. 7.) 4조)

제73조【납입관리자】 법 제71조 제1항에서 "대통령령으로 정하는 특별시장·광역시장·특별자치시장·도지사 또는 특별자치도지사"란 인구대비 지방소비세 비율 등을 고려하여 행정안전부장관이 지정하는 특별시장·광역시장·특별자치시장·도지사 또는 특별자치도

제33조【특별징수의무자의 납입】 법 제71조 제1항에 따른 지방소비세의 징수명세서는 별지 제34호 서식에 따른다. (2010. 12. 23. 개정)

설립된 지방자치단체조합의 장 중에서 행정안전부장관이 지정하는 자(이하 "납입관리자"라 한다)에게 행정안전부령으로 정하는 징수명세서와 함께 납입하여야 한다. (2020. 12. 29. 개정)

② 제1항의 특별징수의무자가 징수하였거나 징수할 세액을 같은 항에 따른 기한까지 납입하지 아니하거나 부족하게 납입하더라도 특별징수의무자에게 「지방세기본법」 제56조에 따른 가산세는 부과하지 아니한다. (2016. 12. 27. 개정 ; 지방세기본법 부칙)

③ 납입관리자는 제1항에 따라 납입된 지방소비세를 다음 각 호에 따라 대통령령으로 정하는 기간 이내에 납입하여야 한다. (2019. 12. 31. 개정)

편주

- 법 71조의 개정규정은 2022. 1. 1. 이후 부가가치세법에 따라 납부 또는 환급하는 분부터 적용함. (법 부칙(2021. 12. 7.) 3조)
- 법 71조 3항의 개정규정에도 불구하고 2022. 1. 1.부터 2022. 12. 31.까지 지방소비세의 세액은 법 69조 1항의 과세표준에 1천분의 237을 적용하여 계산한 금액으로 함. 이 경우 법 71조 3항 1호의 개정규정 중 253분의 50은 237분의 50으로, 같은 항 2호의 개정규정 중 253분의 60은 237분의 60으로, 같은 항 3호의 개정규정 중 253분의 100은 237분의 100으로, 같은 항 4호의 개정규정 중 253분의 43은 237분의 27로 함. (법 부칙(2021. 12. 7.) 4조)

지사를 말한다. (2021. 12. 31. 개정)

제74조【특별징수의무자의 납입】 법 제71조 제1항에 따라 특별징수의무자가 징수한 지방소비세를 납입하는 경우 납입업무의 효율적 처리를 위하여 국세청장을 통하여 법 제71조 제1항에 따른 납입관리자(이하 "납입관리자"라 한다)에게 일괄 납입할 수 있다. (2021. 12. 31. 개정)

제75조【지방소비세액의 안분기준 등】 (2019. 12. 31. 제목개정)

① 이 조에서 사용하는 용어의 뜻은 다음과 같다. (2021. 12. 31. 개정)

1. "소비지수"란 「통계법」 제17조에 따라 통계청에서 확정·발표하는 민간최종소비지출(매년 1월 1일 현재 발표된 것을 말하며, 이하 이 조에서 "민간최종소비지출"이라 한다)을 백분율로 환산한 각 시·도별 지수를 말한다. (2021. 12. 31. 개정)
2. "가중치"란 지역 간 재정격차를 해소하기 위하여 소비지수에 적용하는 지역별 가중치로서 「수도권정비계획법」에 따른 수도권은 100분의 100을, 수도권 외의 광역시는 100분의 200을, 특별자치시·수도권 외의 도와 특별자치도는 100분의 300을 말한다. (2021. 12. 31. 개정)

운영예규 법71…시행령74-1 **【일괄 납입】**

「지방세법 시행령」 제74조에서 규정하고 있는 「일괄 납입」이란 각 세무서장 또는 세관장이 납입할 지방소비세를 국세청장이 납입관리자에게 일괄 정산한 후 납입하는 것을 말한다.

제33조의 2【안분기준 통보】 (2021. 12. 31. 조번개정)

① 행정안전부장관은 영 제75조 제1항 제1호에 따른 특별시·광역시·특별자치시·도 또는 특별자치도(이하 이 조에서 "시·도"라 한다)별 소비지수를 매년 1월 31일까지 별지 제35호 서식에 따라 각 특별시장·광역시장·특별자치시장·도지사 또는 특별자치도지사(이하 이 조에서 "시·도지사"라 한다)에게 통보

3. “해당 시·도의 취득세 감소분의 보전비율”이란 해당 시·도의 주택 유상거래별 취득세 감소분의 총합계액이 전국의 주택 유상거래별 취득세 감소분의 총합계액에서 차지하는 비율을 말한다. (2021. 12. 31. 개정)

4. “인구”란 매년 1월 1일 현재 「주민등록법」에 따른 주민등록표에 따라 조사한 인구 통계를 말한다. (2021. 12. 31. 개정)

5. “재정자주도”란 다음의 계산식에 따라 산출한 비율로 매년 1월 1일 현재 행정안전부장관이 확정·발표하는 것을 말한다. (2023. 3. 14. 개정)

$$\text{재정자주도(\%)} = \frac{A + B}{C} \times 100$$

A : 전전년도 결산자료에 따른 자체수입(지방세 및 지방세외수입의 합계액을 말한다)

B : 전전년도 결산자료에 따른 자주재원(지방교부세와 조정교부금의 합계액을 말한다)

C : 전전년도 결산자료에 따른 일반회계 세입결산규모

6. “역재정자주도”란 다음의 계산식에 따라 산출한 비율을 말한다. (2021. 12. 31. 개정)

역재정자주도(%) = 100% − 재정자주도(%)

② 법 제71조에 따라 납입된 지방소비세는 다음 각 호의 구분에 따라 안분한다. 다만, 제2호 가목에 따라 산출한 해야 한다. (2021. 12. 31. 개정)

② 교육부장관은 영 제75조 제7항에 따라 시·도 교육청별 보통교부금 배분비율을 매년 1월 31일까지 별지 제35호의 2 서식에 따라 행정안전부장관, 시·도지사 및 시·도의 교육감에게 통보해야 한다. (2021. 12. 31. 개정)

③ 행정안전부장관은 영 제75조 제8항에 따른 시·군·구의 안분비율과 주택 유상거래별 취득세 감소분의 보전비율을 매년 1월 31일까지 각각 별지 제35호의 3 서식 및 별지 제35호의 4 서식에 따라 시장·군수·구청장과 시·도지사 및 시·도교육감에게 통보해야 한다. (2021. 12. 31. 개정)

제34조【취득세 감소분 산정기간 및 방법 등】(2021. 12. 31. 조번

1. 제69조 제2항에 따라 계산한 세액의 253분의 50에 해당하는 부분은 지역별 소비지출 등을 고려하여 대통령령으로 정하는 바에 따라 특별시장·광역시장·특별자치시장·도지사 및 특별자치도지사에게 안분하여 납입한다. (2021. 12. 7. 개정)
2. 제69조 제2항에 따라 계산한 세액의 253분의 60에 해당하는 부분은 법률 제12118호 지방세법 일부개정법률 제11조 제1항 제8호의 개정규정에 따라 감소되는 취득세, 지방교육세, 지방교부세, 지방교육재정교부금 등을 보전하기 위하여 대통령령으로 정하는 바에 따라 지방자치단체의 장과 특별시·광역시·특별자치시·도 및 특별자치도의 교육감에게 안분하여 납입한다. (2021. 12. 7. 개정)
3. 제69조 제2항에 따라 계산한 세액의 253분의 100에 해당하는 부분은 다음 각 목의 구분에 따라 납입한다. (2021. 12. 7. 개정)

편주 ……………………………………

법 71조 3항 3호 가목 및 나목의 개정규정은 2020. 1. 1.부터

해당 특별시·광역시·특별자치시·도 또는 특별자치도(이하 이 조, 제76조 및 제77조에서 "시·도"라 한다)의 안분액 합계액의 100분의 2에 해당하는 금액은 사회복지수요 등을 고려하여 행정안전부령으로 정하는 바에 따라 그 안분액을 달리 산출할 수 있다. (2021. 12. 31. 개정)

1. 법 제71조 제3항 제1호에 해당하는 안분액 : 다음의 계산식에 따라 산출한 금액 (2019. 12. 31. 개정)

$$\text{해당 시·도의 안분액} = \text{지방소비세의 과세표준} \times 5\% \times \frac{\text{해당 시·도의 소비지수} \times \text{해당 시·도의 가중치}}{\text{각 시·도별 소비지수와 가중치를 곱한 값의 전국 합계액}}$$

2. 법 제71조 제3항 제2호에 해당하는 안분액 : 다음 각 목의 계산식에 따라 산출한 금액 (2019. 12. 31. 개정)
가. 취득세의 보전에 충당하는 안분액 계산식 (2019. 12. 31. 개정)

해당 시·도의 안분액 = $\{[A-(A\times B)-(A\times C)]-D\}\times E$

A : 지방소비세의 과세표준 × 6%

B : 법 제71조 제3항 제2호에 따라 감소되는 지방교부세액의 비율(19.24%)

C : 법 제69조 제2항에 따라 감소되는 지방교육재정교부금액의 비율(20.27%)

D : 법 제69조 제2항에 따라 감소되는 지방교육세 $\{[A-(A\times B)-(A\times C)]\div 11\}$

개정)

① 영 제75조 제2항 각 호 외의 부분 단서에 따른 사회복지수요 등을 고려하여 취득세의 보전에 충당하는 안분액은 다음 계산식에 따라 산출한다. (2021. 12. 31. 개정)

해당 시·도의 안분액 :

$\{[A\times(1-B-C)]-D\}\times 2/100\times E$

A : 지방소비세의 과세표준 × 6%

B : 법 제71조 제3항 제2호에 따라 감소되는 지방교부세액의 비율(19.24%)

C : 법 제69조 제2항에 따라 감소되는 지방교육재정교부금액의 비율(20.27%)

D : 법 제69조 제2항에 따라 감소되는 지방교육세$\{[A\times(1-B-C)]\div 11\}$

E : 매년 1월 1일 현재 「주민등록법」에 따른 인구통계를 기준으로 해당 시·도의 5세 이하의 인구 및 65세 이상의 인구가 전국에서 차지하는 비율

2026. 12. 31.까지 효력을 가짐. (법 부칙(2019. 12. 31.) 2조) (2021. 12. 7. 개정)

E : 해당 시 · 도의 취득세 감소분의 보전비율

나. 지방교육세의 보전에 충당하는 안분액 계산식 (2016. 12. 30. 개정)

해당 시 · 도의 안분액 = 가목에 따라 산출한 금액 × 10%

다. 지방교부세의 보전에 충당하는 안분액 계산식 (2019. 12. 31. 개정)

해당 지방자치단체의 안분액 = (A × B) × C

A : 지방소비세의 과세표준 × 6%

B : 법 제71조 제3항 제2호에 따라 감소되는 지방교부세액의 비율(19.24%)

C : 해당 지방자치단체의 해당 연도 보통교부세 배분비율

라. 지방교육재정교부금의 보전에 충당하는 안분액 계산식 (2019. 12. 31. 개정)

해당 시 · 도 교육청의 안분액 = (A × B) × C − D

A : 지방소비세의 과세표준 × 6%

B : 법 제71조 제3항 제2호에 따라 감소되는 지방교육재정교부금액의 비율(20.27%)

C : 교육부장관이 정하는 해당 시 · 도 교육청의 보통교부금 배분비율

D : 지방교육재정교부금 보전에 충당되는 부분에서 공제되어 해당 시 · 도에 충당되는 안분액

② 영 제75조 제6항에 따른 주택 유상거래별 취득세 감소분을 산출하는데 필요한 기간 및 방법 등은 별표 3과 같다. (2016. 12. 30. 개정)

가. 납입관리자는 국가에서 지방으로 전환되는 지역균형발전특별회계 사업 등(이하 "전환사업"이라 한다)의 비용을 보전하기 위하여 대통령령으로 정하는 금액을 「지방자치단체 기금관리기본법」 제17조 제2항에 따라 설립된 조합의 장(이하 "조합의 장"이라 한다)에게 납입한다. 이 경우 조합의 장은 납입 받은 세액을 같은 법 제18조 제1항 제5호에 따라 지방자치단체의 장에게 안분하여 배분한다. (2023. 6. 9. 개정 ; 지방자치~부칙)

나. 가목에 따라 시·도 전환사업을 보전함으로써 감소하는 「지방재정법」 제29조에 따른 시·군 조정교부금, 같은 법 제29조의 2에 따른 자치구 조정교부금, 「지방교육재정교부금법」 제11조 제2항

마. 지방교육재정교부금 보전에 충당되는 부분에서 공제되어 해당 시·도에 충당되는 안분액 계산식 (2021. 12. 31. 개정)

해당 시·도의 안분액 = (A + B) × C
A : 나목에 따른 시·도별 지방교육세 보전금액
B : 다목에 따른 시·도별 지방교부세 보전금액
C : 「지방교육재정교부금법」 제11조 제2항 제3호 및 「세종특별자치시 설치 등에 관한 특별법」 제14조 제5항에 따른 전입비율(3.6%~10%)

3. 법 제71조 제3항 제3호 가목에 해당하는 안분액 : 3조 5천680억 6천230만원 (2019. 12. 31. 신설)

4. 법 제71조 제3항 제3호 나목에 해당하는 안분액 : 다음 각 목의 구분에 따른 금액 (2019. 12. 31. 신설)

가. 각 시·군·구의 안분액 : 별표 2에 따른 금액 (2019. 12. 31. 신설)

및 「세종특별자치시 설치 등에 관한 특별법」 제14조 제5항에 따른 시·도 교육비특별회계 전출금을 보전하기 위하여 대통령령으로 정하는 바에 따라 지방자치단체의 장과 특별시·광역시·특별자치시·도 및 특별자치도의 교육감에게 안분하여 납입한다. (2019. 12. 31. 개정)

다. 가목 및 나목에 따라 납입한 부분을 제외한 세액은 지역별 소비지출 등을 고려하여 대통령령으로 정하는 바에 따라 특별시장·광역시장·특별자치시장·도지사 및 특별자치도지사에게 안분하여 납입한다. (2019. 12. 31. 개정)

4. 제69조 제2항에 따라 계산한 세액의 253분의 43에 해당하는 부분은 다음 각 목의 구분에 따라 납입한다. (2021. 12. 7. 신설)

가. 납입관리자는 전환사업의 비용을 보전하기 위하여 대통령령으로 정하는 금액을 조합의 장에게 납입한다. 이 경우 조합의 장은 납입 받은 세액을 「지방자치단체 기금관리기본법」 제18조 제1항 제5호에 따라 지방자치단체의 장에게 안분하여 배분한다. (2021. 12. 7. 신설)

나. 가목에 따라 보전하는 시·도 전환사업의 총비용에 해당하는 금액을 제3항 제1호에 따라 안분하여 산정한 「지방재정법」 제29조에 따른 시·군 조정교부금(세종특별자치시와 제주특별자치도의 경우

나. 각 시·도 교육청의 안분액 : 별표 3에 따른 금액 (2019. 12. 31. 신설)

5. 법 제71조 제3항 제3호 다목에 해당하는 안분액 : 다음의 계산식에 따라 산출한 금액 (2021. 12. 31. 개정)

$$\text{해당 시·도의 안분액} = \left[(\text{지방소비세의 과세표준} \times 10\%) - (\text{제3호의 금액} + \text{제4호 각 목의 금액의 합})\right] \times \frac{\text{해당 시·도의 소비지수} \times \text{해당 시·도의 가중치}}{\text{각 시·도별 소비지수와 가중치를 곱한 값의 전국 합계액}}$$

6. 법 제71조 제3항 제4호 가목에 해당하는 안분액 : 2조 2,521억 1,681만 1천원 (2021. 12. 31. 신설)

7. 법 제71조 제3항 제4호 나목에 해당하는 안분액 : 다음 각 목의 구분에 따른 금액 (2021. 12. 31. 신설)

가. 각 시·군·구의 안분액 : 별표 4에서 정하는 금액 (2021. 12. 31. 신설)

☜ 편주

2022. 1. 1.부터 2022. 12. 31.까지 법 71조 3항 4호 가목에 해당하는 안분액은 영 75조 2항 6호의 개정규정에도 불구하고 1조 311억 6,709만 2천원으로 함. (영 부칙(2021. 12. 31.) 5조)

에는 대통령령으로 정하는 금액을 말한다), 같은 법 제29조의 2에 따른 자치구 조정교부금, 「지방교육재정교부금법」 제11조 제2항 및 「세종특별자치시 설치 등에 관한 특별법」 제14조 제5항에 따른 시 · 도 교육비특별회계 전출금을 보전하기 위하여 대통령령으로 정하는 바에 따라 지방자치단체의 장과 특별시 · 광역시 · 특별자치시 · 도 및 특별자치도의 교육감에게 안분하여 납입한다. (2021. 12. 7. 신설)

다. 가목 및 나목에 따라 납입한 부분을 제외한 세액의 100분의 60은 지역별 소비지출 등을 고려하여 대통령령으로 정하는 바에 따라 특별시장 · 광역시장 · 특별자치시장 · 도지사 및 특별자치도지사에게 안분하여 납입하고, 나머지 100분의 40은 지역별 소비지출 · 인구 등을 고려하여 대통령령으로 정하는 바에 따라 특별자치시장 · 특별자치도지사 · 시장 · 군수 및 구청장에게 안분하여 납입한다. (2021. 12. 7. 신설)

편주

법 71조 3항 4호 가목 및 나목의 개정규정은 2022. 1. 1.부터 2026. 12. 31.까지 효력을 가짐. (법 부칙(2021. 12. 7.) 2조)

④ 특별징수의무자는 제70조 제1항에 따라 지방소비세

나. 각 시 · 도 교육청의 안분액 : 별표 5에서 정하는 금액 (2021. 12. 31. 신설)

8. 법 제71조 제3항 제4호 다목에 해당하는 안분액 : 다음 각 목의 구분에 따른 금액 (2021. 12. 31. 신설)

가. 각 시 · 도의 안분액 : 다음의 구분에 따른 계산식에 따라 산출한 금액 (2021. 12. 31. 신설)

1) 2022년 1월 1일부터 2022년 12월 31일까지 :

$$\text{해당 시·도의 안분액} = [(\text{지방소비세의 과세표준} \times 2.7\%) - (\text{제6호의 금액} + \text{제7호 각 목의 금액의 합})] \times 60\% \times \frac{\text{해당 시·도의 소비지수} \times \text{해당 시·도의 가중치}}{\text{각 시·도별 소비지수와 가중치를 곱한 값의 전국 합계액}}$$

(2021. 12. 31. 신설)

2) 2023년 1월 1일부터 :

를 환급하는 경우에는 납입관리자에게 납입하여야 할 금액에서 환급금 중 지방소비세에 해당하는 금액(이하 이 항에서 "지방소비세환급금"이라 한다)을 공제한다. 다만, 지방소비세환급금이 납입하여야 할 금액을 초과하는 경우에는 초과된 지방소비세환급금은 그 다음 달로 이월한다. (2013. 1. 1. 항번개정)

제72조【부과·징수 등의 특례】 지방소비세의 부과·징수 및 불복절차 등에 관하여는 국세의 예를 따른다. 이 경우 제68조에 따른 특별징수의무자를 그 처분청으로 본다. (2010. 3. 31. 개정)

제73조【「부가가치세법」의 준용】 지방소비세와 관련하여 이 장에 규정되어 있지 아니한 사항에 관하여는 「부가가치세법」을 준용한다. (2010. 3. 31. 개정)

해당 시·도의 안분액 = [(지방소비세의 과세표준× 4.3%) − (제6호의 금액 + 제7호 각 목의 금액의 합)] × 60% × (해당 시·도의 소비지수 × 해당 시·도의 가중치) / (각 시·도별 소비지수와 가중치를 곱한 값의 전국 합계액)

(2021. 12. 31. 신설)

나. 시·군·구의 안분액 : 다음의 구분에 따른 계산식에 따라 산출한 금액. 다만, 세종특별자치시와 제주특별자치도는 A에 해당하는 금액으로 한다. (2021. 12. 31. 신설)

1) 2022년 1월 1일부터 2022년 12월 31일까지 :

해당 시·군·구의 안분액 = A × B

A : 해당 시·군·구가 속한 시·도의 할당액

[(지방소비세의 과세표준 × 2.7%) − (제6호의 금액 + 제7호 각 목의 금액의 합)] × 40% × (해당 시·도의 소비지수 × 해당 시·도의 가중치) / (각 시·도별 소비지수와 가중치를 곱한 값의 전국 합계액)

B : 해당 시·군·구의 안분비율

[(해당 시·군·구 인구 ÷ 해당 시·군·구가 속한 시·도 내 시·군·구 인구의 합) + (해당 시·군·구의 역재정자주도 ÷ 해당 시·군·구가 속한 시·도 내 시·군·구의 역재정자주도의 합)] × $\frac{1}{2}$

(2021. 12. 31. 신설)

2) 2023년 1월 1일부터 :

해당 시·군·구의 안분액 = A × B

A : 해당 시·군·구가 속한 시·도의 할당액

[(지방소비세의 과세표준 × 4.3%) − (제6호의 금액 + 제7호 각 목의 금액의 합)] × 40% × $\frac{\text{해당 시·도의 소비지수 × 해당 시·도의 가중치}}{\text{각 시·도별 소비지수와 가중치를 곱한 값의 전국 합계액}}$

B : 해당 시·군·구의 안분비율

[(해당 시·군·구 인구 ÷ 해당 시·군·구가 속한 시·도 내 시·군·구 인구의 합) + (해당 시·군·구의 역재정자주도 ÷ 해당 시·군·구가 속한 시·도 내 시·군·구의 역재정자주도의 합)] × $\frac{1}{2}$

(2021. 12. 31. 신설)

③ 제1항 제1호에 따른 계산식과 같은 항 제5호에 따른 계산식에서 "가중치"란 지역 간 재정격차를 해소하기 위하여 소비지수에 적용하는 지역별 가중치로서 「수도권정비계획법」 제2조제1호에 따른 수도권은 100분의 100을, 수도권 외의 광역시는 100분의 200을, 특별자치시, 수도권 외의 도 및 특별자치도는 100분의 300을 말한다. (2019. 12. 31. 개정)

③ 삭 제 (2021. 12. 31.)

④ 지방자치단체의 관할 구역을 변경하거나 지방자치단체를 폐지하거나 설치하거나 나누거나 합치는 경우 변경구역(관할하는 지방자치단체가 변경된 구역을 말한다. 이하 이 항에서 같다)이 종래 속하였던 지방자치단체와 변경구역이 새로 편입하게 된 지방자치단체의 지방소비세액은 다음 각 호의 기준에 따라 보정한다. (2022. 2. 28. 개정)

1. 제2항 제1호 및 제5호와 같은 항 제8호 가목의 경우: 변경구역이 반영된 민간최종소비지출이 확정·발표되는 해까지 다음의 계산식에 따라 산출한 변경구역의 지방소비세액을 가감할 것 (2022. 2. 28. 개정)

$$\text{변경구역의 지방소비세액} = \text{변경구역이 종래 속하였던 지방자치단체의 지방소비세액} \times \frac{\text{변경구역의 인구}}{\text{변경구역이 종래 속하였던 지방자치단체의 전체 인구}}$$

2. 제1호 외의 경우: 변경구역이 발생한 해당 연도까지 다음 각 목의 사항 등을 고려하여 행정안전부장관이 정하여 고시하는 기준에 따를 것 (2022. 2. 28. 개정)

가. 변경구역의 주택 유상거래 실적과 사회복지 수요 (2022. 2. 28. 개정)

나. 「지방교부세법」 제12조에 따라 조정된 교부세액 (2022. 2. 28. 개정)

다. 「지방교육재정교부금법」 제10조에 따라 조정된 교부금액 (2022. 2. 28. 개정)

라. 「지방교육재정교부금법」 제11조 및 「세종특별자치시 설치 등에 관한 특별법」 제14조에 따른 교육비특별회계 전출금액 (2022. 2. 28. 개정)

마. 「지방재정법」 제29조 또는 제29조의 2에 따른 시·군이나 자치구의 조정교부금액 (2022. 2. 28. 개정)

⑤ 제1항 제2호 가목에 따른 계산식에서 "해당 시·도의 취득세 감소분의 보전비율"이란 해당 시·도의 주택 유상거래별 취득세 감소분의 총 합계액이 전국의 주택 유상거래별 취득세 감소분의 총 합계액에서 차지하는 비율을 말한다. (2016. 12. 30. 개정)

⑤ 삭 제 (2021. 12. 31.)

⑥ 제1항 제3호에 따른 해당 시·도의 주택 유상거래별 취득세 감소분은 행정안전부령으로 정하는 기간 및 방법 등에 따라 산출한다. (2021. 12. 31. 개정)

⑦ 교육부장관은 매년 제2항 제2호 라목에 따른 시·도 교육청별 보통교부금 배분비율을 산출하여 납입관리자에게 통보해야 한다. (2021. 12. 31. 개정)

⑧ 행정안전부장관은 매년 제2항 제8호 나목의 계산식 중 해당 시·군·구의 안분비율과 제6항에 따른 주택 유

상거래별 취득세 감소분의 보전비율을 산출하여 납입관리자에게 통보해야 한다. (2021. 12. 31. 개정)

제76조【납입관리자의 납입 등】 ① 법 제71조 제3항 각 호 외의 부분에서 "대통령령으로 정하는 기간 이내"란 납입관리자가 지방소비세를 납입받은 날부터 5일 이내를 말한다. (2019. 12. 31. 개정)
② 납입관리자는 법 제71조 제3항 각 호에 따라 지방소비세를 안분하여 납입하는 경우 같은 조 제1항에 따른 징수명세서 및 행정안전부령으로 정하는 안분명세서를 첨부해야 한다. (2019. 12. 31. 개정)

제77조【지방소비세환급금의 처리】 ① 제74조에 따라 특별징수의무자가 징수한 지방소비세액을 국세청장을 통하여 일괄 납입하는 경우 특별징수의무자가 납입관리자에게 납입하여야 할 금액을 초과하여 지방소비세를 환급한 경우에는 국세청장은 초과한 환급금액에 해당하는 금액을 다른 특별징수의무자의 납입금에서 이체(移替)해 줄 수 있다. 이 경우 다른 특별징수의무자의 납입금으로 이체하고도 환급한 금액이 초과할 때에는 그 초과한 금액은 그 다음 달로 이월한다. (2010. 9. 20. 개정)
② 제1항 후단에도 불구하고 부가가치세 회계연도 마지막 월분에 대해서는 특별징수의무자 또는 국세청장은 납입관리자에게 지방소비세환급금의 부족액에 대한 이

제35조【납입 통보】 영 제76조 제2항에 따른 안분명세서는 별지 제36호 서식에 따른다. (2019. 12. 31. 개정)

제7장 주 민 세 (2010. 3. 31. 개정)

제1절 통 칙 (2010. 3. 31. 개정)

제74조【정 의】 주민세에서 사용하는 용어의 뜻은 다음 각 호와 같다. (2010. 3. 31. 개정)

1. "개인분"이란 지방자치단체에 주소를 둔 개인에 대하여 부과하는 주민세를 말한다. (2020. 12. 29. 개정)
2. "사업소분"이란 지방자치단체에 소재한 사업소 및 그 연면적을 과세표준으로 하여 부과하는 주민세를 말한다. (2020. 12. 29. 개정)
3. "종업원분"이란 지방자치단체에 소재한 사업소 종업원의 급여총액을 과세표준으로 하여 부과하는 주민세를 말한다. (2020. 12. 29. 개정)

예판

【예규】 "사업 또는 사무"란 해당 사업의 일체에 대하여 사업주

체를 신청하여야 한다. (2010. 9. 20. 개정)

③ 제2항에 따른 이체신청을 받은 납입관리자는 해당 금액을 제75조에 따라 시·도별로 나누어 각 시·도(납입관리자를 포함한다)로부터 환급받아 특별징수의무자가 지정하는 계좌로 이체하여야 한다. (2016. 12. 30. 개정)

제7장 주 민 세 (2010. 9. 20. 개정)

예판

【예규】 • **종업원 수 산정 방법**

– 월 통상인원 산정 시 수시 고용 인원에 대해서만 연인원으로 산정토록 하고 있음을 볼 때, 상시 고용 종업원에 대해서는 그러하지 아니함을 알 수 있는 바, 비록 해당 월의 일부만 근무하였다 하더라도 상시 고용 종업원에 해당하는 이상, 해당 종업원을 각각 1명으로 보아 월 통상인원 수를 산정함이 타당함. (지방세운영과-1613, 2015. 6. 2.)

• 동일한 건물 내에 위치한 각각의 사업장은 별도의 독립된 사업소라기보다는 효율적인 업무관리를 위해 동일건물에 있다 할 것이므로 하나의 사업소로 봄이 타당함. (지방세운영과-5305, 2010. 11. 9.)

• 지방공사 등이 운영하는 도시철도의 선로시설 중 역사외 철도차량을 운행하기 위한 궤도와 이를 받치는 노반(路盤)이 단순

제7장 주 민 세

(2010. 12. 23. 개정)

예판

【판례】 • 폐쇄된 지하 주차장 및 공실은 언제든지 본래 용도로 다시 사용할 수 있는 점 등에 비추어 계속하여 사업 또는 사무가 이루어지는 장소에 해당하므로 주민세 재산분의 부과처분은 적법함. (서울행법 2019구합408, 2019. 11. 14. : 대법확정)

• **개별 사업소의 산정범위**

– 동일 건물 내 또는 인접한 장소에 동일 사업주에 속하기는 하나 그 기능과 조직을 달리하는 2개 이상의 사업장이 있는 경우 그 각각의 사업장을 별개의 사업소로 볼 것인지의 여부는

의 책임 하에 운영하는 것을 말하는 것이며, 납세의무는 해당 사업소의 물적 설비에 대한 소유권을 가지고 있는지 여부와 관계없이 실제 사업소의 운영에 대하여 책임을 지고 있는 사업주에게 있음. (지방세운영과-768, 2014. 3. 5.)

4. "사업소"란 인적 및 물적 설비를 갖추고 계속하여 사업 또는 사무가 이루어지는 장소를 말한다. (2014. 1. 1. 호번개정)

운영예규 법74-1【인적 설비, 물적 설비】

1. 「지방세법」 제74조 제4호에서 규정하고 있는 「인적설비」란 그 계약형태나 형식에 불구하고 당해 장소에서 그 사업에 종사 또는 근로를 제공하는 자를 말한다.
2. 「지방세법」 제74조 제4호에서 규정하고 있는 「물적설비」란 허가와 관계없이 현실적으로 사업이 이루어지고 있는 건축물 기계장치 등이 있고, 이러한 설비들이 지상에 고착되어 현실적으로 사무·사업에 이용되는 것을 말한다.

법74-2【계속의 의미】

「지방세법」 제74조 제4호에서 규정한 「계속」의 의미는 최소한 1개월 이상의 기간 동안 지속되는 것을 말한다. 이 경우 과세기준일 현재는 1개월이 되지 않았더라도 전체 지속기간이 1개월 이상이면 이에 해당된다.

법74-3【동일건물 내 두 개 이상의 사업장이 있는 경우 사업소 판단기준】

같은 건물 안이나 인접한 장소에서 같은 사업주에 속하지만 히 통과하는 교량 및 터널의 경우라면 이는 토목구조물의 일부에 해당하므로 재산분 주민세 과세대상이 되는 "건축물"로 볼 수 없다고 사료됨. (지방세운영과-2306, 2012. 7. 19.)

• 종업원을 위한 대피시설이라고 하더라도 그 용도에 전용되지 아니하고 평상시에는 사업장으로 이용되다가 재난 등 비상사태시 대피시설로 활용되는 경우라면 재산분 주민세 과세대상에 포함하여야 할 것임. (지방세운영과-2317, 2012. 7. 20.)

☞

운영예규 법74-4【파견·위탁업의 경우 사업소 판단기준】

1. 아파트 경비 인력공급업은 입주자대표회의를 통하여 사무실을 제공받아 경비업을 수행하는 경비원들이 독립적으로 사용하는 경우, 해당 사무실은 독립된 물적설비로 보아 종업원분·재산분 주민세 과세시 파견업자의 사업소로 보되 본사와는 독립적인 사업소로 본다.
2. 학교 경비 인력공급업은 야간 및 휴일 경비업무를 수행하면서 당직실에 설치된 경비시설(CCTV 및 모니터, 책상, 전화 등)을 사용하는 경우, 당직실은 학교 경비 인력공급업자의 물적설비가 아닌 것으로 본다.
3. 판촉서비스 인력공급업은 사무실 또는 매장을 임차하여 자기책임하에 운영하는 것이 아니라 단지 대형할인매장, 백화점 등에 종업원을 파견하여 근무하고 직매입거래 또는 특약매입거래 계약을 맺고 물품의 공급만을 하는 경우, 해당 판매대 및 재고자산은 판촉서비스 인력공급업자의 물적설비가 아닌 것으로 본다.
4. 제1항부터 제3항까지의 인력공급업 외의 경우, 파견인력(인적설비)이 해당 물적설비를 목적이 되는 사업에 자기책임하에 독립적으로 사용하는 지 등을 종합적으로 고려

사업소세의 목적, 장소적 인접성과 각 설비의 사용관계, 사업 상호 간의 관련성과 사업수행방법, 사업조직의 횡적·종적 구조와 종업원에 대한 감독 구조 등 실질 내용에 관한 제반 사정을 종합하여 판단하여야 할 것이므로, 동일 건물내 위치한 통신회사 지역본부내 각 지사, 부, 팀은 각각 별개의 영업소로 보기 어려움. (대법 2008두10188, 2008. 10. 9.)

• **종업원분 주민세 종업원의 범위**
  - 건설사업 현장에 참여하는 시공참여자에게 고용된 근로자를 시공사의 종업원으로 보아 종업원분 주민세를 과세할 수는 없음. (대법 2010두8027, 2010. 10. 28.)

【조심판례】 쟁점사업장은 업무분장에 따라 소관 업무를 각각 수행하고 있지만 동일한 건물내에 소재하고 있고, 개별사업장간에 서로 유기적인 협조체제를 가지고 청구법인의 고유 업무인 은행업을 수행하고 있으며, 개별사업장의 종업원에 대한 인사 및 예산, 결산 등에 대한 권한은 청구법인의 대표이사에게 있는 점 등에 비추어 쟁점사업장은 하나의 사업장으로 보는 것이 타당함. (조심 2015지105, 2015. 3. 11.)

기능과 조직을 달리하는 두 개 이상의 사업장이 있는 경우 각 사업장을 별개의 사업소로 볼 것인지의 여부는 장소적 인접성과 각 설비의 사용관계, 사업 상호간의 관련성과 사업수행방법, 사업조직의 구조와 종업원에 대한 감독 구조 등 사업장 운영의 실질 내용에 관한 제반사정을 고려하여 각 사업 또는 사무 부문간 인적·물적 설비에 독립성이 있는지 여부에 따라 판단하여야 한다.

5. "사업주"란 지방자치단체에 사업소를 둔 자를 말한다. (2018. 12. 31. 개정)
6. "사업소 연면적"이란 대통령령으로 정하는 사업소용 건축물의 연면적을 말한다. (2014. 1. 1. 호번개정)

☞

운영예규 법74…시행령78-1【연수관의 범위】

「지방세법 시행령」 제78조 제1항 제1호의 「연수관」이란 종업원의 자유의사에 따라 자신의 교양증진 등을 위해 항시 사용할 수 있도록 제공되고 있는 종업원후생복지시설로서

하여 해당 물적설비가 파견업체의 독립된 사업소에 해당하는지 여부를 판단하여야 한다.

5. 사업의 위·수탁계약시 해당 물적설비의 소유자가 위탁자이더라도 사업 자체를 위·수탁하는 경우 사업소에 설치된 물적설비는 수탁자의 소유권과 관계없이 수탁자의 물적설비에 해당한다.

제78조【사업소용 건축물의 범위】 ① 법 제74조 제6호에서 "대통령령으로 정하는 사업소용 건축물의 연면적"이란 다음 각 호의 어느 하나에 해당하는 사업소용 건축물 또는 시설물의 연면적을 말한다. (2015. 7. 24. 개정)

1. 「건축법」 제2조 제1항 제2호에 따른 건축물(이와 유사한 형태의 건축물을 포함한다. 이하 이 조에서 같다)의 연면적. 다만, 종업원의 보건·후생·교양 등에 직접 사용하는 「영유아보육법」에 따른 직장어린이집, 기숙사, 사택, 구내식당, 의료실, 도서실, 박물관, 과학관, 미술관, 대피시설, 체육관, 도서관, 연수관, 오락실, 휴게실 또는 실제 가동하는 오물처리시설 및 공해방지시설용 건축물, 그 밖에 행정안전부령으로 정하는 건축물의 연면적은 제외한다. (2019. 12. 31. 개정)

1. 「건축법」 제2조 제1항 제2호에 따른 건축물(이와 유사한 형태의 건축물을 포함한다. 이하 이 조에서 같다)의 연면적. 다만, 다음 각 목의 어느 하나에 해당하는 건축물의 연면적은 제외한다. (2024. 12. 31. 단서개정)

제36조【과세대상에서 제외되는 건축물】 영 제78조 제1항 제1호 다목에서 "행정안전부령으로 정하는 건축물"이란 다음 각 호의 어느 하나에 해당하는 것을 말한다. (2024. 12. 31. 개정)

1. 구내 목욕실 및 탈의실 (2010. 12. 23. 개정)
2. 구내이발소 (2010. 12. 23. 개정)
3. 탄약고 (2010. 12. 23. 개정)

의 건축물을 말한다. 따라서 업무능력향상이나 업무연찬을 위한 종업원훈련시설인 연수원이나 교육원은 과세대상이 된다.

7. "종업원의 급여총액"이란 사업소의 종업원에게 지급

가. 종업원의 보건·후생·교양 등에 직접 사용하는 「영유아보육법」에 따른 직장어린이집, 기숙사, 사택, 구내식당, 의료실, 도서실, 박물관, 과학관, 미술관, 대피시설, 체육관, 도서관, 연수관, 오락실 및 휴게실용 건축물 (2024. 12. 31. 신설)

나. 실제 가동하는 「폐기물관리법」에 따른 폐기물처리시설, 「하수도법」에 따른 분뇨처리시설 및 개인하수처리시설, 「가축분뇨의 관리 및 이용에 관한 법률」에 따른 처리시설, 「대기환경보전법」에 따른 대기오염방지시설, 「물환경보전법」에 따른 수질오염방지시설 및 「소음·진동관리법」에 따른 소음·진동방지시설용 건축물 (2024. 12. 31. 신설)

다. 그 밖에 행정안전부령으로 정하는 건축물 (2024. 12. 31. 신설)

2. 제1호에 따른 건축물 없이 기계장치 또는 저장시설(수조, 저유조, 저장창고 및 저장조 등을 말한다)만 있는 경우에는 그 수평투영면적 (2010. 9. 20. 개정)

② 제1항에 따른 건축물 또는 시설물을 둘 이상의 사업소가 공동으로 사용하는 경우에는 그 사용면적을 사업소용 건축물의 연면적으로 하되, 사용면적의 구분이 명백하지 아니할 경우에는 전용면적의 비율로 나눈 면적을 사업소용 건축물의 연면적으로 한다. (2010. 9. 20. 개정)

제78조의 2【종업원의 급여총액 범위】 법 제74조

예판

【판례】태양광발전소의 태양전지판을 주민세 과세대상 기계장치로 볼 수 있는지 여부

전기사업법에 따라 전기안전관리자가 근무를 하고 있으므로 인적설비를 갖춘 사업소에 해당하고, 태양전지판은 태양이 에너지원으로 에너지전환장치인 태양전지판을 통해 발생된 전기가 다른 장치에 공급되는 '동력으로 움직여서 일정한 일을 하는 도구로써 기계장치'에 해당되므로 사업소 연면적에 포함되는 기계장치로 볼 수 있음. (대법 2024두42765, 2024. 8. 29.)

운영예규 법74…시행령78-2【기계장치】

「지방세법 시행령」 제78조 제1항 제2호의 「기계장치」란 동력장치를 부착, 작업하는 도구로써 특정장소에 고착된 것을 말한다. 이 경우 그 기계의 작동에 필수적인 부대설비를 포함한다.

법74…시행령78-3【수조 등의 의미】

「지방세법 시행령」 제78조 제1항 제2호의 「수조·저유조·저장조」란 밑

하는 봉급, 임금, 상여금 및 이에 준하는 성질을 가지는 급여로서 대통령령으로 정하는 것을 말한다. (2014. 1. 1. 신설)

8. "종업원"이란 사업소에 근무하거나 사업소로부터 급여를 지급받는 임직원, 그 밖의 종사자로서 대통령령으로 정하는 사람을 말한다. (2014. 1. 1. 신설)

제75조 【납세의무자】 ① 개인분의 납세의무자는 과세기준일 현재 지방자치단체에 주소(외국인의 경우에는 「출입국관리법」에 따른 체류지를 말한다. 이하 이 장에

제7호에서 "대통령령으로 정하는 것"이란 사업주가 그 종업원에게 지급하는 급여로서 「소득세법」 제20조 제1항에 따른 근로소득에 해당하는 급여의 총액을 말한다. 다만, 다음 각 호의 어느 하나에 해당하는 급여는 제외한다. (2019. 12. 31. 개정)

1. 「소득세법」 제12조 제3호에 따른 비과세 대상 급여 (2019. 12. 31. 신설)

1의 2. 「근로기준법」 제74조 제1항에 따른 출산전후휴가를 사용한 종업원이 그 출산전후휴가 기간 동안 받는 급여 (2020. 12. 31. 신설)

2. 「남녀고용평등과 일·가정 양립 지원에 관한 법률」 제19조에 따른 육아휴직(이하 이 조에서 "육아휴직"이라 한다)을 한 종업원이 그 육아휴직 기간 동안 받는 급여 (2019. 12. 31. 신설)

3. 6개월 이상 계속하여 육아휴직을 한 종업원이 직무복귀 후 1년 동안 받는 급여 (2019. 12. 31. 신설)

제78조의 3 【종업원의 범위】 ① 법 제74조 제8호에서 "대통령령으로 정하는 사람"이란 제78조의 2에 따른 급여의 지급 여부와 상관없이 사업주 또는 그 위임을 받은 자와의 계약에 따라 해당 사업에 종사하는 사람을 말한다. 다만, 국외근무자는 제외한다. (2014. 3. 14. 신설)

② 제1항에 따른 계약은 그 명칭·형식 또는 내용과 상관없이 사업주 또는 그 위임을 받은 자와 한 모든 고용

면과 둘레, 벽면이 하나로 연결된 큰 통으로서 물이나 기름 기타 물체를 보관할 수 있는 설비를 말한다.

법74…시행령78-4 【건축물 없이 '기계장치' 만 있는 경우 사업소용 건축물의 범위】

태양광발전소의 태양전지판이 동력장치 없이 단순구축물일 경우 사업소용 건축물의 연면적에 포함하지 아니한다.

서 같다)를 둔 개인으로 한다. 다만, 다음 각 호의 어느 하나에 해당하는 사람은 제외한다. (2020. 12. 29. 개정)

1. 「국민기초생활 보장법」에 따른 수급자 (2020. 12. 29. 개정)
2. 「민법」에 따른 미성년자(그 미성년자가 성년자와 「주민등록법」상 같은 세대를 구성하고 있는 경우는 제외한다) (2020. 12. 29. 개정)
3. 「주민등록법」에 따른 세대원 및 이에 준하는 개인으로서 대통령령으로 정하는 사람 (2020. 12. 29. 개정)
4. 「출입국관리법」 제31조에 따른 외국인등록을 한 날부터 1년이 경과되지 아니한 외국인 (2020. 12. 29. 개정)

계약으로 하고, 현역 복무 등의 사유로 해당 사업소에 일정 기간 사실상 근무하지 아니하더라도 급여를 지급하는 경우에는 종업원으로 본다. (2014. 3. 14. 신설)

제79조 【납세의무자 등】 ① 법 제75조 제1항 제3호에서 "대통령령으로 정하는 사람"이란 다음 각 호의 어느 하나에 해당하는 사람을 말한다. (2020. 12. 31. 개정)

1. 납세의무자의 주소지(외국인의 경우에는 「출입국관리법」에 따른 체류지를 말한다)와 체류지가 동일한 외국인으로서 「가족관계의 등록 등에 관한 법률」 제9조에 따른 가족관계등록부 또는 「출입국관리법」 제34조 제1항에 따른 외국인등록표에 따라 가족관계를 확인할 수 있는 사람 (2019. 12. 31. 개정)
2. 「주민등록법」상 세대주의 직계비속으로서 같은 법에 따라 단독으로 세대를 구성하고 있는 미혼인 30세 미만의 사람 (2021. 12. 31. 개정)

② 법 제75조 제2항 제1호에서 "대통령령으로 정하는 규모 이상의 사업소를 둔 개인"이란 사업소를 둔 개인 중 직전 연도의 「부가가치세법」에 따른 부가가치세 과세표준액(부가가치세 면세사업자의 경우에는 「소득세법」에 따른 총수입금액을 말한다)이 8천만원 이상인 개인으로서 다음 각

② 사업소분의 납세의무자는 과세기준일 현재 다음 각 호의 어느 하나에 해당하는 사업주(과세기준일 현재 1년 이상 계속하여 휴업하고 있는 자는 제외한다)로 한다. 다만, 사업소용 건축물의 소유자와 사업주가 다른 경우

호의 어느 하나에 해당하지 않는 사람을 말한다. 다만, 다음 각 호의 어느 하나에 해당하는 사람으로서 다른 업종의 영업을 겸업하는 사람은 제외한다. (2023. 3. 14. 개정)

1. 담배소매인 (2010. 9. 20. 개정)
2. 우표 · 수입인지 · 수입증지 판매인 (2010. 9. 20. 개정)
3. 복권 · 시내버스표 판매인 (2010. 9. 20. 개정)
2.~3. 삭 제 (2015. 12. 31.)
4. 연탄 · 양곡소매인 (2010. 9. 20. 개정)
5. 노점상인 (2010. 9. 20. 개정)
6. 「유아교육법」 제2조 제2호에 따른 유치원의 경영자 (2010. 9. 20. 개정)
7. 「영유아보육법」 제2조 제3호에 따른 어린이집의 경영자 (2024. 12. 31. 신설)

③ 세무서장은 제2항에 따라 직전 연도의 부가가치세 과세표준액(부가가치세 면세사업자의 경우에는 「소득세법」에 따른 총수입금액을 말한다)이 8천만원 이상인 사업자로서 사업소를 둔 개인사업자의 자료를 해당 개인사업자의 사업소 소재지를 관할하는 시장 · 군수 · 구청장에게 통보해야 한다. (2023. 3. 14. 개정)

제80조【건축물 소유자의 제2차 납세의무】 ① 법 제75조 제2항 단서에 따라 건축물의 소유자에게 사업소분의 제2차 납세의무를 지울 수 있는 경우는 이미 부과된 재산분을 사업주의 재산으로 징수해도 부족액이 있

편주 영 79조 2항 7호의 개정규정은 2025. 1. 1. 이후 납세의무가 성립하는 경우부터 적용함. (영 부칙(2024. 12. 31.) 6조)

에는 대통령령으로 정하는 바에 따라 건축물의 소유자에게 제2차 납세의무를 지울 수 있다. (2020. 12. 29. 개정)

1. 지방자치단체에 대통령령으로 정하는 규모 이상의 사업소를 둔 개인 (2020. 12. 29. 신설)
2. 지방자치단체에 사업소를 둔 법인(법인세의 과세대상이 되는 법인격 없는 사단·재단 및 단체를 포함한다. 이하 이 장에서 같다) (2020. 12. 29. 신설)

③ 종업원분의 납세의무자는 종업원에게 급여를 지급하는 사업주로 한다. (2014. 1. 1. 신설)

예 판

【판례】 위탁사업장의 재산분 주민세 납세의무 귀속
주차빌딩 운영회와 관리용역계약을 맺고 주차장 사업을 대행하면서 수탁회사 명의의 사업자등록, 직원의 직접 고용 및 임금지급, 사고에 대한 전적 책임을 지고 있는 경우라면 해당 사업장을 수탁자의 사업장으로 보아 재산분 주민세를 과세하는 것이 타당함. (부산고법 2007누3459, 2008. 1. 25. : 대법확정)

【예규】 · 종업원의 사업소 귀속
- 사업장이 별도의 사업소 요건(물적시설)을 갖추지 못한 경우, 용역업체에 의해 채용된 청소인원은 용역업체와의 계약에 따라 해당 사업에 종사하는 사람으로서 급여를 지급받는 종업원에 해당하므로, 해당 사업장(아파트)에 근무하고 있는 청소인원에 대한 근무지 귀속은 근로감독관계에 있는 장소인 용역업체로 보아 종업원분 주민세 과세 여부를 판단함. (지방세운영과-3187, 2015. 10. 13.)

· 위 · 수탁계약 운영시 주민세 재산분 납세의무자
- 수탁자로 사업자등록이 되어 있고, 수탁자가 시설관리 및 운영에 소요되는 각종 비용을 부담하며 그에 대한 민·형사상

는 경우로 한정한다. (2020. 12. 31. 개정)

② 사업소용 건축물의 소유자가 법 제77조에 따른 비과세대상자인 경우에도 제2차 납세의무를 지울 수 있다. (2010. 9. 20. 개정)

③ 제2차 납세의무자인 건축물의 소유자로부터 사업소분을 징수하는 데에 필요한 사항에 관하여는 「지방세징수법」 제15조 및 제32조 제2항·제3항을 준용한다. (2020. 12. 31. 개정)

제81조 【납세지】 ① 사업소용 건축물이 둘 이상의 시·군·구에 걸쳐 있는 경우 사업소분은 건축물의 연면적에 따라 나누어 해당 지방자치단체의 장에게 각각 납부하여야 한다. (2020. 12. 31. 개정)

② 종업원분의 납세구분이 곤란한 경우에는 종업원분의 총액을 제1항에 따라 산출한 주민세 사업소분의 비율에 따라 안분하여 해당 지방자치단체의 장에게 각각 납부하여야 한다. (2020. 12. 31. 개정)

☜

운영예규 법75-1 **【택배운송업 개인사업자에 대한 주민세 사업소분 납세의무】** (2022. 10. 25. 제목개정)

위·수탁계약을 통하여 개인사업자가 운송 사업을 운영함에 있어서 별도로 지상에 고착되어 사무·사업에 이용되는 물적설비가 존재하지 않는다면 개인사업자에 대한 주민세 사

책임과 소속직원의 인사권 등 권한을 행사하고 있다면, 주민세 재산분의 납세의무자는 수탁자가 된다고 할 것임. (지방세운영과-1984, 2016. 7. 28.)

• 개인사업자 균등분 납세의무 여부

-법인이 독립적인 건축물에서 택배 사업을 운영하고, 상시 근무하는 종업원을 두고 있다면 인적 · 물적설비를 갖추고 계속적으로 사업이 운영되는 주민세 과세대상 사업소에 해당된다 할 것이나, 해당 사업소에서 위 · 수탁계약을 통해 택배운송을 하고 있는 개인사업자의 경우 주민세 납세의무가 없음. (지방세운영과-882, 2017. 6. 23.)

• 직장인이 회사 소유의 기숙사에서 거주하면서 그 가족과는 별도로 기숙사에 주민등록상 세대(1인세대주)를 구성하고 있다면 균등분 주민세 과세대상이라고 사료됨. (지방세운영과-3800, 2012. 11. 23.)

• 아파트 관리사무소를 운영하는 위탁사업장이라도 인적설비 및 물적설비를 갖추고 사업을 계속하고 있다면 해당 법인은 법인균등할 주민세 과세대상이라 할 것임. (지방세운영과-4124, 2012. 12. 25.)

• 위탁계약에 의하여 수탁자가 사업장 운영을 행하고 있는 위탁사업장에 대한 재산할 및 종업원할 사업소세(현 주민세 재산분 및 종업원분) 납세의무자는 수탁자임. (법제 06-0287, 2006. 11. 3.)

제76조 【납세지】 ① 개인분의 납세지는 과세기준일 현재 주소지로 한다. (2020. 12. 29. 개정)

② 사업소분의 납세지는 과세기준일 현재 각 사업소 소재지로 한다. (2020. 12. 29. 개정)

③ 종업원분의 납세지는 급여를 지급한 날(월 2회 이상

업소분의 납세의무는 없는 것으로 본다. (2022. 10. 25. 개정)

예판

【예규】 주민세 종업원분 관련

사업장별 업무 기능이 다소 상이할지라도 인접한 장소에서 상호 유기적인 협력관계에 있는 업무를 수행하고 있고, 물적설비를 서로 배타적으로 사용 · 관리하고 있지 않은 경우라면 각 사업장은 하나의 사업소를 이루고 있다고 보는 것이 타당함. (지방세정책과-4231, 2020. 9. 28.)

☞

급여를 지급하는 경우에는 마지막으로 급여를 지급한 날을 말한다) 현재의 사업소 소재지(사업소를 폐업하는 경우에는 폐업하는 날 현재의 사업소 소재지를 말한다)로 한다. (2020. 12. 29. 개정)

제77조【비과세】 ① 다음 각 호의 어느 하나에 해당하는 자에 대하여는 주민세를 부과하지 아니한다. (2010. 3. 31. 개정)

1. 국가, 지방자치단체 및 지방자치단체조합 (2010. 3. 31. 개정)
2. 주한외국정부기관 · 주한국제기구 · 「외국 민간원조단체에 관한 법률」에 따른 외국 민간원조단체(이하 "주한외국원조단체"라 한다) 및 주한외국정부기관 · 주한국제기구에 근무하는 외국인. 다만, 대한민국의 정부기관 · 국제기구 또는 대한민국의 정부기관 · 국제기구에 근무하는 대한민국의 국민에게 주민세와 동일한 성격의 조세를 부과하는 국가와 그 국적을 가진 외국인 및 그 국가의 정부 또는 원조단체의 재산에 대하여는 주민세를 부과한다. (2010. 3. 31. 개정)

② 다음 각 호의 어느 하나에 해당하는 자에게는 제78조 제1항 제1호 가목에 따른 균등분을 부과하지 아니한다. (2018. 12. 31. 개정)

1. 「국민기초생활 보장법」에 따른 수급자 (2018. 12. 31. 개정)
2. 「출입국관리법」 제31조에 따른 외국인등록을 한 날부터 과세기준일 현재 1년이 경과되지 아니한 외국인 (2018. 12. 31. 개정)

예판

【판례】 국가 등에 대한 비과세

방송위원회는 그 설치의 법적 근거, 법에 의하여 부여된 직무, 위원의 임명절차 등을 종합하여 볼 때 국가기관으로서 지방세법상 사업소세의 비과세대상에 해당함. (대법 1998두9295, 2000. 8. 22.)

3. 「민법」에 따른 미성년자(그 미성년자가 미성년자가 아닌 자와 「주민등록법」상 같은 세대를 구성하고 있는 경우는 제외한다) (2018. 12. 31. 개정)

② 삭 제 (2019. 12. 31.)

③ 「출입국관리법」 제31조에 따른 외국인등록을 한 날부터 과세기준일 현재 1년이 경과되지 아니한 외국인에 대해서는 제78조 제1항 제1호 가목에 따른 균등분을 부과하지 아니한다. (2016. 12. 27. 신설)

③ 삭 제 (2018. 12. 31.)

제2절 개 인 분 (2020. 12. 29. 제목개정)

제78조【세 율】 ① 개인분의 세율은 1만원을 초과하지 아니하는 범위에서 지방자치단체의 장이 조례로 정한다. (2021. 12. 28. 항번개정)

② 제1항에도 불구하고 주민의 청구가 있는 경우에는 개인분의 세율을 1만5천원을 초과하지 아니하는 범위에서 조례로 읍·면·동별로 달리 정할 수 있다. (2021. 12. 28. 신설)

③ 제2항에 따른 주민청구의 요건, 대상, 방법 및 절차 등에 관하여 필요한 사항은 조례로 정한다. (2021. 12. 28. 신설)

제79조【징수방법 등】 ① 개인분은 납세지를 관할하는 지방자치단체의 장이 보통징수의 방법으로 징수한다. (2020. 12. 29. 개정)

예판

【예규】 사내근로복지기금에 대한 출연금이 출자금 또는 자본금에 포함된다는 「지방세법」상의 명확한 근거규정이 없으므로 출연금을 출자금 또는 자본금으로 간주하여 법인균등할의 세율을 적용할 수 없음. (법제 06-0075, 2006. 6. 12.)

② 개인분의 과세기준일은 매년 7월 1일로 한다. (2020. 12. 29. 개정)
③ 개인분의 납기는 매년 8월 16일부터 8월 31일까지로 한다. (2020. 12. 29. 개정)

제79조의 2【주민세 과세자료의 제공】 ① 행정안전부장관 또는 지방자치단체의 장은 개인분 납세의무자의 세대원 확인 등을 위하여 필요한 경우에는 법원행정처장에게 「가족관계의 등록 등에 관한 법률」 제11조 제6항에 따른 등록전산정보자료의 제공을 요청할 수 있다. 이 경우 요청을 받은 법원행정처장은 특별한 사유가 없으면 이에 협조하여야 한다. (2020. 12. 29. 개정)
② 행정안전부장관은 제1항에 따라 제공받은 등록전산정보자료를 대통령령으로 정하는 바에 따라 지방자치단체의 장에게 제공할 수 있다. (2019. 12. 31. 신설)

제3절 사업소분 (2020. 12. 29. 제목개정)

제80조【과세표준】 사업소분의 과세표준은 과세기준일 현재의 사업소 및 그 연면적으로 한다. (2020. 12. 29. 개정)

제81조【세 율】 ① 사업소분의 세율은 다음 각 호

제81조의 2【등록전산정보자료의 제공】 행정안전부장관은 법 제79조의 2 제2항에 따라 등록전산정보자료를 지방자치단체의 장에게 제공하는 경우에는 「지방세기본법」 제135조 제2항에 따른 지방세정보통신망을 통하여 제공해야 한다. (2019. 12. 31. 신설)

제81조의 2【등록전산정보자료의 제공】 행정안전부장관은 법 제79조의 2 제2항에 따라 등록전산정보자료를 지방자치단체의 장에게 제공하는 경우에는 지방세통합정보통신망을 통하여 제공해야 한다. (2024. 3. 26. 개정)

제82조【과세표준의 계산방법】 법 제80조에 따른 사업소분의 과세표준을 계산할 때에는 사업소용 건축물의 연면적 중 1제곱미터 미만은 계산하지 아니한다. (2020. 12. 31. 개정)

의 구분에 따른다. (2020. 12. 29. 개정)

1. 기본세율 (2020. 12. 29. 개정)

가. 사업주가 개인인 사업소 : 5만원 (2020. 12. 29. 개정)

나. 사업주가 법인인 사업소 (2020. 12. 29. 개정)

1) 자본금액 또는 출자금액이 30억원 이하인 법인 : 5만원 (2020. 12. 29. 개정)

2) 자본금액 또는 출자금액이 30억원 초과 50억원 이하인 법인 : 10만원 (2020. 12. 29. 개정)

3) 자본금액 또는 출자금액이 50억원을 초과하는 법인 : 20만원 (2020. 12. 29. 개정)

4) 그 밖의 법인 : 5만원 (2020. 12. 29. 개정)

2. 연면적에 대한 세율 : 사업소 연면적 1제곱미터당 250원. 다만, 폐수 또는 「폐기물관리법」 제2조 제3호에 따른 사업장폐기물 등을 배출하는 사업소로서 대통령령으로 정하는 오염물질 배출 사업소에 대해서는 1제곱미터당 500원으로 한다. (2020. 12. 29. 개정)

② 지방자치단체의 장은 조례로 정하는 바에 따라 제1항 제1호 및 같은 항 제2호 본문의 세율을 각각 100분의 50 범위에서 가감할 수 있다. (2020. 12. 29. 개정)

③ 폐수 또는 「폐기물관리법」 제2조 제3호에 따른 사업장폐기물 등을 배출하는 사업소로서 대통령령으로 정하는 오염물질 배출 사업소에 대하여는 제1항의 세율의 100분의 200으로 한다. (2017. 12. 26. 개정)

운영예규 법78－1【자본금액 또는 출자금액】 「지방세법」 제81조 제1항 제1호 나목 규정의 「자본금액 또는 출자금액」이라 함은 당해 법인의 법인등기부상의 납입자본금 또는 출자금을 적용한다. 다만, 자본금이나 출자금이 없는 법인은 기타 법인으로 분류된다.

제83조【오염물질 배출 사업소】 법 제81조 제1항 제2호 단서에서 "대통령령으로 정하는 오염물질 배출사업소"란 다음 각 호의 어느 하나에 해당하는 사업소로서 「지방세기본법」 제34조 제1항에 따른 납세의무 성립일 이전 최근 1년 내에 행정기관으로부터 「물환경보전법」, 「대기환경보전법」 또는 「환경오염시설의 통합관리에 관한 법률」에 따른 개선명령·조업정지명령·사용중지명령 또는 폐쇄명령(이하 이 조에서 "개선명령등"이라 한다)을 받은 사업소(해당 법률에 따라 개선명령등을 갈음하여 과징금이 부과된 사업소를 포함한다)를 말한다. (2023. 6. 30. 개정)

1. 「물환경보전법」 제33조에 따른 폐수배출시설 설치의

관련법령

폐기물관리법

제2조【정 의】 이 법에서 사용하는 용어의 뜻은 다음과 같다. (2007. 4. 11. 개정)

3. "사업장폐기물"이란 「대기환경보전법」, 「물환경보전법」 또는 「소음·진동관리법」에 따라 배출시설을 설치·운영하는 사업장이나 그 밖에 대통령령으로 정하는 사업장에서 발생하는 폐기물을 말한다. (2017. 1. 17. 개정 ; 물환경보전법 부칙)

폐기물관리법 시행령

제2조【사업장의 범위】 「폐기물관리법」(이하 "법"이라 한다) 제2조 제3호에서 "그 밖에 대통령령으로 정하는 사업장"이란 다음 각 호의 어느 하나에 해당하는 사업장을 말한다. (2018. 1. 16. 개정)

1. 「물환경보전법」 제48조 제1항에 따라 공공폐수처리시설을 설치·운영하는 사업장
2. 「하수도법」 제2조 제9호에 따른 공공하수처리시설을 설치·운영하는 사업장
3. 「하수도법」 제2조 제11호에 따른 분뇨처리시설을 설치·운영하는 사업장
4. 「가축분뇨의 관리 및 이용에 관한 법률」 제24조에 따른 공공처리시설
5. 법 제29조 제2항에 따른 폐기물처리시설(법 제25조 제3항에 따라 폐기

③ 삭 제 (2020. 12. 29.)

예판

【예규】 •「환경오염시설의 통합관리에 관한 법률」에 따른 개선명령 등을 받은 사업소는 현재 「지방세법 시행령」 제83조에 열거되지 않았으므로 주민세 사업소분(연면적 세율) 중과대상으로 보기 어려움(지방세정책과-1333, 2023. 4. 6.)

• **오염물질 배출 사업소 판단 여부**

「대기환경보전법」 제43조 제1항에 따라 비산배출되는 먼지를 발생시키는 사업소가 개선명령 처분을 받았을지라도, 「지방세법 시행령」 제83조 제4호의 "「대기환경보전법」에 따른 배출시설"에 해당하지 않는다면 오염물질 배출 사업소로 보기 어려움. (지방세정책과-614, 2020. 2. 10.)

제82조【세액계산】 (2020. 12. 29. 제목개정) 사업소분의 세액은 제81조 제1항 제1호 및 제2호의 세율에 따라 각각 산출한 세액을 합산한 금액으로 한다. 다만, 사업소 연면적이 330제곱미터 이하인 경우에는 제81조 제1항 제2호에 따른 세액을 부과하지 아니한다. (2020. 12. 29. 개정)

운영예규 법82-1 【면세점】

「지방세법」 제82조에서 「사업소의 연면적이 330제곱미터 이하」라 함은 사업소 전체면적에서 같은 법 시행령 제78조 제1항 제1호에 규정된 「과세대상에서 제외되는 건축물」 면적을 차감한 면적이 330제곱미터 이하인 경우를 말한다.

제83조【징수방법과 납기 등】 ① 사업소분의 징수는 신고납부의 방법으로 한다. (2020. 12. 29. 개정)

허가 또는 신고 대상 사업소로서 같은 법에 따라 배출시설 설치의 허가를 받지 아니하였거나 신고를 하지 아니한 사업소 (2018. 1. 16. 개정 ; 수질 및 수생태계 보전에 관한 법률 시행령 부칙)

2. 「물환경보전법」 제33조에 따른 폐수배출시설 설치의 허가를 받거나 신고를 한 사업소로서 해당 사업소에 대한 점검 결과 부적합 판정을 받은 사업소 (2021. 12. 31. 개정)
3. 「대기환경보전법」 제23조에 따른 대기오염물질배출시설 설치의 허가 또는 신고 대상 사업소로서 같은 법에 따라 배출시설 설치의 허가를 받지 아니하였거나 신고를 하지 아니한 사업소 (2017. 12. 29. 신설)
4. 「대기환경보전법」 제23조에 따른 대기오염물질배출시설 설치의 허가를 받거나 신고를 한 사업소로서 해당 사업소에 대한 점검 결과 부적합 판정을 받은 사업소 (2021. 12. 31. 개정)
5. 「환경오염시설의 통합관리에 관한 법률」 제6조에 따른 배출시설등(같은 법 제2조 제2호 나목 및 사목의 배출시설로 한정한다. 이하 이 조에서 같다)의 설치·운영 허가 대상 사업소로서 해당 배출시설 설치·운영 허가를 받지 않은 사업소 (2023. 6. 30. 신설)
6. 「환경오염시설의 통합관리에 관한 법률」 제6조에 따른 배출시설등의 설치·운영 허가를 받은 사업소로서 해당 배출시설에 대한 점검 결과 부적합 판정을 받은

물처리업의 허가를 받은 자가 설치하는 시설을 포함한다)을 설치·운영하는 사업장

6. 법 제2조 제4호에 따른 지정폐기물을 배출하는 사업장
7. 폐기물을 1일 평균 300킬로그램 이상 배출하는 사업장
8. 「건설산업기본법」 제2조 제4호에 따른 건설공사로 폐기물을 5톤(공사를 착공할 때부터 마칠 때까지 발생되는 폐기물의 양을 말한다) 이상 배출하는 사업장
9. 일련의 공사(제8호에 따른 건설공사는 제외한다) 또는 작업으로 폐기물을 5톤(공사를 착공하거나 작업을 시작할 때부터 마칠 때까지 발생하는 폐기물의 양을 말한다) 이상 배출하는 사업장

② 사업소분의 과세기준일은 7월 1일로 한다. (2020. 12. 29. 개정)

③ 사업소분의 납세의무자는 매년 납부할 세액을 8월 1일부터 8월 31일까지를 납기로 하여 납세지를 관할하는 지방자치단체의 장에게 대통령령으로 정하는 바에 따라 신고하고 납부하여야 한다. (2020. 12. 29. 개정)

④ 제1항 및 제3항에도 불구하고 납세지 관할 지방자치단체의 장은 사업소분의 납세의무자에게 행정안전부령으로 정하는 납부서(이하 이 조에서 "납부서"라 한다)를 발송할 수 있다. (2020. 12. 29. 신설)

⑤ 제4항에 따라 납부서를 받은 납세의무자가 납부서에 기재된 세액을 제3항에 따른 기한까지 납부한 경우에는 같은 항에 따라 신고를 하고 납부한 것으로 본다. (2020. 12. 29. 신설)

⑥ 사업소분의 납세의무자가 제3항에 따른 신고 또는 납부의무를 다하지 아니하면 제80조와 제81조에 따라 산출한 세액 또는 그 부족세액에 「지방세기본법」 제53조부터 제55조까지의 규정에 따라 산출한 가산세를 합한 금액을 세액으로 하여 보통징수의 방법으로 징수한다. (2020. 12. 29. 개정)

1. 신고불성실가산세 : 해당 산출세액 또는 부족세액의 100분의 20에 해당하는 금액 (2010. 3. 31. 개정)
2. 납부불성실가산세 (2010. 3. 31. 개정)

1.~2. 삭 제 (2013. 1. 1.)

사업소 (2023. 6. 30. 신설)

제84조 【신고 및 납부】 ① 법 제83조 제3항에 따라 사업소분을 신고하려는 자는 행정안전부령으로 정하는 신고서에 건축물의 연면적, 세액, 그 밖의 필요한 사항을 적은 명세서를 첨부하여 관할 시장·군수·구청장에게 신고해야 한다. (2020. 12. 31. 개정)

② 법 제83조 제3항에 따라 사업소분을 납부하려는 자는 행정안전부령으로 정하는 납부서로 납부해야 한다. (2020. 12. 31. 개정)

편주

- 주민세 사업소분의 납세의무자가 법 83조 3항에 따른 신고 또는 납부의무를 다하지 아니한 경우에 법 81조 1항 1호에 따라 산출한 세액 또는 그 부족세액에 대해서는 법 83조 6항의 개정규정에도 불구하고 2026. 12. 31.까지는 「지방세기본법」 53조, 54조 및 55조 1항 1호·2호에 따른 가산세를 부과하지 아니함. (법 부칙(2020. 12. 29.) 12조) (2024. 12. 31. 개정)
- 법 부칙(2020. 12. 29.) 12조의 개정규정은 2023. 1. 1.부터 적용함. (법 부칙(2023. 3. 14.) 9조)

제37조 【주민세 사업소분의 신고 및 납부】 (2020. 12. 31. 제목개정)

① 영 제84조 제1항에 따른 사업소분의 신고는 별지 제37호 서식에 따른다. (2020. 12. 31. 개정)

② 법 제83조 제4항 및 영 제84조 제2항에서 "행정안전부령으로 정하는 납부서"란 각각 별지 제14호 서식의 납부서를 말한다. (2020. 12. 31. 개정)

제84조【신고의무】 ① 사업소분의 납세의무자 또는 그 사업소용 건축물의 소유자는 조례로 정하는 바에 따라 필요한 사항을 신고하여야 한다. (2020. 12. 29. 개정)
② 납세의무자가 제1항에 따른 신고를 하지 아니할 경우에는 세무공무원은 직권으로 조사하여 과세대장에 등재할 수 있다. (2010. 3. 31. 개정)

제4절 종업원분 (2014. 1. 1. 신설)

제84조의 2【과세표준】 종업원분의 과세표준은 종업원에게 지급한 그 달의 급여 총액으로 한다. (2014. 1. 1. 신설)

제84조의 3【세 율】 ① 종업원분의 표준세율은 종업원 급여총액의 1천분의 5로 한다. (2014. 1. 1. 신설)
② 지방자치단체의 장은 조례로 정하는 바에 따라 종업원분의 세율을 제1항에 따른 표준세율의 100분의 50의 범위에서 가감할 수 있다. (2014. 1. 1. 신설)

제84조의 4【면세점】 ①「지방세기본법」 제34조에 따른 납세의무 성립일이 속하는 달부터 최근 1년간 해당 사업소 종업원 급여총액의 월평균금액이 대통령령으로 정하는 금액에 50을 곱한 금액 이하인 경우에는 종업원분을 부과하지 아니한다. (2015. 12. 29. 개정)

제85조【과세대장 비치 등】 시장 · 군수 · 구청장은 개인분과 사업소분 과세대장을 갖추어 두고, 필요한 사항을 등재해야 한다. 이 경우 해당 사항을 전산처리하는 경우에는 과세대장을 갖춘 것으로 본다. (2020. 12. 31. 개정)

제85조의 2【종업원 급여총액의 월평균금액 산정 기준 등】 (2015. 12. 31. 제목개정)
① 법 제84조의 4 제1항에 따른 종업원 급여총액의 월평균금액은 「지방세기본법」 제34조에 따른 납세의무 성립일이 속하는 달을 포함하여 최근 12개월간(사업기간이

제38조【과세대장 비치 등】 ① 영 제85조에 따른 주민세 개인분 과세대장은 별지 제37호의 2 서식에 따른다. (2020. 12. 31. 개정)
② 영 제85조에 따른 주민세 사업소분 과세대장은 별지 제38호 서식에 따른다. (2020. 12. 31. 개정)
③ 영 제85조 제2항에 따른 주민세 재산분 과세대장에의 직권등재 사실의 통지는 별지 제39호 서식에 따른다. (2010. 12. 31. 항번개정)

② 제1항에 따른 종업원 급여총액의 월평균금액 산정방법 등 필요한 사항은 대통령령으로 정한다. (2015. 12. 29. 개정)

편주

영 85조의 2 제2항의 개정규정은 2025. 1. 1. 이후 납세의무가 성립하는 경우부터 적용함. (영 부칙(2024. 12. 31.) 7조)

제84조의 5 【중소기업 고용지원】 ① 「중소기업기본법」 제2조에 따른 중소기업(이하 "중소기업"이라 한다)의 사업주가 종업원을 추가로 고용한 경우(해당 월의 종업원 수가 50명을 초과하는 경우만 해당한다)에는 다음의 계산식에 따라 산출한 금액을 종업원분의 과세표준에서 공제한다. 이 경우 직전 연도의 월평균 종업원 수가 50명 이하인 경우에는 50명으로 간주하여 산출한다. (2016. 12. 27. 개정)

공제액 = (신고한 달의 종업원 수 − 직전 연도의 월평균 종업원 수) × 월 적용급여액

② 다음 각 호의 어느 하나에 해당하는 중소기업에 대해서는 다음 각 호에서 정하는 달부터 1년 동안 월평균 종업원 수 50

12개월 미만인 경우에는 납세의무성립일이 속하는 달부터 개업일이 속하는 달까지의 기간을 말한다) 해당 사업소의 종업원에게 지급한 급여총액을 해당 개월 수로 나눈 금액을 기준으로 한다. 이 경우 개업 또는 휴·폐업 등으로 영업한 날이 15일 미만인 달의 급여총액과 그 개월 수는 종업원 급여총액의 월평균금액 산정에서 제외한다. (2015. 12. 31. 개정)

② 법 제84조의 4 제1항에서 "대통령령으로 정하는 금액"이란 300만원을 말한다. (2019. 12. 31. 개정)

② 법 제84조의 4 제1항에서 "대통령령으로 정하는 금액"이란 360만원을 말한다. (2024. 12. 31. 개정)

제85조의 3 【종업원 수 산정기준】 법 제84조의 5에 따른 종업원 수의 산정은 종업원의 월 통상인원을 기준으로 한다. 이 경우 월 통상인원의 산정 방법은 행정안전부령으로 정한다. (2017. 7. 26. 직제개정 ; 행정안전부와~직제 부칙)

운영예규 법84의 5…시행령 85의 3-1 **【시간제 고용 종업원의 종업원 수 포함 여부】**

시간제 고용 종업원이 근로계약에 따라 3개월 이상 계속하여 동일 사업소에 고용되어 해당 사업에 종사하고, 관련 법에 따른 4대 보험을 적용받는 경우, 상시 고용 종업원에 해당된다.

제38조의 2 【월 통상 인원의 산정방법】 영 제85조의 3에 따른 월 통상인원은 다음 계산식에 따라 산정한다. (2015. 12. 31. 개정)

$$\text{월 통상인원} = \text{해당 월의 상시 고용 종업원 수} + \frac{\text{해당 월의 수시 고용 종업원의 연인원}}{\text{해당 월의 일수}}$$

명에 해당하는 월 적용급여액을 종업원분의 과세표준에서 공제한다. (2019. 12. 31. 개정)

② 다음 각 호의 어느 하나에 해당하는 중소기업에 대해서는 다음 각 호에서 정하는 달부터 1년 동안(해당 월의 종업원 수가 50명을 초과하는 달만 해당한다) 월평균 종업원 수 50명에 해당하는 월 적용급여액을 종업원분의 과세표준에서 공제한다. (2024. 12. 31. 개정)

1. 사업소를 신설하면서 50명을 초과하여 종업원을 고용하는 경우 : 종업원분을 최초로 신고하여야 하는 달 (2015. 12. 29. 개정)

운영예규 법84의 5-1【사업 승계 등의 경우 신설 사업소 공제 적용여부】

실질적 고용 창출 효과가 없는 개인사업자의 법인전환 및 사업의 승계·양도(종업원의 승계)의 경우 「지방세법」 제84조의 5 제2항 제1호를 적용하지 아니한다.

2. 해당 월의 1년 전부터 계속하여 매월 종업원 수가 50명 이하인 사업소가 추가 고용으로 그 종업원 수가 50명을 초과하는 경우(해당 월부터 과거 5년 내에 종업원 수가 1회 이상 50명을 초과한 사실이 있는 사업소의 경우는 제외한다) : 해당 월의 종업원분을 신고하여야 하는 달 (2019. 12. 31. 개정)

2. 해당 월의 1년 전(해당 월의 과거 1년 내에 사업소를 신설한 경우에는 신설한 달을 말한다)부터 계속하여 매월 종업원 수가 50명 이하인 사업소가 추가 고용으로 그 종업원 수가 50명을 초과하는 경우(해당 월부터 과거 5년 내에 종업원 수가 1회 이상 50명을 초과한

예판

【예규】 종업원분 주민세 중소기업 고용지원 관련 사업소 신설 범위

기존과는 다른 새로운 장소에서 사업소를 개설하였더라도 기존 사업소의 종업원이 대부분 이동하여 인적설비를 구성하고 있고, 사업수행방법·구조 등이 기존사업소와 유사한 형태로 이루어져 있다면, 지방세법 제84조의 5 제2항 제1호에 따른 "사업소를 신설하는 경우"로 볼 수 없음. (지방세운영과-275, 2017. 2. 7.)

예판

법 84조의 5 제2항 2호의 개정규정은 2025. 1. 1. 이후 납세의무가 성립하는 경우부터 적용함. 다만, 2025. 1. 1. 전에 같은 개정규정에 따른 요건을 갖춘 경우 그 공제를 할 수 있는 기간은 2025. 1. 1.이 속한 달의 종업원분을 신고하여야 하는 달부터 1

사실이 있는 사업소의 경우는 제외한다) : 해당 월의 종업원분을 신고하여야 하는 달 (2024. 12. 31. 개정)

③ 제1항 및 제2항을 적용할 때 월 적용급여액은 해당 월의 종업원 급여 총액을 해당 월의 종업원 수로 나눈 금액으로 한다. (2019. 12. 31. 개정)

④ 제1항을 적용할 때 휴업 등의 사유로 직전 연도의 월평균 종업원 수를 산정할 수 없는 경우에는 사업을 재개한 후 종업원분을 최초로 신고한 달의 종업원 수를 직전 연도의 월평균 종업원 수로 본다. (2019. 12. 31. 개정)

⑤ 제1항부터 제4항까지의 규정에 따른 종업원 수의 산정기준 등은 대통령령으로 정한다. (2015. 12. 29. 신설)

제84조의 6【징수방법과 납기 등】 ① 종업원분의 징수는 신고납부의 방법으로 한다. (2014. 1. 1. 신설)

② 종업원분의 납세의무자는 매월 납부할 세액을 다음 달 10일까지 납세지를 관할하는 지방자치단체의 장에게 대통령령으로 정하는 바에 따라 신고하고 납부하여야 한다. (2014. 1. 1. 신설)

③ 종업원분의 납세의무자가 제2항에 따른 신고 또는 납부의무를 다하지 아니하면 제84조의 2 및 제84조의 3조에 따라 산출한 세액 또는 그 부족세액에 「지방세기본법」 제53조부터 제55조까지의 규정에 따라 산출한 가산세를 합한 금액을 세액으로 하여 보통징수의 방법으로 징수한다. (2016. 12. 27. 개정 ; 지방세기본법 부칙)

년까지로 함. (법 부칙(2024. 12. 31.) 3조)

제85조의 4【종업원분의 신고 및 납부 등】 (2015. 12. 31. 조번개정)

① 법 제84조의 6 제2항에 따라 종업원분을 신고하려는 자는 행정안전부령으로 정하는 신고서에 종업원 수, 급여 총액, 세액, 그 밖에 필요한 사항을 적은 명세서를 첨부하여 지방자치단체의 장에게 제출하여야 한다. (2017. 7. 26. 직제개정 ; 행정안전부와~직제 부칙)

② 법 제84조의 6 제2항에 따라 종업원분을 납부하려는 자는 행정안전부령으로 정하는 납부서로 납부하여야 한다. (2017. 7. 26. 직제개정 ; 행정안전부와~직제 부칙)

제85조의 5【과세대장의 비치 등】 지방자치단체의

제38조의 3【종업원분의 신고 및 납부】 ① 영 제85조의 4 제1항에 따른 종업원분의 신고는 별지 제39호의 2 서식에 따른다. (2015. 12. 31. 개정)

② 영 제85조의 4 제2항에 따른 종업원분의 납부는 별지 제14호 서식에 따른다. (2015. 12. 31. 개정)

제38조의 4【종업원분 과세대

제84조의 7【신고의무】 ① 종업원분의 납세의무자는 조례로 정하는 바에 따라 필요한 사항을 신고하여야 한다. (2014. 1. 1. 신설)

② 납세의무자가 제1항에 따른 신고를 하지 아니할 경우에는 세무공무원은 직권으로 조사하여 과세대장에 등재할 수 있다. (2014. 1. 1. 신설)

제8장 지방소득세 (2010. 3. 31. 개정)

제1절 통 칙 (2014. 1. 1. 개정)

제85조【정 의】 ① 지방소득세에서 사용하는 용어의 뜻은 다음과 같다. (2014. 1. 1. 개정)

1. "개인지방소득"이란 「소득세법」 제3조 및 제4조에 따른 거주자 또는 비거주자의 소득을 말한다. (2014. 1. 1. 개정)
2. "법인지방소득"이란 「법인세법」 제4조에 따른 내국법인 또는 외국법인의 소득을 말한다. (2018. 12. 24. 개정 ; 법인세법 부칙)
3. "거주자"란 「소득세법」 제1조의 2 제1항 제1호에 따른 거주자를 말한다. (2015. 7. 24. 개정)
4. "비거주자"란 거주자가 아닌 개인을 말한다. (2014. 1.

장은 종업원분 과세대장을 갖추어 두고, 필요한 사항을 등재해야 한다. 이 경우 해당 사항을 전산처리하는 경우에는 과세대장을 갖춘 것으로 본다. (2019. 2. 8. 개정)

제8장 지방소득세 (2010. 9. 20. 개정)

제1절 통 칙 (2014. 1. 1. 개정)

예판

【조심판례】 청구법인의 본점과 지점 사업장이 도로를 경계로 서로 연접하고 있는 점, 프레스업이라는 동일한 업종을 영위하고 있는 점, 종업원 채용이나 급여 지급 등을 본점에서 일괄 처리하는 점에 비추어, 청구법인의 본점과 지점의 사업장은 사실상 하나의 사업장으로 보는 것이 타당함. (조심 2014지1464, 2014. 12. 18.)

장의 비치 등】 영 제85조의 5 제1항에 따른 종업원분 과세대장은 별지 제39호의 3 서식에 따른다. (2019. 2. 8. 개정)

제8장 지방소득세

(2010. 12. 23. 개정)

예판

【예규】 • 인접한 장소에 사업주가 동일한 2개 이상의 사업장이 있는 경우, 그 각각의 사업장을 별개의 사업소로 볼 것인지 여부는 각 사업장의 인적·물적 설비에 독립성이 인정되어 각기 별개의 사업소로 볼 수 있을 정도로 사업 또는 사무 부문이 독립되어 있는지 여부에 의해 가려져야 함. (지방세운영과-1700, 2012. 6. 1.)

• 연결모법인은 연결자법인의 각 사업연도소득을 기초로 소득·결손금 통

1. 개정)

5. “내국법인”이란 국내에 본점이나 주사무소 또는 사업의 실질적 관리장소를 둔 법인을 말한다. (2014. 1. 1. 개정)

6. “비영리내국법인”이란 내국법인 중 다음 각 목의 어느 하나에 해당하는 법인을 말한다. (2014. 1. 1. 개정)
   가. 「민법」 제32조에 따라 설립된 법인 (2014. 1. 1. 개정)
   나. 「사립학교법」이나 그 밖의 특별법에 따라 설립된 법인으로서 「민법」 제32조에 규정된 목적과 유사한 목적을 가진 법인(대통령령으로 정하는 조합법인 등이 아닌 법인으로서 그 주주(株主)·사원 또는 출자자(出資者)에게 이익을 배당할 수 있는 법인은 제외한다) (2014. 1. 1. 개정)
   다. 「국세기본법」 제13조 제4항에 따른 법인으로 보는 단체(이하 “법인으로 보는 단체”라 한다) (2014. 1. 1. 개정)

7. “외국법인”이란 외국에 본점 또는 주사무소를 둔 단체(국내에 사업의 실질적 관리장소가 소재하지 아니하는 경우만 해당한다)로서 대통령령으로 정하는 기준에 해당하는 법인을 말한다. (2014. 1. 1. 개정)

8. “비영리외국법인”이란 외국법인 중 외국의 정부·지방자치단체 및 영리를 목적으로 하지 아니하는 법인(법인으로 보는 단체를 포함한다)을 말한다. (2014. 1. 1. 개정)

9. “사업자”란 사업소득이 있는 거주자를 말한다. (2014. 1. 1. 개정)

제86조【비영리내국법인 및 외국법인의 범위】(2014. 3. 14. 제목개정)

① 법 제85조 제1항 제6호 나목에서 “대통령령으로 정하는 조합법인 등”이란 「법인세법 시행령」 제2조 제1항 각 호에 따른 법인을 말한다. (2019. 2. 12. 개정 ; 법인세법 시행령 부칙)

② 법 제85조 제7호에서 “대통령령으로 정하는 기준에 해당하는 법인”이란 「법인세법 시행령」 제2조 제2항에 따른 단체를 말한다. (2019. 2. 12. 개정 ; 법인세법 시행령 부칙)

제87조【납세지 등】(2014. 3. 14. 제목개정)

① 법인이 사업장을 이전한 경우 해당 법인지방소득세의 납세지는 해당 법인의 사업연도 종료일 현재 그 사업장 소재지로 한다. (2014. 3. 14. 개정)

산 등을 조정하여 법인세를 신고납부하는 것으로 법인세분 지방소득세의 납세의무자는 각 법인의 회계에 따라 법인세를 실제로 부담하는 개별법인인 연결모법인 및 연결자법인 각각의 법인으로 보아야 할 것임. (지방세운영과-5989, 2010. 12. 22.)

10. "사업장"이란 인적 설비 또는 물적 설비를 갖추고 사업 또는 사무가 이루어지는 장소를 말한다. (2014. 1. 1. 개정)

예판

【예규】 제조업을 위한 하천의 물을 운반하는 쟁점 관로 및 건축물(펌프시설)은 법인지방소득세 안분대상 사업장으로 안분신고 대상임(지방소득소비세제과-1126, 2023. 4. 25.)

운영예규 법85-1【인적 설비, 물적 설비】

1. 「지방세법」 제85조 제1항 제10호의 「인적설비」란 계약의 형태나 형식에 불구하고 당해 장소에서 그 사업에 종사 또는 근로를 제공하는 자를 말한다. (2022. 10. 25. 개정)
2. 「지방세법」 제85조 제1항 제10호의 「물적설비」란 허가와 관계없이 현실적으로 사업이 이루어지고 있는 건축물 기계장치 등이 있고, 이러한 설비들이 지상에 고착되어 현실적으로 사무·사업에 이용되는 것을 말한다. (2022. 10. 25. 개정)

11. "사업연도"란 법인의 소득을 계산하는 1회계기간을 말한다. (2014. 1. 1. 개정)
12. "연결납세방식"이란 둘 이상의 내국법인을 하나의 과세표준과 세액을 계산하는 단위로 하여 제7절에 따라 법인지방소득세를 신고·납부하는 방식을 말한다. (2014. 1. 1. 개정)
13. "연결법인"이란 연결납세방식을 적용받는 내국법인을 말한다. (2014. 1. 1. 개정)
14. "연결집단"이란 연결법인 전체를 말한다. (2014. 1. 1. 개정)
15. "연결모법인"(連結母法人)이란 연결집단 중 다른 연

② 근무지를 변경하거나 둘 이상의 사용자로부터 근로소득을 받는 근로자에 대한 개인지방소득세를 연말정산하여 개인지방소득세를 환급하거나 추징해야 하는 경우 개인지방소득세의 납세지는 다음 각 호의 구분에 따른다. (2019. 12. 31. 개정)

1. 근무지를 변경한 근로자 : 연말정산 대상 과세기간의 종료일 현재 근무지 (2019. 12. 31. 신설)
2. 둘 이상의 사용자로부터 근로소득을 받는 근로자 : 연말정산 대상 과세기간의 종료일 현재 주된 근무지 (2019. 12. 31. 신설)

③ 「소득세법 시행령」 제5조 제6항에 따른 사람의 개인지방소득세의 납세지는 「지방세기본법」 제34조에 따른 납세의무 성립 당시 소속기관의 소재지로 한다. (2019. 12. 31. 신설)

④ 법 제89조 제3항 제4호 다목에서 "대통령령으로 정하는 해당 계좌"란 다음 각 호의 구분에 따른 계좌를 말한다. (2023. 3. 14. 신설)

1. 법 제103조의 13 제3항에 따라 특별징수세액 상당액의 인출을 제한한 계좌(이하 이 조에서 "인출제한계좌"라 한다)가 1개인 경우 : 해당 인출제한계좌 (2023. 3. 14. 신설)
2. 인출제한계좌가 2개 이상인 경우 : 법 제103조의 13 제1항에 따라 특별징수한 날을 기준으로 특별징수세액 상당액이 가장 큰 인출제한계좌. 다만, 특별징수세액 상당액이 같은 경우에는 가장 최근에 개설한 인출제한계좌로 한다. (2023. 3. 14. 신설)

편주

영 87조 4항의 개정규정은 2025. 1. 1.부터 시행함. (법 부칙(2023. 3. 14.) 1조 단서)

결법인을 연결지배(「법인세법」에 따른 연결지배를 말한다. 이하 같다)하는 연결법인을 말하고, “연결자법인”(連結子法人)이란 연결모법인의 연결지배를 받는 연결법인을 말한다. (2023. 3. 14. 개정)

법 85조 1항 15호의 개정규정은 2024. 1. 1. 이후 개시하는 사업연도부터 적용함. (법 부칙(2023. 3. 14.) 1조 2호, 6조)

16. “연결사업연도”란 연결집단의 소득을 계산하는 1회계기간을 말한다. (2014. 1. 1. 개정)

② 이 장에서 사용하는 용어의 뜻은 제1항에서 정하는 것을 제외하고 「소득세법」 및 「법인세법」에서 정하는 바에 따른다. (2014. 1. 1. 개정)

제86조 【납세의무자 등】 (2014. 1. 1. 제목개정)

① 「소득세법」에 따른 소득세 또는 「법인세법」에 따른 법인세의 납세의무가 있는 자는 지방소득세를 납부할 의무가 있다. (2014. 1. 1. 개정)

② 제1항에 따른 지방소득세 납부의무의 범위는 「소득세법」과 「법인세법」에서 정하는 바에 따른다. (2014. 1. 1. 개정)

제87조 【지방소득의 범위 및 구분 등】 (2014. 1. 1. 제목개정)

① 거주자의 개인지방소득은 다음 각 호와 같이 구분한다. 이

④ 삭 제 (2024. 12. 31.)

예판

【판례】 법인분 지방소득세 납세의무 성립시기

법인세를 결정 또는 경정한 경우에는 그 결정 또는 경정처분을 한 때에 비로소 법인세할 주민세의 과세표준이 되는 법인세액이 확정되어 법인세할 주민세의 납세의무가 성립함. (대법 2002두7852, 2004. 7. 8.) – 단, 독립세 전환 후에는 법인세 납세의무 성립시

예판

【예규】 하나의 사업장이 둘이상의 자치단체에 걸쳐있는 경우, 특별징수하는 근로소득 및 퇴직소득분 지방소득세 납세지는 원천징수의무자의 본점 또는 주사무소소재지 관할 자치단체(그 법인의 등기부상 소재지 관할 자치단체)라 할 것임. (지방세운영과-2460, 2013. 10. 1.)

경우 각 호의 소득의 범위는 「소득세법」 제16조부터 제22조까지, 제87조의 6, 제87조의 7, 제94조 및 제95조에서 정하는 바에 따르고, 신탁의 이익의 구분에 대해서는 같은 법 제4조 제2항에 따른다. (2023. 3. 14. 후단개정)

① 거주자의 개인지방소득은 다음 각 호와 같이 구분한다. 이 경우 각 호의 소득의 범위는 「소득세법」 제16조부터 제22조까지, 제94조 및 제95조에서 정하는 바에 따르고, 신탁의 이익의 구분에 대해서는 같은 법 제4조 제2항에 따른다. (2024. 12. 31. 후단개정)

1. 종합소득 (2014. 1. 1. 개정)
   이 법에 따라 과세되는 개인지방소득에서 제2호, 제2호의 2 및 제3호에 따른 소득을 제외한 소득으로서 다음 각 목의 소득을 합산한 것 (2023. 3. 14. 개정)

1. 종합소득 (2014. 1. 1. 개정)
   이 법에 따라 과세되는 개인지방소득에서 제2호 및 제3호에 따른 소득을 제외한 소득으로서 다음 각 목의 소득을 합산한 것 (2024. 12. 31. 개정)
   가. 이자소득 (2014. 1. 1. 개정)
   나. 배당소득 (2014. 1. 1. 개정)
   다. 사업소득 (2014. 1. 1. 개정)
   라. 근로소득 (2014. 1. 1. 개정)
   마. 연금소득 (2014. 1. 1. 개정)
   바. 기타소득 (2014. 1. 1. 개정)
2. 퇴직소득 (2014. 1. 1. 개정)

2의 2. 금융투자소득 (2023. 3. 14. 신설)

편주

- 법 87조 1항의 개정규정은 2025. 1. 1. 이후 납세의무가 성립하는 경우부터 적용함. (법 부칙(2023. 3. 14.) 1조 3호, 2조)
- 지방소득의 구분 및 범위

구 분		주요 내용
개인지방소득	거주자	• 종합소득, 퇴직소득, 양도소득으로 소득 구분 • 소법 §16~§22, §94 및 §95에 따른 소득 범위
	비거주자	• 소법 §119에 따라 소득 구분
법인지방소득	내국법인	• 각 사업연도의 소득, 청산소득, 양도소득으로 소득 구분 • 법법 §4에 따른 소득 범위
	외국법인	• 각 사업연도의 소득, 청산소득, 양도소득, 미환류소득으로 소득 구분 • 법법 §4에 따른 소득 범위

2의 2. 삭 제 (2024. 12. 31.)
3. 양도소득 (2014. 1. 1. 개정)

② 비거주자의 개인지방소득은 「소득세법」 제119조에 따라 구분한다. (2014. 1. 1. 개정)

③ 내국법인 및 외국법인의 법인지방소득은 다음 각 호와 같이 구분하고, 법인의 종류에 따른 각 호의 소득의 범위는 「법인세법」 제4조에서 정하는 바에 따른다. (2018. 12. 24. 개정 ; 법인세법 부칙)

1. 각 사업연도의 소득 (2014. 1. 1. 개정)
2. 청산소득(清算所得) (2014. 1. 1. 개정)
3. 「법인세법」 제55조의 2 및 제95조의 2에 따른 토지등 양도소득 (2018. 12. 31. 개정)
4. 「조세특례제한법」 제100조의 32에 따른 미환류소득 (2018. 12. 24. 개정 ; 법인세법 부칙)

제88조 【과세기간 및 사업연도】 (2014. 1. 1. 제목개정)

① 개인지방소득에 대한 지방소득세(이하 "개인지방소득세"라 한다)의 과세기간은 「소득세법」 제5조에 따른 기간으로 한다. (2014. 1. 1. 개정)

② 법인지방소득에 대한 지방소득세(이하 "법인지방소득세"라 한다)의 각 사업연도는 「법인세법」 제6조부터 제8조까지에 따른 기간으로 한다. (2014. 1. 1. 개정)

제89조 【납세지 등】 (2014. 1. 1. 제목개정)

예 판

【예규】 • 사실상의 소득의 지급지에 대한 판단은 개인의 이자소득의 발생 및 지급과정 등 제반 업무를 고려할 때, 예치대상자 선정, 예치한 금액의 관리, 이자소득 지급 대상자 선정, 이자소득 지급을 위한 전반적인 업무를 주도적으로 처리하는 곳을 사실상 소득의 지급지로 판단됨. (지방세운영과-614, 2010. 2. 9.)

• 법인의 지점, 영업소, 기타 사업장이 독립채산제에 의하여 독자적으로 회계 사무를 처리하는 경우에는 그 사업장을 원천징수의무자로 보아야 할 것이므로, 지방소득세의 특별징수의무자는 법인등기부상 법인의 각 지점으로 판단됨. (지방세운영과-4043, 2011. 8. 29.)

• **특정매입거래계약 매장의 법인지방소득세 안분대상 포함여부**
- 특정매입거래계약에 따라 매장 임차 없이 외상으로 납품하고 종업원을 파견하여 자사 상품을 판매하는 경우, 백화점 내의 납품업체 운영매장과 파견직원은 납품업체의 법인지방소득세 안분대상에 포함함. (지방세정책과-3379, 2016. 9. 20.)

• **양도소득에 대한 개인지방소득세 납세지**
- 거주자로 보는 법인격 없는 단체인 문중이 재산을 양도한 경우 문중 대표자의 주소지가 납세지가 되는 것임. (지방세정책과-3227, 2016. 9. 8.)
- 개인지방소득세(양도소득) 예정신고 후 양도소득세를 납부하지 않고 세무서 관할이 변경되어 양도소득세가 예정결정된 경우 "예정결정 당시 주소지"가 아닌 "예정신고 당시 주소지"가 납세지가 되는 것임. (지방세정책과-2263, 2016. 6. 22.)

예 판

【판례】 법인분 안분대상 건축물의 범위
관할구역외 다른 시·군 사업장에서도 유사 건축물을 가지고 있음에도, 해당 시·군내 사업장의 건축물만을 안분대상 연면적에 포함하여 법인분 지방소득세를 산정할 수 없으며, 다른 시·군에 위치한 사업장내 건축물의 면적에 대한 입증책임은 처분청에 있음. (대법 2013두26194, 2014. 4. 10.)

① 지방소득세의 납세지는 다음 각 호와 같다. (2014. 1. 1. 개정)

1. 개인지방소득세 : 「지방세기본법」 제34조에 따른 납세의무 성립 당시의 「소득세법」 제6조 및 제7조에 따른 납세지 (2019. 12. 31. 개정)

예판

【예규】 법인 아닌 단체의 납세지

법인 아닌 단체의 납세지는 과세기간이 끝나는 날 기준으로 명확하게 사전에 확정할 수 있는 주소지인 단체 대표자의 「주민등록법」에 따라 등록된 주소지로 보는 것이 타당함. (지방소득소비세제과-2926, 2024. 10. 31.)

2. 법인지방소득세 : 사업연도 종료일 현재의 「법인세법」 제9조에 따른 납세지. 다만, 법인 또는 연결법인이 둘 이상의 지방자치단체에 사업장이 있는 경우에는 각각의 사업장 소재지를 납세지로 한다. (2017. 12. 26. 개정)

② 제1항 제2호 단서에 따라 둘 이상의 지방자치단체에 법인의 사업장이 있는 경우 또는 각 연결법인의 사업장이 있는 경우에는 대통령령으로 정하는 기준에 따라 법인지방소득세를 안분하여 그 소재지를 관할하는 지방자치단체의 장에게 각각 신고납부하여야 한다. (2016. 12. 27. 개정)

③ 제1항 및 제2항에도 불구하고 제103조의 13, 제103조의 29, 제103조의 52에 따라 특별징수하는 지방소득세 중 다음 각 호의 지방소득세는 해당 각 호에서 정하는

예판

【예규】 외국법인도 내국법인과 같이 특별징수세액 납세지와 확정신고 납세지가 다를 경우 특별징수세액정산의 특례를 적용하여 확정신고 당시의 납세지 관할 자치단체의 장에게 정산하여야 하고, 해당 외국법인의 법인지방소득세 확정신고에 따른 특별징수세액에 대한 환급 또한, 확정신고 할 때의 납세지 관할 지방자치단체의 장이 하여야 할 것임(지방소득소비세제과-263, 2023. 1. 31.)

☜

제88조【법인지방소득세의 안분방법】 ① 법 제89조 제2항에서 "대통령령으로 정하는 기준"이란 다음의 계산식에 따라 산출한 비율(이하 이 장에서 "안분율" 이라 한다)을 말한다. (2015. 12. 31. 개정)

$$\left(\frac{\text{관할 지방 자치단체 안 종업원수}}{\text{법인의 총 종업원수}} + \frac{\text{관할 지방 자치단체 안 건축물 연면적}}{\text{법인의 총 건축물 연면적}}\right) \div 2$$

② 제1항에 따른 종업원 수와 건축물 연면적의 계산은

제38조의 5【법인지방소득세 안

납세지를 관할하는 지방자치단체의 장이 부과한다. (2014. 1. 1. 개정)

1. 근로소득 및 퇴직소득에 대한 지방소득세 : 납세의무자의 근무지. 다만, 퇴직 후 연금계좌(연금신탁·보험을 포함한다)에서 연금외수령의 방식으로 인출하는 퇴직소득의 경우에는 그 소득을 지급받는 사람의 주소지로 한다. (2016. 12. 27. 단서신설)

운영예규 법89-1【근로소득세분 지방소득세 납세지】

「지방세법」 제89조 제3항 제1호에서 규정하고 있는 「근무지」라 함은 본래의 소속된 근무지를 말하나 파견근무의 경우에는 급여 등을 본래의 소속된 근무지에서 지급하더라도 그 파견지를 근무지로 본다.

2. 「소득세법」 제20조의 3 제1항 제1호 및 제2호에 따른 연금소득에 대한 지방소득세 : 그 소득을 지급받는 사람의 주소지 (2021. 12. 28. 호번개정)
3. 「국민건강보험법」에 따른 국민건강보험공단이 지급하는 사업소득에 대한 지방소득세 : 그 소득을 지급받는 사람의 사업장 소재지 (2021. 12. 28. 호번개정)
4. 제1호부터 제3호까지에서 규정한 소득 외의 소득에 대한 소득세 및 법인세의 원천징수사무를 본점 또는 주사무소에서 일괄처리하는 경우 그 소득에 대한 지방소득세 : 그 소득의 지급지. 다만, 다음 각 목의 지방소득세는 해당 각 목에서 정하는 납세지로 한다.

각 사업연도 종료일 현재 다음 각 호에서 정하는 기준에 따른다. 이 경우 사업장으로 직접 사용하는 건축물이 둘 이상의 지방자치단체에 걸쳐있는 경우에는 해당 지방자치단체별 건축물 연면적 비율에 따라 종업원 수와 건축물의 연면적을 계산하며, 구체적 안분방법에 관한 사항은 행정안전부령으로 정한다. (2017. 7. 26. 직제개정 ; 행정안전부와~직제 부칙)

1. 종업원 수 : 법 제74조 제8호에 따른 종업원의 수 (2015. 12. 31. 개정)
2. 건축물 연면적 : 사업장으로 직접 사용하는 「건축법」 제2조 제1항 제2호에 따른 건축물(이와 유사한 형태의 건축물을 포함한다)의 연면적. 다만, 구조적 특성상 연면적을 정하기 곤란한 기계장치 또는 시설물(수조·저유조·저장창고·저장조·송유관·송수관 및 송전철탑만 해당한다)의 경우에는 그 수평투영면적을 연면적으로 한다. (2015. 12. 31. 개정)

③ 지방자치단체의 장이 법 제103조의 20 제2항에 따라 법인지방소득세의 세율을 표준세율에서 가감한 경우 납세의무자는 다음의 계산식에 따라 산출한 금액을 법인지방소득세에 가감하여 납부하여야 한다. (2015. 12. 31. 개정)

$$\text{법 제103조의 19에 따른 과세표준} \times \text{법 제103조의 20 제1항의 세율} \times \text{안분율} \times \left(\frac{\text{해당 지방자치단체의 법인지방소득세 세율}}{\text{법인지방소득세 표준세율}} - 1 \right)$$

④ 같은 특별시·광역시 안의 둘 이상의 구에 사업장이

분 적용방법】 영 제88조 제2항에 따른 종업원 수와 건축물 연면적 기준은 별표 4의 법인지방소득세 안분계산 시 세부 적용기준을 적용하여 계산한다. (2016. 12. 30. 신설)

운영예규 법89…시행령88-1【임대용건축물】

「지방세법 시행령」 제88조 제2항 제2호에 따른 "사업장으로 직접 사용하는 「건축법」 제2조 제1항 제2호에 따른 건축물"에는 법인이 타인에게 임대하고 있는 건축물은 이에 포함되지 아니한다. (2022. 10. 25. 개정)

제39조【주된 사업장】 영 제88

(2023. 3. 14. 단서개정)

가. 「복권 및 복권기금법」에 따른 당첨금 중 일정 등위별 당첨금을 본점 또는 주사무소에서 한꺼번에 지급하는 경우 그 당첨금에 대한 지방소득세 : 해당 복권의 판매지 (2023. 3. 14. 신설)

나. 「국민체육진흥법」 제27조에 따른 체육진흥투표권의 환급금 중 일정 등위별 환급금을 본점 또는 주사무소에서 한꺼번에 지급하는 경우 그 환급금에 대한 지방소득세 : 해당 체육진흥투표권의 판매지 (2023. 3. 14. 신설)

다. 제103조의 13 제1항 후단에 따른 특별징수의무자가 같은 조 제3항에 따라 계좌소유자의 인출을 제한한 경우 그 금융투자소득에 대한 지방소득세 : 대통령령으로 정하는 해당 계좌의 개설지 (2023. 3. 14. 신설)

다. 삭 제 (2024. 12. 31.)

제90조 【비과세】 (2014. 1. 1. 제목개정)

「소득세법」, 「법인세법」 및 「조세특례제한법」에 따라 소득세 또는 법인세가 비과세되는 소득에 대하여는 지방소득세를 과세하지 아니한다. (2014. 1. 1. 개정)

있는 법인은 해당 특별시·광역시에 납부할 법인지방소득세를 본점 또는 주사무소의 소재지(연결법인의 경우에는 모법인의 본점 또는 주사무소)를 관할하는 구청장에게 일괄하여 신고·납부하여야 한다. 다만, 특별시·광역시 안에 법인의 본점 또는 주사무소가 없는 경우에는 행정안전부령으로 정하는 주된 사업장의 소재지를 관할하는 구청장에게 신고·납부한다. (2017. 7. 26. 직제개정 ; 행정안전부와~직제 부칙)

편주

법 89조 3항 4호의 개정규정은 2025. 1. 1. 이후 납세의무가 성립하는 경우부터 적용함. (법 부칙(2023. 3. 14.) 1조 3호, 2조)

조 제4항 단서에서 "행정안전부령으로 정하는 주된 사업장"이란 해당 특별시 또는 광역시 안에 소재하는 사업장 중 영 제78조의 3에 따른 종업원의 수가 가장 많은 사업장을 말한다. 다만, 종업원 수가 가장 많은 사업장이 둘 이상인 경우에는 그 중 영 제88조 제1항에 따른 안분율이 가장 큰 사업장을 말한다. (2017. 7. 26. 직제개정 ; 행정안전부와~시행규칙 부칙)

제2절 거주자의 종합소득 · 퇴직소득에 대한 지방소득세 (2014. 1. 1. 신설)

제91조【과세표준】(2014. 1. 1. 제목개정)

① 거주자의 종합소득에 대한 개인지방소득세 과세표준은 「소득세법」 제14조 제2항부터 제5항까지에 따라 계산한 소득세의 과세표준(「조세특례제한법」 및 다른 법률에 따라 과세표준 산정과 관련된 조세감면 또는 중과세 등의 조세특례가 적용되는 경우에는 이에 따라 계산한 소득세의 과세표준)과 동일한 금액으로 한다. (2019. 12. 31. 개정)

② 거주자의 퇴직소득에 대한 개인지방소득세 과세표준은 「소득세법」 제14조 제6항에 따라 계산한 소득세의 과세표준(「조세특례제한법」 및 다른 법률에 따라 과세표준 산정과 관련된 조세감면 또는 중과세 등의 조세특례가 적용되는 경우에는 이에 따라 계산한 소득세의 과세표준)과 동일한 금액으로 한다. (2019. 12. 31. 개정)

제92조【세 율】(2014. 1. 1. 제목개정)

① 거주자의 종합소득에 대한 개인지방소득세의 표준세율은 다음 표와 같다. (2023. 3. 14. 개정)

과세표준	세율
1천400만원 이하	과세표준의 1천분의 6

제2절 거주자의 종합소득 · 퇴직소득에 대한 지방소득세 (2014. 3. 14. 신설)

과세표준	세율
1천400만원 초과 5천만원 이하	8만4천원 + (1천400만원을 초과하는 금액의 1천분의 15)
5천만원 초과 8천800만원 이하	62만4천원 + (5천만원을 초과하는 금액의 1천분의 24)
8천800만원 초과 1억5천만원 이하	153만6천원 + (8천800만원을 초과하는 금액의 1천분의 35)
1억5천만원 초과 3억원 이하	370만6천원 + (1억5천만원을 초과하는 금액의 1천분의 38)
3억원 초과 5억원 이하	940만6천원 + (3억원을 초과하는 금액의 1천분의 40)
5억원 초과 10억원 이하	1천740만6천원 + (5억원을 초과하는 금액의 1천분의 42)
10억원 초과	3천840만6천원 + (10억원을 초과하는 금액의 1천분의 45)

② 지방자치단체의 장은 조례로 정하는 바에 따라 종합소득에 대한 개인지방소득세의 세율을 제1항에 따른 표준세율의 100분의 50의 범위에서 가감할 수 있다. (2014. 1. 1. 개정)

③ 거주자의 종합소득에 대한 개인지방소득세 산출세액은 해당 연도의 과세표준에 제1항 및 제2항의 세율을 적용하여 산출한 금액으로 한다. (2014. 1. 1. 개정)

④ 거주자의 퇴직소득에 대한 개인지방소득세 산출세액은 다음 각 호의 순서에 따라 계산한 금액으로 한다. (2014. 1. 1. 개정)

1. 해당 과세기간의 제91조 제2항에 따른 과세표준에 제

1항 및 제2항의 세율을 적용하여 계산한 금액 (2015. 12. 29. 개정)

2. 제1호의 금액을 12로 나눈 금액에 근속연수를 곱한 금액 (2015. 12. 29. 개정)

3. 제2호를 5로 나눈 금액에 근속연수를 곱한 금액 (2014. 1. 1. 개정)

3. 삭 제 (2015. 12. 29.)

⑤ 제4항에 따라 퇴직소득에 대한 개인지방소득세를 계산함에 있어 2012년 12월 31일 이전에 근무를 시작하여 이 법 시행 후에 퇴직한 자의 경우 제91조 제2항에 따른 과세표준에 2012년 12월 31일 이전의 근속연수 비율(2012년 12월 31일까지의 근속연수를 전체 근속연수로 나눈 비율)을 곱하여 계산한 금액(이하 "해당 과세표준"이라 한다)에 대해서는 제4항의 규정에도 불구하고 다음 각 호의 순서에 따라 계산한 금액을 그 세액으로 한다. (2014. 1. 1. 개정)

1. 해당 과세표준을 근속연수로 나눈 금액 (2014. 1. 1. 개정)
2. 제1호의 금액에 제1항 및 제2항의 세율을 적용하여 계산한 금액 (2014. 1. 1. 개정)
3. 제2호의 금액에 근속연수를 곱한 금액 (2014. 1. 1. 개정)

⑤ 삭 제 (2016. 12. 27.)

제93조 【세액계산의 순서 및 특례】 (2014. 1. 1. 제목개정)

① 거주자의 종합소득 및 퇴직소득에 대한 개인지방소득세는 이 법에 특별한 규정이 있는 경우를 제외하고는 다음 각 호에 따라 계산한다. (2014. 1. 1. 개정)

1. 제92조 제3항 및 제4항에 따라 종합소득 및 퇴직소득에 대한 개인지방소득세 산출세액은 각각 구분하여 계산한다. (2017. 12. 26. 개정)
2. 제1호에 따라 계산한 산출세액에 제94조에 따른 세액공제 및 세액감면을 적용하여 종합소득 및 퇴직소득에 대한 개인지방소득세 결정세액을 각각 계산한다. (2014. 1. 1. 개정)
3. 제2호에 따라 계산한 결정세액에 제99조 및 「지방세기본법」 제53조부터 제55조까지에 따른 가산세를 더하여 종합소득 및 퇴직소득에 대한 개인지방소득세 총결정세액을 각각 계산한다. (2016. 12. 27. 개정 ; 지방세기본법 부칙)

② 거주자의 종합소득에 대한 개인지방소득세 과세표준에 포함된 이자소득과 배당소득(이하 이 조에서 "이자소득등"이라 한다)이 「소득세법」 제14조 제3항 제6호에 따른 이자소득등의 종합과세기준금액(이하 이 조에서 "종합과세기준금액"이라 한다)을 초과하는 경우에는 그 거주자의 종합소득에 대한 개인지방소득세 산출세액은 다음 각 호의 금액 중 큰 금액으로 하고, 종합과세기준금액을 초과하지 않는 경우에는 제2호의 금액으로 한다. 이 경우 「소득세법」 제17조 제1항 제8호에 따른 배당소득이 있는 경우에는 그 배당소득금액은 이자소득등으로 보지 아니한다. (2014. 1. 1. 개정)
1. 다음 각 목의 세액을 더한 금액 (2014. 1. 1. 개정)

가. 이자소득등의 금액 중 종합과세기준금액을 초과하는 금액과 이자소득등을 제외한 다른 종합소득금액을 더한 금액에 대한 개인지방소득세 산출세액 (2014. 1. 1. 개정)

나. 종합과세기준금액에 「소득세법」 제129조 제1항 제1호 라목의 세율의 100분의 10을 적용하여 계산한 세액. 다만, 「조세특례제한법」 제104조의 27에 따른 배당소득이 있는 경우 그 배당소득에 대해서는 같은 조 제1항에 따른 세율의 100분의 10을 적용한다. (2015. 7. 24. 단서신설)

2. 다음 각 목의 세액을 더한 금액 (2016. 12. 27. 개정)

가. 이자소득등에 대하여 「소득세법」 제129조 제1항 제1호·제2호 및 「조세특례제한법」 제104조의 27 제1항의 세율의 100분의 10을 적용하여 계산한 세액. 다만, 「소득세법」 제127조에 따라 원천징수되지 아니하는 소득에 대해서는 소득세법」 제129조 제1항 제1호 나목 또는 라목의 세율의 100분의 10을 적용한다. (2016. 12. 27. 단서개정)

나. 이자소득등을 제외한 다른 종합소득금액에 대한 개인지방소득세 산출세액. 다만, 그 세액이 「소득세법」 제17조 제1항 제8호에 따른 배당소득에 대하여 「소득세법」 제129조 제1항 제1호 라목의 세율의 100분의 10을 적용하여 계산한 세액과 이자소득등 및 「소득세법」 제17조 제1항 제8호에 따른 배당소

득을 제외한 다른 종합소득금액에 대한 개인지방소득세 산출세액을 합산한 금액(이하 이 목에서 "종합소득 비교세액"이라 한다)에 미달하는 경우 종합소득 비교세액으로 한다. (2014. 1. 1. 개정)

③ 「소득세법」 제16조 제1항 제10호에 따른 직장공제회 초과반환금(이하 이 조에서 "직장공제회 초과반환금"이라 한다)에 대해서는 그 금액에서 「소득세법」 제63조 제1항 각 호의 금액을 순서대로 공제한 금액을 납입연수(1년 미만인 경우에는 1년으로 한다. 이하 같다)로 나눈 금액에 제92조에 따른 세율을 적용하여 계산한 세액에 납입연수를 곱한 금액을 그 산출세액으로 한다. 다만, 직장공제회 초과반환금을 분할하여 지급받는 경우의 세액의 계산 방법 등은 대통령령으로 정한다. (2017. 12. 26. 개정)

④ 대통령령으로 정하는 부동산매매업(이하 "부동산매매업"이라 한다)을 경영하는 거주자(이하 "부동산매매업자"라 한다)로서 종합소득금액에 「소득세법」 제104조 제1항 제1호의 분양권 · 제8호 · 제10호 또는 같은 조 제7항 각 호의 어느 하나에 해당하는 자산의 매매차익(이하 이 조에서 "주택등매매차익"이라 한다)이 있는 자의 종합소득에 대한 개인지방소득세 산출세액은 다음 각 호의 세액 중 많은 것으로 한다. 이 경우 부동산매매업자에 대한 주택등매매차익의 계산과 그 밖에 종합소득에 대한 개인지방소득세 산출세액의 계산에 필요한 사항은 대통령령으로 정한다. (2020. 8. 12. 개정)

제88조의 2【직장공제회 초과반환금에 대한 세액계산의 특례】 법 제93조 제3항 단서에 따라 직장공제회 초과반환금을 분할하여 지급하는 경우 그 계산은 「소득세법 시행령」 제120조에 따른다. (2018. 3. 27. 개정)

제89조【부동산매매업자에 대한 세액계산의 특례】 (2014. 3. 14. 제목개정)

① 법 제93조 제4항 각 호 외의 부분 전단에 따른 부동산매매업은 「소득세법 시행령」 제122조 제1항 · 제3항 및 제4항을 따른다. (2014. 3. 14. 개정)

② 법 제93조 제4항 각 호 외의 부분 후단에 따른 부동산매매업자에 대한 주택등매매차익의 계산은 「소득세법 시행령」 제122조 제2항을 따른다. (2014. 3. 14. 개정)

1. 종합소득에 대한 개인지방소득세 산출세액 (2014. 1. 1. 개정)
2. 다음 각 목에 따른 세액의 합계액 (2014. 1. 1. 개정)
   가. 주택등매매차익에 제103조의 3에 따른 세율을 적용하여 산출한 세액의 합계액 (2014. 1. 1. 개정)
   나. 종합소득에 대한 개인지방소득세 과세표준에서 주택등매매차익의 해당 과세기간 합계액을 공제한 금액을 과세표준으로 하고 이에 제92조에 따른 세율을 적용하여 산출한 세액 (2014. 1. 1. 개정)

⑤ 부동산매매업자가 「소득세법」 제69조 제1항에 따른 토지등 매매차익예정신고를 하는 경우에는 토지 또는 건물(이하 이 조에서 "토지등"이라 한다)의 매매차익과 그 세액을 매매일이 속하는 달의 말일부터 2개월이 되는 날까지 대통령령으로 정하는 바에 따라 납세지 관할 지방자치단체의 장에게 신고하여야 한다. 토지등의 매매차익이 없거나 매매차손이 발생하였을 때에도 또한 같다. (2019. 12. 31. 개정)

⑥ 제5항에 따른 부동산매매업자의 토지등의 매매차익에 대한 산출세액은 그 매매가액에서 「소득세법」 제97조를 준용하여 계산한 필요경비를 공제한 금액에 제103조의 3에서 규정하는 세율을 곱하여 계산한 금액으로 한다. 다만, 토지등의 보유기간이 2년 미만인 경우에는 제103조의 3 제1항 제2호 및 제3호에도 불구하고 같은 항 제1호에 따른 세율을 곱하여 계산한 금액으로 한다.

제90조【부동산매매업자의 토지등 매매차익예정신고와 납부】(2014. 3. 14. 제목개정)

① 법 제93조 제5항에 따라 토지등 매매차익예정신고를 하려는 자는 행정안전부령으로 정하는 토지등매매차익예정신고 및 납부계산서를 납세지 관할 지방자치단체의 장에게 제출해야 한다. (2019. 12. 31. 개정)

제40조【부동산매매업자의 토지등 매매차익예정신고와 납부】(2014. 8. 8. 제목개정)

① 영 제90조 제1항에 따라 토지등 매매차익예정신고를 하려는 자는 별지 제39호의 5 서식의 토지등 매매차익에 대한 개인지방소득세 예정신고 및 납부계산서에 다음 각 호의 서류를 첨부하여 납세지 관할 지방자치단체의 장에게 제출해야 한다. (2019. 12. 31. 개정)
1. 「소득세법 시행규칙」 별지 제16호 서식 부표의 토지등 매매차익 계산명세서 1부 (2019. 12. 31. 개정)
2. 매매계약서 및 필요경비 증명 서

(2023. 3. 14. 개정)

⑦ 부동산매매업자는 제6항에 따른 산출세액을 제5항에 따른 신고기한까지 대통령령으로 정하는 바에 따라 납세지 관할 지방자치단체에 납부하여야 한다. 이 경우 납부할 세액이 100만원을 초과하는 자는 대통령령으로 정하는 바에 따라 그 납부할 세액의 일부를 납부기한이 지난 후 2개월 이내에 분할납부할 수 있다. (2023. 3. 14. 후단신설)

⑧ 토지등의 매매차익에 대한 산출세액의 계산, 결정·경정 및 환산취득가액 적용에 따른 가산세에 관하여는 제103조의 6 제2항 및 제103조의 9를 준용한다. (2019. 12. 31. 개정)

⑨ 제5항부터 제8항까지의 토지등의 매매차익과 그 세액의 계산 등에 관하여 필요한 사항은 대통령령으로 정한다. (2014. 1. 1. 개정)

⑩ 「소득세법」 제14조 제3항 제7호의 분리과세 주택임대소득(이하 이 조에서 "분리과세 주택임대소득"이라 한다)이 있는 거주자의 종합소득에 대한 개인지방소득세 결정세액은 다음 각 호의 세액 중 하나를 선택하여 적용한다. (2015. 7. 24. 신설)

1. 「소득세법」 제14조 제3항 제7호를 적용하기 전의 종합소득에 대한 개인지방소득세 결정세액 (2015. 7. 24. 신설)

② 부동산매매업자는 법 제93조 제7항 전단에 따라 토지등의 매매차익에 대한 산출세액을 납부할 때에는 행정안전부령으로 정하는 납부서로 납부하여야 한다. (2023. 3. 14. 개정)

③ 법 제93조 제7항 후단에 따라 부동산매매업자가 토지등의 매매차익에 대한 산출세액을 분할납부하는 경우 분할납부할 수 있는 세액은 다음 각 호의 구분에 따른다. (2023. 3. 14. 신설)

1. 납부할 세액이 100만원 초과 200만원 이하인 경우 : 100만원을 초과하는 금액 (2023. 3. 14. 신설)
2. 납부할 세액이 200만원을 초과하는 경우 : 해당 세액의 100분의 50 이하의 금액 (2023. 3. 14. 신설)

제91조 【토지등 매매차익】 (2014. 3. 14. 제목개정)

법 제93조 제9항에 따른 토지등의 매매차익과 그 계산 등은 「소득세법 시행령」 제128조 및 제129조를 따른다. (2023. 3. 14. 개정)

류 각 1부 (2019. 12. 31. 개정)

② 영 제90조 제2항에 따른 개인지방소득세의 납부서는 별지 제14호 서식 또는 별지 제40호 서식에 따른다. (2014. 8. 8. 개정)

2. 다음 각 목의 세액을 더한 금액 (2015. 7. 24. 신설)
   가. 분리과세 주택임대소득에 대한 사업소득금액에 1천분의 14를 곱하여 산출한 금액. 다만, 「조세특례제한법」 제96조 제1항에 해당하는 거주자가 같은 항에 따른 임대주택을 임대하는 경우에는 해당 임대사업에서 발생한 분리과세 주택임대소득에 대한 사업소득금액에 1천분의 14를 곱하여 산출한 금액에서 같은 항에 따라 감면받는 세액의 100분의 10을 차감한 금액으로 한다. (2019. 12. 31. 단서개정)
   나. 가목 외의 종합소득에 대한 개인지방소득세 결정세액 (2015. 7. 24. 신설)

⑪ 제10항 제2호 가목에 따른 분리과세 주택임대소득에 대한 사업소득금액은 총수입금액에서 필요경비(총수입금액의 100분의 50으로 한다)를 차감한 금액으로 하되, 분리과세 주택임대소득을 제외한 해당 과세기간의 종합소득금액이 2천만원 이하인 경우에는 추가로 200만원을 차감한 금액으로 한다. 다만, 대통령령으로 정하는 임대주택을 임대하는 경우에는 해당 임대사업에서 발생한 사업소득금액은 총수입금액에서 필요경비(총수입금액의 100분의 60으로 한다)를 차감한 금액으로 하되, 분리과세 주택임대소득을 제외한 해당 과세기간의 종합소득금액이 2천만원 이하인 경우에는 추가로 400만원을 차감한 금액으로 한다. (2018. 12. 31. 개정)

⑫ 다음 각 호의 어느 하나에 해당하는 경우에는 그 사

제91조의 2【분리과세 주택임대소득에 대한 종합소득 결정세액 등 계산의 특례】(2019. 5. 31. 제목개정)

① 법 제93조 제11항 단서에서 "대통령령으로 정하는 임대주택"이란 다음 각 호의 요건을 모두 갖춘 임대주택(이하 이 조에서 "등록임대주택"이라 한다)을 말한다. (2019. 5. 31. 개정)

1. 다음 각 목의 어느 하나에 해당하는 주택일 것 (2020. 12. 31. 개정)
   가. 「민간임대주택에 관한 특별법」 제5조에 따른 임대사업자등록을 한 자가 임대 중인 같은 법 제2조 제4호에 따른 공공지원민간임대주택 (2020. 12. 31. 개정)
   나. 「민간임대주택에 관한 특별법」 제5조에 따른 임

유가 발생한 날이 속하는 과세기간의 과세표준신고를 할 때 다음 각 호의 구분에 따른 금액을 개인지방소득세로 납부하여야 한다. 다만, 「민간임대주택에 관한 특별법」 제6조 제1항 제11호에 해당하여 등록이 말소되는 경우 등 대통령령으로 정하는 경우에는 그러하지 아니하다. (2020. 12. 29. 단서신설)

대사업자등록을 한 자가 임대 중인 같은 법 제2조 제5호에 따른 장기일반민간임대주택[아파트를 임대하는 민간매입임대주택의 경우에는 2020년 7월 10일 이전에 종전의 「민간임대주택에 관한 특별법」(법률 제17482호 민간임대주택에 관한 특별법 일부개정법률에 따라 개정되기 전의 것을 말한다. 이하 같다) 제5조에 따라 등록을 신청(임대할 주택을 추가하기 위해 등록사항의 변경 신고를 한 경우를 포함한다. 이하 이 항에서 같다)한 것으로 한정한다] (2020. 12. 31. 개정)

다. 종전의 「민간임대주택에 관한 특별법」 제5조에 따른 임대사업자등록을 한 자가 임대 중인 같은 법 제2조 제6호에 따른 단기민간임대주택(2020년 7월 10일 이전에 등록을 신청한 것으로 한정한다) (2020. 12. 31. 개정)

2. 「소득세법」 제168조에 따른 사업자의 임대주택일 것 (2019. 5. 31. 개정)

3. 임대보증금 또는 임대료(이하 이 호에서 “임대료등”이라 한다)의 증가율이 100분의 5를 초과하지 않을 것. 이 경우 임대료등의 증액 청구는 임대차계약의 체결 또는 약정한 임대료등의 증액이 있은 후 1년 이내에는 하지 못하고, 임대사업자가 임대료등의 증액을 청구하면서 임대보증금과 월임대료를 상호 간에 전환하는 경우에는 「민간임대주택에 관한 특별법」 제44조

법	시행령	시행규칙
1. 제10항 제2호 가목 단서에 따라 세액을 감면받은 사업자가 해당 임대주택을 4년(「민간임대주택에 관한 특별법」 제2조 제4호에 따른 공공지원민간임대주택 또는 같은 법 제2조 제5호에 따른 장기일반민간임대주택의 경우에는 10년) 이상 임대하지 아니하는 경우 : 제10항 제2호 가목 단서에 따라 감면받은 세액 (2020. 12. 29. 개정) 2. 제11항 단서를 적용하여 세액을 계산한 사업자가 해당 임대주택을 10년 이상 임대하지 아니하는 경우 : 제11항 단서를 적용하지 아니하고 계산한 세액과 당초 신고한 세액과의 차액 (2020. 12. 29. 개정)	제4항의 전환 규정을 준용한다. (2020. 4. 28. 개정) ② 제1항을 적용할 때 종전의 「민간임대주택에 관한 특별법」 제5조에 따라 등록한 같은 법 제2조 제6호에 따른 단기민간임대주택을 같은 법 제5조 제3항에 따라 2020년 7월 11일 이후 「민간임대주택에 관한 특별법」 제2조 제4호 또는 제5호에 따른 공공지원민간임대주택 또는 장기일반민간임대주택으로 변경 신고한 주택은 등록임대주택에서 제외한다. (2020. 12. 31. 신설) ③ 법 제93조 제12항 각 호 외의 부분 단서에서 "「민간임대주택에 관한 특별법」 제6조 제1항 제11호에 해당하여 등록이 말소되는 경우 등 대통령령으로 정하는 경우"란 「소득세법 시행령」 제122조의 2 제3항에 해당하는 경우를 말한다. (2021. 4. 27. 신설) ④ 법 제93조 제12항 제1호를 적용할 때 임대기간의 산정은 「소득세법 시행령」 제122조의 2 제4항 제1호에 따른다. (2021. 4. 27. 신설) ⑤ 법 제93조 제12항 제2호를 적용할 때 임대기간의 산정은 「소득세법 시행령」 제122조의 2 제4항 제2호에 따른다. (2021. 4. 27. 신설) ⑥ 법 제93조 제12항 제1호에 해당하여 납부해야 하는	

⑬ 제12항 각 호에 따라 개인지방소득세를 납부하는 경우에는 「소득세법」 제64조의 2 제4항 본문에 따라 계산한 이자 상당 가산액의 100분의 10을 추가하여 납부하여야 한다. 다만, 대통령령으로 정하는 부득이한 사유가 있는 경우에는 그러하지 아니하다. (2018. 12. 31. 신설)

⑭ 분리과세 주택임대소득에 대한 종합소득 결정세액의 계산 및 임대주택 유형에 따른 사업소득금액의 산출방법 등에 필요한 사항은 대통령령으로 정한다. (2018. 12. 31. 신설)

⑮ 제5항에 따라 부동산매매업자가 토지등의 매매차익(매매차익이 없는 경우와 매매차손을 포함한다)과 그 세액을 신고하는 경우에 납세지 관할 지방자치단체의 장 외의 지방자치단체의 장에게 신고한 경우에도 그 신고의 효력에는 영향이 없다. (2019. 12. 31. 신설)

⑯ 「소득세법」 제14조에 따라 거주자의 종합소득과세표준을 계산할 때 합산하지 아니하는 같은 법 제127조 제1항

개인지방소득세액은 같은 조 제10항 제2호 가목 단서에 따라 감면 받은 세액에 「조세특례제한법 시행령」 제96조 제6항에 따라 임대기간에 따른 감면율을 적용한 금액으로 한다. (2021. 4. 27. 신설)

⑦ 법 제93조 제13항 단서에서 "대통령령으로 정하는 부득이한 사유"란 다음 각 호의 어느 하나에 해당하는 경우를 말한다. (2021. 4. 27. 항번개정)

1. 파산 또는 강제집행에 따라 임대주택을 처분하거나 임대할 수 없는 경우 (2019. 5. 31. 개정)
2. 법령상 의무를 이행하기 위해 임대주택을 처분하거나 임대할 수 없는 경우 (2019. 5. 31. 개정)
3. 「채무자 회생 및 파산에 관한 법률」에 따른 회생절차에 따라 법원의 허가를 받아 임대주택을 처분한 경우 (2019. 5. 31. 개정)

⑧ 법 제93조 제14항에 따른 주택임대소득의 계산은 다음 각 호에 따른다. (2021. 4. 27. 항번개정)

1. 제1항을 적용할 때 과세기간 중 일부 기간 동안 등록임대주택을 임대한 경우 등록임대주택의 임대사업에서 발생하는 수입금액은 월수로 계산한다. 이 경우 해당 임대기간의 개시일 또는 종료일이 속하는 달의 등록임대주택을 임대한 기간이 15일 이상인 경우에는 1개월로 본다. (2019. 5. 31. 개정)
2. 해당 과세기간 중에 임대주택을 등록한 경우 주택임대소득금액은 다음의 계산식에 따라 계산한다. (2019.

제6호 나목의 소득에 대한 개인지방소득세 결정세액은 같은 법 제21조 제3항에 따라 계산한 해당 기타소득금액에 같은 법 제129조 제1항 제6호 라목에 따른 세율의 100분의 10을 적용하여 계산한 금액으로 한다. (2020. 12. 29. 신설)

⑰ 「소득세법」 제20조의 3 제1항 제2호 및 제3호에 따른 연금소득 중 같은 법 제14조 제3항 제9호에 따른 분리과세연금소득 외의 연금소득이 있는 거주자의 종합소득에 대한 개인지방소득세 결정세액은 다음 각 호의 세액 중 어느 하나를 선택하여 적용한다. (2023. 3. 14. 신설)

1. 종합소득에 대한 개인지방소득세 결정세액 (2023. 3. 14. 신설)
2. 다음 각 목의 세액을 더한 금액 (2023. 3. 14. 신설)
   가. 「소득세법」 제20조의 3 제1항 제2호 및 제3호에 따른 연금소득 중 같은 법 제14조 제3항 제9호에 따른 분리과세연금소득 외의 연금소득에 1천분의 15를 곱하여 산출한 금액 (2023. 3. 14. 신설)
   나. 가목 외의 종합소득에 대한 개인지방소득세 결정세액 (2023. 3. 14. 신설)

⑱ 「소득세법」 제21조 제1항 제27호에 따른 가상자산소득에 대한 개인지방소득세 결정세액은 같은 조 제3항에 따라 계산한 해당 기타소득금액에서 250만원을 뺀 금액에 1천분의 20을 적용하여 계산한 금액으로 한다. (2023. 3. 14. 항번개정)

5. 31. 개정)

[등록한 기간에 발생한 수입금액 × (1 − 0.6)] + [등록하지 않은 기간에 발생한 수입금액 × (1 − 0.5)]

3. 해당 과세기간 동안 등록임대주택과 등록임대주택이 아닌 주택에서 수입금액이 발생한 경우 법 제93조 제11항에 따라 해당 과세기간의 종합소득금액이 2천만원 이하인 경우에 추가로 차감하는 금액은 다음의 계산식에 따라 계산한다. (2019. 5. 31. 개정)

$$\left(\frac{\text{등록임대주택에서 발생한 수입금액}}{\text{총 주택임대 수입금액}} \times 400\text{만원}\right) + \left(\frac{\text{등록임대주택이 아닌 주택에서 발생한 수입금액}}{\text{총 주택임대 수입금액}} \times 200\text{만원}\right)$$

☞ 편주

법 93조 18항의 개정규정은 2027. 1. 1.부터 시행함. (법 부칙 (2023. 3. 14.) 1조 4호) (2024. 12. 31. 신설)

제94조【세액공제 및 세액감면】(2014. 1. 1. 제목개정) 종합소득 또는 퇴직소득에 대한 개인지방소득세의 세액공제 및 세액감면에 관한 사항은 「지방세특례제한법」에서 정한다. 다만, 종합소득 또는 퇴직소득에 대한 개인지방소득세의 공제세액 또는 감면세액이 산출세액을 초과하는 경우에는 그 초과금액은 없는 것으로 한다. (2014. 1. 1. 개정)

제95조【과세표준 및 세액의 확정신고와 납부】(2014. 1. 1. 제목개정)

① 거주자가 「소득세법」에 따라 종합소득 또는 퇴직소득에 대한 과세표준확정신고를 하는 경우에는 해당 신고기한까지 종합소득 또는 퇴직소득에 대한 개인지방소득세 과세표준과 세액을 대통령령으로 정하는 바에 따라 납세지 관할 지방자치단체의 장에게 확정신고·납부하여야 한다. 이 경우 거주자가 종합소득 또는 퇴직소득에 대한 개인지방소득세 과세표준과 세액을 납세지 관할 지방자치단체의 장 외의 지방자치단체의 장에게 신고한 경우에도 그 신고의 효력에는 영향이 없다. (2019. 12. 31. 후단신설)

② 제1항은 해당 과세기간 동안 종합소득 또는 퇴직소득에 대한 개인지방소득세 과세표준이 없거나 종합소득에 대한 결손금액이 있는 때에도 적용한다. 다만, 제103조의 13에 따라 퇴직소득에 대한 개인지방소득세를 납부한 자에 대하여는 그러하지 아니하다. (2017. 12. 26. 개정)

제92조【과세표준 및 세액의 확정신고와 납부】(2014. 3. 14. 제목개정)

① 법 제95조 제1항에 따라 확정신고·납부를 하려는 자는 행정안전부령으로 정하는 종합소득 또는 퇴직소득에 대한 개인지방소득세 과세표준확정신고 및 납부계산서와 첨부서류를 납세지 관할 지방자치단체의 장에게 제출하여야 한다. (2017. 7. 26. 직제개정 ; 행정안전부와~직제 부칙)

제41조【종합소득 및 퇴직소득에 대한 개인지방소득세 신고·납부】(2019. 12. 31. 제목개정)

① 영 제92조 제1항에 따른 종합소득 또는 퇴직소득에 대한 개인지방소득세 과세표준확정신고 및 납부계산서는 다음 각 호의 서식에 따른다. (2019. 12. 31. 개정)

1. 종합소득에 대한 개인지방소득세 과세표준확정신고 및 납부계산서 : 별지 제40호의 2 서식. 다만, 영 제92조 제3항에 따른 사업자, 「소득세법」 제14조 제3항 제7호에 따른 분리과세 주택임대소득만 있는 사람 및 같은 법 제21조 제1항 제26호에 따른 종교인소득만 있는 사람의 경우에는 각

③ 제1항에 따른 확정신고·납부를 할 때에는 해당 과세기간의 종합소득 또는 퇴직소득에 대한 개인지방소득세 산출세액에서 해당 과세기간의 다음 각 호의 세액을 공제하고 납세지 관할 지방자치단체에 납부한다. (2014. 1. 1. 개정)

1. 제93조 제5항부터 제8항까지에 따른 토지등 매매차익 예정신고 산출세액 또는 그 결정·경정한 세액 (2014. 1. 1. 개정)
2. 제94조에 따른 공제·감면세액 (2014. 1. 1. 개정)
3. 제98조에 따른 수시부과세액 (2014. 1. 1. 개정)
4. 제103조의 13에 따른 특별징수세액 (2014. 1. 1. 개정)
5. 제103조의 17에 따른 납세조합의 징수세액 (2014. 1. 1. 개정)

④ 제3항에 따라 납부할 세액이 100만원을 초과하는 거주자는 대통령령으로 정하는 바에 따라 그 납부할 세액의 일부를 납부기한이 지난 후 2개월 이내에 분할납부할 수 있다. (2023. 3. 14. 신설)

⑤ 제1항에도 불구하고 납세지 관할 지방자치단체의 장은 소규모사업자 등 대통령령으로 정하는 거주자에게 제1항에 따른 과세표준과 세액을 기재한 행정안전부령으로 정하는 납부서(이하 이 조에서 "납부서"라 한다)를 발송할 수 있다. (2023. 3. 14. 항번개정)

⑥ 제5항에 따라 납부서를 받은 자가 납부서에 기재된 세액을 신고기한까지 납부한 경우에는 제1항에 따라 확정신고를 하고 납부한 것으로 본다. (2023. 3. 14. 개정)

② 법 제95조 제3항에 따라 종합소득 또는 퇴직소득에 대한 개인지방소득세를 납부하려는 자는 행정안전부령으로 정하는 납부서로 납부하여야 한다. (2017. 7. 26. 직제개정 ; 행정안전부와~직제 부칙)

③ 법 제95조 제4항에 따라 거주자가 종합소득 또는 퇴직소득에 대한 개인지방소득세액을 분할납부하는 경우 분할납부할 수 있는 세액은 다음 각 호의 구분에 따른다. (2023. 3. 14. 신설)

1. 납부할 세액이 100만원 초과 200만원 이하인 경우 : 100만원을 초과하는 금액 (2023. 3. 14. 신설)
2. 납부할 세액이 200만원을 초과하는 경우 : 해당 세액의 100분의 50 이하의 금액 (2023. 3. 14. 신설)

④ 법 제95조 제5항에서 "소규모사업자 등 대통령령으로 정하는 거주자"란 「소득세법」 제70조에 따른 종합소득 과세표준확정신고를 위하여 과세표준, 세액 등이 임시 산정된 과세표준확정신고 및 납부계산서를 국세청장으로부터 송달받은 자를 말한다. (2023. 3. 14. 개정)

각 별지 제40호의 3 서식부터 별지 제40호의 5 서식까지로 별지 제40호의 2 서식을 갈음할 수 있다. (2019. 12. 31. 개정)

2. 퇴직소득에 대한 개인지방소득세 과세표준확정신고 및 정산계산서 : 별지 제40호의 6 서식 (2019. 12. 31. 개정)

② 영 제92조 제2항에 따른 종합소득 또는 퇴직소득에 대한 개인지방소득세의 납부서는 별지 제14호 서식 또는 별지 제40호 서식에 따른다. (2014. 8. 8. 개정)

③ 법 제95조 제5항에 따른 납부서는 별지 제40호의 7 서식에 따른다. (2023. 3. 28. 개정)

제96조【수정신고 등】(2014. 1. 1. 제목개정)

① 제95조에 따른 개인지방소득세 확정신고를 한 거주자가 「국세기본법」 제45조 및 제45조의 2에 따라 「소득세법」에 따른 신고내용에 대하여 수정신고 또는 경정 등의 청구를 할 때에는 대통령령으로 정하는 바에 따라 납세지를 관할하는 지방자치단체의 장에게 「지방세기본법」 제49조 및 제50조에 따른 수정신고 또는 경정 등의 청구를 하여야 한다. 이 경우 거주자가 납세지를 관할하는 지방자치단체의 장 외의 지방자치단체의 장에게 「지방세기본법」 제49조 및 제50조에 따른 수정신고 또는 경정 등의 청구를 한 경우에도 그 신고 또는 청구의 효력에는 영향이 없다. (2019. 12. 31. 개정)

② 제95조에 따라 확정신고를 한 거주자가 신고납부한 개인지방소득세의 납세지에 오류가 있음을 발견하였을 때에는 제97조에 따라 지방자치단체의 장이 보통징수의 방법으로 부과고지를 하기 전까지 관할 지방자치단체의 장에게 「지방세기본법」 제49조 및 제50조에 따른 수정신고납부 또는 경정 등의 청구를 할 수 있다. (2016. 12. 27. 개정 ; 지방세기본법 부칙)

② 삭 제 (2019. 12. 31.)

③ 제1항에 따른 수정신고를 통하여 추가납부세액이 발생하는 경우에는 이를 납부하여야 한다. (2019. 12. 31. 개정)

④ 제2항에 따른 경정 등의 청구를 통하여 환급세액이 발생하는 경우 환급받는 세액에 대하여는 「지방세기본법」 제62조에 따른 지방세환급가산금을 지급하지 아니한다. (2016. 12. 27.

제93조【수정신고납부】(2014. 3. 14. 제목개정)

① 법 제96조 제1항에 따라 거주자가 수정신고를 할 때에는 수정신고와 함께 소득세의 수정신고 내용을 증명하는 서류를 납세지 관할 지방자치단체의 장에게 제출하여야 한다. (2014. 3. 14. 개정)

② 법 제96조 제3항에 따른 수정신고를 통하여 추가납부세액이 발생하는 경우에는 행정안전부령으로 정하는 납부서로 납부하여야 한다. (2017. 7. 26. 직제개정 ; 행정안전부와~직제 부칙)

제42조【수정신고 납부】(2014. 8. 8. 제목개정)

영 제93조 제2항에 따른 종합소득 또는 퇴직소득에 대한 개인지방소득세 추가납부세액의 납부서는 별지 제14호 서식 또는 별지 제40호

법	영	칙
개정 ; 지방세기본법 부칙) ④ 삭 제 (2019. 12. 31.) **제97조【결정과 경정】**(2014. 1. 1. 제목개정) ① 납세지 관할 지방자치단체의 장은 거주자가 제95조에 따른 신고를 하지 아니하거나 신고 내용에 오류 또는 누락이 있는 경우에는 해당 과세기간의 과세표준과 세액을 결정 또는 경정한다. (2014. 1. 1. 개정) ② 납세지 관할 지방자치단체의 장은 개인지방소득세의 과세표준과 세액을 결정 또는 경정한 후 그 결정 또는 경정에 오류나 누락이 있는 것을 발견한 경우에는 즉시 이를 다시 경정한다. (2014. 1. 1. 개정) ③ 납세지 관할 지방자치단체의 장은 제1항과 제2항에 따라 개인지방소득세의 과세표준과 세액을 결정 또는 경정하는 경우에는 소득세법에 따라 납세지 관할 세무서장 또는 관할 지방국세청장이 결정 또는 경정한 자료, 장부나 그 밖의 증명서류를 근거로 하여야 한다. 다만, 대통령령으로 정하는 사유로 장부나 그 밖의 증명서류에 의하여 소득금액을 계산할 수 없는 경우에는 대통령령으로 정하는 바에 따라 추계(推計)할 수 있다. (2014. 1. 1. 개정) ④ 지방자치단체의 장이 개인지방소득세의 과세표준과 세액을 결정 또는 경정한 때에는 그 내용을 해당 거주자에게 대통령령으로 정하는 바에 따라 서면으로 통지하여야 한다. (2014. 1. 1. 개정)	**제94조【과세표준과 세액의 결정 및 경정】**(2014. 3. 14. 제목개정) ① 법 제97조에 따른 과세표준과 세액의 결정 또는 경정은 「소득세법」에 따라 납세지 관할 세무서장 또는 관할 지방국세청장이 결정 또는 경정한 자료, 과세표준확정신고서 및 그 첨부서류에 의하거나 실지조사(實地調査)에 따름을 원칙으로 한다. (2014. 3. 14. 개정) ② 법 제97조 제3항 단서에서 "대통령령으로 정하는 사유"란 「소득세법 시행령」 제143조 제1항 각 호의 어느 하나에 해당하는 경우를 말한다. (2014. 3. 14. 개정) ③ 법 제97조 제3항 단서에 따른 소득금액을 추계하여 결정하거나 경정하는 경우는 「소득세법 시행령」 제143조 제2항·제3항·제9항, 제144조 및 제145조 제2항에서 정한 방법에 따른다. (2014. 3. 14. 개정) **제95조【과세표준과 세액의 통지】**(2014. 3. 14. 제목개정) ① 납세지 관할 지방자치단체의 장은 법 제97조 제4항에 따라 과세표준과 세액을 통지할 때에는 과세표준과 세	서식에 따른다. (2014. 8. 8. 개정)

제98조 【수시부과결정】 (2014. 1. 1. 제목개정)

① 납세지 관할 지방자치단체의 장은 거주자가 과세기간 중에 다음 각 호의 어느 하나에 해당하면 수시로 그 거주자에 대한 개인지방소득세를 부과(이하 이 조에서 "수시부과"라 한다)할 수 있다. (2014. 1. 1. 개정)

1. 사업부진이나 그 밖의 사유로 장기간 휴업 또는 폐업 상태에 있는 때로서 개인지방소득세를 포탈(逋脫)할 우려가 있다고 인정되는 경우 (2014. 1. 1. 개정)
2. 그 밖에 조세를 포탈할 우려가 있다고 인정되는 상당한 이유가 있는 경우 (2014. 1. 1. 개정)

② 제1항은 해당 과세기간 개시일부터 수시부과사유가 발생한 날까지를 수시부과기간으로 하여 적용한다. 이 경우 수시부과사유가 제95조에 따른 신고기한 이전에 발생한 경우로서 거주자가 직전 과세기간에 대하여 과세표준확정신고를 하지 아니한 경우에는 직전 과세기간을 수시부과기간에 포함한다. (2014. 1. 1. 개정)

율·세액, 그 밖에 필요한 사항을 서면으로 통지하여야 한다. 이 경우 납부할 세액이 없을 때에도 또한 같다. (2014. 3. 14. 개정)

② 납세지 관할 지방자치단체의 장은 피상속인의 소득금액에 대한 개인지방소득세를 2명 이상의 상속인에게 과세하는 경우에는 과세표준과 세액을 그 지분에 따라 배분하여 상속인별로 통지하여야 한다. (2014. 3. 14. 개정)

제96조 【수시부과】 (2014. 3. 14. 제목개정)

① 법 제98조에 따른 과세표준 및 세액의 결정은 제94조 제1항을 준용하여 납세지 관할 지방자치단체의 장이 한다. (2015. 7. 24. 개정)

② 지방자치단체의 장은 사업자가 주한국제연합군 또는 외국기관으로부터 수입금액을 외국환은행을 통하여 외환증서 또는 원화로 영수할 때에는 법 제98조에 따라 그 영수할 금액에 대한 과세표준 및 세액을 결정할 수 있다. (2014. 3. 14. 개정)

③ 법 제98조에 따른 수시부과의 경우에 그 세액계산에 필요한 사항은 행정안전부령으로 정한다. (2017. 7. 26. 직제개정 ; 행정안전부와~직제 부칙)

제97조 【가산세】 (2014. 3. 14. 제목개정)

① 법 제99조 제1항 제2호에서 "대통령령으로 정하는 불분명한 경우"란 「소득세법 시행령」 제147조 제1항 및 제2항에 따른

제43조 【수시부과】 (2014. 8. 8. 제목개정)

영 제96조 제3항에 따른 수시부과 세액은 「소득세법 시행규칙」 제69조 각 호의 계산식에 따라 계산한 금액으로 한다. 이 경우 기본세율은 법 제92조 제1항의 표준세율을 말

③ 제1항에 따라 개인지방소득세를 수시부과하는 경우 해당 세액에 대하여는 「지방세기본법」 제53조 및 제54조를 적용하지 아니한다. (2016. 12. 27. 개정 ; 지방세기본법 부칙)
④ 제1항 및 제2항에 따른 수시부과에 필요한 사항은 대통령령으로 정한다. (2014. 1. 1. 개정)

제99조【가산세】(2014. 1. 1. 제목개정)
①「소득세법」 제81조, 제81조의 2부터 제81조의 14까지의 규정에 따라 소득세 결정세액에 가산세를 더하는 경우에는 그 더하는 금액의 100분의 10에 해당하는 금액을 개인지방소득세 결정세액에 더한다. 다만, 「소득세법」 제81조의 5에 따라 더해지는 가산세의 100분의 10에 해당하는 개인지방소득세 가산세와 「지방세기본법」 제53조 또는 제54조에 따른 가산세가 동시에 적용되는 경우에는 그 중 큰 가산세액만 적용하고, 가산세액이 같은 경우에는 「지방세기본법」 제53조 또는 제54조에 따른 가산세만 적용한다. (2021. 12. 28. 개정)
②「소득세법」 제70조 제4항 각 호 외의 부분 후단에 따라 종합소득 과세표준확정신고를 하지 아니한 것으로 보는 경우에 해당하여 가산세 부과대상이 되는 때에는 이 법 제95조에 따른 종합소득에 대한 개인지방소득세 과세표준확정신고를 하지 아니한 것으로 본다. (2021. 12. 28. 신설)

경우를 말한다. (2014. 3. 14. 개정)
② 법 제99조 제1항을 적용할 때에 연금소득 및 퇴직소득의 경우에는 「소득세법」 제20조의 3 제2항 및 제22조 제2항에 따른 연금소득 및 퇴직소득을 지급금액으로 본다. (2014. 3. 14. 개정)
③ 법 제99조 제2항 제1호 본문에서 "대통령령으로 정하는 기재사항"이란 「소득세법 시행령」 제211조 제1항 제1호부터 제4호까지의 규정에 따른 기재 사항(이하 "필요적 기재사항"이라 한다)을 말하고, 발급한 계산서의 필요적 기재사항 중 일부가 착오로 기재되었으나 해당 계산서의 그 밖의 기재 사항으로 보아 거래사실이 확인되는 경우에는 법 제99조 제2항 제1호 본문에 따른 사실과 다르게 기재된 계산서로 보지 아니한다. (2014. 3. 14. 개정)
④ 법 제99조 제2항 제2호 본문에 따라 매출·매입처별계산서합계표에 적어야 할 사항은 거래처별 등록번호 및 공급가액으로 한다. (2014. 3. 14. 개정)
⑤ 법 제99조 제2항 제2호 단서에서 "대통령령으로 정하는 바에 따라 거래 사실이 확인되는 분"이란 발급하였거나 발급받은 계산서에 따라 거래사실이 확인되는 분을 말한다. (2014. 3. 14. 개정)
⑥ 법 제99조 제2항 제3호 단서에서 "대통령령으로 정하는 바에 따라 거래사실이 확인되는 분"이란 발급받은 세금계산서에 따라 거래사실이 확인되는 분을 말한다. (2014. 3. 14. 개정)
⑦ 법 제99조 제3항 본문, 같은 조 제4항 및 제7항에서 "대통령령으로 정하는 소규모사업자"란 각각 「소득세법 시행령」 제132조 제4항 각 호의 어느 하나에 해당하는 사업자를 말한다. (2014. 3. 14. 개정)
⑧ 법 제99조 제3항 본문 및 제4항에서 "대통령령으로 정하는 바에 따라 소득금액이 추계되는 자"란 각각 「소득세법 시행령」 제147조의 2 제3항에 따라 소득금액이 추계되는 자를 말한다. (2014. 3. 14. 개정)

한다. (2014. 8. 8. 개정)

제100조【징수와 환급】(2014. 1. 1. 제목개정)

① 납세지를 관할하는 지방자치단체의 장은 거주자가 제95조에 따라 해당 과세기간의 개인지방소득세로 납부하여야 할 세액의 전부 또는 일부를 납부하지 아니한 경우에는 그 미납된 부분의 개인지방소득세 세액을 「지방세기본법」 및 「지방세징수법」에 따라 징수한다. (2016. 12. 27. 개정 ; 지방세징수법 부칙)

② 납세지를 관할하는 지방자치단체의 장은 제98조에 따라 수시부과하거나 제103조의 13에 따른 특별징수한 세액이 개인지방소득세 총결정세액을 초과하는 경우에는 「지방세기본법」 제60조에 따라 이를 환급하거나 지방세에 충당하는 등의 조치를 취하여야 한다. (2016. 12. 27. 개정 ; 지방세기본법 부칙)

제101조【결손금소급공제에 따른 환급】(2014. 1. 1. 제목개정)

① 거주자가 「소득세법」 제85조의 2에 따라 결손금소급공제에 의한 환급을 신청하는 경우 해당 이월결손금에 대하여 직전 과세기간 사업소득에 부과된 개인지방소득세액을 한도로 대통령령으로 정하는 바에 따라 계산한 금액(이하 이 조에서 "결손금 소급공제세액"이라 한다)을 환급신청할 수 있다. 다만, 2021년 12월 31일이 속하는 과세기간에 이월결손금이 발생한 경우로서 「조세특례제한법」 제8조의 4에 따라 환급신청을 하는 경우에는

⑨ 법 제99조 제4항에서 "대통령령으로 정하는 경우"란 「소득세법 시행령」 제147조의 2 제4항에 따른 거래사실을 확인할 수 없는 경우를 말한다. (2014. 3. 14. 개정)

⑩ 법 제99조 제5항에서 "대통령령으로 정하는 사업자"란 「의료법」에 따른 의료업, 「수의사법」에 따른 수의업 및 「약사법」에 따라 약국을 개설하여 약사(藥事)에 관한 업(業)을 하는 사업자를 말한다. (2014. 3. 14. 개정)

⑪ 법 제99조 제6항 제2호에서 "대통령령으로 정하는 경우"란 「소득세법 시행령」 제147조의 4 각 호의 어느 하나에 해당하는 경우를 말한다. (2014. 3. 14. 개정)

⑫ 법 제99조 제13항에서 "대통령령으로 정하는 불분명한 경우"란 「소득세법 시행령」 제147조의 6에 따른 경우를 말한다. (2014. 3. 14. 개정)

제97조【가산세】 삭 제 (2015. 7. 24.)

제98조【결손금 소급공제에 따른 환급세액의 계산】(2022. 2. 28. 제목개정)

① 법 제101조 제1항 본문에서 "대통령령으로 정하는 바에 따라 계산한 금액"이란 제1호의 금액에서 제2호의 금액을 뺀 것(이하 이 조에서 "결손금소급공제세액"이라 한다)을 말한다. (2022. 2. 28. 개정)

1. 직전 과세기간의 해당 중소기업의 종합소득에 대한 개인지방소득세 산출세액 (2014. 3. 14. 개정)
2. 직전 과세기간의 종합소득에 대한 개인지방소득세 과세표준에서 「소득세법」 제45조 제3항의 이월결손금으로서

직전 과세기간과 직전전 과세기간의 사업소득에 부과된 개인지방소득세액을 한도로 결손금 소급공제세액을 환급신청할 수 있다. (2021. 12. 28. 개정)

② 결손금 소급공제세액을 환급받으려는 자는 제95조에 따른 과세표준확정신고기한까지 대통령령으로 정하는 바에 따라 납세지 관할 지방자치단체의 장에게 환급을 신청하여야 한다. 다만, 거주자가 납세지 관할 세무서장 또는 지방국세청장에게 「소득세법」 제85조의 2 및 「조세특례제한법」 제8조의 4에 따른 결손금소급공제 환급을 신청한 경우에는 제1항에 따른 환급을 신청한 것으로 보며, 이 경우 환급가산금의 기산일은 대통령령으로 정한다. (2021. 12. 28. 단서개정)

③ 납세지 관할 지방자치단체의 장이 제2항에 따라 개인지방소득세의 환급신청을 받은 경우에는 지체 없이 환급세액을 결정하여 「지방세기본법」 제60조 및 제62조에

같은 법 제85조의 2에 따라 소급공제를 받은 금액(직전 과세기간의 종합소득에 대한 개인지방소득세 과세표준을 한도로 한다)을 뺀 금액에 직전 과세기간의 세율을 적용하여 계산한 해당 중소기업에 대한 종합소득에 대한 개인지방소득세 산출세액 (2021. 12. 31. 개정)

② 법 제101조 제1항 단서에 따라 결손금소급공제세액을 환급신청하는 경우 제1항 및 제7항을 적용할 때에는 "직전 과세기간"은 각각 "직전 또는 직전전 과세기간"으로, "같은 법 제85조의 2"는 "「조세특례제한법」 제8조의 4"로 보며, 직전 과세기간과 직전전 과세기간의 개인지방소득세 산출세액이 모두 있는 경우에는 직전전 과세기간의 과세표준에서 결손금을 먼저 공제한다. (2022. 2. 28. 신설)

③ 법 제101조 제2항에 따라 결손금소급공제세액을 환급받으려는 자는 행정안전부령으로 정하는 결손금소급공제세액환급신청서를 납세지 관할 지방자치단체의 장에게 제출하여야 한다. (2022. 2. 28. 항번개정)

④ 법 제101조 제2항 단서에 따라 결손금소급공제세액을 환급하는 경우 환급가산금 기산일은 「지방세기본법 시행령」 제43조 제1항 제5호 단서에 따른다. (2022. 2. 28. 항번개정)

제43조의 2【결손금소급공제세액 환급 신청】 영 제98조 제3항에 따른 결손금소급공제세액환급신청서는 다음 각 호의 구분에 따른 서식에 따른다. (2022. 3. 31. 개정)

1. 법 제101조 제1항 본문에 따라 결손금 소급공제세액을 환급신청하는 경우 : 별지 제40호의 8 서식에 따른 결손금 소급공제세액 환급신청서 (2022. 3. 31. 신설)
2. 법 제101조 제1항 단서에 따라 결손금 소급공제세액을 환급신청

따라 환급하거나 충당하여야 한다. (2016. 12. 27. 개정 ; 지방세기본법 부칙)

④ 제1항부터 제3항까지의 규정은 해당 거주자가 결손금이 발생한 과세기간에 대한 과세표준 및 세액을 신고한 경우로서 그 직전 과세기간(제1항 단서를 적용하는 경우에는 직전전 과세기간을 포함한다)의 소득에 대한 개인지방소득세의 과세표준 및 세액을 각각 신고하였거나 지방자치단체의 장이 부과한 경우에만 적용한다. (2021. 12. 28. 개정)

⑤ 납세지 관할 지방자치단체의 장은 제3항에 따라 개인지방소득세를 환급받은 자가 다음 각 호의 어느 하나에 해당하는 경우에는 그 환급세액(제1호 및 제2호의 경우에는 과다하게 환급된 세액 상당액을 말한다)을 대통령령으로 정하는 바에 따라 그 이월결손금이 발생한 과세기간의 개인지방소득세로서 징수한다. (2014. 1. 1. 개정)

1. 결손금이 발생한 과세기간에 대한 개인지방소득세의 과세표준과 세액을 경정함으로써 이월결손금이 감소된 경우 (2014. 1. 1. 개정)
2. 결손금이 발생한 과세기간의 직전 과세기간(제1항 단서에 따라 환급받은 경우에는 직전전 과세기간을 포함한다)의 종합소득에 대한 개인지방소득세 과세표준과 세액을 경정함으로써 환급세액이 감소된 경우 (2021. 12. 28. 개정)
3. 「소득세법」 제85조의 2에 따른 중소기업 요건을 갖추

⑤ 법 제101조 제5항에 따라 이월결손금이 감소됨에 따라 징수하는 개인지방소득세 환급세액은 다음의 계산식에 따라 산출한다. 이 경우 「소득세법」 제45조 제3항에 따른 이월결손금 중 그 일부 금액만을 소급공제받은 경우에는 소급공제받지 않은 결손금이 먼저 감소된 것으로 본다. (2022. 2. 28. 항번개정)

법 제101조 제3항에 따른 환급세액(이하 이 조에서 "당초환급세액"이라 한다)	×	감소된 결손금액으로서 소급공제받지 않은 결손금을 초과하는 금액 / 소급공제 결손금액

⑥ 법 제101조 제5항에 따라 환급세액을 징수하는 경우에는 제1호의 금액에 제2호의 율을 곱하여 계산한 금액을 환급세액에 가산하여 징수한다. (2022. 2. 28. 항번개정)

하는 경우: 별지 제40호의 9 서식에 따른 결손금 소급공제세액 환급특례신청서 (2022. 3. 31. 신설)

지 아니하고 환급을 받은 경우 (2014. 1. 1. 개정)

⑥ 결손금의 소급공제에 의한 환급세액의 계산 및 신청 절차와 그 밖에 필요한 사항은 대통령령으로 정한다. (2014. 1. 1. 개정)

제101조의 2【중소기업 고용지원】 ①「중소기업기본법」 제2조에 따른 중소기업(이하 "중소기업"이라 한다)의 사업주가 종업원을 추가로 고용한 경우에는 다음의 계산식에 따라 산출한 금액을 종업원분의 과세표준에서 공제한다. 이 경우 직전 사업연도의 월평균 종업원 수가 50명 이하인 경우에는 50명으로 간주하여 산출한다. (2013. 1. 1. 신설)

공제액 = (신고한 달의 종업원 수 − 직전 사업연도의 월평균 종업원 수) × 월 적용급여액

② 제1항을 적용할 때 다음 각 호의 어느 하나에 해당하는 중소기업에 대해서는 종업원분을 최초 신고한 달부터 1년간만 50명을 초과한 인원을 직전 사업연도의 월평균 종업원 수로 본다. (2013. 1. 1. 신설)

1. 중소기업이 사업소를 신설하면서 50명을 초과하여 종업원을 고용하는 경우 (2013. 1. 1. 신설)
2. 종업원분을 신고한 달의 1년 전부터 계속하여 매월 종업원 수가 50명 이하인 사업소에서 추가 고용으로 그 종업원 수가 50명을 초과하는 경우. 다만, 신고한 달부터 과거 5년 내에 종업원 수가 50명을 초과하여 종업원분을 1회 이상 신고·납부한 사실이 있는 사업소는 제외한다. (2013. 1. 1. 신설)

③ 제1항을 적용할 때 월 적용급여액은 신고한 달의 종업원 급여 총액을 신고한 달의 종업원 수로 나눈 금액으로 한다. (2013. 1. 1. 신설)

④ 제1항을 적용할 때 휴업 등의 사유로 직전 사업연도의 월평

1. 법 제101조 제5항에 따른 환급세액 (2021. 12. 31. 신설)
2. 당초환급세액의 통지일의 다음 날부터 법 제101조 제5항에 따라 징수하는 개인지방소득세액의 고지일까지의 기간에 대한「지방세기본법 시행령」제34조 제1항에 따른 이자율. 다만, 납세자가 개인지방소득세액을 과다하게 환급받은 데 정당한 사유가 있는 경우에는 같은 영 제43조 제2항 본문에 따른 이자율을 적용한다. (2023. 12. 29. 개정)

⑦ 납세지 관할 지방자치단체의 장은 결손금소급공제세액 계산의 기초가 된 직전 과세기간의 종합소득에 대한 개인지방소득세 과세표준이나 개인지방소득세액이 경정 등으로 변경되는 경우에는 즉시 당초환급세액을 재결정하여 결손금소급공제세액으로 환급한 세액과 재결정한 환급세액의 차액을 환급하거나 징수해야 한다. (2022. 2. 28. 항번개정)

⑧ 결손금소급공제에 의한 환급세액의 계산과 그 밖에 필요한 사항은 행정안전부령으로 정한다. (2022. 2. 28. 항번개정)

균 종업원 수를 산정할 수 없는 경우에는 사업을 재개한 후 종업원분을 최초로 신고한 달의 종업원 수를 직전 사업연도의 월평균 종업원 수로 본다. (2013. 1. 1. 신설)

제101조의 2【중소기업 고용지원】 삭 제 (2014. 1. 1.)

예판

【조심판례】 지방소득세(종업원분) 과세표준 공제제도는 중소기업의 사업주가 종업원을 추가로 고용한 경우 추가 고용된 종업원에게 지급되는 급여를 공제하여 고용창출을 촉진하기 위한 제도인 점 등에 비추어 청구법인은 피합병법인의 종업원을 추가로 고용하였다기 보다는 합병계약에 의하여 고용을 승계하였다고 보는 것이 타당하므로 피합병법인의 종업원 수를 청구법인의 직전 사업연도 월평균 종업원 수에 포함하여 공제액을 산출한 것은 잘못이 없음. (조심 2014지1238, 2015. 5. 11.)

제102조【공동사업장에 대한 과세특례】 (2014. 1. 1. 제목개정)

① 「소득세법」 제43조에 따른 공동사업장에서 발생한 소득금액에 대하여 특별징수된 세액과 제99조 및 「지방세기본법」 제56조에 따른 가산세로서 공동사업장에 관련되는 세액은 각 공동사업자의 손익분배비율에 따라 배분한다. (2016. 12. 27. 개정 ; 지방세기본법 부칙)

② 공동사업장에 대한 소득금액의 신고, 결정, 경정 또는 조사 등 공동사업장에 대한 과세에 필요한 사항은 「소득세법」 제87조에서 정하는 바에 따른다. (2014. 1. 1. 개정)

제99조【공동사업자별 분배명세서의 제출】 (2014. 3. 14. 제목개정)

공동사업자가 과세표준확정신고를 하는 경우 대표공동사업자는 과세표준확정신고와 함께 해당 공동사업장에서 발생한 소득금액과 가산세액 및 특별징수된 세액을 적은 행정안전부령으로 정하는 공동사업자별 분배명세서를 납세지 관할 지방자치단체의 장에게 제출하여야 한다. 다만, 공동사업자가 「소득세법 시행령」 제150조 제6항에 따라 납세지 관할 세무서장에게 공동사업자별 분배명세서를 제출한 경우에는 납세지 관할 지방자치단체의 장에게 제출하지 않을 수 있다. (2019. 12. 31. 단서신설)

제44조【공동사업자별 분배명세서】 (2014. 8. 8. 제목개정)

영 제99조에 따른 공동사업자별 분배명세서는 별지 제40호의 10 서식에 따른다. (2022. 3. 31. 개정)

제2절의 2 거주자의 금융투자소득에 대한 지방소득세

(2023. 3. 14. 신설)

제102조의 2【과세표준】 ① 금융투자소득에 대한 개인지방소득세 과세표준은 종합소득, 퇴직소득 및 양도소득에 대한 개인지방소득세 과세표준과 구분하여 계산한다. (2023. 3. 14. 신설)
② 금융투자소득에 대한 개인지방소득세 과세표준은 「소득세법」 제87조의 4에 따라 계산한 소득세의 과세표준(「조세특례제한법」 및 다른 법률에 따라 과세표준 산정과 관련된 조세감면 또는 중과세 등의 조세특례가 적용되는 경우에는 이에 따라 계산한 소득세의 과세표준을 말한다)과 동일한 금액으로 한다. (2023. 3. 14. 신설)

편주

법 102조의 2의 개정규정은 2025. 1. 1. 이후 납세의무가 성립하는 경우부터 적용함. (법 부칙(2023. 3. 14.) 1조 3호, 2조)

제102조의 3【세 율】 ① 금융투자소득에 대한 개인지방소득세의 표준세율은 다음 표와 같다. (2023. 3. 14. 신설)

과세표준	세율
3억원 이하	과세표준의 1천분의 20
3억원 초과	600만원 + (3억원을 초과하는 금액의 1천분의 25)

② 지방자치단체의 장은 조례로 정하는 바에 따라 금융투자소득에 대한 개인지방소득세의 세율을 제1항에 따른 표준세율의 100분의 50의 범위에서 가감할 수 있다. (2023. 3. 14. 신설)

편주

법 102조의 3의 개정규정은 2025. 1. 1. 이후 납세의무가 성립하는 경

우부터 적용함. (법 부칙(2023. 3. 14.) 1조 3호, 2조)

제102조의 4【세액계산의 순서】 금융투자소득에 대한 개인지방소득세는 이 법에 특별한 규정이 있는 경우를 제외하고는 다음 각 호의 순서에 따라 계산한다. (2023. 3. 14. 신설)

1. 제102조의 2에 따른 과세표준에 제102조의 3에 따른 세율을 적용하여 금융투자소득에 대한 개인지방소득세 산출세액을 계산한다. (2023. 3. 14. 신설)
2. 제1호에 따라 계산한 산출세액에서 제102조의 5에 따라 공제되거나 감면되는 세액이 있을 때에는 이를 차감하여 금융투자소득에 대한 개인지방소득세 결정세액을 계산한다. (2023. 3. 14. 신설)
3. 제2호에 따라 계산한 결정세액에 「지방세기본법」 제53조부터 제55조까지에 따른 가산세를 각각 더하여 금융투자소득에 대한 개인지방소득세 총결정세액을 계산한다. (2023. 3. 14. 신설)

편주

법 102조의 4의 개정규정은 2025. 1. 1. 이후 납세의무가 성립하는 경우부터 적용함. (법 부칙(2023. 3. 14.) 1조 3호, 2조)

제102조의 5【세액공제 및 세액감면】 금융투자소득에 대한 개인지방소득세의 세액공제 및 세액감면에 관한 사항은 「지방세특례제한법」에서 정한다. 다만, 금융투자소득에 대한 개인지방소득세의 공제세액 또는 감면세액이 산출세액을 초과하는 경우에는 그 초과금액은 없는 것으로 한다. (2023. 3. 14. 신설)

편주

법 102조의 5의 개정규정은 2025. 1. 1. 이후 납세의무가 성립하는 경우부터 적용함. (법 부칙(2023. 3. 14.) 1조 3호, 2조)

제102조의 6【예정신고와 납부】 ① 거주자가 「소득세법」 제87조의 21에 따라 금융투자소득 예정신고를 할 때에는 같은 조 제2항에 따른 신고기한에 2개월을 더한 날까지 금융투자소득금액 또는 금융투자결손금과 금융투자소득에 대한 개인지방소득세액을 대통령령으로 정하는 바에 따라 납세지 관할 지방자치단체의 장에게 신고하여야 한다. 이 경우 거주자가 납세지 관할 지방자치단체의 장 외의 지방자치단체의 장에게 금융투자소득에 대한 개인지방소득세 예정신고를 한 경우에도 그 신고의 효력에는 영향이 없다. (2023. 3. 14. 신설)

② 거주자가 제1항에 따라 금융투자소득에 대한 개인지방소득세 예정신고를 한 때에는 대통령령으로 정하는 예정신고 산출세액에서 다음 각 호의 세액을 공제한 금액을 제1항에 따른 신고기한까지 대통령령으로 정하는 바에 따라 납세지 관할 지방자치단체에 납부하여야 한다. (2023. 3. 14. 신설)

1. 제102조의 5에 따른 공제세액 및 감면세액 (2023. 3. 14. 신설)
2. 제98조 및 제102조의 8에 따른 수시부과세액 (2023. 3. 14. 신설)

편주

법 102조의 7의 개정규정은 2025. 1. 1. 이후 납세의무가 성립하는 경우부터 적용함. (법 부칙(2023. 3. 14.) 1조 3호, 2조)

제102조의 7【과세표준 확정신고와 납부】 ① 거주자가 「소득세법」 제87조의 23 제1항에 따라 금융투자소득과세표준

제2절의 2 거주자의 금융투자소득에 대한 지방소득세

(2023. 3. 14. 신설)

제99조의 2【예정신고 및 산출세액의 계산】 ① 법 제102조의 6 제1항에 따라 금융투자소득에 대한 개인지방소득세 예정신고를 하려는 자는 행정안전부령으로 정하는 신고서를 납세지 관할 지방자치단체의 장에게 제출해야 한다. (2023. 3. 14. 신설)

② 법 제102조의 6 제2항에서 "대통령령으로 정하는 예정신고 산출세액"이란 다음 계산식에 따라 산출한 세액을 말한다. (2023. 3. 14. 신설)

> 예정신고 산출세액 = (A − B) × C
>
> A : 「소득세법 시행령」 제150조의 28 제1항의 계산식에 따른 금융투자소득금액
>
> B : 「소득세법 시행령」 제150조의 28 제1항의 계산식에 따른 금융투자소득 기본공제금액(같은 영 제203조의 2 제5항에 따라 금융투자소득 기본공제를 신청하지 않은 경우로 한정한다)
>
> C : 법 제102조의 3에 따른 세율

③ 제2항에도 불구하고 해당 과세기간에 금융투자소득에 대한 개인지방소득세 예정신고를 2회 이상 하고 누진세율이 적용되는 경우로서 거주자가 이미 신고한 금융투자소득금액과 합산하여 금융투자소득에 대한 개인지방소득세 예정신고를 하려

편주

영 99조의 2의 개정규정은 2025. 1. 1.부터 시행함. (영 부칙(2023. 3. 14.) 1조 단서)

확정신고를 할 때에는 해당 신고기한에 2개월을 더한 날까지 금융투자소득에 대한 개인지방소득세 과세표준과 세액을 대통령령으로 정하는 바에 따라 납세지 관할 지방자치단체의 장에게 신고하여야 한다. 이 경우 거주자가 납세지 관할 지방자치단체의 장 외의 지방자치단체의 장에게 금융투자소득에 대한 개인지방소득세 확정신고를 한 경우에도 그 신고의 효력에는 영향이 없다. (2023. 3. 14. 신설)

② 「소득세법」 제87조의 23 제3항에 따라 금융투자소득과세표준 확정신고를 하지 아니한 거주자는 제1항에 따른 금융투자소득에 대한 개인지방소득세 확정신고를 하지 아니한다. (2023. 3. 14. 신설)

③ 거주자가 제1항에 따른 금융투자소득에 대한 개인지방소득세 확정신고를 한 때에는 금융투자소득에 대한 개인지방소득세 산출세액에서 다음 각 호의 세액을 공제한 금액을 제1항에 따른 신고기한까지 대통령령으로 정하는 바에 따라 납세지 관할 지방자치단체에 납부하여야 한다. (2023. 3. 14. 신설)

1. 제102조의 5에 따른 공제세액 및 감면세액 (2023. 3. 14. 신설)
2. 제102조의 6에 따른 예정신고 산출세액 또는 제97조 및 제102조의 8에 따라 결정·경정한 세액 (2023. 3. 14. 신설)
3. 제98조 및 제102조의 8에 따른 수시부과세액 (2023. 3. 14. 신설)
4. 제103조의 13에 따른 특별징수세액 (2023. 3. 14. 신설)

법 102조의 7의 개정규정은 2025. 1. 1. 이후 납세의무가 성립하는 경우부터 적용함. (법 부칙(2023. 3. 14.) 1조 3호, 2조)

제102조의 8 【수정신고·결정·경정·수시부과·징수·

는 경우 해당 거주자의 예정신고 산출세액은 다음 계산식에 따라 산출한 금액으로 한다. (2023. 3. 14. 신설)

> 예정신고 산출세액 = [(A + B − C) × D] − E
>
> A : 「소득세법 시행령」 제150조의 28 제2항의 계산식에 따른 이미 신고한 금융투자소득금액
> B : 「소득세법 시행령」 제150조의 28 제2항의 계산식에 따른 2회 이후 신고하는 금융투자소득금액
> C : 「소득세법 시행령」 제150조의 28 제2항의 계산식에 따른 금융투자소득 기본공제금액(같은 영 제203조의 2 제5항에 따라 금융투자소득 기본공제를 신청하지 않은 경우로 한정한다)
> D : 법 제102조의 3에 따른 세율
> E : 이미 신고한 금융투자소득에 대한 개인지방소득세 예정신고 산출세액

제99조의 3 【예정신고에 따른 세액 납부】 법 제102조의 6 제2항에 따라 금융투자소득에 대한 개인지방소득세액을 납부하려는 자는 행정안전부령으로 정하는 납부서로 납부해야 한다. (2023. 3. 14. 신설)

영 99조의 3의 개정규정은 2025. 1. 1.부터 시행함. (영 부칙(2023. 3. 14.) 1조 단서)

제99조의 4 【확정신고·납부】 ① 법 제102조의 7 제1항에 따라 금융투자소득에 대한 개인지방소득세 과세표준과 세액을 신고하려는 자는 행정안전부령으로 정하는 신고서를 납세지 관할 지방자치단체의 장에게 제출해야 한다. (2023. 3. 14.

환급 등】 금융투자소득에 대한 개인지방소득세의 수정신고·결정·경정·수시부과·징수 및 환급 등에 관하여는 제96조부터 제98조까지 및 제100조의 규정을 준용한다. (2023. 3. 14. 신설)

편주

법 102조의 8의 개정규정은 2025. 1. 1. 이후 납세의무가 성립하는 경우부터 적용함. (법 부칙(2023. 3. 14.) 1조 3호, 2조)

제2절의 2 거주자의 금융투자소득에 대한 지방소득세 삭 제 (2024. 12. 31.)

제3절 거주자의 양도소득에 대한 지방소득세 (2014. 1. 1. 신설)

제103조 【과세표준】 (2014. 1. 1. 제목개정)

① 거주자의 양도소득에 대한 개인지방소득세 과세표준은 종합소득, 퇴직소득 및 금융투자소득에 대한 개인지방소득세 과세표준과 구분하여 계산한다. (2023. 3. 14. 개정)

① 거주자의 양도소득에 대한 개인지방소득세 과세표준은 종합소득 및 퇴직소득에 대한 개인지방소득세 과세표준과 구분하여 계산한다. (2024. 12. 31. 개정)

② 양도소득에 대한 개인지방소득세 과세표준은 「소득세법」 제92조에 따라 계산한 소득세의 과세표준(「조세특례제한법」 및 다른 법률에 따라 과세표준 산정과 관련

신설)

② 법 제102조의 7 제3항에 따라 금융투자소득에 대한 개인지방소득세액을 납부하려는 자는 행정안전부령으로 정하는 납부서로 납부해야 한다. (2023. 3. 14. 신설)

편주

영 99조의 4의 개정규정은 2025. 1. 1.부터 시행함. (영 부칙(2023. 3. 14.) 1조 단서)

제2절의 2 거주자의 금융투자소득에 대한 지방소득세 삭 제 (2024. 12. 31.)

제3절 거주자의 양도소득에 대한 지방소득세 (2014. 3. 14. 신설)

편주

법 103조 1항의 개정규정은 2025. 1. 1. 이후 납세의무가 성립하는 경우부터 적용하되, 2024. 12. 31. 이전에 주식 및 파생상품 등을 양도한 경우 그 양도소득에 대한 개인지방소득세의 세액계산에 관하여는 법 103조 1항의 개정규정에도 불구하고 종전의 규정에 따름. (법 부칙(2023. 3. 14.) 1조 3호, 2조 및 12조)

된 조세감면 또는 중과세 등의 조세특례가 적용되는 경우에는 이에 따라 계산한 소득세의 과세표준)과 동일한 금액으로 한다. (2019. 12. 31. 개정)

③ 제2항에도 불구하고 거주자의 국외자산 양도소득에 대한 개인지방소득세 과세표준은 「소득세법」 제118조의 3, 제118조의 4 및 제118조의 6부터 제118조의 8까지의 규정에 따라 계산한 소득세의 과세표준(「조세특례제한법」 및 다른 법률에 따라 과세표준 산정과 관련된 조세감면 또는 중과세 등의 조세특례가 적용되는 경우에는 이에 따라 계산한 소득세의 과세표준)과 동일한 금액으로 한다. (2019. 12. 31. 개정)

④ 「소득세법」 제118조의 9에 따른 국외전출자의 양도소득에 대한 개인지방소득세 과세표준은 같은 제118조의 10에 따라 계산한 소득세의 과세표준(「조세특례제한법」 및 다른 법률에 따라 과세표준 산정과 관련된 조세감면 또는 중과세 등의 조세특례가 적용되는 경우에는 이에 따라 계산한 소득세의 과세표준)과 동일한 금액으로 한다. (2023. 3. 14. 개정)

제103조의 2【세액계산의 순서】 (2023. 3. 14. 제목개정)

양도소득에 대한 개인지방소득세는 이 법에 특별한 규정이 있는 경우를 제외하고는 다음 각 호에 따라 계산한다. (2014. 1. 1. 신설)

1. 제103조에 따른 과세표준에 제103조의 3에 따른 세율을 적용하여 양도소득에 대한 개인지방소득세 산출세액을 계산한다. (2014. 1. 1. 신설)
2. 제1호에 따라 계산한 산출세액에서 제103조의 4에 따라 감면되는 세액이 있을 때에는 이를 공제하여 양도소득에 대한 개인지방소득세 결정세액을 계산한다. (2014. 1. 1. 신설)
3. 제2호에 따라 계산한 결정세액에 제103조의 8, 제103조의 9 제2항 및 「지방세기본법」 제53조부터 제55조까지에 따른 가산세를 더하여 양도소득에 대한 개인지방소득세 총결정세액을 계산한다. (2024. 12. 31. 개정)

제103조의 3【세 율】 ① 거주자의 양도소득에 대한 개인지방소득세는 해당 과세기간의 양도소득과세표준에 다음 각 호의 표준세율을 적용하여 계산한 금액을 그 세액으로 한다. 이 경우 하나의 자산이 다음 각 호에 따른 세율 중 둘 이상에 해당할 때에는 해당 세율을 적용하여 계산한 양도소득에 대한 개인지방소득세 산출세액 중 큰 것을 그 세액으로 한다. (2016. 12. 27. 후단개정)
1. 「소득세법」 제94조 제1항 제1호·제2호 및 제4호에 해당하는 자산 : 제92조 제1항에 따른 세율(분양권의 경우에는 양도소득에 대한 개인지방소득세 과세표준의 1천분의 60) (2020. 8. 12. 개정)
2. 「소득세법」 제94조 제1항 제1호 및 제2호에서 규정하

편주

법 103조의 2 제3호의 개정규정은 2025. 1. 1. 이후 납세의무가 성립하는 경우부터 적용하되, 2024. 12. 31. 이전에 주식 및 파생상품 등을 양도한 경우 그 양도소득에 대한 개인지방소득세의 세액 계산에 관하여는 법 103조의 2 제3호의 개정규정에도 불구하고 종전의 규정에 따름. (법 부칙(2023. 3. 14.) 1조 3호, 2조 및 12조)

제100조【세 율】(2014. 3. 14. 제목개정)

① 법 제103조의 3 제1항 각 호 외의 부분 후단에 따라 같은 항 제12호에 따른 파생상품 등의 양도소득에 대한 개인지방소득세의 세율은 1천분의 10으로 한다. (2015. 12. 31. 신설)

① 삭 제 (2016. 12. 30.)

② 법 제103조의 3 제1항 제2호에서 "대통령령으로 정하

는 자산으로서 그 보유기간이 1년 이상 2년 미만인 것 : 양도소득에 대한 개인지방소득세 과세표준의 1천분의 40(주택, 조합원입주권 및 분양권의 경우에는 1천분의 60) (2020. 8. 12. 개정)

3. 「소득세법」 제94조 제1항 제1호 및 제2호에서 규정하는 자산으로서 그 보유기간이 1년 미만인 것 : 양도소득에 대한 개인지방소득세 과세표준의 1천분의 50(주택, 조합원입주권 및 분양권의 경우에는 1천분의 70) (2020. 8. 12. 개정)

4. 「소득세법」 제94조 제1항 제2호에 따른 자산 중 「주택법」 제63조의 2 제1항 제1호에 따른 조정대상지역(이하 이 조에서 "조정대상지역"이라 한다)에서 공급하는 주택의 입주자로 선정된 지위(조합원입주권은 제외한다): 양도소득에 대한 개인지방소득세 과세표준의 1천분의 50. 다만, 1세대가 보유하고 있는 주택이 없는 경우로서 대통령령으로 정하는 경우는 적용하지 아니한다. (2017. 12. 30. 신설)

4. 삭 제 (2020. 8. 12.)

5. 대통령령으로 정하는 1세대가 주택과 「소득세법」 제89조 제2항에 따른 조합원입주권을 보유한 경우로서 주택 수와 조합원입주권 수의 합이 3 이상인 경우의 그 주택(대통령령으로 정하는 경우는 제외한다) : 양도소득에 대한 개인지방소득세 과세표준의 1천분의 60 (2014. 1. 1. 신설)

6. 대통령령으로 정하는 1세대 2주택에 해당하는 주택 : 양도소득에 대한 개인지방소득세 과세표준의 1천분의 50 (2014. 1. 1. 신설)

7. 대통령령으로 정하는 1세대가 주택과 「소득세법」 제89조 제2항에 따른 조합원입주권을 각각 1개씩 보유한 경우의 그 주는 토지"란 「소득세법」 제89조 제1항 제3호에 따른 주택부수토지를 말한다. (2015. 12. 31. 항번개정)

③ 법 제103조의 3 제1항 제5호에서 "대통령령으로 정하는 경우"란 「소득세법 시행령」 제167조의 4에 따라 1세대에 해당하는 경우를 말한다. (2014. 3. 14. 개정)

④ 법 제103조의 3 제1항 제6호에서 "대통령령으로 정하는 1세대 2주택 이상에 해당하는 주택"이란 종전의 「소득세법 시행령」(대통령령 제25193호 소득세법 시행령 일부개정령으로 개정되기 전의 것을 말한다) 제167조의 5에 따른 주택을 말한다. (2014. 3. 14. 개정)

⑤ 법 제103조의 3 제1항 제7호에서 "대통령령으로 정하는 1세대"란 종전의 「소득세법 시행령」(대통령령 제25193호 소득세법 시행령 일부개정령으로 개정되기 전의 것을 말한다) 제167조의 6에 따른 1세대를 말한다. (2014. 3. 14. 개정)

③~⑤ 삭 제 (2014. 8. 12.)

⑥ 법 제103조의 3 제1항 제4호 단서에서 "대통령령으로 정하는 경우"란 「소득세법 시행령」 제167조의 6에 따른 경우를 말한다. (2018. 3. 27. 신설)

⑥ 삭 제 (2020. 12. 31.)

택(대통령령으로 정하는 경우는 제외한다) : 양도소득에 대한 개인지방소득세 과세표준의 1천분의 50 (2014. 1. 1. 신설)

5.~7. 삭 제 (2014. 3. 24.)

8. 「소득세법」 제104조의 3에 따른 비사업용 토지(제5항 제3호 단서에 해당하는 경우를 포함한다) (2023. 3. 14. 개정)

과세표준	세 율
1천400만원 이하	과세표준의 1천분의 16
1천400만원 초과 5천만원 이하	22만4천원 + (1천400만원을 초과하는 금액의 1천분의 25)
5천만원 초과 8천800만원 이하	112만4천원 + (5천만원을 초과하는 금액의 1천분의 34)
8천800만원 초과 1억5천만원 이하	241만6천원 + (8천800만원을 초과하는 금액의 1천분의 45)
1억5천만원 초과 3억원 이하	520만6천원 + (1억5천만원을 초과하는 금액의 1천분의 48)
3억원 초과 5억원 이하	1천240만6천원 + (3억원을 초과하는 금액의 1천분의 50)
5억원 초과 10억원 이하	2천240만6천원 + (5억원을 초과하는 금액의 1천분의 52)
10억원 초과	4천840만6천원 + (10억원을 초과하는 금액의 1천분의 55)

9. 「소득세법」 제94조 제1항 제4호 다목 및 라목에 따른 자산 중 대통령령으로 정하는 자산 (2023. 3. 14. 개정)

과세표준	세 율
1천400만원 이하	과세표준의 1천분의 16

⑦ 법 제103조의 3 제1항 제9호에서 "대통령령으로 정하는 자산"이란 「소득세법 시행령」 제167조의 7에 따른 자산을 말한다. (2014. 3. 14. 개정)

과세표준	세 율
1천400만원 초과 5천만원 이하	22만4천원 + (1천400만원을 초과하는 금액의 1천분의 25)
5천만원 초과 8천800만원 이하	112만4천원 + (5천만원을 초과하는 금액의 1천분의 34)
8천800만원 초과 1억5천만원 이하	241만6천원 + (8천800만원을 초과하는 금액의 1천분의 45)
1억5천만원 초과 3억원 이하	520만6천원 + (1억5천만원을 초과하는 금액의 1천분의 48)
3억원 초과 5억원 이하	1천240만6천원 + (3억원을 초과하는 금액의 1천분의 50)
5억원 초과 10억원 이하	2천240만6천원 + (5억원을 초과하는 금액의 1천분의 52)
10억원 초과	4천840만6천원 + (10억원을 초과하는 금액의 1천분의 55)

10. 「소득세법」 제104조 제3항에 따른 미등기양도자산 : 양도소득에 대한 개인지방소득세 과세표준의 1천분의 70 (2014. 1. 1. 신설)

11. 「소득세법」 제94조 제1항 제3호 가목 및 나목에 따른 자산 (2019. 12. 31. 개정)

가. 「소득세법」 제104조 제1항 제11호 가목에 따른 대주주(이하 이 절에서 "대주주"라 한다)가 양도하는 「소득세법」 제88조 제2호에 따른 주식등(이하 "주식등"이라 한다) (2017. 12. 30. 개정)

1) 1년 미만 보유한 주식등으로서 대통령령으로

⑧ 법 제103조의 3 제1항 제11호 가목 1)에서 "대통령령

정하는 중소기업(이하 이 절에서 "중소기업"이라 한다) 외의 법인의 주식등 : 양도소득에 대한 개인지방소득세 과세표준의 1천분의 30 (2017. 12. 30. 개정)

2) 1)에 해당하지 아니하는 주식등 (2017. 12. 30. 개정)

과세표준	세 율
3억원 이하	1천분의 20
3억원 초과	600만원 + (3억원 초과액 × 1천분의 25)

나. 대주주가 아닌 자가 양도하는 주식등 (2017. 12. 30. 개정)

1) 중소기업의 주식등 : 양도소득에 대한 개인지방소득세 과세표준의 1천분의 10 (2017. 12. 30. 개정)

2) 1)에 해당하지 아니하는 주식등 : 양도소득에 대한 개인지방소득세 과세표준의 1천분의 20 (2017. 12. 30. 개정)

다. 가목 및 나목 외의 주식 등 : 양도소득에 대한 개인지방소득세 과세표준의 1천분의 20 (2014. 1. 1. 신설)

다. 삭 제 (2017. 12. 30.)

12. 「소득세법」 제94조 제1항 제3호 다목에 따른 자산 (2024. 12. 31. 신설)

가. 중소기업의 주식등: 양도소득에 대한 개인지방소

으로 정하는 중소기업"이란 주식등의 양도일 현재 「중소기업기본법」 제2조에 따른 중소기업을 말한다. (2018. 3. 27. 개정)

득세 과세표준의 1천분의 10 (2024. 12. 31. 신설)

나. 가목에 해당하지 아니하는 주식등: 양도소득에 대한 개인지방소득세 과세표준의 1천분의 20 (2024. 12. 31. 신설)

13. 「소득세법」 제94조 제1항 제5호에 따른 파생상품등: 양도소득에 대한 개인지방소득세 과세표준의 1천분의 20 (2024. 12. 31. 신설)

14. 「소득세법」 제94조 제1항 제6호에 따른 신탁 수익권 (2020. 12. 29. 신설)

과세표준	세 율
3억원 이하	1천분의 20
3억원 초과	600만원 + (3억원을 초과하는 금액의 1천분의 25)

② 제1항 제2호 · 제3호 및 제11호 가목의 보유기간의 산정은 「소득세법」 제104조 제2항에서 정하는 바에 따른다. (2017. 12. 30. 개정)

③ 거주자의 「소득세법」 제118조의 2 제1호 · 제2호 및 제5호에 따른 자산의 양도소득에 대한 개인지방소득세의 표준세율은 제92조 제1항에 따른 세율과 같다. (2019. 12. 31. 개정)

1. 「소득세법」 제118조의 2 제1호 · 제2호 및 제5호에 따른 자산 (2015. 7. 24. 개정)
   제92조 제1항에 따른 세율
2. 「소득세법」 제118조의 2 제3호에 따른 자산 (2014. 1. 1. 신설)

가. 중소기업의 주식등 (2014. 1. 1. 신설)
양도소득에 대한 개인지방소득세 과세표준의 1천분의 10
나. 그 밖의 주식등 (2014. 1. 1. 신설)
양도소득에 대한 개인지방소득세 과세표준의 1천분의 20
1.~2. 삭 제 (2019. 12. 31.)
3. 「소득세법」 제118조의 2 제4호에 따른 파생상품 등 : 제103조의 3 제1항 제12호에 따른 세율 (2015. 7. 24. 신설)
3. 삭 제 (2017. 12. 30.)

④ 지방자치단체의 장은 조례로 정하는 바에 따라 양도소득에 대한 개인지방소득세의 세율을 제1항에 따른 표준세율의 100분의 50의 범위에서 가감할 수 있다. (2014. 1. 1. 신설)

⑤ 다음 각 호의 어느 하나에 해당하는 부동산을 양도하는 경우 제92조 제1항에 따른 세율(제3호의 경우에는 제1항 제8호에 따른 세율)에 1천분의 10을 더한 세율을 적용한다. 이 경우 해당 부동산 보유기간이 2년 미만인 경우에는 전단에 따른 세율을 적용하여 계산한 양도소득에 대한 개인지방소득세 산출세액과 제1항 제2호 또는 제3호의 세율을 적용하여 계산한 양도소득에 대한 개인지방소득세 산출세액 중 큰 세액을 양도소득에 대한 개인지방소득세 산출세액으로 한다. (2017. 12. 30. 개정)

1. 「소득세법」 제104조의 2 제2항에 따른 지정지역에 있는 부동산으로서 대통령령으로 정하는 1세대 3주택 이상에 해당하는 주택(이에 딸린 토지를 포함한다. 이하 이 항에서 같다) (2014. 3. 24. 신설)
2. 「소득세법」 제104조의 2 제2항에 따른 지정지역에 있는 부

⑨ 법 제103조의 3 제5항 제1호에서 "대통령령으로 정하는 1세대3주택 이상에 해당하는 주택"이란 「소득세법 시행령」 제167조의 3에 따른 주택을 말한다. (2014. 8. 12. 신설)

⑩ 법 제103조의 3 제5항 제2호에서 "대통령령으로 정하는 1세대"란 「소득세법」 제88조 제6호에 따른 1세대를 말한다. (2016.

동산으로서 대통령령으로 정하는 1세대가 주택과 조합원입주권을 보유한 경우로서 그 수의 합이 3 이상인 경우의 해당 주택 (2014. 3. 24. 신설)

1.~2. 삭 제 (2017. 12. 30.)

3. 「소득세법」 제104조의 2 제2항에 따른 지정지역에 있는 부동산으로서 같은 법 제104조의 3에 따른 비사업용 토지. 다만, 지정지역의 공고가 있은 날 이전에 토지를 양도하기 위하여 매매계약을 체결하고 계약금을 지급받은 사실이 증명서류에 의하여 확인되는 경우는 제외한다. (2019. 12. 31. 단서신설)

4. 그 밖에 부동산 가격이 급등하였거나 급등할 우려가 있어 부동산 가격의 안정을 위하여 필요한 경우에 대통령령으로 정하는 부동산 (2014. 3. 24. 신설)

⑥ 해당 과세기간에 「소득세법」 제94조 제1항 제1호·제2호 및 제4호에서 규정한 자산을 둘 이상 양도하는 경우 양도소득에 대한 개인지방소득세 산출세액은 다음 각 호의 금액 중 큰 것(제103조의 4에 따른 양도소득에 대한 개인지방소득세의 감면세액이 있는 경우에는 해당 감면세액을 차감한 세액이 더 큰 경우의 산출세액을 말한다)으로 한다. 이 경우 제2호의 금액을 계산할 때 제1항 제8호 및 제9호의 자산은 동일한 자산으로 보고, 한 필지의 토지가 「소득세법」 제104조의 3에 따른 비사업용 토지와 그 외의 토지로 구분되는 경우에는 각각을 별개의 자산으로 보아 양도소득에 대한 개인지방소득세 산출세액을

12. 30. 개정)

⑪ 법 제103조의 3 제5항 제2호에서 1세대가 보유한 주택(주택에 딸린 토지를 포함한다)과 조합원입주권의 수를 계산할 때에는 「소득세법 시행령」 제167조의 4 제2항부터 제5항까지의 규정에 따른다. (2014. 8. 12. 신설)

⑨~⑪ 삭 제 (2018. 3. 27.)

계산한다. (2019. 12. 31. 개정)

1. 해당 과세기간의 양도소득과세표준 합계액에 대하여 제92조 제1항에 따른 세율을 적용하여 계산한 양도소득에 대한 개인지방소득세 산출세액 (2015. 7. 24. 신설)
2. 제1항부터 제5항까지 및 제10항의 규정에 따라 계산한 자산별 양도소득에 대한 개인지방소득세 산출세액 합계액. 다만, 둘 이상의 자산에 대하여 제1항 각 호, 제5항 각 호 및 제10항 각 호에 따른 세율 중 동일한 호의 세율이 적용되고, 그 적용세율이 둘 이상인 경우 해당 자산에 대해서는 각 자산의 양도소득과세표준을 합산한 것에 대하여 제1항 · 제5항 또는 제10항의 각 해당 호별 세율을 적용하여 산출한 세액 중에서 큰 산출세액의 합계액으로 한다. (2019. 12. 31. 개정)

⑦ 제1항 제13호에 따른 세율은 자본시장 육성 등을 위하여 필요한 경우 그 세율의 100분의 75의 범위에서 대통령령으로 정하는 바에 따라 인하할 수 있다. (2024. 12. 31. 신설)

⑧ 「소득세법」 제118조의 9에 따라 양도소득으로 보는 국내주식 등의 평가이익에 대한 세율은 다음 표와 같다. (2023. 3. 14. 개정)

과세표준	세 율
3억원 이하	1천분의 20
3억원 초과	600만원 + (3억원 초과액 × 1천분의 25)

⑨ 제3항에 따른 세율에 대해서는 제5항을 준용하여 가

⑫ 법 제103조의 3 제7항에 따라 같은 조 제1항 제13호에 따른 파생상품 등의 양도소득에 대한 개인지방소득세의 세율은 1천분의 10으로 한다. (2024. 12. 31. 신설)

중할 수 있다. (2017. 12. 30. 개정)

⑩ 다음 각 호의 어느 하나에 해당하는 주택(이에 딸린 토지를 포함한다. 이하 이 항에서 같다)을 양도하는 경우 제92조 제1항에 따른 세율에 1천분의 20(제3호 또는 제4호에 해당하는 주택은 1천분의 30)을 더한 세율을 적용한다. 이 경우 해당 주택 보유기간이 2년 미만인 경우에는 제92조 제1항에 따른 세율에 1천분의 20(제3호 또는 제4호에 해당하는 주택은 1천분의 30)을 더한 세율을 적용하여 계산한 양도소득에 대한 개인지방소득세 산출세액과 제1항 제2호 또는 제3호의 세율을 적용하여 계산한 양도소득에 대한 개인지방소득세 산출세액 중 큰 세액을 양도소득에 대한 개인지방소득세 산출세액으로 한다. (2020. 8. 12. 개정)

1. 조정대상지역에 있는 주택으로서 대통령령으로 정하는 1세대 2주택에 해당하는 주택 (2017. 12. 30. 신설)
2. 조정대상지역에 있는 주택으로서 1세대가 1주택과 조합원입주권 또는 분양권을 1개 보유한 경우의 해당 주택. 다만, 대통령령으로 정하는 장기임대주택 등은 제외한다. (2020. 8. 12. 개정)
3. 조정대상지역에 있는 주택으로서 대통령령으로 정하는 1세대 3주택 이상에 해당하는 주택 (2017. 12. 30. 신설)
4. 조정대상지역에 있는 주택으로서 1세대가 주택과 조합원입주권 또는 분양권을 보유한 경우로서 그 수의 합이 3 이상인 경우 해당 주택. 다만, 대통령령으로 정

⑬ 법 제103조의 3 제10항 제1호에서 “대통령령으로 정하는 1세대 2주택에 해당하는 주택”이란 「소득세법 시행령」 제167조의 10에 따른 주택을 말한다. (2018. 3. 27. 신설)

⑭ 법 제103조의 3 제10항 제2호 단서에서 “대통령령으로 정하는 장기임대주택 등”이란 「소득세법 시행령」 제167조의 11에 따른 주택을 말한다. (2018. 3. 27. 신설)

⑮ 법 제103조의 3 제10항 제3호에서 “대통령령으로 정하는 1세대 3주택 이상에 해당하는 주택”이란 「소득세법 시행령」 제167조의 3에 따른 주택을 말한다. (2018. 3. 27. 신설)

하는 장기임대주택 등은 제외한다. (2020. 8. 12. 개정)

제103조의 4【세액공제 및 세액감면】 양도소득에 대한 개인지방소득세의 세액공제 및 세액감면에 관한 사항은 「지방세특례제한법」에서 정한다. 다만, 양도소득에 대한 개인지방소득세의 공제세액 또는 감면세액이 산출세액을 초과하는 경우에는 그 초과금액은 없는 것으로 한다. (2014. 1. 1. 신설)

제103조의 5【과세표준 예정신고와 납부】 ① 거주자가 「소득세법」 제105조에 따라 양도소득과세표준 예정신고를 하는 경우에는 해당 신고기한에 2개월을 더한 날(이하 이 조에서 "예정신고기한"이라 한다)까지 양도소득에 대한 개인지방소득세 과세표준과 세액을 대통령령으로 정하는 바에 따라 납세지 관할 지방자치단체의 장에게 신고(이하 이 절에서 "예정신고"라 한다)하여야 한다. 이 경우 거주자가 양도소득에 대한 개인지방소득세 과세표준과 세액을 납세지 관할 지방자치단체의 장 외의 지방자치단체의 장에게 신고한 경우에도 그 신고의 효력에는 영향이 없다. (2019. 12. 31. 개정)

② 제1항은 양도차익이 없거나 양도차손이 발생한 경우에도 적용한다. (2014. 1. 1. 신설)

③ 거주자가 예정신고를 할 때에는 제103조의 6에 따른 양도소득에 대한 개인지방소득세 예정신고 산출세액에

⑯ 법 제103조의 3 제10항 제4호 단서에서 "대통령령으로 정하는 장기임대주택 등"이란 「소득세법 시행령」 제167조의 4에 따른 주택을 말한다. (2018. 3. 27. 신설)

제100조의 2【예정신고납부】 ① 법 제103조의 5 제1항에 따라 예정신고를 하려는 자는 행정안전부령으로 정하는 양도소득에 대한 개인지방소득세 과세표준예정신고 및 납부계산서를 납세지 관할 지방자치단체의 장에게 제출하여야 한다. (2017. 7. 26. 직제개정 ; 행정안전부와~직제 부칙)

② 법 제103조의 5 제3항에 따라 양도소득에 대한 개인지방소득세를 납부하려는 자는 행정안전부령으로 정하

제45조【양도소득에 대한 개인지방소득세 예정신고와 납부】 (2014. 8. 8. 제목개정)

① 영 제100조의 2 제1항에 따른 양도소득에 대한 개인지방소득세 과세표준예정신고 및 납부계산서는 별지 제40호의 11 서식에 따른다. (2022. 3. 31. 개정)

② 영 제100조의 2 제2항에 따른 양도소득에 대한 개인지방소득세의

서 「지방세특례제한법」이나 조례에 따른 감면세액과 제98조 및 제103조의 9에 따른 수시부과세액을 공제한 세액을 대통령령으로 정하는 바에 따라 납세지 관할 지방자치단체의 장에게 납부(이하 이 절에서 "예정신고납부"라 한다)하여야 한다. (2014. 1. 1. 신설)

④ 제1항에도 불구하고 납세지 관할 지방자치단체의 장은 거주자에게 제1항에 따른 과세표준과 세액을 기재한 행정안전부령으로 정하는 납부서(이하 이 조에서 "납부서"라 한다)를 발송할 수 있다. (2019. 12. 31. 신설)

⑤ 제4항에 따라 납부서를 받은 자가 납부서에 기재된 세액을 예정신고기한까지 납부한 경우에는 제1항에 따라 예정신고를 하고 납부한 것으로 본다. (2019. 12. 31. 신설)

제103조의 6 【예정신고 산출세액의 계산】 ① 예정신고납부를 할 때 납부할 세액은 양도소득에 대한 개인지방소득세 과세표준에 제103조의 3의 세율을 적용하여 계산한 금액으로 한다. (2014. 1. 1. 신설)

② 해당 과세기간에 누진세율 적용대상 자산에 대한 예정신고를 2회 이상 하는 경우로서 거주자가 이미 신고한 양도소득금액과 합산하여 신고하려는 경우에는 「소득세법」 제107조 제2항의 산출세액 계산방법을 준용하여 계산한다. 이 경우 세율은 다음 각 호의 구분에 따른 세율로 한다. (2016. 12. 27. 후단개정)

1. 「소득세법」 제107조 제2항 제1호에 따라 계산하는 경

는 납부서로 납부하여야 한다. (2017. 7. 26. 직제개정 ; 행정안전부와~직제 부칙)

납부서는 별지 제14호 서식 또는 별지 제40호 서식에 따른다. (2014. 8. 8. 개정)

③ 법 제103조의 5 제4항에 따른 양도소득에 대한 개인지방소득세 과세표준 예정신고 납부서는 별지 제40호의 13 서식에 따른다. (2022. 3. 31. 개정)

우 : 제103조의 3 제1항 제1호에 따른 세율 (2016. 12. 27. 신설)
2. 「소득세법」 제107조 제2항 제2호에 따라 계산하는 경우 : 제103조의 3 제1항 제8호 또는 제9호에 따른 세율 (2016. 12. 27. 신설)
3. 「소득세법」 제107조 제2항 제3호에 따라 계산하는 경우 : 제103조의 3 제1항 제11호 가목 2)에 따른 세율 (2017. 12. 30. 신설)
4. 「소득세법」 제107조 제2항 제4호에 따라 계산하는 경우 : 제103조의 3 제1항 제14호에 따른 세율 (2020. 12. 29. 신설)

제103조의 7 【과세표준 확정신고와 납부】 ① 거주자가 「소득세법」 제110조에 따라 양도소득과세표준 확정신고를 하는 경우에는 해당 신고기한에 2개월을 더한 날(이하 이 조에서 "확정신고기한"이라 한다)까지 양도소득에 대한 개인지방소득세 과세표준과 세액을 대통령령으로 정하는 바에 따라 납세지 관할 지방자치단체의 장에게 확정신고·납부하여야 한다. 이 경우 거주자가 양도소득에 대한 개인지방소득세 과세표준과 세액을 납세지 관할 지방자치단체의 장 외의 지방자치단체의 장에게 신고한 경우에도 그 신고의 효력에는 영향이 없다. (2019. 12. 31. 개정)
② 제1항은 해당 과세기간의 과세표준이 없거나 결손금

제100조의 3 【양도소득에 대한 개인지방소득세 과세표준 확정신고】 ① 법 제103조의 7 제1항 및 제6항에 따라 확정신고·납부를 하려는 자는 행정안전부령으로 정하는 양도소득에 대한 개인지방소득세 과세표준확정신고 및 납부계산서를 납세지 관할 지방자치단체의 장에게 제출하여야 한다. (2017. 12. 29. 개정)
② 법 제103조의 7 제3항 단서에서 "대통령령으로 정하는 경우"란 다음 각 호의 어느 하나에 해당하는 경우를 말한다. (2014. 3. 14. 신설)
1. 해당 연도에 누진세율의 적용대상 자산에 대한 예정신고를 2회 이상 한 자가 법 제103조의 6 제2항에 따라 이미 신고한 양도소득금액과 합산하여 신고하지

제46조 【양도소득에 대한 개인지방소득세 확정신고와 납부】 ① 영 제100조의 3 제1항에 따른 양도소득에 대한 개인지방소득세 과세표준확정신고 및 납부계산서는 별지 제40호의 11 서식에 따른다. (2022. 3. 31. 개정)
② 영 제100조의 3 제3항에 따른 양도소득에 대한 개인지방소득세의 납부는 별지 제14호 서식 또는 별지 제40호 서식에 따른다. (2014. 8. 8. 신설)

액이 있는 경우에도 적용한다. (2014. 1. 1. 신설)

③ 예정신고를 한 자는 제1항에도 불구하고 해당소득에 대한 확정신고를 하지 아니할 수 있다. 다만, 해당 과세기간에 누진세율 적용대상 자산에 대한 예정신고를 2회 이상 하는 경우 등으로서 대통령령으로 정하는 경우에는 그러하지 아니하다. (2014. 1. 1. 신설)

④ 거주자는 해당 과세기간의 양도소득에 대한 개인지방소득세 산출세액에서 제103조의 4에 따라 감면되는 세액을 공제한 금액을 확정신고기한까지 대통령령으로 정하는 바에 따라 납세지 관할 지방자치단체에 납부하여야 한다. (2019. 12. 31. 개정)

⑤ 제1항에 따른 확정신고·납부를 하는 경우 제103조의 6에 따른 예정신고 산출세액, 제103조의 9에 따라 결정·경정한 세액 또는 제98조·제103조의 9에 따른 수시부과세액이 있을 때에는 이를 공제하여 납부한다. (2014. 1. 1. 신설)

⑥ 「소득세법」 제118조의 9에 따른 국외전출자(이하 이 조에서 "국외전출자"라 한다)는 같은 제118조의 15 제2항에 따라 양도소득 과세표준을 신고하는 경우에는 해당 신고기한까지 양도소득에 대한 개인지방소득세과세표준과 세액을 대통령령으로 정하는 바에 따라 납세지 관할 지방자치단체의 장에게 신고납부하여야 한다. (2023. 3. 14. 개정)

⑦ 국외전출자는 「소득세법」 제118조의 16에 따라 소득세 납부를 유예받은 경우로서 납세지를 관할하는 지방

아니한 경우 (2014. 3. 14. 신설)

2. 「소득세법」 제94조 제1항 제1호·제2호·제4호 및 제6호에 따른 토지, 건물, 부동산에 관한 권리, 기타자산 및 신탁 수익권을 2회 이상 양도한 경우로서 같은 법 제103조 제2항을 적용할 경우 당초 신고한 양도소득에 대한 개인지방소득세 산출세액이 달라지는 경우 (2023. 3. 14. 개정)
3. 「소득세법」 제94조 제1항 제1호·제2호 및 제4호에 따른 토지, 건물, 부동산에 관한 권리 및 기타자산을 둘 이상 양도한 경우로서 법 제103조의 3 제6항을 적용할 경우 당초 신고한 양도소득에 대한 개인지방소득세 산출세액이 달라지는 경우 (2020. 4. 28. 신설)
4. 「소득세법」 제94조 제1항 제3호 가목 및 나목에 해당하는 주식등을 2회 이상 양도한 경우로서 같은 법 제103조 제2항을 적용할 경우 당초 신고한 양도소득에 대한 개인지방소득세 산출세액이 달라지는 경우 (2020. 4. 28. 개정)

③ 법 제103조의 7 제4항부터 제6항까지에 따라 양도소득에 대한 개인지방소득세를 납부하려는 자는 행정안전부령으로 정하는 납부서로 납부하여야 한다. (2017. 12. 29. 개정)

④ 법 제103조의 7 제7항 후단에 따른 이자상당액은 다음의 계산식에 따라 산출된 금액으로 한다. (2017. 12. 29. 신설)

자치단체의 장에게 「지방세기본법」 제65조에 따른 납세담보를 제공하는 경우에는 이 법에 따른 개인지방소득세의 납부를 유예받을 수 있다. 이 경우 개인지방소득세의 납부를 유예받은 경우에는 대통령령으로 정하는 바에 따라 납부유예기간에 대한 이자상당액을 가산하여 개인지방소득세를 납부하여야 한다. (2023. 3. 14. 개정)

⑧ 납세지 관할 지방자치단체의 장은 「소득세법」 제118조의 17에 따라 국외전출자가 납부한 세액이 환급되거나 납부유예 중인 세액이 취소된 경우에는 국외전출자가 납부한 개인지방소득세를 환급하거나 납부유예 중인 세액을 취소하여야 한다. 이 경우 「지방세기본법」 제62조에 따른 지방세환급가산금을 지방세환급금에 가산하지 아니한다. (2023. 3. 14. 개정)

⑨ 제1항에도 불구하고 납세지 관할 지방자치단체의 장은 거주자에게 제1항에 따른 과세표준과 세액을 기재한 행정안전부령으로 정하는 납부서(이하 이 조에서 "납부서"라 한다)를 발송할 수 있다. (2019. 12. 31. 신설)

⑩ 제9항에 따라 납부서를 받은 자가 납부서에 기재된 세액을 확정신고기한까지 납부한 경우에는 제1항에 따라 확정신고를 하고 납부한 것으로 본다. (2019. 12. 31. 신설)

제103조의 8【기장 불성실가산세】 「소득세법」 제115조에 따라 소득세 산출세액에 가산세를 더하는 경우에는 그 더하는 금액의 100분의 10에 해당하는 금액을 양

이자상당액 = 법 제103조의 7 제7항에 따라 납부유예 받은 금액 × 신고기한의 다음 날부터 납부일까지의 일수 × 납부유예 신청일 현재 「지방세기본법 시행령」 제43조에 따른 이자율

관계법령

지방세기본법 시행령

제43조【지방세환급가산금의 계산】 ② 법 제62조 제1항에서 "대통령령으로 정하는 이율"이란 「국세기본법 시행령」 제43조의 3 제2항 본문에 따른 이자율(이하 이 항에서 "기본이자율"이라 한다)을 말한다. 다만, 납세자가 법 제7장에 따른 이의신청, 심판청구, 「감사원법」에 따른 심사청구 또는 「행정소송법」에 따른 소송을 제기하여 그 결정 또는 판결에 의하여 지방자치단체의 장이 지방세환급금을 지급하는 경우로서 그 결정 또는 판결이 확정된 날부터 40일 이후에 납세자에게 지방세환급금을 지급하는 경우에는 기본이자율의 1.5배에 해당하는 이자율로 한다. (2021. 12. 31. 개정)

국세기본법 시행령

제43조의 3【국세환급가산금】 ② 법 제52조 제1항에서 "대통령령으로 정하는 이자율"이란 시중은행의 1년 만기 정기예금 평균 수신금리를 고려하여 기획재정부령으로 정하는 이자율(이하 이 항에서 "기본이자율"이라 한다)을 말한다. 다만, 납세자가 법 제7장에 따른 이의신청, 심사청구, 심판청구, 「감사원법」에 따른 심사청구 또는 「행정소송법」에 따른 소송을 제기하여 그 결정 또는 판결에 따라 세무서장이 국세환급금을 지급하는 경우로서 그 결정 또는 판결이 확정된 날부터 40일 이후에 납세자에게 국세환급금을 지급하는 경우에는 기본이자율의 1.5배에 해당하는 이자율을 적용한다. (2020. 2. 11. 개정)

③ 법 제103조의 7 제9항에 따른 양도소득에 대한 개인지방소득세 과세표준 확정신고 납부서는 별지 제40호의 12 서식에 따른다. (2022. 3. 31. 개정)

도소득에 대한 개인지방소득세 산출세액에 더한다. 다만, 「소득세법」 제115조에 따라 더해지는 가산세의 100분의 10에 해당하는 양도소득에 대한 개인지방소득세 가산세와 「지방세기본법」 제53조 또는 제54조에 따른 가산세가 동시에 적용되는 경우에는 그 중 큰 가산세액만 적용하고, 가산세액이 같은 경우에는 「지방세기본법」 제53조 또는 제54조에 따른 가산세만 적용한다. (2024. 12. 31. 신설)

제103조의 9【수정신고 · 결정 · 경정 · 수시부과 · 징수 · 환급 · 환산취득가액 등】 (2019. 12. 31. 제목개정)
① 양도소득에 대한 개인지방소득세의 수정신고 · 결정 · 경정 · 수시부과 · 징수 및 환급에 관하여는 제96조부터 제98조까지 및 제100조의 규정을 준용한다. (2017. 12. 30. 항번개정)
② 거주자가 건물을 신축 또는 증축(증축한 부분의 바닥면적의 합계가 85제곱미터를 초과하는 경우로 한정한다)하고 그 건물의 취득일(증축의 경우에는 증축한 부분의 취득일을 말한다)부터 5년 이내에 양도하는 경우로서 「소득세법」 제97조 제1항 제1호 나목에 따른 감정가액 또는 환산취득가액을 그 취득가액으로 하는 경우에는 해당 건물분(증축의 경우에는 증축한 부분으로 한정한다) 감정가액 또는 환산취득가액의 1천분의 5에 해당하는 금액을 제103조의 2 제2호에 따른 양도소득에 대한 개인지방소득세결정세액에 더한다. (2020. 12. 29. 개정)

국세기본법 시행규칙

제19조의 3【국세환급가산금의 이율】 영 제43조의 3 제2항 본문에서 "기획재정부령으로 정하는 이자율"이란 연 1천분의 35를 말한다. (2024. 3. 22. 개정)

③ 제2항은 양도소득에 대한 개인지방소득세 산출세액이 없는 경우에도 적용한다. (2017. 12. 30. 신설)

제4절 비거주자의 소득에 대한 지방소득세
(2014. 1. 1. 신설)

제103조의 10【비거주자에 대한 과세방법】 ① 비거주자에 대하여 과세하는 개인지방소득세는 해당 국내원천소득을 종합하여 과세하는 경우와 분류하여 과세하는 경우 및 그 국내원천소득을 분리하여 과세하는 경우로 구분하여 계산한다. (2014. 1. 1. 신설)
② 비거주자의 국내사업장 및 국내원천소득의 종류에 따른 구체적인 과세방법은 「소득세법」 제120조, 제121조 제2항부터 제6항까지의 규정에서 정하는 바에 따른다. (2014. 1. 1. 신설)

제103조의 11【비거주자에 대한 종합과세】 ① 「소득세법」 제121조 제2항 또는 제5항에서 규정하는 비거주자의 국내원천소득에 대한 개인지방소득세의 과세표준과 세액의 계산에 관하여는 이 법 중 거주자에 대한 개인지방소득세의 과세표준과 세액의 계산에 관한 규정을 준용한다. 다만, 과세표준을 계산할 때 「소득세법」 제51조 제3항에 따른 인적공제 중 비거주자 본인 외의 자

제4절 비거주자의 소득에 대한 지방소득세
(2014. 3. 14. 신설)

에 대한 공제와 같은 법 제52조에 따른 특별소득공제, 「지방세특례제한법」 제97조의 2에 따른 자녀세액공제 및 같은 법 제97조의 4에 따른 특별세액공제는 하지 아니한다. (2016. 12. 27. 단서개정)

② 제1항에 따라 개인지방소득세의 과세표준과 세액을 계산하는 비거주자의 신고와 납부에 관하여는 이 법 중 거주자의 신고와 납부에 관한 규정을 준용한다. 다만, 제1항에 따른 과세표준에 제103조의 18에 따라 특별징수된 소득의 금액이 포함되어 있는 경우에는 그 특별징수세액은 제95조 제3항 제4호에 따라 공제되는 세액으로 본다. (2014. 1. 1. 신설)

③ 제2항에도 불구하고 법인으로 보는 단체 외의 법인 아닌 단체 중 「소득세법」 제2조 제3항 각 호 외의 부분 단서 또는 같은 조 제4항 제1호에 따라 단체의 구성원별로 납세의무를 부담하는 단체의 비거주자인 구성원(이하 이 항에서 "비거주자구성원"이라 한다)이 국내원천소득(비거주자구성원의 국내원천소득이 해당 단체의 구성원으로서 얻는 소득만 있는 경우로 한정한다)에 대하여 같은 법 제121조 제5항에 따라 종합소득 과세표준확정신고를 하는 경우로서 같은 법 제124조 제2항에 따라 해당 단체의 거주자인 구성원 1명(이하 이 항에서 "대표신고자"라 한다)이 비거주자구성원을 대신하여 비거주자구성원의 종합소득 과세표준을 일괄하여 신고하는 경우 그 대표신고자는 대통령령으로 정하는 바에 따라 비

제100조의 4 【비거주자의 개인지방소득세 신고 · 납부의 특례】 (2022. 2. 28. 제목개정)

① 법 제103조의 11 제3항에 따라 대표신고자가 비거주자구성원의 지방소득세 과세표준을 일괄하여 신고하는 경우에는 행정안전부령으로 정하는 신고서류를 자신의 납세지 관할 지방자치단체의 장에게 제출해야 한다. 다만, 대표신고자가 「소득세법 시행령」 제182조 제2항 단서에 해당하는 경우에는 그 소속 단체의 납세지 관할 지방자치단체의 장에게 제출해야 한다. (2022. 2. 28. 신설)

제47조 【비거주자의 개인지방소득세 신고 · 납부】 (2022. 3. 31. 제목개정)

① 영 제100조의 4 제1항 본문에서 "행정안전부령으로 정하는 신고서류"란 다음 각 호의 서류를 말한다. (2022. 3. 31. 신설)

1. 「소득세법 시행규칙」 제87조 제2항 제1호에 따른 대표신고자 일괄신고 동의서 (2022. 3. 31. 신설)
2. 법 제103조의 11 제2항에서 비거주자의 신고 및 납부에 관해 준용되는 규정에 따라 개인지방소

거주자구성원의 지방소득세 과세표준도 일괄하여 신고할 수 있다. (2021. 12. 28. 신설)

④ 비거주자의 국내원천소득을 종합하여 과세하는 경우에 이에 관한 결정 및 경정과 징수 및 환급에 관하여는 이 법 중 거주자에 대한 개인지방소득세의 결정 및 경정과 징수 및 환급에 관한 규정을 준용한다. 다만, 제1항에 따른 과세표준에 제103조의 18에 따라 특별징수된 소득의 금액이 포함되어 있는 경우에는 그 특별징수세액은 제95조 제3항 제4호에 따라 공제되는 세액으로 본다. (2021. 12. 28. 항번개정)

⑤ 비거주자에 대한 종합과세와 관련하여 이 법에서 특별한 규정이 있는 경우를 제외하고는 「소득세법」에 따른 비거주자에 대한 종합과세에 관한 규정을 준용한다. (2021. 12. 28. 항번개정)

제103조의 12【비거주자에 대한 분리과세】 ① 「소득세법」 제121조 제3항 및 제4항에서 규정하는 비거주자의 국내원천소득(「소득세법」 제119조 제7호 및 제8호의 2는 제외한다)에 대한 개인지방소득세의 과세표준은 「소득세법」 제126조 제1항에서 정하는 바에 따른다. (2014. 1. 1. 신설)

② 제1항에 따른 국내원천소득에 대한 세액은 제103조의 18에 따라 계산한 금액으로 한다. (2014. 1. 1. 신설)

③ 「소득세법」 제121조 제3항 및 제4항에서 규정하는 비거주자의 국내원천소득 중 「소득세법」 제119조 제7호

득세의 과세표준 신고 시 제출해야 하는 서류 (2022. 3. 31. 신설)

및 제8호의 2에 따른 국내원천소득의 과세표준과 세액의 계산, 신고와 납부, 결정·경정 및 징수와 환급에 대해서는 이 법 중 거주자에 대한 개인지방소득세의 과세표준과 세액의 계산 등에 관한 규정을 준용한다. 다만, 「소득세법」 제51조 제3항에 따른 인적공제 중 비거주자 본인 외의 자에 대한 공제와 같은 법 제52조에 따른 특별소득공제, 「지방세특례제한법」 제97조의 2에 따른 자녀세액공제 및 같은 법 제97조의 4에 따른 특별세액공제는 하지 아니한다. (2016. 12. 27. 단서개정)

④ 비거주자가 「소득세법」 제126조의 2에 따라 유가증권 양도소득에 대한 소득세를 신고·납부하는 경우에는 그 납부하는 소득세의 10분의 1에 해당하는 금액을 같은 조에서 규정하는 신고·납부기한까지 납세지 관할 지방자치단체에 지방소득세로 신고·납부하여야 한다. 이 경우 지방소득세의 신고·납부 등에 관하여 필요한 사항은 대통령령으로 정한다. (2014. 1. 1. 신설)

⑤ 제4항에 따라 비거주자가 유가증권 양도소득에 대한 개인지방소득세의 세액을 신고하는 경우에 납세지 관할 지방자치단체의 장 외의 지방자치단체의 장에게 신고한 경우에도 그 신고의 효력에는 영향이 없다. (2019. 12. 31. 신설)

⑥ 비거주자에 대한 분리과세와 관련하여 이 법에서 특별한 규정이 있는 경우를 제외하고는 「소득세법」에 따른 비거주자에 대한 분리과세에 관한 규정을 준용한다. (2019. 12. 31. 항번개정)

② 법 제103조의 12 제4항에 따라 지방소득세를 신고·납부하려는 비거주자가 「소득세법」 제126조의 2 제1항 또는 제2항에 해당되는 때에는 해당 유가증권을 발행한 내국법인의 소재지 관할 지방자치단체의 장에게 행정안전부령으로 정하는 비거주자유가증권양도소득정산신고서를 제출하여야 한다. (2022. 2. 28. 항번개정)

③ 법 제103조의 12 제4항에 따라 지방소득세를 신고·납부하려는 비거주자가 「소득세법」 제126조의 2 제3항 본문에 해당되는 때에는 해당 유가증권을 발행한 내국법인의 소재지 관할 지방자치단체의 장에게 행정안전부령으로 정하는 비거주자유가증권양도소득신고서를 제출하여야 한다. (2022. 2. 28. 항번개정)

② 영 제100조의 4 제2항에 따른 비거주자유가 증권양도소득정산신고서는 별지 제40호의 13 서식에 따른다. (2022. 3. 31. 개정)

③ 영 제100조의 4 제3항에 따른 비거주자유가증권양도소득신고서는 별지 제40호의 14 서식에 따른다. (2022. 3. 31. 개정)

④ 영 제100조의 4 제2항 및 제3항에 따른 양도소득에 대한 개인지방소득세의 납부서는 별지 제14호 서식 또는 별지 제40호 서식에 따른다. (2022. 3. 31. 개정)

제5절 개인지방소득에 대한 특별징수
(2014. 1. 1. 신설)

제103조의 13【특별징수의무】 ① 「소득세법」 또는 「조세특례제한법」에 따른 원천징수의무자가 거주자로부터 소득세를 원천징수하는 경우에는 대통령령으로 정하는 바에 따라 원천징수하는 소득세(「조세특례제한법」 및 다른 법률에 따라 조세감면 또는 중과세 등의 조세특례가 적용되는 경우에는 이를 적용한 소득세)의 100분의 10에 해당하는 금액을 소득세 원천징수와 동시에 개인지방소득세로 특별징수하여야 한다. 이 경우 같은 법에 따른 원천징수의무자는 개인지방소득세의 특별징수의무자(이하 이 절에서 "특별징수의무자"라 한다)로 한다. (2014. 1. 1. 신설)

② 특별징수의무자가 제1항에 따라 개인지방소득세를 특별징수하였을 경우에는 그 징수일이 속하는 달의 다음 달 10일까지 납세지를 관할하는 지방자치단체에 납부하여야 한다. 다만, 다음 각 호의 어느 하나에 해당하는 경우에는 해당 각 호에서 정하는 바에 따라 납부한다. (2023. 3. 14. 단서개정)

② 특별징수의무자가 제1항에 따라 개인지방소득세를 특별징수하였을 경우에는 그 징수일이 속하는 달의 다음 달 10일까지 납세지를 관할하는 지방자치단체에 납부하여야 한다. 다만, 「소득세법」 제128조 제2항에 따라 원천징수한 소득세를 반기(半期)별로 납부하는 경우에

제5절 개인지방소득에 대한 특별징수
(2014. 3. 14. 신설)

제100조의 5【특별징수의무】 ① 법 제103조의 13 제1항 후단에 따른 특별징수의무자(이하 이 절에서 "특별징수의무자"라 한다)는 법 제103조의 13 제2항에 따라 징수한 특별징수세액을 납부하는 경우에는 납부서에 계산서와 명세서를 첨부하여야 한다. (2014. 3. 14. 신설)

② 제1항에도 불구하고 개인지방소득세의 특별징수의무자가 징수한 특별징수세액을 납부할 때에는 근로소득, 이자소득, 「소득세법」 제20조의 3 제1항 제1호 및 제2호에 따른 연금소득과 「국민건강보험법」에 따른 국민건강보험공단이 지급하는 사업소득에 대해서는 그 명세서를 첨부하지 아니할 수 있다. 다만, 과세권자가 납세증명 발급 등 민원처리를 위하여 개인별 납세실적 파악이 필요하여 명세서 제출을 요구하는 경우에는 첨부하여야 한다. (2014. 3. 14. 신설)

편주

법 103조의 13 제2항부터 6항까지의 개정규정은 2025. 1. 1. 이후 납세의무가 성립하는 경우부터 적용함. (법 부칙(2023. 3. 14.) 1조 3호, 2조)

제48조【특별징수세액의 납부 등】 ① 영 제100조의 5 제1항에 따른 특별징수세액의 납부서는 별지 제42호 서식에 따르고, 같은 항에 따른 계산서와 명세서는 별지 제42호의 2 서식에 따른다. (2014. 8. 8. 신설)

② 법 제103조의 13 제1항 후단에 따른 특별징수의무자(이하 이 조 및 제48조의 2에서 "특별징수의무자"라 한다)는 같은 항에 따라 특별징수하여 납부한 지방소득세액 중 과오납된 세액이 있는 경우에는 그 특별징수의무자가 특별징수하여 납부할 지방소득세에서 조정하여 환급한다. (2014. 8. 8. 신설)

③ 제2항에 따라 조정·환급할 지방소득세가 그 달에 특별징수하여 납부할 지방소득세를 초과하는 경우에는 다음 달 이후에 특별징수하여 납부할 지방소득세에서 조정하

는 반기의 마지막 달의 다음 달 10일까지 반기의 마지막 달 말일 현재의 납세지 관할 지방자치단체에 납부할 수 있다. (2024. 12. 31. 단서개정)

1. 「소득세법」 제128조 제2항에 따라 원천징수한 소득세를 반기(半期)별로 납부하는 경우에는 반기의 마지막 달의 다음 달 10일까지 반기의 마지막 달 말일 현재의 납세지를 관할하는 지방자치단체에 납부한다. (2023. 3. 14. 신설)
2. 금융투자소득에 대한 개인지방소득세의 경우 해당 과세기간의 반기 중에 계좌가 해지된 경우에는 그 반기 종료일이 속하는 달의 다음 달 10일까지 반기의 마지막 달 말일 현재의 납세지를 관할하는 지방자치단체에 납부한다. (2023. 3. 14. 신설)

1.~2. 삭 제 (2024. 12. 31.)

③ 특별징수의무자가 제1항에 따라 금융투자소득에 대한 개인지방소득세를 특별징수하는 경우에는 각 계좌보유자별 특별징수세액 상당액에 대해서는 「소득세법」 제148조의 2 제1항 각 호의 기간 중 그 인출을 제한할 수 있다. (2023. 3. 14. 신설)

④ 「소득세법」 또는 다른 법률에 따라 비과세되는 금융투자소득이 있는 사람이 「소득세법」 제148조의 2 제5항에 따라 금융투자소득에 대한 원천징수배제신청서를 제출한 경우에는 해당 금융투자소득에 대한 개인지방소득세의 특별징수배제도 함께 신청한 것으로 본다. (2023. 3. 14. 신설)

③~④ 삭 제 (2024. 12. 31.)

③ 제1항에 따른 개인지방소득세의 특별징수의무자가 제89조 제3항 제2호 · 제3호 및 같은 항 제4호 단서에 따라 납부한 지방자치단체별 특별징수세액에 오류가 있음

③ 개인지방소득세의 특별징수의무자가 법 제103조의 13 제3항 전단에 따라 해당 지방자치단체별 특별징수세액에서 오류를 발견하였을 때에는 그 과부족분(過不足

여 환급한다. 다만, 다음 각 호의 어느 하나에 해당하는 경우에는 조정 · 환급하지 아니하고 해당 지방소득세가 과오납된 지방자치단체에서 환급한다. (2014. 8. 8. 신설)

1. 다음 달 이후에도 특별징수하여 납부할 지방소득세가 없는 경우 (2014. 8. 8. 신설)
2. 납세자가 조정 · 환급을 원하지 아니하여 납세자가 특별징수의무자를 경유하여 지방자치단체의 장에게 환급을 신청하거나 해당 특별징수의무자가 지방자치단체의 장에게 환급을 신청하는 경우 (2014. 8. 8. 신설)

편주

영 100조의 5 제3항 전단의 개정규정은 2025. 1. 1.부터 시행함. (영 부칙

을 발견하였을 때에는 그 과부족분을 대통령령으로 정하는 바에 따라 해당 지방자치단체에 납부하여야 할 특별징수세액에서 가감하여야 한다. 이 경우 가감으로 인하여 추가로 납부하는 특별징수세액에 대해서는 「지방세기본법」 제56조에 따른 가산세를 부과하지 아니하며, 환급하는 세액에 대해서는 지방세환급가산금을 지급하지 아니한다. (2024. 12. 31. 항번개정)

④ 개인지방소득세의 특별징수에 관하여 이 법에 특별한 규정이 있는 경우를 제외하고는 「소득세법」에 따른 원천징수에 관한 규정을 준용한다. (2024. 12. 31. 항번개정)

제103조의 14【특별징수 의무불이행 가산세】 특별징수의무자가 특별징수하였거나 특별징수하여야 할 세액을 제103조의 13 제2항에 따른 기한까지 납부하지 아니하거나 부족하게 납부한 경우에는 그 납부하지 아니한 세액 또는 부족한 세액에 「지방세기본법」 제56조에 따라 산출한 금액을 가산세로 부과하며, 특별징수의무자가 특별징수를 하지 아니한 경우로서 다음 각 호의 어느 하나에 해당하는 경우에는 특별징수의무자에게 그 가산세액만을 부과한다. 다만, 국가 또는 지방자치단체와 그 밖에 대통령령으로 정하는 자가 특별징수의무자인 경우에는 의무불이행을 이유로 하는 가산세는 부과하지 아니한다. (2018. 12. 31. 개정)

分)을 오류를 발견한 날의 다음 달 10일까지 관할 지방자치단체에 납부하여야 할 특별징수세액에서 가감하여야 한다. 이 경우 그 남는 부분이 관할 지방자치단체에 납부하여야 할 다음 달의 특별징수세액을 초과하는 경우에는 그 다음 달의 특별징수세액에서 조정할 수 있다. (2024. 12. 31. 개정)

제100조의 6【의무불이행 가산세의 예외】 법 제103조의 14 단서에서 "대통령령으로 정하는 자"란 주한미국군을 말한다. (2014. 3. 14. 신설)

(2023. 3. 14.) 1조 단서)

1. 납세의무자가 신고납부한 과세표준금액에 특별징수하지 아니한 특별징수대상 개인지방소득금액이 이미 산입된 경우 (2018. 12. 31. 신설)
2. 특별징수하지 아니한 특별징수대상 개인지방소득금액에 대하여 납세의무자의 관할 지방자치단체의 장이 제97조에 따라 그 납세의무자에게 직접 개인지방소득세를 부과·징수하는 경우 (2018. 12. 31. 신설)

제103조의 15【특별징수에 대한 연말정산 환급 등】 ① 특별징수의무자가 「소득세법」에 따라 연말정산을 하는 경우에는 그 결정세액의 100분의 10을 개인지방소득세로 하여 해당 과세기간에 이미 특별징수하여 납부한 지방소득세를 차감하고 그 차액을 특별징수하거나 대통령령으로 정하는 바에 따라 그 소득자에게 환급하여야 한다. (2015. 7. 24. 개정)

1. 「소득세법」 제137조에 따른 근로소득세액에 대한 연말정산인 경우에는 「지방세특례제한법」에 따른 외국납부세액공제 및 근로소득세액공제 (2014. 1. 1. 신설)
2. 「소득세법」 제144조의 2에 따른 사업소득세액의 연말정산인 경우에는 「지방세특례제한법」에 따른 세액공제 (2014. 1. 1. 신설)

1.～2. 삭 제 (2015. 7. 24.)

② 제1항의 경우에 해당 과세기간에 이미 특별징수하여 납부한 지방소득세가 해당 종합소득에 대한 개인지방소득세 산출세액에서 제94조에 따른 종합소득에 대한 개인지방소득세 세

제100조의 7【개인지방소득세의 환급 등】 (2020. 12. 31. 제목개정)

① 법 제103조의 15 제1항에 따라 소득자에게 환급하는 경우에는 특별징수의무자가 특별징수하여 납부할 지방소득세에서 그 차액을 조정하여 환급한다. 다만, 특별징수의무자가 특별징수하여 납부할 지방소득세가 없을 때에는 행정안전부령으로 정하는 바에 따라 환급한다. (2017. 7. 26. 직제개정 ; 행정안전부와～직제 부칙)

② 법 제103조의 13에 따라 특별징수의무자가 이미 특별징수하여 납부한 지방소득세에 과오납이 있어 환급하는 경우에도 제1항을 준용한다. (2015. 7. 24. 개정)

제48조의 2【개인지방소득세 연말정산 시의 환급】 ① 영 제100조의 7 제1항 단서를 적용할 때 특별징수의무자가 환급할 개인지방소득세가 연말정산하는 달에 특별징수하여 납부할 개인지방소득세를 초과하는 경우에는 다음 달 이후에 특별징수하여 납부할 개인지방소득세에서 조정하여 환급한다. 다만, 해당 특별징수의무자의 환급신청이 있는 경우에는 특별징수 관할 지방자치단체의 장이 그 초과액을 환급한다. (2015. 12. 31. 개정)

② 제1항 단서에 따라 환급신청을 하려는 특별징수의무자는 「지방세기본법 시행규칙」 별지 제23호 서

액공제 등을 한 금액을 초과하는 경우에는 그 초과액을 그 소득자에게 대통령령으로 정하는 바에 따라 환급하여야 한다. (2014. 1. 1. 신설)
② 삭 제 (2015. 7. 24.)

제103조의 16【퇴직소득에 대한 지방소득세 특별징수의 환급 등】 ① 거주자의 퇴직소득이 「소득세법」 제146조 제2항 각 호의 어느 하나에 해당하는 경우에는 제103조의 13 제1항에도 불구하고 해당 퇴직소득에 대한 개인지방소득세를 연금외수령하기 전까지 특별징수하지 아니한다. 이 경우 같은 조항에 따라 개인지방소득세가 이미 특별징수된 경우 해당 거주자는 특별징수세액에 대한 환급을 신청할 수 있다. (2014. 1. 1. 신설)
② 제1항에 따른 퇴직소득의 특별징수와 환급절차 등에 관하여 필요한 사항은 대통령령으로 정한다. (2014. 1. 1. 신설)

제103조의 17【납세조합의 특별징수】 ① 「소득세법」 제149조에 따른 납세조합이 같은 법 제150조 및 제151조에 따라 소득세를 징수·납부하는 경우에는 징수·납부하는 소득세의 100분의 10에 해당하는 금액을 그 조합원으로부터 개인지방소득세로 특별징수하여 그 징수일이 속하는 달의 다음 달 10일까지 납세지를 관할하

③ 법 제103조의 16 제1항에 따른 환급신청을 받은 특별징수의무자는 「소득세법 시행령」 제202조의 2 제1항의 계산식에 따라 계산한 세액의 10분의 1을 환급할 세액으로 하되, 환급할 개인지방소득세가 환급하는 달에 특별징수하여 납부할 개인지방소득세를 초과하는 경우에는 다음 달 이후에 특별징수하여 납부할 개인지방소득세에서 조정하여 환급한다. 다만, 해당 특별징수의무자의 환급신청이 있는 경우에는 특별징수 관할 지방자치단체의 장이 그 초과액을 환급한다. (2020. 12. 31. 신설)
④ 법 제103조의 13 제6항에 따라 특별징수의무자가 「소득세법 시행령」 제203조의 3에 따른 초과액을 거주자에게 환급하는 경우에는 제1항을 준용하여 개인지방소득세 특별징수세액에서 「소득세법 시행령」 제203조의 3에 따른 초과액의 10분의 1에 해당하는 금액을 해당 거주자에게 환급해야 한다. (2023. 3. 14. 신설)

편주

영 100조의 7 제4항의 개정규정은 2025. 1. 1.부터 시행함. (영 부칙(2023. 3. 14.) 1조 단서)

④ 삭 제 (2024. 12. 31.)

식에 따른 지방소득세(특별징수분, 신고·고지분) 환급청구서를 특별징수 관할 지방자치단체의 장에게 제출해야 한다. (2021. 12. 31. 신설)
③ 제2항에도 불구하고 「소득세법 시행규칙」 제93조 제2항 단서에 따라 원천징수 관할세무서장으로부터 환급액을 지급받은 해당 근로소득이 있는 사람은 개인지방소득세 환급액의 지급을 직접 신청할 수 있다. 이 경우 해당 근로소득이 있는 사람은 별지 제41호의2서식에 따른 폐업·부도기업 특별징수세액환급금 지급 신청서를 특별징수 관할 지방자치단체의 장에게 제출해야 한다. (2021. 12. 31. 신설)
④ 특별징수의무자가 특별징수하여 납부한 개인지방소득세액 중 잘못 특별징수한 세액이 있는 경우 그 환급에 관하여는 제1항부터 제3항까지의 규정을 준용한다. (2021. 12. 31. 개정)

는 지방자치단체에 납부하여야 한다. (2014. 1. 1. 신설)
② 납세지 관할 지방자치단체의 장은 해당 납세조합이 징수하였거나 징수하여야 할 세액을 납부기한까지 납부하지 아니하거나 과소납부한 경우에는 「지방세기본법」 제56조에 따라 산출한 금액을 가산세로 부과한다. (2016. 12. 27. 개정 ; 지방세기본법 부칙)
③ 납세지 관할 지방자치단체의 장은 제1항에 따라 개인지방소득세를 특별징수하여 납부한 납세조합에 대하여 대통령령으로 정하는 바에 따라 교부금을 교부할 수 있다. (2014. 1. 1. 신설)

제103조의 18【비거주자의 국내원천소득에 대한 특별징수의 특례】 ① 「소득세법」에 따른 원천징수의무자가 비거주자의 국내원천소득에 대하여 소득세를 원천징수하는 경우에는 원천징수할 소득세의 100분의 10을 적용하여 산정한 금액을 개인지방소득세로 특별징수하여야 한다. (2014. 1. 1. 신설)
② 제1항에 따른 비거주자의 국내원천소득에 대한 개인지방소득세 특별징수에 관한 사항은 거주자의 개인지방소득에 대한 특별징수에 관한 사항을 준용한다. (2014. 1. 1. 신설)

제100조의 8【징수교부금】(2020. 12. 31. 조번개정)
① 법 제103조의 17 제3항에 따라 납세조합에 교부하는 징수교부금은 그 납세조합이 납부한 세액의 100분의 2로 한다. (2018. 12. 31. 개정)
② 제1항에 따른 징수교부금을 받으려는 납세조합은 매월 청구서를 그 다음 달 20일까지 납세지 관할 지방자치단체의 장에게 제출하여야 한다. 다만, 해당 과세기간 동안 발생한 징수교부금을 청구하려는 경우 한꺼번에 다음 연도 2월 말일까지 제출할 수 있다. (2018. 12. 31. 단서신설)
③ 제1항에 따라 납세조합에 징수교부금을 교부한 후 그 납세조합이 납부한 세액 중에서 환급금이 발생한 경우에는 환급금을 제외하고 계산된 징수교부금과의 차액을 그 환급금이 발생한 날 이후에 청구하는 징수교부금에서 조정하여 교부한다. (2018. 3. 27. 신설)

제100조의 9【비거주자에 대한 특별징수세액의 납부】(2020. 12. 31. 조번개정)

제48조의 3【징수교부금 교부청구】 영 제100조의 8 제2항에 따른 납세조합의 징수교부금 청구서는 별지 제42호의 3 서식에 따른다. (2020. 12. 31. 개정)

특별징수의무자가 국내에 주소·거소·본점·주사무소 또는 국내사업장(외국법인의 국내사업장을 포함한다)이 없는 경우에는 「지방세기본법」 제139조에 따른 납세관리인을 정하여 관할 지방자치단체의 장에게 신고하여야 한다. 다만, 「소득세법 시행령」 제207조 제1항 단서에 따라 관할 세무서장에게 신고한 경우에는 이를 관할 지방자치단체의 장에게 신고한 것으로 본다. (2017. 3. 27. 개정 ; 지방세기본법 시행령 부칙)

제100조의 10【외국법인세액의 과세표준 차감】
① 법 제103조의 19 제2항에 따라 「법인세법」 제57조 제1항에 따른 외국법인세액(이하 "외국법인세액"이라 한다)을 차감한 금액을 법인지방소득세 과세표준으로 하려는 내국법인은 법 제103조의 23에 따라 법인지방소득세의 과세표준과 세액을 납세지 관할 지방자치단체의 장에게 신고할 때 행정안전부령으로 정하는 바에 따라 외국법인세액 과세표준 차감 명세서를 함께 제출해야 한다. (2020. 12. 31. 신설)
② 내국법인은 외국정부의 국외원천소득에 대한 법인세의 결정·통지의 지연, 과세기간의 상이 등의 사유로 법 제103조의 23에 따라 법인지방소득세의 과세표준과 세액을 신고할 때 제1항에 따른 외국법인세액 과세표준 차감 명세서를 제출할 수 없는 경우에는 외국정부의 국외원천소득에 대한 법인세결정통지를 받은 날부터 3개월

이내에 제1항에 따른 외국법인세액 과세표준 차감 명세서에 지연 사유에 대한 증명서류를 첨부하여 제출할 수 있다. (2020. 12. 31. 신설)

③ 제2항의 규정은 외국정부가 국외원천소득에 대하여 결정한 법인세액을 경정함으로써 외국법인세액에 변동이 생긴 경우에 준용한다. (2020. 12. 31. 신설)

④ 제3항에 따른 외국법인세액의 변동으로 환급세액이 발생하면 「지방세기본법」 제60조에 따라 충당하거나 환급할 수 있다. (2020. 12. 31. 신설)

⑤ 법 제103조의 19 제3항에 따라 외국법인세액을 이월하여 그 이월된 사업연도의 법인지방소득세 과세표준을 계산할 때 차감하는 경우 먼저 발생한 이월금액부터 차감한다. (2020. 12. 31. 신설)

⑥ 내국법인의 본점 또는 주사무소의 소재지를 관할하는 지방자치단체의 장은 법 제103조의 19 제2항에 따라 차감하는 외국법인세액을 확인하기 위하여 필요한 경우 해당 내국법인, 납세지 관할 세무서장 또는 관할 지방국세청장에게 외국법인세액 신고명세, 영수증, 경정내용 및 그 밖에 필요한 자료의 제출을 요구할 수 있다. (2020. 12. 31. 신설)

제6절 내국법인의 각 사업연도의 소득에 대한 지방소득세 (2014. 1. 1. 신설)

제103조의 19【과세표준】 ① 내국법인의 각 사업연도의 소득에 대한 법인지방소득세의 과세표준은 「법인세법」 제13조에 따라 계산한 법인세의 과세표준(「조세특례제한법」 및 다른 법률에 따라 과세표준 산정과 관련된 조세감면 또는 중과세 등의 조세특례가 적용되는 경우에는 이에 따라 계산한 법인세의 과세표준)과 동일한 금액으로 한다. (2020. 12. 29. 항번개정)

② 제1항에도 불구하고 내국법인의 각 사업연도의 소득에 대한 법인세 과세표준에 국외원천소득이 포함되어 있는 경우로서 「법인세법」 제57조에 따라 외국 납부 세액공제를 하는 경우에는 같은 조 제1항에 따른 외국법인세액(이하 "외국법인세액"이라 한다)을 이 조 제1항에 따른 금액에서 차감한 금액을 법인지방소득세 과세표준으로 한다. 이 경우 해당 사업연도의 과세표준에 「법인세법」 제57조 제2항 단서에 따라 손금에 산입한 외국법인세액이 있는 경우에는 그 금액을 이 조 제1항에 따른 금액에 가산한 이후에 전단의 규정을 적용한다. (2020. 12. 29. 신설)

③ 제2항 전단에 따라 차감하는 외국법인세액이 해당 사업연도의 제1항에 따른 금액을 초과하는 경우에 그 초과하는 금액은 해당 사업연도의 다음 사업연도 개시일부

제6절 내국법인의 각 사업연도의 소득에 대한 지방소득세 (2014. 3. 14. 신설)

편주

- 법 103조의 19 제2항부터 4항까지의 개정규정은 2021. 1. 1. 이후 법인지방소득세 과세표준을 신고(수정신고는 제외)하는 경우부터 적용함. 다만, 2019. 12. 31. 이전에 개시한 사업연도의 과세표준에 포함된 외국납부세액에 대하여는 법 103조의 19 제3항의 개정규정을 적용할 때 15년을 10년으로 봄. (법 부칙(2020. 12. 29.) 10조)
- 2014. 1. 1.부터 2019. 12. 31.까지 개시한 사업연도에 국외원천소득이 있는 내국법인이 종전의 법인세법(법률 17652호로 개정되기 전의 것) 57조 1항 1호에 따라 외국법인세액을 해당 사업연도의 산출세액에서 공제하는 방법을 선택한 경우로서 해당 사업연도의 법인지방소득세 과세표준에 외국법인세액이 포함된 경우에는 이미 납부한 해당 사업연도의 법인지방소득세액과 해당 사업연도의 법인지방소득세 과세표준에서 외국법인세액을 차감하여 계산한 해당 사업연도의 법인지방소득세액과의 차액을 지방세기본법 60조에 따라 환급받을 수 있음. 이 경우 외국법인세액이 해당 사업연도의 법인지방소득세 과세표준을 초과하는 경우에 그 초과하는 금액은 해당 사업연도의 다음 사업연도 개시일부터 10년 이내에 끝나는 각 사업연도로 이월하여 그 이월된 사업연도의 법인지방소득세 과세표준을 계산할 때 차감할 수 있음. 또한, 내국법인은 2020. 12. 31. 이전에 지방세기본법 50조 1항의 경정청구 기한이 경과한 경우라 하더라도 2021. 6. 30.까지 납세지 관할 지방자치단체의 장에게 경정을 청구할 수 있으며, 경정을 청

예판

【판례】 • 법인지방소득세 과세표준에 외국납부세액 포함

법인지방소득세에서 외국법인세액이 세액공제되지 않음에도 불구하고 이를 익금에 포함시킨다면 손금 산입을 선택한 경우에 비해 과세표준이 외국법인세액의 두 배에 해당하는 금액만큼 증가하게 되고, 이로써 오히려 법인세법 제57조의 규정 취지에 반하여 내국법인의 조세부담을 가중시키는 결과를 초래할 뿐만 아니라, 세액공제를 전제로 의제되는 익금에 대하여 과세가 이루어지는 것이어서 응능부담의 원칙에도 반하게 됨. (서울고등법원 2018누33038, 2018. 6. 12. ; 대법원 확정)

- 구 지방세법 제103조의 19를 신설할 당시 입법자의 의도가 법인세에 관하여 외국납부세액의 공제를 택한 내국법인에 대하여 세액공제 등을 전혀 고려하지 않고 법인지방소득세의 과세표준을 언제나 법인세의 과세표준과 동일하게 하려 한 것이라고 보기 어려

터 15년 이내에 끝나는 각 사업연도로 이월하여 그 이월된 사업연도의 법인지방소득세 과세표준을 계산할 때 차감할 수 있다. (2020. 12. 29. 신설)

④ 제2항 및 제3항을 적용할 때 차감액의 계산 방법, 이월 방법 및 그 밖에 필요한 사항은 대통령령으로 정한다. (2020. 12. 29. 신설)

제103조의 20【세 율】 ① 내국법인의 각 사업연도의 소득에 대한 법인지방소득세의 표준세율은 다음 표와 같다. (2023. 3. 14. 개정)

과세표준	세 율
2억원 이하	과세표준의 1천분의 9
2억원 초과 200억원 이하	180만원 + (2억원을 초과하는 금액의 1천분의 19)
200억원 초과 3천억원 이하	3억7천800만원 + (200억원을 초과하는 금액의 1천분의 21)
3천억원 초과	62억5천800만원 + (3천억원을 초과하는 금액의 1천분의 24)

제103조의 20【세 율】 ① 내국법인의 각 사업연도의 소득에 대한 법인지방소득세의 표준세율은 다음 각 호의 구분에 따른 표와 같다. (2024. 12. 31. 개정)

1. 내국법인(「법인세법」 제60조의 2 제1항 제1호에 해당하는 내국법인은 제외한다)의 경우 (2024. 12. 31. 개정)

구받은 지방자치단체의 장은 지방세기본법 50조 3항에 따른 처분을 하여야 함. (법 부칙(2020. 12. 29.) 13조)

편주

법 103조의 20 제1항의 개정규정은 2025. 1. 1. 이후 개시하는 사업연도의 소득에 대한 법인지방소득세 세액을 계산하는 경우부터 적용함. (법 부칙(2024. 12. 31.) 4조)

☞

움. (서울행법 2018구합62942, 2019. 4. 11. : 대법확정)

과세표준	세 율
2억원 이하	과세표준의 1천분의 9
2억원 초과 200억원 이하	180만원 + (2억원을 초과하는 금액의 1천분의 19)
200억원 초과 3천억원 이하	3억7천800만원 + (200억원을 초과하는 금액의 1천분의 21)
3천억원 초과	62억5천800만원 + (3천억원을 초과하는 금액의 1천분의 24)

2. 「법인세법」 제60조의 2 제1항 제1호에 해당하는 내국법인의 경우 (2024. 12. 31. 개정)

과세표준	세 율
200억원 이하	과세표준의 1천분의 19
200억원 초과 3천억원 이하	3억8천만원 + (200억원을 초과하는 금액의 1천분의 21)
3천억원 초과	62억6천만원 + (3천억원을 초과하는 금액의 1천분의 24)

② 지방자치단체의 장은 조례로 정하는 바에 따라 각 사업연도의 소득에 대한 법인지방소득세의 세율을 제1항에 따른 표준세율의 100분의 50의 범위에서 가감할 수 있다. (2014. 1. 1. 신설)

제103조의 21【세액계산】 ① 내국법인의 각 사업연도의 소득에 대한 법인지방소득세는 제103조의 19에 따라 계산한 과세표준에 제103조의 20에 따른 세율을 적용하

여 계산한 금액(제103조의 31에 따른 토지등 양도소득에 대한 법인지방소득세 세액, 「조세특례제한법」 제100조의 32에 따른 투자·상생협력 촉진을 위한 과세특례를 적용하여 계산한 법인지방소득세 세액이 있으면 이를 합한 금액으로 한다. 이하 "법인지방소득세 산출세액"이라 한다)을 그 세액으로 한다. (2018. 12. 24. 개정 ; 법인세법 부칙)

② 제1항에도 불구하고, 사업연도가 1년 미만인 내국법인의 각 사업연도의 소득에 대한 법인지방소득세는 그 사업연도의 「법인세법」 제13조에 따라 계산한 법인세의 과세표준(「조세특례제한법」 및 다른 법률에 따라 과세표준 산정과 관련된 조세감면 또는 중과세 등의 조세특례가 적용되는 경우에는 이에 따라 계산한 법인세의 과세표준)과 동일한 금액을 그 사업연도의 월수로 나눈 금액에 12를 곱하여 산출한 금액을 과세표준으로 하여 제103조의 20 제1항 및 제2항에 따라 계산한 세액에 그 사업연도의 월수를 12로 나눈 수를 곱하여 산출한 세액을 그 세액으로 한다. 이 경우 월수의 계산은 대통령령으로 정하는 방법으로 한다. (2019. 12. 31. 개정)

제103조의 22【세액공제 및 세액감면】 ① 내국법인의 각 사업연도의 소득에 대한 법인지방소득세의 세액공제 및 세액감면에 관한 사항은 「지방세특례제한법」에서 정한다. 이 경우 공제 및 감면되는 세액은 법인지방소득세 산출세액(제103조의 31에 따른 토지등 양도소

제100조의 11【월수의 계산】 법 제103조의 21 제2항에 따른 월수는 역(曆)에 따라 계산하되, 1월 미만의 일수는 1월로 한다. (2014. 3. 14. 신설)

득,「조세특례제한법」 제100조의 32 제2항에 따른 미환류소득에 대한 법인지방소득세 세액을 제외한 법인지방소득세 산출세액을 말한다. 이하 이 조에서 같다)에서 공제한다. (2018. 12. 24. 후단개정 ; 법인세법 부칙)
② 제1항에 따른 각 사업연도의 소득에 대한 법인지방소득세의 공제세액 또는 감면세액이 법인지방소득세 산출세액을 초과하는 경우에는 그 초과금액은 없는 것으로 한다. (2014. 1. 1. 신설)

제103조의 23【과세표준 및 세액의 확정신고와 납부】 ①「법인세법」 제60조에 따른 신고의무가 있는 내국법인은 각 사업연도의 종료일이 속하는 달의 말일부터 4개월 이내에 대통령령으로 정하는 바에 따라 그 사업연도의 소득에 대한 법인지방소득세의 과세표준과 세액을 납세지 관할 지방자치단체의 장에게 신고하여야 한다. (2014. 1. 1. 신설)
② 제1항에 따른 신고를 할 때에는 그 신고서에 다음 각 호의 서류를 첨부하여야 한다. (2014. 1. 1. 신설)
1. 기업회계기준을 준용하여 작성한 개별 내국법인의 재무상태표 · 포괄손익계산서 및 이익잉여금처분계산서(또는 결손금처리계산서) (2014. 1. 1. 신설)
2. 대통령령으로 정하는 바에 따라 작성한 세무조정계산서 (2014. 1. 1. 신설)

제100조의 12【과세표준의 신고】 ① 법 제103조의 23 제1항 및 제2항에 따른 신고를 할 때에 그 신고서에는 「법인세법」 제112조에 따른 기장(記帳)에 따라 같은 법 제2장 제1절(제13조는 제외한다)에 따라 계산한 각 사업연도의 소득에 대한 법인지방소득세의 과세표준과 세액(법 제103조의 31에 따른 토지등 양도소득 및 기업의 미환류소득에 대한 법인지방소득세를 포함한다)과 그 밖에 필요한 사항을 적어야 한다. (2015. 12. 31. 개정)
② 제1항에 따른 신고서는 행정안전부령으로 정하는 법인지방소득세 과세표준 및 세액신고서로 한다. (2017. 7. 26. 직제개정 ; 행정안전부와~직제 부칙)
③ 법 제103조의 23 제2항 제2호에 따른 세무조정계산서는 행정안전부령으로 정하는 법인지방소득세 과세표준 및 세액조정계산서로 한다. (2017. 7. 26. 직제개정 ; 행정안전부와~직제 부칙)

제48조의 4【법인지방소득세 과세표준의 신고】 ① 영 제100조의 12 제2항에 따른 법인지방소득세 과세표준 및 세액신고서는 별지 제43호 서식에 따른다. (2016. 12. 30. 개정)
② 영 제100조의 12 제3항에 따른 법인지방소득세 과세표준 및 세액조정계산서는 별지 제43호의 2 서식에 따른다. (2014. 8. 8. 신설)
③ 영 제100조의 12 제4항에서 "행정안전부령으로 정하는 안분명세서"란 별지 제44호의 6 서식의 법인지방소득세 안분명세서를 말한다. (2017. 7. 26. 직제개정 ; 행정안전부와~시행규칙 부칙)

3. 대통령령으로 정하는 법인지방소득세 안분명세서. 다만, 하나의 특별자치시·특별자치도·시·군 또는 자치구에만 사업장이 있는 법인의 경우는 제외한다. (2016. 12. 27. 단서신설)
4. 그 밖에 대통령령으로 정하는 서류 (2015. 12. 29. 호번개정)

③ 내국법인은 각 사업연도의 소득에 대한 법인지방소득세 산출세액에서 다음 각 호의 법인지방소득세 세액(가산세는 제외한다)을 공제한 금액을 각 사업연도에 대한 법인지방소득세로서 제1항에 따른 신고기한까지 납세지 관할 지방자치단체에 납부하여야 한다. 다만, 「조세특례제한법」 제104조의 10 제1항 제1호에 따라 과세표준계산의 특례를 적용받은 경우에는 제3호에 해당하는 세액을 공제하지 아니한다. (2016. 12. 27. 단서신설)
1. 제103조의 22에 따른 해당 사업연도의 공제·감면 세액 (2014. 1. 1. 신설)
2. 제103조의 26에 따른 해당 사업연도의 수시부과세액 (2014. 1. 1. 신설)
3. 제103조의 29에 따른 해당 사업연도의 특별징수세액 (2014. 1. 1. 신설)
4. 제103조의 32 제5항에 따른 해당 사업연도의 예정신고납부세액 (2017. 12. 26. 신설)

④ 제3항에 따라 납부할 세액이 100만원을 초과하는 내국법인은 대통령령으로 정하는 바에 따라 그 납부할 세

④ 법 제103조의 23 제2항 제3호에서 "대통령령으로 정하는 법인지방소득세 안분명세서"란 지방자치단체별 안분내역 등이 포함된 행정안전부령으로 정하는 안분명세서를 말한다. (2017. 7. 26. 직제개정 ; 행정안전부와~직제 부칙)

⑤ 법 제103조의 23 제2항 제4호에서 "대통령령으로 정하는 서류"란 「법인세법 시행령」 제97조 제5항 각 호에 따른 서류를 말한다. 이 경우 "기획재정부령"은 "행정안전부령"으로 본다. (2017. 7. 26. 직제개정 ; 행정안전부와~직제 부칙)

⑥ 법인은 「지방세기본법」 제2조 제1항 제29호에 따른 전자신고를 통하여 법인지방소득세 과세표준 및 세액을 신고할 수 있다. 이 경우 재무제표의 제출은 표준재무상태표, 표준손익계산서, 표준손익계산부속명세서를 제출하는 것으로 갈음할 수 있다. (2021. 1. 5. 후단 개정 ; 어려운 법령용어~대통령령)

제100조의 13【법인지방소득세의 안분 신고 및 납부】

① 법 제103조의 23 제1항에 따라 법인지방소득세를 신고하려는 내국법인은 제100조의 12 제2항에 따른 법인지방소득세 과세표준 및 세액신고서에 법인지방소득세의 총액과 제88조에 따른 본점 또는 주사무소와 사업장별 법인지방소득세의 안분계산내역 등을 적은 제100조의 12 제4항에 따른 법인지방소득세 안분명세서를 첨부하여 해당 지방자치단체의 장에게 서면으로 제출하여야 한다. 다만, 「지방세기본법」 제135조에 따른 지방세정보통신망에 전자신고를 한 경우에는 이를 제출한 것

④ 본점 또는 주사무소 소재지 관할 지방자치단체의 장은 법 제103조의 23 제2항에 따라 납세자가 제출한 첨부서류를 확정신고기한의 다음 달 마지막 날까지 지방세통합정보통신망에 입력해야 한다. (2023. 3. 28. 개정)

⑤ 영 제100조의 12 제5항에 따른 세무조정계산서 부속서류는 다음 각 호의 서류 중 해당 법인과 관련된 서류로 한다. (2015. 12. 31. 개정)
1. 별지 제43호의 3 서식에 따른 공제세액 및 추가납부세액합계표 (2014. 8. 8. 신설)
2. 별지 제43호의 4 서식에 따른 법인지방소득세 가산세액계산서 (2014. 8. 8. 신설)
3. 별지 제43호의 5 서식에 따른 법인지방소득세 특별징수세액명세서 (2014. 8. 8. 신설)
4. 별지 제43호의 6 서식에 따른 이자소득만 있는 비영리법인의 법인지방소득세 과세표준 및 세액신고서 (2014. 8. 8. 신설)
4. 삭 제 (2016. 12. 30.)

액의 일부를 납부기한이 지난 후 1개월(「조세특례제한법」 제6조 제1항에 따른 중소기업의 경우에는 2개월) 이내에 분할납부할 수 있다. (2023. 12. 29. 신설)

⑤ 제1항은 내국법인으로서 각 사업연도의 소득금액이 없거나 결손금이 있는 법인의 경우에도 적용한다. (2023. 12. 29. 항번개정)

⑥ 둘 이상의 지방자치단체에 법인의 사업장이 있는 경우에는 본점 소재지를 관할하는 지방자치단체의 장에게 제2항 각 호의 첨부서류를 제출하면 법인의 각 사업장 소재지 관할 지방자치단체의 장에게도 이를 제출한 것으로 본다. (2023. 12. 29. 항번개정)

⑦ 제1항에 따른 신고를 할 때 그 신고서에 제2항 제1호부터 제3호까지의 서류를 첨부하지 아니하면 이 법에 따른 신고로 보지 아니한다. 다만, 「법인세법」 제4조 제3항 제1호 및 제7호에 따른 수익사업을 하지 아니하는 비영리내국법인은 그러하지 아니하다. (2023. 12. 29. 항번개정)

⑧ 납세지 관할 지방자치단체장은 제1항 및 제2항에 따라 제출된 신고서 또는 그 밖의 서류에 미비한 점이 있거나 오류가 있는 경우에는 보정을 요구할 수 있다. (2023. 12. 29. 항번개정)

제103조의 24【수정신고 등】 ① 제103조의 23에

으로 본다. (2017. 3. 27. 개정 ; 지방세기본법 시행령 부칙)

제100조의 13【법인지방소득세의 안분 신고 및 납부】 ① 법 제103조의 23 제1항에 따라 법인지방소득세를 신고하려는 내국법인은 제100조의 12 제2항에 따른 법인지방소득세 과세표준 및 세액신고서에 법인지방소득세의 총액과 제88조에 따른 본점 또는 주사무소와 사업장별 법인지방소득세의 안분계산내역 등을 적은 제100조의 12 제4항에 따른 법인지방소득세 안분명세서를 첨부하여 해당 지방자치단체의 장에게 서면으로 제출하여야 한다. 다만, 지방세통합정보통신망에 전자신고를 한 경우에는 이를 제출한 것으로 본다. (2024. 3. 26. 단서개정)

② 내국법인은 법 제103조의 23 제3항에 따라 법인지방소득세를 납부할 때에는 행정안전부령으로 정하는 서식에 따라 해당 지방자치단체에 납부하여야 한다. (2017. 7. 26. 직제개정 ; 행정안전부와~직제 부칙)

③ 법 제103조의 23 제4항에 따라 내국법인이 법인지방소득세액을 분할납부하는 경우 분할납부할 수 있는 세액은 다음 각 호의 구분에 따른다. (2023. 12. 29. 신설)

1. 납부할 세액이 100만원 초과 200만원 이하인 경우 : 100만원을 초과하는 금액 (2023. 12. 29. 신설)
2. 납부할 세액이 200만원을 초과하는 경우 : 해당 세액의 100분의 50 이하의 금액 (2023. 12. 29. 신설)

제100조의 14【법인지방소득세의 수정신고 등】

5. 별지 제43호의 9 서식에 따른 소급공제법인지방소득세액환급신청서 (2014. 8. 8. 신설)

5의 2. 별지 제43호의 10 서식에 따른 소급공제 법인지방소득세액 환급특례신청서 (2022. 3. 31. 신설)

6. 별지 제43호의 12 서식에 따른 사실과 다른 회계처리로 인하여 과다 납부한 세액의 차감액 명세서 (2022. 3. 31. 개정)

7. 별지 제43호의 14 서식에 따른 재해손실세액 차감신청서 (2023. 3. 28. 신설)

⑥ 「법인세법」 제57조 제1항에 따른 외국법인세액(이하 "외국법인세액"이라 한다)을 차감한 금액을 법인지방소득세 과세표준으로 하려는 내국법인은 영 제100조의 10 제1항에 따라 별지 제43호의 13 서식의 외국법인세액 과세표준 차감 명세서에 다음 각 호의 서류를 첨부하여 납세지 관할 지방자치단체의 장에게 제출해야 한다. (2022. 3. 31 개정)

1. 외국법인세액 증명서류 (2020. 12.

따라 신고를 한 내국법인이 「국세기본법」에 따라 「법인세법」에 따른 신고내용을 수정신고할 때에는 대통령령으로 정하는 바에 따라 납세지를 관할하는 지방자치단체의 장에게도 해당 내용을 신고하여야 한다. (2014. 1. 1. 신설)

예판

【예규】 둘 이상의 지방자치단체에 사업장이 있는 내국법인이 법인지방소득세를 각 사업장의 소재지를 관할하는 지방자치단체의 장에게 각각 신고·납부하지 않고, 본점 또는 주사무소의 소재지를 관할하는 지방자치단체의 장에게 일괄 신고·납부한 경우는 "납세지 또는 지방자치단체별 안분세액에 오류가 있는 경우"에 해당한다고 할 것임. (법제 14-0217, 2014. 7. 7.)

② 제103조의 23에 따라 신고를 한 내국법인이 신고납부한 법인지방소득세의 납세지 또는 지방자치단체별 안분세액에 오류가 있음을 발견하였을 때에는 제103조의 25에 따라 지방자치단체의 장이 보통징수의 방법으로 부과고지를 하기 전까지 관할 지방자치단체의 장에게 「지방세기본법」 제49조부터 제51조까지에 따른 수정신고, 경정 등의 청구 또는 기한 후 신고를 할 수 있다. (2017. 12. 26. 개정)

③ 제1항 또는 제2항에 따른 수정신고 또는 기한 후 신고를 통하여 추가납부세액이 발생하는 경우에는 이를 납부하여야 한다. 이 경우 제2항에 따라 발생하는 추가납부세액에 대해서는 「지방세기본법」 제53조부터 제55조까지에 따른 가산세를 부과하지 아니한다. (2017. 12. 26. 개정)

(2019. 12. 31. 제목개정)

① 법 제103조의 24 제1항에 따라 수정신고를 하려는 내국법인은 수정신고와 함께 법인세의 수정신고 내용을 증명하는 서류를 관할 지방자치단체의 장에게 제출하여야 한다. (2014. 8. 12. 항번개정)

② 법 제103조의 24 제3항에 따라 수정신고를 통하여 발생한 추가납부세액을 납부하려는 자는 행정안전부령으로 정하는 납부서로 납부하여야 한다. (2017. 7. 26. 직제개정 ; 행정안전부와~직제 부칙)

31. 신설)

2. 「법인세법 시행규칙」 별지 제8호 서식 부표 5 (2020. 12. 31. 신설)
3. 「법인세법 시행규칙」 별지 제8호 서식 부표 5의 3 (2020. 12. 31. 신설)

제48조의 5【안분 신고 및 납부】

① 영 제100조의 13 제1항에 따른 법인지방소득세 안분신고서는 별지 제43호의 7 서식에 따른다. (2014. 8. 8. 신설)

① 삭 제 (2016. 12. 30.)

② 영 제100조의 13 제2항에 따른 법인지방소득세의 납부서는 별지 제14호 서식 또는 별지 제43호의 8 서식에 따른다. (2014. 8. 8. 신설)

제48조의 6【수정신고 납부】

영 제100조의 14 제2항에 따른 법인지방소득세 추가납부세액의 납부서는 별지 제14호 서식 또는 별지 제43호의 8 서식에 따른다. (2014. 8. 8. 신설)

예판

【예규】 법인지방소득세 기한후 신고 시 가산세 적용 여부

단일사업장 법인이 법인지방소득세를 사업장 소재지를 관할하는 지자체장에게 신고 · 납부하지 않고, 다른 지자체장에게 신고 · 납부한 경우는 "납세지에 오류가 있는 경우"에 해당한다고 보아야 할 것이며, 「지방세법」 제103조의 24 제3항에 따라 「지방세기본법」 제53조부터 제55조까지에 따른 가산세를 부과하지 않는 것이 타당함. (지방소득소비세제과-1538, 2024. 6. 24.)

④ 제2항에 따른 경정 등의 청구를 통하여 환급세액이 발생하는 경우에는 「지방세기본법」 제62조에 따른 지방세환급가산금을 지급하지 아니한다. (2017. 12. 26. 개정)

⑤ 둘 이상의 지방자치단체에 사업장이 있는 법인은 제103조의 23에 따라 신고한 과세표준에 대하여 해당 사업연도의 종료일 현재 본점 또는 주사무소의 소재지를 관할하는 지방자치단체의 장에게 일괄하여 「지방세기본법」 제50조에 따른 경정 등의 청구를 할 수 있다. 이 경우 본점 또는 주사무소의 소재지를 관할하는 지방자치단체의 장은 해당 법인이 청구한 내용을 다른 사업장의 소재지를 관할하는 지방자치단체의 장에게 통보하여야 한다. (2017. 12. 26. 개정)

⑥ 둘 이상의 지방자치단체에 사업장이 있는 법인이 제89조 제2항에 따라 사업장 소재지를 관할하는 지방자치단체의 장에게 각각 신고납부하지 아니하고 하나의 지방자치단체의 장에게 일괄하여 과세표준 및 세액을 확정신고(수정신고를 포함한다)한 경우 그 법인에 대해서

③ 법 제103조의 24 제5항에 따라 「지방세기본법」 제50조에 따른 경정 등의 청구를 하려는 법인은 같은 법 시행령 제31조에 따른 결정 또는 경정 청구서를 납세지별로 각각 작성하여 해당 사업연도의 종료일 현재 본점 또는 주사무소의 소재지를 관할하는 지방자치단체의 장에게 일괄하여 제출해야 한다. (2019. 12. 31. 신설)

는 제3항 후단을 적용하지 아니하되, 제4항을 적용한다. 이 경우 제3항 후단을 적용하지 아니함에 따라 「지방세기본법」 제53조 제1항에 따른 가산세를 부과하는 경우 해당 가산세의 금액은 같은 법 제53조 제1항에 따른 무신고납부세액의 100분의 10에 상당하는 금액으로 한다. (2023. 12. 29. 후단신설)

⑦ 그 밖에 법인지방소득세의 수정신고·납부 및 경정 등의 청구에 관하여 필요한 사항은 대통령령으로 정한다. (2019. 12. 31. 개정)

제103조의 25【결정과 경정】 ① 납세지 관할 지방자치단체의 장은 다음 각 호의 어느 하나에 해당하는 경우에는 해당 사업연도의 과세표준과 세액을 결정 또는 경정한다. (2016. 12. 27. 개정)

1. 내국법인이 제103조의 23에 따른 신고를 하지 아니한 경우 (2016. 12. 27. 개정)
2. 제103조의 23에 따른 신고를 한 내국법인의 신고 내용에 오류 또는 누락이 있는 경우 (2017. 12. 26. 개정)

② 납세지 관할 지방자치단체의 장은 법인지방소득세의 과세표준과 세액을 결정 또는 경정한 후 그 결정 또는 경정에 오류나 누락이 있는 것을 발견한 경우에는 즉시 이를 다시 경정한다. (2014. 1. 1. 신설)

③ 납세지 관할 지방자치단체의 장은 제1항과 제2항에 따라 법인지방소득세의 과세표준과 세액을 결정 또는 경정

제100조의 15【결정과 경정】 ① 납세지 관할 지방자치단체의 장은 법 제103조의 25에 따라 법인지방소득세의 과세표준과 세액을 결정 또는 경정하는 경우에는 「법인세법」에 따라 납세지 관할 세무서장 또는 관할 지방국세청장이 결정 또는 경정한 자료, 과세표준확정신고서 및 그 첨부서류에 의하거나 장부나 그 밖에 증명서류에 의한 실지조사에 따름을 원칙으로 한다. (2014. 3. 14. 신설)

② 법 제103조의 25 제1항 제2호 나목에서 "대통령령으로 정하는 경고·주의 등의 조치"란 「법인세법 시행령」 제103조의 2 각 호의 어느 하나에 해당하는 조치를 말한다. (2016. 12. 30. 신설)

② 삭 제 (2018. 3. 27)

③ 법 제103조의 25 제3항 단서에서 "대통령령으로 정하는 사유"란 「법인세법 시행령」 제104조 제1항 각 호의 어느

하는 경우에는 「법인세법」에 따라 납세지 관할 세무서장 또는 관할 지방국세청장이 결정 또는 경정한 자료, 장부나 그 밖의 증명서류를 근거로 하여야 한다. 다만, 대통령령으로 정하는 사유로 장부나 그 밖의 증명서류에 의하여 소득금액을 계산할 수 없는 경우에는 대통령령으로 정하는 바에 따라 추계(推計)할 수 있다. (2014. 1. 1. 신설)
④ 지방자치단체의 장이 법인지방소득세의 과세표준과 세액을 결정 또는 경정한 때에는 그 내용을 해당 내국법인에게 대통령령으로 정하는 바에 따라 서면으로 통지하여야 한다. (2014. 1. 1. 신설)

제103조의 26【수시부과결정】 ① 납세지 관할 지방자치단체의 장은 내국법인이 그 사업연도 중에 대통령령으로 정하는 사유(이하 이 조에서 "수시부과사유"라 한다)로 법인지방소득세를 포탈(逋脫)할 우려가 있다고 인정되는 경우에는 수시로 그 법인에 대한 법인지방소득세를 부과할 수 있다. 이 경우에도 각 사업연도의 소득에 대하여 제103조의 23에 따른 신고를 하여야 한다. (2014. 1. 1. 신설)
② 제1항은 그 사업연도 개시일부터 수시부과사유가 발생한 날까지를 수시부과기간으로 하여 적용한다. 다만, 직전 사업연도에 대한 제103조의 23에 따른 신고기한 이

하나에 해당하는 경우를 말한다. (2016. 12. 30. 항번개정)
④ 법 제103조의 25 제3항 단서에 따라 소득금액을 추계하여 결정 또는 경정하는 경우는 「법인세법 시행령」 제104조 제2항 · 제3항 및 제105조에서 정한 방법에 따른다. (2016. 12. 30. 항번개정)

제100조의 16【통　지】 지방자치단체의 장은 법 제103조의 25 제4항에 따라 과세표준과 세액을 통지하는 경우에는 납세고지서에 그 과세표준과 세액의 계산명세를 첨부하여 통지하여야 하고, 각 사업연도의 과세표준이 되는 금액이 없거나 납부할 세액이 없는 경우에는 그 결정된 내용을 통지하여야 한다. (2014. 3. 14. 신설)

제100조의 17【수시부과결정】 ① 법 제103조의 26 제1항 전단에서 "대통령령으로 정하는 사유"란 「법인세법 시행령」 제108조 제1항 각 호의 어느 하나에 해당하는 경우를 말한다. (2014. 3. 14. 신설)
② 납세지 관할 지방자치단체의 장은 제1항에 따른 사유가 발생한 법인에 대하여 법 제103조의 26 제1항에 따라 수시부과를 하는 경우에는 제100조의 15 제1항 · 제4항 및 법 제103조의 21 제2항을 준용하여 그 과세표준 및 세액을 결정한다. (2016. 12. 30. 개정)
③ 납세지 관할 지방자치단체의 장은 법인이 주한 국제연합군 또는 외국기관으로부터 사업수입금액을 외국환

전에 수시부과사유가 발생한 경우(직전 사업연도에 대한 과세표준신고를 한 경우는 제외한다)에는 직전 사업연도 개시일부터 수시부과사유가 발생한 날까지를 수시부과기간으로 한다. (2014. 1. 1. 신설)

③ 제1항 및 제2항에 따른 수시부과에 필요한 사항은 대통령령으로 정한다. (2014. 1. 1. 신설)

제103조의 27【징수와 환급】 ① 납세지를 관할하는 지방자치단체의 장은 내국법인이 제103조의 23에 따라 각 사업연도의 법인지방소득세로 납부하여야 할 세액의 전부 또는 일부를 납부하지 아니한 경우에는 그 미납된 부분의 법인지방소득세 세액을 「지방세기본법」 및 「지방세징수법」에 따라 징수한다.

② 납세지를 관할하는 지방자치단체의 장은 제103조의 26에 따라 수시부과하거나 제103조의 29에 따른 특별징수한 세액이 제1호부터 제5호까지의 금액을 합한 금액(이하 "법인지방소득세 총부담세액"이라 한다)을 초과하는 경우에는 「지방세기본법」 제60조에 따라 이를 환급하거나 지방세에 충당하는 등의 조치를 취하여야 한다. (2016. 12. 27. 개정 ; 지방세기본법 부칙)

1. 법인지방소득세 산출세액에서 제103조의 22에 따른 세액공제 및 세액감면을 적용한 금액 (2016. 12. 27. 신설)
2. 이 법 및 「지방세기본법」에 따른 가산세 (2016. 12. 27.

은행을 통하여 외환증서 또는 원화로 영수할 때에는 법 제103조의 26에 따라 그 영수할 금액에 대한 과세표준을 결정할 수 있다. (2014. 3. 14. 신설)

④ 제3항에 따라 수시부과를 하는 경우에는 제100조의 15 제4항에 따라 계산한 금액에 법 제103조의 20에 따른 세율을 곱하여 산출한 금액을 그 세액으로 한다. (2016. 12. 30. 개정)

신설)
3. 이 법 및 「지방세특례제한법」에 따른 추가납부세액 (2016. 12. 27. 신설)
4. 「지방세특례제한법」 제2조 제14호에 따른 이월과세액(그 이자 상당액을 포함한다) (2016. 12. 27. 신설)
5. 제103조의 51에 따른 외국법인의 신고기한 연장에 따른 이자상당 가산액 (2016. 12. 27. 신설)

제103조의 28【결손금 소급공제에 따른 환급】 (2015. 12. 29. 제목개정)

① 내국법인이 「법인세법」 제72조에 따라 결손금 소급공제에 따른 환급을 신청하는 경우 해당 결손금에 대하여 직전 사업연도의 소득에 대하여 과세된 법인지방소득세액(대통령령으로 정하는 법인지방소득세액을 말한다)을 한도로 대통령령으로 정하는 바에 따라 계산한 금액(이하 이 조에서 "결손금 소급공제세액"이라 한다)을 환급신청할 수 있다. 다만, 2021년 12월 31일이 속하는 사업연도에 결손금이 발생한 경우로서 「조세특례제한법」 제8조의 4에 따라 환급신청을 하는 경우에는 직전 사업연도와 직전전 사업연도의 소득에 과세된 법인지방소득세액을 한도로 결손금 소급공제세액을 환급신청할 수 있다. (2021. 12. 28. 개정)

② 결손금 소급공제세액을 환급받으려는 내국법인은 제103조의 23에 따른 신고기한까지 대통령령으로 정하는

제100조의 18【결손금 소급공제에 따른 환급세액의 계산】 (2022. 2. 28. 제목개정)

① 법 제103조의 28 제1항 본문에서 "대통령령으로 정하는 법인지방소득세액"이란 직전 사업연도의 법인지방소득세 산출세액(법 제103조의 31에 따른 토지등 양도소득에 대한 법인지방소득세는 제외한다. 이하 이 조에서 같다)에서 직전 사업연도의 소득에 대한 법인지방소득세로서 공제 또는 감면된 법인지방소득세액(이하 "감면세액"이라 한다)을 뺀 금액(이하 이 조에서 "직전 사업연도의 법인지방소득세액"이라 한다)을 말한다. (2022. 2. 28. 개정)

② 법 제103조의 28 제1항 본문에서 "대통령령으로 정하는 바에 따라 계산한 금액"이란 제1호의 금액에서 제2호의 금액을 뺀 것(이하 이 조에서 "결손금소급공제세액"이라 한다)을 말한다. (2022. 2. 28. 개정)

1. 직전 사업연도의 법인지방소득세 산출세액 (2014. 3.

바에 따라 납세지 관할 지방자치단체의 장에게 환급을 신청하여야 한다. 다만, 내국법인이 납세지 관할 세무서장 또는 지방국세청장에게 「법인세법」 제72조 및 「조세특례제한법」 제8조의 4에 따른 결손금 소급공제 환급을 신청한 경우에는 제1항에 따른 환급을 신청한 것으로 보며, 이 경우 환급가산금의 기산일은 대통령령으로 정한다. (2021. 12. 28. 단서개정)

③ 납세지 관할 지방자치단체의 장이 제2항에 따라 법인지방소득세의 환급신청을 받은 경우에는 지체 없이 환급세액을 결정하여 「지방세기본법」 제60조 및 제62조에 따라 환급하거나 충당하여야 한다. 다만, 제89조 제2항에 따라 법인지방소득세를 둘 이상의 지방자치단체에서 부과한 경우에는 대통령령으로 정하는 바에 따라 각각의 납세지 관할 지방자치단체에서 환급하거나 충당하여야 한다. (2016. 12. 27. 개정 ; 지방세기본법 부칙)

④ 제1항부터 제3항까지의 규정은 해당 내국법인이 결손금이 발생한 사업연도에 대한 과세표준 및 세액을 신고한 경우로서 그 직전 사업연도(제1항 단서를 적용하는 경우에는 직전전 사업연도를 포함한다)의 소득에 대한 법인지방소득세의 과세표준 및 세액을 각각 신고하였거나 지방자치단체의 장이 부과한 경우에만 적용한다. (2021. 12. 28. 개정)

⑤ 납세지 관할 지방자치단체의 장은 제3항에 따라 법인지방소득세를 환급받은 내국법인이 다음 각 호의 어느 하

14. 신설)

2. 직전 사업연도의 과세표준에서 「법인세법」 제14조 제2항에 따른 해당 사업연도의 결손금으로서 같은 법 제72조에 따라 소급 공제를 받은 금액(직전 사업연도의 과세표준을 한도로 하고, 이하 이 조에서 "소급공제 결손금액"이라 한다)을 뺀 금액에 직전 사업연도의 세율을 적용하여 계산한 금액 (2020. 12. 31. 개정)

③ 법 제103조의 28 제1항 단서에 따라 결손금소급공제세액을 환급신청하는 경우 제1항, 제2항 및 제8항을 적용할 때에는 "직전 사업연도"는 각각 "직전 또는 직전전 사업연도"로, "같은 법 제72조"는 "「조세특례제한법」 제8조의 4"로 보며, 직전 사업연도와 직전전 사업연도의 법인지방소득세 산출세액이 모두 있는 경우에는 직전전 사업연도의 과세표준에서 결손금을 먼저 공제한다. (2022. 2. 28. 신설)

④ 법 제103조의 28 제2항에 따라 환급을 받으려는 법인은 법 제103조의 23 제1항에 따른 신고기한까지 행정안전부령으로 정하는 소급공제법인지방소득세액환급신청서를 납세지 관할 지방자치단체의 장에게 제출하여야 한다. (2022. 2. 28. 항번개정)

⑤ 법 제103조의 28 제2항 단서에 따라 결손금소급공제세액을 환급하는 경우 환급가산금 기산일은 「지방세기본법 시행령」 제43조 제1항 제5호 단서에 따른

제48조의 7【결손금소급공제세액 환급 신청】(2022. 3. 31. 제목개정)

영 제100조의 18 제4항에 따른 소급공제법인지방소득세액환급신청서는 다음 각 호의 구분에 따른 서식에 따른다. (2022. 3. 31. 개정)

1. 법 제103조의 28 제1항 본문에

나에 해당하는 경우에는 그 환급세액(제1호 및 제2호의 경우에는 과다하게 환급된 세액 상당액을 말한다)을 대통령령으로 정하는 바에 따라 그 이월결손금이 발생한 사업연도의 법인지방소득세로서 징수한다. (2014. 1. 1. 신설)

1. 결손금이 발생한 사업연도에 대한 법인지방소득세의 과세표준과 세액을 경정함으로써 결손금이 감소된 경우 (2014. 1. 1. 신설)
2. 결손금이 발생한 사업연도의 직전 사업연도(제1항 단서에 따라 환급받은 경우에는 직전전 사업연도를 포함한다)의 법인지방소득세 과세표준과 세액을 경정함으로써 환급세액이 감소된 경우 (2021. 12. 28. 개정)
3. 제1항에 따른 내국법인이 중소기업에 해당하지 않는 경우로서 법인지방소득세를 환급 받은 경우 (2014. 1. 1. 신설)

⑥ 결손금 소급 공제에 따른 환급세액의 계산과 그 밖에 필요한 사항은 대통령령으로 정한다. (2014. 1. 1. 신설)

제103조의 29【특별징수의무】 ①「법인세법」 제73조 및 제73조의 2에 따른 원천징수의무자가 내국법인으로부터 법인세를 원천징수하는 경우에는 원천징수하는 법인세(「조세특례제한법」 및 다른 법률에 따라 조세감면 또는 중과세 등의 조세특례가 적용되는 경우에는 이를 적용한 법인세)의 100분의 10에 해당하는 금액을 법인지방소득세로 특별징수하여야 한다. (2018. 12. 24.

다. (2022. 2. 28. 항번개정)

⑥ 법 제103조의 28 제5항에 따라 결손금이 감소됨에 따라 징수하는 법인지방소득세 환급세액은 다음의 계산식에 따라 산출한다. 이 경우 「법인세법」 제14조 제2항의 결손금 중 그 일부 금액만을 소급 공제받은 경우에는 소급 공제받지 않은 결손금이 먼저 감소된 것으로 본다. (2022. 2. 28. 항번개정)

$$\text{법 제103조의 28 제3항에 따른 환급세액(이하 이조에서 "당초환급세액"이라 한다)} \times \frac{\text{감소된 결손금액으로서 소급공제받지 않은 결손금을 초과하는 금액}}{\text{소급공제 결손금액}}$$

⑦ 법 제103조의 28 제5항에 따라 환급세액을 징수하는 경우에는 제1호의 금액에 제2호의 율을 곱하여 계산한 금액을 환급세액에 가산하여 징수한다. (2022. 2. 28. 항번개정)

1. 법 제103조의 28 제5항에 따른 환급세액 (2014. 3. 14. 신설)
2. 당초환급세액의 통지일의 다음 날부터 법 제103조의 28 제5항에 따라 징수하는 법인지방소득세액의 고지일까지의 기간에 대한 「지방세기본법 시행령」 제34조 제1항에 따른 이자율. 다만, 납세자가 법인지방소득세액을 과다하게 환급받은 데 정당한 사유가 있는 경우에는 같은 영 제43조 제2항 본문에 따른 이자율을 적

따라 결손금 소급공제세액을 환급신청하는 경우 : 별지 제43호의 9 서식에 따른 소급공제 법인지방소득세액 환급신청서 (2022. 3. 31. 신설)
2. 법 제103조의 28 제1항 단서에 따라 결손금 소급공제세액을 환급신청하는 경우 : 별지 제43호의 10 서식에 따른 소급공제 법인지방소득세액 환급특례신청서 (2022. 3. 31. 신설)

개정 ; 법인세법 부칙)

② 제1항에 따라 특별징수를 하여야 하는 자를 "특별징수의무자"라 한다. (2014. 1. 1. 신설)

③ 특별징수의무자는 특별징수한 지방소득세를 그 징수일이 속하는 달의 다음 달 10일까지 대통령령으로 정하는 바에 따라 관할 지방자치단체에 납부하여야 한다. (2014. 1. 1. 신설)

④ 특별징수의무자가 징수하였거나 징수하여야 할 세액을 제3항에 따른 납부기한까지 납부하지 아니하거나 과소납부한 경우에는 「지방세기본법」 제56조에 따라 산출한 금액을 가산세로 부과하며, 특별징수의무자가 징수하지 아니한 경우로서 납세의무자가 그 법인지방소득세액을 이미 납부한 경우에는 특별징수의무자에게 그

용한다. (2023. 12. 29. 개정)

⑧ 납세지 관할 지방자치단체의 장은 당초환급세액을 결정한 후 해당 환급세액의 계산의 기초가 된 직전 사업연도의 법인지방소득세액 또는 과세표준금액이 달라진 경우에는 즉시 당초환급세액을 재결정하여 추가로 환급하거나 과다하게 환급한 세액 상당액을 징수해야 한다. (2022. 2. 28. 항번개정)

⑨ 제8항에 따라 당초환급세액을 재결정할 때에 소급공제 결손금액이 과세표준금액을 초과하는 경우에는 그 초과 결손금액은 소급공제 결손금액으로 보지 않는다. (2022. 2. 28. 개정)

제100조의 19【특별징수의무】 ① 법 제103조의 29 제2항에 따른 특별징수의무자(이하 이 조에서 "특별징수의무자"라 한다)는 같은 조 제3항에 따라 징수한 특별징수세액을 행정안전부령으로 정하는 납부서로 납부하여야 한다. (2017. 7. 26. 직제개정 ; 행정안전부와~직제 부칙)

② 특별징수의무자는 납세의무자별로 행정안전부령으로 정하는 법인지방소득세 특별징수명세서를 특별징수일이 속하는 해의 다음 해 2월 말일(특별징수의무자가 휴업, 폐업 및 해산한 경우에는 휴업, 폐업 및 해산일이 속하는 달 말일의 다음 날부터 2개월이 되는 날)까지 특별징수의무자 소재지 관할 지방자치단체의 장에게 제출

제48조의 8【법인지방소득세 특별징수세액의 납부 등】 ① 영 제100조의 19 제1항에 따른 특별징수세액의 납부서는 별지 제42호 서식에 따른다. (2015. 6. 1. 개정)

② 영 제100조의 19 제2항에 따른 법인지방소득세 특별징수명세서 및 같은 조 제4항에 따른 법인지방소득세 특별징수영수증은 별지 제42호의 4 서식에 따른다. (2015. 6. 1. 개정)

가산세액만을 부과한다. 다만, 국가 또는 지방자치단체와 그 밖에 대통령령으로 정하는 자가 특별징수의무자인 경우에는 특별징수 의무불이행을 이유로 하는 가산세는 부과하지 아니한다. (2018. 12. 31. 개정)

예판

【예규】특별징수의무자가 지방세법 제173조의 3 제1항의 규정에 의하여 특별징수세액을 징수하였을 경우에는 그 징수일에 속하는 달의 다음달 10일까지 관할 시·군에 납입하여야 함에도 지방세수납대행기관(A카드사)가 신용카드 승인을 하지 아니하여 납부를 이행하지 아니한 결과를 초래하게 된 경우에는 특별징수 납부 등 불성실 가산세를 부과하여야 할 것임. (지방세운영과－2780, 2010. 7. 1.)

⑤ 법인지방소득세의 특별징수에 관하여 이 법에 특별한 규정이 있는 경우를 제외하고는 「법인세법」에 따른 원천징수에 관한 규정을 준용한다. (2014. 1. 1. 신설)

제103조의 30【가산세】 ① 납세지 관할 지방자치단체의 장은 납세지 관할 세무서장이 「법인세법」 제74조의 2, 제75조 및 제75조의 2부터 제75조의 9까지의 규정에 따라 법인세 가산세를 징수하는 경우에는 그 징수하는 금액의 100분의 10에 해당하는 금액을 법인지방소득세 가산세로 징수한다. 다만, 「법인세법」 제75조의 3에 따라 징수하는 가산세의 100분의 10에 해당하는 법인지방소득세 가산세와 「지방세기본법」 제53조 또는 제54

하여야 한다. 이 경우 특별징수의무자 소재지 관할 지방자치단체의 장은 특별징수의무자의 소재지와 납세의무자의 사업장 소재지가 다른 경우 납세의무자의 사업장 소재지 관할 지방자치단체의 장에게 해당 지방법인소득세 특별징수명세서를 통보하여야 한다. (2018. 12. 31. 개정)

③ 특별징수의무자는 제2항 전단에 따른 법인지방소득세 특별징수명세서를 다음 각 호의 어느 하나에 해당하는 방법으로 제출하여야 한다. (2015. 6. 1. 신설)

1. 출력하거나 디스켓 등 전자적 정보저장매체에 저장하여 인편 또는 우편으로 제출 (2015. 6. 1. 신설)
2. 「지방세기본법」 제2조 제1항 제28호에 따른 지방세정보통신망으로 제출 (2015. 6. 1. 신설)
2. 지방세통합정보통신망으로 제출 (2024. 3. 26. 개정)

④ 특별징수의무자는 납세의무자로부터 법인지방소득세를 특별징수한 경우에는 그 납세의무자에게 행정안전부령으로 정하는 법인지방소득세 특별징수영수증을 발급하여야 한다. 다만, 「법인세법」 제73조 및 제73조의 2에 따른 원천징수의무자가 같은 법 제74조에 따른 원천징수영수증을 발급할 때 법인지방소득세 특별징수액과 그 납세지 정보를 포함하여 발급하는 경우에는 해당 법인지방소득세 특별징수영수증을 발급한 것으로 본다. (2019. 2. 12. 단서개정 ; 법인세법 시행령 부칙)

⑤ 제4항 본문에도 불구하고 「법인세법」 제73조 및 제73조의 2에 따른 이자소득금액 또는 배당소득금액이 계좌

조에 따른 가산세가 동시에 적용되는 경우에는 그 중 큰 가산세액만 적용하고, 가산세액이 같은 경우에는 「지방세기본법」 제53조 또는 제54조에 따른 가산세만 적용한다. (2021. 12. 28. 개정)

② 법인의 사업장 소재지가 둘 이상의 지방자치단체에 있어 각 사업장 소재지 관할 지방자치단체의 장이 제89조 제2항에 따라 안분하여 부과·징수하는 경우에는 제1항에 따라 징수하려는 법인지방소득세 가산세도 안분하여 징수한다. (2021. 12. 28. 개정)

제103조의 31【토지등 양도소득 및 기업의 미환류 소득에 대한 법인지방소득세 특례 등】(2021. 12. 28. 제목 개정)

토지 등 양도소득에 대한 법인지방소득세

과세대상	법인지방소득세액
주택(부수토지 포함)의 양도	토지 등 양도소득 × 1%(미등기 4%)
비사업용 토지의 양도	

① 내국법인이 「법인세법」 제55조의 2에 따른 토지 및 건물(건물에 부속된 시설물과 구축물을 포함한다), 주택을 취득하기 위한 권리로서 「소득세법」 제88조 제9호의 조합원입주권 및 같은 조 제10호의 분양권(이하 이 조 및 제103조의 49에서 "토지등"이라 한다)을 양도한 때에

별로 1년간 1백만원 이하로 발생한 경우에는 법인지방소득세 특별징수영수증을 발급하지 아니할 수 있다. 다만, 납세의무자가 법인지방소득세 특별징수영수증의 발급을 요구하는 경우에는 이를 발급하여야 한다. (2019. 2. 12. 개정 ; 법인세법 시행령 부칙)

⑥ 법 제103조의 29 제4항 단서에서 "대통령령으로 정하는 자"란 주한 미국군을 말한다. (2019. 2. 8. 신설)

제100조의 20【가산세의 적용】 ① 법 제103조의 30 제2항 제3호에서 "대통령령으로 정하는 불분명한 경우"란 「법인세법 시행령」 제120조 제1항에 따른 경우를 말한다. (2014. 3. 14. 신설)

② 법 제103조의 30 제3항 전단 및 같은 조 제6항 각 호 외의 부분 전단에서 "대통령령으로 정하는 법인"이란 각각 「법인세법 시행령」 제120조 제2항 각 호의 어느 하나에 해당하는 법인을 말한다. (2014. 3. 14. 신설)

③ 법 제103조의 30 제3항 전단에서 "대통령령으로 정하는 사업자"란 「법인세법 시행령」 제158조 제1항 각 호의 사업자를 말한다. (2014. 3. 14. 신설)

④ 「법인세법」 제25조 제2항에 따라 손금에 산입하지 아니한 접대비에 대해서는 법 제103조의 30 제3항을 적용하지 아니한다. (2014. 3. 14. 신설)

⑤ 법 제103조의 30 제4항 제3호에서 "대통령령으로 정하는 불분명한 경우"란 「법인세법 시행령」 제120조 제5항에 따른 경우를 말한다. (2014. 3. 14. 신설)

⑥ 법 제103조의 30 제5항 전단에서 "대통령령으로 정하는 불분명한 경우"란 「법인세법 시행령」 제120조 제6항 및 제7항에

는 해당 각 호에 따라 계산한 세액을 토지등 양도소득에 대한 법인지방소득세로 하여 각 사업연도의 소득에 대한 법인지방소득세에 추가하여 납부하여야 한다. 이 경우 하나의 자산이 다음 각 호의 규정 중 둘 이상에 해당할 때에는 그 중 가장 높은 세액을 적용한다. (2020. 8. 12. 개정)

따른 경우를 말한다. (2014. 3. 14. 신설)

⑦「법인세법」 제120조에 따른 제출기한 전에 법인이 합병·분할 또는 해산함으로써 법 제103조의 43 또는 제103조의 44에 따라 과세표준을 신고·결정 또는 경정한 경우 법 제103조의 30 제5항에 따른 지급금액은 합병등기일·분할등기일 또는 해산등기일까지 제출하여야 하는 금액으로 한다. (2014. 3. 14. 신설)

⑧ 법 제103조의 30 제6항 제1호 본문에서 "대통령령으로 정하는 적어야 할 사항"이란 제97조 제3항의 필요적 기재사항을 말한다. 다만, 발급한 계산서의 필요적 기재사항 중 일부가 착오로 사실과 다르게 기록되었으나 해당 계산서의 그 밖의 기재사항으로 보아 거래사실이 확인되는 경우에는 법 제103조의 30 제6항 제1호에 따른 사실과 다르게 적힌 계산서로 보지 아니한다. (2014. 3. 14. 신설)

⑨ 법 제103조의 30 제6항 제2호 본문에서 "대통령령으로 정하는 적어야 할 사항"이란 거래처별 사업자등록번호 및 공급가액을 말한다. 다만, 제출된 매출·매입처별 계산서합계표의 기재사항이 착오로 사실과 다르게 적힌 경우로서 발급한 또는 발급받은 계산서에 의하여 거래사실이 확인되는 경우에는 법 제103조의 30 제6항 제2호에 따른 사실과 다르게 적힌 매출·매입처별 계산서합계표로 보지 아니한다. (2014. 3. 14. 신설)

⑩ 법 제103조의 30 제6항 제3호 본문에서 "대통령령으로 정하는 적어야 할 사항의 전부 또는 일부를 적지 아니하거나 사실과 다르게 적은 경우"란 「법인세법 시행령」 제120조 제11항에 따른 경우를 말한다. (2014. 3. 14. 신설)

⑪ 법 제103조의 30 제9항 제1호에서 "대통령령으로 정하는 업종"이란 「소득세법 시행령」 별표 3의 2에 따른 소비자상대업종을 말한다. (2014. 3. 14. 신설)

⑫ 법 제103조의 30 제9항 제1호에서 "대통령령으로 정하는 바

1. 대통령령으로 정하는 주택(이에 부수되는 토지를 포함한다) 및 주거용 건축물로서 상시 주거용으로 사용하지 아니하고 휴양·피서·위락 등의 용도로 사용하는 건축물을 양도한 경우에는 토지등의 양도소득에 1천분의 20(미등기 토지등의 양도소득에 대하여는 1천분의 40)을 곱하여 산출한 세액. 다만, 「지방자치법」 제3조 제3항 및 제4항에 따른 읍 또는 면에 있으면서 대통령령으로 정하는 범위 및 기준에 해당하는 농어촌주택(그 부속토지를 포함한다)은 제외한다. (2020. 8. 12. 개정)
2. 비사업용 토지(「법인세법」 제55조의 2 제2항 및 제3항에서 정하는 비사업용토지를 말한다)를 양도한 경우에는 토지등의 양도소득에 1천분의 10(미등기 토지등의 양도소득에 대하여는 1천분의 40)을 곱하여 산출한 세액 (2014. 3. 24. 개정)
3. 주택을 취득하기 위한 권리로서 「소득세법」 제88조 제9호의 조합원입주권 및 같은 조 제10호의 분양권을 양도한 경우에는 토지등의 양도소득에 1천분의 20을 곱하여 산출한 세액 (2020. 8. 12. 신설)

에 따라 계산한 비율"이란 「법인세법 시행령」 제120조 제13항에 따른 비율을 말한다. (2014. 3. 14. 신설)
⑬ 법 제103조의 30 제10항에서 "대통령령으로 정하는 불분명한 경우"란 「법인세법 시행령」 제120조 제14항에 따른 경우를 말한다. (2014. 3. 14. 신설)

제100조의 20 【가산세의 적용】 삭 제 (2015. 7. 24.)

제100조의 21 【토지등 양도소득에 대한 과세특례】

① 법 제103조의 31 제1항 제1호에서 "대통령령으로 정하는 주택"이란 「법인세법 시행령」 제92조의 2 제2항에 따른 주택을 말한다. (2014. 3. 14. 신설)
② 법 제103조의 31 제1항 제1호 단서에서 "대통령령으로 정하는 범위 및 기준에 해당하는 농어촌주택(그 부속토지를 포함한다)"이란 「법인세법 시행령」 제92조의 10에 따른 주택 및 그 부속토지를 말한다. (2020. 12. 31. 신설)
③ 법 제103조의 31에 따른 토지등 양도소득의 귀속연도, 양도시기 및 취득시기는 「법인세법 시행령」 제92조의 2 제6항을 따른다. (2020. 12. 31. 항번개정)
④ 법인이 각 사업연도에 법 제103조의 31을 적용받는 둘 이상의 토지등을 양도하는 경우 토지등 양도소득은 「법인세법 시행령」 제92조의 2 제9항에 따라 산출한 금액으로 한다. (2020. 12. 31. 항번개정)

②「법인세법」 제55조의 2 제4항 각 호의 어느 하나에 해당하는 토지등 양도소득에 대하여는 제1항을 적용하지 아니한다. 다만, 미등기 토지등(「법인세법」 제55조의 2 제5항에서 정하는 미등기 토지등을 말한다)에 대한 토지등 양도소득에 대하여는 그러하지 아니하다. (2014. 1. 1. 신설)

③ 토지등 양도소득은 토지등의 양도금액에서 양도 당시의 장부가액을 뺀 금액으로 한다. (2014. 1. 1. 신설)

④ 제1항부터 제3항까지의 규정을 적용할 때 농지·임야·목장용지의 범위, 주된 사업의 판정기준, 해당 사업연도의 토지등의 양도에 따른 손실이 있는 경우 등의 양도소득 계산방법, 토지등의 양도에 따른 손익의 귀속사업연도 등에 관하여 필요한 사항은 대통령령으로 정한다. (2014. 1. 1. 신설)

⑤「조세특례제한법」 제100조의 32 제2항에 따라 내국법인(연결법인을 포함한다)이 미환류소득에 대한 법인세를 납부하는 경우에는 그 납부하는 세액의 100분의 10에 해당하는 금액을 제103조의 19에 따른 과세표준에 제103조의 20에 따른 세율을 적용하여 계산한 법인지방소득세액에 추가하여 납부하여야 한다. (2018. 12. 24. 개정 ; 법인세법 부칙)

⑥ 다음 각 호의 조합은 제85조 제1항 제6호에도 불구하고 비영리내국법인으로 보아 법인지방소득세 과세표준과 세액을 계산한다. 이 경우 과세소득의 범위에서 제외되는 사업의 범위 등은 「조세특례제한법」 제104조의 7 제5항에 따른다. (2021. 12. 28. 신설)

1. 2003년 6월 30일 이전에 「주택건설촉진법」(법률 제6852호로 개정되기 전의 것을 말한다) 제44조 제1항에 따라 조합설립의 인가를 받은 재건축조합으로서 「도시 및 주거환경정비법」 제38조에 따라 법인으로 등기한 조합 중 「조세특례제한법」 제104조의 7 제1항 단서에 따라 「법인세법」의 적용을 받는 조합 (2021. 12. 28. 신설)
2. 「도시 및 주거환경정비법」 제35조에 따른 조합 (2021. 12. 28. 신설)
3. 「빈집 및 소규모주택 정비에 관한 특례법」 제23조에 따른 조합 (2021. 12. 28. 신설)

제103조의 32【비영리내국법인에 대한 과세특례】 ① 비영리내국법인은 「법인세법」 제4조 제3항 제2호에 따른 이자·할인액 및 이익(「소득세법」 제16조 제1항 제11호의 비영업대금의 이익은 제외하고, 투자신탁의 이익을 포함하며, 이하 이 조에서 "이자소득"이라 한다)으로서 제103조의 29에 따라 특별징수된 이자소득에 대하여는 제103조의 23에도 불구하고 과세표준 신고를 하지 아니할 수 있다. 이 경우 과세표준 신고를 하지 아니한 이자소득은 제103조의 19에 따라 각 사업연도의 소득금액을 계산할 때 포함하지 아니한다. (2018. 12. 24. 개정 ; 법인세법 부칙)
② 제1항에 따른 비영리내국법인의 이자소득에 대한 법

제100조의 22【비영리내국법인의 과세표준 신고의 특례】 ① 법 제103조의 32 제1항을 적용할 때에 비영리내국법인은 특별징수된 이자소득 중 일부에 대해서도 과세표준 신고를 하지 아니할 수 있다. (2014. 3. 14. 신설)
② 법 제103조의 32 제1항에 따라 과세표준 신고를 하지 아니한 이자소득에 대해서는 수정신고, 기한 후 신고 또는 경정 등을 통하여 이를 과세표준에 포함시킬 수 없다. (2014. 3. 14. 신설)

제48조의 9【비영리내국법인의 과세표준 신고의 특례】 ① 법 제103조의 32 제1항에 따른 이자소득만 있는 비영리내국법인의 과세표준신고는 다음 각 호의 서식에 따른다. (2016. 12. 30. 개정)
1. 별지 제43호의 5 서식의 법인지방소득세 특별징수세액명세서(부표를 포함한다) (2016. 12. 30. 개정)
2. 별지 제43호의 6 서식의 법인지방소득세 과세표준(조정계산) 및 세액신고서(부표를 포함한다) (2016.

인지방소득세의 과세표준 신고와 징수에 필요한 사항은 대통령령으로 정한다. (2014. 1. 1. 신설)

③ 「법인세법」 제62조의 2 제2항에 따라 비영리내국법인이 자산양도소득에 대하여 법인세를 납부하는 경우에는 제103조에 따라 계산한 과세표준에 제103조의 3에 따른 세율을 적용하여 산출한 금액을 법인지방소득세로 납부하여야 한다. 이 경우 제103조의 3 제5항에 따라 가중된 세율을 적용하는 경우에는 제103조의 31 제1항을 적용하지 아니한다. (2023. 3. 14. 후단신설)

④ 제3항에 따른 법인지방소득세의 과세표준에 대한 신고·납부·결정·경정 및 징수에 관하여는 자산 양도일이 속하는 각 사업연도의 소득에 대한 법인지방소득세의 과세표준의 신고·납부·결정·경정 및 징수에 과한 규정을 준용하되, 그 밖의 법인지방소득세액에 합산하여 신고·납부·결정·경정 및 징수한다. (2015. 7. 24. 후단삭제)

⑤ 제3항에 따라 계산한 법인지방소득세는 제103조의 5 및 제103조의 6을 준용하여 양도소득과세표준 예정신고 및 자진납부를 하여야 한다. (2015. 7. 24. 신설)

⑥ 비영리내국법인이 제5항에 따른 양도소득과세표준 예정신고를 한 경우에는 제4항에 따른 과세표준에 대한 신고를 한 것으로 본다. 다만, 제103조의 7 제3항 단서에 해당하는 경우에는 제4항에 따른 과세표준 신고를 하여야 한다. (2015. 7. 24. 신설)

⑦ 제3항부터 제6항까지 규정한 사항 외에 비영리내국

③ 법 제103조의 32 제5항에 따라 양도소득과세표준 예정신고를 하려는 경우에는 행정안전부령으로 정하는 법인지방소득에 대한 양도소득과세표준 예정신고서를 제출하여야 한다. (2017. 7. 26. 직제개정 ; 행정안전부와~ 직제 부칙)

④ 비영리내국법인이 법 제103조의 32 제5항에 따라 양도소득과세표준 예정신고 및 자진납부를 한 경우에도 법 제103조의 23 제1항에 따라 과세표준의 신고를 할 수 있다. 이 경우 예정신고 납부세액은 법 제103조의 23 제3

12. 30. 개정)

3. 별지 제44호의 6 서식의 법인지방소득세 안분명세서 (2016. 12. 30. 개정)

② 영 제100조의 22 제3항에 따른 법인지방소득에 대한 양도소득과세표준 예정신고서는 별지 제43호의 11 서식에 따른다. (2022. 3. 31 개정)

법인의 자산양도소득에 대한 과세특례에 관하여는 「법인세법」 제62조의 2를 준용한다. (2015. 7. 24. 개정)

제7절 내국법인의 각 연결사업연도의 소득에 대한 지방소득세 (2014. 1. 1. 신설)

제103조의 33【연결납세방식의 적용 등】 ① 「법인세법」 제76조의 8에 따라 연결납세방식을 적용받는 내국법인은 법인지방소득세에 관하여 연결납세방식을 적용할 수 있다. (2014. 1. 1. 신설)

② 연결납세방식의 적용, 연결납세방식의 취소와 포기, 연결자법인의 추가와 배제 등에 관하여는 「법인세법」 제76조의 8부터 제76조의 12까지의 규정을 준용한다. (2014. 1. 1. 신설)

제103조의 34【과세표준】 ① 각 연결사업연도의 소득에 대한 법인지방소득세 과세표준은 「법인세법」 제76조의 13에 따라 계산한 법인세의 과세표준(「조세특례제한법」 및 다른 법률에 따라 과세표준 산정과 관련된 조세감면 또는 중과세 등의 조세특례가 적용되는 경우에는 이에 따라 계산한 법인세의 과세표준)과 동일한 금액으로 한다. (2020. 12. 29. 항번개정)

항에 따른 납부할 세액에서 공제한다. (2015. 7. 24. 개정)

제7절 내국법인의 각 연결사업연도의 소득에 대한 지방소득세 (2014. 3. 14. 신설)

② 제1항에도 불구하고 각 연결사업연도의 소득에 대한 법인세 과세표준에 국외원천소득이 포함되어 있는 경우로서 「법인세법」 제57조에 따라 외국 납부 세액공제를 하는 경우 해당 연결사업연도의 법인지방소득세 과세표준의 계산에 관하여는 제103조의 19 제2항 및 제3항을 준용한다. 이 경우 차감액의 계산방법, 이월방법과 그 밖에 필요한 사항은 대통령령으로 정한다. (2021. 12. 28. 개정)

편주

- 법 103조의 34 제2항의 개정규정은 2021. 1. 1. 이후 법인지방소득세 과세표준을 신고(수정신고는 제외)하는 경우부터 적용함. 다만, 2019. 12. 31. 이전에 개시한 사업연도의 과세표준에 포함된 외국납부세액에 대하여는 법 103조의 19 제3항의 개정규정을 적용할 때 15년을 10년으로 봄. (법 부칙(2020. 12. 29.) 10조)
- 2014. 1. 1.부터 2019. 12. 31.까지 개시한 사업연도에 국외원천소득이 있는 내국법인이 종전의 법인세법(법률 17652호로 개정되기 전의 것) 57조 1항 1호에 따라 외국법인세액을 해당 사업연도의 산출세액에서 공제하는 방법을 선택한 경우로서 해당 사업연도의 법인지방소득세 과세표준에 외국법인세액이 포함된 경우에는 이미 납부한 해당 사업연도의 법인지방소득세액과 해당 사업연도의 법인지방소득세 과세표준에서 외국법인세액을 차감하여 계산한 해당 사업연도의 법인지방소득세액과의 차액을 지방세기본법 60조에 따라 환급받을 수 있음. 이 경우 외국법인세액이 해당 사업연도의 법인지방소득세 과세표준을 초과하는 경우에 그 초과하는 금액은 해당 사업연도의 다음 사업연도 개시일부터 10년 이내에 끝나는 각 사업연도로 이월하여 그 이월된 사업연도의 법인지방소득세 과세표준을 계산할 때 차감할 수 있음. 또한, 내국법인은 2020. 12. 31. 이전에 지방세기본법 50조 1항

제100조의 23【연결법인별 법인지방소득세의 과세표준 및 산출세액의 계산】(2021. 12. 31. 제목개정)

① 법 제103조의 34 제2항에 따라 외국법인세액을 차감하려는 경우 각 연결법인의 「법인세법 시행령」 제120조의 22 제2항 제1호에 따른 과세표준 개별귀속액(이하 이 장에서 "과세표준개별귀속액"이라 한다)에서 차감한다. 이 경우 차감하는 외국법인세액은 그 연결법인에서 발생한 외국법인세액으로 한정한다. (2021. 12. 31. 신설)

② 제1항에 따라 차감하는 외국법인세액은 각 연결법인의 과세표준개별귀속액을 한도로 하고, 과세표준개별귀속액을 초과하는 금액은 법 제103조의 19 제3항에 따라 이월하여 차감할 수 있다. (2021. 12. 31. 신설)

③ 제2항에 따라 각 연결법인별 외국법인세액을 이월하여 그 이월된 연결사업연도의 법인지방소득세 과세표준을 계산하는 경우에는 먼저 발생한 이월금액부터 차감한다. (2021. 12. 31. 신설)

④ 법 제103조의 34 제2항에 따라 외국법인세액을 차감한 금액을 해당 연결사업연도의 법인지방소득세 과세표준으로 하려는 연결법인은 법 제103조의 37 제1항에 따라 법인지방소득세 과세표준 및 산출세액을 납세지 관할 지방자치단체의 장에게 신고할 때 행정안전부령으로 정하는 외국법인세액 과세표준 차감 명세서를 각 연결법인별로 작성하여 함께 제출해야 한다. (2021. 12. 31. 신설)

제48조의 10【연결세액의 신고 및 납부】 ① 영 제100조의 23 제4항에 따른 연결법인은 각 연결법인별로 작성한 별지 제43호의 13 서식의 외국법인세액 과세표준 차감 명세서에 다음 각 호의 서류를 첨부하여 납세지 관할 지방자치단체의 장에게 제출해야 한다. (2022. 3. 31 개정)

의 경정청구 기한이 경과한 경우라 하더라도 2021. 6. 30.까지 납세지 관할 지방자치단체의 장에게 경정을 청구할 수 있으며, 경정을 청구받은 지방자치단체의 장은 지방세기본법 50조 3항에 따른 처분을 하여야 함. (법 부칙(2020. 12. 29.) 13조)

제103조의 35 【연결산출세액】 ① 각 연결사업연도의 소득에 대한 법인지방소득세 연결산출세액은 제103조의 34에 따른 과세표준에 제103조의 20에 따른 세율을 적용하여 계산한 금액으로 한다. (2014. 1. 1. 신설)

② 연결법인이 제103조의 31 제1항에 따른 토지등을 양도한 경우(해당 토지등을 다른 연결법인이 양수하여 「법인세법」 제76조의 14 제1항 제3호가 적용되는 경우를 포함한다) 또는 같은 조 제5항에 따른 미환류소득이 있는 경우에는 해당 토지등의 양도소득 또는 해당 미환류소득에 대한 법인지방소득세를 합산한 금액을 연결산출세액으로 한다. (2017. 12. 30. 개정)

③ 각 연결사업연도의 소득에 대한 법인지방소득세를 계산하는 경우에는 제103조의 21 제2항을 준용한다. (2014. 1. 1. 신설)

④ 연결산출세액 중 각 연결법인에 귀속되는 금액(이하 이 장에서 "연결법인별 법인지방소득세 산출세액"이라 한다)의 계산방법은 대통령령으로 정한다. (2014. 1. 1. 신설)

⑤ 제1항부터 제4항까지에서 규정한 사항 외에 연결법인의 외국법인세액 과세표준 차감에 관하여는 제100조의 10 제2항부터 제4항까지와 같은 조 제6항을 준용한다. (2021. 12. 31. 신설)

⑥ 법 제103조의 35 제4항에 따른 연결법인별 법인지방소득세 산출세액은 제1호의 금액에 제2호의 비율을 곱하여 계산한 금액으로 한다. 이 경우 연결법인에 법 제103조의 31에 따른 토지등 양도소득에 대한 법인지방소득세가 있는 경우에는 이를 가산한다. (2021. 12. 31. 항번개정)

1. 외국법인세액 증명서류 (2021. 12. 31. 신설)
2. 「법인세법 시행규칙」 별지 제8호 서식 부표 5 (2021. 12. 31. 신설)
3. 「법인세법 시행규칙」 별지 제8호서식 부표 5의3 (2021. 12. 31. 신설)

② 영 제100조의 25 제1항에 따른 각 연결사업연도의 소득에 대한 법인지방소득세 과세표준 및 세액신고서는 별지 제44호 서식에 따른다. (2021. 12. 31. 항번개정)

③ 영 제100조의 25 제2항에 따른 연결집단 법인지방소득세 과세표준 및 세액조정계산서는 별지 제44호의 2 서식에 따른다. (2021. 12. 31. 항번개정)

④ 영 제100조의 25 제2항에 따른 세액조정계산서 부속서류는 다음 각 호의 서류 중 각 연결법인과 관련된 서류로 한다. (2021. 12. 31. 항번개정)

1. 별지 제44호의 3 서식에 따른 연결법인 법인지방소득세 가산세액 계산서 (2014. 8. 8. 신설)

제103조의 36【세액공제 및 세액감면】 ① 연결법인의 연결사업연도의 소득에 대한 법인지방소득세의 세액공제 및 세액감면에 관한 사항은 「지방세특례제한법」에서 정한다. 이 경우 공제 및 감면되는 세액은 법인지방소득세 연결산출세액에서 공제한다. (2014. 1. 1. 신설)

② 제1항을 적용할 때 각 연결법인의 공제 및 감면 세액은 연결법인별 법인지방소득세 산출세액을 제103조의

1. 과세표준개별귀속액(제1항에 따라 외국법인세액을 차감하는 경우에는 해당 연결법인의 과세표준개별귀속액에서 법 제103조의 34 제2항에 따라 외국법인세액을 차감한 후의 법인지방소득세 과세표준으로 한다) (2021. 12. 31. 개정)
2. 법 제103조의 34에 따른 연결사업연도의 소득에 대한 과세표준에 대한 법 제103조의 35 제1항의 연결산출세액(법 제103조의 31에 따른 토지등 양도소득에 대한 법인지방소득세는 제외한다)의 비율(이하 이 장에서 "연결세율"이라 한다) (2014. 3. 14. 신설)

② 제1항에 따라 각 연결법인의 과세표준 개별귀속액을 계산할 때 둘 이상의 연결법인의 연결소득 개별귀속액에서 다른 연결법인의 결손금을 공제하는 경우에는 각 연결소득 개별귀속액(해당 법인에서 발생한 결손금을 뺀 금액을 말한다)의 크기에 비례하여 공제한다. (2014. 3. 14. 신설)

② 삭 제 (2015. 7. 24.)

제100조의 24【연결법인의 감면세액】 법 제103조의 36 제1항 및 제2항을 적용할 때 각 연결법인의 감면 또는 면제되는 세액은 감면 또는 면제되는 소득에 연결세율을 곱한 금액(감면의 경우에는 그 금액에 해당 감면율을 곱하여 산출한 금액)으로 한다. 이 경우 감면 또는 면제되는 소득은 과세표준 개별귀속액을 한도로 한다. (2014. 3. 14. 신설)

2. 별지 제44호의 4 서식에 따른 연결법인별 기본사항 및 법인지방소득세 신고서 (2014. 8. 8. 신설)
3. 별지 제44호의 5 서식에 따른 연결법인별 법인지방소득세 과세표준 및 세액조정계산서 (2014. 8. 8. 신설)
4. 각 연결법인의 법 제103조의 23 제2항 각 호의 서류 (2014. 8. 8. 신설)
5. 별지 제43호의 12 서식에 따른 사실과 다른 회계처리로 인하여 과다 납부한 세액의 차감액 명세서 (2022. 3. 31 개정)

⑤ 본점 또는 주사무소 소재지 관할 지방자치단체의 장은 법 제103조의 37 제1항에 따라 납세자가 제출한 첨부서류를 확정신고기한의 다음 달 마지막날까지 지방세통합정보통신망에 입력해야 한다. (2023. 3. 28. 개정)

21의 법인지방소득세 산출세액으로 보아 「지방세특례제한법」에 따른 세액공제와 세액감면을 적용하여 계산한 금액으로 한다. (2014. 1. 1. 신설)

③ 각 연결법인의 공제 및 감면 세액을 계산할 때 세액의 계산 등에 필요한 사항은 대통령령으로 정한다. (2014. 1. 1. 신설)

제103조의 37【연결과세표준 및 연결법인지방소득세액의 신고 및 납부】 ① 연결모법인은 각 연결사업연도의 종료일이 속하는 달의 말일부터 5개월 이내에 제103조의 34에 따른 각 연결사업연도의 소득에 대한 법인지방소득세 과세표준과 제103조의 35 제4항에 따른 각 연결사업연도의 소득에 대한 연결법인별 법인지방소득세 산출세액을 대통령령으로 정하는 신고서에 따라 연결법인별 납세지 관할 지방자치단체의 장에게 다음 각 호의 서류를 첨부하여 신고하여야 한다. 이 경우 제103조의 23 제5항을 준용한다. (2023. 12. 29. 후단개정)

1. 각 연결법인의 제103조의 23 제2항 제1호부터 제3호까지의 서류 (2015. 12. 29. 신설)
2. 대통령령으로 정하는 세액조정계산서 첨부서류 (2015. 12. 29. 신설)

② 각 지방자치단체의 연결법인별 법인지방소득세 산출세액은 제89조 제2항에서 정하는 바에 따른다. (2014. 1. 1. 신설)

③ 연결법인의 사업장이 둘 이상의 지방자치단체에 있는 경우에는 제89조 제1항에 따른 납세지 관할 지방자치

제100조의 25【연결세액의 신고 및 납부】 ① 법 제103조의 37 제1항에 따른 신고는 행정안전부령으로 정하는 각 연결사업연도의 소득에 대한 법인지방소득세 과세표준 및 세액신고서로 한다. (2017. 7. 26. 직제개정 ; 행정안전부와~직제 부칙)

② 법 제103조의 37 제1항 제2호에서 "대통령령으로 정하는 세액조정계산서 첨부서류"란 행정안전부령으로 정하는 연결집단 법인지방소득세 과세표준 및 세액조정계산서와 부속서류를 말한다. (2017. 7. 26. 직제개정 ; 행정안전부와~직제 부칙)

③ 법 제103조의 37 제3항 및 제4항에 따른 법인지방소

단체의 장에게 각각 신고하여야 한다. (2014. 1. 1. 신설)

④ 연결모법인은 연결법인별 법인지방소득세 산출세액에서 제103조의 36에 따라 공제 및 감면되는 세액 및 제103조의 29에 따라 특별징수한 세액을 공제한 금액을 제1항에 따른 신고기한까지 제89조 제1항에 따른 납세지 관할 지방자치단체에 납부하여야 한다. (2014. 1. 1. 신설)

⑤ 제4항에 따라 납부할 세액이 100만원을 초과하는 연결모법인은 대통령령으로 정하는 바에 따라 그 납부할 세액의 일부를 납부기한이 지난 후 1개월(「조세특례제한법」 제6조 제1항에 따른 중소기업의 경우에는 2개월) 이내에 분할납부할 수 있다. (2023. 12. 29. 신설)

⑥ 제1항에 따라 연결모법인이 지방소득세를 신고납부하는 경우에는 각 연결자법인은 제89조 제2항에 따라 연결법인별로 계산된 지방소득세 상당액을 연결모법인에게 지급하여야 한다. 다만, 해당 지방소득세 상당액이 음의 수인 경우 연결모법인은 음의 부호를 뗀 금액을 연결자법인에 지급하여야 한다. (2023. 12. 29. 항번개정)

⑦ 제103조의 35 제1항에 따른 법인지방소득세 연결산출세액이 없는 경우로서 다음 각 호의 어느 하나에 해당하는 경우에는 각 연결법인의 결손금 이전에 따른 손익을 정산한 금액(이하 "정산금"이라 한다)을 해당 호에서 정하는 바에 따라 연결법인별로 배분하여야 한다. (2023. 12. 29. 신설)

1. 「법인세법」 제76조의 19 제5항 제1호 각 목의 어느 하

득세의 안분 신고 및 납부에 관하여는 제100조의 13을 준용한다. (2014. 3. 14. 신설)

④ 법 제103조의 37 제5항에 따라 연결모법인이 각 연결사업연도의 소득에 대한 법인지방소득세액을 분할납부하는 경우 분할납부할 수 있는 세액은 다음 각 호의 구분에 따른다. (2023. 12. 29. 신설)

1. 납부할 세액이 100만원 초과 200만원 이하인 경우 : 100만원을 초과하는 금액 (2023. 12. 29. 신설)
2. 납부할 세액이 200만원을 초과하는 경우: 해당 세액의 100분의 50 이하의 금액 (2023. 12. 29. 신설)

편주

법 103조의 37 제5항 단서의 개정규정은 2024. 1. 1. 이후 개시하는 사업연도부터 적용함. (법 부칙(2023. 3. 14.) 1조 2호, 6조)

편주

법 103조의 37 제7항의 개정규정은 2024. 1. 1. 이후 개시하는 사업연도부터 적용함. (법 부칙(2023. 12. 29.) 9조)

나에 해당하는 연결자법인이 있는 경우 : 해당 연결자법인이 대통령령으로 정하는 바에 따라 계산한 정산금을 제1항의 기한까지 연결모법인에 지급 (2023. 12. 29. 신설)

2. 「법인세법」 제76조의 19 제5항 제2호 각 목의 어느 하나에 해당하는 연결자법인이 있는 경우 : 연결모법인이 대통령령으로 정하는 바에 따라 계산한 정산금을 제1항의 기한까지 해당 연결자법인에 지급 (2023. 12. 29. 신설)

⑧ 제1항에 따른 첨부서류를 연결모법인 본점 소재지를 관할하는 지방자치단체의 장에게 제출한 경우에는 연결법인별 납세지 관할 지방자치단체의 장에게도 이를 제출한 것으로 본다. (2023. 12. 29. 항번개정)

⑨ 제1항에 따른 신고를 할 때 그 신고서에 제1항 제1호의 서류를 첨부하지 아니하면 이 법에 따른 신고로 보지 아니한다. (2023. 12. 29. 항번개정)

⑩ 납세지 관할 지방자치단체장은 제1항 및 제3항에 따라 제출된 신고서 또는 그 밖의 서류에 미비한 점이 있거나 오류가 있을 때에는 보정할 것을 요구할 수 있다. (2023. 12. 29. 항번개정)

제103조의 38【수정신고 · 결정 · 경정 및 징수 등】

(2015. 7. 24. 제목개정)

각 연결사업연도의 소득에 대한 법인지방소득세의 수정신

고 · 결정 · 경정 · 징수 및 환급에 관하여는 제103조의 24, 제103조의 25 및 제103조의 27을 준용한다. (2015. 7. 24. 개정)

제103조의 39【가산세】 연결법인은 제103조의 30을 준용하여 계산한 금액을 각 연결사업연도의 소득에 대한 법인지방소득세 세액에 더하여 납부하여야 한다. (2014. 1. 1. 신설)

제103조의 40【중소기업 관련 규정의 적용】 각 연결사업연도의 소득에 대한 법인지방소득세 세액을 계산할 때 중소기업 관련 규정의 적용에 관하여는 「법인세법」 제76조의 22를 준용한다. (2014. 1. 1. 신설)

제8절 내국법인의 청산소득에 대한 지방소득세

(2014. 1. 1. 신설)

제103조의 41【과세표준】 내국법인의 청산소득에 대한 법인지방소득세의 과세표준은 「법인세법」 제79조에 따른 해산에 의한 청산소득의 금액(「조세특례제한법」 및 다른 법률에 따라 청산소득 금액 산정과 관련된 과세특례가 적용되는 경우에는 이에 따라 산출한 해산에 의한 청산소득의 금액)과 동일한 금액으로 한다. (2019. 12. 31. 개정)

제8절 내국법인의 청산소득에 대한 지방소득세

(2014. 3. 14. 신설)

제103조의 42【세　율】 내국법인의 청산소득에 대한 법인지방소득세는 제103조의 41에 따른 과세표준에 제103조의 20에 따른 세율을 적용하여 계산한 금액을 그 세액으로 한다. (2014. 1. 1. 신설)

제103조의 43【과세표준 및 세액의 신고와 납부】 (2015. 7. 24. 제목개정)

① 「법인세법」 제84조 및 제85조에 따른 확정신고의무 및 중간신고의무가 있는 내국법인은 해당 신고기한까지 대통령령으로 정하는 바에 따라 청산소득에 대한 법인지방소득세의 과세표준과 세액을 납세지 관할 지방자치단체의 장에게 신고하여야 한다. (2015. 7. 24. 개정)

② 제1항에 따른 신고를 한 내국법인은 해당 신고기한까지 청산소득에 대한 법인지방소득세를 납세지 관할 지방자치단체에 납부하여야 한다. (2014. 1. 1. 신설)

편주

청산소득에 대한 법인세 확정신고기한(법법 §84 ①)

구 분	신고기한
해산(합병·분할에 의한 해산은 제외)의 경우	잔여재산가액확정일이 속하는 달의 말일부터 3개월 이내
사업계속의 경우	계속등기일이 속하는 달의 말일부터 3개월 이내

제103조의 44【결정과 경정】 ① 납세지 관할 지

제100조의 26【신 고】 (2015. 7. 24. 제목개정) 내국법인은 법 제103조의 43에 따라 신고하는 경우에는 법 제103조의 41에 따라 계산한 청산소득의 금액을 적은 행정안전부령으로 정하는 청산소득에 대한 법인지방소득세과세표준, 세액신고서 및 「법인세법」 제84조 제2항 제1호에 따른 재무상태표(중간신고의 경우 같은 법 제85조 제2항에 따른 재무상태표를 말한다)를 납세지 관할 지방자치단체의 장에게 제출하여야 한다. (2017. 7. 26. 직제개정 ; 행정안전부와~직제 부칙)

제48조의 11【청산소득에 대한 법인지방소득세 과세표준의 신고】

① 영 제100조의 26에 따른 청산소득에 대한 법인지방소득세과세표준 및 세액신고서는 별지 제45호 서식에 따른다. (2014. 8. 8. 신설)

② 법 제103조의 43 제2항에 따른 법인지방소득세의 납부서는 별지 제14호 서식 또는 별지 제43호의 8 서식에 따른다. (2014. 8. 8. 신설)

방자치단체의 장은 내국법인이 제103조의 43에 따른 신고를 하지 아니하거나 신고 내용에 오류 또는 누락이 있는 경우에는 해당 청산소득에 대한 과세표준과 세액을 결정 또는 경정한다. (2014. 1. 1. 신설)

② 납세지 관할 지방자치단체의 장은 청산소득에 대한 법인지방소득세의 과세표준과 세액을 결정 또는 경정한 후 그 결정 또는 경정에 오류나 누락이 있는 것을 발견한 경우에는 즉시 이를 다시 경정한다. (2014. 1. 1. 신설)

③ 납세지 관할 지방자치단체의 장이 청산소득에 대한 법인지방소득세의 과세표준과 세액을 결정 또는 경정한 때에는 그 내용을 해당 내국법인이나 청산인에게 알려야 한다. 다만, 그 법인이나 청산인에게 알릴 수 없는 경우에는 공시(公示)로써 이를 갈음할 수 있다. (2014. 1. 1. 신설)

제103조의 45【징 수】 ① 납세지 관할 지방자치단체의 장은 내국법인이 제103조의 43에 따라 납부하여야 할 청산소득에 대한 법인지방소득세의 전부 또는 일부를 납부하지 아니하면 「지방세기본법」 및 「지방세징수법」에 따라 징수한다. (2016. 12. 27. 개정 ; 지방세징수법 부칙)

② 납세지 관할 지방자치단체의 장은 제103조의 43에 따라 납부하였거나 제1항에 따라 징수한 법인지방소득세액이 제103조의 44에 따라 납세지 관할 지방자치단체의 장이 결정하거나 경정한 법인지방소득세보다 적으면 그 부족한 금액에 상당하는 법인지방소득세를 징수하여야

한다. (2014. 1. 1. 신설)

제103조의 46【청산소득에 대한 과세특례】 ① 청산소득에 대한 법인지방소득세를 징수할 때에는 「지방세기본법」 제55조 제1항 제3호 및 제4호에 따른 납부지연가산세를 징수하지 아니한다. (2020. 12. 29. 개정)
② 내국법인이 「법인세법」 제78조 각 호에 따른 조직변경이 있는 경우에는 청산소득에 대한 법인지방소득세를 과세하지 아니한다. (2014. 1. 1. 신설)

편주

법 103조의 46 제1항의 개정규정은 2024. 1. 1.부터 시행함. (법 부칙(2020. 12. 29.) 1조 단서) (2021. 12. 28. 개정)

제9절 외국법인의 각 사업연도의 소득에 대한 지방소득세 (2014. 1. 1. 신설)

제103조의 47【과세표준】 ① 국내사업장을 가진 외국법인과 「법인세법」 제93조 제3호에 따른 소득이 있는 외국법인의 각 사업연도의 소득에 대한 법인지방소득세의 과세표준은 「법인세법」 제91조 제1항에 따라 계산한 법인세의 과세표준(「조세특례제한법」 및 다른 법률에 따라 과세표준 산정과 관련된 조세감면 또는 중과세 등의 조세특례가 적용되는 경우에는 이에 따라 계산한 법인세의 과세표준)과 동일한 금액으로 한다. (2019. 12. 31. 개정)
② 제1항에 해당하지 아니하는 외국법인의 각 사업연도의 소득에 대한 법인지방소득세의 과세표준은 「법인

제9절 외국법인의 각 사업연도의 소득에 대한 지방소득세 (2014. 3. 14. 신설)

세법」 제91조 제2항에 따라 계산한 법인세의 과세표준(「조세특례제한법」 및 다른 법률에 따라 과세표준 산정과 관련된 조세감면 또는 중과세 등의 조세특례가 적용되는 경우에는 이에 따라 계산한 법인세의 과세표준)과 동일한 금액으로 한다. (2019. 12. 31. 개정)

③ 제1항에 해당하는 외국법인의 원천소득으로서 「법인세법」 제98조 제1항, 제98조의 3, 제98조의 5 또는 제98조의 6에 따라 원천징수되는 소득에 대한 법인지방소득세의 과세표준은 「법인세법」 제91조 제3항에 따라 계산한 법인세의 과세표준(「조세특례제한법」 및 다른 법률에 따라 과세표준 산정과 관련된 조세감면 또는 중과세 등의 조세특례가 적용되는 경우에는 이에 따라 계산한 법인세의 과세표준)과 동일한 금액으로 한다. (2019. 12. 31. 개정)

④ 「법인세법」 제91조 제1항 제3호는 국내사업장을 가지고 있지 아니하는 외국법인에 대하여도 적용한다. (2014. 1. 1. 신설)

⑤ 외국법인의 국내원천소득 금액의 계산, 국내원천소득의 구분 및 외국법인의 국내사업장에 관한 사항은 「법인세법」 제92조부터 제94조까지의 규정에서 정하는 바에 따른다. (2014. 1. 1. 신설)

제103조의 48【세 율】 제103조의 47 제1항에 따른 외국법인과 같은 조 제2항 및 제3항에 따른 외국법인

으로서 「법인세법」 제93조 제7호에 따른 국내원천소득이 있는 외국법인의 각 사업연도의 소득에 대한 법인지방소득세는 제103조의 47에 따른 과세표준의 금액에 제103조의 20에 따른 세율을 적용하여 계산한 금액(제103조의 49에 따른 토지등의 양도소득에 대한 법인지방소득세액이 있는 경우에는 이를 합한 금액으로 한다)으로 한다. (2014. 1. 1. 신설)

제103조의 49【외국법인의 토지등 양도소득에 대한 과세특례】 제103조의 47 제1항에 따른 외국법인 및 같은 조 제2항에 따른 외국법인의 토지등의 양도소득에 대한 법인지방소득세의 납부에 관하여는 제103조의 31을 준용한다. 이 경우 제103조의 47 제2항에 따른 외국법인의 토지등 양도소득은 「법인세법」 제92조 제3항을 준용하여 계산한 금액으로 한다. (2014. 1. 1. 신설)

제103조의 50【외국법인의 국내사업장에 대한 과세특례】 외국법인(비영리외국법인은 제외한다)의 국내사업장은 「법인세법」 제96조에 따라 계산하여 추가로 납부하여야 할 세액의 10분의 1을 제103조의 48에 따른 법인지방소득세에 추가하여 납부하여야 한다. (2014. 1. 1. 신설)

제103조의 51【신고 · 납부 · 결정 · 경정 · 징수 및 특례】 ① 제103조의 47 제1항에 따른 외국법인과 같은

조 제2항 및 제3항에 해당하는 외국법인으로서 「법인세법」 제93조 제7호에 따른 국내원천 부동산등양도소득이 있는 외국법인의 각 사업연도의 소득에 대한 법인지방소득세의 신고·납부·결정·경정 및 징수에 대하여는 이 절에서 규정하는 것을 제외하고는 제6절 및 「법인세법」 제97조를 준용한다. 이 경우 제103조의 23 제3항을 준용할 때 제103조의 47 제1항에 따른 외국법인과 같은 조 제2항 및 제3항에 해당하는 외국법인으로서 「법인세법」 제93조 제7호에 따른 국내원천 부동산등양도소득이 있는 외국법인의 각 사업연도의 소득에 대한 법인지방소득세 과세표준에 같은 법 제98조 제1항 제5호 및 같은 조 제8항에 따라 원천징수된 소득이 포함되어 있는 경우에는 그 원천징수세액의 100분의 10에 해당하는 특별징수세액을 제103조의 23 제3항 제3호에 따라 공제되는 세액으로 본다. (2020. 12. 29. 개정)

② 제1항에 따라 각 사업연도의 소득에 대한 법인지방소득세의 과세표준을 신고하여야 할 외국법인이 대통령령으로 정하는 사유로 그 신고기한까지 신고서를 제출할 수 없는 경우에는 제1항에도 불구하고 대통령령으로 정하는 바에 따라 납세지 관할 지방자치단체의 장의 승인을 받아 그 신고기한을 연장할 수 있다. (2014. 1. 1. 신설)

③ 제2항에 따라 신고기한의 연장승인을 받은 외국법인이 신고세액을 납부할 때에는 기한 연장일수에 금융회사 등의 이자율을 고려하여 대통령령으로 정하는 이율

제100조의 27【외국법인의 신고】 ① 법 제103조의 51 제2항에 따라 각 사업연도의 소득에 대한 법인지방소득세의 과세표준을 신고하여야 할 외국법인으로서 「법인세법 시행령」 제7조 제6항 제2호에 따른 본점등의 결산이 확정되지 아니하거나 그 밖에 부득이한 사유로 법 제103조의 23에 따른 신고서를 제출할 수 없는 외국법인은 해당 사업연도의 종료일부터 60일 이내에 사유서를 갖추어 납세지 관할 지방자치단체의 장에게 신고기한 연장승인을 신청할 수 있다. 다만, 「법인세법 시행

을 적용하여 계산한 금액을 가산하여 납부하여야 한다. (2014. 1. 1. 신설)

④ 제3항에 따라 가산할 금액을 계산할 때의 기한 연장 일수는 제103조의 23에 따른 신고기한의 다음 날부터 연장승인을 받은 날까지의 일수로 한다. 다만, 연장승인 기한에 신고 및 납부가 이루어진 경우에는 그 날까지의 일수로 한다. (2014. 1. 1. 신설)

⑤ 「법인세법」 제98조의 2에 따라 유가증권 양도소득 등에 대한 신고·납부를 하여야 하는 외국법인은 그 신고·납부할 금액의 100분의 10에 해당하는 금액을 같은 조에서 정한 각 신고·납부기한의 1개월 이내까지 납세지 관할 지방자치단체의 장에게 신고·납부하여야 한다. (2014. 1. 1. 신설)

령」 제136조에 따라 세무서장에게 신고기한 연장승인을 신청한 경우에는 법인지방소득세에 대한 신고기한 연장승인도 함께 신청한 것으로 본다. (2019. 2. 12. 개정 ; 법인세법 시행령 부칙)

② 법 제103조의 51 제3항에서 "대통령령으로 정하는 이율"이란 「지방세기본법 시행령」 제43조 제2항 본문에 따른 이자율을 말한다. (2021. 12. 31. 개정)

제100조의 28 【외국법인의 유가증권 양도소득 등에 대한 신고·납부의 특례】 법 제103조의 51 제5항에 따라 유가증권 양도소득 등에 대한 신고·납부를 하려는 외국법인은 다음 각 호의 구분에 따른 신고서를 작성하여 신고·납부하여야 한다. (2014. 3. 14. 신설)

1. 「법인세법」 제98조의 2 제1항에 따라 주식 또는 출자증권의 양도소득 중 특별징수되지 아니한 소득의 특별징수세액 상당액을 신고·납부하는 경우 : 외국법인유가증권양도소득정산신고서 (2014. 3. 14. 신설)
2. 「법인세법」 제98조의 2 제3항에 따라 주식·출자증권 또는 그 밖의 유가증권의 양도소득에 대한 세액을 신고·납부하는 경우 : 외국법인유가증권양도소득신고서 (2014. 3. 14. 신설)
3. 「법인세법」 제98조의 2 제4항에 따라 국내에 있는 자산을 증여받아 생긴 소득에 대한 세액을 신고·납부하는 경우 : 외국법인증여소득신고서 (2014. 3. 14. 신설)

제48조의 12 【외국법인의 유가증권 양도소득 등에 대한 신고·납부 특례】 ① 영 제100조의 28 제1호에 따른 외국법인유가증권양도소득정산신고서는 별지 제45호의 2 서식에 따른다. (2014. 8. 8. 신설)

② 영 제100조의 28 제2호에 따른 외국법인유가증권양도소득신고서는 별지 제45호의 3 서식에 따른다. (2014. 8. 8. 신설)

③ 영 제100조의 28 제3호에 따른 외국법인증여소득신고서는 별지 제45호의 4 서식에 따른다. (2014. 8. 8. 신설)

⑥「법인세법」 제93조 제6호에 따른 소득이 특별징수되는 외국법인은 같은 법 제99조 제1항에 따라 산정되는 과세표준에 제103조의 48을 적용하여 산출한 세액을 용역 제공기간 종료일부터 4개월 이내에 특별징수의무자의 납세지 관할 지방자치단체의 장에게 신고·납부할 수 있다. 이 경우 과세표준에 이미 특별징수된 소득이 포함되어 있으면 특별징수세액은 이미 납부한 세액으로 공제한다. (2014. 1. 1. 신설)

제103조의 52【외국법인에 대한 특별징수 또는 징수의 특례】 ① 외국법인의 국내원천소득에 대하여 「법인세법」 제98조 및 제98조의 2부터 제98조의 8까지에 따라 법인세를 원천징수하는 경우에는 원천징수하는 법인세의 100분의 10에 해당하는 금액을 법인지방소득세로 특별징수하여야 한다. 이 경우 「법인세법」에 따른 원천징수의무자를 법인지방소득세의 특별징수의무자로 한다. (2023. 12. 29. 개정)

② 제1항에 따른 특별징수의무자의 납부 등에 관하여는 제103조의 29 제3항 및 제4항을 준용하고, 그 밖에 외국법인에 대한 특별징수 또는 징수의 특례에 관하여 이 법에서 정하지 아니한 사항은 「법인세법」 제98조 및 제98조의 2부터 제98조의 8까지를 준용한다. (2023. 12. 29. 개정)

제100조의 29【외국법인의 인적용역소득에 대한 신고·납부 특례】 법 제103조의 51 제6항에 따라 외국법인의 인적용역소득에 대한 신고·납부를 하려는 외국법인은 행정안전부령으로 정하는 외국법인인적용역소득신고서에 그 소득과 관련된 비용을 증명하는 서류를 첨부하여 신고·납부하여야 한다. (2017. 7. 26. 직제개정 ; 행정안전부와~직제 부칙)

편주

법 103조의 52 제1항 및 2항의 개정규정은 2024. 1. 1. 이후 외국법인에 국내원천소득을 지급하는 경우부터 적용함. (법 부칙(2023. 12. 29.) 10조)

제48조의 13【외국법인의 인적용역소득에 대한 신고·납부 특례】 영 제100조의 29에 따른 외국법인인적용역소득신고서는 별지 제45호의 5 서식에 따른다. (2014. 8. 8. 신설)

제10절 동업기업에 대한 과세특례
(2014. 1. 1. 신설)

제103조의 53【동업기업 및 동업자의 납세의무】 ①「조세특례제한법」 제100조의 15 제1항 및 제2항에 따라 동업기업과세특례를 적용받는 동업기업(이하 "동업기업"이라 한다)과 동업자(이하 "동업자"라 한다) 중 동업자는 같은 법 제100조의 18에 따라 배분받은 동업기업의 소득에 대하여 개인지방소득세 또는 법인지방소득세를 납부할 의무를 지며, 같은 법 제100조의 16 제3항에 따른 동업기업 전환법인은 같은 조항에 따라 계산한 과세표준에 지방세법 제103조의 20 제1항에 따른 세율을 적용하여 계산한 금액을 법인지방소득세(이하 "준청산소득에 대한 법인지방소득세"라 한다)로 납부할 의무가 있다. (2023. 12. 29. 개정)

② 준청산소득에 대한 법인지방소득세의 신고 납부절차 및 기타 필요한 사항은 대통령령으로 정한다. (2014. 1. 1. 신설)

③ 동업기업과세특례에 관하여 이 법에서 정하지 아니한 사항은「조세특례제한법」 제100조의 14부터 제100조의 26까지의 규정을 준용한다. (2020. 12. 29. 신설)

제10절 동업기업에 대한 과세특례
(2014. 1. 1. 신설)

제100조의 30【준청산소득에 대한 법인지방소득세 신고】 법 제103조의 53 제2항에 따라 준청산소득에 대한 법인지방소득세를 신고·납부하려는 동업기업 전환법인은 동업기업과세특례를 적용받는 최초 사업연도의 직전 사업연도 종료일 이후 3개월이 되는 날까지 행정안전부령으로 정하는 준청산소득에 대한 법인지방소득세 과세표준 및 세액신고서에 준청산일 현재의 재무상태표를 첨부하여 납세지 관할 지방자치단체의 장에게 신고하고 납부하여야 한다. (2017. 7. 26. 직제개정 ; 행정안전

제48조의 14【준청산소득에 대한 법인지방소득세의 신고】 영 제100조의 30에 따른 준청산소득에 대한 법인지방소득세 과세표준 및 세액신고서는 별지 제45호의 6 서식에 따른다. (2014. 8. 8. 신설)

제103조의 54【동업기업의 배분 등】 ① 동업기업과 관련된 다음 각 호의 금액은 각 과세연도의 종료일에 대통령령으로 정하는 동업자 간의 손익배분비율에 따라 동업자에게 배분한다. 다만, 제4호의 금액은 내국법인 및 외국법인인 동업자에게만 배분한다. (2023. 12. 29. 개정)

1. 「지방세특례제한법」에 따른 세액공제 및 세액감면금액 (2014. 1. 1. 신설)
2. 동업기업에서 발생한 소득에 대하여 제103조의 29에 따라 특별징수된 세액 (2014. 1. 1. 신설)
3. 제103조의 30에 따른 가산세 및 제103조의 57에 따른 가산세 (2014. 1. 1. 신설)
4. 제103조의 31에 따른 토지등 양도소득에 대한 법인지방소득세 (2019. 12. 31. 개정)

② 동업자는 동업기업의 과세연도의 종료일이 속하는 과세연도의 지방소득세를 신고·납부할 때 제1항에 따라 배분받은 금액 중 같은 항 제1호 및 제2호의 금액은 해당 동업자의 지방소득세에서 공제하고, 같은 항 제3호 및 제4호의 금액은 해당 동업자의 지방소득세에 가산한다. (2023. 12. 29. 개정)

부와~직제 부칙)

제100조의 31【손익배분비율】 법 제103조의 54 제1항 각 호 외의 부분 본문에서 "대통령령으로 정하는 동업자 간의 손익배분비율"이란 다음 각 호의 구분에 따른 배분 비율을 말한다. (2023. 12. 29. 개정)

1. 「조세특례제한법」 제100조의 15 제1항에 따른 동업자의 경우 : 같은 법 시행령 제100조의 17에 따른 손익배분비율 (2023. 12. 29. 개정)
2. 「조세특례제한법」 제100조의 15 제2항 및 제3항에 따른 동업자의 경우 : 같은 법 제100조의 18 제5항 후단에 따라 상위 동업기업의 동업자에게 배분하는 비율 (2023. 12. 29. 개정)

제100조의 32【동업기업 세액의 계산 및 배분】
① 법 제103조의 54 제1항 각 호의 금액은 동업기업을 하나의 내국법인으로 보아 계산한다. (2014. 3. 14. 신설)
② 법 제103조의 54 제2항을 적용할 때 같은 조 제1항에 따라 동업자가 배분받은 금액은 다음 각 호의 방법에 따라 공제하거나 가산한다. (2014. 3. 14. 신설)

1. 세액공제·세액감면금액 : 지방소득세 산출세액에서 공제하는 방법 (2014. 3. 14. 신설)
2. 특별징수세액 : 기납부세액으로 공제하는 방법 (2014. 3. 14. 신설)

제103조의 55【동업기업 지분의 양도】「조세특례제한법」 제100조의 21 제1항에 따라 양도소득세 또는 법인세를 과세하는 경우 이 법에 따른 양도소득에 대한 개인지방소득세 또는 법인지방소득세를 과세한다. (2014. 1. 1. 신설)

제103조의 56【비거주자 또는 외국법인인 동업자에 대한 특별징수】「조세특례제한법」 제100조의 24 제1항에 따라 동업기업이 비거주자 또는 외국법인인 동업자에게 배분된 소득에 대하여 소득세 또는 법인세를 원천징수하는 경우에는 원천징수하는 소득세 또는 법인세의 100분의 10에 해당하는 금액을 지방소득세로 특별징수하여 같은 법 제100조의 23 제1항에 따른 신고기한까지 납세지 관할 지방자치단체의 장에게 납부하여야 한다. (2015. 7. 24. 개정)

제103조의 57【동업기업에 대한 가산세】「조세특례제한법」 제100조의 25에 따라 동업기업으로부터 가산세를 징수하는 경우에는 그 징수하여야 할 금액의 100분의 10에 해당하는 금액을 지방소득세의 가산세로 징수하여야 한다. (2014. 1. 1. 신설)

3. 가산세 : 지방소득세 산출세액에 합산하는 방법 (2014. 3. 14. 신설)
4. 토지등 양도소득에 대한 법인지방소득세에 상당하는 세액 : 법인지방소득세 산출세액에 합산하는 방법. 이 경우 토지등 양도소득에 대한 법인지방소득세에 상당하는 세액은 동업기업을 하나의 내국법인으로 보아 산출한 금액에 내국법인 및 외국법인인 동업자의 손익배분비율의 합계를 곱한 금액으로 한다. (2014. 3. 14. 신설)

③ 법 제103조의 54 제1항 제3호를 적용할 때 동업자에게 배분하는 가산세는 다음 각 호와 같다. (2014. 3. 14. 신설)
1. 법 제103조의 30 제1항 · 제3항 · 제5항 · 제6항 · 제8항 및 제9항에 따른 가산세 (2014. 3. 14. 신설)
2. 법 제103조의 57에 따른 가산세 (2014. 3. 14. 신설)

③ 삭 제 (2016. 12. 30.)

제11절 법인과세 신탁재산의 각 사업연도의 소득에 대한 지방소득세

(2020. 12. 29. 신설)

제103조의 58【법인과세 신탁재산에 대한 법인지방소득세】(2020. 12. 29. 제목개정)

① 「법인세법」 제5조 제2항에 따라 내국법인으로 보는 신탁재산(이하 "법인과세 신탁재산"이라 한다) 및 법인세를 납부하는 신탁의 수탁자(이하 "법인과세 수탁자"라 한다)에 대해서는 이 절의 규정을 제1절 및 제6절에 우선하여 적용한다. (2020. 12. 29. 개정)

② 법인과세 신탁재산에 대한 법인지방소득세의 사업연도는 법인과세 수탁자가 「법인세법」 제75조의 12 제3항에 따라 신고하는 기간으로 한다. (2020. 12. 29. 개정)

③ 법인과세 신탁재산의 법인지방소득세 납세지는 그 법인과세 수탁자의 납세지로 한다. (2020. 12. 29. 개정)

④ 제1항부터 제3항까지에서 규정한 사항 외에 법인과세 신탁재산에 대한 법인지방소득세 과세방식의 적용 및 제2차 납세의무 등에 관하여는 「법인세법」 제75조의 11부터 제75조의 18까지의 규정을 준용한다. (2020. 12. 29. 개정)

제12절 보 칙 (2020. 12. 29. 절번개정)

제103조의 59 【지방소득세 관련 세액 등의 통보】 ① 세무서장 또는 지방국세청장(이하 이 조에서 "세무서장등"이라 한다)은 소득세의 부과 · 징수 등에 관한 자료를 행정안전부령으로 정하는 바에 따라 다음 각 호의 구분에 따른 기한까지 대통령령으로 정하는 지방자치단체의 장에게 통보하여야 한다. (2021. 12. 28. 개정)

1. 「국세기본법」 또는 「소득세법」에 따라 소득세 과세표준과 세액을 신고(기한 후 신고는 제외한다) 받은 경우 : 신고를 받은 날이 속하는 달의 다음 달 15일. 다만, 다음 각 목의 어느 하나에 해당하는 경우에는 해당 목에서 정하는 기한 내로 한다. (2019. 12. 31. 개정)
   가. 「소득세법」 제14조 제2항에 따른 종합소득과세표준, 같은 조 제6항에 따른 퇴직소득과세표준, 같은 법 제69조에 따른 토지등의 매매차익, 같은 법 제87조의 4에 따른 금융투자소득과세표준 또는 같은 법 제92조에 따른 양도소득과세표준을 「국세기본법」 제2조 제19호에 따른 전자신고 방식으로 신고 받은 경우 : 신고를 받은 즉시 (2023. 3. 14. 개정)

편주

법 103조의 59 제1항 1호 가목 · 나목의 개정규정은 2025. 1. 1. 이후 납세의무가 성립하는 경우부터 적용함. (법 부칙(2023. 3. 14.) 1조 3호, 2조)

제11절 보 칙 (2014. 3. 14. 신설)

제100조의 33 【지방소득세 관련 세액 등의 통보】 ① 법 제103조의 59 제1항 각 호 외의 부분 및 같은 조 제2항 각 호 외의 부분에서 "대통령령으로 정하는 지방자치단체의 장"이란 소득세 및 법인세의 납세지를 관할하는 지방자치단체의 장을 말한다. (2014. 3. 14. 신설)

② 법 제103조의 59 제1항 및 제2항에 따라 세무서장등이 지방자치단체의 장에게 통보하는 자료를 전산처리하였을 때에는 전자문서로 통보할 수 있다. (2014. 3. 14. 신설)

③ 제1항에 따른 통보를 받은 지방자치단체의 장은 법인의 본점 또는 주사무소와 사업장의 소재지가 다른 경우에는 해당 법인의 사업장 관할 지방자치단체의 장에게 해당 법인의 법인세 과세표준 등을 지체 없이 통보하여야 한다. (2014. 3. 14. 신설)

제100조의 34 【지방세환급금의 환급과 충당】 지방소득세의 환급금은 법 제89조에 따른 납세지를 관할하는 지방자치단체에서 환급하거나 충당해야 한다. (2020. 4. 28. 개정)

제48조의 15 【과세표준 및 세액 등의 통보】 ① 법 제103조의 59 제1항에 따른 소득세의 신고 · 결정 · 경정 · 징수 및 환급과 관련된 자료의 통보는 다음 각 호의 구분에 따른다. (2014. 8. 8. 신설)

1. 법 제103조의 59 제1항 제1호 및 제2호에 따른 통보 : 별지 제46호 서식부터 별지 제48호 서식까지 및 별표 5에서 정하는 자료 (2014. 8. 8. 신설)
2. 법 제103조의 59 제1항 제3호 및 제4호에 따른 통보 : 별지 제49호 서식 (2014. 8. 8. 신설)
3. 법 제103조의 59 제1항 제5호에 따른 통보 : 별지 제50호 서식부터 별지 제53호 서식까지 (2014. 8. 8. 신설)

② 법 제103조의 59 제2항에 따른 법인세의 신고 · 결정 · 경정 · 징수 및 환급과 관련된 자료의 통보는 다음 각 호의 구분에 따른다. (2014. 8.

가. 「소득세법」 제14조 제2항에 따른 종합소득과세표준, 같은 조 제6항에 따른 퇴직소득과세표준, 같은 법 제69조에 따른 토지등의 매매차익 또는 같은 법 제92조에 따른 양도소득과세표준을 「국세기본법」 제2조 제19호에 따른 전자신고 방식으로 신고받은 경우 : 신고를 받은 즉시 (2024. 12. 31. 개정)

나. 「소득세법」 제70조, 제71조, 제74조, 제87조의 23 및 제110조에 따른 과세표준 확정신고와 같은 법 제69조에 따른 토지등 매매차익예정신고, 같은 법 제87조의 21에 따른 금융투자소득 예정신고 및 같은 법 제105조에 따른 양도소득과세표준 예정신고의 경우 : 신고를 받은 날이 속하는 달의 다음 달 1일부터 2개월이 되는 날 (2023. 3. 14. 개정)

나. 「소득세법」 제70조, 제71조, 제74조 및 제110조에 따른 과세표준 확정신고와 같은 법 제69조에 따른 토지등 매매차익예정신고 및 같은 법 제105조에 따른 양도소득과세표준 예정신고의 경우 : 신고를 받은 날이 속하는 달의 다음 달 1일부터 2개월이 되는 날 (2024. 12. 31. 개정)

다. 「국세기본법」 제45조에 따른 수정신고를 받은 경우 : 신고를 받은 날이 속하는 달의 다음달 1일부터 3개월이 되는 날 (2019. 12. 31. 개정)

2. 「국세기본법」 또는 「소득세법」에 따라 소득세 과세표준과 세액을 결정 또는 경정한 경우 : 결정 또는 경정한 날이 속하는 달의 다음 달 15일 (2021. 12. 28. 개정)

8. 신설)

1. 법 제103조의 59 제2항 제1호 및 제2호에 따른 통보 : 별지 제54호 서식 (2014. 8. 8. 신설)
2. 법 제103조의 59 제2항 제3호 및 제4호에 따른 통보 : 별지 제49호 서식 (2014. 8. 8. 신설)
3. 법 제103조의 59 제2항 제5호에 따른 통보 : 별지 제50호 서식 및 별지 제55호 서식 (2014. 8. 8. 신설)
4. 법 제103조의 59 제2항 제6호에 따른 통보 : 별지 제55호의 2 서식 (2016. 12. 30. 신설)

③ 영 제100조의 33 제3항에 따른 통보는 별지 제56호 서식으로 한다. (2014. 8. 8. 신설)

3. 「소득세법」에 따라 원천징수한 소득세를 납부받은 경우 : 납부한 날이 속하는 달의 다음 달 15일. 다만, 제4호에 따른 납세고지에 따라 납부받은 원천징수세액에 관하여는 그 통보를 생략할 수 있다. (2014. 1. 1. 신설)
4. 「소득세법」에 따른 원천징수의무자가 원천징수하였거나 원천징수하여야 할 소득세를 그 기한까지 납부하지 아니하였거나 미달하여 납부한 경우로서 세무서장등이 원천징수의무자로부터 그 금액을 징수하기 위하여 납세고지를 한 경우 : 고지한 날이 속하는 달의 다음 달 15일 (2014. 1. 1. 신설)
5. 「국세기본법」 또는 「소득세법」에 따라 소득세를 환급한 경우 : 환급한 날이 속하는 달의 다음 달 15일. 다만 「소득세법」 제70조, 제71조, 제74조 및 제110조에 따른 과세표준 확정신고에 따라 소득세를 환급하는 경우에는 신고를 받은 날이 속하는 달의 다음 달 1일부터 2개월 (2024. 12. 31. 단서개정)

편주

법 103조의 59 제1항 5호의 개정규정은 2025. 1. 1. 이후 납세의무가 성립하는 경우부터 적용함. (법 부칙(2023. 3. 14.) 1조 3호, 2조)

② 세무서장등은 법인세의 부과·징수 등에 관한 자료를 행정안전부령으로 정하는 바에 따라 다음 각 호의 구분에 따른 기한까지 대통령령으로 정하는 지방자치단체

제100조의 35【과세관리대장 비치】 (2015. 12. 31. 제목개정)

지방자치단체의 장은 다음 각 호의 과세관리대장을 갖추어 두고, 필요한 사항을 등재하여야 한다. 이 경우 해당 사항을 전산처리하는 경우에는 과세관리대장을 갖춘 것으로 본다. (2015. 12. 31. 개정)

1. 지방소득세 과세대장 (2015. 12. 31. 신설)
2. 법인지방소득세 특별징수세액 정산대장 (2015. 12. 31. 신설)

제48조의 16【과세대장의 비치】 영 제100조의 35에 따른 지방소득세 과세대장은 별지 제57호 서식에 따른다. (2014. 8. 8. 신설)

의 장에게 통보하여야 한다. (2021. 12. 28. 개정)

1. 「국세기본법」 또는 「법인세법」에 따라 법인세 과세표준과 세액을 신고 또는 수정신고 받은 경우 : 신고를 받은 날이 속하는 달의 다음 달 1일부터 2개월 (2014. 1. 1. 신설)
2. 「국세기본법」 또는 「법인세법」에 따라 법인세 과세표준과 세액을 결정 또는 경정한 경우 : 결정 또는 경정한 날이 속하는 달의 다음 달 15일 (2021. 12. 28. 개정)
3. 「법인세법」에 따라 원천징수한 법인세를 납부받은 경우 : 납부한 날이 속하는 달의 다음 달 15일. 다만, 제4호에 따른 납세고지에 따라 납부받은 원천징수세액에 관하여는 그 통보를 생략할 수 있다. (2014. 1. 1. 신설)
4. 「법인세법」에 따른 원천징수의무자가 원천징수하였거나 원천징수하여야 할 법인세를 그 기한까지 납부하지 아니하였거나 미달하여 납부한 경우로서 세무서장등이 원천징수의무자로부터 그 금액을 징수하기 위하여 납세고지를 한 경우 : 고지한 날이 속하는 달의 다음 달 15일 (2014. 1. 1. 신설)
5. 「국세기본법」 또는 「법인세법」에 따라 법인세를 환급한 경우 : 환급한 날이 속하는 달의 다음 달 15일 (2014. 1. 1. 신설)
6. 「조세특례제한법」 제100조의 23에 따라 동업기업 소득의 계산 및 배분명세 신고를 받은 경우 : 신고를 받은 날이 속하는 달의 다음 달 15일 (2016. 12. 27. 신설)

③ 지방자치단체의 장은 제1항 제5호 또는 제2항 제5호에 따른 통보를 받은 경우 해당 소득세 또는 법인세와

동일한 과세표준에 근거하여 산출한 지방소득세를 다시 계산하여 환급세액이 발생하는 경우 이를 환급하여야 한다. (2021. 12. 28. 개정)

④ 「지방세기본법」 제64조 제1항에도 불구하고 이 조 제3항에 따른 환급의 경우(「지방세기본법」 제38조 제2항에 따라 경정결정이나 그 밖에 필요한 처분을 하는 경우는 제외한다) 지방세환급금에 관한 소멸시효는 이 조 제1항 제5호 또는 제2항 제5호에 따른 통보를 받은 날부터 기산한다. (2021. 12. 28. 신설)

제103조의 60 【소액 징수면제】 (2018. 12. 31. 제목개정)

지방소득세로 징수할 세액이 고지서 1장당 2천원 미만인 경우에는 그 지방소득세를 징수하지 아니한다. (2018. 12. 31. 개정)

제103조의 61 【가산세 적용의 특례】 ① 「국제조세조정에 관한 법률」 제17조 제1항에 따라 「국세기본법」 제47조의 3에 따른 과소신고가산세를 부과하지 아니할 때에는 「지방세기본법」 제54조에 따른 과소신고가산세를 부과하지 아니한다. (2020. 12. 22. 개정 ; 국제조세조정에 관한 법률 부칙)

② 2021년부터 2024년까지의 각 과세기간에 발생한 소득에 대하여 「소득세법」 제70조 제1항에 따른 신고기한 내에 같은 조 제3항에 따른 종합소득 과세표준 확정신고를 한 거주자 또는 같은 법 제71조 제1항에 따른 신고기한

내에 같은 조 제3항에 따른 퇴직소득 과세표준 확정신고를 한 거주자가 제95조에 따른 신고의무를 다하지 아니한 경우로서 해당 신고기한이 지난 후 1개월 이내에 종합소득 또는 퇴직소득에 대한 개인지방소득세를 제96조에 따라 수정신고하거나 「지방세기본법」 제51조에 따라 기한 후 신고하는 경우에는 같은 법 제53조 또는 제54조에 따른 가산세를 부과하지 아니한다. (2023. 12. 29. 개정)

제103조의 62【법인지방소득세 특별징수세액 정산을 위한 특례】 ① 제103조의 23 제3항 제3호에 따라 해당 사업연도의 특별징수세액을 공제할 때 이 법에 따른 특별징수한 법인지방소득세의 납세지(이하 "특별징수지"라 한다)와 확정신고할 때의 납세지(이하 "신고지"라 한다)가 다른 경우 해당 특별징수세액은 신고지 관할 지방자치단체의 장에게 납부하는 법인지방소득세로 본다. (2015. 12. 29. 신설)

② 제1항의 경우에 특별징수지 관할 지방자치단체의 장은 해당 특별징수세액의 감액경정을 하여 해당 법인의 본점 또는 주사무소 소재지(연결법인의 경우 연결모법인의 본점 또는 주사무소 소재지를 말하며, 이하 이 조에서 "본점 소재지"라 한다)를 관할하는 지방자치단체의 장에게 지급하여야 한다. (2015. 12. 29. 신설)

③ 제2항에 따라 특별징수 세액을 지급받은 본점 소재지 관할 지방자치단체의 장은 제89조 제2항에 따라 신고법

제100조의 36【법인지방소득세 특별징수세액 정산 등】 ① 법 제103조의 62 제3항에서 "대통령령으로

인이 안분신고한 내역을 근거로 대통령령으로 정하는 정산금액을 신고지 관할 지방자치단체에 배분하고, 그 내역을 통보하여야 한다. 이 경우 신고지 관할 지방자치단체의 장은 해당 배분액을 납세의무자가 납부한 법인지방소득세로 보아 징수하여야 한다. (2015. 12. 29. 신설)

④ 제3항에 따라 정산 금액을 배분할 때 본점 소재지 관할 지방자치단체의 장은 제103조의 29에 따라 특별징수된 세액이 법인지방소득세 총부담세액을 초과하여 환급세액이 발생한 경우 그 환급세액을 대통령령으로 정하는 바에 따라 납세의무자에게 환급하거나 지방세에 충당한다. 이 경우 체납된 징수금이 2건 이상인 경우에는 신고지 관할 지방자치단체의 체납된 징수금 중 소멸시효가 먼저 도래하는 것부터 충당하여야 한다. (2016. 12. 27. 개정)

⑤ 지방자치단체의 장은 제1항부터 제4항까지의 규정에 따른 정산을 위하여 지방자치단체간 협약을 체결할 수 있다. 이 경우 협약서에는 정산사무의 내용과 범위, 방법 및 절차 등에 관한 사항을 정하여야 한다. (2015. 12. 29. 신설)

⑥ 「지방세기본법」에 따른 충당과 환급은 제2항부터 제5항까지의 절차에 따른 정산이 완료된 후에 적용한다. (2015. 12. 29. 신설)

정하는 정산금액"이란 해당 납세지에 제88조 제1항에 따라 사업장 소재지별로 안분하여 납부할 법인지방소득세를 계산한 금액을 말한다. (2015. 12. 31. 신설)

② 법 제103조의 62 제2항에 따른 본점 소재지(이하 "본점 소재지"라 한다) 관할 지방자치단체의 장은 같은 조 제4항에 따라 환급세액을 납세의무자에게 환급하는 경우에는 같은 조 제1항에 따른 신고지(이하 "신고지"라 한다)를 관할하는 지방자치단체의 장에게 배분할 금액의 지급을 유보하고 환급금을 해당 법인에 일괄 환급(해당 지방자치단체의 장이 납세의무자에게 환급할 금액에 한정한다)을 하여야 한다. 이 경우에 해당 법인에 환급하고 남은 금액은 그 신고지를 관할하는 지방자치단체의 장에게 교부하여야 한다. (2015. 12. 31. 신설)

③ 납세자는 법 제103조의 62에 따라 법인지방소득세 특별징수세액의 정산을 받으려면 행정안전부령으로 정하는 서류를 본점 소재지를 관할하는 지방자치단체의 장에게 제출하여야 한다. (2017. 7. 26. 직제개정 ; 행정안전부와~직제 부칙)

④ 본점 소재지를 관할하는 지방자치단체의 장은 법 제103조의 62에 따른 정산 등의 처리를 완료하면 다음 각 호의 구분에 따라 해당 사항을 통보하여야 한다. (2015. 12. 31. 신설)

1. 납세의무자 : 환급 또는 충당 내역 (2015. 12. 31. 신설)
2. 지점 소재지 관할 지방자치단체의 장 : 교부 · 환급 · 충당 내역 (2015. 12. 31. 신설)

제48조의 17【법인지방소득세 특별징수세액 정산 등】 영 제100조의 36 제3항에서 "행정안전부령으로 정하는 서류"란 별지 제42호의 4 서식의 법인지방소득세 특별징수명세서 및 법인지방소득세 특별징수영수증을 말한다. (2017. 7. 26. 직제개정 ; 행정안전부와~시행규칙 부칙)

제103조의 63【법인지방소득세 추가납부 등】 ① 법인세 또는 소득세 과세표준 산정시 「조세특례제한법」 및 다른 법률에 따라 과세표준 산정에 관한 조세특례가 적용되어 법인세 또는 소득세(이자상당가산액을 포함한다)를 추가 납부하는 경우 그 추가납부하는 세액의 100분의 10에 상당하는 금액을 지방소득세로 추가하여 납부하여야 하며 그 대상 및 세액계산에 필요한 사항은 대통령령으로 정한다. (2015. 12. 29. 신설)

②「법인세법」 제27조 및 제28조에 따라 업무와 관련 없는 비용 및 지급이자를 손금에 산입하지 아니하여 그 양도한 날이 속하는 법인세에 가산하여 납부하는 경우 그 납부하는 세액의 100분의 10에 상당하는 금액을 법인지방소득세로 추가하여 납부하여야 한다. (2015. 12. 29. 신설)

③「소득세법」 제46조 제1항에 따른 채권등에서 발생하는 이자, 할인액 및 투자신탁의 이익의 계산기간 중에 해당 채권등을 매도하는 경우로서 대통령령으로 정하는 경우에 해당하여 「법인세법」 제73조의 2에 따라 법인세를 추가납부하는 경우 그 추가납부하는 세액의 100분의 10에

제100조의 37【지방소득세 추가납부 대상 등】 (2016. 12. 30. 제목개정)

① 법 제103조의 63 제1항에 따라 지방소득세를 추가 납부하여야 하는 대상과 그 세액의 계산은 다음 각 호와 같다. (2019. 5. 31. 항번개정)

1.「법인세법」 제29조 제7항 및 제30조 제3항에 따라 익금에 산입하고 이자상당가산액을 법인세로 추가납부하는 경우 : 법인세로 추가납부하는 이자상당가산액의 100분의 10 (2019. 2. 12. 개정 ; 법인세법 시행령 부칙)

2.「조세특례제한법」 제9조 제4항, 제10조의 2 제4항, 제33조 제3항, 제34조 제2항, 제38조의 2 제3항, 제39조 제3항, 제40조 제5항, 제46조 제3항, 제46조의 4 제2항, 제47조의 4 제2항, 제60조 제4항, 제61조 제5항, 제62조 제2항, 제85조의 2 제2항, 제85조의 7 제2항, 제85조의 8 제2항, 제85조의 9 제2항, 제97조의 6 제3항 및 제104조의 11 제3항에 따라 익금에 산입하고 이자상당가산액을 법인세 또는 소득세로 추가납부하는 경우 : 법인세 또는 소득세로 추가납부하는 이자상당가산액의 100분의 10 (2016. 12. 30. 개정)

② 법 제103조의 63 제3항에서 "대통령령으로 정하는 경우"란 법인이 「소득세법 시행령」 제190조 제1호에 따른 날에 원천징수하는 「소득세법」 제46조 제1항에 따른 채권등을 취득한 후 사업연도가 종료되어 원천징수된 세액을 전액 공제하여 법인세를 신고하였으나 그 후의 사업연

상당하는 금액을 법인지방소득세로 추가하여 납부하여야 하며, 그 세액의 계산에 필요한 사항은 대통령령으로 정한다. (2018. 12. 31. 신설)

제103조의 64【사실과 다른 회계처리로 인한 경정 특례】 ① 내국법인이 「법인세법」 제58조의 3 제1항 각 호의 요건을 모두 충족하는 사실과 다른 회계처리를 하여 과세표준 및 세액을 과다하게 계상함으로써 경정을 받은 경우에는 과다 납부한 세액을 환급하지 아니하고 그 경정일이 속하는 사업연도부터 각 사업연도의 법인지방소득세액에서 과다 납부한 세액을 차감한다. 이 경우 각 사업연도별로 차감하는 금액은 과다 납부한 세액의 100분의 20(제2항을 적용한 경우에는 차감 후 남은 금액을 말한다)을 한도로 하고, 차감 후 남아 있는 과다 납부한 세액은 이후 사업연도에 이월하여 차감한다. (2018. 12. 31. 개정)
② 제1항을 적용할 때 내국법인이 해당 사실과 다른 회계처리와 관련하여 그 경정일이 속하는 사업연도 이전의 사업연도에 「지방세기본법」 제49조에 따른 수정신고

도 중 해당 채권등의 만기상환일이 도래하기 전에 이를 매도함으로써 해당 사업연도 전에 공제한 원천징수세액이 「법인세법 시행령」 제113조 제2항에 따라 계산한 금액에 대한 세액을 초과하는 경우를 말한다. (2019. 5. 31. 신설)
③ 법 제103조의 63 제3항에 따라 법인지방소득세로 추가하여 납부하는 금액은 제2항에 따른 채권등을 매도한 날이 속하는 사업연도의 법인지방소득세에 가산한다. (2019. 5. 31. 신설)

제100조의 38【사실과 다른 회계처리로 인한 경정에 따른 환급 특례의 적용 방법】 법 제103조의 64를 적용할 때 동일한 사업연도에 같은 조 제1항 전단에 따른 경정청구의 사유 외에 다른 경정청구의 사유가 함께 경정청구된 경우 다음의 계산식에 따라 계산한 금액을 그 차감할 세액으로 한다. (2018. 3. 27. 개정)

$$\text{과다 납부한 세액} \times \frac{\text{사실과 다른 회계처리로 인하여 과다계상한 과세표준}}{\text{과다계상한 과세표준의 합계액}}$$

를 하여 납부할 세액이 있는 경우에는 그 납부할 세액에서 제1항에 따른 과다 납부한 세액의 100분의 20을 먼저 차감한다. (2017. 12. 26. 개정)

③ 제1항 및 제2항에 따라 과다 납부한 세액을 차감받은 내국법인으로서 과다 납부한 세액이 남아 있는 내국법인이 해산하는 경우에는 다음 각 호에 따른다. (2017. 12. 26. 신설)

1. 합병 또는 분할에 따라 해산하는 경우 : 합병법인 또는 분할신설법인(분할합병의 상대방 법인을 포함한다)이 남아 있는 과다 납부한 세액을 승계하여 제1항에 따라 차감한다. (2017. 12. 26. 신설)
2. 제1호 외의 방법에 따라 해산하는 경우 : 납세지 관할 지방자치단체의 장은 남아 있는 과다 납부한 세액에서 제103조의 41에 따른 청산소득에 대한 법인지방소득세 납부세액을 빼고 남은 금액을 즉시 환급하여야 한다. (2017. 12. 26. 신설)

④ 제1항부터 제3항까지에 따른 과다 납부 세액의 차감 방법 및 절차는 대통령령으로 정한다. (2017. 12. 26. 개정)

제103조의 65【재해손실에 대한 세액계산 특례】 ① 내국법인이 「법인세법」 제58조에 따라 재해손실에 대한 세액공제를 받은 경우에는 다음 각 호의 법인지방소득세액에 같은 법 제58조에 따른 자산 상실 비율을 곱하여 계산한 금액을 법인지방소득세액에서 차감한다. (2023. 3. 14. 신설)

제100조의 39【재해손실에 대한 법인지방소득세액 계산의 기준】 법 제103조의 65 제1항 각 호에 따른 법인지방소득세액에는 법 제103조의 30에 따른 가산세(「법인세법」 제75조의 3에 따른 가산세가 적용되는 경우로 한정한다)와 「지방세기본법」 제53조부터 제56조까지의 규정에 따른 가산세가 포함되는 것으로 한다. (2023. 3. 14. 신설)

1. 재해 발생일을 기준으로 부과되지 아니한 법인지방소득세액과 부과된 법인지방소득세액으로서 미납된 법인지방소득세액 (2023. 3. 14. 신설)
2. 재해 발생일이 속하는 사업연도의 소득에 대한 법인지방소득세액 (2023. 3. 14. 신설)

② 제1항에 따라 세액을 차감받으려는 내국법인은 대통령령으로 정하는 바에 따라 납세지 관할 지방자치단체의 장에게 신청하여야 한다. (2023. 3. 14. 신설)

③ 제1항 및 제2항에 따른 법인지방소득세의 세액차감 신청 및 결정에 필요한 사항은 대통령령으로 정한다. (2023. 3. 14. 신설)

제100조의 40【재해손실에 대한 세액계산 특례의 적용 신청 및 결정】 ① 법 제103조의 65 제1항에 따라 재해손실에 대한 법인지방소득세액의 차감을 받으려는 내국법인은 다음 각 호의 구분에 따른 기간에 행정안전부령으로 정하는 신청서를 납세지 관할 지방자치단체의 장에게 제출해야 한다. (2023. 3. 14. 신설)

1. 재해 발생일을 기준으로 부과되지 않은 법인지방소득세액과 부과된 법인지방소득세액으로서 미납된 법인지방소득세액의 경우 : 재해 발생일부터 4개월 이내 (2023. 3. 14. 신설)
2. 재해 발생일이 속하는 사업연도의 소득에 대한 법인지방소득세액 : 법 제103조의 23 제1항에 따른 신고기한. 다만, 재해 발생일부터 신고기한까지의 기간이 4개월 미만인 경우에는 재해 발생일부터 4개월 이내로 한다. (2023. 3. 14. 신설)

② 납세지 관할 지방자치단체의 장은 제1항 제1호에 따라 법인지방소득세액(신고기한이 지나지 않은 세액은 제외한다) 차감 신청을 받은 경우 그 차감세액을 결정하여 해당 내국법인에 알려야 한다. (2023. 3. 14. 신설)

③ 납세지 관할 지방자치단체의 장은 내국법인이 법 제103조의 65 제1항에 따라 차감받을 법인지방소득세에 대해 해당 세액차감이 확인될 때까지 「지방세징수법」에 따라 그 법인지방소득세의 납부기한을 다시 정하여 징수를 유예하거나 납세고지를 유예할 수 있다. (2023. 3. 14. 신설)

제48조의 18【재해손실에 대한 세액계산 특례】 영 제100조의 40 제1항에서 "행정안전부령으로 정하는 신청서"란 별지 제43호의 14 서식에 따른 재해손실세액 차감신청서를 말한다. (2023. 3. 28. 신설)

제9장 재 산 세 (2010. 3. 31. 개정)

제1절 통 칙 (2010. 3. 31. 개정)

제104조【정 의】 재산세에서 사용하는 용어의 뜻은 다음과 같다. (2010. 3. 31. 개정)

1. "토지"란 「공간정보의 구축 및 관리 등에 관한 법률」에 따라 지적공부의 등록대상이 되는 토지와 그 밖에 사용되고 있는 사실상의 토지를 말한다. (2014. 6. 3. 개정 ; 측량·수로조사~법률 부칙)
2. "건축물"이란 제6조 제4호에 따른 건축물을 말한다. (2010. 3. 31. 개정)
3. "주택"이란 「주택법」 제2조 제1호에 따른 주택을 말한다. 이 경우 토지와 건축물의 범위에서 주택은 제외한다. (2010. 3. 31. 개정)

예판

【조심판례】 쟁점주택이 공부상 주택으로 등재되어 있다 하더라도 지붕과 벽체 등이 파손된 상태에서 사실상 주거기능이 상실된 이상 주택으로 보기는 어려움. (조심2013지256, 2013. 5. 29.)

4. "항공기"란 제6조 제9호에 따른 항공기를 말한다. (2010. 3. 31. 개정)
5. "선박"이란 제6조 제10호에 따른 선박을 말한다.

제9장 재 산 세 (2010. 9. 20. 개정)

제1절 통 칙 (2010. 9. 20. 개정)

운영예규 **법104-1【사실상의 토지】**

「지방세법」 제104조 제1호의 「사실상의 토지」라 함은 매립·간척 등으로 준공인가 전에 사용승낙 또는 허가를 받거나 사실상으로 사용하는 토지 등 토지대장에 등재되어 있지 않는 토지를 포함한다.

법104-2【오피스텔을 주거용으로 사용하는 경우 재산세 과세방법】

오피스텔은 「건축법」 상 일반 업무시설에 해당하므로 일반적으로 건축물로 과세하나, 현황과세의 원칙에 따라 주거용(주민등록, 취학여부, 임대주택 등록 여부 등)으로 사용하는 경우에 한해 주택으로 과세한다. 이 경우 해당 건물부분과 그 부속토지부분을 각각 구분하여 산출한 시가표준액의 합을 주택의 시가표준액으로 보아 이 금액에 주택분 공정시장가액 비율을 적용한 금액을 과세표준으로 한다.

법104-3【주택에 설치된 영유아보육시설의 재산세 과세방법】

영유아보육시설이 설치된 주택이 주택법에 따른 주택의 구조를 유지하는 경우, 주택분 과세대상에 해당된다.

제9장 재 산 세

(2010. 12. 23. 개정)

관련법령

주택법

제2조【정 의】 이 법에서 사용하는 용어의 뜻은 다음과 같다. (2016. 1. 19. 개정)

1. "주택"이란 세대(世帶)의 구성원이 장기간 독립된 주거생활을 할 수 있는 구조로 된 건축물의 전부 또는 일부 및 그 부속토지를 말하며, 단독주택과 공동주택으로 구분한다. (2016. 1. 19. 개정)

(2010. 3. 31. 개정)

6. "도시지역"이란 「국토의 계획 및 이용에 관한 법률」 제6조에 따른 도시지역으로서 해당 지방의회의 의결을 받아 지방자치단체의 장이 고시한 지역을 말한다. (2010. 3. 31. 개정)

6. 삭 제 (2010. 12. 27.)

제105조 【과세대상】 재산세는 토지, 건축물, 주택, 항공기 및 선박(이하 이 장에서 "재산"이라 한다)을 과세대상으로 한다. (2010. 3. 31. 개정)

예판

【판례】 재산세 과세대상 건축물의 범위

양수발전소 수로터널(도수로터널, 상부조압수조, 수직터널, 수압철관, 흡출터널, 하부조압수조, 방수터널)은 그 구조, 형태, 용도, 기능 등을 전체적으로 고려할 때, 하부저수지의 물을 상부저수지로 끌어올리고, 발전설비를 통과한 물을 하부저수지로 배수하는 등 급수와 배수기능을 발휘하는 시설에 해당하므로 재산세의 과세대상인 급수·배수시설에 포함됨. (대법 2013두13716, 2014. 2. 13.)

【예규】 준공검사 전 공유수면 매립토지의 경우 재산세 과세기준일 현재 공사준공 인가를 받은 토지나 공사준공일 전에 사용승낙 또는 허가를 받은 토지에 대해서만 재산세 과세대상에 해당된다고 판단됨. (지방세운영과-1228, 2014. 4. 9.)

제106조 【과세대상의 구분 등】 (2014. 1. 1. 제목개정)

① 토지에 대한 재산세 과세대상은 다음 각 호에 따라 종합합산과세대상, 별도합산과세대상 및 분리과세대상

예판

【예규】 과세대상 토지의 범위

가지번 상태로 지적공부상 등재되어 있지 않는 토지라도 객관적으로 보아 해당 재산을 배타적으로 사용·수익·처분할 수 있고 언제라도 공부상 소유자로 등재될 수 있는 상태에 있다면 재산을 사실상 소유하고 있다고 할 것이며, 택지개발 사업중에 취득한 토지도 사실상의 토지로 지적공부에 등록되었는지 여부를 불문하고 재산세의 과세대상이 되고, 해당 가지번을 과세자료로 활용할 수 있음. (지방세운영과-16, 2014. 11. 24.)

예판

【예규】 · 분리과세 대상 토지 범위

예판

【예규】 철거 진행 중인 재건축 공동주택의 '주택' 적용 기준

어떠한 건축물을 주택으로 보는지에 대하여는 단전·단수·출입의 제한 여부, 철거의 개시 여부 보다는 '외형적으로 주택의 구조가 훼손되거나 일부 멸실 혹은 붕괴되고 그 복구가 사회통념상 거의 불가능하게 된 정도에 이르러 재산적 가치를 전부 상실하게 된 때를 기준으로 판단'하여야 하며, 재건축 구역 내 부동산이라고 하더라도 현황과세의 원칙상 개별 재산세 부과대상에 해당하는 각각의 주택 (동)별로 주택 여부를 달리 판단하여야 함. (부동산세제과-1076, 2020. 5. 14.)

예판

【조심판례】 · 곤충사육시설의 부속토

으로 구분한다. (2010. 3. 31. 개정)

1. 종합합산과세대상 : 과세기준일 현재 납세의무자가 소유하고 있는 토지 중 별도합산과세대상 또는 분리과세대상이 되는 토지를 제외한 토지 (2019. 12. 3. 단서삭제)

가. 이 법 또는 관계 법령에 따라 재산세가 비과세되거나 면제되는 토지 (2010. 3. 31. 개정)

나. 이 법 또는 다른 법령에 따라 재산세가 경감되는 토지의 경감비율에 해당하는 토지 (2010. 3. 31. 개정)

가.~나. 삭 제 (2019. 12. 3.)

2. 별도합산과세대상 : 과세기준일 현재 납세의무자가 소유하고 있는 토지 중 다음 각 목의 어느 하나에 해당하는 토지 (2019. 12. 3. 단서삭제)

☞

예판

【판례】 • 토지분 재산세 과세구분

– 행정청의 행정행위(도시계획의 변경)가 당연무효로 취소되기 전까지는 유효한 것으로 보아야 하므로 행정행위의 하자를 이유로 토지분 재산세 과세구분을 변경할 수 없음. (대전고법 2020누10430, 2020. 10. 22. ; 대법확정)

• 별도합산 적용 대상

– 폐기물사업장내 파쇄시설은 기계장치, 보관시설은 토지의 정착물에 불과하여 별도의 시설물로 볼 수 없어, 건축물 또는 저장시설에 해당하지 않아 별도합산 적용 불가함. (서울고법 2013누29164, 2014. 7. 11. : 대법확정)

– 흙막이벽체 안정화 공사는 공사의 중단을 전제로 하여 그 중단기간의 장기화에 따른 안전조치로서 기존에 설치된 흙막이

– 항만공사가 소유하고 있는 토지를 선박제조회사 등에게 임대하여 선박제조용 등(조선용부지, 공장 부속토지, 적치장)으로 사용하는 경우, 항만법 제2조 제5호에 따른 항만시설용 토지 및 항만공사법 제8조 제1항에 따른 사업에 사용하거나 사용하기 위한 토지로 볼 수 없어 분리과세 대상에 해당하지 않음. (지방세운영과-205, 2015. 1. 21.)

– 공익적 또는 사회적 목적을 위하여 출연된 재산을 구성요소로 하는 재단으로서 법인격을 갖춘 재단법인은 그 법인격이 종중과는 다르므로, 재단법인이 묘소수호와 세향의 봉행, 제각 및 기타 유산관리를 목적으로 하고 있다 하더라도 그 법인 소유의 농지를 종중이 소유하고 있는 농지로 보아 분리과세 적용할 수 없음. (지방세운영과-346, 2015. 1. 29.)

– 분리과세 대상 경제자유구역개발사업에 제공하는 토지의 범위에 주택건설에 직접 사용하지 않더라도 사업시행인가 계획에 따라 주택건설이 예정된 토지라면 개발사업에 "제공하는 주택건설용 토지"로 볼 수 있으나, 장기간 개발사업 진행이 중단되어 실시계획인가가 형식적으로만 유지되고 있고 사실상 본래의 기능은 상실하였거나 다른 용도로 전용된 것이 입증되는 경우라면 이에 해당한다고 볼 수 없다 할 것임. (지방세운영과-1448, 2015. 5. 13.)

– 분리과세 대상 산업단지개발사업 시행자가 승인을 받아 산업단지조성공사를 시행하고 있는 토지의 범위에, 사업시행자로 지정을 받지 아니한 신탁회사가 신탁재산으로 소유하고 있는 토지는 포함되지 아니함. (지방세운영과-381, 2014. 12. 24.)

– 주택사업조합이 소유하고 있는 토지라도 토지가 분리과세가 되기 위해서는 ① 주택법에 따른 주택건설사업자 등록을 하여야 하고, ② 사업계획 승인을 받아야 하며, ③ 주택건설사업에 제공되고 있는 토지이어야 하므로, 동 요건을 모두 충족하고 있지 않은 이상, 분리과세대상에 해당하지 않음. (지방세운영과-380, 2014. 12. 24.)

지가 분리과세대상 해당 여부

– 귀뚜라미 사육의 경우 「축산법」 제2조에서 축산업으로 보지 않고 있고, 그 사육장 부지의 경우 「지방세법 시행령」 제102조 제1항 제3호에서 축산용 토지로도 보지 않고 있으므로 목장용지로 보아 분리과세 할 수 없고 종합합산과세대상임. (조심 2019지1853, 2019. 10. 31.)

【판례】 • 토지구획정리사업지구로 지정·고시된 지역내 사실상 농지인 경우, 일반주거지역으로 지정되어 있을 뿐 개발제한구역이나 녹지지역으로 지정되어 있지 않으므로, 실제로 영농에 사용되고 있다고 하더라도 분리과세대상 토지인 전·답·과수원에 해당하지 않음. (서울고법 2019누54858, 2020. 1. 16. : 대법확정)

• 재산세 분리과세(중과세)대상이 되는 회원제골프장용 토지는 특별한 사정이 없는 한 과세기준일 현재 실제로 회원제골프장으로 사용되고 있는 토지이어야 하고, 설사 「체육시설의 설치·이용에 관한 법률」에 따라 회원제골프장업으로 체육시설업 등록을 하였더라도 실제로는 회원제골프장이 아닌 대중제골프장으로만 운영한 경우에는 지방세법령에서 정한 재산세 분리과세(중과세)대상으

벽체의 안정화 공사를 한 것에 불과하므로, 이를 6개월 이상 공사를 중단한 정당한 사유가 있는 것으로 보아 별도합산을 적용할 수는 없음. (대법 2015두39248, 2015. 7. 23.)

• **분리과세 적용 대상**

- 분리과세대상인 '도시개발사업에 공여하는 주택건설용 토지'라 함은 주택부지만을 의미하는 것이 아니라 주택건설에 필수불가결하게 수반되는 시설용 토지(도로 등 교통시설, 공원, 녹지, 학교 등은 입주민들의 생활편익과 쾌적한 주거환경을 위한 공공시설 또는 기반시설용 토지)를 포함하는 것으로, 동 공공시설이 체비지·보류지로 지정된 경우에도 동일함. (대법 2012두10086, 2013. 6. 13.)
- 주택건설사업자가 아닌 타인 소유의 토지라고 하더라도 그 사용권 등을 확보하여 주택건설사업계획의 승인을 받으면 재산세 분리과세대상인 주택건설사업에 공여되는 토지로 볼 수 있음. (대법 2010두28632, 2012. 4. 26.)
- 주택법상 사업계획승인 대상이 아닌 토지는 그것이 주택건설사업에 공여되고 있는 토지라고 하더라도 분리과세대상 토지에 포함되지 아니함. (대법 2015두39248, 2015. 7. 23. 및 2011두3289, 2015. 9. 10.)
- 현재 개발행위가 제한되어 있고 공부상 지목도 농지이며 영농에 사용되고 있는 경우(인정사실)라도, 이 사건 도시관리계획 결정에 의하여 제1종일반주거지역으로 지정된 도시지역에 있어 개발제한구역과 녹지지역 안에 있지 아니하여 분리과세대상 토지에 해당되지 않는다고 할 것임. (인천지법 2014구단2079, 2015. 6. 2. : 대법확정)

- 지방공사가 취득하여 5년이 경과할 때까지 개발이 이루어지지 아니한 토지는 분리과세를 적용할 수 없음. (지방세운영과-1985, 2016. 7. 28.)
- 일반인들이 수목을 관람하면서 휴식을 취할 수 있는 곳이라면 농작물의 생산용도로 사용되는 토지가 아니며, 단순히 토지상에 다수의 식물이 존재한다고 하더라도 농지로 볼 수는 없다할 것임. (지방세운영과-682, 2016. 3. 16.)
- 산업단지를 조성하는 사업시행자가 토지를 수용하는 과정에서 불가피하게 산업단지 외부의 토지(잔여지)도 함께 취득하는 경우, 비록 산업단지개발사업 시행과정에서 사업시행자에 의해 수용된 토지라고 하더라도, 지방세법령상 분리과세 대상으로 정하고 있는 "산업단지개발실시계획승인을 받아 산업단지조성공사를 시행하고 있는 토지"로 볼 수 없다고 할 것임. (지방세운영과-380, 2016. 2. 12.)
- 지식산업센터 설립승인을 받고, 착공에 이르지 아니한 경우라면 재산세 분리과세 대상에 해당하지 아니함. (지방세운영과-3543, 2015. 11. 9.)
- 전기사업자가 전기사업법에 따라 태양광 발전사업을 위해 자치단체장으로부터 허가를 받아 태양광 발전설비를 설치하여 전기사업을 추진하는 것으로 전원개발촉진법상 산통부 장관으로부터 전원개발 실시계획승인을 받아 전기사업에 제공되는 토지가 아니라면 분리과세 대상에 해당하지 아니함. (지방세운영과-3544, 2015. 11. 9.)
- 부동산집합투자기구의 집합투자재산으로서 신탁업자 명의로 등기된 신탁재산은 분리과세 대상에 해당됨. (지방세운영과-163, 2017. 3. 21.)

• **별도합산 대상 토지 범위**

- 관광단지 내 토지 중 관련법에 따른 환경영향평가의 협의 결과에 따라 원형이 보전되는 임야에 한해 별도합산 대상으로 보아야 할 것이고, 이외의 토지는 이에 해당하지 않는다고 할 것로 볼 수는 없음. (조심 2015지194, 2015. 6. 10.)

• 재산세 과세기준일 현재 주택건설사업계획을 승인받지 못하였을 뿐만 아니라 농지 및 임야상태로서 주택건설사업에 제공되고 있지 아니하므로 재산세 분리과세대상으로 보기는 어려움. (조심 2014지277, 2014. 3. 27.)

운영예규 법106-1 【과세기준일 현재 소유자】

「지방세법」 제106조 및 제114조에 따른 과세기준일 현재 과세대상물건의 소유권이 양도·양수된 때에는 양수인을 당해연도의 납세의무자로 본다.

가. 공장용 건축물의 부속토지 등 대통령령으로 정하는 건축물의 부속토지 (2010. 12. 27. 개정)

예판

【예규】 • 1구의 공장용지 안에 공장으로 사용중인 건축물과 아무런 용도로도 사용하지 않는 건축물이 혼재해 있으면서 그 부속토지가 구분되어 있지 아니하는 경우라면 공장용 건축물을 기준으로 한 공장입지기준면적 범위내에서 분리과세를 먼저 적용하되, 공장입지기분면적 범위내에 있다하더라도 미사용 건축물의 바닥면적은 별도합산 과세하는 것이 타당하다 할 것임. (지방세운영과-3672, 2012. 11. 14.)

• 지상정착물의 부속토지란 지상정착물의 효용과 편익을 위해 사용되고 있는 토지를 말하고 그 부속토지인지 여부는 필지수나 공부상의 기재와 관계없이 토지의 이용현황에 따라 객관적으로 결정하여야 하는 바, 토지가 건축물과 지번이 다르다 하더라도 그 사용 현황상 건축물의 부속토지로 보는 것이 합리적이라 할 것이므로, 당해 건축물 바닥면적의 용도지역별 적용배율 범위내 토지에 대하여 별도합산 과세대상 토지로 볼 수 있다고 사료됨. (지방세운영과-876, 2011. 2. 25.)

• 당해 토지가 물류단지시설 이외에 타 용도로 사용할 수 없다 하더라도 과세기준일 현재 나대지 상태로서 물류단지 시설용 토지로 볼 수 있는 어떠한 시설이나 사업행위가 없다면 별도합산 과세대상 토지가 아니라고 판단됨. (지방세운영과-5458, 2010. 11. 30.) 임. (지방세운영과-1771, 2015. 6. 12.)

- 운동시설의 접근 편의를 위한 목적으로 설치되어 있는 주차장에 사용되는 토지는 운동시설용 토지로 볼 수 없어 별도합산 대상 토지가 아니라고 할 것임. (지방세운영과-685, 2016. 3. 16.)

제101조 【별도합산과세대상 토지의 범위】 ① 법 제106조 제1항 제2호 가목에서 "공장용 건축물의 부속토지 등 대통령령으로 정하는 건축물의 부속토지"란 다음 각 호의 어느 하나에 해당하는 건축물의 부속토지를 말한다. 다만, 「건축법」 등 관계 법령에 따라 허가 등을 받아야 할 건축물로서 허가 등을 받지 아니한 건축물 또는 사용승인을 받아야 할 건축물로서 사용승인(임시사용승인을 포함한다)을 받지 아니하고 사용 중인 건축물의 부속토지는 제외한다. (2010. 12. 30. 개정)

1. 특별시·광역시(군 지역은 제외한다)·특별자치시·특별자치도 및 시지역(다음 각 목의 어느 하나에 해당하는 지역은 제외한다)의 공장용 건축물의 부속토지로서 공장용 건축물의 바닥면적(건축물 외의 시설의 경우에는 그 수평투영면적을 말한다)에 제2항에 따른 용도지역별 적용배율을 곱하여 산정한 범위의 토지 (2016. 12. 30. 개정)
   가. 읍·면지역 (2016. 12. 30. 개정)
   나. 「산업입지 및 개발에 관한 법률」에 따라 지정된 산업단지 (2010. 9. 20. 개정)

예판

【판례】 • **흙막이 공사를 위한 규준틀 설치 작업시점을 신축공사의 착수로 보아야 함**

규준틀 설치 작업시점에 이미 건축물 신축공사를 시작하였다고 할 수 있으므로 그때부터 이 사건 건축물에 관한 굴착이나 축조 등의 공사에 착수한 것으로 보아 그 부속토지는 별도합산과세대상에 해당됨. (대법 2016두58406, 2017. 3. 15.)

운영예규 법106…시행령101-1

【부속토지의 필지별 가액이 다를 경우의 과세표준 산출】

「지방세법 시행령」 제101조 제1항의 규정에 의하여 용도지역별 적용배율을 곱하여 기준면적을 산출하는 경우 등에 있어서 부속토지가 여러 필지로서 필지별 과세표준이 다를 경

2009. 12. 26.)

나. 차고용 토지, 보세창고용 토지, 시험·연구·검사용 토지, 물류단지시설용 토지 등 공지상태(空地

다. 「국토의 계획 및 이용에 관한 법률」에 따라 지정된 공업지역 (2010. 9. 20. 개정)

2. 건축물(제1호에 따른 공장용 건축물은 제외한다)의 부속토지 중 다음 각 목의 어느 하나에 해당하는 건축물의 부속토지를 제외한 건축물의 부속토지로서 건축물의 바닥면적(건축물 외의 시설의 경우에는 그 수평투영면적을 말한다)에 제2항에 따른 용도지역별 적용배율을 곱하여 산정한 면적 범위의 토지 (2010. 9. 20. 개정)

가. 법 제106조 제1항 제3호 다목에 따른 토지 안의 건축물의 부속토지 (2010. 9. 20. 개정)

나. 건축물의 시가표준액이 해당 부속토지의 시가표준액의 100분의 2에 미달하는 건축물의 부속토지 중 그 건축물의 바닥면적을 제외한 부속토지 (2010. 9. 20. 개정)

② 제1항에 적용할 용도지역별 적용배율은 다음과 같다. (2010. 9. 20. 개정)

용도지역별		적용배율
도시지역	1. 전용주거지역	5배
	2. 준주거지역·상업지역	3배
	3. 일반주거지역·공업지역	4배
	4. 녹지지역	7배
	5. 미계획지역	4배
도시지역 외의 용도지역		7배

③ 법 제106조 제1항 제2호 나목에서 "대통령령으로 정하는 토지"란 다음 각 호의 어느 하나에 해당하는 토지

우에는 총과표를 산정한 후 기준면적 이내의 토지와 기준면적 초과토지의 각 필지별 면적에 따라 비례안분하여 각각 과세표준을 산출한다.

제49조【건축물 시가표준액의 기준】 영 제101조 제1항 제2호 나목에서 "건축물의 시가표준액"이란 해당건축물이 과세기준일 현재 신축된 것으로 보아 계산한 시가표준액을 말한다. (2010. 12. 23. 개정)

예 판

【예규】자동차야영장업 토지의 별도합

狀態)나 해당 토지의 이용에 필요한 시설 등을 설치하여 업무 또는 경제활동에 활용되는 토지로서 대통령령으로 정하는 토지 (2010. 12. 27. 개정)

예판

【예규】 부설주차장 설치기준면적 이내의 토지가 별도로 존재한다면, 건축물의 부속토지와 별개로 별도합산과세대상토지로 봄. (지방세운영과-1291, 2019. 5. 8.)

다. 철거 · 멸실된 건축물 또는 주택의 부속토지로서 대통령령으로 정하는 부속토지 (2015. 12. 29. 신설)

예판

【예규】 건축물 멸실 후 주차장 사용 토지의 과세 구분
건축물이 멸실된 지 6개월이 경과되지 아니한 토지이나, 과세기준일 현재 아스콘 포장, 무인수납기 설치 등 사실상 주차장 용도로 사용하고 있는 바, 공사과정에서 수반되는 일시적인 나대지 상태로도 볼 수 없어 해당 토지는 종합합산과세 적용이 타당함. (부동산세제과-515, 2024. 2. 5.)

관련법령

산업입지 및 개발에 관한 법률
제2조【정 의】 이 법에서 사용하는 용어의 뜻은 다음과 같다. (2011. 8. 4. 개정)
8. "산업단지"란 제7호의 2에 따른 시설과 이와 관련된 교육 · 연구 · 업무 · 지원 · 정보처리 · 유통 시설 및 이들 시설의 기능 향상을 위하여 주거 · 문화 · 환경 · 공원녹지 · 의료 · 관광 · 체육 · 복지 시설 등을 집단적으로 설치하기 위하여 포괄

를 말한다. (2010. 12. 30. 개정)
1. 「여객자동차 운수사업법」 또는 「화물자동차 운수사업법」에 따라 여객자동차운송사업 또는 화물자동차 운송사업의 면허 · 등록 또는 자동차대여사업의 등록을 받은 자가 그 면허 · 등록조건에 따라 사용하는 차고용 토지로서 자동차운송 또는 대여사업의 최저보유차고면적기준의 1.5배에 해당하는 면적 이내의 토지 (2010. 9. 20. 개정)
2. 「건설기계관리법」에 따라 건설기계사업의 등록을 한 자가 그 등록조건에 따라 사용하는 건설기계대여업, 건설기계정비업, 건설기계매매업 또는 건설기계폐기업의 등록기준에 맞는 주기장 또는 옥외작업장용 토지로서 그 시설의 최저면적기준의 1.5배에 해당하는 면적 이내의 토지 (2010. 9. 20. 개정)
2. 「건설기계관리법」에 따라 건설기계사업의 등록을 한 자가 그 등록조건에 따라 사용하는 건설기계대여업, 건설기계정비업, 건설기계매매업 또는 건설기계해체재활용업의 등록기준에 맞는 주기장 또는 옥외작업장용 토지로서 그 시설의 최저면적기준의 1.5배에 해당하는 면적 이내의 토지 (2024. 5. 28. 개정)
3. 「도로교통법」에 따라 등록된 자동차운전학원의 자동차운전학원용 토지로서 같은 법에서 정하는 시설을 갖춘 구역 안의 토지 (2010. 9. 20. 개정)
4. 「항만법」에 따라 해양수산부장관 또는 시 · 도지사가 지정하거나 고시한 야적장 및 컨테이너 장치장용 토지와 「관세법」에 따라 세관장의 특허를 받는 특허보

산과세 여부
「지방세법 시행령」 제101조 제3항 각호는 예시적 규정이 아니라 열거적 규정이므로, 각 호에서 규정하고 있지 않은 자동차야영장업용 토지는 별도합산 과세대상에 해당하지 않음. (부동산세제과-1368, 2020. 6. 18.)

적 계획에 따라 지정·개발되는 일단(一團)의 토지로서 다음 각 목의 것을 말한다. (2012. 6. 1. 개정)

가. 국가산업단지 : 국가기간산업, 첨단과학기술산업 등을 육성하거나 개발 촉진이 필요한 낙후지역이나 둘 이상의 특별시·광역시·특별자치시 또는 도에 걸쳐 있는 지역을 산업단지로 개발하기 위하여 제6조에 따라 지정된 산업단지 (2016. 12. 20. 개정)

나. 일반산업단지 : 산업의 적정한 지방 분산을 촉진하고 지역경제의 활성화를 위하여 제7조에 따라 지정된 산업단지 (2011. 8. 4. 개정)

다. 도시첨단산업단지 : 지식산업·문화산업·정보통신산업, 그 밖의 첨단산업의 육성과 개발 촉진을 위하여 「국토의 계획 및 이용에 관한 법률」에 따른 도시지역에 제7조의2에 따라 지정된 산업단지 (2011. 8. 4. 개정)

라. 농공단지(農工團地) : 대통령령으로 정하는 농어촌지역에 농어민의 소득 증대를 위한 산업을 유치·육성하기 위하여 제8조에 따라 지정된 산업단지 (2011. 8. 4. 개정)

세구역 중 보세창고용 토지로서 해당 사업연도 및 직전 2개 사업연도 중 물품 등의 보관·관리에 사용된 최대면적의 1.2배 이내의 토지 (2013. 3. 23. 직제개정 ; 안전행정부와 그 소속기관 직제 부칙)

5. 「자동차관리법」에 따라 자동차관리사업의 등록을 한 자가 그 시설기준에 따라 사용하는 자동차관리사업용 토지(자동차정비사업장용, 자동차해체재활용사업장용, 자동차매매사업장용 또는 자동차경매장용 토지만 해당한다)로서 그 시설의 최저면적기준의 1.5배에 해당하는 면적 이내의 토지 (2010. 9. 20. 개정)

6. 「한국교통안전공단법」에 따른 한국교통안전공단이 같은 법 제6조 제6호에 따른 자동차의 성능 및 안전도에 관한 시험·연구의 용도로 사용하는 토지 및 「자동차관리법」 제44조에 따라 자동차검사대행자로 지정된 자, 같은 법 제44조의2에 따라 자동차 종합검사대행자로 지정된 자, 같은 법 제45조에 따라 지정정비사업자로 지정된 자 및 제45조의2에 따라 종합검사 지정정비사업자로 지정된 자, 「건설기계관리법」 제14조에 따라 건설기계 검사대행 업무의 지정을 받은 자 및 「대기환경보전법」 제64조에 따라 운행차 배출가스 정밀검사 업무의 지정을 받은 자가 자동차 또는 건설기계 검사용 및 운행차 배출가스 정밀검사용으로 사용하는 토지 (2019. 2. 8. 개정 ; 교통안전공단법 시행령 부칙)

7. 「물류시설의 개발 및 운영에 관한 법률」 제22조에 따른

물류단지 안의 토지로서 같은 법 제2조 제7호 각 목의 어느 하나에 해당하는 물류단지시설용 토지 및 「유통산업발전법」 제2조 제16호에 따른 공동집배송센터로서 행정안전부장관이 산업통상자원부장관과 협의하여 정하는 토지 (2017. 7. 26. 직제개정 ; 행정안전부와~직제 부칙)

8. 특별시·광역시(군 지역은 제외한다)·특별자치시·특별자치도 및 시지역(읍·면 지역은 제외한다)에 위치한 「산업집적활성화 및 공장설립에 관한 법률」의 적용을 받는 레미콘 제조업용 토지(「산업입지 및 개발에 관한 법률」에 따라 지정된 산업단지 및 「국토의 계획 및 이용에 관한 법률」에 따라 지정된 공업지역에 있는 토지는 제외한다)로서 제102조 제1항 제1호에 따른 공장입지기준면적 이내의 토지 (2016. 12. 30. 개정)

9. 경기 및 스포츠업을 경영하기 위하여 「부가가치세법」 제8조에 따라 사업자등록을 한 자의 사업에 이용되고 있는 「체육시설의 설치·이용에 관한 법률 시행령」 제2조에 따른 체육시설용 토지(골프장의 경우에는 「체육시설의 설치·이용에 관한 법률」 제10조의 2 제2항에 따른 대중형 골프장용 토지로 한정한다)로서 사실상 운동시설에 이용되고 있는 토지 (2023. 5. 30. 개정)

10. 「관광진흥법」에 따른 관광사업자가 「박물관 및 미술관 진흥법」에 따른 시설기준을 갖추어 설치한 박물관·미술관·동물원·식물원의 야외전시장용 토지 (2010. 9. 20. 개정)

☞ 운영예규 법106…시행령101－2

【별도합산 과세대상인 체육시설용 토지의 범위】

운동을 위한 기능을 수행하기 위한 토지가 아닌, 주차장 등 운동시설의 접근 편의를 위한 목적으로 설치되어 사용되는 토지는 체육시설용 토지의 범위에 포함되지 아니한다.

11.「주차장법 시행령」 제6조에 따른 부설주차장 설치기준면적 이내의 토지(법 제106조 제1항 제3호 다목에 따른 토지 안의 부설주차장은 제외한다). 다만, 「관광진흥법 시행령」 제2조 제1항 제3호 가목·나목에 따른 전문휴양업·종합휴양업 및 같은 항 제5호에 따른 유원시설업에 해당하는 시설의 부설주차장으로서 「도시교통정비 촉진법」 제15조 및 제17조에 따른 교통영향평가서의 심의 결과에 따라 설치된 주차장의 경우에는 해당 검토 결과에 규정된범위 이내의 주차장용 토지를 말한다. (2016. 1. 22. 단서개정 ; 도시교통정비 촉진법 시행령 부칙)

12.「장사 등에 관한 법률」 제14조 제4항에 따른 설치·관리허가를 받은 법인묘지용 토지로서 지적공부상 지목이 묘지인 토지 (2024. 5. 28. 개정)

13. 다음 각 목에 규정된 임야 (2019. 12. 31. 단서삭제)
   가.「체육시설의 설치·이용에 관한 법률 시행령」 제12조에 따른 스키장 및 골프장용 토지 중 원형이 보전되는 임야 (2010. 9. 20. 개정)
   나.「관광진흥법」 제2조 제7호에 따른 관광단지 안의 토지와 「관광진흥법 시행령」 제2조 제1항 제3호 가목·나목 및 같은 항 제5호에 따른 전문휴양업·종합휴양업 및 유원시설업용 토지 중 「환경영향평가법」 제22조 및 제27조에 따른 환경영향평가의 협의 결과에 따라 원형이

3. 분리과세대상 : 과세기준일 현재 납세의무자가 소유하고 있는 토지 중 국가의 보호·지원 또는 중과가 필요한 토지로서 다음 각 목의 어느 하나에 해당하는 토지 (2017. 12. 26. 개정)

예판

【예규】 •공동주택과 그 주택 외의 오피스텔 등 시설이 혼재되어 있는 경우 전체토지를 「지방세법 시행령」 제102조 제7항 제7호에서 규정하는 '주택건설사업에 제공되고 있는 토지'로 볼 수 없으며 주택 및 주택단지에 필수적인 부대시설, 복리시설용 토지에 해당하지 않는 주택 외 부분은 분리과세대상 토지에 해당하지 않음(부동산세제과-211, 2023. 9. 14.)

•「도시개발법」에 따른 도시개발사업의 시행자가 그 도시개발사업에 제공하는 토지 중 과세기준일 현재 주택용지가 아닌 준주거 및 상업용지로 지정되어 개발사업이 진행되고 있는 토지는 분리과세대상인 주택건설용 토지로 보기 어려움(부동산세제과-153, 2023. 9. 7.)

가. 공장용지·전·답·과수원 및 목장용지로서 대통

보전되는 임야 (2012. 7. 20. 개정 ; 환경영향평가법 시행령 부칙)

다. 「산지관리법」 제4조 제1항 제2호에 따른 준보전산지에 있는 토지 중 「산림자원의 조성 및 관리에 관한 법률」 제13조에 따른 산림경영계획의 인가를 받아 실행 중인 임야. 다만, 도시지역의 임야는 제외한다. (2010. 9. 20. 개정)

14. 「종자산업법」 제37조 제1항에 따라 종자업 등록을 한 종자업자가 소유하는 농지로서 종자연구 및 생산에 직접 이용되고 있는 시험·연구·실습지 또는 종자생산용 토지 (2013. 5. 31. 개정 ; 종자산업법 시행령 부칙)

15. 「양식산업발전법」에 따라 면허·허가를 받은 자 또는 「수산종자산업육성법」에 따라 수산종자생산업의 허가를 받은 자가 소유하는 토지로서 양식어업 또는 수산종자생산업에 직접 이용되고 있는 토지 (2020. 12. 31. 개정)

16. 「도로교통법」에 따라 견인된 차를 보관하는 토지로서 같은 법에서 정하는 시설을 갖춘 토지 (2010. 9. 20. 개정)

17. 「폐기물관리법」 제25조 제3항에 따라 폐기물 최종처리업 또는 폐기물 종합처리업의 허가를 받은 자가 소유하는 토지 중 폐기물 매립용에 직접 사용되고 있는 토지 (2011. 5. 30. 신설)

제102조【분리과세대상 토지의 범위】 ① 법 제106

예판

【예규】 재산세 분리과세 대상인 "사업계획의 승인을 받은 토지로서 주택건설사업에 공여되고 있는 토지"라 함은 「주택법」에 따른 주택건설사업계획의 승인을 받은 토지로서 주택건설사업의 부지로 제공되기 위하여 다른 용도로 사용되지 않고 있는 토지를 의미한다고 할 것임. (법제 08-0373, 2009. 1. 21.)

령령으로 정하는 토지 (2010. 3. 31. 개정)

예판

【예규】 • 건축 중인 건축물"이라 함은 과세기준일 현재 공사에 착수한 경우만을 말하고, 과세기준일 현재 착공을 하지 못한 것에 정당한 사유가 있다 하더라도 건축 중인 건축물로는 볼 수 없음. (지방세운영과-804, 2014. 3. 10.)

• **타용도 일시사용허가를 받아 사용중인 토지에 대한 분리과세 여부**
공부상 지목은 농지(전)이나 타용도 일시사용허가를 받아 다시 마건조장으로 사용중인 경우 당해연도 과세기준일 현재 농지로 복구되어 사용되고 있지 않은 이상 분리과세대상 토지로 보기는 어려움. (부동산세제과-2515, 2020. 9. 22.)

• 택지개발예정지구내 현황이 농지인 개인소유 토지가 택지개발예정지구지정 및 개발계획 승인 고시는 되었으나, 실시계획승인이 이루어지진 않아 주거·상업·공업지역으로 세분화되지 아니하였다면 분리과세 적용이 타당함. (지방세운영과-1448, 2010. 4. 9.)

• 공업지역"이 아닌 자연녹지지역에 속한 이상 공장경계구역 내(공장입지기준 면적 내) 토지라 하더라도 분리과세대상인 공장용지에 해당하지 아니한다고 사료됨. (지방세운영과-202, 2012. 1. 17.)

• 기부채납 예정인 공공시설용 토지의 구체적인 면적이 사업계획승인서에 명시되지 않았더라도, 주택건설사업과 직접적으로 관련되어 사업계획승인 조건상 기부채납이 예정된 토지로 해당 사업에 제공 중이라면 분리과세 대상이라 사료됨. (지방세운영과-2256, 2012. 7. 17.)

• 1구의 공장용지 안에 공장으로 사용중인 건축물과 아무런 용도로도 사용하지 않는 건축물이 혼재해 있으면서 그 부속토지가

조 제1항 제3호 가목에서 "대통령령으로 정하는 토지"란 다음 각 호에서 정하는 것을 말한다. (2010. 9. 20. 개정)

1. 공장용지 : 제101조 제1항 제1호 각 목에서 정하는 지역에 있는 공장용 건축물(제103조 제1항 제2호 및 제3호의 건축물을 포함한다)의 부속토지로서 행정안전부령으로 정하는 공장입지기준면적 범위의 토지. 다만, 「건축법」 등 관계 법령에 따라 허가 등을 받아야 하는 건축물로서 허가 등을 받지 않은 공장용 건축물이나 사용승인을 받아야 하는 건축물로서 사용승인(임시사용승인을 포함한다)을 받지 않고 사용 중인 공장용 건축물의 부속토지는 제외한다. (2021. 12. 31. 개정)
2. 전·답·과수원 (2010. 9. 20. 개정)
   가. 전·답·과수원(이하 이 조에서 "농지"라 한다)으로서 과세기준일 현재 실제 영농에 사용되고 있는 개인이 소유하는 농지. 다만, 특별시·광역시(군 지역은 제외한다)·특별자치시·특별자치도 및 시지역(읍·면 지역은 제외한다)의 도시지역의 농지는 개발제한구역과 녹지지역(「국토의 계획 및 이용에 관한 법률」 제6조 제1호에 따른 도시지역 중 같은 법 제36조 제1항 제1호 각 목의 구분에 따른 세부 용도지역이 지정되지 않은 지역을 포함한다. 이하 이 항에서 같다)에 있는 것으로 한정한다. (2016. 12. 30. 단서개정)
   나. 「농지법」 제2조 제3호에 따른 농업법인이 소유하는 농지로서 과세기준일 현재 실제 영농에 사용되

제50조 【공장입지기준면적】

영 제102조 제1항 제1호에서 "행정안전부령으로 정하는 공장입지기준면적"이란 별표 6에 따른 공장입지기준면적을 말한다. (2017. 7. 26. 직제개정 ; 행정안전부와~시행규칙 부칙)

운영예규 **법106…시행령102-1 【공장입지기준면적】**
「지방세법 시행령」 제102조 제1항 제1호에 정한 입지기준면적을 산정하는 데 있어서 공장구내의 토지인 경우 필지수 또는 지목에 불구하고 공장구내의 전체 토지면적을 기준으로 입지기준면적을 계산한다.

법106…시행령102-3 【수목원으로 이용되는 토지의 과세구분】
개인이 소유한 공부상 지목이 전·답(농지)로서 일반 사람들이 수목을 관람하면서 휴식을 취하는 용도로 이용되는 토지는 개인이 소유한 분리과세대상 농지에 해당하지 않는다.

구분되어 있지 아니하는 경우라면 공장용 건축물을 기준으로 한 공장입지기준면적 범위내에서 분리과세를 먼저 적용하되, 공장입지기분면적 범위내에 있다하더라도 미사용 건축물의 바닥면적은 별도합산 과세하는 것이 타당하다 할 것임. (지방세운영과-3672, 2012. 11. 14.)

고 있는 농지. 다만, 특별시·광역시(군 지역은 제외한다)·특별자치시·특별자치도 및 시지역(읍·면 지역은 제외한다)의 도시지역의 농지는 개발제한구역과 녹지지역에 있는 것으로 한정한다. (2016. 12. 30. 단서개정)

다. 「한국농어촌공사 및 농지관리기금법」에 따라 설립된 한국농어촌공사가 같은 법에 따라 농가에 공급하기 위하여 소유하는 농지 (2010. 9. 20. 개정)

라. 관계 법령에 따른 사회복지사업자가 복지시설이 소비목적으로 사용할 수 있도록 하기 위하여 소유하는 농지 (2010. 9. 20. 개정)

마. 법인이 매립·간척으로 취득한 농지로서, 과세기준일 현재 실제 영농에 사용되고 있는 해당 법인 소유농지. 다만, 특별시·광역시(군 지역은 제외한다)·특별자치시·특별자치도 및 시지역(읍·면 지역은 제외한다)의 도시지역의 농지는 개발제한구역과 녹지지역에 있는 것으로 한정한다. (2016. 12. 30. 단서개정)

바. 종중(宗中)이 소유하는 농지 (2010. 9. 20. 개정)

3. 목장용지 : 개인이나 법인이 축산용으로 사용하는 도시지역 안의 개발제한구역·녹지지역과 도시지역 밖의 목장용지로서 과세기준일이 속하는 해의 직전 연도를 기준으로 다음 표에서 정하는 축산용 토지 및 건축물의 기준을 적용하여 계산한 토지면적의 범위에서 소유하는 토지 (2010. 9. 20. 개정)

나. 산림의 보호육성을 위하여 필요한 임야 및 종중 소유 임야로서 대통령령으로 정하는 임야 (2010. 3. 31. 개정)

<축산용 토지 및 건축물의 기준>

구분	사업	가축 마릿수 (연중 최고 마릿수를 말한다)	축사 및 부대시설		초지 또는 사료밭		비고
			축사 (제곱미터)	부대시설 (제곱미터)	초지 (헥타르)	사료밭 (헥타르)	
1. 한우 (육우)	사육사업	1마리당	7.5	5	0.5	0.25	말·노새·당나귀 사육을 포함한다.
2. 한우 (육우)	비육사업	1마리당	7.5	5	0.2	0.1	
3. 젖소	목장사업	1마리당	11	7	0.5	0.25	
4. 양	목장사업	10마리당	8	3	0.5	0.25	
5. 사슴	목장사업	10마리당	66	16	0.5	0.25	
6. 토끼	사육사업	100마리당	33	7	0.2	0.1	친칠라 사육을 포함한다.
7. 돼지	양돈사업	5마리당	50	13	–	–	개 사육을 포함한다.
8. 가금	양계사업	100마리당	33	16	–	–	
9. 밍크	사육사업	5마리당	7	7	–	–	여우 사육을 포함한다.

② 법 제106조 제1항 제3호 나목에서 "대통령령으로 정하는 임야"란 다음 각 호에서 정하는 임야를 말한다. (2010. 9. 20. 개정)

1. 「산림자원의 조성 및 관리에 관한 법률」 제28조에 따

예판

【판례】 재산세 부과처분시 조사결정절차에 단순한 과세대상의 오인, 조사방법의 잘못된 선택, 세액산출의 잘못 등의 위법이 있음에 그치는 경우에는 취소사유로 될 뿐 당연무효에 해당하지 않음. (서울고법 2019누68765, 2020. 7. 17. : 대법확정)

라. 특수산림사업지구로 지정된 임야와 「산지관리법」 제4조 제1항 제1호에 따른 보전산지에 있는 임야로서 「산림자원의 조성 및 관리에 관한 법률」 제13조에 따른 산림경영계획의 인가를 받아 실행 중인 임야. 다만, 도시지역의 임야는 제외하되, 도시지역으로 편입된 날부터 2년이 지나지 아니한 임야와 「국토의 계획 및 이용에 관한 법률 시행령」 제30조에 따른 보전녹지지역(「국토의 계획 및 이용에 관한 법률」 제6조 제1호에 따른 도시지역 중 같은 법 제36조 제1항 제1호 각 목의 구분에 따른 세부 용도지역이 지정되지 않은 지역을 포함한다)의 임야로서 「산림자원의 조성 및 관리에 관한 법률」 제13조에 따른 산림경영계획의 인가를 받아 실행 중인 임야를 포함한다. (2014. 1. 1. 단서개정)

2. 「문화재보호법」 제2조 제3항에 따른 지정문화재 및 같은 조 제5항에 따른 보호구역 안의 임야 (2020. 5. 26. 개정 ; 문화재보호법 시행령 부칙)

2. 다음 각 목의 어느 하나에 해당하는 임야 (2024. 5. 7. 개정 ; 문화재~부칙)
   가. 「문화유산의 보존 및 활용에 관한 법률」에 따른 지정문화유산 안의 임야 (2024. 5. 7. 개정 ; 문화재~부칙)
   나. 「문화유산의 보존 및 활용에 관한 법률」에 따른 보호구역 안의 임야 (2024. 5. 7. 개정 ; 문화재~부칙)
   다. 「자연유산의 보존 및 활용에 관한 법률」에 따른

관련법령

문화재보호법

제2조 【정 의】 ③ 이 법에서 "지정문화재"란 다음 각 호의 것을 말한다. (2019. 11. 26. 개정)

1. 국가지정문화재 : 문화재청장이 제23조부터 제26조까지의 규정에 따라 지정한 문화재
2. 시·도지정문화재 : 특별시장·광역시장·특별자치시장·도지사 또는 특별자치도지사(이하 "시·도지사"라 한다)가 제70조 제1항에 따라 지정한 문화재

천연기념물등 안의 임야 (2024. 5. 7. 개정 ; 문화재~부칙)

라. 「자연유산의 보존 및 활용에 관한 법률」에 따른 보호구역 안의 임야 (2024. 5. 7. 개정 ; 문화재~부칙)

3. 「자연공원법」에 따라 지정된 공원자연환경지구의 임야 (2010. 9. 20. 개정)
4. 종중이 소유하고 있는 임야 (2010. 9. 20. 개정)
5. 다음 각 목의 어느 하나에 해당하는 임야 (2010. 9. 20. 개정)

가. 「개발제한구역의 지정 및 관리에 관한 특별조치법」에 따른 개발제한구역의 임야 (2010. 9. 20. 개정)

나. 「군사기지 및 군사시설 보호법」에 따른 군사기지 및 군사시설 보호구역 중 제한보호구역의 임야 및 그 제한보호구역에서 해제된 날부터 2년이 지나지 아니한 임야 (2010. 9. 20. 개정)

다. 「도로법」에 따라 지정된 접도구역의 임야 (2010. 9. 20. 개정)

라. 「철도안전법」 제45조에 따른 철도보호지구의 임야 (2010. 9. 20. 개정)

마. 「도시공원 및 녹지 등에 관한 법률」 제2조 제3호에 따른 도시공원의 임야 (2010. 9. 20. 개정)

바. 「국토의 계획 및 이용에 관한 법률」 제38조의 2에 따른 도시자연공원구역의 임야 (2010. 9. 20. 개정)

사. 「하천법」 제12조에 따라 홍수관리구역으로 고시

3. 문화재자료 : 제1호나 제2호에 따라 지정되지 아니한 문화재 중 시·도지사가 제70조 제2항에 따라 지정한 문화재

⑤ 이 법에서 "보호구역"이란 지상에 고정되어 있는 유형물이나 일정한 지역이 문화재로 지정된 경우에 해당 지정문화재의 점유 면적을 제외한 지역으로서 그 지정문화재를 보호하기 위하여 지정된 구역을 말한다. (2019. 11. 26. 개정)

다. 제13조 제5항에 따른 골프장용 토지와 같은 항에 따른 고급오락장용 토지로서 대통령령으로 정하는 토지 (2016. 12. 27. 개정)

예판

【조심판례】 회원제골프장의 홀과 홀 사이에 소재하는 임야 중 골프장을 조성하는 과정에서 산림훼손, 농지전용 등으로 토지의 형질을 변경한 후 경관을 조성한 지역에 한하여 이를 조경지로 보아 재산세를 분리과세(중과세)하여야 하고, 자연상태의 원형이 보전된 임야에 대하여는 분리과세(중과세)로 볼 수는 없음. (조심 2015지230, 2015. 5. 13.)

【예규】 • 구분등록 되어 있지 않은 원형보전지의 경우라도 「체육시설의 설치 · 이용에 관한 법률 시행령」에 따른 구분등록 대상이 되는 토지라면 중과세 대상에 해당된다고 판단됨. (지방세운영과-598, 2013. 2. 28.)

• **회원제 골프장 내 토지의 재산세 중과대상 여부**
소나무재선충병 발병으로 인하여 원형보전지 내 나무를 벌채 후 재 식재하였다면 이는 불가피한 산림복구의 과정에 따라 원상회복한 경우이므로 조경지로 보기 어려움. (부동산세제과-1412호, 2020. 6. 22.)

라. 「산업집적활성화 및 공장설립에 관한 법률」 제2조 제1호에 따른 공장의 부속토지로서 개발제한구역의 지정이 있기 이전에 그 부지취득이 완료된 곳으로서 대통령령으로 정하는 토지 (2010. 3. 31. 개정)

된 지역의 임야 (2010. 9. 20. 개정)

6. 「수도법」에 따른 상수원보호구역의 임야 (2010. 9. 20. 개정)

③ 법 제106조 제1항 제3호 다목에서 "대통령령으로 정하는 토지"란 법 제13조 제5항 제4호에 따른 고급오락장의 부속토지를 말한다. (2010. 12. 30. 개정)

④ 법 제106조 제1항 제3호 라목에서 "대통령령으로 정하는 토지"란 제1항 제1호에서 행정안전부령으로 정하는 공장입지기준면적 범위의 토지를 말한다. (2017. 7. 26. 직제개정 ; 행정안전부와~직제 부칙)

⑤ 법 제106조 제1항 제3호 마목에서 "대통령령으로 정하는 토지"란 다음 각 호에서 정하는 토지(법 제106조 제1항 제3호 다목에 따른 토지는 제외한다)를 말한다. (2017. 12. 29. 개정)

1. 국가나 지방자치단체가 국방상의 목적 외에는 그 사용 및 처분 등을 제한하는 공장 구내의 토지 (2017. 12. 29. 개정)
2. 「국토의 계획 및 이용에 관한 법률」, 「도시개발법」, 「도시 및 주거환경정비법」, 「주택법」 등(이하 이 호에서 "개발사업 관계법령"이라 한다)에 따른 개발사업의 시행자가 개발사업의 실시계획승인을 받은 토지로서 개발사업에 제공하는 토지 중 다음 각 목의 어느 하나에 해당하는 토지 (2017. 12. 29. 개정)
   가. 개발사업 관계법령에 따라 국가나 지방자치단체에

예판

【예규】 분리과세대상인 "제22조에 따른 비영리사업자가 1995년 12월 31일 이전부터 소유하고 있는 토지"의 지목 및 현황이 모두 임야인 경우, 분리과세 세율 적용에 있어 위 토지는 지방세법 제111조 제1항 제1호 다목 3)에 따른 그 밖의 토지로 보아 과세표준의 1천분의 2를 적용하여야 한다고 할 것임. (법제12-0319, 2012. 7. 12.)

마. 국가 및 지방자치단체 지원을 위한 특정목적 사업용 토지로서 대통령령으로 정하는 토지 (2017. 12. 26. 개정)

바. 에너지·자원의 공급 및 방송·통신·교통 등의

무상귀속되는 공공시설용 토지 (2017. 12. 29. 개정)

나. 개발사업의 시행자가 국가나 지방자치단체에 기부채납하기로 한 기반시설(「국토의 계획 및 이용에 관한 법률」 제2조 제6호의 기반시설을 말한다)용 토지 (2017. 12. 29. 개정)

3. 「방위사업법」 제53조에 따라 허가받은 군용화약류시험장용 토지(허가받은 용도 외의 다른 용도로 사용하는 부분은 제외한다)와 그 허가가 취소된 날부터 1년이 지나지 아니한 토지 (2017. 12. 29. 개정)

4. 「한국농어촌공사 및 농지관리기금법」에 따라 설립된 한국농어촌공사가 「혁신도시 조성 및 발전에 관한 특별법」 제43조 제3항에 따라 국토교통부장관이 매입하게 함에 따라 타인에게 매각할 목적으로 일시적으로 취득하여 소유하는 같은 법 제2조 제6호에 따른 종전부동산 (2018. 2. 27. 개정 ; 공공기관~시행령 부칙)

5. 「한국수자원공사법」에 따라 설립된 한국수자원공사가 「한국수자원공사법」 및 「댐건설·관리 및 주변지역지원 등에 관한 법률」에 따라 환경부장관이 수립하거나 승인한 실시계획에 따라 취득한 토지로서 「댐건설·관리 및 주변지역지원 등에 관한 법률」 제2조 제1호에 따른 특정용도 중 발전·수도·공업 및 농업용수의 공급 또는 홍수조절용으로 직접 사용하고 있는 토지 (2022. 6. 14. 개정 ; 댐건설 및~부칙)

⑥ 법 제106조 제1항 제3호 바목에서 "대통령령으로 정

관련법령

한국수자원공사법

제9조 【사 업】 ① 공사는 다음 각 호의 사업을 한다. (2021. 4. 13. 개정)

5. 산업단지 및 특수지역의 개발. 다만, 공사가 시행하였거나 시행 중인 산업단지 및 특수지역의 개발과 관련된 구역에서의 개발로 한정한다.

법	영	
기반시설용 토지로서 대통령령으로 정하는 토지 (2017. 12. 26. 신설)	하는 토지"란 다음 각 호에서 정하는 토지(법 제106조 제1항 제3호 다목에 따른 토지는 제외한다)를 말한다. 이 경우 제5호 및 제7호부터 제9호까지의 토지는 같은 호에 따른 시설 및 설비공사를 진행 중인 토지를 포함한다. (2017. 12. 29. 신설) 1. 과세기준일 현재 계속 염전으로 실제 사용하고 있거나 계속 염전으로 사용하다가 사용을 폐지한 토지. 다만, 염전 사용을 폐지한 후 다른 용도로 사용하는 토지는 제외한다. (2017. 12. 29. 신설) 2. 「광업법」에 따라 광업권이 설정된 광구의 토지로서 산업통상자원부장관으로부터 채굴계획 인가를 받은 토지(채굴 외의 용도로 사용되는 부분이 있는 경우 그 부분은 제외한다) (2017. 12. 29. 신설) 3. 「방송법」에 따라 설립된 한국방송공사의 소유 토지로서 같은 법 제54조 제1항 제5호에 따른 업무에 사용되는 중계시설의 부속토지 (2017. 12. 29. 신설) 4. 「여객자동차 운수사업법」 및 「물류시설의 개발 및 운영에 관한 법률」에 따라 면허 또는 인가를 받은 자가 계속하여 사용하는 여객자동차터미널 및 물류터미널용 토지 (2017. 12. 29. 신설) 5. 「전기사업법」에 따른 전기사업자가 「전원개발촉진법」 제5조 제1항에 따른 전원개발사업 실시계획에 따라 취득한 토지 중 발전시설 또는 송전·변전시설에 직접 사용하고 있는 토지(「전원개발촉진법」 시행 전에	

취득한 토지로서 담장·철조망 등으로 구획된 경계구역 안의 발전시설 또는 송전·변전시설에 직접 사용하고 있는 토지를 포함한다) (2017. 12. 29. 신설)

6. 「전기통신사업법」 제5조에 따른 기간통신사업자가 기간통신역무에 제공하는 전기통신설비(「전기통신사업 회계정리 및 보고에 관한 규정」 제8조에 따른 전기통신설비를 말한다)를 설치·보전하기 위하여 직접 사용하는 토지(대통령령 제10492호 한국전기통신공사법 시행령 부칙 제5조에 따라 한국전기통신공사가 1983년 12월 31일 이전에 등기 또는 등록을 마친 것만 해당한다) (2017. 12. 29. 신설)

7. 「집단에너지사업법」에 따라 설립된 한국지역난방공사가 열생산설비에 직접 사용하고 있는 토지 (2017. 12. 29. 신설)

7의 2. 「집단에너지사업법」에 따른 사업자 중 한국지역난방공사를 제외한 사업자가 직접 사용하기 위하여 소유하고 있는 공급시설용 토지로서 2022년부터 2025년까지 재산세 납부의무가 성립하는 토지 (2021. 12. 31. 신설)

8. 「한국가스공사법」에 따라 설립된 한국가스공사가 제조한 가스의 공급을 위한 공급설비에 직접 사용하고 있는 토지 (2017. 12. 29. 신설)

9. 「한국석유공사법」에 따라 설립된 한국석유공사가 정부의 석유류비축계획에 따라 석유를 비축하기 위한

석유비축시설용 토지와 「석유 및 석유대체연료 사업법」 제17조에 따른 비축의무자의 석유비축시설용 토지, 「송유관 안전관리법」 제2조 제3호에 따른 송유관 설치자의 석유저장 및 석유수송을 위한 송유설비에 직접 사용하고 있는 토지 및 「액화석유가스의 안전관리 및 사업법」 제20조에 따른 비축의무자의 액화석유가스 비축시설용 토지 (2017. 12. 29. 신설)

10. 「한국철도공사법」에 따라 설립된 한국철도공사가 같은 법 제9조 제1항 제1호부터 제3호까지 및 제6호의 사업(같은 항 제6호의 경우에는 철도역사 개발사업만 해당한다)에 직접 사용하기 위하여 소유하는 철도용지 (2017. 12. 29. 신설)

11. 「항만공사법」에 따라 설립된 항만공사가 소유하고 있는 항만시설(「항만법」 제2조 제5호에 따른 항만시설을 말한다)용 토지 중 「항만공사법」 제8조 제1항에 따른 사업에 사용하거나 사용하기 위한 토지. 다만, 「항만법」 제2조 제5호 다목부터 마목까지의 규정에 따른 시설용 토지로서 제107조에 따른 수익사업(이하 이 조에서 "수익사업"이라 한다)에 사용되는 부분은 제외한다. (2020. 6. 2. 단서개정)

12. 「한국공항공사법」에 따른 한국공항공사가 소유하고 있는 「공항시설법 시행령」 제3조 제1호 및 제2호의 공항시설용 토지로서 같은 조 제1호 바목 중 공항 이용객을 위한 주차시설(유료주차장으로 한정한다)용

관련법령

한국철도공사법

제9조 【사 업】 ① 공사는 다음 각 호의 사업을 한다. (2018. 3. 13. 개정)

1. 철도여객사업, 화물운송사업, 철도와 다른 교통수단의 연계운송사업
2. 철도 장비와 철도용품의 제작·판매·정비 및 임대사업
3. 철도 차량의 정비 및 임대사업
6. 「철도의 건설 및 철도시설 유지관리에 관한 법률」 제2조 제6호 가목의 역 시설 개발 및 운영사업으로서 대통령령으로 정하는 사업

사. 국토의 효율적 이용을 위한 개발사업용 토지로서 대통령령으로 정하는 토지 (2017. 12. 26. 신설)

토지와 같은 조 제2호의 지원시설용 토지 중 수익사업에 사용되는 부분을 제외한 토지로서 2022년부터 2025년까지 재산세 납부의무가 성립하는 토지 (2021. 12. 31. 신설)

⑦ 법 제106조 제1항 제3호 사목에서 "대통령령으로 정하는 토지"란 다음 각 호에서 정하는 토지(법 제106조 제1항 제3호 다목에 따른 토지는 제외한다)를 말한다. 다만, 제9호 및 제11호에 따른 토지 중 취득일로부터 5년이 지난 토지로서 용지조성사업 또는 건축을 착공하지 않은 토지는 제외한다. (2020. 12. 31. 개정)

1. 「공유수면 관리 및 매립에 관한 법률」에 따라 매립하거나 간척한 토지로서 공사준공인가일(공사준공인가일 전에 사용승낙이나 허가를 받은 경우에는 사용승낙일 또는 허가일을 말한다)부터 4년이 지나지 아니한 토지 (2017. 12. 29. 신설)
2. 「한국자산관리공사 설립 등에 관한 법률」에 따른 한국자산관리공사 또는 「농업협동조합의 구조개선에 관한 법률」 제29조에 따라 설립된 농업협동조합자산관리회사가 타인에게 매각할 목적으로 일시적으로 취득하여 소유하고 있는 토지 (2022. 2. 17. 개정 ; 금융회사부실자산~부칙)
3. 「농어촌정비법」에 따른 농어촌정비사업 시행자가 같은 법에 따라 다른 사람에게 공급할 목적으로 소유하고 있는 토지 (2017. 12. 29. 신설)

4. 「도시개발법」 제11조에 따른 도시개발사업의 시행자가 그 도시개발사업에 제공하는 토지(주택건설용 토지와 산업단지용 토지로 한정한다)와 종전의 「토지구획정리사업법」(법률 제6252호 토지구획정리사업법폐지법률에 의하여 폐지되기 전의 것을 말한다. 이하 이 호에서 같다)에 따른 토지구획정리사업의 시행자가 그 토지구획정리사업에 제공하는 토지(주택건설용 토지와 산업단지용 토지로 한정한다) 및 「경제자유구역의 지정 및 운영에 관한 특별법」 제8조의 3에 따른 경제자유구역 또는 해당 단위개발사업지구에 대한 개발사업시행자가 그 경제자유구역개발사업에 제공하는 토지(주택건설용 토지와 산업단지용 토지로 한정한다). 다만, 다음 각 목의 기간 동안만 해당한다. (2017. 12. 29. 신설)
   가. 도시개발사업 실시계획을 고시한 날부터 「도시개발법」에 따른 도시개발사업으로 조성된 토지가 공급 완료(매수자의 취득일을 말한다)되거나 같은 법 제51조에 따른 공사 완료 공고가 날 때까지 (2017. 12. 29. 신설)
   나. 토지구획정리사업의 시행인가를 받은 날 또는 사업계획의 공고일(토지구획정리사업의 시행자가 국가인 경우로 한정한다)부터 종전의 「토지구획정리사업법」에 따른 토지구획정리사업으로 조성된 토지가 공급 완료(매수자의 취득일을 말한다)되거나 같은 법 제61조에 따른 공사 완료 공고가

예판

【예규】 도시개발사업의 주택건설용 토지 범위

주택을 건설하기 위하여 사업계획의 승인을 받은 토지를 과세기준일 현재 주택건설용 토지로 보아야 하고 '도시개발사업자'와 '주택건설사업자'는 적용 법률을 달리하고 있으므로, 상업용지(주상복합용지)는 분리과세대상 토지로 볼 수 없음. (부동산세제과-1077, 2020. 5. 14.)

운영예규 법106…시행령102-2

【기부채납용토지의 과세구분】

주택건설에 수반되는 시설인 공공시설 또는 기반시설로서 도시개발사업 시행자에 의하여 기부채납 할 예정인 경우 그 부속토지는 주택건설용 토지로 본다.

날 때까지 (2017. 12. 29. 신설)

다. 경제자유구역개발사업 실시계획 승인을 고시한 날부터 「경제자유구역의 지정 및 운영에 관한 특별법」에 따른 경제자유구역개발사업으로 조성된 토지가 공급 완료(매수자의 취득일을 말한다)되거나 같은 법 제14조에 따른 준공검사를 받을 때까지 (2017. 12. 29. 신설)

5. 「산업입지 및 개발에 관한 법률」 제16조에 따른 산업단지개발사업의 시행자가 같은 법에 따른 산업단지개발실시계획의 승인을 받아 산업단지조성공사에 제공하는 토지. 다만, 다음 각 목의 기간으로 한정한다. (2020. 12. 31. 개정)

가. 사업시행자가 직접 사용하거나 산업단지조성공사 준공인가 전에 분양·임대 계약이 체결된 경우 : 산업단지조성공사 착공일부터 다음의 날 중 빠른 날까지 (2020. 12. 31. 개정)

1) 준공인가일 (2020. 12. 31. 개정)

2) 토지 공급 완료일(매수자의 취득일, 임대차 개시일 또는 건축공사 착공일 등 해당 용지를 사실상 사용하는 날을 말한다. 이하 이 호에서 같다) (2020. 12. 31. 개정)

나. 산업단지조성공사 준공인가 후에도 분양·임대 계약이 체결되지 않은 경우 : 산업단지조성공사 착공일부터 다음의 날 중 빠른 날까지 (2020. 12.

예판

【예규】 산업단지개발사업 승인 · 제공 토지의 분리과세

2020. 12. 31. '「산업입지 및 개발에 관한 법률」 제16조에 따른 산업단지개발사업의 시행자가 같은 법에 따른 산업단지개발실시계획의 승인을 받아 산업단지조성공사에 제공하는 토지'로 개정됨에 따라, 산업단지개발사업시행자가 소유하고 있지 않은 토지의 경우에도 개정법령 시행일(2021. 1. 1.) 이후 납세의무 성립분부터는 분리과세대상 토지에 해당함. (부동산세제과-1408, 2024. 4. 16.)

31. 개정)

1) 준공인가일 후 5년이 경과한 날 (2020. 12. 31. 개정)

2) 토지 공급 완료일 (2020. 12. 31. 개정)

6. 「산업집적활성화 및 공장설립에 관한 법률」 제45조의17에 따라 설립된 한국산업단지공단이 타인에게 공급할 목적으로 소유하고 있는 토지(임대한 토지를 포함한다) (2021. 6. 8. 개정 ; 산업집적활성화~부칙)

7. 「주택법」에 따라 주택건설사업자 등록을 한 주택건설사업자(같은 법 제11조에 따른 주택조합 및 고용자인 사업주체와 「도시 및 주거환경정비법」 제24조부터 제28조까지 또는 「빈집 및 소규모주택 정비에 관한 특례법」 제17조부터 제19조까지의 규정에 따른 사업시행자를 포함한다)가 주택을 건설하기 위하여 같은 법에 따른 사업계획의 승인을 받은 토지로서 주택건설사업에 제공되고 있는 토지(「주택법」 제2조 제11호에 따른 지역주택조합 · 직장주택조합이 조합원이 납부한 금전으로 매수하여 소유하고 있는 「신탁법」에 따른 신탁재산의 경우에는 사업계획의 승인을 받기 전의 토지를 포함한다) (2018. 2. 9. 개정 ; 빈집~시행령 부칙)

8. 「중소기업진흥에 관한 법률」에 따라 설립된 중소벤처기업진흥공단이 같은 법에 따라 중소기업자에게 분양하거나 임대할 목적으로 소유하고 있는 토지 (2019. 4. 2. 개정 ; 중소기업진흥에~부칙)

예판

【예규】 주택건설사업계획 승인 전과 현황이 동일한 토지의 분리과세 여부
토지 현황이 휴경 농지 및 임야로서 주택건설사업의 승인 전과 변동이 없다고 하더라도 주택건설 이외에 임대 등 다른 수익사업에 사용되지 않고, 사업계획 승인에 따라 주택을 건축할 수 있는 상태의 토지에 해당된다면 주택건설사업에 제공되고 있는 토지로 볼 수 있음. (부동산세제과-1849, 2020. 7. 31.)

9. 「지방공기업법」 제49조에 따라 설립된 지방공사가 같은 법 제2조 제1항 제7호 및 제8호에 따른 사업용 토지로서 타인에게 주택이나 토지를 분양하거나 임대할 목적으로 소유하고 있는 토지(임대한 토지를 포함한다) (2017. 12. 29. 신설)

10. 「한국수자원공사법」에 따라 설립된 한국수자원공사가 소유하고 있는 토지 중 다음 각 목의 어느 하나에 해당하는 토지(임대한 토지는 제외한다) (2017. 12. 29. 신설)

가. 「한국수자원공사법」 제9조 제1항 제5호에 따른 개발 토지 중 타인에게 공급할 목적으로 소유하고 있는 토지 (2017. 12. 29. 신설)

나. 「친수구역 활용에 관한 특별법」 제2조 제2호에 따른 친수구역 내의 토지로서 친수구역조성사업 실시계획에 따라 주택건설에 제공되는 토지 또는 친수구역조성사업 실시계획에 따라 공업지역(「국토의 계획 및 이용에 관한 법률」 제36조 제1항 제1호 다목의 공업지역을 말한다)으로 결정된 토지 (2017. 12. 29. 신설)

11. 「한국토지주택공사법」에 따라 설립된 한국토지주택공사가 같은 법에 따라 타인에게 토지나 주택을 분양하거나 임대할 목적으로 소유하고 있는 토지(임대한 토지를 포함한다) 및 「자산유동화에 관한 법률」에 따라 설립된 유동화전문회사가 한국토지주택공사가 소유하던 토지를 자산유동화 목적으로 소유하고 있는 토지 (2017. 12. 29. 신설)

12. 「한국토지주택공사법」에 따라 설립된 한국토지주택공사가 소유하고 있는 비축용 토지 중 다음 각 목의 어느 하나에 해당하는 토지 (2017. 12. 29. 신설)
가. 「공공토지의 비축에 관한 법률」 제14조 및 제15조에 따라 공공개발용으로 비축하는 토지 (2017. 12. 29. 신설)
나. 「한국토지주택공사법」 제12조 제4항에 따라 국토교통부장관이 우선 매입하게 함에 따라 매입한 토지(「자산유동화에 관한 법률」 제3조에 따른 유동화전문회사등에 양도한 후 재매입한 비축용 토지를 포함한다) (2017. 12. 29. 신설)
다. 「혁신도시 조성 및 발전에 관한 특별법」 제43조 제3항에 따라 국토교통부장관이 매입하게 함에 따라 매입한 같은 법 제2조 제6호에 따른 종전부동산 (2018. 2. 27. 개정 ; 공공기관~시행령 부칙)
라. 「부동산 거래신고 등에 관한 법률」 제15조 및 제16조에 따라 매수한 토지 (2017. 12. 29. 신설)
마. 「공익사업을 위한 토지 등의 취득 및 보상에 관한 법률」 제4조에 따른 공익사업(이하 이 목 및 바목에서 "공익사업"이라 한다)을 위하여 취득하였으나 해당 공익사업의 변경 또는 폐지로 인하여 비축용으로 전환된 토지 (2017. 12. 29. 신설)
바. 비축용 토지로 매입한 후 공익사업에 편입된 토지 및 해당 공익사업의 변경 또는 폐지로 인하여 비축용으로 다시 전환된 토지 (2017. 12. 29. 신설)

예판

【예규】 한국토지주택공사가 보유 중인 토지의 분리과세

도시재생사업을 위해 한국토지주택공사가 취득 및 보유하고 있는 토지를 「지방세법 시행령」 제102조 제7항 제12호 아목(2005년 8월 31일 정부가 발표한 부동산제도 개혁방안 중 토지시장 안정정책을 수행하기 위하여 매입한 비축용 토지)에 따른 주택토지공사의 비축용 토지로 볼 수 없음. (부동산세제과-1407, 2024. 4. 16.)

아. 그 밖에 지역경제의 발전, 공익성의 정도 등을 고려하여 분리과세하여야 할 타당한 이유가 있는 토지로서 대통령령으로 정하는 토지 (2017. 12. 26. 신설)

② 주거용과 주거 외의 용도를 겸하는 건물 등에서 주택의 범위를 구분하는 방법, 주택 부속토지의 범위 산정은 다음 각 호에서 정하는 바에 따른다. (2021. 12. 28. 개정)

1. 1동(棟)의 건물이 주거와 주거 외의 용도로 사용되고 있는 경우에는 주거용으로 사용되는 부분만을 주택으로 본다. 이 경우 건물의 부속토지는 주거와 주거 외의 용도로 사용되는 건물의 면적비율에 따라 각각 안분하여 주택의 부속토지와 건축물의 부속토지로 구분한다. (2010. 3. 31. 개정)
2. 1구(構)의 건물이 주거와 주거 외의 용도로 사용되고 있는 경우에는 주거용으로 사용되는 면적이 전체의

사. 국가 · 지방자치단체 또는 「지방자치분권 및 지역균형발전에 관한 특별법」 제2조 제14호에 따른 공공기관으로부터 매입한 토지 (2023. 7. 7. 개정 ; 지방자치분권~부칙)

아. 2005년 8월 31일 정부가 발표한 부동산제도 개혁방안 중 토지시장 안정정책을 수행하기 위하여 매입한 비축용 토지 (2017. 12. 29. 신설)

자. 1997년 12월 31일 이전에 매입한 토지 (2017. 12. 29. 신설)

⑧ 법 제106조 제1항 제3호 아목에서 "대통령령으로 정하는 토지"란 다음 각 호에서 정하는 토지(법 제106조 제1항 제3호 다목에 따른 토지는 제외한다)를 말한다. (2017. 12. 29. 신설)

1. 제22조 제2호에 해당하는 비영리사업자가 소유하고 있는 토지로서 교육사업에 직접 사용하고 있는 토지. 다만, 수익사업에 사용하는 토지는 제외한다. (2021. 12. 31. 개정)
2. 「농업협동조합법」에 따라 설립된 조합, 농협경제지주회사 및 그 자회사, 「수산업협동조합법」에 따라 설립된 조합, 「산림조합법」에 따라 설립된 조합 및 「엽연초생산협동조합법」에 따라 설립된 조합(조합의 경우 해당 조합의 중앙회를 포함한다)이 과세기준일 현재 구판사업에 직접 사용하는 토지와 「농수산물 유통 및 가격안정에 관한 법률」 제70조에 따른 유통자회사에

예판

【예규】 향교재산 토지 중 수익사업용 토지의 부칙 적용

향교재산의 1995. 12. 31. 이전부터 소유한 토지 중 수익사업용 토지에 대하여는 경과규정에 따른 분리과세 적용이 가능하며, 1995. 12. 31. 후에 취득하여 소유한 토지는 종전 분리과세 적용이 되지 않으므로 경과규정에 따른 분리과세 적용을 할 수 없음. (부동산세제과-1438, 2024. 4. 18.)

편주

① 영 102조 8항 1호의 개정규정에 따라 분리과세대상에서 종합합산과세대상 또는 별도합산과세대상으로 과세구분이 변경되는 토지 중 2021. 12. 31. 이전에 소유하여 2022. 1. 1. 이후에도 계속하여 소유하고 있는 토지의 경우에는 같은 개정규정에도 불구하고 과세대상 구분이 변경되는 토지의 필지별로 다음에 따른 과세연도별 비율을 곱하여 계산한 면적은 분리과세대상 토지로 봄. (영 부칙

100분의 50 이상인 경우에는 주택으로 본다. (2010. 3. 31. 개정)

2의 2. 건축물에서 허가 등이나 사용승인(임시사용승인을 포함한다. 이하 이 항에서 같다)을 받지 아니하고 주거용으로 사용하는 면적이 전체 건축물 면적(허가 등이나 사용승인을 받은 면적을 포함한다)의 100분의 50 이상인 경우에는 그 건축물 전체를 주택으로 보지 아니하고, 그 부속토지는 제1항 제1호에 해당하는 토지로 본다. (2021. 12. 28. 신설)

편주

2021년도에 주택으로 보아 재산세가 부과된 건축물로서 허가 등이나 사용승인(임시사용승인을 포함함)을 받지 아니한 건축물에 대해서는 해당 건축물을 계속하여 주거용으로 사용하는 기간까지는 법 106조 2항 2호의 2 및 같은 조 3항의 개정규정에도 불구하고 주택으로 보아 재산세를 부과함. (법 부칙(2021. 12. 28.) 7조)

농수산물 유통시설로 사용하게 하는 토지 및 「한국농수산식품유통공사법」에 따라 설립된 한국농수산식품유통공사가 농수산물 유통시설로 직접 사용하는 토지. 다만, 「유통산업발전법」 제2조 제3호에 따른 대규모점포(「농수산물 유통 및 가격안정에 관한 법률」 제2조 제12호에 따른 농수산물종합유통센터 중 대규모점포의 요건을 충족하는 것을 포함한다)로 사용하는 토지는 제외한다. (2020. 6. 2. 단서신설)

3. 「부동산투자회사법」 제49조의 3 제1항에 따른 공모부동산투자회사(같은 법 시행령 제12조의 3 제27호, 제29호 또는 제30호에 해당하는 자가 발행주식 총수의 100분의 100을 소유하고 있는 같은 법 제2조 제1호에 따른 부동산투자회사를 포함한다)가 목적사업에 사용하기 위하여 소유하고 있는 토지 (2020. 6. 2. 개정)

4. 「산업입지 및 개발에 관한 법률」에 따라 지정된 산업단지와 「산업집적활성화 및 공장설립에 관한 법률」에 따른 유치지역 및 「산업기술단지 지원에 관한 특례법」에 따라 조성된 산업기술단지에서 다음 각 목의 어느 하나에 해당하는 용도에 직접 사용되고 있는 토지 (2017. 12. 29. 신설)

가. 「산업입지 및 개발에 관한 법률」 제2조에 따른 지식산업 · 문화산업 · 정보통신산업 · 자원비축시설용 토지 및 이와 직접 관련된 교육 · 연구 · 정보처리 · 유통시설용 토지 (2017. 12. 29. 신설)

(2021. 12. 31.) 6조 1항)

㉠ 영 101조 1항 각 호의 어느 하나에 해당하는 토지

과세연도	20222	2023	2024	2025	2026	2027
분리과세 적용비율	100%	90%	80%	60%	40%	20%

㉡ ㉠ 외의 토지

과세연도	2022~2026	2027	2028	2029
분리과세 적용비율	100%	70%	40%	10%

② ①에도 불구하고 과세구분이 변경되는 토지 중 「체육시설의 설치 · 이용에 관한 법률」 10조 1호에 따른 골프장용 토지, 「관광진흥법」 3조 2호의 관광숙박업에 사용하는 토지와 「유통산업발전법」에 따른 대규모점포에 사용하는 토지에 대해서는 1항의 특례를 적용하지 아니함. (영 부칙(2021. 12. 31.) 6조 2항)

나. 「산업집적활성화 및 공장설립에 관한 법률 시행령」 제6조 제5항에 따른 폐기물 수집운반·처리 및 원료재생업, 폐수처리업, 창고업, 화물터미널이나 그 밖의 물류시설을 설치·운영하는 사업, 운송업(여객운송업은 제외한다), 산업용기계장비임대업, 전기업, 농공단지에 입주하는 지역특화산업용 토지, 「도시가스사업법」 제2조 제5호에 따른 가스공급시설용 토지 및 「집단에너지사업법」 제2조 제6호에 따른 집단에너지공급시설용 토지 (2017. 12. 29. 신설)

다. 「산업기술단지 지원에 관한 특례법」에 따른 연구개발시설 및 시험생산시설용 토지 (2017. 12. 29. 신설)

라. 「산업집적활성화 및 공장설립에 관한 법률」 제30조 제2항에 따른 관리기관이 산업단지의 관리, 입주기업체 지원 및 근로자의 후생복지를 위하여 설치하는 건축물의 부속토지(수익사업에 사용되는 부분은 제외한다) (2020. 6. 2. 개정)

5. 「산업집적활성화 및 공장설립에 관한 법률」 제28조의2에 따라 지식산업센터의 설립승인을 받은 자의 토지로서 다음 각 목의 어느 하나에 해당하는 토지. 다만, 지식산업센터의 설립승인을 받은 후 최초로 재산세 납세의무가 성립한 날부터 5년 이내로 한정하고, 증축의 경우에는 증축에 상당하는 토지 부분으로 한정한다. (2019. 5. 31. 개정)

가. 같은 법 제28조의 5 제1항 제1호 및 제2호에 따른

시설용(이하 이 조에서 "지식산업센터 입주시설용"이라 한다)으로 직접 사용하거나 분양 또는 임대하기 위해 지식산업센터를 신축 또는 증축 중인 토지 (2019. 5. 31. 개정)

나. 지식산업센터를 신축하거나 증축한 토지로서 지식산업센터 입주시설용으로 직접 사용(재산세 과세기준일 현재 60일 이상 휴업 중인 경우는 제외한다)하거나 분양 또는 임대할 목적으로 소유하고 있는 토지(임대한 토지를 포함한다) (2021. 4. 27. 개정)

6. 「산업집적활성화 및 공장설립에 관한 법률」 제28조의4에 따라 지식산업센터를 신축하거나 증축하여 설립한 자로부터 최초로 해당 지식산업센터를 분양받은 입주자(「중소기업기본법」 제2조에 따른 중소기업을 영위하는 자로 한정한다)로서 같은 법 제28조의 5 제1항 제1호 및 제2호에 규정된 사업에 직접 사용(재산세 과세기준일 현재 60일 이상 휴업 중인 경우와 타인에게 임대한 부분은 제외한다)하는 토지(지식산업센터를 분양받은 후 최초로 재산세 납세의무가 성립한 날부터 5년 이내로 한정한다) (2017. 12. 29. 신설)

7. 「연구개발특구의 육성에 관한 특별법」 제34조에 따른 특구관리계획에 따라 원형지로 지정된 토지 (2017. 12. 29. 신설)

8. 「인천국제공항공사법」에 따라 설립된 인천국제공항공사가 소유하고 있는 공항시설(「공항시설법」 제2조 제7호에 따른 공항시설을 말한다)용 토지 중 「인천국

관련법령

산업집적활성화 및 공장설립에 관한 법률

제28조의 5【지식산업센터에의 입주】 (2010. 4. 12. 제목개정)

① 지식산업센터에 입주할 수 있는 시설은 다음 각 호의 시설로 한다. (2010. 4. 12. 개정)

1. 제조업, 지식기반산업, 정보통신산업, 그 밖에 대통령령으로 정하는 사업을 운영하기 위한 시설 (2010. 4. 12. 개정)
2. 「벤처기업육성에 관한 특별법」 제2조 제1항에 따른 벤처기업을 운영하기 위한 시설 (2024. 1. 9. 개정 ; 벤처기업~부칙)

☞

편주

영 102조 8항 8호 및 9호의 개정규정에 따라 분리과세대상에서

별도합산과세대상 또는 종합합산과세대상으로 과세대상의 구분이 변경되는 토지(이하 "과세대상 구분 변경 토지"라 함)에 대해서는 같은 항 8호 및 9호의 개정규정에도 불구하고 2025년까지는 과세대상 구분 변경 토지의 필지별로 다음 표에 따른 과세연도별 비율을 곱하여 계산한 면적은 분리과세대상 토지로 봄. 이 경우 과세대상 구분 변경 토지의 납세의무자가 변경되지 않은 경우로 한정함. (영 부칙(2020. 6. 2.) 3조)

과세연도	비 율
2020년, 2021년	100%
2022년	80%
2023년	60%
2024년	40%
2025년	20%

제공항공사법」 제10조 제1항의 사업에 사용하거나 사용하기 위한 토지. 다만, 다음 각 목의 어느 하나에 해당하는 토지는 제외한다. (2020. 6. 2. 단서개정)

가. 「공항시설법」 제4조에 따른 기본계획에 포함된 지역 중 국제업무지역, 공항신도시, 유수지(수익사업에 사용되는 부분으로 한정한다), 물류단지(수익사업에 사용되는 부분으로 한정한다) 및 유보지[같은 법 시행령 제5조 제1항 제3호 및 제4호에 따른 진입표면, 내부진입표면, 전이(轉移)표면 또는 내부전이표면에 해당하지 않는 토지로 한정한다] (2020. 6. 2. 신설)

나. 「공항시설법 시행령」 제3조 제2호에 따른 지원시설용 토지(수익사업에 사용되는 부분으로 한정한다) (2020. 6. 2. 신설)

9. 「자본시장과 금융투자업에 관한 법률」 제229조 제2호에 따른 부동산집합투자기구[집합투자재산의 100분의 80을 초과하여 같은 호에서 정한 부동산에 투자하는 같은 법 제9조 제19항 제2호에 따른 일반 사모집합투자기구(투자자가 「부동산투자회사법 시행령」 제12조의3 제27호, 제29호 또는 제30호에 해당하는 자로만 이루어진 사모집합투자기구로 한정한다)를 포함한다] 또는 종전의 「간접투자자산 운용업법」에 따라 설정·설립된 부동산간접투자기구가 목적사업에 사용하기 위하여 소유하고 있는 토지 중 법 제106조 제1항 제2호에 해당하는

운영예규 법106…시행령102-4【전통사찰보존지 및 향교재산 중 임대농지의 수익사업 판단】

「지방세법 시행령」 제102조 제8항 제11호에 해당하는 토지 중 그 고유의 사업목적을 위하여 임대 중인 농지로서 연간 임대료가 다음 각 호 어느 하나에 미치지 못 할 경우에는 「법인세법 시행령」 제3조 제1항 제7호에 해당하는 것으로 보아 수익사업의 범위에서 제외한다. (2022. 10. 25. 신설)

1. 「국유재산법 시행령」 제29조 제1항 단서에 따라 산정한 농지의 연간 최소 사용료 (2022. 10. 25. 신설)
2. 「농지법」 제20조 제4항에 따른 유휴농지의 연간 임대료 (2022. 10. 25. 신설)

편주

영 102조 9항 2호의 개정규정은 2024. 5. 28. 이후 납세의무가 성립하는 분부터 적용함. (영 부칙(2024. 5. 28.) 4조)

토지 (2021. 10. 21. 개정 ; 자본시장과~부칙)

10. 「전시산업발전법 시행령」 제3조 제1호 및 제2호에 따른 토지 (2017. 12. 29. 신설)
11. 「전통사찰의 보존 및 지원에 관한 법률」 제2조 제3호에 따른 전통사찰보존지 및 「향교재산법」 제2조에 따른 향교재산 중 토지. 다만, 수익사업에 사용되는 부분은 제외한다. (2021. 12. 31. 단서개정)

⑨ 제1항 제2호 라목·바목 및 제2항 제4호·제6호에 따른 농지와 임야는 1990년 5월 31일 이전부터 소유(1990년 6월 1일 이후에 해당 농지 또는 임야를 상속받아 소유하는 경우와 법인합병으로 인하여 취득하여 소유하는 경우를 포함한다)하는 것으로 한정하고, 제1항 제3호에 따른 목장용지 중 도시지역의 목장용지 및 제2항 제5호 각 목에서 규정하는 임야는 다음 각 호의 어느 하나에 해당하는 것으로 한정한다. (2023. 3. 14. 개정)

1. 1989년 12월 31일 이전부터 소유(1990년 1월 1일 이후에 해당 목장용지 및 임야를 상속받아 소유하는 경우와 법인합병으로 인하여 취득하여 소유하는 경우를 포함한다)하는 것 (2023. 3. 14. 신설)
2. 법률 제10522호 농업협동조합법 일부개정법률 부칙 제6조에 따라 농협경제지주회사가 농업협동조합중앙회로부터 취득하여 소유하는 것 (2023. 3. 14. 신설)
2. 농업협동조합중앙회가 1989년 12월 31일 이전부터 소유한 것으로서 법률 제10522호 농업협동조합법 일부

관련법령

전시산업발전법 시행령

제3조【전시시설의 종류와 규모】법 제2조 제4호에서 "대통령령으로 정하는 종류와 규모에 해당하는 것"이란 다음 각 호의 어느 하나에 해당하는 것을 말한다. (2015. 8. 3. 개정)

1. 전시회 개최에 필요한 시설 : 전시회를 개최하기 위한 면적 2천 제곱미터 이상의 시설(옥내와 옥외 시설을 모두 포함한다)
2. 전시회부대행사의 개최에 필요한 시설 : 전시회부대행사를 개최하기 위한 연회장, 공연시설, 상담회장 및 설명회장 등

개정법률 부칙 제6조에 따라 농협경제지주회사가 농업협동조합중앙회로부터 취득하여 소유하는 것 (2024. 5. 28. 개정)

⑩ 제1항 및 제2항을 적용할 때 다음 각 호의 경우에는 각 호의 시기까지 계속하여 분리과세 대상 토지로 한다. (2017. 12. 29. 항번개정)

1. 「공익사업을 위한 토지 등의 취득 및 보상에 관한 법률」 제4조에 따른 공익사업의 구역에 있는 토지로서 같은 법에 따라 사업시행자에게 협의 또는 수용에 의하여 매각이 예정된 토지 중 「택지개발촉진법」 등 관계 법률에 따라 「국토의 계획 및 이용에 관한 법률」에 따른 도시·군관리계획 결정이 의제되어 용도지역이 변경되거나 개발제한구역에서 해제된 경우 : 그 토지가 매각되기 전(「공익사업을 위한 토지 등의 취득 및 보상에 관한 법률」 제40조 제2항에 따라 보상금을 공탁한 경우에는 공탁금 수령일 전을 말한다)까지 (2015. 12. 31. 개정)
2. 제1호에 따라 매각이 예정되었던 토지 중 「공공주택 특별법」 제6조의 2에 따라 특별관리지역으로 변경된 경우 : 그 토지가 특별관리지역에서 해제되기 전까지 (2019. 12. 31. 개정)

⑪ 과세기준일 현재 납세의무자가 소유하고 있는 토지 중 용도 및 면적 등 현황이 변경되어 제1항부터 제8항까지의 분리과세 대상 토지의 범위에 포함되거나 제외되

제50조의 2【분리과세대상 토지 적용의 신청】 영 제102조 제11항에 따른 분리과세대상 토지 적용

는 토지의 경우에는 그 납세의무자가 과세기준일부터 15일 이내에 그 소재지를 관할하는 지방자치단체의 장에게 분리과세대상 토지 적용을 신청할 수 있다. (2021. 12. 31. 신설)

⑫ 제11항에 따른 신청에 필요한 서식과 관련 증빙자료 등 신청 방법과 절차는 행정안전부령으로 정한다. (2021. 12. 31. 신설)

제103조【건축물의 범위 등】 ① 제101조 제1항에 따른 건축물의 범위에는 다음 각 호의 건축물을 포함한다. (2014. 1. 1. 개정)

1. 과세기준일 현재 건축물이 사실상 멸실된 날(건축물이 사실상 멸실된 날을 알 수 없는 경우에는 건축물대장에 기재된 멸실된 날을 말한다)부터 6개월이 지나지 아니한 건축물 (2014. 1. 1. 개정)
1. 삭 제 (2015. 12. 31.)
2. 건축허가를 받았으나 「건축법」 제18조에 따라 착공이 제한된 건축물 (2014. 1. 1. 개정)
3. 「건축법」에 따른 건축허가를 받거나 건축신고를 한 건축물로서 같은 법에 따른 공사계획을 신고하고 공사에 착수한 건축물[개발사업 관계법령에 따른 개발사업의 시행자가 소유하고 있는 토지로서 같은 법령에 따른 개발사업 실시계획의 승인을 받아 그 개발사업에 제공하는 토지(법 제106조 제1항 제3호에 따른 분리과세대상이 되는 토지는 제외한다)로서 건축물의

의 신청은 별지 제58호의 2 서식에 따른다. (2021. 12. 31. 신설)

【판례】 토지분 재산세 별도합산 기준

교통영향평가심의위원회 등 내부 심의절차상 용도 및 바닥면적을 확인한 경우를 "관계 행정기관이 허가 등"으로 확인한 것으로 볼 수 없으므로 별도합산과세대상 토지에 해당하지 아니함. (부산지법 2020

편주

영 103조의 2 전단의 개정규정은 2024. 1. 1. 이후 재산세 납세의무가 성립하는 경우부터 적용함. (영 부칙(2023. 12. 29.) 6조)

부속토지로 사용하기 위하여 토지조성공사에 착수하여 준공검사 또는 사용허가를 받기 전까지의 토지에 건축이 예정된 건축물(관계 행정기관이 허가 등으로 그 건축물의 용도 및 바닥면적을 확인한 건축물을 말한다)을 포함한다]. 다만, 과세기준일 현재 정당한 사유 없이 6개월 이상 공사가 중단된 경우는 제외한다. (2019. 12. 31. 개정)

4. 가스배관시설 등 행정안전부령으로 정하는 지상정착물 (2017. 7. 26. 직제개정 ; 행정안전부와~직제 부칙)

② 제101조 및 제102조에 따른 공장용 건축물의 범위에 관한 사항은 행정안전부령으로 정한다. (2017. 7. 26. 직제개정 ; 행정안전부와~직제 부칙)

제103조의 2【철거·멸실된 건축물 또는 주택의 범위】 법 제106조 제1항 제2호 다목에서 "대통령령으로 정하는 부속토지"란 과세기준일 현재 건축물 또는 주택이 사실상 철거·멸실된 날(사실상 철거·멸실된 날을 알 수 없는 경우에는 공부상 철거·멸실된 날을 말한다)부터 6개월[「빈집 및 소규모주택 정비에 관한 특례법」에 따른 빈집정비사업 또는 「농어촌정비법」에 따른 생활환경정비사업(빈집의 정비에 관한 사업만

구합23620, 2021. 1. 21. ; 대법확정)

【예규】 도시계획시설(학교) 실시계획 승인관련 '건축이 예정된 건축물'에 해당 여부

실시계획 인가 전 「건축법」에 따른 건축허가 또는 건축신고 등에 대해 사전협의를 하였거나, 실시계획 인가 후 건축허가 또는 신고 등을 한 건축물의 경우에만 「지방세법 시행령」 제103조 제1항 제3호에 따른 '건축이 예정된 건축물'에 해당한다고 할 수 있음. (부동산세제과-3596, 2022. 11. 2.)

제51조【지상정착물의 범위】 영 제103조 제1항 제4호에서 "행정안전부령으로 정하는 지상정착물"이란 다음 각호의 시설을 말한다. (2017. 7. 26. 직제개정 ; 행정안전부와~시행규칙 부칙)

1. 가스배관시설 및 옥외배전시설 (2010. 12. 23. 개정)
2. 「전파법」에 따라 방송전파를 송수신하거나 전기통신역무를 제공하기 위한 무선국 허가를 받아 설치한 송수신시설 및 중계시설

편주

• 빈집 정비 후 공용 · 공공용 사용토지 세부담 완화

빈집(주택)	철거(토지) 2023년 이전		기존 (2024. 1. 1. 시행) 나대지(건축용)	기존 (2024. 1. 1. 시행) 주차장·쉼터	개선 (2024. 5. 28. 시행) 주차장·쉼터
주택분 과세	•별도합산 6개월 •전년 주택세액 활용, 토지세액 산정	•기 간 : 3년 •부증가율 : 30% •적용지역 : 도시	3년 5년 5% 도시·농촌	•종합 합산 (토지)	•2024. 1. 1. 시행된 재산세부담완화 방안 동일 적용

• 별도합산과세대상인 철거 · 멸실된 건축물 등 부속토지 범위

구분	건축준비 (철거 후 6개월)		건축허가 후 착공제한	착공	건축물
	건축 중	주차장 등 기타	건축 중		
과세구분	별도합산	종합합산	별도합산	별도합산	별도합산

해당한다)의 시행으로 빈집이 철거된 경우에는 3년]이 지나지 아니한 건축물 또는 주택의 부속토지를 말한다. 이 경우 「건축법」 등 관계 법령에 따라 허가 등을 받아야 하는 건축물 또는 주택으로서 허가 등을 받지 않은 건축물 또는 주택이거나 사용승인을 받아야 하는 건축물 또는 주택으로서 사용승인(임시사용승인을 포함한다)을 받지 않은 경우는 제외한다. (2023. 12. 29. 개정)

제103조의 2【철거 · 멸실된 건축물 또는 주택의 범위】 법 제106조 제1항 제2호 다목에서 "대통령령으로 정하는 부속토지"란 과세기준일 현재 다음 각 호의 어느 하나에 해당하는 건축물 또는 주택의 부속토지를 말한다. 이 경우 「건축법」 등 관계 법령에 따라 허가 등을 받아야 하는 건축물 또는 주택으로서 허가 등을 받지 않은 건축물 또는 주택이거나 사용승인을 받아야 하는 건축물 또는 주택으로서 사용승인(임시사용승인을 포함한다)을 받지 않은 건축물 또는 주택의 부속토지는 제외한다. (2024. 5. 28. 개정)

1. 건축물 또는 주택이 사실상 철거 · 멸실된 날(사실상 철거 · 멸실된 날을 알 수 없는 경우에는 공부상 철거 · 멸실된 날을 말한다)부터 6개월이 지나지 않은 건축물 또는 주택의 부속토지(건축물 또는 주택의 건축을 위한 용도 외의 다른 용도로 사용하는 부속토지는 제외한다). 이 경우 건축물의 부속토지는 철거 · 멸실되기 전 건축물의 바닥면적(건축물 외의 시설의 경우에는 그 수평투영면적을 말한다)에 제101조 제2항에

(2010. 12. 23. 개정)

제52조【공장용 건축물의 범위】 영 제103조 제2항에 따른 공장용 건축물은 영업을 목적으로 물품의 제조 · 가공 · 수선이나 인쇄 등의 목적에 사용할 수 있도록 생산설비를 갖춘 제조시설용 건축물, 그 제조시설을 지원하기 위하여 공장 경계구역 안에 설치되는 다음 각 호의 부대시설용 건축물 및 「산업집적활성화 및 공장설립에 관한 법률」 제33조에 따른 산업단지관리기본계획에 따라 공장경계구역 밖에 설치된 종업원의 주거용 건축물을 말한다. (2010. 12. 23. 개정)

1. 사무실, 창고, 경비실, 전망대, 주차장, 화장실 및 자전거 보관시설 (2010. 12. 23. 개정)
2. 수조, 저유조, 저장창고, 저장조 등 저장용 옥외구축물 (2010. 12. 23. 개정)
3. 송유관, 옥외 주유시설, 급수 · 배수시설 및 변전실 (2010. 12. 23.

편주

영 103조의 2 제2호의 개정규정은 2024. 5. 28. 이후 납세의무가 성립하는 분부터 적용함. (영 부칙(2024. 5. 28.) 4조)

3. 주택 부속토지의 경계가 명백하지 아니한 경우 주택 부속토지의 범위 산정에 필요한 사항은 대통령령으로 정한다. (2010. 3. 31. 개정)

따른 용도지역별 적용배율을 곱하여 산정한 면적 범위의 토지를 말한다. (2024. 5. 28. 개정)

2. 「빈집 및 소규모주택 정비에 관한 특례법」에 따른 빈집정비사업 또는 「농어촌정비법」에 따른 생활환경정비사업(빈집의 정비에 관한 사업만 해당한다)의 시행으로 빈집이 사실상 철거된 날(사실상 철거된 날을 알 수 없는 경우에는 공부상 철거된 날을 말한다)부터 3년이 지나지 않은 빈집의 부속토지[건축물 또는 주택의 건축을 위한 용도 외의 다른 용도로 사용하는 부속토지는 제외하되, 국가, 지방자치단체 또는 지방자치단체조합이 1년 이상 공용 또는 공공용으로 사용(1년 이상 사용할 것이 계약서 등에 의하여 입증되는 경우를 포함한다)하는 부속토지로서 법 제109조 제2항 단서에 따른 재산세의 부과 대상이 되는 부속토지를 포함한다] (2024. 5. 28. 개정)

제104조【도시지역】 제101조 및 제102조에서 "도시지역"이란 「국토의 계획 및 이용에 관한 법률」 제6조에 따른 도시지역을 말한다. (2010. 9. 20. 개정)

제105조【주택 부속토지의 범위 산정】 법 제106조 제2항 제3호에 따라 주택의 부속토지의 경계가 명백하지 아니한 경우에는 그 주택의 바닥면적의 10배에 해당하는 토지를 주택의 부속토지로 한다. (2010. 9. 20. 개정)

개정)

4. 폐기물 처리시설 및 환경오염 방지시설 (2010. 12. 23. 개정)
5. 시험연구시설 및 에너지이용 효율 증대를 위한 시설 (2010. 12. 23. 개정)
6. 공동산업안전시설 및 보건관리 시설 (2010. 12. 23. 개정)
7. 식당, 휴게실, 목욕실, 세탁장, 의료실, 옥외 체육시설 및 기숙사 등 종업원의 복지후생 증진에 필요한 시설 (2010. 12. 23. 개정)

운영예규 법106…시행령103…규칙52-1【공장용 건축물의 판단기준인 제조시설】

「지방세법 시행규칙」 제52조에서 공장용 건축물의 판단기준인 제조시설은 통계청장이 고시하는 "한국표준산업분류"에 의한 제조업을 영위함에 필요한 제조시설을 말한다. (2022. 10. 25. 개정)

③ 재산세의 과세대상 물건이 토지대장, 건축물대장 등 공부상 등재되지 아니하였거나 공부상 등재현황과 사실상의 현황이 다른 경우에는 사실상의 현황에 따라 재산세를 부과한다. 다만, 재산세의 과세대상 물건을 공부상 등재현황과 달리 이용함으로써 재산세 부담이 낮아지는 경우 등 대통령령으로 정하는 경우에는 공부상 등재현황에 따라 재산세를 부과한다. (2021. 12. 28. 신설)

제106조의 2【분리과세대상 토지 타당성 평가 등】

① 행정안전부장관은 제106조 제1항 제3호에 따른 분리과세대상 토지(이하 이 조에서 "분리과세대상토지"라 한다)를 축소·정비 등을 하려는 경우 또는 분리과세대상토지를 확대·추가하려는 경우에는 분리과세의 목적, 과세 형평성, 지방자치단체의 재정여건 및 다른 지원제도와의 중복 여부 등을 종합적으로 고려하여 분리과세의 타당성을 평가할 수 있다. (2019. 12. 31. 신설)

② 제1항에 따른 타당성 평가 결과에 따라 분리과세대상토지를 확대·추가하려는 경우에는 「지방재정법」 제27

제105조의 2【공부상 등재현황에 따른 부과】 법 제106조 제3항 단서에서 "재산세의 과세대상 물건을 공부상 등재현황과 달리 이용함으로써 재산세 부담이 낮아지는 경우 등 대통령령으로 정하는 경우"란 다음 각 호의 경우를 말한다. (2021. 12. 31. 신설)

1. 관계 법령에 따라 허가 등을 받아야 함에도 불구하고 허가 등을 받지 않고 재산세의 과세대상 물건을 이용하는 경우로서 사실상 현황에 따라 재산세를 부과하면 오히려 재산세 부담이 낮아지는 경우 (2021. 12. 31. 신설)
2. 재산세 과세기준일 현재의 사용이 일시적으로 공부상 등재현황과 달리 사용하는 것으로 인정되는 경우 (2021. 12. 31. 신설)

제105조의 3【분리과세대상 토지 타당성 평가 등】 (2021. 12. 31. 조번개정)

① 법 제106조의 2 제1항에 따른 분리과세의 타당성 평가(이하 이 조에서 "타당성평가"라 한다) 대상은 다음 각 호와 같다. (2019. 12. 31. 신설)

1. 행정안전부장관이 법 제106조 제1항 제3호에 따른 분리과세대상 토지(이하 이 조에서 "분리과세대상토지"라 한다)에서 제외하거나 그 범위를 축소하려는 토지 (2019. 12. 31. 신설)
1. 행정안전부장관이 법 제106조 제1항 제3호에 따른 분리과세대상 토지(이하 이 조에서 "분리과세대상토지"

조의 2에 따른 지방재정관리위원회의 심의를 거쳐야 한다. (2023. 8. 16. 개정 ; 행정기관~부칙)

③ 제1항에 따른 타당성 평가의 평가대상, 분리과세 적용의 필요성 등 평가기준, 분리과세 확대·추가 요청방법 등 평가절차 및 그 밖에 필요한 사항은 대통령령으로 정한다. (2019. 12. 31. 신설)

제107조 【납세의무자】 ① 재산세 과세기준일 현재 재산을 사실상 소유하고 있는 자는 재산세를 납부할 의무가 있다. 다만, 다음 각 호의 어느 하나에 해당하는 경우에는 해당 각 호의 자를 납세의무자로 본다. (2014. 1. 1. 개정)

예판

【판례】 • 상속등기 미이행 및 소유자 미신고시 납세의무자
－과세기준일 당시 상속등기가 마쳐지지 아니하였고, 사실상 소유자를 신고하지도 아니한 경우에는 상속인들 중 가장 연장자가 주된 상속자로서 재산세를 납부할 의무가 있음. 한편 상속인들간의 상속재산분할심판이 추후 확정되어 상속재산분할의 효력이 상속이 개시된 때로 소급한다고 하더라도 이미 확정된 납세의무자에 영향을 미칠 수 없다고 할 것임. (대법 2023두30281, 2024. 3. 28.)

• 재산세 납세의무의 귀속
상가 대지의 소유 지분이 상가 부분 개별 점포의 수분양자들에게 사실상 귀속되었다고 보기 부족한 경우 토지등기부상 지분권자를 납세의무자로 보아야 함. (부산고법 2020누20460, 2020. 9. 18. ; 대법확정)

라 한다)에서 제외하거나 그 범위를 축소하려는 토지 및 분리과세대상토지에 추가하거나 그 범위를 확대하려는 토지 (2024. 5. 28. 개정)

2. 중앙행정기관의 장이 분리과세대상토지에 추가하거나 그 범위를 확대할 것을 요청한 토지 (2019. 12. 31. 신설)

② 중앙행정기관의 장은 행정안전부장관에게 분리과세대상토지의 확대 또는 추가를 요청하는 경우에는 다음 각 호의 사항이 포함된 자료를 제출해야 한다. (2019. 12. 31. 신설)

1. 분리과세대상토지의 확대 또는 추가 필요성 (2019. 12. 31. 신설)
2. 확대 또는 추가되는 분리과세대상토지의 규모 (2019. 12. 31. 신설)
3. 분리과세 적용에 따라 예상되는 경제적 효과 (2019. 12. 31. 신설)
4. 감소되는 지방세 규모 및 재원보전대책 (2019. 12. 31. 신설)
5. 그 밖에 관련 사업계획서, 예산서 및 사업 수지 분석서 등 타당성평가에 필요한 자료 (2019. 12. 31. 신설)

③ 행정안전부장관은 타당성평가와 관련하여 필요한 경우 관계 행정기관의 장 등에게 의견 또는 자료의 제출을 요구할 수 있다. 이 경우 관계 행정기관의 장 등은 특별한 사유가 있는 경우를 제외하고는 이에 따라야 한다.

• 임시사용승인된 미준공 아파트의 재산세 납세의무자
과세기준일(6. 1.) 전 임시사용승인을 받은 미준공아파트의 일반분양자가 입주금의 90%를 납부하고, 사용 · 수익하고 있는 경우, ① 재산세는 당해 재산을 사용 · 수익하였는지의 여부가 아닌 소유 자체를 과세요건으로 하는 점, ② 지방세법령 및 통칙에 따라 '재산세 납세의무자'가 되는 '사실상 소유자'란 취득의 시기가 도래되어 해당 과세대상을 취득한 자로 규정하나, 일반분양자가 90%의 잔금만을 납부한 상태라면 사실상 소유권이 이전된 경우로 볼 수 없는 점 등을 고려, 재산세 납세의무자는 '조합'이 타당함. (부동산세제과-2015, 2024. 6. 17.)

【조심판례】 • 청구인이 소유하던 토지가 재개발 사업부지에 편입되고 관리처분계획인가 이후에 조합주택을 분양받은 경우 종전의 토지가 아닌 분양받은 조합주택의 토지면적을 과세대상으로 하여 재산세를 부과하여야 한다는 청구주장과 관련하여 이 건 분양아파트는 「도시개발법」 제35조에 따라 지정된 환지예정지와 마찬가지라 할 것이고, 처분청에서 이 건 분양아파트가 아니라 청구인이 종전에 소유하던 이 건 토지를 기준으로 2019년도분 재산세를 부과한 처분은 잘못임. (조심 2020지303, 2020. 9. 15.)

운영예규 법107-1 【사실상의 소유자】
「지방세법」 제107조 제1항의 「사실상 소유하고 있는 자」라 함은 같은 법 시행령 제20조에 규정된 취득의 시기가 도래되어 당해 「지방세법」 제105조에 따른 재산세 과세 대상을 취득한 자를 말하며, 법 제120조 제1항의 규정에 의하여 신고하는 경우에는 같은 법 제107조 제2항 제1호의 규정에 우선하여 적용된다. (2022. 10. 25. 개정)

(2019. 12. 31. 신설)

④ 행정안전부장관은 다음 각 호의 사항을 고려하여 타당성평가 기준을 마련해야 한다. (2019. 12. 31. 신설)

1. 분리과세 적용의 필요성 및 그 대상의 적절성 등 분리과세의 타당성에 관한 사항 (2019. 12. 31. 신설)
2. 분리과세로 인한 경제적 효과 및 지방자치단체 재정에 미치는 영향 등에 관한 사항 (2019. 12. 31. 신설)

⑤ 제1항부터 제4항까지에서 규정한 사항 외에 타당성평가의 세부 평가 기준, 평가 절차 등에 관하여 필요한 사항은 행정안전부장관이 정한다. (2019. 12. 31. 신설)

1. 공유재산인 경우 : 그 지분에 해당하는 부분(지분의 표시가 없는 경우에는 지분이 균등한 것으로 본다)에 대해서는 그 지분권자 (2014. 1. 1. 개정)
2. 주택의 건물과 부속토지의 소유자가 다를 경우 : 그 주택에 대한 산출세액을 제4조 제1항 및 제2항에 따른 건축물과 그 부속토지의 시가표준액 비율로 안분계산(按分計算)한 부분에 대해서는 그 소유자 (2014. 1. 1. 개정)
3. 「신탁법」에 따라 수탁자 명의로 등기·등록된 신탁재산의 경우 : 위탁자별로 구분된 재산에 대해서는 그 수탁자. 이 경우 위탁자별로 구분된 재산에 대한 납세의무자는 각각 다른 납세의무자로 본다. (2014. 1. 1. 개정)
3. 삭 제 (2020. 12. 29.)

운영예규 법107-8【미등기 신탁재산에 대한 재산세 납세의무자】
재산세 과세기준일 현재 위탁자 지위 변경 계약을 체결하였으나 신탁원부에 등재되지 않은 경우에는 신탁원부의 기재에 따른다. (2022. 10. 25. 개정)

편주
- 법 107조의 개정규정은 2021. 1. 1. 이후 납세의무가 성립하는 분부터 적용함. (법 부칙(2020. 12. 29.) 11조)
- 2020. 12. 31. 이전에 법 105조에 따른 재산을 취득한 경우로서 조세특례제한법 및 지방세특례제한법에 따라 감면하여야 할 재산세에 대해서는 그 감면기한이 종료될 때까지 법

예판

【예규】 환지예정지 지정 이후, 6월 1일 현재 환지예정지에 종전 주택이 있는 경우 주택분 재산세가 부과대상임. (지방세운영과-2110, 2019. 7. 12.)

107조 1항 3호의 개정규정에 따른 위탁자에게 해당 감면규정을 적용함. (법 부칙(2020. 12. 29.) 16조 2항)

② 제1항에도 불구하고 재산세 과세기준일 현재 다음 각 호의 어느 하나에 해당하는 자는 재산세를 납부할 의무가 있다. (2010. 3. 31. 개정)

1. 공부상의 소유자가 매매 등의 사유로 소유권이 변동되었는데도 신고하지 아니하여 사실상의 소유자를 알 수 없을 때에는 공부상 소유자 (2010. 3. 31. 개정)
2. 상속이 개시된 재산으로서 상속등기가 이행되지 아니하고 사실상의 소유자를 신고하지 아니하였을 때에는 행정안전부령으로 정하는 주된 상속자 (2017. 7. 26. 직제개정 ; 정부조직법 부칙)
3. 공부상에 개인 등의 명의로 등재되어 있는 사실상의 종중재산으로서 종중소유임을 신고하지 아니하였을 때에는 공부상 소유자 (2010. 3. 31. 개정)

운영예규 법107-4【종중의 의미】

「지방세법」 제107조 제2항 제3호의 「종중」이라 함은 공동선조의 분묘수호와 제사 및 종중원 상호간의 친목을 목적으로 하는 자연 발생적인 종족 집단체를 말하며, 종중원 개인 명의로 등기된 종중재산은 같은 법 제120조 제1항의 규정에 의하여 신고한 경우에만 인정한다.

운영예규 법107-3【공부상 소유자】

「지방세법」 제107조 제2항의 「공부상의 소유자」라 함은 등기된 경우에는 「부동산등기법」, 「선박등기법」 등 등기에 관한 법률에 따라 등기된 소유자를, 미등기인 경우에는 토지대장, 임야대장, 건축물대장 등 관계법령에 따라 등록·생성된 문서에 기재된 소유자를 말한다. (2022. 10. 25. 개정)

운영예규 법107-7【상속재산에 대한 납세의무자】

상속은 「민법」 제997조의 규정에 의하여 피상속자의 사망으로 인하여 개시되며, 상속등기가 되지 아니한 때에는 상속자가 지분에 따라 신고하면 신고된 지분에 따른 납세의무가 성립하고 신고가 없으면 「지방세법 시행규칙」 제53조에 따른 주된 상속자에게 납세의무가 있다.

제53조【주된 상속자의 기준】 법 제107조 제2항 제2호에서 "행정안전부령으로 정하는 주된 상속자"란 「민법」상 상속지분이 가장 높은 사람으로 하되, 상속지분이 가장 높은 사람이 두 명 이상이면 그 중 나이가 가장 많은 사람으로 한다. (2017. 7. 26. 직제개정 ; 행정안전부와~시행규칙 부칙)

4. 국가, 지방자치단체, 지방자치단체조합과 재산세 과세대상 재산을 연부(年賦)로 매매계약을 체결하고 그 재산의 사용권을 무상으로 받은 경우에는 그 매수계약자 (2010. 3. 31. 개정)

운영예규 법107-2【연부취득시 납세의무자】

「지방세법」 제107조 제2항 제4호에서 연부취득에 의하여 무상사용권을 부여받은 「지방세법」 제105조에 따른 재산세 과세대상은 국가·지방자치단체·지방자치단체조합(이하 이 조에서 '국가등'이라 한다) 등으로 부터 연부취득한 것에 한하므로 국가등 이외의 자로부터 연부취득 중인 때에는 매수인이 무상사용권을 부여 받았다 하더라도 국가등 이외의 자가 납세의무자가 된다. (2022. 10. 25. 개정)

5. 「신탁법」 제2조에 따른 수탁자(이하 이 장에서 "수탁자"라 한다)의 명의로 등기 또는 등록된 신탁재산의 경우에는 제1항에도 불구하고 같은 조에 따른 위탁자(「주택법」 제2조 제11호 가목에 따른 지역주택조합 및 같은 호 나목에 따른 직장주택조합이 조합원이 납부한 금전으로 매수하여 소유하고 있는 신탁재산의 경우에는 해당 지역주택조합 및 직장주택조합을 말하며, 이하 이 장에서 "위탁자"라 한다). 이 경우 위탁자가 신탁재산을 소유한 것으로 본다. (2020. 12. 29. 신설)

6. 「도시개발법」에 따라 시행하는 환지(換地) 방식에 의한 도시개발사업 및 「도시 및 주거환경정비법」에

제106조【납세의무자의 범위 등】 ① 법 제107조 제1항 제3호에 따른 납세의무자(위탁자별로 구분된 재산에 대한 수탁자를 말한다. 이하 이 항에서 같다)는 그 납세의무자의 성명 또는 상호(법인의 명칭을 포함한다. 이하 이 항에서 같다) 다음에 괄호를 하고, 그 괄호 안에 위탁자의 성명 또는 상호를 적어 구분한다. (2014. 1. 1. 신설)

제106조【납세의무자의 범위 등】 ① 삭 제 (2021. 4. 27.)

② 국가, 지방자치단체 및 지방자치단체조합이 선수금을 받아 조성하는 매매용 토지로서 사실상 조성이 완료된 토지의 사용권을 무상으로 받은 자가 있는 경우에는 그 자를 법 제107조 제2항 제4호에 따른 매수계약자로 본다. (2014. 1. 1. 항번개정)

운영예규 법107-5【신탁토지의 범위】

「지방세법」 제107조 제2항 제5호의 「신탁재산」은 「신탁법」에 의한 경우를 의미하므로 명의신탁은 이에 해당되지 아니한다. (2022. 10. 25. 개정)

예판

【예규】 택지개발사업이 진행 중인 택지를 분양받아 매매계약을 체결하고 대금을 완납한 경우, 위 택지개발사업이 완료되지 않은 상태여서 분양받은 택지의 사용이 사실상 불가능하다고 할지라도, 위 택지의 매수인은 "재산을 사실상 소유하고 있는 자"라 할 것임. (법제 08-0324, 2008. 12. 11.)

따른 정비사업(재개발사업만 해당한다)의 시행에 따른 환지계획에서 일정한 토지를 환지로 정하지 아니하고 체비지 또는 보류지로 정한 경우에는 사업시행자 (2017. 2. 8. 개정 ; 도시 및 주거환경정비법 부칙)

7. 외국인 소유의 항공기 또는 선박을 임차하여 수입하는 경우에는 수입하는 자 (2018. 12. 31. 신설)
8. 「채무자 회생 및 파산에 관한 법률」에 따른 파산선고 이후 파산종결의 결정까지 파산재단에 속하는 재산의 경우 공부상 소유자 (2021. 12. 28. 신설)

③ 재산세 과세기준일 현재 소유권의 귀속이 분명하지 아니하여 사실상의 소유자를 확인할 수 없는 경우에는 그 사용자가 재산세를 납부할 의무가 있다. (2010. 3. 31. 개정)

운영예규 법107-6【사실상의 소유자를 알 수 없는 때】

「지방세법」 제107조 제3항의 「소유권의 귀속이 분명하지 아니하여 사실상의 소유자를 확인할 수 없는 경우」라 함은 소유권의 귀속 자체에 분쟁이 생겨 소송 중에 있거나 공부상 소유자의 행방불명 또는 생사불명으로 장기간 그 소유자가 관리하고 있지 않는 경우 등을 의미한다.

예판

【예규】 • 신탁재산의 재산세 납세의무 귀속

- 건축주 명의변경 절차 이행 판결이 신탁등기 효력에 영향을 미치지 않는 경우라면, 재산세 납세의무자는 수탁자가 된다고 판단됨. (지방세운영과-203, 2015. 1. 21.)

• 미등기 상속재산 재산세 납세의무자

③ 법 제107조 제3항에 따라 소유권의 귀속이 분명하지 아니한 재산에 대하여 사용자를 납세의무자로 보아 재산세를 부과하려는 경우에는 그 사실을 사용자에게 미리 통지하여야 한다. (2014. 1. 1. 항번개정)

예판

【판례】 • 상속에 따른 재산세 납세의무자

- 부과처분일 이전에 상속재산이 다른 상속인 앞으로 등기되었더라도 과세기준일 현재 상속등기가 이행되지 아니하였고 사실상의 소유자를 신고하지 아니하였던 경우라면 행안

제54조【납세의무 통지】 영 제106조 제3항에 따른 사용자에 대한 납세의무 통지는 별지 제58호 서식에 따른다. (2014. 1. 1. 개정)

- 상속이 개시된 재산에 대해 과세기준일 현재 공동상속인 간 상속재산 분할협의가 이루어지지 아니하여 주된 상속자와 공동상속인 중 일부 상속자가 각각 본인의 법정 상속분에 대해 사실상 소유자로 하여 관할 지자체장에게 신고한 경우라면, 상속재산의 사실상 소유자를 신고한 것으로 보기 어려워 해당 상속재산에 대한 납세의무자는 주된 상속자에게 있다고 할 것임. (지방세운영과-992, 2016. 4. 19.)

• 사실상소유자란 재산을 매수하여 대금의 지급 등 취득의 시기가 도래하여 사실상 소유하고 있는 경우를 의미한다 할 것임. (지방세운영과-626, 2011. 2. 10.)

• 명의신탁자가 확정판결을 받아 부동산 소유권을 회복하였다 하더라도 소유권이전 등기가 이루어지지 전까지는 명의수탁자가 법률적으로 소유권을 행사하게 되어 확정판결 자체만으로는 취득을 인정할 수 없고 소유권 이전 등기까지 완료되어야 취득(소유권 변동)으로 인정할 수 있음. (지방세운영과-782, 2014. 3. 7.)

• 재산세 과세기준일 현재 토지구획정리사업시행자로부터 체비지를 매수하여 잔금을 지급하고 체비지대장에 등재한 자는 해당 토지의 사실상의 소유자로서 환지처분이 공고되기 전이라 하더라도 해당 체비지에 대한 토지분 재산세의 납세의무자라고 할 것임. (법제 08-0413, 2009. 1. 28.)

• **별도합산과세대상인 건축물 범위**

- "설계변경"을 공사진행의 일부분으로서 단순한 설계변경 행위를 건축 공사행위로 보기는 어려우며 연면적과 건물의 용도별 면적 등을 변경하기 위한 설계변경은 사업주체 외부의 불가피한 사유라기보다는 사업주체 내부의 사정에 따른 것으로 건축공사 중단의 "정당한 사유"라고 볼 수 없음. (부동산세제과-1212, 2020. 6. 1.)

부령에서 정한 주된 상속자에게 부과한 처분은 적법함. (수원지법 2020구합63635, 2020. 11. 26. ; 대법확정)

• 주택의 건물과 부속토지의 소유자가 다르며, 재산세 과세기준일 현재 소유권의 귀속이 분명하지 아니한 경우 사실상의 소유자를 확인할 수 없는 경우에는 그 사용자가 재산세를 납부할 의무가 있음. (전주지법 2019구합1590, 2019. 10. 30. : 대법확정)

• **재산세 납세의무 귀속**

- 국가를 상대로 제기한 소유권보존등기 말소등기청구소송에서 진정한 소유자임이 밝혀져 승소 확정판결을 받은 경우, 승소자는 그 과세기준일 당시 해당 토지에 대한 소유자로서의 권능을 실제로 행사하였는지 여부와 관계없이 판결 확정 전의 과세기간에 대하여도 재산세 납세의무자가 됨. (대법 2010두4964, 2012. 12. 13.)

- 도시개발사업 추진에 따른 환지예정지 지정이 있는 경우 종전 토지가 아닌 환지예정지를 사실상 소유한 것으로 보아, 환지처분 공고가 있기 전이라도 종전 토지가 아닌 환지예정지의 현황을 기준으로 재산세를 과세하는 것이 타당함. (서울고법 2012누20610, 2012. 12. 7. : 대법확정)

• '사실상 소유자'란 공부상 소유자로 등재한 여부를 불문하고 재산에 대한 실질적인 소유권, 즉 그 재산을 배타적으로 사용·수익·처분할 수 있는 권능을 가진 자를 말하므로, 공사 앞으로 소유권 보전등기가 되어 있다고 하더라도 공사가 사용, 수익, 처분권이 없고 그에 대한 권한을 국가가 행사하는 경우라면 국가를 사실상의 소유자로 보아 재산세 납세의무를 지우는 것이 타당함. (광주고법 2019누1994, 2020. 6. 17. : 대법확정)

제108조【납세지】 재산세는 다음 각 호의 납세지를

관할하는 지방자치단체에서 부과한다. (2010. 3. 31. 개정)

1. 토지 : 토지의 소재지 (2010. 3. 31. 개정)
2. 건축물 : 건축물의 소재지 (2010. 3. 31. 개정)
3. 주택 : 주택의 소재지 (2010. 3. 31. 개정)
4. 선박 : 「선박법」에 따른 선적항의 소재지. 다만, 선적항이 없는 경우에는 정계장(定繫場) 소재지(정계장이 일정하지 아니한 경우에는 선박 소유자의 주소지)로 한다. (2010. 3. 31. 개정)
5. 항공기 : 「항공안전법」에 따른 등록원부에 기재된 정치장의 소재지(「항공안전법」에 따라 등록을 하지 아니한 경우에는 소유자의 주소지) (2016. 3. 29. 개정 ; 항공안전법 부칙)

제109조 【비과세】 ① 국가, 지방자치단체, 지방자치단체조합, 외국정부 및 주한국제기구의 소유에 속하는 재산에 대하여는 재산세를 부과하지 아니한다. 다만, 다음 각 호의 어느 하나에 해당하는 재산에 대하여는 재산세를 부과한다. (2010. 3. 31. 개정)

1. 대한민국 정부기관의 재산에 대하여 과세하는 외국정부의 재산 (2010. 3. 31. 개정)
2. 제107조 제2항 제4호에 따라 매수계약자에게 납세의무가 있는 재산 (2010. 3. 31. 개정)

② 국가, 지방자치단체 또는 지방자치단체조합이 1년 이상 공용 또는 공공용으로 사용(1년 이상 사용할 것이 계

예판

【예규】 • 비과세 대상 공용으로 사용하는 재산 범위

- 「도시 및 주거환경 정비법」상 정비사업구역내 폐가·공가를 철거하고, 토지 소유자로부터 무상사용 동의를 받아 동주민센터가 공동텃밭으로 사용하는 토지를 '국가 등이 공용 또는 공공용으로 사용하는 재산'으로 보아 재산세를 비과세할 수 없음. (지방세운영과-2389, 2015. 8. 6.)
- 일반인의 진입이 어렵도록 차단기가 설치되어 있으며, 무상사용에 대한 구체적인 계획이 없는 경우 1년 이상 공공용으로 사용하는 재산으로 보아 재산세를 비과세할 수 없음. (지방세운영과-2772, 2016. 11. 2.)

• 비과세 후 추징시 제척기간 기산일

예판

【판례】 • 자치단체가 ○○공사 소유 부동산을 수산물도매시장으로 제공 받아 그 운영을 자치단체가 출자한 법인에게 위탁하고 있고, 수탁법인이 ○○공사에게 해당 부동산의 사용 대가로 사용료를 지급하고 있는 경우 이를 자치단체가 공용으로 무상 사용하는 것으로 보아 재산세를 비과세할 수 없음. (서울행법 2018 구합56152, 2019. 2. 15. : 대법확정)

【예규】 • 사모부동산 집합투자기구의 신탁재산 관련 부칙 적용

약서 등에 의하여 입증되는 경우를 포함한다)하는 재산에 대하여는 재산세를 부과하지 아니한다. 다만, 다음 각 호의 어느 하나에 해당하는 경우에는 재산세를 부과한다. (2018. 12. 31. 개정)

예판

【예규】 • 조성공사 중인 토지의 비과세 여부

- 공공용으로 사용할 목적으로 지자체와 무상 계약을 맺고 기반시설 조성공사 중인 토지의 경우 과세기준일 현재 조성공사 중인 토지를 일반 공중에 이용되는 재산으로 보기 어렵고, 장래에 지자체의 1년 이상 무상 사용 예정이 되어있다고 하더라도 공사 중에 있는 토지라면 지자체가 사용하고 있는 재산으로 볼 수 없어 비과세 적용은 어려움. (부동산세제과-3318, 2024. 9. 26.)

• 경관녹지의 재산세 비과세 적용 여부

- 도시 · 군 관리계획으로 설치된 '경관녹지'로서 해당 토지는 일반공중이 자유로운 이용에 이용되는 토지 또는 도로, 철도 등 필수 불가결한 시설로 볼 수 없으며, 1년 이상 공용 또는 공공용으로 사용한다는 입증자료와 토지사용 대가지급 여부 등이 확인되지 않아 재산세 비과세 대상에 해당하지 않음. (부동산세제과-284, 2024. 1. 18.)

• 대학 소유 기숙사를 지자체가 조례에 따라 운영하는 경우 공용 또는 공공용 재산으로 보기 어렵고, 지자체 예산으로 기숙사를 대수선 · 증축 시 유료 사용으로 볼 수 없음. (지방세운영과-2112, 2019. 7. 12.)

• 지자체에 무상으로 1년 이상 제공되고 있고, 연중 대부분의 기간이 축제 및 그 준비에 사용되고 그 외 다른 용도로의 사용이 제한되고 있다면 비과세 대상에 해당함. (지방세운영과-1289, 2019. 5. 8.)

- 공원 사용에 대한 부당이득금 소송의 결과 납세자에게 사용료를 지급하라는 판결을 통해 과세관청이 당초 비과세 처분하였던 토지가 비과세 대상에 해당하지 않는다는 사실을 비로소 확인하게 되고 이에 따라 당초 비과세 처분을 정정하고 그 세액을 부과한다 하더라도, 법원의 판결이 확정된 날을 부과제척기간 기산일로 보아 적용할 수 없음. (지방세운영과-1772, 2015. 6. 12.)

• 국가소유 재산의 신탁 등기시 비과세 해당 여부

-국유재산을 부동산 신탁을 통해 신탁자 명의로 등기한 경우라면 해당 재산은 지방세법 제109조 제1항에서 말하는 국가의 소유에 속하는 재산으로 볼 수 없으므로 재산세 비과세 대상에 해당하지 아니함. (지방세운영과-521, 2016. 2. 26.)

• 기부채납 예정 건축물의 재산세 납세의무 여부

-과세기준일 현재 해당 자치단체가 쟁점 건축물을 사용 · 수익한 사실이 확인되지 않고, 관련계약서 등에서 사용 · 수익 권한이 해당 지자체에 주어졌다고 보기 어렵다면, 쟁점 건축물의 사실상 소유자를 원시취득의 주체로 보는 것이 타당함. (지방세운영과-393, 2016. 2. 15.)

• 공유재산에 대한 재산세 납세의무자

-부동산에 대하여 공유관계의 구분의사가 내부 계약으로만 존재할 뿐 객관적으로 외부에 표시되는 구분행위가 없었다면, 재산세 납세의무자를 각각 달리 보기는 어려우며, 공유자 지분에 해당하는 비율만큼 납세의무가 있음. (부동산세제과-2308, 2020.9.4.)

- 2020년 재산세 분리과세 대상토지가 일부 개정함에 따라, 납세자 신뢰보호 차원에서 「지방세법 시행령」(대통령령 제30728호, 2020. 6. 2.) 부칙 제3조를 제정한 취지 및 소유권 변동이 아닌 법률 개정으로 인한 납세의무자 변동일 경우(수탁자→위탁자) 특례를 지속하여야 한다는 기준 등을 고려, 신탁계약 자체가 개정 전(2020. 6. 2.)과 동일하게 유지되는 경우에 한해 분리과세대상 토지의 범위에 관한 특례 적용이 가능함. (부동산세제과-1409, 2024. 4. 16.)

• 기부채납 예정인 건축물에 대한 재산세 비과세 여부

- 국가에 기부채납하는 조건으로 건축물을 신축하여 사용승인 받았으나, 기부채납이 예정되어 있을 뿐 실제로 기부채납 절차가 이행되지 않았다면 국가가 취득한 재산으로서 비과세 대상으로 보기 어려움. (부동산세제과-2516, 2020. 9. 22.)

1. 유료로 사용하는 경우 (2018. 12. 31. 신설)

운영예규 법109-2【유료로 사용하는 경우】

「지방세법」 제109조 제2항 제1호 「유료로 사용하는 경우」라 함은 당해 재산사용에 대하여 대가가 지급되는 것을 말하고, 그 사용이 대가적 의미를 갖는다면 사용기간의 장단이나, 대가의 지급이 1회적인지 또는 정기적이거나 반복적인 것인지, 대가의 다과 혹은 대가의 산출방식 여하를 묻지 아니한다.

2. 소유권의 유상이전을 약정한 경우로서 그 재산을 취득하기 전에 미리 사용하는 경우 (2018. 12. 31. 신설)

③ 다음 각 호에 따른 재산(제13조 제5항에 따른 과세대상은 제외한다)에 대하여는 재산세를 부과하지 아니한다. 다만, 대통령령으로 정하는 수익사업에 사용하는 경우와 해당 재산이 유료로 사용되는 경우의 그 재산(제3호 및 제5호의 재산은 제외한다) 및 해당 재산의 일부가 그 목적에 직접 사용되지 아니하는 경우의 그 일부 재산에 대하여는 재산세를 부과한다. (2010. 12. 27. 개정)

예판

【조심판례】 쟁점토지는 제방으로 바다와 격리된 상태에서 수문을 통하여 바닷물이 이동할 수 있는 형태의 토지로서, 농업용 및 발전용에 공여되는 댐·저수지·소류지와 자연적으로 형성된 호수·늪 등에 해당하는 "유지"로 볼 수 없으므로 재산세 비과세 대상이 아님. (조심 2014지80, 2014. 8. 21.)

【예규】 • 비과세 대상이 되는 경우라고 함은 철거명령 또는 철

제107조【수익사업의 범위】 법 제109조 제3항 각 호 외의 부분 단서에서 "대통령령으로 정하는 수익사업"이란 「법인세법」 제4조 제3항에 따른 수익사업을 말한다. (2019. 2. 12. 개정 ; 법인세법 시행령 부칙)

예판

【판례】'유지'에 대해 임대차계약을 체결하고 임대료 등을 받는 경우 비과세 여부

- 지방세법상 재산세가 비과세되는 '유지'에 대해 제3자와의 임대차계약을 통해 임대료를 받고 있는 경우 토지 사용에 대한 대가로서의 성격을 가지고 있어 유료로 사용되고 있는 경우에 해당함.

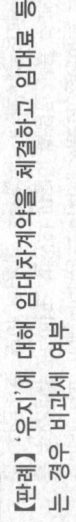

거보상계약의 주체가 "행정관청" 일 경우에만 해당하는 것으로 보아야 할 것이므로, 「도시정비법」에 따라 주택재개발정비조합이 관리처분계획 인가 이후 취득하여 철거 계획중인 주택이 단지 철거에 따른 반대급부적 성격이 있는 보상 계약을 체결하였다는 사실만으로는 쟁점규정에 따른 비과세 대상으로 볼 수 없음(부동산세제과-772, 2023. 10. 31.)

• **하천수가 없는 하천구역 내 토지의 재산세 비과세 여부**
하천구역으로 지정된 토지의 지표면에 하천수가 흐르지 않는다는 이유로 하천으로 지방세법 제109조 제3항 본문에 따른 "직접 사용되지 아니하는 경우"에 해당한다고 단정하기는 어려움. (부동산세제과-3886, 2022. 11. 29.)

1. 대통령령으로 정하는 도로 · 하천 · 제방 · 구거 · 유지 및 묘지 (2010. 3. 31. 개정)

예판

【조심판례】 대지안의 공지인 쟁점 토지는 이동하는 유일한 통행로로, 일반 보행자들이 아무런 제약 없이 위 토지를 이용하여 통행하고 있고, 위 토지와 연접한 공도가 없어 공도만을 이용하여 통행하기에 충분하지 아니한 점 등에 비추어 쟁점토지는 일반인의 자유로운 통행을 위하여 제공할 목적으로 개설한 사설 도로로서 재산세 비과세대상에 해당되는 것으로 판단됨. (조심 2019지838, 2020. 3. 10.)

– 다만, 제3자가 무단으로 주차장, 농지 등으로 사용하고 있는 토지에 대해서는 유료로 사용하고 있는 경우에 해당한다고 보기 어려움. (대법 2024두35057, 2024. 5. 30.)

제108조 【비과세】 ① 법 제109조 제3항 제1호에서 "대통령령으로 정하는 도로 · 하천 · 제방 · 구거 · 유지 및 묘지"란 다음 각 호에서 정하는 토지를 말한다. (2010. 9. 20. 개정)

1. 도로 : 「도로법」에 따른 도로(같은 법 제2조 제2호에 따른 도로의 부속물 중 도로관리시설, 휴게시설, 주유소, 충전소, 교통 · 관광안내소 및 도로에 연접하여 설치한 연구시설은 제외한다)와 그 밖에 일반인의 자유로운 통행을 위하여 제공할 목적으로 개설한 사설 도로. 다만, 「건축법 시행령」 제80조의 2에 따른 대지 안의 공지는 제외한다. (2019. 12. 31. 개정)
2. 하천 : 「하천법」에 따른 하천과 「소하천정비법」에 따른 소하천 (2010. 9. 20. 개정)
3. 제방 : 「공간정보의 구축 및 관리 등에 관한 법률」에

예판

【판례】 사도에 대한 비과세 여부
공공보행통로가 대지 또는 건축물을 이용하는 자의 통행에 주로 사용될 뿐 지하철이나 버스 정류장을 이용하는 자가 주로 사용하는 경우가 아닌 경우에는 사도로 보아 비과세할 수 없고, 공개공지가 일반인의 통행에 공하는 경우라면 사도로 보아 비과세를 할 수 있음. (서울행법 2018구합82069, 2020. 9. 24. ; 대법확정)

【조심판례】 「도로법」에 따른 도로가

2. 「산림보호법」 제7조에 따른 산림보호구역, 그 밖에 공익상 재산세를 부과하지 아니할 타당한 이유가 있는 것으로서 대통령령으로 정하는 토지 (2010. 3. 31. 개정)
3. 임시로 사용하기 위하여 건축된 건축물로서 재산세 과세기준일 현재 1년 미만의 것 (2010. 3. 31. 개정)
4. 비상재해구조용, 무료도선용, 선교(船橋) 구성용 및 본선에 속하는 전마용(傳馬用) 등으로 사용하는 선박 (2010. 3. 31. 개정)
5. 행정기관으로부터 철거명령을 받은 건축물 등 재산세를 부과하는 것이 적절하지 아니한 건축물 또는 주택(「건축

따른 제방. 다만, 특정인이 전용하는 제방은 제외한다. (2015. 6. 1. 개정 ; 측량 · 수로조사 및 지적에 관한 법률 시행령 부칙)
4. 구거(溝渠) : 농업용 구거와 자연유수의 배수처리에 제공하는 구거 (2010. 9. 20. 개정)
5. 유지(溜池) : 농업용 및 발전용에 제공하는 댐 · 저수지 · 소류지와 자연적으로 형성된 호수 · 늪 (2010. 9. 20. 개정)
6. 묘지 : 무덤과 이에 접속된 부속시설물의 부지로 사용되는 토지로서 지적공부상 지목이 묘지인 토지 (2010. 9. 20. 개정)

② 법 제109조 제3항 제2호에서 "대통령령으로 정하는 토지"란 다음 각 호에서 정하는 토지를 말한다. (2010. 9. 20. 개정)
1. 「군사기지 및 군사시설 보호법」에 따른 군사기지 및 군사시설 보호구역 중 통제보호구역에 있는 토지. 다만, 전 · 답 · 과수원 및 대지는 제외한다. (2010. 9. 20. 개정)
2. 「산림보호법」에 따라 지정된 산림보호구역 및 「산림자원의 조성 및 관리에 관한 법률」에 따라 지정된 채종림 · 시험림 (2010. 9. 20. 개정)
3. 「자연공원법」에 따른 공원자연보존지구의 임야 (2010. 9. 20. 개정)
4. 「백두대간 보호에 관한 법률」 제6조에 따라 지정된 백두대간보호지역의 임야 (2010. 9. 20. 개정)

③ 법 제109조 제3항 제5호에서 "대통령령으로 정하는 것"이란 재산세를 부과하는 해당 연도에 철거하기로 계획이 확정되어 재산세 과세기준일 현재 행정관청으로부

아닌 경우 비과세 여부
도시 · 군계획시설사업으로 설치된 도로로서 「도로법」 제108조에 따라 같은 법 제75조, 제114조 등의 규정이 준용되고, 도로에 장애물을 쌓아두거나 도로 교통에 지장을 주는 행위를 할 경우 「도로법」 제75조 및 제114조의 규정에 따라 처벌을 받게 되는 점 등에 비추어 볼 때, 해당 도로는 일반인의 자유로운 통행을 위해 제공할 목적으로 개설한 사설 도로로서 재산세 비과세 대상에 해당하는 것으로 판단됨. (조심 2023지5614, 2024. 8. 8.)

법」 제2조 제1항 제2호에 따른 건축물 부분으로 한정한다)으로서 대통령령으로 정하는 것 (2010. 12. 27. 개정)

예판

【판례】 • 묘지에 대한 비과세 적용
- 현황상 묘지라고 하더라도, 공부상 묘지로 되어 있지 아니한 경우에는 비과세를 적용할 수 없음. (대법 2009두14613, 2010. 11. 25.)

• 도로에 대한 비과세 적용
- 고속도로 휴게시설이 도로법상 도로의 범위에 포함된다고 하더라도 그 시설을 임대하여 임대수익을 창출하고 있다면 수익사업에 해당되어 재산세 비과세 대상으로 볼 수 없음. (대법 2011두17165, 2013. 4. 25.)

• 원고 소속 ○○지사의 사무소용 건물(이하 '이 사건 건물'이라 한다)이 설치되어 있는 원심 판시 제1토지 및 제2토지는 전체적으로 구 도로법 제2조 제1항 제4호에서 정한 '도로 구조의 보전과 안전하고 원활한 도로교통의 확보, 그 밖에 도로의 관리에 필요한 시설 및 공작물'로서 '도로의 부속물'에 해당하고, 위 제1, 2토지에 있는 주차장, 테니스장, 조경시설, 법면 등은 모두 이 사건 건물이나 차고, 정비고, 적치장 등의 원활한 이용을 위하여 조성된 것으로서 이 사건 건물 등과 유기적 일체를 이루고 있으므로, 도로의 관리에 필요한 시설 및 공작물로서 '도로의 부속물'에 해당함. (대법 2016두49658, 2016. 4. 28.)

【조심판례】 "1년 이상 공용 또는 공공용으로 사용하는 재산"이라 함은 재산세 과세기준일 현재 공용 또는 공공용으로 사용하는 기간이 실제로 1년 이상 되었거나, 1년 미만 사용하였다 하더라도 국가·지방자치단체 등과 1년 이상 사용하기로 한 사실이 계약서 등에 의해 입증되는 재산을 의미한다고 보는 것임. (조심 2012지0214, 2012. 6. 13.)

터 철거명령을 받았거나 철거보상계약이 체결된 건축물 또는 주택(「건축법」 제2조 제1항 제2호에 따른 건축물 부분으로 한정한다. 이하 이 항에서 같다)을 말한다. 이 경우 건축물 또는 주택의 일부분을 철거하는 때에는 그 철거하는 부분으로 한정한다. (2010. 12. 30. 개정)

예판

【예규】 • "무상 사용권을 부여받은 경우"라 함은 별도의 대가 없이 자신의 책임하에 당해 토지를 관리하거나 건축착공을 위한 절차 등을 구체적으로 진행할 수 있는 등 당해 토지를 사용할 수 있는 권한을 확보한 경우로 보는 것이 합리적이고, 당해 토지를 실제 사용하였는지 여부와는 무관하다고 보는 것이 합리적이라 할 것임. (지방세운영과-4633, 2010. 10. 1.)

• 장래에 지방자치단체의 1년 이상 무상사용이 예정되어 있다 하더라도, 과세기준일 현재 토지소유자(사업시행자)가 공사 중에 있는 토지라면 지방자치단체가 사용하고 있는 재산으로 볼 수 없어 재산세 비과세 대상이 아니라고 사료됨. (지방세운영과-5640, 2010. 11. 30.)

• 「도로법」 제2조 제1항 제1호·제4호 다목에서 도로에 연접하는 자동차 주차장 및 도로 수선용 재료 적치장과 이들 시설을 종합적으로 관리하는 도로관리사업소로서 도로관리청이 설치한 것은 '도로의 부속물'로서 도로에 포함함. (지방세운영과-4159, 2012. 12. 28.)

제2절 과세표준과 세율 (2010. 3. 31. 개정)

제110조【과세표준】 ① 토지·건축물·주택에 대한 재산세의 과세표준은 제4조 제1항 및 제2항에 따른 시가표준액에 부동산 시장의 동향과 지방재정 여건 등을 고려하여 다음 각 호의 어느 하나에서 정한 범위에서 대통령령으로 정하는 공정시장가액비율을 곱하여 산정한 가액으로 한다. (2010. 3. 31. 개정)

1. 토지 및 건축물 : 시가표준액의 100분의 50부터 100분의 90까지 (2010. 3. 31. 개정)
2. 주택 : 시가표준액의 100분의 40부터 100분의 80까지. 다만, 제111조의 2에 따른 1세대 1주택은 100분의 30부터 100분의 70까지 (2023. 3. 14. 개정)

예판

【조심판례】 개별공시지가의 결정 절차에 대하여 불복을 제기한 바가 없으므로 그 결정·공시된 가액을 지방세의 과세표준으로 하는 것은 잘못이 없고, 감정가액이나 인근 상가의 매매사례가액 등을 재산세 과세표준으로 삼을 근거는 없음. (조심 2016지1223, 2016. 11. 30.)

② 선박 및 항공기에 대한 재산세의 과세표준은 제4조 제2항에 따른 시가표준액으로 한다. (2010. 3. 31. 개정)

③ 제1항에 따라 산정한 주택의 과세표준이 다음 계산식

제2절 과세표준과 세율 (2010. 9. 20. 개정)

제109조【공정시장가액비율】 ① 법 제110조 제1항 각 호 외의 부분에서 "대통령령으로 정하는 공정시장가액비율"이란 다음 각 호의 구분에 따른 비율을 말한다. (2023. 3. 14. 항번개정)

1. 토지 및 건축물 : 시가표준액의 100분의 70 (2010. 9. 20. 개정)
2. 주택 : 시가표준액의 100분의 60. 다만, 2023년도에 납세의무가 성립하는 재산세의 과세표준을 산정하는 경우 제110조의 2 에 따라 1세대 1주택으로 인정되는 주택(시가표준액이 9억원을 초과하는 주택을 포함한다)에 대해서는 다음 각 목의 구분에 따른다. (2023. 6. 30. 단서개정)
2. 주택 : 시가표준액의 100분의 60. 다만, 2024년도에 납세의무가 성립하는 재산세의 과세표준을 산정하는 경우 제110조의 2 에 따라 1세대 1주택으로 인정되는 주택(시가표준액이 9억원을 초과하는 주택을 포함한다)에 대해서는 다음 각 목의 구분에 따른다. (2024. 5. 28. 단서개정)
   가. 시가표준액이 3억원 이하인 주택: 시가표준액의 100분의 43 (2023. 6. 30. 신설)
   나. 시가표준액이 3억원을 초과하고 6억원 이하인 주택: 시가표준액의 100분의 44 (2023. 6. 30. 신설)
   다. 시가표준액이 6억원을 초과하는 주택: 시가표준

에 따른 과세표준상한액보다 큰 경우에는 제1항에도 불구하고 해당 주택의 과세표준은 과세표준상한액으로 한다. (2023. 3. 14. 신설)

과세표준상한액 = 대통령령으로 정하는 직전 연도 해당 주택의 과세표준 상당액 + (과세기준일 당시 시가표준액으로 산정한 과세표준 × 과세표준상한율)

과세표준상한율 = 소비자물가지수, 주택가격변동률, 지방재정 여건 등을 고려하여 0에서 100분의 5 범위 이내로 대통령령으로 정하는 비율

예판

【예규】 • 개발사업지구내 토지 과세표준 산정기준

주택건축이 진행 중인 주택재개발 사업구역 내 개별 토지소유자는 사업구역 내 당초 개별 토지가 위치해 있던 특정 부분의 토지를 각각 분할하여 소유하고 있는 형태가 아니라 사업구역 내 토지를 각 지분(면적)만큼 공동으로 소유하고 있는 것으로 보아 전체 사업구역을 토대로 그 과세대상과 과세표준을 산정하는 것이 타당함. (지방세운영과-2017, 2015. 7. 8.)

• 건물부분만 공동주택가격이 공시된 주택부속토지의 재산세 과세표준

대지권이 설정되지 않아 건물부분만 공동주택가격이 산정 · 공시된 주택부속토지에 대한 재산세 과세표준은 「지방세법」 제4조 제1항 단서 및 동법 시행령 제3조에 따라 재산정한 가액을 시가표준액으로 적용하여야 함. (지방세운영과-1526, 2018. 7. 2.)

액의 100분의 45 (2023. 6. 30. 신설)

② 행정안전부장관은 제1항에 따른 공정시장가액비율의 점검 · 평가를 위하여 필요한 경우 관계 전문기관에 조사 · 연구를 의뢰할 수 있다. (2023. 3. 14. 신설)

편주

법 110조 3항의 개정규정은 2024. 1. 1. 이후 납세의무가 성립하는 경우부터 적용함. (법 부칙(2023. 3. 14.) 1조 2호, 2조)

제109조의 2 【과세표준상한액】 ① 법 제110조 제3항의 계산식에서 "대통령령으로 정하는 직전 연도 해당 주택의 과세표준 상당액"이란 해당 주택에 대한 과세기준일이 속하는 해의 직전 연도의 법 제4조에 따른 시가표준액(직전 연도의 시가표준액이 없는 경우에는 해당 연도의 시가표준액을 말한다)에 과세기준일 현재 해당 주택에 대한 제109조 제1항 제2호에 따른 공정시장가액비율을 곱하여 계산한 금액을 말한다. (2024. 5. 28. 신설)

② 법 제110조 제3항의 계산식에서 "대통령령으로 정하는 비율"이란 100분의 5를 말한다. (2024. 5. 28. 신설)

편주

주택 재산세 과세표준상한제 기준

예판

【예규】 • 회원이 이용하는 대중제 골프장으로 등록된 토지의 재산세 적용세율

회원제와 대중제 골프장을 병설 운영하는 법인이 대중제로 등록된 토지를 회원제 코스와 결합하여 운영하면서 요금혜택을 받고 회원이 이용하는 경우, 대중제로 등록된 토지에 대해 대중골프장용 토지로 보아 별도합산 과세함이 타당 (지방세운영과-684, 2018. 3. 28.)

• 미승인상태에서 회원제에서 대중제

제111조 【세　율】 ① 재산세는 제110조의 과세표준에 다음 각 호의 표준세율을 적용하여 계산한 금액을 그 세액으로 한다. (2010. 3. 31. 개정)

1. 토지 (2010. 3. 31. 개정)

가. 종합합산과세대상 (2010. 3. 31. 개정)

과세표준	세　율
5,000만원 이하	1,000분의 2
5,000만원 초과 1억원 이하	10만원+5,000만원 초과금액의 1,000분의 3
1억원 초과	25만원+1억원 초과금액의 1,000분의 5

예판

【판례】 • 고급오락장에 대한 중과세 적용

－별도의 임대차 계약을 통해 유흥주점과 룸카페로 운영하는 것으로 되어 있으나 사실상 하나의 유흥주점으로 사용하는 경우에는 재산세를 중과세할 수 있음. (서울고법 2014누45088, 2014. 10. 2. : 대법확정)

－이 사건 계단실은 위와 같은 유흥주점영업 행위가 이루어지는 공간이나 위 공간에 직접 접하여 서비스가 이루어지는 공간에 해당하지 아니함. (서울고법 2015누48305, 2016. 3. 16. : 대법확정)

• 회원제골프장 중과세 적용

골프장으로 사용한 경우 재산세 중과 여부

과세기준일 현재 회원 현황 및 회원권의 분양 여부, 회원 모집 등 회원제 운영을 위한 행위 여부 등을 고려하여 사실상 대중제 골프장으로만 운영되고 있는 경우에는 사업계획변경 미승인상태라고 하더라도 재산세 중과대상으로 보기 어려움. (부동산세제과-1850, 2020. 7. 31.)

【조심판례】 ①, ② 영업장은 영업허가를 각각 득하였다 하더라도 사실상 하나의 영업장소로 사용하고 있는 사실이 확인되고, 유흥주점 중과세 요건을 충족하는 것이 확인되는 이상 재산세를 중과세한 것은 잘못이 없음. (조심 2012지682, 2013. 3. 14.)

나. 별도합산과세대상 (2010. 3. 31. 개정)

과세표준	세 율
2억원 이하	1,000분의 2
2억원 초과 10억원 이하	40만원+2억원 초과금액의 1,000분의 3
10억원 초과	280만원+10억원 초과금액의 1,000분의 4

다. 분리과세대상 (2010. 3. 31. 개정)

1) 제106조 제1항 제3호 가목에 해당하는 전·답·과수원·목장용지 및 같은 호 나목에 해당하는 임야 : 과세표준의 1천분의 0.7 (2019. 12. 31. 개정)

2) 제106조 제1항 제3호 다목에 해당하는 골프장용 토지 및 고급오락장용 토지 : 과세표준의 1천분의 40 (2019. 12. 31. 개정)

3) 그 밖의 토지 : 과세표준의 1천분의 2 (2010. 3. 31. 개정)

2. 건축물 (2010. 3. 31. 개정)

가. 제13조 제5항에 따른 골프장, 고급오락장용 건축물 : 과세표준의 1천분의 40 (2016. 12. 27. 개정)

나. 특별시·광역시(군 지역은 제외한다)·특별자치시(읍·면지역은 제외한다)·특별자치도(읍·면지역은 제외한다) 또는 시(읍·면지역은 제외한다) 지역에서 「국토의 계획 및 이용에 관한 법률」과 그 밖의 관계 법령에 따라 지정된 주거지역 및 해당 지방자치단체의 조례로 정하는 지역의 대통령령

-체육시설법에 따라 회원제골프장으로 등록하였으나, 실제로는 회원을 모집하지 아니하고 대중제골프장으로만 운영하고 있는 경우에는 고율의 재산세 분리과세를 적용할 수 없음. (대법 2012두11904, 2013. 2. 15.)

-체육시설법에 따라 실제로 따로 구분등록이 되어 있지 아니한 회원제골프장내 살수시설(스프링클러)도 재산세 중과대상급·배수시설에 해당함. (대법 2011두25142, 2013. 9. 26.)

운영예규 법111-1 **【회원제골프장에 대중골프장이 병설된 경우 재산세부과방법】**

「지방세법」 제111조 제1항 제2호 가목에 따라 재산세가 중과되는 회원제골프장에 대중골프장을 병설 운영하는 경우의 골프장용 건축물에 대한 재산세 부과는 회원제골프장과 대중골프장으로 사업승인된 각각의 토지의 면적에 따라 안분하여 중과세율과 일반세율을 적용한다.

제110조【공장용 건축물】 법 제111조 제1항 제2호 나목에서 "대통령령으로 정하는 공장용 건축물"이란 제조·가공·수선이나 인쇄 등의 목적에 사용하도록 생산설비를 갖춘 것으로서 행정안전부령으로 정하는 공장용 건축물을 말한다. (2017. 7. 26. 직제개정 ; 행정안전부와~직제 부칙)

예판

【판례】 생활숙박시설을 주택임대차 계약을 체결하고 주택으로 사용한다 하더라도 재산세율은 주택이 아닌 일반 건축물 세율이 적용됨. (수원고법 2019누10807, 2019. 10. 2. : 대법확정)

【예규】 회원제 골프장 클럽하우스 내 숙박시설의 재산세 중과세 여부

회원제 골프장 안의 식사·옷 갈아입기·목욕·휴식 등을 할 수 있도록 만든 클럽하우스 내에 위치하고, 편의시설로 구분등록이 되어 있으며, 회원들만 휴게 목적으로 이용하고 있어 회원제 골프장 용도에 직접 사용되므로 재산세 중과세 대상 봄이 타당함. (부동산세제과-465, 2020. 2. 28.)

제55조【공장용 건축물의 범위】 영 제110조에서 "행정안전부령으로 정하는 공장용 건축물"이란 별표 2에 규정된 업종의 공장으로서 생산설비를 갖춘 건축물의 연면적(옥외에 기계장치 또는 저장시설이

으로 정하는 공장용 건축물 : 과세표준의 1천분의 5 (2016. 12. 27. 개정)

다. 그 밖의 건축물 : 과세표준의 1천분의 2.5 (2010. 3. 31. 개정)

3. 주택 (2010. 3. 31. 개정)

가. 제13조 제5항 제1호에 따른 별장 : 과세표준의 1천분의 40 (2010. 12. 27. 개정)

가. 삭 제 (2023. 3. 14.)

나. 그 밖의 주택 (2010. 3. 31. 개정)

과세표준	세 율
6천만원 이하	1,000분의 1
6천만원 초과 1억5천만원 이하	60,000원+6천만원 초과금액의 1,000분의 1.5
1억5천만원 초과 3억원 이하	195,000원+1억5천만원 초과금액의 1,000분의 2.5
3억원 초과	570,000원+3억원 초과금액의 1,000분의 4

4. 선박 (2010. 3. 31. 개정)

가. 제13조 제5항 제5호에 따른 고급선박 : 과세표준의 1천분의 50 (2010. 12. 27. 개정)

나. 그 밖의 선박 : 과세표준의 1천분의 3 (2010. 3. 31. 개정)

5. 항공기 : 과세표준의 1천분의 3 (2010. 3. 31. 개정)

② 「수도권정비계획법」 제6조에 따른 과밀억제권역(「산업집적활성화 및 공장설립에 관한 법률」을 적용받는 산

있는 경우에는 그 시설물의 수평투영면적을 포함한다)이 500제곱미터 이상인 것을 말한다. 이 경우 건축물의 연면적에는 해당 공장의 제조시설을 지원하기 위하여 공장 경계구역 안에 설치되는 부대시설(식당, 휴게실, 목욕실, 세탁장, 의료실, 옥외 체육시설 및 기숙사 등 종업원의 후생복지증진에 제공되는 시설과 대피소, 무기고, 탄약고 및 교육시설은 제외한다)의 연면적을 포함한다. (2017. 7. 26. 직제개정 ; 행정안전부와~시행규칙 부칙)

제56조【공장의 범위와 적용기준】 ① 법 제111조 제2항에 따른 공장의 범위와 적용기준에 대해서는 제7

업단지 및 유치지역과 「국토의 계획 및 이용에 관한 법률」을 적용받는 공업지역은 제외한다)에서 행정안전부령으로 정하는 공장 신설·증설에 해당하는 경우 그 건축물에 대한 재산세의 세율은 최초의 과세기준일부터 5년간 제1항 제2호 다목에 따른 세율의 100분의 500에 해당하는 세율로 한다. (2017. 7. 26. 직제개정 ; 정부조직법 부칙)

③ 지방자치단체의 장은 특별한 재정수요나 재해 등의 발생으로 재산세의 세율 조정이 불가피하다고 인정되는 경우 조례로 정하는 바에 따라 제1항의 표준세율의 100분의 50의 범위에서 가감할 수 있다. 다만, 가감한 세율은 해당 연도에만 적용한다. (2010. 3. 31. 개정)

제111조의 2【1세대 1주택에 대한 주택 세율 특례】 ① 제111조 제1항 제3호 나목에도 불구하고 대통령령으로 정하는 1세대 1주택(제4조 제1항에 따른 시가표준액이 9억원 이하인 주택에 한정한다)에 대해서는 다음의 세율을 적용한다. (2021. 7. 8. 신설)

제110조의 2【재산세 세율 특례 대상 1세대 1주택의 범위】 ① 법 제111조의 2 제1항에서 "대통령령으로 정하는 1세대 1주택"이란 과세기준일 현재 「주민등록법」 제7조에 따른 세대별 주민등록표(이하 이 조에서 "세대별 주민등록표"라 한다)에 함께 기재되어 있는 가족(동거인은 제외한다)으로 구성된 1세대가 국내에 다음 각 호의 주택이 아닌 주택을 1개만 소유하는 경우 그 주택(이하 이 조에서 "1세대1주택"이라 한다)을 말한다. (2021. 2. 17. 신설)

조를 준용한다. 이 경우 같은 조 제1항 전단 및 제2항 각 호 외의 부분 중 "법 제13조 제8항"은 각각 "법 제111조 제2항"으로 본다. (2011. 5. 30. 후단개정)

② 법 제111조 제2항에 따른 최초의 과세기준일은 공장용 건축물로 건축허가를 받아 건축하였거나 기존의 공장용 건축물을 공장용으로 사용하기 위하여 양수한 경우에는 영 제20조에 따른 취득일, 그 밖의 경우에는 공장시설의 설치를 시작한 날 이후에 최초로 도래하는 재산세 과세기준일로 한다. (2010. 12. 23. 개정)

제56조의 2【재산세 세율 특례 적용을 위한 신청】 (2023. 5. 3. 제목개정)

영 제110조의 2 제1항 각 호에 따른 주택을 소유 주택 수 산정에서 제외하려는 자는 별지 제58호의 3 서식에 따른 신청서를 지방자치단체의 장에게 제출해야 한다. (2023. 5. 3. 개정)

과세표준	세 율
6천만원 이하	1,000분의 0.5
6천만원 초과 1억5천만원 이하	30,000원+6천만원 초과금액의 1,000분의 1
1억5천만원 초과 3억원 이하	120,000원+1억5천만원 초과금액의 1,000분의 2
3억원 초과	420,000원+3억원 초과금액의 1,000분의 3.5

편주

- 법 111조의 2의 개정규정은 2021. 6. 1. 현재 납세의무가 성립하는 분부터 적용함. (법 부칙(2021. 7. 8.) 2조)
- 법 111조의 2의 개정규정은 2026. 12. 28.까지 성립한 납세의무에 한정하여 적용함. (법 부칙(2020. 12. 29.) 2조 및 법 부칙(2021. 7. 8.) 3조) (2023. 12. 29. 개정)

② 제1항에 따른 1세대 1주택의 해당여부를 판단할 때 「신탁법」에 따라 신탁된 주택은 위탁자의 주택 수에 가산한다. (2020. 12. 29. 신설)

③ 제1항에도 불구하고 제111조 제3항에 따라 지방자치단체의 장이 조례로 정하는 바에 따라 가감한 세율을 적용한 세액이 제1항의 세율을 적용한 세액보다 적은 경우에는 제1항을 적용하지 아니한다. (2020. 12. 29. 신설)

④ 「지방세특례제한법」에도 불구하고 동일한 주택이 제1항과 「지방세특례제한법」에 따른 재산세 경감 규정(같은 법 제92조의 2에 따른 자동이체 등 납부에 대한 세액

1. 종업원에게 무상이나 저가로 제공하는 사용자 소유의 주택으로서 과세기준일 현재 다음 각 목의 어느 하나에 해당하는 주택. 다만, 「지방세기본법 시행령」 제2조 제1항 각 호의 어느 하나에 해당하는 관계에 있는 사람에게 제공하는 주택은 제외한다. (2021. 2. 17. 신설)
   가. 법 제4조 제1항에 따른 시가표준액이 3억원 이하인 주택 (2021. 2. 17. 신설)
   나. 면적이 「주택법」 제2조 제6호에 따른 국민주택규모 이하인 주택 (2021. 2. 17. 신설)
2. 「건축법 시행령」 별표 1 제2호 라목의 기숙사 (2021. 2. 17. 신설)
3. 과세기준일 현재 사업자등록을 한 다음 각 목의 어느 하나에 해당하는 자가 건축하여 소유하는 미분양 주택으로서 재산세 납세의무가 최초로 성립한 날부터 5년이 경과하지 않은 주택. 다만, 가목의 자가 건축하여 소유하는 미분양 주택으로서 「주택법」 제54조에 따라 공급하지 않은 주택인 경우에는 자기 또는 임대계약 등 권원을 불문하고 다른 사람이 거주한 기간이 1년 이상인 주택은 제외한다. (2021. 2. 17. 신설)
   가. 「건축법」 제11조에 따른 허가를 받은 자 (2021. 2. 17. 신설)
   나. 「주택법」 제15조에 따른 사업계획승인을 받은 자 (2021. 2. 17. 신설)
4. 세대원이 「영유아보육법」 제13조에 따라 인가를 받고 「소득세법」 제168조 제5항에 따른 고유번호를 부여받

공제는 제외한다)의 적용 대상이 되는 경우에는 중복하여 적용하지 아니하고 둘 중 경감 효과가 큰 것 하나만을 적용한다. (2020. 12. 29. 신설)

은 이후 「영유아보육법」 제10조 제5호에 따른 가정어린이집으로 운영하는 주택(가정어린이집을 「영유아보육법」 제10조 제1호에 따른 국공립어린이집으로 전환하여 운영하는 주택을 포함한다) (2021. 12. 31. 개정)

5. 주택의 시공자(「주택법」 제33조 제2항에 따른 시공자 및 「건축법」 제2조 제16호에 따른 공사시공자를 말한다)가 제3호 가목 또는 나목의 자로부터 해당 주택의 공사대금으로 받은 같은 호에 해당하는 주택(과세기준일 현재 해당 주택을 공사대금으로 받은 날 이후 해당 주택의 재산세의 납세의무가 최초로 성립한 날부터 5년이 경과하지 않은 주택으로 한정한다). 다만, 제3호 가목의 자로부터 받은 주택으로서 「주택법」 제54조에 따라 공급하지 않은 주택인 경우에는 자기 또는 임대계약 등 권원을 불문하고 다른 사람이 거주한 기간이 1년 이상인 주택은 제외한다. (2021. 2. 17. 신설)

6. 「문화재보호법」 제2조 제3항에 따른 지정문화재 또는 같은 조 제4항에 따른 등록문화재에 해당하는 주택 (2021. 4. 27. 개정)

6. 다음 각 목의 어느 하나에 해당하는 주택 (2024. 5. 7. 개정 ; 문화재보호법 시행령 부칙)
   가. 「문화유산의 보존 및 활용에 관한 법률」에 따른 지정문화유산 (2024. 5. 7. 개정 ; 문화재~부칙)
   나. 「근현대문화유산의 보존 및 활용에 관한 법률」에 따른 등록문화유산 (2024. 5. 7. 개정 ; 문화재~부

칙, 2024. 9. 10. 개정 ; 근현대문화유산~부칙)

다. 「자연유산의 보존 및 활용에 관한 법률」에 따른 천연기념물등 (2024. 5. 7. 개정 ; 문화재~부칙)

7. 「노인복지법」 제32조 제1항 제3호에 따른 노인복지주택으로서 같은 법 제33조 제2항에 따라 설치한 사람이 소유한 해당 노인복지주택 (2021. 2. 17. 신설)

8. 상속을 원인으로 취득한 주택(조합원입주권 또는 주택분양권을 상속받아 취득한 신축주택을 포함한다)으로서 과세기준일 현재 상속개시일부터 5년이 경과하지 않은 주택 (2023. 3. 14. 개정)

9. 혼인 전부터 소유한 주택으로서 과세기준일 현재 혼인일로부터 5년이 경과하지 않은 주택. 다만, 혼인 전부터 각각 최대 1개의 주택만 소유한 경우로서 혼인 후 주택을 추가로 취득하지 않은 경우로 한정한다. (2021. 2. 17. 신설)

10. 세대원이 소유하고 있는 토지 위에 토지를 사용할 수 있는 정당한 권원이 없는 자가 「건축법」에 따른 허가·신고 등(다른 법률에 따라 의제되는 경우를 포함한다)을 받지 않고 건축하여 사용(건축한 자와 다른 자가 사용하고 있는 경우를 포함한다) 중인 주택(부속토지만을 소유하고 있는 자로 한정한다) (2023. 3. 14. 신설)

11. 2024년 1월 4일부터 2026년 12월 31일까지 유상승계취득 또는 원시취득한 주택으로서 과세기준일 현재

편주

영 110조의 2 제1항 11호의 개정규정은 2024. 1. 4. 이후 취득하는 주택부터 적용함. (영 부칙(2024. 5. 28.) 5조)

다음 각 목의 요건을 모두 갖춘 주택 중 1개의 주택 (2024. 5. 28. 신설)

가. 「지방자치분권 및 지역균형발전에 관한 특별법」 제2조 제12호에 따른 인구감소지역 중 「수도권정비계획법」 제2조 제1호에 따른 수도권(「접경지역 지원 특별법」 제2조 제1호에 따른 접경지역은 제외한다), 광역시(군 지역은 제외한다) 및 특별자치시를 제외한 지역에 소재하는 주택일 것 (2024. 5. 28. 신설)

나. 1세대1주택에 해당하는 주택과 동일한 시 · 군 · 구의 관할구역에 소재하는 주택이 아닐 것 (2024. 5. 28. 신설)

다. 법 제4조에 따른 시가표준액(지분이나 부속토지만을 취득한 경우에는 전체 주택의 시가표준액을 말한다)이 4억원 이하일 것 (2024. 5. 28. 신설)

② 제1항에도 불구하고 다음 각 호의 어느 하나에 해당하는 경우에는 해당 주택을 1세대1주택으로 본다. (2021. 2. 17. 신설)

1. 과세기준일 현재 제1항 제6호 또는 제8호에 해당하는 주택의 경우에는 다음 각 목의 구분에 따른다. (2023. 3. 14. 개정)

가. 해당 주택을 1개만 소유하고 있는 경우 : 해당 주택 (2023. 3. 14. 신설)

나. 해당 주택을 2개 이상 소유하고 있는 경우 : 시가표준액이 가장 높은 주택. 다만, 시가표준액이 같

편주

영 110조의 2 제2항 3호의 개정규정은 2024. 1. 4. 이후 취득하는 주택부터 적용함. (영 부칙(2024. 5. 28.) 5조)

은 경우에는 납세의무자가 선택하는 1개의 주택으로 한다. (2023. 3. 14. 신설)

2. 제1항 제9호에 해당하는 주택을 소유하고 있는 경우 2주택 중 시가표준액이 높은 주택. 다만, 시가표준액이 같은 경우에는 납세의무자가 선택하는 1개의 주택으로 한다. (2023. 3. 14. 개정)

3. 과세기준일 현재 제1항 제11호에 해당하는 주택의 경우에는 다음 각 목의 구분에 따른다. (2024. 5. 28. 신설)

   가. 해당 주택을 1개만 소유하고 있는 경우: 해당 주택 (2024. 5. 28. 신설)

   나. 해당 주택을 2개만 소유하고 있는 경우: 시가표준액이 가장 높은 주택. 다만, 시가표준액이 같은 경우에는 납세의무자가 선택하는 1개의 주택으로 한다. (2024. 5. 28. 신설)

③ 제1항에도 불구하고 제1항 및 제2항을 적용할 때 배우자, 과세기준일 현재 미혼인 19세 미만의 자녀 또는 부모(주택의 소유자가 미혼이고 19세 미만인 경우로 한정한다)는 주택 소유자와 같은 세대별 주민등록표에 기재되어 있지 않더라도 1세대에 속한 것으로 보고, 다음 각 호의 어느 하나에 해당하는 경우에는 각각 별도의 세대로 본다. (2021. 2. 17. 신설)

1. 과세기준일 현재 65세 이상의 직계존속(배우자의 직계존속을 포함하며, 직계존속 중 어느 한 사람이 65세 미만인 경우를 포함한다)를 동거봉양하기 위하여 19

세 이상의 직계비속 또는 혼인한 직계비속이 합가한 경우 (2023. 3. 14. 개정)

2. 취학 또는 근무상의 형편 등으로 세대 전원이 90일 이상 출국하는 경우로서 「주민등록법」 제10조의 3 제1항 본문에 따라 해당 세대가 출국 후에 속할 거주지를 다른 가족의 주소로 신고한 경우 (2021. 2. 17. 신설)

④ 제1항 및 제2항을 적용할 때 주택의 공유지분이나 부속토지만을 소유한 경우에도 각각 1개의 주택으로 보아 주택 수를 산정한다. 다만, 1개의 주택을 같은 세대 내에서 공동소유하는 경우에는 1개의 주택으로 본다. (2021. 2. 17. 신설)

⑤ 제4항 본문에도 불구하고 상속이 개시된 재산으로서 상속등기가 이행되지 않은 공동소유 상속 주택(상속개시일부터 5년이 경과한 상속 주택으로 한정한다)의 경우 법 제107조 제2항 제2호에 따른 납세의무자가 그 상속 주택을 소유한 것으로 본다. (2021. 12. 31. 개정)

예판

【예규】 대지권 미등기된 집합건물 부속토지 소유자의 주택 수 산정

「지방세법 시행령」 제110조의 2에 따라 지분으로 취득하거나, 주택 부속토지만 소유한 경우에도 각각 1개의 주택으로 보아 주택 수를 산정하기에 해당 토지의 소유자들은 지분별로 안분하여 각각 소유하고 있는 것으로 보아 주택 수에 포함됨. (부동산세제과-397, 2024. 1. 25.)

제112조【재산세 도시지역분】(2013. 1. 1. 제목개정)
① 지방자치단체의 장은 「국토의 계획 및 이용에 관한 법률」 제6조 제1호에 따른 도시지역 중 해당 지방의회의 의결을 거쳐 고시한 지역(이하 이 조에서 "재산세 도시지역분 적용대상 지역"이라 한다) 안에 있는 대통령령으로 정하는 토지, 건축물 또는 주택(이하 이 조에서 "토지등"이라 한다)에 대하여는 조례로 정하는 바에 따라 제1호에 따른 세액에 제2호에 따른 세액을 합산하여 산출한 세액을 재산세액으로 부과할 수 있다. (2013. 1. 1. 개정)

1. 제110조의 과세표준에 제111조의 세율 또는 제111조의 2 제1항의 세율을 적용하여 산출한 세액 (2020. 12. 29. 개정)

편주

- 법 112조의 개정규정은 2020. 12. 29.부터 시행함. (법 부칙(2020. 12. 29.) 1조 단서)
- 법 112조의 개정규정은 2026. 12. 28.까지 성립한 납세의무에 한정하여 적용함. (법 부칙(2020. 12. 29.) 2조) (2023. 12. 29. 개정)

2. 제110조에 따른 토지등의 과세표준에 1천분의 1.4를 적용하여 산출한 세액 (2010. 12. 27. 개정)

예판

【판례】 도시정비법에 따라 지형도면 등이 고시된 공공시설용 토지에 대한 비과세 및 감면여부

제111조【토지 등의 범위】 법 제112조 제1항 각 호 외의 부분에서 "대통령령으로 정하는 토지, 건축물 또는 주택"이란 다음 각 호에 열거하는 것을 말한다. (2010. 9. 20. 개정)

1. 토지 : 법 제9장에 따른 재산세 과세대상 토지 중 전·답·과수원·목장용지·임야를 제외한 토지와 「도시개발법」에 따라 환지 방식으로 시행하는 도시개발구역의 토지로서 환지처분의 공고가 된 모든 토지(혼용방식으로 시행하는 도시개발구역 중 환지방식이 적용되는 토지를 포함한다) (2010. 9. 20. 개정)
2. 건축물 : 법 제9장에 따른 재산세 과세대상 건축물 (2010. 9. 20. 개정)
3. 주택 : 법 제9장에 따른 재산세 과세대상 주택. 다만, 「국토의 계획 및 이용에 관한 법률」에 따른 개발제한구역에서는 법 제13조 제5항 제3호에 따른 고급주택(과세기준일 현재의 시가표준액을 기준으로 판단한다)만 해당한다. (2023. 12. 29. 단서개정)

제112조【주택의 구분】 「건축법 시행령」 별표 1 제1호 다목에 따른 다가구주택은 1가구가 독립하여 구분사용할 수 있도록 분리된 부분을 1구의 주택으로 본다. 이 경우 그 부속토지는 건물면적의 비율에 따라 각각 나눈 면적을 1구의 부속토지로 본다. (2010. 9. 20. 개정)

운영예규 법111…시행령112-1【1구의 주택】

운영예규 법112…시행령111-1
【환지처분의 공고가 된 도시개발구역】
「도시개발법」에 따라 환지방식으로 시행하는 도시개발구역의 토지로서 환지처분의 공고가 되지 않은 환지예정지의 경우에는 그 환지예정지의 지목, 용도 등 현황을 기준으로 과세한다.

제57조【재산세 도시지역분 과세대상 토지의 범위】(2013. 1. 14. 제목개정)
법 제112조 제1항 제2호 및 영 제111조 제1호에 따른 재산세 도시지역분 과세대상 토지는 다음 각 호의 어느 하나에 해당하는 토지로 한다.

- 국토계획법 상 '지구단위계획' 고시 및 '도시정비사업에 관한 계획' 고시로, 모두 국토계획법에 따른 도시관리계획의 결정 및 그 지형도면의 고시에 해당되므로 재산세 도시지역분이 비과세 대상임. 한편 이 사건 처분에는 재산세 도시지역분 과세대상에서 제외하지 않은 위법 등이 있어 합리적 근거없이 그 의미를 잘못 해석하여 적용하였으므로 중대·명백한 하자가 존재함. (대법 2024두35439, 2024. 6. 17.)

② 지방자치단체의 장은 해당 연도분의 제1항 제2호의 세율을 조례로 정하는 바에 따라 1천분의 2.3을 초과하지 아니하는 범위에서 다르게 정할 수 있다. (2010. 3. 31. 개정)

③ 제1항에도 불구하고 재산세 도시지역분 적용대상 지역 안에 있는 토지 중 「국토의 계획 및 이용에 관한 법률」에 따라 지형도면이 고시된 공공시설용지 또는 개발제한구역으로 지정된 토지 중 지상 건축물, 골프장, 유원지, 그 밖의 이용시설이 없는 토지는 제1항 제2호에 따른 과세대상에서 제외한다. (2013. 1. 1. 개정)

예판

【예규】 도시개발구역 지정해제 처분과 과세특례분 부과처분은 별개의 행정처분이므로 과세특례분 부과처분 이후에 이루어진 해당 지역의 도시개발구역 지정해제 처분은 그 부과처분에 아무런 영향을 미치지 않는다고 할 것임. (지방세운영과-80, 2014. 1. 9.)

「지방세법 시행령」 제112조 규정의 「1구의 주택」이라 함은 소유상의 기준이 아니고 점유상의 독립성을 기준으로 판단하되 합숙소·기숙사 등의 경우에는 방 1개를 1구의 주택으로 보며, 다가구주택은 침실, 부엌, 출입문이 독립되어 있어야 1구의 주택으로 본다.

(2013. 1. 14. 개정)

1. 「도시개발법」에 따라 환지 방식으로 시행하는 도시개발구역(혼용방식으로 시행하는 도시개발구역 중 환지 방식이 적용되는 토지를 포함한다. 이하 이 조에서 같다) 외의 지역 및 환지처분의 공고가 되지 아니한 도시개발구역 : 전·답·과수원·목장용지 및 임야를 제외한 모든 토지 (2010. 12. 23. 개정)
2. 환지처분의 공고가 된 도시개발구역 : 전·답·과수원·목장용지 및 임야를 포함한 모든 토지 (2010. 12. 23. 개정)
3. 「국토의 계획 및 이용에 관한 법률」에 따른 개발제한구역 : 지상건축물, 영 제28조에 따른 고급주택, 골프장, 유원지, 그 밖의 이용시설이 있는 토지 (2023. 12. 29. 개정)

제113조 【세율적용】 ① 토지에 대한 재산세는 다음 각 호에서 정하는 바에 따라 세율을 적용한다. 다만, 이 법 또는 관계 법령에 따라 재산세를 경감할 때에는 다음 각 호의 과세표준에서 경감대상 토지의 과세표준액에 경감비율(비과세 또는 면제의 경우에는 이를 100분의 100으로 본다)을 곱한 금액을 공제하여 세율을 적용한다. (2019. 12. 3. 단서신설)

1. 종합합산과세대상 : 납세의무자가 소유하고 있는 해당 지방자치단체 관할구역에 있는 종합합산과세대상이 되는 토지의 가액을 모두 합한 금액을 과세표준으로 하여 제111조 제1항 제1호 가목의 세율을 적용한다. (2010. 3. 31. 개정)
2. 별도합산과세대상 : 납세의무자가 소유하고 있는 해당 지방자치단체 관할구역에 있는 별도합산과세대상이 되는 토지의 가액을 모두 합한 금액을 과세표준으로 하여 제111조 제1항 제1호 나목의 세율을 적용한다. (2010. 3. 31. 개정)
3. 분리과세대상 : 분리과세대상이 되는 해당 토지의 가액을 과세표준으로 하여 제111조 제1항 제1호 다목의 세율을 적용한다. (2010. 3. 31. 개정)

② 주택에 대한 재산세는 주택별로 제111조 제1항 제3호의 세율 또는 제111조의 2 제1항의 세율을 적용한다. 이 경우 주택별로 구분하는 기준 등에 관하여 필요한 사항은 대통령령으로 정한다. (2020. 12. 29. 개정)

예판

【예규】 당해 토지가 사실상 농지 등 해당 용도로 이용되는 토지가 아니라면 재산세 과세특례분 부과대상 토지라고 사료됨. (지방세운영과-3716, 2011. 8. 3.)

편주

• 법 113조의 개정규정은 2020. 12. 29.부터 시행함. (법 부칙 (2020. 12. 29.) 1조 단서)

③ 주택을 2명 이상이 공동으로 소유하거나 토지와 건물의 소유자가 다를 경우 해당 주택에 대한 세율을 적용할 때 해당 주택의 토지와 건물의 가액을 합산한 과세표준에 제111조 제1항 제3호의 세율 또는 제111조의 2 제1항의 세율을 적용한다. (2020. 12. 29. 개정)

④ 같은 재산에 대하여 둘 이상의 세율이 해당되는 경우에는 그중 높은 세율을 적용한다. (2010. 3. 31. 개정)

④ 삭 제 (2016. 12. 27.)

⑤ 「지방자치법」 제5조 제1항에 따라 둘 이상의 지방자치단체가 통합된 경우에는 통합 지방자치단체의 조례로 정하는 바에 따라 5년의 범위에서 통합 이전 지방자치단체 관할구역별로 제1항 제1호 및 제2호를 적용할 수 있다. (2021. 1. 12. ; 지방자치법 부칙)

• 법 113조의 개정규정은 2026. 12. 28.까지 성립한 납세의무에 한정하여 적용함. (법 부칙(2020. 12. 29.) 2조) (2023. 12. 29. 개정)

제3절 부과 · 징수 (2010. 3. 31. 개정)

제114조 【과세기준일】 재산세의 과세기준일은 매년 6월 1일로 한다. (2010. 3. 31. 개정)

제115조 【납 기】 ① 재산세의 납기는 다음 각 호와 같다. (2010. 3. 31. 개정)

1. 토지 : 매년 9월 16일부터 9월 30일까지 (2010. 3. 31. 개정)
2. 건축물 : 매년 7월 16일부터 7월 31일까지 (2010. 3. 31. 개정)

제3절 부과 · 징수 (2010. 9. 20. 개정)

3. 주택 : 해당 연도에 부과·징수할 세액의 2분의 1은 매년 7월 16일부터 7월 31일까지, 나머지 2분의 1은 9월 16일부터 9월 30일까지. 다만, 해당 연도에 부과할 세액이 20만원 이하인 경우에는 조례로 정하는 바에 따라 납기를 7월 16일부터 7월 31일까지로 하여 한꺼번에 부과·징수할 수 있다. (2017. 12. 26. 단서개정)
4. 선박 : 매년 7월 16일부터 7월 31일까지 (2010. 3. 31. 개정)
5. 항공기 : 매년 7월 16일부터 7월 31일까지 (2010. 3. 31. 개정)

② 제1항에도 불구하고 지방자치단체의 장은 과세대상 누락, 위법 또는 착오 등으로 인하여 이미 부과한 세액을 변경하거나 수시부과하여야 할 사유가 발생하면 수시로 부과·징수할 수 있다. (2010. 3. 31. 개정)

제116조【징수방법 등】 ① 재산세는 관할 지방자치단체의 장이 세액을 산정하여 보통징수의 방법으로 부과·징수한다. (2010. 3. 31. 개정)

② 재산세를 징수하려면 토지, 건축물, 주택, 선박 및 항공기로 구분한 납세고지서에 과세표준과 세액을 적어 늦어도 납기개시 5일 전까지 발급하여야 한다. (2010. 3. 31. 개정)

③ 재산세의 과세대상별 종합합산방법·별도합산방법, 세액산정 및 그 밖에 부과절차와 징수방법 등에 관하여 필요한 사항은 행정안전부령으로 정한다. (2017. 7. 26. 직제개정 ; 정부조직법 부칙)

예판

【예규】 재산세를 징수하려면 토지, 건축물, 주택, 선박 및 항공기로 구분한 납세고지서에 과세표준과 세액을 적어 늦어도 납기개시 5일 전까지 발급하여야 한다고 규정하고 있는데 여기서 '발급'이란 과세관청의 납세고지서 발송을 의미함(지방세정책과-213, 2023. 1. 18.)

제58조【재산세의 합산 및 세액산정 등】 법 제116조 제3항에 따른 재산세의 과세대상 조사, 과세대상별 합산방법, 세액산정, 그 밖의 부과절차와 징수방법 등은 다음 각

제117조【물　납】 지방자치단체의 장은 재산세의 납부세액이 1천만원을 초과하는 경우에는 납세의무자의 신청을 받아 해당 지방자치단체의 관할구역에 있는 부동산에 대해서만 대통령령으로 정하는 바에 따라 물납을 허가할 수 있다. (2010. 3. 31. 개정)

운영예규 법117-1【지방세 물납범위와 방법】

1. 지방세물납대상이 되는 납부세액이 1천만원 초과 범위 판단은 다음과 같다.
   ① 동일 시·군·구 안에서 재산세의 납부세액을 합산하여 1천만원 초과 여부를 판단한다. 이 경우 동일 시·군·구의 범위는 지방자치법 제2조의 규정에 의한다.
   ② 1천만원 초과 여부는 재산세액(「지방세법」 제112조에 따른 도시지역분을 포함한 금액을 말한다)에 병기 고지되는 지역자원시설세·지방교육세를 제외한다.
2. 물납허가시 관리·처분에 부적당한 부동산의 범위를 예시하면 다음과 같다.
   ① 당해 부동산에 저당권 등의 우선순위 물권이 설정되어 처분하여도 배당의 실익이 없는 경우
   ② 당해 부동산에 임차인이 거주하고 있어 부동산 인도 등에 어려움이 있는 경우
   ③ 물납에 제공된 부동산이 소송 등 다툼의 소지가 있는 경우 등

제113조【물납의 신청 및 허가】 ① 법 제117조에 따라 재산세를 물납(物納)하려는 자는 행정안전부령으로 정하는 서류를 갖추어 그 납부기한 10일 전까지 납세지를 관할하는 시장·군수·구청장에게 신청하여야 한다. (2017. 7. 26. 직제개정 ; 행정안전부와~직제 부칙)
② 제1항에 따라 물납신청을 받은 시장·군수·구청장은 신청을 받은 날부터 5일 이내에 납세의무자에게 그 허가 여부를 서면으로 통지하여야 한다. (2016. 12. 30. 개정)
③ 제2항에 따라 물납허가를 받은 부동산을 행정안전부령으로 정하는 바에 따라 물납하였을 때에는 납부기한 내에 납부한 것으로 본다. (2017. 7. 26. 직제개정 ; 행정안전부와~직제 부칙)

제114조【관리·처분이 부적당한 부동산의 처리】 ① 시장·군수·구청장은 제113조 제1항에 따라 물납신청을 받은 부동산이 관리·처분하기가 부적당하다고 인정되는 경우에는 허가하지 아니할 수 있다. (2016. 12. 30. 개정)
② 시장·군수·구청장은 제1항 및 제113조 제2항에 따라 불허가 통지를 받은 납세의무자가 그 통지를 받은 날부터 10일 이내에 해당 시·군·구의 관할구역에 있는 부동산으로서 관리·처분이 가능한 다른 부동산으로 변경 신청하는 경우에는 변경하여 허가할 수 있다. (2016. 12. 30. 개정)
③ 제2항에 따라 허가한 부동산을 행정안전부령으로

호에 따른다. (2010. 12. 23. 개정)

1. 시장·군수·구청장은 법 제120조 제1항 각 호의 어느 하나에 해당하는 자의 신고, 영 제102조 제11항에 따른 분리과세대상 토지 적용의 신청이나 직권으로 매년 과세기준일 현재 모든 재산을 조사하고, 과세대상 또는 비과세·감면대상으로 구분하여 재산세 과세대장에 등재해야 한다. (2021. 12. 31. 개정)
2. 시장·군수·구청장은 제1호에 따라 조사한 재산 중 토지는 종합합산과세대상 토지, 별도합산과세대상 토지와 분리과세대상 토지로 구분하고 납세의무자별로 합산하여 세액을 산출하여야 한다. (2016. 12. 30. 개정)
3. 시장·군수·구청장은 납기개시 5일 전까지 토지, 건축물 및 주택에 대한 재산세 납세의무자에게 다음 각 목에서 정하는 서식의 납세고지서를 발급하여 재산세를 징수해야 한다. (2021. 12. 31. 개정)
   가. 토지 : 별지 제59호 서식 (2021.

정하는 바에 따라 물납하였을 때에는 납부기한 내에 납부한 것으로 본다. (2017. 7. 26. 직제개정 ; 행정안전부와~직제 부칙)

12. 31. 신설)

나. 건축물 : 별지 제59호의 2 서식 (2021. 12. 31. 신설)

다. 주택 : 별지 제59호의 3 서식 (2021. 12. 31. 신설)

4. 제3호에 따라 납세고지서를 발급하는 경우 토지에 대한 재산세는 한 장의 납세고지서로 발급하며, 토지 외의 재산에 대한 재산세는 건축물·주택·선박 및 항공기로 구분하여 과세대상 물건마다 각각 한 장의 납세고지서로 발급하거나, 물건의 종류별로 한 장의 고지서로 발급할 수 있다. (2010. 12. 23. 개정)
5. 시장·군수·구청장은 별지 제58호의 2 서식의 신청서를 받은 경우 사실 확인과 재산세 과세대장 등재 등 필요한 조치를 해야 한다. (2021. 5. 27. 신설)

제59조【재산세의 물납 절차 등】 ① 영 제113조 및 제114조에 따른 물납 허가 신청, 물납부동산 변경 허가 신청 및 그 허가 통지는 다음 각 호의 구분에 따른다. (2010. 12. 23. 개정)

제115조【물납허가 부동산의 평가】 ① 제113조 제2항 및 제114조 제2항에 따라 물납을 허가하는 부동산의 가액은 재산세 과세기준일 현재의 시가로 한다. (2010. 9. 20. 개정)

1. 물납 허가 신청 또는 물납부동산 변경허가 신청 : 별지 제61호 서식 (2010. 12. 23. 개정)
2. 물납 허가 또는 물납부동산 변경 허가 통지 : 별지 제62호 서식 (2010. 12. 23. 개정)

② 물납 허가 또는 물납부동산 변경 허가를 받은 납세의무자는 그 통지를 받은 날부터 10일 이내에 「부동산등기법」에 따른 부동산 소유권이전등기에 필요한 서류를 시장·군수·구청장에게 제출하여야 하며, 해당 시장·군수·구청장은 그 서류를 제출받은 날부터 5일 이내에 관할 등기소에 부동산소유권이전등기를 신청하여야 한다. (2016. 12. 30. 개정)

③ 영 제113조 제3항 및 제114조 제3항에서 "행정안전부령으로 정하는 바에 따라 물납하였을 때"란 각각 제2항에서 정하는 절차에 따라 해당 시장·군수·구청장이 물납대상 부동산의 소유권이전등기필증을 발급받은 때를 말한다. (2017. 7. 26. 직제개정 ; 행정안전부와～시행규칙 부칙)

제118조 【분할납부】 지방자치단체의 장은 재산세의 납부세액이 250만원을 초과하는 경우에는 대통령령으로 정하는 바에 따라 납부할 세액의 일부를 납부기한이 지난 날부터 3개월 이내에 분할납부하게 할 수 있다. (2023. 12. 29. 개정)

운영예규 법118-1 【지방세 분납범위와 방법】

1. 지방세 분납대상이 되는 납부세액이 250만원을 초과하는 범위는 다음과 같다. (2022. 10. 25. 개정)
   ① "동일 시·군·구"별로 납세자가 납부할 재산세의 세액

② 제1항에 따른 시가는 다음 각 호의 어느 하나에서 정하는 가액에 따른다. 다만, 수용·공매가액 및 감정가액 등으로서 행정안전부령으로 정하는 바에 따라 시가로 인정되는 것은 시가로 본다. (2017. 7. 26. 직제개정 ; 행정안전부와~직제 부칙)

1. 토지 및 주택 : 법 제4조 제1항에 따른 시가표준액 (2010. 9. 20. 개정)
2. 제1호 외의 건축물 : 법 제4조 제2항에 따른 시가표준액 (2010. 9. 20. 개정)

③ 제2항을 적용할 때 「상속세 및 증여세법」 제61조 제1항 제3호에 따른 부동산의 평가방법이 따로 있어 국세청장이 고시한 가액이 증명되는 경우에는 그 고시가액을 시가로 본다. (2010. 9. 20. 개정)

제116조 【분할납부세액의 기준 및 분할납부신청】 ① 법 제118조에 따라 분할납부하게 하는 경우의 분할납부세액은 다음 각 호의 기준에 따른다. (2010. 9. 20. 개정)

1. 납부할 세액이 500만원 이하인 경우 : 250만원을 초과하는 금액 (2019. 12. 31. 개정)
2. 납부할 세액이 500만원을 초과하는 경우 : 그 세액의 100분의 50 이하의 금액 (2019. 12. 31. 개정)

② 법 제118조에 따라 분할납부하려는 자는 재산세의 납부기한까지 행정안전부령으로 정하는 신청서를 시장·

제60조 【시가로 인정되는 부동산가액】 ① 영 제115조 제2항 각 호 외의 부분 단서에서 "행정안전부령으로 정하는 바에 따라 시가로 인정되는 것"이란 재산세의 과세기준일 전 6개월부터 과세기준일 현재까지의 기간 중에 확정된 가액으로서 다음 각 호의 어느 하나에 해당하는 것을 말한다. (2017. 7. 26. 직제개정 ; 행정안전부와~시행규칙 부칙)

1. 해당 부동산에 대하여 수용 또는 공매사실이 있는 경우 : 그 보상가액 또는 공매가액 (2010. 12. 23. 개정)
2. 해당 부동산에 대하여 둘 이상의 감정평가법인등(「감정평가 및 감정평가사에 관한 법률」 제2조 제4호에 따른 감정평가법인등을 말한다)이 평가한 감정가액이 있는 경우 : 그 감정가액의 평균액 (2020. 12. 31. 개정)
3. 법 제10조 제5항 제1호 및 제3호에 따른 취득으로서 그 사실상의 취득가격이 있는 경우 : 그 취득가격 (2010. 12. 23. 개정)

② 제1항에 따라 시가로 인정되는 가액

이 250만원 초과 여부로 판단하되, 초과 여부는 재산세액(「지방세법」 제112조에 따른 도시지역분을 포함한 금액을 말한다)만을 기준으로 한다. (2022. 10. 25. 개정)

② 재산세가 분납대상에 해당할 경우 지방교육세도 함께 분납 처리한다.

2. 분납신청에 의거 지방세를 분납 처리할 경우에는 다음과 같이 한다.

① 납부할 세액이 5백만원 이하인 경우에는 250만원은 납기 내 납부, 250만원 초과금액은 분납기한 내 납부하도록 한다. (2022. 10. 25. 개정)

② 납부할 세액이 5백만원을 초과하는 때에는 분납세액 이외의 세액에 해당하는 금액은 납기 내에, 나머지 금액은 분납기한 내에 각각 납부하도록 한다. (2022. 10. 25. 개정)

③ 재산세를 분납 처리함에 있어서 이미 고지한 납세고지서는 "납기 내 납부할 납세고지서"와 "분납기간 내 납부할 납세고지서"를 구분하여 수정 고지하되, 이 경우 이미 고지한 납세고지서를 회수하며, 기고지한 부과결정을 조정 결정하여야 한다. 따라서, 분납기한 내 납부할 세액을 그 기간 내에 납부할 경우에는 가산금이 가산되지 아니한다. (2022. 10. 25. 개정)

법118-2 【분할납부 납부기한의 기산일】

「지방세기본법」 제24조에 따라 납부기한연장의 특례가 적용된 경우 연장된 납부기한의 다음날을 분할납부 납부기한의 기산일로 한다.

제118조의 2 【납부유예】 ① 지방자치단체의 장은 다음 각 호의 요건을 모두 충족하는 납세의무자가 제111조의 2에 따른 1세대 1주택(제4조 제1항에 따른 시가표

군수·구청장에게 제출하여야 한다. (2017. 7. 26. 직제개정 ; 행정안전부와~직제 부칙)

③ 시장·군수·구청장은 제2항에 따라 분할납부신청을 받았을 때에는 이미 고지한 납세고지서를 납부기한 내에 납부하여야 할 납세고지서와 분할납부기간 내에 납부하여야 할 납세고지서로 구분하여 수정 고지하여야 한다. (2016. 12. 30. 개정)

제116조의 2 【주택 재산세의 납부유예】 ① 납세의무자가 법 제118조의 2 제1항에 따른 주택 재산세(이하 이 조에서 "주택 재산세"라 한다)의 납부유예를 신청하

이 둘 이상인 경우에는 재산세의 과세기준일부터 가장 가까운 날에 해당하는 가액에 의한다. (2010. 12. 23. 개정)

제61조 【분할납부신청】 영 제116조 제2항에 따른 재산세의 분할납부 신청은 별지 제63호 서식에 따른다. (2010. 12. 23. 개정)

제61조의 4 【주택 재산세액의 납부유예】 ① 영 제116조의 2 제1항에서 "행정안전부령으로 정하는

준액이 9억원을 초과하는 주택을 포함한다)의 재산세액(해당 재산세를 징수하기 위하여 함께 부과하는 지방세를 포함하며, 이하 이 조에서 "주택 재산세"라 한다)의 납부유예를 그 납부기한 만료 3일 전까지 신청하는 경우 이를 허가할 수 있다. 이 경우 납부유예를 신청한 납세의무자는 그 유예할 주택 재산세에 상당하는 담보를 제공하여야 한다. (2023. 12. 29. 개정)

1. 과세기준일 현재 제111조의2에 따른 1세대 1주택의 소유자일 것 (2023. 3. 14. 신설)
2. 과세기준일 현재 만 60세 이상이거나 해당 주택을 5년 이상 보유하고 있을 것 (2023. 3. 14. 신설)
3. 다음 각 목의 어느 하나에 해당하는 소득 기준을 충족할 것 (2023. 3. 14. 신설)
   가. 직전 과세기간의 총급여액이 7천만원 이하일 것(직전 과세기간에 근로소득만 있거나 근로소득 및 종합소득과세표준에 합산되지 아니하는 종합소득이 있는 자로 한정한다) (2023. 3. 14. 신설)
   나. 직전 과세기간의 종합소득과세표준에 합산되는 종합소득금액이 6천만원 이하일 것(직전 과세기간의 총급여액이 7천만원을 초과하지 아니하는 자로 한정한다) (2023. 3. 14. 신설)
4. 해당 연도의 납부유예 대상 주택에 대한 재산세의 납부세액이 100만원을 초과할 것 (2023. 3. 14. 신설)

려는 경우에는 행정안전부령으로 정하는 납부유예 신청서에 행정안전부령으로 정하는 서류를 첨부하여 관할 지방자치단체의 장에게 제출해야 한다. (2023. 6. 30. 신설)

② 관할 지방자치단체의 장은 법 제118조의 2 제2항에 따라 주택 재산세 납부유예 허가 여부를 통지하는 경우 행정안전부령으로 정하는 서면으로 통지해야 한다. (2023. 6. 30. 신설)

③ 관할 지방자치단체의 장은 법 제118조의 2 제3항 각 호에 따른 납부유예 허가를 취소한 경우 해당 납세의무자(납세의무자가 사망한 경우에는 그 상속인 또는 상속재산관리인을 말한다)에게 다음 각 호의 금액을 더한 금액을 징수해야 한다. (2023. 6. 30. 신설)

1. 법 제118조의 2 제1항에 따라 납부유예를 허가한 세액에서 실제 납부한 세액을 뺀 금액 (2023. 6. 30. 신설)
2. 제1호에 따라 계산한 금액에 가목의 기간과 나목의 이자율을 각각 곱하여 계산한 금액 (2023. 6. 30. 신설)
   가. 당초 납부기한 만료일의 다음 날부터 법 제118조의 2 제3항 각 호에 따른 납부유예 허가 취소 사유가 발생한 날까지의 기간 (2023. 6. 30. 신설)
   나. 「지방세기본법 시행령」 제43조 제2항 본문에 따른 이자율 (2023. 6. 30. 신설)

④ 제1항부터 제3항까지에서 규정한 사항 외에 주택 재산세 납부유예에 필요한 세부사항은 행정안전부장관이 정하여 고시한다. (2023. 6. 30. 신설)

납부유예 신청서"란 별지 제63호의 5 서식을 말하며, "행정안전부령으로 정하는 서류"란 다음 각 호의 서류를 말한다. (2023. 6. 30. 신설)

1. 「지방세기본법 시행규칙」 별지 제29호 서식의 납세담보제공서 (2023. 6. 30. 신설)
2. 「국세징수법 시행규칙」 별지 제94호 서식의 납세증명서 (2023. 6. 30. 신설)
3. 「지방세징수법 시행규칙」 별지 제1호 서식의 지방세 납세증명서 (2023. 6. 30. 신설)
4. 관할 세무서장이 확인·발급한 소득금액 증명원 (2023. 6. 30. 신설)

② 영 제116조의 2 제2항에서 "행정안전부령으로 정하는 서면"이란 별지 제63호의 6 서식을 말한다. (2023. 6. 30. 신설)

③ 법 제118조의 2 제4항에 따른 납부유예 허가 취소 사실의 통보는 별지 제63호의 7 서식에 따른다. (2023. 6. 30. 신설)

④ 법 제118조의 2 제5항 및 영 제

운영예규 법118의 2-1【납부유예】

「지방세법」 제118조의 2 제1항 제4호에서 정한 재산세의 납부세액 100만원 초과 여부는 재산세액(「지방세법」 제112조에 따른 도시지역분을 포함한 금액을 말한다)만을 기준으로 판단하고, 병기 고지되는 지역자원시설세 · 지방교육세는 제외한다. (2023. 7. 1. 신설)

5. 지방세, 국세 체납이 없을 것 (2023. 3. 14. 신설)

② 지방자치단체의 장은 제1항에 따른 신청을 받은 경우 납부기한 만료일까지 대통령령으로 정하는 바에 따라 납세의무자에게 납부유예 허가 여부를 통지하여야 한다. (2023. 3. 14. 신설)

③ 지방자치단체의 장은 제1항에 따라 주택 재산세의 납부가 유예된 납세의무자가 다음 각 호의 어느 하나에 해당하는 경우에는 그 납부유예 허가를 취소하여야 한다. (2023. 3. 14. 신설)

1. 해당 주택을 타인에게 양도하거나 증여하는 경우 (2023. 3. 14. 신설)
2. 사망하여 상속이 개시되는 경우 (2023. 3. 14. 신설)
3. 제1항 제1호의 요건을 충족하지 아니하게 된 경우 (2023. 3. 14. 신설)
4. 담보의 변경 또는 그 밖에 담보 보전에 필요한 지방자치단체의 장의 명령에 따르지 아니한 경우 (2023. 3. 14. 신설)
5. 「지방세징수법」 제22조 제1항 각 호의 어느 하나에

116조의 2 제3항에 따른 납부유예 세액과 이자상당가산액의 징수는 별지 제63호의 8 서식에 따른다. (2023. 6. 30. 신설)

해당되어 그 납부유예와 관계되는 세액의 전액을 징수할 수 없다고 인정되는 경우 (2023. 3. 14. 신설)

6. 납부유예된 세액을 납부하려는 경우 (2023. 3. 14. 신설)

④ 지방자치단체의 장은 제3항에 따라 주택 재산세의 납부유예 허가를 취소하는 경우 납세의무자(납세의무자가 사망한 경우에는 그 상속인 또는 상속재산관리인을 말한다. 이하 이 조에서 같다)에게 그 사실을 즉시 통지하여야 한다. (2023. 3. 14. 신설)

⑤ 지방자치단체의 장은 제3항에 따라 주택 재산세의 납부유예 허가를 취소한 경우에는 대통령령으로 정하는 바에 따라 해당 납세의무자에게 납부를 유예받은 세액과 이자상당가산액을 징수하여야 한다. 다만, 상속인 또는 상속재산관리인은 상속으로 받은 재산의 한도에서 납부를 유예받은 세액과 이자상당가산액을 납부할 의무를 진다. (2023. 3. 14. 신설)

⑥ 지방자치단체의 장은 제1항에 따라 납부유예를 허가한 날부터 제5항에 따라 징수할 세액의 고지일까지의 기간 동안에는 「지방세기본법」 제55조에 따른 납부지연가산세를 부과하지 아니한다. (2023. 3. 14. 신설)

⑦ 제1항부터 제6항까지에서 규정한 사항 외에 납부유예에 필요한 절차 등에 관한 사항은 대통령령으로 정한다. (2023. 3. 14. 신설)

제119조 【소액 징수면제】 고지서 1장당 재산세로

운영예규 법119-1 **【소액 징수면제】**

「지방세법」 제119조에서 규정하고 있는 「고지서 1장당 재산세로 징수할 세액이 2,000원 미만」이라 함은 재산세 고지서상에 병기고지된 세액을 제외한 재산세만을 지칭한다.

☜

징수할 세액이 2천원 미만인 경우에는 해당 재산세를 징수하지 아니한다. (2010. 3. 31. 개정)

제119조의 2【신탁재산 수탁자의 물적납세의무】 (2020. 12. 29. 제목개정)

① 신탁재산의 위탁자가 다음 각 호의 어느 하나에 해당하는 재산세·가산금 또는 체납처분비(이하 이 조에서 "재산세등"이라 한다)를 체납한 경우로서 그 위탁자의 다른 재산에 대하여 체납처분을 하여도 징수할 금액에 미치지 못할 때에는 해당 신탁재산의 수탁자는 그 신탁재산으로써 위탁자의 재산세등을 납부할 의무가 있다. (2020. 12. 29. 개정)

1. 신탁 설정일 이후에 「지방세기본법」 제71조 제1항에 따른 법정기일이 도래하는 재산세 또는 가산금(재산세에 대한 가산금으로 한정한다)으로서 해당 신탁재산과 관련하여 발생한 것. 다만, 제113조 제1항 제1호 및 제2호에 따라 신탁재산과 다른 토지를 합산하여 과세하는 경우에는 신탁재산과 관련하여 발생한 재산세 등을 제4조에 따른 신탁재산과 다른 토지의 시가표준액 비율로 안분계산한 부분 중 신탁재산 부분에 한정한다. (2020. 12. 29. 개정)
2. 제1호의 금액에 대한 체납처분 과정에서 발생한 체납처분비 (2020. 12. 29. 개정)

② 제1항에 따라 수탁자로부터 납세의무자의 재산세등

예판

【예규】 소액부징수 대상 여부에 대한 판단은 그 부과 시점에서 징수할 세액이 2천원 이상인 때에 과세하므로, 징수할 세액이 2천원 미만인 경우에는 소액부징수 처리하는 것이 타당함. (지방세운영과-1879, 2011. 4. 21.)

제116조의 3【신탁재산 수탁자의 물적 납세의무】 (2023. 6. 30. 조번개정)

법 제119조의 2 제1항 제1호에 따른 신탁 설정일은 「신탁법」 제4조에 따라 해당 재산이 신탁재산에 속한 것임을 제3자에게 대항할 수 있게 된 날로 한다. 다만, 다른 법률에서 제3자에게 대항할 수 있게 된 날을 「신탁법」과 달리 정하고 있는 경우에는 그 달리 정하고 있는 날로 한다. (2021. 4. 27. 신설)

제61조의 2【신탁재산 물적납

을 징수하려는 지방자치단체의 장은 다음 각 호의 사항을 적은 납부통지서를 수탁자에게 고지하여야 한다. (2020. 12. 29. 개정)

1. 재산세등의 과세표준, 세액 및 그 산출 근거 (2020. 12. 29. 개정)
2. 재산세등의 납부기한 (2020. 12. 29. 개정)
3. 그 밖에 재산세등의 징수를 위하여 필요한 사항 (2020. 12. 29. 개정)

③ 제2항에 따른 고지가 있은 후 납세의무자인 위탁자가 신탁의 이익을 받을 권리를 포기 또는 이전하거나 신탁재산을 양도하는 등의 경우에도 제2항에 따라 고지된 부분에 대한 납세의무에는 영향을 미치지 아니한다. (2020. 12. 29. 개정)

④ 신탁재산의 수탁자가 변경되는 경우에 새로운 수탁자는 제2항에 따라 이전의 수탁자에게 고지된 납세의무를 승계한다. (2020. 12. 29. 개정)

⑤ 지방자치단체의 장은 최초의 수탁자에 대한 신탁 설정일을 기준으로 제1항에 따라 그 신탁재산에 대한 현재 수탁자에게 납세의무자의 재산세등을 징수할 수 있다. (2020. 12. 29. 개정)

⑥ 신탁재산에 대하여 「지방세징수법」에 따라 체납처분을 하는 경우 「지방세기본법」 제71조 제1항에도 불구하고 수탁자는 「신탁법」 제48조 제1항에 따른 신탁재산의 보존 및 개량을 위하여 지출한 필요비 또는 유익비의 우

세의무 납부통지서】 지방자치단체의 장은 신탁재산의 수탁자에게 법 제119조의 2 제2항에 따라 고지를 하려는 경우에는 별지 제63호의 2 서식의 납부통지서에 제58조 제3호 각 목의 납세고지서를 첨부해야 한다. (2021. 12. 31. 신설)

선변제를 받을 권리가 있다. (2020. 12. 29. 개정)
⑦ 제1항부터 제6항까지에서 규정한 사항 외에 물적납세의무의 적용에 필요한 사항은 대통령령으로 정한다. (2020. 12. 29. 개정)

제119조의 3【향교 및 종교단체에 대한 특례】 ① 대통령령으로 정하는 개별 향교 또는 개별 종교단체(이하 이 조에서 "개별단체"라 한다)가 소유한 토지로서 개별단체가 속하는 「향교재산법」에 따른 향교재단 또는 대통령령으로 정하는 종교단체(이하 이 조에서 "향교재단등"이라 한다)의 명의로 조세 포탈을 목적으로 하지 아니하고 등기한 토지의 경우에는 제113조 제1항에도 불구하고 개별단체별로 합산한 토지의 가액을 과세표준으로 하여 토지에 대한 재산세를 과세할 수 있다. (2019. 12. 31. 신설)
② 개별단체 또는 향교재단등이 제1항에 따라 토지에 대한 재산세를 개별단체별로 합산하여 납부하려는 경우에는 대통령령으로 정하는 바에 따라 해당 토지의 소재지를 관할하는 지방자치단체의 장에게 신청하여야 한다. (2019. 12. 31. 신설)

제120조【신고의무】 ① 다음 각 호의 어느 하나에 해당하는 자는 과세기준일부터 15일 이내에 그 소재지를 관할하는 지방자치단체의 장에게 그 사실을 알 수 있는 증거자료를 갖추어 신고하여야 한다. (2021. 12. 28. 개정)

제116조의 4【향교 및 종교단체에 대한 재산세 특례 대상 및 신청 등】 (2023. 6. 30. 조번개정)
① 법 제119조의 3 제1항에서 "대통령령으로 정하는 개별 향교 또는 개별 종교단체"란 「부동산 실권리자명의 등기에 관한 법률 시행령」 제5조 제1항 제3호에 따른 개별 향교 또는 같은 항 제2호에 따른 소속종교단체를 말한다. (2019. 12. 31. 신설)
② 법 제119조의 3 제1항에서 "대통령령으로 정하는 종교단체"란 「부동산 실권리자명의 등기에 관한 법률 시행령」 제5조 제1항 제1호에 따른 종단을 말한다. (2019. 12. 31. 신설)
③ 법 제119조의 3 제2항에 따라 토지에 대한 재산세를 개별단체별로 합산하여 납부할 것을 신청하려는 자는 행정안전부령으로 정하는 토지분 재산세 합산배제 신청서에 다음 각 호의 서류를 첨부하여 법 제115조에 따른 납기개시 20일 전까지 해당 토지의 소재지를 관할하는 지방자치단체의 장에게 제출해야 한다. (2019. 12. 31. 신설)
1. 「향교재산법」에 따른 향교재단 또는 「부동산 실권리자명의 등기에 관한 법률 시행령」 제5조 제1항 제1호에 따른 종단(이하 이 조에서 "향교재단등"이라 한다)

제61조의 3【향교 및 종교단체에 대한 재산세 특례 신청】 (2021. 12. 31. 조번개정)
① 영 제116조의 4 제3항에 따른 행정안전부령으로 정하는 토지분 재산세 합산배제 신청서는 별지 제63호의 3 서식에 따른다. (2023. 6. 30. 개정)
② 영 제116조의 4 제4항에 따른 신

운영예규 법120-1【상속분할협의가 안된 재산의 납세의무 신고효력】

상속분할협의가 성립되지 않아 공동상속인 간 실제 귀속되는 지분이 확정되지 않은 상태에서 일부 상속인의 법정 상속분만 한정하여 납세의무를 신고한 경우는 「지방세법」 제120조의 사실상의 소유자를 신고한 경우로 보지 아니하여 같은 법 제107조 제2항 제2호에 따라 주된 상속자에게 납세의무가 있다.

1. 재산의 소유권 변동 또는 과세대상 재산의 변동 사유가 발생하였으나 과세기준일까지 그 등기·등록이 되지 아니한 재산의 공부상 소유자 (2021. 12. 28. 개정)
2. 상속이 개시된 재산으로서 상속등기가 되지 아니한 경우에는 제107조 제2항 제2호에 따른 주된 상속자 (2010. 3. 31. 개정)
3. 사실상 종중재산으로서 공부상에는 개인 명의로 등재되어 있는 재산의 공부상 소유자 (2010. 3. 31. 개정)
4. 수탁자 명의로 등기·등록된 신탁재산의 수탁자 (2021. 12. 28. 개정)
5. 1세대가 둘 이상의 주택을 소유하고 있음에도 불구하고 제111조의 2 제1항에 따른 세율을 적용받으려는 경우에는 그 세대원 (2021. 12. 28. 신설)
6. 공부상 등재현황과 사실상의 현황이 다르거나 사실상의 현황이 변경된 경우에는 해당 재산의 사실상 소유

의 정관(정관이 변경된 경우에는 「민법」 제45조 제3항에 따른 향교재단등에 대한 주무관청의 정관 변경 허가서를 포함한다) (2019. 12. 31. 신설)
2. 향교재단등의 이사회 회의록 (2019. 12. 31. 신설)
3. 대상토지의 사실상 소유자가 「부동산 실권리자명의 등기에 관한 법률 시행령」 제5조 제1항 제3호에 따른 개별 향교 또는 같은 항 제2호에 따른 소속종교단체임을 입증할 수 있는 서류 (2019. 12. 31. 신설)

④ 제3항에 따른 신청을 받은 지방자치단체의 장은 개별단체별 합산 여부를 결정하여, 신청한 내용이 사실과 다를 경우 세액이 추징될 수 있다는 내용과 함께 그 결과를 서면으로 통지해야 한다. 이 경우 상대방이 전자적 통지를 요청할 경우에는 전자적 방법으로 통지할 수 있다. (2019. 12. 31. 신설)

⑤ 제3항에 따른 신청을 하여 토지에 대한 재산세를 개별단체별로 합산하여 납부한 경우에는 다음 연도부터 해당 토지의 소유관계가 변동하기 전까지는 제3항의 신청을 다시 하지 않아도 된다. (2019. 12. 31. 신설)

청 결과의 통지는 별지 제63호의 4 서식에 따른다. (2023. 6. 30. 개정)

제62조【재산세 납세의무자의 신고 등】 ① 재산의 공부상 소유자가 법 제120조 제1항 제1호에 따라 재산의 소유권 변동 등에 따른 납세의무자의 변동신고 또는 과세대상 재산의 변동신고를 하는 경우에는 별지 제64호 서식에 따른다. (2010. 12. 23. 개정)

② 법 제107조 제2항 제2호에 따른 주된 상속자 또는 법 제120조 제1항 제3호에 따른 사실상 종중재산의 공부상 소유자가 법 제120조 제1항에 따른 신고를 하는 경우에는 별지 제64호 서식에 따른다. (2010. 12. 23. 개정)

③ 법 제120조 제1항 제4호에 따른 신탁재산의 수탁자가 법 제120조 제1항에 따른 신고를 하는 경우에

자 (2021. 12. 28. 신설)
② 제1항에 따른 신고 절차 및 방법에 관하여는 행정안전부령으로 정한다. (2017. 7. 26. 직제개정 ; 정부조직법 부칙)
③ 제1항에 따른 신고가 사실과 일치하지 아니하거나 신고가 없는 경우에는 지방자치단체의 장이 직권으로 조사하여 과세대장에 등재할 수 있다. (2010. 3. 31. 개정)

제121조【재산세 과세대장의 비치 등】 ① 지방자치단체는 재산세 과세대장을 비치하고 필요한 사항을 기재하여야 한다. 이 경우 해당 사항을 전산처리하는 경우에는 과세대장을 갖춘 것으로 본다. (2015. 12. 29. 후단신설)
② 재산세 과세대장은 토지, 건축물, 주택, 선박 및 항공기 과세대장으로 구분하여 작성한다. (2010. 3. 31. 개정)

제122조【세 부담의 상한】 해당 재산에 대한 재산세의 산출세액(제112조 제1항 각 호 및 같은 조 제2항에 따른 각각의 세액을 말한다)이 대통령령으로 정하는 방법에 따라 계산한 직전 연도의 해당 재산에 대한 재산세액 상당액의 100분의 150을 초과하는 경우에는 100분의 150에 해당하는 금액을 해당 연도에 징수할 세액으로 한다. 다만, 주택의 경우에는 적용하지 아니한다. (2023. 3. 14. 단서개정)
1. 제4조 제1항에 따른 주택공시가격(이하 이 조에서 "주택공시가격"이라 한다) 또는 특별자치시장·특별자치도지사·

제117조【과세대장 등재 통지】 시장·군수·구청장은 법 제120조 제3항에 따라 무신고 재산을 과세대장에 등재한 때에는 그 사실을 관계인에게 통지하여야 한다. (2016. 12. 30. 개정)

예판

【예규】 차량의 구조적 결함을 이유로 자동차정비사업소에 보관 중이라는 사실만으로는 비과세의 경우에 해당된다고 보기 어려운 것으로 판단됨. (지방세운영과-1432, 2013. 7. 8.)

제118조【세 부담 상한의 계산방법】 법 제122조 각 호 외의 부분 본문에서 "대통령령으로 정하는 방법에 따라 계산한 직전 연도의 해당 재산에 대한 재산세액 상당액"이란 법 제112조 제1항 제1호에 따른 산출세액과 같은 항 제2호 및 같은 조 제2항에 따른 산출세액 각각에 대하여 다음 각 호의 방법에 따라 각각 산출한 세액 또는 산출세액 상당액을 말한다. (2021. 2. 17. 개정)
1. 토지에 대한 세액 상당액 (2010. 9. 20. 개정)
가. 해당 연도의 과세대상 토지에 대한 직전 연도의 과세표준(법 제112조 제1항 제1호에 따른 산출세액의

는 별지 제64호의 2 서식에 따른다. (2014. 8. 8. 신설)

제63조【과세대장 직권등재】 시장·군수·구청장은 법 제120조 제3항에 따라 직권으로 재산세 과세대장에 등재한 때에는 그 재산의 납세의무자에게 별지 제65호 서식에 따라 직권등재 사실을 통지해야 한다. (2021. 12. 31. 개정)

제64조【과세대장 비치】 ① 법 제121조에 따른 재산세 과세대장은 별지 제67호 서식, 별지 제68호 서식 및 별지 제69호 서식에 따른다. (2010. 12. 23. 개정)
② 시장·군수·구청장은 제1항의 재산세 과세대장에 준하여 재산세 비과세 및 과세면제 대장을 갖추고 정리하여야 한다. (2016. 12. 30. 개정)

시장·군수 또는 구청장이 산정한 가액이 3억원 이하인 주택의 경우 : 해당 주택에 대한 재산세의 산출세액이 직전 연도의 해당 주택에 대한 재산세액 상당액의 100분의 105를 초과하는 경우에는 100분의 105에 해당하는 금액 (2016. 12. 27. 개정)

2. 주택공시가격 또는 특별자치시장·특별자치도지사·시장·군수 또는 구청장이 산정한 가액이 3억원 초과 6억원 이하인 주택의 경우 : 해당 주택에 대한 재산세의 산출세액이 직전 연도의 해당 주택에 대한 재산세액 상당액의 100분의 110을 초과하는 경우에는 100분의 110에 해당하는 금액 (2016. 12. 27. 개정)

3. 주택공시가격 또는 특별자치시장·특별자치도지사·시장·군수 또는 구청장이 산정한 가액이 6억원을 초과하는 주택의 경우 : 해당 주택에 대한 재산세의 산출세액이 직전 연도의 해당 주택에 대한 재산세액 상당액의 100분의 130을 초과하는 경우에는 100분의 130에 해당하는 금액 (2016. 12. 27. 개정)

1. ~ 3. 삭 제 (2023. 3. 14.)

편주

법 122조의 개정규정은 2024. 1. 1. 이후 납세의무가 성립하는 경우부터 적용하되, 2023. 12. 31. 이전에 주택 재산세가 과세된 주택에 대해서는 법 122조의 개정규정에도 불구하고 2028. 12. 31.까지는 종전의 규정에 따름. (법 부칙(2023. 3. 14.) 1조 2호, 2조 및 15조)

예판

【판례】 세부담 상한 적용시 주택가격이 유사한 인근주택의 의미

경우에는 법 제110조에 따른 과세표준을 말하고, 법 제112조 제1항 제2호 및 같은 조 제2항에 따른 산출세액의 경우에는 법 제110조에 따른 토지 등의 과세표준을 말한다. 이하 이 조에서 같다)이 있는 경우 : 과세대상 토지별로 직전 연도의 법령과 과세표준 등을 적용하여 산출한 세액. 다만, 해당 연도의 과세대상별 토지에 대한 납세의무자 및 토지현황이 직전 연도와 일치하는 경우에는 직전 연도에 해당 토지에 과세된 세액으로 한다. (2010. 9. 20. 개정)

나. 토지의 분할·합병·지목변경·신규등록·등록전환 등으로 해당 연도의 과세대상 토지에 대한 직전 연도의 과세표준이 없는 경우 : 해당 연도 과세대상 토지가 직전 연도 과세기준일 현재 존재하는 것으로 보아 과세대상 토지별로 직전 연도의 법령과 과세표준(직전 연도의 법령을 적용하여 산출한 과세표준을 말한다) 등을 적용하여 산출한 세액. 다만, 토지의 분할·합병으로 해당 연도의 과세대상 토지에 대한 직전 연도의 과세표준이 없는 경우에는 다음의 구분에 따른 세액으로 한다. (2010. 9. 20. 개정)

1) 분할·합병 전의 과세대상 토지에 비하여 면적 또는 지분의 증가가 없는 경우 : 직전 연도에 분할·합병 전의 토지에 과세된 세액 중 해당 연도에 소유하고 있는 면적 또는 지분에 해당되는 세액 (2010. 9. 20. 개정)

2) 분할·합병 전의 과세대상 토지에 비하여 면적 또는 지분의 증가가 있는 경우 : 분할·합병 전의 과세대상 토지의 면적 또는 지분에 대하여 1)에 따라 산출한 세액과 분할·합병 후에 증가된 과세대상 토지의 면적 또는 지분에 대하여 1) 및 2) 외의 부분 본문에 따라 산출한 세액의 합계액 (2010. 9. 20. 개정)

다. 가목 및 나목에도 불구하고, 해당 연도 과세대상 토지에 대하여 법 제106조 제1항에 따른 과세대상 구분의 변경이 있는 경우에는 해당 연도의 과세대상의 구분이 직전 연도 과세대상 토지에 적용되는 것으로 보아 해당 연도 과세대상 토지별로 직전 연도의 법령과 과세표준(직전 연도의 법령을 적용하여 산출한 과세표준을 말한다) 등을 적용하여 산출한 세액 (2010. 9. 20. 개정)

라. 가목부터 다목까지의 규정에도 불구하고 해당 연도 과세대상 토지가 다음의 구분에 따른 정비사업의 시행으로 주택이 멸실되어 토지로 과세되는 경우로서 주택을 건축 중[주택 멸실 후 주택 착공 전이라도 최초로 도래하는 재산세 과세기준일부터 1)의 경우에는 3년 동안, 2)의 경우에는 5년 동안 주택을 건축 중인 것으로 본다]인 경우에는 다음 1) 또는 2)의 계산식에 따라 산출한 세액 상당액(해당 토지에 대하여 나목에 따라 산출한 직전 연도 세액 상당액이 더 적을 때에는 나목에 따른 세액 상당액을 말한다) (2023. 12. 29. 개정)

유사한 인근 주택'에 해당하는지 여부는 주택공시가격뿐만 아니라 주택의 면적, 규모, 형태, 구조, 위치, 경과 연수, 단위 면적당 시가 등의 유사성을 종합적으로 고려하여 판단하여야 하므로, 기존부터 세부담상한이 적용되는 주택이 아닌 건축시기, 전체 세대수 등이 유사한 주택을 인근 주택으로 보아 세부담상한을 적용함이 타당함. (대법 2010두14886, 2011. 7. 14.)

☞ 편주

영 118조 1호 라목의 개정규정은 2024. 1. 1. 이후 재산세 납세의무가 성립하는 경우부터 적용함. 이 경우 「농어촌정비법」에 따른 생활환경정비사업(빈집의 정비에 관한 사업만 해당함)의 시행으로 주택이 멸실되는 토지에 대해서는 2024. 1. 1. 이후 주택이 멸실되는 경우로 한정함. (영 부칙(2023. 12. 29.) 7조)

라. 가목부터 다목까지의 규정에도 불구하고 해당 연도 과세대상 토지가 다음의 구분에 따른 정비사업의 시행으로 주택이 멸실되어 토지로 과세되는 경우로서 주택을 건축 중[주택 멸실 후 주택 착공 전이라도 최초로 도래하는 재산세 과세기준일부터 1)의 경우에는 3년 동안, 2)의 경우에는 5년 동안 주택을 건축 중인 것으로 본다. 다만, 주택의 건축을 위한 용도 외의 다른 용도로 사용하는 경우는 주택을 건축 중인 것으로 보지 않되, 2)의 경우로서 국가, 지방자치단체 또는 지방자치단체조합이 1년 이상 공용 또는 공공용으로 사용(1년 이상 사용할 것이 계약서 등에 의하여 입증되는 경우를 포함한다)하는 경우(법 제109조 제2항 단서에 따른 재산세의 부과 대상이 되는 경우로 한정한다)는 주택을 건축 중인 것으로 본다]인 경우에는 다음 1) 또는 2)의 계산식에 따라 산출한 세액 상당액(해당 토지에 대하여 나목에 따라 산출한 직전 연도 세액 상당액이 더 적을 때에는 나목에 따른 세액 상당액을 말한다) (2024. 5. 28. 개정)

1) 「도시 및 주거환경정비법」에 따른 정비사업 또는 「빈집 및 소규모주택 정비에 관한 특례법」에 따른 소규모주택정비사업의 경우 (2023. 12. 29. 개정)

편주

영 118조 1호 라목의 개정규정은 2024. 5. 28. 이후 납세의무가 성립하는 분부터 적용함. (영 부칙(2024. 5. 28.) 4조)

멸실 전 주택에 실제 과세한 세액 × $(130/100)^n$
n = (과세 연도 − 멸실 전 주택에 실제 과세한 연도 − 1)

2) 「빈집 및 소규모주택 정비에 관한 특례법」에 따른 빈집정비사업 또는 「농어촌정비법」에 따른 생활환경정비사업(빈집의 정비에 관한 사업만 해당한다)의 경우 (2023. 12. 29. 개정)

멸실 전 주택에 실제 과세한 세액 × $(105/100)^n$
n = (과세 연도 − 멸실 전 주택에 실제 과세한 연도 − 1)

2. 주택 및 건축물에 대한 세액 상당액 (2010. 9. 20. 개정)
  가. 해당 연도의 주택 및 건축물에 대한 직전 연도의 과세표준이 있는 경우 : 직전 연도의 법령과 과세표준 등을 적용하여 과세대상별로 산출한 세액. 다만, 직전 연도에 해당 납세의무자에 대하여 해당 주택 및 건축물에 과세된 세액이 있는 경우에는 그 세액으로 한다. (2010. 9. 20. 개정)
  나. 주택 및 건축물의 신축·증축 등으로 해당 연도의 과세대상 주택 및 건축물에 대한 직전 연도의 과세표준이 없는 경우 : 해당 연도 과세대상 주택 및 건축물이 직전 연도 과세기준일 현재 존재하는 것으로 보아 직전 연도의 법령과 과세표준(직전 연도의 법령을 적용하여 산출한 과세표준을 말한다) 등을 적용하여 과세대상별로 산출한 세액 (2010. 9. 20. 개정)

운영예규 법122…시행령118-1

【세부담 상한제 적용시 유사한 인근주택의 범위】

「지방세법 시행령」 제118조 제2호 라목에서 '유사한 인근주택'에 해당하는지 여부는 주택공시가격뿐만 아니라 주택의 면적, 규모, 형태, 구조, 위치, 경과연수, 단위 면적당 시가 등의 유사성을 종합적으로 고려하여 판단하여야 한다.

다. 해당 연도의 과세대상 주택 및 건축물에 대하여 용도변경 등으로 법 제111조 제1항 제2호 다목 및 같은 항 제3호 나목 외의 세율이 적용되거나 적용되지 아니한 경우 : 가목 및 나목에도 불구하고 직전 연도에도 해당 세율이 적용되거나 적용되지 아니한 것으로 보아 직전 연도의 법령과 과세표준(직전 연도의 법령을 적용하여 산출한 과세표준을 말한다) 등을 적용하여 산출한 세액 (2010. 9. 20. 개정)

라. 주택의 경우에는 가목 본문, 나목 및 다목에도 불구하고 가목 본문, 나목 및 다목에 따라 산출한 세액 상당액이 해당 주택과 주택가격(「부동산 가격공시에 관한 법률」에 따라 공시된 주택가격을 말한다)이 유사한 인근 주택의 소유자에 대하여 가목 단서에 따라 직전 연도에 과세된 세액과 현저한 차이가 있는 경우 : 그 과세된 세액을 고려하여 산출한 세액 상당액 (2016. 8. 31. 개정 ; 부동산 가격공시~시행령 부칙)

3. 제1호 및 제2호를 적용할 때 해당 연도의 토지·건축물 및 주택에 대하여 비과세·감면규정, 법 제111조 제3항에 따른 가감 세율 및 법 제111조의 2에 따른 세율 특례가 적용되지 않거나 적용된 경우에는 직전 연도에도 해당 규정이 적용되지 않거나 적용된 것으로 보아 법 제112조 제1항 제1호에 따른 세액 상당액과 같은 항 제2호 및 같은 조 제2항에 따른 세액 상당액을 계산한다. (2021. 2. 17. 개정)

4. 제3호에도 불구하고 직전 연도에 법 제111조의 2 제1항에

제64조의 2【직전 연도의 재산세액 상당액 계산식】 ① 주택에 대해 영 제118조 제3호를 계산할 때 다음 계산식을 따른다. (2021. 5. 27. 신설)

주택에 대한 직전 연도의 재산세액 상당액 = A × B

제123조【부동산 과세자료분석 전담기구의 설치 등】(2020. 12. 29. 제목개정)

① 재산세 및 종합부동산세 과세에 필요한 과세자료와 그 밖의 과세기초자료 등의 수집·처리 및 제공을 위하여 행정안전부에 부동산 과세자료분석 전담기구(이하 이 조에서 "전담기구"라 한다)를 설치한다. (2020. 12. 29. 개정)

② 행정안전부장관은 1세대 1주택자 판단 등 재산세 및 종합부동산세 부과에 필요한 과세자료 수집과 재산세 제도의 개편을 위하여 다음 각 호의 자료를 관계 중앙행정기관의 장, 법원행정처장 및 지방자치단체의 장(이하 이 항에서 "관련 기관의 장"이라 한다)에게 요청할 수 있으며, 자료의 제출을 요청받은 관련 기관의 장은 특별한 사유가 없으면 이에 따라야 한다. (2020. 12. 29. 개정)

따른 세율 특례를 적용받은 주택이 해당 연도에 그 시가표준액이 9억원을 초과하여 법 제111조 제1항 제3호 나목에 따른 세율이 적용되는 경우(납세의무자가 동일한 경우로 한정한다)에는 제2호 가목 단서에 따라 직전 연도에 해당 주택에 과세된 세액으로 한다. (2022. 2. 28. 신설)

제119조【재산세의 현황부과】 재산세의 과세대상 물건이 공부상 등재 현황과 사실상의 현황이 다른 경우에는 사실상 현황에 따라 재산세를 부과한다. (2010. 9. 20. 개정)

제119조【재산세의 현황부과】 삭 제 (2021. 12. 31.)

제119조의 2【부동산 과세자료분석 전담기구의 조직·운영 및 자료통보 등】(2021. 2. 17. 제목개정)

① 법 제123조 제1항에 따른 부동산 과세자료분석 전담기구는 「행정안전부와 그 소속기관 직제」 제15조 제3항 제30호에 따른 업무를 처리하는 기구로서 행정안전부령으로 정하는 기구로 한다. (2021. 2. 17. 개정)

② 법 제123조 제2항 제3호에 따른 재산세 및 종합부동산세 과세자료는 다음 각 호의 자료로 한다. (2021. 2. 17. 개정)

1. 법 제116조에 따른 주택분·건축물분 및 토지분 재산세 부과자료, 세액변경 자료 및 수시부과 자료 (2014. 4. 22. 신설)
2. 「종합부동산세법」 제21조 제2항 및 제3항에 따른 주택 및 토지에 대한 종합부동산세의 납세의무자별 과

A : 직전 연도의 법령을 적용하여 산출한 과세표준 × 해당 연도에 적용되는 세율 × (1 − 해당 연도의 법령을 적용한 감면율)

B : 직전 연도에 과세된 세액 ÷ [직전 연도의 법령을 적용한 과세표준 × 직전 연도에 적용된 세율 × (1 − 직전 연도의 법령을 적용한 감면율)]

② 제1항에 따라 A를 계산할 때 "해당 연도에 적용되는 세율"이 법 제111조의 2 제1항에 따른 특례 세율(이하 이 항에서 "특례 세율"이라 한다)이 적용되는 경우 "해당 연도의 법령을 적용한 감면율"은 '0'으로 보고, B를 계산할 때 "직전 연도에 적용된 세율"이 특례 세율이 적용된 경우 "직전 연도의 법령을 적용한 감면율"은 '0'으로 본다. (2021. 5. 27. 신설)

③ 제1항에 따라 주택에 대한 직전 연도의 재산세액 상당액을 계산할 때 직전 연도에 비과세 또는 면제가 적용됐거나 해당 연도에 주택이 신축된 경우에는 B를 '1'로 본다. (2021.

1. 「가족관계의 등록 등에 관한 법률」 제11조 제6항에 따른 가족관계 등록사항에 대한 등록전산정보자료 (2020. 12. 29. 개정)
2. 「민간임대주택에 관한 특별법」 제60조에 따른 임대주택정보체계에 포함된 자료, 「부동산 거래신고 등에 관한 법률」 제24조에 따른 정보 및 「주택법」 제88조에 따른 주택 관련 정보 (2020. 12. 29. 개정)
3. 재산세 및 종합부동산세 과세자료 (2020. 12. 29. 개정)
4. 제111조의 2에 따른 1세대 1주택 세율 특례 적용대상 선정을 위하여 필요한 자료로서 법률에 따라 인가·허가·특허·등기·등록·신고 등을 하거나 받는 경우 그에 관한 자료 (2020. 12. 29. 개정)
5. 재산세 제도의 개편을 위하여 필요한 자료로서 관계 중앙행정기관 및 지방자치단체가 보유한 부동산 관련 자료 (2020. 12. 29. 개정)

③ 제1항에 따른 전담기구의 조직·운영 및 제2항에 따른 과세자료의 요청·처리·분석·통보 등에 필요한 사항은 대통령령으로 정한다. (2020. 12. 29. 개정)

세표준과 세액에 관한 계산자료 (2014. 4. 22. 신설)
3. 「종합부동산세법」 제21조 제4항에 따른 주택 또는 토지에 대한 재산세 및 종합부동산세 과세표준과 세액에 관한 재계산자료 (2014. 4. 22. 신설)
4. 「종합부동산세법」 제21조 제6항에 따른 종합부동산세 납세의무자의 세대원 확인 등을 위한 가족관계등록전산자료 (2014. 4. 22. 신설)
5. 재산세 및 종합부동산세의 납세의무자별 세액산출에 필요한 자료로서 「종합부동산세법 시행령」 제17조 제1항·제2항·제4항·제5항 및 제6항에 따른 자료 (2014. 4. 22. 신설)

제119조의 3【종합부동산세 과세자료 관련 정보시스템】 (2021. 2. 17. 제목개정)

① 행정안전부장관은 법 제123조 제2항 제3호에 따른 과세자료 중 종합부동산세 과세자료의 수집·처리 및 제공 등에 필요한 정보시스템을 구축·운영해야 한다. (2021. 2. 17. 개정)

② 행정안전부장관은 「종합부동산세법」 제21조 제2항부터 제5항까지의 규정에 따라 국세청장에게 자료를 통보하는 경우에는 제1항에 따른 정보시스템과 국세청에서 운영하는 정보시스템을 연계하여 통보하는 방안을 강구하여야 한다. (2017. 7. 26. 직제개정 ; 행정안전부와~직제 부칙)

5. 27. 신설)

제10장 자 동 차 세 (2010. 3. 31. 개정)

제1절 자동차 소유에 대한 자동차세 (2010. 3. 31. 개정)

제124조【자동차의 정의】 이 절에서 "자동차"란 「자동차관리법」에 따라 등록되거나 신고된 차량과 「건설기계관리법」에 따라 등록된 건설기계 중 차량과 유사한 것으로서 대통령령으로 정하는 것을 말한다. (2010. 3. 31. 개정)

예판

【판례】 소유자가 운행하지 못한 차량에 대한 납세의무

자동차의 소유자가 사실상 이를 운행하지 못하였다고 하더라도 그 등록원부상 말소등록절차를 거치지 않은 이상 그 소유권을 보유하고 있다고 보아야 할 것이므로, 자동차세 부과처분은 적법함. (서울행법 2001구32089, 2001. 10. 19. : 대법확정)

제125조【납세의무자】 ① 자동차 소유에 대한 자동차세(이하 이 절에서 "자동차세"라 한다)는 지방자치단체 관할구역에 등록되어 있거나 신고되어 있는 자동차를 소유하는 자에게 부과한다. (2010. 3. 31. 개정)

② 과세기준일 현재 상속이 개시된 자동차로서 사실상의 소유자 명의로 이전등록을 하지 아니한 경우에는 다음 각 호의 순위에 따라 자동차세를 납부할 의무를 진다. (2010. 3. 31. 개정)

제10장 자 동 차 세 (2010. 9. 20. 개정)

제1절 자동차 소유에 대한 자동차세 (2010. 9. 20. 개정)

제120조【자동차로 보는 건설기계의 범위】 법 제124조에서 "대통령령으로 정하는 것"이란 「건설기계관리법」에 따라 등록된 덤프트럭 및 콘크리트믹서트럭을 말한다. (2010. 9. 20. 개정)

운영예규 **법125-1【납세의무자】**

자동차의 소유 여부는 자동차등록원부상의 등록 여부로 결정되는 것이므로 과세기준일에 그 등록원부상 소유자로 등재된 자가 납세의무자가 되며, 자동차의 소유자가 이를 도난당하거나 폐차업소에 입고함에 따라 그 운행이익을 향유하지 못하고 있다고 하더라도 자동차세의 납세의무가 있다. 다만, 도난당한 후 말소등록을 하거나 시장·군수·구청장

제10장 자 동 차 세 (2010. 12. 23. 개정)

제1절 자동차 소유에 대한 자동차세 (2010. 12. 23. 개정)

예판

【판례】 명의신탁된 차량에 대한 납세의무자

명의신탁된 차량으로 실질적인 소유자가 아니라 하더라도 자동차등록원부상 소유자가 자동차세 등의 납세의무를 짐. (대법 2000두4385, 2001. 5. 8.)

1. 「민법」상 상속지분이 가장 높은 자 (2010. 3. 31. 개정)
2. 연장자 (2010. 3. 31. 개정)

③ 과세기준일 현재 공매되어 매수대금이 납부되었으나 매수인 명의로 소유권 이전등록을 하지 아니한 자동차에 대하여는 매수인이 자동차세를 납부할 의무를 진다. (2010. 3. 31. 개정)

제126조【비과세】 다음 각 호의 어느 하나에 해당하는 자동차를 소유하는 자에 대하여는 자동차세를 부과하지 아니한다. (2010. 3. 31. 개정)

1. 국가 또는 지방자치단체가 국방·경호·경비·교통순찰 또는 소방을 위하여 제공하는 자동차 (2010. 3. 31. 개정)
2. 국가 또는 지방자치단체가 환자수송·청소·오물제거 또는 도로공사를 위하여 제공하는 자동차 (2010. 3. 31. 개정)

이 사실조사를 통하여 폐차업소에 입고하여 사실상 회수하거나 사용할 수 없는 것으로 인정하는 경우에는 도난신고접수일 또는 폐차업소 입고일 이후의 자동차세를 부과하지 않는다.

제121조【비과세】 ① 법 제126조 제1호 및 제2호에 따른 자동차는 다음 각 호의 어느 하나에 해당하는 것으로 한다. (2010. 9. 20. 개정)

1. 국방을 위하여 제공하는 자동차 : 「자동차관리법」 제70조 제6호에 따라 군용 특수자동차로 등록되어 그 용도에 직접 사용하는 자동차 (2010. 9. 20. 개정)
2. 경호·경비·교통순찰을 위하여 제공하는 자동차 : 다음 각 목의 자동차를 말한다. (2010. 9. 20. 개정)
   가. 경호용 자동차 : 대통령, 외국원수, 그 밖의 요인의 신변 보호에 사용되는 자동차 (2010. 9. 20. 개정)
   나. 경비용 자동차 : 경찰관서의 경비용 자동차 (2010. 9. 20. 개정)
   다. 교통순찰용 자동차 : 교통의 안전과 순찰을 목적으로 특수표지를 하였거나 특수구조를 가진 자동차로서 교통순찰에 사용되는 자동차 (2010. 9. 20. 개정)
3. 소방, 청소, 오물 제거를 위하여 제공하는 자동차 : 국가 또는 지방자치단체가 화재의 진압 또는 예방, 구조, 청소, 오물

【조심판례】 • **자동차 매매계약 취소 판결에 따른 납세의무**

– 자동차등록원부상의 등록 자체가 법원 판결에 의하여 원인무효인 경우에는 명의자라고 하더라도 특별한 사정이 없는 한 대내적으로는 물론 대외적으로도 자동차의 소유권을 취득하였다고 할 수 없으므로 자동차세의 납세의무를 부담하지 않는 것이라 하겠으나, 이 건 판결은 매매계약의 취소를 원인으로 한 소유권이전등록 말소 판결로서 양수인 명의로 등록된 기간에 대하여 양도인에게 자동차세 등을 부과한 처분은 잘못됨. (조심 2019지1653, 2019. 9. 5.)

• 자동차등록원부에 등재된 소유자가 그 명의를 도용당하여 자동차 소유권 내지는 그 운행이익을 향유하지 못하는 경우까지 단지 자동차등록원부상 소유자라는 이유로 자동차세를 과세하는 것은 타당하지 아니함. (조심 2012지294, 2012. 6. 14.)

【예규】 • 배우자는 상속에 따른 권리와 의무를 함께 부여받았으므로 재혼하였다 하여 납세의무가 소멸되는 것은 아니므로 차량 소유자의 사망으로 상속이 개시되었으나 사실상 소유자 명의로 이전등록이 완료되지 아니한 경우에 해당된다 할 것이므로 상속지분이

3. 그 밖에 주한외교기관이 사용하는 자동차 등 대통령령으로 정하는 자동차 (2010. 3. 31. 개정)

관련법령

자동차등록령

제31조【말소등록 신청】 ② 법 제13조 제1항 제7호 전단에서 "차령 등 대통령령으로 정하는 기준에 따라 환가가치가 남아 있지 아니하다고 인정되는 경우"란 다음 각 호의 어느 하나에 해당하는 경우를 말한다. (2012. 12. 27. 개정)

1. 차령 11년 이상인 승용자동차
2. 차령 10년 이상인 승합자동차, 화물자동차 및 특수자동차(경형 및 소형)
3. 차령 10년 이상인 승합자동차(중형 및 대형)
4. 차령 12년 이상인 화물자동차 및 특수자동차(중형 및 대형)

⑤ 법 제13조 제1항 제8호에서 "자동차를 교육·연구의 목적으로 사용하는 등 대통령령으로 정하는 사유에 해당하는 경우"란 다음 각 호의 어느 하나에 해당하는 경우를 말한다. (2021. 11. 16. 개정)

7. 시·도지사가 해당 자동차의 차령, 법령위반 사실, 보험가입

제거를 위한 특수구조를 가지고 그 용도의 표지를 한 자동차로서 그 용도에 직접 사용하는 자동차 (2010. 9. 20. 개정)

4. 환자 수송을 위하여 제공하는 자동차 : 환자를 수송하기 위한 특수구조와 그 표지를 가진 자동차로서 환자 수송 외의 용도에 사용하지 아니하는 자동차 (2010. 9. 20. 개정)
5. 도로공사를 위하여 제공하는 자동차 : 도로의 보수 또는 신설과 이에 딸린 공사에 사용하기 위한 것으로서 화물운반용이 아닌 작업용 특수구조를 가진 자동차 (2010. 9. 20. 개정)

② 법 제126조 제3호에서 "주한외교기관이 사용하는 자동차 등 대통령령으로 정하는 자동차"란 다음 각 호의 어느 하나에 해당하는 것을 말한다. (2010. 9. 20. 개정)

1. 정부가 우편·전파관리에만 사용할 목적으로 특수한 구조로 제작한 것으로서 그 용도의 표지를 한 자동차 (2010. 9. 20. 개정)
2. 주한외교기관과 국제연합기관 및 주한외국원조기관(민간원조기관을 포함한다)이 사용하는 자동차 (2010. 9. 20. 개정)
3. 「관세법」에 따라 세관장에게 수출신고를 하고 수출된 자동차 (2010. 9. 20. 개정)
4. 천재지변·화재·교통사고 등으로 소멸·멸실 또는 파손되어 해당 자동차를 회수하거나 사용할 수 없는 것으로 시장·군수·구청장이 인정하는 자동차 (2016. 12. 30. 개정)
5. 「자동차관리법」에 따른 자동차해체재활용업자에게

가장 높은 자에게 자동차세를 부과하는 것은 타당하다고 사료됨. (지방세운영과-717, 2012. 3. 7.)

- **자동차세 비과세 대상**
  - 대규모 집회 시위 등 현장의 안전관리를 위한 경비업무에 이용되는 물자 또는 경찰인력 수송을 주된 용도로 사용하는 자동차에 해당하는 경우라면 자동차세가 비과세되나, 교통사고 조사 자동차는 교통사고 발생시 사고 현장에 국한되는 것으로 자동차세 비과세대상인 교통순찰용 자동차에 해당하지 않음. (지방세운영과-681, 2017. 10. 17.)

운영예규 법126…시행령121-1 **【비과세전환시 세액계산】**

「지방세법 시행령」 제121조 제2항 제3호부터 제5호 규정의 비과세 해당 자동차의 세액계산은 다음 각 호의 날 이후 분을 일할계산하여 산출한 세액을 당해 기분의 자동차세에서 감액하여 과세한다.

1. 수출된 자동차는 선적일
2. 소멸·멸실 자동차는 그 소멸·멸실일
3. 폐차대상자동차는 폐차인수증명서를 발급받은 날

유무 등 모든 사정에 비추어 해당 자동차가 멸실된 것으로 인정할 경우

예판

【예규】 차량 출고후 별도의 구조변경 없이도 우편역무를 충분히 수행할 수 있는 구조로 생산된 상용차로서, 우체국 소유이면서 우편수송 차량임을 알아볼 수 있도록 차체를 도색하여 용도를 알리는 표식을 하고, 우편수송 목적으로만 운행하는 경우 자동차세 비과세 대상에 해당함. (지방세운영과-1162, 2019. 4. 24.)

제127조 【과세표준과 세율】 ① 자동차세의 표준세율은 다음 각 호의 구분에 따른다. (2010. 3. 31. 개정)

1. 승용자동차 (2011. 12. 2. 개정)

다음 표의 구분에 따라 배기량에 시시당 세액을 곱하여 산정한 세액을 자동차 1대당 연세액(年稅額)으로 한다.

영업용		비영업용	
배기량	시시당 세액	배기량	시시당 세액
1,000시시 이하 1,600시시 이하	18원 18원	1,000시시 이하	80원

폐차되었음이 증명되는 자동차 (2010. 9. 20. 개정)

6. 공매 등 강제집행절차가 진행 중인 자동차로서 집행기관 인도일 이후부터 경락대금 납부일 전까지의 자동차 (2010. 9. 20. 개정)

7. 「자동차관리법」에 따라 자동차매매업의 등록을 한 자 또는 「건설기계관리법」에 따라 건설기계매매업의 등록을 한 자가 사업자 명의로 등록한 매매용 자동차 또는 매매용 건설기계. 다만, 사업자 명의로 등록된 기간으로 한정한다. (2010. 9. 20. 개정)

7. 삭 제 (2019. 2. 8.)

8. 「자동차등록령」 제31조 제2항에 해당하는 자동차로서 같은 조 제5항 제7호에 해당하는 자동차 (2022. 2. 28. 개정)

③ 제2항 제3호부터 제5호까지의 규정에 따라 비과세받으려는 자는 그 사유를 증명할 수 있는 서류를 갖추어 시장·군수·구청장에게 신청하여야 한다. (2016. 12. 30. 개정)

제122조 【영업용과 비영업용의 구분 및 차령 계산】 ① 법 제127조에서 "영업용"이란 「여객자동차 운수사업법」 또는 「화물자동차 운수사업법」에 따라 면허(등록을 포함한다)를 받거나 「건설기계관리법」에 따라 건설기계대여업의 등록을 하고 일반의 수요에 제공하는 것을 말하고, "비영업용"이란 개인 또는 법인이 영업용 외의 용도에 제공하거나 국가 또는 지방공공단체가 공용으로 제공하는 것을 말한다. (2010. 9. 20. 개정)

제65조 【비과세 신청】 영 제121조 제3항에 따른 비과세 신청은 별지 제70호 서식에 따른다. (2010. 12. 23. 개정)

영업용		비영업용	
배기량	시시당 세액	배기량	시시당 세액
2,000시시 이하	19원	1,600시시 이하	140원
2,500시시 이하	19원	1,600시시 초과	200원
2,500시시 초과	24원		

2. 제1호에 따른 비영업용 승용자동차 중 대통령령으로 정하는 차령(이하 이 호에서 "차령"이라 한다)이 3년 이상인 자동차에 대하여는 제1호에도 불구하고 다음의 계산식에 따라 산출한 해당 자동차에 대한 제1기분(1월부터 6월까지) 및 제2기분(7월부터 12월까지) 자동차세액을 합산한 금액을 해당 연도의 그 자동차의 연세액으로 한다. 이 경우 차령이 12년을 초과하는 자동차에 대하여는 그 차령을 12년으로 본다. (2010. 3. 31. 개정)
자동차 1대의 각 기분세액 = A/2 − (A/2 × 5/100)(n − 2)
A : 제1호에 따른 연세액
n : 차령 (2 ≤ n ≤ 12)
3. 그 밖의 승용자동차 (2010. 3. 31. 개정)
다음의 세액을 자동차 1대당 연세액으로 한다.

영업용	비영업용
20,000원	100,000원

4. 승합자동차 (2010. 3. 31. 개정)
다음의 세액을 자동차 1대당 연세액으로 한다.

구 분	영업용	비영업용
고속버스	100,000원	−

② 법 제127조 제1항 제2호에서 "대통령령으로 정하는 차령"이란 「자동차관리법 시행령」 제3조에 따른 자동차의 차령기산일(이하 이 항에서 "기산일"이라 한다)에 따라 다음 각 호의 계산식으로 산정한 자동차의 사용연수를 말한다. (2010. 9. 20. 개정)
1. 기산일이 1월 1일부터 6월 30일까지의 기간 중에 있는 자동차의 차령 = 과세연도 − 기산일이 속하는 연도 + 1 (2010. 9. 20. 개정)
2. 기산일이 7월 1일부터 12월 31일까지의 기간 중에 있는 자동차의 차령 (2010. 9. 20. 개정)
가. 제1기분 차령 = 과세연도 − 기산일이 속하는 연도 (2010. 9. 20. 개정)
나. 제2기분 차령 = 과세연도 − 기산일이 속하는 연도 + 1 (2010. 9. 20. 개정)

구 분	영업용	비영업용
대형전세버스	70,000원	–
소형전세버스	50,000원	–
대형일반버스	42,000원	115,000원
소형일반버스	25,000원	65,000원

5. 화물자동차 (2010. 3. 31. 개정)

다음의 세액을 자동차 1대당 연세액으로 한다. 다만, 적재정량 1만킬로그램 초과 자동차에 대하여는 적재정량 1만킬로그램 이하의 세액에 1만킬로그램을 초과할 때마다 영업용은 1만원, 비영업용은 3만원을 가산한 금액을 1대당 연세액으로 한다.

구 분	영업용	비영업용
1,000킬로그램 이하	6,600원	28,500원
2,000킬로그램 이하	9,600원	34,500원
3,000킬로그램 이하	13,500원	48,000원
4,000킬로그램 이하	18,000원	63,000원
5,000킬로그램 이하	22,500원	79,500원
8,000킬로그램 이하	36,000원	130,500원
1만킬로그램 이하	45,000원	157,500원

6. 특수자동차 (2010. 3. 31. 개정)

다음의 세액을 자동차 1대당 연세액으로 한다.

구 분	영업용	비영업용
대형특수자동차	36,000원	157,500원
소형특수자동차	13,500원	58,500원

7. 3륜 이하 소형자동차 (2010. 3. 31. 개정)

다음의 세액을 자동차 1대당 연세액으로 한다.

영업용	비영업용
3,300원	18,000원

② 제1항 각 호에 규정된 자동차의 영업용과 비영업용 및 종류의 구분 등에 관하여 필요한 사항은 대통령령으로 정한다. (2010. 3. 31. 개정)

③ 지방자치단체의 장은 제1항에도 불구하고 조례로 정하는 바에 따라 자동차세의 세율을 배기량 등을 고려하여 제1항의 표준세율의 100분의 50까지 초과하여 정할 수 있다. (2010. 3. 31. 개정)

예판

【예규】 자동차세 적용 세율

11인 이상인 비영업용 승합자동차가 차량의 종류 변경없이 구조변경을 통해 승차정원이 10인 이하로 변경되는 경우, 「지방세법」 제127조 제1항 제4호의 승합자동차 세율을 적용하여야 함. (지방세운영과-120, 2017. 1. 11.)

제123조 【자동차의 종류】 법 제127조 제2항에 따른 자동차 종류의 구분은 다음 각 호와 같다. (2010. 9. 20. 개정)

1. 승용자동차 : 「자동차관리법」 제3조에 따른 승용자동차 (2010. 9. 20. 개정)
2. 그 밖의 승용자동차 : 제1호의 승용자동차 중 전기·태양열 및 알코올을 이용하는 자동차 (2010. 9. 20. 개정)
3. 승합자동차 (2010. 9. 20. 개정)
   가. 고속버스 : 「여객자동차 운수사업법 시행령」 제3조에 따른 시외버스운송사업용 고속운행버스 (2010. 9. 20. 개정)
   나. 대형전세버스 : 「여객자동차 운수사업법 시행령」 제3조에 따른 전세버스운송사업용 버스로서 「자동차관리법」 제3조에 따른 대형승합자동차 (2010. 9. 20. 개정)
   다. 소형전세버스 : 「여객자동차 운수사업법 시행령」 제3조에 따른 전세버스운송사업용 버스로서 나목의 대형전세버스 외의 버스 (2010. 9. 20. 개정)
   라. 대형일반버스 : 「여객자동차 운수사업법 시행령」 제3조에 따른 시내버스운송사업용 버스, 농어촌버스운송사업용 버스, 마을버스운송사업용 버스 및 시외버스운송사업용 버스(가목의 고속버스는 제외한다)와 비영업용 버스로서 「자동차관리법」

제3조에 따른 대형승합자동차 (2010. 9. 20. 개정)

마. 소형일반버스 : 「여객자동차 운수사업법 시행령」 제3조에 따른 시내버스운송사업용 버스, 농어촌버스운송사업용 버스, 마을버스운송사업용 버스 및 시외버스운송사업용 버스(가목의 고속버스는 제외한다)와 비영업용 버스로서 라목의 대형일반버스 외의 버스 (2010. 9. 20. 개정)

4. 화물자동차 : 「자동차관리법」 제3조에 따른 화물자동차(최대적재량이 8톤을 초과하는 피견인차는 제외한다)와 「건설기계관리법」에 따라 등록된 덤프트럭 및 콘크리트믹서트럭. 이 경우 콘크리트믹서트럭은 최대적재량이 1만킬로그램을 초과하는 화물자동차로 본다. (2010. 9. 20. 개정)

5. 특수자동차 (2013. 1. 1. 개정)

가. 대형특수자동차란 다음의 자동차를 말한다. (2013. 1. 1. 개정)

1) 최대 적재량이 8톤을 초과하는 피견인차 (2013. 1. 1. 개정)

2) 「자동차관리법」 제3조에 따른 특수자동차 중 총중량이 10톤 이상이거나 최대적재량이 4톤을 초과하는 자동차 (2013. 1. 1. 개정)

3) 「여객자동차 운수사업법 시행령」 제3조에 따른 특수여객자동차운송사업용 자동차 중 배기량이 4,000시시를 초과하는 자동차 (2013. 1. 1. 개정)

4) 최대적재량이 4톤을 초과하거나 배기량이

4,000시를 초과하는 자동차로서 제1호부터 제4호까지 및 제6호에 해당하지 아니하는 자동차 (2013. 1. 1. 개정)

나. 소형특수자동차란 다음의 자동차를 말한다. (2013. 1. 1. 개정)

1) 「자동차관리법」 제3조에 따른 특수자동차와 「여객자동차 운수사업법 시행령」 제3조에 따른 특수여객자동차운송사업용 자동차 중 가목에 해당하지 아니하는 자동차 (2013. 1. 1. 개정)

2) 최대적재량이 4톤 이하이고, 배기량이 4,000시시 이하인 자동차로서 제1호부터 제4호까지 및 제6호에 해당하지 아니하는 자동차 (2013. 1. 1. 개정)

6. 3륜 이하 소형자동차 (2010. 9. 20. 개정)

가. 3륜 자동차 : 3륜의 자동차로서 사람 또는 화물을 운송하는 구조로 되어 있는 소형자동차 (2010. 9. 20. 개정)

나. 이륜자동차 : 총 배기량 125시시를 초과하거나 최고정격출력 12킬로와트를 초과하는 이륜자동차로서 등록되거나 신고된 자동차 (2019. 12. 31. 개정)

제124조【자동차의 종류 결정】 자동차의 종류를 결정할 때 해당 자동차가 제123조에 규정된 종류에 둘 이상 해당하는 경우에는 주된 종류에 따르고, 주된 종류를 구분하기 곤란한 것은 시장·군수·구청장이 결정하는 바에 따른다. (2016. 12. 30. 개정)

제128조【납기와 징수방법】 ① 자동차세는 1대당 연세액을 2분의 1의 금액으로 분할한 세액(비영업용 승용자동차의 경우에는 제127조 제1항 제2호에 따라 산출한 각 기분세액)을 다음 각 기간 내에 그 납기가 있는 달의 1일 현재의 자동차 소유자로부터 자동차 소재지를 관할하는 지방자치단체에서 징수한다. 다만, 납세의무자가 연세액을 4분의 1의 금액(비영업용 승용자동차의 경우에는 각 기분세액의 2분의 1의 금액)으로 분할하여 납부하려고 신청하는 경우에는 제1기분 세액의 2분의 1은 3월 16일부터 3월 31일까지, 제2기분 세액의 2분의 1은 9월 16일부터 9월 30일까지 각각 분할하여 징수할 수 있다. 이 경우 지방자치단체에서 납기 중에 징수할 세액은 이미 분할하여 징수한 세액을 공제한 금액으로 한다. (2010. 3. 31. 개정)

기 분	기 간	납 기
제1기분	1월부터 6월까지	6월 16일부터 6월 30일까지
제2기분	7월부터 12월까지	12월 16일부터 12월 31일까지

② 지방자치단체의 장은 제1항에 따른 납기마다 늦어도 납기개시 5일 전에 그 기분의 납세고지서를 발급하여야 한다. 다만, 다음 각 호의 어느 하나에 해당하는 경우에는 제1항에도 불구하고 수시로 부과할 수 있다. (2010. 3. 31. 개정)

1. 자동차를 신규등록 또는 말소등록하는 경우 (2016. 12. 27. 개정)
2. 과세대상 자동차가 비과세 또는 감면대상이 되거나, 비과세 또는 감면대상 자동차가 과세대상이 되는 경

제125조【자동차 소재지 및 신고 · 납부】 ① 법 제128조 제1항 본문에 따른 자동차 소재지는 해당 자동차 또는 건설기계의 등록원부상 사용본거지로 한다. 다만, 등록원부상의 사용본거지가 분명하지 아니한 경우에는 그 소유자의 주소지를 자동차 소재지로 본다. (2010. 9. 20. 개정)

관련법령

자동차등록령

제2조【정 의】 이 영에서 사용하는 용어의 뜻은 다음과 같다. (2013. 3. 23. 개정)

2. "사용본거지"란 자동차의 소유자가 자동차를 주로 보관 · 관리 또는 이용하는 곳으로서 국토교통부령으로 정하는 일정한 장소를 말한다.

자동차등록규칙

제3조【자동차의 사용본거지】 ① 등록령 제2조 제2호에서 "국토교통부령으로 정하는 일정한 장소"란 다음 각 호의 어느 하나에 해당하는 장소를 말한다. (2021. 5. 27. 개정)

1. 자동차 소유자가 개인인 경우 : 그 소유자의 주민등록지
2. 자동차 소유자가 법인 또는 법인이 아닌 사단 또는 재단(이하 "법인등"이라 한다)인 경우 : 그 법인등의 주사무소 소재지
3. 자동차 소유자가 법 제53조에 따른 자동차매매업자인 경우(법 제59조 제1항 제1호에 따른 매매용 자동차에 한정한다) : 사업장소재지

② 제1항 제2호의 장소 외의 다른 장소를 등록령 제2조 제2호에 따른 자동차의 사용본거지(이하 "사용본거지"라 한다)로 인정받으려는 자동차 소유자는 그 사유를 증명하는 서류를 등록령 제5조에 따른 등록관청(이하 "등록관청"이라 한다)에 제출하여야 한다.

제66조【납세고지서의 발급 등】 ① 법 제128조 제2항에 따른 납세고지서는 별지 제71호 서식에 따른다. (2010. 12. 23. 개정)

우 (2010. 3. 31. 개정)

3. 영업용 자동차가 비영업용이 되거나, 비영업용 자동차가 영업용이 되는 경우 (2010. 3. 31. 개정)

4. 자동차를 승계취득함으로써 일할계산(日割計算)하여 부과·징수하는 경우 (2016. 12. 27. 개정)

5. 제5항에 따라 신고납부하지 아니하는 경우 (2015. 7. 24. 신설)

5. 삭 제 (2016. 12. 27.)

③ 납세의무자가 연세액을 한꺼번에 납부하려는 경우에는 제1항 및 제2항에도 불구하고 다음 각 호의 기간 중에 대통령령으로 정하는 바에 따라 연세액(한꺼번에 납부하는 납부기한 이후의 기간에 해당하는 세액을 말한다)의 100분의 10의 범위에서 다음의 계산식에 따라 산출한 금액을 공제한 금액을 연세액으로 신고납부할 수 있다. (2019. 12. 31. 개정)

연세액 신고납부기간	계 산 식
1월 16일부터 1월 31일까지	연세액 × 연세액 납부기한의 다음 날부터 12월 31일까지의 기간에 해당하는 일수/365(윤년의 경우에는 366) × 금융회사 등의 예금이자율 등을 고려하여 대통령령으로 정하는 이자율
3월 16일부터 3월 31일까지	
6월 16일부터 6월 30일까지	
9월 16일부터 9월 30일까지	제2기분 세액 × 연세액 납부기한의 다음 날부터 12월 31일까지의 기간에 해당하는 일수/184 × 금융회사 등의 예금이자율 등을 고려하여 대통령령으로 정하는 이자율

② 법 제128조 제3항에 따라 연세액을 한꺼번에 납부하려는 자는 납부서에 과세물건, 과세표준, 산출세액 및 납부액을 적어 시장·군수·구청장에게 같은 항 각 호에 따른 기간 중에 신고납부하여야 한다. 이 경우 시장·군수·구청장은 법 제128조 제3항에 따라 연세액을 한꺼번에 신고납부한 자에 대해서는 그 다음 연도의 1월 중에 연세액 납부서를 송달할 수 있다. (2023. 12. 29. 후단개정)

③ 법 제128조 제3항에서 "한꺼번에 납부하는 납부기한 이후의 기간에 해당하는 세액"이란 1월 16일부터 1월 31일까지의 기간 중에 신고납부하는 경우에는 연세액을, 제1기분 납기 중에 신고납부하는 경우에는 제2기분에 해당하는 세액을, 분할납부기간에 신고납부하는 경우에는 그 분할납부기한 이후의 기간에 해당하는 세액을 말한다. (2013. 1. 1. 개정)

④ 법 제128조 제3항 및 제4항에 따른 연세액을 신고납부하거나 부과징수하는 경우에는 제1항에 따른 자동차 소재지를 납세지로 하며, 연세액을 신고납부 또는 부과

② 법 제128조 제3항 및 영 제125조 제2항에 따라 자동차 소유에 대한 자동차세(이하 이 절에서 "자동차세"라 한다) 연세액을 한꺼번에 신고납부할 경우에는 별지 제71호의 2 서식 및 별지 제14호 서식에 따른다. (2013. 1. 14. 개정)

③ 법 제128조 제5항에 따라 자동차세를 신고납부할 경우에는 별지 제71호의 3 서식 및 별지 제14호 서식에 따른다. (2013. 1. 14. 신설)

④ 법 제130조 제3항 단서에 따른 자동차세의 일할계산신청 및 연세액 일시납부를 양수인이 한 것으로 보는 양도인의 동의는 별지 제72호 서식에 따른다. (2013. 1. 14. 항번개정)

1. 1월 중에 신고납부하는 경우 : 1월 16일부터 1월 31일까지 (2019. 12. 31. 개정)
2. 제1기분 납기 중에 신고납부하는 경우 : 6월 16일부터 6월 30일까지 (2019. 12. 31. 개정)
3. 제1항 단서에 따른 분할납부기간에 신고납부하는 경우 : 3월 16일부터 3월 31일까지 또는 9월 16일부터 9월 30일까지 (2019. 12. 31. 개정)

④ 연세액이 10만원 이하인 자동차세는 제1항 및 제2항에도 불구하고 제1기분을 부과할 때 전액을 부과·징수할 수 있다. 이 경우 제2기분 세액의 100분의 10의 범위에서 다음의 계산식에 따라 산출한 금액을 공제한 금액을 연세액으로 한다. (2019. 12. 31. 개정)

계 산 식
연세액 × 연세액 납부기한의 다음 날부터 12월 31일까지의 기간에 해당하는 일수/365(윤년의 경우에는 366) × 금융회사 등의 예금이자율 등을 고려하여 대통령령으로 정하는 이자율

⑤ 자동차를 이전등록하거나 말소등록하는 경우 그 양도인 또는 말소등록인은 제1항 및 제2항에도 불구하고 해당 기분(期分)의 세액을 이전등록일 또는 말소등록일을 기준으로 대통령령으로 정하는 바에 따라 일할 계산하여 그 등록일에 신고납부할 수 있다. (2016. 12. 27. 개정)

징수한 후에 자동차 소재지가 변경된 경우에도 그 변경된 자동차 소재지에서는 해당 연도의 자동차 소유에 대한 자동차세(이하 이 절에서 "자동차세"라 한다)를 부과하지 아니한다. (2010. 9. 20. 개정)

⑤ 법 제128조 제1항 단서에 따라 납세의무자가 연세액을 4분의 1의 금액으로 분할하여 납부하는 경우에는 제1기분의 분할납부분은 3월 16일, 제2기분의 분할납부분은 9월 16일 현재의 자동차 소재지를 관할하는 시·군·구에서 징수한다. (2016. 12. 30. 개정)

⑥ 법 제128조 제3항 및 제4항의 계산식에서 "대통령령으로 정하는 이자율"이란 각각 과세연도별로 다음 각 호의 구분에 따른 율을 말한다. (2020. 12. 31. 신설)
1. 2021년 및 2022년 : 100분의 10 (2020. 12. 31. 신설)
2. 2023년 : 100분의 7 (2020. 12. 31. 신설)
3. 2024년 : 100분의 5 (2020. 12. 31. 신설)
4. 2025년 이후 : 100분의 3 (2020. 12. 31. 신설)

⑥ 법 제128조 제3항 및 제4항의 계산식에서 "대통령령으로 정하는 이자율"이란 각각 100분의 5를 말한다. (2024. 12. 31. 개정)

제126조【과세기간 중 소유권변동 등의 일할계산방법】 법 제128조 제5항 및 제130조 제1항부터 제3항까지의 규정에 따른 일할계산 금액은 해당 자동차의 연세액에 과세대상기간의 일수를 곱한 금액을 해당 연도의 총일수로 나누어 산출한 금액으로 한다. 다만, 제

편주

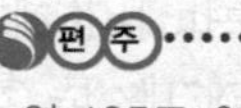

영 125조 6항의 개정규정은 2025. 1. 1. 이후 납세의무가 성립하는 경우부터 적용함. (영 부칙(2024. 12. 31.) 8조)

제129조【승계취득 시의 납세의무】 제128조 제1항에 따른 과세기간 중에 매매·증여 등으로 인하여 자동차를 승계취득한 자가 자동차 소유권 이전 등록을 하는 경우에는 같은 항에도 불구하고 그 소유기간에 따라 자동차세를 일할계산하여 양도인과 양수인에게 각각 부과·징수한다. (2010. 3. 31. 개정)

제130조【수시부과 시의 세액계산】 ① 자동차를 신규등록하거나 말소등록한 경우에는 지방자치단체는 그 취득한 날 또는 사용을 폐지한 날이 속하는 기분의 자동차세액을 대통령령으로 정하는 바에 따라 일할계산한 금액을 각각 징수하여야 한다. (2010. 3. 31. 개정)

제130조【수시부과 시의 세액계산】 ① 자동차를 신규등록하거나 말소등록한 경우에는 지방자치단체는 그 신규등록한 날 또는 말소등록한 날이 속하는 기분의 자동차세액을 대통령령으로 정하는 바에 따라 일할계산한 금액을 각각 징수하여야 한다. (2024. 12. 31. 개정)

② 과세대상 자동차가 비과세 또는 감면대상으로 되거나, 비과세 또는 감면대상 자동차가 과세대상이 되는 경우 및 영업용 자동차가 비영업용이 되거나, 비영업용 자동차가 영업용이 되는 경우에는 해당 기분의 자동차세를 대통령령으로 정하는 바에 따라 일할계산한 금액을 징수하여야 한다. (2010. 3. 31. 개정)

③ 제129조에 따라 자동차세를 소유기간에 따라 일할계산 122조 제2항에 따른 사용연수가 3년 이상인 비영업용 승용자동차의 경우에는 법 제127조 제1항 제2호에 따라 계산한 소유권이전등록일(법 제130조 제3항 단서의 경우에는 양도일을 말한다)이 속하는 해당 기분(期分)의 세액에 과세대상기간의 일수를 곱한 금액을 해당 기분의 총일수로 나누어 산출한 금액으로 한다. (2013. 1. 1. 개정)

제127조【자동차의 용도 또는 종류변경 시의 세액】 자동차의 용도 또는 종류를 변경하였을 때에는 변경 전후의 해당 자동차의 종류에 따라 제126조에 준하여 산정한 금액의 합계액을 그 세액으로 한다. (2010. 9. 20. 개정)

편주

법 130조 1항의 개정규정은 2025. 1. 1. 이후 납세의무가 성립하는 경우부터 적용함. (법 부칙(2024. 12. 31.) 5조)

운영예규 법130-1【신규등록시의 세액계산】

신규등록 자동차의 자동차세를 계산할 때에는 신규등록일부터 사용일수를 계산한다.

편주

자동차세의 일할계산

① 사용연수가 3년 이상인 비영업용 승용자동차의 경우

$$\text{소유권이전등록일(양도일)이 속하는 해당 기분의 세액} \times \frac{\text{과세대상 기간일수}}{\text{해당 기분의 총일수}}$$

② ① 외의 경우

$$\text{해당 자동차의 연세액} \times \frac{\text{과세대상 기간일수}}{\text{해당 연도의 총일수}}$$

하는 경우에는 소유권 이전 등록일을 기준으로 대통령령으로 정하는 바에 따라 일할계산한 금액을 징수하여야 한다. 다만, 양도인 또는 양수인이 행정안전부령으로 정하는 신청서에 소유권 변동사실을 증명할 수 있는 서류를 첨부하여 일할계산신청을 하는 경우에는 그 서류에 의하여 증명된 양도일을 기준으로 일할계산하며, 양도인 또는 피상속인이 연세액을 한꺼번에 납부한 경우에는 이를 양수인(양도인이 동의한 경우만 해당한다) 또는 상속인이 납부한 것으로 본다. (2017. 7. 26. 직제개정 ; 정부조직법 부칙)

④ 제1항부터 제3항까지의 규정에 따라 계산한 세액이 2천원 미만이면 자동차세를 징수하지 아니한다. (2010. 3. 31. 개정)

제131조 【자동차등록번호판의 영치 등】(2017. 12. 26. 제목개정)

① 시장·군수·구청장은 자동차세의 납부의무를 이행하지 아니한 자가 있을 때에는 특별시장·광역시장·도지사에게 대통령령으로 정하는 바에 따라 그 자동차등록증을 발급하지 아니하거나 해당 자동차의 등록번호판의 영치(領置)를 요청하여야 한다. 다만, 특별자치시·특별자치도의 경우와 자동차등록업무가 시장·군수·구청장에게 위임되어 있는 경우에는 특별자치시장·특별자치도지사·시장·군수 또는 구청장은 그 자동차등록증을 발급하지 아니하거나 해당 자동차의 등록번호판을 영치할 수 있다. (2017. 12. 26. 개정)

제128조 【자동차등록번호판의 영치 등】(2019. 2. 8. 제목개정)

① 특별시장·광역시장 또는 도지사는 법 제131조 제1항 본문에 따라 시장·군수·구청장(특별자치시장 및 특별자치도지사는 제외한다. 이하 이 항에서 같다)의 요청을 받았을 때에는 자동차등록증을 발급하지 아니하거나 자동차등록번호판을 영치하며, 그 결과를 시장·군수·구청장에게 통보하여야 한다. (2019. 2. 8. 개정)

② 시장·군수·구청장은 납세의무자가 독촉기간 내에 체납된 자동차세를 납부하지 아니하는 경우에는 그 자동차등록증을 발급하지 아니하거나 자동차등록번호판을 영치하여야 한다. (2019. 2. 8. 개정)

제67조 【자동차등록증 등의 영치증 교부】 ① 시장·군수·구청장은 영 제128조 제1항 및 제2항에 따라 자동차등록번호판을 영치한 경우에는 자동차 소유주의 주소, 성명, 자동차의 종류, 등록번호 및 영치일시 등을 적은 별지 제73호 서식의 영치증을 교부하여야 하며, 그 영치사실을 문서로 자동차등록부서에 지체 없이 통보하여야 한다. (2019. 2. 8. 개정)

② 제1항에 따라 영치증을 교부하는 경

② 특별자치시장 · 특별자치도지사 · 시장 · 군수 또는 구청장은 제1항에 따라 자동차등록번호판이 영치된 납세의무자가 해당 자동차를 직접적인 생계유지 목적으로 사용하고 있어 자동차등록번호판을 영치하게 되면 납세의무자의 생계유지가 곤란할 것으로 인정되는 경우 자동차등록번호판을 내주고 영치를 일시 해제하거나 특별시장 · 광역시장 또는 도지사에게 이를 요청할 수 있다. (2018. 12. 31. 신설)

③ 제1항 및 제2항에 따른 시장 · 군수 · 구청장의 요청이 있을 때에는 특별시장 · 광역시장 · 도지사는 협조하여야 한다. (2018. 12. 31. 개정)

③ 제2항에 따라 자동차등록증을 발급하지 아니하거나, 자동차등록번호판을 영치하였을 때에는 납세의무자에게 그 사실을 통지하여야 한다. (2019. 2. 8. 개정)

④ 납세의무자가 체납된 자동차세를 납부한 경우에는 시장 · 군수 · 구청장은 영치한 자동차등록번호판을 즉시 내주거나 특별시장 · 광역시장 또는 도지사에게 영치한 자동차등록번호판을 즉시 내주도록 요청(특별자치시장 및 특별자치도지사는 제외한다)하여야 한다. (2019. 2. 8. 개정)

⑤ 제1항부터 제4항까지에서 규정한 사항 외에 자동차등록번호판의 영치에 필요한 사항은 행정안전부령으로 정한다. (2019. 2. 8. 개정)

제128조의 2【자동차등록번호판의 영치 일시 해제】 ① 납세의무자는 법 제131조 제2항에 따른 자동차등록번호판의 영치 일시 해제를 신청하려는 경우 행정안전부령으로 정하는 신청서에 같은 항에 따른 일시 해제의 사유가 있음을 증명하는 자료를 첨부하여 시장 · 군수 · 구청장에게 제출해야 한다. 자동차등록번호판 영치 일시 해제 기간의 연장을 신청하려는 경우에도 또한 같다. (2019. 5. 31. 신설)

②특별시장 · 광역시장 · 도지사 또는 시장 · 군수 · 구청장은 법 제131조 제2항에 따라 자동차등록번호판의 영치를 일시 해제하는 경우 그 기간을 6개월 이내로 해야

우 해당 자동차 소유자의 소재가 불분명하거나 그 밖에 교부가 곤란하다고 인정되는 경우에는 해당 자동차에 영치증을 부착하는 것으로 제2항에 따른 통보를 갈음할 수 있다. (2010. 12. 23. 개정)

② 시장 · 군수 · 구청장은 영 제128조 제1항 및 제2항에 따라 자동차등록번호판을 영치한 자동차 소유자의 소재가 불분명하거나 그 밖에 영치증을 교부하는 것이 곤란하다고 인정되는 경우에는 해당 자동차에 영치증을 부착하는 것으로 제1항에 따른 교부를 갈음할 수 있다. (2024. 1. 22. 개정)

제67조의 2【자동차등록번호판 영치 일시 해제 신청】 ① 영 제128조의 2 제1항 전단에서 "행정안전부령으로 정하는 신청서"란 별지 제73호의 2 서식의 자동차등록번호판 영치 일시 해제 신청서를 말한다. (2019. 5. 31. 신설)

② 영 제128조의 2 제1항 후단에 따라 자동차등록번호판 영치 일시 해제 기간의 연장을 신청하려는 경우에는 별지 제73호의 2 서식의 자동차

④ 자동차등록번호판의 영치방법 및 영치 일시 해제의 기간·요건 등에 관하여 필요한 사항은 대통령령으로 정한다. (2018. 12. 31. 개정)

제132조【납세증명서 등의 제시】 다음 각 호의 어느 하나에 해당하는 자는 해당 등록관청에 해당 자동차에 대한 자동차세 영수증 등 자동차세를 납부한 증명서를 제출하거나 내보여야 한다. 다만, 「전자정부법」 제36조 제1항에 따른 행정정보의 공동이용을 통하여 해당 자동차의 자동차세의 납부사실을 확인할 수 있는 경우에는 그러하지 아니하다. (2015. 7. 24. 개정)

1. 「자동차관리법」 제12조에 따른 이전등록을 하려는 자 (2015. 7. 24. 신설)
2. 「자동차관리법」 제13조 제1항에 따른 말소등록을 하려는 자 (2015. 7. 24. 신설)
3. 「건설기계관리법」 제5조에 따른 변경신고(건설기계의 소유권 이전으로 인한 변경신고만 해당한다)를 하려는 자 (2015. 7. 24. 신설)
4. 「건설기계관리법」 제6조에 따른 말소등록(시·도지사가 직권으로 등록을 말소하는 경우는 제외한다)을 하려는 자 (2015. 7. 24. 신설)

제133조【체납처분】 제127조부터 제130조까지에서 규정된 자동차에 관한 지방자치단체의 징수금을 납부하

한다. 이 경우 그 기간이 만료될 때까지 법 제131조 제2항에 따른 일시 해제의 사유가 해소되지 않은 경우에는 1회에 한정하여 3개월의 범위에서 그 기간을 연장할 수 있다. (2019. 5. 31. 신설)

③ 특별시장·광역시장·도지사 또는 시장·군수·구청장은 제2항에 따라 자동차등록번호판의 영치를 일시 해제하거나 일시 해제 기간을 연장하는 경우 필요한 때에는 체납된 자동차세를 분할납부할 것을 조건으로 붙일 수 있다. 이 경우 분할납부의 기간은 자동차등록번호판의 영치 일시 해제 기간 또는 일시 해제 기간을 연장한 기간으로 하고, 분할납부의 횟수는 납세의무자의 자동차사용목적과 생계유지의 관련성 등을 고려하여 해당 특별시장·광역시장·도지사 또는 시장·군수·구청장이 정한다. (2019. 5. 31. 신설)

④ 특별시장·광역시장·도지사 또는 시장·군수·구청장은 다음 각 호의 어느 하나에 해당하는 경우에는 자동차등록번호판의 영치 일시 해제를 취소하고, 자동차등록번호판을 다시 영치할 수 있다. (2019. 5. 31. 신설)

1. 납세의무자가 다른 지방세를 체납하고 있는 경우 (2019. 5. 31. 신설)
2. 강제집행, 경매의 개시, 파산선고 등 납세의무자로부터 체납된 자동차세를 징수할 수 없다고 인정되는 경우 (2019. 5. 31. 신설)
3. 납세의무자가 제3항에 따른 분할납부 조건을 이행하

등록번호판 영치 일시 해제 기간 연장 신청서를 시장·군수·구청장에게 제출해야 한다. (2019. 5. 31. 신설)

지 아니하거나 납부한 금액이 부족할 때에는 해당 자동차에 대하여 독촉(督促)절차 없이 즉시 체납처분을 할 수 있다. (2010. 3. 31. 개정)

운영예규 법133-1【즉시 체납처분의 의미】
「지방세법」 제133조에서 「즉시 체납처분」이라 함은 「지방세기본법」 제61조 제1항에 규정된 독촉절차를 거치지 않고 납부기간종료 즉시 압류 등 징세조치를 하는 것을 말한다.

제134조【면세규정의 배제】「지방세특례제한법」을 제외한 다른 법률 중에 규정된 조세의 면제에 관한 규정은 자동차세에 관한 지방자치단체의 징수금에 대하여는 적용하지 아니한다. (2010. 3. 31. 개정)

지 않은 경우 (2019. 5. 31. 신설)
4. 그 밖에 납세의무자에게 체납된 자동차세의 납부를 기대하기 어려운 사정이 발생한 경우 (2019. 5. 31. 신설)

⑤ 특별시장·광역시장·도지사 또는 시장·군수·구청장이 제2항에 따라 자동차등록번호판의 영치 일시 해제 또는 일시 해제 기간의 연장을 하거나 제4항에 따라 자동차등록번호판을 다시 영치한 때에는 납세의무자에게 그 사실을 통지해야 한다. (2019. 5. 31. 신설)

제129조【과세자료 통보】 지방자치단체의 장은 다음 각 호에 열거한 사항이 발생하였을 때에는 납세지 관할 시장·군수·구청장에게 통보하여야 한다. (2016. 12. 30. 개정)
1. 자동차의 취득 또는 소유권의 이전 (2010. 9. 20. 개정)
2. 사용본거지의 변경 (2010. 9. 20. 개정)
3. 자동차의 용도변경 (2010. 9. 20. 개정)
4. 자동차의 사용 폐지 (2010. 9. 20. 개정)
5. 자동차의 원동기, 차체, 승차정원 또는 최대적재량의 변경 (2010. 9. 20. 개정)

제130조【과세대장 비치】 시장·군수·구청장은 자동차세 과세대장을 갖추어 두고, 필요한 사항을 등재하여야 한다. 이 경우 해당 사항을 전산처리하는 경우에는 과세대장을 갖춘 것으로 본다. (2016. 12. 30. 개정)

제68조【자동차 이동사항 통보】 지방자치단체의 장이 영 제129조 각 호의 사항을 납세지 관할 시장·군수·구청장에게 통보할 때에는 별지 제74호 서식에 따른다. (2016. 12. 30. 개정)

제69조【자동차세 과세대장의 비치】 영 제130조에 따른 자동차세 과세대장은 별지 제75호 서식에 따른다. (2010. 12. 23. 개정)

제2절 자동차 주행에 대한 자동차세
(2010. 3. 31. 개정)

제135조【납세의무자】 자동차 주행에 대한 자동차세(이하 이 절에서 "자동차세"라 한다)는 비영업용 승용자동차에 대한 이 장 제1절에 따른 자동차세의 납세지를 관할하는 지방자치단체에서 휘발유, 경유 및 이와 유사한 대체유류(이하 이 절에서 "과세물품"이라 한다)에 대한 교통·에너지·환경세의 납세의무가 있는 자(「교통·에너지·환경세법」 제3조 및 제11조에 따른 납세의무자를 말한다)에게 부과한다. (2014. 1. 1. 개정)

제136조【세 율】 ① 자동차세의 세율은 과세물품에 대한 교통·에너지·환경세액의 1천분의 360으로 한다. (2010. 3. 31. 개정)
② 제1항에 따른 세율은 교통·에너지·환경세율의 변동 등으로 조정이 필요하면 그 세율의 100분의 30의 범위에서 대통령령으로 정하는 바에 따라 가감하여 조정할 수 있다. (2010. 3. 31. 개정)

제137조【신고납부 등】 ① 자동차세의 납세의무자는 「교통·에너지·환경세법」 제8조에 따른 과세물품에 대한 교통·에너지·환경세 납부기한까지 교통·에너

제2절 자동차 주행에 대한 자동차세
(2010. 9. 20. 개정)

제131조【조정세율】 법 제136조 제2항에 따른 조정세율은 법 제135조에 따른 과세물품(이하 이 절에서 "과세물품"이라 한다)에 대한 교통·에너지·환경세액의 1천분의 260으로 한다. (2014. 12. 30. 개정)

제132조【신고 및 납부】 법 제137조 제1항에 따라 자동차 주행에 대한 자동차세(이하 이 절에서 "자동차세"라 한다)를 신고하려는 자는 행정안전부령으로 정하

제2절 자동차 주행에 대한 자동차세
(2010. 12. 23. 개정)

제70조【신고 및 납부】 ① 영 제132조에 따른 자동차 주행에 대한 자동차세(이하 이 절에서 "자동차

지·환경세의 납세지를 관할하는 지방자치단체의 장에게 자동차세의 과세표준과 세액을 대통령령으로 정하는 바에 따라 신고하고 납부하여야 한다. 이 경우 교통·에너지·환경세의 납세지를 관할하는 지방자치단체의 장을 각 지방자치단체가 부과할 자동차세의 특별징수의무자(이하 이 절에서 "특별징수의무자"라 한다)로 한다. (2014. 10. 15. 후단개정)

② 납세의무자가 제1항에 따른 신고 또는 납부의무를 다하지 아니하면 해당 특별징수의무자가 제136조에 따라 산출한 세액 또는 그 부족세액에 「지방세기본법」 제53조부터 제55조까지의 규정에 따라 산출한 가산세를 합한 금액을 세액으로 하여 보통징수의 방법으로 징수한다. 다만, 자동차세로 징수할 세액이 고지서 1장당 2천원 미만인 경우에는 그 자동차세를 징수하지 아니한다. (2023. 12. 29. 단서신설)

1.~2. 삭 제 (2013. 1. 1.)

③ 특별징수의무자는 징수한 자동차세(그 이자를 포함한다)를 다음 달 25일까지 이 장 제1절에 따른 지방자치단체별 자동차세의 징수세액 등을 고려하여 대통령령으로 정하는 안분기준 및 방법에 따라 각 지방자치단체에 납부하여야 한다. 이 경우 특별징수의무자는 징수·납부에 따른 사무처리비 등을 행정안전부령으로 정하는 바에 따라 해당 지방자치단체에 납부하여야 할 세액에서 공제할 수 있다. (2017. 7. 26. 직제개정 ; 정부조직법

는 신고서에 다음 각 호에서 정하는 서류를 첨부하여 법 제137조 제1항 후단에 따른 특별징수의무자(이하 "특별징수의무자"라 한다)에게 신고하고, 행정안전부령으로 정하는 납부서로 납부하여야 한다. (2017. 7. 26. 직제개정 ; 행정안전부와~직제 부칙)

1. 「교통·에너지·환경세법」 제7조 제1항 및 같은 법 제8조에 따라 교통·에너지·환경세를 신고납부하는 경우 : 과세물품과세표준신고서 사본 (2014. 12. 30. 개정)
2. 「교통·에너지·환경세법」 제7조 제2항 또는 제3항 및 같은 법 제8조에 따라 교통·에너지·환경세를 신고납부하는 경우 : 「관세법」 제248조에 따른 신고필증 사본 (2010. 9. 20. 개정)

제133조 【안분기준 및 방법】 ① 법 제137조 제3항 전단에 따른 자동차세 징수액의 안분은 다음 각 호에 따른 금액을 기준으로 한다. (2010. 9. 20. 개정)

1. 법 제10장 제1절에 따른 특별시·광역시·특별자치시·특별자치도·시 및 군(이하 이 절에서 "시·군"이라 한다)별 비영업용 승용자동차의 자동차세 징수세액. 이 경우 1월부터 6월까지는 전전연도 결산세액으로 하고, 7월부터 12월까지는 직전 연도 결산세액

세"라 한다)의 신고는 별지 제76호 서식에 따른다. (2010. 12. 23. 개정)

② 영 제132조에 따른 자동차세의 납부는 별지 제77호 서식에 따른다. (2010. 12. 23. 개정)

제72조 【사무처리비 등】 ① 법 제137조 제3항 후단에 따라 공제할 수 있는 사무처리비 등은 다음 각 호의 구분에 따른 금액 또는 비용으로 한다. (2024. 3. 26. 개정)

1. 행정안전부장관이 자동차세의 징수 또는 납부와 관련하여 드는 비용 등을 고려하여 자동차세 징수세액의 1

부칙)

④ 특별징수의무자가 징수하였거나 징수할 세액을 제3항에 따른 기한까지 납부하지 아니하거나 부족하게 납부하더라도 특별징수의무자에게 「지방세기본법」 제56조에 따른 가산세는 부과하지 아니한다. (2016. 12. 27. 개정 ; 지방세기본법 부칙)

⑤ 과세물품을 「관세법」에 따라 수입신고 수리 전에 반출하려는 자는 특별징수의무자에게 해당 자동차세액에 상당하는 담보를 제공하여야 한다. (2013. 1. 1. 항번개정)

으로 한다. (2016. 12. 30. 개정)

2. 유류에 대한 세금의 인상에 따라 운송업에 지급되는 유류세 보조금. 이 경우 그 총액은 국토교통부장관이 행정안전부장관과 협의하여 정하는 지급연도의 액수로 한다. (2017. 7. 26. 직제개정 ; 행정안전부와~직제 부칙)

② 제1항의 기준에 따른 자동차세액의 시·군별 안분액은 다음 각 호의 금액을 합계한 금액으로 한다. (2010. 9. 20. 개정)

1. $\dfrac{\text{9,830억원}}{12} \times \dfrac{\text{해당 시·군의 전전연도 또는 직전 연도의 법 제10장 제1절에 따른 자동차세 징수세액}}{\text{전국의 전전연도 또는 직전 연도의 법 제10장 제1절에 따른 자동차세 징수세액}}$

(2011. 12. 31. 개정)

2. 해당 월의 자동차세 징수총액에서 (9,830억원/12)을 뺀 금액을 국토교통부장관이 행정안전부장관과 협의하여 정한 해당 월분의 시·군별 유류세 보조금 (2017. 7. 26. 직제개정 ; 행정안전부와~직제 부칙)

만분의 2 범위에서 정하는 금액 (2017. 12. 29. 개정)

1. 행정안전부장관이 자동차세의 징수 또는 납부와 관련하여 드는 비용 등을 고려하여 자동차세 징수세액의 1만분의 5 범위에서 정하는 금액 (2024. 1. 22. 개정)

편주

규칙 72조 1항 1호의 개정규정은 2024. 1. 22. 이후 특별징수의무자가 사무처리비를 공제하는 경우부터 적용함. (규칙 부칙(2024. 1. 22.) 2조)

1. 사무처리비: 자동차세 징수세액의 1만분의 5에 해당하는 금액 (2024. 3. 26. 개정)

2. 특별징수의무자가 자동차세의 부과 또는 징수에 관한 소송으로 인하여 지출한 비용으로서 행정안전부장관이 정하는 비용(「법인세법」 제121조, 「부가가치세법」 제32조·제36조 또는 「소득세법」 제163조에 따른 계산서·세금계산서 또는 영수증 등으로 그 지출사실이 객관적으로 증명되는 경우로 한정한다) (2017. 12. 29. 개정)

2. 그 밖의 비용: 특별징수의무자가

자동차세의 부과 또는 징수에 관한 소송으로 인하여 지출한 비용으로서 행정안전부장관이 정하는 비용(「법인세법」 제121조, 「부가가치세법」 제32조 · 제36조 또는 「소득세법」 제163조에 따른 계산서 · 세금계산서 또는 영수증 등으로 그 지출사실이 객관적으로 증명되는 경우로 한정한다) (2024. 3. 26. 개정)

② 영 제134조 제1항에 따른 주된 특별징수의무자가 영 제134조 제1항 및 제2항에 따라 사무처리비를 공제하고 자동차세를 각 특별시 · 광역시 · 특별자치시 · 특별자치도 · 시 또는 군(이하 이 항에서 "시 · 군"이라 한다) 금고에 납부할 때에는 영 제134조 제2항에 따른 시 · 군별 안분명세서와 함께 시 · 군별 사무처리비의 공제명세를 통보해야 한다. 이 경우 시 · 군별 안분명세와 사무처리비의 공제명세는 별지 제79호 서식에 따른다. (2019. 12. 31. 개정)

② 제1항 제1호에 따른 사무처리비의 안분비율은 다음 각 호의 구분에 따른다. (2024. 3. 26. 개정)

제134조【특별징수의무자의 납부 등】 ① 자동차세를 징수한 특별징수의무자는 자동차세를 징수한 날이 속하는 달의 다음 달 10일까지 징수세액(법 제137조 제3항 후단에 따라 사무처리비 등을 공제한 징수세액을 말한다. 이하 같다)을 울산광역시장(이하 이 절에서 "주된 특별징수의무자"라 한다)에게 송금함과 동시에 그 송금내역과 제132조 각 호에 따른 서류의 사본을 보내야 한다. (2010. 9. 20. 개정)

제134조【특별징수의무자의 납부 등】 ① 자동차세를 징수한 특별징수의무자는 자동차세를 징수한 날이 속하는 달의 다음 달 10일까지 징수세액을 울산광역시

1. 주된 특별징수의무자: 100분의 90 (2024. 3. 26. 개정)
2. 주된 특별징수의무자를 제외한 특별징수의무자: 100분의 10 (2024. 3. 26. 개정)

③ 제2항 제2호에 따른 100분의 10에 해당하는 사무처리비는 특별징수의무자의 자동차세 부과 · 징수 · 환급 등 사무처리 건수를 기준으로 계산하여 특별징수의무자에게 안분한다. (2024. 3. 26. 신설)

④ 영 제134조 제2항에 따른 안분명세서 및 사무처리비 등 공제명세서 통보는 별지 제79호 서식에 따른다. (2024. 3. 26. 신설)

제71조【주된 특별징수의무자에 대한 송금내역 통보】 자동차세 특별징수의무자가 영 제134조 제1항에 따라 주된 특별징수의무자에게 자동차세 송금내역을 통보할 경우에는 별지 제78호 서식에 따른다. (2010. 12. 23. 개정)

제71조【주된 특별징수의무자에 대한 송금내역 통보】 법 제137조 제1항 후단에 따른 특별징수의무자

제137조의 2【납세담보 등】 ① 특별징수의무자는 자동차세의 납세보전을 위하여 대통령령으로 정하는 바에 따라 「교통·에너지·환경세법」 제3조에 따른 납세의무자에게 담보의 제공을 요구할 수 있다. (2014. 10. 15. 신설)

② 특별징수의무자는 제1항에 따라 담보제공을 요구받은 납세의무자가 담보를 제공하지 아니하거나 부족하게

장(이하 이 절에서 "주된 특별징수의무자"라 한다)에게 송금함과 동시에 그 송금내역과 제132조 각 호에 따른 서류의 사본을 보내야 한다. (2024. 3. 26. 개정)

② 주된 특별징수의무자는 제1항에 따라 특별징수의무자로부터 송금받은 자동차세액과 자체 징수한 전월분 자동차세액을 합한 세액을 제133조에 따라 시·군별로 안분하고, 그 안분한 자동차세를 법 제137조 제3항 전단에서 정한 기한까지 행정안전부령으로 정하는 납부통보서에 따라 각 시·군 금고에 납부하고 그 안분명세서를 각 시·군에 통보하여야 한다. (2017. 7. 26. 직제개정 ; 행정안전부와~직제 부칙)

② 주된 특별징수의무자는 제1항에 따라 특별징수의무자로부터 송금받은 자동차세액과 자체 징수한 전월분 자동차세액을 합한 세액에서 법 제137조 제3항 후단에 따른 사무처리비 등을 공제한 금액을 제133조에 따라 시·군별로 안분하고, 그 안분한 자동차세를 법 제137조 제3항 전단에서 정한 기한까지 각 시·군 금고에 납부하고 행정안전부령으로 정하는 안분명세서 및 사무처리비 등 공제명세서를 각 시·군에 통보하여야 한다. (2024. 3. 26. 개정)

제134조의 2【납세담보 등】 ① 법 제137조의 2에 따라 특별징수의무자가 「교통·에너지·환경세법」 제3조에 따른 납세의무자로부터 제공받을 수 있는 납세담보액은 다음 각 호에서 정하는 금액 이상으로 한다. (2014. 12. 30. 신설)

1. 제조자 : 제조장에서 반출한 과세물품에 대한 산출세액과 제조장에서 반출하는 과세물품에 대한 산출세액

(이하 이 절에서 "특별징수의무자"라 한다)가 영 제134조 제1항에 따라 같은 항에 따른 주된 특별징수의무자(이하 이 절에서 "주된 특별징수의무자"라 한다)에게 징수세액에 대한 송금내역을 통보할 경우에는 별지 제78호 서식에 따른다. (2024. 3. 26. 개정)

제공한 경우 제조장 또는 보세구역으로부터 과세물품의 반출을 금지하거나 세관장에게 반출금지를 요구할 수 있다. (2014. 10. 15. 신설)
③ 제2항에 따라 과세물품의 반출금지 요구를 받은 세관장은 그 요구에 따라야 한다. (2014. 10. 15. 신설)

제138조【이의신청 등의 특례】 ① 자동차세의 부과·징수에 대하여 이의신청 등을 하려는 경우에는 특별징수의무자를 그 처분청으로 본다. (2014. 10. 15. 개정)
② 자동차세의 지방세환급금이 발생한 경우에는 특별징수의무자가 환급하고 해당 지방자치단체에 납부하여야 할 세액에서 이를 공제한다. (2010. 3. 31. 개정)

제139조【「교통·에너지·환경세법」의 준용】 자동차세의 부과·징수와 관련하여 이 절에 규정되어 있지 아니한 사항에 관하여는 「교통·에너지·환경세법」을 준용한다. 이 경우 「교통·에너지·환경세법」에 따른 세무서장 또는 세관장 등은 특별징수의무자로 본다. (2014. 10. 15. 후단개정)

의 합계액에서 이미 납부한 세액의 합계액을 뺀 세액에 해당하는 금액 (2014. 12. 30. 신설)
2. 수입판매업자 : 수입신고를 받은 과세물품에 대한 산출세액과 수입신고를 받는 과세물품에 대한 산출세액의 합계액에서 이미 납부한 세액의 합계액을 뺀 세액에 해당하는 금액 (2014. 12. 30. 신설)
② 제1항에도 불구하고 특별징수의무자는 과세물품을 제조장 또는 보세구역에서 반출한 날 이전 3년간 해당사업을 영위하고, 자동차세를 체납하거나 고의로 회피한 사실이 없는 제조자 또는 수입판매업자에 대하여 납세담보액을 면제할 수 있다. 이 경우 면제받은 제조자 또는 수입판매업자는 과세물품을 제조장 또는 보세구역으로부터 반출할 때 행정안전부령으로 정하는 납세담보면제확인서를 통관지 세관장에게 제출하여야 한다. (2017. 7. 26. 직제개정 ; 행정안전부와~직제 부칙)
③ 수입판매업자는 수입한 과세물품을 통관할 때에는 행정안전부령으로 정하는 납세담보확인서를 통관지 세관장에게 제출하여야 한다. 다만, 「전자정부법」 제36조 제1항에 따른 행정정보의 공동이용을 통하여 제출서류에 대한 정보를 확인할 수 있는 경우에는 그 확인으로 서류제출을 갈음할 수 있다. (2017. 7. 26. 직제개정 ; 행정안전부와~직제 부칙)
④ 제3항에 따라 납세담보확인서를 제출받은 통관지 세관장은 납세담보확인서에 적힌 납세담보액의 범위에서 통관을 허용하여야 한다. (2014. 12. 30. 신설)

제72조의 2【납세담보확인서 등】 ① 영 제134조의 2 제2항 후단에 따른 자동차세의 납세담보면제확인서의 발급 신청은 별지 제82호 서식에 따르고, 자동차세의 납세담보면제확인서는 별지 제83호 서식에 따른다. (2015. 1. 15. 신설)
② 영 제134조의 2 제3항 본문에 따른 자동차세의 납세담보확인서의 발급 신청은 별지 제84호 서식에 따르고, 자동차세의 납세담보확인서는 별지 제85호 서식에 따른다. (2015. 1. 15. 신설)

편주

2024. 1. 1. 전에 납세의무가 성립된 분에 대해서는 영 134조의 3의 개정규정에도 불구하고 종전의 규정에 따름. (영 부칙(2024. 3. 26.) 6조)

제140조【세액 통보】 세무서장 또는 세관장이 교통·에너지·환경세액을 결정 또는 경정하거나 신고 또는 납부받았을 때에는 그 세액을 다음 달 말일까지 교통·에너지·환경세의 납세지를 관할하는 지방자치단체의 장에게 대통령령으로 정하는 바에 따라 통보하여야 한다. (2010. 3. 31. 개정)

제134조의 3【담보에 의한 자동차세 충당】 법 제137조의 2 제1항에 따라 담보를 제공한 자가 기한 내에 자동차세를 납부하지 아니하거나 부족하게 납부하였을 때에는 그 담보물을 체납처분비, 자동차세액 및 가산금에 충당할 수 있다. 이 경우 부족액이 있으면 자동차세를 징수하고, 잔액이 있으면 환급한다. (2014. 12. 30. 신설)

☞

제134조의 3【담보에 의한 자동차세 충당】 법 제137조의 2 제1항에 따라 담보를 제공한 자가 기한 내에 자동차세를 납부하지 아니하거나 부족하게 납부하였을 때에는 그 담보물을 체납처분비 및 자동차세액에 충당할 수 있다. 이 경우 부족액이 있으면 자동차세를 징수하고, 잔액이 있으면 환급한다. (2024. 3. 26. 개정)

제135조【세액통보】 법 제140조에 따라 세무서장 또는 세관장이 「교통·에너지·환경세법」 제7조 및 제8조에 따라 교통·에너지·환경세액을 신고 또는 납부받거나 같은 법 제9조에 따라 교통·에너지·환경세액을 결정 또는 경정하였을 때에는 그 세액을 행정안전부령으로 정하는 서식으로 교통·에너지·환경세의 납세지를 관할하는 특별시장·광역시장·특별자치시장·특별자치도지사·시장 및 군수에게 통보하여야 한다. 이 경우 세무서장 또는 세관장이 관련 자료를 전산처리한 때에는 전자문서로 통보할 수 있다. (2017. 7. 26. 직제개정 ; 행정안전부와~직제 부칙)

제73조【세액자료 통보】 ① 영 제135조에 따라 교통·에너지·환경세액을 신고 또는 납부받거나 결정한 세액자료의 통보는 별지 제80호 서식에 따른다. (2010. 12. 23. 개정)

② 영 제135조에 따라 교통·에너지·환경세액을 경정한 세액자료의 통보는 별지 제81호 서식에 따른다. (2010. 12. 23. 개정)

제11장 지역자원시설세 (2010. 3. 31. 개정)

제1절 통 칙 (2010. 3. 31. 개정)

제141조【목 적】 지역자원시설세는 지역의 부존자원 보호·보전, 환경보호·개선, 안전·생활편의시설 설치 등 주민생활환경 개선사업 및 지역개발사업에 필요한 재원을 확보하고 소방사무에 소요되는 제반비용에 충당하기 위하여 부과한다. (2019. 12. 31. 개정)

제142조【과세대상】 ① 지역자원시설세는 주민생활환경 개선사업 및 지역개발사업에 필요한 재원을 확보하기 위하여 부과하는 특정자원분 지역자원시설세 및 특정시설분 지역자원시설세와 소방사무에 소요되는 제반비용에 충당하기 위하여 부과하는 소방분 지역자원시설세로 구분한다. (2019. 12. 31. 개정)

② 제1항의 구분에 따른 지역자원시설세의 과세대상은 다음 각 호와 같다. (2019. 12. 31. 개정)

1. 특정자원분 지역자원시설세 : 다음 각 목의 것 (2019. 12. 31. 개정)
   가. 발전용수(양수발전용수는 제외한다)로서 대통령령으로 정하는 것(이하 이 장에서 "발전용수"라 한다) (2019. 12. 31. 개정)

제11장 지역자원시설세 (2010. 9. 20. 개정)

제1절 통 칙 (2010. 9. 20. 개정)

예판

【예규】 목욕용수로 지하수를 사용하는 자에게 「지하수법」 및 지방자치단체의 조례에 따라 지하수이용부담금을 부과하면서 「지방세법」에 따른 지역자원시설세도 부과할 수 있다고 할 것임. (법제 13-0614, 2013. 12. 27.)

제136조【과세대상】 ① 법 제142조 제2항 제1호에 따른 특정자원분 지역자원시설세의 과세대상은 다음 각 호와 같다. (2020. 12. 31. 개정)

1. 발전용수 : 직접 수력발전에 이용되는 흐르는 물. 다만, 발전시설용량이 시간당 1만킬로와트 미만인 소규

제11장 지역자원시설세 (2010. 12. 23. 개정)

예판

【예규】 '직접 수력발전에 이용되는 유수로서의 발전용수'에는 조력발전에 이용되는 바닷물이 포함되지 않음. (법제 10-0130, 2010. 5. 31.)

나. 지하수(용천수를 포함한다)로서 대통령령으로 정하는 것(이하 이 장에서 "지하수"라 한다) (2019. 12. 31. 개정)

다. 지하자원으로서 대통령령으로 정하는 것(이하 이 장에서 "지하자원"이라 한다) (2019. 12. 31. 개정)

2. 특정시설분 지역자원시설세 : 다음 각 목의 것 (2019. 12. 31. 개정)

가. 컨테이너를 취급하는 부두를 이용하는 컨테이너로서 대통령령으로 정하는 것(이하 이 장에서 "컨테이너"라 한다) (2019. 12. 31. 개정)

나. 원자력발전으로서 대통령령으로 정하는 것(이하 이 장에서 "원자력발전"이라 한다) (2019. 12. 31. 개정)

다. 화력발전으로서 대통령령으로 정하는 것(이하 이 장에서 "화력발전"이라 한다) (2019. 12. 31. 개정)

3. 소방분 지역자원시설세 : 소방시설로 인하여 이익을 받는 자의 건축물(주택의 건축물 부분을 포함한다. 이하 이 장에서 같다) 및 선박(납세지를 관할하는 지방자치단체에 소방선이 없는 경우는 제외한다. 이하 이 장에서 같다) (2019. 12. 31. 개정)

예 판

【예규】 • 구역전기사업자와 자가용전기설비를 설치한 자가 생산한 전력이 전력시장에서 거래되는 경우이거나 허가받은 사업자가 생산한 전력이 집단에너지공급대상지역 이외의 지역에서 사용되도록 매각하는 경우 등에 대해서는 화력발전에 대

모 발전사업을 하는 사업자가 직접 수력발전에 이용하는 흐르는 물로서 해당 발전소의 시간당 발전가능 총발전량 중 3천킬로와트 이하의 전기를 생산하는데에 드는 흐르는 물은 제외한다. (2010. 9. 20. 개정)

2. 지하수 (2010. 9. 20. 개정)

가. 먹는 물 : 먹는 물로 판매하기 위하여 퍼 올린 지하수(먹는 물로 판매하기 위한 과정에서 사용되는 지하수를 포함한다) (2019. 2. 8. 개정)

나. 목욕용수 : 목욕용수로 이용하기 위하여 퍼 올린 온천수 (2010. 9. 20. 개정)

다. 그 밖의 용수 : 가목 및 나목 외의 퍼 올린 지하수. 다만, 다음의 지하수는 제외한다. (2010. 9. 20. 개정)

1) 「농어촌정비법」 제2조 제3호에 따른 농어촌용수 중 행정안전부령으로 정하는 생활용수 및 공업용수 외의 지하수 (2017. 7. 26. 직제개정 ; 행정안전부와~직제 부칙)

2) 「지하수법」 제7조 제1항 단서 및 제8조 제1항 제1호부터 제5호까지의 규정(같은 항 제5호의 경우 안쪽지름이 32밀리미터 이하인 토출관을 사용하면서 1일 양수능력이 30톤 미만인 가정용 우물로 한정한다)에 따른 지하수 (2013. 1. 1. 개정)

3. 지하자원 : 채광된 광물. 다만, 석탄과 「광업법 시행령」 제58조에 따른 광산 중 납세의무 성립일이 속하는 달부터 최근 1년간 매출액(사업이 시작한 달부터 납세의

제74조【과세대상 용수】 (2015. 7. 24. 제목개정)

영 제136조 제2호 다목 1)에서 "행정안전부령으로 정하는 생활용수 및 공업용수"는 다음 각 호의 용수를 말한다. (2017. 7. 26. 직제개정 ; 행정안전부와~시행규칙 부칙)

1. 영업용으로 사용되는 생활용수(「농어촌정비법」 제2조 제4호 라목에 따른 농어촌 관광휴양자원 개발사업 및 「도시와 농어촌 간의 교류촉진에 관한 법률」 제2

한 지역자원시설세를 과세하는 것이 합리적일 것으로 판단됨. (지방세운영과-1065, 2014. 3. 28.)

• 먹는샘물 제조업허가를 받은 자가 같은 채수공에서 퍼 올린 지하수 중 일부를 먹는 물로 판매하지 아니하고 먹는 물을 담는 용기 등의 세척에 사용하는 경우, 이러한 용기 등의 세척에 사용되는 지하수도 "먹는 물로 판매하기 위하여 퍼 올린 지하수"에 해당한다고 할 것임. (법제 13-0509, 2013. 12. 16.)

• 발전시설용량 1만 킬로와트 미만의 수력발전소를 여러 개 운영하는 사업자가 있는 경우 지역개발세(현 지역자원시설세)의 과세대상에서 제외되는 요건 중 '발전시설용량 1만 킬로와트 미만의 소규모 발전사업을 하는 사업자'에 해당하는지 여부는 각 개별 발전소의 발전시설용량을 기준으로 하여 판단해야 함. (법제 10-0112, 2010. 5. 20.)

제143조 【납세의무자】 지역자원시설세의 납세의무자는 다음 각 호와 같다. (2019. 12. 31. 개정)

1. 특정자원분 지역자원시설세의 납세의무자 : 다음 각 목의 자 (2019. 12. 31. 개정)
   가. 발전용수 : 흐르는 물을 이용하여 직접 수력발전(양수발전은 제외한다)을 하는 자 (2019. 12. 31. 개정)
   나. 지하수 : 지하수를 이용하기 위하여 채수(採水)하는 자 (2019. 12. 31. 개정)
   다. 지하자원 : 지하자원을 채광(採鑛)하는 자 (2019. 12. 31. 개정)
2. 특정시설분 지역자원시설세의 납세의무자 : 다음 각

무 성립일이 속하는 달까지의 기간이 12개월 미만인 경우에는 해당 기간 동안의 매출액)이 10억원 이하인 광산에서 채광된 광물은 제외한다. (2020. 12. 31. 개정)

4. 컨테이너 : 컨테이너를 취급하는 부두를 이용하여 입항·출항하는 컨테이너. 다만, 환적 컨테이너, 연안수송 컨테이너 및 화물을 싣지 아니한 컨테이너는 제외한다. (2010. 9. 20. 개정)
5. 원자력발전 : 원자력발전소에서 생산된 전력 (2010. 9. 20. 개정)
6. 화력발전 : 발전시설용량이 시간당 1만킬로와트 이상인 화력발전소에서 생산된 전력. 다만, 다음 각 목의 어느 하나에 해당하는 전력(「전기사업법」 제2조 제10호에 따른 전기판매사업자에게 판매되지 아니하는 전력으로 한정한다)은 제외한다. (2014. 8. 12. 단서개정)
   가. 「농어촌 전기공급사업 촉진법」 제2조 제1호에 따른 자가발전시설에서 생산된 전력 (2011. 12. 31. 신설)
   나. 「전기사업법」 제2조 제12호에 따른 구역전기사업자가 생산한 전력 (2011. 12. 31. 신설)
   다. 「전기사업법」 제2조 제19호에 따른 자가용전기설비에서 생산된 전력 (2011. 12. 31. 신설)
   라. 「집단에너지사업법」 제9조에 따라 허가받은 사업자가 생산한 전력 (2011. 12. 31. 신설)

4.~6. 삭 제 (2020. 12. 31.)

② 법 제142조 제2항 제2호에 따른 특정시설분 지역자원시설세의 과세대상은 다음 각 호와 같다. (2020. 12. 31. 신설)

1. 컨테이너 : 컨테이너를 취급하는 부두를 이용하여 입항·출항하는 컨테이너. 다만, 환적 컨테이너, 연안수송 컨테이너 및 화물을 싣지 아니한 컨테이너는 제외

조 제5호에 따른 농어촌체험·휴양마을사업에 사용되는 생활용수는 제외한다) (2014. 1. 1. 개정)

2. 별표 2 제2호 "음료 제조업"에 사용되는 공업용수 (2015. 7. 24. 개정)

목의 자 (2019. 12. 31. 개정)

가. 컨테이너 : 컨테이너를 취급하는 부두를 이용하여 컨테이너를 입항·출항시키는 자 (2019. 12. 31. 개정)

나. 원자력발전 : 원자력을 이용하여 발전을 하는 자 (2019. 12. 31. 개정)

다. 화력발전 : 연료를 연소하여 발전을 하는 자 (2019. 12. 31. 개정)

3. 소방분 지역자원시설세의 납세의무자 : 건축물 또는 선박에 대한 재산세 납세의무자 (2023. 12. 29. 개정)

예판

【예규】 화력발전 과세기준

화석연료인 천연가스를 연소시키지 않고 연료전지 방식으로 발전하는 경우에도 지방세법상 화력발전에 해당하여 지역자원시설세 납세의무가 있다고 할 것이며, 화석연료와 화석연료가 아닌 혼소발전을 하는 경우 화석연료(석탄을 액화·가스화한 에너지, 중질잔사유를 가스화한 에너지 등 석탄·석유계 연료를 포함)의 투입비율을 기준으로 안분 과세함이 타당함. (지방세정책과-3838, 2016. 10. 20.)

운영예규 법143-1 【납세의무 등 성립시기】

1. 온천수를 채수한 자로부터 물을 공급받아 온천탕영업을 하는 경우는 채수한 자가 납세의무가 있는 것이다.
2. 컨테이너에 부과되는 지역자원시설세 납세의무의 성립시기는 컨테이너를 선적한 선박이 입·출항하는 때에 성립하나 「선박의 입항 및 출항 등에 관한 법률」 제4조 및 같은 법 시행령 제2조의 규정에 의하여 신고된 입·출항일

한다. (2020. 12. 31. 신설)

2. 원자력발전 : 원자력발전소에서 생산된 전력 (2020. 12. 31. 신설)
3. 화력발전 : 발전시설용량이 시간당 1만킬로와트 이상인 화력발전소에서 생산된 전력. 다만, 다음 각 목의 어느 하나에 해당하는 전력은 제외한다. (2020. 12. 31. 신설)

가. 다음 중 어느 하나에 해당하는 것으로서 「전기사업법」 제2조 제10호에 따른 전기판매사업자에게 판매되지 않은 전력 (2020. 12. 31. 신설)

1) 「농어촌 전기공급사업 촉진법」 제2조 제1호에 따른 자가발전시설에서 생산된 전력 (2020. 12. 31. 신설)
2) 「전기사업법」 제2조 제12호에 따른 구역전기사업자가 생산한 전력 (2020. 12. 31. 신설)
3) 「전기사업법」 제2조 제19호에 따른 자가용전기설비에서 생산된 전력 (2020. 12. 31. 신설)
4) 「집단에너지사업법」 제9조에 따라 허가받은 사업자가 생산한 전력 (2020. 12. 31. 신설)

나. 「신에너지 및 재생에너지 개발·이용·보급 촉진법 시행령」 제2조 제2항에 따른 바이오에너지로 생산한 전력 (2020. 12. 31. 신설)

제137조 【비과세】 ① 제5조에 따른 시설(제138조 제1항 제2호 및 같은 조 제2항 제2호에 해당하는 건축물과 그 건축물의 일부로 설치된 시설은 제외한다)에 대해

관련법령

전기사업법

제2조 【정 의】 이 법에서 사용하는 용어의 뜻은 다음과 같다. (2023. 10. 31. 개정)

12. "구역전기사업자"란 제7조 제1항에 따라 구역전기사업의 허가를 받은 자를 말한다.
19. "자가용전기설비"란 전기사업용전기설비 및 일반용전기설비 외의 전기설비를 말한다.

자와 실제 입·출항일자가 다를 경우에는 실제 입·출항일자를 기준으로 하여야 한다.

※ 화력발전 추가부분은 2014년부터 시행

제144조【납세지】 지역자원시설세는 다음 각 호에서 정하는 납세지를 관할하는 지방자치단체의 장이 부과한다. (2019. 12. 31. 개정)

1. 특정자원분 지역자원시설세 : 다음 각 목의 납세지 (2019. 12. 31. 개정)
   가. 발전용수 : 발전소의 소재지 (2019. 12. 31. 개정)
   나. 지하수 : 채수공(採水孔)의 소재지 (2019. 12. 31. 개정)
   다. 지하자원 : 광업권이 등록된 토지의 소재지. 다만, 광업권이 등록된 토지가 둘 이상의 지방자치단체에 걸쳐 있는 경우에는 광업권이 등록된 토지의 면적에 따라 안분한다. (2019. 12. 31. 개정)
2. 특정시설분 지역자원시설세 : 다음 각 목의 납세지 (2019. 12. 31. 개정)
   가. 컨테이너 : 컨테이너를 취급하는 부두의 소재지 (2019. 12. 31. 개정)
   나. 원자력발전 : 발전소의 소재지 (2019. 12. 31. 개정)
   다. 화력발전 : 발전소의 소재지 (2019. 12. 31. 개정)
3. 소방분 지역자원시설세 : 다음 각 목의 납세지 (2019. 12. 31. 개정)
   가. 건축물 : 건축물의 소재지 (2019. 12. 31. 개정)

서는 법 제142조 제2항 제3호에 따른 소방분 지역자원시설세를 부과하지 않는다. (2020. 12. 31. 개정)

② 소방분 지역자원시설세를 부과하는 해당 연도 내에 철거하기로 계획이 확정되어 행정관청으로부터 철거명령을 받았거나 보상철거계약이 체결된 건축물 또는 주택(「건축법」 제2조 제1항 제2호에 따른 건축물 부분으로 한정한다. 이하 이 항에서 같다)에 대해서는 지역자원시설세를 부과하지 않는다. 이 경우 건축물 또는 주택의 일부분을 철거하는 때에는 그 철거하는 부분에 대해서만 지역자원시설세를 부과하지 않는다. (2020. 12. 31. 개정)

나. 선박 : 「선박법」에 따른 선적항의 소재지. 다만, 선적항이 없는 경우에는 정계장 소재지(정계장이 일정하지 아니한 경우에는 선박 소유자의 주소지) (2019. 12. 31. 개정)

제145조【비과세】 ① 다음 각 호의 어느 하나에 해당하는 경우에는 특정자원분 지역자원시설세 및 특정시설분 지역자원시설세를 부과하지 아니한다. (2019. 12. 31. 개정)

1. 국가, 지방자치단체 및 지방자치단체조합이 직접 개발하여 이용하는 경우 (2019. 12. 31. 개정)
2. 국가, 지방자치단체 및 지방자치단체조합에 무료로 제공하는 경우 (2019. 12. 31. 개정)

② 제109조에 따라 재산세가 비과세되는 건축물과 선박에 대해서는 소방분 지역자원시설세를 부과하지 아니한다. (2019. 12. 31. 개정)

제2절 과세표준과 세율 (2010. 3. 31. 개정)

제146조【과세표준과 세율】 ① 특정자원분 지역자원시설세의 과세표준과 표준세율은 다음 각 호와 같다. (2019. 12. 31. 개정)

1. 발전용수 : 발전에 이용된 물 10세제곱미터당 2원

운영예규 법145-1【비과세대상】

1. 지방자치단체가 온천을 개발하여 그 용수를 목욕탕을 경영하는 업자에게 공급하는 경우와 경영수익사업으로 생수를 개발하여 판매하는 경우 등은 지역자원시설세가 비과세된다.
2. 발전한 전기를 국가, 지방자치단체 및 지방자치단체 조합에 무료로 제공하는 경우 그 제공된 전력량으로 전력생산에 소요된 물의 양을 계산하여 그 부분에 해당하는 발전용수에 대한 지역자원시설세를 비과세하여야 한다.

제2절 과세표준과 세율 (2010. 9. 20. 개정)

예판

【판례】원자력 발전의 과세표준

원자력발전에 대한 지역자원시설세 과세표준이 되는 '발전량'은 '판매량'과 구별되는 개념으로서 '생산된 발전량'으로 해석하는

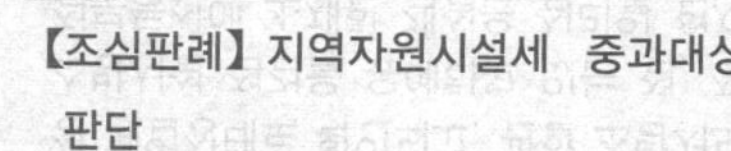

예판

【조심판례】지역자원시설세 중과대상 판단

쟁점부동산에 설치된 숙박시설 등은 과

(2010. 3. 31. 개정)

2. 지하수 (2010. 3. 31. 개정)

가. 먹는 물로 판매하기 위하여 채수된 물 : 세제곱미터당 200원 (2010. 3. 31. 개정)

나. 목욕용수로 이용하기 위하여 채수된 온천수 : 세제곱미터당 100원 (2010. 3. 31. 개정)

다. 가목 및 나목 외의 용도로 이용하거나 목욕용수로 이용하기 위하여 채수된 온천수 외의 물 : 세제곱미터당 20원 (2010. 3. 31. 개정)

3. 지하자원 : 채광된 광물가액의 1천분의 5 (2010. 3. 31. 개정)

4. 컨테이너 : 컨테이너 티이유(TEU)당 1만5천원 (2010. 3. 31. 개정)

5. 원자력발전 : 발전량 킬로와트시(kWh)당 1원 (2014. 12. 31. 개정)

6. 화력발전 : 발전량 킬로와트시(kWh)당 0.3원 (2014. 12. 31. 신설)

4.~6. 삭 제 (2019. 12. 31.)

② 특정시설분 지역자원시설세의 과세표준과 표준세율은 다음 각 호와 같다. (2019. 12. 31. 신설)

1. 컨테이너 : 컨테이너 티이유(TEU)당 1만5천원 (2019. 12. 31. 신설)

2. 원자력발전 : 발전량 킬로와트시(kWh)당 1원 (2019. 12. 31. 신설)

3. 화력발전 : 발전량 킬로와트시(kWh)당 0.6원 (2021.

것이 타당함. (대법 2008두17363, 2011. 9. 2.)

【예규】• 중과세 적용기준

- 11층 이상의 건축물의 경우에도 주거용과 비주거용 건축물 혼합 여부와 관계없이 지하층과 옥탑을 제외한 전체 층수를 토대로 11층 이상의 고층 건축물에 해당하는지 여부를 판단한 후, 주거용으로 사용하는 부분을 제외한 부분에 대해 중과세하여야 할 것임. (지방세운영과-347, 2015. 1. 29.)
- 연면적 3만제곱미터 이상의 복합건축물이 존재하고 언제든지 사용가능한 여건을 갖추고 있다면 과세기준일 현재 당사자 간의 법적 분쟁으로 인해 장기간 사용되고 있지 않더라도 지역자원시설세 3배 중과대상 대형화재위험건축물에 해당함. (지방세운영과-3241, 2015. 10. 16.)

• 「지방세법 시행규칙」 제55조에 따른 공장의 경계구역 안에 있는 「지방세법 시행령」 제5조의 시설들은 화재위험건축물로서 지역자원시설세 중과세 대상에 해당된다고 보는 것이 타당하다고 판단됨. (지방세운영과-383, 2013. 4. 24.)

편주

법 146조 2항 3호의 개정규정은 2024. 1. 1.부터 시행함. (법 부칙(2021. 12. 28.) 1조 2호)

세대상기간 동안 휴업상태이거나 사실상 폐업상태로 확인되고, 관할 소방서도 소방시설 점검을 유예하고 있는 점, 쟁점부동산에 소재한 객실은 심리일 현재 누수 등으로 숙박 기능을 거의 상실한 것으로 보이고, 대수선 등을 하여야만 영업을 재개할 수 있을 것으로 보이는 점 등을 고려시 지역자원시설세 중과대상이라 보기 어려움. (조심 2019지1855, 2019. 7. 15.)

12. 28. 개정)

③ 소방분 지역자원시설세의 과세표준과 표준세율은 다음 각 호에서 정하는 바에 따른다. (2019. 12. 31. 개정)

1. 건축물 또는 선박의 가액 또는 시가표준액을 과세표준으로 하여 다음 표의 표준세율을 적용하여 산출한 금액을 세액으로 한다. (2019. 12. 31. 개정)

과세표준	세 율
600만원 이하	10,000분의 4
600만원 초과 1,300만원 이하	2,400원 + 600만원 초과금액의 10,000분의 5
1,300만원 초과 2,600만원 이하	5,900원 + 1,300만원 초과금액의 10,000분의 6
2,600만원 초과 3,900만원 이하	13,700원 + 2,600만원 초과금액의 10,000분의 8
3,900만원 초과 6,400만원 이하	24,100원 + 3,900만원 초과금액의 10,000분의 10
6,400만원 초과	49,100원 + 6,400만원 초과금액의 10,000분의 12

2. 저유장, 주유소, 정유소, 유흥장, 극장 및 4층 이상 10층 이하의 건축물 등 대통령령으로 정하는 화재위험 건축물에 대해서는 제1호에 따라 산출한 금액의 100분의 200을 세액으로 한다. (2019. 12. 31. 개정)

☞

운영예규 법146…시행령138-3【겸용과 구분사용】
1동의 건물이 3층 이하이면서 중과대상인 용도와 기타 용도

제138조【화재위험 건축물 등】(2014. 1. 1. 제목개정)

① 법 제146조 제3항 제2호에서 "저유장, 주유소, 정유소, 유흥장, 극장 및 4층 이상 10층 이하의 건축물 등 대통령령으로 정하는 화재위험 건축물"이란 다음 각 호의 어느 하나에 해당하는 건축물을 말한다. 다만, 제2항 각 호의 어느 하나에 해당하는 건축물은 제외한다. (2020. 12. 31. 개정)

로 겸용되는 경우에는 주된 용도에 따라 판단하는 것이나, 구분사용되는 경우에는 그 사용용도대로 각각 적용한다. 여기서 「겸용」이란 동일한 장소를 2가지 이상의 용도로 사용하는 것을 말하며, 「구분사용」이란 같은 건물일지라도 각각의 용도에 따라 구획하여 사용하는 것을 말한다.

1. 주거용이 아닌 4층 이상 10층 이하의 건축물. 이 경우 지하층과 옥탑은 층수로 보지 아니한다. (2014. 1. 1. 개정)
2. 「소방시설 설치 및 관리에 관한 법률 시행령」 별표 2에 따른 특정소방대상물 중 다음 각 목의 어느 하나에 해당하는 것 (2022. 11. 29. 개정 ; 화재예방 ~ 시행령 부칙)
   가. 근린생활시설 중 학원, 비디오물감상실, 비디오물소극장 및 노래연습장. 다만, 바닥면적의 합계가 200제곱미터 미만인 것은 제외한다. (2010. 9. 20. 개정)
   나. 위락시설. 다만, 바닥면적의 합계가 무도장 또는 무도학원은 200제곱미터 미만, 유흥주점은 33제곱미터 미만, 단란주점은 150제곱미터 미만인 것은 제외한다. (2010. 9. 20. 개정)
   다. 문화 및 집회시설 중 극장, 영화상영관, 비디오물감상실, 비디오물소극장 및 예식장 (2011. 4. 6. 개정 ; 소방시설 설치유지~법률 시행령 부칙)
   라. 판매시설 중 도매시장 · 소매시장 · 상점, 운수시설 중 여객자동차터미널 (2018. 12. 31. 개정)
   마. 숙박시설. 다만, 객실로 사용되는 부분의 바닥면적 합계가 60제곱미터 미만인 경우는 제외한다. (2015. 12. 31. 개정)
   바. 장례식장(의료시설의 부수시설인 장례식장을 포함한다) (2011. 4. 6. 개정 ; 소방시설 설치유지 및 안전관리에 관한 법률 시행령 부칙)
   사. 공장 중 행정안전부령으로 정하는 것(이하 이 조

운영예규 법146…시행령138－1
【4층 이상의 건축물】

「지방세법 시행령」 제138조 제1항 제1호에 규정된 「4층 이상의 건축물」이라 함은 지하층과 옥탑을 제외한 층수가 4층 이상인 건물을 말하며, 이 경우 4층 이상 건물의 일부를 주거용으로 사용하는 경우에는 그 주거용으로 사용하는 부분을 제외한 부분을 화재위험건축물로 중과세한다.

제75조 【다른 용도와 겸용되거나 구분 사용되는 화재위험 건축물의 세액 산정방법 등】 (2019. 5. 31. 제목개정)

① 1구 또는 1동의 건축물(주거용이 아닌 4층 이상의 것은 제외한다)이 영 제138조 제1항 제2호 및 같은 조 제2항 제2호에 따른 용도(이하 이 조에서 "화재위험 건축물 중과대상 용도"라 한다)와 그 밖의 용도에 겸용되고 있을 때에는 그 건축물의 주된 용도에 따라 해당 건축물의 용도를 결정한다. 이 경우 화재위험 건축물 중과대상 용도로 사용하는 건축물에

☞

운영예규 법146…시행령138-2【영업용 창고】

「지방세법 시행령」 제138조 제1항 제2호 아목 규정의 「영업용 창고」란 사업자등록증에 따른 업태 및 해당 건축물의 소유 주체와 관계없이 그 건축물이 실질적인 "창고업(상법 및 한국표준산업 분류표 참조)"에 따른 용도로 사용되는 것을 말한다.

2의 2. 대형마트, 복합상영관(제2호에 따른 극장은 제외한다), 백화점, 호텔, 11층 이상의 건축물 등 대통령령으로 정하는 대형 화재위험 건축물에 대해서는 제1호에 따라 산출한 금액의 100분의 300을 세액으로 한다. (2014. 1. 1. 신설)

3. 오물처리시설, 수리시설, 그 밖의 공공시설에 충당하는 지역자원시설세는 토지 및 건축물의 전부 또는 일부에 대한 가

에서 "공장"이라 한다) (2020. 12. 31. 개정)

아. 창고시설 중 창고(영업용 창고만 해당한다), 물류터미널, 하역장 및 집배송시설 (2018. 12. 31. 개정)

자. 항공기 및 자동차 관련 시설 중 주차용 건축물 (2011. 4. 6. 개정 ; 소방시설 설치유지 및 안전관리에 관한 법률 시행령 부칙)

차. 위험물 저장 및 처리 시설 (2011. 4. 6. 개정 ; 소방시설설치유지 및 안전관리에 관한 법률 시행령 부칙)

카. 의료시설 중 「의료법」 제3조 제2항 제3호에 따른 병원급 의료기관, 「감염병의 예방 및 관리에 관한 법률」 제36조에 따른 감염병관리기관, 「정신건강증진 및 정신질환자 복지서비스 지원에 관한 법률」 제3조 제5호에 따른 정신의료기관, 「장애인복지법」 제58조 제1항 제4호에 따른 장애인 의료재활시설 (2018. 12. 31. 신설)

타. 교육연구시설 중 학원 (2018. 12. 31. 신설)

② 법 제146조 제3항 제2호의 2에서 "대형마트, 복합상영관(제2호에 따른 극장은 제외한다), 백화점, 호텔, 11층 이상의 건축물 등 대통령령으로 정하는 대형 화재위험 건축물"이란 다음 각 호의 어느 하나에 해당하는 건축물을 말한다. (2020. 12. 31. 개정)

1. 주거용이 아닌 11층 이상의 고층 건축물 (2014. 1. 1. 신설)

대한 세율은 그 건축물의 주된 용도에 따라 법 제146조 제3항 제2호 또는 같은 항 제2호의 2의 세율을 각각 적용한다. (2020. 12. 31. 후단개정)

② 1구 또는 1동의 건축물이 화재위험 건축물 중과대상 용도와 그 밖의 용도로 구분 사용되는 경우에는 1구의 건축물을 기준으로 하여 그 밖의 용도로 사용되는 부분을 제외한 부분만을 화재위험 건축물 및 대형 화재위험 건축물로 보아 법 제146조 제3항 제2호 및 같은 항 제2호의 2의 세율을 각각 적용한다. 다만, 1동의 건축물이 2 이상의 구로 구성되어 있는 경우에는 1동의 건축물을 기준으로 하여 그 밖의 용도로 사용되는 부분을 제외한 부분만을 화재위험 건축물 및 대형 화재위험 건축물로 보아 법 제146조 제3항 제2호 및 같은 항 제2호의 2의 세율을 각각 적용한다. (2020. 12. 31. 개정)

③ 제2항에 따른 건축물에 대하여 소방시설에 충당하는 지역자원시설

액을 과세표준으로 하여 부과하되, 그 표준세율은 토지 또는 건축물 가액의 1만분의 2.3으로 한다. (2010. 3. 31. 개정)

3. 삭 제 (2019. 12. 31.)

④ 제3항의 건축물 및 선박은 제104조 제2호, 제3호 및 제5호에 따른 건축물 및 선박으로 하며, 그 과세표준은 제110조에 따른 가액 또는 시가표준액으로 한다. 다만, 주택의 건축물 부분에 대한 과세표준은 제4조 제2항을 준용하여 지방자치단체의 장이 산정한 가액에 제110조 제1항 제2호에 따른 공정시장가액비율을 곱하여 산정한 가액으로 한다. (2019. 12. 31. 개정)

⑤ 지방자치단체의 장은 조례로 정하는 바에 따라 지역자원시설세의 세율을 제1항부터 제3항까지의 규정에 따른 표준세율의 100분의 50의 범위에서 가감할 수 있다. 다만, 제2항 제2호 및 제3호는 세율을 가감할 수 없다. (2019. 12. 31. 개정)

2. 「소방시설 설치 및 관리에 관한 법률 시행령」 별표 2에 따른 특정소방대상물 중 다음 각 목의 어느 하나에 해당하는 것 (2022. 11. 29. 개정 ; 화재예방 ~ 시행령 부칙)

가. 위락시설 중 바닥면적의 합계가 500제곱미터 이상인 유흥주점. 다만, 지하 또는 지상 5층 이상의 층에 유흥주점이 설치된 경우에는 그 바닥면적의 합계가 330제곱미터 이상 (2015. 12. 31. 개정)

나. 문화 및 집회시설 중 다음 어느 하나에 해당하는 영화상영관 (2014. 1. 1. 신설)

1) 상영관 10개 이상인 영화상영관 (2014. 1. 1. 신설)
2) 관람석 500석 이상의 영화상영관 (2014. 1. 1. 신설)
3) 지하층에 설치된 영화상영관 (2014. 1. 1. 신설)

다. 연면적 1만제곱미터 이상인 다음 어느 하나에 해당하는 판매시설 (2014. 1. 1. 신설)

1) 도매시장 (2014. 1. 1. 신설)
2) 소매시장 (2014. 1. 1. 신설)
3) 상점 (2014. 1. 1. 신설)

라. 숙박시설 중 5층 이상으로 객실이 50실 이상(동일한 건물 내에 「다중이용업소의 안전관리에 관한 특별법」 제2조 제1항에 따른 다중이용업소가 있는 경우는 객실 30실 이상을 말한다)인 숙박시설 (2014. 8. 12. 개정)

마. 공장 및 창고시설 중 1구 또는 1동의 건축물로서 연면적 1만5천제곱미터 이상의 공장 및 창고[창고

세를 과세하는 경우의 세액 산정은 각 구별로 다음 계산식에 따른다. (2020. 12. 31. 개정)

소방시설에 충당하는 지역자원시설세액 = X + Y + Z

X = 1구의 건축물의 과세표준 × 법 제146조 제3항 제1호에 따른 세율

$$Y = X \times \frac{\text{화재위험 건축물의 과세표준}}{\text{1구의 건축물의 과세표준}}$$

$$Z = 2X \times \frac{\text{대형 화재위험 건축물의 과세표준}}{\text{1구의 건축물의 과세표준}}$$

④ 영 제138조 제1항 제2호 사목에서 "행정안전부령으로 정하는 것"이란 제55조에 따른 공장용 건축물을 말한다. (2020. 12. 31. 개정)

시설의 경우 건축물의 벽이 샌드위치 패널(「건축법」 제52조의 4 제1항에 따른 복합자재를 말한다)로 된 물류창고 또는 냉동·냉장창고에 한정한다] (2021. 8. 10. 개정 ; 건축법 시행령 부칙)

바. 위험물 저장 및 처리 시설 중 「위험물안전관리법 시행령」 제3조 및 별표 1에서 규정한 지정수량의 3천배 이상의 위험물을 저장·취급하는 위험물 저장 및 처리 시설 (2014. 1. 1. 신설)

사. 연면적 3만제곱미터 이상의 복합건축물. 이 경우 주상복합 건축물(하나의 건축물이 근린생활시설, 판매시설, 업무시설, 숙박시설 또는 위락시설의 용도와 주택의 용도로 함께 사용되는 것을 말한다)에 대해서는 주택부분의 면적을 제외하고, 주택부분과 그 외의 용도로 사용되는 부분이 계단을 함께 사용하는 경우에는 계단부분의 면적은 주택부분의 면적으로 보아 연면적을 산정한다. (2014. 1. 1. 신설)

아. 「정신건강증진 및 정신질환자 복지서비스 지원에 관한 법률」 제3조 제5호에 따른 정신의료기관으로서 병상이 100개 이상인 의료기관 및 「의료법」 제3조 제2항 제3호에 따른 병원급 의료기관 중 5층 이상의 종합병원·한방병원·요양병원으로서 병상이 100개 이상인 의료기관 (2018. 12. 31. 신설)

③ 1구 또는 1동의 건축물이 제1항 제2호 및 제2항 제2호에 따른 용도와 그 밖의 용도에 겸용되거나 구분사용

제3절 부과 · 징수 (2010. 3. 31. 개정)

제147조【부과 · 징수】 ① 특정자원분 지역자원시설세 및 특정시설분 지역자원시설세의 납기와 징수방법은 다음 각 호에서 정하는 바와 같다. (2019. 12. 31. 개정)

1. 특정자원분 지역자원시설세 및 특정시설분 지역자원시설세는 신고납부의 방법으로 징수한다. 다만, 제146조 제1항 제2호에 따른 지하수에 대한 지역자원시설세의 경우 조례로 정하는 바에 따라 보통징수의 방법으로 징수할 수 있다. (2019. 12. 31. 개정)
2. 제1호 본문에 따라 지역자원시설세를 신고납부하는 경우 납세의무자는 제146조에 따라 산출한 세액(이하 이 조에서 "산출세액"이라 한다)을 납세지를 관할하는 지방자치단체의 장에게 조례로 정하는 바에 따라 신고하고 납부하여야 한다. (2010. 3. 31. 개정)
3. 납세의무자가 제2호에 따른 신고 또는 납부의무를 다하지 아니하면 산출세액 또는 그 부족세액에 「지방세기본법」 제53조부터 제55조까지의 규정에 따라 산출한 가

되는 경우의 과세표준과 세액 산정방법 등에 대해서는 행정안전부령으로 정한다. (2017. 7. 26. 직제개정 ; 행정안전부와~직제 부칙)

제3절 부과 · 징수 (2010. 9. 20. 개정)

제139조【납세고지】 소방분 지역자원시설세의 납기와 재산세의 납기가 같을 때에는 재산세의 납세고지서에 나란히 적어 고지할 수 있다. (2020. 12. 31. 개정)

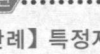

【판례】 특정자원분에 대한 부과처분 가능 시기

원자력발전에 대한 지역자원시설세는 그 부과요건의 하나인 부과지역에 관한 조례가 정해져야만 비로소 부과지역이 대외적으로 확정되어 이를 부과할 수 있음. (대법 2008두17363, 2011. 9. 2.)

산세를 합한 금액을 세액으로 하여 보통징수의 방법으로 징수한다. (2016. 12. 27. 개정 ; 지방세기본법 부칙)

가. 신고불성실가산세 : 해당 산출세액 또는 부족세액의 100분의 20에 해당하는 금액 (2010. 3. 31. 개정)

나. 납부불성실가산세 (2010. 3. 31. 개정)

가. ~ 나. 삭 제 (2013. 1. 1.)

② 소방분 지역자원시설세는 재산세의 규정 중 제114조, 제115조, 제118조(같은 조에 따라 재산세를 분할납부하는 경우에만 해당한다) 및 제122조(제122조의 경우는 각 호 외의 부분 본문만 해당한다)를 준용한다. (2021. 12. 28. 개정)

③ 소방분 지역자원시설세는 관할 지방자치단체의 장이 세액을 산정하여 보통징수의 방법으로 부과·징수한다. (2019. 12. 31. 개정)

④ 소방분 지역자원시설세를 징수하려면 건축물 또는 선박으로 구분한 납세고지서에 과세표준과 세액을 적어 늦어도 납기개시 5일 전까지 발급하여야 한다. (2019. 12. 31. 개정)

⑤ 특정부동산에 대한 지역자원시설세의 과세대상별 세액산정 및 그 밖에 부과절차와 징수방법 등에 관하여 필요한 사항은 행정안전부령으로 정한다. (2018. 12. 31. 신설)

⑤ 삭 제 (2019. 12. 31.)

⑥ 지역자원시설세를 부과할 지역과 부과·징수에 필요한 사항은 해당 지방자치단체의 조례로 정하는 바에 따른다. (2018. 12. 31. 항번개정)

⑦ 제6항의 경우에 컨테이너에 관한 지역자원시설세의

부과·징수에 대한 사항을 정하는 조례에는 특별징수의무자의 지정 등에 관한 사항을 포함할 수 있다. (2018. 12. 31. 개정)

⑧ 특정부동산에 대한 지역자원시설세는 그 시설종목을 표시하여 부과하여야 한다. (2018. 12. 31. 항번개정)

⑧ 삭 제 (2019. 12. 31.)

제148조 【소액 징수면제】 지역자원시설세로 징수할 세액이 고지서 1장당 2천원 미만인 경우에는 그 지역자원시설세를 징수하지 아니한다. (2010. 3. 31. 개정)

제 12 장 지방교육세 (2010. 3. 31. 개정)

제149조 【목 적】 지방교육세는 지방교육의 질적 향상에 필요한 지방교육재정의 확충에 드는 재원을 확보하기 위하여 부과한다. (2010. 3. 31. 개정)

제150조 【납세의무자】 지방교육세의 납세의무자는 다음 각 호와 같다. (2010. 3. 31. 개정)

1. 부동산, 기계장비(제124조에 해당하는 자동차는 제외한다), 항공기 및 선박의 취득에 대한 취득세의 납세

제 12 장 지방교육세 (2010. 9. 20. 개정)

제140조 【과세표준의 계산】 지방교육세를 납부하여야 할 자가 지방교육세의 과세표준이 되는 지방세를 납부하지 아니하거나 부족하게 납부함으로써 해당 세액에 가산세가 가산되었을 때에는 그 가산세액은 지방교육세의 과세표준에 산입하지 아니한다. (2010. 9. 20. 개정)

의무자 (2010. 3. 31. 개정)

2. 등록에 대한 등록면허세(제124조에 해당하는 자동차에 대한 등록면허세는 제외한다)의 납세의무자 (2010. 3. 31. 개정)
3. 레저세의 납세의무자 (2010. 3. 31. 개정)
4. 담배소비세의 납세의무자 (2010. 3. 31. 개정)
5. 주민세 개인분 및 사업소분의 납세의무자 (2020. 12. 29. 개정)
6. 재산세(제112조 제1항 제2호 및 같은 조 제2항에 따른 재산세액은 제외한다)의 납세의무자 (2010. 12. 27. 개정)
7. 제127조 제1항 제1호 및 제3호의 비영업용 승용자동차에 대한 자동차세[국가, 지방자치단체 및 「초·중등교육법」에 따라 학교를 경영하는 학교법인(목적사업에 직접 사용하는 자동차에 한정한다)을 제외한다]의 납세의무자 (2010. 3. 31. 개정)

제151조 【과세표준과 세율】 ① 지방교육세는 다음 각 호에 따라 산출한 금액을 그 세액으로 한다. (2010. 3. 31. 개정)

1. 취득물건(제15조 제2항에 해당하는 경우는 제외한다)에 대하여 제10조의 2부터 제10조의 6까지의 규정에 따른 과세표준에 제11조 제1항 제1호부터 제7호까지와 제12조의 세율(제14조에 따라 조례로 세율을 달리 정하는 경우에는 그 세율을 말한다. 이하 같다)에서 1천

편주

지방교육재정의 안정적 확보를 위하여 2021. 12. 31. 종료 예정이던 담배소비세분 지방교육세의 과세일몰기한을 2024. 12. 31.까지로 연장함. (법 부칙(2010. 3. 31.) 1조의 2) (2021. 12. 28. 개정)

☜

분의 20을 뺀 세율을 적용하여 산출한 금액(제11조 제1항 제8호의 경우에는 해당 세율에 100분의 50을 곱한 세율을 적용하여 산출한 금액)의 100분의 20. 다만, 다음 각 목의 어느 하나에 해당하는 경우에는 해당 목에서 정하는 금액으로 한다. (2021. 12. 28. 개정)

가. 제13조 제2항 · 제3항 · 제6항 또는 제7항에 해당하는 경우 : 이 호 각 목 외의 부분 본문의 계산방법으로 산출한 지방교육세액의 100분의 300. 다만, 법인이 제11조 제1항 제8호에 따른 주택을 취득하는 경우에는 나목을 적용한다. (2020. 8. 12. 개정)

나. 제13조의 2에 해당하는 경우 : 제11조 제1항 제7호 나목의 세율에서 중과기준세율을 뺀 세율을 적용하여 산출한 금액의 100분의 20 (2020. 8. 12. 신설)

다. 「지방세특례제한법」, 「조세특례제한법」 및 지방세감면조례(이하 "지방세감면법령"이라 한다)에서 취득세를 감면하는 경우 (2020. 8. 12. 목번개정)

1) 지방세감면법령에서 취득세의 감면율을 정하는 경우 : 이 호 각 목 외의 부분 본문의 계산방법으로 산출한 지방교육세액을 해당 취득세 감면율로 감면하고 남은 금액 (2010. 3. 31. 개정)

2) 지방세감면법령에서 취득세의 감면율을 정하면서 이 법 제13조 제2항 본문 및 같은 조 제3항의 세율을 적용하지 아니하도록 정하는 경우 : 이 호 각 목 외의 부분 본문의 계산방법으

로 산출한 지방교육세액을 해당 취득세 감면율로 감면하고 남은 금액 (2015. 7. 24. 개정)

3) 1)과 2) 외에 지방세감면법령에서 이 법과 다른 취득세율을 정하는 경우 : 해당 취득세율에도 불구하고 이 호 각 목 외의 부분 본문의 계산방법으로 산출한 지방교육세액. 다만, 세율을 1천분의 20으로 정하는 경우에는 과세대상에서 제외한다. (2015. 7. 24. 신설)

라. 가목 또는 나목과 다목 1)이 동시에 적용되는 경우 : 가목을 적용하여 산출한 지방교육세액을 해당 취득세 감면율로 감면하고 남은 금액 (2020. 8. 12. 개정)

2. 이 법 및 지방세감면법령에 따라 납부하여야 할 등록에 대한 등록면허세액의 100분의 20 (2013. 1. 1. 개정)
3. 이 법 및 지방세감면법령에 따라 납부하여야 할 레저세액의 100분의 40 (2013. 1. 1. 개정)
4. 이 법 및 지방세감면법령에 따라 납부하여야 할 담배소비세액의 1만분의 4,399 (2014. 12. 23. 개정)
5. 이 법 및 지방세감면법령에 따라 납부하여야 할 주민세 개인분 세액 및 사업소분 세액(제81조 제1항 제1호에 따라 부과되는 세액으로 한정한다)의 각 100분의 10. 다만, 인구 50만 이상 시의 경우에는 100분의 25로 한다. (2020. 12. 29. 개정)
6. 이 법 및 지방세감면법령에 따라 납부하여야 할 재산세액(제112조 제1항 제2호 및 같은 조 제2항에 따른

편주

법 151조 1항 4호의 개정규정은 2026. 12. 31.까지 효력을 가짐. (법 부칙(2010. 3. 31.) 1조의 2) (2024. 12. 31. 개정)

재산세액은 제외한다)의 100분의 20 (2013. 1. 1. 개정)

7. 이 법 및 지방세감면법령에 따라 납부하여야 할 자동차세액의 100분의 30 (2013. 1. 1. 개정)

② 지방자치단체의 장은 지방교육투자재원의 조달을 위하여 필요한 경우에는 해당 지방자치단체의 조례로 정하는 바에 따라 지방교육세의 세율을 제1항(같은 항 제3호는 제외한다)의 표준세율의 100분의 50의 범위에서 가감할 수 있다. (2010. 3. 31. 개정)

③ 도농복합형태의 시에 대하여 제1항 제5호를 적용할 때 "인구 50만 이상 시"란 동지역의 인구가 50만 이상인 경우를 말하며, 해당 시의 읍·면지역에 대하여는 그 세율을 100분의 10으로 한다. (2010. 3. 31. 개정)

④ 제1항 제5호를 적용할 경우 「지방자치법」 제5조 제1항에 따라 둘 이상의 지방자치단체가 통합하여 인구 50만 이상 시에 해당하는 지방자치단체가 되는 경우 해당 지방자치단체의 조례로 정하는 바에 따라 5년의 범위에서 통합 이전의 세율을 적용할 수 있다. (2021. 1. 12. 개정 ; 지방자치법 부칙)

제152조【신고 및 납부와 부과·징수】 ① 지방교육세 납세의무자가 이 법에 따라 취득세, 등록에 대한 등록면허세, 레저세, 담배소비세 및 주민세 사업소분을 신고하고 납부하는 때에는 그에 대한 지방교육세를 함께 신고하고 납부하여야 한다. 이 경우 담배소비세

제141조【신고납부와 부과·징수】 ① 법 제152조 제1항에 따라 납세의무자가 지방교육세를 신고납부할 때에는 그 과세표준이 되는 지방세의 신고서 및 납부서에 해당 지방세액과 지방교육세액을 나란히 적고 그 합계액을 적어야 한다. (2010. 9. 20. 개정)

납세의무자(제조자 또는 수입판매업자에 한정한다)의 주사무소 소재지를 관할하는 지방자치단체의 장이 제64조 제1항에 따라 담보 제공을 요구하는 경우에는 담배소비세분 지방교육세에 대한 담보 제공도 함께 요구할 수 있다. (2020. 12. 29. 개정)

② 지방자치단체의 장이 이 법에 따라 납세의무자에게 주민세 개인분 · 재산세 및 자동차세를 부과 · 징수하거나 제60조 제6항 및 제7항에 따라 세관장이 담배소비세를 부과 · 징수 · 납입하는 때에는 그에 대한 지방교육세를 함께 부과 · 징수 · 납입한다. (2023. 12. 29. 개정)

편주

법 152조 2항 및 6항의 개정규정은 2024. 1. 1. 이후 지방교육세를 부과 · 징수하는 경우부터 적용함. (법 부칙(2023. 12. 29.) 12조)

③ 제62조의 2에 따른 특별징수의무자가 같은 조 제1항 전단에 따라 담배소비세를 특별징수하는 경우에는 그에 대한 지방교육세를 함께 부과 · 징수 · 납입한다. (2023. 12. 29. 신설)

④ 제3항에 따른 지방교육세의 부과 · 징수 · 납입에 대하여 불복하려는 경우에는 특별징수의무자를 그 처분청으로 본다. (2023. 12. 29. 신설)

⑤ 지방교육세의 특별징수, 납입 및 가산세 면제 등에

② 시장 · 군수 · 구청장은 법 제152조 제2항에 따라 지방교육세를 부과 · 징수할 때에는 그 과세표준이 되는 지방세의 납세고지서에 해당 지방세액과 지방교육세액 및 그 합계액을 적어 고지하여야 한다. (2016. 12. 30. 개정)

③ 시장 · 군수 · 구청장은 불가피한 사유로 지방교육세만을 부과 · 징수할 때에는 납세고지서에 지방교육세액만을 고지하되, 해당 지방교육세의 과세표준이 되는 세목과 세액을 적어야 한다. (2016. 12. 30. 개정)

편주

법 152조 3항부터 5항까지의 개정규정은 2024. 1. 1. 이후 발생하는 법 61조 1항 4호 · 5호 또는 같은 조 2항 3호 · 5호의 위반행위에 대하여 세액을 특별징수하는 경우부터 적용함. (법 부칙(2023. 12. 29.) 5조)

관하여는 제62조의 2 제2항 및 제3항을 준용한다. (2023. 12. 29. 신설)

⑥ 지방교육세의 납세고지 등 부과 · 징수 · 납입에 관하여 필요한 사항은 대통령령으로 정한다. (2023. 12. 29. 개정)

제153조【부족세액의 추징 및 가산세】 ① 제152조 제1항에 따라 지방교육세를 신고하고 납부하여야 하는 자가 신고의무를 다하지 아니한 경우에도 「지방세기본법」 제53조 또는 제54조에 따른 가산세를 부과하지 아니한다. (2016. 12. 27. 개정 ; 지방세기본법 부칙)

② 제152조 제1항에 따라 지방교육세를 신고하고 납부하여야 하는 자가 납부의무를 다하지 아니한 경우에는 제151조 제1항에 따라 산출한 세액 또는 그 부족세액에 「지방세기본법」 제55조에 따라 산출한 가산세를 합한 금액을 세액으로 하여 보통징수(제152조 제3항에 따라 징수하는 경우에는 특별징수)의 방법으로 징수한다. (2023. 12. 29. 개정)

제154조【환 급】 지방교육세의 지방세환급금은 해당 지방자치단체의 장 또는 그 위임을 받은 공무원이 지방교육세의 과세표준이 되는 세목별 세액의 환급의 예에 따라 환급한다. (2010. 3. 31. 개정)

편주

법 153조 2항의 개정규정은 2024. 1. 1. 이후 발생하는 법 61조 1항 4호 · 5호 또는 같은 조 2항 3호 · 5호의 위반행위에 대하여 세액을 특별징수하는 경우부터 적용함. (법 부칙(2023. 12. 29.) 5조)

부 칙 (2024. 12. 31. 법률 제20630호)

제1조 【시행일】 이 법은 2025년 1월 1일부터 시행한다.

제2조 【상속 차량에 대한 취득세 비과세에 관한 적용례】 제9조 제7항 제2호의 개정규정은 이 법 시행 전에 상속이 개시되어 이 법 시행 당시 상속개시일이 속하는 달의 말일부터 6개월(외국에 주소를 둔 상속인이 있는 경우에는 9개월)이 지나지 아니한 경우에도 적용한다.

제3조 【중소기업 주민세 종업원분 공제에 관한 적용례】 제84조의 5 제2항 제2호의 개정규정은 이 법 시행 이후 납세의무가 성립하는 경우부터 적용한다. 다만, 이 법 시행 전에 같은 개정규정에 따른 요건을 갖춘 경우 그 공제를 할 수 있는 기간은 이 법 시행일이 속한 달의 종업원분을 신고하여야 하는 달부터 1년까지로 한다.

제4조 【법인지방소득세 세율에 관한 적용례】 제103조의 20 제1항의 개정규정은 이 법 시행 이후 개시하는 사업연도의 소득에 대한 법인지방소득세 세액을 계산하는 경우부터 적용한다.

제5조 【자동차세 소유분 수시부과 과세기준일에 관한 적용례】 제130조 제1항의 개정규정은 이 법 시행 이후 납세의무가 성립하는 경우부터 적용한다.

부 칙 (2024. 2. 13. 법률 제20264호 ; 채무자 회생 및 파산에 관한 법률 부칙)

제1조 【시행일】 이 법은 공포한 날부터 시행한다.

부 칙 (2024. 12. 31. 대통령령 제35177호)

제1조 【시행일】 이 영은 2025년 1월 1일부터 시행한다. 다만, 제43조 제2항부터 제4항까지의 개정규정은 2025년 1월 31일부터 시행한다.

제2조 【주택 유상거래 취득 중과세의 예외에 관한 적용례】 ① 제28조의2 제8호 각 목 외의 부분 단서의 개정규정은 2021년 4월 27일부터 2024년 12월 31일까지의 기간 동안 멸실시킬 목적으로 취득한 주택에 대해서도 적용한다.
② 제28조의 2 제8호 다목의 개정규정은 이 영 시행 이후 멸실시킬 목적으로 주택을 취득하는 경우부터 적용한다.
③ 제28조의 2 제13호 · 제13호의 2 · 제13호의 3 및 같은 조 제15호 다목부터 마목까지의 개정규정은 이 영 시행 이후 납세의무가 성립하는 경우부터 적용한다.

제3조 【주택분양권에 의하여 취득하는 주택에 관한 적용례】 제28조의 4 제1항 후단의 개정규정은 이 영 시행 이후 1세대에 속하지 않은 자로부터 해당 주택분양권을 취득하는 경우부터 적용한다.

제4조 【주택 수의 산정방법에 관한 적용례】 제28조의 4 제6항 제2호의 개정규정은 이 영 시행 이후 납세의무가 성립하는 경우부터 적용한다.

제5조 【법인등기에 대한 세율에 관한 적용례】 제43조 제2항부터 제4항까지의 개정규정은 2025년 1월 31일 이후 납세의무가 성립하는 경우부터 적용한다.

부 칙 (2024. 12. 31. 행정안전부령 제539호)

이 규칙은 2025년 1월 1일부터 시행한다.

부 칙 (2024. 5. 28. 행정안전부령 제485호)

이 규칙은 공포한 날부터 시행한다.

부 칙 (2024. 3. 26. 행정안전부령 제474호)

이 규칙은 공포한 날부터 시행한다.

부 칙 (2024. 1. 22. 행정안전부령 제457호)

제1조 【시행일】 이 규칙은 공포한 날부터 시행한다.

제2조 【사무처리비 공제 상한 상향 조정에 따른 적용례】 제72조 제1항 제1호의 개정규정은 이 규칙 시행 이후 특별징수의무자가 사무처리비를 공제하는 경우부터 적용한다.

(단서 생략)

제2조 【계속 사건에 관한 적용례】 ① 제23조, 제24조 및 제27조의 개정규정은 이 법 시행 당시 법원에 계속 중인 사건에 대해서도 적용한다.

② 제589조 제3항 및 제4항의 개정규정은 같은 개정규정 시행 당시 법원에 계속 중인 사건에 대해서도 적용한다.

제3조 【다른 법률의 개정】 지방세법 일부를 다음과 같이 개정한다.

법률 제19860호 지방세법 일부개정법률 부칙 제3조를 다음과 같이 한다.

제3조 [법원의 촉탁에 따른 등록면허세 비과세에 관한 특례] 제26조 제2항 제1호의 개정규정 시행 당시 「채무자 회생 및 파산에 관한 법률」에 따라 회생절차 · 간이회생절차가 진행 중이거나 회생계획 · 간이회생계획을 수행 중인 경우와 같은 개정규정 시행 이후 회생절차, 간이회생절차, 파산절차, 개인회생절차가 신청된 사건의 경우에는 「채무자 회생 및 파산에 관한 법률」 등에 따라 법원, 법원사무관등이 촉탁하여 이루어진 등기 또는 등록은 제26조 제2항 제1호의 개정규정에 따른 등기 또는 등록으로 본다.

부 칙 (2023. 12. 29. 법률 제19860호)

제1조 【시행일】 이 법은 2024년 1월 1일부터 시행한다. 다만, 제10조의 3 및 제22조의 2의 개정규정은 2024년 4월 1일부

제6조 【주민세 사업소분 납세의무자에 관한 적용례】 제79조 제2항 제7호의 개정규정은 이 영 시행 이후 납세의무가 성립하는 경우부터 적용한다.

제7조 【주민세 종업원분 면세점에 관한 적용례】 제85조의 2 제2항의 개정규정은 이 영 시행 이후 납세의무가 성립하는 경우부터 적용한다.

제8조 【자동차세 연세액 공제 금액의 계산식에 관한 적용례】 제125조 제6항의 개정규정은 이 영 시행 이후 납세의무가 성립하는 경우부터 적용한다.

제9조 【등록면허세에 관한 적용례】 별표 1의 개정규정은 이 영 시행 이후 납세의무가 성립하는 분부터 적용한다.

부 칙 (2024. 9. 10. 대통령령 제34881호 ; 근현대문화유산의 보존 및 활용에 관한 법률 시행령 부칙)

제1조 【시행일】 이 영은 2024년 9월 15일부터 시행한다.

제2조 【다른 법령의 개정】 ①~⑱ 생 략

⑲ 지방세법 시행령 일부를 다음과 같이 개정한다.

제28조의 2 제4호 나목 중 "「문화유산의 보존 및 활용에 관한 법률」"을 "「근현대문화유산의 보존 및 활용에 관한 법률」"로 한다.

제110조의 2 제1항 제6호 나목 중 "「문화유산의 보존 및 활용에 관한 법률」"을 "「근현대문화유산의 보존 및 활용에 관한 법률」"로 한다.

부 칙 (2023. 12. 29. 행정안전부령 제448호)

이 규칙은 2024년 1월 1일부터 시행한다. 다만 제57조 제3호 및 별지 제3호 서식 부표의 개정규정은 공포한 날부터 시행한다.

부 칙 (2023. 6. 30. 행정안전부령 제413호)

이 규칙은 공포한 날부터 시행한다.

부 칙 (2023. 5. 3. 행정안전부령 제400호)

이 규칙은 공포한 날부터 시행한다.

부 칙 (2023. 3. 28. 행정안전부령 제388호)

이 규칙은 공포한 날부터 시행한다.

부 칙 (2023. 3. 14. 행정안전부령 제385호)

이 규칙은 공포한 날부터 시행한다.

부 칙 (2022. 6. 7. 행정안전부령 제334호)

제1조 【시행일】 이 규칙은 2022년 6월 7일부터 시행한다.

제2조 【서식에 관한 적용례】 법 제

터 시행한다.

제2조 【일반적 적용례】 이 법은 이 법 시행 이후 납세의무가 성립하는 경우부터 적용한다.

제3조 【법원의 촉탁에 따른 등록면허세 비과세에 관한 적용례】 제26조 제2항 제1호의 개정규정은 이 법 시행 전에 「채무자 회생 및 파산에 관한 법률」에 따라 법원이 촉탁하여 등기 또는 등록을 하였으나 이 법 시행 당시 같은 법에 따라 회생절차 · 간이회생절차가 진행 중이거나 회생계획 · 간이회생계획을 수행 중인 경우에도 적용한다.

제3조 【법원의 촉탁에 따른 등록면허세 비과세에 관한 특례】 제26조 제2항 제1호의 개정규정 시행 당시 「채무자 회생 및 파산에 관한 법률」에 따라 회생절차 · 간이회생절차가 진행 중이거나 회생계획 · 간이회생계획을 수행 중인 경우와 같은 개정규정 시행 이후 회생절차, 간이회생절차, 파산절차, 개인회생절차가 신청된 사건의 경우에는 「채무자 회생 및 파산에 관한 법률」 등에 따라 법원, 법원사무관등이 촉탁하여 이루어진 등기 또는 등록은 제26조 제2항 제1호의 개정규정에 따른 등기 또는 등록으로 본다. (2024. 2. 13. 개정 ; 채무자 회생 및 파산에 관한 법률 부칙)

제4조 【담배소비세의 납세지 변경에 관한 적용례】 제50조 제3항 제2호의 개정규정은 이 법 시행 이후 담배를 국내로 반입하는 경우부터 적용한다.

제5조 【담배소비세 등의 특별징수에 관한 적용례】 제62조의 2, 제152조 제3항부터 제5항까지 및 제153조 제2항의 개정규정은 이 법 시행 이후 발생하는 제61조 제1항 제4호 · 제5호 또는 같은 조 제2항 제3호 · 제5호의 위반행위에 대하여 세액을 특별징수하는 경우부터 적용한다.

제6조 【법인지방소득세 분할납부에 관한 적용례】 제103조의 23 제4항의 개정규정은 2023년 1월 1일 이후 개시한 사업연도의 법인지방소득세를 신고 · 납부하는 경우부터 적용한다.

별표 1 제2종 제115호 중 "문화유산의 국외반출의 허가"를 "국보, 보물 또는 국가민속문화유산의 국외반출의 허가, 「근현대문화유산의 보존 및 활용에 관한 법률」 제27조에 따른 국가등록문화유산의 국외반출의 허가"로 한다.

⑳~㉒ 생 략

제3조 생 략

부 칙 (2024. 7. 9. 대통령령 제34683호 ; 계량에 관한 법률 시행령 부칙)

제1조 【시행일】 이 영은 2024년 7월 10일부터 시행한다.

제2조 【다른 법령의 개정】 ① 생 략

② 지방세법 시행령 일부를 다음과 같이 개정한다.

별표 1 제2종 제163호를 삭제한다.

부 칙 (2024. 7. 2. 대통령령 제34657호 ; 벤처기업육성에 관한 특별조치법 시행령 부칙)

제1조 【시행일】 이 영은 2024년 7월 10일부터 시행한다. (단서 생략)

제2조 【다른 법령의 개정】 ①~㊶ 생 략

㊷ 지방세법 시행령 일부를 다음과 같이 개정한다.

별표 1 제2종 제192호 중 "「벤처기업육성에 관한 특별조치법」"을 "「벤처기업육성에 관한 특별법」"으로 한다.

㊸~㊺ 생 략

제3조 생 략

55조에 따른 납부지연가산세의 적용 이자율에 관한 별지 제4호 서식(전산용 2), 별지 제42호 서식, 별지 제43호의 4 서식, 별지 제43호의 6 서식 부표, 별지 제43호의 11 서식, 별지 제44호의 3 서식(갑), 별지 제44호의 3 서식(을) 및 별지 제45호 서식 부표의 개정규정은 이 규칙 시행 이후 신고, 납부 또는 통지 등을 하는 경우부터 적용한다.

부 칙 (2022. 3. 31. 행정안전부령 제325호)

제1조 【시행일】 이 규칙은 공포한 날부터 시행한다. 다만, 별지 제40호의 4 서식의 개정규정은 2023년 1월 1일부터 시행한다.

제2조 【서식에 관한 적용례】 서식에 관한 개정규정은 이 규칙 시행 이후 신고, 신청, 제출, 통지, 통보 또는 납부 등을 하는 경우부터 적용한다.

부 칙 (2021. 12. 31. 행정안전부령 제300호)

제1조 【시행일】 이 규칙은 2022년 1월 1일부터 시행한다.

제2조 【서식에 관한 적용례】 서식에 관한 개정규정은 이 규칙 시행 이후 신고, 신청, 납부, 제출 또는 통보하는

제7조【법인지방소득세의 무신고가산세 특례에 관한 적용례】 제103조의 24 제6항 후단의 개정규정은 2023년 1월 1일 이후 개시한 사업연도의 법인지방소득세를 신고·납부하는 경우부터 적용한다.

제8조【연결법인별 법인지방소득세 분할납부에 관한 적용례】 법률 제19230호 지방세법 일부개정법률 제103조의 37 제5항의 개정규정은 2023년 1월 1일 이후 개시한 사업연도의 연결법인별 법인지방소득세를 신고·납부하는 경우부터 적용한다.

제9조【연결산출세액의 부재에 따른 정산금 배분에 관한 적용례】 법률 제19230호 지방세법 일부개정법률 제103조의 37 제7항의 개정규정은 이 법 시행 이후 개시하는 사업연도부터 적용한다.

제10조【외국법인에 대한 특별징수 또는 징수의 특례에 관한 적용례】 제103조의 52 제1항 및 제2항의 개정규정은 이 법 시행 이후 외국법인에 국내원천소득을 지급하는 경우부터 적용한다.

제11조【동업기업과세특례의 확대에 관한 적용례】 제103조의 53 제1항 및 제103조의 54 제1항의 개정규정은 2023년 12월 31일이 속하는 과세연도부터 적용한다.

제12조【지방교육세 납입 방법 신설에 관한 적용례】 제152조 제2항 및 제6항의 개정규정은 이 법 시행 이후 지방교육세를 부과·징수하는 경우부터 적용한다.

부 칙 (2023. 8. 16. 법률 제19634호 ; 행정기관 소속 위원회 정비를 위한 기부금품의 모집 및 사용에 관한 법률 등 6개 법률의 일부개정에 관한 법률 부칙)

제1조【시행일】 이 법은 공포 후 6개월이 경과한 날부터

부 칙 (2024. 5. 28. 대통령령 제34528호)

제1조【시행일】 이 영은 공포한 날부터 시행한다.

제2조【주택 유상거래 취득 중과세의 예외에 관한 적용례】 제28조의 2 제16호의 개정규정은 2024년 3월 28일 이후 취득하는 아파트부터 적용한다.

제3조【주택 수의 산정방법에 관한 적용례】 제28조의 4 제2항 제3호의 개정규정은 2024년 1월 10일 이후 취득하는 아파트부터 적용한다.

제4조【분리과세대상 토지의 범위 등에 관한 적용례】 제102조 제9항 제2호, 제103조의 2 제2호 및 제118조 제1호 라목의 개정규정은 이 영 시행 이후 납세의무가 성립하는 분부터 적용한다.

제5조【재산세 세율 특례 대상 1세대 1주택의 범위에 관한 적용례】 제110조의 2 제1항 제11호 및 같은 조 제2항 제3호의 개정규정은 2024년 1월 4일 이후 취득하는 주택부터 적용한다.

부 칙 (2024. 5. 7. 대통령령 제34494호 ; 문화재수리 등에 관한 법률 시행령 부칙)

제1조【시행일】 이 영은 2024년 5월 17일부터 시행한다.

제2조【다른 법령의 개정】 ①~⑨ 생 략

⑩ 지방세법 시행령 일부를 다음과 같이 개정한다.

별표 1 제1종 제78호 본문 중 "「문화재수리 등에 관한

경우부터 적용한다.

제3조【지방소득세 특별징수분 환급신청에 관한 적용례】 제48조의 2 제2항 및 제3항의 개정규정은 이 규칙 시행 이후 해당 근로소득이 있는 사람이 특별징수 관할 지방자치단체의 장에게 환급신청을 하는 경우부터 적용한다.

부 칙 (2021. 9. 7. 행정안전부령 제274호 ; 어려운 법령용어 정비를 위한 29개 법령의 일부개정에 관한 행정안전부령)

이 규칙은 공포한 날부터 시행한다.

부 칙 (2021. 5. 27. 행정안전부령 제252호)

이 규칙은 공포한 날부터 시행한다.

부 칙 (2021. 4. 29. 행정안전부령 제250호)

이 규칙은 공포한 날부터 시행한다.

부 칙 (2020. 12. 31. 행정안전부령 제228호)

제1조【시행일】 이 규칙은 2021년 1월 1일부터 시행한다.

제2조【서식에 관한 적용례】 서식에 관한 개정규정은 이 규칙 시행 이후

시행한다.

제2조~제6조 생 략

제7조【다른 법률의 개정】 ① 생 략

② 지방세법 일부를 다음과 같이 개정한다.

제106조의 2 제2항 중 "지방재정부담심의위원회"를 "지방재정관리위원회"로 한다.

③ 생 략

부 칙 (2023. 6. 9. 법률 제19430호 ; 지방자치분권 및 지역균형발전에 관한 특별법 부칙)

제1조【시행일】 이 법은 공포 후 1개월이 경과한 날부터 시행한다. 다만, 다음 각 호의 사항은 해당 호에서 정하는 날부터 시행한다.

1.~3. 생 략

제2조~제20조 생 략

제21조【다른 법률의 개정】 ①~㊺ 생 략

㊻ 지방세법 일부를 다음과 같이 개정한다.

제71조 제3항 제3호 가목 전단 중 "국가균형발전특별회계"를 "지역균형발전특별회계"로 한다.

㊼~54 생 략

제22조 생 략

부 칙 (2023. 3. 14. 법률 제19230호)

제1조【시행일】 이 법은 공포한 날부터 시행한다. 다만, 다음 각 호의 개정규정은 각 호의 구분에 따른 날부터 시행한다.

1. 제8조 제1항 제5호의 개정규정 : 2023년 6월 11일
2. 제85조 제1항 제15호, 제103조의 37 제5항 단서, 제110조 제3항 및 제122조의 개정규정 : 2024년 1월 1일

법률」 제14조에 따른 문화재수리업, 문화재실측설계업 또는 문화재감리업"을 "「국가유산수리 등에 관한 법률」 제14조에 따른 국가유산수리업, 국가유산실측설계업 또는 국가유산감리업"으로 하고, 같은 표 제2종 제78호 본문 중 "「문화재수리 등에 관한 법률」 제14조에 따른 문화재수리업, 문화재실측설계업 또는 문화재 감리업"을 "「국가유산수리 등에 관한 법률」 제14조에 따른 국가유산수리업, 국가유산실측설계업 또는 국가유산감리업"으로 하며, 같은 표 제3종 제79호 본문 중 "「문화재수리 등에 관한 법률」 제14조에 따른 문화재수리업, 문화재실측설계업 또는 문화재 감리업"을 "「국가유산수리 등에 관한 법률」 제14조에 따른 국가유산수리업, 국가유산실측설계업 또는 국가유산감리업"으로 하고, 같은 표 제4종 제78호 본문 중 "「문화재수리 등에 관한 법률」 제14조에 따른 문화재수리업, 문화재실측설계업 또는 문화재 감리업"을 "「국가유산수리 등에 관한 법률」 제14조에 따른 국가유산수리업, 국가유산실측설계업 또는 국가유산감리업"으로 한다.

⑪~⑬ 생 략

제3조 생 략

부 칙 (2024. 5. 7. 대통령령 제34491호 ; 매장문화재 보호 및 조사에 관한 법률 시행령 부칙)

제1조【시행일】 이 영은 2024년 5월 17일부터 시행한다.

신고 또는 발송하는 분부터 적용한다.

부 칙 (2020. 8. 20. 행정안전부령 제196호)

제1조【시행일】 이 규칙은 공포한 날부터 시행한다.

제2조【세무조정계산서 부속서류에 관한 적용례】 제48조의 4 제5항 제6호 및 제48조의 10 제3항 제5호의 개정규정은 이 규칙 시행 이후 법인지방소득세 과세표준 및 세액을 신고하는 경우부터 적용한다.

부 칙 (2020. 8. 18. 행정안전부령 제197호)

이 규칙은 공포한 날부터 시행한다.

부 칙 (2019. 12. 31. 행정안전부령 제152호)

제1조【시행일】 이 규칙은 2020년 1월 1일부터 시행한다.

제2조【서식에 관한 적용례】 서식에 관한 개정규정은 이 규칙 시행 이후 신고, 신청, 통보 또는 제출하는 분부터 적용한다.

부 칙 (2019. 5. 31. 행정안전부령 제122호)

3. 제87조 제1항, 제89조 제3항 제4호, 제102조의 2부터 제102조의 8까지, 제103조 제1항, 제103조의 2 제3호, 제103조의 3 제1항 제12호·제13호, 같은 조 제7항, 제103조의 8, 제103조의 13 제2항부터 제6항까지, 제103조의 59 제1항 제1호 가목·나목 및 같은 항 제5호의 개정규정 : 2025년 1월 1일 (2024. 12. 31. 개정)
4. 제93조 제18항의 개정규정 : 2027년 1월 1일 (2024. 12. 31. 신설)

제2조【일반적 적용례】 이 법은 이 법 시행 이후 납세의무가 성립하는 경우부터 적용한다. 다만, 제7조 제4항 후단, 같은 조 제16항, 제92조 제1항, 제93조 제17항, 제103조의 3 제1항 제8호·제9호, 제103조의 20 제1항의 개정규정은 2023년 1월 1일 이후 납세의무가 성립되는 분부터 적용한다.

제3조【과점주주의 부동산등 취득에 관한 적용례】 제7조 제5항 전단의 개정규정은 이 법 시행 이후 법인의 주식 또는 지분을 취득하는 경우부터 적용한다.

제4조【법인의 합병 또는 분할에 따른 부동산 취득의 세율에 관한 적용례】 제11조 제5항의 개정규정은 이 법 시행 이후 법인이 합병 또는 분할에 따라 부동산을 취득하는 경우부터 적용한다.

제5조【담배소비세에 부가된 가산세의 공제 및 환급에 관한 적용례】 제63조 제1항 각 호 외의 부분 단서의 개정규정은 이 법 시행 전에 납세의무자가 납부하였거나 납부하여야 할 가산세에 대해서도 적용한다.

제6조【연결법인지방소득세액에 관한 적용례】 제85조 제1항 제15호 및 제103조의 37 제5항 단서의 개정규정은 2024년 1월 1일 이후 개시하는 사업연도부터 적용한다.

제7조【개인지방소득세의 분할납부에 관한 적용례】 제93

제2조【다른 법령의 개정】 ①~⑬ 생 략

⑭ 지방세법 시행령 일부를 다음과 같이 개정한다.

별표 1 제2종 제114호를 다음과 같이 한다.

114. 「매장유산 보호 및 조사에 관한 법률」 제11조에 따른 매장유산 발굴의 허가

⑮~⑰ 생 략

제3조 생 략

부 칙 (2024. 5. 7. 대통령령 제34488호 ; 문화재보호법 시행령 부칙)

제1조【시행일】 이 영은 2024년 5월 17일부터 시행한다.

제2조·제3조 생 략

제4조【다른 법령의 개정】 ①~㊸ 생 략

㊹ 지방세법 시행령 일부를 다음과 같이 개정한다.

제28조의 2 제4호를 다음과 같이 한다.

4. 다음 각 목의 어느 하나에 해당하는 주택
   가. 「문화유산의 보존 및 활용에 관한 법률」에 따른 지정문화유산
   나. 「문화유산의 보존 및 활용에 관한 법률」에 따른 등록문화유산
   다. 「자연유산의 보존 및 활용에 관한 법률」에 따른 천연기념물등

제102조 제2항 제2호를 다음과 같이 한다.

제1조【시행일】 이 규칙은 공포한 날부터 시행한다. 다만, 제67조의 2 및 별지 제73호의 2 서식의 개정규정은 2019년 7월 1일부터 시행한다.

제2조【소방시설에 충당하는 지역자원시설세를 과세하는 경우의 세액 산정에 관한 적용례】 제75조 제2항 및 제3항의 개정규정은 이 규칙 시행 이후 지역자원시설세의 납세의무가 성립하는 경우부터 적용한다.

제3조【서식에 관한 적용례】 서식에 관한 개정규정은 이 규칙 시행 이후 신고, 신청 또는 제출하는 분부터 적용한다.

부 칙 (2019. 2. 8. 행정안전부령 제100호)

이 규칙은 공포한 날부터 시행한다.

부 칙 (2018. 12. 31. 행정안전부령 제93호)

이 규칙은 2019년 1월 1일부터 시행한다.

부 칙 (2018. 3. 30. 행정안전부령 제53호)

이 규칙은 공포한 날부터 시행한다.

조 제7항 후단 및 제95조 제4항의 개정규정은 2023년 1월 1일 이후 토지등의 매매차익을 신고(수정신고는 제외한다)하거나 종합소득·퇴직소득을 확정신고(수정신고는 제외한다)하는 분부터 적용한다.

제9조 【법인지방소득세의 재해손실세액 차감에 관한 적용례】 제103조의 65의 개정규정은 2023년 1월 1일 이후 법인지방소득세 과세표준을 신고(수정신고는 제외한다)하는 경우부터 적용한다.

제9조 【주민세 사업소분 가산세 부과에 대한 특례에 관한 적용례】 법률 제17769호 지방세법 일부개정법률 부칙 제12조의 개정 규정은 2023년 1월 1일부터 적용한다.

제10조 【미납세 반출된 담배의 담배소비세 징수에 관한 경과조치】 이 법 시행 전에 종전의 제53조 제1호다목에 해당되어 반출된 담배를 이 법 시행 이후 다른 제조장 또는 보세구역에서 반출할 때에는 제53조 제1항 제1호 다목의 개정규정에도 불구하고 종전의 규정에 따른다.

제11조 【종합소득에 대한 개인지방소득세율의 변경에 관한 경과조치】 2023년 1월 1일 전에 개시한 과세기간의 종합소득에 대한 개인지방소득세의 세율(제92조 제4항, 제93조 제3항, 같은 조 제4항 제2호 나목, 제103조의 3 제1항 제1호, 같은 조 제3항·제5항, 같은 조 제6항 제1호 및 같은 조 제10항에 따라 개인지방소득세율이 적용되는 경우를 포함한다)에 관하여는 제92조 제1항의 개정규정에도 불구하고 종전의 규정에 따른다.

제12조 【주식 및 파생상품 등의 양도에 따른 세액 계산에 관한 경과조치】 2025년 1월 1일 전에 주식 및 파생상품 등을 양도한 경우 그 양도소득에 대한 개인지방소득세의 세액 계산에 관하여는 제103조 제1항, 제103조의 2 제3호, 제103조의 3

2. 다음 각 목의 어느 하나에 해당하는 임야
   가. 「문화유산의 보존 및 활용에 관한 법률」에 따른 지정문화유산 안의 임야
   나. 「문화유산의 보존 및 활용에 관한 법률」에 따른 보호구역 안의 임야
   다. 「자연유산의 보존 및 활용에 관한 법률」에 따른 천연기념물등 안의 임야
   라. 「자연유산의 보존 및 활용에 관한 법률」에 따른 보호구역 안의 임야

제110조의 2 제1항 제6호를 다음과 같이 한다.

6. 다음 각 목의 어느 하나에 해당하는 주택
   가. 「문화유산의 보존 및 활용에 관한 법률」에 따른 지정문화유산
   나. 「문화유산의 보존 및 활용에 관한 법률」에 따른 등록문화유산
   다. 「자연유산의 보존 및 활용에 관한 법률」에 따른 천연기념물등

별표 1 제1종 제108호 중 "「문화재보호법」"을 "「문화유산의 보존 및 활용에 관한 법률」"로, "문화재매매업"을 "문화유산매매업"으로 하고, 같은 표 제2종 제115호를 다음과 같이 한다.

115. 「문화유산의 보존 및 활용에 관한 법률」 제39조에 따른 문화유산의 국외반출의 허가 및 「자연유산의 보존 및 활용에 관한 법률」 제20조에 따른

부 칙 (2017. 12. 29. 행정안전부령 제27호)

이 규칙은 2018년 1월 1일부터 시행한다.

부 칙 (2017. 7. 26. 행정안전부령 제1호 ; 행정안전부와 그 소속기관 직제 시행규칙 부칙)

제1조 【시행일】 이 규칙은 공포한 날부터 시행한다.

제2조~제7조 생 략

제8조 【다른 법령의 개정】 ①~㉕ 생 략

㉖ 지방세법 시행규칙 일부를 다음과 같이 개정한다.

제3조, 제4조의 3, 제4조의 4, 제5조, 제6조 각 호 외의 부분 본문, 제11조의 2 제1항 각 호 외의 부분, 제20조, 제23조, 제28조 각 호 외의 부분, 제31조의 2, 제36조 각 호 외의 부분, 제39조 본문, 제48조의 4 제3항, 제48조의 17, 제50조, 제51조 각 호 외의 부분, 제53조, 제55조 전단, 제59조 제3항, 제60조 제1항 각 호 외의 부분 및 제74조 각 호 외의 부분 중 "행정자치부령"을 각각 "행정안전부령"으로 한다.

제34조 제1항부터 제3항까지 및 제72조 제1항 중 "행정자치부장관"을 각각

제1항 제12호 및 제13호, 같은 조 제7항 및 제103조의 8의 개정규정에도 불구하고 종전의 규정에 따른다.

제13조【양도소득에 대한 개인지방소득세율의 변경에 관한 경과조치】 2023년 1월 1일 전에 발생한 양도소득에 대한 개인지방소득세의 세율에 관하여는 제103조의 3 제1항 제8호 및 제9호의 개정규정에도 불구하고 종전의 규정에 따른다.

제14조【사업연도 소득에 대한 법인지방소득세율의 변경에 관한 경과조치】 2023년 1월 1일 전에 개시한 내국법인의 사업연도 소득에 대한 법인지방소득세의 세율(제103조의 48에 따라 법인지방소득세율이 적용되는 경우를 포함한다)에 관하여는 제103조의 20 제1항의 개정규정 및 부칙 제2조 단서에도 불구하고 종전의 규정에 따른다.

제15조【주택 세부담상한제 폐지에 관한 경과조치】 제122조의 개정규정 시행 전에 주택 재산세가 과세된 주택에 대해서는 제122조의 개정규정에도 불구하고 2028년 12월 31일까지는 종전의 규정에 따른다.

제16조【다른 법률의 개정】 ① 지방세특례제한법 일부를 다음과 같이 개정한다.

제177조 제1호를 삭제한다.

② 종합부동산세법 일부를 다음과 같이 개정한다.

제2조 제3호 단서를 삭제한다.

부 칙 (2022. 6. 10. 법률 제18957호 ; 수상레저기구의 등록 및 검사에 관한 법률 부칙)

제1조【시행일】 이 법은 공포 후 1년이 경과한 날부터 시행한다.

제2조～제11조 생 략

제12조【다른 법률의 개정】 ①～⑤ 생 략

천연기념물의 국외반출의 허가

㊺～53 생 략

제5조 생 략

부 칙 (2024. 5. 7. 대통령령 제34487호 ; 국가유산기본법 시행령 부칙)

제1조【시행일】 이 영은 2024년 5월 17일부터 시행한다.

제2조【다른 법령의 개정】 ①～㊻ 생 략

㊼ 지방세법 시행령 일부를 다음과 같이 개정한다.

제51조 제1호 중 "매장문화재"를 "매장유산"으로 하고, 같은 조 제2호 중 "문화재"를 "국가유산"으로 한다.

㊽～57 생 략

제3조 생 략

부 칙 (2024. 3. 26. 대통령령 제34353호)

제1조【시행일】 이 영은 공포한 날부터 시행한다. 다만, 제18조 제3항 및 제38조의 2의 개정규정은 2024년 4월 1일부터 시행한다.

제2조【유효기간】 제28조의 4 제2항 및 같은 조 제6항 제7호부터 제9호까지의 개정규정은 2026년 12월 31일까지 효력을 가진다.

제2조【유효기간】 ① 제28조의 4 제2항 제1호 · 제2호 및 같은 조 제6항 제7호(같은 조 제2항 제1호 · 제2호의 규정에 해당하는 주택에 한정한다)부터 제9호까지의 개정규정은

"행정안전부장관"으로 한다.

별표 1 제31호의 범위란 중 "행정자치부장관"을 "행정안전부장관"으로 한다.

㉗～64 생 략

부 칙 (2016. 12. 30. 행정자치부령 제104호)

이 규칙은 2017년 1월 1일부터 시행한다.

부 칙 (2015. 12. 31. 행정자치부령 제55호)

제1조【시행일】 이 규칙은 2016년 1월 1일부터 시행한다. 다만, 제29조 제3항의 개정규정은 2016년 6월 30일부터 시행한다.

제2조【사무처리비 공제에 관한 적용례】 제72조 제1항의 개정규정은 2016년 1월 1일 이후 공제하는 분부터 적용한다.

부 칙 (2015. 11. 16. 행정자치부령 제43호 ; 농어촌도로의 구조 · 시설기준에 관한 규칙 등 일부개정령)

이 규칙은 공포한 날부터 시행한다.

부 칙 (2015. 7. 24. 행정자치부령 제

⑥ 지방세법 일부를 다음과 같이 개정한다.

제8조 제1항 제5호 중 "「수상레저안전법」 제30조 제3항"을 "「수상레저기구의 등록 및 검사에 관한 법률」 제3조"로 한다.

제12조 제1항 제1호 나목 중 "「수상레저안전법」 제30조"를 "「수상레저기구의 등록 및 검사에 관한 법률」 제3조"로 한다.

제13조 생 략

부 칙 (2021. 12. 28. 법률 제18655호)

제1조【시행일】 이 법은 2022년 1월 1일부터 시행한다. 다만, 다음 각 호의 개정규정은 각 호의 구분에 따른 날부터 시행한다.

1. 제10조, 제10조의 2부터 제10조의 7까지, 제11조 제1항 · 제3항, 제12조 제1항, 제15조 제2항 제1호부터 제3호까지, 제20조 제1항, 제21조 제1항 · 제3항, 제22조의 4, 제27조 제3항 및 제151조 제1항 제1호의 개정규정 : 2023년 1월 1일
2. 제146조 제2항 제3호의 개정규정 : 2024년 1월 1일
3. 법률 제10221호 지방세법 전부개정법률 부칙 제1조의 2의 개정규정 : 2021년 12월 31일

제2조【일반적 적용례】 이 법은 이 법 시행 이후 납세의무가 성립하는 경우부터 적용한다.

제3조【상속 차량에 대한 취득세 미부과에 관한 적용례】 제9조 제7항 제2호의 개정규정은 이 법 시행 당시 상속개시일부터 3개월이 지나지 아니한 차량에 대하여 이 법 시행 이후 같은 호에 따라 말소등록하는 경우에도 적용한다.

제4조【비거주자의 지방소득세 과세표준 신고에 관한 적용례】 제103조의 11 제3항의 개정규정은 이 법 시행 이후 지방소득세 과세표준을 신고하는 경우부터 적용한다.

제5조【지방소득세 환급청구권 소멸시효의 기산일 특례에 2028년 12월 31일까지 효력을 가진다. <u>(2024. 12. 31. 개정)</u>

② 제28조의 4 제2항 제3호 및 같은 조 제6항 제7호(같은 조 제2항 제3호의 규정에 해당하는 주택에 한정한다)의 개정규정은 2026년 12월 31일까지 효력을 가진다. <u>(2024. 12. 31. 개정)</u>

제3조【주택 수 산정 제외에 관한 적용례 등】 ① 제28조의 4 제2항부터 제5항까지 및 같은 조 제6항 제7호부터 제9호까지의 개정규정은 2024년 1월 10일 이후 취득하는 주택 또는 오피스텔부터 적용한다.

② 제28조의 4 제2항 제2호 및 같은 조 제6항 제7호(같은 조 제2항 제2호에 따른 주택으로 한정한다) · 제9호의 개정규정에도 불구하고 2024년 1월 10일부터 이 영 시행일 전까지 취득한 다음 각 호의 구분에 따른 주택 또는 오피스텔에 대해서는 다음 각 호에서 정하는 바에 따른다.

1. 임대사업자가 취득한 주택 또는 오피스텔: 이 영 시행 이후 60일 이내에 「민간임대주택에 관한 특별법」 제5조에 따라 임대주택으로 등록한 경우 제28조의 4 제2항 제2호 다목 또는 같은 조 제6항 제9호 나목의 요건을 갖춘 것으로 본다.
2. 임대사업자가 아닌 자가 취득한 주택 또는 오피스텔: 이 영 시행 이후 60일 이내에 「민간임대주택에 관한 특별법」 제5조에 따라 임대사업자로 등록하고 그 주택 또는 오피스텔을 임대주택으로 등록한 경우 제28조의 4 제2항 제2호 다목 또는 같은 조 제6항 제9호

31호)

이 규칙은 공포한 날부터 시행한다.

부 칙 (2015. 6. 1. 행정자치부령 제28호)

이 규칙은 공포한 날부터 시행한다. 다만, 별지 제43호의 5 서식의 개정규정은 2015년 7월 1일부터 시행한다.

부 칙 (2015. 1. 15. 행정자치부령 제18호)

이 규칙은 2015년 1월 16일부터 시행한다.

부 칙 (2014. 11. 19. 행정자치부령 제1호 ; 행정자치부와 그 소속기관 직제 시행규칙 부칙)

제1조【시행일】 이 규칙은 공포한 날부터 시행한다. 다만, 부칙 제6조에 따라 개정되는 시행규칙 중 이 규칙 시행 전에 공포되었으나 시행일이 도래하지 아니한 시행규칙을 개정한 부분은 각각 해당 시행규칙의 시행일부터 시행한다.

제2조~제5조 생 략

제6조【다른 법령의 개정】 ①~㉕ 생 략

㉖ 지방세법 시행규칙 일부를 다음과 같이 개정한다.

관한 적용례】 제103조의 59 제4항의 개정규정은 이 법 시행 이후 세무서장등이 소득세 또는 법인세를 환급하여 같은 조 제1항 제5호 또는 같은 조 제2항 제5호에 따라 지방자치단체의 장에게 이를 통보하는 경우부터 적용한다.

제6조【가산세 적용 특례에 관한 적용례】 제103조의 61 제2항의 개정규정은 이 법 시행 이후 수정신고하거나 기한 후 신고하는 경우부터 적용한다.

제7조【무허가 건축물 등에 대한 재산세 부과에 관한 경과조치】 이 법 시행 직전 연도에 주택으로 보아 재산세가 부과된 건축물로서 허가등이나 사용승인(임시사용승인을 포함한다)을 받지 아니한 건축물에 대해서는 해당 건축물을 계속하여 주거용으로 사용하는 기간까지는 제106조 제2항 제2호의 2 및 같은 조 제3항의 개정규정에도 불구하고 주택으로 보아 재산세를 부과한다.

제8조【다른 법률의 개정】 부동산등기 특별조치법 일부를 다음과 같이 개정한다.

제11조 제1항 본문 중 "「지방세법」 제10조"를 "「지방세법」 제10조 및 제10조의 2부터 제10조의 6까지"로 한다.

부 칙 (2021. 12. 7. 법률 제18544호)

제1조【시행일】 이 법은 2022년 1월 1일부터 시행한다.

제2조【지방소비세의 납입에 관한 유효기간】 제71조 제3항 제4호 가목 및 나목의 개정규정은 이 법 시행일부터 2026년 12월 31일까지 효력을 가진다.

제3조【지방소비세에 관한 적용례】 제69조 및 제71조의 개정규정은 이 법 시행 이후 「부가가치세법」에 따라 납부 또는 환급하는 분부터 적용한다.

제4조【지방소비세의 세액에 관한 특례】 제69조 제2항 및 나목의 요건을 갖춘 것으로 본다.

제4조【확인서 제출에 관한 적용례】 제70조의 2 제2항의 개정규정은 이 영 시행 전에 담배를 폐기하였으나 종전의 제70조의 2 제2항에 따른 기간이 경과하지 않은 경우에도 적용한다.

제5조【지방소비세에 관한 적용례】 별표 2부터 별표 5까지의 개정규정은 2024년 1월 1일 이후 「부가가치세법」에 따라 납부 또는 환급하는 분부터 적용한다.

제6조【담배소비세 등의 충당에 관한 경과조치】 2024년 1월 1일 전에 납세의무가 성립된 분에 대해서는 제72조 및 제134조의 3의 개정규정에도 불구하고 종전의 규정에 따른다.

부 칙 (2024. 1. 16. 대통령령 제34153호 ; 해상교통안전법 시행령 부칙)

제1조【시행일】 이 영은 2024년 1월 26일부터 시행한다. (단서 생략)

제2조～제5조 생 략

제6조【다른 법령의 개정】 ①～④ 생 략

⑤ 지방세법 시행령 일부를 다음과 같이 개정한다.

별표 1 제2종 제90호 중 "「해사안전법」 제51조에 따른 선박안전관리대행업"을 "「해상교통안전법」 제53조에 따른 안전관리대행업"으로 하고, 같은 표 제2종 제151호 중 "「해사안전법」 제19조"를 "「해상교통안전법」 제18조"로 한다.

제3조, 제4조의 2, 제5조, 제6조 각 호 외의 부분 본문, 제11조의 2 제1항 각 호 외의 부분, 제20조, 제23조 각 호 외의 부분, 제28조 각 호 외의 부분, 제36조 각 호 외의 부분, 제39조, 제50조, 제51조 각 호 외의 부분, 제53조, 제55조 전단, 제59조 제3항, 제60조 제1항 각 호 외의 부분 및 제74조 각 호 외의 부분 중 "안전행정부령"을 각각 "행정자치부령"으로 한다.

제34조 제1항부터 제3항까지 및 제72조 제1항 중 "안전행정부장관"을 각각 "행정자치부장관"으로 한다.

별표 1 제31호의 범위란 중 "안전행정부장관"을 "행정자치부장관"으로 한다.

㉗～㊷ 생 략

부 칙 (2014. 8. 8. 안전행정부령 제88호)

제1조【시행일】 이 규칙은 공포한 날부터 시행한다.

제2조【개인지방소득세 결정·경정 등에 관한 특례】 대통령령 제25252호 지방세법 시행령 일부개정령 부칙 제5조 제2항에 따른 개인지방소득세 납세고지서는 별지 제41호 서식에 따른다.

제71조 제3항의 개정규정에도 불구하고 2022년 1월 1일부터 2022년 12월 31일까지 지방소비세의 세액은 제69조 제1항의 과세표준에 1천분의 237을 적용하여 계산한 금액으로 한다. 이 경우 제71조 제3항 제1호의 개정규정 중 253분의 50은 237분의 50으로, 같은 항 제2호의 개정규정 중 253분의 60은 237분의 60으로, 같은 항 제3호의 개정규정 중 253분의 100은 237분의 100으로, 같은 항 제4호의 개정규정 중 253분의 43은 237분의 27로 한다.

제5조【다른 법률의 개정】 지방세기본법 일부를 다음과 같이 개정한다.

제11조의 2 중 "「지방세법」 제71조 제3항 제3호 가목 및 나목"을 "「지방세법」 제71조 제3항 제3호 및 제4호"로 한다.

부 칙 (2021. 7. 8. 법률 제18294호)

제1조【시행일】 이 법은 공포한 날부터 시행한다.

제2조【적용례】 이 법은 2021년 6월 1일 현재 납세 의무가 성립하는 분부터 적용한다.

제3조【유효기간】 이 법의 유효기간은 법률 제17769호 지방세법 일부개정법률 제111조의 2의 개정규정의 유효기간과 동일하게 적용한다.

부 칙 (2021. 1. 12. 법률 제17893호 ; 지방자치법 부칙)

제1조【시행일】 이 법은 공포 후 1년이 경과한 날부터 시행한다.

제2조～제21조 생 략

제22조【다른 법률의 개정】 ①～㊾ 생 략

㊿ 지방세법 일부를 다음과 같이 개정한다.

제9조 제1항 본문 중 "「지방자치법」 제159조 제1항"을 "「지

⑥～⑨ 생 략

제7조 생 략

부 칙 (2023. 12. 29. 대통령령 제34080호)

제1조【시행일】 이 영은 2024년 1월 1일부터 시행한다.

제2조【감정가액에 따른 시가인정액의 산정 등에 관한 적용례】 제14조 제1항 제2호 각 목 외의 부분 단서 및 같은 조 제5항의 개정규정은 이 영 시행 이후 취득하는 부동산등에 대해 시가인정액을 산정하는 경우부터 적용한다.

제3조【대물변제 및 양도담보로 취득한 과세물건의 과세표준에 관한 적용례】 제18조의 4 제1항 제1호 가목 단서 및 같은 호 다목 단서의 개정규정은 이 영 시행 이후 취득하는 경우부터 적용한다.

제4조【무상취득 등으로 보지 않는 계약해제 기간의 변경에 관한 적용례】 ① 제20조 제1항 제1호부터 제3호까지의 개정규정은 이 영 시행 전에 무상취득한 경우로서 이 영 시행 당시 그 취득일부터 60일이 경과되지 않은 경우에도 적용한다.

② 제20조 제2항의 개정규정은 이 영 시행 이후 유상승계취득하는 경우(사실상의 잔금지급일을 확인할 수 있는 경우로 한정한다)부터 적용한다.

제5조【주택 유상거래 취득 중과세의 예외에 관한 적용례】 제28조의 2 제8호 각 목 외의 부분 단서의 개정규정[같은 호 나목 6) 외의 개정사항만 해당한다]은 이 영 시행 이후 멸실시킬 목적으로 주택을 취득하는 경우부터 적용한다.

제6조【철거 빈집의 부속토지에 대한 별도합산과세에 관한 적용례】 제103조의 2 전단의 개정규정은 이 영 시행 이후 재산세 납세의무가 성립하는 경우부터 적용한다.

부 칙 (2014. 3. 14. 안전행정부령 제62호)

제1조【시행일】 이 규칙은 공포한 날부터 시행한다.

제2조【사회복지수요 등을 고려한 안분액 계산식에 관한 적용례】 제33조의 2 제1항의 개정규정은 2015년도에 「부가가치세법」에 따라 최초로 개시하는 과세기간에 납부 또는 환급하는 분부터 적용한다.

제3조【도별 취득세 감소분의 보전비율 등의 통보에 관한 특례】 ① 제34조 제2항의 개정규정에도 불구하고 안전행정부장관은 2014년도 도별 취득세 감소분의 보전비율을 2014년 3월 21일까지 통보할 수 있다.

② 제34조 제3항의 개정규정에도 불구하고 교육부장관은 2014년도 도 교육청별 보통교부금 배분비율을 2014년 3월 21일까지 통보할 수 있다.

부 칙 (2014. 1. 1. 안전행정부령 제48호)

이 규칙은 2014년 1월 1일부터 시행한다.

부 칙 (2013. 3. 23. 안전행정부령 제1호 ; 안전행정부와 그 소속기

방자치법」 제176조 제1항"으로 한다.

제34조 제5항, 제113조 제5항 및 제151조 제4항 중 "「지방자치법」 제4조 제1항"을 각각 "「지방자치법」 제5조 제1항"으로 한다.

㊹~㊻ 생 략

제23조 생 략

부 칙 (2020. 12. 29. 법률 제17769호)

제1조【시행일】 이 법은 2021년 1월 1일부터 시행한다. 다만, 제93조 제12항, 제111조의 2, 제112조, 제113조 및 제123조의 개정규정은 공포한 날부터, 제71조 제1항의 개정규정은 공포 후 1년이 경과한 날부터, 제93조 제17항의 개정규정은 2025년 1월 1일부터, 제103조의 46 제1항의 개정규정은 2024년 1월 1일부터 시행한다. (2023. 3. 14. 단서개정)

제1조【시행일】 이 법은 2021년 1월 1일부터 시행한다. 다만, 제93조 제12항, 제111조의 2, 제112조, 제113조 및 제123조의 개정규정은 공포한 날부터, 제71조 제1항의 개정규정은 공포 후 1년이 경과한 날부터, 제93조 제17항의 개정규정은 2027년 1월 1일부터, 제103조의 46 제1항의 개정규정은 2024년 1월 1일부터 시행한다. (2024. 12. 31. 단서개정)

제2조【1세대 1주택에 대한 재산세 세율 특례의 유효기간】 제111조의 2, 제112조 및 제113조의 개정규정은 같은 개정규정 시행일부터 6년이 되는 날까지 성립한 납세의무에 한정하여 적용한다. (2023. 12. 29. 개정)

제3조【일반적 적용례】 이 법은 이 법 시행 이후 납세의무가 성립하는 분부터 적용한다.

제4조【법인과세 신탁재산의 소득에 대한 지방소득세 과세 등에 관한 적용례】 제87조 제1항 및 제103조의 58의 개정규정은 이 법 시행 이후 신탁계약을 체결하는 분부터 적용한다.

제7조【철거 빈집에 대한 재산세 세 부담 상한에 관한 적용례】 제118조 제1호 라목의 개정규정은 이 영 시행 이후 재산세 납세의무가 성립하는 경우부터 적용한다. 이 경우 「농어촌정비법」에 따른 생활환경정비사업(빈집의 정비에 관한 사업만 해당한다)의 시행으로 주택이 멸실되는 토지에 대해서는 이 영 시행 이후 주택이 멸실되는 경우로 한정한다.

제8조【등록면허세에 관한 적용례】 별표 1의 개정규정은 이 영 시행 이후 납세의무가 성립하는 분부터 적용한다.

부 칙 (2023. 12. 19. 대통령령 제34011호 ; 벤처투자 촉진에 관한 법률 시행령 부칙)

제1조【시행일】 이 영은 2023년 12월 21일부터 시행한다.

제2조【다른 법령의 개정】 ①~⑱ 생 략

⑲ 지방세법 시행령 일부를 다음과 같이 개정한다.

제26조 제1항 제17호 본문 중 "중소기업창업투자회사"를 "벤처투자회사"로 한다.

⑳~㉑ 생 략

제3조 생 략

부 칙 (2023. 7. 7. 대통령령 제33621호 ; 지방자치분권 및 지역균형발전에 관한 특별법 시행령 부칙)

제1조【시행일】 이 영은 2023년 7월 10일부터 시행한다.

제2조～제11조 생 략

제12조【다른 법령의 개정】 ①~㉙ 생 략

㉚ 지방세법 시행령 일부를 다음과 같이 개정한다.

제102조 제7항 제12호 사목 중 "「국가균형발전 특별법」 제2조 제10호"를 "「지방자치분권 및 지역균형발전에 관한 특별법」 제2조 제14호"로 한다.

관 직제 시행규칙 부칙)

제1조【시행일】 이 규칙은 공포한 날부터 시행한다.

제2조～제4조 생 략

제5조【다른 법령의 개정】 ①~㉝ 생 략

㉞ 지방세법 시행규칙 일부를 다음과 같이 개정한다.

제3조, 제4조의 2, 제5조, 제6조 각 호 외의 부분 본문, 제20조, 제23조 각 호 외의 부분, 제28조 각 호 외의 부분, 제36조 각 호 외의 부분, 제39조, 제50조, 제51조 각 호 외의 부분, 제53조, 제55조 전단, 제59조 제3항, 제60조 제1항 각 호 외의 부분 및 제74조 중 "행정안전부령"을 각각 "안전행정부령"으로 한다.

제34조 및 제72조 제1항 중 "행정안전부장관"을 각각 "안전행정부장관"으로 한다.

별표 1 제31호의 범위란 중 "행정안전부장관 또는 국토해양부장관"을 "안전행정부장관 또는 국토교통부장관"으로 한다.

별표 3 제2호 나목 중 "지식경제부장관"을 "산업통상자원부장관"으로 한다.

별지 제6호 서식 중 "국토해양부"를 "국토교통부"로 한다.

㉟~㊿ 생 략

제5조【주택임대소득에 대한 세액 계산의 특례에 관한 적용례】 ① 제93조 제12항 각 호 외의 부분 단서의 개정규정은 2020년 8월 18일 이후 등록이 말소되는 분부터 적용한다.
② 제93조 제12항 제1호 및 제2호의 개정규정은 2020년 8월 18일 이후 등록을 신청하는 민간임대주택부터 적용한다.

제6조【가상자산 과세에 관한 적용례】 제93조 제17항의 개정규정은 부칙 단서에 따른 시행일 이후 가상자산을 양도·대여하는 분부터 적용한다.

제7조【양도소득에 대한 개인지방소득세에 관한 적용례】 제103조의 3 제1항 제8호·제9호·제14호 및 제103조의 6 제2항 제4호의 개정규정은 이 법 시행 이후 양도하는 분부터 적용한다.

제8조【국외전출자의 납세담보 제공에 관한 적용례】 제103조의 7 제7항의 개정규정은 이 법 시행 이후 거주자가 출국하는 경우부터 적용한다.

제9조【지방소득세 특별징수 납세지에 관한 적용례】 제103조의 13 제2항 단서의 개정규정은 이 법 시행 이후 납부하는 경우부터 적용한다.

제10조【법인지방소득세 과세표준에 관한 적용례】 제103조의 19 제2항부터 제4항까지 및 제103조의 34 제2항의 개정규정은 이 법 시행 이후 법인지방소득세 과세표준을 신고(수정신고는 제외한다)하는 경우부터 적용한다. 다만, 2019년 12월 31일 이전에 개시한 사업연도의 과세표준에 포함된 외국납부세액에 대하여는 제103조의 19 제3항의 개정규정을 적용할 때 15년을 10년으로 본다.

제11조【신탁재산에 대한 재산세 납세의무자 등에 관한 적용례】 제106조 제3항, 제107조 및 제119조의 2의 개정규정은 이 법 시행 이후 납세의무가 성립하는 분부터 적용한다.

㉛~㊴ 생 략

제13조·제14조 생 략

부 칙 (2023. 6. 30. 대통령령 제33609호)

제1조【시행일】 이 영은 공포한 날부터 시행한다.

제2조【차량 또는 기계장비의 취득당시가액에 관한 적용례】 제18조의 3 제1항 각 호 및 제2항 단서의 개정규정은 2023년 1월 1일 이후 차량 또는 기계장비를 취득한 경우에 대해서도 적용한다.

부 칙 (2023. 6. 7. 대통령령 제33518호 ; 수상레저안전법 시행령 부칙)

제1조【시행일】 이 영은 2023년 6월 11일부터 시행한다.

제2조~제10조 생 략

제11조【다른 법령의 개정】 ①~④ 생 략
⑤ 지방세법 시행령 일부를 다음과 같이 개정한다.
별표 1 <제2종> 제133호 중 "「수상레저안전법」 제39조"를 "「수상레저안전법」 제37조"로 한다.

제12조 생 략

부 칙 (2023. 5. 30. 대통령령 제33489호)

제1조【시행일】 이 영은 공포한 날부터 시행한다.

제2조【별도합산과세대상 토지의 범위에 관한 적용례】 제101조 제3항의 개정규정은 이 영 시행 이후 납세의무가 성립하는 분부터 적용한다.

부 칙 (2023. 4. 27. 대통령령 제33435호 ; 동물보호법 시행령 부칙)

제1조【시행일】 이 영은 공포한 날부터 시행한다. (단서 생략)

부 칙 (2013. 1. 14. 행정안전부령 제336호)

이 규칙은 공포한 날부터 시행한다.

부 칙 (2012. 4. 10. 행정안전부령 제292호)

이 규칙은 공포한 날부터 시행한다.

부 칙 (2011. 12. 31. 행정안전부령 제272호)

이 규칙은 공포한 날부터 시행한다.

부 칙 (2011. 5. 30. 행정안전부령 제221호)

이 규칙은 공포한 날부터 시행한다.

부 칙 (2010. 12. 31. 행정안전부령 제185호)

이 규칙은 2011년 1월 1일부터 시행한다.

부 칙 (2010. 12. 23. 행정안전부령 제177호)

제1조【시행일】 이 규칙은 2011년 1월 1일부터 시행한다.

제2조【일반적 경과조치】 이 규칙 시행 당시 종전의 규정에 따라 부과 또는 감면하였거나 부과 또는 감면하여야 할 지방세에 관하여는 종전의 규정에

제12조【주민세 사업소분 가산세 부과에 관한 특례】 주민세 사업소분의 납세의무자가 제83조 제3항에 따른 신고 또는 납부의무를 다하지 아니한 경우에 제81조 제1항 제1호에 따라 산출한 세액 또는 그 부족세액에 대해서는 제83조 제6항의 개정규정에도 불구하고 2024년 12월 31일까지는 「지방세기본법」 제53조, 제54조 및 제55조 제1항 제1호·제2호에 따른 가산세를 부과하지 아니한다. (2023. 3. 14. 개정)

제12조【주민세 사업소분 가산세 부과에 관한 특례】 주민세 사업소분의 납세의무자가 제83조 제3항에 따른 신고 또는 납부의무를 다하지 아니한 경우에 제81조 제1항 제1호에 따라 산출한 세액 또는 그 부족세액에 대해서는 제83조 제6항의 개정규정에도 불구하고 2026년 12월 31일까지는 「지방세기본법」 제53조, 제54조 및 제55조 제1항 제1호·제2호에 따른 가산세를 부과하지 아니한다. (2024. 12. 31. 개정)

제13조【종전에 납부한 외국납부세액의 환급에 관한 특례】 ① 2014년 1월 1일부터 2019년 12월 31일 이전까지 개시한 사업연도에 국외원천소득이 있는 내국법인이 종전의 「법인세법」(법률 제17652호 법인세법 일부개정법률에 따라 개정되기 전의 것을 말한다) 제57조 제1항 제1호에 따라 외국법인세액을 해당 사업연도의 산출세액에서 공제하는 방법을 선택한 경우로서 해당 사업연도의 법인지방소득세 과세표준에 외국법인세액이 포함된 경우에는 이미 납부한 해당 사업연도의 법인지방소득세액과 해당 사업연도의 법인지방소득세 과세표준에서 외국법인세액을 차감하여 계산한 해당 사업연도의 법인지방소득세액과의 차액을 「지방세기본법」 제60조에 따라 환급받을 수 있다. 이 경우 외국법인세액이 해당 사업연도의 법인지방소득세 과세표준을 초과하는 경우에 그 초과하는 금액은 해당 사업연도의 다음 사업연도 개시일부터 10년 이내에 끝나는 각 사업연도로 이월하여 그 이월된 사업연도의 법인지방소득세 과세표준을 계산할 때 차감할 수 있다.

제2조~제7조 생 략

제8조【다른 법령의 개정】 ①~⑤ 생 략

⑥ 지방세법 시행령 일부를 다음과 같이 개정한다.

별표 1 <제3종> 제29호를 다음과 같이 한다.

29. 「동물보호법」 제69조 제1항 및 제4항에 따른 동물생산업·동물수입업·동물판매업·동물장묘업의 허가 및 신고, 같은 법 제73조 제1항 및 제4항에 따른 동물전시업·동물위탁관리업·동물미용업·동물운송업의 등록 및 신고

⑦ 생 략

제9조 생 략

부 칙 (2023. 4. 18. 대통령령 제33417호 : 오존층 보호를 위한 특정물질의 제조규제 등에 관한 법률 시행령 부칙)

제1조【시행일】 이 영은 2023년 4월 19일부터 시행한다.

제2조 생 략

제3조【다른 법령의 개정】 ① 생 략

② 지방세법 시행령 일부를 다음과 같이 개정한다.

별표 1 <제1종> 제152호 중 "「오존층 보호를 위한 특정물질의 제조규제 등에 관한 법률」"을 "「오존층 보호 등을 위한 특정물질의 관리에 관한 법률」"로 한다.

부 칙 (2023. 3. 14. 대통령령 제33325호)

제1조【시행일】 이 영은 공포한 날부터 시행한다. 다만, 제87조 제4항, 제99조의 2부터 제99조의 4까지, 제100조 제12항, 제100조의 5 제3항 전단 및 제100조의 7제4항의 개정규정은 2025년 1월 1일부터 시행한다.

제2조【주택 유상거래 취득 중과세의 예외 등에 관한 적용례】 제28조의 2부터 제28조의 4까지, 제79조 제2항·제3항, 제

따른다.

제3조【서식의 사용에 관한 경과조치】 ① 이 규칙 시행 전에 납세의무구가 성립한 지방세의 신고·납부, 보통징수 등에 관하여는 종전의 서식에 따른다.

② 이 규칙 시행 전에 종전의 규정에 따라 제작된 서식은 2011년 12월 31일까지 법, 영 및 이 규칙에 따른 개정내용을 반영하여 사용할 수 있다.

제4조【다른 법령의 개정】 ① 부동산등기특별조치법에의한과태료부과·징수규칙 일부를 다음과 같이 개정한다.

별표를 다음과 같이 한다.

<생 략>

별지 제5호 서식 중 "⑮ 등록세액"을 "⑮ 과태료 기준 금액"으로 한다.

② 행정안전부가 그 소속기관 직제 시행규칙 일부를 다음과 같이 개정한다.

제18조 제8항 제5호 및 제6호 중 "등록세"를 각각 "등록면허세"로 한다.

제5조【다른 법령의 개정에 따른 경과조치】 이 규칙 시행 전에 상당한 이유 없이 「부동산등기 특별조치법」 제2조 각 항에 따른 등기신청을 해태한 경우 과태료의 부과 기준에 관하여는 부칙 제4조 제1항의 개정규정에도 불구하고 종전의 규정에 따른다.

제6조【다른 법령과의 관계】 이 규

② 제1항에 따라 환급을 받으려는 내국법인은 이 법 시행 전에 「지방세기본법」 제50조 제1항의 경정청구 기한이 경과한 경우라 하더라도 2021년 6월 30일까지 납세지 관할 지방자치단체의 장에게 경정을 청구할 수 있다. 이 경우 경정을 청구받은 지방자치단체의 장은 「지방세기본법」 제50조 제3항에 따른 처분을 하여야 한다.
③ 납세지 관할 지방자치단체의 장은 제1항에 따른 환급을 위하여 필요한 경우에는 해당 내국법인에게 해당 사업연도의 외국납부세액 납부에 관한 자료를 요구할 수 있다.

제14조【주택임대소득에 대한 세액 계산의 특례에 관한 경과조치】 2020년 8월 18일 전에 등록을 신청한 민간임대주택의 경우에는 제93조 제12항 제1호 및 제2호의 개정규정에도 불구하고 종전의 규정에 따른다.

제15조【감정가액 적용에 따른 가산세에 관한 경과조치】 이 법 시행 전에 매매계약을 체결하고 계약금을 지급받은 사실이 증명서류에 의하여 확인되는 경우에는 제103조의 9 제2항의 개정규정에도 불구하고 종전의 규정에 따른다.

제16조【신탁재산에 대한 재산세 납세의무자 변경에 관한 경과조치】 ① 이 법 시행 전에 재산세 납세의무가 성립된 경우에는 제107조 제2항 제5호의 개정규정에도 불구하고 종전의 규정에 따른다.
② 이 법 시행 전에 제105조에 따른 재산을 취득한 경우로서 「조세특례제한법」 및 「지방세특례제한법」에 따라 감면하여야 할 재산세에 대해서는 그 감면기한이 종료될 때까지 제107조 제1항 제3호의 개정규정에 따른 위탁자에게 해당 감면규정을 적용한다.

제17조【다른 법률의 개정】 ① 제주특별자치도 설치 및 국제자유도시 조성을 위한 특별법 일부를 다음과 같이 개정한다.

100조의 3 제2항, 제102조 제9항, 제110조의 2, 제118조 및 별표 1의 개정규정은 이 영 시행 이후 납세의무가 성립하는 분부터 적용한다.

제3조【지방소비세에 관한 적용례】 제75조 및 별표 2부터 별표 5까지의 개정규정은 2023년 1월 1일 이후 「부가가치세법」에 따라 납부 또는 환급하는 분부터 적용한다.

제3조의 2【재개발사업 등으로 취득한 부동산에 대한 과세표준에 관한 특례】 ① 2023년 3월 14일 전에 「도시 및 주거환경정비법」 제74조에 따른 관리처분계획 인가, 「빈집 및 소규모주택 정비에 관한 특례법」 제29조에 따른 사업시행계획인가 또는 「주택법」 제15조에 따른 사업계획 승인을 받은 사업의 시행으로 법 제10조의 5 제3항 제3호에 따른 사업시행자 또는 주택조합이 2023년 3월 14일 이후 취득하는 비조합원용 부동산 또는 체비지·보류지에 대해서는 제18조의 4 제1항 제3호의 개정규정에도 불구하고 취득당시가액은 다음 계산식에 따라 산출한 가액으로 한다. 다만, 다음 계산식에 따라 산출한 가액이 제18조의 4 제1항 제3호의 개정규정에 따라 산출한 가액보다 높은 경우에는 그렇지 않다. (2024. 12. 31. 신설)

가액 = A × [B − (C × B / D)]
A: 해당 토지의 제곱미터당 공시지가
B: 해당 토지의 면적
C: 사업시행자 또는 주택조합이 해당 사업진행 중 취득한 토지면적(조합원으로부터 신탁받은 토지는 제외한다)
D: 해당 사업 대상 토지의 전체 면적

② 2023년 3월 14일 전에 「도시개발법」 제29조에 따른 환지계획 인가를 받은 사업의 시행으로 제18조의 4 제2항 제1호에 따른 사업시행자가 2023년 3월 14일 이후 취득하는 체비지·보

칙 시행 당시 다른 법령에서 종전의 「지방세법 시행규칙」 또는 그 규정을 인용하고 있는 경우 이 규칙에 그에 해당하는 규정이 있으면 종전의 「지방세법 시행규칙」 또는 그 규정을 갈음하여 이 규칙 또는 이 규칙의 해당 규정을 인용한 것으로 본다.

제123조 제1항 제3호를 다음과 같이 한다.

3. 「지방세법」 제81조 제1항 제1호에 따른 세율

제123조 제5항 각 호 외의 부분 중 "재산분"을 "사업소분(「지방세법」 제81조 제1항 제2호에 따라 부과되는 세액으로 한정한다. 이하 이 항에서 같다)"으로, "제81조 제3항"을 "제81조 제1항 제2호 단서"로, "이하에서 같은 법 제81조 제2항에 따라"를 "이하에서"로 하고, 같은 항 제1호 중 "재산분"을 "사업소분"으로 한다.

② 지방교육재정교부금법 일부를 다음과 같이 개정한다.

제11조 제2항 제3호 중 "재산분"을 "사업소분"으로 한다.

③ 채무자 회생 및 파산에 관한 법률 일부를 다음과 같이 개정한다.

제579조 제4호 나목 중 "균등분"을 "개인분"으로 한다.

부 칙 (2020. 12. 29. 법률 제17757호 ; 소득세법 부칙)

제1조【시행일】 이 법은 2021년 1월 1일부터 시행한다. 다만, 다음 각 호의 개정규정은 각 호의 구분에 따른 날부터 시행한다.

1.~4. 생 략

제2조~제41조 생 략

제42조【다른 법률의 개정】 지방세법 일부를 다음과 같이 개정한다.

제103조 제4항 중 "「소득세법」 제118조의 9"를 "「소득세법」 제126조의 3"으로, "같은 법 제118조의 10"을 "같은 법 제126조의 4"로 한다.

제103조의 3 제8항 중 "「소득세법」 제118조의 9"를 "「소득세법」 제126조의 3"으로 한다.

제103조의 7 제6항 중 "「소득세법」 제118조의 9"를 "「소득세법」 제118조의 9"를 "「소득

류지에 대해서는 같은 조 제1항 제4호 가목의 개정규정에도 불구하고 취득당시가액은 다음 계산식에 따라 산출한 가액으로 한다. 다만, 다음 계산식에 따라 산출한 가액이 같은 조 제1항 제4호 가목의 개정규정에 따라 산출한 가액보다 높은 경우에는 그렇지 않다. (2024. 12. 31. 신설)

가액 = A × [B − (C × B / D)] − E

A: 해당 토지의 제곱미터당 공시지가
B: 해당 토지의 면적
C: 사업시행자가 해당 사업 진행 중 취득한 토지면적
D: 해당 사업 대상 토지의 전체 면적
E: 법 제7조 제4항 후단에 따른 토지의 지목변경에 따른 취득가액

③ 2023년 3월 14일 전에 「도시개발법」 제29조에 따른 환지계획 인가 또는 「도시 및 주거환경정비법」 제74조에 따른 관리처분계획 인가를 받은 사업의 시행으로 제18조의 4 제2항 제2호에 따른 조합원(재개발사업 또는 도시개발사업에 따른 조합원의 경우에는 2023년 1월 1일부터 2023년 3월 14일 전까지 환지계획 인가 또는 관리처분계획인가를 받은 경우로 한정한다)이 2023년 3월 14일 이후 취득하는 토지에 대해서는 같은 조 제1항 제4호 나목의 개정규정에도 불구하고 취득당시가액은 다음 계산식에 따라 산출한 가액으로 한다. 다만, 다음 계산식에 따라 산출한 가액이 같은 조 제1항 제4호 나목의 개정규정에 따라 산출한 가액보다 높은 경우에는 그렇지 않다. (2024. 12. 31. 신설)

가액 = (A × B) − C

A: 해당 토지의 제곱미터당 공시지가
B: 해당 토지 면적
C: 법 제7조 제4항 후단에 따른 토지의 지목변경에 따른 취득가액

운영예규 부 칙 (2023. 7. 1. 행정안전부예규 제249호)

제1조【시행일】 이 예규는 2023년 7월 1일부터 시행한다.

제2조【재검토 기한】 행정안전부장관은 「훈령·예규 등의 발령 및 관리에 관한 규정」에 따라 이 예규에 대하여 2023년 7월 1일 기준으로 매 3년이 되는 시점(매 3년째의 6월 30일까지를 말한다)마다 그 타당성을 검토하여 개선 등의 조치를 하여야 한다.

부 칙 (2022. 10. 25. ; 행정안전부예규 제223호)

제1조【시행일】 이 예규는 2022년 10월 31일부터 시행한다.

제2조【전통사찰보존지 및 향교재산 중 임대농지의 수익사업 판단에 관한 적용례】 법 106…시행령 102－4의 개정규정은 2022년에도 납세의무가 성립한 재산세 분부터 적용한다.

제3조【재검토기한】 행정안전부장관은 「훈령·예규 등의 발령 및 관리에 관한 규정」에 따라 이 예규에 대하여 2019년 7월 1일 기준으로 매 3년이 되는 시점(매 3년째의 6월 30일까지를 말한다)마다 그 타당성을 검토하여 개선 등의 조치를 하여야 한다.

부 칙 (2019. 5. 31. ; 행정안전부예규 제

세법」 제126조의 3"으로, "같은 법 제118조의 15 제2항"을 "같은 법 제126조의 9 제2항"으로 하고, 같은 조 제7항 중 "「소득세법」 제118조의 16"을 "「소득세법」 제126조의 10"으로 하며, 같은 조 제8항 중 "「소득세법」 제118조의 17"을 "「소득세법」 제126조의 11"로 한다.

부 칙 (2020. 12. 22. 법률 제17651호 ; 국제조세조정에 관한 법률 부칙)

제1조 【시행일】 이 법은 2021년 1월 1일부터 시행한다. (단서 생략)

제2조~제30조 생 략

제31조 【다른 법률의 개정】 ①~④ 생 략

⑤ 지방세법 일부를 다음과 같이 개정한다.

제103조의 61 제1항 중 "「국제조세조정에 관한 법률」 제13조 제1항"을 "「국제조세조정에 관한 법률」 제17조 제1항"으로 한다.

⑥~⑦ 생 략

제32조 생 략

부 칙 (2020. 8. 12. 법률 제17473호)

제1조 【시행일】 이 법은 공포한 날부터 시행한다. 다만, 제103조의 3 제10항 제2호 및 제4호, 제103조의 31 제1항의 개정규정은 2021년 1월 1일부터 시행하고, 제93조 제4항, 제103조의 3 제1항 및 같은 조 제10항 각 호 외의 부분의 개정규정은 2021년 6월 1일부터 시행한다.

제2조 【일반적 적용례】 이 법은 이 법 시행 이후 납세의무가 성립하는 분부터 적용한다.

제3조 【주택 수의 판단 범위에 관한 적용례】 제13조의 3

제4조 【과점주주의 부동산 취득에 관한 경과조치】 이 영 시행 전에 종전의 제11조 제1항에 따라 최초로 과점주주가 된 경우(같은 조 제2항 본문에 따라 주식등의 비율이 증가된 경우를 포함한다)의 취득세 부과에 관하여는 같은 조 제1항의 개정규정에도 불구하고 종전의 규정에 따른다.

제5조 【다른 법령의 개정】 개별소비세법 시행령 일부를 다음과 같이 개정한다.

제20조 제2항 제5호 가목 중 "「지방세법」 제53조 각 호"를 "「지방세법」 제53조 제1항 각 호"로 한다.

부 칙 (2023. 2. 28. 대통령령 제33308호)

제1조 【시행일】 이 영은 공포한 날부터 시행한다.

제2조 【조정대상지역의 일시적 2주택에 대한 취득세 중과배제 요건에 관한 적용례】 제28조의 5 제1항 및 제36조의 3 제1항의 개정규정은 2023년 1월 12일 이후 제28조의 5 및 제36조의 3에 따른 종전 주택등을 처분하여 같은 개정규정에 따른 요건에 해당하게 된 경우에도 적용한다.

부 칙 (2023. 1. 10. 대통령령 제33225호 ; 수산업법 시행령 부칙)

제1조 【시행일】 이 영은 2023년 1월 12일부터 시행한다.

제2조~제9조 생 략

제10조 【다른 법령의 개정】 ①~㊲ 생 략

㊳ 지방세법 시행령 일부를 다음과 같이 개정한다.

별표 1 <제1종>의 제53호 본문 및 같은 표 <제2종>의 제53호 본문 중 "「수산업법」 제8조, 제41조 및 제47조"를 각각 "「수산업법」 제7조, 제40조 및 제48조"로 하고, 같은 표 <제3종>의 제54호 본문 중 "「수산업법」 제8조, 제41조 및 제47조"를 "「수

74호)

제1조 【시행일】 이 예규는 2019년 6월 1일부터 시행한다.

제2조 【재검토기한】 행정안전부장관은 「훈령 · 예규 등의 발령 및 관리에 관한 규정」에 따라 이 예규에 대하여 2019년 7월 1일 기준으로 매 3년이 되는 시점(매 3년째의 6월 30일까지를 말한다)마다 그 타당성을 검토하여 개선 등의 조치를 하여야 한다.

제2호부터 제4호까지의 개정규정은 이 법 시행 이후 조합원입주권, 주택분양권 및 오피스텔을 취득하는 분부터 적용한다.

제4조【양도소득분 지방소득세 등에 관한 적용례】 ① 제93조 제4항, 제103조의 3 제1항 및 같은 조 제10항 각 호 외의 부분의 개정규정은 2021년 6월 1일 이후 양도하는 분부터 적용한다.

② 제103조의 3 제10항 제2호 및 같은 항 제4호의 개정규정은 2021년 1월 1일 이후 새로 취득하는 분양권부터 적용한다.

제5조【토지등 양도소득에 대한 지방소득세 과세특례에 관한 적용례】 제103조의 31 제1항의 개정규정은 2021년 1월 1일 이후 양도하는 분부터 적용한다.

제6조【법인의 주택 취득 등 중과에 대한 경과조치】 제13조 제2항 및 제13조의 2의 개정규정을 적용할 때 법인 및 국내에 주택을 1개 이상 소유하고 있는 1세대가 2020년 7월 10일 이전에 주택에 대한 매매계약(공동주택 분양계약을 포함한다)을 체결한 경우에는 그 계약을 체결한 당사자의 해당 주택의 취득에 대하여 종전의 규정을 적용한다. 다만, 해당 계약이 계약금을 지급한 사실 등이 증빙서류에 의하여 확인되는 경우에 한정한다.

제7조【주택 수의 판단 범위에 관한 경과조치】 부칙 제3조에도 불구하고 제13조의 3 제2호부터 제4호까지의 개정규정은 이 법 시행 전에 매매계약(오피스텔 분양계약을 포함한다)을 체결한 경우는 적용하지 아니한다.

부 칙 (2019. 12. 31. 법률 제16855호)

제1조【시행일】 이 법은 2020년 1월 1일부터 시행한다. 다만, 다음 각 호의 개정규정은 각 호의 구분에 따른 날부터 시행한다.

산업법」 제7조, 제40조 및 제48조"로, 제183호 중 "「수산업법」 제57조"를 "「수산업법」 제51조"로 하며, 같은 표 <제4종>의 제53호 본문 중 "「수산업법」 제8조, 제41조 및 제47조"를 "「수산업법」 제7조, 제40조 및 제48조"로, 제94호 중 "「수산업법」 제65조"를 "「수산업법」 제62조"로 한다.

㊴~㊽ 생 략

제11조 생 략

부 칙 (2022. 11. 29. 대통령령 제33004호 ; 화재예방, 소방시설 설치 · 유지 및 안전관리에 관한 법률 시행령 부칙)

제1조【시행일】 이 영은 2022년 12월 1일부터 시행한다. 다만, 다음 각 호의 개정규정은 해당 호에서 정하는 날부터 시행한다.

1. 별표 1 제2호 마목, 별표 4 제1호 나목 2) 및 같은 표 제2호 마목의 개정규정 : 2023년 12월 1일
2. 별표 2 제1호 나목 · 다목의 개정규정 : 2024년 12월 1일
3. 별표 8 제1호 라목 · 바목 · 사목 및 같은 표 제2호 라목 · 바목 · 사목의 개정규정 : 2023년 7월 1일

제2조~제15조 생 략

제16조【다른 법령의 개정】 ①~㉚ 생 략

㉛ 지방세법 시행령 일부를 다음과 같이 개정한다.

제51조 제20호 중 "「화재예방, 소방시설 설치 · 유지 및 안전관리에 관한 법률」 제36조"를 "「소방시설 설치 및 관리에 관한 법률」 제37조"로 한다.

제138조 제1항 제2호 각 목 외의 부분 및 같은 조 제2항 제2호 각 목 외의 부분 중 "「화재예방, 소방시설 설치 · 유지 및 안전관리에 관한 법률 시행령」"을 각각 "「소방시설 설치 및 관리에 관한 법률 시행령」"으로 한다.

별표 1 제2종 제158호 중 "「화재예방, 소방시설 설치 · 유지 및

1. 제89조 제1항 제1호, 제91조, 제93조 제10항 · 제12항, 제103조 제2항부터 제4항까지, 제103조의 19, 제103조의 21 제2항, 제103조의 34, 제103조의 41 및 제103조의 47 제1항부터 제3항까지의 개정규정 : 공포한 날
2. 제128조 제3항 · 제4항, 제141조부터 제147조까지의 개정규정, 부칙 제17조 및 부칙 제18조 : 2021년 1월 1일

제2조【지방소비세의 납입에 관한 유효기간】 제71조 제3항 제3호 가목 및 나목의 개정규정은 이 법 시행일부터 2026년 12월 31일까지 효력을 가진다. (2021. 12. 7. 개정)

제3조【일반적 적용례】 이 법은 이 법 시행 이후 납세의무가 성립하는 분부터 적용한다.

제4조【지방소비세에 관한 적용례】 제69조, 제71조의 개정규정은 이 법 시행 후 「부가가치세법」에 따라 최초로 납부 또는 환급하는 분부터 적용한다.

제5조【분리과세 주택임대소득에 대한 개인지방소득세 세액계산에 관한 적용례】 제93조 제10항 및 제12항의 개정규정은 부칙 제1조 제1호에 따른 시행일이 속하는 과세기간에 발생한 소득분부터 적용한다.

제6조【개인지방소득세 관련 신고 등의 관할에 관한 적용례】 ① 제93조 제15항, 제95조 제1항, 제103조의 5 제1항 후단, 제103조의 7 제1항 후단 및 제103조의 12 제5항의 개정규정은 이 법 시행 이후 신고하는 경우부터 적용한다.
② 제96조 제1항 후단의 개정규정은 이 법 시행 이후 신고하거나 경정 청구하는 경우부터 적용한다.

제7조【개인지방소득세 과세표준 및 세액의 확정신고와 납부에 관한 적용례】 제95조 제4항 · 제5항 및 제103조의 7 제9항 · 제10항의 개정규정은 이 법 시행 이후 종합소득, 퇴직소득 또는 양도소득에 대한 개인지방소득세 과세표준의 확정신고 안전관리에 관한 법률」 제42조"를 "「소방시설 설치 및 관리에 관한 법률」 제46조"로 하고, 같은 표 제3종 제168호 중 "「화재예방, 소방시설 설치 · 유지 및 안전관리에 관한 법률」 제36조"를 "「소방시설 설치 및 관리에 관한 법률」 제37조"로 하며, 같은 표 제4종 제128호 중 "「화재예방, 소방시설 설치 · 유지 및 안전관리에 관한 법률」"을 "「소방시설 설치 및 관리에 관한 법률」"로 한다.
㉜~㊴ 생 략

제17조 생 략

부 칙 (2022. 8. 31. 대통령령 제32894호 ; 국민건강보험법 시행령 부칙)

제1조【시행일】 이 영은 2022년 9월 1일부터 시행한다. 다만, 제42조의 2 제2항 제1호 및 같은 조 제3항 제1호의 개정규정은 2022년 11월 1일부터 시행하고, 부칙 제8조는 2023년 1월 1일부터 시행한다.

제2조~제7조 생 략

제8조【다른 법령의 개정】 대통령령 제32293호 지방세법 시행령 일부개정령 일부를 다음과 같이 개정한다.

부칙 제7조 제2항을 다음과 같이 한다.
② 국민건강보험법 시행령 일부를 다음과 같이 개정한다.
제26조 제3항 제1호 본문 중 "「지방세법」 제10조"를 "「지방세법」 제10조의 2부터 제10조의 6까지의 규정"으로 한다.

부 칙 (2022. 6. 30. 대통령령 제32747호)

제1조【시행일】 이 영은 공포한 날부터 시행한다.

제2조【조정대상지역의 일시적 2주택에 대한 취득세 중과배제 요건에 관한 적용례】 제28조의 5 제1항 및 제36조의 3 제1항의 개정규정은 2022년 5월 10일 이후 제28조의 5 및 제36조

기간이 도래하는 분부터 적용한다.

제8조【가산세 적용에 관한 적용례】 제99조 단서의 개정규정은 이 법 시행 이후 종합소득과세표준 확정신고 기간이 도래하는 분부터 적용한다.

제9조【결손금소급공제에 따른 환급에 관한 적용례】 제101조 제4항의 개정규정은 이 법 시행 이후 종합소득과세표준 확정신고를 하는 분부터 적용한다.

제10조【지정지역 공고일 이전 양도한 토지의 양도소득에 대한 개인지방소득세 중과 배제에 관한 적용례】 제103조의 3 제1항 및 제103조의 3 제5항의 개정규정은 이 법 시행 이후 토지를 양도하기 위하여 매매계약을 체결하고 계약금을 지급하는 분부터 적용한다.

제11조【양도소득에 대한 개인지방소득세 신고기한의 연장에 관한 적용례】 제103조의 7 제1항 전단 및 제4항의 개정규정은 이 법 시행 이후 양도소득에 대한 개인지방소득세 과세표준 확정신고를 하는 경우부터 적용한다.

제12조【지방소득세 관련 세액 등의 통보에 관한 적용례】 제103조의 59 제1항 제1호 가목의 개정규정은 이 법 시행 이후 신고를 받은 경우부터 적용한다.

제13조【가산세 적용 특례에 관한 적용례】 제103조의 61 제2항의 개정규정은 이 법 시행 이후 수정신고 또는 기한 후 신고를 하는 경우부터 적용한다.

제14조【주택 유상거래 취득세율에 관한 경과조치】 이 법 시행 전에 취득당시가액이 7억5천만원을 초과하고 9억원 이하인 주택에 대한 매매계약을 체결한 자가 이 법 시행 이후 3개월(공동주택 분양계약을 체결한 자의 경우에는 3년) 내에 해당 주택을 취득하는 경우에는 제11조 제1항 제8호 나목의 개정규정에도 불구하고 종전의 제11조 제1항 제8호에 따른다.

의 3에 따른 종전 주택등을 처분하여 같은 개정규정에 따른 요건에 해당하게 된 경우에도 적용한다.

부 칙 (2022. 6. 14. 대통령령 제32697호 ; 댐건설 및 주변지역지원 등에 관한 법률 시행령 부칙)

제1조【시행일】 이 영은 2022년 6월 16일부터 시행한다.

제2조【다른 법령의 개정】 ①~⑲ 생 략

⑳ 지방세법 시행령 일부를 다음과 같이 개정한다.

제102조 제5항 제5호 중 "「댐건설 및 주변지역지원 등에 관한 법률」"를 각각 "「댐건설ㆍ관리 및 주변지역지원 등에 관한 법률」"로 한다.

별표 1 <제4종>의 제109호를 다음과 같이 한다.

109.「댐건설ㆍ관리 및 주변지역지원 등에 관한 법률」 제24조에 따른 댐사용권의 설정

㉑~㉗ 생 략

제3조 생 략

부 칙 (2022. 4. 19. 대통령령 제32598호 ; 위치정보의 보호 및 이용 등에 관한 법률 시행령 부칙)

제1조【시행일】 이 영은 2022년 4월 20일부터 시행한다.

제2조 생 략

제3조【다른 법령의 개정】 지방세법 시행령 일부를 다음과 같이 개정한다.

별표 1 <제3종> 제195호 중 "위치정보사업의 허가"를 "개인위치정보를 대상으로 하는 위치정보사업의 등록"으로 한다.

부 칙 (2022. 2. 28. 대통령령 제32511호)

제1조【시행일】 이 영은 공포한 날부터 시행한다.

제15조【담배소비세의 신고 및 납부 등에 관한 경과조치】 이 법 시행 전에 담배를 제조장 또는 보세구역으로부터 반출한 경우에는 제60조 제1항부터 제4항까지의 개정규정에도 불구하고 종전의 규정에 따른다.

제16조【환산취득가액 적용에 따른 가산세에 관한 경과조치】 이 법 시행 전에 매매계약을 체결하고 계약금을 지급한 사실이 증명서류에 의하여 확인되는 경우에는 제103조의 9 제2항의 개정규정에도 불구하고 종전의 규정에 따른다.

제17조【다른 법률의 개정】 ① 제주특별자치도 설치 및 국제자유도시 조성을 위한 특별법 일부를 다음과 같이 개정한다.

제123조 제1항 각 호 외의 부분 단서 중 "「지방세법」 제146조 제2항 제2호"를 "「지방세법」 제146조 제3항 제2호"로 하고, 같은 항 제6호 중 "「지방세법」 제146조 제1항 및 같은 조 제2항 제1호"를 "「지방세법」 제146조 제1항 및 같은 조 제3항 제1호"로 한다.

제443조 제2항 중 "「지방세법」 제146조 제2항"을 "「지방세법」 제146조 제3항"으로 한다.

② 지방자치분권 및 지방행정체제개편에 관한 특별법 일부를 다음과 같이 개정한다.

제43조 제1항 중 "특정부동산에 대한 지역자원시설세"를 "소방분 지역자원시설세"로 하고, 같은 조 제3항 중 "「지방세법」 제11장에 따라 소방시설에 충당하는 지역자원시설세"를 "「지방세법」 제142조 제1항에 따른 소방분 지역자원시설세"로 한다.

③ 지방재정법 일부를 다음과 같이 개정한다.

제29조 제1항 제1호 중 "특정부동산에 대한 지역자원시설세"를 "소방분 지역자원시설세"로 한다.

제18조【다른 법령과의 관계】 2021년 1월 1일 당시 다른

제2조【일반적 적용례】 이 영은 이 영 시행 이후 납세의무가 성립하는 경우부터 적용한다.

부 칙 (2022. 2. 17. 대통령령 제32449호 ; 금융회사부실자산 등의 효율적 처리 및 한국자산관리공사의 설립에 관한 법률 시행령 부칙)

제1조【시행일】 이 영은 2022년 2월 18일부터 시행한다.

제2조【다른 법령의 개정】 ①~㊿ 생 략

㊿① 지방세법 시행령 일부를 다음과 같이 개정한다.

제102조 제7항 제2호 중 "「금융회사부실자산 등의 효율적 처리 및 한국자산관리공사의 설립에 관한 법률」 제6조에 따라 설립된"을 "「한국자산관리공사 설립 등에 관한 법률」에 따른"으로 한다.

52~55 생 략

제3조 생 략

부 칙 (2022. 2. 17. 대통령령 제32447호 ; 근로자직업능력 개발법 시행령 부칙)

제1조【시행일】 이 영은 2022년 2월 18일부터 시행한다.

제2조【다른 법령의 개정】 ①~61 생 략

62 지방세법 시행령 일부를 다음과 같이 개정한다.

별표 1 <제5종> 제31호 중 "「근로자직업능력 개발법」"을 "「국민 평생 직업능력 개발법」"으로 한다.

63~72 생 략

제3조 생 략

부 칙 (2021. 12. 31. 대통령령 제32293호)

제1조【시행일】 이 영은 2022년 1월 1일부터 시행한다. 다만, 다음 각 호의 개정규정은 해당 호에서 정한 날부터 시행한다.

법령(조례를 포함한다)에서 종전의 제141조부터 제147조까지의 규정을 인용한 경우 이 법에 그에 해당하는 규정이 있을 때에는 종전의 규정을 갈음하여 이 법의 해당 조항을 인용한 것으로 본다.

부 칙 (2019. 12. 3. 법률 제16663호)

제1조【시행일】 이 법은 공포한 날부터 시행한다.

제2조【일반적 적용례】 이 법은 이 법 시행 이후 납세의무가 성립하는 분부터 적용한다.

부 칙 (2019. 8. 27. 법률 제16568호 ; 양식산업발전법 부칙)

제1조【시행일】 이 법은 공포 후 1년이 경과한 날부터 시행한다.

제2조～제14조 생 략

제15조【다른 법률의 개정】 ①～㊾ 생 략

(50) 지방세법 일부를 다음과 같이 개정한다.

제6조에 제13호의 2를 다음과 같이 신설한다.

13의 2. "양식업권"이란 「양식산업발전법」에 따른 양식업권을 말한다.

제7조 제1항 중 "어업권"을 "어업권, 양식업권"으로 하고, 같은 조 제2항 본문 중 "「광업법」 또는 「수산업법」"을 "「광업법」, 「수산업법」 또는 「양식산업발전법」"으로 한다.

제8조 제1항 제8호 중 "어업권"을 "어업권 · 양식업권"으로 한다.

제12조 제1항 제6호 중 "광업권 또는 어업권"을 "광업권 · 어업권 또는 양식업권"으로 한다.

제23조 제1호 가목 중 "광업권 및 어업권"을 "광업권 · 어업권 및 양식업권"으로 한다.

1. 제4조 제1항 각 호 외의 부분, 같은 항 제1호의 2, 같은 조 제3항 및 제6항부터 제9항까지, 제4조의 2부터 제4조의 5까지, 제14조, 제14조의 2부터 제14조의 4까지, 제15조부터 제17조까지, 제18조(같은 조 제1항 제4호는 제외한다), 제18조의 2부터 제18조의 6까지, 제19조, 제20조 제1항 · 제2항, 제38조의 3 및 부칙 제7조(같은 조 제3항 및 제4항은 제외한다)의 개정규정 : 2023년 1월 1일
2. 별표 1 제3종 제157호 및 같은 표 제4종 제111호의 개정규정 : 2022년 1월 21일

제2조【일반적 적용례】 이 영은 이 영 시행 이후 납세의무가 성립하는 경우부터 적용한다.

제3조【지방소비세액의 안분기준에 관한 적용례】 제75조 및 별표 2부터 별표 5까지의 개정규정은 이 영 시행 이후 「부가가치세법」에 따라 지방소비세를 납부하거나 환급하는 경우부터 적용한다.

제4조【종합소득 과세표준확정신고 납세편의 제공에 관한 적용례】 제92조 제3항의 개정규정은 이 영 시행 이후 납세지 관할 지방자치단체의 장이 법 제95조 제4항에 따라 납부서를 발송하는 경우부터 적용한다.

제5조【지방소비세액의 안분기준에 관한 특례】 2022년 1월 1일부터 2022년 12월 31일까지 법 제71조 제3항 제4호 가목에 해당하는 안분액은 제75조 제2항 제6호의 개정규정에도 불구하고 1조 311억 6,709만 2천원으로 한다.

제6조【분리과세대상 토지의 범위에 관한 특례】 ① 제102조 제8항 제1호의 개정규정에 따라 분리과세대상에서 종합합산과세대상 또는 별도합산과세대상으로 과세구분이 변경되는 토지 중 이 영 시행 전에 소유하여 이 영 시행 이후에도 계속하여 소유하고 있는 토지의 경우에는 같은 개정규정에도 불구

제25조 제1항 제9호 중 "어업권"을 "어업권, 양식업권"으로 한다.

제28조 제1항 제9호 각 목 외의 부분, 같은 호 가목 1)·2) 외의 부분, 같은 호 나목 1)·2) 외의 부분 및 같은 호 다목 중 "어업권"을 각각 "어업권·양식업권"으로 한다.

51~61 생 략

제16조 생 략

부 칙 (2018. 12. 31. 법률 제16194호)

제1조 【시행일】 이 법은 2019년 1월 1일부터 시행한다. 다만, 제131조 제2항의 개정규정은 2019년 7월 1일부터 시행하고, 제103조의 3 제8항(제103조의 3 제1항 제11호 가목 1)에서 정하는 중소기업의 주식등에 한정한다)의 개정규정은 2020년 1월 1일부터 시행한다.

제2조 【일반적 적용례】 이 법은 이 법 시행 이후 납세의무가 성립하는 분부터 적용한다.

제3조 【취득세의 신고 및 납부 기한 연장 등에 관한 적용례】 ① 제13조 제5항 제3호 단서의 개정규정은 이 법 시행 당시 취득한 날부터 30일이 경과하지 아니한 주거용 건축물을 이 법 시행 이후 주거용이 아닌 용도로 사용하거나 고급주택이 아닌 용도로 사용하기 위하여 용도변경공사를 착공하는 경우에도 적용한다.

② 제13조 제5항 제4호 단서의 개정규정은 이 법 시행 당시 취득한 날부터 30일이 경과하지 아니한 고급오락장용 건축물을 이 법 시행 이후 고급오락장이 아닌 용도로 사용하거나 고급오락장이 아닌 용도로 사용하기 위하여 용도변경공사를 착공하는 경우에도 적용한다.

③ 제20조 제2항의 개정규정은 이 법 시행 당시 같은 항에 따

하고 과세대상 구분이 변경되는 토지의 필지별로 다음 각 호에 따른 과세연도별 비율을 곱하여 계산한 면적은 분리과세대상 토지로 본다.

1. 제101조 제1항 각 호의 어느 하나에 해당하는 토지

과세연도	2022	2023	2024	2025	2026	2027
분리과세 적용비율	100/100	90/100	80/100	60/100	40/100	20/100

2. 제1호 외의 토지

과세연도	2022~2026	2027	2028	2029
분리과세 적용비율	100/100	70/100	40/100	10/100

② 제1항에도 불구하고 과세구분이 변경되는 토지 중 「체육시설의 설치·이용에 관한 법률」 제10조 제1호에 따른 골프장용 토지, 「관광진흥법」 제3조 제2호의 관광숙박업에 사용하는 토지와 「유통산업발전법」에 따른 대규모점포에 사용하는 토지에 대해서는 제1항의 특례를 적용하지 않는다.

제7조 【다른 법령의 개정】 ① 계엄법 시행령 일부를 다음과 같이 개정한다.

제11조 제1호 중 "「지방세법」 제10조"를 "「지방세법」 제10조의 2부터 제10조의 6까지의 규정"으로 한다.

② 국민건강보험법 시행령 일부를 다음과 같이 개정한다. (2022. 8. 31. 개정 ; 국민건강보험법 시행령)

제26조 제3항 제1호 본문 중 "「지방세법」 제10조"를 "「지방세법」 제10조의 2부터 제10조의 6까지의 규정"으로 한다.

③ 지방교육재정교부금법 시행령 일부를 다음과 같이 개정한다.

제5조 제2항 중 "「지방세법 시행령」 제75조 제1항 제2호 라목"을 "「지방세법 시행령」 제75조 제2항 제2호 라목"으로 한다.

른 대통령령으로 정하는 날부터 30일이 경과하지 아니한 과세물건에 대하여 이 법 시행 이후 같은 항에 따라 신고납부하는 경우에도 적용한다.
④ 제20조 제3항의 개정규정은 이 법 시행 당시 같은 항에 따라 해당 과세물건이 취득세 부과대상 또는 추징 대상이 된 것으로서 그 사유 발생일부터 30일이 경과하지 아니한 과세물건에 대하여 이 법 시행 이후 같은 항에 따라 신고납부하는 경우에도 적용한다.

제4조【등록면허세의 신고 및 납부에 관한 적용례】 ① 제30조 제2항의 개정규정은 이 법 시행 당시 같은 항에 따른 대통령령으로 정하는 날부터 30일이 경과하지 아니한 과세물건에 대하여 이 법 시행 이후 같은 항에 따라 신고납부하는 경우에도 적용한다.
② 제30조 제3항의 개정규정은 이 법 시행 당시 같은 항에 따라 해당 과세물건이 등록면허세 부과대상 또는 추징 대상이 된 것으로서 그 사유 발생일부터 30일이 경과하지 아니한 과세물건에 대하여 이 법 시행 이후 같은 항에 따라 신고납부하는 경우에도 적용한다.

제5조【분리과세 주택임대소득에 관한 적용례】 제93조 제10항부터 제14항까지의 개정규정은 2019년 1월 1일 이후 발생하는 소득분부터 적용한다.

제6조【거주자의 출국 시 국내주식 등 양도소득에 대한 개인지방소득세에 관한 적용례】 제103조의 3 제8항의 개정규정은 이 법 시행 이후 거주자가 출국하는 경우부터 적용한다.

제7조【지방소득세 소액 징수면제에 대한 적용례】 제103조의 60의 개정규정은 이 법 시행 이후 납세고지를 하는 분부터 적용한다.

제8조【법인지방소득세의 추가납부에 관한 적용례】 제103

④ 지방자치단체 기금관리기본법 시행령 일부를 다음과 같이 개정한다.

제12조의 2 제1항 계산식 중 "「지방세법 시행령」 제75조 제1항 제5호"를 "「지방세법 시행령」 제75조 제2항 제5호"로 한다.
⑤ 초·중등교육법 시행령 일부를 다음과 같이 개정한다.

제104조의 2 제5항 제1호 중 "「지방세법」 제10조 제2항 단서"를 "「지방세법」 제4조"로 한다.
⑥ 한국장학재단 설립 등에 관한 법률 시행령 일부를 다음과 같이 개정한다.

제33조의 4 제4항 제1호 중 "「지방세법」 제10조 제2항 단서"를 "「지방세법」 제4조"로 한다.

부 칙 (2021. 12. 28. 대통령령 제32251호 ; 환경부와 그 소속기관 직제 부칙)

제1조【시행일】 이 영은 2022년 1월 1일부터 시행한다.

제2조 생 략

제3조【다른 법령의 개정】 ①~⑧ 생 략
⑨ 지방세법 시행령 일부를 다음과 같이 개정한다.

제102조 제5항 제5호 중 "국토교통부장관"을 "환경부장관"으로 한다.
⑩~⑯ 생 략

부 칙 (2021. 10. 21. 대통령령 제32091호 ; 자본시장과 금융투자업에 관한 법률 시행령 부칙)

제1조【시행일】 이 영은 2021년 10월 21일부터 시행한다.

제2조~제5조 생 략

제6조【다른 법령의 개정】 ①~㉓ 생 략
㉔ 지방세법 시행령 일부를 다음과 같이 개정한다.

조의 63 제3항의 개정규정은 2019년 7월 1일 이후 매도하는 분부터 적용한다.

제9조【자동차등록번호판 영치의 일시 해제에 관한 적용례】 제131조 제2항의 개정규정은 이 법 시행 당시 자동차등록번호판이 영치 중인 납세의무자에 대하여도 적용한다.

제10조【일반적 경과조치】 이 법 시행 당시 종전의 규정에 따라 부과 또는 감면하였거나 부과 또는 감면하여야 할 지방세에 대해서는 종전의 규정에 따른다.

부 칙 (2018. 12. 31. 법률 제16113호)

제1조【시행일】 이 법은 2019년 1월 1일부터 시행한다.

제2조【지방소비세의 적용례】 제69조 제2항의 개정규정은 이 법 시행 후 「부가가치세법」에 따라 최초로 납부하는 분부터 적용한다.

부 칙 (2018. 12. 24. 법률 제16008호 ; 법인세법 부칙)

제1조【시행일】 이 법은 2019년 1월 1일부터 시행한다. (단서 생략)

제2조~제14조 생 략

제15조【다른 법률의 개정】 ①~④ 생 략

⑤ 지방세법 일부를 다음과 같이 개정한다.

제85조 제1항 제2호 중 "「법인세법」 제3조"를 "「법인세법」 제4조"로 한다.

제87조 제3항 각 호 외의 부분 중 "「법인세법」 제3조"를 "「법인세법」 제4조"로 하고, 같은 항 제4호를 다음과 같이 한다.

4. 「조세특례제한법」 제100조의 32에 따른 미환류소득

제103조의 21 제1항 중 "「법인세법」 제56조에 따른 미환류소득에 대한 법인지방소득세 세액 및 「조세특례제한법」 제100조의 102조 제8항 제9호 중 "전문투자형 사모집합투자기구"를 "일반 사모집합투자기구"로 한다.

별표 1 제1종 제126호 중 "전문사모집합투자업"을 "일반 사모집합투자업"으로 한다.

㉕ 생 략

부 칙 (2021. 9. 14. 대통령령 제31986호 ; 건설기술진흥법 시행령 부칙)

제1조【시행일】 이 영은 공포한 날부터 시행한다. 다만, 제17조 제2항 제3호, 제18조 제4항 제1호 다목, 제19조 제5항 제3호, 제43조의 4, 제43조의 5, 제66조의 2, 제101조의 7, 제115조 제2항 제1호 · 제1호의 2, 제117조 제1항 제15호의 2 및 제117조의 2 제1항 제2호의 2의 개정규정은 2021년 9월 17일부터 시행한다.

제2조 생 략

제3조【다른 법령의 개정】 ①~⑳ 생 략

㉑ 지방세법 시행령 일부를 다음과 같이 개정한다.

별표 1의 제2종 제87호 중 "건설기술용역업"을 "건설엔지니어링업"으로 한다.

㉒~㉖ 생 략

부 칙 (2021. 8. 31. 대통령령 제31961호 ; 한국광해광업공단법 시행령 부칙)

제1조【시행일】 이 영은 2021년 9월 10일부터 시행한다.

제2조 · 제3조 생 략

제4조【다른 법령의 개정】 ①~㉑ 생 략

㉒ 지방세법 시행령 일부를 다음과 같이 개정한다.

제26조 제1항 제18호 중 "「광산피해의 방지 및 복구에 관한 법률」 제31조에 따라 설립된 한국광해관리공단"을 "「한국광해

조의 32에"를 "「조세특례제한법」 제100조의 32에"로 한다.

제103조의 22 제1항 후단 중 "「법인세법」 제56조 및 「조세특례제한법」 제100조의 32 제2항"을 "「조세특례제한법」 제100조의 32 제2항"으로 한다.

제103조의 23 제6항 단서 중 "「법인세법」 제3조 제3항 제1호 및 제7호"를 "「법인세법」 제4조 제3항 제1호 및 제7호"로 한다.

제103조의 29 제1항 중 "「법인세법」 제73조"를 "「법인세법」 제73조 및 제73조의 2"로 한다.

제103조의 30 제1항 본문 중 "「법인세법」 제76조"를 "「법인세법」 제75조, 제75조의 2부터 제75조의 9까지의 규정"으로 하고, 같은 항 단서 중 "「법인세법」 제76조 제1항"을 "「법인세법」 제75조의 3"으로 한다.

제103조의 31 제5항 중 "「법인세법」 제56조 및 「조세특례제한법」 제100조의 32 제2항"을 "「조세특례제한법」 제100조의 32 제2항"으로 한다.

제103조의 32 제1항 전단 중 "「법인세법」 제3조 제3항 제2호"를 "「법인세법」 제4조 제3항 제2호"로 한다.

⑥ 생 략

부 칙 (2017. 12. 30. 법률 제15335호)

제1조【시행일】 이 법은 2018년 1월 1일부터 시행한다. 다만, 다음 각 호의 개정규정은 각 호의 구분에 따른 날부터 시행한다.

1. 제103조의 3 제5항 제1호 · 제2호, 제103조의 3 제6항 제2호 및 제103조의 3 제10항의 개정규정 : 2018년 4월 1일
2. 제103조의 3 제1항 제11호 가목 2) : 2020년 1월 1일(단, 제103조의 3 제1항 제11호 가목 1)에서 정하는 중소기업의 주식 등에 한정한다.) (2018. 12. 31. 개정)

광업공단법」에 따른 한국광해광업공단"으로 한다.

㉓~㉘ 생 략

제5조 생 략

부 칙 (2021. 8. 10. 대통령령 제31941호 ; 건축법 시행령 부칙)

제1조【시행일】 이 영은 공포 후 6개월이 경과한 날부터 시행한다. (단서 생략)

제2조~제4조 생 략

제5조【다른 법령의 개정】 지방세법 시행령 일부를 다음과 같이 개정한다.

제138조 제2항 제2호 마목 중 "「건축법 시행령」 제61조 제1항 제4호 다목에서 규정한"을 "「건축법」 제52조의 4 제1항에 따른"으로 한다.

부 칙 (2021. 7. 13. 대통령령 제31889호 ; 먹는물관리법 시행령 부칙)

제1조【시행일】 이 영은 공포한 날부터 시행한다.

제2조【다른 법령의 개정】 지방세법 시행령 일부를 다음과 같이 개정한다.

별표 1 제134호 중 "「먹는물관리법」 제21조 제3항"을 "「먹는물관리법」 제21조 제6항"으로 한다.

부 칙 (2021. 6. 8. 대통령령 제31741호 ; 산업집적활성화 및 공장설립에 관한 법률 시행령 부칙)

제1조【시행일】 이 영은 2021년 6월 9일부터 시행한다.

제2조【다른 법령의 개정】 ①~⑨ 생 략

⑩ 지방세법 시행령 일부를 다음과 같이 개정한다.

제102조 제7항 제6호 중 "「산업집적활성화 및 공장설립에

제2조【일반적 적용례】 이 법은 이 법 시행 후 납세의무가 성립하는 경우부터 적용한다.

제3조【국외자산의 양도소득에 대한 개인지방소득세 세율 등에 관한 적용례】 제103조의 3 제3항 제3호 및 같은 조 제9항의 개정규정은 이 법 시행 후 확정신고하는 경우부터 적용한다.

부 칙 (2017. 12. 26. 법률 제15292호)

제1조【시행일】 이 법은 2018년 1월 1일부터 시행한다. 다만, 법률 제13427호 지방세법 일부개정법률 부칙 제5조의 개정규정은 공포한 날부터 시행한다.

제2조【일반적 적용례】 이 법은 이 법 시행 후 납세의무가 성립하는 경우부터 적용한다.

제3조【연초 및 연초고형물을 사용한 전자담배에 대한 적용례】 제52조의 개정규정은 이 법 시행 후 제조장에서 반출하거나 수입신고하는 경우부터 적용한다.

제4조【국외전출자의 양도소득에 대한 개인지방소득세 과세표준에 관한 적용례】 제103조 제4항의 개정규정은 이 법 시행 후 거주자가 국외로 출국하는 경우부터 적용한다.

제5조【법인지방소득세 세액 공제에 관한 적용례】 제103조의 23 제3항 제4호의 개정규정은 이 법 시행 후 확정신고하는 경우부터 적용한다.

제6조【법인의 수정신고 등에 관한 적용례】 제103조의 24 제2항·제3항 및 제6항의 개정규정은 이 법 시행 후 수정신고 또는 기한 후 신고를 하는 경우부터 적용한다.

제7조【법인지방소득세의 결손금 소급공제에 관한 적용례】 제103조의 28 제4항의 개정규정은 이 법 시행 후 확정신고하는 경우부터 적용한다.

관한 법률」 제45조의 9"를 "「산업집적활성화 및 공장설립에 관한 법률」 제45조의 17"로 한다.

⑪ 생 략

부 칙 (2021. 6. 8. 대통령령 제31740호 ; 국가균형발전 특별법 시행령 부칙)

제1조【시행일】 이 영은 2021년 6월 9일부터 시행한다.

제2조【다른 법령의 개정】 ①~③ 생 략

④ 지방세법 시행령 일부를 다음과 같이 개정한다.

제102조 제7항 제12호 사목 중 "「국가균형발전 특별법」 제2조 제9호"를 "「국가균형발전 특별법」 제2조 제10호"로 한다.

부 칙 (2021. 4. 27. 대통령령 제31646호)

제1조【시행일】 이 영은 공포한 날부터 시행한다.

제2조【일반적 적용례】 이 영은 이 영 시행 이후 납세의무가 성립하는 분부터 적용한다.

제3조【분리과세 주택임대소득에 대한 종합소득 결정세액의 계산에 관한 적용례】 제91조의 2 제3항부터 제6항까지의 개정규정은 이 영 시행 이후 과세표준을 신고하는 분부터 적용한다.

제4조【분리과세대상 토지의 범위에 관한 적용례】 제102조 제8항 제5호 나목의 개정규정은 2019년 5월 31일 이후부터 납세의무가 성립하는 분에 대해서도 적용한다.

부 칙 (2021. 3. 30. 대통령령 제31576호 ; 전기안전관리법 시행령 부칙)

제1조【시행일】 이 영은 2021년 4월 1일부터 시행한다. 다만, 별표 5 제2호 아목은 2022년 4월 1일부터 시행한다.

제8조【사실과 다른 회계처리로 인한 법인지방소득세 세액의 경정 등에 관한 경과조치】 이 법 시행 전에 종전의 제103조의 25 제1항 제2호 나목에 따라 경정청구한 분에 대해서는 제103조의 25 제1항 제2호, 제103조의 64 및 제103조의 65의 개정규정에도 불구하고 종전의 규정에 따른다.

부 칙 (2017. 7. 26. 법률 제14839호 ; 정부조직법 부칙)

제1조【시행일】 ① 이 법은 공포한 날부터 시행한다. 다만, 부칙 제5조에 따라 개정되는 법률 중 이 법 시행 전에 공포되었으나 시행일이 도래하지 아니한 법률을 개정한 부분은 각각 해당 법률의 시행일부터 시행한다.

제2조～제4조 생 략

제5조【다른 법률의 개정】 ①～⑨① 생 략

⑨② 지방세법 일부를 다음과 같이 개정한다.

제4조 제3항, 제28조 제1항 제1호 다목 1) 단서 및 제123조 제3항 중 "행정자치부장관"을 각각 "행정안전부장관"으로 한다.

제6조 제8호, 제13조 제8항, 제22조 제2항 단서, 같은 조 제3항, 제31조 제1항·제2항, 제38조의 2 제1항, 제60조 제3항 후단, 제71조 제1항, 제103조의 59 제1항 각 호 외의 부분, 같은 조 제2항 각 호 외의 부분, 제107조 제2항 제2호, 제111조 제2항, 제116조 제3항, 제120조 제2항, 제130조 제3항 단서 및 제137조 제3항 후단 중 "행정자치부령"을 각각 "행정안전부령"으로 한다.

제123조 제1항 중 "행정자치부"를 "행정안전부"로 한다.

⑨③～③⑧② 생 략

제6조 생 략

부 칙 (2017. 2. 8. 법률 제14569호 ; 빈집 및 소규모주택 정

제2조【다른 법령의 개정】 ①～⑭ 생 략

⑮ 지방세법 시행령 일부를 마음과 같이 개정한다.

별표 1의 제3종 제104호를 다음과 같이 한다.

104. 「전기안전관리법」 제26조에 따른 전기안전관리업무 위탁 등록 및 안전관리업무 대행 등록

⑯～㉑ 생 략

제3조 생 략

부 칙 (2021. 2. 19. 대통령령 제31472호 ; 수산식품산업의 육성 및 지원에 관한 법률 시행령 부칙)

제1조【시행일】 이 영은 2021년 2월 19일부터 시행한다.

제2조·제3조 생 략

제4조【다른 법령의 개정】 ①～⑩ 생 략

⑪ 지방세법 시행령 일부를 다음과 같이 개정한다.

별표 1 제4종 제175호 중 "우수식품인증기관"을 "우수식품인증기관 또는 「수산식품산업의 육성 및 지원에 관한 법률」 제31조 제1항에 따른 우수수산식품등인증기관"으로 한다.

제5조 생 략

부 칙 (2021. 2. 17. 대통령령 제31463호)

제1조【시행일】 이 영은 공포한 날부터 시행한다.

제2조【다른 법령의 개정】 ① 조세특례제한법 시행령 일부를 다음과 같이 개정한다.

제100조의 14 제2항 제6호 중 "종합부동산세과세자료"를 "재산세 및 종합부동산세 과세자료"로 한다.

② 취업 후 학자금 상환 특별법 시행령 일부를 다음과 같이 개정한다.

비에 관한 특례법 부칙)

제1조【시행일】 이 법은 공포 후 1년이 경과한 날부터 시행한다.

제2조~제7조 생 략

제8조【다른 법률의 개정】 ①~⑳ 생 략

㉑ 지방세법 일부를 다음과 같이 개정한다.

제7조 제8항 본문 중 "「도시 및 주거환경정비법」 제16조 제2항"을 "「도시 및 주거환경정비법」 제35조 제3항 및 「빈집 및 소규모주택 정비에 관한 특례법」 제23조"로, "주택재건축조합"을 "재건축조합 및 소규모재건축조합"으로 한다.

㉒~㉕ 생 략

제9조 생 략

부 칙 (2017. 2. 8. 법률 제14567호 ; 도시 및 주거환경정비법 부칙)

제1조【시행일】 이 법은 공포 후 1년이 경과한 날부터 시행한다.

제2조~제38조 생 략

제39조【다른 법률의 개정】 ①~㉑ 생 략

㉒ 지방세법 일부를 다음과 같이 개정한다.

제107조 제2항 제6호 중 "주택재개발사업 및 도시환경정비사업"을 "재개발사업"으로 한다.

㉓~㉔ 생 략

제40조 생 략

부 칙 (2016. 12. 27. 법률 제14476호 ; 지방세징수법 부칙)

제1조【시행일】 이 법은 공포 후 3개월이 경과한 날부터 시행한다. (단서 생략)

제42조 제1항 제3호 중 "종합부동산세과세자료"를 "재산세 및 종합부동산세 과세자료"로 한다.

③ 행정안전부와 그 소속기관 직제 일부를 다음과 같이 개정한다.

제15조 제3항 제30호 중 "종합부동산세 과세자료"를 "부동산 과세자료분석"으로 한다.

부 칙 (2021. 2. 17. 대통령령 제31450호 ; 주류 면허 등에 관한 법률 시행령 부칙)

제1조【시행일】 이 영은 공포한 날부터 시행한다.

제2조~제4조 생 략

제5조【다른 법령의 개정】 ①~⑤ 생 략

⑥ 지방세법 시행령 일부를 다음과 같이 개정한다.

별표 1 제1종 제86호 중 "「주세법」 제6조"를 "「주류 면허 등에 관한 법률」 제3조"로, "같은 법 제8조의 2"를 "같은 법 제9조"로 하고, 같은 표 제1종 제87호 중 "「주세법」 제7조"를 "「주류 면허 등에 관한 법률」 제4조"로, "같은 법 제8조의 2"를 "같은 법 제9조"로 하며, 같은 표 제3종 제164호 본문 중 "「주세법」 제8조"를 "「주류 면허 등에 관한 법률」 제5조"로 하고, 같은 호 단서 중 "같은 법 제8조의 2"를 "같은 법 제9조"로 하며, 같은 표 제5종 제18호 중 "「주세법」 제8조"를 "「주류 면허 등에 관한 법률」 제5조"로 한다.

⑦·⑧ 생 략

제6조 생 략

부 칙 (2021. 2. 9. 대통령령 제31438호 ; 해양조사와 해양정보 활용에 관한 법률 시행령 부칙)

제1조【시행일】 이 영은 2021년 2월 19일부터 시행한다.

제2조·제3조 생 략

제2조~제3조 생 략

제4조 【다른 법률의 개정】 ①~㊹ 생 략

㊺ 지방세법 일부를 다음과 같이 개정한다.

제2조 중 "「지방세기본법」"을 "「지방세기본법」 및 「지방세징수법」"으로 하고, 제5조의 제목 "(「지방세기본법」의 적용)"을 "(「지방세기본법」 및 「지방세징수법」의 적용)"으로 하며, 같은 조 중 "「지방세기본법」"을 "「지방세기본법」 및 「지방세징수법」"으로 하고, 제100조 제1항, 제103조의 27 제1항 및 제103조의 45 제1항 중 "「지방세기본법」"을 각각 "「지방세기본법」 및 「지방세징수법」"으로 하며, 제103조의 46 제1항 중 "「지방세기본법」 제59조 및 제60조"를 "「지방세징수법」 제30조 및 제31조"로 하고, 제119조의 2 중 "「지방세기본법」 제91조"를 "「지방세징수법」 제33조"로 한다.

㊻~㊿ 생 략

제5조 생 략

부 칙 (2016. 12. 27. 법률 제14474호 ; 지방세기본법 부칙)

제1조 【시행일】 이 법은 공포 후 3개월이 경과한 날부터 시행한다.

제2조~제12조 생 략

제13조 【다른 법률의 개정】 ①~⑧ 생 략

⑨ 법률 제14475호 지방세법 일부개정법률 일부를 다음과 같이 개정한다.

제4조 제4항 중 "「지방세기본법」 제141조"를 "「지방세기본법」 제147조"로 하고, 제7조 제5항 전단 중 "「지방세기본법」 제47조 제2호"를 "「지방세기본법」 제46조 제2호"로 하며, 제21조 제1항 중 "「지방세기본법」 제53조의 2부터 제53조의 4"를 "「지방세기본법」 제53조부터 제55조"로 하고, 같은 조 제2항

제4조 【다른 법령의 개정】 ①~⑪ 생 략

⑫ 지방세법 시행령 일부를 다음과 같이 개정한다.

별표 1 <제4종> 제85호를 삭제한다.

⑬~⑰ 생 략

제5조 생 략

부 칙 (2021. 1. 5. 대통령령 제31380호 ; 어려운 법령용어 정비를 위한 473개 법령의 일부개정에 관한 대통령령)

이 영은 공포한 날부터 시행한다. 다만, 제36조 중 대통령령 제30584호 공공기록물 관리에 관한 법률 시행령 일부개정령 별표 6 제1호부터 제3호까지의 개정규정은 2021년 4월 1일부터 시행한다.

부 칙 (2020. 12. 31. 대통령령 제31343호)

제1조 【시행일】 이 영은 2021년 1월 1일부터 시행한다. 다만, 다음 각 호의 개정규정은 해당 각 호에서 정하는 날부터 시행한다.

1. 제91조의 2 제1항 제1호, 같은 조 제2항 및 제100조의 18 제2항 제2호의 개정규정 : 공포한 날
2. 제100조 제6항의 개정규정 : 2021년 6월 1일
3. 별표 1 제1종 제55호, 제2종 제55호, 제3종 제56호, 제4종 제55호 및 제4종 제203호의 개정규정 : 2021년 2월 19일
4. 별표 1 제1종 제27호, 제2종 제27호, 제3종 제27호 및 제4종 제27호의 개정규정 : 2021년 3월 5일
5. 별표 1 제1종 제199호의 개정규정 : 2021년 4월 8일
6. 제4조 제1항 제1호 · 제1호의 2 및 제28조 제2항 제2호의 개정규정 : 2022년 1월 1일

제2조 【일반적 적용례】 이 영은 이 영 시행 이후 납세의무가 성립하는 분부터 적용한다.

제3조 【관리처분 대상 주택 등에 대한 일시적 2주택 기간

본문 중 "「지방세기본법」 제53조의 2, 제53조의 4의 규정에도"를 "「지방세기본법」 제53조, 제55조에도"로 하며, 제30조 제4항 후단 중 "「지방세기본법」 제53조의 2 및 제53조의 3"을 "「지방세기본법」 제53조 및 제54조"로 하고, 제31조 제3항 후단 중 "「지방세기본법」 제77조"를 "「지방세기본법」 제62조"로 하며, 같은 조 제4항 중 "「지방세기본법」 제53조의 5"를 "「지방세기본법」 제56조"로 하고, 제32조 중 "「지방세기본법」 제53조의 2부터 제53조의 4"를 "「지방세기본법」 제53조부터 제55조"로 하며, 제35조 제4항 본문 중 "「지방세기본법」 제53조의 2부터 제53조의 4"를 "「지방세기본법」 제53조부터 제55조"로 하고, 같은 항 단서 중 "「지방세기본법」 제53조의 2 또는 제53조의 3"을 "「지방세기본법」 제53조 또는 제54조"로 하며, 제37조 제1항 전단 중 "「지방세기본법」 제76조"를 "「지방세기본법」 제60조"로 하고, 같은 항 후단 중 "같은 법 제77조"를 "같은 법 제62조"로 하며, 제45조 제1항 중 "「지방세기본법」 제53조의 2부터 제53조의 4"를 "「지방세기본법」 제53조부터 제55조"로 하고, 제60조 제4항 중 "「지방세기본법」 제53조의 5"를 "「지방세기본법」 제56조"로 하며, 제61조 제1항 본문 중 "「지방세기본법」 제53조의 2 또는 제53조의 3"을 "「지방세기본법」 제53조 또는 제54조"로 하고, 같은 항 단서 중 "「지방세기본법」 제53조의 4"를 "「지방세기본법」 제55조"로 하며, 제71조 제2항 중 "「지방세기본법」 제53조의 5"를 "「지방세기본법」 제56조"로 하고, 제83조 제4항 중 "「지방세기본법」 제53조의 2부터 제53조의 4"를 "「지방세기본법」 제53조부터 제55조"로 하며, 제84조의 6 제3항 중 "「지방세기본법」 제53조의 2부터 제53조의 4"를 "「지방세기본법」 제53조부터 제55조"로 하고, 제93조 제1항 제3호 중 "「지방세기본법」 제53조의 2부터 제53조의 4"를 "「지방세기본법」 제53조부터 제55조"로 하며, 제96조에 관한 적용례】 제28조의 5 제3항의 개정규정은 「도시 및 주거환경정비법」 제74조 제1항에 따른 관리처분계획의 인가 또는 「빈집 및 소규모주택 정비에 관한 특례법」 제29조 제1항에 따른 사업시행계획인가를 받은 주택에 거주하고 있던 세대가 이 영 시행 전에 신규 주택을 취득한 경우에 대해서도 적용한다.

제4조【산업단지조성공사에 제공하는 토지의 분리과세 적용에 관한 특례】 이 영 시행일 전에 산업단지조성공사의 준공인가를 받았으나 이 영 시행일 현재 분양·임대 계약이 체결되지 않은 토지에 대해서는 이 영 시행일을 준공인가일로 보아 제102조 제7항 제5호 나목의 개정규정을 적용한다.

제5조【고급주택으로 보는 주거용 건축물과 그 부속토지의 범위와 적용기준에 관한 경과조치】 이 영 시행 전에 취득 당시 건축물의 가액이 9천만원 이하인 주거용 건축물과 그 부속토지에 대한 매매계약(분양계약을 포함한다)을 체결하고 계약금을 지급한 사실이 증명서류에 의하여 확인되는 경우에는 제28조 제4항 제1호 및 제2호의 개정규정에도 불구하고 종전의 규정에 따른다.

제6조【다른 법령의 개정】 ① 지방자치법 시행령 일부를 다음과 같이 개정한다.

제117조 제1항 중 "재산분"을 "사업소분"으로 한다.

② 지방재정법 시행령 일부를 다음과 같이 개정한다.

제36조의 2 제1항 제2호 중 "재산분"을 "사업소분"으로 한다.

부 칙 (2020. 12. 10. 대통령령 제31252호 ; 전자문서 및 전자거래 기본법 시행령 부칙)

제1조【시행일】 이 영은 2020년 12월 10일부터 시행한다.

제2조【다른 법령의 개정】 ① 생 략

② 지방세법 시행령 일부를 다음과 같이 개정한다.

별표 1 제1종 제214호 중 "지정"을 "인증"으로 한다.

제1항 중 "「지방세기본법」 제50조"를 "「지방세기본법」 제49조"로 하고, 같은 조 제2항 중 "「지방세기본법」 제50조 및 제51조"를 "「지방세기본법」 제49조 및 제50조"로 하며, 같은 조 제3항 후단 중 "「지방세기본법」 제53조의 3 또는 제53조의 4"를 "「지방세기본법」 제54조 또는 제55조"로 하고, 같은 조 제4항 중 "「지방세기본법」 제77조"를 "「지방세기본법」 제62조"로 하며, 제98조 제3항 중 "「지방세기본법」 제53조의 2 및 제53조의 3"을 "「지방세기본법」 제53조 및 제54조"로 하고, 제99조 단서 중 "「지방세기본법」 제53조의 2 또는 제53조의 3"을 각각 "「지방세기본법」 제53조 또는 제54조"로 하며, 제100조 제2항 중 "「지방세기본법」 제76조"를 "「지방세기본법」 제60조"로 하고, 제101조 제2항 단서 중 "「지방세기본법」 제77조 제1항 제5호"를 "「지방세기본법」 제62조 제1항 제5호"로 하며, 같은 조 제3항 중 "「지방세기본법」 제76조 및 제77조"를 "「지방세기본법」 제60조 및 제62조"로 하고, 제102조 제1항 중 "「지방세기본법」 제53조의 5"를 "「지방세기본법」 제56조"로 하며, 제103조의 2 제3호 중 "「지방세기본법」 제53조의 2부터 제53조의 4"를 "「지방세기본법」 제53조부터 제55조"로 하고, 제103조의 7 제8항 후단 중 "「지방세기본법」 제77조"를 "「지방세기본법」 제62조"로 하며, 제103조의 8 단서 중 "「지방세기본법」 제53조의 2 또는 제53조의 3"을 각각 "「지방세기본법」 제53조 또는 제54조"로 하고, 제103조의 13 제3항 후단 중 "「지방세기본법」 제53조의 5"를 "「지방세기본법」 제56조"로 하며, 제103조의 14 본문 중 "「지방세기본법」 제53조의 5"를 "「지방세기본법」 제56조"로 하고, 제103조의 17 제2항 중 "「지방세기본법」 제53조의 5"를 "「지방세기본법」 제56조"로 하며, 제103조의 24 제2항 중 "「지방세기본법」 제50조 및 제51조"를 "「지방세기본법」 제49조 및 제50조"로 하고, 같은 조 제3항 후단 중 "「지방세기본

부 칙 (2020. 12. 8. 대통령령 제31243호 ; 한국감정원법 시행령 부칙)

제1조【시행일】 이 영은 2020년 12월 10일부터 시행한다.

제2조【다른 법령의 개정】 ①~㉖ 생 략

㉗ 지방세법 시행령 일부를 다음과 같이 개정한다.

제4조 제9항 제2호를 다음과 같이 한다.

2. 「한국부동산원법」에 따른 한국부동산원

㉘~㉝ 생 략

부 칙 (2020. 12. 8. 대통령령 제31222호 ; 전자서명법 시행령 부칙)

제1조【시행일】 이 영은 2020년 12월 10일부터 시행한다.

제2조【다른 법령의 개정】 ①~㉘ 생 략

㉙ 지방세법 시행령 일부를 다음과 같이 개정한다.

별표 1 제1종 제194호를 삭제한다.

㉚~㊲ 생 략

제3조 생 략

부 칙 (2020. 12. 8. 대통령령 제31221호 ; 소프트웨어산업 진흥법 시행령 부칙)

제1조【시행일】 이 영은 2020년 12월 10일부터 시행한다.

제2조~제7조 생 략

제8조【다른 법령의 개정】 ①~⑯ 생 략

⑰ 지방세법 시행령 일부를 다음과 같이 개정한다.

제26조 제1항 제12호 중 "「소프트웨어산업 진흥법」"을 "「소프트웨어 진흥법」"으로, "같은 법 제27조"를 "같은 법 제61조"로 한다.

별표 1 제1종 제208호부터 제210호까지를 각각 다음과 같이 한다.

법」 제53조의 3 또는 제53조의 4"를 "「지방세기본법」 제54조 또는 제55조"로 하며, 같은 조 제4항 중 "「지방세기본법」 제77조"를 "「지방세기본법」 제62조"로 하고, 같은 조 제5항 전단 중 "「지방세기본법」 제51조"를 "「지방세기본법」 제50조"로 하며, 제103조의 25 제1항 제2호 나목 중 "「지방세기본법」 제51조"를 "「지방세기본법」 제50조"로 하고, 제103조의 27 제2항 중 "「지방세기본법」 제76조"를 "「지방세기본법」 제60조"로 하며, 제103조의 28 제2항 단서 중 "「지방세기본법」 제77조 제1항 제5호 단서"를 "「지방세기본법」 제62조 제1항 제5호 단서"로 하고, 같은 조 제3항 본문 중 "「지방세기본법」 제76조 및 제77조"를 "「지방세기본법」 제60조 및 제62조"로 하며, 제103조의 29 제4항 중 "「지방세기본법」 제53조의 5"를 "「지방세기본법」 제56조"로 하고, 제103조의 30 제1항 단서 중 "「지방세기본법」 제53조의 2 또는 제53조의 3"을 "「지방세기본법」 제53조 또는 제54조"로 하며, 제103조의 61 중 "「지방세기본법」 제53조의 3"을 "「지방세기본법」 제54조"로 하고, 제103조의 64 제2항 중 "「지방세기본법」 제50조"를 "「지방세기본법」 제49조"로 하며, 제137조 제2항 중 "「지방세기본법」 제53조의 2부터 제53조의 4"를 "「지방세기본법」 제53조부터 제55조"로 하고, 같은 조 제4항 중 "「지방세기본법」 제53조의 5"를 "「지방세기본법」 제56조"로 하며, 제147조 제1항 제3호 중 "「지방세기본법」 제53조의 2부터 제53조의 4"를 "「지방세기본법」 제53조부터 제55조"로 하고, 제153조 제1항 중 "「지방세기본법」 제53조의 2 또는 제53조의 3"을 "「지방세기본법」 제53조 또는 제54조"로 하며, 같은 조 제2항 중 "「지방세기본법」 제53조의 4"를 "「지방세기본법」 제55조"로 한다.

⑩~⑭ 생 략

제14조 생 략

208. 「소프트웨어 진흥법」 제11조에 따른 소프트웨어진흥시설의 지정

209. 「소프트웨어 진흥법」 제20조에 따른 소프트웨어 품질인증기관의 지정

210. 「소프트웨어 진흥법」 제21조에 따른 소프트웨어프로세스 품질인증기관의 지정

⑱~⑳ 생 략

제9조 생 략

부 칙 (2020. 12. 1. 대통령령 제31212호 ; 해양폐기물 및 해양오염퇴적물 관리법 시행령 부칙)

제1조【시행일】 이 영은 2020년 12월 4일부터 시행한다.

제2조【다른 법령의 개정】 ①~③ 생 략

④ 지방세법 시행령 일부를 다음과 같이 개정한다.

별표 1 <제3종> 제165호 중 "「해양환경관리법 시행령」 제35조"를 "「해양환경관리법」 제112조"로 하고, 같은 표 <제4종>에 제138호의 2를 다음과 같이 신설한다.

138의 2. 「해양폐기물 및 해양오염퇴적물 관리법」 제19조에 따른 해양폐기물관리업의 등록

⑤~⑧ 생 략

제3조 생 략

부 칙 (2020. 8. 26. 대통령령 제30975호 ; 친환경농어업 육성 및 유기식품 등의 관리 · 지원에 관한 법률 시행령 부칙)

제1조【시행일】 이 영은 2020년 8월 28일부터 시행한다.

제2조 생 략

제3조【다른 법령의 개정】 ①~④ 생 략

부 칙 (2016. 12. 27. 법률 제14475호)

제1조【시행일】 이 법은 2017년 1월 1일부터 시행한다. 다만, 제103조의 3 제8항, 제103조의 7 제6항부터 제8항까지 및 제103조의 23 제3항 각 호 외의 부분 단서의 개정규정은 2018년 1월 1일부터 시행하고, 법률 제12153호 지방세법 일부개정법률 부칙 제1조·제13조 및 법률 제12505호 지방세법 일부개정법률 부칙 제5조·제6조의 개정규정은 공포한 날부터 시행한다.

제2조【일반적 적용례】 이 법은 이 법 시행 후 납세의무가 성립하는 분부터 적용한다.

제3조【분양형 노인복지주택 취득의 세율에 관한 적용례】 제11조 제1항 제8호의 개정규정은 2015년 7월 24일부터 이 법 시행 전까지 취득한 분에 대해서도 적용한다.

제4조【파생상품 등의 양도에 따른 개인지방소득세 탄력세율 인하에 관한 적용례】 제103조의 3 제1항 각 호 외의 부분 후단 및 같은 조 제7항의 개정규정은 2016년 1월 1일부터 이 법 시행 전까지 양도한 분에 대해서도 적용한다.

제5조【거주자의 출국시 국내주식 등 양도소득에 대한 개인지방소득세 특례에 관한 적용례】 제103조의 3 제8항, 제103조의 7 제6항부터 제8항까지의 개정규정은 2018년 1월 1일 이후 거주자가 출국하는 경우부터 적용한다.

제6조【법인지방소득세에 대한 수정신고 등에 관한 적용례】 ① 제103조의 24 제4항 및 제5항의 개정규정은 이 법 시행 후 수정신고 또는 경정 등의 청구를 하는 분부터 적용한다.
② 제103조의 24 제6항의 개정규정은 이 법 시행 후 신고납부한 분에 대하여 수정신고 또는 경정 등의 청구를 하는 분부터 적용한다.

제7조【분식회계를 한 내국법인에 대한 과세표준과 세액의 경정 및 환급 특례에 관한 적용례】 제103조의 64 및 제103조의

⑤ 지방세법 시행령 일부를 다음과 같이 개정한다.
별표 1 제4종 제129호 중 "무농약농수산물등"을 "무농약농산물·무농약원료가공식품 및 무항생제수산물등"으로 한다.
⑥·⑦ 생 략

부 칙 (2020. 8. 12. 대통령령 제30939호)

제1조【시행일】 이 영은 공포한 날부터 시행한다.

제2조【조합원입주권 또는 주택분양권에 의하여 취득하는 주택에 관한 적용례】 제28조의 4 제1항 후단의 개정규정은 이 영 시행 이후 조합원입주권 또는 주택분양권을 취득하는 경우부터 적용한다.

제3조【상속 주택 등의 주택 수 산정에 관한 특례】 이 영 시행 전에 상속을 원인으로 취득한 주택, 조합원입주권, 주택분양권 또는 오피스텔에 대해서는 제28조의 4 제5항 제3호의 개정규정에도 불구하고 이 영 시행 이후 5년 동안 주택 수 산정 시 소유주택 수에서 제외한다.

제4조【주택 취득세율에 관한 경과조치】 제22조의 2, 제28조의 3 및 제28조의 4의 개정규정에도 불구하고 2019년 12월 4일 전에 주택에 대한 매매계약을 체결한 경우에는 대통령령 제30318호 지방세법 시행령 일부개정령 부칙 제5조에 따른다.

부 칙 (2020. 8. 11. 대통령령 제30934호 ; 벤처투자 촉진에 관한 법률 시행령 부칙)

제1조【시행일】 이 영은 2020년 8월 12일부터 시행한다.

제2조·제3조 생 략

제4조【다른 법령의 개정】 ①~㉔ 생 략

㉕ 지방세법 시행령 일부를 다음과 같이 개정한다.
제26조 제1항 제17호 중 "「중소기업창업 지원법」 제10조"를

65의 개정규정은 이 법 시행 후 경정청구를 하거나 결정한 분을 환급하는 경우부터 적용한다.

제8조【양도소득에 대한 지방소득세 과세특례에 대한 적용례】 법률 제12505호 지방세법 일부개정법률 부칙 제5조 및 제6조의 개정규정은 2016년 1월 1일부터 이 법 시행 전까지 양도한 분에 대해서도 적용한다.

제9조【일반적 경과조치】 이 법 시행 당시 종전의 규정에 따라 부과 또는 감면하였거나 부과 또는 감면하여야 할 지방세에 대해서는 종전의 규정에 따른다.

부 칙 (2016. 3. 29. 법률 제14116호 ; 항공안전법 부칙)

제1조【시행일】 이 법은 공포 후 1년이 경과한 날부터 시행한다. (단서 생략)

제2조~제53조 생 략

제54조【다른 법률의 개정】 ①~⑰ 생 략

⑱ 지방세법 일부를 다음과 같이 개정한다.

제7조 제2항 본문 중 "「항공법」"을 "「항공안전법」"으로 한다.

제12조 제1항 제4호 가목 중 "「항공법」 제3조 단서"를 "「항공안전법」 제7조 단서"로 한다.

제108조 제5호 중 "「항공법」"을 "「항공안전법」"으로 한다.

⑲~㉓ 생 략

제55조 생 략

부 칙 (2016. 2. 29. 법률 제14033호 ; 상표법 부칙)

제1조【시행일】 이 법은 공포 후 6개월이 경과한 날부터 시행한다.

제2조~제17조 생 략

제18조【다른 법률의 개정】 ①~③ 생 략

"「벤처투자 촉진에 관한 법률」 제37조"로 한다.

㉖~㉗ 생 략

제5조 생 략

부 칙 (2020. 8. 4. 대통령령 제30893호 ; 신용정보의 이용 및 보호에 관한 법률 시행령 부칙)

제1조【시행일】 ① 이 영은 2020년 8월 5일부터 시행한다. (단서 생략)

②·③ 생 략

제2조 생 략

제3조【다른 법령의 개정】 ①~㊸ 생 략

㊹ 지방세법 시행령 일부를 다음과 같이 개정한다.

별표 1 제1종 제127호를 다음과 같이 한다.

127. 「신용정보의 이용 및 보호에 관한 법률」 제4조에 따른 신용정보업, 본인신용정보관리업 및 채권추심업의 허가

㊺~㊿ 생 략

제4조 생 략

부 칙 (2020. 6. 2. 대통령령 제30728호)

제1조【시행일】 이 영은 공포한 날부터 시행한다.

제2조【일반적 적용례】 이 영은 이 영 시행 이후 납세의무가 성립하는 분부터 적용한다.

제3조【분리과세대상 토지의 범위에 관한 특례】 제102조 제8항 제1호부터 제3호까지, 제8호 및 제9호의 개정규정에 따라 분리과세대상에서 별도합산과세대상 또는 종합합산과세대상으로 과세대상의 구분이 변경되는 토지(이하 이 조에서 "과세대상 구분 변경 토지"라 한다)에 대해서는 같은 항 제1호부터 제3호까지, 제8호 및 제9호의 개정규정에도 불구하고 2025

④ 지방세법 일부를 다음과 같이 개정한다.

제28조 제1항 제12호 가목 중 "「상표법」 제41조 및 제43조"를 "「상표법」 제82조 및 제84조"로 한다.

제28조 제1항 제12호 나목 1) 및 2)의 규정 외의 부분 중 "「상표법」 제86조의 30 제2항"을 "「상표법」 제196조 제2항"으로 한다.

제31조 제1항 중 "「상표법」 제86조의 31"을 "「상표법」 제197조"로 한다.

제19조 생 략

부 칙 (2016. 1. 19. 법률 제13805호 ; 주택법 부칙)

제1조 【시행일】 이 법은 2016년 8월 12일부터 시행한다.

제2조~제20조 생 략

제21조 【다른 법률의 개정】 ①~⑦⓪ 생 략

⑦① 지방세법 일부를 다음과 같이 개정한다.

제7조 제8항 전단 중 "「주택법」 제32조"를 "「주택법」 제11조"로 하고, 제9조 제6항 중 "「주택법」 제2조 제2호"를 "「주택법」 제2조 제3호"로 한다.

⑦②~⑧⑥ 생 략

제22조 생 략

부 칙 (2016. 1. 19. 법률 제13797호 ; 부동산 거래신고에 관한 법률 부칙)

제1조 【시행일】 이 법은 공포 후 1년이 경과한 날부터 시행한다.

제2조~제9조 생 략

제10조 【다른 법률의 개정】 ①~㊲ 생 략

㊳ 지방세법 일부를 다음과 같이 개정한다.

년까지는 과세대상 구분 변경 토지의 필지별로 다음 표에 따른 과세연도별 비율을 곱하여 계산한 면적은 분리과세대상 토지로 본다. 이 경우 과세대상 구분 변경 토지의 납세의무자가 변경되지 않은 경우로 한정한다.

과세연도	비 율
2020년, 2021년	100/100
2022년	80/100
2023년	60/100
2024년	40/100
2025년	20/100

부 칙 (2020. 5. 26. 대통령령 제30704호 ; 문화재보호법 시행령 부칙)

제1조 【시행일】 이 영은 2020년 5월 27일부터 시행한다.

제2조 【다른 법령의 개정】 ①~⑬ 생 략

⑭ 지방세법 시행령 일부를 다음과 같이 개정한다.

제102조 제2항 제2호 중 "「문화재보호법」 제2조 제2항"을 "「문화재보호법」 제2조 제3항"으로, "제4항"을 "제5항"으로 한다.

⑮~⑱ 생 략

부 칙 (2020. 5. 12. 대통령령 제30672호 ; 산업집적활성화 및 공장설립에 관한 법률 시행령 부칙)

제1조 【시행일】 이 영은 공포한 날부터 시행한다. 다만, 제6조 제5항 단서, 제26조 제1호, 제27조의 3 제1호 가목, 제27조의 4, 제42조 제5항 단서, 제43조 제5항 제6호, 별표 1, 별표 1의 2, 별표 2 및 별표 3의 개정규정 및 부칙 제2조 제1항·제2항·제5항은 공포 후 3개월이 경과한 날부터 시행한다.

제2조 【다른 법령의 개정】 ①~④ 생 략

제10조 제5항 제5호 중 "「부동산 거래신고에 관한 법률」 제3조에 따른 신고서를 제출하여 같은 법 제6조"를 "「부동산 거래신고 등에 관한 법률」 제3조에 따른 신고서를 제출하여 같은 법 제5조"로 한다.

제20조 제1항 중 "「국토의 계획 및 이용에 관한 법률」 제117조 제1항"을 "「부동산 거래신고 등에 관한 법률」 제10조 제1항"으로, "같은 법 제118조"를 "같은 법 제11조"로 한다.

㊴~㊹ 생 략

제11조 생 략

부 칙 (2016. 1. 19. 법률 제13796호 ; 부동산 가격공시 및 감정평가에 관한 법률 부칙)

제1조 【시행일】 이 법은 2016년 9월 1일부터 시행한다.

제2조 생 략

제3조 【다른 법률의 개정】 ①~㉒ 생 략

㉓ 지방세법 일부를 다음과 같이 개정한다.

제4조 제1항 본문 중 "「부동산 가격공시 및 감정평가에 관한 법률」"을 "「부동산 가격공시에 관한 법률」"로 한다.

㉔~㉗ 생 략

제4조 생 략

부 칙 (2015. 12. 29. 법률 제13636호)

제1조 【시행일】 이 법은 2016년 1월 1일부터 시행한다. 다만, 제49조 제3항 단서, 제60조 제5항부터 제8항까지 및 제152조 제2항의 개정규정은 공포 후 6개월이 경과한 날부터 시행한다.

제2조 【일반적 적용례】 이 법은 이 법 시행 후 납세의무가 성립하는 분부터 적용한다.

⑤ 지방세법 시행령 일부를 다음과 같이 개정한다.

제26조 제1항 제5호 및 제11호 중 "「산업집적활성화 및 공장설립에 관한 법률 시행령」 별표 1"을 각각 "「산업집적활성화 및 공장설립에 관한 법률 시행령」 별표 1의 2"로 한다.

부 칙 (2020. 4. 28. 대통령령 제30633호)

제1조 【시행일】 이 영은 공포한 날부터 시행한다.

제2조 【분리과세 주택임대소득 계산에 관한 적용례】 제91조의 2 제1항 제3호의 개정규정은 이 영 시행 이후 주택 임대차계약을 갱신하거나 새로 체결하는 분부터 적용하고, 임대보증금과 월임대료 상호 간 전환은 이 영 시행 이후 전환하는 분부터 적용한다.

제3조 【양도소득에 대한 개인지방소득세 과세표준 확정신고에 관한 적용례】 제100조의 3 제2항 제3호의 개정규정은 이 영 시행일이 속하는 과세기간에 자산을 양도하는 분부터 적용한다.

제4조 【외국법인의 법인지방소득세 신고기한 연장에 따른 가산이자율에 관한 적용례】 제100조의 27 제2항의 개정규정은 이 영 시행 전에 신고기한의 연장승인을 받았으나 이 영 시행 당시 연장승인 기한이 지나지 않은 경우에 대해서도 적용한다. 다만, 당초 신고기한이 지난 경우에는 이 영 시행일부터 연장승인 기한까지의 기간에 대해서만 적용한다.

제5조 【지방세환급금의 환급과 충당에 관한 적용례】 제100조의 34의 개정규정은 이 영 시행 이후 지방소득세를 환급하는 분부터 적용한다.

부 칙 (2019. 12. 31. 대통령령 제30318호)

제1조 【시행일】 이 영은 2020년 1월 1일부터 시행한다. 다만, 다음 각 호의 개정규정은 각 호의 구분에 따른 날부터 시행한다.

제3조【국가등 귀속 및 기부채납에 관한 적용례】 제9조 제2항 각 호 외의 부분 단서 및 같은 항 제2호의 개정규정은 이 법 시행 후 취득하는 분부터 적용한다.

제4조【과밀억제권역 안 취득 등 중과세에 관한 적용례】 제13조 제7항 단서의 개정규정은 이 법 시행 후 취득하는 분부터 적용한다.

제5조【법인합병에 따른 세율특례에 관한 적용례】 제15조 제1항 제3호의 개정규정은 이 법 시행 후 법인의 합병으로 취득하는 분부터 적용한다.

제6조【결손금소급공제에 따른 환급에 관한 적용례】 제101조 제2항 단서 및 제103조의 28 제2항 단서의 개정규정은 이 법 시행 후 결손금소급공제를 신청하는 분부터 적용한다.

제7조【양도소득에 대한 개인지방소득세에 관한 적용례】 제103조의 3 제1항 제8호·제9호, 같은 항 제11호 나목 및 제103조의 6 제2항의 개정규정은 이 법 시행 후 양도하는 분부터 적용한다.

제8조【법인지방소득세 과세표준 및 세액의 신고에 관한 적용례】 제103조의 23 제2항 제3호, 같은 조 제5항부터 제7항까지, 제103조의 37 제1항 및 제6항부터 제8항까지의 개정규정은 이 법 시행 후 신고하는 분부터 적용한다.

제9조【퇴직소득에 대한 개인지방소득세에 관한 특례】 2016년 1월 1일부터 2019년 12월 31일까지의 기간 동안 퇴직한 경우에는 퇴직소득에 대한 개인지방소득세 산출세액을 계산함에 있어 제92조 제4항의 개정규정 및 「소득세법」 제48조 제1항·제2항의 개정규정에도 불구하고 퇴직소득에 대한 개인지방소득세 산출세액을 다음 표의 퇴직일이 속하는 과세기간에 해당하는 계산식에 따른 금액으로 한다.

1. 제87조 제2항·제3항 및 제100조의 34의 개정규정 : 공포한 날
2. 별표 1 제4종 제164호 및 제177호의 개정규정 : 2020년 1월 16일
3. 별표 1 제1종 제31호, 같은 표 제2종 제31호, 같은 표 제3종 제32호 및 같은 표 제4종 제31호의 개정규정 : 2020년 3월 14일

제2조【일반적 적용례】 이 영은 이 영 시행 이후 납세의무가 성립하는 분부터 적용한다.

제3조【근무지 변경 등에 따른 연말정산 납세지 변경에 관한 적용례】 제87조 제2항의 개정규정은 부칙 제1조 제1호에 따른 시행일 이후 연말정산하는 분부터 적용한다.

제4조【공동사업자별 분배명세서의 제출에 관한 적용례】 제99조 단서의 개정규정은 이 영 시행 이후 종합소득에 대한 개인지방소득세 과세표준의 확정신고 기간이 도래하는 분부터 적용한다.

제5조【1세대 4주택 이상 주택의 범위에 관한 특례】 제22조의 2 제1항의 개정규정을 적용할 때 국내에 주택을 3개 이상 소유하고 있는 1세대가 2019년 12월 4일 전에 주택에 대한 매매계약을 체결하고, 그 계약을 체결한 당사자가 이 영 시행 이후 3개월(공동주택 분양계약을 체결한 경우에는 3년) 내에 해당 주택을 취득하는 경우에는 해당 주택을 1세대 4주택 이상에 해당하는 주택으로 보지 않는다. (2020. 8. 12. 개정)

부 칙 (2019. 12. 24. 대통령령 제30256호 ; 산업안전보건법 시행령 부칙)

제1조【시행일】 이 영은 2020년 1월 16일부터 시행한다. (단서 생략)

제2조~제31조 생 략

제32조【다른 법령의 개정】 ①~㉝ 생 략

퇴직일이 속하는 과세기간	퇴직소득 산출세액
2016년 1월 1일부터 2016년 12월 31일까지	종전 규정에 따른 퇴직소득 산출세액 × 80% + 개정규정에 따른 퇴직소득 산출세액 × 20%
2017년 1월 1일부터 2017년 12월 31일까지	종전 규정에 따른 퇴직소득 산출세액 × 60% + 개정규정에 따른 퇴직소득 산출세액 × 40%
2018년 1월 1일부터 2018년 12월 31일까지	종전 규정에 따른 퇴직소득 산출세액 × 40% + 개정규정에 따른 퇴직소득 산출세액 × 60%
2019년 1월 1일부터 2019년 12월 31일까지	종전 규정에 따른 퇴직소득 산출세액 × 20% + 개정규정에 따른 퇴직소득 산출세액 × 80%

제10조【법인지방소득세 특별징수세액 정산에 관한 특례】 제103조의 62의 개정규정은 2015년 1월 1일 이후 징수한 특별징수세액을 이 법 시행 후 정산하거나 환급하는 경우에도 적용한다.

제11조【일반적 경과조치】 이 법 시행 당시 종전의 규정에 따라 부과 또는 감면하였거나 부과 또는 감면하여야 할 지방세에 대해서는 종전의 규정에 따른다.

제12조【다른 법률의 개정】 관세법 일부를 다음과 같이 개정한다.

제4조 제1항 중 "지방소비세"를 "지방소비세, 담배소비세, 지방교육세"로 한다.

부 칙 (2015. 7. 24. 법률 제13427호)

제1조【시행일】 이 법은 공포일부터 시행한다. 다만, 제

㉞ 지방세법 시행령 일부를 다음과 같이 개정한다.

별표 1 제3종 제190호 중 "「산업안전보건법」 제15조"를 "「산업안전보건법」 제21조"로 하고, 같은 표 제3종 제191호 중 "「산업안전보건법」 제38조의 2"를 "「산업안전보건법」 제120조"로 하며, 같은 표 제3종 제192호 중 "「산업안전보건법」 제38조"를 "「산업안전보건법」 제118조"로 하고, 같은 표 제3종 제193호 중 "「산업안전보건법」 제42조에 따른 지정측정기관"을 "「산업안전보건법」 제126조에 따른 작업환경측정기관"으로 한다.

㉟~㊵ 생 략

제33조 생 략

부 칙 (2019. 5. 31. 대통령령 제29797호)

제1조【시행일】 이 영은 공포한 날부터 시행한다. 다만, 제128조의 2의 개정규정은 2019년 7월 1일부터 시행한다.

제2조【분리과세대상 토지의 범위에 관한 적용례】 제102조 제8항 제5호의 개정규정은 이 영 시행 이후 재산세 납세의무가 성립하는 경우부터 적용한다.

제3조【건축물 취득의 시기에 관한 경과조치】 이 영 시행 당시 다음 각 호의 어느 하나에 해당하는 건축물의 취득 시기에 관하여는 제20조 제6항의 개정규정에도 불구하고 종전의 규정에 따른다.

1. 「도시개발법」 제51조 제1항에 따른 준공검사 증명서를 내주거나 같은 조 제2항에 따라 공사 완료 공고를 한 건축물 또는 같은 법 제53조 단서에 따라 준공검사 또는 공사 완료 공고 전에 사용허가를 한 건축물
2. 「도시 및 주거환경정비법」 제83조 제4항에 따라 공사 완료를 고시한 건축물, 같은 조 제5항 본문에 따라 준공인가 전에 사용허가를 한 건축물, 같은 조 제5항 단서에 따라 사용

103조의 3 제1항 제12호 및 같은 조 제3항 제1호·제3호의 개정규정은 2016년 1월 1일부터 시행하고, 제93조 제10항 및 제11항, 제128조 제2항 및 제5항, 제132조의 개정규정은 2017년 1월 1일부터 시행한다. (2015. 12. 29. 단서개정)

제2조【일반적 적용례】 이 법은 이 법 시행 후 최초로 납세의무가 성립하는 분부터 적용한다. 다만, 부칙 제3조부터 제10조까지에서 달리 규정한 사항에 대하여는 그러하지 아니한다.

제3조【조건변경으로 인한 취득세 과세에 관한 적용례】 제9조 제2항 단서의 개정규정은 이 법 시행 전에 국가등에 귀속등을 조건으로 취득한 것으로서 이 법 시행 후 매각·증여하거나 국가등에 귀속등을 이행하지 아니하는 것으로 조건이 변경되는 부동산 및 사회기반시설에 대해서도 적용한다.

제4조【법인지방소득세 특별징수 납세지에 관한 적용례】 제89조 제3항 제2호의 개정규정은 2015년 1월 1일 이후 납부하거나 납부해야 할 분부터 적용한다. 다만, 종전의 규정에 따라 이 법 시행일 이전에 납부한 법인지방소득세에 대하여는 종전의 규정에 따른다.

제5조【분리과세 주택임대소득에 관한 적용례】 제93조 제10항 및 제11항의 개정규정은 2019년 1월 1일 이후 발생하는 소득분부터 적용한다. (2017. 12. 26. 개정)

제6조【개인지방소득세 가산세에 관한 적용례】 제99조 및 제103조의 8의 개정규정은 2015년 5월 1일 이후 신고하는 분부터 적용한다.

제7조【양도소득에 대한 개인지방소득세 세율 적용에 관한 적용례】 제103조의 3 제1항 각 호 외의 부분, 같은 조 제5항 및 제6항의 개정규정은 이 법 시행 후 양도하는 분부터 적용한다.

하게 한 건축물 또는 같은 법 시행령 제74조에 따라 준공인가증을 내어 준 건축물

제4조【결손금 소급 공제에 따른 환급세액 추징 시 이자율 인하에 관한 경과조치】 이 영 시행 전에 세액을 환급받은 경우 그 당초환급세액의 통지일의 다음 날부터 이 영 시행일 전날까지의 기간에 대한 이자율은 제100조의 18 제5항 제2호의 개정규정에도 불구하고 종전의 규정에 따른다.

제5조【외국법인의 법인지방소득세 과세표준 신고기한 연장 시 가산금의 이자율 인하에 관한 경과조치】 이 영 시행 전에 신고기한의 연장승인을 받은 경우 그 연장되기 전의 신고기한의 다음 날부터 이 영 시행일 전날까지의 기간에 대한 이자율은 제100조의 27 제2항의 개정규정에도 불구하고 종전의 규정에 따른다.

부 칙 (2019. 4. 2. 대통령령 제29677호 ; 중소기업진흥에 관한 법률 시행령 부칙)

제1조【시행일】 이 영은 공포한 날부터 시행한다.

제2조【다른 법령의 개정】 ①~⑮ 생 략

⑯ 지방세법 시행령 일부를 다음과 같이 개정한다.

제102조 제7항 제8호 중 "중소기업진흥공단"을 "중소벤처기업진흥공단"으로 한다.

⑰~㉑ 생 략

부 칙 (2019. 3. 12. 대통령령 제29617호 ; 철도건설법 시행령 부칙)

제1조【시행일】 이 영은 2019년 3월 14일부터 시행한다.

제2조·제3조 생 략

제4조【다른 법령의 개정】 ①~㉔ 생 략

제8조【파생상품에 대한 양도소득분 개인지방소득세에 관한 적용례】 제103조의 3 제1항 제12호 및 제3항 제3호의 개정규정은 2016년 1월 1일 이후 최초로 거래 또는 행위가 발생하는 분부터 적용한다.

제9조【자동차 이전·말소 전 자동차세 과세에 관한 적용례】 제128조 제2항 및 제5항, 제132조의 개정규정은 이 법 시행 후 이전하거나 말소하는 분부터 적용한다.

제10조【양도소득에 대한 과세 특례에 관한 적용 특례】 법률 제12505호 지방세법 일부개정법률 부칙 제5조 및 제6조의 개정규정은 2015년 1월 1일부터 이 법 시행일까지 양도한 분에도 적용한다.

제11조【일반적 경과조치】 이 법 시행 당시 종전의 규정에 따라 부과 또는 감면하였거나 부과 또는 감면하여야 할 지방세에 대해서는 종전의 규정에 따른다.

부 칙 (2015. 7. 24. 법률 제13425호 ; 전투경찰대 설치법 부칙)

제1조【시행일】 이 법은 공포 후 6개월이 경과한 날부터 시행한다.

제2조～제4조 생 략

제5조【다른 법률의 개정】 ①～⑥ 생 략

⑦ 지방세법 일부를 다음과 같이 개정한다.

제54조 제1항 제2호 중 "전투경찰"을 "의무경찰"로 한다.

⑧·⑨ 생 략

제6조 생 략

부 칙 (2014. 12. 31. 법률 제12954호)

제1조【시행일】 이 법은 2015년 1월 1일부터 시행한다.

제2조【지역자원시설세의 세율에 관한 적용례 등】 ① 제

㉕ 지방세법 시행령 일부를 다음과 같이 개정한다.

별표 제1종 제207호 본문, 같은 표 제2종 제160호 본문, 같은 표 제3종 제223호 본문 및 같은 표 제4종 제173호 중 "「철도건설법」"을 각각 "「철도의 건설 및 철도시설 유지관리에 관한 법률」"로 한다.

㉖～㉝ 생 략

부 칙 (2019. 2. 12. 대통령령 제29529호 ; 법인세법 시행령 부칙)

제1조【시행일】 이 영은 공포한 날부터 시행한다. (단서 생략)

제2조～제17조 생 략

제18조【다른 법령의 개정】 ①～③ 생 략

④ 「지방세법 시행령」 일부를 다음과 같이 개정한다.

제18조 제4항 단서 중 "「법인세법」 제52조 제1항"을 "「법인세법」 제2조 제12호"로 한다.

제86조 제1항 중 "「법인세법 시행령」 제1조 제1항"을 "「법인세법 시행령」 제2조 제1항"으로 하고, 같은 조 제2항 중 "「법인세법 시행령」 제1조 제2항"을 "「법인세법 시행령」 제2조 제2항"으로 한다.

제100조의 19 제4항 단서 및 같은 조 제5항 본문 중 "「법인세법」 제73조"를 각각 "「법인세법」 제73조 및 제73조의 2"로 한다.

제100조의 27 제1항 본문 중 "「법인세법 시행령」 제7조 제1항 제2호"를 "「법인세법 시행령」 제7조 제6항 제2호"로 한다.

제100조의 37 제1호 중 "「법인세법」 제29조 제5항 및 제30조 제4항"을 "「법인세법」 제29조 제7항 및 제30조 제3항"으로 한다.

제107조 중 "「법인세법」 제3조 제3항"을 "「법인세법」 제4조 제3항"으로 한다.

⑤ 생 략

146조 제1항 제5호 및 제6호의 개정규정은 이 법 시행 후 최초로 발전하는 분부터 적용한다.

② 정부는 법률 제12665호 원자력시설 등의 방호 및 방사능 방재 대책법 일부개정법률에 따라 확대된 방사선비상계획구역에 필요한 예산 지원방안을 마련하여야 한다.

부 칙 (2014. 12. 23. 법률 제12855호)

제1조【시행일】 이 법은 2015년 1월 1일부터 시행한다.

제2조【담배소비세 등 과세에 관한 적용례】 제52조 제1항의 개정규정은 이 법 시행 후 최초로 담배를 제조장 또는 보세구역으로부터 반출하거나 국내로 반입하는 경우부터 적용한다.

제3조【지방교육세의 세율에 관한 적용례】 제151조 제1항 제4호의 개정규정은 이 법 시행 후 최초로 담배를 제조장 또는 보세구역으로부터 반출하거나 국내로 반입하는 경우부터 적용한다.

부 칙 (2014. 11. 19. 법률 제12844호 ; 정부조직법 부칙)

제1조【시행일】 이 법은 공포한 날부터 시행한다. 다만, 부칙 제6조에 따라 개정되는 법률 중 이 법 시행 전에 공포되었으나 시행일이 도래하지 아니한 법률을 개정한 부분은 각각 해당 법률의 시행일부터 시행한다.

제2조～제5조 생 략

제6조【다른 법률의 개정】 ①～⑩⑦ 생 략

⑩⑧ 지방세법 일부를 다음과 같이 개정한다.

제6조 제8호, 제13조 제8항, 제22조 제2항 단서, 같은 조 제3항, 제31조 제1항·제2항, 제38조의 2 제1항, 제60조 제3항 후단, 제71조 제1항, 제103조의 59 제1항 각 호 외의 부분, 같은 조 제2항 각 호 외의 부분, 제107조 제2항 제2호, 제111조 제2

부 칙 (2019. 2. 8. 대통령령 제29518호 ; 교통안전공단법 시행령 부칙)

제1조【시행일】 이 영은 공포한 날부터 시행한다.

제2조【다른 법령의 개정】 ①～⑭ 생 략

⑮ 지방세법 시행령 일부를 다음과 같이 개정한다.

제101조 제3항 제6호 중 "「교통안전공단법」에 따라 설립된 교통안전공단"을 "「한국교통안전공단법」에 따른 한국교통안전공단"으로 한다.

⑯～⑲ 생 략

제3조 생 략

부 칙 (2019. 2. 8. 대통령령 제29512호)

제1조【시행일】 이 영은 공포한 날부터 시행한다.

제2조【지방소비세 안분기준에 관한 적용례】 제75조 제1항의 개정규정은 법률 제16113호 지방세법 일부개정법률 시행 이후 「부가가치세법」에 따라 최초로 납부하는 분부터 적용한다.

부 칙 (2019. 1. 22. 대통령령 제29498호 ; 승강기시설 안전관리법 시행령 부칙)

제1조【시행일】 이 영은 2019년 3월 28일부터 시행한다.

제2조～제10조 생 략

제11조【다른 법령의 개정】 ①～⑤ 생 략

⑥ 지방세법 시행령 일부를 다음과 같이 개정한다.

별표 제1종 제13호 중 "「승강기시설 안전관리법」 제5조"를 "「승강기 안전관리법」 제6조"로 하고, 같은 표 제1종 제79호 중 "「승강기시설 안전관리법」 제11조"를 "「승강기 안전관리법」 제39조"로 하며, 같은 표 제2종 제13호 중 "「승강기시설 안전관리법」 제5조"를 "「승강기 안전관리법」 제6조"로 하고, 같은 항, 제116조 제3항, 제120조 제2항, 제130조 제3항 단서 및 제137조 제3항 후단 중 "안전행정부령"을 각각 "행정자치부령"으로 한다.

제28조 제1항 제1호 다목 1) 단서 및 제123조 제3항 중 "안전행정부장관"을 각각 "행정자치부장관"으로 한다.

제123조 제1항 중 "안전행정부"를 "행정자치부"로 한다.

⑲~㉘ 생　략

제7조 생　략

부　칙 (2014. 10. 15. 법률 제12801호)

제1조【시행일】이 법은 공포 후 3개월이 경과한 날부터 시행한다.

제2조【자동차 주행에 대한 자동차세 납세담보 등에 관한 적용례】제137조의 2의 개정규정은 이 법 시행 후 최초로 납세의무가 성립하는 분부터 적용한다.

부　칙 (2014. 6. 3. 법률 제12738호 ; 측량 · 수로조사 및 지적에 관한 법률 부칙)

제1조【시행일】이 법은 공포 후 1년이 경과한 날부터 시행한다. (단서 생략)

제2조【다른 법률의 개정】①~㊻ 생　략

㊼ 지방세법 일부를 다음과 같이 개정한다.

제6조 제3호 중 "「측량 · 수로조사 및 지적에 관한 법률」"을 "「공간정보의 구축 및 관리 등에 관한 법률」"로 한다.

제104조 제1호 중 "「측량 · 수로조사 및 지적에 관한 법률」"을 "「공간정보의 구축 및 관리 등에 관한 법률」"로 한다.

㊽~㊿ 생　략

제3조 생　략

표 제2종 제79호 중 "「승강기시설 안전관리법」 제11조"를 "「승강기 안전관리법」 제39조"로 하며, 같은 표 제3종 제13호 중 "「승강기시설 안전관리법」 제5조"를 "「승강기 안전관리법」 제6조"로 하고, 같은 표 제3종 제80호 중 "「승강기시설 안전관리법」 제11조"를 "「승강기 안전관리법」 제39조"로 하며, 같은 표 제3종 제209호 중 "「승강기시설 안전관리법」 제15조"를 "「승강기 안전관리법」 제37조"로 하고, 같은 표 제4종 제13호 중 "「승강기시설 안전관리법」 제5조"를 "「승강기 안전관리법」 제6조"로 하며, 같은 표 제4종 제79호 중 "「승강기시설 안전관리법」 제11조"를 "「승강기 안전관리법」 제39조"로 한다.

⑦~⑧ 생　략

제12조 생　략

부　칙 (2018. 12. 31. 대통령령 제29437호)

제1조【시행일】이 영은 2019년 1월 1일부터 시행한다.

제2조【일반적 적용례】이 영은 이 영 시행이후 납세의무가 성립하는 분부터 적용한다.

제3조【납세조합에 교부하는 징수교부금에 대한 적용례】제100조의 9 제1항의 개정규정은 이 영 시행 이후 발생하는 소득분부터 적용한다.

제4조【법인지방소득세 특별징수명세서 제출에 대한 적용례】제100조의 19 제2항 전단의 개정규정은 이 영 시행 이후 특별징수하는 분부터 적용한다.

부　칙 (2018. 4. 30. 대통령령 제28841호 ; 항로표지법 시행령 부칙)

제1조【시행일】이 영은 2018년 5월 1일부터 시행한다.

제2조 · 제3조 생　략

부 칙 (2014. 5. 20. 법률 제12602호)

제1조【시행일】 이 법은 공포 후 2개월이 경과한 날부터 시행한다.

제2조【물담배와 머금는 담배 과세에 관한 적용례】 제48조 제2항 제1호 바목, 제48조 제2항 제4호 및 제52조 제1항 제1호 바목, 제52조 제1항 제4호의 개정규정은 이 법 시행 후 최초로 납세의무가 성립하는 분부터 적용한다.

부 칙 (2014. 3. 24. 법률 제12505호)

제1조【시행일】 이 법은 공포한 날부터 시행한다.

제2조【일반적 적용례】 ① 이 법은 이 법 시행 후 발생하는 소득분부터 적용한다.

② 이 법 중 양도소득에 대한 개인지방소득세에 관한 개정규정은 이 법 시행 후 양도하는 분부터 적용한다.

제3조【개인지방소득세의 표준세율에 관한 적용례】 제92조 제1항의 개정규정은 이 법 시행일이 속하는 과세기간에 최초로 발생하는 소득분부터 적용한다.

제4조【양도소득에 대한 개인지방소득세의 세율 적용례】 제103조의 3 제1항 제2호·제3호의 개정규정은 2014년 1월 1일 이후 양도하는 분부터 적용한다. 다만, 제103조의 3 제1항 제2호의 개정규정에 따라 제92조 제1항에 따른 세율이 적용되는 자산은 제92조 제1항의 개정규정에 따른 세율을 적용한다.

제5조【토지등 양도소득에 대한 과세특례에 관한 적용례】 제103조의 31 제1항의 개정규정은 2014년 1일 1일 이후 사업연도가 개시되어 최초로 양도하는 분부터 적용한다. 다만, 2009년 3월 16일부터 2012년 12월 31일까지 취득한 자산을 양도하거나, 「법인세법」 제25조 제1항 제1호에 따른 중소기업이 주택 또는 비사업용 토지(미등기 토지등은 제외한다)를 2015

제4조【다른 법령의 개정】 ①·② 생 략

③ 지방세법 시행령 일부를 다음과 같이 개정한다.

별표 제4종 제150호 중 "「항로표지법」 제14조"를 "「항로표지법」 제23조"로 하고, 같은 표 제5종 제1호 중 "「항로표지법」 제13조"를 "「항로표지법」 제20조"로 한다.

④ 생 략

제5조 생 략

부 칙 (2018. 3. 27. 대통령령 제28714호)

제1조【시행일】 이 영은 2018년 4월 1일부터 시행한다. 다만, 제60조 제5호, 제61조 제1호 마목 2), 제64조 제2항, 제88조의 2, 제100조 제6항, 제100조 제8항, 제100조의 9 제1항·제3항, 제100조의 15 제2항 및 제100조의 38의 개정규정은 공포한 날부터 시행한다.

제2조【입국자가 반입하는 궐련형 전자담배의 담배소비세 면제에 관한 적용례】 제64조 제2항의 개정규정은 부칙 제1조 단서에 따른 시행일 이후 법 제54조 제2항에 따라 입국자가 반입하는 경우부터 적용한다.

제3조【양도소득에 대한 개인지방소득세에 관한 적용례】 이 영 중 양도소득에 관한 개정규정은 이 영 시행 이후 양도하는 분부터 적용한다. 다만, 제100조 제6항의 개정규정은 부칙 제1조 단서에 따른 시행일이 속하는 과세기간에 발생하는 소득분부터 적용한다.

제4조【징수교부금 조정에 관한 적용례】 제100조의 9 제3항의 개정규정은 부칙 제1조 단서에 따른 시행일 이후 환급금이 발생하는 경우부터 적용한다.

부 칙 (2018. 2. 27. 대통령령 제28686호 ; 공공기관 지방이

년 12월 31일까지 양도하는 경우에는 제103조의 31 제1항의 개정규정을 적용하지 아니한다. (2016. 12. 27. 단서개정)

제6조 【양도소득에 대한 개인지방소득세의 세율에 관한 특례】 제103조의 3 제1항 제8호 또는 제9호에 해당하는 자산(제103조의 3 제5항에 따른 지정지역에 있는 부동산은 제외한다)을 2015년 12월 31일까지 양도하거나 2009년 3월 16일부터 2012년 12월 31일까지 취득하여 양도함으로써 발생하는 소득에 대해서는 제103조의 3 제1항 제1호에 따른 세율(해당 자산의 보유기간이 2년 미만인 경우에는 제1항 제2호 또는 제3호에 따른 세율)을 적용한다. (2016. 12. 27. 개정)

부 칙 (2014. 1. 1. 법률 제12153호)

제1조 【시행일】 이 법은 2014년 1월 1일부터 시행한다. 다만, 제92조 제2항 및 제103조의 3 제4항의 개정규정은 2020년 1월 1일부터, 제103조의 20 제2항의 개정규정은 2017년 1월 1일부터 시행하고 제123조의 개정규정은 공포 후 3개월이 경과한 날부터 시행하며, 제103조의 29의 개정규정은 2015년 1월 1일부터 시행한다. (2016. 12. 27. 단서개정)

제2조 【일반적 적용례】 이 법은 이 법 시행 후 최초로 납세의무가 성립하는 분부터 적용한다. 다만, 제8장 지방소득세(제103조의 29의 개정규정은 제외한다)에 대해서는 이 법 시행 후 최초로 과세기간이 시작되어 납세의무가 성립하는 분부터 적용한다. (2014. 3. 24. 단서개정)

제3조 【개수의 범위 확대에 관한 적용례】 제6조 제6호의 개정규정은 이 법 시행 후 제6조 제6호 나목의 개정규정에 따른 시설을 수선하는 경우부터 적용한다.

제4조 【요트회원권에 관한 적용례】 제7조 제1항, 제8조 제1항 제9호 및 제12조 제1항 제7호의 개정규정은 이 법 시행 후

전에 따른 혁신도시 건설 및 지원에 관한 특별법 시행령 부칙)

제1조 【시행일】 이 영은 2018년 3월 27일부터 시행한다. 다만, 제32조의 2의 개정규정은 2018년 3월 1일부터 시행하고, 제31조의 2 및 제31조의 3의 개정규정은 2018년 4월 25일부터 시행한다.

제2조 【다른 법령의 개정】 ①~⑱ 생 략

⑲ 지방세법 시행령 일부를 다음과 같이 개정한다.

제102조 제5항 제4호 및 같은 조 제7항 제12호 다목 중 "「공공기관 지방이전에 따른 혁신도시 건설 및 지원에 관한 특별법」"을 각각 "「혁신도시 조성 및 발전에 관한 특별법」"으로 한다.

⑳~㉕ 생 략

부 칙 (2018. 2. 9. 대통령령 제28627호 ; 빈집 및 소규모주택 정비에 관한 특례법 시행령 부칙)

제1조 【시행일】 이 영은 2018년 2월 9일부터 시행한다.

제2조 · 제3조 생 략

제4조 【다른 법령의 개정】 ①~⑨ 생 략

⑩ 지방세법 시행령 일부를 다음과 같이 개정한다.

제20조 제6항 단서 중 "주택재개발사업"을 "재개발사업"으로, "「도시 및 주거환경정비법」 제54조"를 "「도시 및 주거환경정비법」 제86조"로 하고, 같은 조 제7항 중 "「도시 및 주거환경정비법」 제16조 제2항에 따른 주택재건축조합이 주택재건축사업"을 "「도시 및 주거환경정비법」 제35조 제3항에 따른 재건축조합이 재건축사업을 하거나 「빈집 및 소규모주택 정비에 관한 특례법」 제23조 제2항에 따른 소규모재건축조합이 소규모재건축사업"으로, "「도시 및 주거환경정비법」 제54조 제2항"을 "「도시 및 주거환경정비법」 제86조 제2항

요트회원권을 취득하는 경우부터 적용한다.

제5조【과점주주의 연대납세의무에 관한 적용례】 제7조 제5항의 개정규정은 이 법 시행 후 과점주주가 되는 자부터 적용한다.

제6조【배우자 또는 직계존비속 부동산 취득의 증여의제 등에 관한 적용례】 제7조 제11항 및 제12항의 개정규정은 이 법 시행 후 취득하는 경우부터 적용한다.

제7조【상속재산의 재분할에 관한 적용례】 제7조 제13항의 개정규정은 이 법 시행 후 공동상속인이 협의하여 확정된 상속재산을 재분할하는 경우부터 적용한다.

제8조【토지거래계약 허가를 신청한 자에 관한 적용례】 제20조 제1항의 개정규정은 이 법 시행 전에 토지거래계약 허가를 신청한 자에 대해서도 적용한다.

제9조【신탁재산 체납처분에 관한 적용례】 제119조의 2의 개정규정은 이 법 시행 후 납세의무가 성립하는 수탁자가 신탁재산에 대한 재산세를 체납하는 경우부터 적용한다.

제10조【주행분 자동차세의 납세의무에 관한 적용례】 제135조의 개정규정은 이 법 시행 후 「교통·에너지·환경세법」에 따른 납세의무가 성립하는 경우부터 적용한다.

제11조【과세표준과 세율에 관한 적용례】 제151조 제1항의 개정규정은 2013년 8월 28일 이후 최초로 취득하는 분부터 적용한다.

제12조【등록면허세의 세율 적용에 관한 특례】 등록면허세의 세율은 종전의 제28조 제1항 및 제34조 제1항에 따른 해당 지방자치단체 조례에도 불구하고 해당 지방자치단체의 조례가 개정되기 전까지는 제28조 제1항 및 제34조 제1항의 개정규정에 따른 세율을 적용한다.

제13조【개인지방소득세 신고 등에 관한 특례】 ① 이 법 또는 「빈집 및 소규모주택 정비에 관한 특례법」 제40조 제2항"으로 한다.

제26조 제1항 제28호 중 "「도시 및 주거환경정비법」 제18조"를 "「도시 및 주거환경정비법」 제35조 또는 「빈집 및 소규모주택 정비에 관한 특례법」 제23조"로, "같은 법 제2조 제2호의 정비사업"을 "「도시 및 주거환경정비법」 제2조 제2호의 정비사업 또는 「빈집 및 소규모주택 정비에 관한 특례법」 제2조 제1항 제3호의 소규모주택정비사업"으로 한다.

제102조 제7항 제7호 중 "「도시 및 주거환경정비법」 제7조부터 제9조까지"를 "「도시 및 주거환경정비법」 제24조부터 제28조까지 또는 「빈집 및 소규모주택 정비에 관한 특례법」 제17조부터 제19조까지"로 한다.

⑪ 생 략

제5조 생 략

부 칙 (2018. 1. 16. 대통령령 제28586호 ; 시설물의 안전관리에 관한 특별법 시행령 부칙)

제1조【시행일】 이 영은 2018년 1월 18일부터 시행한다. 다만, 별표 5의 개정규정 중 책임기술자의 실무경력 요건에 관한 사항은 2019년 1월 1일부터 시행한다.

제2조~제6조 생 략

제7조【다른 법령의 개정】 ①~⑱ 생 략

⑲ 지방세법 시행령 일부를 다음과 같이 개정한다.

별표 제2종의 제88호 중 "「시설물의 안전관리에 관한 특별법」 제9조"를 "「시설물의 안전 및 유지관리에 관한 특별법」 제28조"로 한다.

⑳~㉔ 생 략

제8조 생 략

시행일부터 2019년 12월 31일까지 제93조 제5항의 개정규정에 따른 토지 등 매매차익 예정신고, 제95조의 개정규정에 따른 과세표준 확정신고, 제96조의 개정규정에 따른 수정신고(제103조의 9의 개정규정에 따라 준용되는 경우를 포함한다), 제102조 제2항의 개정규정에 따른 공동사업장에 대한 신고, 제103조의 5의 개정규정에 따른 과세표준 예정신고, 제103조의 7의 개정규정에 따른 과세표준 확정신고 및 제103조의 12 제4항의 개정규정에 따른 유가증권양도소득에 대한 신고를 하려는 자는 제93조 제5항 · 제95조 · 제96조 · 제102조 제2항 · 제103조의 5 · 제103조의 7 및 제103조의 12 제4항의 개정규정에도 불구하고 납세지 관할 세무서장 또는 지방국세청장에게 신고하고 납세지 관할 지방자치단체의 장에게 납부하여야 한다. (2016. 12. 27. 개정)

② 이 법 시행일부터 2019년 12월 31일까지 제97조의 개정규정에 따른 결정과 경정(제103조의 9의 개정규정에 따라 준용되는 경우를 포함한다) 및 제98조의 개정규정에 따른 수시부과결정(제103조의 9의 개정규정에 따라 준용되는 경우를 포함한다)에 관한 업무는 제97조 및 제98조의 개정규정에도 불구하고 관할 세무서장 또는 지방국세청장이 행한다. (2016. 12. 27. 개정)

③ 제1항에 따른 신고 및 제2항에 따른 업무수행에 필요한 사항은 대통령령으로 정한다.

④ 제1항 및 제2항은 이 법 시행 후 최초로 납세의무가 성립하는 분부터 적용한다.

제14조【양도소득에 대한 개인지방소득세 세율 적용 유예】 제103조의 3 제1항 제4호부터 제9호까지에 해당하는 자산을 2014년 12월 31일까지 양도함으로써 발생하는 소득에 대해서는 같은 조 제1항 제4호부터 제9호까지에서 규정한 세율을

부 칙 (2018. 1. 16. 대통령령 제28583호 ; 수질 및 수생태계 보전에 관한 법률 시행령 부칙)

제1조【시행일】 이 영은 2018년 1월 18일부터 시행한다.

제2조【다른 법령의 개정】 ①~㉗ 생 략

㉘ 지방세법 시행령 일부를 다음과 같이 개정한다.

제83조 각 호 외의 부분 및 같은 조 제1호 · 제2호 중 "「수질 및 수생태계 보전에 관한 법률」"을 각각 "「물환경보전법」"으로 한다.

별표 제2종 제132호 중 "「수질 및 수생태계 보전에 관한 법률」"을 "「물환경보전법」"으로 하고, 같은 표 제5종 제15호 및 제16호 중 "「수질 및 수생태계 보전에 관한 법률」"을 각각 "「물환경보전법」"으로 한다.

㉙~㊻ 생 략

부 칙 (2017. 12. 29. 대통령령 제28524호)

제1조【시행일】 이 영은 2018년 1월 1일부터 시행한다.

제2조【일반적 적용례】 이 영은 이 영 시행 이후 납세의무가 성립하는 분부터 적용한다.

제3조【휴면법인 인수에 관한 경과조치】 이 영 시행 전에 종전의 제27조 제2항에 따라 과점주주가 된 자에 대해서는 제27조 제2항의 개정규정에도 불구하고 종전의 규정에 따른다.

제4조【대기오염물질 배출 사업소에 관한 경과조치】 이 영 시행 전에 위반행위를 한 경우에는 제83조의 개정규정에도 불구하고 종전의 예에 따른다.

부 칙 (2017. 10. 17. 대통령령 제28366호 ; 폐기물의 국가 간 이동 및 그 처리에 관한 법률 시행령 부칙)

제1조【시행일】 이 영은 2017년 10월 19일부터 시행한다.

적용하지 아니하고 같은 조 제1항 제1호에 따른 세율(해당 보유기간이 2년 미만인 자산은 같은 조 제1항 제2호 또는 제3호에 따른 세율)을 적용한다.

제15조【일반적 경과조치】 이 법 시행 당시 종전의 규정에 따라 부과 또는 감면하였거나 부과 또는 감면하여야 할 지방세에 대하여는 종전의 규정에 따른다.

제16조【신탁재산 이전에 따른 세율변경에 관한 경과조치】 이 법 시행 전에 신탁재산인 부동산 또는 선박을 수탁자로부터 수익자에게 이전한 경우에 대해서는 제11조 제1항 제4호 및 제12조 제1항 제1호 가목 5)의 개정규정에도 불구하고 종전의 규정에 따른다.

제17조【신탁재산에 대한 재산세 납세의무자 변경에 관한 경과조치】 ① 이 법 시행 전에 재산세 납세의무가 성립된 경우에는 제107조 제2항 제5호의 개정규정에도 불구하고 종전의 규정에 따른다.

② 이 법 시행 전에 「조세특례제한법」 및 「지방세특례제한법」에 따라 감면하였거나 감면하여야 할 재산세에 대해서는 그 감면기한이 종료될 때까지 제107조 제1항 제3호의 개정규정에 따른 수탁자에게 해당 감면규정을 적용한다.

제18조【다른 법령과의 관계】 이 법 시행 당시 다른 법령에서 종전의 「지방세법」 또는 그 규정을 인용하고 있는 경우 이 법 중 그에 해당하는 규정이 있으면 종전의 규정을 갈음하여 이 법의 해당 규정을 인용한 것으로 본다.

제19조【다른 법률의 개정】 ① 국제조세조정에 관한 법률 일부를 다음과 같이 개정한다.

제29조 제1항 제1호 중 "지방소득세 소득분"을 "지방소득세"로 하고, 같은 조 같은 항 제2호 중 "지방소득세 소득분"을 "지방소득세"로 하며, "「지방세법」 제89조 제1항의 세율"을

제2조【다른 법령의 개정】 지방세법 시행령 일부를 다음과 같이 개정한다.

제51조 제3호 중 "「폐기물관리법」 제24조의 2"를 "제18조의 2"로 한다.

부 칙 (2017. 7. 26. 대통령령 제28211호 ; 행정안전부와 그 소속기관 직제 부칙)

제1조【시행일】 이 영은 공포한 날부터 시행한다. 다만, 부칙 제8조에 따라 개정되는 대통령령 중 이 영 시행 전에 공포되었으나 시행일이 도래하지 아니한 대통령령을 개정한 부분은 각각 해당 대통령령의 시행일부터 시행한다.

제2조~제7조 생 략

제8조【다른 법령의 개정】 ①~⑰④ 생 략

⑰⑤ 지방세법 시행령 일부를 다음과 같이 개정한다.

제3조 전단·후단, 제4조 제1항 각 호 외의 부분, 같은 조 제3항 본문·단서, 같은 조 제5항·제8항·제10항, 제73조, 제75조 제7항, 제101조 제3항 제7호, 제119조의 3 제1항·제2항, 제133조 제1항 제2호 후단 및 같은 조 제2항 제2호 중 "행정자치부장관"을 각각 "행정안전부장관"으로 한다.

제18조 제1항 제6호 후단, 제20조 제1항 제3호, 같은 조 제2항 제2호 다목, 제26조 제1항 제10호 단서, 제27조 제3항 전단, 제28조 제2항 제3호 가목 단서, 제32조 제1항, 제33조 제1항, 제48조 제3항, 제57조 제2호 단서, 제58조 제1항·제2항, 제64조의 2, 제65조 제1항·제3항, 제68조 제2항 각 호 외의 부분 단서, 제69조 제1항 각 호 외의 부분, 같은 조 제2항 각 호 외의 부분, 제70조 제1항·제2항, 제70조의 2 제1항 각 호 외의 부분, 같은 조 제2항 각 호 외의 부분, 제71조 제2항 본문, 제75조 제1항 각 호 외의 부분 단서, 같은 조 제6항, 제78조 제1항 제1호

“「지방세법」 제103조의 18 제1항의 원천징수하는 소득세의 100분의 10 또는 같은 법 제103조의 52 제1항의 원천징수하는 법인세의 100분의 10”으로 한다.

② 법인세법 일부를 다음과 같이 개정한다.

제18조 제3호, 제21조 제1호 및 제96조 제2항 제2호 중 “지방소득세 소득분”을 각각 “법인지방소득세”로 한다.

③ 부동산등기 특별조치법 일부를 다음과 같이 개정한다.

제11조 제1항 중 “1천분의 20을 뺀 세율”을 “1천분의 20을 뺀 세율(같은 법 제11조 제1항 제8호의 경우에는 1천분의 20의 세율)”로 한다.

④ 소득세법 일부를 다음과 같이 개정한다.

제26조 제1항 및 제33조 제1항 제1호 중 “지방소득세 소득분”을 각각 “개인지방소득세”로 한다.

⑤ 제주특별자치도 설치 및 국제자유도시 조성을 위한 특별법 일부를 다음과 같이 개정한다.

제74조 제7항 중 “「지방세법」 제81조 제1항 및 제100조”를 “「지방세법」 제81조 제1항 및 제84조의 3 제1항”으로 하고, “주민세 재산분과 지방소득세 종업원분”을 “주민세 재산분과 종업원분”으로 하며, 같은 조 같은 항 제2호 “지방소득세 종업원분”을 “주민세 종업원분”으로 한다.

⑥ 조세특례제한법 일부를 다음과 같이 개정한다.

제66조 제3항, 제67조 제3항, 제89조 제1항, 제89조의 3 제1항 및 같은 조 제2항 중 “지방소득세 소득분”을 “개인지방소득세”로 하고, 제121조의 16 제1항 중 “지방소득세 종업원분”을 “주민세 종업원분”으로 하며, 제121조의 9 제8항, 제121조의 17 제9항, 제121조의 20 제11항, 제121조의 21 제11항 중 “「지방세특례제한법」 제98조”를 “「지방세특례제한법」 제180조”로 개정한다.

단서, 제84조 제1항 · 제2항, 제85조의 3 후단, 제85조의 4 제1항 · 제2항, 제88조 제2항 각 호 외의 부분 후단, 같은 조 제4항 단서, 제90조 제1항 · 제2항, 제92조 제1항 · 제2항, 제93조 제2항, 제96조 제3항, 제98조 제2항 · 제3항, 제99조, 제100조의 2 제1항 · 제2항, 제100조의 3 제1항 · 제3항, 제100조의 4 제1항 · 제2항, 제100조의 7 제1항 단서, 제100조의 12 제2항부터 제4항까지, 같은 조 제5항 후단, 제100조의 13 제2항, 제100조의 14 제2항, 제100조의 18 제3항, 제100조의 19 제1항, 같은 조 제2항 전단, 같은 조 제4항 본문, 제100조의 22 제3항, 제100조의 25 제1항 · 제2항, 제100조의 26, 제100조의 29, 제100조의 30, 제100조의 36 제3항, 제102조 제1항 제1호, 같은 조 제4항, 제103조 제1항 제4호, 같은 조 제2항, 제110조, 제113조 제1항 · 제3항, 제114조 제3항, 제115조 제2항 각 호 외의 부분 단서, 제116조 제2항, 제119조의 2 제1항, 제128조 제5항, 제132조 각 호 외의 부분, 제134조 제2항, 제134조의 2 제2항 후단, 같은 조 제3항 본문, 제135조 전단, 제136조 제2호 다목 1) 및 제138조 제3항 중 “행정자치부령”을 각각 “행정안전부령”으로 한다.

제119조의 2 제1항 중 “「행정자치부와 그 소속기관 직제」”를 “「행정안전부와 그 소속기관 직제」”로 한다.

별표 제1종 제233호, 같은 표 제2종 제195호, 같은 표 제3종 제254호, 같은 표 제4종 제196호 및 같은 표 제5종 제48호 중 “행정자치부령”을 각각 “행정안전부령”으로 한다.

⑰⑥~⑳⑧ 생 략

부 칙 (2017. 3. 29. 대통령령 제27972호 ; 공항시설법 시행령 부칙)

제1조【시행일】 이 영은 2017년 3월 30일부터 시행한다.

제2조~제8조 생 략

⑦ 종합부동산세법을 다음과 같이 개정한다.

제21조 제1항부터 제6항까지 중 "국토교통부장관"을 각각 "안전행정부장관"으로 한다.

⑧ 지방교육재정교부금법 일부를 다음과 같이 개정한다.

제11조 제2항 제3호 중 "주민세 재산분 및 지방소득세 종업원분"을 "주민세 재산분 및 종업원분"으로 한다.

⑨ 채무자 회생 및 파산에 관한 법률 일부를 다음과 같이 개정한다.

제579조 제4호 나목 중 "지방소득세 소득분"을 "개인지방소득세"로 한다.

부 칙 (2013. 6. 7. 법률 제11873호 ; 부가가치세법 부칙)

제1조 【시행일】 이 법은 2013년 7월 1일부터 시행한다.

제2조～제17조 생 략

제18조 【다른 법률의 개정】 ①～⑦ 생 략

⑧ 지방세법 일부를 다음과 같이 개정한다.

제65조 중 "「부가가치세법」 제1조"를 "「부가가치세법」 제4조"로 한다.

제66조 중 "「부가가치세법」 제2조"를 "「부가가치세법」 제3조"로 한다.

제67조 중 "「부가가치세법」 제4조에 따른 부가가치세의 신고·납세지"를 "「부가가치세법」 제6조에 따른 납세지"로 한다.

제68조 중 "「부가가치세법」 제23조 제3항"을 "「부가가치세법」 제58조 제2항"으로 한다.

제70조 제1항 중 "「부가가치세법」 제32조의 6"을 "「부가가치세법」 제72조"로 하고, 같은 조 제2항 중 "「부가가치세법」 제18조, 제19조, 제19조의 2, 제27조 및 제34조"를 "「부가가치세법」 제48조부터 제50조까지, 제52조, 제66조 및 제67조"로 한다.

제9조 【다른 법령의 개정】 ①～㊱ 생 략

㊲ 지방세법 시행령 일부를 다음과 같이 개정한다.

제102조 제5항 제33호 단서 외의 부분 중 "「항공법」 제2조 제8호"를 "「공항시설법」 제2조 제7호"로 하고, 같은 호 단서 부분 중 "「항공법 시행령」 제10조 제2호"를 "「공항시설법 시행령」 제3조 제2호"로 한다.

㊳～㊺ 생 략

제10조 생 략

부 칙 (2017. 3. 29. 대통령령 제27971호 ; 항공안전법 시행령 부칙)

제1조 【시행일】 이 영은 2017년 3월 30일부터 시행한다. (단서 생략)

제2조～제9조 생 략

제10조 【다른 법령의 개정】 ①～⑯ 생 략

⑰ 지방세법 시행령 일부를 다음과 같이 개정한다.

제51조 제42호 중 "「항공법」 제20조 제1항"을 "「항공안전법」 제27조 제1항"으로 한다.

⑱～㉒ 생 략

제11조 생 략

부 칙 (2017. 3. 27. 대통령령 제27959호 ; 지방세징수법 시행령 부칙)

제1조 【시행일】 이 영은 2017년 3월 28일부터 시행한다.

제2조 생 략

제3조 【다른 법령의 개정】 ①～④ 생 략

⑤ 지방세법 시행령 일부를 다음과 같이 개정한다.

제80조 제3항 중 "「지방세기본법」 제45조 및 제61조 제2

⑨~⑭ 생 략

제19조 생 략

부 칙 (2013. 3. 23. 법률 제11690호 ; 정부조직법 부칙)

제1조【시행일】 ① 이 법은 공포한 날부터 시행한다.

② 부칙 제6조에 따라 개정되는 법률 중 이 법의 시행 전에 공포되었으나 시행일이 도래하지 아니한 법률을 개정한 부분은 각각 해당 법률의 시행일부터 시행하되, 같은 조 제477항에 따른 「약사법」 제47조 제1항 및 제481항에 따른 「의료기기법」 제18조 제1항의 개정규정은 이 법 시행 후 1년의 범위에서 해당 법률에 관한 대통령령으로 정하는 날부터 시행한다.

제2조~제5조 생 략

제6조【다른 법률의 개정】 ①~㉑ 생 략

㉒ 지방세법 일부를 다음과 같이 개정한다.

제4조 제1항 단서 중 "국토해양부장관"을 "국토교통부장관"으로 한다.

제6조 제8호, 제13조 제8항, 제22조 제2항 단서, 제31조 제1항·제2항, 제38조의 2 제1항, 제60조 제3항 후단, 제71조 제1항, 제93조 제2항, 제97조 제1항 각 호 외의 부분, 같은 조 제2항 전단, 같은 조 제3항 각 호 외의 부분, 같은 조 제4항 전단, 제107조 제2항 제2호, 제111조 제2항, 제116조 제3항, 제120조 제2항, 제130조 제3항 단서 및 제137조 제3항 후단 중 "행정안전부령"을 각각 "안전행정부령"으로 한다.

제28조 제1항 제1호 다목 1) 단서 및 제123조 제3항 중 "행정안전부장관"을 각각 "안전행정부장관"으로 한다.

제123조 제1항 중 "국토해양부"를 "국토교통부"로 한다.

㉓~㉗ 생 략

제7조 생 략

항·제3항"을 "「지방세징수법」 제15조 및 제32조 제2항·제3항"으로 한다.

⑥·⑦ 생 략

제4조 생 략

부 칙 (2017. 3. 27. 대통령령 제27958호 ; 지방세기본법 시행령 부칙)

제1조【시행일】 이 영은 2017년 3월 28일부터 시행한다.

제2조~제7조 생 략

제8조【다른 법령의 개정】 ①~⑤ 생 략

⑥ 지방세법 시행령 일부를 다음과 같이 개정한다.

제4조 제9항 제1호 중 "「지방세기본법」 제145조"를 "「지방세기본법」 제151조"로 한다.

제11조 제1항 중 "「지방세기본법」 제47조 제2호"를 "「지방세기본법」 제46조 제2호"로 한다.

제100조의 10 본문 중 "「지방세기본법」 제135조"를 "「지방세기본법」 제139조"로 한다.

제100조의 13 제1항 단서 중 "「지방세기본법」 제142조"를 "「지방세기본법」 제135조"로 한다.

제100조의 18 제5항 제2호 단서 중 "「지방세기본법 시행령」 제65조"를 "「지방세기본법 시행령」 제43조"로 한다.

⑦~⑨ 생 략

제9조 생 략

부 칙 (2017. 1. 17. 대통령령 제27793호 ; 부동산 거래신고 등에 관한 법률 시행령 부칙)

제1조【시행일】 이 영은 2017년 1월 20일부터 시행한다.

제2조·제3조 생 략

부 칙 (2013. 1. 1. 법률 제11617호)

제1조 【시행일】 이 법은 2013년 1월 1일부터 시행한다.

제2조 【일반적 적용례】 이 법은 이 법 시행 후 납세의무가 성립하는 분부터 적용한다.

제3조 【특별자치시의 등록면허세 세율에 관한 적용 특례】 제34조 제2항의 개정규정은 2012년 7월 1일 이후에 납세의무가 성립하는 분부터 적용한다.

부 칙 (2011. 12. 31. 법률 제11137호)

제1조 【시행일】 이 법은 공포한 날부터 시행한다. 다만, 제93조 제3항·제4항 및 제97조의 개정규정은 공포 후 3개월이 경과한 날부터 시행하고, 제25조 제1항 제14호·제18호 및 제28조 제1항 제5호의 2의 개정규정은 2012년 6월 11일부터 시행한다.

제2조 【취득세의 신고 및 납부에 관한 적용례】 제13조 제5항 제3호·제4호 및 제20조 제1항의 개정규정은 이 법 시행 후 최초로 취득하는 분부터 적용한다.

제3조 【지방소득세 관련 세액 등의 통보에 관한 적용례】 ① 제97조 제1항 및 제2항의 개정규정은 이 법 시행 후 최초로 법인세를 신고(수정신고를 포함한다)받거나 결정·경정한 경우, 원천징수한 법인세를 납부받거나 원천징수 법인세 납세고지를 한 경우 및 법인세를 환급한 경우부터 적용한다.
② 제97조 제3항 및 제4항의 개정규정은 이 법 시행 후 최초로 소득세분을 신고(예정신고 및 수정신고를 포함한다)받거나 부과고지한 경우, 원천징수한 소득세를 납부받거나 원천징수 소득세 납세고지를 한 경우 및 소득세를 환급한 경우부터 적용한다.

제4조 【재산세 부담의 상한에 관한 적용례】 제122조

제4조 【다른 법령의 개정】 ①~⑩ 생 략
⑪ 지방세법 시행령 일부를 다음과 같이 개정한다.
제20조 제2항 제2호 나목 중 "「부동산 거래신고에 관한 법률」 제3조"를 "「부동산 거래신고 등에 관한 법률」 제3조"로 한다.
⑫ 생 략

제5조 생 략

부 칙 (2016. 12. 30. 대통령령 제27710호)

제1조 【시행일】 이 영은 2017년 1월 1일부터 시행한다.

제2조 【일반적 적용례】 이 영은 이 영 시행 이후 납세의무가 성립하는 분부터 적용한다.

제3조 【오염물질 배출 사업소의 주민세 세율적용에 관한 적용례】 제83조의 개정규정은 이 영 시행 이후 「수질 및 수생태계 보전에 관한 법률」에 따른 개선명령·조업정지명령·사용중지명령 또는 폐쇄명령을 받는 사업소부터 적용한다.

제4조 【법인지방소득세에 대한 안분방법에 관한 적용례】 제88조 제2항 후단의 개정규정은 이 영 시행 이후 과세표준 및 세액을 신고하는 분부터 적용한다.

제5조 【지방소득세 결정 및 경정에 따른 환급에 관한 적용례】 제100조의 34 단서의 개정규정은 이 영 시행 이후 경정청구를 하거나 결정한 분을 환급하는 경우부터 적용한다.

제6조 【일반적 경과조치】 이 영 시행 당시 종전의 규정에 따라 부과 또는 감면하였거나 부과 또는 감면하여야 할 지방세에 대해서는 종전의 규정에 따른다.

부 칙 (2016. 11. 29. 대통령령 제27621호 ; 지방회계법 시행령 부칙)

제1조 【시행일】 이 영은 2016년 11월 30일부터 시행한다.

의 개정규정은 이 법 시행 후 최초로 납세의무가 성립하는 분부터 적용한다.

부 칙 (2011. 12. 31. 법률 제11124호 ; 국세기본법 부칙)

제1조【시행일】 이 법은 2012년 1월 1일부터 시행한다. (단서 생략)

제2조～제11조 생 략

제12조【다른 법령의 개정】 지방세법 일부를 다음과 같이 개정한다.

제93조 제2항 중 "「국세기본법」 제47조, 제47조의 2부터 제47조의 5까지"를 "「국세기본법」 제47조, 제47조의 2부터 제47조의 4까지"로 한다.

부 칙 (2011. 12. 2. 법률 제11110호 ; 저작권법 부칙)

제1조【시행일】 이 법은 「대한민국과 미합중국 간의 자유무역협정 및 대한민국과 미합중국 간의 자유무역협정에 관한 서한교환」이 발효되는 날부터 시행한다. (단서 생략)

제2조～제7조 생 략

제8조【다른 법률의 개정】 지방세법 일부를 다음과 같이 개정한다.

제28조 제1항 제10호 각 목 외의 부분 중 "저작권, 출판권"을 "저작권, 배타적발행권(「저작권법」 제88조 및 제96조에 따라 준용되는 경우를 포함한다), 출판권"으로 하고, 같은 호 나목 중 "제54조, 제63조 제3항, 제90조 및 제98조"를 "제54조(제90조 및 제98조에 따라 준용되는 경우를 포함한다)"로, "프로그램 등록은 제외한다"를 "프로그램, 배타적발행권, 출판권 등록은 제외한다"로 하며, 같은 호 다목 중 "제54조에 따른 프로그램 등록과 같은 법 제101조의 6 제6항에 따른"을 "제54조(제

(단서 생략)

제2조【다른 법령의 개정】 ①～⑧ 생 략

⑨ 지방세법 시행령 일부를 다음과 같이 개정한다.

제33조 제3항 본문 중 "「지방재정법 시행령」 제103조 제1항 및 제2항"을 "「지방회계법 시행령」 제49조 제1항 및 제2항"으로 한다.

⑩～⑭ 생 략

제3조 생 략

부 칙 (2016. 11. 29. 대통령령 제27619호 ; 향토예비군 설치법 시행령 부칙)

제1조【시행일】 이 영은 공포한 날부터 시행한다. (단서 생략)

제2조 생 략

제3조【다른 법령의 개정】 ①～⑬ 생 략

⑭ 지방세법 시행령 일부를 다음과 같이 개정한다.

제25조 중 "향토예비군"을 "예비군"으로 한다.

⑮～⑲ 생 략

제4조 생 략

부 칙 (2016. 8. 31. 대통령령 제27473호 ; 한국감정원법 시행령 부칙)

제1조【시행일】 이 영은 2016년 9월 1일부터 시행한다.

제2조【다른 법령의 개정】 ①～⑯ 생 략

⑰ 지방세법 시행령 일부를 다음과 같이 개정한다.

제4조 제9항 제2호를 다음과 같이 한다.

2. 「한국감정원법」에 따른 한국감정원

⑱ · ⑲ 생 략

제3조 생 략

90조 및 제98조에 따라 준용되는 경우를 포함한다)에 따른 프로그램, 배타적발행권, 출판권"으로 한다.

부 칙 (2011. 12. 2. 법률 제11108호)

제1조【시행일】 이 법은 「대한민국과 미합중국 간의 자유무역협정 및 대한민국과 미합중국 간의 자유무역협정에 관한 서한교환」이 발효되는 날부터 시행한다.

제2조【일반적 경과조치】 이 법 시행 당시 종전의 규정에 따라 부과하였거나 부과하여야 할 자동차세에 관하여는 종전의 규정에 따른다.

부 칙 (2011. 7. 25. 법률 제10924호 ; 신탁법 부칙)

제1조【시행일】 이 법은 공포 후 1년이 경과한 날부터 시행한다.

제2조 생 략

제3조【다른 법률의 개정】 ①~⑦ 생 략

⑧ 지방세법 일부를 다음과 같이 개정한다.

제9조 제3항 제2호 중 "종료 또는 해지"를 "종료"로 한다.

⑨ 생 략

제4조 생 략

부 칙 (2016. 8. 31. 대통령령 제27472호 ; 감정평가 및 감정평가사에 관한 법률 시행령 부칙)

제1조【시행일】 이 영은 2016년 9월 1일부터 시행한다.

제2조～제5조 생 략

제6조【다른 법령의 개정】 ①~⑰ 생 략

⑱ 지방세법 시행령 일부를 다음과 같이 개정한다.

제4조 제9항 제3호 중 "「부동산 가격공시 및 감정평가에 관한 법률」 제28조"를 "「감정평가 및 감정평가사에 관한 법률」 제29조"로 한다.

제18조 제3항 제2호 본문 중 "「부동산 가격공시 및 감정평가에 관한 법률」 제32조"를 "「감정평가 및 감정평가사에 관한 법률」 제6조"로 한다.

⑲~㉒ 생 략

제7조 생 략

부 칙 (2016. 8. 31. 대통령령 제27471호 ; 부동산 가격공시 및 감정평가에 관한 법률 시행령 부칙)

제1조【시행일】 이 영은 2016년 9월 1일부터 시행한다.

제2조【다른 법령의 개정】 ①~㉛ 생 략

㉜ 지방세법 시행령 일부를 다음과 같이 개정한다.

제2조 및 제17조 제1호 중 "「부동산 가격공시 및 감정평가에 관한 법률」"을 각각 "「부동산 가격공시에 관한 법률」"로 한다.

제118조 제2호 라목 중 "「부동산가격공시 및 감정평가에 관한 법률」"을 "「부동산 가격공시에 관한 법률」"로 한다.

㉝~㊲ 생 략

제3조 생 략

부 칙 (2016. 6. 21. 대통령령 제27245호 ; 수산종자산업육성법 시행령 부칙)

제1조 【시행일】 이 영은 2016년 6월 23일부터 시행한다.

제2조 생 략

제3조 【다른 법령의 개정】 ①~⑭ 생 략

⑮ 지방세법 시행령 일부를 다음과 같이 개정한다.

제101조 제3항 제15호를 다음과 같이 한다.

15. 「수산업법」에 따라 면허·허가를 받은 자, 「내수면어업법」에 따라 면허·허가를 받거나 신고를 한 자 또는「수산종자산업육성법」에 따라 수산종자생산업의 허가를 받은 자가 소유하는 토지로서 양식어업 또는 수산종자생산업에 직접 이용되고 있는 토지

제4조 생 략

부 칙 (2016. 4. 26. 대통령령 제27102호)

제1조 【시행일】 이 영은 공포한 날부터 시행한다.

제2조 【적용례】 제18조 제4항의 개정규정은 이 영 시행 이후 납세의무가 성립하는 분부터 적용한다.

부 칙 (2016. 1. 22. 대통령령 제26928호 ; 도시교통정비촉진법 시행령 부칙)

제1조 【시행일】 이 영은 2016년 1월 25일부터 시행한다.

제2조·제3조 생 략

제4조 【다른 법령의 개정】 ①~⑮ 생 략

⑯ 지방세법 시행령 일부를 다음과 같이 개정한다.

제101조 제3항 제11호 단서 중 "교통영향분석·개선대책"을 "교통영향평가서"로 한다.

⑰~⑳ 생 략

부 칙 (2016. 8. 11. 대통령령 제27444호 ; 주택법 시행령 부칙)

제1조 【시행일】 이 영은 2016년 8월 12일부터 시행한다.

제2조~제6조 생 략

제7조 【다른 법령의 개정】 ①~61 생 략

62 지방세법 시행령 일부를 다음과 같이 개정한다.

제14조를 삭제한다.

제20조 제7항 중 "「주택법」 제32조"를 "「주택법」 제11조"로, "「주택법」 제29조"를 "「주택법」 제49조"로 한다.

제26조 제1항 제3호 중 "「주택법」 제9조"를 "「주택법」 제4조"로 하고, 같은 항 제31호 단서를 삭제한다.

제102조 제5항 제7호 중 "같은 법 제32조"를 "같은 법 제11조"로 한다.

63~75 생 략

제8조 생 략

부 칙 (2016. 8. 2. 대통령령 제27431호 ; 공중위생관리법 시행령 부칙)

제1조 【시행일】 이 영은 2016년 8월 4일부터 시행한다. (단서 생략)

제2조~제4조 생 략

제5조 【다른 법령의 개정】 지방세법 시행령 일부를 다음과 같이 개정한다.

별표 <제1종> 제165호 본문, 같은 표 <제2종> 제129호 본문, 같은 표 <제3종> 제174호 본문 및 같은 표 <제4종> 제144호 본문 중 "위생관리용역업"을 각각 "건물위생관리업"으로 한다.

부　칙 **(2015. 12. 31. 대통령령 제26836호)**

제1조【시행일】 이 영은 2016년 1월 1일부터 시행한다. 다만, 제69조 제4항 및 제5항의 개정규정은 2016년 6월 30일부터 시행한다.

제2조【일반적 적용례】 이 영은 이 영 시행 이후 최초로 납세의무가 성립하는 분부터 적용한다.

제3조【법인지방소득세 안분방법에 관한 적용례】 제88조의 개정규정은 이 영 시행일 이후 법인지방소득세를 신고하는 분부터 적용한다.

제4조【기업의 미환류소득 신고에 관한 적용례】 제100조의 12 제1항의 개정규정은 이 영 시행일 이후 법인지방소득세를 신고하는 분부터 적용한다.

제5조【개인지방소득세 환급에 관한 적용례】 제100조의 34의 개정규정은 이 영 시행일 이후 개인지방소득세의 결정 또는 경정을 하는 분부터 적용한다.

제6조【분리과세에 관한 적용례】 영 제102조 제7항 제2호의 개정규정은 「공공주택건설 등에 관한 특별법」 제6조의 2에 따라 2015년 4월 21일 이후 특별관리지역으로 지정된 토지부터 적용한다.

제7조【일반적 경과조치】 이 영 시행 당시 종전의 규정에 따라 부과 또는 감면하였거나 부과 또는 감면하여야 할 지방세에 대해서는 종전의 규정에 따른다.

부　칙 **(2015. 12. 28. 대통령령 제26763호 ; 임대주택법 시행령 부칙)**

제1조【시행일】 이 영은 2015년 12월 29일부터 시행한다.

제2조～제8조 생　략

제9조【다른 법령의 개정】 ①～㉒ 생　략

제5조 생　략

부　칙 **(2016. 1. 19. 대통령령 제26916호 ; 소방시설 설치·유지 및 안전관리에 관한 법률 시행령 부칙)**

제1조【시행일】 이 영은 2016년 1월 21일부터 시행한다. (단서 생략)

제2조 생　략

제3조【다른 법령의 개정】 ①～⑥ 생　략

⑦ 지방세법 시행령 일부를 다음과 같이 개정한다.

제51조 제20호 중 "「소방시설 설치·유지 및 안전관리에 관한 법률」"을 "「화재예방, 소방시설 설치·유지 및 안전관리에 관한 법률」"로 한다.

제138조 제1항 제2호 각 목 외의 부분 및 같은 조 제2항 제2호 각 목 외의 부분 중 "「소방시설 설치·유지 및 안전관리에 관한 법률 시행령」"을 각각 "「화재예방, 소방시설 설치·유지 및 안전관리에 관한 법률 시행령」"으로 한다.

제4조 생　략

부　칙 **(2016. 1. 6. 대통령령 제26858호 ; 총포·도검·화약류 등의 안전관리에 관한 법률 시행령 부칙)**

제1조【시행일】 이 영은 2016년 1월 7일부터 시행한다.

제2조【다른 법령의 개정】 ①～④ 생　략

⑤ 지방세법 시행령 일부를 다음과 같이 개정한다.

제40조 제2항 제3호 본문 중 "「총포·도검·화약류 등 단속법」"을 "「총포·도검·화약류 등의 안전관리에 관한 법률」"로 한다.

⑥·⑦ 생　략

제3조 생　략

제3조【재산세 분리과세대상 토지의 범위에 관한 적용례】 제102조 제5항 제12호의 개정규정은 이 영 시행 이후 재산세를 부과고지 하는 분부터 적용한다.

부 칙 (2015. 6. 30. 대통령령 제26369호 ; 주택도시기금법 시행령 부칙)

제1조【시행일】 이 영은 2015년 7월 1일부터 시행한다.

제2조 생 략

제3조【다른 법령의 개정】 ①~㉙ 생 략

㉚ 지방세법 시행령 일부를 다음과 같이 개정한다.

제18조 제1항 제6호 전단 및 같은 조 제4항 제3호 전단 중 "「주택법」 제68조"를 각각 "「주택도시기금법」 제8조"로 한다.

제26조 제1항 제22호 중 "「주택법」 제76조에 따라 설립된 대한주택보증주식회사"를 "「주택도시기금법」에 따른 주택도시보증공사"로 한다.

㉛~㉜ 생 략

제4조 생 략

부 칙 (2015. 6. 1. 대통령령 제26302호 ; 측량 · 수로조사 및 지적에 관한 법률 시행령 부칙)

제1조【시행일】 이 영은 2015년 6월 4일부터 시행한다.

제2조【다른 법령의 개정】 ①~㊺ 생 략

㊻ 지방세법 시행령 일부를 다음과 같이 개정한다.

제108조 제1항 제3호 중 "「측량 · 수로조사 및 지적에 관한 법률」"을 "「공간정보의 구축 및 관리 등에 관한 법률」"로 한다.

별표 <제4종> 제85호 및 제112호 중 "「측량 · 수로조사 및 지적에 관한 법률」"을 각각 "「공간정보의 구축 및 관리 등에 관한 법률」"로 한다.

㉓ 지방세법 시행령 일부를 다음과 같이 개정한다.

제26조 제1항 제31호 중 "「임대주택법」 제6조에 따라 등록을 한 임대사업자"를 "「민간임대주택에 관한 특별법」 제5조에 따라 등록을 한 임대사업자 또는 「공공주택 특별법」 제4조에 따라 지정된 공공주택사업자"로 한다.

㉔~㉖ 생 략

제10조 생 략

부 칙 (2015. 7. 24. 대통령령 제26438호 ; 액화석유가스의 안전관리 및 사업법 시행령 부칙)

제1조【시행일】 이 영은 2015년 7월 29일부터 시행한다.

제2조 · 제3조 생 략

제4조【다른 법령의 개정】 ①~⑫ 생 략

⑬ 지방세법 시행령 일부를 다음과 같이 개정한다.

제102조 제5항 제8호 중 "토지 및 「송유관 안전관리법」 제2조 제3호에 따른 송유관설치자의 석유저장 및 석유수송을 위한 송유설비에 직접 사용하고 있는 토지"를 "토지, 「송유관 안전관리법」 제2조 제3호에 따른 송유관설치자의 석유저장 및 석유수송을 위한 송유설비에 직접 사용하고 있는 토지 및 「액화석유가스의 안전관리 및 사업법」 제20조에 따른 비축의무자의 액화석유가스 비축시설용 토지"로 한다.

⑭~⑯ 생 략

제5조 생 략

부 칙 (2015. 7. 24. 대통령령 제26431호)

제1조【시행일】 이 영은 공포한 날부터 시행한다.

제2조【일반적 적용례】 이 영은 이 영 시행 이후 납세의무가 성립하는 분부터 적용한다.

⑳ 지방세법 시행령 일부를 다음과 같이 개정한다.

제3조 전단·후단, 제4조 제1항 각 호 외의 부분, 같은 조 제3항 본문·단서, 같은 조 제5항, 같은 조 제8항 전단, 제73조, 제75조 제7항, 제101조 제3항 제7호, 제119조의 3 제1항·제2항, 제133조 제1항 제2호 후단 및 같은 조 제2항 제2호 중 "안전행정부장관"을 각각 "행정자치부장관"으로 한다.

제18조 제1항 제6호 후단, 제26조 제1항 제10호 단서, 제27조 제3항 전단, 제28조 제2항 제3호 가목 단서, 제32조 제1항, 제33조 제1항, 제48조 제3항, 제57조 제2호 단서, 제58조 제1항·제2항, 제63조 제2항 제8호, 제65조 제1항·제3항, 제68조 제2항 각 호 외의 부분 단서, 제69조 제1항 각 호 외의 부분, 같은 조 제2항 각 호 외의 부분, 같은 조 제4항, 제70조 제1항·제2항, 제71조 제2항 본문, 제75조 제1항 각 호 외의 부분 단서, 같은 조 제6항, 제78조 제1항 제1호 단서, 제84조 제1항·제2항, 제85조의 2 후단, 제85조의 3 제1항·제2항, 제88조 제1항 각 호 외의 부분 후단, 제90조 제1항·제2항, 제92조 제1항·제2항, 제93조 제2항, 제96조 제3항, 제98조 제2항·제3항, 제99조, 제100조의 2 제1항·제2항, 제100조의 3 제1항·제3항, 제100조의 4 제1항·제2항, 제100조의 7 제2항 단서, 제100조의 12 제2항·제3항, 같은 조 제4항 후단, 제100조의 13 제1항 본문, 같은 조 제2항, 제100조의 14 제2항, 제100조의 18 제3항, 제100조의 22 제3항 후단, 제100조의 25 제1항·제2항, 제100조의 26, 제100조의 29, 제100조의 30, 제102조 제1항 제1호, 같은 조 제4항, 제103조 제1항 제4호, 같은 조 제2항, 제110조, 제113조 제1항·제3항, 제114조 제3항, 제115조 제2항 각 호 외의 부분 단서, 제116조 제2항, 제119조의 2 제1항, 제128조 제5항, 제132조 각 호 외의 부분, 제134조 제2항,

㊼~㊹ 생 략

제3조 생 략

부 칙 (2015. 6. 1. 대통령령 제26290호)

제1조【시행일】 이 영은 공포한 날부터 시행한다.

제2조【법인지방소득세 특별징수명세서 제출에 관한 적용례】 제100조의 19 제1항부터 제3항까지의 개정규정은 2015년 1월 1일 이후 특별징수하는 분에 대해서도 적용한다.

제3조【법인지방소득세 특별징수영수증 발급에 관한 적용례】 제100조의 19 제4항 및 제5항의 개정규정은 이 영 시행 이후 납세의무가 성립하는 분부터 적용한다.

부 칙 (2014. 12. 30. 대통령령 제25910호)

제1조【시행일】 이 영은 2015년 1월 1일부터 시행한다. 다만, 제132조 제1호, 제134조의 2 및 제134조의 3의 개정규정은 2015년 1월 16일부터 시행한다.

제2조【일반적 적용례】 이 영은 이 영 시행 이후 납세의무가 성립하는 분부터 적용한다.

부 칙 (2014. 11. 19. 대통령령 제25751호 ; 행정자치부와 그 소속기관 직제 부칙)

제1조【시행일】 이 영은 공포한 날부터 시행한다. 다만, 부칙 제5조에 따라 개정되는 대통령령 중 이 영 시행 전에 공포되었으나 시행일이 도래하지 아니한 대통령령을 개정한 부분은 각각 해당 대통령령의 시행일부터 시행한다.

제2조~제4조 생 략

제5조【다른 법령의 개정】 ①~⑲ 생 략

분부터 적용한다.

제3조【납세담보의 감면에 관한 적용례】 제71조 제3항의 개정규정은 이 영 시행 후 담배를 제조장 또는 보세구역으로부터 반출하거나 국내로 반입하는 경우부터 적용한다.

제4조【직장공제회 초과반환금에 대한 세액계산에 관한 적용례】 제88조의 2의 개정규정은 이 영 시행 후 분할하여 지급받는 분부터 적용한다.

제5조【일반적 경과조치】 이 영 시행 당시 종전의 규정에 따라 부과 또는 감면하였거나 부과 또는 감면하여야 할 지방세에 관하여는 종전의 규정에 따른다.

부　칙 (2014. 7. 28. 대통령령 제25522호 ; 공인중개사의 업무 및 부동산 거래신고에 관한 법률 시행령 부칙)

제1조【시행일】 이 영은 2014년 7월 29일부터 시행한다.

제2조【다른 법령의 개정】 ①~⑤ 생　략

⑥ 지방세법 시행령 일부를 다음과 같이 개정한다.

별표 <제3종>의 제161호 중 "「공인중개사의 업무 및 부동산거래신고에 관한 법률」"을 "「공인중개사법」"으로 하고, 같은 표 <제4종>의 제121호 중 "「공인중개사의 업무 및 부동산 거래신고에 관한 법률」"을 "「공인중개사법」"으로 하며, 같은 표 <제5종>의 제9호 중 "「공인중개사의 업무 및 부동산 거래신고에 관한 법률」"을 "「공인중개사법」"으로 한다.

⑦ 생　략

제3조 생　략

부　칙 (2014. 7. 18. 대통령령 제25485호)

이 영은 2014년 7월 21일부터 시행한다.

제135조 전단, 제136조 제2호 다목 1) 및 제138조 제3항 중 "안전행정부령"을 각각 "행정자치부령"으로 한다.

제119조의 2 제1항 중 "「안전행정부와 그 소속기관 직제」"를 "「행정자치부와 그 소속기관 직제」"로 한다.

별표 제1종 제208호, 제2종 제162호, 제3종 제225호, 제4종 제175호 및 제5종 제38호 중 "안전행정부령"을 각각 "행정자치부령"으로 한다.

㉑~㊽ 생　략

부　칙 (2014. 11. 4. 대통령령 제25700호 ; 경제자유구역의 지정 및 운영에 관한 특별법 시행령 부칙)

제1조【시행일】 이 영은 공포한 날부터 시행한다.

제2조 생　략

제3조【다른 법령의 개정】 ① 생　략

② 지방세법 시행령 일부를 다음과 같이 개정한다.

제102조 제5항 제24호 각 목 외의 부분 본문 중 "「경제자유구역의 지정 및 운영에 관한 특별법」 제9조에 따른 경제자유구역개발사업의 시행자"를 "「경제자유구역의 지정 및 운영에 관한 특별법」 제8조의 3에 따른 경제자유구역 또는 해당 단위 개발사업지구에 대한 개발사업시행자"로 한다.

부　칙 (2014. 8. 12. 대통령령 제25545호)

제1조【시행일】 이 영은 공포한 날부터 시행한다. 다만, 제5조 제2항의 개정규정은 2015년 1월 1일부터 시행한다.

제2조【일반적 적용례】 이 영은 이 영 시행 후 납세의무가 성립하는 분부터 적용한다. 다만, 지방소득세에 관한 제100조 및 제100조의 7의 개정규정은 이 영 시행일이 속하는 과세기간에 최초로 발생하는 소득분 또는 양도하는

다. 주유소(충전소를 포함한다)
라. 화물 및 농산물하치장
마. 휴게소(졸음쉼터 등 간이휴게시설을 포함한다) 및 관광시설

별표 <제3종>의 제45호 본문 중 "「도로법」 제38조"를 "「도로법」 제61조 제1항"으로 한다.

별표 <제4종>의 제44호 본문 중 "「도로법」 제38조 제1항"을 "「도로법」 제61조 제1항"으로 한다.

㊸~㊿ 생 략

제6조 생 략

부 칙 (2014. 7. 7. 대통령령 제25448호 ; 도시철도법 시행령 부칙)

제1조 【시행일】 이 영은 2014년 7월 8일부터 시행한다.

제2조 생 략

제3조 【다른 법령의 개정】 ①~⑳ 생 략

㉑ 지방세법 시행령 일부를 다음과 같이 개정한다.

별표 <제1종> 제102호를 다음과 같이 한다.

102. 「도시철도법」 제26조에 따른 도시철도운송사업 면허

㉒~㉘ 생 략

제4조 생 략

부 칙 (2014. 4. 22. 대통령령 제25317호)

제1조 【시행일】 이 영은 공포한 날부터 시행한다.

제2조 【등록면허세에 관한 적용례】 별표의 개정규정은 이 영 시행 후 최초로 납세의무가 성립하는 분부터 적용한다.

제3조 【다른 법령의 개정】 ① 국가공간정보센터 운영규정 일부를 다음과 같이 개정한다.

부 칙 (2014. 7. 14. 대통령령 제25456호 ; 도로법 시행령 부칙)

제1조 【시행일】 이 영은 2014년 7월 15일부터 시행한다.

제2조~제4조 생 략

제5조 【다른 법령의 개정】 ①~㊶ 생 략

㊷ 지방세법 시행령 일부를 다음과 같이 개정한다.

별표 <제1종>의 제44호 본문 중 "「도로법」 제38조 제1항"을 "「도로법」 제61조 제1항"으로 하고, <제1종>의 제178호를 다음과 같이 한다.

178. 「도로법」 제52조 제1항에 따른 고속국도에 대한 연결허가. 다만, 다음 각 목의 어느 하나에 해당하는 시설로서 면적이 2,000제곱미터 이상인 경우만 해당한다.
가. 주차장(비상주차대 등 비상주차시설을 포함한다)
나. 정류소
다. 주유소(충전소를 포함한다)
라. 화물 및 농산물하치장
마. 휴게소(졸음쉼터 등 간이휴게시설을 포함한다) 및 관광시설

별표 <제2종>의 제44호 본문 중 "「도로법」 제38조"를 "「도로법」 제61조 제1항"으로 하고, <제2종>의 제141호를 다음과 같이 한다.

141. 「도로법」 제52조 제1항에 따른 고속국도에 대한 연결허가. 다만, 다음 각 목의 어느 하나에 해당하는 시설로서 면적이 2,000제곱미터 미만인 경우만 해당한다.
가. 주차장(비상주차대 등 비상주차시설을 포함한다)
나. 정류소

제2조【다른 법령의 개정】 ①~㉜ 생 략

㉝ 지방세법 시행령 일부를 다음과 같이 개정한다.

제102조 제5항 제16호 중 "「금융기관부실자산 등의 효율적 처리 및 한국자산관리공사의 설립에 관한 법률」"을 "「금융회사부실자산 등의 효율적 처리 및 한국자산관리공사의 설립에 관한 법률」"로 한다.

㉞ 생 략

제3조 생 략

부 칙 (2014. 3. 14. 대통령령 제25252호)

제1조【시행일】 이 영은 공포한 날부터 시행한다.

제2조【일반적 적용례】 이 영은 이 영 시행일이 속하는 과세기간에 납세의무가 성립하는 분부터 적용한다. 다만, 제8장 지방소득세에 대해서는 법률 제12153호 지방세법 일부개정법률 시행 후 최초로 과세기간이 시작되어 납세의무가 성립하는 분부터 적용한다.

제3조【납입관리자 변경에 관한 적용례】 제73조의 개정규정은 이 영 시행일이 속하는 달 다음 달의 지방소비세 납입분부터 적용한다.

제4조【지방소비세의 안분기준에 관한 적용례】 제75조 제1항, 제5항부터 제8항까지 및 제76조 제2항의 개정규정은 법률 제12118호 지방세법 일부개정법률 시행 후 「부가가치세법」에 따라 최초로 개시되는 과세기간에 납부 또는 환급하는 분부터 적용한다.

제5조【개인지방소득세 신고 등에 관한 특례】 ① 법률 제12153호 지방세법 일부개정법률 부칙 제13조 제1항에 따라 납세지 관할 세무서장 또는 지방국세청장에게 제90조 제1항에 따른 토지 등 매매차익예정신고, 제92조 제1항에 따

제1조 중 "「국가공간정보에 관한 법률」, 「측량 · 수로조사 및 지적에 관한 법률」 및 「지방세법」"을 "「국가공간정보에 관한 법률」 및 「측량 · 수로조사 및 지적에 관한 법률」"로 한다.

제2조 제3호 및 제4조 제1항 제3호를 각각 삭제한다.

제13조 중 "「종합부동산세법」 제21조 제1항 또는 제6항"을 "「측량 · 수로조사 및 지적에 관한 법률」 제70조 제2항"으로 한다.

② 조세특례제한법 시행령 일부를 다음과 같이 개정한다.

제100조의 14 제2항 제6호를 다음과 같이 한다.

6. 「지방세법 시행령」 제119조의 2 제2항에 따른 종합부동산세과세자료

③ 종합부동산세법 시행령 일부를 다음과 같이 개정한다.

제9조 제1항 및 제4항 중 "국토교통부장관"을 각각 "안전행정부장관"으로 한다.

제17조 제1항 각 호 외의 부분, 같은 조 제2항 각 호 외의 부분, 같은 조 제3항, 같은 조 제4항 각 호 외의 부분 및 같은 조 제5항 중 "국토교통부장관"을 각각 "안전행정부장관"으로 하고, 같은 조 제6항 및 제7항 중 "국토해양부장관"을 각각 "안전행정부장관"으로 한다.

④ 취업 후 학자금 상환 특별법 시행령 일부를 다음과 같이 개정한다.

제42조 제1항 제3호를 다음과 같이 한다.

3. 「지방세법 시행령」 제119조의 2 제2항에 따른 종합부동산세과세자료

부 칙 (2014. 3. 24. 대통령령 제25279호 ; 금융기관부실자산 등의 효율적 처리 및 한국자산관리공사의 설립에 관한 법률 시행령 부칙)

제1조【시행일】 이 영은 공포한 날부터 시행한다.

제4조【다른 법령의 개정】 ①~⑪ 생 략

⑫ 지방세법 시행령 일부를 다음과 같이 개정한다.

제102조 제5항 제31호 사목 중 "「국가균형발전 특별법」 제2조 제10호"를 "「국가균형발전 특별법」 제2조 제9호"로 한다.

부 칙 (2014. 1. 1. 대통령령 제25058호)

제1조【시행일】 이 영은 2014년 1월 1일부터 시행한다.

제2조【일반적 적용례】 이 영은 이 영 시행 후 최초로 납세의무가 성립하는 분부터 적용한다.

부 칙 (2013. 12. 4. 대통령령 제24890호 ; 병역법 시행령 부칙)

제1조【시행일】 이 영은 2013년 12월 5일부터 시행한다. (단서 생략)

제2조~제7조 생 략

제8조【다른 법령의 개정】 ①~⑮ 생 략

⑯ 지방세법 시행령 일부를 다음과 같이 개정한다.

제63조 제1항 제1호 중 "공익근무요원"을 "사회복무요원, 국제협력봉사요원 또는 예술·체육요원"으로 한다.

⑰~⑲ 생 략

부 칙 (2013. 6. 28. 대통령령 제24638호 ; 부가가치세법 시행령 부칙)

제1조【시행일】 이 영은 2013년 7월 1일부터 시행한다. (단서 생략)

제2조~제15조 생 략

제16조【다른 법령의 개정】 ①~㉝ 생 략

㉞ 지방세법 시행령 일부를 다음과 같이 개정한다.

제18조 제4항 제2호 중 "「부가가치세법」 제16조"를 "「부가가치세법」 제93조 제1항에 따른 수정신고, 제99조에 따른 공동사업장에 대한 과세표준확정신고, 제100조의 2 제1항에 따른 양도소득에 대한 과세표준예정신고, 제100조의 3 제1항에 따른 과세표준확정신고 및 제100조의 4에 따른 유가증권양도소득에 대한 신고를 하려는 자는 「소득세법」에 따른 소득세 신고, 예정신고 또는 수정신고와 함께 안전행정부령으로 정하는 서식에 따라 이를 신고하여야 한다.

② 관할 세무서장 또는 지방국세청장이 「국세기본법」 또는 「소득세법」에 따른 결정, 경정 또는 수시부과결정으로 소득세를 징수하는 경우에는 법률 제12153호 지방세법 일부개정법률 부칙 제13조 제2항에 따라 개인지방소득세도 함께 결정, 경정 또는 수시부과결정하여 안전행정부령으로 정하는 서식에 따라 소득세와 함께 부과고지하여야 한다.

제6조【일반적 경과조치】 ① 이 영 시행 전에 종전의 규정에 따라 지방소득세를 신고·납부한 경우에는 이 영에 따라 주민세 및 지방소득세를 신고·납부한 것으로 본다.

② 이 영 시행 당시 종전의 규정에 따라 부과 또는 감면하였거나 부과 또는 감면하여야 할 지방세에 대해서는 종전의 규정에 따른다.

부 칙 (2014. 3. 11. 대통령령 제25249호 ; 국가균형발전 특별법 시행령 부칙)

제1조【시행일】 이 영은 공포한 날부터 시행한다. 다만, 제34조 제1항, 제38조 제3항, 제39조 제1항, 제40조 제2항, 제43조 제6항 및 제46조의 2의 개정규정과 부칙 제4조 제1항, 제2항, 제5항, 제9항 및 제11항은 2015년 1월 1일부터 시행한다.

제2조·제3조 생 략

제3조【다른 법령의 개정】 ①~③ 생 략

④ 지방세법 시행령 일부를 다음과 같이 개정한다.

제26조 제1항 제15호 중 "「과학관육성법」"을 "「과학관의 설립·운영 및 육성에 관한 법률」"로 한다.

⑤·⑥ 생 략

제4조 생 략

부 칙 (2013. 3. 23. 대통령령 제24425호 ; 안전행정부와 그 소속기관 직제 부칙)

제1조【시행일】 이 영은 공포한 날부터 시행한다. 다만, 부칙 제6조에 따라 개정되는 대통령령 중 이 영 시행 전에 공포되었으나 시행일이 도래하지 아니한 대통령령을 개정한 부분은 각각 해당 대통령령의 시행일부터 시행한다.

제2조~제5조 생 략

제6조【다른 법률의 개정】 ①~⑩⑤ 생 략

⑩⑥ 지방세법 시행령 일부를 다음과 같이 개정한다.

제3조 전단·후단, 제4조 제1항 각 호 외의 부분, 같은 조 제3항 본문·단서, 같은 조 제5항·제8항, 제101조 제3항 제7호, 제133조 제1항 제2호 후단 및 같은 조 제2항 제2호 중 "행정안전부장관"을 각각 "안전행정부장관"으로 한다.

제17조 제1호, 제102조 제5항 제20호, 같은 항 제31호 나목·다목, 제133조 제1항 제2호 후단 및 같은 조 제2항 제2호 중 "국토해양부장관"을 각각 "국토교통부장관"으로 한다.

제18조 제1항 제6호 후단, 제26조 제1항 제10호 단서, 제27조 제3항 전단, 제28조 제2항 제3호 가목 단서, 제32조 제1항, 제33조 제1항, 제48조 제3항, 제57조 제2호 단서, 제58조 제1항·제2항, 제63조 제2항 제8호, 제65조 제1항·제3항, 제68조 제2항 각 호 외의 부분 단서, 제69조 제1항 가가치세법」 제32조"로 한다.

제27조 제1항 제3호 중 "「부가가치세법 시행령」 제10조"를 "「부가가치세법 시행령」 제13조"로 한다.

제32조 제3항 중 "「부가가치세법 시행령」 제7조"를 "「부가가치세법 시행령」 제11조"로 한다.

제50조 제2항 중 "「부가가치세법 시행령」 제7조"를 "「부가가치세법 시행령」 제11조"로 한다.

제101조 제3항 제9호 중 "「부가가치세법」 제5조"를 "「부가가치세법」 제8조"로 한다.

㉟~㊲ 생 략

제17조 생 략

부 칙 (2013. 5. 31. 대통령령 제24563호 ; 종자산업법 시행령 부칙)

제1조【시행일】 이 영은 2013년 6월 2일부터 시행한다.

제2조~제4조 생 략

제5조【다른 법령의 개정】 ① 생 략

② 지방세법 시행령 일부를 다음과 같이 개정한다.

제101조 제3항 제14호 중 "「종자산업법」 제137조 제1항"을 "「종자산업법」 제37조 제1항"으로 한다.

③ 생 략

제6조 생 략

부 칙 (2013. 4. 22. 대통령령 제24502호 ; 과학관육성법 시행령 부칙)

제1조【시행일】 이 영은 2013년 4월 24일부터 시행한다.

제2조 생 략

제1조 【시행일】 이 영은 2012년 7월 27일부터 시행한다.

제2조 【다른 법령의 개정】 ①~④ 생 략

⑤ 지방세법 시행령 일부를 다음과 같이 개정한다.

제102조 제5항 제19호 중 "「대덕연구개발특구 등의 육성에 관한 특별법」"을 "「연구개발특구 등의 육성에 관한 특별법」"으로 한다.

⑥~⑧ 생 략

제3조 생 략

부 칙 (2012. 7. 20. 대통령령 제23966호 ; 환경영향평가법 시행령 부칙)

제1조 【시행일】 이 영은 2012년 7월 22일부터 시행한다. (단서 생략)

제2조~제4조 생 략

제5조 【다른 법령의 개정】 ①~㉙ 생 략

㉚ 지방세법 시행령 일부를 다음과 같이 개정한다.

제101조 제3항 제13호 나목 중 "「환경영향평가법」 제4조 및 제16조"를 "「환경영향평가법」 제22조 및 제27조"로 한다.

㉛~㊳ 생 략

제6조 생 략

부 칙 (2012. 7. 10. 대통령령 제23947호 ; 방문판매 등에 관한 법률 시행령 부칙)

제1조 【시행일】 이 영은 2012년 8월 18일부터 시행한다.

제2조~제6조 생 략

제7조 【다른 법령의 개정】 ① 생 략

② 지방세법 시행령 일부를 다음과 같이 개정한다.

제26조 제1항 제29호 중 "「방문판매 등에 관한 법률」 제35

각 호 외의 부분, 제2항 각 호 외의 부분, 같은 조 제4항, 제70조 제1항·제2항, 제71조 제2항 본문, 제78조 제1항 제1호 단서, 제84조 제1항·제2항, 제89조 제1항 계산식 외의 부분, 제90조 제2항·제3항, 제98조 후단, 제99조 제1항·제2항, 제102조 제1항 제1호, 같은 조 제4항, 제103조 제1항·제2항, 제110조, 제113조 제1항·제3항, 제114조 제3항, 제115조 제2항 각 호 외의 부분 단서, 제116조 제2항, 제128조 제5항, 제132조 각 호 외의 부분, 제134조 제2항, 제135조 전단, 제136조 제2호 다목 1) 및 제138조 제2항 중 "행정안전부령"을 각각 "안전행정부령"으로 한다.

제26조 제1항 제3호 중 "국토해양부"를 "국토교통부"로 한다.

제26조 제1항 제5호, 제101조 제3항 제7호 및 제102조 제5항 제5호 중 "지식경제부장관"을 각각 "산업통상자원부장관"으로 한다.

제101조 제3항 제4호 중 "국토해양부장관"을 "해양수산부장관"으로 한다.

별표의 제1종란 제199호, 제2종란 제151호, 제3종란 제207호, 제4종란 제166호 및 제5종란 제36호 중 "행정안전부령"을 각각 "안전행정부령"으로 한다.

⑩⑦~⑫⑨ 생 략

부 칙 (2013. 1. 1. 대통령령 제24296호)

제1조 【시행일】 이 영은 공포한 날부터 시행한다.

제2조 【일반적 적용례】 이 영은 이 영 시행 후 납세의무가 성립하는 분부터 적용한다.

부 칙 (2012. 7. 26. 대통령령 제23993호 ; 대덕연구개발특구 등의 육성에 관한 특별법 시행령 부칙)

제1조【시행일】 이 영은 2012년 1월 26일부터 시행한다.

제2조【다른 법령의 개정】 ①~㉑ 생 략

㉒ 지방세법 시행령 일부를 다음과 같이 개정한다.

제102조 제5항 제12호 중 "「농수산물유통공사법」에 따라 설립된 농수산물유통공사"를 "「한국농수산식품유통공사법」에 따라 설립된 한국농수산식품유통공사"로 한다.

㉓~㉘ 생 략

제3조 생 략

부 칙 (2011. 12. 31. 대통령령 제23482호)

제1조【시행일】 이 영은 2012년 1월 1일부터 시행한다. 다만, 제133조 제2항 제1호 및 제2호의 개정규정은 「대한민국과 미합중국 간의 자유무역협정」이 발효되는 날이 속한 달의 첫째 날부터 시행하고, 제136조 제6호의 개정규정은 2014년 1월 1일부터 시행한다.

제2조【일반적 적용례】 이 영은 이 영 시행 후 최초로 납세의무가 성립하는 경우부터 적용한다.

제3조【50시시 미만의 이륜자동차에 대한 취득세의 적용례】 제7조 제1항의 개정규정은 2007년 1월 1일 이후 최초로 납세의무가 성립하는 분부터 적용한다.

부 칙 (2011. 5. 30. 대통령령 제22942호)

제1조【시행일】 이 영은 공포한 날부터 시행한다. 다만, 제102조 제5항 제24호 및 제32호부터 제35호까지의 개정규정은 2012년 1월 1일부터 시행한다.

제2조【부동산 취득가격의 범위에 관한 적용례】 제18조 제1항 제6호 및 제7호의 개정규정과 같은 조 제4항 제3호의 개정규정은 이 영 시행 후 최초로 부동산을 취득하는 조"를 "「방문판매 등에 관한 법률」 제38조"로, "같은 법 제34조 제1항 제3호"를 "같은 법 제37조 제1항 제3호"로 한다.

제8조 생 략

부 칙 (2012. 4. 10. 대통령령 제23718호 ; 국토의 계획 및 이용에 관한 법률 시행령 부칙)

제1조【시행일】 이 영은 2012년 4월 15일부터 시행한다. (단서 생략)

제2조~제13조 생 략

제14조【다른 법령의 개정】 ①~㊼ 생 략

㊽ 지방세법 시행령 일부를 다음과 같이 개정한다.

제102조 제7항 중 "도시관리계획"을 "도시·군관리계획"으로 한다.

㊾~㉟ 생 략

제15조 생 략

부 칙 (2012. 4. 10. 대통령령 제23711호)

제1조【시행일】 이 영은 공포한 날부터 시행한다.

제2조【면허분 등록면허세의 조정에 관한 적용례】 ① 제51조 제40호 및 별표 제5종란 제35호의 개정 규정은 2012년 1월 1일 이후 최초로 납세의무가 성립하는 분부터 적용한다.

② 별표 제3종란 제175호 및 별표 제5종란 제33호·제34호의 개정규정은 이 영 시행 후 최초로 납세의무가 성립하는 분부터 적용한다.

부 칙 (2012. 1. 25. 대통령령 제23535호 ; 농수산물유통공사법 시행령 부칙)

경우부터 적용한다. 다만, 제2종국민주택채권의 매각차손은 이 영 시행 후 최초로 공고하는 입주자모집공고에 따라 부동산을 취득하는 경우부터 적용한다.

제3조【별도합산과세 및 분리과세에 관한 적용례】 ① 제101조 제3항 제17호의 개정규정 및 제102조 제5항 제5호·제31호의 개정규정은 이 영 시행 후 최초로 재산세 납세의무가 성립하는 경우부터 적용한다.

② 제102조 제5항 제24호·제32호 및 제33호의 개정규정은 2012년 1월 1일 이후 최초로 재산세 납세의무가 성립하는 경우부터 적용한다.

③ 제102조 제5항 제34호의 개정규정은 2012년 1월 1일 이후 최초로 지식산업센터의 설립승인을 받는 경우부터 적용한다.

④ 제102조 제5항 제35호의 개정규정은 2012년 1월 1일 이후 최초로 지식산업센터를 분양받는 경우부터 적용한다.

제4조【주택 멸실 토지의 재산세 세 부담 상한에 관한 적용례】 제118조 제1호 라목의 개정규정은 이 영 시행 후 최초로 재산세 납세의무가 성립하는 경우부터 적용한다.

부 칙 (2011. 4. 6. 대통령령 제22880호 ; 소방시설 설치 유지 및 안전관리에 관한 법률 시행령 부칙)

제1조【시행일】 이 영은 공포 후 3개월이 경과한 날부터 시행한다.

제2조~제4조 생 략

제5조【다른 법령의 개정】 ① 생 략

② 지방세법 시행령 일부를 다음과 같이 개정한다.

제138조 제1항 제2호 다목 중 "문화집회 및 운동시설"을 "문화 및 집회시설"로 하고, 같은 호 라목·바목·자목·차목을 각각 다음과 같이 한다.

라. 판매시설 중 도매시장·소매시장·상점, 운수시설 중 여객자동차터미널, 창고시설 중 물류터미널

바. 장례식장(의료시설의 부수시설인 장례식장을 포함한다)

자. 항공기 및 자동차 관련 시설 중 주차용 건축물

차. 위험물 저장 및 처리 시설

지방세법 시행령 별표

〔별표 1〕 (2024. 1. 16. 개정 ; 해상교통~부칙, 2024. 5. 7. 개정 ; 매장문화재~부칙, 2024. 5. 7. 개정 ; 문화재수리~부칙, 2024. 7. 2. 개정 ; 벤처기업~부칙, 2024. 7. 9. 개정 ; 계량에~부칙, 2024. 9. 10. 개정 ; 근현대~부칙, 2024. 12. 31. 개정)

편주

영 별표 1의 개정규정은 2025. 1. 1. 이후 납세의무가 성립하는 분부터 적용함. (영 부칙(2024. 12. 31.) 9조)

면허에 대한 등록면허세를 부과할 면허의 종류와 종별 구분(제39조 관련)

〈제1종〉

1. 「식품위생법」 제37조에 따른 식품접객업 중 다음 각 목의 어느 하나에 해당하는 것 (2014. 1. 1. 개정)
   가. 휴게음식점영업, 제과점영업 또는 일반음식점영업의 신고. 다만, 영업장 연면적 1,000제곱미터 이상의 것만 해당한다. (2014. 1. 1. 개정)
   나. 유흥주점영업 또는 단란주점영업 허가 (2014. 1. 1. 개정)
2. 「식품위생법」 제37조에 따른 식품제조·가공업의 등록. 다만, 종업원 100명 이상 또는 영업장 연면적 1,000제곱미터 이상의 것만 해당한다. (2014. 1. 1. 개정)
3. 「식품위생법」 제37조에 따른 즉석판매제조·가공업의 신고. 다만, 종업원 100명 이상 또는 영업장 연면적 1,000제곱미터 이상의 것만 해당한다. (2014. 1. 1. 개정)
4. 「식품위생법」 제37조에 따른 식품첨가물제조업의 등록. 다만, 종업원 100명 이상 또는 영업장 연면적 1,000제곱미터 이상의 것만 해당한다. (2014. 12. 30. 개정)
5. 「식품위생법」 제37조에 따른 용기·포장류제조업의 신고. 다만, 종업원 100명 이상 또는 영업장 연면적 1,000제곱미터 이상의 것만 해당한다. (2014. 1. 1. 개정)
6. 「식품위생법」 제37조에 따른 식품운반업의 신고. 다만, 종업원 100명 이상 또는 영업장 연면적 1,000제곱미터 이상의 것만 해당한다. (2014. 1. 1. 개정)
7. 「식품위생법」 제37조에 따른 식품소분·판매업(식품소분업 및 식용얼음판매업만 해당한다)의 신고. 다만, 종업원 100명 이상 또는 영업장 연면적 1,000제곱미터 이상의 것만 해당한다. (2014. 1. 1. 개정)
8. 「건설산업기본법」 제9조에 따른 건설업의 등록 중 다음 각 목의 어느 하나에 해당하는 것 (2014. 1. 1. 개정)
   가. 전문공사를 시공하는 업종. 다만 종업원 100명 이상의 것만 해당한다. (2014. 1. 1. 개정)
   나. 종합공사를 시공하는 업종 (2014. 1. 1. 개정)
9. 「해운법」 제4조 및 제6조에 따른 해상여객운송사업의 면허 또는 승인. 다만, 소유선박 톤수의 합계가 1만톤 이상의 것만 해당한다. (2015. 12. 31. 개정)
10. 「해운법」 제24조에 따른 해상화물운송사업의 등록. 다만, 소유선박 톤수의 합계가 1만톤 이상의 것만 해당한다. (2014. 1. 1. 개정)
11. 「해운법」 제33조에 따른 선박대여업의 등록. 다만, 소유선박 톤수의 합계가 1만톤 이상의 것만 해당한다. (2014. 1. 1. 개정)
12. 「항만운송사업법」 제4조에 따른 항만운송사업의 등록. 다만, 종업원 100명 이상의 것만 해당한다. (2014. 1. 1. 개정)
13. 「승강기 안전관리법」 제6조에 따른 승강기의 제조업 및 수입업의 등

록. 다만, 종업원 100명 이상의 것만 해당한다. (2019. 1. 22. 개정 ; 승강기~시행령 부칙)

14. 「항공사업법」 제7조 제1항에 따른 국내항공운송사업 또는 국제항공운송사업의 면허, 같은 법 제54조에 따른 외국인 국제항공운송사업의 허가. 다만, 종업원 100명 이상의 것만 해당한다. (2019. 2. 8. 개정)
15. 「여객자동차 운수사업법」 제4조 제1항에 따른 여객자동차운송사업의 면허 또는 등록. 다만, 자동차 20대 이상의 것만 해당한다. (2015. 12. 31. 개정)
16. 「화물자동차 운수사업법」 제3조 제1항에 따른 화물자동차 운송사업의 허가. 다만, 자동차 20대 이상의 것만 해당한다. (2014. 1. 1. 개정)
17. 「여객자동차 운수사업법」 제28조 제1항에 따른 자동차대여사업의 등록. 다만, 자동차 20대 이상의 것만 해당한다. (2014. 1. 1. 개정)
18. 「자동차관리법」 제53조 제1항에 따른 자동차관리사업의 등록. 다만, 종업원 100명 이상의 것만 해당한다. (2014. 1. 1. 개정)
19. 「건설기계관리법」 제21조 제1항에 따른 건설기계사업의 등록. 다만, 건설기계 20대 이상의 것 또는 종업원 100명 이상의 것만 해당한다. (2014. 1. 1. 개정)
20. 「건설기계관리법」 제14조 제1항에 따른 건설기계 검사대행자의 지정. 다만, 종업원 100명 이상의 것만 해당한다. (2019. 12. 31. 개정)
21. 「자동차관리법」 제44조 제1항에 따른 자동차검사대행자 및 제44조의2 제1항에 따른 자동차종합검사대행자의 지정. 다만, 종업원 100명 이상의 것만 해당한다. (2014. 1. 1. 개정)
22. 「도시가스사업법」 제3조 제1항에 따른 가스도매사업 및 같은 조 제2항에 따른 일반도시가스사업의 허가. 다만, 종업원 100명 이상의 것만 해당한다. (2019. 12. 31. 개정)
23. 「고압가스 안전관리법」 제4조 제1항에 따른 고압가스제조업의 허가. 다만, 종업원 100명 이상의 것만 해당한다. (2014. 1. 1. 개정)
24. 「액화석유가스의 안전관리 및 사업법」 제5조에 따른 액화석유가스 충전사업 및 액화석유가스 집단공급사업의 허가. 다만, 종업원 100명 이상의 것만 해당한다. (2015. 12. 31. 개정)
25. 「액화석유가스의 안전관리 및 사업법」 제5조에 따른 가스용품 제조사업의 허가. 다만, 종업원 100명 이상의 것만 해당한다. (2015. 12. 31. 개정)
26. 「건축법」 제11조 제1항 및 제14조 제1항에 따른 건축 및 대수선의 허가 및 신고. 다만, 10층 이상의 건축물 또는 연면적 2,000제곱미터 이상의 건축물만 해당하며, 설계변경 등으로 면적이나 층수가 증가하여 면허에 대한 등록면허세를 부과하는 경우에는 그 증가하는 부분만을 기준으로 산정한다. (2014. 12. 30. 개정)
27. 「의료법」 제33조에 따른 의원 · 치과의원 · 한의원 · 조산원 개설의 신고 및 종합병원 · 병원 · 치과병원 · 한방병원 · 요양병원 · 정신병원 개설의 허가. 다만, 건축물 연면적 1,000제곱미터 이상의 것만 해당한다. (2020. 12. 31. 개정)
28. 「수의사법」 제17조 제3항에 따른 동물병원 개설의 신고. 다만, 건축물 연면적 1,000제곱미터 이상의 것만 해당한다. (2014. 1. 1. 개정)
29. 「약사법」 제31조에 따른 의약품 제조업의 허가, 의약품 위탁제조판매업 및 의약외품 제조업의 신고, 같은 법 제42조에 따른 의약품등 수입업의 신고. 다만, 종업원 100명 이상의 것만 해당한다. (2015. 12. 31. 개정)
30. 「의료기기법」 제6조 따른 의료기기 제조업의 허가, 제15조에 따른 수입업의 허가, 제16조에 따른 수리업의 신고, 제17조에 따른 판매업 또는 임

대업의 신고. 다만, 종업원 100명 이상의 것만 해당한다. (2014. 1. 1. 개정)

31. 「화장품법」 제3조 제1항에 따른 화장품제조업, 화장품책임판매업의 등록 및 같은 법 제3조의 2 제1항에 따른 맞춤형화장품판매업의 신고. 다만, 종업원 100명 이상의 것만 해당한다. (2019. 12. 31. 개정)
32. 「농약관리법」 제3조에 따른 농약제조업, 농약원제업 및 농약수입업의 등록. 다만, 종업원 100명 이상의 것만 해당한다. (2014. 1. 1. 개정)
33. 「약사법」 제31조에 따른 동물용 의약품 제조업 허가 및 동물용 의약외품 제조업신고, 같은 법 제20조에 따른 동물약국업의 개설등록, 「의료기기법」 제6조에 따른 동물용 의료기기 제조업 허가, 같은 법 제15조에 따른 동물용 의료기기 수입업허가, 같은 법 제16조에 따른 동물용 의료기기 수리업신고, 같은 법 제17조에 따른 동물용 의료기기 판매업·임대업 신고. 다만, 종업원 100명 이상의 것만 해당한다. (2023. 3. 14. 개정)
34. 「학원의 설립·운영 및 과외교습에 관한 법률」 제6조에 따른 학원의 설립 등록. 다만, 영업장 연면적 1,000 제곱미터 이상의 것만 해당한다. (2016. 12. 30. 개정)
35. 「농지법」 제34조 및 제35조에 따른 농지전용의 허가 또는 신고. 다만, 전용면적 3,000제곱미터 이상의 것만 해당한다. (2014. 1. 1. 개정)
36. 「국토의 계획 및 이용에 관한 법률」 제56조 제1항에 따른 토지의 형질 변경 허가. 다만, 면적 3,000제곱미터 이상의 것만 해당한다. (2014. 1. 1. 개정)
37. 「산림자원의 조성 및 관리에 관한 법률」 제16조 제1항에 따른 종묘생산업자의 등록. 다만, 면적 3,000제곱미터 이상의 것만 해당한다. (2014. 1. 1. 개정)
38. 「초지법」 제23조에 따른 초지의 전용허가. 다만, 면적 3,000제곱미터 이상의 것만 해당한다. (2014. 1. 1. 개정)
39. 「초지법」 제5조에 따른 초지조성의 허가. 다만, 면적 3,000제곱미터 이상의 것만 해당한다. (2014. 1. 1. 개정)
40. 「공유수면 관리 및 매립에 관한 법률」 제28조 제1항에 따른 공유수면의 매립 면허. 다만, 면적 6,000제곱미터 이상의 것만 해당한다. (2014. 1. 1. 개정)
41. 「산지관리법」 제25조에 따른 토석채취허가 및 토사채취신고. 다만, 부피 1,500세제곱미터 이상의 것만 해당한다. (2019. 2. 8. 개정)
42. 「항공사업법」 제7조 제2항·제3항 및 제10조 제3항에 따른 정기편·부정기편 운항 허가 또는 신고. 다만, 종업원 100명 이상의 것만 해당한다. (2019. 2. 8. 개정)
43. 「도시공원 및 녹지 등에 관한 법률」 제24조 및 제38조에 따른 도시공원 및 녹지의 점용 허가(자기 소유의 부동산에 대한 점용은 제외한다). 다만, 면적 1,500제곱미터 이상의 것만 해당한다. (2014. 1. 1. 개정)
44. 「도로법」 제61조 제1항에 따른 도로의 점용허가(공간점용은 제외한다). 다만, 면적 1,500제곱미터 이상의 것만 해당한다. (2014. 7. 14. 개정 ; 도로법 시행령 부칙)
45. 「하천법」 제33조 제1항에 따른 하천의 점용허가. 다만, 면적 1,500제곱미터 이상의 것만 해당한다. (2014. 1. 1. 개정)
46. 「공유수면 관리 및 매립에 관한 법률」 제8조에 따른 공유수면의 점용 또는 사용의 허가. 다만, 면적 1,500제곱미터 이상의 것만 해당한다. (2014. 1. 1. 개정)
47. 「소하천정비법」 제14조에 따른 소하천의 점용 등에 대한 허가. 다만, 면적 1,500제곱미터 이상의 것만 해당한다. (2014. 1. 1. 개정)
48. 「철도사업법」 제42조에 따른 점용허가. 다만, 면적 1,500제곱미터 이상

의 것만 해당한다. (2014. 1. 1. 개정)

49. 「산림자원의 조성 및 관리에 관한 법률」 제36조에 따른 입목벌채의 허가. 다만, 재적(材積) 1,500세제곱미터 이상의 것만 해당한다. (2014. 1. 1. 개정)

50. 「산지관리법」 제14조 및 제15조에 따른 산지전용의 허가 및 신고. 다만, 면적 1만제곱미터 이상의 것만 해당한다. (2014. 1. 1. 개정)

51. 「사도법」 제4조에 따른 사도개설의 허가. 다만, 면적 1,500제곱미터 이상의 것만 해당한다. (2014. 1. 1. 개정)

52. 「장사 등에 관한 법률」 제14조에 따른 사설묘지의 설치 허가 또는 신고, 같은 법 제15조에 따른 사설화장시설 및 사설봉안시설의 설치 신고, 같은 법 제16조에 따른 사설자연장지 조성 허가 또는 신고. 다만, 면적 1,500제곱미터 이상의 것만 해당한다. (2023. 3. 14. 개정)

53. 「수산업법」 제7조, 제40조 및 제48조에 따른 어업의 면허, 허가 및 신고. 다만, 선박 톤수의 합계가 2,000톤 이상이거나, 면허구역이 1만제곱미터 이상의 것만 해당한다. (2023. 1. 10. 개정 ; 수산업법 시행령 부칙)

54. 「원양산업발전법」 제6조에 따른 원양어업의 허가 및 신고. 다만, 선박톤수의 합계가 2,000톤 이상이거나, 면허구역이 1만제곱미터 이상의 것만 해당한다. (2014. 12. 30. 개정)

55. 「수산식품산업의 육성 및 지원에 관한 법률」 제16조에 따른 수산물가공업의 신고. 다만, 종업원 100명 이상의 것만 해당한다. (2020. 12. 31. 개정)

56. 「소금산업 진흥법」 제23조에 따른 염전개발업 및 소금제조업의 허가. 다만, 염전면적이 6,000제곱미터 이상이거나, 연 생산규모가 10만톤 이상의 것만 해당한다. (2019. 2. 8. 개정)

57. 「전기공사업법」 제4조 제1항에 따른 전기공사업 및 「정보통신공사업법」 제14조 제1항에 따른 정보통신공사업의 등록. 다만, 종업원 100명 이상의 것만 해당한다. (2014. 1. 1. 개정)

58. 「총포·도검·화약류 등의 안전관리에 관한 법률」 제4조 및 제6조에 따른 총포·도검·화약류·분사기·전자충격기 또는 석궁의 제조업 또는 판매업의 허가. 다만, 종업원 100명 이상의 것만 해당한다. (2023. 3. 14. 개정)

59. 「출판문화산업 진흥법」 제9조 제1항에 따른 출판사의 신고 및 「인쇄문화산업 진흥법」 제12조 제1항에 따른 인쇄사의 신고. 다만, 종업원 100명 이상의 것만 해당한다. (2014. 1. 1. 개정)

60. 「사료관리법」 제8조 제1항에 따른 사료제조업의 등록. 다만, 종업원 100명 이상의 것만 해당한다. (2014. 1. 1. 개정)

61. 「산업집적활성화 및 공장설립에 관한 법률」 제16조에 따른 공장의 등록. 다만, 공장 연면적 2,000제곱미터 이상의 것만 해당한다. (2014. 1. 1. 개정)

62. 「군복 및 군용장구의 단속에 관한 법률」 제3조에 따른 군복 및 군용장구의 제조 또는 판매업의 허가. 다만, 종업원 100명 이상의 것만 해당한다. (2014. 1. 1. 개정)

63. 「공연법」 제9조에 따른 공연장의 등록. 다만, 건축물 연면적 2,000제곱미터 이상의 것만 해당한다. (2019. 2. 8. 개정)

64. 「담배사업법」 제13조에 따른 담배수입판매업의 등록. 다만, 종업원 100명 이상의 것만 해당한다. (2014. 1. 1. 개정)

65. 「인삼산업법」 제12조에 따른 인삼류제조업 및 인삼제품류 제조의 신고. 다만, 종업원 100명 이상의 것만 해당한다. (2015. 12. 31. 개정)

66. 「담배사업법」 제13조에 따른 담배도매업의 등록. 다만, 종업원 100명 이상의 것만 해당한다. (2014. 1. 1. 개정)

67.「위생용품 관리법」 제3조에 따른 위생용품제조업, 위생물수건처리업 및 위생용품수입업의 신고. 다만, 종업원 100명 이상의 것만 해당한다. (2018. 12. 31. 개정)

68.「먹는물관리법」 제21조에 따른 수처리제(水處理劑) 제조업의 등록. 다만, 종업원 100명 이상의 것만 해당한다. (2014. 1. 1. 개정)

69.「체육시설의 설치·이용에 관한 법률」 제20조에 따른 수영장업의 신고. 다만, 건축물 연면적 또는 시설면적이 1,000제곱미터 이상의 것만 해당한다. (2014. 1. 1. 개정)

70.「체육시설의 설치·이용에 관한 법률」 제20조에 따른 체육도장업의 신고. 다만, 건축물 연면적 또는 시설면적이 1,000제곱미터 이상의 것만 해당한다. (2014. 1. 1. 개정)

71.「체육시설의 설치·이용에 관한 법률」 제20조에 따른 골프 연습장업의 신고. 다만, 건축물 연면적 또는 시설면적이 1,000제곱미터 이상의 것만 해당한다. (2014. 1. 1. 개정)

72.「체육시설의 설치·이용에 관한 법률」 제20조에 따른 체력단련장업의 신고. 다만, 건축물연면적 또는 시설면적이 1,000제곱미터 이상의 것만 해당한다. (2014. 1. 1. 개정)

73.「체육시설의 설치·이용에 관한 법률」 제20조에 따른 당구장업 신고. 다만, 건축물 연면적 또는 시설면적이 1,000제곱미터 이상의 것만 해당한다. (2014. 1. 1. 개정)

74.「체육시설의 설치·이용에 관한 법률」 제20조에 따른 썰매장업의 신고. 다만, 건축물 연면적 또는 시설면적이 1,000제곱미터 이상의 것만 해당한다. (2014. 1. 1. 개정)

75.「체육시설의 설치·이용에 관한 법률」 제20조에 따른 무도학원업의 신고. 다만, 건축물 연면적 또는 시설면적이 1,000제곱미터 이상의 것만 해당한다. (2014. 1. 1. 개정)

76.「체육시설의 설치·이용에 관한 법률」 제20조에 따른 무도장업의 신고. 다만, 건축물 연면적 또는 시설면적이 1,000제곱미터 이상의 것만 해당한다. (2014. 1. 1. 개정)

77.「옥외광고물 등의 관리와 옥외광고산업 진흥에 관한 법률」 제11조에 따른 옥외광고사업의 등록. 다만, 종업원 100명 이상의 것만 해당한다. (2019. 2. 8. 개정)

78.「문화재수리 등에 관한 법률」 제14조에 따른 문화재수리업, 문화재실측설계업 또는 문화재감리업의 등록. 다만, 종업원 100명 이상의 것만 해당한다. (2014. 1. 1. 개정)

78.「국가유산수리 등에 관한 법률」 제14조에 따른 국가유산수리업, 국가유산실측설계업 또는 국가유산감리업의 등록. 다만, 종업원 100명 이상의 것만 해당한다. (2024. 5. 7. 개정 ; 문화재수리~부칙)

79.「승강기 안전관리법」 제39조에 따른 승강기 유지관리업의 등록. 다만, 종업원 100명 이상의 것만 해당한다. (2019. 1. 22. 개정 ; 승강기~시행령 부칙)

80.「내수면어업법」 제6조, 제9조 및 제11조에 따른 어업의 면허, 허가 및 신고. 다만, 면적 1만제곱미터 이상의 것만 해당한다. (2014. 12. 30. 개정)

81.「관상어산업의 육성 및 지원에 관한 법률」 제12조에 따른 관상어양식업의 신고. 다만, 면적 1만제곱미터 이상의 것만 해당한다. (2014. 12. 30. 개정)

82.「유선 및 도선 사업법」 제3조에 따른 유선사업의 면허 또는 신고. 다만, 유선(遊船) 10척 이상의 것만 해당한다. (2014. 1. 1. 개정)

83.「사행행위 등 규제 및 처벌 특례법」 제4조에 따른 사행행위영업허가.

다만, 발행총액·예정액 또는 경품추첨 총액이 1억원 이상의 것만 해당한다. (2014. 1. 1. 개정)

84.「경비업법」 제4조에 따른 경비업의 허가. 다만, 종업원 100명 이상의 것만 해당한다. (2014. 1. 1. 개정)

85.「석유 및 석유대체연료 사업법」 제10조에 따른 석유판매업의 등록(같은 법 제11조에 따른 조건부 등록을 포함한다) (2015. 12. 31. 개정)

86.「주류 면허 등에 관한 법률」 제3조에 따른 주류 제조업의 면허(같은 법 제9조에 따라 전환법인이 면허를 받는 것으로 보는 경우는 제외한다) (2021. 2. 17. 개정 ; 주류 면허~부칙)

87.「주류 면허 등에 관한 법률」 제4조에 따른 밑술 또는 술덧의 제조업의 면허(같은 법 제9조에 따라 전환법인이 면허를 받는 것으로 보는 경우는 제외한다) (2021. 2. 17. 개정 ; 주류 면허~부칙)

88.「선박의 입항 및 출항 등에 관한 법률」 제24조에 따른 예선업(曳船業)의 등록 (2015. 12. 31. 개정)

89.「항공사업법」 제30조에 따른 항공기사용사업의 등록 (2019. 2. 8. 개정)

90.「석유 및 석유대체연료 사업법」 제5조에 따른 석유정제업의 등록(같은 법 제11조에 따른 조건부 등록을 포함한다) (2015. 12. 31. 개정)

91.「석유 및 석유대체연료 사업법」 제9조에 따른 석유수출입업의 등록(같은 법 제11조에 따른 조건부 등록을 포함한다) (2015. 12. 31. 개정)

92.「관광진흥법」 제4조에 따른 여행업 중 종합여행업의 등록 (2023. 3. 14. 개정)

93.「관광진흥법」 제4조에 따른 관광숙박업의 등록 (2014. 1. 1. 개정)

94.「관광진흥법」 제4조에 따른 관광객 이용시설업의 등록 (2014. 1. 1. 개정)

95.「관광진흥법」 제4조에 따른 국제회의업의 등록 (2014. 1. 1. 개정)

96.「관광진흥법」 제5조에 따른 카지노업의 허가 (2014. 1. 1. 개정)

97.「관광진흥법」 제5조에 따른 유원시설업의 허가 (2014. 1. 1. 개정)

98.「관광진흥법」 제6조에 따른 관광 편의시설업의 지정 (2014. 1. 1. 개정)

99.「화장품법」 제3조에 따른 기능성화장품의 제조 또는 수입업의 등록 (2014. 1. 1. 개정)

100.「철도사업법」 제5조에 따른 철도사업 면허 (2014. 12. 30. 개정)

101.「철도사업법」 제34조에 따른 전용철도운영 등록 (2014. 12. 30. 개정)

102.「도시철도법」 제26조에 따른 도시철도운송사업 면허 (2014. 7. 7. 개정 ; 도시철도법 시행령 부칙)

103.「전기사업법」 제7조에 따른 전기사업의 허가 (2014. 1. 1. 개정)

104.「비료관리법」 제11조에 따른 비료생산업의 등록 및 같은 법 제12조에 따른 비료수입업의 신고 (2014. 1. 1. 개정)

105.「궤도운송법」 제4조에 따른 궤도사업의 허가 (2014. 1. 1. 개정)

106.「축산물 위생관리법」 제22조에 따른 도축업의 허가 (2014. 1. 1. 개정)

107.「축산물 위생관리법」 제22조에 따른 집유업(集乳業)의 허가 (2014. 1. 1. 개정)

108.「문화재보호법」 제75조 제1항에 따른 문화재매매업의 허가 (2019. 12. 31. 개정)

108.「문화유산의 보존 및 활용에 관한 법률」 제75조 제1항에 따른 문화유산매매업의 허가 (2024. 5. 7. 개정 ; 문화재보호법~부칙)

109.「여신전문금융업법」 제3조에 따른 시설대여업의 등록 (2014. 1. 1. 개정)

110.「여신전문금융업법」 제3조에 따른 할부금융업의 등록 (2014. 1. 1. 개정)

111.「여신전문금융업법」 제3조에 따른 신기술사업금융업의 등록 (2014. 1. 1. 개정)

112.「유통산업발전법」 제8조에 따른 대규모점포의 개설등록 (2014. 1. 1.

개정)

113.「광업법」 제15조에 따른 광업권설정허가 및 제52조에 따른 조광권 설정인가 (2014. 1. 1. 개정)

114.「자본시장과 금융투자업에 관한 법률」 제12조에 따른 금융투자업의 인가 (2014. 1. 1. 개정)

115.「자본시장과 금융투자업에 관한 법률」 제324조에 따른 증권금융업무의 인가 (2014. 1. 1. 개정)

116.「자본시장과 금융투자업에 관한 법률」 제365조에 따른 명의개서대행회사의 등록 (2014. 1. 1. 개정)

117.「은행법」 제8조 제1항에 따른 은행업[외국 금융기관(외국은행)의 국내 지점·대리점 설치를 포함한다]의 인가등록 (2014. 1. 1. 개정)

118.「자본시장과 금융투자업에 관한 법률」 제336조 제1항에 따라 금융위원회의 인가를 받은 자의 등록 (2014. 1. 1. 개정)

119.「자본시장과 금융투자업에 관한 법률」 제18조에 따른 금융투자업(투자자문업 또는 투자일임업만 해당한다)의 등록 (2014. 1. 1. 개정)

120.「자본시장과 금융투자업에 관한 법률」 제101조에 따른 유사투자자문업의 신고 (2014. 1. 1. 개정)

121.「자본시장과 금융투자업에 관한 법률」 제182조에 따른 집합투자기구의 등록 (2014. 1. 1. 개정)

122.「자본시장과 금융투자업에 관한 법률」 및 종전의 「간접투자자산 운용업법」 제41조에 따른 투자회사의 등록 (2014. 1. 1. 개정)

123.「자본시장과 금융투자업에 관한 법률」 제254조에 따른 일반사무관리회사의 등록 (2014. 1. 1. 개정)

124.「자본시장과 금융투자업에 관한 법률」 제258조에 따른 집합투자기구평가회사의 등록 (2014. 1. 1. 개정)

125.「자본시장과 금융투자업에 관한 법률」 제263조에 따른 채권평가회사의 등록 (2014. 1. 1. 개정)

126.「자본시장과 금융투자업에 관한 법률」 제249조의 3에 따른 일반 사모집합투자업의 등록 (2021. 10. 21. 개정 ; 자본시장과~부칙)

127.「신용정보의 이용 및 보호에 관한 법률」 제4조에 따른 신용정보업, 본인신용정보관리업 및 채권추심업의 허가 (2020. 8. 4. 개정 ; 신용정보의~시행령 부칙)

128.「상호저축은행법」 제6조에 따른 상호저축은행업의 인가 (2014. 1. 1. 개정)

129.「보험업법」 제4조에 따른 보험업의 허가(점포의 설치·이전 및 폐쇄는 제외한다) (2014. 1. 1. 개정)

130.「자본시장과 금융투자업에 관한 법률」 제360조에 따른 단기금융업무의 인가 (2014. 1. 1. 개정)

131.「신용정보의 이용 및 보호에 관한 법률」 제25조에 따른 신용정보집중기관의 허가 (2019. 2. 8. 개정)

132.「담보부사채신탁법」 제5조에 따른 담보부사채 신탁업의 등록 (2014. 1. 1. 개정)

133.「대부업 등의 등록 및 금융이용자 보호에 관한 법률」 제3조에 따른 대부업·대부중개업의 등록 (2014. 1. 1. 개정)

134.「먹는물관리법」 제21조 제6항에 따른 먹는샘물등의 유통전문판매업의 신고 (2021. 7. 13. 개정 ; 먹는물관리법 시행령 부칙)

135.「전기통신사업법」 제22조에 따른 부가통신사업의 신고 및 등록. 다만, 종업원 100명 이상의 것만 해당한다. (2021. 12. 31. 개정)

136.「여신전문금융업법」 제3조에 따른 신용카드업의 허가 및 등록(점포의 설치 · 이전 및 폐쇄는 제외한다) (2016. 12. 30. 개정)

137.「먹는물관리법」 제21조에 따른 먹는샘물등의 제조업의 허가 (2014. 1. 1. 개정)

138.「먹는물관리법」 제21조에 따른 먹는샘물등의 수입판매업 등록 (2014. 1. 1. 개정)

139.「해양심층수의 개발 및 관리에 관한 법률」 제27조에 따른 먹는해양심층수의 제조업 허가 및 먹는 해양심층수의 수입업 등록 (2014. 1. 1. 개정)

140.「체육시설의 설치 · 이용에 관한 법률」 제19조에 따른 골프장업 등록 (2014. 1. 1. 개정)

141.「체육시설의 설치 · 이용에 관한 법률」 제19조에 따른 스키장업 등록 (2014. 1. 1. 개정)

142.「체육시설의 설치 · 이용에 관한 법률」 제20조에 따른 요트장업 신고 (2014. 1. 1. 개정)

143.「체육시설의 설치 · 이용에 관한 법률」 제20조에 따른 조정장업 신고 (2014. 1. 1. 개정)

144.「체육시설의 설치 · 이용에 관한 법률」 제20조에 따른 카누장업 신고 (2014. 1. 1. 개정)

145.「체육시설의 설치 · 이용에 관한 법률」 제20조에 따른 빙상장업 신고 (2014. 1. 1. 개정)

146.「체육시설의 설치 · 이용에 관한 법률」 제19조에 따른 자동차 경주장업 등록 (2014. 1. 1. 개정)

147.「체육시설의 설치 · 이용에 관한 법률」 제20조에 따른 승마장업 신고 (2014. 1. 1. 개정)

148.「체육시설의 설치 · 이용에 관한 법률」 제20조에 따른 종합체육시설업 신고 (2014. 1. 1. 개정)

149.「경륜 · 경정법」 제5조에 따른 경륜장 또는 경정장의 설치 허가 (2014. 1. 1. 개정)

150.「주택저당채권유동화회사법」 제3조에 따른 주택채권유동화업의 인가 (2014. 1. 1. 개정)

150. 삭 제 (2019. 2. 8.)

151.「축산법」 제22조에 따른 정액등처리업의 허가 (2014. 1. 1. 개정)

152.「오존층 보호 등을 위한 특정물질의 관리에 관한 법률」 제11조에 따른 특정 물질의 수입허가 (2023. 4. 18. 개정 ; 오존층~부칙)

153.「화학무기 · 생물무기의 금지와 특정화학물질 · 생물작용제 등의 제조 · 수출입 규제 등에 관한 법률」 제5조에 따른 1종화학물질의 제조허가, 같은 법 제11조에 따른 특정화학물질의 수출허가, 같은 법 제12조에 따른 1종화학물질의 수입허가 (2023. 3. 14. 개정)

154.「집단에너지사업법」 제9조에 따른 집단에너지공급사업의 허가 (2014. 1. 1. 개정)

155.「해저광물자원 개발법」 제12조 및 제14조에 따른 해저광물 탐사권 및 해저광물 채취권의 설정허가 (2015. 12. 31. 개정)

156.「골재채취법」 제14조에 따른 골재채취업의 등록 (2014. 1. 1. 개정)

157.「골재채취법」 제22조에 따른 골재채취의 허가 (2014. 1. 1. 개정)

158.「마약류 관리에 관한 법률」 제6조 제1항 제1호에 따른 마약류수출입업자의 허가 (2015. 12. 31. 개정)

159.「마약류 관리에 관한 법률」 제6조 제1항 제2호에 따른 마약류제조업자의 허가 (2015. 12. 31. 개정)

160.「도시교통정비 촉진법」 제26조 제1항에 따른 교통영향평가대행자의

등록 (2019. 12. 31. 개정)

161. 「전기통신사업법」 제6조 제1항에 따른 기간통신사업의 등록 또는 신고 (2023. 3. 14. 개정)

162. 「전기통신사업법」 제21조에 따른 별정통신사업의 등록 (2014. 12. 30. 개정)

162. 삭 제 (2019. 12. 31.)

163. 「건강기능식품에 관한 법률」 제5조에 따른 건강기능식품제조업의 허가. 다만, 100명 이상의 것만 해당한다. (2014. 1. 1. 개정)

164. 「공중위생관리법」 제3조에 따른 숙박업의 신고. 다만, 건축물 연면적 1,500제곱미터 이상의 것만 해당한다. (2014. 1. 1. 개정)

165. 「공중위생관리법」 제3조에 따른 건물위생관리업의 신고. 다만, 종업원 100명 이상의 것만 해당한다. (2016. 8. 2. 개정 ; 공중위생관리법 시행령 부칙)

166. 「산업표준화법」 제13조에 따른 산업표준인증기관의 지정 (2014. 12. 30. 신설)

167. 「국토의 계획 및 이용에 관한 법률」 제56조에 따른 개발행위의 허가 중 녹지지역 관리지역 또는 자연환경보전지역 안에 물건을 1개월 이상 쌓아놓는 행위의 허가 (2014. 1. 1. 개정)

168. 「청소년활동 진흥법」 제13조에 따른 청소년수련시설의 등록 (2014. 12. 30. 개정)

169. 「제주특별자치도 설치 및 국제자유도시 조성을 위한 특별법」 제251조에 따른 휴양펜션업의 등록 (2019. 2. 8. 개정)

170. 「영화 및 비디오물의 진흥에 관한 법률」 제36조에 따른 영화상영관의 등록 (2014. 1. 1. 개정)

171. 「담배사업법」 제11조에 따른 담배제조업의 허가 (2014. 1. 1. 개정)

172. 「부동산개발업의 관리 및 육성에 관한 법률」 제4조에 따른 부동산개발업의 등록 (2014. 1. 1. 개정)

173. 「해양심층수의 개발 및 관리에 관한 법률」 제10조에 따른 해양심층수개발업의 면허 (2014. 1. 1. 개정)

174. 「전자어음의 발행 및 유통에 관한 법률」 제3조에 따른 전자어음관리기관의 지정 (2014. 1. 1. 개정)

175. 「선박투자회사법」 제13조에 따른 선박투자업의 인가 (2014. 1. 1. 개정)

176. 「화물자동차 운수사업법」 제29조에 따른 화물자동차 운송가맹사업의 허가 (2014. 1. 1. 개정)

177. 「부동산투자회사법」 제9조에 따른 부동산투자회사의 인가 (2014. 1. 1. 개정)

178. 「도로법」 제52조 제1항에 따른 고속국도에 대한 연결허가, 다만, 다음 각 목의 어느 하나에 해당하는 시설로서 면적이 2,000제곱미터 이상인 경우에만 해당한다. (2014. 7. 14. 개정 ; 도로법 시행령 부칙)

가. 주차장(비상주차대 등 비상주차시설을 포함한다.) (2014. 7. 14. 개정 ; 도로법 시행령 부칙)

나. 정류소 (2014. 7. 14. 개정 ; 도로법 시행령 부칙)

다. 주유소(충전소를 포함한다) (2014. 7. 14. 개정 ; 도로법 시행령 부칙)

라. 화물 및 농산물하치장 (2014. 7. 14. 개정 ; 도로법 시행령 부칙)

마. 휴게소(졸음쉼터 등 간이휴게시설을 포함한다) 및 관광시설 (2014. 7. 14. 개정 ; 도로법 시행령 부칙)

179. 「생명윤리 및 안전에 관한 법률」 제41조에 따른 인체유래물은행의 허가 및 신고 (2021. 12. 31. 개정)

180. 「의료법」 제82조에 따른 안마시술소 또는 안마원의 신고. 다만, 건축

물 연면적 1,000제곱미터 이상의 것만 해당한다. (2019. 2. 8. 개정)
181. 「모자보건법」 제15조에 따른 산후조리업의 신고. 다만, 건축물 연면적 1,000제곱미터 이상인 것만 해당한다. (2014. 1. 1. 개정)
182. 「식품위생법」 제88조에 따른 집단급식소의 신고. 다만, 종업원 100명 이상인 것만 해당한다. (2014. 1. 1. 개정)
183. 「에너지이용 합리화법」 제25조에 따른 에너지절약전문기업의 등록. 다만, 종업원 100명 이상인 것만 해당한다. (2014. 1. 1. 개정)
184. 「고압가스 안전관리법」 제5조의 3에 따른 고압가스 수입업의 등록 (2014. 1. 1. 개정)
185. 「근로자퇴직급여보장법」 제26조에 따른 퇴직연금사업자의 등록 (2014. 1. 1. 개정)
186. 「급경사지 재해예방에 관한 법률」 제27조에 따른 성능검사대행자의 등록 (2014. 1. 1. 개정)
187. 「다중이용업소의 안전관리에 관한 특별법」 제16조에 따른 화재위험평가 대행자의 등록 (2014. 1. 1. 개정)
188. 「재해경감을 위한 기업의 자율활동 지원에 관한 법률」 제8조의 2에 따른 재해경감 우수기업 인증대행기관의 지정 (2014. 1. 1. 개정)
189. 「발명진흥법」 제21조에 따른 특허기술정보센터의 등록 (2014. 1. 1. 개정)
189. 삭 제 (2019. 2. 8.)
190. 「금융지주회사법」 제3조에 따른 금융지주회사의 인가 (2014. 1. 1. 개정)
191. 「자본시장과 금융투자업에 관한 법률」 제355조에 따른 자금중개회사의 인가 (2014. 1. 1. 개정)
192. 「전자금융거래법」 제28조에 따른 전자금융업의 허가와 등록 (2014. 1. 1. 개정)
193. 「자본시장과 금융투자업에 관한 법률」 제279조에 따른 외국 집합투자기구의 등록 (2015. 12. 31. 개정)
194. 「전자서명법」 제4조에 따른 공인인증기관의 지정 (2016. 12. 30. 개정)
194. 삭 제 (2020. 12. 8. ; 전자서명법 시행령 부칙)
195. 「할부거래에 관한 법률」 제18조에 따른 선불식 할부거래업의 등록 (2014. 1. 1. 개정)
196. 「산지관리법」 제15조의 2에 따른 산지일시사용의 허가·신고. 다만, 면적 1만제곱미터 이상의 것만 해당한다. (2014. 1. 1. 개정)
197. 「식물방역법」 제40조에 따른 수출입목재열처리업의 등록 (2014. 1. 1. 개정)
198. 「건축법」 제20조에 따른 가설건축물의 건축 허가. 다만, 연면적 2,000제곱미터 이상의 것만 해당한다. (2014. 12. 30. 개정)
199. 「여객자동차 운수사업법」 제49조의 3 제1항에 따른 여객자동차플랫폼운송사업의 허가 (2020. 12. 31. 개정)
200. 「마약류 관리에 관한 법률」 제6조의 2 제1항에 따른 원료물질의 수출입업 또는 제조업의 허가 (2019. 12. 31. 개정)
201. 「한국마사회법」 제4조에 따른 경마장의 설치 허가 (2014. 12. 30. 개정)
202. 「석유 및 석유대체연료 사업법」 제32조에 따른 석유대체연료 제조·수출입업의 등록 (2014. 3. 14. 신설)
203. 「선박투자회사법」 제31조에 따른 선박운용회사의 허가 (2014. 3. 14. 신설)
204. 「제대혈 관리 및 연구에 관한 법률」 제11조 제1항에 따른 기증제대혈 또는 가족제대혈은행의 허가 (2014. 3. 14. 신설)
205. 「부동산투자회사법」 제22조의 3에 따른 자산관리회사의 설립 인가

(2014. 3. 14. 신설)

206. 「낚시 관리 및 육성법」 제10조에 따른 낚시터업의 허가 및 제16조에 따른 낚시터업의 등록. 다만, 면적이 1만 제곱미터 이상의 것만 해당한다. (2014. 3. 14. 신설)

207. 「철도의 건설 및 철도시설 유지관리에 관한 법률」 제23조의 2에 따른 철도시설의 점용허가. 다만, 면적이 1,500제곱미터 이상의 것만 해당한다. (2019. 3. 12. 개정 ; 철도건설법 시행령 부칙)

208. 「소프트웨어 진흥법」 제11조에 따른 소프트웨어진흥시설의 지정 (2020. 12. 8. 개정 ; 소프트웨어~부칙)

209. 「소프트웨어 진흥법」 제20조에 따른 소프트웨어 품질인증기관의 지정 (2020. 12. 8. 개정 ; 소프트웨어~부칙)

210. 「소프트웨어 진흥법」 제21조에 따른 소프트웨어프로세스 품질인증기관의 지정 (2020. 12. 8. 개정 ; 소프트웨어~부칙)

211. 「방송법」 제9조에 따른 지상파방송사업 및 위성방송사업의 허가 (2014. 12. 30. 신설)

212. 「저작권법」 제56조에 따른 인증기관의 지정 (2014. 12. 30. 신설)

213. 「전자문서 및 전자거래 기본법」 제31조의 2에 따른 공인전자문서센터의 지정 (2014. 12. 30. 신설)

214. 「전자문서 및 전자거래 기본법」 제31조의 18에 따른 공인전자문서중계자의 인증 (2020. 12. 31. 개정)

215. 「전자금융거래법」 제29조에 따른 전자채권관리기관의 등록 (2014. 12. 30. 신설)

216. 「부동산투자회사법」 제23조에 따른 부동산투자자문회사의 등록 (2014. 12. 30. 신설)

217. 「광산피해의 방지 및 복구에 관한 법률」 제13조에 따른 전문광해방지사업자의 등록 (2014. 12. 30. 신설)

218. 「축산법」 제22조에 따른 가축사육업의 허가. 다만, 사육시설 면적이 1만제곱미터 이상의 것만 해당한다. (2014. 12. 30. 신설)

219. 「도시가스사업법」 제3조 제3항에 따른 도시가스충전사업의 허가. 다만, 종업원 100명 이상의 것만 해당한다. (2019. 12. 31. 개정)

220. 「도시가스사업법」 제3조 제4항에 따른 나프타부생가스 · 바이오가스제조사업 및 같은 조 제5항에 따른 합성천연가스제조사업의 허가. 다만, 종업원 100명 이상의 것만 해당한다. (2019. 12. 31. 개정)

221. 「개발제한구역의 지정 및 관리에 관한 특별조치법」 제12조에 따른 토지의 형질변경 허가. 다만, 면적 3천제곱미터 이상의 것만 해당한다. (2014. 12. 30. 신설)

222. 「액화석유가스의 안전관리 및 사업법」 제17조에 따른 액화석유가스수출입업의 등록 (2015. 12. 31. 신설)

223. 「자본시장과 금융투자업에 관한 법률」 제77조의 2에 따른 종합금융투자사업자의 지정 (2015. 12. 31. 신설)

224. 「자본시장과 금융투자업에 관한 법률」 제117조의 4에 따른 온라인소액투자중개업자의 등록 (2015. 12. 31. 신설)

225. 「도시가스사업법」 제10조의 2에 따른 천연가스수출입업의 등록 (2016. 12. 30. 신설)

226. 「도시가스사업법」 제10조의 3에 따른 천연가스수출입업의 조건부 등록 (2016. 12. 30. 신설)

227. 「대외무역법」 제19조에 따른 수출허가 및 상황허가 (2016. 12. 30. 신설)

228. 「대외무역법」 제24조에 따른 중개허가 (2016. 12. 30. 신설)

227.~228. 삭 제 (2018. 12. 31.)

229. 「인체조직안전 및 관리 등에 관한 법률」 제7조의 3에 따른 조직기증자등록기관의 지정 (2016. 12. 30. 신설)

230. 「전자문서 및 전자거래 기본법」 제30조에 따른 전자상거래지원센터의 지정 (2016. 12. 30. 신설)

231. 「농어촌정비법」 제23조에 따른 농업생산기반시설이나 용수의 사용허가. 다만, 면적 1,500제곱미터 이상의 것만 해당한다. (2020. 12. 31. 개정)

232. 「민간임대주택에 관한 특별법」 제5조에 따른 주택 임대사업자 등록. 다만, 임대주택 10호[세대수 또는 실(室)수도 호수에 포함한다. 이하 이 표에서 같다] 이상의 것만 해당한다. (2019. 12. 31. 개정)

233. 「전기사업법」 제7조의 2에 따른 전기신사업의 등록 (2019. 12. 31. 개정)

234. 「가축전염병 예방법」 제5조의 3 제1항에 따른 가축방역위생관리업의 신고 (2020. 12. 31. 신설)

235. 「동물원 및 수족관의 관리에 관한 법률」 제8조에 따른 동물원 및 수족관의 허가. 다만, 보유동물의 종이 70종 이상인 동물원과 수조 바닥면적이 1만제곱미터 이상이거나 보유동물의 종이 200종 이상인 수족관만 해당한다. (2023. 12. 29. 개정)

236. 「양식산업발전법」 제10조 제1항에 따른 해조류양식업 · 패류양식업 · 어류등양식업 · 복합양식업 · 협동양식업 · 외해양식업 · 내수면양식업의 면허 및 같은 법 제43조 제1항에 따른 육상해수양식업 · 육상등 내수양식업의 허가. 다만, 면적 1만제곱미터 이상인 것만 해당한다. (2020. 12. 31. 신설)

237. 「전자서명법」 제8조 제1항 전단에 따른 운영기준 준수사실의 인정 (2021. 12. 31. 개정)

238. 「첨단재생의료 및 첨단바이오의약품 안전 및 지원에 관한 법률」 제15조 제1항에 따른 첨단재생의료세포처리시설 허가 및 같은 법 제28조 제1항에 따른 인체세포등 관리업 허가. 다만, 건축물 연면적 1,000제곱미터 이상인 것만 해당한다. (2020. 12. 31. 신설)

239. 「첨단재생의료 및 첨단바이오의약품 안전 및 지원에 관한 법률」 제23조 제1항에 따른 첨단바이오의약품 제조업 허가, 같은 조 제3항에 따른 위탁제조판매업 신고 및 같은 법 제27조 제1항에 따른 첨단바이오의약품 수입업 신고. 다만, 종업원 100명 이상인 것만 해당한다. (2020. 12. 31. 신설)

240. 「체육시설의 설치 · 이용에 관한 법률」 제20조 제1항에 따른 체육시설업 신고 중 야구장업 · 가상체험 체육시설업 · 체육교습업 · 인공암벽장업 신고. 다만, 건축물 연면적 또는 시설면적이 1,000제곱미터 이상인 것만 해당한다. (2021. 12. 31. 개정)

241. 「식품위생법」 제37조에 따른 공유주방 운영업의 등록. 다만, 종업원이 100명 이상이거나 영업장 연면적이 1,000제곱미터 이상인 것만 해당한다. (2021. 12. 31. 신설)

242. 「자율주행자동차 상용화 촉진 및 지원에 관한 법률」 제9조에 따른 자율주행자동차의 유상운송 허가 및 한정운수 면허의 발급. 다만, 자동차 20대 이상을 활용하여 유상운송을 하는 경우만 해당한다. (2021. 12. 31. 신설)

243. 「자율주행자동차 상용화 촉진 및 지원에 관한 법률」 제10조에 따른 자율주행자동차의 유상 화물 운송 허가. 다만, 자동차 20대 이상을 활용하여 유상 화물 운송을 하는 경우만 해당한다. (2021. 12. 31. 신설)

244. 그 밖에 행정안전부령으로 정하는 면적 (2021. 12. 31. 호번개정)

〈제2종〉

1. 「식품위생법」 제37조에 따른 식품접객업(휴게음식점영업, 제과점영업 및 일반음식점영업만 해당한다)의 신고. 다만, 영업장 연면적 500제곱미터 이상 1,000제곱미터 미만의 것만 해당한다. (2014. 12. 30. 개정)
2. 「식품위생법」 제37조에 따른 식품제조·가공업의 등록. 다만, 종업원 50명 이상 100명 미만이거나, 영업장 연면적 500제곱미터 이상 1,000제곱미터 미만의 것만 해당한다. (2014. 1. 1. 개정)
3. 「식품위생법」 제37조에 따른 즉석판매 제조·가공업의 신고. 다만, 종업원 50명 이상 100명 미만이거나, 영업장 연면적 500제곱미터 이상 1,000제곱미터 미만의 것만 해당한다. (2023. 3. 14. 개정)
4. 「식품위생법」 제37조에 따른 식품첨가물제조업의 등록. 다만, 종업원 50명 이상 100명 미만이거나, 영업장 연면적 500제곱미터 이상 1,000제곱미터 미만의 것만 해당한다. (2014. 12. 30. 개정)
5. 「식품위생법」 제37조에 따른 용기·포장류제조업의 신고. 다만, 종업원 50명 이상 100명 미만이거나, 영업장 연면적 500제곱미터 이상 1,000제곱미터 미만의 것만 해당한다. (2023. 3. 14. 개정)
6. 「식품위생법」 제37조에 따른 식품운반업의 신고. 다만, 종업원 50명 이상 100명 미만이거나, 영업장 연면적 500제곱미터 이상 1,000제곱미터 미만의 것만 해당한다. (2014. 1. 1. 개정)
7. 「식품위생법」 제37조에 따른 식품소분·판매업(식품소분업 및 식용얼음판매업만 해당한다).의 신고. 다만, 종업원 50명 이상 100명 미만이거나, 영업장 연면적 500제곱미터 이상 1,000제곱미터 미만의 것만 해당한다. (2014. 1. 1. 개정)
8. 「건설산업기본법」 제9조에 따른 건설업(전문공사를 시공하는 업종만 해당한다)의 등록. 다만, 종업원 50명 이상 100명 미만의 것만 해당한다. (2014. 1. 1. 개정)
9. 「해운법」 제4조 및 제6조에 따른 해상여객운송사업의 면허 또는 승인. 다만, 소유선박 톤수의 합계가 5,000톤 이상 1만톤 미만의 것만 해당한다. (2015. 12. 31. 개정)
10. 「해운법」 제24조에 따른 해상화물운송사업의 등록. 다만, 소유선박 톤수의 합계가 5,000톤 이상 1만톤 미만의 것만 해당한다. (2014. 1. 1. 개정)
11. 「해운법」 제33조에 따른 선박대여업의 등록. 다만, 소유선박 톤수의 합계가 5,000톤 이상 1만톤 미만의 것만 해당한다. (2014. 1. 1. 개정)
12. 「항만운송사업법」 제4조에 따른 항만운송사업의 등록. 다만, 종업원 50명 이상 100명 미만의 것만 해당한다. (2014. 1. 1. 개정)
13. 「승강기 안전관리법」 제6조에 따른 승강기의 제조업 및 수입업의 등록. 다만, 종업원 50명 이상 100명 미만의 것만 해당한다. (2019. 1. 22. 개정 ; 승강기~시행령 부칙)
14. 「항공사업법」 제7조 제1항에 따른 국내항공운송사업 또는 국제항공운송사업의 면허, 같은 법 제54조에 따른 외국인 국제항공운송사업의 허가. 다만, 종업원 50명 이상 100명 미만의 것만 해당한다. (2019. 2. 8. 개정)
15. 「여객자동차 운수사업법」 제4조에 따른 여객자동차운송사업의 면허 또는 등록. 다만, 자동차 10대 이상 20대 미만의 것만 해당한다. (2015. 12. 31. 개정)
16. 「화물자동차 운수사업법」 제3조에 따른 화물자동차 운송사업의 허가. 다만, 자동차 10대 이상 20대 미만의 것만 해당한다. (2014. 12. 30. 개정)
17. 「여객자동차 운수사업법」 제28조에 따른 자동차 대여사업의 등록. 다만, 자동차 10대 이상 20대 미만의 것만 해당한다. (2014. 1. 1. 개정)

18. 「자동차관리법」 제53조에 따른 자동차관리사업의 등록. 다만, 종업원 50명 이상 100명 미만의 것만 해당한다. (2014. 1. 1. 개정)
19. 「건설기계관리법」 제21조에 따른 건설기계사업의 등록. 다만, 건설기계 10대 이상 20대 미만의 것이나 종업원 50명 이상 100명 미만의 것만 해당한다. (2014. 1. 1. 개정)
20. 「건설기계관리법」 제14조 제1항에 따른 건설기계 검사대행자의 지정. 다만, 종업원 50명 이상 100명 미만의 것만 해당한다. (2019. 12. 31. 개정)
21. 「자동차관리법」 제44조 제1항에 따른 자동차검사대행자 및 제44조의 2 제1항에 따른 자동차 종합검사대행자의 지정. 다만, 종업원 50명 이상 100명 미만의 것만 해당한다. (2014. 12. 30. 개정)
22. 「도시가스사업법」 제3조 제1항에 따른 가스도매사업 및 같은 조 제2항에 따른 일반도시가스사업의 허가. 다만, 종업원 50명 이상 100명 미만의 것만 해당한다. (2019. 12. 31. 개정)
23. 「고압가스 안전관리법」 제4조 제1항에 따른 고압가스 제조허가. 다만, 종업원 50명 이상 100명 미만의 것만 해당한다. (2019. 12. 31. 개정)
24. 「액화석유가스의 안전관리 및 사업법」 제5조에 따른 액화석유가스 충전사업 및 액화석유가스 집단공급사업의 허가. 다만, 종업원 50명 이상 100명 미만의 것만 해당한다. (2015. 12. 31. 개정)
25. 「액화석유가스의 안전관리 및 사업법」 제5조에 따른 가스용품제조사업의 허가. 다만, 종업원 50명 이상 100명 미만의 것만 해당한다. (2015. 12. 31. 개정)
26. 「건축법」 제11조 제1항 및 제14조 제1항에 따른 건축 및 대수선의 허가 및 신고. 다만, 5층 이상 10층 미만의 건축물 또는 연면적 1,000제곱미터 이상 2,000제곱미터 미만의 건축물만 해당하며, 설계 변경 등으로 면적이나 층수가 증가하여 면허에 대한 등록면허세를 부과하는 경우에는 그 증가하는 부분만을 기준으로 산정한다. (2014. 12. 30. 개정)
27. 「의료법」 제33조에 따른 의원·치과의원·한의원·조산원 개설의 신고 및 종합병원·병원·치과병원·한방병원·요양병원·정신병원 개설의 허가. 다만, 건축물 연면적 500제곱미터 이상 1,000제곱미터 미만의 것만 해당한다. (2020. 12. 31. 개정)
28. 「수의사법」 제17조 제3항에 따른 동물병원 개설의 신고. 다만, 건축물 연면적 500제곱미터 이상 1,000제곱미터 미만의 것만 해당한다. (2019. 12. 31. 개정)
29. 「약사법」 제31조에 따른 의약품 제조업의 허가, 의약품 위탁제조판매업 및 의약외품 제조업의 신고, 같은 법 제42조에 따른 의약품등 수입업의 신고. 다만, 종업원 50명 이상 100명 미만의 것만 해당한다. (2015. 12. 31. 개정)
30. 「의료기기법」 제6조 따른 의료기기 제조업의 허가, 제15조에 따른 수입업의 허가, 제16조에 따른 수리업의 신고, 제17조에 따른 판매업 또는 임대업의 신고. 다만, 종업원 50명 이상 100명 미만의 것만 해당한다. (2014. 1. 1. 개정)
31. 「화장품법」 제3조 제1항에 따른 화장품제조업, 화장품책임판매업의 등록 및 같은 법 제3조의 2 제1항에 따른 맞춤형화장품판매업의 신고. 다만, 종업원 50명 이상 100명 미만의 것만 해당한다. (2019. 12. 31. 개정)
32. 「농약관리법」 제3조에 따른 농약제조업, 농약원제업 및 농약수입업의 등록. 다만, 종업원 50명 이상 100명 미만의 것만 해당한다. (2014. 1. 1. 개정)
33. 「약사법」 제31조에 따른 동물용 의약외품 제조업신고 및 동물용 의약외품 제조업 허가, 제20조에 따른 동물약국업의 개설 등록, 「의료기기

법」 제6조에 따른 동물용 의료기기 제조업 허가, 제15조에 따른 동물용 의료기기 수입업 허가, 제16조에 따른 동물용 의료기기 수리업 신고, 제17조에 따른 동물용 의료기기 판매업 · 임대업 신고. 다만, 종업원 50명 이상 100명 미만의 것만 해당한다. (2023. 3. 14. 개정)

34. 「학원의 설립 · 운영 및 과외교습에 관한 법률」 제6조에 따른 학원의 설립 등록. 다만, 영업장 연면적 500제곱미터 이상 1,000제곱미터 미만의 것만 해당한다. (2016. 12. 30. 개정)

35. 「농지법」 제34조 및 제35조에 따른 농지전용의 허가 또는 신고. 다만, 전용면적 2,000제곱미터 이상 3,000제곱미터 미만의 것만 해당한다. (2014. 1. 1. 개정)

36. 「국토의 계획 및 이용에 관한 법률」 제56조에 따른 토지의 형질변경 허가. 다만, 면적 2,000제곱미터 이상 3,000제곱미터 미만의 것만 해당한다. (2014. 1. 1. 개정)

37. 「산림자원의 조성 및 관리에 관한 법률」 제16조에 따른 종묘생산업자의 등록. 다만, 면적 2,000제곱미터 이상 3,000제곱미터 미만의 것만 해당한다. (2014. 1. 1. 개정)

38. 「초지법」 제23조에 따른 초지의 전용 허가. 다만, 면적 2,000제곱미터 이상 3,000제곱미터 미만의 것만 해당한다. (2014. 1. 1. 개정)

39. 「초지법」 제5조에 따른 초지조성의 허가. 다만, 면적 2,000제곱미터 이상 3,000제곱미터 미만의 것만 해당한다. (2014. 1. 1. 개정)

40. 「공유수면 관리 및 매립에 관한 법률」 제28조에 따른 공유수면의 매립면허. 다만, 면적 3,000제곱미터 이상 6,000제곱미터 미만의 것만 해당한다. (2014. 1. 1. 개정)

41. 「산지관리법」 제25조에 따른 토석채취 허가 및 토사채취 신고. 다만, 부피 1,000세제곱미터 이상 1,500세제곱미터 미만의 것만 해당한다. (2014. 12. 30. 개정)

42. 「항공사업법」 제7조 제2항 · 제3항 및 제10조 제3항에 따른 정기편 · 부정기편 운항 허가 또는 신고. 다만, 종업원 50명 이상 100명 미만의 것만 해당한다. (2019. 2. 8. 개정)

43. 「도시공원 및 녹지 등에 관한 법률」 제24조 및 제38조에 따른 도시공원 및 녹지의 점용 허가(자기 소유의 부동산에 대한 점용은 제외한다). 다만, 면적 1,000제곱미터 이상 1,500제곱미터 미만의 것만 해당한다. (2014. 1. 1. 개정)

44. 「도로법」 제61조 제1항에 따른 도로점용의 허가(공간점용은 제외한다). 다만, 면적 1,000제곱미터 이상 1,500제곱미터 미만의 것만 해당한다. (2014. 7. 14. 개정 ; 도로법 시행령 부칙)

45. 「하천법」 제33조에 따른 하천점용의 허가. 다만, 면적 1,000제곱미터 이상 1,500제곱미터 미만의 것만 해당한다. (2014. 1. 1. 개정)

46. 「공유수면의 관리 및 매립에 관한 법률」 제8조에 따른 공유수면의 점용 또는 사용 허가. 다만, 면적 1,000제곱미터 이상 1,500제곱미터 미만의 것만 해당한다. (2014. 1. 1. 개정)

47. 「소하천정비법」 제14조에 따른 소하천의 점용 등의 허가. 다만, 면적 1,000제곱미터 이상 1,500제곱미터 미만의 것만 해당한다. (2014. 1. 1. 개정)

48. 「철도사업법」 제42조에 따른 점용허가. 다만, 면적 1,000제곱미터 이상 1,500제곱미터 미만의 것만 해당한다. (2014. 1. 1. 개정)

49. 「산림자원의 조성 및 관리에 관한 법률」 제36조에 따른 입목벌채의 허가. 다만, 재적 1,000세제곱미터 이상 1,500세제곱미터 미만의 것만 해

당한다. (2014. 1. 1. 개정)

50. 「산지관리법」 제14조 또는 제15조에 따른 산지전용의 허가 또는 신고. 다만, 면적 5,000제곱미터 이상 1만제곱미터 미만의 것만 해당한다. (2014. 1. 1. 개정)

51. 「사도법」 제4조에 따른 사도개설의 허가. 다만, 면적 1,000제곱미터 이상 1,500제곱미터 미만의 것만 해당한다. (2014. 1. 1. 개정)

52. 「장사 등에 관한 법률」 제14조에 따른 사설묘지의 설치 허가 또는 신고, 같은 법 제15조에 따른 사설화장시설 및 사설봉안시설의 설치 신고, 같은 법 제16조에 따른 사설자연장지 조성 허가 또는 신고. 다만, 면적 1,000제곱미터 이상 1,500제곱미터 미만의 것만 해당한다. (2023. 3. 14. 개정)

53. 「수산업법」 제7조, 제40조 및 제48조에 따른 어업의 면허, 허가 및 신고. 다만, 선박톤수의 합계가 1,000톤 이상 2,000톤 미만의 것 또는 면허구역이 5,000제곱미터 이상 1만제곱미터 미만의 것만 해당한다. (2023. 1. 10. 개정 ; 수산업법 시행령 부칙)

54. 「원양산업발전법」 제6조에 따른 원양어업의 허가 및 신고. 다만, 선박톤수의 합계가 1,000톤 이상 2,000톤 미만의 것 또는 면허구역이 5,000제곱미터 이상 1만제곱미터 미만의 것만 해당한다. (2014. 12. 30. 개정)

55. 「수산식품산업의 육성 및 지원에 관한 법률」 제16조에 따른 수산물가공업의 신고. 다만, 종업원 50명 이상 100명 미만의 것만 해당한다. (2020. 12. 31. 개정)

56. 「소금산업 진흥법」 제23조에 따른 염전개발업 및 소금제조업의 허가. 다만, 염전면적이 3,000제곱미터 이상 6,000제곱미터 미만의 것 또는 연생산규모가 1만톤 이상 10만톤 미만의 것만 해당한다. (2019. 2. 8. 개정)

57. 「전기공사업법」 제4조에 따른 전기공사업 및 「정보통신공사업법」 제14조에 따른 정보통신공사업의 등록. 다만, 종업원 50명 이상 100명 미만의 것만 해당한다. (2014. 1. 1. 개정)

58. 「총포·도검·화약류 등의 안전관리에 관한 법률」 제4조 및 제6조에 따른 총포·도검·화약류·분사기·전자충격기 또는 석궁의 제조업 또는 판매업의 허가. 다만, 종업원 50명 이상 100명 미만의 것만 해당한다. (2019. 2. 8. 개정)

59. 「출판문화산업진흥법」 제9조에 따른 출판사 및 「인쇄문화산업 진흥법」 제12조에 따른 인쇄사의 신고. 다만, 종업원 50명 이상 100명 미만의 것만 해당한다. (2014. 12. 30. 개정)

60. 「사료관리법」 제8조에 따른 사료제조업 등록. 다만, 종업원 50명 이상 100명 미만의 것만 해당한다. (2014. 1. 1. 개정)

61. 「산업집적활성화 및 공장설립에 관한 법률」 제16조에 따른 공장등록. 다만, 공장 연면적 1,500제곱미터 이상 2,000제곱미터 미만의 것만 해당한다. (2014. 1. 1. 개정)

62. 「군복 및 군용장구의 단속에 관한 법률」 제3조에 따른 군복 및 군용장구의 제조 또는 판매업의 허가. 다만, 종업원 50명 이상 100명 미만의 것만 해당한다. (2014. 1. 1. 개정)

63. 「공연법」 제9조에 따른 공연장의 등록. 다만, 건축물 연면적 1,500제곱미터 이상 2,000제곱미터 미만의 것만 해당한다. (2014. 1. 1. 개정)

64. 「담배사업법」 제13조에 따른 담배수입판매업의 등록. 다만, 종업원 50명 이상 100명 미만의 것만 해당한다. (2014. 1. 1. 개정)

65. 「인삼산업법」 제12조에 따른 인삼류제조업 및 인삼제품류 제조의 신고. 다만, 종업원 50명 이상 100명 미만의 것만 해당한다. (2015. 12. 31. 개정)

66. 「담배사업법」 제13조에 따른 담배도매업의 등록. 다만, 종업원 50명 이상 100명 미만의 것만 해당한다. (2014. 1. 1. 개정)
67. 「위생용품 관리법」 제3조에 따른 위생용품제조업, 위생물수건처리업 및 위생용품수입업의 신고. 다만, 종업원 50명 이상 100명 미만의 것만 해당한다. (2018. 12. 31. 개정)
68. 「먹는물관리법」 제21조에 따른 수처리제 제조업의 등록. 다만, 종업원 50명 이상 100명 미만의 것만 해당한다. (2014. 1. 1. 개정)
69. 「체육시설의 설치·이용에 관한 법률」 제20조에 따른 수영장업의 신고. 다만, 건축물 연면적 또는 시설면적이 500제곱미터 이상 1,000제곱미터 미만의 것만 해당한다. (2014. 1. 1. 개정)
70. 「체육시설의 설치·이용에 관한 법률」 제20조에 따른 체육도장업의 신고. 다만, 건축물 연면적 또는 시설면적이 500제곱미터 이상 1,000제곱미터 미만의 것만 해당한다. (2014. 1. 1. 개정)
71. 「체육시설의 설치·이용에 관한 법률」 제20조에 따른 골프연습장업의 신고. 다만, 건축물 연면적 또는 시설면적이 500제곱미터 이상 1,000제곱미터 미만의 것만 해당한다. (2014. 1. 1. 개정)
72. 「체육시설의 설치·이용에 관한 법률」 제20조에 따른 체력단련장업의 신고. 다만, 건축물 연면적 또는 시설면적이 500제곱미터 이상 1,000제곱미터 미만의 것만 해당한다. (2014. 1. 1. 개정)
73. 「체육시설의 설치·이용에 관한 법률」 제20조에 따른 당구장업의 신고. 다만, 건축물 연면적 또는 시설면적이 500제곱미터 이상 1,000제곱미터 미만의 것만 해당한다. (2014. 1. 1. 개정)
74. 「체육시설의 설치·이용에 관한 법률」 제20조에 따른 썰매장업의 신고. 다만, 건축물 연면적 또는 시설면적이 500제곱미터 이상 1,000제곱미터 미만의 것만 해당한다. (2014. 1. 1. 개정)
75. 「체육시설의 설치·이용에 관한 법률」 제20조에 따른 무도학원업의 신고. 다만, 건축물 연면적 또는 시설면적이 500제곱미터 이상 1,000제곱미터 미만의 것만 해당한다. (2014. 1. 1. 개정)
76. 「체육시설의 설치·이용에 관한 법률」 제20조에 따른 무도장업의 신고. 다만, 건축물 연면적 또는 시설면적이 500제곱미터 이상 1,000제곱미터 미만의 것만 해당한다. (2014. 1. 1. 개정)
77. 「옥외광고물 등의 관리와 옥외광고산업 진흥에 관한 법률」 제11조에 따른 옥외광고사업의 등록. 다만, 종업원 50명 이상 100명 미만의 것만 해당한다. (2019. 2. 8. 개정)
78. 「문화재수리 등에 관한 법률」 제14조에 따른 문화재수리업, 문화재실측설계업 또는 문화재감리업의 등록. 다만, 종업원 50명 이상 100명 미만의 것만 해당한다. (2014. 1. 1. 개정)
78. 「국가유산수리 등에 관한 법률」 제14조에 따른 국가유산수리업, 국가유산실측설계업 또는 국가유산감리업의 등록. 다만, 종업원 50명 이상 100명 미만의 것만 해당한다. (2024. 5. 7. 개정 ; 문화재수리~부칙)
79. 「승강기 안전관리법」 제39조에 따른 승강기 유지관리업의 등록. 다만, 종업원 50명 이상 100명 미만의 것만 해당한다. (2019. 1. 22. 개정 ; 승강기~시행령 부칙)
80. 「내수면어업법」 제6조, 제9조 및 제11조에 따른 어업의 면허, 허가 및 신고. 다만, 면적 5,000제곱미터 이상 1만제곱미터 미만의 것만 해당한다. (2014. 12. 30. 개정)
81. 「관상어산업의 육성 및 지원에 관한 법률」 제12조에 따른 관상어양식업의 신고. 다만, 면적 5,000제곱미터 이상 1만제곱미터 미만의 것만 해당한다. (2014. 12. 30. 개정)

82.「유선 및 도선 사업법」 제3조에 따른 유선사업의 면허 또는 신고. 다만, 유선 5척 이상 10척 미만의 것만 해당한다. (2014. 1. 1. 개정)
83.「사행행위 등 규제 및 처벌 특례법」 제4조에 따른 사행행위영업의 허가. 다만, 발매 총액·예정액 또는 경품추첨 총액이 5,000만원 이상 1억원 미만의 것만 해당한다. (2014. 1. 1. 개정)
84.「경비업법」 제4조에 따른 경비업의 허가. 다만, 종업원 50명 이상 100명 미만의 것만 해당한다. (2014. 1. 1. 개정)
85.「석유 및 석유대체연료 사업법」 제10조에 따른 석유판매업의 신고. (2015. 12. 31. 개정)
86.「식품위생법」 제37조에 따른 식품보존업의 영업허가 (2014. 1. 1. 개정)
87.「건설기술 진흥법」 제26조에 따른 건설엔지니어링업의 등록 (2021. 9. 14. 개정 ; 건설기술~부칙)
88.「시설물의 안전 및 유지에 관한 특례법」 제28조에 따른 안전진단전문기관의 등록 (2018. 1. 16. 개정 ; 시설물의 안전관리~시행령 부칙)
89.「해외건설촉진법」 제6조에 따른 해외건설업의 신고 (2014. 1. 1. 개정)
90.「해상교통안전법」 제53조에 따른 안전관리대행업의 등록 (2024. 1. 16. 개정 ; 해상교통안전법 시행령 부칙)
91.「자동차관리법」 제45조 및 제45조의 2에 따른 지정정비사업자 및 종합검사 지정정비사업자의 지정 (2014. 12. 30. 개정)
92.「자동차관리법」 제47조에 따른 택시미터전문검정기관의 지정 (2014. 1. 1. 개정)
93.「축산물 위생관리법」 제22조에 따른 축산물가공업, 식용란선별포장업, 식육포장처리업 및 축산물보관업의 허가 (2023. 3. 14. 개정)
94.「먹는물관리법」 제15조에 따른 환경영향조사 대행자의 등록 (2014. 1. 1. 개정)
95.「먹는물관리법」 제21조에 따른 정수기의 제조업 또는 수입판매업의 신고 (2014. 1. 1. 개정)
96.「오존층보호를 위한 특정물질의 제조규제 등에 관한 법률」 제4조에 따른 제조업의 허가 (2014. 1. 1. 개정)
97.「집단에너지사업법」 제6조에 따른 열생산시설의 신설·개설 및 증설 허가 (2014. 1. 1. 개정)
98.「감염병의 예방 및 관리에 관한 법률」 제52조에 따른 소독업의 신고 (2014. 1. 1. 개정)
99.「환경영향평가법」 제54조에 따른 환경영향평가업의 등록 (2014. 1. 1. 개정)
100.「자동차관리법」 제30조에 따른 자동차의 자기인증을 위한 제작자등의 등록 (2014. 12. 30. 개정)
101.「자동차관리법」 제32조 제3항에 따른 성능시험 대행자의 지정 (2014. 1. 1. 개정)
102.「건설기계관리법」 제18조에 따른 건설기계의 형식승인 (2014. 1. 1. 개정)
103.「석탄산업법」 제17조에 따른 석탄가공업의 등록 (2014. 1. 1. 개정)
104.「총포·도검·화약류 등의 안전관리에 관한 법률」 제25조에 따른 화약류저장소의 설치 허가. 다만, 3급저장소 및 간이저장소는 제외한다. (2019. 2. 8. 개정)
105.「위험물안전관리법」 제6조에 따른 제조소, 저장소 및 취급소의 설치 허가 (2014. 1. 1. 개정)
106.「폐기물관리법」 제25조에 따른 폐기물처리업의 허가 (2014. 1. 1. 개정)

107.「소방시설공사업법」 제4조에 따른 소방시설업 중 전문소방시설공사업의 등록 (2015. 12. 31. 개정)

108.「가축분뇨의 관리 및 이용에 관한 법률」 제28조에 따른 가축분뇨관련영업의 허가 (2014. 1. 1. 개정)

109.「하수도법」 제45조에 따른 분뇨수집・운반업의 허가 (2014. 1. 1. 개정)

110.「하수도법」 제53조에 따른 개인하수처리시설관리업의 등록 (2014. 1. 1. 개정)

111.「하수도법」 제51조에 따른 개인하수처리시설의 설계・시공업의 등록 및 「가축분뇨의 관리 및 이용에 관한 법률」 제34조에 따른 처리시설의 설계・시공업의 등록 (2014. 12. 30. 개정)

112.「하수도법」 제52조에 따른 개인하수처리시설 제조업의 등록 (2014. 12. 30. 개정)

113.「양곡관리법」 제12조 제1항에 따른 양곡수입의 허가 (2014. 12. 30. 개정)

114.「매장문화재 보호 및 조사에 관한 법률」 제11조에 따른 매장문화재 발굴의 허가 (2014. 1. 1. 개정)

114.「매장유산 보호 및 조사에 관한 법률」 제11조에 따른 매장유산 발굴의 허가 (2024. 5. 7. 개정 ; 매장문화재~부칙)

115.「문화재보호법」 제39조에 따른 문화재의 국외반출의 허가 (2014. 1. 1. 개정)

115.「문화유산의 보존 및 활용에 관한 법률」 제39조에 따른 문화유산의 국외반출의 허가 및 「자연유산의 보존 및 활용에 관한 법률」 제20조에 따른 천연기념물의 국외반출의 허가 (2024. 5. 7. 개정 ; 문화재보호법 시행령 부칙)

115.「문화유산의 보존 및 활용에 관한 법률」 제39조에 따른 국보, 보물 또는 국가민속문화유산의 국외반출의 허가, 「근현대문화유산의 보존 및 활용에 관한 법률」 제27조에 따른 국가등록문화유산의 국외반출의 허가 및 「자연유산의 보존 및 활용에 관한 법률」 제20조에 따른 천연기념물의 국외반출의 허가 (2024. 9. 10. 개정 ; 근현대문화유산의 보존 및 활용에 관한 법률 시행령 부칙)

116.「외국환거래법」 제8조 및 제9조에 따른 외국환업, 환전업, 외국환중개업의 등록 및 인가 (2014. 1. 1. 개정)

117.「정보통신망 이용촉진 및 정보보호 등에 관한 법률」 제23조의 3에 따른 본인확인기관의 지정 (2014. 12. 30. 신설)

118.「방송광고판매대행 등에 관한 법률」 제6조에 따른 광고판매대행사업의 허가 (2015. 12. 31. 개정)

119.「관세사법」 제19조에 따른 통관취급법인의 등록 (2014. 1. 1. 개정)

120.「수중레저활동의 안전 및 활성화 등에 관한 법률」 제15조에 따른 수중레저사업의 등록 (2018. 12. 31. 개정)

121.「공동주택관리법」 제52조에 따른 주택관리업의 등록 (2016. 12. 30. 개정)

122.「주택법」 제4조에 따른 주택건설사업자 등록 및 대지조성사업자 등록 (2016. 12. 30. 개정)

123.「사격 및 사격장 안전관리에 관한 법률」 제6조에 따른 사격장의 설치허가 (2019. 2. 8. 개정)

124.「종자산업법」 제38조에 따른 품종의 수입 판매신고. 다만, 같은 법 제15조에 따라 국가품종목록에 등재할 수 있는 작물의 종자에 대한 수입판매신고만 해당한다. (2014. 1. 1. 개정)

125.「지하수법」 제7조 및 제8조에 따른 지하수의 개발・이용에 관한 허가 및 신고. 다만, 농업용 관정 및 1일 양수능력이 30톤 미만(안쪽지름이 32밀리미터 이하인 토출관을 사용하는 경우만 해당한다)인 가정용

우물의 개발·이용은 제외한다. (2014. 4. 22. 개정)

126. 「건강기능식품에 관한 법률」 제5조에 따른 건강기능식품제조업의 허가. 다만, 종업원 50명 이상 100명 미만의 것만 해당한다. (2014. 1. 1. 개정)

127. 「공중위생관리법」 제3조에 따른 숙박업의 신고. 다만, 건축물 연면적 1,000제곱미터 이상 1,500제곱미터 미만의 것만 해당한다. (2014. 1. 1. 개정)

128. 「공중위생관리법」 제3조에 따른 목욕장업의 신고. 다만, 건축물 연면적 1,000제곱미터 이상의 것만 해당한다. (2014. 1. 1. 개정)

129. 「공중위생관리법」 제3조에 따른 건물위생관리업 신고. 다만. 종업원 50명 이상 100명 미만의 것만 해당한다. (2016. 8. 2. 개정 ; 공중위생관리법 시행령 부칙)

130. 「폐기물의 국가 간 이동 및 그 처리에 관한 법률」 제6조에 따른 폐기물 수출 허가 및 제10조에 따른 폐기물 수입 허가 (2015. 12. 31. 신설)

131. 「폐기물의 국가 간 이동 및 그 처리에 관한 법률」 제18조의 2에 따른 수출입관리폐기물의 수출 또는 수입의 신고 (2018. 12. 31. 개정)

132. 「물환경보전법」 제62조에 따른 폐수처리업의 허가 (2020. 12. 31. 개정)

133. 「수상레저안전법」 제37조에 따른 수상레저사업의 등록 (2023. 6. 7. 개정 ; 수상레저~부칙)

134. 「먹는물관리법」 제9조에 따른 샘물 또는 염지하수의 개발 허가 (2014. 12. 30. 개정)

135. 「먹는물관리법」 제43조에 따른 먹는물 수질검사기관의 지정 (2016. 12. 30. 신설)

136. 「과학관의 설립·운영 및 육성에 관한 법률」 제6조에 따른 과학관의 설립·운영 등록 (2023. 3. 14. 개정)

137. 「전기통신사업법」 제22조에 따른 부가통신사업의 신고 및 등록. 다만, 종업원 50명 이상 100명 미만의 것만 해당한다. (2021. 12. 31. 개정)

138. 「전기·전자제품 및 자동차의 자원순환에 관한 법률」 제32조 및 제32조의 2에 따른 폐자동차재활용업 및 폐가스류처리업의 등록 (2014. 12. 30. 개정)

139. 「지하수법」 제9조의 4에 따른 지하수에 영향을 미치는 굴착행위(같은 조 제1항 제3호에 따른 행위는 제외한다)의 신고 (2023. 3. 14. 개정)

140. 「교통안전법」 제39조에 따른 일반교통안전진단기관의 등록 (2014. 1. 1. 개정)

141. 「도로법」 제52조 제1항에 따른 고속국도에 대한 연결허가, 다만, 다음 각 목의 어느 하나에 해당하는 시설로서 면적이 2,000제곱미터 미만인 경우에만 해당한다. (2014. 7. 14. 개정 ; 도로법 시행령 부칙)

가. 주차장(비상주차대 등 비상주차시설을 포함한다.) (2014. 7. 14. 개정 ; 도로법 시행령 부칙)

나. 정류소 (2014. 7. 14. 개정 ; 도로법 시행령 부칙)

다. 주유소(충전소를 포함한다) (2014. 7. 14. 개정 ; 도로법 시행령 부칙)

라. 화물 및 농산물하치장 (2014. 7. 14. 개정 ; 도로법 시행령 부칙)

마. 휴게소(졸음쉼터 등 간이휴게시설을 포함한다) 및 관광시설 (2014. 7. 14. 개정 ; 도로법 시행령 부칙)

142. 「주차장법」 제19조의 14에 따른 기계식주차장치 보수업의 등록 (2014. 1. 1. 개정)

143. 「계량에 관한 법률」 제26조에 따른 계량기 검정기관의 지정 (2014. 12. 30. 개정)

144. 「유통산업발전법」 제8조에 따른 준대규모 점포의 등록. 다만, 전통상업보존구역에 개설하는 자만 해당한다. (2014. 1. 1. 개정)

145.「모자보건법」 제15조에 따른 산후조리업의 신고. 다만, 건축물 연면적 500제곱미터 이상 1,000제곱미터 미만의 것만 해당한다. (2014. 1. 1. 개정)

146.「식품위생법」 제88조에 따른 집단급식소의 신고. 다만, 종업원 50명 이상 100명 미만의 것만 해당한다. (2014. 1. 1. 개정)

147.「산지관리법」 제15조의 2에 따른 산지일시사용의 허가·신고. 다만, 면적 5,000제곱미터 이상 1만제곱미터 미만의 것만 해당한다. (2014. 1. 1. 개정)

148.「건축법」 제20조에 따른 가설건축물의 건축 허가. 다만, 연면적 1,000제곱미터 이상 2,000제곱미터 미만의 것만 해당한다. (2014. 12. 30. 개정)

149.「발명진흥법」 제23조에 따른 지역지식재산센터의 등록 (2014. 1. 1. 개정)

150.「에너지이용 합리화법」 제25조에 따른 에너지절약전문기업의 등록. 다만, 종업원 50명 이상 100명 미만의 것만 해당한다. (2014. 1. 1. 개정)

151.「해상교통안전법」 제18조에 따른 안전진단대행업자의 등록 (2024. 1. 16. 개정 ; 해상교통~부칙)

152.「산업집적활성화 및 공장설립에 관한 법률」 제28조의 2에 따른 지식산업센터의 설립완료신고 (2014. 12. 30. 개정)

153.「물류시설의 개발 및 운영에 관한 법률」 제21조의 2에 따른 물류창고업의 등록 (2014. 3. 14. 신설)

154.「석유 및 석유대체연료 사업법」 제25조에 따른 품질검사기관 지정 (2014. 3. 14. 신설)

155.「석유 및 석유대체연료 사업법」 제33조에 따른 석유대체연료 판매업의 등록 (2014. 3. 14. 신설)

156.「건설폐기물의 재활용촉진에 관한 법률」 제21조 제3항에 따른 건설폐기물 처리업 허가 (2014. 3. 14. 신설)

157.「특허법」 제58조에 따른 전문기관의 등록 (2019. 2. 8. 개정)

158.「소방시설 설치 및 관리에 관한 법률」 제46조에 따른 소방용품 제품검사 전문기관의 지정 (2022. 11. 29. 개정 ; 화재예방 ~ 부칙)

159.「낚시 관리 및 육성법」 제10조에 따른 낚시터업의 허가 및 같은 법 제16조에 따른 낚시터업의 등록. 다만, 면적이 5,000제곱미터 이상 1만제곱미터 미만의 것만 해당한다. (2014. 3. 14. 신설)

160.「철도의 건설 및 철도시설 유지관리에 관한 법률」 제23조의 2에 따른 철도시설의 점용허가. 다만, 면적이 1,000제곱미터 이상 1,500제곱미터 미만의 것만 해당한다. (2019. 3. 12. 개정 ; 철도건설법 시행령 부칙)

161.「의료법」 제82조에 따른 안마시술소 또는 안마원 신고. 다만, 건축물 연면적 500제곱미터 이상 1,000제곱미터 미만의 것만 해당한다. (2014. 3. 14. 신설)

162.「계량에 관한 법률」 제16조에 따른 형식승인기관의 지정 (2014. 12. 30. 신설)

163.「계량에 관한 법률」 제44조에 따른 적합성확인기관의 지정 (2014. 12. 30. 신설)

163. 삭 제 (2024. 7. 9. ; 계량에~부칙)

164.「주차장법」 제19조의 12에 따른 전문검사기관의 지정 (2014. 12. 30. 신설)

165.「주택법」 제41조에 따른 바닥충격음 성능등급 인정기관의 지정 (2019. 2. 8. 개정)

166.「항공안전법」 제27조에 따른 기술표준품에 대한 형식승인 (2019. 2. 8. 개정)

167.「민간임대주택에 관한 특별법」 제7조에 따른 주택임대관리업의 등록

(2016. 12. 30. 개정)

168. 「진폐의 예방과 진폐근로자의 보호 등에 관한 법률」 제15조에 따른 건강진단기관의 지정 (2014. 12. 30. 신설)

169. 「전기용품 및 생활용품 안전관리법」 제4조에 따른 안전인증기관의 지정 (2019. 2. 8. 개정)

170. 「축산법」 제22조에 따른 가축사육업의 허가. 다만, 사육시설 면적이 5천제곱미터 이상 1만제곱미터 미만의 것만 해당한다. (2014. 12. 30. 신설)

171. 「도시가스사업법」 제3조 제3항에 따른 도시가스충전사업의 허가. 다만, 종업원 50명 이상 100명 미만의 것만 해당한다. (2019. 12. 31. 개정)

172. 「도시가스사업법」 제3조 제4항에 따른 나프타부생가스·바이오가스 제조사업 및 같은 조 제5항에 따른 합성천연가스제조사업의 허가. 다만, 종업원 50명 이상 100명 미만의 것만 해당한다. (2019. 12. 31. 개정)

173. 「개발제한구역의 지정 및 관리에 관한 특별조치법」 제12조에 따른 토지의 형질변경 허가. 다만, 면적 2천제곱미터 이상 3천제곱미터 미만의 것만 해당한다. (2014. 12. 30. 신설)

174. 「물의 재이용 촉진 및 지원에 관한 법률」 제11조에 따른 하·폐수처리수 재이용사업 및 온배수 재이용사업의 인가 (2016. 12. 30. 신설)

175. 「물의 재이용 촉진 및 지원에 관한 법률」 제18조에 따른 하·폐수처리수 재이용시설등 설계·시공업의 등록 (2016. 12. 30. 신설)

176. 「대기환경보전법」 제74조의 2에 따른 자동차연료·첨가제 또는 촉매제 제조기준 적합성 검사기관의 지정 (2016. 12. 30. 신설)

177. 「대외무역법」 제8조의 2에 따른 전문무역상사의 지정 (2016. 12. 30. 신설)

177. <u>삭 제 (2024. 12. 31.)</u>

178. 「뿌리산업 진흥과 첨단화에 관한 법률」 제10조에 따른 뿌리산업 전문인력 양성기관의 지정 (2016. 12. 30. 신설)

179. 「뿌리산업 진흥과 첨단화에 관한 법률」 제15조에 따른 뿌리기술 전문기업의 지정 (2016. 12. 30. 신설)

179. <u>삭 제 (2024. 12. 31.)</u>

180. 「뿌리산업 진흥과 첨단화에 관한 법률」 제22조에 따른 국가뿌리산업진흥센터의 지정 (2016. 12. 30. 신설)

180. <u>삭 제 (2024. 12. 31.)</u>

181. 「산업기술단지 지원에 관한 특례법」 제4조에 따른 사업시행자의 지정 (2016. 12. 30. 신설)

182. 「산업융합 촉진법」 제26조에 따른 산업융합지원센터의 지정 (2016. 12. 30. 신설)

183. 「어린이제품 안전 특별법」 제15조에 따른 안전인증기관의 지정 (2016. 12. 30. 신설)

184. 「에너지법」 제16조의 5에 따른 에너지복지 사업 전담기관의 지정 (2016. 12. 30. 신설)

185. 「유통산업발전법」 제29조에 따른 공동집배송센터의 지정 (2016. 12. 30. 신설)

186. 「전기용품 및 생활용품 안전관리법」 제14조에 따른 안전확인시험기관의 지정 (2019. 2. 8. 개정)

187. 「지능형전력망의 구축 및 이용촉진에 관한 법률」 제16조에 따른 인증기관의 지정 (2016. 12. 30. 신설)

188. 「선박안전법」 제24조의 2에 따른 컨테이너 안전점검사업자의 등록 (2023. 12. 29. 신설)

189. 「전기용품 및 생활용품 안전관리법」 제34조의 2에 따른 안전성검사기관의 지정 (2023. 12. 29. 신설)

190. 「군용항공기 비행안전성 인증에 관한 법률」 제10조에 따른 군용항공기 감항인증 전문기관의 지정 (2016. 12. 30. 신설)

191. 「국방정보화 기반조성 및 국방정보자원관리에 관한 법률」 제24조에 따른 국방정보화 전문기술지원기관의 지정 (2016. 12. 30. 신설)

192. 「벤처기업육성에 관한 특별법」 제18조에 따른 벤처기업집적시설의 지정 (2024. 7. 2. 개정 ; 벤처기업~부칙)

193. 「농어촌정비법」 제23조에 따른 농업생산기반시설이나 용수의 사용허가. 다만, 면적 1,000제곱미터 이상 1,500제곱미터 미만의 것만 해당한다. (2020. 12. 31. 개정)

194. 「민간임대주택에 관한 특별법」 제5조에 따른 주택 임대사업자 등록. 다만, 임대주택 6호 이상 10호 미만의 것만 해당한다. (2019. 12. 31. 개정)

195. 「동물원 및 수족관의 관리에 관한 법률」 제8조에 따른 동물원 및 수족관의 허가. 다만, 다만, 보유동물의 종이 70종 미만인 동물원으로서 전문인력 추가 필요동물을 보유한 동물원과 수조 바닥면적이 1만제곱미터 미만이고 보유동물의 종이 70종 이상 200종 미만인 수족관만 해당한다. (2023. 12. 29. 개정)

196. 「양식산업발전법」 제10조 제1항에 따른 해조류양식업·패류양식업·어류등양식업·복합양식업·협동양식업·외해양식업·내수면양식업의 면허 및 같은 법 제43조 제1항에 따른 육상해수양식업·육상등내수양식업의 허가. 다만, 면적 5,000제곱미터 이상 1만제곱미터 미만인 것만 해당한다. (2020. 12. 31. 신설)

197. 「첨단재생의료 및 첨단바이오의약품 안전 및 지원에 관한 법률」 제15조 제1항에 따른 첨단재생의료세포처리시설 허가 및 같은 법 제28조 제1항에 따른 인체세포등 관리업 허가. 다만, 건축물 연면적 500제곱미터 이상 1,000제곱미터 미만인 것만 해당한다. (2020. 12. 31. 신설)

198. 「첨단재생의료 및 첨단바이오의약품 안전 및 지원에 관한 법률」 제23조 제1항에 따른 첨단바이오의약품 제조업 허가, 같은 조 제3항에 따른 위탁제조판매업 신고 및 같은 법 제27조 제1항에 따른 첨단바이오의약품 수입업 신고. 다만, 종업원 50명 이상 100명 미만인 것만 해당한다. (2020. 12. 31. 신설)

199. 「체육시설의 설치·이용에 관한 법률」 제20조 제1항에 따른 체육시설업 신고 중 야구장업·가상체험 체육시설업·체육교습업·인공암벽장업 신고. 다만, 건축물 연면적 또는 시설면적이 500제곱미터 이상 1,000제곱미터 미만인 것만 해당한다. (2021. 12. 31. 개정)

200. 「식품위생법」 제37조에 따른 공유주방 운영업의 등록. 다만, 종업원이 50명 이상 100명 미만이거나 영업장 연면적이 500제곱미터 이상 1,000제곱미터 미만인 것만 해당한다. (2021. 12. 31. 신설)

201. 「자율주행자동차 상용화 촉진 및 지원에 관한 법률」 제9조에 따른 자율주행자동차의 유상운송 허가 및 한정운수 면허의 발급. 다만, 10대 이상 20대 미만의 자동차를 활용하여 유상운송을 하는 경우만 해당한다. (2021. 12. 31. 신설)

202. 「자율주행자동차 상용화 촉진 및 지원에 관한 법률」 제10조에 따른 자율주행자동차의 유상 화물 운송 허가. 다만, 10대 이상 20대 미만의 자동차를 활용하여 유상 화물 운송을 하는 경우만 해당한다. (2021. 12. 31. 신설)

203. 「철도의 건설 및 철도시설 유지관리에 관한 법률」 제44조의 3 제1항에 따른 철도시설 안전진단전문기관의 등록 (2021. 12. 31. 신설)

204. 「관광진흥법」 제4조에 따른 여행업 중 국내외여행업의 등록 (2023. 3.

14. 신설)

205. 그 밖에 행정안전부령으로 정하는 면허 (2023. 3. 14. 호번개정)

〈제3종〉

1. 「식품위생법」 제37조에 따른 식품접객업의 신고. 다만, 영업장 연면적 300제곱미터 이상 500제곱미터 미만의 휴게음식점영업, 제과점영업 및 일반음식점영업만 해당한다. (2014. 1. 1. 개정)
2. 「식품위생법」 제37조에 따른 식품제조·가공업의 등록. 다만, 종업원 30명 이상 50명 미만이거나, 영업장 연면적 300제곱미터 이상 500제곱미터 미만의 것만 해당한다. (2014. 1. 1. 개정)
3. 「식품위생법」 제37조에 따른 즉석판매 제조·가공업의 신고. 다만, 종업원 30명 이상 50명 미만이거나, 영업장 연면적 300제곱미터 이상 500제곱미터 미만의 것만 해당한다. (2023. 3. 14. 개정)
4. 「식품위생법」 제37조에 따른 식품첨가물제조업의 등록. 다만, 종업원 30명 이상 50명 미만이거나, 영업장 연면적 300제곱미터 이상 500제곱미터 미만의 것만 해당한다. (2014. 1. 1. 개정)
5. 「식품위생법」 제37조에 따른 용기·포장류 제조업의 신고. 다만, 종업원 30명 이상 50명 미만이거나, 영업장 연면적 300제곱미터 이상 500제곱미터 미만의 것만 해당한다. (2023. 3. 14. 개정)
6. 「식품위생법」 제37조에 따른 식품운반업의 신고. 다만, 종업원 30명 이상 50명 미만이거나, 영업장 연면적 300제곱미터 이상 500제곱미터 미만의 것만 해당한다. (2014. 1. 1. 개정)
7. 「식품위생법」 제37조에 따른 식품소분·판매업의 신고(식품소분업 및 식용얼음판매업만 해당한다). 다만, 종업원 30명 이상 50명 미만이거나, 영업장 연면적 300제곱미터 이상 500제곱미터 미만의 것만 해당한다. (2014. 1. 1. 개정)
8. 「건설산업기본법」 제9조 제1항에 따른 건설업의 등록(전문공사를 시공하는 업종만 해당한다). 다만, 종업원 30명 이상 50명 미만의 것만 해당한다. (2014. 1. 1. 개정)
9. 「해운법」 제4조 및 제6조에 따른 해상여객운송사업의 면허 또는 승인. 다만, 소유선박 톤수의 합계가 3,000톤 이상 5,000톤 미만의 것만 해당한다. (2015. 12. 31. 개정)
10. 「해운법」 제24조 제1항에 따른 해상화물운송사업의 등록. 다만, 소유선박 톤수의 합계가 3,000톤 이상 5,000톤 미만의 것만 해당한다. (2014. 1. 1. 개정)
11. 「해운법」 제33조 제1항에 따른 선박대여업의 등록. 다만, 소유선박 톤수의 합계가 3,000톤 이상 5,000톤 미만의 것만 해당한다. (2014. 1. 1. 개정)
12. 「항만운송사업법」 제4조 제1항에 따른 항만운송사업의 등록. 다만, 종업원 30명 이상 50명 미만의 것만 해당한다. (2014. 1. 1. 개정)
13. 「승강기 안전관리법」 제6조에 따른 승강기의 제조업 및 수입업의 등록. 다만, 종업원 30명 이상 50명 미만의 것만 해당한다. (2019. 1. 22. 개정 ; 승강기~시행령 부칙)
14. 「항공사업법」 제7조 제1항에 따른 국내항공운송사업 또는 국제항공운송사업의 면허, 같은 법 제54조에 따른 외국인 국제항공운송사업의 허가. 다만, 종업원 30명 이상 50명 미만의 것만 해당한다. (2019. 2. 8. 개정)
15. 「여객자동차 운수사업법」 제4조 제1항에 따른 여객자동차운송사업 면허 또는 등록. 다만, 자동차 5대 이상 10대 미만의 것만 해당한다. (2015. 12. 31. 개정)

16. 「화물자동차 운수사업법」 제3조 제1항에 따른 화물자동차 운송사업 허가. 다만, 자동차 5대 이상 10대 미만의 것만 해당한다. (2014. 1. 1. 개정)
17. 「여객자동차 운수사업법」 제28조 제1항에 따른 자동차대여사업의 등록. 다만, 자동차 5대 이상 10대 미만의 것만 해당한다. (2014. 1. 1. 개정)
18. 「자동차관리법」 제53조 제1항에 따른 자동차관리사업의 등록. 다만, 종업원 30명 이상 50명 미만의 것만 해당한다. (2014. 1. 1. 개정)
19. 「건설기계관리법」 제21조 제1항에 따른 건설기계사업의 등록. 다만, 건설기계 5대 이상 10대 미만의 것이나, 종업원 30명 이상 50명 미만의 것만 해당한다. (2014. 1. 1. 개정)
20. 「건설기계관리법」 제14조 제1항에 따른 건설기계 검사대행자의 지정. 다만, 종업원 30명 이상 50명 미만의 것만 해당한다. (2015. 12. 31. 개정)
21. 「자동차관리법」 제44조 제1항에 따른 자동차검사대행자 및 제44조의 2 제1항에 따른 자동차 종합검사대행자의 지정. 다만, 종업원 30명 이상 50명 미만의 것만 해당한다. (2014. 12. 30. 개정)
22. 「도시가스사업법」 제3조 제1항에 따른 가스도매사업 및 같은 조 제2항에 따른 일반도시가스사업의 허가. 다만, 종업원 30명 이상 50명 미만의 것만 해당한다. (2019. 12. 31. 개정)
23. 「고압가스 안전관리법」 제4조 제1항에 따른 고압가스제조업 허가. 다만, 종업원 30명 이상 50명 미만의 것만 해당한다. (2014. 1. 1. 개정)
24. 「액화석유가스의 안전관리 및 사업법」 제5조에 따른 액화석유가스 충전사업 및 액화석유가스 집단공급사업의 허가. 다만, 종업원 30명 이상 50명 미만의 것만 해당한다. (2015. 12. 31. 개정)
25. 「액화석유가스의 안전관리 및 사업법」 제5조에 따른 가스용품제조사업의 허가. 다만, 종업원 30명 이상 50명 미만의 것만 해당한다. (2015. 12. 31. 개정)
26. 「건축법」 제11조 제1항 및 제14조 제1항에 따른 건축 및 대수선의 허가 및 신고. 다만, 2층 이상 5층 미만의 건축물 또는 연면적 500제곱미터 이상 1,000제곱미터 미만의 건축물만 해당하며, 설계 변경 등으로 면적이나 층수가 증가하여 면허에 대한 등록면허세를 부과하는 경우에는 그 증가하는 부분만을 기준으로 산정한다. (2014. 12. 30. 개정)
27. 「의료법」 제33조에 따른 의원 · 치과의원 · 한의원 · 조산원 개설의 신고 및 종합병원 · 병원 · 치과병원 · 한방병원 · 요양병원 · 정신병원 개설의 허가. 다만, 건축물 연면적 300제곱미터 이상 500제곱미터 미만의 것만 해당한다. (2023. 3. 14. 개정)
28. 「수의사법」 제17조 제3항에 따른 동물병원 개설의 신고. 다만, 건축물 연면적 300제곱미터 이상 500제곱미터 미만의 것만 해당한다. (2014. 1. 1. 개정)
29. 「동물보호법」 제69조 제1항 및 제4항에 따른 동물생산업 · 동물수입업 · 동물판매업 · 동물장묘업의 허가 및 신고, 같은 법 제73조 제1항 및 제4항에 따른 동물전시업 · 동물위탁관리업 · 동물미용업 · 동물운송업의 등록 및 신고 (2023. 4. 27. 개정 ; 동물~부칙)
30. 「약사법」 제31조에 따른 의약품 제조업의 허가, 의약품 위탁제조판매업 및 의약외품 제조업의 신고, 같은 법 제42조에 따른 의약품등 수입업의 신고. 다만, 종업원 30명 이상 50명 미만의 것만 해당한다. (2015. 12. 31. 개정)
31. 「의료기기법」 제6조 따른 의료기기 제조업의 허가, 제15조에 따른 수입업의 허가, 제16조에 따른 수리업의 신고, 제17조에 따른 판매업 또

는 임대업의 신고. 다만, 종업원 30명 이상 50명 미만의 것만 해당한다. (2014. 1. 1. 개정)

32. 「화장품법」 제3조 제1항에 따른 화장품제조업, 화장품책임판매업의 등록 및 같은 법 제3조의 2 제1항에 따른 맞춤형화장품판매업의 신고. 다만, 종업원 30명 이상 50명 미만의 것만 해당한다. (2019. 12. 31. 개정)

33. 「농약관리법」 제3조 제1항에 따른 농약제조업, 농약원제업 및 농약수입업 등록. 다만, 종업원 30명 이상 50명 미만의 것만 해당한다. (2014. 1. 1. 개정)

34. 「약사법」 제31조에 따른 동물용 의약품 제조업 허가 및 동물용 의약외품 제조업 신고, 제20조에 따른 동물약국업의 개설 등록, 「의료기기법」 제6조에 따른 동물용 의료기기 제조업 허가, 제15조에 따른 동물용 의료기기 수입업 허가, 제16조에 따른 동물용 의료기기 수리업 신고, 제17조에 따른 동물용 의료기기 판매업 · 임대업 신고. 다만, 종업원 30명 이상 50명 미만의 것만 해당한다. (2023. 3. 14. 개정)

35. 「학원의 설립 · 운영 및 과외교습에 관한 법률」 제6조에 따른 학원의 설립 등록. 다만, 영업장 연면적 300제곱미터 이상 500제곱미터 미만의 것만 해당한다. (2016. 12. 30. 개정)

36. 「국토의 계획 및 이용에 관한 법률」 제56조에 따른 토지의 형질변경 허가. 다만, 전용면적 1,000제곱미터 이상 2,000제곱미터 미만의 것만 해당한다. (2014. 1. 1. 개정)

37. 「산림자원의 조성 및 관리에 관한 법률」 제16조에 따른 종묘생산업자의 등록. 다만, 면적 1,000제곱미터 이상 2,000제곱미터 미만의 것만 해당한다. (2014. 1. 1. 개정)

38. 「농지법」 제34조 및 제35조에 따른 농지전용의 허가 또는 신고. 다만, 전용면적 1,000제곱미터 이상 2,000제곱미터 미만의 것만 해당한다. (2014. 4. 22. 개정)

39. 「초지법」 제23조에 따른 초지의 전용 허가. 다만, 면적 1,000제곱미터 이상 2,000제곱미터 미만의 것만 해당한다. (2014. 1. 1. 개정)

40. 「초지법」 제5조에 따른 초지 조성허가. 다만, 면적 1,000제곱미터 이상 2,000제곱미터 미만의 것만 해당한다. (2014. 1. 1. 개정)

41. 「공유수면의 관리 및 매립에 관한 법률」 제28조에 따른 공유수면의 매립 면허. 다만, 면적 2,000제곱미터 이상 3,000제곱미터 미만의 것만 해당한다. (2014. 1. 1. 개정)

42. 「산지관리법」 제25조에 따른 토석채취 허가 및 토사채취 신고. 다만, 부피 500세제곱미터 이상 1,000세제곱미터 미만의 것만 해당한다. (2014. 12. 30. 개정)

43. 「항공사업법」 제7조 제2항 · 제3항 및 제10조 제3항에 따른 정기편 · 부정기편 운항 허가 또는 신고. 다만, 종업원 30명 이상 50명 미만의 것만 해당한다. (2019. 2. 8. 개정)

44. 「도시공원 및 녹지 등에 관한 법률」 제24조 및 제38조에 따른 도시공원 및 녹지의 점용 허가(자기 소유의 부동산에 대한 점용은 제외한다). 다만, 면적 500제곱미터 이상 1,000제곱미터 미만의 것만 해당한다. (2014. 1. 1. 개정)

45. 「도로법」 제61조 제1항에 따른 도로점용(공간점용은 제외한다) 허가. 다만, 면적 500제곱미터 이상 1,000제곱미터 미만의 것만 해당한다. (2014. 7. 14. 개정 ; 도로법 시행령 부칙)

46. 「하천법」 제33조에 따른 하천점용 허가. 다만, 면적 500제곱미터 이상 1,000제곱미터 미만의 것만 해당한다. (2014. 1. 1. 개정)

47. 「공유수면의 관리 및 매립에 관한 법률」 제8조에 따른 공유수면의 점용 또는 사용 허가. 다만, 면적 500제곱미터 이상 1,000제곱미터 미만의 것만 해당한다. (2014. 1. 1. 개정)
48. 「소하천정비법」 제14조에 따른 소하천의 점용 등 허가. 다만, 면적 500제곱미터 이상 1,000제곱미터 미만의 것만 해당한다. (2014. 1. 1. 개정)
49. 「철도사업법」 제42조에 따른 점용허가. 다만, 면적 500제곱미터 이상 1,000제곱미터 미만의 것만 해당한다. (2014. 1. 1. 개정)
50. 「산림자원의 조성 및 관리에 관한 법률」 제36조에 따른 입목벌채의 허가. 다만, 재적 500세제곱미터 이상 1,000세제곱미터 미만의 것만 해당한다. (2014. 1. 1. 개정)
51. 「산지관리법」 제14조 및 제15조에 따른 산지전용. 다만, 면적 3,000제곱미터 이상 5,000제곱미터 미만의 것만 해당한다. (2014. 1. 1. 개정)
52. 「사도법」 제4조 제1항에 따른 사도개설허가. 다만, 면적 500제곱미터 이상 1,000제곱미터 미만의 것만 해당한다. (2014. 1. 1. 개정)
53. 「장사 등에 관한 법률」 제14조에 따른 사설묘지의 설치 허가 또는 신고, 같은 법 제15조에 따른 사설화장시설 및 사설봉안시설의 설치 신고, 같은 법 제16조에 따른 사설자연장지 조성 허가 또는 신고. 다만, 면적 500제곱미터 이상 1,000제곱미터 미만의 것만 해당한다. (2023. 3. 14. 개정)
54. 「수산업법」 제7조, 제40조 및 제48조에 따른 어업의 면허, 허가 및 신고. 다만, 선박 톤수의 합계가 500톤 이상 1,000톤 미만의 것이나, 면허구역이 2,000제곱미터 이상 5,000제곱미터 미만의 것만 해당한다. (2023. 1. 10. 개정 ; 수산업법 시행령 부칙)
55. 「원양산업발전법」 제6조에 따른 원양어업의 허가 및 신고. 다만, 선박 톤수의 합계가 500톤 이상 1,000톤 미만의 것이나, 면허구역이 2,000제곱미터 이상 5,000제곱미터 미만의 것만 해당한다. (2014. 12. 30. 개정)
56. 「수산식품산업의 육성 및 지원에 관한 법률」 제16조에 따른 수산물가공업의 신고. 다만, 종업원 30명 이상 50명 미만의 것만 해당한다. (2020. 12. 31. 개정)
57. 「소금산업 진흥법」 제23조에 따른 염전개발업 및 소금제조업의 허가. 다만, 염전면적이 1,500제곱미터 이상 3,000제곱미터 미만의 것 또는 연생산규모가 1,000톤 이상 1만톤 미만의 것만 해당한다. (2019. 2. 8. 개정)
58. 「전기공사업법」 제4조에 따른 전기공사업 및 「정보통신공사업법」 제14조에 따른 정보통신공사업의 등록. 다만, 종업원 30명 이상 50명 미만의 것만 해당한다. (2014. 1. 1. 개정)
59. 「총포·도검·화약류 등의 안전관리에 관한 법률」 제4조 및 제6조에 따른 총포·도검·화약류·분사기·전자충격기 또는 석궁의 제조업 또는 판매업의 허가. 다만, 종업원 30명 이상 50명 미만의 것만 해당한다. (2023. 3. 14. 개정)
60. 「출판문화산업 진흥법」 제9조에 따른 출판사 및 「인쇄문화산업 진흥법」 제12조에 따른 인쇄사의 신고. 다만, 종업원 30명 이상 50명 미만의 것만 해당한다. (2014. 1. 1. 개정)
61. 「사료관리법」 제8조에 따른 사료제조업의 등록. 다만, 종업원 30명 이상 50명 미만의 것만 해당한다. (2014. 1. 1. 개정)
62. 「산업집적활성화 및 공장설립에 관한 법률」 제16조에 따른 공장등록. 다만, 공장 연면적 1,000제곱미터 이상 1,500제곱미터 미만의 것만 해당한다. (2014. 1. 1. 개정)
63. 「군복 및 군용장구의 단속에 관한 법률」 제3조에 따른 군복 및 군용장

구의 제조 또는 판매업 허가. 다만, 종업원 30명 이상 50명 미만의 것만 해당한다. (2014. 1. 1. 개정)

64. 「공연법」 제9조에 따른 공연장의 등록. 다만, 건축물 연면적 1,000제곱미터 이상 1,500제곱미터 미만의 것만 해당한다. (2019. 2. 8. 개정)

65. 「담배사업법」 제13조에 따른 담배수입판매업 등록. 다만, 종업원 30명 이상 50명 미만의 것만 해당한다. (2014. 1. 1. 개정)

66. 「인삼산업법」 제12조에 따른 인삼류제조업 및 인삼제품류 제조의 신고. 다만, 종업원 30명 이상 50명 미만의 것만 해당한다. (2015. 12. 31. 개정)

67. 「담배사업법」 제13조에 따른 담배도매업 등록. 다만, 종업원 30명 이상 50명 미만의 것만 해당한다. (2014. 1. 1. 개정)

68. 「위생용품 관리법」 제3조에 따른 위생용품제조업, 위생물수건처리업 및 위생용품수입업의 신고. 다만, 종업원 30명 이상 50명 미만의 것만 해당한다. (2018. 12. 31. 개정)

69. 「먹는물관리법」 제21조에 따른 수처리제(水處理劑) 제조업 등록. 다만, 종업원 30명 이상 50명 미만의 것만 해당한다. (2014. 1. 1. 개정)

70. 「체육시설의 설치ㆍ이용에 관한 법률」 제20조에 따른 수영장업의 신고. 다만, 건축물 연면적 또는 시설면적이 300제곱미터 이상 500제곱미터 미만의 것만 해당한다. (2014. 1. 1. 개정)

71. 「체육시설의 설치ㆍ이용에 관한 법률」 제20조에 따른 체육도장업의 신고. 다만, 건축물 연면적 또는 시설면적이 300제곱미터 이상 500제곱미터 미만의 것만 해당한다. (2014. 1. 1. 개정)

72. 「체육시설의 설치ㆍ이용에 관한 법률」 제20조에 따른 골프연습장업의 신고. 다만, 건축물 연면적 또는 시설면적이 300제곱미터 이상 500제곱미터 미만의 것만 해당한다. (2014. 1. 1. 개정)

73. 「체육시설의 설치ㆍ이용에 관한 법률」 제20조에 따른 체력단련장업의 신고. 다만, 건축물 연면적 또는 시설면적이 300제곱미터 이상 500제곱미터 미만의 것만 해당한다. (2014. 1. 1. 개정)

74. 「체육시설의 설치ㆍ이용에 관한 법률」 제20조에 따른 당구장업의 신고. 다만, 건축물 연면적 또는 시설면적이 300제곱미터 이상 500제곱미터 미만의 것만 해당한다. (2014. 1. 1. 개정)

75. 「체육시설의 설치ㆍ이용에 관한 법률」 제20조에 따른 썰매장업의 신고. 다만, 건축물 연면적 또는 시설면적이 300제곱미터 이상 500제곱미터 미만의 것만 해당한다. (2014. 1. 1. 개정)

76. 「체육시설의 설치ㆍ이용에 관한 법률」 제20조에 따른 무도학원업의 신고. 다만, 건축물 연면적 또는 시설면적이 300제곱미터 이상 500제곱미터 미만의 것만 해당한다. (2014. 1. 1. 개정)

77. 「체육시설의 설치ㆍ이용에 관한 법률」 제20조에 따른 무도장업의 신고. 다만, 건축물 연면적 또는 시설면적이 300제곱미터 이상 500제곱미터 미만의 것만 해당한다. (2014. 1. 1. 개정)

78. 「옥외광고물 등의 관리와 옥외광고산업 진흥에 관한 법률」 제11조에 따른 옥외광고사업의 등록. 다만, 종업원 30명 이상 50명 미만의 것만 해당한다. (2019. 2. 8. 개정)

79. 「문화재수리 등에 관한 법률」 제14조에 따른 문화재수리업, 문화재실측설계업 또는 문화재 감리업의 등록. 다만, 종업원 30명 이상 50명 미만의 것만 해당한다. (2014. 1. 1. 개정)

79. 「국가유산수리 등에 관한 법률」 제14조에 따른 국가유산수리업, 국가유산실측설계업 또는 국가유산감리업의 등록. 다만, 종업원 30명 이상 50명 미만의 것만 해당한다 (2024. 5. 7. 개정 ; 문화재수리~부칙)

80. 「승강기 안전관리법」 제39조에 따른 승강기유지관리업 등록. 다만, 종

업원 30명 이상 50명 미만의 것만 해당한다. (2019. 1. 22. 개정 ; 승강기~시행령 부칙)

81.「내수면어업법」 제6조, 제9조 및 제11조에 따른 어업의 면허, 허가 및 신고. 다만, 면적 3,000제곱미터 이상 5,000제곱미터 미만의 것만 해당한다. (2014. 12. 30. 개정)

82.「관상어산업의 육성 및 지원에 관한 법률」 제12조에 따른 관상어양식업의 신고. 다만, 면적 3,000제곱미터 이상 5,000제곱미터 미만의 것만 해당한다. (2014. 12. 30. 개정)

83.「유선 및 도선 사업법」 제3조에 따른 유선사업의 면허 또는 신고. 다만, 제1종 및 제2종에 속하지 않는 것만 해당한다. (2014. 12. 30. 개정)

84.「사행행위 등 규제 및 처벌 특례법」 제4조에 따른 사행행위영업허가. 다만, 발매 총액·예정액 또는 경품추첨 총액이 3,000만원 이상 5,000만원 미만의 것만 해당한다. (2016. 12. 30. 개정)

85.「경비업법」 제4조에 따른 경비업의 허가. 다만, 제1종 및 제2종에 속하지 않는 것만 해당한다. (2014. 1. 1. 개정)

86.「기술사법」 제6조의 합동기술사사무소 개설 등록 (2015. 12. 31. 개정)

87.「해운법」 제7조 및 제26조에 따른 해상여객운송사업 및 해상화물운송사업의 국내지사 설치 신고 (2014. 12. 30. 개정)

88.「선박안전법」 제18조에 따른 선박 및 선박용 물건의 형식승인 (2014. 1. 1. 개정)

89.「전자상거래 등에서의 소비자 보호에 관한 법률」 제12조 제1항에 따른 통신판매업의 신고,「방문판매 등에 관한 법률」 제5조에 따른 전화권유판매업의 신고(같은 법 시행령 제9조 각 호에 해당하는 방문판매업자등은 제외한다), 같은 법 제13조 제1항(같은 법 제29조 제3항에 따라 준용되는 경우를 포함한다)에 따른 다단계판매업 및 후원방문판매업의 등록 (2019. 12. 31. 개정)

90.「항만운송사업법」 제26조의 3에 따른 항만운송관련사업의 등록 및 신고(신고의 경우에는 선용품공급업만 해당한다) (2023. 12. 29. 개정)

91.「항공사업법」 제44조에 따른 항공기취급업의 등록 (2019. 2. 8. 개정)

92.「항공사업법」 제52조에 따른 상업서류송달업의 신고 (2019. 2. 8. 개정)

93.「항공사업법」 제52조에 따른 항공운송총대리점업의 신고 (2019. 2. 8. 개정)

94.「항공사업법」 제52조에 따른 도심공항터미널업의 신고 (2019. 2. 8. 개정)

95.「여객자동차 운수사업법」 제36조에 따른 여객자동차터미널사업 면허 (2014. 1. 1. 개정)

96.「고압가스 안전관리법」 제4조 제5항에 따른 저장소 설치허가, 고압가스 판매허가와 같은 법 제5조 제1항에 따른 용기·냉동기 또는 특정설비의 제조등록 (2019. 12. 31. 개정)

97.「액화석유가스의 안전관리 및 사업법」 제5조에 따른 액화석유가스 판매사업 또는 액화석유가스 충전사업자의 영업소 설치 허가 및 같은 법 제8조에 따른 액화석유가스 저장소 설치의 허가 (2015. 12. 31. 개정)

98.「에너지이용 합리화법」 제39조에 따른 특정열사용기자재의 검사. 다만, 용접 및 구조 검사는 제외한다. (2014. 1. 1. 개정)

99.「약사법」 제45조에 따른 의약품 판매업의 허가. 다만, 약국개설자, 한약업사 및 약업사는 제외한다. (2014. 1. 1. 개정)

100.「산림자원의 조성 및 관리에 관한 법률」 제19조 제5항 및 제36조 제1항에 따른 임산물의 굴취·채취 신고 및 허가 (2014. 12. 30. 개정)

101.「양곡관리법」 제19조에 따른 양곡가공업의 신고 (2014. 1. 1. 개정)

102. 「물류시설의 개발 및 운영에 관한 법률」 제7조에 따른 복합물류터미널사업의 등록 (2014. 1. 1. 개정)

103. 「전기용품 안전관리법」 제9조에 따른 전기용품 안전인증기관의 지정 (2014. 1. 1. 개정)

103. 삭 제 (2019. 2. 8.)

104. 「전기안전관리법」 제26조에 따른 전기안전관리업무 위탁 등록 및 안전관리업무 대행 등록 (2021. 3. 30. 개정 ; 전기안전~부칙)

105. 「임대주택법」 제7조에 따른 임대주택조합 설립 인가 (2014. 12. 30. 신설)

105. 삭 제 (2021. 12. 31.)

106. 「총포·도검·화약류 등의 안전관리에 관한 법률」 제25조에 따른 화약류저장소의 설치 허가. 다만, 3급저장소 및 간이저장소만 해당한다. (2019. 2. 8. 개정)

107. 「방문판매 등에 관한 법률」 제5조에 따른 방문판매업의 신고 (2014. 1. 1. 개정)

108. 「사행행위 등 규제 및 처벌 특례법」 제13조에 따른 사행기구 제조업 또는 판매업의 허가 (2014. 1. 1. 개정)

109. 「경륜·경정법」 제9조에 따른 장외매장의 설치 허가 (2014. 1. 1. 개정)

110. 「축산법」 제22조에 따른 종축업의 허가 (2014. 1. 1. 개정)

111. 「전력기술관리법」 제14조에 따른 전력시설물의 설계업 또는 공사감리업의 등록 (2014. 1. 1. 개정)

112. 「유료도로법」 제6조에 따른 유료도로의 신설 또는 개축의 허가 (2014. 1. 1. 개정)

113. 「지하수법」 제22조에 따른 지하수개발·이용시공업의 등록 (2014. 1. 1. 개정)

114. 「응급의료에 관한 법률」 제51조에 따른 응급환자 이송업의 허가 (2014. 1. 1. 개정)

115. 「마약류 관리에 관한 법률」 제6조에 따른 마약류도매업자 허가 (2015. 12. 31. 개정)

116. 「야생생물 보호 및 관리에 관한 법률」 제40조에 따른 야생동물 박제품 제조 및 판매업의 등록 (2014. 1. 1. 개정)

117. 「야생생물 보호 및 관리에 관한 법률」 제21조에 따른 야생동물의 수출입업의 허가(가공품의 견본에 대한 수출허가는 제외한다) (2014. 1. 1. 개정)

118. 「온천법」 제7조에 따른 온천전문검사기관의 등록 (2016. 12. 30. 개정)

119. 「농약관리법」 제3조에 따른 농약판매업의 등록 (2014. 1. 1. 개정)

120. 「대중문화예술산업발전법」 제26조에 따른 대중문화예술기획업의 등록 (2015. 12. 31. 신설)

121. 「관세법」 제174조에 따른 특허보세구역의 설치·운영의 특허 (2014. 1. 1. 개정)

122. 「농수산물 유통 및 가격안정에 관한 법률」 제25조에 따른 농수산물중도매업의 허가 (2014. 1. 1. 개정)

123. 「소방시설공사업법」 제4조 및 제6조에 따른 소방시설설계업 및 소방공사감리업의 등록 (2014. 1. 1. 개정)

124. 「전기통신사업법」 제64조에 따른 자가전기통신설비의 설치신고 (2014. 1. 1. 개정)

125. 「비파괴검사기술의 진흥 및 관리에 관한 법률」 제11조에 따른 비파괴검사업의 등록 (2014. 12. 30. 신설)

126. 「전파법」 제58조의 5에 따른 방송통신기자재등의 적합성평가 시험기관의 지정 (2014. 1. 1. 개정)

127. 「전파법」 제58조의 2에 따른 방송통신기자재등의 적합성평가 (2014. 1. 1. 개정)

128. 「전파법」 제19조 및 제19조의 2에 따른 무선국의 개설 허가 및 신고. 다만, 준공검사 없이 운용할 수 있는 무선국과 아마추어 무선국 및 「응급의료에 관한 법률」 제27조에 따라 응급의료지원센터를 운영하기 위하여 개설한 무선국과 「어선법」 제5조의 2에 따른 어선위치발신장치 중 어선 출항·입항 신고 자동화를 위해 해양경찰청장이 정하여 고시한 장치를 운영하기 위하여 개설한 무선국은 제외한다. (2018. 12. 31. 단서개정)

129. 「방송법」 제9조에 따른 방송채널사용사업 등록 (2014. 1. 1. 개정)

130. 「방송법」 제9조에 따른 전광판방송사업 등록 (2014. 1. 1. 개정)

131. 「방송법」 제9조에 따른 음악유선방송사업 등록 (2014. 1. 1. 개정)

132. 「방송법」 제9조에 따른 중계유선방송사업 허가 (2014. 1. 1. 개정)

133. 「방송법」 제9조에 따른 종합유선방송사업 허가 (2014. 1. 1. 개정)

134. 「방송법」 제9조에 따른 전송망사업 등록 (2014. 1. 1. 개정)

135. 「전기통신사업법」 제22조에 따른 부가통신사업 신고 및 등록. 다만, 종업원 30명 이상 50명 미만의 것만 해당한다. (2021. 12. 31. 개정)

136. 「통신비밀보호법」 제10조에 따른 감청설비 제조 등의 인가 (2014. 1. 1. 개정)

137. 「전파법」 제58조의 2에 따른 방송통신기자재 등의 적합성평가 등록 (2014. 1. 1. 개정)

137. 삭 제 (2019. 2. 8.)

138. 「영화 및 비디오물의 진흥에 관한 법률」 제26조에 따른 영화업자의 신고 (2014. 1. 1. 개정)

139. 「음악산업진흥에 관한 법률」 제16조에 따른 음반·음악영상물제작업의 신고 및 「영화 및 비디오물의 진흥에 관한 법률」 제57조에 따른 비디오물 제작업의 신고 또는 「게임산업진흥에 관한 법률」 제25조에 따른 게임제작업의 등록 (2014. 1. 1. 개정)

140. 「음악산업진흥에 관한 법률」 제16조에 따른 음반·음악영상물배급업의 신고 및 「영화 및 비디오물의 진흥에 관한 법률」 제57조에 따른 비디오물 배급업의 신고 또는 「게임산업진흥에 관한 법률」 제25조에 따른 게임배급업의 등록 (2014. 1. 1. 개정)

141. 「영화 및 비디오물의 진흥에 관한 법률」 제58조에 따른 비디오물 시청제공업의 등록 (2014. 1. 1. 개정)

142. 「게임산업진흥에 관한 법률」 제26조 제3항에 따른 복합유통게임제공업의 등록 (2014. 1. 1. 개정)

143. 「게임산업진흥에 관한 법률」 제26조 제1항에 따른 일반게임제공업 허가 및 같은 조 제2항에 따른 청소년게임제공업 또는 인터넷컴퓨터게임시설제공업 등록 (2014. 1. 1. 개정)

144. 「음악산업진흥에 관한 법률」 제18조에 따른 노래연습장업의 등록 (2014. 1. 1. 개정)

145. 「환경분야 시험·검사 등에 관한 법률」 제16조에 따른 측정대행업의 등록 (2014. 1. 1. 개정)

146. 「환경분야 시험·검사 등에 관한 법률」 제9조에 따른 환경측정기기의 형식승인 (2014. 1. 1. 개정)

147. 「대기환경보전법」 제68조에 따른 배출가스 전문정비사업의 등록 (2014. 1. 1. 개정)

148. 「계량에 관한 법률」 제7조에 따른 계량기 제조업, 계량기수리업 및 계량증명업의 등록 (2015. 12. 31. 개정)

149. 「수도법」 제17조에 따른 일반수도사업의 인가 (2014. 1. 1. 개정)

150. 「수도법」 제52조에 따른 전용상수도의 설치인가 (2015. 12. 31. 개정)

151. 「화학물질관리법」 제28조에 따른 유해화학물질 영업의 허가 (2014.

12. 30. 개정)
152. 「목재의 지속가능한 이용에 관한 법률」 제24조에 따른 목재생산업의 등록 (2014. 12. 30. 개정)
153. 「온천법」 제16조에 따른 온천의 공중목욕용 · 먹는물용 · 산업용 또는 난방용으로의 이용의 허가 (2021. 1. 5. 개정 ; 어려운 법령용어~대통령령)
154. 「도로교통법」 제36조에 따른 자동차의 견인 · 보관 또는 반환 대행업의 지정 (2014. 1. 1. 개정)
155. 「저작권법」 제105조에 따른 저작권신탁관리업의 허가 (2014. 1. 1. 개정)
156. 「어촌 · 어항법」 제38조에 따른 어항시설의 사용 또는 점용 허가 · 신고 (2023. 3. 14. 개정)
157. 「감정평가 및 감정평가사에 관한 법률」 제21조에 따른 감정평가사합동사무소의 개설신고 (2019. 2. 8. 개정)
157. 삭 제 (2021. 12. 31.)
158. 「법무사법」 제14조 및 제34조에 따른 법무사합동사무소의 설치 신고 및 법무사 합동법인의 설립 인가 (2014. 12. 30. 개정)
159. 「변호사법」 제41조, 제58조의 3 및 제58조의 19에 따른 법무법인, 법무법인(유한) 및 법무조합의 설립인가 (2015. 12. 31. 개정)
160. 「관세사법」 제17조의 2에 따른 관세법인 설립등록 및 같은 법 제9조에 따른 관세사합동사무소의 설치 등록 (2015. 12. 31. 개정)
161. 「공인중개사법」 제24조에 따른 부동산거래정보망사업자의 지정 (2014. 7. 28. 개정 ; 공인중개사의~시행령 부칙)
162. 「자동차관리법」 제20조에 따른 자동차등록번호판발급대행자의 지정 (2015. 12. 31. 개정)
163. 「소음 · 진동관리법」 제41조에 따른 확인검사대행자의 등록 (2014. 1. 1. 개정)
164. 「주류 면허 등에 관한 법률」 제5조에 따른 주류 판매업의 면허. 다만, 주류 · 주정 소매업 및 같은 법 제9조에 따라 전환법인이 면허를 받는 것으로 보는 경우는 제외한다. (2021. 2. 17. 개정 ; 주류 면허~부칙)
165. 「해양환경관리법」 제112조에 따른 해양오염방지설비 등의 검사업무 대행자의 지정 (2020. 12. 1. 개정 ; 해양폐기물~시행령 부칙)
166. 「해양환경관리법」 제110조에 따른 해양오염방지설비의 형식승인 (2014. 1. 1. 개정)
167. 「해양환경관리법」 제110조에 따른 해양오염방제용 자재 및 약제의 형식승인 · 검정 또는 인정 (2014. 1. 1. 개정)
168. 「소방시설 설치 및 관리에 관한 법률」 제37조에 따른 소방용품의 형식승인 (2022. 11. 29. 개정 ; 화재예방 ~ 부칙)
169. 「소방시설공사업법」 제4조에 따른 소방시설공사업 중 일반소방시설공사업의 등록 (2014. 1. 1. 개정)
170. 「환경기술 및 환경산업 지원법」 제15조에 따른 환경전문공사업 등록 (2014. 1. 1. 개정)
171. 「건강기능식품에 관한 법률」 제5조에 따른 건강기능식품제조업의 허가. 다만, 종업원 30명 이상 50명 미만의 것만 해당한다. (2014. 1. 1. 개정)
172. 「공중위생관리법」 제3조에 따른 숙박업의 신고. 다만, 건축물 연면적 500제곱미터 이상 1,000제곱미터 미만의 것만 해당한다. (2014. 1. 1. 개정)
173. 「공중위생관리법」 제3조에 따른 목욕장업의 신고. 다만, 건축물 연면적 500제곱미터 이상 1,000제곱미터 미만의 것만 해당한다. (2014. 1. 1. 개정)
174. 「공중위생관리법」 제3조에 따른 건물위생관리업의 신고. 다만, 종업원 30명 이상 50명 미만의 것만 해당한다. (2016. 8. 2. 개정 ; 공중위생관리법 시행령 부칙)

175. 「공중위생관리법」 제6조에 따른 이용업·미용업의 면허. 다만, 영업장 면적이 66제곱미터 이상인 것만 해당한다. (2014. 1. 1. 개정)

176. 「소금산업 진흥법」 제27조에 따른 비식용소금 생산·제조·수입의 신고 (2014. 12. 30. 신설)

177. 「약사법」 제45조에 따른 동물용 의약품 도매업의 허가 (2014. 1. 1. 개정)

178. 「어장관리법」 제17조에 따른 어장정화·정비업의 등록 (2014. 1. 1. 개정)

179. 「도시 및 주거환경정비법」 제102조에 따른 정비사업전문관리업의 등록 (2019. 2. 8. 개정)

180. 「지하수법」 제27조에 따른 지하수영향조사기관 등록 (2014. 1. 1. 개정)

181. 「관세법」 제156조에 따른 보세구역 외 장치의 허가 (2014. 1. 1. 개정)

182. 「지하수법」 제29조의 2에 따른 지하수정화업의 등록 (2014. 1. 1. 개정)

183. 「수산업법」 제51조에 따른 어획물운반업의 등록 (2023. 1. 10. 개정 ; 수산업법 시행령 부칙)

184. 「수목원·정원의 조성 및 진흥에 관한 법률」 제9조 및 제18조의 4에 따른 수목원 또는 정원의 등록 (2020. 12. 31. 개정)

185. 「전자무역 촉진에 관한 법률」 제6조에 따른 전자무역기반사업자의 지정 (2014. 1. 1. 개정)

186. 「반도체집적회로의 배치설계에 관한 법률」 제21조에 따른 반도체배치설계권 설정등록 (2020. 12. 31. 개정)

187. 「토양환경보전법」 제23조의 2 및 제23조의 7에 따른 토양관련전문기관의 지정 및 토양정화업의 등록 (2014. 1. 1. 개정)

188. 「외국법자문사법」 제15조에 따른 외국법자문법률사무소의 설립인가 (2014. 1. 1. 개정)

189. 「결혼중개업의 관리에 관한 법률」 제3조 및 제4조에 따른 결혼중개업의 신고·등록 (2014. 1. 1. 개정)

190. 「산업안전보건법」 제21조에 따른 안전관리전문기관 또는 보건관리전문기관의 지정 (2020. 12. 31. 개정)

191. 「산업안전보건법」 제120조에 따른 석면조사기관의 지정 (2019. 12. 24. 개정 ; 산업안전보건법 시행령 부칙)

192. 「산업안전보건법」 제118조에 따른 유해·위험물질제조·사용의 허가 (2023. 3. 14. 개정)

193. 「산업안전보건법」 제126조에 따른 작업환경측정기관의 지정 (2019. 12. 24. 개정 ; 산업안전보건법 시행령 부칙)

194. 「진폐의 예방과 진폐근로자의 보호 등에 관한 법률」 제7조에 따른 작업환경측정 대행자의 지정 (2014. 1. 1. 개정)

194. 삭 제 (2019. 2. 8.)

195. 「위치정보의 보호 및 이용 등에 관한 법률」 제5조에 따른 개인위치정보를 대상으로 하는 위치정보사업의 등록 (2022. 4. 19. 개정 ; 위치정보의~부칙)

196. 「인터넷 멀티미디어 방송사업법」 제4조에 따른 인터넷 멀티미디어 방송 제공사업의 허가 (2014. 1. 1. 개정)

197. 「통신비밀보호법」 제10조의 3에 따른 불법감청설비탐지업의 등록 (2014. 1. 1. 개정)

198. 「산지관리법」 제15조의 2에 따른 산지일시사용의 허가·신고. 다만, 면적 3,000제곱미터 이상 5,000제곱미터 미만의 것만 해당한다. (2014. 1. 1. 개정)

199. 「고압가스 안전관리법」 제35조에 따른 고압가스검사기관의 지정 (2014. 1. 1. 개정)

200. 「고압가스 안전관리법」 제5조의 4에 따른 고압가스 운반자의 등록 (2014. 1. 1. 개정)
201. 「에너지이용 합리화법」 제37조에 따른 특정열사용기자재 시공업의 등록 (2014. 1. 1. 개정)
202. 「모자보건법」 제15조에 따른 산후조리업의 신고. 다만, 건축물 연면적 300제곱미터 이상 500제곱미터 미만의 것만 해당한다. (2014. 1. 1. 개정)
203. 「식품위생법」 제88조에 따른 집단급식소의 신고. 다만, 종업원 30인 이상 50인 미만의 것만 해당한다. (2014. 1. 1. 개정)
204. 「건축법」 제20조에 따른 가설건축물 건축 허가. 다만, 연면적 500제곱미터 이상 1,000제곱미터 미만의 것만 해당한다. (2014. 12. 30. 개정)
205. 「약사법」 제20조에 따른 약국의 개설 등록 (2014. 1. 1. 개정)
206. 「에너지이용 합리화법」 제25조에 따른 에너지절약전문기업의 등록. 다만, 종업원 30명 이상 50명 미만의 기업만 해당한다. (2014. 1. 1. 개정)
207. 「엔지니어링산업 진흥법」 제19조에 따른 엔지니어링산업진흥시설 지정의 신청 (2014. 1. 1. 신설)
208. 「엔지니어링산업 진흥법」 제21조에 따른 엔지니어링사업자의 신고 (2014. 1. 1. 신설)
209. 「승강기 안전관리법」 제37조에 따른 지정검사기관의 지정 (2023. 3. 14. 개정)
210. 「도로교통법」 제99조에 따른 자동차운전학원의 등록 (2014. 1. 1. 신설)
211. 「마약류 관리에 관한 법률」 제6조 제2항에 따른 마약류관리자의 지정 (2014. 1. 1. 신설)
212. 「석유 및 석유대체연료 사업법」 제5조 제2항에 따른 석유정제업의 신고 (2015. 12. 31. 개정)
213. 「말산업 육성법」 제15조에 따른 승마시설의 신고 (2014. 1. 1. 신설)
214. 「한국마사회법」 제6조에 따른 경마장 장외발매소 설치 등의 승인 (2014. 1. 1. 신설)
215. 「마약류 관리에 관한 법률」 제6조 제1항 제2호에 따른 마약류원료사용자 허가 (2014. 1. 1. 신설)
216. 「마약류 관리에 관한 법률」 제6조에 따른 대마재배자의 허가 (2014. 1. 1. 신설)
217. 「혈액관리법」 제6조에 따른 혈액원 개설 허가 (2014. 12. 30. 개정)
218. 「음악산업진흥에 관한 법률」 제16조에 따른 온라인음악서비스제공업 신고 (2014. 1. 1. 신설)
219. 「인터넷 멀티미디어 방송사업법」 제18조에 따른 콘텐츠 공급 신고·등록 또는 승인 (2014. 1. 1. 신설)
220. 「식품·의약품분야 시험·검사 등에 관한 법률」 제6조에 따른 시험검사기관의 지정 (2023. 3. 14. 개정)
221. 「의료기기법」 제28조에 따른 품질관리심사기관의 지정 (2014. 1. 1. 신설)
222. 「낚시 관리 및 육성법」 제10조에 따른 낚시터업의 허가 및 제16조에 따른 낚시터업의 등록. 다만, 면적이 3,000제곱미터 이상 5,000제곱미터 미만의 것만 해당한다. (2014. 1. 1. 신설)
223. 「철도의 건설 및 철도시설 유지관리에 관한 법률」 제23조의 2에 따른 철도시설의 점용허가. 다만, 면적이 500제곱미터 이상 1,000제곱미터 미만의 것만 해당한다. (2019. 3. 12. 개정 ; 철도건설법 시행령 부칙)
224. 「의료법」 제82조에 따른 안마시술소 또는 안마원 신고. 다만, 건축물 연면적 300제곱미터 이상 500제곱미터 미만의 것만 해당한다. (2014. 1.

1. 신설)

225.「계량에 관한 법률」 제9조에 따른 계량기 수입업의 신고 (2014. 12. 30. 신설)

226.「세무사법」 제16조의 4에 따른 세무법인의 등록 (2014. 12. 30. 신설)

227.「공인회계사법」 제24조에 따른 회계법인의 등록 및 같은 법 제40조의 7에 따른 외국 회계법인의 등록 (2015. 12. 31. 개정)

228.「공인노무사법」 제7조 및 제7조의 4에 따른 공인노무사 합동사무소 설치 신고 및 노무법인 설립 인가 (2014. 12. 30. 신설)

229.「기술의 이전 및 사업화 촉진에 관한 법률」 제35조의 2에 따른 기술신탁관리업의 허가 (2014. 12. 30. 신설)

230.「전자무역 촉진에 관한 법률」 제22조에 따른 전자무역전문서비스업자의 등록 (2014. 12. 30. 신설)

230. 삭　제 (2019. 2. 8.)

231.「지능형전력망의 구축 및 이용촉진에 관한 법률」 제12조에 따른 지능형전력망 사업자의 등록 (2014. 12. 30. 신설)

232.「축산법」 제22조에 따른 가축사육업의 허가. 다만, 사육시설 면적이 1천제곱미터 이상 5천제곱미터 미만의 것만 해당한다. (2014. 12. 30. 신설)

233.「도시가스사업법」 제3조 제3항에 따른 도시가스충전사업의 허가. 다만, 종업원 30명 이상 50명 미만의 것만 해당한다. (2019. 12. 31. 개정)

234.「도시가스사업법」 제3조 제4항에 따른 나프타부생가스 · 바이오가스제조사업 및 같은 조 제5항에 따른 합성천연가스제조사업의 허가. 다만, 종업원 30명 이상 50명 미만의 것만 해당한다. (2019. 12. 31. 개정)

235.「개발제한구역의 지정 및 관리에 관한 특별조치법」 제12조에 따른 토지의 형질변경 허가. 다만, 면적 1천제곱미터 이상 2천제곱미터 미만의 것만 해당한다. (2014. 12. 30. 신설)

236.「자연공원법」 제20조에 따른 공원사업 시행 및 공원시설 관리의 허가 (2015. 12. 31. 신설)

237.「마리나항만의 조성 및 관리 등에 관한 법률」 제28조의 2에 따른 마리나업의 등록 (2015. 12. 31. 신설)

238.「자본시장과 금융투자업에 관한 법률」 제337조에 따른 종합금융회사 지점등의 설치인가 (2015. 12. 31. 신설)

239.「항공사업법」 제10조에 따른 소형항공운송사업의 등록 (2019. 2. 8. 개정)

240.「항공사업법」 제42조에 따른 항공기정비업의 등록 (2019. 2. 8. 개정)

241.「항공사업법」 제46조에 따른 항공기대여업의 등록 (2019. 2. 8. 개정)

242.「항공사업법」 제48조에 따른 초경량비행장치사용사업의 등록 (2019. 2. 8. 개정)

243.「항공사업법」 제50조에 따른 항공레저스포츠사업의 등록 (2019. 2. 8. 개정)

244.「폐기물관리법」 제25조의 2 제1항에 따른 전용용기 제조업의 등록 (2015. 12. 31. 신설)

245.「감정평가 및 감정평가사에 관한 법률」 제29조에 따른 감정평가법인의 설립인가 (2019. 2. 8. 개정)

246.「변리사법」 제6조의 3 및 제6조의 12에 따른 특허법인 및 특허법인(유한)의 설립인가 (2015. 12. 31. 신설)

247.「수입식품안전관리 특별법」 제15조에 따른 영업의 등록 (2016. 12. 30. 신설)

248.「수산종자산업육성법」 제21조에 따른 수산종자생산업의 허가 (2016. 12. 30. 신설)

249. 「실험동물에 관한 법률」 제8조에 따른 동물실험시설 설치의 등록 (2016. 12. 30. 신설)
250. 「지역농산물 이용촉진 등 농산물 직거래 활성화에 관한 법률」 제10조에 따른 지역농산물 이용촉진 및 농산물 직거래 활성화 전문기관의 지정 (2016. 12. 30. 신설)
251. 「별정우체국법」 제3조에 따른 별정우체국의 지정 (2016. 12. 30. 신설)
252. 「농어촌정비법」 제23조에 따른 농업생산기반시설이나 용수의 사용허가. 다만, 면적 500제곱미터 이상 1,000제곱미터 미만의 것만 해당한다. (2020. 12. 31. 개정)
253. 「민간임대주택에 관한 특별법」 제5조에 따른 주택 임대사업자 등록. 다만, 임대주택 3호 이상 6호 미만의 것만 해당한다. (2019. 12. 31. 개정)
254. 「곤충산업의 육성 및 지원에 관한 법률」 제12조에 따른 곤충의 생산업·가공업·유통업의 신고 (2018. 12. 31. 신설)
255. 「조경진흥법」 제6조에 따른 조경분야 전문인력 양성기관의 지정 (2018. 12. 31. 신설)
256. 「자격기본법」 제17조에 따른 민간자격의 등록 (2018. 12. 31. 신설)
257. 「행정사법」 제14조에 따른 행정사합동사무소의 설치 신고(분사무소의 설치 신고를 포함한다) (2019. 12. 31. 신설)
258. 「세무사법」 제19조의 9 제1항에 따른 법인 외국세무자문사무소의 개설 등록 (2019. 12. 31. 신설)
259. 「동물원 및 수족관의 관리에 관한 법률」 제8조에 따른 동물원 및 수족관의 허가. 다만, 보유동물의 종이 70종 미만인 동물원으로서 전문인력 추가 필요동물을 보유하지 않은 동물원과 수조 바닥면적이 1만제곱미터 미만이고 보유동물의 종이 70종 미만인 수족관만 해당한다. (2023. 12. 29. 개정)
260. 「양식산업발전법」 제10조 제1항에 따른 해조류양식업·패류양식업·어류등양식업·복합양식업·협동양식업·외해양식업·내수면양식업의 면허 및 같은 법 제43조 제1항에 따른 육상해수양식업·육상등내수양식업의 허가. 다만, 면적 3,000제곱미터 이상 5,000제곱미터 미만인 것만 해당한다. (2020. 12. 31. 신설)
261. 「첨단재생의료 및 첨단바이오의약품 안전 및 지원에 관한 법률」 제15조 제1항에 따른 첨단재생의료세포처리시설 허가 및 같은 법 제28조 제1항에 따른 인체세포등 관리업 허가. 다만, 건축물 연면적 300제곱미터 이상 500제곱미터 미만인 것만 해당한다. (2020. 12. 31. 신설)
262. 「첨단재생의료 및 첨단바이오의약품 안전 및 지원에 관한 법률」 제23조 제1항에 따른 첨단바이오의약품 제조업 허가, 같은 조 제3항에 따른 위탁제조판매업 신고 및 같은 법 제27조 제1항에 따른 첨단바이오의약품 수입업 신고. 다만, 종업원 30명 이상 50명 미만인 것만 해당한다. (2020. 12. 31. 신설)
263. 「체육시설의 설치·이용에 관한 법률」 제20조 제1항에 따른 체육시설업 신고 중 야구장업·가상체험 체육시설업·체육교습업·인공암벽장업 신고. 다만, 건축물 연면적 또는 시설면적이 300제곱미터 이상 500제곱미터 미만인 것만 해당한다. (2021. 12. 31. 개정)
264. 「식품위생법」 제37조에 따른 공유주방 운영업의 등록, 다만, 종업원이 30명 이상 50명 미만이거나 영업장 연면적이 300제곱미터 이상 500제곱미터 미만인 것만 해당한다. (2021. 12. 31. 신설)
265. 「대기환경보전법」 제32조의 2에 따른 측정기기 관리 대행업의 등록 (2021. 12. 31. 신설)

266. 「애니메이션산업 진흥에 관한 법률」 제17조에 따른 애니메이션업자의 신고 (2021. 12. 31. 신설)

267. 「기계설비법」 제21조에 따른 기계설비성능점검업의 등록 (2021. 12. 31. 신설)

268. 「자율주행자동차 상용화 촉진 및 지원에 관한 법률」 제9조에 따른 자율주행자동차의 유상운송 허가 및 한정운수 면허의 발급. 다만, 5대 이상 10대 미만의 자동차를 활용하여 유상운송을 하는 경우만 해당한다. (2021. 12. 31. 신설)

269. 「자율주행자동차 상용화 촉진 및 지원에 관한 법률」 제10조에 따른 자율주행자동차의 유상 화물 운송 허가. 다만, 5대 이상 10대 미만의 자동차를 활용하여 유상 화물 운송을 하는 경우만 해당한다. (2021. 12. 31. 신설)

270. 「축산계열화사업에 관한 법률」 제5조의 3에 따른 계열화사업의 등록 (2021. 12. 31. 신설)

271. 「관광진흥법」 제4조에 따른 여행업 중 국내여행업의 등록 (2023. 3. 14. 신설)

272. 「행정사법」 제25조의 3에 따른 행정사법인의 설립 인가 (2023. 3. 14. 신설)

273. 「수산업법」 제71조에 따른 어구생산업 및 어구판매업의 신고 (2024. 12. 31. 신설)

274. 「약사법」 제46조의 2에 따른 의약품 판촉영업자의 신고 (2024. 12. 31. 신설)

275. 그 밖에 행정안전부령으로 정하는 면허 (2024. 12. 31. 호번개정)

〈제4종〉

1. 「식품위생법」 제37조에 따른 식품접객업의 신고. 다만, 제1종부터 제3종까지에 속하지 않는 휴게음식점영업, 제과점영업 및 일반음식점영업만 해당한다. (2014. 12. 30. 개정)

2. 「식품위생법」 제37조에 따른 식품제조·가공업의 등록. 다만, 제1종부터 제3종까지에 속하지 않는 것만 해당한다. (2014. 1. 1. 개정)

3. 「식품위생법」 제37조에 따른 즉석판매제조·가공업의 신고. 다만, 제1종부터 제3종까지에 속하지 않는 것만 해당한다. (2023. 3. 14. 개정)

4. 「식품위생법」 제37조에 따른 식품첨가물제조업의 등록. 다만, 제1종부터 제3종까지에 속하지 않는 것만 해당한다. (2014. 12. 30. 개정)

5. 「식품위생법」 제37조에 따른 용기·포장류제조업의 신고. 다만, 제1종부터 제3종까지에 속하지 않는 것만 해당한다. (2023. 3. 14. 개정)

6. 「식품위생법」 제37조에 따른 식품운반업의 신고. 다만, 제1종부터 제3종까지에 속하지 않는 것만 해당한다. (2014. 1. 1. 개정)

7. 「식품위생법」 제37조에 따른 식품소분·판매업(식품자동판매기영업은 제외한다)의 신고. 다만, 제1종부터 제3종까지에 속하지 않는 것만 해당한다. (2014. 1. 1. 개정)

8. 「건설산업기본법」 제9조 제1항에 따른 건설업의 등록. 다만, 전문공사를 시공하는 건설업 중 제1종부터 제3종까지에 속하지 않는 것만 해당한다. (2014. 1. 1. 개정)

9. 「해운법」 제4조 및 제6조에 따른 해상여객운송사업의 면허 또는 승인. 다만, 제1종부터 제3종까지에 속하지 않는 것만 해당한다. (2015. 12. 31. 개정)

10. 「해운법」 제24조 제1항에 따른 해상화물운송사업의 등록. 다만, 제1종

부터 제3종까지에 속하지 않는 것만 해당한다. (2014. 1. 1. 개정)

11. 「해운법」 제33조 제1항에 따른 선박대여업의 등록. 다만, 제1종부터 제3종까지에 속하지 않는 것만 해당한다. (2014. 1. 1. 개정)

12. 「항만운송사업법」 제4조 제1항에 따른 항만운송사업의 등록. 다만, 제1종부터 제3종까지에 속하지 않는 것만 해당한다. (2014. 1. 1. 개정)

13. 「승강기 안전관리법」 제6조에 따른 승강기의 제조업 및 수입업의 등록. 다만, 제1종부터 제3종까지에 속하지 아니하는 것만 해당한다. (2019. 1. 22. 개정 ; 승강기~시행령 부칙)

14. 「항공사업법」 제7조 제1항에 따른 국내항공운송사업 또는 국제항공운송사업의 면허, 같은 법 제54조에 따른 외국인 국제항공운송사업의 허가. 다만, 제1종부터 제3종까지에 속하지 않는 것만 해당한다. (2019. 2. 8. 개정)

15. 「여객자동차 운수사업법」 제4조 제1항에 따른 여객자동차운송사업의 면허 또는 등록. 다만, 제1종부터 제3종까지에 속하지 않는 것만 해당한다. (2015. 12. 31. 개정)

16. 「화물자동차 운수사업법」 제3조 제1항에 따른 화물자동차 운송사업의 허가. 다만, 제1종부터 제3종까지에 속하지 않는 것만 해당한다. (2014. 1. 1. 개정)

17. 「여객자동차 운수사업법」 제28조 제1항에 따른 자동차대여사업의 등록. 다만, 제1종부터 제3종까지에 속하지 않는 것만 해당한다. (2014. 1. 1. 개정)

18. 「자동차관리법」 제53조 제1항에 따른 자동차관리사업의 등록. 다만, 제1종부터 제3종까지에 속하지 않는 것만 해당한다. (2014. 1. 1. 개정)

19. 「건설기계관리법」 제21조 제1항에 따른 건설기계사업의 등록. 다만, 제1종부터 제3종까지에 속하지 않는 것만 해당한다. (2014. 1. 1. 개정)

20. 「건설기계관리법」 제14조 제1항에 따른 건설기계검사대행자의 지정. 다만, 제1종부터 제3종까지에 속하지 않는 것만 해당한다. (2019. 12. 31. 개정)

21. 「자동차관리법」 제44조 제1항에 따른 자동차검사대행자 및 「자동차관리법」 제44조의 2 제1항에 따른 자동차종합검사대행자의 지정. 다만, 제1종부터 제3종까지에 속하지 않는 것만 해당한다. (2014. 1. 1. 개정)

22. 「도시가스사업법」 제3조 제1항에 따른 가스도매사업 및 같은 법 제3조 제2항에 따른 일반도시가스사업의 허가. 다만, 제1종부터 제3종까지에 속하지 않는 것만 해당한다. (2014. 1. 1. 개정)

23. 「고압가스 안전관리법」 제4조 제1항에 따른 고압가스제조업의 허가. 다만, 제1종부터 제3종까지에 속하지 않는 것만 해당한다. (2014. 1. 1. 개정)

24. 「액화석유가스의 안전관리 및 사업법」 제5조에 따른 액화석유가스 충전사업 및 액화석유가스 집단공급사업의 허가. 다만, 제1종부터 제3종까지에 속하지 않는 것만 해당한다. (2015. 12. 31. 개정)

25. 「액화석유가스의 안전관리 및 사업법」 제5조에 따른 가스용품제조사업의 허가. 다만, 제1종부터 제3종까지에 속하지 않는 것만 해당한다. (2015. 12. 31. 개정)

26. 「건축법」 제11조 제1항 및 제14조 제1항에 따른 건축 및 대수선의 허가 및 신고. 다만, 제1종부터 제3종까지에 속하지 않는 것(설계 변경 등으로 면적이나 층수가 증가하여 면허에 대한 등록면허세를 부과하는 경우에는 그 증가하는 부분만을 기준으로 산정한다)만 해당한다. (2014. 12. 30. 개정)

27. 「의료법」 제33조에 따른 의원 · 치과의원 · 한의원 · 조산원 개설의 신고 및 종합병원 · 병원 · 치과병원 · 한방병원 · 요양병원 · 정신병원 개

설의 허가. 다만, 제1종부터 제3종까지에 속하지 않는 것만 해당한다. (2020. 12. 31. 개정)

28. 「수의사법」 제17조 제3항에 따른 동물병원 개설의 신고. 다만, 제1종부터 제3종까지에 속하지 않는 것만 해당한다. (2014. 1. 1. 개정)

29. 「약사법」 제31조에 따른 의약품 제조업의 허가, 의약품 위탁제조판매업 및 의약외품 제조업의 신고, 같은 법 제42조에 따른 의약품등 수입업의 신고. 다만, 제1종부터 제3종까지에 속하지 않는 것만 해당한다. (2015. 12. 31. 개정)

30. 「의료기기법」 제6조에 따른 의료기기 제조업의 허가, 같은 법 제15조에 따른 의료기기 수입업의 허가, 같은 법 제16조에 따른 의료기기 수리업의 신고 및 같은 법 제17조에 따른 의료기기 판매업 또는 임대업의 신고. 다만, 제1종부터 제3종까지에 속하지 않는 것만 해당한다. (2015. 12. 31. 개정)

31. 「화장품법」 제3조 제1항에 따른 화장품제조업, 화장품책임판매업의 등록 및 같은 법 제3조의 2 제1항에 따른 맞춤형화장품판매업의 신고. 다만, 제1종부터 제3종까지에 속하지 않는 것만 해당한다. (2019. 12. 31. 개정)

32. 「농약관리법」 제3조 제1항에 따른 농약제조업, 농약원제업 및 농약수입업의 등록. 다만, 제1종부터 제3종까지에 속하지 않는 것만 해당한다. (2014. 1. 1. 개정)

33. 「약사법」 제20조에 따른 동물약국업의 개설등록, 같은 법 제31조에 따른 동물용 의약품 제조업의 허가 또는 동물용 의약외품 제조업신고, 「의료기기법」 제6조에 따른 동물용 의료기기 제조업의 허가, 같은 법 제15조에 따른 동물용 의료기기 수입업의 허가, 같은 법 제16조에 따른 동물용 의료기기 수리업의 신고 및 같은 법 제17조에 따른 동물용 의료기기 판매업·임대업의 신고. 다만, 제1종부터 제3종까지에 속하지 않는 것만 해당한다. (2023. 3. 14. 개정)

34. 「학원의 설립·운영 및 과외교습에 관한 법률」 제6조 제1항에 따른 학원의 설립 등록. 다만, 제1종부터 제3종까지에 속하지 않는 것만 해당한다. (2014. 1. 1. 개정)

35. 「농지법」 제34조 및 제35조에 따른 농지전용의 허가 또는 신고. 다만, 제1종부터 제3종까지에 속하지 않는 것만 해당한다. (2014. 1. 1. 개정)

36. 「국토의 계획 및 이용에 관한 법률」 제56조 제1항에 따른 토지의 형질 변경 허가. 다만, 제1종부터 제3종까지에 속하지 않는 것만 해당한다. (2014. 1. 1. 개정)

37. 「산림자원의 조성 및 관리에 관한 법률」 제16조 제1항에 따른 종묘생산업자의 등록. 다만, 제1종부터 제3종까지에 속하지 않는 것만 해당한다. (2014. 1. 1. 개정)

38. 「초지법」 제23조에 따른 초지의 전용 허가. 다만, 제1종부터 제3종까지에 속하지 않는 것만 해당한다. (2014. 1. 1. 개정)

39. 「초지법」 제5조에 따른 초지조성의 허가. 다만, 제1종부터 제3종까지에 속하지 않는 것만 해당한다. (2014. 1. 1. 개정)

40. 「공유수면 관리 및 매립에 관한 법률」 제28조 제1항에 따른 공유수면의 매립 면허. 다만, 제1종부터 제3종까지에 속하지 않는 것만 해당한다. (2014. 1. 1. 개정)

41. 「산지관리법」 제25조 제1항에 따른 토석채취 허가 및 토사채취 신고. 다만, 제1종부터 제3종까지에 속하지 않는 것만 해당한다. (2014. 12. 30. 개정)

42. 「항공사업법」 제7조 제2항·제3항 및 제10조 제3항에 따른 정기편·부정기편 운항 허가 또는 신고. 다만, 제1종부터 제3종까지에 속하지

않는 것만 해당한다. (2019. 2. 8. 개정)

43. 「도시공원 및 녹지 등에 관한 법률」 제24조 및 제38조에 따른 도시공원 및 녹지의 점용 허가(자기 소유의 부동산에 대한 점용은 제외한다). 다만, 제1종부터 제3종까지에 속하지 않는 것으로서 그 점용면적이 50제곱미터 이상의 것만 해당한다. (2014. 1. 1. 개정)

44. 「도로법」 제61조 제1항에 따른 도로점용의 허가(공간점용은 제외한다). 다만, 제1종부터 제3종까지에 속하지 않는 것으로서 그 점용면적이 50제곱미터 이상의 것만 해당한다. (2014. 7. 14. 개정 ; 도로법 시행령 부칙)

45. 「하천법」 제33조 제1항에 따른 하천점용의 허가. 다만, 제1종부터 제3종까지에 속하지 않는 것으로서 그 점용면적이 50제곱미터 이상의 것만 해당한다. (2014. 1. 1. 개정)

46. 「공유수면 관리 및 매립에 관한 법률」 제8조 제1항에 따른 공유수면의 점용 또는 사용의 허가. 다만, 제1종부터 제3종까지에 속하지 않는 것으로서 그 점용 또는 사용 면적이 50제곱미터 이상의 것만 해당한다. (2014. 1. 1. 개정)

47. 「소하천정비법」 제14조 제1항에 따른 소하천의 점용 등에 대한 허가. 다만, 제1종부터 제3종까지에 속하지 않는 것으로서 그 점용 등의 면적이 50제곱미터 이상의 것만 해당한다. (2014. 1. 1. 개정)

48. 「철도사업법」 제42조에 따른 점용허가. 다만, 제1종부터 제3종까지에 속하지 않는 것으로서 그 점용면적이 50제곱미터 이상의 것만 해당한다. (2014. 1. 1. 개정)

49. 「산림자원의 조성 및 관리에 관한 법률」 제36조에 따른 입목벌채의 허가. 다만, 제1종부터 제3종까지에 속하지 않는 것만 해당한다. (2014. 1. 1. 개정)

50. 「산지관리법」 제14조 및 제15조에 따른 산지전용의 허가 · 신고. 다만, 제1종부터 제3종까지에 속하지 않는 것만 해당한다. (2014. 1. 1. 개정)

51. 「사도법」 제4조에 따른 사도개설 허가. 다만, 제1종부터 제3종까지에 속하지 않는 것만 해당한다. (2014. 1. 1. 개정)

52. 「장사 등에 관한 법률」 제14조에 따른 사설묘지의 설치 허가 또는 신고, 같은 법 제15조에 따른 사설화장시설 및 사설봉안시설의 설치 신고, 같은 법 제16조에 따른 사설자연장지 조성 허가 또는 신고. 다만, 제1종부터 제3종까지에 속하지 않는 것만 해당한다. (2023. 3. 14. 개정)

53. 「수산업법」 제7조, 제40조 및 제48조에 따른 어업의 면허, 허가 및 신고. 다만, 제1종부터 제3종까지에 속하지 않는 것만 해당한다. (2023. 1. 10. 개정 ; 수산업법 시행령 부칙)

54. 「원양산업발전법」 제6조에 따른 원양어업의 허가 및 신고. 다만, 제1종부터 제3종까지에 속하지 않는 것만 해당한다. (2014. 12. 30. 개정)

55. 「수산식품산업의 육성 및 지원에 관한 법률」 제16조에 따른 수산물가공업의 신고. 다만, 제1종부터 제3종까지에 속하지 않는 것만 해당한다. (2020. 12. 31. 개정)

56. 「소금산업 진흥법」 제23조에 따른 염전개발업 및 소금제조업의 허가. 다만, 제1종부터 제3종까지에 속하지 않는 것만 해당한다. (2019. 2. 8. 개정)

57. 「전기공사업법」 제4조에 따른 전기공사업의 등록 및 「정보통신공사업법」 제14조에 따른 정보통신공사업의 등록. 다만, 제1종부터 제3종까지에 속하지 않는 것만 해당한다. (2014. 1. 1. 개정)

58. 「총포 · 도검 · 화약류 등의 안전관리에 관한 법률」 제4조 및 제6조에 따른 총포 · 도검 · 화약류 · 분사기 · 전자충격기 또는 석궁의 제조 또는 판매업의 허가. 다만, 제1종부터 제3종까지에 속하지 않는 것만 해당한

다. (2019. 2. 8. 개정)

59. 「출판문화산업 진흥법」 제9조에 따른 출판사 및 「인쇄문화산업 진흥법」 제12조에 따른 인쇄사의 신고. 다만, 제1종부터 제3종까지에 속하지 않는 것만 해당한다. (2014. 1. 1. 개정)

60. 「사료관리법」 제8조에 따른 사료제조업의 등록. 다만, 제1종부터 제3종까지에 속하지 않는 것만 해당한다. (2014. 1. 1. 개정)

61. 「산업집적활성화 및 공장설립에 관한 법률」 제16조에 따른 공장등록. 다만, 제1종부터 제3종까지에 속하지 않는 것만 해당한다. (2014. 1. 1. 개정)

62. 「군복 및 군용장구의 단속에 관한 법률」 제3조에 따른 군복 및 군용장구의 제조 또는 판매업의 허가. 다만, 제1종부터 제3종까지에 속하지 않는 것만 해당한다. (2014. 1. 1. 개정)

63. 「공연법」 제9조에 따른 공연장의 등록. 다만, 제1종부터 제3종까지에 속하지 않는 것만 해당한다. (2019. 2. 8. 개정)

64. 「담배사업법」 제13조에 따른 담배수입판매업의 등록. 다만, 제1종부터 제3종까지에 속하지 않는 것만 해당한다. (2014. 1. 1. 개정)

65. 「인삼산업법」 제12조에 따른 인삼류제조업 및 인삼제품류 제조의 신고. 다만, 제1종부터 제3종까지에 속하지 않는 것만 해당한다. (2015. 12. 31. 개정)

66. 「담배사업법」 제13조에 따른 담배도매업의 등록. 다만, 제1종부터 제3종까지에 속하지 않는 것만 해당한다. (2014. 1. 1. 개정)

67. 「위생용품 관리법」 제3조에 따른 위생용품제조업, 위생물수건처리업 및 위생용품수입업의 신고. 다만, 제1종부터 제3종까지에 속하지 않는 것만 해당한다. (2018. 12. 31. 개정)

68. 「먹는물관리법」 제21조에 따른 수처리제 제조업의 등록. 다만, 제1종부터 제3종까지에 속하지 않는 것만 해당한다. (2014. 1. 1. 개정)

69. 「체육시설의 설치 · 이용에 관한 법률」 제20조에 따른 수영장업의 신고. 다만, 제1종부터 제3종까지에 속하지 않는 것만 해당한다. (2014. 1. 1. 개정)

70. 「체육시설의 설치 · 이용에 관한 법률」 제20조에 따른 체육도장업의 신고. 다만, 제1종부터 제3종까지에 속하지 않는 것만 해당한다. (2014. 1. 1. 개정)

71. 「체육시설의 설치 · 이용에 관한 법률」 제20조에 따른 골프연습장업의 신고. 다만, 제1종부터 제3종까지에 속하지 않는 것만 해당한다. (2014. 1. 1. 개정)

72. 「체육시설의 설치 · 이용에 관한 법률」 제20조에 따른 체력단련장업의 신고. 다만, 제1종부터 제3종까지에 속하지 않는 것만 해당한다. (2014. 1. 1. 개정)

73. 「체육시설의 설치 · 이용에 관한 법률」 제20조에 따른 당구장업의 신고. 다만, 제1종부터 제3종까지에 속하지 않는 것만 해당한다. (2014. 1. 1. 개정)

74. 「체육시설의 설치 · 이용에 관한 법률」 제20조에 따른 썰매장업의 신고. 다만, 제1종부터 제3종까지에 속하지 않는 것만 해당한다. (2014. 1. 1. 개정)

75. 「체육시설의 설치 · 이용에 관한 법률」 제20조에 따른 무도학원업의 신고. 다만, 제1종부터 제3종까지에 속하지 않는 것만 해당한다. (2014. 1. 1. 개정)

76. 「체육시설의 설치 · 이용에 관한 법률」 제20조에 따른 무도장업의 신고. 다만, 제1종부터 제3종까지에 속하지 않는 것만 해당한다. (2014. 1.

1. 개정)

77. 「옥외광고물 등의 관리와 옥외광고산업 진흥에 관한 법률」 제11조에 따른 옥외광고사업의 등록. 다만, 제1종부터 제3종까지에 속하지 않는 것만 해당한다. (2019. 2. 8. 개정)

78. 「문화재수리 등에 관한 법률」 제14조에 따른 문화재수리업, 문화재실측설계업 또는 문화재감리업의 등록. 다만, 제1종부터 제3종까지에 속하지 않는 것만 해당한다. (2014. 1. 1. 개정)

78. 「국가유산수리 등에 관한 법률」 제14조에 따른 국가유산수리업, 국가유산실측설계업 또는 국가유산감리업의 등록. 다만, 제1종부터 제3종까지에 속하지 않는 것만 해당한다. (2024. 5. 7. 개정 ; 문화재수리~부칙)

79. 「승강기 안전관리법」 제39조에 따른 승강기유지관리업 등록. 다만, 제1종부터 제3종까지에 속하지 않는 것만 해당한다. (2019. 1. 22. 개정 ; 승강기~시행령 부칙)

80. 「내수면어업법」 제6조, 제9조 및 제11조에 따른 어업의 면허, 허가 및 신고. 다만, 제1종부터 제3종까지에 속하지 않는 것만 해당한다. (2014. 12. 30. 개정)

81. 「관상어산업의 육성 및 지원에 관한 법률」 제12조에 따른 관상어양식업의 신고. 다만, 제1종부터 제3종까지에 속하지 않는 것만 해당한다. (2014. 12. 30. 개정)

82. 「해운법」 제33조에 따른 해운중개업의 등록 (2014. 1. 1. 개정)

83. 「해운법」 제33조에 따른 해운대리점업의 등록 (2014. 1. 1. 개정)

84. 「해운법」 제33조에 따른 선박관리업의 등록 (2015. 12. 31. 개정)

85. 「공간정보의 구축 및 관리 등에 관한 법률」 제54조에 따른 수로사업의 등록 (2020. 12. 31. 개정)

85. 삭 제 (2021. 2. 9. ; 해양조사와~부칙)

86. 「항만공사법」 제29조에 따른 항만시설의 사용. 다만, 전용·임대사용만 해당한다. (2014. 1. 1. 개정)

87. 「화물자동차 운수사업법」 제24조에 따른 화물자동차 운송주선사업의 허가 (2014. 1. 1. 개정)

88. 「자동차관리법」 제60조에 따른 자동차경매장의 개설 승인 (2023. 3. 14. 개정)

89. 「건설기계관리법」 제8조의 2에 따른 건설기계 등록번호표 제작자의 지정 (2014. 1. 1. 개정)

90. 「건축법」 제19조에 따른 건축물의 용도변경의 허가 및 신고 (2014. 1. 1. 개정)

91. 「건축법」 제20조에 따른 가설 건축물의 건축 허가 및 축조 신고. 다만, 제1종부터 제3종까지에 속하지 않는 것만 해당한다. (2014. 12. 30. 개정)

92. 「내수면어업법」 제19조 단서에 따른 유해어법의 사용 허가 (2014. 12. 30. 신설)

93. 「농지법」 제36조에 따른 농지의 타용도 일시사용의 허가 (2014. 1. 1. 개정)

94. 「수산업법」 제62조에 따른 유어장의 지정 (2023. 1. 10. 개정 ; 수산업법 시행령 부칙)

95. 「물류정책기본법」 제43조에 따른 국제물류주선업의 등록 (2014. 1. 1. 개정)

96. 「축산물 위생관리법」 제24조에 따른 축산물운반업 또는 축산물판매업 신고 (2023. 3. 14. 개정)

97. 「축산법」 제22조에 따른 부화업 허가 (2014. 1. 1. 개정)

98. 「축산법」 제17조에 따른 가축 인공수정소의 개설 신고 (2014. 1. 1. 개정)

99. 「해외이주법」 제10조에 따른 해외이주알선업의 등록 (2014. 1. 1. 개정)

100. 「농수산물 유통 및 가격안정에 관한 법률」 제29조에 따른 산지유통인의 등록 (2014. 1. 1. 개정)

101. 「수도법」 제34조에 따른 저수조청소업의 신고 (2014. 1. 1. 개정)

102. 「저작권법」 제105조 제1항에 따른 저작권대리중개업의 신고 (2014. 1. 1. 개정)

103. 「원자력안전법」 제53조에 따른 방사성동위원소 또는 방사선발생장치의 생산 · 판매 · 사용 · 이동사용 허가 (2020. 12. 31. 개정)

104. 「원자력안전법」 제35조에 따른 핵원료물질 또는 핵연료물질의 정련사업 또는 가공사업 허가 및 「원자력안전법」 제10조에 따른 발전용원자로 및 관계시설을 건설 허가 (2014. 1. 1. 개정)

105. 「방사성폐기물 관리법」 제9조에 따른 방사성폐기물관리사업 (2014. 1. 1. 개정)

105. 삭 제 (2024. 12. 31.)

106. 「원자력안전법」 제78조에 따른 피폭방사선량판독업 등록 (2014. 1. 1. 개정)

107. 「의료법」 제16조에 따른 세탁물처리업 신고 (2014. 1. 1. 개정)

108. 「총포 · 도검 · 화약류 등의 안전관리에 관한 법률」 제18조에 따른 화약류 사용허가 (2019. 2. 8. 개정)

109. 「댐건설 · 관리 및 주변지역지원 등에 관한 법률」 제24조에 따른 댐사용권의 설정 (2022. 6. 14. 개정 ; 댐건설 및~부칙)

110. 「신문 등의 진흥에 관한 법률」 제9조 및 제28조에 따른 신문, 인터넷신문, 인터넷뉴스서비스의 발행 등록, 외국신문의 지사 또는 지국 설치 등록, 「잡지 등 정기간행물의 진흥에 관한 법률」 제15조 및 제16조에 따른 정기간행물 발행 등록 또는 신고, 같은 법 제29조에 따른 외국 정기간행물의 국내지사 또는 지국 설치 등록 (2019. 2. 8. 개정)

111. 「감정평가 및 감정평가사에 관한 법률」 제21조에 따른 감정평가사무소의 개설신고 (2019. 2. 8. 개정)

111. 삭 제 (2021. 12. 31.)

112. 「공간정보의 구축 및 관리 등에 관한 법률」 제44조에 따른 측량업의 등록 (2015. 6. 1. 개정 ; 측량 · 수로조사 및 지적에 관한 법률 시행령 부칙)

113. 「법무사법」 제14조 제2항에 따른 업무개시의 신고 (2015. 12. 31. 개정)

114. 「변호사법」 제15조에 따른 변호사의 개업 신고 (2014. 1. 1. 개정)

115. 「변리사법」 제5조에 따른 변리사업 등록 (2014. 1. 1. 개정)

116. 「공증인법」 제17조에 따른 공증인사무소의 설치 인가 (2014. 1. 1. 개정)

117. 「세무사법」 제6조에 따른 세무사 등록 (2016. 12. 30. 개정)

118. 「건축사법」 제23조에 따른 건축사사무소의 개설신고 (2014. 1. 1. 개정)

119. 「관세사법」 제7조에 따른 관세사업 등록 (2014. 1. 1. 개정)

120. 「공인노무사법」 제5조에 따른 공인노무사업 등록 (2014. 1. 1. 개정)

121. 「공인중개사법」 제9조에 따른 중개사무소의 개설등록(분사무소 설치신고를 포함한다) (2014. 7. 28. 개정 ; 공인중개사의~시행령 부칙)

122. 「기술사법」 제6조에 따른 기술사사무소의 개설 등록 (2014. 1. 1. 개정)

123. 「보험업법」 제183조에 따른 보험계리업 등록 (2014. 1. 1. 개정)

124. 「보험업법」 제187조에 따른 손해사정업 등록 (2014. 1. 1. 개정)

125. 「의료기사 등에 관한 법률」 제12조에 따른 안경업소의 개설등록 (2014. 1. 1. 개정)

126. 「의료기사 등에 관한 법률」 제11조의 2에 따른 치과기공소의 개설등록 (2014. 1. 1. 개정)

127. 「위험물 안전관리법」 제16조에 따른 탱크안전성능시험자의 등록 (2014. 1. 1. 개정)

128. 「소방시설 설치 및 관리에 관한 법률」 제29조에 따른 소방시설관리업의 등록 (2022. 11. 29. 개정 ; 화재예방~부칙)
129. 「친환경농어업 육성 및 유기식품 등의 관리·지원에 관한 법률」 제35조에 따른 무농약농산물·무농약원료가공식품 및 무항생제수산물등의 인증기관의 지정 (2020. 8. 26. 개정 ; 친환경농어업~시행령 부칙)
130. 「축산물 위생관리법」 제24조에 따른 식육즉석판매가공업의 신고 (2014. 12. 30. 신설)
131. 「기상산업진흥법」 제6조에 따른 기상사업 등록 (2014. 1. 1. 개정)
132. 「낚시 관리 및 육성법」 제25조에 따른 낚시어선업의 신고 (2014. 1. 1. 개정)
133. 「전기통신사업법」 제22조에 따른 부가통신사업의 신고 및 등록. 다만, 제1종부터 제3종까지에 속하지 않는 것만 해당한다. (2021. 12. 31. 개정)
134. 「직업안정법」 제23조에 따른 직업정보제공사업의 신고 (2014. 1. 1. 개정)
135. 「직업안정법」 제33조에 따른 근로자공급사업의 허가 (2014. 1. 1. 개정)
136. 「파견근로자보호 등에 관한 법률」 제7조에 따른 근로자파견사업 허가 (2014. 1. 1. 개정)
137. 「종자산업법」 제37조에 따른 종자업의 등록 (2014. 1. 1. 개정)
138. 「해양환경관리법」 제70조에 따른 해양환경관리업의 등록 (2014. 1. 1. 개정)
138의 2. 「해양폐기물 및 해양오염퇴적물 관리법」 제19조에 따른 해양폐기물관리업의 등록 (2020. 12. 1. 신설 ; 해양폐기물~시행령 부칙)
139. 「건강기능식품에 관한 법률」 제5조에 따른 건강기능식품제조업의 허가. 다만, 제1종부터 제3종까지에 속하지 않는 것만 해당한다. (2014. 1. 1. 개정)
140. 「건강기능식품에 관한 법률」 제6조에 따른 건강기능식품판매업 신고 (2020. 12. 31. 개정)
141. 「공중위생관리법」 제3조에 따른 숙박업의 신고. 다만, 제1종부터 제3종까지에 속하지 않는 것만 해당한다. (2014. 1. 1. 개정)
142. 「공중위생관리법」 제3조에 따른 목욕장업의 신고. 다만, 제2종 및 제3종에 속하지 않는 것만 해당한다. (2014. 1. 1. 개정)
143. 「도청이전을 위한 도시건설 및 지원에 관한 특별법」 제8조에 따른 공작물 설치 허가 (2014. 12. 30. 신설)
144. 「공중위생관리법」 제3조에 따른 건물위생관리업의 신고. 다만, 제1종부터 제3종까지에 속하지 않는 것만 해당한다. (2016. 8. 2. 개정 ; 공중위생관리법 시행령 부칙)
145. 「식품위생법」 제37조에 따른 위탁급식영업 허가 (2014. 1. 1. 개정)
146. 「가축분뇨의 관리 및 이용에 관한 법률」 제11조에 따른 가축분뇨 배출시설의 설치 허가 (2014. 1. 1. 개정)
147. 「관세법」 제222조에 따른 보세운송업자 등의 등록 (2014. 1. 1. 개정)
148. 「농어촌정비법」 제85조에 따른 농어촌관광휴양지사업자의 신고 (2014. 1. 1. 개정)
149. 「친환경농어업 육성 및 유기식품 등의 관리·지원에 관한 법률」 제26조에 따른 유기식품등의 인증기관의 지정 (2014. 1. 1. 개정)
150. 「항로표지법」 제23조에 따른 항로표지위탁관리업의 등록 (2018. 4. 30. 개정 ; 항로표지법 시행령 부칙)
151. 「소방시설공사업법」 제4조에 따른 방염처리업의 등록 (2015. 12. 31. 개정)
152. 「국토의 계획 및 이용에 관한 법률」 제56조에 따른 공작물의 설치 허

가 (2014. 1. 1. 개정)

153. 「급경사지 재해예방에 관한 법률」 제22조에 따른 계측업의 등록 (2014. 1. 1. 개정)

154. 「기상관측표준화법」 제14조에 따른 기상측기 검정대행기관의 지정 (2014. 1. 1. 개정)

155. 「뉴스통신 진흥에 관한 법률」 제8조에 따른 뉴스통신사업의 등록 (2014. 1. 1. 개정)

156. 「고도 보존 및 육성에 관한 특별법」 제15조에 따른 보존사업시행자의 지정 (2014. 1. 1. 개정)

157. 「농지법」 제40조에 따른 농지전용의 용도변경 승인 (2014. 1. 1. 개정)

158. 「산지관리법」 제21조에 따른 산지전용의 용도변경 승인 (2014. 1. 1. 개정)

159. 「산지관리법」 제15조의 2에 따른 산지일시사용의 허가 · 신고. 다만, 제1종부터 제3종까지에 속하지 않는 것만 해당한다. (2014. 1. 1. 개정)

160. 「모자보건법」 제15조에 따른 산후조리업의 신고. 다만, 제1종부터 제3종까지에 속하지 않는 것만 해당한다. (2014. 1. 1. 개정)

161. 「식품위생법」 제88조에 따른 집단급식소의 신고. 다만, 제1종부터 제3종까지에 속하지 않는 것만 해당한다. (2014. 1. 1. 개정)

162. 「행정사법」 제10조에 따른 행정사업의 신고 (2014. 1. 1. 개정)

163. 「위치정보의 보호 및 이용 등에 관한 법률」 제9조에 따른 위치기반서비스사업의 신고 (2014. 1. 1. 개정)

164. 「산업안전보건법」 제121조 제1항에 따른 석면해체 · 제거업의 등록 (2019. 12. 31. 개정)

165. 「에너지이용합리화법」 제25조에 따른 에너지절약전문기업의 등록. 다만, 제1종부터 제3종까지에 속하지 않는 것만 해당한다. (2014. 1. 1. 개정)

166. 「공인회계사법」 제7조에 따른 공인회계사의 등록 및 제40조의 4에 따른 외국공인회계사의 등록 (2015. 12. 31. 개정)

167. 「수산생물질병 관리법」 제37조의 12에 따른 수산질병관리원의 개설 신고 (2014. 3. 14. 신설)

168. 「고용보험 및 산업재해보상보험의 보험료징수 등에 관한 법률」 제33조에 따른 법인 등의 보험사무 대행 인가 (2014. 3. 14. 신설)

169. 「외국인근로자의 고용 등에 관한 법률」 제27조의 2에 따른 대행기관의 지정 (2014. 3. 14. 신설)

170. 「전통주 등의 산업진흥에 관한 법률」 제23조에 따른 품질인증기관 지정 (2014. 3. 14. 신설)

171. 「환경기술 및 환경산업 지원법」 제16조의 4에 따른 환경컨설팅회사 등록 (2014. 3. 14. 신설)

172. 「낚시 관리 및 육성법」 제10조에 따른 낚시터업의 허가 및 같은 법 제16조에 따른 낚시터업의 등록. 다만 제1종부터 제3종까지에 속하지 않는 것만 해당한다. (2014. 3. 14. 신설)

173. 「철도의 건설 및 철도시설 유지관리에 관한 법률」 제23조의 2에 따른 철도시설의 점용허가. 다만 제1종부터 제3종까지에 속하지 않는 것만 해당한다. (2019. 3. 12. 개정 ; 철도건설법 시행령 부칙)

174. 「의료법」 제82조에 따른 안마시술소 또는 안마원 신고. 다만 제1종부터 제3종까지에 속하지 않는 것만 해당한다. (2014. 3. 14. 신설)

175. 「식품산업진흥법」 제24조 제1항에 따른 우수식품인증기관 또는 「수산식품산업의 육성 및 지원에 관한 법률」 제31조 제1항에 따른 우수수산식품

등인증기관의 지정 (2021. 2. 19. 개정 ; 수산식품~부칙)

176.「건축법」 제83조에 따른 공작물 축조 신고 (2014. 12. 30. 신설)

177.「산업안전보건법」 제145조 제1항에 따른 산업안전지도사 또는 산업보건지도사의 등록 (2019. 12. 31. 개정)

178.「축산법」 제22조에 따른 가축사육업의 허가. 다만, 제1종부터 제3종까지에 속하지 않는 것으로서 사육시설 면적이 330제곱미터 이상의 것만 해당한다. (2015. 12. 31. 단서개정)

179.「도시가스사업법」 제3조 제3항에 따른 도시가스충전사업의 허가. 다만, 제1종부터 제3종까지에 속하지 않는 것만 해당한다. (2019. 12. 31. 개정)

180.「도시가스사업법」 제3조 제4항에 따른 나프타부생가스·바이오가스제조사업 및 같은 조 제5항에 따른 합성천연가스제조사업의 허가. 다만, 제1종부터 제3종까지에 속하지 않는 것만 해당한다. (2019. 12. 31. 개정)

181.「개발제한구역의 지정 및 관리에 관한 특별조치법」 제12조에 따른 토지의 형질변경 허가. 다만, 제1종부터 제3종까지에 속하지 아니하는 것만 해당한다. (2014. 12. 30. 신설)

182.「관광진흥법」 제5조에 따른 유원시설업의 신고 (2014. 12. 30. 신설)

183.「액화석유가스의 안전관리 및 사업법」 제9조에 따른 액화석유가스 위탁운송사업자의 등록 (2015. 12. 31. 신설)

184.「항공사업법」 제55조에 따른 외국항공기의 유상운송 허가 (2019. 2. 8. 개정)

185.「외국법자문사법」 제26조에 따른 외국법자문사의 업무 개시 신고 (2015. 12. 31. 신설)

186.「세무사법」 제19조의 9에 따른 법인 외국세무자문사무소의 개설 등록 (2015. 12. 31. 신설)

186. 삭 제 (2019. 12. 31.)

187.「지역농산물 이용촉진 등 농산물 직거래 활성화에 관한 법률」 제28조에 따른 우수 농산물 직거래사업장 인증기관의 지정 (2016. 12. 30. 신설)

188.「보험업법」 제89조에 따른 보험중개사의 등록 (2016. 12. 30. 신설)

189.「가맹사업거래의 공정화에 관한 법률」 제29조에 따른 가맹거래사의 등록 (2016. 12. 30. 신설)

190.「농수산물 품질관리법」 제9조에 따른 우수관리인증기관의 지정 (2016. 12. 30. 신설)

191.「농수산물 품질관리법」 제17조에 따른 품질인증기관의 지정 (2016. 12. 30. 신설)

192.「사행행위 등 규제 및 처벌 특례법」 제4조에 따른 사행행위영업허가. 다만, 제1종부터 제3종까지에 속하지 않는 것만 해당한다. (2016. 12. 30. 신설)

193.「기술의 이전 및 사업화 촉진에 관한 법률」 제14조에 따른 기술거래사의 등록 (2016. 12. 30. 신설)

194.「농어촌정비법」 제23조에 따른 농업생산기반시설이나 용수의 사용허가. 다만, 제1종부터 제3종까지에 속하지 않는 것으로서 면적이 50제곱미터 이상의 것만 해당한다. (2020. 12. 31. 개정)

195.「민간임대주택에 관한 특별법」 제5조에 따른 주택 임대사업자 등록. 다만, 제1종부터 제3종까지에 속하지 않는 것만 해당한다. (2016. 12. 30. 신설)

196.「종자산업법」 제37조의 2에 따른 육묘업의 등록 (2018. 12. 31. 신설)

197.「세무사법」 제19조의 5 제1항에 따른 외국세무자문사의 등록 (2019. 12. 31. 신설)

198.「양식산업발전법」 제10조 제1항에 따른 해조류양식업·패류양식업·어류등양식업·복합양식업·협동양식업·외해양식업·내수면양

식업의 면허 및 같은 법 제43조 제1항에 따른 육상해수양식업·육상등 내수양식업의 허가. 다만, 제1종부터 제3종까지에 속하지 않는 것만 해당한다. (2020. 12. 31. 신설)

199.「양식산업발전법」 제55조 제1항에 따른 유어장의 지정 (2020. 12. 31. 신설)

200.「첨단재생의료 및 첨단바이오의약품 안전 및 지원에 관한 법률」 제15조 제1항에 따른 첨단재생의료세포처리시설 허가 및 같은 법 제28조 제1항에 따른 인체세포등 관리업 허가. 다만, 제1종부터 제3종까지에 속하지 않는 것만 해당한다. (2020. 12. 31. 신설)

201.「첨단재생의료 및 첨단바이오의약품 안전 및 지원에 관한 법률」 제23조 제1항에 따른 첨단바이오의약품 제조업 허가, 같은 조 제3항에 따른 위탁제조판매업 신고 및 같은 법 제27조 제1항에 따른 첨단바이오의약품 수입업 신고. 다만, 제1종부터 제3종까지에 속하지 않는 것만 해당한다. (2020. 12. 31. 신설)

202.「체육시설의 설치·이용에 관한 법률」 제20조 제1항에 따른 체육시설업 신고 중 야구장업·가상체험 체육시설업 중 야구장업, 가상체험 체육시설업, 체육교습업 또는 인공암벽장업의 신고. 다만, 제1종부터 제3종까지에 속하지 않는 것만 해당한다. (2023. 3. 14. 개정)

203.「해양조사와 해양정보 활용에 관한 법률」 제30조 제1항에 따른 해양조사·정보업의 등록 (2020. 12. 31. 신설)

204.「식품위생법」 제37조에 따른 공유주방 운영업의 등록. 다만, 제1종부터 제3종까지에 속하지 않는 것만 해당한다. (2021. 12. 31. 신설)

205.「소금산업진흥법」 제43조에 따른 천일염인증기관의 지정 (2021. 12. 31. 신설)

206.「자율주행자동차 상용화 촉진 및 지원에 관한 법률」 제9조에 따른 자율주행자동차의 유상운송 허가 및 한정운수 면허의 발급. 다만, 제1종부터 제3종까지에 속하지 않는 경우만 해당한다. (2021. 12. 31. 신설)

207.「자율주행자동차 상용화 촉진 및 지원에 관한 법률」 제10조에 따른 자율주행자동차의 유상 화물 운송 허가. 다만, 제1종부터 제3종까지에 속하지 않는 경우만 해당한다. (2021. 12. 31. 신설)

208.「원자력안전법」 제30조에 따른 연구용 또는 교육용 원자로 및 관계시설의 건설 허가 (2021. 12. 31. 신설)

209.「원자력안전법」 제35조 제2항에 따른 사용후핵연료처리사업의 지정 (2021. 12. 31. 신설)

210.「원자력안전법」 제45조에 따른 핵연료물질의 사용 또는 소지 허가 (2021. 12. 31. 신설)

211.「기상관측표준화법」 제12조의 4에 따른 형식승인대행기관의 지정 (2023. 3. 14. 신설)

212.「공동주택관리법」 제35조에 따른 행위의 허가 또는 신고 (2024. 12. 31. 신설)

213. 그 밖에 행정안전부령으로 정하는 면허 (2024. 12. 31. 호번개정)

〈제5종〉

1.「항로표지법」 제20조에 따른 사설항로표지의 설치의 준공확인 (2018. 4. 30. 개정 ; 항로표지법 시행령 부칙)

2.「사행행위 등 규제 및 처벌 특례법」 제15조에 따른 사행기구의 제작 또는 수입품목별 검사 (2014. 1. 1. 개정)

3.「골재채취법」 제32조에 따른 골재의 선별·세척 또는 파쇄의 신고 (2014.

1. 1. 개정)

4. 「농약관리법」 제3조의 2에 따른 수출입식물방제업 또는 항공방제업의 신고 (2023. 3. 14. 개정)
5. 「약사법」 제31조, 제31조의 2 및 제42조 제1항에 따른 의약품 등의 제조·판매·수입에 관한 품목 허가 또는 신고 (2015. 12. 31. 개정)
6. 「식품위생법」 제37조에 따른 식품자동판매기영업의 신고 (2014. 1. 1. 개정)
7. 「축산법」 제22조에 따른 가축사육업의 등록. 다만, 사육시설 면적이 330제곱미터 미만인 것은 제외한다. (2015. 12. 31. 단서신설)
8. 「계량에 관한 법률」 제14조에 따른 계량기의 형식승인 (2014. 12. 30. 개정)
9. 종전의 「부동산중개업법」 제4조에 따른 중개사무소의 개설 등록 (2023. 3. 14. 개정)
10. 「화학물질관리법」 제18조에 따른 금지물질 취급의 허가 및 같은 법 제20조에 따른 제한물질 수입 허가 및 유독물질 수입 신고 (2014. 12. 30. 신설)
11. 「직업안정법」 제19조에 따른 유료직업소개사업의 등록 (2014. 1. 1. 개정)
12. 「학원의 설립·운영 및 과외 교습에 관한 법률」 제14조에 따른 교습소의 설립·운영의 신고 (2014. 1. 1. 개정)
13. 「토양환경보전법」 제12조에 따른 특정토양오염관리대상시설의 신고 (2014. 1. 1. 개정)
14. 「소음·진동관리법」 제8조에 따른 소음·진동배출시설의 설치신고 및 허가 (2014. 1. 1. 개정)
15. 「물환경보전법」 제33조에 따른 폐수처리업의 등록 (2018. 1. 16. 개정 ; 수질 및 수생태계~시행령 부칙)
16. 「물환경보전법」 제60조에 따른 폐수처리업의 등록 (2018. 1. 16. 개정 ; 수질 및 수생태계~시행령 부칙)
17. 「대기환경보전법」 제44조에 따른 휘발성유기화합물을 배출하는 시설의 설치 신고 (2014. 1. 1. 개정)
18. 「주류 면허 등에 관한 법률」 제5조에 따른 주류·주정소매업 면허 (2021. 2. 17. 개정 ; 주류면허~부칙)
19. 「화학물질관리법」 제19조에 따른 허가물질의 제조·수입·사용의 허가 (2014. 12. 30. 신설)
20. 「유선 및 도선 사업법」 제3조에 따른 도선사업의 면허 또는 신고 (2015. 12. 31. 개정)
21. 「총포·도검·화약류 등의 안전관리에 관한 법률」 제9조에 따른 총포·도검·화약류·분사기·전자충격기 또는 석궁의 수출 또는 수입허가 (2019. 2. 8. 개정)
22. 「대기환경보전법」 제23조에 따른 대기오염배출시설의 설치 허가 및 신고 (2014. 12. 30. 개정)
23. 「가축분뇨의 관리 및 이용에 관한 법률」 제11조에 따른 가축분뇨 배출시설의 설치 신고 (2014. 1. 1. 개정)
24. 「공중위생관리법」 제3조에 따른 세탁업의 신고 (2014. 1. 1. 개정)
25. 「대기환경보전법」 제43조에 따른 비산먼지발생사업의 신고 (2014. 1. 1. 개정)
26. 「소음·진동 관리법」 제22조에 따른 특정공사의 사전 신고 (2014. 1. 1. 개정)
27. 「관세법」 제222조에 따른 보세화물운송주선업의 등록 (2014. 1. 1. 개정)
28. 「식품위생법」 제37조에 따른 제조·가공 또는 수입의 면허로서 각각 그 품목별로 받는 면허 (2014. 1. 1. 개정)

29. 「하수도법」 제34조에 따른 개인하수처리시설의 신고 (2014. 1. 1. 개정)

30. 「악취방지법」 제8조 및 제8조의 2에 따른 악취배출시설의 신고 (2014. 1. 1. 개정)

31. 「국민 평생 직업능력 개발법」 제28조에 따른 지정직업훈련시설의 지정 (2022. 2. 17. 개정 ; 근로자직업능력~부칙)

32. 「노인복지법」 제39조의 3에 따른 요양보호사교육기관의 지정 (2014. 1. 1. 개정)

33. 「공중위생관리법」 제3조에 따른 이용업·미용업의 신고. 다만, 영업장 면적이 66제곱미터 미만인 것만 해당한다. (2014. 1. 1. 개정)

34. 「총포·도검·화약류 등의 안전관리에 관한 법률」 제12조에 따른 총포의 소지허가. 다만, 같은 법 제10조 각 호에 해당하는 경우와 대한사격연맹 또는 대한장애인사격연맹에 등록된 사격선수용 총포는 제외한다. (2019. 12. 31. 개정)

35. 「총포·도검·화약류 등의 안전관리에 관한 법률」 제12조에 따른 도검·화약류·분사기·전자충격기 또는 석궁의 소지허가. 다만, 「총포·도검·화약류 등의 안전관리에 관한 법률」 제10조 각 호에 해당하는 경우는 제외한다. (2019. 2. 8. 개정)

36. 「대기관리권역의 대기환경개선에 관한 특별법」 제15조에 따른 오염물질 배출량 초과 사업장설치의 허가 (2020. 12. 31. 개정)

37. 「의료기기법」 제6조 제2항 및 제15조 제2항에 따른 제조 및 수입에 관하여 그 품목별로 받는 허가, 신고 또는 인증 (2019. 2. 8. 개정)

38. 「건강기능식품에 관한 법률」 제7조에 따른 품목제조신고 (2015. 12. 31. 신설)

39. 「약사법」 제44조의 2에 따른 안전상비의약품 판매자의 등록. 다만, 최초로 등록하는 것만 해당한다. (2016. 12. 30. 개정)

40. 「고압가스 안전관리법」 제4조 제2항에 따른 고압가스제조업의 신고 (2015. 12. 31. 신설)

41. 「의료법」 제37조 및 「수의사법」 제17조의 3에 따른 진단용 방사선 발생장치 설치·운영 신고 (2015. 12. 31. 신설)

42. 「마약류 관리에 관한 법률」 제18조 제2항 제1호 및 제21조 제2항에 따른 마약류의 수출입 또는 제조의 품목별 허가, 같은 법 제24조 제2항에 따른 한외마약 제조의 품목별 허가 (2015. 12. 31. 신설)

43. 「마약류 관리에 관한 법률」 제51조 제1항에 따른 원료물질 수출입의 승인 (2015. 12. 31. 신설)

44. 「대기환경보전법」 제38조의 2에 따른 비산배출시설 설치·운영 신고 (2018. 12. 31. 호번개정)

45. 「녹색제품 구매촉진에 관한 법률」 제17조의 2에 따른 녹색제품 생산·유통 관련 전문인력 양성기관 지정 (2018. 12. 31. 호번개정)

46. 「아이돌봄 지원법」 제9조에 따른 아이돌보미 양성 교육기관의 지정 (2018. 12. 31. 호번개정)

47. 「첨단재생의료 및 첨단바이오의약품 안전 및 지원에 관한 법률」 제23조 제2항·제3항 및 같은 법 제27조 제1항에 따른 품목허가 (2020. 12. 31. 신설)

48. 「원자력안전법」 제53조 제2항에 따른 방사성동위원소등 사용의 신고 (2024. 12. 31. 신설)

49. 그 밖에 행정안전부령으로 정하는 면허 (2024. 12. 31. 호번개정)

〔**별표 2**〕 (2023. 3. 14. 개정)

각 시·군·구의 안분액(제75조 제2항 제4호 가목 관련)

1. 안분기준

시·군·구별 안분액은 다음 계산식에 따라 산출한 시·도별 지방소비세액을 기준으로 「지방재정법」 제29조 및 제29조의 2에 따른 시·군 및 자치구 조정교부금 산출방식에 따라 산정한다.

$$\text{시·도별 지방소비세액} = \text{제75조 제2항 제3호에 따른 안분액 중 시·도 안분액의 합계액} \times \frac{\text{해당 시·도의 소비지수} \times \text{해당 시·도의 가중치}}{\text{각 시·도별 소비지수와 가중치를 곱한 값의 전국 합계액}}$$

2. 시·군·구별 안분액

총액	815,572백만원

□ 서울특별시 (계: 81,833백만원)

지방자치단체	금액(백만원)
종로구	1,480
중구	328
용산구	1,722
성동구	2,729
광진구	3,345
동대문구	4,244
중랑구	4,544
성북구	5,180
마포구	2,544
양천구	3,665
강서구	4,559
구로구	4,348
금천구	3,189
영등포구	2,205
동작구	3,559
관악구	5,021
강북구	4,692
도봉구	4,541
노원구	6,083
은평구	5,080
서대문구	3,536
서초구	161
강남구	0
송파구	1,287
강동구	3,791

□ 부산광역시 (계: 49,905백만원)

지방자치단체	금액(백만원)
중구	2,115
서구	3,213
동구	2,677
영도구	3,503
부산진구	3,293
동래구	2,884
남구	3,260
북구	4,444
해운대구	2,027
사하구	4,674
금정구	3,570
강서구	2,246
연제구	3,089
수영구	3,007
사상구	2,953
기장군	2,950

□ 대구광역시 (계: 37,447백만원)

지방자치단체	금액(백만원)
중구	2,822
동구	5,254
서구	5,016
남구	5,515
북구	5,667
수성구	3,304
달서구	5,465
달성군	4,404

□ 인천광역시 (계: 17,024백만원)

지방자치단체	금액(백만원)	지방자치단체	금액(백만원)
중구	321	부평구	3,089
동구	1,879	계양구	2,468
미추홀구	2,969	서구	1,352
연수구	1,469	강화군	443
남동구	2,783	옹진군	251

□ 광주광역시 (계: 22,123백만원)

지방자치단체	금액(백만원)	지방자치단체	금액(백만원)
동구	3,343	북구	5,978
서구	3,978	광산구	4,650
남구	4,174		

□ 대전광역시 (계: 21,605백만원)

지방자치단체	금액(백만원)	지방자치단체	금액(백만원)
동구	5,328	유성구	2,098
중구	4,982	대덕구	4,245
서구	4,952		

□ 울산광역시 (계: 17,522백만원)

지방자치단체	금액(백만원)	지방자치단체	금액(백만원)
중구	4,218	북구	3,003
남구	3,290	울주군	3,871
동구	3,140		

□ 경기도 (계: 162,177백만원)

지방자치단체	금액(백만원)	지방자치단체	금액(백만원)
수원시	9,470	의왕시	2,308
성남시	7,954	하남시	3,651
의정부시	5,397	용인시	8,098
안양시	5,333	파주시	7,137
부천시	7,233	이천시	2,377
광명시	4,046	안성시	4,288
평택시	6,868	김포시	5,173
동두천시	3,358	화성시	7,892
안산시	6,532	광주시	4,924
고양시	9,845	양주시	4,907
과천시	2,141	포천시	4,500
구리시	3,017	여주시	4,602
남양주시	7,287	연천군	3,500
오산시	3,673	가평군	3,481
시흥시	5,390	양평군	4,263
군포시	3,532		

□ 강원도 (계: 35,412백만원)

지방자치단체	금액(백만원)	지방자치단체	금액(백만원)
춘천시	5,193	영월군	1,208
원주시	6,565	평창군	1,368
강릉시	3,794	정선군	1,092
동해시	1,781	철원군	1,313
태백시	1,123	화천군	977
속초시	1,945	양구군	910
삼척시	1,611	인제군	1,107

지방자치단체	금액(백만원)
홍천군	1,726
횡성군	1,475

지방자치단체	금액(백만원)
고성군	1,138
양양군	1,086

□ 충청북도 (계: 49,769백만원)

지방자치단체	금액(백만원)
청주시	19,144
충주시	5,702
제천시	4,216
보은군	2,197
옥천군	2,566
영동군	2,496

지방자치단체	금액(백만원)
증평군	1,901
진천군	3,240
괴산군	2,387
음성군	3,872
단양군	2,048

□ 충청남도 (계: 59,432백만원)

지방자치단체	금액(백만원)
천안시	13,666
공주시	3,292
보령시	3,222
아산시	7,747
서산시	4,336
논산시	3,374
계룡시	1,975
당진시	4,604

지방자치단체	금액(백만원)
금산군	2,019
부여군	2,463
서천군	2,250
청양군	1,945
홍성군	3,103
예산군	2,788
태안군	2,648

□ 전라북도 (계: 50,786백만원)

지방자치단체	금액(백만원)
전주시	13,497
군산시	6,550
익산시	6,282
정읍시	3,109
남원시	2,656
김제시	2,758
완주군	3,292

지방자치단체	금액(백만원)
진안군	1,654
무주군	1,590
장수군	1,523
임실군	1,652
순창군	1,614
고창군	2,303
부안군	2,306

□ 전라남도 (계: 39,854백만원)

지방자치단체	금액(백만원)
목포시	3,471
여수시	4,716
순천시	3,941
나주시	2,861
광양시	3,440
담양군	1,289
곡성군	937
구례군	902
고흥군	1,409
보성군	1,091
화순군	1,551

지방자치단체	금액(백만원)
장흥군	1,054
강진군	1,025
해남군	1,711
영암군	1,380
무안군	1,818
함평군	1,194
영광군	1,322
장성군	1,092
완도군	1,207
진도군	956
신안군	1,487

□ 경상북도 (계: 67,424백만원)

지방자치단체	금액(백만원)	지방자치단체	금액(백만원)
포 항 시	9,825	청 송 군	1,350
경 주 시	5,858	영 양 군	1,214
김 천 시	3,435	영 덕 군	1,537
안 동 시	3,563	청 도 군	1,692
구 미 시	7,644	고 령 군	1,472
영 주 시	2,621	성 주 군	1,699
영 천 시	2,754	칠 곡 군	2,942
상 주 시	2,582	예 천 군	1,853
문 경 시	2,165	봉 화 군	1,460
경 산 시	5,405	울 진 군	2,171
군 위 군	1,370	울 릉 군	1,000
의 성 군	1,812		

□ 경상남도 (계: 103,259백만원)

지방자치단체	금액(백만원)	지방자치단체	금액(백만원)
창 원 시	23,894	함 안 군	3,366
진 주 시	8,633	창 녕 군	3,067
통 영 시	4,130	고 성 군	2,922
사 천 시	3,924	남 해 군	2,788
김 해 시	13,971	하 동 군	2,860
밀 양 시	4,172	산 청 군	2,674
거 제 시	6,815	함 양 군	2,612
양 산 시	8,901	거 창 군	3,191
의 령 군	2,458	합 천 군	2,881

〔**별표 2**〕 (2024. 3. 26. 개정)

편주

영 별표 2의 개정규정은 2024. 1. 1. 이후 「부가가치세법」에 따라 납부 또는 환급하는 분부터 적용함. (영 부칙(2024. 3. 26.) 5조)

각 시 · 군 · 구의 안분액(제75조 제2항 제4호 가목 관련)

1. 안분기준

시 · 군 · 구별 안분액은 다음 계산식에 따라 산출한 시 · 도별 지방소비세액을 기준으로 「지방재정법」 제29조 및 제29조의 2에 따른 시 · 군 및 자치구 조정교부금 산출방식에 따라 산정한다.

$$\text{시·도별 지방소비세액} = \text{제75조 제2항 제3호에 따른 안분액 중 시·도 안분액의 합계액} \times \frac{\text{해당 시·도의 소비지수} \times \text{해당 시·도의 가중치}}{\text{각 시·도별 소비지수와 가중치를 곱한 값의 전국 합계액}}$$

2. 시 · 군 · 구별 안분액

총액	807,347백만원

□ 서울특별시 (계: 81,318백만원)

지방자치단체	금액(백만원)	지방자치단체	금액(백만원)
종로구	1,477	마포구	2,561
중구	331	양천구	3,657
용산구	1,740	강서구	4,523
성동구	2,688	구로구	4,320
광진구	3,343	금천구	3,192
동대문구	4,227	영등포구	2,205
중랑구	4,522	동작구	3,524
성북구	5,137	관악구	4,937
강북구	4,622	서초구	188
도봉구	4,502	강남구	0
노원구	6,003	송파구	1,310
은평구	5,009	강동구	3,770
서대문구	3,530		

□ 부산광역시 (계: 50,311백만원)

지방자치단체	금액(백만원)	지방자치단체	금액(백만원)
중구	2,191	해운대구	2,021
서구	3,126	사하구	4,671
동구	2,853	금정구	3,746
영도구	3,606	강서구	1,811
부산진구	3,202	연제구	3,071
동래구	3,002	수영구	2,885
남구	3,261	사상구	3,120
북구	4,719	기장군	3,026

□ 대구광역시 (계: 30,387백만원)

지방자치단체	금액(백만원)	지방자치단체	금액(백만원)
중구	2,180	수성구	2,198
동구	4,213	달서구	4,398
서구	3,594	달성군	3,660
남구	4,386	군위군	1,164
북구	4,594		

□ 인천광역시 (계: 17,104백만원)

지방자치단체	금액(백만원)	지방자치단체	금액(백만원)
중 구	652	부 평 구	2,984
동 구	1,961	계 양 구	2,603
미 추 홀 구	2,950	서 구	1,349
연 수 구	1,187	강 화 군	442
남 동 구	2,722	옹 진 군	254

□ 광주광역시 (계: 22,116백만원)

지방자치단체	금액(백만원)	지방자치단체	금액(백만원)
동 구	3,081	북 구	6,183
서 구	4,049	광 산 구	4,684
남 구	4,119		

□ 대전광역시 (계: 21,810백만원)

지방자치단체	금액(백만원)	지방자치단체	금액(백만원)
동 구	5,517	유 성 구	1,874
중 구	5,105	대 덕 구	4,369
서 구	4,945		

□ 울산광역시 (계: 17,644백만원)

지방자치단체	금액(백만원)	지방자치단체	금액(백만원)
중 구	4,167	북 구	3,218
남 구	3,163	울 주 군	3,892
동 구	3,204		

□ 경기도 (계: 166,829백만원)

지방자치단체	금액(백만원)	지방자치단체	금액(백만원)
수 원 시	10,679	의 왕 시	2,395
성 남 시	7,638	하 남 시	3,312
의 정 부 시	5,289	용 인 시	9,357
안 양 시	5,260	파 주 시	6,525
부 천 시	7,627	이 천 시	4,914
광 명 시	3,908	안 성 시	4,082
평 택 시	6,502	김 포 시	5,432
동 두 천 시	3,074	화 성 시	8,456
안 산 시	6,867	광 주 시	4,923
고 양 시	10,145	양 주 시	4,259
과 천 시	2,613	포 천 시	4,144
구 리 시	3,502	여 주 시	3,921
남 양 주 시	7,643	연 천 군	3,726
오 산 시	3,675	가 평 군	3,458
시 흥 시	5,849	양 평 군	4,155
군 포 시	3,499		

□ 강원특별자치도 (계: 35,238백만원)

지방자치단체	금액(백만원)	지방자치단체	금액(백만원)
춘 천 시	4,846	영 월 군	1,158
원 주 시	6,151	평 창 군	1,385
강 릉 시	4,437	정 선 군	1,095
동 해 시	1,766	철 원 군	1,228

지방자치단체	금액(백만원)	지방자치단체	금액(백만원)
태 백 시	1,200	화 천 군	953
속 초 시	1,973	양 구 군	913
삼 척 시	1,508	인 제 군	1,116
홍 천 군	1,855	고 성 군	1,056
횡 성 군	1,370	양 양 군	1,228

□ 충청북도 (계: 49,679백만원)

지방자치단체	금액(백만원)	지방자치단체	금액(백만원)
청 주 시	19,305	증 평 군	1,915
충 주 시	5,729	진 천 군	3,164
제 천 시	4,125	괴 산 군	2,423
보 은 군	2,344	음 성 군	3,554
옥 천 군	2,487	단 양 군	2,165
영 동 군	2,468		

□ 충청남도 (계: 59,309백만원)

지방자치단체	금액(백만원)	지방자치단체	금액(백만원)
천 안 시	18,370	금 산 군	1,399
공 주 시	2,865	부 여 군	1,742
보 령 시	2,714	서 천 군	1,396
아 산 시	9,346	청 양 군	846
서 산 시	4,928	홍 성 군	2,740
논 산 시	3,146	예 산 군	2,162
계 룡 시	1,242	태 안 군	1,713
당 진 시	4,700		

□ 전북특별자치도 (계: 48,748백만원)

지방자치단체	금액(백만원)	지방자치단체	금액(백만원)
전 주 시	12,926	진 안 군	1,573
군 산 시	6,320	무 주 군	1,514
익 산 시	5,937	장 수 군	1,454
정 읍 시	3,093	임 실 군	1,595
남 원 시	2,607	순 창 군	1,621
김 제 시	2,687	고 창 군	2,078
완 주 군	3,293	부 안 군	2,050

□ 전라남도 (계: 39,210백만원)

지방자치단체	금액(백만원)	지방자치단체	금액(백만원)
목 포 시	3,367	장 흥 군	1,060
여 수 시	4,649	강 진 군	1,027
순 천 시	4,823	해 남 군	1,733
나 주 시	2,197	영 암 군	1,381
광 양 시	2,906	무 안 군	1,776
담 양 군	1,250	함 평 군	1,104
곡 성 군	946	영 광 군	1,230
구 례 군	894	장 성 군	1,259
고 흥 군	1,405	완 도 군	1,200
보 성 군	1,103	진 도 군	969
화 순 군	1,416	신 안 군	1,515

□ 경상북도 (계: 64,560백만원)

지방자치단체	금액(백만원)	지방자치단체	금액(백만원)
포 항 시	9,022	청 송 군	1,336
경 주 시	5,830	영 양 군	1,193
김 천 시	3,228	영 덕 군	1,508
안 동 시	3,471	청 도 군	1,670
구 미 시	7,439	고 령 군	1,393
영 주 시	2,525	성 주 군	1,668
영 천 시	2,656	칠 곡 군	2,777
상 주 시	2,489	예 천 군	1,819
문 경 시	2,085	봉 화 군	1,451
경 산 시	5,276	울 진 군	2,986
의 성 군	1,751	울 릉 군	987

□ 경상남도 (계: 103,084백만원)

지방자치단체	금액(백만원)	지방자치단체	금액(백만원)
창 원 시	24,658	함 안 군	3,381
진 주 시	8,546	창 녕 군	3,041
통 영 시	4,030	고 성 군	2,897
사 천 시	3,979	남 해 군	2,742
김 해 시	13,401	하 동 군	2,732
밀 양 시	4,268	산 청 군	2,670
거 제 시	6,443	함 양 군	2,628
양 산 시	9,308	거 창 군	3,134
의 령 군	2,381	합 천 군	2,845

〔**별표 3**〕 (2023. 3. 14. 개정)

각 시 · 도 교육청의 안분액(제75조 제2항 제4호 나목 관련)

1. 안분기준

시 · 도 교육청의 안분액은 다음 계산식에 따라 산출한 시 · 도별 지방소비세액을 기준으로 「지방교육재정교부금법」 제11조, 「세종특별자치시 설치 등에 관한 특별법」 제14조 및 「제주특별자치도 설치 및 국제자유도시 조성을 위한 특별법」 제84조에 따른 교육비특별회계 전출금의 산출방식에 따라 산정한다.

$$\text{시·도별 지방소비세액} = \text{제75조 제2항 제3호에 따른 안분액 중 시·도 안분액의 합계액} \times \frac{\text{해당 시·도의 소비지수} \times \text{해당 시·도의 가중치}}{\text{각 시·도별 소비지수와 가중치를 곱한 값의 전국 합계액}}$$

2. 시 · 도 교육청별 안분액

총액	139,701백만원

교육청	금액(백만원)	교육청	금액(백만원)
서울특별시	36,209	강 원 도	4,722
부산광역시	10,355	충 청 북 도	4,762
대구광역시	7,412	충 청 남 도	6,444
인천광역시	4,211	전 라 북 도	5,320
광주광역시	4,628	전 라 남 도	5,314
대전광역시	4,697	경 상 북 도	7,875
울산광역시	3,606	경 상 남 도	10,186
세종특별자치시	1,080	제주특별자치도	2,893
경 기 도	19,987		

〔별표 3〕 (2024. 3. 26. 개정)

편주

영 별표 3의 개정규정은 2024. 1. 1. 이후 「부가가치세법」에 따라 납부 또는 환급하는 분부터 적용함. (영 부칙(2024. 3. 26.) 5조)

각 시 · 도 교육청의 안분액(제75조 제2항 제4호 나목 관련)

1. 안분기준

   시 · 도 교육청의 안분액은 다음 계산식에 따라 산출한 시 · 도별 지방소비세액을 기준으로 「지방교육재정교부금법」 제11조, 「세종특별자치시 설치 등에 관한 특별법」 제14조 및 「제주특별자치도 설치 및 국제자유도시 조성을 위한 특별법」 제84조에 따른 교육비특별회계 전출금의 산출방식에 따라 산정한다.

$$\text{시·도별 지방소비세액} = \text{제75조 제2항 제3호에 따른 안분액 중 시·도 안분액의 합계액} \times \frac{\text{해당 시·도의 소비지수} \times \text{해당 시·도의 가중치}}{\text{각 시·도별 소비지수와 가중치를 곱한 값의 전국 합계액}}$$

2. 시 · 도 교육청별 안분액

총액	139,684백만원

교육청	금액(백만원)
서울특별시	35,981
부산광역시	10,431
대구광역시	7,443
인천광역시	4,231
광주광역시	4,627
대전광역시	4,741
울산광역시	3,616
세종특별자치시	1,146
경기도	20,235
강원도	4,698
충청북도	4,750
충청남도	6,431
전라북도	5,234
전라남도	5,228
경상북도	7,801
경상남도	10,172
제주특별자치도	2,919

〔**별표 4**〕 (2023. 3. 14. 개정)

각 시 · 군 · 구의 안분액(제75조 제2항 제7호 가목 관련)

1. 안분기준

시 · 군 · 구별 안분액은 다음 계산식에 따라 산출한 시 · 도별 지방소비세액을 기준으로 「지방재정법」 제29조 및 제29조의 2에 따른 시 · 군 및 자치구 조정교부금 산출방식에 따라 산정한다. 이 경우 세종특별자치시와 제주특별자치도가 관할하는 행정시는 각각 「지방자치법」에 따른 시 · 군 · 구로 본다.

$$\text{시·도별 지방소비세액} = \text{제75조 제2항 제6호에 따른 안분액 중 시·도 안분액의 합계액} \times \frac{\text{해당 시·도의 소비지수} \times \text{해당 시·도의 가중치}}{\text{각 시·도별 소비지수와 가중치를 곱한 값의 전국 합계액}}$$

2. 시 · 군 · 구별 안분액

총액	572,467백만원

□ 서울특별시 (계: 55,870백만원)

지방자치단체	금액(백만원)
종 로 구	1,010
중 구	224
용 산 구	1,176
성 동 구	1,863
광 진 구	2,284
동 대 문 구	2,897
중 랑 구	3,102
성 북 구	3,536

지방자치단체	금액(백만원)
마 포 구	1,737
양 천 구	2,503
강 서 구	3,112
구 로 구	2,968
금 천 구	2,177
영 등 포 구	1,506
동 작 구	2,430
관 악 구	3,428

지방자치단체	금액(백만원)
강 북 구	3,204
도 봉 구	3,100
노 원 구	4,153
은 평 구	3,469
서 대 문 구	2,414

지방자치단체	금액(백만원)
서 초 구	110
강 남 구	0
송 파 구	879
강 동 구	2,588

□ 부산광역시 (계: 34,038백만원)

지방자치단체	금액(백만원)
중 구	1,309
서 구	2,231
동 구	1,902
영 도 구	2,455
부 산 진 구	2,462
동 래 구	1,983
남 구	2,443
북 구	3,148

지방자치단체	금액(백만원)
해 운 대 구	1,732
사 하 구	2,958
금 정 구	2,509
강 서 구	988
연 제 구	2,217
수 영 구	1,742
사 상 구	1,994
기 장 군	1,965

□ 대구광역시 (계: 25,567백만원)

지방자치단체	금액(백만원)
중 구	1,927
동 구	3,587
서 구	3,425
남 구	3,765

지방자치단체	금액(백만원)
북 구	3,869
수 성 구	2,256
달 서 구	3,731
달 성 군	3,007

□ 인천광역시 (계: 11,623백만원)

지방자치단체	금액(백만원)	지방자치단체	금액(백만원)
중 구	219	부 평 구	2,109
동 구	1,283	계 양 구	1,685
미 추 홀 구	2,027	서 구	923
연 수 구	1,003	강 화 군	302
남 동 구	1,900	옹 진 군	172

□ 광주광역시 (계: 15,105백만원)

지방자치단체	금액(백만원)	지방자치단체	금액(백만원)
동 구	2,282	북 구	4,082
서 구	2,716	광 산 구	3,175
남 구	2,850		

□ 대전광역시 (계: 14,751백만원)

지방자치단체	금액(백만원)	지방자치단체	금액(백만원)
동 구	3,638	유 성 구	1,432
중 구	3,401	대 덕 구	2,899
서 구	3,381		

□ 울산광역시 (계: 11,963백만원)

지방자치단체	금액(백만원)	지방자치단체	금액(백만원)
중 구	2,880	북 구	2,050
남 구	2,246	울 주 군	2,643
동 구	2,144		

□ 세종특별자치시 (계: 5,531백만원)

□ 경기도 (계: 110,202백만원)

지방자치단체	금액(백만원)	지방자치단체	금액(백만원)
수 원 시	6,435	의 왕 시	1,568
성 남 시	5,405	하 남 시	2,481
의 정 부 시	3,667	용 인 시	5,502
안 양 시	3,624	파 주 시	4,850
부 천 시	4,915	이 천 시	1,616
광 명 시	2,750	안 성 시	2,914
평 택 시	4,667	김 포 시	3,515
동 두 천 시	2,282	화 성 시	3,335
안 산 시	4,439	광 주 시	3,127
고 양 시	6,690	양 주 시	5,363
과 천 시	1,455	포 천 시	3,346
구 리 시	2,050	여 주 시	2,378
남 양 주 시	4,951	연 천 군	3,058
오 산 시	2,496	가 평 군	2,365
시 흥 시	3,662	양 평 군	2,896
군 포 시	2,400		

□ 강원도 (계: 24,178백만원)

지방자치단체	금액(백만원)	지방자치단체	금액(백만원)
춘 천 시	3,546	영 월 군	825
원 주 시	4,482	평 창 군	934
강 릉 시	2,590	정 선 군	745
동 해 시	1,216	철 원 군	897
태 백 시	767	화 천 군	667
속 초 시	1,328	양 구 군	622
삼 척 시	1,100	인 제 군	756

지방자치단체	금액(백만원)
홍 천 군	1,178
횡 성 군	1,007

지방자치단체	금액(백만원)
고 성 군	777
양 양 군	741

□ 충청북도 (계: 33,980백만원)

지방자치단체	금액(백만원)
청 주 시	13,070
충 주 시	3,893
제 천 시	2,879
보 은 군	1,500
옥 천 군	1,752
영 동 군	1,704

지방자치단체	금액(백만원)
증 평 군	1,298
진 천 군	2,212
괴 산 군	1,630
음 성 군	2,644
단 양 군	1,398

□ 충청남도 (계: 40,576백만원)

지방자치단체	금액(백만원)
천 안 시	9,330
공 주 시	2,247
보 령 시	2,200
아 산 시	5,289
서 산 시	2,960
논 산 시	2,304
계 룡 시	1,348
당 진 시	3,143

지방자치단체	금액(백만원)
금 산 군	1,379
부 여 군	1,682
서 천 군	1,536
청 양 군	1,328
홍 성 군	2,118
예 산 군	1,904
태 안 군	1,808

□ 전라북도 (계: 34,675백만원)

지방자치단체	금액(백만원)
전 주 시	9,215
군 산 시	4,472
익 산 시	4,289

지방자치단체	금액(백만원)
진 안 군	1,129
무 주 군	1,085
장 수 군	1,040

지방자치단체	금액(백만원)
정 읍 시	2,123
남 원 시	1,813
김 제 시	1,883
완 주 군	2,248

지방자치단체	금액(백만원)
임 실 군	1,128
순 창 군	1,102
고 창 군	1,573
부 안 군	1,575

□ 전라남도 (계: 27,210백만원)

지방자치단체	금액(백만원)
목 포 시	2,370
여 수 시	3,220
순 천 시	2,691
나 주 시	1,953
광 양 시	2,349
담 양 군	880
곡 성 군	639
구 례 군	616
고 흥 군	962
보 성 군	745
화 순 군	1,059

지방자치단체	금액(백만원)
장 흥 군	719
강 진 군	700
해 남 군	1,168
영 암 군	942
무 안 군	1,241
함 평 군	815
영 광 군	903
장 성 군	746
완 도 군	824
진 도 군	653
신 안 군	1,015

□ 경상북도 (계: 46,034백만원)

지방자치단체	금액(백만원)
포 항 시	6,708
경 주 시	4,000
김 천 시	2,345
안 동 시	2,433
구 미 시	5,219
영 주 시	1,790
영 천 시	1,880

지방자치단체	금액(백만원)
청 송 군	922
영 양 군	829
영 덕 군	1,049
청 도 군	1,155
고 령 군	1,005
성 주 군	1,160
칠 곡 군	2,008

지방자치단체	금액(백만원)	지방자치단체	금액(백만원)
상 주 시	1,763	예 천 군	1,265
문 경 시	1,478	봉 화 군	997
경 산 시	3,690	울 진 군	1,482
군 위 군	936	울 릉 군	683
의 성 군	1,237		

□ 경상남도 (계: 70,500백만원)

지방자치단체	금액(백만원)	지방자치단체	금액(백만원)
창 원 시	16,313	함 안 군	2,298
진 주 시	5,894	창 녕 군	2,094
통 영 시	2,820	고 성 군	1,995
사 천 시	2,679	남 해 군	1,903
김 해 시	9,539	하 동 군	1,953
밀 양 시	2,849	산 청 군	1,826
거 제 시	4,653	함 양 군	1,784
양 산 시	6,077	거 창 군	2,178
의 령 군	1,678	합 천 군	1,967

□ 제주특별자치도 (계: 10,664백만원)

〔별표 4〕 (2024. 3. 26. 개정)

편주

영 별표 4의 개정규정은 2024. 1. 1. 이후 「부가가치세법」에 따라 납부 또는 환급하는 분부터 적용함. (영 부칙(2024. 3. 26.) 5조)

각 시 · 군 · 구의 안분액(제75조 제2항 제7호 가목 관련)

1. 안분기준

시 · 군 · 구별 안분액은 다음 계산식에 따라 산출한 시 · 도별 지방소비세액을 기준으로 「지방재정법」 제29조 및 제29조의 2에 따른 시 · 군 및 자치구 조정교부금 산출방식에 따라 산정한다. 이 경우 세종특별자치시와 제주특별자치도가 관할하는 행정시는 각각 「지방자치법」에 따른 시 · 군 · 구로 본다.

$$\text{시·도별 지방소비세액} = \text{제75조 제2항 제6호에 따른 안분액 중 시·도 안분액의 합계액} \times \frac{\text{해당 시·도의 소비지수} \times \text{해당 시·도의 가중치}}{\text{각 시·도별 소비지수와 가중치를 곱한 값의 전국 합계액}}$$

2. 시·군·구별 안분액

총액	560,267백만원

□ 서울특별시 (계: 55,519백만원)

지방자치단체	금액(백만원)	지방자치단체	금액(백만원)
종 로 구	1,008	마 포 구	1,748
중 구	226	양 천 구	2,497
용 산 구	1,188	강 서 구	3,088
성 동 구	1,835	구 로 구	2,950
광 진 구	2,282	금 천 구	2,180
동 대 문 구	2,886	영 등 포 구	1,505
중 랑 구	3,087	동 작 구	2,406
성 북 구	3,507	관 악 구	3,371
강 북 구	3,155	서 초 구	128
도 봉 구	3,074	강 남 구	0
노 원 구	4,099	송 파 구	895
은 평 구	3,420	강 동 구	2,574
서 대 문 구	2,410		

□ 부산광역시 (계: 34,351백만원)

지방자치단체	금액(백만원)	지방자치단체	금액(백만원)
중 구	1,496	해 운 대 구	1,380
서 구	2,134	사 하 구	3,189
동 구	1,948	금 정 구	2,558
영 도 구	2,462	강 서 구	1,237
부 산 진 구	2,186	연 제 구	2,097
동 래 구	2,049	수 영 구	1,970
남 구	2,227	사 상 구	2,130
북 구	3,222	기 장 군	2,066

□ 대구광역시 (계: 20,748백만원)

지방자치단체	금액(백만원)	지방자치단체	금액(백만원)
중 구	1,489	수 성 구	1,500
동 구	2,877	달 서 구	3,003
서 구	2,454	달 성 군	2,499
남 구	2,995	군 위 군	795
북 구	3,136		

□ 인천광역시 (계: 11,677백만원)

지방자치단체	금액(백만원)	지방자치단체	금액(백만원)
중 구	445	부 평 구	2,037
동 구	1,339	계 양 구	1,777
미 추 홀 구	2,014	서 구	921
연 수 구	810	강 화 군	302
남 동 구	1,859	옹 진 군	173

□ 광주광역시 (계: 15,099백만원)

지방자치단체	금액(백만원)	지방자치단체	금액(백만원)
동 구	2,104	북 구	4,221
서 구	2,764	광 산 구	3,198
남 구	2,812		

□ 대전광역시 (계: 14,890백만원)

지방자치단체	금액(백만원)	지방자치단체	금액(백만원)
동 구	3,767	유 성 구	1,279
중 구	3,485	대 덕 구	2,983
서 구	3,376		

□ 울산광역시 (계: 12,000백만원)

지방자치단체	금액(백만원)	지방자치단체	금액(백만원)
중 구	2,831	북 구	2,186
남 구	2,149	울 주 군	2,657
동 구	2,177		

□ 세종특별자치시 (계: 5,870백만원)

□ 경기도 (계: 113,898백만원)

지방자치단체	금액(백만원)	지방자치단체	금액(백만원)
수 원 시	7,291	의 왕 시	1,635
성 남 시	5,215	하 남 시	2,261
의 정 부 시	3,611	용 인 시	6,388
안 양 시	3,591	파 주 시	4,455
부 천 시	5,207	이 천 시	3,355

지방자치단체	금액(백만원)	지방자치단체	금액(백만원)
광 명 시	2,668	안 성 시	2,787
평 택 시	4,439	김 포 시	3,708
동 두 천 시	2,098	화 성 시	5,773
안 산 시	4,688	광 주 시	3,361
고 양 시	6,927	양 주 시	2,908
과 천 시	1,784	포 천 시	2,829
구 리 시	2,391	여 주 시	2,677
남 양 주 시	5,218	연 천 군	2,544
오 산 시	2,509	가 평 군	2,361
시 흥 시	3,993	양 평 군	2,837
군 포 시	2,389		

□ 강원특별자치도 (계: 24,058백만원)

지방자치단체	금액(백만원)	지방자치단체	금액(백만원)
춘 천 시	3,309	영 월 군	790
원 주 시	4,200	평 창 군	945
강 릉 시	3,029	정 선 군	747
동 해 시	1,206	철 원 군	838
태 백 시	819	화 천 군	650
속 초 시	1,347	양 구 군	624
삼 척 시	1,030	인 제 군	762
홍 천 군	1,267	고 성 군	721
횡 성 군	935	양 양 군	839

□ 충청북도 (계: 33,918백만원)

지방자치단체	금액(백만원)	지방자치단체	금액(백만원)
청 주 시	13,181	증 평 군	1,307
충 주 시	3,912	진 천 군	2,160
제 천 시	2,817	괴 산 군	1,653
보 은 군	1,600	음 성 군	2,427
옥 천 군	1,698	단 양 군	1,478
영 동 군	1,685		

□ 충청남도 (계: 32,949백만원)

지방자치단체	금액(백만원)	지방자치단체	금액(백만원)
천 안 시	10,205	금 산 군	777
공 주 시	1,592	부 여 군	968
보 령 시	1,508	서 천 군	775
아 산 시	5,192	청 양 군	470
서 산 시	2,738	홍 성 군	1,522
논 산 시	1,748	예 산 군	1,201
계 룡 시	690	태 안 군	952
당 진 시	2,611		

□ 전북특별자치도 (계: 33,283백만원)

지방자치단체	금액(백만원)	지방자치단체	금액(백만원)
전 주 시	8,825	진 안 군	1,074
군 산 시	4,315	무 주 군	1,034
익 산 시	4,053	장 수 군	993
정 읍 시	2,112	임 실 군	1,089
남 원 시	1,780	순 창 군	1,107
김 제 시	1,834	고 창 군	1,418
완 주 군	2,249	부 안 군	1,400

□ 전라남도 (계: 26,771백만원)

지방자치단체	금액(백만원)	지방자치단체	금액(백만원)
목 포 시	2,299	장 흥 군	723
여 수 시	3,174	강 진 군	701
순 천 시	3,293	해 남 군	1,184
나 주 시	1,500	영 암 군	943
광 양 시	1,984	무 안 군	1,213
담 양 군	853	함 평 군	754
곡 성 군	646	영 광 군	840
구 례 군	610	장 성 군	860
고 흥 군	960	완 도 군	819
보 성 군	753	진 도 군	661
화 순 군	967	신 안 군	1,034

□ 경상북도 (계: 44,078백만원)

지방자치단체	금액(백만원)	지방자치단체	금액(백만원)
포 항 시	6,160	청 송 군	912
경 주 시	3,981	영 양 군	815
김 천 시	2,204	영 덕 군	1,029
안 동 시	2,370	청 도 군	1,140
구 미 시	5,079	고 령 군	951
영 주 시	1,724	성 주 군	1,139
영 천 시	1,813	칠 곡 군	1,896
상 주 시	1,699	예 천 군	1,242
문 경 시	1,424	봉 화 군	991
경 산 시	3,602	울 진 군	2,038
의 성 군	1,195	울 릉 군	674

□ 경상남도 (계: 70,397백만원)

지방자치단체	금액(백만원)	지방자치단체	금액(백만원)
창 원 시	16,290	함 안 군	2,295
진 주 시	5,885	창 녕 군	2,091
통 영 시	2,816	고 성 군	1,992
사 천 시	2,675	남 해 군	1,901
김 해 시	9,525	하 동 군	1,950
밀 양 시	2,844	산 청 군	1,823
거 제 시	4,646	함 양 군	1,781
양 산 시	6,068	거 창 군	2,175
의 령 군	1,676	합 천 군	1,964

□ 제주특별자치도 (계: 10,761백만원)

〔별표 5〕 (2023. 3. 14. 개정)

각 시ㆍ도 교육청의 안분액(제75조 제2항 제7호 나목 관련)

1. 안분기준

시ㆍ도 교육청별 안분액은 다음 계산식에 따라 산출한 시ㆍ도별 지방소비세액을 기준으로 「지방교육재정교부금법」 제11조, 「세종특별자치시 설치 등에 관한 특별법」 제14조 및 「제주특별자치도 설치 및 국제자유도시 조성을 위한 특별법」 제84조에 따른 교육비특별회계 전출금의 산출방식에 따라 산정한다.

$$\text{시ㆍ도별 지방소비세액} = \text{제75조 제2항 제6호에 따른 안분액 중 시ㆍ도 안분액의 합계액} \times \frac{\text{해당 시ㆍ도의 소비지수} \times \text{해당 시ㆍ도의 가중치}}{\text{각 시ㆍ도별 소비지수와 가중치를 곱한 값의 전국 합계액}}$$

2. 시ㆍ도 교육청별 안분액

총액	95,381백만원

교육청	금액(백만원)	교육청	금액(백만원)
서울특별시	24,722	강 원 도	3,224
부산광역시	7,070	충 청 북 도	3,251
대구광역시	5,060	충 청 남 도	4,400
인천광역시	2,875	전 라 북 도	3,632
광주광역시	3,160	전 라 남 도	3,628
대전광역시	3,207	경 상 북 도	5,377
울산광역시	2,462	경 상 남 도	6,955
세종특별자치시	737	제주특별자치도	1,975
경 기 도	13,646		

〔별표 5〕 (2024. 3. 26. 개정)

편주

영 별표 5의 개정규정은 2024. 1. 1. 이후 「부가가치세법」에 따라 납부 또는 환급하는 분부터 적용함. (영 부칙(2024. 3. 26.) 5조)

각 시 · 도 교육청의 안분액(제75조 제2항 제7호 나목 관련)

1. 안분기준

시 · 도 교육청별 안분액은 다음 계산식에 따라 산출한 시 · 도별 지방소비세액을 기준으로 「지방교육재정교부금법」 제11조, 「세종특별자치시 설치 등에 관한 특별법」 제14조 및 「제주특별자치도 설치 및 국제자유도시 조성을 위한 특별법」 제84조에 따른 교육비특별회계 전출금의 산출방식에 따라 산정한다.

$$\text{시 · 도별 지방소비세액} = \text{제75조 제2항 제6호에 따른 안분액 중 시 · 도 안분액의 합계액} \times \frac{\text{해당 시 · 도의 소비지수} \times \text{해당 시 · 도의 가중치}}{\text{각 시 · 도별 소비지수와 가중치를 곱한 값의 전국 합계액}}$$

2. 시 · 도 교육청별 안분액

총액	95,368백만원

교육청	금액(백만원)	교육청	금액(백만원)
서울특별시	24,566	강원특별자치도	3,208
부산광역시	7,121	충청북도	3,243
대구광역시	5,082	충청남도	4,391

교육청	금액(백만원)	교육청	금액(백만원)
인천광역시	2,889	전북특별자치도	3,573
광주광역시	3,159	전라남도	3,569
대전광역시	3,237	경상북도	5,326
울산광역시	2,469	경상남도	6,944
세종특별자치시	783	제주특별자치도	1,993
경기도	13,815		

지방세법 시행규칙 별표

〔**별표 1**〕 (2021. 9. 7. 개정 ; 어려운 법률용어~행정안전부령)

과세대상 기계장비의 범위(제3조 관련)

건설기계명	범 위
1. 불도저	무한궤도 또는 타이어식인 것
2. 굴착기	무한궤도 또는 타이어식으로 굴착장치를 가진 것 (2021. 9. 7. 개정 ; 어려운~행정안전부령)
3. 로더	무한궤도 또는 타이어식으로 적재장치를 가진 것
4. 지게차	들어올림장치를 가진 모든 것
5. 스크레이퍼	흙·모래의 굴착 및 운반장치를 가진 자주식인 것 (2021. 9. 7. 개정 ; 어려운~행정안전부령)
6. 덤프트럭	적재용량 12톤 이상인 것. 다만, 적재용량 12톤 이상 20톤 미만의 것으로 화물운송에 사용하기 위하여 「자동차관리법」에 따라 자동차로 등록된 것은 제외한다.
7. 기중기	강재의 지주 및 상하좌우로 이동하거나 선회하는 장치를 가진 모든 것
8. 모터그레이더	정지장치를 가진 자주식인 것
9. 롤러	① 전압장치를 가진 자주식인 것 ② 피견인 진동식인 것
10. 노상안정기	노상안정장치를 가진 자주식인 것
11. 콘크리트뱃칭플랜트	골재저장통·계량장치 및 혼합장치를 가진 모든 것으로서 이동식인 것
12. 콘크리트 피니셔	정리 및 사상장치를 가진 것
13. 콘크리트 살포기	정리장치를 가진 것으로 원동기를 가진 것
14. 콘크리트 믹서트럭	혼합장치를 가진 자주식인 것(재료의 투입·배출을 위한 보조장치가 부착된 것을 포함한다)
15. 콘크리트 펌프	콘크리트 배송능력이 시간당 5세제곱미터 이상으로 원동기를 가진 이동식과 트럭 적재식인 것
16. 아스팔트 믹싱프랜트	골재공급장치·건조가열장치·혼합장치·아스팔트 공급장치를 가진 것으로 원동기를 가진 이동식인 것
17. 아스팔트 피니셔	정리 및 사상장치를 가진 것으로 원동기를 가진 것
18. 아스팔트 살포기	아스팔트 살포장치를 가진 자주식인 것
19. 골재 살포기	골재 살포장치를 가진 자주식인 것
20. 쇄석기	20킬로와트 이상의 원동기를 가진 것
21. 공기압축기	공기토출량이 분당 2.84세제곱미터(제곱센티미터당 7킬로그램 기준) 이상인 것
22. 천공기	크로라식 또는 굴진식으로서 천공장치를 가진 것
23. 항타 및 항발기	원동기를 가진 것으로서 해머 또는 뽑는 장치의 중량이 0.5톤 이상인 것
24. 자갈채취기	자갈채취장치를 가진 것으로 원동기를 가진 것
25. 준설선	펌프식·바켓식·딧퍼식 또는 그래브식으로 비자항식인 것
26. 노면측정장비	노면측정장치를 가진 자주식인 것
27. 도로보수트럭	도로보수장치를 가진 자주식인 것
28. 노면파쇄기	파쇄장치를 가진 자주식인 것
29. 선별기	골재 선별장치를 가진 것으로 원동기가 장치된 모든 것
30. 타워크레인	수직타워의 상부에 위치한 지브를 선회시켜 중량물을 상하, 전후 또는 좌우로 이동시킬 수 있는 정격하중 3톤 이상의 것으로서 원동기 또는 전동기를 가진 것

건설기계명	범 위
31. 그 밖의 건설기계	제1호부터 제30호까지의 기계장비와 유사한 구조 및 기능을 가진 기계류로서 행정안전부장관 또는 국토교통부장관이 따로 정하는 것 (2017. 7. 26. 직제개정 ; 행정안전부와~시행규칙 부칙)

〔**별표 2**〕 (2021. 9. 7. 개정 ; 어려운~행정안전부령)

공장의 종류(제7조 제1항 관련)

1. 식료품 제조업

101 도축, 육류 가공 및 저장 처리업
1011 도축업
10110 도축업
1012 육류 가공 및 저장 처리업
10121 가금류 가공 및 저장 처리업
10129 기타 육류 가공 및 저장처리업
102 수산물 가공 및 저장 처리업
1021 수산동물 가공 및 저장 처리업
10211 수산동물 훈제, 조리 및 유사 조제식품 제조업
10212 수산동물 건조 및 염장품 제조업
10213 수산동물 냉동품 제조업
10219 기타 수산동물 가공 및 저장처리업
1022 수산식물 가공 및 저장 처리업
10220 수산식물 가공 및 저장 처리업
103 과실, 채소 가공 및 저장 처리업
1030 과실, 채소 가공 및 저장 처리업
10301 과실 및 채소 절임식품 제조업
10309 기타 과실·채소 가공 및 저장처리업
104 동물성 및 식물성 유지 제조업
1040 동물성 및 식물성 유지 제조업
10401 동물성 유지 제조업
10402 식물성 유지 제조업
10403 식용 정제유 및 가공유 제조업
105 낙농제품 및 식용빙과류 제조업
1050 낙농제품 및 식용빙과류 제조업
10501 액상시유 및 기타 낙농제품 제조업
10502 아이스크림 및 기타 식용빙과류 제조업
106 곡물가공품, 전분 및 전분제품 제조업
1061 곡물 가공품 제조업
10611 곡물 도정업
10612 곡물 제분업
10613 제과용 혼합분말 및 반죽 제조업
10619 기타 곡물가공품 제조업
1062 전분제품 및 당류 제조업
10620 전분제품 및 당류 제조업
107 기타 식품 제조업
1071 떡, 빵 및 과자류 제조업
10711 떡류 제조업
10712 빵류 제조업
10713 코코아 제품 및 과자류 제조업
1072 설탕 제조업

10720 설탕 제조업
1073 면류, 마카로니 및 유사식품 제조업
10730 면류, 마카로니 및 유사식품 제조업
1074 조미료 및 식품 첨가물 제조업
10741 식초, 발효 및 화학 조미료 제조업
10742 천연 및 혼합조제 조미료 제조업
10743 장류 제조업
10749 기타 식품 첨가물 제조업
1079 기타 식료품 제조업
10791 커피 가공업
10792 차류 가공업
10793 수프 및 균질화식품 제조업
10794 두부 및 유사식품 제조업
10795 인삼식품 제조업
10796 건강보조용 액화식품 제조업
10797 건강기능식품 제조업
10798 도시락 및 식사용 조리식품 제조업
10799 그외 기타 식료품 제조업
108 동물용 사료 및 조제식품 제조업
1080 동물용 사료 및 조제식품 제조업
10800 동물용 사료 및 조제식품 제조업

2\. 음료 제조업
111 알콜음료 제조업
1111 발효주 제조업
11111 탁주 및 약주 제조업
11112 청주 제조업
11113 맥아 및 맥주 제조업
11119 기타 발효주 제조업
1112 증류주 및 합성주 제조업
11121 주정 제조업
11122 소주 제조업
11129 기타 증류주 및 합성주 제조업
112 비알콜음료 및 얼음 제조업
1120 비알콜음료 및 얼음 제조업
11201 얼음 제조업
11202 생수 생산업
11209 기타 비알콜음료 제조업

3\. 담배 제조업
120 담배 제조업
1200 담배 제조업
12001 담배 재건조업
12002 담배제품 제조업

4\. 섬유제품 제조업
131 방적 및 가공사 제조업
1310 방적 및 가공사 제조업
13101 면 방적업
13102 모 방적업
13103 화학섬유 방적업
13104 연사 및 가공사 제조업
13109 기타 방적업

132 직물직조 및 직물제품 제조업
1321 직물 직조업
13211 면직물 직조업
13212 모직물 직조업
13213 화학섬유직물 직조업
13214 견직물 직조업
13219 특수직물 및 기타직물 직조업
1322 직물제품 제조업
13221 침구 및 관련제품 제조업
13222 자수제품 및 자수용재료 제조업
13223 커튼 및 유사제품 제조업
13224 천막 및 기타 캔버스 제품 제조업
13225 직물포대 제조업
13229 기타 직물제품 제조업
133 편조원단 및 편조제품 제조업
1331 편조원단 제조업
13310 편조원단 제조업
1332 편조제품 제조업
13320 편조제품 제조업
134 섬유제품 염색, 정리 및 마무리 가공업
1340 섬유제품 염색, 정리 및 마무리 가공업
13401 솜 및 실 염색가공업
13402 직물 및 편조원단 염색 가공업
13403 날염 가공업
13404 섬유사 및 직물 호부처리업
13409 기타 섬유제품 염색, 정리 및 마무리 가공업
139 기타 섬유제품 제조업
1391 카펫, 마루덮개 및 유사제품 제조업
13910 카펫, 마루덮개 및 유사제품 제조업
1392 끈, 로프, 망 및 끈가공품 제조업
13921 끈 및 로프 제조업
13922 어망 및 기타 끈가공품 제조업
1399 그외 기타 섬유제품 제조업
13991 세폭직물 제조업
13992 부직포 및 펠트 제조업
13993 특수사 및 코드직물 제조업
13994 적층 및 표면처리 직물 제조업
13999 그외 기타 분류안된 섬유제품 제조업
5. 의복, 의복액세서리 및 모피제품 제조업
141 봉제의복 제조업
1411 정장 제조업
14111 남자용 정장 제조업
14112 여자용 정장 제조업
1412 내의 및 잠옷 제조업
14120 내의 및 잠옷 제조업
1413 한복 제조업
14130 한복 제조업
1419 기타 봉제의복 제조업
14191 셔츠 및 체육복 제조업
14192 근무복, 작업복 및 유사의복 제조업

14193 가죽의복 제조업
14194 유아용 의복 제조업
14199 그외 기타 봉제의복 제조업
142 모피가공 및 모피제품 제조업
1420 모피가공 및 모피제품 제조업
14201 원모피 가공업
14202 천연모피제품 제조업
14203 인조모피 및 인조모피 제품 제조업
143 편조의복 제조업
1430 편조의복 제조업
14300 편조의복 제조업
144 의복 액세서리 제조업
1441 편조의복 액세서리 제조업
14411 스타킹 및 기타양말 제조업
14419 기타 편조의복 액세서리 제조업
1449 기타 의복액세서리 제조업
14491 모자 제조업
14499 그외 기타 의복액세서리 제조업
6. 가죽, 가방 및 신발 제조업
151 가죽, 가방 및 유사제품 제조업
1511 원피가공 및 가죽 제조업
15110 원피가공 및 가죽 제조업
1512 핸드백, 가방 및 기타 보호용 케이스 제조업
15121 핸드백 및 지갑 제조업
15129 가방 및 기타 보호용 케이스 제조업
1519 기타 가죽제품 제조업
15190 기타 가죽제품 제조업
152 신발 및 신발부분품 제조업
1521 신발제조업
15211 구두류 제조업
15219 기타 신발 제조업
1522 신발부분품 제조업
15220 신발부분품 제조업
7. 목재 및 나무제품 제조업
161 제재 및 목재 가공업
1610 제재 및 목재 가공업
16101 일반 제재업
16102 표면가공목재 및 특정 목적용 제재목 제조업
16103 목재 보존, 방부처리, 도장 및 유사 처리업
162 나무제품 제조업
1621 박판, 합판 및 강화목제품 제조업
16211 박판, 합판 및 유사적층판 제조업
16212 강화 및 재생 목재 제조업
1622 건축용 나무제품 제조업
16221 목재문 및 관련제품 제조업
16229 기타 건축용 나무제품 제조업
1623 목재 상자, 드럼 및 적재판 제조업
16231 목재 깔판류 및 기타 적재판 제조업
16232 목재 포장용 상자, 드럼 및 유사용기 제조업
1629 기타 나무제품 제조업

16291 목재 도구 및 기구 제조업
16292 주방용 및 식탁용 목제품 제조업
16293 장식용 목제품 제조업
16299 그외 기타 나무제품 제조업
163 코르크 및 조물 제품 제조업
1630 코르크 및 조물 제품 제조업
16301 코르크 제품 제조업
16302 돗자리 및 기타 조물제품 제조업

8. 펄프, 종이 및 종이제품 제조업
171 펄프, 종이 및 판지 제조업
1711 펄프 제조업
17110 펄프 제조업
1712 종이 및 판지 제조업
17121 신문용지 제조업
17122 인쇄용 및 필기용 원지 제조업
17123 크라프트지 및 상자용 판지 제조업
17124 적층, 합성 및 특수표면처리 종이 제조업
17129 기타 종이 및 판지 제조업
172 골판지, 종이 상자 및 종이 용기 제조업
1721 골판지 및 골판지상자 제조업
17210 골판지 및 골판지상자 제조업
1722 종이포대, 판지상자 및 종이용기 제조업
17221 종이 포대 및 가방 제조업
17222 판지 상자 및 용기 제조업
17223 식품 위생용 종이 상자 및 용기 제조업
17229 기타 종이 상자 및 용기 제조업
179 기타 종이 및 판지 제품 제조업
1790 기타 종이 및 판지 제품 제조업
17901 문구용 종이제품 제조업
17902 위생용 종이제품 제조업
17903 벽지 및 장판지 제조업
17909 그외 기타 종이 및 판지 제품 제조업

9. 인쇄 및 기록매체 복제업
181 인쇄 및 인쇄관련 산업
1811 인쇄업
18111 경 인쇄업
18112 스크린 인쇄업
18119 기타 인쇄업
1812 인쇄관련 산업
18121 제판 및 조판업
18122 제책업
18129 기타 인쇄관련 산업
182 기록매체 복제업
1820 기록매체 복제업
18200 기록매체 복제업

10. 코크스, 연탄 및 석유정제품 제조업
191 코크스 및 연탄 제조업
1910 코크스 및 연탄 제조업
19101 코크스 및 관련제품 제조업
19102 연탄 및 기타 석탄 가공품 제조업

192 석유 정제품 제조업
1921 원유 정제처리업
19210 원유 정제처리업
1922 석유정제물 재처리업
19221 윤활유 및 그리스 제조업
19229 기타 석유정제물 재처리업
11. 화학물질 및 화학제품 제조업
201 기초화학물질 제조업
2011 기초유기화학물질 제조업
20111 석유화학계 기초화학물질 제조업
20112 천연수지 및 나무화학물질 제조업
20119 기타 기초유기화학물질 제조업
2012 기초 무기화학물질 제조업
20121 산업용 가스 제조업
20129 기타 기초무기화학물질 제조업
2013 무기안료, 염료, 유연제 및 기타착색제 제조업
20131 무기안료 및 기타금속산화물 제조업
20132 합성염료, 유연제 및 기타착색제 제조업
202 비료 및 질소화합물 제조업
2020 비료 및 질소화합물 제조업
20201 질소, 인산 및 칼리질 비료 제조업
20202 복합비료 제조업
20209 기타 비료 및 질소화합물 제조업
203 합성고무 및 플라스틱 물질 제조업
2030 합성고무 및 플라스틱 물질 제조업
20301 합성고무 제조업
20302 합성수지 및 기타 플라스틱물질 제조업
20303 가공 및 재생 플라스틱원료 생산업
204 기타 화학제품 제조업
2041 살충제 및 기타농약 제조업
20411 가정용 살균 및 살충제 제조업
20412 농약 제조업
2042 잉크, 페인트, 코팅제 및 유사제품 제조업
20421 일반용 도료 및 관련제품 제조업
20422 요업용 유약 및 관련제품 제조업
20423 인쇄잉크 제조업
20424 회화용 물감 제조업
2043 세제, 화장품 및 광택제 제조업
20431 계면활성제 제조업
20432 치약, 비누 및 기타 세제 제조업
20433 화장품 제조업
20434 표면광택제 및 실내가향제 제조업
2049 그외 기타 화학제품 제조업
20491 사진용 화학제품 및 감광재료 제조업
20492 가공 및 정제염 제조업
20493 접착제 및 젤라틴 제조업
20494 화약 및 불꽃제품 제조업
20499 그외 기타 분류안된 화학제품 제조업
205 화학섬유 제조업
2050 화학섬유 제조업

20501 합성섬유 제조업
20502 재생섬유 제조업
12. 의료용 물질 및 의약품 제조업
211 기초 의약물질 및 생물학적 제제 제조업
2110 기초 의약물질 및 생물학적 제제 제조업
21101 의약용 화합물 및 항생물질 제조업
21102 생물학적 제제 제조업
212 의약품 제조업
2121 완제 의약품 제조업
21210 완제 의약품 제조업
2122 한의약품 제조업
21220 한의약품 제조업
2123 동물용 의약품 제조업
21230 동물용 의약품 제조업
213 의료용품 및 기타 의약관련제품 제조업
2130 의료용품 및 기타 의약관련제품 제조업
21300 의료용품 및 기타 의약관련제품 제조업
13. 고무제품 및 플라스틱제품 제조업
221 고무제품 제조업
2211 고무 타이어 및 튜브 생산업
22111 타이어 및 튜브 제조업
22112 타이어 재생업
2219 기타 고무제품 제조업
22191 산업용 비경화고무제품 제조업
22192 고무의류 및 기타 위생용 고무제품 제조업
22199 그외 기타 고무제품 제조업
222 플라스틱제품 제조업
2221 1차 플라스틱제품 제조업
22211 플라스틱 선, 봉, 관 및 호스 제조업
22212 플라스틱 필름, 시트 및 판 제조업
22213 플라스틱 합성피혁 제조업
2222 건축용 플라스틱제품 제조업
22221 벽 및 바닥 피복용 플라스틱제품 제조업
22222 저장용 및 위생용 플라스틱제품 제조업
22223 플라스틱 창호 제조업
22229 기타 건축용 플라스틱 조립제품 제조업
2223 포장용 플라스틱제품 제조업
22231 플라스틱 포대, 봉투 및 유사제품 제조업
22232 포장용 플라스틱 성형용기 제조업
2224 기계장비 조립용 플라스틱제품 제조업
22240 기계장비 조립용 플라스틱제품 제조업
2225 플라스틱 발포 성형제품 제조업
22250 플라스틱 발포 성형제품 제조업
2229 기타 플라스틱제품 제조업
22291 플라스틱 적층, 도포 및 기타 표면처리 제품 제조업
22299 그외 기타 플라스틱 제품 제조업
14. 비금속 광물제품 제조업
231 유리 및 유리제품 제조업
2311 판유리 제조업
23110 판유리 제조업

2312 산업용 유리 및 판유리 가공품 제조업
23121 유리섬유 및 광학용 유리 제조업
23122 판유리 가공품 제조업
23129 기타 산업용 유리제품 제조업
2319 기타 유리제품 제조업
23191 가정용 유리제품 제조업
23192 포장용 유리용기 제조업
23199 그외 기타 유리제품 제조업
232 도자기 및 기타 요업제품 제조업
2321 일반도자기 제조업
23211 가정용 및 장식용 도자기 제조업
23212 위생용 도자기 제조업
23213 산업용 도자기 제조업
23219 기타 일반 도자기 제조업
2322 내화 요업제품 제조업
23221 구조용 정형내화제품 제조업
23229 기타 내화요업제품 제조업
2323 구조용 비내화 요업제품 제조업
23231 점토 벽돌, 블록 및 유사 비내화 요업제품 제조업
23232 타일 및 유사 비내화 요업제품 제조업
23239 기타 구조용 비내화 요업제품 제조업
233 시멘트, 석회, 플라스터 및 그 제품 제조업
2331 시멘트, 석회 및 플라스터 제조업
23311 시멘트 제조업
23312 석회 및 플라스터 제조업
2332 콘크리트, 시멘트 및 플라스터 제품 제조업
23321 비내화 모르타르 제조업
23322 레미콘 제조업
23323 플라스터 제품 제조업
23324 섬유시멘트 제품 제조업
23325 콘크리트 타일, 기와, 벽돌 및 블록 제조업
23326 콘크리트관 및 기타 구조용 콘크리트제품 제조업
23329 그외 기타 콘크리트 제품 및 유사제품 제조업
239 기타 비금속 광물제품 제조업
2391 석제품 제조업
23911 건설용 석제품 제조업
23919 기타 석제품 제조업
2399 그외 기타 비금속 광물제품 제조업
23991 아스콘 제조업
23992 연마재 제조업
23993 비금속광물 분쇄물 생산업
23994 석면, 암면 및 유사제품 제조업
23999 그외 기타 분류안된 비금속 광물제품 제조업
15. 1차 금속 제조업
241 1차 철강 제조업
2411 제철, 제강 및 합금철 제조업
24111 제철업
24112 제강업
24113 합금철 제조업
24119 기타 제철 및 제강업

2412 철강 압연, 압출 및 연신제품 제조업
24121 열간 압연 및 압출 제품 제조업
24122 냉간 압연 및 압출 제품 제조업
24123 철강선 제조업
2413 철강관 제조업
24131 주철관 제조업
24132 강관 제조업
2419 기타 1차 철강 제조업
24191 도금, 착색 및 기타 표면처리강재 제조업
24199 그외 기타 1차 철강 제조업
242 1차 비철금속 제조업
2421 비철금속 제련, 정련 및 합금 제조업
24211 동 제련, 정련 및 합금 제조업
24212 알루미늄 제련, 정련 및 합금 제조업
24213 연 및 아연 제련, 정련 및 합금 제조업
24219 기타 비철금속 제련, 정련 및 합금 제조업
2422 비철금속 압연, 압출 및 연신제품 제조업
24221 동 압연, 압출 및 연신제품 제조업
24222 알루미늄 압연, 압출 및 연신제품 제조업
24229 기타 비철금속 압연, 압출 및 연신제품 제조업
2429 기타 1차 비철금속 제조업
24290 기타 1차 비철금속 제조업
243 금속 주조업
2431 철강 주조업
24311 선철주물 주조업
24312 강주물 주조업
2432 비철금속 주조업
24321 알루미늄주물 주조업
24322 동주물 주조업
24329 기타 비철금속 주조업

16. 금속가공제품 제조업

251 구조용 금속제품, 탱크 및 증기발생기 제조업
2511 구조용 금속제품 제조업
25111 금속 문, 창, 셔터 및 관련제품 제조업
25112 구조용 금속판제품 및 금속공작물 제조업
25113 금속 조립구조재 제조업
25119 기타 구조용 금속제품 제조업
2512 금속탱크, 저장조 및 유사 용기 제조업
25121 중앙난방보일러 및 방열기 제조업
25122 설치용 금속탱크 및 저장용기 제조업
2513 핵반응기 및 증기발생기 제조업
25130 핵반응기 및 증기발생기 제조업
252 무기 및 총포탄 제조업
2520 무기 및 총포탄 제조업
25200 무기 및 총포탄 제조업
259 기타 금속가공제품 제조업
2591 금속 단조, 압형 및 분말야금 제품 제조업
25911 분말야금제품 제조업
25912 금속단조제품 제조업
25913 금속압형제품 제조업

2592 금속 열처리, 도금 및 기타 금속가공업
25921 금속 열처리업
25922 도금업
25923 도장 및 기타 피막처리업
25924 절삭가공 및 유사처리업
25929 그외 기타 금속가공업
2593 날붙이, 수공구 및 일반철물 제조업
25931 날붙이 제조업
25932 일반철물 제조업
25933 비동력식 수공구 제조업
25934 톱 및 호환성공구 제조업
2594 금속파스너, 스프링 및 금속선 가공제품 제조업
25941 금속파스너 및 나사제품 제조업
25942 금속 스프링 제조업
25943 금속선 가공제품 제조업
2599 그외 기타 금속가공제품 제조업
25991 금속캔 및 기타 포장용기 제조업
25992 금고 제조업
25993 수동식 식품 가공기기 및 금속주방용기 제조업
25994 금속위생용품 제조업
25995 금속표시판 제조업
25999 그외 기타 분류안된 금속가공제품 제조업
17. 전자부품, 컴퓨터, 영상, 음향 및 통신장비 제조업
261 반도체 제조업
2611 전자집적회로 제조업
26110 전자집적회로 제조업
2612 다이오드, 트랜지스터 및 유사 반도체소자 제조업
26120 다이오드, 트랜지스터 및 유사 반도체소자 제조업
262 전자부품 제조업
2621 평판 디스플레이 제조업
26211 액정 평판 디스플레이 제조업
26219 플라즈마 및 기타 평판 디스플레이 제조업
2622 인쇄회로기판 및 전자부품 실장기판 제조업
26221 인쇄회로기판 제조업
26222 전자부품 실장기판 제조업
2629 기타 전자부품 제조업
26291 전자관 제조업
26292 전자축전기 제조업
26293 전자저항기 제조업
26294 전자카드 제조업
26295 전자코일, 변성기 및 기타 전자유도자 제조업
26296 전자접속카드 제조업
26299 그외 기타 전자부품 제조업
263 컴퓨터 및 주변장치 제조업
2631 컴퓨터 제조업
26310 컴퓨터 제조업
2632 기억장치 및 주변기기 제조업
26321 기억장치 제조업
26322 컴퓨터 모니터 제조업
26323 컴퓨터 프린터 제조업

26329 기타 주변기기 제조업
264 통신 및 방송 장비 제조업
2641 유선 통신장비 제조업
26410 유선 통신장비 제조업
2642 방송 및 무선 통신장비 제조업
26421 방송장비 제조업
26422 이동전화기 제조업
26429 기타 무선 통신장비 제조업
265 영상 및 음향기기 제조업
2651 텔레비전, 비디오 및 기타 영상기기 제조업
26511 텔레비전 제조업
26519 비디오 및 기타 영상기기 제조업
2652 오디오, 스피커 및 기타 음향기기 제조업
26521 라디오, 녹음 및 재생 기기 제조업
26529 기타 음향기기 제조업
266 마그네틱 및 광학 매체 제조업
2660 마그네틱 및 광학 매체 제조업
26600 마그네틱 및 광학 매체 제조업
18. 의료, 정밀, 광학기기 및 시계 제조업
271 의료용 기기 제조업
2711 방사선장치 및 전기식 진단기기 제조업
27111 방사선 장치 제조업
27112 전기식 진단 및 요법 기기 제조업
2719 기타 의료용 기기 제조업
27191 치과용 기기 제조업
27192 정형외과용 및 신체보정용 기기 제조업
27193 의료용 가구 제조업
27199 그외 기타 의료용 기기 제조업
272 측정, 시험, 항해, 제어 및 기타 정밀기기 제조업; 광학기기 제외
2721 측정, 시험, 항해, 제어 및 기타 정밀기기 제조업
27211 항행용 무선기기 및 측량기구 제조업
27212 전자기 측정, 시험 및 분석기구 제조업
27213 물질 검사, 측정 및 분석기구 제조업
27214 속도계 및 적산계기 제조업
27215 기기용 자동측정 및 제어장치제조업
27216 산업처리공정 제어장비 제조업
27219 기타 측정, 시험, 항해, 제어 및 정밀기기 제조업
273 안경, 사진장비 및 기타 광학기기 제조업
2731 안경 제조업
27310 안경 제조업
2732 광학기기 및 사진장비 제조업
27321 광학렌즈 및 광학요소 제조업
27322 사진기, 영사기 및 관련장비 제조업
27329 기타 광학기기 제조업
274 시계 및 시계부품 제조업
2740 시계 및 시계부품 제조업
27401 시계제조업
27402 시계부품 제조업
19. 전기장비 제조업
281 전동기, 발전기 및 전기 변환 · 공급 · 제어 장치 제조업

2811 전동기, 발전기 및 전기변환장치 제조업
28111 전동기 및 발전기 제조업
28112 변압기 제조업
28113 방전램프용 안정기 제조업
28119 기타 발전기 및 전기변환장치 제조업
2812 전기공급 및 전기제어 장치 제조업
28121 전기회로 개폐, 보호 및 접속 장치 제조업
28122 배전반 및 전기자동제어반 제조업
282 일차전지 및 축전지 제조업
2820 일차전지 및 축전지 제조업
28201 일차전지 제조업
28202 축전지 제조업
283 절연선 및 케이블 제조업
2830 절연선 및 케이블 제조업
28301 광섬유 케이블 제조업
28302 기타 절연선 및 케이블 제조업
28303 절연 코드세트 및 기타 도체 제조업
284 전구 및 조명장치 제조업
2841 전구 및 램프 제조업
28410 전구 및 램프 제조업
2842 조명장치 제조업
28421 운송장비용 조명장치 제조업
28422 일반용 전기 조명장치 제조업
28423 전시 및 광고용 조명장치 제조업
28429 기타 조명장치 제조업
285 가정용 기기 제조업
2851 가정용 전기기기 제조업
28511 주방용 전기기기 제조업
28512 가정용 전기 난방기기 제조업
28519 기타 가정용 전기기기 제조업
2852 가정용 비전기식 조리 및 난방 기구 제조업
28520 가정용 비전기식 조리 및 난방 기구 제조업
289 기타 전기장비 제조업
2890 기타 전기장비 제조업
28901 전기경보 및 신호장치 제조업
28902 전기용 탄소제품 및 절연제품 제조업
28903 교통 신호장치 제조업
28909 그외 기타 전기장비 제조업
20. 기타 기계 및 장비 제조업
291 일반 목적용 기계 제조업
2911 내연기관 및 터빈 제조업; 항공기용 및 차량용 제외
29111 내연기관 제조업
29119 기타 기관 및 터빈 제조업
2912 유압기기 제조업
29120 유압기기 제조업
2913 펌프 및 압축기 제조업; 탭, 밸브 및 유사장치 제조 포함
29131 액체 펌프 제조업
29132 기체 펌프 및 압축기 제조업
29133 탭, 밸브 및 유사장치 제조업
2914 베어링, 기어 및 동력전달장치 제조업

29141 볼베어링 및 롤러베어링 제조업
29142 기어 및 동력전달장치 제조업
2915 산업용 오븐, 노 및 노용 버너 제조업
29150 산업용 오븐, 노 및 노용 버너 제조업
2916 산업용 트럭, 승강기 및 물품취급장비 제조업
29161 산업용 트럭 및 적재기 제조업
29162 승강기 제조업
29163 컨베이어장치 제조업
29169 기타 물품취급장비 제조업
2917 냉각, 공기조화, 여과, 증류 및 가스발생기 제조업
29171 산업용 냉장 및 냉동 장비 제조업
29172 공기조화장치 제조업
29173 산업용 송풍기 및 배기장치 제조업
29174 기체 여과기 제조업
29175 액체 여과기 제조업
29176 증류기, 열교환기 및 가스발생기 제조업
2918 사무용 기계 및 장비 제조업
29180 사무용 기계 및 장비 제조업
2919 기타 일반 목적용 기계 제조업
29191 일반저울 제조업
29192 용기세척, 포장 및 충전기 제조업
29193 자동판매기 및 화폐교환기 제조업
29194 분사기 및 소화기 제조업
29195 동력식 수지공구 제조업
29199 그외 기타 일반목적용 기계 제조업

292 특수 목적용 기계 제조업
2921 농업 및 임업용 기계 제조업
29210 농업 및 임업용 기계 제조업
2922 가공공작기계 제조업
29221 전자응용 공작기계 제조업
29222 금속 절삭기계 제조업
29223 금속 성형기계 제조업
29229 기타 가공공작기계 제조업
2923 금속주조 및 기타 야금용 기계 제조업
29230 금속 주조 및 기타 야금용 기계 제조업
2924 건설 및 광산용 기계장비 제조업
29241 토목공사 및 유사용 기계장비 제조업
29242 광물처리 및 취급장비 제조업
2925 음·식료품 및 담배 가공기계 제조업
29250 음·식료품 및 담배 가공기계 제조업
2926 섬유, 의복 및 가죽 가공기계 제조업
29261 산업용 섬유세척, 염색, 정리 및 가공 기계 제조업
29269 기타 섬유, 의복 및 가죽 가공 기계 제조업
2927 반도체 및 평판디스플레이 제조용 기계 제조업
29271 반도체 제조용 기계 제조업
29272 평판디스플레이 제조용 기계 제조업
2928 산업용 로봇 제조업
29280 산업용 로봇 제조업
2929 기타 특수목적용 기계 제조업
29291 펄프 및 종이 가공용 기계 제조업

29292 고무, 화학섬유 및 플라스틱 성형기 제조업
29293 인쇄 및 제책용 기계 제조업
29294 주형 및 금형 제조업
29299 그외 기타 특수목적용 기계 제조업
21. 자동차 및 트레일러 제조업
301 자동차용 엔진 및 자동차 제조업
3011 자동차용 엔진 제조업
30110 자동차용 엔진 제조업
3012 자동차 제조업
30121 승용차 및 기타 여객용 자동차 제조업
30122 화물자동차 및 특수목적용 자동차 제조업
302 자동차 차체 및 트레일러 제조업
3020 자동차 차체 및 트레일러 제조업
30201 차체 및 특장차 제조업
30202 트레일러 및 세미트레일러 제조업
30203 운송용 컨테이너 제조업
303 자동차 부품 제조업
3031 자동차 엔진용 부품 제조업
30310 자동차 엔진용 부품 제조업
3032 자동차 차체용 부품 제조업
30320 자동차 차체용 부품 제조업
3039 기타 자동차 부품 제조업
30391 자동차용 동력전달장치 제조업
30392 자동차용 전기장치 제조업
30399 그외 기타 자동차 부품 제조업

22. 기타 운송장비 제조업
311 선박 및 보트 건조업
3111 선박 건조업
31111 강선 건조업
31112 합성수지선 건조업
31113 비철금속 선박 및 기타 항해용 선박 건조업
31114 선박 구성부분품 제조업
31119 기타 선박 건조업
3112 오락 및 스포츠용 보트 건조업
31120 오락 및 스포츠용 보트 건조업
312 철도장비 제조업
3120 철도장비 제조업
31201 기관차 및 기타 철도차량 제조업
31202 철도차량부품 및 관련장치물 제조업
313 항공기, 우주선 및 부품 제조업
3131 항공기, 우주선 및 보조장치 제조업
31310 항공기, 우주선 및 보조장치 제조업
3132 항공기용 엔진 및 부품 제조업
31321 항공기용 엔진 제조업
31322 항공기용 부품 제조업
319 그외 기타 운송장비 제조업
3191 전투용 차량 제조업
31910 전투용 차량 제조업
3192 모터사이클 제조업
31920 모터사이클 제조업

3199 그외 기타 분류안된 운송장비 제조업
31991 자전거 및 환자용 차량 제조업
31999 그외 기타 달리 분류되지 않은 운송장비 제조업

23. 가구 제조업
320 가구 제조업
3201 침대 및 내장가구 제조업
32011 운송장비용 의자 제조업
32012 매트리스 및 침대 제조업
32019 소파 및 기타 내장가구 제조업
3202 목재가구 제조업
32021 주방용 및 음식점용 목재가구 제조업
32022 나전칠기가구 제조업
32029 기타 목재가구 제조업
3209 기타 가구 제조업
32091 금속 가구 제조업
32099 그외 기타 가구 제조업

24. 기타 제품 제조업
331 귀금속 및 장신용품 제조업
3311 귀금속 및 관련제품 제조업
33110 귀금속 및 관련제품 제조업
3312 모조 귀금속 및 모조 장신용품 제조업
33120 모조 귀금속 및 모조 장신용품 제조업
332 악기 제조업
3320 악기 제조업
33201 피아노 제조업
33202 현악기 제조업
33203 전자악기 제조업
33204 국악기 제조업
33209 기타 악기 제조업
333 운동 및 경기용구 제조업
3330 운동 및 경기용구 제조업
33301 체조, 육상 및 체력단련용 장비 제조업
33302 놀이터용 장비 제조업
33303 낚시 및 수렵용구 제조업
33309 기타 운동 및 경기용구 제조업
334 인형, 장난감 및 오락용품 제조업
3340 인형, 장난감 및 오락용품 제조업
33401 인형 및 장난감 제조업
33402 영상게임기 제조업
33409 기타 오락용품 제조업
339 그외 기타 제품 제조업
3391 간판 및 광고물 제조업
33910 간판 및 광고물 제조업
3392 사무 및 회화용품 제조업
33920 사무 및 회화용품 제조업
3393 가발, 장식용품 및 교시용 모형 제조업
33931 가발 및 유사 제품 제조업
33932 조화 및 모조장식품 제조업
33933 표구 및 전사처리 제조업
33934 교시용 모형 제조업

3399 그외 기타 분류안된 제품 제조업
33991 우산 및 지팡이 제조업
33992 단추 및 유사 파스너 제조업
33993 라이터, 연소물 및 흡연용품 제조업
33994 비 및 솔 제조업
33999 그외 기타 달리 분류되지 않은 제품 제조업
25. 전기, 가스, 증기 및 공기조절 공급업
351 전기업
3511 발전업
35111 원자력 발전업
35112 수력 발전업
35113 화력 발전업
35119 기타 발전업
3512 송전 및 배전업
35120 송전 및 배전업
352 가스 제조 및 배관공급업
3520 가스 제조 및 배관공급업
35200 가스 제조 및 배관공급업
353 증기, 냉온수 및 공기조절 공급업
3530 증기, 냉온수 및 공기조절 공급업
35300 증기, 냉온수 및 공기조절 공급업
26. 수도사업
360 수도사업
3601 생활용수 공급업
36010 생활용수 공급업
3602 산업용수 공급업
36020 산업용수 공급업
27. 비금속광물 광업
071 토사석 광업
0711 석회석 및 점토 광업
07111 석회석 광업
07112 고령토 및 기타 점토 광업
0712 석재, 쇄석 및 모래자갈 채취업
07121 건설용 석재 채굴업
07122 건설용 쇄석 생산업
07123 모래 및 자갈 채취업
072 기타 비금속광물 광업
0721 화학용 및 비료원료용 광물 광업
07210 화학용 및 비료원료용 광물 광업
0722 소금 채취업
07220 소금 채취업
0729 그외 기타 비금속광물 광업
07290 그외 기타 비금속광물 광업
28. 자동차 및 모터사이클 수리업
952 자동차 및 모터사이클 수리업
9521 자동차 수리 및 세차업
95211 자동차 종합 수리업
95212 자동차 전문 수리업
95213 자동차 세차업
9522 모터사이클 수리업

95220 모터사이클 수리업

29. 다음 각 목의 어느 하나에 해당하는 것은 제1호부터 제28호까지의 공장의 종류에서 제외한다. 다만, 가목부터 마목까지 및 아목은 법 제13조 제1항 및 제2항과 이 규칙 제7조에 따라 취득세를 중과세할 경우에는 「국토의 계획 및 이용에 관한 법률」 등 관계 법령에 따라 공장의 설치가 금지 또는 제한되지 아니한 지역에 한정하여 공장의 종류에서 제외하고, 법 제111조, 영 제110조 및 이 규칙 제55조에 따라 재산세를 중과세하는 경우, 법 제146조·영 제138조 및 이 규칙 제75조에 따라 지역자원시설세를 중과세하는 경우 및 「지방세특례제한법」 제78조에 따라 취득세 등을 감면하는 경우에는 공장의 종류에서 제외하지 아니한다. (2015. 12. 31. 단서개정)
   가. 가스를 생산하여 도관에 의하여 공급하는 것을 목적으로 하는 가스업
   나. 먹는 물이나 공업용수를 도관에 의하여 공급하는 것을 목적으로 하는 상수도업 (2021. 9. 7. 개정 ; 어려운~행정안전부령)
   다. 차량 등의 정비 및 수리를 목적으로 하는 정비·수리업
   라. 연탄의 제조·공급을 목적으로 하는 연탄제조업
   마. 얼음제조업
   바. 인쇄업. 다만, 「신문 등의 진흥에 관한 법률」에 따라 등록된 신문 및 「뉴스통신진흥에 관한 법률」에 따라 등록된 뉴스통신사업에 한정한다.
   사. 도관에 의하여 증기 또는 온수로 난방열을 공급하는 지역난방사업
   아. 전기업(변전소 및 송·배전소를 포함한다)

〔**별표 3**〕 (2021. 12. 31. 개정)

취득세 감소분 산정기간 및 방법 등(제34조 제2항 관련)

1. 산정기간

2020년도분 : 2017. 1. 1. ~ 2019. 10. 31.
※ 2021년 이후 매년 산정기간은 2020년도분 산정기간을 준용하여 매 1년씩 연동한 기간으로 한다.

2. 산정방법 및 가산비율

시·도별 산출금액 : [A × (B − C)]
A: 주택 유상거래 취득가액(제1호에 따른 산정기간에 발생한 취득가액을 말한다)
B: 법(법률 제12118호 지방세법 일부개정법률로 개정되기 전의 것을 말한다) 제11조 제1항 7호에 따른 세율 및 「지방세특례제한법」(법률 제12175호 지방세특례제한법 일부개정법률로 개정되기 전의 것을 말한다) 제40조의2에 따른 주택 유상거래 감면율
C: 법(법률 제12118호 지방세법 일부개정법률로 개정된 것을 말한다) 제11조 제1항 제8호에 따른 세율

3. 계산방법

해당 시·도의 주택 유상거래별 취득세 감소분은 제1호 및 제2호에 따라 산출한 금액을 시·도별로 합산한 다음 그 금액을 연평균하여 계산한다. 다만, 연평균을 함에 있어 산정기간 중 마지막 연도는 10개월을 1년으로 환산하여 계산한다.

〔별표 4〕 (2016. 12. 30. 개정)

법인지방소득세 안분계산 시 세부 적용기준(제38조의 5 관련)

1. 종업원 수

구 분	적용례
가. 「소득세법」 제12조 제3호에 따른 비과세 대상 급여만을 받는 사람	종업원 수에 포함
나. 대표자	종업원 수에 포함
다. 현역복무 등의 사유로 사실상 해당 사업소에 일정기간 근무하지 아니하는 사람	급여를 지급하는 경우 종업원 수에 포함
라. 국외파견자 또는 국외교육 중인 사람	종업원 수에 포함하지 않음
마. 국내교육 중인 사람	종업원 수에 포함
바. 고용관계가 아닌 계약에 따라 사업소 등에 해당하는 성과금을 지급하는 방문판매원	종업원 수에 포함하지 않음
사. 특정업무의 수요가 있을 경우에만 이를 수임 처리하기로 하고 월간 또는 연간 일정액의 급여를 지급받는 자	종업원 수에 포함
아. 해당 사업장에 근무하지 아니하고 사업주로부터 급여를 지급받지 아니하는 비상근이사	종업원 수에 포함하지 않음
자. 소속회사 직원이 용역이나 도급계약 등에 의하여 1년이 초과하는 기간 동안 계약업체에 파견되어 일정한 장소에서 계속 근무하는 자	계약업체의 종업원 수에 포함
차. 물적설비 없이 인적설비만 있는 사업장의 종업원	본점 또는 주사업장의 종업원 수에 포함

2. 건축물 연면적 등

구 분	적용례
가. 사업연도 종료일 현재 미사용중인 공실의 연면적	사용을 개시하지 않은 경우는 건축물 연면적에 포함하지 않음
	사용하던 중 사업연도 종료일 현재 일시적 미사용 상태인 경우 건축물 연면적에 포함
나. 기숙사 등 직원 후생복지시설의 연면적	법인 목적사업 및 복리후생에 공여되는 시설 중 직원 후생복지시설은 건축물 연면적에 포함
다. 공동도급공사 수행을 위한 현장사무소의 연면적	각 참여업체가 공동으로 사용하고 있는 현장사무소의 경우로 실제 사용면적 산정이 불가능한 경우 도급공사 지분별로 안분
라. 건설법인의 사업연도 종료일 현재 미분양 상태로 소유하고 있는 주택과 상가의 연면적	법인의 사업장으로 직접 사용하고 있지 않은 것으로 보아 안분대상 건축물에 포함하지 않음

구 분	적용례
마. 별도의 사업장이 필요하지 않아 주소지 또는 거소지를 사업장소재지로 등록한 경우 주소지 또는 거소지의 연면적	주소지 또는 거소지를 사업장소재지로 하여 사업자등록을 하였더라도, 사실상 별도의 사업장이 없는 것으로 보아 해당 주소지 또는 거소지의 면적을 건축물 연면적에 포함하지 않음
바. 수평투영면적의 적용	지하에 설치된 시설물을 포함
	기계장치 또는 각 시설물의 수평투영면적은 사업연도 종료일 현재 고정된 상태에서의 바닥면적을 적용
	수평투영면적을 산정하기 곤란한 경우, 기계장치 또는 각 시설물의 설계 도면상 면적을 적용
사. 기계장치의 범위	기계장치란 동력을 이용한 작업도구 중 특정장소에 고정된 것을 말하며, 그 기계의 작동에 필수적인 부대설비를 포함하여 적용함

〔별표 5〕 (2021. 4. 29. 개정)

소득세의 부과징수에 관한 자료(제48조의 15 제1항 및 제2항 관련)

구 분	서 식 명
「소득세법 시행규칙」	
1. 별지 제16호 서식 부표 1 및 부표 2	토지등 매매차익 계산명세서 토지등 매매차익 계산명세서(기준경비율 적용대상자)
2. 별지 제20호의 3 서식	비거주자 유가증권양도소득 정산신고서
3. 별지 제20호의 4 서식	비거주자 유가증권양도소득 신고서
4. 별지 제23호 서식(1), (2), (4) 및 (5)	이자·배당소득 지급명세서(발행자 보고용) 거주자의 사업소득 지급명세서(발행자 보고용) 거주자의 기타소득 지급명세서(발행자 보고용) 비거주자의 사업·선박등 임대·사용료·인적용역·기타소득 지급명세서(발행자보고용)
5. 별지 제24호 서식(1), (2), (4), (5), (6), (7) 및 (8)	근로소득 지급명세서(발행자 보고용) 퇴직소득지급명세서(발행자 보고용) 일용근로소득 지급명세서(지급자제출용) 연금소득 지급명세서(발행자 보고용) 연금계좌 지급명세서(발행자 보고용) 및 부표 유가증권양도소득 지급명세서(발행자 보고용) 양도소득 지급명세서(양수자 제출용)
6. 별지 제29호의 10 서식	비거주연예인 등의 용역제공소득 지급명세서
7. 별지 제30호 서식(1) 및 (2)	이자·배당소득 지급명세서 유가증권양도소득 지급명세서

구 분	서 식 명
8. 별지 제40호 서식(1) ⑫, ⑬, ⑮, ⑯, ⑰, ⑲, ⑳, ㉑, ㉒ 및 ㉓	세액감면명세서 세액공제명세서 가산세명세서 기납부세액명세서 종합소득산출세액계산서(금융소득자용) 종합소득산출세액계산서(주택등매매업자용) 종합소득산출세액계산서(주택등매매차익이 있는 금융소득자용) 주식매수선택권 행사이익 납부특례 세액계산 명세서 종합소득산출세액계산서(외국인근로자 과세특례 적용자) 분리과세 결정세액 계산서
9. 별지 제40호의 4 서식	결손금소급공제세액환급신청서
10. 별지 제41호 서식	공동사업자별 분배명세서
11. 별지 제46호 서식	조정계산서
12. 별지 제84호 서식 부표 1, 부표 2 및 부표 2의 2	양도소득금액 계산명세서 주식등 양도소득금액 계산명세서 파생상품등 양도소득금액 계산명세서

〔**별표 6**〕 (2013. 12. 30. 번호개정)

공장입지기준면적(제50조 관련)

1. 공장입지기준면적 = 공장건축물 연면적 × $\frac{100}{\text{업종별 기준공장 면적률}}$

2. 공장입지기준면적의 산출기준

가. 공장건축물 연면적 : 해당 공장의 경계구역 안에 있는 모든 공장용 건축물 연면적(종업원의 후생복지시설 등 각종 부대시설의 연면적을 포함하되, 무허가 건축물 및 위법시공 건축물 연면적은 제외한다)과 옥외에 있는 기계장치 또는 저장시설의 수평투영면적을 합한 면적을 말한다.

나. 업종별 기준공장면적률 : 「산업집적활성화 및 공장설립에 관한 법률」 제8조에 따라 산업통상자원부장관이 고시하는 "업종별 기준공장면적률"에 따른다. (2013. 3. 23. 직제개정 ; 안전행정부와 그 소속기관 직제 시행규칙 부칙)

다. 1개의 단위 공장에 2개 이상의 업종을 영위하는 경우에는 각 업종별 공장입지기준면적을 산출하여 합한 면적을 공장입지기준면적으로 보며, 명확한 업종구분이 불가능한 경우에는 매출액이 가장 많은 업종의 기준공장면적률을 적용하여 산출한다.

3. 공장입지기준면적의 추가 인정기준

가. 제1호 및 제2호에 따라 산출된 면적을 초과하는 토지 중 다음의 어느 하나에 해당하는 토지는 공장입지기준면적에 포함되는 것으로 한다.

1) 「산업집적활성화 및 공장설립에 관한 법률」 제20조 제1항 본문

에 따라 공장의 신설 등이 제한되는 지역에 소재하는 공장의 경우에는 제1호 및 제2호에 따라 산출된 면적의 100분의 10 이내의 토지(그 면적이 3,000제곱미터를 초과하지 아니하는 부분에 한정한다)

2) 1)에 규정된 지역 외의 지역에 소재하는 공장의 경우에는 제1호 및 제2호 따라 산출된 면적의 100분의 20 이내의 토지

나. 도시관리계획상의 녹지지역, 활주로, 철로, 6미터 이상의 도로 및 접도구역은 공장입지기준면적에 포함되는 것으로 한다.

다. 생산공정의 특성상 대규모 저수지 또는 침전지로 사용되는 토지는 공장입지기준면적에 포함되는 것으로 한다.

라. 공장용으로 사용하는 것이 적합하지 아니한 경사도가 30도 이상인 사면용지는 공장입지기준면적에 포함되는 것으로 한다.

마. 공장의 가동으로 인하여 소음·분진·악취 등 생활환경의 오염피해가 발생하게 되는 토지로서 해당 공장과 인접한 토지를 그 토지 소유자의 요구에 따라 취득하는 경우에는 공장경계구역 안에 있는 공장의 면적과 합한 면적을 해당 공장의 부속토지로 보아 공장입지기준면적을 산정한다.

바. 공장입지기준면적을 산출할 때 다음 표의 기준면적에 해당하는 종업원용 체육시설용지(공장입지기준면적의 100분의 10 이내에 해당하는 토지에 한정한다)는 공장입지기준면적에 포함되는 것으로 한다.

(단위 : 제곱미터)

구 분		종업원 100명 이하	종업원 500명 이하	종업원 2,000명 이하	종업원 10,000명 이하	종업원 10,000명 초과
실외 체육 시설	운동장	1,000	1,000제곱미터 + (100명 초과 종업원수 × 9제곱미터)	4,600제곱미터 + (500명 초과 종업원수 × 3제곱미터)	9,100제곱미터 + (2,000명 초과 종업원수 × 1제곱미터)	17,100
	테니스 또는 정구코트	970	970	1,940	2,910	2,910
실내체육시설		150	300	450	900	900

※ 비고

1. 적용요건

운동장과 코트에는 축구·배구·테니스 등 운동경기가 가능한 시설이 있어야 하고, 실내체육시설은 영구적인 시설물이어야 하며, 탁구대 2면 이상을 둘 수 있어야 한다.

2. 적용요령

가. 종업원수는 그 사업장에 근무하는 종업원을 기준으로 한다.

나. 종업원이 50명 이하인 법인의 경우에는 코트면적만을 기준면적으로 한다.

다. 실내체육시설의 건축물바닥면적이 기준면적 이하인 경우에는 그 건축물 바닥면적을 그 기준면적으로 한다.

라. 종업원용 실내체육시설이 있는 경우에는 그 실내체육시설의 기준면적에 영 제101조 제2항의 용도지역별 적용배율을 곱하여 산출한 면적을 합한 면적을 기준면적으로 한다.

서 식 목 차

[별지 제1호 서식] (2010. 12. 23. 개정)

행 정 기 관 명

수신자
(경 유)
제 목 과점주주의 취득세 과세자료 통보

아래의 자는 「지방세법」 제7조 제5항에 따른 과점주주에 해당되므로, 같은 법 시행령 제11조 제4항에 따라 그 사실을 통보합니다.

법인	명 칭			
	소 재 지			
과점주주	성 명(대표자)		주민(법인)등록번호	
	특수관계사유		주 소(소재지)	
	주식 또는 지분의 비율		과점주주 성립연월일	
과세대상	과세물건명	소 재 지	면적 또는 수량	가 격 명 세 (과점주주 성립 당시의 장부가액)

끝.

행정기관의 장 직인

기안자(직위/직급) 서명 검토자(직위/직급) 서명 결재권자(직위/직급) 서명
협조자 (직위/직급) 서명
시행 처리과-일련번호 (시 행 일 자) 접수 처리과-일련번호 (접 수 일 자)
우 주소 / 홈페이지 주소
전화 전송 / 공무원의 공식 전자우편주소 / 공개구분

210mm×297mm(일반용지 60g/㎡(재활용품))

[별지 제1호의 2 서식] (2016. 12. 30. 신설)

자동차 상속 취득세 비과세 신청서

※ 색상이 어두운 난은 신청인이 작성하지 아니하며, 뒤쪽의 작성방법을 읽고 작성하시기 바랍니다. (앞쪽)

접수번호	접수일시	처리기간 7일

신청인	성명		주민등록번호	
	주소			
	전화번호 (휴대전화:)		전자우편주소	
비과세 신청대상 자동차	자동차번호		차종	
	배기량		용도(영업용/비영업용)	
비과세 신청사유				

「지방세법」 제9조 제7항 및 같은 법 시행령 제12조의 3에 따라 위와 같이 자동차에 대한 취득세 비과세를 신청합니다.

년 월 일

신청인 (서명 또는 인)

시장 · 군수 · 구청장 귀하

첨부서류	비과세 신청사유를 증명할 수 있는 서류	수수료 없 음

210mm×297mm[백상지(80g/㎡) 또는 중질지(80g/㎡)]

[별지 제1호의 3 서식] (2024. 12. 31. 개정)

계약해제신고서

접수번호	접수일	처리기간 즉시	
신고인 (취득자)	성명(법인인 경우에는 법인의 명칭) (서명 또는 인)	주민등록번호(법인등록번호)	
	주소(법인인 경우에는 소재지)		
	전화번호 (휴대전화:)		

신고 사항				
	매수인 (수증인 등 포함)	성명(법인인 경우에는 법인의 명칭)	주민등록번호(법인등록번호)	
		주소(법인인 경우에는 소재지)		
		전화번호 (휴대전화:)		
	매도인 (증여인 등 포함)	성명(법인인 경우에는 법인의 명칭)	주민등록번호(법인등록번호)	
		주소(법인인 경우에는 소재지)		
		전화번호 (휴대전화:)		
	계약일	년 월 일	거래계약 해제등의 사유 발생일	년 월 일
	취득물건			
	거래계약 해제 등의 사유			

「지방세법 시행령」 제20조 제1항 · 제2항 및 「지방세법 시행규칙」 제4조의 6에 따라 위와 같이 계약해제 내용을 신고합니다.

년 월 일

신고인 매수인 (서명 또는 인)
매도인 (서명 또는 인)

시장 · 군수 · 구청장 귀하

첨부서류	1. 계약해제관련 서류 1부 2. 매수인과 매도인의 계약해제용 인감증명서 또는 본인서명사실확인서 1부

210mm×297mm[백상지(80g/㎡) 또는 중질지(80g/㎡)]

[별지 제2호 서식] (2010. 12. 23. 개정)

행 정 기 관 명

수신자
(경 유)
제 목 취득세 과세물건의 매각 통보(신고)

매각자	① 성명(대표자)		② 주민(법인)등록번호	
	③ 상호(법인명)		④ 사업자등록번호	
	⑤ 주소(영업소)		⑥ 전화번호	
매수자	① 성명(대표자)		② 주민(법인)등록번호	
	③ 상호(법인명)		④ 사업자등록번호	
	⑤ 주소(영업소)		⑥ 전화번호	
매각	⑦ 물건명		⑧ 물건소재지	
	⑨ 수량		⑩ 가격	
	⑪ 방법		⑫ 연월일	
⑬ 연부의 경우 계약상 연부금 지급 연월일				
⑭ 참고사항 또는 매매계약서 사본				

끝.

발 신 명 의 직인

기안자(직위/직급) 서명 검토자(직위/직급) 서명 결재권자(직위/직급) 서명
협조자 (직위/직급) 서명
시행 처리과-일련번호 (시 행 일 자) 접수 처리과-일련번호 (접 수 일 자)
우 주소 / 홈페이지 주소
전화 전송 / 공무원의 공식 전자우편주소 / 공개구분

210mm×297mm(일반용지 60g/㎡(재활용품))

[별지 제3호 서식] (2024. 12. 31. 개정)

취득세 ([ ]기한 내 / [ ]기한 후]) 신고서

(앞쪽)

관리번호		접수 일자		처리기간	즉시
신고인	취득자(신고자)	성명(법인명)		주민등록번호(외국인등록번호, 법인등록번호)	
		주소		전화번호	
	전 소유자	성명(법인명)		주민등록번호(외국인등록번호, 법인등록번호)	
		주소		전화번호	
매도자와의 관계	「지방세기본법」 제2조 제34호 가목에 따른 친족관계에 있는 자인 경우 (배우자 [ ] 직계존비속 [ ] 그 밖의 친족관계 [ ])				
	「지방세기본법」 제2조 제34호 나목에 따른 경제적 연관관계에 있는 자(임원·사용인 등)인 경우 [ ]				
	「지방세기본법」 제2조 제34호 다목에 따른 경영지배관계에 있는 자(주주·출자자 등)인 경우 [ ]				
	「지방세기본법」 제2조 제34호에 따른 특수관계인이 아닌 경우 [ ]				

취 득 물 건 내 역

소재지						
취득물건	취득일	면적	종류(지목/차종)	용도	취득 원인	취득가액

「지방세법」 제10조 제2항 제2호에 따른 무상취득의 경우 시가인정액 [ ] 시가표준액 [ ]

세목		과세표준액	세율	① 산출세액	② 감면세액	③ 기납부세액	가산세 무신고 또는 과소신고	가산세 납부지연	가산세 계 ④	신고세액 합계 (①-②-③+④)
합계										
신고세액	취득세		%							
	지방교육세		%							
	농어촌특별세 부과분		%							
	농어촌특별세 감면분		%							

「지방세법」 제20조 제1항, 제152조 제1항, 같은 법 시행령 제33조 제1항, 「농어촌특별세법」 제7조에 따라 위와 같이 신고합니다.

년 월 일

신고인 (서명 또는 인)

대리인 (서명 또는 인)

접수(영수)일자 (인)

특별자치시장·특별자치도지사·시장·군수·구청장 귀하

첨부서류	1. 매매계약서, 증여계약서, 부동산거래계약 신고필증 또는 법인 장부 등 취득가액 및 취득일 등을 증명할 수 있는 서류 사본 1부 2. 「지방세특례제한법 시행규칙」 별지 제1호 서식의 지방세 감면 신청서 1부 3. 별지 제4호 서식의 취득세 납부서 납세자 보관용 영수증 사본 1부 4. 별지 제8호 서식의 취득세 비과세 확인서 1부 5. 근로소득 원천징수영수증 또는 소득금액증명원 1부 6. 사실상의 잔금지급일을 확인할 수 있는 서류(사실상의 잔금지급일과 계약상의 잔금지급일이 다른 경우만 해당합니다) 1부	수수료 없음

위임장

위의 신고인 본인은 위임받는 사람에게 취득세 신고에 관한 일체의 권리와 의무를 위임합니다.

위임자(신고인) (서명 또는 인)

위임받는 사람	성명	위임자와의 관계
	주민등록번호	전화번호
	주소	

*위임장은 별도 서식을 사용할 수 있습니다.

■ ■ ■ ■ ■ ■ ■ ■ ■ ■ 자르는 선 ■ ■ ■ ■ ■ ■ ■ ■ ■ ■

접수증(취득세 신고서)

신고인(대리인)	취득물건 신고내용	접수 일자	접수번호
「지방세법」 제20조 제1항, 제152조 제1항, 같은 법 시행령 제33조 제1항, 「농어촌특별세법」 제7조에 따라 신고한 신고서의 접수증입니다.			접수자 (서명 또는 인)

210㎜×297㎜[백상지 80g/㎡(재활용품)]

(뒤쪽)

작성방법

1. ▬▬▬ 란은 과세관청에서 적는 사항이므로 신고인은 적지 않습니다.
2. "기한 내 신고"란에는 취득일(잔금지급일 등)부터 60일 이내에 신고하는 경우에 표기[√]하고, "기한 후 신고"란은 기한 내 신고기간이 경과한 후에 신고하는 경우에 표기[√]합니다.
3. "신고인"란에는 납세의무자를 적고, "전 소유자" 란에는 취득하는 과세대상인 부동산(토지·건축물), 차량, 기계장비, 입목, 항공기, 선박, 광업권, 어업권, 회원권의 전 소유자를 적습니다.
4. 매도자와의 관계는 반드시 적어야 하며, 사실과 달리 적은 경우에는「지방세기본법」 제53조 등에 따라 가산세를 포함하여 추징될 수 있습니다.
5. "취득물건 내역"란에는 취득세 과세대상이 되는 물건의 내역 등을 적습니다.
   가. "소재지"란은 부동산(토지·건축물)은 토지·건축물의 소재지, 선박은 선적항, 골프회원권은 골프장 소재지, 차량(기계장비)은 등록지 등을 적습니다.
   나. "취득물건"란에는 취득세 과세대상이 되는 부동산(토지·건축물), 선박, 차량, 기계장비, 항공기, 어업권, 광업권, 골프회원권, 종합체육시설이용회원권 등을 물건별로 적습니다.
   다. "취득일자"란에는 잔금지급일(잔금지급일 전에 등기·등록 또는 사실상 사용하거나 사용·수익하는 경우에는 등기·등록일 또는 사용·수익일 등「지방세법 시행령」 제20조에 따른 취득시기에 해당되는 취득일자를 말합니다) 등을 적습니다.
   라. "면적"란에는 부동산의 경우에는 ○○㎡(지분의 경우 ○○분의 ○)으로, 차량의 경우에는 ○○cc·적재정량으로, 선박의 경우에는 ○○톤으로, 어업권의 경우에는 어업권 설정 면적 등을 적습니다.
   마. "종류(차종)"란에는 부동산의 경우에는 주거용·영업용·주상복합용 등 사용형태를 적고, 차량(항공기)의 경우에는 차종(항공기 종류)·연식 및 차량번호(항공기는 제외합니다)를 적으며, 선박의 경우에는 선박종류 및 구조를 적고, 골프회원권의 경우에는 회원의 종류인 법인·개인 등을 적습니다.
   바. "용도"란에는 취득한 물건의 사용용도(주거용, 상업용, 공장용, 자가용, 영업용, 법인용, 개인용 등)를 적습니다.
   사. "취득원인"란에는 매매로 취득하여 소유권이 이전되는 경우에는 매매로, 상속 또는 증여의 경우에는 상속 또는 증여로 각각 적으며, 소유권 보존(신축 등)으로 인한 취득은 원시취득 등을 적습니다.
   아. "취득가액"란에는 취득당시의 가액을 말하는 것이므로 매매계약서 또는 취득에 소요된 사실상 비용(법인의 경우 장부가액 등) 등을 입증할 수 있는 서류에 의하여 확인되는 것과 일치해야 합니다.
      ※ 취득가액이 입증되는 매매계약서(부동산검인계약서 등)를 이중으로 작성하거나, 허위로 작성하여 취득가액을 허위·과소 신고하는 경우 불이익을 받을 수 있습니다.
6. "세율"란에는「지방세법」 제11조, 제12조 및 제15조에 따른 세율을 적되,「지방세법」 제13조 및 제13조의 2에 해당하는 경우에는 해당 중과세율을 적습니다.
7. "산출세액"란에는 취득가액에 세율을 곱하여 산출된 세액을 적습니다.
8. "감면세액"란에는「지방세특례제한법」,「조세특례제한법」 및 지방자치단체 감면조례에 따라 지방세가 감면되는 대상을 말하며 해당되는 감면율을 적용하여 산출한 감면세액을 적습니다.
9. "기납부세액"란에는 동일한 과세물건에 대하여 취득가액의 변동, 경감취소 등으로 과소납부한 세액 또는 납부해야 할 세액을 기한 후 신고하는 경우 등으로서 이미 납부한 세액을 적습니다.
10. "가산세"란에는「지방세기본법」 제53조 또는 제54조에 따른 무신고가산세 또는 과소신고가산세의 금액 및 같은 법 제55조에 따른 납부지연가산세의 금액과 그 합계금액을 각각 적습니다. 다만,「지방세기본법」 제57조에 따른 가산세의 감면 사유에 해당하는 경우에는 감면 후의 금액을 적습니다.
11. "신고세액 합계"란에는 신고인이 납부해야 할 세액(①-②-③+④)을 적습니다.
12. "농어촌특별세신고세액"란에는 취득세와 동시에 신고·납부해야 하는 농어촌특별세를 말하는 것으로서「농어촌특별세법」 제3조 및 제5조에 따라 산출한 세액을 적고, "지방교육세 신고세액"란에는「지방세법」 제151조에 따라 산출한 세액을 적습니다.
13. 첨부 서류
   가.「지방세특례제한법 시행규칙」 별지 제1호서식의 지방세 감면 신청서는 취득세 감면을 받으려는 경우에 첨부합니다.
   나. 별지 제4호 서식의 취득세 납부서 납세자 보관용 영수증 사본은 기납부세액이 있는 경우에 첨부합니다.
   다. 별지 제8호 서식의 취득세 비과세 확인서는 비과세 또는 감면된 취득세가 있는 경우에 첨부합니다.
   라. 근로소득 원천징수영수증 또는 소득금액증명원은 세대 분리 등의 증명이 필요한 경우에 첨부합니다.
   마. 사실상의 잔금지급일과 계약상의 잔금지급일이 다를 경우 사실상의 잔금지급일을 확인할 수 있는 서류의 사본을 첨부합니다.
14. 신고인을 대리하여 취득신고를 하는 경우에는 반드시 위임장을 제출해야 합니다. 다만,「부동산등기법」 제28조에 따라 채권자대위권에 의한 등기신청을 하려는 채권자는 위임장을 제출하지 않을 수 있습니다.
15. 신고인은 납세의무자를 말하며, 서명 또는 날인이 없는 경우에는 신고서는 무효가 되며, 대리인이 신고하는 경우에도 서명 또는 날인이 없거나 위임장이 없으면 무효가 됩니다.
16. 신고인은 반드시 접수증을 수령해야 하고, 접수증의 간인 및 접수자의 서명 또는 날인을 확인해야 합니다.
17. 주택을 무상 또는 유상거래로 취득하는 경우에는 주택 취득 상세명세서(부표)를 제출해야 합니다.

[별지 제3호 서식 부표] (2024. 12. 31. 개정) (앞쪽)

주택 ([ ]무상 / [ ]유상거래) 취득 상세 명세서

① 주택 (증여자[ ] / 취득자[ ]) 세대 현황					
① 취득자 구분	□ 개인		□ 법인 또는 단체		
② 세대 현황 ※ 무상취득은 증여자 기준으로, 유상거래는 취득자 기준으로 적습니다.	구 분	세대주와의 관계	성명	주민등록번호(외국인등록번호)	1세대 포함 여부
	세대주				□ 포함 □ 제외
	세대원				□ 포함 □ 제외
					□ 포함 □ 제외
					□ 포함 □ 제외

② 신규 취득 주택 현황						
③ 취득 주택 소재지 및 고급주택 여부	주 소					
	조정대상지역	□ 여 □ 부		고급주택	□ 여 □ 부	
④ 중과세 제외 주택 여부	□ 해당 없음	□ 해당 (「지방세법 시행령」 제28조의2제( )호의 주택)				
⑤ 취득 원인	□ 무상취득 / 유상거래 (□ 매매 □ 분양권에 의한 취득)					
⑥ 계약일		⑦ 취득일				
⑧ 취득 가격						
⑨ 취득주택 면적(㎡)	총면적	토 지		취득지분 %	취득면적	토 지
		건 물		%		건 물
⑩ 일시적 2주택 여부	□ 일시적 2주택	□ 해당 없음				

③ 1세대 소유주택 현황 ※ 신규로 취득하는 주택을 포함합니다.

	소유주택 수	□ 1주택 □ 일시적 2주택 □ 2주택 □ 3주택 □ 4주택 이상					
⑪ 1세대 소유주택 현황	소유주택 현황	유 형		소유자	소재지 주소	취득일	주택 수 산정 포함 여부
		단독·공동주택					□ 포함 □ 제외
							□ 포함 □ 제외
	※ 기재사항이 많을 경우 별지로 작성할 수 있습니다.	'20.8.12. 이후 계약	주택 분양권				□ 포함 □ 제외
							□ 포함 □ 제외
		'20.8.12. 이후 취득	주거용 오피스텔				□ 포함 □ 제외
							□ 포함 □ 제외
			조합원 입주권				□ 포함 □ 제외
							□ 포함 □ 제외

* 「지방세법 시행령」 제28조의 4 제6항 각 호의 어느 하나에 해당하는 주택은 주택 수 산정 시 제외합니다.

④ 신규 주택 적용 취득세율

취득구분	중과세 제외 주택		무상취득			유상거래						
						법인 및 단체	개인					
규제구분			조정대상지역		조정대상 지역 외 지역		조정대상지역			조정대상지역 외 지역		
총 소유주택 수 (신규 주택 포함)	무상 취득	유상 거래	3억 이상	3억 미만			1주택 일시적2주택	2주택	3주택 이상	2주택 이하	3주택	4주택 이상
⑫ 취득세율	3.5%	1~3%	12%	3.5%		12%	1~3%	8%	12%	1~3%	8%	12%
	□	□	□	□		□	□	□	□	□	□	□
고급주택	□ ⑫ 취득세율에 8% 가산											

※ 향후 세대별 주택 수 확인 결과 신고내용과 다르거나 일시적 2주택으로 신고했으나 종전 주택을 기한 내에 처분하지 않은 경우 가산세를 포함하여 추가로 취득세가 부과될 수 있음을 확인합니다.

신고인 : (서명 또는 인)

(뒤쪽)

작성방법

1. "① 취득자 구분"란에는 신고 대상 주택 취득자가 개인인지 법인(「지방세법」 제13조의 2 제1항 제1호에 따른 법인을 말합니다)인지 구분하여 표기합니다.
2. "② 세대 현황"란에는 신고 대상 주택 취득일 현재를 기준으로 신고 대상 주택을 취득하는 사람과 「주민등록법」 제7조에 따른 세대별 주민등록표 또는 「출입국관리법」 제34조 제1항에 따른 등록외국인기록표 및 외국인등록표에 함께 기재되어 있는 가족(동거인은 제외합니다)으로 구성된 세대의 현황을 적습니다. 이 경우 다음 기준에 유의하여 적어야 합니다.
   가. 주택을 취득하는 사람과 같은 세대별 주민등록표 또는 등록외국인기록표등에 기재되어 있지 않더라도 1세대에 포함되는 것으로 보아, 세대원란에 적어야 하는 대상
      1) 주택을 취득하는 사람이 혼인했거나 30세 이상인 경우: 배우자, 취득일 현재 미혼인 30세 미만의 자녀. 다만, 미성년자가 아니면서 소득이 「국민기초생활 보장법」 제2조 제11호에 따른 기준 중위소득의 100분의 40 이상이고, 소유하고 있는 주택을 관리·유지하면서 독립된 생계를 유지할 수 있는 자녀는 제외합니다.
      2) 주택을 취득하는 사람이 미혼이고 30세 미만인 경우: 주택을 취득하는 사람의 부모
   나. 주택을 취득하는 사람과 같은 세대별 주민등록표 또는 등록외국인기록표등에 기재되어 있더라도 1세대에 포함되지 않는 것으로 보지 않아, 세대원란에는 적지만 1세대 포함 여부에는 제외하는 경우
      1) 취득일 현재 65세 이상의 부모(부모 중 어느 한 사람이 65세 미만인 경우를 포함합니다)를 동거봉양(同居奉養)하기 위하여 30세 이상의 자녀, 혼인한 자녀 또는 소득이 「국민기초생활 보장법」 제2조 제11호에 따른 기준 중위소득의 40퍼센트 이상인 성년인 자녀가 합가(合家)한 경우
      2) 취학 또는 근무상의 형편 등으로 세대전원이 90일 이상 출국하는 경우로서 「주민등록법」 제10조의3제1항 본문에 따라 해당 세대가 출국 후에 속할 거주지를 다른 가족의 주소로 신고한 경우
3. "③ 취득 주택 소재지 및 고급주택 여부"란에는 신고 대상 주택의 주소와 조정대상지역 여부, 고급주택 여부를 적습니다.
4. "④ 중과세 제외 주택"이란 「지방세법 시행령」 제28조의 2 각 호의 어느 하나에 해당하여 중과세 대상으로 보지 않는 주택을 말하는 것으로, 중과세 제외 주택으로 표시한 경우 해당 규정의 몇 호에 해당하는지를 적습니다.
5. "⑤ 취득 원인"란에는 신고 대상 주택의 취득 원인이 무상취득 또는 유상거래(매매 또는 분양권에 의한 취득)인지를 구분하여 표기합니다.
6. "⑥ 계약일"란에는 신고 대상 주택의 증여계약일, 매매계약일 또는 분양권 계약일을 적습니다.
7. "⑦ 취득일"란에는 무상취득의 경우에는 신고 대상 주택의 계약일을, 유상거래의 경우에는 신고 대상 주택의 계약서상 잔금지급일 또는 부동산 등기일 중 빠른 날을 적습니다.
8. "⑧ 취득 가격"란에는 무상취득의 경우에는 신고 대상 주택의 시가표준액을, 유상거래의 경우에는 신고 대상 주택의 구입가격을 적습니다.
9. "⑨ 취득주택 면적"란에는 신고 대상 주택의 토지·건물의 총면적, 취득지분 및 취득면적을 적습니다.
10. "⑩ 일시적 2주택 여부"란에는 「지방세법 시행령」 제28조의5에 따라 국내에 주택, 조합원입주권, 주택분양권 또는 오피스텔을 1개 소유한 1세대로서 그 주택, 조합원입주권, 주택분양권 또는 오피스텔을 소유한 상태에서 이사·학업·취업·직장이전 및 이와 유사한 사유로 신고 대상 주택을 추가로 취득한 후 3년(이미 소유하고 있는 주택, 조합원입주권, 주택분양권 또는 오피스텔과 신고 대상 주택이 모두 조정대상지역에 있는 경우에는 1년) 이내에 이미 소유하고 있는 주택, 조합원입주권, 주택분양권 또는 오피스텔을 처분하려는 경우에는 일시적 2주택란에 표기합니다.
11. "⑪ 1세대 소유주택 현황"란에는 신고 대상 주택을 포함하여 신고 대상 주택 취득일 현재 1세대가 소유하고 있는 단독·공동주택, 2020. 8. 12. 이후 계약한 주택분양권, 2020. 8. 12. 이후 취득한 조합원입주권 또는 주거용 오피스텔의 소유자, 소재지 주소와 취득일을 적습니다. 이 경우 주택의 공유지분이나 부속토지만을 소유하는 경우도 주택을 소유한 것으로 보고, 「지방세법 시행령」 제28조의4제6항 각 호의 어느 하나에 해당하는 주택은 주택 수 산정 포함 대상에서 제외합니다.
    ※ 소유주택 현황을 별지로 작성할 경우 유형, 소유자, 소재지 주소, 취득일 및 주택 수 포함 여부 등을 명시해야 합니다.
12. "⑫ 취득세율"란에는 신고 대상 주택의 중과세 제외 여부, 취득 원인, 소재지(조정 대상 지역 여부) 및 1세대 소유주택 수 등을 확인하여 해당 세율을 표기합니다.

[별지 제4호 서식(전산용 1)] (2021. 12. 31. 개정)

취득세 납부서 납세자 보관용 영수증

○○시군구

납 세 자

주 소

과 세 대 상

취 득 원 인

• 이 영수증은 과세증명서로도 사용 가능합니다.

바코드 18㎜

음성변환용(내부)

▼ 인터넷 납부시 입력번호

납세번호	기관번호	세목	납세연월기	과세번호

과 세 표 준 액　　세율

세 목	납부세액	납부할 세액 합계
취 득 세		
지 방 교 육 세		원
농어촌특별세		
합 계 세 액		

담당자　　년 월 일 (수납인)

위의 금액을 영수합니다.

• 수납인과 취급자인이 없으면 이 영수증은 무효입니다.
• 공무원은 현금을 수납하지 않습니다.

납부장소 : 전국 우체국, 농협, 관내 금융기관

취득세 (비과세 · 감면) 확인서

○○시군구

납 세 자	
주 소	
과 세 대 상	
취 득 원 인	
과 세 표 준	
세 율	
당초세액(A)	
비과세 · 감면 세 액 (B)	
납 부 세 액 (A − B)	

비과세 · 감면 결정사유

년 월 일

시장 · 군수 · 구청장 인

취득세 영수필 확인서 (등기소 보관용)

○○시군구

납 세 자

주 소

과 세 대 상

취 득 원 인

과 세 표 준

납세번호	기관번호	세목	납세연월기	과세번호

과 세 표 준 액　　세율

세 목	납부세액	납부할 세액 합계
취 득 세		
지 방 교 육 세		원
농어촌특별세		
합 계 세 액		

위의 금액을 영수하였음을 통지합니다.

년 월 일 (수납인)

취득세 영수필 확인서 (등기소, 시군구 통보용)

○○시군구

납 세 자

주 소

과 세 대 상

취 득 원 인

등기접수번호

납세번호	기관번호	세목	납세연월기	과세번호

과 세 표 준 액　　세율

세 목	납부세액	납부할 세액 합계
취 득 세		
지 방 교 육 세		원
농어촌특별세		
합 계 세 액		

년 월 일 (수납인)

시장 · 군수 · 구청장 귀하

○○시군구 취득세 수납의뢰서

수납은행 보관용

납세자

납세번호	기관번호	세목
	납세연월기	과세번호

세 목	납 부 세 액
취 득 세	
지 방 교 육 세	
농어촌특별세	
합 계 세 액	

위의 금액을 수납하여 주시기 바랍니다.

년 월 일

시장 · 군수 · 구청장 인 (수납인)

취득세 영수필 통지서

○○시군구　　시군구 보관용

납세번호	기관번호	세목	납세연월기	과세번호

바코드 11㎜ 이상

※ 이 종이는 컴퓨터로 처리되므로 구겨지거나 더럽혀지지 않도록 주의하여 주십시오.

납 세 자

주 소

과 세 대 상

세 목	납 부 세 액	납부할 세액 합계
취 득 세		
지 방 교 육 세		
농 어 촌 특 별 세		원
합 계 세 액		

위의 금액을 영수하였음을 통지합니다.

년 월 일

시장 · 군수 · 구청장 귀하 (수납인)

210㎜ × 279㎜(OCR지 105g/㎡)

[별지 제4호 서식(전산용 2)] (2022. 6. 7. 개정)

취득세 (수납은행 확인용)

∞ 시 · 군

납세자:

납부기한:

기관번호	세목
납세연월기	과세번호

전자납부 번 호

세 목	납부할 세액
취 득 세	
지방교육세	
농어촌특별세	
합 계	

※ 신고(납부)기한 경과시 무신고가산세(20%) · 과소신고가산세(10%) · 납부지연가산세(1일 22/100,000)가 가산됩니다.

수납은행용 바코드　　지방자치단체의 장　직인

수납용

취득세 납부서 겸 영수증 (납세자용)

∞ 시 · 군

납세번호	과세기관	검	회계	과목	세목	연도	월	기분	읍면동	과세번호	검

납 세 자:　　납세자번호:

주 소:

과세대상:

지 방 세

세 목	납부할 세액	부과내역(과세표준)
취 득 세		
지방교육세		
농어촌특별세		
합 계		

시가표준액

담당자 문의처

위의 금액을 영수합니다.

년 월 일　　년 월 일　※ 이 영수증은 과세증명서로 사용할 수 있습니다.

지방자치단체의 장 직인　(수납인)

전자납부 번 호

취득세 신고 접수증

바코드 18㎜

음성변환용(내부)

납세자

주 소

신고인(대리인)	접수일자	접수번호	접수자

취 득 원 인		
세 율		
소 재 지		
과 세 표 준		
감면분 당 초 세 액		결 정 사 유
감면분 감 면 세 액		

「지방세법」 제20조 제1항 및 제152조 제1항, 같은 법 시행령 제33조 제1항 및 「농어촌특별세법」 제7조에 따라 신고한 신고서의 접수증입니다.

지방자치단체의 장　직인

납 부 장 소

전국 은행, 우체국, 새마을금고, 신용협동조합, 산림조합

지방세 안내

지방자치단체 활용란

※ 지방세 납부방법 안내 등

신고(납부)기한 경과시 무신고가산세(20%) · 과소신고가산세(10%) · 납부지연가산세(1일 22/100,000)가 가산됩니다.

210㎜×297㎜(CP지 90g/㎡)

[별지 제6호 서식] (2021. 9. 7. 개정 ; 어려운~행정안전부령)

(앞쪽)

결재	담당자	담당	과장

취득세 신고 및 수납사항 처리부

연도: 출력일자:

과세번호	납세자 인적사항		과세대상		신고사항	납부사항	등기사항	추징사항	대사결과	부적합 원인
	성명(법인명)	주민(법인)등록 번호	취득일자	등기·등록원인	과세표준	과세표준	세액합계	결정세액		
	전화번호		물건소재지		세액합계	세액합계				
	주소(소재지)		구조(지목)	총필지수	취득세	취득세	접수일자	부족세액		
			용도(등급)	토지면적(㎡)	지방교육세	지방교육세				
					농어촌특별세	농어촌특별세				
			면적(㎡)	건물면적(㎡)	신고일자	납부일자	납부일자	고지일자		
			감면비율	감면세액	신고번호	세입일자	등기번호	고지번호		

297mm×210mm (보존용지(1종) 70g/㎡)

(뒤쪽)

“취득세 신고 및 수납사항 처리부” 작성 비치 시 입력 및 확인할 사항

1. “취득세신고 및 수납사항 처리부” 작성양식이 각 시 · 군 · 구별로 상이하여 표준양식을 배부하오니 표준양식에 따라 출력품을 변경될 수 있도록 조치 바랍니다.
   ※ 잘못된 사례 : 납부상황이 수납사실이 없음에도 출력되는 경우, 납부일자가 표시되지 않고 세입일자만 표시되는 경우, 취득일자 및 취득세 신고납부 현황이 표시되지 아니하는 경우
2. 등기사항 입력 시 주의사항
   • 취득세영수필통지서(등기 · 등록부서 통보분)의 수령은 「지방세법 시행령」 제38조에 따라 등기소에 5일 이내에 송부하여 줄 것을 독촉하고 지연송부가 계속될 경우 주 1회 수령하는 것을 관례화합니다.
   • 취득세영수필통지서(등기 · 등록부서 통보분)를 수령하면 즉시 전산입력하여 위조 확인인 등을 이용한 횡령사실(취득세영수필통지서 등기소 통보분은 있으나 은행수납내역이 없는 것)을 확인합니다.
   ※ 잘못된 사례 : 등기소에서 취득세영수필통지서가 송부되기만을 기다리다 3~4개월이 지나 입력하여 횡령 등의 사실을 지연 발견하는 경우(향후 이런 사례가 발생할 시에는 문책 가능함)
3. 추징사항 입력 : 취득세 추징 및 가산세 발생내용에 대하여 입력합니다.
4. 대사결과란의 표시방법
   • “적합”, “부적합”으로 표시합니다.
   • 신고사항 및 은행수납내역, 등기사항이 일치되고, 취득세 납부일자가 등기접수일자보다 빠른 경우에 “적합”으로 표시합니다.
   • 신고사항 및 은행수납내역, 등기사항이 일치되지 아니하는 것, 취득세 납부일자가 등기접수일자 보다 늦은 경우와 납부사항 및 등기사항이 없을 경우에 “부적합”으로 표시합니다.
5. 대사결과 부적합의 원인규명
   • 등기사항은 입력되어 있는데 수납사항이 표시되지 아니하는 경우에는 횡령 · 유용의 관계를 사실 조사하여 고발조치합니다.
   • 등기사항 및 납부사항이 같이 입력되지 아니하는 경우에는 등기소의 등기 여부를 확인합니다(등기 · 등록부서의 업무착오 및 유착사실 확인을 포함합니다).
   • 취득세 납부일자가 등기접수일자보다 늦은 경우 가산세를 추징합니다.
6. 부적합 원인 : 부적합한 원인을 요약기재(예: 횡령, 미등기, 비과세 등)합니다.
7. “취득세 신고 및 수납사항처리부”의 결재
   • 시 · 군 · 구에서는 처리부를 수납내역의 확인은 물론 미등기사항 등에 대하여 조사를 완료하고 관리책임자의 결재를 받아 관리합니다.
   ※ 잘못된 사례 : 관리책임자의 결재 및 지시 사실이 없어 담당자가 당면 업무의 추진을 우선하여 횡령 등의 사실에 대하여 지연 확인하는 경우
8. 차량의 “취득세 신고 및 수납사항처리부” 작성 비치
   • 시 · 군 · 구에서는 국토교통부의 차량등록현황에 따라 취득세 수납사항을 교차점검하여 미수납내역에 대한 원인을 규명합니다. (2013. 3. 23. 개정 ; 안전행정부와 그 소속기관 직제 시행규칙 부칙)
   ※ 잘못된 사례 : 시 · 도의 차량등록 자료 통보에도 불구하고 전산조작의 미숙으로 차량 “취득세 신고 및 수납사항처리부” 미비치 및 미수납내역에 대한 확인을 소홀히 하는 경우

[별지 제7호 서식] (2011. 12. 31. 개정)

분류기호: 년 월 일

수 신: 시장 · 군수 · 구청장 귀하 발 신: 등기 · 등록관서의 장 「인」

제 목 : 취득세(등록에 대한 등록면허세) 미납부 및 납부부족액 통보

취득세(등록에 대한 등록면허세) 미납부 및 납부부족액 명세

성명(법인명)		주민(법인)등록번호	

납세자주소(소재지)

납부 연월일	취득재산의 표시					과세표준	세율	세액	납부부족액	납부부족사유	등기권리자		신청대리인	
	등기		등기 · 등록 재산의 표시											
	종류	목적확인	소재지	종류	수량						성명 (법인명)	주소 (소재지)	성명 (법인명)	주소 (소재지)

210mm×297mm(일반용지 60g/㎡(재활용품))

[별지 제7호의 3 서식] (2023. 3. 14. 신설)

부동산의 증여 납부 및 징수 통보서

(단위: 원, ㎡)

성명	주민등록번호	과세대상				증여일	과세연월	증여재산가액	평가액	가산세액	납부여부
		재산종류	물건소재지	토지면적	건물면적						

210mm×297mm[백상지 80g/㎡]

[별지 제8호 서식] (2022. 3. 31. 개정)　　정부24(www.gov.kr)에서도 신청할 수 있습니다.

취득세(등록면허세) 비과세(감면) 확인서

신청인	성명(법인명)		생년월일(법인등록번호)
	주소(소재지)		
취득 또는 등기·등록 목적			
취득 또는 등기·등록의 표시			
과세표준	취득세율 (등록면허세율)	산출세액	감면세율	비과세 또는 감면액
결정사유				

년　월　일 취득세(등록면허세) 납부명세서에 따라 위의 취득세(등록면허세)가 [ ]비과세 [ ]감면됨을 확인합니다.

년　월　일

시장·군수·구청장　(직인)

210㎜×297㎜[미색모조지 80g/㎡]

[별지 제9호 서식] (2022. 6. 7. 개정)

등록에 대한 등록면허세 신고서

[기한 내 신고( )　기한 후 신고( )]

※ 색상이 어두운 난은 신청인이 작성하지 아니하며, 뒤쪽의 작성방법을 읽고 작성하시기 바랍니다.　(앞 쪽)

접수번호	접수일자		관리번호
신고인	① 성명(법인명)	② 주민(법인)등록번호	③ 주소(영업소)	④ 전화번호

등기·등록물건 내역

⑤ 소재지			
⑥ 물건명	⑦ 등기·등록종류	⑧ 등기·등록원인	⑨ 등기·등록가액

납부할 세액

세목	⑩ 과세표준	⑪ 세율	⑫ 산출세액	⑬ 감면세액	⑭ 기납부세액	가산세: 무신고 또는 과소신고	가산세: 납부지연	가산세: ⑮ 계	신고세액 합계 (⑫-⑬-⑭+⑮)
합계									
등록면허세		%							
지방교육세		%							
농어촌특별세		%							

첨부서류
1. 전세계약서 등 등록가액 등을 증명할 수 있는 서류 사본 1부
2. 「지방세특례제한법 시행규칙」 별지 제1호 서식의 지방세 감면 신청서 1부
3. 별지 제8호 서식의 취득세 비과세 확인서 1부
4. 별지 제10호 서식의 등록면허세(등록) 납부서 납세자 보관용 영수증 사본 1부

「지방세법」 제30조 및 같은 법 시행령 제48조 제3항에 따라 위와 같이 신고합니다.

년　월　일

신고인　(서명 또는 인)
대리인　(서명 또는 인)

접수(영수)일자 (인)

특별자치시장·특별자치도지사·
시장·군수·구청장　귀하

위 임 장

위의 신고인 본인은 위임받는 사람에게 등록에 대한 등록면허세 신고에 관한 모든 권리와 의무를 위임합니다.

위임자(신고인)　(서명 또는 인)

※ 위임장은 별도 서식을 사용할 수 있습니다.

위임받는 사람	성명	주민등록번호	위임자와의 관계
	주소		전화번호

자르는선

접수증(등록면허세 신고서)

신고인(대리인)	접수연월일	과세물건 신고내용	접수번호	
「지방세법」 제30조 및 같은 법 시행령 제48조 제3항에 따라 신고한 신고서의 접수증입니다.			접수자 (서명 또는 인)	접수일

210㎜×297㎜[백상지 80g/㎡(재활용품)]

(뒤 쪽)

작 성 방 법

□ 기한 내, 기한 후: 해당란에 ∨로 표시합니다.

□ 관리번호: 과세관청에서 적는 사항으로서 신고인은 적지 않습니다.

□ 신고인란

① 성명(법인명): 개인은 성명, 법인은 법인등기부상의 법인명을 적습니다.

② 주민(법인)등록번호: 개인(내국인)은 주민등록번호, 법인은 법인등록번호, 외국인은 외국인등록번호를 적습니다.

③ 주소(영업소):

- 개인: 주민등록표상의 주소를 원칙으로 하되, 주소가 사실상의 거주지와 다른 경우 거주지를 적을 수 있습니다.
- 법인 또는 개인사업자: 법인은 주사무소 소재지, 개인사업자는 주된 사업장 소재지를 적습니다. 다만, 주사무소 또는 주된 사업장 소재지와 분사무소 또는 해당 사업장의 소재지가 다를 경우 분사무소 또는 해당 사업장의 소재지를 적을 수 있습니다.

④ 전화번호: 연락이 가능한 일반전화(휴대전화)번호를 적습니다.

□ 등기·등록물건 내역란: 등록면허세 과세대상이 되는 물건의 내역 등을 적습니다.

⑤ 소재지: 등기·등록물건의 소재지를 말하며, 부동산(토지·건축물)은 토지·건축물의 소재지, 선박은 선적항, 자동차(건설기계)는 등록지 등을 적습니다.

⑥ 물건명: 등록면허세 과세대상이 되는 부동산(토지·건축물), 선박, 자동차, 건설기계, 법인, 광업권, 광업권 등을 물건별로 적습니다.

⑦ 등기·등록종류: 전세권, 저당권, 가처분, 가압류, 가등기, 법인설립, 지점설치 등을 적습니다.

⑧ 등기·등록원인: 설정, 말소, 변경, 이전, 기타 등을 적습니다.

⑨ 등기·등록가액: 등기·등록 당시의 가액을 말하며, 자산재평가 또는 감가상각 등의 사유로 그 가액이 변경된 경우 법인장부 또는 결산서 등 입증할 수 있는 서류로 확인되는 것과 일치하여야 합니다.

□ 첨부서류: 등기·등록가액을 입증할 수 있는 전세계약서, 법인장부 등을 말하며, 전세계약서 등의 등기·등록가액과 신고서 상의 등기·등록가액이 다르지 않도록 적어야 합니다.

※ 등기·등록가액이 입증되는 전세계약서 등을 이중으로 작성하거나, 허위로 작성하여 등기·등록가액을 허위·과소신고하는 경우 불이익을 받을 수 있습니다.

□ 위임장: 신고인을 대리하여 등록면허세 신고를 하는 경우에는 위임장을 제출하여야 합니다. 다만, 「지방세법」 제28조에 따른 등록면허세가 정액(定額)인 경우 및 「부동산등기법」 제28조에 따라 채권자 대위권에 의한 등기신청을 하려는 채권자는 위임장을 제출하지 않을 수 있습니다.

□ 신고인은 납세자를 말하며, 서명 또는 날인이 없으면 이 신고서는 무효가 되며, 대리인이 신고하는 경우에도 서명 또는 날인이 없거나 위임장이 없으면(위임장 제출을 생략할 수 있는 경우는 제외합니다) 무효가 됩니다.

□ 문의사항은 특별자치시·특별자치도·시·군·구 과 (☎)로 문의하시기 바랍니다.

210㎜×297㎜[백상지 80g/㎡(재활용품)]

[별지 제10호 서식(전산용 1)] (2021. 12. 31. 개정)

○○시군구 등록면허세(등록) 납부서 납세자 보관용 영수증

· 이 영수증은 과세증명서로도 사용 가능합니다.

납 세 자
주 소
과 세 대 상
취 득 원 인

바코드 18㎜ (공란 유지)

▼ 인터넷 납부시 입력번호

납세번호	기관번호	세목	납세연월기	과세번호

과 세 표 준 액 / 세율

세 목	납부세액	납부할 세액 합계
취 득 세		
지 방 교 육 세		원
농어촌특별세		
합 계 세 액		

담당자 / 년 월 일 (수납인)

위의 금액을 영수합니다.

· 수납인과 취급자인이 없으면 이 영수증은 무효입니다.
· 공무원은 현금을 수납하지 않습니다.

납부장소: 전국 우체국, 농협, 관내 금융기관

○○시군구 등록면허세 (등록) 비과세·감면 확인서

납 세 자
주 소
등 기 물 건
등 기 원 인
과 세 표 준
세 율
당초세액(A)
비과세·감면세액 (B)
납부세액(A-B)

비과세·감면 결정사유

년 월 일

시장·군수·구청장 (인)

○○시군구 등록면허세(등록) 영수필 확인서 등기소 보관용

납 세 자
주 소
등 기 물 건
등 기 원 인
과 세 표 준

납세번호	기관번호	세목	납세년월기	과세번호

과 세 표 준 액 / 세율

세 목	납부세액	납부할 세액 합계
등 록 면 허 세		
지 방 교 육 세		원
농어촌특별세		
합 계 세 액		

위의 금액을 영수하였음을 통지합니다.

년 월 일 (수납인)

○○시군구 등록면허세(등록) 영수필 통지서 등기소, 시군구 통보용

납 세 자
주 소
등 기 물 건
등 기 원 인
등기접수번호

납세번호	기관번호	세목	납세연월기	과세번호

과 세 표 준 액 / 세율

세 목	납부세액	납부할 세액 합계
등 록 면 허 세		
지 방 교 육 세		원
농어촌특별세		
합 계 세 액		

년 월 일

시장·군수·구청장 귀하 (수납인)

○○시군구 등록면허세(등록)수납 의뢰서 수납은행 보관용

납세자

납세번호	기관번호	세목
	납세연월기	과세번호

세 목	납 부 세 액
취 득 세	
지 방 교 육 세	
농어촌특별세	
합 계 세 액	

위의 금액을 수납하여 주시기 바랍니다.

년 월 일

시장·군수·구청장 (인) (수납인)

○○시군구 등록면허세(등록) 영수필 통지서 시군구 보관용

바코드 11㎜ 이상

납세번호	기관번호	세목	납세연월기	과세번호

※ 이 종이는 컴퓨터로 처리되므로 구겨지거나 더럽혀지지 않도록 주의하여 주십시오.

납 세 자
주 소
과 세 대 상

세 목	납 부 세 액	납부할 세액 합계
취 득 세		
지 방 교 육 세		
농 어 촌 특 별 세		원
합 계 세 액		

위의 금액을 영수하였음을 통지합니다.

년 월 일

시장·군수·구청장 귀하 (수납인)

[별지 제10호 서식(전산용 2)] (2021. 12. 31. 개정)

시·군 ○○	등록면허세(등록)	(수납은행 확인용)

납세자:
납부기한:

기관번호	세목
납세연월기	과세번호
전자납부 번 호	

세 목	납부할 세액
등록면허세	
지방교육세	
농어촌특별세	
합 계	

수납은행용 바코드	지방자치 단체의 장	직인

시·군 ○○	등록면허세(등록) 납부서 겸 영수증	(납세자용)

납세번호	과세기관	검	회계	과목	세목	연도	월	기분	읍면동	과세번호	검

납 세 자: 납세자번호:
주 소:
과세대상:

지 방 세

세 목	납부할 세액	부과내역(과세표준)	시가표준액
등록면허세			
지방교육세			담당자 문의처
농어촌특별세			
합 계			

위의 금액을 영수합니다.
년 월 일 년 월 일 ※ 이 영수증은 과세증명서로 사용할 수 있습니다.
지방자치단체의 장 직인 (수납인) 전자납부 번 호

등록면허세(등록) 신고 접수증

바코드 18mm
음성변환용(내부)

납세자
주 소

신고인(대리인)	접수일자	접수번호	접수자

등 록 원 인			
세 율			
소 재 지			
과 세 표 준			
감면분 당 초 세 액		결 정 사 유	
감면분 감 면 세 액			

「지방세법」 제30조 및 같은 법 시행령 제48조 제3항에 따라 신고한 신고서의 접수증입니다.

지방자치단체의 장 [직인]

납 부 장 소
전국 은행, 우체국, 새마을금고, 신용협동조합, 산림조합
지방세 안내

지방자치단체 활용란
※ 지방세 납부방법 안내 등

210mm×297mm(CP지 90g/㎡)

[별지 제13호 서식] (2010. 12. 23. 개정)

행 정 기 관 명

수신자
(경 유)
제 목 등록면허세 특별징수 내용 통보

「지방세법」 제31조에 따라 ○○○○년 ○○월부터 ○○○○년 ○○월까지 특별징수한 내용을 다음과 같이 통보합니다.

납세자	성명(대표자)		주민(법인)등록번호	
	상호(법인명)		사업자등록번호	
	주소(소재지)	□□□-□□□		
	전 화 번 호		전 자 우 편 주 소	
과세표준	종 류 별	건수	등 록 면 허 세	지방교육세
송금내역	징 수 세 액	(지방교육세 원 포함)		
	송 금 액		송 금 계 좌	
송금일자				
※ 구비서류: 등록에 대한 등록면허세 특별징수 명세서 1부.				

끝.

행정기관의 장 [직인]

기안자(직위/직급) 서명 검토자(직위/직급) 서명 결재권자(직위/직급) 서명
협조자 (직위/직급) 서명
시행 처리과-일련번호(시 행 일) 접수 처리과-일련번호(접 수 일 자)
우 주소 / 홈페이지 주소
전화 전송 / 공무원의 공식 전자우편주소 / 공개구분

210mm×297mm(일반용지 60g/㎡(재활용품))

[별지 제13호 서식의 부표] (2010. 12. 23. 개정)

등록에 대한 등록면허세 특별징수 명세서(　. . . ~ . . .)

일련 번호	등록(국제) 번호	권리자			등록 (설정 등) 결정일자	등록 사유	비고
		성명 (법인명)	주민(법인)등록 번호	주소(소재지)			

210mm×297mm(일반용지 60g/㎡(재활용품))

[별지 제14호 서식(전산용)] (2021. 12. 31. 개정)

☜ 이곳을 천천히 개봉하여 주십시오.

우체국

보내는 사람

과세번호			
담당자		문의처	

우편반송용 바코드 17㎜

우편반송용

받는 사람

바코드 18㎜

음성변환용(외부)

바코드 18㎜

음성변환용(내부)

신고납부 근거
납 부 장 소
전국 은행, 우체국, 새마을금고, 신용협동조합, 산림조합
지방세 안내

지방자치단체 활용란

※ 지방세 납부방법 안내 등

ㅇㅇ 시 · 군 　(수납은행 확 인 용)

납세자:

기관번호	세목
납세연월기	과세번호
전자납부 번 호	

세 목	납부할세액
합 계	

수납은행용 바코드

수납용

지방자치 단체의 장 　직인

ㅇㅇ 시 · 군 　납부서 겸 영수증 (　분) 　(납세자용)

납세 번호	과세 기관	검	회계	과목	세목	연도	월	구분	읍면 동	과세 번호	검

납 세 자: 　　　납세자번호:

주 　　소: 　　　지 방 세

과세대상: 　　　수납용바코드 　수납용

세 목	본세	가산세	합계	과세표준	세율
합 계					

위의 금액을 납부하시기 바랍니다.

지방자치단체의 장 　직인

위의 금액을 영수합니다. 년 　월 　일

수납인

담당자: 　문의처:

※ 이 영수증은 과세증명서로 사용할 수 있습니다

전자납부 번 호	

[별지 제15호 서식] (2010. 12. 23. 개정) (앞쪽)

관리번호 : -

면허에 대한 등록면허세 신고서

납세자	① 성 명(법 인 명)		② 주민(법인)등록번호	
	③ 상 호 명		④ 사 업 자 등 록 번 호	
	⑤ 주 소(영 업 소)			
	⑥ 전 화 번 호		⑦ 전 자 우 편 주 소	

면허의 종류				면허에 대한 등록면허세 신고세액				
⑧ 명 칭	⑨ 종류	⑩ 규모	⑪ 건수	⑫ 세율	⑬당해 연도분 (⑪×⑫)	⑭다음 연도분 (⑪×⑫)	⑮다음연도 공제세액 (⑭×10%)	합계 (⑬+⑭-⑮)
합계								

※ 구비서류 : 면허에 대한 입증자료

「지방세법」 제35조 따라 위와 같이 신고합니다.

년 월 일

신고인 (서명 또는 인)
대리인 (서명 또는 인)

시장 · 군수 · 구청장 귀하

접수(영수)일자인

위 임 장

위 신고인 본인은 위임받는 자에게 면허에 대한 등록면허세 신고에 관한 모든 권리와 의무를 위임합니다.

위임자(신고인) (서명 또는 인)

위 임 받는 자	성 명		주민등록번호		위임자와의 관계	
	주 소				전 화 번 호	

※ 위임장은 별도 서식을 사용할 수 있습니다.

접수증(면허에 대한 등록면허세 신고서)

신고인	접수연월일	신고내용	접수번호	
「지방세법」 제35조에 따라 신고한 신고서의 접수증입니다.			접수자	접수일
			(서명 또는 인)	

210mm×297mm(일반용지 60g/㎡(재활용품)

[별지 제17호 서식(전산용 1)] (2023. 12. 29. 개정) (앞쪽)

☜ 이곳을 천천히 개봉하여 주십시오.

보내는 사람

우체국

바코드 18㎜

음성변환용(외부)

과세번호			
담당자		문의처	

우편반송용 바코드 17㎜

우편반송용

받는 사람

바코드 18㎜

음성변환용(내부)

과 세 근 거

납 부 장 소

전국 은행, 우체국, 새마을금고, 신용협동조합, 산림조합

납부지연가산세

「지방세기본법」 제55조 및 제56조에 따라 납세고지서에 따른 납부기한까지 지방세액을 납부하지 않는 경우에는 그 지방세액의 3%가 부과되고, 해당 지방세액이 45만원 이상인 경우에는 납세고지서에 따른 납부기한이 지난 날부터 1개월이 지날 때마다(최대 60개월까지) 그 지방세액의 0.66%가 추가로 부과됩니다.

※ 계산식
납기 내 지방세액 + 납부지연가산세(납기 내 지방세액의 3%) + 납부지연가산세(납기 내 지방세액 × 0.66% × 경과월수)

지방자치단체 활용란

※ 지방세 납부방법 안내 등

○○ 시 · 군 (수납은행 확 인 용)

납세자:

기관번호	세목
납세연월기	과세번호

전자납부 번 호	

납기 내:	까지
세 목	납기 내 금액
합 계	

납기 후:	까지
납기 후 금액	

수납은행용 바코드

수납용

지방자치 단체의 장 직인

○○ 시 · 군 납세고지서 겸 영수증 (분) (납세자용)

납세 번호	과세 기관	검	회계	과목	세목	연도	월	구분	읍면동	과세 번호	검

납 세 자:
주 소:

납세자번호:

지 방 세

과세대상:

수납용 바코드

수납용

세 목	납기 내 금액	납기 후 금액	부과내역 (과세표준)	세율
합 계				

납기 내
까지
납기 후
까지

위의 금액을 납부하시기 바랍니다.
년 월 일
지방자치단체의 장 직인

위의 금액을 영수합니다.
년 월 일

수납인

담당자: 문의처:

※ 이 영수증은 과세증명서로 사용할 수 있습니다

전자납부 번 호

210mm×297mm(CP지 90g/㎡)

[별지 제17호 서식(전산용 2)] (2023. 12. 29. 개정) (앞쪽)

☜ 이곳을 천천히 개봉하여 주십시오.
보내는 사람

바코드 18㎜
음성변환용(외부)

과세번호			
담당자		문의처	

받는 사람

우편반송용 바코드 17㎜
우편반송용

과 세 근 거

납 부 장 소

전국 은행, 우체국, 새마을금고, 신용협동조합, 산림조합

납부지연가산세

「지방세기본법」 제55조 및 제56조에 따라 납세고지서에 따른 납부기한까지 지방세액을 납부하지 않는 경우에는 그 지방세액의 3%가 부과되고, 해당 지방세액이 45만원 이상인 경우에는 납세고지서에 따른 납부기한이 지난 날부터 1개월이 지날 때마다(최대 60개월까지) 그 지방세액의 0.66%가 추가로 부과됩니다.
※ 계산식
납기 내 지방세액 + 납부지연가산세(납기 내 지방세액의 3%) + 납부지연가산세(납기 내 지방세액 × 0.66% × 경과월수)

자동계좌이체 납부 통지서

귀하께서 납부하실 지방세는 아래 신청하신 거래 금융회사 또는 체신관서의 계좌에서 자동이체되어 납부됩니다.

바코드 18㎜
음성변환용(내부)

금융회사 또는 체신관서:
예 금 주:
출 금 계 좌:
성 명:

※ 자동이체일은 년 월 일 입니다.

• 납부기한 마감일 전에 예금 잔액을 확인하십시오. 예금 잔액이 부족하면 자동이체납부가 되지 않으므로 관할 시 · 군 · 구에 확인 후 직접 은행에 납부하여야 합니다.
• 지방세 납부명세는 예금통장으로 확인할 수 있습니다.

귀하께서는 자동계좌이체를 신청하셨으므로 이 고지서로 지방세 납부장소(전국 은행, 우체국, 새마을금고, 신용협동조합, 산림조합)에서 납부하실 수 없습니다.

○○ 시 · 군

납세고지서 (분) (납세자용)

납세번호	과세기관	검	회계	과목	세목	연도	월	구분	읍면동	과세번호	검

납 세 자: 납세자번호:
주 소:
과세대상:

세 목	납부할 세액	부과내역(과세표준)	세율
합 계			

납부기한
까지

담당자 문의처

위의 금액을 납부하시기 바랍니다.
년 월 일 ※ 지방세 납부결과는 고지한 지방자치단체에서 확인이 가능합니다.

지방자치단체의 장 직인

210mm×297mm(CP지 90g/㎡)

[별지 제18호 서식] (2010. 12. 23. 개정)

행 정 기 관 명

수신자
(경 유)
제 목 **면허(허가 · 인가) 취소(정지) 요구**

납세자는 면허에 대한 등록면허세를 정해진 기일 내에 납부하지 아니하였으므로 「지방세법」 제39조 제1항에 따라 그 면허(허가 · 인가)의 취소(정지)를 요구하오니 지체 없이 조치하시고 그 결과를 회보하여 주시기 바랍니다.

납세자	성명(대 표자)		주민(법인)등록번호	
	상호(법인명)		사업자등록번호	
	주소(소재지)	□□□-□□□		
	전 화 번 호		전 자 우 편 주 소	
면허의 종 류	명 칭			
	종 목			

끝.

행정기관의 장 직인

기안자(직위/직급) 서명 검토자(직위/직급) 서명 결재권자(직위/직급) 서명
협조자 (직위/직급) 서명
시행 처리과-일련번호 (시 행 일) 접수 처리과-일련번호 (접 수 일 자)
우 주소 / 홈페이지 주소
전화 전송 / 공무원의 공식 전자우편주소 / 공개구분

210mm×297mm(일반용지 60g/㎡(재활용품))

[별지 제19호 서식] (2010. 12. 30. 개정)

행 정 기 관 명

수신자
(경 유)
제 목 **면허 부여(변경, 취소, 정지)에 관한 통보**

「지방세법」 제38조의 2 제1항에 따라 다음과 같이 면허를 부여(변경, 취소, 정지)함을 통보합니다.

면허를 받은자	성명(대표자)		주민(법인)등록번호	
	상호(법인명)		사업자등록번호	
	주소(소재지)	□□□-□□□		
	전 화 번 호		전자우편주소	
면허의 종류	명 칭			
	규 모			
면허의 부여(변경, 취소, 정지 연월일				
그밖의 사항				

(주) 1. 그 밖의 사항란에는 면허를 변경 또는 취소한 경우 그 이유와 경과 등을 적습니다.
2. 규모란에는 인원 · 무게 · 수량 · 면적 · 재적 · 부피 · 동력 · 금액 등 면허의 종별구분이 되는 수치 및 단위를 적습니다.

끝.

행정기관의 장 직인

기안자(직위/직급) 서명 검토자(직위/직급) 서명 결재권자(직위/직급) 서명
협조자 (직위/직급) 서명
시행 처리과-일련번호 (시 행 일) 접수 처리과-일련번호 (접 수 일 자)
우 주소 / 홈페이지 주소
전화 전송 / 공무원의 공식 전자우편주소 / 공개구분

210mm×297mm(일반용지 60g/㎡(재활용품))

[별지 제20호 서식] (2010. 12. 23. 개정)

면허에 대한 등록면허세 과세대장

일련번호	

면허를 받은 자	①성명(법인명)		②주민(법인) 등록번호		⑤주 소	
	③상호명		④사 업 자 등록번호		⑥사업장 소재지	
					⑦전화번호	

⑧ 면허일	⑨ 면허명 (허가번호)	⑩ 구분	⑪ 종호수	⑫ 품목수	⑬ 면허부여기관	⑭ 면허기간	⑮ 비 고 (면적 · 인원 · 수량 등 해당 사항 기재)
			종 호			~	
			종 호			~	
			종 호			~	
			종 호			~	
			종 호			~	
			종 호			~	
			종 호			~	
			종 호			~	
			종 호			~	
			종 호			~	
			종 호			~	
			종 호			~	
			종 호			~	
			종 호			~	

⑯부과 연월일	⑰과세 구분	⑱과세 번호	⑲과세내역			⑳징수 연월일	㉑비 과 세 감면사항	㉒이동 사유
			종호수	면허명	세액			
			종 호					

210mm×297mm(일반용지 60g/㎡(재활용품))

[별지 제21호 서식] (2022. 6. 7. 개정) (앞쪽)

관리번호 : -

레저세 신고서

[기한 내 신고( ) 기한 후 신고( )]

납세의무자	①성명(법인명)		②주민(법인)등록번호	
	③상호명		④사업자등록번호	
	⑤주소(영업소)		⑥전화번호	

과세물건 내역

⑦과세대상	⑧발매기간	⑨발매수	⑩발매총액	⑪장내/외	⑫안분율
	년 월 일~ 년 월 일				

납부할 세액

세 목	⑬과세표준	⑭세율	⑮산출세액	⑯감면세액	⑰기납부 세 액	가산세 무신고 또는 과소신고	가산세 납 부 지 연	가산세 ⑱계	⑲신고세액합계 (⑮-⑯-⑰+⑱)
합 계									
레 저 세									
지방교육세									

※ 첨부서류: 발매소별 매출액 집계표 1부.

「지방세법」 제43조 및 같은 법 시행령 제58조에 따라 위와 같이 신고합니다.

년 월 일

신고인 (서명 또는 인)

접수(영수)일자인

시장 · 군수 · 구청장 귀하

접수증(레저세 신고서)

신고인	접수연월일	신고내용	접수번호	
「지방세법」 제43조 및 같은 법 시행령 제58조에 따라 위와 같이 신고합니다.			접수자	접수일
			(서명 또는 인)	

210mm×297mm(일반용지 60g/㎡(재활용품))

[별지 제22호 서식] (2022. 6. 7. 개정)

행 정 기 관 명

수신자
(경 유)
제 목 **레저세액 결정(경정) 통지**

귀하(귀 법인)는 년도 월분 레저세에 대하여 신고 및 납부 의무를 다하지 않았으므로 「지방세법」 제45조에 따라 다음과 같이 결정(경정)하여 통지합니다.

1. 결정(경정) 내용

구분	과세표준	세 율	과세종별	합계세액	상 호	영업장
①신고						
②결 정 (경 정)						
부족분 (②-①)						

2. 부족세액 추징 및 가산세액

③ 레저세액	④가산세 무신고 또는 과소신고	④가산세 납부지연	합계 ⑤ 레저세+가산세 (③+④)	합계 ⑥ 지방 교육세	합계 납부세액 (⑤+⑥)

3. 결정(경정) 이유

붙 임: 납세고지서 부. 끝.

주) 본 서식을 축소하여 추징할 납세고지서에 연속시킬 수 있습니다. 이 경우 세액산출근거 등은 생략합니다.

행정기관의 장 직인

기안자(직위/직급) 서명 검토자(직위/직급) 서명 결재권자(직위/직급) 서명
협조자 (직위/직급) 서명
시행 처리과-일련번호(시 행 일 자) 접수 처리과-일련번호(접 수 일 자)
우 주소 / 홈페이지 주소
전화 전송( ) / 기안자의 공식전자우편주소 / 공개구분

210mm×297mm(일반용지 60g/㎡(재활용품))

[별지 제22호의 2 서식] (2019. 12. 31. 개정)

면세담배 반입 확인서

※ 뒤쪽의 작성방법을 읽고 작성하시기 바랍니다. (앞쪽)

접수번호	접수일자	처리기간 즉시

반입일 :

신고인	① 성명(법인명)	② 주민(법인)등록번호
	③ 상호(대표자)	④ 사업자등록번호
	⑤ 주소(영업소)	
	⑥ 전화번호	⑦ 전자우편주소

신고내용

구분	⑧ 품명	⑨ 단위	⑩ 수량	⑪ 판매가격
⑫ 반입내역	계			

「지방세법」 제54조 제3항 및 같은 법 시행령 제64조의 2에 따라 위와 같이 면세담배가 담배보관장소로 반입된 사실을 확인하고 이를 신고합니다.

년 월 일

신고인 (서명 또는 인)

시장 · 군수 귀하

첨부서류	면세 담배의 반입사실을 증명하는 서류	수수료 없음

210mm×297mm[백상지 80g/㎡(재활용품)]

(뒤쪽)

작 성 방 법

□ 인적사항(신고인)란

① 성명(법인명) : 개인은 성명, 법인은 법인등기부상의 법인명을 적습니다.

② 주민(법인)등록번호 : 개인(내국인)은 주민등록번호, 법인은 법인등록번호, 외국인은 외국인등록번호를 적습니다.

③ 상호명(대표자) : 개인사업자는 상호명, 법인은 법인의 대표자 성명을 적습니다.

④ 사업자등록번호 : 「소득세법」, 「법인세법」, 「부가가치세법」 에 따라 등록된 사업장의 등록번호를 적고, 등록번호가 없는 경우 빈 칸으로 둡니다.

⑤ 주소(영업소) :

- 개인 : 주민등록표상의 주소를 원칙으로 하되, 주소가 사실상의 거주지와 다른 경우 거주지를 적을 수 있습니다.
- 법인 또는 개인사업자 : 법인은 주사무소 소재지, 개인사업자는 주된 사업장 소재지를 적습니다. 다만, 주사무소 또는 주된 사업장 소재지와 분사무소 또는 해당 사업장의 소재지가 다를 경우 분사무소 또는 해당 사업장의 소재지를 적을 수 있습니다.

⑥ 전화번호 : 연락이 가능한 일반전화(휴대전화)번호를 적습니다.

⑦ 전자우편주소 : 수신이 가능한 전자우편주소(E-mail 주소)를 적습니다.

□ 신고내용란

⑫ 반입내역 : 보세구역으로부터 반입된 담배에 대한 사항을 적습니다.

□ 문의사항은 시(군) 과(☎ -)로 문의하시기 바랍니다.

[별지 제23호 서식] (2019. 12. 31. 개정)

담배 반출신고서

※ 뒤쪽의 작성방법을 읽고 작성하시기 바랍니다.　　(앞쪽)

접수번호	접수일자	처리기간　즉시

반출기간:

신고인	① 성명(법인명)	② 주민(법인)등록번호
	③ 상호(대표자)	④ 사업자등록번호
	⑤ 주소(영업소)	
	⑥ 전화번호	⑦ 전자우편주소

신고내용

구 분	⑧ 품명	⑨ 단위	⑩ 수량	⑪ 판매가격	⑫ 세율	⑬ 세액
⑭ 총 반출	계					
⑮ 과세대상이 되는 담배의 반출	계					
⑯ 미납세 반출	계					
⑰ 미과세(과세면제) 반출	계					

「지방세법」 제55조 및 같은 법 시행령 제65조에 따라 위와 같이 담배의 반출신고를 합니다.

년　　월　　일

신고인　　(서명 또는 인)

시장·군수 귀하

첨부서류	1. 담배 수불상황표(부표 1) 1부 2. 반출사실을 증명하는 전표 또는 수입신고필증 1부	수수료 없음

210mm×297mm[백상지 80g/㎡(재활용품)]

(뒤쪽)

작 성 방 법

□ 인적사항(신고인)란

① 성명(법인명): 개인은 성명, 법인은 법인 등기사항증명서상의 법인명을 적습니다.

② 주민(법인)등록번호: 개인(내국인)은 주민등록번호, 법인은 법인등록번호, 외국인은 외국인등록번호를 적습니다.

③ 상호명(대표자): 개인사업자는 상호명, 법인은 법인의 대표자 성명을 적습니다.

④ 사업자등록번호: 「소득세법」, 「법인세법」, 「부가가치세법」에 따라 등록된 사업장의 등록번호를 적고, 등록번호가 없는 경우 빈 칸으로 둡니다.

⑤ 주소(영업소):

- 개인: 주민등록표상의 주소를 원칙으로 하되, 주소가 사실상의 거주지와 다른 경우 거주지를 적을 수 있습니다.
- 법인 또는 개인사업자: 법인은 주사무소 소재지, 개인사업자는 주된 사업장 소재지를 적습니다. 다만, 주사무소 또는 주된 사업장 소재지와 분사무소 또는 해당 사업장의 소재지가 다를 경우 분사무소 또는 해당 사업장의 소재지를 적을 수 있습니다.

⑥ 전화번호: 연락이 가능한 일반전화(휴대전화)번호를 적습니다.

⑦ 전자우편주소: 수신이 가능한 전자우편주소(E-mail 주소)를 적습니다.

□ 신고내용란

⑭ 총 반출: 제조장 또는 보세구역 총 반출분을 적습니다.

⑮ 과세대상이 되는 담배의 반출: 제조장 또는 보세구역 반출분 중 과세대상을 적습니다.

⑯ 미납세 반출: 제조장 또는 보세구역 반출분 중 「지방세법」 제53조에 따른 미납세반출분을 적습니다.

⑰ 미과세(과세면제) 반출: 제조장 또는 보세구역 반출분 중 「지방세법」 제54조에 따른 과세면제분을 적습니다.

□ 문의사항은　　시(군)　　과(☎　　－　　)로 문의하시기 바랍니다.

[별지 제23호 서식 부표 1] (2019. 12. 31. 개정)

반출일:
반출기간:

담배 수불상황표

① 명칭	
② 제조장 (보세구역) 소재지	

				생산량 · 수입량					반출량																
									과세			미납세 · 면세													
③ 품명	④ 단위	⑤ 수량	⑥ 제조일	⑦ 이월량	⑧ 생산량 · 수입량	⑨ 수급 · 조절용	⑩ 기타	⑪ 계	⑫ 매도	⑬ 기타	⑭ 계	⑮ 미납세	⑯ 수출 (견본품 포함)	⑰ 주한 외국군 납품용	⑱ 보세구역 판매용	⑲ 외항선 · 원양어선용	⑳ 국제 항로용	㉑ 시험분석 · 연구용	㉒ 북한 취업중인 근로자 판매용 등	㉓ 해외함상 훈련용 및 외국주류 장병용	㉔ 재수입 담배 반출용	㉕ 천재지변 · 불가항력 멸실교부용	㉖ 계	㉗ 합계	㉘ 잔량
계																									

※ 궐련1갑: 20개비

297mm×210mm(일반용지 60g/㎡ (재활용품))

[별지 제23호 서식 부표 2] (2019. 12. 31. 개정)

면세담배 공급 현황표						명칭			
						제조장 또는 지점 소재지			
공급받는 자				공급일	면세용도	품명	규격	단위	수량
성명(법인명)	주민(법인)등록번호	상호(대표자)	사업자등록번호						

※ 궐련1갑: 20개비

〈비고〉 면세담배 공급 현황표는 제조장 또는 지점에서 면세담배를 공급받을 수 있는 자에게 공급하는 때 작성합니다.

297mm×210mm(일반용지 60g/㎡ (재활용품))

[별지 제26호 서식] (2016. 12. 30. 개정)

재고담배의 사용계획서

※ 색상이 어두운 난은 신청인이 작성하지 아니하며, 뒤쪽의 작성방법을 읽고 작성하시기 바랍니다. (앞쪽)

접수번호	접수일시	관리번호

1. 납세자 인적사항

①성명(법인명)	②주민(법인)등록번호
③상호(대표자 또는 관리자 성명)	④사업자등록번호
⑤주소(영업소)	⑥전화번호

2. 재고담배 사용계획

⑦휴업신고일	⑧휴업기간
⑨폐업신고일	⑩폐업일자
⑪재고담배수량	
⑫재고담배 사용계획	
⑬세액납부예정일	
그 밖의 참고사항	

「지방세법」 제58조 및 같은 법 시행규칙 제27조에 따라 위와 같이 재고담배의 사용계획서를 제출합니다

년 월 일

신고인(대표자) (서명 또는 인

특별시장 · 광역시장 · 특별자치시장 · 특별자치도지사 · 시장 또는 군수 귀하

첨부서류	해당사항 없음	수수료 없 음

210mm×297mm[백상지(80g/㎡) 또는 중질지(80g/㎡

[별지 제27호 서식] (2024. 3. 26. 개정)

담배소비세 신고서(제조자용)

([ ] 기한 내 신고 [ ] 기한 후 신고)

※ 뒤쪽의 작성방법을 읽고 작성하시기 바라며, [ ]에는 해당되는 곳에 √표를 합니다.

(앞쪽)

접수번호	접수일자	처리기간	즉시

신고인	①성명(법인명)	②주민(법인)등록번호	③상호(대표자)
	④사업자등록번호	⑤주소(영업소)	
	⑥전화번호	⑦전자우편주소	

⑧ 담배의 구분	⑨ 품명	⑩ 규격	⑪ 포장 단위	⑫ 판매 가격	⑬ 전년 중 ( )시 · 군에서 판매된 담배		⑭ 제조장에서 반출된 담배(미납세 · 과세면제 제외)		⑮ 공제 · 환급세액 ㉰	⑯ 가산세 ㉱	⑰ 전년 중 전(全) 시 · 군에서 판매된 담배		⑱ 납부할 세액		⑲ ( )시 · 군이 실제 받을 세액
					수량	세액㉮	수량	세액㉯			수량	세액㉲	㉯-㉰+㉱	㉳	㉮×㉳÷㉲
⑳계															

지방교육세 신고서

과세표준		세율		㉑ 본세		㉓ 납부할 세액(㉑+㉒)	
				㉒ 가산세			
㉔ 신고세액합계(⑲+㉓)							

「지방세법」 제60조 및 같은 법 시행령 제69조 제1항에 따라 담배소비세의 과세표준 및 세액을 신고합니다.

년 월 일

신고인 (서명 또는 인)

시장 · 군수 귀하

첨부서류	별지 제30호 서식의 담배소비세액 공제 · 환급증명서(공제 · 환급세액이 있는 경우만 해당합니다) 1부 또는 별지 제30호의 2 서식의 담배소비세액 공제 · 환급증명서 총괄표(공제 · 환급세액이 있는 경우만 해당합니다) 1부	수수료 없 음

297mm×210mm[백상지 80g/㎡(재활용품)]

(뒤쪽)

작 성 방 법

□ 기한 내, 기한 후 신고: 해당란에 [√] 로 표시합니다.

□ 인적사항(신고인)란

① 성명(법인명): 개인은 성명, 법인은 법인 등기사항증명서상의 법인명을 적습니다.

② 주민(법인)등록번호: 개인은 주민등록번호, 법인은 법인등록번호, 외국인은 외국인등록번호를 적습니다.

③ 상호(대표자): 개인사업자는 상호명, 법인은 법인 등기사항증명서상의 대표자명을 적습니다.

④ 사업자등록번호: 「소득세법」,「법인세법」,「부가가치세법」 에 따라 등록된 사업장의 등록번호를 적고, 등록번호가 없는 경우 빈 칸으로 둡니다.

⑤ 주소(영업소):

- 개인: 주민등록표상의 주소를 원칙으로 하되, 주소가 사실상의 거주지와 다른 경우 거주지를 적을 수 있습니다.
- 법인 또는 개인사업자: 법인은 주사무소 소재지, 개인사업자는 주된 사업장 소재지를 적습니다. 다만, 주사무소 또는 주된 사업장 소재지와 분사무소 또는 해당 사업장의 소재지가 다를 경우 분사무소 또는 해당 사업장의 소재지를 적을 수 있습니다.

⑥ 전화번호: 연락이 가능한 일반전화(휴대전화)번호를 적습니다.

⑦ 전자우편주소: 수신이 가능한 전자우편주소(E-mail 주소)를 적습니다.

□ 신고내용란

⑧ 담배의 구분: 「지방세법」 제48조 제2항에 따라 구분된 담배를 적습니다.

⑨ 품명: 담배의 제품 명칭을 적습니다.

㉮ 전년 중 해당 시·군에서 매도된 담배의 품종별 과세표준과 세율에 따라 산출한 세액을 적습니다.

㉯ 전월 중 제조장에서 반출된 담배의 품종별 과세표준과 세율에 따라 산출한 세액을 적습니다.

㉰ 「지방세법」 제63조에 따라 공제 또는 환급된 세액을 적습니다.

㉱ 「지방세법」 제61조에 따른 가산세를 적습니다.

㉲ 전년 중 전 시·군에서 실제 소매인에게 매도된 담배의 품종별 과세표준과 세율에 따라 산출한 총세액을 적습니다.

□ 문의사항은 시(군) 과(☎ -)로 문의하시기 바랍니다.

[별지 제28호 서식] (2024. 3. 26. 개정)

담배소비세 신고서(수입판매업자용)
([ ]기한 내 신고 [ ]기한 후 신고)

※ 뒤쪽의 작성방법을 참고하시기 바라며, 색상이 어두운 란은 신청인이 적지 않습니다. (앞쪽)

접수번호	접수일자	처리기간 즉시

신고인	①성명(법인명)	②주민(법인)등록번호
	③상호(대표자)	④사업자등록번호
	⑤주소(영업소)	
	⑥전화번호 (휴대전화:)	⑦전자우편주소

⑧ 담배의 구분	⑨ 품명	⑩ 규격	⑪ 판매가격	⑫ 보세구역에서 반출된 외국산담배 (미납세 · 과세면제 제외)		⑬ 공제 · 환급세액 ㈏	⑭ 가산세 ㈐	⑮ 납부할 세액 ㈎-㈏+㈐
				수량	세액㈎			
⑯ 계								

지방교육세 신고서

⑰과세 표준		⑱세율		⑲본 세		㉑납부할 세 액	
				⑳가산세			

㉒ 신고세액 합계(⑮+㉑)

「지방세법」 제60조 제2항 및 같은 법 시행령 제69조 제2항에 따라 위와 같이 담배소비세의 과세표준 및 세액을 신고합니다.

년 월 일

신청인 (서명 또는 인)

시장 · 군수 귀하

첨부서류	별지 제30호 서식의 담배소비세액 공제 · 환급증명서(공제 · 환급세액이 있는 경우만 해당합니다) 1부 또는 별지 제30호의 2 서식의 담배소비세액 공제 · 환급증명서 총괄표(공제 · 환급세액이 있는 경우만 해당합니다) 1부	수수료 없 음

210mm×297mm[백상지(80g/㎡) 또는 중질지(80g/㎡)]

(뒤쪽)

작 성 방 법

□ 기한 내, 기한 후: 해당란에 [√] 로 표시합니다.

□ 인적사항(신고인)란

① 성명(법인명): 개인은 성명, 법인은 법인 등기사항증명서상의 법인명을 적습니다.

② 주민(법인)등록번호: 개인은 주민등록번호, 법인은 법인등록번호, 외국인은 외국인등록번호를 적습니다.

③ 상호(대표자): 개인사업자는 상호명, 법인은 법인 등기사항증명서상의 대표자명을 적습니다.

④ 사업자등록번호: 「소득세법」, 「법인세법」, 「부가가치세법」 에 따라 등록된 사업장의 등록번호를 적고, 등록번호가 없는 경우 빈 칸으로 둡니다.

⑤ 주소(영업소)

– 개인: 주민등록표상의 주소를 원칙으로 하되, 주소가 사실상의 거주지와 다른 경우 거주지를 적을 수 있습니다.

– 법인 또는 개인사업자: 법인은 주사무소 소재지, 개인사업자는 주된 사업장 소재지를 적습니다. 다만, 주사무소 또는 주된 사업장 소재지와 분사무소 또는 해당 사업장의 소재지가 다를 경우 분사무소 또는 해당 사업장의 소재지를 적을 수 있습니다.

⑥ 전화번호: 연락이 가능한 일반전화(휴대전화) 번호를 적습니다.

⑦ 전자우편주소: 수신이 가능한 전자우편주소(E-mail 주소)를 적습니다.

□ 신고사항란

⑧ 담배의 구분: 「지방세법」 제48조 제2항에 따라 구분된 담배를 적습니다.

⑨ 품명: 담배의 제품 명칭을 적습니다.

㈎ 전월 중 보세구역에서 반출된 외국산담배의 품종별 과세표준과 세율에 따라 산출한 세액을 적습니다.

㈏ 「지방세법」 제63조에 따라 공제 또는 환급된 세액을 적습니다.

㈐ 「지방세법」 제61조에 따른 가산세를 적습니다.

□ 문의사항은 시(군) 과(☎ –)로 문의하시기 바랍니다.

[별지 제28호 서식 부표] (2019. 12. 31. 개정)

외국산담배에 대한 세액산출 명세서

(　　　　년　월 판매분 기준)

납부할 총 담배소비세[1] (Ⓐ)		
전년 중 전(全) 시 · 군에서 매도된 담배	수량	
	담배소비세[2](Ⓑ)	

지방자치단체	전년 중 시 · 군별 매도된 담배		시 · 군별 납부 세액		
	수량	담배소비세[3] (Ⓒ)	세액 합계 (Ⓓ = Ⓔ + Ⓕ)	담배소비세 (Ⓔ = Ⓒ X Ⓐ ÷ Ⓑ)	지방교육세 (Ⓕ = Ⓔ X 0.4399)

1) 「지방세법 시행령」 제69조 제2항 제2호에 해당하는 금액
2) 「지방세법 시행령」 제69조 제2항 제3호에 해당하는 금액
3) 「지방세법 시행령」 제69조 제2항 제1호에 해당하는 금액

〈작성방법〉

1. 「지방세법」 제48조 제2항에 따른 담배의 종류별로 각각 작성합니다.
2. 지방자치단체별로 작성하되, 특별 · 광역시(특별자치시 · 도 포함)는 시별, 도(특별자치도 제외)는 시 · 군별로 작성합니다.

※ 「지방세법 시행령」 제69조 제3항을 적용하는 수입판매업자는 본 명세서를 작성하지 않습니다.

210mm×297mm[백상지(80g/㎡) 또는 중질지(80g/㎡)]

[별지 제28호의 2 서식] (2024. 1. 22. 개정)

담배소비세 징수내역서

(년 월 징수분)

일련번호	납세의무자		과세대상 담배				납입세액								납부일	체납분 여부[5]
	성명	납세자 번호[1]	품종[2]	품목[3]	수량[4]	통관일	합계	담배소비세			지방교육세					
								소계	본세	가산세	소계	본세	가산세			

※ 전월 징수한 담배소비세 내역을 적습니다.
1) 납세자번호: 〈입국자〉 주민등록번호(단, 외국인인 경우 외국인 등록번호 또는 여권번호) / 〈우편물〉 우편물 통관번호
2) 품종: 「지방세법」 제48조 제2항에 따른 담배의 종류
3) 품목: 담배의 상품명 기재
4) 수량: 개비 단위로 기재
5) 체납분 여부: 체납액을 징수한 경우 "∨" 표시

210mm×297mm[백상지(80g/㎡) 또는 중질지(80g/㎡)]

[별지 제29호 서식] (2024. 3. 26. 신설)

행정기관명

수신자
(경유)
제　목 **담배소비세 납입명세서 및 사무처리비 등 공제명세서 통보**

「지방세법」 제62조의 2 및 같은 법 시행령 제69조의 2에 따라 시ㆍ군별 담배소비세 납입명세서 및 시ㆍ군별 사무처리비 등 공제명세서를 아래와 같이 통보합니다.

붙임: 시ㆍ군별 담배소비세 납입명세서 및 사무처리비 등 공제명세서.　끝.

행정기관의 장 [직인]

기안자(직위/직급) 서명　　검토자(직위/직급) 서명　　결재권자(직위/직급) 서명

협조자 (직위/직급) 서명

시행 처리과-일련번호 (시행일)　　접수 처리과-일련번호 (접수일자)

우 주소 / 홈페이지 주소

전화 전송 / 공무원의 공식 전자우편주소 / 공개구분

210mm×297mm(일반용지 60g/㎡(재활용품))

[별지 제29호 서식의 부표] (2024. 3. 26. 신설)

시 · 군별 담배소비세 납입명세서 및 사무처리비 등 공제명세서

시 · 군	세액 (1)	사무처리비 등(2)	납입세액 (1)-(2)
서울			
부산			
기장군			
대구			
달성군			
군위군			
인천시			
강화군			
옹진군			
광주시			
대전시			
울산시			
울주군			
세종			
경기			
수원시			
성남시			
의정부시			
안양시			
부천시			
광명시			
평택시			
동두천시			
안산시			
고양시			
과천시			

시 · 군	세액 (1)	사무처리비 등(2)	납입세액 (1)-(2)
구리시			
남양주시			
오산시			
시흥시			
군포시			
의왕시			
하남시			
용인시			
파주시			
이천시			
안성시			
김포시			
화성시			
광주시			
양주시			
포천시			
여주시			
연천군			
가평군			
양평군			
강원			
춘천시			
원주시			
강릉시			
동해시			
태백시			
속초시			
삼척시			
홍천군			
횡성군			

시 · 군	세액 (1)	사무처리비 등(2)	납입세액 (1)-(2)
영월군			
평창군			
정선군			
철원군			
화천군			
양구군			
인제군			
고성군			
양양군			
충북			
청주시			
충주시			
제천시			
보은군			
옥천군			
영동군			
진천군			
괴산군			
음성군			
단양군			
증평군			
충남			
천안시			
공주시			
보령시			
아산시			

시 · 군	세액 (1)	사무처리비 등(2)	납입세액 (1)-(2)
서산시			
논산시			
계룡시			
당진시			
금산군			
부여군			
서천군			
청양군			
홍성군			
예산군			
태안군			
전북			
전주시			
군산시			
익산시			
정읍시			
남원시			
김제시			
완주군			
진안군			
무주군			
장수군			
임실군			
순창군			
고창군			
부안군			
전남			
목포시			
여수시			

시 · 군	세액 (1)	사무처리비 등(2)	납입세액 (1)-(2)
순천시			
나주시			
광양시			
담양군			
곡성군			
구례군			
고흥군			
보성군			
화순군			
장흥군			
강진군			
해남군			
영암군			
무안군			
함평군			
영광군			
장성군			
완도군			
진도군			
신안군			
경북			
포항시			
경주시			
김천시			
안동시			
구미시			
영주시			
영천시			
상주시			
문경시			

시 · 군	세액 (1)	사무처리비 등(2)	납입세액 (1)-(2)
경산시			
의성군			
청송군			
영양군			
영덕군			
청도군			
고령군			
성주군			
칠곡군			
예천군			
봉화군			
울진군			
울릉군			
경남			
창원시			
진주시			
통영시			
사천시			
김해시			
밀양시			
거제시			
양산시			
의령군			
함안군			
창녕군			
고성군			
남해군			
하동군			
산청군			

시 · 군	세액 (1)	사무처리비 등(2)	납입세액 (1)-(2)
함양군			
거창군			
합천군			
제주			

[별지 제30호 서식] (2019. 12. 31. 개정)

담배소비세액 [ ] 공제 · 환급증명 발급신청서 / [ ] 공제 · 환급증명서

※ 뒤쪽의 작성방법을 참고하시기 바라며, 색상이 어두운 란은 신청인이 적지 않습니다. (앞쪽)

접수번호	접수일자	처리기간 3일

신청인		
	① 성명(법인명)	② 주민(법인)등록번호
	③ 상 호	④ 사업자등록번호
	⑤ 대표자 성명	⑥ 대표자 주민등록번호
	⑦ 주소(소재지)	
	⑧ 전화번호 (휴대전화:)	⑨ 전자우편주소

⑩ 공제 · 환급신청액	

공제 · 환급내용							
⑪ 품명	⑫ 규격	⑬ 반출일	⑭ 단위	⑮ 수량	⑯ 세율	⑰ 기납부 세액	⑱ 공제 · 환급세액
⑲ 계							
⑳ 공제환급사유							

「지방세법 시행령」 제70조에 따라 담배소비세액의 공제 · 환급증명을 신청하오니 위와 같이 공제 · 환급사실을 증명해주시기 바랍니다.

년 월 일

신청인 (서명 또는 인)

시장 · 군수 귀하

※ 이 신청서는 2부를 작성합니다.

첨부서류	공제 또는 환급 사유의 발생 사실을 증명하는 서류	수수료 없 음

위 공제 · 환급 사실을 증명합니다.

년 월 일

시장 · 군수 직인

210mm×297mm[백상지 (80g/㎡) 또는 중질지(80g/㎡)]

(뒤쪽)

작성방법

□ 신청, 증명: 해당란에 ∨로 표시합니다.

□ 인적사항(신고인)란

① 성명(법인명): 개인은 성명, 법인은 법인 등기사항증명서상의 법인명을 적습니다.

② 주민(법인)등록번호: 개인은 주민등록번호, 법인은 법인등록번호, 외국인은 외국인등록번호를 적습니다.

③ 상호: 개인 및 법인 사업자의 경우 상호명을 적으시고, 사업자가 아닌 개인은 빈 칸으로 둡니다.

④ 사업자등록번호: 「부가가치세법」 제5조에 따른 해당 사업장의 등록번호를 적으시고, 사업자가 아닌 개인은 빈 칸으로 둡니다.

⑤ 대표자 성명: 법인 등기사항증명서상의 대표자명을 적습니다(법인만 작성합니다).

⑥ 대표자 주민등록번호: 법인 등기사항증명서상 대표자의 주민등록번호를 적으시고, 대표자가 외국인의 경우 외국인등록번호를 적습니다(법인만 작성합니다).

⑦ 주소(소재지): 개인은 주민등록상의 주소지, 법인은 법인의 주사무소 소재지를 적습니다.

⑧ 전화번호: 연락이 가능한 일반전화(휴대전화)번호를 적습니다.

□ 공제 · 환급 내용란

⑪ 품명: 담배의 제품 명칭을 적습니다.

⑯ 세율: 해당 담배의 품종별 세율을 적습니다.

⑰ 기납부세액: 공제받거나 환급받기 전 이미 납부한 세액을 적습니다.

□ 문의사항은 시(군) 과(☎ -)로 문의하시기 바랍니다.

처리절차

신청서 작성	➔	접 수	➔	첨부서류 확인 및 검토	➔	결 재	➔	통 보
신청인		시 · 군		시 · 군		시 · 군		

[별지 제30호의 2 서식] (2024. 3. 26.신설)

담배소비세액 [ ] 공제 · 환급증명 총괄표 발급신청서
[ ] 공제 · 환급증명서 총괄표

※ 뒤쪽의 작성방법을 참고하시기 바라며, 색상이 어두운 칸은 신청인이 적지 않습니다. (앞쪽)

접수번호	접수일시	처리기간 3일

신청인		
	성명(법인명)	주민(법인)등록번호
	상 호	사업자등록번호
	대표자 성명	대표자 주민등록번호
	소재지	
	전화번호 (휴대전화:)	전자우편주소
	공제 · 환급증명 기간	

공제 · 환급신청 총액	

공제 · 환급내용							
① 지자체명	② 담배종류	단위	수량	③ 세율	공제 · 환급일	④기납부세액	공제 · 환급세액
계							
공제환급사유							

「지방세법 시행령」 제70조에 따라 담배소비세액의 공제 · 환급증명을 신청하오니 위와 같이 공제 · 환급사실을 증명해주시기 바랍니다.

년 월 일

신청인 (서명 또는 인)

시장 · 군수귀하

위 공제 · 환급 사실을 증명합니다.

년 월 일

시장 · 군수 직인

(뒤쪽)

작성방법

1. 신청, 증명: 해당란에 ∨로 표시합니다.
2. 공제 · 환급 내용란
   ① 지자체명: 공제 · 환급받은 지자체명을 적습니다.
   ② 담배종류: 궐련, 궐련형 전자담배, 액상형 전자담배 등을 적습니다.
   ③ 세율: 해당 담배의 품종별 세율을 적습니다.
   ④ 기납부세액: 공제받거나 환급받기 전 이미 납부한 세액을 적습니다.
3. 신청서 2부 작성

○ 문의사항은 시(군) 과(☎ –)로 문의하시기 바랍니다.

처리절차

신청서 작성	→	접 수	→	첨부서류 확인 및 검토	→	결 재	→	통 보
신청인		시 · 군		시 · 군		시 · 군		

[별지 제31호 서식] (2019. 12. 31. 개정)　　　　(앞쪽)

담배소비세액 환급신청서			환급 방법	계좌 입금 ( ) 현금 지급 ( )	처리기간 즉 시
납세자	① 성명 (대표자)		② 주민(법인)등록번호		
	③ 상호 (법인명)		④ 사업자등록번호		
	⑤ 주소 (영업소)				
	⑥ 전화번호	(휴대전화:)	⑦ 전자우편주소		
	⑧ 환급계좌	(은행)			

구분	⑨세목	⑩ 납부 연월일	⑪ 과세 번호	⑫ 기 납부세액	⑬ 총 공제세액	⑭ 기 공제세액	⑮ 환급세액 (⑮=⑬-⑭)
환급 세액							
	계						

「지방세법 시행령」 제70조 제2항 및 같은 법 시행규칙 제31조 제2항에 따라 위와 같이 담배소비세액의 환급을 청구합니다.

※ 첨부: 담배소비세액 공제 · 환급증명서 1부

년　　월　　일

신청인　　　　(서명 또는 인)

시장 · 군수 귀하

210mm×297mm(일반용지 60g/㎡(재활용품))

(뒤쪽)

작성방법

□ **환급방법란**: 원하시는 방법에 ∨표시를 합니다.

□ **인적사항(납세자)란**

① 성명(대표자): 개인은 성명, 법인은 법인 대표자 성명을 적습니다.
② 주민(법인)등록번호: 개인(내국인)은 주민등록번호, 법인은 법인등록번호, 외국인은 외국인등록번호를 적습니다.
③ 상호(법인명): 개인사업자는 상호, 법인은 법인 등기사항증명서상의 법인명을 적습니다.
④ 사업자등록번호: 「소득세법」, 「법인세법」, 「부가가치세법」에 따라 등록된 해당 사업장의 등록번호를 적고, 등록번호가 없는 경우 빈 칸으로 둡니다.
⑤ 주소(영업소):
 - 개인: 주민등록상의 주소를 원칙으로 하되, 주소가 사실상의 거주지와 다른 경우 거주지를 적을 수 있습니다.
 - 법인 또는 개인사업자: 법인은 주사무소 소재지, 개인사업자는 주된 사업장 소재지를 적습니다. 다만, 주사무소 또는 주된 사업장 소재지와 분사무소 또는 해당 사업장의 소재지가 다를 경우 분사무소 또는 해당 사업장의 소재지를 적을 수 있습니다.
⑥ 전화번호: 연락이 가능한 일반전화(휴대전화)번호를 적습니다.
⑦ 전자우편주소: 수신이 가능한 전자우편주소(E-mail 주소)를 적습니다.
⑧ 환급계좌: 환급금을 받을 계좌번호 및 은행명을 적되 납세자 본인의 계좌로 한정합니다.

□ **과오납 또는 환급세액란**

⑨ 세목: 담배소비세, 지방교육세를 구분하여 적습니다.
⑩ 납부 연월일: 당초 납부한 지방세의 납부 연월일을 적습니다.
⑫ 기 납부세액: 공제받기 전 이미 납부한 실제세액을 적습니다.
⑬ 총 공제세액: 이미 공제 받았거나 공제받을 총 세액을 적습니다.
⑭ 기 공제세액: 세액신고 시 이미 공제받은 금액을 적습니다.
⑮ 환급세액: 총 공제세액에서 기 공제세액을 뺀 금액을 적습니다.

[별지 제31호의 2 서식] (2024. 12. 31. 개정)

담배 폐기 [ ]신고서, [ ]확인서

※ 뒤쪽의 작성방법을 읽고 작성하시기 바랍니다. (앞쪽)

접수번호	접수일자	처리기간	즉시

반출기간:

신고인	① 성명(법인명)	② 주민(법인)등록번호
	③ 상호(대표자)	④ 사업자등록번호
	⑤ 주소(영업소)	
	⑥ 전화번호	⑦ 전자우편주소

담배 폐기	⑧ 폐기업체명	
	⑨ 폐기장 소재지	
	⑩ 폐기예정일	
	⑪ 총 폐기량	

폐기 대상 담배

⑫ 품명	⑬ 규격	⑭ 단위	⑮ 수량	⑯ 반입일	⑰ 지방자치단체	⑱ 공제 또는 환급 대상 여부

「지방세법」 제63조 및 같은 법 시행령 제70조의 2 제1항 · 제2항 또는 제3항에 따라 위와 같이 신고합니다.

년 월 일

신고인 (서명 또는 인)

시장 · 군수 귀하

첨부서류	1. 신고서의 경우 : 폐기 관련 계약서 등 증빙서류 2. 확인서의 경우 : 폐기사실을 확인할 수 있는 서류(폐기장 발급) 등 증빙서류	수수료 없음

210mm×297mm[백상지(80g/㎡) 또는 중질지(80g/㎡)]

(뒤쪽)

작성방법

□ 인적사항(신고인, 폐기업체)란

① 성명(법인명): 개인은 성명, 법인은 법인등기부상의 법인명을 적습니다.

② 주민(법인)등록번호: 개인(내국인)은 주민등록번호, 법인은 법인등록번호, 외국인은 외국인등록번호를 적습니다.

③ 상호명(대표자): 개인사업자는 상호명, 법인은 법인의 대표자 성명을 적습니다.

④ 사업자등록번호: 「소득세법」, 「법인세법」, 「부가가치세법」에 따라 등록된 사업장의 등록번호를 적고, 등록번호가 없는 경우 빈 칸으로 둡니다.

⑤ 주소(영업소):

– 개인: 주민등록표상의 주소를 원칙으로 하되, 주소가 사실상의 거주지와 다른 경우 거주지를 적을 수 있습니다.

– 법인 또는 개인사업자: 법인은 주사무소 소재지, 개인사업자는 주된 사업장 소재지를 적습니다. 다만, 주사무소 또는 주된 사업장 소재지와 분사무소 또는 해당 사업장의 소재지가 다를 경우 분사무소 또는 해당 사업장의 소재지를 적을 수 있습니다.

⑥ 전화번호: 연락이 가능한 일반전화(휴대전화)번호를 적습니다.

⑦ 전자우편주소: 수신이 가능한 전자우편주소(E-mail 주소)를 적습니다.

□ 폐기 대상 담배란

⑫ 품명 : 담배의 제품명칭을 적습니다.

⑯ 반입일 : 「지방세법」 제54조 제3항 또는 제63조 제1항 제2호에 따라 반입된 날짜를 적고, 보관장소로 반입되지 않은 담배를 폐기하는 경우에는 빈 칸으로 둡니다.

⑰ 지방자치단체 : 「지방세법 시행령」 제70조 제1항에 따른 공제 또는 환급증명을 발급받은 지방자치단체를 적습니다.

※ 필요시 폐기대상 담배의 서식에 대한 별지를 사용하실 수 있습니다.

□ 문의사항은 시(군) 과(☎ –)로 문의하시기 바랍니다.

[별지 제32호 서식] (2012. 4. 10. 개정)

담배소비세 · 지방교육세 납세담보확인 발급신청서

					처리기간: 즉시
신청인	성명(법인명)		주민(법인)등록번호		
	상 호		사업자등록번호		
	대표자 성명		주 민 등 록 번 호		
	주소(영업소)				
	전화번호	(휴대전화:)	전자우편주소		

납세담보현황	납세담보총액 ⓐ	미납부 산출세액ⓑ			납세보증 신청액 ⓒ	과부족 ⓐ-(ⓑ+ⓒ)
		계	담배소비세	지방교육세		

납세담보확인 신청내용

통관세관명		증권번호(B/L)									
구분	품명	품목분류 (HS부호)	규격	수량	수량 단위	판매 가격	담배소비세		지방교육세		
							세율	세액	세율	세액	
총반출	계										
과세대상 담배 반출	계										
미납세 반출 (과세면제)	계										

「지방세법」 제64조 및 같은 법 시행령 제71조에 따라 위와 같이 담배소비세 · 지방교육세의 납세담보 확인을 신청합니다.

년 월 일

신청인 (서명 또는 인)

시장 · 군수 귀하

구비서류		수수료
		없음

210mm×297mm(일반용지 60g/㎡(재활용품))

[별지 제33호 서식] (2012. 4. 10. 개정)

담배소비세 · 지방교육세 납세담보확인서(납세담보확인서번호 (요건승인번호))

처리기간: 즉시

세무과 - 12345(일련번호로 갈음)

신청인	성명(법인명)		주민(법인)등록번호	
	상 호		사업자등록번호	
	대표자 성명		주 민 등 록 번 호	
	주소(영업소)			
	전화번호	(휴대전화:)	전자우편주소	
담 보 종 류		현금 □, 지급보증서 □, 기타( )		

담배소비세 · 지방교육세 납세담보 확인(이 확인서에 의한 통관 허용량)

통관세관명			증권번호(B/L)							
구분	품명	품목분류 (HS부호)	규격	수량	수량 단위	판매 가격	담배소비세		지방교육세	
							세율	세액	세율	세액
계										
과세 (빈란)	품목이 많을 경우, 별첨(예 : Caos 6mg외70종)	품목이 많을 경우, 별첨								
과세면제 (빈란)										

본 납세담보확인서의 유효기간은 년 월 일 까지 입니다

「지방세법」 제64조 및 같은 법 시행령 제71조에 따라 위와 같이 담배소비세 · 지방교육세의 납세담보를 확인합니다.

년 월 일

시장 · 군수 직인

※ 이 확인서는 확인서에 적힌 통관세관에 제출할 때에만 유효합니다.

210mm×297mm(일반용지 60g/㎡(재활용품))

[별지 제34호 서식] (2021. 12. 31. 개정)

행 정 기 관 명

수신자
(경유)
제목 **지방소비세 징수명세 통보(　　년　　월분)**

「지방세법」 제71조 제1항에 따라 　년 　월분 지방소비세 징수명세를 다음과 같이 통보합니다.

〈단위: 원〉

일련번호	특별징수 의무자		구분	부가가치세 징수 및 환급내역					지방소비세 (F=E×지방세법 제69조 제2항의 세율)
	코드	관서명		계 (E=A+B+C−D)	신고납부 (A)	부과징수 (B)	과년도분 (C)*	환급 (D)	
합 계			당월						
			누계						
1	0000	A세무서	당월						
			누계						
2	0000	B세무서	당월						
			누계						

끝.

행정기관의 장 직인

기안자(직위/직급) 서명 검토자(직위/직급) 서명 결재권자(직위/직급) 서명
협조자 (직위/직급) 서명
시행 처리과-일련번호 (시행일자) 접수 처리과-일련번호 (접수일자)
우 주소 / 홈페이지 주소
전화 전송 / 공무원의 공식 전자우편주소 / 공개구분

210mm×297mm(백상지 80g/㎡(재활용품))

[별지 제35호 서식] (2021. 12. 31. 개정)

행 정 기 관 명

수신자
(경 유)
제 목 **도별 소비지수 통보(　　년도 적용분)**

「지방세법 시행규칙」 제33조의 2 제1항에 따라 　　년도 시·도별 소비지수를 다음과 같이 통보합니다.

■ 적용기간: 　.　~　.

〈단위 : 원, %〉

시·도	민간최종 소비지출액	소비지수	비고	시·도	민간최종 소비지출액	소비지수	비고
계				경기도			
서울특별시				강원도			
부산광역시				충청북도			
대구광역시				충청남도			
인천광역시				전라북도			
광주광역시				전라남도			
대전광역시				경상북도			
울산광역시				경상남도			
세종특별자치시				제주특별자치도			

끝.

※ 지수는 소수점 둘째자리까지만 표기합니다.

행정기관의 장 직인

기안자 직위(직급) 서명 검토자 직위(직급) 서명 결재권자 직위(직급) 서명
협조자
시행 처리과-연도별 일련번호(시 행 일) 접수 처리과-연도별 일련번호(접 수 일)
우 주소 / 홈페이지 주소
전화번호( ) 팩스번호( ) / 공무원의 전자우편주소 / 공개 구분

210mm×297mm(백상지 80g/㎡(재활용품))

[별지 제35호의 2 서식] (2021. 12. 31. 개정)

행 정 기 관 명

수신자
(경 유)
제 목 **도 교육청별 보통교부금 배분비율 통보(　　년도 적용분)**

「지방세법 시행령」 제75조 제7항에 따라 　　년 도 시 · 도 교육청별 보통교부금 배분비율을 다음과 같이 통보합니다.

■ 적용기간: 　. 　~ 　.

〈단위 : %〉

시 · 도 교육청	보통교부금 배분비율	비고	시 · 도 교육청	보통교부금 배분비율	비고
계			경기도		
서울특별시			강원도		
부산광역시			충청북도		
대구광역시			충청남도		
인천광역시			전라북도		
광주광역시			전라남도		
대전광역시			경상북도		
울산광역시			경상남도		
세종특별자치시			제주특별자치도		

끝.

※ 지수는 소수점 둘째자리까지만 표기합니다.

행정기관의 장 직인

기안자 직위(직급) 서명 　검토자 직위(직급) 서명 　결재권자 직위(직급) 서명
협조자
시행 　처리과-연도별 일련번호(시 행 일) 　접수 　처리과-연도별 일련번호(접 수 일)
우 　주소 　/ 홈페이지 주소
전화번호( ) 　팩스번호( ) 　/ 공무원의 전자우편주소 　/ 공개 구분

210mm×297mm(백상지 80g/㎡(재활용품))

[별지 제35호의 3 서식] (2021. 12. 31. 개정)

행 정 기 관 명

수신
(경 유)
제 목 **시 · 군 · 구 안분비율 통보(　　년도 적용분)**

「지방세법 시행규칙」 제33조의 2 제3항에 따라 　　년도 시 · 군 · 구별 안분비율을 다음과 같이 통보합니다.

■ 적용기간: 　. 　~ 　.

〈단위 : %〉

시 · 군 · 구	안분비율	비고	시 · 군 · 구	안분비율	비고
계					

※ 지수는 소수점 둘째자리까지만 표기합니다. 끝.

발 신 명 의 직인

기안자 직위(직급) 서명 　검토자 직위(직급) 서명 　결재권자 직위(직급) 서명
협조자
시행 　처리과명-연도별 일련번호(시행일) 　접수 　처리과명-연도별 일련번호(접수일)
우 　도로명 주소 　/ 홈페이지 주소
전화번호( ) 　팩스번호( ) 　/ 공무원의 전자우편주소 　/ 공개 구분

210mm×297mm(백상지 80g/㎡(재활용품))

[별지 제35호의 4 서식] (2021. 12. 31. 개정)

행 정 기 관 명

수신자
(경 유)
제 목 **도별 취득세 감소분의 보전비율 통보(　　년도 적용분)**

「지방세법 시행규칙」 제33조의 2 제3항에 따라 　　년도 시 · 도별 취득세 감소분의 보전비율을 다음과 같이 통보합니다.

■ 적용기간: 　. ~ 　.　　　　〈단위 : %〉

시 · 도	취득세 감소분 보전비율	비고	시 · 도	취득세 감소분 보전비율	비고
계			경기도		
서울특별시			강원도		
부산광역시			충청북도		
대구광역시			충청남도		
인천광역시			전라북도		
광주광역시			전라남도		
대전광역시			경상북도		
울산광역시			경상남도		
세종특별자치시			제주특별자치도		

끝.

※ 지수는 소수점 둘째자리까지만 표기합니다.

행정기관의 장 [직인]

기안자 직위(직급) 서명　　검토자 직위(직급) 서명　　결재권자 직위(직급) 서명
협조자
시행　처리과-연도별 일련번호(시 행 일)　　접수　처리과-연도별 일련번호(접 수 일)
우　주소　/ 홈페이지 주소
전화번호(　)　팩스번호(　)　/ 공무원의 전자우편주소　/ 공개 구분

210mm×297mm(백상지 80g/㎡(재활용품))

[별지 제36호 서식] (2021. 12. 31. 개정)

지방소비세 안분명세서

(년 월 분) (단위: 원)

일련번호	관서명	총 계	영 제75조 제2항 제1호에 따른 안분액	영 제75조 제2항 제2호에 따른 안분액							영 제75조 제2항 제3호부터 제5호까지에 따른 안분액						영 제75조 제2항 제6호부터 제8호까지에 따른 안분액						
				소계	가목 (취득세 보전분)	나목 (지방교육세 보전분)	다목 (지방교부세 보전분)		라목 (지방교육 재정교부금 보전분)	마목 (라목에서 공제되는 금액)	소계	제3호 (전환사업보전분)		제4호(재정조정분)		제5호 (잔여분)	소계	제6호 (전환사업보전분)		제7호 (재정조정분)		제8호(잔여분)	
														가목	나목					가목	나목	가목	나목
			시·도		시·도	시·도	시·군	시·도	시·도교육청	시·도		시·군·구	시·도	시·군·구	시·도 교육청	시·도		시·군·구	시·도	시·군·구등	시·도 교육청	시·도	시·군·구등

210mm×297mm[백상지(80g/㎡) 또는 중질지(80g/㎡)]

[별지 제37호 서식] (2024. 12. 31. 개정)

주민세 사업소분 ([ ]기한 내 / [ ]기한 후) 신고서

※ 색상이 어두운 난은 신청인이 작성하지 아니하며, 뒤쪽의 작성방법을 읽고 작성하시기 바랍니다. (앞쪽)

접수번호	접수일			관리번호
신고인 (납세자)	① 사업소명(상호)		② 성명(법인명)	
	③ 주민(법인)등록 번호		④ 자본금액 또는 출자금액	
	⑤ 사업소 소재지		⑥ 사업자등록번호	
	⑦ 전화번호		⑧ FAX번호	

20 년 신고납부 내역

사업소 연면적에 대한 세액 과세표준		
⑨ 사업소 건축물의 전체 연면적	⑩ 과세제외 면적	⑪ 과세대상 면적(=⑨−⑩)
㎡	㎡	㎡

사업소 건축물의 전체 연면적 대한 상세내역					
⑫ 구분	⑬ 자가/임차	⑭ 명칭(층, 호수)	⑮ 용도	⑯ 면적(㎡)	⑰ 과세/과세제외

납부할 세액						⑱ 가산세			
세 목		과세 표준액	세율	산출 세액	감면 세액	무신고 또는 과소신고	납부 지연	계	⑲ 신고세액 합계
합 계									
주민세	⑳ 기본세액								
	㉑ 연면적에 대한 세액								
㉒ 지방교육세			%						

「지방세법」 제83조 제3항 및 같은 법 시행령 제84조 제1항에 따라 위와 같이 신고합니다.

년 월 일

신고인 (서명 또는 인)

특별자치시장·특별자치도지사·시장·군수·구청장 귀하

첨부서류	건축물의 연면적, 세액, 그 밖의 필요한 사항(임차인 경우 임대차계약서 사본을 말합니다)을 적은 명세서	수수료 없음

자르는선

접수증

(접수번호)

성명(법인명)		주 소	
년 주민세(사업소분) 신고서 접수증입니다.	접수자 성명 (서명 또는 인)		접수일

210mm×297mm(일반용지 60g/㎡(재활용품))

[별지 제37호의 2 서식] (2020. 12. 31. 개정)

주민세(개인분) 과세대장

납세 의무자	성 명(법인명)	주민(법인)등록번호
	상호명	사업자등록번호
	전화번호	업 종
	주 소(영업소)	거소지
	본점 소재지	사업장 소재지

과세연도	세액	지방교육세	계	비 고

※ 비고란은 면제 또는 비과세인 경우에만 기재하되, 가족의 직업상황, 생활정도, 수입원천 등에 관하여 상세히 기재합니다.

210mm×297mm(일반용지 60g/㎡(재활용품))

[별지 제38호 서식] (2020. 12. 31. 개정)

주민세(사업소분) 과세대장

납세의무자	성명(법인명)		주민(법인) 등록번호		2차 납세 의무자	성명(법인명)	
	주소(소재지)					주민(법인) 등록번호	
	전화번호						
	자본금액 또는 출자금액					주소(소재지)	

사업장명(상호)		사 업 자 등록번호		전 화 번 호	
소재지					

구분	대장등록일/사업개시일		소유/업종구분		오염물질 배출사업소	
	대장등록일		자가/임차 등		미허가 신고업소	
	사업개시일		업종		부적합 판정업소	
휴 · 폐업일자		휴 · 폐업사유			중과구분	

과세대상 물건내역

번호	연면적	전용 면적	공용(안분) 면 적	과세제외		과세면적	취득일	비고
				사유	면적			

부 과 내 역

과세 연도	신 고 연월일	납 부 연월일	신 고 면 적	신고납부 세 액	추징 또는 차감면적	결정세액			비 고
						본세	가산세	계	

210mm×297mm(인쇄용지(특급) 120g/㎡)

[별지 제39호의 2 서식] (2024. 12. 31. 개정)

주민세(종업원분) 신고서

※ 색상이 어두운 난은 신청인이 작성하지 아니하며, 제3쪽의 작성방법을 읽고 작성하시기 바랍니다. (3쪽중 제1쪽)

접수번호	접수일자	관리번호

신고인 (납세자)	① 사업소명(상호)	
	② 성명(법인명)	③ 주민(법인)등록번호
	④ 본점 소재지	⑥ 사업자등록번호
	⑤ 사업소(과세대상) 소재지	
	⑦ 전화번호	⑧ FAX번호

년 월분 신고납부 (급여지급일: 년 월 일)	⑨ 종업원 수 (소수점 이하 1자리까지 기재)	⑩ 최근 1년간 종업원 급여총액의 월평균금액 (소수점 이하 1자리까지 기재)	과세표준		
			⑪ 급여총액	⑫ 과세제외급여액	⑬ 과세급여총액
	인	원	원	원	원

「방세법」 제84조의 5에 따른 과세표준 공제액

⑭ 직전 연도 월평균 종업원수 (소수점 이하 1자리까지 기재)	⑮ 신고월의 월 적용급여액 (⑬ /⑨)	⑯ 과세표준 공제액 (⑮×(⑨-⑭))
인	원	원

납부할 세액	⑰ 산출과표 (⑬-⑯)	원	⑱ 산출세액 (⑰×0.5%)	원	무신고가산세	원
					과소신고가산세	원
					납부지연가산세	원
					⑲ 가산세 합계	원
	⑳ 신고세액합계 (⑱+⑲)					원

「방세법」 제84조의 6 및 같은 법 시행령 제85조의 4에 따라 위와 같이 신고합니다.

년 월 일

신고인(납세자) (서명 또는 인)

시장 · 군수 · 구청장 귀하

접수증

(접수번호)

성명(법인명)		주 소		
년 주민세(종업원분) 신고서 접수증입니다.		접수자		접수일
		성명	(서명 또는 인)	

210mm×297mm(일반용지 60g/㎡(재활용품))

(3쪽중 제2쪽)

급여 총괄표

납세의무자	사업소명(상호)			
	성명(법인명)		주민(법인)등록번호	
	사업소(과세대상) 소재지		사업자등록번호	
	전화번호		FAX 번호	

사업소 인원 (소수점 이하 1자리까지 기재)	계	상시고용종업원	수시고용종업원	비고

20○○년 월분 급여 합계(급여지급일: 20○○년 월 일)

과 세 대 상		비과세대상		비 고
구 분	급여액	구 분	급여액	
기본급		기본급		
수 당		수 당		
상여금		상여금		
기 타		기 타		
합 계		합 계		

최근 12개월간 월급여총액(소수점 이하 1자리까지 기재)

※ 신고월(급여지급일이 속한 달) 이전 최근 12개월간의 월급여를 순서대로 기재합니다.

월별	평균	○○년 월	○○년 월	○○년 월	○○년 월	○○년 월	○○년 월	○○년 월	○○년 월	○○년 월	○○년 월	○○년 월	○○년 신고월
급여 총액													

직전 연도 월별 종업원수 (소수점 이하 1자리까지 기재)

※ 「지방세법」 제84조의 5에 따른 중소기업 고용지원 공제 대상에 해당하는 경우만 작성합니다

월별	계	1월	2월	3월	4월	5월	6월	7월	8월	9월	10월	11월	12월
종업 원수													

[별지 제39호의 3 서식] (2014. 3. 14. 신설)

주민세(종업원분) 과세대장

납세의무자	성 명 (법 인 명)		주민(법인) 등록번호	
	주 소 (소 재 지)		전 화 번 호	
	사 업 장 명 (상 호)		사 업 자 등 록 번 호	
	사 업 장 소 재 지		전 화 번 호	

구분	대장등록일/사업개시일		소유/업종구분	
	대장등록일		자가/임차 등	
	사업개시일		업 종	
휴 · 폐업일자		휴 · 폐업사유		

부 과 내 역

과세 연도	신 고 연월일	납 부 연월일	종업원 수	과세 표준	신고 납부 세액	추징 또는 차감세액	추징(환급)세액			비 고
							본세	가산세	계	

210mm×297mm(일반용지 60g/㎡(재활용품))

[별지 제39호의 5 서식] (2024. 3. 26. 개정)

토지등 매매차익에 대한 개인지방소득세 예정신고 및 납부계산서 (년   월 귀속)

※ 뒤쪽의 작성방법을 참고하시기 바라며, 색상이 어두운 칸은 신청인이 적지 않습니다. (앞쪽)

관리번호		처리기간 즉시	
신고인	① 성명	② 주민등록번호	
	③ 주소	④ 전화번호	
	⑤ 납세지		

구 분			세율구분코드	세율구분코드	합계
양도일		⑥			
토지등 매매차익		⑦			
기신고(결정)된 매매차익 합계액		⑧			
토지등 매매차익 합계액(⑦+⑧)		⑨			
세 율		⑩			
산 출 세 액		⑪			
가 산 세	무(과소)신고	⑫			
	납 부 지 연	⑬			
	기 타	⑭			
	계(⑫+⑬+⑭)	⑮			
기납부세액		⑯			
납부할 총세액(⑪+⑮-⑯)		⑰			
분납할 세액		⑱			
신고기한 이내 납부할 세액(⑰-⑱)		⑲			

신고인은 「지방세법」 제93조에 따라 위의 내용을 신고하며, 위 내용을 충분히 검토했고 신고인이 알고 있는 사실 그대로를 정확하게 적었음을 확인합니다.

년 월 일

신고인 (서명 또는 인)

세무대리인은 조세전문자격자로서 위 신고서를 성실하고 공정하게 작성했음을 확인합니다.

세무대리인 (서명 또는 인)

특별자치시장 · 특별자치도지사 · 시장 · 군수 · 구청장 귀하

첨부서류	1. 토지등 매매차익 계산명세서 (「소득세법 시행규칙」 별지 제16호서식 부표) 1부 2. 매매계약서 및 필요경비 증명 서류 1부

※ 해당 첨부서류는 「지방세법」 제103조의 59 제1항 및 「지방세기본법」 제130조에 따라 세무서장 또는 지방국세청장으로부터 통보받거나 수집하여 이용할 예정이오니 「국세기본법」 또는 「소득세법」에 따라 소득세 과세표준과 세액의 신고 · 납부 등을 하신 경우에는 별도로 제출하지 않으실 수 있습니다.

(뒤쪽)

작성방법

1. ⑤ 납세지란: 「지방세기본법」 제34조에 따른 납세의무 성립(양도가 있은 달의 말일, 그 전에 사망 · 출국 시에는 사망일 · 출국일) 당시의 「소득세법」 제6조 및 제7조에 따른 납세지(이하 "주소지등"이라 함) 관할 지방자치단체명을 시 · 군 · 구 단위까지 적습니다. 만약, 납세의무 성립 전에 신고하는 경우에는 신고 당시 주소지등으로 적습니다. 다만, 납세지를 착오하여 적은 경우라도 「지방세법」 제93조 제15항에 따라 신고의 효력에는 영향이 없습니다.
2. ⑦ 토지등매매차익란: 「소득세법 시행규칙」 별지 제16호서식 ⑧ 토지등 매매차익의 합계란 금액을 적습니다.
3. ⑩ 세율란: 아래의 세율표를 참고하여 적습니다.
4. 가산세란: ⑫ 무(과소)신고란에는 「지방세기본법」 제53조 및 제54조에 따른 가산세, ⑬ 납부지연란에는 「지방세기본법」 제55조에 따른 가산세, ⑭ 기타에는 「지방세법」 제99조 제103조의 9에 따른 가산세를 적습니다.
5. ⑱ 분납할 세액란: ⑰ 납부할 총세액이 1백만원을 초과하고 2백만원 이하인 때에는 1백만원을 초과하는 금액을, 납부할 총세액이 2백만원을 초과하는 때에는 그 세액의 100분의 50 이하 금액의 범위에서 분납할 세액을 적습니다.

세 율 표

세율구분	토지 · 건물												
	일반	미등기	비사업용토지										
			2년 이상 보유	1년 이상 2년 미만 보유		1년 미만 보유		지정지역내					
								2년 이상 보유	1년 이상 2년 미만 보유		1년 미만 보유		
세율	0.6~4.5%	7%	1.6~5.5%	4%	1.6~5.5%	5%	1.6~5.5%	2.6~6.5%	4%	2.6~6.5%	5%	2.6~6.5%	
코드	10	30	11	35	11	36	11	31	37	31	38	31	

세율구분	조정대상지역내 다주택(~'21.5.31.양도분)												조정대상 지역내 분양권(~'21. 5. 31. 양도분)
	1세대2주택			1세대가 주택과 조합원입주권('21. 1. 1. 이후 취득 분양권 포함)의 합이 2인 경우 해당 주택			1세대3주택			1세대가 주택과 조합원입주권('21. 1. 1. 이후 취득 분양권 포함)의 합이 3 이상인 경우 해당 주택			
	1년 이상 보유	1년 미만 보유		1년 이상 보유	1년 미만 보유		1년 이상 보유	1년 미만 보유		1년 이상 보유	1년 미만 보유		
세율	1.6~5.5%	4%	1.6~5.5%	1.6~5.5%	4%	1.6~5.5%	2.6~6.5%	4%	2.6~6.5%	2.6~6.5%	4%	2.6~6.5%	5%
코드	51	53	51	52	54	52	55	57	55	56	58	56	21

세율구분	조정대상지역내 다주택('21.6.1.이후 .양도분)																		분양권		
	1세대2주택				1세대가 1주택과 조합원입주권 또는 분양권('21. 1. 1. 이후 취득)을 1개 보유한 경우 해당주택				1세대3주택 이상					1세대가 주택과 조합원입주권 또는 분양권('21. 1. 1. 이후 취득)을 보유한 경우로서 그 수의 합이 3 이상인 경우 해당 주택					2년 미만 1년 이상 보유	1년 미만 보유	1년 이상 보유
	2년 이상 보유	2년 미만 보유		1년 미만 보유	2년 이상 보유	2년 미만 보유		1년 미만 보유	2년 이상 보유	2년 미만 보유		1년 미만 보유		2년 이상 보유	2년 미만 보유		1년 미만 보유				
세율	2.6~6.5%	6%	2.6~6.5%	7%	2.6~6.5%	6%	2.6~6.5%	7%	3.6~7.5%	6%	3.6~7.5%	7%	3.6~7.5%	3.6~7.5%	6%	3.6~7.5%	7%	3.6~7.5%	6%	7%	6%
코드	47	82	47	84	48	83	48	85	49	86	49	88	49	50	87	50	89	50	39	46	23

※ 지정지역은 「소득세법」 제104조의 2 및 「소득세법 시행령」 제168조의 3에 따른 지정지역을 말합니다.

※ 조정대상지역은 「주택법」 제63조의2에 따른 조정대상지역을 말합니다.

※「지방세법」 제92조 제1항의 세율

과세표준 \ 귀속년도	2018년~2020년 세율	2018년~2020년 누진공제액	과세표준 \ 귀속년도	2021년~2022년 세율	2021년~2022년 누진공제액	과세표준 \ 귀속년도	2023년부터 세율	2023년부터 누진공제액
1,200만원 이하	0.6%	–	1,200만원 이하	0.6%	–	1,400만원 이하	0.6%	–
1,200만원 초과 4,600만원 이하	1.5%	108천원	1,200만원 초과 4,600만원 이하	1.5%	108천원	1,400만원 초과 5,000만원 이하	1.5%	126천원
4,600만원 초과 8,800만원 이하	2.4%	522천원	4,600만원 초과 8,800만원 이하	2.4%	522천원	5,000만원 초과 8,800만원 이하	2.4%	576천원
8,800만원 초과 1억 5천만원 이하	3.5%	1,490천원	8,800만원 초과 1억 5천만원 이하	3.5%	1,490천원	8,800만원 초과 1억 5천만원 이하	3.5%	1,544천원
1억 5천만원 초과 3억원 이하	3.8%	1,940천원	1억 5천만원 초과 3억원 이하	3.8%	1,940천원	1억 5천만원 초과 3억원 이하	3.8%	1,994천원
3억원 초과 5억원 이하	4.0%	2,540천원	3억원 초과 5억원 이하	4.0%	2,540천원	3억원 초과 5억원 이하	4.0%	2,594천원
5억원 초과	4.2%	3,540천원	5억원 초과 10억원 이하	4.2%	3,540천원	5억원 초과 10억원 이하	4.2%	3,594천원
			10억원 초과	4.5%	6,540천원	10억원 초과	4.5%	6,594천원

210mm×297mm[백상지(80g/㎡) 또는 중질지(80g/㎡)]

[별지 제40호 서식] (2021. 4. 29. 개정)

지방세	개인지방소득세 납부서 (시·군·구 보관용)				
납 세 지	※ 납세의무성립 당시의 주소지를 시·군·구까지 기재합니다.				
성 명		주민등록번호		전화번호	
개인지방소득세 귀속연도	소득구분	종합□(토지등매매차익□) 양도□ 퇴직□	개인지방소득세 납부기한	개인지방소득세 과세표준	
양도물건	※ 토지등 매매차익예정신고 및 양도소득분 납부시만 기재합니다.			양도일자 / 양도소득세 신고일	
납부세액	천 백 십 억 천 백 십 만 천 백 십 일			납부기한	년 월 일

「지방세법」 제93조 제7항, 제95조 제1항, 제96조 제3항, 제103조의 5 제3항, 제103조의 7 제1항 및 제103조의 9에 따라 위와 같이 납부합니다.

※ 위 금액을 우체국 또는 수납대행은행에 납부하시기 바랍니다.

년 월 일

수납인

신고인 (서명 또는 인)

위의 금액을 수납했음을 통지합니다.

특별자치시장·특별자치도지사·시장·군수·구청장 귀하

※ 개인지방소득세 과세표준은 종합소득, 퇴직소득, 양도소득에 대한 소득세의 과세표준과 같습니다.

지방세	개인지방소득세 수납의뢰서 (수납은행보관용)				
납 세 지					
성 명		주민등록번호		전화번호	
개인지방소득세 귀속연도	소득구분	종합□(토지등매매차익□) 양도□ 퇴직□	개인지방소득세 납부기한	개인지방소득세 과세표준	
납부세액	천 백 십 억 천 백 십 만 천 백 십 일			납부기한	년 월 일

위의 금액을 수납의뢰합니다.

년 월 일

특별자치시장·특별자치도지사·시장·군수·구청장

수납인

○○수납기관 귀하

지방세	개인지방소득세 납부영수증 (납세자보관용)				
납 세 지				세입징수관	
성 명		주민등록번호		전화번호	
개인지방소득세귀속연도	소득구분	종합□(토지등매매차익□) 양도□ 퇴직□	개인지방소득세 납부기한	개인지방소득세 과세표준	
납부세액	천 백 십 억 천 백 십 만 천 백 십 일			납부기한	년 월 일

위의 금액을 영수합니다.

년 월 일

○○수납기관 수납인

※ 이 영수증은 과세증명서로도 사용할 수 있습니다.

[별지 제40호의 2 서식] (2024. 3. 26.개정)

(앞쪽)

관리번호	-

(년 귀속)종합소득에 대한 개인지방소득세 과세표준확정신고 및 납부계산서

거주구분	거주자1 / 비거주자2
내·외국인	내국인1 / 외국인9
외국인단일세율적용	여1 / 부2
분리과세	여1 / 부2
거주지국	거주지국코드

※ 뒤쪽의 작성방법을 참고하시기 바라며, 색상이 어두운 칸은 신청인이 적지 않습니다.

❶ 기본사항			
① 성 명		② 주민등록번호	-
③ 주 소			
④ 납 세 지			
⑤ 주소지 전화번호		⑥ 사업장 전화번호	
⑦ 휴 대 전 화		⑧ 전자우편주소	
⑨ 기 장 의 무	1복식부기의무자 2간편장부대상자 3비사업자		
⑩ 신 고 유 형	11자기조정 12외부조정 14성실신고확인 20간편장부 31추계-기준율 32추계-단순율 35분리과세 40비사업자		
⑪ 신 고 구 분	10정기신고 20수정신고 30경정청구 40기한후신고 50추가신고(인정상여)		
❷ 환급금 계좌신고	⑫ 금융기관명	⑬ 계좌번호	
❸ 세무대리인	⑭ 성명	⑮ 사업자등록번호 - -	⑯ 전화번호

❹ 세액의 계산

구 분		개인지방소득세
과 세 표 준	⑰	
세 율	⑱	
산 출 세 액	⑲	
세 액 감 면	⑳	
세 액 공 제	㉑	
결정세액 종합과세(⑲-⑳-㉑)	㉒	
결정세액 분리과세	㉓	
결정세액 합계(㉒+㉓)	㉔	
가산세 무(과소)신고	㉕	
가산세 납부지연	㉖	
가산세 기타	㉗	
가산세 계(㉕+㉖+㉗)	㉘	
추 가 납 부 세 액	㉙	
합 계(㉔+㉘+㉙)	㉚	
기 납 부 세 액	㉛	
납 부 할 총 세 액(㉚-㉛)	㉜	
분 납 할 세 액	㉝	
신고기한 이내 납부할 세액(㉜-㉝)	㉞	

신고인은 「지방세법」 제95조에 따라 위의 내용을 신고하며, 위 내용을 충분히 검토했고 신고인이 사실 그대로를 정확하게 적었음을 확인합니다. 위 내용 중 과세표준 또는 납부세액을 신고해야 할 금액 보다 적게 신고하거나 환급세액을 신고해야 할 금액보다 많이 신고한 경우에는 「지방세기본법」 제54조 및 제55조에 따른 가산세 부과 등의 대상이 됨을 알고 있습니다.

년 월 일

신고인 (서명 또는 인)

세무대리인 (서명 또는 인)

특별자치시장·특별자치도지사·시장·군수·구청장 귀하

첨부서류	1. 재무상태표 1부 2. 손익계산서와 부속서류 각 1부 3. 합계잔액시산표 1부 4. 조정계산서(「소득세법 시행규칙」 별지 제46호서식) 1부	5. 소득공제신고서 1부 6. 「조세특례제한법」상 세액공제·감면신청서 1부 7. 간편장부소득금액계산서 1부 8. 그 밖의 첨부서류 1부

※ 해당 첨부서류는 「지방세법」 제103조의59제1항 및 「지방세기본법」 제130조에 따라 세무서장 또는 지방국세청장으로부터 통보받거나 수집하여 이용할 예정이오니 「국세기본법」 또는 「소득세법」에 따라 소득세 과세표준과 세액의 신고·납부 등을 하신 경우에는 별도로 제출하지 않으실 수 있습니다.

(뒤쪽)

작성방법

1. 신고하는 귀속연도와 거주구분 등에 관한 표를 적습니다.
2. ② 주민등록번호란: 외국인은 외국인등록번호(외국인등록번호가 없는 경우 여권번호)를 적습니다.
3. ④ 납세지란:「지방세기본법」 제34조에 따른 납세의무 성립 당시의 「소득세법」 제6조 및 제7조에 따른 납세지(이하 "주소지등"이라 함) 관할 지방자치단체명을 시ㆍ군ㆍ구 단위까지 적습니다. 다만, 납세지를 착오하여 적은 경우라도 「지방세법」 제95조 제1항에 따라 신고의 효력에는 영향이 없습니다.
   ※ 납세의무 성립 당시의 납세지 1) 일반적인 경우: 12월 31일의 주소지등
   2) 사망한 경우: 사망일의 주소지등
   3) 국외이전(출국)하여 비거주자가 되는 경우: 출국일의 주소지등
4. ⑩ 신고유형란: 해당되는 신고유형에 ✔표시 합니다. 둘 이상의 유형에 해당하는 경우 [14], [12], [11], [20], [31], [32], [40], [35]의 순서에 따라 하나의 유형만을 선택합니다.
5. ❷ 환급금 계좌신고란: 환급세액이 발생하는 경우 환급금을 송금받을 본인의 예금계좌를 적습니다.
6. ❸ 세무대리인란: 세무대리인이 신고한 경우에만 적습니다.
7. ⑰ 과세표준란:「소득세법 시행규칙」 별지 제40호서식(1)의 제3쪽 ㉑ 과세표준 금액을 적습니다. 8. ⑱ 세율란ㆍ⑲ 산출세액란: 세율표에 따라 세율을 적고 과세표준에 세율을 곱한 금액에서 누진공제액을 빼서 산출세액을 계산합니다.
   ※ 금융소득이 있는 경우, 부동산매매업자로서 종합소득금액에 비사업용토지 등을 보유하여 발생하는 매매차익이 있는 경우, 「소득세법」에 따라 분리과세되는 주택임대소득이 있는 경우에는 「지방세법」 제93조에 따라 산출세액을 계산합니다.
   ※「조세특례제한법」 제18조의 2 제2항을 적용받는 외국인근로자는 「지방세특례제한법」 제106조의 2에 따라 산출세액을 계산합니다.
9. ⑳ 세액감면란ㆍ㉑ 세액공제란: 「소득세법 시행규칙」 별지 제40호 서식(1)의 제3쪽 ㉔ㆍ㉕ 금액의 100분의 10을 각각 적습니다.
10. ㉓ 분리과세란: 「소득세법 시행규칙」 별지 제40호 서식(1)의 제35쪽 ⑧ 결정세액 합계란의 100분의 10을 적습니다.
11. 가산세란: ㉕ 무(과소)신고란에는 「지방세기본법」 제53조 및 제54조에 따른 가산세, ㉖ 납부지연란에는 「지방세기본법」 제55조에 따른 가산세, ㉗ 기타란에는 「지방세법」 제99조에 따른 가산세를 적습니다.
12. ㉙ 추가납부세액란: 「소득세법 시행규칙」 별지 제40호 서식(1)의 제3쪽 ㉚ 금액의 100분의 10을 적습니다.
13. ㉛ 기납부세액란: 토지등 매매차익 예정신고 납부세액 및 고지세액, 수시부과세액, 특별징수세액의 합계액(외국인단일세율 과세특례를 적용받는 소득이 있는 경우 특별징수된 세액 포함)을 적습니다.
14. ㉜ 납부할 총세액란: ㉚ 합계 금액에서 ㉛ 기납부세액란의 금액을 빼서 적습니다. 그 금액이 "0"보다 작은 경우에는 환급받을 세액이므로, ❷ 환급금 계좌신고란에 환급금을 지급받을 금융기관 및 계좌번호를 적습니다.
15. ㉝ 분납할 세액란: ㉜ 납부할 총세액이 1백만원을 초과하고 2백만원 이하인 때에는 1백만원을 초과하는 금액을, 납부할 총세액이 2백만원을 초과하는 때에는 그 세액의 100분의 50 이하 금액의 범위에서 분납할 세액을 적습니다.

세 율 표 (「지방세법」 제92조 제1항)

과세표준 \ 귀속년도	2018년~2020년 세율	2018년~2020년 누진공제액	과세표준 \ 귀속년도	2021년~2022년 세율	2021년~2022년 누진공제액	과세표준 \ 귀속년도	2023년부터 세율	2023년부터 누진공제액
1,200만원 이하	0.6%	-	1,200만원 이하	0.6%	-	1,400만원 이하	0.6%	-
1,200만원 초과 4,600만원 이하	1.5%	108천원	1,200만원 초과 4,600만원 이하	1.5%	108천원	1,400만원 초과 5,000만원 이하	1.5%	126천원
4,600만원 초과 8,800만원 이하	2.4%	522천원	4,600만원 초과 8,800만원 이하	2.4%	522천원	5,000만원 초과 8,800만원 이하	2.4%	576천원
8,800만원 초과 1억 5천만원 이하	3.5%	1,490천원	8,800만원 초과 1억 5천만원 이하	3.5%	1,490천원	8,800만원 초과 1억 5천만원 이하	3.5%	1,544천원
1억 5천만원 초과 3억원 이하	3.8%	1,940천원	1억 5천만원 초과 3억원 이하	3.8%	1,940천원	1억 5천만원 초과 3억원 이하	3.8%	1,994천원
3억원 초과 5억원 이하	4.0%	2,540천원	3억원 초과 5억원 이하	4.0%	2,540천원	3억원 초과 5억원 이하	4.0%	2,594천원
5억원 초과	4.2%	3,540천원	5억원 초과 10억원 이하	4.2%	3,540천원	5억원 초과 10억원 이하	4.2%	3,594천원
			10억원 초과	4.5%	6,540천원	10억원 초과	4.5%	6,594천원

210mm×297mm[백상지(80g/㎡) 또는 중질지(80g/㎡)]

[별지 제40호의 3 서식] (2024. 3. 26.개정)

관리번호	-

(　　년 귀속)종합소득에 대한 개인지방소득세 과세표준확정신고 및 납부계산서 (단순경비율사업ㆍ근로소득ㆍ연금소득ㆍ기타소득자용)

거주구분	거주자1 / 비거주자2
내ㆍ외국인	내국인1 / 외국인9
거주지국	거주지국코드

❶ 기본사항	① 성명		② 주민등록번호	
	③ 주소		④ 전자우편주소	
⑤ 납세지		※ 12월31일(사망한 경우 사망일, 출국의 경우 출국일) 당시의 주소지등의 관할 지방자치단체명을 시ㆍ군ㆍ구 단위까지 적습니다. 다만, 납세지를 착오기재한 경우라도 「지방세법」 제95조제1항에 따라 신고의 효력에는 영향이 없습니다.		
⑥ 주소지 전화번호		⑦ 주사업장 전화번호	⑧ 휴대전화번호	
⑨ 신고유형	[32]추계-단순율 [40]비사업자	⑩ 기장의무 [2]간편장부대상자 [3]비사업자	⑪ 신고구분	[10] 정기신고, [20] 수정신고, [40]기한후신고
❷ 환급금 계좌신고	⑫ 금융기관명		⑬ 계좌번호	

❸ 지방소득세액의 계산

구 분	금 액
⑭ 과세표준:「소득세법 시행규칙」 별지 제40호 서식(4)의 ⑳ 과세표준란의 금액	
⑮ 세 율:「지방세법」 제92조에 따른 세율을 참고하여 적습니다.	

※ 세 율 표 (「지방세법」 제92조제1항)

과세표준 \ 귀속년도	2018년~2020년 세율	2018년~2020년 누진공제액	과세표준 \ 귀속년도	2021년~2022년 세율	2021년~2022년 누진공제액	과세표준 \ 귀속년도	2023년부터 세율	2023년부터 누진공제액
1,200만원 이하	0.6%	-	1,200만원 이하	0.6%	-	1,400만원 이하	0.6%	-
1,200만원 초과 4,600만원 이하	1.5%	108천원	1,200만원 초과 4,600만원 이하	1.5%	108천원	1,400만원 초과 5,000만원 이하	1.5%	126천원
4,600만원 초과 8,800만원 이하	2.4%	522천원	4,600만원 초과 8,800만원 이하	2.4%	522천원	5,000만원 초과 8,800만원 이하	2.4%	576천원
8,800만원 초과 1억5천만원 이하	3.5%	1,490천원	8,800만원 초과 1억5천만원 이하	3.5%	1,490천원	8,800만원 초과 1억5천만원 이하	3.5%	1,544천원
1억5천만원 초과 3억원 이하	3.8%	1,940천원	1억5천만원 초과 3억원 이하	3.8%	1,940천원	1억5천만원 초과 3억원 이하	3.8%	1,994천원
3억원 초과 5억원 이하	4.0%	2,540천원	3억원 초과 5억원 이하	4.0%	2,540천원	3억원 초과 5억원 이하	4.0%	2,594천원
5억원 초과	4.2%	3,540천원	5억원 초과 10억원 이하	4.2%	3,540천원	5억원 초과 10억원 이하	4.2%	3,594천원
			10억원 초과	4.5%	6,540천원	10억원 초과	4.5%	6,594천원

구 분		금 액
⑯ 산출세액: [과세표준(⑭)×세율(⑮)－누진공제액(⑮하단 세율표 참고)]		
⑰ 세액감면:「소득세법 시행규칙」 별지 제40호 서식(4)의 ㉝ 및 ㉞ 합계액×10%		
⑱ 세액공제:「소득세법 시행규칙」 별지 제40호 서식(4)의 ㉟ ×10%		
⑲ 결정세액: ⑯－(⑰+⑱)		
⑳ 가산세액: 무(과소)신고란에는 「지방세기본법」 제53조 및 제54조에 따른 가산세, 납부지연란에는 「지방세기본법」 제55조에 따른 가산세, 기타란에는 「지방세법」 제99조에 따른 가산세를 적습니다.	무(과소)신고	
	납 부 지 연	
	기 타	
	합 계	
㉑ 총 결정세액: ⑲+⑳(합계란 금액)		
㉒ 기 납부한 특별징수세액:「소득세법 시행규칙」 별지 제40호 서식(4)의 56(중간예납세액을 제외한 금액)×10%		
㉓ 납부할 세액 또는 환급받을 세액: ㉑－㉒		

신고인은 「지방세법」 제95조에 따라 위의 내용을 신고하며, 위 내용을 충분히 검토했고 신고인이 사실 그대로를 정확하게 적었음을 확인합니다. 위 내용 중 과세표준 또는 납부세액을 신고해야 할 금액 보다 적게 신고하거나 환급세액을 신고해야 할 금액보다 많이 신고한 경우에는 「지방세기본법」 제54조 및 제55조에 따른 가산세 부과 등의 대상이 됨을 알고 있습니다.

년　　월　　일

신고인　　　　(서명 또는 인)

세무대리인은 조세전문자격자로서 위 신고서를 성실하고 공정하게 작성하였음을 확인합니다.

세무대리인　　　　(서명 또는 인)

특별자치시장ㆍ특별자치도지사ㆍ시장ㆍ군수ㆍ구청장 귀하

첨부서류	1. 장애인증명서(해당자로 한정하며, 종전에 제출한 경우에는 제출하지 않습니다) 1부 2. 기부금명세서(「소득세법 시행규칙」 별지 제45호 서식) 및 기부금납입영수증(기부금공제가 있는 경우로 한정합니다) 각 1부 3. 가족관계등록부(주민등록표등본에 따라 공제대상 배우자, 부양가족의 가족관계가 확인되지 않는 경우에만 제출하며, 종전에 제출한 후 변동이 없는 경우에는 제출하지 않습니다) 1부

※ 해당 첨부서류는 「지방세법」 제103조의59제1항 및 「지방세기본법」 제130조에 따라 세무서장 또는 지방국세청장으로부터 통보받거나 수집하여 이용할 예정이오니 「국세기본법」 또는 「소득세법」에 따라 소득세 과세표준과 세액의 신고ㆍ납부 등을 하신 경우에는 별도로 제출하지 않으실 수 있습니다.

[별지 제40호의 4 서식] (2024. 12. 31. 개정)

(　　년 귀속)종합소득에 대한 개인지방소득세 과세표준확정신고 및 납부계산서 (분리과세 소득자용)

거주구분	거주자1 / 비거주자2
내·외국인	내국인1 / 외국인9
거주지국	거주지국코드

관리번호 　 -

① 기본사항	① 성명		② 주민등록번호	
	③ 주소		④ 전자우편주소	
⑤ 납세지		※ 12월31일(사망한 경우 사망일, 출국의 경우 출국일) 당시의 주소지등의 관할 지방자치단체명을 시·군·구 단위까지 적습니다. 다만, 납세지를 착오하여 적은 경우라도 「지방세법」 제95조제1항에 따라 신고의 효력에는 영향이 없습니다.		
⑥ 주소지 전화번호		⑦ 휴대전화번호		
⑧ 신고유형	㉟ 분리과세	⑨ 신고구분	⑩ 정기신고, ⑳ 수정신고, ㊵ 기한후신고	
② 환급금 계좌신고	⑩ 금융기관명		⑪ 계좌번호	
③세무 대리인	⑫ 성명	⑬ 사업자등록번호 　 - 　 -	⑭ 전화번호	

④ 지방소득세액의 계산

구분		합계	㉝ 주택임대사업소득	㊾ 기타소득 (계약이 위약·배상금으로 대체되는 경우)	㊻ 연금소득
⑮ 과세표준:「소득세법 시행규칙」 별지 제40호 서식(6)의 ⑱ 과세표준란의 금액					
⑯ 세율:「지방세법」 제93조 제10항 제2호 및 같은 조 제16항부터 제18항까지			1.4%	2.0%	1.5%
⑰ 산출세액: (과세표준⑮ × 세율⑯)					
⑱ 세액감면:「소득세법 시행규칙」 별지 제40호 서식(6)의 ㉑ ×10%					
⑲ 결정세액: ⑰-⑱					
⑳ 가산세액: 무(과소)신고란에는 「지방세기본법」 제53조 및 제54조에 따른 가산세, 납부지연란에는 「지방세기본법」 제55조에 따른 가산세, 기타란에는 「지방세법」 제99조에 따른 가산세를 적습니다.	무(과소)신고				
	납부지연				
	기타				
	합계				
㉑ 추가납부세액:「소득세법 시행규칙」 별지 제40호 서식(6)의 ㉔×10%					
㉒ 합계: ⑲+⑳(합계란 금액)+㉑					
㉓ 기납부세액					
㉔ 납부(환급)할 세액: ㉒-㉓					

⑤ 해당 과세기간의 종합소득금액

㉕ 종합소득금액(분리과세 소득 제외)	[ ]2천만원 초과	[ ]2천만원 이하

신고인은 「지방세법」 제95조에 따라 위의 내용을 신고하며, 위 내용을 충분히 검토했고 신고인이 사실 그대로를 정확하게 적었음을 확인합니다. 위 내용 중 과세표준 또는 납부세액을 신고해야 할 금액 보다 적게 신고하거나 환급세액을 신고해야 할 금액보다 많이 신고한 경우에는 「지방세기본법」 제54조 및 제55조에 따른 가산세 부과 등의 대상이 됨을 알고 있습니다.

년 　 월 　 일 　 신고인 　 (서명 또는 인)

세무대리인은 조세전문자격자로서 위 신고서를 성실하고 공정하게 작성했음을 확인합니다.

세무대리인 　 (서명 또는 인)

특별자치시장·특별자치도지사·시장·군수·구청장 귀하

[별지 제40호의 5 서식] (2024. 3. 26. 개정)

(　　년 귀속)종합소득에 대한 개인지방소득세 과세표준확정신고 및 납부계산서 (단일소득-종교인소득자용)

거주구분	거주자1 / 비거주자2
내·외국인	내국인1 / 외국인9
거주지국	거주지국코드

관리번호 　 -

❶ 기본사항	① 성명		② 주민등록번호	
	③ 주소		④ 전자우편주소	
⑤ 납세지		※ 12월31일(사망한 경우 사망일, 출국의 경우 출국일) 당시의 주소지등의 관할 지방자치단체명을 시·군·구 단위까지 적습니다. 다만, 납세지를 착오기재한 경우라도 「지방세법」 제95조 제1항에 따라 신고의 효력에는 영향이 없습니다.		
⑥ 주소지 전화번호		⑦ 휴대전화번호		
⑧ 신고구분	⑩ 정기신고, ⑳ 수정신고, ㊵ 기한후신고			
❷ 환급금 계좌신고	⑨ 금융기관명		⑩ 계좌번호	

❸ 지방소득세액의 계산

구분	금액
⑪ 과세표준:「소득세법 시행규칙」 별지 제40호 서식(5)의 ㊼ 과세표준란의 금액	
⑫ 세율:「지방세법」 제92조에 따른 세율을 참고하여 적습니다.	

※ 세율표 (「지방세법」 제92조 제1항)

과세표준 \ 귀속년도	2018년~2020년 세율	2018년~2020년 누진공제액	과세표준 \ 귀속년도	2021년~2022년 세율	2021년~2022년 누진공제액	과세표준 \ 귀속년도	2023년부터 세율	2023년부터 누진공제액
1,200만원 이하	0.6%	-	1,200만원 이하	0.6%	-	1,400만원 이하	0.6%	-
1,200만원 초과 4,600만원 이하	1.5%	108천원	1,200만원 초과 4,600만원 이하	1.5%	108천원	1,400만원 초과 5,000만원 이하	1.5%	126천원
4,600만원 초과 8,800만원 이하	2.4%	522천원	4,600만원 초과 8,800만원 이하	2.4%	522천원	5,000만원 초과 8,800만원 이하	2.4%	576천원
8,800만원 초과 1억5천만원 이하	3.5%	1,490천원	8,800만원 초과 1억5천만원 이하	3.5%	1,490천원	8,800만원 초과 1억5천만원 이하	3.5%	1,544천원
1억5천만원 초과 3억원 이하	3.8%	1,940천원	1억5천만원 초과 3억원 이하	3.8%	1,940천원	1억5천만원 초과 3억원 이하	3.8%	1,994천원
3억원 초과 5억원 이하	4.0%	2,540천원	3억원 초과 5억원 이하	4.0%	2,540천원	3억원 초과 5억원 이하	4.0%	2,594천원
5억원 초과	4.2%	3,540천원	5억원 초과 10억원 이하	4.2%	3,540천원	5억원 초과 10억원 이하	4.2%	3,594천원
			10억원 초과	4.5%	6,540천원	10억원 초과	4.5%	6,594천원

구분		금액
⑬ 산출세액: [과세표준(⑪)×세율(⑫)−누진공제액(⑫하단 세율표 참고)]		
⑭ 세액공제:「소득세법 시행규칙」 별지 제40호 서식(5)의 ㊿×10%		
⑮ 결정세액: ⑬−⑭		
⑯ 가산세액: 무(과소)신고란에는 「지방세기본법」 제53조 및 제54조에 따른 가산세, 납부지연란에는 「지방세기본법」 제55조에 따른 가산세를 적습니다.	무(과소)신고	
	납부지연	
	합계	
⑰ 총결정세액: ⑮ + ⑯(합계란 금액)		
⑱ 기 납부한 특별징수세액:「소득세법 시행규칙」 별지 제40호 서식(5)의 ㊹×10%		
⑲ 납부할 세액 또는 환급받을 세액: ⑰−⑱		

신고인은 「지방세법」 제95조에 따라 위의 내용을 신고하며, 위 내용을 충분히 검토했고 신고인이 사실 그대로를 정확하게 적었음을 확인합니다. 위 내용 중 과세표준 또는 납부세액을 신고해야 할 금액 보다 적게 신고하거나 환급세액을 신고해야 할 금액보다 많이 신고한 경우에는 「지방세기본법」 제54조 및 제55조에 따른 가산세 부과 등의 대상이 됨을 알고 있습니다.

년 　 월 　 일 　 신고인 　 (서명 또는 인)

세무대리인은 조세전문자격자로서 위 신고서를 성실하고 공정하게 작성하였음을 확인합니다.

세무대리인 　 (서명 또는 인)

특별자치시장·특별자치도지사·시장·군수·구청장 귀하

첨부서류	1. 장애인증명서(해당자로 한정하며, 종전에 제출한 경우에는 제출하지 않습니다) 1부 2. 기부금명세서(「소득세법 시행규칙」 별지 제45호 서식) 및 기부금납입영수증(기부금공제가 있는 경우로 한정합니다) 각 1부 3. 가족관계등록부(주민등록표등본에 따라 공제대상 배우자, 부양가족의 가족관계가 확인되지 않는 경우에만 제출하며, 종전에 제출한 후 변동이 없는 경우에는 제출하지 않습니다) 1부

※ 해당 첨부서류는 「지방세법」 제103조의59제1항 및 「지방세기본법」 제130조에 따라 세무서장 또는 지방국세청장으로부터 통보받거나 수집하여 이용할 예정이오니 「국세기본법」 또는 「소득세법」에 따라 소득세 과세표준과 세액의 신고·납부 등을 하신 경우에는 별도로 제출하지 않으실 수 있습니다.

[별지 제40호의 6 서식] (2024. 3. 26.개정)

관리번호	-

(　　년 귀속) 퇴직소득에 대한 개인지방소득세 과세표준확정신고 및 정산계산서

※ 뒤쪽의 작성방법을 참고하시기 바라며, 색상이 어두운 칸은 신청인이 적지 않습니다.

❶ 기본사항			
① 성 명		② 주민등록번호	-
③ 주 소			
④ 납세지			
⑤ 신고구분	[ ] 정기신고 [ ] 수정신고 [ ] 경정청구 [ ] 기한후신고	⑥ 전화번호	

❷ 환급금 계좌신고	⑦ 은행명		⑧ 계좌번호	

❸ 세무대리인	⑨ 성명		⑩ 사업자등록번호		⑪ 전화번호	

❹ 퇴직소득명세	⑫ 지급처명 / ⑬ 사업자등록번호	⑭ 입사일 / ⑮ 퇴사일	⑯ 지급일 / ⑰ 근속월수	⑱ 퇴직급여	⑲ 비과세 퇴직급여	⑳ 과세대상 퇴직급여
	합 계					

❺ 근속연수계산	㉑ 제외월수	㉒ 가산월수	㉓ 중복월수	㉔ 정산근속 연수	㉕ 2012.12.31. 이전 근속연수	㉖ 2013.1.1.이후 근속연수(㉔-㉕)

❻ 2020년 이후 퇴직소득세액 계산방법

	계 산 내 용			금 액
개정 규정에 따른 계산방법	퇴직소득에 대한 개인지방소득세 과세표준		㉗	
	환산산출세액(㉗× 세율)		㉘	
	산출세액(㉘× 정산근속연수/12배)		㉙	
	세액공제		㊴	
	가산세	무(과소)신고	㊵	
		납부(환급)지연	㊶	
		합계(㊵+㊶)	㊷	
	기납부 세액		㊸	
납부할 총세액(㉙-㊴+㊷-㊸)			㊹	
분납할 세액			㊺	
신고기한 내 납부할 세액(㊹-㊺)			㊻	

❼ 2016~2019년간 퇴직소득에 대한 개인지방소득세 계산방법

(※ 개정규정 및 종전 규정에 따른 산출세액에 퇴직연도별 비율을 적용하여 계산합니다)

	계 산 내 용		금 액		
개정 규정에 따른 계산방법	퇴직소득에 대한 개인지방소득세 과세표준	㉗			
	환산산출세액(㉗× 세율)	㉘			
	산출세액(㉘× 정산근속연수/12)	㉙			
종전 규정에 따른 계산방법	퇴직소득에 대한 개인지방소득세 과세표준	㉚			
	계 산 내 용		2012. 12. 31. 이전	2013. 1. 1. 이후	합계
	과세표준안분(㉚× 각근속연수/정산근속연수)	㉛			
	연평균과세표준(㉛/각근속연수)	㉜			
	환산과세표준(㉜× 5)	㉝			
	환산산출세액(㉝× 세율)	㉞			
	연평균산출세액(2012. 12. 31. 이전 ㉜× 세율, 13. 1. 1. 이후: ㉞/5)	㉟			
	산출세액(㉟× 각 근속연수)	㊱			

퇴직소득에 대한 개인지방소득세 세액계산	퇴직일이 속하는 과세연도		㊲	
	퇴직소득에 대한 개인지방소득세 산출세액 (㉙× 퇴직연도별 비율) + [㊱× (100%-퇴직연도별 비율)]		㊳	
	세액공제		㊴	
	가산세	무(과소)신고	㊵	
		납부(환급)지연	㊶	
		합계(㊵+㊶)	㊷	
	기납부 세액		㊸	
납부할 총세액(㊳-㊴+㊷-㊸)			㊹	
분납할 세액			㊺	
신고기한 내 납부할 세액(㊹-㊺)			㊻	

신고인은 「지방세법」 제95조에 따라 위의 내용을 신고하며, 위 내용을 충분히 검토했고 신고인이 사실 그대로를 정확하게 적었음을 확인합니다. 위 내용 중 과세표준 또는 납부세액을 신고해야 할 금액 보다 적게 신고하거나 환급세액을 신고해야 할 금액보다 많이 신고한 경우에는 「지방세기본법」 제54조 및 제55조에 따른 가산세 부과 등의 대상이 됨을 알고 있습니다.

년　　월　　일

신고인　　　　　(서명 또는 인)

특별자치시장 · 특별자치도지사 · 시장 · 군수 · 구청장 귀하

첨부서류	연금계좌지급명세서 퇴직소득계산명세 부표(소득이연연금계좌의 퇴직소득확정신고 시) 1부

※ 해당 첨부서류는 「지방세법」 제103조의 59 제1항 및 「지방세기본법」 제130조에 따라 세무서장 또는 지방국세청장으로부터 통보받거나 수집하여 이용할 예정이오니 「국세기본법」 또는 「소득세법」에 따라 소득세 과세표준과 세액의 신고 · 납부 등을 하신 경우에는 별도로 제출하지 않으실 수 있습니다.

210mm×297mm[백상지(80g/㎡) 또는 중질지(80g/㎡)]

(3쪽 중 제3쪽)

작성방법

1. 이 신고서는 퇴직소득이 있는 납세자가 사용합니다.
2. ④ 납세지란:「지방세기본법」 제34조에 따른 납세의무 성립 당시의 「소득세법」 제6조 및 제7조에 따른 납세지(이하 "주소지등"이라 함) 관할 지방자치단체명을 시·군·구 단위까지 적습니다. 다만, 납세지를 착오기재한 경우라도 「지방세법」 제95조 제1항에 따라 신고의 효력에는 영향이 없습니다.
3. ❷ 환급금 계좌신고(⑦·⑧)란: 환급세액이 발생하는 경우 환급금을 송금받을 본인의 예금계좌를 적습니다.
4. ❸ 세무대리인(⑨~⑪)란: 세무대리인이 신고서를 작성한 경우에만 적습니다.
5. ❹ 퇴직소득명세(⑫~⑳)란: ⑱ 퇴직급여란에는 「국민연금법」에 따라 사용자가 국민연금기금에 납부한 종업원의 퇴직금전환금을 포함합니다.
6. ❺ 근속연수계산(㉑~㉖)란: [근속연수 = (총근속월수 - 중복월수)/12]로 산정한 연수를 적습니다. 다만, 1월 미만의 일수는 1월로 하고, 1년 미만의 월수는 1년으로 합니다.
7. ❼ 2016~2019년간 퇴직소득에 대한 개인지방소득세의 계산방법의 작성방법은 다음과 같습니다.
   가. ㉗ 퇴직소득에 대한 개인지방소득세 과세표준란: 「소득세법 시행규칙」 별지 제40호의2서식 ㉝ 퇴직소득 과세표준 금액을 적습니다.
   나. ㉚ 퇴직소득에 대한 개인지방소득세 과세표준란: 「소득세법 시행규칙」 별지 제40호의2서식 ㊴ 퇴직소득 과세표준 금액을 옮겨 적습니다.
   다. ㉘ 환산산출세액란: ㉗ 퇴직소득과세표준에 「지방세법」에 따른 지방소득세세율을 적용하여 산출한 값을 적습니다.
   라. ㉛ 과세표준안분란: 퇴직소득과세표준에 2012. 12. 31.이전 근속연수비율과 2013. 1. 1. 이후 근속연수비율을 각각 곱하여 계산합니다.
   마. ㉝ 환산과세표준란과 ㉞ 환산산출세액란: 2013. 1. 1. 이후 부분의 연평균과세표준에 5배수 한 값과 세액을 산출하여 적습니다.
   바. ㉟ 연평균산출세액란: 2012. 12. 31. 이전 부분은 ㉜ 연평균과세표준에 「지방세법」에 따른 지방소득세세율을 적용하여 산출하고, 2013. 1. 1. 이후 부분은 ㉞ 환산산출세액을 5로 나누어 산출한 값을 적습니다.
   사. ㊳ 퇴직소득에 대한 개인지방소득세 산출세액란: (㉙ × 퇴직연도별 비율) + [㊱×(100% - 퇴직연도별 비율)]로 계산한 금액을 적되, ㊲ 퇴직일이 속하는 과세연도에 따라 아래의 퇴직연도별 비율을 적용합니다.

구분 \ 퇴직연도	2016년	2017년	2018년	2019년
퇴직연도별 비율	20%	40%	60%	80%

   아. ㊴ 세액공제란: 「소득세법」 제57조에 따라 거주자의 퇴직소득금액에 국외원천소득이 합산되어 있는 경우로서 그 국외원천소득에 대해 외국에서 외국소득세액을 납부하였거나 납부할 것이 있어 「소득세법」 제57조 제1항에 따라 퇴직소득 산출세액에서 공제한 경우 그 공제액의 100분의 10에 상당하는 금액을 적습니다.
   자. 가산세란: ㊵ 무(과소)신고란에는 「지방세기본법」 제53조 및 제54조에 따른 가산세, ㊶ 납부지연란에는 「지방세기본법」 제55조에 따른 가산세를 적습니다.
   차. ㊸ 기납부 세액란: 「지방세법」 제103조의 13에 따라 납부한 세액을 적습니다.
   카. ㊺ 분납할 세액란: ㊹ 납부할 총세액이 1백만원을 초과하고 2백만원 이하인 때에는 1백만원을 초과하는 금액을, 납부할 총세액이 2백만원을 초과하는 때에는 그 세액의 100분의 50 이하 금액의 범위에서 분납할 세액을 적습니다.
8. 이 신고서는 1부를 제출하며, 반드시 신고인의 성명을 쓰고 서명 또는 날인합니다.

세 율 표 (「지방세법」 제92조 제1항)

귀속년도 \ 과세표준	2018년~2020년 세율	2018년~2020년 누진공제액	귀속년도 \ 과세표준	2021년~2022년 세율	2021년~2022년 누진공제액	귀속년도 \ 과세표준	2023년부터 세율	2023년부터 누진공제액
1,200만원 이하	0.6%	-	1,200만원 이하	0.6%	-	1,400만원 이하	0.6%	-
1,200만원 초과 4,600만원 이하	1.5%	108천원	1,200만원 초과 4,600만원 이하	1.5%	108천원	1,400만원 초과 5,000만원 이하	1.5%	126천원
4,600만원 초과 8,800만원 이하	2.4%	522천원	4,600만원 초과 8,800만원 이하	2.4%	522천원	5,000만원 초과 8,800만원 이하	2.4%	576천원
8,800만원 초과 1억 5천만원 이하	3.5%	1,490천원	8,800만원 초과 1억 5천만원 이하	3.5%	1,490천원	8,800만원 초과 1억 5천만원 이하	3.5%	1,544천원
1억 5천만원 초과 3억원 이하	3.8%	1,940천원	1억 5천만원 초과 3억원 이하	3.8%	1,940천원	1억 5천만원 초과 3억원 이하	3.8%	1,994천원
3억원 초과 5억원 이하	4.0%	2,540천원	3억원 초과 5억원 이하	4.0%	2,540천원	3억원 초과 5억원 이하	4.0%	2,594천원
5억원 초과	4.2%	3,540천원	5억원 초과 10억원 이하	4.2%	3,540천원	5억원 초과 10억원 이하	4.2%	3,594천원
			10억원 초과	4.5%	6,540천원	10억원 초과	4.5%	6,594천원

[별지 제40호의 7 서식] (2022. 3. 31. 개정)

(4쪽 중 제1쪽)

관리번호	

보내는 사람

- 신고기간 :
- 납부기간 :

받는 사람

종합소득세 · 개인지방소득세 신고방법에 대한 문의는
☎ 로 하여 주십시오.

모두채움 (납부세액)	년 귀속 종합소득세 · 개인지방소득세 신고 안내	유형

지방자치단체 또는 국세청 활용란

210mm×297mm[백상지(80g/㎡) 또는 중질지(80g/㎡)]

종합소득세·개인지방소득세 확정신고 안내

년에 아래 소득이 있는 경우에는 해당 소득을 합산하여 년 5월 31일까지 종합소득세를 신고하셔야 합니다.

※ 신고대상 소득: 사업소득(부동산임대소득 포함) + 근로소득 + 연금소득 + 기타소득

1. 사업소득
   - 단순경비율 적용 대상 사업소득자의 사업소득금액은 아래와 같이 계산합니다.
     사업소득금액= 총수입금액 - 필요경비(총수입금액 × 단순경비율)
2. 근로소득
   - 일반적으로 근로소득은 연말정산을 하므로 종합소득세 신고대상이 아닙니다. 다만, 아래에 해당하는 경우 종합소득세 신고대상입니다.
     가. 2군데 이상에서 근무하고 해당 근로소득을 합산하여 연말정산을 하지 않은 경우. 이 경우 모든 근로소득을 합산하여 신고합니다.
     나. 근로소득 연말정산을 하였더라도 신고대상 다른 소득(사업소득, 연금소득, 기타소득)이 있는 경우. 이 경우 근로소득과 다른 소득을 합산하여 신고합니다.
3. 연금소득
   - 국민(공무원·군인·교직원)연금 등 연말정산을 한 공적연금은 종합소득세 신고대상이 아닙니다. 다만, 아래에 해당하는 경우 종합소득세 신고대상입니다.
     가. 공적연금소득과 신고대상 다른 소득(사업소득, 근로소득, 기타소득)이 함께 있는 경우. 이 경우 공적연금과 다른 소득을 합산하여 신고합니다.
     나. 사적연금의 합계액이 연간 1,200만원을 초과하는 경우
4. 기타소득
   - 일시적인 강연료·원고료 등 기타소득은 기타소득금액이 연간 300만원을 초과하는 경우에만 신고대상입니다.

210mm×297mm[백상지(80g/㎡) 또는 중질지(80g/㎡)]

□ 종합소득세 세액계산 안내

소득구분	총수입금액, 총급여액 등	소득금액	소득공제	과세표준	총결정세액	기납부세액	납부할 세액
합계							

국세청 활용란

□ 개인지방소득세 세액계산 안내

과세표준	총결정세액	기납부세액	납부할 세액

지방자치단체 활용란

□ 소득발생 내역

소득구분	상호	사업자 등록번호	지급처	총수입금액, 총급여액 등	원천징수세액	업종코드	단순경비율(%)

국세청 활용란

지방자치단체 또는 국세청 활용란

210mm×297mm[백상지(80g/㎡) 또는 중질지(80g/㎡)]

(4쪽 중 제4쪽)

세액계산 안내 내용에 수정할 사항이 있는 경우 신고 방법

홈택스(www.hometax.go.kr) 또는 스마트폰의 손택스(모바일 앱)에서 신고안내 내용을 수정하여 신고할 수 있습니다.

※ 신고안내 내용을 수정하시는 경우 홈택스·손택스에서 종합소득세 신고 완료 후 지방소득세 「신고이동」을 클릭하여 위택스·스마트 위택스에서 개인지방소득세도 신고해야 합니다.

1. 홈택스: 로그인 → 신고/납부 → 세금신고 → 종합소득세 → 모두채움 신고(정기신고)
2. 손택스: 손택스 앱 설치 → 로그인 → 신고/납부 → 종합소득세 모두채움 신고(정기신고)

세액계산 안내 내용에 수정할 사항이 있는 경우 납부 방법

※ 아래 종합소득세와 개인지방소득세를 모두 납부해야 합니다.

수정한 납부세액은 아래와 같이 전자납부할 수 있습니다.

[종합소득세 납부방법]

1. 홈택스: 로그인 → 신고/납부 → 세금납부 → 국세납부 → 납부할세액 조회납부 → 납부하기 → 결제수단 선택
2. 손택스: 로그인 → 신고/납부 → 세금납부 → 국세납부 → 납부할세액 조회납부 → 납부하기 → 결제수단 선택

[개인지방소득세 납부방법]

1. 위택스: 납부하기 → 지방세 → 로그인
2. 스마트 위택스: 메뉴 → 납부하기 → 지방세·세외수입 → 로그인

210mm×297mm[백상지(80g/㎡) 또는 중질지(80g/㎡)]

[별지 제40호의 8 서식] (2022. 3. 31. 개정)

결손금 소급공제세액 환급신청서

※ 뒤쪽의 작성방법을 참고하시기 바라며, 색상이 어두운 란은 신청인이 적지 않습니다. (앞쪽)

1. 신청인

① 성명		② 주민등록번호	
③ 주소		(전화번호:)	

2. 과세기간

④ 해당 과세기간	년 월 일 ~ 년 월 일	⑤ 직전 과세기간	년 월 일 ~ 년 월 일

3. 환급신청 명세

구분		사 업 장 (1)	사 업 장 (2)	합 계
사업장 정보	⑥ 상호			
	⑦ 사업자등록번호			
	⑧ 사업장 소재지			
해당 과세기간	⑨ 사업장별 결손금			
	⑩ 소급공제 받을 사업장별 결손금			
	⑪ 사업장별 소득금액			
직전 과세기간	⑫ 종합소득금액			
	⑬ 종합소득에 대한 개인지방소득세 과세표준			
	⑭ 종합소득에 대한 개인지방소득세 산출세액			
	⑮ 종합소득에 대한 개인지방소득세 결정세액			
	⑯ 사업장별 종합소득에 대한 개인지방소득세 산출세액 : ⑭×(⑪÷⑫)			
	⑰ 사업장별 종합소득에 대한 개인지방소득세 결정세액 : ⑮×(⑪÷⑫)			
환급세액 계산	⑱ 소급공제 후 사업장별 종합소득에 대한 개인지방소득세 산출세액 : (⑬-⑩합계)×직전 과세기간 세율×[(⑪-⑩)÷(⑫-⑩합계)]			
	⑲ 소급공제 가능액: ⑯-⑱			
	⑳ 소급공제 한도액: ⑰			
	㉑ 환급신청세액: MIN[⑲, ⑳]			

4. 지방세환급금 계좌신고

㉒ 금융기관/체신관서명		㉓ 계좌번호	

신고인은 「지방세법」 제101조 제1항 본문 및 같은 법 시행령 제98조 제3항에 따라 결손금소급공제세액환급신청서를 제출하며, 위 내용을 충분히 검토했고 신고인이 알고 있는 사실 그대로를 정확하게 적었음을 확인합니다.

년 월 일

신고인 (서명 또는 인)

세무대리인은 조세전문자격자로서 위 신고서를 성실하고 공정하게 작성했음을 확인합니다.

세무대리인 (서명 또는 인)

특별자치시장 · 특별자치도지사 · 시장 · 군수 · 구청장 귀하

210mm×297mm[백상지(80g/㎡) 또는 중질지(80g/㎡)]

[별지 제40호의 9 서식] (2022. 3. 31. 신설)

결손금 소급공제세액 환급특례신청서(거주자)

※ 뒤쪽의 작성방법을 참고하시기 바라며, 색상이 어두운 난은 신청인이 적지 않습니다. (앞쪽)

1. 신청인			
① 성명		② 주민등록번호	
③ 주소			(전화번호:)

2. 과세기간			
④ 해당 과세기간	년 월 일 ~ 년 월 일	⑤ 직전전 과세기간	년 월 일 ~ 년 월 일
		⑥ 직전 과세기간	년 월 일 ~ 년 월 일

3. 환급신청 명세

구 분			사 업 장 (1)	사 업 장 (2)	합 계
사업장 정보	⑦ 상호				
	⑧ 사업자등록번호				
	⑨ 사업장 소재지				
해당 과세기간	⑩ 사업장별 결손금				
	⑪ 소급공제 받을 사업장별 결손금	⑫ 직전전 과세기간			
		⑬ 직전 과세기간			
직전전 과세기간	⑭ 사업장별 소득금액				
	⑮ 종합소득금액				
	⑯ 종합소득에 대한 개인지방소득세 과세표준				
	⑰ 종합소득에 대한 개인지방소득세 산출세액				
	⑱ 종합소득에 대한 개인지방소득세 결정세액				
	⑲ 사업장별 종합소득에 대한 개인지방소득세 산출세액 : ⑰×(⑭÷⑮)				
	⑳ 사업장별 종합소득에 대한 개인지방소득세 결정세액 : ⑱×(⑭÷⑮)				
환급세액 계산	㉑ 소급공제 후 사업장별 종합소득에 대한 개인지방소득세 산출세액: (⑯-⑫합계)×직전전 과세기간 세율×[(⑭-⑫)÷(⑮-⑫)]				
	㉒ 소급공제 가능액: ⑲-㉑				
	㉓ 소급공제 한도액: ⑳				
	㉔ 환급신청세액: MIN[㉒, ㉓]				
직전 과세기간	㉕ 사업장별 소득금액				
	㉖ 종합소득금액				
	㉗ 종합소득에 대한 개인지방소득세 과세표준				
	㉘ 종합소득에 대한 개인지방소득세 산출세액				
	㉙ 종합소득에 대한 개인지방소득세 결정세액				
	㉚ 사업장별 종합소득에 대한 개인지방소득세 산출세액 : ㉘×(㉕÷㉖)				
	㉛ 사업장별 종합소득에 대한 개인지방소득세 결정세액 : ㉙×(㉕÷㉖)				

210mm×297mm[백상지(80g/㎡) 또는 중질지(80g/㎡)]

(뒤쪽)

작성방법

1. ⑨ 사업장별 결손금란: 「소득세법 시행규칙」 별지 제40호의 4 서식 ⑨ 사업장별 결손금에 따른 결손금을 적습니다.
2. ⑩ 소급공제 받을 사업장별 결손금란: 결손금 중 소급공제를 받으려는 금액을 적되, 사업장별 금액의 합계액이 직전 과세기간의 ⑬ 종합소득에 대한 개인지방소득세 과세표준을 초과할 수 없습니다.
3. ⑪ 사업장별 소득금액, ⑫ 종합소득금액, ⑬ 종합소득에 대한 개인지방소득세 과세표준, ⑭ 종합소득에 대한 개인지방소득세 산출세액 및 ⑮ 종합소득에 대한 개인지방소득세 결정세액란: 직전 과세기간의 해당하는 금액을 적습니다.
4. ⑯ 사업장별 종합소득에 대한 개인지방소득세 산출세액란: 직전과세기간의 사업장별 소득금액으로 종합소득에 대한 개인지방소득세 산출세액을 안분합니다.

$$\text{직전 과세기간의 종합소득에 대한 개인지방소득세 산출세액} \times \left(\frac{\text{직전 과세기간의 사업장별 소득금액}}{\text{직전 과세기간의 종합소득금액}}\right)$$

5. ⑰ 사업장별 종합소득에 대한 개인지방소득세 결정세액란: 직전과세기간의 사업장별 소득금액으로 종합소득에 대한 개인지방소득세 결정세액을 안분합니다.

$$\text{직전 과세기간의 종합소득에 대한 개인지방소득세 결정세액} \times \left(\frac{\text{직전 과세기간의 사업장별 소득금액}}{\text{직전 과세기간의 종합소득금액}}\right)$$

6. ⑱ 소급공제 후 사업장별 종합소득에 대한 개인지방소득세 산출세액란: 직전 과세기간의 사업장별 소득금액에서 소급공제 받을 결손금을 차감한 금액으로 종합소득에 대한 개인지방소득세 산출세액을 안분합니다.

$$\left(\text{직전 과세기간의 종합소득에 대한 개인지방소득세 과세표준} - \text{소급공제 받을 결손금}\right) \times \text{직전 과세 기간 세율} \times \left[\frac{\left(\text{직전과세기간의 사업장별 소득금액} - \text{소급공제 받을 사업장별 결손금}\right)}{\left(\text{직전전과세기간의 종합소득금액} - \text{소급공제 받을 결손금}\right)}\right]$$

7. ㉑ 환급신청세액: ⑯ 사업장별 종합소득에 대한 개인지방소득세 산출세액에서 ⑱ 소급공제 후 사업장별 종합소득에 대한 개인지방소득세 산출세액을 차감한 금액과 ⑰ 사업장별 종합소득에 대한 개인지방소득세 결정세액 중 작은 금액을 적습니다.

210mm×297mm[백상지(80g/㎡) 또는 중질지(80g/㎡)]

(뒤쪽)

환급세액 계산	㉜ 소급공제 후 사업장별 종합소득에 대한 개인지방소득세 산출세액: (㉗-⑬합계)×직전 과세기간 세율×[(㉕-⑬)÷(㉖-⑬합계)]			
	㉝ 소급공제 가능액: ㉚-㉜			
	㉞ 소급공제 한도액: ㉛			
	㉟ 환급신청세액: MIN[㉝, ㉞]			

4. 지방세환급금 계좌신고

㊱ 금융기관/체신관서명		㊲ 계좌번호	

신고인은 「지방세법」 제101조 제1항 단서 및 같은 법 시행령 제98조 제3항에 따라 결손금소급공제세액 환급특례 신청서를 제출하며, 위 내용을 충분히 검토했고 신고인이 알고 있는 사실 그대로를 정확하게 적었음을 확인합니다.

년 월 일

신고인 (서명 또는 인)

세무대리인은 조세전문자격자로서 위 신고서를 성실하고 공정하게 작성했음을 확인합니다.

세무대리인 (서명 또는 인)

특별자치시장ㆍ특별자치도지사ㆍ시장ㆍ군수ㆍ구청장 귀하

작성방법

※ 결손금을 소급공제할 때 직전전과세기간과 직전과세기간에 개인지방소득세 납부세액이 있는 경우에는 직전전과세기간의 종합소득에 대한 개인지방소득세 과세표준에서 결손금을 먼저 공제합니다.

1. ⑨ 사업장별 결손금란: 「조세특례제한법 시행규칙」 별지 제2호의 3 서식 ⑩ 사업장별 결손금에 따른 결손금을 적습니다.
2. ⑪ 소급공제 받을 사업장별 결손금란: 결손금 중 소급공제를 받으려는 금액을 적되, 직전전 과세기간과 직전 과세기간에 구분하여 기입하며, 사업장별 금액의 합계액이 각 과세기간의 종합소득에 대한 개인지방소득세 과세표준을 초과할 수 없습니다.(「조세특례제한법 시행규칙」 별지 제2호의 3 서식 ⑪ 소급공제 받을 사업장별 결손금과 동일한 금액을 적습니다)
3. ⑭ 사업장별 소득금액, ⑮ 종합소득금액, ⑯ 종합소득에 대한 개인지방소득세 과세표준, ⑰ 종합소득에 대한 개인지방소득세 산출세액 및 ⑱ 종합소득에 대한 개인지방소득세 결정세액란: 직전전 과세기간의 해당하는 금액을 적습니다.
4. ⑲ 사업장별 종합소득에 대한 개인지방소득세 산출세액란: 직전전 과세기간의 사업장별 소득금액으로 종합소득에 대한 개인지방소득세 산출세액을 안분합니다.

   직전 과세기간의 종합소득에 대한 개인지방소득세 산출세액 × (직전전 과세기간의 사업장별 소득금액 / 직전전 과세기간의 종합소득금액)

5. ⑳ 사업장별 종합소득에 대한 개인지방소득세 결정세액란: 직전전과세기간의 사업장별 소득금액으로 종합소득에 대한 개인지방소득세 결정세액을 안분합니다.

   직전전 과세기간의 종합소득에 대한 개인지방소득세 결정세액 × (직전전 과세기간의 사업장별 소득금액 / 직전전 과세기간의 종합소득금액)

6. ㉑ 소급공제 후 사업장별 종합소득에 대한 개인지방소득세 산출세액란: 직전전 과세기간의 사업장별 소득금액에서 소급공제 받을 결손금을 차감한 금액으로 종합소득에 대한 개인지방소득세 산출세액을 안분합니다.

   (직전전 과세기간의 종합소득에 대한 개인지방소득세 과세표준 − 소급공제 받을 결손금) × 직전 과세기간 세율 × [(직전전과세기간의 사업장별 소득금액 − 소급공제 받을 사업장별 결손금) / (직전전과세기간의 종합소득금액 − 소급공제 받을 결손금)]

7. ㉔ 환급신청세액: ⑲ 사업장별 종합소득에 대한 개인지방소득세 산출세액에서 ㉑ 소급공제 후 사업장별 종합소득에 대한 개인지방소득세 산출세액을 차감한 금액과 ⑳ 사업장별 종합소득에 대한 개인지방소득세 결정세액 중 작은 금액을 적습니다.

210mm×297mm[백상지(80g/㎡) 또는 중질지(80g/㎡)]

[별지 제40호의 10 서식] (2022. 3. 31. 개정)

공동사업자별 분배명세서

(앞쪽)

공동 사업장	① 상호	②사업자등록번호
	③ 소재지	④ 개업일
대표공동 사업자	⑤ 성명	⑥주민등록번호
	⑦ 주소	⑧ 전화번호

⑨ 소득구분 코드	부동산임대업(30), 부동산임대업외(40)	⑩전환정비사업 조합원 등	여1 / 부2	⑪ 주업종 코드
⑫신고유형 코드	자기조정(11), 외부조정(12), 성실납세(13), 간편장부(20), 추계-기준경비율(31), 추계-단순경비율(32)			⑬ 과세기간 년 월 일 ~ 년 월 일

총수입금액		⑯ 필요경비	⑰ 소득금액(⑮-⑯)
⑭ 직전 과세기간	⑮ 해당 과세기간		

소득금액 등 분배내용

공동사업자		⑳ 분배비율	소득금액 등 분배금액			
⑱ 성 명	⑲ 주민등록번호		㉑ 수입금액	㉒ 소득금액	㉓ 가산세	㉔ 특별징수세액
합 계						

210mm×297mm[백상지(80g/㎡) 또는 중질지(80g/㎡)]

(뒤쪽)

작 성 방 법

1. ⑨ 소득구분코드: 부동산임대업에서 발생한 사업소득은 "(30)"에, 그 밖의 사업소득은 "(40)"에 "○" 표시를 합니다.
2. ⑩ 전환정비사업조합원 등: 「조세특례제한법」 제104조의 7 제1항에 따라 소득세법이 적용되는 전환정비사업조합에서 발생하는 공동사업자의 소득과 「주택법」 제2조 제9호의 주택조합에서 발생하는 소득으로서 「소득세법」 제87조 및 제43조에 의해 공동사업자로 적용되는 소득에 해당되는 경우에 "여"에 "○"표시를 합니다.
3. ⑫ 신고유형코드: 조정계산서의 작성자 또는 소득금액계산서의 종류에 따라 다음과 같이 구분하여 해당란에 "○"표시를 합니다.
   - 가. 자기조정(자기가 조정계산서를 작성한 경우): 11
   - 나. 외부조정(세무대리인이 조정계산서를 작성한 경우): 12
   - 다. 「소득세법」 제87조의 2에 따라 성실납세방식으로 신고·납부하는 경우:13
   - 라. 간편장부소득금액계산서에 따라 소득금액을 계산한 경우: 20
   - 마. 기준경비율에 따라 소득금액을 계산한 경우: 31
   - 바. 단순경비율에 따라 소득금액을 계산한 경우: 32
4. ⑬ 과세기간 : 「소득세법 시행규칙」 별지 제40호 서식(1)의 9쪽 ⑫ 과세기간개시일과 ⑬ 과세기간종료일을 적습니다.
5. 총수입금액 (⑭·⑮): 공동사업장의 직전 과세기간 및 해당 과세기간 총수입금액을 적습니다.
6. ⑯ 필요경비: 공동사업장의 해당 과세기간 필요경비를 적습니다.
7. ⑰ 소득금액: (⑮ 해당 연도 총수입금액 – ⑯ 해당 연도 필요경비)의 방법으로 산정한 금액을 적습니다.
8. ㉓ 가산세: 공동사업장에 관련되는 「소득세법」 제81조 제1항(지급명세서미제출·지연제출가산세)·제3항(계산서 관련 가산세)·제4항(증빙불비가산세, 2007. 7. 1. 이후 적용됩니다)·제5항(영수증수취명세서 미제출 가산세)·제6항(사업장현황신고불성실가산세)·제7항(공동사업장등록불성실가산세)·제8항(무기장가산세)·제9항(사업용계좌미사용가산세, 2008. 1. 1. 이후 적용됩니다)·제10항(신용카드매출전표미발급가산세, 2007. 7. 1. 이후 적용됩니다)·제11항(현금영수증미발급가산세, 2007. 7. 1. 이후 적용됩니다)에 따른 가산세액의 100분의 10을 적습니다.
9. ㉔ 특별징수세액: 특별징수된 세액을 적습니다.

※ 기재란이 더 필요한 경우에는 별지에 이어서 작성합니다.

210mm×297mm[백상지(80g/㎡) 또는 중질지(80g/㎡)]

[별지 제40호의 11 서식] (2022. 3. 31. 개정) (4쪽 중 제1쪽)

관리번호	-

(　　년 귀속)양도소득에 대한 개인지방소득세 과세표준 신고 및 납부계산서

([　]예정신고, [　]확정신고, [　]수정신고, [　]기한 후 신고)

① 신 고 인 (양 도 인)	성 명		주민등록번호		내·외국인	[ ]내국인, [ ]외국인	
	전자우편주소		전 화 번 호		거 주 구 분	[ ]거주자, [ ]비거주자	
	주 소		납 세 지		거 주 지 국		거주지국코드
					국 적		국 적 코 드
② 신고 기본정보	양도일자		신고유형				
③ 양 수 인	성 명	주민등록번호	양도자산 소재지	지 분	양도인과의 관계		
④ 세 율 구 분 코 드	지방소득세 합 계	국내분 소계	-	-	국외분 소계		
⑤ 과 세 표 준							
⑥ 세 율							
⑦ 산 출 세 액							
⑧ 감 면 세 액							
⑨ 외 국 납 부 세 액 공 제							
⑩ 특 별 징 수 세 액 공 제							
⑪ 전 자 신 고 세 액 공 제							
⑫가산세 무(과소)신고							
⑫가산세 납 부 지 연							
⑫가산세 기 타							
⑫가산세 합 계							
⑬ 기신고·결정·경정세액, 조정공제							
⑭ 납 부(환급) 할 총 세 액 (⑦-⑧-⑨-⑩-⑪+⑫-⑬)							
⑮ 환 급 금 계 좌 신 고	금융기관명		계 좌 번 호				

신고인은 「지방세법」 제103조의 5 및 제103조의 7에 따라 위의 내용을 신고하며, 위 내용을 충분히 검토했고 신고인이 사실 그대로를 정확하게 적었음을 확인합니다. 위 내용 중 과세표준 또는 납부세액을 신고해야 할 금액 보다 적게 신고하거나 환급세액을 신고해야 할 금액보다 많이 신고한 경우에는 「지방세기본법」 제54조 및 제55조에 따른 가산세 부과 등의 대상이 됨을 알고 있습니다.

년　　월　　일

신고인　　(서명 또는 인)

특별자치시장·특별자치도지사·시장·군수·구청장 귀하

세무대리인	성명(상호)		사업자등록번호		전화번호	

세무대리인은 조세전문자격자로서 위 신고서를 성실하고 공정하게 작성했음을 확인합니다.

세무대리인　　(서명 또는 인)

첨부서류	1. 양도소득금액 계산명세서(「소득세법 시행규칙」 별지 제84호 서식 부표 1, 부표 2, 부표 2의 2 중 해당하는 것) 1부 2. 매매계약서(또는 증여계약서) 1부 3. 필요경비에 관한 증명서류 1부 4. 감면신청서 및 수용확인서 등 1부 5. 그 밖에 양도소득에 대한 개인지방소득세 계산에 필요한 서류 1부

※ 해당 첨부서류는 「지방세법」 제103조의 59 제1항 및 「지방세기본법」 제130조에 따라 세무서장 또는 지방국세청장으로부터 통보받거나 수집하여 이용할 예정이오니 「국세기본법」 또는 「소득세법」에 따라 소득세 과세표준과 세액의 신고·납부 등을 하신 경우에는 별도로 제출하지 않으실 수 있습니다.

210mm×297mm[백상지(80g/㎡) 또는 중질지(80g/㎡)]

(4쪽 중 제2쪽)

작성방법

1. 관리번호는 작성자가 적지 않습니다.
2. ① 신고인(양도인)란: 성명란은 외국인이면 영문으로 적되 여권에 기록된 영문성명 전부(full name)를 적습니다. 주민등록번호란은 국내거소신고번호를 부여받은 재외국민 또는 외국국적동포이면 국내거소신고증상의 국내거소신고번호를 적고, 외국인이면 외국인등록표상의 외국인등록번호를 적으며, 상기 번호를 부여받지 않은 경우에는 여권번호를 적습니다. 내·외국인 및 거주구분의 [ ]안에 "√"표시를 하고, 국제표준화기구(ISO)가 정한 국가별 ISO코드 중 국명 약어 및 국가코드를 참고하여 국적(국적코드)과 거주지국(거주지국코드)을 적습니다. 납세지는 「지방세기본법」 제34조에 따른 납세의무 성립 당시의 「소득세법」 제6조 및 제7조에 따른 납세지 관할 지방자치단체명을 시·군·구 단위까지 적습니다. 다만, 납세지를 착오하여 적은 경우라도 「지방세법」 제103조의5제1항 및 제103조의7제1항에 따라 신고의 효력에는 영향이 없습니다.
3. ② 신고 기본정보란: 양도일 및 다음 중 해당하는 신고유형 코드를 적습니다.

신고유형 코드	신고구분	신고유형명	납세성립일	양도소득세 신고기한	지방소득세 신고기한
1	예정	국내/국외 주식이외 자산	양도일이 속하는 달의 말일	2개월 이내	(예정) 2020년 이후 납세의무성립분부터 양도소득세 신고기한보다 2개월 연장 (확정) 2020년 이후 확정신고기간이 도래하는 분부터 양도소득세 신고기한보다 2개월 연장 ※ 개정 전 납세자는 양도소득세 신고기한과 동일
2	예정	국내주식	양도일이 속하는 반기의 말일		
3	예정	토지거래허가구역내의 토지	허가일이 속하는 달의 말일		
4	예정	특정주식과 부동산과다보유법인 주식	양도일이 속하는 달의 말일		
5	확정	국내/국외 주식이외 자산	과세기간종료일	다음연도 5월말일	
6	확정	국내주식(특정주식과 부동산과다보유법인 주식 포함)	과세기간종료일		
7	확정	국외주식	과세기간종료일		
8	확정	파생상품	과세기간종료일		
9	예정	부담부증여	양도일이 속하는 달의 말일	3개월 이내	
A	예정	국외전출자 국내주식	출국일	3개월 이내	양도소득세와 동일

4. ③ 양수인란: 양도물건별로 적되, 양수인이 공동으로 양수한 경우에는 양수인별 지분을 적고, 양수인이 다수인 경우에는 별지로 작성합니다. 양수인이 외국인인 경우 주민등록번호란에는 ①을 참고하여 외국인등록번호 등을 적습니다.
※ 양도인과의 관계 예시: 타인, 배우자, 자, 부모, 형제자매, 조부모, 손자·손녀 등
5. ④ 세율구분란: 주식의 경우에는 주식등양도소득금액계산명세서(「소득세법 시행규칙」 별지 제84호 서식 부표2)의 ④주식등 종류코드란의 세율이 같은 자산(기타자산 주식은 제외합니다)을 합산하여 적습니다.
6. ⑤ 과세표준란:「소득세법 시행규칙」 별지 제84호 서식 ⑧ 과세표준의 금액을 적습니다.
7. ⑦ 산출세액란: 해당 과세기간에「소득세법」 제94조 제1항 제1호·제2호 및 제4호에 따른 자산을 둘 이상 양도하는 경우 양도소득에 대한 개인지방소득세 산출세액은 아래'가'와'나'중 큰 금액이 계산되는 경우의 산출세액을 적습니다.
   가. 해당 과세기간의 양도소득과세표준 합계액에 대하여 「지방세법」 제92조 제1항에 따른 세율을 적용하여 계산한 양도소득에 대한 개인지방소득세 산출세액에서 양도소득에 대한 개인지방소득세 감면액을 차감한 금액
   나. 「지방세법」 제103조의3제1항부터 제5항까지 및 제10항에 따라 계산한 자산별 양도소득에 대한 개인지방소득세 산출세액 합계액에서 양도소득에 대한 개인지방소득세 감면액을 차감한 금액
8. ⑧ 감면세액란 및 ⑨ 외국납부세액공제란: 「소득세법 시행규칙」 별지 제84호 서식 ⑪ 및 ⑫ 항목의 100분의10 금액을 각각 적습니다.
9. ⑩ 특별징수세액공제란: 비거주자의 양도소득에 대하여 양수인이 원천징수한 특별징수세액을 적습니다.
10. ⑪ 납세자가 직접 「지방세기본법」 제25조에 따른 전자신고의 방법으로 신고하는 경우 「지방세특례제한법」 제167조의3에 따른 전자신고 세액공제 금액(2,000원)을 적되, 공제세액이 ⑦란의 세액에서 ⑧란부터 ⑩란까지의 세액을 뺀 후의 세액을 초과할 때에는 그 초과하는 세액은 공제되지 않습니다.
11. ⑫ 가산세란: 무(과소)신고란에는 지방세기본법 제53조 및 제54조에 따른 가산세, 납부지연란에는 지방세기본법 제55조에 따른 가산세, 기타란에는 「지방세법」 제103조의 8 및 제103조의 9 제2항에 따른 가산세를 적습니다.
12. ⑬ 기신고, 결정·경정세액, 조정공제란: 기신고세액(누계금액으로서 납부할 세액을 포함합니다), 무신고결정·경정 결정된 경우 총결정세액(누계금액을 말합니다)을 적고, 국외전출세의 경우에는 국외전출 후 양도에 따른 조정공제세액을 적습니다.
13. ⑮ 환급금 계좌신고란: 송금받을 본인의 금융기관 및 계좌번호를 적습니다.

(4쪽 중 제3쪽)

작성방법

과세대상자산 및 세율

구분	세 율 구 분	코 드	세 율
국내자산	1. 「소득세법」 제94조 제1항 제1호 및 제2호(토지·건물 및 부동산에 관한 권리)		
	① 일반세율 적용 토지·건물 및 부동산에 관한 권리	1-10	0.6~4.2%('21.1.1. 이후 양도분 0.6~4.5%)
	② 1년 이상 2년 미만 보유 토지·건물 및 부동산에 관한 권리(주택 및 조합원입주권 제외)	1-15	4%
	③ 1년 미만 보유 토지·건물 및 부동산에 관한 권리(주택 및 조합원입주권 제외)	1-20	5%
	④ 1년 미만 보유 주택 및 조합원입주권	1-40	4%
	⑤ 1년 이상 2년 미만 보유 주택 및 조합원입주권('21.6.1. 이후 양도분)	1-39	6%
	⑥ 1년 미만 보유 주택 및 조합원입주권('21.6.1. 이후 양도분)	1-46	7%
	⑦ 1년 이상 보유 분양권('21.6.1. 이후 양도분)	1-23	6%
	⑧ 미등기 양도	1-30	7%
	⑨ 일반세율에 10%p 가산하는 세율을 적용하는 비사업용토지, 비사업용토지 과다보유법인 주식	1-11	1.6~5.2%('21.1.1. 이후 양도분 1.6~5.5%)
	⑩ 1년 이상 2년 미만 보유 비사업용토지	1-35	4%
	⑪ 1년 미만 보유 비사업용토지	1-36	5%
	⑫ 일반세율에 20%p 가산하는 세율을 적용하는 지정지역 내 비사업용토지('18.1.1. 이후 양도분)	1-31	2.6~6.2%('21.1.1. 이후 양도분 2.6~6.5%)
	⑬ 1년 이상 2년 미만 보유 지정지역 내 비사업용토지('18.1.1. 이후 양도분)	1-37	4%
	⑭ 1년 미만 보유 지정지역 내 비사업용토지('18.1.1. 이후 양도분)	1-38	5%
	⑮ 비사업용토지, '09.3.16.~'12.12.31. 취득하여 양도분	1-10	0.6~4.2%('21.1.1. 이후 양도분 0.6~4.5%)
	⑯ 일반세율에 10%p 가산하는 세율을 적용하는 지정지역 내 1세대3주택 이상에 해당하는 주택 또는 주택과 조합원입주권 수의 합이 3 이상인 경우(~'18.3.31. 양도분)	1-71	1.6~5.2%
	⑰ 1년 미만 보유 지정지역 내 1세대3주택 이상에 해당하는 주택 또는 주택과 조합원입주권 수의 합이 3 이상인 경우(~'18.3.31. 양도분)	1-73	4%
	⑱ 조정대상지역 내 분양권('18.1.1.~'21.5.31. 양도분)	1-21	5%
	⑲ 일반세율에 10%p 가산하는 세율을 적용하는 조정대상지역 내 주택으로서 1세대2주택에 해당하는 주택('18.4.1.~'21.5.31. 양도분)	1-51	1.6~5.2%('21.1.1. 이후 양도분 1.6~5.5%)
	⑳ 1년 미만 보유 조정대상지역 내 주택으로서 1세대2주택에 해당하는 주택('18.4.1.~'21.5.31. 양도분)	1-53	4%
	㉑ 일반세율에 10%p 가산하는 세율을 적용하는 조정대상지역 내 주택으로서 1세대가 주택과 조합원입주권 또는 분양권('21.1.1. 이후 취득)을 각각 1개씩 보유한 경우의 해당 주택('18.4.1.~'21.5.31. 양도분)	1-52	1.6~5.2%('21.1.1. 이후 양도분 1.6~5.5%)
	㉒ 1년 미만 보유 조정대상지역 내 주택으로서 1세대가 주택과 조합원입주권 또는 분양권('21.1.1. 이후 취득)을 각각 1개씩 보유한 경우의 해당 주택('18.4.1.~'21.5.31.양도분)	1-54	4%
	㉓ 일반세율에 20%p 가산하는 세율을 적용하는 조정대상지역 내 주택으로서 1세대3주택에 해당하는 주택('18.4.1.~'21.5.31. 양도분)	1-55	2.6~6.2%('21.1.1. 이후 양도분 2.6~6.5%)
	㉔ 1년 미만 보유 조정대상지역 내 주택으로서 1세대3주택에 해당하는 주택('18.4.1.~'21.5.31. 양도분)	1-57	4%
	㉕ 일반세율에 20%p 가산하는 세율을 적용하는 조정대상지역 내 주택으로서 1세대가 주택과 조합원입주권 또는 분양권('21.1.1. 이후 취득)을 보유한 경우로서 그 수의 합이 3 이상인 경우 해당 주택('18.4.1.~'21.5.31. 양도분)	1-56	2.6~6.2%('21.1.1. 이후 양도분 2.6~6.5%)
	㉖ 1년 미만 보유 조정대상지역 내 주택으로서 1세대가 주택과 조합원입주권 또는 분양권('21.1.1. 이후 취득)을 보유한 경우로서 그 수의 합이 3 이상인 경우 해당 주택('18.4.1.~'21.5.31. 양도분)	1-58	4%
	㉗ 일반세율에 20%p 가산하는 세율을 적용하는 조정대상지역 내 주택으로서 1세대2주택에 해당하는 주택('21.6.1. 이후 양도분)	1-47	2.6~6.5%
	㉘ 1년 미만 보유 조정대상지역 내 주택으로서 1세대2주택에 해당하는 주택('21.6.1. 이후 양도분)	1-84	7%
	㉙ 1년 이상 2년 미만 보유 조정대상지역 내 주택으로서 1세대2주택에 해당하는 주택('21.6.1. 이후 양도분)	1-82	6%

(4쪽 중 제4쪽)

작성방법

과세대상자산 및 세율

	세 율 구 분	코 드	세 율
국내자산	㉚ 일반세율에 20%p 가산하는 세율을 적용하는 조정대상지역 내 주택으로서 1세대가 주택과 조합원입주권 또는 분양권('21.1.1. 이후 취득)을 각 1개씩 보유한 경우의 해당 주택('21.6.1. 이후 양도분)	1-48	2.6~6.5%
	㉛ 1년 미만 보유 조정대상지역 내 주택으로서 1세대가 주택과 조합원입주권 또는 분양권('21.1.1. 이후 취득)을 각각 1개씩 보유한 경우의 해당 주택('21.6.1. 이후 양도분)	1-85	7%
	㉜ 1년 이상 2년 미만 보유 조정대상지역 내 주택으로서 1세대가 주택과 조합원입주권 또는 분양권('21.1.1. 이후 취득)을 각각 1개씩 보유한 경우의 해당 주택('21.6.1. 이후 양도분)	1-83	6%
	㉝ 일반세율에 30%p 가산하는 세율을 적용하는 조정대상지역 내 주택으로서 1세대3주택에 해당하는 주택('21.6.1. 이후 양도분)	1-49	3.6~7.5%
	㉞ 1년 미만 보유 조정대상지역 내 주택으로서 1세대3주택에 해당하는 주택('21.6.1. 이후 양도분)	1-88	7%
	㉟ 1년 이상 2년 미만 보유 조정대상지역 내 주택으로서 1세대3주택에 해당하는 주택('21.6.1. 이후 양도분)	1-86	6%
	㊱ 일반세율에 30%p 가산하는 세율을 적용하는 조정대상지역 내 주택으로서 1세대가 주택과 조합원입주권 또는 분양권('21.1.1. 이후 취득)을 보유한 경우로서 그 수의 합이 3 이상인 경우 해당 주택('21.6.1. 이후 양도분)	1-50	3.6~7.5%
	㊲ 1년 미만 보유 조정대상지역 내 주택으로서 1세대가 주택과 조합원입주권 또는 분양권('21.1.1. 이후 취득)을 보유한 경우로서 그 수의 합이 3 이상인 경우 해당 주택('21.6.1. 이후 양도분)	1-89	7%
	㊳ 1년 이상 2년 미만 보유 조정대상지역 내 주택으로서 1세대가 주택과 조합원입주권 또는 분양권('21.1.1. 이후 취득)을 보유한 경우로서 그 수의 합이 3 이상인 경우 해당 주택('21.6.1. 이후 양도분)	1-87	6%
	2. 「소득세법」 제94조 제1항 제3호(주식 또는 출자지분)		
	① 중소기업 외의 법인의 대주주가 1년 미만 보유한 국내주식	1-70	3%
	② 중소기업 법인의 소액주주 국내주식, 중소기업 법인 국외주식	1-62	1%
	③ 중소기업 외의 법인의 소액주주 국내주식, 중소기업 외 법인 국외주식	1-61	2%
	④ 중소기업 법인의 대주주가 보유한 국내주식, 중소기업 외의 법인의 대주주가 1년 이상 보유한 국내주식	1-63	2~2.5%
	3. 「소득세법」 제94조 제1항 제4호(기타자산)		
	① 주식	1-10	0.6~4.2%('21.1.1.이후 양도분 0.6~4.5%)
	② 주식 외의 것	1-10	0.6~4.2%('21.1.1.이후 양도분 0.6~4.5%)
	③ 비사업용토지 과다보유법인 주식('09.3.16.~'15.12.31. 양도분)	1-10	0.6~3.5%('12.1.1. 이후 0.6~3.8%)
	4. 「소득세법」 제94조 제1항 제5호(파생상품 등)	1-80	0.5% ('18.3.31. 이전)
		1-81	1% ('18.4.1. 이후)
	5. 「소득세법」 제94조 제1항 제6호(신탁의 이익을 받을 권리)	1-95	2%~2.5%
	6. 「조세특례제한법」 제98조(미분양주택에 대한 과세특례)	1-92	2%
	7. 「소득세법」 제11절 거주자의 출국시 국내 주식등에 대한 과세특례(국외전출세)	1-94	2~2.5%
국외자산	1. 「소득세법」 제118조의 2 제1호 및 제2호(토지·건물, 부동산에 관한 권리)	2-10	0.6~4.2%('21.1.1.이후 양도분 0.6~4.5%)
	2. 「소득세법」 제118조의 2 제5호(기타자산)		
	① 주식	2-10	0.6~4.2%('21.1.1.이후 양도분 0.6~4.5%)
	② 주식 외의 것	2-10	0.6~4.2%('21.1.1.이후 양도분 0.6~4.5%)

210mm×297mm[백상지(80g/㎡) 또는 중질지(80g/㎡)]

[별지 제40호의 12 서식] (2022. 3. 31. 개정)

(앞쪽)

관리번호	-

(　　년 귀속) 양도소득에 대한 개인지방소득세 납부서

[ ]예정신고, [ ]확정신고

거주구분	거주자1 / 비거주자2
내·외국인	내국인1 / 외국인9
거주지국	거주지국코드

① 신고인 (양도인)	성 명		주민등록번호			
	주 소					
	납 세 지		※ 예정신고의 경우 양도한 달의 말일 당시의 주소지등, 확정신고의 경우 12월31일(사망·출국의 경우 사망일·출국일) 당시의 주소지등의 관할 지방자치단체명(시군구 단위)			
② 양수인	성 명	주민등록번호	양도자산 소재지		지 분	양도인과의 관계
③ 세율구분 코드		지방소득세 합 계	국내분 소계	-	-	국외분 소계
④ 양 도 일						
⑤ 과 세 표 준						
⑥ 세 율						
⑦ 산 출 세 액						
⑧ 감 면 세 액						
⑨ 외국납부세액공제						
⑩ 특별징수세액공제						
⑪ 가산세	무(과소)신고					
	납 부 지 연					
	기 타					
	합 계					
⑫ 기신고·결정·경정세액, 조정공제						
⑬ 납부(환급) 할 총 세 액 (⑦-⑧-⑨-⑩+⑪-⑫)						

세액의 수정 사항이 없어 동 납부서로 납부하는 경우 또는 납부할 세액이 없는 경우 양도소득에 대한 개인지방소득세를 신고한 것으로 봅니다. 납부할 세액의 변경이 있거나 환급 세액이 발생하는 경우에는 전자신고(www.wetax.go.kr)를 하시거나, 「지방세법 시행규칙」 별지 제40호의 11 서식을 작성하여 납세지 관할 지방자치단체에 제출해 주시기 바랍니다. 납부세액의 수정이 있는 경우 아래 납부서는 효력이 없으며, 납세지 관할 지방자치단체에서 교부받은 납부서 또는 「지방세법 시행규칙」 별지 제40호서식의 납부서를 작성하여 납부하셔야 합니다.

※ 양도소득에 대한 개인지방소득세를 이미 신고·납부하신 경우는 이 안내문을 폐기하시기 바랍니다.

〈 절 취 선 〉

납부할 세액의 변경이 있는 경우 납세지 관할 지방자치단체에서 교부받은 납부서 또는 「지방세법 시행규칙」 별지 제40호서식의 납부서에 세액을 기재하여 납부하시기 바랍니다.

∞ 시·군 ________ (수납은행 확인용)

납세자:

기관번호	세목

납세연월기	과세번호

전자납부번호	

세 목	납부세액
합 계	

수납은행용 바코드

지방자치단체의 장 귀하

∞ 시·군 (　　년 귀속)양도소득에 대한 개인지방소득세 납부서 겸 영수증 (납세자용)

납세번호	과세기관	검	회계	과목	세목	연도	월	구분	읍면동	과세번호	검

납 세 자
주 소
납세자번호:
납세자
납부기한
양도소득세(국세) 신고일자(세무서명) :

용인처 / 바코드 18㎜

납부세액	천	백	십	억	천	백	십	만	천	백	십	일

아래 가상계좌로 계좌이체하여 납부하실 수 있습니다.
(유효기간: 　　일 까지, 납부가능시간: 각 금융기관 홈페이지 참조)

위의 금액을 납부하시기 바랍니다. 위의 금액을 영수합니다.

담당자: 　　문의처:

※ 「지방세법」 제103조의 5 제1항 및 제103조의7 제1항에 따라 납세자가 납세지 관할 지방자치단체의 장에게 신고·납부해야 하나, 「지방세법」 제103조의 5 제5항 및 제103조의 7 제10항에 따라 위의 납부할 세액에 변동이 없어 이 납부서로 납부하는 경우 양도소득에 대한 개인지방소득세를 신고한 것으로 봅니다.

※ 이 영수증은 과세증명서로 사용할 수 있습니다.

년 　월 　일

지방자치단체의 장 귀하 (수납인)

전자납부번호	

210mm×297mm[백상지(80g/㎡) 또는 중질지(80g/㎡)]

[별지 제40호의 13 서식] (2022. 3. 31. 개정)

비거주자 유가증권양도소득 정산신고서

※ 색상이 어두운 난은 신청인이 작성하지 않으며, 작성방법을 읽고 작성하시기 바랍니다.

접수번호	접수일시	처리기간

1. 신고인 인적사항	① 상 호(성명)	(납세관리번호:)
	② 소재지(주소)	(전화번호:)
	③ 납세지	

2. 양도한 주식 또는 출자지분의 내용

내국법인	④ 법 인 명		⑤ 사업자등록번호	
	⑥ 소 재 지		⑦ 사 업 연 도	. . . ~ . . .

⑧양도일등	내국법인 주식 현황				신고인 등의 주식 소유·양도 현황						비율(%)		㉑ 원천징수 여부
					소유			양도					
	⑨ 기초	⑩ 증자	⑪ 감자	⑫ 계	⑬ 신고인	⑭특수관계자	⑮ 계	⑯ 신고인	⑰특수관계자	⑱ 계	⑲ 소유	⑳ 양도	
계													

3. 원천(특별)징수되지 않은 유가증권의 양도소득금액 및 세액계산

(단위: 원)

㉒ 양도일	양도 내역		소득세				개인지방소득세	비고
	㉓ 양도 주식 수	㉔ 양도금액	㉕ 양도금액	㉖ 양도차익(또는 양도차손)	㉗ 세율	㉘ 세액	㉙ 납부할 세액 (㉘ × 10%)	
계								

「지방세법」 제103조의 12 제4항 및 같은 법 시행령 제100조의 4 제2항에 따라 신고합니다.

년 월 일

신고인(대리인): (서명 또는 인)

시장 · 군수 · 구청장 귀하

첨부서류	1. 유가증권양도계약서사본(공증필) 1부 2. 유가증권양도차익에 의한 납부세액을 계산하는 경우에는 취득 또는 양도에 사용된 금액을 증명할 수 있는 자료 1부

※ 해당 첨부서류는 「지방세법」 제103조의 59 제1항 및 「지방세기본법」 제130조에 따라 세무서장 또는 지방국세청장으로부터 통보받거나 수집하여 이용할 예정이오니 「국세기본법」 또는 「소득세법」에 따라 소득세 과세표준과 세액의 신고·납부 등을 하신 경우에는 별도로 제출하지 않으실 수 있습니다.

대리인	대리인유형 [ ]납세관리인 [ ]그 외 대리인	성명 또는 법인명	사업자(주민)등록번호
	주소 또는 소재지		

작 성 방 법

1. ①상호 ~ ②소재지 및 ④법인명 ~ ㉘소득세 세액란: 「소득세법 시행규칙」 제20호의 3 서식의 작성방법을 준용하여 적습니다.
2. ③ 납세지란: 해당 유가증권을 발행한 내국법인의 소재지 관할 지방자치단체(시·군·구 단위)를 적습니다. 다만, 납세지를 착오기재한 경우라도 「지방세법」 제103조의 12 제5항에 따라 신고의 효력에는 영향이 없습니다.
3. ㉙ 개인지방소득세 납부할 세액란: ㉘소득세 자진납부세액란의 10%를 적습니다.

210mm×297mm[백상지(80g/㎡) 또는 중질지(80g/㎡)]

[별지 제40호의 14 서식] (2022. 3. 31. 개정)

비거주자 유가증권양도소득 신고서

※ 색상이 어두운 난은 신청인이 작성하지 않으며, 아래의 작성방법을 읽고 작성하시기 바랍니다.

접수번호	접수일시

소득(양도)자	① 성명(법인명)(국문) (영문)	② 납세관리번호
	③ 주 소	
	④ 납 세 지	
	⑤ 거 주 지 국	⑥ 거주지국 코드
지급(양수)자	⑦ 성명(법인명)(국문) (영문)	⑧ 납세관리번호
	⑨ 주 소	
	⑩ 거 주 지 국	⑪ 거주지국 코드
유가증권 발행법인	⑫ 법 인 명	⑬ 사업자등록번호
	⑭ 소 재 지	

⑮ 소득유형	[ ]상장주식 [ ]비상장주식 [ ]채권 [ ]기타

양도내역				소득세				개인지방소득세
⑯ 양도일자	⑰ 양도수량	⑱ 양도가액	⑲ 취득가액	⑳ 양도차익 (⑱-⑲)	㉑ [⑱양도가액×10%]	㉒ [⑳양도차익×20%]	㉓ 자진납부세액 [㉑과 ㉒ 중 적은 금액]	㉔ 납부할 세액 (㉓×10%)

「지방세법」 제103조의 12 제4항 및 같은 법 시행령 제100조의 4 제3항에 따라 신고합니다.

년 월 일

신고인(대리인): (서명 또는 인)

시장 · 군수 · 구청장 귀하

첨부서류	1. 유가증권매매계약서, 주식매각신고서 또는 신고확인통지서 사본 1부 2. 취득가액을 확인할 수 있는 서류 1부

※ 해당 첨부서류는 「지방세법」 제103조의 59 제1항 및 「지방세기본법」 제130조에 따라 세무서장 또는 지방국세청장으로부터 통보받거나 수집하여 이용할 예정이오니 「국세기본법」 또는 「소득세법」에 따라 소득세 과세표준과 세액의 신고·납부 등을 하신 경우에는 별도로 제출하지 않으실 수 있습니다.

대리인	대리인유형 [ ] 납세관리인 [ ] 그 외 대리인	성명 또는 법인명	사업자(주민)등록번호
	주소 또는 소재지		

작 성 방 법

1. ①성명 ~ ③주소 및 ⑤거주지국 ~ ㉓소득세 세액란: 「소득세법 시행규칙」 제20호의 4 서식의 작성방법을 준용하여 적습니다.
2. ④ 납세지란: 해당 유가증권을 발행한 내국법인의 소재지 관할 지방자치단체(시군구 단위)를 적습니다. 다만, 납세지를 착오기재한 경우라도 「지방세법」 제103조의 12 제5항에 따라 신고의 효력에는 영향이 없습니다.
3. ㉔ 개인지방소득세 납부할 세액란: ㉓소득세 자진납부세액란의 10%를 적습니다.

210mm×297mm[백상지(80g/㎡) 또는 중질지(80g/㎡)]

[별지 제41호 서식] (2024. 3. 26. 개정)

☜ 이곳을 천천히 개봉하여 주십시오.

보내는 사람

세무서장

우체국

받는 사람

※ 궁금하신 사항은 세무서(☎)로 문의하시기 바랍니다.

지방세 **개인지방소득세 납세고지서 겸 영수증서 (납세자용)**

연도	회계	신구	발행번호	세입징수관	동	검

주소(납세지)			
성명			
주민등록번호			
소득세 귀속연도			
소득 구분		세율	
과세표준			원

납기내	납부기한	년 월 일
	개인 지방소득세	천 백 십 억 천 백 십 만 천 백 십 일 원
납기후	년 월 일까지	가산금 원
		계 원

위의 금액을 납부하시기 바랍니다. 년 월 일

○○ 세무서장 인

* 납부장소: 전국우체국 · 농협 또는 관내금융기관

위의 금액을 영수합니다. 년 월 일

수납인

* 이 영수증은 과세증명서로도 사용 가능합니다.

가산세 산출근거

이 납세의 고지에 대한 가산세별 세부내역은 아래와 같습니다.

가산세 구분	대상금액	세율	세액
①			
②			
③			
④			
⑤			
⑥			
⑦			
⑧			
⑨			
⑩			
⑪			
⑫			
계			

지방세 **개인지방소득세 수납의뢰서 (수납은행용)**

연도	회계	신구	발행번호	세입징수관	동	검

주소(납세지)	
성명	
주민등록번호	
소득세 귀속연도	
소득 구분	

납기내	납부기한	년 월 일
	개인 지방소득세	천 백 십 억 천 백 십 만 천 백 십 일 원
납기후	년 월 일까지	가산금 원
		계 원

위의 금액을 특별자치시 · 특별자치도 · 시 · 군 · 구 세입으로 수납 의뢰합니다.

년 월 일

○○ 세무서장

○○ 수납기관 귀하

수납인

지방세 **개인지방소득세 영수필 통지서** (특별자치시 · 특별자치도 · 시 · 군 · 구 보관용)

연도	회계	신구	발행번호	세입징수관	동	검

주소(납세지)	
성명	
주민등록번호	
소득세 귀속연도	
소득 구분	

납기내	납부기한	년 월 일
	개인 지방소득세	천 백 십 억 천 백 십 만 천 백 십 일 원
납기후	년 월 일까지	가산금 원
		계 원

위의 금액을 영수하였음을 통지합니다. 년 월 일

○○ 수납기관

특별자치시장 · 특별자치도지사 시장 · 군수 · 구청장 귀하

수납인

198㎜×279㎜[OCR지(120g/㎡)]

[별지 제41호의 2 서식] (2021. 12. 31. 신설)

폐업 · 부도기업 특별징수세액환급금 지급 신청서

※ 색상이 어두운 칸은 신청인이 작성하지 않으며, [ ]에는 해당되는 곳에 √표를 합니다.

접수번호	접수일	처리기간

근로자	① 성명	② 주민등록번호
	③ 주소 (전화번호:)	
특별징수 의무자 (회사)	① 상 호(법인명)	② 성 명(대표자)
	③ 사업자등록번호	
	④ 사업장 소재지	

연말정산 결과	① 총급여	② 결정세액	③ 기납부세액	(④=②-③) 환급액

신청하려는 금액	① 환급 신청액	② 환급금 신청 사유
		[ ] 부도사업장 [ ] 폐업된 사업장

「소득세법 시행규칙」 제93조 제2항 단서에 따라 해당 근로소득이 있는 사람이 원천징수세액을 환급받은 경우에 해당하여, 「지방세법 시행규칙」 제48조의 2 제3항에 따라 본인에게 직접 환급금을 지급하여 줄 것을 신청합니다.

년 월 일

신청인 (서명 또는 인)

특별자치시장 · 특별자치도지사 · 시장 · 군수 · 구청장 귀하

첨부서류	1. 원천징수 영수증 2. 국세환급금 통지서 또는 통장입금분 사본

210㎜×297㎜[백상지 80g/㎡ 또는 중질지 80g/㎡]

[별지 제42호 서식] (2024. 3. 26. 개정)

(앞쪽)

지방소득세 특별징수 납부서 및 영수필통지서

특별징수의무자	성명(상호명)			
	주민(법인)등록번호			
	대표자			
	사업자등록번호			
	주소(소재지)			
	전 화 번 호			
귀속 년 월 (지급 년 월)				
① 세목	지방소득세	② 신고하는 특별자치시ㆍ특별자치도ㆍ시ㆍ군ㆍ구		
③ 납부액	일금			원정
구 분		인원	과세표준	지방소득세
개인	④ 이자소득			
	⑤ 배당소득			
	⑥ 사업소득			
	⑦ 근로소득			
	⑧ 연금소득			
	⑨ 기타소득			
	⑩ 퇴직소득			
	⑪ 저축해지추징세액 등			
	⑫ 비거주자 양도소득			
	⑬ 가감세액(조정액)			
	⑭ 가산세			
	⑮ 계			
법인	⑯ 법인원천 내국법인			
	⑯ 법인원천 외국법인			
	⑰ 가감세액(조정액)			
	⑱ 가산세			
	⑲ 계			
합 계(⑮ + ⑲)				

위 금액을 납부 합니다

년 월 일

○○○ 인

특별자치시장ㆍ특별자치도지사
시장ㆍ군수ㆍ구청장 귀하

위의 금액을 영수하였음을 통지합니다.

년 월 일

○○○ 수납기관

특별자치시장ㆍ특별자치도지사
시장ㆍ군수ㆍ구청장 귀하

지방소득세 특별징수 수납의뢰서

특별징수의무자	성명(상호명)			
	주민(법인)등록번호			
	대표자			
	사업자등록번호			
	주소(소재지)			
	전 화 번 호			
귀속 년 월 (지급 년 월)				
① 세목	지방소득세	② 신고하는 특별자치시ㆍ특별자치도ㆍ시ㆍ군ㆍ구		
③ 납부액	일금			원정
구 분		인원	과세표준	지방소득세
개인	④ 이자소득			
	⑤ 배당소득			
	⑥ 사업소득			
	⑦ 근로소득			
	⑧ 연금소득			
	⑨ 기타소득			
	⑩ 퇴직소득			
	⑪ 저축해지추징세액 등			
	⑫ 비거주자 양도소득			
	⑬ 가감세액(조정액)			
	⑭ 가산세			
	⑮ 계			
법인	⑯ 법인원천 내국법인			
	⑯ 법인원천 외국법인			
	⑰ 가감세액(조정액)			
	⑱ 가산세			
	⑲ 계			
합 계(⑮ + ⑲)				

위 금액을 수납 의뢰합니다.

년 월 일

특별자치시장ㆍ특별자치도지사
시장ㆍ군수ㆍ구청장

수납기관 귀하

지방소득세 특별징수 영수증

특별징수의무자	성명(상호명)			
	주민(법인)등록번호			
	대표자			
	사업자등록번호			
	주소(소재지)			
	전 화 번 호			
귀속 년 월 (지급 년 월)				
① 세목	지방소득세	② 신고하는 특별자치시ㆍ특별자치도ㆍ시ㆍ군ㆍ구		
③ 납부액	일금			원정
구 분		인원	과세표준	지방소득세
개인	④ 이자소득			
	⑤ 배당소득			
	⑥ 사업소득			
	⑦ 근로소득			
	⑧ 연금소득			
	⑨ 기타소득			
	⑩ 퇴직소득			
	⑪ 저축해지추징세액 등			
	⑫ 비거주자 양도소득			
	⑬ 가감세액(조정액)			
	⑭ 가산세			
	⑮ 계			
법인	⑯ 법인원천 내국법인			
	⑯ 법인원천 외국법인			
	⑰ 가감세액(조정액)			
	⑱ 가산세			
	⑲ 계			
합 계(⑮ + ⑲)				

위의 금액을 영수합니다.

년 월 일

수납인

○○○ 수납기관

특별자치시장ㆍ특별자치도지사
시장ㆍ군수ㆍ구청장 귀하

※ 납부장소 : ① (방문납부) 전국우체국, 농협, 관내금융기관 ② (인터넷납부) 위택스 www.wetax.go.kr

297㎜ × 210㎜(미색모조 80g/㎡)

(뒤쪽)

작성방법

1. 「지방세법」 제103조의 13, 제103조의 29, 제103조의 52 및 제103조의 56에 따른 지방소득세 특별징수의무자가 특별징수 세액을 납부하는 경우에 작성합니다.

2. 귀속연월란은 소득발생 연월 [반기별납부자는 반기 개시월(예: 상반기는 ××년 1월)을 말합니다.] 을 적습니다.

3. 지급연월란은 지급한 월(또는 지급시기 의제일) [반기별납부자는 반기 종료월(예: 상반기는 ××년 6월)을 말합니다.]

4. ④~⑫, ⑯ 과세표준은 원천징수하는 소득세 또는 법인세액을 적습니다.

5. ④~⑫, ⑯의 지방소득세는 지방세법상의 납부기한까지 납부하여할 세액을 적습니다.

6. ⑬, ⑰ 가감세액(조정액)은 연말정산, 중도퇴사자 등으로 인한 조정세액 및 연말정산 추가납부 등으로 인한 납부세액이 있을 경우 작성합니다.
   - 연말정산세액 등의 조정은 본 납부서에 적은 경우만 가능하며, 임의 조정하여 충당한 경우에는 무납부로 처리되어 가산세가 부과됩니다.

7. ⑭, ⑱ 가산세는 「지방세법」 제103조의 14에 따른 특별징수 의무불이행 가산세액(납부하지 않거나 부족한 세액에 「지방세기본법」 제56조에 따라 산출한 금액) 등을 적습니다. 이 경우 가감세액(조정액)이 있는 경우 이를 가감한 후의 납부할 세액을 기준으로 가산세를 계산하여 적습니다.

※ 「지방세기본법」 제56조(특별징수납부 등 불성실가산세) 특별징수의무자가 징수하여야 할 세액을 지방세관계법에 따른 납부기한까지 납부하지 아니하거나 과소납부한 경우에는 납부하지 아니한 세액 또는 과소납부분 세액의 100분의 10을 한도로 하여 다음 각 호의 금액을 합한 금액을 가산세로 부과한다.

1) 납부하지 아니한 세액 또는 과소납부분 세액의 100분의 3에 상당하는 금액

2) 다음의 계산식에 따라 산출한 금액

납부하지 아니한 세액 또는 과소납부분 세액 × 납부기한의 다음 날부터 자진납부일 또는 부과결정일까지의 기간 × 금융회사 등이 연체대출금에 대하여 적용하는 이자율 등을 고려하여 대통령령으로 정하는 이자율(일 22/100,000)

8. 보다 상세한 내용은 지방세포털사이트인 위택스(www.wetax.go.kr)에서 확인하십시오.

[별지 제42호의 2 서식] (2015. 12. 31. 개정)

지방소득세 특별징수 계산서 및 명세서

※ 뒤쪽의 작성방법을 참고하시기 바라며, 색상이 어두운 란은 신청인이 적지 않습니다. (앞쪽)

접수번호	접수일자	관리번호

특별징수 의 무 자	①성명(법인명)	②주민(법인)등록번호
	③상호(대표자)	④사업자등록번호
	⑤주소(영업소)	
	⑥전화번호 (휴대전화:)	⑦전자우편주소

⑧ 일련번호	⑨소득 종류	⑩징수 연월일	⑪납세의무자 ⑫성명	⑪납세의무자 ⑬ 주민등록번호	⑭ 과세표준	⑮산출세액	⑯조정액 (환급액)	⑰ 납부액 (⑮－⑯)	비고
합계									

[별지 제42호의 3 서식] (2020. 12. 31. 개정)

징수교부금 청구서

※ 뒤쪽의 작성방법을 읽고 작성하시기 바랍니다. (앞쪽)

접수번호	접수일자	처리기간 14일

특별징수 의무자 (납세조합)	①성명(법인명)	②주민(법인)등록번호
	③상호(대표자)	④사업자등록번호
	⑤주소(영업소)	
	⑥전화번호	⑦전자우편주소
청구내역	⑧구분	⑨인원
	⑩지방소득세 특별징수액	⑪납부한 세액
	⑫차감세액	⑬차감 후 납부한 세액
	청 구 액 금 원	

「지방세법」 제103조의 17 제3항 및 같은 법 시행령 제100조의 8에 따라 위의 징수교부금을 청구합니다.

년 월 일

특별징수의무자 (납세조합) (서명 또는 인)

시장 · 군수 · 구청장 귀하

제출서류	해당없음	수수료 없 음

[별지 제42호의 4 서식] (2016. 12. 30. 개정)

[ ] 법인지방소득세 특별징수명세서
[ ] 법인지방소득세 특별징수영수증

[ ] 소득자 보관용
[ ] 발행자 보관용
[ ] 발행자 보고용

※ 아래의 작성방법을 읽고 작성하여 주시기 바라며, [ ]에는 해당되는 곳에 √표를 합니다.

접수번호	접수일	관리번호	
징수의무자	①법인명(상호)	①-1영문법인명(상호)	②성명(대표자)	③사업자등록번호
	④법인(주민)등록번호		⑤소재지 또는 주소	

※ 특별징수의무자가 사업자가 아닌 개인인 경우에는 ①과 ①-1 란을 생략하고 ②란부터 적습니다.

소득자	⑥법인명	⑦사업자등록번호	⑦-1비거주자 생년월일		⑧소득자구분코드
	⑨주 소	⑩거주구분 [1] 내국법인 [2] 외국법인	⑪거주지국	⑪-1 거주지 국코드	⑫계좌번호(발행번호)	⑬신탁이익 여부 [1] 여 [2] 부

지 급 명 세

⑭지급일 (연 월 일)	⑮귀속연월 (연 월)	⑯과세구분	⑰소득의 종류	⑱조세특례 등	⑲금융상품코드	⑳유가증권표준코드(유가증권발행사업자 등록번호)	㉑채권이자구분	㉒지급대상기간	㉓이자율 등	㉔지급액(소득금액)	㉕세율(%)	특별징수세액 ㉖소득세	㉗법인세	㉘법인지방소득세	㉙특별징수지(특별징수세액 납부 지자체)

위의 특별징수세액을 정히 영수(지급)합니다.

년 월 일

징수(보고)의무자 (서명 또는 인)

시장·군수·구청장 귀하

작 성 방 법

※ ① ~ ㉘ 「소득세법 시행규칙」 별지 제23호 서식의 작성방법을 준용하여 적습니다.
※ ㉙ 특별징수지(특별징수세액 납부지자체): 법인지방소득세를 특별징수하여 납부한 시·군·구 명칭을 적습니다.
(예시: ○○도 ○○시 ○○구)
※ 색상이 어두운 난은 적지 않습니다.

210mm×297mm(백상지(80g/㎡)

[별지 제43호 서식] (2023. 12. 29. 개정)

법인지방소득세 과세표준 및 세액신고서

※ 뒤쪽의 작성방법을 참고하시기 바라며, 색상이 어두운 란은 신청인이 적지 않습니다. (앞쪽)

접수번호	접수일자	관리번호

①사업자등록번호	②법인등록번호
③법인명	④전화번호
⑤대표자성명	⑥전자우편
⑦소재지	
⑧업태 ⑨종목	⑩주업종코드
⑪사업연도 . . ~ . .	⑫수시부과기간 . . ~ . .

⑬법인구분	1. 내국 2.외국 3.외투(비율 %)					⑭조정구분	1. 외부 2. 자기
⑮종류별 구분	중소기업	일반 중견기업	상호출자제한기업	그 외 기업	당기순이익과세	⑯외부감사대상	1. 여 2. 부
영리법인 상장법인	11	71	81	91		⑰신고구분	1. 정기신고
코스닥상장법인	21	72	82	92			2. 수정신고(가. 서면분석, 나. 기타)
기타법인	30	73	83	93			3. 기한후 신고
비영리법인	60	74	84	94	50		4. 중도폐업신고
							5. 경정청구
⑱법인유형별 구분		코드				⑲결산확정일	
⑳신고일						㉑납부일	
㉒신고기한 연장승인	1. 신청일					2. 연장기한	

구 분	여	부	구 분	여	부
㉓주식변동	1	2	㉔장부전산화	1	2
㉕사업연도의제	1	2	㉖결손금소급공제 환급신청	1	2
㉗동업기업의 출자자(동업자)	1	2	㉘미환류소득에 대한 법인지방소득세 신고	1	2

□ 법인별 세액의 계산

구 분	법인지방소득세: 각 사업연도 소득에 대한 법인지방소득세	토지 등 양도소득에 대한 법인지방소득세	미환류소득에 대한 법인지방소득세	계
㉙수입금액	(		)	
㉚과세표준				
㉛표준산출세액				
㉜총부담세액				
㉝기납부세액				
㉞차감납부할세액				
㉟경정·수정신고 등 가감액				
㊱납부할총세액(㉞+㉟)				
㊲분납할세액		㊳신고기간 이내 납부할 세액(㊱-㊲)		

□ 안분율의 계산

㊴본점/지점여부	1.단일사업장 2. 지점 있는 법인의 본점 3. 지점		㊵특·광역시 주사업장 여부	1. 여 2. 부
㊶해당사업장	명칭	소재지		연락처

㊷안분율의 계산

구분	종업원 수(명)	건축물 연면적(㎡) 계	건물	기계장치	시설물	안분율(소수점8자리)
법인전체						
시군구내						
비율(%)						

□ 납세지별 세액의 계산

㊸납세지별 산출세액	㊹납세지별 세액공제·감면액
㊺납세지별 가산세액	㊻납세지별 추가납부세액

합계	무(과소)신고	납부지연	지방세법 제103조의30에 따른 가산세	동업기업 가산세 배분액	기타	㊼납세지별 기납부세액	특별징수납부세액 / 수시부과세액 및 예정신고납부세액

	㊽ 납세지별 경정·수정신고 등 가감액
㊾탄력세율적용 조정세액	㊿해당 납세지에 납부할 세액
51해당 납세지에 분납할 세액	52신고기간 이내 해당 납세지에 납부할 세액(㊿-51)

환급금 계좌 (환급세액을 계좌로 받는 경우)	53금융기관명	54예금주
	55계좌번호	

신고인은 「지방세법」 제103조의23, 제103조의24 및 「지방세기본법」 제49조부터 제51조까지에 따라 위의 내용을 신고하며, 위 내용을 충분히 검토하였고 **신고인이 사실 그대로를 정확하게 적었음을 확인합니다.**

년 월 일

신고인(법 인) (인)
신고인(대표자) (서명 또는 인)

특별자치시장·특별자치도지사·시장·군수·구청장 귀하

신고안내

법인지방소득세는 사업연도종료일이 속하는 달의 말일부터 4개월 이내에 납세지 관할 지방자치단체에 신고납부해야 합니다.

210mm×297mm[백상지 80g/㎡(재활용품)]

(뒤쪽)

첨부 서류 (본점 신고시)	1. 재무상태표, (포괄)손익계산서, 이익잉여금처분(결손금처리)계산서 2. 현금흐름표(「주식회사의 외부감사에 관한 법률」 제2조에 따른 외부감사 대상 법인만 해당합니다.) 3. 법인지방소득세 과세표준 및 세액조정계산서 4. 법인지방소득세 안분명세서(사업장이 둘 이상인 법인만 해당합니다.) 5. 세무조정계산서 부속서류	수수료 없 음

작성방법

1. ① 사업자등록번호 ~ ⑲ 결산확정일:「법인세법 시행규칙」 별지 제1호서식의 작성방법을 준용하여 적습니다
2. ㉒ 신고기한 연장승인:「지방세법」 제103조의51에 따라 외국법인의 법인지방소득세 신고기한 연장승인을 받은 경우 신청일 및 승인된 연장기한을 적습니다.
3. ㉓ 주식변동 여부: 주식 등의 변동이 있는 경우에는 "여"란에 "○"표시를 합니다.
4. ㉔ 장부전산화 여부: 국세청의 「전자기록의 보전방법 등에 관한 고시」에 따라 장부와 증빙서류의 전부 또는 일부를 전산조직을 이용하여 작성·보존하는 경우에 "여"란에 "○"표시를 합니다.
5. ㉕ 사업연도의제 여부: 해산·합병·분할 등으로 사업연도가 의제된 경우 "여"란에 "○"표시를 합니다.
6. ㉖ 결손금소급공제 환급신청:"소급공제법인지방소득세액환급신청서(별지 제43호의9서식 및 별지 제43호의10서식)"를 제출하는 경우 "여"란에 "○"표시를 합니다.
7. ㉗ 동업기업의 출자자(동업자):「조세특례제한법」 제100조의14제2호에 따른 동업자인 경우 "여"란에 "○"표시를 합니다.
8. ㉘ 미환류소득에 대한 법인지방소득세 신고:「조세특례제한법」 제100조의32에 따른 미환류소득이 발생하여 법인지방소득세 신고 대상인 경우에는 "여"란에 "○"표시를 합니다.
9. ㉙ 수입금액:「법인세법 시행규칙」 별지 제1호서식의 작성방법을 준용하여 적습니다
10. ㉚ 과세표준:「지방세법 시행규칙」 별지 제43호의2서식의 (107)란, (137)란, (150)란의 금액을 적습니다.
11. ㉛ 표준산출세액: 법인지방소득세란에는 "법인지방소득세 과세표준 및 세액조정계산서(별지 제43호의2서식)"의 (120)란의 금액을, 토지 등 양도소득에 대한 법인지방소득세란에는 동 서식의 (139)란의 금액, 미환류소득에 대한 법인지방소득세란에는 동 서식의 (152)란의 금액을 각각 적습니다.
12. ㉜ 총부담세액: 법인지방소득세란에는 "법인지방소득세 과세표준 및 세액조정계산서(별지 제43호의2서식)"의 (125)란,(133)란 및 (134)란을 합한 금액을, 토지 등 양도소득에 대한 법인지방소득세란에는 동 서식의 (145)란의 금액을, 미환류소득에 대한 법인지방소득세란에는 동 서식의 (152)란 및 (153)란을 합한 금액을 각각 적습니다.
13. ㉝ 기납부세액: 법인지방소득세란에는 "법인지방소득세 과세표준 및 세액조정계산서(별지 제43호의2서식)"의 (130)란의 금액을, 토지 등 양도소득에 대한 법인지방소득세란에는 동 서식의 (148)란의 금액을, 미환류소득에 대한 법인지방소득세란에는 동 서식의 (154)란의 금액을 각각 적습니다.
14. ㉞ 차감납부할세액: 법인지방소득세란에는 "법인지방소득세 과세표준 및 세액조정계산서(별지 제43호의2서식)"의 (135)란의 금액을, 토지 등 양도소득에 대한 법인지방소득세란에는 동 서식의 (149)란의 금액을, 미환류소득에 대한 법인지방소득세란에는 동 서식의 (155)란의 금액을 각각 적습니다.
15. ㉟ 경정·수정신고 등 가감액: "법인지방소득세 과세표준 및 세액조정계산서(별지 제43호의2서식)"의 (158)란의 금액을 적습니다.
16. ㊲ 분납할 세액: "법인지방소득세 과세표준 및 세액조정계산서(별지 제43호의2서식)"의 (159)란의 금액을 적습니다.
17. ㊴ 본점/지점여부는 해당 신고의 납세법인이 지점 없는 법인이면 1번, 지점있는 법인의 본점이면 2번, 지점이면 3번에'○'표시를 하며, ㊵ 특·광역시 주사업장 여부는 「지방세법 시행령」 제88조제4항에 해당하는 사업장인 경우에는 "여"란에 '○'표시를 합니다.
    ㊶ 해당사업장: 해당 신고건의 대상 사업장의 명칭, 소재지, 연락처를 기재합니다.
18. ㊷ 안분율의 계산
    - 종업원 수: 해당 법인의 사업연도 종료일 현재 「지방세법」 제74조제8호 및 「지방세법 시행령」 제78조의3에 따른 종업원의 수를 적습니다.
    - 건축물연면적: 해당 법인의 사업연도 종료일 현재 사업장으로 직접 사용하는 「건축법」 제2조제1항제2호에 따른 건축물(이와 유사한 형태의 건축물 포함)의 연면적을 적습니다. 다만, 구조적 특성상 연면적을 정하기 곤란한 기계장치 또는 시설(수조·저유조·저장창고·저장조·송유관·송수관 및 송전철탑만 해당)의 경우에는 그 수평투영면적을 적습니다.
    - 안분율: 다음의 계산식에 따라 계산한 값(0 이상 1 이하)을 적습니다.

$$\left[\left(\frac{\text{관할 지방자치단체 안 종업원 수}}{\text{법인의 총 종업원 수}}\right)+\left(\frac{\text{관할 지방자치단체 안 건축물 연면적}}{\text{법인의 총 건축물 연면적}}\right)\right]\div 2$$

    ◦ 사업장이 여러 지방자치단체에 있는 법인이 안분계산을 하지 않거나 안분율을 잘못 신고한 경우에는 가산세가 부과될 수 있습니다.
19. ㊸ 납세지별 산출세액: ㉛ 법인지방소득세 표준산출세액에 ㊷ 안분율을 적용한 금액을 적습니다.
20. ㊹ 납세지별 세액공제·감면액: 납세지별 세액공제·감면액을 적습니다.
21. ㊺ 납세지별 가산세액: 납세지별 가산세액을 적습니다.
22. ㊻ 납세지별 추가납부세액: "공제감면세액 및 추가납부세액 합계표(별지 제43호의3서식)"의 ⑦ 이월과세액란의 합계금액과 ⑪ 세액란의 합계금액 및 미환류소득에 대한 이자상당액(「지방세법 시행규칙」 별지 제43호의2 서식 (155)란의 금액)을 더하여 적습니다.
23. ㊼ 납세지별 기납부세액
    - 특별징수납부세액: 다음에 따라 적습니다.
      ◦ 총부담세액 ≥ 특별징수납부세액인 경우: 납세지별 안분율에 따라 안분한 특별징수납부세액을 적습니다.
      ◦ 총부담세액 < 특별징수납부세액인 경우
        · 지점의 특별징수납부세액: 해당 지점의 납세지별 총부담세액을 적습니다.
        · 본점의 특별징수납부세액: 법인전체의 특별징수납부세액 중 지점의 기납부세액으로 적은 후의 잔여액을 적습니다.
      ◦ 수정신고하는 경우로서 특별징수세액의 총액이 변경되지 않은 경우에는 확정신고 시 적은 기납부세액과 동일한 금액을 적습니다.
    - 수시부과세액 및 예정신고납부세액: 수시부과세액 또는 비영리내국법인의 예정신고납부세액이 있는 경우 그 합계를 적습니다.
24. ㊽ 납세지별 경정·수정신고 등 가감액: ㉟ 경정·수정신고 등 가감액에 ㊷ 안분율을 적용한 금액을 적습니다.
25. ㊾ 탄력세율적용 조정세액: 해당 지방자치단체가 「지방세법」 제103조의20제2항에 따라 법인지방소득세의 세율을 표준세율에서 가감한 경우에 다음의 계산식에 따라 산출한 금액을 적습니다.

$$\text{탄력세율적용 조정세액} = \text{과세표준} \times \text{표준세율} \times \text{안분율} \times \left(\frac{\text{해당 지방자치단체의 법인지방소득세 세율}}{\text{법인지방소득세 표준세율}}\right)$$

26. ㊿ 해당 납세지에 납부할 세액: "㊸ 납세지별 산출세액 - ㊹ 납세지별 세액공제·감면액 + ㊺ 납세지별 가산세액 + ㊻ 납세지별 추가납부세액 - ㊼ 납세지별 기납부세액 ± ㊽ 납세지별 경정·수정신고 등 가감액 ± ㊾ 탄력세율적용 조정세액"의 금액을 적습니다.
27. (51) 해당 납세지에 분납할 세액: ㊲ 분납할 세액에 ㊷ 안분율을 적용한 금액을 적습니다.
28. 환급세액을 계좌로 받고자 하는 경우에는 (53) 금융기관명 ~ (55) 계좌번호란을 작성하고 통장사본을 첨부하여야 합니다.
29. 「법인세법」 제60조제5항 단서에 따른 비영리법인은 재무상태표 등의 첨부서류를 제출하지 않을 수 있습니다.

210mm×297mm[백상지 80g/㎡(재활용품)]

[별지 제43호의 2 서식] (2023. 12. 29. 개정)

법인지방소득세 과세표준 및 세액조정계산서

※ 뒤쪽의 작성방법을 참고하시기 바라며, 색상이 어두운 난은 신청인이 적지 않습니다. (앞 쪽)

법인명	사업자등록번호	사업연도
		. . . ~ . . .

구분	항목	금액
1. 과세표준계산	(108) 각 사업연도소득금액	
	(109) 이월결손금	
	(110) 비과세소득	
	(111) 소득공제	
	(112) 법인세과세표준 ((108)-(109)-(110)-(111))	
	(159) 선박표준이익	
	(105) 외국법인세액조정액	
2. 산출세액계산	(113) 법인세과세표준((112)+(159)+(105))	
	(106) 외국법인세액	
	(107) 과세표준((113)-(106))	
	(114) 세율	
	(115) 산출세액	
	(116) 지점유보소득(「법인세법」 제96조)	
	(117) 지점유보소득에 대한 법인세 산출세액	
	(118) 법인지방소득세 산출세액	
	(119) 합계((115)+(118))	
3. 납부할 세액계산	(120) 산출세액((120) = (119))	
	(121) 최저한세 적용대상 공제감면세액	
	(122) 차감세액	
	(123) 최저한세 적용제외 공제감면세액	
	(124) 가산세액	
	(125) 가감계((122)-(123)+(124))	
	기납부세액 - 기한내납부세액 (126) 비영리내국법인의 예정신고세액	
	기납부세액 - 기한내납부세액 (127) 수시부과세액	
	기납부세액 - 기한내납부세액 (128) 특별징수납부세액	
	기납부세액 - 기한내납부세액 (129) 간접투자회사등의 외국납부세액	
	기납부세액 - 기한내납부세액 (130) 소계((126)+(127)+(128)+(129))	
	기납부세액 (131) 신고납부전가산세액	
	기납부세액 (132) 합계((130)+(131))	
	(133) 탄력세율적용조정세액	
	(134) 감면분추가납부세액	
	(135) 차감납부할세액((125)-(132)±(133)+(134))	

구분	항목	금액
4. 토지등양도소득에 대한 법인지방소득세 계산	(137) 과세표준	
	(138) 세율	
	(139) 산출세액	
	(140) 감면세액	
	(141) 차감세액((139)-(140))	
	(142) 공제세액	
	(143) 동업기업 법인지방소득세 배분액(가산세 제외)	
	(144) 가산세액(동업기업 배분액 포함)	
	(145) 가감계((139)+(143)+(144))	
	기납부세액 (146) 수시부과세액	
	기납부세액 (147) ( )세액	
	기납부세액 (148) 계((146)+(147))	
	(149) 차감납부할세액((145)-(148))	
5. 미환류소득 법인지방소득세	(150) 미환류소득에 대한 법인세	
	(151) 세율	
	(152) 산출세액	
	(153) 가산세액	
	(154) 기납부세액	
	(158) 이자상당액	
	(155) 차감납부할세액((152)+(153)-(154)+(158))	
6. 세액계	(156) 해당연도 차감납부할세액 계((135)+(149)+(155))	
	(158) 경정·수정신고 등 가감액	
	(157) 분납세액 계산 범위액((156)-(124)-(133)-(144)-(153)+(131)+(135))	
	(159) 분납할 세액	
	(160) 신고기간 이내 납부할 세액((156)+(158)-(159))	

작성방법

1. ⑱ 각 사업연도소득금액 ~ ⑬ 법인세 과세표준란: 「법인세법 시행규칙」 별지 제3호서식의 작성방법을 준용하여 적습니다.
2. ⑲ 선박표준이익란: 「법인세법 시행규칙」 별지 제3호 서식 부표1의 "⑦ 선박표준이익"란의 금액을 적습니다.
3. ⑯ 외국법인세액 조정액란: 「지방세법」 제103조의 19 제2항 단서에 따라 가산한 금액으로, 「법인세법」 제57조 제2항 단서에 따라 손금에 산입한 외국법인세액을 적습니다.
   ※ 「법인세법」상 외국납부세액공제를 선택한 법인의 외국법인세액을 이월공제기간 내에 공제받지 못한 경우, 이월공제기간의 종료일 다음 날이 속하는 사업연도의 소득금액을 계산할 때 손금 산입한 금액을 말합니다.
4. ⑯ 외국법인세액란: 「법인세법」 제57조에 따라 외국납부세액공제를 선택한 법인으로, 같은 법 제57조에 따른 외국법인세액을 적습니다.
5. 세율란(⑭, ⑱, ⑮): 각 세법에 따라 적용할 최고세율 1개만을 적습니다.
6. ⑯ 지점유보소득란: 「법인세법 시행규칙」 별지 제3호서식의 "⑯ 지점유보소득"란의 금액을 적습니다.
7. ⑰ 지점유보소득에 대한 법인세 산출세액란: 「법인세법 시행규칙」 별지 제3호 서식의 "⑱ 산출세액"란의 금액을 적습니다.
8. ⑱ 법인지방소득세 산출세액란: 「지방세법」 제103조의50에 따라 "⑰ 지점유보소득에 대한 법인세 산출세액"란의 금액의 10분의 1을 적습니다.
9. ⑱ 비영리내국법인의 예정신고세액란: 「지방세법 시행령」 제100조의22에 따라 예정신고세액을 적습니다.
10. ⑬ 탄력세율조정세액란: 「지방세법 시행령」 제88조에 따라 가감한 세액을 적습니다.
11. ⑭ 감면분추가납부세액란: "공제감면세액 및 추가납부세액 합계표(별지 제43호의 3 서식)"의 ⑦ 이월과세액란의 합계금액과 ⑪ 세액란의 합계금액을 더하여 적습니다.
12. ⑮ 경정·수정신고 등 가감액란: 법률 제12153호(2014.1.1. 시행)로 개정되기 전의 「지방세법」 제91조 제1항 단서에 따른 추가납부 또는 환급세액을 경정고지일(수정신고일)이 속하는 사업연도분에 가감하는 경우, 법률 제12153호(2014.1.1. 시행)로 개정되기 전의 「지방세법」 제92조 제3항 또는 법률 제12153호(2014.1.1. 시행)로 개정된 「지방세법」 제103조의 24 제4항에 따른 환급세액을 다음 사업연도분에서 공제하는 경우, 「지방세법」 103조의 64에 따라 사실과 다른 회계처리로 인한 경정세액을 차감하는 경우, 「지방세법」 103조의 65에 따라 재해손실로 차감된 경우의 그 가감액을 적습니다.
13. 가산세액(⑫, ⑭, ⑬)란: "법인지방소득세 가산세액계산서(별지 제43호의 4 서식)"에 따라 적습니다.
14. 기납부세액계(⑬, ⑱, ⑭)란: 수시부과세액 및 특별징수세액을 각각 적되 가산세를 제외한 금액을 적습니다.
15. ⑭ 동업기업 법인지방소득세 배분액란: 동업기업으로부터 배분받은 토지등 양도소득에 대한 법인지방소득세('산출세액'에서 '공제감면세액'을 차감한 후의 세액(가산세는 제외함)을 적습니다.
16. ⑱ 이자상당액란: 「법인세법 시행규칙」 별지 제3호 서식의 "⑮ 이자상당액"란의 금액의 100분의 10을 적습니다.
17. ⑲ 분납할 세액란: ⑰ 분납세액 계산 범위액이 1백만원을 초과하고 2백만원 이하인 때에는 1백만원을 초과하는 금액을, 분납세액 계산 범위액이 2백만원을 초과하는 때에는 그 세액의 100분의 50 이하 금액의 범위에서 분납할 세액을 적습니다.

210mm×297mm[백상지 80g/㎡(재활용품)]

[별지 제43호의 3 서식] (2019. 5. 31. 개정)

공제(감면)세액 및 추가납부세액합계표

※ 뒤쪽의 작성방법을 참고하시기 바라며, 색상이 어두운 난은 신청인이 적지 않습니다. (앞쪽)

법인명	사업자등록번호	사업연도
		. . . ~ . . .

1. 공제(감면)세액

①구 분	②근거법조항	③대상세액	④세액
합 계			

2. 이월과세액

⑤구 분	⑥근거법조항	⑦이월과세액
중소기업 간의 통합에 대한 이월과세	「지방세특례제한법」 119조	
법인전환에 대한 이월과세	「지방세특례제한법」 120조	
영농조합법인의 조합원에 대한 이월과세	「지방세특례제한법」 126조	
농업인 등에 대한 이월과세	「지방세특례제한법」 128조	
합 계		

210mm×297mm(백상지 80g/㎡)

[별지 제43호의 4 서식] (2022. 6. 7. 개정)

법인지방소득세 가산세액계산서

※ 뒤쪽의 작성방법을 참고하시기 바라며, 색상이 어두운 칸은 신청인이 적지 않습니다. (앞쪽)

법인명	사업자등록번호	사업연도 . . . ~ . . .

1. 가산세액의 계산

① 구 분				법인지방소득세			
				②계산기준	③기준 금액	④가산세율	⑤가산세액
각 사업연도 소득	㉮	㉠무신고	일반	납부(산출)세액		20(10)/100	
			부당	납부(산출)세액		40(20)/100	
	㉯	과소신고	일반	납부(산출)세액		10(5)/100	
			부당	납부(산출)세액		40(20)/100	
		초과환급신고	일반	납부(산출)세액		10(5)/100	
			부당	납부(산출)세액		40(20)/100	
	㉢납부지연			(일수)미납세액	( )	22/100,000	
				(일수)초과환급세액	( )	22/100,000	
	㉣「지방세법」 제103조의 30에 따른 가산세	「법인세법」 제74조의 2, 제75조, 제75조의 2부터 제75조의 9까지의 규정에 따른 가산세액		무기장		10/100	
				무기장 외		10/100	
				소 계 (㉠ 또는 ㉡보다 무기장가산세의 10%에 해당하는 금액이 같거나 적은 경우에는 무기장가산세분을 계산하지 않습니다)			
	㉤동업기업 가산세 배분액			(배분비율)배분할 금액	( )		
	㉥기타						
	소 계 (㉠ 또는 ㉡보다 무기장가산세의 10%에 해당하는 금액이 더 큰 경우에는 ㉠ 및 ㉡을 계산하지 않습니다)						
토지등 양도소득	㉠무신고		일반	납부(산출)세액		20(10)/100	
			부당	납부(산출)세액		40(20)/100	
	㉡	과소신고	일반	납부(산출)세액		10(5)/100	
			부당	납부(산출)세액		40(20)/100	
		초과환급신고	일반	납부(산출)세액		10(5)/100	
			부당	납부(산출)세액		40(20)/100	
	㉢납부지연			(일수)미납세액	( )	22/100,000	
				(일수)초과환급세액	( )	22/100,000	
	㉣ 동업기업 가산세 배분액			(배분비율) 배분할 금액	( )		
	소 계						
미환류 소득	㉠ 무신고		일반	납부(산출)세액		20(10)/100	
			부당	납부(산출)세액		40(20)/100	
	㉡	과소신고	일반	납부(산출)세액		10(5)/100	
			부당	납부(산출)세액		40(20)/100	
	㉢납부지연			(일수)미납세액	( )	22/100,000	
	소 계						
합 계							

자진납부기한 환급받은 날 (. .) 고지일 또는 납부일 (. .)

2. 과소신고 납부세액 및 초과환급 신고세액 계산

⑥ 구 분		당초신고		과소신고 과세표준			⑫과세표준 (⑦+⑨)	⑬납부(산출)세액 (⑫×세율 등)	과소신고납부(산출)세액 (초과환급신고세액)		
		⑦과세표준	⑧납부(산출)세액	⑨계 (⑩+⑪)	⑩부당	⑪일반			⑭계 (⑬-⑧)	⑮부당 (⑭×⑩/⑨)	⑯일반 (⑭×⑪/⑨)
각 사업연도소득	과소신고										
	초과환급										
토지등 양도소득	과소신고										
	초과환급										
미환류 소득	과소신고										

210mm×297mm[백상지(80g/㎡) 또는 중질지(80g/㎡)]

(뒤쪽)

작성방법

※ 납부(산출)세액: 2015.12.31 이전 종료되는 사업연도분은 산출세액을, 2016.1.1. 이후 종료되는 사업연도분은 납부세액을 적습니다.

1. 무신고가산세 (「지방세기본법」 제53조)
   일반무신고와 부당무신고를 구분하여 무신고 납부(산출)세액에 가산세율을 적용하여 계산한 금액을 가산세액으로 적습니다. 다만, 법정신고기한이 지난 후 1개월 이내에 「지방세기본법」 제51조에 따른 기한 후 신고를 하는 경우 같은 법 제57조 제2항 제2호에 따라 해당 가산세의 100분의 50에 해당하는 금액을, 1개월을 초과하고 3개월 이내에 기한 후 신고를 하는 경우에는 100분의 30에 해당하는 금액을, 3개월을 초과하고 6개월 이내에 기한 후 신고를 하는 경우에는 100분의 20에 해당하는 금액을 감면합니다.
2. 과소(초과환급)신고가산세 (「지방세기본법」 제54조)
   ⑦란과 ⑧란에는 당초 과세표준과 납부(산출)세액을 각각 적고, ⑩란에는 부당과소신고 과세표준, ⑪란에는 일반과소신고 과세표준으로 구분하여 ⑨란의 과소신고 과세표준에서 차지하는 비율을 ⑭란의 과소신고 납부(산출)세액에 곱하여 ⑮부당과소신고 납부(산출)세액 ⑯일반과소신고 납부(산출)세액으로 구분하여 적습니다.
   - ⑮부당과소신고 납부(산출)세액 ⑯일반과소신고 납부(산출)세액에 ④란의 가산세율을 적용하여 ⑤란의 부당과소신고 가산세와 일반과소신고 가산세로 구분하여 적습니다. 다만, 법정신고기한이 지난 후 1개월 이내에 「지방세기본법」 제49조에 따라 수정신고를 하는 경우 같은 법 제57조 제2항 제1호에 따라 해당 가산세의 100분의 90에 해당하는 금액을, 1개월을 초과하고 3개월 이내에 수정신고하는 경우에는 100분의 75에 해당하는 금액을, 3개월을 초과하고 6개월 이내에 수정신고하는 경우에는 100분의 50에 해당하는 금액을, 6개월을 초과하고 1년 이내에 수정신고하는 경우에는 100분의 30에 해당하는 금액을, 1년을 초과하고 1년 6개월 이내에 수정신고하는 경우에는 100분의 20에 해당하는 금액을, 1년 6개월을 초과하고 2년 이내에 수정신고하는 경우에는 100분의 10에 해당하는 금액을 감면합니다.

※ 「지방세기본법 시행령」 제36조에 따라 세무공무원(지방소득세의 경우 「국세기본법」 제2조 제17호에 따른 세무공무원을 포함합니다)이 조사를 시작한 것을 알고 과세표준 신고서, 수정신고서 또는 기한 후 신고서를 제출한 경우에는 가산세를 감면하지 않습니다.

3. 납부지연가산세 (「지방세기본법」 제55조)
   미납부 또는 초과환급세액에 가산세율과 경과일수를 곱하여 계산한 금액을 가산세액으로 합니다.
4. 「지방세법」 제103조의 30에 따른 가산세는 「법인세법」 제74조의 2, 제75조 및 제75조의 2부터 제75조의 9까지의 규정에 따른 법인세 가산세의 100분의 10에 해당하는 금액을 법인지방소득세 가산세로 적습니다. (법인세의 가산세가 감면된 경우, 감면 후 금액을 기준으로 가산세를 적용합니다.)
   - 「법인세법」 제75조의 3(장부의 기록ㆍ보관 불성실 가산세)의 100분의 10에 해당하는 법인지방소득세 가산세와 「지방세기본법」 제53조 또는 제54조에 따른 가산세가 동시에 적용되는 경우에는 그 중 큰 가산세액을 적고, 가산세액이 같은 경우에는 「지방세기본법」 제53조 또는 제54조의 가산세를 적용합니다.
5. 동업기업 가산세 배분액 (「지방세법」 제103조의 54 제1항)
   배분할 금액(동업기업의 가산세 총액)에 배분비율을 곱하여 계산한 가산세를 적습니다.
6. 각 사업연도 소득에 대한 법인지방소득세분, 토지 등 양도소득에 대한 법인지방소득세분 및 미환류소득에 대한 법인지방소득세분 가산세 합계를 별지 제43호의 2 서식 법인지방소득세 과세표준 및 세액조정계산서의 ⑫란, ⑭란 및 ⑮란에 각각 적습니다.

[별지 제43호의 5 서식(갑)] (2016. 12. 30. 개정)

법인지방소득세 특별징수세액명세서(갑)

※ 뒤쪽의 작성방법을 참고하시기 바라며, 색상이 어두운 란은 신청인이 적지 않습니다. (앞쪽)

법인명	사업자등록번호	사업연도
		. . . ~ . . .

원천징수 및 특별징수 명세내용

①적요	②원천(특별)징수의무자		③ 원 천 징수일	④ 이 자 금 액	⑤ 세 율	⑥ 법인세	법인지방소득세 (특별징수분)	
	사업자(주민)등록번호	상호(성명)					⑦특별징수 세액	⑧특별 징수지
합계								

210mm×297mm(백상지(80g/㎡)

[별지 제43호의 5 서식(을)] (2019. 5. 31. 개정)

법인지방소득세 특별징수세액명세서(을)

※ 뒤쪽의 작성방법을 참고하시기 바라며, 색상이 어두운 란은 신청인이 적지 않습니다. (앞쪽)

법인명	사업자등록번호	사업연도
		. . . ~ . . .

원천징수 및 특별징수 세액명세

①채권등의명칭 (액면금액)	②유가증권 표준코드	③채권이자 구분	④취득일	⑤매도일	⑥보유기간 (이자계산일수)
( )					
( )					
( )					
( )					
( )					
( )					
( )					
( )					
( )					
( )					
( )					

⑦이자율	⑧=①×⑥×⑦ 보유기간 이자상당액	⑨원천(특별) 징수의무자 (사업자등록 번호)	⑩세율	법인세		법인지방소득세 (특별징수분)		
				⑪세액	⑫납부일 (징수일)	⑬특별징수세액	⑭납부일 (징수일)	⑮특별 징수지
합 계								

210mm×297mm(백상지 80g/㎡)

[별지 제43호의 5 서식(병)] (2016. 12. 30. 개정)

법인지방소득세 특별징수세액명세서(병)
(양도담보설정 채권의 이자소득용)

※뒤쪽의 작성방법을 읽고 작성하여 주시기 바랍니다. (앞쪽)

원천징수 및 특별징수 세액명세

①채권자 (양도담보권자)		②채무자 (담보설정자)		③원천(특별)징수 의무자		④ 유가증권 표준코드	⑤채권 이자 구분	⑥법인세	법인지방소득세		
사업자 등록 번호	법인명	사업자 등록 번호	법인명	사업자 등록 번호	법인명				⑦특별징수세액	⑧특별징수일	⑨특별징수지

210mm×297mm(백상지(80g/㎡))

[별지 제43호의 5 서식 부표(갑)] (2016. 12. 30. 개정)

연결법인의 법인지방소득세 특별징수세액명세서(갑)

※ 뒤쪽의 작성방법을 참고하시기 바라며, 색상이 어두운 란은 신청인이 적지 않습니다. (앞쪽)

연결모법인명	사업자등록번호	사업연도
		. . . ~ . . .

원천징수 및 특별징수 명세내용

① 적요	②원천(특별)징수 의무자		③원천 징수일	④이자 금액	⑤ 세율	⑥ 법인세	법인지방소득세 (특별징수분)		⑨납세의무자(법인)			
	사업자 (주민) 등록번호	상호 (성명)					⑦특별징수 세액	⑧특별 징수지	구분	법인 등록 번호	사업자 등록 번호	법인명
합 계												

210mm×297mm(백상지(80g/㎡))

[별지 제43호의 5 서식 부표(을)] (2019. 5. 31. 개정)

연결법인의 법인지방소득세 특별징수세액명세서(을)

※ 뒤쪽의 작성방법을 참고하시기 바라며, 색상이 어두운 란은 신청인이 적지 않습니다. (앞쪽)

연결모법인명	사업자등록번호	사업연도
		. . . ~ . . .

원천징수 및 특별징수 세액명세

①채권등의 명칭 (액면금액)	②유가증권 표준코드	③채권이자 구분	④취득일	⑤매도일	⑥보유기간 (이자계산일수)
( )					
( )					
( )					
( )					
( )					
( )					
( )					
( )					
( )					
( )					
( )					

⑦ 이자율	⑧=①×⑥×⑦ 보유기간 이자 상당액	⑨원천(특별) 징수의무자 (사업자등록번호)	⑩ 세율	법인세		법인지방소득세 (특별징수분)			⑯납세의무자(법인)			
				⑪ 세액	⑫ 납부일 (징수일)	⑬특별 징수세액	⑭ 납부일 (징수일)	⑮특별 징수지	구분	법인 등록 번호	사업자 등록 번호	법인명
합 계												

210mm×297mm(백상지 80g/㎡)

[별지 제43호의 5 서식 부표(병)] (2016. 12. 30. 개정)

연결법인의 법인지방소득세 특별징수세액명세서(병)

(양도담보설정 채권의 이자소득용)

※ 뒤쪽의 작성방법을 읽고 작성하여 주시기 바랍니다. (앞쪽)

연결모법인명	사업자등록번호	사업연도
		. . . ~ . . .

원천징수 및 특별징수 세액명세

① 채권자 (양도담보권자)				②채무자 (담보설정자)		③원천(특별)징수 의무자		④ 유가증권 표준코드	⑤채권 이자 구분	⑥법인세	법인지방소득세		
구분	법인 등록 번호	사업자 등록 번호	법인명	사업자 등록 번호	법인명	사업자 등록 번호	법인명				⑦특별징수세액	⑧특별 징수일	⑨특별 징수지

210mm×297mm(백상지(80g/㎡)

[별지 제43호의 6 서식] (2023. 12. 29. 개정)

법인지방소득세 과세표준(조정계산) 및 세액신고서
(이자소득만 있는 비영리법인 신고용)

※ 뒤쪽의 작성방법을 참고하시기 바라며, 색상이 어두운 란은 신청인이 적지 않습니다. (앞쪽)

접수번호	접수일자	관리번호

①소 재 지		②전자우편주소
③법 인 명	④대표자성명	
⑤사업자등록번호	⑥사업연도	⑦전화번호

구	분		법 인 지 방 소 득 세
과세표준 계산	⑧이 자 소 득 금 액 계		
	⑨준 비 금 손 금 산 입 액		
	⑩기 부 금 손 금 산 입 액		
	⑪기부금한도초과 이월액손금산입		
	⑫각 사 업 연 도 소 득 금 액(⑧-⑨-⑩-⑪)		
	⑬비 과 세 소 득		
	⑭과 세 표 준(⑫-⑬)		
법인별 세액의 계산	⑮세 율		
	⑯표 준 산 출 세 액		
	⑰가 산 세 액		
	⑱가 감 계(⑯+⑰)		
	기납부 세액	⑲특별징수납부 세액	
		⑳(　　　　) 세액	
		㉑계(⑲+⑳)	
	㉒차 감 납 부 할 세 액(⑱-㉑)		
	㉓경정·수정신고 등 가감액		
	㉔납 부 할 총 세 액		
	㉕분 납 할 세 액		
	㉖신고기간 이내 납부할 세액(㉔-㉕)		

납세지별 세액의 계산							
㉗본점/지점여부	1.단일사업장 2.지점 있는 법인의 본점 3.지점			㉘특·광역시 주사업장 여부		1.여 2.부	
㉙해당사업장	명칭		소재지			연락처	
㉚안분율							
구분	종업원 수(명)	건축물 연면적(㎡) 계	건물	기계장치	시설물	안분율(소수점8자리)	
법인전체							
시군구내							
비율(%)							

㉛납세지별 산출세액		㉜납세지별 세액공제·감면액	
㉝납세지별 가산세액		㉞납세지별 감면분 추가납부세액	
합계 / 과소(초과환급)신고 / 납부지연 / 기타		㉟납세지별 기납부세액 - 특별징수납부세액	
		㉟납세지별 기납부세액 - 수시부과세액	
		㊱납세지별 경정·수정신고 등 가감액	
㊲탄력세율적용 조정세액		㊳해당 납세지에 납부할 세액	
㊴해당 납세지에 분납할 세액		㊵신고기간 이내 해당 납세지에 납부할 세액(㊳-㊴)	

환 급 금 계 좌	㊶금융기관명	
	㊷예 금 주	
	㊸계 좌 번 호	

신고인은 「지방세법」 제103조의23 및 제103조의24에 따라 위의 내용을 신고하며, **위 내용을 충분히 검토하였고 신고인이 사실 그대로를 정확하게 적었음을 확인합니다.**

신고인(대표자) (서명 또는 인)

특별자치시장·특별자치도지사·시장·군수·구청장 귀하

210mm×297mm(백상지(80g/㎡))

(뒤쪽)

작성방법

1. ①소재지 ~ ⑬비과세소득: 「법인세법 시행규칙」 별지 제56호서식의 작성방법을 준용하여 적습니다.
2. ⑭과세표준: 「지방세법」 제103조의19에 따른 과세표준을 적습니다.
3. ⑮세율: 「지방세법」 제103조의20에 따른 세율 중 최고세율을 적습니다.
4. ⑯표준산출세액: ⑭과세표준에 ⑮세율을 적용하여 적습니다.
5. ⑰가산세액: "법인지방소득세 가산세액계산서(별지 제43호의6서식 부표)"의 가산세 합계액을 적습니다.
6. ㉓경정·수정신고 등 가감액란: 다음에 해당하는 경우 그 가감액을 적습니다.
   1)「지방세법」(2014년 1월 1일 법률 제12153호로 개정되기 전의 것을 말한다) 제91조제1항 단서에 따른 추가납부 또는 환급세액을 경정고지일(수정신고일)이 속하는 사업연도분에 가감하는 경우
   2)「지방세법」(2014년 1월 1일 법률 제12153호로 개정되기 전의 것을 말한다) 제92조제3항에 따른 환급세액을 다음 사업연도분에서 공제하는 경우
   3)「지방세법」(2014년 1월 1일 법률 제12153호로 개정되기 전의 것을 말한다) 제103조의24제4항에 따른 환급세액을 다음 사업연도분에서 공제하는 경우
   4)「지방세법」 제103조의64에 따라 사실과 다른 회계처리로 인한 경정세액을 차감하는 경우
   5)「지방세법」 제103조의65에 따라 재해손실로 차감된 경우
7. ㉕분납할 세액: 「지방세법」 제103조의23제4항 및 같은 법 시행령 제103조의13제3항에 따른 분납할 세액을 적습니다.
8. ㉗본점/지점여부는 해당 신고의 납세법인이 지점 없는 법인이면 1번, 지점있는 법인의 본점이면 2번, 지점이면 3번에 '○'표시를 하며, ㉘특·광역시 주사업장 여부는 「지방세법시행령」 제88조제4항에 해당하는 사업장인 경우에는 "여"란에 '○'표시를 합니다.
   ㉙해당사업장: 해당 신고건의 대상 사업장의 명칭, 소재지, 연락처를 적습니다.
9. ㉚안분율
   - 종업원 수: 해당 법인의 사업연도 종료일 현재 「지방세법」 제74조제8호 및 「지방세법 시행령」 제78조의3에 따른 종업원의 수를 적습니다.
   - 건축물 연면적: 해당 법인의 사업연도 종료일 현재 사업장으로 직접 사용하는 「건축법」 제2조제1항제2호에 따른 건축물(이와 유사한 형태의 건축물 포함)의 연면적을 적습니다. 다만, 구조적 특성상 연면적을 정하기 곤란한 기계장치 또는 시설(수조·저유조·저장창고·저장조·송유관·송수관 및 송전철탑만 해당)의 경우에는 그 수평투영면적을 적습니다.
   - 안분율: 다음의 계산식에 따라 계산한 값(0 이상 1 이하)을 적습니다.

$$\left[\left(\frac{\text{관할 지방자치단체 안 종업원 수}}{\text{법인의 총 종업원 수}}\right)+\left(\frac{\text{관할 지방자치단체 안 건축물 연면적}}{\text{법인의 총 건축물 연면적}}\right)\right]\div 2$$

   ○ 사업장이 여러 지방자치단체에 있는 법인이 안분계산을 하지 않거나 안분율을 잘못 신고한 경우 가산세가 부과될 수 있습니다.
10. ㉛납세지별 산출세액: ⑯표준 산출세액에 ㉚안분율을 적용한 금액을 적습니다.
11. ㉜납세지별 세액공제·감면액: 납세지별 세액공제·감면액을 적습니다.
12. ㉝납세지별 가산세액: 납세지별 가산세액을 적습니다.
13. ㉞납세지별 감면분 추가납부세액: "공제감면세액 및 추가납부세액 합계표(별지 제43호의3서식)"의 ⑦이월과세액란의 합계금액과 ⑪세액란의 합계금액을 더하여 적습니다.
14. ㉟납세지별 기납부세액
   - 특별징수납부세액: 다음에 따라 적습니다.
     ○ 총부담세액 ≥특별징수납부세액인 경우: 납세지별 안분율에 따라 안분한 특별징수납부세액을 적습니다.
     ○ 총부담세액 < 특별징수납부세액인 경우:
       · 지점의 특별징수납부세액은 해당 지점의 납세지별 총부담세액을 적습니다.
       · 본점의 특별징수납부세액: 법인전체의 특별징수납부세액 중 지점의 기납부세액으로 적은 후의 잔액을 적습니다.
     ○ 수정신고하는 경우 특별징수세액의 총액이 변경되지 않은 경우에는 확정신고 시 적은 기납부세액과 동일한 금액을 적습니다.
   - 수시부과세액: 수시부과세액이 있는 경우 그 합계를 적습니다.
15. ㊱납세지별 경정·수정신고 등 가감액: ㉓경정·수정신고 등 가감액에 ㉚안분율을 적용한 금액을 적습니다.
16. ㊲탄력세율적용 조정세액: 해당 지방자치단체가 「지방세법」 제103조의20제2항에 따라 법인지방소득세의 세율을 표준세율에서 가감한 경우에 다음의 계산식에 따라 산출한 금액을 적습니다.

$$\text{탄력세율적용 조정세액} = \text{과세표준} \times \text{표준세율} \times \text{안분율} \times \left(\frac{\text{해당 지방자치단체의 법인지방소득세 세율}}{\text{법인지방소득세 표준세율}} - 1\right)$$

17. ㊳해당 납세지에 납부할 세액 : "㉛납세지별 산출세액 − ㉜납세지별 세액공제·감면액 + ㉝납세지별 가산세액 + ㉞납세지별 감면분 추가납부세액 − ㉟납세지별 기납부세액 ± ㊱납세지별 경정·수정신고 등 가감액 ± ㊲탄력세율적용 조정세액" 의 금액을 적습니다.
18. ㊴해당 납세지에 분납할 세액: ㉕분납할 세액에 ㉚안분율을 적용한 금액을 적습니다.
19. 환급세액을 계좌로 받고자 하는 경우에는 ㊶금융기관명 ~ ㊸계좌번호를 작성하고 통장사본을 첨부해야 합니다.
20.「법인세법」 제60조제5항 단서에 따른 비영리법인은 재무상태표 등의 첨부서류를 제출하지 않을 수 있습니다.

[별지 제43호의 6 서식 부표] (2022. 6. 7. 개정)

법인지방소득세 가산세액계산서
(이자소득만 있는 비영리법인 신고용)

※ 뒤쪽의 작성방법을 읽고 작성하여 주시기 바랍니다. (앞쪽)

법인명	사업자등록번호	사업연도 . . .~ . . .

1. 가산세액의 계산

① 구 분		각 사업연도 소득에 대한 법인지방소득세			
		②계산기준	③기준 금액	④가산세율	⑤가산세액
과소신고	일반	납부(산출)세액		10(5)/100	
	부당	납부(산출)세액		40(20)/100	
초과환급신고	일반	초과환급세액		10(5)/100	
	부당	초과환급세액		40(20)/100	
납부지연		(일수) 미납세액	( )	22/100,000	
		(일수) 초과환급세액	( )	22/100,000	
기 타					
합 계					

자진납부기한
환급받은 날 (. .) 고지일 또는 납부일 (. .)

2. 과소신고 납부(산출)세액 및 초과환급 신고세액 계산

⑥ 구 분		당초신고		과소신고 과세표준			⑫과세표준 (⑦+⑨)	⑬납부 (산출)세액 (⑫×세율 등)	과소신고납부(산출)세액 (초과환급신고세액)		
		⑦과세 표준	⑧납부 (산출)세액	⑨계 (⑩+⑪)	⑩부당	⑪일반			⑭계 (⑬-⑧)	⑮부당 (⑭×⑩/ ⑨)	⑯일반 (⑭×⑪/ ⑨)
각 사업연도 소득	과소 신고										
	초과 환급										

210mm×297mm[백상지(80g/㎡) 또는 중질지(80g/㎡)]

(뒤쪽)

작성방법

※ 납부(산출)세액: 2015.12.31 이전 종료되는 사업연도분은 산출세액을, 2016.1.1. 이후 종료되는 사업연도분은 납부세액을 적습니다.

1. 과소(초과환급)신고가산세 (「지방세기본법」 제54조)
   ⑦란과 ⑧란에는 당초 과세표준과 납부(산출)세액을 각각 적고, ⑩란에는 부당과소신고 과세표준, ⑪란에는 일반과소신고 과세표준으로 구분하여 ⑨란의 과소신고 과세표준에서 차지하는 비율을 ⑭란의 과소신고 납부(산출)세액에 곱하여 ⑮부당과소신고 납부(산출)세액 ⑯일반과소신고 납부(산출)세액으로 구분하여 적습니다.
   - ⑮부당과소신고 납부(산출)세액 ⑯일반과소신고 납부(산출)세액에 ④란의 가산세율을 적용하여 ⑤란의 부당과소신고 가산세와 일반과소신고 가산세로 구분하여 적습니다. 다만, 법정신고기한이 지난 후 1개월 이내에 「지방세기본법」 제49조에 따라 수정신고를 하는 경우 같은 법 제57조제2항제1호에 따라 해당 가산세의 100분의 90에 해당하는 금액을, 1개월을 초과하고 3개월 이내에 수정신고하는 경우에는 100분의 75에 해당하는 금액을, 3개월을 초과하고 6개월 이내에 수정신고하는 경우에는 100분의 50에 해당하는 금액을, 6개월을 초과하고 1년 이내에 수정신고하는 경우에는 100분의 30에 해당하는 금액을, 1년을 초과하고 1년 6개월 이내에 수정신고하는 경우에는 100분의 20에 해당하는 금액을, 1년 6개월을 초과하고 2년 이내에 수정신고하는 경우에는 100분의 10에 해당하는 금액을 감면합니다.

   ※ 「지방세기본법」 제36조에 따라 세무공무원(지방소득세의 경우 「국세기본법」 제2조 제17호에 따른 세무공무원을 포함합니다)이 조사를 시작한 것을 알고 과세표준 신고서, 수정신고서 또는 기한후신고서를 제출한 경우에는 가산세를 감면하지 않습니다.
2. 납부지연가산세 (「지방세기본법」 제55조)
   미납부 또는 초과환급세액에 가산세율과 경과일수를 곱하여 계산한 금액을 가산세액으로 합니다.
3. 기타란은 「지방세법」 제103조의 30의 가산세액을 적습니다.
   - 「지방세법」 제103조의 30에 따른 가산세는 「법인세법」 제74조의 2, 제75조 및 제75조의 2부터 제75조의 9에 따른 법인세 가산세의 100분의 10에 해당하는 금액을 법인지방소득세 가산세로 적습니다. (법인세의 가산세가 감면된 경우, 감면 후 금액을 기준으로 가산세를 적용합니다.)
   - 「법인세법」 제75조의 3에 따라 징수하는 가산세(장부의 기록·보관 불성실 가산세)의 100분의 10에 해당하는 법인지방소득세 가산세와 「지방세기본법」 제53조 또는 제54조에 따른 가산세가 동시에 적용되는 경우에는 그 중 큰 가산세액을 적고, 가산세액이 같은 경우에는 「지방세기본법」 제53조 또는 제54조의 가산세를 적용합니다.

210mm×297mm(백상지 80g/㎡ 또는 중질지 80g/㎡)

[별지 제43호의 8 서식] (2015. 12. 31. 개정)

○○ 시·군	법인지방소득세 (수납은행 확인용)

납세자:

기관번호	세목

납세연월기	과세번호

전자납부 번호	

세 목	납부할 세액
지방소득세	

수납은행용 바코드 | 지방자치단체의 장 [직인]

○○ 시·군

법인지방소득세 납부서 겸 영수증 (납세자용)

납세번호	과세기관	검	회계	과목	세목	연도	월	기분	읍면동	과세번호	검

납 세 자: 납세자번호:
사업장소재지:
귀속사업연도:

세 목	납부할 세액	과세표준	
지방소득세			담당자 문의처

위의 금액을 영수합니다.
년 월 일

※ 이 영수증은 과세증명서로 사용할 수 있습니다.

지방자치단체의 장 [직인] (수납인)

전자납부 번 호	

법인지방소득세 신고 접수증

법 인 명:
사업장명:
사업장소재지:
귀속사업연도 :

신고인(대리인)	접수일자	접수번호	접수자

구분	종업원(명)	건축물(㎡)				종업원 건축물 평균비율
		합계	건물	기계장치	구축물	
법인전체						
시·군·구 내						
비율(%)						%
과세표준		지방소득세 총액		납부할 세액		

「지방세법」 제103조의 23, 제103조의 24, 제103조의 37에 따라 신고한 신고서의 접수증입니다.

지방자치단체의 장 [직인]

납 부 장 소
전국 은행, 우체국, 새마을금고, 신용협동조합, 산림조합
지방세 안내

지방자치단체 활용란
※ 지방세 납부방법 안내 등

210mm×297mm(CP지 90g/㎡)

[별지 제43호의 9 서식] (2022. 3. 31. 개정)

소급공제 법인지방소득세액 환급신청서

※ 뒤쪽의 작성방법을 참고하시기 바라며, 색상이 어두운 란은 신청인이 적지 않습니다. (앞 쪽)

접수번호	접수일자	관리번호

1. 신청인 인적사항

①법인명	②사업자등록번호
③대표자 성명	④업태 · 종목
⑤소재지	

2. 사업연도

⑥결손사업연도	⑦직전사업연도
년 월 일~ 년 월 일	년 월 일~ 년 월 일

3. 결손사업연도 결손금액

⑧결손금액	⑨소급공제 대상 결손금액

4. 직전사업연도 법인지방소득세액 계산

⑩과세표준	⑪세율	⑫산출세액	⑬공제감면세액	⑭차감세액 (⑫-⑬)

5. 환급신청세액 계산

⑮직전사업연도 법인지방소득세액 (⑮=⑫)	⑯차감할 세액 [(⑩-⑨)×세율] [⑯≥(⑫-⑭)]	⑰환급신청세액 (⑮-⑯) (⑰≤⑭)

6. 지방세환급금 계좌신고

⑱ 예입처	⑲ 예금종류	⑳ 계좌번호
은행 (본)지점		

「지방세법」 제103조의 28 제1항 본문 및 같은 법 시행령 제100조의 18 제4항에 따라 소급공제 법인지방소득세액 환급신청서를 제출합니다.

년 월 일

신고인(대표자) (서명 또는 인)

특별자치시장 · 특별자치도지사 · 시장 · 군수 · 구청장 귀하

첨부서류	소급공제 법인세액 환급신청서 (「법인세법 시행규칙」 별지 제68호 서식)	수수료 없 음

210mm×297mm[백상지 80g/㎡(재활용품)]

[별지 제43호의 10 서식] (2022. 3. 31. 신설)

소급공제 법인지방소득세액 환급특례신청서(내국법인)

※ 뒤쪽의 작성방법을 참고하시기 바라며, 색상이 어두운 란은 신청인이 적지 않습니다. (앞쪽)

접수번호	접수일자	관리번호

1. 신청인 인적사항

①법인명		②사업자등록번호	
③대표자 성명		④업태 · 종목	
⑤소재지			

2. 사업연도

⑥결손사업연도	⑦직전전사업연도	년 월 일 ~ 년 월 일
년 월 일 ~ 년 월 일	⑧직전사업연도	년 월 일 ~ 년 월 일

3. 결손사업연도 결손금액

⑨결손금액	⑩소급공제 대상 결손금액(⑪+⑫)	⑪직전전사업연도 :
		⑫직전사업연도 :

4. 법인지방소득세액 계산

구 분	직전전사업연도	직전사업연도	합 계
⑬과세표준			
⑭세 율			
⑮산출세액			
⑯공제감면세액			
⑰차감세액(⑮-⑯)			

5. 환급신청세액 계산

⑱법인지방소득세액			
⑲차감할 세액[{⑬-(⑪,⑫)}×세율] [⑲≥(⑮-⑰)]			
⑳환급신청세액(⑱-⑲)(⑳≤⑰)			

6. 지방세환급금 계좌신고

㉑ 예입처	㉒ 예금종류	㉓ 계좌번호
은행 (본)지점		

「지방세법」 제103조의 28 제1항 단서 및 같은 법 시행령 제100조의 18 제4항에 따라 소급공제 법인지방소득세액 환급특례 신청서를 제출합니다.

년 월 일

신고인(대표자) (서명 또는 인)

특별자치시장 · 특별자치도지사 · 시장 · 군수 · 구청장 귀하

첨부서류	소급공제 법인세액 환급신청서 (「조세특례제한법 시행규칙」 별지 제2호의 4 서식)	수수료 없 음

210mm×297mm[백상지 80g/㎡(재활용품)]

(뒤쪽)

작 성 방 법

※ 결손금을 소급공제함에 있어서 직전전사업연도와 직전사업연도에 법인지방소득세의 산출세액이 있는 경우에는 직전전사업연도의 법인지방소득세 과세표준에서 결손금을 먼저 공제합니다.

1. ⑨ 결손금액:「법인세법」 제14조 제2항의 결손금을 적습니다.
2. ⑩~⑫ 소급공제 대상 결손금액: 「조세특례제한법 시행규칙」 별지 제2호의 4 서식의 ⑥~⑧ 기재한 것과 동일한 금액을 적습니다.
3. ⑬ 과세표준 및 ⑯ 공제감면세액: 환급신청일 현재 확정된 직전전 또는 직전사업연도 과세표준 및 공제감면세액을 각각 적습니다.
4. ⑭ · ⑲란의 세율은 직전전 또는 직전사업연도에 적용되는 법인지방소득세율을 말합니다.
5. ⑮ 산출세액: ⑬ 과세표준에 세율을 적용하여 산출한 금액을 적습니다.
6. ⑱ 환급신청세액계산의 법인지방소득세액: ⑯ 공제감면세액을 빼기 전의 금액(⑮ 산출세액의 금액)을 옮겨 적습니다.
7. ⑲ 차감할 세액
   가. ⑬ 과세표준에서 ⑪,⑫란의 소급공제 대상 결손금액을 순차적으로 차감한 금액에 해당 사업연도의 세율을 적용하여 계산한 금액(원미만 금액은 절사)을 적습니다.
   나. ⑯ 공제감면세액이 있는 경우에는 ⑪,⑫란의 소급공제 대상 결손금액을 조정하여 ⑯ 공제감면세액과 같거나 큰 금액을 적어야 합니다.
8. ⑳ 환급신청세액은 직전전 또는 직전사업연도의 소득에 부과된 법인지방소득세액으로서 납부하였거나 납부하여야 할 법인지방소득세액을 초과할 수 없습니다.
9. ㉑ 예입처, ㉒ 예금종류, ㉓ 계좌번호란에는 환급금이 입금될 법인의 계좌번호를 적습니다.

※ 문의하실 사항이 있으시면 특별자치시 · 특별자치도 · 시 · 군 · 구 과(☎ -)로 연락하시기 바랍니다.

210mm×297mm[백상지 80g/㎡(재활용품)]

[별지 제43호의 11 서식] (2022. 6. 7. 개정)

비영리내국법인의 법인지방소득에 대한 양도소득 과세표준 예정신고서

※ 뒤쪽의 작성방법을 읽고 작성하시기 바랍니다. (앞쪽)

접수번호	접수일자		처리기간
①신고인 (양도인)	법 인 명	사업자등록번호	대표자 성명
	대표자 생년월일	사업연도 / 양도연월	전화번호
	소 재 지		전자우편주소
②양수인	성명(상호) / 주민등록번호 (사업자등록번호)	양도자산 소재지 / 지 분	양도인과의 관계

③세율구분 코드	합 계	국내분 소계	-	-	-	국외분소계
④양도소득금액						
⑤기신고·결정·경정된 양도소득금액 합계						
⑥소득감면대상 소득금액						
⑦양도소득기본공제						
⑧과세표준 (④+⑤-⑥-⑦)						
⑨세율						
⑩산출세액						
⑪감면세액						
⑫외국납부세액공제						
⑬예정신고납부세액공제						
⑭특별징수세액공제						
⑮가산세 무(과소)신고	(대상금액, 세율)	(대상금액, 세율)	(대상금액, 세율)	(대상금액, 세율)	(대상금액, 세율)	(대상금액, 세율)
⑮가산세 납부지연	(대상금액, 일수)	(대상금액, 세율)	(대상금액, 일수)	(대상금액, 일수)	(대상금액, 일수)	(대상금액, 일수)
⑮가산세 기장불성실 등	(대상금액, 세율)	(대상금액, 세율)	(대상금액, 세율)	(대상금액, 세율)	(대상금액, 세율)	(대상금액, 세율)
⑮가산세 계						
⑯기신고·결정·경정세액						
⑰자진납부할세액 (⑩-⑪-⑬-⑭+⑮-⑯)						
⑱분납(물납)할 세액						
⑲자진납부세액						
⑳환급세액						
㉑환급금계좌	예입처 은행	예금주		계좌번호		

신고인은 「지방세법」 제103조의 32에 따라 위 내용을 신고하며, 위 내용을 충분히 검토하였고 신고인이 알고 있는 사실 그대로를 정확하게 기재하였음을 확인합니다.

년 월 일

신고인(대표자) (서명 또는 인)

특별자치시장 · 특별자치도시자 · 시장 · 군수 · 구청장 귀하

제출서류 및 담당공무원 확인사항	뒤쪽 참조

210mm×297mm(백상지 80g/㎡ 또는 중질지 80g/㎡)

(뒤쪽)

제출서류	1. 매매계약서 1부 2. 감면신청서 1부 3. 그 밖에 지방소득세 계산에 필요한 서류 1부	접수일자 (인)
담당공무원 확인사항	1. 토지 및 건물등기사항증명서 2. 토지 및 건축물대장등본	

작 성 방 법

1. 관리번호는 작성자가 적지 않습니다.

2. 이 서식은 사업연도 단위별로 사업소득(「법인세법」 제4조 제3항 제1호 및 「법인세법 시행령」 제3조 제1항 각 호의 수익사업을 말합니다) 외의 이자, 배당, 주식, 유형자산 및 무형자산처분이익, 채권매매이익만 있는 비영리내국법인이 토지·건물 및 주식(출자지분 포함)을 양도한 경우에 사용합니다.

3. ①신고인(양도인)란 : 신고인의 인적사항을 빠짐없이 기재하되, 사업자등록번호 내지는 고유번호가 없는 경우에는 대표자 성명과 생년월일을 반드시 적어야 하며, 양도연월은 신고대상인 과세 자산을 양도한 연월을 적습니다.

4. ⑩산출세액 및 ⑬예정신고납부세액공제란: 해당 신고분까지 누계금액을 적습니다.

5. ⑭특별징수세액공제란: 비거주자의 양도소득에 대하여 양수인이 특별징수한 세액 등을 적습니다.

6. ⑮가산세란: 무(과소)신고란에는 「지방세기본법」 제53조 또는 제54조에 따른 무신고가산세, 과소신고가산세, 납부지연란에는 「지방세기본법」 제55조에 따른 납부지연가산세, 기장불성실 등란에는 「지방세법」 제103조의 30에 따른 가산세를 적습니다.

7. ⑯기신고·결정·경정세액란은 기신고세액(누계금액으로서 납부할 세액을 포함합니다), 무신고결정·경정 결정된 경우 총결정세액(누계금액을 말합니다)을 적습니다.

8. ⑰납부할세액란 및 ⑳환급세액란까지: 금회 신고납부할 세액 등을 적습니다.

9. ㉑환급금 계좌란: 송금받을 법인의 예금계좌를 적습니다.

10. 음영으로 표시된 칸은 적지 않습니다.

210mm×297mm(백상지 80g/㎡ 또는 중질지 80g/㎡)

[별지 제43호의 12 서식] (2022. 3. 31. 개정)

사 업 연 도	. . . ~ . . .	사실과 다른 회계처리로 인하여 과다 납부한 세액의 차감액 명세서	법인명	
			법인등록번호	

관리번호 | | | - | |

1. 환급제한 대상세액 및 공제한도 계산

① 사업연도	명 세				
	② 경정연도	③ 과다 납부한 세액	④ 과다 계상한 과세표준의 합계액	⑤ 사실과 다른 회계처리로 인하여 과다 계상한 과세표준	⑥ 환급제한 과다 납부세액(③×(⑤/④))
⑦ 환급제한 과다 납부세액 합계					
⑧ 각 사업연도별 차감한도(⑦X20퍼센트)					

2. 연도별 차감 내역

⑨ 사업연도	⑩ 연도별 차감대상금액	⑪ 차감할 세액	⑫ 잔액
⑬ 합 계			

작성방법

1. ① 사업연도란은 사실과 다른 회계처리를 한 사업연도를 적고, 해당하는 사업연도가 다수인 경우에는 각각 적습니다.
2. ② 경정연도란은 사실과 다른 회계처리를 하여 과세표준 및 세액을 과다하게 계상함으로써 「지방세법」 제103조의 64에 따라 경정을 받은 경정일이 속하는 사업연도를 적습니다.
3. ⑦ 환급제한 과다 납부세액 합계란은 ⑥의 환급제한 과다 납부세액의 합계금액을 적습니다.
4. ⑨ 사업연도란은 차감대상금액이 발생한 사업연도를 적습니다.
5. ⑩ 연도별 차감대상금액란은 가산세 및 수정신고로 인하여 납부할 세액을 포함하여 적습니다.
6. ⑪ 차감할 세액란은 ⑧ 각 사업연도별 차감한도와 ⑩ 연도별 차감대상금액 중 적은 금액을 적습니다.
7. ⑫ 잔액란은 ⑦ 환급제한 과다 납부세액 합계에서 ⑪ 차감할 세액의 합계 금액을 뺀 잔액을 적습니다.

210mm×297mm[백상지 80g/㎡ 또는 중질지 80g/㎡]

[별지 제43호의 13 서식] (2022. 3. 31. 개정) (앞 쪽)

사 업 연 도	. . . ~ . . .	외국법인세액 과세표준 차감 명세서	법인명	
			법인등록번호	

※ 뒤쪽의 작성방법을 참고하시기 바라며, 색상이 어두운 난은 신청인이 적지 않습니다.

1 당기 외국법인세액 차감액 계산

(단위: 원)

구 분		금 액
차감한도	① 당기 법인세 과세표준	
	②「법인세법」 제57조 제2항 단서에 따른 손금산입액	
	③ 차감한도(①+②)	
당기 차감 대상세액	④ 이월된 외국법인세액	
	⑤ 당기 외국법인세액 발생액	
	⑥ 당기 차감 대상 외국법인세액(④+⑤)	
⑦ 당기 실제 차감하는 외국법인세액(⑦≦③)		
⑧ 이월배제액		
⑨ 차기 이월대상금액(⑥-③-⑧)		

2 연도별 차감 내역

⑩ 사업연도	⑪ 당초 외국 법인세액 발생액	⑫ 전기 누적 차감액	⑬ 당기 차감대상 세액(⑪-⑫)	⑭ 당기 실제 차감액
당 기				
⑮ 합 계				

첨부서류	1. 외국법인세액 증명서류 2.「법인세법 시행규칙」 별지 제8호 서식 부표 5 3.「법인세법 시행규칙」 별지 제8호 서식 부표 5의 3

210mm×297mm[백상지 80g/㎡(재활용품)]

[별지 제43호의 14 서식] (2023. 3. 28. 신설)

재해손실세액 차감신청서

(앞쪽)

접수번호		접수일시	처리기간	즉시
신청인	① 법인명			
	② 법인등록번호			
	③ 대표자 성명			
	④ 본점 소재지			
신청내용				
⑤ 사업연도		년 월 일부터 년 월 일까지(월)		
⑥ 차감세액				
⑦ 자산상실의 원인발생연월일(재해내용)				
⑧ 상실 전의 자산가액				
⑨ 상실된 자산가액				
⑩ 상실비율 (100× ⑨/⑧)		%		
⑪ 차감 신청이유				

「지방세법」 제103조의65 및 같은 법 시행령 제103조의40에 따라 위와 같이 법인지방소득세의 차감을 신청합니다.

년 월 일

신청인 (서명 또는 인)

특별자치시장 · 특별자치도지사 · 시장 · 군수 · 구청장 귀하

210mm×297mm[백상지 80g/㎡ 또는 중질지 80g/㎡]

(뒤쪽)

작 성 방 법

1. ⑥ 차감세액: 「지방세법」 제103조의65, 같은 법 시행령 제103조의40 및 같은 법 시행규칙 제48조의18에 따라 다음의 산식으로 계산한 법인지방소득세 차감세액을 적습니다.

〈법인지방소득세 차감세액 계산식〉

(법 제103조의21에 따른 법인지방소득세 산출세액 + 법 제103조의30(「법인세법」 제75조의3에 따른 가산세가 적용되는 경우에 한합니다)과 「지방세기본법」 제53조부터 제56조까지에 따른 가산세액 − 세액공제·감면액) × 법인세법 제58조에 따른 자산상실비율

2. ⑧ 상실 전의 자산가액, ⑨ 상실된 자산가액, ⑩ 상실비율은 「법인세법」 제58조 및 같은 법 시행령 제95조에 따라 관할 세무서장에게 제출하는 「법인세법 시행규칙」 별지 제65호서식의 재해손실세액공제신청서에 기재된 '상실 전의 자산가액', '상실된 자산가액' 및 '상실비율'을 각각 적습니다.

210mm×297mm[백상지(80g/㎡) 또는 중질지(80g/㎡)]

[별지 제44호 서식] (2023. 12. 29. 개정)

각 연결사업연도의 소득에 대한 법인지방소득세 과세표준 및 세액신고서

※ 뒤쪽의 작성방법을 참고하시기 바라며, 색상이 어두운 란은 신청인이 적지 않습니다. (앞쪽)

접수번호	접수일자	관리번호

구분		
연결 모법인	①사업자등록번호	②법인등록번호
	③법인명	④전화번호
	⑤대표자 성명	⑥전자우편주소
	⑦소재지	
해당 사업장	⑧명칭	⑨연락처
	⑩소재지	

⑪연결사업연도	⑫법인종류별 구분	중소기업	일반기업			⑬조정구분
			중견기업	상호출자제한기업	그 외 기업	
. . . ~ . . .		30	73	83	93	[ ]외부 [ ]자기

⑭신 고 구 분 1. 정기신고, 2. 수정신고(가.서면분석, 나.기타) 3. 기한후 신고 4. 경정청구

⑮법인세신고일	⑯법인지방소득세 신고일	⑰사업연도의제 [ ]여[ ] 부

□ 연결집단별 세액의 계산

구 분	법인지방소득세: 각 연결사업연도의 소득에 대한 법인지방소득세	법인지방소득세: 토지 등 양도소득에 대한 법인지방소득세	법인지방소득세: 미환류소득에 대한 법인지방소득세	합 계
⑱연 결 수 입 금 액	(		)	
⑲(연 결) 과 세 표 준				
⑳연 결 산 출 세 액				
㉑총 부 담 세 액				
㉒기 납 부 세 액				
㉓차 감 납 부 할 세 액				
㉔경정·수정신고 등 가감액				
㉕납 부 할 총 세 액(㉓+㉔)				
㉖분 납 할 세 액		㉗신고기간 이내 납부할 세액(㉕-㉖)		

□ 안분율의 계산

㉘ 안분율

구분 / 법인명	종업원 수(명): 법인 전체	종업원 수(명): 시군구내	종업원 수(명): 비율(%)	건축물 연면적(㎡) 계: 법인 전체	계: 시군구내	계: 비율(%)	건물: 법인 전체	건물: 시군구내	건물: 비율(%)	기계장치: 법인 전체	기계장치: 시군구내	기계장치: 비율(%)	시설물: 법인 전체	시설물: 시군구내	시설물: 비율(%)	안분율 (소수점8자리)

□ 납세지별 세액의 계산

㉙ 연결법인별 납부할 세액의 계산

법인명	관계	법인등록번호	법인세 연결법인별 산출세액	법인지방소득세 연결법인별 산출세액	납세지별 산출세액	납세지별 세액공제·감면액	납세지별 가산세액: 무(과소)신고	납세지별 가산세액: 납부지연	납세지별 가산세액: 지방세법 제103조의30에 따른 가산세	납세지별 가산세액: 동업기업 가산세 배분액	납세지별 가산세액: 기타	납세지별 추가납부세액	납세지별 기납부세액: 특별징수세액	납세지별 기납부세액: 수시부과세액	납세지별 경정·수정신고 등 가감액	탄력세율 적용 조정세액	해당 납세지에 납부할세액	해당 납세지에 분납할세액	신고기간 이내 해당 납세지에 납부할세액	본점 소재지 시군구
합 계																				

환급금계좌	㉚금융기관명	㉛예금주	㉜계좌번호

신고인은 「지방세법」 제103조의37 및 「지방세기본법」 제49조부터 제51조까지의 규정에 따라 위의 내용을 신고하며, 위 내용을 충분히 검토하였고 **신고인이 사실 그대로를 정확하게 적었음을 확인합니다.**

신고인(대표자) (서명 또는 인)

특별자치시장·특별자치도지사·시장·군수·구청장 귀하

첨부서류 (연결모법인 본점신고시)	1. 연결집단 법인지방소득세 과세표준 및 세액조정계산서 2. 세액조정계산서 및 부속서류(각 연결법인의 재무상태표, (포괄)손익계산서, 이익잉여금처분(결손금처리)계산서, 현금흐름표 등 포함)	수수료 없 음

신 고 안 내

각 연결사업연도에 대한 법인지방소득세는 연결사업연도의 종료일이 속하는 달의 말일부터 5개월 이내에 해당 시·군·구청에 신고납부 해야 합니다.

210mm×297mm(백상지(80g/㎡))

(뒤쪽)

작성방법

1. ①사업자등록번호 ~ ⑦소재지, ⑪연결사업연도 ~ ⑮법인세신고일, ⑰사업연도의제 및 ⑱연결수입금액란:「법인세법 시행규칙」 별지 제76호의5서식의 작성방법을 준용하여 적습니다.
2. 해당사업장란: 해당 신고건의 대상 사업장의 명칭, 연락처, 소재지를 ⑧명칭, ⑨연락처, ⑩소재지 란에 각각 적습니다.
   ※사업장이 많을 경우 납부할 세액이 가장 큰 연결법인의 사업장에 관하여만 적습니다.
3. ⑯법인지방소득세신고일란: 법인지방소득세의 신고일을 적습니다.
4. ⑲연결과세표준의 법인지방소득세란: "연결집단 법인지방소득세 과세표준 및 세액조정계산서(별지 제44호의2서식)"의 ⑭란의 금액을, 토지 등 양도소득에 대한 법인지방소득세란에는 같은 서식 ㉖란의 금액을, 미환류소득에 대한 법인지방소득세 란에는 같은서식 ㉟란의 금액을 각각 적습니다.
5. ⑳연결산출세액의 법인지방소득세란: "연결집단 법인지방소득세 과세표준 및 세액조정계산서(별지 제44호의2서식)"의 ⑧란의 금액을, 토지 등 양도소득에 대한 법인지방소득세란에는 같은 서식 ㉘란의 금액을, 미환류소득에 대한 법인지방소득세 란에는 같은서식 ㊲란의 금액을 각각 적습니다.
6. ㉑총부담세액의 법인지방소득세란: "연결집단 법인지방소득세 과세표준 및 세액조정계산서(별지 제44호의2서식)"의 ⑭가감계란의 금액에서 ㉑감면분 추가납부세액을 더한 금액을, 토지 등 양도소득에 대한 법인세란에는 같은 서식 ㉜가감계란의 금액, 미환류소득에 대한 법인지방소득세 란에는 같은 서식 ㊵란의 금액을 각각 적습니다.
7. ㉒기납부세액란" "연결집단 법인지방소득세 과세표준 및 세액조정계산서(별지 제44호의2서식)"의 ⑳기납부세액 합계란의 금액을, 토지 등 양도소득에 대한 법인세란에는 같은 서식의 ㉝기납부세액란의 금액을 각각 적습니다.
8. ㉓차감납부할세액란: ㉑총부담세액에서 ㉒기납부세액을 뺀 금액을 적습니다.
9. ㉔경정·수정신고 등 가감액란: 다음에 해당하는 경우 그 가감액을 적습니다.
   1) 「지방세법」(법률 제12153호로 개정되기 전의 것을 말한다) 제91조제1항 단서에 따른 추가납부 또는 환급세액을 경정고지일(수정고지일)이 속하는 사업연도분에 가감하는 경우
   2) 「지방세법」(법률 제12153호로 개정되기 전의 것을 말한다) 제92조제3항에 따른 환급세액을 다음 사업연도분에서 공제하는 경우
   3) 「지방세법」(법률 제12153호로 개정된 것을 말한다) 제103조의24제4항에 따른 환급세액을 다음 사업연도분에서 공제하는 경우
   4) 「지방세법」 제103조의64에 따라 사실과 다른 회계처리로 인한 경정세액을 차감하는 경우
   5) 「지방세법」 제103조의65에 따라 재해손실로 차감된 경우
10. ㉖분납할 세액란:"연결집단 법인지방소득세 과세표준 및 세액조정계산서(별지 제44호의2서식)"의 ㊹란의 금액을 적습니다.
11. ㉘안분율란은 다음에 따라 적습니다.
   - 종업원 수: 해당 법인의 사업연도 종료일 현재 「지방세법」 제74조제8호 및 「지방세법 시행령」 제78조의3에 따른 종업원의 수를 적습니다.
   - 건축물 연면적: 해당 법인의 사업연도 종료일 현재 사업장으로 직접 사용하는 「건축법」 제2조제1항제2호에 따른 건축물(이와 유사한 형태의 건축물 포함)의 연면적을 적습니다. 다만, 구조적 특성상 연면적을 정하기 곤란한 기계장치 또는 시설(수조·저유조·저장창고·저장조·송유관·송수관 및 송전철탑만 해당)의 경우에는 그 수평투영면적을 적습니다.
   - 안분율 : 다음의 계산식에 따라 계산한 값(0 이상 1 이하)을 적습니다.

$$\left[\left(\frac{\text{관할 지방자치단체 안 종업원 수}}{\text{법인의 총 종업원 수}}\right)+\left(\frac{\text{관할 지방자치단체 안 건축물 연면적}}{\text{법인의 총 건축물 연면적}}\right)\right]\div 2$$

   ○ 사업장이 여러 지방자치단체에 있는 법인이 안분계산을 하지 않거나 안분율을 잘못 신고한 경우 가산세가 부과될 수 있습니다.
12. ㉙연결법인별 납부할 세액의 계산
   - 법인명: 각 연결법인의 법인명을 적습니다.
   - 관계: 모법인은 "모", 자법인은 "자"로 구분하여 적습니다.
   - 법인세연결법인별 산출세액: 법인세연결법인별 산출세액의 총액을 적습니다.
   - 법인지방소득세연결법인별 산출세액(표준): 법인지방소득세연결법인별 산출세액(표준)의 총액을 적습니다.
   - 납세지별 산출세액: "법인지방소득세 연결법인별 산출세액"에 ㉘안분율을 적용한 금액을 적습니다.
   - 납세지별 세액공제·감면액: 각 연결법인의 납세지별 세액공제·감면액을 적습니다.
   - 납세지별 가산세액: 각 연결법인의 납세지별 가산세액을 적습니다.
   - 납세지별 감면분 추가납부세액: 각 연결법인의 납세지별 이월과세액과 추가납부세액 및 미환류소득에 대한 이자상당액 합계액을 적습니다.
   - 납세지별 기납부세액.
     ○ 특별징수납부세액: 모법인과 자법인의 특별징수납부세액을 구분하지 않고 연결집단 전체의 특별징수납부세액을 기준으로 다음에 따라 적습니다.
     1) 「연결집단 전체의 특별징수납부세액 합계 〉 연결집단 전체의 총부담세액 합계」인 경우
        · 모법인의 지점 및 자법인의 본·지점의 특별징수납부세액 = 해당 납세지에 납부할 총부담세액
        · 모법인 본점의 특별징수납부세액 = 연결집단 전체의 특별징수납부세액 - 모법인 본점 외 사업장의 특별징수납부세액 합계
     2) 「연결집단 전체의 특별징수납부세액 합계 ≤ 연결집단 전체의 총부담세액 합계」인 경우
        · 모법인의 지점 및 자법인의 본·지점의 특별징수납부세액= 연결집단 전체의 특별징수납부세액 × $\frac{\text{해당 납세지의 총부담세액}}{\text{연결집단 전체의 총부담세액}}$
        · 모법인 본점의 특별징수납부세액 = 연결집단 전체의 특별징수납부세액 - 모법인 본점 외 사업장의 특별징수납부세액 합계
     3) 1) 및 2)에도 불구하고 각 연결법인별 특별징수세액을 각 연결법인별 안분율에 따라 안분계산하여 납세지별 기납부세액으로 적을 수 있습니다.
     4) 수정신고하는 경우 특별징수세액의 총액이 변경되지 않은 경우에는 확정신고 시 적은 기납부세액과 동일한 금액을 적습니다.
     ○ 수시부과세액: 수시부과세액이 있는 경우 납세지별 수시부과세액을 적습니다.
   - 납세지별 경정·수정신고 등 가감액: ㉔ 경정·수정신고 등 가감액에 ㉘ 안분율을 적용한 금액을 적습니다.
   - 탄력세율적용 조정세액: 해당 지방자치단체가 「지방세법」 제103조의20제2항에 따라 법인지방소득세의 세율을 표준세율에서 가감한 경우에 다음의 계산식에 따라 산출한 금액을 적습니다.

$$\text{탄력세율적용 조정세액} = \text{과세표준} \times \text{표준세율} \times \text{안분율} \times \left(\frac{\text{해당 지방자치단체의 법인지방소득세 세율}}{\text{법인지방소득세 표준세율}}-1\right)$$

   - 해당 납세지에 납부할 세액: "납세지별 산출세액 - 납세지별 세액공제·감면액 + 납세지별 가산세액 + 납세지별 추가납부세액 - 납세지별 기납부세액 ± 경정·수정신고 등 가감액 ± 탄력세율적용 조정세액"의 금액을 적습니다.
   - 해당 납세지에 분납할 세액: ㉖분납할 세액에 ㉘안분율을 적용한 금액을 적습니다.
   - 신고기간 이내 해당 납세지에 납부할 세액: "해당 납세지에 납부할 세액 - 해당 납세지에 분납할 세액"의 금액을 적습니다.
13. 환급세액을 계좌로 받고자 하는 경우에는 ㉚금융기관명 ~ ㉜계좌번호를 작성하고 통장사본을 첨부해야 합니다.

[별지 제44호의 2 서식] (2023. 12. 29. 개정)

연결집단 법인지방소득세 과세표준 및 세액조정계산서

※ 뒤쪽의 작성방법을 참고하시기 바라며, 색상이 어두운 란은 신청인이 적지 않습니다. (앞 쪽)

사업연도		연결모법인명		사업자등록번호	

구분		항목	연결집단 계	모법인	자법인	자법인	취득자법인
		법인구분					
		자법인구분코드					
		연결법인명					
		사업자등록번호					
각 연결사업연도의 소득에 대한 법인지방소득세	연결과세표준 계산	① 각 연결사업연도 소득금액 (각 연결사업연도 결손금)					
		② 연결소득 개별귀속액 (각 연결사업연도 결손금배분액)					
		③ 연결 이월결손금					
		④ 비 과 세 소 득					
		⑤ 소득공제액					
		⑥ 법인세 과세표준 및 과세표준 개별귀속액 (②-③-④-⑤)					
		㊷ 외국법인세액					
		㊸ 과세표준 및 과세표준 개별귀속액(⑥-㊷)					
	연결산출세액 및 납부할 세액 계산	⑦ 세율					
		⑧ 연결산출세액					
		⑨ 연 결 세 율(⑧÷㊸)					
		⑩ 연결법인의 산출세액(㊸×⑨)					
		⑪ 최저한세 적용대상 공제감면세액					
		⑫ 최저한세 적용제외 공제감면세액					
		⑬ 가산세액					
		⑭ 가 감 계(⑩-⑪-⑫+⑬)					
		기납부세액 / 기한내 납부 / ⑮ 중간예납세액					
		기납부세액 / 기한내 납부 / ⑯ 특별징수납부세액					
		기납부세액 / 기한내 납부 / ⑰ (　　)세액					
		기납부세액 / 기한내 납부 / ⑱ 소 계(⑮+⑯+⑰)					
		기납부세액 / ⑲ 신고납부 전 가산세액					
		기납부세액 / ⑳ 합 계(⑱+⑲)					
		㉑ 감면분 추가납부세액					
		㉒ 차감 납부할 세액(⑭-⑳+㉑)					
토지등 양도소득에 대한 법인지방소득세		양도차익 / ㉓ 등기자산					
		양도차익 / ㉔ 미등기자산					
		㉕ 비과세소득					
		㉖ 과세표준					
		㉗ 세율					
		㉘ 연결산출세액					
		㉙ 감면세액					
		㉚ 공제세액					
		㉛ 가산세액					
		㉜ 가 감 계(㉘-㉙-㉚+㉛)					
		㉝ 기납부세액					
		㉞ 차감 납부할 세액(㉜-㉝)					
미환류소득에 대한 법인지방소득세		㉟ 과세대상 미환류소득					
		㊱ 세율					
		㊲ 산출세액					
		㊳ 가산세액					
		㊴ 이자상당액					
		㊵ 납부할 세액(㊲+㊳+㊴)					
세액계		㊶ 차감 납부할 세액 계(㉒+㉞+㊵)					
		㊷ 경정·수정신고 등 가감액					
		㊸ 분납세액 계산 범위액(㊶-⑬-㉑-㉛-㊳+⑲+㊷)					
		㊹ 분납할 세액					
		㊺ 신고기간 이내 납부할 세액(㊶+㊷-㊹)					

210mm×297mm[백상지 80g/㎡]

[별지 제44호의 3 서식(갑)] (2022. 6. 7. 개정)

연결법인 법인지방소득세 가산세액 계산서(갑)

※ 뒤쪽의 작성방법을 읽고 작성하시기 바랍니다. (앞쪽)

사업연도		연결모법인명		사업자등록번호	

1. 연결집단으로 계산한 가산세

①구 분			②계산기준	③기준금액	④가산세율	⑤가산세액
각 사업연도 소득	무신고	일반	납부(산출)세액		20(10)/100	
		부당	납부(산출)세액		40(20)/100	
	과소신고	일반	납부(산출)세액		10(5)/100	
		부당	납부(산출)세액		40(20)/100	
	초과환급 신고	일반	초과환급세액		10(5)/100	
		부당	초과환급세액		40(20)/100	
	납부지연	납부	(일수) 미납세액	(　　)	22/100,000	
		환급	(일수) 초과환급세액	(　　)	22/100,000	
	합 계					

⑥자진납부기한(환급받은 날)		⑦고지일 또는 납부일	

2. 각 연결법인별로 계산한 가산세의 합계

⑧연결법인명		합 계	모법인	자법인	자법인	자법인	자법인
⑨사업자등록번호							
⑩가산세	⑪토지등 양도소득						
	⑫미환류소득						
	⑬「지방세법」 제103조의30에 따른 가산세						
	⑭동업기업 가산세						
	⑮합 계						

3. 연결집단 과소신고 납부(산출)세액 및 초과환급 신고세액 계산

구분		당초신고		과소신고 과세표준			㉑과세표준 (⑯+⑱)	㉒납부(산출)세액 (㉑×세율 등)	과소신고 납부(산출)세액 및 초과환급 신고세액		
		⑯과세표준	⑰납부(산출)세액	⑱계 (⑲+⑳)	⑲부당	⑳일반			㉓계 (㉒-⑰)	㉔부당 (㉓×⑲/⑱)	㉕일반 (㉓×⑳/⑱)
각 사업연도 소득	과소신고										
	초과환급										

[별지 제44호의 3 서식(을)] (2022. 6. 7. 개정)

연결법인 법인지방소득세 가산세액 계산서(을)

※ 뒤쪽의 작성방법을 읽고 작성하시기 바랍니다. (앞쪽)

사업연도	연결법인명	사업자등록번호

①구 분			②계산기준	③기준금액	④가산세율	⑤가산세액
토지등 양도소득	무신고	일반	납부(산출)세액		20(10)/100	
		부당	납부(산출)세액		40(20)/100	
	과소신고	일반	납부(산출)세액		10(5)/100	
		부당	납부(산출)세액		40(20)/100	
	초과환급신고	일반	초과환급세액		10(5)/100	
		부당	초과환급세액		40(20)/100	
	납부지연	납부	(일수) 미납세액	( )	22/100,000	
		환급	(일수) 초과환급세액	( )	22/100,000	
	동업기업 가산세 배분액		(배분비율) 배분할금액	( )		
	합 계					
미환류 소득	무신고	일반	납부(산출)세액		20(10)/100	
		부당	납부(산출)세액		40(20)/100	
	과소신고	일반	납부(산출)세액		10(5)/100	
		부당	납부(산출)세액		40(20)/100	
	납부지연		(일수) 미납세액	( )	22/100,000	
	동업기업 가산세 배분액		(배분비율) 배분할금액	( )		
	합 계					
「지방세법」 제103조의 30에 따른 가산세			「법인세법」 제74조의 2, 제75조 및 제75조의 2부터 제75조의 9에 따른 법인세 가산세		10/100	
동업기업 가산세 배분액			(배분비율) 배분할금액	( )		

연결법인 과소신고 납부(산출)세액 및 초과환급 신고세액 계산

⑥ 구분		당초신고		과소신고 과세표준			⑫과세표준 (⑦+⑨)	⑬납부(산출)세액 (⑫×세율 등)	과소신고 납부(산출)세액 및 초과환급 신고세액		
		⑦과세표준	⑧납부(산출)세액	⑨계 (⑩+⑪)	⑩부당	⑪일반			⑭계 (⑬−⑧)	⑮부당 (⑭×⑩/⑨)	⑯일반 (⑭×⑪/⑨)
토지등 양도 소득	과소신고										
	초과환급										
미환류 소득	과소신고										

210mm×297mm(백상지 80g/㎡ 또는 중질지 80g/㎡)

[별지 제44호의 4 서식] (2022. 3. 31. 개정)

연결(모·자)법인별 기본사항 및 법인지방소득세 신고서

※ 뒤쪽의 작성방법을 참고하시기 바라며, 색상이 어두운 란은 신청인이 적지 않습니다. (앞 쪽)

1. 연결법인 기본사항

①법인명	②사업자등록번호	
③대표자 성명	④연결사업연도 . . . ~ . . .	
⑤전화번호	⑥전자우편주소	
⑦소재지		
⑧업태	⑨종목	⑩주업종코드
⑪모법인명	⑫모법인 사업자등록번호	
⑬법인구분 1. 내국 2. 외투(비율 %)	⑭조정구분 [ ]외부 [ ]자기	⑮외부감사대상여부 [ ]여[ ]부

⑯ 법 인 종 류 별	구 분		영리법인 상장법인	영리법인 코스닥상장법인	영리법인 기타법인	비영리법인
	중소기업		11	21	30	60
	일반기업	중견기업	71	72	73	74
		상호출자제한기업	81	82	83	84
		그 외 기업	91	92	93	94

⑰신고구분 [ ]정기신고, [ ]수정신고(가. 서면분석, 나. 기타), [ ]기한후 신고, [ ]경정청구

⑱주식변동	[ ]여,[ ]부	⑲장부전산화	[ ]여,[ ]부
⑳기능통화 채택 재무제표 작성	[ ]여,[ ]부	㉑국제회계기준(K-IFRS) 도입	[ ]여,[ ]부
㉒사업연도의제	[ ]여,[ ]부	㉓결산확정일	. .
㉔과세표준 환산시 적용환율		㉕기능통화 도입기업의 과세표준 계산방법	

2. 연결법인 법인지방소득세 신고현황

구 분		법인지방소득세 각 연결사업연도의 소득에 대한 법인지방소득세	토지 등 양도소득에 대한 법인지방소득세	미환류소득에 대한 법인지방소득세	계
연결전	㉖수입금액		( )		
	㉗결산서상 당기순손익				
	㉘각 사업연도 소득금액				
연결후	㉙각 연결사업연도 소득금액 (각 연결사업연도 결손금)				
	㉚연결소득 개별귀속액 (각 연결사업연도 결손금배분액)				
	㉛법인세 과세표준 개별귀속액				
	㉜외국법인세액 조정액				
	㉝외국법인세액				
	㉞과세표준 개별귀속액				
	㉟연결법인의 산출세액				
	㊱총부담세액				
	㊲기납부세액				
	㊳차감납부할세액				

신고인은 「지방세법」 제103조의 37 및 「지방세기본법」 제49조부터 제51조까지의 규정에 따라 위의 내용을 신고하며, 위 내용을 충분히 검토하였고 신고인이 사실 그대로를 정확하게 적었음을 확인합니다.

신고인(대표자) (서명 또는 인)

특별자치시·특별자치도·시장·군수·구청장 귀하

첨부서류	1. 연결법인별 법인지방소득세 과세표준 및 세액조정계산서 2. 그 밖에 필요한 서류	수수료 없 음

210mm×297mm(백상지(80g/㎡)

[별지 제44호의 5 서식] (2021. 4. 29. 개정)

연결법인별 법인지방소득세 과세표준 및 세액조정계산서

※ 뒤쪽의 작성방법을 참고하시기 바라며, 색상이 어두운 란은 신청인이 적지 않습니다. (앞쪽)

사업연도	연결자법인명		사업자등록번호		법인등록번호	
	연결모법인명		사업자등록번호		법인등록번호	

연결전	각 사업연도 소득	①결산서상당기순손익	
		소득조정 금액 ②익금산입	
		소득조정 금액 ③손금산입	
		④차가감 소득금액(①+②-③)	
		⑤기부금 손금산입 한도초과액	
		⑥기부금 손금산입한도초과 이월액 손금산입	
		⑦연결전 각 사업연도 소득금액(④+⑤-⑥)	
연결법인별 연결조정항목	제거	⑧수입배당금액 상당액 익금불산입액 익금산입	
		⑨접대비 손금불산입액 손금산입	
		⑩기부금 손금불산입액 손금산입	
		⑪기부금 손금산입한도초과 이월액 손금불산입	
		⑫차가감계(⑦+⑧-⑨-⑩+⑪)	
연결집단 내 연결	법인 간 거래손익의 조정	⑬다른 연결법인으로부터 받은 수입배당금 상당액 익금불산입	
		⑭다른 연결법인에게 지급한 접대비 상당액 손금불산입	
		⑮-1직전 사업연도 연결법인 채권에 대해 손금불산입한 대손충당금 상당액 손금산입	
		⑮-2연결법인 채권에 대한 대손충당금 상당액 손금불산입	
		⑯연결법인간 자산양도 소득 ⑱익금불산입	
		⑯연결법인간 자산양도 소득 ⑲익금산입	
		⑰연결법인간 자산양도 손실 ⑳손금불산입	
		⑰연결법인간 자산양도 손실 ㉑손금산입	
		㉒차가감 계(⑫-⑬+⑭+⑮-⑱+⑲+⑳-㉑)	
연결조정후 연결법인별 배분액		㉓연결법인 수입배당금 익금불산입액	
		㉔연결법인의 접대비 손금불산입	
		㉕기부금 조정전 연결소득금액(㉒-㉓+㉔)	
		㉖연결법인의 기부금 손금불산입	
		㉗연결법인의 기부금 금산입한도초과 이월액 손금산입	
		㉘연결수정소득금액(㉕+㉖-㉗)	
		㉙소득통산이 제한되는 자산처분손실손금불산입	
연결과세표준 및 산출세액의	개별귀속액	㉚각 연결사업연도 소득금액 (각 연결사업연도 결손금)(㉘+㉙)	
		㉛연결소득 개별귀속액(각 연결사업연도 결손금배분액)	
		㉜연결 이월결손금 공제	
		㉝비과세소득	
		㉞ 소득공제액	
		㉟법인세과세표준 개별귀속액(㉛-㉜-㉝-㉞)	
		⑳외국법인세액 조정액	
		⑪외국법인세액	
		⑫과세표준 개별귀속액(㊱+⑳-⑪)	
		㊱연결세율	
		㊲연결법인별 산출세액(⑫×㊱)	

납부할 세액 계산			㊳최저한세 적용대상 공제감면세액	
			㊴최저한세 적용제외 공제감면세액	
			㊵가산세액	
			㊶가감계(㊲-㊳-㊴+㊵)	
	기납부세액	기한 내 납부세액	㊷중간예납세액	
			㊸특별징수납부세액	
			㊹(　　　)세액	
			㊺소 계(㊷+㊸+㊹)	
			㊻신고납부전 가산세액	
			㊼합계(㊺+㊻)	
			㊽감면분 추가납부세액	
			㊾차감 납부할 세액(㊶-㊼+㊽)	
토지등 양도소득에 대한 법인지방소득세 계산	양도차익		㊿등기자산	
			(51)미등기자산	
			(52)비과세소득	
			(53)과세표준(㊿+(51)-(52))	
			(54)세율	
			(55)산출세액	
			(56)감면세액	
			(57)공제세액	
			(58)가산세액	
			(59)가감계((55)-(56)-(57)+(58))	
			(60)기납부세액	
			(61)차감납부할세액((59)-(60))	
미환류소득에 법인지방소득세			(62)미환류소득에 대한 법인세	
			(63)세율	
			(64)산출세액	
			(65)가산세액	
			(66)기납부세액	
			(67)이자상당액	
			(68)차감납부할 세액((64)+(65)-(66)+(67))	
			(69)차감납부할 세액 계(㊾+(61)+(68))	

[별지 제44호의 6 서식(갑)] (2016. 12. 30. 개정)

법인지방소득세 안분명세서(일반법인용)

※ 뒤쪽의 작성방법을 참고하시기 바라며, 색상이 어두운 란은 신청인이 적지 않습니다. (앞쪽)

납세자	①법인명		②법인등록번호	
	③전화번호		④전자우편주소	
	⑤주소			

안분내역

⑥자치단체 시·도	⑥자치단체 시·군·구	⑦사업장 구분	⑧사업자 등록번호	⑨사업 장명	⑩사업장 소재지 (시·군·구별 작성)	⑪종업원 수(명)	⑫건축물 연면적(㎡) 계	건물	기계 장치	시설 물	⑬안분율 (소수점6 자리)	⑭납세지별 신고서상의 특별징수납부세액 (기납부세액)
합계												

※「지방세법 시행령」 제88조 제4항에 따라 같은 특별시·광역시 안의 둘 이상의 구에 사업장이 있는 법인이 해당 특별시·광역시에 납부할 법인지방소득세를 본점 또는 주사무소의 소재지를 관할하는 구청장에게 일괄하여 신고하는 경우에도 각 시·군·구별로 구분하여 각각 기재하여야 합니다.

210mm×297mm(백상지(80g/㎡))

[별지 제44호의 6 서식(을)] (2016. 12. 30. 개정)

법인지방소득세 안분명세서(연결집단용)

※ 뒤쪽의 작성방법을 참고하시기 바라며, 색상이 어두운 란은 신청인이 적지 않습니다. (앞쪽)

연결모법인	①법인명	②법인등록번호
	③전화번호	④전자우편주소
	⑤주소	
연결자법인	⑰법인명	⑱법인등록번호
	⑲주소	

안분내역

⑥자치단체		⑦ 사업장 구분	⑧ 사업자 등록번호	⑨ 사업장명	⑩ 사업장 소재지 (시·군·구별 작성)	⑪ 종업원 수(명)	⑫건축물 연면적(㎡)				⑬ 안분율 (소수점 6자리)	⑭납세지별 신고서상의 특별징수납부세액 (기납부세액)
시·도	시·군·구						계	건물	기계장치	시설물		
합계												

※「지방세법 시행령」제88조 제4항에 따라 같은 특별시·광역시 안의 둘 이상의 구에 사업장이 있는 법인이 해당 특별시·광역시에 납부할 법인지방소득세를 본점 또는 주사무소의 소재지를 관할하는 구청장에게 일괄하여 신고하는 경우에도 각 시·군·구별로 구분하여 각각 기재하여야 합니다.

210mm×297mm(백상지(80g/㎡)

[별지 제45호 서식] (2023. 3. 28. 개정)

청산소득에 대한 법인지방소득세 과세표준 및 세액신고서

※ 뒤쪽의 작성방법을 읽고 작성하시기 바라며, [ ]에는 해당되는 곳에 √표를 합니다. (앞쪽)

접수번호	접수일자	관리번호

①법인명		②사업자등록번호
③대표자 성명		④전화번호
⑤소재지		⑥청산인성명
⑦청산인 주민등록번호		
⑧업태	⑨종목	⑩계산구분 [ ] 확정 [ ] 중간
⑪해산등기일		⑫잔여 재산가액 확정일
⑬직전 사업연도		⑭의제 사업연도

□ 법인별 세액의 계산

구 분	법인지방소득세			
	청 산 소 득	토지등 양도소득	미환류소득	계
⑮과세표준				
⑯세율				
⑰표준산출세액				

□ 안분율의 계산

⑱ 본점/지점여부	1.단일사업장 2.지점 있는 법인의 본점 3.지점		⑲특·광역시 주사업장 여부	1.여 2.부
⑳ 해당사업장	명칭	소재지	연락처	

㉑안분율

구분	종업원 수(명)	건축물 연면적(㎡)				안분율(%) (소수점6자리)
		계	건물	기계장치	시설물	
법인전체						
시군구내						
비율(%)						

□ 납세지별 세액의 계산

㉒납세지별 산출세액				㉓납세지별 세액공제·감면액
㉔납세지별 가산세액				㉕감면분 추가납부세액
합계	무(과소)신고	납부지연	기타	㉖경정·수정신고 등 가감액
				㉗탄력세율적용 조정세액
				㉘해당 납세지에 납부할 세액

신고인은「지방세법」제103조의 43 및「지방세기본법」제51조에 따라 위의 내용을 신고하며, 위 내용을 충분히 검토하였고 신고인이 사실 그대로를 정확하게 적었음을 확인합니다.

대표자 (서명 또는 인)

특별자치시장·특별자치도지사·시장·군수·구청장 귀하

첨부서류	잔여재산분배(확정)시 재무상태표	수수료 없음

신 고 안 내

청산소득에 대한 법인지방소득세는 청산소득에 대한 법인세의 신고와 동시에 납세지 관할 지방자치단체의 장에게 신고납부 하여야 합니다.

210mm×297mm(백상지 80g/㎡)

[별지 제45호 서식 부표] (2022. 6. 7. 개정)

법인지방소득세 가산세액계산서

(청산소득에 대한 법인지방소득세 신고용)

※ 뒤쪽의 작성방법을 읽고 작성하여 주시기 바랍니다. (앞쪽)

법인명	사업자등록번호	사업연도
		. . . ~ . . .

1. 가산세액의 계산

① 구 분				법인지방소득세			
				②계산기준	③기준 금액	④가산세율	⑤가산세액
청산소득	㉠무신고		일반	납부(산출)세액		20(10)/100	
			부당	납부(산출)세액		40(20)/100	
	㉡	과소신고	일반	납부(산출)세액		10(5)/100	
			부당	납부(산출)세액		40(20)/100	
		초과환급신고	일반	초과환급세액		10(5)/100	
			부당	초과환급세액		40(20)/100	
	㉢납부지연			(일수)미납세액 ( )		22/100,000	
				(일수)초과환급세액 ( )		22/100,000	
	㉣기타						
	소 계						
토지등 양도소득	㉠무신고		일반	납부(산출)세액		20(10)/100	
			부당	납부(산출)세액		40(20)/100	
	㉡	과소신고	일반	납부(산출)세액		10(5)/100	
			부당	납부(산출)세액		40(20)/100	
		초과환급신고	일반	초과환급세액		10(5)/100	
			부당	초과환급세액		40(20)/100	
	㉢납부지연			(일수)미납세액 ( )		22/100,000	
				(일수)초과환급세액 ( )		22/100,000	
	㉣기타						
	소 계						
미환류 소득	㉠무신고		일반	납부(산출)세액		20(10)/100	
			부당	납부(산출)세액		40(20)/100	
	㉡	과소신고	일반	납부(산출)세액		10(5)/100	
			부당	납부(산출)세액		40(20)/100	
		초과환급신고	일반	초과환급세액		10(5)/100	
			부당	초과환급세액		40(20)/100	
	㉢납부지연			(일수)미납세액 ( )		22/100,000	
				(일수)초과환급세액 ( )		22/100,000	
	소 계						
합 계							

자진납부기한 환급받은 날	(. .) 고지일 또는 납부일 (. .)

2. 과소신고 납부(산출)세액 및 초과환급 신고세액의 계산

구 분		과소(초과환급)신고 과세표준			과소신고 납부(산출)세액 및 초과환급 신고세액		
		⑥ 계	⑦ 일반	⑧ 부당	⑨ 계	⑩ 일반 (⑨-⑪)	⑪ 부당 (⑨×(⑧ / ⑥))
청산소득	과소신고						
	초과환급						
토지등 양도소득	과소신고						
	초과환급						
미환류 소득	과소신고						
	초과환급						

210mm×297mm[백상지 80g/㎡ 또는 중질지 80g/㎡]

[별지 제45호의 2 서식] (2014. 8. 8. 신설)

외국법인 유가증권양도소득 정산신고서

※ 작성방법을 읽고 작성하시기 바랍니다. (앞쪽)

접수번호	접수일자	처리기간

1. 신고인 인적사항

①법 인 명	②대표자 성명
③소 재 지	
④ 전화번호	⑤전자우편주소

2. 양도한 내국법인 주식 또는 출자지분의 내용

⑥법 인 명	⑦사업장등록번호
⑧소 재 지	⑨사업연도 . . . ~ . . .

⑩ 양도 일자 등	내국법인 주식 현황				신고인등의 주식 소유 · 양도 현황						비율			㉓ 원천 징수 여부
					소유			양도						
	⑪ 기초	⑫ 증자	⑬ 감자	⑭ 계	⑮ 신고인	⑯ 특 수 관계자	⑰ 계	⑱ 신고인	⑲ 특 수 관계자	⑳ 계	㉑ 소유	㉒ 양도	
합 계													

3. 원천(특별)징수되지 아니한 유가증권의 양도소득금액 및 세액계산

㉔ 양도 일자	양도내역		법인세				법인지방소득세	비고
	㉕ 양도주식수	㉖ 양도금액	㉗ 양도금액	㉘ 양도차익	㉙ 세율	㉚ 세액	㉛ 납부할 세액 (㉚×10%)	
합 계								

「지방세법」 제103조의 51 제5항 및 「지방세법 시행령」 제100조의 28 제1호에 따라 유가증권양도소득 정산신고서를 제출합니다.

년 월 일

신고인(대표자) (서명 또는 인)

시장 · 군수 · 구청장 귀하

첨부 서류	1. 유가증권양도계약서 사본 1부 2. 유가증권양도차익에 의한 납부세액을 계산하는 경우에는 취득 또는 양도에 소요된 금액을 증명할 수 있는 자료	수수료 없 음

작 성 방 법

※ 신고안내 : 양도일이 속하는 사업연도의 종료일부터 4개월 이내에 납세지 관할 지방자치단체의 장에게 신고납부하여야 합니다.

1. ①법인명 ~ ㉚법인세 세액란 : 「법인세법 시행규칙」 별지 제71호의 5식의 작성방법을 준용하여 적습니다.
2. ㉛법인지방소득세 납부할 세액란 : ㉚법인세 세액란의 10%를 적습니다.

210mm×297mm[백상지 80g/㎡ 또는 중질지 80g/㎡]

[별지 제45호의 3 서식] (2014. 8. 8. 신설)

외국법인 유가증권양도소득 신고서

※ 작성방법을 읽고 작성하시기 바랍니다.

접수번호	접수일자		처리기간
소득(양도)자	① 성명(법인명) (국문) (영문)		② 납세관리번호
	③ 주 소		
	④ 거 주 지 국		⑤ 거주지국 코드
지급(양수)자	⑥ 성명(법인명) (국문) (영문)		⑦ 납세관리번호
	⑧ 주 소		
	⑨ 거 주 지 국		⑩ 거주지국 코드
유가증권 발행법인	⑪ 법 인 명		⑫ 사업자등록번호
	⑬ 소 재 지		
⑭ 소득유형	[ ]상장주식 [ ]비상장주식 [ ]채권 [ ]기타		

양도내역			법인세					법인지방소득세
⑮ 양도 일자	⑯ 양도 수량	⑰ 양도 가액	⑱ 취득가액	⑲ 양도차익 (⑰－⑱)	⑳ [⑰양도가액× 10%]	㉑ [⑲양도차익× 20%]	㉒ 자진납부세액 [⑳과 ㉑ 중 적은 금액]	㉓ 납부할 세액 (㉒×10%)

「지방세법」 제103조의 51 제5항 및 「지방세법 시행령」 제100조의 28 제2호에 따라 유가증권양도소득 신고서를 제출합니다.

년 월 일

신고인(대표자) (서명 또는 인)

시장 · 군수 · 구청장 귀하

첨부서류	1. 유가증권매매계약서, 주식매각신고서 또는 신고확인통지서 사본 2. 취득가액을 확인할 수 있는 서류	수수료 없 음

작 성 방 법

※ 신고안내 : 양도에 따른 소득의 금액을 지급받은 날이 속하는 달의 다음다음달 10일부터 1개월 이내에 납세지 관할 지방자치단체의 장에게 신고납부하여야 합니다.

1. ① 법인명 ~ ㉒법인세 세액란 : 「법인세법 시행규칙」 별지 제71호의 7 서식의 작성방법을 준용하여 적습니다.
2. ㉓법인지방소득세 납부할 세액란 : ㉒법인세 자진납부세액란의 10%를 적습니다.

210mm×297mm[백상지 80g/㎡ 또는 중질지 80g/㎡]

[별지 제45호의 4 서식] (2014. 8. 8. 신설)

외국법인 증여소득 신고서

※ 작성방법을 읽고 작성하시기 바랍니다.

접수번호	접수일자	처리기간

1. 증여 받은 외국법인(신고인) 인적사항

① 납세관리번호	② 거주지국 코드 :
③ 법 인 명	④ 대표자 성명
⑤ 소 재 지	
⑥ 전화번호	⑦ 전자우편주소

2. 증여한 자 인적사항

⑧ 납세관리번호	⑨ 거주지국 코드 :
⑩ 상 호	⑪ 성 명
⑫ 소재(주소)지	

3. 증여받은 자산

⑬ 증여일	⑭ 종 류	⑮ 소재지	⑯ 수량(면적)	⑰ 증여가액	⑱ 채무액
합 계					

4. 납부할 세액

법인세					법인지방소득세
⑲ 소득금액 (⑰－⑱)	⑳ 세율	㉑ 산출세액 (⑲×⑳)	㉒ 가산세	㉓ 납부할 세액 (㉑＋㉒)	㉔ 납부할 세액 (㉓×10%)

「지방세법」 제103조의 51 제5항 및 「지방세법 시행령」 제100조의 28 제3호에 따라 증여소득 신고서를 제출합니다.

년 월 일

신고인(대표자) (서명 또는 인)

시장 · 군수 · 구청장 귀하

첨부서류	1. 증여받은 자산에 대한 평가액을 계산한 내역 2. 채무액을 증명할 수 있는 서류	수수료 없 음

작 성 방 법

※ 신고안내 : 증여받는 날이 속하는 달의 말일부터 4개월 이내에 납세지 관할 지방자치단체의 장에게 신고납부하여야 합니다.

1. ①납세관리번호 ~ ㉓납부할세액란 : 「법인세법 시행규칙」 별지 제72호 서식의 작성방법을 준용하여 적습니다.
2. ㉔법인지방소득세 납부할 세액란 : ㉓법인세 납부할세액란의 10%를 적습니다.

210mm×297mm[백상지 80g/㎡ 또는 중질지 80g/㎡]

[별지 제45호의 5 서식] (2014. 8. 8. 신설)

국내사업장이 없는 외국법인의 인적용역소득 신고서

※ 작성방법을 읽고 작성하시기 바랍니다.

접수번호	접수일자	처리기간

용역제공자	① 납세관리번호	② 거주지국	
	③ 법 인 명	④ 전화번호	
	⑤ 대표자 성명	⑥ 인적용역제공기간	. . . ~ . . .
	⑦ 소 재 지		
용역을 제공받는자	⑧ 상호 (성명)	⑨ 사업자등록번호	
	⑩ 소 재 지		

수입 · 비용 내역			법인지방소득세				
⑪ 수입금액	⑫ 관련비용	⑬ 과세표준	⑭ 산출세액	⑮ 가산세	⑯ 총부담세액 (⑭+⑮)	⑰ 기납부세액	⑱ 차감 납부세액 (⑯-⑰)

⑲ 관련비용 명세(⑫의 상세내용)

항목구분	항공료	숙박비	체재비	합 계
금 액				

「지방세법」 제103조의 51 제6항 및 「지방세법 시행령」 제100조의 29에 따라 인적용역소득 신고서를 제출합니다.

년 월 일

신고인(대표자) (서명 또는 인)

시장 · 군수 · 구청장 귀하

첨부서류	1. 용역제공계약서 2. 수입금액 및 관련비용 증빙서류 3. 원천징수영수증(원천징수세액이 있는 경우)	수수료 없 음

작 성 방 법

※ 신고안내 : 용역제공기간 종료일부터 4개월 이내에 특별징수의무자의 납세지 관할 지방자치단체의 장에게 신고납부 하여야 합니다.

1. ①납세관리번호 ~ ⑬과세표준란 : 「법인세법 시행규칙」 별지 제80호 서식의 작성방법을 준용하여 적습니다.
2. ⑭산출세액란 : ⑬과세표준에 「지방세법」 제103조의 20의 세율을 적용하여 계산한 금액을 적습니다.
3. ⑲관련비용 명세란 : ⑫관련비용 금액을 구성하는 상세 지출항목을 적습니다.

210mm×297mm[백상지 80g/㎡ 또는 중질지 80g/㎡]

[별지 제45호의 6 서식] (2023. 3. 28. 개정)

준청산소득에 대한 법인지방소득세 과세표준 및 세액신고서

※ 뒤쪽의 작성방법을 참고하시기 바라며, 색상이 어두운 란은 신청인이 적지 않습니다. (앞쪽)

접수번호	접수일자	관리번호

①법인명(조합명)	②사업자등록번호
③대표자 성명	④법인등록번호
⑤사업장(조합)소재지	⑥전화번호

☐ 법인별 세액의 계산

구 분	금 액
⑦직전 사업연도 종료일 현재 잔여재산 가액	
⑧자기자본총액	
⑨과세표준(⑦-⑧)	
⑩세율	
⑪표준산출세액	

☐ 안분율의 계산

⑫본점/지점여부	1.단일사업장 2.지점 있는 법인의 본점 3.지점	⑬ 특 · 광역시 주사업장 여부	1.여 2.부	
⑭해당사업장	명칭	주소	연락처	
⑮안분율				

구분	종업원 수(명)	건축물 연면적(㎡)				안분율(%) (소수점6자리)
		계	건물	기계장치	시설물	
법인전체						
시군구내						
비율(%)						

☐ 납세지별 세액의 계산

⑯납세지별 산출세액				⑰납세지별 세액공제 · 감면액
⑱납세지별 가산세액				⑲납세지별 감면분 추가납부세액
합계	무(과소)신고	납부지연	기타	⑳경정 · 수정신고 등 가감액
				㉑탄력세율적용 조정세액
				㉒해당 납세지에 납부할 세액

신고인은 「지방세법」 제103조의 53 제2항 및 「지방세기본법」 제51조에 따라 위의 내용을 신고하며, 위 내용을 충분히 검토하였고 신고인이 사실 그대로를 정확하게 적었음을 확인합니다.

대표자 (서명 또는 인)

시장 · 군수 · 구청장 귀하

첨부서류	준청산일 현재의 재무상태표	수수료 없 음

신 고 안 내

준청산소득에 대한 법인지방소득세는 동업기업 전환법인이 동업기업과세특례를 적용받는 최초 사업연도의 직전 사업연도 종료일 이후 3개월이 되는 날까지(법인세와 동일) 납세지 관할 지방자치단체의 장에게 신고 납부하여야 합니다.

※ 「조세특례제한법」 제100조의 16 제5항에 따른 3년 균분납부는 허용되지 아니합니다.

210mm×297mm(백상지(80g/㎡)

[별지 제46호 서식] (2022. 3. 31. 개정) (앞쪽)

기 관 명

㊕ 주소	/전화( )○○○○ /전송( )○○○○
○○과 과장 ○○○ /서기관, 사무관 또는 주사 ○○○	/담당 ○○○

문서번호 　　　　　　　　　　　　　　　　 시행일

수 신 　　　　　　　　　　　　　　　　　 발 신 　　 직인

제 목 종합소득에 대한 개인지방소득세 신고 · 결정 · 경정 내용 통보

「지방세법」 제103조의 59 제1항 제1호 및 제2호에 따라 종합소득에 대한 개인지방소득세 신고(예정 · 수정 신고 포함) · 결정 · 경정 내용을 아래와 같이 통보합니다.

일련번호	납세의무자				⑥ 신고구분	⑦ 귀속연도	⑧ 신고유형	⑨ 기장의무	⑩ 거주구분 · ⑪ 내외국인	⑫ 외국인 단일세율 적용	⑬ 세무서(담당자)	⑭ 당초납부기한 / ⑮ 최종납부기한	⑯ 송달불능사유 / ⑰ 공시송달일	⑱ 구분	⑲ 신고 · 결정 · 경정일	⑳ 결정 · 경정사유	㉑ 발행연월	㉒ 발행번호	종합소득세 세액 계산 내역															지방소득세 세액 계산 내역			환급 신고 계좌	
																												기납부세액			고지세액							
	① 관리번호	② 성명(상호)	③ 주민등록번호 / ④ 연락처	⑤ 현주소(신고당시주소)															㉓ 종합소득금액	㉔ 과세표준	㉕ 산출세액	㉖ 세액감면(명세)	㉗ 세액공제(명세)	㉘ 결정세액	㉙ 가산세(명세)	㉚ 추가납부세액	㉛ 총결정세액	㉜ 중간예납	㉝ 원천징수	㉞ 수시부과 등	㉟ 본세	㊱ 무신고 등 가산세(명세)	㊲ 납부지연가산세	㊳ 총결정세액	㊴ 기납부세액	㊵ 납부할세액	㊶ 은행코드	㊷ 계좌번호
총계														당초																								
														수정																								
1														당초																								
											( )			수정																								
2														당초																								
											( )			수정																								
3														당초																								
											( )			수정																								
4														당초																								
											( )			수정																								

297mm×210mm[백상지 80g/㎡(재활용품)]

(뒤쪽)

작 성 방 법

□ ① 관리번호 : 종합소득세 과세표준 확정신고 및 납부계산서상 관리번호를 기재합니다.

□ 인적사항(납세의무자)란

③ 주민등록번호 : 내국인은 주민등록번호, 외국인은 외국인등록번호를 기재합니다.

④ 연락처 : 연락이 가능한 전화번호, 휴대전화번호를 기재합니다.

⑤ 현주소(신고 당시 주소) : 현주소 및 신고 당시 주소는 개인은 주민등록상의 주소지를 기재하고, 주소가 없는 경우에는 거소를 기재할 수 있습니다.

□ ⑥ 신고 구분 : 확정신고, 예정신고, 수정신고, 기한후신고, 결정, 경정으로 구분하여 기재합니다.

□ ⑦ 귀속연도 : 해당되는 소득의 귀속연도를 기재합니다.

□ ⑧ 신고유형 : 종합소득세 과세표준 확정신고 및 납부계산서상 신고유형 (11-자기조정, 12-외부조정, 13-성실납세, 14-성실신고확인, 20-간편장부, 31-추계(기준율), 32-추계(단순율), 40-비사업자) 을 기재합니다.

□ ⑨ 기장의무 : 종합소득세 과세표준 확정신고 및 납부계산서상 기장의무 (1-복식부기의무자, 2-간편장부대상자, 3-비사업자) 를 기재합니다.

□ ⑩ 거주구분, ⑫ 내외국인, ⑬ 외국인단일세율적용 : 종합소득세 과세표준 확정신고 및 납부계산서상 거주구분, 내외국인, 외국인단일세율적용여부를 기재합니다.

□ ⑬ 세무서(담당자) : 세무서의 코드 및 업무담당자를 기재합니다.

□ ⑭ 당초 납부기한 : ⑯ 최종납부기한이 없는 경우에는 최초납부기한을 기재하고, ⑯ 최종납부기한이 있는 경우에는 최종납부기한 직전에 지방자치단체에 통보한 납부기한을 기재합니다.

□ ⑮ 최종 납부기한: 납세자에게 고지하여 확정된 납부기한을 기재합니다.

□ ⑯ 송달불능 사유, ⑰ 공시송달일: 송달불능 사유 및 공시송달일을 기재합니다.

□ ⑱ 구분 : "당초"는 최초로 통보되는 자료 또는 수정 통보되는 자료 직전의 자료를 기재하며, "수정"은 수정신고 · 기한후신고 등으로 인하여 당초 세액이 변경된 경우를 기재합니다.

□ ⑲ 신고, 결정 · 경정일: 해당되는 소득의 신고, 결정, 경정 날짜를 기재합니다.

⑳ 결정 · 경정사유 : 세무서 등 과세관청에서 결정 · 결정한 사유를 기재합니다.

㉑ 발행연월: 세무서 등 과세관청에서 고지된 자료 중 결정, 경정의 연월을 기재합니다.

㉒ 발행번호: 세무서 등 과세관청에서 고지된 자료 중 결정, 경정의 지정한 번호를 기재합니다.

□ 종합소득세 세액 계산 내역란

㉖ 세액감면 · ㉗ 세액공제: 「소득세법 시행규칙」 별지 제40호 "종합소득세 · 농어촌특별세 과세표준확정신고 및 납부계산서" 서식의 세액감면명세서 또는 세액공제명세서상의 법조문, 감면 · 공제액 및 감면 · 공제액 합계를 각각 기재합니다.

㉙ 가산세: 「소득세법 시행규칙」별지 제40호 서식의 가산세명세서상의 구분, 기준금액, 가산세액 및 가산세액 합계를 각각 기재합니다.

㉜ 중간예납: 종합소득세의 중간예납세액을 기재합니다.

㉝ 원천징수: 원천징수(납세조합 징수 포함)세액을 합산하여 기재합니다.

㉞ 수시부과 등: 수시부과세액, 토지등매매차익예정신고 납부세액, 토지등매매차익 예정고지세액의 합계액을 기재합니다.

㉟ 본세: 가산세를 제외한 소득세액을 기재합니다.

㊱ 무신고 등 가산세: 가산세 중 ㊲ 납부지연가산세를 제외하고, 가산세 구분, 기준금액, 가산세액 및 가산세액 합계를 각각 기재합니다.

□ 환급금 신고계좌란

㊶ 은행코드: 은행명 코드를 기재합니다.

㊷ 계좌번호: 해당은행의 계좌번호를 기재합니다.

[별지 제47호 서식] (2022. 3. 31. 개정) (앞쪽)

기 관 명

㉾ 주소	/전화( )○○○○ /전송( )○○○○
○○과 과장 ○○○ /서기관, 사무관 또는 주사 ○○○	/담당 ○○○

문서번호 시행일

수 신 발 신 직인

제 목 퇴직소득에 대한 개인지방소득세 신고 · 결정 · 경정 내용 통보

「지방세법」 제103조의 59 제1항 제1호 및 제2호에 따라 퇴직소득에 대한 개인지방소득세 신고(예정 · 수정 신고 포함) · 결정 · 경정 내용을 아래와 같이 통보합니다.

일련번호	① 관리번호	납세의무자			⑥ 신고 구분	⑦ 귀속 연도	⑧ 정산 근속 연수	⑨ 12.12.31 이전근속연수	⑩ 13.1.1 이후 근속 연수	⑪ 세무서(담당자)	⑫ 당초 납부 기한	⑭ 송달 불능 사유	⑯ 구분	⑰ 신고 · 결정 · 경정일	⑱ 발행 연월	⑲ 발행 번호	퇴직소득세 세액 계산 내역																지방소득세 세액 계산 내역			환급 신고 계좌	
		② 성명(상호)	③ 주민등록번호	⑤ 현주소(신고 당시 주소)							⑬ 최종 납부 기한	⑮ 공시 송달 일					⑳ 과세표준	㉑ 과세표준 안분	㉒ 연평균 과세표준	㉓ 환산 과세표준	㉔ 환산 산출세액	㉕ 연평균 산출세액	㉖ 산출세액	㉗ 세액공제	㉘ 가산세(명세)	㉙ 이연퇴직소득세 납부	㉚ 총결정세액	㉛ 기납부세액	㉜ 납부(환급)할 총세액	고지세액			㊱ 세액	㊲ 기납부세액	㊳ 납부할세액	㊴ 은행코드	㊵ 계좌번호
			④ 연락처														12.12.31 이전													㉝ 본세	㉞ 신고불성실 가산세	㉟ 납부지연 가산세					
																	13. 1. 1 이후																				
																	계																				
총계													당초																								
													수정																								
1													당초																								
													수정																								
2													당초																								
													수정																								

297mm×210mm[백상지 80g/㎡(재활용품)]

(뒤쪽)

작 성 방 법
□ ① 관리번호 : 퇴직소득세 과세표준 확정신고 및 정산계산서상 관리번호를 기재합니다. □ 인적사항(납세의무자)란 ③ 주민등록번호 : 내국인은 주민등록번호, 외국인은 외국인등록번호를 기재합니다. ④ 연락처 : 연락이 가능한 전화번호, 휴대전화번호를 기재합니다. ⑤ 현주소(신고 당시 주소) : 현주소 및 신고 당시 주소는 개인은 주민등록상의 주소지를 기재하고, 주소가 없는 경우에는 거소를 기재할 수 있습니다. □ ⑥ 신고 구분 : 확정신고, 수정신고, 기한후신고, 결정, 경정으로 구분하여 기재합니다. □ ⑦ 귀속연도 : 해당되는 소득의 귀속연도를 기재합니다. □ ⑧ 정산근속연수 : 정산근속연수(⑨+⑩ 합계)를 기재합니다. □ ⑨ 12.12.31이전 근속연수 ⑩ 13.1.1이후 근속연수: 근속연수를 12.12.31이전과 13.1.1이후로 구분하여 기재합니다. □ ⑪ 세무서(담당자) : 세무서의 코드 및 업무담당자를 기재합니다. □ ⑫ 당초 납부기한 : ⑬ 최종납부기한이 없는 경우에는 최초납부기한을 기재하고, ⑫ 최종납부기한이 있는 경우에는 최종납부기한 직전에 지방자치단체에 통보한 납부기한을 기재합니다. □ ⑬ 최종 납부기한 : 납세자에게 고지하여 확정된 납부기한을 기재합니다. □ ⑭ 송달불능 사유, ⑮ 공시송달일 : 송달불능 사유 및 공시송달일을 기재합니다. □ ⑯ 구분 : "당초"는 최초로 통보되는 자료 또는 수정 통보되는 자료 직전의 자료를 기재하며, "수정"은 수정신고 · 기한후신고 등으로 인하여 당초 세액이 변경된 경우를 기재합니다. □ ⑰ 신고, 결정 · 경정일 : 해당되는 소득의 신고, 결정, 경정 날짜를 기재합니다. ⑱ 발행연월 : 세무서 등 과세관청에서 고지된 자료 중 결정, 경정의 연월을 기재합니다. ⑲ 발행번호 : 세무서 등 과세관청에서 고지된 자료 중 결정, 경정의 지정한 번호를 기재합니다. □ 퇴직소득세 세액 계산 내역란 ⑳ 과세표준 ~ ㉖ 산출세액 : 퇴직소득세 과세표준 확정신고 및 정산계산서상 과세표준 ~ 산출세액을 '2012.12.31 이전', '2013.1.1 이후', '계'로 구분하여 기재합니다. ㉘ 가산세 : 「소득세법 시행규칙」 별지 제40호의 2 "퇴직소득세 과세표준확정신고 및 정산계산서" 서식의 가산세 금액을 신고불성실 가산세와 납부지연가산세로 구분하여 적고, 그 합계액을 각각 기재합니다. ㉚ 총결정세액 : "㉖ 산출세액 − ㉗ 세액공제 + ㉘ 가산세 + ㉙ 이연퇴직소득세 납부"의 금액을 적습니다. ㉝ 본세 : 가산세를 제외한 소득세액을 기재합니다. □ 환급금 신고계좌란 ㊴ 은행코드 : 은행명 코드를 기재합니다. ㊵ 계좌번호 : 해당은행의 계좌번호를 기재합니다.

[별지 제48호 서식] (2022. 3. 31. 개정) (앞쪽)

기 관 명

㊭ 주소 /전화( )○○○○ /전송( )○○○○
○○과 과장 ○○○ /서기관, 사무관 또는 주사 ○○○ /담당 ○○○

문서번호 시행일

수 신 발 신 직인

제 목 양도소득에 대한 개인지방소득세 신고 · 결정 · 경정 내용 통보

「지방세법」 제103조의 59 제1항 제1호 및 제2호에 따라 양도소득에 대한 개인지방소득세 신고(예정 · 수정 신고 포함) · 결정 · 경정 내용을 아래와 같이 통보합니다.

일련번호	관리번호	납세의무자			신고구분	귀속연도	거주구분	세무서(담당자)	당초납부기한	송달불능사유	구분	양도자산내역			양도소득세 세액 계산 내역																				지방소득세 세액 계산 내역														환급신고 계좌	
		성명(상호)	주민등록번호 / 연락처	현주소(신고당시주소) / 전자우편주소			내외국인		최종납부기한	공시송달일		양도일	양도자산종류	양도물건 및 소재지	신고 결정 경정일	㉑ 결정 경정 사유	㉒ 발행연월	㉓ 발행번호	㉔ 양도소득금액	㉕ 양도소득기본공제	㉖ 과세표준	㉗ 산출세액	㉘ 감면세액	㉙ 외국납부세액공제	㉚ 예정신고납부세액공제	㉛ 원천징수세액공제	㉜ 추가납부세액	㉝ 가산세 계(명세)	㉞ 기신고 결정 경정세액	㉟ 납부할세액	㊱ 환급세액	고지세액 ㊲ 본세	고지세액 ㊳ 무신고등가산세(명세)	고지세액 ㊴ 납부지연가산세	㊵ 과세표준	㊶ 산출세액	㊷ 감면세액	㊸ 외국납부세액공제	㊹ 예정신고납부세액공제	㊺ 특별징수세액공제	㊻ 추가납부세액	㊼ 가산세계	㊽ 기신고결정경정세액	㊾ 납부할 세액	㊿ 환급세액	고지세액 51 본세	고지세액 52 무신고등 가산세	고지세액 53 납부지연가산세	54 은행코드	55 계좌번호
총계											당초																																							
											수정																																							
1				( )							당초																																							
								( )			수정																																							
2				( )							당초																																							
								( )			수정																																							
3				( )							당초																																							
								( )			수정																																							
4				( )							당초																																							
								( )			수정																																							

297mm×210mm[백상지 80g/㎡(재활용품)]

(뒤쪽)

작 성 방 법

□ ① 관리번호 : 양도소득과세표준 신고 및 납부계산서상 관리번호를 기재합니다.
□ 인적사항(납세의무자 기본사항)란
③ 주민등록번호 : 내국인은 주민등록번호, 외국인은 외국인등록번호를 기재합니다.
④ 연락처 : 연락이 가능한 전화번호, 휴대전화번호를 기재합니다.
⑤ 현주소(신고 당시 주소) : 현주소 및 신고 당시 주소는 개인은 주민등록상의 주소지를 기재하고, 주소가 없는 경우에는 거소를 기재할 수 있습니다.
□ ⑦ 신고 구분 : 확정신고, 예정신고, 수정신고, 기한후신고, 결정, 경정으로 구분하여 기재합니다.
□ ⑧ 귀속연도 : 해당되는 소득의 귀속연도를 기재합니다.
□ ⑨ 거주구분, ⑩ 내외국인 : 양도소득과세표준 신고 및 납부계산서상 거주구분, 내외국인여부를 기재합니다.
□ ⑪ 세무서(담당자) : 세무서의 코드 및 업무담당자를 기재합니다.
□ ⑫ 당초 납부기한 : ⑬ 최종납부기한이 없는 경우에는 최초납부기한을 기재하고, ⑬ 최종납부기한이 있는 경우에는 최종납부기한 직전에 지방자치단체에 통보한 납부기한을 기재합니다.
□ ⑬ 최종 납부기한 : 납세자에게 고지하여 확정된 납부기한을 기재합니다.
□ ⑭ 송달불능 사유, ⑮ 공시송달일 : 송달불능 사유 및 공시송달일을 기재합니다.
□ ⑯ 구분 : "당초"는 최초로 통보되는 자료 또는 수정 통보되는 자료 직전의 자료를 기재하며, "수정"은 수정신고 · 기한후신고 등으로 인하여 당초 세액이 변경된 경우를 기재합니다.

□ 양도자산 내역란
⑰ 양도일 : 양도 부동산 등에 대한 양도일을 기재합니다.
⑱ 양도자산 종류 : 토지, 건물, 회원권, 주식, 분양권 등으로 구분하여 기재합니다.
⑲ 양도물건 및 소재지 : 양도자산 종류에 따라 부동산의 경우 소재지를 기재하고, 회원권 등은 양도대상 물건 내용을 기재합니다.

□ ⑳ 신고, 결정 · 경정일 : 해당되는 소득의 신고, 결정, 경정 날짜를 기재합니다.
㉑ 결정 · 경정 사유 : 세무서 등 과세관청에서 결정 · 경정한 사유를 기재합니다.
㉒ 발행연월 : 세무서 등 과세관청에서 고지된 자료 중 결정, 경정의 연월을 기재합니다.
㉓ 발행번호 : 세무서 등 과세관청에서 고지된 자료 중 결정, 경정의 지정한 번호를 기재합니다.

□ 양도소득세 세액 계산 내역란
㉛ 원천징수세액공제 : 비거주자의 양도소득에 대하여 양수인이 원천징수한 세액을 기재합니다.
㉝ 가산세계 : 「소득세법 시행규칙」 별지 제84호 서식의 신고불성실 · 납부지연 · 기장불성실 가산세액 및 가산세액 합계를 각각 기재합니다.
㊲ 본세 : 가산세를 제외한 소득세액을 기재합니다.
㊳ 무신고 등 가산세 : 해당 가산세 중 ㊳ 납부지연가산세를 제외하고, 신고불성실 · 기장불성실 가산세액 및 가산세액 합계를 각각 기재합니다.

□ 환급금 신고계좌란
(54) 은행코드 : 은행명 코드를 기재합니다.
(55) 계좌번호 : 해당은행의 계좌번호를 기재합니다.

[별지 제49호 서식] (2022. 3. 31. 개정)

(앞쪽)

기 관 명

㊟ 주소	/전화( )○○○○	/전송( )○○○○
○○과 과장 ○○○	/서기관, 사무관 또는 주사 ○○○	/담당 ○○○

문서번호 시 행 일

수 신 발 신 직인

제 목 소득세 · 법인세 원천징수 신고 · 결정 · 경정 내용 통보

「지방세법」 제103조의 59 제1항 제3호 · 제4호 및 같은 조 제2항 제3호 · 제4호에 따라 소득세 및 법인세 원천징수 신고 · 결정 · 경정 내용을 아래와 같이 통보합니다.

연번	원천징수의무자			⑦ 신고등 구분	⑧ 귀속 연월	⑨ 지급 연월	⑩ 납부일	⑪ 세무서 (담당자)	원천징수명세 및 결정내역									지방소득세 세액		환급 신고계좌	
	①법인명 (상호) / ②대표자	③사업자 등록번호 / ④법인(주민) 등록번호	⑤사업장 소재지 / ⑥연락처						⑫ 구분	⑬ 소득의 종류	⑭ 신고 · 결정 · 경정일	⑮소득지급 인원	⑮소득지급 총지급액	⑯ 원천징수 세액	⑰당월조정 환급세액 (농특세 제외)	세액 ⑱ 본세	세액 ⑲ 가산세	⑳과세표준 (⑳=⑱)	㉑ 산출 세액	㉒ 은행 코드	㉓ 계좌 번호
총계									당초												
									수정												
소계									당초												
									수정												
1									당초												
									수정												
2								( )	당초												
									수정												
:									당초												
:									수정												
소계									당초												
									수정												
1									당초												
								( )	수정												

297mm×210mm[백상지 80g/㎡(재활용품)]

(뒤쪽)

작 성 방 법

□ 원천징수의무자란
① 법인명(상호) : 법인은 법인명, 사업자는 상호명을 기재합니다.(개인은 빈칸)
② 대표자(성명) : 개인은 성명, 사업자 및 법인은 대표자 성명을 기재합니다.
③ 사업자등록번호 : 사업자는 「부가가치세법」 제5조에 따른 해당 사업장의 등록번호를 기재합니다.
④ 법인(주민)등록번호 : 법인은 법인등록번호를 기재하며, 개인은 주민등록번호, 외국인은 외국인등록번호를 기재합니다.
⑤ 사업장소재지 : 개인은 주민등록상의 주소지, 사업자와 법인은 주된 사업장 소재지, 본점을 기재합니다. 다만, 주된 사업장 또는 본점 소재지와 해당 사업장의 소재지가 다를 경우 해당 사업장의 소재지를 기재할 수 있습니다.
⑥ 연락처 : 연락이 가능한 전화번호를 기재합니다.

□ ⑦ 신고 등 구분 : 신고, 수정신고, 기한후신고, 결정, 경정으로 구분하여 기재합니다. 또한, 신고 중 매월분 신고서는 "매월", 반기별 신고서는 "반기", 수정신고서는 "수정", 소득처분에 따른 신고시에는 "소득처분"으로 표시(지점법인 · 국가기관 및 개인은 제외합니다)하며, 매월분 신고서에 계속근무자의 연말정산분이 포함된 경우에는 "매월" 및 "연말"을 동시에 기재합니다.

□ ⑧ 귀속연월 : 소득발생 연월[반기별 납부자는 반기 개시월(예 : 상반기는 ××년 1월)을 말합니다]을 기재합니다.

□ ⑨ 지급연월은 지급한 월(또는 지급시기 의제월)[반기별 납부자는 반기 종료월(예: 상반기는 ××년 6월)을 말합니다]을 기재합니다.

□ ⑩ 납부일 : 소득세 및 법인세 원천징수 납부일을 기재합니다.

□ ⑪ 세무서, 담당자 : 해당기관의 코드 및 업무 담당자를 기재합니다.

□ 원천징수명세 및 결정내역
⑫ 구분 : "당초"는 "수정"으로 통보되는 자료의 직전 자료를 기재하며, "수정"은 결정, 수시부과 수정신고, 기한후신고 등으로 인하여 당초 세액이 변경된 경우를 기재합니다.
⑬ 소득의 종류 : 개인은 근로소득, 퇴직소득, 사업소득, 기타소득, 연금소득, 이자소득, 배당소득, 저축해지 추징세액 등, 비거주자 양도소득으로 적고, 법인은 내 · 외국법인 원천으로 적으며, 수정신고(세액) 사항은 수정신고로 구분하여 기재합니다.
⑭ 신고 · 결정 · 경정일 : 해당되는 소득의 신고 · 결정 · 경정 날짜를 기재합니다.
⑮ 소득지급(인원, 총지급액), ⑯ 원천징수세액 : 「소득세법 시행규칙」 별지 제21호 서식 작성방법과 동일하게 기재합니다.
⑰ 당월조정 환급세액 : 농어촌특별세를 제외한 금액을 기재합니다.
⑱ 본세 : 가산세를 제외한 소득세액 · 법인세액을 기재합니다.
⑲ 가산세 : 납부지연가산세 등 해당 가산세액을 합산하여 기재합니다.

□ 지방소득세 세액란
㉑ 산출세액 : 소득세 또는 법인세의 원천징수세액에 100분의 10을 곱하여 산정한 지방소득세 특별징수세액을 기재합니다.

□ 환급금 신고계좌란
㉒ 은행코드 : 은행명 코드를 기재합니다.
㉓ 계좌번호 : 해당은행의 계좌번호를 기재합니다.

[별지 제50호 서식] (2022. 3. 31. 개정) (앞쪽)

기 관 명

㉾ 주소	/전화( )○○○○	/전송( )○○○○
○○과 과장 ○○○	/서기관, 사무관 또는 주사 ○○○	/담당 ○○○

문서번호 시 행 일

수 신 발 신 직인

제 목 소득세 · 법인세 원천징수 환급 내용 통보

「지방세법」 제103조의 59 제1항 제5호 및 같은 조 제2항 제5호에 따라 소득세 및 법인세 원천징수 환급 상황을 다음과 같이 통보합니다.

연번	원천징수의무자				⑦ 소득의 종류	⑧ 귀속 연월	⑨ 지급 연월	⑩ 환급결정		원천징수 환급내역										⑲지방 소득세 환급세액	환급 신고계좌	
	①법인명(상호) ②대표자	③사업자 등록번호 ④법인(주민) 등록번호	⑤사업장 소재지 (연락처)	⑥세무서 (담당자)				결정일	사유	⑪ 인원	⑫소득 지급액	결정세액 ⑬ 본세	결정세액 ⑭ 가산세	결정세액 ⑮계	기납부 원천징수세액 기납부 세액 [주(현)]	기납부 원천징수세액 기납부 세액 [종(전)]	⑯차감세액 (⑯=⑬-⑮)	⑰조정 환급 세액	⑱원천징수 환급결정 세액 (⑱=⑯-⑰)		⑳ 은행 코드	㉑ 계좌 번호
총계																						
1			( )	( )																		
2			( )	( )																		
3			( )	( )																		
4			( )	( )																		
5			( )	( )																		
6			( )	( )																		

297mm×210mm[백상지 80g/㎡(재활용품)]

(뒤쪽)

작 성 방 법

□ 원천징수의무자란
① 법인명(상호) : 법인은 법인명, 사업자는 상호명을 기재합니다.(개인은 공란)
② 대표자 : 개인은 성명, 사업자 및 법인은 대표자 성명을 기재합니다.
③ 사업자등록번호 : 사업자는 「부가가치세법」 제5조에 따른 해당 사업장의 등록번호를 기재합니다.
④ 법인(주민)등록번호 : 법인은 법인등록번호를 기재하며, 개인은 주민등록번호, 외국인은 외국인등록번호를 기재합니다.
⑤ 사업장소재지(연락처) : 개인은 주민등록상의 주소지, 사업자와 법인은 주된 사업장 소재지, 본점을 기재합니다. 다만, 주된 사업장 또는 본점 소재지와 해당 사업장의 소재지가 다를 경우 해당 사업장의 소재지를 기재할 수 있으며, 연락처는 연락이 가능한 전화번호를 기재합니다.

□ ⑥ 세무서, 담당자 : 해당기관의 코드 및 업무 담당자를 기재합니다.
□ ⑦ 소득의 종류 : 개인과 법인으로 구분하며, 개인은 근로소득, 퇴직소득, 사업소득, 기타소득, 연금소득, 이자소득, 배당소득, 저축해지 추징세액 등, 비거주자 양도소득으로 적고, 법인은 내 · 외국법인 원천으로 적으며, 수정신고(세액) 사항은 수정신고로 구분하여 기재합니다.
□ ⑧ 귀속연월 : 소득발생 연월[반기별 납부자는 반기 개시월(예 : 상반기는 ××년 1월)을 말합니다]을 기재합니다.
□ ⑨ 지급연월 : 지급한 월(또는 지급시기 의제월)[반기별 납부자는 반기 종료월(예: 상반기는 ××년 6월)을 말합니다]을 기재합니다.
□ ⑩ 환급결정 : 결정일은 해당소득의 환급 결정 날짜를 기재하며, 사유는 환급사유를 기재합니다.

□ 원천징수 내역
⑪ 인원, ⑫ 소득지급액 : 「소득세법 시행규칙」 별지 제21호 서식 "원천징수세액 환급신청서 부표"의 작성방법과 동일하게 기재합니다.
⑬ 본세 : 가산세를 제외한 소득세액 · 법인세액을 기재합니다.
⑭ 가산세 : 납부지연가산세 등 해당 가산세액을 합산하여 기재합니다.
⑮ 계 : 환급대상 소득에 해당하는 지급명세서의 결정세액, 기납부원천징수세액의 합계액을 기재하며, 기납부세액[주(현)]과 기납부세액[종(전)]은 「소득세법 시행규칙」 별지 제21호 서식 "원천장수세액 환급신청서 부표"의 작성방법과 동일하게 기재합니다.
⑯ 차감세액 : 환급대상 소득에 해당하는 지급명세서의 차감징수세액의 합계액과 일치하여야 합니다.
⑰ 조정환급세액 : 환급할 세액에서 차감한 같은 세목의 납부할 세액을 포함하여 기재합니다.
⑱ 원천징수 환급결정세액 : 소득세 · 법인세 원천징수의 환급할 세액을 기재합니다.

□ 지방소득세 세액란
⑲ 지방소득세 : 소득세 또는 법인세의 환급결정 세액에 100분의 10을 곱하여 산정한 지방소득세 세액을 기재합니다.

□ 환급금 신고계좌란
⑳ 은행코드 : 은행명 코드를 기재합니다.
㉑ 계좌번호 : 해당은행의 계좌번호를 기재합니다.

[별지 제51호 서식] (2022. 3. 31. 개정) (앞쪽)

기 관 명

㊞ 주소	/전화( )○○○○ /전송( )○○○○
○○과 과장 ○○○ /서기관, 사무관 또는 주사 ○○○	/담당 ○○○

문서번호 시행일

수 신 발 신 직인

제 목 종합소득에 대한 개인지방소득세 환급 내용 통보

「지방세법」 제103조의 59 제1항 제5호에 따라 종합소득에 대한 개인지방소득세 환급 내용을 아래와 같이 통보합니다.

일련번호	① 관리번호	납세의무자 ② 성명(상호)	납세의무자 ③ 주민등록번호 / ④ 연락처	납세의무자 ⑤ 현주소(신고당시 주소)	⑥ 귀속연도	⑦ 세무서(담당자)	환급결정 ⑧ 결정일	환급결정 ⑨ 사유	⑩ 구분	⑳ 발행연월	㉑ 발행번호
총계									당초		
									경정		
									차이		
1									당초		
									경정		
						( )			차이		
2									당초		
									경정		
						( )			차이		
3									당초		
									경정		
						( )			차이		

⑩ 구분	종합소득세 환급 계산 내역 ㉒ 종합소득금액	㉓ 과세표준	㉔ 산출세액	㉕ 세액감면(명세)	㉖ 세액공제(명세)	㉗ 결정세액	㉘ 가산세(명세)	㉙ 추가납부세액	㉚ 총결정세액	기납부세액 ㉛ 중간예납	기납부세액 ㉜ 원천징수	기납부세액 ㉝ 수시부과 등	환급세액 ㉞ 본세	환급세액 ㉟ 무신고 등 가산세(명세)	환급세액 ㊱ 납부지연 가산세	지방소득세 환급 계산 내역 ㊲ 세액	㊳ 기납부세액	㊴ 환급할세액	환급신고계좌 ㊵ 은행코드	환급신고계좌 ㊶ 계좌번호
당초																				
경정																				
차이																				
당초																				
경정																				
차이																				
당초																				
경정																				
차이																				
당초																				
경정																				
차이																				

297mm×210mm[백상지 80g/㎡(재활용품)]

[별지 제52호 서식] (2022. 3. 31. 개정) (앞쪽)

기 관 명

㉾ 주소	/전화( )○○○○ /전송( )○○○○
○○과 과장 ○○○ /서기관, 사무관 또는 주사 ○○○	/담당 ○○○

문서번호 시행일

수 신 발 신 직인

제 목 퇴직소득에 대한 개인지방소득세 환급 내용 통보

「지방세법」 제103조의 59 제1항 제5호에 따라 퇴직소득에 대한 개인지방소득세 환급 내용을 아래와 같이 통보합니다.

일련번호	납세의무자						환급결정					퇴직소득세 환급 계산 내역																지방소득세 환급 계산 내역			환급 신고 계좌	
	① 관리번호	② 성명(상호)	③ 주민등록번호 / ④ 연락처	⑤ 현주소(신고당시 주소)	⑥ 귀속연도	⑦ 세무서(담당자)	⑧ 결정일	⑨ 사유	⑩ 구분	⑱ 발행연월	⑲ 발행번호	⑳ 과세표준	㉑ 과세표준안분	㉒ 연평균과세표준	㉓ 환산과세표준	㉔ 환산산출세액	㉕ 연평균산출세액	㉖ 산출세액	㉗ 세액공제	㉘ 가산세(명세)	㉙ 이연퇴직소득세납부	㉚ 총결정세액	㉛ 기납부세액	㉜ 납부(환급)할 총세액	환급세액 ㉝ 본세	환급세액 ㉞ 신고불성실가산세	환급세액 ㉟ 납부지연가산세	㊱ 세액	㊲ 기납부세액	㊳ 환급할세액	㊴ 은행코드	㊵ 계좌번호
												12.12.31 이전																				
												13. 1. 1 이후																				
												계																				
총계						( )			당초																							
									경정																							
									차이																							
1						( )			당초																							
									경정																							
									차이																							
2						( )			당초																							
									경정																							
									차이																							

[별지 제53호 서식] (2022. 3. 31. 개정) (앞쪽)

기 관 명

㊐ 주소	/전화( )○○○○	/전송( )○○○○
○○과 과장 ○○○	/서기관, 사무관 또는 주사 ○○○	/담당 ○○○

문서번호　　　　　　　　　　　　　　　　　　　　　　　시행일

수 신　　　　　　　　　　　　　　　　　　　　　　　　발 신　　직인

제 목　양도소득에 대한 개인지방소득세 환급 내용 통보

「지방세법」 제103조의 59 제1항 제5호에 따라 양도소득에 대한 개인지방소득세 환급 내용을 아래와 같이 통보합니다.

일련번호	관리번호	납세의무자: 성명(상호)	납세의무자: 주민등록번호 / 연락처	납세의무자: 현주소(신고당시주소) / 주소 전자우편	귀속연도	세무서(담당자)	환급결정: 결정일	환급결정: 사유	구분	양도자산 내역: 양도일	양도자산 내역: 양도자산종류	양도자산 내역: 양도물건 및 소재지
총계									당초			
									경정			
									차이			
1				( )					당초			
						( )			경정			
									차이			
2				( )					당초			
						( )			경정			
									차이			
3				( )					당초			
						( )			경정			
									차이			

일련번호	구분	㉑ 발행연월	㉒ 발행번호	양도소득세 환급 계산 내역: ㉓ 양도소득금액	㉔ 양도소득기본공제	㉕ 과세표준	㉖ 산출세액	㉗ 감면세액	㉘ 외국납부세액공제	㉙ 예정신고납부세액공제	㉚ 원천징수세액공제	㉛ 추가납부세액	㉜ 가산세계(명세)	㉝ 기신고 결정 경정세액	㉞ 납부할세액	㉟ 환급세액	환급세액: ㊱ 본세	환급세액: ㊲ 무신고 등 가산세(명세)	환급세액: ㊳ 납부지연가산세
총계	당초																		
	경정																		
	차이																		
1	당초																		
	경정																		
	차이																		
2	당초																		
	경정																		
	차이																		
3	당초																		
	경정																		
	차이																		

일련번호	구분	지방소득세 환급 계산 내역: ㊴ 과세표준	㊵ 산출세액	㊶ 감면세액	㊷ 외국납부세액공제	㊸ 예정신고납부세액공제	㊹ 특별징수세액공제	㊺ 추가납부세액	㊻ 가산세계	㊼ 기신고 결정경정세액	㊽ 납부할세액	㊾ 환급세액	환급세액: ㊿ 본세	환급세액: 51 무신고 등 가산세	환급세액: 52 납부지연 가산세	환급신고계좌: 53 은행코드	환급신고계좌: 54 계좌번호
총계	당초																
	경정																
	차이																
1	당초																
	경정																
	차이																
2	당초																
	경정																
	차이																
3	당초																
	경정																
	차이																

297mm×210mm[백상지 80g/㎡(재활용품)]

[별지 제54호 서식] (2022. 3. 31. 개정) (앞쪽)

행 정 기 관 명

수신
(경유)
제목 **법인세 신고 · 결정 · 경정 내용 통보**

「지방세법」 제103조의 59 제2항 제1호 및 제2호에 따라 법인세 신고(수정·기한후 신고 포함) · 결정 · 경정 내용을 아래와 같이 통보합니다.

일련번호	납세의무자 ①법인명(대표자) / ②모법인명(대표자)	납세의무자 ③법인등록번호(모법인 등록번호)	납세의무자 ④사업자등록번호(모법인 사업자 등록 번호)	납세의무자 ⑤소재지(연락처)	납세의무자 ⑥업종(업태) / ⑦종목명	납세의무자 ⑧세적관리 변경전 소재지	납세의무자 ⑧세적관리 변경일	⑨신고 등의 구분	⑩귀속 연도	⑪사업 기간	⑫세무서(담당자)	⑬구분	⑭신고·결정·경정일	법인세 신고·결정·경정 내역: 법인세 ⑮과세표준	법인세 ⑯지점유보소득	법인세 ⑰산출세액	법인세 ⑱가산세액(명세)	법인세 ⑲가감계	법인세 ⑳감면분 추가납부세액(명세)	법인세 기납부세액 ㉑수시부과	법인세 기납부세액 ㉒원천납부	토지 등 양도소득에 대한 법인세 ㉓과세표준	㉔산출세액	㉕가산세(명세)	㉖가감계	기납부세액 ㉗수시부과	미환류소득에 대한 법인세 ㉘과세표준	㉙산출세액	㉚가산세(명세)	㉛가감계	기납부세액 ㉜수시부과	고지세액 ㉝본세	㉞무신고등 가산세(명세)	㉟납부지연 가산세
총계												당초																						
												수정																						
1	(　)	(　)	(　)	(　)							(　)	당초																						
	(　)											수정																						
:	(　)	(　)	(　)	(　)							(　)	당초																						
	(　)											수정																						

끝.

발 신 기 관 **장** 직인

기안자 (직위/직급) 서명 검토자 (직위/직급)서명 결재권자 (직위/직급)서명
협조자
시행 처리과명-연도별일련번호(시행일) 접수 처리과명-연도별일련번호(접수일)
우 도로명주소 / 홈페이지 주소
전화번호( ) 팩스번호( ) / 공무원의 전자우편주소 / 공개구분

210㎜×297㎜[백상지(80g/㎡)]

[별지 제55호 서식] (2022. 3. 31. 개정) (앞쪽)

행 정 기 관 명

수신

(경유)

제목 **법인세 환급 내용 통보**

「지방세법」 제103조의 59 제2항 제5호에 따라 법인지방소득세 환급 내용을 아래와 같이 통보합니다.

일련번호	납세의무자										환급 결정		⑭ 구분	법인세 환급 결정 내역																				
														법인세								토지 등 양도소득에 대한 법인세					미환류소득에 대한 법인세					환급세액		
	①법인명 (대표자) / ②모 법인명 (대표자)	③법인 등록번호 (모법인 등록번호)	④사업자 등록번호 (모법인 사업자 등록 번호)	⑤ 소재지 (연락처)	⑥업종 (업태) / ⑦ 종목명	⑧ 세적관리 변경전 소재지	⑧ 세적관리 변경일	⑨ 귀속 연도	⑩ 사업 기간	⑪ 세무서 (담당자)	⑫ 결정일	⑬ 사유		⑮ 과세 표준	⑯ 지점 유보 소득	⑰ 산출 세액	⑱ 가산 세액 (명세)	⑲ 가감계	⑳ 감면분 추가 납부 세액 (명세)	기납부세액 ㉑ 수시 부과	기납부세액 ㉒ 원천 납부	㉓ 과세 표준	㉔ 산출 세액	㉕ 가산세 (명세)	㉖ 가감계	기납부 세액 ㉗ 수시부과	㉘ 과세 표준	㉙ 산출 세액	㉚ 가산세 (명세)	㉛ 가감계	기납부 세액 ㉜ 수시부과	㉝ 본세	㉞ 무신고 등 가산세 (명세)	㉟ 납부 지연 가산세
총계													당초																					
													경정																					
													차이																					
1	( )	( )	( )	( )						( )			당초																					
													경정																					
	( )												차이																					
:	( )	( )	( )	( )						( )			당초																					
													경정																					
	( )												차이																					

끝.

발 신 기 관 장 직인

기안자 (직위/직급) 서명 검토자 (직위/직급)서명 결재권자 (직위/직급)서명

협조자

시행 처리과명-연도별일련번호(시행일) 접수 처리과명-연도별일련번호(접수일)

우 도로명주소 / 홈페이지 주소

전화번호( ) 팩스번호( ) / 공무원의 전자우편주소 / 공개구분

210㎜×297㎜[백상지(80g/㎡)]

[별지 제55호의 2 서식] (2016. 12. 30. 신설) (앞쪽)

행 정 기 관 명

수신 지방자치단체의 장
(경유)
제목 동업기업 세액배분명세 통보

「지방세법」 제103조의 59 제2항 제6호에 따라 동업기업 세액배분명세를 아래와 같이 통보합니다.

동업기업			동업자				배분세액	
①법인명	②법인등록번호	③과세연도	④법인명	⑤법인등록번호	⑥손익배분비율	⑦동업자군코드	⑧원천징수세액	⑨가산세액
		. . . ~ . . .						
			⑩ 계					

끝.

세 무 서 장 등 직인

기안자 (직위/직급) 서명 검토자 (직위/직급)서명 결재권자 (직위/직급)서명
협조자
시행 처리과명-연도별일련번호(시행일) 접수 처리과명-연도별일련번호(접수일)
우 도로명주소 / 홈페이지 주소
전화번호( ) 팩스번호( ) / 공무원의 전자우편주소 / 공개구분

210㎜×297㎜[백상지(80g/㎡)]

[별지 제56호 서식] (2022. 3. 31. 개정)

사업장별 법인세 과세표준

○○시장 · 군수 · 구청장

본점 소재지	법인명	사업 연도	사업장별 명세			과세표준		산출세액		총부담세액		기납부세액		차감납부할 세액			비고
			사업자 등록번호	사업장 소재지	사업장 명 칭	법인세	토지등	법인세	토지등	법인세	토지등	법인세	토지등	법인세	토지등	계	

◇ 「지방세법」 제103조의 59 제2항 및 같은 법 시행령 제100조의 33 제3항에 따라 세무서장등으로부터 본점 또는 주사무소와 사업장의 소재지가 다른 과세자료를 통보받은 지방자치단체에서 작성합니다.

297mm×210mm[백상지 80g/㎡(재활용품)]

[별지 제57호 서식] (2014. 8. 8. 신설)

지방소득세 과세대장

납 세 의무자	성 명 (법인명)		주민(법인)등록번호	
	주 소		본 점 소 재 지	
	상 호 (대표자)		사 업 자 등 록 번 호	
	사 업 장 소 재 지		업 종	
납 세 관리인	성 명		주 소	

지방소득세 과세내역

과세 연도	과세 표준	세율	산출 세액	세액 공제	세액 감면	결정 세액	가산세	총결정 세액	기납부 세액	납부할 세액	적요

210mm×297mm(백상지 120g/㎡)

[별지 제58호 서식] (2015. 12. 31. 개정)

행 정 기 관 명

수신자
(경유)
제 목 재산세 납세의무 통지

귀하(귀 법인)는 「지방세법」 제107조 제3항 및 같은 법 시행령 제106조 제3항에 따라 아래 재산에 대한 재산세의 납세의무가 있음을 알려드립니다.

납세의무자	성명(법인명)			주민(법인) 등록번호		
	상호(대표자)			사 업 자 등록번호		
	주소(소재지)					
	전화번호	(휴대:)		전자우편주소		
재산소재지	재산 종류	용도/구조 (지목)	면적(수량)	사 유	등 재 연월일	비 고

끝.

발신명의 직인

기안자(직위/직급) 서명 검토자(직위/직급) 서명 결재권자(직위/직급) 서명

협조자 (직위/직급) 서명

시행 처리과-일련번호 (시행일) 접수 처리과-일련번호 (접수일)

우 주소 / 홈페이지 주소

전화 전송 / 공무원의 공식 전자우편주소 / 공개구분

[별지 제58호의 2 서식] (2021. 12. 31. 신설)

토지분 재산세 분리과세 적용 신청서

※ 뒤쪽의 작성방법을 읽고 작성하여 주시기 바라며, 색상이 어두운 칸은 신청인이 작성하지 않습니다.

(앞쪽)

접수번호	접수일	처리기간 7일

납세의무자	① 성명(법인명)	② 주민(법인)등록번호
	③ 상호(대표자)	④ 사업자등록번호
	⑤ 주소(영업소)	
	⑥ 전화번호 (휴대전화번호:)	⑦ 전자우편주소

⑧ 토지소재지	⑨ 용도/지목		⑩ 면적	⑪ 취득일자	적용사유			
	공부상	현황			연월일	사유	⑫ 적용조항	⑬ 적용면적

「지방세법 시행령」 제102조 제11항에 따라 위와 같이 토지분 재산세 분리과세대상 토지 적용을 신청합니다.

년 월 일

신청인 (서명 또는 인)

시장 · 군수 · 구청장 귀하

첨부서류	과세대상 토지의 변동 내용을 입증할 수 있는 증거자료	수수료 없음

210mm×297mm[백상지 80g/㎡ 또는 중질지 80g/㎡]

(뒤쪽)

작성방법

□ 납세의무자란

① 성명(법인명) : 개인은 성명, 법인은 법인등기부상의 법인명을 적습니다.

② 주민(법인)등록번호: 개인은 주민등록번호, 법인은 법인등록번호, 외국인은 외국인등록번호를 적습니다.

③ 상호(법인명) : 개인사업자는 상호명, 법인은 법인의 대표자 성명을 적습니다.

④ 사업자등록번호 : 「소득세법」, 「법인세법」, 「부가가치세법」 에 따라 등록된 사업장의 등록번호를 적고, 등록번호가 없는 경우 빈 칸으로 둡니다.

⑤ 주소(영업소)

- 개인 : 주민등록표상의 주소를 원칙으로 하되, 주소가 사실상의 거주지와 다른 경우 거주지를 적을 수 있습니다.
- 법인 또는 개인사업자 : 법인은 주사무소 소재지, 개인사업자는 주된 사업장 소재지를 적습니다. 다만, 주사무소 또는 주된 사업장 소재지와 분사무소 또는 해당 사업장의 소재지가 다를 경우 분사무소 또는 해당 사업장의 소재지를 적을 수 있습니다.

⑥ 전화번호 : 연락이 가능한 일반전화(휴대전화)번호를 적습니다.

⑦ 전자우편주소 : 수신이 가능한 전자우편주소(E-mail 주소)를 적습니다.

□ 과세대상란

⑧ 토지소재지 : 재산세 과세 토지의 소재지 지번을 적습니다.

⑨ 용도/지목 : 공부상과 사실상 용도와 지목을 구분하여 적습니다.

⑩ 면적: 해당 토지의 면적(㎡)을 적습니다.

⑪ 취득일자 : 해당 토지를 취득한 일자(잔금완납일 등)를 적습니다.

□ 적용사유란

⑫ 적용법령 : 「지방세법 시행령」 제102조 중 적용되는 구체적인 조항을 적습니다.

⑬ 적용면적 : 토지면적 중 분리과세 대상이 되는 면적을 적습니다.

□ 문의사항은 시(군 · 구) 과(☎ -)로 문의하시기 바랍니다.

210mm×297mm[백상지 80g/㎡ 또는 중질지 80g/㎡]

[별지 제58호의 3 서식] (2024. 5. 28. 개정)

(20　년도)재산세 세율 특례 적용 시 주택 수 산정 제외 (변경)신청서

(「지방세법 시행령」 제110조의 2 제1항 각 호에 따른 주택)

(앞쪽)

1. 납세의무자

성　명		주 민 등 록 번 호		주　소	(☎:　　　)

2. 주택 수 제외 (변경)신청 주택명세　(단위: ㎡, 원)

번호	① 신고 구분	② 소재지	③ 주택 유형	사원용 주택			미분양 주택			대물변제			상속/혼인			인구감소지역	
				④ 전용 면적	⑤ 월세	⑥ 임대 보증금	⑦ 허가 구분	⑧ 사업계획 승인일 (건축허가일)	⑨ 사용 승인일 (사용검사일)	⑩공사대금 지급자		⑨ 사용 승인일 (사용검사일)	⑪ 피상속인/배우자		⑫ 상속개시일 /혼인일	⑬ 공시가격	⑭ 취득일
										성명 (상호)	주민등록번호 (법인번호)		성명	주민등록번호			
1																	
2																	
3																	
4																	
5																	

「지방세법 시행규칙」 제56조의 2에 따라 위의 주택에 대하여 1세대 소유 주택 수 판단 시 제외할 것을 (변경)신청합니다.

년　　월　　일

신　청　인:　　　　(서명 또는 인)

위　임　인:　　　　(서명 또는 인)

지방자치단체의 장 귀하

(뒤쪽)

작 성 방 법

※ 이 서식은 최초로 1세대 소유 주택 수 판단 시 제외 주택 신청을 하거나 지난 연도에 신청한 자로서 신고내용에 변경사항이 있는 경우에 작성하며, 공동으로 소유하는 주택의 경우에는 소유자별로 각각 제외 주택 신고서를 작성합니다.

1. ① 신고구분: 최초로 제외 신고를 하거나 지난 연도에 신고한 자로서 이미 신고한 제외 주택 외에 추가적으로 제외 신고할 주택이 있는 경우에는 “추가”를, 지난 연도에 제외 신고한 주택을 제외 대상에서 삭제할 경우에는 “삭제”를 적습니다.
2. ② 소재지: 사원용주택, 미분양주택, 대물변제주택, 상속주택, 혼인 전 보유주택의 소재지를 적습니다.
3. ③ 주택유형: 사원용주택은 “사원용”, 미분양주택은 “미분양”, 대물변제주택은 “대물변제”, 상속주택은 “상속”, 혼인 전 보유주택은 “혼인전 보유”을 각각 적습니다.
   가. 사원용주택: 종업원에게 무상 또는 저가로 제공하는 사용자 소유의 주택으로서 국민주택규모 이하이거나 과세기준일 현재 공시가격이 3억원 이하인 주택
   나. 미분양주택: 「주택법」 제16조에 따른 사업계획승인 또는 「건축법」 제11조에 따른 허가를 받아 주택신축판매업자가 건축하여 소유하는 미분양 주택으로서 주택 재산세의 납세의무가 최초로 성립하는 날부터 5년이 경과하지 않은 주택
   다. 대물변제주택: 시공사가 주택신축판매업자(시행사)로부터 주택의 공사대금으로 받은 미분양주택(해당 주택을 공사대금으로 받은 날 이후 해당 주택의 재산세 납세의무성립일부터 5년 이내인 경우로 한정합니다)
   라. 상속주택: 상속을 원인으로 취득한 주택으로서 과세기준일 현재 상속개시일부터 5년이 경과하지 않은 주택
   마. 혼인 전 보유주택 : 혼인 전부터 소유한 주택으로서 과세기준일 현재 혼인일로부터 5년이 경과하지 않은 주택 중 법 제111조의2 제1항에 따른 세율특례 적용을 받지 않으려는 주택
   사. 기숙사, 가정어린이집용 주택, 문화재 주택, 노인복지 주택은 과세관청에서 직권으로 조사하여 확인하나 누락된 경우 소재지, 주택유형 기재
4. ④ 전용면적: 주택유형이 “사원용”인 경우에만 적고, 공동주택인 경우에는 공용면적을 제외한 면적을 적습니다.
5. ⑤ 월세, ⑥ 임대보증금: 주택구분이 “사원용”인 경우에만 적고, 종업원이 과세기준일(매년 6월 1일) 현재 지급해야 할 월세(임대료)와 임대보증금을 적습니다(종업원이 2명 이상인 경우에는 그 합계액을 적습니다).
6. ⑦ 임대인과의 관계: 임대인과 6촌 이내의 혈족, 4촌 이내의 인척, 배우자(사실상의 혼인관계에 있는 사람을 포함한다), 친생자로서 다른 사람에게 친양자로 입양된 사람 및 그 배우자 · 직계비속인 경우에 그 관계를 기재합니다.
7. ⑧ 허가구분: 주택유형이 “미분양”인 경우에만 적고, 사업계획승인을 받은 경우에는 “사업승인”을, 건축허가를 받은 경우에는 “건축허가”를 각각 적습니다.
8. ⑨ 사업계획승인일(건축허가일): 주택유형이 “미분양”인 경우에만 적고, 주택건설사업계획의 승인일 또는 건축허가일을 적습니다.
9. ⑩ 사용승인일(사용검사일): 주택유형이 “미분양”과 “대물변제”인 경우에만 적고, 사용승인일 또는 사용검사일을 적습니다.
10. ⑪ 공사대금 지급자: 주택유형이 “대물변제”인 경우에만 적고, 미분양주택을 공사대금으로 지급한 시행사의 성명(상호) 및 주민등록번호(법인법호)를 적습니다.
11. ⑬ 피상속인/배우자, ⑭ 상속개시일/혼인일: 주택유형이 “상속”인 경우 피상속인 성명과 주민등록번호, 상속개시일을 적고, “혼인 전 보유”인 경우 배우자 성명과 주민등록번호, 혼인일을 적습니다.

※ 재산세 세율특례 적용 시 주택 수 산정 제외 (변경)신고서의 주택명세란이 부족한 경우에 별지를 사용하여 제출할 수 있습니다.

210㎜×297㎜[백상지(80g/㎡)]

[별지 제59호 서식(전산용 1)] (2024. 1. 22. 개정)

(앞쪽)

☜ 이곳을 천천히 개봉하여 주십시오.

보내는 사람

과세번호		
담당자	문의처	

우체국

바코드 18㎜ 음성안내

토지 재산세

받는 사람

바코드 17㎜ 우편반송용

납 부 장 소
은 행 방 문
전국 은행, 우체국, 새마을금고, 신용협동조합, 산림조합
가 상 계 좌
온라인

※ 상세 안내는 뒷면을 참고하시기 바랍니다.

년 토지 재산세

음성 안내 바코드 18㎜

납부하실 금액 원

까지 납부 시

물건소재지	면적(㎡)	과세구분	물건소재지	면적(㎡)	과세구분

※ 과세구분: 종합합산과세(1) / 별도합산과세(2) / 분리과세(3)

시·군·구	재산세	수납은행 확인용

납세자:

기관번호	세목
납세연월기	과세번호
전자납부 번 호	

납기 내 :	까지
세 목	납기 내 세액
합 계	
납기 후 :	까지
납기 후 세액	

년 월 일

지방자치단체의 장 직인 수납인

수납용 바코드

수납용

시·군·구	년 토지 재산세	도시지역분 지방교육세	납세고지서 겸 영수증

납세번호	기관	세목	연월기	과세번호

납 세 자 납세자번호

주 소 수납용 수납용 바코드

과세대상

세 목		납기 내 금액	납기 후 금액	과세표준	납기 내
재산세	종합합산과세				원
	별도합산과세				까지
	분리과세				
	도시지역분				납기 후
지방교육세					원
합 계					까지

위 세액을 납부하시기 바랍니다. 년 월 일

위 세액을 영수합니다. 년 월 일

지방자치단체의 장 직인 수납인

전자납부 번호

담당자 문의처

※ 이 영수증은 과세증명서로 사용할 수 있습니다.

210mm×297mm(CP지 90g/㎡)

(뒤쪽)

납부할 세액 산출 구조

구분	재산세(토지)
시가표준액	「부동산 가격공시에 관한 법률」에 따른 공시가격
(×)	(×)
공정시장가액 비율	70%
(=)	(=)
과세표준	재산세(토지) 과세표준
(-) 감면	(-) 「지방세특례제한법」에 따른 감면

구분		과세표준	세율
세율	종합합산	5천만원 이하	0.2%
		5천만원 초과 1억원 이하	10만원+5천만원 초과금액의 0.3%
		1억원 초과	25만원+1억원 초과금액의 0.5%
	별도합산	2억원 이하	0.2%
		2억원 초과 10억원 이하	40만원+2억원 초과금액의 0.3%
		10억원 초과	280만원+10억원 초과금액의 0.4%
	분리과세	–	0.07%, 4%, 0.2%

※ 조례에 따라 표준세율의 50% 가감 가능

(=)	(=)
산출세액	재산세(토지) 산출세액
(-)	(-)
세부담상한 초과액	세부담상한액 = 직전연도 세액상당액 × 150%
(=)	(=)
납부할 세액	재산세(토지) 납부할 세액

구분	과세표준	세율
도시지역분	재산세 과세표준과 동일	0.14%
지방교육세	재산세 납부할 세액	20%

재산세 부과 안내

과세근거	•「지방세법」 제104조부터 제123조까지 및 제141조부터 제154조까지
납세의무자	• 재산세 과세기준일(6.1.) 현재 재산을 사실상 소유하고 있는 자
납부지연 가산세	「지방세기본법」 제55조 및 제56조에 따라 납세고지서에 따른 납부기한까지 지방세액을 납부하지 않는 경우에는 그 지방세액의 3%가 부과되고, 해당 지방세액이 45만원 이상인 경우에는 납세고지서에 따른 납부기한이 지난 날부터 1개월이 지날 때마다(최대 60개월까지) 그 지방세액의 0.66%가 추가로 부과됩니다. ※ 계산식 납기 내 지방세액 + 납부지연가산세(납기 내 지방세액의 3%) + 납부지연가산세(납기 내 지방세액 × 0.66% × 경과월수)
세부담 상한제도	• 직전 연도 재산세액 상당액에 일정 비율을 초과하지 않도록 상한을 적용하는 제도

구제신청 기한 안내

이의신청	• 처분이 있은 것을 안 날부터 90일 이내
심판청구	• 처분이 있은 것을 안 날 또는 이의신청 결정통지를 받은 날부터 90일 이내 ※ 심판청구를 거치지 않으면 행정소송을 제기할 수 없습니다.

지방자치단체 활용란

210mm×297mm(CP지 90g/㎡)

[별지 제59호 서식(전산용 2)] (2024. 1. 22. 개정)

(앞쪽)

☜ 이곳을 천천히 개봉하여 주십시오.

보내는 사람

과세번호			
담당자		문의처	

바코드 17㎜

우편반송용

우체국

바코드 18㎜

음성안내

토지 재산세

받는 사람

자동납부현황

금융회사(신용카드회사)

예금주(소유주)

계좌번호(신용카드번호)

성명(법인명)

자동이체(납부)일

※ 납부기한 전에 예금 잔액 또는 한도를 확인하시기 바랍니다. 예금 잔액 또는 한도가 부족하면 자동납부가 되지 않으므로 해당 지방자치단체(시·군·구)에 확인한 후 별도의 고지서를 발부받아 납부하시기 바랍니다.

계좌이체(신용카드) 자동납부 통지서

귀하(귀 법인)께서 납부하실 재산세는 계좌이체(신용카드) 자동납부를 신청하신 예금계좌(신용카드)에서 해당 자동이체(납부)일에 자동납부됨을 알려드립니다.

년 토지 재산세

음성안내 바코드 18㎜

납부하실 금액 원

물건소재지	면적(㎡)	과세구분	물건소재지	면적(㎡)	과세구분

※ 과세구분: 종합합산과세(1) / 별도합산과세(2) / 분리과세(3)

귀하(귀 법인)께서는 자동납부 신청자로서 이 납세고지서로는 납부하실 수 없음을 알려드립니다.

시·군·구	년 토지 재산세	도시지역분 지방교육세	납세고지서

납세번호	기관	세목	연월기	과세번호

납세자

주소

과세대상

납세자번호

세목		납부할 세액	과세표준	납기 기한
재산세	종합합산과세			까지
	별도합산과세			
	분리과세			
	도시지역분			
지방교육세				
합 계				

담당자 문의처

위 세액을 납부하시기 바랍니다.

년 월 일

지방자치단체의 장 직인

※ 납부 결과는 자동납부를 신청한 예금계좌 또는 신용카드 사용내역에서 확인하실 수 있습니다.

(뒤쪽)

납부할 세액 산출 구조

구분	재산세(토지)
시가표준액	「부동산 가격공시에 관한 법률」에 따른 공시가격
(×)	(×)
공정시장가액비율	70%
(=)	(=)
과세표준	재산세(토지) 과세표준
(-) 감면	(-) 「지방세특례제한법」에 따른 감면
	(×)

세율

구분	과세표준	세율
종합합산	5천만원 이하	0.2%
	5천만원 초과 1억원 이하	10만원+5천만원 초과금액의 0.3%
	1억원 초과	25만원+1억원 초과금액의 0.5%
별도합산	2억원 이하	0.2%
	2억원 초과 10억원 이하	40만원+2억원 초과금액의 0.3%
	10억원 초과	280만원+10억원 초과금액의 0.4%
분리과세	-	0.07%, 4%, 0.2%

※ 조례에 따라 표준세율의 50% 가감 가능

(=)	(=)
산출세액	재산세(토지) 산출세액
(-)	(-)
세부담상한 초과액	세부담상한액 = 직전연도 세액상당액 × 150%
(=)	(=)
납부할 세액	재산세(토지) 납부할 세액

구분	과세표준	세율
도시지역분	재산세 과세표준과 동일	0.14%
지방교육세	재산세 납부할 세액	20%

재산세 부과 안내

과세근거	•「지방세법」 제104조부터 제123조까지 및 제141조부터 제154조까지
납세의무자	• 재산세 과세기준일(6.1.) 현재 재산을 사실상 소유하고 있는 자
납부지연 가산세	「지방세기본법」 제55조 및 제56조에 따라 납세고지서에 따른 납부기한까지 지방세액을 납부하지 않는 경우에는 그 지방세액의 3%가 부과되고, 해당 지방세액이 45만원 이상인 경우에는 납세고지서에 따른 납부기한이 지난 날부터 1개월이 지날 때마다(최대 60개월까지) 그 지방세액의 0.66%가 추가로 부과됩니다. ※ 계산식 납기 내 지방세액 + 납부지연가산세(납기 내 지방세액의 3%) + 납부지연가산세(납기 내 지방세액 × 0.66% × 경과월수)
세부담 상한제도	• 직전 연도 재산세액 상당액에 일정 비율을 초과하지 않도록 상한을 적용하는 제도

구제신청 기한 안내

이의신청	• 처분이 있은 것을 안 날부터 90일 이내
심판청구	• 처분이 있은 것을 안 날 또는 이의신청 결정통지를 받은 날부터 90일 이내 ※ 심판청구를 거치지 않으면 행정소송을 제기할 수 없습니다.

지방자치단체 활용란

[별지 제59호의 2 서식(전산용 1)] (2024. 1. 22. 개정)

(앞쪽)

☜ 이곳을 천천히 개봉하여 주십시오.

보내는 사람

과세번호			
담당자		문의처	

바코드 17㎜

우편반송용

우체국

바코드 18㎜

음성안내

건축물 재산세

받는 사람

납 부 장 소
은행방문
전국 은행, 우체국, 새마을금고, 신용협동조합, 산림조합
가 상 계 좌
온라인

※상세안내 후면 참조

년 건축물 재산세

음성안내 바코드 18㎜

납부하실 금액 원

까지 납부 시

	①	산출세액	원
	②	경감세액	원
[건축물]		세 부담 상한 초과액 경감	원
		법 또는 조례 감면	원
	③	납부할 세액(①−②)	원

시·군·구	재산세	수납은행 확인용

납세자:

기관번호	세목
납세연월기	과세번호
전자납부 번호	
납기 내 :	까지
세 목	납기 내 금액
합 계	
납기 후 :	까지
납기 후 금액	

년 월 일

지방자치단체의 장 직인 수납인

수납용 바코드

수납용

시·군·구	년 건축물 재산세	도시지역분 지역자원시설세 지방교육세	납세고지서 겸 영수증

납세번호	기관	세목	연월기	과세번호

납 세 자 납세자번호

주 소 수납용 수납용 바코드

과세대상

세 목		납기 내 금액	납기 후 금액	과세표준	
재산세	재산세(건축물)				납기 내 원 까지
	도시지역분				
지역자원시설세					납기 후 원 까지
지방교육세					
합 계					

위 세액을 납부하시기 바랍니다. 위 세액을 영수합니다.

년 월 일 년 월 일

전자납부 번호

지방자치단체의 장 직인 수납인

담당자 문의처

※ 이 영수증은 과세증명서로 사용할 수 있습니다.

210mm×297mm(CP지 90g/㎡)

(뒤쪽)

납부할 세액 산출 구조

구분	재산세(건축물)
시가표준액	지방자치단체의 장이 결정한 가액
(×)	(×)
공정시장가액비율	70%
(=)	(=)
과세표준	재산세(건축물) 과세표준
(×)	(×)
세율	(아래 표 참조)
(=)	(=)
산출세액	재산세(건축물) 산출세액
(−)	(−)
감면	「지방세특례제한법」에 따른 감면
(−)	(−)
세부담상한 초과액	세부담상한액 = 직전연도 세액상당액 × 150%
(=)	(=)
납부할 세액	재산세(건축물) 납부할 세액

구분	세율
지방세법 제13조 제5항에 따른 골프장, 고급오락장용 건축물	4%
지방세법 제111조 제1항 제2호 나목에 따른 공장용 건축물	0.5%
그 밖의 건축물	0.25%

※ 조례에 따라 표준세율의 50% 가감 가능

구분	과세표준		세율
도시지역분	재산세 과세표준과 동일		0.14%
지역자원시설세	건축물의 가액 또는 시가표준액 × 70%	과세표준	세율
		600만원 이하	0.04%
		600만원 초과 1,300만원 이하	2,400원+600만원 초과금액의 0.05%
		1,300만원 초과 2,600만원 이하	5,900원+1,300만원 초과금액의 0.06%
		2,600만원 초과 3,900만원 이하	13,700원+2,600만원 초과금액의 0.08%
		3,900만원 초과 6,400만원 이하	24,100원+3,900만원 초과금액의 0.1%
		6,400만원 초과	49,100원+6,400만원 초과금액의 0.12%
지방교육세	재산세 납부할 세액		20%

재산세 부과 안내

과세근거	• 「지방세법」 제104조부터 제123조까지 및 제141조부터 제154조까지
납세의무자	• 재산세 과세기준일(6.1.) 현재 재산을 사실상 소유하고 있는 자
납부지연 가산세	「지방세기본법」 제55조 및 제56조에 따라 납세고지서에 따른 납부기한까지 지방세액을 납부하지 않는 경우에는 그 지방세액의 3%가 부과되고, 해당 지방세액이 45만원 이상인 경우에는 납세고지서에 따른 납부기한이 지난 날부터 1개월이 지날 때마다(최대 60개월까지) 그 지방세액의 0.66%가 추가로 부과됩니다. ※ 계산식 납기 내 지방세액 + 납부지연가산세(납기 내 지방세액의 3%) + 납부지연가산세(납기 내 지방세액 × 0.66% × 경과월수)
세부담 상한제도	• 직전 연도 재산세액 상당액에 일정비율을 초과하지 않도록 상한을 적용하는 제도

구제신청 기한 안내

이의신청	• 처분이 있은 것을 안 날부터 90일 이내
심판청구	• 처분이 있은 것을 안 날 또는 이의신청 결정통지를 받은 날부터 90일 이내 ※ 심판청구를 거치지 않으면 행정소송을 제기할 수 없습니다.

지방자치단체 활용란

210mm×297mm(CP지 90g/㎡)

[별지 제59호의 2 서식(전산용 2)] (2024. 1. 22. 개정)

(앞쪽)

☜ 이곳을 천천히 개봉하여 주십시오.

보내는 사람

과세번호		
담당자	문의처	

우체국

바코드 18㎜ 음성안내

건축물 재산세

받는 사람

바코드 17㎜

우편반송용

자동납부현황
금융회사(신용카드회사)
예금주(소유주)
계좌번호(신용카드번호)
성명(법인명)
자동이체(납부)일

※ 납부기한 전에 예금 잔액 또는 한도를 확인하십시오. 예금 잔액 또는 한도가 부족하면 자동납부가 되지 아니하므로 해당 지방자치단체(시·군·구)에 확인한 후 별도의 고지서를 발부받아 납부해야 합니다.

계좌이체(신용카드) 자동납부 통지서

귀하(귀 법인)께서 납부하실 재산세는 계좌이체(신용카드) 자동납부를 신청하신 예금계좌(신용카드)에서 해당 자동이체(납부)일에 자동납부됨을 알려드립니다.

년 건축물 재산세

음성안내 바코드 18㎜

납부하실 금액			원
	①	산출세액	원
	②	경감세액	원
[건축물]		세 부담 상한 초과액 경감	원
		법 또는 조례 감면	원
		자동이체세액공제	원
	③	납부할 세액(①-②)	원

귀하(귀 법인)께서는 자동납부 신청자로서 이 납세고지서로는 납부하실 수 없음을 알려드립니다.

시·군·구	년 건축물 재산세	도시지역분 지역자원시설세 지방교육세	납세고지서

납세번호	기관	세목	연월기	과세번호

납 세 자 / 주 소 / 과세대상 — 납세자번호

세목		납부할 세액	과세표준	납기 기한
재산세	재산세(건축물)			까지
	도시지역분			
지역자원시설세				담당자 문의처
지방교육세				
합 계				

위 세액을 납부하시기 바랍니다.

년 월 일

지방자치단체의 장 직인

※ 납부 결과는 자동납부를 신청한 예금계좌 또는 신용카드 사용내역에서 확인하실 수 있습니다.

(뒤쪽)

납부할 세액 산출 구조

구분	재산세(건축물)
시가표준액	지방자치단체의 장이 결정한 가액
(×)	(×)
공정시장가액 비율	70%
(=)	(=)
과세표준	재산세(건축물) 과세표준
(×)	(×)
세율	(아래 표 참조)
(=)	(=)
산출세액	재산세(건축물) 산출세액
(-)	(-)
감면	「지방세특례제한법」에 따른 감면
(-)	(-)
세부담상한 초과액	세부담상한액 = 직전연도 세액상당액 × 150%
(=)	(=)
납부할 세액	재산세(건축물) 납부할 세액

구분	세율
지방세법 제13조 제5항에 따른 골프장, 고급오락장용 건축물	4%
지방세법 제111조 제1항 제2호 나목에 따른 공장용 건축물	0.5%
그 밖의 건축물	0.25%

※ 조례에 따라 표준세율의 50% 가감 가능

구분	과세표준		세율
도시지역분	재산세 과세표준과 동일		0.14%
지역자원시설세	건축물의 가액 또는 시가표준액 × 70%	600만원 이하	0.04%
		600만원 초과 1,300만원 이하	2,400원+600만원 초과금액의 0.05%
		1,300만원 초과 2,600만원 이하	5,900원+1,300만원 초과금액의 0.06%
		2,600만원 초과 3,900만원 이하	13,700원+2,600만원 초과금액의 0.08%
		3,900만원 초과 6,400만원 이하	24,100원+3,900만원 초과금액의 0.1%
		6,400만원 초과	49,100원+6,400만원 초과금액의 0.12%
지방교육세	재산세 납부할 세액		20%

재산세 부과 안내

과세근거	• 「지방세법」 제104조부터 제123조까지 및 제141조부터 제154조까지
납세의무자	• 재산세 과세기준일(6.1.) 현재 재산을 사실상 소유하고 있는 자
납부지연 가산세	• 「지방세기본법」 제55조 및 제56조에 따라 납세고지서에 따른 납부기한까지 지방세액을 납부하지 않는 경우에는 그 지방세액의 3%가 부과되고, 해당 지방세액이 45만원 이상인 경우에는 납세고지서에 따른 납부기한이 지난 날부터 1개월이 지날 때마다(최대 60개월까지) 그 지방세액의 0.66%가 추가로 부과됩니다. ※ 계산식 납기 내 지방세액 + 납부지연가산세(납기 내 지방세액의 3%) + 납부지연가산세(납기 내 지방세액 × 0.66% × 경과월수)
세부담 상한제도	• 직전 연도 재산세액 상당액에 일정비율을 초과하지 않도록 상한을 적용하는 제도

구제신청 기한 안내

이의신청	• 처분이 있은 것을 안 날부터 90일 이내
심판청구	• 처분이 있은 것을 안 날 또는 이의신청 결정통지를 받은 날부터 90일 이내 ※ 심판청구를 거치지 않으면 행정소송을 제기할 수 없습니다.

지방자치단체 활용란

[별지 제59호의 3 서식(전산용 1)] (2024. 1. 22. 개정 ; 2024. 5. 28. 개정)

(앞쪽)

☜ 이곳을 천천히 개봉하여 주십시오.

보내는 사람

과세번호			
담당자		문의처	

우체국

바코드 18㎜ 음성안내

주택 재산세

받는 사람

바코드 17㎜

우편반송용

년 주택 기분 재산세

음성안내

바코드 18㎜

납 부 장 소
은행방문
전국 은행, 우체국, 새마을금고, 신용협동조합, 산림조합
가 상 계 좌
온라인

※상세안내 후면 참조

납부하실 금액 까지 납부 시 원

[기분]	①	산출세액	원
	②	경감세액	원
		1세대 1주택 세율 특례 경감	원
		세 부담 상한 초과액 경감	원
		법 또는 조례 감면	원
	③	납부할 세액(①-②)	원

시·군·구	재산세	수납은행 확인용

납세자:

기관번호	세목
납세연월기	과세번호
전자납부 번호	
납기 내 :	까지
세 목	납기 내 금액
합 계	
납기 후 :	까지
납기 후 세액	

년 월 일

지방자치단체의 장

수납용 바코드

수납용

직인

수납인

시·군·구	년 (주택 기분) 재산세	도시지역분 지역자원시설세 지방교육세	납세고지서 겸 영수증

납세번호	기관	세목	연월기	과세번호

납 세 자

주 소

과세대상

납세자번호

수납용

수납용 바코드

세 목		납기 내 금액	납기 후 금액	과세표준
재산세	재산세(주택)			
	도시지역분			
지역자원시설세				
지방교육세				
합 계				

납기 내 원 까지

납기 후 원 까지

위 세액을 납부하시기 바랍니다.

년 월 일

지방자치단체의 장 직인

위 세액을 영수합니다.

년 월 일

수납인

전자납부 번호

담당자 문의처

※ 이 영수증은 과세증명서로 사용할 수 있습니다.

210mm×297mm(CP지 90g/㎡)

(뒤쪽)

납부할 세액 산출 구조

구분	재산세(주택)
시가표준액	「부동산 가격공시에 관한 법률」에 따른 공시가격
(×)	(×)
공정시장가액 비율	60%
(=)	(=)
과세표준	재산세(주택) 과세표준
(×)	(×)
세율	(아래 표)
(=)	(=)
산출세액	재산세(주택) 산출세액
(-)	(-)
감면	「지방세특례제한법」에 따른 감면
(-)	(-)
세부담상한 초과액	(아래 표)
(=)	(=)
납부할 세액	재산세(주택) 납부할 세액

과세표준	표준세율	세율특례
6천만원 이하	0.1%	0.05%
6천만원 초과 1억5천만원 이하	60,000원+6천만원 초과금액의 0.15%	30,000원+6천만원 초과금액의 0.1%
1억5천만원 초과 3억원 이하	195,000원+1억5천만원 초과금액의 0.25%	120,000원+1억5천만원 초과금액의 0.2%
3억원 초과	570,000원+3억원 초과금액의 0.4%	420,000원+3억원 초과금액의 0.35%

※ 조례에 따라 표준세율의 50% 범위 내에서 가감 가능

공시가격	3억원 이하	6억원 이하	6억원 초과
상한율	105%	110%	130%

구분	과세표준	세율
도시지역분	재산세 과세표준과 동일	0.14%
지역자원시설세	건축물의 가액 또는 시가표준액 × 60%	(아래 표)
지방교육세	재산세 납부할 세액	20%

과세표준	세율
600만원 이하	0.04%
600만원 초과 1,300만원 이하	2,400원+600만원 초과금액의 0.05%
1,300만원 초과 2,600만원 이하	5,900원+1,300만원 초과금액의 0.06%
2,600만원 초과 3,900만원 이하	13,700원+2,600만원 초과금액의 0.08%
3,900만원 초과 6,400만원 이하	24,100원+3,900만원 초과금액의 0.1%
6,400만원 초과	49,100원+6,400만원 초과금액의 0.12%

지방자치단체 활용란

재산세 부과 안내

과세근거	• 「지방세법」 제104조부터 제123조까지 및 제141조부터 제154조까지
납세의무자	• 재산세 과세기준일(6.1.) 현재 재산을 사실상 소유하고 있는 자
납부지연 가산세	• 「지방세기본법」 제55조 및 제56조에 따라 납세고지서에 따른 납부기한까지 지방세액을 납부하지 않는 경우에는 그 지방세액의 3%가 부과되고, 해당 지방세액이 45만원 이상인 경우에는 납세고지서에 따른 납부기한이 지난 날부터 1개월이 지날 때마다(최대 60개월까지) 그 지방세액의 0.66%가 추가로 부과됩니다. ※ 계산식 납기 내 지방세액 + 납부지연가산세(납기 내 지방세액의 3%) + 납부지연가산세(납기 내 지방세액 × 0.66% × 경과월수)
과세표준 상한제도	• 해당 연도 재산세 과세표준이 직전 연도 시가표준액 등을 감안해 매년 산정되는 과세표준상한액보다 크지 않도록 상한을 적용하는 제도 ※ 과세표준상한액 직전 연도 과세표준 상당액 + (해당 연도 과세표준 × 「지방세법 시행령」 제109조의 2 제2항에 따른 비율)
세부담 상한제도	• 직전 연도 재산세액 상당액에 일정비율을 초과하지 않도록 상한을 적용하는 제도

구제신청 기한 안내

이의신청	• 처분이 있은 것을 안 날부터 90일 이내
심판청구	• 처분이 있은 것을 안 날 또는 이의신청 결정통지를 받은 날부터 90일 이내 ※ 심판청구를 거치지 않으면 행정소송을 제기할 수 없습니다.

210mm×297mm(CP지 90g/㎡)

[별지 제59호의 3 서식(전산용 2)] (2024. 1. 22. 개정 ; 2024. 5. 28. 개정) (앞쪽)

☜ 이곳을 천천히 개봉하여 주십시오.

보내는 사람

과세번호			
담당자		문의처	

바코드 17㎜

우편반송용

우체국

바코드 18㎜

음성안내

주택 재산세

받는 사람

자동납부현황
금융회사(신용카드회사)
예금주(소유주)
계좌번호(신용카드번호)
성명(법인명)
자동이체(납부)일

※ 납부기한 전에 예금 잔액 또는 한도를 확인하십시오. 예금 잔액 또는 한도가 부족하면 자동납부가 되지 아니하므로 해당 지방자치단체(시·군·구)에 확인한 후 별도의 고지서를 발부받아 납부해야 합니다.

계좌이체(신용카드) 자동납부 통지서

귀하(귀 법인)께서 납부하실 재산세는 계좌이체(신용카드) 자동납부를 신청하신 예금계좌(신용카드)에서 해당 자동이체(납부)일에 자동납부됨을 알려드립니다.

년 주택 기분 재산세

음성안내 바코드 18㎜

납부하실 금액 원

[기분]			
	①	산출세액	원
	②	경감세액	원
		1세대 1주택 세율 특례 경감	원
		세 부담 상한 초과액 경감	원
		법 또는 조례 감면	원
		자동이체 세액공제	원
	③	납부할 세액(①-②)	원

귀하(귀 법인)께서는 자동납부 신청자로서 이 납세고지서로는 납부하실 수 없음을 알려드립니다.

시·군·구	년 (주택 기분) 재산세	도시지역분 지역자원시설세 지방교육세	납세고지서

납세번호	기관	세목	연월기	과세번호

납 세 자 / 주 소 / 과세대상 납세자번호

세 목		납부할 세액	과세표준	납기 기한
재산세	재산세(주택)			까지
	도시지역분			
지역자원시설세				담당자 문의처
지방교육세				
합 계				

위 세액을 납부하시기 바랍니다.

년 월 일

지방자치단체의 장 직인

※ 납부 결과는 자동납부를 신청한 예금계좌 또는 신용카드 사용내역에서 확인하실 수 있습니다.

210mm×297mm(CP지 90g/㎡)

(뒤쪽)

납부할 세액 산출 구조

구분	재산세(주택)
시가표준액	「부동산 가격공시에 관한 법률」에 따른 공시가격
(×)	(×)
공정시장가액 비율	60%
(=)	(=)
과세표준	재산세(주택) 과세표준
(×)	(×)
세율	(아래 표 참조)
(=)	(=)
산출세액	재산세(주택) 산출세액
(-)	(-)
감면	「지방세특례제한법」에 따른 감면
(-)	(-)
세부담상한 초과액	(아래 표 참조)
(=)	(=)
납부할 세액	재산세(주택) 납부할 세액

과세표준	표준세율	세율특례
6천만원 이하	0.1%	0.05%
6천만원 초과 1억5천만원 이하	60,000원+6천만원 초과금액의 0.15%	30,000원+6천만원 초과금액의 0.1%
1억5천만원 초과 3억원 이하	195,000원+1억5천만원 초과금액의 0.25%	120,000원+1억5천만원 초과금액의 0.2%
3억원 초과	570,000원+3억원 초과금액의 0.4%	420,000원+3억원 초과금액의 0.35%

※ 조례에 따라 표준세율의 50% 가감 가능

공시가격	3억원 이하	6억원 이하	6억원 초과
상한율	105%	110%	130%

재산세 부과 안내

과세근거	• 「지방세법」 제104조부터 제123조까지 및 제141조부터 제154조까지
납세의무자	• 재산세 과세기준일(6.1.) 현재 재산을 사실상 소유하고 있는 자
납부지연 가산세	• 「지방세기본법」 제55조 및 제56조에 따라 납세고지서에 따른 납부기한까지 지방세액을 납부하지 않는 경우에는 그 지방세액의 3%가 부과되고, 해당 지방세액이 45만원 이상인 경우에는 납세고지서에 따른 납부기한이 지난 날부터 1개월이 지날 때마다(최대 60개월까지) 그 지방세액의 0.66%가 추가로 부과됩니다. ※ 계산식 납기 내 지방세액 + 납부지연가산세(납기 내 지방세액의 3%) + 납부지연가산세(납기 내 지방세액 × 0.66% × 경과월수)
과세표준 상한제도	• 「해당 연도 재산세 과세표준이 직전 연도 시가표준액 등을 감안해 매년 산정되는 과세표준상한액보다 크지 않도록 상한을 적용하는 제도 ※ 과세표준상한액 직전 연도 과세표준 상당액 + (해당 연도 과세표준 × 「지방세법 시행령」 제109조의 2 제2항에 따른 비율)
세부담 상한제도	• 직전 연도 재산세액 상당액에 일정비율을 초과하지 않도록 상한을 적용하는 제도

구제신청 기한 안내

이의신청	• 처분이 있은 것을 안 날부터 90일 이내
심판청구	• 처분이 있은 것을 안 날 또는 이의신청 결정통지를 받은 날부터 90일 이내 ※ 심판청구를 거치지 않으면 행정소송을 제기할 수 없습니다.

구분	과세표준		세율
도시지역분	재산세 과세표준과 동일		0.14%
지역자원 시설세	건축물의 가액 또는 시가표준액 × 60%	600만원 이하	0.04%
		600만원 초과 1,300만원 이하	2,400원+600만원 초과금액의 0.05%
		1,300만원 초과 2,600만원 이하	5,900원+1,300만원 초과금액의 0.06%
		2,600만원 초과 3,900만원 이하	13,700원+2,600만원 초과금액의 0.08%
		3,900만원 초과 6,400만원 이하	24,100원+3,900만원 초과금액의 0.1%
		6,400만원 초과	49,100원+6,400만원 초과금액의 0.12%
지방교육세	재산세 납부할 세액		20%

지방자치단체 활용란

210mm×297mm(CP지 90g/㎡)

[별지 제61호 서식] (2010. 12. 23. 개정) (앞쪽)

☐ 재산세 물납 허가 신청서 ☐ 재산세 물납부동산 변경허가 신청서				처리기간 5 일
신청인	① 성명(법 인 명)		② 주민(법인)등록번호	
	③ 상호(대 표 자)		④ 사 업 자 등 록 번 호	
	⑤ 주소(영 업 소)			
	⑥ 전 화 번 호	(휴대전화:)	⑦ 전 자 우 편 주 소	
신청내용	⑧ 부 과 세 액		⑨ 납 부 세 액	
	⑩ 과 세 대 상			
	⑪ 납 부 기 한		⑫ 물 납 신 청 세 액	

물납명세						
⑬종류	⑭소재지	⑮평가기준일	⑯면적(㎡)	⑰단가(원)	⑱총액	비고
계						

「지방세법」 제117조 및 같은 법 시행령 제113조 · 제114조에 따라 위와 같이 물납허가(물납부동산 변경허가)를 신청합니다.

년 월 일

신청인 (서명 또는 인)

시장 · 군수 · 구청장 귀하

구비서류	신청인 제출서류	담당공무원 확인사항	수수료
	1. 수용 · 공매 · 감정가액 등을 입증할 수 있는 관련 서류(해당되는 경우에만 제출합니다) 2. 당초 재산세 물납 허가서 사본 1부(재산세 물납부동산 변경허가를 신청하는 경우만 해당합니다)	1. 건물 등기부등본 2. 토지 등기부등본	없 음

210mm×297mm(일반용지 60g/㎡(재활용품))

[별지 제62호 서식] (2010. 12. 23. 개정)

행 정 기 관 명

수신자
(경 유)
제 목 **재산세 물납허가(물납부동산 변경허가) 통지**

귀하(귀 법인)께서 년 월 일 신청한 재산세 물납허가(물납부동산 변경허가) 신청을 「지방세법」 제117조 및 같은 법 시행령 제113조 · 제114조에 따라 허가하오니 해당 물납부동산을 년 월 일까지 납부하시기 바랍니다.

신청인	성명(법인명)			주민(법인)등록번호		
	상호(대표자)			사 업 자 등 록 번 호		
	주소(소재지)					
허가사항						
납부세액			허가세액			
물납허가(물납부동산 변경허가) 명세						
종류	소재지	면적(㎡)	단가(원)		물납가액	비 고
계						

끝.

행정기관의 장 직인

기안자(직위/직급) 서명 검토자(직위/직급) 서명 결재권자(직위/직급) 서명
협조자 (직위/직급) 서명
시행 처리과-일련번호 (시 행 일) 접수 처리과-일련번호 (접 수 일)
우 주소 / 홈페이지 주소
전화 전송 / 공무원의 공식 전자우편주소 / 공개구분

210mm×297mm(일반용지 60g/㎡(재활용품))

[별지 제63호 서식] (2021. 12. 31. 개정)

재산세 · 지역자원시설세 분할납부 신청서

※ 색상이 어두운 난은 신청인이 작성하지 않으며, 뒤쪽의 작성방법을 읽고 작성하시기 바랍니다. (앞쪽)

접수번호	접수일시		처리기간 즉시
1. 신청인			
① 성명 (법인명)		② 주민등록번호 (법인등록번호)	
③ 주소		④ 전화번호	
		⑤ 전자우편주소	

2. 부과고지 내용

⑥ 부과세액		⑦ 과세대상	⑧ 납부기한
재산세	지역자원시설세		

3. 분할납부 신청내용

⑨ 납기내 납부할 세액		⑩ 분할납부할 세액		⑪ 분할납부기한
재산세	지역자원시설세	재산세	지역자원시설세	

「지방세법」 제118조, 제147조 및 같은 법 시행령 제116조에 따라 위와 같이 분할납부를 신청합니다.

년 월 일

신청인 (서명 또는 인)

시장 · 군수 · 구청장 귀하

첨부서류	해당없음	수수료 없음

신 청 안 내

1. 재산세는 납부할 재산세 세액(「지방세법」 제112조에 따른 도시지역분 포함)이 250만원 초과하는 경우 분할납부 할 수 있습니다.
2. 지역자원시설세(소방분)은 재산세 분납대상이고, 지역자원시설세 납부할 세액이 250만원 초과하는 경우 분할납부 할 수 있습니다.

210mm×297mm[백상지(80g/㎡) 또는 중질지(80g/㎡)]

[별지 제63호의 2 서식] (2021. 12. 31. 신설)

행 정 기 관 명

수신자
(경유)
제 목 신탁재산의 지방세 체납에 따른 납부통지서

1. 「지방세법」 제119조의 2 제1항에 따라 신탁재산의 위탁자가 재산세 등을 체납하고 그 위탁자의 다른 재산으로 체납처분을 하여도 징수할 금액에 미치지 못할 때에는 수탁자가 그 신탁재산으로써 위탁자의 재산세 등을 납부할 의무가 있음을 알려드립니다.
2. 따라서 아래 표지된 신탁재산의 수탁자인 귀하(귀 법인)에게 「지방세법」 제119조의 2 제2항에 따라 납세고지서를 첨부하여 납부통지서를 고지하오니 납부기한까지 납부하시기 바랍니다.

신탁재산의 표시								
위탁자 (체납자)	성명 (법인명)				주민(법인 · 외국인) 등록번호			
	주소 (영업소)							
체납 내역	과세연도	구분	세목	과세번호	계	지방세	가산금	납부기한(당초)
	체납처분비							
	합계							
수탁자 (물적납세의무자)	신탁회사명				법인 등록번호			
	주소 (영업소)							
	납부할 세액							
	산출근거	※ 납세고지서 참조						

붙임 납세고지서 부. 끝.

발 신 명 의 직인

기안자 직위(직급) 서명 검토자 직위(직급) 서명 결재권자 직위(직급) 서명
협조자
시행 처리과명-연도별 일련번호(시행일) 접수 처리과명-연도별 일련번호(접수일)
우 도로명주소 / 홈페이지 주소
전화번호( ) 팩스번호( ) / 공무원의 전자우편주소 / 공개 구분

[별지 제63호의 3 서식(1)] (2023. 6. 30. 개정)

토지분 재산세 합산배제 신청서 [향교재단 · 종교단체용] (갑)

※ 색상이 어두운 난은 신청인이 작성하지 않으며, 뒤쪽의 작성방법을 읽고 작성하시기 바랍니다. (앞쪽)

접수번호	접수일시			관리번호	
1. 신청인					
① 단체명 (대표자명)			② 법인등록번호 (사업자등록번호)		
③ 주소			④ 전화번호		
			⑤ 전자우편주소		

2. 과세대상 물건 명세서

⑥ 번호	⑦ 과세대상 소재지	⑧ 지목	⑨ 면적	⑩ 개별종교단체명 (대표자명)	⑪ 법인(주민)등록번호 (사업자등록번호)

합산배제 결정 통지 방법	직접교부[ ] 등기우편[ ] 전자우편 [ ]

신청인은 본 신청서의 유의사항 등을 충분히 검토했고, 향후에 신청인이 기재한 사항과 사실이 다른 경우에는 재산세 등 과소납부세액이 추징됨을 확인했습니다.

「지방세법 시행령」 제116조의 4에 따라 위와 같이 토지분 재산세 합산배제 신청서를 제출합니다.

년 월 일

신청인 (서명 또는 인)

시장 · 군수 · 구청장 귀하

첨부서류	1. 향교재단 또는 종단의 정관(정관이 변경된 경우에는 「민법」 제45조 제3항에 따른 향교재단 또는 종단에 대한 주무관청의 정관 변경허가서를 포함합니다) 1부 2. 향교재단 또는 종단의 이사회 회의록 1부 3. 대상토지의 사실상 소유자가 개별 향교 또는 소속종교단체임을 입증할 수 있는 서류 1부	수수료 없음

210mm×297mm[백상지(80g/㎡) 또는 중질지(80g/㎡)]

(뒤쪽)

작성방법

※ 이 서식은 「지방세법 시행령」 제116조의 4 제2항에 따른 향교재단 또는 종교단체가 작성합니다.

1. 신청인란
 ① 단체명(대표자명): 향교재단 또는 종교단체의 단체명과 단체의 대표자 성명을 적습니다.
 ② 법인등록번호(사업자등록번호): 단체명에 해당하는 법인등록번호 또는「소득세법」,「법인세법」,「부가가치세법」 등에 따라 등록된 사업장별 사업자등록번호를 적습니다.
 ③ 주소: 법인은 주사무소 소재지, 개인사업자는 주된 사업장 소재지를 적습니다. 다만, 주사무소 또는 주된 사업장 소재지와 분사무소 또는 해당 사업장의 소재지가 다를 경우 분사무소 또는 해당 사업장의 소재지를 적을 수 있습니다.
 ④ 전화번호: 연락이 가능한 유선전화 또는 휴대전화 번호를 적습니다.
  ※ 기재착오, 계산착오 등으로 과세관청에서 연락이 필요한 경우에 활용합니다.
 ⑤ 전자우편주소: 수신이 가능한 전자우편주소(E-mail 주소)를 적습니다.
2. 과세대상 물건 명세서란
 ⑥ 번호: 신청하는 과세대상 물건의 연번을 순서대로 적습니다.
 ⑦ 과세대상 소재지: 해당 부동산의 지번주소를 적습니다.
 ⑧ 지목: 해당 부동산의 공부상 지목을 적습니다.
 ⑨ 면적: 해당 부동산의 공부상 면적을 적습니다.
 ⑩ 개별종교단체명(대표자명): 합산배제를 희망하는 개별종교단체명과 단체의 대표자 성명을 적습니다.
 ⑪ 법인(주민)등록번호(사업자등록번호): 개별종교단체명에 해당하는 법인등록번호 또는「소득세법」,「법인세법」,「부가가치세법」 등에 따라 등록된 사업장별 사업자등록번호를 적고, 등록번호가 없는 경우 개별 종교단체 대표자의 주민등록번호를 적되, 내국인은 주민등록번호, 외국인은 외국인등록번호를 적습니다.

□ 문의사항은 시(군 · 구) 과(☎ -)로 문의하시기 바랍니다.

유 의 사 항

1. 신청인이 작성 · 기재한 합산배제 신청서는「지방세기본법」 제78조에 따라 진실한 것으로 추정됩니다.
2. 향후에 신청인이 작성 · 기재한 사항이 사실과 다른 경우 재산세 등 과소납부세액이 추징될 수 있음을 유의하시기 바랍니다.
3. 합산배제 결정 통지 방법: 직접교부, 등기우편, 전자우편 중 하나를 선택합니다.

처 리 절 차

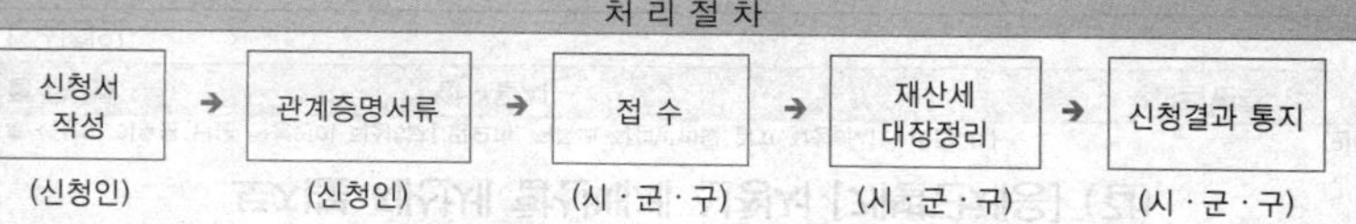

210mm×297mm[백상지(80g/㎡) 또는 중질지(80g/㎡)]

[별지 제63호의 3 서식(2)] (2021 12. 31. 개정)

토지분 재산세 합산배제 신청서 [향교재단 · 종교단체용] (을)

과세대상 물건 명세서					
⑥ 번호	⑦ 과세대상 소재지	⑧ 지목	⑨ 면적	⑩ 개별종교단체명 (대표자명)	⑪ 법인(주민)등록번호 (사업자등록번호)

※ 이 서식은 토지분 재산세 합산배제 신청서 [향교재단 · 종교단체용] (갑)의 과세대상 물건명세서란이 부족한 경우에 사용합니다.

210mm×297mm[백상지(80g/㎡) 또는 중질지(80g/㎡)]

[별지 제63호의 3 서식(3)] (2023. 6. 30. 개정)

토지분 재산세 합산배제 신청서 [개별단체용] (갑)

※ 색상이 어두운 난은 신청인이 작성하지 않으며, 뒤쪽의 작성방법을 읽고 작성하시기 바랍니다. (앞쪽)

접수번호	접수일시	관리번호

1. 신청인

① 단체명 (대표자명)		② 법인(주민)등록번호 (사업자등록번호)	
③ 주소		④ 전화번호	
		⑤ 전자우편주소	

2. 등기사항증명서상 소유자(향교재단 · 종교단체)

⑥ 단체명		⑦ 법인등록번호 (사업자등록번호)	
⑧ 주소		⑨ 전화번호	
		⑩ 전자우편주소	

3. 과세대상 물건 명세서

⑪ 번호	⑫ 과세대상소재지	⑬ 지목	⑭ 면적

합산배제 결정 통지 방법	직접교부[ ] 등기우편[ ] 전자우편 [ ]

신청인은 본 신청서의 유의사항 등을 충분히 검토했고, 향후에 신청인이 기재한 사항과 사실이 다른 경우에는 재산세 등 과소납부세액이 추징됨을 확인했습니다.

「지방세법 시행령」 제116조의 4에 따라 위와 같이 토지분 재산세 합산배제 신청서를 제출합니다.

년 월 일

신청인 (서명 또는 인)

시장 · 군수 · 구청장 귀하

첨부서류	1. 향교재단 또는 종단의 정관(정관이 변경된 경우에는 「민법」 제45조 제3항에 따른 향교재단 또는 종단에 대한 주무관청의 정관 변경허가서를 포함합니다) 1부 2. 향교재단 또는 종단의 이사회 회의록 1부 3. 대상토지의 사실상 소유자가 개별 향교 또는 소속종교단체임을 입증할 수 있는 서류 1부	수수료 없음

210mm×297mm[백상지(80g/㎡) 또는 중질지(80g/㎡)]

(뒤쪽)

작성방법

※ 이 서식은 「지방세법 시행령」 제116조의 4 제1항에 따른 개별 향교 또는 개별 종교단체가 작성합니다.

1. 신청인란
   ① 단체명(대표자명): 개별 향교 또는 개별 종교단체의 단체명과 단체의 대표자 성명을 적습니다.
   ② 법인(주민)등록번호(사업자등록번호): 단체명에 해당하는 법인등록번호 또는「소득세법」,「법인세법」,「부가가치세법」 등에 따라 등록된 사업장별 사업자등록번호를 적고, 등록번호가 없는 경우 단체 대표자의 주민등록번호를 적되, 내국인은 주민등록번호, 외국인은 외국인등록번호를 적습니다.
   ③ 주소: 법인은 주사무소 소재지, 개인사업자는 주된 사업장 소재지를 적습니다. 다만, 주사무소 또는 주된 사업장 소재지와 분사무소 또는 해당 사업장의 소재지가 다를 경우 분사무소 또는 해당 사업장의 소재지를 적을 수 있습니다.
   ④ 전화번호: 연락이 가능한 유선전화 또는 휴대전화 번호를 적습니다.
   ※ 기재착오, 계산착오 등으로 과세관청에서 연락이 필요한 경우에 활용합니다.
   ⑤ 전자우편주소: 수신이 가능한 전자우편주소(E-mail 주소)를 적습니다.
2. 등기사항증명서상 소유자란
   ⑥ 단체명: 과세대상의 공부상 소유자인 단체의 단체명을 적습니다.
   ⑦ 법인등록번호(사업자등록번호): 단체명에 해당하는 법인등록번호 또는「소득세법」,「법인세법」,「부가가치세법」 등에 따라 등록된 사업장별 사업자등록번호를 적습니다.
   ⑧ 주소: 법인은 주사무소 소재지, 개인사업자는 주된 사업장 소재지를 적습니다. 다만, 주사무소 또는 주된 사업장 소재지와 분사무소 또는 해당 사업장의 소재지가 다를 경우 분사무소 또는 해당 사업장의 소재지를 적을 수 있습니다.
   ⑨ 전화번호: 연락이 가능한 유선전화 또는 휴대전화 번호를 적습니다.
   ※ 기재착오, 계산착오 등으로 과세관청에서 연락이 필요한 경우에 활용합니다.
   ⑩ 전자우편주소: 수신이 가능한 전자우편주소(E-mail 주소)를 적습니다.
3. 과세대상 물건 명세서란
   ⑪ 번호: 신청하는 과세대상 물건의 연번을 순서대로 적습니다.
   ⑫ 과세대상 소재지: 해당 부동산의 지번주소를 적습니다.
   ⑬ 지목: 해당 부동산의 공부상 지목을 적습니다.
   ⑭ 면적: 해당 부동산의 공부상 면적을 적습니다.

□ 문의사항은 시(군 · 구) 과(☎ -)로 문의하시기 바랍니다.

유 의 사 항

1. 신청인이 작성 · 기재한 합산배제 신청서는 「지방세기본법」 제78조에 따라 진실한 것으로 추정됩니다.
2. 향후에 신청인이 작성 · 기재한 사항이 사실과 다른 경우 재산세 등 과소납부세액이 추징될 수 있음을 유의하시기 바랍니다.
3. 합산배제 결정 통지 방법: 직접교부, 등기우편, 전자우편 중 하나를 선택합니다.

처 리 절 차

신청서 작성	→	관계증명서류	→	접 수	→	재산세 대장정리	→	신청결과 통지
(신청인)		(신청인)		(시 · 군 · 구)		(시 · 군 · 구)		(시 · 군 · 구)

210mm×297mm[백상지(80g/㎡) 또는 중질지(80g/㎡)]

[별지 제63호의 3 서식(4)] (2021. 12. 31. 개정)

토지분 재산세 합산배제 신청서 [개별단체용] (을)

과세대상 물건 명세서

⑪ 번호	⑫ 과세대상 소재지	⑬ 지목	⑭ 면적

※ 이 서식은 토지분 재산세 합산배제 신청서 [개별단체용](갑)의 과세대상 물건명세서란이 부족한 경우에 사용합니다.

210mm×297mm[백상지(80g/㎡) 또는 중질지(80g/㎡)]

[별지 제63호의 4 서식] (2023. 6. 3. 개정)

행 정 기 관 명

수신자
(경 유)
제 목 토지분 재산세 합산배제 결정 통지

귀하가 년 월 일에 제출한 토지분 재산세 합산배제 신청에 대하여 「지방세법」 제119조의 3 및 같은 법 시행령 제116조의 4에 따라 아래와 같이 결정되었음을 통지합니다.

〈아 래〉

번호	과세대상 소재지	지목	면적(㎡)	합산배제 여부	합산대상 개별종교단체명 (법인(주민)등록번호)
결정 사유					

※ 신청한 내용이 사실과 다를 경우 「지방세법 시행령」 제116조의 4 제4항에 따라 세액이 추징될 수 있습니다.

끝.

발신명의 직인

기안자(직위/직급) 서명 검토자(직위/직급) 서명 결재권자(직위/직급) 서명
협조자 (직위/직급) 서명
시행 처리과-일련번호 (시 행 일 자) 접수 처리과-일련번호 (접 수 일 자)
우 주소 / 홈페이지 주소
전화 전송 / 공무원의 공식 전자우편주소 / 공개구분

210mm×297mm(일반용지 60g/㎡(재활용품))

[별지 제63호의 5 서식] (2023. 6. 30. 신설)

주택 재산세 납부유예 신청서

① 신청인	성명				주민등록번호	
	주소 (전화번호:)				전자우편주소	
② 귀속연도		③ 납부기한		④ 납부유예 신청세액	재산세 주택	
					재산세 도시지역분	
					지역자원시설세	
					지 방 교 육 세	
⑤ 종합소득금액 기준			☐ 총 급여 7천만원 이하		☐ 종합소득 6천만원 이하	

「지방세법」 제118조의 2 제1항 및 같은 법 시행령 제116조의 2 제1항에 따라 위와 같이 주택 재산세 납부유예 허가를 신청합니다.

년 월 일

신청인 (서명 또는 인)

등 기 승 낙 서

년 월 일 「지방세기본법 시행규칙」 별지 제29호 서식에 따른 납세담보제공서에 표시된 부동산에 대해 납세담보의 목적으로 저당권을 설정할 것을 승낙합니다.

년 월 일

승낙인(등기의무자) (서명 또는 인)

지방자치단체의 장 귀하

신청인 제출서류	1. 「지방세기본법 시행규칙」 별지 제29호서식의 납세담보제공서 2. 「국세징수법 시행규칙」 별지 제94호서 식의 납세증명서 3. 「지방세징수법 시행규칙」별지 제1호 서식의 지방세 납세증명서 4. 관할 세무서장이 확인 · 발급한 소득금액 증명원

작 성 방 법

1. ② 납부유예 신청 대상 재산세의 귀속연도를 적습니다.
2. ③ 재산세 고지서에 기재된 납부기한을 적으며, 고지서 송달지연 등의 사유로 납부기한이 변경된 경우 변경된 날짜를 적습니다.
3. ④ '납부유예 신청세액'란에는 재산세(주택), 재산세(도시지역분), 지방교육세와 지역자원시설세를 각각 적습니다.
4. 부동산을 담보로 제공하는 경우에는 '등기승낙서'란에 부동산의 소유자(등기의무자)의 서명 또는 날인을 받습니다.

210mm×297mm[백상지 80g/㎡ 또는 중질지 80g/㎡]

[별지 제63호의 6 서식] (2023. 6. 30. 신설)

행 정 기 관 명

수신
(경유)
제목 **주택 재산세 납부유예(허가, 불허가) 통지서**

「지방세법」 제118조의 2 제2항 및 같은 법 시행령 제116조의 2 제2항에 따라 귀하의 주택 재산세 납부유예 신청에 대한 처리결과를 아래와 같이 알려드립니다.

납세자	성명		생년월일	
	주소		납부유예 신청일	
귀속연도	납부유예 대상물건		납부유예 신청 세액 (단위: 원)	
허가 여부				
불허가 사유				

끝.

발신명의 직인

기안자 직위(직급) 서명 검토자 직위(직급) 서명 결재권자 직위(직급) 서명
협조자
시행 처리과명-연도별 일련번호(시행일) 접수 처리과명-연도별 일련번호(접수일)
우 도로명주소 / 홈페이지 주소
전화번호( ) 팩스번호( ) / 공무원의 전자우편주소 / 공개 구분

210㎜×297㎜[백상지 (80g/㎡) 또는 중질지 (80g/㎡)]

[별지 제63호의 7 서식] (2023. 6. 30. 신설)

행 정 기 관 명

수신자
(경유)
제 목 **주택 재산세 납부유예 허가 취소 통지서**

「지방세법」 제118조의 2 제4항에 따라 귀하에게 허가한 주택 재산세 납부유예를 아래와 같은 사유로 취소하였음을 알려드립니다.

납 세 자	성 명		생년월일		
	주 소				
귀속연도	납부유예 대상물건	납부유예 허가세액	허가일	취소일	취소사유

끝.

발신명의 직인

기안자 직위(직급) 서명 검토자 직위(직급) 서명 결재권자 직위(직급) 서명
협조자
시행 처리과명-연도별 일련번호(시행일) 접수 처리과명-연도별 일련번호(접수일)
우 도로명주소 / 홈페이지 주소
전화번호( ) 팩스번호( ) / 공무원의 전자우편주소 / 공개 구분

210㎜×297㎜[백상지 (80g/㎡) 또는 중질지 (80g/㎡)]

[별지 제63호의 8 서식(전산용 1)] (2023. 6. 30. 신설)

(앞쪽)

☜ 이곳을 천천히 개봉하여 주십시오.

보내는 사람

과세번호		
담당자	문의처	

바코드 17㎜ 우편반송용

우체국 바코드 18㎜ 음성안내

주택 재산세(납부유예분)

받는 사람

납 부 장 소
은행방문
전국 은행, 우체국, 새마을금고, 신용협동조합, 산림조합
가 상 계 좌
온라인

※상세안내 후면 참조

년 주택 기분 재산세(납부유예분)

음성안내 바코드 18㎜

납부유예 기간: 년 월 일 ~ 년 월 일

납부하실 금액 까지 납부시: 원

[기분]

①	납부유예 허가 금액	원
	재산세(주택)	원
	재산세(도시지역분)	원
	지역자원시설세	원
	지방교육세	원
②	기납부세액	원
③	이자상당가산액	원
④	납부할 세액(①-②+③)	원

시·군·구	재산세	수납은행 확인용

납세자:

기관번호	세목
납세연월기	과세번호
전자납부 번 호	
납기 내 :	까지
세 목	납기 내 금액
합 계	
납기 후 :	까지
납기 후 세액	

년 월 일

지방자치단체의 장 직인 수납인

수납용 바코드 수납용

시·군·구	년 (주택 기분) 재산세	재산세(주택) 재산세(도시지역분) 지역자원시설세 지방교육세	납세고지서 겸 영수증

납세번호	기관		세목		연월기		과세번호	

납 세 자

주 소

과세대상

납세자번호

수납용 | 수납용 바코드

세 목		납기 내 금액	납기 후 금액	과세표준
재산세	주 택			
	도시지역분			
지역자원시설세				
지방교육세				
이자상당가산액				
합 계				

납기 내	
원	까지
납기 후	
원	까지

위 세액을 납부하시기 바랍니다. 년 월 일

위 세액을 영수합니다. 년 월 일

지방자치단체의 장 직인 수납인

전자납부 번호

담당자 문의처

※ 이 영수증은 과세증명서로 사용할 수 있습니다.

(뒤쪽)

납부할 세액 산출 구조	
납부할 세액	• (ⓐ - ⓑ) + [(ⓐ - ⓑ) x ⓒ x ⓓ] ⓐ: 「지방세법」 제118조의 2 제1항에 따라 납부유예를 허가한 세액 ⓑ: 실제 납부한 세액 ⓒ: 당초 납부기한 만료일 다음 날부터 「지방세법」 제118조의 2 제3항 각 호에 따른 납부유예 허가취소 사유가 발생한 날까지의 기간 ⓓ: 「지방세기본법 시행령」 제43조 제2항 본문에 따른 이자율

주택 재산세 납부유예 안내	
납부유예 근거	• 「지방세법」 제118조의 2
납부유예 취소 사유	• 해당 주택을 타인에게 양도하거나 증여하는 경우 • 사망하여 상속이 개시되는 경우 • 1세대1주택 소유자 요건을 충족하지 아니하게 된 경우 • 담보 관련 지방자치단체의 장의 명령에 따르지 아니한 경우 • 납부유예와 관계되는 세액의 전액을 징수할 수 없다고 인정되는 경우 • 납부유예 된 세액을 납부하려는 경우

지방자치단체 활용란

[별지 제63호의 8 서식(전산용 2)] (2023. 6. 30. 신설) (앞쪽)

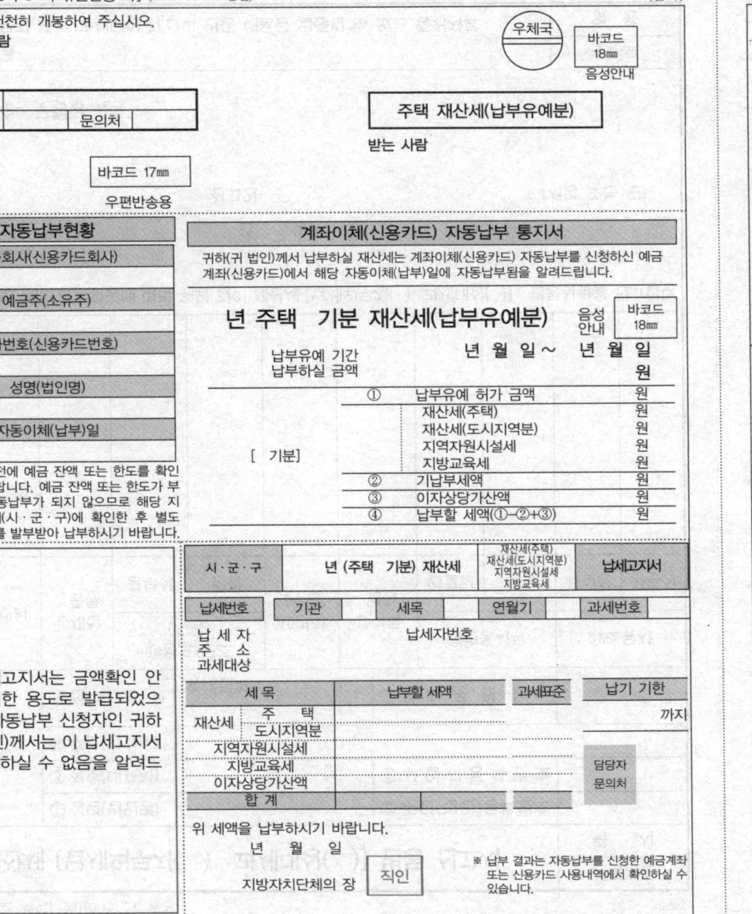

☜ 이곳을 천천히 개봉하여 주십시오.

보내는 사람

과세번호		
담당자		문의처

바코드 17㎜

우편반송용

우체국

바코드 18㎜

음성안내

주택 재산세(납부유예분)

받는 사람

자동납부현황
금융회사(신용카드회사)
예금주(소유주)
계좌번호(신용카드번호)
성명(법인명)
자동이체(납부)일

※ 납부기한 전에 예금 잔액 또는 한도를 확인하시기 바랍니다. 예금 잔액 또는 한도가 부족하면 자동납부가 되지 않으므로 해당 지방자치단체(시·군·구)에 확인한 후 별도의 고지서를 발부받아 납부하시기 바랍니다.

계좌이체(신용카드) 자동납부 통지서

귀하(귀 법인)께서 납부하실 재산세는 계좌이체(신용카드) 자동납부를 신청하신 예금계좌(신용카드)에서 해당 자동이체(납부)일에 자동납부됨을 알려드립니다.

년 주택 기분 재산세(납부유예분) 음성안내 바코드 18㎜

	납부유예 기간 납부하실 금액	년 월 일~ 년 월 일 원
[기분]	① 납부유예 허가 금액	원
	재산세(주택)	원
	재산세(도시지역분)	원
	지역자원시설세	원
	지방교육세	원
	② 기납부세액	원
	③ 이자상당가산액	원
	④ 납부할 세액(①-②+③)	원

이 납세고지서는 금액확인 안내를 위한 용도로 발급되었으므로, 자동납부 신청자인 귀하(귀 법인)께서는 이 납세고지서로 납부하실 수 없음을 알려드립니다.

시·군·구	년 (주택 기분) 재산세	재산세(주택) 재산세(도시지역분) 지역자원시설세 지방교육세	납세고지서

납세번호	기관	세목	연월기	과세번호

납세자 / 주소 / 과세대상 　 납세자번호

세목		납부할 세액	과세표준	납기 기한
재산세	주택			까지
	도시지역분			
지역자원시설세				담당자 문의처
지방교육세				
이자상당가산액				
합 계				

위 세액을 납부하시기 바랍니다.

년 월 일

지방자치단체의 장 직인

※ 납부 결과는 자동납부를 신청한 예금계좌 또는 신용카드 사용내역에서 확인하실 수 있습니다.

210mm×297mm(CP지 90g/㎡)

(뒤쪽)

납부할 세액 산출 구조	
납부할 세액	• (ⓐ－ⓑ) ＋ [(ⓐ－ⓑ) x ⓒ x ⓓ] ⓐ: 「지방세법」 제118조의 2 제1항에 따라 납부유예를 허가한 세액 ⓑ: 실제 납부한 세액 ⓒ: 당초 납부기한 만료일 다음 날부터 「지방세법」 제118조의 2 제3항 각 호에 따른 납부유예 허가취소 사유가 발생한 날까지의 기간 ⓓ: 「지방세기본법 시행령」 제43조 제2항 본문에 따른 이자율

주택 재산세 납부유예 안내	
납부유예 근거	•「지방세법」 제118조의 2
납부유예 취소 사유	• 해당 주택을 타인에게 양도하거나 증여하는 경우 • 사망하여 상속이 개시되는 경우 • 1세대1주택 소유자 요건을 충족하지 아니하게 된 경우 • 담보 관련 지방자치단체의 장의 명령에 따르지 아니한 경우 • 납부유예와 관계되는 세액의 전액을 징수할 수 없다고 인정되는 경우 • 납부유예 된 세액을 납부하려는 경우

지방자치단체 활용란

210mm×297mm(CP지 90g/㎡)

[별지 제64호 서식] (2010. 12. 23. 개정) (앞쪽)

재산세 [납세의무자( ) 과세대상( )] 변동 신고서										처리기간 즉 시
납 세 의무자	① 성명(법인명)			② 주민(법인)등록번호						
	③ 상호(대표자)			④ 사 업 자 등 록 번 호						
	⑤ 주소(영업소)									
	⑥ 전 화 번 호	(휴대전화:)		⑦ 전 자 우 편 주 소						
⑧재산소재지	⑨재산 종류	⑩용도/구조 (지목)		⑪면적 (수량)	⑫취득 일자	⑬변동사유		⑭소유자		
		공부상	현황			연월일	사유	사실상	공부상	

「지방세법」 제120조 제1항에 따라 위와 같이 재산세 [납세의무자( ) 과세대상( )] 변동사항을 신고합니다.

년 월 일

신고인 (서명 또는 인)

시장 · 군수 · 구청장 귀하

※ 첨부서류 납세의무자 또는 과세대상 재산의 변동 내용을 입증할 수 있는 증거자료	수수료 없 음

210mm×297mm(일반용지 60g/㎡(재활용품))

[별지 제64호의 2 서식] (2024. 5. 28. 개정)

신탁재산의 재산세 납세의무자 신고서

(앞쪽)

관리번호		접수 일자	처리기간 즉시
납 세 의무자	① 성명(법인명)		② 주민등록번호(법인등록번호)
	③ 상호(대표자)		④ 사업자등록번호
	⑤ 주소(영업소)		
	⑥ 전화번호		⑦ 전자우편주소
위탁자 정 보	⑧ 성명(법인명)		⑨ 주민등록번호(법인등록번호)
	⑩ 상호(대표자)		⑪ 사업자등록번호
	⑫ 주소(영업소)		
수탁자 정 보	⑧ 성명(법인명)		⑨ 주민등록번호(법인등록번호)
	⑩ 상호(대표자)		⑪ 사업자등록번호
	⑫ 주소(영업소)		

⑬재산종류	⑭재산소재지	⑮용도/구조(지목)		⑯면적 (수량)	⑰취득 일자	⑱신탁 목적
		공부상	현 황			

「지방세법」 제120조 제1항에 따라 위와 같이 신탁재산의 재산세 납세의무자 사항을 신고합니다.

년 월 일

신고인 (서명 또는 인)

시장 · 군수 · 구청장 귀하

※ 첨부서류 : 납세의무자 또는 과세대상 재산의 변동 내용을 입증할 수 있는 증거자료	수수료 없음

210mm×297mm[백상지 80g/㎡(재활용품)]

[별지 제65호 서식] (2010. 12. 23. 개정)

행 정 기 관 명

수신자
(경 유)
제 목 재산세 과세대장 직권등재 통지

「지방세법」 제120조 제3항에 따라 아래 재산을 재산세 과세대장에 직권등재 하였음을 알려 드립니다.

납세의무자	성명(법인명)		주민(법인)등록번호		
	상호(대표자)		사업자등록번호		
	주소(소재지)				
재산소재지	재산종류	용도/구조 (지목)	면적(수량)	등재연월일	사유

끝.

행정기관의 장 직인

기안자(직위/직급) 서명 검토자(직위/직급) 서명 결재권자(직위/직급) 서명
협조자 (직위/직급) 서명
시행 처리과 - 일련번호 (시행일) 접수 처리과 - 일련번호 (접수일)
우 주소 / 홈페이지 주소
전화 전송 / 공무원의 공식 전자우편주소 / 공개구분

210mm×297mm(일반용지 60g/㎡(재활용품

별지 제67호 서식] (2010. 12. 23. 개정)

관리번호							
시군구	읍면동	특	본번	부번	동	호	가지

재산세(건축물 등) 과세대장

작성번호	

. 납세의무자 현황

	성명(명칭)	주 소	주민(법인)등록번호	지분	취득일자	변동일자	변동사유	비고
납세의무자			–					
			–					
			–					
			–					

. 건축물 현황

배치번호	구조 / 용도 / 위치지수/공시지가	신축연도	취득일자	면적(㎡): 본 면 적 / 지하면적 / 공유면적	면적(㎡): 지하대피소 / 지상차고 / 지하차고	층수	과표가감	중과감면: 코드 / 코드명 / 면적	과세특례: 코드 / 코드명 / 면적	지역자원시설세: 코드 / 코드명 / 면적	비고
	/					/					
	/					/					
	/					/					

시설물 · 항공기 · 선박 현황

구분	종류	명칭	제원/용도/형식	시설개요	설치/건조/제작연도	기타

) 본 서식의 점선부분은 시장 · 군수 · 구청장이 조정하여 사용할 수 있습니다.

210mm×297mm(보존용지(1종) 70g/㎡)

4. 변동사항 관리

가. 납세의무자 변동

성명 또는 명칭	주 소	주민등록번호	지분	취득일자	변동일자	변동사유	비고
		-					
		-					
		-					
		-					

나. 건축물 변동

배치번호	구조 / 용도 / 위치지수/공시지가	신축연도	취득일자	면적(㎡): 본면적 / 지하면적 / 공유면적	면적(㎡): 지하대피소 / 지상차고 / 지하차고	층수	과표가감	중과감면 코드	중과감면 코드명	과세특례 코드	과세특례 코드명	지역자원시설세 코드	지역자원시설세 코드명	변동일자	변동사유
								면적		면적		면적			
	/					/									
	/					/									

다. 시설물 · 항공기 · 선박 변동

구분	종류	명칭	제원/용도/형식	시설개요	설치/건조/제작연도	변동일자	변동사유

[별지 제68호 서식] (2010. 12. 23. 개정)

재산세(토지) 과세대장

등재구분	신고		직권	

〈토지 및 납세의무자 현황〉

관리번호								
시군구	읍·면·동 (법정동)	행정동	동리	지번		일련번호		순번
				본번	부번	동	호수	

납세의무자	주민(법인)등록번호	성 명 (법인명)	주 소 (소재지)	변동연월일
	–			
	–			
	–			
	–			
	–			
	–			
	–			
	–			
	–			
	–			
	–			
	–			
	–			
	–			
	–			
	–			
	–			

364mm×257mm(보존용지(1종) 120g/㎡)

〈과세현황〉

과세연도	지목		개별공시지가	적용비율	취득연월일	면적	토지형태별 면적										과세특례	
	공부	현황					종합합산과세 (01)		별도합산과세 (02)		분리과세 (03)		가족관계등록부 미등재 토지 (04)		비과세감면 (05)			
							코드	면적	코드	면적	코드	면적	코드	면적	코드	면적	코드	면적

별지 제69호 서식] (2010. 12. 23. 개정)

재산세(주택) 과세대장

작성번호	

관리번호							
시군구	읍·면·동	특	본번	부번	동	호	가지

. 납세의무자 현황

가. 건물

	성명(법인명)	주 소	주민(법인)등록번호	지분	취득일자	변동일자	변동사유	비고
납세의무자			–					
			–					

나. 토지

	성명(법인명)	주 소	주민(법인)등록번호	지분	취득일자	변동일자	변동사유	비고
납세의무자			–					
			–					

. 건물 현황

배치번호	구조 / 용도	신축연도	취득일자	면적(㎡): 본 면 적 / 지하면적 / 공유면적	면적(㎡): 지하대피소 / 지상차고 / 지하차고	복층면적	층수	가구수	과표가감	증과감면: 코드	증과감면: 코드명	과세특례: 코드	과세특례: 코드명	지역자원시설세: 코드	지역자원시설세: 코드명	비고
										면적		면적		면적		
							/									
							/									

. 토지 현황

관련번호	시군구 / 법정동 / 행정동	동리 / 본번 / 동	특 / 부번 / 호수	순번	지목: 공부	지목: 현황	개별공시지가	적용비율	면적	중과 감면: 코드	중과 감면: 코드명	과세특례: 코드	과세특례: 코드명	취득일자	비고
										면적		면적			

210mm×297mm(보존용지(1종) 70g/㎡)

4. 변동사항 관리

가. 납세의무자 변동

① 건물

성명(법인명)	주소	주민(법인)등록번호	지분	취득일자	변동일자	변동사유	비고
		–					
		–					

② 토지

성명(법인명)	주소	주민(법인)등록번호	지분	취득일자	변동일자	변동사유	비고
		–					
		–					

나. 건물 변동

배치번호	구조 / 용도	신축연도	취득일자	면적(㎡): 본면적 / 지하면적 / 공유면적	면적(㎡): 지하대피소 / 지상차고 / 지하차고	복층면적	층수	가구수	과표가감	중과감면: 코드 / 면적	중과감면: 코드명	과세특례: 코드 / 면적	과세특례: 코드명	지역자원시설세: 코드 / 면적	지역자원시설세: 코드명	변동일자	변동사유
							/										
							/										

다. 토지 변동

일련번호	시군구 / 법정동 / 행정동	동리 / 본번 / 동	특 / 부번 / 호수	순번	지목: 공부	지목: 현황	개별공시지가	적용률	면적	중과감면: 코드 / 면적	중과감면: 코드명	과세특례: 코드 / 면적	과세특례: 코드명	변동일자	변동사유

라. 주택공시가격 변동 (단위: 천원)

연도							
가격							

(주) 본 서식의 점선부분은 시장 · 군수 · 구청장이 조정하여 사용할 수 있습니다.

[별지 제70호 서식] (2010. 12. 23. 개정) (앞쪽)

자동차 소유에 대한 자동차세 비과세 신청서				처리기간 7일
신청인	① 성명(법인명)		② 주민(법인)등록번호	
	③ 상호(대표자)		④ 사업자등록번호	
	⑤ 주소(영업소)			
	⑥ 전화번호	(휴대전화:　　)	⑦ 전자우편주소	
비과세 신청대상 자동차	⑧ 자동차번호		⑨ 차종	
	⑩ 배기량		⑪ 용도(영업용/비영업용)	
⑫ 비과세 신청사유				

「지방세법」 제126조 및 같은 법 시행령 제121조 제3항에 따라 위와 같이 자동차 소유에 대한 자동차세의 비과세를 신청합니다.

년　　월　　일

신청인　　　　(서명 또는 인)

시장 · 군수 · 구청장 귀하

구비서류	비과세 신청사유를 증명할 수 있는 서류	수수료 없 음

210mm×297mm(일반용지 60g/㎡(재활용품))

[별지 제71호 서식(전산용)] (2021. 12. 31. 개정) (앞쪽)

☜ 이곳을 천천히 개봉하여 주십시오.

보내는 사람

납 세 고지서

우체국

바코드 18㎜ 음성변환용(외부)

과세번호		
담당자	문의처	

바코드 17㎜ 우편반송용

자동차세(자동차소유)

받는 사람

바코드 18㎜ 음성변환용(내부)

납 부 장 소
은행방문
전국 은행, 우체국, 새마을금고, 신용협동조합, 산림조합
가 상 계 좌
온라인

※상세안내 후면 참조

지방자치단체 활용란

※ 지방세 납부방법 안내 등

OO 시 · 군　자동차세　(수납은행 확인용)

납세자:

기관번호	세목
납세연월기	과세번호
전자납부 번호	

납기 내 :	까지
세 목	납기 내 금액
자동차세	
지방교육세	
합 계	
납기 후:	까지
납기 후 금액	

수납은행용 바코드　　지방자치 단체의 장　직인

OO 시 · 군　자동차세(소유분) 납세고지서 겸 영수증 (　분)　(납세자용)

납세 번호	과세 기관	검	회계	과목	세목	연도	월	기분	읍면동	과세 번호	검

납 세 자:　　　납세자번호:

주　　소:

과세대상:

지　방　세

세 목	납부할 세액	부과내역(과세표준)
자동차세		
지방교육세		
합 계		

납기 내
까지
납기 후
까지

위의 금액을 납부하시기 바랍니다. 위의 금액을 영수합니다.

년　　월　　일

지방자치단체의 장　직인　수납인

담당자:　　문의처:

※ 이 영수증은 과세증명서로 사용할 수 있습니다.

전자납부 번 호	

[별지 제71호의 2 서식] (2016. 12. 30. 개정)

자동차세(소유) 연세액 신고서

※ 뒤쪽의 작성방법을 참고하시기 바라며, 색상이 어두운 란은 신청인이 적지 않습니다. (앞쪽)

접수번호	접수일자		처리기간 즉시
신고인 (납세의무자)	①성명(법인명)		②주민(법인)등록번호
	③주소(영업소)		④연락처
신고내용	⑤자동차등록번호	⑥차종	⑦배기량(적재정량 · 승차인원 · 총중량)
	⑧산출세액	⑨공제세액	⑩납부세액

「지방세법」 제128조 제3항 및「지방세법 시행령」 제125조 제2항에 따라 위와 같이 자동차 소유에 대한 자동차세의 연 세액을 신고합니다.

년 월 일

신고인 (서명 또는 인)
대리인 (서명 또는 인)

시장 · 군수 · 구청장 귀하

환급계좌 신고서

은행명		계좌번호	

자동차 연세액 신고납부 후 자동차 양도 등으로 환급금이 발생하는 경우 신고한 위의 계좌로 이체하여 주시기 바랍니다.

신청인 (서명 또는 인)

위 임 장

위 신고인 본인은 위임받는 자에게 자동차세의 연세액 신고에 관한 모든 권리와 의무를 위임합니다.

위임자 (서명 또는 인)

위임 받는 자	성명	주민등록번호	위임자와의 관계
	주소		전화번호

※ 위임장은 별도 서식을 사용할 수 있습니다.

접수증(자동차세 연세액 신고서)

신고인(대리인)	접수연월일	신고내용	접수번호

「지방세법」 제128조 제3항 및 「지방세법 시행령」 제125조 제2항에 따라 신고한 신고서의 접수증입니다.	접수자	접수일
	(서명 또는 인)	

210mm×297mm(백상지(80g/㎡)

[별지 제71호의 3 서식] (2013. 1. 14. 신설)

자동차 [ ] 이전 [ ] 말소 등록시 자동차세(소유) 신고서

※ 뒤쪽의 작성방법을 읽고 작성하시기 바라며, [ ]에는 해당되는 곳에 √표를 합니다. (앞쪽)

접수번호	접수일자		처리기간 즉시
신고인(양도인 · 말소등록인)	①성명(법인명)		②주민(법인)등록번호
	③주소(영업소)		④연락처
신고내용	⑤자동차등록번호		⑥차종
	⑦배기량(적재정량 · 승차인원 · 총중량)	⑧이전(말소)등록일	⑨세액

「지방세법」 제128조 제5항에 따라 위와 같이 해당기분(期分)의 자동차 소유에 대한 자동차세의 세액을 신고합니다.

년 월 일

신고인 (서명 또는 인)
대리인 (서명 또는 인)

시장 · 군수 · 구청장 귀하

위 임 장

위 신고인 본인은 위임받는 자에게 해당기분(期分)의 자동차세의 세액의 신고에 관한 모든 권리와 의무를 위임합니다.

위임자 (서명 또는 인)

위임 받는 자	성명	주민등록번호	위임자와의 관계
	주소		전화번호

※ 위임장은 별도 서식을 사용할 수 있습니다.

접수증(이전 · 말소등록시 자동차세 신고서)

신고인(대리인)	접수연월일	신고내용	접수번호

「지방세법」 제128조 제5항에 따라 신고한 신고서의 접수증입니다.	접수자	접수일
	(서명 또는 인)	

210mm×297mm[백상지 80g/㎡(재활용품)]

[별지 제72호 서식] (2013. 1. 14. 개정)

자동차세 [ ] 일할계산 신청서 [ ] 연세액 납부승계 동의서

※ 뒤쪽의 작성방법을 읽고 작성하시기 바라며, [ ]에는 해당되는 곳에 √표를 합니다. (앞쪽)

접수번호		접수일자	처리기간 즉시
①자동차 등록번호			
②차종		③배기량(적재정량 · 승차인원 · 총중량)	
양도인	④성명 (법인명)	⑤주민(법인)등록번호	
	⑥주소 (영업소)	⑦전화번호	
양수인	④성명 (법인명)	⑤주민(법인)등록 번호	
	⑥주소 (영업소)	⑦전화번호	
⑧양도일		⑨담당공무원 확인	
기납부세액 환급신청	⑩은행명	⑪계좌번호	

위와 같이 자동차를 양도 · 양수함에 따라 「지방세법」 제130조 제3항 단서에 따라 자동차세 ([ ] 일할계산 신청을 [ ] 연세액 납부승계 동의를) 합니다.

년 월 일

양도(양수)인 (서명 또는 인)

시장 · 군수 · 구청장 귀하

첨부서류	소유권 변동사실을 증명할 수 있는 서류 사본 1부	수수료 없 음

210mm×297mm[백상지 80g/㎡(재활용품)]

[별지 제73호 서식] (2010. 12. 30. 개정)

No.

영 치 증

성 명 :
주 소 :
자동차의 종류 :
자동차 등록번호 :

1. 위 자동차는 자동차세(자동차 소유분)의 납세의무를 이행하지 아니하여 「지방세법」 제131조 및 같은 법 시행령 제128조에 따라 자동차등록번호판을 지방자치단체의 세무공무원이 영치하였습니다.

2. 자동차세(자동차 소유분)의 납부영수증 등 자동차세(자동차 소유분)를 납부한 사실을 증명하는 서류와 이 영치증을 ○○시군구 ○○과에 제시하면 즉시 영치를 해제합니다.

• 영치 일시 : 년 월 일 시 분
• 단속 공무원
소 속 : ○○시군구 ○○과 성 명: (인)
(전화번호:)

시장 · 군수 · 구청장 직인

297㎜ × 210㎜(미색모조 80g/㎡)

[별지 제73호의 2 서식] (2024. 1. 22. 개정)

자동차등록번호판 영치 [ ] 일시 해제 / [ ] 일시 해제 기간 연장 신청서

※ 색상이 어두운 칸은 신청인이 작성하지 아니하며, [ ]에는 해당되는 곳에 √표시를 합니다. (앞쪽)

접수번호	접수일시	처리기간 7일

<table>
<tr><td rowspan="3">신 청 인
(자동차 소유자)</td><td colspan="3">성명(상호)</td><td colspan="2">생년월일(사업자등록번호)</td></tr>
<tr><td colspan="5">주소(사업장)</td></tr>
<tr><td colspan="3">전화번호(휴대전화)</td><td colspan="2">전자우편주소</td></tr>
<tr><td rowspan="8">자동차등록
번호판
영치 관련
사항</td><td rowspan="5">체납
자동차세</td><td rowspan="2">부과일자</td><td rowspan="2">납부기한
(독촉기한)</td><td colspan="2">금 액</td></tr>
<tr><td>자동차세</td><td>납부지연가산세
및 체납처분비</td></tr>
<tr><td></td><td></td><td></td><td></td></tr>
<tr><td></td><td></td><td></td><td></td></tr>
<tr><td></td><td></td><td></td><td></td></tr>
<tr><td colspan="3">자동차등록번호</td><td colspan="2">자동차 종류</td></tr>
<tr><td colspan="5">영치 일시(기간연장 신청의 경우 영치의 일시 해제 기간을 적습니다)</td></tr>
<tr><td colspan="5"></td></tr>
<tr><td rowspan="2">신청 이유</td><td colspan="5">자동차를 직접적인 생계유지 목적으로 사용하는 사실 (첨부 서류 1 제출)</td></tr>
<tr><td colspan="5">자동차등록번호판 영치로 생계유지가 곤란한 구체적 사정 (첨부 서류 2 제출)</td></tr>
<tr><td>신청 기간</td><td colspan="5">(6개월 범위에서 적습니다. 기간연장 신청의 경우 3개월 범위에서 적습니다)</td></tr>
<tr><td>다른 지방세
체납 사실</td><td colspan="5">[ ] 있음 [ ] 없음</td></tr>
</table>

「지방세법」 제131조 제2항 및 「지방세법 시행령」 제128조의 2 제1항에 따라
[ ] 자동차등록번호판의 영치 일시 해제 또는
[ ] 자동차등록번호판의 영치 일시 해제 기간연장을 위와 같이 신청합니다.

년 월 일

신청인 (서명 또는 인)

특별자치시장 · 특별자치도지사 · 시장 · 군수 · 구청장 귀하

첨부서류	1. 자동차를 직접적인 생계유지 목적으로 사용하는 사실을 증명하는 자료 2. 자동차등록번호판 영치로 생계유지가 곤란한 사정을 증명하는 자료	수수료 없 음

210mm×297mm(백상지 80g/㎡ 또는 중질지80g/㎡)

[별지 제74호 서식] (2010. 12. 23. 개정)

자치단체의 장 [인]

자동차 이동사항 통보

수신	시장·군수·구청장

년 월 일 현재 [년 월 일부터 년 월 일까지]

이동(취득) 연월일	차량 번호	용도	차종	차명	연식	배기량	이동 구분	취득자		전 소유자		사용 본거지	종전 사용 본거지	원동기, 차체 등 변경사항	자동차 사용 폐지일	비 고
								성명(법인명)	주소	성명(법인명)	주소					

297mm×210mm(일반용지 60g/㎡(재활용품))

[별지 제75호 서식] (2010. 12. 23. 개정)

자동차 소유에 대한 자동차세 과세대장

일련번호

성 명 (법인명)	주 소 (소재지)	주민(법인) 등록번호	취득연월일	공동 소유자			
				성 명 (법인명)	주민(법인) 등록번호	관계	사유

자 동 차 내 역

차량번호		신 규 등록일		제작연월일		배기량	시시
종류		승차정원/ 적재정량		용 도 (영업용/ 비영업용)		사 용 본거지	
비과세 감면기간				과 세 전환일			

과 세 내 역

부 과 연월일	세 액			비과세 · 감면세액			비과세 · 감면 사유	비고
	자동차세	지 방 교육세	계	자동차세	지 방 교육세	계		

참고사항:

210mm×297mm(보존용지(1종) 70g/㎡)

[별지 제76호 서식] (2010. 12. 23. 개정)

(앞쪽)

관리번호	-

자동차 주행에 대한 자동차세 신고서

연도기분		년 월분		
신고인 (납세자)	①주 소(납 세 지)			
	②법 인 명		③ 전 화 번 호	
	④ 법 인 등 록 번 호			
	⑤사업자등록번호			

구 분	⑥총 계	⑦휘발유	⑧경 유
교통 · 에너지 · 환경세액			
⑨ 자 동 차 세 납 부 세 액 (⑥ × 세 율)	금 원정 (₩)		

「지방세법」 제137조 제1항 및 같은 법 시행령 제132조에 따라 위와 같이 자동차 주행에 대한 자동차세를 신고합니다.

년 월 일

신고인(납세자) (서명 또는 인)

시장 · 군수 · 구청장 귀하

첨부서류 : 과세물품 과세표준신고서 사본 또는 관세 신고필증 사본(납세고지서 사본)

접수증(년 월분 자동차 주행에 대한 자동차세 신고서)

법인명		주소	
년 월 일 년 월분 자동차세신고서 접수증입니다.		접수자 (서명 또는 인)	접수일

210mm×297mm(일반용지 60g/㎡(재활용품))

[별지 제77호 서식] (2010. 12. 23. 개정)

자동차세(주행) 납부서
(시 · 군 · 구 보관용)

세목		자동차세(주행)	연도기분	년 월분
납세자	주 소 (납 세 지)			
	법 인 명		전화번호	
	법 인 등 록 번 호			
	사업자등록번호			
교통 · 에너지 · 환경세 신고납부		년 월 일		

구분	①총계	②휘발유	③경유
교통 · 에너지 · 환경세액			
납부세액 (①×세율)	일금 원정 (₩)		

「지방세법」 제137조에 따라 위와 같이 납부합니다.

년 월 일

신고인 (인)

위의 금액을 수납하였음을 통지합니다.

○○수납기관

수납인

시장 · 군수 · 구청장 귀하

자동차세(주행) 수납의뢰서
(수납은행 보관용)

세목		자동차세(주행)	연도기분	년 월분
납세자	주 소 (납 세 지)			
	법 인 명		전화번호	
	법 인 등 록 번 호			
	사업자등록번호			
교통 · 에너지 · 환경세 신고납부		년 월 일		

구분	①총계	②휘발유	③경유
교통 · 에너지 · 환경세액			
납부세액 (①×세율)	일금 원정 (₩)		

위의 금액을 수납의뢰합니다.

년 월 일

시장 · 군수 · 구청장

수납인

○○수납기관 귀하

자동차세(주행) 납부영수증
(납세자 보관용)

세목		자동차세(주행)	연도기분	년 월분
납세자	주 소 (납 세 지)			
	법 인 명		전화번호	
	법 인 등 록 번 호			
	사업자등록번호			
교통 · 에너지 · 환경세 신고납부		년 월 일		

구분	①총계	②휘발유	③경유
교통 · 에너지 · 환경세액			
납부세액 (①×세율)	일금 원정 (₩)		

위의 금액을 영수합니다.

년 월 일

○○수납기관

수납인

※ 영수증은 과세증명서로도 사용 가능합니다.

297㎜ × 210㎜(미색모조 80g/㎡)

[별지 제78호 서식] (2010. 12. 23. 개정)

행 정 기 관 명

수신자
(경 유)
제 목　**자동차세 특별징수 송금내역 통보(　　년　　월분)**

「지방세법」 제137조 및 같은 법 시행령 제134조에 따라　　년　월분 자동차 주행에 대한 자동차세 특별징수내역을 다음과 같이 통보합니다.

납 세 자	성명(법인명)		주민(법인)등록번호	
	상호(대표자)		전 화 번 호	
	주소(소재지)			
과 세 표 준	유 류 별	교통 · 에너지 · 환경세액	비 고	
	계			
	휘 발 유			
	경 유			
송 금 내 역	징 수 세 액			
	사 무 처 리 비			
	송 금 액		송금계좌	
송 금 일 자				

붙임 1. 과세물품과세표준신고서 사본 1부
　　2. 「관세법」 제248조에 따른 신고필증 사본 1부.　끝.

행정기관의 장 직인

기안자(직위/직급) 서명　검토자(직위/직급) 서명　결재권자(직위/직급) 서명

협조자　(직위/직급) 서명

시행　처리과 - 일련번호　(시행일)　접수　처리과 - 일련번호 (접수일)

우　주소　/ 홈페이지 주소

전화　전송　/ 공무원의 공식 전자우편주소　/ 공개구분

210mm×297mm(일반용지 60g/㎡(재활용품))

[별지 제79호 서식] (2010. 12. 23. 개정)

행 정 기 관 명

수신자
(경 유)
제 목 **시 · 군별 자동차 주행에 대한 자동차세액 납부 및 안분명세 등 통보(년 월분)**

「지방세법」 제137조 및 같은 법 시행령 제134조에 따라 시 · 군별 자동차 주행에 대한 자동차세액(보조금) 납부 및 안분명세를 붙임과 같이 통보합니다.

붙임 : 시 · 군별 자동차 주행에 대한 자동차세액 납부와 시 · 군별 안분명세 및 사무처리비 공제명세. 끝.

행정기관의 장 [직인]

기안자(직위/직급) 서명 검토자(직위/직급) 서명 결재권자(직위/직급) 서명
협조자 (직위/직급) 서명
시행 처리과 - 일련번호 (시행일) 접수 처리과 - 일련번호 (접수일자)
우 주소 / 홈페이지 주소
전화 전송 / 공무원의 공식 전자우편주소 / 공개구분

210mm×297mm(일반용지 60g/㎡(재활용품))

[별지 제79호 서식의 부표] (2013. 1. 14. 개정)

시 · 군별 자동차 주행에 대한 자동차세액 납부와 시 · 군별 안분명세 및 사무처리비 공제명세

시 · 군	세액 (1)	사무처리비(2)	공제세액 (1)－(2)	시 · 군	세액 (1)	사무처리비(2)	공제세액 (1)－(2)	시 · 군	세액 (1)	사무처리비(2)	공제세액 (1)－(2)	시 · 군	세액 (1)	사무처리비(2)	공제세액 (1)－(2)	시 · 군	세액 (1)	사무처리비(2)	공제세액 (1)－(2)	시 · 군	세액 (1)	사무처리비(2)	공제세액 (1)－(2)	시 · 군	세액 (1)	사무처리비(2)	공제세액 (1)－(2)
서울				구리시				영월군				서산시				순천시				경산시				함양군			
부산				남양주시				평창군				논산시				나주시				군위군				거창군			
기장군				오산시				정선군				계룡시				광양시				의성군				합천군			
대구				시흥시				철원군				당진시				담양군				청송군				제주특별자치도			
달성군				군포시				화천군				금산군				곡성군				영양군							
인천시				의왕시				양구군				부여군				구례군				영덕군							
강화군 옹진군				하남시				인제군				서천군				고흥군				청도군							
광주시				용인시				고성군				청양군				보성군				고령군							
대전시				파주시				양양군				홍성군				화순군				성주군							
울산시				이천시				충북				예산군				장흥군				칠곡군							
울주군				안성시				청주시				태안군				강진군				예천군							
세종특별자치시				김포시				충주시				전북				해남군				봉화군							
경기				화성시				제천시				전주시				영암군				울진군							
수원시				광주시				청원군				군산시				무안군				울릉군							
성남시				양주시				보은군				익산시				함평군				경남							
의정부시				포천시				옥천군				정읍시				영광군				창원시							
안양시				여주군				영동군				남원시				장성군				진주시							
부천시				연천군				진천군				김제시				완도군				통영시							
광명시				가평군				괴산군				완주군				진도군				사천시							
평택시				양평군				음성군				진안군				신안군				김해시							
동두천시				강원				단양군				무주군				경북				밀양시							
안산시				춘천시				증평군				장수군				포항시				거제시							
고양시				원주시				충남				임실군				경주시				양산시							
과천시				강릉시				천안시				순창군				김천시				의령군							
				동해시				공주시				고창군				안동시				함안군							
				태백시				보령시				부안군				구미시				창녕군							
				속초시				아산시				전남				영주시				고성군							
				삼척시								목포시				영천시				남해군							
				홍천군								여수시				상주시				하동군							
				횡성군												문경시				산청군							

364mm×257mm[백상지 80g/㎡(재활용품)]

[별지 제80호 서식] (2010. 12. 23. 개정)

교통 · 에너지 · 환경세(신고납부 · 결정) 세액자료 통보서

일련 번호	수입신고 번 호	세관명 (코드)	납세의무자				신고 (결정) 일자	수리 일자	과세물품		교통 · 에너지 · 환경세 총 결정세액 내역			비고
			성 명 (법인명 · 상호)	주민(법인 · 사업자) 등록번호	주 소	수입 · 신고 (대행)자명			품명	수량	①계	② 자진납부	③ 고지세액	
총계														

364mm×257mm(미색모조 80g/㎡)

[별지 제81호 서식] (2010. 12. 23. 개정)

교통 · 에너지 · 환경세 환급(경정)결정 세액자료 통보서

일련 번호	수입신고 번 호	세관명 (코드)	납 세 의 무 자			환 급 (경정) 결정일자	과세물품		교통 · 에너지 · 환경세 총 결정세액 내역				환급(경정) 사유
			성 명 (법인명 · 상호)	주민(법인 · 사업자) 등록번호	주 소		품명	수량	구분	①계	② 자진납부	③ 고지세액	
총계									당초				
									경정				
									차액				
									당초				
									경정				
									차액				
									당초				
									경정				
									차액				
									당초				
									경정				
									차액				
									당초				
									경정				
									차액				
									당초				
									경정				
									차액				

364mm×257mm(미색모조 80g/㎡)

[별지 제84호 서식] (2015. 1. 15. 신설)

주행분 자동차세 납세담보확인 발급신청서

접수번호	접수일자	처리기간 즉시	

신청인	성명(법인명)		주민(법인)등록번호	
	상 호		사업자등록번호	
	대표자 성명		주민등록번호	
	주소(영업소)			
	전화번호	(휴대전화 :)	전자우편주소	

담보종류	현금 [ ], 지급보증증서 [ ], 기타( )			
납세 담보 현황	납세담보총액 ⓐ	미납부 산출세액 ⓑ	납세보증 신청액 ⓒ	과부족 ⓐ-(ⓑ+ⓒ)

수입신고번호 (제조신고번호)		수입신고일 (제조신고일)	

납세담보확인 신청내용

통관세관명 (제조사명)		증권번호 등 (B/L)				
구 분	품 명	수 량 (리터)	교통 · 에너지 · 환경세		자동차세	
			세율	세 액	세율	세 액
과세대상 유류반출	계					
	휘발유					
	경 유					
	기 타					

「지방세법」 제137조의 2 및 같은 법 시행령 제134의 2에 따라 위와 같이 자동차세의 납세담보확인을 신청합니다.

년 월 일

신청인 (서명 또는 인)

지방자치단체의 장 귀하

210mm×297mm(백상지 80g/㎡(재활용품))

[별지 제85호 서식] (2015. 1. 15. 신설)

주행분 자동차세 납세담보확인서

신청인	성명(법인명)		주민(법인)등록번호	
	상 호		사업자등록번호	
	대표자 성명		주민등록번호	
	주소(영업소)			
	전화번호	(휴대전화 :)	전자우편주소	

수입신고번호 (제조신고번호)		수입신고일 (제조신고일)	
담보종류	현금 [ ], 지급보증증서 [ ], 기타( )		

자동차세 납세담보확인(이 확인서에 의한 통관 허용량)

통관세관명 (세무서명)						
구 분	품 명	수 량 (리터)	교통 · 에너지 · 환경세		자동차세	
			세율	세 액	세율	세 액
과세대상 유류반출	계					
	휘발유					
	경 유					
	기 타					

본 납세담보확인서의 유효기간은 년 월 일 까지 입니다.

「지방세법」 제137조의 2 및 같은 법 시행령 제134조의 2에 따라 위와 같이 자동차세의 납세담보를 확인합니다.

년 월 일

지방자치단체의 장 직인

※ 이 확인서는 확인서에 적힌 통관세관에 제출할 때에만 유효합니다.

지방세특례제한법

지특법 예규판례

법 률

제 1 장 총 칙

제 2 장 감 면

제 1 절 농어업을 위한 지원

시 행 령

제 1 장 총 칙

제 2 장 감 면

제 1 절 농어업을 위한 지원

시행규칙

제 2 절 사회복지를 위한 지원

제 2 절 사회복지를 위한 지원

제 4 절 문화 및 관광 등에 대한 지원

제 5 절 기업구조 및 재무조정 등에 대한 지원

제 4 절 문화 및 관광 등에 대한 지원

제 5 절 중소기업 등에 대한 지원

제6절 수송 및 교통에 대한 지원

제6절 수송 및 교통에 대한 지원

제 7 절 국토 및 지역개발에 대한 지원

제 7 절 국토 및 지역개발에 대한 지원

제8절 공공행정 등에 대한 지원

제8절 공공행정 등에 대한 지원

제 3 장 지방소득세 특례

제 1 절 종합소득 세액공제와 세액감면

제 3 장 지방소득세 특례

제 1 절 종합소득 세액공제와 세액감면

제2절 중소기업에 대한 특례

제3절 연구 및 인력개발에 대한 특례

제2절 중소기업에 대한 특례

제3절 연구 및 인력개발에 대한 특례

제 4 절 국제자본거래에 대한 특례

제 5 절 투자촉진을 위한 특례

제 4 절 국제자본거래에 대한 특례

제 5 절 투자촉진을 위한 특례

제6절 고용지원을 위한 특례

제6절 고용지원을 위한 특례

제9절 공익사업지원을 위한 특례

세액감면】 ······ 2142
제79조【영농조합법인의 조합원에 대한 개인지방소득세의 면제】 ······ 2143
제80조【영어조합법인의 조합원에 대한 개인지방소득세의 면제】 ······ 2146
제81조【농업인 등에 대한 개인지방소득세의 감면 등】 ······ 2148
제82조【자경농지에 대한 양도소득분 개인지방소득세의 감면】 개 ······ 2150
제83조【축사용지에 대한 양도소득분 개인지방소득세의 감면】 ······ 2152
제84조【농지대토에 대한 양도소득분 개인지방소득세 감면요건 등】 ······ 2153
제84조의 2【경영회생 지원을 위한 농지 매매 등에 대한 양도소득분 개인지방소득세 과세특례】 ······ 2155

제9절 공익사업지원을 위한 특례

제85조【공익사업용 토지 등에 대한 양도소득분 개인지방소득세의 감면】 ······ 2157
제86조【개발제한구역 지정에 따른 매수대상 토지등에 대한 양도소득분

제 10 절 국민생활의 안정을 위한 특례

제 10 절 국민생활의 안정을 위한 특례

제 11 절 그 밖의 지방소득세 특례

제 11 절 그 밖의 지방소득세 특례

운영 예규

지방세특례제한법

개정 2024. 12. 31. 법률 제20632호
(조세특례제한법 부칙) 2024. 12. 31. 법률 제20617호
(전세사기~부칙) 2024. 9. 10. 법률 제20429호
(관광진흥법 부칙) 2024. 2. 27. 법률 제20357호
(녹색건축물~부칙) 2024. 2. 20. 법률 제20337호
(무역조정~부칙) 2024. 2. 20. 법률 제20320호
(벤처기업~부칙) 2024. 1. 9. 법률 제19990호
2023. 12. 29. 법률 제19862호
(근현대문화유산의~부칙) 2023. 9. 14. 법률 제19702호
(행정기관소속~부칙) 2023. 8. 16. 법률 제19634호
(문화재보호법 부칙) 2023. 8. 8. 법률 제19590호
2023. 6. 1. 법률 제19422호
(자연유산의 보존~부칙) 2023. 3. 21. 법률 제19251호
2023. 3. 14. 법률 제19232호
(지방세징수법 부칙) 2023. 3. 14. 법률 제19231호
(지방세법 부칙) 2023. 3. 14. 법률 제19230호
(수산업법 부칙) 2022. 1. 11. 법률 제18755호
(비상대비자원관리법 부칙) 2022. 1. 4. 법률 제18682호
(중소기업창업 지원법 부칙) 2021. 12. 28. 법률 제18661호
2021. 12. 28. 법률 제18656호
(화재예방, 소방시설~부칙) 2021. 11. 30. 법률 제18522호
(자유무역협정~법률 부칙) 2021. 10. 19. 법률 제18503호
(한국자산관리공사~법률 부칙) 2021. 8. 17. 법률 제18437호
(근로자직업능력 개발법 부칙) 2021. 8. 17. 법률 제18425호
(지역중소기업~법률 부칙) 2021. 7. 27. 법률 제18358호
2021. 6. 8. 법률 제18209호
(자본시장과~부칙) 2021. 4. 20. 법률 제18128호

지방세특례제한법 시행령

개정 2024. 12. 31. 대통령령 제35178호
(전북특별자치도~부칙)
2024. 12. 24. 대통령령 제35089호
(무역조정~부칙) 2024. 12. 10. 대통령령 제35053호
(근현대문화유산~부칙)
2024. 9. 10. 대통령령 제34881호
(벤처기업육성에~부칙)
2024. 7. 2. 대통령령 제34657호
(강원특별자치도~부칙)
2024. 6. 4. 대통령령 제34550호
(문화재보호법 시행령 부칙)
2024. 5. 7. 대통령령 제34488호
(농산물의~부칙) 2024. 3. 26. 대통령령 제34356호
2023. 12. 29. 대통령령 제34079호
2023. 5. 16. 대통령령 제33470호
(국가보훈부와~부칙) 2023. 4. 11. 대통령령 제33382호
2023. 3. 14. 대통령령 제33324호
(도서관법 시행령 부칙) 2022. 12. 6. 대통령령 제33023호
(지역 중소기업~부칙) 2022. 1. 25. 대통령령 제32370호
2021. 12. 31. 대통령령 제32292호
(연구산업진흥법 시행령 부칙) 2021. 10. 19. 대통령령 제32063호
(5 · 18민주유공자~시행령 부칙)
2021. 4. 6. 대통령령 제31614호
(부가가치세법 시행령 부칙) 2021. 2. 17. 대통령령 제31445호
(어려운 법령용어~대통령령) 2021. 1. 5. 대통령령 제31380호

지방세특례제한법 시행규칙

개정 2024. 12. 31.
행정안전부령 제540호
2024. 2. 29.
행정안전부령 제465호
2023. 3. 14. 행정안전부령 제384호
2021. 12. 31. 행정안전부령 제302호
2021. 4. 20. 행정안전부령 제248호
2020. 12. 31. 행정안전부령 제225호
2020. 1. 17. 행정안전부령 제157호
2018. 12. 31. 행정안전부령 제 95호
2017. 12. 29. 행정안전부령 제 28호
(행정안전부와~시행규칙 부칙)
2017. 7. 26. 행정안전부령 제 1호
2016. 12. 30. 행정자치부령 제101호
2015. 12. 31. 행정자치부령 제 57호
2014. 12. 31. 행정자치부령 제 15호
2014. 12. 31. 행정자치부령 제 12호
(행정자치부와~시행규칙 부칙)
2014. 11. 19. 행정자치부령 제 1호
(안전행정부와~직제 시행규칙 부칙)
2013. 3. 23. 안전행정부령 제 1호
2011. 12. 31. 행정안전부령 제273호
제정
2010. 12. 23. 행정안전부령 제178호

2021. 4. 20. 법률 제18091호
(연구산업진흥법 부칙) 2021. 4. 20. 법률 제18075호
(한국광해광업공단법 부칙) 2021. 3. 9. 법률 제17919호
(지방자치법 부칙) 2021. 1. 12. 법률 제17893호
(5·18민주유공자~부칙) 2021. 1. 5. 법률 제17883호
(독점규제 및 공정거래~부칙) 2020. 12. 29. 법률 제17799호
2020. 12. 29. 법률 제17771호
(국제조세조정에 관한 법률 부칙) 2020. 12. 22. 법률 제17651호
(산업집적활성화 및~부칙) 2020. 12. 8. 법률 제17598호
2020. 8. 12. 법률 제17474호
(한국철도시설공단법 부칙) 2020. 6. 9. 법률 제17460호
(후계농어업인~법률 부칙) 2020. 5. 19. 법률 제17278호
(수산업협동조합의~법률 부칙) 2020. 2. 18. 법률 제17039호
2020. 1. 15. 법률 제16865호
(금융회사부실자산~법률 부칙) 2019. 11. 26. 법률 제16652호
(문화재보호법 부칙) 2019. 11. 26. 법률 제16596호
(양식산업발전법 부칙) 2019. 8. 27. 법률 제16568호
(파견근로자보호~부칙) 2019. 4. 30. 법률 제16413호
(첨단의료복합단지~부칙) 2019. 4. 30. 법률 제16407호
(중소기업진흥~부칙) 2018. 12. 31. 법률 제16172호
(환경친화적~부칙) 2018. 12. 31. 법률 제16133호
(문화재보호법 부칙) 2018. 12. 24. 법률 제16057호
2018. 12. 24. 법률 제16041호
(법인세법 부칙) 2018. 12. 24. 법률 제16008호
(노인장기요양보험법 부칙) 2018. 12. 11. 법률 제15881호
(국립공원관리공단법 부칙) 2018. 10. 16. 법률 제15830호
(공무원연금법 부칙) 2018. 3. 20. 법률 제15523호
(철도건설법 부칙) 2018. 3. 13. 법률 제15460호
(민간임대주택에~부칙) 2018. 1. 16. 법률 제15356호
(공공기관~특별법 부칙) 2017. 12. 26. 법률 제15309호
2017. 12. 26. 법률 제15295호
(해양환경관리법 부칙) 2017. 10. 31. 법률 제15012호
(교통안전공단법 부칙) 2017. 10. 24. 법률 제14939호
(정부조직법 부칙) 2017. 7. 26. 법률 제14839호

2020. 12. 31. 대통령령 제31344호
(양식산업발전법 시행령 부칙) 2020. 8. 26. 대통령령 제30977호
(문화재보호법 시행령 부칙) 2020. 5. 26. 대통령령 제30704호
(농업소득의~시행령 부칙) 2020. 4. 28. 대통령령 제30640호
2020. 1. 15. 대통령령 제30355호
(문화재보호법 시행령 부칙) 2019. 12. 31. 대통령령 제30285호
(법인세법 시행령 부칙) 2019. 2. 12. 대통령령 제29529호
(장애인복지법 시행령 부칙) 2018. 12. 31. 대통령령 제29450호
2018. 12. 31. 대통령령 제29438호
(공공기관~시행령 부칙) 2018. 2. 27. 대통령령 제28686호
2017. 12. 29. 대통령령 제28525호
(행정안전부와~직제 부칙) 2017. 7. 26. 대통령령 제28211호
(지방세징수법 시행령 부칙) 2017. 3. 27. 대통령령 제27959호
(지방세기본법 시행령 부칙) 2017. 3. 27. 대통령령 제27958호
2016. 12. 30. 대통령령 제27711호
2016. 11. 30. 대통령령 제27648호
(중소기업진흥에~부칙) 2016. 9. 29. 대통령령 제27524호
(서민의 금융생활~시행령 부칙)
2016. 9. 22. 대통령령 제27511호
(기초연구진흥 및~시행령 부칙)
2016. 9. 22. 대통령령 제27506호
(주택법 시행령 부칙) 2016. 8. 11. 대통령령 제27444호
(물류시설의 개발~시행령 부칙)
2016. 6. 28. 대통령령 제27285호
2016. 5. 3. 대통령령 제27118호
2015. 12. 31. 대통령령 제26837호
(임대주택법 시행령 부칙) 2015. 12. 28. 대통령령 제26763호
(수산업 · 어촌~시행령 부칙) 2015. 12. 22. 대통령령 제26754호
(신에너지 및 재생에너지~시행령 부칙)
2015. 6. 15. 대통령령 제26316호
(조세특례제한법 시행령 부칙)
2015. 2. 3. 대통령령 제26070호
2014. 12. 31. 대통령령 제25958호

(빈집 및~특례법 부칙) 2017. 2. 8. 법률 제14569호
(도시 및 주거환경정비법 부칙) 2017. 2. 8. 법률 제14567호
(농업협동조합법 부칙) 2016. 12. 27. 법률 제14481호
(지방세징수법 부칙) 2016. 12. 27. 법률 제14476호
(지방세기본법 부칙) 2016. 12. 27. 법률 제14474호
2016. 12. 27. 법률 제14477호
(국립공원관리공단법 부칙) 2016. 5. 29. 법률 제14226호
(2018 평창~특별법 부칙) 2016. 5. 29. 법률 제14198호
(기술신용보증기금법 부칙) 2016. 3. 29. 법률 제14122호
(항공사업법 부칙) 2016. 3. 29. 법률 제14115호
(중소기업진흥에 관한 법률 부칙) 2016. 3. 29. 법률 제14111호
(서민의 금융생활~법률 부칙) 2016. 3. 22. 법률 제14095호
(외국인투자 촉진법 부칙) 2016. 1. 27. 법률 제13854호
(주택법 부칙) 2016. 1. 19. 법률 제13805호
(광산보안법 부칙) 2016. 1. 6. 법률 제13729호
2015. 12. 29. 법률 제13637호
(예금자보호법 부칙) 2015. 12. 22. 법률 제13613호
(참전유공자예우 및~법률 부칙) 2015. 12. 22. 법률 제13609호
(고엽제후유의증 등~법률 부칙) 2015. 12. 22. 법률 제13605호
(임대주택법 부칙) 2015. 8. 28. 법률 제13499호
(공공주택건설~특별법 부칙) 2015. 8. 28. 법률 제13498호
(자본시장과~법률 부칙) 2015. 7. 24. 법률 제13448호
(지진재해대책법 부칙) 2015. 7. 24. 법률 제13442호
(주택법 부칙) 2015. 7. 24. 법률 제13435호
(제주특별자치도~특별법 부칙) 2015. 7. 24. 법률 제13426호
(수산업・어촌 발전 기본법 부칙) 2015. 6. 22. 법률 제13383호
(국가공무원법 부칙) 2015. 5. 18. 법률 제13288호
(무형문화재~법률 부칙) 2015. 3. 27. 법률 제13248호
(주택도시기금법 부칙) 2015. 1. 6. 법률 제12989호
2014. 12. 31. 법률 제12955호
(정부조직법 부칙) 2014. 11. 19. 법률 제12844호
2014. 5. 28. 법률 제12686호
2014. 3. 24. 법률 제12506호
(청소년활동진흥법 부칙) 2014. 1. 21. 법률 제12329호

(농업소득의 보전에~시행령 부칙)
2014. 12. 30. 대통령령 제25918호
(행정자치부와~직제 부칙) 2014. 11. 19. 대통령령 제25751호
2014. 8. 20. 대통령령 제25556호
2014. 3. 14. 대통령령 제25253호
2014. 1. 1. 대통령령 제25060호
(부가가치세법 시행령 부칙) 2013. 6. 28. 대통령령 제24638호
(과학관육성법 시행령 부칙) 2013. 4. 22. 대통령령 제24502호
(안전행정부와~직제 부칙) 2013. 3. 23. 대통령령 제24425호
2013. 1. 1. 대통령령 제24297호
(고엽제후유의증 등 환자지원에 관한 법률 시행령 부칙)
2012. 12. 21. 대통령령 제24247호
(고엽제후유의증 환자지원~시행령 부칙)
2012. 4. 17. 대통령령 제23734호
2011. 12. 31. 대통령령 제23484호
(기초과학연구 진흥법 시행령 부칙)
2011. 6. 24. 대통령령 제22977호
2011. 3. 29. 대통령령 제22762호
2010. 12. 30. 대통령령 제22587호
제정 2010. 9. 20. 대통령령 제22396호

(보금자리주택건설~특별법 부칙) 2014. 1. 14. 법률 제12251호
2014. 1. 1. 법률 제12175호
2013. 8. 6. 법률 제11999호
2013. 5. 10. 법률 제11762호
2013. 3. 23. 법률 제11716호
(정부조직법 부칙) 2013. 3. 23. 법률 제11690호
2013. 1. 1. 법률 제11618호
2012. 10. 2. 법률 제11487호
2012. 3. 21. 법률 제11397호
(2012여수세계박람회 지원특별법 부칙)
2012. 1. 26. 법률 제11241호
(국민건강보험법 부칙) 2011. 12. 31. 법률 제11141호
2011. 12. 31. 법률 제11138호
(농어업경영체~부칙) 2011. 11. 22. 법률 제11093호
(보훈보상대상자~부칙) 2011. 9. 15. 법률 제11042호
(특수임무수행자~부칙) 2011. 8. 4. 법률 제11029호
(농수산물유통공사법 부칙) 2011. 7. 25. 법률 제10932호
(자유무역협정~부칙) 2011. 7. 21. 법률 제10890호
(영유아보육법 부칙) 2011. 6. 7. 법률 제10789호
2011. 5. 19. 법률 제10654호
(한국컨테이너부두공단법 부칙) 2011. 5. 18. 법률 제10628호
2011. 3. 29. 법률 제10470호
2010. 12. 27. 법률 제10417호
(온라인~부칙) 2010. 6. 10. 법률 제10369호
(근로자복지기본법 부칙) 2010. 6. 8. 법률 제10361호
(재래시장~부칙) 2010. 6. 8. 법률 제10356호
(암관리법 부칙) 2010. 5. 31. 법률 제10333호
(산업집적활성화 및 공장설립에 관한 법률 부칙)
2010. 4. 12. 법률 제10252호
제정 2010. 3. 31. 법률 제10220호

운영 예규

개정 2022. 10. 25.
행정안전부예규 제223호
제정 2019. 5. 31.
행정안전부예규 제 74호

제1장 총 칙

제1조【목 적】 이 법은 지방세 감면 및 특례에 관한 사항과 이의 제한에 관한 사항을 규정하여 지방세 정책을 효율적으로 수행함으로써 건전한 지방재정 운영 및 공평과세 실현에 이바지함을 목적으로 한다.

제2조【정 의】 ① 이 법에서 사용하는 용어의 뜻은 다음과 같다.

1. "고유업무"란 법령에서 개별적으로 규정한 업무와 법인등기부에 목적사업으로 정하여진 업무를 말한다.
2. "수익사업"이란 「법인세법」 제4조 제3항에 따른 수익사업을 말한다. (2018. 12. 24. 개정 ; 법인세법 부칙)

2의 2. "주택"이란 「지방세법」 제104조 제3호에 따른 주택을 말한다. (2015. 12. 29. 신설)

3. "공동주택"이란 「주택법」 제2조 제3호에 따른 공동주택을 말하되 기숙사는 제외한다. (2016. 1. 19. 개정 ; 주택법 부칙)
4. "수도권"이란 「수도권정비계획법」 제2조 제1호에 따른 수도권을 말한다.
5. "과밀억제권역"이란 「수도권정비계획법」 제6조 제1항 제1호에 따른 과밀억제권역을 말한다.
6. "지방세 특례"란 세율의 경감, 세액감면, 세액공제, 과

제1장 총 칙

제1조【목 적】 이 영은 「지방세특례제한법」에서 위임된 사항과 그 시행에 필요한 사항을 규정함을 목적으로 한다.

2014년 이후에는 세법개정으로 소유자가 해당 부동산을 사업 또는 업무의 목적이나 용도에 맞게 사용하는 것을 말함.

관련법령

수도권정비계획법

제2조【정 의】 이 법에서 사용하는 용어의 뜻은 다음과 같다. (2008. 3. 21. 개정)

1. "수도권"이란 서울특별시와 대통령령으로 정하는 그 주변 지역을 말한다. (2008. 3. 21. 개정)

수도권정비계획법 시행령

제2조【수도권에 포함되는 서울특별시 주변 지역의 범위】 「수도권정비계획법」(이하 "법"이라 한다) 제2조 제1호에서 "대통령령으로 정하는 그 주변 지역"이란 인천광역시와 경기도를 말한다. (2009. 1. 16. 개정)

제1조【목 적】 이 규칙은 「지방세특례제한법」 및 같은 법 시행령에서 위임된 사항과 그 시행에 필요한 사항을 규정함을 목적으로 한다.

법인세법

제4조【과세소득의 범위】 ③ 제1항 제1호를 적용할 때 비영리내국법인의 각 사업연도의 소득은 다음 각 호의 사업 또는 수입(이하 "수익사업"이라 한다)에서 생기는 소득으로 한정한다. (2018. 12. 24. 개정)

1. 제조업, 건설업, 도매 및 소매업 등 「통계법」 제22조에 따라 통계청장이 작성·고시하는 한국표준산업분류에 따른 사업으로서 대통령령으로 정하는 것 (2018. 12. 24. 개정)
2. 「소득세법」 제16조 제1항에 따른 이자소득 (2018. 12. 24. 개정)
3. 「소득세법」 제17조 제1항에 따른 배당소득 (2018. 12. 24. 개정)
4. 주식·신주인수권 또는 출자지분의 양도로 인한 수입 (2018. 12. 24. 개정)

세표준 공제(중과세 배제, 재산세 과세대상 구분전환을 포함한다) 등을 말한다.

7. "재산세"란 「지방세법」 제111조에 따라 부과된 세액을 말한다.
8. "직접 사용"이란 부동산·차량·건설기계·선박·항공기 등의 소유자(「신탁법」 제2조에 따른 수탁자를 포함하며, 신탁등기를 하는 경우만 해당한다)가 해당 부동산·차량·건설기계·선박·항공기 등을 사업 또는 업무의 목적이나 용도에 맞게 사용(이 법에서 임대를 목적 사업 또는 업무로 규정한 경우 외에는 임대하여 사용하는 경우는 제외한다)하는 것을 말한다. (2023. 3. 14. 개정)

8의 2. "매각·증여"란 이 법에 따라 지방세를 감면받은 자가 해당 부동산, 차량, 선박 등을 매매, 교환, 증여 등 유상이나 무상으로 소유권을 이전하는 것을 말한다. 다만, 대통령령으로 정하는 소유권 이전은 제외한다. (2021. 12. 28. 신설)

9. "내국인"이란 「지방세법」에 따른 거주자 및 내국법인을 말한다. (2014. 1. 1. 신설)
10. "과세연도"란 「지방세법」에 따른 과세기간 또는 사업연도를 말한다. (2014. 1. 1. 신설)
11. "과세표준신고"란 「지방세법」 제95조, 제103조의 5 및 제103조의 23에 따른 과세표준의 신고를 말한다. (2016. 12. 27. 개정)

제1조의 2【매각·증여의 예외】 법 제2조 제1항 제8호의 2 단서에서 "대통령령으로 정하는 소유권 이전"이란 다음 각 호의 어느 하나에 해당하는 소유권 이전을 말한다. (2023. 3. 14. 신설)

1. 상속으로 인한 소유권 이전 (2023. 3. 14. 신설)
2. 「공익사업을 위한 토지 등의 취득 및 보상에 관한 법률」 등 다른 법률에 따른 부동산의 수용으로 인한 소유권 이전. 다만, 같은 법 제22조에 따른 사업인정의 고시(다른 법률에 따라 해당 사업인정의 고시가 준용되거나 간주되는 경우를 포함한다) 또는 다른 법률에 따라 해당 사업인정의 고시에 준하는 행정기관의 고시 등이 있은 이후에 부동산을 취득하여 수용되는 경

5. 유형자산 및 무형자산의 처분으로 인한 수입. 다만, 고유목적사업에 직접 사용하는 자산의 처분으로 인한 대통령령으로 정하는 수입은 제외한다. (2018. 12. 24. 개정)
6. 「소득세법」 제94조 제1항 제2호 및 제4호에 따른 자산의 양도로 인한 수입 (2018. 12. 24. 개정)
7. 그 밖에 대가(對價)를 얻는 계속적 행위로 인한 수입으로서 대통령령으로 정하는 것 (2018. 12. 24. 개정)

12. "익금(益金)"이란 「소득세법」 제24조에 따른 총수입금액 또는 「법인세법」 제14조에 따른 익금을 말한다. (2014. 1. 1. 신설)

13. "손금(損金)"이란 「소득세법」 제27조에 따른 필요경비 또는 「법인세법」 제14조에 따른 손금을 말한다. (2014. 1. 1. 신설)

14. "이월과세(移越課稅)"란 개인이 해당 사업에 사용되는 사업용고정자산 등(이하 이 호에서 "종전사업용고정자산등"이라 한다)을 현물출자(現物出資) 등을 통하여 법인에 양도하는 경우 이를 양도하는 개인에 대해서는 「지방세법」 제103조에 따른 양도소득에 대한 개인지방소득세(이하 "양도소득분 개인지방소득세"라 한다)를 과세하지 아니하고, 그 대신 이를 양수한 법인이 그 사업용고정자산 등을 양도하는 경우 개인이 종전사업용고정자산등을 그 법인에 양도한 날이 속하는 과세기간에 다른 양도자산이 없다고 보아 계산한 같은 법 제103조의 3에 따른 양도소득에 대한 개인지방소득세 산출세액(이하 "양도소득분 개인지방소득 산출세액"이라 한다) 상당액을 법인지방소득세로 납부하는 것을 말한다. (2014. 1. 1. 신설)

② 이 법에서 사용하는 용어의 뜻은 특별한 규정이 없으면 「지방세기본법」, 「지방세징수법」 및 「지방세법」에서 정하는 바에 따른다. 다만, "제3장 지방소득세 특례"에서 사용하는 용어의 뜻은 「지방세기본법」, 「지방세징수

우는 제외한다. (2023. 3. 14. 신설)

3. 「지방세법」 제9조 제3항에 따라 취득세가 부과되지 않는 신탁재산의 소유권 이전 (2023. 3. 14. 신설)

법」 및 「지방세법」에서 정하는 경우를 제외하고 「조세특례제한법」 제2조에서 정하는 바에 따른다. (2016. 12. 27. 개정 ; 지방세기본법 부칙)

제2조의 2 【지방세 특례의 원칙】 행정안전부장관 및 지방자치단체는 지방세 특례를 정하려는 경우에는 다음 각 호의 사항 등을 종합적으로 고려하여야 한다. (2020. 1. 15. 개정)

1. 지방세 특례 목적의 공익성 및 지방자치단체 사무와의 연계성 (2020. 1. 15. 신설)
2. 국가의 경제 · 사회정책에 따른 지역발전효과 및 지역균형발전에의 기여도 (2020. 1. 15. 신설)
3. 조세의 형평성 (2020. 1. 15. 신설)
4. 지방세 특례 적용 대상자의 조세부담능력 (2020. 1. 15. 신설)
5. 지방세 특례 대상 · 적용 대상자 및 세목의 구체성 · 명확성 (2020. 1. 15. 신설)
6. 지방자치단체의 재정여건 (2020. 1. 15. 신설)
7. 국가 및 지방자치단체의 보조금 등 예산 지원과 지방세 특례의 중복 최소화 (2020. 1. 15. 신설)
8. 지역자원시설세 등 특정 목적을 위하여 부과하는 지방세에 대한 지방세 특례 설정 최소화 (2020. 1. 15. 신설)

제3조 【지방세 특례의 제한】 ① 이 법, 「지방세기

본법」, 「지방세징수법」, 「지방세법」, 「조세특례제한법」 및 조약에 따르지 아니하고는 「지방세법」에서 정한 일반과세에 대한 지방세 특례를 정할 수 없다. (2016. 12. 27. 개정 ; 지방세기본법 부칙)

② 관계 행정기관의 장은 이 법에 따라 지방세 특례를 받고 있는 법인 등에 대한 특례 범위를 변경하려고 법률을 개정하려면 미리 행정안전부장관과 협의하여야 한다. (2017. 7. 26. 직제개정 ; 정부조직법 부칙)

제4조【조례에 따른 지방세 감면】(2010. 12. 27. 제목개정)

① 지방자치단체는 주민의 복리 증진 등 효율적인 정책 추진을 위하여 필요하다고 인정될 경우 제2조의 2에 따라 3년의 기간 이내에서 지방세의 세율경감, 세액감면 및 세액공제(이하 이 조 및 제182조에서 "지방세 감면"이라 한다)를 할 수 있다. (2023. 12. 29. 개정)

② 지방자치단체는 제1항에도 불구하고 다음 각 호의 어느 하나에 해당하는 지방세 감면을 할 수 없다. 다만, 국가 및 지방자치단체의 경제적 상황, 긴급한 재난관리 필요성, 세목의 종류 및 조세의 형평성 등을 고려하여 대통령령으로 정하는 경우에는 제1호에 해당하는 지방세 감면을 할 수 있다. (2020. 1. 15. 단서신설)

1. 이 법에서 정하고 있는 지방세 감면을 확대(지방세 감면율·감면액을 확대하거나 지방세 감면 적용대상자

운영예규 법4-1【공 익】

「지방세특례제한법」 제4조 제1항 제1호의 「공익」이라 함은 사회생활을 해 나가는 데 있어서 누구에게나 보편적으로 납득될 만한 보편화된 가치규범, 공동체자체의 권익, 사회 전체의 생존이나 발전에 요구되는 미래의 이익이나 효용성, 사회적 약자의 이익, 불특정다수인의 이익을 도모하는 사유를 의미한다.

제2조【지방세 감면규모 등】(2010. 12. 30. 제목개정)

① 「지방세특례제한법」(이하 "법"이라 한다) 제4조 제2항 각 호 외의 부분 단서에서 "대통령령으로 정하는 경우"란 다음 각 호의 어느 하나에 해당하는 경우로서 지방세 감면(법 제4조 제1항에 따른 지방세 감면을 말한다. 이하 이 조에서 같다)이 필요한 것으로 행정안전부장관이 인정하는 경우를 말한다. (2020. 1. 15. 신설)

1. 「재난 및 안전관리 기본법」 제3조 제1호에 따른 재

법	영	
·세목·기간을 확대하는 것을 말한다)하는 지방세 감면 (2023. 3. 14. 개정) 2. 「지방세법」 제13조 및 제28조 제2항에 따른 중과세의 배제를 통한 지방세 감면 (2020. 1. 15. 호번개정) 3. 「지방세법」 제106조 제1항 각 호에 따른 토지에 대한 재산세 과세대상의 구분 전환을 통한 지방세 감면 (2020. 1. 15. 호번개정) 4. 제177조에 따른 감면 제외대상에 대한 지방세 감면. 다만, 다음 각 목의 어느 하나에 해당하는 경우에는 지방세 감면을 할 수 있다. (2023. 12. 29. 단서개정) 가. 「감염병의 예방 및 관리에 관한 법률」 제49조 제1항 제2호에 따른 집합 제한 또는 금지로 인하여 영업이 금지되는 경우 (2023. 12. 29. 신설) 나. 「재난 및 안전관리 기본법」 제60조에 따른 특별재난지역으로 선포된 경우로서 해당 재난으로 입은 중대한 재산상 피해로 영업이 현저히 곤란하다고 인정되는 경우 (2023. 12. 29. 신설) 5. 과세의 형평을 현저하게 침해하거나 국가의 경제시책에 비추어 합당하지 아니한 지방세 감면으로서 대통령령으로 정하는 사항 (2023. 12. 29. 개정) ③ 지방자치단체는 지방세 감면(이 법 또는 「조세특례제한법」의 위임에 따른 감면은 제외한다)을 하려면 「지방세기본법」 제147조에 따른 지방세심의위원회의 심의를 거쳐 조례로 정하여야 한다. 이 경우 대통령령으로 정하	난의 대응 및 복구를 위해 필요한 경우 (2020. 1. 15. 신설) 2. 경기침체, 대량실업 등 국가 및 지방자치단체의 경제위기 극복을 위해 필요한 경우 (2020. 1. 15. 신설) 3. 장애인 등 사회적 취약계층 보호를 위해 필요한 경우 (2020. 1. 15. 신설) 4. 법 제3장 지방소득세 특례의 적용 대상자로서 법 제2장 감면의 적용 대상자가 아닌 자에 대해 감면 세목(지방소득세는 제외한다)을 추가하려는 경우 (2020. 1. 15. 신설) 5. 해당 지방자치단체의 주요 역점사업 추진을 위해 필요한 경우 (2023. 3. 14. 신설) ② 법 제4조 제2항 제5호에서 "대통령령으로 정하는 사항"이란 다음 각 호의 어느 하나에 해당하는 사항을 말한다. (2023. 12. 29. 개정) 1. 「지방세기본법」, 「지방세징수법」 또는 「지방세법」에 따른 지방세의 납부기한이 경과된 사항 (2023. 12. 29. 개정) 2. 「지방세기본법」, 「지방세징수법」, 「지방세법」, 「조세특례제한법」 또는 법에 따른 지방세 과세정책에 중대한 영향을 미치는 사항 (2023. 12. 29. 개정) 3. 토지 등 부동산정책, 사회적 취약계층의 보호 등 사회복지정책이나 그 밖의 주요 국가시책에 반하는 사항 (2023. 12. 29. 개정)	

는 일정 규모 이상의 지방세 감면을 신설 또는 연장하거나 변경하려는 경우에는 대통령령으로 정하는 조세 관련 전문기관이나 법인 또는 단체에 의뢰하여 감면의 필요성, 성과 및 효율성 등을 분석·평가하여 심의자료로 활용하여야 한다. (2016. 12. 27. 개정 ; 지방세기본법 부칙)

4. 그 밖에 지방자치단체 주민 간 지방세 부담의 현저한 형평성 침해 등 지방세 과세정책 추진에 저해되는 사항 (2023. 12. 29. 개정)

③ 법 제4조 제3항 후단에서 "대통령령으로 정하는 일정 규모 이상"이란 지방세 감면을 신설하는 경우에는 해당 조례안의 지방세 감면 조문별로 그 감면기간 동안 발생할 것으로 예상되는 지방세 감면 추계액이 30억원(시·군·자치구의 경우에는 10억원) 이상인 경우를 말하며, 지방세 감면을 연장하거나 변경하려는 경우에는 해당 조례의 감면기한이 도래하는 날 또는 지방세 감면의 변경에 관한 조례안을 해당 지방자치단체의 장이 정하는 날이 속하는 해의 직전 3년간(지방세 감면을 신설한 지 3년이 지나지 않은 경우에는 그 기간)의 연평균 지방세 감면액이 30억원(시·군·자치구의 경우에는 10억원) 이상인 경우를 말한다. (2023. 12. 29. 개정)

④ 법 제4조 제3항 후단에서 "대통령령으로 정하는 조세 관련 전문기관이나 법인 또는 단체"란 다음 각 호의 어느 하나에 해당하는 기관이나 법인 또는 단체를 말한다. (2020. 1. 15. 항번개정)

1. 「지방세기본법」 제151조에 따른 지방세연구원 (2017. 3. 27. 개정 ; 지방세기본법 시행령 부칙)
2. 「민법」 외의 다른 법률에 따라 설립된 조세 관련 기관이나 법인 (2010. 12. 30. 개정)
3. 「민법」에 따라 설립된 조세 관련 학회 등 법인 (2010.

2024. 1. 1. 전에 법 4조 3항 후단에 따라 지방세 감면의 신설·연장·변경에 관한 분석·평가를 의뢰한 경우에는 영 2조 3항의 개정규정에도 불구하고 종전의 규정에 따라 분석·평가한 후 지방세 심의위원회의 심의자료로 활용해야 함. (영 부칙(2023. 12. 29.) 2조)

④ 제1항과 제3항에도 불구하고 지방자치단체의 장은 천재지변이나 그 밖에 대통령령으로 정하는 특수한 사유로 지방세 감면이 필요하다고 인정되는 자에 대해서는 해당 지방의회의 의결을 얻어 지방세 감면을 할 수 있다. (2015. 12. 29. 개정)

운영예규 법4-2【천재·지변 등으로 인한 지방세감면범위】

지방자치단체는 풍·수해 등으로 인한 천재·지변, 화재, 전화(戰禍) 등 기타 재해 등이 발생한 경우에는 납세자의 자력복구를 지원하기 위하여 다음과 같이 지방세를 조속히 감면조치 하여야 한다.

1. 지방세기본·관계법상 근거규정
   ① 감면 : 「지방세특례제한법」 제4조 제4항(지방의회 의결사항)
   ② 대체취득 감면
      가. 건축물·선박·자동차·기계장비파손, 멸실 : 「지방세특례제한법」 제92조 제1항 제3호

12. 30. 개정)

4. 조세 관련 교육과정이 개설된 「고등교육법」 제2조에 따른 학교 (2010. 12. 30. 개정)
5. 조세에 관한 사무에 근무한 경력이 15년 이상인 사람이 2명 이상 속해 있는 법인 또는 단체 (2010. 12. 30. 개정)
6. 그 밖에 행정안전부장관이 정하여 고시하는 기관이나 법인 또는 단체 (2017. 7. 26. 직제개정 ; 행정안전부와~직제 부칙)

⑤ 법 제4조 제4항에서 "대통령령으로 정하는 특수한 사유"란 지진, 풍수해, 벼락, 전화(戰禍) 또는 이와 유사한 재해를 말한다. (2021. 1. 5. 개정 ; 어려운 법령용어~대통령령)

⑥ 법 제4조 제4항에 따라 지방세 감면을 받으려는 자는 그 사유가 발생한 날부터 30일 이내에 그 사유를 증명할 수 있는 서류를 갖추어 관할 특별자치시장·특별자치도지사·시장·군수·구청장(구청장은 자치구의 구청장을 말한다. 이하 "시장·군수·구청장"이라 한다)에게 지방세 감면을 신청하여야 한다. (2020. 1. 15. 항번개정)

⑥ 법 제4조 제4항에 따라 지방세 감면을 받으려는 자는 그 사유가 발생한 날부터 30일 이내에 그 사유를 증명할 수 있는 서류를 갖추어 관할 특별자치시장·특별자치도지사(관할 구역 안에 지방자치단체인 시·군이 없는 특별자치도의 도지사를 말한다)·시장·군수·구청장(구청장은 자치구의 구청장을 말한다. 이하 "시장·군수·

제2조【감면 신청】 ① 「지방세특례제한법 시행령」(이하 "영"이라 한다) 제2조 제6항 및 제126조 제1항에 따른 지방세 감면 신청은 별지 제1호 서식에 따른다. (2020. 12. 31. 개정)

나. 멸실건축물 복구시 건축허가 : 「지방세특례제한법」 제92조 제2항

다. 자동차소멸 · 멸실 · 파손 : 「지방세특례제한법」 제92조 제3항

③ 기한의 연장 : 「지방세기본법」 제26조, 영 제6조

④ 징수유예 등 : 「지방세징수법」 제25조 및 제25조의 2, 영 제31조 (2022. 10. 25. 개정)

2. 피해대상별 지원내역(예시)

① 주택 등 건축물의 피해 : 멸실 또는 파손된 건축물을 복구하기 위하여 2년 이내에 신축 또는 개축하는 건축물에 대하여 취득세 · 등록면허세 감면

② 자동차 · 기계장비 피해 : 소멸 · 멸실 · 파손자동차의 대체취득시 취득세를 감면하고 소멸 · 멸실 · 파손된 자동차를 회수하거나 사용할 수 없는 것으로 인정할 경우에는 자동차세를 감면

③ 사망 · 실종 · 중상자가 발생된 경우에는 기한의 연장, 징수유예 등 조치

⑤ 지방자치단체는 지방세 감면에 관한 사항을 정비하여야 하며, 지방자치단체의 장은 정비 결과를 행정안전부장관에게 제출하여야 한다. 이 경우 행정안전부장관은 그 정비 결과를 지방세 감면에 관한 정책 수립 등에 활용할 수 있다. (2017. 7. 26. 직제개정 ; 정부조직법 부칙)

⑥ 지방자치단체는 제1항부터 제3항까지의 규정에 따라 지방세 감면을 하는 경우에는 전전년도 지방세징수 결산액에 대통령령으로 정하는 일정비율을 곱한 규모(이

구청장"이라 한다)에게 지방세 감면을 신청하여야 한다. (2024. 12. 31. 개정)

⑦ 시장 · 군수 · 구청장은 법 제4조 제4항에 따라 지방세 감면을 할 필요가 있다고 인정할 경우에는 직권으로 지방세 감면 대상자를 조사할 수 있다. (2020. 1. 15. 항번개정)

예판

【예규】 사회재난 중 「감염병의 예방 및 관리에 관한 법률」에 따른 감염병으로 인한 피해가 발생되어 지방세 감면이 필요하다고 인정되는 경우라면, 「지방세특례제한법」 제4조 제4항에 따라 지방의회 의결을 얻어 지방세 감면이 가능함. (지방세특례제도과-531, 2020. 3. 9.)

⑧ 법 제4조 제6항에서 "대통령령으로 정하는 일정비율"이란 지방자치단체의 재정상황 및 지방세 수입 규모 등을 고려하여 100분의 5의 범위에서 행정안전부장관이

② 제1항에 따른 지방세 감면 신청을 받은 특별자치시장 · 특별자치도지사 · 시장 · 군수 또는 구청장(자치구의 구청장을 말하며, 이하 "시장 · 군수 · 구청장"이라 한다)은 지방세 감면을 신청한 자 또는 그 위임을 받은 자(이하 이 항에서 "감면신청인"이라 한다)에게 지방세 감면 관련 사항을 별지 제2호 서식에 따라 직접 또는 우편발송 등의 방법으로 안내해야 한다. 이 경우 감면신청인이 요청하는 경우에는 전자적 방법으로 안내할 수 있다. (2020. 12. 31. 개정)

편주

지방세 감면조례 총량비율(행정안전부고시 제2022-26호, 2022. 3. 25.)

하 이 조에서 "지방세 감면규모"라 한다) 이내에서 조례로 정하여야 한다. (2010. 12. 27. 신설)

⑦ 지방자치단체는 제6항의 조례에 따라 감면된 지방세액이 지방세 감면규모를 초과한 경우 그 다음 다음 연도의 지방세 감면은 대통령령으로 정하는 바에 따라 축소·조정된 지방세 감면규모 이내에서 조례로 정할 수 있다. 다만, 지방세 감면규모를 초과하여 정하려는 경우로서 행정안전부장관의 허가를 받아 조례로 정한 지방세 감면에 대해서는 지방세 감면규모 축소·조정 대상에서 제외한다. (2023. 12. 29. 개정)

⑧ 제1항에 따른 지방세 감면을 조례로 정하는 경우 제주특별자치도에 대해서는 제2항(단서 및 제1호는 제외한다)·제6항 및 제7항을 적용하지 아니한다. (2020. 1. 15. 개정)

운영예규 법4-3【행정안전부장관 허가의 목적】

「지방세특례제한법」 제4조의 규정에서 행정안전부장관의 허가를 얻도록 하는 것은 헌법 제117조 및 「지방자치법」 제9조 제1항 및 제2항 제1호 나목 및 제39조 제1항 제1호에 저촉되는 것으로 볼 수가 없는 것이고, 당해 지방자치단체의 감면조례를 제정할 때 지방자치단체의 합리성 없는 과세면제의 남용을 억제하여 지방자치단체 상호간 균형을 맞추게 함으로써 조세평등주의를 실천함과 아울러 건전한 지방세제도를 확립하고 안정된 지방재정운영에 기여하는 데 그 목적이 있다.

정하여 고시하는 비율을 말한다. 이 경우 행정안전부장관은 법 제4조 제2항 각 호 외의 부분 단서에 따른 지방세 감면(행정안전부장관이 별도로 정하는 지방세 감면으로 한정한다)과 다음 각 호의 어느 하나에 해당하는 경우로서 지방자치단체가 행정안전부장관과 협의하여 조례로 정하는 지방세 감면이 있는 경우에는 해당 감면규모를 반영한 비율을 전단에 따라 고시하는 비율에 별도로 추가하여 고시(각 비율의 합은 100분의 5를 초과할 수 없다)할 수 있다. (2020. 1. 15. 개정)

1. 「재난 및 안전관리 기본법」 제3조 제1호에 따른 재난의 대응 및 복구를 위해 필요한 경우 (2020. 1. 15. 신설)
2. 여러 지방자치단체에 영향을 미치는 국가적 현안의 해결을 위해 필요한 경우 (2020. 1. 15. 신설)
3. 특정 지역에 소재한 국가기반시설의 지원을 위해 필요한 경우 (2020. 1. 15. 신설)
4. 특정 산업의 육성을 목적으로 제정된 법률에 따라 지정된 특구나 단지 등의 지원을 위해 필요한 경우 (2020. 1. 15. 신설)
5. 그 밖에 제1호부터 제4호까지의 경우와 유사한 것으로 행정안전부장관이 인정하는 경우 (2020. 1. 15. 신설)

⑨ 법 제4조 제6항의 조례에 따라 감면된 지방세액이 해당 연도의 지방세 감면규모(법 제4조 제6항에 따른 지방세 감면규모를 말한다. 이하 이 항에서 같다)를 초과한

제5조【지방세지출보고서의 작성】 ① 지방자치단체의 장은 지방세 감면 등 지방세 특례에 따른 재정 지원의 직전 회계연도의 실적과 해당 회계연도의 추정 금액에 대한 보고서(이하 "지방세지출보고서"라 한다)를 작성하여 지방의회에 제출하여야 한다.
② 지방세지출보고서의 작성방법 등에 관하여는 행정안전부장관이 정한다. (2017. 7. 26. 직제개정 ; 정부조직법 부칙)

제2장 감 면

제1절 농어업을 위한 지원

제6조【자경농민의 농지 등에 대한 감면】 ① 대통령령으로 정하는 바에 따라 농업을 주업으로 하는 사람으로서 2년 이상 영농에 종사한 사람 또는 「후계농어업인 및 청년농어업인 육성 · 지원에 관한 법률」 제8조에 따른 후계농업경영인 및 청년창업형 후계농업경영인(이하 이 조에서 "자경농민"이라 한다)이 대통령령으로 정하는 기준에 따라 직접 경작할 목적으로 취득하는 대통령령으로 정하는 농지(이하 이 절에서 "농지"라 한다) 및 관계 법령에 따라 농지를 조성하기 위하여 취득하는 임

경우에는 법 제4조 제7항 본문에 따라 그 초과한 금액의 2배에 해당하는 금액을 그 다음 다음 연도의 지방세 감면규모에서 차감한다. (2023. 12. 29. 개정)

제2장 감 면

제1절 농어업을 위한 지원

제3조【자경농민 및 직접 경작농지의 기준 등】 ① 법 제6조 제1항 각 호 외의 부분 본문에서 "대통령령으로 정하는 바에 따라 농업을 주업으로 하는 사람으로서 2년 이상 영농에 종사한 사람"이란 본인 또는 배우자[「주민등록법」 제7조에 따른 세대별 주민등록표(이하 "세대별 주민등록표"라 한다)에 함께 기재되어 있는 경우로 한정한다. 이하 이 조에서 같다] 중 1명 이상이 취득일 현재 다음 각 호의 요건을 모두 갖추고 있는 사람을 말한다. (2020. 1. 15. 개정)

야에 대해서는 취득세의 100분의 50을 2026년 12월 31일까지 경감한다. 다만, 다음 각 호의 어느 하나에 해당하는 경우 그 해당 부분에 대해서는 경감된 취득세를 추징한다. (2023. 12. 29. 개정)

Note 2023. 12. 29. 개정 ☞ 제1항 기한 연장 : 23년→26년
2020. 12. 29. 개정 ☞ 제1항 기한 연장 : 20년→23년
2017. 12. 26. 개정 ☞ 제1항 기한 연장 : 17년→20년

1. 정당한 사유 없이 그 취득일부터 2년이 경과할 때까지 자경농민으로서 농지를 직접 경작하지 아니하거나 농지조성을 시작하지 아니하는 경우 (2015. 12. 29. 개정)
2. 직접 경작한 기간이 2년 미만인 상태에서 매각·증여하거나 다른 용도로 사용하는 경우 (2023. 12. 29. 개정)

편주

2024. 1. 1. 전에 자경농민 및 귀농인이 경감받은 취득세의 추징에 관하여는 법 6조 1항 2호의 개정규정에도 불구하고 종전의 규정에 따름. (법 부칙(2023. 12. 29.) 11조)

예판

【예규】 · 농업경영체등록확인서상 경영주 외 농업인으로 2년 이상 등록시 자경농민 감면 여부

농업경영체등록확인서상 경영주 외 농업인으로 2년 이상 기재되어 있더라도 농지실경작확인서, 농지원부, 농산물 거래내역, 가축사육업등록증, 농약 및 퇴비거래내역 등을 통해 영농에 종사하였음을 객관적으로 입증하지 못한다면 감면대상 자경농민으로 볼 수 없음. (지방세특례제도과-1411, 2021. 6. 16.)

1. 농지(「지방세법 시행령」 제21조에 따른 농지를 말한다. 이하 같다)를 소유하거나 임차하여 경작하는 방법으로 직접 2년 이상 계속하여 농업에 종사할 것 (2014. 8. 20. 개정)
2. 제1호에 따른 농지의 소재지인 특별자치시·특별자치도·시·군·구(자치구를 말한다. 이하 "시·군·구"라 한다) 또는 그와 잇닿아 있는 시·군·구에 거주하거나 해당 농지의 소재지로부터 30킬로미터 이내의 지역에 거주할 것 (2020. 12. 31. 개정)
2. 제1호에 따른 농지의 소재지인 특별자치시·특별자치도(관할 구역 안에 지방자치단체인 시·군이 없는 특별자치도를 말한다)·시·군·구(자치구를 말한다. 이하 "시·군·구"라 한다) 또는 그와 잇닿아 있는 시·군·구에 거주하거나 해당 농지의 소재지로부터 30킬로미터 이내의 지역에 거주할 것 (2024. 12. 31. 개정)
3. 직전 연도 농업 외의 종합소득금액(「소득세법」 제4조 제1항 제1호에 따른 종합소득에서 농업, 임업에서 발생하는 소득, 「소득세법」 제45조 제2항 각 호의 어느 하나에 해당하는 사업에서 발생하는 부동산임대소득 또는 같은 법 시행령 제9조에 따른 농가부업소득을 제외한 금액을 말한다)이 「농업·농촌 공익기능 증진 직접지불제도 운영에 관한 법률」 제9조 제3항 제1호 및 같은 법 시행령 제6조 제1항에 따른 금액 미만일 것 (2020. 4. 28. 개정 ; 농업소득의~부칙)
3. 직전 연도 농업 외의 종합소득금액(「소득세법」 제4조 제1항 제1호에 따른 종합소득에서 농업·임업에서 발생하는 소득, 같은 법 제45조 제2항에 따른 부동산임

관련법령

농업·농촌 공익기능 직접지불제도 운영에 관한 법률 시행령

제6조 【농업 외의 종합소득금액】 ① 법 제9조 제3항 제1호에서 "농업 외의 종합소득금액이 대통령령으로 정하는 금액 이상인 자"란 지급대상자 등록신청 연도의 직전 연도를 기준으로 농업 외의 종합소득금액이 3천700만원 이상인 농업인을 말한다.

운영예규 법6-1 **【자경농민 및 직접 경작농지의 기준 등】**

「지방세특례제한법 시행령」 제3조 제1항 제2호에서 자경농민이 「거주한다」 함은 농지 취득일 현재 농지의 소재지인 특별자치시·특별자치도·시·군·구(자치구를 말한다, 이하 "시·군·구"라 한다) 또는 그와 잇닿아 있는 시·군·구에 주소지를 두고 거주하거나 해당농지 소재지로부터 30킬로미터 이내의 지역에 주소지를 두고 거주하는 것을 말한다. (2022. 10. 25. 개정)

제2조의 2 【자경농민 농지 감면 및 자영어민 어업용 토지 감면 소득기준 등의 범위】 (2017. 12. 29.

【조심판례】 취득세 등의 감면대상이 되는 농지는 논, 밭, 과수원 및 목장용지를 말한다고 규정하고 있을 뿐, 취득 당시 실제 경작 등에 사용되고 있는 토지여야 한다는 규정은 없는 점 등에 비추어 감면대상이 되는 농지는 그 공부상 지목이 논, 밭 등이면 감면대상에 해당함. (조심 2015지654, 2016. 10. 19.)

② 자경농민이 다음 각 호의 어느 하나에 해당하는 시설로서 대통령령으로 정하는 기준에 적합한 시설을 농업용으로 직접 사용하기 위하여 취득하는 경우 해당 농업용 시설에 대해서는 취득세의 100분의 50을 2026년 12월 31일까지 경감한다. (2023. 12. 29. 개정) 취득(감면분만) 농특비

Note 2023. 12. 29. 개정 ☞ 제2항 기한 연장 : 23년→26년
2020. 12. 29. 개정 ☞ 제2항 기한 연장 : 20년→23년
2017. 12. 26. 개정 ☞ 제2항 기한 연장 : 17년→20년

1. 양잠(養蠶) 또는 버섯재배용 건축물, 고정식 온실 (2014. 12. 31. 개정)
2. 「축산법」 제2조 제1호에 따른 가축을 사육하기 위한 시설 및 그 부속시설로서 대통령령으로 정하는 시설 (2020. 12. 29. 개정)
3. 창고[저온창고, 상온창고(常溫倉庫) 및 농기계보관용 창고만 해당한다] 및 농산물 선별처리시설 (2014. 12. 31. 개정)

예판

【예규】 · 농업용 시설로서 가설건축물 설치 후 2년 이내 멸실한 경우 추징 여부

대업에서 발생하는 소득 및 같은 법 시행령 제9조에 따른 농가부업소득을 제외한 금액을 말한다)이 「농업·농촌 공익기능 증진 직접지불제도 운영에 관한 법률」 제9조 제3항 제1호 및 같은 법 시행령 제6조 제1항에 따른 금액 미만일 것 (2024. 12. 31. 개정)

② 법 제6조 제1항 각 호 외의 부분 본문 및 같은 조 제4항 각 호 외의 부분 본문에서 "대통령령으로 정하는 기준"이란 각각 다음 각 호의 요건을 모두 갖춘 경우를 말한다. (2021. 12. 31. 개정)

1. 농지 및 임야의 소재지가 「국토의 계획 및 이용에 관한 법률」에 따른 도시지역(개발제한구역과 녹지지역은 제외한다. 이하 이 항 및 제4항에서 "도시지역"이라 한다) 외의 지역일 것 (2023. 3. 14. 개정)
2. 농지 및 임야를 취득하는 사람의 주소지가 농지 및 임야의 소재지인 시·군·구 또는 그 지역과 잇닿아 있는 시·군·구 지역이거나 농지 및 임야의 소재지로부터 30킬로미터 이내의 지역일 것 (2020. 12. 31. 개정)
3. 본인 또는 배우자가 소유하고 있는 농지 및 임야(도시지역 안의 농지 및 임야를 포함한다)와 본인 또는 배우자가 새로 취득하는 농지 및 임야를 모두 합한 면적이 논, 밭, 과수원은 3만제곱미터(「농지법」에 따라 지정된 농업진흥지역 안의 논, 밭, 과수원은 20만제곱미터로 한다), 목장용지는 25만제곱미터, 임야는 30만제곱미터 이내일 것. 이 경우 초과부분이 있을 때에는

제목개정)

① 영 제3조 제8항에서 "직전 연도 농업 외의 종합소득금액"이란 다음 각 호의 금액을 합산한 것을 말한다. (2021. 12. 31. 개정)

① 영 제3조 제1항 제3호에 따른 직전 연도 농업 외의 종합소득금액과 같은 조 제8항에 따른 과세연도별 농업 외의 종합소득금액은 각각 다음 각 호의 금액을 합산한 것으로 한다. (2024. 12. 31. 개정)

1. 「소득세법」 제19조에 따른 사업소득금액 (2017. 12. 29. 개정)
2. 「소득세법」 제20조 제1항에 따른 근로소득에서 같은 법 제12조에 따른 비과세소득을 차감한 금액 (2014. 12. 31. 신설)

편주

비과세 소득
복무 중인 병(兵)이 받는 급여, 요양급여, 휴업급여, 장해급여, 간병급여, 휴업보상금, 상병보상금(傷病補償金), 일시보상금, 장해보상금, 유족보상금, 행방불명보상금, 소지품 유실보상금, 장의비 및 장제비, 학자금, 연장근로·야간근로 또는 휴일근로를 하여 받는 급여 등(세

가설건축물을 축조한 후 취득일부터 1년 이내에 감면 목적사업에 직접 사용을 개시하였다 하더라도, 직접 사용한 기간이 2년 미만인 상태에서 감면 목적물인 가설건축물을 멸실한 것은 최소 2년 이상의 기간을 목적사업에 직접 사용하도록 규정한 요건을 충족하지 못한 것으로 추징사유에 해당함. (지방세특례제도과-2350, 2021. 10. 21.)

• 상온창고(常溫倉庫)는 저온저장(5℃)을 위한 저온창고와는 다르게 냉동기 등의 기계에 의하지 아니하고 상온에서 그대로 저장할 수 있는 시설로서의 농산물 보관용 창고를 의미함. (지방세특례제도과-1231, 2019. 4. 1.)

③ 자경농민이 경작할 목적으로 받는 도로점용, 하천점용 및 공유수면점용의 면허에 대해서는 등록면허세를 2021년 12월 31일까지 면제한다. (2018. 12. 24. 개정) 일몰

Note 2018. 12. 24. 개정 ☞ 기한 연장 : 18년→21년
2017. 12. 26. 개정 ☞ 18년까지 일몰기한 설정

④ 대통령령으로 정하는 바에 따라 「농업·농촌 및 식품산업 기본법」 제3조 제5호에 따른 농촌지역으로 이주하는 귀농인(이하 이 항에서 "귀농인"이라 한다)이 대통령령으로 정하는 기준에 따라 직접 경작 또는 직접 사용할 목적으로 대통령령으로 정하는 귀농일(이하 이 항에서 "귀농일"이라 한다)부터 3년 이내에 취득하는 농지, 「농지법」 등 관계 법령에 따라 농지를 조성하기 위하여 취득하는 임야 및 제2항에 따른 농업용 시설(농지, 임야 및 농업용 시설을 취득한 사람이 그 취득일부터 60일 이내에 귀농인이 되는 경우 그 농지, 임야 및 농업용 시설을

그 초과부분만을 경감대상에서 제외한다. (2016. 12. 30. 개정)

③ 법 제6조 제1항 각 호 외의 부분 본문에서 "대통령령으로 정하는 농지"란 「지방세법 시행령」 제21조에 따른 농지를 말한다. (2021. 12. 31. 신설)

④ 법 제6조 제2항 각 호 외의 부분에서 "대통령령으로 정하는 기준에 적합한 시설"이란 다음 각 호의 요건을 모두 갖춘 농업용 시설을 말한다. (2021. 12. 31. 항번개정)

1. 농업용 시설의 소재지가 도시지역 외의 지역일 것 (2018. 12. 31. 신설)
2. 농업용 시설을 취득하는 사람의 주소지가 해당 농업용 시설의 소재지인 시·군·구 또는 그 지역과 잇닿아 있는 시·군·구 지역이거나 그 농업용 시설의 소재지로부터 30킬로미터 이내의 지역일 것. 다만, 법 제6조 제2항 제1호에 따른 고정식 온실과 같은 항 제2호에 따른 시설은 소재지에 관한 제한을 받지 않는다. (2020. 12. 31. 개정)

⑤ 법 제6조 제2항 제2호에서 "대통령령으로 정하는 시설"이란 다음 각 호의 시설을 말한다. (2021. 12. 31. 항번개정)

1. 사육시설, 소독 및 방역 시설, 착유실, 집란실 (2020. 12. 31. 신설)
2. 「가축분뇨의 관리 및 이용에 관한 법률」 제2조 제3호에 따른 배출시설 (2020. 12. 31. 신설)

부 사항은 「소득세법」 제12조 참조)

3. 「소득세법」 제16조, 제17조, 제20조의 3 및 제21조에 따른 이자소득금액, 배당소득금액, 연금소득금액 및 기타소득금액 (2014. 12. 31. 신설)

② 제1항에 따른 직전 연도 농업 외의 종합소득금액은 다음 각 호의 구분에 따른 연도의 소득금액으로 한다. (2014. 12. 31. 신설)

1. 「소득세법」 제70조에 따른 종합소득 과세표준이 확정된 경우 : 「지방세특례제한법」(이하 "법"이라 한다) 제6조에 따른 농지 취득일이 속하는 연도의 직전 연도 (2014. 12. 31. 신설)
2. 「소득세법」 제70조에 따른 종합소득 과세표준이 확정되지 아니한 경우 : 법 제6조에 따른 농지 취득일이 속하는 연도의 전전 연도 (2014. 12. 31. 신설)

③ 법 제6조에 따라 취득세를 경감받으려는 자(이하 이 항에서 "감면

포함한다)에 대해서는 취득세의 100분의 50을 2027년 12월 31일까지 경감한다. 다만, 귀농인이 다음 각 호의 어느 하나에 해당하는 경우에는 경감된 취득세를 추징하되, 제3호 및 제4호의 경우에는 그 해당 부분에 한정하여 경감된 취득세를 추징한다. (2024. 12. 31. 개정)

취득(감면분만) 농특비

Note 2024. 12. 31. 개정 ☞ 제4항 기한 연장 : 24년→27년
2021. 12. 28. 개정 ☞ 제4항 기한 연장 : 21년→24년
2018. 12. 24. 개정 ☞ 제4항 기한 연장 : 18년→21년

1. 정당한 사유 없이 귀농일부터 3년 이내에 주민등록 주소지를 취득 농지 및 임야 소재지 특별자치시·특별자치도·시·군·구(구의 경우에는 자치구를 말한다. 이하 같다), 그 지역과 연접한 시·군·구 또는 농지 및 임야 소재지로부터 30킬로미터 이내의 지역 외의 지역으로 이전하는 경우 (2023. 12. 29. 개정)

1. 정당한 사유 없이 귀농일부터 3년 이내에 주민등록 주소지를 취득 농지 및 임야 소재지 특별자치시·특별자치도(관할 구역 안에 지방자치단체인 시·군이 없는 특별자치도를 말한다)·시·군·구(구의 경우에는 자치구를 말한다. 이하 같다), 그 지역과 연접한 시·군·구 또는 농지 및 임야 소재지로부터 30킬로미터 이내의 지역 외의 지역으로 이전하는 경우 (2024. 12. 31. 개정)

2. 정당한 사유 없이 귀농일부터 3년 이내에 「농업·농촌 및 식품산업 기본법」 제3조 제1호에 따른 농업(이하 이 항에서 "농업"이라 한다) 외의 산업에 종사하는 경우. 다만, 「농

3. 「가축분뇨의 관리 및 이용에 관한 법률」 제2조 제7호에 따른 정화시설 (2020. 12. 31. 신설)

⑥ 법 제6조 제4항 각 호 외의 부분 본문에서 "대통령령으로 정하는 바에 따라 「농업·농촌 및 식품산업 기본법」 제3조 제5호에 따른 농촌 지역으로 이주하는 귀농인"이란 다음 각 호의 요건을 모두 갖춘 사람을 말한다. (2021. 12. 31. 항번개정)

1. 농촌(「농업·농촌 및 식품산업 기본법」 제3조 제5호에 따른 지역을 말한다. 이하 이 조에서 같다) 외의 지역에서 제7항에 따른 귀농일을 기준으로 1년 이전부터 「주민등록법」 제16조에 따른 전입신고를 하고 계속하여 실제 거주한 사람일 것 (2021. 12. 31. 개정)
2. 제7항에 따른 귀농일 전까지 계속하여 1년 이상 「농업·농촌 및 식품산업 기본법」 제3조 제1호에 따른 농업에 종사하지 않은 사람일 것 (2021. 12. 31. 개정)
3. 농촌에 「주민등록법」에 따른 전입신고를 하고 실제 거주하는 사람일 것 (2015. 12. 22. 개정 ; 수산업·어촌~시행령 부칙)

⑦ 법 제6조 제4항 각 호 외의 부분 본문에서 "대통령령으로 정하는 귀농일"이란 제6항에 따른 귀농인이 새로 이주한 해당 농촌으로 전입신고를 하고 거주를 시작한 날을 말한다. (2021. 12. 31. 개정)

⑧ 법 제6조 제4항 제2호에서 "대통령령으로 정하는 소득"이란 과세연도별 농업 외의 종합소득금액(「소득세법」

신청인"이라 한다)는 제2조 제1항에도 불구하고 별지 제1호의 2 서식에 따른 감면신청서에 제2항에 따른 소득금액을 확인할 수 있는 다음 각 호의 서류를 첨부하여 관할 지방자치단체의 장에게 제출해야 한다. 이 경우 감면신청인이 「전자정부법」 제36조 제1항에 따른 행정정보의 공동이용을 통한 주민등록등본 등의 확인에 동의하는 경우에는 그 확인으로 주민등록등본 등의 제출을 갈음할 수 있다. (2020. 12. 31. 개정)

1. 주민등록등본 (2017. 12. 29. 개정)
2. 소득금액증명원, 그 밖의 종합소득금액을 확인하는 서류로서 행정안전부장관이 정하여 고시하는 서류 (2017. 12. 29. 개정)
3. 2년 이상 영농에 종사하고 있음을 확인하는 서류로서 행정안전부장관이 정하여 고시하는 서류 (2017. 12. 29. 개정)

④ 영 제5조 제1항 제2호 단서에 따른 직전 연도 어업 외의 종합소득금액은 제1항 각 호의 금액을 합산한

업·농촌 및 식품산업 기본법」 제3조 제8호에 따른 식품산업과 농업을 겸업하는 경우는 제외한다. (2023. 12. 29. 개정)

2. 정당한 사유 없이 농지, 임야 또는 농업용 시설의 취득일이 속하는 과세연도의 다음 과세연도 개시일부터 3년 이내에 과세연도별로 「농업·농촌 및 식품산업 기본법」 제3조 제1호에 따른 농업 외의 산업에 종사하여 발생하는 소득으로서 대통령령으로 정하는 소득이 대통령령으로 정하는 금액 이상인 경우 (2024. 12. 31. 개정)

편주

2025. 1. 1. 전에 감면받은 취득세의 추징에 관하여는 법 6조 4항 2호의 개정규정에도 불구하고 종전의 규정에 따름. (법 부칙(2024. 12. 31.) 9조)

3. 정당한 사유 없이 다음 각 목의 어느 하나에 해당하는 경우 (2023. 12. 29. 개정)

편주

2024. 1. 1. 전에 자경농민 및 귀농인이 경감받은 취득세의 추징에 관하여는 법 6조 4항 3호의 개정규정에도 불구하고 종전의 규정에 따름. (법 부칙(2023. 12. 29.) 11조)

가. 농지의 취득일부터 2년 이내에 직접 경작하지 아니하는 경우 (2023. 12. 29. 개정)

나. 임야의 취득일부터 2년 이내에 농지의 조성을 시작하지 아니하는 경우 (2023. 12. 29. 개정)

제4조 제1항 제1호에 따른 종합소득에서 농업·임업에서 발생하는 소득, 같은 법 제45조 제2항에 따른 부동산임대업에서 발생하는 소득 및 같은 법 시행령 제9조에 따른 농가부업소득을 제외한 금액을 말한다)을 말한다. (2024. 12. 31. 신설)

⑨ 법 제6조 제4항 제2호에서 "대통령령으로 정하는 금액"이란 3,700만원을 말한다. (2024. 12. 31. 신설)

⑧ 제1항에 따른 직전 연도 농업 외의 종합소득금액, 2년 이상 농업에 종사하는 사람을 확인하는 세부적인 기준, 감면신청 절차 및 그 밖에 필요한 사항은 행정안전부령으로 정한다. (2021. 12. 31. 항번개정)

⑩ 제1항에 따른 직전 연도 농업 외의 종합소득금액, 2년 이상 농업에 종사하는 사람을 확인하는 세부적인 기준, 제8항에 따른 과세연도별 농업 외의 종합소득금액, 감면신청 절차 및 그 밖에 필요한 사항은 행정안전부령으로 정한다. (2024. 12. 31. 개정)

것으로 한다. (2024. 12. 31. 개정)

⑤ 제4항에 따른 직전 연도 어업 외의 종합소득금액의 산정은 다음 각 호의 구분에 따른 연도의 소득금액을 기준으로 한다. (2017. 12. 29. 신설)

1. 「소득세법」 제70조에 따른 종합소득 과세표준이 확정된 경우 : 법 제9조 제1항에 따른 양어장인 토지 및 영 제5조 제3항에 따른 수조의 취득일이 속하는 연도의 직전 연도 (2017. 12. 29. 신설)
2. 「소득세법」 제70조에 따른 종합소득 과세표준이 확정되지 아니한 경우 : 법 제9조 제1항에 따른 양어장인 토지 및 영 제5조 제3항에 따른 수조의 취득일이 속하는 연도의 전전 연도 (2017. 12. 29. 신설)

다. 농업용 시설의 취득일부터 1년 이내에 해당 용도로 직접 사용하지 아니하는 경우 (2023. 12. 29. 개정)

4. 직접 경작 또는 직접 사용한 기간이 3년 미만인 상태에서 매각·증여하거나 다른 용도로 사용하는 경우 (2023. 12. 29. 개정)

예판

【판례】 • 자경농민 감면 적용 범위

'직접 농업에 종사하는 경우'라 함은 반드시 전업농일 필요는 없으나, 농업이 주된 직업이 아니면서 부업 내지 주말에만 농사를 지은 경우라면 여기서 말하는 '직접 농업에 종사하는 경우'에 해당한다고 보기 어렵고, 농지원부에 등재되었다는 사정만으로는 자경농민으로 단정할 수 없음. (서울고법 2011누27164, 2011. 12. 15. : 대법확정)

• **화훼재배를 목적으로 사용하다가 일시적으로 판매시설로 전환하였다가 다시 묘목재배를 한 경우 이를 농지로 볼 수 있는지 여부**

2년 이상 경작하지 않은 상태에서 이 사건 토지를 다른 용도로 사용한 이상 지방세특례법 제6조 제1항 단서에 따라 원고로부터 경감된 취득세를 추징하여야 할 것이고, 당해 토지를 취득한 지 2년이 되는 시점에 이 사건 토지를 농지로 사용하는지의 여부에 따라 달리 볼 것은 아님. (대법 2014두35918, 2015. 4. 23.)

【조심판례】 쟁점클린룸은 건축물과 일체가 되어 건축물의 효용가치를 증대시키는 시설이 아니라 이 건 건축물의 내부에 설치된 봉합사 생산설비로 보는 것이 그 기능에 부합한다고 보이는 점 등을 고려시, 건축물(공장) 신축시 별도로 설치한 쟁점클린룸 설치비용을 건축물(공장) 과세표준에 포함하는 것은 잘못임. (조심 2020지534, 2020. 10. 26.)

2024. 1. 1. 전에 자경농민 및 귀농인이 경감받은 취득세의 추징에 관하여는 법 6조 4항 4호의 개정규정에도 불구하고 종전의 규정에 따름. (법 부칙(2023. 12. 29.) 11조)

【예규】 • 귀농인의 농업에 종사한 기간 판단

귀농일을 기준으로 과거 1년 이상 농업에 종사한 사실이 없는 경우는 감면 요건을 충족한 것이며 귀농일 직전부터 과거 1년 이내에 농업에 종사한 사실이 있는 경우 그 기간이 1년 이상이 아니라 하여도 감면대상에 해당하지 않음. (지방세특례제도과-3615, 2018. 10. 4.)

• "자경농민"이란 농지원부의 발급 여부와는 상관없이 2년 이상 영농에 종사하였음이 농업소득, 농지 소유실태, 수매실적 등 관련 증빙자료에 의하여 입증되는 경우라면 이에 해당된다고 할 것입니다만, 이에 대한 판단은 당해 자치단체장인 과세권자가 구체적인 사실관계를 근거로 결정할 사항이라 할 것임. (지방세운영과-155, 2009. 1. 13.)

• 영농목적의 농지를 버섯재배사로 이용하는 경우 취득세 감면세액의 추징이 제외되는 농지의 '직접 경작'에 해당된다고 판단됨. (지방세운영과-3280, 2012. 10. 12.)

• 공부상 농지를 취득하여 유예기간 이내에 개발행위허가와 건축허가를 받아 창고를 신축한 후 창고용지로 지목을 변경한 경우 취득세의 경감대상이 되는 "농지"에 해당하지 아니하는 것으로 사료됨. (지방세운영과-3560, 2010. 8. 13.)

제7조【농기계류 등에 대한 감면】 ① 농업용(영농을 위한 농산물 등의 운반에 사용하는 경우를 포함한다)에 직접 사용하기 위한 자동경운기 등 「농업기계화 촉진법」에 따른 농업기계에 대해서는 취득세를 2026년 12월 31일까지 면제한다. (2023. 12. 29. 개정) 취득 농특비

Note 2023. 12. 29. 개정 ☞ 제1항 기한 연장 : 23년→26년
2020. 12. 29. 개정 ☞ 제1항 기한 연장 : 20년→23년
2018. 12. 24. 개정 ☞ 제1항 일몰기한 설정 : 20년

예 판

【예규】 지열냉난방설비 또는 주요 부품인 히트펌프가 농업용으로 사용되는 경우라면 농업기계에 해당되는 것임. (지방세운영과-3535, 2013. 12. 30.)

② 농업용수의 공급을 위한 관정시설(管井施設)에 대해서는 취득세 및 재산세를 각각 2026년 12월 31일까지 면제한다. (2023. 12. 29. 개정) 취득 농특비

Note 2023. 12. 29. 개정 ☞ 제2항 기한 연장 : 23년→26년
2020. 12. 29. 개정 ☞ 제2항 기한 연장 : 20년→23년
2018. 12. 24. 개정 ☞ 제2항 일몰기한 설정 : 20년

제8조【농지확대개발을 위한 면제 등】 ① 「농어촌정비법」에 따른 농업생산기반 개량사업의 시행으로 인하여 취득하는 농지 및 같은 법에 따른 농지확대 개발사업의 시행으로 인하여 취득하는 개간농지에 대해서는 취득세를 2025년 12월 31일까지 면제한다. 다만, 「한국농어촌공사 및 농지관리기금법」에 따라 설립된 한국농어촌공사(이하 이 조 및 제13조에서 "한국농어촌공사"라 한다)가 취득하는 경우에는 취득세를 면제하지 아니한

- 소유 범위를 취득자 세대원의 농지까지 합산한다는 별도의 규정이 없는바, 취득 주체인 취득자가 소유한 농지만을 합산대상으로 봄이 타당함. (지방세운영과-3916, 2011. 8. 19.)
- 취득일로부터 2년 이내에 제3자에게 임대하여 제3자가 쌀소득등보전직접지불금을 수령한 경우라면, 이는 임대 등의 다른 용도로 사용하는 경우로서 "직접 경작" 요건을 결여하였다고 할 것임. (지방세운영과-1953, 2013. 8. 20.)
- 스스로 자경농민 요건을 미충족한 '그'는 동거가족이 자경농민이여야 감면대상에 해당된다고 할 것인데, 그의 동거가족을 배우자 또는 직계비속으로 한정하고 있으므로 동거가족(자경농민)이 직계존속이라면, 농지를 증여받은 자녀는 취득세 감면대상에 해당되지 아니한다고 할 것임. (지방세운영과-1853, 2012. 6. 15.)

Note 2023. 3. 14. 개정 ☞ 제1항 기한 연장 : 22년→25년
2020. 1. 15. 개정 ☞ 제1항 기한 연장 : 19년→22년
2016. 12. 27. 개정 ☞ 제1항 기한 연장 : 16년→19년

다. (2023. 3. 14. 개정)

취득 농특비

② 「농어촌정비법」이나 「한국농어촌공사 및 농지관리기금법」에 따라 교환·분합하는 농지, 농업진흥지역에서 교환·분합하는 농지에 대해서는 취득세를 2025년 12월 31일까지 면제한다. 다만, 한국농어촌공사가 교환·분합하는 경우에는 취득세를 면제하지 아니한다. (2023. 3. 14. 개정)

취득 농특비

③ 대통령령으로 정하는 바에 따라 임업을 주업으로 하는 사람 또는 임업후계자가 직접 임업을 하기 위하여 교환·분합하는 임야의 취득에 대해서는 취득세를 2025년 12월 31일까지 면제하고, 임업을 주업으로 하는 사람 또는 임업후계자가 「산지관리법」에 따라 지정된 보전산지를 취득(99만제곱미터 이내의 면적을 취득하는 경우로 한정하되, 보전산지를 추가적으로 취득하는 경우에는 기존에 소유하고 있는 보전산지의 면적과 합산하여 99만제곱미터를 초과하지 아니하는 분에 한정한다)하는 경우에는 취득세의 100분의 50을 2025년 12월 31일까지 경감한다. (2023. 3. 14. 개정)

취득(감면분만) 농특비

④ 「공유수면 관리 및 매립에 관한 법률」에 따른 공유수면의 매립 또는 간척으로 인하여 취득하는 농지에 대한 취득세는 "「지방세법」 제11조 제1항 제3호의 세율에도 불구하고 2021년 12월 31일까지 1천분의 8을 적용하여 과세한다. 다만, 취득일부터 2년 이내에 다른 용도에 사용하는 경우 그 해당 부분에 대해서는 경감된 취득세를

Note 2023. 3. 14. 개정 ☞ 제2항 기한 연장 : 22년→25년
2020. 1. 15. 개정 ☞ 제2항 기한 연장 : 19년→22년
2016. 12. 27. 개정 ☞ 제2항 기한 연장 : 16년→19년

제4조 【임업을 주업으로 하는 사람 등】 법 제8조 제3항에서 "대통령령으로 정하는 바에 따라 임업을 주업으로 하는 사람 또는 임업후계자"란 「임업 및 산촌 진흥촉진에 관한 법률」 제2조 제5호에 따른 독림가(篤林家) 또는 같은 조 제4호에 따른 임업후계자를 말한다.

Note 2023. 3. 14. 개정 ☞ 제3항 기한 연장 : 22년→25년
2020. 12. 29. 개정 ☞ 제3항 기한 연장 : 20년→22년
2017. 12. 26. 개정 ☞ 기한 연장 : 17년→20년

관련법령

공유수면관리 및 매립에 관한 법률

제2조 【정 의】 이 법에서 사용하는 용어의 뜻은 다음과 같다.

1. "공유수면"이란 다음 각 목의 것을 말한다.
   가. 바다 : 「해양조사와 해양정보 활용에 관한 법률」 제8조 제1항 제3호에 따른 해안선으로부터 「배타적 경제수역 및 대륙붕에 관한 법률」에 따른 배타적 경제수역 외측 한계까지의 사이 (2020. 2. 18. 개정 ; 해양조사와 해양정보 활용에 관한 법률 부칙)
   나. 바닷가 : 「해양조사와 해양정보 활용에 관한 법률」 제8조 제1항 제3호에 따른 해안선으로부터 지적공부(地籍公簿)에 등록된 지역까지의 사이 (2020. 2. 18. 개정 ; 해양조사와 해양정보 활용에 관한 법률 부칙)
   다. 하천·호소(湖沼)·구거(溝渠), 그 밖에 공공용으로 사용되는 수면 또는 수류(水流)로서 국유인 것

추징한다. (2018. 12. 24. 개정) 취득(감면분만) 농특비 일몰

Note 2018. 12. 24. 개정 ☞ 제4항 기한 연장 : 18년→21년
2017. 12. 26. 개정 ☞ 18년까지 일몰기한 설정

제9조【자영어민 등에 대한 감면】 ① 어업(양식업을 포함한다. 이하 같다)을 주업으로 하는 사람 중 대통령령으로 정하는 사람 또는 「후계농어업인 및 청년농어업인 육성·지원에 관한 법률」 제8조에 따른 후계어업경영인 및 청년창업형 후계어업경영인이 대통령령으로 정하는 기준에 따라 직접 어업을 하기 위하여 취득하는 어업권·양식업권, 어선(제2항의 어선은 제외한다), 다음 각 호의 어느 하나에 해당하는 어업용으로 사용하기 위하여 취득하는 토지(「공간정보의 구축 및 관리 등에 관한 법률」 제67조에 따라 공부상 지목이 양어장인 토지를 말한다) 및 대통령령으로 정하는 건축물에 대해서는 취득세의 100분의 50을 2026년 12월 31일까지 경감한다. (2023. 12. 29. 개정) 취득(감면분만) 농특비

Note 2023. 12. 29. 개정 ☞ 제1항 기한 연장 : 23년→26년
2020. 12. 29. 개정 ☞ 제1항 기한 연장 : 20년→23년
2017. 12. 26. 개정 ☞ 제1항 기한 연장 : 17년→20년
☞ 감면대상 신설 : 어업용 토지 및 건축물

1. 「양식산업발전법」 제43조 제1항 제1호에 따른 육상해수양식어업 (2022. 1. 11. 개정 ; 수산업법 부칙)
2. 「내수면어업법」 제11조 제2항에 따른 육상양식어업 (2017. 12. 26. 신설)

제5조【어업을 주업으로 하는 사람 및 그 기준】 ① 법 제9조 제1항에서 "대통령령으로 정하는 사람"이란 다음 각 호의 사람을 말한다. (2017. 12. 29. 개정)

1. 어업권·양식업권 또는 어선을 취득하여 그 취득세를 경감받으려는 사람으로서 어선 선적지(船籍地) 및 어장·양식장에 잇닿아 있는 연안이 속하는 특별자치시·특별자치도·시·군·구(자치구가 아닌 구를 포함한다. 이하 이 조에서 같다) 지역(그 지역과 잇닿아 있는 다른 시·군·구 지역을 포함한다. 이하 이 조에서 같다)에 거주하며 어선 또는 어장을 소유하는 사람과 그 배우자(동일한 세대별 주민등록표에 기재되어 있는 경우로 한정한다. 이하 이 조에서 같다) 중에서 1명 이상이 직접 어업(양식업을 포함한다. 이하 같다)에 종사하는 사람 (2020. 8. 26. 개정 ; 양식산업발전법 시행령 부칙)
2. 지목이 양어장인 토지 또는 제3항에 따른 수조를 취득하여 그 취득세를 경감받으려는 사람으로서 해당 토지 또는 수조가 소재한 특별자치시·특별자치도·시·군·구 지역에 거주하면서 지목이 양어장인 토지를 소유하거나 임차한 사람과 그 배우자 중에서 1명 이상이 직접 법 제9조 제1항 각 호에 따른 어업을 전업으로 하는 사람. 다만, 직전 연도 어

⑥ 법 제9조에 따라 취득세를 경감받으려는 자(이하 이 항에서 "감면신청인"이라 한다)는 제2조 제1항에도 불구하고 별지 제1호의 3 서식에 따른 감면신청서에 제4항에 따른 소득금액을 확인할 수 있는 다음 각 호의 서류를 첨부하여 관할 지방자치단체의 장에게 제출해야 한다. 이 경우 감면신청인이 「전자정부법」 제36조 제1항에 따른 행정정보의 공동이용을 통한 주민등록등본 등의 확인에 동의하는 경우에는 그 확인으로 주민등록등본 등의 제출을 갈음할 수 있다. (2020. 12. 31. 개정)

1. 주민등록등본 (2017. 12. 29. 신설)
2. 소득금액증명원, 그 밖의 종합소득금액을 확인하는 서류로서 행정안전부장관이 정하여 고시하는 서류 (2017. 12. 29. 신설)
3. 어업에 종사하고 있음을 확인하는

3. 「수산종자산업육성법」에 따른 육상 수조식(水槽式) 수산종자생산업 및 육상 축제식(築堤式) 수산종자생산업 (2017. 12. 26. 신설)

② 20톤 미만의 소형어선에 대해서는 취득세와 재산세 및 「지방세법」 제146조 제3항에 따른 지역자원시설세를 2025년 12월 31일까지 면제한다. (2023. 3. 14. 개정)

취득 농특비

Note 2023. 3. 14. 개정 ☞ 제2항 기한 연장 : 22년→25년
2020. 1. 15. 개정 ☞ 제2항 일몰기한 설정 : 22년

③ 출원에 의하여 취득하는 어업권·양식업권에 대해서는 취득세를 어업권·양식업권에 관한 면허 중 설정을 제외한 등록에 해당하는 면허로 새로 면허를 받거나 그 면허를 변경하는 경우에는 면허에 대한 등록면허세를 2025년 12월 31일까지 각각 면제한다. (2023. 3. 14. 개정)

취득 농특비

Note 2023. 3. 14. 개정 ☞ 제3항 기한 연장 : 22년→25년
2020. 1. 15. 개정 ☞ 제3항 일몰기한 설정 : 22년

제10조【농어업인 등에 대한 융자관련 감면 등】 ① 다음 각 호의 조합 및 그 중앙회 등이 「농어업경영체 육성 및 지원에 관한 법률」 제4조 제1항에 따라 농어업경영정보를 등록한 농어업인[영농조합법인, 영어조합법인(營漁組合法人) 및 농업회사법인을 포함한다. 이하 이 조에서 같다]에게 융자할 때에 제공받는 담보물에 관한

업 외의 종합소득금액(「소득세법」 제4조 제1항 제1호에 따른 종합소득에서 어업에서 발생하는 소득, 같은 법 제45조 제2항 각 호의 어느 하나에 해당하는 사업에서 발생하는 부동산임대소득 및 같은 법 시행령 제9조에 따른 농가부업소득을 제외한 금액을 말한다)이 「조세특례제한법 시행령」 제64조 제11항에 따른 금액 이상인 사람은 제외한다. (2017. 12. 29. 개정)

2. 지목이 양어장인 토지 또는 제3항에 따른 수조를 취득하여 그 취득세를 경감받으려는 사람으로서 해당 토지 또는 수조가 소재한 특별자치시·특별자치도·시·군·구 지역에 거주하면서 지목이 양어장인 토지를 소유하거나 임차한 사람과 그 배우자 중에서 1명 이상이 직접 법 제9조 제1항 각 호에 따른 어업을 전업으로 하는 사람. 다만, 직전 연도 어업 외의 종합소득금액(「소득세법」 제4조 제1항 제1호에 따른 종합소득에서 어업에서 발생하는 소득, 같은 법 제45조 제2항에 따른 부동산임대업에서 발생하는 소득 및 같은 법 시행령 제9조에 따른 농가부업소득을 제외한 금액을 말한다)이 「조세특례제한법 시행령」 제64조 제11항에 따른 금액 이상인 사람은 제외한다. (2024. 12. 31. 단서개정)

② 법 제9조 제1항에서 "대통령령으로 정하는 기준"이란 다음 각 호의 요건을 갖춘 경우를 말한다.

1. 어업권·양식업권 또는 어선을 취득하는 사람의 주소지가 어선 선적지 및 어장·양식장에 잇닿아 있는 연

서류로서 행정안전부장관이 정하여 고시하는 서류 (2017. 12. 29. 신설)

등기(20톤 미만 소형어선에 대한 담보물 등록을 포함한다)에 대해서는 등록면허세의 100분의 50를 2025년 12월 31일까지 경감한다. 다만, 중앙회, 농협은행 및 수협은행에 대해서는 영농자금 · 영어자금 · 영림자금(營林資金) 또는 축산자금을 융자하는 경우로 한정한다. (2023. 3. 14. 개정)

등록(감면분만) 농특비

Note 2023. 3. 14. 개정 ☞ 제3항 기한 연장 : 22년→25년
2021. 12. 28. 개정 ☞ 제1항 기한 연장 : 21년→22년
2020. 12. 29. 개정 ☞ 제1항 기한 연장 : 20년→21년
2017. 12. 26. 개정 ☞ 감면 축소 : 등록면허세 75%→50% ☞ 기한 연장 : 17년→20년
2015. 12. 29. 개정 ☞ 제1항 기한 연장 : 15년→17년

1. 「농업협동조합법」에 따라 설립된 조합 및 농협은행 (2011. 12. 31. 개정)
2. 「수산업협동조합법」에 따라 설립된 조합(어촌계를 포함한다) 및 수협은행 (2016. 12. 27. 개정)
3. 「산림조합법」에 따라 설립된 산림조합 및 그 중앙회 (2011. 12. 31. 개정)
4. 「신용협동조합법」에 따라 설립된 신용협동조합 및 그 중앙회 (2011. 12. 31. 개정)
5. 「새마을금고법」에 따라 설립된 새마을금고 및 그 중앙회 (2011. 12. 31. 개정)

② 농어업인이 영농, 영림, 가축사육, 양식, 어획 등에 직접 사용하는 사업소에 대해서는 주민세 사업소분(「지방세법」 제81조 제1항 제2호에 따라 부과되는 세액으로 한

안이 속하는 특별자치시 · 특별자치도 · 시 · 군 · 구 지역일 것 (2020. 8. 26. 개정 ; 양식산업발전법 시행령 부칙)

1의 2. 지목이 양어장인 토지 또는 제3항에 따른 수조를 취득하는 사람의 주소지가 해당 토지 또는 수조가 소재한 특별자치시 · 특별자치도 · 시 · 군 · 구 지역일 것 (2017. 12. 29. 신설)

2. 어업권 · 양식업권은 새로 취득하는 어장 · 양식장과 소유 어장 · 양식장의 면적을 합하여 10헥타르 이내, 어선은 새로 취득하는 어선과 소유 어선의 규모를 합하여 30톤 이내, 지목이 양어장인 토지는 새로 취득하는 지목이 양어장인 토지와 기존에 소유하고 있던 지목이 양어장인 토지의 면적을 합하여 1만 제곱미터 이내일 것. 이 경우 초과부분이 있을 때에는 그 초과부분만을 경감대상에서 제외한다. (2020. 8. 26. 개정 ; 양식산업발전법 시행령 부칙)

③ 법 제9조 제1항에서 "대통령령으로 정하는 건축물"이란 「지방세법 시행령」 제5조 제1항 제2호에 따른 수조를 말한다. (2017. 12. 29. 신설)

④ 제1항 제2호 단서에 따른 직전 연도 어업 외의 종합소득금액, 감면신청 절차 및 그 밖에 필요한 사항은 행정안전부령으로 정한다. (2017. 12. 29. 신설)

Note 2024. 12. 31. 개정 ☞ 제2항 기한 연장 : 24년→27년

정한다) 및 종업원분을 2027년 12월 31일까지 면제한다. (2024. 12. 31. 개정)

운영예규 법10－1【농어업인 융자관련감면】

농업협동조합이 농민에게 융자할 때 제공받는 담보물등기에는 지상권설정등기를 포함한다.

제11조【농업법인에 대한 감면】 ① 다음 각 호의 어느 하나에 해당하는 법인 중 경영상황을 고려하여 대통령령으로 정하는 법인(이하 이 조에서 "농업법인"이라 한다)이 대통령령으로 정하는 기준에 따라 영농에 사용하기 위하여 법인설립등기일부터 2년 이내(대통령령으로 정하는 청년농업법인의 경우에는 4년 이내)에 취득하는 농지, 관계 법령에 따라 농지를 조성하기 위하여 취득하는 임야 및 제6조 제2항 각 호의 어느 하나에 해당하는 시설에 대해서는 취득세의 100분의 75를 2026년 12월 31일까지 경감한다. (2023. 12. 29. 개정)

Note 2023. 12. 29. 개정 ☞ 제1항 기한 연장 : 23년→26년
2020. 12. 29. 개정 ☞ 제1항 기한 연장 : 20년→23년
2020. 1. 15. 개정 ☞ 제1항 기한 연장 : 19년→20년
☞ 감면 확대 : 청년농업법인의 경우 4년 이내 감면
2017. 12. 26. 개정 ☞ 제1항 기한 연장 : 17년→19년
2015. 12. 29. 개정 ☞ 제1항 기한 연장 : 15년→17년

2021. 12. 28. 개정 ☞ 제2항 기한 연장 : 21년→24년
2018. 12. 24. 개정 ☞ 제2항 기한 연장 : 18년→21년

제5조의 2【농업법인의 기준 등】 ① 법 제11조 제1항 각 호 외의 부분에서 "대통령령으로 정하는 법인"이란 「농어업경영체 육성 및 지원에 관한 법률」 제4조 제1항에 따라 농업경영정보를 등록한 법인(설립등기일부터 90일 이내에 등록한 법인을 포함한다)을 말한다. (2023. 12. 29. 개정)

② 법 제11조 제1항 각 호 외의 부분에서 "대통령령으로 정하는 기준"이란 농지, 임야 및 농업용 시설의 소재지가 「국토의 계획 및 이용에 관한 법률」에 따른 도시지역(개발제한구역과 녹지지역은 제외한다) 외의 지역인 것을 말한다. (2020. 1. 15. 신설)

③ 법 제11조 제1항 각 호 외의 부분에서 "대통령령으로 정하는 청년농업법인"이란 대표자가 다음 각 호의 요건을 모두 갖춘 농업법인을 말한다. (2020. 1. 15. 신설)

1. 법인 설립 당시 15세 이상 34세 이하인 사람. 다만, 「조세특례제한법 시행령」 제27조 제1항 제1호 각 목의 어느 하나에 해당하는 병역을 이행한 경우에는 그

편주

농업법인 및 어업법인에 대한 감면

감면대상	감면범위
영농에 사용하기 위하여 법인설립등기일로부터 2년(청년농업법인 : 4년) 이내에 취득하는 부동산(농업법인만 해당)	취득세 75% 경감
영농(영어)·유통·가공에 직접 사용하기 위하여 취득하는 부동산	취득세 50% 경감
과세기준일 현재 영농(영어)·유통·가공에 직접 사용하는 부동산	재산세 50% 경감

예판

【조심판례】 • 농업법인이 유예기간에 사용하지 못한 정당한 사유

토지를 취득한 후, 설계용역, 농지전용허가 신청, 농지전용허가 불허, 사업계획 변경, 사업계획 승인, 건축허가, 공사입찰, 공사재입찰, 공사착공, 공사업체 부도, 공장신축에 이르기까지의 전반적인 과정을 고려시 이 건 토지를 취득한 후 1년 이라는 비교적 짧은 기간 내에 공장신축을 위해 진지한 노력을 다한 것으로 보이므로 정당한 사유가 있음. (조심 2019지197, 2019. 10. 31.)

• **부동산 취득당시 출자한도규정을 위반한 농업회사법인**

농어업경영체법에 따라 적법하게 설립된 농업회사법인이 그 후에 일부 요건을 충족하지 못하게 되었다 하더라도 그 설립을 무효로 돌릴 수는 없으므로 그 설립이 당연취소되었다고 보기 어려움. (조심 2018지959, 2018. 11. 16.)

• **건축공사 지연에 따른 정당한 사유 인정 여부**

토지상의 건축공사가 지연된 것은 국가 등으로부터 보조금을 지원받는 사업을 추진하는 과정에서 발생한 것이므로 이는 청구법인의 경제적인 내부사정에 불과한 것으로 해당 토지를 유예 기간 내에 영농에 직접 사용하지 못한 정당한 사유를 인정하기 어려움. (조심 2018지969, 2018. 9. 27.)

1. 「농어업경영체 육성 및 지원에 관한 법률」 제16조에 따른 영농조합법인 (2017. 12. 26. 신설)
2. 「농어업경영체 육성 및 지원에 관한 법률」 제19조에 따른 농업회사법인 (2017. 12. 26. 신설)

② 농업법인이 영농 · 유통 · 가공에 직접 사용하기 위하

기간(6년을 한도로 한다)을 법인 설립 당시 연령에서 빼고 계산한 연령이 34세 이하인 사람을 포함한다. (2020. 1. 15. 신설)

2. 「법인세법 시행령」 제43조 제7항에 따른 지배주주등으로서 해당 법인의 최대주주 또는 최대출자자일 것 (2020. 1. 15. 신설)

예판

【예규】 농업법인의 농업경영정보 등록에 대해 설립등기일부터 90일이 지난 경우라도 세목별 · 물건별 납세의무 성립일 이전에 등록한 경우라면 감면 적용 (지방세특례제도과-2608, 2020. 11. 3.)

세 목	설립일	납세의무 성립일		등록*	미등록
취득세	2019년	2020년	①항 2년 이내 영농	100%	50%
			②항 그 외	50%	50%
		2021년~	①항 2년 이내 영농	100%	×
			②항 그 외	50%	×
	2020년	2020년	①항 영농	75%	50%
			②항 그 외	50%	50%
		2021년~	①항 2년 이내 영농	75%	×
			②항 그 외	50%	×
재산세	–	②항 2020년		50%	50%
	–	②항 2021년~		50%	×
등록면허세	2020년	④항 2020년		100%	100%

* (등록) 설립등기일부터 90일 이내 또는 납세의무성립일 이전에 농업경영정보 등록 完

여 취득하는 부동산에 대해서는 취득세의 100분의 50을, 과세기준일 현재 해당 용도에 직접 사용하는 부동산에 대해서는 재산세의 100분의 50을 각각 2026년 12월 31일까지 경감한다. (2023. 12. 29. 개정) 취득(감면분만) 농특비

③ 제1항 및 제2항에 대한 감면을 적용할 때 다음 각 호의 어느 하나에 해당하는 경우 그 해당 부분에 대해서는 감면된 취득세를 추징한다. (2014. 12. 31. 신설)

1. 정당한 사유 없이 그 취득일부터 1년이 경과할 때까지 해당 용도로 직접 사용하지 아니하는 경우 (2014. 12. 31. 신설)
2. 해당 용도로 직접 사용한 기간이 3년 미만인 상태에서 매각·증여하거나 다른 용도로 사용하는 경우 (2014. 12. 31. 신설)
3. 해당 용도로 직접 사용한 기간이 5년 미만인 상태에서 「농어업경영체 육성 및 지원에 관한 법률」 제20조의3에 따라 해산명령을 받은 경우 (2016. 12. 27. 신설)

④ 농업법인의 설립등기에 대해서는 등록면허세를 2020년 12월 31일까지 면제한다. (2017. 12. 26. 신설) 일몰

예 판

【판례】 농업회사법인에 대한 취득세 감면대상에 해당 여부

농업회사법인이 이 사건 건물을 취득한 시점에 농업경영정보 등록을 하지 않은 경우에는 지특법에서 규정하는 감면요건을 갖추지 못한 것이므로 취득세 감면대상에 해당한다고 볼 수 없음(대법 2024두42420, 2024. 9. 12.)

Note 2023. 12. 29. 개정 ☞ 제2항 기한 연장 : 23년→26년
2020. 12. 29. 개정 ☞ 제2항 기한 연장 : 20년→23년
2017. 12. 26. 개정 ☞ 제2항 기한 연장 : 17년→20년

제12조【어업법인에 대한 감면】 ① 다음 각 호의 어느 하나에 해당하는 법인 중 경영상황을 고려하여 대통령령으로 정하는 법인(이하 이 조에서 "어업법인"이라 한다)이 영어·유통·가공에 직접 사용하기 위하여 취득하는 부동산에 대해서는 취득세의 100분의 50을, 과세기준일 현재 해당 용도에 직접 사용하는 부동산에 대해서는 재산세의 100분의 50을 각각 2026년 12월 31일까지 경감한다. (2023. 12. 29. 개정) 취득(감면분만) 농특비

Note 2023. 12. 29. 개정 ☞ 제1항 기한 연장 : 23년→26년
2020. 12. 29. 개정 ☞ 제1항 기한 연장 : 20년→23년
2017. 12. 26. 개정 ☞ 제1항 기한 연장 : 17년→20년

1. 「농어업경영체 육성 및 지원에 관한 법률」 제16조에 따른 영어조합법인 (2017. 12. 26. 신설)
2. 「농어업경영체 육성 및 지원에 관한 법률」 제19조에 따른 어업회사법인 (2017. 12. 26. 신설)

② 어업법인의 설립등기에 대해서는 2020년 12월 31일까지 등록면허세를 면제한다. (2017. 12. 26. 개정) 등록 농특비 일몰

③ 제1항에 대한 감면을 적용할 때 다음 각 호의 어느 하나에 해당하는 경우 그 해당 부분에 대해서는 감면된 취득세를 추징한다. (2016. 12. 27. 신설)

1. 정당한 사유 없이 그 취득일부터 1년이 경과할 때까지 해당 용도로 직접 사용하지 아니하는 경우 (2016. 12. 27. 신설)
2. 해당 용도로 직접 사용한 기간이 3년 미만인 상태에

제5조의 3【어업법인의 기준】 법 제12조 제1항 각 호 외의 부분에서 "대통령령으로 정하는 법인"이란 「농어업경영체 육성 및 지원에 관한 법률」 제4조 제1항에 따라 어업경영정보를 등록한 법인(설립등기일부터 90일 이내에 등록한 법인을 포함한다)을 말한다. (2023. 12. 29. 신설)

편주

종전의 법 12조 1항에 따른 어업법인(법 12조 1항 각 호 외의 부분의 개정규정에 따른 어업법인은 제외함)이 영어·유통·가공에 직접 사용하기 위하여 취득하는 부동산과 과세기준일 현재 해당 용도에 직접 사용하는 부동산에 대해서는 법 12조 1항의 개정규정에도 불구하고 취득세 및 재산세의 100분의 50을 각각 2024. 12. 31.까지 경감함. 이 경우 경감된 취득세의 추징에 관하여는 법 12조 3항을 적용함. (법 부칙(2023. 12. 29.) 9조)

Note 2017. 12. 26. 개정 ☞ 제2항 기한 연장 : 17년→20년

서 매각·증여하거나 다른 용도로 사용하는 경우 (2016. 12. 27. 신설)

3. 해당 용도로 직접 사용한 기간이 5년 미만인 상태에서 「농어업경영체 육성 및 지원에 관한 법률」 제20조의 3에 따라 해산명령을 받은 경우 (2016. 12. 27. 신설)

제13조 【한국농어촌공사의 농업 관련 사업에 대한 감면】 ① 한국농어촌공사가 하는 다음 각 호의 등기에 대해서는 해당 호에서 정한 날까지 각각 등록면허세를 면제한다. (2020. 1. 15. 개정)

1. 한국농어촌공사가 「한국농어촌공사 및 농지관리기금법」에 따라 농민(영농조합법인 및 농업회사법인을 포함한다. 이하 이 항에서 같다)에게 농지관리기금을 융자할 때 제공받는 담보물에 관한 등기 및 같은 법 제19조에 따라 임차(賃借)하는 토지에 관한 등기 : 2014년 12월 31일까지 (2013. 1. 1. 개정) 일몰
2. 한국농어촌공사가 「자유무역협정 체결에 따른 농어업인 등의 지원에 관한 특별법」 제5조 제1항 제1호에 따른 농업경영 규모의 확대 사업을 지원하기 위하여 농민에게 자유무역협정이행지원기금을 융자할 때 제공받는 담보물에 관한 등기 및 임차하는 농지에 관한 등기 : 2015년 12월 31일까지 (2013. 1. 1. 개정) 일몰

② 한국농어촌공사가 취득하는 부동산에 대해서는 다음 각 호에서 정하는 바에 따라 지방세를 2022년 12월 31일까지 감면

예판

【조심판례】 청구법인이 계원들의 경제적 향상을 위하여 어촌체험프로그램을 도시민들에게 제공하면서 이 건 어촌체험시설을 숙박시설로 제공하고 있는 것은 어촌계원의 생활향상을 위한 공동사업으로 보이고, 이는 청구법인의 정관상 사업에 해당한다 할 것이므로 처분청에서 이 건 취득세 등을 추징한 처분은 잘못임. (조심 2015지1109, 2016. 6. 21.)

Note 2020. 1. 15. 개정 ☞ 제2항 기한 연장 : 19년→22년

관련법령

한국농어촌공사 및 농지관리기금법

제18조 【농지매매사업 등】 ① 공사는 전업농업인의 육성과 농업인이 아닌 자의 농지소유를 억제하기 위하여 농업인이 아니거나 직업전환 또는 은퇴하려는 농업인 등의 농지에 대하여 다음 각 호의 사업을 할 수 있다. (2020. 2. 11. 개정)

1. 해당 농지를 매입하여 전업농업인으로 육성하려는 대상자(이하 "전업농 육성 대상자"라 한다) 및 농업법인에게 우선적으로 매도하는 사업
2. 전업농 육성 대상자 및 농업법인에게 해당 농지의 매입을 우선적으로 알선하는 사업
3. 제1호 및 제2호의 전업농 육성 대상자 및 농업법인이 해당 농지를 매입하는데 필요한 자금의 지원

② 공사는 전업농 육성 대상자 및 농업법인에게 농지구입에 필요한 자금을 우선적으로 지원할 수 있다.

③ 제1항 및 제2항에 따른 전업농 육성

한다. (2020. 1. 15. 개정)

② 한국농어촌공사가 취득하는 부동산에 대해서는 다음 각 호에서 정하는 바에 따라 지방세를 2025년 12월 31일까지 감면한다. 다만, 제1호, 제1호의 2, 제1호의 3, 제2호, 제3호 및 제5호의 경우에는 그 취득일부터 2년 이내에 다른 용도로 사용하거나 농업인, 농업법인 및 「한국농어촌공사 및 농지관리기금법」 제18조 제1항 제1호에 따른 전업농 육성 대상자 외의 자에게 매각·증여하는 경우 그 해당 부분에 대해서는 경감된 취득세를 추징(제4호 및 제4호의 2는 제외한다)한다. (2023. 3. 14. 개정)

1. 한국농어촌공사가 「한국농어촌공사 및 농지관리기금법」 제18조·제20조, 「농지법」 제11조·제15조 및 「공유수면 관리 및 매립에 관한 법률」 제46조에 따라 취득하는 농지에 대해서는 취득세의 100분의 50을 각각 경감한다. (2023. 3. 14. 개정) 취득 농특비

1의 2. 한국농어촌공사가 「농어촌정비법」에 따른 국가 또는 지방자치단체의 농업생산기반 정비계획에 따라 취득·소유하는 농업기반시설용 토지와 그 시설물에 대해서는 취득세의 100분의 50과 재산세의 100분의 75를 각각 경감한다. (2023. 3. 14. 개정)

상한/재산 50만원↑, 85%(18년부터)

1의 3. 한국농어촌공사가 「한국농어촌공사 및 농지관리기금법」 제44조에 따라 취득하는 부동산에 대해서는 취득세의 100분의 50을 경감한다. (2023. 3. 14. 신설)

2016. 12. 27. 개정 ☞ 제2항 기한 연장 : 15년→19년

Note 2023. 3. 14. 개정 ☞ 제1호 기한 연장 : 22년→25년
☞ 감면축소 : 취득·재산 50%→취득 50%
2017. 12. 26. 개정 ☞ 감면대상 이관(1호의 2)
2016. 12. 27. 개정 ☞ 제1호 감면 축소 : 취득·재산 100%→50%

Note 2023. 3. 14. 개정 ☞ 제1호의 2 기한 연장 : 22년→25년
☞ 감면확대 : 취득·재산 50%→취득 50%, 재산 75%
2020. 1. 15. 개정 ☞ 20년~21년 취득 50%, 재산 100%, 22년 취득 50%, 재산 50%
2017. 12. 26. 신설 ☞ 1호에서 이관→취득·재산 50% →취득 50%, 재산 100%

대상자 및 농업법인의 선정기준 및 농지매매·알선사업자금의 지원 등에 필요한 사항은 농림축산식품부령으로 정한다. (2013. 3. 23. 개정)

제20조【장기임대차 간척농지 등의 매입·매도사업】 ① 공사는 장기간 임대차되고 있는 간척농지 및 개간농지를 매입하여 경작농업인에게 매도하거나 그 농지 구입에 필요한 자금을 경작농업인에게 지원할 수 있다.

② 제1항에 따른 공사의 농지 매입은 당사자 간의 협의에 따르되, 협의가 성립되지 아니하면 시장·군수에게 매매협의 조정을 요청할 수 있다. 이 경우 농지의 소유자는 특별한 사유가 없으면 시장·군수의 매매협의 조정에 따라야 한다.

제24조【농지 등의 재개발】 ① 공사는 농지의 생산성 향상을 위하여 대통령령으로 정하는 바에 따라 농지를 재개발하거나 지방자치단체 또는 농지소유자의 농지재개발사업에 필요한 기술과 자금을 지원할 수 있다.

② 공사는 취득·소유하는 재산 중 「농어촌정비법」에 따른 한계농지, 간척지, 임야 등 부동산 및 같은 법 제24조에 따라 폐지된 농업기반시설을 다음 각 호의 용도로 개발하여 이용하거나 임대 또는 매도할 수 있다. 이 경우 사업시행으로 생긴 수익금은 농어촌정비사업, 농업기반시설

2. 한국농어촌공사가 「한국농어촌공사 및 농지관리기금법」 제24조의 3 제1항에 따라 취득[같은 법 제24조의 3 제3항에 따라 해당 농지를 매도할 당시 소유자 또는 포괄승계인이 환매(還買)로 취득하는 경우(이하 "환매취득"이라 한다. 이하 이 호에서 같다)를 포함한다]하는 부동산에 대해서는 취득세의 100분의 50(환매취득의 경우에는 취득세의 100분의 100)을, 과세기준일 현재 같은 법 제24조의 3 제1항에 따라 임대하는 부동산에 대해서는 재산세의 100분의 50을 각각 경감한다. (2016. 12. 27. 개정)

3. 한국농어촌공사가 「자유무역협정 체결에 따른 농어업인 등의 지원에 관한 특별법」 제5조 제1항 제1호에 따라 취득·소유하는 농지에 대해서는 취득세의 100분의 50을 경감한다. (2016. 12. 27. 개정)

4. 한국농어촌공사가 국가 또는 지방자치단체의 계획에 따라 제3자에게 공급할 목적으로 「농어촌정비법」 제2조 제10호에 따른 생활환경정비사업에 직접 사용하기 위하여 일시 취득하는 부동산에 대해서는 취득세의 100분의 25를 경감한다. (2020. 1. 15. 개정)

4의 2. 한국농어촌공사가 「한국농어촌공사 및 농지관리기금법」 제24조 제2항 각 호에 따른 사업에 직접 사용하기 위하여 취득하는 부동산에 대해서는 취득세의 100분의 25를 경감한다. (2023. 3. 14. 신설)

5. 한국농어촌공사가 「한국농어촌공사 및 농지관리기금

☜

상한/취득 200만원↑, 85%(회생농민 농지 재매입, 16년부터)

Note 2023. 3. 14. 개정 ☞ 제2호 기한 연장 : 22년→25년
2016. 12. 27. 개정 ☞ 제2호 감면 축소 : 취득 100%, 재산 50%→취득·재산 50% ☞ 제2호 감면 연장(회생농민이 환매형식으로 재매입) : 취득 100%, 재산 50%

☜

Note 2023. 3. 14. 개정 ☞ 제3호 기한 연장 : 22년→25년
2016. 12. 27. 개정 ☞ 제3호 감면 축소 : 취득 100%→50%

☜

Note 2023. 3. 14. 개정 ☞ 제4호 기한 연장 : 22년→25년
2020. 1. 15. 개정 ☞ 제4호 감면 축소 : 취득 30%→25%

☜

Note 2023. 3. 14. 개정 ☞ 제4호의 2 신설 : 25년

Note 2023. 3. 14. 개정 ☞ 제5호 기한 연장 : 22년→25년
2016. 12. 27. 개정 ☞ 제5호 감면 축소 : 취득 100%→50%

☜

유지·관리 및 농어촌지역개발사업에 사용하여야 한다. (2013. 3. 23. 개정)

1. 농지·초지(草地) 및 주택 등 농어촌 취락용지
2. 농어촌의 소득증대를 위한 상공업 용지
3. 도시와 농어촌 간의 교류촉진을 위한 농원
4. 농어촌 휴양지
5. 그 밖에 농림축산식품부령으로 정하는 용도

③ 공사가 제2항에 따른 사업을 하려는 경우에는 대통령령으로 정하는 바에 따라 사업계획을 수립하여 농림축산식품부장관의 승인을 받아야 한다. (2013. 3. 23. 개정)

제44조 【조성토지의 처분 특례】 국가는 「농어촌정비법」 제14조 제1항에 따라 국가가 시행한 농업생산기반정비사업으로 조성된 재산 중 농업기반시설로 제공되지 아니하는 재산은 공사에 무상으로 양여(讓與)할 수 있다. (2020. 2. 11. 개정)

관련법령

자유무역협정 체결에 따른 농어업인 등의 지원에 관한 특별법

제5조 【농어업등의 경쟁력 향상을 위한 지원】 ① 생 략

1. 농지의 구입·임차 등 농업경영·어업경영 규모의 확대

법」 제24조의 2 제2항에 따라 취득하는 농지에 대해서는 취득세의 100분의 50을 경감한다. (2016. 12. 27. 개정)

③ 제2항 제4호에 따라 취득하는 부동산 중 택지개발사업지구 및 단지조성사업지구에 있는 부동산으로서 관계 법령에 따라 국가 또는 지방자치단체에 무상으로 귀속될 공공시설물 및 그 부속토지와 공공시설용지에 대해서는 재산세(「지방세법」 제112조에 따른 부과액을 포함한다)를 2024년 12월 31일까지 면제한다. 이 경우 공공시설물 및 그 부속토지의 범위는 대통령령으로 정한다. (2021. 12. 28. 개정)

③ 제2항 제4호에 따라 취득하는 부동산 중 택지개발사업지구 및 단지조성사업지구에 있는 부동산으로서 관계 법령에 따라 국가 또는 지방자치단체에 무상으로 귀속될 공공시설물 및 그 부속토지와 공공시설용지(이하 이 조에서 "공공시설물등"이라 한다)에 대해서는 재산세를 2027년 12월 31일까지 면제한다. 다만, 국가 또는 지방자치단체에 무상으로 귀속될 공공시설물등의 반대급부로 국가 또는 지방자치단체가 소유하고 있는 부동산 또는 사회기반시설을 무상으로 양여받거나 해당 공공시설물등의 무상사용권을 제공받는 경우에는 재산세의 100분의 50을 2027년 12월 31일까지 경감한다. (2024. 12. 31. 개정)

Note 2024. 12. 31. 개정 ☞ 제3항 기한 연장 : 24년→27년
☞ 감면 축소 : 재산세 감면 반대급부 無 100%, 有 50%
2021. 12. 28. 개정 ☞ 제3항 기한 연장 : 21년→24년
2018. 12. 24. 개정 ☞ 제3항 기한 연장 : 18년→21년

제6조 【공공시설물 등의 범위】 (2024. 12. 31. 제목개정)

법 제13조 제3항 후단에 따른 공공시설물 및 그 부속토지는 공용청사·도서관·박물관·미술관 등의 건축물과 그 부속토지 및 도로·공원 등으로 한다. 이 경우 공공시설용지의 범위는 해당 사업지구의 실시계획 승인 등으로 공공시설용지가 확정된 경우에는 확정된 면적으로 하고, 확정되지 아니한 경우에는 해당 사업지구 총면적의 100분의 45(산업단지조성사업의 경우에는 100분의 35로 한다)에 해당하는 면적으로 한다.

법 제13조 제3항에 따른 공공시설물 및 그 부속토지와 공공시설용지는 공용청사·도서관·박물관·미술관 등의 건축물과 그 부속토지 및 도로·공원 등으로 한다. 이 경우 공공시설용지의 범위는 해당 사업지구의 실시계획 승인 등으로 공공시설용지가 확정된 경우에는 확정된 면적으로 하고, 확정되지 아니한 경우에는 해당 사업지구 총면적의 100분의 45(산업단지조성사업의 경우에는 100분의 35로 한다)에 해당하는 면적으로 한다. (2024. 12. 31. 개정)

편주

법 13조 3항의 개정규정은 2025. 1. 1. 이후 납세의무가 성립하는 경우부터 적용함. (법 부칙(2024. 12. 31.) 2조)

2.~9. 생 략

2015. 12. 29. 개정 ☞ 제3항 기한 연장 : 15년→18년

④ 제3항을 적용할 때 공공시설물등의 범위는 대통령령으로 정한다. (2024. 12. 31. 신설)

제14조【농업협동조합 등의 농어업 관련 사업 등에 대한 감면】 ① 농업협동조합중앙회(제3호만 해당한다), 수산업협동조합중앙회, 산림조합중앙회가 구매·판매 사업 등에 직접 사용하기 위하여 취득하는 다음 각 호의 부동산(「농수산물유통 및 가격안정에 관한 법률」 제70조 제1항에 따른 유통자회사에 농수산물 유통시설로 사용하게 하는 부동산을 포함한다. 이하 이 항에서 같다)에 대해서는 취득세의 100분의 25를, 과세기준일 현재 그 사업에 직접 사용하는 부동산에 대해서는 재산세의 100분의 25를 각각 2026년 12월 31일까지 경감한다. (2023. 12. 29. 개정)

취득(감면분만) 농특비

Note 2023. 12. 29. 개정 ☞ 제1항 기한 연장 : 23년→26년
2020. 12. 29. 개정 ☞ 제1항 기한 연장 : 20년→23년
2017. 12. 26. 개정 ☞ 제1항 기한 연장 : 17년→20년
2015. 12. 29. 개정 ☞ 제1항 기한 연장 : 16년→17년

1. 구매·판매·보관·가공·무역 사업용 토지와 건축물
2. 생산 및 검사 사업용 토지와 건축물
3. 농어민 교육시설용 토지와 건축물

② 농업협동조합중앙회, 수산업협동조합중앙회, 산림조합중앙회, 엽연초생산협동조합중앙회가 회원의 교육·지도·

편주

법 13조 4항의 개정규정은 2025. 1. 1. 이후 납세의무가 성립하는 경우부터 적용함. (법 부칙(2024. 12. 31.) 2조)

예판

【판례】·농수산물 유통시설의 적용 범위

이 사건 감면조항에 의한 재산세 경감대상인 '농수산물 유통시설'은 '농수산물에 관한' 유통시설만을 의미하는 것으로 해석하면서, 농수산물 유통시설의 설치·운영에 필수불가결한 것이 아닌 생필품매장, 특정매입매장, 임대매장, 농협은행 등은 위 재산세 감면대상인 '농수산물 유통시설'에 포함된다고 할 수 없음. (대법 2014두46461, 2016. 5. 12.)

【예규】·농협 하나로마트 감면 관련 적용기준 (지방세특례제도과-2793, 2020.11.23.)

조문	감면대상자	감면율	감면범위	하나로마트	사례
§14 ①	중앙회	25%	구매·판매 등	전체	2016두49587
§14 ③	조합	100%	고유업무	농산물 등	지특과-1255 (2016)
§14-2	경제지주, 자회사	25%	구매·판매 등	전체	-
§15 ①	유통자회사	50%	농수산물 유통시설	농수산물	지특과-2731 (2020)

• 읍면지역 농협의 공산품 매장은 농협의 고유목적사업에 해당한다고 보는 것이 합리적이라 할 것이며, 도시지역 농협 매장은 주로 불특정 다수인을 대상으로 영업행위를 하고 있는 점

지원 사업과 공동이용시설사업에 직접 사용하기 위하여 취득하는 부동산에 대해서는 취득세의 100분의 25를 2016년 12월 31일까지 경감한다. (2023. 3. 14. 개정)

취득(감면분만) 농특비

Note 2016. 12. 27. 개정 ☞ 제2항 감면 종료

1. 회원의 교육·지도·지원 사업과 공동이용시설사업용 부동산에 대하여는 취득세의 100분의 50을 경감한다.
2. 신용사업용 부동산에 대하여는 취득세의 100분의 25를 경감한다.

1.~2. 삭 제 (2014. 12. 31.)

③ 「농업협동조합법」에 따라 설립된 조합(조합공동사업법인을 포함한다), 「수산업협동조합법」에 따라 설립된 조합(어촌계 및 조합공동사업법인을 포함한다), 「산림조합법」에 따라 설립된 산림조합(산림계 및 조합공동사업법인을 포함한다) 및 엽연초생산협동조합이 고유업무에 직접 사용하기 위하여 취득하는 부동산에 대해서는 취득세를, 과세기준일 현재 고유업무에 직접 사용하는 부동산에 대해서는 재산세를 각각 2026년 12월 31일까지 면제한다. (2023. 12. 29. 개정)

취득(감면분만) 농특비

상한/취득 200만원↑, 85%, 상한/재산 50만원↑, 85%(18년부터)

④ 「농업협동조합법」에 따라 설립된 조합(조합공동사업법인을 포함한다), 「수산업협동조합법」에 따라 설립된 조합, 「산림조합법」에 따라 설립된 산림조합 및 엽연초생산협동조합에 대하여는 2014년 12월 31일까지 주민세

에서 일반적인 매장과 구분할 농협의 특성이나 의미가 적으므로, 조합원의 실질적인 이용현황을 고려하여 판단하는 것이 합리적이라 사료됨. (지방세운영과-2976, 2010. 7. 13.)

Note 2023. 12. 29. 개정 ☞ 제3항 기한 연장 : 23년→26년
2020. 12. 29. 개정 ☞ 제3항 기한 연장 : 20년→23년
2017. 12. 26. 개정 ☞ 제3항 기한 연장 : 17년→20년

예판

【예규】 • 축산업협동조합 고유업무에 직접사용하는 가설건축물의 부속토지 범위

축산업협동조합이 가설건축물을 설치한 후 창고, 주차장, 공터로 사용하는 경우 가설건축물의 바닥면적에 용도지역별 적용배율을 곱하여 산정한 면적을 제외한 잔여토지는 건축물의 부속토지로 보기 어렵다 할 것임. (지방세특례제도과-1412, 2021. 6. 16.)

• 멸실목적 건축물이 고유업무에 직접사용하는 부동산에 포함 여부

농업협동조합이 고유업무(로컬푸드직매장)에 직접사용하기 위해 신축할 목적으로 기존 건축물을 취득 후 멸실한 경우, 철거가 예정된 그 멸실 건축물에 대해서는 고유업무에 직접사용하기 위해 취득한 감면대상 부동산으로 볼 수 없음. (지방세특례

사업소분(「지방세법」 제81조 제1항 제2호에 따라 부과되는 세액으로 한정한다) 및 종업원분의 100분의 50을 경감한다. (2020. 12. 29. 개정) 일몰

⑤ 제3항 및 제4항에서 정하는 각 조합들의 중앙회에 대해서는 해당 감면 규정을 적용하지 아니한다. (2015. 12. 29. 개정)

제14조의 2 【농협경제지주회사 등의 구매·판매 사업 등에 대한 감면】 (2016. 12. 27. 제목개정)

「농업협동조합법」 제161조의 2에 따라 설립된 농협경제지주회사와 법률 제10522호 농업협동조합법 일부개정법률 부칙 제6조에 따라 설립된 자회사가 구매·판매 사업 등에 직접 사용하기 위하여 취득하는 다음 각 호의 부동산(「농수산물 유통 및 가격안정에 관한 법률」 제70조 제1항에 따른 유통자회사에 농수산물 유통시설로 사용하게 하는 부동산을 포함한다. 이하 이 항에서 같다)에 대해서는 취득세의 100분의 25를, 과세기준일 현재 그 사업에 직접 사용하는 부동산에 대해서는 재산세의 100분의 25를 각각 2017년 12월 31일까지 경감한다. (2016. 12. 27. 개정 ; 농업협동조합법 부칙)

1. 구매·판매·보관·가공·무역 사업용 토지와 건축물 (2014. 12. 31. 신설)
2. 생산 및 검사 사업용 토지와 건축물 (2014. 12. 31. 신설)
3. 농어민 교육시설용 토지와 건축물 (2014. 12. 31. 신설)

취득(감면분만) 농특비 일몰

제14조의 2 【농협경제지주회사 등의 구매·판매 사업 등에 대한 감면】 삭 제 (2023. 12. 29.)

제도과-620, 2021. 3. 11.)

【판례】 • 농업협동조합이 취득한 부동산을 법인에 현물출자한 경우 직접 사용 해당 여부

농업협동조합이 '고유업무에 직접 사용' 한다고 함은 농업협동조합이 그 부동산의 소유자 또는 사실상의 취득자 지위에서 현실적으로 이를 농업협동조합의 업무자체에 직접 사용하는 것을 의미하므로 감면받은 기간 내에 소유자 지위를 상실한 이상 현물출자를 통해 해당 용도에 사용된다 하더라도 추징사유에 해당됨. (대법 2014두43097, 2015. 3. 26.)

Note 2023. 12. 29. 개정 ☞ 조문 삭제

제14조의 3【농협경제지주회사의 구매 · 판매 사업 등에 대한 감면】「농업협동조합법」 제161조의 2에 따라 설립된 농협경제지주회사가 구매 · 판매 사업 등에 직접 사용하기 위하여 취득하는 다음 각 호의 부동산(「농수산물 유통 및 가격안정에 관한 법률」 제70조 제1항에 따른 유통자회사에 농수산물 유통시설로 사용하게 하는 부동산을 포함한다. 이하 이 조에서 같다)에 대해서는 취득세의 100분의 25를, 과세기준일 현재 그 사업에 직접 사용하는 부동산에 대해서는 재산세의 100분의 25를 각각 2026년 12월 31일까지 경감한다. (2023. 12. 29. 신설)

1. 구매 · 판매 · 보관 · 가공 · 무역 사업용 토지와 건축물 (2023. 12. 29. 신설)
2. 생산 및 검사 사업용 토지와 건축물 (2023. 12. 29. 신설)

Note 2023. 12. 29. 개정 ☞ 조문 신설 : 취득 · 재산 25%, 26년

제15조【한국농수산식품유통공사 등의 농어업 관련 사업 등에 대한 감면】(2011. 7. 25. 제목개정 ; 농수산물유통공사법 부칙)

① 「한국농수산식품유통공사법」에 따라 설립된 한국농수산식품유통공사와 「농수산물유통 및 가격안정에 관한 법률」 제70조 제1항에 따른 유통자회사가 농수산물종합직판장 등의 농수산물 유통시설과 농수산물유통에 관한 교육훈련시설에 직접 사용(「농수산물 유통 및 가격안정에 관한 법률」 제2조 제7호부터 제9호까지의 규정에 따른 도매시장법인, 시장도매인, 중도매인 및 그 밖의 소매

Note 2023. 3. 14. 개정 ☞ 제1항 기한 연장 : 22년→25년
2020. 12. 29. 개정 ☞ 제1항 기한 연장 : 20년→22년
2017. 12. 26. 개정 ☞ 제1항 기한 연장 : 17년→20년

인이 해당 부동산을 그 고유업무에 사용하는 경우를 포함한다. 이하 이 조에서 같다)하기 위하여 취득하는 부동산에 대해서는 취득세의 100분의 50을, 과세기준일 현재 그 시설에 직접 사용하는 부동산에 대해서는 재산세의 100분의 50을 각각 2025년 12월 31일까지 경감한다. (2023. 3. 14. 개정)

② 「지방공기업법」 제49조에 따른 지방공사로서 농수산물의 원활한 유통 및 적정한 가격의 유지를 목적으로 설립된 지방공사(이하 이 조에서 "지방농수산물공사"라 한다)에 대해서는 다음 각 호에서 정하는 바에 따라 지방세를 2025년 12월 31일까지 감면한다. (2023. 3. 14. 개정)

1. 지방농수산물공사가 도매시장의 관리 및 농수산물의 유통사업에 직접 사용하기 위하여 취득하는 부동산에 대해서는 취득세의 100분의 100(100분의 100의 범위에서 조례로 따로 정하는 경우에는 그 율)에 대통령령으로 정하는 지방자치단체 투자비율(이하 이 조에서 "지방자치단체 투자비율"이라 한다)을 곱한 금액을 감면한다. (2020. 1. 15. 개정)

Note 2023. 3. 14. 개정 ☞ 제1호 기한 연장 : 22년→25년

2. 지방농수산물공사의 법인 등기에 대해서는 등록면허세의 100분의 100(100분의 100의 범위에서 조례로 따로 정하는 경우에는 그 율)에 지방자치단체 투자비율을 곱한 금액을 감면한다. (2020. 1. 15. 개정)

2. 삭 제 (2023. 3. 14.) 일몰

Note 2020. 1. 15. 개정 ☞ 제2항 기한 연장 : 19년→22년
2016. 12. 27. 개정 ☞ 제2항 기한 연장 : 16년→19년

제6조의 2【지방농수산물공사에 대한 지방자치단체 투자비율】 법 제15조 제2항 제1호에서 "대통령령으로 정하는 지방자치단체 투자비율"이란 「지방공기업법」 제49조에 따른 지방공사로서 농수산물의 원활한 유통 및 적정한 가격의 유지를 목적으로 설립된 지방공사(이하 이 조에서 "지방농수산물공사"라 한다)의 자본금에 대한 지방자치단체의 출자금액(둘 이상의 지방자치단체가 공동으로 설립한 경우에는 각 지방자치단체의 출자금액을 합한 금액)의 비율을 말한다. 다만, 지방농수산물공사가 「지방공기업법」 제53조 제3항에 따라 주식을 발행한 경우에는 해당 발행 주식 총수에 대한 지방자치단체의 소유 주식(같은 조 제4항에 따라 지방자치단체가 출자한 것으로 보는 주식을 포함한다) 수(둘 이상의 지

3. 지방농수산물공사가 과세기준일 현재 도매시장의 관리 및 농수산물의 유통사업에 직접 사용하는 부동산에 대해서는 재산세(「지방세법」 제112조에 따른 부과액을 포함한다)의 100분의 100(100분의 100의 범위에서 조례로 따로 정하는 경우에는 그 율)에 지방자치단체 투자비율을 곱한 금액을 감면한다. (2020. 1. 15. 개정)

Note 2023. 3. 14. 개정 ☞ 제3호 기한 연장 : 22년→25년

제16조【농어촌 주택개량에 대한 감면】 ① 대통령령으로 정하는 사업의 계획에 따라 주택개량 대상자로 선정된 사람이 주택개량 사업계획에 따라 본인과 그 가족이 상시 거주(본인이 「주민등록법」에 따른 전입신고를 하고 계속하여 거주하는 것을 말한다. 이하 이 조에서 같다)할 목적으로 취득하는 연면적 150제곱미터 이하의 주거용 건축물(증축하여 취득하는 경우에는 기존에 소유하고 있는 주거용 건축물 연면적과 합산하여 150제곱미터 이하인 경우로 한정한다. 이하 이 조에서 같다)에 대해서는 취득세를 다음 각 호에서 정하는 바에 따라 2027년 12월 31일까지 감면한다. 다만, 과밀억제권역에서 주택개량 사업계획에 따라 주거용 건축물을 취득하는 경우에는 취득일 현재까지 해당 시·군·구에 1년 이상 계속하여 거주한 사실이 「주민등록법」에 따른 주민등록표 등에 따라 증명되는 사람으로 한정한다. (2024. 12. 31. 개정) 취득 농특비

방자치단체가 주식을 소유하고 있는 경우에는 각 지방자치단체의 소유 주식 수를 합한 수)의 비율을 말한다. (2020. 1. 15. 신설)

제7조【주택개량사업의 범위】 (2018. 12. 31. 제목개정) 법 제16조 제1항 각 호 외의 부분 본문에서 "대통령령으로 정하는 사업"이란 「농어촌정비법」 제2조 제10호에 따른 생활환경정비사업을 말한다. (2021. 12. 31. 개정)

Note 2024. 12. 31. 개정 ☞ 제1항 기한 연장 : 24년→27년
2021. 12. 28. 개정 ☞ 제1항 기한 연장 : 21년→24년
2018. 12. 24. 개정 ☞ 제1항 기한 연장 : 18년→21년, 취득세 감면한도액(200만원) 설정

편주

• 2019. 1. 1. 전 종전의 법 16조에 따른 사업계획에 따라 주택개량대상자로 선정된 사람이 2019. 1. 1. 이후 주택을 취득한 경우의 그 주택에 대한 취득세 감면 기준은 법 16조의 개정규정 또는 종전의 규정에 따른 면적기준 중 유리한 규정을 적용함. (법 부칙(2018. 12. 24.) 9조 1항)

• 종전의 법 16조에 따라 취득세가 감면된 주택으로서 2019. 1. 1. 당시 그 주택 취득 후 재산세 납세의무가 최초로 성립하는 날부터 5년이 지나지 아니한 주택에 대한 재산세 감면에 대해서는 법 16조의 개정규정에도 불구하고 종전의 규정에 따름.

예판

【예규】 • '대통령령으로 정하는 사업의 계획에 따라 주택개량 대상자로 선정된 사람과 같은 사업계획에 따라 자력(自力)으로 주택을 개량하는 대상자로서 해당 지역에 거주하는 사람'이란 취득일 현재 개량 주택 소재지에 거주한 사실이 있는 사람을 말한다고 할 것이고, 취득일 이전에 개량 주택 소재지에 주민등록표 등에 따른 주소를 두고 사실상 거주한 사실이 있는 경우라면, 위 '해당 지역에 거주하는 사람'의 요건을 충족하였다고 할 것임. (지방세운영과-2169, 2012. 7. 10.)

• 「귀농 농업창업 및 주택구입 지원사업」에 따라 주택개량 대상자로 선정되어 지원을 받은 경우라도 생활환경정비사업이나 농어촌주거환경개선사업 계획에 따른 농어촌 주택개량 대상자에

1. 취득세액이 280만원 이하인 경우 : 전액 면제 (2018. 12. 24. 개정)
2. 취득세액이 280만원을 초과하는 경우 : 280만원을 공제 (2018. 12. 24. 개정)

② 제1항을 적용할 때 다음 각 호의 어느 하나에 해당하는 경우에는 그 해당 부분에 대해서는 감면된 취득세를 추징한다. (2018. 12. 24. 개정)

1. 정당한 사유 없이 그 취득일부터 3개월이 지날 때까지 해당 주택에 상시 거주를 시작하지 아니한 경우 (2018. 12. 24. 개정)
2. 해당 주택에 상시 거주를 시작한 날부터 2년이 되기 전에 상시 거주하지 아니하게 된 경우 (2018. 12. 24. 개정)
3. 해당 주택에 상시 거주한 기간이 2년 미만인 상태에서 해당 주택을 매각·증여하거나 다른 용도(임대를 포함한다)로 사용하는 경우 (2018. 12. 24. 개정)

제2절 사회복지를 위한 지원

제17조【장애인용 자동차에 대한 감면】 ① 대통령령으로 정하는 장애인(제29조 제4항에 따른 국가유공자등은 제외하며, 이하 이 조에서 "장애인"이라 한다)이 보철

(법 부칙(2018. 12. 24.) 9조 2항)

제2절 사회복지를 위한 지원

제8조【장애인의 범위 등】 ① 법 제17조 제1항 각 호 외의 부분에서 "대통령령으로 정하는 장애인"이란 「장애인복지법」에 따른 장애인으로서 장애의 정도가 심한 장

해당되지 아니한 경우라면 취득세 면제대상으로 볼 수 없다고 할 것임. (지방세운영과-797, 2012. 3. 14.)

【조심판례】 • 농촌 주택개량사업 대상자로서 해당 지역에 거주하지 않는 경우
농촌 주택개량 대상자로 선정 당시부터 주택의 사용승인일까지 해당 지역에 거주하지 않고 있는 점 등에 비추어 취득세 면제대상이 아니라 할 것이며 처분청이 경정청구를 거부한 처분은 달리 잘못이 없음. (조심 2018지111, 2018. 2. 27.)

용·생업활동용으로 사용하기 위하여 취득하여 등록하는 다음 각 호의 어느 하나에 해당하는 자동차로서 취득세 또는 「지방세법」 제125조 제1항에 따른 자동차세(이하 "자동차세"라 한다) 중 어느 하나의 세목(税目)에 대하여 먼저 감면을 신청하는 1대에 대해서는 취득세 및 자동차세를 각각 2027년 12월 31일까지 면제한다. (2024. 12. 31. 개정)

취득 농특비

Note 2024. 12. 31. 개정 ☞ 제1항 기한 연장 : 24년→27년
2021. 12. 28. 개정 ☞ 제1항 기한 연장 : 21년→24년
2018. 12. 24. 개정 ☞ 제1항 기한 연장 : 18년→21년

예판

【조심판례】 • 장애인자동차 추징대상 판단

청구인과 어머니는 세대분가 이후에도 여전히 동일한 주소지에 주민등록을 두고 함께 거주하고 있으므로 이러한 경우까지 세대분가를 이유로 감면한 취득세를 추징하는 것은 위법함. (조심 2019지1543, 2019. 7. 4.)

• 쟁점자동차를 취득할 당시 장애등급이 말소되었다가 쟁점자동차 취득 이후에 장애등급을 받은 경우 취득세 감면대상으로 볼 수는 없음. (조심 2014지835, 2014. 9. 15.)

【예규】 • 장애인용 자동차 취득에 따른 감면

장애인이 감면 신청으로 취득세·자동차세 감면을 적용받고 있는 차량이 있는 경우에는 다른 차량에 대해 감면을 적용할 수 없으나, 종전 면제받은 차량을 이전·말소하는 경우 또는 추징 등으로 감면받는 차량이 없는 경우 등에는 새로운 차량에 대해 감면 적용 가능함. (지방세특례제도과-1246호, 2020. 6. 3. 지방세특례제도과-2664, 2024. 10. 22.)

• 감면대상을 공부상 지목이 양어장인 토지로 명시하고 있으므로

애인(이하 이 조에서 "장애인"이라 한다)을 말한다. (2018. 12. 31. 개정 ; 장애인복지법 시행령 부칙)

1. 「장애인복지법」에 따른 장애인으로서 장애등급 제1급부터 제3급까지에 해당하는 사람
2. 「국가유공자 등 예우 및 지원에 관한 법률」에 따른 국가유공자로서 상이등급 1급부터 7급까지의 판정을 받은 사람
3. 「5·18민주유공자 예우에 관한 법률」에 따라 등록된 5·18민주화운동부상자로서 신체장해등급 1급부터 14급까지의 판정을 받은 사람
4. 「고엽제후유의증 등 환자지원 및 단체설립에 관한 법률」에 따른 고엽제후유의증환자로서 경도(輕度) 장애 이상의 장애등급 판정을 받은 사람 (2012. 12. 21. 개정 ; 고엽제후유의증 등 환자지원에~시행령 부칙)

1.~4. 삭 제 (2015. 12. 31.)

예판

【조심판례】 • 감면대상 중 7인승 이상 10인승 이하 승용자동차에 대해서 장애인 이동편의를 위해 구조변경이 이루어진 경우에는 구조변경 이전의 승차정원을 기준으로 하고 있으며, 「자동차관리법」상 자동차 튜닝의 의미에 구조변경을 포함하여야 하므로, 장애인용 자동차로 사용하기 위해 제작 단계에서 5인승으로 개조된 승용자동차의 경우에도 구조변경 전의 9인승 차량으로 보아 자동차세 감면이 가능함(지방세특례제도과-118, 2023. 9. 13.)

• **장애인 자동차 취득세 감면대상에 구조변경 취득세까지 포함되는지 여부**

장애인 자동차에 휠체어리프트 설치를 위한 종류 변경 취득시에도 취득세 감면대상에 해당함. (지방세특례제도과-1004, 2021. 4. 30.)

예판

【예규】 • 장애인 자동차 감면 기산일

장애인과 공동명의자가 자동차 취득 당시에는 개별 세대로 있다가 자동차 등록일에 세대별 주민등록표에 함께하고 있는 경우, 그 감면의 기산일은 자동차 취득일이 아니라 자동차등록일로부터 보는 것임. (지방세특례제도과-43, 2018. 1. 5.)

취득 당시 지목이 양어장이 아닌 답(畓)인 경우에는 감면 대상 아님(지방세특례제도과-2136, 2023. 8. 11.)

1. 다음 각 목의 어느 하나에 해당하는 승용자동차
   가. 배기량 2천시시 이하인 승용자동차
   나. 승차 정원 7명 이상 10명 이하인 대통령령으로 정하는 승용자동차. 이 경우 장애인의 이동편의를 위하여 「자동차관리법」에 따라 구조를 변경한 승용자동차의 승차 정원은 구조변경 전의 승차 정원을 기준으로 한다. (2017. 12. 26. 개정)
   다. 「자동차관리법」에 따라 자동차의 구분기준이 화물자동차에서 2006년 1월 1일부터 승용자동차에 해당하게 되는 자동차(2005년 12월 31일 이전부터 승용자동차로 분류되어 온 것은 제외한다)
2. 승차 정원 15명 이하인 승합자동차
3. 최대적재량 1톤 이하인 화물자동차
4. 배기량 250시시 이하인 이륜자동차 (2015. 12. 29. 개정)

② 장애인이 대통령령으로 정하는 바에 따라 대체취득을 하는 경우 해당 자동차에 대해서는 제1항의 방법에 따라 취득세와 자동차세를 면제한다. (2018. 12. 24. 개정)

예판

【조심판례】 세대분가 사유가 새로운 임대차계약 후 확정일자를 받기 위한 것이고, 공휴일을 포함한 2일 경과 후 세대를 다시 합가한 사실에 비추어 이는 '부득이한 사유'에 해당된다고 보는 것

• 장애인 아들의 세대분가로 기 감면받았던 A차량의 취득세가 추징되었고, 이후 A차량의 장애인 지분(1%)를 아들에게 이전하고 새로운 B차량을 취득하는 경우 감면 대상 (지방세특례제도과-560, 2019. 9. 10.)

② 법 제17조 제1항 제1호 나목에서 "대통령령으로 정하는 승용자동차"란 「자동차관리법」에 따라 승용자동차로 분류된 자동차 중 승차 정원이 7명 이상 10명 이하인 승용자동차를 말한다. (2020. 1. 15. 개정)

③ 법 제17조 제1항 및 제2항에 따라 취득세 및 자동차세를 면제하는 자동차는 장애인이 본인 명의로 등록하거나 그 장애인과 동일한 세대별 주민등록표에 기재되어 있고 「가족관계의 등록 등에 관한 법률」 제9조에 따른 가족관계등록부(이하 "가족관계등록부"라 한다)에 따라 다음 각 호의 어느 하나에 해당하는 관계가 있는 것이 확인(취득세의 경우에는 해당 자동차 등록일에 세대를 함께 하는 것이 확인되는 경우로 한정한다)되는 사람이 공동명의로 등록하는 자동차를 말한다. (2020. 1. 15. 개정)
1. 장애인의 배우자 · 직계혈족 · 형제자매 (2020. 1. 15. 개정)
2. 장애인의 직계혈족의 배우자 (2020. 1. 15. 개정)
3. 장애인의 배우자의 직계혈족 · 형제자매 (2020. 1. 15. 개정)

이 타당함. (조심 2015지1235, 2016. 1. 28.)

【예규】 • 종전에 감면받던 자동차를 제3자에게 소유권을 이전하고 새 자동차를 취득하는 경우에는 추후 제3자에게 이전하였던 종전 감면 자동차를 다시 취득하는지 여부에 관계없이 대체취득에 대한 감면요건을 충족한 것으로 보아야 함. (지방세특례제도과-1245, 2020. 6. 3.)

• 장애인용 자동차를 대체취득하면서 신규 차량(B)을 구입한 후 60일 이내에 기존 차량(A)을 이전 · 말소할 경우, 신규 차량과 기존 차량을 동시에 소유하고 있는 기간 동안의 자동차세는 B 차량만 감면적용됨. (지방세특례제도과-561, 2019. 9. 10.)

③ 제1항 및 제2항을 적용할 때 장애인 또는 장애인과 공동으로 등록한 사람이 자동차 등록일부터 1년 이내에 사망, 혼인, 해외이민, 운전면허취소, 그 밖에 이와 유사한 부득이한 사유 없이 소유권을 이전하거나 세대를 분가하는 경우에는 면제된 취득세를 추징한다. 다만, 장애인과 공동 등록할 수 있는 사람의 소유권을 장애인이 이전받은 경우, 장애인과 공동 등록할 수 있는 사람이 그 장애인으로부터 소유권의 일부를 이전받은 경우 또는 공동 등록할 수 있는 사람 간에 등록 전환하는 경우는 제외한다. (2016. 12. 27. 개정)

통칙 법17-1【장애인용 자동차】

법 제17조[장애인용 자동차에 대한 감면] 및 제29조[국가유공자 등에 대한 감면] 적용시 「자동차관리법」에 따라 구조를 변경한 캠핑용 승용자동차의 승차 정원은 구조변경 전의

④ 제3항을 적용할 때 장애인 및 같은 항 각 호의 어느 하나에 해당하는 사람이 모두 「출입국관리법」 제31조에 따라 외국인등록을 하고 같은 법 제10조의 3에 따른 영주자격을 가진 사람인 경우에는 같은 법 제34조 제1항에 따른 등록외국인기록표 및 외국인등록표(이하 "등록외국인기록표등"이라 한다)로 가족관계등록부와 세대별 주민등록표를 갈음할 수 있다. (2020. 1. 15. 신설)

⑤ 법 제17조 제2항에 따른 대체취득을 하는 경우는 법 제17조에 따라 취득세 또는 자동차세를 면제받은 자동차를 말소등록하거나 이전등록(장애인과 공동명의로 등록한 자가 아닌 자에게 이전등록하는 경우를 말한다. 이하 이 항에서 같다)하고 다른 자동차를 다시 취득하는 경우(취득하여 등록한 날부터 60일 이내에 취득세 또는 자동차세를 면제받은 종전 자동차를 말소등록하거나 이전등록하는 경우를 포함한다)로 한다. (2020. 1. 15. 항번개정)

⑥ 법 제17조 제1항 및 제2항에 따라 취득세와 자동차세를 면제받은 자동차가 다음 각 호의 어느 하나에 해당하는 경우에는 장부상 등록 여부에도 불구하고 자동차를 소유하지 아니한 것으로 본다. (2020. 1. 15. 항번개정)

1. 「자동차관리법」에 따른 자동차매매업자가 중고자동차 매매의 알선을 요청받은 사실을 증명하는 자동차. 다만, 중고자동차가 매도(賣渡)되지 아니하고 그 소유자에게 반환되는 경우에는 그 자동차를 소유한 것으로 본다.

승차 정원을 기준으로 적용한다. (2022. 10. 25. 신설)

예판

【판례】 • **장애인 자동차 감면 특례기간 산정**

민법 제157조의 규정(초일 불산입)에 따라 '자동차 등록일'은 취득세 감면분 특례기간인 1년의 기간에 산입하지 않고 계산하여야 함. (대법 2018두65477, 2019. 3. 28.)

• **장애인용 자동차 감면 적용 범위**

- ○○시 조례 제3조 제1항 본문은 "주민등록법에 의한 세대별 주민등록표에 기재되어 있는 장애인의 직계존·비속, 장애인의 직계비속의 배우자, 장애인의 형제·자매는 장애인 본인과 공동명의로 등록하는 경우" 에만 면세를 해 주도록 정하고 있는바, 이와 같이 본문 규정이 "주민등록법에 의한 세대별 주민등록표" 를 명시하고 있는 이상, 그 단서 규정의 "세대" 역시 주민등록표상의 세대를 가리킨다고 해석하여야 할 것이다. 이렇게 해석하는 경우 실질적인 세대분가가 없으면서도 면제되었던 취득세·등록세 등을 추징당하는 사례들이 생길 수 있으나, 이는 주민등록표와 자신의 실제 주거지를 일치시키지 않고 허위신고를 한 데서 기인한 것이라고 보아야 함. (대법 2007두3299, 2007. 4. 26.)
- 해당 자동차를 장애인과 공동명의로 등록한 직계비속이 장애인과 실질적으로 세대를 함께 하고 있다고 하더라도 주민등록표에 의하여 세대를 함께 하는 것이 확인되지 않는 경우에는 자동차세가 면제되지 않는다고 봄이 타당함. (서울고법 2015누46545, 2015. 12. 1. : 대법확정)

제17조의 2 【한센인 및 한센인정착마을 지원을 위한 감면】 (2024. 12. 31. 제목개정)

① 한센병에 걸린 사람 또는 한센병에 걸렸다가 치료가 종결

2. 천재지변·화재·교통사고 등으로 소멸·멸실 또는 파손되어 해당 자동차를 회수할 수 없거나 사용할 수 없는 것으로 해당 시장·군수·구청장이 인정하는 자동차 (2016. 12. 30. 개정)
3. 「자동차관리법」에 따른 자동차해체재활용업자가 폐차되었음을 증명하는 자동차
4. 「관세법」에 따라 세관장에게 수출신고를 하고 수출된 자동차

예판

【예규】 • **장애인 자동차 감면 기산일**

장애인과 공동명의자가 자동차 취득 당시에는 개별 세대로 있다가 자동차등록일에 세대별 주민등록표에 함께하고 있는 경우, 세대별 주민등록표에 의하여 그 장애인과 세대를 함께 하는 것이 확인된 경우라면 그 감면의 기산일은 자동차 취득일이 아니라 자동차등록일로부터 보는 것이 타당하다 할 것임. (지방세특례제도과-46, 2018. 1. 5.)

• 중복장애 합산으로 장애등급이 상향 조정된 경우, 이를 취득세 면제대상 장애등급으로 인정함. (지방세운영과-5829, 2011. 12. 26.)

제8조의 2 【한센인정착마을의 범위】 (2024. 12. 31. 제목개정)

법 제17조의 2 제1항 각 호 외의 부분에서 "대통령령으

예판

【예규】 • 기존 1대에 대해 장애인용으로 취득세 등을 감면받아 소유하고 있다면 국가유공자로서 자격이 있다고 하더라도 추가 취득하는 자동차는 감면대상에 해당되지 아니함. (지방세운영과-1488, 2013. 7. 11.)

• 가족관계등록부상 공동등록할 수 있는 대상을 외국인 배우자 또는 직계비속의 외국인 배우자로 한정하고 있음에 비추어 볼 때 당해 장애인은 내국인으로 보는 규정이라고 할 것이므로 장애인이 외국인이라면 가족관계등록부상의 공동등록 대상에 해당되지 아니한다고 판단됨. (지방세운영과-1491, 2013. 7. 12.)

【조심판례】 • 「지방세특례제한법」 제17조 제3항의 '부득이한 사유'라 함은 자동차의 소유자인 장애인과 그 동거가족이 장애인용 자동차를 운행하기

된 사람(이하 이 조에서 "한센인"이라 한다)이 한센인의 치료·재활·자활 등을 위하여 집단으로 정착하여 거주하는 지역으로서 거주목적, 거주형태 등을 고려하여 대통령령으로 정하는 지역(이하 이 조에서 "한센인정착농원"이라 한다) 내의 다음 각 호의 부동산을 취득하는 경우에는 취득세를 2024년 12월 31일까지 면제한다. (2021. 12. 28. 개정) 취득 농특비

① 한센병에 걸린 사람 또는 한센병에 걸렸다가 치료가 종결된 사람(이하 이 조에서 "한센인"이라 한다)이 한센인의 치료·재활·자활 등을 위하여 집단으로 정착하여 거주하는 지역으로서 거주목적, 거주형태 등을 고려하여 대통령령으로 정하는 지역(이하 이 조에서 "한센인정착마을"이라 한다) 내의 다음 각 호의 부동산을 취득하는 경우에는 취득세를 2027년 12월 31일까지 면제한다. (2024. 12. 31. 개정) 취득 농특비

Note 2024. 12. 31. 개정 ☞ 제1항 기한 연장 : 24년→27년
2021. 12. 28. 개정 ☞ 제1항 기한 연장 : 21년→24년
2018. 12. 24. 개정 ☞ 제1항 기한 연장 : 18년→21년
2015. 12. 29. 개정 ☞ 제1항 기한 연장 : 15년→18년

1. 주택(전용면적이 85제곱미터 이하인 경우로 한정한다) (2015. 12. 29. 개정)
2. 축사용 부동산 (2011. 12. 31. 신설)
3. 한센인의 재활사업에 직접 사용하기 위한 부동산(한센인정착농원의 대표자나 한센인이 취득하는 경우로 한정한다) (2011. 12. 31. 신설)
3. 한센인의 재활사업에 직접 사용하기 위한 부동산(한센인정착마을의 대표자나 한센인이 취득하는 경우로

로 정하는 지역"이란 별표 1에 따른 지역을 말한다. (2024. 12. 31. 개정)

편주

영 8조의 2의 개정규정은 2025. 1. 1. 이후 납세의무가 성립하는 경우부터 적용함. (영 부칙(2024. 12. 31.) 2조)

예판

【예규】 • **대표자가 한센인인 마을회 소유 부동산에 대해 한센인 재산세 감면 적용 여부**
마을회의 대표자가 한센인이라 하더라도 마을회를 한센인과 동일시 할 수 없으므로 지특법 제17조의 2 제1항에 따른 재산세 감면규정의 적용대상이 아니라고 할 것임. (지방세특례제도과-821, 2021. 4. 8.)

어려운 인적인 장애가 발생한 경우 등도 포함한다고 보아야 할 것(조심 2012지695, 2012. 12. 28. 같은 뜻임)인바, 국립중앙의료원이 청구인에게 발급한 '진단서' 상의 의사 소견과 '복약지도서'의 내용에서 투약중인 약물로 인해 졸려서 운전이나 기계조작이 어려울 수 있어서 운전 등을 피하도록 기재되어 있는 점 등을 고려시 추징대상에서 제외하는 '부득이한 사유'가 있는 것으로 보는 것이 타당함. (조심 2019지2627, 2020. 3. 18.)

• 청구인(기존 정신지체 3급)은 장애등급 조정을 위한 재진단에서 등급외 판정을 받게 됨에 따라 더 이상 자동차를 운행할 수 없게 되어 불가피하게 쟁점자동차 등록일부터 1년 이내에 소유권을 이전하였으므로 이는 부득이한 사유가 있다고 보는 것이 타당함. (조심 2015지829, 2015. 8. 19.)

한정한다) (2024. 12. 31. 개정)

② 한센인이 과세기준일 현재 소유하는 한센인정착농원 내의 부동산(제1항 각 호의 부동산을 말한다)에 대해서는 재산세(「지방세법」 제112조에 따른 부과액을 포함한다) 및 「지방세법」 제146조 제3항에 따른 지역자원시설세를 각각 2024년 12월 31일까지 면제한다. (2021. 12. 28. 개정)

② 한센인이 과세기준일 현재 소유하는 한센인정착마을 내의 부동산(제1항 각 호의 부동산을 말한다)에 대해서는 재산세(「지방세법」 제112조에 따른 부과액을 포함한다) 및 「지방세법」 제146조 제3항에 따른 지역자원시설세를 각각 2027년 12월 31일까지 면제한다. (2024. 12. 31. 개정)

Note 2024. 12. 31. 개정 ☞ 제2항 기한 연장 : 24년→27년
2021. 12. 28. 개정 ☞ 제2항 기한 연장 : 21년→24년
2018. 12. 24. 개정 ☞ 제2항 기한 연장 : 18년→21년
2015. 12. 29. 개정 ☞ 제2항 기한 연장 : 15년→18년

예판

【예규】 • 한센인의 거주지역에 대한 제한을 두고 있지 않고, 감면대상 부동산의 범위를 농지에 한정하지 않고 있으므로 과세기준일 현재 한센정착농원 외의 지역에서 거주하는 한센인이 한센정착농원 내의 농지외 부동산을 소유하더라도 재산세 면제대상에 해당된다고 보아야 함. (지방세운영과-2304, 2012. 7. 19.)

• 한센인이 재활사업용으로 취득한 토지에 공장을 신축하여 임대하는 경우는 재활사업에 직접 사용으로 볼 수 없다고 할 것임. (지방세운영과-2343, 2013. 9. 16.)

제18조【한국장애인고용공단에 대한 감면】 「장애인고용촉진 및 직업재활법」에 따른 한국장애인고용공단이 같은 법 제43조 제2항 제1호부터 제11호까지의 사업에

Note 2023. 3. 14. 개정 ☞ 기한 연장 : 22년→25년
2020. 1. 15. 개정 ☞ 기한 연장 : 19년→22년
2016. 12. 27. 개정 ☞ 감면 축소 : 취득 100%, 재산 50% → 취득 · 재산 25% ☞ 기한 연장 : 16년→19년

직접 사용하기 위하여 취득하는 부동산(수익사업용 부동산은 제외한다)에 대해서는 취득세의 100분의 25를 과세기준일 현재 그 사업에 직접 사용하는 부동산에 대해서는 재산세의 100분의 25를 각각 2025년 12월 31일까지 경감한다. (2023. 3. 14. 개정)

제19조【어린이집 및 유치원에 대한 감면】(2015. 12. 29. 제목개정)

① 「영유아보육법」에 따른 어린이집 및 「유아교육법」에 따른 유치원(이하 이 조에서 "유치원등"이라 한다)으로 직접 사용하기 위하여 취득하는 부동산에 대해서는 취득세를 2024년 12월 31일까지 면제하고, 「영유아보육법」 제14조에 따라 직장어린이집을 설치하여야 하는 사업주가 같은 법 제24조 제3항에 따라 법인·단체 또는 개인에게 위탁하여 운영하기 위하여 취득하는 부동산에 대해서는 취득세의 100분의 50을 2024년 12월 31일까지 경감한다. (2023. 3. 14. 개정) 취득 농특비

① 「영유아보육법」에 따른 어린이집 및 「유아교육법」에 따른 유치원(이하 이 조에서 "유치원등"이라 한다)으로 직접 사용하기 위하여 취득하는 부동산 및 「영유아보육법」 제10조 제4호에 따른 직장어린이집을 법인·단체 또는 개인에게 위탁하여 운영(대통령령으로 정하는 사업주가 직장어린이집을 설치하는 경우로서 해당 직장어린이집을 법인·단체 또는 개인에게 위탁하여 운영하는 경우를 포함한다)하기 위하여 취득하는 부동산에 대해서는 취득세를 2027년 12월 31일까지 면제한다. (2024.

제8조의 3【영유아어린이집 등에 사용하는 부동산의 범위 등】(2024. 12. 31. 제목개정)

① 법 제19조 제1항에서 "대통령령으로 정하는 사업주"란 「영유아보육법 시행령」 제20조 제5항에 따른 사업주를 말한다. (2024. 12. 31. 신설)

Note
2024. 12. 31. 개정 ☞ 제1항 기한 연장 : 24년→27년
☞ 감면 확대 : 설치의무 있는 사업주 → 설치의무 무관
2023. 3. 14. 개정 ☞ 제1항 위탁운영 직장어린이집 50% 감면 추가
2021. 12. 28. 개정 ☞ 제1항 기한 연장 : 21년→24년
2018. 12. 24. 개정 ☞ 제1항 기한 연장 : 18년→21년
2015. 12. 29. 개정 ☞ 제1항 기한 연장 : 15년→18년

편주

법 19조 1항의 개정규정은 2025. 1. 1. 이후 납세의무가 성립하는 경우부터 적용함. (법 부칙(2024. 12. 31.) 2조)

관련법령

장애인고용촉진 및 직업재활법

제43조【한국장애인고용공단의 설립】(2009. 10. 9. 제목개정)

② 공단은 다음 각 호의 사업을 수행한다. (2007. 5. 25. 개정)

1. 장애인의 고용촉진 및 직업재활에 관한 정보의 수집·분석·제공 및 조사·연구 (2007. 5. 25. 개정)
2. 장애인에 대한 직업상담, 직업적성 검사, 직업능력 평가 등 직업지도 (2007. 5. 25. 개정)
3. 장애인에 대한 직업적응훈련, 직업능력개발훈련, 취업알선, 취업 후 적응지도 (2007. 5. 25. 개정)
4. 장애인 직업생활 상담원 등 전문요원의 양성·연수 (2007. 5. 25. 개정)
5. 사업주의 장애인 고용환경 개선 및 고용 의무 이행 지원 (2007. 5. 25. 개정)
6. 사업주와 관계 기관에 대한 직업재활 및 고용관리에 관한 기술적 사항의 지도·지원 (2007. 5. 25. 개정)
7. 장애인의 직업적응훈련 시설, 직업능력개발훈련시설 및 장애인 표준사업장 운영 (2007. 5. 25. 개정)
8. 장애인의 고용촉진을 위한 취업알선 기관 사이의 취업알선전산망 구축·관리, 홍보·교육 및 장애인 기능경기 대

12. 31. 개정)

상한/취득 200만원↑, 85%(15년부터), 취득 농특비

② 다음 각 호의 부동산에 대해서는 재산세(「지방세법」 제112조에 따른 부과액을 포함한다)를 2024년 12월 31일까지 면제한다. (2021. 12. 28. 개정)

② 다음 각 호의 부동산에 대해서는 재산세(「지방세법」 제112조에 따른 부과액을 포함한다)를 2027년 12월 31일까지 면제한다. (2024. 12. 31. 개정)

상한/재산 50만원↑, 85%(15년부터)

1. 해당 부동산 소유자가 과세기준일 현재 유치원등에 직접 사용하는 부동산 (2011. 12. 31. 개정)
2. 과세기준일 현재 유치원등에 사용하는 부동산으로서 해당 부동산 소유자와 사용자의 관계 등을 고려하여 대통령령으로 정하는 부동산 (2011. 12. 31. 개정)

③ 제1항에 따라 취득세를 감면받은 자가 다음 각 호의 구분에 따른 사유에 해당하는 경우 그 해당 부분에 대해서는 감면된 취득세를 추징한다. (2023. 12. 29. 신설)

Note 2023. 12. 29. 개정 ☞ 제3항 추징규정 신설

1. 유치원등으로 직접 사용하기 위하여 부동산을 취득한 경우: 다음 각 목의 어느 하나에 해당하는 경우 (2023. 12. 29. 신설)
   가. 정당한 사유 없이 그 취득일부터 1년이 경과할 때까지 해당 용도로 직접 사용하지 아니하는 경우 (2023. 12. 29. 신설)

Note 2024. 12. 31. 개정 ☞ 제2항 기한 연장 : 24년→27년
2021. 12. 28. 개정 ☞ 제2항 기한 연장 : 21년→24년
2018. 12. 24. 개정 ☞ 제2항 기한 연장 : 18년→21년
2015. 12. 29. 개정 ☞ 제2항 기한 연장 : 15년→18년

② 법 제19조 제2항 제2호에서 "대통령령으로 정하는 부동산"이란 다음 각 호의 어느 하나에 해당하는 부동산을 말한다. (2024. 12. 31. 항번개정)

1. 해당 부동산의 소유자가 해당 부동산을 영유아어린이집 또는 유치원으로 사용하는 자(이하 "사용자"라 한다)의 배우자 또는 직계혈족으로서 그 운영에 직접 종사하는 경우의 해당 부동산 (2011. 12. 31. 신설)
2. 해당 부동산의 사용자가 그 배우자 또는 직계혈족과 공동으로 해당 부동산을 소유하는 경우의 해당 부동산 (2011. 12. 31. 신설)
3. 해당 부동산의 소유자가 종교단체이면서 사용자가 해당 종교단체의 대표자이거나 종교법인인 경우의 해당 부동산 (2011. 12. 31. 신설)

회 등 관련 사업 (2007. 5. 25. 개정)

9. 장애인 고용촉진 및 직업재활과 관련된 공공기관 및 민간 기관 사이의 업무연계 및 지원 (2007. 5. 25. 개정)
10. 장애인 고용에 관한 국제 협력 (2007. 5. 25. 개정)
11. 그 밖에 장애인의 고용촉진 및 직업재활을 위하여 필요한 사업 및 고용노동부장관 또는 중앙행정기관의 장이 위탁하는 사업 (2010. 6. 4. 직제개정 ; 정부조직법 부칙)

나. 해당 용도로 직접 사용한 기간이 2년 미만인 상태에서 매각·증여하거나 다른 용도로 사용하는 경우 (2023. 12. 29. 신설)

2. 직장어린이집을 위탁하여 운영하기 위하여 부동산을 취득한 경우: 다음 각 목의 어느 하나에 해당하는 경우 (2023. 12. 29. 신설)

편주

법 19조 3항 2호의 개정규정은 2024. 1. 1. 이후 직장어린이집의 위탁 운영을 위하여 취득하는 부동산에 대하여 그 취득세를 감면받는 경우부터 적용함. (법 부칙(2023. 12. 29.) 4조)

가. 정당한 사유 없이 그 취득일부터 1년이 경과할 때까지 해당 용도로 위탁하여 운영하지 아니하는 경우 (2023. 12. 29. 신설)

나. 해당 용도로 위탁하여 운영한 기간이 2년 미만인 상태에서 매각·증여하거나 다른 용도로 사용하는 경우 (2023. 12. 29. 신설)

예판

【판례】 • **부부간 어린이집 대표명의 변경시 추징 여부**

어린이집 대표자인 부인명의로 취득세를 감면받은 후 대표자를 남편으로 변경한 경우 해당 부동산은 직접사용하지 않은 것으로 보아 취득세 감면분을 추징하여야 함. (대법 2019두34968, 2019. 5. 30.)

• **유치원에 대한 감면 적용 범위**

유아교육법에 따라 적법한 유치원 설립인가를 받을 수 없는 '법

4. 「영유아보육법」 제14조 제1항에 따라 사업주가 공동으로 설치·운영하는 직장어린이집 또는 같은 법 제24조 제3항에 따라 법인·단체 또는 개인에게 위탁하여 운영하는 직장어린이집의 경우 해당 부동산 (2017. 12. 29. 신설)

4. 「영유아보육법」 제14조 제1항 단서에 따라 사업주가 공동으로 설치·운영하는 직장어린이집 또는 같은 조 제1항 및 같은 법 시행령 제20조 제5항에 따라 설치한 직장어린이집으로서 법인·단체 또는 개인에게 위탁하여 운영하는 직장어린이집의 경우 해당 부동산 (2024. 12. 31. 개정)

예판

【조심판례】 • **종교단체 어린이집 및 유치원**

재산세 과세기준일(6.1.) 현재 쟁점부동산을 소유한 종교단체의 대표자와 쟁점부동산의 사용자(어린이집 대표자)가 다르다고 하더라도 어린이집의 실제 운영 주체가 쟁점교회인 것으로 판단되는 이상, 교회 등 종교단체가 직접 사용하는 경우에 해당함. (조심 2018지2015, 2019. 6. 20.)

• **유치원 신축 후 인테리어 공사 시 감면 여부**

편주

영 8조의 3 제2항 4호의 개정규정은 2025. 1. 1. 이후 납세의무가 성립하는 경우부터 적용함. (영 부칙(2024. 12. 31.) 3조)

인 아닌 사단'이 유치원의 설치·운영 목적으로 취득한 부동산은 설령 그 법인 아닌 사단의 대표자 이름으로 유아교육법에 따른 유치원 설립인가를 받았다고 하더라도 취득세 면제대상에 해당하지 않음. (대법 2012두232, 2012. 4. 26.)

【예규】 직장어린이집 위탁운영 목적 부동산의 취득세 감면

- 직장어린이집을 설치할 의무가 있는 사업주가 단체를 구성하여 사업주단체 명의로 공동어린이집 설치신고를 한 후, 사업주 중 1개 社 명의로 직장어린이집용 부동산을 취득하여 위탁운영하는 경우에는 「지방세특례제한법」 제19조 제1항에 따라 취득세의 100분의 50을 경감함이 타당함. (지방세특례제도과-1467, 2024. 6. 25.)
- 법인 소유의 부동산으로 운영하던 어린이집을 국공립어린이집으로 전환한 후 동 법인이 그 부동산을 대수선한 경우라면 舊지특법 제2조 제1항 제8호 및 같은 법 제19조 제1항에 따른 취득세 감면 대상이 되기 위한 '직접 사용'의 정의에 해당하지 않는 것으로 판단됨(지방세특례제도과-449, 2023. 10. 24.)

건축물을 신축한 후 내부 인테리어 공사를 하거나 각종 집기·비품 등을 설치하는 것은 직접 사용한 것으로 볼 수 없음. (조심 2018지1291, 2018. 11. 6.)

- 유치원으로 용도변경을 하는 과정에서 일시적으로 종전과 같이 어린이집으로 사용했다 하여 당초부터 어린이집으로 사용할 목적으로 취득했고 그 후에 유치원으로 변경(다른 용도)한 것이라고 볼 수는 없음. (조심 2016지 988, 2016. 10. 31.)

제19조의 2 【아동복지시설에 대한 감면】 「아동복지법」 제52조 제1항 제8호에 따른 지역아동센터로 직접 사용하기 위하여 취득하는 부동산에 대해서는 취득세를, 과세기준일 현재 지역아동센터로 직접 사용하는 부동산에 대해서는 재산세(「지방세법」 제112조에 따른 부과액을 포함한다)를 각각 2026년 12월 31일까지 면제한다. (2023. 12. 29. 개정)

상한/취득 200만원↑, 85%, 상한/재산 50만원↑, 85%(18년부터)

Note 2023. 12. 29. 개정 ☞ 기한 연장 : 23년→26년

☞ 감면대상 변경 : 설치 · 운영→직접 사용
2020. 12. 29. 개정 ☞ 기한 연장 : 20년→23년

제20조【노인복지시설에 대한 감면】 ①「노인복지법」 제31조에 따른 노인복지시설로 직접 사용하기 위하여 취득하는 부동산에 대해서는 다음 각 호에서 정하는 바에 따라 지방세를 2026년 12월 31일까지 감면한다. (2024. 12. 31. 항번개정)

1. 대통령령으로 정하는 무료 노인복지시설로 직접 사용하기 위하여 취득하는 부동산에 대해서는 취득세를 면제하고, 과세기준일 현재 노인복지시설로 직접 사용(종교단체의 경우 해당 부동산의 소유자가 아닌 그 대표자 또는 종교법인이 해당 부동산을 노인복지시설로 사용하는 경우를 포함한다)하는 부동산에 대해서는 재산세의 100분의 50을 경감한다. 다만, 노인의 여가선용을 위하여 과세기준일 현재 경로당으로 사용하는 부동산(부대시설을 포함한다)에 대해서는 재산세(「지방세법」 제112조에 따른 부과액을 포함한다) 및 같은 법 제146조 제3항에 따른 지역자원시설세를 각각 면제한다. (2023. 12. 29. 개정) 취득 농특비

예판

【예규】 · 무료 노인복지시설 여부
노인요양시설에 입소한 자가 舊노인장기요양법 제23조 제1항에 따라 시설급여 등을 지급받는 경우라면, 그 시설 입소자가 상급침실이용료 등을 추가로 부담하더라도 그 인원을 포함하

☜ **Note** 2023. 12. 29. 개정 ☞ 기한 연장 : 23년→26년
☞ 감면대상 변경 : 설치 · 운영→직접 사용
2020. 12. 29. 개정 ☞ 기한 연장 : 20년→23년
2017. 12. 26. 개정 ☞ 기한 연장 : 17년→20년

제8조의 4【무료 노인복지시설의 범위】 법 제20조 제1항 제1호에서 "대통령령으로 정하는 무료 노인복지시설"이란 「노인복지법」 제31조에 따른 노인여가복지시설 · 노인보호전문기관 · 노인일자리지원기관 · 노인주거복지시설 · 노인의료복지시설 또는 재가노인복지시설로서 다음 각 호의 어느 하나에 해당하는 시설을 말한다. (2024. 12. 31. 개정)

1. 입소자의 입소비용(이용비용을 포함한다)을 국가 또는 지방자치단체가 전액 부담하는 시설 (2015. 12. 31. 신설)
2. 노인복지시설 이용자 중 「노인장기요양보험법」에 따른 재가급여 또는 시설급여를 지급받는 사람과 「국민기초생활 보장법」 제7조 제1항 제1호부터 제3호까지의 규정에 따른 급여를 지급받는 사람이 연평균 입소 인원의 100분의 80 이상인 시설로서 행정안전부령으로 정하는 기준에 적합한 시설 (2017. 7. 26. 직제개정 ; 행정안전부와～직제 부칙)

제2조의 3【연평균 입소 인원의 계산】 영 제8조의 4 제2호에서 "행정안전부령으로 정하는 기준"이란 다음의 계산식에 따라 계산한 연평균 입소 인원 비율이 100분의 80 이상인 경우를 말한다. (2017. 7. 26. 직제개정 ; 행정안전부와 그 소속기

여 산정한 연평균 입소 인원 비율이 100분의 80 이상이면 '무료 노인복지시설'에 해당함. (지방세특례제도과-80, 2024. 1. 5.)

- **노인복지시설에 대한 취득세 감면 관련 유권해석 변경**
노인복지시설의 설치자가 시설의 장과 舊노인복지법 등 관련 법령에 따른 근로계약을 체결하고 있고, 관련 시설에 대한 행정처분이 설치자에게 부과되는 등 시설의 설치와 운영에 관한 권한 및 책임 등이 설치자에게 귀속되는 경우라면, 시설의 장을 고용하여 운영하는 경우라도 노인복지시설의 설치자가 해당 시설을 '직접사용'하는 것으로 보아 취득세 감면 대상에 해당함(지방세특례제도과-974, 2023. 4. 24.)

2. 제1호 외의 노인복지시설로 직접 사용하기 위하여 취득하는 부동산에 대해서는 취득세의 100분의 25를 경감하고, 과세기준일 현재 제1호 외의 노인복지시설로 직접 사용(종교단체의 경우 해당 부동산의 소유자가 아닌 그 대표자 또는 종교법인이 해당 부동산을 노인복지시설로 사용하는 경우를 포함한다)하는 부동산에 대해서는 재산세의 100분의 25를 경감한다. (2023. 12. 29. 개정)

취득(감면분만) 농특비

② 제1항에 따라 취득세를 감면받은 자가 다음 각 호의 어느 하나에 해당하는 경우 그 해당 부분에 대해서는 감면된 취득세를 추징한다. (2024. 12. 31. 신설)

1. 정당한 사유 없이 부동산의 취득일부터 1년(「건축법」에 따른 신축 · 증축 또는 대수선을 하는 경우 해당 토지에 대해서는 3년)이 경과할 때까지 해당 용도로 직

Note 2024. 12. 31. 개정 ☞ 추정규정 신설 : 3년 내 직접사용

편주

법 20조 2항의 개정규정은 2025. 1. 1. 이후 지방세를 감면받는 경우부터 적용함. (법 부칙(2024. 12. 31.) 3조)

관 직제 시행규칙 부칙)

(연평균 입소 인원 비율)

$$= \frac{(A+B+C)}{(A+B+C+D)}$$

A : 「국민기초생활 보장법」 제7조 제1호부터 제3호에 따른 급여를 지급받는 사람의 입소일수의 합

B : 「노인장기요양보험법」에 따른 급여를 지급받는 사람의 입소일수의 합

C : 무료로 입소한 사람의 입소일수의 합

D : 「국민기초생활 보장법」 제7조 제1호부터 제3호에 따른 급여를 지급받는 사람과 「노인장기요양보험법」에 따른 급여를 지급받는 사람 및 무료로 입소한 사람을 제외한 사람의 입소일수의 합

접 사용하지 아니하는 경우 (2024. 12. 31. 신설)

2. 해당 용도로 직접 사용한 기간이 2년 미만인 상태에서 부동산을 매각·증여하거나 다른 용도로 사용하는 경우 (2024. 12. 31. 신설)

예판

【조심판례】 • 노인요양병원에 사용할 목적으로 부동산 취득일부터 1년 이내에 용도변경공사 등에 착공한 경우는 목적사업에 직접 사용하지 못한 정당한 사유에 해당함. (조심 2016지882, 2016. 11. 11.)

• 「노인장기요양보험법」에 따라 노인장기요양급여 중 20%를 이용자들이 부담하고 나머지 80%는 건강보험공단에서 이를 부담하는 형태로 운영되고 있는 노인복지시설은 무료 노인복지시설에 해당함. (조심 2013지684, 2014. 1. 17.)

제21조【청소년단체 등에 대한 감면】 ① 다음 각 호의 법인 또는 단체가 그 고유업무에 직접 사용하기 위하여 취득하는 부동산에 대해서는 취득세의 100분의 75를 2026년 12월 31일까지 경감하고, 과세기준일 현재 그 고유업무에 직접 사용하는 부동산에 대해서는 재산세를 2023년 12월 31일까지 면제한다. (2023. 12. 29. 개정)

상한/재산 50만원↑, 85%(15년부터) 취득(감면분만) 농특비

1. 「스카우트활동 육성에 관한 법률」에 따른 스카우트주관단체
2. 「한국청소년연맹 육성에 관한 법률」에 따른 한국청소년연맹

예판

【예규】 • 부부 공동명의로 취득한 후 그 중 1인을 대표자로 하여 노인복지시설을 설치운영한 경우 취득세 감면 여부
부부가 공동으로 취득한 부동산에 부부 중 1인을 대표자로 하여 노인복지시설을 설치·운영하였을 경우, 대표자 이외 그 배우자는 노인복지시설을 설치·운영하는 대표자의 지위에 있지 않아 취득세 감면대상에 해당되지 아니함. (지방세특례제도과-1005, 2021. 4. 30.)

Note 2023. 12. 29. 개정 ☞ 제1항 기한 연장 : 23년→26년
2020. 12. 29. 개정 ☞ 제1항 기한 연장 : 20년→23년
2017. 12. 26. 개정 ☞ 감면 축소 : 취득 100%→75%
☞ 재산세(도시지역분 포함) 100%→도시지역분 제외
☞ 제1항 기한 연장 : 17년→20년

3. 「한국해양소년단연맹 육성에 관한 법률」에 따른 한국해양소년단연맹
4. 제1호부터 제3호까지의 단체 등과 유사한 청소년단체로서 대통령령으로 정하는 단체

② 「청소년활동 진흥법」에 따라 청소년수련시설의 설치허가를 받은 비영리법인이 청소년수련시설을 설치하기 위하여 취득하는 부동산에 대해서는 취득세를 2026년 12월 31일까지 면제하고, 과세기준일 현재 그 시설에 직접 사용하는 부동산에 대해서는 재산세의 100분의 50을 2023년 12월 31일까지 경감한다. (2023. 12. 29. 개정) 상한/취득 200만원↑, 85%(15년부터)

Note 2023. 12. 29. 개정 ☞ 제2항 기한 연장 : 23년→26년
2020. 12. 29. 개정 ☞ 제2항 기한 연장 : 20년→23년
2017. 12. 26. 개정 ☞ 제2항 기한 연장 : 17년→20년

제22조【사회복지법인등에 대한 감면】 (2011. 12. 31. 제목개정)

① 「사회복지사업법」에 따른 사회복지사업(이하 이 조에서 "사회복지사업"이라 한다)을 목적으로 하는 법인 또는 단체가 해당 사회복지사업에 직접 사용하기 위하여 취득하는 부동산에 대해서는 다음 각 호에서 정하는 바에 따라 취득세를 2025년 12월 31일까지 감면한다. (2023. 3. 14. 개정)

상한/취득 200만원↑, 85%(20년부터) 취득(감면분만) 농특비

1. 「사회복지사업법」에 따른 사회복지법인(이하 이 조에서 "사회복지법인"이라 한다) 또는 한센인 권익·복

제9조【청소년단체의 범위】 법 제21조 제1항 제4호에서 "대통령령으로 정하는 단체"란 다음 각 호의 어느 하나에 해당하는 청소년단체를 말한다.

1. 정부로부터 허가 또는 인가를 받거나 「민법」 외의 법률에 따라 설립되거나 그 적용을 받는 청소년단체
2. 행정안전부장관이 여성가족부장관과 협의하여 고시하는 단체 (2017. 7. 26. 직제개정 ; 행정안전부와~직제 부칙)

Note 2023. 3. 14. 개정 ☞ 제1항 기한 연장 : 22년→25년
2020. 1. 15. 개정 ☞ 제1항 기한 연장 : 19년→22년

제10조【사회복지법인등의 면제대상 사업의 범위 등】 ① 법 제22조 제1항 제1호에서 "대통령령으로 정하

지의 증진·개선 등을 목적으로 설립된 법인·단체로서 대통령령으로 정하는 법인·단체에 대해서는 취득세를 면제한다. (2023. 3. 14. 개정)

2. 「사회복지사업법」에 따른 사회복지시설(이하 이 조에서 "사회복지시설"이라 한다)을 설치·운영하는 법인 또는 단체 중 대통령령으로 정하는 법인 또는 단체에 대해서는 취득세의 100분의 25를 경감한다. 다만, 사회복지시설의 입소자 및 이용자가 입소 및 이용에 대한 비용을 부담하지 아니하는 사회복지시설의 경우에는 취득세를 면제한다. (2023. 3. 14. 개정)

② 제1항에 따라 취득세를 감면받은 법인 또는 단체가 다음 각 호의 어느 하나에 해당하는 경우 그 해당 부분에 대해서는 감면된 취득세를 추징한다. (2023. 3. 14. 신설)

1. 부동산을 취득한 날부터 5년 이내에 수익사업에 사용하는 경우 (2023. 3. 14. 신설)
2. 정당한 사유 없이 부동산의 취득일부터 3년이 경과할 때까지 해당 용도로 직접 사용하지 아니하는 경우 (2023. 3. 14. 신설)
3. 해당 용도로 직접 사용한 기간이 2년 미만인 상태에서 부동산을 매각·증여하거나 다른 용도로 사용하는 경우 (2023. 3. 14. 신설)

③ 제1항 각 호에 해당하는 법인 또는 단체(이하 이 조에서 "사회복지법인등"이라 한다)가 과세기준일 현재 해당 사회복지사업에 직접 사용(종교단체의 경우 해당 부동산

는 법인·단체"란 「민법」 제32조에 따라 설립된 사단법인 한국한센복지협회를 말한다. (2023. 3. 14. 개정)

② 법 제22조 제1항 제2호에서 "대통령령으로 정하는 법인 또는 단체"란 다음 각 호의 법인 또는 단체를 말한다. (2023. 3. 14. 신설)

1. 「민법」 제32조에 따라 설립된 비영리법인 (2023. 3. 14. 신설)
2. 다음 각 목의 요건을 모두 갖춘 단체 (2023. 3. 14. 신설)
   가. 단체의 조직과 운영에 관한 일반 규정(規程)이 있을 것 (2023. 3. 14. 신설)
   나. 단체의 대표자나 관리인이 있을 것 (2023. 3. 14. 신설)
   다. 단체 자신의 명의와 계산으로 수익과 재산을 독립적으로 소유·관리하고 있을 것 (2023. 3. 14. 신설)
   라. 단체의 수익을 구성원에게 분배하지 않을 것 (2023. 3. 14. 신설)

③ 법 제22조 제3항 본문에서 "대통령령으로 정하는 건축물의 부속토지"란 해당 사업에 직접 사용할 건축물을 건축 중인 경우와 건축허가 후 행정기관의 건축규제조

의 소유자가 아닌 그 대표자 또는 종교법인이 해당 부동산을 사회복지사업의 용도로 사용하는 경우를 포함한다. 이하 이 조에서 같다)하는 부동산(대통령령으로 정하는 건축물의 부속토지를 포함한다)에 대해서는 다음 각 호에서 정하는 바에 따라 지방세를 2025년 12월 31일까지 각각 감면한다. 다만, 수익사업에 사용하는 경우와 해당 재산이 유료로 사용되는 경우의 그 재산 및 해당 재산의 일부가 그 목적에 직접 사용되지 아니하는 경우의 그 일부 재산에 대해서는 감면하지 아니한다. (2023. 3. 14. 개정) 상한/재산 50만원↑, 85%(20년부터)

1. 제1항 제1호에 해당하는 법인 또는 단체에 대해서는 재산세(「지방세법」 제112조에 따른 부과액을 포함한다) 및 「지방세법」 제146조 제3항에 따른 지역자원시설세를 각각 면제한다. (2023. 3. 14. 신설)
2. 제1항 제2호에 해당하는 법인 또는 단체에 대해서는 재산세의 100분의 25를 경감한다. 다만, 사회복지시설의 입소자 및 이용자가 입소 및 이용에 대한 비용을 부담하지 아니하는 사회복지시설의 경우에는 재산세의 100분의 50을 경감한다. (2023. 3. 14. 신설)

④ 지방자치단체의 장은 제1항 또는 제3항에 따라 취득세 또는 재산세를 감면하는 경우 해당 지역의 재정 여건 등을 고려하여 100분의 50의 범위에서 조례로 정하는 율을 추가로 경감할 수 있다. (2023. 3. 14. 신설) 취득(감면분만) 농특비

⑤ 사회복지법인등이 그 사회복지사업에 직접 사용하기

치로 건축에 착공하지 못한 경우의 건축 예정 건축물의 부속토지를 말한다. (2023. 3. 14. 개정)

Note 2020. 1. 15. 개정 ☞ 제2항 기한 연장 : 19년→22년

Note 2023. 3. 14. 개정 ☞ 제1호 기한 연장 : 22년→25년

Note 2023. 3. 14. 신설 ☞ 제2호 일몰기한 : 25년

④ 법 제22조 제5항 본문에서 "사회복지법인등이 그 사

편주 2022. 12. 31. 이전에 종전의 법 22조 2항에 따라 2022년도 재산세(지방세법 112조에 따른 부과액을 포함함. 이하 같음) 및 지방세법 146조 3항에 따른 소방분 지역자원시설세를 면제받은 경우(2022. 6. 2.부터 12. 31.까지 부동산을 취득하여 종전의 법 22조 1항에 따라 취득세를 면제받은 부동산이 해당 사회복지사업에 직접 사용되는 경우를 포함함)에는 법 22조 3항의 개정규정에도 불구하고 2024. 12. 31.까지 종전의 법 22조 2항에 따라 재산세 및 소방분 지역자원시설세를 면제함. (법 부칙(2023. 3. 14.) 9조 2항).

위한 면허에 대해서는 등록면허세를, 사회복지법인등(「장애인활동 지원에 관한 법률」에 따른 활동지원기관을 설치·운영하는 법인·단체 중 대통령령으로 정하는 법인·단체를 포함한다)에 대해서는 주민세 사업소분(「지방세법」 제81조 제1항 제2호에 따라 부과되는 세액으로 한정한다. 이하 이 항에서 같다) 및 종업원분을 각각 2025년 12월 31일까지 면제한다. 다만, 수익사업에 관계되는 대통령령으로 정하는 주민세 사업소분 및 종업원분은 면제하지 아니한다. (2023. 3. 14. 개정)

Note 2023. 3. 14. 개정 ☞ 기한 연장 : 22년→25년
☞ 종전 제3항→제5항(이관)
2020. 1. 15. 개정 ☞ 제3항 기한 연장 : 19년→22년

⑥ 사회복지법인등에 생산된 전력 등을 무료로 제공하는 경우 그 부분에 대해서는 「지방세법」 제146조 제1항 및 제2항에 따른 지역자원시설세를 2019년 12월 31일까지 면제한다. (2023. 3. 14. 항번개정)

Note 2020. 1. 15. 개정 ☞ 제4항 감면 종료

⑦ 사회복지법인의 설립등기 및 합병등기에 대한 등록면허세와 사회복지시설을 경영하는 자에 대하여 해당 사회복지시설 사업장에 과세되는 주민세 사업소분(「지방세법」 제81조 제1항 제1호에 따라 부과되는 세액으로 한정한다)을 각각 2025년 12월 31일까지 면제한다. (2023. 3. 14. 개정)

등록(감면분만) 농특비

⑧ 제1항부터 제7항까지의 규정에도 불구하고 사회복지

업에 직접 사용하기 위한 면허"란 법 제22조 제3항 각 호 외의 부분 본문에 따른 사회복지법인등이 그 비영리사업의 경영을 위하여 필요한 면허 또는 그 면허로 인한 영업 설비나 행위에서 발생한 수익금의 전액을 그 비영리사업에 사용하는 경우의 면허를 말한다. (2023. 3. 14. 개정)

⑤ 법 제22조 제5항 본문에서 "대통령령으로 정하는 법인·단체"란 제2항 각 호의 법인·단체를 말한다. (2023. 3. 14. 신설)

⑥ 법 제22조 제5항 단서에서 "수익사업에 관계되는 대통령령으로 정하는 주민세 사업소분 및 종업원분"이란 수익사업에 제공되고 있는 사업소와 종업원을 기준으로 부과하는 주민세 사업소분(「지방세법」 제81조 제1항 제2호에 따라 부과되는 세액으로 한정한다)과 종업원분을 말한다. 이 경우 면제대상 사업과 수익사업에 건축물이 겸용되거나 종업원이 겸직하는 경우에는 주된 용도 또는 직무에 따른다. (2023. 3. 14. 개정)

Note 2023. 3. 14. 개정 ☞ 제7항 기한 연장 : 22년→25년
☞ 종전 제5항→제7항(이관)
2020. 1. 15. 개정 ☞ 제5항 기한 연장 : 19년→22년

법인이 의료기관을 경영하기 위하여 취득하거나 사용하는 부동산에 대해서는 다음 각 호에 따라 취득세와 재산세를 각각 경감한다. (2023. 3. 14. 개정)

1. 의료업에 직접 사용하기 위하여 취득하는 부동산에 대해서는 2024년 12월 31일까지 취득세의 100분의 30[「감염병의 예방 및 관리에 관한 법률」 제8조의 2에 따라 지정된 감염병전문병원(이하 "감염병전문병원"이라 한다)의 경우에는 100분의 40]을 경감한다. (2021. 12. 28. 개정) 취득(감면분만) 농특비

1. 의료업에 직접 사용하기 위하여 취득하는 부동산에 대해서는 2027년 12월 31일까지 취득세의 100분의 30[「감염병의 예방 및 관리에 관한 법률」 제8조의 2에 따라 지정된 감염병전문병원(이하 "감염병전문병원"이라 한다)의 경우에는 100분의 40]을 경감한다. (2024. 12. 31. 개정) 취득(감면분만) 농특비

2. 과세기준일 현재 의료업에 직접 사용하는 부동산에 대해서는 2024년 12월 31일까지 재산세의 100분의 50(감염병전문병원의 경우에는 100분의 60)을 경감한다. (2021. 12. 28. 개정) 1호 · 2호 일몰

2. 과세기준일 현재 의료업에 직접 사용하는 부동산에 대해서는 2027년 12월 31일까지 재산세의 100분의 50(감염병전문병원의 경우에는 100분의 60)을 경감한다. (2024. 12. 31. 개정) 1호 · 2호 일몰

3. 2021년 1월 1일부터 2021년 12월 31일까지 취득하는 부동산에 대해서는 다음 각 목의 구분에 따라 취득세 및 재산세를 각각 경감한다. (2018. 12. 24. 신설)

가. 의료업에 직접 사용하기 위하여 취득하는 부동산에 대

Note 2024. 12. 31. 개정 ☞ 제8항 기한 연장 : 24년→27년
2023. 3. 14. 개정 ☞ 제8항 기한 연장 : 22년→25년
☞ 종전 제6항→제8항(이관)

Note 2021. 12. 28. 개정 ☞ 제8항 기한 연장 : 21년→24년
☞ 1호 취득 30%, 2호 재산 50%, 감염병전문병원 +10%P 추가
☞ 재산 감면 제한기간(5년) 삭제, 3호 삭제
2018. 12. 24. 개정 ☞ 1호 · 2호 기한 연장 : 18년→20년

Note 2018. 12. 24. 개정 ☞ 3호 신설(1호 · 2호) 기한 연장 : 21년
☞ 감면 축소(21년 적용) : 취득 50%→30%, 재산세 도시지역분 종료

해서는 취득세의 100분의 30을 경감한다. (2018. 12. 24. 신설)

나. 해당 부동산 취득일 이후 해당 부동산에 대한 재산세 납세의무가 최초로 성립한 날부터 5년간 재산세의 100분의 50을 경감(과세기준일 현재 의료업에 직접 사용하고 있지 아니하는 경우는 제외한다)한다. (2018. 12. 24. 신설)

3. 삭 제 (2021. 12. 28.)

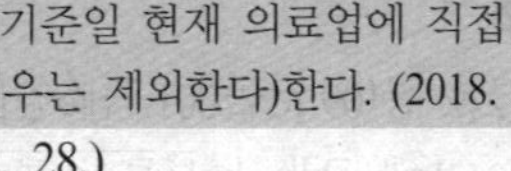

【판례】 • **사회복지법인에 대한 감면적용 범위**

민법상의 비영리사단법인이 사회복지시설을 직접 운영하지 않는 경우에 있어, 설령 비영리법인으로서 그 운영방식이 사회복지법인의 그것과 상당히 유사하다고 하더라도 취득세 감면대상으로 볼 수 없음. (서울고법 2012누10187, 2012. 9. 21. : 대법확정)

• **사회복지단체에 대한 감면적용 범위**

'사회복지사업을 목적으로 하는 단체'란 양로원, 보육원 등 사회복지시설을 직접 운영하는 단체만을 의미한다고 보아야 하므로, 사회복지시설을 직접 운영하지 아니하고 그에 대한 지원만을 하고 있는 단체는 이에 포함된다고 볼 수 없음. (서울고법 2008누33671, 2009. 5. 13. : 대법확정)

제22조의 2【출산 및 양육 지원을 위한 감면】 ① 18세 미만의 자녀(가족관계등록부 기록을 기준으로 하고, 양자 및 배우자의 자녀를 포함하되, 입양된 자녀는 친생부모의 자녀 수에는 포함하지 아니한다) 3명 이상을 양육하는 자(이하 이 조에서 "다자녀 양육자"라 한다)가 양육을 목적으로 2024년 12월

법 22조 6항 3호 나목의 개정규정은 2020. 12. 31.까지 취득한 부동산으로서 2021. 1. 1. 당시 그 부동산에 대한 재산세 납세의무가 최초로 성립한 날부터 5년이 지나지 아니한 경우에도 적용함. 이 경우 재산세의 경감기간은 2021. 1. 1.을 기준으로 해당 부동산에 대한 재산세 납세의무가 최초로 성립한 날부터 5년이 지나지 아니한 잔여기간으로 함. (법 부칙(2018. 12. 24.) 5조 1항)

【조심판례】 청구법인은 「노인장기요양보험법」에 의하여 방문요양 및 방문목욕서비스 등 장기요양급여사업을 목적으로 설립된 법인으로 「사회복지사업법」에 따라 설립된 사회복지법인이 아니므로 지방소득세 면제대상에 해당하지 않음. (조심 2013지044, 2014. 3. 18.)

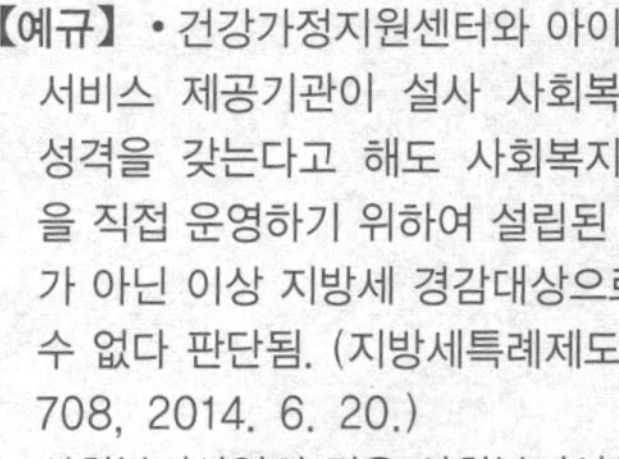

【예규】 • 건강가정지원센터와 아이돌봄서비스 제공기관이 설사 사회복지적 성격을 갖는다고 해도 사회복지시설을 직접 운영하기 위하여 설립된 단체가 아닌 이상 지방세 경감대상으로 볼 수 없다 판단됨. (지방세특례제도과-708, 2014. 6. 20.)

• 사회복지사업의 경우 사회복지시설 설치뿐만 아니라 사회복지사업의 지원 등 그 범위가 광범위하므로 취득세 면제대상 여부를 오로지 사회복지시설 설치 여부로만 판단할 것은 아니라 할 것이고, 당해 사회복지법인의 사업목적과 취득목적을 고려하여 그 실제의 사용관계를 기준으로 객관적으로 판단되어야 할 것으로 취득 농지와 당해 사회복지시설과의 접근성, 사회복지시설 수용자들의 이용 빈도나 이용자 비율 등을 종합적으로 고려하여 판단함이 타당함. (지방세운영과-3439, 2012. 10. 30.)

31일까지 취득하여 등록하는 자동차로서 다음 각 호의 어느 하나에 해당하는 자동차(자동차의 종류 구분은 「자동차관리법」 제3조에 따른다) 중 먼저 감면 신청하는 1대에 대해서는 취득세를 면제하되, 제1호 나목에 해당하는 승용자동차는 「지방세법」 제12조 제1항 제2호에 따라 계산한 취득세가 140만원 이하인 경우는 면제하고 140만원을 초과하면 140만원을 경감한다. 다만, 다자녀 양육자 중 1명 이상이 종전에 감면받은 자동차를 소유하고 있거나 배우자 및 자녀(자녀와의 공동등록은 제2항 제3호의 경우로 한정한다) 외의 자와 공동등록을 하는 경우에는 그러하지 아니하다. (2023. 3. 14. 단서개정)

취득(감면분만) 농특비

제22조의 2【출산 및 양육 지원을 위한 감면】 ① 18세 미만의 자녀(가족관계등록부 기록을 기준으로 하고, 양자 및 배우자의 자녀를 포함하되, 입양된 자녀는 친생부모의 자녀 수에는 포함하지 아니한다. 이하 이 항 및 제2항에서 같다) 2명 이상을 양육하는 자(이하 이 조에서 "다자녀 양육자"라 한다) 중 18세 미만의 자녀 3명 이상을 양육하는 자가 양육을 목적으로 2027년 12월 31일까지 취득하여 등록하는 자동차로서 다음 각 호의 어느 하나에 해당하는 자동차(자동차의 종류 구분은 「자동차관리법」 제3조에 따른다) 중 먼저 감면 신청하는 1대에 대해서는 취득세를 면제하되, 제1호 나목에 해당하는 승용자동차는 「지방세법」 제12조 제1항 제2호에 따라 계산한 취득세가 140만원 이하인 경우는 면제하고 140만원을 초과하면 140만원을 공제한다. 다만, 다자녀

☞ **Note** 2024. 12. 31. 개정 ☞ 제1항 기한 연장 : 24년→27년
2021. 12. 28. 개정 ☞ 제1항 기한 연장 : 21년→24년
2018. 12. 24. 개정 ☞ 기한 연장 : 18년→21년
2015. 12. 29. 개정 ☞ 기한 연장 : 15년→18년

예 판

【예규】 • 다자녀양육용 자동차를 등록하여 감면을 받은 자가 배우자에게 그 소유권을 이전하고 이혼한 후 단독 다자녀 양육자로 결정되어 다자녀양육용으로 새로운 자동차를 취득하는 경우 취득세를 감면함. (지방세특례제도과-1242, 2020. 6. 3.)

• 공동등록이 가능한 배우자간의 지분이전의 경우라 하더라도 그 소유권변경 등이 자동차를 양도할 수 밖에 없는 어찌할 수 없는 불가항력적인 사유로서 객관적으로 누구나 납득이 가는 사유에 해당하는 경우에 한하여 "이와 유사한 사유"에 해당된다고 사료됨. (지방세운영과-5341, 2010. 11. 11.)

양육자로서 18세 미만의 자녀 3명 이상을 양육하는 자 중 1명 이상이 종전에 감면받은 자동차를 소유하고 있거나 배우자 및 자녀(자녀와의 공동등록은 제3항 제3호의 경우로 한정한다) 외의 자와 공동등록을 하는 경우에는 그러하지 아니하다. (2024. 12. 31. 개정) 취득(감면분만) 농특비

상한/취득 200만원↑, 85%(19년부터, 면제대상에 한함)

1. 다음 각 목의 어느 하나에 해당하는 승용자동차 (2010. 12. 27. 신설)
   가. 승차정원이 7명 이상 10명 이하인 승용자동차 (2010. 12. 27. 신설)
   나. 가목 외의 승용자동차 (2010. 12. 27. 신설)
2. 승차정원이 15명 이하인 승합자동차 (2010. 12. 27. 신설)
3. 최대적재량이 1톤 이하인 화물자동차 (2010. 12. 27. 신설)
4. 배기량 250시시 이하인 이륜자동차 (2015. 12. 29. 개정)

② 다자녀 양육자 중 18세 미만의 자녀 2명을 양육하는 자가 양육을 목적으로 2027년 12월 31일까지 취득하여 등록하는 자동차로서 제1항 각 호의 어느 하나에 해당하는 자동차(자동차의 종류 구분은 「자동차관리법」 제3조에 따른다) 중 먼저 감면 신청하는 1대에 대해서는 취득세의 100분의 50을 경감하되, 제1항 제1호 나목에 해당

Note 2024. 12. 31. 개정 ☞ 제2항 감면 신설 : 27년

편주

법 22조의 2 제2항의 개정규정은 2025. 1. 1. 이후 납세의무가 성립하는 경우부터 적용함. (법 부칙(2024. 12. 31.) 2조)

하는 승용자동차는 「지방세법」 제12조 제1항 제2호에 따라 계산한 취득세가 140만원 이하인 경우는 100분의 50을 경감하고 140만원을 초과하면 70만원을 공제한다. 다만, 다자녀 양육자로서 18세 미만의 자녀 2명을 양육하는 자 중 1명 이상이 종전에 감면받은 자동차를 소유하고 있거나 배우자 및 자녀(자녀와의 공동등록은 제3항 제3호의 경우로 한정한다) 외의 자와 공동등록을 하는 경우에는 그러하지 아니하다. (2024. 12. 31. 신설)

② 다자녀 양육자가 제1항 각 호의 어느 하나에 해당하는 자동차를 2024년 12월 31일까지 다음 각 호의 어느 하나의 방법으로 취득하여 등록하는 경우 해당 자동차에 대해서는 제1항의 방법에 따라 취득세를 감면한다. (2021. 12. 28. 개정)

취득(감면분만) 농특비

③ 다자녀 양육자가 제1항 각 호의 어느 하나에 해당하는 자동차를 2027년 12월 31일까지 다음 각 호의 어느 하나의 방법으로 취득하여 등록하는 경우 해당 자동차에 대해서는 제1항 또는 제2항의 방법에 따라 취득세를 감면한다. (2024. 12. 31. 개정) 취득(감면분만) 농특비

1. 대통령령으로 정하는 바에 따라 대체취득하여 등록하는 경우 (2018. 12. 24. 개정)
2. 다자녀 양육자가 감면받은 자동차의 소유권을 해당 다자녀 양육자의 배우자에게 이전하여 등록하는 경우 (2016. 12. 27. 개정)
3. 다자녀 양육자의 사망으로 해당 다자녀 양육자가 취

Note 2024. 12. 31. 개정 ☞ 제3항 기한 연장 : 24년→27년
☞ 조항 이관 : 제2항→제3항
2021. 12. 28. 개정 ☞ 제2항 기한 연장 : 21년→24년

제10조의 2【다자녀 양육자의 대체취득 범위】 법 제22조의 2 제3항 제1호에 따른 대체취득을 하는 경우는 법 제22조의 2에 따라 취득세를 감면받은 자동차를 말소등록하거나 이전등록(배우자 간 이전하는 경우는 제외한다. 이하 이 조에서 같다)하고 다른 자동차를 다시 취득하는 경우(취득하여 등록한 날부터 60일 이내에 취득

득세를 감면받은 자동차의 소유권을 그 배우자와 자녀가 「민법」 제1009조에 따라 법정상속분대로 이전받아 등록하는 경우 (2023. 3. 14. 신설)

③ 제1항 및 제2항에 따라 취득세를 감면받은 자가 자동차 등록일부터 1년 이내에 사망, 혼인, 해외이민, 운전면허 취소, 그 밖에 이와 유사한 사유 없이 해당 자동차의 소유권을 이전하는 경우에는 감면된 취득세를 추징한다. 다만, 제1항 본문에 따라 취득세를 감면받은 다자녀 양육자가 해당 자동차의 소유권을 해당 다자녀 양육자의 배우자에게 이전하는 경우에는 감면된 취득세를 추징하지 아니한다. (2016. 12. 27. 단서신설)

④ 제1항부터 제3항까지에 따라 취득세를 감면받은 자가 자동차 등록일부터 1년 이내에 사망, 혼인, 해외이민, 운전면허 취소, 그 밖에 이와 유사한 사유 없이 해당 자동차의 소유권을 이전하는 경우에는 감면된 취득세를 추징한다. 다만, 제1항 본문 또는 제2항 본문에 따라 취득세를 감면받은 다자녀 양육자가 해당 자동차의 소유권을 해당 다자녀 양육자의 배우자에게 이전하는 경우에는 감면된 취득세를 추징하지 아니한다. (2024. 12. 31. 개정)

④ 제1항 및 제2항에 따라 감면을 받은 자동차가 다음 각 호의 어느 하나에 해당되는 경우에는 장부상 등록 여부에도 불구하고 자동차를 소유하지 아니한 것으로 보아 제1항 및 제2항에 따른 취득세 감면 규정을 적용한다. (2010. 12. 27. 신설)

취득(감면분만) 농특비

⑤ 제1항부터 제3항까지에 따라 감면을 받은 자동차가

세를 감면받은 종전의 자동차를 말소등록하거나 이전등록하는 경우를 포함한다)로 한다. (2024. 12. 31. 개정)

다음 각 호의 어느 하나에 해당되는 경우에는 장부상 등록 여부에도 불구하고 자동차를 소유하지 아니한 것으로 보아 제1항부터 제3항까지에 따른 취득세 감면 규정을 적용한다. (2024. 12. 31. 개정) 취득(감면분만) 농특비

1. 「자동차관리법」에 따른 자동차매매업자가 중고자동차 매매의 알선을 요청한 사실을 증명하는 자동차(매도되지 아니하고 그 소유자에게 반환되는 중고자동차는 제외한다) (2010. 12. 27. 신설)
2. 천재지변, 화재, 교통사고 등으로 소멸, 멸실 또는 파손되어 해당 자동차를 회수할 수 없거나 사용할 수 없는 것으로 특별자치시장·특별자치도지사·시장·군수 또는 구청장(구청장의 경우에는 자치구의 구청장을 말하며, 이하 "시장·군수"라 한다)이 인정하는 자동차 (2016. 12. 27. 개정)
3. 「자동차관리법」에 따른 자동차해체재활용업자가 폐차되었음을 증명하는 자동차 (2010. 12. 27. 신설)
4. 「관세법」에 따라 세관장에게 수출신고를 하고 수출된 자동차 (2010. 12. 27. 신설)

제22조의 3 【휴면예금관리재단에 대한 면제】「서민의 금융생활 지원에 관한 법률」에 따라 설립된 휴면예금관리재단[같은 법 제2조 제6호에 따른 사업수행기관(대통령령으로 정하는 자로 한정한다) 중 2008년 8월 1일 이후에 같은 법 제2조 제5호에 따른 서민 금융생활

제10조의 3 【등록면허세 면제 대상이 되는 휴면예금관리재단의 범위】(2018. 12. 31. 조번개정)

법 제22조의 3에서 "대통령령으로 정하는 자"란 「서민의 금융생활 지원에 관한 법률」 제2조 제6호에 따른 사업수행기관을 말한다. (2016. 9. 22. 개정 ; 서민의 금융생

관련법령

서민의 금융생활 지원에 관한 법률

제2조 【정 의】 이 법에서 사용하는 용어의 뜻은 다음과 같다. (2016. 3. 22. 제정)

6. "사업수행기관"이란 서민 금융생활 지원사업(제5호 가목 및 나목의 신용보증사업은 제외한다)을 수행하는 자로서 재정능력 및 사업수행 능력 등을 고려하여 대통령령으로 정하는 자격을 갖춘 자를 말한다. (2021. 6. 8. 개정)

서민의 금융생활 지원에 관한 법률 시행령

제4조 【사업수행기관의 자격】 2. 다음 각 목의 어느 하나에 해당하는 법인 또는 단체일 것 (2016. 9. 22. 제정)

마. 「민법」 또는 「상법」에 따라 설립된 법인으로서 서민 금융생활 지원사업을 정관의 사업목적에 포함하고 있는 자 (2016. 9. 22. 제정)

지원사업만을 목적으로 금융위원회의 허가를 받아 설립하는 법인인 사업수행기관을 포함한다]의 법인설립의 등기(출자의 총액 또는 재산의 총액을 증가하기 위한 등기를 포함한다)에 대해서는 등록면허세를 2016년 12월 31일까지 면제한다. (2016. 3. 22. 개정 ; 서민의 금융생활~법률 부칙)

등록(감면분만) 농특비

Note 2016. 12. 27. 개정 ☞ 등록면허세 감면 종료

제22조의 4【사회적기업에 대한 감면】「사회적기업 육성법」 제2조 제1호에 따른 사회적기업(「상법」에 따른 회사인 경우에는 「중소기업기본법」 제2조 제1항에 따른 중소기업으로 한정한다)에 대해서는 다음 각 호에서 정하는 바에 따라 지방세를 2027년 12월 31일까지 경감한다. (2024. 12. 31. 개정)

1. 그 고유업무에 직접 사용하기 위하여 취득하는 부동산에 대해서는 취득세의 100분의 50을 경감한다. 다만, 다음 각 목의 어느 하나에 해당하는 경우 그 해당 부분에 대해서는 경감된 취득세를 추징한다. (2011. 12. 31. 신설)
   가. 그 취득일부터 3년 이내에 「사회적기업 육성법」 제18조에 따라 사회적기업의 인증이 취소되는 경우 (2011. 12. 31. 신설)
   나. 정당한 사유 없이 그 취득일부터 1년이 경과할 때까지 해당 용도로 직접 사용하지 아니하는 경우

활~시행령 부칙)

Note 2024. 12. 31. 개정 ☞ 기한 연장 : 24년→27년
2021. 12. 28. 개정 ☞ 기한 연장 : 21년→24년
☞ 감면축소 : 법인등기 등록면허세 종료
2018. 12. 24. 개정 ☞ 기한 연장 : 18년→21년
2015. 12. 29. 개정 ☞ 기한 연장 : 15년→18년

편주

사회적기업에 대한 감면

감면대상	감면율	비고
고유업무에 직접사용하기 위해 취득하는 부동산	취득세 50%	'24.12.31.까지
법인등기	등록면허세 50%	'21.12.31.삭제
과세기준일 현재 고유업무에 직접사용 부동산	재산세 25%	'24.12.31.까지

※ 사회적기업이 상법상 회사인 경우 중소기업기본법에 따른 중소기업으로 한정

(2011. 12. 31. 신설)

다. 해당 용도로 직접 사용한 기간이 2년 미만인 상태에서 매각·증여하거나 다른 용도로 사용하는 경우 (2011. 12. 31. 신설)

2. 그 법인등기에 대해서는 등록면허세의 100분의 50을 경감한다. (2011. 12. 31. 신설)

2. 삭 제 (2021. 12. 28.)

3. 과세기준일 현재 그 고유업무에 직접 사용하는 부동산에 대해서는 재산세의 100분의 25를 경감한다. (2011. 12. 31. 신설)

제23조【권익 증진 등을 위한 감면】 ①「법률구조법」에 따른 법률구조법인이 그 고유업무에 직접 사용하기 위하여 취득하는 부동산에 대해서는 취득세의 100분의 25를, 과세기준일 현재 그 고유업무에 직접 사용하는 부동산에 대해서는 재산세의 100분의 25를 2025년 12월 31일까지 각각 경감한다. (2023. 3. 14. 개정)

취득(감면분만) 농특비

상한/취득 200만원↑, 85%, 상한/재산 50만원↑, 85%(16~20년)

②「소비자기본법」에 따른 한국소비자원이 그 고유업무에 직접 사용하기 위하여 취득하는 부동산에 대해서는 취득세의 100분의 25를, 과세기준일 현재 그 고유업무에 직접 사용하는 부동산에 대해서는 재산세의 100분의 25를 2025년 12월 31일까지 각각 경감한다. (2023. 3. 14. 개

Note 2023. 3. 14. 개정 ☞ 제1항 기한 연장 : 22년→25년
2020. 1. 15. 개정 ☞ 제1항 기한 연장 : 19년→22년
☞ 감면 축소 : 취득·재산·재도 100%(20년), 취득·재산 50%(21년), 취득·재산 25%(22년)
2016. 12. 27. 개정 ☞ 기한 연장 : 16년→19년

Note 2023. 3. 14. 개정 ☞ 제2항 기한 연장 : 22년→25년
2020. 1. 15. 개정 ☞ 제2항 기한 연장 : 19년→22년
☞ 감면 축소 : 취득·재산·재도 100%(20년), 취득·재산 50%(21년), 취득·재산 25%(22년)
2016. 12. 27. 개정 ☞ 기한 연장 : 16년→19년

관련법령

국민연금법

제25조【공단의 업무】 공단은 다음의 업무를 한다. (2007. 7. 23. 개정)

4. 가입자, 가입자였던 자, 수급권자 및 수급자를 위한 자금의 대여와 복지시설의 설치·운영 등 복지사업 (2016. 5. 29. 개정)

10. 그 밖에 이 법 또는 다른 법령에 따라 위탁받은 사항 (2019. 1. 15. 호번개정)

공무원연금법

제17조【공단의 사업】 공단은 다음 각 호의 사업을 한다. (2018. 3. 20. 개정)

3. 제76조에 따른 공무원연금기금을 불리기 위한 사업 (2018. 3. 20. 개정)
4. 공무원 후생복지사업 (2018. 3. 20. 개정)
5. 주택의 건설·공급·임대 또는 택지의 취득 (2018. 3. 20. 개정)
6. 이 법 또는 다른 법령에 따라 인사혁신처장 등 중앙행정기관의 장, 지방자치단체의 장 등으로부터 위탁받은 업무 (2018. 3. 20. 개정)

정)

취득(감면분만) 농특비

상한/취득 200만원↑, 85% 상한/재산 50만원↑, 85%(16~20년)

제24조【연금공단 등에 대한 감면】 ①「국민연금법」에 따른 국민연금공단이 같은 법 제25조에 따른 업무에 직접 사용하기 위하여 취득하는 부동산에 대하여는 다음 각 호에서 정하는 바에 따라 2014년 12월 31일까지 지방세를 감면한다. (2013. 1. 1. 개정)

일몰

1. 「국민연금법」 제25조 제4호에 따른 복지증진사업을 위한 부동산에 대하여는 취득세 및 재산세를 면제한다.
2. 「국민연금법」 제25조 제7호에 따라 위탁받은 그 밖의 국민연금사업을 위한 부동산에 대하여는 취득세 및 재산세의 100분의 50을 경감한다.

②「공무원연금법」에 따른 공무원연금공단이 같은 법 제17조에 따른 사업에 직접 사용하기 위하여 취득하는 부동산에 대하여는 다음 각 호에서 정하는 바에 따라 2014년 12월 31일까지 지방세를 감면한다. (2018. 3. 20. 개정 ; 공무원연금법 부칙)

일몰

1. 「공무원연금법」 제17조 제4호 및 제5호의 사업을 위한 부동산에 대하여는 취득세 및 재산세를 면제한다. (2018. 3. 20. 개정 ; 공무원연금법 부칙)
2. 「공무원연금법」 제17조 제3호 및 제6호의 사업을 위한 부동산에 대하여는 취득세 및 재산세의 100분의 50을 경감한다. (2018. 3. 20. 개정 ; 공무원연금법 부칙)

예판

【판례】 • 국민연금공단에 대한 감면 적용범위

감면요건 규정에서 업무에 직접 사용하기 위하여 취득하는 부동산을 대상으로 하고 있을 뿐이고, 문언상 별도로 재산세 과세기준일 현재 그 부동산을 업무에 직접 사용할 것을 요건으로 하지 않고 있으므로, 국민연금공단이 국민연금법 소정의 업무를 수행하기 위하여 토지를 취득하기만 하면 되고, 별도로 재산세 과세기준일 현재 그와 같은 목적으로 직접 사용될 것을 감면요건으로 하지 않음. (서울고법춘천 2011누1240, 2012. 3. 28. : 대법확정)

③ 「사립학교교직원 연금법」에 따른 사립학교교직원연금공단이 같은 법 제4조에 따른 사업에 직접 사용하기 위하여 취득하는 부동산에 대하여는 다음 각 호에서 정하는 바에 따라 2014년 12월 31일까지 지방세를 감면한다. (2013. 1. 1. 개정) 일몰

1. 「사립학교교직원 연금법」 제4조 제4호의 사업을 위한 부동산에 대하여는 취득세 및 재산세를 면제한다.
2. 「사립학교교직원 연금법」 제4조 제3호·제5호의 사업을 위한 부동산에 대하여는 취득세 및 재산세의 100분의 50을 경감한다.

제25조【근로자 복지를 위한 감면】 ① 다음 각 호의 법인이 대통령령으로 정하는 회원용 공동주택을 건설하기 위하여 취득하는 부동산에 대하여는 2014년 12월 31일까지 취득세의 100분의 50을 경감한다. (2013. 1. 1. 개정) 일몰

1. 「군인공제회법」에 따라 설립된 군인공제회
2. 「경찰공제회법」에 따라 설립된 경찰공제회
3. 「대한지방행정공제회법」에 따라 설립된 대한지방행정공제회
4. 「한국교직원공제회법」에 따라 설립된 한국교직원공제회

② 「근로복지기본법」에 따른 기금법인의 설립등기 및 변경등기에 대하여는 2016년 12월 31일까지 등록면허세

관련법령

사립학교교직원 연금법

제4조【설 립】 다음 각 호의 업무를 관장하기 위하여 사립학교교직원연금공단(이하 "공단"이라 한다)을 설립한다. (2009. 12. 31. 개정)

3. 자산의 운용 (2009. 12. 31. 개정)
4. 교직원 복지사업의 수행 (2009. 12. 31. 개정)
5. 그 밖에 연금에 관한 업무 (2009. 12. 31. 개정)

제11조【회원용 공동주택의 범위】 법 제25조 제1항 각 호 외의 부분에서 "대통령령으로 정하는 회원용 공동주택"이란 전용면적 85제곱미터 이하의 회원용 공동주택을 말한다. 일몰

Note 2016. 12. 27. 개정 ☞ 제2항 감면 종료

를 면제한다. (2015. 12. 29. 개정)

제26조 【노동조합에 대한 감면】「노동조합 및 노동관계조정법」에 따라 설립된 노동조합이 그 고유업무에 직접 사용하기 위하여 취득하는 부동산(수익사업용 부동산은 제외한다. 이하 이 조에서 같다)에 대해서는 취득세를, 과세기준일 현재 그 고유업무에 직접 사용하는 부동산에 대해서는 재산세를 각각 2027년 12월 31일까지 면제한다. (2024. 12. 31. 개정)

상한/취득 200만원↑, 85% 상한/재산 50만원↑, 85%(16년부터)

Note 2024. 12. 31. 개정 ☞ 기한 연장 : 24년→27년
2021. 12. 28. 개정 ☞ 기한 연장 : 21년→24년
2018. 12. 24. 개정 ☞ 기한 연장 : 18년→21년
2015. 12. 29. 개정 ☞ 기한 연장 : 15년→18년

제27조 【근로복지공단 지원을 위한 감면】 ①「산업재해보상보험법」에 따른 근로복지공단(이하 이 조에서 "근로복지공단"이라 한다)이 같은 법 제11조 제1항 제1호부터 제5호까지, 제6호 및 제7호의 사업에 직접 사용하기 위하여 취득하는 부동산에 대해서는 취득세의 100분의 25를 2025년 12월 31일까지 경감한다. (2023. 3. 14. 개정)

② 근로복지공단이「산업재해보상보험법」제11조 제1항 제5호의 2, 제5호의 3 및 같은 조 제2항에 따른 의료사업 및 재활사업에 직접 사용하기 위하여 취득하는 부동산에 대해서는 취득세를, 과세기준일 현재 그 업무에 직접 사용하는 부동산에 대해서는 재산세를 다음 각 호에서 정하는 바에 따라 각각 경감한다. (2018. 12. 24. 개정)

1. 2020년 12월 31일까지는 취득세의 100분의 75를, 재산세

Note 2023. 3. 14. 개정 ☞ 제1항 기한 연장 : 22년→25년
2020. 1. 15. 개정 ☞ 제1항 기한 연장 : 19년→21년
☞ 감면 축소 : 취득·재산 25%(20년), 취득 25%(22년)
2016. 12. 27. 개정 ☞ 감면 축소 : 취득 75%, 재산 25% →취득·재산 25% ☞ 제1항 기한 연장 : 16년→19년

Note 2024. 12. 31. 개정 ☞ 제2항 기한 연장 : 24년→27년
2021. 12. 28. 개정 ☞ 제2항 기한 연장 : 21년→24년
☞ 1호 취득·재산 50%(감염병전문병원 60%),
☞ 재산 감면 제한기간(5년) 삭제, 2호 삭제
2016. 12. 27. 개정 ☞ 감면 축소 : 취득 100%→75%, 재산세 도시지역분 종료 ☞ 기한 연장 : 16년→18년

관련법령

산업재해보상보험법

제11조 【공단의 사업】 ① 공단은 다음 각 호의 사업을 수행한다. (2007. 12. 14. 개정)

1. 보험가입자와 수급권자에 관한 기록의 관리·유지 (2007. 12. 14. 개정)
2. 보험료징수법에 따른 보험료와 그 밖의 징수금의 징수 (2007. 12. 14. 개정)
3. 보험급여의 결정과 지급 (2007. 12. 14. 개정)
4. 보험급여 결정등에 관한 심사 청구의 심리·결정 (2007. 12. 14. 개정)
5. 산업재해보상보험 시설의 설치·운영 (2007. 12. 14. 개정)

5의 2. 업무상 재해를 입은 근로자 등의 진료·요양 및 재활 (2015. 1. 20. 개정)

5의 3. 재활보조기구의 연구개발·검정 및 보급 (2010. 1. 27. 신설)

6. 근로자의 복지 증진을 위한 사업 (2007. 12. 14. 개정)
7. 그 밖에 정부로부터 위탁받은 사업 (2007. 12. 14. 개정)
8. 제5호·제5호의 2부터 제5호의 5까지 제6호 및 제7호에 따른 사업에 딸린 사업 (2015. 1. 20. 개정)

② 공단은 제1항 제5호의 2부터 제5호의 5까지의 사업을 위하여 의료기관, 연구기

(「지방세법」 제112조에 따른 부과액을 포함한다)의 100분의 50을 각각 경감한다. (2018. 12. 24. 신설)

1. 2024년 12월 31일까지 취득세 및 재산세의 100분의 50(감염병전문병원의 경우에는 100분의 60)을 각각 경감한다. (2021. 12. 28. 개정)

1. 2027년 12월 31일까지 취득세 및 재산세의 100분의 50(감염병전문병원의 경우에는 100분의 60)을 각각 경감한다. (2024. 12. 31. 개정)

2. 2021년 1월 1일부터 2021년 12월 31일까지 취득하는 부동산에 대해서는 다음 각 목의 구분에 따라 취득세 및 재산세를 각각 경감한다. (2018. 12. 24. 신설)
   가. 해당 부동산에 대해서는 취득세의 100분의 50을 경감한다. (2018. 12. 24. 신설)
   나. 해당 부동산 취득일 이후 해당 부동산에 대한 재산세 납세의무가 최초로 성립한 날부터 5년간 재산세의 100분의 50을 경감한다. (2018. 12. 24. 신설)

2. 삭 제 (2021. 12. 28.)

제28조 【산업인력 등 지원을 위한 감면】 ① 「국민 평생 직업능력 개발법」에 따른 직업능력개발훈련시설(숙박시설을 포함한다. 이하 이 항에서 같다)에 직접 사용하기 위하여 취득하는 토지(건축물 바닥면적의 10배 이내의 것으로 한정한다)와 건축물에 대하여는 2014년

Note 2018. 12. 24. 개정 ☞ 1호 신설 및 기한 연장 : 18년→20년

Note 2018. 12. 24. 개정 ☞ 2호 신설 및 기한 연장 : 21년
☞ 감면 축소(21년 적용) : 취득 75%→50%, 재산세 도시지역분 종료

편주

법 27조 2항 2호 나목의 개정규정은 2020. 12. 31.까지 취득한 부동산으로서 2021. 1. 1. 당시 그 부동산에 대한 재산세 납세의무가 최초로 성립한 날부터 5년이 지나지 아니한 경우에도 적용함. 이 경우 재산세의 경감기간은 2021. 1. 1.을 기준으로 해당 부동산에 대한 재산세 납세의무가 최초로 성립한 날부터 5년이 지나지 아니한 잔여기간으로 함. (법 부칙(2018. 12. 24.) 5조 1항)

예판

【예규】 • 취득세는 직접 사용하기 위해 취득하는 토지에 대해 건축물 바닥면적의 10배까지 면제하지만, 재산세는 배율범위 적용 없이 직접 사용하는 부동산에 대해서만 면제한다고 할 것임. (지방세운영과-1464, 2013. 7. 10.)

관 등을 설치·운영할 수 있다. (2015. 1. 20. 개정)

예판

【조심판례】 감면신청서에 취득목적을 착오로 잘못 기재한 것이 명백함에도 단지 감면신청서에 기재된 취득목적만을 들어 취득세를 추징하는 것은 타당하다고 보기

12월 31일까지 취득세의 100분의 50을 경감하고, 과세기준일 현재 직업능력개발훈련시설에 직접 사용하는 부동산에 대하여는 2014년 12월 31일까지 재산세를 면제한다. (2021. 8. 17. 개정 ; 근로자직업능력 개발법 부칙)

일몰 취득(감면분만) 농특비

② 「한국산업안전보건공단법」에 따라 설립된 한국산업안전보건공단이 같은 법 제6조 제2호 및 제6호의 사업에 직접 사용하기 위하여 취득하는 부동산에 대해서는 취득세의 100분의 25를, 과세기준일 현재 그 사업에 직접 사용하는 부동산에 대해서는 재산세의 100분의 25를 각각 2025년 12월 31일까지 경감한다. (2023. 3. 14. 개정)

③ 「한국산업인력공단법」에 따라 설립된 한국산업인력공단이 같은 법 제6조 제1호의 사업에 직접 사용하기 위하여 취득하는 부동산에 대해서는 취득세의 100분의 25를 2025년 12월 31일까지 경감한다. (2023. 3. 14. 개정)

제29조 【국가유공자 등에 대한 감면】 ① 「국가유공자 등 예우 및 지원에 관한 법률」, 「보훈보상대상자 지원에 관한 법률」, 「5·18민주유공자예우 및 단체설립에 관한 법률」 및 「특수임무유공자 예우 및 단체설립에 관한 법률」에 따른 대부금을 취득(부동산 취득일부터 60일 이내에 대부금을 수령하는 경우를 포함한다)하는 다음 각 호의 부동산에 대해서는 취득세를 2026년 12월 31일까지 면제한다. (2023. 12. 29. 개정) 취득(감면분만) 농특비

• 직업능력개발훈련시설에 직접 사용하는 부동산에 대하여 재산세를 면제하는 경우, 재산세 면제대상인 토지의 범위는 해당 토지가 과세기준일 현재 직업능력개발훈련시설에 직접 사용된다면 면적 제한 없이 모두 재산세 면제 대상에 해당한다고 할 것임. (법제 13-0446, 2013. 12. 11.)

Note 2023. 3. 14. 개정 ☞ 제2항 기한 연장 : 22년→25년
2020. 1. 15. 개정 ☞ 제2항 기한 연장 : 19년→22년
☞ 조항 변경 : 제3항으로 한국산업인력공단 이관
2016. 12. 27. 개정 ☞ 감면 축소 : 취득 75%, 재산 25% →취득·재산 25% ☞ 기한 연장 : 16년→19년

Note 2023. 3. 14. 개정 ☞ 제3항 기한 연장 : 22년→25년
2020. 1. 15. 개정 ☞ 제3항에 한국산업인력공단 이관

Note 2023. 12. 29. 개정 ☞ 제1항 기한 연장 : 23년→26년
2020. 12. 29. 개정 ☞ 제1항 기한 연장 : 20년→23년
2017. 12. 26. 개정 ☞ 제1항·제2항·제3항 기한 연장 : 17년→20년

어려움. (조심 2016지 422, 2017. 6. 14.)

관련법령

한국산업안전보건공단법

제6조 【사 업】 공단은 제1조의 목적을 달성하기 위하여 다음 각 호의 사업을 한다.

2. 산업안전보건에 관한 교육
6. 산업재해예방시설의 설치·운영

한국산업인력공단법

제6조 【사 업】 공단의 사업은 다음 각 호와 같다. (2010. 6. 4. 개정)

1. 기업의 학습조직화 촉진 등 근로자의 평생학습 지원

1. 전용면적 85 제곱미터 이하인 주택(대부금을 초과하는 부분을 포함한다) (2015. 12. 29. 개정)

2. 제1호 외의 부동산(대부금을 초과하는 부분은 제외한다)

② 제1호 각 목의 단체에 대해서는 제2호 각 목의 지방세를 2026년 12월 31일까지 면제한다. (2023. 12. 29. 개정)

1. 대상 단체 (2011. 12. 31. 개정)

가. 「국가유공자 등 단체 설립에 관한 법률」에 따라 설립된 대한민국상이군경회, 대한민국전몰군경유족회, 대한민국전몰군경미망인회, 광복회, 4·19민주혁명회, 4·19혁명희생자유족회, 4·19혁명공로자회, 재일학도의용군동지회 및 대한민국무공수훈자회 (2011. 12. 31. 개정)

나. 「특수임무유공자 예우 및 단체설립에 관한 법률」에 따라 설립된 대한민국특수임무유공자회 (2011. 12. 31. 개정)

다. 「고엽제후유의증 등 환자지원 및 단체설립에 관한 법률」에 따라 설립된 대한민국고엽제전우회 (2015. 12. 22. 개정 ; 고엽제후유의증 등~법률 부칙)

라. 「참전유공자 예우 및 단체설립에 관한 법률」에 따라 설립된 대한민국6·25참전유공자회 및 대한민국월남전참전자회 (2015. 12. 22. 개정 ; 참전유공자예우 및~법률 부칙)

마. 「5·18민주유공자예우 및 단체설립에 관한 법률」

Note 2023. 12. 29. 개정 ☞ 제2항 기한 연장 : 23년→26년
☞ 감면대상 신설 : 5·18관련 민주화유공단체
2020. 12. 29. 개정 ☞ 제2항 기한 연장 : 20년→23년

에 따라 설립된 5·18민주화운동부상자회, 5·18민주유공자유족회 및 5·18민주화운동공로자회 (2023. 12. 29. 신설)

2. 면제 내용 (2011. 12. 31. 개정)

가. 그 고유업무에 직접 사용하기 위하여 취득하는 부동산에 대한 취득세 (2011. 12. 31. 개정)

취득(감면분만) 농특비

나. 그 고유업무에 직접 사용하기 위한 면허에 대한 등록면허세 (2011. 12. 31. 개정)

다. 과세기준일 현재 그 고유업무에 직접 사용하는 부동산에 대한 재산세(「지방세법」 제112조 제1항 제2호에 따른 재산세를 포함한다) 및 「지방세법」 제146조 제3항에 따른 지역자원시설세 (2020. 1. 15. 개정)

라. 해당 단체에 대한 주민세 사업소분(「지방세법」 제81조 제1항 제2호에 따라 부과되는 세액으로 한정한다) 및 종업원분 (2020. 12. 29. 개정)

③ 대통령령으로 정하는 바에 따라 상이등급 1급을 판정받은 사람들로 구성되어 국가보훈처장이 지정한 국가유공자 자활용사촌에 거주하는 중상이자(重傷痍者)와 그 유족 또는 그 중상이자와 유족으로 구성된 단체가 취득·소유하는 자활용사촌 안의 부동산에 대해서는 취득세와 재산세(「지방세법」 제112조에 따른 부과액을 포함한다) 및 「지방세법」 제146조 제3항에 따른 지역자원시

제12조【자활용사촌의 정의】 법 제29조 제3항에서 "대통령령으로 정하는 바에 따라 상이등급 1급을 판정받은 사람들로 구성되어 국가보훈부장관이 지정한 국가유공자 자활용사촌"이란 「국가유공자 등 예우 및 지원에 관한 법률 시행령」 제88조의 4 제1항에 따라 지정된 자활용사촌(自活勇士村)을 말한다. (2023. 4. 11. 직제개정 ; 국가보훈부와~부칙)

설세를 각각 2026년 12월 31일까지 면제한다. (2023. 12. 29. 개정)

취득(감면분만) 농특비

Note 2023. 12. 29. 개정 ☞ 제3항 기한 연장 : 23년→26년
2020. 12. 29. 개정 ☞ 제3항 기한 연장 : 20년→23년

④ 「국가유공자 등 예우 및 지원에 관한 법률」에 따른 국가유공자(「보훈보상대상자 지원에 관한 법률」 제2조 제1항 각 호의 어느 하나에 해당하는 보훈보상대상자 및 법률 제11041호 국가유공자 등 예우 및 지원에 관한 법률 일부개정법률 부칙 제19조에 해당하는 사람을 포함한다)로서 상이등급 1급부터 7급까지의 판정을 받은 사람 또는 그 밖에 대통령령으로 정하는 사람(이하 "국가유공자등"이라 한다)이 보철용·생업활동용으로 사용하기 위하여 취득하여 등록하는(대통령령으로 정하는 바에 따라 대체취득하는 경우를 포함한다) 다음 각 호의 어느 하나에 해당하는 자동차로서 취득세 또는 자동차세 중 어느 하나의 세목(税目)에 대하여 먼저 감면 신청하는 1대에 대해서는 취득세 및 자동차세를 각각 2027년 12월 31일까지 면제(「보훈보상대상자 지원에 관한 법률」 제2조 제1항 각 호의 어느 하나에 해당하는 보훈보상대상자 및 법률 제11041호 국가유공자 등 예우 및 지원에 관한 법률 일부개정법률 부칙 제19조에 해당하는 사람으로서 상이등급 1급부터 7급까지의 판정을 받은 사람의 경우에는 취득세 및 자동차세의 100분의 50을 각각

제12조의 2【국가유공자 등의 범위 등】 ① 법 제29조 제4항에서 "대통령령으로 정하는 사람"이란 다음 각 호의 어느 하나에 해당하는 사람을 말한다. (2015. 12. 31. 신설)

1. 「5·18민주유공자예우 및 단체설립에 관한 법률」에 따라 등록된 5·18민주화운동부상자로서 신체장해등급 1급부터 14급까지의 판정을 받은 사람 (2021. 4. 6. 개정 ; 5·18민주유공자~부칙)
2. 「고엽제후유의증 등 환자지원 및 단체설립에 관한 법률」에 따른 고엽제후유의증환자로서 경도(輕度) 장애 이상의 장애등급 판정을 받은 사람 (2015. 12. 31. 신설)

Note 2024. 12. 31. 개정 ☞ 제4항 기한 연장 : 24년→27년
2023. 12. 29. 개정 ☞ 감면 신설 : 보훈보상·지원대상 취득·자동차 50%, 24년
2021. 12. 28. 개정 ☞ 제4항 기한 연장 : 21년→24년
2018. 12. 24. 개정 ☞ 제4항 기한 연장 : 18년→21년

예판

【예규】 국가유공자에 대한 지방세 감면을 적용받고 있던 자동차에 대해 공동명의자와 세대분리가 되면서 더 이상 자동차세를 감면받을 수 없는 경우 국가유공자가 보유하고 있는 다른 자동차 중 1대를 새로 신청하여 자동차세를 감면받을 수 있음. ※ §17 장애인 감면에도 동일 적용 (지방세특례제도과-1246, 2020. 6. 3.)

경감)한다. 다만, 제17조에 따른 장애인용 자동차에 대한 감면을 받은 경우는 제외한다. (2024. 12. 31. 개정)

1. 다음 각 목의 어느 하나에 해당하는 승용자동차 (2015. 12. 29. 신설)
   가. 배기량 2천시시 이하인 승용자동차 (2015. 12. 29. 신설)
   나. 승차 정원 7명 이상 10명 이하인 대통령령으로 정하는 승용자동차 (2015. 12. 29. 신설)
   다. 「자동차관리법」에 따라 자동차의 구분기준이 화물자동차에서 2006년 1월 1일부터 승용자동차에 해당하게 되는 자동차(2005년 12월 31일 이전부터 승용자동차로 분류되어 온 것은 제외한다) (2015. 12. 29. 신설)
2. 승차 정원 15명 이하인 승합자동차 (2015. 12. 29. 신설)
3. 최대적재량 1톤 이하인 화물자동차 (2015. 12. 29. 신설)
4. 배기량 250시시 이하인 이륜자동차 (2015. 12. 29. 신설)

이동 §17 ①에서 이동(15. 12. 29.), 국가유공자 범위는 시행령 §8 ① 2에서 이동(15. 12. 31.)

⑤ 제4항을 적용할 때 국가유공자등 또는 국가유공자등과 공동으로 등록한 사람이 자동차 등록일부터 1년 이내에 사망, 혼인, 해외이민, 운전면허취소, 그 밖에 이와 유사한 부득이한 사유 없이 소유권을 이전하거나 세대를 분가하는 경우에는 감면된 취득세를 추징한다. 다만, 국가유공자등과 공동 등록할 수 있는 사람의 소유권을 국

② 법 제29조 제4항 제1호 나목에서 "대통령령으로 정하는 승용자동차"란 「자동차관리법」에 따라 승용자동차로 분류된 자동차 중 승차 정원이 7명 이상 10명 이하인 승용자동차를 말한다. 다만, 법 제29조 제4항에 따른 국가유공자등(이하 이 조에서 "국가유공자등"이라 한다)의 이동편의를 위하여 구조를 변경한 자동차의 경우 그 승차 정원은 구조변경 전의 승차 정원을 기준으로 한다. (2015. 12. 31. 신설)

③ 법 제29조 제4항에 따라 취득세 및 자동차세를 면제하는 자동차는 국가유공자등이 본인 명의로 등록하거나 그 국가유공자등과 동일한 세대별 주민등록표에 기재되어 있고 가족관계등록부에 따라 다음 각 호의 어느 하나에 해당하는 관계가 있는 것이 확인(취득세의 경우에는 해당 자동차 등록일에 세대를 함께 하는 것이 확인되는 경우로 한정한다)되는 사람이 공동명의로 등록하는 자동차를 말한다. (2020. 1. 15. 개정)

1. 국가유공자등의 배우자 · 직계혈족 · 형제자매 (2020. 1. 15. 개정)

가유공자등이 이전받은 경우, 국가유공자등과 공동 등록할 수 있는 사람이 그 국가유공자등으로부터 소유권의 일부를 이전받은 경우 또는 공동 등록할 수 있는 사람 간에 등록 전환하는 경우는 제외한다. (2023. 12. 29. 개정) 이동 §17 ②에서 이동

제30조【한국보훈복지의료공단 등에 대한 감면】 ① 「한국보훈복지의료공단법」에 따라 설립된 한국보훈복지의료공단이 같은 법 제6조 제2호부터 제9호까지의 사업에 직접 사용하기 위하여 취득하는 부동산에 대해서는 취득세의 100분의 25를, 과세기준일 현재 해당 사업에 직접 사용하는 부동산에 대해서는 재산세의 100분의 25를 각각 2025년 12월 31일까지 경감한다. (2023. 3. 14. 개정)

상한/취득 200만원↑, 85% 상한/재산 50만원↑, 85%

Note 2023. 3. 14. 개정 ☞ 제1항 기한 연장 : 22년→25년
2020. 1. 15. 개정 ☞ 제1항 기한 연장 : 19년→22년
2016. 12. 27. 개정 ☞ 제1항 기한 연장 : 16년→19년
☞ 감면 축소 : 취득 · 재산 100%→25%

② 「한국보훈복지의료공단법」 제7조 제1항에 따른 보훈병원이 의료업에 직접 사용하기 위하여 취득하는 부동산에 대해서는 취득세를, 과세기준일 현재 해당 사업에 직접 사용하는 부동산에 대해서는 재산세를 다음 각 호에서 정하는 바에 따라 각각 경감한다. (2018. 12. 24. 개정)

1. 2020년 12월 31일까지는 취득세 및 재산세(「지방세법」 제

2. 국가유공자등의 직계혈족의 배우자 (2020. 1. 15. 개정)
3. 국가유공자등의 배우자의 직계혈족 · 형제자매 (2020. 1. 15. 개정)

④ 제3항을 적용할 때 국가유공자등 및 같은 항 각 호의 어느 하나에 해당하는 사람이 모두 「출입국관리법」 제31조에 따라 외국인등록을 하고 같은 법 제10조의 3에 따른 영주자격을 가진 사람인 경우에는 등록외국인기록표등으로 가족관계등록부와 세대별 주민등록표를 갈음할 수 있다. (2020. 1. 15. 신설)

⑤ 법 제29조 제4항 각 호 외의 부분 본문에 따른 대체취득을 하는 경우는 법 제29조에 따라 취득세 또는 자동차세를 면제받은 자동차를 말소등록하거나 이전등록(국가유공자등과 공동명의로 등록한 자가 아닌 자에게 이전등록하는 경우를 말한다. 이하 이 항에서 같다)하고 다른 자동차를 다시 취득하는 경우(다른 자동차를 취득하여 등록한 날부터 60일 이내에 취득세 또는 자동차세를 면제받은 종전의 자동차를 말소등록하거나 이전등록하는 경우를 포함한다)로 한다. (2020. 1. 15. 항번개정)

⑥ 법 제29조 제4항에 따라 취득세와 자동차세를 면제받은 자가 소유한 자동차가 다음 각 호의 어느 하나에 해당하는 경우에는 자동차등록원부의 기재 여부와 관계없이 그 날부터 해당 자동차를 소유하지 아니한 것으로 본다. (2020. 1. 15. 항번개정)

1. 「자동차관리법」에 따른 자동차매매업자에게 해당 자

관련법령

한국보훈복지의료공단법

제6조【사 업】 공단은 다음 각 호의 사업을 한다. (2023. 3. 4. 개정)

1. 제1조에 따른 법률의 적용대상자(이하 "국가유공자등"이라 한다)의 진료, 건강관리, 보호 및 의학적 · 정신적 재활과 이에 대한 조사 · 연구
2. 국가유공자등의 직업 재활 교육 등 교육 · 훈련
3. 국가유공자등 단체의 운영 지원
4. 국가유공자등을 위한 주택의 건설 · 공급 · 임대사업, 택지의 취득 및 주거환경개선 사업
5. 국가유공자등과 그 자녀의 학비 지원
6. 호국정신을 기르고 북돋기 위하여 필요한 사업과 보훈 정책의 연구
7. 제대군인의 사회복귀 지원 및 인력 활용을 촉진하기 위한 사업
8. 참전군인 등의 해외파병으로 인하여 발생한 질병에 대한 조사 · 연구
9. 국가유공자등의 양로 · 요양 · 휴양 등

112조에 따른 부과액을 포함한다)의 100분의 75를 각각 경감한다. (2018. 12. 24. 신설)

Note 2018. 12. 24. 개정 ☞ 1호 신설 및 기한 연장 : 18년→20년

1. 2027년 12월 31일까지 취득세 및 재산세의 100분의 50(감염병전문병원의 경우에는 100분의 60)을 각각 경감한다. (2021. 12. 28. 개정 ; 2024. 12. 31. 개정)

Note 2024. 12. 31. 개정 ☞ 제2항 기한 연장 : 24년→27년
2021. 12. 28. 개정 ☞ 제2항 기한 연장 : 21년→24년
☞ 1호 취득 · 재산 50%(감염병전문병원 60%)
☞ 재산 감면 제한기간(5년) 삭제, 2호 삭제

2. 2021년 1월 1일부터 2021년 12월 31일까지 취득하는 부동산에 대해서는 다음 각 목의 구분에 따라 취득세 및 재산세를 각각 경감한다. (2018. 12. 24. 신설)
   가. 해당 부동산에 대해서는 취득세의 100분의 50을 경감한다. (2018. 12. 24. 신설)
   나. 해당 부동산 취득일 이후 해당 부동산에 대한 재산세 납세의무가 최초로 성립한 날부터 5년간 재산세의 100분의 50을 경감한다. (2018. 12. 24. 신설)

2. 삭 제 (2021. 12. 28.)

③ 「독립기념관법」에 따라 설립된 독립기념관이 같은 법 제6조 제1항의 업무에 직접 사용하기 위하여 취득하는 부동산에 대해서는 취득세를, 과세기준일 현재 해당 업무에 직접 사용하는 부동산(해당 부동산을 다른 용도로 함께 사용하는 경우 그 부분은 제외한다)에 대해서는 재산세(「지방세법」 제112조에 따른 부과액을 포함한다)를, 해당 법인에 대해서는 주민세 사업소분(「지방세법」

동차의 매매 알선을 요청한 경우. 다만, 자동차를 매도(賣渡)하지 아니하고 반환받는 경우에는 자동차를 소유한 것으로 본다. (2015. 12. 31. 신설)

2. 천재지변 · 화재 · 교통사고 등으로 자동차가 소멸 · 멸실 또는 파손되어 해당 자동차를 회수할 수 없거나 사용할 수 없는 것으로 해당 시장 · 군수 · 구청장이 인정한 경우 (2016. 12. 30. 개정)
3. 「자동차관리법」에 따른 자동차해체재활용업자가 폐차한 경우 (2015. 12. 31. 신설)
4. 「관세법」에 따라 세관장에게 수출신고를 하고 수출된 경우 (2015. 12. 31. 신설)

Note 2018. 12. 24. 개정 ☞ 2호 신설 및 기한 연장 : 21년
☞ 감면 축소(21년 적용) : 취득 75%→50%, 재산세 도시지역분 종료

편주

법 30조 2항 2호 나목의 개정규정은 2020. 12. 31.까지 취득한 부동산으로서 2021. 1. 1. 당시 그 부동산에 대한 재산세 납세의무가 최초로 성립한 날부터 5년이 지나지 아니한 경우에도 적용함. 이 경우 재산세의 경감기간은 2021. 1. 1.을 기준으로 해당 부동산에 대한 재산세 납세의무가 최초로 성립한 날부터 5년이 지나지 아니한 잔여기간으로 함. (법 부칙(2018. 12. 24.) 5조 1항)

Note 2024. 12. 31. 개정 ☞ 제3항 기한 연장 : 24년→27년

을 위한 복지시설의 운영

10. 제1호부터 제9호까지 사업수행을 위한 수익사업 및 부대사업
11. 보훈기금증식사업 등 국가보훈부장관이 다른 법률에 따라 위탁하는 사업

독립기념관법

제6조 【업 무】 ① 독립기념관은 제1조의 목적을 달성하기 위하여 다음 각 호의 업무를 수행한다. (2022. 1. 4. 개정)

1. 독립기념관 자료의 수집 · 보존 · 관리 및 전시
2. 독립기념관 자료의 조사 · 연구
3. 국민의 투철한 민족정신을 북돋우고 올바른 국가관을 정립하기 위한 국민교육
4. 독립기념관 자료에 관한 홍보와 이에 관한 각종 간행물의 제작 및 배포
5. 독립기념관 시설의 관리 및 확충
6. 독립기념관의 운영재원 조달을 위한 사업
7. 국가, 지방자치단체 또는 「공공기관의 운영에 관한 법률」 제4조에 따른 공공기관으로부터 위탁받은 사업
8. 제1호부터 제6호까지의 업무에 딸린 업무

제81조 제1항 제2호에 따라 부과되는 세액으로 한정한다)을 각각 2027년 12월 31일까지 면제한다. (2024. 12. 31. 개정)

취득(감면분만) 농특비

제31조【임대주택 등에 대한 감면】 ①「공공주택 특별법」에 따른 공공주택사업자 및 「민간임대주택에 관한 특별법」에 따른 임대사업자[임대용 부동산 취득일부터 60일 이내에 해당 임대용 부동산을 임대목적물{2020년 7월 11일 이후 「민간임대주택에 관한 특별법」(법률 제17482호로 개정되기 전의 것을 말한다) 제5조에 따른 임대사업자등록 신청(임대할 주택을 추가하기 위하여 등록사항의 변경 신고를 한 경우를 포함한다)을 한 같은 법 제2조 제5호에 따른 장기일반민간임대주택(이하 이 조에서 "장기일반민간임대주택"이라 한다) 중 아파트를 임대하는 민간매입임대주택이거나 같은 조 제6호에 따른 단기민간임대주택(이하 이 조에서 "단기민간임대주택"이라 한다)인 경우 또는 같은 법 제5조에 따라 등록한 단기민간임대주택을 같은 조 제3항에 따라 2020년 7월 11일 이후 같은 법 제2조 제4호에 따른 공공지원민간임대주택이나 장기일반민간임대주택으로 변경 신고한 주택은 제외한다}로 하여 임대사업자로 등록한 경우를 말하되, 토지에 대해서는 「주택법」 제15조에 따른 사업계획승인을 받은 날 또는 「건축법」 제11조에 따른 건축허가를 받은 날부터 60일 이내로서 토지 취득일부터 1년 6개월 이내에 해당 임대용 부동산을 임대목적물로 하여 임대사업자로 등록한 경우를 포함한다. 이하 이 조에서 "임대사업자"라 한다]가 임대할 목적으로 공동주택(해당 공동주택의 부대시설 및 임대수익금 전액을 임대주택관리비로 충당하는 임대용 복리시설을 포함한다. 이하 이 조에서 같다)을 건축하는 경우 그 공동주택에 대해서는 다음 각 호에서 정하는

2021. 12. 28. 개정 ☞ 제3항 기한 연장 : 21년→24년
2018. 12. 24. 개정 ☞ 제3항 기한 연장 : 18년→21년
2015. 12. 29. 개정 ☞ 제3항 기한 연장 : 15년→18년

바에 따라 지방세를 2024년 12월 31일까지 감면한다. 다만, 토지를 취득한 날부터 정당한 사유 없이 2년 이내에 공동주택을 착공하지 아니한 경우는 제외한다. (2021. 12. 28. 개정)

1. 전용면적 60제곱미터 이하인 공동주택을 취득하는 경우에는 취득세를 면제한다. (2020. 8. 12. 개정)

상한/취득 200만원↑, 85%(16년부터) 취득(감면분만) 농특비

2. 「민간임대주택에 관한 특별법」 또는 「공공주택 특별법」에 따라 10년 이상의 장기임대 목적으로 전용면적 60제곱미터 초과 85 제곱미터 이하인 임대주택(이하 이 조에서 "장기임대주택"이라 한다)을 20호(戶) 이상 취득하거나, 20호 이상의 장기임대주택을 보유한 임대사업자가 추가로 장기임대주택을 취득하는 경우(추가로 취득한 결과로 20호 이상을 보유하게 되었을 때에는 그 20호부터 초과분까지를 포함한다)에는 취득세의 100분의 50을 경감한다. (2020. 12. 29. 개정)

취득(감면분만) 농특비

② 임대사업자가 임대할 목적으로 건축주로부터 공동주택 또는 「민간임대주택에 관한 특별법」 제2조 제1호에 따른 준주택 중 오피스텔(그 부속토지를 포함한다. 이하 이 조에서 "오피스텔"이라 한다)을 최초로 분양받은 경우 그 공동주택 또는 오피스텔에 대해서는 다음 각 호에서 정하는 바에 따라 지방세를 2024년 12월 31일까지 감면한다. 다만, 「지방세법」 제10조의 3에 따른 취득 당시의 가액이 3억원(「수도권정비계획법」 제2조 제1호에 따른 수도권은 6억원으로 한다)을 초과하는 경우에는 감면 대상에서 제외한다. (2021. 12. 28. 개정)

1. 전용면적 60제곱미터 이하인 공동주택 또는 오피스텔을 취득하는 경우에는 취득세를 면제한다. (2020. 8. 12. 신설)

상한/취득 200만원↑, 85%(20년부터) 취득(감면분만) 농특비

2. 장기임대주택을 20호(戶) 이상 취득하거나, 20호 이상의 장

기임대주택을 보유한 임대사업자가 추가로 장기임대주택을 취득하는 경우(추가로 취득한 결과로 20호 이상을 보유하게 되었을 때에는 그 20호부터 초과분까지를 포함한다)에는 취득세의 100분의 50을 경감한다. (2020. 8. 12. 신설)

취득(감면분만) 농특비

③ 제1항 및 제2항을 적용할 때 「민간임대주택에 관한 특별법」 제43조 제1항 또는 「공공주택 특별법」 제50조의 2 제1항에 따른 임대의무기간에 대통령령으로 정한 경우가 아닌 사유로 다음 각 호의 어느 하나에 해당하는 경우에는 감면된 취득세를 추징한다. (2020. 8. 12. 개정)

1. 임대 외의 용도로 사용하거나 매각·증여하는 경우(2018. 12. 24. 신설)
2. 「민간임대주택에 관한 특별법」 제6조에 따라 임대사업자 등록이 말소된 경우 (2018. 12. 24. 신설)

④ 대통령령으로 정하는 임대사업자 등이 대통령령으로 정하는 바에 따라 국내에서 임대용 공동주택 또는 오피스텔[2020년 7월 11일 이후 「민간임대주택에 관한 특별법」(법률 제17482호로 개정되기 전의 것을 말한다) 제5조에 따른 임대사업자등록 신청(임대할 주택을 추가하기 위하여 등록사항의 변경 신고를 한 경우를 포함한다)을 한 장기일반민간임대주택 중 아파트를 임대하는 민간매입임대주택이거나 단기민간임대주택인 경우 또는 같은 법 제5조에 따라 등록한 단기민간임대주택을 같은 조 제3항에 따라 2020년 7월 11일 이후 공공지원민간임대주택이나 장기일반민간임대주택으로 변경 신고한 주택은 제외한다]을 과세기준일 현재 2세대 이상 임대 목적으로 직접 사용하는 경우에는 다음 각 호에서 정하는 바에 따라 재산세를 2024년 12월 31일까지 감면한다. 다만, 「지방세법」 제4조 제1항에 따라 공시된 가액 또는 시장·군수가 산정한 가액이

3억원[「수도권정비계획법」 제2조 제1호에 따른 수도권은 6억원(「민간임대주택에 관한 특별법」 제2조 제2호에 따른 민간건설임대주택 또는 「공공주택 특별법」 제2조 제1호의 2에 따른 공공건설임대주택인 경우에는 9억원)으로 한다]을 초과하는 공동주택과 「지방세법」 제4조에 따른 시가표준액이 2억원(「수도권정비계획법」 제2조 제1호에 따른 수도권은 4억원으로 한다)을 초과하는 오피스텔은 감면 대상에서 제외한다. (2021. 12. 28. 개정)

1. 전용면적 40제곱미터 이하인 「공공주택 특별법」 제50조의 2 제1항에 따라 30년 이상 임대 목적의 공동주택에 대해서는 재산세(「지방세법」 제112조에 따른 부과액을 포함한다)를 면제한다. (2018. 12. 24. 개정)

상한/재산 50만원↑, 85%(16년부터)

2. 전용면적 60제곱미터 이하인 임대 목적의 공동주택(제1호에 따른 공동주택은 제외한다) 또는 오피스텔에 대해서는 재산세(「지방세법」 제112조에 따른 부과액을 포함한다)의 100분의 50을 경감한다. (2023. 3. 14. 개정)
3. 전용면적 60제곱미터 초과 85제곱미터 이하인 임대 목적의 공동주택 또는 오피스텔에 대해서는 재산세의 100분의 25를 경감한다. (2021. 12. 28. 개정)

⑤ 제4항을 적용할 때 「민간임대주택에 관한 특별법」 제6조에 따라 임대사업자 등록이 말소되거나 같은 법 제43조 제1항 또는 「공공주택 특별법」 제50조의 2 제1항에 따른 임대의무기간에 임대용 공동주택 또는 오피스텔을 매각·증여하는 경우에는 그 감면 사유 소멸일부터 소급하여 5년 이내에 감면된 재산세를 추징한다. 다만, 다음 각 호의 어느 하나에 해당하는 경우에는 추징에서 제외한다. (2021. 12. 28. 개정)

1. 「민간임대주택에 관한 특별법」 제43조 제1항에 따른 임대의

제13조 【추징이 제외되는 임대의무기간 내 분양 등】 ① 법 제31조 제3항 각 호 외의 부분에서 "대통령령으로 정한 경우"란 「민간임대주택에 관한 특별법」 제43조 제4항 또는 「공공주택 특별법 시행령」 제54조 제2항 제1호 및 제2호에서 정하는 경우를 말한다. (2020. 12. 31. 개정)

② 법 제31조 제4항 각 호 외의 부분 본문에서 "대통령령으로 정하는 임대사업자 등"이란 다음 각 호의 어느 하나에 해당하는 자를 말한다. (2020. 12. 31. 개정)

1. 주택건설사업자(해당 건축물의 사용승인서를 내주는 날 또는 매입일 이전에 「부가가치세법」 제8조에 따라 건설업 또는 부동산매매업의 사업자등록증을 교부받거나 같은 법 시행령 제8조에 따라 고유번호를 부여받은 자를 말한다) (2013. 6. 28. 개정 ; 부가가치세법 시행령 부칙)
2. 「주택법」 제4조 제1항 제6호에 따른 고용자 (2016. 8. 11. 개정 ; 주택법 시행령 부칙)
3. 「민간임대주택에 관한 특별법」 제2조 제7호의 임대사업자 또는 「공공주택 특별법」 제4조에 따른 공공주택사업자

무기간이 경과한 후 등록이 말소된 경우 (2020. 1. 15. 신설)
2. 그 밖에 대통령령으로 정하는 경우 (2020. 1. 15. 신설)

⑥ 「한국토지주택공사법」에 따라 설립된 한국토지주택공사(이하 "한국토지주택공사"라 한다)가 「공공주택 특별법」 제43조 제1항에 따라 매입하여 공급하는 것으로서 대통령령으로 정하는 주택 및 건축물에 대해서는 취득세의 100분의 25와 재산세의 100분의 50을 각각 2024년 12월 31일까지 경감한다. 다만, 다음 각 호의 어느 하나에 해당하는 경우 그 해당 부분에 대해서는 경감된 취득세 및 재산세를 추징한다. (2021. 12. 28. 개정)
1. 정당한 사유 없이 그 매입일부터 1년이 경과할 때까지 해당 용도로 직접 사용하지 아니하는 경우 (2011. 12. 31. 신설)
2. 해당 용도로 직접 사용한 기간이 2년 미만인 상태에서 매각·증여하거나 다른 용도로 사용하는 경우 (2011. 12. 31. 신설)

⑦ 제6항에 따른 재산세 경감 대상에는 한국토지주택공사가 「공공주택 특별법」 제43조 제1항에 따라 매입하여 세대수·구조 등을 변경하거나 철거 후 신축하여 공급하는 주택 및 건축물을 포함한다. (2021. 12. 28. 신설)

제31조 【공공임대주택 등에 대한 감면】 (2024. 12. 31. 제목개정)

① 「공공주택 특별법」에 따른 공공주택사업자(이하 이 조에서 "공공주택사업자"라 한다)가 임대할 목적으로 임대형기숙사[「주택법」 제2조 제4호에 따른 준주택 중 임대형기숙사로서 「건축법」 제38조에 따른 건축물대장에 호수별로 전용면적이 구분되어 기재되어 있는 임대형기숙사(그 부속토지를 포함하며, 전용면적 40제곱미

(2015. 12. 28. 개정 ; 임대주택법 시행령 부칙)

③ 법 제31조 제4항 각 호에서 정하는 바에 따라 재산세를 감면받으려는 자는 「민간임대주택에 관한 특별법」 제5조에 따라 해당 부동산을 임대목적물로 하여 임대사업자로 등록해야 한다. 다만, 「공공주택 특별법」 제4조에 따른 공공주택사업자는 임대사업자로 등록하지 않아도 재산세를 감면받을 수 있다. (2021. 12. 31. 개정)

④ 법 제31조 제5항 제2호에서 "대통령령으로 정하는 경우"란 「민간임대주택에 관한 특별법」 제43조 제4항의 사유로 임대사업자 등록이 말소된 경우를 말한다. (2020. 12. 31. 개정)

⑤ 법 제31조 제6항 각 호 외의 부분 본문에서 "대통령령으로 정하는 주택 및 건축물"이란 다음 각 호의 것을 말한다. (2021. 12. 31. 개정)
1. 「공공주택 특별법 시행령」 제4조의 공공준주택과 그 부속토지 (2021. 12. 31. 개정)
2. 「공공주택 특별법 시행령」 제37조 제1항의 주택 및 건축물과 그 부속토지(제1호에 따른 공공준주택과 그 부속토지는 제외한다) (2021. 12. 31. 개정)

제13조 【임대형기숙사의 범위 등】 (2024. 12. 31. 제목개정)

① 법 제31조 제1항 각 호 외의 부분에서 "전용면적 40제곱미터 이하인 호수 등 대통령령으로 정하는 부분"이란 다음 각 호의 부분을 말한다. (2024. 12. 31. 개정)
1. 전용면적 40제곱미터 이하인 호수와 그 부속토지 (2024. 12. 31. 개정)
2. 거주자가 공동으로 사용하는 거실, 주방, 욕실, 복도 및 계단 등의 부분 중 전용면적 40제곱미터 이하

관련법령

민간임대주택에 관한 특별법

제43조 【임대의무기간 및 양도 등】

① 임대사업자는 임대사업자 등록일 등 대통령령으로 정하는 시점부터 제2조 제4호 또는 제5호의 규정에 따른 기간(이하 "임대의무기간"이라 한다) 동안 민간임대주택을 계속 임대하여야 하며, 그 기간이 지나지 아니하면 이를 양도할 수 없다. (2021. 9. 14. 개정)

② 제1항에도 불구하고 임대사업자는 임대의무기간 동안에도 국토교통부령으로 정하는 바에 따라 시장·군수·구청장에게 신고한 후 민간임대주택을 다른 임대사업자에게 양도할 수 있다. 이 경우 양도받는 자는 양도하는 자의 임대사업자로서의 지위를 포괄적으로 승계하며, 이러한 뜻을 양수도계약서에 명시하여야 한다. (2015. 8. 28. 개정)

③ 임대사업자가 임대의무기간이 지난 후 민간임대주택을 양도하려는 경우 국토교통부령으로 정하는 바에 따라 시장·군수·구청장에게 신고하여야 한다. 이 경우 양도받는 자가 임대사업자로 등록하는 경우에는 제2항 후단을 적용한다. (2020. 6. 9. 개정)

④ 제1항에도 불구하고 임대사업자는 임대의무기간 중에도 다음 각 호의 어느 하나에 해당하는 경우에는 임대의무기간

터 이하인 호수 등 대통령령으로 정하는 부분으로 한정한다)를 말한다. 이하 이 조 및 제31조의 3에서 같다] 또는 공동주택(해당 공동주택의 부대시설 및 임대수익금 전액을 임대주택관리비로 충당하는 임대용 복리시설을 포함한다. 이하 이 조 및 제31조의 3에서 같다)을 건축하기 위하여 취득하는 토지와 임대할 목적으로 건축하여 취득하는 임대형기숙사 또는 공동주택에 대해서는 다음 각 호에서 정하는 바에 따라 취득세를 2027년 12월 31일까지 감면한다. (2024. 12. 31. 개정)

Note 2024. 12. 31. 개정 ☞ 제1항 기한 연장 : 24년→27년
☞ 감면대상 확대 : 공동주택, 오피스텔 → 임대형기숙사 추가
☞ 조문 분리 : 공공임대(제31조) * 민간임대(제31조의 3)
2021. 12. 28. 개정 ☞ 제1항 기한 연장 : 21년→24년
2018. 12. 24. 개정 ☞ 제1항 기한 연장 : 18년→21년
2015. 12. 29. 개정 ☞ 제1항 제2호 취득 감면율 확대 (25%→50%) ☞ 제1항 기한 연장 : 15년→18년

예판

【판례】 • 임대주택 감면 여부

집합건축물대장상 공동주택의 공유부분이 아닌 별도로 구분등기 되어 있는 주차장에 대해서는 공동주택의 부대시설로 볼 수 없어 감면대상에서 제외함이 타당 (수원고법 2020누1358, 2021. 4. 7. : 대법확정)

• 임대사업자등록을 한 재건축조합의 조합원이 임대할 목적으로 배정받은 공동주택은 임대목적 신축공동주택에 해당하므로 취득세 감면대상에 해당됨. (서울행법 2019구합68039, 2019. 12. 20. : 대법확정)

• 지방세특례제한법 상에 공동주택에 대한 정의를 둔 이상 건축법 상 공동주택에 해당하는 주택만 공동주택에 해당되므로,

인 호수의 전용면적 합계를 전체 호수의 전용면적 합계로 나눈 비율에 해당하는 부분과 그 부속토지 (2024. 12. 31. 개정)

② 법 제31조 제3항 제2호에서 "대통령령으로 정하는 경우"란 「공공주택 특별법 시행령」 제54조 제2항 제1호 및 제2호에서 정하는 경우를 말한다. (2024. 12. 31. 개정)

③ 법 제31조 제6항 각 호 외의 부분 본문에서 "대통령령으로 정하는 주택 및 건축물"이란 다음 각 호의 것을 말한다. (2024. 12. 31. 개정)

1. 「건축법 시행령」 별표 1 제1호 가목부터 다목까지의 규정에 따른 단독주택, 다중주택 및 다가구주택과 그 부속토지 (2024. 12. 31. 개정)
2. 「건축법 시행령」 별표 1 제2호 가목부터 다목까지의 규정에 따른 아파트, 연립주택 및 다세대주택(「주택법」 제2조 제6호에 따른 국민주택규모 이하인 아파트, 연립주택 및 다세대주택으로 한정한다)과 그 부속토지 (2024. 12. 31. 개정)
3. 「건축법 시행령」 별표 1 제2호 라목에 따른 기숙사(전용면적이 85제곱미터 이하인 것으로 한정한다) 및 그 부속토지 (2024. 12. 31. 개정)
4. 다음 각 목의 요건을 모두 갖춘 「건축법 시행령」 별표 1 제14호 나목 2)에 따른 오피스텔과 그 부속토지 (2024. 12. 31. 개정)
   가. 전용면적이 85제곱미터 이하일 것 (2024. 12. 31. 개정)

내에도 계속 임대하지 아니하고 말소하거나, 대통령령으로 정하는 바에 따라 시장·군수·구청장에게 허가를 받아 임대사업자가 아닌 자에게 민간임대주택을 양도할 수 있다. (2020. 8. 18. 개정)

1. 부도, 파산, 그 밖의 대통령령으로 정하는 경제적 사정 등으로 임대를 계속할 수 없는 경우 (2020. 8. 18. 개정)
2. 공공지원임대주택을 20년 이상 임대하기 위한 경우로서 필요한 운영비용 등을 마련하기 위하여 제21조의 2 제1항 제4호에 따라 20년 이상 공급하기로 한 주택 중 일부를 10년 임대 이후 매각하는 경우 (2020. 8. 18. 개정)
3. 제6조 제1항 제11호에 따라 말소하는 경우 (2020. 8. 18. 개정)

다가구주택은 공동주택의 범위에 포함되지 아니함. 다가구주택도 공동주택으로 볼 수 있다는 과거 판례는 세법상 공동주택에 대한 정의 규정이 없을 때의 사안이므로 이 사건에 적용할 수 없음. (대법 2017두36953, 2020. 6. 11. 판결)

• **매수 · 용도변경한 자로부터 임대주택 취득은 최초분양에 해당되지 않음.**

이미 신축된 건물을 매수한 다음 그 용도를 근린생활시설에서 공동주택으로 변경하였을 뿐 이를 건축하지 아니하였으므로, 원고가 위 회사로부터 그 중 일부를 매입하였다고 하더라도 이 사건 조항 후단에서 정한 '건축주로부터 최초로 분양받은 경우'에 해당한다고 할 수 없음. (대법 2017두 32401, 2017. 6. 15.)

【조심판례】 • 이혼에 따른 재산분할을 원인으로 청구인의 전 배우자에게 임대주택인 쟁점주택을 매각하였다 하더라도 이는 일반적인 매각 또는 증여와 달리 보기 어려우므로 처분청이 기 면제한 취득세 등을 추징한 처분은 잘못이 없음. (조심 2014지1322, 2014. 11. 27.)

• 취득세를 면제받기 위해서는 임대용 부동산 취득일부터 60일 이내에 임대사업자로 등록한 경우를 포함하여 「임대주택법」 제2조 제4호에 따른 임대사업자이면 족하고, 달리 임대용 부동산을 취득할 때마다 해당 부동산에 대하여 「임대주택법」에 따라 변경등록을 할 것을 요구한다고 보기는 어려움. (조심 2014지352, 2014. 4. 22.)

운영예규 법31 - 1 **【임대 공동주택 판단】**

임대용 공동주택을 단기숙박시설 기준인 임차사용 기간(국제표준산업분류표상 30일)이내로 계약하고, 숙박시설과 비품 등을 갖춘 형태로 사용하는 경우에는 임대용 공동주택이 아닌 숙박용 숙박시설에 해당한다.

나. 상 · 하수도 시설이 갖추어진 전용 입식 부엌, 전용 수세식 화장실 및 목욕시설(전용 수세식 화장실에 목욕시설을 갖춘 경우를 포함한다)을 갖출 것 (2024. 12. 31. 개정)

예판

【조심판례】 • 청구법인은 2017. 6. 22. 쟁점주택 등을 임대목적물에 포함하여 「민간임대주택에 관한 특별법」에 따라 임대사업자로 등록한 후 2017. 9. 22. 쟁점토지의 지목변경에 따른 취득세 등을 신고 · 납부한 것으로 확인되는바 지목변경에 따라 추가 납부한 취득세 등의 경우 개정된 「지방세특례제한법」 제31조 제1항에 의하더라도 감면요건을 충족한 것임. (조심 2020지2042, 2021. 8. 17.)

• **건축중인 임대주택 감면해당여부**

국토교통부는 2015. 12. 17. 청구법인의 쟁점토지에 460세대 등 행복주택에 대한 주택건설사업계획을 승인하였으며, 처분청은 2016. 12. 1. 주택건설사업 착공신고 필증을 청구법인에게 교부한 사실이 확인되므로 2017 · 2018년도 재산세 과세기준일 현재 임대용 공동주택을 건축 중인 토지로 볼 수 있어 감면대상임. (조심 2019지2065, 2019. 12. 5.)

• 경매는 소유자의 의사와 무관하게 법원이 그 소유물을 매도하는 것이어서 그 경매가격의 형성, 매수인의 결정 등에 소유자의 의사는 반영될 여지가 없으므로 임대주택의 공급자로부터 일정한 계약관계에 따라 취득하는 '분양'과 다르다 할 것임. (조심 2016지1267, 2017. 5. 8.)

• 「신탁법」상의 신탁행위는 재산의 사용 · 수익 · 처분의 권리를 배타적으로 양도하는 소유권의 이전과는 다른 점, 청구인은 여전히 임대인의 지위를 보유하면서 실질적으로 관리하고 있는 점, 신탁보수가 지급된다 하더라도 신탁으로 인한 소유권

관련법령

건축법 시행령

【별표 1】 (2024. 2. 13. 개정)

용도별 건축물의 종류(제3조의 5 관련)

1. 단독주택[단독주택의 형태를 갖춘 가정어린이집 · 공동생활가정 · 지역아동센터 · 공동육아나눔터(「아이돌봄지원법」 제19조에 따른 공동육아나눔터를 말한다. 이하 같다) · 작은도서관(「도서관법」 제4조 제2항 제1호 가목에 따른 작은도서관을 말하며, 해당 주택의 1층에 설치한 경우만 해당한다. 이하 같다) 및 노인복지시설(노인복지주택은 제외한다)을 포함한다]
   가. 단독주택
   나. 다중주택 : 다음의 요건을 모두 갖춘 주택을 말한다.
      1) 학생 또는 직장인 등 여러 사람이 장기간 거주할 수 있는 구조로 되어 있는 것
      2) 독립된 주거의 형태를 갖추지 않은 것(각 실별로 욕실은 설치할 수 있으나, 취사시설은 설치하지 않은 것을 말한다)
      3) 1개 동의 주택으로 쓰이는 바닥면적(부설 주차장 면적은 제외한다. 이하 같다)의 합계가 660제곱미터 이하이고 주택으로 쓰는 층수(지하층은

1. 다음 각 목의 경우에는 취득세를 면제한다. (2024. 12. 31. 개정)

상한/취득 200만원↑, 85%(16년부터) 취·등록(감면분만) 농특비

가. 임대형기숙사 또는 전용면적 60제곱미터 이하인 공동주택을 건축하기 위하여 토지를 취득하는 경우 (2024. 12. 31. 개정)

나. 임대형기숙사 또는 전용면적 60제곱미터 이하인 공동주택을 건축하여 취득하는 경우 (2024. 12. 31. 개정)

2. 다음 각 목의 경우에는 취득세의 100분의 50을 경감한다. (2024. 12. 31. 개정) 취·등록(감면분만) 농특비

가. 「공공주택 특별법」에 따라 10년 이상의 장기임대 목적으로 전용면적 60제곱미터 초과 85제곱미터 이하인 임대주택(이하 이 조에서 "장기임대주택"이라 한다)을 20호(戶) 이상 건축하기 위하여 토지를 취득하는 경우 (2024. 12. 31. 개정)

나. 장기임대주택을 20호 이상 건축하여 취득하는 경우 (2024. 12. 31. 개정)

다. 20호 이상의 장기임대주택을 보유한 공공주택사업자가 추가로 장기임대주택을 건축하기 위하여 토지를 취득하는 경우(추가로 취득한 결과로 20호 이상을 건축하기 위한 토지를 보유하게 되었을 때에는 그 20호부터 초과분까지를 건축하기 위한 토지를 포함한다) (2024. 12. 31. 개정)

이전을 유상거래에 해당한다고 단정하기 어려운 점 등에 비추어 임대주택의 신탁행위를 추징대상이 되는 '임대 외의 용도' 등으로 보기는 어려움. (조심 2016지153, 2016. 11. 25.)

• 관리신탁계약에서 위탁법인이 사업비를 조달하고 수탁법인으로 하여금 주택의 건축사업을 추진하게 한 후 신탁계약이 종료되면 소유권을 위탁법인에게 귀속하기로 약정하고, 이러한 신탁계약에 따라 수탁법인 명의로 건축하는 경우 쟁점위탁법인은 신탁계약에 의하여 신탁재산에 대하여 그 사업자금을 부담하는 실질적인 건축주의 지위에 있다고 볼 수 있음. (조심 2016지154, 2016. 5. 25.)

• 쟁점부동산의 양도자가 이를 신탁하여 수탁자 명의로 건축물 사용승인을 받고 소유권을 환원받은 뒤 임대사업자에게 분양한 경우, 임대사업자가 최초로 분양받은 것으로 보아 취득세를 면제하는 것이 타당함. (조심 2016지289, 2016. 7. 11.)

【예규】 • 포괄양수도 방식으로 취득한 임대주택 감면 여부

주택재개발조합이 건축한 후 조합명의로 소유권 보존등기를 경료한 임대주택을 포괄양수도 방식으로 승계취득한 건설회사는 임대할 목적으로 공동주택을 '건축하는 경우(§31①)'에 해당하지 아니하며, '최초로 분양받은 경우(§31②)'에도 해당되지 아니함. (지방세특례제도과-1161, 2021. 5. 21.)

• 임대사업자가 임대목적 '공동주택'을 신축하기 위해 '토지'를 먼저 취득한 경우, '토지'에 대한 취득세도 공동주택에 대한 그 부속토지로 보아 취득세 감면을 적용하여야 하며, 토지 취득일부터 2년 이내 공동주택에 대한 건축물을 착공하지 아니하는 경우 감면을 제외한다는 규정은 '토지'의 감면분에 대해서만 적용되는 것임. (지방세특례제도과-129, 2020. 1. 21.)

• 피상속인이 임대주택에 대한 취득세 감면을 받고 임대의무기간 이내 사망한 이후, 상속인이 주택임대사업을 승계하지 않는 경우 피상속인의 기 감면된 세액은 추징대상임. (지방세특례제도과-746, 2019. 9. 26.)

제외한다)가 3개 층 이하일 것. 다만, 1층의 전부 또는 일부를 필로티 구조로 하여 주차장으로 사용하고 나머지 부분을 주택(주거 목적으로 한정한다) 외의 용도로 쓰는 경우에는 해당 층을 주택의 층수에서 제외한다.

다. 다가구주택 : 다음의 요건을 모두 갖춘 주택으로서 공동주택에 해당하지 아니하는 것을 말한다.

1) 주택으로 쓰는 층수(지하층은 제외한다)가 3개 층 이하일 것. 다만, 1층의 전부 또는 일부를 필로티 구조로 하여 주차장으로 사용하고 나머지 부분을 주택(주거 목적으로 한정한다) 외의 용도로 쓰는 경우에는 해당 층을 주택의 층수에서 제외한다.

2) 1개 동의 주택으로 쓰이는 바닥면적의 합계가 660제곱미터 이하일 것

3) 19세대(대지 내 동별 세대수를 합한 세대를 말한다) 이하가 거주할 수 있을 것

라. 공관(公館)

라. 20호 이상의 장기임대주택을 보유한 공공주택사업자가 추가로 장기임대주택을 건축하여 취득하는 경우(추가로 취득한 결과로 20호 이상을 보유하게 되었을 때에는 그 20호부터 초과분까지를 포함한다) (2024. 12. 31. 개정)

편주

법 31조 1항의 개정규정은 2025. 1. 1. 이후 납세의무가 성립하는 경우부터 적용함. (법 부칙(2024. 12. 31.) 4조 1항)

② 공공주택사업자가 임대할 목적으로 건축주로부터 실제 입주한 사실이 없는 임대형기숙사, 공동주택 또는 오피스텔(「주택법」 제2조 제4호에 따른 준주택 중 오피스텔을 말하며, 그 부속토지를 포함한다. 이하 이 조 및 제31조의 3에서 같다)을 최초로 유상거래(부담부증여는 제외한다)로 취득하는 경우에는 다음 각 호에서 정하는 바에 따라 취득세를 2027년 12월 31일까지 감면한다. 다만, 「지방세법」 제10조의 3에 따른 취득 당시의 가액이 3억원(수도권은 6억원으로 한다)을 초과하는 공동주택과 오피스텔은 감면 대상에서 제외한다. (2024. 12. 31. 개정)

취득(감면분만) 농특비

예판

【판례】 • 임대주택 감면 여부

건축주로부터 다른 사람을 거치지 않고 최초로 매입하여 취득하기만 하였더라도 분양을 목적으로 건축되어 분양계약을 체결

• 임대주택을 신축하기 위한 기존 건축물 취득

임대사업자가 임대할 목적으로 공동주택을 건축하는 경우 그 공동주택을 감면대상으로 규정하고 있으므로 임대주택을 건축하기 위하여 취득하는 부동산 중 '종전의 건축물'은 감면대상의 범위에 포함된다고 볼 수 없음. (지방세특례제도과-1815, 2018. 5. 25.)

• 임대주택용 건축물 전체를 임대사업자가 일괄 매수한 경우

임대사업자가 건축주로부터 공동주택을 임대할 목적으로 취득하여 임대용으로 사용하는 경우라면 일부만을 취득하는 경우뿐만 아니라 전체를 최초 분양받아 취득하는 경우로 보아야 할 것임. (지방세특례제도과-2564, 2018. 7. 24.)

Note 2024. 12. 31 개정 ☞ 제2항 기한 연장 : 24년 → 27년
☞ 감면대상 확대 : 공동주택, 오피스텔 → 임대형기숙사 추가
☞ 조문 분리 : 공공임대(제31조) * 민간임대 (제31조의 3)
☞ 조문 정비 : '입주 사실이 없는' 경우로 한정
2021. 12. 28. 개정 ☞ 제2항 기한 연장 : 21년 → 24년

예판

【조심판례】 임대용으로 사용하던 공동주택을 분양받은 경우 최초로 분양받은 경우에 해당 여부

주택을 신축하여 소유권보존등기를 한 후 건축주가 임대용으로 사용하던 주택을 최초로 취득한 경우에는 「지방세특례제한법」 제31조 제2항의 감면요건에 해당한다고 보기 어려움. (조심2023지4161, 2024. 6. 17.)

【예규】 • 신탁재산 공매를 통한 오피스텔 취득 시 최초 분양 임대주택 여부

위탁자가 체결한 임대차계약에 따른 임차인이 거주하고 있던 오피스텔을 신탁재산 공매를 통해 임대사업자가 취득 시 건축주로부터 최초로 분양받은 경우로 볼 수 없음. (지방세특례제

한 경우가 아니므로 취득세 감면 대상에 포함된다고 보기는 어려움. (서울고법 2020누43151, 2020. 11. 27. : 대법확정)

1. 다음 각 목의 경우에는 취득세를 면제한다. (2024. 12. 31. 개정) 상한/취득 200만원↑, 85%(20년부터) 취득(감면분만) 농특비
   가. 임대형기숙사를 취득하는 경우 (2024. 12. 31. 개정)
   나. 전용면적 60제곱미터 이하인 공동주택 또는 오피스텔을 취득하는 경우 (2024. 12. 31. 개정)
2. 다음 각 목의 경우에는 취득세의 100분의 50을 경감한다. (2024. 12. 31. 개정) 취득(감면분만) 농특비
   가. 장기임대주택을 20호 이상 취득하는 경우 (2024. 12. 31. 개정)
   나. 20호 이상의 장기임대주택을 보유한 공공주택사업자가 추가로 장기임대주택을 취득하는 경우(추가로 취득한 결과로 20호 이상을 보유하게 되었을 때에는 그 20호부터 초과분까지를 포함한다) (2024. 12. 31. 개정)

편주

법 31조 2항의 개정규정은 2025. 1. 1. 이후 납세의무가 성립하는 경우부터 적용함. (법 부칙(2024. 12. 31.) 4조 1항)

③ 제1항 및 제2항을 적용할 때 다음 각 호의 어느 하나에 해당하는 경우에는 감면된 취득세를 추징한다. (2024. 12. 31. 개정)

도과-1755, 2024. 7. 17.)

- **매입약정에 따라 공동주택 등을 일괄매입시 매입임대주택 감면**
  LH가 매입 약정에 따라 사용승인을 받은 공동주택 등을 건축주로부터 일괄 매입하는 경우 건축주로부터 공동주택 등을 최초로 분양받은 경우로 보아 「지방세특례제한법」 제31조 제2항에 따른 취득세 감면 적용이 가능함. (지방세특례제도과-726, 2024. 3. 19.)
- **미분양 임대주택을 일괄 취득시 최초분양 임대주택 감면 여부**
  임대주택을 분양하기 위해 공개입찰 한 후 분양되지 않은 미분양 주택에 대해 매입임대사업자가 포괄양수도 방식으로 일괄취득하는 경우 지방세특례제한법 제31조 제2항에서 규정하는 최초 분양에 해당한다고 할 것임. (지방세특례제도과-2458, 2021. 11. 4.)
- **단기민간임대주택 폐지 이후 취득한 오피스텔 감면 여부**
  단기임대주택 임대사업자로 등록하여 부동산 취득일 현재 임대사업자의 지위가 유지되고 있고, 건축주로부터 최초로 분양받아 임대목적물로 등록하고 임대주택으로 사용하는 경우라면, 「민간임대주택에 관한 특별법」 개정으로 단기임대주택 유형이 폐지된 후 취득한 경우라도 취득세 감면대상에 해당됨. (지방세특례제도과-1474, 2021. 6. 23.)

☞

편주

2025. 1. 1. 전에 감면받은 지방세의 추징에 관하여는 법 31조

1. 해당 토지를 취득한 날부터 정당한 사유 없이 2년 이내에 임대형기숙사 또는 공동주택을 착공하지 아니한 경우 (2024. 12. 31. 개정)
2. 「공공주택 특별법」 제50조의 2 제1항에 따른 임대의무기간에 대통령령으로 정하는 경우가 아닌 사유로 임대형기숙사, 공동주택 또는 오피스텔을 임대 외의 용도로 사용하거나 매각·증여하는 경우 (2024. 12. 31. 개정)

④ 공공주택사업자가 과세기준일 현재 임대 목적의 임대형기숙사 또는 2세대 이상의 공동주택·오피스텔을 건축 중인 토지와 임대 목적으로 직접 사용하는 임대형기숙사 또는 2세대 이상의 공동주택·오피스텔에 대해서는 다음 각 호에서 정하는 바에 따라 재산세를 2027년 12월 31일까지 감면한다. 다만, 「지방세법」 제4조 제1항에 따라 공시된 가액 또는 시장·군수가 산정한 가액이 3억원[수도권은 6억원(「공공주택 특별법」 제2조 제1호의 2에 따른 공공건설임대주택인 경우에는 9억원)으로 한다]을 초과하는 공동주택과 「지방세법」 제4조에 따른 시가표준액이 2억원(수도권은 4억원으로 한다)을 초과하는 오피스텔은 감면 대상에서 제외한다. (2024. 12. 31. 개정)

1. 다음 각 목의 어느 하나에 해당하는 토지와 임대형기숙사 또는 공동주택에 대해서는 재산세(「지방세법」 제112조에 따른 부과액을 포함한다)를 면제한다.

3항의 개정규정에도 불구하고 종전의 법 31조 3항·5항 및 31조의 3 제2항에 따름. (법 부칙(2024. 12. 31.) 4조 2항)

예판

【판례】 • 임대주택 감면 추징 여부

- 소유권보존등기 및 대지권등기를 마치기 위해 임대주택의 부지 일부를 교환한 경우라도 "교환"은 "매각"에 해당하므로 교환부분에 대해 추징함이 타당 (대법 2016두61914, 2021. 4. 15.)
- 임대의무기간 내 다른 임대사업자에게 포괄양도한 경우 추징 배제사유에 해당하지 아니함. (대구고법 2020누3794, 2021. 4. 23. : 대법확정)

Note 2024. 12. 31 개정 ☞ 제4항 기한 연장 : 24년→27년
☞ 조문 분리 : 공공임대(제31조) * 민간임대 (제31조의 3)
☞ 감면대상 확대 : 공동주택, 오피스텔 → 임대형기숙사 추가
2021. 12. 28. 개정 ☞ 제4항 기한 연장 : 21년→24년
2018. 12. 24. 개정 ☞ 제3항 기한 연장 : 18년→21년
2015. 12. 29. 개정 ☞ 제3항 기한 연장 : 15년→18년

편주

- 법 31조 4항의 개정규정은 2025. 1. 1. 이후 납세의무가 성립하는 경우부터 적용함. (법 부칙(2024. 12. 31.) 4조 1항)
- 2020. 7. 11. 전에 「민간임대주택에 관한 특별법」(법률 17482호로 개정되기 전의 것을 말함) 5조에 따른 임대사업자 등록 신청(임대할 주택을 추가하기 위하여 등록사항의 변경 신고를 한 경우를 포함함)을 한 단기민간임대주택(종전의 법 31조 4항에 따른 임대용 공동주택 또는 오피스텔로 한정함. 이하 이 조에서 "단기민간임대주택"이라 함)의 재산세 감면에

(2024. 12. 31. 개정) 상한/재산 50만원↑, 85%(16년부터)

가. 「공공주택 특별법」 제50조의 2 제1항에 따른 임대의무기간이 30년 이상인 임대형기숙사를 건축 중인 토지 (2024. 12. 31. 개정)

나. 「공공주택 특별법」 제50조의 2 제1항에 따른 임대의무기간이 30년 이상이고 전용면적이 40제곱미터 이하인 공동주택을 건축 중인 토지 (2024. 12. 31. 개정)

다. 「공공주택 특별법」 제50조의 2 제1항에 따른 임대의무기간이 30년 이상인 임대형기숙사 (2024. 12. 31. 개정)

라. 「공공주택 특별법」 제50조의 2 제1항에 따른 임대의무기간이 30년 이상이고 전용면적이 40제곱미터 이하인 공동주택 (2024. 12. 31. 개정)

2. 다음 각 목의 어느 하나에 해당하는 토지와 임대형기숙사, 공동주택 또는 오피스텔에 대해서는 재산세(「지방세법」 제112조에 따른 부과액을 포함한다)의 100분의 50을 경감한다. (2024. 12. 31. 개정)

가. 임대형기숙사(제1호에 따른 임대형기숙사는 제외한다)를 건축 중인 토지 (2024. 12. 31. 개정)

나. 전용면적 60제곱미터 이하인 공동주택(제1호에 따른 공동주택은 제외한다) 또는 오피스텔을 건축 중인 토지 (2024. 12. 31. 개정)

다. 임대형기숙사(제1호에 따른 임대형기숙사는 제외

관하여는 법 31조의 개정규정에도 불구하고 종전의 법 31조 4항에 따름. 이 경우 재산세의 감면기간은 종전의 법 31조 4항에도 불구하고 해당 단기민간임대주택의 임대기간 종료일까지로 함. (법 부칙(2024. 12. 31.) 4조 3항)

예판

【예규】 • 영구임대주택단지 상가가 임대주택 재산세 감면 대상 여부

「주택법」 제2조 제14호에서 주택단지의 입주자 등의 생활복리를 위한 어린이놀이터, 근린생활시설, 유치원 등 공동시설이라고 규정하고 있으므로 근린생활시설인 상가도 「지방세특례제한법」 제31조 제1항 및 제4항의 복리시설에 해당하고, 영구임대주택단지내 상가의 임대수익금 전액을 임대주택 입주자의 관리비로 충당하였다면 임대주택에 대한 재산세 감면대상에 해당함. (지방세특례제도과-968, 2024. 4. 22.)

• **공공주택사업자의 임대주택 재산세 감면시 임대목적물 등록 여부**

「공공주택특별법」에 따라 지정된 공공주택사업자는 해당 부동산을 임대목적물로 하여 임대사업자로 등록하지 아니하더라도 재산세 감면대상에 해당한다고 할 것임. (지방세특례제도과-704, 2021. 3. 24.)

한다) (2024. 12. 31. 개정)

라. 전용면적 60제곱미터 이하인 공동주택(제1호에 따른 공동주택은 제외한다) 또는 오피스텔 (2024. 12. 31. 개정)

3. 다음 각 목의 어느 하나에 해당하는 토지와 공동주택 또는 오피스텔에 대해서는 재산세의 100분의 25를 경감한다. (2024. 12. 31. 개정)

가. 전용면적 60제곱미터 초과 85제곱미터 이하인 공동주택 또는 오피스텔을 건축 중인 토지 (2024. 12. 31. 개정)

나. 전용면적 60제곱미터 초과 85제곱미터 이하인 공동주택 또는 오피스텔 (2024. 12. 31. 개정)

⑤ 제4항을 적용할 때 다음 각 호의 어느 하나에 해당하는 경우에는 그 감면 사유 소멸일부터 소급하여 5년 이내에 감면된 재산세를 추징한다. (2024. 12. 31. 개정)

1. 「주택법」 제49조에 따른 사용검사 또는 「건축법」 제22조에 따른 사용승인(임시사용승인을 포함한다)을 받기 전에 임대형기숙사, 공동주택 또는 오피스텔을 건축 중인 토지를 매각 · 증여하는 경우 (2024. 12. 31. 개정)
2. 「공공주택 특별법」 제50조의 2 제1항에 따른 임대의무기간에 임대형기숙사, 공동주택 또는 오피스텔을 매각 · 증여하는 경우 (2024. 12. 31. 개정)

편주

• 2025. 1. 1. 전에 감면받은 지방세의 추징에 관하여는 법 31조 5항의 개정규정에도 불구하고 종전의 법 31조 3항 · 5항 및 31조의 3 제2항에 따름. (법 부칙(2024. 12. 31.) 4조 2항)

• 법 부칙(2024. 12. 31.) 4조 3항 및 종전의 법 31조 4항에 따라 감면받은 단기민간임대주택에 대한 재산세의 추징에 관하여는 법 31조의 개정규정에도 불구하고 종전의 법 31조 5항에 따름. (법 부칙(2024. 12. 31.) 4조 4항)

관련법령

공공주택 특별법

제43조 【공공주택사업자의 기존주택 등 매입】 (2020. 8. 18. 제목개정)

① 공공주택사업자는 「주택법」 제49조에 따른 사용검사 또는 「건축법」 제22조에 따른 사용승인을 받은 건축물로서 대통령령으로 정하는 규모 및 기준의 주택(이하 "기존주택등"이라 한다)을 매입하여 공공매입임대주택으로 공급할 수 있다. (2020. 8. 18. 개정 ; 주택법 부칙)

공공주택 특별법 시행령

제29조 【주택건설사업계획의 승인 신청】 공공주택사업자는 법 제35조 제1항에 따라 공공주택에 대한 사업계획(이하 "사업계획"이라 한다)의 승인을 받으려면 신청서에 다음 각 호의 서류를 첨부하여 국토교통부장관에게 제출하여야 한다. (2015. 12. 28. 개정)

1. 주택과 부대시설 및 복리시설의 배치도 (2015. 12. 28. 개정)
2. 국토교통부령으로 정하는 주택지구 조성공사 설계도(주택지구 조성공사를 우선 시행하는 경우만 해당한다) (2015. 12. 28. 개정)
3. 수용하거나 사용할 토지등의 소재지, 지번, 지목, 면적, 소유권 및 소유권 외의 권리의 명세와 그 소유자 및 권리자의 성명(법인의 경우에는 명칭),

⑥ 「한국토지주택공사법」에 따라 설립된 한국토지주택공사(이하 "한국토지주택공사"라 한다) 또는 「지방공기업법」 제49조에 따른 지방공사로서 주택사업을 목적으로 설립된 지방공사가 「공공주택 특별법」 제43조 제1항에 따라 매입하여 공급하는 것으로서 대통령령으로 정하는 주택 및 건축물에 대해서는 취득세의 100분의 25와 재산세의 100분의 50을 각각 2027년 12월 31일까지 경감한다. 다만, 다음 각 호의 어느 하나에 해당하는 경우 그 해당 부분에 대해서는 경감된 취득세 및 재산세를 추징한다. (2024. 12. 31. 개정)

1. 정당한 사유 없이 그 매입일부터 1년이 경과할 때까지 해당 용도로 직접 사용하지 아니하는 경우 (2024. 12. 31. 개정)
2. 해당 용도로 직접 사용한 기간이 2년 미만인 상태에서 매각·증여하거나 다른 용도로 사용하는 경우 (2024. 12. 31. 개정)

⑦ 제6항에 따른 재산세 경감 대상에는 한국토지주택공사가 「공공주택 특별법」 제43조 제1항에 따라 매입하여 세대수·구조 등을 변경하거나 철거 후 신축하여 공급하는 주택 및 건축물을 포함한다. (2024. 12. 31. 개정)

⑧ 공공주택사업자가 취득한 주택을 「공공주택 특별법」 제2조 제1호의 4에 따른 지분적립형 분양주택(이하 이 항에서 "지분적립형주택"이라 한다)으로 최초로 공급하는 경우로서 공공주택사업자가 그 주택을 공급받은 자

Note 2024. 12. 31. 개정 ☞ 제6항 기한 연장 : 24년→27년
☞ 감면대상자 확대 : LH → LH, 지방주택공사
2021. 12. 28. 개정 ☞ 제6항 기한 연장 : 21년→24년
☞ 감면대상→주택+건축물 ☞ 감면축소 : 취득·재산 50% →취득 25%, 재산 50%
2018. 12. 24. 개정 ☞ 제4항 기한 연장 : 18년→21년
2016. 12. 27. 개정 ☞ 제4항 기한 연장 : 16년→18년

편주

법 31조 6항 각 호 외의 부분 본문의 개정규정은 2025. 1. 1. 이후 납세의무가 성립하는 경우부터 적용함. (법 부칙(2024. 12. 31.) 4조 1항)

Note 2024. 12. 31. 개정 ☞ 제8항 신설 : 재산 3년간 25%

주소를 적은 서류(「주택법」 제24조에 따라 토지를 수용하거나 사용하려는 경우만 해당한다) (2016. 8. 11. 개정 ; 주택법 시행령 부칙)

4. 법 제29조에 따른 공공시설 등의 귀속조서 및 도면 (2015. 12. 28. 개정)
5. 법 제35조 제6항에 따른 협의에 필요한 서류 (2015. 12. 28. 개정)
6. 그 밖에 국토교통부령으로 정하는 서류 (2015. 12. 28. 개정)

와 2025년 1월 1일부터 2026년 12월 31일까지의 기간 동안 소유권을 공유하게 되는 경우 해당 주택(공공주택사업자 소유 지분에 한정한다)에 대해서는 재산세 납세의무가 최초로 성립하는 날부터 3년간 재산세의 100분의 25를 경감한다. 다만, 해당 주택이 과세기준일 현재 지분적립형주택에 해당하지 아니하는 경우는 제외한다. (2024. 12. 31. 개정)

예판

【예규】 한국토지주택공사가 「공공주택특별법」 제43조 제1항에 따라 매입하여 공급하는 주택의 범위에 다가구주택을 신축하여 공급하는 것은 해당하지 않음. (지방세특례제도과-716, 2019. 9. 25.)

제31조의 2【준공 후 미분양 주택에 대한 감면】 ① 「주택법」 제54조 제1항에 따른 사업주체가 분양하는 다음 각 호의 요건을 모두 갖춘 주택(이하 이 조에서 "준공 후 미분양 주택"이라 한다)을 2016년 12월 31일까지 최초로 취득하는 경우 취득세의 100분의 25를 경감한다. (2016. 1. 19. 개정 ; 주택법 부칙)

Note 2016. 12. 27. 개정 ☞ 감면 종료

1. 「주택법」 제49조 또는 「건축법」 제22조에 따른 사용검사 또는 임시사용승인을 받은 후에도 분양되지 아니한 주택일 것 (2016. 1. 19. 개정 ; 주택법 부칙)
2. 「주택법」에 따른 입주자 모집공고에 공시된 분양가

예판

【예규】 실질적으로 미분양 상태가 지속되고 있음에도 형식적으로 소유권이 신탁회사로 이전되었다 하여 미분양이 해소되었다 볼 수 없고, 부동산투자회사가 등기명의자인 신탁회사로부터 미분양주택을 취득하였다 하더라도 신탁원부상 위탁자인 사업주체를 수익자로 지정하여 위탁자가 사실상 당해 부동산의 소유자인 경우 실질적으로는 규정에 따른 "사업주체로부터 미분양 주택을 직접 최초로 취득하는 경우"에 해당된다 할 것임. (지방세운영과-6108, 2010. 12. 30.)

☜

격이 6억원 이하이며, 전용면적이 149제곱미터 이하의 주택(주거용 건축물 및 그 부속토지를 포함한다)으로서 실제 입주한 사실이 없을 것 (2011. 3. 29. 신설)

3. 2011년 12월 31일까지 임대차계약을 체결하고 2년 이상 임대하였을 것 (2011. 3. 29. 신설)

② 제1항 제1호 및 제2호의 요건을 갖춘 준공 후 미분양 주택을 5년 이상 임대할 목적으로 2011년 12월 31일까지 취득하는 경우 취득세의 100분의 25를 경감한다. 다만, 정당한 사유 없이 임대한 기간이 5년 미만인 상태에서 매각·증여하거나 다른 용도로 사용하는 경우에는 경감된 취득세를 추징한다. (2011. 12. 31. 단서개정)

③ 제1항 또는 제2항을 적용할 때 준공 후 미분양 주택, 임대기간 등의 확인절차 및 방법 등에 대해서는 행정안전부장관이 정한다. (2017. 7. 26. 직제개정 ; 정부조직법 부칙)

④ 지방자치단체는 제1항 제2호의 요건에도 불구하고 해당 지역의 주택시장 동향 및 재정여건 등에 따라 조례로 분양가격 및 전용면적을 달리 정하는 경우를 포함하여 준공 후 미분양 주택에 대한 취득세를 100분의 25의 범위에서 추가 경감할 수 있다. 이 경우 조례로 정하는 분양가격 및 전용면적의 요건이 제1항 제2호의 요건에 해당하지 아니하는 경우에는 제1항 또는 제2항의 감면율이 없는 것으로 본다. (2011. 3. 29. 신설)

⑤ 제4항에 따라 지방자치단체가 지방세 감면을 조례로 정하는 경우 제4조 제1항 각 호 외의 부분·제3항 후단·제6항 및 제7항을 적용하지 아니한다. (2011. 3. 29. 신설)

제31조의 3【장기일반민간임대주택 등에 대한 감면】 (2018. 1. 16. 제목개정 ; 민간임대주택에~부칙)

① 「민간임대주택에 관한 특별법」 제2조 제4호에 따른 공공지원민간임대주택[「민간임대주택에 관한 특별법」(법률 제17482호로 개정되기 전의 것을 말한다) 제5조에 따라 등록한 같은 법 제2조 제6호에 따른 단기민간임대주택(이하 이 조에서 "단기민간임대주택"이라 한다)을 같은 법 제5조 제3항에 따라 2020년 7월 11일 이후 공공지원민간임대주택으로 변경 신고한 주택은 제외한다] 및 같은 조 제5호에 따른 장기일반민간임대주택[2020년 7월 11일 이후 「민간임대주택에 관한 특별법」(법률 제17482호로 개정되기 전의 것을 말한다) 제5조에 따른 임대사업자등록 신청(임대할 주택을 추가하기 위하여 등록사항의 변경 신고를 한 경우를 포함한다)을 한 장기일반민간임대주택 중 아파트를 임대하는 민간매입임대주택이거나 단기민간임대주택을 같은 조 제3항에 따라 2020년 7월 11일 이후 장기일반민간임대주택으로 변경 신고한 주택은 제외한다]을 임대하려는 자가 대통령령으로 정하는 바에 따라 국내에서 임대 목적의 공동주택 2세대 이상 또는 대통령령으로 정하는 다가구주택(모든 호수의 전용면적이 40제곱미터 이하인 경우를 말하며, 이하 이 조에서 "다가구주택"이라 한다)을 과세기준일 현재 임대 목적에 직접 사용하는 경우 또는 같은 법 제2조 제1호에 따른 준주택 중 오피스텔(이하 이 조에서 "오피스텔"이라 한다)을 2세대 이상 과세기준일 현재 임대 목적에 직접 사용하는 경우에는 다음 각 호에서 정하는 바에 따라

2024년 12월 31일까지 지방세를 감면한다. 다만, 「지방세법」 제4조 제1항에 따라 공시된 가액 또는 시장 · 군수가 산정한 가액이 3억원[「수도권정비계획법」 제2조 제1호에 따른 수도권은 6억원(「민간임대주택에 관한 특별법」 제2조 제2호에 따른 민간건설임대주택인 경우는 9억원)으로 한다]을 초과하는 공동주택과 「지방세법」 제4조에 따른 시가표준액이 2억원(「수도권정비계획법」 제2조 제1호에 따른 수도권은 4억원으로 한다)을 초과하는 오피스텔은 감면 대상에서 제외한다. (2021. 12. 28. 개정)

1. 전용면적 40제곱미터 이하인 임대 목적의 공동주택, 다가구주택 또는 오피스텔에 대해서는 재산세(「지방세법」 제112조에 따른 부과액을 포함한다)를 면제한다. (2018. 12. 24. 개정)

상한/재산 50만원↑, 85%(16년부터)

2. 전용면적 40제곱미터 초과 60제곱미터 이하인 임대 목적의 공동주택 또는 오피스텔에 대하여는 재산세(「지방세법」 제112조에 따른 부과액을 포함한다)의 100분의 75를 경감한다. (2018. 12. 24. 개정)
3. 전용면적 60제곱미터 초과 85제곱미터 이하인 임대 목적의 공동주택 또는 오피스텔에 대하여는 재산세의 100분의 50을 경감한다. (2014. 5. 28. 개정)

② 제1항을 적용할 때 「민간임대주택에 관한 특별법」 제6조에 따라 임대사업자 등록이 말소되거나 같은 법 제43조 제1항에 따른 임대의무기간 내에 매각 · 증여하는 경우에는 그 감면 사유 소멸일부터 소급하여 5년 이내에 감면된 재산세를 추징한다. 다만, 다음 각 호의 어느 하나에 해당하는 경우에는 추징에서 제외한다. (2021. 12. 28. 개정)

1. 「민간임대주택에 관한 특별법」 제43조 제1항에 따른 임대의무기간이 경과한 후 등록이 말소된 경우 (2020. 1. 15. 신설)
2. 그 밖에 대통령령으로 정하는 경우 (2020. 1. 15. 신설)

제31조의 3【장기일반민간임대주택 등에 대한 감면】 ①「민간임대주택에 관한 특별법」에 따른 임대사업자[임대용 부동산 취득일부터 60일 이내에 「민간임대주택에 관한 특별법」 제2조 제4호에 따른 공공지원민간임대주택{「민간임대주택에 관한 특별법」(법률 제17482호로 개정되기 전의 것을 말한다) 제5조에 따라 등록한 같은 법 제2조 제6호에 따른 단기민간임대주택(이하 이 항에서 "단기민간임대주택"이라 한다)을 같은 법 제5조 제3항에 따라 2020년 7월 11일 이후 공공지원민간임대주택으로 변경 신고한 주택은 제외한다. 이하 이 조에서 "공공지원민간임대주택"이라 한다} 또는 같은 법 제2조 제5호에 따른 장기일반민간임대주택{2020년 7월 11일 이후 「민간임대주택에 관한 특별법」(법률 제17482호로 개정되기 전의 것을 말한다) 제5조에 따른 임대사업자등록 신청(임대할 주택을 추가하기 위하여 등록사항의 변경 신고를 한 경우를 포함한다)을 한 장기일반민간임대주택 중 아파트를 임대하는 민간매입임대주택이거나 단기민간임대주택을 같은 조 제3항에 따라 2020년 7월 11일 이후 장기일반민간임대주택으로 변경 신고한 주택은 제외한다. 이하 이 조에서 "장기일반민간임대주택"이라 한다}을 임대용 부동산으로 하여 임대사업자로 등록한 경우를 말하되, 토지에 대해서는 「주택법」 제15조에 따른 사업계획승인을 받은 날 또는 「건축법」 제11조에 따른 건축허가를 받은 날부터 60일 이내로서 토지 취득일부터

Note 2024. 12. 31. 개정 ☞ 제1항 기한 연장 : 24년→27년
☞ 감면대상 확대 : 공동주택, 오피스텔 → 임대형기숙사 추가
☞ 조문 이관 : 종전 제31조에서 민간임대 감면규정 분리 신설
2021. 12. 28. 개정 ☞ 제1항 기한 연장 : 21년→24년
2018. 12. 24. 개정 ☞ 제1항 기한 연장 : 18년→21년

편주

법 31조의 3 제1항의 개정규정은 2025. 1. 1. 이후 납세의무가 성립하는 경우부터 적용함. (법 부칙(2024. 12. 31.) 4조 1항)

예판

【예규】 • 임대주택을 건축 중인 토지 재산세 감면 시 가격기준 적용 여부

장기일반민간임대주택으로 등록한 공동주택 2세대 이상을 건축 중인 토지에 대해서는 전용면적 기준 등 감면요건을 충족할 경우 공동주택의 가격 기준과는 상관없이 재산세 감면을 적용할 수 있는 것임. (지방세특례제도과-2423, 2024. 9. 26.)

• 임대의무기간 기산일

「舊 지방세특례제한법」은 준공공임대주택 감면적용에 있어 감면대상과 추징요건을 「舊 민간임대주택에 관한 특별법」을 따르고 있고, 「舊 민간임대주택에 관한 특별법」 제43조 제1항에 따른 임대의무기간이 경과한 후 등록이 말소된 경우에 추징대상에서 제외하는 것으로 하고 있는 점 등을 고려, 단기에서 장기임대주택으로 전환시 임대의무기간의 기산점에 대해 「舊 민간임대주택에 관한 특별법」에서 정하고 있다면 이를 따르는 것이 타당함. (지방세특례제도과-900, 2024. 4. 12.)

• 장기일반민간임대주택에 대한 재산세 감면을 적용할 때 임대목적에 직접 사용하는 시기에 대한 기준은 임대사업자 등록대장 상 명기된 '임대사업자 등록일'을 기준으로 판단하되 임대

예판

【판례】 • 기업형임대사업자에 대한 감면

위탁관리부동산투자회사(제31조의 4 감면규정)의 경우 법률상 신탁이 강제되어 있으므로 직접사용으로 볼 수 있으나, 기업형임대사업자(제31조의 3 규정)의 경우에는 신탁을 한 경우에는 직접사용으로 보아 재산세 감면을 적용할 수 없음. (대법 2021두34558, 2021. 9. 9.)

1년 6개월 이내에 공공지원민간임대주택 또는 장기일반민간임대주택을 임대용 부동산으로 하여 임대사업자로 등록한 경우를 포함한다. 이하 이 항 및 제2항에서 "임대사업자"라 한다]가 임대할 목적으로 임대형기숙사 또는 공동주택을 건축하기 위하여 취득하는 토지와 임대할 목적으로 건축하여 취득하는 임대형기숙사 또는 공동주택에 대해서는 다음 각 호에서 정하는 바에 따라 취득세를 2027년 12월 31일까지 감면한다. (2024. 12. 31. 개정)

1. 다음 각 목의 경우에는 취득세를 면제한다. (2024. 12. 31. 개정)
   가. 임대형기숙사 또는 전용면적 60제곱미터 이하인 공동주택을 건축하기 위하여 토지를 취득하는 경우 (2024. 12. 31. 개정)
   나. 임대형기숙사 또는 전용면적 60제곱미터 이하인 공동주택을 건축하여 취득하는 경우 (2024. 12. 31. 개정)
2. 다음 각 목의 경우에는 취득세의 100분의 50을 경감한다. (2024. 12. 31. 개정)
   가. 「민간임대주택에 관한 특별법」에 따라 10년 이상의 장기임대 목적으로 전용면적 60제곱미터 초과 85제곱미터 이하인 임대주택(이하 이 조에서 "장기임대주택"이라 한다)을 20호 이상 건축하기 위하여 토지를 취득하는 경우 (2024. 12. 31. 개정)
   나. 장기임대주택을 20호 이상 건축하여 취득하는 경

사업자 등록일 이후에 임대가 개시되는 주택인 경우에는 임대차계약서 등에 의해 확인되는 실제 '임대개시일'을 기준으로 판단하여야 함(지방세특례제도과-2145, 2023. 8. 14.)

• 다가구 임대주택 재산세 감면 요건인 호수별 전용면적 40㎡ 이하 해당 여부를 판단함에 있어, 재산세 과세기준일 현재 건축법 제38조에 따른 건축물대장에 호수별로 전용면적이 구분되어 기재되어 있는 경우에 한해 감면요건을 충족한 것으로 판단하여야 할 것임. (지방세특례제도과-1867, 2020. 8. 11.)
• 1개 동의 건축물이 다가구주택과 상가로 혼재되어 있는 경우 상가부분을 제외하고 다가구 임대주택의 감면요건을 갖춘 경우에는 감면대상에 해당함. (지방세특례제도과-1259, 2020. 6. 4.)

【조심판례】 • 청구법인은 쟁점토지에 건축할 공동주택을 임대주택으로 하여 임대사업자등록(기업형)을 하고, 기업형임대용 공동주택에 대한 착공신고를 하여 2018년도 재산세 과세기준일 현재 해당 주택을 건축 중에 있다 하겠으므로 쟁점토지는 임대용 공동주택을 건축 중인 토지로서 「지방세특례제한법」 제31조의 3 제1항에 따른 재산세 등의 감면대상으로 보는 것이 타당하다 할 것임. (조심 2019지1516, 2020. 1. 8.)

• **장기일반 민간임대주택 감면요건 충족여부**

「지방세법 시행령」 제13조의 2 제2항에서 감면대상 다가구주택의 범위를 「건축법」 제38조에 따른 건축물대장에 호수별로 전용면적이 구분되어 기재되어 있는 다가구주택만을 규정하고 있고 쟁점주택이 재산세 과세기준일(6. 1.) 현재 「건축법」 제38조에 따른 건축물대장에 호수별로 전용면적이 구분되어 기재되어 있지 않으므로 재산세 등의 감면요건을 충족하지 못한 것으로 보임. (조심 2019지2266, 2019. 12. 5.)

우 (2024. 12. 31. 개정)

다. 20호 이상의 장기임대주택을 보유한 임대사업자가 추가로 장기임대주택을 건축하기 위하여 토지를 취득하는 경우(추가로 취득한 결과로 20호 이상을 건축하기 위한 토지를 보유하게 되었을 때에는 그 20호부터 초과분까지를 건축하기 위한 토지를 포함한다) (2024. 12. 31. 개정)

라. 20호 이상의 장기임대주택을 보유한 임대사업자가 추가로 장기임대주택을 건축하여 취득하는 경우(추가로 취득한 결과로 20호 이상을 보유하게 되었을 때에는 그 20호부터 초과분까지를 포함한다) (2024. 12. 31. 개정)

② 임대사업자가 임대할 목적으로 건축주로부터 실제 입주한 사실이 없는 임대형기숙사, 공동주택 또는 오피스텔을 최초로 유상거래(부담부증여는 제외한다)로 취득하는 경우에는 다음 각 호에서 정하는 바에 따라 취득세를 2027년 12월 31일까지 감면한다. 다만, 「지방세법」 제10조의 3에 따른 취득 당시의 가액이 3억원(수도권은 6억원으로 한다)을 초과하는 공동주택과 오피스텔은 감면 대상에서 제외한다. (2024. 12. 31. 개정)

1. 다음 각 목의 경우에는 취득세를 면제한다. (2024. 12. 31. 개정)

가. 임대형기숙사를 취득하는 경우 (2024. 12. 31. 개정)

나. 전용면적 60제곱미터 이하인 공동주택 또는 오피

Note 2024. 12. 31 개정 ☞ 제2항 기한 연장 : 24년→27년

☞ 감면대상 확대 : 공동주택, 오피스텔 → 임대형기숙사 추가

☞ 조문 이관 : 종전 제31조에서 민간임대 감면규정 분리 신설

편주

법 31조의 3 제2항의 개정규정은 2025. 1. 1. 이후 납세의무가 성립하는 경우부터 적용함. (법 부칙(2024. 12. 31.) 4조 1항)

스텔을 취득하는 경우 (2024. 12. 31. 개정)

2. 다음 각 목의 경우에는 취득세의 100분의 50을 경감한다. (2024. 12. 31. 개정)

가. 장기임대주택을 20호 이상 취득하는 경우 (2024. 12. 31. 개정)

나. 20호 이상의 장기임대주택을 보유한 임대사업자가 추가로 장기임대주택을 취득하는 경우(추가로 취득한 결과로 20호 이상을 보유하게 되었을 때에는 그 20호부터 초과분까지를 포함한다) (2024. 12. 31. 개정)

③ 제1항 및 제2항을 적용할 때 다음 각 호의 어느 하나에 해당하는 경우에는 감면된 취득세를 추징한다. (2024. 12. 31. 개정)

1. 해당 토지를 취득한 날부터 정당한 사유 없이 2년 이내에 임대형기숙사 또는 공동주택을 착공하지 아니한 경우 (2024. 12. 31. 개정)

2. 「민간임대주택에 관한 특별법」 제43조 제1항에 따른 임대의무기간에 대통령령으로 정하는 경우가 아닌 사유로 다음 각 목의 어느 하나에 해당하는 경우 (2024. 12. 31. 개정)

가. 임대형기숙사, 공동주택 또는 오피스텔을 임대 외의 용도로 사용하거나 매각·증여하는 경우 (2024. 12. 31. 개정)

나. 「민간임대주택에 관한 특별법」 제6조에 따라 임대

Note 2024. 12. 31 개정 ☞ 추징규정 이관 : 종전 제31조에서 민간임대 추징규정 분리 신설

제13조의 2【다가구주택의 범위 등】 ① 법 제31조의 3 제1항 각 호에서 정하는 바에 따라 지방세를 감면받으려는 자는 「민간임대주택에 관한 특별법」 제5조에 따라 해당 부동산을 임대목적물로 하여 임대사업자로 등록하여야 한다. (2018. 12. 31. 신설)

제13조의 2【다가구주택의 범위 등】 ① 법 제31조의 3 제3항 제2호 각 목 외의 부분에서 "대통령령으로 정하는 경우"란 「민간임대주택에 관한 특별법」 제43조 제4항에서 정하는 경우를 말한다. (2024. 12. 31. 개정)

② 법 제31조의 3 제4항 각 호 외의 부분 본문에서 "대통령령으로 정하는 다가구주택"이란 다가구주택(「민간임대주택에 관한 특별법 시행령」 제2조의 2에 따른 일부만을 임대하는 다가구주택은 임대 목적으로 제공하는 부

편주

2025. 1. 1. 전에 감면받은 지방세의 추징에 관하여는 법 31조의 3 제3항의 개정규정에도 불구하고 종전의 법 31조 3항·5항 및 31조의 3 제2항에 따름. (법 부칙(2024. 12. 31.) 4조 2항)

사업자 등록이 말소되는 경우 (2024. 12. 31. 개정)

④ 「민간임대주택에 관한 특별법」에 따른 임대사업자(공공지원민간임대주택 또는 장기일반민간임대주택을 임대용 부동산으로 하여 임대사업자로 등록한 경우를 말한다)가 과세기준일 현재 임대 목적의 임대형기숙사, 대통령령으로 정하는 다가구주택(모든 호수의 전용면적이 40제곱미터 이하인 경우를 말하며, 이하 이 조에서 "다가구주택"이라 한다) 또는 2세대 이상의 공동주택·오피스텔을 건축 중인 토지와 임대 목적으로 직접 사용하는 임대형기숙사, 다가구주택 또는 2세대 이상의 공동주택·오피스텔에 대해서는 다음 각 호에서 정하는 바에 따라 재산세를 2027년 12월 31일까지 감면한다. 다만, 「지방세법」 제4조 제1항에 따라 공시된 가액 또는 시장·군수가 산정한 가액이 3억원[수도권은 6억원(「민간임대주택에 관한 특별법」 제2조 제2호에 따른 민간건설임대주택인 경우에는 9억원)으로 한다]을 초과하는 공동주택과 「지방세법」 제4조에 따른 시가표준액이 2억원(수도권은 4억원으로 한다)을 초과하는 오피스텔은 감면 대상에서 제외한다. (2024. 12. 31. 개정)

1. 다음 각 목의 어느 하나에 해당하는 토지와 임대형기숙사, 다가구주택, 공동주택 또는 오피스텔에 대해서는 재산세(「지방세법」 제112조에 따른 부과액을 포함한다)를 면제한다. (2024. 12. 31. 개정)

   가. 임대형기숙사, 다가구주택, 전용면적 40제곱미터

분만 해당한다)으로서 「건축법」 제38조에 따른 건축물대장에 호수별로 전용면적이 구분되어 기재되어 있는 다가구주택을 말한다. (2024. 12. 31. 개정)

Note 2024. 12. 31 개정 ☞ 제4항 기한 연장 : 24년 → 27년
☞ 감면대상 확대 : 공동주택, 오피스텔 → 임대형기숙사 추가
☞ 조문 이관 : 종전 제31조에서 민간임대 감면규정 분리 신설

편주

- 법 31조의 3 제4항의 개정규정은 2025. 1. 1. 이후 납세의무가 성립하는 경우부터 적용함. (법 부칙(2024. 12. 31.) 4조 1항)
- 2020. 7. 11. 전에 「민간임대주택에 관한 특별법」(법률 17482호로 개정되기 전의 것을 말함) 5조에 따른 임대사업자등록 신청(임대할 주택을 추가하기 위하여 등록사항의 변경 신고를 한 경우를 포함함)을 한 단기민간임대주택(종전의 법 31조 4항에 따른 임대용 공동주택 또는 오피스텔로 한정함. 이하 이 조에서 "단기민간임대주택"이라 함)의 재산세 감면에 관하여는 법 31조의 3의 개정규정에도 불구하고 종전의 법 31조 4항에 따름. 이 경우 재산세의 감면기간은 종전의 법 31조 4항에도 불구하고 해당 단기민간임대주택의 임대기간 종료일까지로 함. (법 부칙(2024. 12. 31.) 4조 3항)

이하인 공동주택 또는 오피스텔을 건축 중인 토지 (2024. 12. 31. 개정)

나. 임대형기숙사, 다가구주택, 전용면적 40제곱미터 이하인 공동주택 또는 오피스텔 (2024. 12. 31. 개정)

2. 다음 각 목의 어느 하나에 해당하는 토지와 공동주택 또는 오피스텔에 대해서는 재산세(「지방세법」 제112조에 따른 부과액을 포함한다)의 100분의 75를 경감한다. (2024. 12. 31. 개정)

가. 전용면적 40제곱미터 초과 60제곱미터 이하인 공동주택 또는 오피스텔을 건축 중인 토지 (2024. 12. 31. 개정)

나. 전용면적 40제곱미터 초과 60제곱미터 이하인 공동주택 또는 오피스텔 (2024. 12. 31. 개정)

3. 다음 각 목의 어느 하나에 해당하는 토지와 공동주택 또는 오피스텔에 대해서는 재산세의 100분의 50을 경감한다. (2024. 12. 31. 개정)

가. 전용면적 60제곱미터 초과 85제곱미터 이하인 공동주택 또는 오피스텔을 건축 중인 토지 (2024. 12. 31. 개정)

나. 전용면적 60제곱미터 초과 85제곱미터 이하인 공동주택 또는 오피스텔 (2024. 12. 31. 개정)

⑤ 제4항을 적용할 때 다음 각 호의 어느 하나에 해당하는 경우에는 그 감면 사유 소멸일부터 소급하여 5년 이내에 감면된 재산세를 추징한다. 다만, 「민간임대주택에 관한 특별법」 제43조 제1항에 따른 임대의무기간이 경

③ 법 제31조의 3 제2항 제2호에서 "대통령령으로 정하는 경우"란 「민간임대주택에 관한 특별법」 제43조 제4항의 사유로 임대사업자 등록이 말소된 경우를 말한다. (2020. 1. 15. 신설)

③ 법 제31조의 3 제5항 각 호 외의 부분 단서에서 "대통령령으로 정하는 경우"란 「민간임대주택에 관한 특별법」 제43조 제4항의 사유로 임대사업자 등록이 말소된 경우를 말한다. (2024. 12. 31. 개정)

과한 후 등록이 말소되거나 그 밖에 대통령령으로 정하는 경우에는 추징에서 제외한다. (2024. 12. 31. 개정)

1. 「주택법」 제49조에 따른 사용검사 또는 「건축법」 제22조에 따른 사용승인(임시사용승인을 포함한다)을 받기 전에 임대형기숙사, 다가구주택, 공동주택 또는 오피스텔을 건축 중인 토지를 매각·증여하는 경우 (2024. 12. 31. 개정)
2. 「민간임대주택에 관한 특별법」 제6조에 따라 임대사업자 등록이 말소되는 경우 (2024. 12. 31. 개정)
3. 「민간임대주택에 관한 특별법」 제43조 제1항에 따른 임대의무기간 내에 임대형기숙사, 다가구주택, 공동주택 또는 오피스텔을 매각·증여하는 경우 (2024. 12. 31. 개정)

제31조의 4【주택임대사업에 투자하는 부동산투자회사에 대한 감면】 ①「부동산투자회사법」 제2조 제1호 나목에 따른 위탁관리 부동산투자회사(해당 부동산투자회사의 발행주식 총수에 대한 국가, 지방자치단체, 한국토지주택공사 및 지방공사가 단독 또는 공동으로 출자한 경우 그 소유주식 수의 비율이 100분의 50을 초과하는 경우를 말한다)가 임대할 목적으로 취득하는 부동산[「주택법」 제2조 제3호에 따른 공동주택(같은 법 제2조 제4호에 따른 준주택 중 오피스텔을 포함한다. 이하 이 조에서 같다)을 건축 또는 매입하기 위하여 취득하는 경우의

Note 2024. 12. 31 개정 ☞ 추징규정 이관 : 종전 제31조에서 민간임대 추징규정 분리 신설

편주

- 2025. 1. 1. 전에 감면받은 지방세의 추징에 관하여는 법 31조의 3 제5항의 개정규정에도 불구하고 종전의 법 31조 3항·5항 및 31조의 3 제2항에 따름. (법 부칙(2024. 12. 31.) 4조 2항)
- 법 부칙(2024. 12. 31.) 4조 3항 및 종전의 법 31조 4항에 따라 감면받은 단기민간임대주택에 대한 재산세의 추징에 관하여는 법 31조의 3의 개정규정에도 불구하고 종전의 법 31조 5항에 따름. (법 부칙(2024. 12. 31.) 4조 4항)

Note 2018. 12. 24. 개정 ☞ 기한 연장 : 18년→21년
2015. 12. 29. 개정 ☞ 기한 연장 : 15년→18년

부동산으로 한정한다]에 대해서는 취득세의 100분의 20을 2021년 12월 31일까지 경감한다. 이 경우 「지방세법」 제13조 제2항 본문 및 같은 조 제3항의 세율을 적용하지 아니한다. (2018. 12. 24. 개정) 취득(감면분만) 농특비 일몰

② 제1항에 따른 부동산투자회사가 과세기준일 현재 국내에 2세대 이상의 해당 공동주택을 임대 목적에 직접 사용(「부동산투자회사법」 제22조의 2 또는 제35조에 따라 위탁하여 임대하는 경우를 포함한다)하는 경우에는 다음 각 호에서 정하는 바에 따라 지방세를 2021년 12월 31일까지 감면한다. (2018. 12. 24. 개정)

취득(감면분만) 농특비 일몰

1. 전용면적 60제곱미터 이하인 임대 목적의 공동주택에 대해서는 재산세(「지방세법」 제112조에 따른 부과액을 포함한다)의 100분의 40을 경감한다. (2018. 12. 24. 개정)
2. 전용면적 85제곱미터 이하인 임대 목적의 공동주택에 대해서는 재산세의 100분의 15를 경감한다. (2018. 12. 24. 개정)

③ 제1항을 적용할 때 다음 각 호의 어느 하나에 해당하는 경우에는 경감받은 취득세를 추징한다. (2014. 12. 31. 신설)

1. 토지를 취득한 날부터 정당한 사유 없이 2년 이내에 착공하지 아니한 경우 (2014. 12. 31. 신설)
2. 정당한 사유 없이 해당 부동산의 매입일부터 1년이 경과할 때까지 해당 용도로 직접 사용하지 아니하는

경우 (2014. 12. 31. 신설)

3. 해당 용도로 직접 사용한 기간이 2년 미만인 상태에서 매각·증여하거나 다른 용도로 사용하는 경우 (2014. 12. 31. 신설)

제31조의 5【공공주택사업자의 임대 목적으로 주택 등을 매도하기로 약정을 체결한 자에 대한 감면】 (2024. 12. 31. 제목개정)

① 「공공주택 특별법」에 따른 공공주택사업자(이하 이 조에서 "공공주택사업자"라 한다)의 임대가 목적인 주택을 건축하여 공공주택사업자에게 매도하기로 약정을 체결한 자가 해당 주택 등을 건축하기 위하여 취득하는 부동산에 대해서는 취득세의 100분의 10을 2024년 12월 31일까지 경감한다. (2023. 3. 14. 개정)

① 「공공주택 특별법」에 따른 공공주택사업자(이하 이 조에서 "공공주택사업자"라 한다)의 임대가 목적인 대통령령으로 정하는 주택 및 건축물(이하 이 조에서 "주택등"이라 한다)을 건축하여 공공주택사업자에게 매도하기로 약정을 체결한 자(주택등을 건축하기 위하여 부동산을 취득한 날부터 60일 이내에 공공주택사업자에게 매도하기로 약정을 체결한 자를 포함한다)가 해당 주택등을 건축하기 위하여 취득하는 부동산에 대해서는 취득세의 100분의 15를 2027년 12월 31일까지 경감한다. (2024. 12. 31. 개정)

② 공공주택사업자의 임대가 목적인 주택을 건축하여 공공주

제13조의 3【공공주택사업자의 임대가 목적인 주택 및 건축물의 범위】 법 제31조의 5 제1항에서 "대통령령으로 정하는 주택 및 건축물"이란 제13조 제3항 각 호의 것을 말한다. (2024. 12. 31. 신설)

Note 2024. 12. 31 개정 ☞ 제1항 기한 연장 : 24년→27년
☞ 감면 확대 : 취득세 10% → 15%
2023. 3. 14. 개정 ☞ 제1항 기한 연장 : 22년→24년
2021. 12. 28. 개정 ☞ 신설, 일몰기한 : 22년

편주

법 31조의 5 제1항의 개정규정은 2025. 1. 1. 이후 납세의무가 성립하는 경우부터 적용함. (법 부칙(2024. 12. 31.) 2조)

택사업자에게 매도하기로 약정을 체결한 자가 해당 주택 등을 건축하여 최초로 취득하는 경우에는 취득세의 100분의 10을 2024년 12월 31일까지 경감한다. (2023. 3. 14. 개정)

② 공공주택사업자의 임대가 목적인 주택등을 건축하여 공공주택사업자에게 매도하기로 약정을 체결한 자가 해당 주택등을 건축하여 최초로 취득하는 경우에는 취득세의 100분의 15를 2027년 12월 31일까지 경감한다. (2024. 12. 31. 개정)

③ 다음 각 호의 어느 하나에 해당하는 경우에는 제1항 및 제2항에 따라 경감받은 취득세를 추징한다. (2021. 12. 28. 신설)

1. 제1항에 따라 부동산을 취득한 날부터 1년 이내에 공공주택사업자의 임대가 목적인 주택등을 착공하지 아니한 경우 (2024. 12. 31. 개정)
2. 제2항에 따라 최초로 취득한 주택등을 6개월 이내에 공공주택사업자에게 매도하지 아니한 경우 (2024. 12. 31. 개정)

제32조【한국토지주택공사의 소규모 공동주택 취득에 대한 감면 등】 ① 한국토지주택공사가 임대를 목적으로 취득하여 소유하는 대통령령으로 정하는 소규모 공동주택(이하 이 조에서 "소규모 공동주택"이라 한다)용 부동산에 대해서는 취득세 및 재산세의 100분의 25를 각각 2027년 12월 31일까지 경감한다. (2024. 12. 31. 개정)

☜ **Note** 2024. 12. 31 개정 ☞ 제2항 기한 연장 : 24년→27년
☞ 감면 확대 : 취득세 10% → 15%
2023. 3. 14. 개정 ☞ 제2항 기한 연장 : 22년→24년

편주

법 31조의 5 제2항의 개정규정은 2025. 1. 1. 이후 납세의무가 성립하는 경우부터 적용함. (법 부칙(2024. 12. 31.) 2조)

제14조【소규모 공동주택의 범위 등】 ① 법 제32조 제1항에 따른 소규모 공동주택용 부동산은 1구(1세대가 독립하여 구분 사용할 수 있도록 구획된 부분을 말한다. 이하 같다)당 건축면적(전용면적을 말한다)이 60제곱미터 이하인 공동주택(해당 공동주택의 입주자가 공동으로 사용하는 부대시설 및 공공용으로 사용하는 토지와

Note 2024. 12. 31. 개정 ☞ 제1항 기한 연장 : 24년→27년
2021. 12. 28. 개정 ☞ 제1항 기한 연장 : 21년→24년
2021. 12. 28. 개정 ☞ 감면축소 : 취득 · 재산 50%→25%
2018. 12. 24. 개정 ☞ 기한 연장 : 18년→21년
2016. 12. 27. 개정 ☞ 기한 연장 : 16년→18년

② 한국토지주택공사가 분양을 목적으로 취득하는 소규모 공동주택용 부동산에 대해서는 취득세의 100분의 25를 2016년 12월 31일까지 경감한다. (2014. 12. 31. 개정)

일몰

③ 제1항 또는 제2항을 적용할 때 토지를 취득한 후 대통령령으로 정하는 기간에 소규모 공동주택의 건축을 착공하지 아니하거나 소규모 공동주택이 아닌 용도에 사용하는 경우 그 해당 부분에 대해서는 감면된 취득세 및 재산세를 추징한다. (2015. 12. 29. 개정)

제32조의 2【한국토지주택공사의 방치건축물 사업재개에 대한 감면】「공사중단 장기방치 건축물의 정비 등에 관한 특별조치법」 제6조에 따른 공사중단 건축물 정비계획(건축물 완공으로 인한 수익금이 같은 법 제13조에 따른 공사중단 건축물 정비기금에 납입되는 경우에 한정한다)에 따라 한국토지주택공사가 공사 재개를 위하여 취득하는 부동산에 대해서는 취득세의 100분의 35를, 과세기준일 현재 해당 사업에 직접 사용하는 부동산에 대해서는 재산세의 100분의 25를 각각 2021년 12월 31일까지 경감한다. (2018. 12. 24. 개정) 일몰

영구임대주택단지 안의 복리시설 중 임대수익금 전액을 임대주택 관리비로 충당하는 시설을 포함한다) 및 그 부속토지(관계 법령에 따라 국가 또는 지방자치단체에 무상으로 귀속될 공공시설용지를 포함한다)를 말한다.

Note 2016. 12. 27. 개정 ☞ 제2항 감면 종료

② 법 제32조 제3항에서 "대통령령으로 정하는 기간"이란 제1항에 따른 소규모 공동주택용 토지를 취득한 날(토지를 일시에 취득하지 아니하는 경우에는 최종 취득일을 말하며, 최종 취득일 이전에 사업계획을 승인받은 경우에는 그 사업계획승인일을 말한다)부터 4년을 말한다.

Note 2018. 12. 24. 개정 ☞ 기한 연장 : 18년→21년
2015. 12. 29. 개정 ☞ 최초 감면 신설

제33조【주택 공급 확대를 위한 감면】 ① 대통령령으로 정하는 주택건설사업자가 공동주택(해당 공동주택의 부대시설 및 복리시설을 포함하되, 분양하거나 임대하는 복리시설은 제외한다. 이하 이 조에서 같다)을 분양할 목적으로 건축한 전용면적 60제곱미터 이하인 5세대 이상의 공동주택(해당 공동주택의 부속토지를 제외한다. 이하 이 항에서 같다)과 그 공동주택을 건축한 후 미분양 등의 사유로 제31조에 따른 임대용으로 전환하는 경우 그 공동주택에 대해서는 2014년 12월 31일까지 취득세를 면제한다. (2014. 1. 1. 개정)

일몰 취득(감면분만) 농특비

② 상시거주(취득일 이후 「주민등록법」에 따른 전입신고를 하고 계속하여 거주하거나 취득일 전에 같은 법에 따른 전입신고를 하고 취득일부터 계속하여 거주하는 것을 말한다. 이하 이 조에서 같다)할 목적으로 대통령령으로 정하는 서민주택을 취득[상속·증여로 인한 취득 및 원시취득(原始取得)은 제외한다]하여 대통령령으로 정하는 1가구 1주택에 해당하는 경우(해당 주택을 취득한 날부터 60일 이내에 종전 주택을 증여 외의 사유로 매각하여 1가구 1주택이 되는 경우를 포함한다)에는 취득세를 2027년 12월 31일까지 면제한다. (2024. 12. 31. 개정)

상한/취득 200만원↑, 85% 취득 농특비

Note 2024. 12. 31. 개정 ☞ 제2항 기한 연장 : 24년→27년
2021. 12. 28. 개정 ☞ 제2항 기한 연장 : 21년→24년

제15조【주택건설사업자의 범위 등】 ① 법 제33조 제1항에서 "대통령령으로 정하는 주택건설사업자"란 다음 각 호의 어느 하나에 해당하는 자를 말한다. 일몰

1. 해당 건축물의 사용승인서를 내주는 날 이전에 「부가가치세법」 제8조에 따라 건설업 또는 부동산매매업의 사업자등록증을 교부받거나 같은 법 시행령 제8조에 따라 고유번호를 부여받은 자 (2013. 6. 28. 개정 ; 부가가치세법 시행령 부칙)
2. 「주택법」 제9조 제1항 제6호에 따른 고용자

② 법 제33조 제2항에서 "대통령령으로 정하는 서민주택"이란 연면적 또는 전용면적이 40제곱미터 이하인 주택[「주택법」 제2조 제1호에 따른 주택으로서 「건축법」에 따른 건축물대장·사용승인서·임시사용승인서 또는 「부동산등기법」에 따른 등기부에 주택으로 기재{「건축법」(법률 제7696호로 개정되기 전의 것을 말한다)에 따라 건축허가 또는 건축신고 없이 건축이 가능했던 주택(법률 제7696호 건축법 일부개정법률 부칙 제3조에 따라 건축허가를 받거나 건축신고가 있는 것으로 보는 경우를 포함한다)으로서 건축물대장에 기재되어 있지 않은 주택의 경우에도 건축물대장에 주택으로 기재된 것으로 본다}된 주거용 건축물과 그 부속토지를 말한다. 이하 이 조에서 같다]으로서 취득가액이 1억원 미만인 것을 말한다. (2020. 1. 15. 개정)

③ 법 제33조 제2항에서 "대통령령으로 정하는 1가구 1

2018. 12. 24. 개정 ☞ 제2항 기한 연장 : 18년→21년
2015. 12. 29. 개정 ☞ 제2항 기한 연장 : 15년→18년

예판

【예규】 서민주택 감면 추징 규정의 기준이 되는 상시거주를 시작한 날은, 취득일 전부터 그 감면 주택에 임차인으로 주소를 두면서 거주하였더라도 취득일로 보아야 할 것임. (지방세특례제도과-1241, 2020. 6. 3.)

③ 제2항을 적용할 때 다음 각 호의 어느 하나에 해당하는 경우에는 면제된 취득세를 추징한다. (2018. 12. 24. 신설)

1. 정당한 사유 없이 그 취득일부터 3개월이 지날 때까지 해당 주택에 상시 거주를 시작하지 아니한 경우 (2018. 12. 24. 신설)
2. 해당 주택에 상시 거주를 시작한 날부터 2년이 되기 전에 상시 거주하지 아니하게 된 경우 (2018. 12. 24. 신설)
3. 해당 주택에 상시 거주한 기간이 2년 미만인 상태에서 해당 주택을 매각·증여하거나 다른 용도(임대를 포함한다)로 사용하는 경우 (2018. 12. 24. 신설)

예판

【판례】 •분양용 소규모 공동주택에 대한 감면적용 범위
주택건설사업자가 처음부터 LH공사에게 일괄매각하기로 약정한 후 전용면적 60㎡ 이하인 5세대 이상의 공동주택을 건축하여 LH공사에게 일괄매각한 경우 이 사건 조항의 '분양'에 '일괄매각'이 포함되는 것으로 해석할 수는 없음. (광주고법 전주 2016누1184, 2016. 7. 11. 대법확정)

【조심판례】 •일몰 후 일반적 경과조치 규정적용

주택"이란 취득일 현재 취득자와 같은 세대별 주민등록표에 기재되어 있는 가족(동거인은 제외한다)으로 구성된 1가구(취득자의 배우자, 취득자의 미혼인 30세 미만의 직계비속 또는 취득자가 미혼이고 30세 미만인 경우 그 부모는 각각 취득자와 같은 세대별 주민등록표에 기재되어 있지 아니하더라도 같은 가구에 속한 것으로 본다)가 국내에 1개의 주택을 소유하는 것을 말하며, 주택의 부속토지만을 소유하는 경우에도 주택을 소유한 것으로 본다. 이 경우 65세 이상인 직계존속, 「국가유공자 등 예우 및 지원에 관한 법률」에 따른 국가유공자(상이등급 1급부터 7급까지의 판정을 받은 국가유공자만 해당한다)인 직계존속 또는 「장애인복지법」에 따라 등록한 장애인(장애의 정도가 심한 장애인만 해당한다)인 직계존속을 부양하고 있는 사람은 같은 세대별 주민등록표에 기재되어 있더라도 같은 가구에 속하지 아니하는 것으로 본다. (2018. 12. 31. 후단개정 ; 장애인복지법 시행령 부칙)

청구법인이 비록 종전감면규정의 일몰이 종료된 후인 2015. 7. 1. 쟁점주택을 취득하였다 하더라도 2014. 12. 31. 이전에 쟁점주택의 취득을 위한 원인행위를 하였는바, 쟁점주택의 취득세는 쟁점 부칙규정에 따라 종전 감면규정을 적용하여 면제대상으로 보는 것이 타당함. (조심 2018지867, 2019. 6. 24.)

제33조의 2【소형주택 공급 확대를 위한 감면】 ① 매각 또는 임대할 목적으로 신축하여 2024년 1월 10일부터 2025년 12월 31일까지 취득하는 다음 각 호의 어느 하나에 해당하는 주택에 대해서는 취득세의 100분의 25를 경감한다. (2024. 12. 31. 신설)

1. 전용면적이 60제곱미터 이하인 공동주택(아파트는 제외한다) (2024. 12. 31. 신설)
2. 전용면적이 60제곱미터 이하인 「주택법」 제2조 제20호에 따른 도시형 생활주택 (2024. 12. 31. 신설)
3. 「주택법」 제2조 제2호에 따른 단독주택 중 다가구주택으로서 「건축법」 제38조에 따른 건축물대장에 호수별로 전용면적이 구분되어 기재되어 있는 다가구주택(전용면적이 60제곱미터 이하인 호수 부분으로 한정한다) (2024. 12. 31. 신설)

② 지방자치단체의 장은 제1항에 따라 취득세를 경감하는 경우 해당 지역의 재정 여건 등을 고려하여 100분의 25의 범위에서 조례로 정하는 율을 추가로 경감할 수 있다. (2024. 12. 31. 신설)

③ 제1항 및 제2항을 적용할 때 그 취득일부터 5년 이내

Note 2024. 12. 31. 개정 ☞ 조문 신설 : 취득 최대 50%(법 25%, 조례 25%)

편주

법 33조의 2의 개정규정은 2024. 1. 10. 이후 주택을 취득하는 경우부터 적용함. (법 부칙(2024. 12. 31.) 5조)

에 매각 또는 임대하지 아니하고 다른 용도로 사용하는 경우에는 경감된 취득세를 추징한다. (2024. 12. 31. 신설)

제33조의 3【지방 소재 준공 후 미분양 아파트에 대한 감면】 ①「주택법」 제54조 제1항에 따른 사업주체가 다음 각 호의 요건을 모두 갖춘 아파트를 신축하여 2024년 1월 10일부터 2025년 12월 31일까지 취득하는 경우에는 취득세의 100분의 25를 경감한다. (2024. 12. 31. 신설)

1. 「주택법」 제49조에 따른 사용검사 또는 「건축법」 제22조에 따른 사용승인(임시사용승인을 포함한다)을 받은 후 분양되지 아니한 아파트일 것 (2024. 12. 31. 신설)
2. 수도권 외의 지역에 있을 것 (2024. 12. 31. 신설)
3. 전용면적이 85제곱미터 이하이고 「지방세법」 제10조의 4에 따른 취득 당시의 가액이 3억원 이하일 것 (2024. 12. 31. 신설)
4. 2025년 12월 31일까지 임대차계약을 체결하고 2년 이상 임대할 것 (2024. 12. 31. 신설)

② 지방자치단체의 장은 제1항에 따라 취득세를 경감하는 경우 해당 지역의 재정 여건 등을 고려하여 100분의 25의 범위에서 조례로 정하는 율을 추가로 경감할 수 있다. (2024. 12. 31. 신설)

③ 제1항 및 제2항을 적용할 때 임대한 기간이 2년 미

Note 2024. 12. 31. 개정 ☞ 조문 신설 : 취득 최대 50%(법 25%, 조례 25%)

편주

법 33조의 3의 개정규정은 2024. 1. 10. 이후 아파트를 취득하는 경우부터 적용함. (법 부칙(2024. 12. 31.) 6조)

만인 상태에서 매각 · 증여하거나 다른 용도로 사용하는 경우에는 경감된 취득세를 추징한다. (2024. 12. 31. 신설)

제34조 【주택도시보증공사의 주택분양보증 등에 대한 감면】 (2015. 1. 6. 제목개정 ; 주택도시기금법 부칙)

① 「주택도시기금법」에 따른 주택도시보증공사(이하 "주택도시보증공사"라 한다)가 같은 법 제26조 제1항 제2호에 따른 주택에 대한 분양보증을 이행하기 위하여 취득하는 건축물로서 분양계약이 된 주택에 대해서는 취득세의 100분의 50을 2016년 12월 31일까지 경감한다. (2016. 12. 27. 개정) 취득(감면분만) 농특비

② 대한주택보증주식회사가 대통령령으로 정하는 바에 따라 2011년 12월 31일까지 매입한 주거용 건축물 및 그 부속토지(수도권에 있는 주거용 건축물 및 그 부속토지는 제외한다)에 대하여는 2013년 12월 31일까지 취득세 및 재산세를 면제하고, 이를 임대하는 경우에는 대통령령으로 정하는 규모의 주거용 건축물 및 그 부속토지로 한정하여 2013년 12월 31일까지 재산세의 100분의 50을 경감한다. 다만, 그 취득일부터 3년 이내에 정당한 사유 없이 주거용 건축물 및 그 부속토지를 매각하지 아니하거나 임대하지 아니하는 경우에는 면제된 취득세를 추징한다. (2011. 12. 31. 개정)

③ 「주택법」 제9조에 따라 등록한 주택건설사업자가 제2항에 따라 대한주택보증주식회사가 매입한 주거용 건축물 및 부속토지를 환매기간 내에 재매입하는 경우에는 2013년 12월 31일까지 취득세를 면제한다. (2011. 12. 31. 개정)

Note 2016. 12. 27. 개정 ☞ 제1항 감면 종료

②~③ 삭 제 (2014. 1. 1.)

④ 「부동산투자회사법」 제2조 제1호 가목 및 나목에 따른 부동산투자회사(이하 이 조에서 "부동산투자회사"라 한다)가 임대목적으로 2014년 12월 31일까지 취득하는 주택에 대하여는 취득세를 면제하고, 취득한 주택에 대한 재산세는 2014년 12월 31일까지 「지방세법」 제111조 제1항 제3호 나목의 세율에도 불구하고 1천분의 1을 적용하여 과세한다. 다만, 취득세를 면제받거나 재산세를 감면받은 후 정당한 사유 없이 제5항에 따른 계약조건을 유지하지 아니하거나 위반한 경우에는 감면된 취득세와 재산세를 추징한다. (2013. 5. 10. 신설)

일몰 취득(감면분만) 농특비

⑤ 제4항에 따라 취득세를 면제받거나 재산세를 감면받으려면 다음 각 호의 계약을 모두 체결하여야 한다. (2013. 5. 10. 신설) 일몰

1. 부동산투자회사와 임차인 간의 계약 (2013. 5. 10. 신설)
   가. 부동산투자회사가 전용면적 85제곱미터 이하의 1가구[주택 취득일 현재 세대별 주민등록표에 기재되어 있는 세대주와 그 세대원(배우자, 직계존속 또는 직계비속으로 한정한다)으로 구성된 가구를 말한다] 1주택자의 주택을 매입(주택지분의 일부를 매입하는 경우를 포함한다)하여 해당 주택의 양도인(이하 이 조에서 "양도인"이라 한다)에게 임대하되, 그 임대기간을 5년 이상으로 하는 계약

(2013. 5. 10. 신설)

나. 가목에 따른 임대기간 종료 후 양도인이 해당 주택을 우선적으로 재매입(임대기간 종료 이전이라도 양도인이 재매입하는 경우를 포함한다)할 수 있는 권리를 부여하는 계약 (2013. 5. 10. 신설)

2. 부동산투자회사와 한국토지주택공사 간의 계약 : 양도인이 제1호 나목에 따른 우선매입권을 행사하지 아니하는 경우 한국토지주택공사가 해당 주택의 매입을 확약하는 조건의 계약 (2013. 5. 10. 신설)

⑥ 한국토지주택공사가 「부동산투자회사법」 제2조 제1호 다목에 따른 기업구조조정부동산투자회사 또는 「자본시장과 금융투자업에 관한 법률」 제229조 제2호에 따른 부동산집합투자기구가 취득하는 것으로서 대통령령으로 정하는 주거용 건축물 및 그 부속토지를 매입하는 경우에는 2013년 12월 31일까지 취득세를 면제하고, 그 중 대통령령으로 정하는 규모의 주거용 건축물 및 그 부속토지를 임대하는 경우에는 2013년 12월 31일까지 재산세의 100분의 50을 경감한다. (2013. 5. 10. 항번개정)

⑥ 삭 제 (2014. 1. 1.)

⑦ 「부동산투자회사법」 제2조 제1호 다목에 따른 기업구조조정 부동산투자회사 또는 「자본시장과 금융투자업에 관한 법률」 제229조 제2호에 따른 부동산집합투자기구(집합투자재산의 100분의 80을 초과하여 같은 법 제229조 제2호에서 정한 부동산에 투자하는 같은 법 제9조 제19항 제2호에 따른 일반 사모집합투자기구를 포함한다. 이하 같다)가 2016년 12월 31일까지 「주택법」에 따

Note 2016. 12. 27. 개정 ☞ 제7항 감면 종료

예 판

【판례】 • 미분양 주택에 대한 감면적용 범위

분양되지 않은 주택을 임대나 전세를 주고 있는 상태에서 이를 최초 분양받은 경우에도 감면대상 미분양 주택으로 볼 수 있음. (광주고법 2010누1865,

른 사업주체로부터 직접 취득하는 미분양주택 및 그 부속토지(이하 이 항에서 "미분양주택등"이라 한다)에 대해서는 취득세의 100분의 50을 경감하고, 취득한 미분양주택등에 대한 재산세는 2016년 12월 31일까지 「지방세법」 제111조 제1항 제3호 나목의 세율에도 불구하고 1천분의 1을 적용하여 과세한다. (2021. 4. 20. 개정 ; 자본시장과~부칙)

취득(감면분만) 농특비

제35조 【주택담보노후연금보증 대상 주택에 대한 감면】 ① 「한국주택금융공사법」에 따른 연금보증을 하기 위하여 같은 법에 따라 설립된 한국주택금융공사와 같은 법에 따라 연금을 지급하는 금융회사가 같은 법 제9조 제1항에 따라 설치한 주택금융운영위원회가 같은 조 제2항 제5호에 따라 심의·의결한 연금보증의 보증기준에 해당되는 주택(「주택법」 제2조 제4호의 준주택 중 주거목적으로 사용되는 오피스텔을 포함한다. 이하 이 조에서 같다)을 담보로 하는 등기에 대하여 그 담보의 대상이 되는 주택을 제공하는 자가 등록면허세를 부담하는 경우에는 다음 각 호의 구분에 따라 등록면허세를 2027년 12월 31일까지 감면한다. (2024. 12. 31. 개정)

등록(감면분만) 농특비

1. 「지방세법」 제4조에 따른 시가표준액(이하 이 조에서 "시가표준액"이라 한다)이 5억원 이하인 주택으로서 대통령령으로 정하는 1가구 1주택(이하 이 조에서 "1가구 1주택"이라

Note 2024. 12. 31. 개정 ☞ 제1항 기한 연장 : 24년→27년
☞ 감면 축소 : 5억원 이하 1주택 등록면허 75% → 50%, 150만원 공제 한도
☞ 2021. 12. 28. 개정 ☞ 제1항 기한 연장 : 21년→24년
☞ 대상 : 주택+주거용오피스텔
☞ 2호 공제기준축소 : 400→300만원 등
2020. 1. 15. 개정 ☞ 제1항 기한 연장 : 19년→21년
☞ 제1호 신설 : 5억원 이하 주택, 등록 75%
☞ 제2호 신설 : 등록 400만원 이하 주택 75%, 등록 400만원 초과 주택 300만원까지 공제

편주

법 35조 1항의 개정규정은 2025. 1. 1. 이후 납세의무가 성립하는 경우부터 적용함. (법 부칙(2024. 12. 31.) 2조)

2011. 1. 13. : 내립확정)

예판

【예규】 · 주택담보노후연금 감면대상 주택에 오피스텔 포함 여부

주택금융공사법상 보증기준 대상주택에 오피스텔이 추가되었다고 하더라도 주거용 오피스텔은 지특법상 주택으로 볼 수 없어 등록면허세 감면대상에 해당하지 아니함. (지방세특례제도과-565, 2021. 3. 5.)

한다) 소유자의 주택을 담보로 하는 등기에 대해서는 등록면허세의 100분의 75를 경감한다. (2021. 12. 28. 개정)

1. 「지방세법」 제4조에 따른 시가표준액(이하 이 조에서 "시가표준액"이라 한다)이 5억원 이하인 주택으로서 대통령령으로 정하는 1가구 1주택(이하 이 조에서 "1가구 1주택"이라 한다) 소유자의 주택을 담보로 하는 등기에 대해서는 등록면허세의 100분의 50을 경감한다. (2024. 12. 31. 개정)
2. 제1호 외의 등기 : 다음 각 목의 구분에 따라 감면
   가. 등록면허세액이 300만원 이하인 경우에는 등록면허세의 100분의 75를 경감한다. (2021. 12. 28. 개정)
   가. 등록면허세액이 300만원 이하인 경우에는 등록면허세의 100분의 50을 경감한다. (2024. 12. 31. 개정)
   나. 등록면허세액이 300만원을 초과하는 경우에는 225만원을 공제한다. (2021. 12. 28. 개정)
   나. 등록면허세액이 300만원을 초과하는 경우에는 150만원을 공제한다. (2024. 12. 31. 개정)

② 제1항에 따른 주택담보노후연금보증을 위하여 담보로 제공된 주택(1가구 1주택인 경우로 한정한다)에 대해서는 다음 각 호의 구분에 따라 재산세를 2024년 12월 31일까지 감면한다. (2021. 12. 28. 개정)

② 제1항에 따른 주택담보노후연금보증을 위하여 담보로 제공된 주택(「한국주택금융공사법」 제2조 제8호의 2에 따른 신탁등기를 한 주택을 포함하며, 1가구 1주택인 경우로 한정한다)에 대해서는 다음 각 호의 구분에 따라

제16조 【주택담보노후연금보증 대상 주택의 1가구 1주택 범위】 ① 법 제35조 제1항 제1호에서 "대통령령으로 정하는 1가구 1주택"이란 과세기준일 현재 주택 소유자와 같은 세대별 주민등록표에 기재되어 있는 가족(동거인은 제외한다)으로 구성된 1가구(소유자의 배우자, 소유자의 미혼인 30세 미만의 직계비속은 각각 소유자와 같은 세대별 주민등록표에 기재되어 있지 않더라도 같은 가구에 속한 것으로 본다)가 국내에 1개의 주택을 소유하는 것을 말하며, 주택의 부속토지만을 소유하는 경우에도 주택을 소유한 것으로 본다. (2020. 1. 15. 개정)

② 제1항을 적용할 때 주택담보노후연금보증을 위해 담보로 제공하는 주택 외에 소유하고 있는 주택이 다음 각 호의 어느 하나에 해당하는 주택인 경우에는 그 주택을 소유하지 않는 것으로 본다. (2018. 12. 31. 신설)

1. 「국토의 계획 및 이용에 관한 법률」 제6조에 따른 도시지역(과세기준일 현재 도시지역을 말한다)이 아닌 지역에 건축되어 있거나 면의 행정구역(수도권은 제외한다)에 건축되어 있는 주택으로서 다음 각 목의 어느 하나에 해당하는 주택 (2018. 12. 31. 신설)
   가. 사용 승인 후 20년 이상 경과된 「건축법 시행령」 별표 1 제1호 가목에 따른 단독주택(이하 "단독주택"이라 한다) (2018. 12. 31. 신설)

재산세를 2027년 12월 31일까지 감면한다. (2024. 12. 31. 개정)

Note 2024. 12. 31. 개정 ☞ 제2항 기한 연장 : 24년→27년
☞ 감면대상 확대 : 저당권 설정 → 저당권 설정, 신탁계약
2021. 12. 28. 개정 ☞ 제2항 기한 연장 : 21년→24년
☞ 담보기준 : 주택공시가격등→시가표준액
2018. 12. 24. 개정 ☞ 제2항 기한 연장 : 18년→21년
2015. 12. 29. 개정 ☞ 제2항 기한 연장 : 15년→18년

편주
법 35조 2항의 개정규정은 2025. 1. 1. 이후 납세의무가 성립하는 경우부터 적용함. (법 부칙(2024. 12. 31.) 2조)

1. 시가표준액이 5억원 이하인 주택의 경우에는 재산세의 100분의 25를 경감한다. (2021. 12. 28. 개정)
2. 시가표준액이 5억원을 초과하는 경우에는 해당 연도 시가표준액이 5억원에 해당하는 재산세액의 100분의 25를 공제한다. (2021. 12. 28. 개정)

③ 「한국주택금융공사법」 제2조 제11호에 따른 금융기관으로부터 연금 방식으로 생활자금 등을 지급받기 위하여 장기주택저당대출에 가입한 사람이 담보로 제공하는 주택(1가구 1주택인 경우로 한정한다)에 대해서는 다음 각 호의 구분에 따라 재산세를 2021년 12월 31일까지 감면한다. (2020. 1. 15. 개정) 일몰

Note 2018. 12. 24. 개정 ☞ 제3항 기한 연장 : 18년→21년
2015. 12. 29. 개정 ☞ 제3항 기한 연장 : 15년→18년

나. 85제곱미터 이하인 단독주택 (2018. 12. 31. 신설)
다. 상속으로 취득한 주택 (2018. 12. 31. 신설)

2. 전용면적이 20제곱미터 이하인 주택. 다만, 전용면적이 20제곱미터 이하인 주택을 둘 이상 소유하는 경우는 제외한다. (2018. 12. 31. 신설)
3. 「문화재보호법」 제2조 제3항에 따른 지정문화재 또는 같은 법 제53조 제1항에 따른 국가등록문화재 (2020. 5. 26. 개정 ; 문화재보호법 시행령 부칙)
3. 「문화유산의 보존 및 활용에 관한 법률」에 따른 지정문화유산·국가등록문화유산 또는 「자연유산의 보존 및 활용에 관한 법률」에 따른 천연기념물등 (2024. 5. 7. 개정 ; 문화재~부칙)
3. 「문화유산의 보존 및 활용에 관한 법률」에 따른 지정문화유산, 「근현대문화유산의 보존 및 활용에 관한 법률」에 따른 국가등록문화유산 또는 「자연유산의 보존 및 활용에 관한 법률」에 따른 천연기념물등 (2024. 9. 10. 개정 ; 근현대문화유산~부칙)

1. 주택공시가격등이 5억원 이하인 주택의 경우에는 재산세의 100분의 25를 경감한다. (2013. 1. 1. 신설)
2. 주택공시가격등이 5억원을 초과하는 경우에는 해당 연도 주택공시가격등이 5억원에 해당하는 재산세액의 100분의 25를 공제한다. (2013. 1. 1. 신설)

제35조의 2【농업인의 노후생활안정자금대상 농지에 대한 감면】「한국농어촌공사 및 농지관리기금법」 제24조의 5에 따른 노후생활안정자금을 지원받기 위하여 담보로 제공된 농지에 대해서는 다음 각 호의 구분에 따라 재산세를 2027년 12월 31일까지 감면한다. (2024. 12. 31. 개정)

Note 2024. 12. 31 개정 ☞ 기한 연장 : 24년→27년
2021. 12. 28. 개정 ☞ 기한 연장 : 21년→24년
2018. 12. 24. 개정 ☞ 기한 연장 : 18년→21년
2015. 12. 29. 개정 ☞ 기한 연장 : 15년→18년

1. 「지방세법」 제4조 제1항에 따라 공시된 가액 또는 시장·군수가 산정한 가액(이하 이 조에서 "토지공시가격등"이라 한다)이 6억원 이하인 농지의 경우에는 재산세를 면제한다. (2013. 1. 1. 신설)
2. 토지공시가격등이 6억원을 초과하는 경우에는 해당 연도 토지공시가격등이 6억원에 해당하는 재산세액의 100분의 100을 공제한다. (2013. 1. 1. 신설)

제35조의 3【임차인의 전세자금 마련 지원을 위한 주택담보대출 주택에 대한 재산세액 공제】 ① 재산세 과세기준일 현재 임대인과 임차인 간에 임대차계약을 체결하고 임대주택으로 사용하는 경우로서 그 주택을 보유한 자에 대해서는 다음 각 호에서 정하는 요건을 모두 충족하는 경우 「지방세법」 제111조 제1항 제3호 나목의 세율을 적용하여 산출한 재산세액에서 주택담보대출금액의 100분의 60에 1천분의 1을 적용하여 산출한 세액을 2016년 12월 31일까지 공제한다. 다만, 임대차계약 기간 동안 다음 각 호의 요건 중 어느 하나를 위반하는 경우 공제된 재산세액을 추징한다. (2015. 12. 29. 개정)

1. 임차인이 계약일 현재 무주택세대주이면서 직전 연도 소득(그 배우자의 소득을 포함한다)이 6천만원 이하인 경우 (2013. 8. 6. 신설)
2. 임차주택의 전세보증금이 2억원(수도권은 3억원) 이하인 경우 (2013. 8. 6. 신설)
3. 주택담보대출금액이 3천만원(수도권은 5천만원) 이하인 경우 (2013. 8. 6. 신설)
4. 제2호에 따른 전세보증금의 전부 또는 일부를 임대인의 주택담보대출로 조달하고 그 대출이자는 임차인이 부담하는 방식으로 하고, 국토교통부장관이 정하는 임대차계약서 서식에 따라 「금융실명거래 및 비밀보장에 관한 법률」 제2조 제1호에 따른 금융회사등(이

Note 2016. 12. 27. 개정 ☞ 제1항 및 제2항 감면 종료

하 이 조에서 "금융회사 등"이라 한다)과 주택담보대출 계약을 체결하는 경우 (2013. 8. 6. 신설)
5. 금융회사등이 취급하는 주택담보대출로서 목돈 안드는 전세대출임이 표시된 통장으로 거래하는 경우 (2013. 8. 6. 신설)

② 제1항에 따라 재산세액을 공제하는 경우에는 산출한 재산세액 중 공제되는 세액이 차지하는 비율(백분율로 계산한 비율이 소수점 이하일 경우에는 절상한다)에 해당하는 부분 만큼을 재산세 감면율로 본다. (2013. 8. 6. 신설)

③ 제1항을 적용할 때 무주택세대주 및 직전 연도 소득을 확인하는 방법은 제36조의 2 제4항에 따라 행정안전부장관이 정하는 기준을 준용한다. (2017. 7. 26. 직제개정 ; 정부조직법 부칙)

제36조【무주택자 주택공급사업 지원을 위한 감면】 「공익법인의 설립·운영에 관한 법률」에 따라 설립된 공익법인으로서 대통령령으로 정하는 법인이 무주택자에게 분양할 목적으로 취득하는 주택건축용 부동산에 대해서는 취득세를, 과세기준일 현재 그 업무에 직접 사용하는 부동산에 대해서는 재산세(「지방세법」 제112조에 따른 부과액을 포함한다)를 각각 2027년 12월 31일까지 면제한다. 다만, 그 취득일부터 2년 이내에 정당한 사유 없이 주택건축을 착공하지 아니하거나 다른 용도에

제17조【공익법인의 범위】 법 제36조 본문에서 "대통령령으로 정하는 법인"이란 「주택법」 제4조 제1항 제4호를 적용받는 사단법인 한국사랑의집짓기운동연합회를 말한다. (2016. 8. 11. 개정 ; 주택법 시행령 부칙)

제17조【공익법인의 범위】 법 제36조 본문에서 "대통령령으로 정하는 법인"이란 「주택법」 제4조 제1항 제4호를 적용받는 사단법인 한국해비타트를 말한다. (2024. 12. 31. 개정)

Note 2024. 12. 31. 개정 ☞ 기한 연장 : 24년→27년
2021. 12. 28. 개정 ☞ 기한 연장 : 21년→24년
2018. 12. 24. 개정 ☞ 기한 연장 : 18년→21년
2015. 12. 29. 개정 ☞ 기한 연장 : 15년→18년

사용하는 경우 그 해당 부분에 대해서는 면제된 취득세를 추징한다. (2024. 12. 31. 개정) 취득(감면분만) 농특비

제36조의 2【생애최초 주택 구입 신혼부부에 대한 취득세 경감】 ① 혼인한 날(「가족관계의 등록 등에 관한 법률」에 따른 혼인신고일을 기준으로 한다)부터 5년 이내인 사람과 주택 취득일부터 3개월 이내에 혼인할 예정인 사람(이하 이 조에서 "신혼부부"라 한다)으로서 다음 각 호의 요건을 갖춘 사람이 거주할 목적으로 주택(「지방세법」 제11조 제1항 제8호에 따른 주택을 말한다. 이하 이 조에서 같다)을 유상거래(부담부증여는 제외한다)로 취득한 경우에는 취득세의 100분의 50을 2020년 12월 31일까지 경감한다. (2020. 1. 15. 개정) 취득 농특비 일몰

1. 주택 취득일 현재 신혼부부로서 본인과 배우자(배우자가 될 사람을 포함한다. 이하 이 조에서 같다) 모두 주택 취득일까지 주택을 소유한 사실이 없을 것. 이 경우 본인 또는 배우자가 주택 취득 당시 대통령령으로 정하는 주택을 소유하였거나 소유하고 있는 경우에는 주택을 소유한 사실이 없는 것으로 본다. (2018. 12. 24. 신설)
2. 주택 취득 연도 직전 연도의 신혼부부의 합산 소득이 7천만원(「조세특례제한법」 제100조의 3 제5항 제2호 가목에 따른 홑벌이 가구는 5천만원)을 초과하지 아

Note 2020. 1. 15. 개정 ☞ 제1항 기한 연장 : 19년→20년

제17조의 2【생애최초 주택 구입 신혼부부 취득세 감면대상이 되는 주택의 범위 등】 ① 법 제36조의 2 제1항 제1호 후단에서 "대통령령으로 정하는 주택을 소유하였거나 소유하고 있는 경우"란 다음 각 호의 어느 하나에 해당하는 경우를 말한다. (2018. 12. 31. 신설)

1. 상속으로 주택의 공유지분을 소유(주택 부속토지의 공유지분만을 소유하는 경우를 포함한다)하였다가 그 지분을 모두 처분한 경우 (2018. 12. 31. 신설)
2. 「국토의 계획 및 이용에 관한 법률」 제6조에 따른 도시지역(취득일 현재 도시지역을 말한다)이 아닌 지역

니할 것 (2018. 12. 24. 신설)

3. 「지방세법」(법률 제18655호로 개정되기 전의 것을 말한다) 제10조에 따른 취득 당시의 가액이 3억원(「수도권정비계획법」 제2조 제1호에 따른 수도권은 4억원으로 한다) 이하이고 전용면적이 60제곱미터 이하인 주택을 취득할 것 (2021. 12. 28. 개정)

② 제1항에 따라 취득세를 경감받은 사람이 다음 각 호의 어느 하나에 해당하는 경우에는 경감된 취득세를 추징한다. (2018. 12. 24. 신설)

1. 혼인할 예정인 신혼부부가 주택 취득일부터 3개월 이내에 혼인하지 아니한 경우 (2018. 12. 24. 신설)
2. 주택을 취득한 날부터 3개월 이내에 대통령령으로 정하는 1가구 1주택이 되지 아니한 경우 (2018. 12. 24. 신설)
3. 정당한 사유 없이 취득일부터 3년 이내에 경감받은 주택을 매각·증여하거나 다른 용도(임대를 포함한다)로 사용하는 경우 (2018. 12. 24. 신설)

③ 제1항을 적용할 때 신혼부부의 직전 연도 합산 소득은 신혼부부의 소득을 합산한 것으로서 급여·상여 등 일체의 소득을 합산한 것으로 한다. (2018. 12. 24. 신설)

④ 제1항 및 제3항을 적용할 때 신혼부부의 직전 연도 소득 및 주택 소유사실 확인 등에 관한 세부적인 기준은 행정안전부장관이 정하여 고시한다. (2018. 12. 24. 신설)

⑤ 행정안전부장관 또는 지방자치단체의 장은 제3항에 따른 신혼부부 합산소득의 확인을 위하여 필요한 자료

에 건축되어 있거나 면의 행정구역(수도권은 제외한다)에 건축되어 있는 주택으로서 다음 각 목의 어느 하나에 해당하는 주택을 소유한 자가 그 주택 소재지역에 거주하다가 다른 지역(해당 주택 소재지역인 특별시·광역시·특별자치시·특별자치도 및 시·군 이외의 지역을 말한다)으로 이주한 경우. 이 경우 그 주택을 감면대상 주택 취득일 전에 처분했거나 감면대상 주택 취득일부터 3개월 이내에 처분한 경우로 한정한다. (2018. 12. 31. 신설)

가. 사용 승인 후 20년 이상 경과된 단독주택 (2018. 12. 31. 신설)

나. 85제곱미터 이하인 단독주택 (2018. 12. 31. 신설)

다. 상속으로 취득한 주택 (2018. 12. 31. 신설)

3. 전용면적 20제곱미터 이하인 주택을 소유하고 있거나 처분한 경우. 다만, 전용면적 20제곱미터 이하인 주택을 둘 이상 소유했거나 소유하고 있는 경우는 제외한다. (2018. 12. 31. 신설)
4. 취득일 현재 「지방세법」 제4조 제2항에 따라 산출한 시가표준액이 100만원 이하인 주택을 소유하고 있거나 처분한 경우 (2018. 12. 31. 신설)

② 법 제36조의 2 제2항 제2호에서 "대통령령으로 정하는 1가구 1주택"이란 주택 취득자와 같은 세대별 주민등록표에 기재되어 있는 가족(동거인은 제외한다)으로 구성된 1가구(취득자의 배우자, 취득자의 미혼인 30세 미

의 제공을 관계 기관의 장에게 요청할 수 있다. 이 경우 요청을 받은 관계 기관의 장은 특별한 사유가 없으면 이에 따라야 한다. (2018. 12. 24. 신설)

예판

【조심판례】 쟁점주택의 취득일 이전에 이미 혼인신고를 한 것으로 확인되는 이상 주택 취득일부터 60일 이내에 혼인을 하는 경우에 해당되지 아니하므로 생애최초 주택 취득에 따른 면제 요건을 충족한 것으로 볼 수는 없음. (조심 2015지452, 2015. 6. 26.)

제36조의 3【생애최초 주택 구입에 대한 취득세 감면】 ① 주택 취득일 현재 본인 및 배우자(「가족관계의 등록 등에 관한 법률」에 따른 가족관계등록부에서 혼인이 확인되는 외국인 배우자를 포함한다. 이하 이 조 및 제36조의 5에서 같다)가 주택(「지방세법」 제11조 제1항 제8호에 따른 주택을 말한다. 이하 이 조 및 제36조의 5에서 같다)을 소유한 사실이 없는 경우로서 「지방세법」 제10조의 3에 따른 취득 당시의 가액(이하 이 조에서 "취득당시가액"이라 한다)이 12억원 이하인 주택을 유상거래(부담부증여는 제외한다)로 취득하는 경우에는 다음 각 호의 구분에 따라 2025년 12월 31일까지 지방세를 감면(이 경우 「지방세법」 제13조의 2의 세율을 적용하지 아니한다)한다. 다만, 취득자가 미성년자인 경우는 제외한다. (2024. 12. 31. 개정)

1. 「지방세법」 제11조 제1항 제8호의 세율을 적용하여 산출한

만의 직계비속은 각각 취득자와 같은 세대별 주민등록표에 기재되어 있지 않더라도 같은 가구에 속한 것으로 본다)가 국내에 1개의 주택을 소유하는 것을 말하며, 주택의 부속토지만을 소유하는 경우에도 주택을 소유한 것으로 본다. (2018. 12. 31. 신설)

☞ **Note** 2024. 12. 31 개정 ☞ 제1항 감면대상 구분 : 소형 vs 소형외 주택
☞ 세액 한도 : 소형주택 → 취득 300만원, 소형외 주택 → 취득 200만원
2023. 3. 14. 개정 ☞ 제1항 기한 연장 : 23년 → 25년
2021. 12. 28. 개정 ☞ 제1항 기한 연장 : 21년 → 23년

편주

법 36조의 3 제1항의 개정규정은 2025. 1. 1. 이후 납세의무가 성립하는 경우부터 적용함. (법 부칙(2024. 12. 31.) 2조)

예판

【예규】 • ① 임대인과 임차인이 협의하여 임대차 계약 갱신을 한 후 임차인이 규정에 따라 계약해지를 통지 하였다면 통지 이후 3개월이 지난 시점이 갱신된 임대차 계약의 만료 시점이 될 것으로 판단됨 ② 임차권등기 시에는 주소를 유지하지 않더라도 보증금 채권을 확보할 수 있게 되므로 그 시점이 3개월 이내에 상시거주 의무 유예기간의 기산점으로 봄이 타당함(지방세특례제도과

☞ 예판

【조심판례】 「지방세특례제한법」 제36조의 3 제1항은 무주택 가구의 주거 안정을 위해 세대주나 그 세대원이 생애 최초로 주택을 취득하는 경우 혼인여부나 연령에 관계없이 취득세를 감면하고자 신설한 것인 점 등에 비추어 처분청이 이건 전입신고일이 아닌 신고수리일에 세대를 분가한 것으로 보는 것은 부당함. (조심 2021지2368, 2021. 10. 12.)

【예규】 • **생애최초 취득 감면 추징규정 적용 지침** (지방세특례제도과-2463, 2021. 11. 5.)

1. (시점기준(1호·2호)) 주택 취득일부터 3개월이 경과하는 종기시점 기준으로 실거주 및 1가구1주택 요건을 충족하여야 함.
   - 3개월의 다음날부터 다른 곳으로

취득세액(이하 이 조 및 제36조의 5에서 "산출세액"이라 한다)이 200만원 이하인 경우에는 취득세를 면제한다. (2023. 12. 29. 개정)

1. 다음 각 목의 어느 하나에 해당하는 주택에 대해서는 「지방세법」 제11조 제1항 제8호의 세율을 적용하여 산출한 취득세액(이하 이 조 및 제36조의 5에서 "산출세액"이라 한다)이 300만원 이하인 경우에는 취득세를 면제하고, 산출세액이 300만원을 초과하는 경우에는 산출세액에서 300만원을 공제한다. (2024. 12. 31. 개정)
   가. 전용면적이 60제곱미터 이하이고 취득당시가액이 3억원(수도권은 6억원으로 한다) 이하인 공동주택(아파트는 제외한다) (2024. 12. 31. 개정)
   나. 전용면적이 60제곱미터 이하이고 취득당시가액이 3억원(수도권은 6억원으로 한다) 이하인 「주택법」 제2조 제20호에 따른 도시형 생활주택 (2024. 12. 31. 개정)
   다. 취득당시가액이 3억원(수도권은 6억원으로 한다) 이하인 「주택법」 제2조 제2호에 따른 단독주택 중 다가구주택으로서 「건축법」 제38조에 따른 건축물대장에 호수별로 전용면적이 구분되어 기재되어 있는 다가구주택(전용면적이 60제곱미터 이하인 호수 부분으로 한정한다) (2024. 12. 31. 개정)
2. 산출세액이 200만원을 초과하는 경우에는 산출세액에서

-348(2023. 10. 16.)

• 상속으로 단독주택의 토지를 제외한 건축물(소유비분 100%)만을 취득하는 경우, 「지방세특례제한법」 제36조의 3 제3항 제1호에 '주택을 소유한 사실이 없는 경우'로 해당한다고 보기 어려움(지방세특례제도과-349, 2023. 10. 16.)

* 상속으로 주택의 공유지분을 소유(주택 부속토지의 공유지분만을 소유하는 경우 포함)하였다가 그 지분을 모두 처분한 경우

전입하거나, 2주택이 되는 경우 감면 유지미

2. (산정기준(3호)) 상시거주 기간 3년 미만인 상태에서 다른 곳으로 전출 후 다시 전입한 경우* 다시 전입한 날로부터 3년 상시거주 기간을 산정
   - 재전입 후 실거주 3년 이내 매각, 증여 및 他용도 사용시 추징

   * 직장 이전 등으로 인한 경우로 해당 부동산을 다른 용도로 사용하지 않음을 전제

   ※ 멸실되어 재건축한 주택인 경우 멸실되기 전과 재건축한 주택의 거주기간은 합산

200만원을 공제한다. (2023. 3. 14. 개정)

2. 제1호 외의 주택에 대해서는 산출세액이 200만원 이하인 경우에는 취득세를 면제하고, 산출세액이 200만원을 초과하는 경우에는 산출세액에서 200만원을 공제한다. (2024. 12. 31. 개정)

상한/취득 200만원↑, 85%(20. 7. 10.부터)

② 2인 이상이 공동으로 주택을 취득하는 경우에는 해당 주택에 대한 제1항에 따른 총 감면액은 200만원 이하로 한다. (2023. 3. 14. 개정)

② 2인 이상이 공동으로 주택을 취득하는 경우에는 해당 주택에 대한 제1항 제1호에 따른 총 감면액은 300만원 이하로 하고, 제1항 제2호에 따른 총 감면액은 200만원 이하로 한다. (2024. 12. 31. 개정)

③ 제1항에서 "주택을 소유한 사실이 없는 경우"란 다음 각 호의 어느 하나에 해당하는 경우를 말한다. (2021. 12. 28. 개정)

1. 상속으로 주택의 공유지분을 소유(주택 부속토지의 공유지분만을 소유하는 경우를 포함한다)하였다가 그 지분을 모두 처분한 경우 (2020. 8. 12. 신설)

2. 「국토의 계획 및 이용에 관한 법률」 제6조에 따른 도시지역(취득일 현재 도시지역을 말한다)이 아닌 지역에 건축되어 있거나 면의 행정구역(수도권은 제외한다)에 건축되어 있는 주택으로서 다음 각 목의 어느 하나에 해당하는 주택을 소유한 자가 그 주택 소재지역에 거주하다가 다른 지역(해당 주택 소재지역인 특별시·광역시·특별자치시·특별자치도 및 시·군

Note 2024. 12. 31 개정 ☞ 제2항 감면대상 구분 : 소형 vs 소형외 주택
☞ 세액 한도 : 소형주택 → 취득 300만원, 소형외 주택 → 취득 200만원

편주

법 36조의 3 제2항의 개정규정은 2025. 1. 1. 이후 납세의무가 성립하는 경우부터 적용함. (법 부칙(2024. 12. 31.) 2조)

이외의 지역을 말한다)으로 이주한 경우. 이 경우 그 주택을 감면대상 주택 취득일 전에 처분했거나 감면대상 주택 취득일부터 3개월 이내에 처분한 경우로 한정한다. (2020. 8. 12. 신설)

2. 「국토의 계획 및 이용에 관한 법률」 제6조에 따른 도시지역(취득일 현재 도시지역을 말한다)이 아닌 지역에 건축되어 있거나 면의 행정구역(수도권은 제외한다)에 건축되어 있는 주택으로서 다음 각 목의 어느 하나에 해당하는 주택을 소유한 자가 그 주택 소재지역에 거주하다가 다른 지역[해당 주택 소재지역인 특별시 · 광역시 · 특별자치시 · 특별자치도(관할 구역 안에 지방자치단체인 시 · 군이 없는 특별자치도를 말한다) 및 시 · 군 이외의 지역을 말한다]으로 이주한 경우. 이 경우 그 주택을 감면대상 주택 취득일 전에 처분했거나 감면대상 주택 취득일부터 3개월 이내에 처분한 경우로 한정한다. (2024. 12. 31. 개정)
   가. 사용 승인 후 20년 이상 경과된 단독주택 (2020. 8. 12. 신설)
   나. 85제곱미터 이하인 단독주택 (2020. 8. 12. 신설)
   다. 상속으로 취득한 주택 (2020. 8. 12. 신설)

3. 전용면적 20제곱미터 이하인 주택을 소유하고 있거나 처분한 경우. 다만, 전용면적 20제곱미터 이하인 주택을 둘 이상 소유했거나 소유하고 있는 경우는 제외한다. (2020. 8. 12. 신설)

4. 취득일 현재 「지방세법」 제4조 제2항에 따라 산출한

시가표준액이 100만원 이하인 주택을 소유하고 있거나 처분한 경우 (2020. 8. 12. 신설)

5. 제36조의 4 제1항에 따라 전세사기피해주택을 소유하고 있거나 처분한 경우 (2023. 6. 1. 신설)
6. 제1항 제1호 각 목의 주택 중 취득당시가액이 2억원(수도권은 3억원으로 한다) 이하이고 임차인으로서 1년 이상 상시 거주(「주민등록법」에 따른 전입신고를 하고 계속하여 거주하는 것을 말한다)한 주택을 2024년 1월 1일부터 2025년 12월 31일까지의 기간 중에 취득하여 제1항에 따른 감면을 받은 경우. 다만, 제4항에 따라 추징된 경우는 제외한다. (2024. 12. 31. 신설)

④ 제1항에 따라 취득세를 감면받은 사람이 다음 각 호의 어느 하나에 해당하는 경우에는 감면된 취득세를 추징한다. (2020. 8. 12. 신설)

1. 대통령령으로 정하는 정당한 사유 없이 주택을 취득한 날부터 3개월 이내에 상시 거주(취득일 이후 「주민등록법」에 따른 전입신고를 하고 계속하여 거주하거나 취득일 전에 같은 법에 따른 전입신고를 하고 취득일부터 계속하여 거주하는 것을 말한다. 이하 이 조 및 제36조의 5에서 같다)를 시작하지 아니하는 경우 (2023. 12. 29. 개정)
2. 주택을 취득한 날부터 3개월 이내에 추가로 주택을 취득(주택의 부속토지만을 취득하는 경우를 포함한다)하는 경우. 다만, 상속으로 인한 추가 취득은 제외

예판

【예규】 • 협의이혼에 따른 재산분할을 원인으로 해당 주택 소유권을 전 배우자에게 이전한 경우 감면된 취득세를 추징하기는 어려울 것임(지방세특례제도과-425, 2023. 10. 19.)

• **생애최초 취득세 감면 후 배우자에게 지분 증여시 추징범위** 생애 최초로 주택을 취득하여 취득세를 감면받은 후 상시주거 3년 미만인 상태에서 그 배우자에게 지분 50%를 증여한 경우, 일부 지분을 그 배우자에게 증여한 이후에도 여전히 상시 거주 등 감면요건을 충족하는 경우에는 그 증여한 부분에 한정하여 추징하여야 할 것임. (지방세특례제도과-1007, 2021. 4. 30.)

제17조의 3【상시 거주 지연의 정당한 사유】 법 제36조의 3 제4항 제1호에서 "대통령령으로 정하는 정당한 사유"란 다음 각 호의 어느 하나에 해당하는 경우를 말한다. (2021. 12. 31. 신설)

1. 기존 거주자의 퇴거가 지연되어 주택을 취득한 자가 법원에 해당 주택의 인도명령을 신청하거나 인도소송을 제기한 경우 (2021. 12. 31. 신설)
2. 주택을 취득한 자가 기존에 거주하던 주택에 대한 임대차 기간이 만료되었으나 보증금 반환이 지연되어 대항력을 유지하기 위하여 기존 거주지에 「주민등록

한다. (2021. 12. 28. 개정)

3. 해당 주택에 상시 거주한 기간이 3년 미만인 상태에서 해당 주택을 매각·증여(배우자에게 지분을 매각·증여하는 경우는 제외한다)하거나 다른 용도(임대를 포함한다)로 사용하는 경우 (2021. 12. 28. 개정)

⑤ 제3항을 적용할 때 무주택자 여부 등을 확인하는 세부적인 기준은 행정안전부장관이 정하여 고시한다. (2023. 3. 14. 개정)

⑥ 행정안전부장관 또는 지방자치단체의 장은 제2항에 따른 합산소득의 확인을 위하여 필요한 자료의 제공을 관계 기관의 장에게 요청할 수 있다. 이 경우 요청을 받은 관계 기관의 장은 특별한 사유가 없으면 이에 따라야 한다. (2020. 8. 12. 신설)

⑥ 삭 제 (2023. 3. 14.)

제36조의 4【전세사기피해자 지원을 위한 감면】

①「전세사기피해자 지원 및 주거안정에 관한 특별법」에 따른 전세사기피해자(이하 이 조에서 "전세사기피해자"라 한다)가 같은 법에 따른 전세사기피해주택(이하 이 조에서 "전세사기피해주택"이라 한다)을 취득하는 경우에는 다음 각 호의 구분에 따라 2026년 12월 31일까지 취득세를 감면한다. (2023. 6. 1. 신설)

1.「지방세법」에 따라 산출한 취득세액(이하 이 조에서 "산출세액"이라 한다)이 200만원 이하인 경우에는 취득세를 면제한다. (2023. 6. 1. 신설)

법」에 따른 주소를 유지하는 경우(「주택임대차보호법」 제3조의 3에 따른 임차권등기가 이루어진 경우는 제외한다) (2021. 12. 31. 신설)

3. 주택을 취득한 사람이「주택임대차보호법」 제3조 제4항에 따라 임대인의 지위를 승계한 경우로서 해당 주택의 임대차계약(같은 법 제6조 및 제6조의 3에 따라 임대차계약이 갱신된 경우를 포함한다)에 따른 임차인이 그 주택에 계속 거주하고 있는 경우(해당 주택의 취득일을 기준으로 남아 있는 임대차기간이 1년 이내인 경우로 한정한다) (2023. 5. 16. 신설)

Note 2023. 6. 1. 개정 ☞ 제1항 신설 : 취득 200만원 한도, 26년

예판

【예규】 다가구주택 중 일부 호만 전세사기 피해주택인 경우 취득세 감면 적용

전세사기피해자등 결정문에서 다가구주택의 일부인 특정 호만 전세사기 피해주택으로 기재되어 있다면 다가구주택 전체가 아니라 해당 특정 호만 취득세 감면대상에 해당됨. (지방세특례제도과-1042, 2024. 5. 2.)

2. 산출세액이 200만원을 초과하는 경우에는 산출세액에서 200만원을 공제한다. (2023. 6. 1. 신설)

② 전세사기피해자가 전세사기피해주택을 보유하고 있는 경우에는 재산세 납세의무가 최초로 성립하는 날부터 3년간 다음 각 호에서 정하는 바에 따라 재산세를 경감한다. (2023. 6. 1. 신설)

1. 전용면적 60제곱미터 이하인 전세사기피해주택에 대해서는 재산세의 100분의 50을 경감한다. (2023. 6. 1. 신설)
2. 전용면적 60제곱미터 초과인 전세사기피해주택에 대해서는 재산세의 100분의 25를 경감한다. (2023. 6. 1. 신설)

③ 전세사기피해자가 본인의 임차권 보호를 위하여 신청한 임차권등기명령의 집행에 따른 임차권등기에 대해서는 등록면허세를 2026년 12월 31일까지 면제한다. (2023. 6. 1. 신설)

④「공공주택 특별법」 제4조에 따른 공공주택사업자가「전세사기피해자 지원 및 주거안정에 관한 특별법」 제25조 제4항에 따라 전세사기피해주택을 취득하는 경우에는 해당 전세사기피해주택에 대한 취득세의 100분의 50을 2026년 12월 31일까지 경감한다. (2024. 9. 10. 개정 ; 전세사기~부칙)

제36조의 5【출산 · 양육을 위한 주택 취득에 대한 취득세 감면】 ① 2025년 12월 31일까지 자녀를 출산한

Note 2023. 6. 1. 개정 ☞ 제2항 신설 (3년간)재산 25~50%

Note 2023. 6. 1. 개정 ☞ 제3항 신설, 등록 100%, 26년

Note 2023. 6. 1. 개정 ☞ 제4항 신설, 취득 50%, 26년

Note 2023. 12. 29. 개정 ☞ 조문 신설 : 취득 500만원 한도, 25년

부모(미혼모 또는 미혼부를 포함한다)가 해당 자녀와 상시 거주할 목적으로 출산일부터 5년 이내에 「지방세법」 제10조에 따른 취득 당시의 가액이 12억원 이하인 1주택을 취득하는 경우(출산일 전 1년 이내에 주택을 취득한 경우를 포함한다)로서 다음 각 호의 요건을 모두 충족하는 경우에는 그 산출세액이 500만원 이하인 경우에는 취득세를 면제하고, 500만원을 초과하는 경우에는 산출세액에서 500만원을 공제한다. (2023. 12. 29. 신설)

1. 가족관계등록부에서 자녀의 출생 사실이 확인될 것 (2023. 12. 29. 신설)
2. 해당 주택이 대통령령으로 정하는 1가구 1주택에 해당할 것(해당 주택을 취득한 날부터 3개월 이내에 1가구 1주택이 되는 경우를 포함한다) (2023. 12. 29. 신설)

② 제1항에 따라 취득세를 감면받은 사람이 다음 각 호의 어느 하나에 해당하는 경우에는 감면된 취득세를 추징한다. (2023. 12. 29. 신설)

1. 대통령령으로 정하는 정당한 사유 없이 주택의 취득일(출산일 전에 취득한 경우에는 출산일)부터 3개월 이내에 해당 자녀와 상시 거주를 시작하지 아니하는 경우 (2023. 12. 29. 신설)
2. 해당 자녀와의 상시 거주 기간이 3년 미만인 상태에서 주택을 매각 · 증여(배우자에게 지분을 매각 · 증여하는 경우는 제외한다)하거나 다른 용도(임대를 포함한다)로 사용하는 경우 (2023. 12. 29. 신설)

편주

① 법 36조의 5 제1항의 개정규정은 2024. 1. 1. 이후 자녀를 출산한 경우로서 해당 자녀의 부모가 1주택을 취득하는 경우부터 적용함. (법 부칙(2023. 12. 29.) 5조 1항)

② 위 1항에도 불구하고 법 36조의 5 제1항의 개정규정 중 자녀의 출산일 전 1년 이내에 주택을 취득한 부분에 대한 개정규정은 2024. 1. 1. 이후 취득하는 1주택의 경우부터 적용함. (법 부칙(2023. 12. 29.) 5조 2항)

제17조의 4【출산 · 양육을 위한 주택 취득세 감면 요건 및 추징 예외 사유】 ① 법 제36조의 5 제1항 제2호에서 "대통령령으로 정하는 1가구 1주택"이란 주택 취득자와 같은 세대별 주민등록표에 기재되어 있는 가족(동거인은 제외한다)으로 구성된 1가구(취득자의 배우자, 취득자의 미혼인 30세 미만의 직계비속은 각각 취득자와 같은 세대별 주민등록표에 기재되어 있지 않더라도 같은 가구에 속한 것으로 본다)가 국내에 1개의 주택을 소유하는 것을 말한다. 이 경우 주택의 부속토지만을 소유하고 있는 경우에도 주택을 소유한 것으로 본다. (2023. 12. 29. 신설)

② 법 제36조의 5 제2항 제1호에서 "대통령령으로 정하는 정당한 사유"란 제17조의 3 각 호의 어느 하나에 해당하는 경우를 말한다. (2023. 12. 29. 신설)

제37조【국립대병원 등에 대한 감면】 (2018. 12. 24. 제목개정)

① 다음 각 호의 법인이 고유업무에 직접 사용하기 위하여 취득하는 부동산에 대해서는 취득세의 100분의 50(감염병전문병원의 경우에는 100분의 60)을, 과세기준일 현재 그 고유업무에 직접 사용하는 부동산에 대해서는 재산세의 100분의 50(감염병전문병원의 경우에는 100분의 60)을 2027년 12월 31일까지 각각 경감한다. (2024. 12. 31. 개정)

취득(감면분만) 농특비 일몰

1. 「서울대학교병원 설치법」에 따라 설치된 서울대학교병원
2. 「서울대학교치과병원 설치법」에 따라 설치된 서울대학교치과병원
3. 「국립대학병원 설치법」에 따라 설치된 국립대학병원
4. 「암관리법」에 따라 설립된 국립암센터 (2010. 5. 31. 개정 ; 암관리법 부칙)
5. 「국립중앙의료원의 설립 및 운영에 관한 법률」에 따라 설립된 국립중앙의료원 (2010. 12. 27. 신설)
6. 「국립대학치과병원 설치법」에 따라 설립된 국립대학치과병원 (2014. 1. 1. 신설)
7. 「방사선 및 방사성동위원소 이용진흥법」에 따라 설립된 한국원자력의학원 (2020. 1. 15. 신설)

② 제1항 각 호의 법인이 2021년 1월 1일부터 2021년 12월 31일까지 취득하는 부동산에 대해서는 다음 각 호의 구분에 따

예판

【예규】 과세기준일 현재 의료업용도로 건축물 일부분을 "증축" 중에 있다면 기존 건축물(대수선·용도변경) 부분을 제외한 증축 중인 건물분의 부속토지에 한해서는 재산세 감면대상 토지에 해당한다고 사료됨. (지방세운영과-3715, 2011. 8. 3.)

Note 2024. 12. 31. 개정 ☞ 제1항 기한 연장 : 24년→27년
2021. 12. 28. 개정 ☞ 제1항 기한 연장 : 21년→24년
☞ 취득·재산 50%(감염병전문병원 60%)
☞ 재산 감면 제한기간(5년) 삭제, 제2항 삭제
2018. 12. 24. 개정 ☞ 제1항 신설 및 기한 연장 : 18년→20년

편주

법 37조 1항 7호의 개정규정에 따른 한국원자력의학원이 그 고유업무에 직접 사용하기 위하여 2020. 12. 31.까지 취득하는 부동산으로서 2021. 1. 1. 당시 그 부동산에 대한 재산세 납세의무가 최초로 성립한 날부터 5년이 지나지 아니한 부동산에 대해서는 해당 부동산 취득일 이후 해당 부동산에 대한 재산세 납세의무가 최초로 성립한 날부터 5년간 재산세의 50%를 2021. 1. 1.부터 경감(과세기준일 현재 그 고유업무에 직접 사용하고 있지 아니하는 경우는 제외)함. 이 경우 재산세의 경감기간은 2021. 1. 1.을 기준으로 해당 부동산에 대한 재산세 납세의무가 최초로 성립한 날부터 5년이 지나지 아니한 잔여기간으로 함. (법 부칙(2020. 1. 15.) 9조)

Note 2020. 1. 15. 개정 ☞ 제7호 한국원자력의학원 신설

Note 2018. 12. 24. 개정 ☞ 제2항 신설 및 기한 연장 : 21년

라 취득세 및 재산세를 각각 경감한다. (2018. 12. 24. 신설)

1. 그 고유업무에 직접 사용하기 위하여 취득하는 부동산에 대해서는 취득세의 100분의 50을 경감한다. (2018. 12. 24. 신설)
2. 해당 부동산 취득일 이후 해당 부동산에 대한 재산세 납세의무가 최초로 성립한 날부터 5년간 재산세의 100분의 50을 경감(과세기준일 현재 그 고유업무에 직접 사용하고 있지 아니하는 경우는 제외한다)한다. (2018. 12. 24. 신설)

② 삭 제 (2021. 12. 28.)

제38조【의료법인 등에 대한 과세특례】 ①「의료법」 제48조에 따라 설립된 의료법인이 의료업에 직접 사용하기 위하여 취득하는 부동산에 대해서는 취득세를, 과세기준일 현재 의료업에 직접 사용하는 부동산에 대해서는 재산세를 다음 각 호에서 정하는 바에 따라 각각 경감한다. (2018. 12. 24. 개정)

1. 2027년 12월 31일까지 취득세의 100분의 30(감염병전문병원의 경우에는 100분의 40)을, 재산세의 100분의 50(감염병전문병원의 경우에는 100분의 60)을 각각 경감한다. (2024. 12. 31. 개정)

Note 2024. 12. 31. 개정 ☞ 제1항 기한 연장 : 24년→27년
2021. 12. 28. 개정 ☞ 제1항 기한 연장 : 21년→24년
☞ 취득 30%, 재산 50%, 감염병전문병원 +10%P 추가
☞ 재산 감면 제한기간(5년) 삭제, 2호 삭제
2018. 12. 24. 개정 ☞ 1호 신설 및 기한 연장 : 18년→20년

2. 2021년 1월 1일부터 2021년 12월 31일까지 취득하는 부동산에 대해서는 다음 각 목의 구분에 따라 취득세 및 재산세를 각각 경감한다. (2018. 12. 24. 개정)

☞ 감면 축소(21년 적용) : 취득 75%→50%, 재산세 도시지역분 종료

편주

법 37조 2항 2호의 개정규정은 2020. 12. 31.까지 취득한 부동산으로서 2021. 1. 1. 당시 그 부동산에 대한 재산세 납세의무가 최초로 성립한 날부터 5년이 지나지 아니한 경우에도 적용함. 이 경우 재산세의 경감기간은 2021. 1. 1.을 기준으로 해당 부동산에 대한 재산세 납세의무가 최초로 성립한 날부터 5년이 지나지 아니한 잔여기간으로 함. (법 부칙(2018. 12. 24.) 5조 1항)

예판

【판례】 • **의료법인에 대한 감면적용 범위**

구 노인복지법에 따른 노인요양시설을 설치·운영하는 데에 제공되는 부동산은 의료법인이 의료업에 직접 사용하는 것이라고 할 수 없어 취득세를 면제할 수 없음. (대법 2013두18582, 2014. 2. 13.)

【조심판례】「의료법」에 따라 설립된 의료법인이 아닌 「고등교육법」에 의한 학교법인이 수익사업을 위해 설치한 병원에서 학교법인의 간호학과 학생들이 간헐적으로 실습을 한다 하더라도 의료업에 직접 사용하는 부동산으로 보기는 어려움.

Note 2018. 12. 24. 개정 ☞ 2호 신설 및 기한 연장 : 21년
☞ 감면 축소(21년 적용) : 40%(취득세율 △1%)→30%, 재산세 도시지역분 종료

예판

【예규】 • 의료법인이 "의료업에 직접 사용"하기 위하여 취득하는 부동산이라 함은 현실적으로 당해 부동산의 사용용도가 의료업에 직접 사용되는 것을 뜻하고, '직접 사용'의 범위는 의료법인이 사업목적과 취득목적을 고려하여 그 실제의 사용관계를 객관적으로 판단하여야 할 것임. (지방세운영과-3644, 2010. 8. 17.)

• "임상시험"의 경우 의료기관의 의료업무 외의 '부대사업'의 하나에 해당된다고 할 것임. 따라서 첨단임상시험센터용 부동산의 경우 취득세 면제대상인 의료법인이 의료업에 직접 사용하기 위한 부동산으로 보기는 어렵다고 할 것임. (지방세운영과-1455,

가. 해당 부동산에 대해서는 취득세의 100분의 30을 경감한다. (2018. 12. 24. 개정)

나. 해당 부동산 취득일 이후 재산세 납세의무가 최초로 성립한 날부터 5년간 재산세의 100분의 50을 경감한다. (2018. 12. 24. 개정)

2. 삭 제 (2021. 12. 28.)

② 「고등교육법」 제4조에 따라 설립된 의과대학(한의과대학, 치과대학 및 수의과대학을 포함한다)의 부속병원에 대하여는 주민세 사업소분(「지방세법」 제81조 제1항 제2호에 따라 부과되는 세액으로 한정한다) 및 종업원분을 2014년 12월 31일까지 면제한다. (2020. 12. 29. 개정) 일몰

③ 「지방의료원의 설립 및 운영에 관한 법률」에 따라 설립된 지방의료원에 대해서는 다음 각 호의 지방세를 2016년 12월 31일까지는 100분의 100(2017년 1월 1일부터 2018년 12월 31일까지는 100분의 75)을 각각 경감한다. (2014. 12. 31. 개정)

1. 의료업에 직접 사용하기 위하여 취득하는 부동산에 대한 취득세 (2011. 12. 31. 신설)
2. 삭 제 (2018. 12. 24.)
3. 과세기준일 현재 의료업에 직접 사용하는 부동산에 대한 재산세(「지방세법」 제112조에 따른 부과액을 포함한다) (2011. 12. 31. 신설)

③ 삭 제 (2018. 12. 24.)

④ 「민법」 제32조에 따라 설립된 재단법인이 「의료법」에 따른 의료기관 개설을 통하여 의료업에 직접 사용할 목적으로 취득하는 부동산에 대해서는 취득세의 100분의 15(감염병전문병원의 경우에는 100분의 25)를, 과세기준일 현재 의료업에 직접 사용하는 부동산에 대해서는 재산세의 100분의 25(감염병전문

편주

법 38조 1항 2호 나목의 개정규정은 2020. 12. 31.까지 취득한 부동산으로서 2021. 1. 1. 당시 그 부동산에 대한 재산세 납세의무가 최초로 성립한 날부터 5년이 지나지 아니한 경우에도 적용함. 이 경우 재산세의 경감기간은 2021. 1. 1.을 기준으로 해당 부동산에 대한 재산세 납세의무가 최초로 성립한 날부터 5년이 지나지 아니한 잔여기간으로 함. (법 부칙(2018. 12. 24.) 5조 1항)

병원의 경우에는 100분의 35)를 2024년 12월 31일까지 각각 경감한다. 다만, 종교단체의 경우에는 취득세의 100분의 30(감염병전문병원의 경우에는 100분의 40)을, 재산세의 100분의 50(감염병전문병원의 경우에는 100분의 60)을 2024년 12월 31일까지 각각 경감한다. (2023. 12. 29. 개정)

④ 「민법」 제32조에 따라 설립된 재단법인이 「의료법」에 따른 의료기관 개설을 통하여 의료업에 직접 사용할 목적으로 취득하는 부동산에 대해서는 취득세의 100분의 30(감염병전문병원의 경우에는 100분의 40)을, 과세기준일 현재 의료업에 직접 사용하는 부동산에 대해서는 재산세의 100분의 50(감염병전문병원의 경우에는 100분의 60)을 2027년 12월 31일까지 각각 경감한다. (2024. 12. 31. 개정)

1. 2020년 12월 31일까지는 다음 각 목에서 정하는 경감율에 따라 취득세를 경감하고, 재산세(「지방세법」 제112조에 따른 부과액을 포함한다)는 100분의 50의 범위에서 조례로 정하는 율을 경감한다. (2018. 12. 24. 개정) 일몰
   가. 특별시·광역시 및 도청 소재지인 시 지역에서 취득하는 부동산에 대해서는 취득세의 100분의 20의 범위에서 조례로 정하는 율을 경감한다. (2014. 12. 31. 개정)
   나. 가목에 따른 지역 외의 지역에서 취득하는 부동산에 대해서는 취득세의 100분의 40의 범위에서 조례로 정하는 율을 경감한다. (2014. 12. 31. 개정)
1. 2024년 12월 31일까지 취득세의 100분의 30(감염병전문병원의 경우에는 100분의 40)을, 재산세의 100분의 50(감염병전문병원의 경우에는 100분의 60)을 각각 경감한다. (2021. 12.

Note 2024. 12. 31. 개정 ☞ 제4항 기한 연장 : 24년→27년
☞ 감면대상 확대 : 종교법인 외→취득 30% 재산 50%(감염병 전문병원 +10%p)
2023. 12. 29. 개정 ☞ 감면 유지 : 종교단체 의료기관
☞ 감면 신설 : 의료법인 취득 15%, 재산 25%(감염병전문병원 +10%p), 24년
2018. 12. 24. 개정 ☞ 제3항 삭제 후, 제38조의 2 신설 이동

편주

법 38조 4항의 개정규정은 2025. 1. 1. 이후 납세의무가 성립하는 경우부터 적용함. (법 부칙(2024. 12. 31.) 2조)

Note 2018. 12. 24. 개정 ☞ 1호 기한 연장 : 18년→20년

Note 2021. 12. 28. 개정 ☞ 제4항 기한 연장 : 21년→24년
☞ 취득·재산 75%, 감염병전문병원 +10%P 추가, 2호 삭제
☞ 재산 감면 제한기간(5년) 삭제

28. 개정)

1. 삭 제 (2023. 12. 29.)

2. 2021년 1월 1일부터 2021년 12월 31일까지 취득하는 부동산에 대해서는 다음 각 목의 구분에 따라 취득세 및 재산세를 각각 경감한다. (2018. 12. 24. 개정)

가. 해당 부동산에 대해서는 취득세의 100분의 30을 경감한다. (2018. 12. 24. 개정)

나. 해당 부동산 취득일 이후 해당 부동산에 대한 재산세 납세의무가 최초로 성립한 날부터 5년간 재산세의 100분의 50을 경감한다. (2018. 12. 24. 개정)

2. 삭 제 (2021. 12. 28.)

⑤ 「지방자치법」 제5조 제1항에 따라 둘 이상의 시·군이 통합되어 도청 소재지인 시가 된 경우 종전의 시(도청 소재지인 시는 제외한다)·군 지역에 대해서는 제1항 및 제4항에도 불구하고 통합 지방자치단체의 조례로 정하는 바에 따라 통합 지방자치단체가 설치된 때부터 5년의 범위에서 통합되기 전의 감면율을 적용할 수 있다. (2021. 1. 12. 개정 ; 지방자치법 부칙)

제38조의 2【지방의료원에 대한 감면】 「지방의료원의 설립 및 운영에 관한 법률」에 따라 설립된 지방의료원이 의료업에 직접 사용하기 위하여 취득하는 부동산에 대해서는 취득세를, 과세기준일 현재 의료업에 직접 사용하는 부동산에 대해서는 재산세를 다음 각 호에서 정하는 바에 따라 각각 경감한다. (2018. 12. 24. 신설)

Note 2018. 12. 24. 개정 ☞ 2호 기한 연장 : 21년
☞ 감면 조정(21년 적용) : 20%(40%) → 30%, 재산세 도시지역분 종료

편주

법 38조 4항 2호 나목의 개정규정은 2020. 12. 31.까지 취득한 부동산으로서 2021. 1. 1. 당시 그 부동산에 대한 재산세 납세의무가 최초로 성립한 날부터 5년이 지나지 아니한 경우에도 적용함. 이 경우 재산세의 경감기간은 2021. 1. 1.을 기준으로 해당 부동산에 대한 재산세 납세의무가 최초로 성립한 날부터 5년이 지나지 아니한 잔여기간으로 함. (법 부칙(2018. 12. 24.) 5조 1항)

Note 2018. 12. 24. 개정 ☞ 舊 제38조 제4항에서 조문이동 신설

1. 2027년 12월 31일까지 취득세 및 재산세의 100분의 75(감염병전문병원의 경우에는 100분의 85)를 각각 경감한다. (2024. 12. 31. 개정) 일몰

2. 2021년 1월 1일부터 2021년 12월 31일까지 취득하는 부동산에 대해서는 다음 각 목의 구분에 따라 취득세 및 재산세를 각각 경감한다. (2018. 12. 24. 신설)
   가. 해당 부동산에 대해서는 취득세의 100분의 75를 경감한다. (2018. 12. 24. 신설)
   나. 해당 부동산 취득일 이후 해당 부동산에 대한 재산세 납세의무가 최초로 성립한 날부터 5년간 재산세의 100분의 75를 경감한다. (2018. 12. 24. 신설)

2. 삭 제 (2021. 12. 28.)

제39조【국민건강보험사업 지원을 위한 감면】 ①「국민건강보험법」에 따른 국민건강보험공단이 고유업무에 직접 사용하기 위하여 취득하는 부동산에 대하여는 다음 각 호에서 정하는 바에 따라 2014년 12월 31일까지 지방세를 감면한다. (2013. 1. 1. 개정) 일몰

1. 국민건강보험공단이「국민건강보험법」제14조 제1항 제1호부터 제3호까지, 제7호 및 제8호의 업무에 직접 사용하기 위하여 취득하는 부동산에 대하여는 취득세를 면제하고, 과세기준일 현재 그 업무에 직접 사용하는 부동산에 대하여는 재산세의 100분의 50을 경감한다. (2011. 12. 31. 개정 ; 국민건강보험법 부칙)
2. 국민건강보험공단이「국민건강보험법」제14조 제1항

☞

Note 2024. 12. 31. 개정 ☞ 기한 연장 : 24년→27년
2021. 12. 28. 개정 ☞ 기한 연장 : 21년→24년
☞ 취득 · 재산 75%, 감염병전문병원 +10%P 추가
☞ 재산 감면 제한기간(5년) 삭제, 2호 삭제
2018. 12. 24. 개정 ☞ 1호 신설 및 기한 연장 : 18년→20년

☞

Note 2018. 12. 24. 개정 ☞ 2호 신설 및 기한 연장 : 21년
감면 축소(21년 적용) : 재산세 도시지역분 종료

☞

편주

법 38조의 2 제2호 나목의 개정규정은 2020. 12. 31.까지 취득한 부동산으로서 2021. 1. 1. 당시 그 부동산에 대한 재산세 납세의무가 최초로 성립한 날부터 5년이 지나지 아니한 경우에도 적용함. 이 경우 재산세의 경감기간은 2021. 1. 1.을 기준으로 해당 부동산에 대한 재산세 납세의무가 최초로 성립한 날부터 5년이 지나지 아니한 잔여기간으로 함. (법 부칙(2018. 12. 24.) 5조 1항)

관련법령

국민건강보험법

제14조【업무 등】 ① 공단은 다음 각 호의 업무를 관장한다. (2011. 12. 31. 개정)
1. 가입자 및 피부양자의 자격 관리 (2011. 12. 31. 개정)
2. 보험료와 그 밖에 이 법에 따른 징수금의 부과 · 징수 (2011. 12. 31. 개정)
3. 보험급여의 관리 (2011. 12. 31. 개정)
4. 가입자 및 피부양자의 질병의 조기발견 · 예방 및 건강관리를

제6호의 업무에 사용하기 위하여 취득하는 부동산에 대하여는 취득세의 100분의 50을 경감하고, 과세기준일 현재 그 업무에 직접 사용하는 부동산에 대하여는 재산세의 100분의 50을 경감한다. (2011. 12. 31. 개정 ; 국민건강보험법 부칙)

②「국민건강보험법」에 따른 건강보험심사평가원이 고유업무에 직접 사용하기 위하여 취득하는 부동산에 대하여는 다음 각 호에서 정하는 바에 따라 2014년 12월 31일까지 지방세를 감면한다. (2013. 1. 1. 개정) 일몰

1. 건강보험심사평가원이「국민건강보험법」제63조 제1항 제1호의 업무에 직접 사용하기 위하여 취득하는 부동산에 대하여는 취득세를 면제하고, 과세기준일 현재 그 업무에 직접 사용하는 부동산에 대하여는 재산세의 100분의 50을 경감한다. (2011. 12. 31. 개정 ; 국민건강보험법 부칙)
2. 건강보험심사평가원이「국민건강보험법」제63조 제1항 제2호의 업무에 직접 사용하기 위하여 취득하는 부동산에 대하여는 취득세의 100분의 50을 경감하고, 과세기준일 현재 그 업무에 직접 사용하는 부동산에 대하여는 재산세의 100분의 25를 경감한다. (2011. 12. 31. 개정 ; 국민건강보험법 부칙)

제40조【국민건강 증진사업자에 대한 감면】 ① 다음 각 호의 법인이 그 고유업무에 직접 사용하기 위하여 취득

위하여 요양급여 실시 현황과 건강검진 결과 등을 활용하여 실시하는 예방사업으로서 대통령령으로 정하는 사업 (2017. 2. 8. 개정)
5. 보험급여 비용의 지급 (2011. 12. 31. 개정)
6. 자산의 관리·운영 및 증식사업 (2011. 12. 31. 개정)
7. 의료시설의 운영 (2011. 12. 31. 개정)
8. 건강보험에 관한 교육훈련 및 홍보 (2011. 12. 31. 개정)

제63조【업무 등】 ① 심사평가원은 다음 각 호의 업무를 관장한다. (2011. 12. 31. 개정)
1. 요양급여비용의 심사 (2011. 12. 31. 개정)
2. 요양급여의 적정성 평가 (2011. 12. 31. 개정)

Note 2024. 12. 31. 개정 ☞ 기한 연장 : 24년→27년
2021. 12. 28. 개정 ☞ 기한 연장 : 21년→24년
☞ 재산 감면 제한기간(5년) 삭제, 제2항 삭제
2018. 12. 24. 개정 ☞ 제1항 신설 및 기한 연장 : 18년→21년
2016. 12. 27. 개정 ☞ 감면 축소 : 취득·재산 100% → 취득·재산 75%

하는 부동산에 대해서는 취득세의 100분의 50을, 과세기준일 현재 그 고유업무에 직접 사용하는 부동산에 대해서는 재산세의 100분의 50을 2027년 12월 31일까지 각각 경감한다. (2024. 12. 31. 개정) 취득(감면분만) 농특비 일몰

1. 「모자보건법」에 따른 인구보건복지협회
2. 「감염병의 예방 및 관리에 관한 법률」에 따른 한국건강관리협회
3. 「결핵예방법」에 따른 대한결핵협회

② 제1항 각 호의 법인이 2021년 1월 1일부터 2021년 12월 31일까지 취득하는 부동산에 대해서는 다음 각 호의 구분에 따라 취득세 및 재산세를 각각 경감한다. (2018. 12. 24. 신설)

Note 2018. 12. 24. 개정 ☞ 제2항 신설 및 기한 연장 : 21년

1. 그 고유업무에 직접 사용하기 위하여 취득하는 부동산에 대해서는 취득세의 100분의 50을 경감한다. (2018. 12. 24. 신설)
2. 해당 부동산 취득일 이후 해당 부동산에 대한 재산세 납세의무가 최초로 성립한 날부터 5년간 재산세의 100분의 50을 경감(과세기준일 현재 그 고유업무에 직접 사용하고 있지 아니하는 경우는 제외한다)한다. (2018. 12. 24. 신설)

② 삭 제 (2021. 12. 28.)

제40조의 2 【주택거래에 대한 취득세의 감면】 ① 유상거래를 원인으로 2013년 1월 1일부터 2013년 6월 30일까지 「지방세법」(법률 제18655호로 개정되기 전의 것을 말한다) 제10조에 따른 취득 당시의 가액이 9억원 이하인 주택을 취득하여 다음 각 호의 어느 하나에 해당하

편주

법 40조 2항 2호의 개정규정은 2020. 12. 31.까지 취득한 부동산으로서 2021. 1. 1. 당시 그 부동산에 대한 재산세 납세의무가 최초로 성립한 날부터 5년이 지나지 아니한 경우에도 적용함. 이 경우 재산세의 경감기간은 2021. 1. 1.을 기준으로 해당 부동산에 대한 재산세 납세의무가 최초로 성립한 날부터 5년이 지나지 아니한 잔여기간으로 함. (법 부칙(2018. 12. 24.) 5조 1항)

예판

【판례】 • 주택유상거래에 대한 감면적용 범위
– 취득세에 관한 세액 경감의 대상이 되는 '주택'은 '건축물'과는 구별되는 것으로서 건축법상 오피스텔은 그 '주택'에 포함되지 아니하므로, 주택유상거래에 따른 취득세 감면이 배제

예판

【예규】 • 조합해산 등으로 인해 사업시행인가가 취소되고 단전 · 단수가 해지되는 등 주택기능이 회복되었다면 인가취소 후 취득하는 물건은 유상거래

게 된 경우에는 같은 법 제11조 제1항 제7호 나목의 세율을 적용하여 산출한 취득세의 100분의 75를, 9억원 초과 12억원 이하의 주택을 취득하여 다음 각 호의 어느 하나에 해당하는 경우나 12억원 이하의 주택을 취득하여 제2호 외의 다주택자가 되는 경우에는 같은 법 제11조 제1항 제7호 나목의 세율을 적용하여 산출한 취득세의 100분의 50을, 12억원 초과 주택을 취득하는 경우에는 같은 법 제11조 제1항 제7호 나목의 세율을 적용하여 산출한 취득세의 100분의 25를 각각 경감한다. 다만, 9억원 이하의 주택을 제2호의 경우로 취득하여 취득세를 경감받고 정당한 사유 없이 그 취득일부터 3년 이내에 1주택으로 되지 아니한 경우에는 경감된 취득세의 3분의 1을 추징한다. (2021. 12. 28. 개정)

1. 1주택이 되는 경우 (2013. 3. 23. 개정)
2. 대통령령으로 정하는 일시적 2주택이 되는 경우 (2013. 3. 23. 개정) 일몰

② 유상거래를 원인으로 2013년 7월 1일부터 2013년 12월 31일까지 「지방세법」(법률 제18655호로 개정되기 전의 것을 말한다) 제10조에 따른 취득 당시의 가액이 9억원 이하인 주택을 취득하여 다음 각 호의 어느 하나에 해당하게 된 경우에는 같은 법 제11조 제1항 제7호 나목의 세율을 적용하여 산출한 취득세의 100분의 50을 경감한다. 다만, 제2호의 경우로 취득하여 취득세를 경감받고 정당한 사유 없이 그 취득일부터 3년 이내에 1주택으로 되지 아니한 경

됨. (대법 2013두13945, 2013. 11. 28.)

- 취득세의 감면대상으로 삼고 있는 '주택'은 사람의 주거용인 건축물을 가리키는 것으로 보아야 하므로(대법 2013두24747, 2014. 3. 27.), 새로이 취득한 건축물이 주거용으로서의 기능을 상당 부분 상실함으로써 정상적인 주거생활에 사용할 수 없어 더 이상 주거용 건축물인 '주택'으로 볼 수 없다면 이는 이 사건 감면조항에 따른 취득세의 감면대상에 해당한다고 할 수 없음. (대법 2015두40002, 2015. 8. 27.)

제17조의 5【취득세 감면 대상이 되는 일시적 2주택의 범위】(2023. 12. 29. 조번개정)

법 제40조의 2 제2호에서 "대통령령으로 정하는 일시적으로 2주택이 되는 경우"란 이사, 근무지의 이동, 본인이나 가족의 취학, 질병의 요양, 그 밖의 사유로 인하여 다른 주택을 취득하였으나 종전의 주택을 처분하지 못한 경우를 말한다. (2010. 12. 30. 신설)

감면대상인 "주택"에 해당된다고 할 것임. (지방세운영과-4724, 2011. 10. 7.)

- 같은 층의 연접된 2개의 다세대주택을 1주택으로 구조변경하여 아무런 경계벽 없이 1주택으로 사용되는 사실이 법원 경매현황 조사서 및 처분청 담당공무원의 실지현황조사서 등에서 확인된다면 공부상 2주택으로 등재되어 있다 하더라도 현황과세 원칙에 따라 "1주택"으로 보아 감면하는 것이 타당함. (지방세운영과-2270, 2013. 9. 10.)
- 주택재개발사업 조합원의 분양 주택 취득은 소유권보존을 통한 원시취득에 해당된다고 할 것이므로 비록, 조합원이 분양 주택을 취득하면서 청산금을 부담하는 경우라도 이를 유상거래를 원인으로 취득하였다고 보기는 어렵다고 할 것임. (지방세운영과-384, 2013. 2. 6.)
- 주택의 부속토지만 소유한 경우도 주택을 소유한 경우로 보는 것이 합리적임. (지방세운영과-701, 2013. 3. 12.)
- 매매·증여·용도변경 등 처분방법에 대하여 별도의 규정을 두고 있지 않음에도 공부상 근린생활시설로 용도변경하여 사실상 사무실 등으로 사용되고 있는 건축물을 주택으로 보아 취득세를 추징하는 것은 부당하다 판단됨. (지방세특례제한과-721, 2014. 6. 23.)

【조심판례】 • 주택을 소유하지 아니한

우에는 경감된 취득세를 추징한다. (2021. 12. 28. 개정)

1. 1주택이 되는 경우 (2013. 3. 23. 개정)
2. 대통령령으로 정하는 일시적 2주택이 되는 경우 (2013. 3. 23. 개정) 일몰

제40조의 3 【대한적십자사에 대한 감면】「대한적십자사 조직법」에 따른 대한적십자사가 그 고유업무에 직접 사용하기 위하여 취득하는 부동산에 대해서는 취득세를, 과세기준일 현재 그 고유업무에 직접 사용하는 부동산에 대해서는 재산세를 다음 각 호에서 정하는 바에 따라 각각 경감한다. (2023. 3. 14. 개정) 농특비

1. 같은 법 제7조 제4호 중 의료사업(간호사업 및 혈액사업을 포함한다. 이하 이 조에서 "의료사업"이라 한다)에 직접 사용하기 위하여 취득하는 부동산에 대해서는 취득세의 100분의 50(감염병전문병원의 경우에는 100분의 60)을, 과세기준일 현재 의료사업에 직접 사용하는 부동산에 대해서는 재산세의 100분의 50(감염병전문병원의 경우에는 100분의 60)을 각각 2027년 12월 31일까지 경감한다. (2024. 12. 31. 개정)

취득(감면분만) 농특비 일몰

2. 2021년 1월 1일부터 2021년 12월 31일까지 취득하는 부동산에 대해서는 다음 각 목의 구분에 따라 취득세 및 재산세를 각각 경감한다. (2018. 12. 24. 신설)
   가. 의료사업에 직접 사용하기 위하여 취득하는 부동산에 대해

☜ **Note** 2018. 12. 24. 개정 ☞ 제1호를 제1호 및 제2호로 분리, 종전 제2호를 제3호로 이동

☜ **Note** 2024. 12. 31. 개정 ☞ 기한 연장 : 24년→27년
2021. 12. 28. 개정 ☞ 기한 연장 : 21년→24년
☞ 취득 · 재산 50%, 감염병전문병원 +10%P 추가
☞ 재산 감면 제한기간(5년) 삭제, 2호 삭제
2018. 12. 24. 개정 ☞ 제1호 기한 연장 : 18년→20년
2016. 12. 27. 개정 ☞ 감면 축소 : 취득 · 재산(도시) 100% → 취득 · 재산(도시) 75% ☞ 제1호 기한 연장 : 16년→18년

☜ **Note** 2018. 12. 24. 개정 ☞ 제2호 신설 및 기한 연장 : 20년
☞ 감면축소 : 취득 · 재산(도시) 75% ☞ 취득 · 재산 50%

상태에서 같은 날 2개의 주택을 취득한 경우는 이를 동시에 취득한 것으로 보아야 하고, 동시에 2주택을 취득하는 경우 일시적 2주택자로 규정하고 있지 아니하므로 취득세 50% 감면대상에 해당하지 아니함. (조심 2014지2044, 2014. 12. 24.)

- 「지방세특례제한법」 제40조의 2는 임대주택을 주택수 계산에서 제외한다는 별도의 규정이 없으므로 임대주택을 주택 보유수에 포함하는 것이 타당함. (조심 2014지1392, 2014. 11. 28.)
- 상속주택은 1948. 1. 1. 건축된 목조 건물로서 주택의 기능을 상실하여 장기간 공실인 상태에 있던 농가주택인 것으로 확인되므로 상속주택을 주택에 해당하지 아니하는 것으로 보는 것이 타당함. (조심 2014지2156, 2015. 8. 31.)

서는 취득세의 100분의 50을 경감한다. (2018. 12. 24. 신설)

나. 해당 부동산 취득일 이후 해당 부동산에 대한 재산세 납세의무가 최초로 성립한 날부터 5년간 재산세의 100분의 50을 경감한다. (2018. 12. 24. 신설)

2. 삭　제 (2021. 12. 28.)

3. 제1호의 의료사업 외의 사업(이하 이 조에서 "의료외사업"이라 한다)에 직접 사용하기 위하여 취득하는 부동산에 대해서는 취득세의 100분의 50을, 과세기준일 현재 의료외사업에 직접 사용하는 부동산에 대해서는 재산세의 100분의 50을 각각 2026년 12월 31일까지 경감한다. (2023. 12. 29. 개정) 취득(감면분만) 농특비

Note 2023. 12. 29. 개정 ☞ 제3호 기한 연장 : 23년→26년
2023. 3. 14. 개정 ☞ 제3호 기한 연장 : 22년→23년
☞ 감면확대 : 취득 · 재산 25%→취득 · 재산 50%
2020. 1. 15. 개정 ☞ 제3호 기한 연장 : 19년→22년
2016. 12. 27. 개정 ☞ 감면 축소 : 취득 · 재산 100%→취득 · 재산 25% ☞ 舊 제2호 기한 연장 : 16년→19년

제3절 교육 및 과학기술 등에 대한 지원

제41조 【학교 및 외국교육기관에 대한 면제】 ①「초·중등교육법」 및「고등교육법」에 따른 학교,「경제자유구역 및 제주국제자유도시의 외국교육기관 설립·운영에 관한 특별법」 또는「기업도시개발 특별법」에 따른 외국교육기관을 경영하는 자(이하 이 조에서 "학교

편주 법 40조의 3 제2호 나목의 개정규정은 2020. 12. 31.까지 취득한 부동산으로서 2021. 1. 1. 당시 그 부동산에 대한 재산세 납세의무가 최초로 성립한 날부터 5년이 지나지 아니한 경우에도 적용함. 이 경우 재산세의 경감기간은 2021. 1. 1.을 기준으로 해당 부동산에 대한 재산세 납세의무가 최초로 성립한 날부터 5년이 지나지 아니한 잔여기간으로 함. (법 부칙(2018. 12. 24.) 5조 1항)

제3절 교육 및 과학기술 등에 대한 지원

제18조 【학교등 면제대상 사업의 범위 등】 ① 법 제41조 제1항 각 호 외의 부분 본문에서 "대통령령으로 정하는 기숙사"란 제18조의 2에 따른 기숙사를 말한다. (2017. 12. 29. 신설)

관련법령

고등교육법

제2조 【학교의 종류】 고등교육을 실시하기 위하여 다음 각 호의 학교를 둔다.

1. 대학
2. 산업대학
3. 교육대학
4. 전문대학
5. 방송대학 · 통신대학 · 방송통신대학 및 사이버대학(이하 "원격대학"이라 한다)
6. 기술대학
7. 각종학교

등"이라 한다)가 해당 사업에 직접 사용하기 위하여 취득하는 부동산(대통령령으로 정하는 기숙사는 제외한다)에 대해서는 취득세를 2027년 12월 31일까지 면제한다. 다만, 다음 각 호의 어느 하나에 해당하는 경우 그 해당 부분에 대해서는 면제된 취득세를 추징한다. (2024. 12. 31. 개정)

취득(감면분만) 농특비

1. 해당 부동산을 취득한 날부터 5년 이내에 수익사업에 사용하는 경우 (2016. 12. 27. 개정)
2. 정당한 사유 없이 그 취득일부터 3년이 경과할 때까지 해당 용도로 직접 사용하지 아니하는 경우 (2013. 1. 1. 호번개정)
3. 해당 용도로 직접 사용한 기간이 2년 미만인 상태에서 매각·증여하거나 다른 용도로 사용하는 경우 (2013. 1. 1. 호번개정)

② 학교등이 과세기준일 현재 해당 사업에 직접 사용하는 부동산(대통령령으로 정하는 건축물의 부속토지를 포함한다)에 대해서는 재산세(「지방세법」 제112조에 따른 부과액을 포함한다) 및 「지방세법」 제146조 제3항에 따른 지역자원시설세를 각각 2024년 12월 31일까지 면제한다. 다만, 수익사업에 사용하는 경우와 해당 재산이 유료로 사용되는 경우의 그 재산 및 해당 재산의 일부가 그 목적에 직접 사용되지 아니하는 경우의 그 일부 재산에 대해서는 면제하지 아니한다. (2021. 12. 28. 개정)

② 학교등이 과세기준일 현재 해당 사업에 직접 사용하는 부동산(대통령령으로 정하는 건축물의 부속토지

Note 2024. 12. 31. 개정 ☞ 제1항·제2항·제3항·제5항 기한 연장 : 24년→27년
2021. 12. 28. 개정 ☞ 제1항·제2항·제3항·제5항 기한 연장 : 21년→24년
2018. 12. 24. 개정 ☞ 제1항~제5항 일몰기한 설정 : 21년

예판

【조심판례】 • 청구법인이 종전 소유자로부터 별다른 대가를 수취한 사실이 없어 임대로 단정할 수 없을 뿐만 아니라, 그 인도기간이 일반적인 사회통념 상 용인되는 범위 넘어서는 것이라 보기도 어려우므로 이를 다른 용도로 사용한 것이라 보기는 어려움. (조심 2016지 983, 2017. 2. 13.)

• 일반인들의 자유로운 통행이 가능하게 되어 있고 자연림 상태로 되어 있는 바, 간헐적으로 학생들의 야외수업을 진행한 사실만으로 쟁점토지를 교육목적에 직접 사용하였다고 보기는 어려움. (조심 2013지822, 2014. 9. 4.)

• 학교법인이 교육용 기본재산에 편입된 토지를 그 사업에 직접 사용한다고 함은 학교법인의 교지, 체육장 등과 같이 교육사업 자체에 직접 사용되는 것을 뜻한다 할 것인바, 자연림 상태의 임야에서 간헐적으로 학생들의 산책로 및 야외수업공간으로 제공하여 왔다는 사정만으로는 당해 토지를 교육사업에 직접 사용하는 것으로는 볼 수 없음. (조심 2012지420, 2012. 9. 28.)

【예규】 대학교의 산학협력단이 창업보육센터로 사용하는 학교재산에 대해서 학생 및 교직원의 교육 및 연구 활동에 직접 사용되지 않고 예비창업자 등에게 제공되고 있는 경우라면 이를 학교의 해당사업으로 보기 어려움. (지방세운영과-2274, 2013. 9. 11.)

② 법 제41조 제2항 본문에서 "대통령령으로 정하는 건축물의 부속토지"란 해당 사업에 직접 사용할 건축물을

예판

【판례】 • **학교법인에 대한 감면**

학교법인이 교육사업이 아닌 산학협력사업을 위해 취득하는 부동산에 대해서는 §41의 감면을 적용할 수 없음. (서울고법 2020누56379, 2021. 6. 3. : 대법확정)

• **산학협력단이 사용하는 부동산은 대학의 직접사용으로 볼 수 없음.**

국가인적자원개발 컨소시엄 사업이 대학교와 관련된 업무라고 하더라도 별도의 법인인 산학협력단에서 이를 담당하면서 쟁점건축물을 사용하는 경우까지 이를 대학교가 직접 쟁점건축물을 사용하는 것으로 보기 어려움. (수원지법 2015구합 69363, 2016. 9. 9. : 대법확정)

• **학교에 대한 감면 적용범위**

- 외국인 교원들의 주거 편의를 제공하기 위해 취득한 학교 구외 오피스텔은 취득세 등 감면대상으로 볼 수 없음. (대법 2013두 21953, 2014.

를 포함한다)에 대해서는 재산세(「지방세법」 제112조에 따른 부과액을 포함한다) 및 「지방세법」 제146조 제3항에 따른 지역자원시설세를 각각 2027년 12월 31일까지 면제한다. 다만, 수익사업에 사용하는 경우와 해당 재산이 유료로 사용되는 경우의 그 재산 및 해당 재산의 일부가 그 목적에 직접 사용되지 아니하는 경우의 그 일부 재산에 대해서는 면제하지 아니한다. (2024. 12. 31. 개정)

③ 학교등이 그 사업에 직접 사용하기 위한 면허에 대한 등록면허세와 학교등에 대한 주민세 사업소분(「지방세법」 제81조 제1항 제2호에 따라 부과되는 세액으로 한정한다. 이하 이 항에서 같다) 및 종업원분을 각각 2024년 12월 31일까지 면제한다. 다만, 수익사업에 관계되는 대통령령으로 정하는 주민세 사업소분 및 종업원분은 면제하지 아니한다. (2021. 12. 28. 개정)

③ 학교등이 그 사업에 직접 사용하기 위한 면허에 대한 등록면허세와 학교등에 대한 주민세 사업소분(「지방세법」 제81조 제1항 제2호에 따라 부과되는 세액으로 한정한다. 이하 이 항에서 같다) 및 종업원분을 각각 2027년 12월 31일까지 면제한다. 다만, 수익사업에 관계되는 대통령령으로 정하는 주민세 사업소분 및 종업원분은 면제하지 아니한다. (2024. 12. 31. 개정)

④ 학교등에 생산된 전력 등을 무료로 제공하는 경우 그 부분에 대해서는 「지방세법」 제146조 제1항 및 제2항에 따른 지역자원시설세를 2021년 12월 31일까지 면제한다. (2020. 1. 15. 개정) 일몰

건축 중인 경우와 건축허가 후 행정기관의 건축규제조치로 건축에 착공하지 못한 경우의 건축 예정 건축물의 부속토지를 말한다. (2017. 12. 29. 항번개정)

예판

【예규】 **• 학교가 운영하는 유료 전시관의 재산세 감면 여부**
고등교육법에 따른 교육과정이 아닌 불특정 다수의 이용자들로부터 관람료를 받고 운영하는 전시관은 비록 그 전시관이 학교 내 교지에 설치되어 있다고 하더라도 학교 등이 교육 목적사업에 직접 사용하는 부동산이라 보기 어려우므로 재산세 면제대상에 해당되지 않음. (지방세특례제도과-1204, 2021. 5. 27.)

③ 법 제41조 제3항 본문에서 "학교등이 그 사업에 직접 사용하기 위한 면허"란 법 제41조 제1항에 따른 학교등이 그 비영리사업의 경영을 위하여 필요한 면허 또는 그 면허로 인한 영업 설비나 행위에서 발생한 수익금의 전액을 그 비영리사업에 사용하는 경우의 면허를 말한다. (2017. 12. 29. 항번개정)

④ 법 제41조 제3항 단서에서 "수익사업에 관계되는 대통령령으로 정하는 주민세 사업소분 및 종업원분"이란 수익사업에 제공되고 있는 사업소와 종업원을 기준으로 부과하는 주민세 사업소분(「지방세법」 제81조 제1항 제2호에 따라 부과되는 세액으로 한정한다)과 종업원분을

- 고등교육법에 따른 학교가 창업보육센터 사업자로서 학생 등 그 구성원이 아닌 일반인을 대상으로 창업의 성공 가능성을 높일 수 있도록 경영, 기술분야에 대한 지원활동을 하면서 창업자를 위한 시설과 장소로 그 소유 부동산을 제공하는 경우에는 특별한 사정이 없는 한 교육사업에 직접 사용하는 것으로 볼 수 없음. (대법 2014두45680, 2015. 5. 14.)

• 학교 설립인가 받을 예정자는 학교 경영자로 볼 수 없음.
학교의 설립인가를 받을 것을 예정하고 있는 자 중 일부에 대하여 학교의 설립인가를 받은 자와 같이 취급하여 면제규정을 적용하는 것은 취득세 면제 대상의 기준이 불명확하게 될 우려가 있음. (서울고등법원 2016누62827, 2017. 4. 5. : 대법확정)

• 인재개발원이 평생교육시설에 해당 여부
원고가 지식·인력개발사업 관련 평생교육시설로 신고된 이 사건 교육시설에서 불특정 다수가 아닌 원고 또는 계열 회사의 임·직원에 대한 교육을 주로 진행하였으므로, 이 사건 교육시설은 구 평생교육법 제38조에서 정한 지식·인력개발 관련 평생교육시설에 직접 사용하는 부동산이라고 할 수 없

⑤「사립학교법」에 따른 학교법인과 국가가 국립대학법인으로 설립하는 국립학교의 설립등기, 합병등기 및 국립대학법인에 대한 국유재산이나 공유재산의 양도에 따른 변경등기에 대해서는 등록면허세를, 그 학교에 대해서는 주민세 사업소분(「지방세법」 제81조 제1항 제1호에 따라 부과되는 세액으로 한정한다)을 각각 2024년 12월 31일까지 면제한다. (2021. 12. 28. 개정)

등록(감면분만) 농특비

⑤「사립학교법」에 따른 학교법인과 국가가 국립대학법인으로 설립하는 국립학교의 설립등기, 합병등기 및 국립대학법인에 대한 국유재산이나 공유재산의 양도에 따른 변경등기에 대해서는 등록면허세를, 그 학교에 대해서는 주민세 사업소분(「지방세법」 제81조 제1항 제1호에 따라 부과되는 세액으로 한정한다)을 각각 2027년 12월 31일까지 면제한다. (2024. 12. 31. 개정) 등록(감면분만) 농특비

⑥ 국립대학법인 전환 이전에 기부채납받은 부동산으로서 국립대학법인 전환 이전에 체결한 계약에 따라 기부자에게 무상사용을 허가한 부동산에 대해서는 그 무상사용기간 동안 재산세(「지방세법」 제112조에 따른 부과액을 포함한다) 및 「지방세법」 제146조 제3항에 따른 지역자원시설세를 각각 2021년 12월 31일까지 면제한다. (2020. 1. 15. 개정) 일몰

⑦ 제1항부터 제6항까지의 규정에도 불구하고 「고등교육법」 제4조에 따라 설립된 의과대학(한의과대학, 치과대학 및 수의과대학을 포함한다)의 부속병원이 의료업에 직접 사용하기 위하여 취득하는 부동산에 대해서는

말한다. 이 경우 면제대상 사업과 수익사업에 건축물이 겸용되거나 종업원이 겸직하는 경우에는 주된 용도 또는 직무에 따른다. (2020. 12. 31. 개정)

Note 2018. 12. 24. 개정 ☞ 제6항 일몰기한 설정 : 21년

음. (서울고법 2015누61995, 2016. 5. 10. : 대법확정)

운영예규 법41-1【학교 등에 사용하지 아니하는 재산】

학교 경영에 필요한 경비를 마련하기 위하여 경영하는 수익용 재산은 교육에 직접 사용하고 있는 재산(교사, 교지, 실습장, 운동장 등)으로 볼 수 없으므로 재산세 과세대상에 해당한다.

법41-2【학교명의 취득 면제】

「초·중등교육법」 및 「고등교육법」에 의한 각종 학교를 경영하는 자가 그 사업에 사용하기 위한 부동산 취득의 경우에는 취득세가 면제되나, 이 경우 타인명의로 취득한 경우는 과세대상이다.

법41-3【학교 등에 대한 취득세 면제】

「지방세특례제한법」 제41조 제1항의 취득세 감면대상이 되는 외국교육기관을 경영하는 자에는 개인사업자도 포함한다.

취득세를, 과세기준일 현재 의료업에 직접 사용하는 부동산에 대해서는 재산세를 다음 각 호에서 정하는 바에 따라 각각 경감한다. (2018. 12. 24. 개정)

1. 2027년 12월 31일까지 취득세의 100분의 30(감염병전문병원의 경우에는 100분의 40)을, 재산세의 100분의 50(감염병전문병원의 경우에는 100분의 60)을 각각 경감한다. (2024. 12. 31. 개정) 일몰

2. 2021년 1월 1일부터 2021년 12월 31일까지 취득하는 부동산에 대해서는 다음 각 목의 구분에 따라 취득세 및 재산세를 각각 경감한다. (2018. 12. 24. 개정)
   가. 해당 부동산에 대해서는 취득세의 100분의 30을 경감한다. (2018. 12. 24. 개정)
   나. 해당 부동산 취득일 이후 해당 부동산에 대한 재산세 납세의무가 최초로 성립한 날부터 5년간 재산세의 100분의 50을 경감한다. (2018. 12. 24. 개정)

2. 삭 제 (2021. 12. 28.)

Note 2024. 12. 31. 개정 ☞ 제7항 기한 연장 : 24년→27년
2021. 12. 28. 개정 ☞ 제7항 기한 연장 : 21년→24년
☞ 취득 30%, 재산 50%, 감염병전문병원 +10%P 추가
☞ 재산 감면 제한기간(5년) 삭제, 2호 삭제
2018. 12. 24. 개정 ☞ 1호 개정 기한 연장 : 18년→20년

Note 2018. 12. 24. 개정 ☞ 2호 개정 및 기한 연장 : 21년
감면 축소(21년 적용) : 취득 50%→30%, 재산세 50%(도시지역분 종료)

편주

법 41조 7항 2호 나목의 개정규정은 2020. 12. 31.까지 취득한 부동산으로서 2021. 1. 1. 당시 그 부동산에 대한 재산세 납세의무가 최초로 성립한 날부터 5년이 지나지 아니한 경우에도 적용함. 이 경우 재산세의 경감기간은 2021. 1. 1.을 기준으로 해당 부동산에 대한 재산세 납세의무가 최초로 성립한 날부터 5년이 지나지 아니한 잔여기간으로 함. (법 부칙(2018. 12. 24.) 5조 1항)

⑧ 「지방대학 및 지역균형인재 육성에 관한 법률」에 따른 지방대학을 경영하는 자(이하 이 조에서 "지방대학법인"이라 한다)가 대통령령으로 정하는 수익용기본재산(이하 이 조에서 "수익용기본재산"이라 한다)으로 직접 사용(임대하는 경우를 포함한다. 이하 이 항에서 같다)하

⑤ 법 제41조 제8항 각 호 외의 부분 본문에서 "대통령령으로 정하는 수익용기본재산"이란 「대학설립 · 운영 규정」 제7조 제1항에 따른 수익용기본재산을 말한다. (2023. 12. 29. 신설)

기 위하여 취득하는 다음 각 호의 어느 하나에 해당하는 부동산에 대해서는 취득세의 100분의 50을 경감하고(제2호의 경우 매각대금의 범위 내로 한정한다), 과세기준일 현재 해당 용도에 직접 사용하는 부동산에 대해서는 재산세 납세의무가 최초로 성립한 날부터 5년간 재산세의 100분의 50을 경감한다(제2호의 경우 매각대금의 범위 내로 한정한다). 다만, 해당 부동산을 취득한 날부터 2년 이내에 매각·증여하거나 다른 용도로 사용하는 경우에는 경감된 취득세를 추징한다. (2023. 12. 29. 신설)

1. 해당 지방대학법인의 수익용기본재산인 토지 위에 2024년 1월 1일부터 2026년 12월 31일까지의 기간 동안 신축 및 소유권 보존등기를 경료한 건축물 (2023. 12. 29. 신설)
2. 해당 지방대학법인이 2024년 1월 1일부터 2026년 12월 31일까지 수익용기본재산인 토지를 매각한 경우로서 그 매각일부터 3년 이내에 취득하는 건축물 및 그 부속토지 (2023. 12. 29. 신설)

제42조 【기숙사 등에 대한 감면】 ①「초·중등교육법」 및 「고등교육법」에 따른 학교, 「경제자유구역 및 제주국제자유도시의 외국교육기관 설립·운영에 관한 특별법」 또는 「기업도시개발 특별법」에 따른 외국교육기관을 경영하는 자(이하 이 조에서 "학교등"이라 한다)가 대통령령으로 정하는 기숙사(「한국사학진흥재단법」 제

Note 2023. 12. 29. 개정 ☞ 제8항 신설 : 취득·(5년간)재산 50%, 26년

제18조의 2 【민간투자사업 방식으로 설립·운영되는 면제대상 기숙사의 범위】 법 제42조 제1항 본문에서 "대통령령으로 정하는 기숙사"란 다음 각 호의 어느 하나에 해당하는 방식으로 설립·운영되는 기숙사를 말한다. (2014. 12. 31. 신설)

1. 법 제42조 제1항에 따른 학교등(이하 이 조에서 "학교

19조 제4호 및 제4호의 2에 따른 기숙사로 한정한다)로 사용하기 위하여 취득하는 부동산에 대해서는 취득세를, 과세기준일 현재 해당 용도로 사용하는 부동산에 대해서는 재산세 및 주민세 사업소분(「지방세법」 제81조 제1항 제2호에 따라 부과되는 세액으로 한정한다. 이하 이 조에서 같다)을 각각 2027년 12월 31일까지 면제한다. 다만, 다음 각 호의 어느 하나에 해당하는 경우 그 해당 부분에 대해서는 면제된 취득세를 추징한다. (2024. 12. 31. 개정)

상한/취득 200만원↑, 85%, 상한/재산 50만원↑, 85%(16년부터)

Note 2024. 12. 31. 개정 ☞ 제1항 기한 연장 : 24년→27년
2021. 12. 28. 개정 ☞ 제1항 기한 연장 : 21년→24년
2018. 12. 24. 개정 ☞ 제1항 기한 연장 : 18년→21년
☞ 감면 축소 : 재산세 도시지역분 및 지역자원시설세 감면 종료
2016. 12. 27. 개정 ☞ 감면 축소 : 민자기숙사 감면 종료
(행복기숙사 감면 연장) ☞ 기간 연장 : 16년→18년

예 판

【예규】 학교 구외에 위치하는 아파트라고 하더라도 사실상 학생들의 기숙사로 사용되고 있다면 취득세 면제대상 기숙사용 부동산에 해당된다고 판단됨. (지방세운영과-2867, 2013. 11. 8.)

1. 정당한 사유 없이 그 취득일부터 3년이 경과할 때까지 해당 용도로 직접 사용하지 아니하는 경우 (2011. 12. 31. 신설)
2. 해당 용도로 직접 사용한 기간이 2년 미만인 상태에서 매각·증여하거나 다른 용도로 사용하는 경우

등"이라 한다)이 사용하는 기숙사를 건설하는 사업시행자(이하 이 조에서 "사업시행자"라 한다)에게 준공 후 학교등과의 협약에서 정하는 기간 동안 해당 시설의 소유권이 인정되며, 그 기간이 만료되면 시설소유권이 학교등에 귀속되는 방식 (2014. 12. 31. 신설)
2. 준공 후 해당 시설의 소유권이 학교등에 귀속되며, 학교등과의 협약에서 정하는 기간 동안 사업시행자에게 시설관리운영권을 인정하는 방식(제3호에 해당하는 경우는 제외한다) (2014. 12. 31. 신설)
3. 준공 후 해당 시설의 소유권이 학교등에 귀속되며, 학교등과의 협약에서 정하는 기간 동안 사업시행자에게 시설관리운영권을 인정하되, 그 시설을 협약에서 정하는 기간 동안 임차하여 사용·수익하는 방식 (2014. 12. 31. 신설)

(2011. 12. 31. 신설)

② 「교육기본법」 제11조에 따른 학교를 설치·경영하는 자가 학생들의 실험·실습용으로 사용하기 위하여 취득하는 차량·기계장비·항공기·입목(立木) 및 선박에 대해서는 취득세를, 과세기준일 현재 학생들의 실험·실습용으로 사용하는 항공기와 선박에 대해서는 재산세를 각각 2027년 12월 31일까지 면제한다. 다만, 다음 각 호의 어느 하나에 해당하는 경우 면제된 취득세를 추징한다. (2024. 12. 31. 개정) 취득(감면분만) 농특비

상한/취득 200만원↑, 85%, 상한/재산 50만원↑, 85%(19년부터)

1. 정당한 사유 없이 그 취득일부터 1년이 경과할 때까지 해당 용도로 직접 사용하지 아니하는 경우 (2011. 12. 31. 신설)
2. 해당 용도로 직접 사용한 기간이 2년 미만인 상태에서 매각·증여하거나 다른 용도로 사용하는 경우 (2011. 12. 31. 신설)

③ 「산업교육진흥 및 산학연협력촉진에 관한 법률」 제25조에 따라 설립·운영하는 산학협력단이 그 고유업무에 직접 사용하기 위하여 취득하는 부동산에 대해서는 취득세의 100분의 75를, 과세기준일 현재 그 고유업무에 직접 사용하는 부동산에 대해서는 재산세의 100분의 75를 2026년 12월 31일까지 각각 경감한다. (2023. 12. 29. 개정) 취득(감면분만) 농특비

④ 제3항에 따른 산학협력단에 대하여는 2014년 12월 31

Note
2024. 12. 31. 개정 ☞ 제2항 기한 연장 : 24년→27년
2021. 12. 28. 개정 ☞ 제2항 기한 연장 : 21년→24년
2018. 12. 24. 개정 ☞ 제2항 기한 연장 : 18년→21년
2015. 12. 29. 개정 ☞ 제2항 기한 연장 : 15년→18년

Note
2023. 12. 29. 개정 ☞ 제3항 기한 연장 : 23년→26년
2020. 12. 29. 개정 ☞ 제3항 기한 연장 : 20년→23년
2017. 12. 26. 개정 ☞ 제3항 기한 연장 : 17년→20년
2017. 12. 26. 개정 ☞ 기한 연장 : 17년→20년
2016. 12. 27. 개정 ☞ 감면 축소 : 재산세 도시지역분 종료 ☞ 기한 연장 : 16년→17년

제19조 【산학협력단 면제대상 사업의 범위】 법 제42

일까지 주민세 사업소분 및 종업원분을 면제한다. 다만, 수익사업에 관계되는 대통령령으로 정하는 주민세 사업소분 및 종업원분은 면제하지 아니한다. (2020. 12. 29. 개정)

일몰

⑤「유아교육법」에 따른 유치원을 설치·운영하기 위하여 취득하는 부동산에 대하여는 취득세를, 해당 부동산 소유자가 과세기준일 현재 유치원에 직접 사용하는 부동산에 대하여는 재산세(「지방세법」 제112조에 따른 부과액을 포함한다) 및 「지방세법」 제146조 제2항에 따른 지역자원시설세를, 해당 유치원에 대하여는 주민세 재산분을 각각 2012년 12월 31일까지 면제한다.

⑤ 삭 제 (2011. 12. 31.)

예판

【판례】 · 자연림에 묘목을 식제한 경우에 실험실습용 여부

조림실습장으로 조성하였다는 부분은 자연림이 있던 자리에 묘목들을 식재한 것에 불과하며 학생들이 직접 조림 등을 하고 이를 지속적으로 연구·관찰하는 것이 아니라, 학생들에게 일회적으로 주변 수목의 식생 등을 설명하는 정도에 불과하여 재산세 부과처분은 정당함.

'해당 사업에 직접 사용'이라는 문구는 불확정 개념으로서 '현실적으로 해당 부동산을 학교의 교육사업 자체에 사용하는 것'이라 해석되고, 이때 학교의 교육사업 자체에 사용하는 것인지 여부를 판단함에 있어서는 학교의 사업목적과 부동산의 취득목적 등을 고려하여 그 실제의 사용관계를 기준으로 객관적으로 살펴보아야 하는 것이므로, 이를 위하여 계속·반복적 사용 여부나 건물·시설을 갖추었는지 여부를 함께 검토하는 것은 타당함. (대법원 2018두37519, 2018. 1. 30.)

조 제4항 단서에서 "수익사업에 관계되는 대통령령으로 정하는 주민세 사업소분 및 종업원분"이란 수익사업에 제공되고 있는 사업소와 종업원을 기준으로 부과하는 주민세 사업소분(「지방세법」 제81조 제1항 제2호에 따라 부과되는 세액으로 한정한다)과 종업원분을 말한다. 이 경우 면제대상 사업과 수익사업에 건축물이 겸용되거나 종업원이 겸직하는 경우에는 주된 용도 또는 직무에 따른다. (2020. 12. 31. 개정)

제43조 【평생교육단체 등에 대한 면제】 ① 「평생교육법」에 따른 교육시설을 운영하는 평생교육단체(이하 이 조에서 "평생교육단체"라 한다)가 해당 사업에 직접 사용하기 위하여 취득하는 부동산에 대해서는 취득세를 2019년 12월 31일까지 면제한다. (2018. 12. 24. 개정)

취득(감면분만) 농특비 | 일몰

상한/취득 200만원↑, 85% | 상한/재산 50만원↑, 85%(19년 적용)

② 평생교육단체가 과세기준일 현재 해당 사업에 직접 사용하는 부동산(대통령령으로 정하는 건축물의 부속토지를 포함한다)에 대해서는 재산세를 2019년 12월 31일까지 면제한다. 다만, 수익사업에 사용하는 경우와 해당 재산이 유료로 사용되는 경우의 그 재산 및 해당 재산의 일부가 그 목적에 직접 사용되지 아니하는 경우의 그 일부 재산에 대해서는 면제하지 아니한다. (2018. 12. 24. 개정)

일몰

③ 평생교육단체가 2020년 1월 1일부터 2027년 12월 31일까지 해당 사업에 직접 사용하기 위하여 취득하는 부동산에 대해서는 취득세를, 같은 기간에 취득한 부동산으로서 과세기준일 현재 해당 사업에 직접 사용하는 부동산(대통령령으로 정하는 건축물의 부속토지를 포함한다)에 대해서는 재산세를 다음 각 호의 구분에 따라 각각 경감한다. (2024. 12. 31. 개정)

Note 2024. 12. 31. 개정 ☞ 제3항 기한 연장 : 24년→27년
2021. 12. 28. 개정 ☞ 제3항 기한 연장 : 21년→24년

Note 2018. 12. 24. 개정 ☞ 기한 연장 : 18년→19년
☞ 감면 축소(19년 적용) : 등록면허세 면허분, 주민세 재산분 · 종업원분, 재산세 도시지역분, 지역자원시설세 종료

제20조 【평생교육단체 면제대상 사업의 범위】 ① 법 제43조 제2항 본문 및 같은 조 제3항 각 호 외의 부분에서 "대통령령으로 정하는 건축물의 부속토지"란 각각 해당 사업에 직접 사용할 건축물을 건축 중인 경우와 건축허가 후 행정기관의 건축규제조치로 건축에 착공하지 못한 경우의 건축 예정 건축물의 부속토지를 말한다. (2018. 12. 31. 개정)

② 법 제43조 제3항 본문에서 "평생교육단체가 그 사업에 직접 사용하기 위한 면허"란 법 제43조 제1항에 따른 평생교육단체가 그 비영리사업의 경영을 위하여 필요한 면허 또는 그 면허로 인한 영업 설비나 행위에서 발생한 수익금의 전액을 그 비영리사업에 사용하는 경우의 면허를 말한다.

③ 법 제43조 제3항 단서에서 "수익사업에 관계되는 대통령령으로 정하는 주민세 재산분 및 종업원분"이란 수익사업에 제공되고 있는 사업소와 종업원을 기준으로 부과하는 주민세 재산분과 종업원분을 말한다. 이 경우 면제대상 사업과 수익사업에 건축물이 겸용되거나 종업원이 겸직하는 경우에는 주된 용도 또는 직무에 따른다. (2014. 3. 14. 개정)

2018. 12. 24. 개정 ☞ 기한 연장 : 19년→21년
☞ 감면 축소(20년 이후 적용) : 취득 · 재산 100%→50%

1. 해당 부동산에 대해서는 취득세의 100분의 50을 경감한다. (2018. 12. 24. 개정)
2. 해당 부동산 취득일 이후 해당 부동산에 대한 재산세 납세의무가 최초로 성립한 날부터 5년간 재산세의 100분의 50을 경감한다. 다만, 수익사업에 사용하는 경우와 해당 재산이 유료로 사용되는 경우의 그 재산 및 해당 재산의 일부가 그 목적에 직접 사용되지 아니하는 경우의 그 일부 재산에 대해서는 경감하지 아니한다. (2018. 12. 24. 개정)

④ 제1항 및 제3항 제1호를 적용할 때 다음 각 호의 어느 하나에 해당하는 경우 감면된 취득세를 추징한다. (2018. 12. 24. 개정)

1. 해당 부동산을 취득한 날부터 5년 이내에 수익사업에 사용하는 경우 (2018. 12. 24. 개정)
2. 정당한 사유 없이 그 취득일부터 3년이 지날 때까지 해당 용도로 직접 사용하지 아니하는 경우 (2018. 12. 24. 개정)
3. 해당 용도로 직접 사용한 기간이 2년 미만인 상태에서 매각 · 증여하거나 다른 용도로 사용하는 경우 (2018. 12. 24. 개정)

제44조【평생교육시설 등에 대한 감면】(2020. 12. 29. 제목개정)

① 대통령령으로 정하는 평생교육시설에 사용하기 위하

②·③ 삭 제 (2018. 12. 31.)

편주

법 43조 3항 2호의 개정규정은 2019. 12. 31.까지 취득한 부동산으로서 2020. 1. 1. 당시 그 부동산에 대한 재산세 납세의무가 최초로 성립한 날부터 5년이 지나지 아니한 경우에도 적용함. 이 경우 재산세의 경감기간은 2020. 1. 1.을 기준으로 해당 부동산에 대한 재산세 납세의무가 최초로 성립한 날부터 5년이 지나지 아니한 잔여기간으로 함. (법 부칙(2018. 12. 24.) 5조 2항)

제21조【평생교육시설의 범위】 법 제44조 제1항 각 호 외의 부분에서 "대통령령으로 정하는 평생교육시설"이란 「평생교육법」에 따라 보고 · 인가 · 등록 · 신고된

여 취득하는 부동산에 대해서는 취득세를, 과세기준일 현재 평생교육시설에 직접 사용하는 부동산(해당 시설을 다른 용도로 함께 사용하는 경우 그 부분은 제외한다)에 대해서는 재산세를 다음 각 호에서 정하는 바에 따라 각각 감면한다. (2018. 12. 24. 개정) 취득(감면분만) 농특비

상한/취득 200만원↑, 85%, 상한/재산 50만원↑, 85%(16년~19년 적용)

Note 2018. 12. 24. 개정 ☞ 기한 연장 : 18년→19년
2018. 12. 24. 개정 ☞ 기한 연장 : 19년→21년
☞ 감면 축소 : 재산세 도시지역분, 지역자원시설세 종료

1. 2019년 12월 31일까지는 취득세 및 재산세를 각각 면제한다. (2018. 12. 24. 신설) 일몰
2. 2020년 1월 1일부터 2027년 12월 31일까지 취득하는 부동산에 대해서는 다음 각 목의 구분에 따라 취득세 및 재산세를 각각 경감한다. (2024. 12. 31. 개정)

Note 2024. 12. 31. 개정 ☞ 제2호 기한 연장 : 24년→27년
2021. 12. 28. 개정 ☞ 제2호 기한 연장 : 21년→24년

가. 해당 부동산에 대해서는 취득세의 100분의 50을 경감한다. (2018. 12. 24. 신설)
나. 해당 부동산 취득일 이후 해당 부동산에 대한 재산세 납세의무가 최초로 성립한 날부터 5년간 재산세의 100분의 50을 경감한다. (2018. 12. 24. 신설)

편주

법 44조 1항 2호 나목의 개정규정은 2019. 12. 31.까지 취득한 부동산으로서 2020. 1. 1. 당시 그 부동산에 대한 재산세 납세의무가 최초로 성립한 날부터 5년이 지나지 아니한 경우에도 적용함.

평생교육시설로서 다음 각 호에서 정하는 것을 말한다. (2018. 12. 31. 개정)

1. 「평생교육법」 제30조에 따른 학교 부설 평생교육시설 (2015. 12. 31. 개정)
2. 「평생교육법」 제31조에 따른 학교형태의 평생교육시설 (2015. 12. 31. 개정)
3. 「평생교육법」 제32조에 따른 사내대학형태의 평생교육시설 (2015. 12. 31. 개정)
4. 「평생교육법」 제33조에 따른 원격대학형태의 평생교육시설 (2015. 12. 31. 개정)
5. 「평생교육법」 제35조에 따른 사업장 부설 평생교육시설 (2015. 12. 31. 신설)
6. 「평생교육법」 제36조에 따른 시민사회단체 부설 평생교육시설 (2015. 12. 31. 신설)
7. 「평생교육법」 제37조에 따른 언론기관 부설 평생교육시설 (2015. 12. 31. 신설)
8. 「평생교육법」 제38조에 따른 지식·인력개발사업 관련 평생교육시설 (2015. 12. 31. 신설)

이 경우 재산세의 경감기간은 2020. 1. 1.을 기준으로 해당 부동산에 대한 재산세 납세의무가 최초로 성립한 날부터 5년이 지나지 아니한 잔여기간으로 함. (법 부칙(2018. 12. 24.) 5조 2항)

② 제1항에 따른 평생교육시설로서 「평생교육법」 제31조 제4항에 따라 전공대학 명칭을 사용할 수 있는 평생교육시설(이하 이 조에서 "전공대학"이라 한다)에 대해서는 다음 각 호에서 정하는 바에 따라 지방세를 2027년 12월 31일까지 면제한다. (2024. 12. 31. 개정)

상한/취득 200만원↑, 85% 상한/재산 50만원↑, 85%(21년부터)

Note 2024. 12. 31. 개정 ☞ 제2항 기한 연장 : 24년→27년
2023. 3. 14. 개정 ☞ 제2항 기한 연장 : 22년→24년
☞ 감면신설 : 재산세 도시지역분 · 지역자원시설세 · 주민세(사업소분 · 종업원분) 100%
2021. 12. 28. 개정 ☞ 제2항 기한 연장 : 21년→24년
2020. 12. 29. 개정 ☞ 감면 신설

1. 전공대학이 해당 사업에 직접 사용하기 위하여 취득하는 부동산에 대한 취득세. 다만 다음 각 목의 어느 하나에 해당하는 경우 그 해당 부분에 대해서는 면제된 취득세를 추징한다. (2023. 3. 14. 신설)
   가. 해당 부동산을 취득한 날부터 5년 이내에 수익사업에 사용하는 경우 (2023. 3. 14. 신설)
   나. 정당한 사유 없이 그 취득일부터 3년이 경과할 때까지 해당 용도로 직접 사용하지 아니하는 경우 (2023. 3. 14. 신설)
   다. 해당 용도로 직접 사용한 기간이 2년 미만인 상태에서 매각 · 증여하거나 다른 용도로 사용하는 경

우 (2023. 3. 14. 신설)

2. 전공대학이 과세기준일 현재 해당 사업에 직접 사용하는 부동산(제41조 제2항 본문에 따른 건축물의 부속토지를 포함한다)에 대한 재산세(「지방세법」 제112조에 따른 부과액을 포함한다) 및 「지방세법」 제146조 제3항에 따른 지역자원시설세. 다만, 수익사업에 사용하는 경우와 해당 재산이 유료로 사용되는 경우의 그 재산 및 해당 재산의 일부가 그 목적에 직접 사용되지 아니하는 경우의 그 일부 재산에 대해서는 면제하지 아니한다. (2023. 3. 14. 신설)

3. 전공대학이 그 사업에 직접 사용하기 위한 면허에 대한 등록면허세와 전공대학에 대한 주민세 사업소분(「지방세법」 제81조 제1항 제2호에 따라 부과되는 세액으로 한정한다. 이하 이 호에서 같다) 및 종업원분. 다만, 수익사업에 관계되는 주민세 사업소분 및 종업원분(수익사업 관계 여부는 제41조 제3항 단서에 따른다)은 면제하지 아니한다. (2023. 3. 14. 신설)

③ 전공대학의 운영과 관련하여 「산업교육진흥 및 산학연협력촉진에 관한 법률」 제25조에 따라 설립·운영하는 산학협력단이 그 고유업무에 직접 사용하기 위하여 취득하는 부동산에 대해서는 취득세의 100분의 75를, 과세기준일 현재 그 고유업무에 직접 사용하는 부동산에 대해서는 재산세의 100분의 75를 2026년 12월 31일까지 각각 경감한다. (2023. 12. 29. 개정)

Note 2023. 12. 29. 개정 ☞ 제3항 기한 연장 : 23년→26년
2023. 3. 14. 신설 ☞ 23년

④ 「국민 평생 직업능력 개발법」 제2조 제3호 가목에 따른 공공직업훈련시설에 직접 사용하기 위하여 취득하는 부동산에 대해서는 2024년 12월 31일까지 취득세의 100분의 50을 경감하고, 과세기준일 현재 공공직업훈련시설에 직접 사용하는 부동산(해당 시설을 다른 용도로 함께 사용하는 경우 그 부분은 제외한다)에 대해서는 2027년 12월 31일까지 재산세의 100분의 50을 경감한다. (2024. 12. 31. 개정) 상한/취득 200만원↑, 85%(21년부터)

⑤ 제1항에 따른 평생교육시설 중 「평생교육법」 제31조 제2항에 따라 고등학교졸업 이하의 학력이 인정되는 시설로 지정된 학교형태의 평생교육시설(이하 이 항에서 "학력인정 평생교육시설"이라 한다)에 대해서는 다음 각 호에서 정하는 바에 따라 지방세를 2027년 12월 31일까지 면제한다. (2024. 12. 31. 신설)

1. 학력인정 평생교육시설에 직접 사용하기 위하여 취득하는 부동산에 대해서는 취득세를 면제한다. 다만, 다음 각 목의 어느 하나에 해당하는 경우 그 해당 부분에 대해서는 면제된 취득세를 추징한다. (2024. 12. 31. 신설)
   가. 정당한 사유 없이 그 취득일부터 3년이 지날 때까지 해당 용도로 직접 사용하지 아니하는 경우 (2024. 12. 31. 신설)
   나. 해당 용도로 직접 사용한 기간이 2년 미만인 상태에서 매각·증여하거나 다른 용도로 사용하는 경우 (2024. 12. 31. 신설)

Note 2024. 12. 31. 개정 ☞ 제4항 기한 연장 : 24년→27년
2021. 12. 28. 개정 ☞ 제3항 기한 연장 : 21년→24년
2020. 12. 29. 개정 ☞ 감면 신설

Note 2024. 12. 31. 개정 ☞ 제5항 기한 연장 : 24년→27년
☞ 감면 대상 : 평생교육시설→학력인정 평생교육시설
☞ 감면 확대 : 취득 50%, 재산 50%→ 취득·재산(도시)·지역자원·등록·주민(사업소·종업원) 100%

편주

법 44조 5항의 개정규정은 2025. 1. 1. 이후 납세의무가 성립하는 경우부터 적용함. (법 부칙(2024. 12. 31.) 2조)

2. 과세기준일 현재 학력인정 평생교육시설에 직접 사용하는 부동산(해당 시설을 다른 용도로 함께 사용하는 경우 그 부분은 제외한다)에 대해서는 재산세(「지방세법」 제112조에 따른 부과액을 포함한다) 및 「지방세법」 제146조 제3항에 따른 지역자원시설세를 각각 면제한다. (2024. 12. 31. 신설)
3. 학력인정평생교육시설이 그 사업에 직접 사용하기 위한 면허에 대한 등록면허세와 주민세 사업소분(「지방세법」 제81조 제1항 제2호에 따라 부과되는 세액으로 한정한다) 및 종업원분을 각각 면제한다. (2024. 12. 31. 신설)

⑥ 제1항 및 제4항을 적용할 때 다음 각 호의 어느 하나에 해당하는 경우 그 해당 부분에 대해서는 감면된 취득세 및 재산세를 추징한다. (2024. 12. 31. 항번개정)
1. 해당 부동산을 취득한 날부터 5년 이내에 수익사업에 사용하는 경우 (2018. 12. 24. 신설)
2. 정당한 사유 없이 그 취득일부터 3년이 지날 때까지 해당 용도로 직접 사용하지 아니하는 경우 (2018. 12. 24. 신설)
3. 해당 용도로 직접 사용한 기간이 2년 미만인 상태에서 매각·증여하거나 다른 용도로 사용하는 경우 (2018. 12. 24. 신설)

예판

【조심판례】 •「평생교육법」에 따라 인가·등록·신고·보고된 평생교육시설이라 함은 「평생교육법」에서 평생교육시설로 별도로 규정하고 있는 시설만을 의미한다고 보아야 함. (조심 2014지1133, 2015. 4. 28.)

• 건축물을 취득하여 임직원 교육 등 사내교육시설로 주로 사용하였으므로 평생교육시설로 직접 사용하였다고 보기는 어려움. (조심 2013지951, 2014. 10. 27.)

제44조의 2【박물관 등에 대한 감면】 ① 대통령령으로 정하는 박물관 또는 미술관으로 직접 사용하기 위하여 취득하는 부동산에 대해서는 취득세를, 과세기준일 현재 해당 박물관 또는 미술관으로 직접 사용하는 부동산(해당 시설을 다른 용도로 함께 사용하는 경우에는 그 부분은 제외한다)에 대해서는 해당 부동산 취득일 이후 해당 부동산에 대한 재산세를 2027년 12월 31일까지 각각 면제한다. (2024. 12. 31. 개정)

취득(감면분만) 농특비 | 최소납부적용

상한/취득 200만원↑, 85%, 상한/재산 50만원↑, 85%(16년부터)

Note 2024. 12. 31. 개정 ☞ 제1항 기한 연장 : 24년→27년
☞ 추징요건 신설 : 일반적 추징규정 및 등록취소
2021. 12. 28. 개정 ☞ 제1항 기한 연장 : 21년→24년
☞ 감면축소 : 도시지역분 종료

② 대통령령으로 정하는 도서관 또는 과학관으로 직접 사용하기 위하여 취득하는 부동산에 대해서는 취득세를,

예판

【판례】 직접 사용의 주체는 개별 조항에서 달리 정함이 없는 한 부동산 등의 소유자로 보아야 함으로, 평생교육시설의 설치·운영자가 아닌 제3자의 소유의 부동산이 평생교육시설로 사용되는 경우에는 감면 배제되는 것이 원칙임. (서울행법 2018구합87118, 2019. 7. 12. : 대법확정)

제21조의 2【박물관 등의 범위 등】 (2024. 12. 31. 제목개정)

① 법 제44조의 2 제1항에서 "대통령령으로 정하는 박물관 또는 미술관"이란 「박물관 및 미술관 진흥법」 제16조에 따라 등록된 박물관 또는 미술관을 말한다. (2018. 12. 31. 개정)

② 법 제44조의 2 제2항에서 "대통령령으로 정하는 도서관 또는 과학관"이란 다음 각 호에 따른 도서관 또는 과

과세기준일 현재 해당 도서관 또는 과학관으로 직접 사용하는 부동산(해당 시설을 다른 용도로 함께 사용하는 경우에는 그 부분은 제외한다)에 대해서는 재산세를 각각 2027년 12월 31일까지 면제한다. 취득(감면분만) 농특비

상한/취득 200만원↑, 85%, 상한/재산 50만원↑, 85%(16년부터)

Note 2024. 12. 31 개정 ☞ 기한 연장 : 24년→27년
☞ 추징요건 신설 : 일반적 추징규정 및 등록취소
2021. 12. 28. 개정 ☞ 제2항 기한 연장 : 21년→24년
☞ 감면축소 : 도시지역분 종료
2018. 12. 24. 개정 ☞ 기한 연장 : 18년→21년
☞ 감면 축소 : 지역자원시설세 종료

③ 제1항 및 제2항을 적용할 때 다음 각 호의 어느 하나에 해당하는 경우 그 해당 부분에 대해서는 면제된 취득세를 추징한다. (2024. 12. 31. 신설)

1. 정당한 사유 없이 그 취득일부터 1년이 경과할 때까지 해당 용도로 직접 사용하지 아니하는 경우 (2024. 12. 31. 신설)
2. 해당 용도로 직접 사용한 기간이 2년 미만인 상태에서 매각·증여하거나 다른 용도로 사용하는 경우 (2024. 12. 31. 신설)
3. 취득일부터 3년 이내에 관계 법령에 따라 등록취소되는 등 대통령령으로 정하는 사유에 해당하는 경우 (2024. 12. 31. 신설)

학관을 말한다. (2018. 12. 31. 개정)

1. 「도서관법」 제36조에 따라 등록된 공공도서관[2024년 12월 31일까지는 종전의 「도서관법」(법률 제18547호로 개정되기 전의 것을 말한다) 제40조에 따라 등록된 전문도서관을 포함한다] (2022. 12. 6. 개정 ; 도서관법 시행령 부칙)
2. 「과학관의 설립·운영 및 육성에 관한 법률」 제6조에 따라 등록된 과학관 (2018. 12. 31. 개정)

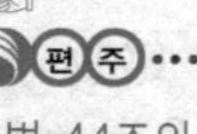

편주

법 44조의 2 제3항의 개정규정은 2025. 1. 1. 이후 지방세를 감면받는 경우부터 적용함. (법 부칙(2024. 12. 31.) 3조)

③ 법 제44조의 2 제3항 제3호에서 "관계 법령에 따라 등록취소되는 등 대통령령으로 정하는 사유"란 다음 각 호의 어느 하나에 해당하는 경우를 말한다. (2024. 12. 31. 신설)

1. 「박물관 및 미술관 진흥법」 제22조에 따라 폐관신고되거나 같은 법 제29조에 따라 등록취소된 경우

제45조【학술단체 및 장학법인에 대한 감면】(2020. 1. 15. 제목개정)

① 대통령령으로 정하는 학술단체가 학술연구사업에 직접 사용하기 위하여 취득하는 부동산에 대해서는 취득세를, 과세기준일 현재 학술연구사업에 직접 사용하는 부동산에 대해서는 재산세를 각각 2027년 12월 31일까지 면제한다. 다만, 제45조의 2에 따른 단체는 제외한다. (2024. 12. 31. 개정)

취득(감면분만) 농특비

상한/취득 200만원↑, 85%, 상한/재산 50만원↑, 85%(16년부터)

Note 2024. 12. 31. 개정 ☞ 제1항 기한 연장 : 24년→27년
2021. 12. 28. 개정 ☞ 제1항 기한 연장 : 21년→24년
2020. 1. 15. 개정 ☞ 제1항 기한 연장 : 19년→21년
2016. 12. 27. 개정 ☞ 제1항 기한 연장 : 16년→19년

예판

【조심판례】 과학기술진흥단체인 한국로봇산업진흥원이 쟁점부동산을 직접 사용하지 아니하고 로봇·로봇연관 아이템을 가진 창업(예정)자, 로봇기업·연관기업(로봇관련 제품 및 부품생산 업체) 및 로봇산업 관련 연구소, 대학 등 입주자격을 갖

(2024. 12. 31. 신설)

2. 「도서관법」 제36조 제5항에 따라 폐관신고되거나 같은 법 제38조에 따라 등록취소된 경우 (2024. 12. 31. 신설)
3. 「과학관의 설립·운영 및 육성에 관한 법률」 제12조에 따라 등록취소되거나 같은 법 제14조에 따라 폐관 통보된 경우 (2024. 12. 31. 신설)

제22조【학술단체의 정의 등】(2020. 1. 15. 제목개정)

① 법 제45조 제1항 본문에서 "대통령령으로 정하는 학술단체"란 「학술진흥법」 제2조 제1호에 따른 학술의 연구·발표활동 등을 목적으로 하는 법인 또는 단체로서 다음 각 호의 어느 하나에 해당하는 법인 또는 단체를 말한다. 다만, 「공공기관의 운영에 관한 법률」 제4조에 따른 공공기관은 제외한다. (2023. 12. 29. 단서개정)

1. 「공익법인의 설립·운영에 관한 법률」 제4조에 따라 설립된 공익법인 (2020. 1. 15. 개정)
2. 「민법」 제32조에 따라 설립된 비영리법인 (2020. 1. 15. 개정)
3. 「민법」 및 「상법」 외의 법령에 따라 설립된 법인 (2020. 1. 15. 개정)
4. 「비영리민간단체 지원법」 제4조에 따라 등록된 비영리민간단체 (2020. 1. 15. 개정)

예판

【판례】 • 장학단체가 고유업무용으로 취득하는 부동산의 취득세 면제 기준

어느 단체가 '장학단체'에 해당하는지 여부는 단체의 명칭 여하에 불문하고 설립근거인 법령, 정관의 목적사업, 주된 수행업무 등 실질적인 활동내역, 예산집행상황 등을 종합적으로 고려하여 판단하여야 함. (대법원 2016두20037, 2018. 11. 29.)

춘 입주기업을 모집하여 사용하게 하고 있는 경우 부동산의 소유자인 청구법인이 그 사업 또는 업무의 목적이나 용도에 맞게 직접 사용하는 것으로 보기는 어려움. (조심 2015지962, 2016. 3. 30.)

② 「공익법인의 설립 · 운영에 관한 법률」에 따라 설립된 장학법인(이하 이 조에서 "장학법인"이라 한다)에 대해서는 다음 각 호에서 정하는 바에 따라 지방세를 2027년 12월 31일까지 감면한다. (2024. 12. 31. 개정)

1. 장학법인이 장학사업에 직접 사용하기 위하여 취득하는 부동산에 대해서는 취득세를, 과세기준일 현재 장학사업에 직접 사용하는 부동산에 대해서는 재산세를 각각 면제한다. (2020. 1. 15. 개정)
2. 장학법인이 장학금을 지급할 목적으로 취득하는 임대용 부동산에 대해서는 취득세의 100분의 80을, 과세기준일 현재 해당 임대용으로 사용하는 부동산에 대해서는 재산세의 100분의 80을 각각 경감한다. (2020. 1. 15. 개정)

③ 제1항 및 제2항에 따라 취득세를 면제 또는 경감받은 후 다음 각 호의 어느 하나에 해당하는 경우 그 해당 부분에 대해서는 면제 또는 경감된 취득세를 추징한다. (2020. 1. 15. 신설)

1. 정당한 사유 없이 그 취득일부터 1년이 경과할 때까지 해당 용도로 직접 사용하지 아니하는 경우 (2020. 1. 15. 신설)

Note
2024. 12. 31. 개정 ☞ 제2항 기한 연장 : 24년→27년
2021. 12. 28. 개정 ☞ 제2항 기한 연장 : 21년→24년
2020. 1. 15. 개정 ☞ 제2항 기한 연장 : 19년→21년
☞ 감면 축소 : 지역자원시설세 감면 종료
☞ 감면 신설 : 장학사업 직접사용 부동산 100%
2016. 12. 27. 개정 ☞ 제2항 기한 연장 : 16년→19년

2. 해당 용도로 직접 사용한 기간이 2년 미만인 상태에서 매각·증여하거나 다른 용도로 사용하는 경우 (2020. 1. 15. 신설)
3. 취득일부터 3년 이내에 관계 법령에 따라 설립허가가 취소되는 등 대통령령으로 정하는 사유에 해당하는 경우 (2020. 1. 15. 신설)

예판

【판례】 · 장학단체에 대한 감면 적용범위
장학단체가 부동산 임대수입을 얻고서도 장학금을 지급하지 아니한 경우, 그 기간 동안에 부과하지 아니하였던 재산세를 당초 감면요건을 구비하지 못하였던 것으로 보아 소급하여 과세할 수 있음. (부산고법 2013누1928, 2013. 11. 27. : 대법확정)

【예규】 연구원의 창업보육센터가 사용하는 부동산에 대해서는 학술연구단체·장학단체·과학기술진흥단체가 그 고유업무에 직접 사용하는 부동산에 해당하지 않아 재산세 면제 대상이 아니라고 할 것임. (지방세운영과-1633, 2013. 7. 25.)

【조심판례】 • 「학술진흥법」상 학술연구단체로 등록한 사실이 없고 문화재 발굴조사기관으로 등록하였으며, 청구법인의 경비 지출 내역에서 연구와 직접 관련된 비용이 인건비 등에 비하여 상대적으로 적은 점 등에 비추어 청구법인은 학술연구단체에 해당하지 않는다고 보는 것이 타당함. (조심 2014지1245, 2014. 10. 31.)
• 재단법인 어업인교육문화복지재단은 설립 이후 2012년도말까지 장학사업과 관련한 사업실적, 예산편성 및 집행실적 등이 전혀 없는 점, 특별적립금 지원사업을 포함한 2013년도 청구법인의 장학사업 집행실적은 25.9%이고, 나머지를 어업인에 대한 교육 등의 사업에 지출한 것으로 나타나는 점 등에 비추어 청구법인은 장학단체가 아닌 어업인의 교육, 문화 등을

② 법 제45조 제3항 제3호에서 "관계 법령에 따라 설립허가가 취소되는 등 대통령령으로 정하는 사유"란 다음 각 호의 어느 하나에 해당하는 경우를 말한다. (2020. 1. 15. 개정)
1. 「공익법인의 설립·운영에 관한 법률」 제16조에 따라 공익법인의 설립허가가 취소된 경우 (2020. 1. 15. 개정)
2. 「민법」 제38조에 따라 비영리법인의 설립허가가 취소된 경우 (2020. 1. 15. 개정)
3. 「비영리민간단체 지원법」 제4조의 2에 따라 비영리민간단체의 등록이 말소된 경우 (2020. 1. 15. 개정)

주된 목적사업으로 하는 단체로 보아야 함. (조심 2014지774, 2015. 6. 30.)

제45조의 2【기초과학연구 지원을 위한 연구기관 등에 대한 감면】(2023. 12. 29. 제목개정)
다음 각 호의 법인이 연구사업에 직접 사용하기 위하여 취득하는 부동산에 대해서는 취득세의 100분의 50을, 과세기준일 현재 연구사업에 직접 사용하는 부동산에 대해서는 재산세의 100분의 50을 각각 2026년 12월 31일까지 경감한다. (2023. 12. 29. 개정)

1. 「과학기술분야 정부출연연구기관 등의 설립·운영 및 육성에 관한 법률」에 따른 과학기술분야 정부출연연구기관 (2023. 12. 29. 개정)
2. 「국방과학연구소법」에 따른 국방과학연구소 (2023. 12. 29. 개정)
3. 「국제과학비즈니스벨트 조성 및 지원에 관한 특별법」에 따른 기초과학연구원 (2023. 12. 29. 개정)
4. 「정부출연연구기관 등의 설립·운영 및 육성에 관한 법률」에 따른 정부출연연구기관 (2023. 12. 29. 개정)
5. 「한국국방연구원법」에 따른 한국국방연구원 (2023. 12. 29. 개정)
6. 「한국해양과학기술원법」에 따른 한국해양과학기술원 (2023. 12. 29. 개정)

상한/취득 200만원↑, 85%, 상한/재산 50만원↑, 85%(18년부터)

☞ **Note** 2023. 12. 29. 개정 ☞ 기한 연장 : 23년→26년
☞ 감면 확대 : 국방과학연구소 등 / 감면 축소 : 취득 · 재산 100%→50%
2020. 12. 29. 개정 ☞ 기한 연장 : 20년→23년, 감면 축소 : 재산세 도시지역분 종료

제46조【연구개발 지원을 위한 감면】 ① 기업이 대통령령으로 정하는 기업부설연구소(이하 이 조에서 "기업부설연구소"라 한다)에 직접 사용하기 위하여 취득하는 부동산(부속토지는 건축물 바닥면적의 7배 이내인 것으로 한정한다. 이하 이 조에서 같다)에 대해서는 취득세의 100분의 35[대통령령으로 정하는 신성장동력 또는 원천기술 분야를 연구하기 위한 기업부설연구소(이하 이 조에서 "신성장동력 · 원천기술 관련 기업부설연구소"라 한다)의 경우에는 100분의 50]를, 과세기준일 현재 기업부설연구소에 직접 사용하는 부동산에 대해서는 재산세의 100분의 35(신성장동력 · 원천기술 관련 기업부설연구소의 경우에는 100분의 50)를 각각 2025년 12월 31일까지 경감한다. (2023. 3. 14. 개정) 취득(감면분만) 농특비

Note 2023. 3. 14. 개정 ☞ 기한 연장 : 22년→25년
☞ 감면확대 : 신성장동력 · 원천기술 관련 5% 추가
2020. 1. 15. 개정 ☞ 제1항 기한 연장 : 19년→22년
☞ 일부 감면 확대 : 신성장동력 등 취득 · 재산 35%→45%
2016. 12. 27. 개정 ☞ 대기업 과밀억제권역내 종료 ☞ 제1항 기한 연장 : 16년→19년 ☞ 감면 축소 : 취득 · 재산 50%→35%

예판

【예규】 • 감면 유예기간(4년)까지 기업부설연구소로 인정받을 것이라는 사후 감면요건을 충족하지 못하여 추징대상이 되는 경우의 부과제척기간 기산일은 감면 유예기간이 경료한 그 신고납부기한(30일)의 다음날로 봄이 타당함. (지방세운영과-279, 2013. 4. 11.)

• '직접사용'에 대한 유예기간은 제46조 제1항 본문 단서에서 '연구

제23조【기업부설연구소】 ① 법 제46조 제1항에서 "대통령령으로 정하는 기업부설연구소"란 「기초연구진흥 및 기술개발지원에 관한 법률」 제14조의 2 제1항에 따라 인정받은 기업부설연구소를 말한다. 다만, 「독점규제 및 공정거래에 관한 법률」 제14조 제1항에 따른 상호출자제한기업집단등이 「수도권정비계획법」 제6조 제1항 제1호에 따른 과밀억제권역 내에 설치하는 기업부설연구소는 제외한다. (2017. 12. 29. 개정)

② 법 제46조 제1항에서 "대통령령으로 정하는 신성장동력 또는 원천기술 분야를 연구하기 위한 기업부설연구소"란 제1항에 따른 기업부설연구소로서 다음 각 호의 요건을 모두 갖춘 기업의 부설 연구소를 말한다. (2020. 1. 15. 신설)

1. 「연구산업진흥법」 제2조 제1호 가목 또는 나목의 산업을 영위하는 국내 소재 기업으로서 「조세특례제한법 시행령」 제9조 제2항 제1호 가목에 따른 신성장 · 원천기술연구개발업무(이하 이 조에서 "신성장 · 원천기술연구개발업무"라 한다)를 수행(신성장 · 원천기술연구개발업무와 그 밖의 연구개발을 모두 수행하는 경우를 포함한다)하는 기업일 것 (2021. 10. 19. 개정 ; 연구산업진흥법 시행령 부칙)
2. 「기초연구진흥 및 기술개발지원에 관한 법률」 제14조의 2 제1항에 따라 기업부설연구소로 인정받은 날부터 3년 이내에 「조세특례제한법 시행령」 제9조 제12항에

관련법령

기초연구진흥 및 기술개발지원에 관한 법률

제14조의 2【기업부설연구소 또는 연구개발전담부서의 인정 등】 ① 과학기술정보통신부장관은 기업의 연구개발활동을 효율적으로 지원하고 관리하기 위하여 연구 인력 및 시설 등 대통령령으로 정하는 기준을 충족하는 기업부설 연구기관 또는 기업의 연구개발부서를 기업부설연구소 또는 연구개발전담부서로 인정할 수 있다. (2017. 7. 26. 개정)

소 설치 후 4년'으로 규정하고 있는 바, 여기서 '설치'란 '인정받은 날'을 의미하므로 유예기간 4년의 기산점은 '인정받은 날'의 다음 날이라고 할 것임. (지방세운영과-2426, 2013. 9. 29.)

- 사실상 연구소 전용으로 사용하던 시설(연구기자재 보관 창고 등)과 사실상 연구소 인원이 주로 사용하던 시설(일부 주차장, 회의실 등)을 연구소 전용으로 명확히 구분하여 당해 부동산 취득일부터 4년 이내에 교육과학기술부장관으로부터 추가로 인정을 받은 경우라면, 그 추가로 인정받은 부분도 취득세 등 면제대상에 해당된다고 할 것임. (지방세운영과-1311, 2012. 4. 30.)
- 기업부설연구소로 인정받았다고 하더라도 회의실, 주차장, 구내식당 등 공용사용 면적의 구분이 불분명한 경우에는 기업부설연구소로 직접 사용하는 전용면적의 비율로 각각 안분하여 취득세를 면제함이 타당하다고 할 것임. (지방세운영과-4080, 2012. 12. 18.)

② 제1항에도 불구하고 「독점규제 및 공정거래에 관한 법률」 제31조 제1항에 따른 상호출자제한기업집단등이 「수도권정비계획법」 제6조 제1항 제1호에 따른 과밀억제권역 외에 설치하는 기업부설연구소에 직접 사용하기 위하여 취득하는 부동산에 대해서는 취득세의 100분의 35(신성장동력 · 원천기술 관련 기업부설연구소의 경우에는 100분의 50)를, 과세기준일 현재 기업부설연구소에 직접 사용하는 부동산에 대해서는 재산세의 100분의 35(신성장동력 · 원천기술 관련 기업부설연구소의 경우에는 100분의 50)를 각각 2025년 12월 31일까지 경감한다. (2023. 3. 14. 개정)

취득(감면분만) 농특비

따른 신성장 · 원천기술심의위원회로부터 해당 기업이 지출한 신성장 · 원천기술연구개발비의 연구개발 대상 기술이 같은 영 별표 7에 해당된다는 심의 결과를 통지받은 기업일 것 (2020. 12. 31. 개정)

Note 2020. 1. 15. 개정 ☞ 제2항 기한 연장 : 19년→22년
☞ 일부 감면 확대 : 신성장동력 등 취득 · 재산 35%→45%
2016. 12. 27. 개정 ☞ 제2항 기한 연장 : 16년→19년
☞ 감면 축소 : 취득 · 재산 50%→35%

편주

〈대기업vs일반기업vs중소기업의 주요구분, 19년 1월 현재〉

구 분	대기업	일반기업	중소기업
대 상	• 상호출자제한기업집단 등 • 공정거래법	• 중소기업 제외 • 상호출자제한기업집단 등 제외	• 상호출자제한기업진단 등 제외 • 중소기업기본법
매출액 등	자산총액 5조원 이상 등 (공정거래법 제14	–	평균매출액 400~1,500억원 이하 등 ※ 업종별 평균매출

③ 제1항에도 불구하고 「조세특례제한법」 제10조 제1항 제3호 가목에 따른 중견기업이 기업부설연구소에 직접 사용하기 위하여 취득하는 부동산에 대해서는 취득세의 100분의 50(신성장동력 · 원천기술 관련 기업부설연구소의 경우에는 100분의 65)을, 과세기준일 현재 기업부설연구소에 직접 사용하는 부동산에 대해서는 재산세의 100분의 50(신성장동력 · 원천기술 관련 기업부설연구소의 경우에는 100분의 65)을 각각 2025년 12월 31일까지 경감한다. (2024. 12. 31. 개정 ; 조세특례제한법 부칙)

④ 제1항에도 불구하고 「중소기업기본법」 제2조 제1항에 따른 중소기업(이하 이 장에서 "중소기업"이라 한다)이 기업부설연구소에 직접 사용하기 위하여 취득하는 부동산에 대해서는 취득세의 100분의 60(신성장동력 · 원천기술 관련 기업부설연구소의 경우에는 100분의 75)을, 과세기준일 현재 기업부설연구소에 직접 사용하는 부동산에 대해서는 재산세의 100분의 50(신성장동력 · 원천기술 관련 기업부설연구소의 경우에는 100분의 65)을 각각 2025년 12월 31일까지 경감한다. (2023. 3. 14. 개정) 취득(감면분만) 농특비

⑤ 제1항부터 제4항까지의 규정을 적용할 때 다음 각 호의 어느 하나에 해당하는 경우 그 해당 부분에 대해서는 경감된 취득세 및 재산세를 추징한다. (2021. 12. 28. 개정)

1. 토지 또는 건축물을 취득한 후 1년(「건축법」에 따른

구 분	대기업	일반기업	중소기업
	조 제1항)		액은 중소기업기본법 시행령 <별표 1> 참조
적용 규정	법 §46 ② – 과밀억제권역 외	법 §46 ①	법 §46 ③
감면율*	취득세 35%, 재산세 35%	취득세 35%, 재산세 35%	취득세 60%, 재산세 50%

* 신성장동력 · 원천기술분야에 해당시 감면율 각 10%p 추가

Note 2020. 1. 15. 개정 ☞ 제1항 기한 연장 : 19년→22년
☞ 일부 감면 확대 : 신성장동력 등 취득 60%→70%, 재산 50%→60%
2016. 12. 27. 개정 ☞ 제2항 기한 연장 : 16년→19년
☞ 감면 축소 : 취득 · 재산 75%→취득 60%, 재산 50%

신축 · 증축 또는 대수선을 하는 경우에는 2년) 이내에 「기초연구진흥 및 기술개발지원에 관한 법률」 제14조의 2에 따른 기업부설연구소로 인정받지 못한 경우 (2017. 12. 26. 신설)

2. 기업부설연구소로 인정받은 날부터 3년 이내에 「조세특례제한법 시행령」 제9조 제11항에 따른 신성장동력 · 원천기술심의위원회로부터 해당 기업이 지출한 신성장동력 · 원천기술연구개발비의 연구개발 대상 기술이 같은 영 별표 7에 해당된다는 심의 결과를 받지 못한 경우(신성장동력 · 원천기술 분야 기업부설연구소로 추가 감면된 부분에 한정한다) (2020. 1. 15. 신설)
3. 기업부설연구소 설치 후 4년 이내에 정당한 사유 없이 연구소를 폐쇄하거나 다른 용도로 사용하는 경우 (2020. 1. 15. 호번개정)

예판

【판례】 • 기업부설연구소 감면

기업부설연구소를 설치하지 못한 경우에는 면제대상에서 제외되고 그 사유가 환매에 의한 것이라고 하여 감면배제에 영향을 미칠 수 없음. (인천지법 2019구합52519, 2020. 1. 10. : 대법확정)

• 기업부설연구소 감면 적용범위

–공용부분 중 '건축물의 전체 전용면적에서 기업부설연구소용으로 인정받은 전용면적이 차지하는 비율'에 해당하는 면적 역시 기업부설연구소용에 직접 사용되고 있다고 보는 것이 타당함. (서울고법 2014누50189, 2015. 1. 29. : 대법확정)

운영예규 법46－1 【연구개발 지원을 위한 감면】

「지방세특례제한법」 제46조 제5항 제3호에서 규정한 「기업부설연구소를 설치한 날」은 「기초연구진흥 및 기술개발지원에 관한 법률」 제14조의 2에 따라 과학기술정보통신부장관으로부터 인정을 받은 날을 말한다. (2022. 10. 25. 개정)

예판

【조심판례】 기업부설연구소를 사실상 폐쇄하지 아니한 상황에서 벤처기업 확인서 유효기간 만료로 인하여 연구소의 인정이 일시 취소되었다가 재인정받았다는 사정만으로 연구소를 폐쇄하거나 연구소 외의 용도로 사용하였다고 보아 감면한 취득세를 추징하는 것은 잘못임. (조심 2016지75, 2016. 10. 6.)

관련법령

한국환경공단법

제17조 【사 업】 ① 공단은 다음 각 호의 사업을 한다.

2. 재활용 가능자원 관련 물류시설, 폐기물에너지화시설, 폐기물재활용단지 및 연구시설 등 환경복합시설의 설치 · 운영
5. 폐기물의 발생 억제, 부산물 · 폐기물의 순환이용(재사용 · 재생이용 · 재활용 등을 말한다), 폐기물의 친환경적 처리를 위한 사업
11. 재활용산업의 육성지원, 재활용제품의 수요촉진, 제품의 자원순환성 평가 및 개발사업의 자원순환성 고려의 지원 등 자원순환 촉진을 위한 사업
15. 「사회기반시설에 대한 민간투자법」에 따른 환경분야 사업의 평가 · 협상, 총사업비 검증 및 이에 수반되는 공사비와 설계의 경제성 검토 등 지원. 다만, 「사회기반시설에 대한 민간투자법」 제23조에 따른 공공투자관리센터에서 수행하는 사업은 제외한다.
16. 석면안전관리 사업

-'토지 또는 건축물을 취득한 후 4년 이내'에 기업부설연구소 인정을 받은 경우, 기업부설연구소용으로 이 사건 건축물을 취득한 이후부터 재산세에 대하여도 면제를 받아야 한다고 해석함이 타당함. (서울고법 2014누50189, 2015. 1. 29. : 대법확정)

제47조【한국환경공단에 대한 감면】(2014. 12. 31. 제목개정)

「한국환경공단법」에 따라 설립된 한국환경공단이 같은 법 제17조 제1항의 사업에 직접 사용하기 위하여 취득하는 부동산에 대해서는 다음 각 호에서 정하는 바에 따라 취득세를 2025년 12월 31일까지 경감하고, 과세기준일 현재 그 사업에 직접 사용하는 부동산에 대해서는 재산세의 100분의 25를 2025년 12월 31일까지 경감한다. (2023. 3. 14. 개정)

1. 「한국환경공단법」 제17조 제1항 제2호 및 제5호의 사업을 위한 부동산 : 취득세의 100분의 25 (2016. 12. 27. 개정)
2. 「한국환경공단법」 제17조 제1항 제11호·제21호 및 제22호의 사업을 위한 부동산 : 취득세의 100분의 25 (2021. 12. 28. 개정)

제47조의 2【녹색건축 인증 건축물에 대한 감면】

① 신축(증축 또는 개축을 포함한다. 이하 이 조에서 같다)하는 건축물(「건축법」 제2조 제1항 제2호에 따른 건축물 부분으로 한정한다. 이하 이 조에서 같다)로서 다

Note 2023. 3. 14. 개정 ☞ 기한 연장 : 22년→25년
2020. 1. 15. 개정 ☞ 기한 연장 : 19년→22년

Note 2016. 12. 27. 개정 ☞ 감면 축소 : 취득세 75%→25%
☞ 제1호 기한 연장 : 16년→19년

Note 2016. 12. 27. 개정 ☞ 제2호 기한 연장 : 16년→19년

제24조【친환경건축물 등의 감면】 ① 법 제47조의 2 제1항 각 호 외의 부분에 따른 취득세의 경감률은 다음 각 호와 같다. (2014. 12. 31. 개정)

1. 「녹색건축물 조성 지원법」 제16조에 따라 인증받은 녹색건축 인증 등급(이하 이 조에서 "녹색건축 인증등급"이라 한

이동 상위법(§47 → §47의 2) 변경에 따른 시행령 항번 이동

종전 (2014년까지)	현행 (2015년부터)
§24 ①	§24 ②
§24 ②	§24 ③
§24 ③	§24 ①
§24 ⑧	§24 ⑦

음 각 호의 요건을 모두 갖춘 건축물(취득일부터 70일 이내에 다음 각 호의 요건을 모두 갖춘 건축물을 포함한다)에 대해서는 취득세를 100분의 3부터 100분의 10까지의 범위에서 대통령령으로 정하는 바에 따라 2026년 12월 31일까지 경감한다. (2023. 12. 29. 개정)

Note 2023. 12. 29. 개정 ☞ 제1항 기한 연장 : 23년→26년
2020. 12. 29. 개정 ☞ 제1항 기한 연장 : 20년→23년
2017. 12. 26. 개정 ☞ 제1항 감면 축소 : 취득 5%~15% →취득 3%~10% ☞ 기한 연장 : 18년→20년

예판

【예규】 재개발조합원이 재개발사업의 환지계획에 의거 취득하는 주택은 원시취득으로 신축하는 건축물에 해당되므로 '녹색건축 인증 건축물에 대한 감면요건'을 갖춘 경우에는 건축물 부분에 대한 취득세가 감면됨. (지방세특례제도과-795, 2020. 4. 8.)

1. 「녹색건축물 조성 지원법」 제16조에 따른 녹색건축의 인증(이하 이 조에서 "녹색건축의 인증"이라 한다) 등급이 대통령령으로 정하는 기준 이상일 것 (2017. 12. 26. 개정)

2. 「녹색건축물 조성 지원법」 제17조에 따라 인증받은 건축물 에너지효율등급(이하 이 조에서 "에너지효율등급"이라 한다)이 대통령령으로 정하는 기준 이상일 것 (2017. 12. 26. 개정)

편주

2017. 12. 26. 제로에너지건축물 감면 신설

다) 최우수 건축물로서 같은 법 제17조에 따라 인증받은 건축물 에너지효율 인증 등급(이하 이 조에서 "에너지효율등급"이라 한다)이 1+등급 이상인 건축물 : 100분의 10 (2020. 12. 31. 개정)

1. 「녹색건축물 조성 지원법」 제16조에 따라 인증받은 녹색건축 인증 등급(이하 이 조에서 "녹색건축 인증등급"이라 한다) 최우수 건축물 : 100분의 10 (2024. 12. 31. 개정)

가. 「녹색건축물 조성 지원법」 제17조에 따라 인증받은 건축물 에너지효율 인증 등급(이하 이 조에서 "에너지효율등급"이라 한다)이 1+등급 이상인 건축물 : 100분의 10 (2017. 12. 29. 개정)

나. 에너지효율등급이 1등급인 건축물 : 100분의 5 (2017. 12. 29. 개정)

가.~나. 삭 제 (2020. 12. 31.)

2. 녹색건축 인증등급 우수 건축물로서 에너지효율등급이 1+등급 이상인 건축물 : 100분의 5 (2020. 12. 31. 개정)

2. 녹색건축 인증등급 우수 건축물 : 100분의 5 (2024. 12. 31. 개정)

② 법 제47조의 2 제1항 제1호에서 "대통령령으로 정하는 기준 이상"이란 녹색건축 인증등급이 우수 등급 이상인 경우를 말한다. (2016. 12. 30. 개정)

③ 법 제47조의 2 제1항 제2호에서 "대통령령으로 정하는 기준 이상"이란 에너지효율등급이 1+등급 이상인 경우를 말한다. (2020. 12. 31. 개정)

③ 삭 제 (2024. 12. 31.)

편주

친환경 건축물 인증제도 변경

〈종 전〉

친환경 건축물 인증제 「건축법」

\+

주택성능등급 인정제 「주택법」

↓

〈2013. 2. 28.부터〉

녹색건축인증제 「녹색건축물조성지원법」

2. 삭　제 (2024. 2. 20. ; 녹색건축물~부칙)

② 신축하는 건축물로서 「녹색건축물 조성 지원법」 제17조에 따라 제로에너지건축물 인증(이하 이 조에서 "제로에너지건축물 인증"이라 한다)을 받은 건축물(취득일부터 100일 이내에 제로에너지건축물 인증을 받는 건축물을 포함한다)에 대해서는 취득세를 100분의 15부터 100분의 20까지의 범위에서 대통령령으로 정하는 바에 따라 2026년 12월 31일까지 경감한다. (2023. 12. 29. 개정)

Note 2023. 12. 29. 개정 ☞ 제2항 기한 연장 : 23년→26년
2020. 12. 29. 개정 ☞ 제2항 기한 연장 : 20년→23년

③ 신축하는 주거용 건축물로서 대통령령으로 정하는 에너지절약형 친환경주택에 대해서는 취득세의 100분의 10을 2026년 12월 31일까지 경감한다. (2023. 12. 29. 개정)

Note 2023. 12. 29. 개정 ☞ 제3항 기한 연장 : 23년→26년
2020. 12. 29. 개정 ☞ 제3항 기한 연장 : 20년→23년
2017. 12. 26. 개정 ☞ 조항 이동 : 제2항→제3항
2017. 12. 26. 개정 ☞ 감면 축소 : 취득 5%~15% →취득 10% ☞ 기한 연장 : 18년→20년

④ 법 제47조의 2 제2항에 따른 취득세의 경감률은 다음 각 호의 구분에 따른다. (2020. 12. 31. 개정)

1. 「녹색건축물 조성 지원법」 제17조에 따라 인증받은 제로에너지건축물 인증 등급(이하 이 조에서 "제로에너지건축물 인증등급"이라 한다)이 1등급부터 3등급까지에 해당하는 건축물 : 100분의 20 (2020. 12. 31. 개정)

1. 「녹색건축물 조성 지원법」 제17조에 따라 인증받은 제로에너지건축물 인증 등급(이하 이 조에서 "제로에너지건축물 인증등급"이라 한다)이 플러스등급 및 1등급부터 3등급까지에 해당하는 건축물 : 100분의 20 (2024. 12. 31. 개정)
2. 제로에너지건축물 인증등급이 4등급인 건축물 : 100분의 18 (2020. 12. 31. 개정)
3. 제로에너지건축물 인증등급이 5등급인 건축물 : 100분의 15 (2020. 12. 31. 개정)

⑤ 법 제47조의 2 제3항에서 "대통령령으로 정하는 에너지절약형 친환경주택"이란 「주택건설기준 등에 관한 규정」 제64조에 따른 주택(이하 이 조에서 "친환경 주택"이라 한다) 중 총 에너지 절감율 또는 총 이산화탄소 저감율(이하 이 조에서 "에너지 절감율 등"이라 한다)이 65퍼센트 이상임을 「주택법」 제49조에 따른 사용검사권자로부터 확인을 받은 주택을 말한다. (2020. 12. 31. 개정)

④ 제1항 및 제2항에 따라 취득세를 경감받은 건축물 중 다음 각 호의 어느 하나에 해당하는 건축물에 대해서는 경감된 취득세를 추징한다. (2018. 12. 24. 개정)

1. 취득일부터 70일 이내에 제1항 각 호의 요건을 갖출 것을 요건으로 취득세를 경감받은 경우에는 그 요건을 70일 이내에 갖추지 못한 경우 (2018. 12. 24. 개정)
2. 취득일부터 100일 이내에 제로에너지건축물 인증을 받을 것을 요건으로 취득세를 경감받은 경우에는 100일 이내에 제로에너지건축물 인증을 받지 못한 경우 (2018. 12. 24. 개정)
3. 취득일부터 3년 이내에 녹색건축의 인증, 에너지효율등급 인증 또는 제로에너지건축물 인증이 취소된 경우 (2018. 12. 24. 개정)
3. 취득일부터 3년 이내에 녹색건축의 인증 또는 제로에너지건축물 인증이 취소된 경우 (2024. 2. 20. 개정 ; 녹색건축물~부칙)

⑤ 녹색건축의 인증을 받거나 에너지효율등급 인증을 받은 건축물로서 대통령령으로 정하는 기준 이상인 건축물인 경우에는 한 차례에 한정하여 2018년 12월 31일까지 그 인증을 받은 날(건축물 준공일 이전에 인증을 받은 경우에는 준공일)부터 5년간 대통령령으로 정하는 바에 따라 재산세를 100분의 3부터 100분의 15까지의 범위에서 경감한다. 다만, 재산세 과세기준일 현재 녹색건축의 인증 또는 에너지효율등급 인증이 취소된 경우는 제외한

⑥ 법 제47조의 2 제5항 본문에 따른 재산세 경감률은 다음 각 호와 같다. (2017. 12. 29. 개정)

1. 녹색건축 인증등급이 최우수인 경우 (2014. 1. 1. 개정)
   가. 에너지효율등급이 1+등급 이상인 경우 : 100분의 10 (2017. 12. 29. 개정)
   나. 에너지효율등급이 1등급인 경우 : 100분의 7 (2017. 12. 29. 개정)
   다. 가목 및 나목 외의 경우 : 100분의 3 (2011. 12. 31. 신설)

다. (2018. 12. 24. 개정)

일몰

⑥ 제5항을 적용할 때 녹색건축의 인증을 받은 날과 에너지효율등급 인증을 받은 날이 서로 다른 경우에는 2개의 인증 중 먼저 인증을 받은 날을 기준으로 경감 기간을 산정하며, 그 구체적인 경감세액의 산정방법은 대통령령으로 정한다. (2017. 12. 26. 개정)

이동 §47에서 §47의 2로 이동(14. 12. 31.) 및 개정(17. 12. 26.)

2014년까지	2015년까지	2017년까지	비 고
법 §47 ② 1	법 §47의 2 ① 1	법 §47의 2 ① 1	녹색건축인증 등급 기준(취득세)
법 §47 ② 2	법 §47의 2 ① 2	법 §47의 2 ① 2	에너지효율등급 기준
–	–	법 §47의 2 ②	제로에너지빌딩 인증
법 §47 ③	법 §47의 2 ②	법 §47의 2 ③	에너지절약형 친환경주택 에너지 경감률 기준
법 §47 ⑤	법 §47의 2 ③	법 §47의 2 ④	추징규정
법 §47 ⑥	법 §47의 2 ④	법 §47의 2 ⑤	녹색건축인증 등급 기준(재산세)
법 §47 ⑦	법 §47의 2 ⑤	법 §47의 2 ⑥	녹색건축인증 재산세 감면 산정 기준

예판

【예규】 • 녹색건축 예비인증 발급시 감면 여부

「녹색건축물 조성 지원법」제16조에 따라 건축물 또는 주택 건축주가 예비인증을 받았다 하더라도 예비인증은 건축물 설계도서에 반영된 내용만을 대상으로 녹색건축 예비인증이 발급되는

다. 삭 제 (2017. 12. 29.)

2. 녹색건축 인증등급이 우수인 경우 (2014. 1. 1. 개정)

가. 에너지효율등급이 1+등급 이상인 경우 : 100분의 7 (2017. 12. 29. 개정)

나. 에너지효율등급이 1등급인 경우 : 100분의 3 (2017. 12. 29. 개정)

3. 제1호 또는 제2호에 해당하지 않는 경우로서 에너지효율등급이 1등급 이상인 경우 : 100분의 3 (2014. 1. 1. 개정)

3. 삭 제 (2017. 12. 29.)

⑦ 법 제47조의 2 제6항에 따른 주택에 대한 재산세 경감액은 다음의 계산식에 따라 산정한다. (2017. 12. 29. 개정)

○ 감면액 = 산출세액 × $\dfrac{\text{건물시가표준액}}{\text{건물시가 표준액} + \text{토지시가 표준액}}$ × 감면율

※ 산출세액 : 「지방세법」 제104조 제3호에 따른 주택으로서 그 부속토지를 포함한 산출세액

것으로 본인증과 구분되고 건축 진행과정에서 설계도서의 변경 등에 의하여 변경될 수 있는 가변성이 있으므로 예비인증을 감면대상으로 보는 것은 타당하지 않음. (지방세특례제도과-1807, 2018. 5. 25.)

제47조의 3 【신재생에너지 인증 건축물에 대한 감면】 ① 신축하는 업무용 건축물로서 「신에너지 및 재생에너지 개발·이용·보급 촉진법」 제12조의 2 제1항에 따른 신·재생에너지 이용 건축물인증을 받은 건축물에 대해서는 2015년 12월 31일까지 취득세의 100분의 5부터 100분의 15까지의 범위에서 신·재생에너지 공급률 등을 고려하여 대통령령으로 정하는 율을 경감한다. (2014. 12. 31. 신설) 일몰

② 제1항에 따라 취득세를 경감받은 건축물 중 그 취득일부터 3년 이내에 신·재생에너지 이용 건축물 인증이 취소된 건축물에 대해서는 경감된 취득세를 추징한다. (2014. 12. 31. 신설)

이동 §47 ④ 및 ⑤에서 §47의 3으로 이동(14. 12. 31.)

일몰 「신에너지 및 재생에너지 개발·이용·촉진 보급법」에서 관련 건축물인증 규정 삭제(2015. 1. 28. 개정)

제47조의 4 【내진성능 확보 건축물에 대한 감면 등】 (2024. 12. 31. 제목개정)

① 「건축법」 제48조 제2항에 따른 구조 안전 확인 대상이 아니거나 건축 당시 「건축법」상 구조안전 확인 대상이 아니었던

⑧ 법 제47조의 3 제1항에 따른 취득세 경감률은 다음 각 호와 같다. (2014. 12. 31. 개정)

1. 신·재생에너지 공급률(건축물의 총에너지사용량 중 「신에너지 및 재생에너지 개발·이용·보급 촉진법」 제2조 제1호 및 제2호에 따른 신에너지 및 재생에너지를 이용하여 공급되는 에너지의 비율을 말한다. 이하 이 항에서 같다)이 20퍼센트를 초과하는 건축물 : 100분의 15 (2015. 6. 15. 개정 ; 신에너지 및~시행령 부칙)
2. 신·재생에너지 공급률이 20퍼센트 이하이고 15퍼센트를 초과하는 건축물 : 100분의 10 (2011. 12. 31. 신설)
3. 신·재생에너지 공급률이 15퍼센트 이하이고 10퍼센트를 초과하는 건축물 : 100분의 5 (2011. 12. 31. 신설)

이동 영 §24 ⑤ 및 ⑥에서 이동(14. 12. 31.)

건축물(「건축법」 제2조 제1항 제2호에 따른 건축물 부분으로 한정한다. 이하 이 조에서 같다)로서 「지진 · 화산재해대책법」 제16조의 2에 따라 내진성능확인을 받은 건축물에 대해서는 다음 각 호에서 정하는 바에 따라 지방세를 2021년 12월 31일까지 경감한다. 다만, 그 건축물에 대한 소유권이 이전된 이후의 재산세는 그러하지 아니하다. (2021. 12. 28. 단서개정)

일몰

1. 「건축법」 제2조 제1항 제8호에 따른 건축을 하는 경우 취득세의 100분의 50을 경감하고, 그 건축물에 대한 재산세의 납세의무가 최초로 성립하는 날부터 5년간 재산세의 100분의 50을 경감한다. (2016. 12. 27. 개정)
2. 「건축법」 제2조 제1항 제9호에 따른 대수선을 하는 경우 취득세를 면제하고, 그 건축물에 대한 재산세의 납세의무가 최초로 성립하는 날부터 5년간 재산세를 면제한다. (2016. 12. 27. 개정)

① 「지진 · 화산재해대책법」 제14조 제1항에 따른 내진설계기준의 적용 대상이 아니거나 건축 당시 내진설계기준의 적용 대상이 아니었던 건축물(「건축법」 제2조 제1항 제2호에 따른 건축물 부분으로 한정한다. 이하 이 조에서 같다)을 건축(「건축법」 제2조 제1항 제8호에 따른 건축을 말한다. 이하 이 조에서 같다) 또는 대수선(「건축법」 제2조 제1항 제9호에 따른 대수선을 말한다. 이하 이 조에서 같다)하는 경우로서 「지진 · 화산재해대책법」 제16조의 2에 따라 내진성능 확인을 받은 건축물에 대해서는 2027년 12월 31일까지 취득세를 면제하고, 그 건축물에 대한 재산세 납세의무가 최초로 성립하는

Note 2024. 12. 31. 개정 ☞ 제1항 신설 : 취득100%, 재산(2년 100%, 3년50%)
2018. 12. 24. 개정 ☞ 기한 연장 : 18년→21년
☞ 감면대상 축소 정비 : 건축물 또는 주택→건축물
2016. 12. 27. 개정 ☞ 감면 확대 : 신축 취득 · 재산 10% →50%, 대수선 취득 · 재산 50% →100%

편주

- 법 47조의 4 제1항의 개정규정은 2025. 1. 1. 이후 건축물을 취득하는 경우부터 적용함. (법 부칙(2024. 12. 31.) 7조 1항)
- 종전의 법 47조의 4 제1항에 따라 취득세가 감면된 건축물로서 2025. 1. 1. 당시 그 건축물 취득 후 재산세의 납세의무가 최초로 성립하는 날부터 5년이 지나지 아니한 건축물에 대한 재산세의 감면에 대해서는 법 47조의 4 제1항의 개정규정에도 불구

날부터 2년간 재산세를 면제하며 그 다음 3년간은 재산세의 100분의 50을 경감한다. 다만, 그 건축물에 대한 소유권이 이전된 이후의 재산세는 그러하지 아니하다. (2024. 12. 31. 개정)

상한/취득 200만원↑, 85%(25년부터), 상한/재산 50만원↑, 85%(25년부터)

② 제1항을 적용할 때 재산세 경감세액의 산정방법은 제47조의 2 제6항을 준용한다. (2018. 12. 24. 개정)

③ 신축하는 건축물로서 「지진·화산재해대책법」 제16조의 3 제1항에 따라 지진안전 시설물의 인증을 받은 건축물(취득일부터 180일 이내에 지진안전 시설물의 인증을 받은 경우를 포함한다)에 대해서는 취득세의 100분의 5부터 100분의 10까지의 범위에서 대통령령으로 정하는 율을 2024년 12월 31일까지 경감한다. 다만, 제1항에 따라 지방세를 감면받은 건축물의 경우에는 본문을 적용하지 아니한다. (2021. 12. 28. 개정)

③ 건축 또는 대수선하는 건축물로서 「지진·화산재해대책법」 제16조의 3 제1항에 따라 지진안전 시설물의 인증을 받은 건축물(취득일부터 180일 이내에 지진안전 시설물의 인증을 받은 경우를 포함한다)에 대해서는 취득세의 100분의 5부터 100분의 10까지의 범위에서 대통령령으로 정하는 율을 2027년 12월 31일까지 경감한다. (2024. 12. 31. 개정)

④ 제3항에 따라 취득세를 경감받은 건축물 중 취득일부터 3년 이내에 「지진·화산재해대책법」 제16조의 3 제5항에 따라 지진안전 시설물의 인증이 취소된 건축물에 대해서는 경감된 취득세를 추징한다. (2024. 12. 31. 신설)

하고 종전의 규정에 따름. (법 부칙(2024. 12. 31.) 7조 2항)

이동 舊 지특법 §92의 3에서 이동(14. 12. 31.)

제24조의 2 【지진안전 시설물의 인증을 받은 건축물의 감면】 법 제47조의 4 제3항 본문에서 "대통령령으로 정하는 율"이란 100분의 5를 말한다. (2020. 12. 31. 신설)

Note 2024. 12. 31. 개정 ☞ 제3항 기한 연장 : 24년→27년
☞ 감면대상 확대 : 신축 → 건축·대수선 지진안전인증
☞ 추징요건 신설 : 3년 내 지진안전인증 취소시
2021. 12. 28. 개정 ☞ 제3항 기한 연장 : 21년→24년
☞ 인증기간확대 : 100일 이내→180일 이내
2020. 12. 29. 개정 ☞ 감면 신설

편주

법 47조의 4 제3항의 개정규정은 2025. 1. 1. 이후 건축물을 취득하는 경우부터 적용함. (법 부칙(2024. 12. 31.) 7조 1항)

편주

법 47조의 4 제4항의 개정규정은 2025. 1. 1. 이후 취득세를 감면받는 경우부터 적용함. (법 부칙(2024. 12. 31.) 7조 3항)

제47조의 5【환경친화적 자동차 충전시설에 대한 감면】 ① 환경친화적 자동차 충전시설을 설치하는 자(「환경친화적 자동차의 개발 및 보급 촉진에 관한 법률」 제11조의 2에 따른 설치 의무가 없는 자로 한정한다)가 지방세법 제6조 제4호에 따른 에너지 공급시설 중 환경친화적 자동차 충전시설을 설치하는 경우 그 시설에 대하여 취득세의 100분의 25를 2026년 12월 31일까지 경감한다. (2023. 12. 29. 신설)

② 제1항에 따라 취득세를 경감받은 경우로서 다음 각 호의 어느 하나에 해당하는 경우에는 경감된 취득세를 추징한다. (2023. 12. 29. 신설)

1. 정당한 사유 없이 그 취득일부터 1년이 경과할 때까지 해당 용도로 직접 사용하지 아니하는 경우 (2023. 12. 29. 신설)
2. 해당 용도로 직접 사용한 기간이 2년 미만인 상태에서 매각·증여하거나 다른 용도로 사용하는 경우 (2023. 12. 29. 신설)

제48조【국립공원관리사업에 대한 감면】「국립공원공단법」에 따른 국립공원공단이 공원시설의 설치·유

Note 2023. 12. 29. 개정 ☞ 조문 신설 : 취득 25%, 26년

Note 2023. 3. 14. 개정 ☞ 기한 연장 : 22년→25년
2020. 1. 15. 개정 ☞ 기한 연장 : 19년→22년
2016. 12. 27. 개정 ☞ 기한 연장 : 16년→19년

지·관리 등의 공원관리사업에 직접 사용하기 위하여 취득하는 부동산에 대해서는 취득세의 100분의 25를, 과세기준일 현재 그 사업에 직접 사용하는 부동산에 대해서는 재산세의 100분의 25를 각각 2025년 12월 31일까지 경감한다. (2023. 3. 14. 개정)

제49조【해양오염방제 등에 대한 감면】「해양환경관리법」에 따른 해양환경공단이 같은 법 제97조에 따른 사업에 직접 사용하기 위하여 취득하는 부동산(수익사업용 부동산은 제외한다. 이하 이 조에서 같다)과 해양오염방제용 및 해양환경관리용에 제공하기 위하여 취득하는 선박에 대해서는 다음 각 호에서 정하는 바에 따라 2025년 12월 31일까지 지방세를 경감한다. (2023. 3. 14. 개정)

1. 「해양환경관리법」 제97조 제1항 제3호 가목 및 나목의 사업을 위한 부동산에 대해서는 취득세의 100분의 25를, 과세기준일 현재 해당 사업에 직접 사용하는 부동산에 대해서는 재산세의 100분의 25를 각각 경감한다. (2016. 12. 27. 개정)
2. 「해양환경관리법」 제97조 제1항 제2호 나목 및 같은 항 제6호의 사업을 위한 부동산에 대해서는 취득세의 100분의 25를, 과세기준일 현재 해당 사업에 직접 사용하는 부동산에 대해서는 재산세의 100분의 25를 각각 경감한다. (2016. 12. 27. 개정)
3. 해양오염방제설비를 갖춘 선박에 대해서는 취득세 및 재

Note 2023. 3. 14. 개정 ☞ 기한 연장 : 22년→25년
2020. 1. 15. 개정 ☞ 기한 연장 : 19년→ 22년
2015. 12. 29. 개정 ☞ 기한연장 : 15년→16년

Note 2016. 12. 27. 개정 ☞ 감면 축소 : 취득 75%, 재산 25% → 취득·재산 25% ☞ 기한 연장 : 16년→19년

관련법령

해양환경관리법

제97조【사 업】 ① 공단은 다음 각 호의 사업을 수행한다.

2. 해양환경개선을 위한 다음 각 목의 사업
   나. 오염물질 저장시설의 설치·운영 및 수탁관리
3. 해양오염방제에 필요한 다음 각 목의 사업
   가. 해양오염방제업무 및 방제선등의 배치·설치(위탁·대행받은 경우를 포함한다)
   나. 해양오염방제에 필요한 자재·약제의 비치 및 보관시설의 설치 등(위탁·대행받은 경우를 포함한다)
6. 해양환경에 대한 교육·훈련 및 홍보

산세의 100분의 25를 각각 경감한다. (2016. 12. 27. 개정)

제49조의 2【5세대 이동통신 무선국에 대한 감면】 내국법인이 아이엠티이천이십(IMT-2020, 5세대 이동통신) 서비스 제공을 위하여 과밀억제권역 외의 지역에 개설한 무선국의 면허에 대해서는 등록면허세의 100분의 50을 2023년 12월 31일까지 경감한다. (2020. 12. 29. 신설)

일몰

제4절 문화 및 관광 등에 대한 지원

제50조【종교단체 또는 향교에 대한 면제】(2015. 12. 29. 제목개정)

① 종교단체 또는 향교가 종교행위 또는 제사를 목적으로 하는 사업에 직접 사용하기 위하여 취득하는 부동산에 대해서는 취득세를 면제한다. 다만, 다음 각 호의 어느 하나에 해당하는 경우 그 해당 부분에 대해서는 면제된 취득세를 추징한다. (2015. 12. 29. 개정)

취득(감면분만) 농특비

1. 해당 부동산을 취득한 날부터 5년 이내에 수익사업에 사용하는 경우 (2016. 12. 27. 개정)

Note 2020. 12. 29. 개정 ☞ 감면 신설

제4절 문화 및 관광 등에 대한 지원

【판례】 • **종교단체 감면**

지하주차장을 일반인에게 조건부 · 유료로 운영한다는 사정만으로 수익사업에 사용되고 있다고 볼 수는 없으나, 유료로 사용되는 경우에는 해당함. (서울고법 2020누35518, 2021. 1. 21. : 대법확정)

• 종교단체가 매매계약상 특약에 따라 감면 유예기간 내에 부동산 계약을 합의해제하고 취득한 부동산의 등기까지 말소하였다면, 해당 목적에 직접 사용하여야 할 세법상의 의무가 소멸하므로 직접 사용하지 못한 정당한 사유가 있다 할 것임. (대법 2019두46808, 2019. 10. 31.)

• **사찰운영과 포교활동 지원을 위해 파견되는 승려의 숙소 등**

【조심판례】 • 청구법인은 성당 신축부지를 취득하였으나, 성당신설을 위한 내부 심의절차를 거치는 데에 많은 시간이 소요되었고, 신자수가 당초 설계상의 신자수보다 많아 설계변경이 불가피하였던 점, 이 건 토지의 잔금이 지급된 시점까지 지구단위계획이 완료되지 아니하여 그 날부터 약 1년 4개월 경과한 날에서야 해당 토지의 소유권 이전등기를 완료하는 등 불가피하게 건축물의 착공시기가 지연된 것으로

2. 정당한 사유 없이 그 취득일부터 3년이 경과할 때까지 해당 용도로 직접 사용하지 아니하는 경우 (2011. 12. 31. 신설)
3. 해당 용도로 직접 사용한 기간이 2년 미만인 상태에서 매각·증여하거나 다른 용도로 사용하는 경우 (2011. 12. 31. 신설)

운영예규 법50-1【종교 및 제사단체에 대한 면제】
종중은 「지방세특례제한법」 제50조 제1항에서 말하는 "종교단체 또는 향교"에 해당되지 않는다. (2022. 10. 25. 개정)

법50-2【정당한 사유 판단요건】
취득 당시부터 법령상·사실상에 의한 사용의 제한 또는 금지로 인하여 유예기간이내 사용치 못한 경우는 정당한 사유로 볼 수 없다. (2022. 10. 25. 개정)

예판

【예규】 • 종교단체가 소속재단에 증여시 취득세 추징 여부
종교단체가 종교용도로 취득세 감면을 받은 후, 유예기간(2년) 내 소속 유지재단에 명의신탁약정에 기반한 증여로 소유권을 이전한 후 계속 종교용도로 사용하는 경우 '직접 사용한 기간이 2년 미만인 상태에서 증여'한 경우로써 취득세 감면세액 추징대상에 해당됨. (지방세특례제도과-642, 2021. 3. 15.)

장소
구성원이 비영리사업자의 사업 활동에 필요불가결한 존재이고 사택이나 숙소에 체류하는 것이 직무 수행의 성격도 겸비한다면 사택이나 숙소는 목적사업에 직접 사용되는 것으로 볼 수 있음. (대법원 2017두66275, 2018. 2. 8. 및 2017두557, 2015. 9. 15.)

• 종교단체 감면 적용
- 종중은 그 목적과 본질에 비추어 볼 때 일부 제사 시설을 보유하고 선조의 제사를 봉행하더라도 '제사를 목적으로 하는 단체'에 포함되지 아니함. (대법 2015두40958, 2016. 2. 18.)
- 원고의 입장에서는 특수사목 사제들 또한 본당사목과 마찬가지로 종교활동에 필요불가결한 중추적인 역할을 수행하고 있다고 보지 않을 수 없다. 따라서 본당사목 사제의 사택뿐만 아니라, 특수사목 사제의 사택 역시 종교단체가 '그 사업에 사용'하는 부동산으로 취득세, 등록세, 재산세의 비과세대상에 해당한다고 판단됨. (부산고법 2015누20480, 2015. 7. 10. : 대법원확정)

• 종교단체 추징대상 적용범위
- 원고가 이 사건 부동산을 그 사용일부터 2년 이내에 증여한 이상 이 사건 추징조항에서 정한 추징사유가 발생하였다고 봄이 타당하고, 소외 재단이 이 사건 면제조항에서 정한 취득세 면제대상 법인에 해당한다거나 이 사건 부동산이 소외 재단에 증여된 이후에도 종교집회장인 00교 00교당의 용도로 사용되고 있다고 하여 달리 보기는 어려움. (대전고법 2015누12432, 2016. 1. 21. : 대법확정)
- 원고가 건축물의 신축을 위해 설계를 의뢰하여 그 설계가 진행 중이었다고 하더라도 이를 건축공사에 착수한 것으로 볼 수는 없으므로, 과세기준일 당시에는 원고가 수도원 신축을 위한 건축공사에 착수하였다고 볼 수 없음 (서울행법

보이는 점 등을 고려시 유예기간내 직접 사용하지 못한 정당한 사유가 있음. (조심 2020지797, 2020. 12. 1.)

• 종교단체내 상급기관에 증여
「부동산 실권리자명의 등기에 관한 법률」 제8조에서 종교단체의 명의로 그 산하 조직이 보유한 부동산에 관한 물권을 등기한 경우 명의신탁을 인정하고 있는 점을 고려시 개별교회 소유 부동산의 소유권을 유지재단 명의로 이전등기 하였다 하더라도 사실상 증여로 보아 감면된 취득세를 추징할 수 없음. (조심 2019지1800, 2019. 7. 8.)

【예규】 • 종교단체가 아동복지시설(지역아동센터)을 설치하여 관할 행정관청에 신고 없이 교육복지사업으로 사용하는 부분에 대하여는 종교단체가 종교용으로 직접사용하는 부동산으로 볼 수 없는 것임. (지방세운영과-785, 2011. 2. 22.)

• 종중소유의 제실 등이 제사목적에 일부 사용된다고 하더라도, 선조의 분묘 수호와 봉제사 및 후손상호간의 친목 도모를 목적으로 하는 '종중'은 취득세 감면대상인 '종교 및 제사를 목적으로 하는 단체'에 해당되지 아니한다고 할 것임. (지방세운영과-2887, 2013. 11. 12.)

• 「전통사찰의 보존 및 지원에 관한 법

② 제1항의 종교단체 또는 향교가 과세기준일 현재 해당 사업에 직접 사용(종교단체 또는 향교가 제3자의 부동산을 무상으로 해당 사업에 사용하는 경우를 포함한다)하는 부동산(대통령령으로 정하는 건축물의 부속토지를

2015구합3003, 2015. 7. 23. : 대법확정)

- 종교단체 주차장 감면 적용범위
  - 기존 교회의 부설주차장이 법정규모 이하인지, 교회와의 거리, 신도수 및 신도들 보유차량의 현황, 기존 주차장 이용현황 등을 종합적으로 고려하여 부설주차장의 추가설치가 필수불가결한 경우에는 해당 주차장용 부동산을 감면대상으로 볼 수 있으나, 추가설치의 필요성이 부족한 경우에는 감면에서 제외됨. (서울행법 2011구합19659, 2011. 11. 2. : 대법확정)
  - 유치원 운영을 종교단체의 고유업무로 보아 종교단체에 대한 유예기간 3년을 적용할 수 없음. (서울고법 2012누18631, 2012. 11. 22. : 대법확정)
  - 종교단체가 학교를 운영하는 것은 종교사업으로 보기 어렵고, 학교·유치원 인가를 받지 아니하고 운영하는 대안학교 및 유치원을 학교용으로 사용하고 있는 것으로 보아 감면을 적용할 수 없음. (서울고법 2012누29426, 2013. 3. 29. : 대법확정)
  - 성당에 파견되어 종교활동을 직접 담당하는 수녀들은 원활한 사업수행에 필요불가결한 존재인 점, 파견된 수녀들의 숙소로 제공된 이 사건 아파트는 그곳에서 지역 교우들을 위한 기도모임이나 교리교육, 미사 등의 종교의식이 이루어지는 등 수녀들의 공동 수도생활 및 전도생활의 공간으로 사용되는 점 등을 종합하면, 이 사건 아파트는 종교 목적사업에 직접 사용되는 부동산에 해당함. (대법 2014두557, 2015. 9. 15.)

제25조【종교 및 제사를 목적으로 하는 단체에 대한 면제대상 사업의 범위 등】 ① 법 제50조 제2항 본문에서 "대통령령으로 정하는 건축물의 부속토지"란 해당 사업에 직접 사용할 건축물을 건축 중인 경우와 건축허가 후

률」상 "경내지"라는 용어가 "전통사찰을 보존지"로 개정되었음에도 불구하고 재산세 면제 대상으로 이를 인용하고 있는 「지방세특례제한법」에 개정사항을 반영하지 않은 경우, 재산세 면제 대상을 판단함에 있어 전통사찰보존지의 하나인 경작지는 「전통사찰의 보존 및 지원에 관한 법률」 개정 전·후에 동일하게 보아야 할 것임. (법제 14-0145, 2014. 4. 8.)

포함한다)에 대해서는 재산세(「지방세법」 제112조에 따른 부과액을 포함한다) 및 「지방세법」 제146조 제3항에 따른 지역자원시설세를 각각 면제한다. 다만, 수익사업에 사용하는 경우와 해당 재산이 유료로 사용되는 경우의 그 재산 및 해당 재산의 일부가 그 목적에 직접 사용되지 아니하는 경우의 그 일부 재산에 대해서는 면제하지 아니한다. (2020. 1. 15. 개정)

③ 제1항의 종교단체 또는 향교가 그 사업에 직접 사용하기 위한 면허에 대해서는 등록면허세를 면제하고, 해당 단체에 대해서는 주민세 사업소분(「지방세법」 제81조 제1항 제2호에 따라 부과되는 세액으로 한정한다. 이하 이 항에서 같다) 및 종업원분을 면제한다. 다만, 수익사업에 관계되는 대통령령으로 정하는 주민세 사업소분 및 종업원분은 면제하지 아니한다. (2020. 12. 29. 개정)

④ 종교단체 또는 향교에 생산된 전력 등을 무료로 제공하는 경우 그 부분에 대해서는 「지방세법」 제146조 제1항 및 제2항에 따른 지역자원시설세를 면제한다. (2020. 1. 15. 개정)

⑤ 사찰림(寺刹林)과 「전통사찰의 보존 및 지원에 관한 법률」 제2조 제1호에 따른 전통사찰이 소유하고 있는 경우로서 같은 조 제3호에 따른 전통사찰보존지에 대해서는 재산세(「지방세법」 제112조에 따른 부과액을 포함한다)를 면제한다. 다만, 수익사업에 사용하는 경우와 해당 재산이 유료로 사용되는 경우의 그 재산 및 해당 재산의

행정기관의 건축규제조치로 건축에 착공하지 못한 경우의 건축 예정 건축물의 부속토지를 말한다.

운영예규 법50-3【제사에 직접 사용하는 부동산】

「지방세특례제한법」 제50조 제2항에서 규정하고 있는 「해당 사업에 직접 사용하는 부동산」이라 함은 제사에 사용하는 제실 등의 시설이 위치한 부지로서 현실적으로 제사에 직접 사용되고 있는 부동산을 말하며, 분묘토지 및 금양림이나 위토로 사용하는 사유만으로는 제사에 직접 사용하는 부동산이라고 볼 수 없다.

② 법 제50조 제3항 본문에서 "제1항의 단체가 그 사업에 직접 사용하기 위한 면허"란 법 제50조 제1항에 따른 종교 및 제사를 목적으로 하는 단체가 그 비영리사업의 경영을 위하여 필요한 면허 또는 그 면허로 인한 영업설비나 행위에서 발생한 수익금의 전액을 그 비영리사업에 사용하는 경우의 면허를 말한다.

③ 법 제50조 제3항 단서에서 "수익사업에 관계되는 대통령령으로 정하는 주민세 사업소분 및 종업원분"이란 수익사업에 직접 제공되고 있는 사업소와 종업원을 기준으로 부과하는 주민세 사업소분(「지방세법」 제81조 제1항 제2호에 따라 부과되는 세액으로 한정한다)과 종업원분을 말한다. 이 경우 면제대상 사업과 수익사업에 건축물이 겸용되거나 종업원이 겸직하는 경우에는 주된 용도 또는 직무에 따른다. (2020. 12. 31. 개정)

관련법령

전통사찰의 보존 및 지원에 관한 법률

제2조【정 의】 이 법에서 사용하는 용어의 뜻은 다음과 같다. (2023. 8. 8. 개정)

1. "전통사찰"이란 불교 신앙의 대상으로서의 형상(形象)을 봉안(奉安)하고 승려가 수행(修行)하며 신도를 교화하기 위한 시설 및 공간으로서 제4조에 따라 등록된 것을 말한다.
3. "전통사찰보존지"란 불교의 의식(儀式), 승려의 수행 및 생활과 신도의 교화를 위하여 사찰에 속하는 토지로서 다음 각 목의 토지를 말한다.
   가. 사찰 소유의 건조물[건물, 입목(立木), 대나무, 그 밖의 지상물(地上物)을 포함한다. 이하 같다]이 정착되어 있는 토지 및 이와 연결된 그 부속 토지
   나. 참배로(參拜路)로 사용되는 토지
   다. 불교의식 행사를 위하여 사용되는 토지[불공용(佛供用)·수도용(修道用) 토지를 포함한다]
   라. 사찰 소유의 정원·산림·경작지 및 초지
   마. 사찰의 존엄 또는 경관의 보존을 위하여 사용되는 사찰 소유의 토지
   바. 역사나 기록 등에 의하여 해당 사찰과 밀접한 연고가 있다고 인정

일부가 그 목적에 직접 사용되지 아니하는 경우의 그 일부 재산에 대해서는 면제하지 아니한다. (2017. 12. 26. 개정)

Note 2017. 12. 26. 개정 ☞ 감면 대상 변경 : 경내지→전통사찰보존지

⑥ 법인의 사업장 중 종교의식을 행하는 교회 · 성당 · 사찰 · 불당 · 향교 등에 대해서는 주민세 사업소분(「지방세법」 제81조 제1항 제1호에 따라 부과되는 세액으로 한정한다)을 면제한다. (2020. 12. 29. 개정)

제51조【신문 · 통신사업 등에 대한 감면】「신문 등의 진흥에 관한 법률」을 적용받는 신문 · 통신 사업을 수행하는 사업소에 대해서는 주민세 사업소분(「지방세법」 제81조 제1항 제2호에 따라 부과되는 세액으로 한정한다) 및 종업원분의 100분의 50을 각각 2027년 12월 31일까지 경감한다. (2024. 12. 31. 개정)

제52조【문화 · 예술 지원을 위한 과세특례】 ① 대통령령으로 정하는 문화예술단체가 문화예술사업에 직접 사용하기 위하여 취득하는 부동산에 대해서는 취득세를, 과세기준일 현재 문화예술사업에 직접 사용하는 부동산에 대해서는 재산세를 각각 2027년 12월 31일까지 면제한다. (2024. 12. 31. 개정) **취득(감면분만) 농특비**

상한/취득 200만원↑, 85%, **상한/재산** 50만원↑, 85%(16년부터)

☜ 예판

【예규】 전통사찰로부터 20㎞ 거리에 소재한 사찰소유 농지가 휴경 중에 있는 토지라 하더라도 경장ㄱ을 하지 않고 있다고 하여 해당 목적에 직접 사용되지 아니한다고 보기는 어렵고 임대 등 수익사업에 사용하거나 유료로 사용되는 경우가 아니라면 전통사찰보존지로 보아 재산세 감면 대상에 해당됨(지방세특례제도과-686, 2023. 3. 28.)

☜

Note 2024. 12. 31. 개정 ☞ 기한 연장 : 24년→27년
2021. 12. 28. 개정 ☞ 기한 연장 : 21년→24년
2018. 12. 24. 개정 ☞ 기한 연장 : 18년→21년
2015. 12. 29. 개정 ☞ 기한 연장 : 15년→18년

제26조【문화예술단체 및 체육단체의 정의 등】(2020. 1. 15. 제목개정)

① 법 제52조 제1항에서 "대통령령으로 정하는 문화예술단체"란 「문화예술진흥법」 제2조 제1항 제1호에 따른 문화예술의 창작 · 진흥활동 등을 목적으로 하는 법인 또는 단체로서 다음 각 호의 어느 하나에 해당하는 법인 또는 단체를 말한다. 다만, 「공공기관의 운영에 관한 법률」 제4

되는 토지로서 그 사찰의 관리에 속하는 토지

사. 사찰 소유의 건조물과 가목부터 바목까지의 규정에 따른 토지의 재해 방지를 위하여 사용되는 토지

Note 2024. 12. 31. 개정 ☞ 제1항 기한 연장 : 24년→27년
2021. 12. 28. 개정 ☞ 제1항 기한 연장 : 21년→24년
2020. 1. 15. 개정 ☞ 제1항 기한 연장 : 19년→21년
☞ 감면 축소 : 재도, 지역 종료
2016. 12. 27. 개정 ☞ 제1항 기한 연장 : 16년→19년

② 대통령령으로 정하는 체육단체가 체육진흥사업에 직접 사용하기 위하여 취득하는 부동산에 대해서는 취득세를, 과세기준일 현재 체육진흥사업에 직접 사용하는 부동산에 대해서는 재산세를 각각 2027년 12월 31일까지 면제한다. (2024. 12. 31. 개정)

Note 2024. 12. 31 개정 ☞ 제2항 기한 연장 : 24년→27년
2021. 12. 28. 개정 ☞ 제2항 기한 연장 : 21년→24년
2020. 1. 15. 개정 ☞ 제1항에서 체육진흥단체 제2항으로 이관
☞ 기한 연장(체육진흥단체) : 19년→21년
☞ 감면 축소 : 재도, 지역 종료
2020. 1. 15. 개정 ☞ 도서관 감면 종료

③ 제1항 및 제2항에 따라 취득세를 면제받은 후 다음 각 호의 어느 하나에 해당하는 경우 그 해당 부분에 대해서는 면제된 취득세를 추징한다. (2020. 1. 15. 신설)

1. 정당한 사유 없이 그 취득일부터 1년이 경과할 때까지 해당 용도로 직접 사용하지 아니하는 경우 (2020.

조에 따른 공공기관은 제외한다. (2023. 12. 29. 단서개정)

1. 「공익법인의 설립 · 운영에 관한 법률」 제4조에 따라 설립된 공익법인 (2020. 1. 15. 개정)
2. 「민법」 제32조에 따라 설립된 비영리법인 (2020. 1. 15. 개정)
3. 「민법」 및 「상법」 외의 법령에 따라 설립된 법인 (2020. 1. 15. 개정)
4. 「비영리민간단체 지원법」 제4조에 따라 등록된 비영리민간단체 (2020. 1. 15. 개정)

② 법 제52조 제2항에서 "대통령령으로 정하는 체육단체"란 「국민체육진흥법」 제2조 제1호에 따른 체육에 관한 활동이나 사업을 목적으로 하는 법인 또는 단체로서 제1항 각 호의 어느 하나에 해당하는 법인 또는 단체를 말한다. 다만, 「공공기관의 운영에 관한 법률」 제4조에 따른 공공기관은 제외한다. (2023. 12. 29. 단서개정)

예 판

【예규】 체육시설 임대 시 직접 사용 여부

법인등기부상 목적사업이 체육시설 관리, 운영에 필요한 재원의 조달 및 임대사업 등이라고 하더라도 해당 법인이 보유 중인 체육시설을 임대하는 경우에는 체육단체가 체육진흥사업에 직접 사용하는 것으로 보아 임대 체육시설에 대해서 재산세를 면제할 수 없음. (지방세특례제도과-2676, 2024. 10. 23.)

1. 15. 신설)

2. 해당 용도로 직접 사용한 기간이 2년 미만인 상태에서 매각·증여하거나 다른 용도로 사용하는 경우 (2020. 1. 15. 신설)

3. 취득일부터 3년 이내에 관계 법령에 따라 설립허가가 취소되는 등 대통령령으로 정하는 사유에 해당하는 경우 (2020. 1. 15. 신설)

제52조의 2【체육진흥기관 등에 대한 감면】 다음 각 호의 법인이 체육진흥사업 또는 문화예술사업에 직접 사용하기 위하여 취득하는 부동산에 대해서는 취득세의 100분의 50을, 과세기준일 현재 해당 사업에 직접 사용하는 부동산에 대해서는 재산세의 100분의 50을 각각 2026년 12월 31일까지 경감한다. (2023. 12. 29. 신설)

Note 2023. 12. 29. 개정 ☞ 조문 신설 : 취득 · 재산 50%, 26년

1. 「국민체육진흥법」에 따른 대한체육회, 대한장애인체육회 및 서울올림픽기념국민체육진흥공단 (2023. 12. 29. 신설)
2. 「문화산업진흥 기본법」에 따른 한국콘텐츠진흥원 (2023. 12. 29. 신설)
3. 「문화예술진흥법」에 따른 예술의 전당 (2023. 12. 29. 신설)
4. 「영화 및 비디오물의 진흥에 관한 법률」에 따른 영화진흥위원회 및 한국영상자료원 (2023. 12. 29. 신설)
5. 「태권도 진흥 및 태권도공원 조성 등에 관한 법률」에

③ 법 제52조 제3항 제3호에서 "관계 법령에 따라 설립허가가 취소되는 등 대통령령으로 정하는 사유"란 다음 각 호의 어느 하나에 해당하는 경우를 말한다. (2020. 1. 15. 개정)

1. 「공익법인의 설립·운영에 관한 법률」 제16조에 따라 공익법인의 설립허가가 취소된 경우 (2020. 1. 15. 개정)
2. 「민법」 제38조에 따라 비영리법인의 설립허가가 취소된 경우 (2020. 1. 15. 개정)
3. 「비영리민간단체 지원법」 제4조의 2에 따라 비영리민간단체의 등록이 말소된 경우 (2020. 1. 15. 개정)

따른 태권도진흥재단 (2023. 12. 29. 신설)

제53조【사회단체 등에 대한 감면】「문화유산과 자연환경자산에 관한 국민신탁법」에 따른 국민신탁법인이 그 고유업무에 직접 사용하기 위하여 취득하는 부동산에 대해서는 취득세를, 과세기준일 현재 그 고유업무에 직접 사용하는 부동산에 대해서는 재산세를 각각 2027년 12월 31일까지 면제한다. (2024. 12. 31. 개정)

취득(감면분만) 농특비

상한/취득 200만원↑, 85% 상한/재산 50만원↑, 85%(19년부터)

Note 2024. 12. 31. 개정 ☞ 기한 연장 : 24년→27년
2021. 12. 28. 개정 ☞ 기한 연장 : 21년→24년
☞ 감면축소 : 도시지역분 및 지역자원시설세 종료
2018. 12. 24. 개정 ☞ 기한 연장 : 18년→21년
2015. 12. 29. 개정 ☞ 기한 연장 : 15년→18년

제54조【관광단지 등에 대한 과세특례】 ①「관광진흥법」 제55조 제1항에 따른 관광단지개발 사업시행자가 관광단지개발사업을 시행하기 위하여 취득하는 부동산에 대해서는 취득세의 100분의 25를 2025년 12월 31일까지 경감하며, 해당 지역의 관광단지 조성 여건, 재정 여건 등을 고려하여 100분의 25의 범위에서 조례로 정하는 율을 추가로 경감할 수 있다. 다만, 다음 각 호의 어느 하나에 해당하는 경우에는 경감된 취득세를 추징하되, 제2호부터 제4호까지의 경우에는 그 해당 부분에 한정하여 추징한다. (2023. 3. 14. 개정)

1. 「관광진흥법」 제56조 제2항 및 제3항에 따라 조성계획의 승인이 실효되거나 취소되는 경우 (2023. 3. 14. 신설)

Note 2023. 3. 14. 개정 ☞ 제1항 기한 연장 : 22년→25년
2020. 1. 15. 개정 ☞ 제1항 기한 연장 : 19년→ 22년
2016. 12. 27. 개정 ☞ 감면 축소 : 조례 추가 50→ 25%
☞ 기한 연장 : 16년→19년

예판

【판례】·관광단지에 대한 감면 적용범위
'관광진흥법에 의한 관광단지개발사업시행자'는 관광단지의 지정은 물론 관광진흥법에 따라 조성계획의 승인까지 받은 사업시행자를 의미하며 관광단지 조성계획의 승인이나 관광진흥법에 따른 시·도지사의 승인을 받지 아니한 채 취득한 부동산은 감면대상이 될 수 없음. (대법 2014두12505, 2015. 5. 28.)

예판

【예규】 민간개발자는 관광단지 조성계획서를 작성 시·도지사의 조성계획 승인을 받아야만 관광단지 사업시행자가 되는 것으로, 관광단지조성계획 승인 이후 사업시행자가 관광단지의 개발사업을 시행하는 과정에서 취득하는 부동산에 대하여만 취득세 등이 면제되는 것이 타당하다 사료됨. (지방세운영과-1907, 2011. 4. 22.)

2. 그 취득일부터 3년 이내에 정당한 사유 없이 「관광진흥법」 제58조의 2에 따른 준공검사를 받지 아니한 경우 (2023. 3. 14. 신설)
3. 「관광진흥법」 제58조의 2에 따른 준공검사를 받은 날부터 3년 이내에 정당한 사유 없이 해당 용도로 분양·임대하지 아니하거나 직접 사용하지 아니한 경우 (2023. 3. 14. 신설)
4. 해당 용도로 직접 사용한 기간이 2년 미만인 상태에서 매각·증여하거나 다른 용도로 사용하는 경우 (2023. 3. 14. 신설)

② 「관광진흥법」에 따른 호텔업을 경영하는 자가 외국인투숙객 비율 등 대통령령으로 정하는 기준에 해당되는 경우에는 과세기준일 현재 「관광진흥법」 제3조 제1항 제2호 가목에 따른 호텔업에 직접 사용하는 토지(「지방세법」 제106조 제1항 제2호가 적용되는 경우로 한정한다) 및 건축물에 대해서는 2014년 12월 31일까지 재산세의 100분의 50(「관광진흥법」 제19조에 따른 관광숙박업의 등급이 특1등급 및 특2등급인 경우에는 100분의 25)을 경감한다. (2014. 1. 1. 개정) 일몰

③ 「관광진흥법」 제3조 제1항 제2호 가목에 따른 호텔업을 하기 위하여 취득하는 부동산에 대해서는 2014년 12월 31일까지 취득세를 과세할 때에는 제4조 제2항 제1호에도 불구하고 지방자치단체의 조례로 표준세율을 적용하도록 규정하는 경우에 한정하여 「지방세법」 제13조

제27조 【외국인투숙객 비율 등의 범위】 법 제54조 제2항에서 "외국인투숙객 비율 등 대통령령으로 정하는 기준"이란 다음 각 호와 같다. 일몰
1. 「부가가치세법」에 따라 신고된 직전 연도 숙박용역 공급가액(객실요금만 해당한다) 중에서 다음 각 목의 요건을 모두 충족하는 용역의 공급가액이 차지하는 비율이 수도권 지역은 100분의 30 이상, 수도권이 아닌 지역은 100분의 20 이상일 것
   가. 「외국인관광객 등에 대한 부가가치세 및 개별소비세 특례 규정」 제2조에 따른 외국인관광객 등(이하 이 조에서 "외국인관광객"이라 한다)에게 공급하는 용역일 것
   나. 숙박인의 성명·국적·여권번호·입국일 및 입국장소 등이 적힌 외국인 숙박 및 음식매출 기록표

제3조 【외국인관광객 투숙 실적 신고서】 법 제54조 제2항 및 영 제27조에 따라 재산세를 경감받으려는 자는 별지 제3호 서식의 외국인관광객 투숙 실적 신고서에 다음 각 호의 서류를 첨부하여 관할 시장·군수·구청장에게 제출하여야 한다. (2016. 12. 30. 개정) 일몰
1. 부가가치세 확정신고서(부가가치세 확정신고를 하지 아니한 경우에는 부가가치세 예정신고서를 말한다) 1부
2. 영 제27조 제1호 가목에 따른 외국인관광객(이하 "외국인관광객"

제1항부터 제4항까지의 세율을 적용하지 아니하며, 법인등기(설립 후 5년 이내에 자본 또는 출자액을 증가하는 경우를 포함한다)에 대하여 2014년 12월 31일까지 등록면허세를 과세할 때에는 제4조 제2항 제1호에도 불구하고 지방자치단체의 조례로 표준세율을 적용하도록 규정하는 경우에 한정하여 「지방세법」 제28조 제2항 및 제3항의 세율을 적용하지 아니한다. 다만, 다음 각 호의 어느 하나에 해당하는 경우 그 해당 부분에 대해서는 경감된 취득세를 추징한다. (2014. 1. 1. 개정) 일몰

1. 정당한 사유 없이 그 취득일부터 3년이 경과할 때까지 해당 용도로 직접 사용하지 아니하는 경우 (2011. 12. 31. 신설)
2. 해당 용도로 직접 사용한 기간이 2년 미만인 상태에서 매각·증여하거나 다른 용도로 사용하는 경우 (2011. 12. 31. 신설)

④ 「온천법」 제9조 제1항에 따라 지정된 보양온천을 개발하는 자가 그 보양온천을 개발하기 위하여 취득하는 부동산에 대하여는 2013년 12월 31일까지 취득세의 100분의 50을 경감한다. 다만, 그 취득일부터 1년 이내에 정당한 사유 없이 보양온천에 직접 사용하지 아니하는 경우 그 해당 부분에 대하여는 경감된 취득세를 추징한다. (2011. 12. 31. 개정)

④ 삭 제 (2014. 1. 1.)

⑤ 다음 각 호의 재단, 기업 및 사업시행자가 그 고유업무에 직접 사용하기 위하여 취득하는 부동산에 대해서는 취득세를, 과세기준일 현재 그 고유업무에 직접 사용하

에 의하여 외국인관광객과의 거래임이 표시될 것 다. 대금(代金)이 거주자 또는 내국법인의 부담으로 지급되지 아니할 것

2. 외국인관광객에게 조례로 정하는 객실요금 인하율에 따라 숙박용역을 제공할 것(해당 지방자치단체에서 조례로 그 인하율을 정한 경우만 해당한다)

Note 2020. 1. 15. 개정 ☞ 제5항 기한 종료
2016. 12. 27. 개정 ☞ 제5항 기한 연장 : 16년→19년

이라 한다)에 대한 직전 연도 숙박용역 공급가액(객실요금만 해당한다) 1부

3. 별지 제4호 서식의 외국인관광객 숙박 및 음식 매출기록표 1부
4. 외국인관광객에 대한 객실요금 인하율표(해당 지방자치단체에서 조례로 그 인하율을 정한 경우만 해당한다) 1부

는 부동산에 대해서는 재산세(「지방세법」 제112조에 따른 부과액을 포함한다)를 지방자치단체가 조례로 정하는 바에 따라 각각 2019년 12월 31일까지 감면할 수 있다. 이 경우 감면율은 100분의 50(제1호의 경우에는 100분의 100) 범위에서 정하여야 한다. (2016. 12. 27. 개정)

취득(감면분만) 농특비

1. 「여수세계박람회 기념 및 사후활용에 관한 특별법」 제4조에 따라 설립된 2012여수세계박람회재단 (2014. 1. 1. 개정)

상한/취득 200만원↑, 85%, 상한/재산 50만원↑, 85%(16년부터)

2. 「여수세계박람회 기념 및 사후활용에 관한 특별법」 제15조 제1항에 따라 지정·고시된 해양박람회특구에서 창업하거나 사업장을 신설(기존 사업장을 이전하는 경우는 제외한다)하는 기업 (2014. 1. 1. 개정)
3. 「여수세계박람회 기념 및 사후활용에 관한 특별법」 제17조에 따른 사업시행자 (2014. 1. 1. 개정)

⑥ 「2018 평창 동계올림픽대회 및 동계패럴림픽대회 지원 등에 관한 특별법」 제2조 제2호 나목에 따른 선수촌에 대해서는 다음 각 호에서 정하는 바에 따라 지방세를 감면한다. (2016. 5. 29. 개정 ; 2018 평창~특별법 부칙)

1. 평창군에 위치한 대회직접관련시설 중 선수촌을 건축하여 취득하는 경우에 취득세를 2017년 12월 31일까지 면제한다. (2015. 12. 29. 신설)
2. 제1호에 해당하는 시설이 대회 이후에 「지방세법」 제

13조 제5항 제1호에 해당하는 경우에는 같은 법 제111조 제1항 제3호 가목 및 이 법 제177조에도 불구하고 2022년 12월 31일까지 「지방세법」 제111조 제1항 제3호 나목을 적용한다. (2015. 12. 29. 신설)

제55조【문화유산 등에 대한 감면】(2023. 8. 8. 제목개정 ; 문화재보호법 부칙)

① 「문화유산의 보존 및 활용에 관한 법률」에 따라 사적지로 지정된 토지(소유자가 사용·수익하는 사적지는 제외한다)에 대해서는 재산세(「지방세법」 제112조에 따른 부과액을 포함한다)를 면제한다. 다만, 수익사업에 사용하는 경우와 해당 재산이 유료로 사용되는 경우의 그 재산 및 해당 재산의 일부가 그 목적에 직접 사용되지 아니하는 경우의 그 일부 재산에 대해서는 면제하지 아니한다. (2023. 8. 8. 개정 ; 문화재보호법 부칙)

② 「문화유산의 보존 및 활용에 관한 법률」 및 「근현대문화유산의 보존 및 활용에 관한 법률」에 따른 문화유산, 「자연유산의 보존 및 활용에 관한 법률」에 따른 자연유산에 대해서는 다음 각 호에 따라 재산세를 감면한다. (2023. 9. 14. 개정 ; 근현대문화유산의~부칙)

1. 「문화유산의 보존 및 활용에 관한 법률」 제2조 제3항에 따른 지정문화유산 및 「자연유산의 보존 및 활용에 관한 법률」 제2조 제5호에 따른 천연기념물등으로 지정된 부동산에 대해서는 재산세(「지방세법」 제112

조에 따른 부과액을 포함한다. 이하 이 항에서 같다)를 면제하고, 「문화유산의 보존 및 활용에 관한 법률」 제27조 및 「자연유산의 보존 및 활용에 관한 법률」 제13조에 따라 지정된 보호구역에 있는 부동산에 대해서는 재산세의 100분의 50을 경감한다. 이 경우 지방자치단체의 장이 해당 보호구역의 재정여건 등을 고려하여 100분의 50의 범위에서 조례로 정하는 율을 추가로 경감할 수 있다. (2023. 8. 8. 개정 ; 문화재보호법 부칙)

2. 「근현대문화유산의 보존 및 활용에 관한 법률」 제6조 제1항에 따른 국가등록문화유산과 그 부속토지에 대해서는 재산세의 100분의 50을 경감한다. (2023. 9. 14. 개정 ; 근현대문화유산의~부칙)

제5절 기업구조 및 재무조정 등에 대한 지원

(2014. 12. 31. 제목개정)

제56조 【기업의 신용보증 지원을 위한 감면】 ① 「신용보증기금법」에 따른 신용보증기금이 같은 법 제23조 제1항 제2호의 신용보증 업무에 직접 사용하기 위하여 취득하는 부동산에 대하여는 2014년 12월 31일까지 취득세의 100분의 50을 경감한다. (2013. 1. 1. 개정) 일몰

제5절 중소기업 등에 대한 지원

【판례】 • 신용보증에 대한 감면 적용범위

부동산 임대업은 지역신용보증재단법에서 규정하고 있는 기본재산의 관리업무 또는 그에 부수되는 업무에 포함되지 아니하므로 감면대상에 해당하지 않음. (대법 2012두11775, 2012.

②「기술보증기금법」에 따라 설립된 기술보증기금이 같은 법 제28조 제1항 제2호 및 제3호의 신용보증 업무에 직접 사용하기 위하여 취득하는 부동산에 대하여는 2014년 12월 31일까지 취득세의 100분의 50을 경감한다. (2016. 3. 29. 개정 ; 기술신용보증기금법 부칙) 일몰

③「지역신용보증재단법」에 따라 설립된 신용보증재단에 대해서는 다음 각 호에서 정하는 바에 따라 2025년 12월 31일까지 지방세를 경감한다. (2023. 3. 14. 개정)

1. 「지역신용보증재단법」 제17조 제2호에 따른 신용보증업무(이하 이 조에서 "신용보증업무"라 한다)에 직접 사용하기 위하여 취득하는 부동산에 대해서는 취득세의 100분의 50을 경감한다. (2011. 12. 31. 신설)

2. 그 법인등기에 대해서는 등록면허세의 100분의 50을 경감한다. (2011. 12. 31. 신설)

2. 삭 제 (2016. 12. 27.)

3. 과세기준일 현재 신용보증업무에 직접 사용하는 부동산에 대해서는 재산세의 100분의 50을 경감한다. (2011. 12. 31. 신설)

제57조【기업구조조정 등 지원을 위한 감면】 ① 다음 각 호에서 정하는 법인의 합병으로 양수(讓受)받은 재산의 취득에 대하여는 취득세를, 양수받은 재산의 등기 및 법인등기에 대하여는 등록면허세를 각각 2014년 12월 31일까지 면제한다. (2013. 1. 1. 개정)

1. 「농업협동조합법」, 「수산업협동조합법」 및 「산림조합법」에

9. 27.)

Note 2023. 3. 14. 개정 ☞ 제3항 기한 연장 : 22년→25년
2020. 1. 15. 개정 ☞ 제3항 기한 연장 : 19년→22년
2016. 12. 27. 개정 ☞ 감면 축소 : 등록면허세 종료
☞ 제3항 기한 연장 : 16년→19년

따라 설립된 조합 간의 합병
2. 「새마을금고법」에 따라 설립된 새마을금고 간의 합병
3. 「신용협동조합법」에 따라 설립된 신용협동조합 간의 합병
4. 제1호부터 제3호까지와 유사한 합병으로서 대통령령으로 정하는 합병

② 다음 각 호에 해당하는 적기시정조치 또는 계약이전 결정으로 인한 재산의 취득에 대하여는 취득세를, 재산의 등기에 대하여는 등록면허세를 각각 2014년 12월 31일까지 면제한다. (2013. 1. 1. 개정)
1. 「산림조합법」에 따른 조합 및 「산림조합의 구조개선에 관한 법률」에 따른 상호금융예금자보호기금이 적기시정조치(사업 양도 또는 계약이전에 관한 명령으로 한정한다) 또는 계약이전 결정을 받은 부실산림조합으로부터 양수한 재산
2. 「산림조합의 구조개선에 관한 법률」에 따른 상호금융예금자보호기금이 취득하는 대통령령으로 정하는 재산

③ 「농업협동조합법」에 따라 설립된 농업협동조합중앙회(이하 이 조에서 "중앙회"라 한다)가 같은 법에 따라 사업구조를 개편하는 경우 다음 각 호의 구분에 따른 등기에 대해서는 2017년 12월 31일까지 등록면허세를 면제한다. (2014. 1. 1. 개정)
1.~2. 삭 제 (2014. 1. 1.)
3. 법률 제10522호 농업협동조합법 일부개정법률 부칙 제3조에 따라 자본지원이 이루어지는 경우 그 자본증가에 관한 등기 (2011. 12. 31. 신설)
4. 법률 제10522호 농업협동조합법 일부개정법률 부칙 제6조에 따라 경제사업을 이관하는 경우 다음 각 목의 어느 하나에 해당하는 등기 (2014. 1. 1. 개정)
   가. 중앙회에서 분리되는 경제자회사의 법인설립등기 (2014. 1. 1. 개정)

제28조【법인 합병의 범위 등】 ① 법 제57조 제1항 제4호에서 "대통령령으로 정하는 합병"이란 다음 각 호의 어느 하나에 해당하는 합병을 말한다.
1. 「금융산업의 구조개선에 관한 법률」 제4조에 따라 금융위원회의 인가를 받은 금융회사 간의 합병
2. 행정자치부장관이 산업통상자원부장관과 협의하여 고시한

관련법령

산림조합의 구조개선에 관한 법률

제7조【자금지원】 ① 관리기관은 다음 각 호의 어느 하나에 해당하는 경우 기금관리위원회의 의결에 따라 자금지원을 할 수 있다.
1. 제6조에 따른 자금지원 신청이 있는 경우
2. 부실조합등의 합병·사업양도 또는 계약이전이 원활하게 이루어질 수 있도록 하기 위하여 필요하다고 인정되는 경우
3. 예금자등의 보호 및 신용질서의 안정을 위하여 부실조합등의 재무 구조개선이 필요하다고 인정하는 경우

제21조【기금의 용도】 기금은 다음 각 호의 용도에만 사용할 수 있다.
1. 제7조에 따른 부실조합등에 대한 자금지원

나. 「농업협동조합법」 제134조의 2에 따라 설립된 농협경제지주회사가 중앙회로부터 경제사업을 이관(「상법」 제360조의 2에 따른 주식의 포괄적 교환을 포함한다)받아 자본이 증가하는 경우 그 자본증가에 관한 등기 (2014. 1. 1. 개정)

제57조 【기업구조조정 등 지원을 위한 감면】 삭 제 (2014. 12. 31.)

제57조의 2 【기업합병 · 분할 등에 대한 감면】 ①「법인세법」 제44조 제2항 또는 제3항에 해당하는 합병으로서 대통령령으로 정하는 합병에 따라 양수(讓受)하는 사업용 재산을 2024년 12월 31일까지 취득하는 경우에는 「지방세법」 제15조 제1항에 따라 산출한 취득세의 100분의 50(법인으로서 「중소기업기본법」에 따른 중소기업 간 합병 및 법인이 대통령령으로 정하는 기술혁신형사업법인과의 합병을 하는 경우에는 취득세의 100분의 60)을 경감하되, 해당 재산이 「지방세법」 제15조 제1항 제3호 단서에 해당하는 경우에는 다음 각 호에서 정하는 금액을 빼고 산출한 취득세를 경감한다. 다만, 합병등기일부터 3년 이내에 「법인세법」 제44조의 3 제3항 각 호의 어느 하나에 해당하는 사유가 발생하는 경우(같은 항 각 호 외의 부분 단서에 해당하는 경우는 제외한다)에는 경감된 취득세를 추징한다. (2021. 12. 28. 개정) 취득(감면분만) 농특비

제57조의 2 【기업합병 · 분할 등에 대한 감면】 ①「법인세법」 제44조 제2항 또는 제3항에 해당하는 합병으로서 대통령령으로 정하는 합병 중 법인으로서 「중소기업기본법」에 따른 중소기업 간 합병 및 법인이 대통령령으로 정하는 기술혁신형사업법인과의 합병에 따라 양수하

업종 간의 합병 (2014. 11. 19. 직제개정 ; 행정자치부와~직제 부칙)

② 법 제57조 제2항 제2호에서 "대통령령으로 정하는 재산"이란 「산림조합의 구조개선에 관한 법률」 제21조 제1호에 따른 업무를 수행하기 위하여 취득하는 재산을 말한다.

제28조 【법인 합병의 범위 등】 삭 제 (2014. 12. 31.)

제28조의 2 【법인 합병의 범위 등】 ① 법 제57조의 2 제1항 본문에서 "대통령령으로 정하는 합병"이란 합병일 현재 「조세특례제한법 시행령」 제29조 제3항에 따른 소비성서비스업(소비성서비스업과 다른 사업을 겸영하고 있는 경우로서 합병일이 속하는 사업연도의 직전

는 사업용 재산을 2027년 12월 31일까지 취득하는 경우에는 「지방세법」 제15조 제1항에 따라 산출한 취득세의 100분의 60을 경감한다. 다만, 「지방세법」 제15조 제1항 제3호 단서에 해당하는 경우에는 경감된 취득세를 추징한다. (2024. 12. 31. 개정) 취득(감면분만) 농특비

상한/취득 200만원↑, 85%(16년~18년)

이동 舊 조특법 §120 ②에서 이동(14. 12. 31.)

Note 2024. 12. 31. 개정 ☞ 제1항 기한 연장 : 24년→27년
☞ 감면 축소 : (일반)취득세율 2%+취득 50%→취득세율 2%
☞ 감면 유지 : (중소 · 기술혁신형)취득세율 2%+취득 60%→취득세율 2%+취득 60%
2021. 12. 28. 개정 ☞ 제1항 기한 연장 : 21년→24년
2018. 12. 24. 개정 ☞ 제1항 기한 연장 : 18년→21년
☞ 감면 축소 : 적격합병 50%(중소기업기술혁신형 60%)

편주

- 법 57조의 2 제1항 본문의 개정규정은 2025. 1. 1. 이후 사업용 재산 또는 사업용 고정자산을 취득하는 경우부터 적용함. (법 부칙(2024. 12. 31.) 8조 1항)
- 2025. 1. 1. 전에 감면받은 취득세의 추징에 관하여는 법 57조의 2 제1항 단서의 개정규정에도 불구하고 종전의 규정에 따름. (법 부칙(2024. 12. 31.) 8조 2항)
- 2025. 1. 1. 전에 합병계약 또는 분할계획에 대한 주주총회 · 사원총회의 승인결의나 총사원의 동의가 있었던 경우로서 2025. 1. 1. 이후 해당 합병 또는 분할에 따라 사업용 재산을 2027. 1. 31.까지 취득하는 경우 그 사업용 재산에 대한 취득세의 감면 · 추징에 관하여는 법 57조의 2 제1항의 개정규정에도 불구하고 종전의 규정에 따름. (법 부칙(2024. 12. 31.) 8조 3항)

사업연도의 소비성서비스업의 사업별 수입금액이 가장 큰 경우를 포함하며, 이하 이 항에서 "소비성서비스업"이라 한다)을 제외한 사업을 1년 이상 계속하여 영위한 법인(이하 이 항에서 "합병법인"이라 한다) 간의 합병을 말한다. 이 경우 소비성서비스업을 1년 이상 영위한 법인이 합병으로 인하여 소멸하고 합병법인이 소비성서비스업을 영위하지 아니하는 경우에는 해당 합병을 포함한다. (2024. 12. 31. 개정)

② 법 제57조의 2 제1항 본문에서 "대통령령으로 정하는 기술혁신형사업법인"이란 다음 각 호의 어느 하나에 해당하는 법인을 말한다. (2024. 12. 31. 개정)

1. 합병등기일까지 「벤처기업육성에 관한 특별법」 제25조에 따라 벤처기업으로 확인받은 법인 (2024. 7. 2. 개정 ; 벤처기업~부칙)
2. 합병등기일까지 「중소기업 기술혁신 촉진법」 제15조와 같은 법 시행령 제13조에 따라 기술혁신형 중소기업으로 선정된 법인 (2018. 12. 24. 개정)
3. 합병등기일이 속하는 사업연도의 직전 사업연도의 「조세특례제한법」 제10조 제1항 각 호 외의 부분 전단에 따른 연구 · 인력개발비가 매출액의 100분의 5 이상인 중소기업 (2020. 12. 31. 개정)
4. 합병등기일까지 다음 각 목의 어느 하나에 해당하는 인증 등을 받은 중소기업 (2018. 12. 24. 개정)
   가. 「보건의료기술 진흥법」 제8조 제1항에 따른 보건

1. 「지방세법」 제13조 제1항에 따른 취득 재산에 대해서는 같은 조에 따른 중과기준세율(이하 "중과기준세율"이라 한다)의 100분의 300을 적용하여 산정한 금액 (2014. 12. 31. 신설)
2. 「지방세법」 제13조 제5항에 따른 취득 재산에 대해서는 중과기준세율의 100분의 500을 적용하여 산정한 금액 (2014. 12. 31. 신설)

예판

【예규】 • 기업인수목적회사와의 합병 시 취득세 감면 여부
舊 「법인세법」 제44조 제2항 제1호 단서에서 다른 법인과 합병하는 것을 유일한 목적으로 하는 기업인수목적회사에 대해서는 "합병일 현재 사업을 1년 이상 계속하여 영위한 법인"의 요건을 적용하지 않는 것으로 규정하고 있으므로, 합병 법인 중 기업인수목적회사에 대해서는 사업기간과 무관하게 다른 요건을 충족하는 경우 취득세 감면 적용이 가능할 것임. (지방세특례제도과-2589, 2024. 10. 14.)

• 합병법인 사업기간(1년 이상 계속 영위)에 사업목적 신축공사기간을 포함할 수 있는지 여부
임대업 등을 목적 사업으로 하는 법인이 노후화 된 기존 임대용 건물을 철거하고 약 2년간에 걸쳐 임대용 건물을 신축한 경우 해당 공사기간에도 당해 임대사업을 계속 영위한 것으로 보아야 할 것이므로, 합병일로부터 소급하여 '1년 이상 계속하여 사업을 영위'라는 감면요건을 충족하였다고 할 것임. (지방세특례제도과-1604, 2021. 7. 7.)

② 다음 각 호에서 정하는 법인이 「법인세법」 제44조 제2항에 따른 합병으로 양수받은 재산에 대해서는 취득세를 2024년 12

신기술 인증 (2018. 12. 24. 개정)
나. 「산업기술혁신 촉진법」 제15조의 2 제1항에 따른 신기술 인증 (2018. 12. 24. 개정)
다. 「산업기술혁신 촉진법」 제16조 제1항에 따른 신제품 인증 (2018. 12. 24. 개정)
라. 「제약산업 육성 및 지원에 관한 특별법」 제7조 제2항에 따른 혁신형 제약기업 인증 (2018. 12. 24. 개정)
마. 「중견기업 성장촉진 및 경쟁력 강화에 관한 특별법」 제18조 제1항에 따른 중견기업등의 선정 (2018. 12. 24. 개정)

월 31일까지 면제하고, 합병으로 양수받아 3년 이내에 등기하는 재산에 대해서는 2024년 12월 31일까지 등록면허세의 100분의 50을 경감한다. 다만, 합병등기일부터 3년 이내에 「법인세법」 제44조의 3 제3항 각 호의 어느 하나에 해당하는 사유가 발생하는 경우(같은 항 각 호 외의 부분 단서에 해당하는 경우는 제외한다)에는 면제된 취득세를 추징한다. (2021. 12. 28. 개정)

취·등록(감면분만) 농특비

② 다음 각 호에서 정하는 법인이 「법인세법」 제44조 제2항에 따른 합병으로 양수받은 사업용 재산에 대해서는 취득세를 2027년 12월 31일까지 면제하고, 합병으로 양수받아 3년 이내에 등기하는 재산에 대해서는 2027년 12월 31일까지 등록면허세의 100분의 50을 경감한다. 다만, 합병등기일부터 3년 이내에 「법인세법」 제44조의 3 제3항 각 호의 어느 하나에 해당하는 사유가 발생하는 경우(같은 항 각 호 외의 부분 단서에 해당하는 경우는 제외한다)에는 면제된 취득세를 추징한다. (2024. 12. 31. 개정)

취·등록(감면분만) 농특비

이동 舊 지특법 §57 ①에서 이동(14. 12. 31.)

상한/취득 200만원↑, 85%(21년부터 적용, 제177조의 2 개정)

1. 「농업협동조합법」, 「수산업협동조합법」 및 「산림조합법」에 따라 설립된 조합 간의 합병 (2014. 12. 31. 신설)
2. 「새마을금고법」에 따라 설립된 새마을금고 간의 합병
3. 「신용협동조합법」에 따라 설립된 신용협동조합 간의 합병 (2014. 12. 31. 신설)
4. 제1호부터 제3호까지와 유사한 합병으로서 대통령령으로

Note

2024. 12. 31. 개정 ☞ 제2항 기한 연장 : 24년→27년
2021. 12. 28. 개정 ☞ 제2항 기한 연장 : 21년→24년
2018. 12. 24. 개정 ☞ 제2항 기한 연장 : 18년→21년
☞ 감면 축소 : 등록면허세 75%→50%
2015. 12. 29. 개정 ☞ 제2항 기한 연장 : 15년→18년

정하는 합병 (2014. 12. 31. 신설)

4. 삭 제 (2018. 12. 24.)

③ 다음 각 호의 어느 하나에 해당하는 재산을 2024년 12월 31일까지 취득하는 경우에는 취득세의 100분의 75를 경감한다. 다만, 제1호의 경우 2019년 12월 31일까지는 취득세의 100분의 75를, 2020년 12월 31일까지는 취득세의 100분의 50을, 2024년 12월 31일까지는 취득세의 100분의 25를 각각 경감하고, 제7호의 경우에는 취득세를 면제한다. (2021. 12. 28. 개정)

③ 다음 각 호의 어느 하나에 해당하는 사업용 재산을 2027년 12월 31일까지 취득하는 경우에는 취득세의 100분의 50을 경감한다. 다만, 제7호의 경우에는 취득세를 면제한다. (2024. 12. 31. 개정)

상한/취득 200만원↑, 85%(16년~18년 1·2·3·4·6호 적용, 19년부터 7호만 적용)

1. 「국유재산법」에 따라 현물출자한 재산 (2014. 12. 31. 신설)

취득(감면분만) 농특비

1. 삭 제 (2024. 12. 31.)

이동 舊 조특법 §120 ① 1에서 이동(14. 12. 31.)

Note 2024. 12. 31. 개정 ☞ 제1호 감면 종료
2018. 12. 24. 개정 ☞ 19년 75%, 20년 50%, 21년 25%

2. 「법인세법」 제46조 제2항 각 호(물적분할의 경우에는 같은 법 제47조 제1항을 말한다)의 요건을 갖춘 분할(같은 법 제46조 제3항에 해당하는 경우는 제외한다)로 인하여 취득하는 재산. 다만, 분할등기일부터 3년 이내에 같은 법 제46조의 3 제3항(물적분할의 경우에는 같은 법 제47조 제3항을 말한다) 각 호의 어느 하나에 해당하는 사유가 발생하는 경

Note 2023. 12. 29. 개정 ☞ 제3항 감면 축소 : 적격분할 제외사업(부동산임대업) 배제
2021. 12. 28. 개정 ☞ 제3항 기한 연장 : 21년→24년 ☞ 4호 삭제
2018. 12. 24. 개정 ☞ 제3항 기한 연장 : 18년→21년 ☞ 감면 축소 : 1호 연도별 축소 연장, 6호 종료
2015. 12. 29. 개정 ☞ 제3항 기한 연장 : 15년→18년

편주

법 57조의 2 제3항 각 호 외의 부분 본문의 개정규정은 2025. 1. 1. 이후 사업용 재산 또는 사업용 고정자산을 취득하는 경우부터 적용함. (법 부칙(2024. 12. 31.) 8조 1항)

예판

【조심판례】 분할신설법인이 분할등기일이 속하는 사업연도 종료일 전에 청구법인에게 합병되면서 쟁점부동산이 이전된 것은 분할신설법인이 사업을 폐업하면서 청구법인에게 부동산을 처분하였다고 볼 수 있어 사업의 계속성을 인정하기 어려우므로 분할신설법인이 사업연도 종료일까지 승계한 사업을 계속 영위하지 아니한 것으로 보아야 함. (조심 2015지652, 2016. 12. 5.)

우(같은 항 각 호 외의 부분 단서에 해당하는 경우는 제외한다)에는 경감받은 취득세를 추징한다. (2023. 12. 29. 개정)

취득(감면분만) 농특비

2. 「법인세법」 제46조 제2항 각 호(물적분할의 경우에는 같은 법 제47조 제1항을 말한다)의 요건을 갖춘 분할(같은 법 제46조 제3항에 해당하는 경우는 제외한다)로 인하여 취득하는 사업용 재산. 다만, 분할등기일부터 3년 이내에 같은 법 제46조의 3 제3항(물적분할의 경우에는 같은 법 제47조 제3항을 말한다) 각 호의 어느 하나에 해당하는 사유가 발생하는 경우(같은 항 각 호 외의 부분 단서에 해당하는 경우는 제외한다)에는 경감받은 취득세를 추징한다. (2024. 12. 31. 개정)

취득(감면분만) 농특비

3. 「법인세법」 제47조의 2에 따른 현물출자에 따라 취득하는 재산. 다만, 취득일부터 3년 이내에 같은 법 제47조의 2 제3항 각 호의 어느 하나에 해당하는 사유가 발생하는 경우(같은 항 각 호 외의 부분 단서에 해당하는 경우는 제외한다)에는 경감받은 취득세를 추징한다. (2018. 12. 24. 단서개정)

취득(감면분만) 농특비

3. 「법인세법」 제47조의 2에 따른 현물출자에 따라 취득하는 사업용 재산. 다만, 취득일부터 3년 이내에 같은 법 제47조의 2 제3항 각 호의 어느 하나에 해당하는 사유가 발생하는 경우(같은 항 각 호 외의 부분 단서에 해당하는 경우는 제외한다)에는 경감받은 취득세를 추징한다. (2024. 12. 31. 개정) 취득(감면분만) 농특비

이동 舊 조특법 §120 ① 6에서 이동(14. 12. 31.)

Note 2024. 12. 31 개정 ☞ 제2호 기한 연장 : 24년→27년
☞ 감면 축소 : 취득75%→취득50%, 재산→사업용 재산

편주

2025. 1. 1. 전에 합병계약 또는 분할계획에 대한 주주총회 · 사원총회의 승인결의나 총사원의 동의가 있었던 경우로서 2025. 1. 1. 이후 해당 합병 또는 분할에 따라 사업용 재산을 2027. 1. 31.까지 취득하는 경우 그 사업용 재산에 대한 취득세의 감면 · 추징에 관하여는 법 57조의 2 제3항 2호의 개정규정에도 불구하고 종전의 규정에 따름. (법 부칙(2024. 12. 31.) 8조 3항)

Note 2024. 12. 31. 개정 ☞ 제3호 기한 연장 : 24년→27년
☞ 감면 축소 : 취득 75%→취득 50%, 재산→사업용 재산

이동 舊 조특법 §120 ① 5에서 이동(14. 12. 31.)

예판

【예규】 • 현물출자 취득세 감면 후 주식 매각시 추징 여부

피출자법인이 현물출자로 부동산 취득세를 감면받고 출자법인

예판

【판례】 • 법인분할 감면

재판상 이혼 및 그에 수반한 재산분할 조정의무의 이행으로서 분할신설법인의 주식을 배우자에게 이전한 경우 추징배제 사유(주주가 법령상 의무를 이행하기 위하여 주식을 처분하는 경우)에 해당 (서울고법 2020누39374, 2020. 12. 10. : 대법확정)

【예규】 • 특별법에 따라 설립된 법인에 대해 기업분할 특례를 적용할 수 있는지 여부

특별법에 따라 설립된 비영리법인은 「상법」에 따라 회사를 설립하는 주식회사와는 법인 설립목적, 주식발행 여부, 운영방식 등에서 법인격이 구분된다고 할 것이며, 「법인세법」에서 규정하는 적격분할의 주체에 해당하지 않으므로 「지방세특례제한법」 제57조의 2 제3항에서 규정하는 기업분할 등에 대한 취득세 경감대상에 해당하지 않음. (지방세특례제도과-2174, 2021. 10. 1.)

4. 「법인세법」 제50조에 따른 자산교환에 따라 취득하는 재산 (2014. 12. 31. 신설)

이동 舊 조특법 §120 ① 1에서 이동(14. 12. 31.)

4. 삭 제 (2021. 12. 28.)

5. 「조세특례제한법」 제31조에 따른 중소기업 간의 통합에 따라 설립되거나 존속하는 법인이 양수하는 해당 사업용 재산(「통계법」 제22조에 따라 통계청장이 고시하는 한국표준산업분류에 따른 부동산 임대 및 공급업에 해당하는 중소기업이 양수하는 재산은 제외한다). 다만, 사업용 재산을 취득한 날부터 5년 이내에 같은 조 제7항 각 호의 어느 하나에 해당하는 사유가 발생하는 경우에는 경감받은 취득세를 추징한다. (2021. 12. 28. 개정)

이동 舊 조특법 §120 ① 2에서 이동(14. 12. 31.)

6. 「조세특례제한법」 제37조 제1항 각 호의 요건을 모두 갖춘 자산의 포괄적 양도(讓渡)로 인하여 취득하는 재산. 다만, 취득일부터 3년 이내에 같은 법 제37조 제6항 각 호의 어느 하나에 해당하는 사유가 발생하는 경우(같은 조 제7항에 해당하는 경우는 제외한다)에는 면제받은 취득세를 추징한다. (2016. 12. 27. 단서개정)

이동 舊 조특법 §120 ① 18에서 이동(14. 12. 31.)

6. 삭 제 (2018. 12. 24.)

7. 특별법에 따라 설립된 법인 중 「공공기관의 운영에 관한 법률」 제2조 제1항에 따른 공공기관이 그 특별법의 개정 또는 폐지로 인하여 「상법」 상의 회사로 조

은 현물출자를 원인으로 취득한 주식을 다음 날 제3자에게 49.9%를 양도하였다 하더라도, 발행주식 총수의 100분의 50 이상을 보유하고 있는 경우 대통령령이 정하는 부득이한 사유에 해당하여 지분의 연속성이 인정되는 "적격현물출자" 요건을 충족한 것이므로 취득세 감면대상에 해당됨. (지방세특례제도과-2351, 2021. 10. 21.).

Note 2024. 12. 31. 개정 ☞ 제5호 기한 연장 : 24년→27년
☞ 감면 축소 : 취득 75%→취득 50%

Note 2018. 12. 24. 개정 ☞ 감면 종료

Note 2024. 12. 31. 개정 ☞ 제7호 기한 연장 : 24년→27년

이동 舊 조특법 §120 ① 3에서 이동(14. 12. 31.)

직 변경됨에 따라 취득하는 사업용 재산 (2014. 12. 31. 신설) 상한/취득 200만원↑, 85%(19년부터)

④ 「조세특례제한법」 제32조에 따른 현물출자 또는 사업 양도·양수에 따라 2024년 12월 31일까지 취득하는 사업용 고정자산(「통계법」 제22조에 따라 통계청장이 고시하는 한국표준산업분류에 따른 부동산 임대 및 공급업에 대해서는 제외한다)에 대해서는 취득세의 100분의 75를 경감한다. 다만, 취득일부터 5년 이내에 대통령령으로 정하는 정당한 사유 없이 해당 사업을 폐업하거나 해당 재산을 처분(임대를 포함한다) 또는 주식을 처분하는 경우에는 경감받은 취득세를 추징한다. (2021. 12. 28. 개정) 이동 舊 조특법 §120 ⑤에서 이동(14. 12. 31.)

④ 「조세특례제한법」 제32조에 따른 현물출자 또는 사업 양도·양수에 따라 2027년 12월 31일까지 취득하는 사업용 고정자산(「통계법」 제22조에 따라 통계청장이 고시하는 한국표준산업분류에 따른 부동산 임대 및 공급업에 대해서는 제외한다)에 대해서는 취득세의 100분의 50을 경감한다. 다만, 취득일부터 5년 이내에 대통령령으로 정하는 정당한 사유 없이 해당 사업을 폐업하거나 해당 재산을 처분(임대를 포함한다) 또는 주식을 처분하는 경우에는 경감받은 취득세를 추징한다. (2024. 12. 31. 개정) 이동 舊 조특법 §120 ⑤에서 이동(14. 12. 31.)

Note 2024. 12. 31. 개정 ☞ 제4항 기한 연장 : 24년→27년
☞ 감면 축소 : 취득 75%→취득 50%
2021. 12. 28. 개정 ☞ 제4항 기한 연장 : 21년→24년
2018. 12. 24. 개정 ☞ 제4항 기한 연장 : 18년→21년
☞ 감면 축소 : 취득 100%→75%
2015. 12. 29. 개정 ☞ 제4항 기한 연장 : 15년→18년

③ 법 제57조의 2 제4항 단서에서 "대통령령으로 정하는 정당한 사유"란 다음 각 호의 어느 하나에 해당하는 경우를 말한다. (2014. 12. 31. 신설)

1. 해당 사업용 재산이 「공익사업을 위한 토지 등의 취득 및 보상에 관한 법률」 또는 그 밖의 법률에 따라 수용된 경우 (2014. 12. 31. 신설)
2. 법령에 따른 폐업·이전명령 등에 따라 해당 사업을 폐지하거나 사업용 재산을 처분하는 경우 (2014. 12. 31. 신설)
3. 「조세특례제한법 시행령」 제29조 제7항 각 호의 어느 하나에 해당하는 경우 (2018. 12. 31. 신설)
4. 「조세특례제한법」 제32조 제1항에 따른 법인전환으로 취득한 주식의 100분의 50 미만을 처분하는 경우 (2018. 12. 31. 신설)

예판

【예규】 • 현물출자로 법인 전환시 부동산 임대 및 공급업의 감면제외 범위
현물출자 또는 사업 양수도를 통해 법인 전환시 취득하는 사업용 고정자산 중에서 부동산 임대 및 공급업에 해당하는 부분이 있는 경우, 사업용 고정자산 전체가 아닌 부동산 임대 및 공급업에 해당하는 부분에 한해 취득세 감면 대상에서 제외하여야 할 것임. (지방세특례제도과-698, 2021. 3. 23.)

편주

법 57조의 2 제4항 본문의 개정규정은 2025. 1. 1. 이후 사업용 재산 또는 사업용 고정자산을 취득하는 경우부터 적용함. (법 부칙(2024. 12. 31.) 8조 1항)

예판

【조심판례】 • 쟁점토지가 이 건 현물출자 당시 임대사업에 공하지는 않았으나, 현물출자자가 쟁점토지를 취득한 후 임대사업에 사용하다가 건축물 설계계약을 체결하는 등 착공을 위한 준비를 계속하였고, 청구법인은 쟁점토지에 건물을 준공하여 임대사업에 사용한 것으로 보이는 점 등에 비추어 쟁점토지가 '사업용 재산'으로서 「지방세특례제한법」 제57조의 2에 따른 기업합병·분할 등에 대한 감면대상에 해당함. (조심 2020지554, 2021. 5. 4.)

• 「지방세특례제한법」에서는 '처분' 외에도 '소유권 이전', '매각·증여' 및 '다른 용도 사용' 등을 추징사유로 규정하고 있는데 이러한 추징사유는 그 구체적인 범위에서 다소 차이가 있을 수는 있으나 기본적으로는 취득자가 감면목적대로 직접 사용하지 아니하는 것을 전제로 그 소유권 또는 사용권을 제3자에게 이전하는 행위를 의미한다 할 것인바, 취득자가 제3자에게 소유권 등을 승계시키는 행위가 아닌 '철거' 또는 '멸실'의 경우 처분으로 보기 어려움. (조심 2017지422, 2017. 9. 18.)

【예규】 사업양도·양수 방식에 따라 개인기업을 법인으로 전환하는 경우 법인의 순자산 가액 산정 기준일은 법인설립일을 기준으로 판단하여야 함. (지방세특례제도과-535, 2020. 3. 10.)

⑤ 다음 각 호의 어느 하나에 해당하는 경우에는 「지방세법」 제7조 제5항에 따라 과점주주가 해당 법인의 부동

이동 舊 조특법 §120 ⑥에서 이동(14. 12. 31.)

Note 2024. 12. 31. 개정 ☞ 제5항 기한 연장 : 24년→27년
☞ 감면 정비 : 코스닥 상장법인 과점주주 삭제(8호)
2021. 12. 28. 개정 ☞ 제5항 기한 연장 : 21년→24년
2018. 12. 24. 개정 ☞ 제5항 기한 연장 : 18년→21년

산등(같은 조 제1항에 따른 부동산등을 말한다)을 취득한 것으로 보아 부과하는 취득세를 2027년 12월 31일까지 면제한다. (2024. 12. 31. 개정)

상한/취득 200만원↑, 85%(19년부터)

1. 「금융산업의 구조개선에 관한 법률」 제10조에 따른 제3자의 인수, 계약이전에 관한 명령 또는 같은 법 제14조 제2항에 따른 계약이전결정을 받은 부실금융기관으로부터 주식 또는 지분을 취득하는 경우 (2014. 12. 31. 신설)
2. 금융기관이 법인에 대한 대출금을 출자로 전환함에 따라 해당 법인의 주식 또는 지분을 취득하는 경우 (2014. 12. 31. 신설)
3. 「독점규제 및 공정거래에 관한 법률」에 따른 지주회사(「금융지주회사법」에 따른 금융지주회사를 포함하되, 지주회사가 「독점규제 및 공정거래에 관한 법률」 제2조 제12호에 따른 동일한 기업집단 내 계열회사가 아닌 회사의 과점주주인 경우를 제외한다. 이하 이 조에서 "지주회사"라 한다)가 되거나 지주회사가 같은 법 또는 「금융지주회사법」에 따른 자회사의 주식을 취득하는 경우. 다만, 해당 지주회사의 설립·전환일부터 3년 이내에 「독점규제 및 공정거래에 관한 법률」에 따른 지주회사의 요건을 상실하게 되는 경우에는 면제받은 취득세를 추징한다. (2020. 12. 29. 개정 ; 독점규제 및~부칙)

취득(감면분만) 농특비

이동 舊 조특법 §120 ⑥ 3에서 이동(14. 12. 31.)

4. 「예금자보호법」 제3조에 따른 예금보험공사 또는 같은 법 제36조의 3에 따른 정리금융회사가 같은 법 제36조의 5 제1항 및 제38조에 따라 주식 또는 지분을 취득하는 경우 (2015. 12. 22. 개정 ; 예금자보호법 부칙)
5. 한국자산관리공사가 「한국자산관리공사 설립 등에 관한 법률」 제26조 제1항 제1호 가목에 따라 인수한 채권을 출자전환함에 따라 주식 또는 지분을 취득하는 경우 (2021. 8. 17. 개정 ; 한국자산관리공사~부칙)
6. 「농업협동조합의 구조개선에 관한 법률」에 따른 농업협동조합자산관리회사가 같은 법 제30조 제3호 다목에 따라 인수한 부실자산을 출자전환함에 따라 주식 또는 지분을 취득하는 경우 (2014. 12. 31. 신설)
7. 「조세특례제한법」 제38조 제1항 각 호의 요건을 모두 갖춘 주식의 포괄적 교환·이전으로 완전자회사의 주식을 취득하는 경우. 다만, 같은 법 제38조 제2항에 해당하는 경우에는 면제받은 취득세를 추징한다. (2024. 12. 31. 개정 ; 조세특례제한법 부칙)
8. 「자본시장과 금융투자업에 관한 법률」에 따른 증권시장으로서 대통령령으로 정하는 증권시장에 상장한 법인의 주식을 취득한 경우 (2014. 12. 31. 신설)
8. 삭 제 (2024. 12. 31.)

예판

【예규】「지방세기본법 시행령」 제24조 제1항의 개정을 통해 '코스닥시장' 상장법인의 과점주주가 「지방세법」 제7조 제5항에

④ 법 제57조의 2 제5항 제8호에서 "대통령령으로 정하는 증권시장"이란 대통령령 제24697호 자본시장과 금융투자업에 관한 법률 시행령 일부개정령 부칙 제8조에 따른 코스닥시장을 말한다. (2015. 12. 31. 개정)
④ 삭 제 (2024. 12. 31.)
⑤ 삭 제 (2016. 12. 30.)

관련법령

자본시장과 금융투자업에 관한 법률 시행령 부칙(대통령령 제24697호)

제8조 【이사후보추천위원회 위원에 관한 경과조치】 이 영 시행 당시 종전의 제358조에 따라 한국거래소가 개설한 유가증권시장의 주권상장법인을 구성원으로 하여 설립된 단체의 추천을 받은 주권상장법인과 코스닥시장(한국거래소가 법 제4조 제2항 각 호의 증권의 매매를 위하여 개설한 유가증권시장 외의 증권시장으로서 금융위원회가 정하여 고시하는 증권시장을 말한다)의 주권상장법인을 구성원으로 하여 설립된 단체의 추천을 받은 주권상장법인은 제358조의 개정규정에도 불구하고 이사후보 추천위원회의 위원으로 본다.

따른 취득세 과세 대상에서 제외되는 경우, 해당 법인에 대해서는 「지방세특례제한법」 제57조의 2 제5항 제8호 및 같은 법 제177조의 2 제1항의 취득세 면제 규정은 적용되지 않음(지방세특례제도과-404, 2023. 10. 18.)

⑥ 「농업협동조합법」에 따라 설립된 농업협동조합중앙회(이하 이 조에서 "중앙회"라 한다)가 같은 법에 따라 사업구조를 개편하는 경우 제1호 및 제2호의 구분에 따른 등기에 대해서는 2017년 12월 31일까지 등록면허세를 면제하고, 제3호의 경우에는 취득세를 면제한다. (2016. 12. 27. 개정)

취·등록(감면분만) 농특비

이동 舊 지특법 §57 ③에서 이동(14. 12. 31.)

1. 법률 제10522호 농업협동조합법 일부개정법률 부칙 제3조에 따라 자본지원이 이루어지는 경우 그 자본증가에 관한 등기 (2014. 12. 31. 신설)
2. 법률 제10522호 농업협동조합법 일부개정법률 부칙 제6조에 따라 경제사업을 이관하는 경우 다음 각 목의 어느 하나에 해당하는 등기 (2014. 12. 31. 신설)
   가. 중앙회에서 분리되는 경제자회사의 법인설립등기
   나. 「농업협동조합법」 제161조의 2에 따라 설립된 농협경제지주회사가 중앙회로부터 경제사업을 이관(「상법」 제360조의 2에 따른 주식의 포괄적 교환을 포함한다)받아 자본이 증가하는 경우 그 자본증가에 관한 등기 (2016. 12. 27. 개정 ; 농업협동조합법 부칙)

3. 「농업협동조합법」 제134조의 2에 따라 설립된 농협경제지주회사가 이 조 제3항 제3호에 따라 중앙회로부터 경제사업을 이관받아 취득하는 재산 (2016. 12. 27. 신설)

⑦ 법률 제12663호 한국산업은행법 전부개정법률 부칙 제3조 제1항에 따라 한국산업은행이 산은금융지주주식회사 및 「한국정책금융공사법」에 따른 한국정책금융공사와 합병하는 경우 그 자본증가에 관한 등기에 대해서는 2015년 12월 31일까지 등록면허세의 100분의 90을 경감한다. (2014. 12. 31. 신설) 일몰

⑧ 「기업 활력 제고를 위한 특별법」 제4조 제1항에 해당하는 내국법인이 같은 법 제10조 또는 제12조에 따라 주무부처의 장이 승인 또는 변경승인한 사업재편계획에 의해 합병 등 사업재편을 추진하는 경우 해당 법인에 대한 법인등기에 대하여 등록면허세의 100분의 50을 2024년 12월 31일까지 경감한다. 다만, 같은 법 제13조에 따라 사업재편계획 승인이 취소된 경우에는 경감된 등록면허세를 추징한다. (2021. 12. 28. 개정)

⑧ 「기업 활력 제고를 위한 특별법」 제4조 제1항에 해당하는 내국법인이 같은 법 제10조 또는 제12조에 따라 주무부처의 장이 승인 또는 변경승인한 사업재편계획에 의해 합병 등 사업재편을 추진하는 경우 해당 사업재편에 따라 설립 또는 변경되는 법인에 대한 법인등기에 대하여 등록면허세의 100분의 50을 2027년 12월 31일까지 경감한다. 다만, 같은 법 제13조에 따라 사업재편계획 승인이 취소된 경우에는 경감된 등록면허세를 추징한다.

Note
2024. 12. 31. 개정 ☞ 제8항 기한 연장 : 24년→27년
☞ 감면조문 변경 : 사업재편에 따른 설립 · 변경 법인 등기
2021. 12. 28. 개정 ☞ 제8항 기한 연장 : 21년→24년
☞ 감면대상 확대 : 신산업진출기업, 산업위기지역기업
2018. 12. 24. 개정 ☞ 제8항 기한 연장 : 18년→21년

(2024. 12. 31. 개정)

⑨ 「수산업협동조합법」에 따라 설립된 수산업협동조합중앙회(이하 이 항에서 "중앙회"라 한다)가 대통령령으로 정하는 바에 따라 분할한 경우에는 다음 각 호에서 정하는 바에 따라 지방세를 면제한다. (2015. 12. 29. 신설)

1. 대통령령으로 정하는 바에 따른 분할로 신설된 자회사(이하 이 항에서 "수협은행"이라 한다)가 그 분리로 인하여 취득하는 재산에 대해서는 취득세를 2016년 12월 31일까지 면제한다. (2015. 12. 29. 신설)
2. 수협은행의 법인설립등기에 대해서는 등록면허세를 2016년 12월 31일까지 면제한다. (2015. 12. 29. 신설)

취·등록(감면분만) 농특비

☞ ①③④⑤의 舊 조특법은 법률 제12853호(2014. 12. 23.)로 개정되기 이전의 법을 말함.

⑩ 「금융산업의 구조개선에 관한 법률」 제4조에 따른 금융위원회의 인가를 받고 「법인세법」 제44조 제2항에 해당하는 금융회사 간의 합병을 하는 경우 금융기관이 합병으로 양수받은 재산에 대해서는 취득세의 100분의 50을 2024년 12월 31일까지 경감하고, 합병으로 양수받아 3년 이내에 등기하는 재산에 대해서는 2024년 12월 31일까지 등록면허세의 100분의 25를 경감한다. 다만, 합병등기일부터 3년 이내에 「법인세법」 제44조의 3 제3항 각 호의 어느 하나에 해당하는 사유가 발생하는 경우(같은 항 각 호 외의 부분 단서에 해당하는 경우는 제외한다)에는 경감된 취득세를 추징한다. (2021. 12. 28. 개정)

⑩ 「금융산업의 구조개선에 관한 법률」 제4조에 따른 금융위원회의 인가를 받고 「법인세법」 제44조 제2항에 해

⑥ 법 제57조의 2 제9항 각 호 외의 부분에서 "대통령령으로 정하는 바에 따라 분할한 경우"란 「수산업협동조합법」 제2조 제5호에 따른 수산업협동조합중앙회가 같은 법 제141조의 4 제1항에 따라 신용사업을 분리하여 수협은행을 설립한 경우를 말한다. (2016. 11. 30. 신설)

⑦ 법 제57조의 2 제9항 제1호에서 "대통령령으로 정하는 바에 따른 분할로 신설된 자회사"란 「수산업협동조합법」 제141조의 4 제1항에 따라 설립된 수협은행을 말한다. (2016. 11. 30. 신설)

Note 2024. 12. 31. 개정 ☞ 제10항 기한 연장 : 24년→27년
☞ 감면 축소 : 취득 50%, 등록 25%→취득 50%, 재산→

편주

2021. 12. 31. 이전에 금융회사 간의 합병이 이루어진 경우 합병일부터 3년 이내에 등기하는 재산의 등록면허세의 경감에 관하여는 법 57조의 2 제10항 본문의 개정규정에도 불구하고 종전의 규정에 따름. (법 부칙(2021. 12. 28.) 13조)

당하는 금융회사 간의 합병을 하는 경우 금융기관이 합병으로 양수받은 사업용 재산에 대해서는 취득세의 100분의 50을 2027년 12월 31일까지 경감한다. 다만, 합병등기일부터 3년 이내에 「법인세법」 제44조의 3 제3항 각 호의 어느 하나에 해당하는 사유가 발생하는 경우(같은 항 각 호 외의 부분 단서에 해당하는 경우는 제외한다)에는 경감된 취득세를 추징한다. (2024. 12. 31. 개정)

예판

【조심판례】 • 사업포괄양수도 추징대상여부 판단

쟁점토지(처분청 평가액 OOO원)는 전체 자산가액 대비 0.89% 정도에 불과하므로 이 건 사업양수도 당시 이를 제외하였다고 하더라도 사업의 동질성이 유지되지 아니한다고 보기 어려운 점, 쟁점토지는 이 건 공장의 진입로이나 법인전환된 이후에도 청구법인의 대표 OOO가 계속하여 보유하고 있으므로 이를 양수도자산에서 제외하여도 청구법인이 해당 사업(제조업)을 계속하여 영위하는데 문제가 없어 보이는 점, 청구법인의 자본금은 사업양수도 계약서상 사업양수도 대상이 되는 부동산 등의 순자산가액 OOO원 보다 큰 금액인 OOO원으로 나타나는 점 등을 볼 때 추징대상으로 보기 어려움. (조심 2018지2270, 2019. 8. 28.)

• 「신탁법」상의 신탁행위는 재산의 사용 · 수익 · 처분의 권리를 배타적으로 양도하는 일반적인 소유권의 이전과는 다르게 볼 수 있는 점 등에 비추어 이 건 토지의 신탁행위를 '처분'으로 보기 어려움. (조심 2014지689, 2014. 12. 16.)

제57조의 3 【기업 재무구조 개선 등에 대한 감면】

사업용 재산
2021. 12. 28. 개정 ☞ 제10항 기한 연장 : 21년→24년
☞ 감면축소 : 취득 · 등록 50%→취득 50%, 등록 25%

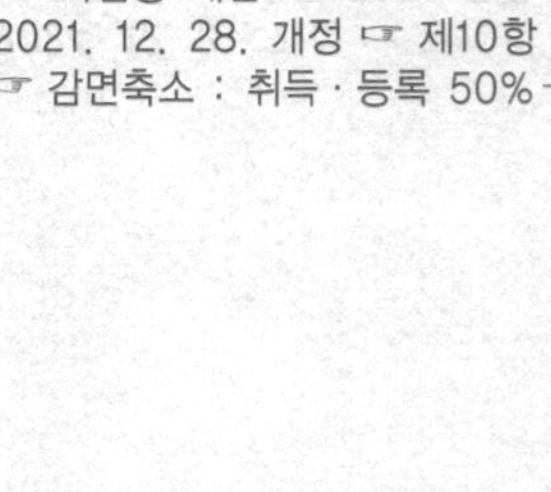

예판

【예규】 • 합병법인의 최소납부세제 적용

적격합병으로 다수의 부동산에 대한 취득세 면제가 발생된다 하더라도 이는 하나의 합병계약을 원인으로 하여 동일한 감면규정에 따라 취득세가 면제되는 것이며 최소납부세제 적용대상도 적격합병에 따른 취득세 면제여부에 따라 적용되는 규정으로 면제된 취득세 총액을 기준으로 하여 최소납부세제 적용여부를 판단하여야 함. (지방세특례제도과-3617, 2018. 10. 4.)

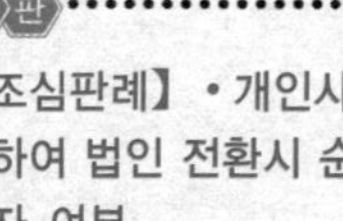

예판

【조심판례】 • 개인사업자가 현물출자하여 법인 전환시 순자산가액 이상 출자 여부

개인사업자가 인출한 것이 초과인출금에 해당하지 아니한 이상 인출한 차입금은 해당 사업에 사용했던 자기자본을 대체한 것이므로 사업과 관련된 부채로 보는 것이 합리적임. (조심 2017지744, 2018. 9. 17.)

① 다음 각 호에 해당하는 재산의 취득에 대해서는 취득세를 2027년 12월 31일까지 면제한다. (2024. 12. 31. 개정)

상한/취득 200만원↑, 85%(22년부터)

1. 「금융산업의 구조개선에 관한 법률」 제2조 제1호에 따른 금융기관, 한국자산관리공사, 예금보험공사, 정리금융회사가 같은 법 제10조 제2항에 따른 적기시정조치(영업의 양도 또는 계약이전에 관한 명령으로 한정한다) 또는 같은 법 제14조 제2항에 따른 계약이전결정을 받은 부실금융기관으로부터 양수한 재산 (2015. 12. 22. 개정 ; 예금자보호법 부칙)
2. 「농업협동조합법」에 따른 조합, 「농업협동조합의 구조개선에 관한 법률」에 따른 상호금융예금자보호기금 및 농업협동조합자산관리회사가 같은 법 제4조에 따른 적기시정조치(사업양도 또는 계약이전에 관한 명령으로 한정한다) 또는 같은 법 제6조 제2항에 따른 계약이전결정을 받은 부실조합으로부터 양수한 재산 (2014. 12. 31. 신설) 취득(감면분만) 농특비
3. 「수산업협동조합법」에 따른 조합 및 「수산업협동조합의 부실예방 및 구조개선에 관한 법률」에 따른 상호금융예금자보호기금이 같은 법 제4조의 2에 따른 적기시정조치(사업양도 또는 계약이전에 관한 명령으로 한정한다) 또는 같은 법 제10조 제2항에 따른 계약이전결정을 받은 부실조합으로부터 양수한 재산 (2020. 2. 18. 개정 ; 수산업협동조합의~부칙) 취득(감면분만) 농특비

Note
2024. 12. 31. 개정 ☞ 제1항 기한 연장 : 24년→27년
2021. 12. 28. 개정 ☞ 제1항 기한 연장 : 21년→24년
2018. 12. 24. 개정 ☞ 제1항 기한 연장 : 18년→21년
2015. 12. 29. 개정 ☞ 제1항 기한 연장 : 15년→18년

예 판

【판례】 • 유동화전문회사에 대한 감면 적용범위

- 조세특례제한법 신법 제120조 제1항 제9호의 '자산보유자 또는 다른 유동화전문회사로부터 취득하는 부동산'이라는 문구는 유동화전문회사가 부동산의 전소유자인 자산보유자 또는 다른 유동화전문회사로부터 직접 취득하는 부동산이라고 해석되어야 하며, 경매취득의 경우를 포함하는 것으로 해석할 수 없고, 유동화전문회사가 자산보유자 또는 다른 유동화전문회사로부터 취득한 부동산에 한정된다고 봄이 타당함. (대구지법 2013구합10702, 2014. 8. 29. : 대법확정)
- 유동화전문회사가 구 조특법 규정의 시행 당시 유동화자산인 부동산 담보부채권을 양수한 후 담보부동산의 경매절차에서 매수신청을 하고 매각허가결정을 받아 매수신청인 내지 매수인의 지위를 취득하는 등으로 담보부동산의 취득과 밀접하게 관련된 직접적인 행위로 나아간 경우에는, 비록 개정 조특법이 시행된 후 매각대금을 완납하여 담보부동산을 취득하였더라도 유동화전문회사의 신뢰보호를 위하여 이 사건 부칙조항에 따라 구 조특법 규정이 적용되어 취득세가 감면된다고 할 것임. (대법 2015두42512, 2015. 9. 24.)

4. 「산림조합법」에 따른 조합 및 「산림조합의 구조개선에 관한 법률」에 따른 상호금융예금자보호기금이 같은 법 제4조에 따른 적기시정조치(사업양도 또는 계약이전에 관한 명령으로 한정한다) 또는 같은 법 제10조 제2항에 따른 계약이전결정을 받은 부실조합으로부터 양수한 재산 (2014. 12. 31. 신설)
5. 「신용협동조합법」에 따른 조합이 같은 법 제86조의 4에 따른 계약이전의 결정을 받은 부실조합으로부터 양수한 재산 (2015. 12. 29. 신설)
6. 「새마을금고법」에 따른 금고가 같은 법 제80조의 2에 따른 계약이전의 결정을 받은 부실금고로부터 양수한 재산 (2015. 12. 29. 신설)

② 한국자산관리공사가 「한국자산관리공사 설립 등에 관한 법률」 제26조 제1항 제3호 가목 및 나목에 따라 취득하는 재산에 대해서는 취득세를 2027년 12월 31일까지 면제한다. (2024. 12. 31. 개정)

상한/취득 200만원↑, 85%(16년부터) 취득(감면분만) 농특비

Note 2024. 12. 31. 개정 ☞ 제2항 기한 연장 : 24년→27년
2021. 12. 28. 개정 ☞ 제2항 기한 연장 : 21년→24년
2018. 12. 24. 개정 ☞ 제2항 기한 연장 : 18년→21년
2015. 12. 29. 개정 ☞ 제2항 기한 연장 : 15년→18년

③ 한국자산관리공사가 「한국자산관리공사 설립 등에 관한 법률」 제26조 제1항 제2호 라목에 따라 중소기업이 보유한 자산을 취득하는 경우에는 취득세의 100분의 50을 2026년 12월 31일까지 경감한다. (2023. 12. 29. 개정)

Note 2023. 12. 29. 개정 ☞ 제3항 기한 연장 : 23년→26년
2020. 12. 29. 개정 ☞ 제3항 기한 연장 : 20년→23년

④ 제3항에 따라 한국자산관리공사에 자산을 매각한 중소기업이 매각일부터 10년 이내에 그 자산을 취득하는

Note 2023. 12. 29. 개정 ☞ 제4항 기한 연장 : 23년→26년
☞ 감면 축소 : 매각한 가액의 초과분 과세

편주

2024. 1. 1. 전에 한국자산관리공사에 자산을 매각한 중소기업이 2024. 1. 1. 이후 한국자산관리공사로부터 그 자산을 취득하는 경우의 취득세 면제에 관하여는 2026. 12. 31.까지 법 57조의 3 제4항 본문의 개정규정에 따라 면제함. (법 부칙(2023. 12. 29.) 10조)

경우에는 2026년 12월 31일까지 취득세를 면제한다. 다만, 취득한 가액이 한국자산관리공사에 매각한 가액을 초과하는 경우 그 초과부분에 대해서는 취득세를 부과한다. (2023. 12. 29. 개정) 상한/취득 200만원↑, 85%(22년부터)

⑤ 한국자산관리공사가 중소기업의 경영 정상화를 지원하기 위하여 대통령령으로 정하는 요건을 갖추어 중소기업의 자산을 임대조건부로 2026년 12월 31일까지 취득하여 과세기준일 현재 해당 중소기업에 임대중인 자산에 대해서는 해당 자산에 대한 납세의무가 최초로 성립하는 날부터 5년간 재산세의 100분의 50을 경감한다. (2023. 12. 29. 개정)

Note 2023. 12. 29. 개정 ☞ 제5항 기한 연장 : 23년→26년
2020. 12. 29. 개정 ☞ 기한 연장 : 20년→23년

제57조의 4【주거안정 지원에 대한 감면】「한국자산관리공사 설립 등에 관한 법률」에 따라 설립된 한국자산관리공사가 주택담보대출 상환을 연체하는 자(이하 이 조에서 "연체자"라 한다)의 채무 상환 및 주거 안정을 지원하기 위하여 해당 연체자가 그 주택에 계속 거주하는 내용의 임대차계약을 체결하는 것을 조건으로 취득하는 해당 연체자의 주택에 대해서는 취득세의 100분의 50을 2026년 12월 31일까지 경감하고, 2021년 1월 1일 이후 취득하는 주택으로서 과세기준일 현재 해당 연체자에게 임대 중인 주택에 대해서는 해당 주택에 대한

제28조의 3【한국자산관리공사의 자산매입 및 임대 요건】 법 제57조의 3 제5항에서 "대통령령으로 정하는 요건"이란 다음 각 호의 요건을 모두 갖출 것을 말한다. (2021. 12. 31. 개정)

1. 해당 중소기업으로부터 금융회사 채무내용 및 상환계획이 포함된 재무구조개선계획을 제출받을 것 (2017. 12. 29. 신설)
2. 해당 중소기업의 보유자산을 매입하면서 해당 중소기업이 그 자산을 계속 사용하는 내용의 임대차계약을 체결할 것 (2017. 12. 29. 신설)

Note 2023. 12. 29. 개정 ☞ 기한 연장 : 23년→26년
2020. 12. 29. 개정 ☞ 감면 신설

재산세 납세의무가 최초로 성립하는 날부터 5년간 재산세의 100분의 50을 경감한다. (2023. 12. 29. 개정)

제57조의 5 【프로젝트금융투자회사의 사업 정상화 지원을 위한 감면】 ① 「조세특례제한법」 제104조의 31제1항에 해당하는 회사(이하 이 조에서 "프로젝트금융투자회사"라 한다)가 다른 프로젝트금융투자회사의 사업을 정상화하기 위하여 다른 프로젝트금융투자회사 사업장의 부동산을 취득하는 경우 해당 부동산(「자본시장과 금융투자업에 관한 법률」에 따른 집합투자기구로서 한국자산관리공사가 100분의 40 이상을 출자·투자한 집합투자기구의 자금으로 취득하는 부분에 한정한다)에 대해서는 2025년 12월 31일까지 취득세의 100분의 50을 경감한다. 이 경우 「지방세법」 제13조 제2항 본문 및 같은 조 제3항의 세율을 적용하지 아니한다. (2024. 12. 31. 신설)
② 제1항에 따라 취득세를 경감받은 프로젝트금융투자회사가 정당한 사유 없이 부동산의 취득일부터 2년이 경과할 때까지 해당 부동산을 그 고유업무에 사용하지 않는 경우에는 경감된 취득세를 추징한다. (2024. 12. 31. 신설)

제58조 【벤처기업 등에 대한 과세특례】 ① 「벤처기업육성에 관한 특별법」에 따라 지정된 벤처기업집적시설 또는 신기술창업집적지역을 개발·조성하여 분양 또는 임대하거나 직접 사용[「벤처기업육성에 관한 특별법」에 따른 벤처

Note 2024. 12. 31. 개정 ☞ 조문 신설 : 취득 50%, 25년

편주

법 57조의 5 제1항의 개정규정은 2025. 1. 1. 이후 납세의무가 성립하는 경우부터 적용함. (법 부칙(2024. 12. 31.) 2조)

Note 2023. 12. 29. 개정 ☞ 제1항 기한 연장 : 23년→26년
☞ 감면 조정 : 취득·재산 50%→취득 35%, 재산 60%(수도권 35%)
☞ 감면 확대 : 직접 사용 부동산 포함

예판

【예규】 • 벤처기업집적시설 개발·조성자가 벤처기업집적시설을 비영리법

기업(이하 이 절에서 “벤처기업”이라 한다)이 벤처기업집적시설을 직접 사용하는 경우로 한정한다]할 목적으로 취득(「산업집적활성화 및 공장설립에 관한 법률」 제41조에 따른 환수권의 행사로 인한 취득을 포함한다)하는 부동산에 대해서는 취득세 및 재산세(벤처기업이 직접 사용하는 경우는 과세기준일 현재 직접 사용하는 부동산으로 한정한다)의 100분의 35(수도권 외의 지역에 소재하는 부동산의 재산세는 100분의 60)를 각각 2026년 12월 31일까지 경감한다. 다만, 그 취득일부터 3년 이내에 정당한 사유 없이 벤처기업집적시설 또는 신기술창업집적지역을 개발·조성하지 아니하는 경우 또는 부동산의 취득일부터 5년 이내에 벤처기업집적시설 또는 신기술창업집적지역의 지정이 취소되거나 「벤처기업육성에 관한 특별법」 제17조의 3 또는 제18조 제2항에 따른 요건을 갖춘 날부터 5년 이내에 부동산을 다른 용도로 사용하는 경우에 해당 부분에 대해서는 경감된 취득세와 재산세를 추징한다. (2024. 1. 9. 개정 ; 벤처기업~부칙)

② 「벤처기업육성에 관한 특별법」에 따라 지정된 벤처기업집적시설에 입주하는 벤처기업이 해당 사업에 직접 사용하기 위하여 취득하는 부동산에 대해서는 취득세의 100분의 50을, 과세기준일 현재 해당 사업에 직접 사용하는 부동산에 대해서는 재산세의 100분의 50(수도권 외의 지역에 소재하는 부동산의 경우에는 100분의 60)을 각각 2026년 12월 31일까지 경감한다. (2024. 1. 9. 개정 ; 벤처기업~부칙)

2020. 12. 29. 개정 ☞ 제1항 기한 연장 : 20년→23년
2017. 12. 26. 개정 ☞ 제1항 기한 연장 : 17년→20년

예판

【판례】 • 벤처기업에 대한 감면 적용범위
벤처기업집적시설을 개발·조성하기 위하여 취득한 부동산인 이상, 벤처기업집적시설로 지정되기 전에 취득한 것도 취득세 등의 감면대상에 해당한다고 봄이 타당함. (대법 2014두35942, 2014. 11. 13.)

【조심판례】 벤처기업집적시설에 입주한 벤처기업이 기업의 성장으로 벤처기업에 해당하지 않게 되었다 하더라도 그 벤처기업이 사용하고 있는 부분을 다른 용도로 사용한 것이라고 볼 수는 없음. (조심 2015지682, 2017. 1. 6.)

【예규】 벤처기업집적시설을 개발·조성한 자가 벤처기업이 아니고, 벤처기업집적시설의 입주대상 기업도 아닌 경우라면 해당 기업이 입주하여 직접 사용하는 부분은 「지방세특례제한법」 제58조 제1항에 따른 감면 대상이 아님(지방세특례제도과-2226, 2023. 8. 24.)

인에 임대한 경우 감면 여부
벤처기업집적시설을 임대하는 경우라도 이를 사용하는 임차인이 벤처기업으로 확인받은 기업 등 중소기업에 해당되어야 취득세 감면대상에 해당된다고 할 것이므로, 벤처기업이나 중소기업에도 해당되지 아니한 비영리법인에게 임대하는 경우라면 감면대상에 해당되지 아니한다고 할 것임. (지방세특례제도과-625, 2021. 3. 12.)

• 지정된 벤처기업집적시설을 개발·조성하여 분양 또는 임대할 목적으로 취득하는 부동산에는 그 부속토지도 포함된다고 할 것이므로 지정된 이후에 취득하는 부속토지는 취득세 감면대상에 해당된다고 판단됨. (지방세운영과-280, 2013. 4. 11.)

Note
2023. 12. 29. 개정 ☞ 제2항 기한 연장 : 23년→26년
☞ 특례 조정 : 취득·등록·재산 중과배제→취득 50%, 재산 60%(수도권 50%)
☞ 감면대상 확대 : 직접 사용 부동산 포함
☞ 조문 이관 : 제78조 제9항으로 이관
2020. 12. 29. 개정☞제2항 기한 연장 : 20년→23년
2018. 12. 24. 개정☞제2항 기한 연장 : 18년→20년
2015. 12. 29. 개정☞제2항 기한 연장 : 15년→18년

③「벤처기업육성에 관한 특별법」 제17조의 2에 따라 지정된 신기술창업집적지역에서 산업용 건축물·연구시설 및 시험생산용 건축물로서 대통령령으로 정하는 건축물(이하 이 조에서 "산업용 건축물등"이라 한다)을 신축하거나 증축하려는 자(대통령령으로 정하는 공장용 부동산을 중소기업자에게 임대하려는 자를 포함한다)가 취득하는 부동산에 대해서는 2026년 12월 31일까지 취득세의 100분의 50을 경감하고, 그 부동산에 대한 재산세의 납세의무가 최초로 성립하는 날부터 3년간 재산세의 100분의 50(수도권 외의 지역에 소재하는 부동산의 경우에는 100분의 60)을 경감한다. 다만, 다음 각 호의 어느 하나에 해당하는 경우 그 해당 부분에 대해서는 경감된 취득세 및 재산세를 추징한다. (2024. 1. 9. 개정 ; 벤처기업~부칙)

Note 2023. 12. 29. 개정 ☞ 제3항 기한 연장 : 23년→26년
☞ 감면 조정 : 취득 50%, 3년간 재산 50%→취득 50%, 3년간 재산 60%(수도권 50%)
2020. 12. 29. 개정 ☞ 제3항 기한 연장 : 20년→23년
2017. 12. 26. 개정 ☞ 제3항 기한 연장 : 17년→20년

편주

법 58조 3항 각 호 외의 부분 본문의 개정규정(재산세 경감에 관한 사항만 해당함)은 2024. 1. 1. 전에 수도권 외의 지역에서 종전의 법 58조 3항에 따른 부동산을 취득한 경우로서 2024. 1. 1. 당시 재산세 납세의무가 최초로 성립한 날부터 3년이 경과하지 아니한 재산세 분에 대해서도 적용함. 이 경우 해당 부동산에 대한 재산세 경감기간은 2024. 1. 1. 당시 재산세 납세의무

제29조 【산업용 건축물 등의 범위】 ① 법 제58조 제3항 각 호 외의 부분 본문에서 "대통령령으로 정하는 건축물"이란 다음 각 호의 어느 하나에 해당하는 건축물을 말한다. (2017. 12. 29. 항번개정)

1. 「도시가스사업법」 제2조 제5호에 따른 가스공급시설용 건축물[「벤처기업육성에 관한 특별법」에 따른 신기술창업집적지역에 설치된 「지방세법 시행령」 제5조 제1항 제4호의 도관시설(연결시설을 포함한다. 이하 같다)의 경우에는 해당 지역에 가스를 공급하기 위한 도관시설로 한정한다] (2024. 7. 2. 개정 ; 벤처기업~부칙)
2. 「산업기술단지 지원에 관한 특례법」에 따른 연구개발시설 및 시험생산시설용 건축물 (2016. 12. 30. 개정)
3. 「산업입지 및 개발에 관한 법률」 제2조에 따른 공장·지식산업·문화산업·정보통신산업·자원비축시설용 건축물과 이와 직접 관련된 교육·연구·정보처리·유통시설용 건축물 (2016. 12. 30. 개정)
4. 「산업집적활성화 및 공장설립에 관한 법률」 제30조 제2항에 따른 관리기관이 산업단지의 관리, 입주기업체 지원 및 근로자의 후생복지를 위하여 설치하는 건축물(수익사업용으로 사용되는 부분은 제외한다) (2016. 12. 30. 개정)
5. 「집단에너지사업법」 제2조 제6호에 따른 공급시설용

관련법령

산업집적활성화 및 공장설립에 관한 법률

제2조 【정 의】 이 법에서 사용하는 용어의 뜻은 다음과 같다. (2009. 2. 6. 개정)

1. "공장"이란 건축물 또는 공작물, 물품제조공정을 형성하는 기계·장치 등 제조시설과 그 부대시설(이하 "제조시설등"이라 한다)을 갖추고 대통령령으로 정하는 제조업을 하기 위한 사업장으로서 대통령령으로 정하는 것을 말한다. (2009. 2. 6. 개정)

가 최초로 성립한 날부터 3년이 지나지 아니한 잔여기간으로 함. (법 부칙(2023. 12. 29.) 6조)

1. 정당한 사유 없이 그 취득일부터 3년이 경과할 때까지 해당 용도로 직접 사용하지 아니하는 경우 (2011. 12. 31. 신설)
2. 해당 용도로 직접 사용한 기간이 2년 미만인 상태에서 매각·증여하거나 다른 용도로 사용하는 경우 (2011. 12. 31. 신설)

④ 벤처기업에 대해서는 다음 각 호에서 정하는 바에 따라 지방세를 경감한다. (2024. 1. 9. 개정 ; 벤처기업~부칙)

Note 2023. 3. 14. 개정 ☞ 제4항 기한 연장 : 22년→25년
☞ 감면확대 : 취득 50%, 재산 37.5%→취득 50%, 재산 35%(조례 +15% 가능)
2020. 1. 15. 개정 ☞ 제4항 기한 연장 : 19년→22년
2016. 12. 27. 개정 ☞ 제4항 기한 연장 : 16년→19년

1. 「벤처기업육성에 관한 특별법」 제18조의 4에 따른 벤처기업육성촉진지구에서 그 고유업무에 직접 사용하기 위하여 취득하는 부동산에 대해서는 취득세의 100분의 50을 2025년 12월 31일까지 경감한다. (2023. 3. 14. 개정, 2024. 1. 9. 개정 ; 벤처기업~부칙)
2. 과세기준일 현재 제1호에 따른 벤처기업육성촉진지구에서 그 고유업무에 직접 사용하는 부동산에 대해서는 재산세의 100분의 35를 2025년 12월 31일까지 경감한다. 이 경우 지방자치단체의 장은 해당 지역의 재정

건축물(「벤처기업육성에 관한 특별법」에 따른 신기술창업집적지역에 설치된 「지방세법 시행령」 제5조 제1항 제4호의 도관시설의 경우에는 해당 지역에 집단에너지를 공급하기 위한 도관시설로 한정한다) (2024. 7. 2. 개정 ; 벤처기업~부칙)

6. 「산업집적활성화 및 공장설립에 관한 법률 시행령」 제6조 제5항 제1호부터 제5호까지, 제7호 및 제8호에 해당하는 산업용 건축물 (2016. 12. 30. 개정)

② 법 제58조 제3항 각 호 외의 부분 본문에서 "대통령령으로 정하는 공장용 부동산"이란 「산업집적활성화 및 공장설립에 관한 법률」 제2조 제1호에 따른 공장을 말한다. (2017. 12. 29. 신설)

여건 등을 고려하여 100분의 15의 범위에서 조례로 정하는 율을 추가로 경감할 수 있다. (2023. 3. 14. 개정)

제58조의 2【지식산업센터 등에 대한 감면】 ①「산업집적활성화 및 공장설립에 관한 법률」 제28조의 2에 따라 지식산업센터를 설립하는 자에 대해서는 다음 각 호에서 정하는 바에 따라 2025년 12월 31일까지 지방세를 경감한다. (2023. 3. 14. 개정) 취득(감면분만) 농특비

1. 「산업집적활성화 및 공장설립에 관한 법률」 제28조의 5 제1항 제1호 및 제2호에 따른 시설용(이하 이 조에서 "사업시설용"이라 한다)으로 직접 사용하기 위하여 신축 또는 증축하여 취득하는 부동산(신축 또는 증축한 부분에 해당하는 부속토지를 포함한다. 이하 이 조에서 같다)과 사업시설용으로 분양 또는 임대(「중소기업기본법」 제2조에 따른 중소기업을 대상으로 분양 또는 임대하는 경우로 한정한다. 이하 이 조에서 같다)하기 위하여 신축 또는 증축하여 취득하는 부동산에 대해서는 취득세의 100분의 35를 경감한다. 다만, 다음 각 목의 어느 하나에 해당하는 경우 그 해당 부분에 대해서는 경감된 취득세를 추징한다. (2016. 12. 27. 개정) 취득(감면분만) 농특비

가. 직접 사용하기 위하여 부동산을 취득하는 경우로서 다음의 어느 하나에 해당하는 경우 (2023. 3. 14. 개정)

☞ **Note** 2023. 3. 14. 개정 ☞ 제1항 기한 연장 : 22년→25년 ☞ 감면축소 : 취득 30%, 재산 37.5%→취득 35%, 재산 35%(5년)
2020. 1. 15. 개정 ☞ 제1항 기한 연장 : 19년→22년
2016. 12. 27. 개정 ☞ 감면축소 : 취득 50%, 재산 37.5% → 취득 35%, 재산 37.5% ☞ 기한 연장 : 16년→19년

예판

【판례】 • 지식산업센터를 직접 사용하지 않을 자에게 분양
지식산업센터를 신축하였으나 그 취득일부터 5년 이내에 이를 사업시설용으로 직접 사용하지 않을 자에게 분양하거나 임대한 경우, 해당 부분의 경감받은 취득세는 추징할 수 있음. (대법원 2017두74085, 2018. 4. 10.)

• 건축 중 신탁으로 수탁자가 설립승인을 받아도 위탁자를 설립자로 감면할 수 있음
지식산업센터 설립사업의 마무리 단계에서 위 지식산업센터의 소유권을 원고 한국자산신탁에 신탁하였다는 사정만으로 지식산업센터의 설립자로서 위 센터에 입주할 자격을 상실한다고 보는 것은 지식산업센터의 원활한 설립을 지원하기 위한 산업집적법의 취지에 어긋나는 해석으로서 허용되지 아니함. (서울행정법원 2015구합59037, 2015. 10. 15. : 대법확정)

• 지식산업센터에 대한 감면 적용범위
개정 부칙 규정은 지식산업센터의 설립승인을 받은 자가 구 지방세특례제한법 제58조의 2 시행 전에 분양한 부동산에 대하여는 그 취득세를 면제하는 것일 뿐, 수분양자 또는 그로부터 전매한 자에 대하여는 적용되지 아니하는 것이라고 보아야 함 (서울고법

☞ 예판

【조심판례】 • 증여는 당사자 일방이 무상으로 재산을 상대방에 수여하는 의사를 표시하고 상대방이 이를 승낙함으로써 그 효력이 생기는 것인데, 신탁 종료 후에 위탁자에게 신탁재산이 귀속되는 것은 「신탁법」 제101조 제1항 및 제2항에 따른 것이므로 증여의 범위에 포함된다고 보기도 어려움. (조심 2015지1127, 2017. 5. 22.)

• 「지방세특례제한법」 제58조의 2 제1항의 "지식산업센터의 설립승인을 받은 자"의 범위에는 지식산업센터의 설립승인을 받은 자는 물론 설립승인을 받기 전이라 하더라도 토지 취득 후 설립승인을 받아 착공을 하려는 자도 포함됨. (조심 2015지1958, 2016. 3. 24.)

【예규】 • 지식산업센터 설립자(위탁자)와 토지관리신탁계약을 체결하고 건축허가사항은 수탁자로 변경하였으나 설립에 따른 사업시행자 변경은 설립의 완료신고 전에 이루어졌다면 건축물 사용승인일 이후에 변경되었다고 하더라도 감면대상 '설립하는 자'에 해당 (지방

1) 정당한 사유 없이 그 취득일부터 1년이 경과할 때까지 착공하지 아니한 경우 (2023. 3. 14. 개정)

2) 정당한 사유 없이 그 취득일부터 1년이 경과할 때까지 사업시설용으로 직접 사용하지 아니한 경우 (2023. 3. 14. 개정)

3) 해당 용도로 직접 사용한 기간이 4년 미만인 상태에서 매각·증여하거나 다른 용도로 사용하는 경우 (2023. 3. 14. 개정)

나. 분양 또는 임대하기 위하여 부동산을 취득하는 경우로서 다음의 어느 하나에 해당하는 경우 (2023. 3. 14. 개정)

1) 정당한 사유 없이 그 취득일부터 1년이 경과할 때까지 착공하지 아니한 경우 (2023. 3. 14. 개정)

2) 그 취득일부터 5년 이내에 사업시설용으로 분양·임대하지 아니하거나 다른 용도로 사용하는 경우 (2023. 3. 14. 개정)

2. 과세기준일 현재 사업시설용으로 직접 사용하거나 그 사업시설용으로 분양 또는 임대 업무에 직접 사용하는 부동산에 대해서는 해당 부동산에 대한 재산세 납세의무가 최초로 성립한 날부터 5년간 재산세의 100분의 35를 경감한다. (2023. 3. 14. 개정)

② 「산업집적활성화 및 공장설립에 관한 법률」 제28조의 4에 따라 지식산업센터를 신축하거나 증축하여 설립한 자로부터 최초로 해당 지식산업센터를 분양받은 입

2014누55306, 2015. 1. 21. : 대법확정)

- **지식산업센터를 설립한 자로부터 최초로 분양받은 입주자에 대한 감면 여부**

  지식산업센터의 설립자 중 위 법 시행 전에 지식산업센터를 분양한 경우에만 그 취득세를 면제하는 것은 입법자의 선택이며, 그 동안에 조세감면 등을 신뢰하였다 하더라도 이는 단순한 기대에 불과할 뿐 마땅히 보호되어야 할 정도에 이르는 것으로는 볼 수 없고 문언적 의미도 지식산업센터의 설립승인을 받은 자가 구 지방세특례제한법 제58조의 2 시행 전에 분양한 부동산에 대하여는 그 취득세를 면제하는 것일 뿐, 수분양자 또는 그로부터 전매한 자에 대하여는 적용되지 않는 것임. (대법 2015두37709, 2015. 5. 14.)

편주

2022. 12. 31. 이전에 종전의 법 58조의 2 제1항 2호 및 같은 조 2항 2호에 따른 부동산을 취득한 경우에는 법 58조의 2 제1항 2호 및 같은 조 2항 2호의 개정규정에도 불구하고 2023. 1. 1.부터 5년간 재산세의 35%를 경감함. (법 부칙(2023. 3. 14.) 8조)

Note 2023. 3. 14. 개정 ☞ 제2항 기한 연장 : 22년→25년
☞ 감면축소 : 취득 50%, 재산 37.5%→취득 35%, 재산

세특례세노과-1949, 2020. 8. 20.)

- 승계취득한 기존공장 자체는 신축하거나 증축한 부동산에 해당되지 아니하므로 취득세 감면대상 지식산업센터로 볼 수 없다고 판단됨. (지방세운영과-1604, 2013. 7. 24.)

주자(「중소기업기본법」 제2조에 따른 중소기업을 영위하는 자로 한정한다)에 대해서는 다음 각 호에서 정하는 바에 따라 지방세를 경감한다. (2016. 12. 27. 개정)

1. 2025년 12월 31일까지 사업시설용으로 직접 사용하기 위하여 취득하는 부동산에 대해서는 취득세의 100분의 35를 경감한다. 다만, 다음 각 목의 어느 하나에 해당하는 경우 그 해당 부분에 대해서는 경감된 취득세를 추징한다. (2023. 3. 14. 개정) 취득(감면분만) 농특비
   가. 정당한 사유 없이 그 취득일부터 1년이 경과할 때까지 해당 용도로 직접 사용하지 아니하는 경우 (2011. 12. 31. 신설)
   나. 해당 용도로 직접 사용한 기간이 4년 미만인 상태에서 매각·증여하거나 다른 용도로 사용하는 경우 (2023. 3. 14. 개정)
2. 과세기준일 현재 사업시설용으로 직접 사용하는 부동산에 대해서는 해당 부동산에 대한 재산세 납세의무가 최초로 성립한 날부터 5년간 재산세의 100분의 35를 2025년 12월 31일까지 경감한다. (2023. 3. 14. 개정)

35%(5년)
2020. 1. 15. 개정 ☞ 제2항 기한 연장 : 19년→22년
2016. 12. 27. 개정 ☞ 제2항 기한 연장 : 16년→19년

예판

【조심판례】 지방세법령에서 벤처기업확인서상 유효기간이 만료된 경우 지식산업센터 등에 대한 취득세 등의 감면을 배제하겠다는 규정이 없으므로 기 감면받은 취득세 등을 추징하는 것은 타당하지 않은 점 등에 비추어 이 건 부동산이 그 취득일부터 5년 이내에 다른 용도로 사용된 것으로 보아 기 감면된 취득세 등을 부과한 이 건 처분에는 잘못이 있음. (조심 2020지541, 2020. 12. 22.)

【예규】 · 지식산업센터 설립자 신탁해지시 수분양자의 입장에서 최초분양 해당 여부
A법인이 토지를 취득하고 신탁계약을 통해 B수탁자가 지식산업센터 설립자가 되어 건축과 분양을 진행한 상황에서 신탁말소로 A위탁자로 귀속된 일부 미분양된 물건을 C입주자가 매수한 경우, 신탁관계에도 불구하고 당해 지식산업센터를 설립한 자로부터 최초로 분양받은 입주자로 보아 감면대상에 해당하는 것으로 판단됨. (지방세특례제도과-1475, 2021. 6. 23.)

제58조의 3【창업중소기업 등에 대한 감면】 ① 2026년 12월 31일까지 과밀억제권역 외의 지역에서 창업하는 중소기업(이하 이 조에서 "창업중소기업"이라 한다)이 대통령령으로 정하는 날(이하 이 조에서 "창업일"이라 한다)부터 4년 이내(대통령령으로 정하는 청년

제29조의 2【창업중소기업 등의 범위】 ① 법 제58조의 3 제1항 각 호 외의 부분 전단에서 "대통령령으로 정하는 날"이란 다음 각 호의 어느 하나에 해당하는 날을 말한다. (2016. 12. 30. 신설)

1. 법인이 창업하는 경우 : 설립등기일 (2016. 12. 30. 신설)

창업기업의 경우에는 5년 이내)에 취득하는 부동산에 대해서는 다음 각 호에서 정하는 바에 따라 지방세를 경감한다. (2023. 12. 29. 개정) 취득(감면분만) 농특비

이동 舊 조특법 §120 ④에서 이동(14. 12. 31.)

①~③의 舊 조특법은 법률 제12853호(2014. 12. 23.)로 개정되기 이전의 법을 말함.

Note 2023. 12. 29. 개정 ☞ 제1항 기한 연장 : 23년→26년
2020. 12. 29. 개정 ☞ 제1항 기한 연장 : 20년→23년
2018. 12. 31. 개정 ☞ 감면 확대 : 청년창업기업은 5년 이내 취득하는 부동산
2017. 12. 26. 개정 ☞ 기한 연장 : 17년→20년
2016. 12. 27. 개정 ☞ 기한 연장 : 16년→17년
☞ 감면대상 축소 : 사업용 재산→부동산

1. 창업일 당시 업종의 사업을 계속 영위하기 위하여 취득하는 부동산에 대해서는 취득세의 100분의 75를 경감한다. (2020. 12. 29. 개정)
2. 창업일 당시 업종의 사업에 과세기준일 현재 직접 사용하는 부동산(건축물 부속토지인 경우에는 대통령령으로 정하는 공장입지기준면적 이내 또는 대통령령으로 정하는 용도지역별 적용배율 이내의 부분만 해당한다)에 대해서는 창업일부터 3년간 재산세를 면제하고, 그 다음 2년간은 재산세의 100분의 50을 경감한다. (2023. 3. 14. 개정)

② 2026년 12월 31일까지 창업하는 벤처기업 중 대통령령으로 정하는 기업으로서 창업일부터 3년 이내에 같은 법 제25조에 따라 벤처기업으로 확인받은 기업(이하 이 조에서 "창업벤처중소기업"이라 한다)이 최초로 확인받은 날

2. 개인이 창업하는 경우 : 「부가가치세법」 제8조에 따른 사업자등록일 (2016. 12. 30. 신설)

예판

【판례】 • 기공동으로 온천을 운영하던 자가 인근에 다른 호텔을 새롭게 운영하는 것을 '다른 업종을 추가하여 새로운 사업을 최초로 개시하는 것으로 보기 곤란한 경우'로 보아 창업감면을 배제할 수 없음. (수원지법 2018구합71114, 2019. 11. 14. : 대법확정)

• 중소벤처기업부의 유권해석, 즉 중소기업창업 지원법에서 말하는 '창업'에 해당한다고 하여 구 「지방세특례제한법」 제58조의 3 제1항에 따른 취득세의 감면이 당연 적용되는 것은 아님. (창원지법 2019구단11690, 2020. 1. 8. : 대법확정)

• 임대차계약을 체결하였으나, 창업중소기업이 작업장과 원자재, 설비, 전력 등을 제공하고 창업중소기업의 관리·감독하에 제품을 생산하는 경우 해당 목적사업에 직접 사용하는 부동산에 해당함. (수원지법 2018구합67078, 2019. 7. 11. : 대법확정)

② 법 제58조의 3 제1항 각 호 외의 부분에서 "대통령령으로 정하는 청년창업기업"이란 같은 항 각 호 외의 부분에 따른 창업중소기업으로서 대표자(「소득세법」 제43조 제1항에 따른 공동사업장의 경우에는 같은 조 제2항에 따른 손익분배비율이 더 큰 사업자를 말한다. 이하 이 조에서 같다)가 다음 각 호의 구분에 따른 요건을 충족하는 기업을 말한다. (2020. 12. 31. 개정)

1. 개인사업자로 창업하는 경우 : 창업 당시 15세 이상

예판

【판례】 • 감면요건을 벤처기업으로 확인 받은 날부터 4년으로 규정하고 있으므로 확인 받기 이전은 감면요건이 불비한 것이고, 예비인증과 같은 공적인 확인을 받지 않는 경우에는 감면을 적용할 수 없음. (창원지법 2019구합5163, 2019. 6. 27. : 대법확정)

• 개인사업자가 창업중소기업으로 취득세를 감면 받고, 사업양도·양수의 방법으로 법인으로 부동산 소유권을 이전한 경우 '정당한 사유 없이 2년 내 다른 목적으로 처분한 경우'에 해당함. (인천지법 2018구합53348, 2019. 2. 14. : 대법확정)

【조심판례】 • 창업중소기업에 직접사용 여부

토지의 일부만 터파기 공사가 이루어진 상태에서 공사가 중단되었고, 법인이 토지를 취득할 당시 이미 관광숙박업을 영위하고 있어, '창업중소기업'으로 보기 어려움. (조심 2018지737, 2018. 11. 16.)

• 공실상태로 유지되어 있는 부분의 경우, 다른 목적으로 사용·처분(임대)한 사실이 확인되지 아니하고, 감면대상에

(이하 이 조에서 "확인일"이라 한다)부터 4년 이내(대통령령으로 정하는 청년창업벤처기업의 경우에는 5년 이내)에 취득하는 부동산에 대해서는 다음 각 호에서 정하는 바에 따라 지방세를 경감한다. (2024. 1. 9. 개정 ; 벤처기업~부칙)

이동 舊 조특법 §121에서 이동(14. 12. 31.)

Note 2023. 12. 29. 개정 ☞ 제2항 기한 연장 : 23년→26년
2020. 12. 29. 개정 ☞ 제2항 기한 연장 : 20년→23년
2017. 12. 26. 개정 ☞ 감면 확대 : 재산 5년간 50%→재산 3년간 100%, 2년간 50% ☞ 제2항 기한 연장 : 17년→20년
상한/재산 50만원↑, 85%(18년부터)

1. 창업일 당시 업종의 사업을 계속 영위하기 위하여 취득하는 부동산에 대해서는 취득세의 100분의 75를 경감한다. (2020. 12. 29. 개정)
2. 창업일 당시 업종의 사업에 과세기준일 현재 직접 사용하는 부동산(건축물 부속토지인 경우에는 대통령령으로 정하는 공장입지기준면적 이내 또는 대통령령으로 정하는 용도지역별 적용배율 이내의 부분만 해당한다)에 대해서는 확인일부터 3년간 재산세를 면제하고, 그 다음 2년간은 재산세의 100분의 50을 경감한다. (2023. 3. 14. 개정)

③ 다음 각 호의 어느 하나에 해당하는 등기에 대해서는 등록면허세를 면제한다. (2014. 12. 31. 신설)

Note 2017. 12. 26. 개정 ☞ 기한 연장 : 17년→20년

이동 舊 조특법 §119 ③에서 이동(14. 12. 31.) 등록(감면분만) 농특비

1. 2020년 12월 31일까지 창업하는 창업중소기업의 법

34세 이하인 사람. 다만, 「조세특례제한법 시행령」 제27조 제1항 제1호 각 목의 어느 하나에 해당하는 병역을 이행한 경우에는 그 기간(6년을 한도로 한다)을 창업 당시 연령에서 빼고 계산한 연령이 34세 이하인 사람을 포함한다. (2018. 12. 31. 신설)

2. 법인으로 창업하는 경우 : 다음 각 목의 요건을 모두 갖춘 사람 (2018. 12. 31. 신설)
   가. 제1호의 요건을 갖출 것 (2018. 12. 31. 신설)
   나. 「법인세법 시행령」 제43조 제7항에 따른 지배주주등으로서 해당 법인의 최대주주 또는 최대출자자일 것 (2018. 12. 31. 신설)

③ 법 제58조의 3 제1항 제2호 및 제2항 제2호에서 "대통령령으로 정하는 공장입지기준면적"이란 각각 「지방세법 시행령」 제102조 제1항 제1호에 따른 공장입지기준면적을 말하고, "대통령령으로 정하는 용도지역별 적용배율"이란 각각 「지방세법 시행령」 제101조 제2항에 따른 용도지역별 적용배율을 말한다. (2020. 12. 31. 개정)

④ 법 제58조의 3 제2항 각 호 외의 부분에서 "대통령령으로 정하는 기업"이란 다음 각 호의 어느 하나에 해당하는 기업을 말한다. (2020. 12. 31. 개정)

1. 「벤처기업육성에 관한 특별법」 제2조의 2의 요건을 갖춘 중소기업(같은 조 제1항 제2호 나목에 해당하는 중소기업은 제외한다) (2024. 7. 2. 개정 ; 벤처기업~부칙)

서 배제할 만한 사유도 보이지 아니하므로 이 부분에 대해서는 창업중소기업에 대한 감면을 적용하는 것이 타당함. (조심 2016지1034, 2017. 5. 17.)

법	영	규칙
인설립 등기(창업일부터 4년 이내에 자본 또는 출자액을 증가하는 경우를 포함한다) (2017. 12. 26. 개정) 일몰 2. 2020년 12월 31일까지 「벤처기업육성에 관한 특별법」 제2조의 2 제1항 제2호 다목에 따라 창업 중에 벤처기업으로 확인받은 중소기업이 그 확인일부터 1년 이내에 하는 법인설립 등기 (2024. 1. 9. 개정 ; 벤처기업~부칙) 일몰 ④ 창업중소기업과 창업벤처중소기업의 범위는 다음 각 호의 업종을 경영하는 중소기업으로 한정한다. 이 경우 제1호부터 제8호까지의 규정에 따른 업종은 「통계법」 제22조에 따라 통계청장이 고시하는 한국표준산업분류에 따른 업종으로 한다. (2020. 12. 29. 개정) 1. 광업 (2020. 12. 29. 개정) 2. 제조업 (2020. 12. 29. 개정) 3. 건설업 (2020. 12. 29. 개정) 4. 정보통신업. 다만, 다음 각 목의 어느 하나에 해당하는 업종은 제외한다. (2020. 12. 29. 개정) 가. 비디오물 감상실 운영업 (2020. 12. 29. 개정) 나. 뉴스 제공업 (2020. 12. 29. 개정) 다. 「통계법」 제22조에 따라 통계청장이 고시하는 블록체인 기술 산업분류에 따른 블록체인 기반 암호화 자산 매매 및 중개업 (2020. 12. 29. 개정) 다. 가상자산 매매 및 중개업 (2024. 12. 31. 개정)	2. 연구개발 및 인력개발을 위한 비용으로서 「조세특례제한법 시행령」 별표 6의 비용이 해당 과세연도의 수입금액의 100분의 5(「벤처기업육성에 관한 특별법」 제25조에 따라 벤처기업 해당 여부에 대한 확인을 받은 날이 속하는 과세연도부터 연구개발 및 인력개발을 위한 비용의 비율이 100분의 5 이상을 유지하는 경우로 한정한다) 이상인 중소기업 (2024. 7. 2. 개정 ; 벤처기업~부칙) ⑤ 법 제58조의 3 제2항 각 호 외의 부분에서 "대통령령으로 정하는 청년창업벤처기업"이란 같은 항 각 호 외의 부분에 따른 창업벤처중소기업으로서 대표자가 제2항 각 호의 요건을 충족하는 기업을 말한다. (2020. 12. 31. 신설) ⑥ 법 제58조의 3 제4항 제5호 각 목 외의 부분에서 "대통령령으로 정하는 엔지니어링사업"이란 「조세특례제한법 시행령」 제5조 제9항에 따른 엔지니어링사업을 말한다. (2020. 12. 31. 개정)	

법	영	규칙
5. 다음 각 목의 어느 하나에 해당하는 전문, 과학 및 기술 서비스업(대통령령으로 정하는 엔지니어링사업을 포함한다) (2020. 12. 29. 개정) 가. 연구개발업 (2020. 12. 29. 개정) 나. 광고업 (2020. 12. 29. 개정) 다. 기타 과학기술서비스업 (2020. 12. 29. 개정) 라. 전문 디자인업 (2020. 12. 29. 개정) 마. 시장조사 및 여론조사업 (2020. 12. 29. 개정) 6. 다음 각 목의 어느 하나에 해당하는 사업시설 관리, 사업지원 및 임대서비스업 (2020. 12. 29. 개정) 가. 사업시설 관리 및 조경 서비스업 (2020. 12. 29. 개정) 나. 고용알선 및 인력공급업 (2020. 12. 29. 개정) 다. 경비 및 경호 서비스업 (2020. 12. 29. 개정) 라. 보안시스템 서비스업 (2020. 12. 29. 개정) 마. 전시, 컨벤션 및 행사대행업 (2020. 12. 29. 개정) 7. 창작 및 예술관련 서비스업(자영예술가는 제외한다) (2020. 12. 29. 개정) 8. 수도, 하수 및 폐기물 처리, 원료 재생업 (2020. 12. 29. 개정)	⑥ 법 제58조의 3 제4항 제5호 각 목 외의 부분에서 “대통령령으로 정하는 엔지니어링사업”이란 「엔지니어링산업 진흥법」 제21조에 따라 엔지니어링사업자의 신고를 하거나 「기술사법」 제5조의 7에 따라 기술사의 등록(등록 갱신을 포함한다)을 한 경우로서 「엔지니어링산업 진흥법」 제2조 제1호에 따른 엔지니어링활동을 제공하는 사업을 말한다. (2024. 12. 31. 개정)	
9. 대통령령으로 정하는 물류산업 (2020. 12. 29. 개정) 10. 「학원의 설립 · 운영 및 과외교습에 관한 법률」에 따른 직업기술 분야를 교습하는 학원을 운영하는 사업 또는 「국민 평생 직업능력 개발법」에 따른 직업능력개발훈련시설을 운영하는 사업(직업능력개발훈련을	⑦ 법 제58조의 3 제4항 제9호에서 “대통령령으로 정하는 물류산업”이란 「조세특례제한법 시행령」 제5조 제7항에 따른 물류산업을 말한다. (2020. 12. 31. 개정)	

주된 사업으로 하는 경우로 한정한다) (2021. 8. 17. 개정 ; 근로자직업능력 개발법 부칙)

11. 「관광진흥법」에 따른 관광숙박업, 국제회의업, 유원시설업 또는 대통령령으로 정하는 관광객이용시설업 (2020. 12. 29. 개정)

11. 「관광진흥법」에 따른 관광숙박업, 국제회의업, 테마파크업 또는 대통령령으로 정하는 관광객이용시설업 (2024. 2. 27. 개정 ; 관광진흥법 부칙)

12. 「전시산업발전법」에 따른 전시산업 (2020. 12. 29. 개정)

⑤ 제1항부터 제4항까지의 규정을 적용할 때 창업중소기업으로 지방세를 감면받은 경우에는 창업벤처중소기업에 대한 감면은 적용하지 아니한다. (2016. 12. 27. 신설)

⑥ 제1항부터 제4항까지의 규정을 적용할 때 다음 각 호의 어느 하나에 해당하는 경우는 창업으로 보지 아니한다. (2016. 12. 27. 신설)

1. 합병 · 분할 · 현물출자 또는 사업의 양수를 통하여 종전의 사업을 승계하거나 종전의 사업에 사용되던 자산을 인수 또는 매입하여 같은 종류의 사업을 하는 경우. 다만, 종전의 사업에 사용되던 자산을 인수하거나 매입하여 같은 종류의 사업을 하는 경우 그 자산가액의 합계가 「부가가치세법」 제5조 제2항에 따른 사업개시 당시 토지 · 건물 및 기계장치 등 대통령령으로 정하는 사업용자산의 총가액에서 차지하는 비율이 100분의 50 미만으로서 대통령령으로 정하는 비율 이

⑧ 법 제58조의 3 제4항 제11호에서 "대통령령으로 정하는 관광객이용시설업"이란 「관광진흥법 시행령」 제2조 제1항 제3호 가목 및 나목에 따른 전문휴양업과 종합휴양업을 말한다. (2020. 12. 31. 개정)

예판

【조심판례】 개인사업자의 순자산가액을 축소시킨 상태에서 법인전환을 하였더라도 현물출자 대상 사업장의 순자산가액 이상을 출자하였다면 취득세 면제요건을 충족한다 할 것임. (조심 2017지793, 2017. 11. 1.)

⑨ 법 제58조의 3 제6항 제1호 단서에서 "토지 · 건물 및 기계장치 등 대통령령으로 정하는 사업용자산"이란 토지와 「법인세법 시행령」 제24조에 따른 감가상각자산을 말한다. (2020. 12. 31. 항번개정)

⑩ 법 제58조의 3 제6항 제1호 단서에서 "대통령령으로 정하는 비율"이란 100분의 30을 말한다. (2020. 12. 31.

하인 경우는 제외한다. (2016. 12. 27. 신설)
2. 거주자가 하던 사업을 법인으로 전환하여 새로운 법인을 설립하는 경우 (2016. 12. 27. 신설)
3. 폐업 후 사업을 다시 개시하여 폐업 전의 사업과 같은 종류의 사업을 하는 경우 (2016. 12. 27. 신설)
4. 사업을 확장하거나 다른 업종을 추가하는 경우 (2023. 12. 29. 개정)
5. 그 밖에 새로운 사업을 최초로 개시하는 것으로 보기 곤란한 경우로서 대통령령으로 정하는 경우 (2023. 12. 29. 신설)

⑦ 다음 각 호의 어느 하나에 해당하는 경우에는 제1항 제1호 및 제2항 제1호에 따라 경감된 취득세를 추징한다. 다만, 「조세특례제한법」 제31조 제1항에 따른 통합(이하 이 조에서 "중소기업간 통합"이라 한다)을 하는 경우와 같은 법 제32조 제1항에 따른 법인전환(이하 이 조에서 "법인전환"이라 한다)을 하는 경우는 제외한다. (2020. 12. 29. 개정)

예판

【판례】 • 법령상 장애사유가 있는 경우 정당한 사유 여부

취득 전에 존재한 법령상의 장애사유가 있는 경우 특별한 사정이 없는 한, 그 법령상의 장애사유는 취득한 재산을 해당 사업에 직접 사용하지 못한 것에 대한 정당한 사유가 될 수 없음. (대법 2019두43917, 2019. 9. 26.)

항번개정)

⑪ 법 제58조의 3 제6항 제1호 및 제3호에 따른 같은 종류의 사업은 「통계법」 제22조에 따라 통계청장이 고시하는 산업에 관한 표준분류(이하 "한국표준산업분류"라 한다)에 따른 세분류가 동일한 사업으로 한다. (2020. 12. 31. 항번개정)

⑫ 법 제58조의 3 제6항 제5호에서 "대통령령으로 정하는 경우"란 다음 각 호의 어느 하나에 해당하는 경우를 말한다. (2023. 12. 29. 신설)
1. 개인사업자가 동종 사업을 영위하는 법인인 중소기업을 새로 설립하여 과점주주(「지방세기본법」 제46조 제2호에 따른 과점주주를 말한다. 이하 이 조에서 같다)가 되는 경우 (2023. 12. 29. 신설)
2. 해당 법인 또는 해당 법인의 과점주주가 신설되는 법인인 중소기업의 과점주주가 되는 경우(해당 법인과 신설되는 법인인 중소기업이 동종의 사업을 영위하는 경우로 한정한다) (2023. 12. 29. 신설)
3. 법인인 중소기업이 회사의 형태를 변경한 이후에도 변경 전의 사업과 동종의 사업을 영위하는 경우 (2023. 12. 29. 신설)

1. 정당한 사유 없이 취득일부터 3년 이내에 그 부동산을 해당 사업에 직접 사용하지 아니하는 경우 (2016. 12. 27. 신설)
2. 취득일부터 3년 이내에 다른 용도로 사용하거나 매각·증여하는 경우 (2016. 12. 27. 신설)
3. 최초 사용일부터 계속하여 2년간 해당 사업에 직접 사용하지 아니하고 다른 용도로 사용하거나 매각·증여하는 경우 (2016. 12. 27. 신설)

⑧ 창업중소기업 및 창업벤처중소기업이 제1항 제2호 및 제2항 제2호에 따른 경감기간이 지나기 전에 중소기업간 통합 또는 법인전환을 하는 경우 그 법인은 대통령령으로 정하는 바에 따라 남은 경감기간에 대하여 제1항 제2호 및 제2항 제2호를 적용받을 수 있다. 다만, 중소기업간 통합 및 법인전환 전에 취득한 사업용재산에 대해서만 적용한다. (2020. 12. 29. 개정)

⑨ 제1항부터 제4항까지의 규정에 따른 창업중소기업 및 창업벤처중소기업 감면을 적용받으려는 경우에는 행정안전부령으로 정하는 감면신청서를 관할 지방자치단체의 장에게 제출하여야 한다. (2017. 7. 26. 직제개정 ; 정부조직법 부칙)

예판

【판례】 • 창업중소기업에 대한 감면 적용범위
토지 위에 설치한 가건물 등에서 사업을 영위하였더라도 토지 취득일부터 2년 이상 해당 토지를 원고의 해당 사업에 직접 사

예판

【조심판례】 • 창업중소기업이 해당사업을 하기 위하여 창업일부터 4년 이내에 취득하는 사업용 재산에 대하여는 취득세를

제3조의 2【창업중소기업 지방세 감면신청】 ① 법 제58조의 3 제9항에 따라 창업중소기업 및 창업벤처중소기업이 지방세를 경감받으려는 경우에는 제2조 제1항에도 불구하고 별지 제1호의 4 서식의 창업중소기업 지방세 감면 신청서를 관할 지방자치단체의 장에게 제출해야 한다. (2020. 12. 31. 개정)

용한 것으로 보아야 하므로 해당 토지에 대한 취득세 추징처분은 위법함. (대법 2014두46560, 2015. 4. 9.)

• **창업중소기업이 취득한 부동산을 일정기간 사용하고 임대한 경우 직접사용 여부**

건축물의 착공신고를 한 이후 공사를 한 기간은 토지를 목적사업에 직접 사용하는 행위라기보다는 준비행위에 불과하므로 해당 부동산을 목적사업에 사용하였다고 볼 수 없음. (대법 2014두46560, 2015. 4. 9.)

【조심판례】 • 유예기간내 직접 사용하지 못한 정당한 사유 여부

쟁점토지를 취득한 후 그로부터 2년이 경과한 이후에 공장용 건축물 등의 용도로 직접 사용하였다 하더라도 취득일부터 2년 이내에 부지조성공사, 공장용 건축물의 건축공사를 착공하는 등 해당 사업에 직접 사용하기 위한 진지한 노력을 다하여 정당한 사유가 있다고 보는 것이 타당함. (조심 2019지561, 2019. 10. 31.)

• 청구법인은 쟁점부동산에서 「관광진흥법」상 음식점시설 및 전문휴양시설을 운영하고 있으므로 창업중소기업에 해당하고, 회원제골프장이라 하여 달리 볼 근거가 없음. (조심 2015지1226, 2016. 10. 19.)

• 청구법인의 대표이사가 영위하던 개인사업체와 청구법인의 종목이 유사하고, 청구법인이 설립된 후 대표이사가 운영하던 개인사업체가 폐업된 점 등에 비추어 청구법인은 개인사업자가 영위하던 사업을 법인으로 전환하여 새로운 법인을 설립하는 경우에 해당하므로 창업으로 볼 수 없음. (조심 2015지709, 2015. 6. 16.)

제59조 【중소벤처기업진흥공단 등에 대한 감면】

(2018. 12. 31. 제목개정 ; 중소기업진흥~부칙)

면제하는바, 여기서 창업일이란 「중소기업창업지원법 시행령」 제3조에서 개인사업자인 경우 사업계획의 승인을 받아 사업을 개시하는 경우에는 사업자등록일로 보도록 규정하고 있으므로 청구인의 경우 창업일을 사업자등록일로 보는 것이 타당함. (조심 2014지1401, 2015. 3. 31.)

• 개인사업을 운영하는 자의 친동생이 동일 장소에 법인을 설립한 후 그 개인사업자와 동일한 업종을 영위하고, 종업원과 거래처의 일부를 승계한 경우 창업에 해당하지 아니함. (조심 2015지666, 2015. 12. 3.)

• 중소기업으로 창업하여 창업중소기업에 대한 취득세 등을 감면받고 있던 중 벤처기업으로 확인받아 창업벤처중소기업이 되는 경우 그 확인받는 날을 새로운 창업일로 보아 추가로 4년간 취득세 등을 감면하는 것이 타당함. (조심 2015지1267, 2016. 11. 11.)

• 쟁점사업장의 각각 별개의 사업주체인 전대인으로부터 기계장치 등의 자산을 인수하거나 임차한 사실이 없이 단지 공실상태인 쟁점사업장의 유휴공간을 임차하여 사용한 것에 불과하므로 사업의 양수를 통하여 종전의 사업을 승계하거나 종전의 사업에 사용되던 자산을 인수 또는 매입하여 같은 종류의 사업을 하는 경우로 보기는 어려움. (조심 2016지372, 2016. 10. 7.)

• '사업의 확장'이란 중소기업을 설립하여 최초로 사업장을 두고 사업을 영위하다가 동일한 업종의 사업장을 추가하는 경우를 의미한다 할 것이고, '업종의 추가'란 최초로 영위하는 사업과 다른 사업을 영위하는 모든 경우를 의미한다고 보아야 함.

• 제조업을 목적으로 창업한 개인기업이 준비과정에 제조매출보다 상품매출이 먼저 발생하였다는 사유로 이를 업종추가 내지 사업확장으로 보아 취득세 등의 감면을 배제하는 것은 부당함. (조심 2016지151, 2016. 10. 7.)

② 제1항에 따라 신청서를 제출받은 관할 지방자치단체의 장은 「전자정부법」 제36조 제1항에 따른 행정정보의 공동이용을 통하여 다음 각 호의 서류를 확인해야 한다. 다만, 제1호 및 제3호의 서류는 신청인이 확인에 동의하지 않는 경우에는 이를 제출하도록 해야 한다. (2020. 12. 31. 개정)

1. 사업자등록증 (2020. 12. 31. 개정)
1. 사업자등록증명 (2024. 12. 31. 개정)
2. 법인등기사항증명서 (2020. 12. 31. 개정)
3. 벤처기업확인서(창업벤처중소기업의 경우만 해당한다) (2020. 12. 31. 개정)

① 「중소기업진흥에 관한 법률」에 따른 중소벤처기업진흥공단이 중소기업 전문기술인력 양성을 위하여 취득하는 교육시설용 부동산에 대해서는 취득세의 100분의 25를 2025년 12월 31일까지 경감한다. (2023. 3. 14. 개정)

② 「중소기업진흥에 관한 법률」에 따른 중소벤처기업진흥공단이 중소기업자에게 분양 또는 임대할 목적으로 취득하는 부동산에 대해서는 취득세의 100분의 50을, 과세기준일 현재 해당 사업에 직접 사용하는 부동산에 대해서는 재산세의 100분의 50을 각각 2025년 12월 31일까지 경감한다. 다만, 그 취득일부터 5년 이내에 중소기업자에게 분양 또는 임대하지 아니한 경우 그 해당 부분에 대해서는 경감된 취득세를 추징한다. (2023. 3. 14. 개정)

③ 「중소기업진흥에 관한 법률」 제29조에 따라 협동화실천계획의 승인을 받은 자(과밀억제권역 및 광역시는 「산업집적 활성화 및 공장설립에 관한 법률」에 따른 산업단지에서 승인을 받은 경우로 한정한다)가 해당 사업에 직접 사용하기 위하여 최초로 취득하는 공장용 부동산(이미 해당 사업용으로 사용하던 부동산을 승계하여 취득한 경우 및 과세기준일 현재 60일 이상 휴업하고 있는 경우는 제외한다)에 대해서는 취득세의 100분의 50을 2025년 12월 31일까지 경감하고, 그 공장용 부동산을 과세기준일 현재 해당 사업에 직접 사용하는 경우에는 그 공장용 부동산에 대한 재산세의 납세의무가 최초로 성립하는 날부터 3년간 재산세의 100분의 50을 경감한

Note 2023. 3. 14. 개정 ☞ 제1항 기한 연장 : 22년→25년
2020. 12. 29. 개정 ☞ 제1항 기한 연장 : 20년→22년
2017. 12. 26. 개정 ☞ 제1항 기한 연장 : 17년→20년

Note 2023. 3. 14. 개정 ☞ 제2항 기한 연장 : 22년→25년
2020. 1. 15. 개정 ☞ 제2항 기한 연장 : 19년→22년
2016. 12. 27. 개정 ☞ 제2항 기한 연장 : 16년→19년

Note 2023. 3. 14. 개정 ☞ 제3항 기한 연장 : 22년→25년
2020. 12. 29. 개정 ☞ 제3항 기한 연장 : 20년→22년
2017. 12. 26. 개정 ☞ 취득 감면율 축소 75%→50%
☞ 기한 연장 : 17년→20년

다. 다만, 그 취득일부터 1년 이내에 정당한 사유 없이 공장용으로 직접 사용하지 아니하는 경우 또는 그 취득일부터 5년 이내에 공장용 외의 용도로 양도하거나 다른 용도로 사용하는 경우 해당 부분에 대해서는 감면된 취득세를 추징한다. (2023. 3. 14. 개정)

④ 제2항 또는 제3항을 적용할 때 그 취득일부터 1년 이내에 정당한 사유 없이 공장용으로 직접 사용하지 아니하는 경우 및 그 취득일부터 5년 이내에 공장용 외의 용도로 양도하거나 다른 용도로 사용하는 경우에 해당 부분에 대해서는 감면된 취득세와 재산세를 각각 추징한다. (2015. 12. 29. 개정)

④ 삭 제 (2020. 12. 29.)

제60조【중소기업협동조합 등에 대한 과세특례】 ① 「중소기업협동조합법」에 따라 설립된 중소기업협동조합(사업협동조합, 연합회 및 중앙회를 포함한다)이 제품의 생산·가공·수주·판매·보관·운송을 위하여 취득하는 공동시설용 부동산에 대해서는 취득세의 100분의 50을 2025년 12월 31일까지 경감한다. 다만, 「전통시장 및 상점가 육성을 위한 특별법」에 따른 전통시장의 상인이 조합원으로서 설립한 협동조합 또는 사업협동조합과 그 밖에 대통령령으로 정하는 사업자가 조합원으로 설립하는 협동조합과 사업협동조합의 경우에는 취득세의 100분의 75를 2025년 12월 31일까지 경감한다. (2023. 3. 14. 개정)

제29조의 3【취득세 경감대상 협동조합과 사업협동조합의 범위】(2014. 12. 31. 조번개정)

법 제60조 제1항 단서에서 "대통령령으로 정하는 사업자가 조합원으로 설립하는 협동조합과 사업협동조합"이란 한국표준산업분류에 따른 슈퍼마켓 또는 기타 음·식료품 위주 종합 소매업의 사업자가 조합원으로서 설립한 협동조합과 사업협동조합을 말한다. (2016. 12. 30. 개정)

이동 영 §29의 2에서 이동(14. 12. 31.)

☜ Note 2023. 3. 14. 개정 ☞ 제1항 기한 연장 : 22년→25년
2020. 12. 29. 개정☞제1항 기한 연장 : 20년→22년
2017. 12. 26. 개정☞기한 연장 : 17년→20년

② 「중소기업협동조합법」에 따라 설립된 중소기업중앙회가 그 중앙회 및 회원 등에게 사용하게 할 목적으로 신축한 건축물의 취득에 대한 취득세는 「지방세법」 제11조 제1항 제3호의 세율에도 불구하고 1천분의 20을 적용하여 2022년 12월 31일까지 과세한다. 다만, 다음 각 호의 어느 하나에 해당하는 경우 그 해당 부분에 대해서는 경감된 취득세를 추징한다. (2020. 1. 15. 개정) 일몰

1. 해당 부동산을 취득한 날부터 5년 이내에 수익사업에 사용하는 경우 (2016. 12. 27. 개정)
2. 정당한 사유 없이 그 등기일부터 1년이 경과할 때까지 해당 용도로 직접 사용하지 아니하는 경우 (2011. 12. 31. 신설)
3. 해당 용도로 직접 사용한 기간이 2년 미만인 상태에서 매각·증여하거나 다른 용도로 사용하는 경우 (2011. 12. 31. 신설)

③ 「중소기업창업 지원법」에 따른 창업보육센터에 대해서는 다음 각 호에서 정하는 바에 따라 지방세를 감면한다. (2014. 12. 31. 개정)

1. 창업보육센터사업자의 지정을 받은 자가 창업보육센터용으로 직접 사용하기 위하여 취득하는 부동산에 대해서는 취득세의 100분의 50을, 과세기준일 현재 창업보육센터용으로 직접 사용하는 부동산에 대해서는 재산세의 100분의 50(수도권 외의 지역에 소재

Note 2020. 1. 15. 개정 ☞ 제2항 기한 연장 : 19년→22년

Note 2023. 12. 29. 개정 ☞ 제1호 기한 연장 : 23년→26년
☞ 감면 조정 : 창업보육센터(학교 외) 취득 75%, 재산 50% →취득 50%, 재산 60%(수도권 50%)
2020. 12. 29. 개정 ☞ 제1호 기한 연장 : 20년→23년
2017. 12. 26. 개정 ☞ 제1호 기한 연장 : 17년→20년

하는 부동산의 경우에는 100분의 60)을 각각 2026년 12월 31일까지 경감한다. (2023. 12. 29. 개정)

1의 2. 제41조 제1항에 따른 학교등이 창업보육센터사업자의 지정을 받고 창업보육센터용으로 직접 사용하기 위하여 취득하는 부동산(학교등이 취득한 부동산을 「산업교육진흥 및 산학연협력촉진에 관한 법률」에 따른 산학협력단이 운영하는 경우의 부동산을 포함한다. 이하 이 호에서 같다)에 대해서는 취득세의 100분의 75를, 과세기준일 현재 창업보육센터용으로 직접 사용하는 부동산에 대해서는 재산세(「지방세법」 제112조에 따른 부과액을 포함한다)의 100분의 100을 각각 2026년 12월 31일까지 감면한다. (2023. 12. 29. 개정)

상한/재산 50만원↑, 85%(19년부터)

2. 창업보육센터에 입주하는 자가 해당 창업보육센터용으로 직접 사용하기 위하여 취득하는 부동산에 대하여 취득세, 등록면허세 및 재산세를 과세할 때에는 2023년 12월 31일까지 「지방세법」 제13조 제1항부터 제4항까지, 제28조 제2항·제3항 및 제111조 제2항의 세율을 적용하지 아니한다. (2020. 12. 29. 개정) 일몰

④ 특별시장·광역시장·특별자치시장·도지사 또는 특별자치도지사가 「지역중소기업 육성 및 혁신촉진 등에 관한 법률」 제2조 제1호에 따른 지역중소기업에 대하여 경영·산업기술·무역정보의 제공 등 종합적인 지원을 하게 할 목적으로 설치하는 법인으로서 대통령

Note 2023. 12. 29. 개정 ☞ 제1호의 2 기한 연장 : 23년→26년
☞ 감면 조정 : 창업보육센터(학교 내)취득 75%, 재산(+도시지역분) 100%
2020. 12. 29. 개정 ☞ 제1호의 2 기한 연장 : 20년→23년
2017. 12. 26. 개정 ☞ 제1호의 2 기한 연장 : 17년→20년

Note 2020. 12. 29. 개정 ☞ 제2호 기한 연장 : 20년→23년
2018. 12. 24. 개정 ☞ 제2호 기한 연장 : 18년→20년
2015. 12. 29. 개정 ☞ 제2호 기한 연장 : 15년→18년

제29조의 4【지방중소기업 육성사업 등에 대한 감면】(2014. 12. 31. 조번개정)

법 제60조 제4항 각 호 외의 부분에서 "대통령령으로 정하는 법인"이란 「지역중소기업 육성 및 혁신촉진에 관한 법률 시행령」 제20조에 따른 지역중소기업 종합지원센터를

령으로 정하는 법인에 대해서는 다음 각 호에서 정하는 바에 따라 2025년 12월 31일까지 지방세를 경감한다. (2023. 3. 14. 개정)

Note 2023. 3. 14. 개정 ☞ 제4항 기한 연장 : 22년→25년
2020. 1. 15. 개정 ☞ 제4항 기한 연장 : 19년→21년
2016. 12. 27. 개정 ☞ 제4항 기한 연장 : 16년→19년

1. 그 고유업무에 직접 사용하기 위하여 취득하는 부동산에 대해서는 취득세의 100분의 50을 경감한다. (2011. 12. 31. 신설) 취득(감면분만) 농특비
2. 그 법인등기에 대해서는 등록면허세의 100분의 50을 경감한다. (2011. 12. 31. 신설) 등록(감면분만) 농특비
2. 삭 제 (2016. 12. 27)
3. 과세기준일 현재 그 고유업무에 직접 사용하는 부동산에 대해서는 재산세의 100분의 50을 경감한다. (2016. 12. 27. 개정)

예판

【판례】 · 중소기업협동조합에 대한 감면 적용범위
중소기업협동조합이 조합원에게 분양할 목적으로 취득한 부동산을, 재건축조합이 조합원용으로 취득하는 부동산에 대한 비과세 규정을 들어 과세대상에서 제외하거나, 조합이 제품의 생산·가공·수주 등을 위하여 취득하는 공동시설용 부동산으로 보아 감면할 수는 없음. (대법 2008두19468, 2011. 1. 27.)

제61조 【도시가스사업 등에 대한 감면】 ①「한국가스공사법」에 따라 설립된 한국가스공사 또는 「도시가스사업

말한다. (2022. 1. 29. 개정 ; 지역중소기업~부식)

이동 영 §29의 3에서 이동(14. 12. 31.)

Note 2016. 12. 27. 개정 ☞ 제1항 감면 종료

법」 제3조에 따라 허가를 받은 도시가스사업자가 도시가스사업에 직접 사용하기 위하여 취득하는 가스관에 대해서는 취득세 및 재산세의 100분의 50를 각각 2016년 12월 31일까지 경감한다. 다만, 특별시 · 광역시에 있는 가스관에 대해서는 경감하지 아니한다. (2015. 12. 29. 개정)

②「집단에너지사업법」에 따라 설립된 한국지역난방공사 또는「집단에너지사업법」 제9조에 따라 허가를 받은 지역난방사업자가 열공급사업에 직접 사용하기 위하여 취득하는 열수송관에 대해서는 취득세 및 재산세의 100분의 50를 각각 2016년 12월 31일까지 경감한다. 다만, 특별시 · 광역시에 있는 열수송관에 대해서는 경감하지 아니한다. (2015. 12. 29. 개정)

Note 2016. 12. 27. 개정 ☞ 제2항 감면 종료

제62조【광업 지원을 위한 감면】 ① 광업권의 설정 · 변경 · 이전, 그 밖의 등록에 해당하는 면허로서 면허를 새로 받거나 변경받는 경우에는 면허에 대한 등록면허세를 2027년 12월 31일까지 면제한다. (2024. 12. 31. 개정)

Note 2024. 12. 31 개정 ☞ 제1항 기한 연장 : 24년→27년
2021. 12. 28. 개정 ☞ 제1항 기한 연장 : 21년→24년
2018. 12. 24. 개정 ☞ 제1항 일몰기한 설정 : 21년

② 출원에 의하여 취득하는 광업권과 광산용에 사용하기 위하여 취득하는 지상임목에 대해서는 취득세를 2021년 12월 31일까지 면제한다. (2018. 12. 24. 개정) 일몰

Note 2018. 12. 24. 개정 ☞ 제2항 일몰기한 설정 : 21년

③「한국광해광업공단법」에 따라 설립된 한국광해광업공단이 과세기준일 현재 석재기능공 훈련시설과「광산안전법」제5조 제1항 제5호에 따른 광산근로자의 위탁교육시설에 직접 사용하는 건축물 및 그 부속토지(건축물 바닥면적의 7배 이내인 것으로 한정한다)에 대해서는 재산세의 100분의 25를 2019년 12월 31일까지 경감한다. (2021. 3. 9. 개정 ; 한국광해광업공단법 부칙)

Note 2020. 1. 15. 개정 ☞ 제3항 기한 종료
2016. 12. 27. 개정 ☞ 제3항 기한 연장 : 16년→19년

제62조의 2【석유판매업 중 주유소에 대한 감면】「석유 및 석유대체연료 사업법」제10조에 따른 석유판매업 중 주유소가「한국석유공사법」에 따른 한국석유공사와 석유제품 구매 계약을 체결하고, 한국석유공사로부터 구매하는 석유제품의 의무구매 비율 등 대통령령으로 정하는 조건을 충족하는 경우 석유제품 판매에 직접 사용하는 부동산에 대해서는 2014년 12월 31일까지 재산세의 100분의 50을 경감한다. (2013. 1. 1. 신설) 일몰

제29조의 5【재산세 경감대상 주유소의 조건】(2014. 12. 31. 조번개정)
법 제62조의 2에서 "대통령령으로 정하는 조건을 충족하는 경우"란 다음 각 호의 조건을 모두 충족하는 경우를 말한다. (2013. 1. 1. 신설) 일몰
1. 판매하는 석유제품의 50퍼센트 이상을「한국석유공사법」에 따른 한국석유공사로부터 의무적으로 구매할 것 (2013. 1. 1. 신설)
2. 알뜰주유소 상표로 영업할 것 (2013. 1. 1. 신설)

이동 영 §29의 4에서 이동(14. 12. 31.)

제6절 수송 및 교통에 대한 지원

제6절 수송 및 교통에 대한 지원

제63조【철도시설 등에 대한 감면】①「국가철도공단법」에 따라 설립된 국가철도공단(이하 이 조에서 "국

Note 2023. 3. 14. 개정 ☞ 제1항 기한 연장 : 22년→25년
2020. 1. 15. 개정 ☞ 제1항 기한 연장 : 19년→22년

가철도공단"이라 한다)이 「철도산업발전기본법」 제3조 제2호에 따른 철도시설(같은 호 마목 및 바목에 따른 시설은 제외하며, 이하 이 항에서 "철도시설"이라 한다)용으로 직접 사용하기 위하여 취득하는 부동산에 대해서는 취득세의 100분의 25를 2025년 12월 31일까지 경감한다. (2023. 3. 14. 개정) 취득(감면분만) 농특비

1. 「철도산업발전기본법」 제3조 제4호에 따른 철도차량 (2014. 12. 31. 개정)
2. 「철도건설법」 제17조 제1항 또는 제3항에 따라 국가로 귀속되는 부동산(사업시행자가 한국철도시설공단인 경우에 한정한다) (2015. 12. 29. 개정)

1.~2. 삭 제 (2016. 12. 27.)

② 국가철도공단이 다음 각 호의 어느 하나에 해당하는 재산을 취득하는 경우에는 취득세 및 재산세(「지방세법」 제112조에 따른 부과액을 포함한다)를 각각 2025년 12월 31일까지 면제한다. (2023. 3. 14. 개정)

1. 국가, 지방자치단체 또는 「지방자치법」 제176조 제1항에 따른 지방자치단체조합(이하 "지방자치단체조합"이라 한다)에 귀속 또는 기부채납하는 것을 조건으로 취득하는 「철도산업발전기본법」 제3조 제4호에 따른 철도차량 (2021. 1. 12. 개정 ; 지방자치법 부칙)
2. 「철도의 건설 및 철도시설 유지관리에 관한 법률」 제17조 제1항 또는 제3항에 따라 국가로 귀속되는 부동산(사업시행자가 국가철도공단인 경우에 한정한다)

☞ 감면 일몰 : 재도 · 지역 종료
2016. 12. 27. 개정 ☞ 제1항 기한 연장 : 16년→19년
☞ 감면 축소 : 취득 · 재산 · 재도 50%→25%

Note 2023. 3. 14. 개정 ☞ 제2항 기한 연장 : 22년→25년
2020. 1. 15. 개정 ☞ 제2항 기한 연장 : 19년→22년
☞ 감면 축소 : 국가 등에 기부채납조건 철도차량 한정
2016. 12. 27. 개정 ☞ 제2항 기한 연장 : 16년→19년

(2020. 6. 9. 개정 ; 한국철도시설공단법 부칙)

취득(감면분만) 농특비

③ 「한국철도공사법」에 따라 설립된 한국철도공사에 대해서는 다음 각 호에서 정하는 바에 따라 2025년 12월 31일까지 지방세를 경감한다. (2023. 3. 14. 개정)

1. 「한국철도공사법」 제9조 제1항 제1호부터 제3호까지 및 제6호(같은 호의 사업 중 철도역사 개발사업으로 한정한다)의 사업(이하 이 항에서 "해당사업"이라 한다)에 직접 사용하기 위하여 취득하는 부동산에 대해서는 취득세의 100분의 25를, 과세기준일 현재 해당사업에 직접 사용되는 부동산에 대해서는 재산세(「지방세법」 제112조에 따른 부과액을 포함한다)의 100분의 50을 각각 경감한다. (2020. 1. 15. 개정)
2. 해당사업에 직접 사용하기 위하여 취득하는 「철도산업발전기본법」 제3조 제4호에 따른 철도차량에 대해서는 취득세의 100분의 50(「철도사업법」 제4조의 2 제1호에 따른 고속철도차량의 경우에는 취득세의 100분의 25)을 경감한다. (2020. 1. 15. 개정)

④ 철도건설사업으로 인하여 철도건설부지로 편입된 토지의 확정·분할에 따른 토지의 취득에 대해서는 취득세를 면제하고, 분할등기에 대해서는 등록면허세를 면제한다. (2016. 12. 27. 항번개정)

취·등록 농특비

⑤ 「지방공기업법」 제49조에 따른 지방공사로서 「도시철도법」 제2조 제4호에 따른 도시철도사업(이하 이 항에

Note 2023. 3. 14. 개정 ☞ 제3항 기한 연장 : 22년→25년
2020. 1. 15. 개정 ☞ 제3항 기한 연장 : 19년→22년
☞ 각호 신설-1호 : 철도시설용 부동산 취득 50%→25%,
2호 : 철도차량 취득 50%(고속철도차량 50%→25%)
2016. 12. 27. 개정 ☞ 기한 연장 : 16년→19년

Note 2016. 12. 27. 개정 ☞ 항 변경 : 제3항→제4항

Note 2023. 3. 14. 개정 ☞ 제5항 기한 연장 : 22년→25년

서 "도시철도사업"이라 한다)을 수행하는 것을 목적으로 설립된 지방공사(이하 이 조에서 "도시철도공사"라 한다)에 대해서는 다음 각 호에서 정하는 바에 따라 2025년 12월 31일까지 지방세를 감면한다. (2023. 3. 14. 개정)

1. 도시철도공사가 도시철도사업에 직접 사용하기 위하여 취득하는 부동산 및 철도차량에 대해서는 취득세의 100분의 100(100분의 100의 범위에서 조례로 따로 정하는 경우에는 그 율)에 대통령령으로 정하는 지방자치단체 투자비율(이하 이 조에서 "지방자치단체 투자비율"이라 한다)을 곱한 금액을 감면한다. (2020. 1. 15. 개정)
2. 도시철도공사의 법인등기 및 구분지상권설정등기에 대해서는 등록면허세의 100분의 100(100분의 100의 범위에서 조례로 따로 정하는 경우에는 그 율)에 지방자치단체 투자비율을 곱한 금액을 감면한다. (2020. 1. 15. 개정)
3. 도시철도공사가 과세기준일 현재 도시철도사업에 직접 사용하는 부동산에 대해서는 재산세(「지방세법」 제112조에 따른 부과액을 포함한다)의 100분의 100(100분의 100의 범위에서 조례로 따로 정하는 경우에는 그 율)에 지방자치단체 투자비율을 곱한 금액을 감면한다. (2020. 1. 15. 개정)

⑥「공공기관의 운영에 관한 법률」 제4조에 따른 공공기관으로서 「철도사업법」 제5조에 따라 철도사업면허를 받은 자가 해당 사업에 직접 사용하기 위하여 같은 법

2020. 1. 15. 개정 ☞ 제5항 기한 연장 : 19년→22년
2016. 12. 27. 개정 ☞ 항 변경 : 제4항→제5항
☞ 기한 연장 : 16년→19년

제29조의 6【도시철도공사에 대한 지방자치단체 투자비율】 법 제63조 제5항 제1호에서 "대통령령으로 정하는 지방자치단체 투자비율"이란 「지방공기업법」 제49조에 따른 지방공사로서 「도시철도법」 제2조 제4호에 따른 도시철도사업을 수행하는 것을 목적으로 설립된 지방공사(이하 이 조에서 "도시철도공사"라 한다)의 자본금에 대한 지방자치단체 출자금액(둘 이상의 지방자치단체가 공동으로 설립한 경우에는 각 지방자치단체의 출자금액을 합한 금액)의 비율을 말한다. 다만, 도시철도공사가 「지방공기업법」 제53조 제3항에 따라 주식을 발행한 경우에는 해당 발행 주식 총수에 대한 지방자치단체의 소유 주식(같은 조 제4항에 따라 지방자치단체가 출자한 것으로 보는 주식을 포함한다) 수(둘 이상의 지방자치단체가 주식을 소유하고 있는 경우에는 각 지방자치단체의 소유 주식 수를 합한 수)의 비율을 말한다. (2020. 1. 15. 신설)

제4조의 2 제1호에 따른 고속철도차량을 취득하는 경우에는 취득세의 100분의 25를 2025년 12월 31일까지 경감한다. (2023. 3. 14. 신설)

제64조【해운항만 등 지원을 위한 과세특례】 ① 「국제선박등록법」에 따른 국제선박으로 등록하기 위하여 취득하는 선박에 대해서는 2027년 12월 31일까지 「지방세법」 제12조 제1항 제1호의 세율에서 1천분의 20을 경감하여 취득세를 과세하고, 과세기준일 현재 국제선박으로 등록되어 있는 선박에 대해서는 재산세의 100분의 50을 2027년 12월 31일까지 경감한다. 다만, 선박의 취득일부터 6개월 이내에 국제선박으로 등록하지 아니하는 경우에는 감면된 취득세를 추징한다. (2024. 12. 31. 개정)

취득(감면분만) 농특비

상한/취득 200만원↑, 85%, 상한/재산 50만원↑, 85%(17년부터 제1항~제3항 적용)

② 연안항로에 취항하기 위하여 취득하는 대통령령으로 정하는 화물운송용 선박과 외국항로에만 취항하기 위하여 취득하는 대통령령으로 정하는 외국항로취항용 선박에 대해서는 2024년 12월 31일까지 「지방세법」 제12조 제1항 제1호의 세율에서 1천분의 10을 경감하여 취득세를 과세하고, 과세기준일 현재 화물운송용에 사용하는 선박에 대해서는 재산세의 100분의 50을 경감하며, 외국항로취항용에 사용하는 선박에 대해서는 해당 선박의 취득일 이후 해당 선박에 대한 재산세 납세의무가 최초로 성립하는 날부터 5년간 재산세의 100분의 50을

Note 2024. 12. 31. 개정 ☞ 제1항 기한 연장 : 24년→27년
2021. 12. 28. 개정 ☞ 제1항 기한 연장 : 21년→24년
2018. 12. 24. 개정 ☞ 제1항 기한 연장 : 18년→21년
감면 축소 ☞ 지역자원시설세 종료
2016. 12. 27. 개정 ☞ 제1항 기한 연장 : 16년→18년

편주

법 64조 2항 각 호 외의 부분의 개정규정 중 재산세 경감에 관한 부분은 2019. 1. 1. 전에 취득세를 경감받은 선박으로서 2019. 1. 1. 당시 그 선박에 대한 재산세 납세의무가 최초로 성립한 날부터 5년이 지나지 아니한 경우에도 적용함. 이 경우 해당 선박에 대한 재산세의 경감기간은 2019. 1. 1. 당시 재산세 납세의무가 최초로 성립한 날부터 5년이 지나지 아니한 잔여기간으로 함. (법 부칙(2018. 12. 24.) 6조)

제30조【화물운송용 선박 등의 범위 등】 ① 법 제64조 제2항 각 호 외의 부분 본문에서 "연안항로에 취항하기 위하여 취득하는 대통령령으로 정하는 화물운송용 선박과 외국항로에

운영예규 법64-1【선박 등에 대한 감면】

「지방세특례제한법」 제64조 및 같은 법 시행령 제30조 규정에 의하여 「여신전문금융업법」에 의한 시설대여회사가 외국항로에 전용할 조건으로 대여한 선박에 대하여는 취득세를 경감하는 것이며, 이 경우 시설대여회사는 「해운법」에 의한 선박대여업의 면허를 보유하고 있지 않는다 하더라도 취득세 경감대상이다.

경감한다. 다만, 다음 각 호의 어느 하나에 해당하는 경우 그 해당 부분에 대해서는 경감된 취득세를 추징한다. (2021. 12. 28. 개정)

② 연안항로에 취항하기 위하여 취득하는 대통령령으로 정하는 여객 및 화물운송용 선박과 외국항로에만 취항하기 위하여 취득하는 대통령령으로 정하는 외국항로취항용 선박에 대해서는 2027년 12월 31일까지 「지방세법」 제12조 제1항 제1호의 세율에서 1천분의 10을 경감하여 취득세를 과세하고, 과세기준일 현재 여객 및 화물운송용에 사용하는 선박에 대해서는 재산세의 100분의 50을 경감하며, 외국항로취항용에 사용하는 선박에 대해서는 해당 선박의 취득일 이후 해당 선박에 대한 재산세 납세의무가 최초로 성립하는 날부터 5년간 재산세의 100분의 50을 경감한다. 다만, 다음 각 호의 어느 하나에 해당하는 경우 그 해당 부분에 대해서는 경감된 취득세를 추징한다. (2024. 12. 31. 개정)

Note 2024. 12. 31. 개정 ☞ 제2항 기한 연장 : 24년→27년
☞ 감면대상 추가 : 연안항로 여객 선박
2021. 12. 28. 개정 ☞ 제2항 기한 연장 : 21년→24년
2018. 12. 24. 개정 ☞ 제2항 기한 연장 : 18년→21년
2016. 12. 27. 개정 ☞ 제2항 기한 연장 : 16년→18년

편주

- 법 64조 2항의 개정규정은 2025. 1. 1. 이후 납세의무가 성립하는 경우부터 적용함. (법 부칙(2024. 12. 31.) 2조)
- 2025. 1. 1. 전에 법 64조 3항에 따른 선박에 대하여 매매 계약을 체결한 경우에는 그 계약을 체결한 당사자의 해당 선박의 취

만 취항하기 위하여 취득하는 대통령령으로 정하는 외국항로취항용 선박"이란 다음 각 호의 어느 하나에 해당하는 선박을 말한다. (2011. 12. 31. 개정)

제30조【화물운송용 선박 등의 범위 등】 ① 법 제64조 제2항 각 호 외의 부분 본문에서 "연안항로에 취항하기 위하여 취득하는 대통령령으로 정하는 여객 및 화물운송용 선박과 외국항로에만 취항하기 위하여 취득하는 대통령령으로 정하는 외국항로취항용 선박"이란 다음 각 호의 어느 하나에 해당하는 선박을 말한다. (2024. 12. 31. 개정)

1. 「해운법」 제24조에 따라 내항 화물운송사업을 등록한 자(취득일부터 30일 이내에 내항 화물운송사업을 등록하는 경우를 포함한다) 또는 같은 법 제33조에 따라 선박대여업을 등록한 자(「여신전문금융업법」에 따른 시설대여업자가 선박을 대여하는 경우를 포함하며, 이하 이 항에서 "선박대여업의 등록을 한 자"라 한다)가 취득하는 내항 화물운송용 선박

1. 「해운법」 제4조에 따라 내항 여객운송사업의 면허를 받거나 같은 법 제24조에 따라 내항 화물운송사업을 등록한 자(취득일부터 30일 이내에 내항 여객운송사업의 면허를 받거나 내항 화물운송사업을 등록하는 자를 포함한다) 또는 같은 법 제33조에 따라 선박대여업을 등록한 자(취득일부터 30일 이내에 선박대여업을 등록하는 자와 「여신전문금융업법」에 따른 시설대여업자로서 선박을 대여하는 자를 포함하며, 이하 이 항에서 "선박대여업의 등록을 한 자"라 한다)가 취득

편주

영 30조 1항 1호의 개정규정은 2025. 1. 1. 이후 납세의무가 성립하는 경우부터 적용함. (영 부칙(2024. 12. 31.) 4조)

득에 대하여 종전의 규정에 따름. 다만, 해당 계약이 계약금을 지급한 사실 등이 증빙서류에 의하여 확인되는 경우에 한정함. (법 부칙(2024. 12. 31.) 10조)

1. 정당한 사유 없이 그 취득일부터 1년이 경과할 때까지 해당 용도로 직접 사용하지 아니하는 경우 (2011. 12. 31. 신설)
2. 해당 용도로 직접 사용한 기간이 2년 미만인 상태에서 매각·증여하거나 다른 용도로 사용하는 경우 (2011. 12. 31. 신설)

예판

【예규】 • 선박투지회사의 자회사가 취득한 선박을 임차인이 원양어선으로 사용시 감면 여부
선박투자회사법에 따라 선박투자업 인가를 받은 선박투자회사의 자회사가 취득한 선박을 임차한 용선자가 원양어선으로 사용하는 경우 "선박대여업의 등록을 한 자가 외국항로에 전용할 것을 조건으로 대여한 선박"에 해당함. (지방세특례제도과-2085, 2021. 9. 9.)

【조심판례】 선박대여업을 영위하기 위하여 취득하는 선박 중 같은 업종으로 등록하기 전에 취득하는 선박은 취득세 등이 감면대상에 해당하지 아니하고, 등록한 후에 취득한 선박에 대하여만 취득세 등의 감면대상으로 해석하는 것은 과세형평 및 입법취지상 타당하지 아니하므로 청구법인과 같이 선박대여업으로 등록하기 위하여 쟁점선박을 취득한 후에 선박대여업으로 등록한 경우에도 취득세 등의 감면대상에 해당함. (조심 2017지386, 2017. 7. 13.)

하는 내항 여객 및 화물운송용 선박 (2024. 12. 31. 개정)

2. 다음 각 목의 어느 하나에 해당하는 선박으로서 「국제선박등록법」에 따라 등록되지 아니한 선박
   가. 「해운법」 제4조에 따라 외항 여객운송사업의 면허를 받거나 같은 법 제24조에 따라 외항 화물운송사업을 등록한 자가 외국항로에 전용하는 선박
   가. 「해운법」 제4조에 따라 외항 여객운송사업의 면허를 받거나 같은 법 제24조에 따라 외항 화물운송사업을 등록한 자(취득일부터 30일 이내에 외항 여객운송사업의 면허를 받거나 외항 화물운송사업을 등록하는 자를 포함한다)가 외국항로에 전용하는 선박 (2024. 12. 31. 개정)
   나. 선박대여업의 등록을 한 자가 외국항로에 전용할 것을 조건으로 대여한 선박
   다. 원양어업선박(취득일부터 3개월 이내에 「원양산업발전법」 제6조에 따라 허가를 받는 경우를 포함한다)

예판

【예규】 • 내항 화물운송용 선박 감면 추징
내항 화물운송용 선박으로 취득세 감면이 적용된 선박을 주로 외항 운송용으로 사용한 경우 감면받은 취득세 추징 대상에 해당됨. (지방세특례제도과-685, 2024. 3. 12.)

편주

영 30조 1항 2호 가목의 개정규정은 2025. 1. 1. 이후 납세의무가 성립하는 경우부터 적용함. (영 부칙(2024. 12. 31.) 4조)

③ 연안항로에 취항하기 위하여 대통령령으로 정하는 화물운송용 선박 중 천연가스를 연료로 사용하는 선박을 취득하는 경우에는 2024년 12월 31일까지 「지방세법」 제12조 제1항 제1호의 세율에서 1천분의 20을 경감하여 취득세를 과세한다. 다만, 다음 각 호의 어느 하나에 해당하는 경우 그 해당 부분에 대해서는 경감된 취득세를 추징한다. (2021. 12. 28. 개정)

1. 정당한 사유 없이 그 취득일부터 1년이 경과할 때까지 해당 용도로 직접 사용하지 아니하는 경우 (2020. 1. 15. 신설)
2. 해당 용도로 직접 사용한 기간이 2년 미만인 상태에서 매각·증여하거나 다른 용도로 사용하는 경우 (2020. 1. 15. 신설)

④ 「환경친화적 선박의 개발 및 보급 촉진에 관한 법률」 제6조에 따라 환경친화적 선박의 인증등급(이하 "친환경선박 인증등급"이라 한다)이 3등급 이상인 선박을 취득하는 경우(선박 취득일부터 60일 이내에 친환경선박 인증등급 3등급 이상으로 인증을 받은 경우를 포함한다)에는 2026년 12월 31일까지 「지방세법」 제12조 제1항 제1호의 세율에서 다음 각 호의 구분에 따른 율을 경감하여 취득세를 과세한다. 다만, 그 취득일부터 5년 이내에 환경친화적 선박의 인증이 취소되는 경우에는 경감된 취득세를 추징한다. (2023. 12. 29. 신설)

② 법 제64조 제3항에서 "대통령령으로 정하는 화물운송용 선박"이란 제1항 제1호에 따른 선박을 말한다. (2016. 12. 30. 신설)

☜ **Note** 2024. 12. 31. 개정 ☞ 제3항 감면 종료
2021. 12. 28. 개정 ☞ 제3항 기한 연장 : 21년→24년
2020. 1. 15. 개정 ☞ 제3항 기한 연장 : 19년→21년

☜ **Note** 2023. 12. 29. 개정 ☞ 제4항 신설 : 친환경인증선박 취득 1~2% 세율경감, 26년

1. 친환경선박 인증등급이 1등급인 경우: 1천분의 20 (2023. 12. 29. 신설)
2. 친환경선박 인증등급이 2등급인 경우: 1천분의 15 (2023. 12. 29. 신설)
3. 친환경선박 인증등급이 3등급인 경우: 1천분의 10 (2023. 12. 29. 신설)

제64조의 2【선박등록특구의 국제선박 등 지원을 위한 과세특례】 ①「국제선박등록법」에 따라 국제선박으로 등록하기 위하여 취득하는 선박으로서 다음 각 호의 어느 하나에 해당하는 선박을 2016년 12월 31일까지 취득하는 경우에는「지방세법」 제12조 제1항 제1호에 따른 취득세율에서 1천분의 20을 경감하여 취득세를 과세한다. 다만, 선박의 취득일부터 6개월 이내에 국제선박으로 등록하지 아니한 경우에는 경감된 취득세를 추징한다. (2015. 12. 29. 신설) 농특비

1. 「제주특별자치도 설치 및 국제자유도시 조성을 위한 특별법」 제221조 제1항에 따른 선박등록특구를 선적항으로 하는 선박 (2015. 12. 29. 신설)
2. 「국제선박등록법」 제3조 제1항 제4호에 해당하는 선박 (2015. 12. 29. 신설)

② 과세기준일 현재 제1항 제1호의 선박등록특구를 선적항으로 하여 국제선박으로 등록되어 있는 선박에 대해서는 재산세 및「지방세법」 제146조 제2항에 따른 지역자원시설세를 각각 2016년 12월 31일까지 면제한다. (2015. 12. 29. 신설)

제64조의 2【선박등록특구의 국제선박 등 지원을 위한 과세특례】 삭 제 (2016. 12. 27.)

이동 조특법 §121의 15 제1항에서 이동(15. 12. 29.)

Note 2016. 12. 27. 개정 ☞ 감면 종료

이동 조특법 §121의 15 제2항에서 이동(15. 12. 29.)

제64조의 2【지능형 해상교통정보서비스 무선국에 대한 감면】 선박의 소유자가 「지능형 해상교통정보서비스의 제공 및 이용 활성화에 관한 법률」 제18조 제1항에 따라 같은 법 제2조 제3호에 따른 지능형 해상교통정보서비스를 송신·수신할 수 있는 설비를 선박에 설치하여 무선국을 개설한 경우에 해당 무선국의 면허에 대해서는 등록면허세를 2023년 12월 31일까지 면제한다. (2020. 12. 29. 신설) 일몰

Note 2020. 12. 29. 개정 ☞ 감면 신설

제65조【항공운송사업 등에 대한 과세특례】 「항공사업법」에 따라 면허를 받거나 등록을 한 자가 국내항공운송사업, 국제항공운송사업, 소형항공운송사업 또는 항공기사용사업에 사용하기 위하여 취득하는 항공기에 대해서는 2027년 12월 31일까지 「지방세법」 제12조 제1항 제4호의 세율에서 1천분의 12를 경감하여 취득세를 과세하고, 과세기준일 현재 그 사업에 직접 사용하는 항공기에 대해서는 해당 항공기 취득일 이후 재산세 납세의무가 최초로 성립한 날부터 5년간 재산세의 100분의 50을 경감한다. 다만, 자산총액이 대통령령으로 정하는 금액 이상인 자가 취득하는 항공기는 해당 항공기 취득일 이후 재산세 납세의무가 최초로 성립한 날부터 5년간 재산세의 100분의 50을 2027년 12월 31일까지 경감한다. (2024. 12. 31. 개정)

Note 2024. 12. 31. 개정 ☞ 기한 연장 : 24년→27년

제30조의 2【항공운송사업 등의 과세특례 제외 기준】 법 제65조 단서에서 "대통령령으로 정하는 금액 이상인 자"란 「자본시장과 금융투자업에 관한 법률」 제159조에 따라 사업보고서를 제출해야 하는 법인으로서 직전사업연도 재무상태표의 자산총액(새로 설립된 회사로서 직전사업연도의 재무상태표가 없는 경우에는 「지방세기본법」 제34조에 따른 납세의무 성립시기의 납입자본금으로 한다)의 합계액이 5조원 이상인 자를 말한다. (2018. 12. 31. 신설)

편주

법 65조 본문의 개정규정 중 재산세 경감에 관한 부분은 2019. 1. 1. 전에 취득세를 경감받은 항공기로서 2019. 1. 1. 당시 그 항공기에 대한 재산세 납세의무가 최초로 성립한 날부터 5년이 지나지 아니한 항공기(같은 조 단서의 개정규정에 해당하는 자가 취득하는 항공기는 제외함)에 대해서도 적용함. 이 경우 해당

2023. 12. 29. 개정 ☞ 기한 연장 : 23년→24년
2021. 12. 28. 개정 ☞ 기한 연장 : 21년→24년
☞ 자산총액이 일정금액 이상인 경우 : 제외→5년간 재산 50%, 23년한
2018. 12. 24. 개정 ☞ 기한 연장 : 18년→21년

제66조【교환자동차 등에 대한 감면】 ① 자동차(기계장비를 포함한다. 이하 이 항에서 "자동차등"이라 한다)의 제작 결함으로 인하여 「소비자기본법」에 따른 소비자분쟁해결기준 또는 「자동차관리법」에 따른 자동차안전 · 하자심의위원회의 중재에 따라 반납한 자동차등과 같은 종류의 자동차등(자동차의 경우에는 「자동차관리법」 제3조에 따른 같은 종류의 자동차를 말한다)으로 교환받는 자동차등에 대해서는 취득세를 면제한다. 다만, 교환으로 취득하는 자동차등에 부과되어야 할 세액이 종전의 자동차등의 취득으로 납부한 세액을 초과하는 경우에는 그 초과분을 취득세로 부과한다. (2021. 12. 28. 단서개정) 취득 농특비

② 「자동차관리법」 제13조 제7항 또는 「건설기계관리법」 제6조 제1항 제7호에 따라 말소된 자동차 또는 건설기계를 다시 등록하기 위한 등록면허세는 면제한다. (2020. 1. 15. 개정) 등록 농특비

③ 「환경친화적 자동차의 개발 및 보급촉진에 관한 법률」 제2조 제5호에 따른 하이브리드자동차로서 같은 조 제2호에 따라 고시된 자동차를 취득하는 경우에는 다음 각

항공기에 대한 재산세의 경감기간은 2019. 1. 1. 당시 재산세 납세의무가 최초로 성립한 날부터 5년이 지나지 아니한 잔여기간으로 함. (법 부칙(2018. 12. 24.) 7조)

Note 2017. 12. 26. 개정 ☞ 감면대상 범위 확대 : 자동차안전관리위원회 중재

예 판

【예규】 친환경자동차를 반납하고 같은 종류의 친환경자동차를 교환 취득하는 경우 반납한 친환경자동차와 동일하게 신규로 취득하는 친환경자동차에 대해서도 「지방세특례제한법」 제66조 제1항에 따른 취득세 납부세액 공제 외에 같은 조 제3항부터 제5항까지의 '친환경자동차 취득세 감면'규정을 함께 적용하는 것이 합리적일 것임(지방세특례제도과-676, 2023. 11. 10.)

운영예규 법66-1【교환받는 자동차】

교환받는 자동차의 범위에 자동차회사로부터 금전으로 환급받아 취득하는 자동차는 포함되지 아니한다.

Note 2024. 12. 31. 개정 ☞ 제3항 감면 종료
2023. 3. 14. 개정 ☞ 제3항 기한 연장 : 22년→24년
2018. 12. 24. 개정 ☞ 제3항 기한 연장 : 18년→21년

호에서 정하는 바에 따라 취득세를 감면한다. (2018. 12. 24. 개정)

1. 2019년 12월 31일까지는 취득세액이 140만원 이하인 경우 취득세를 면제하고, 취득세액이 140만원을 초과하는 경우 취득세액에서 140만원을 공제한다. (2018. 12. 24. 개정)
2. 2020년 1월 1일부터 2020년 12월 31일까지는 취득세액이 90만원 이하인 경우 취득세를 면제하고, 취득세액이 90만원을 초과하는 경우 취득세액에서 90만원을 공제한다. (2018. 12. 24. 개정)
3. 2021년 1월 1일부터 2022년 12월 31일까지는 취득세액이 40만원 이하인 경우 취득세를 면제하고, 취득세액이 40만원을 초과하는 경우 취득세액에서 40만원을 공제한다. (2021. 12. 28. 개정)

1. 취득세액이 40만원 이하인 경우에는 2024년 12월 31일까지 취득세를 면제한다. (2023. 3. 14. 개정)
2. 취득세액이 40만원을 초과하는 경우에는 2024년 12월 31일까지 취득세액에서 40만원을 공제한다. (2023. 3. 14. 개정)

④ 「환경친화적 자동차의 개발 및 보급 촉진에 관한 법률」 제2조 제3호에 따른 전기자동차로서 같은 조 제2호에 따라 고시된 자동차를 취득하는 경우에는 2026년 12월 31일까지 취득세액이 140만원 이하인 경우 취득세를 면제하고, 취득세액이 140만원을 초과하는 경우 취득세액에서 140만원을 공제한다. <u>(2024. 12. 31. 신설)</u>

④ 「환경친화적 자동차의 개발 및 보급 촉진에 관한 법률」 제2조 제3호에 따른 전기자동차 또는 같은 조 제6호에 따른 수소

☞ 감면 축소(19년 140만원→20년 90만원→21년 40만원)
2015. 12. 29. 개정 ☞ 제3항 기한 연장 : 15년→18년

Note 2021. 12. 28. 개정 ☞ 제3항 기한 연장 : 21년→22년

Note 2024. 12. 31 개정 ☞ 제4항 기한 연장 : 전기차 24년→26년
☞ 감면규정 이관 : 제5항으로 수소차 감면 이관

전기자동차로서 같은 조 제2호에 따라 고시된 자동차(제5항에 따른 화물자동차는 제외한다)를 취득하는 경우에는 2024년 12월 31일까지 취득세액이 140만원 이하인 경우 취득세를 면제하고, 취득세액이 140만원을 초과하는 경우 취득세액에서 140만원을 공제한다. (2023. 3. 14. 개정)

⑤ 「환경친화적 자동차의 개발 및 보급 촉진에 관한 법률」 제2조 제6호에 따른 수소전기자동차로서 같은 조 제2호에 따라 고시된 자동차(제6항에 따른 화물자동차는 제외한다)를 취득하는 경우에는 2027년 12월 31일까지 취득세액이 140만원 이하인 경우 취득세를 면제하고, 취득세액이 140만원을 초과하는 경우 취득세액에서 140만원을 공제한다. (2024. 12. 31. 개정)

1. 2018년 12월 31일까지는 취득세액이 200만원 이하인 경우에는 취득세를 전액 면제하고, 취득세액이 200만원을 초과하는 경우에는 산출세액에서 200만원을 공제한다. (2016. 12. 27. 개정) 취득 농특비
2. 2019년 1월 1일부터 2019년 12월 31일까지는 취득세액이 140만원 이하인 경우에는 취득세를 전액 면제하고, 취득세액이 140만원을 초과하는 경우에는 산출세액에서 140만원을 공제한다. (2016. 12. 27. 개정) 취득(감면분만) 농특비

1.~2. 삭 제 (2020. 1. 15.)

⑥ 「환경친화적 자동차의 개발 및 보급 촉진에 관한 법률」 제2조 제6호에 따른 수소전기자동차로서 같은 조 제2호에 따라 고시된 자동차 중 「화물자동차 운수사업법」 제2조 제1호에 따른 화물자동차를 취득하는 경우에는 취득세의 100분의 50을 2025년 12월 31일까지 경감한다.

Note 2024. 12. 31 개정 ☞ 제5항 기한 연장 : 수소차 24년→27년
☞ 감면규정 이관 : 제6항으로 수소화물차 감면 이관
2021. 12. 28. 개정 ☞ 제4항 기한 연장 : 21년→24년
2020. 1. 15. 개정 ☞ 제4항 기한 연장 : 19년→21년
☞ 각호 삭제

Note 2024. 12. 31 개정 ☞ 제6항 신설 : 수소화물차, 25년
☞ 감면규정 이관 : 종전 제5항에서 제6항으로 이관
2023. 3. 14. 신설 ☞ 25년

(2024. 12. 31. 항번개정)

제66조의 2【노후경유자동차 교체에 대한 취득세 감면】 ①「자동차관리법」에 따라 2006년 12월 31일 이전에 신규등록된 경유를 원료로 하는 승합자동차 또는 화물자동차(「자동차관리법」에 따라 자동차매매업으로 등록한 자가 매매용으로 취득한 중고자동차는 제외한다. 이하 이 항에서 "노후경유자동차"라 한다)를 2017년 1월 1일 현재 소유(등록일을 기준으로 한다)하고 있는 자가 노후경유자동차를 폐차하고 말소등록한 이후 승합자동차 또는 화물자동차[신조차(新造車)에 한정한다. 이하 이 항에서 "신조차"라 한다]를 2017년 6월 30일까지 본인의 명의로 취득하여 신규등록하는 경우에는 취득세의 100분의 50을 경감한다. 이 경우 노후경유자동차 1대당 신조차 1대만 취득세를 경감한다. (2016. 12. 27. 신설)

일몰

② 제1항에 따른 1대당 취득세 경감액이 100만원 이하인 경우에는 산출세액 전액을, 취득세 경감액이 100만원을 초과하는 경우에는 산출세액에서 100만원을 공제한다. (2016. 12. 27. 신설)

제67조【경형자동차 등에 대한 과세특례】 ①「자동차관리법」 제3조 제1항에 따른 승용자동차 중 대통령령으로 정하는 규모의 자동차를 대통령령으로 정하는 비

제31조【비영업용 승용자동차의 구분 등】 ① 법 제67조 제1항 및 제2항에서 "대통령령으로 정하는 규모의 자동차"란 각각 배기량 1천시시 미만으로서 길이 3.6미

영업용 승용자동차로 취득하는 경우에는 다음 각 호에서 정하는 바에 따라 취득세를 2027년 12월 31일까지 감면한다. 다만, 취득일부터 1년 이내에 영업용으로 사용하는 경우에는 감면된 취득세를 추징한다. (2024. 12. 31. 개정)

상한/취득 200만원↑, 85%(16년부터) 취득 농특비

Note 2024. 12. 31. 개정 ☞ 제1항 기한 연장 : 24년→27년
2021. 12. 28. 개정 ☞ 제1항 기한 연장 : 21년→24년
☞ 공제한도 확대 : 50만원→75만원
2018. 12. 24. 개정 ☞ 제1항 기한 연장 : 18년→21년
감면 축소 ☞ 취득세 면제한도 설정 : 50만원 이하
2015. 12. 29. 개정 ☞ 제1항 기한 연장 : 15년→18년

1. 취득세액이 75만원 이하인 경우 취득세를 면제한다. (2021. 12. 28. 개정)
2. 취득세액이 75만원을 초과하는 경우 취득세액에서 75만원을 공제한다. (2021. 12. 28. 개정)

② 「자동차관리법」 제3조 제1항에 따른 승합자동차 또는 화물자동차(같은 법 제3조에 따른 자동차의 유형별 세부기준이 특수용도형 화물자동차로서 피견인형 자동차는 제외한다) 중 대통령령으로 정하는 규모의 자동차를 취득하는 경우에는 취득세를 2027년 12월 31일까지 면제한다. (2024. 12. 31. 개정) 취득 농특비

상한/취득 200만원↑, 85%(16년부터)

③ 승차 정원 7명 이상 10명 이하 비영업용 승용자동차로서 행정안전부령으로 정하는 자동차에 대한 자동차세는 「지방세법」 제127조 제1항 제1호에도 불구하고 2027

터, 너비 1.6미터, 높이 2.0미터 이하인 승용자동차·승합차 및 화물자동차를 말한다. 다만, 동력원으로 전기만 사용하는 자동차의 경우에는 길이·너비 및 높이 기준만 적용한다.

② 법 제67조 제1항 각 호 외의 부분에서 "대통령령으로 정하는 비영업용 승용자동차"란 「지방세법 시행령」 제122조 제1항에 따른 비영업용으로 이용되는 승용자동차를 말한다. (2018. 12. 31. 개정)

Note 2024. 12. 31. 개정 ☞ 제2항 기한 연장 : 24년→27년
2021. 12. 28. 개정 ☞ 제2항 기한 연장 : 21년→24년
2018. 12. 24. 개정 ☞ 제2항 기한 연장 : 18년→21년
2015. 12. 29. 개정 ☞ 제2항 기한 연장 : 15년→18년

Note 2024. 12. 31. 개정 ☞ 제3항 기한 연장 : 24년→27년
2021. 12. 28. 개정 ☞ 제3항 기한 연장 : 21년→24년
2018. 12. 24. 개정 ☞ 제3항 기한 연장 : 18년→21년
2016. 12. 27. 개정 ☞ 기한 연장 : 16년→18년

제4조 【전방조종자동차에 대한 과세특례】 법 제67조 제3항 전단에서 "행정안전부령으로 정하는 자동차"란

년 12월 31일까지 같은 항 제4호에 따른 소형일반버스 세율을 적용하여 과세한다. 이 경우 2007년 12월 31일 이전에 「자동차관리법」에 따라 신규등록 또는 신규로 신고된 차량으로 한정한다. (2024. 12. 31. 개정)

제68조【매매용 및 수출용 중고자동차 등에 대한 감면】 ① 다음 각 호에 해당하는 자가 매매용으로 취득(「지방세법」 제7조 제4항에 따른 취득은 제외한다. 이하 이 조에서 같다)하는 중고자동차 또는 중고건설기계(이하 이 조에서 "중고자동차등"이라 한다)에 대해서는 취득세와 자동차세를 각각 2027년 12월 31일까지 면제한다. 이 경우 자동차세는 다음 각 호에 해당하는 자의 명의로 등록된 기간에 한정하여 면제한다. (2024. 12. 31. 개정)

상한/취득 200만원↑, 85%(17년부터), 취득(감면분만) 농특비

Note 2024. 12. 31. 개정 ☞ 제1항 기한 연장 : 24년→27년
2021. 12. 28. 개정 ☞ 제1항 기한 연장 : 21년→24년
2018. 12. 24. 개정 ☞ 제1항 기한 연장 : 18년→21년
2015. 12. 29. 개정 ☞ 제1항 기한 연장 : 15년→18년

1. 「자동차관리법」 제53조에 따라 자동차매매업을 등록한 자
2. 「건설기계관리법」 제21조 제1항에 따라 건설기계매매업을 등록한 자

② 제1항에 따라 취득한 중고자동차등을 그 취득일부터 2년(「자동차관리법」 제3조 제1항에 따른 승합자동차, 화

예판

【예규】 지방세특례제한법 감면규정과 관련 자동차관리법에 따른 경형화물자동차에서 피견인형을 제외한다는 별도의 규정이 없는 점 등을 종합적으로 고려해 볼 때, 이 건 피견인 차량의 경우 취득세 감면대상 경형자동차에 해당된다고 할 것임. (지방세운영과-160, 2013. 1. 16.)

예판

【예규】 • 소유자가 동일하고 사업자등록번호가 상이한 매매상사(A→B) 간 중고자동차 매매에 대한 등록원부 방식 변경(2020. 4. 9.)에 따른 적용 요령 (지방세특례제도과-886, 2020. 4. 22.)

※ 20. 4. 9. 이후 등록분부터 적용

적용대상	종 전	변 경
자동차등록원부 정리	이전등록	변경등록
지방세 부과세목	취득세	등록면허세
지방세 감면세목	취득세	×
추징유예 기산일	매매상사(B) 취득일	매매상사(A) 당초 취득일

• **말소등록 또는 미등록된 자동차 취득**
제작결함 반품(인수 거부), 도난, 연구·시험용 등으로 인해 말소등록 또는 미등록된 자동차는 감면대상이 되는 '매매용으로 취득하는 중고자동차'로 볼 수 없음. (지방세특례제도과-1189, 2018. 4. 5.)

• **자동차매매업자가 매각하거나 수출하는 경우**
(법정요건을 갖추고 등록한 매매업자가 매매용으로 감면받고 취득한 중고자동차를 매각하거나 수출하는 경우를 모두 목적내 사용으로 보아 추징 배제 (지방세특례제도과-2596, 2018. 7

「자동차 및 자동차부품의 성능과 기준에 관한 규칙」 제2조 제23호에 따른 전방조종자동차를 말한다. (2017. 7. 26. 직제개정 ; 행정안전부와 그 소속기관 직제 시행규칙 부칙)

운영예규 법68-1 **【매매용 중고자동차 등의 범위】**

매매용으로 제시신고를 하고 자동차매매업자 명의로 이전된 차량의 경우 중고자동차에 해당한다.

물자동차 또는 특수자동차의 경우에는 3년) 이내에 매각하지 아니하거나 수출하지 아니하는 경우에는 면제된 취득세를 추징한다. 다만, 중고자동차로서 다음 각 호의 어느 하나에 해당하여 「자동차관리법」 제2조 제5호 및 「건설기계관리법」 제2조 제1항 제2호에 따라 폐차 또는 폐기한 경우에는 감면된 취득세를 추징하지 아니한다. (2023. 12. 29. 개정)

1. 취득일부터 1년이 경과한 중고자동차로서 「자동차관리법」 제43조 제1항 제2호 또는 제4호에 따른 자동차 검사에서 부적합 판정을 받은 경우 (2023. 12. 29. 신설)
2. 「재난 및 안전관리 기본법」 제3조 제1호에 따른 재난으로 인하여 피해를 입은 경우 (2023. 12. 29. 신설)

③ 「대외무역법」에 따른 무역을 하는 자가 수출용으로 취득하는 중고선박, 중고기계장비 및 중고항공기에 대해서는 「지방세법」 제12조 제1항 제1호·제3호 및 제4호의 세율에서 각각 1천분의 20을 경감하여 취득세를 2027년 12월 31일까지 과세하고, 「대외무역법」에 따른 무역을 하는 자가 수출용으로 취득하는 중고자동차에 대해서는 취득세를 2027년 12월 31일까지 면제한다. (2024. 12. 31. 개정) 취득(감면분만) 농특비

상한/취득 200만원↑, 85%(17년부터)

④ 제3항에 따른 중고선박, 중고기계장비, 중고항공기 및 중고자동차를 취득일부터 2년 이내에 수출하지 아니하는 경우에는 감면된 취득세를 추징한다. 다만, 중고자

25. 종전 해석 변경)

※ 〈종전 해석〉 자동차매매업을 등록한 자가 매매용으로 취득하여 취득세를 감면받은 후 감면받은 자동차를 수출한 경우 감면받은 중고자동차의 감면은 추징대상에 해당됨. (지방세특례제도과-1814, 2018. 5. 25.)

• **수출업자가 수출하거나 매각하는 경우**
별도의 자격요건 없는 수출업자의 경우 수출용으로 감면받고 취득한 중고자동차에 대하여는 수출하는 경우에 한하여 목적 내 사용으로 보아 추징 배제 (지방세특례제도과-2596, 2018. 7. 25.)
• 납세자가 건설기계매매업으로 등록되어 있지 않다면 전동지게차를 실수요자에게 매매하기 위해 취득하였다고 하더라도 해당 규정에 따른 취득세 면제대상에는 해당되지 않을 것으로 판단됨. (지방세운영과-2861, 2012. 9. 10.)
• 국외에서 사용되던 건설기계를 수입한 자로부터 법률행위 또는 법률의 규정에 따라 취득되기 전의 건설기계는 중고 건설기계에 해당되지 아니함. (법제 11-0022, 2011. 3. 17.)

Note 2024. 12. 31. 개정 ☞ 제3항 기한 연장 : 24년→27년
2021. 12. 28. 개정 ☞ 제3항 기한 연장 : 21년→24년
2018. 12. 24. 개정 ☞ 조항 이동 舊 제2항→제3항
☞ 기한 연장 : 18년→21년

동차로서 「재난 및 안전관리 기본법」 제3조 제1호에 따른 재난으로 인하여 피해를 입어 「자동차관리법」 제2조 제5호 및 「건설기계관리법」 제2조 제1항 제2호에 따라 폐차 또는 폐기한 경우에는 감면된 취득세를 추징하지 아니한다. (2023. 12. 29. 단서신설)

제69조 【교통안전 등을 위한 감면】 「한국교통안전공단법」에 따라 설립된 한국교통안전공단이 같은 법 제6조 제6호의 사업을 위한 부동산을 취득하는 경우 및 「자동차관리법」 제44조에 따른 지정을 받아 자동차검사업무를 대행하는 자동차검사소용 부동산을 취득하는 경우에는 취득세의 100분의 25를 2025년 12월 31일까지 경감한다. (2023. 3. 14. 개정)

제70조 【운송사업 지원을 위한 감면】 ① 「여객자동차 운수사업법」 제4조에 따라 여객자동차운송사업 면허를 받거나 등록을 한 자가 같은 법 제3조에 따른 여객자동차운송사업 중 다음 각 호의 어느 하나에 해당하는 사업에 직접 사용하기 위하여 취득하는 자동차에 대해서는 취득세의 100분의 50을 2027년 12월 31일까지 경감한다. (2024. 12. 31. 개정)

1. 시내버스운송사업 · 농어촌버스운송사업 · 마을버스운송사업 또는 시외버스운송사업 (2018. 12. 24. 개정)

Note
2023. 3. 14. 개정 ☞ 기한 연장 : 22년→25년
2020. 1. 15. 개정 ☞ 기한 연장 : 19년→22년
2016. 12. 27. 개정 ☞ 기한 연장 : 16년→19년

제32조 【여객자동차운송사업의 범위】 법 제70조 제1항에서 "시내버스운송사업 · 마을버스운송사업 등 대통령령으로 정하는 사업"이란 「여객자동차 운수사업법 시행령」 제3조에 따른 시내버스운송사업, 농어촌버스운송사업, 마을버스운송사업, 시외버스운송사업, 일반택시운송사업 및 개인택시운송사업을 말한다.

제32조 【여객자동차운송사업의 범위】 삭 제 (2018. 12. 31.)

Note
2024. 12. 31. 개정 ☞ 제1항 기한 연장 : 24년→27년
2021. 12. 28. 개정 ☞ 제1항 기한 연장 : 21년→24년
2018. 12. 24. 개정 ☞ 제2항 기한 연장 : 18년→21년

관련법령

한국교통안전공단법

제6조 【사 업】 공단은 다음 각 호의 사업을 수행한다. (2017. 10. 24. 개정)

6. 자동차의 성능 및 안전도에 관한 시험 · 연구

2. 일반택시운송사업 또는 개인택시운송사업 (2018. 12. 24. 개정)

② 「여객자동차 운수사업법」에 따라 시내버스 및 마을버스 운송사업용으로 천연가스를 연료로 사용하는 버스를 취득할 경우에는 2015년 12월 31일까지 취득세의 100분의 50을 감면한다. (2013. 1. 1. 개정)

② 삭 제 (2014. 12. 31.)

③ 「여객자동차 운수사업법」 제4조에 따라 여객자동차운송사업 면허를 받거나 등록을 한 자가 같은 법 제3조에 따른 여객자동차운송사업에 직접 사용하기 위하여 천연가스 버스를 취득하는 경우에는 2020년 12월 31일까지 취득세를 면제하고, 2021년 1월 1일부터 2024년 12월 31일까지 취득세의 100분의 75를 경감한다. (2021. 12. 28. 개정)

상한/취득 200만원↑, 85%(19년~20년 적용)

④ 「여객자동차 운수사업법」 제4조에 따라 여객자동차운송사업 면허를 받거나 등록을 한 자가 같은 법 제3조에 따른 여객자동차운송사업에 직접 사용하기 위하여 「환경친화적 자동차의 개발 및 보급 촉진에 관한 법률」 제2조 제3호에 따른 전기자동차 또는 같은 조 제6호에 따른 수소전기자동차로서 같은 조 제2호에 따라 고시된 전기버스 또는 수소전기버스를 취득하는 경우에는 2027년 12월 31일까지 취득세를 면제한다. (2024. 12. 31. 개정)

상한/취득 200만원↑, 85%(20년부터 신설 적용)

Note
2024. 12. 31. 개정 ☞ 제3항 감면 종료
2021. 12. 28. 개정 ☞ 제3항 기한 연장 : 21년→24년
2018. 12. 24. 개정 ☞ 제3항 기한 연장 : 18년→20년
2018. 12. 24. 개정 ☞ 제3항 기한 연장 : 21년
☞ 감면 축소(21년 적용) : 취득 100%→75%

Note
2024. 12. 31. 개정 ☞ 기한 연장 : 24년→27년
2021. 12. 28. 개정 ☞ 제4항 기한 연장 : 21년→24년
2020. 1. 15. 개정 ☞ 여객운송용 전기 · 수소버스 감면 신설

예판

【예규】 • 취득세 감면대상 천연가스 버스를 소유하고 있는 여객자동차 운송사업자(A)의 주식을 취득하여 과점주주(B)가 된 경우, 과점주주 간주취득세는 B가 여객자동차운송사업 면허를 보유하고 있는 여부에 관계없이 감면대상에 해당하지 아니함. (지방세특례제도과-1707, 2020. 7. 20.)

제71조 【물류단지 등에 대한 감면】 ①「물류시설의 개발 및 운영에 관한 법률」 제27조에 따른 물류단지개발사업의 시행자가 같은 법 제22조 제1항에 따라 지정된 물류단지(이하 이 조에서 "물류단지"라 한다)를 개발하기 위하여 취득하는 부동산에 대해서는 취득세의 100분의 35를, 과세기준일 현재 해당 사업에 직접 사용하는 부동산에 대해서는 재산세의 100분의 25를 각각 2025년 12월 31일까지 경감한다. 이 경우 지방자치단체의 장은 재산세에 대해서는 해당 지역의 재정 여건 등을 고려하여 100분의 10의 범위에서 조례로 정하는 율을 추가로 경감할 수 있다. (2023. 3. 14. 개정)

제71조 【물류단지 등에 대한 감면】 ①「물류시설의 개발 및 운영에 관한 법률」 제27조에 따른 물류단지개발사업의 시행자가 같은 법 제22조 제1항에 따라 지정된 물류단지(이하 이 조에서 "물류단지"라 한다)를 개발하기 위하여 취득하는 부동산에 대해서는 취득세의 100분의 35를, 과세기준일 현재 해당 사업에 직접 사용하는 부동산에 대해서는 재산세의 100분의 25를 각각 2025년 12월 31일까지 경감하며, 지방자치단체의 장은 재산세에 대해서는 해당 지역의 재정 여건 등을 고려하여 100분의 10의 범위에서 조례로 정하는 율을 추가로 경감할 수 있다. 다만, 다음 각 호의 어느 하나에 해당하는 경우에는 경감된 취득세와 재산세를 추징하되, 제2호부터 제4호까지의 경우에는 그 해당 부분에 한정하여 추징한다. (2024. 12. 31. 개정)

1.「물류시설의 개발 및 운영에 관한 법률」 제26조 제1

Note 2024. 12. 31. 개정 ☞ 추징규정 신설 : 3년 내 직접사용
2023. 3. 14. 개정 ☞ 제1항 기한 연장 : 22년→25년
2020. 1. 15. 개정 ☞ 제1항 기한 연장 : 19년→22년
2016. 12. 27. 개정 ☞ 기한 연장 : 16년→19년

편주

법 71조 1항 각 호 외의 부분 단서의 개정규정은 2025. 1. 1. 이후 지방세를 감면받는 경우부터 적용함. (법 부칙(2024. 12. 31.) 3조)

예판

【판례】 • 물류단지에 대한 감면 적용범위

- 물류사업을 영위하고자 하는 자가 이미 설치되어 있는 물류단지시설을 취득하는 경우에는 감면대상이 아니므로, 시행자인 공사로부터 분양받은 전유건물 및 그 대지지분은 감면대상이 아님. (대법 2012두17391, 2012. 11. 29.)
- 물류단지를 통행하는 불특정·다수의 차량을 상대로 석유판매업을 할 수 있는 위치에 있는 물류단지내 주유소인 경우 물

예판

【판례】 • 창고에서 제품을 일부 가공한 자가물류도 물류사업에 해당됨

'물류사업'이란 자기가 보유하거나 관리하는 재화에 대하여 자기의 시설·장비·인력 등을 사용하여 물류활동을 하는 이른바 '자가물류'를 포함하는 개념으로서 원고가 이 사건 부동산에서 영위하고 있는 자가물류사업 역시 이 사건 조항에서 규정하고 있는 물류사업에 해당한다고 봄이 타당함. (인천지법 2016구합51393, 2016. 10. 7. : 대법확정)

【조심판례】 • 감면율 축소후 일반적 경과조치 규정적용

지특법이 개정되기 이전에 일련의 취득 원인행위를 지체없이 시행하였으므로 감면시한 내에 건축을 완료하면 취득세를 면제

항 및 제2항 제1호에 따라 물류단지의 지정이 해제되는 경우 (2024. 12. 31. 개정)

2. 그 취득일부터 3년 이내에 정당한 사유 없이 「물류시설의 개발 및 운영에 관한 법률」 제46조에 따른 준공인가를 받지 아니한 경우 (2024. 12. 31. 개정)
3. 「물류시설의 개발 및 운영에 관한 법률」 제46조에 따른 준공인가를 받은 날부터 3년 이내에 정당한 사유 없이 해당 용도로 분양·임대하지 아니하거나 직접 사용하지 아니한 경우 (2024. 12. 31. 개정)
4. 해당 용도로 직접 사용한 기간이 2년 미만인 상태에서 매각·증여하거나 다른 용도로 사용하는 경우 (2024. 12. 31. 개정)

② 물류단지에서 대통령령으로 정하는 물류사업(이하 이 항에서 "물류사업"이라 한다)을 직접 하려는 자가 물류사업에 직접 사용하기 위해 취득하는 대통령령으로 정하는 물류시설용 부동산(이하 이 항에서 "물류시설용 부동산"이라 한다)에 대해서는 2025년 12월 31일까지 취득세의 100분의 50을 경감하고, 2025년 12월 31일까지 취득하여 과세기준일 현재 물류사업에 직접 사용하는 물류시설용 부동산에 대해서는 그 물류시설용 부동산을 취득한 날부터 5년간 재산세의 100분의 35를 경감한다. (2023. 3. 14. 개정)

Note 2023. 3. 14. 개정 ☞ 제2항 기한 연장 : 22년→25년

류단지내 유통사업용 부동산으로 보아 취득세 등을 감면할 수 없음. (서울고법 2014누63406, 2015. 4. 1. : 대법확정)

【예규】 ① 토지수용 대체취득 취득시 현금보상과 토지보상을 함께 받은 경우 취득세 감면 기산일은 현금 보상과 토지 보상을 각각 구분하여 마지막 보상금 수령일 기준을 판단하여야 함 ② 토지로 보상을 받은 경우 토지수용을 받은 자가 보상대상 토지에 대한 감면을 받지 않고 다른 대체부동산에 대하여 감면이 가능한지 여부와 관련, 토지 보상에 대한 대체취득 감면은 사업시행자와 계약하여 취득하는 보상 대상인 그 토지에 한해 적용됨(지방세특례제도과-400, 2023. 10. 17.)

제33조【물류사업의 범위 등】 (2020. 1. 15. 제목개정)

① 법 제71조 제2항에서 "대통령령으로 정하는 물류사업"이란 「물류정책기본법」 제2조 제1항 제2호에 따른 물류사업을 말한다. (2020. 1. 15. 개정)

② 법 제71조 제2항에서 "대통령령으로 정하는 물류시설용 부동산"이란 「물류시설의 개발 및 운영에 관한 법률」 제2조 제7호에 따른 일반물류단지시설(「유통산업발전법」 제2조 제3호에 따른 대규모점포는 제외한다)을 설치하기 위해 「물류시설의 개발 및 운영에 관한 법률」 제27조에 따른 물류단지개발사업의 시행자로부터 취득하는 토지와 그 토지 취득일부터 5년 이내에 해당 토지에 신축하거나 증축하여 취득하는 건축물(토지 취득일 전

받을 수 있다고 기대를 만한 사정이 있었다고 보이므로, 이러한 신뢰를 보호하기 위하여 지특법 부칙 제14조의 규정에 따라 종전의 감면규정을 적용하는 것이 타당함. (조심 2018지3500, 2019. 5. 9.)

예 판

【판례】 • 물류단지에 대한 감면 적용 범위

'직접 사용'의 의미는 부동산의 소유자가 해당 부동산을 사업 또는 업무의 목적이나 용도에 맞게 물류사업에 사용하는 것이면 충분하고, 그 사용 방법이 원고 스스로 그와 같은 용도에 사용하거나 혹은 제3자에게 임대 또는 위탁하여 그와 같은 용도에 사용하는지 여부는 가리지 아니한다고 봄이 타당함. (대법원 1984. 7. 24. 선고 84누297 판결, 대법원 2011. 1. 27. 선고 2008두15039 판결 등 참조) (서울고등법원 2017누68488, 2018. 5. 16. ; 대법원 확정)

③ 「물류시설의 개발 및 운영에 관한 법률」 제7조에 따라 복합물류터미널사업(「사회기반시설에 대한 민간투자법」 제2조 제5호에 따른 민간투자사업 방식의 사업으로 한정한다. 이하 이 항에서 같다)의 등록을 한 자(이하 이 항에서 "복합물류터미널사업자"라 한다)가 사용하는 부동산에 대해서는 다음 각 호에서 정하는 바에 따라 지방세를 경감한다. (2020. 1. 15. 개정)

1. 복합물류터미널사업자가 「물류시설의 개발 및 운영에 관한 법률」 제9조 제1항에 따라 인가받은 공사계획을 시행하기 위하여 취득하는 부동산에 대해서는 2025년 12월 31일까지 취득세의 100분의 25를 경감한다. 다만, 그 취득일부터 3년이 경과할 때까지 정당한 사유 없이 그 사업에 직접 사용하지 아니하는 경우에는 경감된 취득세를 추징한다. (2023. 3. 14.

에 신축하거나 증축한 건축물을 포함한다)을 말한다. (2020. 1. 15. 개정)

예 판

【예규】 산업단지 내 물류시설을 신축한 후 물류업자에게 임대하여 목적대로 사용하게 하는 경우, 물류단지 등에 대한 감면 또는 산업단지 등에 대한 감면에 해당하지 않음. (지방세특례제도과-2067, 2019. 5. 28.)

【판례】 • 물류터미널 내 위치한 주유소가 물류터미널 부대시설에 해당하는 지의 여부

주유소는 물류단지시설과 관련성이 있기는 하지만, 그 자체로서는 물류기능을 가지고 있지 아니하므로, 주유소가 물류단지 내에 위치한다는 사정만으로 바로 물류단지시설에 딸려 있는 시설 내지 유통시설에 부대되는 시설이라고 보기는 부족하고, 해당 물류터미널과 구조적·지리적으로 결합 또는 접속되어 있어 밀접한 관계에 있다거나, 기능적 보조관계에 있다고 보기는 어려워 물류터미널의 부대시설로 볼 수 없음. (대법 2015두40514, 2015. 7. 9.)

Note 2023. 3. 14. 개정 ☞ 제3항 기한 연장 : 22년→25년
☞ 감면 축소 : 취득 · 재산 25%→ 취득 25%, 재산 삭제(2호)

개정)

2. 복합물류터미널사업자가 과세기준일 현재 복합물류터미널사업에 직접 사용하는 부동산에 대해서는 2022년 12월 31일까지 재산세의 100분의 25를 경감한다. (2020. 1. 15. 개정) 일몰

④ 제1항 및 제2항에 따라 취득세를 경감하는 경우 지방자치단체의 장은 해당 지역의 재정여건 등을 고려하여 100분의 25의 범위에서 조례로 정하는 율을 추가로 경감할 수 있다. 이 경우 제4조 제1항 각 호 외의 부분, 같은 조 제6항 및 제7항을 적용하지 아니한다. (2014. 12. 31. 신설)

⑤ 지방자치단체의 장은 해당 지방자치단체의 조례로 제3항의 경감률을 초과하여 정할 수 있다. (2014. 12. 31. 항번개정)

④ · ⑤ 삭 제 (2016. 12. 27.)

Note 2016. 12. 27. 개정 ☞ 감면 축소 : 제4항 및 제5항 삭제 (조례 25% 추가감면)

제71조의 2【도시첨단물류단지에 대한 감면】 ①「물류시설의 개발 및 운영에 관한 법률」 제22조의 2 제1항에 따라 지정된 도시첨단물류단지(이하 이 조에서 "도시첨단물류단지"라 한다) 개발에 직접 사용하기 위하여 취득하는 토지 및 물류시설(「물류시설의 개발 및 운영에 관한 법률」 제2조 제1호 가목부터 다목까지의 시설을 말한다. 이하 이 조에서 "물류시설"이라 한다)용 건축물에 대해서는 취득세의 100분의 15를 2025년 12월 31일까지 경감한다. 다만, 다음 각 호의 어느 하나에 해당하는 경우 그 해당 부분에 대해서는 경감된 취득세를 추징한다. (2023. 12. 29. 신설)

1. 정당한 사유 없이 그 취득일부터 2년이 경과할 때까

Note 2023. 12. 29. 개정 ☞ 제1항 감면 신설 : 취득 15%(+조례 10% 可), 25년

지 해당 용도로 직접 사용하지 아니하는 경우 (2023. 12. 29. 신설)

2. 「물류시설의 개발 및 운영에 관한 법률」 제46조에 따른 준공인가를 받은 날부터 3년 이내에 정당한 사유 없이 물류시설용으로 분양 또는 임대하지 아니하거나 직접 사용하지 아니한 경우 (2023. 12. 29. 신설)

3. 해당 용도로 직접 사용한 기간이 2년 미만인 상태에서 매각·증여하거나 다른 용도로 사용하는 경우 (2023. 12. 29. 신설)

② 도시첨단물류단지에서 제71조 제2항에 따른 물류사업을 직접 하려는 자가 물류사업에 직접 사용하기 위하여 취득하는 물류시설용 부동산에 대해서는 취득세의 100분의 40(제1항에 따른 자가 직접 사용하는 경우에는 100분의 15)을 2025년 12월 31일까지 경감한다. 다만, 다음 각 호의 어느 하나에 해당하는 경우 그 해당 부분에 대해서는 경감된 취득세를 추징한다. (2023. 12. 29. 신설)

1. 정당한 사유 없이 그 취득일부터 2년이 경과할 때까지 해당 용도로 직접 사용하지 아니하는 경우 (2023. 12. 29. 신설)

2. 해당 용도로 직접 사용한 기간이 2년 미만인 상태에서 매각·증여하거나 다른 용도로 사용하는 경우 (2023. 12. 29. 신설)

③ 제1항 및 제2항을 적용할 때 지방자치단체의 장은 해당 지역의 재정 여건 등을 고려하여 100분의 10의 범위

Note 2023. 12. 29. 개정 ☞ 제2항 감면 신설 : 취득 40%(+조례 10% 可), 25년

에서 조례로 정하는 율을 추가로 경감할 수 있다. (2023. 12. 29. 신설)

제72조【별정우체국에 대한 과세특례】 ① 「별정우체국법」 제3조에 따라 과학기술정보통신부장관의 지정을 받은 사람(같은 법 제3조의 3에 따라 별정우체국의 지정을 승계한 사람을 포함한다. 이하 이 조에서 "피지정인"이라 한다)이 별정우체국사업에 직접 사용(같은 법 제4조 제2호에 해당하는 사람을 별정우체국의 국장으로 임용하는 경우에도 피지정인이 직접 사용하는 것으로 본다. 이하 이 조에서 같다)하기 위하여 취득하는 부동산에 대한 취득세는 2025년 12월 31일까지 「지방세법」 제11조 제1항의 세율에서 1천분의 20을 경감하여 과세한다. 다만, 다음 각 호의 어느 하나에 해당하는 경우 그 해당 부분에 대해서는 경감된 취득세를 추징한다. (2023. 3. 14. 개정) 감면분만 농특비

1. 해당 부동산을 취득한 날부터 5년 이내에 수익사업에 사용하는 경우 (2016. 12. 27. 개정)
2. 정당한 사유 없이 그 취득일부터 1년이 경과할 때까지 해당 용도로 직접 사용하지 아니하는 경우 (2011. 12. 31. 신설)
3. 해당 용도로 직접 사용한 기간이 2년 미만인 상태에서 매각·증여하거나 다른 용도로 사용하는 경우 (2011. 12. 31. 신설)

Note 2023. 3. 14. 개정 ☞ 제1항 기한 연장 : 22년→25년
2020. 1. 15. 개정 ☞ 제1항 기한 연장 : 19년→22년

운영예규 법72-1【별정우체국】
「지방세특례제한법」 제72조의 「별정우체국」이라 함은 「별정우체국법」 제3조의 규정에 의하여 과학기술정보통신부장관으로부터 별정우체국으로 지정을 받아 자기의 부담으로 청사 기타 시설을 갖추고 국가로부터 위임받은 체신업무를 자기 계산 하에 운영하는 우체국을 말한다.

② 피지정인이 과세기준일 현재 별정우체국 사업에 직접 사용하는 부동산(「별정우체국법」 제3조의 3에 따라 별정우체국의 지정을 승계한 경우로서 피승계인 명의의 부동산을 무상으로 직접 사용하는 경우를 포함한다)에 대해서는 재산세(「지방세법」 제112조에 따른 부과액을 포함한다)를 2025년 12월 31일까지 면제하고, 별정우체국에 대한 주민세 사업소분(「지방세법」 제81조 제1항 제2호에 따라 부과되는 세액으로 한정한다) 및 종업원분을 2025년 12월 31일까지 각각 면제한다. 다만, 수익사업에 사용하는 경우와 해당 재산이 유료로 사용되는 경우의 그 재산 및 해당 재산의 일부가 그 목적에 직접 사용되지 아니하는 경우의 그 일부 재산에 대해서는 면제하지 아니한다. (2023. 3. 14. 개정) 상한/재산 50만원↑, 85%(20년부터)

③ 「별정우체국법」에 따라 설립된 별정우체국 연금관리단이 같은 법 제16조 제1항의 업무에 직접 사용하기 위하여 취득하는 부동산에 대하여는 다음 각 호에서 정하는 바에 따라 2014년 12월 31일까지 지방세를 감면한다. (2013. 1. 1. 개정) 일몰

1. 「별정우체국법」 제16조 제1항 제4호의 복리증진사업을 위한 부동산에 대하여는 취득세 및 재산세를 각각 면제한다.
2. 「별정우체국법」 제16조 제1항 제3호 및 제5호의 업무를 위한 부동산에 대하여는 취득세 및 재산세의 100분의 50을 각각 경감한다.

Note 2023. 3. 14. 개정 ☞ 제2항 기한 연장 : 22년→25년
2020. 1. 15. 개정 ☞ 제2항 기한 연장 : 19년→22년
☞ 감면 축소 : 지역자원시설세 종료

관련법령

별정우체국법

제16조 【별정우체국 연금관리단】 ① 다음 각 호의 업무를 맡아 처리하기 위하여 별정우체국 연금관리단(이하 "연금관리단"이라 한다)을 설립한다. (2011. 5. 24. 개정)

3. 자산의 운용 (2011. 5. 24. 개정)
4. 직원의 복리 증진을 위한 사업 (2011. 5. 24. 개정)
5. 그 밖의 급여에 관한 업무 (2011. 5. 24. 개정)

제7절 국토 및 지역개발에 대한 지원

제73조 【토지수용 등으로 인한 대체취득에 대한 감면】 ①「공익사업을 위한 토지 등의 취득 및 보상에 관한 법률」,「국토의 계획 및 이용에 관한 법률」,「도시개발법」 등 관계 법령에 따라 토지 등을 수용할 수 있는 사업인정을 받은 자(「관광진흥법」 제55조 제1항에 따른 조성계획의 승인을 받은 자 및 「농어촌정비법」 제56조에 따른 농어촌정비사업 시행자를 포함한다)에게 부동산(선박·어업권·양식업권 및 광업권을 포함한다. 이하 이 조에서 "부동산등"이라 한다)이 매수, 수용 또는 철거된 자(「공익사업을 위한 토지 등의 취득 및 보상에 관한 법률」이 적용되는 공공사업에 필요한 부동산등을 해당 공공사업의 시행자에게 매도한 자 및 같은 법 제78조 제1항부터 제4항까지 및 제81조에 따른 이주대책의 대상이 되는 자를 포함한다)가 계약일 또는 해당 사업인정 고시일(「관광진흥법」에 따른 조성계획 고시일 및 「농어촌정비법」에 따른 개발계획 고시일을 포함한다) 이후에 대체취득할 부동산등에 관한 계약을 체결하거나 건축허가를 받고, 그 보상금을 마지막으로 받은 날(사업인정을 받은 자의 사정으로 대체취득이 불가능한 경우에는 취득이 가능한 날을 말하고, 「공익사업을 위한 토지 등의 취득 및 보상에 관한 법률」 제63조 제1항에 따라

제7절 국토 및 지역개발에 대한 지원

제34조 【수용 시의 초과액 산정기준】 ① 법 제73조 제1항 각 호 외의 부분 단서에 따른 초과액의 산정 기준과 산정 방법은 다음 각 호와 같다.

1. 법 제73조 제1항 각 호 외의 부분 본문에 따른 부동산등(이하 이 조에서 "부동산등"이라 한다)의 대체취득이 다음 각 목에 따른 취득에 해당하는 경우의 초과액 : 대체취득한 부동산등의 사실상의 취득가격에서 매수·수용·철거된 부동산등의 보상금액을 뺀 금액 (2021. 12. 31. 개정)
   가. 국가, 지방자치단체 또는 「지방자치법」 제176조 제1항에 따른 지방자치단체조합으로부터의 취득 (2021. 12. 31. 신설)
   나. 외국으로부터의 수입에 의한 취득 (2021. 12. 31. 신설)
   다. 민사소송 및 행정소송에 의하여 확정된 판결문(화해·포기·인낙 또는 자백간주에 의한 것은 제외한다), 금융회사의 금융거래 내역 또는 「감정평가 및 감정평가사에 관한 법률」 제6조에 따른 감정평가서 등 객관적 증거서류에 의하여 법인이 작성한 원장·보조장·출납전표·결산서 등 법인장부[법인장부의 기재사항 중 중고자동차 또는 중고기계

제5조 【부동산등의 수용 등 확인서】 법 제73조 제1항에 따른 부동산등(이하 이 조에서 "부동산등"이라 한다)이 매수, 수용 또는 철거된 가 종전의 부동산등을 대체할 부동산등을 취득함에 따라 취득세를 면제받으려는 경우에는 별지 제5호 서식의 부동산등 매수, 수용 또는 철거 확인서를 관할 시장·군수·구청장에게 제출하여야 한다. (2016. 12. 30. 개정)

토지로 보상을 받는 경우에는 해당 토지에 대한 취득이 가능한 날을 말하며, 같은 법 제63조 제6항 및 제7항에 따라 보상금을 채권으로 받는 경우에는 채권상환기간 만료일을 말한다)부터 1년 이내(제6조 제1항에 따른 농지의 경우는 2년 이내)에 다음 각 호의 구분에 따른 지역에서 종전의 부동산등을 대체할 부동산등을 취득하였을 때(건축 중인 주택을 분양받는 경우에는 분양계약을 체결한 때를 말한다)에는 그 취득에 대한 취득세를 면제한다. 다만, 새로 취득한 부동산등의 가액 합계액이 종전의 부동산등의 가액 합계액을 초과하는 경우에 그 초과액에 대해서는 취득세를 부과하며, 초과액의 산정 기준과 방법 등은 대통령령으로 정한다. (2019. 8. 27. 개정 ; 양식산업발전법 부칙) 취득 농특비

예 판

【예규】 사업시행자가 사업승인고시일 전이라도 공익사업 등 수행을 위해 토지등을 수용하거나 사용할 수 있는 지위에서 부동산등의 매매계약을 체결한 경우라면 '사업인정을 받은 자에게 매수된'이라는 요건을 충족한 것으로 보아야 함. (지방세특례제도과-307, 2020. 2. 14.)

【판례】 사업인정 고시일 이후 신탁계약을 체결하고 사업을 시작한 경우 수탁자가 사업인정 고시일 당시 종전 토지의 소유자가 아닌데다 1년 전부터 계속하여 종전 토지의 소재지에서 사업을 영위하지 않은 부재부동산 소유자에 해당하므로 감면대상에 해당하지 않음. (대법 2017두61508, 2020. 6. 11.)

장비의 취득가액이 「지방세법」 제4조 제2항에서 정하는 시가표준액보다 낮은 경우에는 그 취득 가액 부분(중고자동차 또는 중고기계장비가 천재지변, 화재, 교통사고 등으로 그 가액이 시가표준액보다 하락한 것으로 시장·군수·구청장이 인정한 경우는 제외한다)은 객관적 증거서류에 의하여 취득가액이 증명되는 법인장부에서 제외한다]에 따라 취득가격이 증명되는 취득 (2021. 12. 31. 신설)

라. 공매방법에 의한 취득 (2021. 12. 31. 신설)

마. 「부동산 거래신고 등에 관한 법률」 제3조에 따른 신고서를 제출하여 같은 법 제5조에 따라 검증이 이루어진 취득 (2021. 12. 31. 신설)

2. 부동산등의 대체취득이 제1호 각 목에 따른 취득 외의 취득에 해당하는 경우의 초과액 : 대체취득한 부동산등의 취득세 과세표준(「지방세법」 제10조의 2부터 제10조의 6까지의 규정에 따른 과세표준을 말한다)에서 매수·수용·철거된 부동산등의 매수·수용·철거 당시의 보상금액을 뺀 금액 (2021. 12. 31. 개정)

1. 농지 외의 부동산등
  가. 매수 · 수용 · 철거된 부동산등이 있는 특별시 · 광역시 · 특별자치시 · 도 · 특별자치도 내의 지역 (2016. 12. 27. 개정)
  나. 가목 외의 지역으로서 매수 · 수용 · 철거된 부동산등이 있는 특별자치시 · 시 · 군 · 구와 잇닿아 있는 특별자치시 · 시 · 군 · 구 내의 지역 (2016. 12. 27. 개정)
  다. 매수 · 수용 · 철거된 부동산등이 있는 특별시 · 광역시 · 특별자치시 · 도와 잇닿아 있는 특별시 · 광역시 · 특별자치시 · 도 내의 지역. 다만, 「소득세법」 제104조의 2 제1항에 따른 지정지역은 제외한다. (2016. 12. 27. 개정)
  다. 매수 · 수용 · 철거된 부동산등이 있는 특별시 · 광역시 · 특별자치시 · 도 · 특별자치도와 잇닿아 있는 특별시 · 광역시 · 특별자치시 · 도 · 특별자치도 내의 지역. 다만, 「소득세법」 제104조의 2 제1항에 따른 지정지역은 제외한다. (2024. 12. 31. 개정)
2. 농지(제6조 제1항에 따른 자경농민이 농지 경작을 위하여 총 보상금액의 100분의 50 미만의 가액으로 취득하는 주택을 포함한다) (2015. 12. 29. 개정)
  가. 제1호에 따른 지역
  나. 가목 외의 지역으로서 「소득세법」 제104조의 2 제1항에 따른 지정지역을 제외한 지역

Note 2024. 12. 31 개정 ☞ 감면 확대 : 특별자치도 수용지역 → 수용지역+잇닿은 지역

편주

법 73조 1항 1호 다목 본문의 개정규정은 2025. 1. 1. 이후 납세의무가 성립하는 경우부터 적용함. (법 부칙(2024. 12. 31.) 2조)

예판

【예규】 • 토지수용 대체취득 감면시 대체할 부동산등의 지역적 범위 명확화 (지방세특례제도과-2463, 2021. 11. 5.)
대체취득할 지역의 부동산이 §73 ① 1 나목 및 다목에 중복 해당될 경우 나목에 따른 대체취득 지역 소재지 감면 요건 적용

② 제1항에도 불구하고 「지방세법」 제13조 제5항에 따른 과세대상을 취득하는 경우와 대통령령으로 정하는 부재부동산 소유자가 부동산을 대체취득하는 경우에는 취득세를 부과한다. (2010. 12. 27. 개정) 취득 농특비

③ 「공익사업을 위한 토지 등의 취득 및 보상에 관한 법률」에 따른 환매권을 행사하여 매수하는 부동산에 대해서는 취득세를 면제한다. (2015. 12. 29. 개정) 취득 농특비

예판

【판례】 • 대체취득에 대한 감면 적용범위
- 종중은 비법인사단으로서 '사업자'에 해당되어 수용된 토지에 사업자등록을 하지도 아니하고 실제 위 토지에서 사업을 수행하지도 아니한 이상 부재부동산 소유자에 해당함. (대법 2008두19864, 2010. 12. 23.)
- 법인을 그 대표자인 개인과 동일시할 수 없으므로, 개인사업자가 법인으로 전환한 경우라도 개인사업자와 법인이 영속성이 있는 것으로 보아 부재부동산 소유주 판단기준인 사업기간(1년)을 통산하여 판단할 수 없음. (대법 2011두14524, 2012. 3. 15.)

【예규】 • '사업인정을 받은 자의 사정으로 대체취득이 불가능할

② 법 제73조 제2항에서 "대통령령으로 정하는 부재부동산 소유자"란 「공익사업을 위한 토지 등의 취득 및 보상에 관한 법률」 등 관계 법령에 따른 사업고시지구 내에 매수·수용 또는 철거되는 부동산을 소유하는 자로서 다음 각 호에 따른 지역에 계약일(사업인정고시일 전에 체결된 경우로 한정한다) 또는 사업인정고시일 현재 1년 전부터 계속하여 주민등록 또는 사업자등록을 하지 아니하거나 1년 전부터 계속하여 주민등록 또는 사업자등록을 한 경우라도 사실상 거주 또는 사업을 하고 있지 아니한 거주자 또는 사업자(법인을 포함한다)를 말한다. 이 경우 상속으로 부동산을 취득하였을 때에는 상속인과 피상속인의 거주기간을 합한 것을 상속인의 거주기간으로 본다. (2017. 12. 29. 개정)

1. 매수 또는 수용된 부동산이 농지인 경우 : 그 소재지 시·군·구 및 그와 잇닿아 있는 시·군·구 또는 농지의 소재지로부터 30킬로미터 이내의 지역 (2020. 12. 31. 개정)

예판

【판례】 부동산 대체취득에서 '사업인정고시일'이란 관계법령에 따라 부동산이 매수, 수용 또는 철거되는 것으로 고시된 '최초 사업인정고시일'을 의미하는 것으로 봄이 타당함. (서울행법 2018구합66807, 2019. 5. 16. : 대법확정)

경우'라 함은 사업인정을 받은 자가 수용 또는 철거된 자들을 집단적으로 이주시키기 위하여 단지를 조성하거나, 토지 등을 수용하는 대가로 대체할 토지를 특별분양하기로 약정하여 공사 등이 지연되는 경우 등을 뜻한다고 할 것임 (지방세운영과-3924, 2012. 12. 6.)

• 사업인정을 받은 자에게 토지를 수용당하여 새로이 조성되는 이주자택지를 공급받는 경우로서 공급약정에 따라 잔금을 지급한 경우라면, 그 '잔금지급일'을 '취득이 가능한 날'로 봄이 타당하다고 할 것이나, '잔금지급일'에 토지사용이 불가능한 경우에는 '잔금지급일'에도 불구하고 당해 토지사용가능시기(일)를 그 '취득이 가능한 날'로 보아야 할 것임. (지방세운영과-3924, 2012. 12. 6.)

운영예규 법73-1【대체취득 감면 기간】

대체취득 감면 적용기간은 사업인정고시일(사업인정고시일 이전에 사업인정을 받은 자에게 협의매수된 경우에는 그 협의매수 계약일)이 시기(始期)이고, 마지막 보상금을 받은 날로부터 1년 이내가 종기(終期)이다.

법73-2【대체취득 부재부동산 소유자의 범위】

농지의 소재지로부터 30킬로미터 이내의 지역이라 함은 해당 농지 소재지로부터 농지소유자가 거주하는 시·군·구의 경계선까지의 거리가 아닌 농지소유자의 거주지까지의 거리가 30킬로미터 이내의 지역을 의미한다. (2022. 10. 25. 개정)

제73조의 2【기부채납용 부동산 등에 대한 감면】

①「지방세법」 제9조 제2항에 따른 부동산 및 사회기반시설 중에서 국가, 지방자치단체 또는 지방자치단체조합(이하 이 조에서 "국가등"이라 한다)에 귀속되거나 기

2. 매수·수용 또는 철거된 부동산이 농지가 아닌 경우 : 그 소재지 구[자치구가 아닌 구를 포함하며, 도농복합형태의 시의 경우에는 동(洞) 지역만 해당한다. 이하 이 호에서 같다]·시(자치구가 아닌 구를 두지 아니한 시를 말하며, 도농복합형태의 시의 경우에는 동 지역만 해당한다. 이하 이 호에서 같다)·읍·면 및 그와 잇닿아 있는 구·시·읍·면 지역

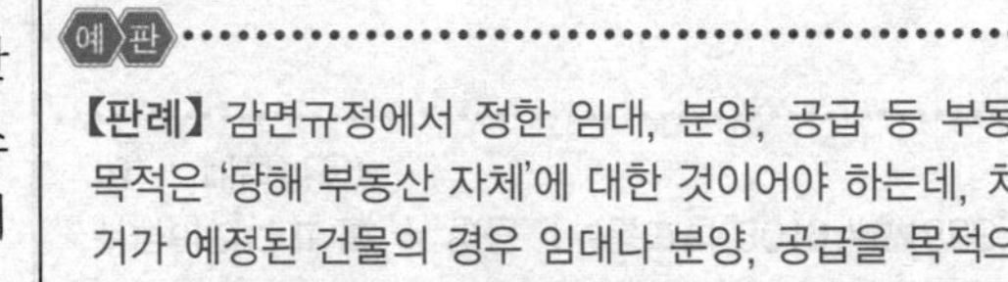

예판

【판례】 감면규정에서 정한 임대, 분양, 공급 등 부동산의 취득목적은 '당해 부동산 자체'에 대한 것이어야 하는데, 처음부터 철거가 예정된 건물의 경우 임대나 분양, 공급을 목적으로 건물을

부채납(이하 이 조에서 "귀속등"이라 한다)한 것의 반대급부로 국가등이 소유하고 있는 부동산 또는 사회기반시설을 무상으로 양여받거나 기부채납 대상물의 무상사용권을 제공받는 조건으로 취득하는 부동산 또는 사회기반시설에 대해서는 다음 각 호의 구분에 따라 감면한다. (2021. 12. 28. 개정)

상한/취득 200만원↑, 85%(19년~20년 적용) 취득(감면분만) 농특비

이동 지방세법 §9 ③에서 이동(15. 12. 29.)

1. 2020년 12월 31일까지 취득세를 면제한다. (2018. 12. 24. 신설)
2. 2021년 1월 1일부터 2027년 12월 31일까지는 취득세의 100분의 50을 경감한다. (2024. 12. 31. 개정)

② 제1항의 경우 국가등에 귀속등의 조건을 이행하지 아니하고 타인에게 매각·증여하거나 국가등에 귀속등을 이행하지 아니하는 것으로 조건이 변경된 경우에는 그 감면된 취득세를 추징한다. (2018. 12. 24. 개정)

제74조 【도시개발사업 등에 대한 감면】 ① 「도시개발법」 제2조 제1항 제2호에 따른 도시개발사업(이하 이 조에서 "도시개발사업"이라 한다)과 「도시 및 주거환경정비법」 제2조 제2호 나목에 따른 재개발사업(이하 이 조에서 "재개발사업"이라 한다)의 시행으로 해당 사업의 대상이 되는 부동산의 소유자(상속인을 포함한다. 이하 이 조에서 같다)가 환지계획 및 토지상환채권에 따라 취득하는 토지, 관리처분계획에 따라 취득하는 토지 및 건축물(이하 이 항에서 "환지계획 등에 따른 취득

취득하였다고 볼 수 없음. (서울고법 2019누54858, 2020. 1. 16. : 대법확정)

Note 2018. 12. 24. 개정 ☞ 기한 연장 : 18년→20년

Note 2024. 12. 31. 개정 ☞ 제2호 기한 연장 : 24년→27년
2021. 12. 28. 개정 ☞ 제2호 기한 연장 : 21년→24년
2018. 12. 24. 개정 ☞ 기한 연장 : 20년→21년
☞ 감면 축소(21년 적용) : 취득 100%→50%

제35조 【환지계획 등에 따른 취득부동산의 초과액 산정기준 등】 ① 법 제74조 제1항의 환지계획 등에 따른 취득부동산은 그 토지의 지목이 사실상 변경되는 부동산을 포함한다.

제35조 【환지계획 등에 따른 취득부동산의 초과액 산정기준 등】 ① 삭 제 (2023. 3. 14.)

Note 2021. 12. 28. 개정 ☞ 제177조의 2 1항 2호에 최소납부세제 적용 대상 제외 규정

부동산"이라 한다)에 대해서는 취득세를 2022년 12월 31일까지 면제한다. 다만, 다음 각 호에 해당하는 부동산에 대해서는 취득세를 부과한다. (2020. 1. 15. 개정) 취득 농특비

1. 환지계획 등에 따른 취득부동산의 가액 합계액이 종전의 부동산 가액의 합계액을 초과하여 「도시 및 주거환경정비법」 등 관계 법령에 따라 청산금을 부담하는 경우에는 그 청산금에 상당하는 부동산
2. 환지계획 등에 따른 취득부동산의 가액 합계액이 종전의 부동산 가액 합계액을 초과하는 경우에는 그 초과액에 상당하는 부동산. 이 경우 사업시행인가(승계취득일 현재 취득부동산 소재지가 「소득세법」 제104조의 2 제1항에 따른 지정지역으로 지정된 경우에는 도시개발구역 지정 또는 정비구역 지정) 이후 환지 이전에 부동산을 승계취득한 자로 한정한다.

제74조 【도시개발사업 등에 대한 감면】 ① 삭 제 (2023. 3. 14.) 취득 농특비 일몰

편주

① 2022. 12. 31. 이전에 도시개발법 29조에 따른 환지계획 인가 또는 도시 및 주거환경정비법 74조에 따른 관리처분계획 인가를 받은 도시개발사업 또는 재개발사업의 시행으로 해당 사업의 대상이 되는 부동산의 소유자가 2023. 1. 1. 이후 취득(토지상환채권으로 취득하는 경우를 포함함)하는 부동산에 대해서는 법 74조 1항 및 2항의 개정규정에도 불구하고 종전의 법 74조 1항 및 2항에 따라 취득세를 면제하거나 부과함. 이 경우 종전의 법 74조 1항 각 호 외의 부분 본문 중 "2022년 12월 31일"은 "2025년 12월 31일"로 봄. (법 부칙(2023. 3. 14.) 11조 1항)

② 1항에 따라 취득세가 부과되는 자에 대해서는 종전의 법 74

2020. 1. 15. 개정 ☞ 제1항 기한 연장 : 19년→22년

편주

도시개발사업 등에 대한 감면규정 개정요약

취득세 감면대상		조항변경 전	조항변경 후	감면율 전	감면율 후
(기존) 도시개발, 재개발사업의 환지계획 등에 따라 취득하는 부동산		①	①	100	100
(기존) 도시개발, 재개발사업의 체비지 또는 보류지		①	③	100	75
재개발	(기존) 대지조성하기 위한 부동산	③ 1	⑤ 1	75	50
	(기존) 관리처분에 따라 취득하는 주택	③ 2	⑤ 2	75	50
	(신설) 60㎡ 이하 주택(청산금)	–	⑤ 3	–	75
	(변경) 85㎡ 이하 주택(청산금) → 60~85㎡ 이하 주택(청산금)	③ 4	⑤ 3	100	50
주거환경개선	(변경) 시행을 위하여 취득하는 주택 → 대지조성하기 위한 주택	③ 3	④ 1	75	75
	(신설) 체비지 또는 보류지	–	④ 2	–	75
	(기존) 고시일 기준 현재 소유자 개량 주택 및 85㎡ 이하 주택(청산금)	③ 5	④ 3	100	100

※ (기존) 종전 감면대상과 동일, (변경) 일부 감면대상 조정 및 명확화

예판

【예규】 • 관리처분인가일 전 승계취득한 조합원이 관리처분계획에 따른 부동산 취득 시 프리미엄 반영 여부

관리처분계획인가일 이전에 승계 취득한 조합원이 관리처분계획에 따라 부동산을 취득하는 경우, 취득세 과세표준 산정 시에 관련 프리미엄은 승계조합원이 재개발사업으로 준공된 아파트를 취득하기 위하여 원조합원에게 실제로 지급한 비용이므로 舊 지방세특례제한법 시행령 제35조 제2항에 따라 초과액을 산정할 때 환지계획 등에 따른 취득 부동산의 과세표준에 그 프리미엄을 포

조 5항 3호에 따라 2025. 12. 31.까지 그 취득세를 경감함. (법 부칙(2023. 3. 14.) 11조 2항)

③ 2022. 12. 31. 이전에 종전의 법 74조 5항 3호에 따라 청산금에 상당하는 부동산을 취득하여 해당 부동산에 대한 취득세를 경감받았거나 2항에 따라 취득세를 경감받는 경우 그 경감 취득세에 관하여는 법 74조 5항 각 호 외의 부분 단서에 따라 추징함. (법 부칙(2023. 3. 14.) 11조 3항)

② 제1항 제2호의 초과액의 산정 기준과 방법 등은 대통령령으로 정한다.

② 삭 제 (2023. 3. 14.)

③ 「도시개발법」에 따른 도시개발사업의 사업시행자가 해당 도시개발사업의 시행으로 취득하는 체비지 또는 보류지에 대해서는 취득세의 100분의 75를 2025년 12월 31일까지 경감한다. (2023. 3. 14. 개정) 취득(감면분만) 농특비

Note 2023. 3. 14. 개정 ☞ 제3항 기한 연장 : 22년→25년
2020. 1. 15. 개정 ☞ 제3항 기한 연장 : 19년→22년
2018. 12. 24. 개정 ☞ 제3항 4호·5호 기한 연장 : 18년→21년
2016. 12. 27. 개정 ☞ 제3항 1~3호 감면 축소 : 취득 100%→75% ☞ 기한 연장 : 16년→19년
2015. 12. 29. 개정 ☞ 제3항 4호·5호 기한 연장 : 15년→18년

예 판

【조심판례】 이 건 토지의 취득 당시 시행 중인 위 법률에 따르면 종전의 도시환경정비사업 역시 재개발사업에 포함되므로 취득세 감면 대상인 재개발사업에는 종전 도시환경정비사업이 포함된다고 보아야 하는 점 등에 비추어 청구법인이 도시환경정비사

함하는 것이 타당함. (지방세특례제도과-2279, 2024. 9. 10.)

• 재개발사업으로 사업시행자가 취득하는 체비지(관리처분계획에 따라 취득하는 일반분양분 주택)의 경우 「지방세특례제한법」(2020. 1. 15., 법률 제16865호 개정 전의 것) 제74조제1항(면제) 또는 제74조 제3항 제2호(75% 경감)에 대한 적용여부와 관련, 재개발 사업시행자가 2020. 1. 1. 전에 재개발 사업시행계획 인가를 받고 2020. 1. 1. 이후에 이 건 부동산을 체비지로 취득하는 경우에는 취득세가 면제(최소납부세제 적용)될 것임(지방세특례제도과-347, 2023. 10. 16.)

• 프리미엄은 승계조합원이 재개발사업으로 준공된 아파트를 취득하기 위하여 원조합원에게 실제로 지급한 비용에 포함되므로 승계조합원 취득부동산의 과세표준에 그 프리미엄을 포함하는 것이 타당함(지방세특례제도과-2207. 2023. 8. 22.)

② 법 제74조 제2항에 따른 초과액은 같은 조 제1항의 환지계획 등에 따른 취득부동산의 과세표준(제34조 제1항 제1호 각 목의 취득에 대하여 「지방세법」 제10조의 3부터 제10조의 6까지의 규정에 따른 사실상의 취득가격이 증명되는 경우에는 사실상의 취득가격을 말한다)에서 환지 이전의 부동산의 과세표준(승계취득할 당시의 취득세 과세표준을 말한다)을 뺀 금액으로 한다. (2021. 12. 31. 개정)

② 삭 제 (2023. 3. 14.)

업에 사용하고자 취득한 이 건 토지는 「지방세특례제한법」 제74조 제3항 제1호에 따른 취득세 감면대상임. (조심 2021지437, 2021. 4. 21.)

【예규】 재개발조합이 관리처분계획서상 대지조성용으로 예정된 용도폐지되는 도로를 국가로부터 무상양여 받아 준공일에 취득하는 경우 취득세 감면대상 대지조성용 토지에 해당. (지방세특례제도과-1948, 2020. 8. 20.)

④ 「도시 및 주거환경정비법」 제2조 제2호 가목에 따른 주거환경개선사업(이하 이 조에서 "주거환경개선사업"이라 한다)의 시행에 따라 취득하는 주택에 대해서는 다음 각 호의 구분에 따라 취득세를 2025년 12월 31일까지 감면한다. 다만, 그 취득일부터 5년 이내에 「지방세법」 제13조 제5항 제1호부터 제4호까지의 규정에 해당하는 부동산이 되거나 관계 법령을 위반하여 건축한 경우에는 감면된 취득세를 추징한다. (2023. 3. 14. 개정)

취득(감면분만) 농특비

1. 주거환경개선사업의 시행자가 주거환경개선사업의 대지조성을 위하여 취득하는 주택에 대해서는 취득세의 100분의 75를 경감한다. (2020. 1. 15. 신설)
2. 주거환경개선사업의 시행자가 「도시 및 주거환경정비법」 제74조에 따라 해당 사업의 시행으로 취득하는 체비지 또는 보류지에 대해서는 취득세의 100분의 75를 경감한다. (2020. 1. 15. 신설)
3. 「도시 및 주거환경정비법」에 따른 주거환경개선사업

Note 2023. 3. 14. 개정 ☞ 제4항 기한 연장 : 22년 → 25년

의 정비구역지정 고시일 현재 부동산의 소유자가 같은 법 제23조 제1항 제1호에 따라 스스로 개량하는 방법으로 취득하는 주택 또는 같은 항 제4호에 따른 주거환경개선사업의 시행으로 취득하는 전용면적 85제곱미터 이하의 주택에 대해서는 취득세를 면제한다. (2020. 1. 15. 신설) 이동 舊 §74 ③에서 이관(20. 1. 31.)

상한/취득 200만원↑, 85%(19년부터 4항 3호 적용)

⑤ 「도시 및 주거환경정비법」에 따른 재개발사업(이하 이 조에서 "재개발사업"이라 한다)의 시행에 따라 취득하는 부동산에 대해서는 다음 각 호의 구분에 따라 취득세를 2025년 12월 31일까지 경감한다. 다만, 그 취득일부터 5년 이내에 「지방세법」 제13조 제5항 제1호부터 제4호까지의 규정에 해당하는 부동산이 되거나 관계 법령을 위반하여 건축한 경우 및 제3호에 따라 대통령령으로 정하는 일시적 2주택자에 해당하여 취득세를 경감받은 사람이 그 취득일부터 3년 이내에 대통령령으로 정하는 1가구 1주택이 되지 아니한 경우에는 감면된 취득세를 추징한다. (2023. 3. 14. 개정) 취득(감면분만) 농특비

Note 2023. 3. 14. 개정 ☞ 제5항 기한 연장 : 22년→25년

1. 재개발사업의 시행자가 재개발사업의 대지 조성을 위하여 취득하는 부동산에 대해서는 취득세의 100분의 50을 경감한다. (2020. 1. 15. 신설)
2. 재개발사업의 시행자가 「도시 및 주거환경정비법」 제74조에 따른 해당 사업의 관리처분계획에 따라 취득하

③ 법 제74조 제5항 각 호 외의 부분 단서에서 "대통령령으로 정하는 일시적 2주택자"란 취득일 현재 같은 항 제3호에 따른 재개발사업의 시행으로 취득하는 주택을 포함하여 2개의 주택을 소유한 자를 말한다. 이 경우 주택의 부속토지만을 소유하는 경우에도 주택을 소유한 것으로 보며, 상속으로 인하여 주택의 공유지분을 소유한 경우(주택 부속토지의 공유지분만을 소유하는 경우를 포함한다)에는 주택을 소유한 것으로 보지 않는다. (2020. 1. 15. 신설)

④ 법 제74조 제5항 각 호 외의 부분 단서 및 같은 항 제3호 각 목 외의 부분에서 "대통령령으로 정하는 1가구 1주택"이란 각각 주택 취득자와 같은 세대별 주민등록표에 기재되어 있는 가족(동거인은 제외한다)으로 구성된 1가구(취득자의 배우자, 취득자의 미혼인 30세 미만의 직계비속은 각각 취득자와 같은 세대별 주민등록표에 기재되어 있지 않더라도 같은 가구에 속한 것으로 본다)가 국내에 1개의 주택을 소유하고, 그 소유한 주택이

는 주택에 대해서는 취득세의 100분의 50을 경감한다. (2020. 1. 15. 신설)

3. 재개발사업의 정비구역지정 고시일 현재 부동산의 소유자가 재개발사업의 시행으로 주택을 취득함으로써 대통령령으로 정하는 1가구 1주택이 되는 경우(취득 당시 대통령령으로 정하는 일시적으로 2주택이 되는 경우를 포함한다)에는 다음 각 목에서 정하는 바에 따라 취득세를 경감한다. (2023. 3. 14. 개정)

   가. 전용면적 60제곱미터 이하의 주택을 취득하는 경우에는 취득세의 100분의 75를 경감한다. (2020. 1. 15. 신설)

   나. 전용면적 60제곱미터 초과 85제곱미터 이하의 주택을 취득하는 경우에는 취득세의 100분의 50을 경감한다. (2020. 1. 15. 신설)

예판

【판례】 ・도시개발사업 등에 대한 감면 적용범위

– 취득세가 감면되는 체비지 등은 사업시행자가 미리 환지계획이나 관리처분계획에서 체비지 등으로 정하여 환지처분의 공고나 분양처분의 고시가 있은 후에 취득하는 것만을 의미함. (대법 2010두1736, 2012. 5. 10.)

제74조의 2【도심 공공주택 복합사업 등에 대한 감면】 ①「공공주택 특별법」 제2조 제3호 마목에 따른 도심 공공주택 복합사업(이하 이 조에서 "복합사업"이라

「도시 및 주거환경정비법」 제2조 제2호 나목에 따른 재개발사업의 시행에 따라 취득한 주택일 것을 말한다. 이 경우 주택의 부속토지만을 소유하는 경우에도 주택을 소유한 것으로 본다. (2020. 1. 15. 신설)

⑤ 법 제74조 제5항 제3호 각 목 외의 부분에서 "대통령령으로 정하는 일시적으로 2주택이 되는 경우"란 제3항에 해당하게 되는 경우를 말한다. (2020. 1. 15. 신설)

제35조의 2【현물보상에 따라 취득하는 건축물의 초과액 산정기준 등】 ① 법 제74조의 2 제1항 단서에 따른 초과액은 다음 각 호의 구분에 따라 산정한다. (2023.

법	영	규칙
한다) 및 「도시재생 활성화 및 지원에 관한 특별법」 제2조 제1항 제7호 나목에 따른 혁신지구재생사업(「도시재생 활성화 및 지원에 관한 특별법」 제2조 제1항 제6호의 3에 따른 주거재생혁신지구에서 시행하는 사업에 한정한다. 이하 이 조에서 "주거혁신지구재생사업"이라 한다)의 시행으로 해당 사업의 대상이 되는 부동산의 소유자(상속인을 포함한다. 이하 이 조에서 같다)가 「공공주택 특별법」 제40조의 10 제3항 및 「도시재생 활성화 및 지원에 관한 특별법」 제55조의 3 제1항에 따른 현물보상(이하 이 조에서 "현물보상"이라 한다)에 따라 취득하는 건축물(건축물에 부속된 토지를 포함한다. 이하 이 조에서 같다)에 대해서는 취득세를 2027년 12월 31일까지 면제한다. 다만, 현물보상에 따라 취득하는 건축물의 가액 합계액이 종전의 부동산 가액의 합계액을 초과하는 경우에는 그 초과액에 상당하는 부동산에 대해서는 취득세를 부과한다. (2024. 12. 31. 개정) 상한/취득 200만원↑, 85%(22년부터) Note 2024. 12. 31. 개정 ☞ 기한 연장 : 24년→27년 2021. 12. 28. 개정 ☞ 제1항 신설, 일몰기한 : 24년	3. 14. 신설) 1. 「공공주택 특별법」 제40조의 10 제3항에 따른 현물보상에 따라 취득하는 건축물(건축물에 부속된 토지를 포함한다. 이하 이 호 및 제2호에서 같다)의 경우 : 같은 법 시행령 제35조의 9 제6항 전단에 따라 현물보상한 건축물의 분양가격에서 지급을 유보한 금액을 뺀 금액 (2023. 3. 14. 신설) 2. 「도시재생 활성화 및 지원에 관한 특별법」 제55조의 3 제1항에 따른 현물보상에 따라 취득하는 건축물의 경우 : 같은 법 시행령 제53조의 5 제8항 전단에 따라 현물보상한 건축물의 분양가격에서 지급을 유보한 금액을 뺀 금액 (2023. 3. 14. 신설)	
② 제1항 단서에 따른 초과액의 산정 기준과 방법 등은 대통령령으로 정한다. (2021. 12. 28. 신설) ③ 복합사업 및 주거혁신지구재생사업(이하 이 항에서 "복합사업등"이라 한다)의 시행에 따라 취득하는 부동	② 법 제74조의 2 제3항 각 호 외의 부분 단서에서 "대통령령으로 정하는 일시적 2주택자"란 제35조 제3항에 따	

산에 대해서는 다음 각 호의 구분에 따라 취득세를 2027년 12월 31일까지 감면한다. 다만, 그 취득일부터 5년 이내에 「지방세법」 제13조 제5항 제1호부터 제4호까지의 규정에 해당하는 부동산이 되거나 관계 법령을 위반하여 건축한 경우 및 제3호에 따라 대통령령으로 정하는 일시적 2주택자에 해당하여 취득세를 경감받은 사람이 그 취득일부터 3년 이내에 대통령령으로 정하는 1가구 1주택자가 되지 아니한 경우에는 감면된 취득세를 추징한다. (2024. 12. 31. 개정)

상한/취득 200만원↑, 85%(22년부터)

Note 2024. 12. 31 개정 ☞ 제3항 기한 연장 : 24년→27년
2021. 12. 28. 개정 ☞ 제3항 신설, 일몰기한 : 24년

1. 복합사업등의 시행자가 사업 시행을 위하여 취득하는 부동산에 대해서는 다음 각 목의 구분에 따른다. (2021. 12. 28. 신설)
   가. 현물보상의 약정을 체결한 소유자의 부동산을 취득하는 경우에는 취득세를 면제한다. (2021. 12. 28. 신설)
   나. 현물보상의 약정을 체결하지 아니한 소유자의 부동산을 취득하는 경우에는 취득세의 100분의 50을 경감한다. (2021. 12. 28. 신설)
2. 복합사업등의 시행자가 사업계획에 따라 건축하여 취득하는 주택에 대해서는 취득세의 100분의 50을 경감한다. (2021. 12. 28. 신설)

른 일시적 2주택자를 말한다. 이 경우 제35조 제3항 전단의 "같은 항 제3호에 따른 재개발사업"은 "법 제74조의 2 제3항에 따른 복합사업 및 주거혁신지구재생사업"으로 본다. (2023. 3. 14. 신설)

③ 법 제74조의 2 제3항 각 호 외의 부분 단서에서 "대통령령으로 정하는 1가구 1주택자"란 제35조 제4항에 따른 1가구 1주택을 소유한 자를 말한다. 이 경우 제35조 제4항 전단의 "「도시 및 주거환경정비법」 제2조 제2호 나목에 따른 재개발사업"은 "법 제74조의 2 제3항에 따른 복합사업 및 주거혁신지구재생사업"으로 본다. (2023. 3. 14. 신설)

④ 법 제74조의 2 제3항 제3호 각 목 외의 부분에서 "대통령령으로 정하는 1가구 1주택자"란 제35조 제4항에 따른 1가구 1주택을 소유한 자를 말한다. 이 경우 제35조 제4항 전단의 "「도시 및 주거환경정비법」 제2조 제2호 나목에 따른 재개발사업"은 "법 제74조의 2 제3항에 따른 복합사업 및 주거혁신지구재생사업"으로 본다. (2023. 3. 14. 신설)

3. 「공공주택 특별법」에 따른 복합사업의 복합지구 지정 고시일 또는 「도시재생 활성화 및 지원에 관한 특별법」에 따른 혁신지구재생사업의 주거재생혁신지구 지정 고시일 현재 부동산의 소유자가 복합사업등의 시행으로 주택을 취득함으로써 대통령령으로 정하는 1가구 1주택자가 되는 경우(취득 당시 대통령령으로 정하는 일시적 2주택자가 되는 경우를 포함한다)에는 다음 각 목에서 정하는 바에 따라 취득세를 경감한다. (2021. 12. 28. 신설)
   가. 전용면적 60제곱미터 이하의 주택을 취득하는 경우에는 취득세의 100분의 75를 경감한다. (2021. 12. 28. 신설)
   나. 전용면적 60제곱미터 초과 85제곱미터 이하의 주택을 취득하는 경우에는 취득세의 100분의 50을 경감한다. (2021. 12. 28. 신설)

제75조【지역개발사업에 대한 감면】「지역균형개발 및 지방중소기업 육성에 관한 법률」 제9조에 따라 개발촉진지구로 지정된 지역에서 사업시행자로 지정된 자가 같은 법에 따라 고시된 개발사업을 시행하기 위하여 취득하는 부동산에 대하여는 2015년 12월 31일까지 취득세를 면제하고, 그 부동산에 대한 재산세의 납세의무가 최초로 성립하는 날부터 5년간 재산세의 100분의 50을 경감한다. 다만, 그 취득일부터 3년 이내에 정당한 사유

⑤ 법 제74조의 2 제3항 제3호 각 목 외의 부분에서 "대통령령으로 정하는 일시적 2주택자"란 제35조 제3항에 따른 일시적 2주택자를 말한다. 이 경우 제35조 제3항 전단의 "같은 항 제3호에 따른 재개발사업"은 "법 제74조의 2 제3항에 따른 복합사업 및 주거혁신지구재생사업"으로 본다. (2023. 3. 14. 신설)

없이 그 사업에 직접 사용하지 아니하거나 매각·증여하는 경우에 해당 부분에 대하여는 감면된 취득세와 재산세를 추징한다. (2013. 1. 1. 개정)

제75조의 2【기업도시개발구역 및 지역개발사업구역 내 창업기업 등에 대한 감면】 ① 다음 각 호의 어느 하나에 해당하는 사업을 영위하기 위하여 취득하는 부동산으로서 그 업종, 투자금액 및 고용인원이 대통령령으로 정하는 기준에 해당하는 경우에 대해서는 취득세 및 재산세의 100분의 50의 범위에서 조례로 정하는 경감률을 각각 2025년 12월 31일까지 적용한다. (2023. 3. 14. 개정)

Note 2023. 3. 14. 개정 ☞ 제1항 기한 연장 : 22년→25년
2020. 1. 15. 개정 ☞ 제1항 기한 연장 : 19년→22년
2016. 12. 27. 개정 ☞ 감면 축소 : 취득 100%→50%
☞ 제1항 기한 연장 : 16년→19년

예판

【예규】 기업도시개발구역 내 사업장 신설로 취득세를 감면받은 법인이 다른 법인과 시설 이용계약을 체결하고 시설물을 이용하게 한 경우, 해당 시설물이 감면받은 목적 사업에 사용하고 있고, 투자금액이나 상시근로자 수 등 감면요건이 충족된 상태를 유지하고 있는 경우라면 해당 시설물의 소유자가 감면받은 사업의 목적이나 용도에 맞게 직접 사용한 경우에 해당됨(지방세특례제도과-1209, 2023. 5. 15.)

제35조의 3【기업도시 및 지역개발사업구역 내 창업기업 등】 (2023. 3. 14. 조번개정)
① 법 제75조의 2 제1항 각 호 외의 부분 본문에서 "대통령령으로 정하는 기준"이란 다음 각 호의 구분에 따른 기준을 말한다. (2020. 1. 15. 개정)

1. 법 제75조의 2 제1항 제1호 및 제3호에 따라 취득세 또는 재산세를 감면하는 사업 : 다음 각 목의 어느 하나에 해당하는 사업일 것 (2020. 1. 15. 개정)
   가. 「조세특례제한법 시행령」 제116조의 2 제17항 제1호·제4호 또는 제5호에 해당하는 사업으로서 투자금액이 20억원 이상이고 상시근로자 수가 30명 이상일 것 (2020. 1. 15. 개정)
   나. 「조세특례제한법 시행령」 제116조의 2 제17항 제2호에 해당하는 사업으로서 투자금액이 5억원 이상이고 상시근로자 수가 10명 이상일 것 (2020. 1. 15. 개정)
   다. 「조세특례제한법 시행령」 제116조의 2 제17항 제3호에 해당하는 사업으로서 투자금액이 10억원 이상이고 상시근로자 수가 15명 이상일 것 (2020. 1. 15. 개정)

☜ 이동 조특법 시행령 §116의 2 ①에서 이동(15. 12. 31.)

1. 「기업도시개발 특별법」 제2조 제2호에 따른 기업도시개발구역에 2025년 12월 31일까지 창업하거나 사업장을 신설(기존 사업장을 이전하는 경우는 제외한다)하는 기업이 그 구역의 사업장에서 하는 사업 (2023. 3. 14. 개정)
2. 「기업도시개발 특별법」 제10조에 따라 지정된 사업시행자가 하는 사업으로서 같은 법 제2조 제3호에 따른 기업도시개발사업 (2015. 12. 29. 신설)
3. 「지역 개발 및 지원에 관한 법률」 제11조에 따라 지정된 지역개발사업구역(같은 법 제7조 제1항 제1호에 해당하는 지역개발사업으로 한정한다)에 2025년 12월 31일까지 창업하거나 사업장을 신설(기존 사업장을 이전하는 경우는 제외한다)하는 기업(법률 제12737호 지역 개발 및 지원에 관한 법률 부칙 제4조에 따라 의제된 지역개발사업구역 중 「폐광지역 개발 지원에 관한 특별법」에 따라 지정된 폐광지역진흥지구에 개발사업시행자로 선정되어 입주하는 경우에는 「관광진흥법」에 따른 관광숙박업 및 종합휴양업과 축산업을 경영하는 내국인을 포함한다)이 그 구역 또는 지역의 사업장에서 하는 사업 (2023. 3. 14. 개정)
4. 「지역 개발 및 지원에 관한 법률」 제11조(같은 법 제7조 제1항 제1호에 해당하는 지역개발사업으로 한정한다)에 따른 지역개발사업구역에서 같은 법 제19조에 따라 지정된 사업시행자가 하는 지역개발사업 (2016. 12. 27. 개정)

2. 법 제75조의 2 제1항 제2호 및 제4호에 따라 취득세 또는 재산세를 감면하는 사업 : 다음 각 목의 어느 하나에 해당하는 경우로서 총 개발사업비가 500억원 이상인 사업일 것 (2020. 1. 15. 개정)
   가. 「기업도시개발 특별법」 제11조에 따른 기업도시개발계획에 따라 같은 법 제2조 제2호에 따른 기업도시개발구역(이하 이 조에서 "기업도시개발구역"이라 한다)을 개발하는 경우 (2015. 12. 31. 신설)
   나. 「지역 개발 및 지원에 관한 법률」 제19조에 따라 지정된 사업시행자가 같은 법 제11조에 따라 지정된 지역개발사업구역(이하 이 조에서 "지역개발사업구역"이라 한다)을 개발하기 위한 지역개발사업을 하는 경우 (2015. 12. 31. 신설)
   다. 「지역 개발 및 지원에 관한 법률」 제19조에 따라 지정된 사업시행자가 같은 법 제67조에 따른 지역활성화지역(이하 이 조에서 "지역활성화지역"이라 한다)을 개발하기 위한 지역개발사업을 하는 경우 (2015. 12. 31. 신설)

② 다음 각 호의 어느 하나에 해당하는 경우에는 법 제75조의 2 제2항에 따라 그 감면된 취득세 또는 재산세를 각 호에서 정하는 바에 따라 추징한다. (2015. 12. 31. 신설)
1. 다음 각 목의 어느 하나에 해당하는 경우에는 그 사유가 발생한 날부터 소급하여 5년 이내에 감면받은 세

☞ 이동 조특법 시행령 §116의 2 ②에서 이동(15. 12. 31.)

② 제1항에 따른 지방세 감면세액은 대통령령으로 정하는 바에 따라 추징할 수 있다. (2015. 12. 29. 신설)

이동 조특법 §121의 17에서 이동(15. 12. 29.)

예판

【예규】 • 기업도시개발사업 시행자가 조성된 토지를 개발계획에 따라 분양시 추징 여부

기업도시개발사업 시행자가 조성된 토지를 개발계획에 따라 분양할 경우 취득세 감면세액 추징대상이 되는 '직접사용한 기간 2년 이내 매각한 경우'에 해당되는지에 대해서는, 사업시행자가 승인받은 사업계획에 따라 분양면적을 분양(매각)하여야만 당초 사업계획을 준수하는 것이 되므로 조성에 대한 준공검사까지 모두 마친 후 당초 개발사업계획대로 분양(매각)한 것은 승인받은 개발사업의 조건대로 운영한 것에 불과하다고 할 것이므로, 개발계획 승인 당시부터 납세자가 마음대로 할 수 없는 법령상의 외부적 사유에 포함된다고 할 것이므로 직접 사용하지 못한 '정당한 사유'에 해당된다고 할 것임. (지방세특례제도과-864, 2021. 4. 12.)

액 전액을 추징한다. (2015. 12. 31. 신설)

가. 「기업도시개발 특별법」 제7조에 따라 기업도시개발구역의 지정이 해제된 경우 (2015. 12. 31. 신설)

나. 기업도시개발구역에 창업한 기업이 폐업하거나 신설한 사업장을 폐쇄한 경우 (2015. 12. 31. 신설)

다. 「지역 개발 및 지원에 관한 법률」 제18조에 따라 지역개발사업구역의 지정이 해제되거나 같은 법 제69조에 따라 지역활성화지역의 지정이 해제된 경우 (2015. 12. 31. 신설)

라. 지역개발사업구역과 지역활성화지역에 창업한 기업이 폐업하거나 신설한 사업장을 폐쇄한 경우 (2015. 12. 31. 신설)

2. 다음 각 목의 어느 하나에 해당하는 경우에는 감면받은 세액 전액을 추징한다. (2015. 12. 31. 신설)

가. 해당 감면대상사업에서 최초로 소득이 발생한 과세연도(사업개시일부터 3년이 되는 날이 속하는 과세연도까지 해당 사업에서 소득이 발생하지 아니한 경우에는 사업개시일부터 3년이 되는 날이 속하는 과세연도를 말한다. 이하 이 목에서 같다)의 종료일부터 2년 이내에 제1항에 따른 감면기준을 충족하지 못한 경우. 다만, 제1항 제1호 각 목의 기준 중 상시근로자 수의 경우 해당 감면대상사업에서 최초로 소득이 발생한 과세연도의 종료일 이후 2년 이내의 과세연도 종료일까지의 기간

중 하나 이상의 과세연도에 해당 기준을 충족하는 경우에는 추징하지 않는다. (2020. 1. 15. 개정)

나. 정당한 사유 없이 부동산 취득일부터 3년이 경과할 때까지 취득한 부동산을 해당 용도로 직접 사용하지 아니하거나 해당 용도로 직접 사용한 기간이 2년 미만인 상태에서 그 부동산을 매각 · 증여하거나 다른 용도로 사용하는 경우 (2015. 12. 31. 신설)

③ 제1항 제1호를 적용할 때 상시근로자의 범위 및 상시근로자 수의 계산에 관하여는 「조세특례제한법 시행령」 제11조의 2 제5항부터 제7항까지의 규정을 준용한다. (2020. 1. 15. 신설)

제75조의 3【위기지역 내 중소기업 등에 대한 감면】 ① 다음 각 호의 지역(이하 이 조에서 "위기지역"이라 한다)에서 제58조의 3 제4항 각 호의 업종을 경영하는 중소기업이 위기지역으로 지정된 기간 내에 「중소기업 사업전환 촉진에 관한 특별법」 제2조 제2호에 따른 사업전환을 위하여 같은 법 제8조에 따라 2027년 12월 31일까지 사업전환계획 승인을 받고 사업전환계획 승인일부터 3년 이내에 그 전환한 사업에 직접 사용하기 위하여 취득하는 부동산에 대해서는 취득세의 100분의 50(100분의 50 범위에서 조례로 따로 정하는 경우에는 그 율)을 경감하고, 2027년 12월 31일까지 사업전환계획

제35조의 4【고용위기지역의 범위】 (2023. 3. 14. 조번개정)

법 제75조의 3 제1항 제1호에서 "대통령령으로 정하는 지역"이란 「고용정책 기본법 시행령」 제29조 제1항에 따라 고용노동부장관이 지정 · 고시하는 지역을 말한다. (2018. 12. 31. 신설)

Note 2024. 12. 31. 개정 ☞ 제1항 기한 연장 : 24년→27년
2021. 12. 28. 개정 ☞ 제1항 기한 연장 : 21년→24년

승인을 받은 중소기업이 과세기준일 현재 전환한 사업에 직접 사용하는 부동산에 대해서는 사업전환일 이후 재산세 납세의무가 최초로 성립하는 날부터 5년간 재산세의 100분의 50(100분의 50 범위에서 조례로 따로 정하는 경우에는 그 율)을 경감한다. (2024. 12. 31. 개정)

1. 「고용정책 기본법」 제32조 제1항에 따라 지원할 수 있는 지역으로서 대통령령으로 정하는 지역 (2018. 12. 24. 신설)
2. 「고용정책 기본법」 제32조의 2 제2항에 따라 선포된 고용재난지역 (2018. 12. 24. 신설)
3. 「지역 산업위기 대응 및 지역경제 회복을 위한 특별법」 제10조 제1항에 따라 지정된 산업위기대응특별지역 (2023. 3. 14. 개정)
4. 「인구감소지역 지원 특별법」에 따라 지정된 인구감소지역 (2023. 3. 14. 신설)

② 다음 각 호의 어느 하나에 해당하는 경우에는 제1항에 따라 경감된 취득세를 추징한다. (2018. 12. 24. 신설)

1. 정당한 사유 없이 취득일부터 3년이 지날 때까지 그 부동산을 해당 사업에 직접 사용하지 아니하는 경우 (2018. 12. 24. 신설)
2. 취득일부터 3년 이내에 다른 용도로 사용하거나 매각·증여하는 경우 (2018. 12. 24. 신설)
3. 최초 사용일부터 계속하여 2년 이상 해당 사업에 직접 사용하지 아니하고 매각·증여하거나 다른 용도로 사용하는 경우 (2023. 3. 14. 개정)

③ 제58조의 3에 따라 감면받은 중소기업이 제1항에 따른 경감 대상에 해당하는 경우에는 제58조의 3 제7항 본문에 따른 추징을 하지 아니한다. (2018. 12. 24. 신설)

제75조의 4【반환공여구역 등에 대한 감면】 ①「주한미군 공여구역주변지역 등 지원 특별법」 제2조에 따른 반환공여구역 및 반환공여구역주변지역에 대통령령으로 정하는 업종을 창업하기 위하여 취득하는 사업용 재산이나 대통령령으로 정하는 사업장을 신설(기존 사업장을 이전하는 경우를 포함한다)하기 위하여 취득하는 부동산에 대해서는 2025년 12월 31일까지 취득세를 면제한다. 다만, 다음 각 호의 어느 하나에 해당하는 경우 그 해당 부분에 대해서는 면제된 취득세를 추징한다. (2023. 12. 29. 단서개정) 상한/취득 200만원↑, 85%(23년부터)

Note 2021. 12. 28. 개정 ☞ 제1항 신설, 일몰기한 : 25년

편주

2024. 1. 1. 전에 반환공여구역 및 반환공여구역주변지역에서의 창업 또는 사업장을 신설함에 따라 감면받은 부동산 취득세의 추징에 관하여는 법 75조의 4 제1항 각 호 외의 부분 단서 및 같은 항 각 호의 개정규정에도 불구하고 종전의 법 75조의 4 제1항 단서에 따름. (법 부칙(2023. 12. 29.) 12조)

1. 정당한 사유 없이 그 취득일부터 3년이 경과할 때까지 해당 용도로 직접 사용하지 아니하는 경우 (2023.

제35조의 5【반환공여구역등에 대한 감면 등】 ① 법 제75조의 4 제1항 본문에서 "대통령령으로 정하는 업종"이란 법 제58조의 3 제4항 각 호의 업종을 말한다. (2023. 3. 14. 신설)

② 법 제75조의 4 제1항 본문에서 "대통령령으로 정하는 사업장"이란 「중소기업기본법」에 따른 중소기업이 제1항의 업종을 영위하기 위해 신설(기존 사업장을 이전하는 경우를 포함한다)하는 사업장을 말한다. 이 경우 기존 사업장을 이전하여 설치하는 사업장은 과밀억제권역(「산업집적활성화 및 공장설립에 관한 법률」을 적용받는 산업단지는 제외한다)에서 이전하는 사업장으로 한정한다. (2023. 3. 14. 신설)

12. 29. 신설)

2. 해당 용도로 직접 사용한 기간이 2년 미만인 상태에서 매각·증여하거나 다른 용도로 사용하는 경우 (2023. 12. 29. 신설)

② 제1항을 적용받으려는 자는 대통령령으로 정하는 바에 따라 그 감면신청을 하여야 한다. (2021. 12. 28. 신설)

제75조의 5【인구감소지역에 대한 감면】 ① 「인구감소지역 지원 특별법」에 따라 지정된 인구감소지역에서 대통령령으로 정하는 업종을 창업하기 위하여 취득하는 부동산이나 대통령령으로 정하는 사업장을 신설(기존 사업장을 이전하는 경우를 포함한다)하기 위하여 취득하는 부동산에 대해서는 다음 각 호에서 정하는 바에 따라 지방세를 감면한다. (2023. 3. 14. 신설)

Note 2023. 3. 14. 신설 ☞ 25년

1. 2025년 12월 31일까지 취득세를 면제한다. (2023. 3. 14. 신설)
2. 과세기준일 현재 해당 용도로 직접 사용하는 부동산(2023년 1월 1일부터 2025년 12월 31일까지 취득한 부동산만 해당한다)에 대해서는 재산세 납세의무가 최초로 성립한 날부터 5년간 재산세를 면제하며, 그 다음 3년간은 재산세의 100분의 50을 경감한다. (2023. 3. 14. 신설)

② 제1항에 따라 지방세를 감면받은 자가 다음 각 호의

제35조의 6【인구감소지역에 대한 감면 등】 ① 법 제75조의 5 제1항 각 호 외의 부분에서 "대통령령으로 정하는 업종"이란 법 제58조의 3 제4항 각 호의 업종을 말한다. (2023. 3. 14. 신설)

② 법 제75조의 5 제1항 각 호 외의 부분에서 "대통령령으로 정하는 사업장"이란 제1항의 업종을 영위하기 위해 신설(기존 사업장을 이전하는 경우를 포함한다)하는 사업장을 말한다. 이 경우 기존 사업장을 이전하여 설치하는 사업장은 과밀억제권역(「산업집적활성화 및 공장설립에 관한 법률」을 적용받는 산업단지는 제외한다)에서 이전하는 사업장으로 한정한다. (2023. 3. 14. 신설)

③ 법 제75조의 5 제3항 전단에서 "대통령령으로 정하는 1가구 1주택"이란 취득일 현재 취득자와 같은 세대별 주민등록표에 기재되어 있는 가족(동거인은 제외한다)으로 구성된 1가구(취득자의 배우자, 취득자의 미혼인 30세 미만의 직계비속 또는 취득자가 미혼이고 30세 미만인 경우 그 부모는 각각 취득자와 같은 세대별 주민등록

어느 하나에 해당하는 경우 그 해당 부분에 대해서는 감면된 취득세 및 재산세를 추징한다. (2023. 3. 14. 신설)

1. 정당한 사유 없이 그 취득일부터 1년이 경과할 때까지 해당 용도로 직접 사용하지 아니하는 경우 (2023. 3. 14. 신설)
2. 해당 용도로 직접 사용한 기간이 2년 미만인 상태에서 매각·증여하거나 다른 용도로 사용하는 경우 (2023. 3. 14. 신설)

③ 무주택자 또는 대통령령으로 정하는 1가구 1주택을 소유한 자가 「인구감소지역 지원 특별법」에 따라 지정된 인구감소지역에서 「지방세법」 제11조 제1항 제8호에 따른 주택으로서 대통령령으로 정하는 주택을 유상거래(부담부증여는 제외한다)로 취득하는 경우에는 취득세의 100분의 25를 2026년 12월 31일까지 경감한다. 이 경우 지방자치단체의 장은 해당 지역의 재정 여건 등을 고려하여 100의 25의 범위에서 조례로 정하는 율을 추가로 경감할 수 있다. (2024. 12. 31. 신설)

Note 2024. 12. 31. 개정 ☞ 제3항 신설, 취득 25%

편주

법 75조의 5 제3항의 개정규정은 2025. 1. 1. 이후 납세의무가 성립하는 경우부터 적용함. (법 부칙(2024. 12. 31.) 2조)

④ 제3항에 따라 취득세를 경감받은 자가 해당 주택을

표에 기재되어 있지 아니하더라도 같은 가구에 속한 것으로 본다)가 국내에 1개의 주택을 소유하는 것을 말하며, 주택의 부속토지만을 소유하거나 「지방세법」 제13조의 3 제2호에 따른 조합원입주권 또는 같은 조 제3호에 따른 주택분양권을 소유하는 경우에도 주택을 소유한 것으로 본다. (2024. 12. 31. 신설)

④ 법 제75조의 5 제3항 전단에서 "대통령령으로 정하는 주택"이란 다음 각 호의 요건을 모두 갖춘 주택을 말한다. (2024. 12. 31. 신설)

1. 「지방세법」 제10조의 3에 따른 취득당시가액이 3억원 이하인 주택일 것 (2024. 12. 31. 신설)
2. 「인구감소지역 지원 특별법」에 따라 지정된 인구감소지역 중 「수도권정비계획법」 제2조 제1호에 따른 수도권(「접경지역 지원 특별법」 제2조 제1호에 따른 접경지역은 제외한다), 광역시(군 지역은 제외한다) 및 특별자치시를 제외한 지역에 소재하는 주택일 것 (2024. 12. 31. 신설)
3. 제3항에 따른 1가구 1주택을 소유한 자의 경우 해당 1가구 1주택과 동일한 시·군·구의 관할구역에 소재하는 주택이 아닐 것 (2024. 12. 31. 신설)

취득일부터 3년 이내에 매각·증여하는 경우에는 경감된 취득세를 추징한다. (2024. 12. 31. 신설)

예판

【예규】 ① 법인설립·운영과 공장 신축이 제조업을 창업하기 위한 일련의 창업과정에 있는 것으로서 공장을 신축하여 취득하는 것이라면, '창업하기 위하여 취득하는 부동산'에 해당됨 ② 기존의 공장 일부를 철거하고 동일 장소에서 동일 제조업 공장을 증설한 것은 기존의 사업장과 연계선상에 있는 것으로 보이므로 독립된 사업장으로 보기 어려움 ③ 기존에 제조업 사업장을 가지고 있는 상태에서 동일 지역내 다른 장소에 물류창고업을 영위할 목적으로 건축물을 신축하는 경우는 기존의 사업장과 구분된 단독 사업장으로서 물류창고업을 영위하는 것인지 여부에 따라 판단해야 함(지방세특례제도과-760, 2023. 11. 22.)

제76조【택지개발용 토지 등에 대한 감면】 ① 한국토지주택공사가 국가 또는 지방자치단체의 계획에 따라 제3자에게 공급할 목적으로 대통령령으로 정하는 사업에 사용하기 위하여 일시 취득하는 부동산에 대해서는 취득세의 100분의 20을 2019년 12월 31일까지 경감한다. (2016. 12. 27. 개정) 취득(감면분만) 농특비

Note 2020. 1. 15. 개정 ☞ 제1항 기한 종료
2016. 12. 27. 개정 ☞ 감면 축소 : 취득 30%→25%
☞ 제1항 기한 연장 : 16년→19년

② 한국토지주택공사가 국가 또는 지방자치단체의 계획에 따라 제3자에게 공급할 목적으로 대통령령으로 정하는 사업에 직접 사용하기 위하여 취득하는 부동산 중 택지개발사업지구

제36조【공급목적사업의 범위 등】 ① 법 제76조 제1항 및 같은 조 제2항 본문에서 "대통령령으로 정하는 사업"이란 각각 다음 각 호의 어느 하나에 해당하는 사업을 말한다. (2024. 12. 31. 개정)

1. 「한국토지주택공사법」 제8조 제1항 제1호(국가 또는 지방자치단체가 매입을 지시하거나 의뢰한 것으로 한정한다)에 따른 사업 (2015. 12. 31. 개정)
2. 「한국토지주택공사법」 제8조 제1항 제2호 가목부터 라목까지의 사업 (2015. 12. 31. 신설)
3. 「한국토지주택공사법」 제8조 제1항 제3호·제7호에 따른 사업. 다만, 「주택법」 제2조 제14호 가목에 따른

관련법령

한국토지주택공사법

제8조【사 업】 ① 공사는 다음 각 호의 사업을 한다. (2023. 6. 9. 개정)

1. 토지의 취득 등에 관한 다음 각 목의 사업
   가. 토지의 취득·개발·비축·관리·공급 및 임대
   나. 「공공토지의 비축에 관한 법률」에 따른 토지은행사업
   다. 「혁신도시 조성 및 발전에 관한 특별법」에 따른 토지 및 건축물의 매입
2. 토지 및 도시의 개발에 관한 다음 각 목의 사업
   가. 주택건설용지·산업시설용지 및 대통령령으로 정하는 공공시설용지의 개발사업
   나. 도시개발사업, 도시재생사업, 도시 및 주거환경정비사업 (2018. 12. 31. 개정)
   다. 주거·산업·교육·연구·문화·관광·휴양·행정·정보통신·복지·유통 등(이하 이 목에서 "주거등"이라 한다)의 기능을 가지는 단지 또는 주거등의 기능의 단지 및 기반시설 등을 종합적으로 계획·개발하는 복합단지의 개발사업

및 단지조성사업지구에 있는 부동산으로서 관계 법령에 따라 국가 또는 지방자치단체에 무상으로 귀속될 공공시설물 및 그 부속토지와 공공시설용지에 대해서는 재산세(「지방세법」 제112조에 따른 부과액을 포함한다)를 2024년 12월 31일까지 면제한다. 이 경우 공공시설물 및 그 부속토지의 범위는 대통령령으로 정한다. (2023. 3. 14. 개정)

② 한국토지주택공사가 국가 또는 지방자치단체의 계획에 따라 제3자에게 공급할 목적으로 대통령령으로 정하는 사업에 직접 사용하기 위하여 취득하는 부동산 중 택지개발사업지구 및 단지조성사업지구에 있는 부동산으로서 관계 법령에 따라 국가 또는 지방자치단체에 무상으로 귀속될 공공시설물 및 그 부속토지와 공공시설용지(이하 이 항 및 제3항에서 "공공시설물등"이라 한다)에 대해서는 재산세를 2027년 12월 31일까지 면제한다. 다만, 국가 또는 지방자치단체에 무상으로 귀속될 공공시설물등의 반대급부로 국가 또는 지방자치단체가 소유하고 있는 부동산 또는 사회기반시설을 무상으로 양여받거나 해당 공공시설물등의 무상사용권을 제공받는 경우에는 재산세의 100분의 50을 2027년 12월 31일까지 경감한다. (2024. 12. 31. 개정)

Note 2024. 12. 31. 개정 ☞ 제2항 기한 연장 : 24년→27년
☞ 감면 축소 : 재산세 감면 반대급부 無 100%, 有 50%
2023. 3. 14. 개정 ☞ 제2항 기한 연장 : 22년→24년
2020. 1. 15. 개정 ☞ 제2항 기한 연장 : 19년→22년
2016. 12. 27. 개정 ☞ 제2항 기한 연장 : 16년→19년

③ 제2항을 적용할 때 공공시설물등의 범위는 대통령령

근린생활시설 또는 같은 호 나목에 따른 공동시설을 건설 · 개량 · 매입 · 비축 · 공급 · 임대 및 관리하는 사업은 제외한다. (2017. 12. 29. 개정)

4. 「한국토지주택공사법」 제8조 제1항 제10호(공공기관으로부터 위탁받은 사업은 제외한다)에 따른 사업 (2015. 12. 31. 신설)

5. 제1호부터 제3호까지의 규정에 따른 사업 및 「한국토지주택공사법」 제8조 제1항 제4호 · 제5호의 사업에 따라 같은 법 시행령 제11조 각 호의 공공복리시설을 건설 · 공급하는 사업 (2015. 12. 31. 신설)

6. 「공공토지의 비축에 관한 법률」 제14조 및 제15조에 따른 공공개발용 토지의 비축사업 (2015. 12. 31. 호번개정)

② 법 제76조 제2항 후단에 따른 공공시설물 및 그 부속토지의 범위는 제6조에 따른다.

② 법 제76조 제2항에 따른 공공시설물 및 그 부속토지와 공공시설용지의 범위는 제6조에 따른다. (2024. 12. 31. 개정)

☞ 편주

법 76조 2항의 개정규정은 2025. 1. 1. 이후 납세의무가 성립하는 경우부터 적용함. (법 부칙(2024. 12. 31.) 2조)

라. 간척 및 매립사업
마. 남북경제협력사업
바. 토지임대부 분양주택 사업
사. 집단에너지 공급사업

3. 주택(복리시설을 포함한다)의 건설 · 개량 · 매입 · 비축 · 공급 · 임대 및 관리

3의 2. 주민 재정착 · 창업 지원 및 도시기능 활성화 등 공공지원을 위한 대통령령으로 정하는 건축물의 건설 · 매입 · 개량 · 공급 · 임대 및 관리 (2018. 12. 31. 신설)

4. 주택 또는 공용 · 공공용건축물의 건설 · 개량 · 공급 및 관리의 수탁

5. 주거복지사업 (2018. 12. 31. 개정)

6. 토지의 매매 · 관리의 수탁

7. 「공공토지의 비축에 관한 법률」, 「도시개발법」, 「공공주택 특별법」, 「산업입지 및 개발에 관한 법률」, 「주택법」, 「지역 개발 및 지원에 관한 법률」, 「택지개발촉진법」, 그 밖에 다른 법률에 따라 공사가 시행할 수 있는 사업

8. 제1호부터 제5호까지 및 제7호의 사업에 따른 대통령령으로 정하는 공공복리시설의 건설 · 공급

9. 제1호부터 제8호까지의 사업에 관련된 조사 · 연구 · 시험 · 기술개발 · 자재개발 · 설계 · 감리, 정보화사업과 그 용역의 제공

10. 국가, 지방자치단체 또는 「지방자치

으로 정한다. (2024. 12. 31. 신설)

예판

【조심판례】 • 한국토지주택공사 국가 또는 지방자치단체의 계획에 따라 제3자 공급용 부동산

개발사업이 국가 등의 계획에 따라 주거단지(공동주택 및 행정타운) 및 복합단지(공동주택 및 상업시설)를 조성하는데 있고, 이 건 토지는 그 사업부지 중 공공시설용지에 해당하는 것으로 나타나는 점 등에 비추어 재산세 면제대상임. (조심 2018지2006, 2019. 1. 22.)

【예규】 10년 임대 후 분양전환이 예정된 경우도 '제3자에게 공급할 목적으로 일시 취득하는 부동산'에 해당됨. (지방세운영과-5856, 2011. 12. 28.)

제77조【수자원공사의 단지조성용 토지에 대한 감면】

① 「한국수자원공사법」에 따라 설립된 한국수자원공사가 국가 또는 지방자치단체의 계획에 따라 분양의 목적으로 취득하는 단지조성용 토지에 대해서는 취득세의 100분의 30을 2019년 12월 31일까지 경감한다. (2016. 12. 27. 개정)

② 「한국수자원공사법」에 따라 설립된 한국수자원공사가 국가 또는 지방자치단체의 계획에 따라 분양의 목적으로 취득하는 부동산 중 택지개발사업지구 및 단지조성사업지구에 있는 부동산으로서 관계 법령에 따라 국가 또는 지방자치단체에 무상으로 귀속될 공공시설물 및 그 부속토지와 공공시설용지에 대해서는 재산세(「지방세법」 제112조에 따른 부과액을 포함한다)를 2024년 12월 31일까지 면제한다. 이 경우 공공시설물 및 그 부속토지의 범위는 대통령령으로 정한다. (2023. 3. 14. 개정)

편주

법 76조 3항의 개정규정은 2025. 1. 1. 이후 납세의무가 성립하는 경우부터 적용함. (법 부칙(2024. 12. 31.) 2조)

예판

【판례】 • 택지개발용 토지 등에 대한 감면 적용범위

택지개발사업의 시행자가 공공기관이고, 그 시행자가 교육감의 의견을 듣고 학교용지의 조성·개발계획을 포함한 실시계획을 수립하여 지정권자로부터 승인을 받은 경우, 그 실시계획에 포함된 학교용지는 아직 지방자치단체에 학교용지를 무상으로 귀속시킨다는 내용의 수의계약이 체결되지 않았다고 하더라도, 특별한 사정이 없는 한 실시계획에 따라 지방자치단체에 무상으로 귀속될 토지라고 봄이 타당함. (서울고법 2015누43522, 2015. 10. 6. : 대법확정)

Note 2020. 1. 15. 개정 ☞ 제1항 기한 종료
2016. 12. 27. 개정 ☞ 기한 연장 : 16년→19년

제37조【공공시설물의 범위】 법 제77조 제2항 후단에 따른 공공시설물 및 그 부속토지의 범위는 제6조에 따른다.

법」 제2조 제4호에 따른 공공기관으로부터 위탁받은 제1호부터 제3호까지, 제5호, 제7호부터 제9호까지에 해당하는 사업

11. 제1호부터 제10호까지의 사업에 딸린 업무

② 「한국수자원공사법」에 따라 설립된 한국수자원공사가 국가 또는 지방자치단체의 계획에 따라 분양의 목적으로 취득하는 부동산 중 택지개발사업지구 및 단지조성사업지구에 있는 부동산으로서 관계 법령에 따라 국가 또는 지방자치단체에 무상으로 귀속될 공공시설물 및 그 부속토지와 공공시설용지(이하 이 조에서 "공공시설물등"이라 한다)에 대해서는 재산세를 2027년 12월 31일까지 면제한다. 다만, 국가 또는 지방자치단체에 무상으로 귀속될 공공시설물등의 반대급부로 국가 또는 지방자치단체가 소유하고 있는 부동산 또는 사회기반시설을 무상으로 양여받거나 해당 공공시설물등의 무상사용권을 제공받는 경우에는 재산세의 100분의 50을 2027년 12월 31일까지 경감한다. <u>(2024. 12. 31. 개정)</u>

③ 제2항을 적용할 때 공공시설물등의 범위는 대통령령으로 정한다. <u>(2024. 12. 31. 신설)</u>

제78조 【산업단지 등에 대한 감면】 ① 「산업입지 및 개발에 관한 법률」 제16조에 따른 산업단지개발사업의 시행자 또는 「산업기술단지 지원에 관한 특례법」 제4조에 따른 사업시행자가 산업단지 또는 산업기술단지를 조성하기 위하여 취득하는 부동산에 대해서는 취득세의 100분의 35를, 조성공사가 시행되고 있는 토지에 대해서는 재산세의 100분의 35(수도권 외의 지역에 있는 산업단지의 경우에는 100분의 60)를 각각 2025년 12월 31일까지 경감한

제37조 【공공시설물 등의 범위】 <u>(2024. 12. 31. 제목개정)</u> 법 제77조 제2항에 따른 공공시설물 및 그 부속토지와 공공시설용지의 범위는 제6조에 따른다. <u>(2024. 12. 31. 개정)</u>

Note 2024. 12. 31. 개정 ☞ 제2항 기한 연장 : 24년→27년
☞ 감면 축소 : 재산세 감면 반대급부 無 100%, 有 50%
2023. 3. 14. 개정 ☞ 제2항 기한 연장 : 22년→24년
2020. 1. 15. 개정 ☞ 제2항 기한 연장 : 19년→22년
2016. 12. 27. 개정 ☞ 제2항 기한 연장 : 16년→19년

편주

법 77조 2항의 개정규정은 2025. 1. 1. 이후 납세의무가 성립하는 경우부터 적용함. (법 부칙(2024. 12. 31.) 2조)

편주

법 77조 3항의 개정규정은 2025. 1. 1. 이후 납세의무가 성립하는 경우부터 적용함. (법 부칙(2024. 12. 31.) 2조)

예판

【판례】 • 산업단지 내에서 공장용 건축물을 건축한 후 대기업에 임대하여 산업용 건축물 본래 용도로 사용한 경우라도 '공장용 건축물을 건축하여 중소기업자에게 임대'하는 경우가 아닌 한 추징사유인 '직접 사용하지 아니하는 경우' 또는 '다른 용도로 사용하는 경우'에 해당함. (수원고법 2019누12445, 2020. 5.

예판

【예규】 • 건축물이 취득시점 이후에 내진성능의 확인을 받았다 하더라도 건축물 등의 내진시공 확산을 유도하기 위한 이 법의 감면 취지를 고려했을 때 감면대상으로 보는 것이 타당함. (지방

다. 다만, 다음 각 호의 어느 하나에 해당하는 경우에는 경감된 취득세 및 재산세를 추징한다. (2023. 3. 14. 개정)

Note 2023. 3. 14. 개정 ☞ 제1항~제4항 기한 연장 : 22년→25년
2020. 1. 15. 개정 ☞ 제1항~4항 기한 연장 : 19년→22년
2016. 12. 27. 개정 ☞ 감면 축소 : 취득 35%(조례 추가 25%)→취득 35% ☞ 기한 연장 : 16년→19년

1. 산업단지 또는 산업기술단지를 조성하기 위하여 취득한 부동산의 취득일부터 3년 이내에 정당한 사유 없이 산업단지 또는 산업기술단지를 조성하지 아니하는 경우에 해당 부분에 대해서는 경감된 취득세를 추징한다. (2020. 1. 15. 신설)
2. 산업단지 또는 산업기술단지를 조성하기 위하여 취득한 토지의 취득일(「산업입지 및 개발에 관한 법률」 제19조의 2에 따른 실시계획의 승인 고시 이전에 취득한 경우에는 실시계획 승인 고시일)부터 3년 이내에 정당한 사유 없이 산업단지 또는 산업기술단지를 조성하지 아니하는 경우에 해당 부분에 대해서는 경감된 재산세를 추징한다. (2020. 1. 15. 신설)

② 제1항에 따른 사업시행자가 산업단지 또는 산업기술단지를 개발·조성한 후 대통령령으로 정하는 산업용 건축물등(이하 이 조에서 "산업용 건축물등"이라 한다)의 용도로 분양 또는 임대할 목적으로 취득·보유하는 부동산에 대해서는 다음 각 호에서 정하는 바에 따라 지방세를 경감한다. (2017. 12. 26. 개정)

1. 제1항에 따른 사업시행자가 신축 또는 증축으로 2025

13. : 대법확정)

• **산업단지 등에 대한 감면적용 범위**

– 재생사업지구로 지정·고시되었지만 '재생사업계획'과 '지정권자의 승인'을 받지 못한 상태에서는 원고와 같이 공장용 건물을 신축하기 위해 재생사업지구 내의 토지를 취득하였더라도, 토지에 대한 취득세가 면제된다고 할 수 없고, 이와 같이 보는 것이 해석의 범위를 넘어서는 것이라고 할 수 없음. (대구고법 2015누5505, 2015. 11. 20. : 대법확정)

【조심판례】 • 산업단지 추징규정 적용

– 법 제78조 제1항에 따라 감면받은 지방세는 제1항 단서규정의 요건을 충족하는 경우에만 추징할 수 있고, 같은 조 제3항 단서의 추징규정에 따라 추징하는 것은 허용될 수 없다고 보는 것이 타당하다 할 것임. (조심 2018지105, 2019. 1. 22.)

– 공장입지 기준면적 범위 안의 토지를 공장용 건축물의 부속토지로 보아 재산세 분리과세대상으로 인정하면서도 해당 토지를 공장용 건축물의 부속토지가 아닌 것으로 보아 재산세 등을 면제하지 아니한 것은 불합리함. (조심 2017지872, 2019. 1. 22.)

제38조【산업용 건축물 등의 범위】 법 제78조 제2항 각 호 외의 부분에서 "대통령령으로 정하는 산업용 건축물등"이란 다음 각 호의 어느 하나에 해당하는 건축물을 말한다. (2023. 3. 14. 개정)

1. 「도시가스사업법」 제2조 제5호에 따른 가스공급시설용 건축물(「산업입지 및 개발에 관한 법률」에 따른 산업단지에 설치된 「지방세법 시행령」 제5조 제1항 제4

세운영과–2069, 2019. 5. 28.)

• 산업용건축물을 신축할 목적으로 취득한 토지의 감면 규정을 적용함에 있어서는 특별한 사정이 없는 한 그 신축한 건물에 대하여는 사용승인을 받은 시점에 그 토지를 산업용건축물의 용도로 직접 사용하는 것으로 봄이 타당함. (지방세운영과–1785, 2010. 4. 29.)

• 산업단지 내의 토지 취득일부터 3년 이내에 산업용 건축물에 대한 사용승인 등을 받지 아니한 경우라도, 건축물 착공신고를 하고 사실상 건축 중에 있는 경우라면, 감면세액 추징을 제외하는 해당 용도에 직접 사용하지 못한 '정당한 사유'가 있다고 할 것임. (지방세운영과–1476, 2012. 5. 14.)

• 최종적으로는 공장을 건축할 목적이라고 하더라도 제조시설을 설치하지 않고 그 부대시설만을 설치한 경우는 취득세 면제대상 산업용 건축물 등의 하나인 '공장'으로 보기 어렵다고 할 것임. (지방세운영과–1476, 2012. 5. 14.)

• 1필지의 토지라도 그 일부가 지상정착물의 효용과 편익을 위해서가 아니라 명백히 별도의 용도로 사용되고 있는 경우에는 그 부분은 지상정착물의 부속토지라고 볼 수 없다 할 것임. (지방세운영과–1911, 2012. 6. 20.)

• 산업단지 조성을 위한 부동산 취득에 따른 취득세와 지목변경에 따른 취득

년 12월 31일까지 취득하는 산업용 건축물등에 대해서는 취득세의 100분의 35를, 그 산업용 건축물등에 대한 재산세의 100분의 35(수도권 외의 지역에 있는 산업단지에 대해서는 100분의 60)를 각각 경감한다. 다만, 그 취득일부터 3년 이내에 정당한 사유 없이 해당 용도로 분양 또는 임대하지 아니하는 경우에 해당 부분에 대해서는 경감된 지방세를 추징한다. (2023. 3. 14. 개정)

2. 제1항에 따른 사업시행자가 2025년 12월 31일까지 취득하여 보유하는 조성공사가 끝난 토지(사용승인을 받거나 사실상 사용하는 경우를 포함한다)에 대해서는 재산세 납세의무가 최초로 성립하는 날부터 5년간 재산세의 100분의 35(수도권 외의 지역에 있는 산업단지의 경우에는 100분의 60)를 경감한다. 다만, 조성공사가 끝난 날부터 3년 이내에 정당한 사유 없이 해당 용도로 분양 또는 임대하지 아니하는 경우에 해당 부분에 대해서는 경감된 재산세를 추징한다. (2023. 3. 14. 개정)

③ 제1항에 따른 사업시행자가 산업단지 또는 산업기술단지를 개발 · 조성한 후 직접 사용하기 위하여 취득 · 보유하는 부동산에 대해서는 다음 각 호에서 정하는 바에 따라 지방세를 경감한다. (2016. 12. 27. 개정)

예판

【예규】 • 산업단지 사업시행자가 본점 건축시 감면 여부

–'산업용 건축물등'은 공장 및 그 제조시설을 지원하기 위한 부대시설이므로 본점용 건축물은 「산업입지 및 개발에 관한 법

호의 도관시설의 경우에는 해당 지역에 가스를 공급하기 위한 도관시설로 한정한다) (2023. 3. 14. 신설)

2. 「산업기술단지 지원에 관한 특례법」에 따른 연구개발시설 및 시험생산시설용 건축물 (2023. 3. 14. 신설)

3. 「산업입지 및 개발에 관한 법률」 제2조에 따른 공장 · 지식산업 · 문화산업 · 정보통신산업 · 자원비축시설용 건축물과 이와 직접 관련된 교육 · 연구 · 정보처리 · 유통시설용 건축물. 다만, 공장용 건축물은 행정안전부령으로 정하는 업종 및 면적기준 등을 갖추어야 한다. (2023. 3. 14. 신설)

4. 「산업집적활성화 및 공장설립에 관한 법률」 제30조 제2항에 따른 관리기관이 산업단지의 관리, 입주기업체 지원 및 근로자의 후생복지를 위하여 설치하는 건축물(수익사업용으로 사용되는 부분은 제외한다) (2023. 3. 14. 신설)

5. 「집단에너지사업법」 제2조 제6호에 따른 공급시설용 건축물(「산업기술단지 지원에 관한 특례법」에 따른 산업기술단지에 설치된 「지방세법 시행령」 제5조 제1항 제4호의 도관시설의 경우에는 해당 지역에 집단에

세를 감면받은 자가 산업단지 조성 후 정당한 사유 없이 3년 내에 산업용 건축물등을 신축하거나 증축하지 아니하여 취득세 추징요건에 해당되는 경우, 그 추징대상에는 지목변경에 따른 취득세 감면분뿐만 아니라, 산업단지 조성을 위한 부동산 취득에 따른 취득세 감면분도 포함된다고 할 것임. (법제 14-0305, 2014. 7. 10.)

제6조【산업단지 등 입주 공장의 범위】 영 제38조 제3호 단서에 따른 공장의 범위는 「지방세법 시행규칙」 별표 2에서 규정하는 업종의 공장으로서 생산설비를 갖춘 건축물의 연면적(옥외에 기계장치 또는 저장시설이 있는 경우에는 그 시설물의 수평투영면적을 포함한다)이 200제곱미터 이상인 것으로 한다. 이 경우 건축물의 연면적에는 그 제조시설을 지원하기 위하여 공장 경계구역 안에 설치되는 종업원의 후생복지시설 등 각종 부대시설(수익사업용으로 사용되는 부분은 제외한다)을 포함한다. (2023. 3. 14. 개정)

률」 제2조 제1호에서 규정하는 공장으로 볼 수 없어 감면대상이 아님. (지방세특례제도과-1913, 2019. 5. 17.)

-공장 및 그 제조시설을 지원하기 위한 부대시설(사무실 포함)과는 별도의 건축물로서 법인의 전체 경영활동 총괄하는 본점용 부동산은 감면대상 공장에 해당하지 않음. (지방세특례제도과-1913, 2019. 5. 17.)

---

1. 제1항에 따른 사업시행자가 신축 또는 증축으로 2025년 12월 31일까지 취득하는 산업용 건축물등에 대해서는 취득세의 100분의 35를, 그 산업용 건축물등에 대한 재산세의 납세의무가 최초로 성립하는 날부터 5년간 재산세의 100분의 35(수도권 외의 지역에 있는 산업단지의 경우에는 100분의 60)를 각각 경감한다. 다만, 다음 각 목의 어느 하나에 해당하는 경우 그 해당 부분에 대해서는 경감된 지방세를 추징한다. (2023. 3. 14. 개정)
   가. 정당한 사유 없이 그 취득일부터 3년 이내에 해당 용도로 직접 사용하지 아니하는 경우 (2016. 12. 27. 개정)
   나. 해당 용도로 직접 사용한 기간이 2년 미만인 상태에서 매각·증여하거나 다른 용도로 사용하는 경우 (2016. 12. 27. 개정)
2. 제1항에 따른 사업시행자가 2025년 12월 31일까지 취득하여 보유하는 조성공사가 끝난 토지(사용승인을 받거나 사실상 사용하는 경우를 포함한다)에 대해서는 재산세의 납세의무가 최초로 성립하는 날부터 5년간

너지를 공급하기 위한 도관시설로 한정한다) (2023. 3. 14. 신설)

6. 「산업집적활성화 및 공장설립에 관한 법률 시행령」 제6조 제5항 제1호부터 제5호까지, 제7호 및 제8호에 해당하는 산업용 건축물 (2023. 3. 14. 신설)

재산세의 100분의 35(수도권 외의 지역에 있는 산업단지의 경우에는 100분의 60)를 경감한다. 다만, 다음 각 목의 어느 하나에 해당하는 경우 그 해당 부분에 대해서는 경감된 재산세를 추징한다. (2023. 3. 14. 개정)

가. 정당한 사유 없이 그 조성공사가 끝난 날부터 3년 이내에 해당 용도로 직접 사용하지 아니하는 경우 (2016. 12. 27. 개정)

나. 해당 용도로 직접 사용한 기간이 2년 미만인 상태에서 매각·증여하거나 다른 용도로 사용하는 경우 (2016. 12. 27. 개정)

④ 제1항에 따른 사업시행자 외의 자가 제1호 각 목의 지역(이하 "산업단지등"이라 한다)에서 취득하는 부동산에 대해서는 제2호 각 목에서 정하는 바에 따라 지방세를 경감한다. (2015. 12. 29. 개정)

1. 대상 지역 (2011. 12. 31. 개정)

가. 「산업입지 및 개발에 관한 법률」에 따라 지정된 산업단지 (2011. 12. 31. 개정)

나. 「산업집적활성화 및 공장설립에 관한 법률」에 따른 유치지역 (2011. 12. 31. 개정)

다. 「산업기술단지 지원에 관한 특례법」에 따라 조성된 산업기술단지 (2011. 12. 31. 개정)

2. 경감 내용 (2014. 12. 31. 개정)

가. 산업용 건축물등을 신축하기 위하여 취득하는 토지와 신축 또는 증축하여 취득(취득하여 중소기업

【판례】 • 산업단지 감면

산업단지 감면대상 가스공급시설용 건축물에 대해 산업단지 내 입주기업체에게 가스를 공급, 지원하기 위한 요건이 추가로 필요하다고 볼 수 없음. (대법 2021두42863, 2021. 11. 25.)

• 산업단지내 물류사업을 영위하기 위하여 취득 후 감면받은 부동산을 협력사에 임대하였으나, 임차한 협력업체들이 중소기업에 해당하는 경우 취득세 감면대상에 해당됨. (대전고법 2019누11857, 2020. 6. 19. : 대법확정)

• 건축착공 만으로는 직접사용으로 볼 수 없고, 유예기간 내에 충분히 준공할 수 있음에도 내부적인 사유로 유예기간 종료시점에 이르러서야 착공한 것만으로는 직접사용하지 못한 정당한 사유가 있다고 보기 어려움. (부산고법 2019누20884, 2019. 12. 18. : 대법확정)

【예규】 • 산업단지 내 설치한 수소충전소의 산업용 건축물등

【조심판례】 • 합병 또는 분할은 「상법」에 규정된 절차에 따라 피합병법인 또는 분할 전 법인의 권리·의무를 합병 후 존속하는 법인 등이 포괄승계하는 것이고 청구법인은 당초 OOO 주식회사가 사업시행자인 OOO와 분양계약을 체결한 OOO 내 토지를 합병 또는 분할을 원인으로 하여 포괄승계받아 취득하였는바 쟁점①건축물에 대한 취득세 및 2015년도분부터 2018년도분까지의 재산세 등은 면제대상임. (조심 2019지3764, 2020. 12. 2.)

• 청구법인의 이동통신사업본부는 정보통신기기를 개발·제조·생산 또는 유통하는 통신장비제조업을 영위하고 있

자에게 임대하는 경우를 포함한다)하는 산업용 건축물등에 대해서는 취득세의 100분의 50을 2025년 12월 31일까지 경감한다. (2023. 3. 14. 개정)

나. 산업단지등에서 대수선(「건축법」 제2조 제1항 제9호에 해당하는 경우로 한정한다)하여 취득하는 산업용 건축물등에 대해서는 취득세의 100분의 25를 2025년 12월 31일까지 경감한다. (2023. 3. 14. 개정)

예 판

【예규】 • 산업단지 내 미사용 감면토지 추징 여부

산업용 건축물의 용도로 사용되지 아니한 토지가 분리과세대상토지에 해당된다 하더라도, 유예기간 내 고유업무에 직접 사용하지 않는다면 추징 대상에 해당함. (지방세특례제도과-1848, 2019. 5. 14.)

【판례】 • 산업단지내 개인기업의 법인전환시 추징여부

부동산을 현물출자한 것은 개인사업체를 법인으로 전환하여 사업 운영의 편익을 얻기 위한 것으로써 직접 사용하지 못하고 현물출자 할 수밖에 없었던 외부적, 내부적 장애 사유가 있었다고 볼 수 없음. (대법 2018두60335, 2019. 2. 14.)

• 산업단지 관리기관이 지정한 자의 환매 추징여부

관리기관이 지정한 자가 환매하는 경우와 달리 당해 관리기관이 직접 환매하는 경우에만 추징을 면하도록 한 이 사건 법률조항은 세제지원 취지와 일반 토지 취득자와의 형평성 등을 고려한 것으로 조세평등주의에 반하지 아니함. (헌재 2010헌가879, 2012. 4. 24.)

다. 가목의 부동산에 대해서는 해당 납세의무가 최초

해당 여부

산업단지 입주기업이 산업용 건축물등을 신축 또는 증축하여 취득하는 부동산에 대해서는 취득세를 감면 중으로 해당 수소충전소는 산업용 건축물등에 해당하지 않으므로 취득세 감면대상에 해당하지 아니함. (지방세특례제도과-1475, 2024. 6. 26.)

• 산업용 건축물 신축 후 부속토지 취득시 감면 여부

§78 ④ 2 가목의 '산업용 건축물 등을 신축하기 위하여 취득하는 토지'에는 산업용 건축물을 신축하기 전에 취득하는 부속토지 뿐 아니라, 사용승낙 또는 임대하여 산업용 건축물 先신축한 후에 취득한 부속토지도 포함됨. (지방세특례제도과-1732, 2021. 7. 23.)

• 산업단지 내 공장입지기준면적 이내에 해당하는 토지 중 미사용 토지 추징 여부

감면받은 산업단지 내 토지가 단일 필지의 공장용지로서 하나의 울타리로 둘러싸여 있으며 하나의 출입문을 가지고 있는 공장의 경계구역 안에 있는 토지로서 재산세 분리과세 또는 공장입지기준고시의 공장용도 기준면적 이내라고 하더라도 나대지 상태로 방치되고 있다면, 당해 공장용 건축물의 효용과 편익을 위해 직접사용된다고 보기는 어려우므로 추징대상에 해당됨. (지방세특례제도과-626, 2021. 3. 12.)

• 관할 사무소의 주된 업무를 지휘·감독하면서 기획, 인사, 총무 등 경영활동을 총괄하는 부분은 취득세 감면대상 산업용건축물등에 해당하지 아니함. (지방세특례제도과-1947, 2020. 8. 20.)

• 토지를 임차하여 산업용건축물등을 신축하고 의무임대기간 종료 후 해당 부속토지를 매수하는 경우에도 산업단지에 대한 취득세 감면 적용. (지방세특례제도과-914, 2020. 4. 24.)

으므로 지방세특례제한법에서 감면대상으로 정한 정보통신산업에 해당함. (조심 2020지217, 2021. 8. 18.)

• 분할은 「상법」에 규정된 절차에 따라 분할법인의 권리·의무를 분할신설법인이 포괄승계하는 점에서 상대방에게 대가를 받고 물건 또는 권리 등을 이전하는 특정승계에 해당하는 매각과는 상이하고 (조심 2017지438, 2017. 7. 20. 같은 뜻임), 분할의 대가로 분할신설법인의 주식 등을 교부받는 점에서 쟁점부동산을 무상으로 증여한 것으로 보기 어려운 점등 고려시 물적분할에 따라 소유권을 분할신설법인에게 이전한 것을 매각·증여한 것으로 보아 추징하는 것은 잘못임. (조심 2019지2363, 2020. 1. 22.)

로 성립하는 날부터 5년간 재산세의 100분의 35를 경감(수도권 외의 지역에 있는 산업단지의 경우에는 100분의 75를 경감)한다. (2015. 12. 29. 개정)

⑤ 다음 각 호의 어느 하나에 해당하는 경우 그 해당 부분에 대해서는 제4항에 따라 감면된 취득세 및 재산세를 추징한다. (2011. 12. 31. 신설)

1. 정당한 사유 없이 그 취득일부터 3년(2019년 1월 1일부터 2020년 12월 31일까지의 기간 동안 취득한 경우에는 4년)이 경과할 때까지 해당 용도로 직접 사용하지 아니하는 경우 (2021. 12. 28. 개정)
2. 해당 용도로 직접 사용한 기간이 2년 미만인 상태에서 매각(해당 산업단지관리기관 또는 산업기술단지관리기관이 환매하는 경우는 제외한다)·증여하거나 다른 용도로 사용하는 경우 (2011. 12. 31. 신설)

⑥ 「산업집적활성화 및 공장설립에 관한 법률」에 따른 한국산업단지공단(이하 이 항에서 "한국산업단지공단"이라 한다)이 같은 법 제45조의 13 제1항 제3호 및 제5호의 사업을 위하여 취득하는 부동산(같은 법 제41조에 따른 환수권의 행사로 인한 취득하는 경우를 포함한다)에 대해서는 취득세의 100분의 35, 재산세의 100분의 50(수도권 외의 지역에 있는 산업단지의 재산세에 대해서는 100분의 75)를 각각 2019년 12월 31일까지 경감한다. 다만, 취득일부터 3년 이내에 정당한 사유 없이 한국산업단지공단이 「산업집적활성화 및 공장설립에 관한 법률」 제45조의 13 제1항 제3호 및 제5호의 사업에 사용하지 아니하는 경우에 해당 부분에 대해서는 경감된 취득세 및 재산세를

【조심판례】 유예기간 이내 발전소 주기기(터빈) 구매계약체결 및 환경영향평가 그리고 이 건 건축물을 착공하여 건설공사를 진행하는 등 진지한 노력을 꾸준히 기울여서 해당 건축물을 최종적으로 취득하고 해당 사업에 직접 사용하고 있는 점, 소관부처인 환경부의 요청을 수용하여 환경영향평가 준비서를 제출하는 등 공사지연을 최소화하려는 진지한 노력을 기울인 점, 환경영향평가기간과 건설공사기간은 유사한 시설의 기간 이내로 보이는 점 등에 비추어 유예기간(3년) 내에 산업용 건축물 등의 용도로 직접 사용하지 못한 정당한 사유가 있다고 보는 것이 타당함. (조심 2018지2276, 2020. 1. 7.)

【조심판례】 • 청구법인이 쟁점토지를 취득한 후 법인분할에 따라 분할후 신설법인에게 쟁점토지의 소유권을 이전한 것은 「지방세특례제한법」 제78조 제5항 제2호에서 규정하는 부동산 등의 매각·증여와 동일한 것으로 보기 어려움. (조심 2020지1282, 2021. 5. 20.)

• 청구법인은 「상법」에 규정된 분할절차에 따라 분할신설법인에게 시화MTV단지 내의 토지 분양계약에 관한 권리·의무를 포함하여 포괄승계한 것으로 볼 수 있고, 산업단지 시행자와 분양계약을 체결한 계약상의 당사자 지위 및 그에 관한 권리·의무가 성질상 이전이 제한되는 것이라고 보기도 어려우므로 추징대상에 해당 안됨. (조심 2021지507, 2021. 6. 15.)

추징한다. (2016. 12. 27. 개정)

⑥ 삭 제 (2020. 1. 15.)

⑦ 제2항부터 제4항까지의 규정에 따른 공장의 업종 및 그 규모, 감면 등의 적용기준은 행정안전부령으로 정한다. (2017. 7. 26. 직제개정 ; 정부조직법 부칙)

⑦ 삭 제 (2021. 12. 28.)

⑧ 제4항에 따라 취득세를 경감하는 경우 지방자치단체의 장은 해당 지역의 재정여건 등을 고려하여 100분의 25(같은 항 제2호 나목에 따라 취득세를 경감하는 경우에는 100분의 15)의 범위에서 조례로 정하는 율을 추가로 경감할 수 있다. 이 경우 제4조 제1항 각 호 외의 부분, 같은 조 제6항 및 제7항을 적용하지 아니한다. (2016. 12. 27. 개정)

⑧ 제4항에 따라 취득세를 경감하는 경우 지방자치단체의 장은 해당 지역의 재정여건 등을 고려하여 100분의 25(같은 항 제2호 나목에 따라 취득세를 경감하는 경우에는 100분의 15)의 범위에서 조례로 정하는 율을 추가로 경감할 수 있다. (2024. 12. 31. 후단삭제)

⑨ 「산업기술단지 지원에 관한 특례법」에 따라 조성된 산업기술단지에 입주하는 자에 대하여 취득세, 등록면허세 및 재산세를 과세할 때에는 2025년 12월 31일까지 「지방세법」 제13조 제1항부터 제4항까지, 제28조 제2항·제3항 및 제111조 제2항의 세율을 적용하지 아니한다. (2023. 12. 29. 신설)

제78조의 2 【한국산업단지공단에 대한 감면】「산

Note 2020. 1. 15. 개정 ☞ 제6항 → 제78조의 2로 이관
2016. 12. 27. 개정 ☞ 감면 축소 : 취득 60% → 취득 35%
☞ 제6항 기한 연장 : 16년 → 19년

Note 2023. 12. 29. 개정 ☞ 제9항 신설 : 취득, 등록, 재산 대도시 중과배제, 25년 ☞ 제58조 제2항 후단에서 이관 신설

관련법령

산업집적활성화 및 공장설립에 관한 법률

제45조의 21 【사 업】 (2020. 12. 8. 조번개정)

① 공단은 제45조의 17 제1항의 목적을 달성하기 위하여 다음 각 호의 사업을 한다. (2020. 12. 8. 개정)

3. 공장·지식산업센터 및 지원시설·산업집적기반시설의 설치·운영과 분양·임대 및 매각에 관한 사업(제39조 제1항에 따라 양도받은 산업용지 또는 공장등을 매각하는 사업을 포함한다) (2010. 4. 12. 개정)
5. 입주기업체 근로자의 후생복지·교육사업 및 주택건설사업 (2009. 2. 6. 개정)

업집적활성화 및 공장설립에 관한 법률」에 따른 한국산업단지공단(이하 이 조에서 "한국산업단지공단"이라 한다)이 같은 법 제45조의 21 제1항 제3호 및 제5호의 사업을 위하여 취득하는 부동산(같은 법 제41조에 따른 환수권의 행사로 취득하는 경우를 포함한다)에 대해서는 취득세의 100분의 35, 재산세의 100분의 50을 각각 2025년 12월 31일까지 경감한다. 다만, 취득일부터 3년 이내에 정당한 사유 없이 한국산업단지공단이 「산업집적활성화 및 공장설립에 관한 법률」 제45조의 21 제1항 제3호 및 제5호의 사업에 사용하지 아니하는 경우에 해당 부분에 대해서는 경감된 취득세 및 재산세를 추징한다. (2023. 3. 14. 개정)

제78조의 3【외국인투자에 대한 감면】 ① 「외국인투자 촉진법」 제2조 제1항 제6호에 따른 외국인투자기업이나 출연을 한 비영리법인(이하 이 조에서 "외국인투자기업"이라 한다)이 「조세특례제한법」 제121조의 2 제1항에 해당하는 외국인투자(이하 이 조에서 "외국인투자"라 한다)에 대해서 2025년 12월 31일까지 같은 법 제121조의 2 제6항에 따른 감면신청(이하 이 조에서 "조세감면신청"이라 한다)을 하여 같은 조 제8항에 따라 감면결정(이하 이 조에서 "조세감면결정"이라 한다)을 받은 경우에는 다음 각 호에서 정하는 바에 따라 지방세를 감면한다. 다만, 지방자치단체가 조례로 정하는 바에 따라

Note 2023. 3. 14. 개정 ☞ 기한 연장 : 22년→25년
2020. 1. 15. 개정 ☞ 舊 제78조 제6항에서 이관 신설 및 기한 연장 : 19년→22년

Note 2023. 3. 14. 개정 ☞ 기한 연장 : 22년→25년
2020. 1. 15. 개정 ☞ 舊 조특법 제122조의 2에서 이관 신설 및 기한 설정 : 22년까지

예판

【판례】 외투기업이 토지취득 이후 조세감면결정을 받은 경우 재산세 감면 여부

조세감면결정은 조세감면 여부를 좌우하는 필수조건이므로, 외국인투자기업이 신고한 사업을 하기 위하여 취득·보유하는 재산은 조세감면결정을 받은 후 새로이 취득하여 보유하는 재산이라고 해석함이 타당하므로 재산세 감면이 적용되지 아니함. (대법 2023두60797, 2024. 3. 14.)

감면기간을 15년까지 연장하거나 감면율을 높인 경우에는 다음 각 호에도 불구하고 조례로 정한 기간 및 비율에 따른다. (2023. 3. 14. 개정)

1. 외국인투자기업이 「외국인투자 촉진법」 제5조 제1항 또는 제2항에 따라 신고한 사업(이하 이 조에서 "외국인투자신고사업"이라 한다)에 직접 사용하기 위하여 대통령령으로 정하는 사업개시일(이하 이 조에서 "사업개시일"이라 한다)부터 5년(「조세특례제한법」 제121조의 2 제1항 제2호의 2부터 제2호의 9까지 및 제3호에 따른 감면대상이 되는 사업의 경우 3년) 이내에 취득하는 부동산에 대해서는 「지방세법」에 따른 취득세 산출세액에 대통령령으로 정하는 외국인투자비율(이하 이 조에서 "외국인투자비율"이라 한다)을 곱한 세액(이하 이 조에서 "취득세 감면대상세액"이라 한다)의 100분의 100을 감면하고, 그 다음 2년 이내에 취득하는 부동산에 대해서는 취득세 감면대상세액의 100분의 50을 경감한다. (2020. 1. 15. 신설)
2. 외국인투자기업이 과세기준일 현재 외국인투자신고사업에 직접 사용하는 부동산에 대해서는 사업개시일 이후 최초로 재산세 납세의무가 성립하는 날부터 5년(「조세특례제한법」 제121조의 2 제1항 제2호의 2부터 제2호의 9까지 및 제3호에 따른 감면대상이 되는 사업의 경우 3년) 동안은 「지방세법」에 따른 재산세 산출세액에 외국인투자비율을 곱한 세액(이하 이 조에

제38조의 2【외국인투자기업의 사업개시일 등】 ① 법 제78조의 3 제1항 제1호에서 "대통령령으로 정하는 사업개시일"이란 「부가가치세법」 제8조 제1항에 따른 사업개시일을 말한다. (2020. 1. 15. 신설)

② 법 제78조의 3 제1항 제1호에서 "대통령령으로 정하는 외국인투자비율"이란 「외국인투자 촉진법」 제5조 제3항에 따른 외국인투자비율을 말한다. 다만, 회사정리계획인가를 받은 내국법인의 채권금융기관이 그 회사정리계획에 따라 출자하여 새로 설립한 내국법인(이하 이 항에서 "신설법인"이라 한다)에 대해 「외국인투자 촉진법」 제2조 제1항 제5호에 따른 외국투자가(이하 이 조 및 제38조의 4에서 "외국투자가"라 한다)가 2002년 12월 31일까지 같은 항 제4호에 따른 외국인투자를 개시하여 해당 기한까지 출자목적물의 납입을 완료한 경우로서 해당 신설법인의 부채가 출자전환(2002년 12월 31일까지 출자전환된 분으로 한정한다)됨으로써 우선주가 발행된 때에는 다음 각 호의 비율 중 높은 비율을 그 신설법인의 외국인투자비율로 한다. (2020. 1. 15. 신설)

1. 우선주를 포함하여 「외국인투자 촉진법」 제5조 제3항에 따라 계산한 외국인투자비율 (2020. 1. 15. 신설)
2. 우선주를 제외하고 「외국인투자 촉진법」 제5조 제3항

【예규】 • 외국인투자기업 미처분이익잉여금 투자에 대한 감면

미처분이익잉여금 재투자로 동일 사업장 내에서 공장을 증설하는 경우는 사업개시일 변경이 없으므로 종전 사업장의 「부가가치세법」 제8조 제1항에 따른 사업개시일로 보아야 하고, 사업개시일을 기준으로 하여 감면 기간 이후에 미처분이익잉여금 재투자에 의한 외국인투자로 부동산을 취득한 경우에는 감면대상이 아닌 것으로 판단됨. (지방세특례제도과-799, 2024. 3. 29.)

• 외국인투자기업에 대한 감면액 추징 시 일반적 추징규정 적용

외국인투자기업 대한 취득세 감면 규정 및 추징에 관한 사항을 별도로 규정하고 있는 종전 「조세특례제한법」에 따라 취득세를 감면받은 경우에 대해 「지방세특례제한법」 제178조에 따른 일반적 추징 규정을 적용하기 어려움. (지방세특례제도과-1120, 2024. 5. 10.)

서 "재산세 감면대상세액"이라 한다)의 100분의 100을 감면하고, 그 다음 2년 동안은 재산세 감면대상세액의 100분의 50을 경감한다. (2020. 1. 15. 신설)

② 2025년 12월 31일까지 외국인투자에 대해서 조세감면신청을 하여 조세감면결정을 받은 외국인투자기업이 사업개시일 전에 「조세특례제한법」 제121조의 2 제1항 각 호의 사업에 직접 사용하기 위하여 취득하거나 과세기준일 현재 직접 사용하는 부동산에 대해서는 제1항에도 불구하고 다음 각 호에서 정하는 바에 따라 지방세를 감면한다. 다만, 지방자치단체가 조례로 정하는 바에 따라 감면기간을 15년까지 연장하거나 감면율을 높인 경우에는 제2호에도 불구하고 조례로 정한 기간 및 비율에 따른다. (2023. 3. 14. 개정)

1. 조세감면결정을 받은 날 이후 취득하는 부동산에 대해서는 취득세 감면대상세액의 100분의 100을 감면한다. (2020. 1. 15. 신설)
2. 제1호에 따라 해당 부동산을 취득한 후 최초로 재산세 납세의무가 성립하는 날부터 5년(「조세특례제한법」 제121조의 2 제1항 제2호의 2부터 제2호의 9까지 및 제3호에 따른 감면대상이 되는 사업의 경우 3년) 동안은 재산세 감면대상세액의 100분의 100을 감면하고, 그 다음 2년 동안은 재산세 감면대상세액의 100분의 50을 경감한다. (2020. 1. 15. 신설)

③ 「조세특례제한법」 제121조의 2 제1항 제1호의 사업

에 따라 계산한 외국인투자비율 (2020. 1. 15. 신설)

③ 법 제78조의 3 제3항 각 호 외의 부분 본문에서 "사업

에 대한 외국인투자 중 사업의 양수 등 대통령령으로 정하는 방식에 해당하는 외국인투자에 대해서는 제1항 및 제2항에도 불구하고 다음 각 호에서 정하는 바에 따라 지방세를 감면한다. 다만, 지방자치단체가 조례로 정하는 바에 따라 감면기간을 10년까지 연장하거나 감면율을 높인 경우에는 다음 각 호에도 불구하고 조례로 정한 기간 및 비율에 따른다. (2020. 1. 15. 신설) 1. 2025년 12월 31일까지 조세감면신청을 하여 조세감면결정을 받은 외국인투자기업이 「조세특례제한법」 제121조의 2 제1항 제1호의 사업에 직접 사용하기 위하여 취득하는 부동산 및 과세기준일 현재 해당 사업에 직접 사용하는 부동산에 대해서는 다음 각 목의 구분에 따라 지방세를 감면한다. (2023. 3. 14. 개정) 가. 사업개시일부터 3년 이내에 취득하는 부동산에 대해서는 취득세 감면대상세액의 100분의 50을, 그 다음 2년 이내에 취득하는 부동산에 대해서는 취득세 감면대상세액의 100분의 30을 경감한다. (2020. 1. 15. 신설) 나. 사업개시일 이후 최초로 재산세 납세의무가 성립하는 날부터 3년 동안은 재산세 감면대상세액의 100분의 50을, 그 다음 2년 동안은 재산세 감면대상세액의 100분의 30을 경감한다. (2020. 1. 15. 신설) 2. 2025년 12월 31일까지 조세감면신청을 하여 조세감면결정을 받은 외국인투자기업이 사업개시일 전에 「조세특	의 양수 등 대통령령으로 정하는 방식에 해당하는 외국인투자자"란 그 사업에 관한 권리와 의무를 포괄적 또는 부분적으로 승계하는 것을 말한다. (2020. 1. 15. 신설)	

례제한법」 제121조의 2 제1항 제1호의 사업에 직접 사용하기 위하여 취득하는 부동산 및 과세기준일 현재 해당 사업에 직접 사용하는 부동산에 대해서는 다음 각 목의 구분에 따라 지방세를 감면한다. (2023. 3. 14. 개정)

가. 조세감면결정을 받은 날 이후 취득하는 부동산에 대해서는 취득세 감면대상세액의 100분의 50을 경감한다. (2020. 1. 15. 신설)

나. 해당 부동산을 취득한 후 최초로 재산세 납세의무가 성립하는 날부터 3년 동안은 재산세 감면대상세액의 100분의 50을, 그 다음 2년 동안은 재산세 감면대상세액의 100분의 30을 경감한다. (2020. 1. 15. 신설)

④ 「외국인투자 촉진법」 제2조 제1항 제8호 사목 또는 같은 항 제4호 가목 2), 제5조 제2항 제1호 및 제6조에 따른 외국인투자에 대해서는 제1항부터 제3항까지의 규정을 적용하지 아니한다. (2020. 1. 15. 신설)

⑤ 외국인투자기업이 조세감면신청 기한이 지난 후 감면신청을 하여 조세감면결정을 받은 경우에는 조세감면결정을 받은 날 이후의 남은 감면기간에 대해서만 제1항부터 제3항까지의 규정을 적용한다. 이 경우 외국인투자기업이 조세감면결정을 받기 이전에 이미 납부한 세액이 있을 때에는 그 세액은 환급하지 아니한다. (2020. 1. 15. 신설)

⑥ 제1항부터 제3항까지의 규정을 적용할 때 다음 각 호의 어느 하나에 해당하는 외국인투자의 경우 대통령령으로 정하는 바에 따라 계산한 주식 또는 출자지분(이하

④ 법 제78조의 3 제6항에 따라 조세감면대상으로 보지 않는 주식 또는 출자지분(이하 이 조에서 "주식등"이라 한다)

이 조에서 "주식등"이라 한다)의 소유비율(소유비율이 100분의 5 미만인 경우에는 100분의 5로 본다) 상당액, 대여금 상당액 또는 외국인투자금액에 대해서는 조세감면대상으로 보지 아니한다. (2020. 1. 15. 신설)

1. 외국법인 또는 외국기업(이하 이 항에서 "외국법인등"이라 한다)이 외국인투자를 하는 경우로서 다음 각 목의 어느 하나에 해당하는 경우 (2020. 1. 15. 신설)
   가. 대한민국 국민(외국에 영주하고 있는 사람으로서 거주지국의 영주권을 취득하거나 영주권을 갈음하는 체류허가를 받은 사람은 제외한다) 또는 대한민국 법인(이하 이 항에서 "대한민국국민등"이라 한다)이 해당 외국법인등의 의결권 있는 주식등의 100분의 5 이상을 직접 또는 간접으로 소유하고 있는 경우 (2020. 1. 15. 신설)
   나. 대한민국국민등이 단독으로 또는 다른 주주와의 합의ㆍ계약 등에 따라 해당 외국법인등의 대표이사 또는 이사의 과반수를 선임한 주주에 해당하는 경우 (2020. 1. 15. 신설)
2. 다음 각 목의 어느 하나에 해당하는 자가 「외국인투자 촉진법」 제2조 제1항 제5호에 따른 외국투자가(이하 이 조에서 "외국투자가"라 한다)에게 대여한 금액이 있는 경우 (2020. 1. 15. 신설)
   가. 외국인투자기업 (2020. 1. 15. 신설)
   나. 외국인투자기업의 의결권 있는 주식등을 100분의

구분에 따라 계산한 금액으로 한다. (2020. 1. 15. 신설)

1. 법 제78조의 3 제6항 제1호에 해당하는 경우 : 외국법인 또는 외국기업(이하 이 조에서 "외국법인등"이라 한다)의 외국인투자금액에 해당 외국법인등의 주식등을 같은 호 가목에 따른 대한민국국민등(이하 이 조 및 제38조의 4에서 "대한민국국민등"이라 한다)이 직접 또는 간접으로 소유하고 있는 비율(그 비율이 100분의 5 미만인 경우에는 100분의 5로 한다)을 곱하여 계산한 금액. 이 경우 주식등의 직접 또는 간접 소유비율은 법 제78조의 3 제1항부터 제3항까지 및 제7항에 따라 지방세 감면 또는 면제의 대상이 되는 해당 지방세의 납세의무 성립일을 기준으로 산출한다. (2020. 1. 15. 신설)
2. 법 제78조의 3 제6항 제2호에 해당하는 경우 : 외국인투자금액 중 같은 호 각 목의 어느 하나에 해당하는 자가 외국투자가에게 대여한 금액 상당액 (2020. 1. 15. 신설)

⑤ 제4항 제1호를 적용할 때 주식등의 간접소유비율은 다음 각 호의 구분에 따라 계산한다. 다만, 외국법인등의 주주 또는 출자자인 법인(이하 이 조에서 "주주법인"이라 한다)이 둘 이상인 경우에는 다음 각 호에 따라 각 주주법인별로 계산한 비율을 더한 비율을 대한민국국민등의 해당 외국법인등에 대한 간접소유비율로 한다. (2020. 1. 15. 신설)

1. 대한민국국민등이 외국법인등의 주주법인의 의결권

5 이상 직접 또는 간접으로 소유하고 있는 대한민국국민등 (2020. 1. 15. 신설)

다. 단독으로 또는 다른 주주와의 합의 · 계약 등에 따라 외국인투자기업의 대표이사 또는 이사의 과반수를 선임한 주주인 대한민국국민등 (2020. 1. 15. 신설)

3. 외국인이 「국제조세조정에 관한 법률」 제2조 제1항 제7호에 따른 조세조약 또는 투자보장협정을 체결하지 아니한 국가 또는 지역 중 대통령령으로 정하는 국가 또는 지역을 통하여 외국인투자를 하는 경우 (2020. 12. 22. 개정 ; 국제조세조정에~부칙)

⑦ 외국인투자기업이 증자하는 경우에 그 증자분에 대한 취득세 및 재산세 감면에 대해서는 제1항부터 제6항까지의 규정을 준용하며, 이 경우 제1항부터 제3항까지의 규정에 따른 사업개시일은 자본증가에 관한 변경등기를 한 날로 본다. 다만, 대통령령으로 정하는 기준에 해당하는 조세감면신청에 대해서는 「조세특례제한법」 제121조의

있는 주식의 100분의 50 이상을 소유하고 있는 경우에는 주주법인이 소유하고 있는 해당 외국법인등의 의결권 있는 주식이 그 외국법인등이 발행한 의결권 있는 주식의 총수에서 차지하는 비율(이하 이 조에서 "주주법인의 주식소유비율"이라 한다) (2020. 1. 15. 신설)

2. 대한민국국민등이 외국법인등의 주주법인의 의결권 있는 주식의 100분의 50 미만을 소유하고 있는 경우에는 그 소유비율에 주주법인의 주식소유비율을 곱한 비율 (2020. 1. 15. 신설)

⑥ 제5항에 따른 주식등의 간접소유비율의 계산방법은 외국법인등의 주주법인과 대한민국국민등 사이에 하나 이상의 법인이 주식소유관계를 통하여 연결되어 있는 경우에 대해서도 준용한다. (2020. 1. 15. 신설)

⑦ 법 제78조의 3 제6항 제3호에서 "대통령령으로 정하는 국가 또는 지역"이란 「조세특례제한법 시행령」 제116조의 2 제13항에 따른 국가 또는 지역을 말한다. (2020. 1. 15. 신설)

제38조의 3【외국인투자기업 증자 시의 감면 적용 방법 등】 ① 법 제78조의 3 제7항에 따라 외국인투자기업의 증자분에 대하여 지방세를 감면하는 경우 해당 증자분과 관계된 감면대상사업과 그 밖의 사업을 구분경리하여 해당 증자분 감면대상 사업을 기준으로 같은 조 제1항 제1호에 따른 외국인투자비율(이하 이 조에서 "외국

2 제8항에 따른 행정안전부장관 또는 지방자치단체의 장과의 협의를 생략할 수 있다. (2020. 1. 15. 신설)

⑧ 제7항에 따라 외국인투자기업에 대한 취득세 감면대상세액 및 재산세 감면대상세액을 계산하는 경우 다음 각 호의 주식등에 대해서는 그 발생근거가 되는 주식등에 대한 감면의 예에 따라 그 감면기간의 남은 기간과 남은 기간의 감면비율에 따라 감면한다. (2020. 1. 15. 신설)

1. 「외국인투자 촉진법」 제5조 제2항 제2호에 따라 준비금 · 재평가적립금과 그 밖에 다른 법령에 따른 적립금이 자본으로 전입됨으로써 외국투자가가 취득한 주식등 (2020. 1. 15. 신설)
2. 「외국인투자 촉진법」 제5조 제2항 제5호에 따라 외국투자가가 취득한 주식등으로부터 생긴 과실(주식등으로 한정한다)을 출자하여 취득한 주식등 (2020. 1. 15. 신설)

⑨ 제7항에 따라 외국인투자기업에 대한 취득세 감면대

인투자비율"이라 한다)을 계산한다. 이 경우 구분경리에 관하여는 「조세특례제한법」 제143조를 준용한다. (2020. 1. 15. 신설)

② 법 제78조의 3 제7항에 따라 외국인투자기업의 증자분에 대하여 지방세를 감면하는 경우 외국인투자기업이 유상감자(주식 또는 출자지분의 유상소각, 자본감소액의 반환 등에 따라 실질적으로 자산이 감소되는 경우를 말한다)를 한 후 5년 이내에 증자하여 조세감면신청을 하는 경우에는 그 유상감자 전보다 순증가하는 부분에 대한 외국인투자비율에 대해서만 지방세를 감면한다. (2020. 1. 15. 신설)

③ 법 제78조의 3 제7항 단서에서 "대통령령으로 정하는 기준"이란 법 제78조의 3 제1항부터 제3항까지의 규정 또는 「조세특례제한법」 제121조의 2에 따라 지방세 감면을 받고 있는 사업을 위하여 증액투자하는 것을 말한다. (2020. 1. 15. 신설)

④ 법 제78조의 3 제7항에 따라 증자분에 대한 지방세의 감면결정을 받은 외국인투자기업이 해당 증자 후 7년 내에 유상감자를 하는 경우에는 해당 유상감자를 하기 직전의 증자분(「외국인투자 촉진법」 제5조 제2항 제2호에 따른 준비금 · 재평가적립금 및 그 밖의 다른 법령에 따른 적립금의 자본전입으로 인하여 주식이 발행되는 형태의 증자를 제외한다)부터 역순으로 감자한 것으로 보아 감면세액을 계산한다. (2020. 1. 15. 신설)

⑤ 법 제78조의 3 제9항 계산식 외의 부분에서 "대통령

상세액 및 재산세 감면대상세액을 계산하는 경우 제1항부터 제3항까지의 규정에 따른 감면기간이 종료된 사업의 사업용 고정자산을 제7항에 따른 증자분에 대한 조세감면을 받는 사업(이하 이 항에서 "증자분사업"이라 한다)에 계속 사용하는 경우 등 대통령령으로 정하는 사유가 있는 경우에는 다음 계산식에 따라 계산한 금액을 증자분사업에 대한 취득세 감면대상세액 및 재산세 감면대상세액으로 한다. (2020. 1. 15. 신설)

$$\text{취득세 감면대상세액 및 재산세 감면대상세액} \times \frac{\text{자본증가에 관한 변경등기를 한 날 이후 새로 취득·설치되는 사업용 고정자산의 가액}}{\text{증자분사업의 사업용 고정자산의 총가액}}$$

⑩ 제7항에도 불구하고 외국인투자신고 후 최초의 조세감면결정 통지일부터 3년이 되는 날 이전에 외국인투자기업이 조세감면결정 시 확인된 외국인투자신고금액의 범위에서 증자하는 경우에는 조세감면신청을 하지 아니하는 경우에도 그 증자분에 대하여 조세감면결정을 받은 것으로 본다. (2020. 1. 15. 신설)

⑪ 외국인투자신고 후 최초의 조세감면결정 통지일부터 3년이 경과한 날까지 최초의 출자(증자를 포함한다. 이하 이 항에서 같다)를 하지 아니하는 경우에는 조세감면결정의 효력이 상실되며, 외국인투자신고 후 최초의 조세감면결정 통지일부터 3년 이내에 최초의 출자를 한 경우로서

령으로 정하는 사유"란 다음 각 호의 요건을 모두 갖춘 경우를 말한다. (2020. 1. 15. 신설)

1. 외국인투자기업이 증자 전에 「조세특례제한법」 제121조의 2 제1항 각 호에 따른 사업(이하 이 항에서 "증자전감면사업"이라 한다)에 대해 법 제78조의 3 제1항부터 제3항까지의 규정 또는 「조세특례제한법」 제121조의 2에 따른 지방세 감면을 받고 그 감면기간이 종료된 경우로서 법 제78조의 3 제7항에 따라 증자를 통하여 「조세특례제한법」 제121조의 2 제1항 각 호에 따른 사업(이하 이 항에서 "증자분감면사업"이라 한다)에 대한 감면결정을 받았을 것 (2020. 1. 15. 신설)
2. 법 제78조의 3 제1항부터 제3항까지의 규정 또는 「조세특례제한법」 제121조의 2에 따른 감면기간이 종료된 증자전감면사업의 사업용 고정자산을 증자분감면사업에 계속 사용하는 경우로서 자본증가에 관한 변경등기를 한 날 현재 해당 증자전감면사업의 사업용 고정자산의 가액이 증자분감면사업의 사업용 고정자산의 총가액에서 차지하는 비율이 100분의 30 이상일 것 (2020. 1. 15. 신설)

최초의 조세감면결정 통지일부터 5년이 되는 날까지 사업을 개시하지 아니한 경우에는 최초의 조세감면결정 통지일부터 5년이 되는 날을 그 사업을 개시한 날로 보아 제1항부터 제3항까지의 규정을 적용한다. (2020. 1. 15. 신설)

⑫ 지방자치단체의 장은 다음 각 호의 어느 하나에 해당하는 경우에는 제1항부터 제3항까지의 규정에 따라 감면된 취득세 및 재산세를 추징한다. 이 경우 추징할 세액의 범위 및 여러 추징사유에 해당하는 경우의 추징 방법 등 그 밖에 필요한 사항은 대통령령으로 정한다. (2020. 1. 15. 신설)

1. 제1항 및 제3항에 따라 취득세 또는 재산세가 감면된 후 외국투자가가 이 법에 따라 소유하는 주식등을 대한민국 국민 또는 대한민국 법인에 양도하는 경우 (2020. 1. 15. 신설)
2. 제2항 및 제3항에 따라 취득세 또는 재산세가 감면된 후 외국투자가의 주식등의 비율이 감면 당시의 주식등의 비율에 미달하게 된 경우 (2020. 1. 15. 신설)
3. 「외국인투자 촉진법」에 따라 등록이 말소된 경우 (2020. 1. 15. 신설)
4. 해당 외국인투자기업이 폐업하는 경우 (2020. 1. 15. 신설)
5. 외국인투자기업이 외국인투자신고 후 5년(고용 관련 조세감면기준은 3년) 이내에 출자목적물의 납입, 「외국인투자 촉진법」 제2조 제1항 제4호 나목에 따른 장

제38조의 4【외국인투자기업 감면세액의 추징 등】

① 법 제78조의 3 제12항에 따른 취득세 및 재산세의 추징은 다음 각 호의 구분에 따른다. (2020. 1. 15. 신설)

1. 법 제78조의 3 제12항 제1호 및 제2호의 경우 : 주식등의 양도일 또는 주식등의 비율의 미달일부터 소급하여 5년 이내에 감면된 취득세 및 재산세의 세액에 그 양도비율 또는 미달비율을 곱하여 산출한 세액을 각각 추징 (2020. 1. 15. 신설)
2. 법 제78조의 3 제12항 제3호 및 제4호의 경우: 등록 말소일 또는 폐업일(「부가가치세법」 제8조 제8항 및 제9항에 따른 폐업일과 말소일 중 빠른 날을 말한다)부터 소급하여 5년 이내에 감면된 취득세 및 재산세를 각각 추징 (2021. 2. 17. 개정 ; 부가가치세법 시행령 부칙)
3. 법 제78조의 3 제12항 제5호의 경우 : 외국인투자신고 후 5년(고용과 관련된 조세감면기준에 미달하는 경우에는 3년)이 경과한 날부터 소급하여 5년(고용과 관련된 조세감면기준에 미달하는 경우에는 3년) 이내에 감면된 취득세 및 재산세를 각각 추징 (2020. 1. 15. 신설)
4. 법 제78조의 3 제12항 제6호 및 제7호의 경우 : 해당 추징사유가 발생한 날부터 소급하여 5년 이내에 감면

기차관의 도입 또는 고용인원이 「조세특례제한법」 제121조의 2 제1항에 따른 조세감면기준에 미달하는 경우 (2020. 1. 15. 신설)
6. 정당한 사유 없이 그 취득일부터 3년이 경과할 때까지 해당 용도로 직접 사용하지 아니하는 경우 (2020. 1. 15. 신설)
7. 해당 용도로 직접 사용한 기간이 2년 미만인 상태에서 매각·증여하거나 다른 용도로 사용하는 경우 (2020. 1. 15. 신설)

⑬ 제12항에도 불구하고 다음 각 호의 어느 하나에 해당하는 경우에는 대통령령으로 정하는 바에 따라 그 감면된 세액을 추징하지 아니할 수 있다. (2020. 1. 15. 신설)
1. 외국인투자기업이 합병으로 인하여 해산됨으로써 외국인투자기업의 등록이 말소된 경우 (2020. 1. 15. 신설)
2. 「조세특례제한법」 제121조의 3에 따라 관세 등을 면제받고 도입되어 사용 중인 자본재를 천재지변이나 그 밖의 불가항력적인 사유, 감가상각, 기술의 진보, 그 밖에 경제여건의 변동 등으로 그 본래의 목적에 사용할 수 없게 되어 기획재정부장관의 승인을 받아 본래의 목적 외의 목적에 사용하거나 처분하는 경우 (2020. 1. 15. 신설)
3. 「자본시장과 금융투자업에 관한 법률」에 따라 해당 외국인투자기업을 공개하기 위하여 주식등을 대한민국 국민 또는 대한민국 법인에 양도하는 경우 (2020.

된 취득세 및 재산세의 세액을 각각 추징. 이 경우 추징하는 세액은 해당 추징사유가 발생한 부분으로 한정한다. (2020. 1. 15. 신설)

② 법 제78조의 3 제12항 각 호의 사유가 동시에 발생하는 경우에는 제1항 각 호에 따른 추징하는 세액이 큰 사유를 적용하고, 법 제78조의 3 제12항 각 호의 사유가 순차적으로 발생하는 경우에는 감면받은 세액의 범위에서 발생순서에 따라 먼저 발생한 사유부터 순차적으로 적용한다. (2020. 1. 15. 신설)

③ 법 제78조의 3 제13항 제1호 및 제3호부터 제5호까지에 해당하는 경우에는 감면된 취득세 및 재산세를 추징하지 않는다. (2020. 1. 15. 신설)

④ 법 제78조의 3 제13항 제5호에서 "대통령령으로 정하는 경우"란 다음 각 호의 어느 하나에 해당하는 경우를 말한다. (2020. 1. 15. 신설)
1. 「경제자유구역의 지정 및 운영에 관한 특별법」 제8조의 3 제1항 및 제2항에 따른 개발사업시행자가 같은 법 제2조 제1호에 따른 경제자유구역의 개발사업을 완료한 후 법 제78조의 3 제12항에 따른 취득세 및 재산세의 추징사유가 발생한 경우 (2020. 1. 15. 신설)
2. 「기업도시개발 특별법」 제10조 제1항에 따라 지정된 기업도시 개발사업시행자가 같은 법 제2조 제2호에 따른 기업도시개발구역의 개발사업을 완료한 후 법 제78조의 3 제12항에 따른 취득세 및 재산세의 추징

1. 15. 신설)
4. 「외국인투자 촉진법」에 따라 시 · 도지사가 연장한 이행기간 내에 출자목적물을 납입하여 해당 조세감면기준을 충족한 경우 (2020. 1. 15. 신설)
5. 그 밖에 조세감면의 목적을 달성하였다고 인정되는 경우로서 대통령령으로 정하는 경우 (2020. 1. 15. 신설)

사유가 발생한 경우 (2020. 1. 15. 신설)
3. 「새만금사업 추진 및 지원에 관한 특별법」 제8조 제1항에 따라 지정된 사업시행자가 같은 법 제2조 제1호에 따른 새만금사업지역의 개발사업을 완료한 후 법 제78조의 3 제12항에 따른 취득세 및 재산세의 추징사유가 발생한 경우 (2020. 1. 15. 신설)
4. 「제주특별자치도 설치 및 국제자유도시 조성을 위한 특별법」 제162조에 따라 지정되는 제주투자진흥지구의 개발사업시행자가 제주투자진흥지구의 개발사업을 완료한 후 법 제78조의 3 제12항에 따른 취득세 및 재산세의 추징사유가 발생한 경우 (2020. 1. 15. 신설)
5. 「조세특례제한법」 제121조의 2 제1항 제1호에 따른 신성장동력산업기술을 수반하는 사업에 투자한 외국투자가가 그 감면사업 또는 소유주식등을 대한민국국민등에게 양도한 경우로서 해당 기업이 그 신성장동력산업기술을 수반하는 사업에서 생산되거나 제공되는 제품 또는 서비스를 국내에서 자체적으로 생산하는 데 지장이 없다고 기획재정부장관이 확인하는 경우 (2020. 1. 15. 신설)
6. 외국투자가가 소유하는 주식등을 다른 법령이나 정부의 시책에 따라 대한민국국민등에게 양도한 경우로서 기획재정부장관이 확인하는 경우 (2020. 1. 15. 신설)
7. 외국투자가가 소유하는 주식등을 대한민국국민등에게 양도한 후 양도받은 대한민국 국민등이 7일 이내에 해당 주식등을 다시 다른 외국투자가에게 양도한 경

⑭ 조세감면결정을 받은 외국인투자기업이 제12항 제3호부터 제7호까지의 어느 하나에 해당하는 경우에는 대통령령으로 정하는 바에 따라 해당 과세연도와 남은 감면기간 동안 제1항부터 제3항까지의 규정 및 제7항에 따른 감면을 적용하지 아니한다. (2020. 1. 15. 신설)

⑮ 제1항부터 제14항까지의 규정에 따른 조세감면신청 및 조세감면결정에 관한 절차 등에 대해서는 「조세특례제한법」 제121조의 2 제6항부터 제8항까지의 규정에 따른다. (2020. 1. 15. 신설)

우로서 당초 사업을 계속 이행하는 데 지장이 없다고 기획재정부장관이 확인하는 경우 (2020. 1. 15. 신설)

⑤ 제4항 제5호부터 제7호까지의 규정에 따른 확인 절차에 관하여는 「조세특례제한법 시행령」 제116조의 10 제3항부터 제5항까지의 규정을 따른다. (2020. 1. 15. 신설)

⑥ 법 제78조의 3 제14항을 적용할 때 같은 조 제12항 제3호부터 제7호까지의 어느 하나에 해당하는 사유가 발생한 경우 해당 사유가 발생한 날 이후의 남은 감면기간(재산세 과세기준일 이전에 사유가 발생한 경우 해당 과세연도를 포함한다)에 대해서는 같은 조 제1항부터 제3항까지의 규정 및 제7항에 따른 취득세 및 재산세 감면을 적용하지 않는다. 이 경우 법 제78조의 3 제12항 제3호부터 제7호까지의 어느 하나에 해당하는 사유가 발생한 날 이후의 남은 감면기간 중에 같은 조 제1항 및 「조세특례제한법」 제121조의 2 제1항 각 호 외의 부분에 따른 조세감면기준을 다시 충족하는 경우에도 또한 같다. (2020. 1. 15. 신설)

제79조 【법인의 지방 이전에 대한 감면】 ① 대통령령으로 정하는 대도시(이하 이 절에서 "대도시"라 한다)에 본점 또는 주사무소를 설치하여 사업을 직접 하는 법인이 해당 본점 또는 주사무소를 매각하거나 임차를 종료하고 과밀억제권역 외의 지역으로 본점 또는 주사무소를 이전하는 경우에 해당 사업을 직접 하기 위하여 취득하는 부동산에 대해서는 취득세를 2027년 12월 31일

제39조 【대도시의 범위】 법 제79조 제1항 본문에서 "대통령령으로 정하는 대도시"란 과밀억제권역(「산업집적활성화 및 공장설립에 관한 법률」을 적용받는 산업단지는 제외한다)을 말한다.

Note 2024. 12. 31. 개정 ☞ 제1항 기한 연장 : 24년→27년
2021. 12. 28. 개정 ☞ 제1항 기한 연장 : 21년→24년

제7조 【과밀억제권역 외의 지역으로 이전하는 본점 또는 주사무소에 대한 감면 등의 적용기준】 (2021. 12. 31. 제목개정)

① 법 제79조 제1항 각 호 외의 부분 본문에 따라 과밀억제권역 외의 지역으로 본점 또는 주사무소를 이전

까지 면제하고, 재산세의 경우 그 부동산에 대한 재산세의 납세의무가 최초로 성립하는 날부터 5년간 면제하며 그 다음 3년간 재산세의 100분의 50을 경감한다. 다만, 다음 각 호의 어느 하나에 해당하는 경우에는 감면한 취득세 및 재산세를 추징한다. (2024. 12. 31. 개정)

취득 농특비

상한/취득 200만원↑, 85%, 상한/재산 50만원↑, 85%(19년부터)

1. 법인을 이전하여 5년 이내에 법인이 해산된 경우(합병·분할 또는 분할합병으로 인한 경우는 제외한다)와 법인을 이전하여 과세감면을 받고 있는 기간에 과밀억제권역에서 이전 전에 생산하던 제품을 생산하는 법인을 다시 설치한 경우 (2015. 12. 29. 신설)
2. 해당 사업에 직접 사용한 기간이 2년 미만인 상태에서 매각·증여하거나 다른 용도로 사용하는 경우 (2015. 12. 29. 신설)

② 대도시에 등기되어 있는 법인이 과밀억제권역 외의 지역으로 본점 또는 주사무소를 이전하는 경우에 그 이전에 따른 법인등기 및 부동산등기에 대해서는 2027년 12월 31일까지 등록면허세를 면제한다. (2024. 12. 31. 개정)

등록 농특비

Note 2024. 12. 31 개정 ☞ 제2항 기한 연장 : 24년→27년
2021. 12. 28. 개정 ☞ 제2항 기한 연장 : 21년→24년
☞ 감면지역 : 대도시→대도시 외 ☞ 대도시→과밀 외
2018. 12. 24. 개정 ☞ 제2항 기한 연장 : 18년→21년
2015. 12. 29. 개정 ☞ 제2항 기한 연장 : 15년→18년
☞ 감면지역 : 과밀→대도시 외 ☞ 대도시→과밀 외
2018. 12. 24. 개정 ☞ 제1항 기한 연장 : 18년→21년

(移轉)하여 해당 사업을 직접 하기 위하여 취득하는 부동산의 범위는 법인의 본점 또는 주사무소로 사용하는 부동산과 그 부대시설용 부동산으로서 다음 각 호의 요건을 모두 갖춘 것으로 한다. (2021. 12. 31. 개정)

1. 과밀억제권역 외의 지역으로 이전하기 위하여 취득한 본점 또는 주사무소용 부동산으로서 사업을 시작하기 이전에 취득한 것일 것 (2021. 12. 31. 개정)
2. 대도시(영 제39조에 따른 대도시를 말한다. 이하 같다) 내의 본점 또는 주사무소를 과밀억제권역 외의 지역으로 이전하기 위하여 사업을 중단한 날까지 6개월(임차한 경우에는 2년을 말한다) 이상 사업을 한 실적이 있을 것 (2021. 12. 31. 개정)
3. 과밀억제권역 외의 지역에서 그 사업을 시작한 날부터 6개월 이내에 대도시 내에 있는 종전의 본점 또는 주사무소를 폐쇄할 것 (2021. 12. 31. 개정)

③ 제1항 및 제2항에 따른 과밀억제권역 외의 지역으로 이전하는 본점 또는 주사무소의 범위와 감면 등의 적용기준은 행정안전부령으로 정한다. (2021. 12. 28. 개정)

Note 감면지역 : 대도시→대도시 외 ☞ 대도시→과밀 외

제79조의 2【해외진출기업의 국내복귀에 대한 감면】 ① 「해외진출기업의 국내복귀 지원에 관한 법률」 제7조 제3항에 따라 선정된 지원대상 국내복귀기업(이하 "지원대상 국내복귀기업"이라 한다)으로서 다음 각 호의 요건을 모두 충족하는 지원대상 국내복귀기업이 제3호에 따른 업종(「통계법」 제22조에 따라 통계청장이 고시하는 한국표준산업분류에 따른 세분류를 기준으로 한 업종을 말한다. 이하 이 조에서 같다)을 영위하기 위하여 취득하는 사업용 부동산에 대해서는 취득세의 100분의 50을 2026년 12월 31일까지 경감하고, 과세기준일 현재 해당 용도로 직접 사용하는 부동산에 대해서는 재산세 납세의무가 최초로 성립한 날부터 5년간 재산세의 100분의 75를 경감한다. (2023. 12. 29. 신설)

1. 해외 사업장을 청산 · 양도할 것 (2023. 12. 29. 신설)
2. 과밀억제권역 외의 지역에서 사업장을 신설 또는 증설할 것 (2023. 12. 29. 신설)
3. 해외 사업장에서 영위하던 업종과 동일한 업종을 영위할 것 (2023. 12. 29. 신설)

② 지방자치단체의 장은 제1항에 따라 취득세를 경감하

☜

Note 2023. 12. 29. 개정 ☞ 조문 신설 : 취득 50%(+조례 50% 可), 5년간 재산세 75%, 26년

편주

법 79조의 2 제1항의 개정규정은 2024. 1. 1. 이후 지원대상 국내복귀기업을 선정하는 경우부터 적용함. (법 부칙(2023. 12. 29.) 7조)

편주

법 79조의 2 제2항의 개정규정은 2024. 1. 1. 이후 지원대상 국내복귀기업을 선정하는 경우부터 적용함. (법 부칙(2023. 12. 29.) 7조)

☜

4. 과밀억제권역 외의 지역에서 본점 또는 주사무소용 부동산을 취득한 날부터 6개월 이내에 건축공사를 시작하거나 직접 그 용도에 사용할 것. 다만, 정당한 사유가 있는 경우에는 6개월 이내에 건축공사를 시작하지 않거나 직접 그 용도에 사용하지 않을 수 있다. (2021. 12. 31. 개정)

② 제1항에 따른 감면대상이 되는 본점 또는 주사무소용 부동산 가액의 합계액이 이전하기 전의 본점 또는 주사무소용 부동산 가액의 합계액을 초과하는 경우 그 초과액에 대해서는 취득세를 과세한다. 이 경우 그 초과액의 산정방법과 적용기준은 다음 각 호와 같다.

1. 이전한 본점 또는 주사무소용 부동산의 가액과 이전하기 전의 본점 또는 주사무소용 부동산의 가액이 각각 영 제34조 제1항 제1호 각 목의 취득에 대하여 「지방세법」 제10조의 3부터 제10조의 6까지의 규정에 따른 사실상의 취득가격 및

는 경우 해당 지역의 재정여건 등을 고려하여 100분의 50의 범위에서 조례로 정하는 율을 추가로 경감할 수 있다. (2023. 12. 29. 신설)

③ 제1항 및 제2항에 따라 지방세를 경감받은 자가 다음 각 호의 어느 하나에 해당하는 경우 그 해당 부분에 대해서는 경감된 취득세 및 재산세를 추징한다. (2023. 12. 29. 신설)

1. 정당한 사유 없이 그 취득일부터 1년이 경과할 때까지 해당 용도로 직접 사용하지 아니하는 경우 (2023. 12. 29. 신설)
2. 해당 용도로 직접 사용한 기간이 2년 미만인 상태에서 매각·증여하거나 다른 용도로 사용하는 경우 (2023. 12. 29. 신설)
3. 지원대상 국내복귀기업으로 선정된 날부터 4년 이내에 해외 사업장을 청산·양도하지 아니하는 경우 (2023. 12. 29. 신설)
4. 지원대상 국내복귀기업으로 선정된 날부터 5년 이내에 국내 사업장 신설 또는 증설을 완료하지 아니하는 경우 (2023. 12. 29. 신설)
5. 해당 사업용 부동산의 취득일부터 5년 이내에 지원대상 국내복귀기업 선정이 취소된 경우 (2023. 12. 29. 신설)

제80조【공장의 지방 이전에 따른 감면】 ① 대도시에서 공장시설을 갖추고 사업을 직접 하는 자가 그 공장

☜

Note 2024. 12. 31. 개정 ☞ 제1항 기한 연장 : 24년→27년

연무금액으로 증명되는 경우에는 그 차액 (2021. 12. 31. 개정)

2. 제1호 외의 경우에는 이전한 본점 또는 주사무소용 부동산의 시가표준액(「지방세법」 제4조에 따른 시가표준액을 말한다. 이하 같다)과 이전하기 전의 본점 또는 주사무소용 부동산의 시가표준액의 차액

제8조【과밀억제권역 외의 지역으로 이전하는 공장의 범위와 적용

을 폐쇄하고 과밀억제권역 외의 지역으로서 공장 설치가 금지되거나 제한되지 아니한 지역으로 이전한 후 해당 사업을 계속하기 위하여 취득하는 부동산에 대해서는 취득세를 2027년 12월 31일까지 면제하고, 재산세의 경우 그 부동산에 대한 납세의무가 최초로 성립하는 날부터 5년간 면제하고 그 다음 3년간 재산세의 100분의 50을 경감한다. 다만, 다음 각 호의 어느 하나에 해당하는 경우에는 감면한 취득세 및 재산세를 추징한다. (2024. 12. 31. 개정)

취득 농특비

상한/취득 200만원↑, 85%, 상한/재산 50만원↑, 85%(19년부터)

1. 공장을 이전하여 지방세를 감면받고 있는 기간에 대도시에서 이전 전에 생산하던 제품을 생산하는 공장을 다시 설치한 경우 (2015. 12. 29. 신설)
2. 해당 사업에 직접 사용한 기간이 2년 미만인 상태에서 매각·증여하거나 다른 용도로 사용하는 경우 (2015. 12. 29. 신설)

② 제1항에 따른 공장의 업종 및 그 규모, 감면 등의 적용기준은 행정안전부령으로 정한다. (2017. 7. 26. 직제개정 ; 정부조직법 부칙)

제80조의 2【기회발전특구로의 이전 등에 대한 감면】 ① 「지방자치분권 및 지역균형발전에 관한 특별법」 제23조에 따라 지정된 기회발전특구(이하 이 조에서 "기회발전특구"라 한다)에서 창업(제58조의 3 제6항 각 호에 해당하지 아니하는 경

2021. 12. 28. 개정 ☞ 제1항 기한 연장 : 21년→24년 ☞ 감면지역 : 대도시→대도시 외 ☞ 대도시→과밀 외
2018. 12. 24. 개정 ☞ 기한 연장 : 18년→21년

예판

【판례】 · 공장의 지방이전에 대한 감면 적용범위
같은 날 원고가 김○○으로부터 그의 영업 일체를 포괄양수하고 이 사건 토지 및 건물을 취득하였다고 하더라도, 개인 김○○과 법인인 원고는 별개의 독립된 법인격체이므로 김○○이 대도시에서 공장시설을 갖추고 광고물 제작, 가방 및 잡화 제조업 등의 사업을 한 것을 원고가 그 사업을 한 것으로 볼 수는 없다고 할 것임. (의정부지법 2014구합7935, 2015. 2. 10. : 대법확정)

【예규】 과밀억제권역 내 산업단지의 공장을 대도시 외의 지역으로 이전한 경우 취득세 등 감면대상 공장의 지방이전에 해당하지 아니함. (지방세특례제도과-2742, 2020. 11. 18.)

관련법령

혁신도시 조성 및 발전에 관한 특별법
제2조【정 의】 이 법에서 사용하는 용어의 정의는 다음과 같다.
2. "이전공공기관"이라 함은 수도권에서 수도권이 아닌 지역으로 이전하는 공공기관(제29조 제1항 단서의 규정에 따라 개별이전하는 공공기관을 포함한다)으로서 대통령령으로 정하는 기관을 말한다. (2020. 6. 9. 개정)

기준】(2021. 12. 31. 제목개정)

① 법 제80조 제1항에 따른 공장의 범위는 「지방세법 시행규칙」 별표 2에서 규정하는 업종의 공장으로서 생산설비를 갖춘 건축물의 연면적(옥외에 기계장치 또는 저장시설이 있는 경우에는 그 시설물의 수평투영면적을 포함한다)이 200제곱미터 이상인 것을 말한다. 이 경우 건축물의 연면적에는 그 제조시설을 지원하기 위하여 공장 경계구역 안에 설치되는 종업원의 후생복지시설 등 각종 부대시설(수익사업용으로 사용되는 부분은 제외한다)을 포함한다. (2018. 12. 31. 후단개정)

② 법 제80조 제1항에 따라 감면 대상이 되는 공장용 부동산은 다음 각 호의 요건을 모두 갖춘 것이어야 한다. (2016. 12. 30. 개정)

1. 이전한 공장의 사업을 시작하기 이전에 취득한 부동산일 것
2. 공장시설(제조장 단위별로 독립된 시설을 말한다. 이하 같다)을 이전하기 위하여 대도시 내에 이

우로서 같은 조 제4항 각 호의 업종을 영위하는 경우로 한정한다)하는 기업에 대해서는 다음 각 호에서 정하는 바에 따라 지방세를 감면한다. (2023. 12. 29. 신설)

제80조의 2【기회발전특구로의 이전 등에 대한 감면】 ① 「지방자치분권 및 지역균형발전에 관한 특별법」 제23조에 따라 지정된 기회발전특구(이하 이 조에서 "기회발전특구"라 한다)에서 대통령령으로 정하는 업종을 창업하는 기업에 대해서는 다음 각 호에서 정하는 바에 따라 지방세를 감면한다. (2024. 12. 31. 개정)

상한/재산 50만원↑, 85%(24년부터)

편주

법 80조의 2 제1항 각 호 외의 부분의 개정규정은 2025. 1. 1. 이후 납세의무가 성립하는 경우부터 적용함. (법 부칙(2024. 12. 31.) 2조)

1. 창업하기 위하여 취득하는 사업용 부동산에 대해서는 2026년 12월 31일까지 취득세의 100분의 50을 경감하고, 과세기준일 현재 해당 용도로 직접 사용하는 그 사업용 부동산에 대해서는 재산세 납세의무가 최초로 성립한 날부터 5년간 재산세를 면제(수도권 지역에 있는 기회발전특구의 경우에는 3년간 재산세를 면제하며, 그 다음 2년간은 재산세의 100분의 50을 경감)한다. 다만, 다음 각 목의 어느 하나에 해당하는 경우 감면한 취득세를 추징한다.

제39조의 2【기회발전특구 창업 기업의 범위】 법 제80조의 2 제1항 각 호 외의 부분에서 "대통령령으로 정하는 업종을 창업하는 기업"이란 법 제58조의 3 제6항 각 호에 해당하지 않는 경우로서 별표 2에 따른 업종을 창업하는 기업을 말한다. 이 경우 별표 2 제1호부터 제8호까지 및 같은 표 제9호 가목부터 사목까지의 규정에 따른 업종은 한국표준산업분류에 따른 업종으로 한다. (2024. 12. 31. 신설)

☞ **Note** 2023. 12. 29. 개정 ☞ 제1항 신설 : 취득 50%(+조례 50% 可), 5년간 재산 100%(+조례 5년간 50% 可) / 수도권 : 취득 50%(+조례 25% 可), 3년간 재산 100%, 2년간 50%, 26년 / (이전기업) 수도권 감면 제외

는 공장의 조업을 중단한 날까지 6개월(임차한 공장의 경우에는 2년을 말한다) 이상 계속하여 조업한 실적이 있을 것. 이 경우 「물환경보전법」 또는 「대기환경보전법」에 따라 폐수배출시설 또는 대기오염물질배출시설 등의 개선명령·이전명령·조업정지나 그 밖의 처분을 받아 조업을 중단하였을 때의 그 조업 중지기간은 조업한 기간으로 본다. (2020. 12. 31. 후단개정)

3. 과밀억제권역 외에서 그 사업을 시작한 날부터 6개월(시운전 기간은 제외한다) 이내에 대도시 내에 있는 해당 공장시설을 완전히 철거하거나 폐쇄할 것 (2021. 12. 31. 개정)
4. 토지를 취득하였을 때에는 그 취득일부터 6개월 이내에 공장용 건축물 공사를 시작하여야 하며, 건축물을 취득하거나 토지와 건축물을 동시에 취득하였을 때에는 그 취득일부터 6개월 이내에 사업을 시

가. 정당한 사유 없이 부동산 취득일부터 3년이 경과할 때까지 해당 사업에 직접 사용하지 아니하거나 다른 용도로 사용하는 경우 (2023. 12. 29. 신설)

나. 해당 사업에 직접 사용한 기간이 2년 미만인 상태에서 매각·증여하거나 다른 용도로 사용하는 경우 (2023. 12. 29. 신설)

2. 지방자치단체의 장은 해당 지역의 재정 여건 등을 고려하여 제1호에 따라 취득세를 감면하는 경우에는 100분의 50(수도권 지역에 있는 기회발전특구의 경우에는 100분의 25)의 범위에서 조례로 정하는 율을 추가로 경감할 수 있고, 재산세를 감면하는 경우에는 5년간 감면기간을 연장하여 100분의 50(수도권 지역에 있는 기회발전특구는 제외한다)의 범위에서 조례로 정하는 율에 따라 경감할 수 있다. (2023. 12. 29. 신설)

② 수도권(제75조의 5에 따른 인구감소지역 또는 「접경지역 지원 특별법」 제2조 제1호에 따른 접경지역을 제외한다)에서 본점 또는 주사무소를 설치하거나 공장시설을 갖추고 사업을 영위하는 기업이 해당 본점이나 주사무소 또는 공장을 폐쇄하고 수도권 외의 기회발전특구로 이전하는 경우 다음 각 호에서 정하는 바에 따라 지방세를 감면한다. 이 경우 이전하는 본점 또는 주사무소의 범위 및 공장의 범위, 업종, 규모 및 공장용 부동산의 요건은 행정안전부령으로 정한다. (2023. 12. 29. 신설)

1. 해당 사업에 직접 사용하기 위하여 취득하는 사업용 부

☜

상한/재산 50만원↑, 85%(24년부터)

Note 2023. 12. 29. 개정 ☞ 제2항 신설 : 취득 50%(+조례 50%可), 5년간 재산세 100%, 26년

작할 것. 다만, 정당한 사유가 있을 때에는 6개월 이내에 공장용 건축물 공사를 시작하지 아니하거나 사업을 시작하지 아니할 수 있다.

③ 제2항에 따른 감면대상이 되는 공장용 부동산 가액의 합계액이 이전하기 전의 공장용 부동산가액의 합계액을 초과하는 경우 그 초과액에 대해서는 취득세를 과세한다. 이 경우 초과액의 산정기준은 다음 각 호와 같다.

1. 이전한 공장용 부동산의 가액과 이전하기 전의 공장용 부동산의 가액이 각각 영 제34조 제1항 제1호 각 목의 취득에 대하여 「지방세법」 제10조의 3부터 제10조의 6까지의 규정에 따른 사실상의 취득가격 및 연부금액으로 증명되는 경우에는 그 차액 (2021. 12. 31. 개정)

2. 제1호 외의 경우에는 이전한 공장용 부동산의 시가표준액과 이전하기 전의 공장용 부동산의 시가표준액의 차액

동산에 대해서는 2026년 12월 31일까지 취득세의 100분의 50을 경감하고, 과세기준일 현재 해당 용도로 직접 사용하는 그 사업용 부동산에 대해서는 재산세 납세의무가 최초로 성립한 날부터 5년간 재산세를 면제한다. 다만, 다음 각 목의 어느 하나에 해당하는 경우 감면한 취득세와 재산세를 추징한다. (2023. 12. 29. 신설)

가. 본점이나 주사무소 또는 공장을 이전하여 지방세를 감면받고 있는 기간에 수도권에서 이전하기 전에 하던 사업과 동일한 사업을 수행하는 본점, 주사무소, 공장을 수도권에 다시 설치하는 경우 (2023. 12. 29. 신설)

나. 본점이나 주사무소 또는 공장을 이전하여 취득한 날부터 5년 이내에 해당 사업을 폐업한 경우 (2023. 12. 29. 신설)

다. 정당한 사유 없이 부동산 취득일부터 3년이 경과할 때까지 해당 사업에 직접 사용하지 아니하거나 다른 용도로 사용하는 경우 (2023. 12. 29. 신설)

라. 해당 사업에 직접 사용한 기간이 2년 미만인 상태에서 매각·증여하거나 다른 용도로 사용하는 경우 (2023. 12. 29. 신설)

2. 지방자치단체의 장은 해당 지역의 재정 여건 등을 고려하여 제1호에 따라 취득세를 감면하는 경우에는 100분의 50의 범위에서 조례로 정하는 율을 추가로 경감할 수 있고, 재산세를 감면하는 경우에는 5년간

④ 제3항에 따른 부동산의 초과부분에 대하여 과세하는 경우에는 이전한 공장용 토지와 건축물 가액의 비율로 나누어 계산한 후 각각 과세한다.

⑤ 법 제80조 제1항에 따라 공장의 지방 이전에 따른 지방세 감면을 신청하려는 자는 제2조 제1항에도 불구하고 별지 제6호 서식에 다음 각 호의 서류를 첨부하여 시장·군수·구청장에게 제출해야 한다. (2020. 12. 31. 신설)

1. 이전하기 전의 공장 규모와 조업실적을 증명할 수 있는 서류 (2020. 12. 31. 신설)
2. 이전하기 전의 공장용 토지의 지목이 둘 이상이거나 그 토지가 두 필지 이상인 경우 또는 건물이 여러 동일 경우에는 그 명세서 (2020. 12. 31. 신설)
3. 이전한 공장용 토지의 지목이 둘 이상이거나 그 토지가 두 필지 이상인 경우 또는 건물이 여러 동일 경우에는 그 명세서 (2020. 12. 31. 신설)

감면기간을 연장하여 100분의 50의 범위에서 조례로 정하는 율에 따라 경감할 수 있다. (2023. 12. 29. 신설)

③ 기회발전특구에서 공장을 신·증설하는 기업에 대해서는 다음 각 호에서 정하는 바에 따라 지방세를 감면한다. 이 경우 공장의 범위, 업종, 요건 등은 행정안전부령으로 정한다. (2023. 12. 29. 신설)

1. 해당 사업에 직접 사용하기 위하여 취득하는 사업용 부동산에 대해서는 2026년 12월 31일까지 취득세의 100분의 50을 경감하고, 과세기준일 현재 해당 용도로 직접 사용하는 그 사업용 부동산에 대해서는 재산세 납세의무가 최초로 성립한 날부터 5년간 재산세의 100분의 75(수도권 지역에 있는 기회발전특구의 경우에는 100분의 35)를 경감한다. 다만, 다음 각 목의 어느 하나에 해당하는 경우 감면한 취득세 및 재산세를 추징한다. (2023. 12. 29. 신설)
   가. 공장을 신설·증설하여 취득한 날부터 5년 이내에 해당 사업을 폐업한 경우 (2023. 12. 29. 신설)
   나. 정당한 사유 없이 부동산 취득일부터 3년이 경과할 때까지 해당 사업에 직접 사용하지 아니하거나 다른 용도로 사용하는 경우 (2023. 12. 29. 신설)
   다. 해당 사업에 직접 사용한 기간이 2년 미만인 상태에서 매각·증여하거나 다른 용도로 사용하는 경우 (2023. 12. 29. 신설)
2. 지방자치단체의 장은 해당 지역의 재정 여건 등을 고

☜ **Note** 2023. 12. 29. 개정 ☞ 제3항 신설 : 취득 50%(+조례 25% 可), 5년간 재산 75%(수도권 35%), 26년

제8조의 2【기회발전특구로 이전하는 본점 또는 주사무소 등에 대한 감면 등의 적용기준】 ① 법 제80조의 2 제2항 각 호 외의 부분 후단에 따라 「지방자치분권 및 지역균형발전에 관한 특별법」 제23조에 따라 지정된 기회발전특구(이하 이 조에서 "기회발전특구"라 한다)로 본점 또는 주사무소를 이전한 기업이 해당 사업에 직접 사용하기 위하여 취득하는 부동산의 범위는 법인의 본점 또는 주사무소로 사용하는 부동산과 그 부대시설용 부동산으로서 다음 각 호의 요건을 모두 갖춘 것으로 한다. (2024. 2. 29. 신설)

1. 수도권 외의 기회발전특구로 이전하기 위하여 취득한 본점 또는 주사무소용 부동산으로서 사업을 시작하기 이전에 취득한 것일 것 (2024. 2. 29. 신설)
2. 수도권(법 제75조의 5에 따른 인구감소지역 또는 「접경지역 지원 특별법」 제2조 제1호에 따른 접

려하여 제1호에 따라 취득세를 경감하는 경우 100분의 25의 범위에서 조례로 정하는 율을 추가로 경감할 수 있다. (2023. 12. 29. 신설)

제81조【이전공공기관 등 지방이전에 대한 감면】 (2011. 12. 31. 제목개정)

① 「혁신도시 조성 및 발전에 관한 특별법」에 따른 이전공공기관(이하 이 조에서 "이전공공기관"이라 한다)이 같은 법 제4조에 따라 국토교통부장관의 지방이전계획 승인을 받아 이전할 목적으로 취득하는 부동산에 대해서는 취득세의 100분의 50을 2025년 12월 31일까지 경감하고, 재산세의 경우 그 부동산에 대한 납세의무가 최초로 성립하는 날부터 5년간 재산세의 100분의 50을 경감한다. (2023. 3. 14. 개정)

② 이전공공기관의 법인등기에 대해서는 2025년 12월 31일까지 등록면허세를 면제한다. (2023. 3. 14. 개정)

Note 2016. 12. 27. 개정 ☞ 감면 축소 : 등록 종료(단, 17년까지 유예) ☞ 제2항 기한 연장 : 16년→17년

③ 제1호 각 목의 자가 해당 지역에 거주할 목적으로 주택을 취득함으로써 대통령령으로 정하는 1가구 1주택이 되는 경우에는 제2호 각 목에서 정하는 바에 따라 취득

관련법령

혁신도시 조성 및 발전에 관한 특별법 시행령

제2조【이전공공기관】 「혁신도시 조성 및 발전에 관한 특별법」(이하 "법"이라 한다) 제2조 제2호에서 "대통령령이 정하는 기관"이란 법 제2조 제1호의 공공기관 중 다음 각 호의 어느 하나에 해당하는 공공기관을 말한다. 다만, 「신행정수도 후속대책을 위한 연기·공주지역 행정중심복합도시 건설을 위한 특별법」 제16조에 따른 이전계획에 따라 행정중심복합도시로 이전하는 중앙행정기관등은 제외한다. (2023. 7. 7. 개정)

1. 「지방자치분권 및 지역균형발전에 관한 특별법」 제25조에 따라 수도권에서 수도권이 아닌 지역으로 이전하는 공공기관
2. 국무회의의 심의를 거쳐 혁신도시로 이전하는 중앙행정기관
3. 법 제29조 단서에 따라 개별이전이 인정된 중앙행정기관

Note 2016. 12. 27. 개정 ☞ 감면 축소 : 취득·재산 100% → 취득·재산 50%(단, 17년까지 유예) ☞ 제1항 기한 연장 : 16년→17년

예판

【예규】 「혁신도시 조성 및 발전에 관한 특별법」에 따른 이전공공기관이 같은 법 제4조에 따라 국토교통부장관의 지방이전계획 승인을 받아 이전을 완료한 후, 새로이 청사를 신축하여 취득하는 경우는 해당 공공기관이 이전할 목적으로 취득하는 부동산에 해당하지 않아 감면 대상 아님. (지방세특례제도과-1790, 2023. 7. 6.)

제40조【1가구 1주택의 범위】 법 제81조 제3항 각 호 외의 부분에서 "대통령령으로 정하는 1가구 1주택"이란 취득일 현재 취득자와 같은 세대별 주민등록표에

또는 주사무소를 수도권 외의 기회발전특구로 이전하기 위하여 사업을 중단한 날까지 6개월(임차한 경우에는 2년을 말한다) 이상 사업을 한 실적이 있을 것 (2024. 2. 29. 신설)

3. 수도권 외의 기회발전특구에서 그 사업을 시작한 날부터 6개월 이내에 수도권(법 제75조의 5에 따른 인구감소지역 또는 「접경지역 지원 특별법」 제2조 제1호에 따른 접경지역을 제외한다) 내에 있는 종전의 본점 또는 주사무소를 폐쇄할 것 (2024. 2. 29. 신설)

② 법 제80조의 2 제2항 각 호 외의 부분 후단에 따른 기회발전특구로 이전하는 공장의 범위, 업종, 규모는 「지방세법 시행규칙」 별표 2에서 규정하는 업종의 공장으로서 생산설비를 갖춘 건축물의 연면적(옥외에 기계장치 또는 저장시설이 있는 경우에는 그 시설물의 수평투영면적을 포함한다. 이하 이 조에서 같다)이 200제곱미터 이상인 것으

세를 2025년 12월 31일까지 감면한다. (2023. 3. 14. 개정)

Note 2023. 3. 14. 개정 ☞ 제3항 기한 연장 : 22년→25년
2020. 1. 15. 개정 ☞ 제3항 기한 연장 : 19년→22년
2016. 12. 27. 개정 ☞ 제3항 기한 연장 : 16년→19년

1. 감면 대상자 (2011. 12. 31. 개정)
   가. 이전공공기관을 따라 이주하는 소속 임직원 (2011. 12. 31. 개정)
   나. 「신행정수도 후속대책을 위한 연기·공주지역 행정중심복합도시 건설을 위한 특별법」 제16조에 따른 이전계획에 따라 행정중심복합도시로 이전하는 중앙행정기관 및 그 소속기관(이전계획에 포함되어 있지 않은 중앙행정기관의 소속기관으로서 행정중심복합도시로 이전하는 소속기관을 포함하며, 이하 이 조에서 "중앙행정기관등"이라 한다)을 따라 이주하는 공무원(1년 이상 근무한 기간제근로자로서 해당 소속기관이 이전하는 날까지 계약이 유지되는 종사자 및 「국가공무원법」 제26조의 4에 따라 수습으로 근무하는 자를 포함한다. 이하 이 조에서 같다) (2015. 5. 18. 개정 ; 국가공무원법 부칙)
   다. 행정중심복합도시건설청 소속 공무원(2019년 12월 31일 이전에 소속된 경우로 한정한다) (2020. 1. 15. 개정)
2. 감면 내용 (2011. 12. 31. 개정)
   가. 전용면적 85제곱미터 이하의 주택 : 면제 (2015. 12. 29. 개정) **상한/취득** 200만원↑, 85%(16년부터)

기재되어 있는 가족(동거인은 제외한다)으로 구성된 1가구(취득자의 배우자와 취득자의 미혼인 30세 미만의 직계비속은 각각 취득자와 같은 세대별 주민등록표에 기재되어 있지 아니하더라도 같은 가구에 속한 것으로 본다)가 다음 각 호의 구분에 따른 지역에서 해당 기관에 대한 「신행정수도 후속대책을 위한 연기·공주지역 행정중심복합도시 건설을 위한 특별법」 제16조 제5항에 따른 이전계획의 고시일이나 「혁신도시 조성 및 발전에 관한 특별법」 제4조 제4항에 따른 지방이전계획의 승인일 또는 업무개시일(법 제81조 제3항 제1호 다목의 경우에만 해당한다) 이후 1개의 주택을 최초로 취득하는 것을 말한다. 이 경우 주택의 부속토지만을 소유하는 경우에도 주택을 소유한 것으로 본다. (2018. 2. 27. 개정 ; 공공기관~시행령 부칙)

1. 법 제81조 제3항 제1호 가목의 감면대상자의 경우 : 다음 각 목의 지역 (2011. 12. 31. 개정)
   가. 법 제81조 제1항에 따른 이전공공기관(이하 이 조에서 "이전공공기관"이라 한다)이 「혁신도시 조성 및 발전에 관한 특별법」 제31조에 따른 공동혁신도시로 이전하는 경우 : 그 혁신도시를 공동으로 건설한 광역시·도 또는 특별자치도 내 (2018. 2. 27. 개정 ; 공공기관~시행령 부칙)
   나. 가목 외의 경우 : 다음의 구분에 따른 지역 (2011. 12. 31. 개정)

로 한다. 이 경우 건축물의 연면적에는 그 제조시설을 지원하기 위하여 공장 경계구역 안에 설치되는 종업원의 후생복지시설 등 각종 부대시설(수익사업용으로 사용되는 부분은 제외한다)을 포함한다. (2024. 2. 29. 신설)

③ 법 제80조의 2 제2항에 따라 감면 대상이 되는 공장용 부동산은 다음 각 호의 요건을 모두 갖춘 것이어야 한다. (2024. 2. 29. 신설)

1. 이전한 공장의 사업을 시작하기 이전에 취득한 부동산일 것 (2024. 2. 29. 신설)
2. 공장시설을 이전하기 위하여 수도권(법 제75조의 5에 따른 인구감소지역 또는 「접경지역 지원 특별법」 제2조 제1호에 따른 접경지역을 제외한다) 내에 있는 공장의 조업을 중단한 날까지 6개월(임차한 공장의 경우에는 2년을 말한다) 이상 계속하여 조업한 실적이 있을 것. 이 경우 「물

나. 전용면적 85제곱미터 초과 102제곱미터 이하의 주택 : 1천분의 750을 경감 (2015. 12. 29. 개정)

다. 전용면적 102제곱미터 초과 135제곱미터 이하의 주택 : 1천분의 625를 경감 (2015. 12. 29. 개정)

예판

【조심판례】 • 정년퇴직과 파면 모두 공무원 신분상의 변화로 인하여 세종특별자치시에서 거주하기 곤란한 경우에 해당하므로 해당 기관의 이전일부터 2년 이내에 쟁점부동산을 매각한 정당한 사유에 해당함. (조심 2016지964, 2016. 9. 30.)

• 세종특별자치시 이전이 예정되었던 중앙부처 공무원의 명예퇴직은 매각에 따른 정당한 사유에 해당함. (조심 2016지427, 2016. 9. 26.)

【예규】 이전공공기관(본사)의 지방 이전일 후 지사 직원이 본사로 인사발령 난 경우에도 '이전공공기관을 따라 이주하는 소속 임직원'에 해당되는 시점을 달리 규정하고 있지 않은 점 등을 고려할 때 감면대상에 해당함. (지방세특례제도과-1856, 2019. 5. 17.)

④ 제3항에 따라 취득세를 감면받은 사람이 사망, 혼인, 정년퇴직 또는 파견근무로 인한 근무지역의 변동 등의 정당한 사유 없이 다음 각 호의 어느 하나에 해당하는 경우에는 감면된 취득세를 추징한다. 다만, 파견근무의 경우에는 제1호와 제3호(해당 주택을 매각·증여하는 경우로 한정한다)의 경우에만 감면된 취득세를 추징한다. (2023. 3. 14. 개정)

1. 이전공공기관 또는 중앙행정기관등의 이전일(이전공공기관의 경우에는 이전에 따른 등기일 또는 업무

1) 2012년 6월 30일까지 : 이전공공기관의 소재지 특별시·광역시·도·특별자치도 또는 「신행정수도 후속대책을 위한 연기·공주지역 행정중심복합도시 건설을 위한 특별법」 제2조 제1호에 따른 예정지역(이하 이 조에서 "예정지역"이라 한다) 내 (2011. 12. 31. 개정)

2) 2012년 7월 1일 이후 : 이전공공기관의 소재지 특별시·광역시·특별자치시·도 또는 특별자치도 내 (2011. 12. 31. 개정)

2. 법 제81조 제3항 제1호 나목 및 다목의 감면대상자의 경우 : 다음 각 목의 구분에 따른 지역 (2011. 12. 31. 개정)

가. 2012년 6월 30일까지 : 법 제81조 제3항에 따른 중앙행정기관등(이하 이 조에서 "중앙행정기관등"이라 한다)의 소재지 특별시·광역시·도·특별자치도 또는 예정지역 내 (2011. 12. 31. 개정)

나. 2012년 7월 1일 이후 : 중앙행정기관등의 소재지 특별시·광역시·특별자치시 또는 특별자치도 내 (2011. 12. 31. 개정)

신법」에 따라 폐수배출시설 또는 대기오염물질배출시설 등의 개선명령·이전명령·조업정지나 그 밖의 처분을 받아 조업을 중단하였을 때의 그 조업 중지기간은 조업한 기간으로 본다. (2024. 2. 29. 신설)

3. 기회발전특구에서 그 사업을 시작한 날부터 6개월(시운전 기간은 제외한다) 이내에 수도권(법 제75조의 5에 따른 인구감소지역 또는 「접경지역 지원 특별법」 제2조 제1호에 따른 접경지역을 제외한다) 내에 있는 해당 공장시설을 완전히 철거하거나 폐쇄할 것 (2024. 2. 29. 신설)

④ 법 제80조의2 제3항 각 호 외의 부분 후단에 따른 공장의 범위, 업종, 요건 등은 「지방세법 시행규칙」 별표 2에서 규정하는 업종의 공장으로서 생산설비를 갖춘 건축물의 연면적 200제곱미터 이상을 신설하거나 증설(증설 후 건축물의 연면적이 200제곱미터 이상이 된 경우의

개시일 중 빠른 날을 말하며, 중앙행정기관등의 경우에는 업무개시일을 말한다. 이하 이 조에서 같다) 전에 주택을 매각·증여한 경우 (2017. 12. 26. 개정)
2. 주택을 취득한 날(이전일이 취득일보다 늦은 경우에는 해당 이전일을 말한다)부터 3개월 이내에 상시거주(「주민등록법」에 따른 전입신고를 하고 계속하여 거주하는 것을 말한다. 이하 이 조에서 같다)를 시작하지 아니한 경우 (2023. 3. 14. 개정)
3. 상시거주한 기간이 3년 미만인 상태에서 해당 주택을 매각·증여하거나 다른 용도(임대를 포함한다)로 사용하는 경우 (2023. 3. 14. 신설)

⑤ 제3항 제1호에 따른 이전공공기관, 중앙행정기관등, 행정중심복합도시건설청 및 세종청사관리소(이하 이 항에서 "감면대상기관"이라 한다)의 소속 임직원 또는 공무원(소속기관의 장이 인정하여 주택특별공급을 받은 사람을 포함한다)으로서 해당 지역에 거주할 목적으로 주택을 취득하기 위한 계약을 체결하였으나 취득 시에 인사발령으로 감면대상기관 외의 기관에서 근무하게 되어 제3항에 따른 취득세 감면을 받지 못한 사람이 3년 이내의 근무기간을 종료하고 감면대상기관으로 복귀하였을 때에는 이미 납부한 세액에서 제3항 제2호에 따른 감면을 적용하였을 경우의 납부세액을 뺀 금액을 환급한다. (2015. 12. 29. 개정)

⑥ 제5항에 따라 환급받은 사람이 제4항 각 호의 어느 하나에 해당하는 경우 환급받은 세액을 추징한다. 이 경

예판

【조심판례】 • '3년 이내의 근무기간을 종료하고 감면대상기관으로 복귀하였을 때'라 함은 '취득세 납세의무성립일인 취득시에는 인사발령으로 취득세 감면대상이 될 수 없지만 그 인사발령일부터 3년 이내의 근무기간을 종료하고 감면대상기관으로 복귀하였을 때'로 해석하는 것이 타당함. (조심 2016지879, 2016. 9. 20.)

• 「지방세특례제한법」 제81조 제5항에 따른 "감면대상기관"인 "이전공공기관"은 수도권에 소재하는 본사만을 의미하는 것이고, 그 외 지사 등은 "감면대상기관 외의 기관"에 해당하는 것으로 해석하는 것이 타당함. (조심 2016지530, 2016. 10. 19.)

증설을 말한다)한 것으로 한다. 이 경우 건축물의 연면적에는 그 제조시설을 지원하기 위하여 공장 경계구역 안에 설치되는 종업원의 후생복지시설 등 각종 부대시설(수익사업용으로 사용되는 부분은 제외한다)을 포함한다. (2024. 2. 29. 신설)

⑤ 제4항에 따른 증설의 경우 법 제80조의 3 제3항에 따른 지방세의 감면은 증설하여 취득하는 공장을 대상으로 한다. (2024. 2. 29. 신설)

⑥ 제3항에 따라 공장의 기회발전특구 이전에 따른 지방세 감면을 신청하려는 자는 제2조 제1항에도 불구하고 별지 제6호 서식에 다음 각 호의 서류를 첨부하여 시장·군수·구청장에게 제출해야 한다. (2024. 2. 29. 신설)
1. 이전하기 전의 공장 규모와 조업 실적을 증명할 수 있는 서류 (2024. 2. 29. 신설)
2. 이전하기 전의 공장용 토지의 지목이 둘 이상이거나 그 토지가 둘 필지 이상인 경우 또는 건물

우 제4항 제2호의 '주택을 취득한 날'은 '감면대상기관으로 복귀한 날'로 본다. (2023. 3. 14. 신설)

제81조의 2【주한미군 한국인 근로자 평택이주에 대한 감면】 ①「대한민국과 미합중국간의 미합중국군대의 서울지역으로부터의 이전에 관한 협정」 및「대한민국과 미합중국간의 연합토지관리계획협정」에 따른 주한미군기지 이전(평택시 외의 지역에서 평택시로 이전하는 경우로 한정한다)에 따라 제1호 각 목의 자가 평택시에 거주할 목적으로 주택(해당 지역에서 최초로 취득하는 주택으로 한정한다)을 취득함으로써 대통령령으로 정하는 1가구 1주택이 되는 경우에는 제2호 각 목에서 정하는 바에 따라 취득세를 2027년 12월 31일까지 감면한다. (2024. 12. 31. 개정)

Note 2024. 12. 31. 개정 ☞ 제1항 기한 연장 : 24년→27년
2021. 12. 28. 개정 ☞ 제1항 기한 연장 : 21년→24년
2018. 12. 24. 개정 ☞ 조문 신설 및 기한 설정 : 21년

1. 감면대상자 (2018. 12. 24. 신설)
   가. 「대한민국과 아메리카합중국 간의 상호방위조약 제4조에 의한 시설과 구역 및 대한민국에서의 합중국 군대의 지위에 관한 협정」 제17조에 따른 미합중국군대의 민간인 고용원 및 같은 협정 제15조에 따른 법인인 초청 계약자의 민간인 고용원 중 주한미군기지 이전에 따라 평택시로 이주하는 한국인 근로자 (2018. 12. 24. 신설)
   나. 「대한민국과 미합중국간의 한국노무단의 지위

제40조의 2【주한미군 한국인 근로자 1가구 1주택의 범위】 법 제81조의 2 제1항 각 호 외의 부분에서 "대통령령으로 정하는 1가구 1주택이 되는 경우"란 취득일 현재 취득자와 같은 세대별 주민등록표에 기재되어 있는 가족(동거인은 제외한다)으로 구성된 1가구(취득자의 배우자, 취득자의 미혼인 30세 미만의 직계비속은 각각 취득자와 같은 세대별 주민등록표에 기재되어 있지 않더라도 같은 가구에 속한 것으로 본다)가 평택시에 1개의 주택을 소유하는 경우를 말하며, 주택의 부속토지만을 소유하는 경우에도 주택을 소유한 것으로 본다. (2018. 12. 31. 신설)

이 여러 동일 경우에는 그 명세서 (2024. 2. 29. 신설)

3. 이전한 공장용 토지의 지목이 둘 이상이거나 그 토지가 두 필지 이상인 경우 또는 건물이 여러 동일 경우에는 그 명세서 (2024. 2. 29. 신설)

에 관한 협정」 제1조에 따른 민간인 고용원 중 주한미군기지를 따라 평택시로 이주하는 한국인 근로자 (2018. 12. 24. 신설)

2. 감면내용 (2018. 12. 24. 신설)

가. 전용면적 85제곱미터 이하인 주택 : 면제 (2018. 12. 24. 신설) 상한/취득 200만원↑, 85%(19년부터)

나. 전용면적 85제곱미터 초과 102제곱미터 이하인 주택 : 1천분의 750을 경감 (2018. 12. 24. 신설)

다. 전용면적 102제곱미터 초과 135제곱미터 이하인 주택 : 1천분의 625를 경감 (2018. 12. 24. 신설)

② 제1항에 따라 취득세를 감면받은 사람이 사망, 혼인, 해외이주, 정년퇴직, 파견근무 등의 정당한 사유 없이 주택 취득일부터 2년 이내에 주택을 매각·증여하거나 다른 용도로 사용(임대를 포함한다)하는 경우에는 감면된 취득세를 추징한다. (2018. 12. 24. 신설)

제82조【개발제한구역에 있는 주택의 개량에 대한 감면】「개발제한구역의 지정 및 관리에 관한 특별조치법」 제3조에 따른 개발제한구역에 거주하는 사람(과밀억제권역에 거주하는 경우에는 1년 이상 거주한 사실이 「주민등록법」에 따른 세대별 주민등록표 등에 따라 입증되는 사람으로 한정한다) 및 그 가족이 해당 지역에 상시 거주할 목적으로 취득하는 취락지구 지정대상 지역에 있는 주택으로서 취락정비계획에 따라 개량하

Note 2024. 12. 31. 개정 ☞ 기한 연장 : 24년→27년
2021. 12. 28. 개정 ☞ 기한 연장 : 21년→24년
2018. 12. 24. 개정 ☞ 기한 연장 : 18년→21년

는 전용면적 100 제곱미터 이하인 주택(그 부속토지는 주거용 건축물 바닥면적의 7배를 초과하지 아니하는 부분으로 한정한다)에 대해서는 2027년 12월 31일까지 주거용 건축물 취득 후 납세의무가 최초로 성립하는 날부터 5년간 재산세를 면제한다. (2024. 12. 31. 개정)

제83조【시장정비사업에 대한 감면】 ① 「전통시장 및 상점가 육성을 위한 특별법」 제37조에 따라 승인된 시장정비구역에서 시장정비사업을 추진하려는 자(이하 이 조에서 "시장정비사업시행자"라 한다)가 해당 사업에 직접 사용하기 위하여 취득하는 부동산에 대해서는 취득세를 2024년 12월 31일까지 면제하고, 과세기준일 현재 해당 용도로 직접 사용하는 부동산에 대해서는 재산세의 납세의무가 최초로 성립하는 날부터 5년간 재산세의 100분의 50을 경감한다. 다만, 토지분 재산세에 대한 감면은 건축공사 착공일부터 적용한다. (2023. 12. 29. 개정) 취득(감면분만) 농특비

제83조【시장정비사업에 대한 감면】 ① 「전통시장 및 상점가 육성을 위한 특별법」 제37조에 따라 승인된 시장정비구역에서 같은 법 제41조에 따른 사업시행자(이하 이 조에서 "시장정비사업시행자"라 한다)가 시장정비사업의 시행에 따라 취득하는 다음 각 호의 부동산에 대해서는 취득세의 100분의 50을, 시장정비사업에 관한 공사가 시행되고 있는 토지에 대해서는 재산세의 100분의 50을 각각 2027년 12월 31일까지 경감한다. 다만, 재산세에 대한 경감은 해당 공사의 착공일부터 적용한

Note 2024. 12. 31. 개정 ☞ 제1항 기한 연장 : 24년→27년
2021. 12. 28. 개정 ☞ 제1항 기한 연장 : 21년→24년
2018. 12. 24. 개정 ☞ 제1항 기한 연장 : 18년→21년
2015. 12. 29. 개정 ☞ 제1항 기한 연장 : 15년→18년

편주

〈시장정비사업 감면대상 등 재설계〉

구분	시행자	입점상인
감면 대상	① 대지조성을 위해 취득하는 부동산 ② 관리처분계획에 따라 취득하는 부동산	시행자로부터 최초 취득하는 부동산(주택 제외)

예판

【판례】 · 시장정비사업에 대한 감면 적용범위
시장정비사업 시행자로부터 기존 입점상인 또는 부동산 소유자가 취득하는 부동산은 사업시행구역 내의 전체 토지 면적 중 기존 소유 토지 면적 비율 상당액이 아닌 그 취득가액 전액에 대하여 취득세 등이 면제됨. (대법 2007두21501, 2008. 4. 24.)

【예규】 시장정비대상은 도매업 · 소매업

다. (2024. 12. 31. 개정)

취득(감면분만) 농특비

상한/취득 200만원↑, 85%(16년부터)

편주

2025. 1. 1. 전에 「전통시장 및 상점가 육성을 위한 특별법」 39조 1항에 따른 사업시행인가를 받은 경우에 대한 지방세의 감면·추징에 관하여는 법 83조의 개정규정에도 불구하고 종전의 규정에 따름. (법 부칙(2024. 12. 31.) 11조)

1. 시장정비사업의 대지 조성을 위하여 취득하는 부동산 (2024. 12. 31. 개정)
2. 「전통시장 및 상점가 육성을 위한 특별법」 제4조 및 「도시 및 주거환경정비법」 제74조에 따른 관리처분계획에 따라 취득하는 부동산 (2024. 12. 31. 개정)

② 제1항을 적용할 때 다음 각 호의 어느 하나에 해당하는 경우 그 해당 부분에 대해서는 경감된 취득세를 추징한다. (2024. 12. 31. 신설)

1. 「전통시장 및 상점가 육성을 위한 특별법」 제38조에 따라 사업추진계획의 승인이 취소되는 경우 (2024. 12. 31. 신설)
2. 정당한 사유 없이 그 취득일부터 3년이 경과할 때까지 해당 용도로 직접 사용하지 아니하는 경우 (2024. 12. 31. 신설)

③ 제1항에 따른 시장정비구역에서 대통령령으로 정하는 자가 시장정비사업시행자로부터 시장정비사업시행에 따른 부동산을 최초로 취득하는 경우 해당 부동산(주택은 제외한다)에 대해서는 취득세를 2027년 12월 31일까

구분	시행자	입점상인
감면율	취득세 50%, 재산세 50%(조성기간)	취득세 100%, 재산세 50%(5년간)
추징 요건	① 사업계획승인 취소 ② 취득일부터 3년 내 직접 未사용	① 취득일부터 1년 내 직접 未사용 ② 취득일부터 직접 사용 2년 이내 매각·증여·他용도 사용

제41조 【입점한 상인 등 감면대상자】 법 제83조 제3항에서 "대통령령으로 정하는 자"란 시장정비사업 시행인가일 현재 기존의 전통시장(「전통시장 및 상점가 육성을 위한 특별법」 제2조 제1호에 따른 전통시장을 말한

및 용역업을 영위하는 점포와 상업시설, 편의시설을 포함한 상업기반시설 등이 해당된다 할 것으로 시장정비구역에서 대통령령이 정하는 자가 취득하는 주거용 부동산을 제외한 도·소매업은 물론 용역업이라도 시장내의 점포에서 영업을 위한 부동산은 감면대상에 해당한다 할 것임. (지방세운영과-1227, 2011. 3. 17.)

지 면제하고, 시장정비사업 시행으로 인하여 취득하는 건축물에 대해서는 재산세의 납세의무가 최초로 성립하는 날부터 5년간 재산세의 100분의 50을 경감한다. (2024. 12. 31. 개정)

취득(감면분만) 농특비

상한/취득 200만원↑, 85%(19년부터)

Note 2024. 12. 31 개정 ☞ 제3항 기한 연장 : 24년→27년
2021. 12. 28. 개정 ☞ 제2항 기한 연장 : 21년→24년
2018. 12. 24. 개정 ☞ 제2항 기한 연장 : 18년→21년

③ 「전통시장 및 상점가 육성을 위한 특별법」 제38조에 따라 사업추진계획의 승인이 취소되는 경우, 그 취득일부터 3년 이내에 정당한 사유 없이 그 사업에 직접 사용하지 아니하거나 매각·증여하는 경우와 다른 용도에 사용하는 경우에 해당 부분에 대해서는 제1항 및 제2항에 따라 감면된 취득세를 추징한다. (2015. 12. 29. 개정)

④ 제3항을 적용할 때 다음 각 호의 어느 하나에 해당하는 경우 그 해당 부분에 대해서는 면제된 취득세를 추징한다. (2024. 12. 31. 개정)

1. 정당한 사유 없이 그 취득일부터 1년이 경과할 때까지 해당 용도로 직접 사용하지 아니하는 경우 (2024. 12. 31. 개정)
2. 해당 용도로 직접 사용한 기간이 2년 미만인 상태에서 매각·증여하거나 다른 용도로 사용하는 경우 (2024. 12. 31. 개정)

제84조 【사권 제한토지 등에 대한 감면】 ① 「국토의 계획 및 이용에 관한 법률」 제2조 제7호에 따른 도

다. 이하 이 조에서 같다)에서 3년 전부터 계속하여 입점한 상인 또는 시장정비사업 시행인가일 현재 전통시장에서 부동산을 소유한 자를 말한다. (2024. 12. 31. 개정)

Note 2024. 12. 31. 개정 ☞ 제1항 기한 연장 : 24년→27년
2021. 12. 28. 개정 ☞ 제1항 기한 연장 : 21년→24년

시·군계획시설로서 같은 법 제32조에 따라 지형도면이 고시된 후 10년 이상 장기간 미집행된 토지, 지상건축물, 「지방세법」 제104조 제3호에 따른 주택(각각 그 해당 부분으로 한정한다)에 대해서는 2027년 12월 31일까지 재산세의 100분의 50을 경감하고, 「지방세법」 제112조에 따라 부과되는 세액을 면제한다. (2024. 12. 31. 개정)

② 「국토의 계획 및 이용에 관한 법률」 제2조 제13호에 따른 공공시설을 위한 토지(주택의 부속토지를 포함한다)로서 같은 법 제30조 및 제32조에 따라 도시·군관리계획의 결정 및 도시·군관리계획에 관한 지형도면의 고시가 된 후 과세기준일 현재 미집행된 토지의 경우 해당 부분에 대해서는 재산세의 100분의 50을 2027년 12월 31일까지 경감한다. (2024. 12. 31. 개정)

③ 「철도안전법」 제45조에 따라 건축 등이 제한된 토지의 경우 해당 부분에 대해서는 재산세의 100분의 50을 2027년 12월 31일까지 경감한다. (2024. 12. 31. 개정)

Note 2024. 12. 31. 개정 ☞ 제3항 기한 연장 : 24년→27년
2021. 12. 28. 개정 ☞ 제3항 기한 연장 : 21년→24년
2018. 12. 24. 개정 ☞ 제1항~제3항 기한 연장 : 18년→21년

예판

【예규】 • 도정법상 정비구역 내 공원용지가 사권제한 토지 감면 해당 여부

「도시 및 주거환경정비법」상 정비구역 내 정비기반시설로 지정·고시된 공원의 경우 토지 소유자의 권리가 일정부분 제한된 토지라 하더라도 「지방세특례제한법」 제84조에서 규정하는 재산세 등의 경감대상인 '사권제한 토지'에는 해당되지 아니함. (지방세특례제도과-1991, 2021. 8. 30.)

Note 2024. 12. 31. 개정 ☞ 제2항 기한 연장 : 24년→27년
2021. 12. 28. 개정 ☞ 제2항 기한 연장 : 21년→24년

예판

【예규】 • 사권제한토지 감면 적용 대상

도시·군 관리계획 고시문에 별첨된 '수용 또는 사용할 토지의 세목조서'에 기재된 사실 만으로 사권제한토지 감면 대상으로 볼 수 없고, 도시·군계획시설용지 또는 공공시설용 토지에 해당해야 감면을 적용할 수 있음. (지방세특례제도과-1468, 2024. 6. 25.)

관련법령

국토의 계획 및 이용에 관한 법률

제2조【정 의】 이 법에서 사용하는 용어의 뜻은 다음과 같다. (2009. 2. 6. 개정)

7. "도시·군계획시설"이란 기반시설 중 도시·군관리계획으로 결정된 시설을 말한다. (2011. 4. 14. 개정)

13. "공공시설"이란 도로·공원·철도·수도, 그 밖에 대통령령으로 정하는 공공용 시설을 말한다. (2009. 2. 6. 개정)

국토의 계획 및 이용에 관한 법률 시행령

제4조【공공시설】 법 제2조 제13호에서 "대통령령으로 정하는 공공용시설"이란 다음 각 호의 시설을 말한다. (2009. 8. 5. 개정)

1. 항만·공항·광장·녹지·공공공지·공동구·하천·유수지·방화설비·방풍설비·방수설비·사방설비·방조설비·하수도·구거(溝渠 : 도랑) (2021. 1. 5. 개정 ; 어려운 법령용어~대통령령)
2. 행정청이 설치하는 시설로서 주차장, 저수지 및 그 밖에 국토교통부령으로 정하는 시설 (2018. 11. 13. 개정)
3. 「스마트도시의 조성 및 산업진흥 등에 관한 법률」 제2조 제3호 다목에 따른 시설 (2017. 9. 19. 개정 ; 유비쿼터스도시의 건설 등에 관한 법률 시행령 부칙)

제85조【한국법무보호복지공단 등에 대한 감면】 ①「보호관찰 등에 관한 법률」에 따른 한국법무보호복지공단 및 같은 법에 따라 갱생보호사업의 허가를 받은 비영리법인이 갱생보호사업에 직접 사용하기 위하여 취득하는 부동산에 대해서는 취득세의 100분의 25를, 과세기준일 현재 그 사업에 직접 사용하는 부동산에 대해서는 재산세의 100분의 25를 2025년 12월 31일까지 각각 경감한다. (2023. 3. 14. 개정)

②「민영교도소 등의 설치 · 운영에 관한 법률」 제2조 제4호에 따른 민영교도소등을 설치 · 운영하기 위하여 취득하는 부동산에 대해서는 취득세의 100분의 50을, 과세기준일 현재 민영교도소등에 직접 사용하는 부동산에 대해서는 재산세의 100분의 50을 각각 2014년 12월 31일까지 경감한다. (2014. 1. 1. 개정) 일몰

제85조의 2【지방공기업 등에 대한 감면】 ①「지방공기업법」 제49조에 따라 설립된 지방공사(이하 이 조에서 "지방공사"라 한다)에 대해서는 다음 각 호에서 정하는 바에 따라 2025년 12월 31일(제4호의 경우에는 2027년 12월 31일)까지 지방세를 감면한다. (2024. 12. 31. 개정)

Note 2023. 3. 14. 개정 ☞ 제1항 기한 연장 : 22년→25년
2020. 1. 15. 개정 ☞ 제1항 기한 연장 : 19년→21년
☞ 감면 축소 : 2호 등록 종료, 4호 재도 종료

Note 2024. 12. 31. 개정 ☞ 제1항 기한 연장 : 24년→27년
☞ 감면 축소 : 재산세 감면 반대급부 無 100%, 有 50%
2023. 3. 14. 개정 ☞ 제1항 제1호 · 제3호 기한 연장 : 22년→25년 ☞ 제4호 기한 연장 : 22년→24년
2020. 1. 15. 개정 ☞ 제1항 각호 신설, 기한 연장 및 감면 축소 : 1호 취득 · 재산 · 재도 100%(20년), 2호 취득 · 재산 50%(21년), 3호 취득 · 재산 25%(22년)

【판례】 • 지방공기업에 대한 감면 적용 범위

지방공사가 어느 부동산을 '고유업무에 직접 사용'한다고 함은 지방공사가 그 부동산의 소유자 지위에서 현실적

예판

【조심판례】 청구법인은 민간사업자로서 사실상 고정된 회수비(공사비)를 수령하고 도시공사는 분양대금에서 청구법인의 고정된 시공비를 제외한 나머지 금액을 회수하도록 되어 있고 분양대금을 초과하는 분양대금은 청구법인과 공사가 5:5로 나누도록 약정되어 있는 등 이 건 사업의 실질적인 위험부담 등은 대부분 공사에게 있는 구조이므로 이는 공동사업이라기보다는 사실상 청구법인은 시공사로 보이는 점등에 비추어 도시공사를 이 건 공동주택의 원시취득자로 보는 것이 타당함. (조심 2019지2200, 2020. 1. 28.)

1. 지방공사가 그 설립 목적과 직접 관계되는 사업(그 사업에 필수적으로 부대되는 사업을 포함한다. 이하 이 조에서 "목적사업"이라 한다)에 직접 사용하기 위하여 취득하는 부동산에 대해서는 취득세의 100분의 50(100분의 50의 범위에서 조례로 따로 정하는 경우에는 그 율)에 대통령령으로 정하는 지방자치단체 투자비율(이하 이 조에서 "지방자치단체 투자비율"이라 한다)을 곱한 금액을 경감한다. (2020. 1. 15. 개정)

취득(감면분만) 농특비

2. 그 법인등기에 대해서는 등록면허세의 100분의 50(100분의 50 범위에서 조례로 따로 정하는 경우에는 그 율)에 지방자치단체의 주식소유비율을 곱한 금액을 경감한다. (2014. 1. 1. 개정)

등록(감면분만) 농특비

2. 삭 제 (2020. 1. 15.)
3. 지방공사가 과세기준일 현재 그 목적사업에 직접 사

2016. 12. 27. 개정 ☞ 제1항 기한 연장 : 16년→19년

편주

지방공사에 대한 지방세 감면

감면대상	감면범위
고유업무에 직접 사용하기 위하여 취득하는 부동산	취득세의 50%(*)×지자체의 투자비율
과세기준일 현재 고유업무에 직접 사용하는 부동산	재산세의 50%(*)×지자체의 투자비율
공공시설물 및 그 부속토지와 공공시설용지	재산세의 100%

(*) 50% 범위에서 조례로 따로 정하는 경우에는 그 율

제41조의 2【지방공기업 등에 대한 지방자치단체 투자비율 및 공공시설물의 범위】 (2020. 1. 15. 제목개정)

① 법 제85조의 2 제1항 제1호에서 "대통령령으로 정하는 지방자치단체 투자비율"이란 다음 각 호의 구분에 따른 비율을 말한다. (2020. 1. 15. 개정)

1. 「지방공기업법」 제49조에 따라 설립된 지방공사(이하 이 조에서 "지방공사"라 한다)에 대한 투자비율 : 지방공사의 자본금에 대한 지방자치단체의 출자금액(둘 이상의 지방자치단체가 공동으로 설립한 경우에는 각 지방자치단체의 출자금액을 합한 금액)의 비율. 다만, 지방공사가 「지방공기업법」 제53조 제3항에 따라 주식을 발행한 경우에는 해당 발행 주식 총수에 대한 지방자치단체의 소유 주식(같은 조 제4항에 따라 지방자치단체가 출자한 것으로 보는 주식을 포함한다) 수

으로 이를 지방공사의 업무 자체에 직접 사용하는 것을 의미하므로, 비록 공동출자방식으로 추진하기 위한 것이라도 토지를 매각하여 소유자로서의 지위를 상실한 이상 정당한 사유를 인정할 수 없어 추징사유에 해당함. (대법 2015두37037, 2015. 6. 11.)

• **지방공사의 고유업무에 직접사용 범위**
지방공사가 해당 부동산을 '고유업무에 직접 사용'한다고 함은 지방공사가 그 부동산의 소유자 또는 사실상 취득자의 지위에서 현실적으로 이를 지방공사의 업무 자체에 직접 사용하는 것을 의미하므로 해당 토지를 소외 회사에 매각하여 소유자로서의 지위를 상실한 이상 이 사건 토지의 취득일부터 1년 이내에 고유업무에 직접 사용하지 아니한 데 정당한 사유가 있다고 할 수 없음. (대법 2015두37037, 2015. 6. 11.)

【조심판례】 청구법인은 1983. 8. 18. 「한국가스공사법」에 따라 국가 및 한국전력이 출자하여 설립되었으므로 설립 이후 지방자치단체가 청구법인의 주식을 취득하여 보유하고 있다 하더라도 지방자치단체가 자본금 또는 재산을 출연하여 설립한 「상법」에 따른 주식회사로 보기 어려움. (조심 2015지1, 2015. 2. 25.)

【예규】 • **지방공사의 목적사업으로 임대사업 규정시 감면 적용 범위**

용하는 부동산(「지방공기업법」 제2조 제1항 제7호 및 제8호에 따른 사업용 부동산은 제외한다)에 대해서는 재산세의 100분의 50(100분의 50의 범위에서 조례로 따로 정하는 경우에는 그 율)에 지방자치단체 투자비율을 곱한 금액을 경감한다. (2020. 1. 15. 개정)

4. 「지방공기업법」 제2조 제1항 제7호 및 제8호에 따른 사업용 부동산 중 택지개발사업지구 및 단지조성사업지구에 있는 부동산으로서 관계 법령에 따라 국가 또는 지방자치단체에 무상으로 귀속될 공공시설물 및 그 부속토지와 공공시설용지에 대해서는 재산세를 면제한다. 이 경우 공공시설물 및 그 부속토지와 공공시설용지의 범위는 대통령령으로 정한다. (2023. 3. 14. 개정)

4. 「지방공기업법」 제2조 제1항 제7호 및 제8호에 따른 사업용 부동산 중 택지개발사업지구 및 단지조성사업지구에 있는 부동산으로서 관계 법령에 따라 국가 또는 지방자치단체에 무상으로 귀속될 공공시설물 및 그 부속토지와 공공시설용지(이하 이 호 및 제5호에서 "공공시설물등"이라 한다)에 대해서는 재산세를 면제한다. 다만, 국가 또는 지방자치단체에 무상으로 귀속될 공공시설물등의 반대급부로 국가 또는 지방자치단체가 소유하고 있는 부동산 또는 사회기반시설을 무상으로 양여받거나 해당 공공시설물등의 무상사용권을 제공받는 경우에는 재산세의 100분의 50을 경감한다. (2024. 12. 31. 개정)

5. 제4호를 적용할 때 공공시설물등의 범위는 대통령령

(둘 이상의 지방자치단체가 주식을 소유하고 있는 경우에는 각 지방자치단체의 소유 주식 수를 합한 수)의 비율을 말한다. (2020. 1. 15. 개정)

2. 「지방자치단체 출자·출연 기관의 운영에 관한 법률」 제5조에 따라 지정·고시된 출자·출연기관(이하 이 조에서 "지방출자·출연기관"이라 한다)에 대한 투자비율 : 지방출자·출연기관의 자본금 또는 출연금에 대한 지방자치단체의 출자·출연금액(같은 법 제4조 제2항에 따라 지방자치단체가 출자하거나 출연한 것으로 보는 금액을 포함하며, 둘 이상의 지방자치단체가 출자·출연한 경우 각 지방자치단체의 출자·출연금액을 합한 금액)의 비율 (2020. 1. 15. 개정)

② 법 제85조의 2 제1항 제4호에 따라 재산세를 면제하는 공공시설물 및 그 부속토지와 공공시설용지의 범위는 제6조에 따른다. (2020. 1. 15. 개정)

② 법 제85조의 2 제1항 제4호에 따른 공공시설물 및 그 부속토지와 공공시설용지의 범위는 제6조에 따른다. (2024. 12. 31. 개정)

편주

법 85조의 2 제1항 4호의 개정규정은 2025. 1. 1. 이후 납세의무가 성립하는 경우부터 적용함. (법 부칙(2024. 12. 31.) 2조)

목적사업으로 규정되어 있더라도 임대주택과 함께 신축한 부속 상가와 사옥 건축물 내 상가 등 설립 목적과 직접 관계되는 사업 및 그 사업에 필수적으로 부대되는 사업이 아닌 제3자에게 임대한 경우에는 그 고유업무에 직접사용하는 경우로 볼 수 없어 감면대상에 해당하지 아니함. (지방세특례제도과-1606, 2021. 7. 7.)

으로 정한다. (2024. 12. 31. 신설)

② 「지방공기업법」 제76조에 따라 설립된 지방공단(이하 이 조에서 "지방공단"이라 한다)에 대해서는 다음 각 호에서 정하는 바에 따라 2025년 12월 31일까지 지방세를 감면한다. (2023. 3. 14. 개정)

상한/취득 200만원↑, 85%, 상한/재산 50만원↑, 85%(20년부터)

Note 2023. 3. 14. 개정 ☞ 제2항 기한 연장 : 22년 → 25년
2020. 1. 15. 개정 ☞ 제2항 기한 연장 : 19년 → 22년
☞ 감면 축소 : 2호 등록 종료, 3호 재도 종료
2016. 12. 27. 개정 ☞ 제2항 기한 연장 : 16년 → 19년

1. 지방공단이 그 목적사업에 직접 사용하기 위하여 취득하는 부동산에 대해서는 취득세의 100분의 100(100분의 100의 범위에서 조례로 따로 정하는 경우에는 그 율)을 감면한다. (2020. 1. 15. 개정)

취득(감면분만) 농특비

2. 그 법인등기에 대해서는 등록면허세의 100분의 100(100분의 100의 범위에서 조례로 따로 정하는 경우에는 그 율)을 감면한다. (2011. 12. 31. 신설) 등록(감면분만) 농특비

2. 삭 제 (2020. 1. 15.)

3. 지방공단이 과세기준일 현재 그 목적사업에 직접 사용하는 부동산에 대해서는 재산세의 100분의 100(100분의 100의 범위에서 조례로 따로 정하는 경우에는 그 율)을 감면한다. (2020. 1. 15. 개정)

③ 「지방자치단체 출자·출연 기관의 운영에 관한 법률」 제5조에 따라 지정·고시된 출자·출연기관(이하 이 항

편주

법 85조의 2 제1항 5호의 개정규정은 2025. 1. 1. 이후 납세의무가 성립하는 경우부터 적용함. (법 부칙(2024. 12. 31.) 2조)

편주

지방공단에 대한 지방세 감면

감면대상	감면범위
고유업무에 직접 사용하기 위하여 취득하는 부동산	취득세의 100%(*)
과세기준일 현재 고유업무에 직접 사용하는 부동산	재산세의 100%(*)

(*) 100% 범위에서 조례로 따로 정하는 경우에는 그 율

Note 2023. 3. 14. 개정 ☞ 제3항 기한 연장 : 22년 → 25년

에서 "지방출자 · 출연기관"이라 한다)에 대해서는 다음 각 호에서 정하는 바에 따라 2025년 12월 31일까지 지방세를 경감한다. (2023. 3. 14. 개정)

1. 지방출자 · 출연기관이 그 목적사업에 직접 사용하기 위하여 취득하는 부동산에 대해서는 취득세의 100분의 50(100분의 50의 범위에서 조례로 따로 정하는 경우에는 그 율)에 지방자치단체 투자비율을 곱한 금액을 경감한다. (2020. 1. 15. 개정)
2. 지방출자 · 출연기관이 과세기준일 현재 그 목적사업에 직접 사용하는 부동산에 대해서는 재산세의 100분의 50(100분의 50의 범위에서 조례로 따로 정하는 경우에는 그 율)에 지방자치단체 투자비율을 곱한 금액을 경감한다. (2020. 1. 15. 개정)

④「전자정부법」 제72조에 따른 한국지역정보개발원이 그 고유업무에 직접 사용하기 위하여 취득하는 부동산에 대해서는 취득세의 100분의 25를 2016년 12월 31일까지 경감한다. (2014. 12. 31. 개정) 취득(감면분만) 농특비

④ 삭 제 (2020. 1. 15.)

제86조【주한미군 임대용 주택 등에 대한 감면】 한국토지주택공사가 주한미군에 임대하기 위하여 취득하는 임대주택용 부동산에 대해서는 취득세를 2016년 12월 31일까지 면제하고, 과세기준일 현재 임대주택용으로 사용되는 부동산에 대해서는 재산세의 100분의 50을

2020. 1. 15. 개정 ☞ 제3항 기한 연장 · 19년 → 22년

편주

지방자치단체가 출자 · 출연한 법인에 대한 지방세 감면

감면대상	감면범위
고유업무에 직접 사용하기 위하여 취득하는 부동산	취득세의 50%(*) × 지자체의 투자비율
과세기준일 현재 고유업무에 직접 사용하는 부동산	재산세의 50%(*) × 지자체의 투자비율

(*) 50% 범위에서 조례로 따로 정하는 경우에는 그 율

Note 2020. 1. 15. 개정 ☞ 조항 삭제
2016. 12. 27. 개정 ☞ 감면 종료

2016년 12월 31일까지 경감한다. (2015. 12. 29. 개정)

상한/취득 200만원↑, 85% 일몰

제87조【새마을금고 등에 대한 감면】 ① 「신용협동조합법」에 따라 설립된 신용협동조합(중앙회는 제외하며, 이하 제1호 및 제2호에서 "신용협동조합"이라 한다)에 대해서는 다음 각 호에서 정하는 바에 따라 지방세를 각각 감면한다. (2017. 12. 26. 개정)

1. 신용협동조합이 「신용협동조합법」 제39조 제1항 제1호의 업무에 직접 사용하기 위하여 취득하는 부동산에 대해서는 취득세를, 과세기준일 현재 그 업무에 직접 사용하는 부동산에 대해서는 재산세를 각각 2026년 12월 31일까지 면제한다. (2023. 12. 29. 개정)

   상한/취득 200만원↑, 85%, 상한/재산 50만원↑, 85%(18년부터)

2. 신용협동조합이 「신용협동조합법」 제39조 제1항 제2호 및 제4호의 업무에 직접 사용하기 위하여 취득하는 부동산에 대해서는 취득세를, 과세기준일 현재 그 업무에 직접 사용하는 부동산에 대해서는 재산세를 각각 2026년 12월 31일까지 면제한다. (2023. 12. 29. 개정)

   상한/취득 200만원↑, 85%, 상한/재산 50만원↑, 85%(18년부터)

3. 「신용협동조합법」에 따라 설립된 신용협동조합중앙회가 같은 법 제78조 제1항 제1호 및 제2호의 업무에 직접 사용하기 위하여 취득하는 부동산에 대해서는 취득세의 100분의 25를, 과세기준일 현재 그 사업에 직접 사용하

Note 2023. 12. 29. 개정 ☞ 제1항 기한 연장 : 23년→26년
2020. 12. 29. 개정 ☞ 제1항 기한 연장 : 20년→23년
2017. 12. 26. 개정 ☞ 제1항 기한 연장 : 17년→20년
2015. 12. 29. 개정 ☞ 제1항 기한 연장 : 15년→17년

관련법령

새마을금고법

제28조【사업의 종류 등】 ① 금고는 제1조의 목적을 달성하기 위하여 다음 각 호의 사업의 전부 또는 일부를 행한다. (2007. 5. 25. 개정)

1. 신용사업 (2007. 5. 25. 개정)
   가. 회원으로부터 예탁금과 적금 수납 (2007. 5. 25. 개정)
   나. 회원을 대상으로 한 자금의 대출 (2007. 5. 25. 개정)
   다. 내국환(內國換)과 「외국환거래법」에 따른 환전 업무 (2007. 5. 25. 개정)
   라. 국가, 공공단체 및 금융기관의 업무 대리 (2007. 5. 25. 개정)
   마. 회원을 위한 보호예수(保護預受) (2007. 5. 25. 개정)
2. 문화 복지 후생사업 (2007. 5. 25. 개정)
3. 회원에 대한 교육사업 (2007. 5. 25. 개정)
4. 지역사회 개발사업 (2007. 5. 25. 개정)

관련법령

신용협동조합법

제39조【사업의 종류 등】 ① 조합은 그 목적을 달성하기 위하여 다음 각호의 사업을 한다. (2015. 1. 20. 개정)

1. 신용사업 (2015. 1. 20. 개정)
   가. 조합원으로부터의 예탁금·적금의 수납 (2015. 1. 20. 개정)
   나. 조합원에 대한 대출 (2015. 1. 20. 개정)
   다. 내국환 (2015. 1. 20. 개정)
   라. 국가·공공단체·중앙회 및 금융기관의 업무 대리 (2015. 1. 20. 개정)
   마. 조합원을 위한 유가증권·귀금속 및 중요 물품의 보관 등 보호예수(保護豫受) 업무 (2015. 1. 20. 개정)
   바. 어음할인 (2015. 1. 20. 개정)
   사. 「전자금융거래법」에서 정하는 직불전자지급수단의 발행·관리 및 대금의 결제(제78조 제1항 제5호 사목에 따른 중앙회의 업무를 공동으로 수행하는 경우로 한정한다) (2015. 1. 20. 개정)
   아. 「전자금융거래법」에서 정하는 선불전자지급수단의 발행·관리·판매 및 대금의 결제(제78조 제1항 제5호 아목에 따른 중앙회의

는 부동산에 대해서는 재산세의 100분의 25를 각각 2017년 12월 31일까지 경감한다. (2017. 12. 26. 호번개정)

② 「새마을금고법」에 따라 설립된 새마을금고(중앙회는 제외하며, 이하 제1호 및 제2호에서 "새마을금고"라 한다)에 대해서는 다음 각 호에서 정하는 바에 따라 지방세를 각각 감면한다. (2017. 12. 26. 개정)

1. 새마을금고가 「새마을금고법」 제28조 제1항 제1호의 업무에 직접 사용하기 위하여 취득하는 부동산에 대해서는 취득세를, 과세기준일 현재 그 업무에 직접 사용하는 부동산에 대해서는 재산세를 각각 2026년 12월 31일까지 면제한다. (2023. 12. 29. 개정)

   상한/취득 200만원↑, 85%, 상한/재산 50만원↑, 85%(18년부터)

2. 새마을금고가 「새마을금고법」 제28조 제1항 제2호부터 제4호까지의 업무에 직접 사용하기 위하여 취득하는 부동산에 대해서는 취득세를, 과세기준일 현재 그 업무에 직접 사용하는 부동산에 대해서는 재산세를 각각 2026년 12월 31일까지 면제한다. (2023. 12. 29. 개정)

   상한/취득 200만원↑, 85%, 상한/재산 50만원↑, 85%(18년부터)

3. 「새마을금고법」에 따라 설립된 새마을금고중앙회가 같은 법 제67조 제1항 제1호 및 제2호의 업무에 직접 사용하기 위하여 취득하는 부동산에 대해서는 취득세의 100분의 25를, 과세기준일 현재 그 사업에 직접 사용하는 부동산에 대해서는 재산세의 100분의 25를 각각 2017년 12월 31일까지 경감한다. (2017. 12. 26. 호번개정)

☜ **Note** 2023. 12. 29. 개정 ☞ 제2항 기한 연장 : 23년→26년
2020. 12. 29. 개정 ☞ 제2항 기한 연장 : 20년→23년
2017. 12. 26. 개정 ☞ 제2항 기한 연장 : 17년→20년
2015. 12. 29. 개정 ☞ 제2항 기한 연장 : 15년→17년

업무를 공동으로 수행하는 경우로 한정한다) (2015. 1. 20. 개정)

2. 복지사업 (2015. 1. 20. 개정)
4. 조합원의 경제적 · 사회적 지위향상을 위한 교육 (2015. 1. 20. 개정)

제78조【사업의 종류 등】 ① 중앙회는 그 목적달성을 위하여 다음 각호의 사업을 한다. (2015. 1. 20. 개정)

1. 조합의 사업에 관한 지도 · 조정 · 조사연구 및 홍보 (2015. 1. 20. 개정)
2. 조합원 및 조합의 임직원을 위한 교육사업 (2015. 1. 20. 개정)
5. 신용사업 (2015. 1. 20. 개정)
   가. 조합으로부터 예치된 여유자금 및 상환준비금 등의 운용 (2015. 1. 20. 개정)
   나. 조합에 대한 자금의 대출 (2015. 1. 20. 개정)
   다. 조합 및 조합원을 위한 내국환 및 외국환 업무 (2015. 1. 20. 개정)
   라. 국가 · 공공단체 또는 금융기관의 업무 대리 (2015. 1. 20. 개정)
   마. 조합에 대한 지급보증 및 어음할인 (2015. 1. 20. 개정)
   바. 「자본시장과 금융투자업에 관한 법률」 제4조 제3항에 따른 국채증권 및 지방채증권의 인수 · 매출 (2015. 1. 20. 개정)
   사. 「전자금융거래법」에서 정하는 직불전자지급수단의 발행 · 관리 및

제88조【새마을운동조직 등에 대한 감면】 ①「새마을운동 조직육성법」을 적용받는 새마을운동조직이 그 고유업무에 직접 사용하기 위하여 취득하는 부동산에 대하여는 취득세를, 과세기준일 현재 그 고유업무에 직접 사용하는 부동산에 대하여는 재산세를 각각 2025년 12월 31일까지 면제한다. (2023. 3. 14. 개정) 취득(감면분만) 농특비

상한/취득 200만원↑, 85%, 상한/재산 50만원↑, 85%(20년부터)

②「한국자유총연맹 육성에 관한 법률」에 따른 한국자유총연맹이 그 고유업무에 직접 사용하기 위하여 취득하는 부동산에 대해서는 취득세를, 과세기준일 현재 그 고유업무에 직접 사용하는 부동산에 대해서는 재산세를 각각 2025년 12월 31일까지 면제한다. (2023. 3. 14. 개정)

취득(감면분만) 농특비

제89조【정당에 대한 면제】 ①「정당법」에 따라 설립된 정당(이하 이 조에서 "정당"이라 한다)이 해당 사업에 직접 사용하기 위하여 취득하는 부동산에 대해서는 취득세를 2025년 12월 31일까지 면제한다. 다만, 다음 각 호의 어느 하나에 해당하는 경우 그 해당 부분에 대해서는 면제된 취득세를 추징한다. (2023. 3. 14. 개정)

상한/취득 200만원↑, 85%(20년부터) 취득(감면분만) 농특비

1. 해당 부동산을 취득한 날부터 5년 이내에 수익사업에 사용하는 경우 (2016. 12. 27. 개정)

☞

Note 2023. 3. 14. 개정 ☞ 제1항 기한 연장 : 22년→25년
2020. 1. 15. 개정 ☞ 제1항 기한 연장 : 19년→22년
☞ 감면 축소 : 재도 종료
2016. 12. 27. 개정 ☞ 제1항 기한 연장 : 16년→19년

☞

상한/취득 200만원↑, 85%, 상한/재산 50만원↑, 85%(22년부터)

Note 2023. 3. 14. 개정 ☞ 제2항 기한 연장 : 22년→25년
2021. 12. 28. 개정 ☞ 제2항 신설, 일몰기한 : 22년

☞

Note 2023. 3. 14. 개정 ☞ 제1항 기한 연장 : 22년→25년
2020. 1. 15. 개정 ☞ 제1항 기한 연장 : 19년→22년
2016. 12. 27. 개정 ☞ 제1항 기한 연장 : 16년→19년

대금의 결제 (2015. 1. 20. 개정)

아. 「전자금융거래법」에서 정하는 선불전자지급수단의 발행·관리·판매 및 대금의 결제 (2015. 1. 20. 개정)

2. 정당한 사유 없이 그 취득일부터 3년이 경과할 때까지 해당 용도로 직접 사용하지 아니하는 경우 (2011. 12. 31. 신설)
3. 해당 용도로 직접 사용한 기간이 2년 미만인 상태에서 매각·증여하거나 다른 용도로 사용하는 경우 (2011. 12. 31. 신설)

② 정당이 과세기준일 현재 해당 사업에 직접 사용하는 부동산(대통령령으로 정하는 건축물의 부속토지를 포함한다)에 대해서는 재산세(「지방세법」 제112조에 따른 부과액을 포함한다) 및 「지방세법」 제146조 제3항에 따른 지역자원시설세를 각각 2025년 12월 31일까지 면제한다. 다만, 수익사업에 사용하는 경우와 해당 재산이 유료로 사용되는 경우의 그 재산 및 해당 재산의 일부가 그 목적에 직접 사용되지 아니하는 경우의 그 일부 재산에 대해서는 면제하지 아니한다. (2023. 3. 14. 개정)

상한/재산 50만원↑, 85%(20년부터)

Note 2023. 3. 14. 개정 ☞ 제2항 기한 연장 : 22년→25년

③ 정당이 그 사업에 직접 사용하기 위한 면허에 대해서는 등록면허세를, 정당에 대해서는 주민세 사업소분(「지방세법」 제81조 제1항 제2호에 따라 부과되는 세액으로 한정한다. 이하 이 항에서 같다) 및 종업원분을 각각 2025년 12월 31일까지 면제한다. 다만, 수익사업에 관계되는 대통령령으로 정하는 주민세 사업소분 및 종업원분은 면제하지 아니한다. (2023. 3. 14. 개정)

제42조【정당에 대한 면제대상 사업의 범위 등】 ① 법 제89조 제2항 본문에서 "대통령령으로 정하는 건축물의 부속토지"란 해당 사업에 직접 사용할 건축물을 건축 중인 경우와 건축허가 후 행정기관의 건축규제조치로 건축에 착공하지 못한 경우의 건축 예정 건축물의 부속토지를 말한다.

② 법 제89조 제3항 본문에서 "정당이 그 사업에 직접 사용하기 위한 면허"란 법 제89조 제1항에 따른 정당이 그 비영리사업의 경영을 위하여 필요한 면허 또는 그 면허로 인한 영업 설비나 행위에서 발생한 수익금의 전액을 그 비영리사업에 사용하는 경우의 면허를 말한다.

③ 법 제89조 제3항 단서에서 "수익사업에 관계되는 대통령령으로 정하는 주민세 사업소분 및 종업원분"이란 수익사업에 직접 제공되고 있는 사업소와 종업원을 기준으로 부과하는 주민세 사업소분(「지방세법」 제81조 제1항 제2호에 따라 부과되는 세액으로 한정한다)과 종업원분을 말한다. 이 경우 면제대상 사업과 수익사업에 건축물이 겸용되거나 종업원이 겸직하는 경우에는 주된

Note 2023. 3. 14. 개정 ☞ 제3항 기한 연장 : 22년→25년

④ 정당에 생산된 전력 등을 무료로 제공하는 경우 해당 부분에 대해서는 「지방세법」 제146조 제1항 및 제2항에 따른 지역자원시설세를 2019년 12월 31일까지 면제한다. (2020. 1. 15. 개정)

제90조【마을회 등에 대한 감면】 ① 대통령령으로 정하는 마을회 등 주민공동체(이하 "마을회등"이라 한다)의 주민 공동소유를 위한 부동산 및 선박을 취득하는 경우 취득세를 2025년 12월 31일까지 면제한다. 다만, 다음 각 호의 어느 하나에 해당하는 경우 그 해당 부분에 대해서는 면제된 취득세를 추징한다. (2023. 3. 14. 개정)

취득(감면분만) 농특비

상한/취득 200만원↑, 85%(20년부터)

Note 2023. 3. 14. 개정 ☞ 제1항 기한 연장 : 22년→25년
2020. 1. 15. 개정 ☞ 제1항 기한 연장 : 19년→22년

1. 해당 부동산을 취득한 날부터 5년 이내에 수익사업에 사용하는 경우 (2016. 12. 27. 개정)
2. 정당한 사유 없이 그 취득일부터 1년이 경과할 때까지 해당 용도로 직접 사용하지 아니하는 경우 (2011. 12. 31. 신설)
3. 해당 용도로 직접 사용한 기간이 2년 미만인 상태에서 매각·증여(해당 용도로 사용하기 위하여 국가나 지방자치단체에 기부채납하는 경우는 제외한다)하거

용도 또는 직무에 따른다. (2020. 12. 31. 개정)

제43조【마을회등의 정의】 법 제90조 제1항 각 호 외의 부분 본문에서 "대통령령으로 정하는 마을회 등 주민공동체"란 마을주민의 복지증진 등을 도모하기 위하여 마을주민만으로 구성된 조직을 말한다. (2011. 12. 31. 개정)

예판

【예규】 동 위원회가 주민들의 복지증진을 도모할 목적으로 설립하였더라도 마을 단위의 개념에 부합하지 아니하고 조직 구성 및 운영에 있어 마을주민만으로 구성되었다고 볼 수 없으므로 감면대상 "마을회등"에 해당하지 아니함. (지방세특례제도과－2020. 11. 18.)

나 다른 용도로 사용하는 경우 (2017. 12. 26. 개정)

② 마을회등이 소유한 부동산에 대해서는 재산세(「지방세법」 제112조에 따른 부과액을 포함한다) 및 「지방세법」 제146조 제2항에 따른 지역자원시설세를, 마을회등에 대해서는 주민세 사업소분(「지방세법」 제81조 제1항 제2호에 따라 부과되는 세액으로 한정한다) 및 종업원분을 2025년 12월 31일까지 각각 면제한다. 다만, 수익사업에 사용하는 경우와 해당 재산이 유료로 사용되는 경우의 그 재산 및 해당 재산의 일부가 그 목적에 직접 사용되지 아니하는 경우의 그 일부 재산에 대해서는 면제하지 아니한다. (2023. 3. 14. 개정) 상한/재산 50만원↑, 85%(20년부터)

제91조【재외 외교관 자녀 기숙사용 부동산에 대한 과세특례】 사단법인 한국외교협회의 재외 외교관 자녀 기숙사용 토지 및 건축물에 대한 취득세는 「지방세법」 제11조 제1항의 세율에도 불구하고 2025년 12월 31일까지 1천분의 20을 적용하여 과세하고, 그 부동산의 등기에 대하여는 등록면허세를 2022년 12월 31일까지 면제한다. 다만, 다음 각 호의 어느 하나에 해당하는 경우 그 해당 부분에 대해서는 감면된 취득세 및 등록면허세를 추징한다. (2023. 3. 14. 개정)

1. 해당 부동산을 취득한 날부터 5년 이내에 수익사업에 사용하는 경우 (2016. 12. 27. 개정)
2. 정당한 사유 없이 그 취득일부터 1년이 경과할 때까

Note 2023. 3. 14. 개정 ☞ 제2항 기한 연장 : 22년→25년
2020. 1. 15. 개정 ☞ 제2항 기한 연장 : 19년→22년
2014. 12. 31. 개정 ☞ 제2항 기한 연장 : 15년→19년

예판

【예규】 입주자대표회의는 그 본질상 주민 공동체를 위한 복리증진 기능을 수행하고 있어 "마을회 등"에 해당한다고 보는 것이 합리적이라 사료됨. (지방세운영과-3723, 2010. 8. 19.)

Note 2023. 3. 14. 개정 ☞ 기한 연장 : 22년→25년
☞ 감면 축소 : 취득 2%(세율), 등록 100%→취득 2%, 등록 삭제

지 해당 용도로 직접 사용하지 아니하는 경우 (2011. 12. 31. 신설)

3. 해당 용도로 직접 사용한 기간이 2년 미만인 상태에서 매각·증여하거나 다른 용도로 사용하는 경우 (2011. 12. 31. 신설)

제92조【천재지변 등으로 인한 피해에 대한 감면】 (2023. 12. 29. 제목개정)

① 천재지변, 그 밖의 불가항력으로 멸실 또는 파손된 건축물·선박·자동차 및 기계장비를 그 멸실일 또는 파손일부터 2년 이내에 다음 각 호의 어느 하나에 해당하는 취득을 하는 경우에는 취득세를 면제한다. 다만, 새로 취득한 건축물의 연면적이 종전의 건축물의 연면적을 초과하거나 새로 건조, 종류 변경 또는 대체취득한 선박의 톤수가 종전의 선박의 톤수를 초과하는 경우 및 새로 취득한 자동차 또는 기계장비의 가액이 종전의 자동차 또는 기계장비의 가액(신제품구입가액을 말한다)을 초과하는 경우에 그 초과부분에 대해서는 취득세를 부과한다. (2018. 12. 24. 개정) 취득 농특비

1. 복구를 위하여 건축물을 건축 또는 개수하는 경우
2. 선박을 건조하거나 종류 변경을 하는 경우
3. 건축물·선박·자동차 및 기계장비를 대체취득하는 경우

② 천재지변, 그 밖의 불가항력으로 멸실 또는 파손된 건축물·선박·자동차·기계장비의 말소등기 또는 말

제44조【불가항력의 의의 등】 ① 법 제92조 제1항 각 호 외의 부분 본문에서 "그 밖의 불가항력"이란 지진·풍수해·벼락·화재 또는 이와 유사한 재해를 말한다.
② 법 제92조 제2항에서 "그 밖의 불가항력"이란 지진·풍수해·벼락·화재 또는 이와 유사한 재해를 말한다.

제44조【불가항력의 의의 등】 삭 제 (2015. 12. 31.)

예판

【조심판례】 종전 건축물이 원인미상의 화재로 인하여 소실됨에 따라 이 건 건축물을 취득한 것은 취득세 등이 비과세되는 천재지변이나 불가항력적인 재해로 볼 수 없음. (조심 2014지1417, 2014. 12. 2.)

【예규】 자연재해 등 불가항력으로 인하여 발생한 화재가 아닌 지하 주차장내 천장에서 전기합선으로 인하여 발생한 화재로 전소되어 새로이 취득하였으므로 취득세 등 비과세 대상이 되는 대체취득에 해당되지 않는다고 할 것임. (감심 2009-212, 2009. 11. 5.)

소등록과 멸실 또는 파손된 건축물을 복구하기 위하여 그 멸실일 또는 파손일부터 2년 이내에 신축 또는 개축을 위한 건축허가 면허에 대해서는 등록면허세를 면제한다. (2018. 12. 24. 개정)

③ 천재지변 · 화재 · 교통사고 등으로 소멸 · 멸실 또는 파손되어 해당 자동차를 회수하거나 사용할 수 없는 것으로 시장 · 군수가 인정하는 자동차에 대해서는 자동차세를 면제한다. (2015. 12. 29. 개정)

③ 삭 제 (2023. 12. 29.)

Note 2023. 12. 29. 개정 ☞ 제3항 삭제

④ 지방자치단체는 「재난 및 안전관리 기본법」 제60조에 따른 특별재난지역 내의 재산(부동산 · 차량 · 건설기계 · 선박 · 항공기를 말하며, 이하 이 항에서 같다)으로서 같은 법 제3조 제1호에 따른 재난으로 피해를 입은 재산에 대해서는 그 피해가 발생한 날이 속하는 회계연도의 지방세를 100분의 100의 범위에서 조례로 정하거나 해당 지방의회의 의결을 얻어 감면할 수 있다. (2023. 12. 29. 신설)

Note 2023. 12. 29. 개정 ☞ 제4항 신설 : 조례 100% 可

편주

법 92조 4항의 개정규정은 2024. 1. 1. 이후 「재난 및 안전관리 기본법」 60조에 따라 특별재난지역을 선포하는 경우부터 적용함. (법 부칙(2023. 12. 29.) 8조)

⑤ 「재난 및 안전관리 기본법」 제60조에 따른 특별재난지역의 선포와 관련된 재난으로 인하여 사망한 자(이하 이 항에서 "사망자"라 한다) 또는 사망자의 부모, 배우자 및 자녀(이하 이 항에서 "유족"이라 한다)에 대해서는 다음 각 호에서 정하는 바에 따라 지방세를 면제한다. (2023. 12. 29. 신설)

1. 사망자의 경우에는 다음 각 목의 지방세(사망일이 속하는 회계연도로 한정한다)를 면제한다. (2023. 12. 29.

Note 2023. 12. 29. 개정 ☞ 제1호 신설 : 주민, 자동차, 재산(도시지역분), 지역 100%

신설)

가. 주민세[개인분 및 사업소분(사업소분의 경우에는 「지방세법」 제81조 제1항 제1호 가목에 따라 부과되는 세액으로 한정한다)] (2023. 12. 29. 신설)

나. 자동차세(「지방세법」 제125조 제1항에 따른 자동차세로 한정한다) (2023. 12. 29. 신설)

다. 재산세(「지방세법」 제112조에 따른 부과액을 포함한다) (2023. 12. 29. 신설)

라. 지역자원시설세(「지방세법」 제146조 제3항에 따른 지역자원시설세로 한정한다) (2023. 12. 29. 신설)

2. 유족의 경우에는 다음 각 목의 지방세를 면제한다. (2023. 12. 29. 신설)

가. 제1호 가목부터 라목까지에 따른 지방세(사망자의 사망일이 속하는 회계연도로 한정한다) (2023. 12. 29. 신설)

나. 취득세[당해 재난으로 인한 사망자 소유의 부동산등(「지방세법」 제7조에 따른 부동산등을 말한다)을 상속으로 취득하는 경우로 한정한다] (2023. 12. 29. 신설)

제92조의 2 【자동이체 등 납부에 대한 세액공제】 (2017. 12. 26. 제목개정)

① 「지방세기본법」 제35조 제1항 제3호에 따른 지방세(수시로 부과하여 징수하는 지방세는 제외한다)에 대하여 그 납

Note 2023. 12. 29. 개정 ☞ 제2호 신설 : 취득, 주민, 자동차, 재산(도시지역분), 지역 100%

Note 2021. 12. 28. 개정 ☞ 세액공제 금액 확대

부기한이 속하는 달의 전달 말일까지 같은 법 제30조 제1항에 따른 전자송달 방식(이하 이 조에서 "전자송달 방식"이라 한다) 및 「지방세징수법」 제23조 제2항에 따른 자동납부 방식(이하 이 조에서 "자동납부 방식"이라 한다)에 따른 납부를 신청하는 납세의무자에 대해서는 다음 각 호의 구분에 따른 금액을 「지방세법」에 따라 부과할 해당 지방세의 세액에서 공제한다. (2023. 3. 14. 개정 ; 지방세징수법 부칙)

1. 전자송달 방식에 따른 납부만을 신청하거나 자동납부 방식에 따른 납부만을 신청한 경우 : 고지서 1장당 250원부터 800원까지의 범위에서 조례로 정하는 금액 (2023. 3. 14. 개정 ; 지방세징수법 부칙)
2. 전자송달 방식과 자동납부 방식에 의한 납부를 모두 신청한 경우 : 고지서 1장당 500원부터 1천600원까지의 범위에서 조례로 정하는 금액 (2023. 3. 14. 개정 ; 지방세징수법 부칙)

② 제1항에 따른 세액의 공제는 「지방세법」에 따라 부과할 해당 지방세의 세액에서 같은 법에 따른 지방세의 소액 징수면제 기준금액을 한도로 한다. (2010. 12. 27. 신설)

③ 제1항에 따라 세액공제를 받은 자가 그 납부기한까지 그 지방세를 납부하지 아니한 경우에는 그 공제받은 세액을 추징한다. (2010. 12. 27. 신설)

2017. 12. 26. 개정 ☞ 세액공제대상 추가 : 전자송달방식 신청

Note 2017. 12. 26. 개정 ☞ 세액공제대상 추가 : 전자송달방식 신청

편주

전자송달 방식 및 자동이체 방식에 따른 지방세의 납부를 신청하는 납세의무자에 대한 세액의 공제는 법 92조의 2 제1항 1호 및 2호의 개정규정에 따라 조례가 제정·개정되기 전까지는 종전의 규정에 따름. (법 부칙(2021. 12. 28.) 16조)

【예규】 등록면허세 묶음 고지 시 전자송달 및 자동이체 감면 기준

일괄 묶음납부서는 10건 이상 부과한 지방세에 대하여 효율적인 납부처리가 가능하도록 개별 납세고지서를 한 장으로 묶어서 발부한 납부서에 불과한 점 등을 고려할 때, 일괄 묶음납부서에 의해 고지된 고지건수 전체를 대상으로 하여 세액을 공제함이 타당함(지방세특례제도과-2661, 2022. 11. 22.)

제3장 지방소득세 특례 (2014. 1. 1. 신설)

제1절 종합소득 세액공제와 세액감면 (2014. 1. 1. 신설)

제93조【기장세액공제】 ①「소득세법」 제160조 제3항에 따른 간편장부대상자가 「지방세법」 제95조에 따른 과세표준확정신고를 할 때 복식부기에 따라 기장(記帳)하여 소득금액을 계산하고 「소득세법」 제70조 제4항 제3호에 따른 서류를 제출하는 경우에는 해당 장부에 의하여 계산한 사업소득금액이 종합소득금액에서 차지하는 비율을 종합소득에 대한 개인지방소득세 산출세액(이하 "종합소득분 개인지방소득 산출세액"이라 한다)에 곱하여 계산한 금액의 100분의 20에 해당하는 금액을 종합소득분 개인지방소득 산출세액에서 공제한다. 다만, 공제세액이 10만원을 초과하는 경우에는 10만원을 공제한다. (2014. 1. 1. 신설)

② 다음 각 호의 어느 하나에 해당하는 경우에는 제1항에 따른 공제[이하 "기장세액공제"(記帳稅額控除)라 한다]를 적용하지 아니한다. (2014. 1. 1. 신설)

1. 비치·기록한 장부에 의하여 신고하여야 할 소득금액의 100분의 20 이상을 누락하여 신고한 경우 (2014. 1. 1. 신설)

제3장 지방소득세 특례 (2014. 3. 14. 신설)

제1절 종합소득 세액공제와 세액감면 (2014. 3. 14. 신설)

편주

「소득세법」 제56조의 2(기장세액공제) 참조

2. 기장세액공제와 관련된 장부 및 증명서류를 해당 과세표준확정신고기간 종료일부터 5년간 보관하지 아니한 경우. 다만, 천재지변 등 대통령령으로 정하는 부득이한 사유에 해당하는 경우에는 그러하지 아니하다. (2014. 1. 1. 신설)

③ 기장세액공제에 관하여 필요한 사항은 대통령령으로 정한다. (2014. 1. 1. 신설)

제94조【근로소득세액공제】 ① 근로소득이 있는 거주자 또는 비거주자에 대해서는 그 근로소득에 대한 종합소득분 개인지방소득 산출세액에서 다음의 금액을 공제한다. (2016. 12. 27. 개정)

근로소득에 대한 종합소득분 개인지방소득 산출세액	공제액
13만원 이하	산출세액의 100분의 55
13만원 초과	7만1,500원+(13만원을 초과하는 금액의 100분의 30)

② 제1항에도 불구하고 공제세액이 다음 각 호의 구분에 따른 금액을 초과하는 경우에 그 초과하는 금액은 없는 것으로 한다. (2014. 3. 24. 신설)

1. 총급여액이 3천300만원 이하인 경우 : 7만4천원 (2016. 12. 27. 개정)
2. 총급여액이 3천300만원 초과 7천만원 이하인 경우 :

제45조【기장세액공제】 ① 법 제93조 제2항 제2호 단서에서 "천재지변 등 대통령령으로 정하는 부득이한 사유"란 「소득세법 시행령」 제116조의 3 제2항 각 호의 어느 하나에 해당하는 경우를 말한다. (2014. 3. 14. 신설)

② 법 제93조에 따른 기장세액공제를 받으려는 자는 과세표준확정신고서에 행정안전부령으로 정하는 기장세액공제신청서를 첨부하여 납세지 관할 지방자치단체의 장에게 신청하여야 한다. 다만, 「소득세법 시행령」 제116조의 3 제3항에 따라 납세지 관할 세무서장에게 소득세 공제를 신청하는 경우에는 법 제93조에 따른 개인지방소득세에 대한 세액공제도 함께 신청한 것으로 본다. (2017. 7. 26. 직제개정 ; 행정안전부와~직제 부칙)

「소득세법」 제59조(근로소득세액공제) 참조

편주

「소득세법 시행령」 제116조의 3(기장세액공제) 참조

7만4천원 - [(총급여액 - 3천300만원) × 8/10,000]. 다만, 위 금액이 6만6천원보다 적은 경우에는 6만6천원으로 한다. (2016. 12. 27. 개정)

3. 총급여액이 7천만원을 초과하는 경우 : 6만6천원 - [(총급여액 - 7천만원) × 1/20]. 다만, 위 금액이 5만원보다 적은 경우에는 5만원으로 한다. (2016. 12. 27. 개정)

제95조【배당세액공제】 ① 거주자 또는 비거주자의 종합소득금액에 「소득세법」 제17조 제3항 각 호 외의 부분 단서가 적용되는 배당소득금액이 합산되어 있는 경우에는 같은 항 각 호 외의 부분 단서에 따라 해당 과세기간의 총수입금액에 더한 금액에 해당하는 금액의 100분의 10에 상당하는 금액을 종합소득분 개인지방소득 산출세액에서 공제한다. (2014. 12. 31. 개정)

② 제1항에 따른 공제를 "배당세액공제"라 한다. (2014. 1. 1. 신설)

③ 제1항을 적용할 때 배당세액공제의 대상이 되는 배당소득금액은 「소득세법」 제14조 제2항의 종합소득과세표준에 포함된 배당소득금액으로서 이자소득등의 종합과세기준금액을 초과하는 것으로 한다. (2014. 1. 1. 신설)

④ 배당세액공제액의 계산 등에 필요한 사항은 대통령령으로 정한다. (2014. 1. 1. 신설)

제46조【배당세액공제대상 배당소득금액의 계산방법】 법 제95조를 적용할 때 같은 조 제3항에서 정하는 이자소득등의 종합과세기준금액을 초과하는 배당소득금액의 계산은 「소득세법 시행령」 제116조의 2에 따른다. (2014. 3. 14. 신설)

편주

「소득세법 시행령」 제116조의 2(배당세액공제대상 배당소득금액의 계산방법) 참조

편주

「소득세법」 제56조(배당세액공제) 참조

제96조【재해손실세액공제】 ① 사업자가 해당 과세기간에 천재지변이나 그 밖의 재해(이하 "재해"라 한다)로 대통령령으로 정하는 자산총액(이하 이 항에서 "자산총액"이라 한다)의 100분의 20 이상에 해당하는 자산을 상실하여 납세가 곤란하다고 인정되는 경우에는 다음 각 호의 개인지방소득세액(사업소득에 대한 개인지방소득세액을 말한다. 이하 이 조에서 같다)에 그 상실된 가액이 상실 전의 자산총액에서 차지하는 비율(이하 이 조에서 "자산상실비율"이라 한다)을 곱하여 계산한 금액(상실된 자산의 가액을 한도로 한다)을 그 세액에서 공제한다. 이 경우 자산의 가액에는 토지의 가액을 포함하지 아니한다. (2014. 1. 1. 신설)

1. 재해 발생일 현재 부과되지 아니한 소득세와 부과된 소득세로서 미납된 개인지방소득세액(가산금을 포함한다) (2014. 1. 1. 신설)
2. 재해 발생일이 속하는 과세기간의 소득에 대한 개인지방소득세액 (2014. 1. 1. 신설)

② 제1항의 경우에 제93조 · 제95조 및 제97조에 따라 공제할 세액이 있을 때에는 이를 공제한 후의 세액을 개인지방소득세액으로 하여 제1항을 적용한다. (2014. 1. 1. 신설)

제47조【재해손실세액공제】 ① 법 제96조 제1항 각 호 외의 부분 전단에서 "대통령령으로 정하는 자산"이란 「소득세법 시행령」 제118조 제1항 각 호의 어느 하나에 해당하는 것을 말한다. (2014. 3. 14. 신설)

② 법 제96조 제1항을 적용할 때 재해발생 비율의 계산은 「소득세법 시행령」 제118조 제2항에 따른다. (2014. 3. 14. 신설)

③ 법 제96조 제1항에 따라 재해손실세액공제를 받으려는 자는 다음 각 호의 구분에 따른 기한 내에 행정안전부령으로 정하는 재해손실세액공제신청서를 납세지 관할 지방자치단체의 장에게 제출하여야 한다. (2017. 7. 26. 직제개정 ; 행정안전부와~직제 부칙)

1. 과세표준확정신고기한이 경과되지 아니한 개인지방소득세의 경우 : 그 신고기한. 다만, 재해 발생일부터 신고기한까지의 기간이 1개월 미만인 경우에는 재해 발생일부터 1개월이 지난 날로 한다. (2014. 3. 14. 신설)
2. 제1호 외의 재해 발생일 현재 미납된 개인지방소득세와 납부하여야 할 개인지방소득세의 경우 : 재해 발생일부터 1개월 (2014. 3. 14. 신설)

편주

「소득세법 시행령」 제118조(재해손실세액공제) 참조

③ 제1항에 따른 공제를 "재해손실세액공제"라 한다. (2014. 1. 1. 신설)

④ 재해손실세액공제를 적용받으려는 자는 대통령령으로 정하는 바에 따라 납세지 관할 지방자치단체의 장에게 신청할 수 있다. 다만, 「소득세법」 제58조에 따라 납세지 관할 세무서장에게 소득세 재해손실세액공제를 신청하는 경우에는 개인지방소득세에 대한 세액공제도 함께 신청한 것으로 본다. (2014. 1. 1. 신설)

⑤ 납세지 관할 지방자치단체의 장이 제4항의 신청을 받았을 때에는 그 공제할 세액을 결정하여 신청인에게 알려야 한다. (2014. 1. 1. 신설)

⑥ 제4항의 신청이 없는 경우에도 제1항을 적용한다. (2014. 1. 1. 신설)

⑦ 집단적으로 재해가 발생한 경우에는 대통령령으로 정하는 바에 따라 납세지 관할 지방자치단체의 장이 조사결정한 자산상실비율에 따라 제1항을 적용한다. (2014. 1. 1. 신설)

⑧ 재해손실세액공제에 관하여 필요한 사항은 대통령령으로 정한다. (2014. 1. 1. 신설)

편주

「소득세법」 제58조(재해손실세액공제) 참조

제97조【종합소득 외국납부세액공제 등】 ① 거주자

④ 법 제96조 제7항에 따른 자산상실비율의 계산은 「소득세법 시행령」 제118조 제4항에 따른다. (2014. 3. 14. 신설)

제48조【종합소득 외국납부세액공제 등】 ① 법 제

의 종합소득금액 또는 퇴직소득금액에 국외원천소득이 합산되어 있는 경우에 그 국외원천소득에 대하여 외국에서 대통령령으로 정하는 외국소득세액을 납부하였거나 납부할 것이 있어 「소득세법」 제57조 제1항 제1호에 따라 종합소득 산출세액 또는 퇴직소득 산출세액에서 공제한 경우 그 공제액의 100분의 10에 상당하는 금액을 종합소득분 개인지방소득 산출세액 또는 퇴직소득에 대한 개인지방소득세 산출세액에서 공제받을 수 있다. 다만, 거주자가 「소득세법」 제57조 제1항 제2호에 따라 처리한 경우에는 본문을 적용하지 아니한다. (2014. 1. 1. 신설)

② 제1항을 적용할 때 외국정부에 납부하였거나 납부할 외국소득세액의 100분의 10에 상당하는 금액이 「소득세법」 제57조 제1항 제1호의 공제한도의 100분의 10을 초과하는 경우 그 초과하는 금액은 해당 과세기간의 다음 과세기간부터 5년 이내에 끝나는 과세기간으로 이월하여 그 이월된 과세기간의 공제한도 범위에서 공제받을 수 있다. (2014. 1. 1. 신설)

③ 국외자산의 양도소득에 대하여 해당 외국에서 과세를 하는 경우 그 양도소득에 대하여 「소득세법」 제118조의 6 제1항 제1호에 따라 납부세액을 공제한 경우 그 공제금액의 100분의 10에 상당하는 금액을 양도소득분 개인지방소득 산출세액에서 공제받을 수 있다. (2014. 1. 1. 신설)

④ 제1항부터 제3항까지의 규정에 따른 세액공제 등에 필요한 사항은 대통령령으로 정한다. (2014. 1. 1. 신설)

97조 제1항 본문에서 "대통령령으로 정하는 외국소득세액"이란 「소득세법 시행령」 제117조 제1항에 따른 세액을 말한다. (2014. 3. 14. 신설)

② 법 제97조 제1항에 따른 외국납부세액의 공제를 받으려는 사람은 국외 원천소득이 산입된 과세기간의 과세표준확정신고 또는 연말정산을 할 때에 행정안전부령으로 정하는 외국납부세액공제신청서를 납세지 관할 지방자치단체의 장 또는 특별징수의무자에게 제출하여야 한다. 다만, 「소득세법 시행령」 제117조 제3항에 따라 납세지 관할 세무서장에게 소득세 공제를 신청하는 경우에는 법 제97조에 따른 개인지방소득세에 대한 세액공제도 함께 신청한 것으로 본다. (2017. 7. 26. 직제개정 ; 행정안전부와~직제 부칙)

편주

「소득세법 시행령」 제117조(외국납부세액공제) 참조

편주

「소득세법」 제57조(외국납부세액공제) 참조

제97조의 2【자녀세액공제】 ① 종합소득이 있는 거주자의 기본공제대상자에 해당하는 자녀(입양자 및 위탁아동을 포함한다)에 대해서는 다음 각 호의 구분에 따른 금액을 종합소득분 개인지방소득 산출세액에서 공제한다. (2016. 12. 27. 항번개정)

1. 1명인 경우 : 연 1만5천원 (2014. 3. 24. 신설)
2. 2명인 경우 : 연 3만원 (2014. 3. 24. 신설)
3. 3명 이상인 경우 : 연 3만원과 2명을 초과하는 1명당 연 3만원을 합한 금액 (2016. 12. 27. 개정)

② 6세 이하의 공제대상자녀가 2명 이상인 경우 1명을 초과하는 1명당 연 1만5천원을 종합소득분 개인지방소득 산출세액에서 공제한다. (2016. 12. 27. 신설)

③ 해당 과세기간에 출생하거나 입양 신고한 공제대상자녀가 있는 경우 다음 각 호의 구분에 따른 금액을 종합소득분 개인지방소득 산출세액에서 공제한다. (2016. 12. 27. 신설)

1. 출생하거나 입양 신고한 공제대상자녀가 첫째인 경우 : 연 3만원 (2016. 12. 27. 신설)
2. 출생하거나 입양 신고한 공제대상자녀가 둘째인 경우 : 연 5만원 (2016. 12. 27. 신설)

편주

「소득세법」 제59조의 2(자녀세액공제) 참조

3. 출생하거나 입양 신고한 공제대상자녀가 셋째 이상인 경우 : 연 7만원 (2016. 12. 27. 신설)

④ 제1항부터 제3항까지의 규정에 따른 공제를 "자녀세액공제"라 한다. (2016. 12. 27. 신설)

제97조의 3【연금계좌세액공제】 ① 종합소득이 있는 거주자 또는 비거주자가 연금계좌에 납입한 금액 중 다음 각 호에 해당하는 금액을 제외한 금액(이하 "연금계좌 납입액"이라 한다)의 1,000분의 12에 해당하는 금액을 해당 과세기간의 종합소득분 개인지방소득 산출세액에서 공제한다. 다만, 연금계좌 중 연금저축계좌에 납입한 금액이 연 400만원을 초과하는 경우에는 그 초과하는 금액은 없는 것으로 하고, 연금저축계좌에 납입한 금액 중 400만원 이내의 금액과 퇴직연금계좌에 납입한 금액을 합한 금액이 연 700만원을 초과하는 경우에는 그 초과하는 금액은 없는 것으로 한다. (2014. 12. 31. 개정)

1. 「소득세법」 제146조 제2항에 따라 소득세가 원천징수되지 아니한 퇴직소득 등 과세가 이연된 소득 (2014. 3. 24. 신설)
2. 연금계좌에서 다른 연금계좌로 계약을 이전함으로써 납입되는 금액 (2014. 3. 24. 신설)

② 제1항에 따른 공제를 "연금계좌세액공제"라 한다. (2014. 3. 24. 신설)

제48조의 2【연금계좌세액공제】 ① 법 제97조의 3 제1항에 따라 연금계좌세액공제를 받으려는 자는 「소득세법 시행령」 제118조의 2 제1항에 따른 연금납입확인서를 같은 법 시행령 제113조 제1항 각 호에 따른 날까지 특별징수의무자, 납세조합 또는 납세지 관할 지방자치단체의 장에게 제출하여야 한다. 다만, 「소득세법 시행령」 제118조의 2 제1항에 따라 납세지 관할 세무서장에게 연금납입확인서를 제출한 경우에는 납세지 관할 지방자치단체의 장에게도 함께 제출한 것으로 본다. (2014. 8. 20. 신설)

② 제1항을 적용하는 경우 「소득세법 시행령」 제216조의 3에 따라 세액공제 증명서류가 국세청장에게 제출된 경우에는 같은 법 시행령 제118조의 2 제2항에 따른 서류를 같은 법 시행령 제113조 제1항 각 호에 따른 날까지 납세지 관할 지방자치단체의 장에게 제출할 수 있다. 다만, 「소득세법 시행령」 제118조의 2 제2항에 따라 납세지 관할 세무서장에게 제출한 경우에는 납세지 관할 지방자치단체의 장에게도 함께 제출한 것으로 본다. (2014. 8. 20. 신설)

「소득세법 시행령」 제118조의 2(연금계좌세액공제), 제118조의 3(연금계좌세액공제 한도액 초과납입금 등의 해당 연도 납입금으로의 전환 특례) 참조

③ 연금계좌세액공제의 합계액이 종합소득분 개인지방소득 산출세액을 초과하는 경우 그 초과하는 공제액은 없는 것으로 한다. (2014. 3. 24. 신설)

③ 삭 제 (2014. 12. 31.)

④ 연금계좌세액공제의 신청 절차 등에 관하여 필요한 사항은 대통령령으로 정한다. (2014. 3. 24. 신설)

편주 「소득세법」 제59조의 3(연금계좌세액공제) 참조

제97조의 4【특별세액공제】 ① 근로소득이 있는 거주자(일용근로자는 제외한다. 이하 이 조에서 같다)가 해당 과세기간에 만기에 환급되는 금액이 납입보험료를 초과하지 아니하는 보험의 보험계약에 따라 지급하는 다음 각 호의 보험료를 지급한 경우 그 금액의 1,000분의 12(제1호의 경우에는 1,000분의 15)에 해당하는 금액을 해당 과세기간의 종합소득분 개인지방소득 산출세액에서 공제한다. 다만, 다음 각 호의 보험료별로 그 합계액이 각각 연 100만원을 초과하는 경우 그 초과하는 금액은 각각 없는 것으로 한다. (2016. 12. 27. 개정)

1. 기본공제대상자 중 장애인을 피보험자 또는 수익자로 하는 장애인전용보험으로서 대통령령으로 정하는 장애인전용보장성보험료 (2014. 3. 24. 신설)
2. 기본공제대상자를 피보험자로 하는 대통령령으로 정하는 보험료(제1호에 따른 장애인전용보장성 보험료

③ 연금계좌 가입자가 이전 과세기간에 연금계좌에 납입한 연금보험료 중 법 제97조의 3에 따른 연금계좌세액공제를 받지 아니한 금액이 있는 경우로서 그 금액의 전부 또는 일부를 해당 과세기간에 연금계좌에 납입한 연금보험료로 전환하여 줄 것을 연금계좌 취급자에게 신청한 경우에는 법 제97조의 3을 적용할 때 그 전환을 신청한 금액을 연금계좌에서 가장 먼저 인출하여 그 신청을 한 날에 다시 해당 연금계좌에 납입한 연금보험료로 본다. 이 경우 전환을 신청한 금액은 그 신청한 날에 연금계좌에 납입한 연금보험료로 보아 「소득세법 시행령」 제40조의 2 제2항 각 호의 요건을 충족하여야 한다. (2014. 8. 20. 신설)

④ 제3항에 따른 납입한 연금보험료의 전환 신청 등에 필요한 사항은 「소득세법 시행령」 제118조의 3에 따른다. (2014. 8. 20. 신설)

제48조의 3【보험료세액공제】 ① 법 제97조의 4 제1항 제1호에서 "대통령령으로 정하는 장애인전용보장성보험료"란 「소득세법 시행령」 제118조의 4 제1항에 따른 보험료·공제료를 말한다. (2014. 8. 20. 신설)

② 법 제97조의 4 제1항 제2호에서 "대통령령으로 정하

편주 「소득세법 시행령」 제118조의 4(보험료세액공제) 참조

는 제외한다) (2014. 3. 24. 신설)

② 근로소득이 있는 거주자가 기본공제대상자(나이 및 소득의 제한을 받지 아니한다)를 위하여 해당 과세기간에 대통령령으로 정하는 의료비를 지급한 경우 다음 각 호의 금액의 1,000분의 15에 해당하는 금액을 해당 과세기간의 종합소득분 개인지방소득 산출세액에서 공제한다. (2014. 3. 24. 신설)

1. 기본공제대상자를 위하여 지급한 의료비(제2호에 따른 의료비는 제외한다)로서 총급여액에 100분의 3을 곱하여 계산한 금액을 초과하는 금액. 다만, 그 금액이 연 700만원을 초과하는 경우에는 연 700만원으로 한다. (2014. 12. 31. 개정)
2. 해당 거주자, 과세기간 종료일 현재 65세 이상인 사람과 장애인을 위하여 지급한 의료비와 대통령령으로 정하는 난임시술비. 다만, 제1호의 의료비가 총급여액에 100분의 3을 곱하여 계산한 금액에 미달하는 경우에는 그 미달하는 금액을 뺀다. (2014. 12. 31. 개정)

③ 근로소득이 있는 거주자가 그 거주자와 기본공제대상자(나이의 제한을 받지 아니하되, 제3호 나목의 기관

는 보험료"란「소득세법 시행령」제118조의 4 제2항에 따른 보험료·공제료를 말한다. (2014. 8. 20. 신설)

제48조의 4【의료비 세액공제】 ① 법 제97조의 4 제2항 각 호 외의 부분에서 "대통령령으로 정하는 의료비"란「소득세법 시행령」제118조의 5 제1항 각 호의 어느 하나에 해당하는 의료비를 말한다. (2014. 8. 20. 신설)
② 제1항에 따른 의료비에는「소득세법 시행령」제118조의 5 제2항에 따른 비용은 포함하지 아니한다. (2014. 8. 20. 신설)
③ 특별징수의무자는「지방세법」제103조의 15에 따른 근로소득세액 연말정산을 할 때 특별세액공제 대상이 되는 의료비가 있는 근로자에 대해서는「소득세법 시행령」제215조 제2항에 따른 근로소득지급명세서를 제출할 때에 해당 근로자의 의료비지급명세서가 전산처리된 테이프 또는 디스켓을 납세지 관할 지방자치단체의 장에게 제출하여야 한다. 다만,「소득세법 시행령」제118조의 5 제3항에 따라 납세지 관할 세무서장에게 해당 근로자의 의료비지급명세서가 전산처리된 테이프 또는 디스켓을 제출한 경우에는 납세지 관할 지방자치단체의 장에게도 함께 제출한 것으로 본다. (2014. 8. 20. 신설)

제48조의 5【교육비 세액공제】 ① 법 제97조의 4 제3항 각 호 외의 부분 본문에서 "대통령령으로 정하는

편주 「소득세법 시행령」제118조의 5(의료비 세액공제) 참조

편주 「소득세법 시행령」제118조의 6(교육비 세액공제) 참조

법	시행령	시행규칙
에 대해서는 과세기간 종료일 현재 18세 미만인 사람만 해당한다)를 위하여 해당 과세기간에 대통령령으로 정하는 교육비를 지급한 경우 다음 각 호의 금액의 1,000분의 15에 해당하는 금액을 해당 과세기간의 종합소득분 개인지방소득 산출세액에서 공제한다. 다만, 소득세 또는 증여세가 비과세되는 대통령령으로 정하는 교육비는 공제하지 아니한다. (2016. 12. 27. 단서개정) 1. 기본공제대상자인 배우자·직계비속·형제자매·입양자 및 위탁아동을 위하여 지급한 다음 각 목의 교육비를 합산한 금액. 다만, 대학원에 지급하거나 제2호 라목의 학자금 대출을 받아 지급하는 교육비는 제외하며, 대학생인 경우에는 1명당 연 900만원, 초등학교 취학 전 아동과 초·중·고등학생인 경우에는 1명당 연 300만원을 한도로 한다. (2016. 12. 27. 단서개정) 가. 「유아교육법」, 「초·중등교육법」, 「고등교육법」 및 특별법에 따른 학교에 지급한 교육비 (2014. 3. 24. 신설) 나. 다음의 평생교육시설 또는 과정을 위하여 지급한 교육비 (2014. 12. 31. 개정) 1) 「평생교육법」 제31조 제2항에 따라 고등학교졸업 이하의 학력이 인정되는 학교형태의 평생교육시설 (2014. 12. 31. 개정) 2) 「평생교육법」 제31조 제4항에 따라 전공대학의 명칭을 사용할 수 있는 평생교육시설(이하 "전	교육비"란 「소득세법 시행령」 제118조의 6 제1항 각 호의 어느 하나에 해당하는 교육비를 말한다. (2014. 8. 20. 신설) ② 법 제97조의 4 제3항 제1호 나목에서 "대통령령으로 정하는 교육과정"이란 「소득세법 시행령」 제118조의 6 제3항에 따른 교육과정을 말한다. (2014. 8. 20. 신설)	

공대학"이라 한다) (2014. 12. 31. 개정)

3) 「평생교육법」 제33조에 따른 원격대학 형태의 평생교육시설(이하 "원격대학"이라 한다) 중 대통령령으로 정하는 교육과정(이하 이 항에서 "학위취득과정"이라 한다) (2014. 12. 31. 개정)

4) 「학점인정 등에 관한 법률」 제3조에 따른 평가인정을 받은 학습과정과 「독학에 의한 학위취득에 관한 법률」 제5조 제1항에 따른 과정 중 대통령령으로 정하는 교육과정(이하 이 항에서 "학위취득과정"이라 한다) (2014. 12. 31. 개정)

다. 대통령령으로 정하는 국외교육기관(국외교육기관의 학생을 위하여 교육비를 지급하는 거주자가 국내에서 근무하는 경우에는 대통령령으로 정하는 학생만 해당한다)에 지급한 교육비 (2014. 3. 24. 신설)

라. 초등학교 취학 전 아동을 위하여 「영유아보육법」에 따른 어린이집, 「학원의 설립·운영 및 과외교습에 관한 법률」에 따른 학원 또는 대통령령으로 정하는 체육시설에 지급한 교육비(학원 및 체육시설에 지급하는 비용의 경우에는 대통령령으로 정하는 금액만 해당한다) (2014. 3. 24. 신설)

2. 해당 거주자를 위하여 지급한 다음 각 목의 교육비를

③ 법 제97조의 4 제3항 제1호 다목에서 "대통령령으로 정하는 국외교육기관"이란 「소득세법 시행령」 제118조의 6 제4항에 따른 교육기관을 말한다. (2014. 8. 20. 신설)

④ 법 제97조의 4 제3항 제1호 다목에서 "대통령령으로 정하는 학생"이란 「소득세법 시행령」 제118조의 6 제5항에 따른 학생을 말한다. (2014. 8. 20. 신설)

⑤ 법 제97조의 4 제3항 제1호 라목에서 "대통령령으로 정하는 체육시설"이란 「소득세법 시행령」 제118조의 6 제6항 각 호의 어느 하나에 해당하는 체육시설을 말한다. (2014. 8. 20. 신설)

⑥ 법 제97조의 4 제3항 제1호 라목에서 "대통령령으로 정하는 금액"이란 「소득세법 시행령」 제118조의 6 제7항에 따른 수강료를 말한다. (2014. 8. 20. 신설)

법	영	
합산한 금액 (2014. 3. 24. 신설) 가. 제1호 가목부터 다목까지의 규정에 해당하는 교육비 (2014. 3. 24. 신설) 나. 대학(전공대학, 원격대학 및 학위취득과정을 포함한다) 또는 대학원의 1학기 이상에 해당하는 교육과정과 「고등교육법」 제36조에 따른 시간제 과정에 지급하는 교육비 (2014. 3. 24. 신설)		
다. 「국민 평생 직업능력 개발법」 제2조에 따른 직업능력개발훈련시설에서 실시하는 직업능력개발훈련을 위하여 지급한 수강료. 다만, 대통령령으로 정하는 지원금 등을 받는 경우에는 이를 뺀 금액으로 한다. (2021. 8. 17. 개정 ; 근로자직업능력 개발법 부칙) 라. 대통령령으로 정하는 학자금 대출의 원리금 상환액(상환 연체로 인하여 추가로 지급하는 금액은 제외한다) (2016. 12. 27. 신설)	⑦ 법 제97조의 4 제3항 제2호 다목 단서에서 "대통령령으로 정하는 지원금 등을 받는 경우"란 「소득세법 시행령」 제118조의 6 제8항에 따른 지원을 받는 경우를 말한다. (2014. 8. 20. 신설)	
3. 기본공제대상자인 장애인(소득의 제한을 받지 아니한다)을 위하여 다음 각 목의 어느 하나에 해당하는 자에게 지급하는 대통령령으로 정하는 특수교육비 (2014. 3. 24. 신설)	⑧ 법 제97조의 4 제3항 제3호 각 목 외의 부분에서 "대통령령으로 정하는 특수교육비"란 「소득세법 시행령」 제118조의 6 제9항에 따른 비용을 말한다. (2014. 8. 20. 신설)	
가. 대통령령으로 정하는 사회복지시설 및 비영리법인 (2014. 3. 24. 신설)	⑨ 법 제97조의 4 제3항 제3호 가목에서 "대통령령으로 정하는 사회복지시설 및 비영리법인"이란 「소득세법 시행령」 제118조의 6 제10항 각 호의 시설 및 법인을 말한다. (2014. 8. 20. 신설)	

나. 장애인의 기능향상과 행동발달을 위한 발달재활서비스를 제공하는 대통령령으로 정하는 기관 (2014. 3. 24. 신설)

다. 가목의 시설 또는 법인과 유사한 것으로서 외국에 있는 시설 또는 법인 (2014. 3. 24. 신설)

④ 거주자(사업소득만 있는 자는 제외하되, 「소득세법」 제73조 제1항 제4호에 따른 자 등 대통령령으로 정하는 자는 포함한다)가 해당 과세기간에 지급한 기부금[「소득세법」 제50조 제1항 제2호 및 제3호(나이의 제한을 받지 아니한다)에 해당하는 사람(다른 거주자의 기본공제를 적용받은 사람은 제외한다)이 지급한 기부금을 포함한다]이 있는 경우 다음 각 호의 기부금을 합한 금액에서 사업소득금액을 계산할 때 필요경비에 산입한 기부금을 뺀 금액의 1,000분의 15(해당 금액이 2천만원을 초과하는 경우 그 초과분에 대해서는 1,000분의 30)에 해당하는 금액(이하 이 조에서 "기부금 세액공제액"이라 한다)을 해당 과세기간의 합산과세되는 종합소득분 개인지방소득 산출세액(필요경비에 산입한 기부금이 있는 경우 사업소득에 대한 산출세액은 제외한다)에서 공제한다. 이 경우 제1호의 기부금과 제2호의 기부금이 함께 있으면 제1호의 기부금을 먼저 공제하되, 2013년 12월 31일 이전에 지급한 기부금을 2014년 1월 1일 이후에 개시하는 과세기간에 이월하여 소득공제하는 경우에는 해당 과세기간에 지급한 기부금보다 먼저 공제한다. (2016. 12. 27. 개정)

⑩ 법 제97조의 4 제3항 제3호 나목에서 "대통령령으로 정하는 기관"이란 「소득세법 시행령」 제118조의 6 제11항에 따른 기관을 말한다. (2014. 8. 20. 신설)

제48조의 6【기부금의 세액공제 등】 ① 특별징수의무자는 「지방세법」 제103조의 15에 따른 근로소득세액 연말정산 또는 사업소득세액의 연말정산을 할 때 기부금세액공제를 적용받는 거주자에 대해서는 「소득세법」 제164조에 따른 지급명세서를 제출할 때에 해당 거주자의 기부금명세서가 전산처리된 테이프 또는 디스켓을 납세지 관할 지방자치단체의 장에게 제출하여야 한다. 다만, 「소득세법 시행령」 제118조의 7 제2항에 따라 납세지 관할 세무서장에게 해당 근로자의 기부금명세서가 전산처리된 테이프 또는 디스켓을 제출한 경우에는 납세지 관할 지방자치단체의 장에게도 함께 제출한 것으로 본다. (2014. 8. 20. 신설)

② 법 제97조의 4 제7항에서 "대통령령으로 정하는 근로소득에 대한 종합소득분 개인지방소득 산출세액"이란 해당 과세기간의 종합소득산출세액에 근로소득금액이 그 과세기간의 종합소득금액에서 차지하는 비율을 곱하여 산출한 금액을 말한다. (2014. 8. 20. 신설)

③ 제1항에 따라 기부금세액공제를 받은 자가 사망한 이후 유류분(遺留分) 권리자가 「민법」 제1115조에 따라 신탁재산의 반환을 청구하여 이를 반환받은 경우에는 그

☜ 편주

「소득세법 시행령」 제118조의 7(기부금의 세액공제 등) 참조

1. 법정기부금 (2016. 12. 27. 신설)
2. 지정기부금. 이 경우 지정기부금의 한도액은 다음 각 목의 구분에 따른다. (2016. 12. 27. 신설)
   가. 종교단체에 기부한 금액이 있는 경우 (2016. 12. 27. 신설)

   한도액 = [종합소득금액(「소득세법」 제62조에 따른 원천징수세율을 적용받는 이자소득 및 배당소득은 제외한다)에서 제1호에 따른 기부금을 뺀 금액을 말하며, 이하 이 항에서 "소득금액"이라 한다] × 100분의 10 + [소득금액의 100분의 20과 종교단체 외에 지급한 금액 중 적은 금액]

   나. 가목 외의 경우 (2016. 12. 27. 신설)

   한도액 = 소득금액의 100분의 30

⑤ 제1항부터 제3항까지의 규정을 적용할 때 과세기간 종료일 이전에 혼인·이혼·별거·취업 등의 사유로 기본공제대상자에 해당되지 아니하게 되는 종전의 배우자·부양가족·장애인 또는 과세기간 종료일 현재 65세 이상인 사람을 위하여 이미 지급한 금액이 있는 경우에는 그 사유가 발생한 날까지 지급한 금액에 제1항부터 제3항까지의 규정에 따른 율을 적용한 금액을 해당 과세기간의 종합소득분 개인지방소득 산출세액에서 공제한다. (2014. 3. 24. 신설)

⑥ 제1항부터 제4항까지의 규정에 따른 공제는 해당 거주자가 대통령령으로 정하는 바에 따라 신청한 경우에

유류분 권리자의 주소지 관할 지방자치단체의 장은 제1호의 금액에서 제2호에 해당하는 비율을 곱하여 계산한 금액을 유류분권리자에게서 추징한다. (2014. 8. 20. 신설)

1. 유류분 권리자가 유류분을 반환받은 날 현재 「지방세기본법」 제38조에 따른 부과의 제척기간 이내에 해당하는 과세기간에 해당 거주자가 기부금세액공제를 받은 금액에 해당하는 개인지방소득세액 (2014. 8. 20. 신설)
2. 유류분 권리자가 반환받은 금액을 유류분 권리자가 유류분을 반환받은 시점의 신탁재산가액으로 나눈 비율 (2014. 8. 20. 신설)

적용한다. (2014. 3. 24. 신설)

⑦ 제1항부터 제3항까지의 규정에 따른 공제세액의 합계액(이하 이 조에서 "보험료등 세액공제액"이라 한다)이 그 거주자의 해당 과세기간의 대통령령으로 정하는 근로소득에 대한 종합소득분 개인지방소득 산출세액을 초과하는 경우 그 초과하는 금액은 없는 것으로 한다. (2014. 3. 24. 신설)

⑧ 보험료등 세액공제액과 기부금 세액공제액의 합계액이 그 거주자의 해당 과세기간의 합산과세되는 종합소득분 개인지방소득 산출세액을 초과하는 경우 그 초과하는 금액은 없는 것으로 한다. 다만, 그 초과한 금액에 기부금 세액공제액이 포함되어 있는 경우 해당 기부금과 「소득세법」 제59조의 4 제4항 제2호에 따라 한도액을 초과하여 제4항에 따른 개인지방소득세 공제를 받지 못한 지정기부금은 해당 과세기간의 다음 과세기간의 개시일부터 5년 이내에 끝나는 각 과세기간에 이월하여 「소득세법」 제59조의 4 제8항 단서에 따라 공제하는 금액의 100분의 10에 해당하는 금액을 종합소득분 개인지방소득 산출세액에서 공제한다. (2014. 3. 24. 신설)

⑦~⑧ 삭 제 (2014. 12. 31.)

⑨ 근로소득이 있는 거주자로서 제6항, 「소득세법」 제52조 제8항, 「조세특례제한법」 제95조의 2 제2항에 따른 소득공제 신청이나 세액공제 신청을 하지 아니한 사람에 대해서는 연 1만3천원을 종합소득분 개인지방소득 산출세액에서 공제하고, 「소득세법」 제160조의 5 제3항에 따른 사업용계좌의 신고 등 대통령령으로 정하는 요건에 해당하는 사업자(이하 "성실사업자"라 한다)로서 「조세특례제한법」 제122조의 3에 따른 세액공제 신청을 하지 아니한 사

제48조의 7【성실사업자의 범위】 법 제97조의 4 제9항 본문에서 "사업용계좌의 신고 등 대통령령으로 정하는 요건에 해당하는 사업자"란 「소득세법 시행령」 제118조의 8 제1항 각 호의 요건을 모두 갖춘 사업자를 말한다. (2014. 8. 20. 신설)

편주

「소득세법」 제59조의 4(특별세액공제) 참조

업자에 대해서는 연 1만2천원을 종합소득분 개인지방소득 산출세액에서 공제하며, 근로소득이 없는 거주자로서 종합소득이 있는 사람(성실사업자는 제외한다)에 대해서는 연 7천원을 종합소득분 개인지방소득 산출세액에서 공제(이하 "표준세액공제"라 한다)한다. (2016. 12. 27. 개정)
⑩ 제1항부터 제6항까지 및 제9항에 따른 공제를 "특별세액공제"라 한다. (2014. 12. 31. 개정)
⑪ 특별세액공제에 관하여 그 밖에 필요한 사항은 대통령령으로 정한다. (2014. 3. 24. 신설)

제98조【급여 등에 대한 세액의 감면】 ① 종합소득금액 중 다음 각 호의 어느 하나의 소득이 있을 때에는 종합소득분 개인지방소득 산출세액에서 그 세액에 해당 근로소득금액 또는 사업소득금액이 종합소득금액에서 차지하는 비율을 곱하여 계산한 금액 상당액을 감면한다. (2014. 1. 1. 신설)

1. 정부 간의 협약에 따라 우리나라에 파견된 외국인이 그 양쪽 또는 한쪽 당사국의 정부로부터 받는 급여 (2014. 1. 1. 신설)

제49조【근로소득 세액감면】 ① 법 제98조 제1항 또는 다른 법률에 따라 감면되는 사업과 그 밖의 사업을 겸영(兼營)하는 경우에 감면사업과 그 밖의 사업의 공통필요경비와 공통수입금액은 「소득세법 시행령」 제119조에 따라 구분 계산한다. (2014. 3. 14. 신설)
② 법 제98조 제1항 제1호에 따라 근로소득에 대한 세액을 감면받으려는 자는 행정안전부령으로 정하는 세액감면신청서를 국내에서 근로소득금액을 지급하는 자를 거쳐 그 감면을 받으려는 달의 다음 달 10일까지 특별징수 관할 지방자치단체의 장에게 제출하여야 한다. 다만, 「소득세법 시행령」 제138조 제2항에 따라 납세지 관할 세무서장에게 소득세 감면을 신청하는 경우에는 법 제98조 제1항에 따른 개인지방소득세에 대한 세액감면도 함께 신청한 것으로 본다. (2017. 7. 26. 직제개정

편주 「소득세법 시행령」 제119조(공통손익의 계산) 참조

2. 거주자 중 대한민국의 국적을 가지지 아니한 자가 대통령령으로 정하는 선박과 항공기의 외국항행사업으로부터 얻는 소득. 다만, 그 거주자의 국적지국(國籍地國)에서 대한민국 국민이 운용하는 선박과 항공기에 대해서도 동일한 면제를 하는 경우만 해당한다. (2014. 1. 1. 신설)

② 이 법 외의 법률에 따라 개인지방소득세가 감면되는 경우에도 그 법률에 특별한 규정이 있는 경우 외에는 제1항을 준용하여 계산한 개인지방소득세를 감면한다. (2014. 1. 1. 신설)

③ 제1항에 따른 세액감면의 신청 등 필요한 사항은 대통령령으로 정한다. (2014. 3. 24. 신설)

편주

「소득세법」 제59조의 5(세액의 감면) 참조

; 행정안전부와~직제 부칙)

제50조【외국항행소득 세액감면】 ① 법 제98조 제1항 제2호 본문에서 "대통령령으로 정하는 선박과 항공기의 외국항행사업으로부터 얻는 소득"이란 「소득세법 시행령」 제119조의 2 각 호의 어느 하나에 해당하는 소득을 말한다. (2014. 3. 14. 신설)

② 법 제98조 제1항 제2호에 따라 외국항행사업으로부터 얻는 소득에 대한 세액을 감면받으려는 자는 「지방세법」 제93조 제5항 또는 제95조에 따른 신고와 함께 행정안전부령으로 정하는 세액감면신청서를 납세지 관할 지방자치단체의 장에게 제출하여야 한다. 다만, 「소득세법 시행령」 제138조 제1항에 따라 납세지 관할 세무서장에게 소득세 감면을 신청하는 경우에는 법 제98조 제1항에 따른 개인지방소득세에 대한 세액감면도 함께 신청한 것으로 본다. (2017. 7. 26. 직제개정 ; 행정안전부와~직제 부칙)

편주

「소득세법 시행령」 제119조의 2(외국항행소득의 범위), 제138조(세액감면신청) 참조

제2절 중소기업에 대한 특례
(2014. 1. 1. 신설)

제99조【중소기업 투자 세액공제】 ① 대통령령으로 정하는 중소기업(이하 "중소기업"이라 한다) 및 2015년 1월 1일부터 2015년 12월 31일까지 「자본시장과 금융투자업에 관한 법률」에 따른 증권시장(이하 이 조에서 "증권시장"이라 한다)에 최초로 신규 상장한 대통령령으로 정하는 중견기업(이하 이 조에서 "신규상장 중견기업"이라 한다)을 경영하는 내국인이 다음 각 호의 어느 하나에 해당하는 자산에 2018년 12월 31일까지[중소기업 중 2015년 1월 1일부터 2015년 12월 31일까지 증권시장에 최초로 신규 상장한 중소기업(이하 이 조에서 "신규상장 중소기업"이라 한다)과 신규상장 중견기업의 경우는 상장일이 속하는 과세연도와 그 다음 과세연도의 개시일부터 3년 이내에 끝나는 과세연도까지] 투자(중고품 및 대통령령으로 정하는 리스에 의한 투자는 제외한다)하는 경우에는 해당 투자금액의 1,000분의 3(신규상장 중소기업과 신규상장 중견기업의 경우는 1,000분의 4)에 상당하는 금액을 그 투자를 완료한 날이 속하는 과세연도의 개인지방소득세[사업소득(「소득세법」 제45조 제2항에 따른 부동산임대업에서 발생하는 소득은 포함하지 아니한다. 제166조 및 제172조를 제외하고 이하에서 같

제2절 중소기업에 대한 특례
(2014. 3. 14. 신설)

제51조【중소기업의 범위】 법 제99조 제1항 각 호 외의 부분에 따른 중소기업의 범위는 「조세특례제한법 시행령」 제2조에 따른다. (2014. 3. 14. 신설)

제52조【투자세액공제 제외 대상 리스】 법 제99조 제1항 각 호 외의 부분, 제103조 제1항, 제109조 제1항 각 호 외의 부분, 제110조 제1항 각 호 외의 부분 전단, 제111조 제1항, 제112조 제1항 전단, 제113조 제1항 전단 및 제114조 제1항 각 호 외의 부분 본문에서 "대통령령으로 정하는 리스"란 각각 「조세특례제한법 시행령」 제3조에 따른 리스를 말한다. (2014. 3. 14. 신설)

제53조【중소기업 투자 세액공제】 ① 중소기업이 「조세특례제한법 시행령」 제2조 제1항에 따른 중소기업의 범위에 해당하는 사업과 그 밖의 사업에 공동으로 사용되는 사업용자산, 판매시점정보관리시스템설비 및 정보보호시스템설비를 취득한 경우에는 해당 자산은 그 자산을 주로 사용하는 사업의 자산으로 보아 법 제99조를 적용한다. (2014. 3. 14. 신설)

「조세특례제한법 시행령」 제2조(중소기업의 범위) 참조

「조세특례제한법 시행령」 제3조(투자세액공제 제외 대상 리스) 참조

「조세특례제한법 시행령」 제4조(중소기업 등 투자세액공제) 참조

다)에 대한 개인지방소득세만 해당한다]에서 공제한다. (2016. 12. 27. 개정)

1. 기계장치 등 대통령령으로 정하는 사업용자산(이하 "사업용자산"이라 한다) (2014. 1. 1. 신설)
2. 「유통산업발전법」에 따른 판매시점 정보관리 시스템설비(이하 "판매시점 정보관리 시스템설비"라 한다) (2014. 1. 1. 신설)
3. 「국가정보화 기본법」 제3조 제6호에 따른 정보보호시스템에 사용되는 설비로서 감가상각 기간이 2년 이상인 설비(이하 "정보보호 시스템설비"라 한다) (2014. 1. 1. 신설)

② 제1항에 따른 투자가 2개 이상의 과세연도에 걸쳐서 이루어지는 경우에는 그 투자가 이루어지는 과세연도마다 해당 과세연도에 투자한 금액에 대하여 제1항을 적용받을 수 있다. (2014. 1. 1. 신설)

③ 제2항에 따른 투자금액의 계산에 필요한 사항은 대통령령으로 정한다. (2014. 1. 1. 신설)

④ 제1항과 제2항을 적용받으려는 내국인은 대통령령으로 정하는 바에 따라 세액공제신청을 하여야 한다. (2014. 1. 1. 신설)

편주

「조세특례제한법」 제5조(중소기업 등 투자 세액공제) 참조

② 법 제99조 제1항 제1호에서 "대통령령으로 정하는 사업용자산"이란 「조세특례제한법 시행령」 제4조 제2항에 따른 자산을 말한다. (2014. 3. 14. 신설)

③ 법 제99조 제3항에 따른 투자금액의 계산에 필요한 사항은 「조세특례제한법 시행령」 제4조 제3항에 따른다. (2014. 3. 14. 신설)

④ 법 제99조에 따른 투자 세액공제를 받으려는 자는 투자완료일이 속하는 과세연도(같은 조 제2항을 적용받으려는 경우에는 해당 투자가 이루어지는 각 과세연도를 말한다)의 과세표준신고와 함께 행정안전부령으로 정하는 투자세액공제신청서를 납세지 관할 지방자치단체의 장에게 제출하여야 한다. 다만, 「조세특례제한법 시행령」

제100조【창업중소기업 등에 대한 세액감면】 ① 2018년 12월 31일 이전에 수도권과밀억제권역 외의 지역에서 창업한 중소기업(이하 "창업중소기업"이라 한다)과 「중소기업창업 지원법」 제53조 제1항에 따라 창업보육센터사업자로 지정받은 내국인에 대해서는 해당 사업에서 최초로 소득이 발생한 과세연도(사업 개시일부터 5년이 되는 날이 속하는 과세연도까지 해당 사업에서 소득이 발생하지 아니하는 경우에는 5년이 되는 날이 속하는 과세연도)와 그 다음 과세연도의 개시일부터 4년 이내에 끝나는 과세연도까지 해당 사업에서 발생한 소득에 대한 개인지방소득세의 100분의 50에 상당하는 세액을 경감한다. (2021. 12. 28. 개정 ; 중소기업창업 지원법 부칙)

② 「벤처기업육성에 관한 특별법」 제2조 제1항에 따른 벤처기업(이하 "벤처기업"이라 한다) 중 대통령령으로 정하는 기업으로서 창업 후 3년 이내에 같은 법 제25조에 따라 2018년 12월 31일까지 벤처기업으로 확인받은 기업(이하 "창업벤처중소기업"이라 한다)의 경우에는 그 확인받은 날 이후 최초로 소득이 발생한 과세연도(벤처기업으로 확인받은 날부터 5년이 되는 날이 속하는 과세연도까지 해당 사업에서 소득이 발생하지 아니하는 경우에는 5년이 되는 날이 속하는 과세연도)와 그 다음 과세연도의 개시일부터 4년 이내에 끝나는 과세연도까지 해당 사업에서 발생한 소득에 대한 개인지방소득세의 100분의 50에 상당하는 세액을 경감한다. 다만,

제4조 제5항에 따라 납세지 관할 세무서장에게 소득세 공제를 신청하는 경우에는 법 제99조에 따른 개인지방소득세에 대한 세액공제도 함께 신청한 것으로 본다. (2017. 7. 26. 직제개정 ; 행정안전부와~직제 부칙)

제54조【창업중소기업 등에 대한 세액감면】 ① 법 제100조 제2항 각 호 외의 부분 본문에서 "대통령령으로 정하는 기업"이란 「조세특례제한법 시행령」 제5조 제4항 및 제5항에 따른 기업을 말한다. (2016. 12. 30. 개정)

② 법 제100조 제3항 제17호에서 "대통령령으로 정하는 엔지니어링사업"이란 「조세특례제한법 시행령」 제5조 제6항에 따른 사업을 말한다. (2014. 3. 14. 신설)

③ 법 제100조 제3항 제18호에서 "대통령령으로 정하는 물류산업"이란 「조세특례제한법 시행령」 제5조 제8항에 따른 물류산업을 말한다. (2014. 3. 14. 신설)

④ 법 제100조 제3항 제20호에서 "대통령령으로 정하는 관광객이용시설업"이란 「관광진흥법 시행령」 제2조 제1항 제3호에 따른 전문휴양업과 종합휴양업을 말한다. (2014. 3. 14. 신설)

편주

「조세특례제한법 시행령」 제5조(창업중소기업 등에 대한 세액감면) 참조

제1항을 적용받는 경우는 제외하며, 감면기간 중 다음 각 호의 사유가 있는 경우에는 다음 각 호의 구분에 따른 날이 속하는 과세연도부터 감면을 적용하지 아니한다. (2016. 12. 27. 개정, 2024. 1. 9. 개정 ; 벤처기업~부칙)

1. 벤처기업의 확인이 취소된 경우 : 취소일 (2016. 12. 27. 신설)
2. 「벤처기업육성에 관한 특별법」 제25조 제2항에 따른 벤처기업확인서의 유효기간이 만료된 경우(해당 과세연도 종료일 현재 벤처기업으로 재확인받은 경우는 제외한다) : 유효기간 만료일 (2016. 12. 27. 신설, 2024. 1. 9. 개정 ; 벤처기업~부칙)

③ 창업중소기업과 창업벤처중소기업의 범위는 「조세특례제한법」 제6조 제3항 각 호의 업종을 경영하는 중소기업으로 한다. (2016. 12. 27. 개정)

④ 창업일이 속하는 과세연도와 그 다음 3개 과세연도가 지나지 아니한 중소기업으로서 2015년 12월 31일까지 대통령령으로 정하는 에너지신기술중소기업(이하 "에너지신기술중소기업"이라 한다)에 해당하는 경우에는 그 해당하는 날 이후 최초로 해당 사업에서 소득이 발생한 과세연도(에너지신기술중소기업에 해당하는 날부터 5년이 되는 날이 속하는 과세연도까지 해당 사업에서 소득이 발생하지 아니하는 경우에는 5년이 되는 날이 속하는 과세연도)와 그 다음 과세연도의 개시일부터 4년 이내에 끝나는 과세연도까지 해당 사업에서 발생한 소득에 대

②~④ 삭 제 (2016. 12. 30.)

⑤ 법 제100조 제4항 본문에서 "대통령령으로 정하는 에너지신기술중소기업"이란 「조세특례제한법 시행령」 제5조 제10항 각 호의 제품을 제조하는 중소기업을 말한다. (2014. 3. 14. 신설)

법	시행령	
한 개인지방소득세의 100분의 50에 상당하는 세액을 감면한다. 다만, 제1항 및 제2항을 적용받는 경우는 제외하며, 감면기간 중 에너지신기술중소기업에 해당하지 않게 되는 경우에는 그 날이 속하는 과세연도부터 감면하지 아니한다. (2014. 1. 1. 신설)		
⑤ 제4항을 적용할 때 해당 사업에서 발생한 소득의 계산은 대통령령으로 정한다. (2014. 1. 1. 신설)	⑥ 법 제100조 제5항에 따른 해당 사업에서 발생한 소득의 계산은 「조세특례제한법 시행령」 제5조 제11항 및 제12항에 따른다. (2014. 3. 14. 신설)	
⑥ 제1항부터 제5항까지의 규정을 적용할 때 다음 각 호의 어느 하나에 해당하는 경우는 창업으로 보지 아니한다. 다만, 「조세특례제한법」 제99조의 6 제1항에 따른 재기중소기업인이 2018년 12월 31일까지 이 조에 따른 창업, 지정 또는 확인을 받은 경우에는 제3호를 적용하지 아니한다. (2016. 12. 27. 단서신설)		
1. 합병·분할·현물출자 또는 사업의 양수를 통하여 종전의 사업을 승계하거나 종전의 사업에 사용되던 자산을 인수 또는 매입하여 같은 종류의 사업을 하는 경우. 다만, 종전의 사업에 사용되던 자산을 인수하거나 매입하여 같은 종류의 사업을 하는 경우 그 자산가액의 합계가 사업 개시 당시 토지·건물 및 기계장치 등 대통령령으로 정하는 사업용자산의 총가액에서 차지하는 비율이 100분의 50 미만으로서 대통령령으로 정하는 비율 이하인 경우는 제외한다. (2014. 1. 1. 신설)	⑦ 법 제100조 제6항 제1호 단서에서 "토지·건물 및 기계장치 등 대통령령으로 정하는 사업용자산"이란 토지와 「법인세법 시행령」 제24조에 따른 감가상각자산을 말한다. (2014. 3. 14. 신설) ⑧ 법 제100조 제6항 제1호 단서에서 "대통령령으로 정하는 비율"이란 100분의 30을 말한다. (2014. 3. 14. 신설) ⑨ 법 제100조 제6항을 적용할 때 같은 종류의 사업의 분류는 한국표준산업분류에 따른 세분류를 따른다. (2014. 3. 14. 신설)	
2. 거주자가 하던 사업을 법인으로 전환하여 새로운 법인을 설립하는 경우 (2014. 1. 1. 신설)	⑩ 법 제100조 제1항·제2항·제4항 및 제7항에 따라 개인지방소득세를 감면받으려는 자는 과세표준신고와 함	

3. 폐업 후 사업을 다시 개시하여 폐업 전의 사업과 같은 종류의 사업을 하는 경우 (2014. 1. 1. 신설)
4. 사업을 확장하거나 다른 업종을 추가하는 경우 등 새로운 사업을 최초로 개시하는 것으로 보기 곤란한 경우 (2014. 1. 1. 신설)

⑦ 제1항, 제2항 및 제4항에 따라 감면을 적용받은 기업이 「중소기업기본법」에 따른 중소기업이 아닌 기업과 합병하는 등 대통령령으로 정하는 사유에 따라 중소기업에 해당하지 아니하게 된 경우에는 해당 사유 발생일이 속하는 과세연도부터 감면하지 아니한다. (2016. 12. 27. 개정)

⑧ 제1항, 제2항 및 제4항을 적용받으려는 내국인 및 제6항 단서를 적용받으려는 재기중소기업인은 대통령령으로 정하는 바에 따라 세액감면신청을 하여야 한다. (2016. 12. 27. 개정)

제101조【중소기업에 대한 특별세액감면】 ① 중소기업 중 다음 제1호의 감면 업종을 경영하는 기업에 대해서는 2017년 12월 31일 이전에 끝나는 과세연도까지 해당 사업장에서 발생한 소득에 대한 개인지방소득세에 제2호의 감면 비율을 곱하여 계산한 세액상당액을 감면한다. (2016. 12. 27. 개정)
1. 감면 업종 (2014. 1. 1. 신설)
   가. 작물재배업 (2014. 1. 1. 신설)
   나. 축산업 (2014. 1. 1. 신설)

께 행정안전부령으로 정하는 세액감면신청서를 납세지 관할 지방자치단체의 장에게 제출하여야 한다. 다만, 「조세특례제한법 시행령」 제5조 제16항 및 제99조의 6 제11항에 따라 납세지 관할 세무서장에게 소득세 감면을 신청하는 경우에는 법 제100조에 따른 개인지방소득세에 대한 세액감면도 함께 신청한 것으로 본다. (2017. 7. 26. 직제개정 ; 행정안전부와~직제 부칙)

편주
「조세특례제한법」 제6조(창업중소기업 등에 대한 세액감면) 참조

편주
「조세특례제한법」 제7조(중소기업에 대한 특별세액감면) 참조

다. 어업 (2014. 1. 1. 신설)
라. 광업 (2014. 1. 1. 신설)
마. 제조업 (2014. 1. 1. 신설)
바. 하수 · 폐기물 처리(재활용을 포함한다), 원료재생 및 환경복원업 (2014. 1. 1. 신설)
사. 건설업 (2014. 1. 1. 신설)
아. 도매 및 소매업 (2014. 1. 1. 신설)
자. 운수업 중 여객운송업 (2014. 1. 1. 신설)
차. 출판업 (2014. 1. 1. 신설)
카. 영화 · 비디오물 및 방송프로그램 제작업, 영화 · 비디오물 및 방송프로그램 제작 관련 서비스업, 영화 · 비디오물 및 방송프로그램 배급업, 오디오물 출판 및 원판녹음업 (2014. 1. 1. 신설)
타. 방송업 (2014. 1. 1. 신설)
파. 전기통신업 (2014. 1. 1. 신설)
하. 컴퓨터프로그래밍, 시스템 통합 및 관리업 (2014. 1. 1. 신설)
거. 정보서비스업 (2014. 1. 1. 신설)
너. 연구개발업 (2014. 1. 1. 신설)
더. 광고업 (2014. 1. 1. 신설)
러. 그 밖의 과학기술서비스업 (2014. 1. 1. 신설)
머. 포장 및 충전업 (2014. 1. 1. 신설)
버. 전문디자인업 (2014. 1. 1. 신설)
서. 창작 및 예술관련 서비스업(자영예술가는 제외한

다) (2014. 1. 1. 신설)

어. 대통령령으로 정하는 주문자상표부착방식에 따른 수탁생산업(受託生產業) (2014. 1. 1. 신설)

저. 엔지니어링사업 (2014. 1. 1. 신설)

처. 물류산업 (2014. 1. 1. 신설)

커. 「학원의 설립 · 운영 및 과외교습에 관한 법률」에 따른 직업기술 분야를 교습하는 학원을 운영하는 사업 또는 「국민 평생 직업능력 개발법」에 따른 직업능력개발훈련시설을 운영하는 사업(직업능력개발훈련을 주된 사업으로 하는 경우에 한한다) (2021. 8. 17. 개정 ; 근로자직업능력 개발법 부칙)

터. 대통령령으로 정하는 자동차정비공장을 운영하는 사업 (2014. 1. 1. 신설)

퍼. 「해운법」에 따른 선박관리업 (2014. 1. 1. 신설)

허. 「의료법」에 따른 의료기관을 운영하는 사업(의원 · 치과의원 및 한의원은 제외한다. 이하 이 조에서 의료업"이라 한다) (2014. 1. 1. 신설)

고. 「관광진흥법」에 따른 관광사업(카지노, 관광유흥음식점 및 외국인전용유흥음식점업은 제외한다) (2014. 1. 1. 신설)

노. 「노인복지법」에 따른 노인복지시설을 운영하는 사업 (2014. 1. 1. 신설)

도. 「전시산업발전법」에 따른 전시산업 (2014. 1. 1. 신설)

제55조 【중소기업에 대한 특별세액감면】 ① 법 제101조 제1항 제1호 어목에서 "대통령령으로 정하는 주문자상표부착방식에 따른 수탁생산업"이란 「조세특례제한법 시행령」 제6조 제1항에 따른 사업을 말한다. (2014. 3. 14. 신설)

② 법 제101조 제1항 제1호 터목에서 "대통령령으로 정하는 자동차정비공장"이란 「조세특례제한법 시행령」 제54조 제1항에 따른 자동차정비공장을 말한다. (2014. 3. 14. 신설)

☜ 편주

「조세특례제한법 시행령」 제6조(중소기업에 대한 특별세액감면) 참조

로. 인력공급 및 고용알선업(농업노동자 공급업을 포함한다) (2014. 1. 1. 신설)
모. 콜센터 및 텔레마케팅 서비스업 (2014. 1. 1. 신설)
보. 「에너지이용 합리화법」 제25조에 따른 에너지절약전문기업이 하는 사업 (2014. 1. 1. 신설)
소. 「노인장기요양보험법」 제31조에 따른 장기요양기관 중 재가급여를 제공하는 장기요양기관을 운영하는 사업 (2018. 12. 11. 개정 ; 노인장기요양보험법 부칙)
오. 건물 및 산업설비 청소업 (2014. 1. 1. 신설)
조. 경비 및 경호 서비스업 (2014. 1. 1. 신설)
초. 시장조사 및 여론조사업 (2014. 1. 1. 신설)
코. 사회복지 서비스업 (2014. 1. 1. 신설)
토. 무형재산권 임대업(「지식재산 기본법」 제3조 제1호에 따른 지식재산을 임대하는 경우에 한정한다) (2014. 1. 1. 신설)
포. 「연구산업진흥법」 제2조 제1호 나목의 산업 (2021. 4. 20. 개정 ; 연구산업진흥법 부칙)
호. 개인 간병인 및 유사 서비스업, 사회교육시설, 직원훈련기관, 기타 기술 및 직업훈련 학원, 도서관·사적지 및 유사 여가관련 서비스업(독서실 운영업을 제외한다) (2014. 1. 1. 신설)
구. 「민간임대주택에 관한 특별법」에 따른 주택임대관리업 (2016. 12. 27. 신설)

법	영	규칙
누. 「신에너지 및 재생에너지 개발 · 이용 · 보급 촉진법」에 따른 신 · 재생에너지 발전사업 (2016. 12. 27. 신설) 두. 보안시스템 서비스 (2016. 12. 27. 신설) 루. 임업 (2016. 12. 27. 신설) 2. 감면 비율 (2014. 1. 1. 신설)		
가. 대통령령으로 정하는 소기업(이하 이 조에서 "소기업"이라 한다)이 도매 및 소매업, 의료업(이하 이 조에서 "도매업등"이라 한다)을 경영하는 사업장 : 100분의 10 (2014. 1. 1. 신설) 나. 소기업이 수도권에서 제1호에 따른 감면 업종 중 도매업등을 제외한 업종을 경영하는 사업장 : 100분의 20 (2014. 1. 1. 신설) 다. 소기업이 수도권 외의 지역에서 제1호에 따른 감면 업종 중 도매업등을 제외한 업종을 경영하는 사업장 : 100분의 30 (2014. 1. 1. 신설) 라. 소기업을 제외한 중소기업(이하 이 조에서 "중기업"이라 한다)이 수도권 외의 지역에서 도매업등을 경영하는 사업장 : 100분의 5 (2014. 1. 1. 신설)	③ 법 제101조 제1항 제2호 가목에서 "대통령령으로 정하는 소기업"이란 「조세특례제한법 시행령」 제6조 제5항에 따른 기업을 말한다. (2014. 3. 14. 신설)	
마. 중기업의 사업장으로서 수도권에서 대통령령으로 정하는 지식기반산업을 경영하는 사업장 : 100분의 10 (2014. 1. 1. 신설) 바. 중기업이 수도권 외의 지역에서 제1호에 따른 감면 업종 중 도매업등을 제외한 업종을 경영하는	④ 법 제101조 제1항 제2호 마목에서 "대통령령으로 정하는 지식기반산업"이란 「조세특례제한법 시행령」 제6조 제6항 각 호의 어느 하나에 해당하는 사업을 말한다. (2014. 3. 14. 신설) ⑤ 법 제101조에 따라 개인지방소득세를 감면받으려는	

사업장 : 100분의 15 (2014. 1. 1. 신설)

② 「여객자동차 운수사업법」 제28조에 따라 자동차대여사업의 등록을 한 중소기업이 그 사업용 자동차 총대수 중 「환경친화적 자동차의 개발 및 보급 촉진에 관한 법률」 제2조 제3호에 따른 전기자동차를 100분의 50 이상 보유한 경우에는 제1항의 규정에도 불구하고 2019년 12월 31일까지 해당 자동차대여사업에서 발생하는 소득에 대한 개인지방소득세의 100분의 30을 경감한다. (2016. 12. 27. 신설)

③ 제1항 및 제2항을 적용받으려는 내국인은 대통령령으로 정하는 바에 따라 감면신청을 하여야 한다. (2016. 12. 27. 개정)

제101조의 2【상생결제 지급금액에 대한 세액공제】 ① 중소기업을 경영하는 내국인이 2022년 12월 31일까지 중소기업에 지급한 구매대금(「조세특례제한법」 제7조의 2 제3항 제1호에 따른 구매대금을 말한다. 이하 이 조에서 같다) 중 대통령령으로 정하는 상생결제제도(이하 이 조에서 "상생결제제도"라 한다)를 통하여 지급한 금액이 있는 경우로서 다음 각 호의 요건을 모두 충족하는 경우에는 제2항에 따라 계산한 금액을 개인지방소득세(사업소득에 대한 소득세만 해당한다)에서 공제한다. 다만, 공제받는 금액이 해당 과세연도의 개인지방소득세의 100분의 10을 초과하는 경우에는 100분의 10

자는 과세표준신고와 함께 행정안전부령으로 정하는 세액감면신청서를 납세지 관할 지방자치단체의 장에게 제출하여야 한다. 다만, 「조세특례제한법 시행령」 제6조 제8항에 따라 납세지 관할 세무서장에게 소득세 감면을 신청하는 경우에는 법 제101조에 따른 개인지방소득세에 대한 세액감면도 함께 신청한 것으로 본다. (2017. 7. 26. 직제개정 ; 행정안전부와~직제 부칙)

을 한도로 한다. (2020. 12. 29. 개정)

1. 해당 과세연도에 지급한 구매대금 중 대통령령으로 정하는 현금성결제 금액이 차지하는 비율이 직전 과세연도보다 낮아지지 아니할 것 (2016. 12. 27. 신설)
2. 해당 과세연도에 구매대금을 지급하기 위하여 결제한 약속어음의 금액이 직전 과세연도보다 증가하지 아니할 것 (2016. 12. 27. 신설)

② 제1항에 따라 공제할 금액은 제1호의 금액에 제2호의 금액을 합하여 계산한 금액으로 한다. (2016. 12. 27. 신설)

1. 상생결제제도를 통한 지급금액 중 지급기한이 세금계산서등(「조세특례제한법」 제7조의 2 제1항 제2호에 따른 세금계산서등을 말한다. 이하 이 조에서 같다)의 작성일부터 15일 이내인 금액 × 1만분의 2 (2016. 12. 27. 신설)
2. 상생결제제도를 통한 지급금액 중 지급기한이 세금계산서등의 작성일부터 15일 초과 60일 이내인 금액 × 1만분의 1 (2016. 12. 27. 신설)

③ 제1항과 제2항을 적용받으려는 내국인은 대통령령으로 정하는 바에 따라 감면신청을 하여야 한다. (2016. 12. 27. 신설)

제3절 연구 및 인력개발에 대한 특례
(2014. 1. 1. 신설)

제102조【연구 · 인력개발비에 대한 세액공제】 ① 내국인이 각 과세연도에 연구 · 인력개발비가 있는 경우에는 다음 각 호의 금액을 합한 금액의 100분의 10을 해당 과세연도의 개인지방소득세(사업소득에 대한 개인지방소득세만 해당한다)에서 공제한다. 이 경우 제1호는 2018년 12월 31일까지 발생한 해당 연구 · 인력개발비에 대해서만 적용한다. (2016. 12. 27. 후단개정)

1. 연구 · 인력개발비 중 대통령령으로 정하는 신성장동력 분야의 연구개발비 또는 원천기술을 얻기 위한 연구개발비(이하 이 조에서 "신성장동력 · 원천기술연구개발비"라 한다)에 대해서는 해당 과세연도에 발생한 신성장동력 · 원천기술연구개발비에 다음 각 목의 구분에 따른 비율을 곱하여 계산한 금액 (2016. 12. 27. 개정)
   가. 중소기업의 경우 : 100분의 30 (2016. 12. 27. 개정)
   나. 중소기업에 해당하지 아니하는 경우 : 다음의 계산식에 따른 비율(100분의 30을 한도로 한다) (2016. 12. 27. 개정)
      100분의 20 + (해당 과세연도의 수입금액에서 신성장동력 · 원천기술연구개발비 비율 × 대통령령으로 정하는 일정 배수)

제3절 연구 및 인력개발에 대한 특례
(2014. 3. 14. 신설)

☜ 편주

「조세특례제한법」 제10조(연구 · 인력개발비에 대한 세액공제) 참조

제56조【연구 및 인력개발비에 대한 세액공제】 ① 법 제102조 제1항 제1호 각 목 외의 부분에서 "대통령령으로 정하는 신성장동력산업 분야의 연구개발비"란 「조세특례제한법 시행령」 제9조 제1항에 따른 비용을 말한다. (2016. 12. 30. 개정)

② 법 제102조 제1항 제2호에서 "대통령령으로 정하는 원천기술을 얻기 위한 연구개발비"란 「조세특례제한법 시행령」 제9조 제2항에 따른 비용을 말한다. (2014. 3. 14. 신설)

② 삭 제 (2016. 12. 30.)

☜ 편주

「조세특례제한법 시행령」 제9조(연구 및 인력개발비에 대한 세액공제) 참조

2. 연구·인력개발비 중 대통령령으로 정하는 원천기술을 얻기 위한 연구개발비(이하 이 조에서 "원천기술연구개발비"라 한다)에 대해서는 해당 과세연도에 발생한 원천기술연구개발비에 100분의 20(중소기업의 경우에는 100분의 30)을 곱하여 계산한 금액 (2014. 1. 1. 신설)

2. 삭 제 (2016. 12. 27.)

3. 제1호에 해당하지 아니하거나 제1호를 선택하지 아니한 내국인의 연구·인력개발비(이하 이 조에서 "일반연구·인력개발비"라 한다)의 경우에는 다음 각 목 중에서 선택하는 어느 하나에 해당하는 금액. 다만, 해당 과세연도의 개시일부터 소급하여 4년간 일반연구·인력개발비가 발생하지 아니하거나 직전 과세연도에 발생한 일반연구·인력개발비가 해당 과세연도의 개시일부터 소급하여 4년간 발생한 일반연구·인력개발비의 연평균 발생액보다 적은 경우에는 나목에 해당하는 금액 (2016. 12. 27. 개정)

가. 해당 과세연도에 발생한 일반연구·인력개발비가 직전 과세연도에 발생한 일반연구·인력개발비를 초과하는 경우 그 초과하는 금액의 100분의 40(중소기업의 경우에는 100분의 50)에 상당하는 금액 (2014. 1. 1. 신설)

나. 해당 과세연도에 발생한 일반연구·인력개발비에 다음의 구분에 따른 비율을 곱하여 계산한 금액 (2014. 1. 1. 신설)

법	영	
1) 중소기업인 경우 : 100분의 25 (2014. 1. 1. 신설) 2) 중소기업이 대통령령으로 정하는 바에 따라 최초로 중소기업에 해당하지 아니하게 된 경우 : 다음의 구분에 따른 비율 (2014. 1. 1. 신설) 가) 최초로 중소기업에 해당하지 아니하게 된 과세연도의 개시일부터 3년 이내에 끝나는 과세연도까지 : 100분의 15 (2014. 1. 1. 신설) 나) 가)의 기간 이후부터 2년 이내에 끝나는 과세연도까지 : 100분의 10 (2014. 1. 1. 신설) 3) 대통령령으로 정하는 중견기업(이하 “중견기업”이라 한다)이 2)에 해당하지 아니하는 경우 : 100분의 8 (2014. 1. 1. 신설) 4) 1)부터 3)까지의 어느 하나에 해당하지 아니하는 경우 : 다음 계산식에 따른 비율(100분의 3을 한도로 한다) (2014. 12. 31. 개정) 100분의 2 + 해당 과세연도의 수입금액에서 일반연구 · 인력개발비가 차지하는 비율 × 2분의 1	③ 법 제102조 제1항 제3호 나목 2)에서 “대통령령으로 정하는 바에 따라 최초로 중소기업에 해당하지 아니하게 된 경우”란 「조세특례제한법 시행령」 제9조 제3항에 따른 경우를 말하고, 같은 목 3)에서 “대통령령으로 정하는 중견기업”이란 「조세특례제한법 시행령」 제9조 제4항 각 호의 요건을 모두 갖춘 기업을 말한다. (2014. 3. 14. 신설)	
② 제1항 제3호에 따른 4년간의 일반연구 · 인력개발비의 연평균 발생액의 구분 및 계산과 그 밖에 필요한 사항은 대통령령으로 정한다. (2014. 1. 1. 신설) ③ 제1항을 적용받으려는 내국인은 대통령령으로 정하는 바에 따라 세액공제신청을 하여야 한다. (2014. 1. 1. 신설) ④ 제1항 제1호를 적용받으려는 내국인은 일반연구 · 인	④ 법 제102조 제2항에 따른 4년간의 일반연구 · 인력개발비의 연평균 발생액의 계산은 「조세특례제한법 시행령」 제9조 제5항부터 제7항까지의 규정에 따른다. (2014. 3. 14. 신설) ⑤ 법 제102조 제1항 제1호를 적용받으려는 내국인은 신성장동력연구개발비, 원천기술연구개발비 및 일반연구 · 인력개발비를 각각 별개의 회계로 구분경리하여야	

력개발비와 신성장동력 · 원천기술연구개발비를 대통령령이 정하는 바에 따라 구분경리(區分經理)하여야 한다. (2016. 12. 27. 개정)

제103조 【연구 및 인력개발을 위한 설비투자에 대한 세액공제】 ① 내국인이 2018년 12월 31일까지 연구 및 인력개발을 위한 시설에 투자(중고품 및 대통령령으로 정하는 리스에 의한 투자는 제외한다)하는 경우에는 해당 투자금액의 1,000분의 1(대통령령으로 정하는 중견기업의 경우에는 1,000분의 3, 중소기업의 경우에는 1,000분의 6)에 상당하는 금액을 그 투자를 완료한 날이 속하는 과세연도의 개인지방소득세(사업소득에 대한 개인지방소득세만 해당한다)에서 공제한다. (2016. 12. 27. 개정)
② 제1항에서 "연구 및 인력개발을 위한 시설"이란 다음

한다. 이 경우 신성장동력연구개발비 또는 원천기술연구개발비가 일반연구 · 인력개발비와 공통되는 경우에는 해당 비용 전액을 일반연구 · 인력개발비로 한다. (2016. 12. 30. 개정)
⑥ 법 제102조 제1항을 적용받으려는 내국인은 과세표준신고를 할 때 행정안전부령으로 정하는 세액공제신청서, 연구및인력개발비명세서 및 연구개발계획서 등 증거서류를 납세지 관할 지방자치단체의 장에게 제출하여야 한다. 다만, 「조세특례제한법 시행령」 제9조 제9항에 따라 납세지 관할 세무서장에게 소득세 공제를 신청하는 경우에는 법 제102조에 따른 개인지방소득세에 대한 세액공제도 함께 신청한 것으로 본다. (2017. 7. 26. 직제개정 ; 행정안전부와~직제 부칙)

제57조 【연구시험용시설의 범위 등】 ① 법 제103조 제1항에서 "대통령령으로 정하는 중견기업"이란 「조세특례제한법 시행령」 제10조 제1항 각 호의 요건을 모두 갖춘 기업을 말한다. (2014. 8. 20. 신설)

편주: 「조세특례제한법 시행령」 제10조(연구시험용시설의 범위 등) 참조

각 호의 어느 하나에 해당하는 것을 말한다. (2016. 12. 27. 개정)

1. 연구시험용 시설로서 대통령령으로 정하는 시설 (2014. 1. 1. 신설)
2. 직업훈련용 시설로서 대통령령으로 정하는 시설 (2014. 1. 1. 신설)
3. 대통령령으로 정하는 신기술을 기업화하기 위한 사업용자산 (2014. 1. 1. 신설)
3. 삭 제 (2016. 12. 27.)

③ 제1항에 따른 투자가 2개 이상의 과세연도에 걸쳐서 이루어지는 경우에는 그 투자가 이루어지는 과세연도마다 해당 과세연도에 투자한 금액에 대하여 제1항을 적용받을 수 있다. (2014. 1. 1. 신설)

④ 제3항에 따른 투자금액의 계산에 필요한 사항은 대통령령으로 정한다. (2014. 1. 1. 신설)

⑤ 제1항이나 제3항을 적용받으려는 내국인은 대통령령으로 정하는 바에 따라 세액공제신청을 하여야 한다. (2014. 1. 1. 신설)

편주

「조세특례제한법」 제11조(연구 및 인력개발을 위한 설비투자에 대한 세액공제) 참조

② 법 제103조 제2항 제1호에서 "대통령령으로 정하는 시설"이란 「조세특례제한법 시행령」 제10조 제3항에 따른 시설을 말하고, 같은 항 제2호에서 "대통령령으로 정하는 시설"은 「조세특례제한법 시행령」 제10조 제3항에 따른 시설을 말한다. (2014. 8. 20. 항번개정)

③ 법 제103조 제2항 제3호에서 "대통령령으로 정하는 신기술을 기업화하기 위한 사업용자산"이란 「조세특례제한법 시행령」 제10조 제4항에 따른 사업용자산을 말한다. (2014. 8. 20. 항번개정)

③ 삭 제 (2016. 12. 30.)

④ 법 제103조 제3항 및 제4항에 따른 투자금액 계산은 「조세특례제한법 시행령」 제4조 제3항에 따른다. (2014. 8. 20. 항번개정)

⑤ 법 제103조에 따른 투자세액공제를 받으려는 자는 투자완료일이 속하는 과세연도(같은 조 제3항을 적용받으려는 경우에는 해당 투자가 이루어지는 각 과세연도를 말한다. 이하 제62조 제2항, 제63조 제2항, 제64조 제2항, 제65조 제2항 및 제66조 제2항에서 같다)의 과세표준신고와 함께 행정안전부령으로 정하는 세액공제신청서를 납세지 관할 지방자치단체의 장에게 제출하여야 한다. 다만, 「조세특례제한법 시행령」 제10조 제7항에 따라 납세지 관할 세무서장에게 소득세 공제를 신청하는 경우 법 제103조에 따른 개인지방소득세에 대한 세액공제도

제104조【기술이전소득등에 대한 과세특례】 ① 중소기업 및 대통령령으로 정하는 중견기업이 대통령령으로 정하는 자체 연구·개발한 특허권 및 실용신안권, 기술비법 또는 기술(이하 이 조에서 "특허권등"이라 한다)을 2018년 12월 31일까지 내국인에게 이전(대통령령으로 정하는 특수관계인에게 이전한 경우는 제외한다)함으로써 발생하는 소득에 대하여는 해당 소득에 대한 개인지방소득세의 100분의 50에 상당하는 세액을 경감한다. (2016. 12. 27. 개정)

② 내국인이 특허권등을 자체 연구·개발한 내국인으로부터 2018년 12월 31일까지 특허권등을 취득(대통령령으로 정하는 특수관계인으로부터 취득한 경우는 제외한다)한 경우에는 취득금액에 다음 각 호의 구분에 따른 비율을 곱하여 계산한 금액을 해당 과세연도의 개인지방소득세(사업소득에 대한 개인지방소득세만 해당한다)에서 공제한다. 이 경우 공제받을 수 있는 금액은 해당 과세연도의 개인지방소득세의 100분의 10을 한도로 한다. (2016. 12. 27. 개정)

1. 중소기업이 취득하는 경우 : 100분의 10 (2016. 12. 27. 신설)
2. 중소기업에 해당하지 아니하는 자가 취득하는 경우 :

함께 신청한 것으로 본다. (2017. 7. 26. 직제개정 ; 행정안전부와~직제 부칙)

제58조【기술비법의 범위 등】 ① 법 제104조 제1항 및 제2항에서 "대통령령으로 정하는 특수관계인"이란 「소득세법 시행령」 제98조 제1항에 따른 특수관계인을 말한다. (2014. 3. 14. 신설)

② 법 제104조 제1항에서 "대통령령으로 정하는 기술비법"이란 「조세특례제한법 시행령」 제11조 제3항에 따른 기술비법을 말하고, "대통령령으로 정하는 기술"이란 「조세특례제한법 시행령」 제11조 제4항에 따른 기술을 말한다. (2015. 2. 3. 개정 ; 조세특례제한법 시행령 부칙)

편주

「조세특례제한법 시행령」 제11조(기술비법의 범위 등) 참조

100분의 5(중소기업으로부터 특허권등을 취득한 경우에 한정한다) (2016. 12. 27. 신설)

③ 중소기업이 특허권등을 2018년 12월 31일까지 대여(대통령령으로 정하는 특수관계인에게 대여한 경우는 제외한다)함으로써 발생하는 소득에 대해서는 해당 소득에 대한 개인지방소득세의 100분의 25를 경감한다. (2016. 12. 27. 신설)

④ 제1항부터 제3항까지의 규정을 적용받으려는 내국인은 대통령령으로 정하는 바에 따라 세액감면 또는 세액공제신청을 하여야 한다. (2016. 12. 27. 개정)

편주 「조세특례제한법」 제12조(기술이전 및 기술취득 등에 대한 과세특례) 참조

③ 법 제104조 제3항을 적용받으려는 자는 과세표준신고와 함께 행정안전부령으로 정하는 세액감면신청서 또는 세액공제신청서를 납세지 관할 지방자치단체의 장에게 제출하여야 한다. 다만, 「조세특례제한법 시행령」 제11조 제6항에 따라 납세지 관할 세무서장에게 소득세 감면 또는 공제를 신청하는 경우에는 법 제104조에 따른 개인지방소득세에 대한 세액감면 또는 세액공제도 함께 신청한 것으로 본다. (2017. 7. 26. 직제개정 ; 행정안전부와~직제 부칙)

제105조【연구개발특구에 입주하는 첨단기술기업 등에 대한 개인지방소득세 등의 감면】 ① 「연구개발특구의 육성에 관한 특별법」 제2조 제1호에 따른 연구개발특구에 입주한 기업으로서 다음 각 호의 어느 하나에 해당하는 기업이 해당 구역의 사업장(이하 이 조에서 "감면대상사업장"이라 한다)에서 생물산업 · 정보통신산업 등 대통령령으로 정하는 사업(이하 이 조에서 "감면대상사업"이라 한다)을 하는 경우에는 제2항부터 제6항까지의 규정에 따라 개인지방소득세를 감면한다. (2014. 1. 1. 신설)

1. 「연구개발특구의 육성에 관한 특별법」 제9조 제1항에

제59조【연구개발특구에 입주하는 첨단기술기업 등에 대한 개인지방소득세의 감면】 ① 법 제105조 제1항에서 "생물산업 · 정보통신산업 등 대통령령으로 정하는 사업"이란 「조세특례제한법 시행령」 제11조의 2 제1항 각 호의 산업을 하는 사업을 말한다. (2014. 3. 14. 신설)

편주 「조세특례제한법 시행령」 제11조의 2(연구개발특구에 입주하는 첨단기술기업 등에 대한 법인세 등의 감면) 참조

따라 2018년 12월 31일까지 지정을 받은 첨단기술기업 (2016. 12. 27. 개정)
2. 「연구개발특구의 육성에 관한 특별법」 제9조의 3 제2항에 따라 2018년 12월 31일까지 등록한 연구소기업 (2016. 12. 27. 개정)

② 제1항에 따른 요건을 갖춘 기업의 감면대상사업에서 발생한 소득에 대해서는 해당 감면대상사업에서 최초로 소득이 발생한 과세연도(지정을 받은 날 또는 등록한 날부터 5년이 되는 날이 속하는 과세연도까지 해당 감면대상사업에서 소득이 발생하지 아니한 경우에는 5년이 되는 날이 속하는 과세연도)의 개시일부터 3년 이내에 끝나는 과세연도의 경우에는 개인지방소득세의 100분의 100에 상당하는 세액을 감면하고, 그 다음 2년 이내에 끝나는 과세연도의 경우에는 개인지방소득세의 100분의 50에 상당하는 세액을 감면한다. (2014. 1. 1. 신설)

③ 제2항이 적용되는 감면기간 동안 감면받는 개인지방소득세의 총합계액이 제1호와 제2호의 금액을 합한 금액을 초과하는 경우에는 그 합한 금액을 한도(이하 이 조에서 "감면한도"라 한다)로 하여 세액을 감면한다. 다만, 대통령령으로 정하는 서비스업(이하 이 조에서 "서비스업"이라 한다)을 영위하는 경우로서 해당 서비스업에서 발생한 소득에 대하여 제2항이 적용되는 감면기간 동안 감면받는 소득세 또는 법인세 총합계액이 제1호와 제2호의 금액을 합한 금액과 제3호의 금액 중 큰 금액을

초과하는 경우에는 그 큰 금액을 한도로 하여 세액을 감면할 수 있다. (2016. 12. 27. 개정) 1. 대통령령으로 정하는 투자누계액의 100분의 5 (2014. 1. 1. 신설) 2. 다음 각 목의 금액 중 적은 금액 (2014. 1. 1. 신설) 가. 해당 과세연도의 감면대상사업장의 상시근로자 수 × 100만원 (2014. 1. 1. 신설) 나. 제1호의 투자누계액의 100분의 2 (2014. 1. 1. 신설) 3. 다음 각 목의 금액 중 적은 금액 (2016. 12. 27. 신설) 가. 해당 과세연도의 감면대상사업장의 상시근로자 수 × 2백만원 (2016. 12. 27. 신설) 나. 제1호의 투자누계액의 100분의 10 (2016. 12. 27. 신설)	② 법 제105조 제3항 제1호에서 “대통령령으로 정하는 투자누계액”이란 「조세특례제한법 시행령」 제11조의 2 제2항에 따른 투자 합계액을 말한다. (2014. 3. 14. 신설)	
④ 제2항에 따라 각 과세연도에 감면받을 개인지방소득세에 대하여 감면한도를 적용할 때에는 제3항 제1호의 금액을 먼저 적용한 후 같은 항 제2호의 금액을 적용한다. (2014. 1. 1. 신설)		
⑤ 제3항 제2호 및 제3호를 적용받아 개인지방소득세를 감면받은 기업이 감면받은 과세연도 종료일부터 2년이 되는 날이 속하는 과세연도 종료일까지의 기간 중 각 과세연도의 감면대상사업장의 상시근로자수가 감면받은 과세연도의 상시근로자 수보다 감소한 경우에는 대통령령으로 정하는 바에 따라 감면받은 세액에 상당하는 금액의 개인지방소득세를 납부하여야 한다. (2016. 12. 27.	③ 법 제105조 제5항에 따라 납부하여야 할 개인지방소득세액은 다음의 계산식에 따라 계산한 금액(그 수가 음수이면 영으로 보고, 감면받은 과세연도 종료일 이후 2개 과세연도 연속으로 상시근로자 수가 감소한 경우에는 두 번째 과세연도에는 첫 번째 과세연도에 납부한 금액을 뺀 금액을 말한다)으로 하고, 이를 상시근로자 수가 감소된 과세연도의 과세표준을 신고할 때 개인지방	

개정)

⑥ 제3항 및 제5항을 적용할 때 상시근로자의 범위, 상시근로자 수의 계산방법, 그 밖에 필요한 사항은 대통령령으로 정한다. (2014. 1. 1. 신설)

⑦ 제2항을 적용받으려는 자는 대통령령으로 정하는 바에 따라 감면신청을 하여야 한다. (2014. 1. 1. 신설)

⑧ 제3항 각 호 외의 부분 단서에 따라 감면한도를 적용하는 경우에는 「조세특례제한법」 제143조를 준용하여 서비스업과 그 밖의 업종을 각각 구분하여 경리하여야 한다. (2016. 12. 27. 신설)

편주

「조세특례제한법」 제12조의 2(연구개발특구에 입주하는 첨단기술기업 등에 대한 법인세 등의 감면) 참조

제106조【외국인기술자에 대한 개인지방소득세의 감면】 ① 대통령령으로 정하는 외국인기술자가 국내에서 내국인에게 근로를 제공하고 받는 근로소득으로서 그 외국인기술자가 국내에서 최초로 근로를 제공한 날 (2018년 12월 31일 이전인 경우만 해당한다)부터 2년이

소득세로 납부하여야 한다. (2014. 3. 14. 신설)

해당 기업의 상시근로자 수가 감소된 과세연도의 직전 2년 이내의 과세연도에 법 제153조 제10항 제2호에 따라 감면받은 세액의 합계액 − (상시근로자 수가 감소된 과세연도의 감면대상사업장의 상시근로자 수 × 1백만원)

④ 법 제105조 제6항에 따른 상시근로자의 범위 및 상시근로자 수의 계산방법은 「조세특례제한법 시행령」 제23조 제10항부터 제12항까지의 규정에 따른다. (2015. 2. 3. 개정 ; 조세특례제한법 시행령 부칙)

⑤ 법 제105조 제7항에 따라 개인지방소득세를 감면받으려는 자는 과세표준신고와 함께 행정안전부령으로 정하는 세액감면신청서를 납세지 관할 지방자치단체의 장에게 제출하여야 한다. 다만, 「조세특례제한법 시행령」 제11조의 2 제5항에 따라 납세지 관할 세무서장에게 소득세 감면을 신청하는 경우에는 법 제105조에 따른 개인지방소득세에 대한 세액감면도 함께 신청한 것으로 본다. (2017. 7. 26. 직제개정 ; 행정안전부와~직제 부칙)

제60조【외국인기술자의 범위 등】 ① 법 제106조 제1항에서 "대통령령으로 정하는 외국인기술자"란 대한민국의 국적을 가지지 아니한 사람으로서 「조세특례제한법 시행령」 제16조 제1항 각 호의 어느 하나에 해당하는 사람을 말한다. (2014. 3. 14. 신설)

편주

「조세특례제한법 시행령」 제16조(외국인기술자의 범위 등) 참조

되는 날이 속하는 달까지 발생한 근로소득에 대해서는 개인지방소득세의 100분의 50에 상당하는 세액을 감면한다. (2014. 12. 31. 개정)

② 외국인기술자가 「외국인투자 촉진법」에 따른 기술도입계약에 의하여 국내에서 「조세특례제한법」 제121조의 2 제1항 제1호에 따라 개인지방소득세가 감면되는 사업을 하는 외국인투자기업에 대통령령으로 정하는 고도기술을 제공하고 받는 근로소득으로서 그 외국인투자기업에 근로를 제공한 날(2014년 12월 31일까지만 해당한다)부터 2년이 되는 날이 속하는 달까지 발생한 근로소득에 대해서는 개인지방소득세의 100분의 50에 상당하는 세액을 감면한다. (2014. 1. 1. 신설)

② 삭 제 (2014. 12. 31.)

③ 제1항을 적용받으려는 자는 대통령령으로 정하는 바에 따라 그 감면신청을 하여야 한다. (2014. 12. 31. 개정)

편주

「조세특례제한법」 제18조(외국인기술자에 대한 소득세의 감면) 참조

제106조의 2【외국인근로자에 대한 과세특례】「조세특례제한법」 제18조의 2 제2항을 적용(법률 제12173호 조세특례제한법 일부개정법률 부칙 제59조에 따른 경과조치를 포함한다)받는 외국인근로자에 대하여는 「지방세법」 제92조 제1항에도 불구하고 「조세특례제한법」 제18조의 2 제2항에서 규정하는 소득세 세율의 100분의 10에 해당하는 세율을 적용한다. 이 경우 이 법에 따른 개인지

② 법 제106조 제2항에서 "대통령령으로 정하는 고도기술"이란 「조세특례제한법 시행령」 제16조 제2항에 따른 기술을 말한다. (2014. 3. 14. 신설)

③ 법 제106조 제1항 및 제2항에 따라 개인지방소득세를 감면받으려는 사람은 근로를 제공한 날이 속하는 달의 다음 달 10일까지 행정안전부령으로 정하는 바에 따라 특별징수의무자를 거쳐 특별징수 관할 지방자치단체의 장에게 세액감면신청서를 제출하여야 한다. 다만, 「조세특례제한법 시행령」 제16조 제3항에 따라 원천징수 관할 세무서장에게 소득세 감면을 신청하는 경우에는 법 제106조에 따른 개인지방소득세에 대한 세액감면도 함께 신청한 것으로 본다. (2017. 7. 26. 직제개정 ; 행정안전부와~직제 부칙)

편주

「조세특례제한법」 제18조의 2(외국인근로자에 대한 과세특례) 참조

방소득세와 관련된 세액공제·감면에 관한 규정은 적용하지 아니한다. (2014. 3. 24. 신설)

제4절 국제자본거래에 대한 특례

(2014. 1. 1. 신설)

제107조【공공차관 도입에 따른 과세특례】 ①「공공차관의 도입 및 관리에 관한 법률」 제2조 제6호에 따른 공공차관의 도입과 관련하여 외국인에게 지급되는 기술 또는 용역의 대가에 대해서는 해당 공공차관협약(「공공차관의 도입 및 관리에 관한 법률」 제2조 제7호에 따른 공공차관협약을 말한다)에서 정하는 바에 따라 개인지방소득세를 감면한다. (2014. 1. 1. 신설)

② 제1항에 따른 개인지방소득세 감면은 「공공차관의 도입 및 관리에 관한 법률」 제2조 제10호에 따른 대주 또는 기술제공자의 신청에 의하여 감면하지 아니할 수 있다. (2014. 1. 1. 신설)

제108조【국제금융거래에 따른 이자소득 등에 대한 개인지방소득세 면제】 ① 다음 각 호의 어느 하나의 소득을 받는 자(거주자의 국내 사업장은 제외한다)에 대해서는 개인지방소득세를 면제한다. (2014. 1. 1. 신설)

제4절 국제자본거래에 대한 특례

(2014. 3. 14. 신설)

편주

「조세특례제한법」 제20조(공공차관 도입에 따른 과세특례) 참조

편주

「조세특례제한법」 제21조(국제금융거래에 따른 이자소득 등에 대한 법인세 등의 면제) 참조

1. 국가·지방자치단체 또는 내국법인이 국외에서 발행하는 외화표시채권의 이자 및 수수료 (2014. 1. 1. 신설)
2. 「외국환거래법」에 따른 외국환업무취급기관이 같은 법에 따른 외국환업무를 하기 위하여 외국금융기관으로부터 차입하여 외화로 상환하여야 할 외화채무에 대하여 지급하는 이자 및 수수료 (2014. 12. 31. 개정)
3. 대통령령으로 정하는 금융회사 등이 「외국환거래법」에서 정하는 바에 따라 국외에서 발행하거나 매각하는 외화표시어음과 외화예금증서의 이자 및 수수료 (2014. 1. 1. 신설)

② 국가·지방자치단체 또는 내국법인이 발행한 대통령령으로 정하는 유가증권을 비거주자가 국외에서 양도함으로써 발생하는 소득에 대한 개인지방소득세를 면제한다. (2014. 1. 1. 신설)

제5절 투자촉진을 위한 특례

(2014. 1. 1. 신설)

제109조【생산성향상시설 투자 등에 대한 세액공제】 ① 내국인이 생산성 향상을 위하여 다음 각 호의 어

제61조【국제금융거래에 따른 이자소득 등에 대한 개인지방소득세 면제】 ① 법 제108조 제1항 제3호에서 "대통령령으로 정하는 금융회사 등"이란 「조세특례제한법 시행령」 제18조 제2항 각 호의 어느 하나에 해당하는 금융회사 등을 말한다. (2014. 3. 14. 신설)

② 법 제108조 제2항에서 "대통령령으로 정하는 유가증권"이란 「조세특례제한법 시행령」 제18조 제4항 각 호의 어느 하나에 해당하는 것을 말한다. (2014. 3. 14. 신설)

제5절 투자촉진을 위한 특례

(2014. 3. 14. 신설)

편주

구 「조세특례제한법」 제24조(생산성향상시설 투자 등에 대한

편주

「조세특례제한법 시행령」 제18조(국제금융거래에 따른 이자소득 등에 대한 법인세 등의 면제) 참조

느 하나에 해당하는 시설에 2017년 12월 31일까지 투자(중고품 및 대통령령으로 정하는 리스에 의한 투자는 제외한다)하는 경우에는 그 투자금액의 1,000분의 3(대통령령으로 정하는 중견기업의 경우에는 1,000분의 5, 중소기업의 경우에는 1,000분의 7)에 상당하는 금액을 개인지방소득세(사업소득에 대한 개인지방소득세만 해당한다)에서 공제한다. (2016. 12. 27. 개정)

1. 공정(工程) 개선 및 자동화 시설 중 대통령령으로 정하는 시설 (2014. 1. 1. 신설)
2. 첨단기술설비 중 대통령령으로 정하는 설비 (2014. 1. 1. 신설)
3. 자재조달 · 생산계획 · 재고관리 등 공급망을 전자적 형태로 관리하기 위하여 사용되는 컴퓨터와 그 주변기기, 소프트웨어, 통신설비, 그 밖의 유형 · 무형의 설비로서 감가상각기간이 2년 이상인 설비(이하 "공급망관리 시스템설비"라 한다) (2014. 1. 1. 신설)
4. 고객자료의 통합 · 분석, 마케팅 등 고객관계를 전자적 형태로 관리하기 위하여 사용되는 컴퓨터와 그 주변기기, 소프트웨어, 통신설비, 그 밖의 유형 · 무형의 설비로서 감가상각기간이 2년 이상인 설비(이하 "고객관계관리 시스템설비"라 한다) (2014. 1. 1. 신설)
5. 구매 · 주문관리 · 수송 · 생산 · 창고운영 · 재고관리 · 유통망 등 물류 프로세스를 전략적으로 관리하고 효율화하기 위하여 사용되는 컴퓨터와 그 주변기기, 소프트웨

세액공제) 참조

제62조 【생산성향상시설투자의 범위】 ① 법 제109조 제1항 제1호에서 "대통령령으로 정하는 시설"이란 「조세특례제한법 시행령」 제21조 제2항에 따른 시설을 말하고, 같은 항 제2호에서 "대통령령으로 정하는 설비"란 「조세특례제한법 시행령」 제21조 제3항에 따른 설비를 말하며, 같은 항 제6호에서 "대통령령으로 정하는 시스템"이란 「조세특례제한법 시행령」 제21조 제4항에 따른 시스템을 말한다. (2015. 2. 3. 개정 ; 조세특례제한법 시행령 부칙)

② 법 제109조 제1항을 적용받으려는 자는 투자완료일이 속하는 과세연도의 과세표준신고와 함께 행정안전부령으로 정하는 세액공제신청서를 납세지 관할 지방자치단체의 장에게 제출하여야 한다. 다만, 「조세특례제한법 시행령」 제21조 제5항에 따라 납세지 관할 세무서장에게 소득세 공제를 신청하는 경우에는 법 제109조에 따른 개인지방소득세에 대한 세액공제도 함께 신청한 것으로 본

편주

구 「조세특례제한법 시행령」 제21조(생산성향상시설투자의 범위) 참조

어, 통신설비, 그 밖의 유형·무형의 설비로서 감가상각 기간이 2년 이상인 설비 (2014. 1. 1. 신설)

6. 내국인이 고용하고 있는 임원 또는 사용인이 보유하고 있는 지식을 체계화하고 공유하기 위한 지식관리시스템 등 대통령령으로 정하는 시스템 (2014. 1. 1. 신설)

② 중소기업이 생산성 향상을 위하여 타인이 보유한 제1항 제3호 및 제4호에 해당하는 설비를 2017년 12월 31일까지 인터넷을 통하여 이용하는 경우에는 그 이용비용의 1,000분의 7에 상당하는 금액을 개인지방소득세(사업소득에 대한 개인지방소득세만 해당한다)에서 공제한다. (2016. 12. 27. 개정)

③ 제1항 또는 제2항에 따른 세액공제의 방법에 관하여는 제103조 제1항·제3항 및 제4항을 준용한다. (2014. 1. 1. 신설)

④ 제1항 및 제2항을 적용받으려는 내국인은 대통령령으로 정하는 바에 따라 세액공제신청을 하여야 한다. (2014. 1. 1. 신설)

제110조【안전설비 투자 등에 대한 세액공제】 ① 내국인이 다음 각 호의 어느 하나에 해당하는 시설(제1호의 경우에는 물품을 포함한다. 이하 이 조에서 같다) 중 산업정책 및 안전정책상 필요하다고 인정하여 대통령령으로 정하는 시설에 2017년 12월 31일까지 투자(중고품 및 대통령령으로 정하는 리스에 의한 투자는 제외

다. (2017. 7. 26. 직제개정 ; 행정안전부와~직제 부칙)

제63조【안전설비 투자 등의 범위】 ① 법 제110조 제1항 각 호 외의 부분 전단에서 "대통령령으로 정하는 시설"이란 「조세특례제한법 시행령」 제22조 제1항 각 호의 어느 하나에 해당하는 시설을 말한다. (2014. 3. 14. 신설)

② 법 제110조 제1항을 적용받으려는 자는 투자완료일이

편주

구 「조세특례제한법 시행령」 제22조(안전설비투자 등의 범위) 참조

한다)하는 경우에는 그 투자금액의 1,000분의 3[대통령령으로 정하는 중견기업의 경우에는 1,000분의 5, 중소기업의 경우에는 1,000분의 7(중소기업이 제7호의 설비에 투자하는 경우에는 1,000분의 10)]에 상당하는 금액을 개인지방소득세(사업소득에 대한 개인지방소득세만 해당한다)에서 공제한다. 이 경우 세액공제의 방법에 관하여는 제103조 제1항·제3항 및 제4항을 준용한다. (2016. 12. 27. 개정)

1. 「유통산업발전법」에 따라 시행되는 유통사업을 위한 시설 (2014. 1. 1. 신설)

1의 2. 「소방시설 설치 및 관리에 관한 법률」 제2조에 따른 소방시설(같은 법 제12조에 따라 특정소방대상물에 설치하여야 하는 소방시설은 제외한다)과 그 밖에 대통령령으로 정하는 소방 관련 물품 (2021. 11. 30. 개정 ; 화재예방~부칙)

1의 3. 내진보강 설비 (2016. 12. 27. 신설)

2. 「대·중소기업 상생협력 촉진에 관한 법률」에 따라 위탁기업체가 수탁기업체에 설치하는 시설 (2014. 1. 1. 신설)

3. 산업재해 예방시설 (2014. 1. 1. 신설)

4. 광산보안시설 (2014. 1. 1. 신설)

5. 「비상대비에 관한 법률」에 따라 중점관리대상으로 지정된 자가 정부의 시설 보강 및 확장 명령에 따라 비상대비업무를 수행하기 위하여 보강하거나 확장한 시

속하는 과세연도의 과세표준신고와 함께 행정안전부령으로 정하는 세액공제신청서를 납세지 관할 지방자치단체의 장에게 제출하여야 한다. 다만, 「조세특례제한법 시행령」 제22조 제4항에 따라 납세지 관할 세무서장에게 소득세 공제를 신청하는 경우에는 법 제110조에 따른 개인지방소득세에 대한 세액공제도 함께 신청한 것으로 본다. (2017. 7. 26. 직제개정 ; 행정안전부와~직제 부칙)

설 (2022. 1. 4. 개정 ; 비상대비~부칙)
6. 「축산물 위생관리법」 제9조에 따라 안전관리인증기준을 적용받거나 「식품위생법」 제48조에 따라 위해요소중점관리기준을 적용받는 영업자 등이 설치하는 위해요소 방지시설 (2014. 1. 1. 신설)
7. 기술유출 방지설비 (2014. 1. 1. 신설)
8. 해외자원 개발설비 (2014. 1. 1. 신설)

② 제1항을 적용받으려는 내국인은 대통령령으로 정하는 바에 따라 세액공제신청을 하여야 한다. (2014. 1. 1. 신설)

편주

「조세특례제한법」 제25조(안전설비 투자 등에 대한 세액공제) 참조

제111조【에너지절약시설 투자에 대한 세액공제】 ① 내국인이 대통령령으로 정하는 에너지절약시설에 2019년 12월 31일까지 투자(중고품 및 대통령령으로 정하는 리스에 의한 투자는 제외한다)하는 경우에는 그 투자금액의 1,000분의 1(대통령령으로 정하는 중견기업의 경우에는 1,000분의 3, 중소기업의 경우에는 1,000분의 6)에 상당하는 금액을 개인지방소득세(사업소득에 대한 개인지방소득세만 해당한다)에서 공제한다. (2016. 12. 27. 개정)

② 제1항을 적용할 때 세액공제의 방법에 관하여는 제103조 제1항·제3항 및 제4항을 준용한다. (2014. 1. 1. 신설)

제64조【에너지절약시설의 범위】 ① 법 제111조 제1항에서 "대통령령으로 정하는 에너지절약시설"이란 「조세특례제한법 시행령」 제22조의 2 제1항 각 호의 어느 하나에 해당하는 시설을 말한다. (2014. 3. 14. 신설)

② 법 제111조 제1항에 따른 중견기업은 「조세특례제한법 시행령」 제10조 제1항에 따른 중견기업으로 한다. (2014. 8. 20. 신설)

③ 법 제111조 제1항을 적용받으려는 자는 투자완료일이 속하는 과세연도의 과세표준신고와 함께 행정안전부령으로 정하는 세액공제신청서를 납세지 관할 지방자치단체의 장에게 제출하여야 한다. 다만, 「조세특례제한법

편주

구 「조세특례제한법 시행령」 제22조의 2(에너지절약시설의 범위) 참조

③ 제1항을 적용받으려는 내국인은 대통령령으로 정하는 바에 따라 세액공제신청을 하여야 한다. (2014. 1. 1. 신설)

편주

「조세특례제한법」 제25조의 2(에너지절약시설 투자에 대한 세액공제) 참조

제112조【환경보전시설 투자에 대한 세액공제】 ① 내국인이 대통령령으로 정하는 환경보전시설에 2019년 12월 31일까지 투자(중고품 및 대통령령으로 정하는 리스에 의한 투자는 제외한다)하는 경우에는 그 투자금액의 1,000분의 3(중견기업의 경우에는 1,000분의 5, 중소기업의 경우에는 1,000분의 10)에 상당하는 금액을 개인지방소득세(사업소득에 대한 개인지방소득세만 해당한다)에서 공제한다. 이 경우 세액공제의 방법은 제103조 제1항·제3항 및 제4항을 준용한다. (2016. 12. 27. 개정)

② 제1항을 적용받으려는 내국인은 대통령령으로 정하는 바에 따라 세액공제신청을 하여야 한다. (2014. 1. 1. 신설)

편주

「조세특례제한법」 제25조의 3(환경보전시설 투자에 대한 세액공제) 참조

시행령」 제22조의 2 제3항에 따라 납세지 관할 세무서장에게 소득세 공제를 신청하는 경우에는 법 제111조에 따른 개인지방소득세에 대한 세액공제도 함께 신청한 것으로 본다. (2017. 7. 26. 직제개정 ; 행정안전부와~직제부칙)

제65조【환경보전설비의 범위 등】 ① 법 제112조 제1항 전단에서 "대통령령으로 정하는 환경보전시설"이란 「조세특례제한법 시행령」 제22조의 3 제1항 각 호의 어느 하나에 해당하는 시설을 말한다. (2014. 3. 14. 신설)

② 법 제112조 제1항 전단에 따른 중견기업은 「조세특례제한법 시행령」 제10조 제1항에 따른 중견기업으로 한다. (2014. 8. 20. 신설)

③ 법 제112조 제1항을 적용받으려는 자는 투자완료일이 속하는 과세연도에 과세표준신고와 함께 행정안전부령으로 정하는 세액공제신청서를 납세지 관할 지방자치단체의 장에게 제출하여야 한다. 다만, 「조세특례제한법 시행령」 제22조의 3 제2항에 따라 납세지 관할 세무서장에게 소득세 공제를 신청하는 경우에는 법 제112조에 따른 개인지방소득세에 대한 세액공제도 함께 신청한 것으로 본다. (2017. 7. 26. 직제개정 ; 행정안전부와~직제부칙)

편주

「조세특례제한법 시행령」 제22조의 3(환경보전설비의 범위 등) 참조

제113조【의약품 품질관리 개선시설투자에 대한 세액공제】 ① 내국인이 대통령령으로 정하는 의약품 품질관리 개선시설에 2019년 12월 31일까지 투자(중고품 및 대통령령으로 정하는 리스에 의한 투자는 제외한다)하는 경우에는 그 투자금액의 1,000분의 3(중견기업의 경우에는 1,000분의 5, 중소기업의 경우에는 1,000분의 7)에 상당하는 금액을 개인지방소득세(사업소득에 대한 개인지방소득세만 해당한다)에서 공제한다. 이 경우 세액공제의 방법은 제103조 제1항·제3항 및 제4항을 준용한다. (2016. 12. 27. 개정)

② 제1항을 적용받으려는 내국인은 대통령령으로 정하는 바에 따라 세액공제신청을 하여야 한다. (2014. 1. 1. 신설)

편주

「조세특례제한법」 제25조의 4(의약품 품질관리 개선시설투자에 대한 세액공제) 참조

제113조의 2【신성장기술 사업화를 위한 시설투자에 대한 세액공제】 ① 내국인이 대통령령으로 정하는 신성장기술의 사업화를 위한 시설에 2018년 12월 31일까지 투자(중고품 및 대통령령으로 정하는 리스에 의한 투자는 제외한다)하는 경우로서 다음 각 호의 요건을 모두 충족하는 경우에는 그 투자금액의 1,000분의 7(대통령령으로 정하는 중견기업의 경우에는 1,000분의 8, 중

제66조【의약품 품질관리 개선시설의 범위 등】 ① 법 제113조 제1항 전단에서 "대통령령으로 정하는 의약품 품질관리 개선시설"이란 「조세특례제한법 시행령」 제22조의 4 제1항에 따른 시설을 말한다. (2014. 3. 14. 신설)

② 법 제113조 제1항 전단에 따른 중견기업은 「조세특례제한법 시행령」 제10조 제1항에 따른 중견기업으로 한다. (2014. 8. 20. 신설)

③ 법 제113조 제1항을 적용받으려는 자는 투자완료일이 속하는 과세연도에 과세표준 신고와 함께 행정안전부령으로 정하는 세액공제신청서를 납세지 관할 지방자치단체의 장에게 제출하여야 한다. 다만, 「조세특례제한법 시행령」 제22조의 4 제3항에 따라 납세지 관할 세무서장에게 소득세 공제를 신청하는 경우에는 법 제113조에 따른 개인지방소득세에 대한 세액공제도 함께 신청한 것으로 본다. (2017. 7. 26. 직제개정 ; 행정안전부와~직제 부칙)

「조세특례제한법 시행령」 제22조의 9(의약품 품질관리 개선시설의 범위 등) 참조

소기업의 경우에는 1,000분의 10)에 상당하는 금액을 개인지방소득세(사업소득에 대한 개인지방소득세만 해당한다)에서 공제한다. (2016. 12. 27. 신설)

1. 해당 투자를 개시하는 날이 속하는 과세연도의 직전 과세연도의 수입금액에서 연구 · 인력개발비가 차지하는 비율이 100분의 5 이상이고, 신성장동력 · 원천기술연구개발비 등이 대통령령으로 정하는 요건을 충족할 것 (2016. 12. 27. 신설)
2. 해당 과세연도의 상시근로자 수가 직전 과세연도의 상시근로자 수보다 감소하지 아니할 것. 다만, 중소기업의 경우에는 해당 과세연도의 상시근로자 수가 직전 과세연도의 상시근로자 수보다 감소한 경우에도 세액 공제대상으로 하되, 공제대상 세액에서 감소한 상시근로자 1명당 1천만원씩 뺀 금액을 공제[해당 금액이 음수(陰數)인 경우에는 영으로 한다]한다. (2016. 12. 27. 신설)

② 제1항 또는 제174조 제4항에 따라 개인지방소득세를 공제받은 자가 그 공제받은 과세연도종료일부터 2년이 되는 날이 속하는 과세연도종료일까지의 기간 중 각 과세연도의 상시근로자 수가 공제받은 과세연도의 상시근로자 수보다 감소할 경우에는 대통령령으로 정하는 바에 따라 공제받은 세액에 상당하는 금액을 개인지방소득세로 납부하여야 한다. (2016. 12. 27. 신설)

③ 제1항을 적용받으려는 내국인은 대통령령으로 정하

는 바에 따라 세액공제 신청을 하여야 한다. (2016. 12. 27. 신설)

④ 제1항부터 제3항까지의 규정을 적용하거나 제174조 제4항을 적용할 때의 해당 신성장기술·원천기술 등의 판정방법, 상시근로자의 범위, 상시근로자 수, 그 밖에 필요한 사항은 대통령령으로 정한다. (2016. 12. 27. 신설)

제113조의 3【영상콘텐츠 제작비용에 대한 세액공제】 ① 대통령령으로 정하는 내국인이 2019년 12월 31일이 속하는 과세연도까지 다음 각 호의 어느 하나에 해당하는 것으로서 대통령령으로 정하는 방송프로그램 또는 영화(이하 이 조에서 "영상콘텐츠"라 한다)의 제작을 위하여 국내에서 발생한 비용 중 대통령령으로 정하는 비용(이하 이 조에서 "영상콘텐츠 제작비용"이라 한다)이 있는 경우에는 해당 영상콘텐츠 제작비용의 1,000분의 7(중소기업의 경우에는 1,000분의 10)에 상당하는 금액을 대통령령으로 정하는 바에 따라 해당 영상콘텐츠가 처음으로 방송되거나 영화관에서 상영된 과세연도의 개인지방소득세(사업소득에 대한 개인지방소득세만 해당한다)에서 공제한다. (2016. 12. 27. 신설)

1. 「방송법」 제2조에 따른 방송프로그램 (2016. 12. 27. 신설)
2. 「영화 및 비디오물의 진흥에 관한 법률」 제2조에 따

른 영화 (2016. 12. 27. 신설)

② 제1항을 적용받으려는 내국인은 대통령령으로 정하는 바에 따라 세액공제 신청을 하여야 한다. (2016. 12. 27. 신설)

③ 제1항을 적용할 때 영상콘텐츠의 범위, 제작비용의 계산방법과 그 밖에 필요한 사항은 대통령령으로 정한다. (2016. 12. 27. 신설)

제114조【고용창출투자세액공제】 ① 내국인이 2017년 12월 31일까지 대통령령으로 정하는 투자(중고품 및 대통령령으로 정하는 리스에 의한 투자와 수도권과밀억제권역 내에 투자하는 경우는 제외한다. 이하 이 조에서 같다)를 하는 경우로서 해당 과세연도의 상시근로자 수가 직전 과세연도의 상시근로자 수보다 감소하지 아니한 경우에는 다음 각 호의 구분에 따라 계산한 금액을 더한 금액을 해당 투자가 이루어지는 각 과세연도의 개인지방소득세(사업소득에 대한 개인지방소득세만 해당한다)에서 공제한다. 다만, 중소기업의 경우에는 해당 과세연도의 상시근로자 수가 직전 과세연도의 상시근로자 수보다 감소한 경우에도 제1호를 적용한다. 이 경우 제1호의 금액에서 감소한 상시근로자 1명당 100만원씩 뺀 금액으로 하며, 해당 금액이 음수인 경우에는 영으로 한다. (2016. 12. 27. 개정)

1. 기본공제금액 : 중소기업의 경우 해당 투자금액의

제67조【고용창출투자세액공제】 ① 법 제114조 제1항 각 호 외의 부분 전단에서 "대통령령으로 정하는 투자"란 「조세특례제한법 시행령」 제23조 제1항에 따른 투자를 말한다. (2014. 3. 14. 신설)

② 법 제114조 제1항에 따른 투자금액은 「조세특례제한법 시행령」 제23조 제2항에 따른 금액으로 한다. (2014. 3. 14. 신설)

편주

「조세특례제한법 시행령」 제23조(고용창출투자세액공제) 참조

법	영	규칙
1,000분의 3에 상당하는 금액으로 하고, 대통령령으로 정하는 중견기업(이하 이 조에서 "중견기업"이라 한다)의 경우 다음 각 목에서 정한 바에 따른다. (2016. 12. 27. 개정) 가. 「수도권정비계획법」 제6조 제1항 제2호의 성장관리권역 또는 같은 항 제3호의 자연보전권역 내에 투자하는 경우에는 해당 투자금액의 1,000분의 1에 상당하는 금액 (2016. 12. 27. 개정) 나. 수도권 밖의 지역에 투자하는 경우에는 해당 투자금액의 1,000분의 2에 상당하는 금액 (2016. 12. 27. 개정) 2. 추가공제금액 : 해당 투자금액의 1,000분의 3(중소기업 및 중견기업은 1,000분의 4)에 상당하는 금액으로 하고, 수도권 밖의 지역에 투자하는 경우에는 해당 투자금액의 1,000분의 4(중소기업 및 중견기업은 1,000분의 5)에 상당하는 금액으로 하되, 대통령령으로 정하는 서비스업을 영위하는 경우에는 각각 해당 투자금액의 1,000분의 1에 상당하는 금액을 가산한 금액으로 한다. 다만, 그 금액이 가목부터 다목까지의 금액을 순서대로 더한 금액에서 라목의 금액을 뺀 금액을 초과하는 경우에는 그 초과하는 금액은 없는 것으로 한다. (2016. 12. 27. 개정) 가. 해당 과세연도에 최초로 근로계약을 체결한 상시근로자 중 「초·중등교육법」 제2조에 따른 학교	③ 법 제114조 제1항 제1호 가목에 따른 중견기업은 「조세특례제한법 시행령」 제10조 제1항에 따른 중견기업으로 한다. (2014. 8. 20. 신설) ④ 법 제114조 제1항 제2호 가목에서 "대통령령으로 정하는 학교"란 「조세특례제한법 시행령」 제23조 제5항	

법	영	규칙
로서 산업계의 수요에 직접 연계된 맞춤형 교육과정을 운영하는 고등학교 등 직업교육훈련을 실시하는 대통령령으로 정하는 학교(이하 "산업수요맞춤형고등학교등"이라 한다)의 졸업생 수 × 200만원(중소기업의 경우는 250만원) (2016. 12. 27. 개정) 나. 해당 과세연도에 최초로 근로계약을 체결한 가목 외의 상시근로자 중 청년근로자, 장애인근로자, 60세 이상인 근로자 수 × 150만원(중소기업의 경우는 200만원) (2016. 12. 27. 개정) 다. (해당 과세연도의 상시근로자 수 − 직전 과세연도의 상시근로자 수 − 가목에 따른 졸업생 수 − 나목에 따른 청년근로자, 장애인근로자, 60세 이상인 근로자 수) × 100만원(중소기업의 경우는 150만원) (2016. 12. 27. 개정) 라. 해당 과세연도에 제174조 제3항에 따라 이월공제받는 금액의 100분의 10 (2014. 1. 1. 신설) ② 제1항에 따라 개인지방소득세를 공제받은 자가 그 공제받은 과세연도 종료일부터 2년이 되는 날이 속하는 과세연도 종료일까지의 기간 중 각 과세연도의 상시근로자 수가 공제받은 과세연도의 상시근로자 수보다 감소한 경우에는 대통령령으로 정하는 바에 따라 공제받은 세액에 상당하는 금액을 개인지방소득세로 납부하여야 한다. (2014. 1. 1. 신설)	각 호의 어느 하나에 해당하는 학교를 말한다. (2015. 2. 3. 개정 ; 조세특례제한법 시행령 부칙) ⑤ 법 제114조 제1항 제2호 가목에 따른 산업수요맞춤형고등학교등의 졸업생 수는 「조세특례제한법 시행령」 제23조 제7항에 따른 졸업생 수로 한다. (2015. 2. 3. 개정 ; 조세특례제한법 시행령 부칙) ⑥ 법 제114조 제1항 제2호 나목에 따른 청년근로자 수, 장애인근로자 수 및 60세 이상인 근로자 수는 「조세특례제한법 시행령」 제23조 제8항 각 호에 따른 청년근로자 수, 장애인근로자 수 및 60세 이상인 근로자 수로 한다. (2015. 2. 3. 개정 ; 조세특례제한법 시행령 부칙) ⑦ 법 제114조 제2항에 따라 납부하여야 할 개인지방소득세액은 「조세특례제한법 시행령」 제23조 제9항에 따라 산출한 금액의 100분의 10으로 한다. (2015. 2. 3. 개정 ; 조세특례제한법 시행령 부칙) ⑧ 제5항부터 제7항까지의 규정을 적용할 때 상시근로자는 「조세특례제한법 시행령」 제23조 제10항에 따른 상시근로자로 한다. (2015. 2. 3. 개정 ; 조세특례제한법	

③ 제1항·제2항 및 제174조 제3항을 적용할 때 상시근로자 및 청년근로자, 장애인근로자, 60세 이상인 근로자의 범위와 상시근로자, 산업수요맞춤형고등학교등의 졸업생 및 청년근로자, 장애인근로자, 60세 이상인 근로자 수의 계산방법, 그 밖에 필요한 사항은 대통령령으로 정한다. (2014. 1. 1. 신설)

④ 제1항의 규정을 적용받으려는 내국인은 대통령령으로 정하는 바에 따라 세액공제신청을 하여야 한다. (2014. 1. 1. 신설)

「조세특례제한법」 제26조(고용창출투자세액공제) 참조

시행령 부칙)

⑨ 제5항 및 제6항을 적용할 때 상시근로자 수는 「조세특례제한법 시행령」 제23조 제11항 및 제12항에 따른 상시근로자 수로 한다. (2015. 2. 3. 개정 ; 조세특례제한법 시행령 부칙)

⑩ 제5항 및 제6항을 적용할 때 해당 과세연도에 창업 등을 한 내국인의 경우에는 「조세특례제한법 시행령」 제23조 제13항 각 호의 구분에 따른 수를 직전 또는 해당 과세연도의 상시근로자 수로 본다. (2015. 2. 3. 개정 ; 조세특례제한법 시행령 부칙)

⑪ 제1항 및 제2항을 적용할 때 투자의 개시 시기는 「조세특례제한법 시행령」 제23조 제14항 각 호의 어느 하나에 해당하는 때로 한다. (2015. 2. 3. 개정 ; 조세특례제한법 시행령 부칙)

⑫ 법 제114조 제1항에 따라 세액공제를 받으려는 자는 과세표준신고와 함께 행정안전부령으로 정하는 세액공제신청서 및 공제세액계산서를 납세지 관할 지방자치단체의 장에게 제출하여야 한다. 다만, 「조세특례제한법 시행령」 제23조 제15항에 따라 납세지 관할 세무서장에게 소득세 공제를 신청하는 경우에는 법 제114조에 따른 개인지방소득세에 대한 세액공제도 함께 신청한 것으로 본다. (2017. 7. 26. 직제개정 ; 행정안전부와~직제 부칙)

⑬ 「개성공업지구 지원에 관한 법률」 제2조 제1호에 따른 개성공업지구에 제1항에 따른 투자를 하는 경우에도 제2항부터 제12항까지의 규정을 준용한다. (2014. 8. 20. 개정)

제6절 고용지원을 위한 특례

(2014. 1. 1. 신설)

제115조【산업수요맞춤형고등학교등 졸업자를 병역 이행 후 복직시킨 중소기업에 대한 세액공제】 ① 중소기업이 산업수요맞춤형고등학교등을 졸업한 사람 중 대통령령으로 정하는 사람을 고용한 경우 그 근로자가 대통령령으로 정하는 병역을 이행한 후 2017년 12월 31일까지 복직된 경우(병역을 이행한 후 1년 이내에 복직된 경우만 해당한다)에는 해당 복직자에게 복직일 이후 2년 이내에 지급한 대통령령으로 정하는 인건비의 100분의 1에 상당하는 금액을 해당 과세연도의 개인지방소득세(사업소득에 대한 개인지방소득세만 해당한다)에서 공제한다. (2014. 1. 1. 신설)

② 제1항을 적용받으려는 중소기업은 대통령령으로 정하는 바에 따라 세액공제신청을 하여야 한다. (2014. 1. 1. 신설)

편주

「조세특례제한법」 제29조의 2(산업수요맞춤형고등학교등 졸업자를 병역 이행 후 복직시킨 중소기업에 대한 세액공제) 참조

제115조의 2【경력단절 여성 재고용 중소기업에 대한 세액공제】 ① 중소기업이 다음 각 호의 요건을 모두

제6절 고용지원을 위한 특례

(2014. 3. 14. 신설)

제68조【산업수요맞춤형고등학교등 졸업자를 병역 이행 후 복직시킨 중소기업에 대한 세액공제】 ① 법 제115조 제1항에서 "대통령령으로 정하는 사람"이란 「조세특례제한법 시행령」 제26조의 2 제1항에 따른 사람을 말하고, "대통령령으로 정하는 병역"이란 「조세특례제한법 시행령」 제27조 제1항 제1호 각 목의 어느 하나에 해당하는 병역을 말하며, "대통령령으로 정하는 인건비"란 「조세특례제한법 시행령」 제26조의 2 제1항에 따른 인건비를 말한다. (2014. 3. 14. 신설)

② 법 제115조 제1항에 따라 세액공제를 받으려는 자는 과세표준신고와 함께 행정안전부령으로 정하는 세액공제신청서를 납세지 관할 지방자치단체의 장에게 제출하여야 한다. 다만, 「조세특례제한법 시행령」 제26조의 2 제2항에 따라 납세지 관할 세무서장에게 소득세 공제를 신청하는 경우에는 법 제115조에 따른 개인지방소득세에 대한 세액공제도 함께 신청한 것으로 본다. (2017. 7. 26. 직제개정 ; 행정안전부와~직제 부칙)

편주

「조세특례제한법 시행령」 제26조의 2(산업수요맞춤형고등학교등 졸업자를 병역 이행 후 복직시킨 중소기업에 대한 세액공제) 참조

충족하는 여성(이하 이 조 및 제118조 제1항 제1호에서 "경력단절 여성"이라 한다)과 2017년 12월 31일까지 1년 이상의 근로계약을 체결(이하 이 조에서 "재고용"이라 한다)하는 경우에는 재고용한 날부터 2년이 되는 날이 속하는 달까지 해당 경력단절 여성에게 지급한 대통령령으로 정하는 인건비의 100분의 1에 상당하는 금액을 해당 과세연도의 개인지방소득세(사업소득에 대한 개인지방소득세만 해당한다)에서 공제한다. (2016. 12. 27. 신설)

1. 해당 중소기업에서 1년 이상 근무하였을 것(대통령령으로 정하는 바에 따라 해당 중소기업이 경력단절 여성의 근로소득세를 원천징수하였던 사실이 확인되는 경우로 한정한다) (2016. 12. 27. 신설)
2. 대통령령으로 정하는 임신·출산·육아의 사유로 해당 중소기업에서 퇴직하였을 것 (2016. 12. 27. 신설)
3. 해당 중소기업에서 퇴직한 날부터 3년 이상 10년 미만의 기간이 지났을 것 (2016. 12. 27. 신설)
4. 해당 중소기업의 최대주주 또는 최대출자자(개인사업자의 경우에는 대표자를 말한다)나 그와 대통령령으로 정하는 특수관계인이 아닐 것 (2016. 12. 27. 신설)

② 제1항을 적용받으려는 중소기업은 대통령령으로 정하는 바에 따라 세액공제 신청을 하여야 한다. (2016. 12. 27. 신설)

제115조의 3【근로소득을 증대시킨 기업에 대한 세액공제】 ① 내국인이 다음 각 호의 요건을 모두 충족하는 경우에는 2017년 12월 31일이 속하는 과세연도까지 직전 3년 평균 초과 임금증가분의 1,000분의 5(중소기업과 대통령령으로 정하는 중견기업의 경우에는 100분의 1)에 상당하는 금액을 해당 과세연도의 개인지방소득세(사업소득에 대한 개인지방소득세만 해당한다)에서 공제한다. (2016. 12. 27. 신설)

1. 대통령령으로 정하는 상시근로자(이하 이 조에서 "상시근로자"라 한다)의 해당 과세연도의 평균임금 증가율이 직전 3개 과세연도의 평균임금 증가율의 평균(이하 이 조에서 "직전 3년 평균임금 증가율의 평균"이라 한다)보다 클 것 (2016. 12. 27. 신설)
2. 해당 과세연도의 상시근로자 수가 직전 과세연도의 상시근로자 수보다 크거나 같을 것 (2016. 12. 27. 신설)

② 제1항에 따른 직전 3년 평균 초과 임금증가분은 다음의 계산식에 따라 계산한 금액으로 한다. (2016. 12. 27. 신설)

직전 3년 평균 초과 임금증가분 = [해당 과세연도 상시근로자의 평균임금 − 직전 과세연도 상시근로자의 평균임금 × (1 + 직전 3년 평균임금 증가율의 평균)] × 직전 과세연도 상시근로자 수

③ 내국인이 다음 각 호의 요건을 모두 충족하는 경우에는 2017년 12월 31일이 속하는 과세연도까지 근로기간

및 근로형태 등 대통령령으로 정하는 요건을 충족하는 정규직 전환 근로자(이하 이 조에서 "정규직 전환 근로자"라 한다)에 대한 임금증가분 합계액의 1,000분의 5(대통령령으로 정하는 중견기업의 경우에는 100분의 1, 중소기업의 경우에는 100분의 2)에 상당하는 금액을 해당 과세연도의 개인지방소득세(사업소득에 대한 개인지방소득세만 해당한다)에서 공제한다. (2016. 12. 27. 신설) 1. 해당 과세연도에 정규직 전환 근로자가 있을 것 (2016. 12. 27. 신설) 2. 해당 과세연도의 상시근로자 수가 직전 과세연도의 상시근로자 수보다 크거나 같을 것 (2016. 12. 27. 신설) ④ 제3항에 따라 개인지방소득세를 공제받은 내국인이 공제를 받은 과세연도 종료일부터 1년이 되는 날이 속하는 과세연도의 종료일까지의 기간 중 정규직 전환 근로자와 근로관계를 끝내는 경우에는 근로관계가 끝나는 날이 속하는 과세연도의 과세표준신고를 할 때 대통령령으로 정하는 바에 따라 계산한 세액을 개인지방소득세로 납부하여야 한다. (2016. 12. 27. 신설) ⑤ 제1항에도 불구하고 중소기업이 다음 각 호의 요건을 모두 충족하는 경우에는 2017년 12월 31일이 속하는 과세연도까지 전체 중소기업의 평균임금증가분을 초과하는 임금증가분의 1,000분의 10에 상당하는 금액을 제1항에 따른 금액 대신 해당 과세연도의 개인지방소득세(사업소득에 대한 개인지방소득세만 해당한다)에서 공제할		

수 있다. (2016. 12. 27. 신설)

1. 상시근로자의 해당 과세연도의 평균임금 증가율이 전체 중소기업 임금증가율을 고려하여 대통령령으로 정하는 비율보다 클 것 (2016. 12. 27. 신설)
2. 해당 과세연도의 상시근로자 수가 직전 과세연도의 상시근로자 수보다 크거나 같을 것 (2016. 12. 27. 신설)
3. 직전 과세연도의 평균임금 증가율이 음수가 아닐 것

⑥ 제5항에 따른 전체 중소기업의 임금증가분을 초과하는 임금증가분은 다음의 계산식에 따라 계산한 금액으로 한다. (2016. 12. 27. 신설)

전체 중소기업의 평균임금증가분을 초과하는 임금증가분 = [해당 과세연도 상시근로자의 평균임금 − 직전 과세연도 상시근로자의 평균임금 × (1 + 전체 중소기업 임금증가율을 고려하여 대통령령으로 정하는 비율)] × 직전 과세연도 상시근로자 수

⑦ 제1항 또는 제3항을 적용받으려는 내국인은 대통령령으로 정하는 바에 따라 세액공제신청을 하여야 한다. (2016. 12. 27. 신설)

⑧ 제1항부터 제4항까지의 규정을 적용할 때 임금의 범위, 평균임금 증가율 및 직전 3년 평균임금 증가율의 평균의 계산방법, 정규직 전환 근로자의 임금 증가분 합계액과 그 밖에 필요한 사항은 대통령령으로 정한다. (2016. 12. 27. 신설)

제115조의 4【청년고용을 증대시킨 기업에 대한 세액공제】 ① 내국인(소비성서비스업 등 대통령령으로 정하는 업종을 경영하는 내국인은 제외한다)의 2017년 12월 31일이 속하는 과세연도까지의 기간 중 해당 과세연도의 대통령령으로 정하는 청년 정규직 근로자의 수(이하 이 조에서 "청년 정규직 근로자 수"라 한다)가 직전 과세연도의 청년 정규직 근로자 수보다 증가한 경우에는 증가한 인원 수[대통령령으로 정하는 정규직 근로자(이하 이 조에서 "전체 정규직 근로자"라 한다)의 증가한 인원 수와 대통령령으로 정하는 상시근로자(이하 이 조에서 "상시근로자"라 한다)의 증가한 인원 수 중 작은 수를 한도로 한다]에 20만원(중소기업 또는 대통령령으로 정하는 중견기업의 경우에는 50만원)을 곱한 금액을 해당 과세연도의 개인지방소득세(사업소득에 대한 개인지방소득세만 해당한다)에서 공제한다. (2016. 12. 27. 신설)

② 제1항에 따라 개인지방소득세를 공제받은 내국인이 공제를 받은 과세연도의 종료일부터 2년이 되는 날이 속하는 과세연도의 종료일까지의 기간 중 각 과세연도의 청년 정규직 근로자 수, 전체 정규직 근로자 수 또는 상시근로자 수가 공제를 받은 과세연도보다 감소한 경우에는 대통령령으로 정하는 바에 따라 공제받은 세액에 상당하는 금액을 개인지방소득세로 납부하여야 한다. (2016. 12. 27. 신설)

③ 제1항을 적용받으려는 내국인은 대통령령으로 정하는 바에 따라 세액공제신청을 하여야 한다. (2016. 12. 27. 신설)
④ 제1항 및 제2항을 적용할 때 청년 정규직 근로자, 전체 정규직 근로자 및 상시근로자 수의 계산방법과 그 밖에 필요한 사항은 대통령령으로 정한다. (2016. 12. 27. 신설)

제115조의 5【중소기업 핵심인력 성과보상기금 수령액에 대한 개인지방소득세 감면 등】 ①「중소기업 인력지원 특별법」 제2조 제6호에 따른 중소기업 핵심인력(해당 기업의 최대주주 등 대통령령으로 정하는 사람은 제외하며, 이하 이 조에서 "핵심인력"이라 한다)이 같은 법 제35조의 2에 따른 중소기업 핵심인력 성과보상기금(이하 이 조에서 "성과보상기금"이라 한다)의 공제사업에 2018년 12월 31일까지 가입하여 공제납입금을 5년 이상 납입하고 그 성과보상기금으로부터 공제금을 수령하는 경우에 해당 공제금 중 같은 법 제35조의 3 제1호에 따라 중소기업이 부담한 기여금(이하 이 조에서 "기여금"이라 한다) 부분에 대해서는 「소득세법」 제20조에 따른 근로소득으로 보아 개인지방소득세를 부과하되, 개인지방소득세의 100분의 50에 상당하는 세액을 경감한다. (2016. 12. 27. 신설)
② 공제금 중 핵심인력이 납부한 공제납입금과 기여금을 제외한 금액은 「소득세법」 제16조 제1항의 이자소득으로 보아 개인지방소득세를 부과한다. (2016. 12. 27. 신설)

③ 제1항에서 규정한 사항 외에 개인지방소득세 감면의 계산방법, 신청절차 및 그 밖에 필요한 사항은 대통령령으로 정한다. (2016. 12. 27. 신설)

제116조【중소기업에 취업하는 취업자에 대한 개인지방소득세 감면】 ① 대통령령으로 정하는 청년(이하 이 항에서 "청년"이라 한다), 60세 이상의 사람 및 장애인이 「중소기업기본법」 제2조에 따른 중소기업(비영리기업을 포함한다)으로서 대통령령으로 정하는 기업(이하 이 조에서 "중소기업체"라 한다)에 2012년 1월 1일(60세 이상의 사람 또는 장애인의 경우 2014년 1월 1일)부터 2018년 12월 31일까지 취업하는 경우 그 중소기업체로부터 받는 근로소득으로서 취업일부터 3년이 되는 날(청년으로서 대통령령으로 정하는 병역을 이행한 후 1년 이내에 병역 이행 전에 근로를 제공한 중소기업체에 복직하는 경우에는 복직한 날부터 2년이 되는 날을 말하며, 그 복직한 날이 최초 취업일부터 3년이 지나지 아니한 경우에는 최초 취업일부터 5년이 되는 날을 말한다)이 속하는 달까지 발생한 소득에 대해서는 개인지방소득세의 100분의 70에 상당하는 세액을 감면(과세기간별로 15만원을 한도로 한다)한다. 이 경우 개인지방소득세 감면기간은 개인지방소득세를 감면받은 사람이 다른 중소기업체에 취업하거나 해당 중소기업체에 재취업하는 경우에 관계없이 개인지방소득세를 감면받은 최초 취업일부터

제69조【중소기업 취업자에 대한 개인지방소득세 감면】 ① 법 제116조 제1항 전단에서 "대통령령으로 정하는 청년, 60세 이상의 사람 및 장애인"이란 「조세특례제한법 시행령」 제27조 제1항 각 호의 구분에 따른 사람을 말한다. (2014. 3. 14. 신설)

② 제1항을 적용할 때 「조세특례제한법 시행령」 제27조 제2항 각 호의 어느 하나에 해당하는 사람은 제외한다. (2014. 3. 14. 신설)

③ 법 제116조 제1항 전단에서 "대통령령으로 정하는 기업"이란 「조세특례제한법 시행령」 제27조 제3항에 따른 기업을 말한다. (2014. 3. 14. 신설)

④ 법 제116조 제1항을 적용받으려는 근로자는 행정안전부령으로 정하는 감면신청서에 병역복무기간을 증명하는 서류 등을 첨부하여 취업일이 속하는 달의 다음 달 말일까지 특별징수의무자에게 제출하여야 한다. 다만, 「조세특례제한법 시행령」 제27조 제5항에 따라 원천징수의무자에게 소득세 감면을 신청한 경우에는 법 제116조에 따른 개인지방소득세에 대한 세액감면도 함께 신청한 것으로 본다. (2017. 7. 26. 직제개정 ; 행정안전부와~직제 부칙)

⑤ 특별징수의무자는 「조세특례제한법 시행령」 제27조

편주

「조세특례제한법 시행령」 제27조(중소기업 취업자에 대한 소득세 감면) 참조

계산한다. (2016. 12. 27. 개정)

② 제1항을 적용받으려는 근로자는 대통령령으로 정하는 바에 따라 신청을 하여야 한다. (2014. 1. 1. 신설)

③ 제1항에 따라 감면 신청을 한 근로자가 제1항의 요건을 갖추지 못한 사실을 안 특별징수의무자는 해당 근로자가 퇴직하여 제1항을 적용받음에 따라 과소징수된 금액을 특별징수할 수 없는 경우에는 그 사실을 납세지 관할 지방자치단체의 장에게 통지하여야 하며 납세지 관할 지방자치단체의 장은 제1항을 적용받음에 따라 과소징수된 금액에 100분의 105를 곱한 금액을 해당 근로자에게 개인지방소득세로 즉시 부과·징수하여야 한다. (2014. 1. 1. 신설)

④ 제1항부터 제3항까지 규정한 사항 외에 개인지방소득세 감면의 신청절차, 제출서류, 그 밖의 필요한 사항은 대통령령으로 정한다. (2014. 1. 1. 신설)

편주

「조세특례제한법」 제30조(중소기업 취업자에 대한 소득세 감면) 참조

제117조 【정규직 근로자로의 전환에 따른 세액공제】 ① 중소기업이 2016년 6월 30일 당시 고용하고 있는 「기간제 및 단시간근로자 보호 등에 관한 법률」에 따른 기간제근로자 및 단시간근로자와 「파견근로자 보호 등

제6항 및 제7항에 따라 원천징수 관할 세무서장에게 제출한 자료를 특별징수 관할 지방자치단체의 장에게도 제출하여야 한다. (2015. 2. 3. 개정 ; 조세특례제한법 시행령 부칙)

⑥ 법 제116조 제1항에 따른 중소기업체로부터 받는 근로소득(이하 이 조에서 "감면소득"이라 한다)과 그 외의 종합소득이 있는 경우에 해당 과세기간의 감면세액은 「조세특례제한법 시행령」 제27조 제8항에 따른 감면세액의 100분의 10으로 한다. (2015. 2. 3. 개정 ; 조세특례제한법 시행령 부칙)

⑦ 법 제94조에 따른 근로소득세액공제를 할 때 감면소득과 다른 근로소득이 있는 경우(감면소득 외에 다른 근로소득이 없는 경우를 포함한다)에는 다음 계산식에 따라 계산한 금액을 근로소득세액공제액으로 한다. (2014. 3. 14. 신설)

세액공제액 = 법 제94조에 따라 계산한 근로소득세액공제액 × (1 − 법 제116조 제1항에 따른 중소기업체로부터 받는 총급여액이 해당 근로자의 총급여액에서 차지하는 비율)

편주

「조세특례제한법」 제30조의 2(정규직 근로자로의 전환에 따른 세액공제) 참조

에 관한 법률」에 따른 파견근로자, 「하도급거래 공정화에 관한 법률」에 따른 수급사업자에게 고용된 기간제근로자 및 단시간근로자를 2017년 12월 31일까지 기간의 정함이 없는 근로계약을 체결한 근로자로 전환하거나 「파견근로자 보호 등에 관한 법률」에 따라 사용사업주가 직접 고용하거나 「하도급거래 공정화에 관한 법률」 제2조 제2항 제2호에 따른 원사업자가 기간의 정함이 없는 근로계약을 체결하여 직접 고용하는 경우(이하 이 조에서 "정규직 근로자로의 전환"이라 한다)에는 정규직 근로자로의 전환에 해당하는 인원에 20만원을 곱한 금액을 해당 과세연도의 개인지방소득세(사업소득에 대한 개인지방소득세만 해당한다)에서 공제한다. (2019. 4. 30. 개정 ; 파견근로자보호~부칙)

② 제1항에 따라 개인지방소득세를 공제받은 자가 정규직 근로자로의 전환을 한 날부터 1년이 지나기 전에 해당 정규직 근로자와의 근로관계를 끝내는 경우에는 근로관계가 끝나는 날이 속하는 과세연도의 과세표준신고를 할 때 공제받은 세액상당액에 대통령령으로 정하는 바에 따라 계산한 이자상당액을 가산하여 개인지방소득세로 납부하여야 한다. (2014. 1. 1. 신설)

③ 제1항의 적용을 위한 세액공제 신청 등에 관해 필요한 사항은 대통령령으로 정한다. (2014. 1. 1. 신설)

제70조【정규직 근로자로의 전환에 따른 세액공제】 ① 법 제117조 제2항에서 "대통령령으로 정하는 바에 따라 계산한 이자상당액"이란 법 제117조 제1항에 따라 공제받은 세액에 제1호의 기간과 제2호의 율을 곱하여 계산한 금액을 말한다. (2014. 3. 14. 신설)

1. 공제받은 과세연도의 종료일의 다음 날부터 납부사유가 발생한 날이 속하는 과세연도의 종료일까지의 기간 (2014. 3. 14. 신설)
2. 1일 1만분의 3 (2014. 3. 14. 신설)

② 법 제117조 제3항에 따라 세액공제를 받으려는 자는 과세표준신고와 함께 행정안전부령으로 정하는 세액공

편주

「조세특례제한법 시행령」 제27조의 2(정규직 근로자로의 전환에 따른 세액공제) 참조

제118조 【중소기업 고용증가 인원에 대한 사회보험료 세액 공제】 ① 중소기업이 2018년 12월 31일이 속하는 과세연도까지의 기간 중 해당 과세연도의 상시 근로자 수가 직전 과세연도의 상시근로자 수보다 증가한 경우에는 다음 각 호의 따른 금액을 더한 금액을 해당 과세연도의 개인지방소득세(사업소득에 대한 소득세만 해당한다)에서 공제한다. (2016. 12. 27. 개정)

1. 청년 및 경력단절 여성(이하 이 조에서 "청년등"이라 한다) 상시근로자 고용증가인원에 대하여 사용자가 부담하는 사회보험료 상당액 : 청년등 상시근로자 고용증가인원으로서 대통령령으로 정하는 인원 × 청년등 상시근로자 고용증가 인원에 대한 사용자의 사회보험료 부담금액으로서 대통령령으로 정하는 금액 × 100분의 10 (2016. 12. 27. 개정)
2. 청년등 외 상시근로자 고용증가 인원에 대하여 사용자가 부담하는 사회보험료 상당액 : 청년등 외 상시근로자 고용증가인원으로서 대통령령으로 정하는 인원

제신청서를 납세지 관할 지방자치단체의 장에게 제출하여야 한다. 다만, 「조세특례제한법」 제30조의 2 제3항에 따라 납세지 관할 세무서장에게 소득세 공제를 신청하는 경우에는 법 제117조에 따른 개인지방소득세에 대한 세액공제도 함께 신청한 것으로 본다. (2017. 7. 26. 직제개정 ; 행정안전부와~직제 부칙)

제71조 【중소기업 고용증가 인원에 대한 사회보험료 세액 공제 적용 시 상시근로자의 범위 등】 ① 법 제118조 제1항에 따른 상시근로자는 「조세특례제한법 시행령」 제27조의 4 제1항에 따른 근로자로 한다. (2014. 3. 14. 신설)

② 법 제118조 제1항 제1호에 따른 청년 상시근로자 및 같은 항 제2호에 따른 청년 외 상시근로자는 「조세특례제한법 시행령」 제27조의 4 제2항에 따른다. (2014. 3. 14. 신설)

③ 법 제118조 제1항 제1호에서 "대통령령으로 정하는 인원"이란 「조세특례제한법 시행령」 제27조의 4 제3항에 따른 상시근로자 수를 말하고, 법 제118조 제1항 제2호에서 "대통령령으로 정하는 인원"이란 「조세특례제한법 시행령」 제27조의 4 제4항에 따른 상시근로자 수를 말한다. (2014. 3. 14. 신설)

편주

「조세특례제한법 시행령」 제27조의 4 (중소기업 고용증가 인원에 대한 사회보험료 세액공제 적용 시 상시근로자의 범위 등) 참조

× 청년등 외 상시근로자 외의 상시근로자고용증가인원에 대한 사용자의 사회보험료 부담금액으로서 대통령령으로 정하는 금액 × 100분의 5(대통령령으로 정하는 신성장 서비스업을 영위하는 중소기업의 경우 1,000분의 75) (2016. 12. 27. 개정)

② 제1항에 따른 사회보험이란 다음 각 호의 것을 말한다. (2014. 1. 1. 신설)

1. 「국민연금법」에 따른 국민연금 (2014. 1. 1. 신설)
2. 「고용보험법」에 따른 고용보험 (2014. 1. 1. 신설)
3. 「산업재해보상보험법」에 따른 산업재해보상보험 (2014. 1. 1. 신설)
4. 「국민건강보험법」에 따른 국민건강보험 (2014. 1. 1. 신설)
5. 「노인장기요양보험법」에 따른 장기요양보험 (2014. 1. 1. 신설)

③ 제1항을 적용할 때 세액공제 신청, 상시근로자, 청년등 상시근로자의 범위 및 제115조의 2에 따른 세액공제를 적용받은 경우 청년등 상시근로자 고용증가인원의 계산방법과 그 밖에 필요한 사항은 대통령령으로 정한다. (2016. 12. 27. 개정)

편주

구 「조세특례제한법」 제30조의 4(중소기업 고용증가 인원에 대한 사회보험료 세액공제) 참조

④ 제3항에 따른 상시근로자와 청년 상시근로자의 수에 대한 계산은 「조세특례제한법 시행령」 제27조의 4 제5항 및 제6항에 따른다. (2014. 3. 14. 신설)

⑤ 법 제118조 제1항 제1호에서 "대통령령으로 정하는 금액"이란 「조세특례제한법 시행령」 제27조의 4 제7항에 따라 계산한 금액을 말하고, 같은 항 제2호에서 "대통령령으로 정하는 금액"이란 「조세특례제한법 시행령」 제27조의 4 제8항에 따라 계산한 금액을 말한다. (2014. 3. 14. 신설)

⑥ 법 제118조 제1항을 적용받으려는 중소기업은 해당 과세연도의 과세표준신고를 할 때 행정안전부령으로 정하는 세액공제신청서 및 공제세액계산서를 납세지 관할 지방자치단체의 장에게 제출하여야 한다. 다만, 「조세특례제한법」 제30조의 4 제3항에 따라 납세지 관할 세무서장에게 소득세 공제를 신청하는 경우에는 법 제118조 제1항에 따른 개인지방소득세에 대한 세액공제도 함께 신청한 것으로 본다. (2017. 7. 26. 직제개정 ; 행정안전부와~직제 부칙)

제7절 기업구조조정을 위한 특례
(2014. 1. 1. 신설)

제119조【중소기업 간의 통합에 대한 양도소득분 개인지방소득세의 이월과세 등】 ① 대통령령으로 정하는 업종을 경영하는 중소기업 간의 통합으로 인하여 소멸되는 중소기업이 대통령령으로 정하는 사업용고정자산(이하 "사업용고정자산"이라 한다)을 통합에 의하여 설립된 법인 또는 통합 후 존속하는 법인(이하 이 조에서 "통합법인"이라 한다)에 양도하는 경우 그 사업용고정자산에 대해서는 이월과세를 적용받을 수 있다. (2014. 1. 1. 신설)

② 제1항의 적용대상이 되는 중소기업 간 통합의 범위 및 요건에 관하여는 대통령령으로 정한다. (2014. 1. 1. 신설)

③ 제1항을 적용받으려는 내국인은 대통령령으로 정하는 바에 따라 이월과세 적용신청을 하여야 한다. (2014. 1. 1. 신설)

④ 제1항을 적용받은 내국인이 사업용고정자산을 양도한 날부터 5년 이내에 다음 각 호의 어느 하나에 해당하는 사유가 발생하는 경우에는 해당 내국인은 사유발생일이 속하는 달의 말일부터 2개월 이내에 제1항에 따른 이월과세액(통합법인이 이미 납부한 세액을 제외한 금

제7절 기업구조조정을 위한 특례
(2014. 3. 14. 신설)

제72조【중소기업 간의 통합에 대한 양도소득분 개인지방소득세의 이월과세 등】 ① 법 제119조 제1항에서 "대통령령으로 정하는 업종을 경영하는 중소기업 간의 통합"이란「조세특례제한법 시행령」제28조 제1항에 따른 통합을 말하고, "대통령령으로 정하는 사업용고정자산"이란「조세특례제한법 시행령」제28조 제2항에 따른 자산을 말한다. (2014. 3. 14. 신설)

② 법 제119조 제1항에 따라 양도소득분 개인지방소득세의 이월과세를 적용받으려는 자는 통합일이 속하는 과세연도의 과세표준신고 시 통합법인과 함께 행정안전부령으로 정하는 이월과세적용신청서를 납세지 관할 지방자치단체의 장에게 제출하여야 한다. 다만,「조세특례제한법」제28조 제3항에 따라 납세지 관할 세무서장에게 양도소득세 이월과세를 신청하는 경우에는 법 제119조에 따른 개인지방소득세에 대한 이월과세도 함께 신청한 것으로 본다. (2017. 7. 26. 직제개정 ; 행정안전부와~직제 부칙)

③ 법 제119조 제4항 각 호 외의 부분 후단에 따른 사업폐지의 판단기준 등에 관하여는「조세특례제한법 시행령」제28조 제9항부터 제11항까지의 규정을 준용한다. (2020.

편주

「조세특례제한법 시행령」제28조(중소기업 간의 통합에 대한 양도소득세의 이월과세 등) 참조

액을 말한다)을 양도소득분 개인지방소득세로 납부하여야 한다. 이 경우 사업 폐지의 판단기준 등에 관하여 필요한 사항은 대통령령으로 정한다. (2014. 12. 31. 개정)

1. 통합법인이 소멸되는 중소기업으로부터 승계받은 사업을 폐지하는 경우 (2014. 1. 1. 신설)
2. 제1항을 적용받은 내국인이 통합으로 취득한 통합법인의 주식 또는 출자지분의 100분의 50 이상을 처분하는 경우 (2014. 1. 1. 신설)

편주

「조세특례제한법」 제31조(중소기업 간의 통합에 대한 양도소득세의 이월과세 등) 참조

제120조【법인전환에 대한 양도소득분 개인지방소득세의 이월과세】 ① 거주자가 사업용고정자산을 현물출자하거나 대통령령으로 정하는 사업 양도·양수의 방법에 따라 법인(대통령령으로 정하는 소비성서비스업을 경영하는 법인은 제외한다)으로 전환하는 경우 그 사업용고정자산에 대해서는 이월과세를 적용받을 수 있다. (2014. 1. 1. 신설)

② 제1항은 새로 설립되는 법인의 자본금이 대통령령으로 정하는 금액 이상인 경우에만 적용한다. (2014. 1. 1. 신설)

③ 제1항을 적용받으려는 거주자는 대통령령으로 정하는 바에 따라 이월과세 적용신청을 하여야 한다. (2014. 1. 15. 개정)

제73조【법인전환에 대한 양도소득분 개인지방소득세의 이월과세】 ① 법 제120조 제1항에서 "대통령령으로 정하는 사업 양도·양수의 방법"이란 「조세특례제한법 시행령」 제29조 제2항에 따른 방법을 말하고, "대통령령으로 정하는 소비성서비스업"이란 「조세특례제한법 시행령」 제29조 제3항 각 호의 어느 하나에 해당하는 사업을 말한다. (2014. 3. 14. 신설)

② 법 제120조 제2항에서 "대통령령으로 정하는 금액"이란 「조세특례제한법 시행령」 제29조 제5항에 따라 계산한 금액을 말한다. (2014. 3. 14. 신설)

③ 법 제120조 제1항에 따라 양도소득분 개인지방소득

편주

「조세특례제한법 시행령」 제29조(법인전환에 대한 양도소득세의 이월과세) 참조

1. 1. 신설)

④ 제1항에 따라 설립된 법인의 설립일부터 5년 이내에 다음 각 호의 어느 하나에 해당하는 사유가 발생하는 경우에는 제1항을 적용받은 거주자가 사유발생일이 속하는 달의 말일부터 2개월 이내에 제1항에 따른 이월과세액(해당 법인이 이미 납부한 세액을 제외한 금액을 말한다)에 대해서는 양도소득분 개인지방소득세로 납부하여야 한다. 이 경우 사업 폐지의 판단기준 등에 관하여 필요한 사항은 대통령령으로 정한다. (2014. 12. 31. 개정)

1. 제1항에 따라 설립된 법인이 제1항을 적용받은 거주자로부터 승계받은 사업을 폐지하는 경우 (2014. 1. 1. 신설)
2. 제1항을 적용받은 거주자가 법인전환으로 취득한 주식 또는 출자지분의 100분의 50 이상을 처분하는 경우 (2014. 1. 1. 신설)

편주

「조세특례제한법」 제32조(법인전환에 대한 양도소득세의 이월과세) 참조

제121조【사업전환 무역조정지원기업에 대한 세액감면】

① 「무역조정 지원등에 관한 법률」 제6조에 따른 무역조정지원기업(이하 이 조 및 제122조에서 "무역조정지원기업"이라 한다)이 경영하던 사업(이하 이 조에서 "전환전사업"이라 한다)을 「조세특례제한법」 제6조 제3항 각 호의 어느 하나에 해당하는 사업(이하 이 조에서 "전환사업"이라 한다)으로 전환하

세의 이월과세를 적용받으려는 자는 현물출자 또는 사업 양도·양수를 한 날이 속하는 과세연도의 과세표준 신고 시 새롭게 설립되는 법인과 함께 행정안전부령으로 정하는 이월과세적용신청서를 납세지 관할 지방자치단체의 장에게 제출하여야 한다. 다만, 「조세특례제한법 시행령」 제29조 제4항에 따라 납세지 관할 세무서장에게 양도소득세 이월과세를 신청하는 경우에는 법 제120조에 따른 개인지방소득세에 대한 이월과세도 함께 신청한 것으로 본다. (2017. 7. 26. 직제개정 ; 행정안전부와~직제 부칙)

④ 법 제120조 제4항 각 호 외의 부분 후단에 따른 사업 폐지의 판단기준 등에 관하여 필요한 사항은 「조세특례제한법 시행령」 제29조 제6항부터 제8항까지의 규정을 준용한다. (2020. 1. 15. 개정)

기 위하여 해당 전환전사업에 직접 사용하는 사업용고정자산(이하 이 조에서 "전환전사업용고정자산"이라 한다)을 2018년 12월 31일까지 양도하고 양도일부터 1년 이내에 전환사업에 직접 사용할 사업용고정자산을 취득하는 경우로써 그 전환전사업의 사업장 건물 및 그 부속토지의 양도가액(이하 이 조에서 "전환전사업양도가액"이라 한다)으로 전환사업의 기계장치를 취득한 경우에는 대통령령으로 정하는 바에 따라 양도소득분 개인지방소득세의 100분의 50에 상당하는 세액을 감면받을 수 있다. 다만, 거주자가 「조세특례제한법」 제33조 제2항에 의한 과세이연을 받은 경우에는 본문을 적용하지 아니한다. (2021. 10. 19. 개정 ; 자유무역협정~부칙)

제121조【사업전환 통상변화대응지원기업에 대한 세액감면】(2024. 2. 20. 제목개정 ; 무역조정~부칙)

① 「통상환경변화 대응 및 지원 등에 관한 법률」 제6조에 따른 통상변화대응지원기업(이하 이 조 및 제122조에서 "통상변화대응지원기업"이라 한다)이 경영하던 사업(이하 이 조에서 "전환전사업"이라 한다)을 「조세특례제한법」 제6조 제3항 각 호의 어느 하나에 해당하는 사업(이하 이 조에서 "전환사업"이라 한다)으로 전환하기 위하여 해당 전환전사업에 직접 사용하는 사업용고정자산(이하 이 조에서 "전환전사업용고정자산"이라 한다)을 2018년 12월 31일까지 양도하고 양도일부터 1년 이내에 전환사업에 직접 사용할 사업용고정자산을 취득하는 경우로써 그 전환전사업의 사업장 건물 및 그 부속토지의 양도가액(이하 이 조에서 "전환전사업양도가액"이라 한

제74조【사업전환 통상변화대응지원기업에 대한 세액감면】(2024. 12. 10. 제목개정 ; 무역조정~부칙)

① 법 제121조 제1항 본문에 따른 사업용고정자산은 「조세특례제한법 시행령」 제30조 제2항에 따른 자산으로 한다. (2014. 3. 14. 신설)

② 법 제121조 제1항의 적용대상이 되는 사업전환은 「조세특례제한법 시행령」 제30조 제3항에 따른 사업전환으로 한다. (2014. 3. 14. 신설)

③ 법 제121조 제1항에 따라 감면하는 세액은 다음 계산식에 따라 계산한 금액으로 한다. (2014. 3. 14. 신설)

$$\text{전환전사업의 사업장 건물 및 그 부속토지의 양도에 따른 「지방세법」 제103조 및 제103조의 2에 따른 양도소득분 개인지방 소득세 산출세액} \times \text{전환전사업의 양도가액 중 전환사업의 기계장치 취득가액이 차지하는 비율} \times \frac{50}{100}$$

편주

「조세특례제한법 시행령」 제30조(사업전환 무역조정지원기업에 대한 과세특례) 참조

다)으로 전환사업의 기계장치를 취득한 경우에는 대통령령으로 정하는 바에 따라 양도소득분 개인지방소득세의 100분의 50에 상당하는 세액을 감면받을 수 있다. 다만, 거주자가 「조세특례제한법」 제33조 제2항에 의한 과세이연을 받은 경우에는 본문을 적용하지 아니한다. (2024. 2. 20. 개정 ; 무역조정~부칙)

② 제1항을 적용받은 내국인이 사업전환을 하지 아니하거나 전환사업 개시일부터 3년 이내에 해당 사업을 폐업하거나 해산한 경우에는 그 사유가 발생한 날이 속하는 사업연도의 소득금액을 계산할 때 감면받은 세액을 양도소득분 개인지방소득세로 납부하여야 한다. 이 경우 대통령령으로 정하는 바에 따라 계산한 이자 상당 가산액을 양도소득분 개인지방소득세에 가산하여 납부하여야 하며 해당 세액은 「지방세법」 제103조의 7에 따라 납부하여야 할 세액으로 본다. (2014. 1. 1. 신설)

③ 제1항부터 제2항까지의 규정을 적용하는 경우 사업전환의 범위, 사업용고정자산의 범위, 세액감면신청서 및 사업용고정자산 양도차익명세서의 제출, 그 밖에 필요한 사항은 대통령령으로 정한다. (2014. 1. 1. 신설)

편주

「조세특례제한법」 제33조(사업전환 무역조정지원기업에 대한 과세특례) 참조

④ 제3항을 적용할 때 전환전사업용고정자산의 양도일이 속하는 사업연도 종료일까지 전환사업용고정자산, 전환사업의 기계장치·사업장건물 및 그 부속토지를 취득하지 아니한 경우 해당 취득가액은 사업전환(예정)명세서상의 예정가액으로 한다. (2014. 3. 14. 신설)

⑤ 법 제121조 제2항 전단에 따라 납부할 세액은 다음 각 호의 금액으로 한다. (2014. 3. 14. 신설)

1. 제3항에 따라 양도소득분 개인지방소득세를 감면받은 경우 : 감면받은 세액 전액 (2014. 3. 14. 신설)
2. 제4항에 따른 예정가액에 따라 세액감면을 받은 경우 : 실제 가액을 기준으로 제3항에 따라 계산한 금액을 초과하여 적용받은 금액 (2014. 3. 14. 신설)

⑥ 법 제121조 제2항 후단에서 "대통령령으로 정하는 바에 따라 계산한 이자 상당 가산액"이란 제5항에 따라 납부하여야 할 감면세액에 대하여 제1호에 따른 기간과 제2호에 따른 율을 곱하여 계산한 금액을 말한다. (2014. 3. 14. 신설)

1. 감면을 받은 과세연도 종료일의 다음 날부터 납부사유가 발생한 과세연도 종료일까지의 기간 (2014. 3. 14. 신설)
2. 1일 1만분의 3 (2014. 3. 14. 신설)

⑦ 법 제121조를 적용하는 경우 사업의 분류는 한국표준산업분류에 따른 세세분류를 따른다. (2014. 3. 14. 신설)

⑧ 법 제121조 제1항에 따라 양도소득분 개인지방소득

제122조【사업전환 중소기업 및 무역조정지원기업에 대한 세액감면】 ① 중소기업을 경영하는 내국인이 5년 이상 계속하여 경영하던 사업 및 무역조정지원기업이 경영하던 사업(이하 이 조에서 "전환전사업"이라 한다)을 다음 각 호에 따라 2018년 12월 31일(공장을 신설하는 경우에는 2020년 12월 31일)까지 수도권과밀억제권역 밖(무역조정지원기업은 수도권과밀억제권역에서 사업을 전환하는 경우를 포함한다)에서 「조세특례제한법」 제6조 제3항 각 호의 어느 하나에 해당하는 사업(이하 이 조에서 "전환사업"이라 한다)으로 전환하는 경우에는 대통령령으로 정하는 사업전환일(이하 이 조에서 "사업전환일"이라 한다) 이후 최초로 소득이 발생한 날이 속하는 과세연도(사업전환일부터 5년이 되는 날이 속하는 과세연도까지 해당 사업에서 소득이 발생하지 아니하는 경우에는 5년이 되는 날이 속하는 과세연도)와 그 다음 과세연도의 개시일부터 3년 이내에 끝나는 과세연도까지 해당 전환사업에서 발생하는 소득에 대한 개인지방소득세의 100분의 50에 상당하는 세액을 감면한다. (2016. 12. 27. 개정)

제122조【사업전환 중소기업 및 통상변화대응지원기업에 대한 세액감면】 (2024. 2. 20. 제목개정 ; 무역조정~부칙)

① 중소기업을 경영하는 내국인이 5년 이상 계속하여 경영하던 사업 및 통상변화대응지원기업이 경영하던 사업

세 감면을 적용받으려는 거주자는 전환전사업용고정자산의 양도일이 속하는 과세연도의 과세표준신고와 함께 행정안전부령으로 정하는 세액감면신청서와 사업전환(예정)명세서를 납세지 관할 지방자치단체의 장에게 제출하여야 한다. 다만, 「조세특례제한법 시행령」 제30조 제12항에 따라 납세지 관할 세무서장에게 소득세 감면을 신청하는 경우에는 법 제121조에 따른 개인지방소득세에 대한 세액감면도 함께 신청한 것으로 본다. (2017. 7. 26. 직제개정 ; 행정안전부와~직제 부칙)

⑨ 제4항을 적용받은 후 전환사업을 개시한 경우에는 그 사업개시일이 속하는 과세연도의 과세표준신고와 함께 행정안전부령으로 정하는 사업전환완료보고서를 납세지 관할 지방자치단체의 장에게 제출하여야 한다. 다만, 「조세특례제한법 시행령」 제30조 제13항에 따라 납세지 관할 세무서장에게 사업전환완료보고서를 제출한 경우에는 납세지 관할 지방자치단체의 장에게도 함께 제출한 것으로 본다. (2017. 7. 26. 직제개정 ; 행정안전부와~직제 부칙)

제75조【사업전환 중소기업에 대한 세액감면】 ① 법 제122조 제1항 각 호 외의 부분에서 "대통령령으로 정하는 사업전환일"이란 「조세특례제한법 시행령」 제30조의 2 제2항 각 호의 어느 하나에 해당하는 날을 말한다. (2014. 3. 14. 신설)

☞ 편주

「조세특례제한법 시행령」 제30조의 2(사업전환중소기업에 대한 세액감면) 참조

(이하 이 조에서 "전환전사업"이라 한다)을 다음 각 호에 따라 2018년 12월 31일(공장을 신설하는 경우에는 2020년 12월 31일)까지 수도권과밀억제권역 밖(통상변화대응지원기업은 수도권과밀억제권역에서 사업을 전환하는 경우를 포함한다)에서 「조세특례제한법」 제6조 제3항 각 호의 어느 하나에 해당하는 사업(이하 이 조에서 "전환사업"이라 한다)으로 전환하는 경우에는 대통령령으로 정하는 사업전환일(이하 이 조에서 "사업전환일"이라 한다) 이후 최초로 소득이 발생한 날이 속하는 과세연도(사업전환일부터 5년이 되는 날이 속하는 과세연도까지 해당 사업에서 소득이 발생하지 아니하는 경우에는 5년이 되는 날이 속하는 과세연도)와 그 다음 과세연도의 개시일부터 3년 이내에 끝나는 과세연도까지 해당 전환사업에서 발생하는 소득에 대한 개인지방소득세의 100분의 50에 상당하는 세액을 감면한다. (2024. 2. 20. 개정 ; 무역조정~부칙)

1. 전환전사업을 양도하거나 폐업하고 양도하거나 폐업한 날부터 1년(공장을 신설하는 경우에는 3년) 이내에 전환사업으로 전환하는 경우 (2014. 1. 1. 신설)
2. 대통령령으로 정하는 바에 따라 전환전사업의 규모를 축소하고 전환사업을 추가하는 경우 (2014. 1. 1. 신설)

② 제1항 제2호를 적용하는 경우 감면기간 중 대통령령으로 정하는 과세연도에 대해서는 같은 항에 따른 감면을 적용하지 아니한다. (2014. 1. 1. 신설)

② 법 제122조 제1항 제2호에 따른 사업전환은 「조세특례제한법 시행령」 제30조의 2 제3항에 따른 사업전환으로 한다. (2014. 3. 14. 신설)

③ 법 제122조 제2항에서 "대통령령으로 정하는 과세연도"란 「조세특례제한법 시행령」 제30조의 2 제4항에 따른 과세연도를 말한다. (2014. 3. 14. 신설)

④ 법 제122조를 적용하는 경우 사업의 분류는 한국표준산업분류에 따른 세세분류를 따른다. (2014. 3. 14. 신설)

③ 제1항을 적용받은 내국인이 사업전환을 하지 아니하거나 사업전환일부터 3년 이내에 해당 사업을 폐업하거나 해산한 경우에는 그 사유가 발생한 날이 속하는 과세연도의 소득금액을 계산할 때 감면받은 세액을 개인지방소득세로 납부하여야 한다. (2014. 1. 1. 신설)

④ 제1항에 따라 감면받은 개인지방소득세액을 제3항에 따라 납부하는 경우에는 대통령령으로 정하는 바에 따라 계산한 이자 상당 가산액을 개인지방소득세에 가산하여 납부하여야 하며 해당 세액은 「지방세법」 제95조에 따라 납부하여야 할 세액으로 본다. (2014. 1. 1. 신설)

⑤ 제1항을 적용받으려는 내국인은 대통령령으로 정하는 바에 따라 세액감면신청을 하여야 한다. (2014. 1. 1. 신설)

편주

「조세특례제한법」 제33조의 2(사업전환 중소기업 및 무역조정 지원기업에 대한 세액감면) 참조

⑤ 법 제122조 제4항에서 "대통령령으로 정하는 바에 따라 계산한 이자 상당 가산액"이란 같은 조 제3항에 따라 납부하여야 할 세액에 상당하는 금액에 제1호에 따른 기간과 제2호에 따른 율을 곱하여 계산한 금액을 말한다. (2014. 3. 14. 신설)

1. 감면을 받은 과세연도의 종료일 다음 날부터 법 제122조 제3항에 해당하는 사유가 발생한 과세연도의 종료일까지의 기간 (2014. 3. 14. 신설)
2. 1일 1만분의 3 (2014. 3. 14. 신설)

⑥ 법 제122조 제1항에 따라 개인지방소득세를 감면받으려는 내국인은 사업전환일이 속하는 과세연도의 과세표준신고와 함께 행정안전부령으로 정하는 세액감면신청서를 납세지 관할 지방자치단체의 장에게 제출하여야 한다. 다만, 「조세특례제한법 시행령」 제30조의 2 제7항에 따라 납세지 관할 세무서장에게 소득세 감면을 신청하는 경우에는 법 제122조에 따른 개인지방소득세에 대한 세액감면도 함께 신청한 것으로 본다. (2017. 7. 26. 직제개정 ; 행정안전부와~직제 부칙)

제123조 【주주등의 자산양도에 관한 개인지방소득세 과세특례】 ①「조세특례제한법」 제40조 제1항에 따라 주주등이 법인에 자산을 증여할 때 거주자인 주주등이 소유하던 자산을 양도하고 2018년 12월 31일 이전에 그 양도대금을 해당 법인에 증여하는 경우에는 해당 자산을 양도함으로써 발생하는 양도차익 중 대통령령으로 정하는 증여금액에 상당하는 금액(이하 이 조에서 "양도차익상당액"이라 한다)에 대한 양도소득분 개인지방소득세를 면제한다. (2016. 12. 27. 개정)

② 제1항에 따라 자산을 증여받은 법인이 「조세특례제한법」 제40조 제4항 각 호의 어느 하나에 해당하는 경우에는 제1항에 따라 감면한 세액을 해당 법인이 납부할 법인지방소득세액에 가산하여 징수한다. (2014. 3. 24. 신설)

③ 제2항에 따라 법인이 납부할 세액에는 대통령령으로 정하는 바에 따라 계산한 이자상당가산액을 가산하며 해당 세액은 「지방세법」 제103조의 23 제3항에 따라 납부하여야 할 세액으로 본다. 다만, 「조세특례제한법」 제40조 제4항 제3호 단서에 해당하는 경우에는 그러하지 아니하다. (2014. 3. 24. 신설)

④ 제1항부터 제3항까지의 규정을 적용할 때 세액감면의 신청 등 필요한 사항은 대통령령으로 정한다. (2014. 3. 24. 개정)

제76조 【주주등의 자산양도에 관한 개인지방소득세 과세특례】 ① 법 제123조 제1항에서 "대통령령으로 정하는 증여금액에 상당하는 금액"이란 「조세특례제한법 시행령」 제37조 제12항에 따라 계산한 금액을 말한다. (2014. 3. 14. 신설)

② 법 제123조 제1항에 따라 주주등이 감면받은 세액 중 같은 조 제2항에 따라 해당 법인이 납부하여야 할 법인지방소득세액에 가산하여 징수하는 금액은 「조세특례제한법 시행령」 제37조 제15항 제1호 각 목에서 계산한 금액의 100분의 10에 해당하는 금액으로 한다. (2014. 8. 20. 신설)

③ 법 제123조 제3항 본문에서 "대통령령으로 정하는 바에 따라 계산한 이자상당가산액"이란 제2항에 따른 세액에 제1호에 따른 기간과 제2호에 따른 율을 곱하여 계산한 금액을 말한다. (2014. 8. 20. 신설)

1. 제2항에 따른 세액을 납부하지 아니한 사업연도 종료일의 다음 날부터 제2항에 따른 세액을 납부하는 사업연도 종료일까지의 기간 (2014. 8. 20. 신설)
2. 1일 1만분의 3 (2014. 8. 20. 신설)

④ 법 제123조 제1항을 적용받으려는 주주등은 같은 항에 따라 자산을 양도한 날이 속하는 과세연도의 과세표준신고와 함께 자산매매계약서, 증여계약서, 행정안전부령으로 정하는 채무상환(예정)명세서 및 세액감면신청서를 납세지 관할 지방자치단체의 장에게 제출하여야 한다. 다만, 「조세특례제한법 시행령」 제37조 제25항에

편주

「조세특례제한법 시행령」 제37조(주주등의 자산양도에 관한 법인세 등 과세특례) 참조

편주

「조세특례제한법」 제40조(주주등의 자산양도에 관한 법인세 등 과세특례) 참조

제8절 지역 간의 균형발전을 위한 특례
(2014. 1. 1. 신설)

제124조【수도권과밀억제권역 밖으로 이전하는 중소기업에 대한 세액감면】 ① 수도권과밀억제권역에서 2년 이상 계속하여 공장시설을 갖추고 사업을 하는 중소기업(내국인만 해당한다)이 대통령령으로 정하는 바에 따라 수도권과밀억제권역 밖으로 그 공장시설을 전부 이전(본점이나 주사무소가 수도권과밀억제권역에 있는 경우에는 해당 본점이나 주사무소도 함께 이전하는 경우만 해당한다)하여 2017년 12월 31일까지 사업을 개시한 경우에는 이전 후의 공장에서 발생하는 소득에 대하여 이전일 이후 해당 공장에서 최초로 소득이 발생한 과세연도(이전일부터 5년이 되는 날이 속하는 과세연도까지 소득이 발생하지 아니한 경우에는 이전일부터 5년이 되는 날이 속하는 과세연도)와 그 다음 과세연도 개시일부터 6년(「수도권정비계획법」 제6조 제1항 제2호의 성

따라 납세지 관할 세무서장에게 소득세 감면을 신청하는 경우에는 법 제123조에 따른 개인지방소득세에 대한 세액감면도 함께 신청한 것으로 본다. (2017. 7. 26. 직제개정 ; 행정안전부와~직제 부칙)

제8절 지역 간의 균형발전을 위한 특례
(2014. 3. 14. 신설)

제77조【수도권과밀억제권역 밖으로 이전하는 중소기업에 대한 세액감면】 ① 법 제124조 제1항에 따라 세액을 감면받을 수 있는 경우는 「조세특례제한법 시행령」 제60조 제1항에 따른 경우로 하고, 법 제124조 제1항에서 “대통령령으로 정하는 지역”이란 「조세특례제한법 시행령」 제60조 제2항에 따른 지역을 말한다. (2014. 3. 14. 신설)

편주

구 「조세특례제한법 시행령」 제60조(수도권과밀억제권역 밖으로 이전하는 중소기업에 대한 세액감면) 참조

장관리권역, 같은 항 제3호의 자연보전권역, 수도권 외 지역에 소재하는 광역시 및 대통령령으로 정하는 지역으로 이전하는 경우에는 4년) 이내에 끝나는 과세연도에는 개인지방소득세의 100분의 100에 상당하는 세액을 감면하고, 그 다음 3년(「수도권정비계획법」 제6조 제1항 제2호의 성장관리권역, 같은 항 제3호의 자연보전권역, 수도권 외 지역에 소재하는 광역시 및 대통령령으로 정하는 지역으로 이전하는 경우에는 2년) 이내에 끝나는 과세연도에는 개인지방소득세의 100분의 50에 상당하는 세액을 감면한다. (2016. 12. 27. 개정)

② 제1항에 따라 감면을 적용받은 중소기업이 다음 각 호의 어느 하나에 해당하는 경우에는 그 사유가 발생한 과세연도의 개인지방소득 과세표준신고를 할 때 대통령령으로 정하는 바에 따라 계산한 세액을 개인지방소득세로 납부하여야 한다. (2014. 1. 1. 신설)

1. 공장을 이전하여 사업을 개시한 날부터 3년 이내에 그 사업을 폐업하는 경우. 다만, 합병·분할 또는 분할합병으로 인한 경우에는 그러하지 아니하다. (2014. 1. 1. 신설)
2. 대통령령으로 정하는 바에 따라 공장을 수도권과밀억제권역 밖으로 이전하여 사업을 개시한 경우에 해당하지 아니하는 경우 (2014. 1. 1. 신설)
3. 제1항에 따라 감면을 받는 기간에 수도권과밀억제권역에 제1항에 따라 이전한 공장에서 생산하는 제품과

② 법 제124조 제2항 각 호 외의 부분에서 "대통령령으로 정하는 바에 따라 계산한 세액"이란 공장의 이전일 이후 법 제124조 제1항에 따라 감면받은 개인지방소득세를 말한다. 이 경우 수도권과밀억제권역 밖으로 이전한 공장이 둘 이상인 경우로서 법 제124조 제2항 제3호에 해당하는 때(본사를 설치한 때는 제외한다)에는 수도권 과밀억제권역 안에 설치된 공장의 제품과 동일한 제품을 생산하는 공장의 이전으로 감면받은 분으로 한정한다. (2014. 3. 14. 신설)

③ 법 제124조 제2항 제2호에서 "대통령령으로 정하는 바에 따라 공장을 수도권과밀억제권역 밖으로 이전하여 사업을 개시한 경우"란 제1항에서 정하는 바에 따라 공장을 이전하여 사업을 개시한 경우를 말한다. (2014. 3. 14. 신설)

같은 제품을 생산하는 공장을 설치하거나 본사를 설치한 경우 (2014. 1. 1. 신설)

③ 제1항에 따라 감면받은 개인지방소득세를 제2항에 따라 납부하는 경우에는 제122조 제4항의 이자 상당 가산액에 관한 규정을 준용한다. (2014. 1. 1. 신설)

④ 제1항을 적용받으려는 자는 대통령령으로 정하는 바에 따라 세액감면신청을 하여야 한다. (2014. 1. 1. 신설)

⑤ 제1항을 적용받으려는 중소기업은 대통령령으로 정하는 분류를 기준으로 이전 전의 공장에서 영위하던 업종과 이전 후의 공장에서 영위하는 업종이 같아야 한다. (2014. 1. 1. 신설)

⑥ 제1항에 따라 감면을 적용받은 기업이 「중소기업기본법」에 따른 중소기업이 아닌 기업과 합병 등 대통령령으로 정하는 사유에 따라 중소기업에 해당하지 아니하게 된 경우에는 해당 사유 발생일이 속하는 과세연도부터 감면하지 아니한다. (2016. 12. 27. 신설)

편주

구 「조세특례제한법」 제63조(수도권과밀억제권역 밖으로 이전하는 중소기업에 대한 세액감면) 참조

제125조【농공단지 입주기업 등에 대한 세액감면】

① 다음 각 호의 어느 하나에 해당하는 자에 대해서

④ 법 제124조 제1항을 적용받으려 자는 과세표준신고와 함께 행정안전부령으로 정하는 세액감면신청서 및 감면세액계산서를 납세지 관할 지방자치단체의 장에게 제출하여야 한다. 다만, 「조세특례제한법 시행령」 제60조 제5항에 따라 납세지 관할 세무서장에게 소득세 감면을 신청하는 경우에는 법 제124조에 따른 개인지방소득세에 대한 세액감면도 함께 신청한 것으로 본다. (2017. 7. 26. 직제개정 ; 행정안전부와~직제 부칙)

⑤ 법 제124조 제5항에서 "대통령령으로 정하는 분류"란 한국표준산업분류상의 세분류를 말한다. (2014. 3. 14. 신설)

제78조【농공단지 입주기업 등에 대한 세액감면】

① 법 제125조 제1항 제1호에서 "대통령령으로 정하는

편주

「조세특례제한법 시행령」 제61조(농공단지 입주기업 등에 대한 세액감면) 참조

는 제100조 제1항을 준용하여 해당 사업에서 발생한 소득에 대한 개인지방소득세를 감면한다. (2014. 1. 1. 신설)

1. 2018년 12월 31일까지 「산업입지 및 개발에 관한 법률」에 따른 농공단지 중 대통령령으로 정하는 농공단지에 입주하여 농어촌소득원개발사업을 하는 내국인 (2016. 12. 27. 개정)
2. 2018년 12월 31일까지 「지역중소기업 육성 및 혁신촉진 등에 관한 법률」 제23조에 따른 중소기업특별지원지역으로서 대통령령으로 정하는 지역에 입주하여 사업을 하는 중소기업 (2021. 7. 27. 개정 ; 지역중소기업~부칙)

② 제1항을 적용받으려는 자는 대통령령으로 정하는 바에 따라 세액감면신청을 하여야 한다. (2014. 1. 1. 신설)

편주
「조세특례제한법」 제64조(농공단지 입주기업 등에 대한 세액감면) 참조

제126조【영농조합법인의 조합원에 대한 개인지방소득세의 면제】 ① 「농어업경영체 육성 및 지원에 관한 법률」에 따른 영농조합법인(이하 "영농조합법인"이라 한다)의 조합원이 영농조합법인으로부터 2018년 12월 31일까지 받는 배당소득 중 곡물 및 기타 식량작물 재배업에서 발생하는 소득(이하 "식량작물재배업소득"이라 한다)

농공단지"란 「조세특례제한법 시행령」 제61조 제1항에 따른 농공단지를 말하고, 같은 항 제2호에서 "대통령령으로 정하는 지구·지역"이란 「조세특례제한법 시행령」 제61조 제2항에 따른 지역을 말한다. (2014. 3. 14. 신설)

② 법 제125조 제1항을 적용받으려는 자는 과세표준신고와 함께 행정안전부령으로 정하는 세액감면신청서를 납세지 관할 지방자치단체의 장에게 제출하여야 한다. 다만, 「조세특례제한법 시행령」 제61조 제3항에 따라 납세지 관할 세무서장에게 소득세 감면을 신청하는 경우에는 법 제125조에 따른 개인지방소득세에 대한 세액감면도 함께 신청한 것으로 본다. (2017. 7. 26. 직제개정 ; 행정안전부와~직제 부칙)

제79조【영농조합법인의 조합원에 대한 개인지방소득세의 면제】 ① 법 제126조 제1항 전단에 따라 면제되는 배당소득은 「조세특례제한법 시행령」 제63조 제2항에 따라 소득세가 면제되는 배당소득으로 한다. (2014. 3. 14. 신설)

② 법 제126조 제1항 후단에 따른 배당소득의 계산은 「조

편주
「조세특례제한법 시행령」 제63조(영농조합법인 등에 대한 법인세의 면제 등) 참조

에서 발생한 배당소득 전액과 식량작물재배업소득 외의 소득에서 발생한 배당소득 중 대통령령으로 정하는 범위의 금액에 대해서는 개인지방소득세를 면제한다. 이 경우 식량작물재배업소득에서 발생한 배당소득과 식량작물재배업소득 외의 소득에서 발생한 배당소득의 계산은 대통령령으로 정하는 바에 따른다. (2016. 12. 27. 개정)

② 대통령령으로 정하는 농업인이 2018년 12월 31일 이전에 농지 또는 「초지법」 제5조에 따른 초지조성허가를 받은 초지(이하 "초지"라 한다)를 영농조합법인에 현물출자함으로써 발생하는 소득에 대해서는 양도소득분 개인지방소득세의 100분의 100에 상당하는 세액을 감면한다. 다만, 해당 농지 또는 초지가 「국토의 계획 및 이용에 관한 법률」에 따른 주거지역·상업지역 또는 공업지역(이하 이 조부터 제131조까지에서 "주거지역등"이라 한다)에 편입되거나 「도시개발법」 또는 그 밖의 법률에 따라 환지처분 전에 농지 또는 초지 외의 토지로 환지예정지 지정을 받은 경우에는 주거지역등에 편입되거나 환지예정지 지정을 받은 날까지 발생한 소득으로서 대통령령으로 정하는 소득에 대해서만 양도소득분 개인지방소득세의 100분의 100에 상당하는 세액을 감면한다. (2016. 12. 27. 개정)

③ 제2항에 따라 양도소득분 개인지방소득세를 감면받은 자가 그 출자지분을 출자일부터 3년 이내에 다른 사람에게 양도하는 경우에는 그 양도일이 속하는 과세연

세특례제한법 시행령」 제63조 제3항에 따른다. (2014. 3. 14. 신설)

③ 법 제126조 제2항에서 "대통령령으로 정하는 농업인"이란 「조세특례제한법」 제66조 제4항 및 「조세특례제한법 시행령」 제63조 제4항에 따른 농업인을 말한다. (2014. 3. 14. 신설)

④ 법 제126조 제5항, 제128조 제1항 전단 및 같은 조 제2항에서 "대통령령으로 정하는 농업인"이란 「조세특례제한법」 제66조 제7항, 제68조 제2항 전단, 같은 조 제3항 및 「조세특례제한법 시행령」 제63조 제4항에 따른 농업인을 말한다. (2014. 3. 14. 신설)

⑤ 법 제126조 제2항 및 제128조 제1항에 따라 현물출자함으로써 발생한 소득에 대하여 양도소득분 개인지방소득세가 면제되는 농지는 「조세특례제한법 시행령」 제63조 제5항에 따른 농지로 한다. (2014. 3. 14. 신설)

⑥ 법 제126조 제3항에 따른 세액의 납부에 관하여는 「조세특례제한법 시행령」 제63조 제6항을 준용하되, 그 세액은 같은 항에서 산출한 금액의 100분의 10에 해당하는 금액으로 한다. (2014. 3. 14. 신설)

⑦ 법 제126조 제1항에 따라 배당소득에 대한 개인지방

도의 개인지방소득 과세표준신고를 할 때 대통령령으로 정하는 바에 따라 계산한 세액을 양도소득분 개인지방소득세로 납부하여야 한다. 다만, 대통령령으로 정하는 경우에는 그러하지 아니하다. (2014. 12. 31. 개정)

④ 제2항에 따라 감면받은 양도소득분 개인지방소득세를 제3항 본문에 따라 납부하는 경우에는 대통령령으로 정하는 바에 따라 계산한 이자 상당액을 가산한다. (2014. 12. 31. 개정)

⑤ 대통령령으로 정하는 농업인이 2018년 12월 31일 이전에 영농조합법인에 「농업·농촌 및 식품산업 기본법」 제3조 제1호에 따른 농작물재배업·축산업 및 임업에 직접 사용되는 부동산(제2항에 따른 농지 및 초지는 제외한다)을 현물출자하는 경우에는 이월과세를 적용받을 수 있다. (2016. 12. 27. 개정)

⑥ 제1항·제2항 및 제5항을 적용받으려는 자는 대통령령으로 정하는 바에 따라 신청을 하여야 한다. (2014. 1. 1. 신설)

⑦ 제5항을 적용받은 농업인이 현물출자로 취득한 주식 또는 출자지분의 100분의 50 이상을 출자일부터 3년 이내에 처분하는 경우에는 처분일이 속하는 달의 말일부터 2개월 이내에 제7항에 따른 이월과세액(해당 영농조합법인이 이미 납부한 세액을 제외한 금액을 말한다)을 대통령령으로 정하는 바에 따라 양도소득분 개인지방소득세로 납부하여야 한다. (2014. 12. 31. 개정)

소득세를 면제받으려는 자는 해당 배당소득을 지급받는 때에 행정안전부령으로 정하는 세액면제신청서를 영농조합법인에 제출하여야 하고, 영농조합법인은 배당금을 지급한 날이 속하는 달의 다음 달 말일까지 조합원이 제출한 세액면제신청서를 특별징수 관할 지방자치단체의 장에게 제출하여야 한다. 다만, 「조세특례제한법 시행령」 제63조 제8항에 따라 원천징수 관할 세무서장에게 소득세 면제를 신청하는 경우에는 법 제126조 제1항에 따른 개인지방소득세에 대한 면제도 함께 신청한 것으로 본다. (2017. 7. 26. 직제개정 ; 행정안전부와~직제 부칙)

⑧ 법 제126조 제4항 및 제8항에서 "대통령령으로 정하는 바에 따라 계산한 이자 상당액"이란 법 제126조 제3항 및 제7항에 따라 납부하여야 할 세액에 상당하는 금액에 제1호의 기간과 제2호의 율을 곱하여 계산한 금액을 말한다. (2014. 3. 14. 신설)

1. 당초 현물출자한 농지등에 대한 양도소득분 개인지방소득세 예정신고 납부기한의 다음 날부터 법 제126조 제3항 또는 제7항에 따른 납부일까지의 기간 (2014. 3. 14. 신설)
2. 1일 1만분의 3 (2014. 3. 14. 신설)

⑨ 법 제126조 제2항 또는 제5항에 따라 양도소득분 개인지방소득세를 면제받거나 이월과세를 적용받으려는 자는 과세표준신고와 함께 행정안전부령으로 정하는 세액면제신청서 또는 이월과세적용신청서에 현물출자계

⑧ 제5항에 따른 이월과세액을 제7항에 따라 납부하는 경우 주식 또는 출자지분의 100분의 50 이상을 처분하는 경우의 판단기준 등에 관하여 필요한 사항은 대통령령으로 정하며, 대통령령으로 정하는 바에 따라 계산한 이자상당액을 가산한다. (2014. 1. 1. 신설)

편주

「조세특례제한법」 제66조(영농조합법인 등에 대한 법인세의 면제 등) 참조

제127조 【영어조합법인의 조합원에 대한 개인지방소득세의 면제】 ① 「농어업경영체 육성 및 지원에 관한

약서 사본을 첨부하여 납세지 관할 지방자치단체의 장에게 제출하되, 이월과세적용신청서는 영농조합법인과 함께 제출하여야 한다. 다만, 「조세특례제한법 시행령」 제63조 제10항에 따라 납세지 관할 세무서장에게 양도소득세 면제 또는 이월과세를 신청하는 경우에는 법 제126조 제2항 또는 제5항에 따른 개인지방소득세에 대한 면제 또는 이월과세도 함께 신청한 것으로 본다. (2017. 7. 26. 직제개정 ; 행정안전부와~직제 부칙)

⑩ 법 제126조 제7항을 적용할 때 현물출자로 취득한 주식 또는 출자지분의 100분의 50 이상을 처분하는 경우의 판단기준은 「조세특례제한법 시행령」 제28조 제10항에 따른다. (2014. 3. 14. 신설)

⑪ 법 제126조 제7항에 따른 세액의 납부는 해당 부동산을 현물출자하기 전에 직접 사용하였던 기간과 현물출자 후 주식 또는 출자지분 처분일까지의 기간을 합한 기간이 8년 미만인 경우에 한다. 이 경우 상속받은 부동산의 사용기간을 계산할 때 피상속인이 사용한 기간은 상속인이 이를 사용한 기간으로 본다. (2014. 3. 14. 신설)

⑫ 법 제126조에 따른 면제에 관하여는 제1항부터 제11항까지에서 규정한 사항 외에는 「조세특례제한법 시행령」 제63조를 준용한다. (2014. 3. 14. 신설)

제80조 【영어조합법인의 조합원에 대한 개인지방소득세의 면제】 ① 법 제127조 제1항에서 "대통령령으로

편주

「조세특례제한법 시행령」 제64조(영어조합법인 등에 대한 법인세의 면제 등) 참조

☜

법률」에 따른 영어조합법인(이하 "영어조합법인"(營漁組合法人)이라 한다)의 조합원이 영어조합법인으로부터 2018년 12월 31일까지 받는 배당소득 중 대통령령으로 정하는 범위의 금액에 대해서는 개인지방소득세를 면제한다. (2016. 12. 27. 개정)

② 대통령령으로 정하는 어업인이 2018년 12월 31일 이전에 대통령령으로 정하는 어업용 토지 등(이하 이 조에서 "어업용 토지등"이라 한다)을 영어조합법인과 「농어업경영체 육성 및 지원에 관한 법률」에 따른 어업회사법인에 현물출자함으로써 발생하는 소득에 대해서는 양도소득분 개인지방소득세의 100분의 100에 상당하는 세액을 감면한다. 다만, 해당 어업용 토지등이 주거지역등에 편입되거나 「도시개발법」 또는 그 밖의 법률에 따라 환지처분 전에 어업용 토지등 외의 토지로 환지예정지 지정을 받은 경우에는 주거지역등에 편입되거나 환지예정지 지정을 받은 날까지 발생한 소득으로서 대통령령으로 정하는 소득에 대해서만 양도소득분 개인지방소득세의 100분의 100에 상당하는 세액을 감면한다. (2016. 12. 27. 개정)

③ 제2항에 따라 양도소득분 개인지방소득세를 감면받은 자가 그 출자지분을 출자일부터 3년 이내에 다른 사람에게 양도하는 경우에는 그 양도일이 속하는 과세연도의 개인지방소득 과세표준신고를 할 때 대통령령으로 정하는 바에 따라 계산한 세액을 양도소득분 개인지

정하는 범위의 금액"이란 「조세특례제한법 시행령」 제64조 제2항에 따른 금액을 말한다. (2014. 3. 14. 신설)

② 법 제127조 제2항에서 "대통령령으로 정하는 어업인"이란 「조세특례제한법 시행령」 제64조 제3항에 따른 자를 말한다. (2014. 3. 14. 신설)

③ 법 제127조 제2항에서 "대통령령으로 정하는 어업용 토지 등"이란 「조세특례제한법 시행령」 제64조 제4항에 따른 토지 및 건물을 말한다. (2014. 3. 14. 신설)

④ 법 제127조 제3항에 따라 납부하여야 하는 세액은 「조세특례제한법 시행령」 제64조 제5항에 따라 산출한 금액의 100분의 10에 해당하는 금액으로 한다. (2014. 3. 14. 신설)

⑤ 법 제127조 제3항 단서에서 "대통령령으로 정하는 경우"란 「해외이주법」에 따른 해외이주에 의하여 세대전원이 출국하는 경우를 말한다. (2014. 3. 14. 신설)

⑥ 법 제127조 제1항에 따라 배당소득에 대한 개인지방소득세를 면제받으려는 자는 해당 배당소득을 지급받는 때에 행정안전부령으로 정하는 세액면제신청서를 영어조합법인에 제출하여야 하고, 영어조합법인은 배당금을 지급한 날이 속하는 달의 다음 달 말일까지 조합원이 제출한 세액면제신청서를 특별징수 관할 지방자치단체의

방소득세를 납부하여야 한다. 다만, 대통령령으로 정하는 경우에는 그러하지 아니하다. (2014. 12. 31. 개정)
④ 제1항 및 제2항에 따른 감면신청과 제3항 본문에 따른 세액의 납부에 관하여는 제126조 제4항 및 제6항을 준용한다. (2014. 12. 31. 개정)

편주 「조세특례제한법」 제67조(영어조합법인 등에 대한 법인세의 면제 등) 참조

제128조【농업인 등에 대한 양도소득분 개인지방소득세의 면제 등】 ① 대통령령으로 정하는 농업인이 2018년 12월 31일 이전에 농지 또는 초지를 「농어업경영체 육성 및 지원에 관한 법률」에 따른 농업회사법인(이하 "농업회사법인"이라 한다. 본 항에서 농업회사법인은 「농지법」에 따른 농업법인의 요건을 갖춘 경우만 해당한다)에 현물출자함으로써 발생하는 소득에 대해서는

장에게 제출하여야 한다. 다만, 「조세특례제한법 시행령」 제64조 제8항에 따라 원천징수 관할 세무서장에게 소득세 면제를 신청하는 경우에는 법 제127조 제1항에 따른 개인지방소득세에 대한 면제도 함께 신청한 것으로 본다. (2017. 7. 26. 직제개정 ; 행정안전부와~직제 부칙)
⑦ 법 제127조 제1항 및 제2항에 따라 양도소득분 개인지방소득세의 면제신청을 하려는 자는 해당 어업용 토지 등을 양도한 날이 속하는 과세연도의 과세표준신고와 함께 행정안전부령으로 정하는 세액면제신청서에 현물출자계약서 사본 1부를 첨부하여 납세지 관할 지방자치단체의 장에게 제출하여야 한다. 다만, 「조세특례제한법 시행령」 제64조 제9항에 따라 납세지 관할 세무서장에게 양도소득세 면제를 신청하는 경우에는 법 제127조 제1항 및 제2항에 따른 개인지방소득세에 대한 면제도 함께 신청한 것으로 본다. (2017. 7. 26. 직제개정 ; 행정안전부와~직제 부칙)

제81조【농업인 등에 대한 개인지방소득세의 감면 등】 ① 법 제128조 제3항에 따른 농업소득에서 발생한 배당소득은 「조세특례제한법 시행령」 제65조 제2항 제1호에 따라 계산한 금액을 말한다. (2014. 3. 14. 신설)

☜ 편주 「조세특례제한법 시행령」 제65조(농업회사법인에 대한 세액 감면 등) 참조

법	영	규칙
양도소득분 개인지방소득세의 100분의 100에 상당하는 세액을 감면한다. 다만, 해당 농지 또는 초지가 주거지역등에 편입되거나 「도시개발법」 또는 그 밖의 법률에 따라 환지처분 전에 농지 또는 초지 외의 토지로 환지예정지 지정을 받은 경우에는 주거지역등에 편입되거나 환지예정지 지정을 받은 날까지 발생한 소득으로서 대통령령으로 정하는 소득에 대해서만 양도소득분 개인지방소득세의 100분의 100에 상당하는 세액을 감면한다. (2016. 12. 27. 개정)		
② 대통령령으로 정하는 농업인이 2018년 12월 31일 이전에 농업회사법인에 「농업·농촌 및 식품산업 기본법」 제3조 제1호에 따른 농작물재배업·축산업 및 임업에 직접 사용되는 부동산(제1항에 따른 농지 및 초지는 제외한다)을 현물출자하는 경우에는 이월과세를 적용받을 수 있다. 이 경우 제126조 제7항 및 제8항을 준용한다. (2016. 12. 27. 개정)	② 법 제128조 제2항에 따라 양도소득분 개인지방소득세 이월과세를 적용받으려는 자는 과세표준신고와 함께 행정안전부령으로 정하는 이월과세적용신청서를 납세지 관할 지방자치단체의 장에게 제출하되, 이월과세적용신청서는 농업회사법인과 함께 제출하여야 한다. 다만, 「조세특례제한법 시행령」 제65조 제5항에 따라 납세지 관할 세무서장에게 양도소득세 이월과세를 신청하는 경우에는 법 제128조 제1항에 따른 개인지방소득세에 대한 이월과세도 함께 신청한 것으로 본다. (2020. 1. 15. 단서개정)	
③ 농업회사법인에 출자한 거주자가 2018년 12월 31일까지 받는 배당소득 중 식량작물재배업소득에서 발생한 배당소득 전액에 대해서는 개인지방소득세를 면제한다. (2016. 12. 27. 개정)	③ 법 제128조 제3항에 따라 배당소득에 대한 개인지방소득세를 면제받으려는 자는 해당 배당소득을 지급받는 때에 행정안전부령으로 정하는 세액면제신청서를 영농조합법인에 제출하여야 하고, 영농조합법인은 배당금을 지급한 날이 속하는 달의 다음 달 말일까지 조합원이 제	
④ 제1항부터 제3항까지를 적용받으려는 자는 대통령령으로 정하는 바에 따라 신청을 하여야 한다. (2014. 1. 1. 신설)		
⑤ 제1항에 따른 양도소득분 개인지방소득세의 감면에		

관하여는 제126조 제3항 · 제4항 및 제6항을 준용한다. (2016. 12. 27. 신설)

편주 「조세특례제한법」 제68조(농업회사법인에 대한 법인세의 면제 등) 참조

제129조【자경농지에 대한 양도소득분 개인지방소득세의 감면】 ① 농지 소재지에 거주하는 대통령령으로 정하는 거주자가 8년 이상[대통령령으로 정하는 경영이양 직접지불보조금의 지급대상이 되는 농지를 「한국농어촌공사 및 농지관리기금법」에 따른 한국농어촌공사 또는 농업을 주업으로 하는 법인으로서 대통령령으로 정하는 법인(이하 이 조에서 "농업법인"이라 한다)에 2018년 12월 31일까지 양도하는 경우에는 3년 이상] 대통령령으로 정하는 방법으로 직접 경작한 토지 중 대통령령으로 정하는 토지의 양도로 인하여 발생하는 양도소득분 개인지방소득세를 면제한다. 다만, 해당 토지가 주거지역등에 편입되거나 「도시개발법」 또는 그 밖의 법률에 따라 환지처분 전에 농지 외의 토지로 환지예정지 지정을 받은 경우에는 주거지역등에 편입되거나, 환지예정지 지정을 받은 날까지 발생한 소득으로서 대통령령으로 정하는 소득에 대해서만 양도소득분 개인지방소득세를 면제한다. (2016. 12. 27. 개정)

출한 세액면제신청서를 특별징수 관할 지방자치단체의 장에게 제출하여야 한다. 다만, 「조세특례제한법 시행령」 제65조 제5항에 따라 원천징수 관할 세무서장에게 소득세 면제를 신청하는 경우에는 법 제128조 제3항에 따른 개인지방소득세에 대한 면제도 함께 신청한 것으로 본다. (2017. 7. 26. 직제개정 ; 행정안전부와~직제 부칙)

제82조【자경농지에 대한 양도소득분 개인지방소득세의 감면】 ① 법 제129조 제1항 본문에서 "농지 소재지에 거주하는 대통령령으로 정하는 거주자"란 「조세특례제한법 시행령」 제66조 제1항 및 제6항에 따른 자를 말한다. (2014. 3. 14. 신설)

② 법 제129조 제1항 본문에서 "대통령령으로 정하는 경영이양 직접지불보조금"이란 「농산물의 생산자를 위한 직접지불제도 시행규정」 제4조에 따른 경영이양보조금을 말하고, "대통령령으로 정하는 법인"이란 「조세특례제한법 시행령」 제66조 제2항에 따른 법인을 말한다. (2014. 3. 14. 신설)

② 법 제129조 제1항 본문에서 "대통령령으로 정하는 경영이양 직접지불보조금"이란 「농산물의 생산자를 위한 직접지불제도 시행규정」 제4조에 따른 농지이양은퇴보조금을 말하고, "대통령령으로 정하는 법인"이란 「조세특례제한법 시행령」 제66조 제2항에 따른 법인을 말한다. (2024. 3. 26. 개정 ; 농산물의~부칙)

③ 법 제129조 제1항 본문에서 "대통령령으로 정하는 방

편주 「조세특례제한법 시행령」 제66조(자경농지에 대한 양도소득세의 감면) 참조

② 농업법인이 해당 토지를 취득한 날부터 3년 이내에 그 토지를 양도하거나 대통령령으로 정하는 사유가 발생한 경우에는 그 법인이 그 사유가 발생한 과세연도의 과세표준신고를 할 때 제1항에 따라 감면된 세액에 상당하는 금액을 법인지방소득세로 납부하여야 한다. (2014. 1. 1. 신설)

③ 제1항을 적용받으려는 자는 대통령령으로 정하는 바에 따라 감면신청을 하여야 한다. (2014. 1. 1. 신설)

편주

「조세특례제한법」 제69조(자경농지에 대한 양도소득세의 감면) 참조

법으로 직접 경작"이란 「조세특례제한법 시행령」 제66조 제13항에 따른 경작 또는 재배를 말하고, "대통령령으로 정하는 토지"란 「조세특례제한법 시행령」 제66조 제4항 · 제5항 · 제11항 및 제12항에 따른 농지를 말한다. (2014. 3. 14. 신설)

④ 법 제129조 제1항 단서에서 "대통령령으로 정하는 소득"이란 「조세특례제한법 시행령」 제66조 제7항에 따라 계산한 금액을 말한다. (2014. 3. 14. 신설)

⑤ 법 제129조 제2항에서 "대통령령으로 정하는 사유가 발생한 경우"란 「조세특례제한법 시행령」 제66조 제8항 각 호의 어느 하나에 해당하는 경우를 말한다. (2014. 3. 14. 신설)

⑥ 법 제129조 제3항에 따라 양도소득분 개인지방소득세의 감면신청을 하려는 자는 해당 농지를 양도한 날이 속하는 과세연도의 과세표준신고와 함께 행정안전부령으로 정하는 세액감면신청서를 납세지 관할 지방자치단체의 장에게 제출하되, 제2항에 따른 법인에게 양도한 경우에는 해당 양수인과 함께 세액감면신청서를 제출하여야 한다. 다만, 「조세특례제한법 시행령」 제66조 제9항에 따라 납세지 관할 세무서장에게 양도소득세 감면을 신청하는 경우에는 법 제129조에 따른 개인지방소득세에 대한 감면도 함께 신청한 것으로 본다. (2017. 7. 26. 직제개정 ; 행정안전부와~직제 부칙)

⑦ 제6항에 따른 세액감면신청서를 접수한 해당 지방자치단체의 장은 제2항에 따른 법인의 납세지 관할 지방자치단

제130조【축사용지에 대한 양도소득분 개인지방소득세의 감면】 ① 축산에 사용하는 축사와 이에 딸린 토지(이하 이 조에서 "축사용지"라 한다) 소재지에 거주하는 대통령령으로 정하는 거주자가 8년 이상 대통령령으로 정하는 방법으로 직접 축산에 사용한 대통령령으로 정하는 축사용지(1명당 1,650제곱미터를 한도로 한다)를 폐업을 위하여 2017년 12월 31일까지 양도함에 따라 발생하는 소득에 대해서는 양도소득분 개인지방소득세를 면제한다. 다만, 해당 토지가 주거지역등에 편입되거나 「도시개발법」 또는 그 밖의 법률에 따라 환지처분 전에 해당 축사용지 외의 토지로 환지예정지 지정을 받은 경우에는 주거지역등에 편입되거나, 환지예정지 지정을 받은 날까지 발생한 소득으로서 대통령령으로 정하는 소득에 대하여만 양도소득분 개인지방소득세를 면제한다. (2016. 12. 27. 개정)

② 제1항에 따라 양도소득분 개인지방소득세를 감면받은 거주자가 해당 축사용지 양도 후 5년 이내에 축산업을 다시 하는 경우에는 감면받은 세액을 추징한다. 다만, 상속 등 대통령령으로 정하는 경우에는 그러하지 아니한다. (2014. 1. 1. 신설)

③ 제1항을 적용받으려는 자는 대통령령으로 정하는 바에 따라 감면신청을 하여야 한다. (2014. 1. 1. 신설)

체의 장에게 이를 즉시 통지하여야 한다. (2014. 3. 14. 신설)

제83조【축사용지에 대한 양도소득분 개인지방소득세의 감면】 ① 법 제130조 제1항 본문에서 "대통령령으로 정하는 거주자"란 「조세특례제한법 시행령」 제66조의 2 제1항에 따른 자를 말하고, "대통령령으로 정하는 방법으로 직접 축산"이란 「조세특례제한법 시행령」 제66조의 2 제2항에 따른 것을 말하며, "대통령령으로 정하는 축사용지"란 「조세특례제한법 시행령」 제66조의 2 제3항부터 제7항까지의 규정에 따른 축사용지를 말한다. (2014. 3. 14. 신설)

② 법 제130조 제1항 본문에 따른 폐업은 「조세특례제한법 시행령」 제66조의 2 제8항에 따라 축산기간 및 폐업 확인서에 폐업임을 확인받은 경우로 한다. (2014. 3. 14. 신설)

③ 법 제130조 제1항에 따라 감면하는 세액은 다음 계산식에 따라 계산한다. (2014. 3. 14. 신설)

$$\text{감면 세액} = \text{양도소득분 개인지방소득세 산출세액} \times \frac{\text{축사용지면적(다만, 990제곱미터를 초과하는 경우 990제곱미터로 한다)}}{\text{총 양도면적}}$$

④ 법 제130조 제1항 단서에서 "대통령령으로 정하는 소득"이란 「조세특례제한법 시행령」 제66조의 2 제10항에 따라 계산한 금액을 말한다. (2014. 3. 14. 신설)

⑤ 법 제130조 제2항 단서에서 "상속 등 대통령령으로

☞ **편주**

「조세특례제한법 시행령」 제66조의 2(축사용지에 대한 양도소득세의 감면) 참조

④ 제1항부터 제3항까지의 규정을 적용하는 경우 축사용지의 보유기간, 폐업의 범위, 감면세액의 계산방법 및 그 밖에 필요한 사항은 대통령령으로 정한다. (2014. 1. 1. 신설)

편주

「조세특례제한법」 제69조의 2(축사용지에 대한 양도소득세의 감면) 참조

제131조【농지대토에 대한 양도소득분 개인지방소득세 감면】 ① 농지 소재지에 거주하는 대통령령으로 정하는 거주자가 대통령령으로 정하는 방법으로 직접 경작한 토지를 경작상의 필요에 의하여 대통령령으로 정하는 경우에 해당하는 농지로 대토(代土)함으로써 발생하는 소득에 대해서는 양도소득분 개인지방소득세를 면제한다. 다만, 해당 토지가 주거지역등에 편입되거나 「도시개발법」 또는 그 밖의 법률에 따라 환지처분 전에 농지 외의 토지로 환지예정지 지정을 받은 경우에는 주거지역등에 편입되거나, 환지예정지 지정을 받은 날까지 발생한 소득으로서 대통령령으로 정하는 소득에 대해서만 양도

정하는 경우"란 「조세특례제한법 시행령」 제66조의 2 제11항에 따른 경우를 말한다. (2014. 3. 14. 신설)

⑥ 법 제130조 제3항에 따라 양도소득분 개인지방소득세 감면신청을 하려는 사람은 해당 축사용지를 양도한 날이 속하는 과세기간의 과세표준신고와 함께 행정안전부령으로 정하는 세액감면신청서 및 제2항에 따른 축산기간 및 폐업 확인서를 납세지 관할 지방자치단체의 장에게 제출하여야 한다. 다만, 「조세특례제한법 시행령」 제66조의 2 제12항에 따라 납세지 관할 세무서장에게 양도소득세 감면을 신청하는 경우에는 법 제130조에 따른 개인지방소득세에 대한 감면도 함께 신청한 것으로 본다. (2017. 7. 26. 직제개정 ; 행정안전부와~직제 부칙)

제84조【농지대토에 대한 양도소득분 개인지방소득세 감면요건 등】 ① 법 제131조 제1항 본문에서 "대통령령으로 정하는 거주자"란 「조세특례제한법 시행령」 제67조 제1항에 따른 자를 말하고, "대통령령으로 정하는 방법으로 직접 경작"이란 「조세특례제한법 시행령」 제67조 제2항에 따른 경작 또는 재배를 말하며, "대통령령으로 정하는 경우"란 「조세특례제한법 시행령」 제67조 제3항부터 제6항까지의 규정에 해당하는 경우를 말한다. (2014. 8. 20. 개정)

② 법 제131조 제1항 단서에서 "대통령령으로 정하는 소득"이란 「조세특례제한법 시행령」 제67조 제7항에 따라

편주

「조세특례제한법 시행령」 제67조(농지대토에 대한 양도소득세 감면요건 등) 참조

소득분 개인지방소득세를 면제한다. (2016. 12. 27. 단서 개정)

② 제1항에 따라 양도하거나 취득하는 토지가 주거지역 등에 편입되거나 「도시개발법」 또는 그 밖의 법률에 따라 환지처분 전에 농지 외의 토지로 환지예정지 지정을 받은 토지로서 대통령령으로 정하는 토지의 경우에는 제1항을 적용하지 아니한다. (2016. 12. 27. 개정)

③ 제1항에 따라 감면을 받으려는 자는 대통령령으로 정하는 바에 따라 감면신청을 하여야 한다. (2014. 1. 1. 신설)

④ 제1항에 따라 양도소득분 개인지방소득세의 감면을 적용받은 거주자가 대통령령으로 정하는 사유가 발생하여 제1항에서 정하는 요건을 충족하지 못하는 경우에는 그 사유가 발생한 날이 속하는 달의 말일부터 2개월 이내에 감면받은 양도소득분 개인지방소득세를 납부하여야 한다. (2014. 1. 1. 신설)

⑤ 제1항에 따라 감면받은 양도소득분 개인지방소득세를 제4항에 따라 납부하는 경우에는 대통령령으로 정하는 바에 따라 계산한 이자상당액을 가산한다. (2014. 1. 1. 신설)

편주

「조세특례제한법」 제70조(농지대토에 대한 양도소득세 감면) 참조

계산한 금액을 말한다. (2014. 3. 14. 신설)

③ 법 제131조 제2항에서 "대통령령으로 정하는 토지"란 「조세특례제한법 시행령」 제67조 제8항 각 호의 어느 하나에 해당하는 농지를 말한다. (2014. 3. 14. 신설)

④ 법 제131조 제3항에 따라 양도소득분 개인지방소득세의 감면신청을 하려는 자는 해당 농지를 양도한 날이 속하는 과세연도의 과세표준신고와 함께 행정안전부령으로 정하는 세액감면신청서를 납세지 관할 지방자치단체의 장에게 제출하여야 한다. 다만, 「조세특례제한법 시행령」 제67조 제9항에 따라 납세지 관할 세무서장에게 양도소득세 감면을 신청하는 경우에는 법 제131조에 따른 개인지방소득세에 대한 감면도 함께 신청한 것으로 본다. (2017. 7. 26. 직제개정 ; 행정안전부와~직제 부칙)

⑤ 법 제131조 제4항에서 "대통령령으로 정하는 사유"란 「조세특례제한법 시행령」 제67조 제10항 각 호의 어느 하나에 해당하는 경우를 말한다. (2014. 3. 14. 신설)

⑥ 법 제131조 제5항에서 "대통령령으로 정하는 바에 따라 계산한 이자상당액"이란 법 제131조 제4항에 따라 납부하여야 할 세액에 상당하는 금액에 제1호의 기간과 제2호의 율을 곱하여 계산한 금액으로 한다. (2014. 3. 14. 신설)

제131조의 2 【경영회생 지원을 위한 농지 매매 등에 대한 양도소득분 개인지방소득세 과세특례】 ① 「농지법」 제2조에 따른 농업인(이하 이 조에서 "농업인"이라 한다)이 「한국농어촌공사 및 농지관리기금법」 제24조의 3 제1항에 따라 직접 경작한 농지 및 그 농지에 딸린 농업용시설(이하 이 조에서 "농지등"이라 한다)을 같은 법 제3조에 따른 한국농어촌공사(이하 이 조에서 "한국농어촌공사"라 한다)에 양도한 후 같은 법 제24조의 3 제3항에 따라 임차하여 직접 경작한 경우로서 해당 농지등을 같은 법 제24조의 3 제3항에 따른 임차기간 내에 환매한 경우 대통령령으로 정하는 바에 따라 해당 농지등의 양도소득에 대하여 납부한 양도소득분 개인지방소득세를 환급받을 수 있다. (2014. 3. 24. 신설)

② 제1항에 따라 양도소득분 개인지방소득세를 환급받은 농업인이 환매한 해당 농지등을 다시 양도하는 경우 그 취득가액과 취득시기는 「조세특례제한법」 제70조의 2 제2항을 준용한다. (2014. 3. 24. 신설)

③ 제1항에 따라 환급받으려는 자는 대통령령으로 정하는 바에 따라 환급신청을 하여야 한다. (2014. 3. 24. 신설)

④ 제1항 및 제2항을 적용함에 있어 환매한 농지등을 다시 양도하는 경우 제129조에 따른 자경농지에 대한 양도소득분 개인지방소득세의 감면의 적용방법 등 그 밖에 필요한 사항은 대통령령으로 정한다. (2014. 3. 24. 신설)

1. 종전의 농지에 대한 양도소득분 개인지방세 예정신고 납부기한의 다음 날부터 법 제131조 제4항에 따른 양도소득분 개인지방세 납부일까지의 기간 (2014. 3. 14. 신설)
2. 1일 1만분의 3 (2014. 3. 14. 신설)

제84조의 2【경영회생 지원을 위한 농지 매매 등에 대한 양도소득분 개인지방소득세 과세특례】 ① 법 제131조의 2 제3항에 따라 환급을 받으려는 자는 행정안전부령으로 정하는 환급신청서에 「조세특례제한법 시행령」 제67조의 2 제1항 각 호의 서류를 첨부하여 납세지 관할 지방자치단체의 장에게 제출하여야 한다. 다만, 「조세특례제한법 시행령」 제67조의 2 제1항에 따라 납세지 관할

「조세특례제한법」 제70조의 2(경영회생 지원을 위한 농지 매매 등에 대한 양도소득세 과세특례), 「조세특례제한법 시행령」 제67조의 2(경영회생 지원을 위한 농지 매매 등에 대한 양도소득세 과세특례) 참조

세무서장에게 양도소득세 환급을 신청하는 경우에는 법 제131조의 2에 따른 양도소득분 개인지방소득세에 대한 환급도 함께 신청한 것으로 본다. (2017. 7. 26. 직제개정 ; 행정안전부와~직제 부칙)

② 제1항에 따라 환급신청서를 제출받은 납세지 관할 지방자치단체의 장이 환급을 하는 경우에 관하여는 「지방세기본법」 제60조를 준용한다. 이 경우 「지방세기본법」 제62조의 지방세환급가산금에 관한 규정은 적용하지 아니한다. (2017. 3. 27. 개정 ; 지방세기본법 시행령 부칙)

③ 법 제131조의 2 제1항에 따라 양도소득분 개인지방소득세를 환급받은 농업인이 환매한 농지등을 다시 양도하는 경우 「한국농어촌공사 및 농지관리기금법」 제24조의 3 제3항에 따른 임차기간 내에 경작한 기간은 해당 농업인이 직접 농지등을 경작한 것으로 보아 제82조를 적용한다. (2014. 8. 20. 신설)

④ 「한국농어촌공사 및 농지관리기금법 시행령」 제19조의 6 제2항에 따라 농지등의 일부에 대하여 환매를 신청한 경우 제2항에 따른 환급세액은 환매한 농지등에 대하여 납부한 양도소득분 개인지방소득세에 상당하는 금액으로 한다. (2014. 8. 20. 신설)

제9절 공익사업지원을 위한 특례
(2014. 1. 1. 신설)

제132조【공익사업용 토지 등에 대한 양도소득분 개인지방소득세의 감면】 ① 다음 각 호의 어느 하나에 해당하는 소득으로서 해당 토지등이 속한 사업지역에 대한 사업인정고시일(사업인정고시일 전에 양도하는 경우에는 양도일)부터 소급하여 2년 이전에 취득한 토지등을 2018년 12월 31일 이전에 양도함으로써 발생하는 소득에 대해서는 양도소득분 개인지방소득세의 100분의 10[토지등의 양도대금을 대통령령으로 정하는 채권으로 받는 부분에 대해서는 100분의 15으로 하되, 「공공주택 특별법」 등 대통령령으로 정하는 법률에 따라 협의매수 또는 수용됨으로써 발생하는 소득으로서 대통령령으로 정하는 방법으로 해당 채권을 3년 이상의 만기까지 보유하기로 특약을 체결하는 경우에는 100분의 30(만기가 5년 이상인 경우에는 100분의 40)]에 상당하는 세액을 감면한다. (2016. 12. 27. 개정)

1. 「공익사업을 위한 토지 등의 취득 및 보상에 관한 법률」이 적용되는 공익사업에 필요한 토지등을 그 공익사업의 시행자에게 양도함으로써 발생하는 소득 (2014. 1. 1. 신설)
2. 「도시 및 주거환경정비법」에 따른 정비구역(정비기반

제9절 공익사업지원을 위한 특례
(2014. 3. 14. 신설)

제85조【공익사업용 토지 등에 대한 양도소득분 개인지방소득세의 감면】 ① 법 제132조 제1항 각 호 외의 부분에서 "대통령령으로 정하는 채권"이란 「조세특례제한법 시행령」 제72조 제1항에 따른 보상채권을 말하고, "「보금자리주택 건설 등에 관한 특별법」 등 대통령령으로 정하는 법률"이란 「조세특례제한법 시행령」 제72조 제2항 각 호의 어느 하나에 해당하는 법률을 말하며, "대통령령으로 정하는 방법"이란 「조세특례제한법 시행령」 제72조 제3항에 따른 방법을 말한다. (2014. 3. 14. 신설)

「조세특례제한법 시행령」 제72조(공익사업용토지 등에 대한 양도소득세의 감면) 참조

시설을 수반하지 아니하는 정비구역은 제외한다)의 토지등을 같은 법에 따른 사업시행자에게 양도함으로써 발생하는 소득 (2014. 1. 1. 신설)

3. 「공익사업을 위한 토지 등의 취득 및 보상에 관한 법률」이나 그 밖의 법률에 따른 토지등의 수용으로 인하여 발생하는 소득 (2014. 1. 1. 신설)

② 거주자가 제1항 제1호에 따른 공익사업의 시행자 및 같은 항 제2호에 따른 사업시행자(이하 이 조에서 "사업시행자"라 한다)로 지정되기 전의 사업자(이하 이 항에서 "지정 전 사업자"라 한다)에게 2년 이상 보유한 토지등(제1항 제1호의 공익사업에 필요한 토지등 또는 같은 항 제2호에 따른 정비구역의 토지등을 말한다. 이하 이 항에서 같다)을 2015년 12월 31일 이전에 양도하고 해당 토지등을 양도한 날이 속하는 과세기간의 개인지방소득 과세표준신고(예정신고를 포함한다)를 법정신고기한까지 한 경우로서 지정 전 사업자가 그 토지등의 양도일부터 5년 이내에 사업시행자로 지정받은 경우에는 대통령령으로 정하는 바에 따라 제1항에 따른 양도소득분 개인지방소득세 감면을 받을 수 있다. 이 경우 감면할 양도소득분 개인지방소득세의 계산은 감면율 등이 변경되더라도 양도 당시 법률에 따른다. (2014. 1. 1. 신설)

③ 다음 각 호의 어느 하나에 해당하는 경우 해당 사업시행자는 제1항 또는 제2항에 따라 감면된 세액에 상당하는 금액을 그 사유가 발생한 과세연도의 과세표준신

② 법 제132조 제2항에 따라 공익사업용 토지등을 양도한 자가 양도소득분 개인지방소득세를 감면받으려는 경우에는 법 제132조 제1항 제1호에 따른 공익사업의 시행자 및 같은 항 제2호에 따른 사업시행자(이하 이 조에서 "사업시행자"라 한다)가 해당 사업시행자로 지정받은 날부터 2개월 이내에 행정안전부령으로 정하는 세액감면신청서에 해당 사업시행자임을 확인할 수 있는 서류를 첨부하여 양도자의 납세지 관할 지방자치단체의 장에게 제출하여야 한다. 다만, 「조세특례제한법 시행령」 제72조 제4항에 따라 양도자의 납세지 관할 세무서장에게 소득세 감면을 신청하는 경우에는 법 제132조 제2항에 따른 개인지방소득세에 대한 세액감면도 함께 신청한 것으로 본다. (2017. 7. 26. 직제개정 ; 행정안전부와~직제 부칙)

법	영	규칙
고를 할 때 지방소득세로 납부하여야 한다. (2014. 12. 31. 개정) 1. 제1항 제1호에 따른 공익사업의 시행자가 사업시행인가 등을 받은 날부터 3년 이내에 그 공익사업에 착수하지 아니하는 경우 (2014. 1. 1. 신설) 2. 제1항 제2호에 따른 사업시행자가 대통령령으로 정하는 기한까지 「도시 및 주거환경정비법」에 따른 사업시행계획인가를 받지 아니하거나 그 사업을 완료하지 아니하는 경우 (2017. 2. 8. 개정 ; 도시 및 주거환경정비법 부칙) ④ 제1항에 따라 해당 채권을 만기까지 보유하기로 특약을 체결하고 양도소득분 개인지방소득세의 100분의 30(만기가 5년 이상인 경우에는 100분의 40)에 상당하는 세액을 감면받은 자가 그 특약을 위반하게 된 경우에는 즉시 감면받은 세액 중 양도소득분 개인지방소득세의 100분의 10(만기가 5년 이상인 경우에는 100분의 20)에 상당하는 금액을 징수한다. (2014. 3. 24. 개정) ⑤ 제1항 제1호·제2호 또는 제2항에 따라 감면받은 세액을 제3항에 따라 납부하는 경우에는 제122조 제4항의 이자 상당 가산액에 관한 규정을 준용하고 제1항에 따라 감면받은 세액을 제4항에 따라 징수하는 경우에는 제126조 제4항을 준용한다. (2014. 1. 1. 신설) ⑥ 제1항 제1호 또는 제2호에 따라 세액을 감면받으려면 해당 사업시행자가 대통령령으로 정하는 바에 따라 감	③ 법 제132조 제3항 제2호에서 "대통령령으로 정하는 기한"이란 「조세특례제한법 시행령」 제72조 제5항에 따른 기한을 말한다. (2014. 3. 14. 신설) ④ 사업시행자는 법 제132조 제1항에 따라 보상채권을 만기까지 보유하기로 특약을 체결한 자(이하 이 조에서 "특약체결자"라 한다)가 있으면 그 특약체결자에 대한 보상명세를, 특약체결자가 그 특약을 위반하는 경우 그 위반사실을 다음 달 말일까지 납세지 관할 지방자치단체의 장에게 통보하여야 한다. 다만, 「조세특례제한법 시행령」 제72조 제6항에 따라 납세지 관할 세무서장에게 위반사실을 통보한 경우에는 납세지 관할 지방자치단체의 장에게도 함께 통보한 것으로 본다. (2014. 3. 14. 신설) ⑤ 법 제132조 제6항에 따른 감면신청을 하려는 사업시행자는 해당 토지등을 양도한 날이 속하는 과세연도의 과세	

면신청을 하여야 한다. (2014. 1. 1. 신설)

⑦ 제1항 제3호에 따른 감면을 받으려는 자는 대통령령으로 정하는 바에 따라 감면신청을 하여야 한다. (2014. 1. 1. 신설)

⑧ 제1항과 제4항을 적용하는 경우 채권을 만기까지 보유하기로 한 특약의 내용, 그 밖에 필요한 사항은 대통령령으로 정한다. (2014. 1. 1. 신설)

⑨ 제1항 및 제2항을 적용하는 경우 상속받거나 「소득세법」 제97조의 2 제1항이 적용되는 증여받은 토지등은 피상속인 또는 증여자가 해당 토지등을 취득한 날을 해당 토지등의 취득일로 본다. (2014. 1. 1. 신설)

편주

「조세특례제한법」 제77조(공익사업용 토지 등에 대한 양도소득세의 감면) 참조

표준신고와 함께 행정안전부령으로 정하는 세액감면신청서에 해당 사업시행자임을 확인할 수 있는 서류(특약체결자의 경우에는 특약체결 사실 및 보상채권 예탁사실을 확인할 수 있는 서류를 포함한다)를 첨부하여 양도자의 납세지 관할 지방자치단체의 장에게 제출하여야 한다. 다만, 「조세특례제한법 시행령」 제72조 제7항에 따라 사업시행자가 양도자의 납세지 관할 세무서장에게 소득세 감면을 신청하는 경우에는 법 제132조 제6항에 따른 개인지방소득세에 대한 감면도 함께 신청한 것으로 본다. (2017. 7. 26. 직제개정 ; 행정안전부와~직제 부칙)

⑥ 법 제132조 제7항에 따른 감면신청을 하려는 자는 해당 토지등을 양도한 날이 속하는 과세연도의 과세표준신고(예정신고를 포함한다)와 함께 행정안전부령으로 정하는 세액감면신청서에 수용된 사실을 확인할 수 있는 서류(특약체결자의 경우에는 특약체결 사실 및 보상채권 예탁사실을 확인할 수 있는 서류를 포함한다)를 첨부하여 납세지 관할 지방자치단체의 장에게 제출하여야 한다. 다만, 「조세특례제한법 시행령」 제72조 제8항에 따라 납세지 관할 세무서장에게 양도소득세 감면을 신청하는 경우에는 법 제132조 제7항에 따른 개인지방소득세에 대한 감면도 함께 신청한 것으로 본다. (2017. 7. 26. 직제개정 ; 행정안전부와~직제 부칙)

제133조【개발제한구역 지정에 따른 매수대상 토지등에 대한 양도소득분 개인지방소득세의 감면】 ①「개발제한구역의 지정 및 관리에 관한 특별조치법」 제3조에 따라 지정된 개발제한구역(이하 이 조에서 "개발제한구역"이라 한다) 내의 해당 토지등을 같은 법 제17조에 따른 토지매수의 청구 또는 같은 법 제20조에 따른 협의매수를 통하여 2017년 12월 31일까지 양도함으로써 발생하는 소득에 대해서는 다음 각 호에 따른 세액을 감면한다. (2014. 12. 31. 개정)

1. 개발제한구역 지정일 이전에 해당 토지등을 취득하여 취득일부터 매수청구일 또는 협의매수일까지 해당 토지등의 소재지에서 거주하는 대통령령으로 정하는 거주자가 소유한 토지등 : 양도소득분 개인지방소득세의 100분의 40에 상당하는 세액 (2014. 3. 24. 개정)
2. 매수청구일 또는 협의매수일부터 20년 이전에 취득하여 취득일부터 매수청구일 또는 협의매수일까지 해당 토지등의 소재지에서 거주하는 대통령령으로 정하는 거주자가 소유한 토지등 : 양도소득분 개인지방소득세의 100분의 25에 상당하는 세액 (2014. 3. 24. 개정)

② 개발제한구역에서 해제된 해당 토지등을「공익사업을 위한 토지 등의 취득 및 보상에 관한 법률」 및 그 밖의 법률에 따른 협의매수 또는 수용을 통하여 2017년 12월 31일까지 양도함으로써 발생하는 소득에 대해서는 다음 각 호에 따른 세액을 감면한다. 다만, 개발제한구역

제86조【개발제한구역 지정에 따른 매수대상 토지등에 대한 양도소득분 개인지방소득세의 감면】 ① 법 제133조 제1항 제1호 · 제2호 및 같은 조 제2항 제1호 · 제2호에서 "해당 토지등의 소재지에서 거주하는 대통령령으로 정하는 거주자"란 각각「조세특례제한법 시행령」 제74조 제1항 각 호의 어느 하나에 해당하는 지역(거주 시작 당시에는 해당 지역에 해당하였으나 행정구역의 개편 등으로 이에 해당하지 아니하게 된 지역을 포함한다)에 거주한 자를 말한다. (2014. 3. 14. 신설)

② 법 제133조 제2항 각 호 외의 부분 단서에서 "「경제자유구역의 지정 및 운영에 관한 특별법」에 따른 경제자유구역의 지정 등 대통령령으로 정하는 지역"이란「조세특례제한법 시행령」 제74조 제2항 각 호의 어느 하나에 해당하는 지역을 말한다. (2014. 3. 14. 신설)

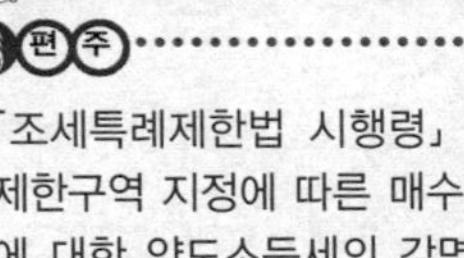

「조세특례제한법 시행령」 제74조(개발제한구역 지정에 따른 매수대상 토지 등에 대한 양도소득세의 감면) 참조

해제일부터 1년(개발제한구역 해제 이전에 「경제자유구역의 지정 및 운영에 관한 법률」에 따른 경제자유구역의 지정 등 대통령령으로 정하는 지역으로 지정이 된 경우에는 5년) 이내에 「공익사업을 위한 토지 등의 취득 및 보상에 관한 법률」 및 그 밖의 법률에 따라 사업인정고시가 된 경우에 한정한다. (2014. 12. 31. 개정)

1. 개발제한구역 지정일 이전에 해당 토지등을 취득하여 취득일부터 사업인정고시일까지 해당 토지등의 소재지에서 거주하는 대통령령으로 정하는 거주자가 소유한 토지등 : 양도소득분 개인지방소득세의 100분의 40에 상당하는 세액 (2014. 3. 24. 개정)
2. 사업인정고시일부터 20년 이전에 취득하여 취득일부터 사업인정고시일까지 해당 토지등의 소재지에서 거주하는 대통령령으로 정하는 거주자가 소유한 토지등 : 양도소득분 개인지방소득세의 100분의 25에 상당하는 세액 (2014. 3. 24. 개정)

③ 제1항 및 제2항을 적용하는 경우 상속받은 토지등은 피상속인이 해당 토지등을 취득한 날을 해당 토지등의 취득일로 본다. (2014. 1. 1. 신설)

④ 제1항 및 제2항을 적용할 때 감면신청, 거주기간의 계산, 그 밖에 필요한 사항은 대통령령으로 정한다. (2014. 1. 1. 신설)

③ 법 제133조 제4항에 따라 양도소득분 개인지방소득세의 감면신청을 하려는 자는 해당 토지등을 양도한 날이 속하는 과세연도의 과세표준신고(예정신고를 포함한다)와 함께 행정안전부령으로 정하는 세액감면신청서에 토지매수 청구 또는 협의매수된 사실을 확인할 수 있는

편주

「조세특례제한법」 제77조의 3(개발제한구역 지정에 따른 매수대상 토지등에 대한 양도소득세의 감면) 참조

제134조【행정중심복합도시·혁신도시 개발예정지구 내 공장의 지방 이전에 대한 세액감면】 ①「신행정수도 후속대책을 위한 연기·공주지역 행정중심복합도시 건설을 위한 특별법」에 따른 행정중심복합도시 예정지역 또는 「혁신도시 조성 및 발전에 관한 특별법」에 따른 혁신도시개발예정지구(이하 이 조에서 "행정중심복합도시등"이라 한다)에서 공장시설을 갖추고 사업을 하던 내국인이 대통령령으로 정하는 행정중심복합도시등 밖(이하 이 조에서 "지방"이라 한다)으로 이전하여 사업을 개시하는 경우 이전사업에서 발생하는 소득에 대해서는 이전일 이후 최초로 소득이 발생한 날이 속하는 과세연도(이전일부터 5년이 되는 날이 속하는 과세연도까지 해당 사업에서 소득이 발생하지 아니하는 경우에는 5년이 되는 날이 속하는 과세연도)와 그 다음 과세연도의 개시

서류를 첨부하여 납세지 관할 지방자치단체의 장에게 제출하여야 한다. 다만, 「조세특례제한법 시행령」 제74조 제3항에 따라 납세지 관할 세무서장에게 양도소득세 감면을 신청하는 경우에는 법 제133조에 따른 개인지방소득세에 대한 감면도 함께 신청한 것으로 본다. (2017. 7. 26. 직제개정 ; 행정안전부와~직제 부칙)

④ 법 제133조 제4항에 따라 거주기간을 계산하는 경우에는 「조세특례제한법 시행령」 제74조 제4항에 따른다. (2014. 3. 14. 신설)

제87조【행정중심복합도시·혁신도시 개발예정지구 내 공장의 지방 이전에 대한 세액감면】 ① 법 제134조 제1항에서 "대통령령으로 정하는 행정중심복합도시등 밖"이란 「조세특례제한법 시행령」 제79조의 3 제1항에 따른 지역을 말하고, 법 제134조 제1항에 따른 공장은 「조세특례제한법 시행령」 제54조 제1항에 따른 공장으로 한다. (2014. 3. 14. 신설)

② 법 제134조 제1항이 적용되는 지방 이전은 「조세특례제한법 시행령」 제79조의 3 제5항에 따른 지방 이전으로 한다. (2014. 3. 14. 신설)

③ 법 제134조 제2항에 따른 감면신청을 하려는 자는 지방공장을 취득하여 사업을 개시한 때에 그 사업개시일이 속하는 과세연도의 과세표준신고와 함께 행정안전부령으로 정하는 세액감면신청서를 납세지 관할 지방자치

편주

「조세특례제한법 시행령」 제79조의 3(행정중심복합도시·혁신도시 개발예정지구 내 공장의 지방이전에 대한 과세특례) 참조

일부터 3년 이내에 끝나는 과세연도까지 이전사업에서 발생하는 소득에 대한 개인지방소득세의 100분의 50에 상당하는 세액을 감면한다. (2017. 12. 26. 개정 ; 공공기관~특별법 부칙)

② 제1항을 적용받으려는 내국인은 해당 과세연도의 과세표준신고와 함께 대통령령으로 정하는 바에 따라 감면신청을 하여야 한다. (2014. 1. 1. 신설)

편주

「조세특례제한법」 제85조의 2(행정중심복합도시 · 혁신도시 개발예정지구 내 공장의 지방 이전에 대한 과세특례) 참조

제135조【사회적기업 및 장애인 표준사업장에 대한 개인지방소득세 등의 감면】 ① 「사회적기업 육성법」 제2조 제1호에 따라 2019년 12월 31일까지 사회적기업으로 인증받은 내국인은 해당 사업에서 최초로 소득이 발생한 과세연도(인증을 받은 날부터 5년이 되는 날이 속하는 과세연도까지 해당 사업에서 소득이 발생하지 아니한 경우에는 5년이 되는 날이 속하는 과세연도)와 그 다음 과세연도의 개시일부터 2년 이내에 끝나는 과세연도까지 해당 사업에서 발생한 소득에 대한 개인지방소득세의 100분의 100에 상당하는 세액을 감면하고, 그 다음 2년 이내에 끝나는 과세연도의 경우에는 개인지방소득세의 100분의 50에 상당하는 세액을 경감한다. (2016. 12. 27. 개정)

② 2019년 12월 31일까지 「장애인고용촉진 및 직업재활

단체의 장에게 제출하여야 한다. 다만, 「조세특례제한법」 제85조의 2 제5항에 따라 납세지 관할 세무서장에게 소득세 감면을 신청하는 경우에는 법 제134조에 따른 개인지방소득세에 대한 감면도 함께 신청한 것으로 본다. (2017. 7. 26. 직제개정 ; 행정안전부와~직제 부칙)

편주

「조세특례제한법」 제85조의 6(사회적기업 및 장애인 표준사업장에 대한 법인세 등의 감면) 참조

법」 제2조 제8호에 따른 장애인 표준사업장으로 인정받은 내국인은 해당 사업에서 최초로 소득이 발생한 과세연도(인정을 받은 날부터 5년이 되는 날이 속하는 과세연도까지 해당 사업에서 소득이 발생하지 아니한 경우에는 5년이 되는 날이 속하는 과세연도)와 그 다음 과세연도의 개시일부터 2년 이내에 끝나는 과세연도까지 해당 사업에서 발생한 소득에 대한 개인지방소득세의 100분의 100에 상당하는 세액을 감면하고, 그 다음 2년 이내에 끝나는 과세연도의 경우에는 개인지방소득세의 100분의 50에 상당하는 세액을 경감한다. (2016. 12. 27. 개정)

③ 제1항을 적용할 때 세액감면기간 중 다음 각 호의 어느 하나에 해당하여 「사회적기업 육성법」 제18조에 따라 사회적기업의 인증이 취소되었을 때에는 해당 과세연도부터 제1항에 따른 개인지방소득세를 감면받을 수 없다. (2014. 1. 1. 신설)

1. 거짓이나 그 밖의 부정한 방법으로 인증을 받은 경우 (2014. 1. 1. 신설)
2. 「사회적기업 육성법」 제8조의 인증요건을 갖추지 못하게 된 경우 (2014. 1. 1. 신설)

④ 제2항을 적용할 때 세액감면기간 중 해당 장애인 표준사업장이 다음 각 호의 어느 하나에 해당하는 경우에는 해당 과세연도부터 제2항에 따른 개인지방소득세를 감면받을 수 없다. (2014. 1. 1. 신설)

1. 「장애인고용촉진 및 직업재활법」 제21조 또는 제22조

에 따른 융자 또는 지원을 거짓이나 그 밖의 부정한 방법으로 받은 경우 (2014. 1. 1. 신설)

2. 사업주가 「장애인고용촉진 및 직업재활법」 제21조 또는 제22조에 따라 받은 융자금 또는 지원금을 같은 규정에 따른 용도에 사용하지 아니한 경우 (2014. 1. 1. 신설)

3. 「장애인고용촉진 및 직업재활법」 제2조 제8호에 따른 기준에 미달하게 된 경우 (2014. 1. 1. 신설)

⑤ 제1항 및 제2항에 따라 세액을 감면받은 내국인이 제3항 제1호 또는 제4항 제1호에 해당하는 경우에는 그 사유가 발생한 과세연도의 과세표준신고를 할 때 감면받은 세액에 대통령령으로 정하는 이자상당가산액을 계산한 금액을 가산하여 개인지방소득세로 납부하여야 한다. (2014. 1. 1. 신설)

⑥ 제1항 및 제2항을 적용받으려는 자는 대통령령으로 정하는 바에 따라 감면신청을 하여야 한다. (2014. 1. 1. 신설)

제136조 【국가에 양도하는 산지에 대한 양도소득분 개인지방소득세의 감면】 ① 거주자가 「산지관리법」에 따른 산지(「국토의 계획 및 이용에 관한 법률」에 따른 도시지역에 소재하는 산지를 제외하며, 이하 이 항에서 "산지"라 한다)로서 2년 이상 보유한 산지를 2017년 12월 31일 이전에 「국유림의 경영 및 관리에 관한 법률」

제88조 【사회적기업 및 장애인 표준사업장에 대한 개인지방소득세 등의 감면】 ① 법 제135조 제5항에서 "대통령령으로 정하는 이자상당가산액을 계산한 금액"이란 제75조 제4항을 준용하여 계산한 금액을 말한다. (2014. 3. 14. 신설)

② 법 제135조 제6항에 따른 감면신청을 하려는 자는 과세표준신고와 함께 행정안전부령으로 정하는 세액감면신청서를 납세지 관할 지방자치단체의 장에게 제출하여야 한다. 다만, 「조세특례제한법 시행령」 제79조의 7에 따라 납세지 관할 세무서장에게 소득세 감면을 신청하는 경우에는 법 제135조에 따른 개인지방소득세에 대한 감면도 함께 신청한 것으로 본다. (2017. 7. 26. 직제개정 ; 행정안전부와~직제 부칙)

「조세특례제한법 시행령」 제79조의 7(사회적기업에 대한 법인세 등의 감면) 참조

제18조에 따라 국가에 양도함으로써 발생하는 소득에 대해서는 양도소득분 개인지방소득세의 100분의 10에 상당하는 세액을 감면한다. (2016. 12. 27. 개정)
② 제1항을 적용받으려는 자는 대통령령으로 정하는 바에 따라 감면신청을 하여야 한다. (2014. 1. 1. 신설)

편주 「조세특례제한법」 제85조의 10(국가에 양도하는 산지에 대한 양도소득세의 감면) 참조

제10절 국민생활의 안정을 위한 특례
(2014. 1. 1. 신설)

제137조【근로자복지 증진을 위한 시설투자에 대한 세액공제】 ① 대통령령으로 정하는 내국인이 그 종업원

제89조【국가에 양도하는 산지에 대한 양도소득분 개인지방소득세의 감면신청】 법 제136조 제2항에 따른 감면신청을 하려는 자는 해당 산지를 양도한 날이 속하는 과세연도의 과세표준신고(예정신고를 포함한다)를 할 때 행정안전부령으로 정하는 세액감면신청서에 「국유림의 경영 및 관리에 관한 법률」 제18조 제2항에 따라 산림청장이 매수한 사실을 확인할 수 있는 매매계약서 사본을 첨부하여 납세지 관할 지방자치단체의 장에게 제출하여야 한다. 다만, 「조세특례제한법 시행령」 제79조의 11에 따라 납세지 관할 세무서장에게 양도소득세 감면을 신청하는 경우에는 법 제136조에 따른 개인지방소득세에 대한 감면도 함께 신청한 것으로 본다. (2017. 7. 26. 직제개정 ; 행정안전부와~직제 부칙)

제10절 국민생활의 안정을 위한 특례
(2014. 3. 14. 신설)

제90조【근로자복지 증진을 위한 시설투자에 대한 세액공제】 ① 법 제137조 제1항 각 호 외의 부분에서

편주 「조세특례제한법 시행령」 제79조의 11(국가에 양도하는 산지에 대한 양도소득세의 감면신청) 참조

편주 「조세특례제한법 시행령」 제94조(근로자복지증진을 위한 시설투자에 대한 세액공제) 참조

의 주거 안정 등 복지 증진을 위하여 다음 각 호의 어느 하나에 해당하는 시설을 2018년 12월 31일까지 취득(신축, 증축, 개축 또는 구입을 포함한다. 이하 이 조에서 같다)한 경우에는 해당 시설의 취득금액(해당 시설에 딸린 토지의 매입대금은 제외한다)의 1,000분의 7(취득주체가 중소기업인 경우와 제1호 또는 제2호의 시설로서 수도권 밖의 지역에 있는 대통령령으로 정하는 주택과 제3호의 시설을 취득한 경우에는 1,000분의 10)에 상당하는 금액을 취득일이 속하는 과세연도의 개인지방소득세(사업소득에 대한 개인지방소득세로 한정한다)에서 공제한다. (2016. 12. 27. 개정)

1. 무주택 종업원(출자자인 임원은 제외한다)에게 임대하기 위한 국민주택 (2014. 1. 1. 신설)
2. 종업원용 기숙사 (2014. 1. 1. 신설)
3. 「영유아보육법」에 따른 직장어린이집 (2014. 1. 1. 신설)
4. 장애인 · 노인 · 임산부 등의 편의 증진을 위한 시설로서 대통령령으로 정하는 시설 (2014. 1. 1. 신설)
5. 종업원의 휴식 또는 체력단련 등을 위한 시설로서 대통령령으로 정하는 시설 (2014. 1. 1. 신설)
6. 종업원의 건강관리를 위하여 「의료법」 제35조에 따라 개설한 부속 의료기관 (2014. 12. 31. 신설)

② 제1항 제1호의 국민주택과 그 밖의 주택을 함께 취득하는 경우 또는 제1항 제2호의 기숙사와 그 밖의 건물을 함께 취득하는 경우에 공제세액의 계산에 필요한 사항

“대통령령으로 정하는 내국인”이란 「조세특례제한법 시행령」 제94조 제1항 각 호의 어느 하나에 해당하는 시설을 신축하거나 구입하는 자를 말하고, “대통령령으로 정하는 미분양주택”이란 「조세특례제한법 시행령」 제94조 제2항에 따른 주택을 말하며, 법 제137조 제1항 제4호에서 “대통령령으로 정하는 시설”이란 「조세특례제한법 시행령」 제94조 제3항에 따른 시설을 말하고, 법 제137조 제1항 제5호에서 “대통령령으로 정하는 시설”이란 「조세특례제한법 시행령」 제94조 제4항에 따른 시설을 말한다. (2014. 3. 14. 신설)

② 법 제137조 제2항에 따른 공제세액은 「조세특례제한법 시행령」 제94조 제5항에 따라 계산한 공제세액의 100분의 10에 상당하는 금액으로 한다. (2014. 3. 14. 신설)

③ 법 제137조 제1항을 적용받으려는 자는 해당 시설의 취득일이 속하는 과세연도의 과세표준신고와 함께 행정안전부령으로 정하는 세액공제신청서를 납세지 관할 지방자치단체의 장에게 제출하여야 한다. 다만, 「조세특례제한법 시행령」 제94조 제6항에 따라 납세지 관할 세무서장에게 소득세 공제를 신청하는 경우에는 법 제137조에 따른 개인지방소득세에 대한 세액공제도 함께 신청한 것으로 본다. (2017. 7. 26. 직제개정 ; 행정안전부와~직제 부칙)

④ 제1항에 따른 미분양주택을 취득한 경우 관련 증명서류의 제출에 관하여는 제97조 제3항을 준용하고, 관련

은 대통령령으로 정한다. (2014. 1. 1. 신설)

③ 제1항을 적용받으려는 내국인은 대통령령으로 정하는 바에 따라 세액공제신청을 하여야 한다. (2014. 1. 1. 신설)

④ 제1항 및 제2항에 따라 개인지방소득세를 공제받은 자가 해당 자산의 준공일 또는 구입일부터 5년 이내에 그 자산을 다른 목적에 전용한 경우에는 전용한 날이 속하는 과세연도의 개인지방소득 과세표준신고를 할 때 그 자산에 대한 세액공제액 상당액에 대통령령으로 정하는 바에 따라 계산한 이자 상당 가산액을 가산하여 개인지방소득세로 납부하여야 하며, 해당 세액은「지방세법」제95조에 따라 납부하여야 할 세액으로 본다. (2014. 12. 31. 개정)

편주

「조세특례제한법」 제94조(근로자복지 증진을 위한 시설투자에 대한 세액공제) 참조

제137조의 2【월세액에 대한 세액공제】「조세특례제한법」제95조의 2 제1항에 따라 월세액 지급금액을 종합소득산출세액에서 공제하는 경우 그 공제금액의 100분의 12에 해당하는 금액을 해당 과세기간의 종합소득분 개인지방소득산출세액에서 공제한다. (2016. 12. 27. 개정)

제138조【소형주택 임대사업자에 대한 세액감면】

① 대통령령으로 정하는 내국인이 대통령령으로 정하는

증명서류의 작성·보관은「조세특례제한법 시행령」제98조의 4 제8항에 따른다. (2014. 3. 14. 신설)

⑤ 법 제137조 제4항에서 "대통령령으로 정하는 바에 따라 계산한 이자 상당 가산액"이란 공제받은 세액에 제1호의 기간 및 제2호의 율을 곱하여 계산한 금액을 말한다. (2014. 3. 14. 신설)

1. 공제받은 과세연도의 과세표준신고일의 다음 날부터 법 제137조 제4항의 사유가 발생한 날이 속하는 과세연도의 과세표준신고일까지의 기간 (2014. 3. 14. 신설)
2. 1일 1만분의 3 (2014. 3. 14. 신설)

제91조【소형주택 임대사업자에 대한 세액감면】 ① 법 제138조 제1항에서 "대통령령으로 정하는 내국인"이

편주

「조세특례제한법 시행령」 제96조(소형주택 임대사업자에 대한 세액감면) 참조

☜

임대주택(이하 이 조에서 "임대주택"이라 한다)을 3호 이상 임대하는 경우에는 2019년 12월 31일 이전에 끝나는 과세연도까지 해당 임대사업에서 발생한 소득에 대한 개인지방소득세의 100분의 30[임대주택 중 「민간임대주택에 관한 특별법」 제2조 제4호에 따른 공공지원민간임대주택 또는 같은 법 제2조 제5호에 따른 장기일반민간임대주택(이하 이 조에서 "장기일반민간임대주택등"이라 한다)의 경우에는 100분의 75]에 상당하는 세액을 경감한다. (2018. 1. 16. 개정 ; 민간임대주택에~부칙)

② 제1항 따라 개인지방소득세를 감면받은 내국인이 대통령령으로 정하는 바에 따라 3호 이상의 임대주택을 4년(장기일반민간임대주택등의 경우에는 8년) 이상 임대하지 아니하는 경우 그 사유가 발생한 날이 속하는 과세연도의 과세표준신고를 할 때 감면받은 세액을 개인지방소득세로 납부하여야 한다. (2018. 1. 16. 개정 ; 민간임대주택에~부칙)

③ 제1항에 따라 감면받은 개인지방소득세액을 제2항에 따라 납부하는 경우에는 제122조 제4항의 이자 상당 가산액에 관한 규정을 준용한다. 다만, 대통령령으로 정하는 부득이한 사유가 있는 경우에는 그러하지 아니하다. (2014. 1. 1. 신설)

④ 제1항에 따라 개인지방소득세를 감면받으려는 자는 대통령령으로 정하는 바에 따라 세액의 감면을 신청하여야 한다. (2014. 1. 1. 신설)

⑤ 제1항부터 제4항까지의 규정을 적용할 때 임대주택의 수, 세액감면의 신청 등 그 밖에 필요한 사항은 대통

란 「조세특례제한법 시행령」 제96조 제1항 각 호의 요건을 모두 충족하는 내국인을 말한다. (2014. 3. 14. 신설)

② 법 제138조 제1항에서 "대통령령으로 정하는 임대주택"이란 제1항에 따른 내국인이 임대주택으로 등록한 「민간임대주택에 관한 특별법」 제2조에 따른 민간임대주택과 「공공주택 특별법」 제2조 제1호 가목에 따른 공공임대주택으로서 「조세특례제한법 시행령」 제96조 제2항 각 호의 요건을 모두 충족하는 임대주택을 말한다. (2015. 12. 28. 개정 ; 임대주택법 시행령 부칙)

③ 법 제138조 제1항 및 제2항에 따른 3호 이상의 임대주택을 5년 이상 임대하는지를 판단하는 기준은 「조세특례제한법 시행령」 제96조 제3항 각 호에 따른다. (2014. 3. 14. 신설)

④ 법 제138조 제3항 단서에서 "대통령령으로 정하는 부득이한 사유가 있는 경우"란 「조세특례제한법 시행령」 제96조 제5항 각 호의 어느 하나에 해당하는 경우를 말한다. (2015. 2. 3. 개정 ; 조세특례제한법 시행령 부칙)

⑤ 법 제138조 제1항을 적용받으려는 자는 해당 과세연도의 과세표준신고와 함께 행정안전부령으로 정하는 세액감면신청서에 「조세특례제한법 시행령」 제96조 제6항 각 호의 서류를 첨부하여 납세지 관할 지방자치단체의 장에게 제출하여야 한다. 다만, 「조세특례제한법 시행령」 제96조 제6항에 따라 납세지 관할 세무서장에게 소득세 감면을 신청하는 경우에는 법 제138조에 따른 개인지방

령령으로 정한다. (2014. 1. 1. 신설)

편주

「조세특례제한법」 제96조(소형주택 임대사업자에 대한 세액감면) 참조

제139조 【장기임대주택에 대한 양도소득분 개인지방소득세의 감면】 ① 대통령령으로 정하는 거주자가 다음 각 호의 어느 하나에 해당하는 국민주택(이에 딸린 해당 건물 연면적의 2배 이내의 토지를 포함한다)을 2000년 12월 31일 이전에 임대를 개시하여 5년 이상 임대한 후 양도하는 경우에는 그 주택(이하 "임대주택"이라 한다)을 양도함으로써 발생하는 소득에 대한 양도소득분 개인지방소득세의 100분의 50을 감면한다. 다만, 「민간임대주택에 관한 특별법」 또는 「공공주택 특별법」에 따른 건설임대주택 중 5년 이상 임대한 임대주택과 같은 법에 따른 매입임대주택 중 1995년 1월 1일 이후 취득 및 임대를 개시하여 5년 이상 임대한 임대주택(취득 당시 입주된 사실이 없는 주택만 해당한다) 및 10년 이상 임대한 임대주택의 경우에는 양도소득분 개인지방소득세를 면제한다. (2015. 8. 28. 단서개정 ; 임대주택법 부칙)

1. 1986년 1월 1일부터 2000년 12월 31일까지의 기간 중 신축된 주택 (2014. 1. 1. 신설)

소득세에 대한 감면도 함께 신청한 것으로 본다. (2017. 7. 26. 직제개정 ; 행정안전부와~직제 부칙)

제92조 【장기임대주택에 대한 양도소득분 개인지방소득세의 감면】 ① 법 제139조 제1항 각 호 외의 부분 본문에서 "대통령령으로 정하는 거주자"란 임대주택을 5호 이상 임대하는 거주자를 말한다. (2014. 3. 14. 신설)

② 법 제139조 제1항 단서에 따른 건설임대주택의 일부 또는 동일한 지번상에 상가 등 다른 목적의 건물이 설치된 경우의 주택으로 보는 범위 및 필요경비 계산은 「소득세법 시행령」 제122조 제4항 및 제5항에 따른다. (2014. 3. 14. 신설)

③ 법 제139조 제3항에 따라 세액의 감면신청을 하려는 자는 해당 임대주택을 양도한 날이 속하는 과세연도의 과세표준신고와 함께 행정안전부령으로 정하는 세액감면신청서에 「조세특례제한법 시행령」 제97조 제4항 각 호의 서류를 첨부하여 납세지 관할 지방자치단체의 장에게 제출하여야 한다. 다만, 「조세특례제한법 시행령」 제97조 제4항에 따라 납세지 관할 세무서장에게 양도소득세 감면을 신청하는 경우에는 법 제139조에 따른 개인지방소득세에 대한 감면도 함께 신청한 것으로 본다.

편주

「조세특례제한법 시행령」 제97조(장기임대주택에 대한 양도소득세의 감면) 참조

2. 1985년 12월 31일 이전에 신축된 공동주택으로서 1986년 1월 1일 현재 입주된 사실이 없는 주택 (2014. 1. 1. 신설)

②「소득세법」 제89조 제1항 제3호를 적용할 때 임대주택은 그 거주자의 소유주택으로 보지 아니한다. (2014. 1. 1. 신설)

③ 제1항에 따라 양도소득분 개인지방소득세를 감면받으려는 자는 대통령령으로 정하는 바에 따라 주택임대에 관한 사항을 신고하고 세액의 감면신청을 하여야 한다. (2014. 1. 1. 신설)

④ 제1항에 따른 임대주택에 대한 임대기간의 계산과 그 밖에 필요한 사항은 대통령령으로 정한다. (2014. 1. 1. 신설)

편주

「조세특례제한법」 제97조(장기임대주택에 대한 양도소득세의 감면) 참조

제140조【신축임대주택에 대한 양도소득분 개인지방소득세의 면제】 ① 대통령령으로 정하는 거주자가 다음 각 호의 어느 하나에 해당하는 국민주택(이에 딸린 해당 건물 연면적의 2배 이내의 토지를 포함한다)을 5년 이상 임대한 후 양도하는 경우에는 그 주택(이하 이 조에서 "신축임대주택"이라 한다)을 양도함으로써 발생하는 소득에 대한 양도소득분 개인지방소득세를 면제한다. (2014. 1. 1. 신설)

(2017. 7. 26. 직제개정 ; 행정안전부와~직제 부칙)

④ 법 제139조 제4항에 따른 임대주택에 대한 임대기간의 계산은「조세특례제한법 시행령」 제97조 제5항에 따른다. (2014. 3. 14. 신설)

⑤ 법 제139조 제3항에 따라 세액의 감면신청을 받은 납세지 관할 지방자치단체의 장은「전자정부법」 제36조 제1항에 따른 행정정보의 공동이용을 통하여 임대주택에 대한 등기부등본 또는 토지 및 건축물대장 등본을 확인하여야 한다. (2014. 3. 14. 신설)

제93조【신축임대주택에 대한 양도소득분 개인지방소득세의 면제】 ① 법 제140조 제1항 각 호 외의 부분에서 "대통령령으로 정하는 거주자"란「조세특례제한법 시행령」 제97조의 2 제1항에 따른 거주자를 말한다. (2014. 3. 14. 신설)

② 법 제140조 제1항에 따른 신축임대주택의 주택임대사항의 신고, 세액감면의 신청 및 임대기간의 계산 등에 관하여는 제92조 제2항부터 제5항까지를 준용하되, 법 제

편주

「조세특례제한법 시행령」 제97조의 2(신축임대주택에 대한 양도소득세의 감면특례) 참조

1. 다음 각 목의 어느 하나에 해당하는 「민간임대주택에 관한 특별법」 또는 「공공주택 특별법」에 따른 건설임대주택 (2015. 8. 28. 개정 ; 임대주택법 부칙)

가. 1999년 8월 20일부터 2001년 12월 31일까지의 기간 중에 신축된 주택 (2014. 1. 1. 신설)

나. 1999년 8월 19일 이전에 신축된 공동주택으로서 1999년 8월 20일 현재 입주된 사실이 없는 주택 (2014. 1. 1. 신설)

2. 다음 각 목의 어느 하나에 해당하는 「민간임대주택에 관한 특별법」 또는 「공공주택 특별법」에 따른 매입임대주택 중 1999년 8월 20일 이후 취득(1999년 8월 20일부터 2001년 12월 31일까지의 기간 중에 매매계약을 체결하고 계약금을 지급한 경우만 해당한다) 및 임대를 개시한 임대주택(취득 당시 입주된 사실이 없는 주택만 해당한다) (2015. 8. 28. 개정 ; 임대주택법 부칙)

가. 1999년 8월 20일 이후 신축된 주택 (2014. 1. 1. 신설)

나. 제1호 나목에 해당하는 주택 (2014. 1. 1. 신설)

② 신축임대주택에 관하여는 제139조 제2항부터 제4항까지의 규정을 준용한다. (2014. 1. 1. 신설)

편주

「조세특례제한법」 제97조의 2(신축임대주택에 대한 양도소득세의 감면 특례) 참조

140조 제1항 제2호에 따른 매입임대주택의 경우에는 제92조 제3항 각 호의 서류 외에 매매계약서 사본과 계약금 지급일을 증명할 수 있는 증명서류를 첨부하여 납세지 관할 지방자치단체의 장에게 제출하여야 한다. 다만, 「조세특례제한법 시행령」 제97조의 2 제2항에 따라 납세지 관할 세무서장에게 양도소득세 감면 특례를 신청하는 경우에는 법 제140조에 따른 개인지방소득세에 대한 면제도 함께 신청한 것으로 본다. (2014. 3. 14. 신설)

제140조의 2【장기일반민간임대주택등에 대한 양도소득분 개인지방소득세 세액감면】(2018. 1. 16. 제목개정 ; 민간임대주택에~부칙)
거주자가 「조세특례제한법」 제97조의 5 제1항에 따라 양도소득세를 감면받는 경우에는 그 감면금액의 100분의 10에 해당하는 금액을 양도소득분 개인지방소득세로 감면한다. (2014. 12. 31. 신설)

제140조의 3【임대사업자에게 양도한 토지에 대한 과세특례】(2018. 1. 16. 제목개정 ; 민간임대주택에~부칙)
① 거주자가 공공지원민간임대주택을 300호 이상 건설하려는 「민간임대주택에 관한 특별법」 제2조 제7호에 따른 임대사업자(이하 이 조에서 "임대사업자"라 한다)에게 2018년 12월 31일까지 토지를 양도함으로써 발생하는 소득에 대해서는 양도소득분 개인지방소득세의 100분의 10에 상당하는 세액을 경감한다. (2018. 1. 16. 개정 ; 민간임대주택에~부칙)
② 제1항에 따라 세액감면을 적용받으려는 자는 대통령령으로 정하는 바에 따라 세액감면 신청을 하여야 한다. (2016. 12. 27. 신설)
③ 임대사업자가 다음 각 호의 어느 하나에 해당하는 경우 제1항에 따라 감면된 세액에 상당하는 금액을 그 사유가 발생한 과세연도의 과세표준을 신고할 때 양도소득분 개인지방소득세로 납부하여야 한다. (2018. 1. 16.

개정 ; 민간임대주택에~부칙)

1. 「민간임대주택에 관한 특별법」 제23조에 따라 공공지원민간임대주택 개발사업의 시행자로 지정받은 자인 경우 : 토지 양도일부터 대통령령으로 정하는 기간 이내에 해당 토지가 「민간임대주택에 관한 특별법」 제22조에 따른 공급촉진지구로 지정을 받지 못하거나, 공급촉진지구로 지정을 받았으나 공급촉진지구 지정일로부터 대통령령으로 정한 기간 내에 공급촉진지구 내 유상공급면적의 100분의 50 이상을 공공지원민간임대주택으로 건설하여 취득하지 아니하는 경우 (2018. 1. 16. 개정 ; 민간임대주택에~부칙)

2. 제1호 외의 임대사업자의 경우 : 토지 양도일부터 대통령령으로 정하는 기간 이내에 해당 토지에 공공지원민간임대주택 건설을 위한 「주택법」 제15조에 따른 사업계획승인 또는 「건축법」 제11조에 따른 건축허가(이하 이 조에서 "사업계획승인등"이라 한다)를 받지 못하거나, 사업계획승인등을 받았으나 사업계획승인등을 받은 날부터 대통령령으로 정하는 기간 내에 사업부지 내 전체 건축물 연면적 대비 공공지원민간임대주택 연면적의 비율이 100분의 50 이상이 되지 아니하는 경우 (2018. 1. 16. 개정 ; 민간임대주택에~부칙)

④ 제1항에 따라 감면받은 세액을 제3항에 따라 납부하는 경우에는 제121조 제2항의 이자 상당 가산액에 관한 규정을 준용한다. (2016. 12. 27. 신설)

제141조 【미분양주택에 대한 과세특례】 ① 거주자가 대통령령으로 정하는 미분양 국민주택(이하 이 조에서 "미분양주택"이라 한다)을 1995년 11월 1일부터 1997년 12월 31일까지의 기간 중에 취득(1997년 12월 31일까지 매매계약을 체결하고 계약금을 납부한 경우를 포함한다)하여 5년 이상 보유·임대한 후에 양도하는 경우 그 주택을 양도함으로써 발생하는 양도소득분 개인지방소득세에 대해서는 다음 각 호의 방법 중 하나를 선택하여 적용받을 수 있다. (2014. 1. 1. 신설)

1. 「지방세법」에 따른 양도소득분 개인지방소득세의 과세표준과 세액을 계산하여 양도소득분 개인지방소득세를 납부하는 방법. 이 경우 양도소득분 개인지방소득세의 세율은 「지방세법」 제103조의 3에도 불구하고 1,000분의 20으로 한다. (2014. 1. 1. 신설)
2. 「지방세법」에 따라 종합소득에 대한 개인지방소득세의 과세표준과 세액을 계산하여 종합소득에 대한 개인지방소득세를 납부하는 방법. 이 경우 해당 주택을 양도함으로써 발생하는 소득금액의 계산에 관하여는 「소득세법」 제19조 제2항을 준용한다. (2014. 1. 1. 신설)

② 제1항을 적용할 때 「소득세법」 제89조 제1항 제3호 각 목의 어느 하나에 해당하는 주택에 따른 1세대1주택의 판정, 과세특례 적용의 신청 등 미분양주택에 대한 과세특례에 관하여 필요한 사항은 대통령령으로 정한다. (2014. 3. 24. 개정)

제94조 【미분양 국민주택에 대한 과세특례】 ① 법 제141조 제1항 각 호 외의 부분에서 "대통령령으로 정하는 미분양 국민주택"이란 「조세특례제한법 시행령」 제98조 제1항 각 호의 요건을 모두 갖춘 국민주택규모 이하의 주택으로서 서울특별시 외의 지역에 소재하는 것을 말한다. (2014. 3. 14. 신설)

② 1995년 11월 1일부터 1997년 12월 31일 사이에 취득(1997년 12월 31일까지 매매계약을 체결하고 계약금을 납부한 경우를 포함한다)한 제1항에 따른 미분양 국민주택 외의 주택을 소유하고 있는 거주자가 그 주택을 양도할 경우에는 해당 미분양 국민주택 외의 주택만을 기준으로 하여 「소득세법」 제89조 제1항 제3호의 1세대 1주택에 관한 규정을 적용한다. (2014. 3. 14. 신설)

③ 법 제141조 제1항에 따른 미분양 국민주택 보유기간의 계산은 「소득세법」 제95조 제4항에 따른다. (2014. 3. 14. 신설)

④ 법 제141조 제1항에 따라 과세특례 적용을 신청하려는 자는 해당 주택을 양도한 날이 속하는 과세연도의 과세표준확정신고(같은 항 제1호의 방법을 선택한 경우에는 예정신고를 포함한다)와 함께 행정안전부령으로 정하는 미분양국민주택과세특례적용신고서에 다음 각 호의 서류를 첨부하여 납세지 관할 지방자치단체의 장에게 제출하여야 한다. 다만, 「조세특례제한법 시행령」 제98조 제4항에 따라 납세지 관할 세무서장에게 양도소득세 과

「조세특례제한법 시행령」 제98조(미분양 주택에 대한 과세특례) 참조

③ 거주자가 대통령령으로 정하는 미분양 국민주택을 1998년 3월 1일부터 1998년 12월 31일까지의 기간 중에 취득(1998년 12월 31일까지 매매계약을 체결하고 계약금을 납부한 경우를 포함한다)하여 5년 이상 보유·임대한 후에 양도하는 경우 그 주택을 양도함으로써 발생하는 소득에 대한 개인지방소득세는 제1항을 준용한다. (2014. 1. 1. 신설)

편주

「조세특례제한법」 제98조(미분양주택에 대한 과세특례) 참조

제142조【지방 미분양주택 취득에 대한 양도소득분

세특례를 신청하는 경우에는 법 제141조에 따른 개인지방소득세에 대한 과세특례도 함께 신청한 것으로 본다. (2017. 7. 26. 직제개정 ; 행정안전부와~직제 부칙)

1. 시장·군수·구청장이 발행한 미분양국민주택확인서 사본 (2016. 12. 30. 개정)
2. 미분양 국민주택 취득 시의 매매계약서 사본(1998년 1월 1일 이후 취득등기하는 분에 한정한다) (2014. 3. 14. 신설)

⑤ 법 제141조 제3항에서 "대통령령으로 정하는 미분양 국민주택"이란 「조세특례제한법 시행령」 제98조 제5항 각 호의 요건을 모두 갖춘 국민주택규모 이하의 주택으로서 서울특별시 외의 지역에 소재하는 것을 말한다. (2014. 3. 14. 신설)

⑥ 1998년 3월 1일부터 1998년 12월 31일 사이에 취득(1998년 12월 31일까지 매매계약을 체결하고 계약금을 납부한 경우를 포함한다)한 제5항에 따른 미분양 국민주택 외의 주택을 소유하고 있는 거주자가 그 주택을 양도할 경우에는 해당 미분양 국민주택 외의 주택만을 기준으로 하여 「소득세법」 제89조 제1항 제3호의 1세대 1주택에 관한 규정을 적용한다. (2014. 3. 14. 신설)

⑦ 법 제141조 제3항에 따른 과세특례 적용의 신청에 관하여는 제4항을 준용하고, 미분양 국민주택 보유기간의 계산은 「소득세법」 제95조 제4항에 따른다. (2014. 3. 14. 신설)

제95조【지방 미분양주택 취득에 대한 양도소득분

편주

「조세특례제한법 시행령」 제98조의 2(지방 미분양주택 취득에 대한 양도소득세 과세특례) 참조

개인지방소득세 등 과세특례】 ① 거주자가 2008년 11월 3일부터 2010년 12월 31일까지의 기간 중에 취득(2010년 12월 31일까지 매매계약을 체결하고 계약금을 납부한 경우를 포함한다)한 수도권 밖에 있는 대통령령으로 정하는 미분양주택(이하 이 조에서 "지방 미분양주택"이라 한다)을 양도함으로써 발생하는 소득에 대해서는 「지방세법」 제103조의 3 제1항 제3호에도 불구하고 같은 항 제1호에 따른 세율을 적용한다. (2014. 3. 24. 개정)

② 「지방세법」 제90조를 적용할 때 제1항을 적용받는 지방 미분양주택은 해당 거주자의 소유주택으로 보지 아니한다. (2014. 3. 24. 개정)

③ 제1항부터 제2항까지 규정을 적용할 때 과세표준확정신고와 그 밖에 필요한 사항은 대통령령으로 정한다. (2014. 1. 1. 신설)

편주

「조세특례제한법」 제98조의 2(지방 미분양주택 취득에 대한 양도소득세 등 과세특례) 참조

개인지방소득세 등 과세특례】 ① 법 제142조 제1항에서 "대통령령으로 정하는 미분양주택"이란 「조세특례제한법 시행령」 제98조의 2 제1항 각 호의 어느 하나에 해당하는 주택(이하 이 조에서 "미분양주택"이라 한다)을 말한다. (2014. 3. 14. 신설)

② 법 제142조에 따라 과세특례를 적용받으려는 자는 해당 주택을 양도하는 날이 속하는 과세연도의 과세표준확정신고 또는 과세표준예정신고와 함께 시장·군수·구청장으로부터 「조세특례제한법 시행령」 제98조의 2 제2항에 따라 미분양주택임을 확인하는 날인을 받은 매매계약서 사본 또는 다음 각 호의 서류를 납세지 관할 지방자치단체의 장에게 제출하여야 한다. 다만, 「조세특례제한법 시행령」 제98조의 2 제2항에 따라 납세지 관할 세무서장에게 양도소득세 과세표준신고와 함께 매매계약서 사본 등을 제출한 경우에는 납세지 관할 지방자치단체의 장에게도 함께 제출한 것으로 본다. (2016. 12. 30. 개정)

1. 「조세특례제한법 시행령」 제98조의 2 제1항 제1호의 주택 : 시장·군수·구청장이 확인한 미분양주택 확인서 및 매매계약서 사본 (2016. 12. 30. 개정)
2. 「조세특례제한법 시행령」 제98조의 2 제1항 제2호의 주택 : 시장·군수·구청장이 확인한 사업계획승인 사실·사업계획승인신청 사실을 확인할 수 있는 서류 및 매매계약서 사본 (2016. 12. 30. 개정)

③ 법 제142조에 따른 과세특례의 적용에 관하여는 제1

제143조【미분양주택의 취득자에 대한 양도소득분 개인지방소득세의 과세특례】 ① 거주자 또는 「소득세법」 제120조에 따른 국내사업장이 없는 비거주자가 서울특별시 밖의 지역(「소득세법」 제104조의 2 제1항에 따른 지정지역은 제외한다)에 있는 대통령령으로 정하는 미분양주택(이하 이 조에서 "미분양주택"이라 한다)을 다음 각 호의 기간 중에 「주택법」 제54조에 따라 주택을 공급하는 해당 사업주체(20호 미만의 주택을 공급하는 경우 해당 주택건설사업자를 포함한다)와 최초로 매매계약을 체결하고 취득(2010년 2월 11일까지 매매계약을 체결하고 계약금을 납부한 경우를 포함한다)하여 그 취득일부터 5년 이내에 양도함으로써 발생하는 소득에 대해서는 양도소득분 개인지방소득세의 100분의 100(수도권과밀억제권역인 경우에는 100분의 60)에 상당하는 세액을 감면한다. (2016. 1. 19. 개정 ; 주택법 부칙)

1. 거주자인 경우 : 2009년 2월 12일부터 2010년 2월 11일까지의 기간 (2014. 1. 1. 신설)
2. 비거주자인 경우 : 2009년 3월 16일부터 2010년 2월 11일까지의 기간 (2014. 1. 1. 신설)

② 제1항을 적용할 때 자기가 건설한 신축주택으로서 2009년 2월 12일부터 2010년 2월 11일까지의 기간 중에 공사에

항 및 제2항에서 규정한 사항 외에는 「조세특례제한법 시행령」 제98조의 2를 준용한다. (2014. 3. 14. 신설)

제96조【미분양주택 취득자에 대한 양도소득분 개인지방소득세의 과세특례】 ① 법 제143조 제1항 각 호 외의 부분에서 "대통령령으로 정하는 미분양주택"이란 「조세특례제한법 시행령」 제98조의 3 제1항 및 제2항에 따른 주택을 말한다. (2014. 3. 14. 신설)

② 법 제143조에 따라 과세특례를 적용받으려는 자는 해당 주택의 양도소득분 개인지방소득세 과세표준예정신고 또는 과세표준확정신고와 함께 시장·군수·구청장으로부터 「조세특례제한법 시행령」 제98조의 3 제5항에 따라 미분양주택임을 확인하는 날인을 받은 매매계약서 사본을 납세지 관할 지방자치단체의 장에게 제출하여야 하고, 법 제143조 제2항 각 호 외의 부분에 따른 주택에 대해서는 시장·군수·구청장에게 제출한 건축착공신고서 사본과 사용검사 또는 사용승인(임시사용승인을 포함한다) 사실을 확인할 수 있는 서류를 납세지 관할 지방자치단체의 장에게 제출하여야 한다. 다만, 「조세특례제한법 시행령」 제98조의 3 제5항에 따라 납세지 관할 세무서장에게 양도소득세 과세표준신고와 함께 매매계약서 사본 등을 제출한 경우에는 납세지 관할 지방자치단체의 장에게도 함께 제출한 것으로 본다. (2016. 12. 30. 개정)

「조세특례제한법 시행령」 제98조의 3 (미분양주택 취득자에 대한 양도소득세 과세특례) 참조

착공(착공일이 불분명한 경우에는 착공신고서 제출일을 기준으로 한다)하고, 사용승인 또는 사용검사(임시사용승인을 포함한다)를 받은 주택을 포함한다. 다만, 다음 각 호의 경우에는 이를 적용하지 아니한다. (2014. 1. 1. 신설)

1. 「도시 및 주거환경정비법」에 따른 재개발사업 또는 재건축사업, 「빈집 및 소규모주택 정비에 관한 특례법」에 따른 소규모재건축사업을 시행하는 정비사업조합의 조합원이 해당 관리처분계획에 따라 취득하는 주택 (2017. 2. 8. 개정 ; 빈집 및~특례법 부칙)
2. 거주하거나 보유하는 중에 소실·붕괴·노후 등으로 인하여 멸실되어 재건축한 주택 (2014. 1. 1. 신설)

③ 「지방세법」 제90조를 적용할 때 제1항 및 제2항을 적용받는 지방 미분양주택은 해당 거주자의 소유주택으로 보지 아니한다. (2014. 3. 24. 개정)

④ 제1항 및 제2항을 적용받는 주택을 양도함으로써 발생하는 소득에 대해서는 「지방세법」 제103조의 3 제1항 제3호에도 불구하고 같은 항 제1호에 따른 세율을 적용한다. (2014. 3. 24. 개정)

⑤ 제1항 및 제2항을 적용할 때 과세특례의 신청 및 그 밖에 필요한 사항은 대통령령으로 정한다. (2014. 1. 1. 신설)

편주

「조세특례제한법」 제98조의 3(미분양주택의 취득자에 대한 양도소득세의 과세특례) 참조

③ 법 제143조에 따른 과세특례의 적용에 관하여는 제1항 및 제2항에서 규정한 사항 외에는 「조세특례제한법 시행령」 제98조의 3을 준용한다. (2014. 3. 14. 신설)

제144조【비거주자의 주택취득에 대한 양도소득분 지방소득세의 과세특례】「소득세법」 제120조에 따른 국내사업장이 없는 비거주자가 2009년 3월 16일부터 2010년 2월 11일까지의 기간 중에 제143조 제1항에 따른 미분양주택 외의 주택을 취득(2010년 2월 11일까지 매매계약을 체결하고 계약금을 납부한 경우를 포함한다)하여 양도함으로써 발생하는 소득에 대해서는 양도소득분 개인지방소득세의 100분의 10에 상당하는 세액을 감면한다. (2014. 1. 1. 신설)

제145조【수도권 밖의 지역에 있는 미분양주택의 취득자에 대한 양도소득분 개인지방소득세의 과세특례】 ① 거주자 또는 「소득세법」 제120조에 따른 국내사업장이 없는 비거주자가 2010년 2월 11일 현재 수도권 밖의 지역에 있는 대통령령으로 정하는 미분양주택(이하 이 조에서 "미분양주택"이라 한다)을 2011년 4월 30일까지 「주택법」 제54조에 따라 주택을 공급하는 해당 사업주체 등과 최초로 매매계약을 체결하고 취득(2011년 4월 30일까지 매매계약을 체결하고 계약금을 납부한 경우를 포함한다)하여 그 취득일부터 5년 이내에 양도함으로써 발생하는 소득에 대하여는 양도소득분 개인지방소득세에 다음 각 호의 분양가격(「주택법」에 따른 입주자 모집공고안에 공시된 분양가격을 말한다. 이하 이 조에서 같다) 인하율에 따른 감면율을 곱하여 계산한 세액

편주

「조세특례제한법」 제98조의 4(비거주자의 주택취득에 대한 양도소득세의 과세특례) 참조

제97조【수도권 밖의 지역에 있는 미분양주택의 취득자에 대한 양도소득분 개인지방소득세의 과세특례】 ① 법 제145조 제1항 각 호 외의 부분에서 "대통령령으로 정하는 미분양주택"이란 「조세특례제한법 시행령」 제98조의 4 제1항 및 제2항에 따른 주택을 말한다. (2014. 3. 14. 신설)

② 법 제145조 제1항에 따른 분양가격 인하율은 「조세특례제한법 시행령」 제98조의 4 제4항에 따라 산정한 것으로 한다. (2014. 3. 14. 신설)

③ 법 제145조에 따라 과세특례를 적용받으려는 자는 해당 미분양주택의 양도소득분 개인지방소득세 과세표준 예정신고 또는 과세표준확정신고와 함께 시장·군수·구청장으로부터 「조세특례제한법 시행령」 제98조의 4 제5항에 따라 미분양주택임을 확인하는 날인을 받은 매

편주

「조세특례제한법 시행령」 제98조의 4(수도권 밖의 지역에 있는 미분양주택의 취득자에 대한 양도소득세의 과세특례) 참조

을 감면한다. (2016. 1. 19. 개정 ; 주택법 부칙)

1. 분양가격 인하율이 100분의 10 이하인 경우 : 100분의 60 (2014. 1. 1. 신설)
2. 분양가격 인하율이 100분의 10을 초과하고 100분의 20 이하인 경우 : 100분의 80 (2014. 1. 1. 신설)
3. 분양가격 인하율이 100분의 20을 초과하는 경우 : 100분의 100 (2014. 1. 1. 신설)

②「지방세법」 제90조를 적용할 때 제1항을 적용받는 미분양주택은 해당 거주자의 소유주택으로 보지 아니한다. (2014. 3. 24. 개정)

③ 제1항을 적용받는 미분양주택을 양도함으로써 발생하는 소득에 대하여는「지방세법」 제103조의 3 제1항 제3호에도 불구하고 같은 항 제1호에 따른 세율을 적용한다. (2014. 3. 24. 개정)

④ 제1항을 적용할 때 미분양주택의 분양가격 인하율의 산정방법과 그 밖에 필요한 사항은 대통령령으로 정한다. (2014. 1. 1. 신설)

편주

「조세특례제한법」 제98조의 5(수도권 밖의 지역에 있는 미분양주택의 취득자에 대한 양도소득세의 과세특례) 참조

제146조【준공후미분양주택의 취득자에 대한 양도소득분 개인지방소득세의 과세특례】 ① 거주자 또는「소득세법」 제120조에 따른 국내사업장이 없는 비거주자

매계약서 사본을 납세지 관할 지방자치단체의 장에게 제출하여야 한다. 다만,「조세특례제한법 시행령」 제98조의 4 제5항에 따라 납세지 관할 세무서장에게 양도소득세 과세표준신고와 함께 매매계약서 사본 등을 제출한 경우에는 납세지 관할 지방자치단체의 장에게도 함께 제출한 것으로 본다. (2016. 12. 30. 개정)

④ 법 제145조에 따른 과세특례의 적용에 관하여는 제1항부터 제3항까지에서 규정한 사항 외에는「조세특례제한법 시행령」 제98조의 4를 준용한다. (2014. 3. 14. 신설)

편주

「조세특례제한법」 제98조의 6(준공후미분양주택의 취득자에

(이하 이 조에서 "비거주자"라 한다)가 다음 각 호의 어느 하나에 해당하는 주택을 양도하는 경우에는 해당 주택의 취득일부터 5년 이내에 양도함으로써 발생하는 소득에 대하여는 양도소득분 개인지방소득세의 100분의 50에 상당하는 세액을 감면(제1호의 요건을 갖춘 주택에 한정한다)한다. (2014. 1. 1. 신설)

1. 「주택법」 제54조에 따라 주택을 공급하는 사업주체 및 그 밖에 대통령령으로 정하는 사업자(이하 이 조에서 "사업주체등"이라 한다)가 대통령령으로 정하는 준공후미분양주택(이하 이 조에서 "준공후미분양주택"이라 한다)을 2011년 12월 31일까지 임대계약을 체결하여 2년 이상 임대한 주택으로서 거주자 또는 비거주자가 해당 사업주체등과 최초로 매매계약을 체결하고 취득한 주택 (2016. 1. 19. 개정 ; 주택법 부칙)
2. 거주자 또는 비거주자가 준공후미분양주택을 사업주체등과 최초로 매매계약을 체결하여 취득하고 5년 이상 임대한 주택(거주자 또는 비거주자가 「소득세법」 제168조에 따른 사업자등록과 「민간임대주택에 관한 특별법」 제5조에 따른 임대사업자등록을 하고 2011년 12월 31일 이전에 임대계약을 체결한 경우에 한정한다) (2015. 8. 28. 개정 ; 임대주택법 부칙)

② 「지방세법」 제90조를 적용할 때 제1항을 적용받는 주택은 해당 거주자의 소유주택으로 보지 아니한다. (2014. 3. 24. 개정)

대한 양도소득세의 과세특례) 참조

제98조 【준공후미분양주택의 취득자에 대한 양도소득분 개인지방소득세의 과세특례】 ① 법 제146조 제1항 제1호에서 "대통령령으로 정하는 사업자"란 「조세특례제한법 시행령」 제98조의 5 제1항 각 호의 어느 하나에 해당하는 자를 말하고, "대통령령으로 정하는 준공후미분양주택"이란 「조세특례제한법 시행령」 제98조의 5 제2항 및 제3항에 따른 주택을 말한다. (2014. 3. 14. 신설)

② 법 제146조 제1항을 적용할 때 해당 준공후미분양주택의 임대기간은 「조세특례제한법 시행령」 제98조의 5 제5항에 따라 계산한 기간을 말한다. (2014. 3. 14. 신설)

③ 법 제146조에 따라 과세특례를 적용받으려는 자는 해당 준공후미분양주택의 양도소득분 개인지방소득세 과세표준예정신고 또는 과세표준확정신고와 함께 「조세특례제한법 시행령」 제98조의 5 제6항 각 호의 서류를 납세지 관할 지방자치단체의 장에게 제출하여야 한다. 다만, 「조세특례제한법 시행령」 제98조의 5 제6항에 따라 납세지 관할 세무서장에게 양도소득세 과세표준신고와 함께 매매계약서 사본 등을 제출한 경우에는 납세지 관

「조세특례제한법 시행령」 제98조의 5 (준공후미분양주택의 취득자에 대한 양도소득세의 과세특례) 참조

③ 제1항을 적용받는 주택을 양도함으로써 발생하는 소득에 대하여는 「지방세법」 제103조의 3 제1항 제3호에도 불구하고 같은 항 제1호에 따른 세율을 적용한다. (2014. 3. 24. 개정)

④ 제1항을 적용할 때 준공후미분양주택·임대기간의 확인절차 및 그 밖에 필요한 사항은 대통령령으로 정한다. (2014. 1. 1. 신설)

제147조【미분양주택의 취득자에 대한 양도소득분 개인지방소득세의 과세특례】 ① 내국인이 2012년 9월 24일 현재 대통령령으로 정하는 미분양주택으로서 취득가액이 9억원 이하인 주택(이하 이 조에서 "미분양주택"이라 한다)을 2012년 9월 24일부터 2012년 12월 31일까지 「주택법」 제54조에 따라 주택을 공급하는 해당 사업주체 또는 그 밖에 대통령령으로 정하는 사업자와 최초로 매매계약(계약금을 납부한 경우에 한정한다)을 체결하거나 그 계약에 따라 취득한 경우에는 취득일부터 5년 이내에 양도함으로써 발생하는 소득에 대하여는 양도소득분 개인지방소득세를 면제한다. (2016. 1. 19. 개정 ; 주택법 부칙)

② 「지방세법」 제103조의 3 제1항 제3호를 적용할 때 제1항을 적용받는 미분양주택은 해당 거주자의 소유주택으로 보지 아니한다. (2014. 3. 24. 개정)

③ 제1항을 적용할 때 과세특례 신청 및 그 밖에 필요한

할 지방자치단체의 장에게도 함께 제출한 것으로 본다. (2014. 3. 14. 신설)

④ 법 제146조에 따른 과세특례의 적용에 관하여는 제1항부터 제3항까지에서 규정한 사항 외에는 「조세특례제한법 시행령」 제98조의 5를 준용한다. (2014. 3. 14. 신설)

제99조【미분양주택의 취득자에 대한 양도소득분 개인지방소득세의 과세특례】 ① 법 제147조 제1항에서 "대통령령으로 정하는 미분양주택"이란 「조세특례제한법 시행령」 제98조의 6 제1항 및 제2항에 따른 주택을 말하고, "대통령령으로 정하는 사업자"란 「조세특례제한법 시행령」 제98조의 6 제3항 각 호의 어느 하나에 해당하는 자를 말한다. (2014. 3. 14. 신설)

② 법 제147조에 따라 과세특례를 적용받으려는 사람은 해당 미분양주택의 양도소득분 개인지방소득세 과세표준예정신고 또는 과세표준확정신고와 함께 「조세특례제한법 시행령」 제98조의 6 제8항에 따라 사업주체등으로부터 교부받은 매매계약서 사본을 납세지 관할 지방자치단체의 장에게 제출하여야 한다. 다만, 「조세특례제한법 시행령」 제98조의 6 제5항에 따라 납세지 관할 세무서장에게 양도소득세 과세표준신고와 함께 매매계약서 사본 등을 제출한 경우에는 납세지 관할 지방자치단체의 장에

「조세특례제한법 시행령」 제98조의 6 (미분양주택의 취득자에 대한 양도소득세의 과세특례) 참조

사항은 대통령령으로 정한다. (2014. 1. 1. 신설)

편주

「조세특례제한법」 제98조의 7(미분양주택의 취득자에 대한 양도소득세의 과세특례) 참조

제148조 【신축주택 등 취득자에 대한 양도소득분 개인지방소득세의 과세특례】 ① 거주자 또는 비거주자가 대통령령으로 정하는 신축주택, 미분양주택 또는 1세대 1주택자의 주택으로서 취득가액이 6억원 이하이거나 주택의 연면적(공동주택의 경우에는 전용면적)이 85제곱미터 이하인 주택을 2013년 4월 1일부터 2013년 12월 31일까지 「주택법」 제54조에 따라 주택을 공급하는 사업주체 등 대통령령으로 정하는 자와 최초로 매매계약을 체결하여 그 계약에 따라 취득(2013년 12월 31일까지 매매계약을 체결하고 계약금을 지급한 경우를 포함한다)한 경우에 해당 주택을 취득일부터 5년 이내에 양도함으로써 발생하는 양도소득에 대하여는 양도소득분 개인지방소득세를 면제한다. (2016. 1. 19. 개정 ; 주택법 부칙)

② 「지방세법」 제103조의 3 제1항 제3호를 적용할 때 제1항을 적용받는 주택은 해당 거주자의 소유주택으로 보지 아니한다. (2014. 3. 24. 개정)

③ 제1항은 전국 소비자물가상승률 및 전국 주택매매가격상승률을 고려하여 부동산 가격이 급등하거나 급등할

게도 함께 제출한 것으로 본다. (2014. 3. 14. 신설)

③ 법 제147조에 따른 과세특례의 적용에 관하여는 제1항 및 제2항에서 규정한 사항 외에는 「조세특례제한법 시행령」 제98조의 6을 준용한다. (2014. 3. 14. 신설)

제100조 【신축주택 등 취득자에 대한 양도소득분 개인지방소득세의 과세특례】 ① 법 제148조 제1항에서 "대통령령으로 정하는 신축주택, 미분양주택 또는 1세대 1주택자의 주택"이란 다음 각 호의 구분에 따른 주택을 말한다. (2014. 3. 14. 신설)

1. 신규주택 또는 미분양주택 : 「조세특례제한법 시행령」 제99조의 2 제1항 및 제2항에 따른 주택 (2014. 3. 14. 신설)
2. 1세대 1주택자의 주택 : 「조세특례제한법 시행령」 제99조의 2 제3항부터 제5항까지의 규정에 따른 주택 (2014. 3. 14. 신설)

② 법 제148조 제1항에서 "대통령령으로 정하는 자"란 「조세특례제한법 시행령」 제99조의 2 제6항 각 호의 구분에 따른 자를 말한다. (2014. 3. 14. 신설)

③ 법 제148조에 따라 과세특례를 적용받으려는 자는 해당 주택의 양도소득 과세표준예정신고 또는 과세표준확정신고와 함께 「조세특례제한법 시행령」 제99조의 2 제11항 또는 제12항에 따라 신축주택, 미분양주택 또는 1

편주

「조세특례제한법 시행령」 제99조의 2(신축주택 등 취득자에 대한 양도소득세의 과세특례) 참조

우려가 있는 지역으로서 대통령령으로 정하는 지역에는 적용하지 아니한다. (2014. 1. 1. 신설)

④ 제1항을 적용받으려는 자는 대통령령으로 정하는 바에 따라 감면신청을 하여야 한다. (2014. 1. 1. 신설)

⑤ 제1항을 적용할 때 과세특례 신청 및 그 밖에 필요한 사항은 대통령령으로 정한다. (2014. 1. 1. 신설)

편주

「조세특례제한법」 제99조의 2(신축주택 등 취득자에 대한 양도소득세의 과세특례) 참조

제11절 그 밖의 지방소득세 특례
(2014. 1. 1. 신설)

제149조 【산림개발소득에 대한 세액감면】 ① 내국인이 「산림자원의 조성 및 관리에 관한 법률」에 따른 산림경영계획 또는 특수산림사업지구사업(법률 제4206호 산림법중개정법률의 시행 전에 종전의 「산림법」에 따라 지정된 지정개발지역으로서 같은 개정법률 부칙 제2조에 해당하는 지정개발지역에서의 지정개발사업을 포함한다)에 따라 새로 조림(造林)한 산림과 채종림, 「산림보호법」 제7조에 따른 산림보호구역으로서 그가 조림한

세대 1주택자의 주택임을 확인하는 날인을 받아 교부받은 매매계약서 사본을 납세지 관할 지방자치단체의 장에게 제출하여야 한다. 다만, 「조세특례제한법 시행령」 제99조의 2 제8항에 따라 납세지 관할 세무서장에게 양도소득세 과세표준신고와 함께 매매계약서 사본 등을 제출한 경우에는 납세지 관할 지방자치단체의 장에게도 함께 제출한 것으로 본다. (2014. 3. 14. 신설)

④ 법 제148조에 따른 과세특례의 적용에 관하여는 제1항 및 제2항에서 규정한 사항 외에는 「조세특례제한법 시행령」 제99조의 2를 준용한다. (2014. 3. 14. 신설)

제11절 그 밖의 지방소득세 특례
(2014. 3. 14. 신설)

제101조 【산림개발소득에 대한 세액감면신청】 법 제149조 제1항을 적용받으려는 내국인은 과세표준신고와 함께 행정안전부령으로 정하는 세액감면신청서를 납세지 관할 지방자치단체의 장에게 제출하여야 한다. 다만, 「조세특례제한법 시행령」 제102조에 따라 납세지 관할 세무서장에게 소득세 감면을 신청하는 경우에는 법 제149조에 따른 개인지방소득세에 대한 세액감면도 함께 신청한 것으로 본다. (2017. 7. 26. 직제개정 ; 행정안

편주

「조세특례제한법 시행령」 제102조(산림개발소득에 대한 세액감면신청) 참조

기간이 10년 이상인 것을 2018년 12월 31일까지 벌채(伐採) 또는 양도함으로써 발생한 소득에 대해서는 개인지방소득세의 100분의 50에 상당하는 세액을 감면한다. (2016. 12. 27. 개정)

② 제1항을 적용받으려는 자는 대통령령으로 정하는 바에 따라 그 감면신청을 하여야 한다. (2014. 1. 1. 신설)

편주

「조세특례제한법」 제102조(산림개발소득에 대한 세액감면) 참조

제150조 【제3자물류비용에 대한 세액공제】 ① 제조업을 경영하는 내국인이 다음 각 호의 요건을 모두 갖추어 2018년 12월 31일 이전에 끝나는 과세연도까지 각 과세연도에 지출한 물류비용 중 제3자물류비용이 직전 과세연도에 지출한 제3자물류비용을 초과하는 경우 그 초과하는 금액의 1,000분의 3(중소기업의 경우에는 1,000분의 5)에 상당하는 금액을 개인지방소득세(사업소득에 대한 개인지방소득세만 해당한다)에서 공제한다. 다만, 공제받는 금액이 해당 과세연도의 개인지방소득세의 100분의 10을 초과하는 경우에는 100분의 10을 한도로 한다. (2016. 12. 27. 개정)

1. 각 과세연도에 지출한 제3자물류비용이 각 과세연도에 지출한 물류비용의 100분의 30 이상일 것 (2014. 1. 1. 신설)
2. 해당 과세연도에 지출한 물류비용 중 제3자물류비용

전부와~직제 부칙)

제102조 【제3자물류비용에 대한 세액공제신청】 법 제150조 제1항 및 제2항에 따라 개인지방소득세를 공제받으려는 자는 과세표준신고와 함께 행정안전부령으로 정하는 세액공제신청서를 납세지 관할 지방자치단체의 장에게 제출하여야 한다. 다만, 「조세특례제한법」 제104조의 14에 따라 납세지 관할 세무서장에게 소득세 공제를 신청하는 경우에는 법 제150조에 따른 개인지방소득세에 대한 세액공제도 함께 신청한 것으로 본다. (2017. 7. 26. 직제개정 ; 행정안전부와~직제 부칙)

편주

「조세특례제한법 시행령」 제104조의 14(제3자물류비용에 대한 세액공제신청 등) 참조

이 차지하는 비율이 직전 과세연도보다 낮아지지 아니할 것 (2014. 1. 1. 신설)

② 직전 과세연도에 지출한 제3자물류비용이 직전 과세연도에 지출한 물류비용의 100분의 30 미만이거나 없는 경우로서 해당 과세연도에 지출한 제3자물류비용이 해당 과세연도에 지출한 물류비용의 100분의 30을 초과하는 경우에는 제1항에도 불구하고 그 초과금액의 1,000분의 3(중소기업의 경우에는 1,000분의 5)에 상당하는 금액을 개인지방소득세(사업소득에 대한 개인지방소득세만 해당한다)에서 공제한다. 다만, 공제받는 금액이 해당 과세연도의 개인지방소득세의 100분의 10을 초과하는 경우에는 100분의 10을 한도로 한다. (2016. 12. 27. 개정)

③ 제1항 및 제2항을 적용받으려는 내국인은 대통령령으로 정하는 바에 따라 세액공제신청을 하여야 한다. (2014. 1. 1. 신설)

편주

「조세특례제한법」 제104조의 14(제3자물류비용에 대한 세액공제) 참조

제151조【대학 맞춤형 교육비용 등에 대한 세액공제】 ①「고등교육법」 제2조에 따른 학교(이하 이 조에서 "대학교"라 한다)가 산업교육을 실시하는 학교로서 대통령령으로 정하는 학교 또는 산업수요맞춤형고등학교

편주

「조세특례제한법」 제104조의 18(대학 맞춤형 교육비용 등에 대한 세액공제) 참조

등이 「산업교육진흥 및 산학연협력촉진에 관한 법률」 제8조에 따라 내국인과 계약으로 직업교육훈련과정 또는 학과 등을 설치·운영하고, 해당 내국인이 그 운영비로 비용(이하 이 조에서 "맞춤형 교육비용"이라 한다)을 2019년 12월 31일까지 지급하는 경우에는 제102조를 준용한다. 이 경우 "일반연구·인력개발비"를 "맞춤형 교육비용"으로 본다. (2016. 12. 27. 개정)

② 내국인이 대학교 또는 산업수요맞춤형고등학교등에 대통령령으로 정하는 연구 및 인력개발을 위한 시설을 2019년 12월 31일까지 기부하는 경우에는 제103조를 준용한다. (2016. 12. 27. 개정)

③ 제1항 및 제2항을 적용할 때 내국인이 수도권에 있는 대학교에 지급하거나 기부하는 경우에는 해당 금액의 100분의 5를 곱한 금액을 지급하거나 기부한 것으로 본다. (2014. 1. 1. 신설)

④ 산업수요맞춤형고등학교등과 대통령령으로 정하는 사전 취업계약 등을 체결한 내국인이 해당 산업수요맞춤형고등학교등의 재학생에게 직업교육훈련을 실시하고 현장훈련수당 등 대통령령으로 정하는 비용(이하 이 조에서 "현장훈련수당등"이라 한다)을 2019년 12월 31일까지 지급하는 경우에는 제102조를 준용한다. 이 경우 "일반연구·인력개발비"는 "현장훈련수당등"으로 본다. (2016. 12. 27. 개정)

제103조【대학 맞춤형 교육비용 등에 대한 세액공제】 ① 법 제151조 제2항에서 "대통령령으로 정하는 연구 및 인력개발을 위한 시설"이란 「조세특례제한법 시행령」 제104조의 17 제1항에 따른 시설을 말한다. (2014. 3. 14. 신설)

② 법 제151조 제4항 전단에서 "대통령령으로 정하는 사전 취업계약 등"이란 「조세특례제한법 시행령」 제104조의 17 제2항 각 호의 어느 하나에 해당하는 계약을 말한다. (2014. 3. 14. 신설)

③ 법 제151조 제4항 전단에서 "대통령령으로 정하는 비용"이란 「조세특례제한법 시행령」 제104조의 17 제3항에 따른 비용을 말한다. (2014. 3. 14. 신설)

편주

「조세특례제한법 시행령」 제104조의 17(대학 맞춤형 교육비용 등에 대한 세액공제) 참조

제152조 【해외진출기업의 국내복귀에 대한 세액감면】 ① 대한민국 국민 등 대통령령으로 정하는 자가 다음 각 호의 어느 하나에 해당하는 경우로서 2018년 12월 31일까지 국내(수도권은 제외한다. 이하 이 조에서 같다)에서 창업하거나 사업장을 신설하는 경우에는 제2항 또는 제3항에 따라 개인지방소득세를 감면한다. (2016. 12. 27. 개정)

1. 국외에서 2년 이상 계속하여 경영하던 사업장을 대통령령으로 정하는 바에 따라 국내로 이전하는 경우 (2014. 1. 1. 신설)
2. 국외에서 2년 이상 계속하여 경영하던 사업장을 부분 축소 또는 유지하면서 국내로 복귀하는 중소기업 및 대통령령으로 정하는 중견기업(생산량 축소 등 대통령령으로 정하는 부분 축소인 경우에는 국내에 사업장이 있는 경우를 포함한다)으로서 국내에 사업장이 없는 경우 (2016. 12. 27. 개정)

② 제1항 제1호의 경우에는 이전 후의 사업장에서 발생하는 소득에 대하여 이전일 이후 해당 사업장에서 최초로 소득이 발생한 과세연도(이전일부터 5년이 되는 날이 속하는 과세연도까지 소득이 발생하지 아니한 경우에는 이전일부터 5년이 되는 날이 속하는 과세연도)와 그 다음 과세연도 개시일부터 4년 이내에 끝나는 과세연도에는 개인지방소득세의 100분의 100에 상당하는 세액을 감면하고, 그 다음 2년 이내에 끝나는 과세연도에는 개인지방소득세의 100분의 50에 상당하는 세액을 감면한

제104조 【해외진출기업의 국내복귀에 대한 세액감면】 ① 법 제152조 제1항 각 호 외의 부분에서 "대한민국 국민 등 대통령령으로 정하는 자"란 「조세특례제한법 시행령」 제104조의21 제1항에 따른 대한민국 국민을 말한다. (2014. 3. 14. 신설)

② 법 제152조 제1항에 따라 사업장을 국내로 이전 또는 복귀하는 경우에는 한국표준산업분류에 따른 세분류를 기준으로 이전 또는 복귀 전의 사업장에서 영위하던 업종과 이전 또는 복귀 후의 사업장에서 영위하는 업종이 동일하여야 한다. (2014. 3. 14. 신설)

「조세특례제한법 시행령」 제104조의21(해외진출기업의 국내복귀에 대한 세액감면) 참조

다. (2016. 12. 27. 개정)

③ 제1항 제2호의 경우에는 복귀 후의 사업장에서 발생하는 소득에 대하여 복귀일 이후 해당 사업장에서 최초로 소득이 발생한 과세연도(복귀일부터 5년이 되는 날이 속하는 과세연도까지 소득이 발생하지 아니한 경우에는 복귀일부터 5년이 되는 날이 속하는 과세연도)와 그 다음 과세연도 개시일부터 2년 이내에 끝나는 과세연도에는 개인지방소득세의 100분의 100에 상당하는 세액을 감면하고, 그 다음 2년 이내에 끝나는 과세연도에는 개인지방소득세의 100분의 50에 상당하는 세액을 감면한다. (2016. 12. 27. 개정)

④ 제1항에 따라 개인지방소득세를 감면받은 내국인이 다음 각 호의 어느 하나에 해당하는 경우에는 그 사유가 발생한 과세연도의 과세표준신고를 할 때 대통령령으로 정하는 바에 따라 계산한 세액을 개인지방소득세로 납부하여야 한다. (2014. 1. 1. 신설)

1. 사업장을 이전 또는 복귀하여 사업을 개시한 날부터 3년 이내에 그 사업을 폐업하거나 법인이 해산한 경우. 다만, 합병·분할 또는 분할합병으로 인한 경우는 제외한다. (2014. 1. 1. 신설)
2. 대통령령으로 정하는 바에 따라 사업장을 국내로 이전 또는 복귀하여 사업을 개시하지 아니한 경우 (2014. 1. 1. 신설)

⑤ 제1항에 따라 감면받은 개인지방소득세액을 제4항에

③ 법 제152조 제4항 제2호에서 "대통령령으로 정하는 바에 따라 사업장을 국내로 이전 또는 복귀하여 사업을 개시하지 아니한 경우"란 「조세특례제한법 시행령」 제104조의 21 제1항 각 호의 요건을 갖추지 아니한 경우를

따라 납부하는 경우 이자 상당 가산액에 관하여는 제122조 제4항을 준용한다. (2014. 1. 1. 신설)

⑥ 제1항부터 제5항까지의 규정을 적용할 때 세액감면 신청, 그 밖에 필요한 사항은 대통령령으로 정한다. (2014. 1. 1. 신설)

편주

「조세특례제한법」 제104조의 24(해외진출기업의 국내복귀에 대한 세액감면) 참조

제153조【외국인투자에 대한 개인지방소득세 등의 감면】 ①「조세특례제한법」 제121조의 2 제1항 각 호의 어느 하나에 해당하는 사업을 하기 위한 외국인투자(「외국인투자촉진법」 제2조 제1항 제4호에 따른 외국인투자를 말한다. 이하 이 조에서 같다)로서 대통령령으로 정하는 기준에 해당하는 외국인투자에 대해서는 제2항부터 제5항까지 및 제12항에 따라 개인지방소득세를 각각 감면한다. (2014. 1. 1. 신설)

②「외국인투자 촉진법」 제2조 제1항 제6호에 따른 외국인투자기업(이하 이 조에서 "외국인투자기업"이라 한다)

말한다. (2014. 3. 14. 신설)

④ 법 제152조 제4항에 따라 납부하여야 하는 세액은 법 제152조 제2항 및 제3항에 따라 감면받은 개인지방소득세 전액으로 한다. (2014. 3. 14. 신설)

⑤ 법 제152조 제1항부터 제3항까지의 규정을 적용받으려는 자는 과세표준신고와 함께 행정안전부령으로 정하는 세액감면신청서 및 감면세액계산서를 납세지 관할 지방자치단체의 장에게 제출하여야 한다. 다만, 「조세특례제한법 시행령」 제104조의 21 제5항에 따라 납세지 관할 세무서장에게 소득세 감면을 신청하는 경우에는 법 제152조에 따른 개인지방소득세에 대한 세액감면도 함께 신청한 것으로 본다. (2017. 7. 26. 직제개정 ; 행정안전부와~직제 부칙)

제105조【외국인투자에 대한 개인지방소득세 감면의 기준 등】 ① 법 제153조 제1항에 따른 외국인투자기준은 「조세특례제한법 시행령」 제116조의 2 제1항부터 제10항까지 및 같은 조 제16항부터 제21항까지의 규정에 따른다. (2014. 3. 14. 신설)

② 법 제153조 제2항 본문에서 "대통령령으로 정하는 바에 따라 계산한 외국인투자비율"이란 「조세특례제한법

「조세특례제한법 시행령」 제116조의 2 (조세감면의 기준 등) 참조

에 대한 개인지방소득세는 제1항에 따라 감면대상이 되는 사업을 함으로써 발생한 소득(「조세특례제한법」 제121조의 2 제1항 제1호에 따른 사업의 감면대상이 되는 소득은 대통령령으로 정한다)에 대해서만 감면하되, 감면기간 및 감면대상이 되는 세액은 다음 각 호와 같다. 이 경우 감면대상이 되는 세액을 산정할 때 외국인투자기업이 감면기간 중에 내국법인(감면기간 중인 외국인투자기업은 제외한다)과 합병하여 해당 합병법인의 외국인투자비율(외국인투자기업이 발행한 주식의 종류 등을 고려하여 대통령령으로 정하는 바에 따라 계산한 외국인투자비율을 말한다. 이하 이 장에서 같다)이 감소한 경우에는 합병 전 외국인투자기업의 외국인투자비율을 적용한다. (2016. 12. 27. 개정)

1. 「조세특례제한법」 제121조의 2 제1항 제1호 및 제2호에 따라 감면대상이 되는 사업을 함으로써 발생한 소득에 대해서는 해당 사업을 개시한 후 그 사업에서 최초로 소득이 발생한 과세연도(사업개시일부터 5년이 되는 날이 속하는 과세연도까지 그 사업에서 소득이 발생하지 아니한 경우에는 5년이 되는 날이 속하는 과세연도)의 개시일부터 5년 이내에 끝나는 과세연도까지 해당 사업소득에 대한 개인지방소득세 상당금액(총산출세액에 제1항 각 호의 사업을 함으로써 발생한 소득이 총과세표준에서 차지하는 비율을 곱한 금액을 말한다)에 외국인투자비율을 곱한 금액(이하 이

시행령」 제116조의 2 제14항에 따른 외국인투자비율을 말한다. (2014. 3. 14. 신설)

☜ 편주 ....

외국인투자기업의 개인지방소득세 감면

감면액 = 감면대상세액 × 감면율

① 감면대상세액 = 총산출세액 × $\frac{\text{감면대상사업소득}}{\text{총과세표준}}$ × 외국인투자비율

② 감면율

구 분		감면율
조특법 §121의 2 제1항 1호, 2호에 따른 감면대상 사업	사업 개시 후 최초로 소득이 발생한 과세연도(*)의 개시일부터 5년 이내에 끝나는 과세연도	100%
	그 다음 2년 이내에 끝나는 과세연도	50%
조특법 §121의 2 제1항 2호의 2 ~ 2호의 9, 3호에 따른 감면대상 사업	사업 개시 후 최초로 소득이 발생한 과세연도(*)의 개시일부터 3년 이내에 끝나는 과세연도	100%
	그 다음 2년 이내에 끝나는 과세연도	50%

(*) 사업개시일부터 5년이 되는 날이 속하는 과세연도까지 해당 사업에서 소득이 발생하지 아니한 경우에는 5년이 되는 날이 속하는 과세연도

....

항 및 제8항에서 "감면대상세액"이라 한다)의 전액을, 그 다음 2년 이내에 끝나는 과세연도까지는 감면대상세액의 100분의 50에 상당하는 세액을 각각 감면한다. (2016. 12. 27. 개정)

2. 「조세특례제한법」 제121조의 2 제1항 제2호의 2부터 제2호의 9까지 및 제3호에 따라 감면대상이 되는 사업을 함으로써 발생한 소득에 대해서는 해당 사업을 개시한 후 그 사업에서 최초로 소득이 발생한 과세연도(사업개시일부터 5년이 되는 날이 속하는 과세연도까지 그 사업에서 소득이 발생하지 아니한 경우에는 5년이 되는 날이 속하는 과세연도)의 개시일부터 3년 이내에 끝나는 과세연도까지는 감면대상세액의 전액을, 그 다음 2년 이내에 끝나는 과세연도까지는 감면대상세액의 100분의 50에 상당하는 세액을 각각 감면한다. (2016. 12. 27. 개정)

③ 외국인투자기업이 제2항 및 제8항에 따른 감면을 받으려면 그 외국인투자기업의 사업개시일이 속하는 과세연도의 종료일까지 해당 지방자치단체의 장에게 감면신청을 하여야 하고, 제4항에 따라 개인지방소득세 감면결정을 받은 사업내용을 변경한 경우 그 변경된 사업에 대한 감면을 받으려면 해당 변경사유가 발생한 날부터 2년이 되는 날까지 해당 지방자치단체의 장에게 조세감면내용 변경신청을 하여야 하며, 이에 따른 조세감면내용 변경결정이 있는 경우 그 변경결정의 내용은 당초 감면

기간의 남은 기간에 대해서만 적용된다. 다만, 「조세특례제한법」 제121조의 2에 따라 기획재정부장관에게 감면신청한 자는 지방자치단체의 장에게 감면신청한 것으로 본다. (2014. 1. 1. 신설)

④ 지방자치단체의 장은 제3항에 따른 개인지방소득세 감면신청 또는 개인지방소득세 감면내용 변경신청을 받은 경우 관계 중앙관서의 장과 협의하여 그 감면·감면내용변경·감면대상 해당여부를 결정하고 이를 신청인에게 알려야 한다. 다만, 제3항 단서에 따라 기획재정부장관에게 감면신청한 자에 대해서는 그러하지 아니하다. (2016. 12. 27. 개정)

⑤ 「외국인투자촉진법」 제2조 제1항 제8호 사목 또는 같은 법 제2조 제1항 제4호 가목 2), 제5조 제2항 제1호 및 제6조에 따른 외국인투자에 대해서는 제2항 및 제8항을 적용하지 아니한다. (2016. 1. 27. 개정 ; 외국인투자 촉진법 부칙)

⑥ 외국인투자기업이 제3항에 따른 감면신청기한이 지난 후 감면신청을 하여 제4항에 따라 감면결정을 받은 경우에는 그 감면신청일이 속하는 과세연도와 그 후의 남은 감면기간에 대해서만 제1항, 제2항 및 제8항을 적용한다. 이 경우 외국인투자기업이 제4항에 따라 감면결정을 받기 이전에 이미 납부한 세액이 있을 때에는 그 세액은 환급하지 아니한다. (2014. 1. 1. 신설)

⑦ 이 조를 적용할 때 다음 각 호의 어느 하나에 해당하

③ 법 제153조 제7항을 적용할 때 조세감면의 대상으로

법 153	영 105	
는 외국인투자자의 경우 대통령령으로 정하는 바에 따라 계산한 주식 또는 출자지분(이하 이 장에서 "주식등"이라 한다)의 소유비율(소유비율이 100분의 5 미만인 경우에는 100분의 5로 본다) 상당액, 대여금 상당액 또는 외국인투자금액에 대해서는 조세감면대상으로 보지 아니한다. (2016. 12. 27. 개정) 1. 외국법인 또는 외국기업(이하 이 항에서 "외국법인등"이라 한다)이 외국인투자를 하는 경우로서 다음 각 목의 어느 하나에 해당하는 경우 (2016. 12. 27. 개정) 가. 대한민국 국민(외국에 영주하고 있는 사람으로서 거주지국의 영주권을 취득하거나 영주권을 갈음하는 체류허가를 받은 사람은 제외한다) 또는 대한민국 법인(이하 이 항에서 "대한민국국민등"이라 한다)이 해당 외국법인등의 의결권 있는 주식등의 100분의 5 이상을 직접 또는 간접으로 소유하고 있는 경우 (2016. 12. 27. 개정) 나. 대한민국국민등이 단독으로 또는 다른 주주와의 합의·계약 등에 따라 해당 외국법인등의 대표이사 또는 이사의 과반수를 선임한 주주에 해당하는 경우 (2016. 12. 27. 개정) 2. 다음 각 목의 어느 하나에 해당하는 자가 「외국인투자 촉진법」 제2조 제1항 제5호에 따른 외국투자가에게 대여한 금액이 있는 경우 (2016. 12. 27. 개정) 가. 외국인투자기업 (2016. 12. 27. 개정)	보지 아니하는 주식등 소유비율 상당액 또는 대여금 상당액은 「조세특례제한법 시행령」 제116조의 2 제11항 및 제12항에 따라 계산한 금액으로 한다. (2014. 3. 14. 신설)	

나. 외국인투자기업의 의결권 있는 주식등을 100분의 5 이상 직접 또는 간접으로 소유하고 있는 대한민국국민등 (2016. 12. 27. 개정)

다. 단독으로 또는 다른 주주와의 합의 · 계약 등에 따라 외국인투자기업의 대표이사 또는 이사의 과반수를 선임한 주주인 대한민국국민등 (2016. 12. 27. 개정)

3. 외국인이 「국제조세조정에 관한 법률」 제2조 제1항 제7호에 따른 조세조약 또는 투자보장협정을 체결하지 아니한 국가 또는 지역 중 대통령령으로 정하는 국가 또는 지역을 통하여 외국인투자를 하는 경우 (2020. 12. 22. 개정 ; 국제조세조정에~부칙)

⑧ 「조세특례제한법」 제121조의 2 제1항 제1호에서 규정하는 사업에 대한 외국인투자 중 사업의 양수 등 대통령령으로 정하는 방식에 해당하는 외국인투자에 대해서는 제2항의 규정에 따른 감면기간 및 감면비율에도 불구하고 외국인투자기업에 대한 개인지방소득세는 같은 조 제1항 제1호에 따라 감면대상이 되는 사업을 함으로써 발생한 소득에 대해서만 감면하되, 그 사업을 개시한 후 그 사업에서 최초로 소득이 발생한 과세연도(사업개시일부터 5년이 되는 날이 속하는 과세연도까지 그 사업에서 소득이 발생하지 아니한 경우에는 5년이 되는 날이 속하는 과세연도)의 개시일부터 3년 이내에 끝나는 과세연도에는 감면대상세액의 100분의 50을, 그 다음 2년 이

④ 법 제153조 제8항에서 "사업의 양수 등 대통령령으로 정하는 방식에 해당하는 외국인투자"란 「조세특례제한법 시행령」 제116조의 2 제15항에 따른 외국인투자를 말한다. (2014. 3. 14. 신설)

법	영	
내에 끝나는 과세연도에는 감면대상세액의 100분의 30에 상당하는 세액을 각각 경감한다. (2016. 12. 27. 개정) ⑨ 외국인투자신고 후 최초의 개인지방소득세 감면결정 통지일로부터 3년이 지나는 날까지 최초의 출자(증자를 포함한다)가 없는 경우에는 제4항에 따른 개인지방소득세 감면결정의 효력은 상실되며, 외국인투자신고 후 최초의 조세감면결정 통지일부터 3년 이내에 최초의 출자를 한 경우로서 최초의 조세감면결정 통지일부터 5년이 되는 날까지 사업을 개시하지 아니한 경우에는 최초의 조세감면결정 통지일부터 5년이 되는 날을 그 사업을 개시한 날로 보아 이 조 제2항, 제8항 및 제15항을 적용한다. (2016. 12. 27. 개정) ⑩ 제2항 및 제8항이 적용되는 감면기간 동안 감면받는 개인지방소득세의 총합계액이 다음 각 호의 금액을 합한 금액을 초과하는 경우에는 그 합한 금액을 한도(이하 이 조에서 "감면한도"라 한다)로 하여 세액을 감면한다. (2014. 1. 1. 신설) 1. 투자금액을 기준으로 한 한도로서 다음 각 목의 구분에 따른 금액 (2014. 1. 1. 신설) 가. 「조세특례제한법」 제121조의 2 제1항 제1호 및 제2호의 경우 : 대통령령으로 정하는 외국인투자누계액(이하 이 항에서 "외국인투자누계액"이라 한다)의 1,000분의 50 (2016. 12. 27. 개정) 나. 「조세특례제한법」 제121조의 2 제1항 제2호의 2부터	⑤ 법 제153조 제10항 제1호 가목에서 "대통령령으로 정하는 외국인 투자누계액"이란 「조세특례제한법 시행령」 제116조의 2 제22항에 따른 외국인 투자누계액을 말한다. (2014. 3. 14. 신설)	

제2호의 9까지, 제3호 및 제10항 제1호의 경우 : 외국인투자누계액의 1,000분의 40 (2016. 12. 27. 개정)

2. 고용을 기준으로 한 다음 각 목의 금액을 합한 금액. 다만, 외국인투자누계액의 100분의 20에 상당하는 금액을 한도로 하되, 「조세특례제한법」 제121조의 2 제1항 제1호 및 제2호의 경우에는 외국인투자누계액의 100분의 40에 상당하는 금액을 한도로 하고, 같은 조 제1항 제2호의 2부터 제2호의 9까지 및 제3호, 같은 조 제12항 제1호의 경우에는 외국인투자누계액의 100분의 30에 상당하는 금액을 한도로 한다. (2016. 12. 27. 개정)

   가. 해당 과세연도의 해당 외국인투자기업의 상시근로자 중 산업수요맞춤형고등학교등의 졸업생 수 × 200만원 (2016. 12. 27. 개정)

   나. 해당 과세연도의 해당 외국인투자기업의 가목 외의 상시근로자 중 청년근로자, 장애인근로자 및 60세 이상인 근로자 수 × 150만원 (2016. 12. 27. 개정)

   다. (해당 과세연도의 상시근로자 수 − 가목에 따른 졸업생 수 − 나목에 따른 청년근로자, 장애인근로자 및 60세 이상인 근로자 수) × 100만원 (2016. 12. 27. 신설)

⑪ 제2항 및 제8항에 따라 각 과세연도에 감면받을 개인지방소득세에 대하여 감면한도를 적용할 때에는 제10항 제1호의 금액을 먼저 적용한 후 같은 항 제2호의 금액을 적용한다. (2014. 1. 1. 신설)

⑫ 제10항 제2호를 적용받아 개인지방소득세를 감면받은 외국인투자기업이 감면받은 과세연도 종료일부터 2년이 되는 날이 속하는 과세연도 종료일까지의 기간 중 각 과세연도의 상시근로자 수가 감면받은 과세연도의 상시근로자 수보다 감소한 경우에는 대통령령으로 정하는 바에 따라 감면받은 세액에 상당하는 금액을 개인지방소득세로 납부하여야 한다. (2014. 1. 1. 신설)

⑬ 제10항 및 제12항을 적용할 때 상시근로자의 범위, 상시근로자 수의 계산방법, 그 밖에 필요한 사항은 대통령령으로 정한다. (2014. 1. 1. 신설)

⑭ 외국인투자기업이 동일한 사업장에서 「조세특례제한법」 제121조의 2 제1항 각 호의 사업 중 같은 항 제1호의 사업과 같은 항 제1호 외의 사업을 같은 법 제143조를 준용하여 각각 구분하여 경리하는 경우에는 각각의 사업에 대하여 이 조 제2항에 따른 감면을 적용한다. 다만, 각각의 사업에 대한 감면기간은 해당 사업장에서 최초로 감면 대상 소득이 발생한 과세연도(사업개시일부터 5

⑥ 법 제153조 제12항에 따라 납부하여야 할 개인지방소득세액은 다음 계산식에 따라 계산한 금액(그 수가 음수이면 영으로 보고, 감면받은 과세연도 종료일 이후 2개 과세연도 연속으로 상시근로자 수가 감소한 경우에는 두 번째 과세연도에는 첫 번째 과세연도에 납부한 금액을 뺀 금액을 말한다)으로 하고, 이를 상시근로자 수가 감소된 과세연도의 과세표준을 신고할 때 개인지방소득세로 납부하여야 한다. (2014. 3. 14. 신설)

> 해당 기업의 상시근로자 수가 감소된 과세연도의 직전 2년 이내의 과세연도에 법 제153조 제10항 제2호에 따라 감면받은 세액의 합계액 − (상시근로자 수가 감소된 과세연도의 감면대상사업장의 상시근로자 수 × 1백만원)

⑦ 법 제153조 제13항에 따른 상시근로자의 범위 및 상시근로자 수의 계산은 「조세특례제한법 시행령」 제23조 제10항부터 제12항까지의 규정에 따른다. (2015. 2. 3. 개정 ; 조세특례제한법 시행령 부칙)

⑧ 법 제153조 제14항에서 "대통령령으로 정하는 바에 따라 계산한 세액"이란 「조세특례제한법 시행령」 제116조의 7 제1항 · 제4항 및 제5항에 따른 세액을 말하고, "대통령령으로 정하는 바에 따라 계산한 이자 상당 가산액"이란 「조세특례제한법 시행령」 제116조의 7 제3항에 따라 계산한 금액을 말한다. (2014. 3. 14. 신설)

년이 되는 날이 속하는 과세연도까지는 소득이 발생하지 아니한 경우에는 5년이 되는 날이 속하는 과세연도)의 개시일부터 기산한다. (2016. 12. 27. 신설)

⑮ 제2항 및 제8항이 적용되는 감면기간 동안 감면받는 개인지방소득세의 총합계액이「조세특례제한법」제121조의 2 제14항 각 호의 금액을 합한 금액의 100분의 10을 초과하는 경우에는 그 합한 금액의 100분의 10을 한도(이하 이 조에서 "감면한도"라 한다)로 하여 개인지방소득세 세액을 경감하고, 감면한도 적용에 대해서는 같은 조 제15항부터 제17항까지의 규정에 따른다. (2016. 12. 27. 신설)

⑯ 제2항 및 제8항에 따라 개인지방소득세를 감면받은 외국인투자기업은「조세특례제한법」제121조의 5 제1항 각 호의 어느 하나에 해당하는 사유가 발생한 경우 사유가 발생한 날이 속하는 과세연도의 과세표준신고를 할 때 대통령령으로 정하는 바에 따라 계산한 세액에 대통령령으로 정하는 바에 따라 계산한 이자 상당 가산액을 가산하여 개인지방소득세로 납부하여야 하며, 해당 세액은「지방세법」제95조에 따라 납부하여야 할 세액으로 본다. (2016. 12. 27. 항번개정)

편주

「조세특례제한법」제121조의 2(외국인투자에 대한 법인세 등의 감면) 참조

제154조 【제주첨단과학기술단지 입주기업에 대한 개인지방소득세의 감면】 ① 「제주특별자치도 설치 및 국제자유도시 조성을 위한 특별법」 제161조에 따라 지정된 제주첨단과학기술단지(이하 이 장에서 "제주첨단과학기술단지"라 한다)에 2018년 12월 31일까지 입주한 기업이 생물산업, 정보통신산업 등 대통령령으로 정하는 사업(이하 이 조에서 "감면대상사업"이라 한다)을 하는 경우 감면대상사업에서 발생한 소득에 대하여 사업개시일 이후 그 사업에서 최초로 소득이 발생한 과세연도(사업개시일부터 5년이 되는 날이 속하는 과세연도까지 해당 사업에서 소득이 발생하지 아니한 경우에는 5년이 되는 날이 속하는 과세연도)의 개시일부터 3년 이내에 끝나는 과세연도에는 개인지방소득세의 100분의 100에 상당하는 세액을 감면하고, 그 다음 2년 이내에 끝나는 과세연도에는 개인지방소득세의 100분의 50에 상당하는 세액을 감면한다. (2016. 12. 27. 개정)

② 제1항이 적용되는 감면기간 동안 감면받는 개인지방소득세의 총합계액이 제1호와 제2호의 금액을 합한 금액을 초과하는 경우에는 그 합한 금액을 한도(이하 이 조에서 "감면한도"라 한다)로 하여 세액을 감면한다. 다만, 대통령령으로 정하는 서비스업(이하 이 조에서 "서비스업"이라 한다)을 영위하는 경우로서 해당 서비스업에서 발생한 소득에 대하여 제1항이 적용되는 감면기간 동안 감면받은 개인지방소득세 총 합계액이 제1호와 제

제106조 【제주첨단과학기술단지 입주기업에 대한 개인지방소득세의 감면】 ① 법 제154조 제1항에서 "생물산업, 정보통신산업 등 대통령령으로 정하는 사업"이란 「조세특례제한법 시행령」 제116조의 14 제1항 각 호의 산업을 영위하는 사업을 말한다. (2014. 3. 14. 신설)

편주

「조세특례제한법 시행령」 제116조의 14 (제주첨단과학기술단지 입주기업에 대한 법인세 등의 감면) 참조

2호의 금액을 합한 금액과 제3호의 금액 중 큰 금액을 초과하는 경우에는 그 큰 금액을 한도로 하여 세액을 감면할 수 있다. (2016. 12. 27. 개정)

1. 대통령령으로 정하는 투자누계액의 100분의 5 (2014. 1. 1. 신설)
2. 다음 각 목의 금액 중 적은 금액 (2014. 1. 1. 신설)
   가. 해당 과세연도의 제주첨단과학기술단지 사업장(이하 이 조에서 "감면대상사업장"이라 한다)의 상시근로자 수 × 1백만원 (2014. 1. 1. 신설)
   나. 제1호의 투자누계액의 100분의 2 (2014. 1. 1. 신설)
3. 다음 각 목의 금액 중 적은 금액 (2016. 12. 27. 신설)
   가. 해당 과세연도의 감면대상사업장의 상시근로자 수 × 2백만원 (2016. 12. 27. 신설)
   나. 제1호의 투자누계액의 100분의 10 (2016. 12. 27. 신설)

③ 제1항에 따라 각 과세연도에 감면받을 개인지방소득세에 대하여 감면한도를 적용할 때에는 제2항 제1호의 금액을 먼저 적용한 후 같은 항 제2호의 금액을 적용한다. (2014. 1. 1. 신설)

④ 제2항 제2호 또는 제3호를 적용받아 개인지방소득세를 감면받은 기업이 감면받은 과세연도 종료일부터 2년이 되는 날이 속하는 과세연도 종료일까지의 기간 중 각 과세연도의 감면대상사업장의 상시근로자 수가 감면받은 과세연도의 상시근로자 수보다 감소한 경우에는 대통령령으로

② 법 제154조 제2항 제1호에서 "대통령령으로 정하는 투자누계액"이란 「조세특례제한법 시행령」 제116조의 14 제2항에 따른 투자 합계액을 말한다. (2014. 3. 14. 신설)

③ 법 제154조 제4항에 따라 납부하여야 할 개인지방소득세액은 다음 계산식에 따라 계산한 금액(그 수가 음수이면 영으로 보고, 감면받은 과세연도 종료일 이후 2개 과세연도 연속으로 상시근로자 수가 감소한 경우에는 두 번째 과세연도에는 첫 번째 과세연도에 납부한 금액을 뺀 금액을 말한다)으로 하고, 이를 상시근로자 수가 감소된 과세연도의 과세표준을 신고할 때 개인지방소득세로 납부하여야 한다. (2014. 3. 14. 신설)

> 해당 기업의 상시근로자 수가 감소된 과세연도의 직전 2년 이내의 과세연도에 법 제154조 제2항 제2호에 따라 감면받은 세액의 합계액 − (상시근로자 수가 감소된 과세연도의 감면대상사업장의 상시근로자 수 × 1백만원)

④ 법 제154조 제5항에 따른 상시근로자의 범위 및 상시근로자 수의 계산은 「조세특례제한법 시행령」 제23조 제10항부터 제12항까지의 규정에 따른다. (2015. 2. 3. 개정 ; 조세특례제한법 시행령 부칙)

⑤ 법 제154조 제1항에 따라 개인지방소득세를 감면받

정하는 바에 따라 감면받은 세액에 상당하는 금액을 개인지방소득세로 납부하여야 한다. (2016. 12. 27. 개정)

⑤ 제2항 및 제4항을 적용할 때 상시근로자의 범위, 상시근로자 수의 계산방법, 그 밖에 필요한 사항은 대통령령으로 정한다. (2014. 1. 1. 신설)

⑥ 제1항을 적용받으려는 자는 대통령령으로 정하는 바에 따라 그 감면신청을 하여야 한다. (2014. 1. 1. 신설)

⑦ 제2항에 따라 서비스업에 대한 감면한도를 적용받는 기업은 「조세특례제한법」 제143조를 준용하여 서비스업과 그 밖의 업종을 각각 구분하여 경리하여야 한다. (2016. 12. 27. 신설)

편주

「조세특례제한법」 제121조의 8(제주첨단과학기술단지 입주기업에 대한 법인세 등의 감면) 참조

제155조【제주투자진흥지구 또는 제주자유무역지역 입주기업에 대한 개인지방소득세의 감면】 ① 다음 각 호의 어느 하나에 해당하는 사업(이하 이 조 에서 "감면대상사업"이라 한다)을 하기 위한 투자로서 대통령령으로 정하는 기준에 해당하는 투자의 경우에 대해서는 제2항부터 제6항까지의 규정에 따라 개인지방소득세를 감면한다. (2014. 1. 1. 신설)

1. 「제주특별자치도 설치 및 국제자유도시 조성을 위한

으려는 자는 과세표준신고와 함께 행정안전부령으로 정하는 세액감면신청서를 납세지 관할 지방자치단체의 장에게 제출하여야 한다. 다만, 「조세특례제한법 시행령」 제116조의 14 제5항에 따라 납세지 관할 세무서장에게 소득세 감면을 신청하는 경우에는 법 제154조에 따른 개인지방소득세에 대한 세액감면도 함께 신청한 것으로 본다. (2017. 7. 26. 직제개정 ; 행정안전부와~직제 부칙)

제107조【제주투자진흥지구 또는 제주자유무역지역 입주기업에 대한 개인지방소득세의 감면】 ① 법 제155조 제1항 각 호 외의 부분에서 "대통령령으로 정하는 기준에 해당하는 투자"란 다음 각 호의 구분에 따른 투자를 말한다. (2014. 3. 14. 신설)

1. 법 제155조 제1항 제 1호에 따른 사업 : 「조세특례제한법 시행령」 제116조의 15 제1항에 따른 투자 (2014. 3. 14. 신설)

편주

「조세특례제한법 시행령」 제116조의 15(제주투자진흥지구 또는 제주자유무역지역 입주기업에 대한 법인세 등의 감면), 제116조의 17(제주투자진흥지구 또는 제주자유무역지역 입주기업에 대한 감면세액의 추징) 참조

특별법」 제162조에 따라 지정되는 제주투자진흥지구(이하 이 조에서 "제주투자진흥지구"라 한다)에 2018년 12월 31일까지 입주하는 기업이 해당 구역의 사업장에서 하는 사업 (2016. 12. 27. 개정)

2. 「자유무역지역의 지정 및 운영에 관한 법률」 제4조에 따라 제주특별자치도에 지정되는 자유무역지역(이하 이 장에서 "제주자유무역지역"이라 한다)에 2018년 12월 31일까지 입주하는 기업이 해당 구역의 사업장에서 하는 사업 (2016. 12. 27. 개정)

3. 제주투자진흥지구의 개발사업시행자가 제주투자진흥지구를 개발하기 위하여 기획, 금융, 설계, 건축, 마케팅, 임대, 분양 등을 일괄적으로 수행하는 개발사업 (2014. 1. 1. 신설)

② 제1항 각 호의 어느 하나에 해당하는 감면대상사업에서 발생한 소득에 대해서는 사업개시일 이후 그 감면대상사업에서 최초로 소득이 발생한 과세연도(사업개시일부터 5년이 되는 날이 속하는 과세연도까지 그 사업에서 소득이 발생하지 아니한 경우에는 5년이 되는 날이 속하는 과세연도)의 개시일부터 3년 이내에 끝나는 과세연도에 있어서 제1항 제1호 및 제2호의 경우에는 개인지방소득세의 100분의 100에 상당하는 세액을, 제1항 제3호의 경우에는 개인지방소득세의 100분의 50에 상당하는 세액을 각각 감면하고, 그 다음 2년 이내에 끝나는 과세연도에 있어서 제1항 제1호 및 제2호의 경우에는 개인지방

2. 법 제155조 제1항 제2호에 따른 사업 : 「조세특례제한법 시행령」 제116조의 15 제2항에 따른 투자 (2014. 3. 14. 신설)

3. 법 제155조 제1항 제3호에 따른 사업 : 「조세특례제한법 시행령」 제116조의 15 제3항에 따른 투자 (2014. 3. 14. 신설)

소득세의 100분의 50에 상당하는 세액을, 제1항 제3호의 경우에는 개인지방소득세의 100분의 25에 상당하는 세액을 각각 감면한다. (2014. 1. 1. 신설)

③ 제2항이 적용되는 감면기간 동안 감면받는 개인지방소득세의 총합계액이 제1호와 제2호의 금액을 합한 금액을 초과하는 경우에는 그 합한 금액을 한도(이하 이 조에서 "감면한도"라 한다)로 하여 세액을 감면한다. 다만, 대통령령으로 정하는 서비스업(이하 이 조에서 "서비스업"이라 한다)을 영위하는 경우로서 해당 서비스업에서 발생한 소득에 대하여 제2항이 적용되는 감면기간 동안 감면받은 개인지방소득세 총 합계액이 제1호와 제2호의 금액을 합한 금액과 제3호의 금액 중 큰 금액을 초과하는 경우에는 그 큰 금액을 한도로 하여 세액을 감면할 수 있다. (2016. 12. 27. 개정)

1. 대통령령으로 정하는 투자누계액의 100분의 5 (2014. 1. 1. 신설)
2. 다음 각 목의 금액 중 적은 금액 (2014. 1. 1. 신설)
   가. 해당 과세연도의 제1항 각 호의 어느 하나에 해당하는 사업장(이하 이 조에서 "감면대상사업장"이라 한다)의 상시근로자 수 × 1백만원 (2014. 1. 1. 신설)
   나. 제1호의 투자누계액의 100분의 2 (2014. 1. 1. 신설)
3. 다음 각 목의 금액 중 적은 금액 (2016. 12. 27. 신설)
   가. 해당 과세연도의 감면대상사업장의 상시근로자 수 × 2백만원 (2016. 12. 27. 신설)

② 법 제155조 제3항 제1호에서 "대통령령으로 정하는 투자누계액"이란 「조세특례제한법 시행령」 제116조의 15 제4항에 따른 투자 합계액을 말한다. (2014. 3. 14. 신설)

③ 법 제155조 제5항에 따라 납부하여야 할 개인지방소득세액은 다음 계산식에 따라 계산한 금액(그 수가 음수이면 영으로 보고, 감면받은 과세연도 종료일 이후 2개 과세연도 연속으로 상시근로자 수가 감소한 경우에는 두 번째 과세연도에는 첫 번째 과세연도에 납부한 금액을 뺀 금액을 말한다)으로 하고, 이를 상시근로자 수가 감소된 과세연도의 과세표준을 신고할 때 개인지방소득

나. 제1호의 투자누계액의 100분의 10 (2016. 12. 27. 신설)

④ 제2항에 따라 각 과세연도에 감면받을 개인지방소득세에 대하여 감면한도를 적용할 때에는 제3항 제1호의 금액을 먼저 적용한 후 같은 항 제2호의 금액을 적용한다. (2014. 1. 1. 신설)

⑤ 제3항 제2호 또는 제3호를 적용받아 개인지방소득세를 감면받은 기업이 감면받은 과세연도 종료일부터 2년이 되는 날이 속하는 과세연도 종료일까지의 기간 중 각 과세연도의 감면대상사업장의 상시근로자 수가 감면받은 과세연도의 상시근로자 수보다 감소한 경우에는 대통령령으로 정하는 바에 따라 감면받은 세액에 상당하는 금액을 개인지방소득세로 납부하여야 한다. (2016. 12. 27. 개정)

⑥ 제3항 및 제5항을 적용할 때 상시근로자의 범위, 상시근로자 수의 계산방법, 그 밖에 필요한 사항은 대통령령으로 정한다. (2014. 1. 1. 신설)

⑦ 제2항을 적용받으려는 자는 대통령령으로 정하는 바에 따라 그 감면신청을 하여야 한다. (2014. 1. 1. 신설)

⑧ 제3항 각 호 외의 부분 단서에 따라 서비스업에 대한 감면한도를 적용받는 기업은 「조세특례제한법」 제143조를 준용하여 서비스업과 그 밖의 업종을 각각 구분하여 경리하여야 한다. (2016. 12. 27. 신설)

⑨ 제주투자진흥지구 또는 제주자유무역지역 입주기업

세로 납부하여야 한다. (2014. 3. 14. 신설)

> 해당 기업의 상시근로자 수가 감소된 과세연도의 직전 2년 이내의 과세연도에 법 제155조 제3항 제2호에 따라 감면받은 세액의 합계액 − (상시근로자 수가 감소된 과세연도의 감면대상사업장의 상시근로자 수 × 1백만원)

④ 법 제155조 제6항에 따른 상시근로자의 범위 및 상시근로자 수의 계산은 「조세특례제한법 시행령」 제23조 제10항부터 제12항까지의 규정에 따른다. (2015. 2. 3. 개정 ; 조세특례제한법 시행령 부칙)

⑤ 법 제155조 제2항에 따라 개인지방소득세를 감면받으려는 자는 과세표준신고와 함께 행정안전부령으로 정하는 세액감면신청서를 납세지 관할 지방자치단체의 장에게 제출하여야 한다. 다만, 「조세특례제한법 시행령」 제116조의 15 제7항에 따라 납세지 관할 세무서장에게 소득세 감면을 신청하는 경우에는 법 제155조에 따른 개인지방소득세에 대한 세액감면도 함께 신청한 것으로 본다. (2017. 7. 26. 직제개정 ; 행정안전부와~직제 부칙)

⑥ 법 제155조 제8항에 따른 제주투자진흥지구 또는 제주자유무역지역 입주기업에 대한 개인지방소득세의 감면세액의 추징은 「조세특례제한법 시행령」 제116조의 17 제1항 각 호의 기준에 따른다. (2014. 3. 14. 신설)

이 「조세특례제한법」 제121조의 12 제1항 각 호의 어느 하나에 해당하는 사유가 발생한 경우 대통령령이 정하는 바에 따라 제주투자진흥지구 또는 제주자유무역지역 입주기업에 대한 개인지방소득세의 감면세액을 추징한다. (2016. 12. 27. 항번개정)

편주 「조세특례제한법」 제121조의 9(제주투자진흥지구 또는 제주자유무역지역 입주기업에 대한 법인세 등의 감면), 제121조의 12(제주투자진흥지구 또는 제주자유무역지역 입주기업에 대한 감면세액의 추징) 참조

제156조【기업도시개발구역 등의 창업기업 등에 대한 개인지방소득세의 감면】 ① 다음 각 호의 어느 하나에 해당하는 사업(이하 이 조에서 "감면대상사업"이라 한다)을 하기 위한 투자로서 업종 및 투자금액이 대통령령으로 정하는 기준에 해당하는 투자에 대해서는 제2항부터 제8항까지의 규정에 따라 개인지방소득세를 감면한다. (2014. 1. 1. 신설)

1. 기업도시개발구역에 2018년 12월 31일까지 창업하거나 사업장을 신설(기존 사업장을 이전하는 경우는 제외한다)하는 기업이 그 구역의 사업장에서 하는 사업 (2016. 12. 27. 개정)
2. 기업도시개발사업 시행자가 하는 사업으로서 「기업도시개발 특별법」 제2조 제3호에 따른 기업도시개발

제108조【기업도시개발구역 등의 창업기업 등에 대한 개인지방소득세의 감면】 ① 법 제156조 제1항 각 호 외의 부분에서 "대통령령으로 정하는 기준에 해당하는 투자"란 다음 각 호의 구분에 따른 투자를 말한다. (2014. 3. 14. 신설)

1. 법 제156조 제1항 제1호·제3호 및 제5호에 따른 사업 : 「조세특례제한법 시행령」 제116조의 21 제1항에 따른 투자 (2014. 3. 14. 신설)
2. 법 제156조 제1항 제2호·제4호 및 제6호에 따른 사업 : 「조세특례제한법 시행령」 제116조의 21 제2항에 따른 투자 (2014. 3. 14. 신설)

② 법 제156조 제1항 제1호·제3호 및 제5호에 해당하는 기업도시개발구역, 신발전지역발전촉진지구, 신발

편주 「조세특례제한법 시행령」 제116조의 21(기업도시개발구역 등의 창업기업 등에 대한 법인세 등의 감면) 참조

법	영	규칙
사업 (2014. 1. 1. 신설) 3. 「지역 개발 및 지원에 관한 법률」 제11조에 따라 지정된 지역개발사업구역(같은 법 제7조 제1항 제1호에 해당하는 지역개발사업으로 한정한다) 또는 같은 법 제67조에 따른 지역활성화지역에 2018년 12월 31일까지 창업하거나 사업장을 신설(기존 사업장을 이전하는 경우는 제외한다)하는 기업(법률 제12737호 「지역 개발 및 지원에 관한 법률」 부칙 제4조에 따라 의제된 지역개발사업구역 중 「폐광지역 개발 지원에 관한 특별법」에 따라 지정된 폐광지역진흥지구에 개발사업시행자로 선정되어 입주하는 경우에는 「관광진흥법」에 따른 관광숙박업 및 종합휴양업과 축산업을 경영하는 내국인을 포함한다)이 그 구역 또는 지역 안의 사업장에서 하는 사업 (2016. 12. 27. 개정) 4. 「지역 개발 및 지원에 관한 법률」 제11조(같은 법 제7조 제1항 제1호에 해당하는 지역개발사업으로 한정한다)에 따른 지역개발사업구역과 같은 법 제67조에 따른 지역활성화지역에서 같은 법 제19조에 따라 지정된 사업시행자가 하는 지역개발사업 (2014. 12. 31. 개정) 5. 「여수세계박람회 기념 및 사후활용에 관한 특별법」 제15조에 따라 지정·고시된 해양박람회특구에 2018년 12월 31일까지 창업하거나 사업장을 신설(기존 사업장을 이전하는 경우는 제외한다)하는 기업이 그 구역 안의 사업장에서 하는 사업 (2016. 12. 27. 개정)	전지역투자촉진지구 및 박람회장 조성사업구역에 창업하거나 사업장을 신설하는 기업이 그 구역에 있는 사업장에서 경영하는 사업의 감면대상소득은 제1항 제1호에 따른 감면대상사업을 경영하기 위하여 그 구역에 투자한 시설에서 직접 발생한 소득으로 한다. (2014. 3. 14. 신설)	

6. 「여수세계박람회 기념 및 사후활용에 관한 특별법」 제17조에 따라 지정된 사업시행자가 박람회 사후활용에 관하여 시행하는 사업 (2014. 3. 24. 개정)
7. 「새만금사업 추진 및 지원에 관한 특별법」 제8조 제1항에 따른 사업시행자에 해당하는 기업이 같은 법 제2조에 따른 사업의 시행자가 되어 실시하는 새만금사업 (2016. 12. 27. 신설)

② 제1항에 해당하는 기업의 감면대상사업에서 발생한 소득에 대해서는 사업개시일 이후 그 감면대상사업에서 최초로 소득이 발생한 과세연도(사업개시일부터 5년이 되는 날이 속하는 과세연도까지 그 사업에서 소득이 발생하지 아니한 경우에는 5년이 되는 날이 속하는 과세연도)의 개시일부터 3년 이내에 끝나는 과세연도에는 제1항 제1호 · 제3호 · 제5호의 경우 개인지방소득세의 100분의 100에 상당하는 세액을, 제1항 제2호 · 제4호 · 제6호 · 제7호의 경우 개인지방소득세의 100분의 50에 상당하는 세액을 각각 경감하고, 그 다음 2년 이내에 끝나는 과세연도에는 제1항 제1호 · 제3호 · 제5호의 경우 개인지방소득세의 100분의 50에 상당하는 세액을, 제1항 제2호 · 제4호 · 제6호 · 제7호의 경우 개인지방소득세의 100분의 25에 상당하는 세액을 각각 경감한다. (2016. 12. 27. 개정)

③ 제2항이 적용되는 감면기간 동안 감면받는 개인지방소득세의 총합계액이 제1호와 제2호의 금액을 합한 금액을 초과하는 경우에는 그 합한 금액을 한도(이하 이

조에서 "감면한도"라 한다)로 하여 세액을 감면한다. 다만, 대통령령으로 정하는 서비스업(이하 이 조에서 "서비스업"이라 한다)을 영위하는 경우로서 해당 서비스업에서 발생한 소득에 대하여 제2항이 적용되는 감면기간 동안 감면받은 개인지방소득세 총 합계액이 제1호와 제2호의 금액을 합한 금액과 제3호의 금액 중 큰 금액을 초과하는 경우에는 그 큰 금액을 한도로 하여 세액을 감면할 수 있다. (2016. 12. 27. 개정)

1. 대통령령으로 정하는 투자누계액의 100분의 5 (2014. 1. 1. 신설)
2. 다음 각 목의 금액 중 적은 금액 (2014. 1. 1. 신설)
   가. 해당 과세연도의 제1항 각 호의 어느 하나에 해당하는 사업을 하는 사업장(이하 이 조에서 "감면대상사업장"이라 한다)의 상시근로자 수 × 1백만원 (2014. 1. 1. 신설)
   나. 제1호의 투자누계액의 100분의 2 (2014. 1. 1. 신설)
3. 다음 각 목의 금액 중 적은 금액 (2016. 12. 27. 신설)
   가. 해당 과세연도의 감면대상사업장의 상시근로자 수 × 2백만원 (2016. 12. 27. 신설)
   나. 제1호의 투자누계액의 100분의 10 (2016. 12. 27. 신설)

④ 제2항에 따라 각 과세연도에 감면받을 개인지방소득세에 대하여 감면한도를 적용할 때에는 제3항 제1호의 금액을 먼저 적용한 후 같은 항 제2호의 금액을 적용한

③ 법 제156조 제3항 제1호에서 "대통령령으로 정하는 투자누계액"이란 「조세특례제한법 시행령」 제116조의 21 제4항에 따른 투자 합계액을 말한다. (2014. 3. 14. 신설)

다. (2014. 1. 1. 신설)

⑤ 제3항 제2호 또는 제3호를 적용받아 개인지방소득세를 감면받은 기업이 감면받은 과세연도 종료일부터 2년이 되는 날이 속하는 과세연도 종료일까지의 기간 중 각 과세연도의 감면대상사업장의 상시근로자 수가 감면받은 과세연도의 상시근로자 수보다 감소한 경우에는 대통령령으로 정하는 바에 따라 감면받은 세액에 상당하는 금액을 개인지방소득세로 납부하여야 한다. (2016. 12. 27. 개정)

④ 법 제156조 제5항에 따라 납부하여야 할 개인지방소득세는 다음의 계산식에 따라 계산한 금액(그 수가 음수이면 영으로 보고, 감면받은 과세연도 종료일 이후 2개 과세연도 연속으로 상시근로자 수가 감소한 경우에는 두 번째 과세연도에는 첫 번째 과세연도에 납부한 금액을 뺀 금액을 말한다)으로 하고, 이를 상시근로자 수가 감소된 과세연도의 과세표준을 신고할 때 개인지방소득세로 납부하여야 한다. (2014. 3. 14. 신설)

해당 기업의 상시근로자 수가 감소된 과세연도의 직전 2년 이내의 과세연도에 법 제156조 제3항 제2호에 따라 감면받은 세액의 합계액 − (상시근로자 수가 감소된 과세연도의 감면대상사업장의 상시근로자 수 × 1백만원)

⑥ 제3항 및 제5항을 적용할 때 상시근로자의 범위, 상시근로자 수의 계산방법, 그 밖에 필요한 사항은 대통령령으로 정한다. (2014. 1. 1. 신설)

⑦ 제1항부터 제6항까지의 규정을 적용할 때 창업의 범위에 관하여는 제100조 제6항을 준용한다. (2014. 1. 1. 신설)

⑧ 제2항을 적용받으려는 자는 대통령령으로 정하는 바에 따라 감면신청을 하여야 한다. (2014. 1. 1. 신설)

⑨ 제3항 각 호 외의 부분 단서에 따라 서비스업에 대한 감면한도를 적용받는 기업은 「조세특례제한법」 제143조를 준용하여 서비스업과 그 밖의 업종을 각각 구분하여

⑤ 법 제156조 제6항에 따른 상시근로자의 범위 및 상시근로자 수의 계산은 「조세특례제한법 시행령」 제23조 제10항부터 제12항까지의 규정에 따른다. (2015. 2. 3. 개정 ; 조세특례제한법 시행령 부칙)

⑥ 법 제156조 제2항에 따라 개인지방소득세를 감면받으려는 자는 과세표준신고와 함께 행정안전부령으로 정하는 세액감면신청서를 납세지 관할 지방자치단체의 장에게 제출하여야 한다. 다만, 「조세특례제한법 시행령」 제116조의 21 제7항에 따라 납세지 관할 세무서장에게 소득세 감면을 신청하는 경우에는 법 제156조에

경리하여야 한다. (2016. 12. 27. 신설)

⑩ 제2항 및 제3항에 따라 개인지방소득세를 감면받은 기업도시개발구역 등의 창업기업 등이 「조세특례제한법」 제121조의 19 제1항 각 호의 어느 하나에 해당하는 경우에는 감면받은 개인지방소득세를 추징하며, 같은 항 제3호에 해당하는 경우에는 해당 과세연도와 남은 감면기간 동안 제2항을 적용하지 아니한다. (2016. 12. 27. 항번개정)

편주

「조세특례제한법」 제121조의 17(기업도시개발구역 등의 창업기업 등에 대한 법인세 등의 감면) 참조

제157조【아시아문화중심도시 투자진흥지구 입주기업 등에 대한 개인지방소득세의 감면 등】 ① 「아시아문화중심도시 조성에 관한 특별법」 제16조에 따른 투자진흥지구에 2018년 12월 31일까지 입주하는 기업이 그 지구에서 사업을 하기 위한 투자로서 업종 및 투자금액이 대통령령으로 정하는 기준에 해당하는 투자에 대해서는 제2항부터 제6항까지의 규정에 따라 개인지방소득세를 감면한다. (2016. 12. 27. 개정)

② 제1항에 따른 기업의 감면대상사업에서 발생한 소득에 대해서는 사업개시일 이후 해당 감면대상사업에서 최초로 소득이 발생한 과세연도(사업개시일부터 5년이 되는 날이 속하는 과세연도까지 해당 사업에서 소득이

따른 개인지방소득세에 대한 세액감면도 함께 신청한 것으로 본다. (2017. 7. 26. 직제개정 ; 행정안전부와~직제 부칙)

제109조【아시아문화중심도시 투자진흥지구 입주기업 등에 대한 개인지방소득세의 감면】 ① 법 제157조 제1항에 따라 개인지방소득세를 감면하는 투자는 「조세특례제한법 시행령」 제116조의 25 제1항에 따른 투자로 한다. (2014. 3. 14. 신설)

편주

「조세특례제한법 시행령」 제116조의 25(아시아문화중심도시 투자진흥지구 안 입주기업 등에 대한 법인세 등의 감면) 참조

발생하지 아니한 때에는 5년이 되는 날이 속하는 과세연도)의 개시일부터 3년 이내에 끝나는 과세연도의 개인지방소득세의 100분의 100에 상당하는 세액을, 그 다음 2년 이내에 끝나는 과세연도의 개인지방소득세의 100분의 50에 상당하는 세액을 감면한다. (2014. 1. 1. 신설)

③ 제2항이 적용되는 감면기간 동안 감면받는 개인지방소득세의 총합계액이 제1호와 제2호의 금액을 합한 금액을 초과하는 경우에는 그 합한 금액을 한도(이하 이 조에서 "감면한도"라 한다)로 하여 세액을 감면한다. 다만, 대통령령으로 정하는 서비스업(이하 이 조에서 "서비스업"이라 한다)을 영위하는 경우로서 해당 서비스업에서 발생한 소득에 대하여 제2항이 적용되는 감면기간 동안 감면받은 개인지방소득세 총 합계액이 제1호와 제2호의 금액을 합한 금액과 제3호의 금액 중 큰 금액을 초과하는 경우에는 그 큰 금액을 한도로 하여 세액을 감면할 수 있다. (2016. 12. 27. 개정)

1. 대통령령으로 정하는 투자누계액의 100분의 5 (2014. 1. 1. 신설)
2. 다음 각 목의 금액 중 적은 금액 (2014. 1. 1. 신설)
   가. 해당 과세연도의 제1항에 따른 투자진흥지구의 사업장(이하 이 조에서 "감면대상사업장"이라 한다)의 상시근로자 수 × 1백만원 (2014. 1. 1. 신설)
   나. 제1호의 투자누계액의 100분의 2 (2014. 1. 1. 신설)
3. 다음 각 목의 금액 중 적은 금액 (2016. 12. 27. 신설)

② 법 제157조 제3항 제1호에서 "대통령령으로 정하는 투자누계액"이란 「조세특례제한법 시행령」 제116조의25 제2항에 따른 투자 합계액을 말한다. (2014. 3. 14. 신설)

가. 해당 과세연도의 감면대상사업장의 상시근로자 수 × 2백만원 (2016. 12. 27. 신설)

나. 제1호의 투자누계액의 100분의 10 (2016. 12. 27. 신설)

④ 제2항에 따라 각 과세연도에 감면받을 개인지방소득세에 대하여 감면한도를 적용할 때에는 제3항 제1호의 금액을 먼저 적용한 후 같은 항 제2호의 금액을 적용한다. (2014. 1. 1. 신설)

⑤ 제3항 제2호 또는 제3호를 적용받아 개인지방소득세를 감면받은 기업이 감면받은 과세연도 종료일부터 2년이 되는 날이 속하는 과세연도 종료일까지의 기간 중 각 과세연도의 감면대상사업장의 상시근로자 수가 감면받은 과세연도의 상시근로자 수보다 감소한 경우에는 대통령령으로 정하는 바에 따라 감면받은 세액에 상당하는 금액을 개인지방소득세로 납부하여야 한다. (2016. 12. 27. 개정)

⑥ 제3항 및 제5항을 적용할 때 상시근로자의 범위, 상시근로자 수의 계산방법, 그 밖에 필요한 사항은 대통령

③ 법 제157조 제5항에 따라 납부하여야 할 개인지방소득세액은 다음 계산식에 따라 계산한 금액(그 수가 음수이면 영으로 보고, 감면받은 과세연도 종료일 이후 2개 과세연도 연속으로 상시근로자 수가 감소한 경우에는 두 번째 과세연도에는 첫 번째 과세연도에 납부한 금액을 뺀 금액을 말한다)으로 하고, 이를 상시근로자 수가 감소된 과세연도의 과세표준을 신고할 때 개인지방소득세로 납부하여야 한다. (2014. 3. 14. 신설)

> 해당 기업의 상시근로자 수가 감소된 과세연도의 직전 2년 이내의 과세연도에 법 제157조 제3항 제2호에 따라 감면받은 세액의 합계액 − (상시근로자 수가 감소된 과세연도의 감면대상사업장의 상시근로자 수 × 1백만원)

④ 법 제157조 제6항에 따른 상시근로자의 범위 및 상시근로자 수의 계산은 「조세특례제한법 시행령」 제23조

령으로 정한다. (2014. 1. 1. 신설)

⑦ 지방자치단체의 장은 해당 감면대상사업에서 최초로 소득이 발생한 과세연도(사업개시일부터 3년이 되는 날이 속하는 과세연도까지 해당 사업에서 소득이 발생하지 아니한 경우에는 3년이 되는 날이 속하는 과세연도) 종료일 이후 2년 이내에 제1항에 따른 개인지방소득세 감면기준에 해당하는 투자가 이루어지지 아니한 경우에는 대통령령으로 정하는 바에 따라 제1항부터 제6항까지의 규정에 따라 감면된 개인지방소득세를 추징한다. (2014. 1. 1. 신설)

⑧ 제7항에 해당하는 경우에는 해당 과세연도와 남은 감면기간 동안 제2항을 적용하지 아니한다. (2014. 1. 1. 신설)

⑨ 제2항에 따라 개인지방소득세를 감면받으려는 자는 대통령령으로 정하는 바에 따라 그 감면신청을 하여야 한다. (2014. 1. 1. 신설)

⑩ 제3항 각 호 외의 부분 단서에 따라 서비스업에 대한 감면한도를 적용받는 기업은 「조세특례제한법」 제143조를 준용하여 서비스업과 그 밖의 업종을 각각 구분하여 경리하여야 한다. (2016. 12. 27. 신설)

편주

「조세특례제한법」 제121조의 20(아시아문화중심도시 투자진흥지구 입주기업 등에 대한 법인세 등의 감면 등) 참조

제10항부터 제12항까지의 규정에 따른다. (2015. 2. 3. 개정 ; 조세특례제한법 시행령 부칙)

⑤ 법 제157조 제7항에 따라 추징하는 개인지방소득세액은 감면받은 세액 전액으로 한다. (2014. 3. 14. 신설)

⑥ 법 제157조 제9항에 따라 개인지방소득세 감면신청을 하려는 자는 과세표준신고와 함께 행정안전부령으로 정하는 세액감면신청서를 납세지 관할 지방자치단체의 장에게 제출하여야 한다. 다만, 「조세특례제한법 시행령」 제116조의 25 제6항에 따라 납세지 관할 세무서장에게 소득세 감면을 신청하는 경우에는 법 제157조에 따른 개인지방소득세에 대한 세액감면도 함께 신청한 것으로 본다. (2017. 7. 26. 직제개정 ; 행정안전부와~직제 부칙)

제158조 【금융중심지 창업기업 등에 대한 개인지방소득세의 감면 등】 ① 「금융중심지의 조성과 발전에 관한 법률」 제5조 제5항에 따라 지정된 금융중심지(수도권과밀억제권역 안의 금융중심지는 제외한다)에 2018년 12월 31일까지 창업하거나 사업장을 신설(기존 사업장을 이전하는 경우는 제외한다)하여 해당 구역 안의 사업장(이하 이 조에서 "감면대상사업장"이라 한다)에서 대통령령으로 정하는 기준을 충족하는 금융 및 보험업(이하 이 조에서 "감면대상사업"이라 한다)을 영위하는 경우에는 제2항부터 제6항까지의 규정에 따라 개인지방소득세를 감면한다. (2016. 12. 27. 개정)

② 제1항의 금융중심지 구역 안 사업장의 감면대상사업에서 발생한 소득에 대하여는 사업개시일 이후 해당 감면대상사업에서 최초로 소득이 발생한 과세연도(사업개시일부터 5년이 되는 날이 속하는 과세연도까지 해당 사업에서 소득이 발생하지 아니한 때에는 5년이 되는 날이 속하는 과세연도)의 개시일부터 3년 이내에 종료하는 과세연도의 개인지방소득세의 100분의 100에 상당하는 세액을 감면하고, 그 다음 2년 이내에 종료하는 과세연도의 개인지방소득세의 100분의 50에 상당하는 세액을 감면한다. (2014. 1. 1. 신설)

③ 제2항이 적용되는 감면기간 동안 감면받는 개인지방소득세의 총합계액이 제1호와 제2호의 금액을 합한 금액을 초과하는 경우에는 그 합한 금액을 한도(이하 이 조에서

제110조 【금융중심지 창업기업 등에 대한 개인지방소득세의 감면】 ① 법 제158조 제1항에서 "대통령령으로 정하는 기준"이란 「조세특례제한법 시행령」 제116조의 26 제1항에 따른 기준을 말한다. (2014. 3. 14. 신설)

② 법 제158조 제2항에 따른 금융중심지 구역 안 사업장의 감면대상사업에서 발생한 소득은 「조세특례제한법 시행령」 제116조의 26 제2항에 따른 소득으로 한다. (2014. 3. 14. 신설)

편주

「조세특례제한법 시행령」 제116조의 26 (금융중심지 창업기업 등에 대한 법인세 등의 감면) 참조

“감면한도”라 한다)로 하여 세액을 감면한다. 다만, 대통령령으로 정하는 서비스업(이하 이 조에서 “서비스업”이라 한다)을 영위하는 경우로서 해당 서비스업에서 발생한 소득에 대하여 제2항이 적용되는 감면기간 동안 감면받은 개인지방소득세 총 합계액이 제1호와 제2호의 금액을 합한 금액과 제3호의 금액 중 큰 금액을 초과하는 경우에는 그 큰 금액을 한도로 하여 세액을 감면할 수 있다. (2016. 12. 27. 개정)

1. 대통령령으로 정하는 투자누계액의 100분의 5 (2014. 1. 1. 신설)
2. 다음 각 목의 금액 중 적은 금액 (2014. 1. 1. 신설)
   가. 해당 과세연도의 감면대상사업장의 상시근로자 수 × 1백만원 (2014. 1. 1. 신설)
   나. 제1호의 투자누계액의 100분의 2 (2014. 1. 1. 신설)
3. 다음 각 목의 금액 중 적은 금액 (2016. 12. 27. 신설)
   가. 해당 과세연도의 감면대상사업장의 상시근로자 수 × 2백만원 (2016. 12. 27. 신설)
   나. 제1호의 투자누계액의 100분의 10 (2016. 12. 27. 신설)

③ 법 제158조 제3항 제1호에서 “대통령령으로 정하는 투자누계액”이란 「조세특례제한법 시행령」 제116조의 26 제3항에 따른 투자 합계액을 말한다. (2014. 3. 14. 신설)

④ 제2항에 따라 각 과세연도에 감면받을 개인지방소득세에 대하여 감면한도를 적용할 때에는 제3항 제1호의 금액을 먼저 적용한 후 같은 항 제2호의 금액을 적용한다. (2014. 1. 1. 신설)

⑤ 제3항 제2호 또는 제3호를 적용받아 개인지방소득세

④ 법 제158조 제5항에 따라 납부하여야 할 개인지방소

를 감면받은 기업이 감면받은 과세연도 종료일부터 2년이 되는 날이 속하는 과세연도 종료일까지의 기간 중 각 과세연도의 감면대상사업장의 상시근로자 수가 감면받은 과세연도의 상시근로자 수보다 감소한 경우에는 대통령령으로 정하는 바에 따라 감면받은 세액에 상당하는 금액을 개인지방소득세로 납부하여야 한다. (2016. 12. 27. 개정)

⑥ 제3항 및 제5항을 적용할 때 상시근로자의 범위, 상시근로자 수의 계산방법, 그 밖에 필요한 사항은 대통령령으로 정한다. (2014. 1. 1. 신설)

⑦ 지방자치단체의 장은 해당 감면대상사업에서 최초로 소득이 발생한 과세연도(사업개시일부터 3년이 되는 날이 속하는 과세연도까지 해당 사업에서 소득이 발생하지 아니한 경우에는 3년이 되는 날이 속하는 과세연도) 종료일 이후 2년 이내에 제1항에 따른 조세감면기준에 해당하는 투자가 이루어지지 아니한 경우에는 대통령령으로 정하는 바에 따라 제1항부터 제6항까지의 규정에 따라 감면된 개인지방소득세를 추징한다. (2014. 1. 1.

득세액은 다음 계산식에 따라 계산한 금액(그 수가 음수이면 영으로 보고, 감면받은 과세연도 종료일 이후 2개 과세연도 연속으로 상시근로자 수가 감소한 경우에는 두 번째 과세연도에는 첫 번째 과세연도에 납부한 금액을 뺀 금액을 말한다)으로 하고, 이를 상시근로자 수가 감소된 과세연도의 과세표준을 신고할 때 개인지방소득세로 납부하여야 한다. (2014. 3. 14. 신설)

해당 기업의 상시근로자 수가 감소된 과세연도의 직전 2년 이내의 과세연도에 법 제158조 제3항 제2호에 따라 감면받은 세액의 합계액 − (상시근로자 수가 감소된 과세연도의 감면대상사업장의 상시근로자 수 × 1백만원)

⑤ 법 제158조 제6항에 따른 상시근로자의 범위 및 상시근로자 수의 계산은 「조세특례제한법 시행령」 제23조 제10항부터 제12항까지의 규정에 따른다. (2015. 2. 3. 개정 ; 조세특례제한법 시행령 부칙)

⑥ 법 제158조 제7항에 따라 추징하는 개인지방소득세액은 감면받은 세액 전액으로 한다. (2014. 3. 14. 신설)

신설)

⑧ 제7항에 해당하는 경우에는 해당 과세연도와 남은 감면기간 동안 제2항을 적용하지 아니한다. (2014. 1. 1. 신설)

⑨ 제2항에 따라 개인지방소득세를 감면받고자 하는 자는 대통령령으로 정하는 바에 따라 그 감면신청을 하여야 한다. (2014. 1. 1. 신설)

⑩ 제3항 각 호 외의 부분 단서에 따라 서비스업에 대한 감면한도를 적용받는 기업은 「조세특례제한법」 제143조를 준용하여 서비스업과 그 밖의 업종을 각각 구분하여 경리하여야 한다. (2016. 12. 27. 신설)

편주

「조세특례제한법」 제121조의 21(금융중심지 창업기업 등에 대한 법인세 등의 감면 등) 참조

제159조【첨단의료복합단지 입주기업에 대한 개인지방소득세의 감면】 ① 「첨단의료복합단지 육성에 관한 특별법」 제6조에 따라 지정된 첨단의료복합단지에 2019년 12월 31일까지 입주한 기업이 첨단의료복합단지에 위치한 사업장(이하 이 조에서 "감면대상사업장"이라 한다)에서 보건의료기술사업 등 대통령령으로 정하는 사업(이하 이 조에서 "감면대상사업"이라 한다)을 하는 경우에는 제2항부터 제6항까지의 규정에 따라 개인지방

⑦ 법 제158조 제9항에 따라 개인지방소득세 감면신청을 하려는 자는 과세표준신고와 함께 행정안전부령으로 정하는 세액감면신청서를 납세지 관할 지방자치단체의 장에게 제출하여야 한다. 다만, 「조세특례제한법 시행령」 제116조의 26 제9항에 따라 납세지 관할 세무서장에게 소득세 감면을 신청하는 경우에는 법 제158조에 따른 개인지방소득세에 대한 세액감면도 함께 신청한 것으로 본다. (2017. 7. 26. 직제개정 ; 행정안전부와~직제 부칙)

제111조【첨단의료복합단지에 입주하는 의료연구개발기관 등에 대한 개인지방소득세의 감면】 ① 법 제159조 제1항에서 "대통령령으로 정하는 사업"이란 「보건의료기술 진흥법」 제2조 제1항 제1호에 따른 보건의료기술과 관련된 사업을 말한다. (2014. 3. 14. 신설)

② 법 제159조 제3항 제1호에서 "대통령령으로 정하는 투자누계액"이란 「조세특례제한법 시행령」 제116조의 27 제2항에 따른 투자합계액을 말한다. (2014. 3. 14. 신설)

편주

「조세특례제한법 시행령」 제116조의 27(첨단의료복합단지에 입주하는 의료연구개발기관 등에 대한 법인세 등의 감면) 참조

소득세를 감면한다. (2019. 4. 30. 개정 ; 첨단의료복합단지~부칙)

② 제1항의 감면대상사업장의 감면대상사업에서 발생한 소득에 대하여는 사업개시일 이후 해당 감면대상사업에서 최초로 소득이 발생한 과세연도(사업개시일부터 5년이 되는 날이 속하는 과세연도까지 해당 사업에서 소득이 발생하지 아니한 때에는 5년이 되는 날이 속하는 과세연도)의 개시일부터 3년 이내에 끝나는 과세연도의 개인지방소득세의 100분의 100에 상당하는 세액을 감면하고, 그 다음 2년 이내에 끝나는 과세연도의 개인지방소득세의 100분의 50에 상당하는 세액을 감면한다. (2014. 1. 1. 신설)

③ 제2항이 적용되는 감면기간 동안 감면받는 개인지방소득세의 총합계액이 제1호와 제2호의 금액을 합한 금액을 초과하는 경우에는 그 합한 금액을 한도(이하 이 조에서 "감면한도"라 한다)로 하여 세액을 감면한다. 다만, 대통령령으로 정하는 서비스업(이하 이 조에서 "서비스업"이라 한다)을 영위하는 경우로서 해당 서비스업에서 발생한 소득에 대하여 제2항이 적용되는 감면기간 동안 감면받은 개인지방소득세 또는 법인세 총 합계액이 제1호와 제2호의 금액을 합한 금액과 제3호의 금액 중 큰 금액을 초과하는 경우에는 그 큰 금액을 한도로 하여 세액을 감면할 수 있다. (2016. 12. 27. 개정)

1. 대통령령으로 정하는 투자누계액의 100분의 5 (2014. 1. 1. 신설)

③ 법 제159조 제5항에 따라 납부하여야 할 개인지방소득세액은 다음 계산식에 따라 계산한 금액(그 수가 음수이면 영으로 보고, 감면받은 과세연도 종료일 이후 3개 과세연도 연속으로 상시근로자 수가 감소한 경우에는 세 번째 과세연도에는 첫 번째 과세연도에 납부한 금액과 두 번째 과세연도에 납부한 금액의 합을 뺀 금액을 말하고, 2개 과세연도 연속으로 상시근로자 수가 감소한 경우에는 두 번째 과세연도에는 첫 번째 과세연도에 납부한 금액을 뺀 금액을 말한다)으로 하고, 이를 상시근로자 수가 감소된 과세연도의 과세표준을 신고할 때 개인지방소득세로 납부하여야 한다. (2014. 3. 14. 신설)

해당 기업의 상시근로자 수가 감소된 과세연도의 직전 3년 이내의 과세연도에 법 제159조 제3항 제2호에 따라 감면받은 세액의 합계액 − (상시근로자 수가 감소된 과세연도의 감면대상사업장의 상시근로자 수 × 1백만원)

④ 법 제159조 제6항에 따른 상시근로자의 범위 및 상시근로자 수의 계산은 「조세특례제한법 시행령」 제23조 제10항부터 제12항까지의 규정에 따른다. (2015. 2. 3. 개정 ; 조세특례제한법 시행령 부칙)

⑤ 법 제159조 제7항에 따라 개인지방소득세를 감면받으려는 자는 과세표준신고와 함께 행정안전부령으로 정하는 세액감면신청서를 납세지 관할 지방자치단체의 장에게 제출하여야 한다. 다만, 「조세특례제한법 시행령」 제

법 159	영 111	
2. 다음 각 목의 금액 중 적은 금액 (2014. 1. 1. 신설) 가. 해당 과세연도의 감면대상사업장의 상시근로자 수 × 1백만원 (2014. 1. 1. 신설) 나. 제1호의 투자누계액의 100분의 2 (2014. 1. 1. 신설) 3. 다음 각 목의 금액 중 적은 금액 (2016. 12. 27. 신설) 가. 해당 과세연도의 감면대상사업장의 상시근로자 수 × 2백만원 (2016. 12. 27. 신설) 나. 제1호의 투자누계액의 100분의 10 (2016. 12. 27. 신설) ④ 제2항에 따라 각 과세연도에 감면받을 개인지방소득세에 대하여 감면한도를 적용할 때에는 제3항 제1호의 금액을 먼저 적용한 후 같은 항 제2호의 금액을 적용한다. (2014. 1. 1. 신설) ⑤ 제3항 제2호 또는 제3호를 적용받아 개인지방소득세를 감면받은 기업이 감면받은 과세연도 종료일부터 3년이 되는 날이 속하는 과세연도 종료일까지의 기간 중 각 과세연도의 감면대상사업장의 상시근로자 수가 감면받은 과세연도의 상시근로자 수보다 감소한 경우에는 대통령령으로 정하는 바에 따라 감면받은 세액에 상당하는 금액을 개인지방소득세로 납부하여야 한다. (2016. 12. 27. 개정) ⑥ 제3항 및 제5항을 적용할 때 상시근로자의 범위, 상시근로자 수의 계산방법, 그 밖에 필요한 사항은 대통령령으로 정한다. (2014. 1. 1. 신설) ⑦ 제2항에 따라 개인지방소득세를 감면받고자 하는 자	116조의 27 제5항에 따라 납세지 관할 세무서장에게 소득세 감면을 신청하는 경우에는 법 제159조에 따른 개인지방소득세에 대한 세액감면도 함께 신청한 것으로 본다. (2017. 7. 26. 직제개정 ; 행정안전부와~직제 부칙)	

는 대통령령으로 정하는 바에 따라 감면신청을 하여야 한다. (2014. 1. 1. 신설)

⑧ 제3항 각 호 외의 부분 단서에 따라 서비스업에 대한 감면한도를 적용받는 기업은 「조세특례제한법」 제143조를 준용하여 서비스업과 그 밖의 업종을 각각 구분하여 경리하여야 한다. (2016. 12. 27. 신설)

편주

「조세특례제한법」 제121조의 22(첨단의료복합단지 입주기업에 대한 법인세 등의 감면) 참조

제160조【금사업자와 스크랩등사업자의 수입금액의 증가 등에 대한 세액공제】 (2016. 12. 27. 제목개정) ① 금사업자(「조세특례제한법」 제106조의 4 제1항 제3호의 제품을 공급하거나 공급받으려는 사업자 또는 수입하려는 사업자로 한정한다) 또는 스크랩등사업자가 과세표준신고를 할 때 신고한 사업장별 익금 및 손금(이하 이 항에서 "익금 및 손금"이라 한다)에 각각 같은 법 제106조의 4 또는 제106조의 9에 따라 금거래계좌나 스크랩등거래계좌를 사용하여 결제하거나 결제받은 익금 및 손금(이하 이 항에서 "매입자납부 익금 및 손금"이라 한다)이 포함되어 있는 경우에는 2018년 12월 31일 이전에 끝나는 과세연도까지 다음 각 호의 어느 하나를 선택하여 그 금액을 해당 과세연도의 개인지방소득세에서

제112조【구리 스크랩등사업자의 수입금액의 증가 등에 대한 세액공제】 ① 법 제160조 제1항 제1호는 세액공제를 받으려는 과세연도의 직전 과세연도 종료일부터 소급하여 1년 이상 계속하여 해당 사업을 영위한 자에 한정하여 적용한다. (2014. 3. 14. 신설)

② 법 제160조 제1항에 따른 매입자납부 익금 및 손금의 합계액이 변경되는 경우 또는 해당 과세연도의 과세표준과 세액이 경정됨에 따라 세액공제액이 감소되는 경우에는 이를 다시 계산한다. (2014. 3. 14. 신설)

③ 법 제160조 제1항에 따른 세액공제를 받으려는 자는 종합소득분 개인지방소득세 과세표준신고와 함께 행정안전부령으로 정하는 수입증가등세액공제신청서, 매입자납부익금 및 손금명세서를 납세지 관할 지방자치단체

편주

「조세특례제한법 시행령」 제117조의 4(구리 스크랩등사업자의 수입금액의 증가 등에 대한 세액공제) 참조

공제받을 수 있다. 이 경우 공제세액은 해당 과세연도의 종합소득분 개인지방소득 산출세액에서 직전 과세연도의 종합소득분 개인지방소득산출세액을 공제한 금액을 한도로 한다. (2016. 12. 27. 개정)

1. 과세표준신고를 할 때 신고한 사업장별 매입자납부 익금 및 손금을 합친 금액이 직전 과세연도의 매입자납부 익금 및 손금을 합친 금액을 초과하는 경우에는 그 초과금액(사업장별 익금 및 손금을 합친 금액의 증가분을 한도로 한다)의 100분의 50에 상당하는 금액이 익금 및 손금을 합친 금액에서 차지하는 비율을 종합소득분 개인지방소득 산출세액에 곱하여 계산한 금액. 이 경우 직전 과세연도의 매입자납부 익금 및 손금을 합친 금액이 없는 경우에는 직전 과세연도의 익금 및 손금을 합친 금액을 직전 과세연도의 매입자납부 익금 및 손금을 합친 금액으로 한다. (2014. 1. 1. 신설)
2. 과세표준신고를 할 때 신고한 사업장별 매입자납부 익금 및 손금을 합친 금액의 100분의 5에 상당하는 금액이 익금 및 손금을 합친 금액에서 차지하는 비율을 종합소득분 개인지방소득 산출세액에 곱하여 계산한 금액 (2014. 1. 1. 신설)

② 제1항을 적용할 때 공제세액의 계산 등에 관하여 필요한 사항은 대통령령으로 정한다. (2014. 1. 1. 신설)

③ 제1항을 적용받으려는 자는 대통령령으로 정하는 바에 따라 세액공제신청을 하여야 한다. (2014. 1. 1. 신설)

의 장에게 제출하여야 한다. 다만, 「조세특례제한법 시행령」 제117조의 4 제3항에 따라 납세지 관할 세무서장에게 소득세 공제를 신청하는 경우에는 법 제160조에 따른 개인지방소득세에 대한 세액공제도 함께 신청한 것으로 본다. (2017. 7. 26. 직제개정 ; 행정안전부와~직제부칙)

편주

「조세특례제한법」 제122조의 4(금사업자와 스크랩등사업자의 수입금액의 증가 등에 대한 세액공제) 참조

제161조【현금영수증가맹점에 대한 세액공제】 ① 신용카드단말기 등에 현금영수증발급장치를 설치한 사업자(이하 이 조에서 "현금영수증가맹점"이라 한다)가 제2항에 따른 현금영수증(거래건별 5천원 미만의 거래만 해당하며, 발급승인 시 전화망을 사용한 것을 말한다)을 발급하는 경우 해당 과세기간별 현금영수증 발급건수에 대통령령으로 정하는 금액을 곱한 금액(이하 이 조에서 "공제세액"이라 한다)을 해당 과세기간의 개인지방소득세 산출세액에서 공제받을 수 있다. 이 경우 공제세액은 산출세액을 한도로 한다. (2014. 1. 1. 신설)

② 제1항에 따른 "현금영수증"이란 현금영수증가맹점이 재화 또는 용역을 공급하고 그 대금을 현금으로 받는 경우 해당 재화 또는 용역을 공급받는 자에게 현금영수증 발급장치에 의해 발급하는 것으로서 거래일시·금액 등 결제내용이 기재된 영수증을 말한다. (2014. 1. 1. 신설)

③ 제1항에 따른 세액공제의 방법과 절차 등은 대통령령으로 정한다. (2014. 1. 1. 신설)

편주

「조세특례제한법」 제126조의 3(현금영수증사업자 및 현금영수

제113조【현금영수증가맹점에 대한 세액공제】 ① 법 제161조 제1항에서 "대통령령으로 정하는 금액"이란 2원을 말한다. (2014. 3. 14. 신설)

② 현금영수증의 발급방법·기재내용·양식 및 현금영수증 결제내역의 보관·제출 등 현금영수증제도의 원활한 운영을 위하여 필요한 사항은 「조세특례제한법 시행령」 제121조의 3 제3항에 따른다. (2014. 3. 14. 신설)

③ 법 제161조에 따른 세액공제의 적용에 관하여는 제1항 및 제2항에서 규정한 사항 외에는 「조세특례제한법 시행령」 제121조의 3을 준용한다. (2014. 3. 14. 신설)

☞ 편주

「조세특례제한법 시행령」 제121조의 3(현금영수증사업자 및 현금영수증가맹점에 대한 과세특례) 참조

증가맹점에 대한 과세특례) 참조

제162조 【금 현물시장에서 거래되는 금지금에 대한 세액공제】 ① 대통령령으로 정하는 금지금(이하 이 조에서 "금지금"이라 한다)을 공급하는 대통령령으로 정하는 사업자(이하 이 조에서 "금지금공급사업자"라 한다)가 대통령령으로 정하는 보관기관에 임치된 금지금을 대통령령으로 정하는 금 현물시장(이하 이 조에서 "금 현물시장"이라 한다)을 통하여 2015년 12월 31일까지 공급하거나 금 현물시장에서 금지금을 매수한 사업자(이하 이 항에서 "금지금매수사업자"라 한다)가 해당 금지금을 보관기관에서 2015년 12월 31일까지 인출하는 경우 해당 공급가액 및 매수금액(이하 이 항에서 "금 현물시장 이용금액"이라 하되, 금지금공급사업자와 금지금매수사업자가 대통령령으로 정하는 특수관계에 있는 경우 해당 금액은 제외한다)에 대해서는 다음 각 호 중에서 선택하는 어느 하나에 해당하는 금액을 공급일 또는 매수일(「부가가치세법」 제15조에 따른 재화의 공급 시기를 말한다)이 속하는 과세연도의 개인지방소득세(사업소득에 대한 개인지방소득세만 해당한다. 이하 이 항에서 같다)에서 공제한다. 다만, 직전 과세연도의 금 현물시장 이용금액이 전전 과세연도의 이용금액보다 적은 경우 제2호를 적용하여 계산한 금액을 해당 과세연도의 개인지방소득세에서 공제한다. (2014. 3. 24. 개정)

1. 금 현물시장 이용금액이 직전 과세연도의 금 현물시

제114조 【금 현물시장에서 거래되는 금지금에 대한 세액공제】 ① 법 제162조 제1항 각 호 외의 부분 본문에서 "대통령령으로 정하는 금지금"이란 「조세특례제한법 시행령」 제121조의 7 제1항에 따른 금지금을 말한다. (2014. 8. 20. 개정)

② 법 제162조 제1항 각 호 외의 부분 본문에서 "대통령령으로 정하는 사업자"란 「조세특례제한법 시행령」 제121조의 7 제2항에 따른 사업자를 말한다. (2014. 8. 20. 신설)

③ 법 제162조 제1항 각 호 외의 부분 본문에서 "대통령령으로 정하는 보관기관"이란 「조세특례제한법 시행령」 제121조의 7 제3항에 따른 보관기관을 말한다. (2014. 8. 20. 신설)

④ 법 제162조 제1항 각 호 외의 부분 본문에서 "대통령령으로 정하는 금 현물시장"이란 「조세특례제한법 시행령」 제121조의 7 제4항에 따른 시장을 말한다. (2014. 8. 20. 신설)

⑤ 제1항에 따른 금지금을 보관기관에서 인출하는 경우 법 제162조 제1항 각 호 외의 부분 본문에 따른 금 현물시장 이용금액은 「조세특례제한법 시행령」 제121조의 7 제14항에 따라 평가한 금액으로 한다. (2014. 8. 20. 항번개정)

「조세특례제한법 시행령」 제121조의 7 (금 현물시장에서 거래되는 금지금에 대한 과세특례) 참조

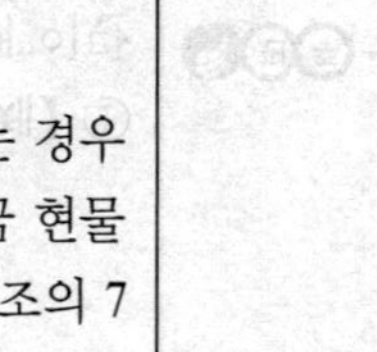

장 이용금액을 초과하는 경우 그 초과금액(이하 이 호에서 "이용금액 초과분"이라 한다)이 해당 과세연도의 매출액에서 차지하는 비율을 종합소득분 개인지방소득 산출세액에 곱하여 계산한 금액. 다만, 직전 과세연도 금 현물시장 이용금액이 없는 경우로서 금 현물시장을 최초로 이용한 경우에는 해당 과세연도의 금 현물시장 이용금액을 이용금액 초과분으로 본다. (2014. 1. 1. 신설)

2. 해당 과세연도 금 현물시장 이용금액의 100분의 5에 상당하는 금액이 해당 과세연도 매출액에서 차지하는 비율을 종합소득분 개인지방소득 산출세액에 곱하여 계산한 금액 (2014. 1. 1. 신설)

② 제1항의 규정을 적용할 때 공제세액의 계산 등에 관하여 필요한 사항과 세액공제신청에 관한 사항은 대통령령으로 정한다. (2014. 1. 1. 신설)

편주

「조세특례제한법」 제126조의 7(금 현물시장에서 거래되는 금지금에 대한 과세특례) 참조

제163조【양도소득에 대한 개인지방소득세액의 감면】「소득세법」 제95조에 따른 양도소득금액에 이 법에서 규정하는 감면대상소득금액이 있는 때에는 「소득세법」 제90조 제1항에서 규정하는 계산방법을 준용하여

⑥ 법 제162조 제1항 각 호 외의 부분 본문에서 "대통령령으로 정하는 특수관계"란 「소득세법 시행령」 제98조 제1항에 따른 특수관계인의 관계를 말한다. (2014. 8. 20. 항번개정)

⑦ 법 제162조에 따른 세액공제의 적용에 관하여는 제1항부터 제6항까지에서 규정한 사항 외에는 「조세특례제한법 시행령」 제121조의 7을 준용한다. (2014. 8. 20. 신설)

편주

「소득세법」 제90조(양도소득세액의 감면), 「소득세법 시행령」 제167조의 2(양도차손의 통산 등) 참조

계산한 금액을 감면한다. 이 경우 양도소득과세표준에 적용하는 세율은 「지방세법」 제103조의 3에 따른 세율로 한다. (2014. 12. 31. 개정)

제164조 【정치자금의 세액공제】 거주자가 「정치자금법」에 따라 정당(같은 법에 따른 후원회 및 선거관리위원회를 포함한다)에 기부한 정치자금은 이를 지출한 해당 과세연도의 개인지방소득세 산출세액에서 「조세특례제한법」 제76조 제1항에서 세액공제하는 금액의 100분의 10에 해당하는 금액을 세액공제한다. (2014. 3. 24. 개정)

편주

「조세특례제한법」 제76조(정치자금의 손금산입특례 등) 참조

제165조 【석유제품 전자상거래에 대한 세액공제】 ① 「석유 및 석유대체연료 사업법」 제2조 제7호에 따른 석유정제업자 등 대통령령으로 정하는 자가 대통령령으로 정하는 전자결제망을 이용하여 「석유 및 석유대체연료 사업법」 제2조 제2호에 따른 석유제품을 2019년 12월 31일까지 공급하거나 공급받는 경우 다음 각 호의 구분에 따른 금액을 공급일 또는 공급받은 날(「부가가치세법」 제15조에 따른 재화의 공급시기를 말한다)이 속하는 과세연도의 개인지방소득세(사업소득에 대한 소득세만 해당한다)에서 공제한다. 다만, 공제받는 금액이 해당 과세연도의 개인지방소득세의 100분의 10을 초과하는 경우에는 그 초과하는 금액은 없는 것으로 한다. (2016. 12. 27. 개정)

1. 석유제품을 공급하는 자 : 공급가액(「부가가치세법」

제115조 【석유제품 전자상거래에 대한 세액공제】 ① 법 제165조 제1항 본문에서 "대통령령으로 정하는 전자결제망"이란 「조세특례제한법 시행령」 제104조의 22 제1항에 따른 석유제품 전자결제망을 말한다. (2014. 3. 14. 신설)

② 법 제165조에 따라 개인지방소득세를 공제받으려는 자는 과세표준신고와 함께 행정안전부령으로 정하는 세액공제신청서를 납세지 관할 지방자치단체의 장에게 제출하여야 한다. 다만, 「조세특례제한법 시행령」 제104조의 22 제2항에 따라 납세지 관할 세무서장에게 소득세 공제를 신청하는 경우에는 법 제165조에 따른 개인지방소득세에 대한 세액감면도 함께 신청한 것으로 본다.

「조세특례제한법 시행령」 제104조의 22 (석유제품 전자상거래에 대한 세액공제) 참조

제29조에 따른 공급가액을 말한다. 이하 이 항에서 같다)의 1만분의 1에 상당하는 금액 (2016. 12. 27. 신설)

2. 석유제품을 공급받는 자 : 공급가액의 1만분의 2에 상당하는 금액 (2016. 12. 27. 신설)

② 제1항을 적용받으려는 내국인은 대통령령으로 정하는 바에 따라 세액공제신청을 하여야 한다. (2014. 1. 1. 신설)

「조세특례제한법」 제104조의 25(석유제품 전자상거래에 대한 세액공제) 참조

제166조【성실신고 확인비용에 대한 세액공제】 ① 「조세특례제한법」 제126조의 6에 따라 성실신고 확인비용에 대한 세액공제를 받는 사업자는 같은 법 제1항에 따라 세액공제 받는 금액의 100분의 10에 해당하는 금액을 해당 과세연도의 개인지방소득세에서 공제하며, 같은 법 제2항에 따라 공제받은 금액을 추징하는 경우에는 개인지방소득세에서 공제받은 금액에 상당하는 세액도 추징한다. (2014. 1. 1. 신설)

② 제1항을 적용받으려는 자는 대통령령으로 정하는 바에 따라 세액공제신청을 하여야 한다. (2014. 1. 1. 신설)

「조세특례제한법」 제126조의 6(성실신고 확인비용에 대한 세액

(2017. 7. 26. 직제개정 ; 행정안전부와~식세 부식)

제116조【성실신고 확인비용에 대한 세액공제】 법 제166조 제1항을 적용받으려는 자는 「소득세법」 제70조의 2 제1항에 따른 성실신고확인서를 제출할 때 행정안전부령으로 정하는 성실신고확인비용세액공제신청서를 납세지 관할 지방자치단체의 장에게 제출하여야 한다. 다만, 「조세특례제한법 시행령」 제121조의 6 제2항에 따라 소득세 공제를 신청하는 경우에는 법 제166조에 따른 개인지방소득세에 대한 세액공제도 함께 신청한 것으로 본다. (2017. 7. 26. 직제개정 ; 행정안전부와~직제 부칙)

「조세특례제한법 시행령」 제121조의 6 (성실신고 확인비용에 대한 세액공제) 참조

공제) 참조

제167조 【조합법인 등에 대한 법인지방소득세 과세특례】「조세특례제한법」 제72조 제1항을 적용받는 법인에 대해서는 2025년 12월 31일 이전에 끝나는 사업연도까지 「지방세법」 제103조의 20에서 규정하는 법인지방소득세의 표준세율에도 불구하고 「조세특례제한법」 제72조 제1항에서 규정하는 법인세 세율의 100분의 10에 해당하는 세율을 법인지방소득세의 세율로 한다. (2023. 3. 14. 개정)

Note 2023. 3. 14. 개정 ☞ 기한 연장 : 22년→25년
2020. 12. 29. 개정 ☞ 기한 연장 : 20년→22년
2017. 12. 26. 개정 ☞ 기한 연장 : 17년→20년
2015. 12. 29. 개정 ☞ 기한 연장 : 15년→17년

편주 「조세특례제한법」 제72조(조합법인 등에 대한 법인세 과세특례) 참조

제167조의 2 【개인지방소득세의 세액공제 · 감면 등】 (2020. 1. 15. 제목개정)

① 「소득세법」 또는 「조세특례제한법」에 따라 소득세가 세액공제 · 감면이 되는 경우(「조세특례제한법」 제144조에 따른 세액공제액의 이월공제를 포함하며, 같은 법 제104조의 8 제1항에 따른 세액공제는 제외한다)에는 이 장에서 규정하는 개인지방소득세 세액공제 · 감면 내용과 이 법 제180조에도 불구하고 그 공제 · 감면되는 금액(「조세특례제한법」 제127조부터 제129조까지, 제132조 및 제133조가 적용되는 경우에는 이를 적용한 최종 금액을 말한다)의 100분의 10에 해당하는 개인지방소득세를 공제 · 감면한다. (2021. 12. 28. 개정)

② 「조세특례제한법」에 따라 소득세가 이월과세를 적용

편주 법 167조의 2 제1항 및 2항의 개정규정은 2026. 12. 31.까지 적용함. (법 부칙(2014. 12. 31.) 2조) (2023. 12. 29. 개정)

받는 경우에는 이 장에서 규정하는 개인지방소득세의 이월과세 내용에도 불구하고 그에 해당하는 개인지방소득세에 대하여 이월과세를 적용한다. (2020. 1. 15. 신설)

③ 「소득세법」 또는 「조세특례제한법」에 따라 세액공제 · 감면받거나 이월과세를 적용받은 소득세의 추징사유가 발생하여 소득세를 납부하는 경우에는 제1항 및 제2항에 따라 세액공제 · 감면받거나 이월과세를 적용받은 개인지방소득세도 납부하여야 한다. 이 경우 납부하는 소득세에 「소득세법」 또는 「조세특례제한법」에서 이자상당가산액을 가산하는 경우에는 그 가산하는 금액의 100분의 10에 해당하는 금액을 개인지방소득세에 가산한다. (2020. 1. 15. 개정)

Note 조항이관 : 종전 2항→3항
적용대상 추가 : 이월과세

제167조의 3【개인지방소득세의 전자신고 등에 대한 세액공제】 ① 납세자가 직접 「지방세기본법」 제25조에 따른 전자신고(이하 이 조에서 "전자신고"라 한다)의 방법으로 대통령령으로 정하는 개인지방소득세를 신고하는 경우에는 해당 납부세액에서 대통령령으로 정하는 금액을 공제한다. 이 경우 납부할 세액이 음수인 경우에는 이를 없는 것으로 한다. (2021. 12. 28. 신설)

② 「지방세법」 제95조 제4항에 따라 납세지 관할 지방자치단체의 장이 종합소득에 대한 개인지방소득세 납부서를 발송하여 납세자가 신고기한까지 해당 세액을 납부하는 경우에는 제1항에 따른 금액을 공제한다. (2021. 12. 28. 신설)

제116조의 2【개인지방소득세의 전자신고 세액공제】 ① 법 제167조의 3 제1항 전단에서 "대통령령으로 정하는 개인지방소득세"란 「지방세법」 제95조에 따라 과세표준 및 세액을 확정신고하는 종합소득에 대한 개인지방소득세 및 같은 법 제103조의 5에 따라 과세표준 및 세액을 예정신고하는 양도소득에 대한 개인지방소득세를 말한다. (2021. 12. 31. 신설)

② 법 제167조의 3 제1항 전단에서 "대통령령으로 정하는 금액"이란 2천원(「소득세법」 제73조에 따라 과세표준확정신고의 예외에 해당하는 자가 과세표준확정신고를 한 경우에는 추가로 납부하거나 환급받은 결정세액과 1천원 중 적은 금액)을 말한다. (2021. 12. 31. 신설)

제167조의 4【영세개인사업자의 개인지방소득세 체납액 징수특례】 (2021. 12. 28. 조번개정)

① 지방자치단체의 장은 「조세특례제한법」 제99조의 10에 따른 종합소득세 및 부가가치세(이하 이 조에서 "국세"라 한다)의 체납액 징수특례(이하 이 조에서 "국세 체납액 징수특례"라 한다)를 적용받은 거주자의 종합소득에 대한 개인지방소득세의 체납액 중 지방세징수권 소멸시효가 완성되지 아니한 금액에 대해 그 거주자에게 직권으로 다음 각 호에 따른 체납액 징수특례(이하 이 조에서 "개인지방소득세 체납액 징수특례"라 한다)를 적용한다. (2021. 4. 20. 신설)

1. 「조세특례제한법」 제99조의 10 제2항 제1호에 따른 납부지연가산세의 납부의무가 면제된 경우의 종합소득에 대한 개인지방소득세 가산금과 「지방세기본법」 제55조 제1항 제1호에 따른 개인지방소득세 납부지연가산세의 납부의무 면제 (2021. 12. 28. 개정)
2. 국세 체납액에 대한 분납이 허가된 경우의 종합소득에 대한 개인지방소득세 분납 허가. 이 경우 차수 및 납부기간은 국세와 동일하게 적용하며, 분납할 금액은 국세와 동일한 비율의 금액을 적용한다. (2021. 4. 20. 신설)

② 개인지방소득세 체납액 징수특례의 취소, 강제징수 등에 대해서는 「조세특례제한법」 제99조의 10의 규정을 준용한다. (2021. 4. 20. 신설)

③ 세무서장 또는 지방국세청장은 국세 체납액 징수특례를 결정하거나 취소하는 경우에는 행정안전부령으로 정하는 서식에 따라 납세지 관할 지방자치단체의 장에게 해당 자료를 즉시 통보하여야 한다. (2021. 4. 20. 신설)
④ 납세지 관할 지방자치단체의 장은 개인지방소득세 체납액 징수특례를 결정하거나 그 결정을 취소하는 경우에는 행정안전부령으로 정하는 통지서를 해당 거주자에게 즉시 통지하여야 한다. (2021. 4. 20. 신설)

제12절 지방소득세 특례제한 등

(2014. 1. 1. 신설)

제168조【중복지원의 배제】 ① 내국인이 이 법에 따라 투자한 자산에 대하여 제99조, 제103조, 제109조부터 제114조까지, 제137조 및 제151조 제2항을 적용받는 경우 다음 각 호의 금액을 투자금액 또는 취득금액에서 차감한다. (2014. 1. 1. 신설)

1. 내국인이 자산에 대한 투자를 목적으로 국가, 지방자치단체, 「공공기관의 운영에 관한 법률」에 따른 공공

제12절 지방소득세 특례제한 등

(2014. 3. 14. 신설)

편주

「조세특례제한법」 제127조(중복지원의 배제) 참조

제9조【영세개인사업자의 개인지방소득세 체납액 징수특례】 ① 법 제167조의 4 제3항에 따른 국세 체납액 징수특례의 결정 또는 취소의 통보는 별지 제6호의 2 서식에 따른다. (2021. 12. 31. 개정)
② 법 제167조의 4 제4항에 따른 개인지방소득세 체납액 징수특례의 결정 또는 결정 취소의 통지는 각각 별지 제6호의 3 서식 또는 별지 제6호의 4 서식에 따른다. (2021. 12. 31. 개정)

기관 및 「지방공기업법」에 따른 지방공기업(이하 이 조에서 "국가등"이라 한다)으로부터 출연금 등의 자산을 지급받아 투자에 지출하는 경우 : 출연금 등 중 투자에 지출한 금액에 상당하는 금액 (2014. 1. 1. 신설)

가. 국가 (2014. 1. 1. 신설)

나. 지방자치단체 (2014. 1. 1. 신설)

다. 「공공기관의 운영에 관한 법률」에 따른 공공기관 (2014. 1. 1. 신설)

라. 「지방공기업법」에 따른 지방공기업 (2014. 1. 1. 신설)

2. 내국인이 자산에 대한 투자를 목적으로 「금융실명거래 및 비밀보장에 관한 법률」 제2조 제1호 각 목의 어느 하나에 해당하는 금융회사등(이하 이 조에서 "금융회사등"이라 한다)으로부터 융자를 받아 투자에 지출하고 금융회사등에 지급해야 할 이자비용의 전부 또는 일부를 국가등이 내국인을 대신하여 지급하는 경우 : 대통령령으로 정하는 바에 따라 계산한 국가등이 지급하는 이자비용에 상당하는 금액 (2014. 1. 1. 신설)

3. 내국인이 자산에 대한 투자를 목적으로 국가등으로부터 융자를 받아 투자에 지출하는 경우 : 대통령령으로 정하는 바에 따라 계산한 국가등이 지원하는 이자지원금에 상당하는 금액 (2014. 1. 1. 신설)

② 내국인이 이 법에 따라 투자한 자산에 대하여 제99조, 제103조, 제109조부터 제114조까지, 제137조, 제151조 제2항이 동시에 적용되는 경우와 동일한 과세연도에 제114

제117조【투자세액공제 등의 배제】 ① 법 제168조 제1항 제2호에서 "대통령령으로 정하는 바에 따라 계산한 국가등이 지급하는 이자비용에 상당하는 금액"이란 「조세특례제한법 시행령」 제123조 제1항에 따른 이자비용의 합계액을 말한다. (2014. 3. 14. 신설)

② 법 제168조 제1항 제3호에서 "대통령령으로 정하는 바에 따라 계산한 국가등이 지원하는 이자지원금에 상당하는 금액"이란 「조세특례제한법 시행령」 제123조 제2항에 따라 계산한 금액을 말한다. (2014. 3. 14. 신설)

편주

「조세특례제한법 시행령」 제123조(투자세액공제 등의 배제) 참조조와 제118조가 동시에 적용되는 경우에는 각각 그 중 하나만을 선택하여 적용받을 수 있다. (2014. 1. 1. 신설)

③ 내국인에 대하여 동일한 과세연도에 제99조, 제103조, 제109조부터 제114조까지, 제118조, 제137조, 제150조 및 제151조 제2항을 적용할 때 제153조에 따라 개인지방소득세를 감면하는 경우에는 해당 규정에 따라 공제할 세액에 해당 기업의 총주식 또는 총지분에 대한 내국인투자자의 소유주식 또는 지분의 비율을 곱하여 계산한 금액의 100분의 10에 상당하는 금액을 공제한다. (2014. 1. 1. 신설)

④ 내국인이 동일한 과세연도에 제100조, 제101조, 제105조, 제122조, 제124조부터 제128조까지, 제135조 제1항·제2항, 제152조 제1항, 제154조부터 제159조까지에 따라 지방소득세가 감면되는 경우와 제99조, 제103조, 제109조부터 제114조까지, 제118조, 제137조, 제150조, 제151조, 제160조, 제162조 및 제165조에 따라 지방소득세가 공제되는 경우를 동시에 적용받을 수 있는 경우에는 그 중 하나만을 선택하여 적용받을 수 있다. (2014. 12. 31. 개정)

⑤ 내국인의 동일한 사업장에 대하여 동일한 과세연도에 제100조, 제101조, 제105조, 제122조, 제124조, 제125조, 제135조 제1항·제2항, 제152조부터 제159조까지에 따른 지방소득세의 감면규정 중 둘 이상의 규정이 적용될 수 있는 경우에는 그 중 하나만을 선택하여 적용받을

수 있다. (2014. 1. 1. 신설)

⑥ 거주자가 토지등을 양도하여 둘 이상의 양도소득분 개인지방소득세의 감면규정을 동시에 적용받는 경우에는 그 거주자가 선택하는 하나의 감면규정만을 적용한다. 다만, 토지등의 일부에 대하여 특정의 감면규정을 적용받는 경우에는 남은 부분에 대하여 다른 감면규정을 적용받을 수 있다. (2014. 1. 1. 신설)

⑦ 거주자가 주택을 양도하여 이 법 제142조와 제143조가 동시에 적용되는 경우에는 그 중 하나만을 선택하여 적용받을 수 있다. (2014. 1. 1. 신설)

⑧ 제3항과 제4항을 적용할 때 「조세특례제한법」 제143조에 따라 세액감면을 적용받는 사업과 그 밖의 사업을 구분경리하는 경우로서 그 밖의 사업에 공제규정이 적용되는 경우에는 해당 세액감면과 공제는 중복지원에 해당하지 아니한다. (2014. 1. 1. 신설)

제169조 【추계과세 시 등의 감면배제】 ① 「소득세법」 제80조 제3항 단서에 따라 추계(推計)를 하는 경우에는 제99조, 제102조, 제103조, 제104조 제2항, 제109조부터 제115조까지, 제117조, 제118조, 제137조, 제150조, 제151조, 제160조, 제162조 및 제165조를 적용하지 아니한다. 다만, 추계를 하는 경우에도 이 법 제99조 및 제114조(투자에 관한 증거서류를 제출하는 경우만 해당한다)는 거주자에 대해서만 적용한다. (2014. 12. 31. 개정)

편주

「조세특례제한법」 제128조(추계과세 시 등의 감면배제) 참조

② 「지방세법」 제97조에 따라 결정을 하는 경우와 「지방세기본법」 제51조에 따라 기한 후 신고를 하는 경우에는 제100조, 제101조, 제104조 제1항, 제105조, 제122조, 제124조부터 제128조까지, 제135조 제1항·제2항, 제138조, 제149조, 제152조 제1항, 제154조부터 제159조까지의 세액공제·감면을 적용하지 아니한다. (2016. 12. 27. 개정 ; 지방세기본법 부칙)

③ 「지방세법」 제97조에 따라 경정(제4항 각 호의 어느 하나에 해당되어 경정하는 경우는 제외한다)을 하는 경우와 과세표준 수정신고서를 제출한 과세표준과 세액을 경정할 것을 미리 알고 제출한 경우에는 대통령령으로 정하는 과소신고금액(過少申告金額)에 대하여 제100조, 제101조, 제104조 제1항, 제105조, 제122조, 제124조부터 제128조까지, 제135조 제1항·제2항, 제138조, 제149조, 제152조 제1항, 제154조부터 제159조까지를 적용하지 아니한다. (2014. 1. 1. 신설)

④ 사업자가 다음 각 호의 어느 하나에 해당하는 경우에는 해당 과세기간의 해당 사업장에 대하여 제100조, 제101조, 제104조 제1항, 제105조, 제122조, 제124조부터 제128조까지, 제135조 제1항·제2항, 제149조, 제152조, 제154조부터 제159조의 세액공제·감면을 적용하지 아니한다. 다만, 사업자가 제1호 또는 제2호의 의무 불이행에 대하여 정당한 사유가 있는 경우에는 그러하지 아니하다. (2014. 1. 1. 신설)

제118조 【과소신고소득금액의 범위】 ① 법 제169조 제3항에서 "대통령령으로 정하는 과소신고금액"이란 「조세특례제한법 시행령」 제122조 제1항에 따른 금액을 말한다. (2014. 3. 14. 신설)

편주

「조세특례제한법 시행령」 제122조(과소신고소득금액의 범위) 참조

1. 「소득세법」 제160조의 5 제3항에 따라 사업용계좌를 신고하여야 할 사업자가 이를 이행하지 아니한 경우 (2014. 1. 1. 신설)
2. 「소득세법」 제162조의 3 제1항에 따라 현금영수증가맹점으로 가입하여야 할 사업자가 이를 이행하지 아니한 경우 (2014. 1. 1. 신설)
3. 「소득세법」 제162조의 2 제2항에 따른 신용카드가맹점으로 가입한 사업자 또는 「소득세법」 제162조의 3 제1항에 따라 현금영수증가맹점으로 가입한 사업자가 다음 각 목의 어느 하나에 해당하는 경우로서 그 횟수·금액 등을 고려하여 대통령령으로 정하는 때에 해당하는 경우 (2014. 1. 1. 신설)
   가. 신용카드에 의한 거래를 거부하거나 신용카드매출전표를 사실과 다르게 발급한 경우 (2014. 1. 1. 신설)
   나. 현금영수증의 발급요청을 거부하거나 사실과 다르게 발급한 경우 (2014. 1. 1. 신설)

제170조【양도소득분 개인지방소득세의 감면 배제 등】 ① 「소득세법」 제94조 제1항 제1호 및 제2호에 따른 자산을 매매하는 거래당사자가 매매계약서의 거래가액을 실지거래가액과 다르게 적어 같은 법 제91조 제2항에 따라 감면이 제한되는 경우에는 양도소득분 개인지방소득세의 감면을 제한하며, 비과세 또는 감면받았거나 받을 세액에서 같은 법 제91조 제2항 각호에 따라 배제되

② 법 제169조 제4항 제3호 각 목의 부분에서 "대통령령으로 정하는 때에 해당하는 경우"란 「조세특례제한법 시행령」 제122조 제2항에 따른 경우를 말한다. (2014. 3. 14. 신설)

편주

「조세특례제한법」 제129조(양도소득세의 감면 배제 등) 참조

는 금액의 100분의 10에 상당하는 금액을 뺀다. (2014. 1. 1. 신설)
②「소득세법」 제104조 제3항에 따른 미등기양도자산에 대해서는 양도소득세분 개인지방소득세의 감면에 관한 규정을 적용하지 아니한다. (2014. 1. 1. 신설)

제171조【수도권과밀억제권역의 투자에 대한 감면 배제】 ① 1989년 12월 31일 이전부터 수도권과밀억제권역에서 계속하여 사업을 경영하고 있는 내국인과 1990년 1월 1일 이후 수도권과밀억제권역에서 새로 사업장을 설치하여 사업을 개시하거나 종전의 사업장(1989년 12월 31일 이전에 설치한 사업장을 포함한다. 이하 이 조에서 같다)을 이전하여 설치하는 중소기업(이하 이 항에서 "1990년이후중소기업등"이라 한다)이 수도권과밀억제권역에 있는 해당 사업장에서 사용하기 위하여 취득하는 사업용 고정자산(대통령령으로 정하는 디지털방송장비 및 대통령령으로 정하는 정보통신장비는 제외한다)으로서 대통령령으로 정하는 증설투자에 해당하는 것에 대해서는 제99조 제1항 제1호·제2호, 제103조 제2항 제3호, 제109조 제1항 제1호·제2호 및 제110조(같은 조 제1항 제5호 및 제7호는 제외하며 1990년이후중소기업등이 투자한 경우만 해당한다)를 적용하지 아니한다. 다만, 대통령령으로 정하는 산업단지 또는 공업지역에서 증설투자를 하는 경우에는 그러하지 아니하다. (2014. 1. 1. 신설)

제119조【수도권과밀억제권역 안의 투자에 대한 감면배제 등】 ① 법 제171조 제1항 본문 및 같은 조 제2항에서 "대통령령으로 정하는 디지털방송장비"란「조세특례제한법 시행령」 제124조 제3항에 따른 방송장비를 말한다. (2014. 3. 14. 신설)
② 법 제171조 제1항 본문 및 같은 조 제2항에서 "대통령령으로 정하는 정보통신장비"란「전기통신사업 회계정리 및 보고에 관한 규정」 제8조에 따른 전기통신설비 중 교환설비, 전송설비, 선로설비 및 정보처리설비를 말한다. (2014. 3. 14. 신설)
③ 법 제171조 제1항 본문에서 "대통령령으로 정하는 증설투자"란「조세특례제한법 시행령」 제124조 제1항 각 호의 구분에 따른 투자를 말한다. (2014. 3. 14. 신설)
④ 법 제171조 제1항 단서에서 "대통령령으로 정하는 산업단지 또는 공업지역"이란「조세특례제한법 시행령」 제124조 제2항에 따른 산업단지 또는 공업지역을 말한다. (2014. 3. 14. 신설)

편주

「조세특례제한법 시행령」 제124조(수도권 과밀억제권역 안의 투자에 대한 조세감면배제 등) 참조

② 중소기업이 아닌 자가 1990년 1월 1일 이후 수도권과밀억제권역에서 새로 사업장을 설치하여 사업을 개시하거나 종전의 사업장을 이전하여 설치하는 경우 수도권과밀억제권역에 있는 해당 사업장에서 사용하기 위하여 취득하는 사업용고정자산(대통령령으로 정하는 디지털방송장비 및 대통령령으로 정하는 정보통신장비는 제외한다)에 대해서는 제103조 제2항 제3호, 제109조 제1항 제1호·제2호 및 제110조(같은 조 제1항 제5호 및 제7호는 제외한다)를 적용하지 아니한다. (2014. 1. 1. 신설)

편주

「조세특례제한법」 제130조(수도권과밀억제권역의 투자에 대한 조세감면 배제) 참조

제172조 【최저한세액에 미달하는 세액에 대한 감면 등의 배제】 ① 거주자의 사업소득(「조세특례제한법」 제16조를 적용받는 경우에만 해당 부동산임대업에서 발생하는 소득을 포함한다. 이하 이 항에서 같다)과 비거주자의 국내사업장에서 발생한 사업소득에 대한 개인지방소득세(가산세와 대통령령으로 정하는 추징세액은 제외하며 사업소득에 대한 대통령령으로 정하는 세액공제 등을 하지 아니한 개인지방소득세를 말한다)를 계산할 때 다음 각 호의 어느 하나에 해당하는 감면 등을 적용받은 후의 세액이 「조세특례제한법」 제132조 제2항 제1

제120조 【최저한세액에 미달하는 세액에 대한 감면 등의 배제】 ① 법 제172조 제1항 각 호 외의 부분에서 "대통령령으로 정하는 추징세액"이란 다음 각 호의 어느 하나에 해당하는 것을 말한다. (2014. 3. 14. 신설)

1. 법에 따라 감면세액을 추징하는 경우(개인지방소득세에 가산하여 자진납부하거나 부과징수하는 경우를 포함한다)의 이자 상당 가산액 (2014. 3. 14. 신설)
2. 법에 따라 개인지방소득세의 감면세액을 추징하는 경우 해당 사업연도에 개인지방소득세에 가산하여 자진납부하거나 부과징수하는 세액 (2014. 3. 14. 신설)

「조세특례제한법 시행령」 제126조(최저한세액에 미달하는 세액에 대한 감면 등의 배제) 참조

호 및 제2호에 따른 손금산입 및 소득공제 등을 하지 아니한 경우의 사업소득(제1호에 따른 준비금을 관계 규정에 따라 익금에 산입한 금액을 포함한다)에 대한 산출세액에 100분의 45(산출세액이 3백만원 이하인 부분은 100분의 35)를 곱하여 계산한 세액(이하 "개인지방소득세 최저한세액"이라 한다)에 미달하는 경우 그 미달하는 세액에 상당하는 부분에 대해서는 감면 등을 하지 아니한다. (2014. 12. 31. 개정)

1. 제99조, 제102조(중소기업이 아닌 자만 해당한다), 제103조, 제104조 제2항, 제109조부터 제115조까지, 제117조, 제118조, 제137조, 제150조, 제151조, 제160조, 제161조, 제162조 및 제165조에 따른 세액공제금액 (2014. 12. 31. 개정)
2. 제100조, 제101조, 제104조 제1항, 제105조, 제108조, 제122조, 제124조(수도권 밖으로 이전하는 경우는 제외한다), 제125조, 제138조, 제149조 및 제159조에 따른 개인지방소득세의 면제 및 감면 (2014. 1. 1. 신설)

② 이 법을 적용할 때 제1항 각 호에 열거된 감면 등과 그 밖의 감면 등이 동시에 적용되는 경우 그 적용순위는 제1항 각 호에 열거된 감면 등을 먼저 적용한다. (2014. 1. 1. 신설)

③ 제1항에 따른 최저한세의 적용에 필요한 사항은 대통령령으로 정한다. (2014. 1. 1. 신설)

② 법 제172조 제1항 각 호 외의 부분에서 "대통령령으로 정하는 세액공제 등"이란 개인지방소득세의 감면 중 같은 항 제1호 및 제2호에 열거되지 아니한 세액공제, 세액면제 및 감면을 말한다. (2014. 3. 14. 신설)

③ 납세의무자가 신고(「지방세기본법」에 따른 수정신고 및 경정 등의 청구를 포함한다)한 개인지방소득세액이 법 제172조에 따라 계산한 세액에 미달하여 개인지방소득세를 경정하는 경우에는 다음 각 호의 순서(동일한 호에서는 법 제172조 제1항 각 호에 열거된 조문순서에 따른다)에 따라 해당하는 감면을 배제하여 세액을 계산한다. (2014. 3. 14. 신설)

1. 법 제172조 제1항 제1호에 따른 세액공제금액. 이 경우 같은 조문에 따른 감면세액 중 이월된 공제세액이 있는 경우에는 나중에 발생한 것부터 적용배제한다. (2014. 3. 14. 신설)
2. 법 제172조 제1항 제2호에 따른 개인지방소득세의 면제 및 감면 (2014. 3. 14. 신설)

편주

「조세특례제한법」 제132조(최저한세액에 미달하는 세액에 대한 감면 등의 배제) 참조

제173조【양도소득분 개인지방소득세 감면의 종합한도】 ① 개인이 제121조, 제126조부터 제131조까지, 제132조, 제133조 또는 제136조에 따라 감면받을 양도소득분 개인지방소득세액의 합계액 중에서 다음 각 호의 금액 중 큰 금액은 감면하지 아니한다. 이 경우 감면받는 양도소득분 개인지방소득세액의 합계액은 자산양도의 순서에 따라 합산한다. (2014. 12. 31. 개정)

1. 과세기간별로 계산된 다음 각 목의 금액 중 큰 금액 (2014. 1. 1. 신설)
   가. 제121조, 제131조, 제132조(100분의 15 및 100분의 20의 감면율을 적용받는 경우에 한한다), 제133조 또는 제136조에 따라 감면받을 양도소득분 개인지방소득세액의 합계액이 과세기간별로 1천만원을 초과하는 경우에는 그 초과하는 부분에 상당하는 금액 (2014. 3. 24. 개정)
   나. 제121조, 제126조부터 제131조까지, 제132조, 제133조 또는 제136조에 따라 감면 받을 양도소득분 개인지방소득세액의 합계액이 과세기간별로 2천만원을 초과하는 경우에는 그 초과하는 부분에 상당하는 금액 (2014. 12. 31. 개정)

편주

「조세특례제한법」 제133조(양도소득세 및 증여세 감면의 종합한도) 참조

2. 5개 과세기간의 합계액으로 계산된 다음 각 목의 금액 중 큰 금액. 이 경우 5개 과세기간의 감면받을 양도소득분 개인지방소득세액의 합계액은 당해 과세기간에 감면받을 양도소득분 개인지방소득세액과 직전 4개 과세기간에 감면받은 양도소득분 개인지방소득세액을 합친 금액으로 계산한다. (2014. 1. 1. 신설)
   가. 5개 과세기간의 제131조에 따라 감면받을 양도소득세액의 합계액이 1천만원을 초과하는 경우에는 그 초과하는 부분에 상당하는 금액 (2014. 1. 1. 신설)
   나. 5개 과세기간의 제131조 및 제132조(100분의 15 및 100분의 20의 감면율을 적용받는 경우에 한한다)에 따라 감면받을 양도소득분 개인지방소득세액의 합계액이 2천만원을 초과하는 경우에는 그 초과하는 부분에 상당하는 금액 (2014. 3. 24. 개정)
   다. 5개 과세기간의 제126조부터 제131조까지 및 제132조에 따라 감면받을 양도소득분 개인지방소득세액의 합계액이 3천만원을 초과하는 경우에는 그 초과하는 부분에 상당하는 금액 (2014. 12. 31. 개정)

제174조【세액공제액의 이월공제】 ① 제99조, 제102조, 제103조, 제104조 제2항, 제109조부터 제115조까지, 제117조, 제118조, 제137조, 제150조, 제151조, 제160조, 제162조, 제165조 및 제166조에 따라 지방소득세 공제할 세액 중 해당 과세연도에 납부할 세액이 없거나 제

편주

「조세특례제한법」 제144조(세액공제액의 이월공제) 참조

172조에 따른 개인지방소득세 최저한세액에 미달하여 공제받지 못한 부분에 상당하는 금액은 해당 과세연도의 다음 과세연도 개시일부터 5년(제99조에 따라 공제할 세액으로서 중소기업이 설립일로부터 5년이 되는 날이 속하는 과세연도까지 공제받지 못한 부분에 상당하는 금액은 해당 과세연도의 다음 과세연도 개시일부터 7년, 제102조에 따라 공제할 세액을 중소기업이 설립일부터 5년이 되는 날이 속하는 과세연도까지 공제받지 못하는 경우는 10년까지) 이내에 끝나는 각 과세연도에 이월하여 그 이월된 각 과세연도의 개인지방소득세[사업소득(「조세특례제한법」 제126조의 6을 적용하는 경우에는 「소득세법」 제45조 제2항에 따른 부동산임대업에서 발생하는 소득을 포함한다)에 대한 개인지방소득세만 해당한다] 에서 공제한다. (2016. 12. 27. 개정)

② 각 과세연도의 개인지방소득세에서 공제할 금액으로서 제99조, 제102조, 제103조, 제104조 제2항, 제109조부터 제115조까지, 제117조, 제118조, 제137조, 제150조, 제151조, 제160조, 제162조, 제165조 및 제166조에 따라 공제할 금액과 제1항에 따라 이월된 미공제 금액이 중복되는 경우에는 제1항에 따라 이월된 미공제 금액을 먼저 공제하고 그 이월된 미공제 금액 간에 중복되는 경우에는 먼저 발생한 것부터 차례대로 공제한다. (2014. 12. 31. 개정)

③ 제1항에도 불구하고 제114조 제1항 제2호 각 목외의 부분 단서에 따라 해당 투자가 이루어진 과세연도에 공

제받지 못한 금액과 제114조 제2항에 따라 개인지방소득세로 납부한 금액은 다음 각 호의 순서대로 계산한 금액을 더한 금액을 한도로 하여 해당 투자가 이루어진 과세연도의 다음 과세연도 개시일부터 5년 이내에 끝나는 각 과세연도에 이월하여 그 이월된 각 과세연도의 개인지방소득세(사업소득에 대한 개인지방소득세만 해당한다)에서 공제한다. 이 경우 이월공제 받는 과세연도의 상시근로자 수는 제3호 각 목에 따른 상시근로자 수 중 큰 수를 초과하여야 한다. (2014. 1. 1. 신설)

1. 이월공제받는 과세연도에 최초로 근로계약을 체결한 상시근로자 중 산업수요맞춤형고등학교등의 졸업생 수 × 200만원(중소기업의 경우는 250만원) (2016. 12. 27. 개정)
2. 이월공제받는 과세연도에 최초로 근로계약을 체결한 제1호 외의 상시근로자 중 청년근로자, 장애인근로자, 60세 이상인 근로자 수 × 150만원(중소기업의 경우는 200만원) (2016. 12. 27. 개정)
3. (이월공제받는 과세연도의 상시근로자 수 − 제1호에 따른 졸업생 수 − 제2호에 따른 청년근로자, 장애인근로자, 60세 이상인 근로자 수 − 다음 각 목의 수 중 큰 수) × 100만원(중소기업의 경우는 150만원) (2016. 12. 27. 개정)
   가. 이월공제받는 과세연도의 직전 과세연도의 상시근로자 수 (2014. 1. 1. 신설)

제121조【세액공제액의 이월공제】 ① 법 제174조 제3항 제1호에 따른 산업수요맞춤형고등학교등의 졸업생 수는 「조세특례제한법 시행령」 제136조의 2 제1항에 따른 졸업생 수로 한다. (2014. 3. 14. 신설)

② 법 제174조 제3항 제2호에 따른 청년근로자 수는 「조세특례제한법 시행령」 제136조의 2 제2항에 따른 청년근로자 수로 한다. (2014. 3. 14. 신설)

③ 법 제174조 제3항 제2호에 따른 장애인근로자 수는 「조세특례제한법 시행령」 제136조의 2 제3항에 따른 장애인근로자 수로 한다. (2014. 3. 14. 신설)

④ 법 제174조 제3항 제2호에 따른 60세 이상인 근로자 수는 「조세특례제한법 시행령」 제136조의 2 제4항에 따른 60세 이상인 근로자 수로 한다. (2014. 3. 14. 신설)

⑤ 제1항부터 제4항까지에서 규정한 상시근로자의 범위

편주

「조세특례제한법 시행령」 제136조의 2 (세액공제액의 이월공제) 참조

나. 이월공제받는 금액의 해당 투자가 이루어진 과세연도의 직전 과세연도의 상시근로자 수 (2014. 1. 1. 신설)

다. 제114조 제2항에 따라 상시근로자 수가 감소하여 개인지방소득세를 납부한 경우 그 상시근로자 수가 감소한 과세연도(2개 과세연도 연속으로 상시근로자 수가 감소한 경우에는 두 번째 과세연도)의 상시근로자 수 (2014. 1. 1. 신설)

④ 제1항에도 불구하고 제113조의 2 제2항에 따라 개인지방소득세로 납부한 금액은 해당 투자가 이루어진 과세연도의 다음 과세연도 개시일부터 5년 이내에 끝나는 각 과세연도에 이월하여 그 이월된 각 과세연도의 개인지방소득세(사업소득에 대한 개인지방소득세만 해당한다)에서 공제하되, 이월공제받는 과세연도에 최초로 근로계약을 체결한 상시근로자 수에 100만원을 곱한 금액을 한도로 한다. 이 경우 이월공제받는 과세연도의 상시근로자 수는 제3항 제3호 각 목을 준용하여 산정한 상시근로자 수 중 큰 수를 초과하여야 한다. (2016. 12. 27. 신설)

제175조【감면세액의 추징】 제99조, 제103조, 제109조부터 제114조까지, 제137조에 따라 개인지방소득세를 공제받은 자가 같은 조에 따라 투자완료일부터 2년(대통령령으로 정하는 건물과 설비 등의 경우에는 5년)이 지

및 상시근로자 수의 계산은 「조세특례제한법 시행령」 제23조 제10항부터 제13항까지의 규정에 따른다. (2015. 2. 3. 개정 ; 조세특례제한법 시행령 부칙)

제122조【감면세액의 추징】 ① 법 제175조에서 "대통령령으로 정하는 경우"란 「조세특례제한법 시행령」 제137조 제1항 각 호의 어느 하나에 해당하는 경우를 말한다. (2014. 3. 14. 신설)

편주

「조세특례제한법 시행령」 제137조(감면세액의 추징) 참조

나기 전에 해당 자산을 처분한 경우(임대하는 경우를 포함하며, 대통령령으로 정하는 경우는 제외한다)에는 처분한 날이 속하는 과세연도의 과세표준신고를 할 때 해당 자산에 대한 세액공제액 상당액에 대통령령으로 정하는 바에 따라 계산한 이자 상당 가산액을 가산하여 개인지방소득세로 납부하여야 하며, 해당 세액은 「지방세법」 제95조에 따라 납부하여야 할 세액으로 본다. (2014. 12. 31. 개정)

「조세특례제한법」 제146조(감면세액의 추징) 참조

제176조 【세액감면 및 세액공제 시 적용순위 등】

① 개인지방소득세의 감면에 관한 규정과 세액공제에 관한 규정이 동시에 적용되는 경우 그 적용순위는 다음 각 호의 순서로 한다. (2014. 1. 1. 신설)

1. 해당 과세기간의 소득에 대한 개인지방소득세의 감면 (2014. 1. 1. 신설)
2. 이월공제가 인정되지 아니하는 세액공제 (2014. 1. 1. 신설)
3. 이월공제가 인정되는 세액공제. 이 경우 해당 과세기간 중에 발생한 세액공제액과 이전 과세기간에서 이월된 미공제액이 함께 있을 때에는 이월된 미공제액을 먼저 공제한다. (2014. 1. 1. 신설)

② 법 제175조에 따른 이자 상당 가산액은 공제받은 세액에 제1호의 기간 및 제2호의 율을 곱하여 계산한 금액으로 한다. (2014. 3. 14. 신설)

1. 공제받은 과세연도의 과세표준신고일의 다음 날부터 법 제175조의 사유가 발생한 날이 속하는 과세연도의 과세표준신고일까지의 기간 (2014. 3. 14. 신설)
2. 1일 1만분의 3 (2014. 3. 14. 신설)

「소득세법」 제60조(세액감면 및 세액공제 시 적용순위 등) 참조

감면세액 추징시 이자상당가산액

공제받은 세액 × 기간(*) × 0.03%

(*) 공제받은 과세연도의 과세표준신고일의 다음날 ~ 추징사유가 발생한 날이 속하는 고세연도의 과세표준신고일(일수)

② 제1항 제1호 및 제2호에 따른 감면액 및 세액공제액의 합계액이 납부할 개인지방소득세액(가산세는 제외한다)을 초과하는 경우 그 초과하는 금액은 없는 것으로 본다. (2014. 1. 1. 신설)
③ 제2항을 적용할 때 제96조에 따라 공제하는 세액의 경우 납부할 개인지방소득세액에는 가산세액을 포함하는 것으로 한다. (2014. 1. 1. 신설)
②·③ 삭 제 (2014. 12. 31.)

제176조의 2【세액감면액 및 세액공제액이 산출세액 초과 시의 적용방법 등】 ① 제97조의 2에 따른 자녀세액공제액, 제97조의 3에 따른 연금계좌세액공제액, 제97조의 4에 따른 특별세액공제액의 합계액이 그 거주자의 해당 과세기간의 합산과세되는 종합소득분 개인지방소득 산출세액(「소득세법」 제62조에 따라 원천징수세율을 적용받는 이자소득 및 배당소득에 대한 대통령령으로 정하는 산출세액은 제외하며, 이하 이 조에서 "공제기준산출세액"이라 한다)을 초과하는 경우 그 초과하는 금액은 없는 것으로 한다. 다만, 그 초과한 금액에 기부금 세액공제액이 포함되어 있는 경우 해당 기부금과 「소득세법」 제59조의 4 제4항 제2호에 따라 한도액을 초과하여 공제받지 못한 지정기부금의 100분의 10에 상당하는 금액은 해당 과세기간의 다음 과세기간의 개시일부터 5년 이내에 끝나는 각 과세기간에 이월하여 「소득세법」 제61조 제3항에 따른 세액공제금액의 100분의 10에 상당

하는 금액을 공제기준산출세액에서 공제한다. (2014. 12. 31. 신설)

② 제97조의 4 제1항부터 제3항, 제137조의 2 규정에 따른 세액공제액의 합계액이 그 거주자의 해당 과세기간의 대통령령으로 정하는 근로소득에 대한 종합소득분 개인지방소득 산출세액을 초과하는 경우 그 초과하는 금액은 없는 것으로 한다. (2014. 12. 31. 신설)

③ 이 법에 따른 감면액 및 세액공제액의 합계액이 해당 과세기간의 합산과세되는 종합소득분 개인지방소득 산출세액을 초과하는 경우 그 초과하는 금액은 없는 것으로 보고, 그 초과하는 금액을 한도로 연금계좌세액공제를 받지 아니한 것으로 본다. 다만, 제96조에 따른 재해손실세액공제액이 종합소득분 개인지방소득 산출세액에서 다른 세액감면액 및 세액공제액을 뺀 후 가산세를 더한 금액을 초과하는 경우 그 초과하는 금액은 없는 것으로 본다. (2014. 12. 31. 신설)

제4장 보　　칙 (2014. 1. 1. 신설)

제177조【감면 제외대상】 이동 제93조에서 이동(14. 1. 1.)
이 법의 감면을 적용할 때 다음 각 호의 어느 하나에 해당하는 부동산등은 감면대상에서 제외한다. (2020. 1. 15. 개정)

1. 별장 : 주거용 건축물로서 늘 주거용으로 사용하지 아니하고 휴양 · 피서 · 놀이 등의 용도로 사용하는 건축물과 그 부속토지(「지방자치법」 제3조 제3항 및 제4항에 따른 읍 또는 면에 있는, 「지방세법 시행령」 제28조 제2항에 따른 범위와 기준에 해당하는 농어촌주택과 그 부속토지는 제외한다). 이 경우 별장의 범위와 적용기준은 「지방세법 시행령」 제28조 제3항에 따른다. (2020. 1. 15. 신설)

1. 삭　제 (2023. 3. 14. ; 지방세법 부칙)
2. 골프장 : 「체육시설의 설치 · 이용에 관한 법률」에 따른 회원제 골프장용 부동산 중 구분등록의 대상이 되는 토지와 건축물 및 그 토지 상(上)의 입목. 이 경우 등록을 하지 아니하고 사실상 골프장으로 사용하는 부동산을 포함한다. (2020. 1. 15. 신설)
3. 고급주택 : 주거용 건축물 또는 그 부속토지의 면적과 가액이 「지방세법 시행령」 제28조 제4항에 따른 기준을 초과하거나 해당 건축물에 67제곱미터 이상의 수영장 등 「지방세법 시행령」 제28조 제4항에 따른 부대시설을 설치한 주거용 건축물과 그 부속토지 (2020.

제4장 보　　칙 (2014. 3. 14. 장번개정)

제123조【직접 사용의 범위】 (2014. 3. 14. 조번개정)
법 또는 다른 법령에서의 토지에 대한 재산세의 감면규정을 적용할 때 직접 사용의 범위에는 해당 감면대상 업무에 사용할 건축물 및 주택을 건축 중인 경우를 포함한다. (2020. 12. 31. 개정)

1. 15. 신설)

4. 고급오락장 : 도박장, 유흥주점영업장, 특수목욕장, 그 밖에 이와 유사한 용도에 사용되는 건축물 중 「지방세법 시행령」 제28조 제5항에 따른 건축물과 그 부속토지 (2020. 1. 15. 신설)
5. 고급선박 : 비업무용 자가용 선박으로서 「지방세법 시행령」 제28조 제6항에 따른 기준을 초과하는 선박 (2020. 1. 15. 신설)

제177조의 2【지방세 감면 특례의 제한】 ① 이 법에 따라 취득세 또는 재산세가 면제(지방세 특례 중에서 세액감면율이 100분의 100인 경우와 세율경감률이 「지방세법」에 따른 해당 과세대상에 대한 세율 전부를 감면하는 것을 말한다. 이하 이 조에서 같다)되는 경우에는 이 법에 따른 취득세 또는 재산세의 면제규정에도 불구하고 100분의 85에 해당하는 감면율(「지방세법」 제13조 제1항부터 제4항까지의 세율은 적용하지 아니한 감면율을 말한다)을 적용한다. 다만, 다음 각 호의 어느 하나에 해당하는 경우에는 그러하지 아니하다. (2016. 12. 27. 항번개정)

1. 「지방세법」에 따라 산출한 취득세의 세액(연부로 부동산을 취득하는 경우 매회 세액을 합산한 것을 말하며, 1년 이내에 동일한 소유자로부터 부동산을 취득하는 경우 또는 1년 이내에 연접한 부동산을 취득하는 경우에는 각각의 부동산에 대하여 산출한 취득세

편주

법 177조의 2 제1항의 개정규정은 법률 12955호 지방세특례제한법 일부개정법률 부칙 12조, 법률 13637호 지방세특례제한법 일부개정법률 부칙 5조 및 법률 14477호 지방세특례제한법 일부개정법률 부칙 9조에도 불구하고 다음 각 호의 구분에 따른 시기부터 적용함. (법 부칙(2017. 12. 26.) 7조) (2023. 3. 14. 개정)

1. 법 22조의 2, 42조 2항, 43조, 53조, 57조의 2 제3항 5호 · 7호, 57조의 2 제4항 · 5항, 60조 3항 1호의 2, 70조 3항, 73조의 2, 74조 3항 4호 · 5호, 79조, 80조 및 83조 2항 : 2019. 1. 1.
2. 법 22조 1항 · 2항, 72조 1항 · 2항, 74조 1항, 85조의 2 제2항, 88조 1항, 89조 및 90조 : 2020. 1. 1.
3. 법 15조 2항, 63조 5항 : 2026. 1. 1.
4. 1호부터 3호까지 규정한 면제 외의 면제 : 2018. 1. 1.

운영예규 법177의 2-1【합병에 따라 취득하는 재산이

예판

【조심판례】 • 지자체 감면조례로 최소납부세제 적용 배제 여부

「지방세특례제한법」 제177조의 2 제3항의 해당 지방자치단체의 감면조례로 최소납부세제의 적용 여부와 그 적용 시기를 정할 수 있는 경우는 같은 조 제2항의 지방자치단체 감면조례로 취득세 등이 면제되는 경우에 한한다고 보아야 할 것이고 「지방세특례제한법」에 따라 최소납부세제가 적용되는 경우에는 해당 지방자치단체의 감면조례로 최소납부세제의 적용 여부 등을 정할 수 없는 것으로 보아야 함. (조심2023지5645, 2024. 10. 29)

• 청구법인이 전용면적 60㎡ 이하의 공동주택을 신축하고자 취득한 토지에

의 세액을 합산한 것을 말한다) 및 재산세의 세액이 다음 각 목의 어느 하나에 해당하는 경우 (2021. 12. 28. 개정)

가. 취득세 : 200만원 이하 (2014. 12. 31. 신설)

나. 재산세 : 50만원 이하(「지방세법」 제122조에 따른 세 부담의 상한을 적용하기 이전의 산출액을 말한다) (2014. 12. 31. 신설)

2. 제7조부터 제9조까지, 제13조 제3항, 제16조, 제17조, 제17조의 2, 제20조 제1호, 제29조, 제30조 제3항, 제33조 제2항, 제35조의 2, 제36조, 제36조의 5, 제41조 제1항부터 제6항까지, 제44조 제2항, 제50조, 제55조, 제57조의 2 제2항(2020년 12월 31일까지로 한정한다), 제62조, 제63조 제2항 · 제4항, 제66조, 제73조, 제74조의 2 제1항, 제76조 제2항, 제77조 제2항, 제82조, 제85조의 2 제1항 제4호 및 제92조에 따른 감면 (2023. 12. 29. 개정)

2. 제7조부터 제9조까지, 제13조 제3항 · 제4항, 제16조, 제17조, 제17조의 2, 제20조 제1항 제1호, 제29조, 제30조 제3항, 제33조 제2항, 제35조의 2, 제36조, 제36조의 3 제1항 제1호, 제36조의 5, 제41조 제1항부터 제6항까지, 제44조 제2항 · 제5항, 제50조, 제55조, 제57조의 2 제2항(2020년 12월 31일까지로 한정한다), 제62조, 제63조 제2항 · 제4항, 제66조, 제73조, 제74조의 2 제1항, 제76조 제2항 · 제3항, 제77조 제2항 · 제3항, 제82조, 제85조의 2 제1항 제4호 · 제5호 및 제92조에 따른 감면 (2024. 12. 31. 개정)

다수인 경우의 적용 기준】
합병에 따라 취득하는 재산이 부동산, 차량 등으로 다수인 경우 및 합병에 따라 취득하는 재산이 다수의 과세기관에 걸쳐있는 경우, 동일한 합병계약을 원인으로 하여 「지방세특례제한법」에 따라 취득세가 면제되었다면 최소납부세제는 그 합병을 원인으로 하여 면제된 취득세 총액을 기준으로 적용한다.

대하여는 「지방세특례제한법」 제31조 제1항 및 같은 법 제177조의 2 제1항에 따라 취득세의 100분의 85를 감면하는 것이 타당하고 다만, 취득세 면제대상은 공동주택을 건축하고자 취득하는 토지만을 말한다고 보는 것이 타당하다 할 것이므로 종전건축물에 대한 취득세는 면제 대상이 아님. (조심 2021지970, 2021. 6. 25.)

② 제4조에 따라 지방자치단체 감면조례로 취득세 또는 재산세를 면제하는 경우에도 제1항을 따른다. 다만, 「조세특례제한법」의 위임에 따른 감면은 그러하지 아니하다. (2017. 12. 26. 단서신설)
③ 제2항에도 불구하고 제1항의 적용 여부와 그 적용 시기는 해당 지방자치단체의 감면조례로 정할 수 있다. (2016. 12. 27. 신설)

제178조【감면된 취득세의 추징】

이동 제94조에서 이동(14. 1. 1.)

① 부동산에 대한 감면을 적용할 때 이 법에서 특별히 규정한 경우를 제외하고는 다음 각 호의 어느 하나에 해당하는 경우 그 해당 부분에 대해서는 감면된 취득세를 추징한다. (2020. 1. 15. 항번개정)

예판

【예규】 취득세를 감면 받은 이후 직접 사용기간이 2년 미만인 상태에서 매각한 경우에 있어, '정당한 사유'를 명문으로 두고 있지 않은 이상 그 사유를 불문하고 감면된 취득세는 추징대상이 된다고 할 것임. (지방세특례제도과-2391, 2020. 10. 8.)

1. 정당한 사유 없이 그 취득일부터 1년이 경과할 때까지 해당 용도로 직접 사용하지 아니하는 경우 (2014. 1. 1. 신설)
2. 해당 용도로 직접 사용한 기간이 2년 미만인 상태에서

예판

【조심판례】 「지방세특례제한법」 제180조의 2 제1항 본문 및 제3호에서 프로젝트금융투자회사가 취득하는 부동산에 대해 「지방세법」 제13조 제2항 본문 및 같은 조 제3항의 세율을 적용하지 아니한다고 규정하고 있으므로, 프로젝트금융투자회사가 취득하는 부동산에 대하여는 대도시 취득세 중과세율 규정뿐만 아니라 그 사후관리 규정도 적용되지 않음. (조심 2022지1472, 2023. 1. 9. 결정)

예판

【판례】 • 감면에 따른 추징규정 적용방법
- 추징처분은 일단 감면요건에 해당하면 그 세액을 감면한 후에 당초의 감면취지에 합당한 사용을 하느냐에 대한 사후관리의 측면에서 규정한 것으로서 본래의 부과처분과는 그 요건을 달리하는 별개의 처분이라 할 것이므로, 추징처분이 해당 법에서 규정한 추징요건을 갖추지 못하였다면 그 추징처분은 위법한 처분이 되는 것이고, 감면요건을 갖추지 못하여 본래의 부과처분을 할 사유가 있다고 하더라도 그와 같은 사정이 위법한 추징처분을 적법한 것으로 보아야 할 사유가 될 수는 없음. (대법 2010두4094, 2010. 6. 24.)
- 축조된 미완성 건물의 일부를 관할 행정청의 사용승인 없이 임시적·불법적으로 사용하고 있다고 보일 뿐이므로 이를 가리켜 목적사업에 사용한 것이라고 할 수 없고(대법 97누7936, 1997. 11. 14. ; 서울고법 2013누50137, 2014. 7. 2. : 대법확정)
- 비영리사업자가 고유사업에 사용하기 위해 부동산을 취득한 후 유예기간 내에 일시적으로 임대하였다가 본래의 목적으로

예판

【조심판례】 • 동일한 과세대상에 대하여 조세를 감면할 근거규정이 둘 이상 존재하는 경우에 어느 하나의 감면규정에 정한 감면요건이 충족되고 그 규정에 따른 감면에 대해서는 추징규정이 없거나 추징사유가 발생하지 아니하였다면 나머지 다른 감면규정에 부속된 추징사유가 발생하여 그 규정에 의한 추징처분은 가능하게 되었다고 하더라도 원래의 감면사유가 여전히 존재하는 이상 추징처분을 하는 것은 허용되지 아니함. (조심 2014지1186, 2014. 9. 23.)
• 매매계약을 합의해제하고 쟁점토지를 원소유자에게 반환하였다면, 청구법인이 쟁점토지를 영농에 직접 사용할 「지방세법」상의 의무는 소멸하였다 할 것

매각·증여하거나 다른 용도로 사용하는 경우 (2014. 1. 1. 신설)

② 이 법에 따라 부동산에 대한 취득세 감면을 받은 자가 제1항 또는 그 밖에 이 법의 각 규정에서 정하는 추징 사유에 해당하여 그 해당 부분에 대해서 감면된 세액을 납부하여야 하는 경우에는 대통령령으로 정하는 바에 따라 계산한 이자상당액을 가산하여 납부하여야 하며, 해당 세액은 「지방세법」 제20조에 따라 납부하여야 할 세액으로 본다. 다만, 파산 등 대통령령으로 정하는 부득이한 사유가 있는 경우에는 이자상당액을 가산하지 아니한다. (2020. 1. 15. 신설)

제179조 【토지에 대한 재산세의 경감율 적용】

이동 제95조에서 이동(14. 1. 1.)

이 법 또는 다른 법령에서 토지에 대한 재산세의 경감 규정을 둔 경우에는 경감대상 토지의 과세표준액에 해당 경감비율을 곱한 금액을 경감한다. (2014. 1. 1. 신설)

제180조 【중복 특례의 배제】 (2023. 3. 14. 제목개정) 동일한 과세대상의 동일한 세목에 대하여 둘 이상의 지방세 특례 규정이 적용되는 경우에는 그 중 감면되는 세액이 큰 것 하나만을 적용한다. 다만, 제66조 제1항, 제73조, 제74조의 2 제1항, 제92조 및 제92조의 2와 다른 지방

사용한 경우라도 당해 임대료 수입은 수익사업으로 볼 수 있어 추징대상에 해당함. (대법 2015두35888, 2015. 5. 14.)

제123조의 2 【감면된 취득세의 추징에 관한 이자상당액의 계산 등】 ① 법 제178조 제2항 본문에 따라 가산하여 납부해야 하는 이자상당액은 감면된 세액에 제1호의 기간과 제2호의 율을 곱하여 계산한 금액으로 한다. (2020. 1. 15. 신설)

1. 당초 감면받은 부동산에 대한 취득세 납부기한의 다음 날부터 추징사유가 발생한 날까지의 기간. 다만, 「지방세기본법」 제60조에 따라 환급·충당한 후 추징사유가 발생한 경우에는 같은 법 시행령 제43조 제1항 각 호에 따른 날부터 추징사유가 발생한 날까지의 기간으로 한다. (2021. 12. 31. 단서신설)
2. 「지방세기본법 시행령」 제34조 제1항에 따른 이자율 (2023. 12. 29. 개정)

② 법 제178조 제2항 단서에서 "파산 등 대통령령으로 정하는 부득이한 사유"란 다음 각 호의 어느 하나에 해당하는 사유를 말한다. (2020. 1. 15. 신설)

1. 파산선고를 받은 경우 (2020. 1. 15. 신설)
2. 천재지변이나 그 밖에 이에 준하는 불가피한 사유로 해당 부동산을 매각·증여하거나 다른 용도로 사용한 경우 (2020. 1. 15. 신설)

이고 이는 고유목적에 사용하지 못함에 정당한 사유가 있는 경우에 해당함. (조심 2015지1769, 2016. 4. 5.)

【예규】 인근주민의 민원제기와 관할관청의 건축심의 등에 따른 착공 지연은 법령에 의한 금지, 제한 또는 행정관청의 귀책사유 등 당해 법인으로서는 어쩔 수 없는 외부적으로 불가피한 '정당한 사유'로 보기는 어렵다고 사료됨. (지방세운영과-1077, 2013. 6. 17.)

편주

2024. 1. 1. 전에 부동산에 대한 취득세 감면을 받은 자가 2024. 1. 1. 이후 추징사유가 발생하여 이자상당액을 납부하는 경우 2024. 1. 1. 전일까지의 기간분에 대한 이자상당액 계산 이자율은 종전의 영 123조의 2 제1항 2호에 따르고, 2024. 1. 1. 이후 기간분에 대한 이자상당액 계산 이자율은 영 123조의 2 제1항 2호의 개정규정에 따름. (영 부칙(2023. 12. 29.) 3조)

세 특례 규정이 함께 적용되는 경우에는 해당 특례 규정을 모두 적용하되, 제66조 제1항, 제73조, 제74조의 2 제1항 및 제92조 간에 중복되는 경우에는 그 중 감면되는 세액이 큰 것 하나만을 적용한다. (2023. 12. 29. 단서개정) 이동 제96조에서 이동(14. 1. 1.)

제180조의 2【지방세 중과세율 적용 배제 특례】

① 다음 각 호의 어느 하나에 해당하는 부동산의 취득에 대해서는 「지방세법」에 따른 취득세를 과세할 때 2027년 12월 31일까지 같은 법 제13조 제2항 본문 및 같은 조 제3항의 세율을 적용하지 아니한다. (2024. 12. 31. 개정)

이동 舊 조특법 §120 ④에서 이동(14. 12. 31.)

1. 「부동산투자회사법」 제2조 제1호에 따른 부동산투자회사가 취득하는 부동산 (2018. 12. 24. 개정)
2. 「자본시장과 금융투자업에 관한 법률」 제229조 제2호에 따른 부동산집합투자기구의 집합투자재산으로 취득하는 부동산 (2018. 12. 24. 개정)
3. 「조세특례제한법」 제104조의 31 제1항에 해당하는 회사가 취득하는 부동산 (2021. 12. 28. 개정)

② 다음 각 호의 어느 하나에 해당하는 설립등기(설립 후 5년 이내에 자본 또는 출자액을 증가하는 경우를 포함한다)에 대해서는 「지방세법」에 따른 등록면허세를 과세할 때 2024년 12월 31일까지 같은 법 제28조 제2항·제3항의 세율을 적용하지 아니한다. (2021. 12. 28. 개정)

예판

【예규】 • 중첩되지 않는 토지에 대하여는 그 각각에 해당하는 감면규정을 적용하되 두 구역이 중첩되는 부분에 대해서는 둘 이상의 감면규정에 따른 감면율을 비교하여 그 중 감면율이 높은 것 하나만을 적용하여야 할 것임. (지방세특례제도과-846, 2023. 4. 14.)

• 부동산투자회사가 현물출자로 취득하는 재산에 대해 지방세특례제한법 제57조의 2 제3항 제3호의 규정에 따른 취득세 감면과 같은 법 제180조의 2 지방세 중과세율 적용 배제가 동시에 해당될 경우에는 같은 법 제180조에 따른 중복감면 배제 대상에 해당되므로 감면율이 높은 감면 규정을 적용함이 타당 (지방세특례제도과-249, 2020. 2. 6.)

Note 2024. 12. 31 개정 ☞ 제1항 기한 연장 : 24년→27년
☞ 감면 축소 : 기업구조조정투자회사 등록 중과배제 대상 삭제
2021. 12. 28. 개정 ☞ 제1항 기한 연장 : 21년→24년

예판

【예규】 프로젝트금융투자회사의 경우 「법인세법」에서 정하는 요건과 같이 회사의 자산을 특정사업에 운용하고 그 수익을 주주에게 배분하는 목적으로 설립된 명목회사에 해당하므로, 「지방세특례제한법」 제178조 제1항의 일반적 추징규정 적용 대상 아님. (지방세특례제도과-79, 2023. 9. 11.)

예판

【조심판례】 세액을 감소시키는 것은 넓은 의미에서 모두 감면에 해당하는 점, 지방세 감면과 중과세 배제는 납세자의 입장에서 사실상 이중혜택에 해당하는 점, 지방세 감면과 중과세 배제를 모두 적용하기 위해서는 같은 조항에 감면과 중과세 배제 내용을 각각 명시하는 것이 엄격해석원칙에 부합하는 점 등을 고려시 이 전 부동산의 취득에 대하여 쟁점 중과세율 배제규정과 쟁점 감면규정을 모두 적용하는 것은 「지방세특례제한법」 제180조에 따른 중복감면에 해당함. (조심 2021지5816, 2023. 3. 5. 결정)

【예규】 • 기업부설연구소와 산업단지 감면에 대한 추징요건이 다르게 규정되어 있는 반면 추징시에는 취득세 및 재산세를 동시에 추징하도록 되어 있는 점 등에서 볼 때 세목별로 감면율이 높은 감면규정을 적용할 수는 없다고 할 것임. (지방세특례제도과-910, 2020. 4. 24.)

• 기부채납에 의한 비과세의 경우 지방세법에서 별도로 규정하고 있어 지방세특례제한법상의 중복감면의 배제 규정 대상에 해당하지 않으므로, 사업지구 전체 토지 면적 중 기부채납 부분에 대하여는 우선적으로 비과세 규정을 적용한 후, 나머지 토지에 대하여는 감면율이

② 다음 각 호의 어느 하나에 해당하는 설립등기(설립 후 5년 이내에 자본 또는 출자액을 증가하는 경우를 포함한다)에 대해서는 「지방세법」에 따른 등록면허세를 과세할 때 2027년 12월 31일까지 같은 법 제28조 제2항·제3항의 세율을 적용하지 아니한다. (2024. 12. 31. 개정)

이동 舊 조특법 §119 ③에서 이동(14. 12. 31)

1. 「자본시장과 금융투자업에 관한 법률」 제9조 제18항 제2호, 같은 조 제19항 제1호 및 제249조의 13에 따른 투자회사, 기관전용 사모집합투자기구 및 투자목적회사 (2021. 4. 20. 개정 ; 자본시장과~부칙)

2. 「기업구조조정투자회사법」 제2조 제3호에 따른 기업구조조정투자회사 (2014. 12. 31. 신설)

2. 삭 제 (2024. 12. 31.)

3. 「부동산투자회사법」 제2조 제1호에 따른 부동산투자회사(같은 호 가목에 따른 자기관리 부동산투자회사는 제외한다) (2014. 12. 31. 신설)

4. 대통령령으로 정하는 특수 목적 법인 (2015. 8. 28. 개정 ; 임대주택법 부칙)

5. 「조세특례제한법」 제104조의 31 제1항에 해당하는 회사 (2021. 12. 28. 개정)

6. 「문화산업진흥 기본법」 제2조 제21호에 따른 문화산업전문회사 (2014. 12. 31. 신설)

7. 「선박투자회사법」 제3조에 따른 선박투자회사 (2014.

☞ Note 2021. 12. 28. 개정 ☞ 제2항 기한 연장 : 21년→24년

높은 하나의 조항만을 적용함이 타당함. (지방세특례제도과-1199, 2014. 8. 1.)

12. 31. 신설)

☞ ①·②·③ 의 舊 조특법은 법률 제12853호(2014. 12. 23.)로 개정되기 이전의 법을 말함.

제181조【지방세 특례의 사전·사후관리】 ① 행정안전부장관은 매년 2월 말일까지 지방세 특례 및 그 제한에 관한 기본계획을 수립하여 「지방재정법」 제27조의2에 따른 지방재정관리위원회 및 국무회의의 심의를 거쳐 중앙행정기관의 장에게 통보하여야 한다. (2023. 8. 16. 개정 ; 행정기관 소속~부칙)

② 중앙행정기관의 장은 그 소관 사무로서 지방세를 감면하려는 경우에는 감면이 필요한 사유, 세목 및 세율, 감면기간, 지방세 수입 증감 추계, 관련 사업계획서, 예산서 및 사업 수지 분석서, 감면액을 보충하기 위한 기존 지방세 감면에 대한 축소 또는 폐지방안 및 조세부담능력 등을 적은 지방세 감면건의서(이하 이 조에서 "지방세감면건의서"라 한다)를 매년 3월 31일(제7항에 해당하는 경우에는 2월 20일)까지 행정안전부장관에게 제출하여야 한다. (2018. 12. 24. 개정)

③ 대통령령으로 정하는 지방세 특례 사항에 대하여 중앙행정기관의 장은 지방세 감면으로 인한 효과 분석 및 지방세 감면제도의 존치 여부 등에 대한 의견서(이하 이 조에서 "지방세감면평가서"라 한다)를 매년 3월 31일(제6항 후단에 해당하는 경우에는 2월 20일)까지 행정안전

☞ **이동** 제97조에서 이동(14. 1. 1.)

☞ **Note** 2017. 12. 26. 개정 ☞ 제출기한 변경 : 4월 20일→3월 31일
(감면예상액이 100억원 이상인 신규 건의는 2월 20일)

제124조【지방세감면 의견서 제출】 (2014. 3. 14. 조번개정)

① 법 제97조 제3항에서 "대통령령으로 정하는 지방세 특례 사항"이란 다음 각 호의 어느 하나에 해당하는 사항을 말한다. (2015. 12. 31. 항번개정)

법	영	규칙
부장관에게 제출하여야 한다. (2017. 12. 26. 개정) ④ 중앙행정기관의 장은 조례에 따른 지방세 감면제도의 신설, 연장 또는 폐지 등을 요청하려는 경우에는 지방세감면건의서 또는 지방세감면평가서를 해당 지방자치단체의 장에게 제출하여야 한다. (2014. 1. 1. 신설) ⑤ 행정안전부장관은 제2항 및 제3항에 따라 제출받은 지방세감면건의서 및 지방세감면평가서에 대하여 각 지방자치단체의 의견을 들어야 한다. (2017. 7. 26. 직제개정 ; 정부조직법 부칙) ⑥ 행정안전부장관은 주요 지방세 특례에 대한 평가를 실시할 수 있다. 이 경우 해당 연도에 적용기한이 종료되는 사항으로서 대통령령으로 정하는 지방세 특례에 대해서는 예산의 범위 내에서 조세 관련 조사 · 연구기관에 의뢰하여 목표달성도, 경제적 효과, 지방재정에 미치는 영향 등에 대하여 평가할 수 있다. (2020. 12. 29. 후단개정)	1. 해당 과세연도에 기한이 종료되는 지방세 특례 사항 2. 시행 후 2년이 지나지 아니한 지방세 특례 사항 3. 범위를 확대하려는 지방세 특례 사항 4. 법 제97조 제2항에 따른 지방세의 감면과 관련되는 사업계획의 변경 등으로 재검토가 필요한 지방세 특례 사항 (2013. 1. 1. 개정) 5. 행정안전부장관이 다른 중앙행정기관의 장과 협의하여 고시하는 법인 및 단체의 변경 등으로 재검토가 필요한 지방세 특례 사항 (2017. 7. 26. 직제개정 ; 행정안전부와~직제 부칙) ② 법 제181조 제6항 후단에서 "대통령령으로 정하는 지방세 특례"란 다음 각 호의 어느 하나에 해당하는 경우를 말한다. (2018. 12. 31. 개정) 1. 해당 지방세 특례의 적용기한이 종료되는 날이 속하는 해의 직전 3년간(지방세 특례가 신설된 지 3년이 지나지 않은 경우에는 그 기간) 연평균 지방세 감면액이 100억원 이상인 경우 (2018. 12. 31. 개정) 2. 둘 이상의 감면 조문을 분야별로 일괄하여 평가할 필요가 있는 경우 (2018. 12. 31. 개정) 3. 지방세 감면액이 지속적으로 증가할 것으로 예상되어 객관적인 검증을 통해 지방세 지출의 효율화가 필요한 경우 (2018. 12. 31. 개정) 4. 그 밖에 행정안전부장관이 지방세 특례에 대한 평가가 필요하다고 인정하는 경우 (2018. 12. 31. 개정)	

⑦ 행정안전부장관은 예상 감면액이 대통령령으로 정하는 일정금액 이상인 지방세 특례를 신규로 도입하려는 경우에는 조세 관련 조사·연구기관에 의뢰하여 지방세 특례의 필요성 및 적시성, 기대효과, 지방재정에 미치는 영향 및 예상되는 문제점에 대한 타당성 평가를 실시하여야 한다. (2020. 12. 29. 개정)

⑧ 행정안전부장관은 지방세감면건의서, 지방세감면평가서 및 제6항과 제7항에 따른 평가와 관련하여 전문적인 조사·연구를 수행할 기관을 지정하고 그 운영 등에 필요한 경비를 출연할 수 있다. (2017. 12. 26. 개정)

⑨ 행정안전부장관은 지방세감면평가서 및 제6항과 제7항에 따른 평가와 관련하여 필요하다고 인정할 때에는 관계 행정기관의 장 등에게 의견 또는 자료의 제출을 요구할 수 있다. 이 경우 관계 행정기관의 장 등은 특별한 사유가 있는 경우를 제외하고는 이에 따라야 한다. (2017. 12. 26. 개정)

⑩ 제1항부터 제9항까지의 규정에 따른 지방세 특례 및 그 제한에 관한 기본계획 수립, 지방세감면건의서 및 지방세감면평가서의 제출, 지방자치단체의 의견 청취, 주요 지방세 특례의 범위, 조사·연구기관의 지정과 그 밖에 필요한 사항은 대통령령으로 정한다. (2017. 12. 26. 개정)

제182조 【지방자치단체의 감면율 자율 조정】

이동 제98조에서 이동(14. 1. 1.)

③ 법 제181조 제7항에서 "대통령령으로 정하는 일정 금액 이상인 지방세 특례를 신규로 도입하려는 경우"란 해당 특례안의 감면기간 동안 발생할 것으로 예상되는 지방세 감면 추계액이 100억원 이상인 경우(기존 지방세특례의 내용을 변경하는 경우에는 기존 지방세특례 금액에 추가되는 해당 특례안의 감면기간 동안 추가되는 예상 감면액이 100억원 이상인 경우를 말한다)를 말한다. 다만, 경제·사회적 상황에 대응하기 위하여 도입할 필요가 있는 경우로서 행정안전부장관이 인정하는 경우는 제외한다. (2017. 12. 29. 개정)

④ 법 제181조 제6항 후단 및 같은 조 제7항에서 조세 관련 조사·연구기관은 각각 다음 각 호의 어느 하나에 해당하는 기관으로 한다. (2020. 12. 31. 개정)

1. 「지방세기본법」 제151조에 따른 지방세연구원 (2020. 12. 31. 개정)
2. 그 밖에 지방세 특례의 타당성에 대한 평가 등과 관련하여 전문 인력과 조사·연구 능력 등을 갖춘 것으로 행정안전부장관이 정하여 고시하는 기관 (2020. 12. 31. 개정)

2의 2. 제2조 제4항 제3호 또는 제5호에 따른 법인 또는 단체 (2020. 1. 15. 개정)
2의 3. 제2조 제4항 제4호에 따른 학교 (2020. 1. 15. 개정)
3. 그 밖에 지방세 특례의 타당성에 대한 평가 등과 관련하여 전문 인력과 조사·연구 능력 등을 갖춘 것으로 행정안전

① 지방자치단체는 이 법에 따른 지방세 감면 중 지방세 감면 기한이 연장되는 경우에는 지방자치단체의 재정여건, 감면대상자의 조세부담능력 등을 고려하여 해당 조에 따른 지방세 감면율을 100분의 50의 범위에서 조례로 인하하여 조정할 수 있다. 이 경우 면제는 감면율 100분의 100에 해당하는 것으로 본다. (2014. 1. 1. 신설)

② 지방자치단체는 제1항에도 불구하고 사회적 취약계층 보호, 공익 목적, 그 밖에 전국적으로 동일한 지방세 감면이 필요한 경우 등으로서 대통령령으로 정하는 사항에 대해서는 지방세 감면율을 인하하여 조정할 수 없다. (2015. 12. 29. 개정)

제183조【감면신청 등】 이동 제99조에서 이동(14. 1. 1)

① 지방세의 감면을 받으려는 자는 대통령령으로 정하는 바에 따라 지방세 감면 신청을 하여야 한다. 다만, 지방자치단체의 장이 감면대상을 알 수 있을 때에는 직권으로 감면할 수 있다. (2014. 1. 1. 신설)

② 제1항에 따른 지방세 감면신청을 받은 지방자치단체의 장은 지방세의 감면을 신청한 자(위임을 받은 자를 포함한다)에게 행정안전부령으로 정하는 바에 따라 지방세 감면 관련 사항을 안내하여야 한다. (2020. 12. 29. 개정)

예판

【판례】 아울러 지방세법상 기한내(30일 이내) 감면신청 규정은

부장관이 정하여 고시하는 기관 (2017. 7. 26. 직제개정 ; 행정안전부와~직제 부칙)

2의 2.~3. 삭 제 (2020. 12. 31.)

⑤ 법 제181조 제6항 및 제7항에 따른 지방세 특례에 대한 평가의 세부 기준, 절차 및 그 밖에 필요한 사항은 행정안전부장관이 정한다. (2017. 12. 29. 개정)

제125조【지방자치단체의 감면율 조정 제외 대상】 (2014. 3. 14. 조번개정)

법 제182조 제2항에서 "대통령령으로 정하는 사항"이란 법 제6조, 제17조 및 제29조에 규정된 사항을 말한다. (2014. 3. 24. 개정)

제126조【감면 신청】 (2014. 3. 14. 조번개정)

① 법 제183조 제1항 본문에 따라 지방세의 감면을 신청하려는 자는 다음 각 호의 구분에 따른 시기에 행정안전부령으로 정하는 감면신청서에 감면받을 사유를 증명하는 서류를 첨부하여 납세지를 관할하는 지방자치단체의 장에게 제출해야 한다. (2020. 12. 31. 개정)

1. 납세의무자가 과세표준과 세액을 지방자치단체의 장에게 신고납부하는 지방세 : 해당 지방세의 과세표준과 세액을 신고하는 때. 다만, 「지방세기본법」 제50조 제1항 및 제2항에 따라 결정 또는 경정을 청구하는 경우에는 그 결정 또는 경정을 청구하는 때로 한다.

납세자로 하여금 과세표준 및 세액의 결정에 필요한 서류를 과세기관에 제출하도록 하는 협력의무에 불과한 것이지 기한내 감면신청이 없다고 하여 감면요건이 충족되어 당연히 감면대상인 것을 감면대상에서 배제한다는 것은 아님. (대법 2003두773, 2004. 11. 12.)

【예규】 • 담당공무원의 착오로 인한 감면결정 통지 후 감면대상이 아님을 알고 과소신고가산세 등을 포함하여 과세예고한 경우, 처분청의 감면결정 통지사실을 신뢰하여 납세의무를 불이행하게 된 것이라 보는 것이 타당하다고 할 것인 바 「지방세기본법」 제57조 제1항에서 규정하고 있는 가산세 감면의 정당한 사유에 해당함. (지방세특례제도과-2221, 2019. 6. 11.)

• 취득 이후 30일 이내 기업부설연구소로 사용하겠다는 감면신청이 없었다고 하더라도 이건 해당 토지 취득 후 4년 이내 기업부설연구소를 설립한 경우라면 감면대상이라고 사료됨. (지방세운영과-2335, 2010. 6. 3.)

(2020. 12. 31. 개정)

2. 제1호 외의 지방세 : 다음 각 목의 구분에 따른 시기로 한다. (2020. 12. 31. 개정)

가. 주민세 개인분, 재산세(「지방세법」 제112조에 따른 부과액을 포함한다) 및 소방분 지역자원시설세 : 과세기준일이 속하는 달의 말일까지 (2020. 12. 31. 개정)

나. 등록면허세(「지방세법」 제35조 제2항에 따라 보통징수의 방법으로 징수하는 경우로 한정한다), 같은 법 제125조 제1항에 따른 자동차세 및 특정자원분 지역자원시설세(같은 법 제147조 제1항 제1호 단서에 따라 보통징수의 방법으로 징수하는 경우로 한정한다) : 납기가 있는 달의 10일까지 (2020. 12. 31. 개정)

② 제1항에도 불구하고 자동차에 대한 취득세 및 등록면허세를 감면하려는 경우에는 해당 자동차의 사용본거지를 관할하지 않는 시장 · 군수 · 구청장도 제1항에 따른 업무를 처리할 수 있다. 이 경우 그 업무는 사용본거지를 관할하는 시장 · 군수 · 구청장이 처리한 것으로 본다. (2020. 12. 31. 개정)

③ 해당 자동차의 사용본거지를 관할하지 아니하는 시장 · 군수 · 구청장이 제2항에 따른 업무를 처리하였을 때에는 관련 서류 전부를 해당 자동차의 사용본거지를 관할하는 시장 · 군수 · 구청장에게 즉시 이송하여야 한다. (2016. 12. 30. 개정)

법	영	칙
제184조【감면자료의 제출】 이동 제99조의 2에서 이동(14. 1. 1) 지방세를 감면받은 자는 대통령령으로 정하는 바에 따라 관할 지방자치단체의 장에게 감면에 관한 자료를 제출하여야 한다. (2014. 1. 1. 신설)	**제127조【감면자료의 제출】**(2014. 3. 14. 조번개정) 법 제184조에 따라 지방세의 감면자료를 제출하여야 하는 자는 해당 연도 1월 1일부터 12월 31일까지의 기간 중에 감면대상 및 감면받은 세액 등을 확인할 수 있는 자료를 행정안전부령으로 정하는 바에 따라 다음 연도 1월 31일까지 과세물건 소재지를 관할하는 시장·군수·구청장에게 제출하여야 한다. (2017. 7. 26. 직제개정 ; 행정안전부와~직제 부칙)	**제10조【지방세 감면자료의 제출】** 영 제127조에 따라 지방세의 감면자료를 제출하려는 자는 세목별로 각각 별지 제7호 서식에 감면받은 세액 등을 확인할 수 있는 서류를 첨부하여 제출하여야 한다. (2014. 12. 31. 개정)

부　칙 (2024. 12. 31. 법률 제20632호)

제1조【시행일】 이 법은 2025년 1월 1일부터 시행한다.

제2조【지방세 감면에 관한 적용례】 제13조 제3항 · 제4항, 제19조 제1항, 제22조의 2 제2항, 제31조의 5 제1항 · 제2항, 제35조 제1항 · 제2항, 제36조의 3 제1항 · 제2항, 제38조 제4항, 제44조 제5항, 제57조의 5 제1항, 제64조 제2항, 제73조 제1항 제1호 다목 본문, 제75조의 5 제3항, 제76조 제2항 · 제3항, 제77조 제2항 · 제3항, 제80조의 2 제1항 각 호 외의 부분 및 제85조의 2 제1항 제4호 · 제5호의 개정규정은 이 법 시행 이후 납세의무가 성립하는 경우부터 적용한다.

제3조【감면 지방세 추징에 관한 적용례】 제20조 제2항, 제44조의 2 제3항 및 제71조 제1항 각 호 외의 부분 단서의 개정규정은 이 법 시행 이후 지방세를 감면받는 경우부터 적용한다.

제4조【공공임대주택 등에 대한 지방세 감면 · 추징에 관한 적용례 등】 ① 제31조 제1항 · 제2항 · 제4항, 같은 조 제6항 각 호 외의 부분 본문 및 제31조의 3 제1항 · 제2항 · 제4항의 개정규정은 이 법 시행 이후 납세의무가 성립하는 경우부터 적용한다.

② 이 법 시행 전에 감면받은 지방세의 추징에 관하여는 제31조 제3항 · 제5항 및 제31조의 3 제3항 · 제5항의 개정규정에도 불구하고 종전의 제31조 제3항 · 제5항 및

부　칙 (2024. 12. 31. 대통령령 제35178호)

제1조【시행일】 이 영은 2025년 1월 1일부터 시행한다.

제2조【한센인 및 한센인정착마을 지원을 위한 지방세 면제에 관한 적용례】 제8조의 2 및 별표 1의 개정규정은 이 영 시행 이후 납세의무가 성립하는 경우부터 적용한다.

제3조【영유아어린이집 등에 사용하는 부동산에 대한 재산세 면제에 관한 적용례】 제8조의 3 제2항 제4호의 개정규정은 이 영 시행 이후 납세의무가 성립하는 경우부터 적용한다.

제4조【화물운송용 선박 등에 대한 지방세 경감에 관한 적용례】 제30조 제1항 제1호 및 같은 항 제2호 가목의 개정규정은 이 영 시행 이후 납세의무가 성립하는 경우부터 적용한다.

부　칙 (2024. 12. 24. 대통령령 제35089호 ; 전북특별자치도 설치 및 글로벌생명경제도시 조성을 위한 특별법 시행령 부칙)

제1조【시행일】 이 영은 2024년 12월 27일부터 시행한다.

제2조～제5조 생　략

제6조【다른 법령의 개정】 ①～㉖ 생　략

㉗ 지방세특례제한법 시행령 일부를 다음과 같이 개정

부　칙 (2024. 12. 31. 행정안전부령 제540호)

이 규칙은 2025년 1월 1일부터 시행한다.

부　칙 (2024. 2. 29. 행정안전부령 제465호)

이 규칙은 공포한 날부터 시행한다.

부　칙 (2023. 3. 14. 행정안전부령 제384호)

이 규칙은 공포한 날부터 시행한다.

부　칙 (2021. 12. 31. 행정안전부령 제302호)

이 규칙은 2022년 1월 1일부터 시행한다. 다만, 제7조 제2항 제1호 및 제8조 제3항 제1호의 개정규정은 2023년 1월 1일부터 시행한다.

부　칙 (2021. 4. 20. 행정안전부령 제248호)

이 규칙은 공포한 날부터 시행한다.

부　칙 (2020. 12. 31. 행정안전부령 제225호)

제31조의 3 제2항에 따른다.
③ 2020년 7월 11일 전에 「민간임대주택에 관한 특별법」(법률 제17482호로 개정되기 전의 것을 말한다) 제5조에 따른 임대사업자등록 신청(임대할 주택을 추가하기 위하여 등록사항의 변경 신고를 한 경우를 포함한다)을 한 단기민간임대주택(종전의 제31조 제4항에 따른 임대용 공동주택 또는 오피스텔로 한정한다. 이하 이 조에서 "단기민간임대주택"이라 한다)의 재산세 감면에 관하여는 제31조 및 제31조의 3의 개정규정에도 불구하고 종전의 제31조 제4항에 따른다. 이 경우 재산세의 감면기간은 종전의 제31조 제4항에도 불구하고 해당 단기민간임대주택의 임대기간 종료일까지로 한다.
④ 제3항 및 종전의 제31조 제4항에 따라 감면받은 단기민간임대주택에 대한 재산세의 추징에 관하여는 제31조 및 제31조의 3의 개정규정에도 불구하고 종전의 제31조 제5항에 따른다.

제5조【소형주택 공급 확대를 위한 취득세 감면·추징에 관한 적용례】 제33조의 2의 개정규정은 2024년 1월 10일 이후 주택을 취득하는 경우부터 적용한다.

제6조【지방 소재 준공 후 미분양 아파트에 대한 취득세 감면·추징에 관한 적용례】 제33조의 3의 개정규정은 2024년 1월 10일 이후 아파트를 취득하는 경우부터 적용한다.

제7조【내진성능 확보 건축물 등에 대한 지방세 감면

한다.
별표의 시·도란 및 전라북도의 소재지(일원)란 중 "전라북도"를 각각 "전북특별자치도"로 한다.
㉘~㉞ 생 략

부 칙 (2024. 12. 10. 대통령령 제35053호 ; 무역조정지원 등에 관한 법률 시행령 부칙)

제1조【시행일】 이 영은 2025년 1월 1일부터 시행한다.

제2조 생 략

제3조【다른 법령의 개정】 ①~③ 생 략
④ 지방세특례제한법 시행령 일부를 다음과 같이 개정한다.
제74조의 제목 중 "무역조정지원기업"을 "통상변화대응지원기업"으로 한다.
⑤ 생 략

부 칙 (2024. 9. 10. 대통령령 제34881호 ; 근현대문화유산의 보존 및 활용에 관한 법률 시행령 부칙)

제1조【시행일】 이 영은 2024년 9월 15일부터 시행한다.

제2조【다른 법령의 개정】 ①~⑲ 생 략
⑳ 지방세특례제한법 시행령 일부를 다음과 같이 개정한다.

이 규칙은 2021년 1월 1일부터 시행한다.

부 칙 (2020. 1. 15. 행정안전부령 제157호)

이 규칙은 공포한 날부터 시행한다.

부 칙 (2018. 12. 31. 행정안전부령 제95호)

이 규칙은 2019년 1월 1일부터 시행한다.

부 칙 (2017. 12. 29. 행정안전부령 제28호)

이 규칙은 2018년 1월 1일부터 시행한다.

부 칙 (2017. 7. 26. 행정안전부령 제1호 ; 행정안전부와 그 소속기관 직제 시행규칙 부칙)

제1조【시행일】 이 규칙은 공포한 날부터 시행한다.

제2조~제7조 생 략

제8조【다른 법령의 개정】 ①~㉗ 생 략
㉘ 지방세특례제한법 시행규칙 일부를 다음과 같이 개정한다.
제2조의 2 제3항 전단 중 "행정자치

·추징에 관한 적용례 등】 ① 제47조의 4 제1항 및 제3항의 개정규정은 이 법 시행 이후 건축물을 취득하는 경우부터 적용한다.

② 종전의 제47조의 4 제1항에 따라 취득세가 감면된 건축물로서 이 법 시행 당시 그 건축물 취득 후 재산세의 납세의무가 최초로 성립하는 날부터 5년이 지나지 아니한 건축물에 대한 재산세의 감면에 대해서는 제47조의 4 제1항의 개정규정에도 불구하고 종전의 규정에 따른다.

③ 제47조의 4 제4항의 개정규정은 이 법 시행 이후 취득세를 감면받는 경우부터 적용한다.

제8조【기업합병·분할 등에 대한 취득세 감면·추징에 관한 적용례 등】 ① 제57조의 2 제1항 본문, 같은 조 제3항 각 호 외의 부분 본문 및 같은 조 제4항 본문의 개정규정은 이 법 시행 이후 사업용 재산 또는 사업용 고정자산을 취득하는 경우부터 적용한다.

② 이 법 시행 전에 감면받은 취득세의 추징에 관하여는 제57조의 2 제1항 단서의 개정규정에도 불구하고 종전의 규정에 따른다.

③ 이 법 시행 전에 합병계약 또는 분할계획에 대한 주주총회·사원총회의 승인결의나 총사원의 동의가 있었던 경우로서 이 법 시행 이후 해당 합병 또는 분할에 따라 사업용 재산을 2027년 12월 31일까지 취득하는 경우 그 사업용 재산에 대한 취득세의 감면·추징에 관하여는 제57조의 2 제1항 및 같은 조 제3항 제2호의 개정규제16조 제2항 제3호 중 "지정문화유산·국가등록문화유산"을 "지정문화유산, 「근현대문화유산의 보존 및 활용에 관한 법률」에 따른 국가등록문화유산"으로 한다.

㉑·㉒ 생　략

제3조 생　략

부　칙 (2024. 7. 2. 대통령령 제34657호 ; 벤처기업육성에 관한 특별조치법 시행령 부칙)

제1조【시행일】 이 영은 2024년 7월 10일부터 시행한다. (단서 생략)

제2조【다른 법령의 개정】 ①~㊷ 생　략

㊸ 지방세특례제한법 시행령 일부를 다음과 같이 개정한다.

제28조의 2 제2항 제1호, 제29조 제1항 제1호·제5호 및 제29조의 2 제4항 제1호·제2호 중 "「벤처기업육성에 관한 특별조치법」"을 각각 "「벤처기업육성에 관한 특별법」"으로 한다.

㊹~㊺ 생　략

제3조 생　략

부　칙 (2024. 6. 4. 대통령령 제34550호 ; 강원특별자치도 설치 및 미래산업글로벌도시 조성을 위한 특별법 시행령 부칙)

제1조【시행일】 이 영은 2024년 6월 8일부터 시행한다.

제2조의 3 계산식 외의 부분 및 제4조 중 "행정자치부령"을 각각 "행정안전부령"으로 한다.

㉙~㊿ 생　략

부　칙 (2016. 12. 30. 행정자치부령 제101호)

이 규칙은 2017년 1월 1일부터 시행한다.

부　칙 (2015. 12. 31. 행정자치부령 제57호)

이 규칙은 2016년 1월 1일부터 시행한다.

부　칙 (2014. 12. 31. 행정자치부령 제15호)

이 규칙은 2015년 1월 1일부터 시행한다.

부　칙 (2014. 12. 31. 행정자치부령 제12호)

이 규칙은 공포한 날부터 시행한다.

부　칙 (2014. 11. 19. 행정자치부령 제1호 ; 행정자치부와 그 소속기관 직제 시행규칙 부칙)

제1조【시행일】 이 규칙은 공포한

정에도 불구하고 종전의 규정에 따른다.

제9조【귀농인의 농지 취득 등에 대한 취득세 추징에 관한 경과조치】 이 법 시행 전에 감면받은 취득세의 추징에 관하여는 제6조 제4항 제2호의 개정규정에도 불구하고 종전의 규정에 따른다.

제10조【해운항만 등 지원을 위한 과세특례에 관한 경과조치】 이 법 시행 전에 제64조 제3항에 따른 선박에 대하여 매매 계약을 체결한 경우에는 그 계약을 체결한 당사자의 해당 선박의 취득에 대하여 종전의 규정에 따른다. 다만, 해당 계약이 계약금을 지급한 사실 등이 증빙서류에 의하여 확인되는 경우에 한정한다.

제11조【시장정비사업에 대한 지방세 감면·추징에 관한 경과조치】 이 법 시행 전에 「전통시장 및 상점가 육성을 위한 특별법」 제39조 제1항에 따른 사업시행인가를 받은 경우에 대한 지방세의 감면·추징에 관하여는 제83조의 개정규정에도 불구하고 종전의 규정에 따른다.

부 칙 (2024. 12. 31. 법률 제20617호 ; 조세특례제한법 부칙)

제1조【시행일】 이 법은 2025년 1월 1일부터 시행한다. (단서 생략)

제2조~제30조 생 략

제31조【다른 법률의 개정】 지방세특례제한법 일부

제2조 생 략

제3조·제4조 생 략

제5조【다른 법령의 개정】 ①~㉜ 생 략

㉝ 지방세특례제한법 시행령 일부를 다음과 같이 개정한다.

별표 중 강원도란을 삭제하고, 같은 표의 경기도란 다음에 강원특별자치도란을 다음과 같이 신설한다.

강원특별자치도 대명마을	강원특별자치도 원주시 호저면 하만종 3길 23

㉞~㊹ 생 략

부 칙 (2024. 5. 7. 대통령령 제34488호 ; 문화재보호법 시행령 부칙)

제1조【시행일】 이 영은 2024년 5월 17일부터 시행한다.

제2조·제3조 생 략

제4조【다른 법령의 개정】 ①~㊹ 생 략

㊺ 지방세특례제한법 시행령 일부를 다음과 같이 개정한다.

제16조 제2항 제3호를 다음과 같이 한다.

3. 「문화유산의 보존 및 활용에 관한 법률」에 따른 지정문화유산·국가등록문화유산 또는 「자연유산의 보존 및 활용에 관한 법률」에 따른 천연기념물등

날부터 시행한다. 다만, 부칙 제6조에 따라 개정되는 시행규칙 중 이 규칙 시행 전에 공포되었으나 시행일이 도래하지 아니한 시행규칙을 개정한 부분은 각각 해당 시행규칙의 시행일부터 시행한다.

제2조~제5조 생 략

제6조【다른 법령의 개정】 ①~㉕ 생 략

㉖ 지방세법 시행규칙 일부를 다음과 같이 개정한다.

제3조, 제4조의 2, 제5조, 제6조 각 호 외의 부분 본문, 제11조의 2 제1항 각 호 외의 부분, 제20조, 제23조 각 호 외의 부분, 제28조 각 호 외의 부분, 제36조 각 호 외의 부분, 제39조, 제50조, 제51조 각 호 외의 부분, 제53조, 제55조 전단, 제59조 제3항, 제60조 제1항 각 호 외의 부분 및 제74조 각 호 외의 부분 중 "안전행정부령"을 각각 "행정자치부령"으로 한다.

제34조 제1항부터 제3항까지 및 제72조 제1항 중 "안전행정부장관"을 각각 "행정자치부장관"으로 한다.

별표 1 제31호의 범위란 중 "안전행정부장관"을 "행정자치부장관"으로 한다.

㉗~㊷ 생 략

를 다음과 같이 개정한다.

제46조 제3항 중 "「조세특례제한법」 제10조 제1항 제1호 가목 2)"를 "「조세특례제한법」 제10조 제1항 제3호 가목"으로 한다.

제57조의 2 제5항 제7호 단서 중 "경우(같은 조 제3항에 해당하는 경우는 제외한다)"를 "경우"로 한다.

부 칙 (2024. 9. 10. 법률 제20429호 ; 전세사기피해자 지원 및 주거안정에 관한 특별법 부칙)

제1조【시행일】 이 법은 공포한 날부터 시행한다. (단서 생략)

제2조~제5조 생 략

제6조【다른 법률의 개정】 지방세특례제한법 일부를 다음과 같이 개정한다.

제36조의 4 제4항 중 "제25조 제3항"을 "제25조 제4항"으로 한다.

부 칙 (2024. 2. 27. 법률 제20357호 ; 관광진흥법 부칙)

제1조【시행일】 이 법은 공포 후 1년 6개월이 경과한 날부터 시행한다. (단서 생략)

제2조 생 략

제3조【다른 법률의 개정】 ①~⑫ 생 략

⑬ 지방세특례제한법 일부를 다음과 같이 개정한다.

제58조의 3 제4항 제11호 중 "유원시설업"을 "테마파

㊻~㊼ 생 략

제5조 생 략

부 칙 (2024. 3. 26. 대통령령 제34356호 ; 농산물의 생산자를 위한 직접지불제도 시행규정 부칙)

제1조【시행일】 이 영은 공포한 날부터 시행한다.

제2조 · 제3조 생 략

제4조【다른 법령의 개정】 ① · ② 생 략

③ 지방세특례제한법 시행령 일부를 다음과 같이 개정한다.

제82조 제2항 중 "경영이양보조금"을 "농지이양은퇴보조금"으로 한다.

부 칙 (2023. 12. 29. 대통령령 제34079호)

제1조【시행일】 이 영은 2024년 1월 1일부터 시행한다.

제2조【지방세 감면의 신설 등을 위한 관련 전문기관 등에의 분석 · 평가 의뢰 기준 변경에 따른 경과조치】 이 영 시행 전에 법 제4조 제3항 후단에 따라 지방세 감면의 신설 · 연장 · 변경에 관한 분석 · 평가를 의뢰한 경우에는 제2조 제3항의 개정규정에도 불구하고 종전의 규정에 따라 분석 · 평가한 후 지방세심의위원회의 심의자료로 활용해야 한다.

제3조【감면 취득세 추징을 위한 이자상당액 계산 이자율 변경에 따른 경과조치】 이 영 시행 전에 부동산에 대한 취득세 감면을 받은 자가 이 영 시행 이후 추징사유가 발생하여 이자상당액을 납부하는 경우 이 영 시행일 전일까지의 기간분에 대한 이자상당액 계산 이자율은 종전의 제123조의 2 제1항 제2

부 칙 (2013. 3. 23. 안전행정부령 제1호 ; 안전행정부와 그 소속기관 직제 시행규칙 부칙)

제1조【시행일】 이 규칙은 공포한 날부터 시행한다.

제2조~제4조 생 략

제5조【다른 법령의 개정】 ①~㉞ 생 략

㉟ 지방세특례제한법 시행규칙 일부를 다음과 같이 개정한다.

제4조 중 "행정안전부령"을 "안전행정부령"으로 한다.

㊱~㊿ 생 략

부 칙 (2011. 12. 31. 행정안전부령 제273호)

이 규칙은 2012년 1월 1일부터 시행한다.

부 칙 (2010. 12. 23. 행정안전부령 제178호)

제1조【시행일】 이 규칙은 2011년 1월 1일부터 시행한다.

제2조【일반적 경과조치】 이 규칙 시행 전에 종전의 「지방세법 시행규칙」에 따라 부과 또는 감면하였거나 부과 또는 감면하여야 할 지방세에 대해서는 종전의 「지방세법 시행규칙」에 따른다.

크업"으로 한다.

⑭ · ⑮ 생 략

부 칙 (2024. 2. 20. 법률 제20337호 ; 녹색건축물 조성 지원법 부칙)

제1조 【시행일】 이 법은 2025년 1월 1일부터 시행한다.

제2조 생 략

제3조 【다른 법률의 개정】 ① 생 략

② 지방세특례제한법 일부를 다음과 같이 개정한다.

제47조의 2 제1항 제2호를 삭제하고, 같은 조 제4항 제3호 중 "녹색건축의 인증, 에너지효율등급 인증 또는 제로에너지건축물 인증이 취소된 경우"를 "녹색건축의 인증 또는 제로에너지건축물 인증이 취소된 경우"로 한다.

부 칙 (2024. 2. 20. 법률 제20320호 ; 무역조정 지원 등에 관한 법률 부칙)

제1조 【시행일】 이 법은 2025년 1월 1일부터 시행한다.

제2조~제5조 생 략

제6조 【다른 법률의 개정】 ① 생 략

② 지방세특례제한법 일부를 다음과 같이 개정한다.

제121조의 제목 중 "무역조정지원기업"을 "통상변화대응지원기업"으로 하고, 같은 조 제1항 본문 중 "「무역조정 지원 등에 관한 법률」"을 "「통상환경변화 대응 및 지원 등에 관한 법률」"로, "무역조정지원기업"을 각각 호에 따르고, 이 영 시행일 이후 기간분에 대한 이자상당액 계산 이자율은 제123조의 2 제1항 제2호의 개정규정에 따른다.

부 칙 (2023. 5. 16. 대통령령 제33470호)

제1조 【시행일】 이 영은 공포한 날부터 시행한다.

제2조 【생애최초 주택 구입에 대한 취득세 감면의 추징 예외에 관한 적용례】 제17조의 3 제3호의 개정규정은 이 영 시행 이후 생애최초로 주택을 취득하는 경우부터 적용한다.

부 칙 (2023. 3. 14. 대통령령 제33324호)

제1조 【시행일】 이 영은 공포한 날부터 시행한다.

제2조 【다른 법령의 개정】 농어촌특별세법 시행령 일부를 다음과 같이 개정한다.

제4조 제7항 제5호 중 "제22조 제1항 · 제5항 · 제6항"을 "제22조 제1항 · 제4항 · 제7항 · 제8항"으로 한다.

부 칙 (2022. 12. 6. 대통령령 제33023호 ; 도서관법 시행령 부칙)

제1조 【시행일】 이 영은 2022년 12월 8일부터 시행한다.

제2조~제4조 생 략

제5조 【다른 법령의 개정】 ①~㉑ 생 략

㉒ 지방세특례제한법 시행령 일부를 다음과 같이 개정한다.

제21조의 2 제2항 제1호를 다음과 같이 한다.

1. 「도서관법」 제36조에 따라 등록된 공공도서관[2024년 12월 31일까지는 종전의 「도서관법」(법률 제18547호로 개정되기 전의 것을 말한다) 제40조에 따라 등록된 전문도서관을 포함한다]

㉓~㉕ 생 략

제3조 【다른 법령과의 관계】 이 규칙 시행 당시 다른 법령에서 종전의 「지방세법 시행규칙」 또는 그 규정을 인용하고 있는 경우 이 규칙에 그에 해당하는 규정이 있으면 종전의 「지방세법 시행규칙」 또는 그 규정을 갈음하여 이 규칙 또는 이 규칙의 해당 규정을 인용한 것으로 본다.

"통상변화대응지원기업"으로 한다.

제122조의 제목 및 같은 조 제1항 각 호 외의 부분 중 "무역조정지원기업"을 각각 "통상변화대응지원기업"으로 한다.

부 칙 (2024. 1. 9. 법률 제19990호 ; 벤처기업육성에 관한 특별조치법 부칙)

제1조【시행일】 이 법은 공포 후 6개월이 경과한 날부터 시행한다.

제2조【다른 법률의 개정】 ①~㉟ 생 략

㊱ 지방세특례제한법 일부를 다음과 같이 개정한다.

제58조 제1항 본문·단서, 같은 조 제2항, 같은 조 제3항 각 호 외의 부분 본문, 같은 조 제4항 각 호 외의 부분, 같은 항 제1호, 제58조의 3 제2항 각 호 외의 부분, 같은 조 제3항 제2호, 제100조 제2항 각 호 외의 부분 본문 및 같은 항 제2호 중 "벤처기업육성에 관한 특별조치법"을 각각 "벤처기업육성에 관한 특별법"으로 한다.

제3조 생 략

부 칙 (2023. 12. 29. 법률 제19862호)

제1조【시행일】 이 법은 2024년 1월 1일부터 시행한다.

제2조【일반적 적용례】 이 법은 이 법 시행 이후 납세의무가 성립하는 경우부터 적용한다.

제3조【지방세 감면규모 초과에 따른 지방세 감면에 관한 적용례】 제4조 제7항 본문의 개정규정은 2023년 회계연도에 감면된 지방세액이 지방세 감면규모를 초과한 경우부터 적용한다.

제4조【직장어린이집의 감면 취득세 추징에 관한 적용례】

제6조 생 략

부 칙 (2022. 1. 25. 대통령령 제32370호 ; 지역중소기업 육성 및 혁신촉진 등에 관한 법률 시행령 부칙)

제1조【시행일】 이 영은 2022년 1월 28일부터 시행한다.

제2조 생 략

제3조【다른 법령의 개정】 ①~④ 생 략

⑤ 지방세특례제한법 시행령 일부를 다음과 같이 개정한다.

제29조의 4 중 "「중소기업진흥에 관한 법률 시행령」 제54조의 31에 따른 지방중소기업 종합지원센터"를 "「지역중소기업 육성 및 혁신촉진에 관한 법률 시행령」 제20조에 따른 지역중소기업 종합지원센터"로 한다.

⑥·⑦ 생 략

제4조 생 략

부 칙 (2021. 12. 31. 대통령령 제32292호)

제1조【시행일】 이 영은 2022년 1월 1일부터 시행한다. 다만, 제34조 제1항 및 제35조 제2항의 개정규정은 2023년 1월 1일부터 시행한다.

제2조【일반적 적용례】 이 영은 이 영 시행 이후 납세의무가 성립하는 분부터 적용한다.

제3조【감면된 취득세의 추징에 관한 이자상당액의 계산에 관한 적용례】 제123조의 2 제1항 제1호 단서의 개정규정은 이 영 시행 이후 「지방세기본법」 제60조에 따라 환급·충당하는 경우부터 적용한다.

부 칙 (2021. 10. 19. 대통령령 제32063호 ; 연구산업진흥법 시행령 부칙)

운영예규 부 칙 (2022. 10. 25. 행정안전부예규 제223호)

제1조【시행일】 이 예규는 2022년 10월 31일부터 시행한다.

제2조【전통사찰보존지 및 향교재산 중 임대농지의 수익사업 판단에 관한 적용례】 법106…시행령102-4의 개정규정은 2022년도에 납세의무가 성립한 재산세 분부터 적용한다.

제3조【재검토기한】 행정안전부장관은 「훈령·예규 등의 발령 및 관리에 관한 규정」에 따라 이 예규에 대하여 2019년 7월 1일 기준으로 매 3년이 되는 시점(매 3년째의 6월 30일까지를 말한다)마다 그 타당성을 검토하여 개선 등의 조치를 하여야 한다.

부 칙 (2019. 5. 31. ; 행정안전부예규 제74호)

제1조【시행일】 이 예규는 2019년 6월 1일부터 시행한다.

제2조【재검토기한】 행정안전부장관은 「훈령·예규 등의 발령 및 관리에 관한 규정」에 따라 이 예규에 대하여 2019년 7월 1일 기준으로 매 3년이 되는 시점(매 3년째의 6월 30일까지를 말한다)마다 그 타당성을 검토하여 개선 등의 조치를 하여야 한다.

제19조 제3항 제2호의 개정규정은 이 법 시행 이후 직장어린이집의 위탁 운영을 위하여 취득하는 부동산에 대하여 그 취득세를 감면받는 경우부터 적용한다.

제5조【출산·양육을 위한 주택의 취득세 감면에 관한 적용례】① 제36조의 5 제1항의 개정규정은 이 법 시행 이후 자녀를 출산한 경우로서 해당 자녀의 부모가 1주택을 취득하는 경우부터 적용한다.

② 제1항에도 불구하고 제36조의 5 제1항의 개정규정 중 자녀의 출산일 전 1년 이내에 주택을 취득한 부분에 대한 개정규정은 이 법 시행 이후 취득하는 1주택의 경우부터 적용한다.

제6조【신기술창업집적지역의 산업용 건축물 등에 대한 재산세 경감에 관한 적용례】제58조 제3항 각 호 외의 부분 본문의 개정규정(재산세 경감에 관한 사항만 해당한다)은 이 법 시행 전에 수도권 외의 지역에서 종전의 제58조 제3항에 따른 부동산을 취득한 경우로서 이 법 시행 당시 재산세 납세의무가 최초로 성립한 날부터 3년이 경과하지 아니한 재산세 분에 대해서도 적용한다. 이 경우 해당 부동산에 대한 재산세 경감기간은 이 법 시행 당시 재산세 납세의무가 최초로 성립한 날부터 3년이 지나지 아니한 잔여기간으로 한다.

제7조【지원대상 국내복귀기업의 감면에 관한 적용례】제79조의 2 제1항 및 제2항의 개정규정은 이 법 시행 이후 지원대상 국내복귀기업을 선정하는 경우부터 적용한다.

제8조【재난으로 인한 사망자 및 그 유족의 지방세 면제에 관한 적용례】제92조 제4항의 개정규정은 이 법 시행 이후 「재난 및 안전관리 기본법」 제60조에 따라 특별재난지역을 선포하는 경우부터 적용한다.

제9조【종전 어업법인의 감면에 관한 특례】종전의 제12조 제1항에 따른 어업법인(제12조 제1항 각 호 외의 부분의 개

제1조【시행일】이 영은 2021년 10월 21일부터 시행한다.

제2조【다른 법령의 개정】①~⑨ 생 략

⑩ 지방세특례제한법 시행령 일부를 다음과 같이 개정한다.

제23조 제2항 제1호 중 "「국가과학기술 경쟁력 강화를 위한 이공계지원특별법」 제2조 제4호에 따른 연구개발서비스업"을 "「연구산업진흥법」 제2조 제1호 가목 또는 나목의 산업"으로 한다.

⑪~⑭ 생 략

제3조 생 략

부 칙 (2021. 4. 6. 대통령령 제31614호 ; 5·18민주유공자예우에 관한 법률 시행령 부칙)

제1조【시행일】이 영은 2021년 4월 6일부터 시행한다.

제2조【다른 법령의 개정】①~㉜ 생 략

㉝ 지방세특례제한법 시행령 일부를 다음과 같이 개정한다.

제12조의 2 제1항 제1호 중 "「5·18민주유공자예우에 관한 법률」"을 "「5·18민주유공자예우 및 단체설립에 관한 법률」"로 한다.

㉞~㊱ 생 략

제3조 생 략

부 칙 (2021. 2. 17. 대통령령 제31445호 ; 부가가치세법 시행령 부칙)

제1조【시행일】이 영은 공포한 날부터 시행한다. (단서 생략)

제2조~제20조 생 략

제21조【다른 법령의 개정】①~⑦ 생 략

⑧ 지방세특례제한법 시행령 일부를 다음과 같이 개정한다.

정규정에 따른 어업법인은 제외한다)이 영어·유통·가공에 직접 사용하기 위하여 취득하는 부동산과 과세기준일 현재 해당 용도에 직접 사용하는 부동산에 대해서는 제12조 제1항의 개정규정에도 불구하고 취득세 및 재산세의 100분의 50을 각각 2024년 12월 31일까지 경감한다. 이 경우 경감된 취득세의 추징에 관하여는 제12조 제3항을 적용한다.

제10조【한국자산관리공사에 자산을 매각한 중소기업의 취득세 면제에 관한 특례】 이 법 시행 전에 한국자산관리공사에 자산을 매각한 중소기업이 이 법 시행 이후 한국자산관리공사로부터 그 자산을 취득하는 경우의 취득세 면제에 관하여는 2026년 12월 31일까지 제57조의 3 제4항 본문의 개정규정에 따라 면제한다.

제11조【자경농민 등에 대한 경감 취득세의 추징에 관한 경과조치】 이 법 시행 전에 자경농민 및 귀농인이 경감받은 취득세의 추징에 관하여는 제6조 제1항 제2호, 같은 조 제4항 제3호 및 제4호의 개정규정에도 불구하고 종전의 규정에 따른다.

제12조【반환공여구역 등에서의 창업 등에 따른 감면 취득세 추징에 관한 경과조치】 이 법 시행 전에 반환공여구역 및 반환공여구역주변지역에서의 창업 또는 사업장을 신설함에 따라 감면받은 부동산 취득세의 추징에 관하여는 제75조의 4 제1항 각 호 외의 부분 단서 및 같은 항 각 호의 개정규정에도 불구하고 종전의 제75조의 4 제1항 단서에 따른다.

부 칙 (2023. 9. 14. 법률 제19702호 ; 근현대문화유산의 보존 및 활용에 관한 법률 부칙)

제1조【시행일】 이 법은 공포 후 1년이 경과한 날부터 시행한다.

제2조～제7조 생 략

제38조의 4 제1항 제2호 중 "「부가가치세법」 제8조 제6항 및 제7항"을 "「부가가치세법」 제8조 제8항 및 제9항"으로 한다.

⑨～⑩ 생 략

부 칙 (2021. 1. 5. 대통령령 제31380호 ; 어려운 법령용어 정비를 위한 473개 법령의 일부개정에 관한 대통령령)

이 영은 공포한 날부터 시행한다. (단서 생략)

부 칙 (2020. 12. 31. 대통령령 제31344호)

제1조【시행일】 이 영은 2021년 1월 1일부터 시행한다.

제2조【일반적 적용례】 이 영은 이 영 시행 이후 납세의무가 성립하는 분부터 적용한다.

제3조【친환경건축물 등의 감면에 관한 경과조치】 ① 이 영 시행 전에 「녹색건축물 조성 지원법」 제16조에 따른 녹색건축 인증 및 같은 법 제17조에 따른 건축물 에너지효율등급 인증을 받은 건축물을 이 영 시행 이후에 취득하는 경우에는 제24조 제1항 및 제3항의 개정규정에도 불구하고 종전의 규정에 따른다.

② 이 영 시행 전에 총에너지 절감율 또는 총이산화탄소 저감율이 55퍼센트 이상임을 「주택법」 제49조에 따른 사용검사권자로부터 확인받은 건축물을 이 영 시행 이후에 취득하는 경우에는 제24조 제5항의 개정규정에도 불구하고 종전의 규정에 따른다.

부 칙 (2020. 8. 26. 대통령령 제30977호 ; 양식산업발전법 시행령 부칙)

제1조【시행일】 이 영은 2020년 8월 28일부터 시행한다.

제2조·제3조 생 략

제8조【다른 법률의 개정】①~⑨ 생 략
⑩ 법률 제19590호 지방세특례제한법 일부개정법률 일부를 다음과 같이 개정한다.
제55조 제2항 각 호 외의 부분 및 같은 항 제2호를 각각 다음과 같이 한다.
「문화유산의 보존 및 활용에 관한 법률」 및 「근현대문화유산의 보존 및 활용에 관한 법률」에 따른 문화유산, 「자연유산의 보존 및 활용에 관한 법률」에 따른 자연유산에 대해서는 다음 각 호에 따라 재산세를 감면한다.
2. 「근현대문화유산의 보존 및 활용에 관한 법률」 제6조 제1항에 따른 국가등록문화유산과 그 부속토지에 대해서는 재산세의 100분의 50을 경감한다.
⑪~⑬ 생 략
제9조 생 략

부 칙 (2023. 8. 16. 법률 제19634호 ; 행정기관 소속 위원회 정비를 위한 기부금품의 모집 및 사용에 관한 법률 등 6개 법률의 일부개정에 관한 법률 부칙)

제1조【시행일】이 법은 공포 후 6개월이 경과한 날부터 시행한다.
제2조~제6조 생 략
제7조【다른 법률의 개정】①·② 생 략
③ 지방세특례제한법 일부를 다음과 같이 개정한다.
제181조 제1항 중 "지방재정부담심의위원회"를 "지방재정관리위원회"로 한다.

부 칙 (2023. 8. 8. 법률 제19590호 ; 문화재보호법 부칙)

제1조【시행일】이 법은 2024년 5월 17일부터 시행한다.

제4조【다른 법령의 개정】①~㉚ 생 략
㉛ 지방세특례제한법 시행령 일부를 다음과 같이 개정한다.
제5조 제1항 제1호 중 "어업권"을 "어업권 · 양식업권"으로, "어장"을 "어장 · 양식장"으로, "어업에"를 "어업(양식업을 포함한다. 이하 같다)에"로 하고, 같은 조 제2항 제1호 중 "어업권"을 "어업권 · 양식업권"으로, "어장"을 "어장 · 양식장"으로 하며, 같은 항 제2호 중 "어업권"을 "어업권 · 양식업권"으로, "어장"을 각각 "어장 · 양식장"으로 한다.
㉜~㊲ 생 략
제5조 생 략

부 칙 (2020. 5. 26. 대통령령 제30704호 ; 문화재보호법 시행령 부칙)

제1조【시행일】이 영은 2020년 5월 27일부터 시행한다.
제2조【다른 법령의 개정】①~⑭ 생 략
⑮ 지방세특례제한법 시행령 일부를 다음과 같이 개정한다.
제16조 제2항 제3호 중 "「문화재보호법」 제2조 제2항"을 "「문화재보호법」 제2조 제3항"으로 한다.
⑯~⑱ 생 략

부 칙 (2020. 4. 28. 대통령령 제30640호 ; 농업소득의 보전에 관한 법률 시행령 부칙)

제1조【시행일】이 영은 2020년 5월 1일부터 시행한다.
제2조~제5조 생 략
제6조【다른 법령의 개정】①~⑯ 생 략
⑰ 지방세특례제한법 시행령 일부를 다음과 같이 개정한다.
제3조 제1항 제3호 중 "「농업소득의 보전에 관한 법률」 제6조 제3항 제1호 및 같은 법 시행령 제6조 제1항 본문"을 "「농업 ·

제2조～제8조 생 략

제9조【다른 법률의 개정】 ①～㊶ 생 략

㊷ 지방세특례제한법 일부를 다음과 같이 개정한다.

제55조의 제목 중 "문화재"를 "문화유산 등"으로 하고, 같은 조 제1항 본문 중 "「문화재보호법」"을 "「문화유산의 보존 및 활용에 관한 법률」"로 한다.

법률 제19251호 지방세특례제한법 일부개정법률 제55조 제2항을 다음과 같이 한다.

② 「문화유산의 보존 및 활용에 관한 법률」에 따른 문화유산, 「자연유산의 보존 및 활용에 관한 법률」에 따른 자연유산에 대해서는 다음 각 호에 따라 재산세를 감면한다.

1. 「문화유산의 보존 및 활용에 관한 법률」 제2조 제3항에 따른 지정문화유산 및 「자연유산의 보존 및 활용에 관한 법률」 제2조 제5호에 따른 천연기념물등으로 지정된 부동산에 대해서는 재산세(「지방세법」 제112조에 따른 부과액을 포함한다. 이하 이 항에서 같다)를 면제하고, 「문화유산의 보존 및 활용에 관한 법률」 제27조 및 「자연유산의 보존 및 활용에 관한 법률」 제13조에 따라 지정된 보호구역에 있는 부동산에 대해서는 재산세의 100분의 50을 경감한다. 이 경우 지방자치단체의 장이 해당 보호구역의 재정여건 등을 고려하여 100분의 50의 범위에서 조례로 정하는 율을 추가로 경감할 수 있다.
2. 「문화유산의 보존 및 활용에 관한 법률」 제53조 제1항에 따른 국가등록문화유산과 그 부속토지에 대해서는 재산세의 100분의 50을 경감한다.

㊸～㊿ 생 략

제10조 생 략

농촌 공익기능 증진 직접지불제도 운영에 관한 법률」 제9조 제3항 제1호 및 같은 법 시행령 제6조 제1항"으로 한다.

⑱～⑳ 생 략

제7조 생 략

부 칙 (2020. 1. 15. 대통령령 제30355호)

제1조【시행일】 이 영은 공포한 날부터 시행한다.

제2조【장애인용 자동차의 취득세 및 자동차세 면제에 관한 적용례】 제8조 제3항 및 제4항의 개정규정은 이 영 시행 이후 취득세 및 자동차세의 납세의무가 성립하는 분부터 적용한다.

제3조【국가유공자등의 자동차의 취득세 및 자동차세 면제에 관한 적용례】 제12조의 2 제3항 및 제4항의 개정규정은 이 영 시행 이후 취득세 및 자동차세의 납세의무가 성립하는 분부터 적용한다.

제4조【서민주택의 범위에 관한 적용례】 제15조 제2항의 개정규정은 이 영 시행 이후 취득세의 납세의무가 성립하는 분부터 적용한다.

제5조【다른 법령의 개정】 ① 개발이익 환수에 관한 법률 시행령 일부를 다음과 같이 개정한다.

제11조 제5항 제2호 중 "제52조 제1항"을 "제52조 제1항 · 제2항"으로 한다.

② 농어촌특별세법 시행령 일부를 다음과 같이 개정한다.

제4조 제3항 중 "제74조 제3항"을 "제74조 제4항 · 제5항"으로 하고, 같은 조 제6항 제5호 중 "제45조 제1항"을 "제45조 제1항, 같은 조 제2항 제1호"로, "제52조"를 "제52조 제1항 · 제2항"으로, "제74조 제1항"을 "제74조 제1항 · 제3항"으로 한다.

부 칙 (2019. 12. 31. 대통령령 제30285호 ; 문화재보호법 시

부 칙 (2023. 6. 1. 법률 제19422호)

제1조【시행일】 이 법은 공포한 날부터 시행한다.

제2조【전세사기피해자 지원을 위한 감면에 관한 적용례】 ① 제36조의 3 제3항 제5호 및 제36조의 4 제1항부터 제3항까지의 개정규정은 「전세사기피해자 지원 및 주거안정에 관한 특별법」에 따른 전세사기피해자가 이 법 시행 전에 전세사기피해주택을 취득하였거나 임차권등기를 마친 경우에도 적용한다.

② 제36조의 4 제4항의 개정규정은 「공공주택 특별법」 제4조에 따른 공공주택사업자가 이 법 시행 전에 「전세사기피해자 지원 및 주거안정에 관한 특별법」 제25조 제3항에 따라 전세사기피해주택을 취득한 경우에도 적용한다.

부 칙 (2023. 3. 21. 법률 제19251호 ; 자연유산의 보존 및 활용에 관한 법률 부칙)

제1조【시행일】 이 법은 공포 후 1년이 경과한 날부터 시행한다.

제2조~제7조 생 략

제8조【다른 법률의 개정】 ①~㉜ 생 략

㉝ 지방세특례제한법 일부를 다음과 같이 개정한다.

제55조 제2항 각 호 외의 부분 중 "「문화재보호법」에 따른 문화재"를 "「문화재보호법」, 「자연유산의 보존 및 활용에 관한 법률」에 따른 문화재 등"으로 한다.

제55조 제2항 제1호 전단 중 "문화재(국가무형문화재는 제외한다)로"를 "문화재(국가무형문화재는 제외한다) 및 「자연유산의 보존 및 활용에 관한 법률」 제2조 제5호에 따른 천연기념물등으로"로, "같은 법 제27조"를 "「문화재보호법」 제27조 및 「자연유산의 보존 및 활용에 관한 법률」 제13조"로 한다.

행령 부칙)

제1조【시행일】 이 영은 공포한 날부터 시행한다. 다만, 제36조, 제48조 제1항, 별표 3 및 별표 4의 개정규정은 공포 후 3개월이 경과한 날부터 시행한다.

제2조【다른 법령의 개정】 ①~⑨ 생 략

⑩ 지방세특례제한법 시행령 일부를 다음과 같이 개정한다.

제16조 제2항 제3호 중 "등록문화재"를 "국가등록문화재"로 한다.

부 칙 (2019. 2. 12. 대통령령 제29529호 ; 법인세법 시행령 부칙)

제1조【시행일】 이 영은 공포한 날부터 시행한다. (단서 생략)

제2조~제17조 생 략

제18조【다른 법령의 개정】 ①~④ 생 략

⑤ 「지방세특례제한법 시행령」 일부를 다음과 같이 개정한다.

제10조 제1항 각 호 외의 부분 중 "「법인세법」 제1조 제1호 및 제3호"를 "「법인세법」 제2조 제1호 및 제3호"로 한다.

부 칙 (2018. 12. 31. 대통령령 제29450호 ; 장애인복지법 시행령 부칙)

제1조【시행일】 이 영은 2019년 7월 1일부터 시행한다.

제2조【다른 법령의 개정】 ①~⑨ 생 략

⑩ 지방세특례제한법 시행령 일부를 다음과 같이 개정한다.

제8조 제1항 중 "장애등급 제1급부터 제3급까지에 해당하는 사람"을 "장애의 정도가 심한 장애인"으로 하고, 제15조 제3항 후단 중 "장애등급 1급부터 3급까지의 장애인"을 "장애의 정도가 심한 장애인"으로 한다.

⑪~⑫ 생 략

㉞~㊲ 생 략

제9조 생 략

부 칙 (2023. 3. 14. 법률 제19232호)

제1조【시행일】 이 법은 공포한 날부터 시행한다.

제2조【일반적 적용례】 이 법은 2023년 1월 1일 이후 납세의무가 성립하는 경우부터 적용한다.

제3조【한국농어촌공사의 경감 취득세의 추징에 관한 적용례】 제13조 제2항 단서의 개정규정은 2023년 1월 1일 이후 취득세를 경감받는 경우부터 적용한다.

제4조【임대용 공동주택 등의 재산세 감면에 관한 적용례】 제31조 제4항 제2호의 개정규정은 임대용 공동주택 또는 오피스텔에 대한 2022년 납세의무가 성립하여 같은 개정규정에 따른 요건에 해당하게 된 경우에도 적용한다.

제5조【생애최초 주택 구입에 대한 취득세 감면에 관한 적용례】 제36조의 3의 개정규정은 2022년 6월 21일 이후 취득하는 경우부터 적용한다.

제6조【관광단지 개발사업 시행자의 경감 취득세의 추징에 관한 적용례】 제54조 제1항 단서의 개정규정은 2023년 1월 1일 이후 취득세를 경감받는 경우부터 적용한다.

제7조【이전공공기관의 지방세 감면에 관한 적용례】 ① 제81조 제1항의 개정규정은 2023년 1월 1일 이후 부동산을 취득하는 경우부터 적용한다.

② 제81조 제2항의 개정규정은 2023년 1월 1일 이후 이전하는 공공기관의 경우부터 적용한다.

제8조【지식산업센터 등에 대한 재산세 감면에 관한 특례】 2023년 1월 1일 전에 종전의 제58조의 2 제1항 제2호 및 같은 조 제2항 제2호에 따른 부동산을 취득한 경우에는 제58조의

제3조 생 략

부 칙 (2018. 12. 31. 대통령령 제29438호)

제1조【시행일】 이 영은 2019년 1월 1일부터 시행한다.

제2조【일반적 적용례】 이 영은 이 영 시행 이후 납세의무가 성립하는 분부터 적용한다.

제3조【대체취득 기준 변경에 관한 적용례 등】 ① 대통령령 제27711호 지방세특례제한법 시행령 일부개정령 제8조 제4항 및 제12조의 2 제4항의 개정규정은 이 영 시행 이후 자동차를 말소등록하거나 이전등록하는 경우부터 적용한다.

② 제1항에도 불구하고 이 영 시행 전에 자동차를 대체취득한 후 이 영 시행 이후 종전의 자동차를 말소등록하거나 이전등록하는 경우에는 종전의 「지방세특례제한법 시행령」(대통령령 제27711호 지방세특례제한법 시행령 일부개정령으로 개정되기 전의 것을 말한다) 제8조 제4항 및 제12조의 2 제4항을 적용한다.

제4조【일반적 경과조치】 이 영 시행 당시 종전의 규정에 따라 부과 또는 감면했거나 부과 또는 감면해야 할 지방세에 대해서는 종전의 규정에 따른다.

제5조【조례에 따른 지방세 감면에 관한 경과조치】 이 영 시행 전에 지방세 감면을 신설 또는 연장하거나 변경하기 위해 법 제4조 제3항 전단에 따라 지방세심의위원회의 심의를 거친 경우에는 제2조 제2항의 개정규정에도 불구하고 종전의 규정에 따른다.

제6조【다른 법령의 개정】 ① 개발이익 환수에 관한 법률 시행령 일부를 다음과 같이 개정한다.

제11조 제5항 제2호 중 "제38조 제1항 · 제3항"을 "제38조 제1항"으로 한다.

2 제1항 제2호 및 같은 조 제2항 제2호의 개정규정에도 불구하고 2023년 1월 1일부터 5년간 재산세의 100의 35를 경감한다.

제9조【사회복지법인등에 대한 지방세 감면 등에 관한 경과조치】 ① 2023년 1월 1일 전에 종전의 제22조 제1항 각 호 외의 부분 본문에 따라 면제받은 취득세의 추징에 관하여는 제22조 제1항 및 제2항의 개정규정에도 불구하고 종전의 제22조 제1항 각 호 외의 부분 단서에 따라 추징한다.

② 2023년 1월 1일 전에 종전의 제22조 제2항에 따라 2022년도 재산세(「지방세법」 제112조에 따른 부과액을 포함한다. 이하 이 항에서 같다) 및 「지방세법」 제146조 제3항에 따른 소방분 지역자원시설세를 면제받은 경우(2022년 6월 2일부터 12월 31일까지 부동산을 취득하여 종전의 제22조 제1항에 따라 취득세를 면제받은 부동산이 해당 사회복지사업에 직접 사용되는 경우를 포함한다)에는 제22조 제3항의 개정규정에도 불구하고 2024년 12월 31일까지 종전의 제22조 제2항에 따라 재산세 및 소방분 지역자원시설세를 면제한다.

제10조【지식산업센터 설립자 등의 경감 취득세의 추징에 관한 경과조치】 2023년 1월 1일 전에 「산업집적활성화 및 공장설립에 관한 법률」에 따른 지식산업센터의 설립자 등이 경감받은 취득세의 추징에 관하여는 제58조의 2 제1항 제1호 가목 · 나목 및 같은 조 제2항 제1호 나목의 개정규정에도 불구하고 종전의 규정에 따른다.

제11조【도시개발사업 등에 대한 감면에 관한 경과조치】 ① 2023년 1월 1일 전에 「도시개발법」 제29조에 따른 환지계획 인가 또는 「도시 및 주거환경정비법」 제74조에 따른 관리처분계획 인가를 받은 도시개발사업 또는 재개발사업의 시행으로 해당 사업의 대상이 되는 부동산의 소유자가 2023년 1월 1일 이후 취득(토지상환채권으로 취득하는 경우를 포함한다)하

② 농어촌특별세법 시행령 일부를 다음과 같이 개정한다.

제4조 제6항 제5호 중 "제16조, 제17조"를 "제16조 제1항, 제17조"로, "제33조, 제34조"를 "제33조 제1항 · 제2항, 제34조"로, "제44조, 제44조의 2"를 "제44조 제1항, 제44조의 2"로 한다.

부　칙 (2018. 2. 27. 대통령령 제28686호 ; 공공기관 지방이전에 따른 혁신도시 건설 및 지원에 관한 특별법 시행령 부칙)

제1조【시행일】 이 영은 2018년 3월 27일부터 시행한다. (단서 생략)

제2조【다른 법령의 개정】 ①～⑲ 생　략

⑳ 지방세특례제한법 시행령 일부를 다음과 같이 개정한다.

제40조 각 호 외의 부분 전단 및 같은 조 제1호 가목 중 "「공공기관 지방이전에 따른 혁신도시 건설 및 지원에 관한 특별법」"을 각각 "「혁신도시 조성 및 발전에 관한 특별법」"으로 한다.

㉑～㉕ 생　략

제3조 생　략

부　칙 (2017. 12. 29. 대통령령 제28525호)

제1조【시행일】 이 영은 2018년 1월 1일부터 시행한다. 다만, 제24조 제1항부터 제3항까지의 개정규정은 2019년 1월 1일부터 시행한다.

제2조【일반적 적용례】 이 영은 이 영 시행 이후 납세의무가 성립하는 분부터 적용한다.

제3조【일반적 경과조치】 이 영 시행 당시 종전의 규정에 따라 부과 또는 감면하였거나 부과 또는 감면하여야 할 지방세에 대해서는 종전의 규정에 따른다.

제4조【조례에 따른 지방세 감면에 대한 경과조치】 이 영

는 부동산에 대해서는 제74조 제1항 및 제2항의 개정규정에도 불구하고 종전의 제74조 제1항 및 제2항에 따라 취득세를 면제하거나 부과한다. 이 경우 종전의 제74조 제1항 각 호 외의 부분 본문 중 "2022년 12월 31일"은 "2025년 12월 31일"로 본다.
② 제1항에 따라 취득세가 부과되는 자에 대해서는 종전의 제74조 제5항 제3호에 따라 2025년 12월 31일까지 그 취득세를 경감한다.
③ 2023년 1월 1일 전에 종전의 제74조 제5항 제3호에 따라 청산금에 상당하는 부동산을 취득하여 해당 부동산에 대한 취득세를 경감받았거나 제2항에 따라 취득세를 경감받는 경우 그 경감 취득세에 관하여는 제74조 제5항 각 호 외의 부분 단서에 따라 추징한다.

제12조【이전공공기관의 임직원 등의 감면 취득세의 추징에 관한 경과조치】 2023년 1월 1일 전에 이전공공기관의 임직원 또는 중앙행정기관의 공무원 등이 감면받은 취득세의 추징에 관하여는 제81조 제4항 및 제6항의 개정규정에도 불구하고 종전의 규정에 따른다.

제13조【중복 감면의 배제에 관한 경과조치】 2023년 1월 1일 전에 「도시개발법」 제29조에 따른 환지계획 인가 또는 「도시 및 주거환경정비법」 제74조에 따른 관리처분계획 인가를 받은 도시개발사업 또는 재개발사업의 시행으로 해당 사업의 대상이 되는 부동산의 소유자가 취득(토지상환채권으로 취득하는 경우를 포함한다)하는 부동산의 지방세 특례의 중복 적용에 대해서는 제180조의 개정규정에도 불구하고 종전의 규정에 따른다.

부 칙 (2023. 3. 14. 법률 제19231호 ; 지방세징수법 부칙)

제1조【시행일】 이 법은 공포한 날부터 시행한다. (단서생략)

제2조～제6조 생 략

제7조【다른 법률의 개정】 지방세특례제한법 일부를 다음

시행 전에 지방세 감면을 신설 또는 연장하거나 변경하기 위하여 법 제4조 제3항 전단에 따라 지방세심의위원회의 심의를 거친 경우에는 제2조 제2항의 개정규정에도 불구하고 종전의 규정에 따른다.

제5조【친환경건축물 등의 감면에 관한 경과조치】 이 영 시행 전에 법 제47조의 2 제4항에 따라 재산세를 경감하기로 한 건축물 또는 주택으로서 이 영 시행 당시 에너지효율등급 인증을 받은 날부터 5년이 경과되지 아니한 분에 대해서는 제24조 제6항의 개정규정에도 불구하고 종전의 규정에 따른다.

부 칙 (2017. 7. 26. 대통령령 제28211호 ; 행정안전부와 그 소속기관 직제 부칙)

제1조【시행일】 이 영은 공포한 날부터 시행한다. 다만, 부칙 제8조에 따라 개정되는 대통령령 중 이 영 시행 전에 공포되었으나 시행일이 도래하지 아니한 대통령령을 개정한 부분은 각각 해당 대통령령의 시행일부터 시행한다.

제2조～제7조 생 략

제8조【다른 법령의 개정】 ①～⑰⑦ 생 략

⑰⑧ 지방세특례제한법 시행령 일부를 다음과 같이 개정한다.

제2조 제1항 각 호 외의 부분, 같은 조 제3항 제6호, 같은 조 제7항, 제9조 제2호, 제22조 제2호, 제26조 제2호, 제28조의 2 제2항 제3호, 제124조 제1항 제5호, 같은 조 제2항 단서, 같은 조 제3항 제3호 및 같은 조 제4항 중 "행정자치부장관"을 각각 "행정안전부장관"으로 한다.

제3조 제5항, 제8조의 4 제2호, 제38조 단서, 제45조 제2항 본문, 제47조 제3항 각 호 외의 부분, 제48조 제2항 본문, 제49조 제2항 본문, 제50조 제2항 본문, 제53조 제4항 본문, 제54조 제10항 본문, 제55조 제5항 본문, 제56조 제6항 본문, 제57조

과 같이 개정한다.

제92조의 2 제1항 각 호 외의 부분 중 "「지방세징수법」 제23조에 따른 신용카드 자동이체 방식 또는 같은 법 제24조에 따른 계좌 자동이체 방식(이하 이 조에서 "자동이체 방식"이라 한다)"을 "「지방세징수법」 제23조 제2항에 따른 자동납부 방식(이하 이 조에서 "자동납부 방식"이라 한다)"으로 하고, 같은 항 제1호 및 제2호 중 "자동이체 방식"을 각각 "자동납부 방식"으로 한다.

부 칙 (2023. 3. 14. 법률 제19230호 ; 지방세법 부칙)

제1조【시행일】 이 법은 공포한 날부터 시행한다. (단서 생략)

제2조~제15조 생 략

제16조【다른 법률의 개정】 ① 지방세특례제한법 일부를 다음과 같이 개정한다.

제177조 제1호를 삭제한다.

② 생 략

부 칙 (2022. 1. 11. 법률 제18755호 ; 수산업법 부칙)

제1조【시행일】 이 법은 공포 후 1년이 경과한 날부터 시행한다. (단서 생략)

제2조~제38조 생 략

제39조【다른 법령의 개정】 ①~㉓ 생 략

㉔ 지방세특례제한법 일부를 다음과 같이 개정한다.

제9조 제1항 제1호 중 "「수산업법」 제41조 제3항 제2호"를 "「양식산업발전법」 제43조 제1항 제1호"로 한다.

㉕~㉟ 생 략

제40조 생 략

제5항 본문, 제58조 제3항 본문, 제59조 제5항 본문, 제60조 제3항 본문, 제62조 제2항 본문, 제63조 제2항 본문, 제64조 제3항 본문, 제65조 제3항 본문, 제66조 제3항 본문, 제67조 제12항 본문, 제68조 제2항 본문, 제69조 제4항 본문, 제70조 제2항 본문, 제71조 제6항 본문, 제72조 제2항 본문, 제73조 제3항 본문, 제74조 제8항 본문, 같은 조 제9항 본문, 제75조 제6항 본문, 제76조 제4항 본문, 제77조 제4항 본문, 제78조 제2항 본문, 제79조 제7항 본문, 같은 조 제9항 본문, 제80조 제6항 본문, 같은 조 제7항 본문, 제81조 제2항 본문, 같은 조 제3항 본문, 제82조 제6항 본문, 제83조 제6항 본문, 제84조 제4항 본문, 제84조의 2 제1항 본문, 제85조 제2항 본문, 같은 조 제5항 본문, 같은 조 제6항 본문, 제86조 제3항 본문, 제87조 제3항 본문, 제88조 제2항 본문, 제89조 본문, 제90조 제3항 본문, 제91조 제5항 본문, 제92조 제3항 본문, 제94조 제4항 본문, 제101조 본문, 제102조 본문, 제104조 제5항 본문, 제106조 제5항 본문, 제107조 제5항 본문, 제108조 제6항 본문, 제109조 제6항 본문, 제110조 제7항 본문, 제111조 제5항 본문, 제112조 제3항 본문, 제115조 제2항 본문, 제116조 본문, 제126조 제1항 각 호 외의 부분 및 제127조 중 "행정자치부령"을 각각 "행정안전부령"으로 한다.

제22조 제2호 중 "미래창조과학부장관"을 "과학기술정보통신부장관"으로 한다.

⑰~㊳ 생 략

부 칙 (2017. 3. 27. 대통령령 제27959호 ; 지방세징수법 시행령 부칙)

제1조【시행일】 이 영은 2017년 3월 28일부터 시행한다.

제2조 생 략

제3조【다른 법령의 개정】 ①~⑥ 생 략

부 칙 (2022. 1. 4. 법률 제18682호 ; 비상대비자원 관리법 부칙)

제1조【시행일】 이 법은 공포 후 6개월이 경과한 날부터 시행한다.

제2조【다른 법률의 개정】 ①~⑦ 생 략

⑧ 지방세특례제한법 일부를 다음과 같이 개정한다.

제110조 제1항 제5호 중 "「비상대비자원 관리법」"을 "「비상대비에 관한 법률」"로 한다.

⑨~⑪ 생 략

제3조 생 략

부 칙 (2021. 12. 28. 법률 제18661호 ; 중소기업창업 지원법 부칙)

제1조【시행일】 이 법은 공포 후 6개월이 경과한 날부터 시행한다. (단서 생략)

제2조～제6조 생 략

제7조【다른 법률의 개정】 ①~㉒ 생 략

㉓ 지방세특례제한법 일부를 다음과 같이 개정한다.

제100조 제1항 중 "「중소기업창업 지원법」 제6조 제1항"을 "「중소기업창업 지원법」 제53조 제1항"으로 한다.

㉔~㉗ 생 략

제8조 생 략

부 칙 (2021. 12. 28. 법률 제18656호)

제1조【시행일】 이 법은 2022년 1월 1일부터 시행한다. 다만, 제2조 제1항 제8호의 2, 제31조 제2항 각 호 외의 부분 단서, 제36조의 2 제1항 제3호, 제36조의 3 제1항 각 호 외의 부분 본문(「지방세법」 제10조의 3에 관한 부분에 한정한다), 제

⑦ 지방세특례제한법 시행령 일부를 다음과 같이 개정한다.

제2조 제1항 제1호 중 "「지방세기본법」"을 "「지방세기본법」, 「지방세징수법」"으로 하고, 같은 항 제2호 중 "「지방세기본법」"을 "「지방세기본법」, 「지방세징수법」"으로 한다.

제4조 생 략

부 칙 (2017. 3. 27. 대통령령 제27958호 ; 지방세기본법 시행령 부칙)

제1조【시행일】 이 영은 2017년 3월 28일부터 시행한다.

제2조～제7조 생 략

제8조【다른 법령의 개정】 ①~⑦ 생 략

⑧ 지방세특례제한법 시행령 일부를 다음과 같이 개정한다.

제2조 제3항 제1호 중 "「지방세기본법」 제145조"를 "「지방세기본법」 제151조"로 한다.

제84조의 2 제2항 전단 중 "「지방세기본법」 제76조"를 "「지방세기본법」 제60조"로 하며, 같은 항 후단 중 "「지방세기본법」 제77조"를 "「지방세기본법」 제62조"로 한다.

⑨ 생 략

제9조 생 략

부 칙 (2016. 12. 30. 대통령령 제27711호)

제1조【시행일】 이 영은 2017년 1월 1일부터 시행한다. 다만, 제22조 각 호 외의 부분 단서 및 제26조 각 호 외의 부분 단서의 개정규정은 2018년 1월 1일부터 시행하고, 제8조 제4항 및 제12조의 2 제4항의 개정규정은 2019년 1월 1일부터 시행한다. (2017. 12. 29. 단서개정)

제2조【일반적 적용례】 이 영은 이 영 시행 이후 납세의무가 성립하는 분부터 적용한다.

40조의 2 제1항 각 호 외의 부분 본문, 같은 조 제2항 각 호 외의 부분 본문 및 제75조의 4의 개정규정은 2023년 1월 1일부터 시행하고, 법률 제12955호 지방세특례제한법 일부개정법률 부칙 제2조의 개정규정은 공포한 날부터 시행한다.

제2조【일반적 적용례】 이 법은 이 법 시행 이후 납세의무가 성립하는 경우부터 적용한다.

제3조【자경농민의 농지에 대한 감면 등에 관한 적용례 등】 ① 제6조 제1항의 개정규정은 이 법 시행 이후 같은 항에 따라 대통령령으로 정하는 농지 또는 그 농지를 조성하기 위한 임야를 취득하는 경우부터 적용한다.
② 제6조 제4항의 개정규정은 이 법 시행 당시 농지, 농지를 조성하기 위한 임야 및 농업용 시설을 취득한 사람이 귀농인이 된 지 60일이 지나지 아니한 경우에도 적용한다.

제4조【임대주택 등에 대한 감면에 관한 적용례 등】 ① 제31조 제1항 및 제4항의 개정규정은 이 법 시행 이후 납세의무가 성립하는 경우부터 적용한다. 다만, 제31조 제4항의 개정규정 중 「지방세법」 제4조에 관한 부분은 이 법 시행 이후 임대사업자 등이 임대할 목적으로 공동주택 및 오피스텔을 취득하여 등록하거나 이 법 시행 전에 보유한 공동주택 및 오피스텔을 신규 등록하는 경우부터 적용한다.
② 이 법 시행 전에 감면받은 재산세의 추징에 관하여는 제31조 제5항의 개정규정에도 불구하고 종전의 규정에 따른다.
③ 제31조 제7항의 개정규정은 이 법 시행 이후 한국토지주택공사가 「공공주택 특별법」 제43조 제1항에 따라 주택 및 건축물을 매입하여 세대수 · 구조 등을 변경하거나 철거 후 신축하여 공급하는 경우부터 적용한다.

제5조【장기일반민간임대주택 등에 대한 감면에 관한 적용례 등】 ① 제31조의 3 제1항의 개정규정은 이 법 시행 이후 납

제3조【대체취득 기준 변경에 관한 적용례 등】 ① 제8조 제4항 및 제12조의 2 제4항의 개정규정은 부칙 제1조 단서에 따른 시행일 이후 자동차를 말소등록하거나 이전등록하는 경우부터 적용한다.
② 제1항에도 불구하고 부칙 제1조 단서에 따른 시행일 전 자동차를 대체취득한 후 이 영 시행 이후 종전의 자동차를 말소등록하거나 이전등록하는 경우에는 종전의 제8조 제4항 및 제12조의 2 제4항을 적용한다.

제4조【일반적 경과조치】 이 영 시행 당시 종전의 규정에 따라 부과 또는 감면하였거나 부과 또는 감면하여야 할 지방세에 대해서는 종전의 규정에 따른다.

제5조【다른 법령의 개정】 농어촌특별세법 시행령 일부를 다음과 같이 개정한다.

제4조 제6항 제5호 중 "제64조의 2 제1항"을 "제64조 제1항"으로 한다.

부 칙 (2016. 11. 30. 대통령령 제27648호)

이 영은 2016년 12월 1일부터 시행한다.

부 칙 (2016. 9. 29. 대통령령 제27524호 ; 중소기업진흥에 관한 법률 시행령 부칙)

제1조【시행일】 이 영은 2016년 9월 30일부터 시행한다.

제2조 생 략

제3조【다른 법령의 개정】 ①~③ 생 략
④ 지방세특례제한법 시행령 일부를 다음과 같이 개정한다.

제29조의 4 중 "「지역균형개발 및 지방중소기업 육성에 관한 법률 시행령」 제63조에 따른 지방중소기업종합지원센타"를 "「중소기업진흥에 관한 법률 시행령」 제54조의 31에 따른 지

세의무가 성립하는 경우부터 적용한다. 다만, 제31조의 3 제1항의 개정규정 중 「지방세법」 제4조에 관한 부분은 이 법 시행 이후 「민간임대주택에 관한 특별법」 제2조 제4호에 따른 공공지원민간임대주택 및 같은 조 제5호에 따른 장기일반민간임대주택을 임대하려는 자가 임대할 목적으로 공동주택 및 오피스텔을 취득하여 등록하거나 이 법 시행 전에 보유한 공동주택 및 오피스텔을 신규 등록하는 경우부터 적용한다.
② 이 법 시행 전에 감면받은 재산세의 추징에 관하여는 제31조의 3 제2항의 개정규정에도 불구하고 종전의 규정에 따른다.

제6조【공공주택사업자의 임대 목적으로 주택을 매도하기로 약정을 체결한 자에 대한 감면에 관한 적용례】 제31조의 5 제1항 및 제2항의 개정규정은 이 법 시행 이후 공공주택사업자에게 주택 등을 매도하기로 약정을 체결한 경우부터 적용한다.

제7조【주택담보노후연금보증 대상 주택에 대한 감면에 관한 적용례】 제35조 제1항 제2호 가목 및 나목의 개정규정은 이 법 시행 이후 연금보증의 보증기준에 해당되는 주택을 담보로 하는 등기에 대하여 그 담보의 대상이 되는 주택을 제공하는 자가 등록면허세를 부담하는 경우부터 적용한다.

제8조【중견기업 기업부설연구소로 사용할 부동산에 대한 감면에 관한 적용례】 제46조 제3항의 개정규정은 이 법 시행 이후 「조세특례제한법」 제10조 제1항 제1호 가목 2)에 해당하는 중견기업이 기업부설연구소에 직접 사용하는 부동산을 취득하는 경우부터 적용한다.

제9조【지진안전 시설물 인증을 받은 건축물의 감면에 관한 적용례】 제47조의 4 제3항 본문의 개정규정은 이 법 시행 당시 지진안전 시설물의 인증을 받은 지 180일이 지나지 아니한 건축물에도 적용한다.

제10조【중소기업의 자산 재취득에 대한 감면에 관한 적용

방중소기업 종합지원센터"로 한다.
⑤·⑥ 생 략

제4조 생 략

부 칙 (2016. 9. 22. 대통령령 제27511호 ; 서민의 금융생활 지원에 관한 법률 시행령 부칙)

제1조【시행일】 이 영은 2016년 9월 23일부터 시행한다.

제2조~제6조 생 략

제7조【다른 법령의 개정】 ①~⑧ 생 략
⑨ 지방세특례제한법 시행령 일부를 다음과 같이 개정한다.
제10조의 2 중 "「휴면예금관리재단의 설립 등에 관한 법률 시행령」 제4조 제3호에 따른 복지사업자를"을 "「서민의 금융생활 지원에 관한 법률」 제2조 제6호에 따른 사업수행기관을"로 한다.

제8조 생 략

부 칙 (2016. 9. 22. 대통령령 제27506호 ; 기초연구진흥 및 기술개발지원에 관한 법률 시행령 부칙)

제1조【시행일】 이 영은 2016년 9월 23일부터 시행한다.

제2조·제3조 생 략

제4조【다른 법령의 개정】 ①~㉑ 생 략
㉒ 지방세특례제한법 시행령 일부를 다음과 같이 개정한다.
제23조 제1항 중 "「기초연구진흥 및 기술개발지원에 관한 법률」 제14조 제1항 제2호에 따른 기준을 갖춘 연구소로서 같은 법 시행령 제16조에 따라 미래창조과학부장관에게 신고하여 인정을 받은 것을"을 "「기초연구진흥 및 기술개발지원에 관한 법률」 제14조의 2 제1항에 따라 인정받은 기업부설연구소를"로 한다.

례】 제57조의 3 제4항의 개정규정은 이 법 시행 당시 같은 조 제3항에 따라 한국자산관리공사에 자산을 매각한 중소기업에도 적용한다.

제11조【개인지방소득세의 전자신고 등에 대한 세액공제에 관한 적용례】 제167조의 3 제1항의 개정규정은 이 법 시행 이후 「지방세기본법」 제25조에 따른 전자신고의 방법으로 개인지방소득세를 신고하는 경우부터 적용한다.

제12조【생애최초 주택 구입에 대한 취득세 감면의 추징에 관한 경과조치】 이 법 시행 전에 감면받은 취득세의 추징에 관하여는 제36조의 3 제4항 제1호부터 제3호까지의 개정규정에도 불구하고 종전의 규정에 따른다.

제13조【금융회사 간의 합병으로 양수받아 등기하는 재산의 감면에 관한 경과조치】 이 법 시행 전에 금융회사 간의 합병이 이루어진 경우 합병일부터 3년 이내에 등기하는 재산의 등록면허세의 경감에 관하여는 제57조의 2 제10항 본문의 개정규정에도 불구하고 종전의 규정에 따른다.

제14조【교환자동차의 취득세 부과에 관한 경과조치】 이 법 시행 전에 교환으로 취득한 자동차등의 가액이 종전의 자동차등의 가액을 초과하는 경우 그 초과분에 대한 취득세 부과에 관하여는 제66조 제1항 단서의 개정규정에도 불구하고 종전의 규정에 따른다.

제15조【법인 및 공장의 지방 이전에 대한 감면에 관한 경과조치】 ① 이 법 시행 전에 대도시에 본점 또는 주사무소를 설치하여 사업을 직접 하던 법인이 과밀억제권역 외의 지역으로 본점 또는 주사무소를 이전한 경우의 취득세 및 재산세 감면·추징에 관하여는 제79조 제1항의 개정규정에도 불구하고 종전의 규정에 따른다.

② 이 법 시행 전에 대도시에 등기되어 있던 법인이 과밀억제

㉓·㉔ 생 략

부 칙 (2016. 8. 11. 대통령령 제27444호 ; 주택법 시행령 부칙)

제1조【시행일】 이 영은 2016년 8월 12일부터 시행한다.

제2조～제6조 생 략

제7조【다른 법령의 개정】 ①～㉒ 생 략

⑥③ 지방세특례제한법 시행령 일부를 다음과 같이 개정한다.

제13조 제2항 제2호 및 제15조 제1항 제2호 중 "「주택법」 제9조 제1항 제6호"를 각각 "「주택법」 제4조 제1항 제6호"로 한다.

제17조 중 "「주택법」 제9조 제1항 제4호"를 "「주택법」 제4조 제1항 제4호"로 한다.

제24조 제4항 중 "「주택법」 제29조"를 "「주택법」 제49조"로 한다.

⑥④～⑦⑤ 생 략

제8조 생 략

부 칙 (2016. 6. 28. 대통령령 제27285호 ; 물류시설의 개발 및 운영에 관한 법률 시행령 부칙)

제1조【시행일】 이 영은 2016년 6월 30일부터 시행한다.

제2조【다른 법령의 개정】 ①～⑤ 생 략

⑥ 지방세특례제한법 시행령 일부를 다음과 같이 개정한다.

제33조 중 "「물류시설의 개발 및 운영에 관한 법률」 제2조 제7호"를 "「물류시설의 개발 및 운영에 관한 법률」 제2조 제6호의 4"로 한다.

⑦·⑧ 생 략

부 칙 (2016. 5. 3. 대통령령 제27118호)

이 영은 2016년 8월 13일부터 시행한다.

권역 외의 지역으로 본점 또는 주사무소를 이전하는 경우의 등록면허세 면제에 관하여는 제79조 제2항의 개정규정에도 불구하고 종전의 규정에 따른다.

③ 이 법 시행 전에 대도시에서 공장시설을 갖추고 사업을 직접 하던 자가 그 공장을 폐쇄하고 과밀억제권역 외의 지역으로서 공장 설치가 금지되거나 제한되지 아니한 지역으로 공장을 이전한 경우의 취득세 및 재산세 감면 · 추징에 관하여는 제80조 제1항의 개정규정에도 불구하고 종전의 규정에 따른다.

제16조【자동이체 등 납부에 대한 세액공제에 관한 경과조치】 전자송달 방식 및 자동이체 방식에 따른 지방세의 납부를 신청하는 납세의무자에 대한 세액의 공제는 제92조의 2 제1항 제1호 및 제2호의 개정규정에 따라 조례가 제정 · 개정되기 전까지는 종전의 규정에 따른다.

부 칙 (2021. 11. 30. 법률 제18522호 ; 화재예방, 소방시설 설치 · 유지 및 안전관리에 관한 법률 부칙)

제1조【시행일】 이 법은 공포 후 1년이 경과한 날부터 시행한다. 다만, 제11조의 개정규정은 공포 후 3년이 경과한 날부터 시행한다.

제2조～제13조 생 략

제14조【다른 법률의 개정】 ①～㊽ 생 략

㊾ 지방세특례제한법 일부를 다음과 같이 개정한다.

제110조 제1항 제1호의 2 중 "「화재예방, 소방시설 설치 · 유지 및 안전관리에 관한 법률」 제2조에 따른 소방시설(같은 법 제9조"를 "「소방시설 설치 및 관리에 관한 법률」 제2조에 따른 소방시설(같은 법 제12조"로 한다.

㊿～54 생 략

제15조 생 략

부 칙 (2015. 12. 31. 대통령령 제26837호)

제1조【시행일】 이 영은 2016년 1월 1일부터 시행한다.

제2조【일반적 적용례】 이 영은 이 영 시행 후 납세의무가 성립하는 분부터 적용한다.

제3조【일반적 경과조치】 이 영 시행 당시 종전의 규정에 따라 부과 또는 감면하였거나 부과 또는 감면하여야 할 지방세에 대해서는 종전의 규정에 따른다.

제4조【다른 법령의 개정】 「농어촌특별세법 시행령」 일부를 다음과 같이 개정한다.

제4조 제6항 제1호 중 "제121조의 13, 제121조의 15"를 "제121조의 13"으로 하고, 같은 항 제5호 중 "제40조"를 "제40조, 제40조의 3"으로 하며, "제44조"를 "제44조, 제44조의 2"로 하고, "제63조"를 "제63조, 제64조의 2 제1항"으로 하며, "제73조 제1항 · 제2항"을 "제73조 제1항 · 제2항, 제73조의 2"로 한다.

부 칙 (2015. 12. 28. 대통령령 제26763호 ; 임대주택법 시행령 부칙)

제1조【시행일】 이 영은 2015년 12월 29일부터 시행한다.

제2조～제8조 생 략

제9조【다른 법령의 개정】 ①～㉓ 생 략

㉔ 지방세특례제한법 시행령 일부를 다음과 같이 개정한다.

제13조 제1항 중 "「임대주택법 시행령」 제13조 제2항 제2호 및 제3호"를 "「민간임대주택에 관한 특별법」 제43조 제4항 또는 「공공주택 특별법 시행령」 제54조 제2항 제1호 및 제2호"로 하고, 같은 조 제2항 제3호를 다음과 같이 한다.

3. 「민간임대주택에 관한 특별법」 제2조 제7호의 임대사업자 또는 「공공주택 특별법」 제4조에 따른 공공주택사업자

제91조 제2항 중 "「임대주택법」 제2조에 따른 건설임대주택

부 칙 (2021. 10. 19. 법률 제18503호 ; 자유무역협정 체결에 따른 무역조정 지원에 관한 법률 부칙)

제1조 【시행일】 이 법은 공포 후 6개월이 경과한 날부터 시행한다.

제2조 【다른 법률의 개정】 ① 생 략

② 지방세특례제한법 일부를 다음과 같이 개정한다.

제121조 제1항 본문 중 "「자유무역협정 체결에 따른 무역조정 지원에 관한 법률」"을 "「무역조정 지원 등에 관한 법률」"로 한다.

부 칙 (2021. 8. 17. 법률 제18437호 ; 한국자산관리공사 설립 등에 관한 법률 부칙)

제1조 【시행일】 이 법은 공포 후 6개월이 경과한 날부터 시행한다.

제2조 생 략

제3조 【다른 법률의 개정】 ①·② 생 략

③ 지방세특례제한법 일부를 다음과 같이 개정한다.

제57조의 2 제5항 제5호 중 "제26조 제1항 제1호"를 "제26조 제1항 제1호 가목"으로 한다.

제57조의 3 제2항 중 "제26조 제1항 제9호 및 제10호"를 "제26조 제1항 제3호 가목 및 나목"으로 하고, 같은 조 제3항 중 "제26조 제1항 제7호"를 "제26조 제1항 제2호 라목"으로 한다.

부 칙 (2021. 8. 17. 법률 제18425호 ; 근로자직업능력 개발법 부칙)

제1조 【시행일】 이 법은 공포 후 6개월이 경과한 날부터 시행한다.

제2조 【다른 법률의 개정】 ①~㉝ 생 략

㉞ 지방세특례제한법 일부를 다음과 같이 개정한다.

또는 매입임대주택"을 "「민간임대주택에 관한 특별법」 제2조에 따른 민간임대주택과 「공공주택 특별법」 제2조 제1호 가목에 따른 공공임대주택"으로 한다.

㉕·㉖ 생 략

제10조 생 략

부 칙 (2015. 12. 22. 대통령령 제26754호 ; 수산업·어촌 발전 기본법 시행령 부칙)

제1조 【시행일】 이 영은 2015년 12월 23일부터 시행한다.

제2조 【다른 법령의 개정】 ①~㊴ 생 략

㊵ 지방세특례제한법 시행령 일부를 다음과 같이 개정한다.

제3조 제3항 각 호 외의 부분 중 "「농어업·농어촌 및 식품산업 기본법」 제3조 제5호에 따른 농어촌 지역"을 "「농업·농촌 및 식품산업 기본법」 제3조 제5호에 따른 농촌 지역"으로 하고, 같은 항 제1호 중 "농어촌(「농어업·농어촌 및 식품산업 기본법」 제3조 제5호에 따른 지역을 말한다. 이하 이 조에서 같다)"를 "농촌(「농업·농촌 및 식품산업 기본법」 제3조 제5호에 따른 지역을 말한다. 이하 이 조에서 같다)"로 하며, 같은 항 제2호 중 "「농어업·농어촌 및 식품산업 기본법」 제3조 제1호 가목에 따른 농업"을 "「농업·농촌 및 식품산업 기본법」 제3조 제1호에 따른 농업"으로 하고, 같은 항 제3호 중 "농어촌"을 "농촌"으로 하며, 같은 조 제4항 중 "농어촌"을 "농촌"으로 한다.

㊶·㊷ 생 략

제3조 생 략

부 칙 (2015. 6. 15. 대통령령 제26316호 ; 신에너지 및 재생에너지 개발·이용·보급 촉진법 시행령 부칙)

제1조 【시행일】 이 영은 2015년 7월 29일부터 시행한다.

제28조 제1항, 제44조 제3항, 제58조의 3 제4항 제10호, 제97조의 4 제3항 제2호 다목 본문 및 제101조 제1항 제1호 커목 중 "「근로자직업능력 개발법」"을 각각 "「국민 평생 직업능력 개발법」"으로 한다.

㉟~㊸ 생 략

제3조 생 략

부 칙 (2021. 7. 27. 법률 제18358호 ; 지역중소기업 육성 및 혁신촉진 등에 관한 법률 부칙)

제1조【시행일】 이 법은 공포 후 6개월이 경과한 날부터 시행한다.

제2조~제4조 생 략

제5조【다른 법률의 개정】 ①~⑧ 생 략

⑨ 지방세특례제한법 일부를 다음과 같이 개정한다.

제60조 제4항 각 호 외의 부분 중 "「중소기업진흥에 관한 법률」 제2조 제1호의 3에 따른 지방중소기업"을 "「지역중소기업 육성 및 혁신촉진 등에 관한 법률」 제2조 제1호에 따른 지역중소기업"으로 한다.

제125조 제1항 제2호 중 "「중소기업진흥에 관한 법률」 제62조의 23에 따른 지방중소기업 특별지원지역"을 "「지역중소기업 육성 및 혁신촉진 등에 관한 법률」 제23조에 따른 중소기업 특별지원지역"으로 한다.

⑩ 생 략

제6조 생 략

부 칙 (2021. 6. 8. 법률 제18209호)

이 법은 공포한 날부터 시행한다.

부 칙 (2021. 4. 20. 법률 제18128호 ; 자본시장과 금융투자

(단서 생략)

제2조 생 략

제3조【다른 법령의 개정】 ①~⑩ 생 략

⑪ 지방세특례제한법 시행령 일부를 다음과 같이 개정한다.

제24조 제8항 제1호 중 "「신에너지 및 재생에너지 개발·이용·보급 촉진법」 제2조 제1호에 따른 신·재생에너지"를 "「신에너지 및 재생에너지 개발·이용·보급 촉진법」 제2조 제1호 및 제2호에 따른 신에너지 및 재생에너지"로 한다.

⑫~⑬ 생 략

부 칙 (2015. 2. 3. 대통령령 제26070호 ; 조세특례제한법 시행령 부칙)

제1조【시행일】 이 영은 공포한 날부터 시행한다. (단서 생략)

제2조~제28조 생 략

제29조【다른 법령의 개정】 지방세특례제한법 시행령 일부를 다음과 같이 개정한다.

제53조 제4항 단서 중 "「조세특례제한법 시행령」 제4조 제4항"을 "「조세특례제한법 시행령」 제4조 제5항"으로 한다.

제58조 제2항 중 "「조세특례제한법 시행령」 제11조 제2항"을 "「조세특례제한법 시행령」 제11조 제3항"으로, "「조세특례제한법 시행령」 제11조 제3항에 따른 기술을"을 "「조세특례제한법 시행령」 제11조 제4항에 따른 기술을"로 하고, 같은 조 제3항 중 "「조세특례제한법 시행령」 제11조 제5항"을 "「조세특례제한법 시행령」 제11조 제6항"으로 한다.

제59조 제4항 중 "「조세특례제한법 시행령」 제23조 제7항부터 제9항까지"를 "「조세특례제한법 시행령」 제23조 제10항부터 제12항까지"로 한다.

예판

【판례】 일반적 경과조치에 대한 적용방법

- '이 조례 시행 당시 종전의 규정에 의하여 감면하였거나 감면되어야 할 도세에 대하여는 종전의 규정에 따른다'는 일반적 경과규정은 신 조례의 시행 후에 과세요건이 완성된 경우에도 유리한 종전 규정의 적용에 관한 납세의무자의 정당한 신뢰를 보호하기 위하여 종전 규정을 적용할 수 있다는 의미로 해석됨. (대법 2008두15039, 2011. 1. 27.)
- 추징 유예기간 내에 추징규정이 납세자에게 불리하게 개정된 경우라면, 신법 적용을 배제하고 납세자 기득권 보호차원에서 취득 당시의 법률을 적용할 수 있음. (대법 2003다66271, 2005 .5 .27)

업에 관한 법률 부칙)

제1조【시행일】 이 법은 공포 후 6개월이 경과한 날부터 시행한다.

제2조~제9조 생 략

제10조【다른 법률의 개정】 ①~⑦ 생 략

⑧ 지방세특례제한법 일부를 다음과 같이 개정한다.

제34조 제7항 중 "전문투자형 사모집합투자기구"를 "일반 사모집합투자기구"로 한다.

제180조의 2 제2항 제1호 중 "경영참여형 사모집합투자기구"를 "기관전용 사모집합투자기구"로 한다.

⑨~⑫ 생 략

부 칙 (2021. 4. 20. 법률 제18091호)

제1조【시행일】 이 법은 공포한 날부터 시행한다.

제2조【영세개인사업자의 체납액 징수특례에 관한 적용례】 제167조의 3의 개정규정은 이 법 시행 이후 「조세특례제한법」 제99조의 10에 따라 종합소득세 및 부가가치세의 체납액 징수특례를 적용받은 경우부터 적용한다.

부 칙 (2021. 4. 20. 법률 제18075호 ; 연구산업진흥법 부칙)

제1조【시행일】 이 법은 공포 후 6개월이 경과한 날부터 시행한다.

제2조 · 제3조 생 략

제4조【다른 법률의 개정】 ①~⑦ 생 략

⑧ 지방세특례제한법 일부를 다음과 같이 개정한다.

제101조 제1항 제1호 포목을 다음과 같이 한다.

포. 「연구산업진흥법」 제2조 제1호 나목의 산업

제5조 생 략

제62조 제1항 중 "「조세특례제한법 시행령」 제21조 제1항에 따른 시설"을 "「조세특례제한법 시행령」 제21조 제2항에 따른 시설"로, "「조세특례제한법 시행령」 제21조 제2항에 따른 설비"를 "「조세특례제한법 시행령」 제21조 제3항에 따른 설비"로, "「조세특례제한법 시행령」 제21조 제3항에 따른 시스템"을 "「조세특례제한법 시행령」 제21조 제4항에 따른 시스템"으로 하고, 같은 조 제2항 단서 중 "「조세특례제한법 시행령」 제21조 제4항"을 "「조세특례제한법 시행령」 제21조 제5항"으로 한다.

제63조 제2항 단서 중 "「조세특례제한법 시행령」 제22조 제2항"을 "「조세특례제한법 시행령」 제22조 제4항"으로 한다.

제67조 제4항 중 "「조세특례제한법 시행령」 제23조 제3항 각 호"를 "「조세특례제한법 시행령」 제23조 제5항 각 호"로 하고, 같은 조 제5항 중 "「조세특례제한법 시행령」 제23조 제4항"을 "「조세특례제한법 시행령」 제23조 제7항"으로 하며, 같은 조 제6항 중 "「조세특례제한법 시행령」 제23조 제5항 각 호"를 "「조세특례제한법 시행령」 제23조 제8항 각 호"로 하고, 같은 조 제7항 중 "「조세특례제한법 시행령」 제23조 제6항"을 "「조세특례제한법 시행령」 제23조 제9항"으로 하며, 같은 조 제8항 중 "「조세특례제한법 시행령」 제23조 제7항"을 "「조세특례제한법 시행령」 제23조 제10항"으로 하고, 같은 조 제9항 중 "「조세특례제한법 시행령」 제23조 제8항 및 제9항"을 "「조세특례제한법 시행령」 제23조 제11항 및 제12항"으로 하며, 같은 조 제10항 중 "「조세특례제한법 시행령」 제23조 제10항 각 호"를 "「조세특례제한법 시행령」 제23조 제13항 각 호"로 하고, 같은 조 제11항 중 "「조세특례제한법 시행령」 제23조 제11항 각 호"를 "「조세특례제한법 시행령」 제23조 제14항 각 호"로 하며, 같은 조 제12항 중 "「조세특례제한법 시행령」 제23조 제12항"을 "「조세특례제한법 시행령」 제23조 제15항"으로 한다.

• 법률의 개정시에 종전 법률 부칙의 경과규정을 개정하거나 삭제하는 명시적인 조치가 없다면 개정 법률에 다시 경과규정을 두지 않았다고 하여도 부칙의 경과규정이 당연히 실효되는 것은 아니지만, 개정 법률이 전문 개정인 경우에는 기존 법률을 폐지하고 새로운 법률을 제정하는 것과 마찬가지이어서 종전의 본칙은 물론 부칙 규정도 모두 소멸하는 것으로 보아야 할 것이므로 특별한 사정이 없는 한 종전의 법률 부칙의 경과규정도 모두 실효된다고 보아야 함. (대법 2001두11168, 2002. 7. 26.)

부 칙 (2021. 3. 9. 법률 제17919호 ; 한국광해광업공단법 부칙)

제1조【시행일】 이 법은 공포 후 6개월이 경과한 날부터 시행한다. (단서 생략)

제2조～제11조 생 략

제12조【다른 법률의 개정】 ①～③ 생 략

④ 지방세특례제한법 일부를 다음과 같이 개정한다.

제62조 제3항 중 "「한국광물자원공사법」에 따라 설립된 한국광물자원공사가"를 "「한국광해광업공단법」에 따라 설립된 한국광해광업공단이"로 한다.

제13조 생 략

부 칙 (2021. 1. 12. 법률 제17893호 ; 지방자치법 부칙)

제1조【시행일】 이 법은 공포 후 1년이 경과한 날부터 시행한다.

제2조～제21조 생 략

제22조【다른 법률의 개정】 ①～㊴ 생 략

㊵ 지방세특례제한법 일부를 다음과 같이 개정한다.

제38조 제5항 중 "「지방자치법」 제4조 제1항"을 "「지방자치법」 제5조 제1항"으로 한다.

제63조 제2항 제1호 중 "「지방자치법」 제159조 제1항"을 "「지방자치법」 제176조 제1항"으로 한다.

㊶～㊿ 생 략

제23조 생 략

부 칙 (2021. 1. 5. 법률 제17883호 ; 5·18민주유공자예우에 관한 법률 부칙)

제1조【시행일】 이 법은 공포 후 3개월이 경과한 날부터 시행한다.

제69조 제4항 단서 중 "「조세특례제한법 시행령」 제27조 제4항"을 "「조세특례제한법 시행령」 제27조 제5항"으로 하고, 같은 조 제5항 중 "「조세특례제한법 시행령」 제27조 제5항 및 제6항"을 "「조세특례제한법 시행령」 제27조 제6항 및 제7항"으로 하며, 같은 조 제6항 중 "「조세특례제한법 시행령」 제27조 제7항"을 "「조세특례제한법 시행령」 제27조 제8항"으로 한다.

제91조 제4항 중 "「조세특례제한법 시행령」 제96조 제4항 각 호"를 "「조세특례제한법 시행령」 제96조 제5항 각 호"로 하고, 같은 조 제5항 본문 중 "「조세특례제한법 시행령」 제96조 제5항 각 호"를 "「조세특례제한법 시행령」 제96조 제6항 각 호"로 하며, 같은 항 단서 중 "「조세특례제한법 시행령」 제96조 제5항"을 "「조세특례제한법 시행령」 제96조 제6항"으로 한다.

제105조 제7항, 제106조 제4항, 제107조 제4항, 제108조 제5항, 제109조 제4항, 제110조 제5항 및 제111조 제4항 중 "「조세특례제한법 시행령」 제23조 제7항부터 제9항까지"를 각각 "「조세특례제한법 시행령」 제23조 제10항부터 제12항까지"로 한다.

제121조 제5항 중 "「조세특례제한법 시행령」 제23조 제7항부터 제10항까지"를 "「조세특례제한법 시행령」 제23조 제10항부터 제13항까지"로 한다.

부 칙 (2014. 12. 31. 대통령령 제25958호)

제1조【시행일】 이 영은 2015년 1월 1일부터 시행한다.

제2조【기업부설연구소의 인정 기한 단축에 관한 경과조치】 이 영 시행 전에 토지 또는 건축물을 취득한 기업부설연구소의 경우에는 제23조 제1항의 개정규정에도 불구하고 종전의 규정에 따른다.

부 칙 (2014. 12. 30. 대통령령 제25918호 ; 농업소득의 보전

제2조~제7조 생 략

제8조【다른 법률의 개정】 ①부터 ⑮까지 생 략

⑯ 지방세특례제한법 일부를 다음과 같이 개정한다.

제29조 제1항 각 호 외의 부분 중 "「5·18민주유공자예우에 관한 법률」"을 "「5·18민주유공자예우 및 단체설립에 관한 법률」"로 한다.

⑰~⑲ 생 략

제9조 생 략

부 칙 (2020. 12. 29. 법률 제17799호 ; 독점규제 및 공정거래에 관한 법률 부칙)

제1조【시행일】 이 법은 공포 후 1년이 경과한 날부터 시행한다. (단서 생략)

제2조~제24조 생 략

제25조【다른 법률의 개정】 ①~⑦⓪ 생 략

⑦① 지방세특례제한법 일부를 다음과 같이 개정한다.

제46조 제2항 중 "「독점규제 및 공정거래에 관한 법률」 제14조 제1항"을 "「독점규제 및 공정거래에 관한 법률」 제31조 제1항"으로 한다.

제57조의 2 제5항 제3호 본문 중 "「독점규제 및 공정거래에 관한 법률」 제2조 제3호"를 "「독점규제 및 공정거래에 관한 법률」 제2조 제12호"로 한다.

⑦②~⑧② 생 략

제26조 생 략

부 칙 (2020. 12. 29. 법률 제17771호)

제1조【시행일】 이 법은 2021년 1월 1일부터 시행한다. 다만, 제64조의 2의 개정규정은 2021년 1월 30일부터 시행한다.

에 관한 법률 시행령 부칙)

제1조【시행일】 이 영은 2015년 1월 1일부터 시행한다.

제2조~제3조 생 략

제4조【다른 법령의 개정】 ①~⑦ 생 략

⑧ 지방세특례제한법 시행령 일부를 다음과 같이 개정한다.

제3조 제1항 제3호 중 "「쌀소득 등의 보전에 관한 법률」 제6조 제3항 제1호 및 같은 법 시행령 제4조의 3 제1항 본문"을 "「농업소득의 보전에 관한 법률」 제6조 제3항 제1호 및 같은 법 시행령 제6조 제1항 본문"으로 한다.

⑨ 생 략

제5조 생 략

부 칙 (2014. 11. 19. 대통령령 제25751호 ; 행정자치부와 그 소속기관 직제 부칙)

제1조【시행일】 이 영은 공포한 날부터 시행한다. 다만, 부칙 제5조에 따라 개정되는 대통령령 중 이 영 시행 전에 공포되었으나 시행일이 도래하지 아니한 대통령령을 개정한 부분은 각각 해당 대통령령의 시행일부터 시행한다.

제2조~제4조 생 략

제5조【다른 법령의 개정】 ①~㉑ 생 략

㉒ 지방세특례제한법 시행령 일부를 다음과 같이 개정한다.

제2조 제1항 각 호 외의 부분, 같은 조 제3항 제6호, 같은 조 제7항, 제9조 제2호, 제22조 제2호, 제26조 제2호, 제28조 제1항 제2호 및 제124조 제5호 중 "안전행정부장관"을 각각 "행정자치부장관"으로 한다.

제22조 제2호 중 "안전행정부장관이 미래창조과학부장관 또는 교육부장관"을 "행정자치부장관이 교육부장관 또는 미래창조과학부장관"으로 한다.

제2조【일반적 적용례】 이 법은 이 법 시행 이후 납세의무가 성립하는 분부터 적용한다.

제3조【5세대 이동통신 무선국에 대한 감면에 관한 적용례】 제49조의 2의 개정규정은 이 법 시행 이후 「전파법」 제19조의 2에 따라 신고하는 경우부터 적용한다.

제4조【창업중소기업 등에 대한 감면에 관한 적용례】 제58조의 3 제1항, 제2항 및 제4항의 개정규정은 이 법 시행 이후 창업하는 경우부터 적용한다.

제5조【지능형 해상교통정보서비스 무선국에 대한 감면에 관한 적용례】 제64조의 2의 개정규정은 부칙 제1조 단서에 따른 시행일 이후 「전파법」 제19조에 따라 허가를 받은 경우부터 적용한다.

제6조【귀농인의 농지 등에 대한 감면의 추징에 관한 경과조치】 이 법 시행 전에 감면받은 취득세의 추징에 관하여는 제6조 제4항 제1호의 개정규정에도 불구하고 종전의 규정에 따른다.

제7조【장기임대주택 취득세 감면에 관한 경과조치】 2020년 8월 18일 전에 「민간임대주택에 관한 특별법」 제5조에 따라 등록을 신청한 장기임대주택에 관하여는 제31조 제1항 제2호의 개정규정에도 불구하고 종전의 규정에 따른다.

제8조【전공대학에 대한 감면에 관한 경과조치】 ① 이 법 시행 전에 제44조 제1항에 따라 재산세의 감면을 받고 있던 경우에는 같은 조 제2항의 개정규정에도 불구하고 종전의 규정을 적용받을 수 있다.

② 제1항에 따라 재산세의 감면에 관하여 종전의 규정 또는 개정규정의 감면을 적용받는 경우에는 그 중 하나를 선택하여 감면기간 동안 동일한 규정을 계속하여 적용하여야 한다.

제9조【창업중소기업 등에 대한 감면에 관한 경과조치】 이 법 시행 전에 창업한 기업에 대한 지방세의 경감에 관하여는

제45조 제2항 본문, 제47조 제3항 각 호 외의 부분, 제48조 제2항 본문, 제49조 제2항 본문, 제50조 제2항 본문, 제53조 제4항 본문, 제54조 제10항 본문, 제55조 제5항 본문, 제56조 제6항 본문, 제57조 제5항 본문, 제58조 제3항 본문, 제59조 제5항 본문, 제60조 제3항 본문, 제62조 제2항 본문, 제63조 제2항 본문, 제64조 제3항 본문, 제65조 제3항 본문, 제66조 제3항 본문, 제67조 제12항 본문, 제68조 제2항 본문, 제69조 제4항 본문, 제70조 제2항 본문, 제71조 제6항 본문, 제72조 제2항 본문, 제73조 제3항 본문, 제74조 제8항 본문, 같은 조 제9항 본문, 제75조 제6항 본문, 제76조 제4항 본문, 제77조 제4항 본문, 제78조 제2항 본문, 제79조 제7항 본문, 같은 조 제9항 본문, 제80조 제6항 본문, 같은 조 제7항 본문, 제81조 제2항 본문, 같은 조 제3항 본문, 제82조 제6항 본문, 제83조 제6항 본문, 제84조 제4항 본문, 제84조의 2 제1항 본문, 제85조 제2항 본문, 같은 조 제5항 본문, 같은 조 제6항 본문, 제86조 제3항 본문, 제87조 제3항 본문, 제88조 제2항 본문, 제89조 본문, 제90조 제3항 본문, 제91조 제5항 본문, 제92조 제3항 본문, 제94조 제4항 본문, 제101조 본문, 제102조 본문, 제104조 제5항 본문, 제106조 제5항 본문, 제107조 제5항 본문, 제108조 제6항 본문, 제109조 제6항 본문, 제110조 제7항 본문, 제111조 제5항 본문, 제112조 제3항 본문, 제115조 제2항 본문, 제116조 본문, 제126조 제1항 각 호 외의 부분 및 제127조 중 "안전행정부령"을 각각 "행정자치부령"으로 한다.

대통령령 제25556호 지방세특례제한법 시행령 일부개정령 제3조 제5항의 개정규정 중 "안전행정부령"을 "행정자치부령"으로 한다.

㉓~㊳ 생 략

제58조의 3 제1항, 제2항 및 제4항의 개정규정에도 불구하고 종전의 규정에 따른다.

제10조【중소벤처기업진흥공단 등에 대한 감면에 관한 경과조치】 ① 이 법 시행 전에 취득한 공장용 부동산에 대한 재산세의 경감에 관하여는 제59조 제3항 본문의 개정규정에도 불구하고 종전의 규정에 따른다.

② 이 법 시행 전에 감면받은 취득세 및 재산세의 추징에 관하여는 제59조 제2항부터 제4항까지의 개정규정에도 불구하고 종전의 규정에 따른다.

부 칙 (2020. 12. 22. 법률 제17651호 ; 국제조세조정에 관한 법률 부칙)

제1조【시행일】 이 법은 2021년 1월 1일부터 시행한다. (단서 생략)

제2조~제30조 생 략

제31조【다른 법률의 개정】 ①~⑥ 생 략

⑦ 지방세특례제한법 일부를 다음과 같이 개정한다.

제78조의 3 제6항 제3호 중 "「국제조세조정에 관한 법률」 제2조 제1항 제2호"를 "「국제조세조정에 관한 법률」 제2조 제1항 제7호"로 한다.

제153조 제7항 제3호 중 "「국제조세조정에 관한 법률」 제2조 제1항 제2호"를 "「국제조세조정에 관한 법률」 제2조 제1항 제7호"로 한다.

제32조 생 략

부 칙 (2020. 12. 8. 법률 제17598호 ; 산업집적활성화 및 공장설립에 관한 법률 부칙)

제1조【시행일】 이 법은 공포 후 6개월이 경과한 날부터

부 칙 (2014. 8. 20. 대통령령 제25556호)

제1조【시행일】 이 영은 공포한 날부터 시행한다. 다만, 제3조의 개정규정은 2015년 1월 1일부터 시행한다.

제2조【적용시한】 제48조의 2 제1항 단서·제2항 단서, 제48조의 4 제3항 단서, 제48조의 6 제1항 단서 및 제84조의 2 제1항 단서의 개정규정은 2016년 12월 31일까지 효력을 가진다.

제3조【일반적 적용례】 이 영은 이 영 시행 후 납세의무가 성립하는 분부터 적용한다. 다만, 지방소득세에 관해서는 이 영 시행일이 속하는 과세기간에 최초로 발생하는 소득분 또는 양도하는 분부터 적용한다.

제4조【농지대토에 대한 양도소득분 개인지방소득세 감면요건 등에 관한 적용례】 제84조 제1항의 개정 규정은 2014년 7월 1일 이후 양도하는 분부터 적용한다.

제5조【일반적 경과조치】 이 영 시행 당시 종전의 규정에 따라 부과 또는 감면하였거나 부과 또는 감면하여야 할 지방세에 대해서는 종전의 규정에 따른다.

부 칙 (2014. 3. 14. 대통령령 제25253호)

제1조【시행일】 이 영은 공포한 날부터 시행한다.

제2조【적용시한】 제45조 제2항 단서, 제48조 제2항 단서, 제49조 제2항 단서, 제50조 제2항 단서, 제53조 제4항 단서, 제54조 제10항 단서, 제55조 제5항 단서, 제56조 제6항 단서, 제57조 제5항 단서, 제58조 제3항 단서, 제59조 제5항 단서, 제60조 제3항 단서, 제62조 제2항 단서, 제63조 제2항 단서, 제64조 제3항 단서, 제65조 제3항 단서, 제66조 제3항 단서, 제67조 제12항 단서, 제68조 제2항 단서, 제70조 제2항 단서, 제71조 제6항 단서, 제72조 제2항 단서, 제73조 제3항 단서, 제74조 제8항

시행한다.

제2조 생 략

제3조 【다른 법률의 개정】 ①·② 생 략

③ 지방세특례제한법 일부를 다음과 같이 개정한다.

제78조의2 본문 및 단서 중 "제45조의13 제1항 제3호 및 제5호의 사업"을 각각 "제45조의21 제1항 제3호 및 제5호의 사업"으로 한다.

④ 생 략

부 칙 (2020. 8. 12. 법률 제17474호)

제1조 【시행일】 이 법은 공포한 날부터 시행한다.

제2조 【임대주택 등에 대한 감면에 관한 적용례】 ① 제31조 제2항의 개정규정은 이 법 시행 이후 임대사업자가 임대할 목적으로 공동주택 및 오피스텔을 취득하는 경우부터 적용한다.

② 제31조 제4항의 개정규정은 이 법 시행 이후 임대사업자가 임대할 목적으로 공동주택 및 오피스텔을 취득하여 등록하거나 이 법 시행 전에 보유한 공동주택 및 오피스텔을 신규 등록한 경우부터 적용한다.

제3조 【장기일반민간임대주택 등에 대한 감면에 관한 적용례】 제31조의3 제1항의 개정규정은 이 법 시행 이후 「민간임대주택에 관한 특별법」 제2조 제4호에 따른 공공지원민간임대주택 및 같은 조 제5호에 따른 장기일반민간임대주택을 임대하려는 자가 임대할 목적으로 공동주택 및 오피스텔을 취득하여 등록하거나 이 법 시행 전에 보유한 공동주택 및 오피스텔을 신규 등록한 경우부터 적용한다.

제4조 【생애최초 주택 구입 취득세의 감면에 관한 적용례】 제36조의3의 개정규정은 2020년 7월 10일 이후 최초로 취득하는 경우부터 적용한다.

제5조 【기업합병·분할 등에 대한 감면에 관한 적용례】 제

단서·제9항 단서, 제75조 제6항 단서, 제76조 제4항 단서, 제77조 제4항 단서, 제78조 제2항 단서, 제79조 제7항 단서·제9항 단서, 제80조 제6항 단서·제7항 단서, 제81조 제2항 단서·제3항 단서, 제82조 제6항 단서, 제83조 제6항 단서, 제84조 제4항 단서, 제85조 제2항 단서·제4항 단서·제5항 단서 및 제6항 단서, 제86조 제3항 단서, 제87조 제3항 단서, 제88조 제2항 단서, 제89조 단서, 제90조 제3항 단서, 제91조 제5항 단서, 제92조 제3항 단서, 제93조 제2항 단서, 제94조 제4항 각 호 외의 부분 단서, 제95조 제2항 각 호 외의 부분 단서, 제96조 제2항 단서, 제97조 제3항 단서, 제98조 제3항 단서, 제99조 제2항 단서, 제100조 제3항 단서, 제101조 단서, 제102조 단서, 제104조 제5항 단서, 제106조 제5항 단서, 제107조 제5항 단서, 제108조 제6항 단서, 제109조 제6항 단서, 제110조 제7항 단서, 제111조 제5항 단서, 제112조 제3항 단서, 제115조 제2항 단서 및 제116조 단서의 개정규정은 2016년 12월 31일까지 효력을 가진다. (2014. 8. 20. 개정)

제3조 【일반적 적용례】 이 영은 법률 제12175호 지방세특례제한법 일부개정법률 시행 후 개시하는 과세연도 분부터 적용한다.

제4조 【일반적 경과조치】 이 영 시행 당시 종전의 규정에 따라 부과 또는 감면하였거나 부과 또는 감면하여야 할 지방세에 대해서는 종전의 규정에 따른다.

부 칙 (2014. 1. 1. 대통령령 제25060호)

이 영은 2014년 1월 1일부터 시행한다.

부 칙 (2013. 6. 28. 대통령령 제24638호 ; 부가가치세법 시행령 부칙)

57조의 2 제4항의 개정규정은 이 법 시행 이후 사업용 고정자산을 취득하는 경우부터 적용한다.

제6조 【임대주택 등에 대한 감면에 관한 경과조치】 ① 이 법 시행 전에 임대사업자가 임대할 목적으로 취득한 공동주택 및 오피스텔의 취득세 감면에 대해서는 종전의 규정에 따른다.
② 이 법 시행 전에 임대사업자가 임대할 목적으로 취득하여 등록한 공동주택 및 오피스텔의 재산세 감면에 대해서는 종전의 규정에 따른다.

제7조 【장기일반민간임대주택 등에 대한 감면에 관한 경과조치】 이 법 시행 전에 「민간임대주택에 관한 특별법」 제2조 제4호에 따른 공공지원민간임대주택 및 같은 조 제5호에 따른 장기일반민간임대주택을 임대하려는 자가 임대할 목적으로 취득하여 등록한 공동주택 및 오피스텔의 재산세 감면에 대해서는 종전의 규정에 따른다.

부 칙 (2020. 6. 9. 법률 제17460호 ; 한국철도시설공단법 부칙)

제1조 【시행일】 이 법은 공포 후 3개월이 경과한 날부터 시행한다.

제2조 · 제3조 생 략

제4조 【다른 법률의 개정】 ①~⑤ 생 략
⑥ 지방세특례제한법 일부를 다음과 같이 개정한다.

제63조 제1항 중 "「한국철도시설공단법」에 따라 설립된 한국철도시설공단(이하 이 조에서 "한국철도시설공단"이라 한다)"을 "「국가철도공단법」에 따라 설립된 국가철도공단(이하 이 조에서 "국가철도공단"이라 한다)"으로 한다.

제63조 제2항 중 "한국철도시설공단"을 "국가철도공단"으로 하고, 같은 항 제2호 중 "한국철도시설공단"을 "국가철도공단"으로 한다.

제1조 【시행일】 이 영은 2013년 7월 1일부터 시행한다. (단서 생략)

제2조 ~ 제15조 생 략

제16조 【다른 법령의 개정】 ①~㉞ 생 략
㉟ 지방세특례제한법 시행령 일부를 다음과 같이 개정한다.

제13조 제2항 제1호 중 "「부가가치세법」 제5조"를 "「부가가치세법」 제8조"로 한다.

제15조 제1항 제1호 중 "「부가가치세법」 제5조"를 "「부가가치세법」 제8조"로 한다.
㊱~㊲ 생 략

제17조 생 략

부 칙 (2013. 4. 22. 대통령령 제24502호 ; 과학관육성법 시행령 부칙)

제1조 【시행일】 이 영은 2013년 4월 24일부터 시행한다.

제2조 생 략

제3조 【다른 법령의 개정】 ①~④ 생 략
⑤ 지방세특례제한법 시행령 일부를 다음과 같이 개정한다.

제21조 제4호 중 "「과학관육성법」"을 "「과학관의 설립 · 운영 및 육성에 관한 법률」"로 한다.
⑥ 생 략

제4조 생 략

부 칙 (2013. 3. 23. 대통령령 제24425호 ; 안전행정부와 그 소속기관 직제 부칙)

제1조 【시행일】 이 영은 공포한 날부터 시행한다. 다만, 부칙 제6조에 따라 개정되는 대통령령 중 이 영 시행 전에 공포되었으나 시행일이 도래하지 아니한 대통령령을 개정한 부분

⑦~⑩ 생 략

부 칙 (2020. 5. 19. 법률 제17278호 ; 후계농어업인 및 청년농어업인 육성 · 지원에 관한 법률 부칙)

제1조 【시행일】 이 법은 공포 후 1년이 경과한 날부터 시행한다.

제2조 생 략

제3조 【다른 법률의 개정】 ① · ② 생 략

③ 지방세특례제한법 일부를 다음과 같이 개정한다.

제6조 제1항 본문 중 "「농어업경영체 육성 및 지원에 관한 법률」 제10조에 따른 후계농업경영인"을 "「후계농어업인 및 청년농어업인 육성 · 지원에 관한 법률」 제8조에 따른 후계농업경영인 및 청년창업형 후계농업경영인"으로 한다.

제9조 제1항 중 "「농어업경영체 육성 및 지원에 관한 법률」 제10조에 따른 후계어업경영인"을 "「후계농어업인 및 청년농어업인 육성 · 지원에 관한 법률」 제8조에 따른 후계어업경영인 및 청년창업형 후계어업경영인"으로 한다.

부 칙 (2020. 2. 18. 법률 제17039호 ; 수산업협동조합의 구조개선에 관한 법률 부칙)

제1조 【시행일】 이 법은 공포 후 6개월이 경과한 날부터 시행한다. (단서 생략)

제2조 생 략

제3조 【다른 법률의 개정】 ① · ② 생 략

③ 지방세특례제한법 일부를 다음과 같이 개정한다.

제57조의 3 제1항 제3호 중 "「수산업협동조합의 구조개선에 관한 법률」에 따른 상호금융예금자보호기금이 같은 법 제4조"를 "「수산업협동조합의 부실예방 및 구조개선에 관한 법률」에 은 각각 해당 대통령령의 시행일부터 시행한다.

제2조~제5조 생 략

제6조 【다른 법률의 개정】 ①~⑯ 생 략

⑰ 지방세특례제한법 시행령 일부를 다음과 같이 개정한다.

제2조 제1항 각 호 외의 부분, 같은 조 제3항 제6호, 같은 조 제7항, 제9조 제2호, 제22조 제2호, 제26조 제2호, 제28조 제1항 제2호 및 제46조 제5호 중 "행정안전부장관"을 각각 "안전행정부장관"으로 한다.

제22조 제2호 중 "교육과학기술부장관"을 "미래창조과학부장관 또는 교육부장관"으로 한다.

제23조 제1항 중 "교육과학기술부장관"을 "미래창조과학부장관"으로 한다.

제24조 제2항 중 "국토해양부장관"을 "국토교통부장관"으로 한다.

제28조 제1항 제2호 중 "지식경제부장관"을 "산업통상자원부장관"으로 한다.

제47조 제1항 각 호 외의 부분 및 제48조 중 "행정안전부령"을 각각 "안전행정부령"으로 한다.

⑱~⑲ 생 략

부 칙 (2013. 1. 1. 대통령령 제24297호)

제1조 【시행일】 이 영은 2013년 1월 1일부터 시행한다.

제2조 【귀농인 취득세 경감에 관한 적용례】 제3조의 개정규정은 이 영 시행 후 납세의무가 성립하는 경우부터 적용한다.

부 칙 (2012. 12. 21. 대통령령 제24247호 ; 고엽제후유의증 등 환자지원에 관한 법률 시행령 부칙)

제1조 【시행일】 이 영은 공포한 날부터 시행한다.

따른 상호금융예금자보호기금이 같은 법 제4조의 2"로 한다.

부 칙 (2020. 1. 15. 법률 제16865호)

제1조【시행일】 이 법은 공포한 날부터 시행한다. 다만, 제9조 제2항(「지방세법」 제146조를 인용하는 부분으로 한정한다), 제17조의 2 제2항, 제20조 제1호 단서, 제22조 제2항 본문(「지방세법」 제146조를 인용하는 부분으로 한정한다) 및 같은 조 제4항, 제29조 제2항 제2호 다목 및 같은 조 제3항, 제41조 제2항 본문, 같은 조 제4항 · 제6항, 제50조 제2항 본문, 같은 조 제4항, 제53조, 제89조 제2항 본문(「지방세법」 제146조를 인용하는 부분으로 한정한다), 같은 조 제4항 및 제90조 제2항 본문(「지방세법」 제146조를 인용하는 부분으로 한정한다)의 개정규정은 2021년 1월 1일부터 시행한다.

제2조【일반적 적용례】 이 법은 2020년 1월 1일 이후 납세의무가 성립하는 분부터 적용한다.

제3조【문화예술단체 및 체육단체에 대한 감면의 추징에 관한 적용례】 제52조 제3항의 개정규정은 2020년 1월 1일 이후 취득세를 면제받는 경우부터 적용한다.

제4조【천연가스를 연료로 사용하는 선박에 대한 감면의 추징에 관한 적용례】 제64조 제3항 단서 및 같은 항 각 호의 개정규정은 2020년 1월 1일 이후 취득세를 경감받는 경우부터 적용한다.

제5조【도시개발사업 등에 대한 감면에 관한 적용례】 ① 제74조 제1항 및 제3항의 개정규정은 「도시개발법」 제2조 제1항 제2호에 따른 도시개발사업 또는 「도시 및 주거환경정비법」 제2조 제2호 나목에 따른 재개발사업으로서 2020년 1월 1일 이후 「도시개발법」 제17조에 따른 실시계획 인가를 받거나 「도시 및 주거환경정비법」 제50조에 따른 사업시행계획 인가를 받는 사업부터 적용한다.

② 제74조 제4항 제1호 및 제3호와 제5항의 개정규정은 「도시

제2조【다른 법령의 개정】 ①~⑰ 생 략

⑱ 지방세특례제한법 시행령 일부를 다음과 같이 개정한다.

제8조 제1항 제4호 중 "「고엽제후유의증 등 환자지원에 관한 법률」"을 "「고엽제후유의증 등 환자지원 및 단체설립에 관한 법률」"로 한다.

⑲~㉑ 생 략

제3조 생 략

부 칙 (2012. 4. 17. 대통령령 제23734호 ; 고엽제후유의증 환자지원 등에 관한 법률 시행령 부칙)

제1조【시행일】 이 영은 2012년 4월 18일부터 시행한다.

제2조【다른 법령의 개정】 ①~⑬ 생 략

⑭ 지방세특례제한법 시행령 일부를 다음과 같이 개정한다.

제8조 제1항 제4호 중 "「고엽제후유의증 환자지원 등에 관한 법률」"을 "「고엽제후유의증 등 환자지원에 관한 법률」"로 한다.

⑮~⑰ 생 략

제3조 생 략

부 칙 (2011. 12. 31. 대통령령 제23484호)

이 영은 2012년 1월 1일부터 시행한다. 다만, 제40조 제1호 나목 2) 및 같은 조 제2호 나목의 개정규정은 2012년 7월 1일부터 시행한다.

부 칙 (2011. 6. 24. 대통령령 제22977호 ; 기초과학연구 진흥법 시행령 부칙)

제1조【시행일】 이 영은 공포한 날부터 시행한다.

제2조 생 략

제3조【다른 법령의 개정】 ①~㊵ 생 략

및 주거환경정비법」 제2조 제2호 가목에 따른 주거환경개선사업 또는 같은 호 나목에 따른 재개발사업으로서 2020년 1월 1일 이후 「도시 및 주거환경정비법」 제50조에 따른 사업시행계획 인가를 받는 사업부터 적용한다.

제6조【외국인투자에 대한 감면에 관한 적용례】 제78조의3의 개정규정은 2020년 1월 1일 이후 「조세특례제한법」 제121조의 2 제6항에 따라 감면신청을 하는 경우부터 적용한다.

제7조【감면된 취득세의 추징에 관한 적용례】 제178조 제2항의 개정규정은 이 법 시행 이후 부동산에 대한 취득세 감면을 받는 경우부터 적용한다.

제8조【종전 농업법인에 대한 감면에 관한 특례】 2020년 1월 1일 전에 법인설립등기를 한 농업법인이 영농에 사용하기 위하여 그 법인설립등기일부터 2년 이내에 취득하는 농지, 관계 법령에 따라 농지를 조성하기 위하여 취득하는 임야 및 제6조 제2항 각 호의 어느 하나에 해당하는 시설에 대해서는 제11조 제1항 각 호 외의 부분의 개정규정에도 불구하고 취득세를 면제한다. 이 경우 면제된 취득세의 추징에 관하여는 제11조 제3항을 적용한다.

제9조【한국원자력의학원에 대한 감면에 관한 특례】 제37조 제1항 제7호의 개정규정에 따른 한국원자력의학원이 그 고유업무에 직접 사용하기 위하여 2020년 12월 31일까지 취득하는 부동산으로서 2021년 1월 1일 당시 그 부동산에 대한 재산세 납세의무가 최초로 성립한 날부터 5년이 지나지 아니한 부동산에 대해서는 해당 부동산 취득일 이후 해당 부동산에 대한 재산세 납세의무가 최초로 성립한 날부터 5년간 재산세의 100분의 50을 2021년 1월 1일부터 경감(과세기준일 현재 그 고유업무에 직접 사용하고 있지 아니하는 경우는 제외한다)한다. 이 경우 재산세의 경감기간은 2021년 1월 1일을 기준으로 해당 부동산에 대한 재산세 납세의무가 최초로 성립한 날부터 5

㊶ 지방세특례제한법 시행령 일부를 다음과 같이 개정한다.

제23조 제1항 중 "「기술개발촉진법」 제7조 제1항 제2호"를 "「기초연구진흥 및 기술개발지원에 관한 법률」 제14조 제1항 제2호"로, "같은 법 시행령 제15조"를 "같은 법 시행령 제16조"로 하고, 같은 조 제2항 중 "「기술개발촉진법 시행령」 제15조"를 「기초연구진흥 및 기술개발지원에 관한 법률 시행령」 제16조"로 한다.

㊷~㊼ 생　략

부　칙 (2011. 3. 29. 대통령령 제22762호)

제1조【시행일】 이 영은 공포한 날부터 시행한다.

제2조【대체취득 장애인용 자동차의 취득세 및 자동차세 면제에 관한 적용례】 제8조 제3항의 개정규정은 이 영 시행 당시 대체취득 자동차의 등록일부터 60일이 경과되지 아니한 경우로서 그 등록일부터 60일 이내에 종전 자동차를 말소등록 또는 이전등록하였거나 말소등록 또는 이전등록하는 경우부터 적용한다.

부　칙 (2010. 12. 30. 대통령령 제22587호)

제1조【시행일】 이 영은 2011년 1월 1일부터 시행한다.

제2조【일반적 적용례】 이 영은 이 영 시행 후 최초로 납세의무가 성립하는 분부터 적용한다.

제3조【지방세 감면 규모 등에 관한 적용례】 제2조의 개정규정은 이 영 시행 후 최초로 지방세 감면에 관한 조례를 제정하거나 개정하는 경우부터 적용한다.

제4조【귀농인의 농지 및 임야에 대한 취득세 경감 등에 관한 적용례】 제3조 제3항 및 제4항의 개정규정은 이 영 시행 후 최초로 농지 또는 임야를 취득하는 경우부터 적용한다.

년이 지나지 아니한 잔여기간으로 한다.

제10조【일반적 경과조치】 2020년 1월 1일 당시 종전의 규정에 따라 부과 또는 감면하였거나 부과 또는 감면하여야 할 지방세에 대해서는 종전의 규정에 따른다.

제11조【종전 농업법인에 대한 감면에 관한 경과조치】 ① 제11조 제1항 각 호의 어느 하나에 해당하는 법인이 영농·유통·가공에 직접 사용하기 위하여 취득하는 부동산과 과세기준일 현재 해당 용도에 직접 사용하는 부동산에 대해서는 제11조 제1항 각 호 외의 부분의 개정규정에도 불구하고 같은 조 제2항에 따라 취득세 및 재산세의 100분의 50을 각각 2020년 12월 31일까지 경감한다. 이 경우 경감된 취득세의 추징에 관하여는 제11조 제3항을 적용한다.

② 제11조 제1항 각 호의 어느 하나에 해당하는 법인의 설립등기에 대해서는 제11조 제1항 각 호 외의 부분의 개정규정에도 불구하고 같은 조 제4항에 따라 등록면허세를 2020년 12월 31일까지 면제한다.

제12조【임대주택 등에 대한 감면의 추징에 관한 경과조치】 2020년 1월 1일 전에 감면받은 재산세의 추징에 관하여는 제31조 제4항의 개정규정에도 불구하고 종전의 규정에 따른다.

제13조【장기일반민간임대주택 등에 대한 감면의 추징에 관한 경과조치】 2020년 1월 1일 전에 감면받은 재산세의 추징에 관하여는 제31조의 3 제2항의 개정규정에도 불구하고 종전의 규정에 따른다.

제14조【학술연구단체 및 장학단체에 대한 감면의 추징에 관한 경과조치】 2020년 1월 1일 전에 감면받은 취득세의 추징에 관하여는 제45조 제3항의 개정규정에도 불구하고 종전의 제45조 제2항에 따른다.

제5조【친환경 주택의 취득세 경감 등에 관한 적용례】 제24조 제4항 및 제5항의 개정규정은 이 영 시행 후 최초로 친환경 주택을 취득하는 경우부터 적용한다.

제6조【지방세 감면규모 축소·조정 대상에 관한 경과조치】 법률 제10417호 지방세특례제한법 부칙 제8조에서 "대통령령으로 정하는 사항"이란 「인천국제공항공사법」에 따른 인천국제공항공사에 대한 지방세 감면에 관한 사항을 말한다.

제15조【도서관에 대한 감면의 추징에 관한 경과조치】 2020년 1월 1일 전에 감면받은 취득세 및 등록면허세의 추징에 관하여는 제52조 제2항의 개정규정에도 불구하고 종전의 규정에 따른다.

제16조【물류사업용 부동산에 대한 경감에 관한 경과조치】 2020년 1월 1일 전에 취득한 물류사업용 부동산에 대한 재산세의 경감에 관하여는 제71조 제2항의 개정규정에도 불구하고 종전의 규정에 따른다.

제17조【도시개발사업 등에 대한 감면 및 추징에 관한 경과조치】 ① 2020년 1월 1일 전에 「도시개발법」 제17조에 따른 실시계획 인가를 받거나 「도시 및 주거환경정비법」 제50조에 따른 사업시행계획 인가를 받은 사업의 시행으로 2020년 1월 1일 이후 취득하는 부동산에 대한 취득세 감면에 대해서는 제74조 제1항 및 제3항의 개정규정에도 불구하고 종전의 제74조 제1항에 따른다.
② 「도시 및 주거환경정비법」 제2조 제2호 가목에 따른 주거환경개선사업 중 도시저소득 주민이 집단 거주하는 지역으로서 정비기반시설이 극히 열악하고 노후·불량건축물이 과도하게 밀집한 지역의 주거환경을 개선하기 위한 사업으로서 2020년 1월 1일 전에 「도시 및 주거환경정비법」 제50조에 따른 사업시행계획 인가를 받은 사업의 시행에 따라 2020년 1월 1일 이후 취득하는 부동산에 대한 취득세 감면 및 추징에 대해서는 제74조 제3항과 제4항 제1호 및 제3호의 개정규정에도 불구하고 종전의 제74조 제3항에 따른다.
③ 「도시 및 주거환경정비법」 제2조 제2호 나목에 따른 재개발사업 중 정비기반시설이 열악하고 노후·불량건축물이 밀집한 지역에서 주거환경을 개선하기 위한 사업으로서 2020년 1월 1일 전에 「도시 및 주거환경정비법」 제50조에 따른 사업시행계획 인가를 받은 사업의 시행에 따라 2020년 1월 1일 이후 취득하는 부동산에 대한 취득세 감면 및 추징에 대해서는 제74조 제3항 및 제5항의 개정규정에도 불구하고 종전의 제74조 제3항에 따른다.

제18조【기업도시개발구역 및 지역개발사업 구역 내 창업기업 등의 감면에 관한 경과조치】 2020년 1월 1일 전 기업도시개발구역 등에 창업하거나 사업장을 신설한 기업과 투자를 개시한 사업시행자가 2020년 1월 1일 전 취득한 부동산에 대한 감면 기준은 제75조의 2의 개정규정에도 불구하고 종전의 규정에 따른다.

제19조【산업단지 등에 대한 감면의 추징에 관한 경과조치】 2020년 1월 1일 전에 감면받은 취득세 및 재산세의 추징에 관하여는 제78조 제1항 및 제6항의 개정규정에도 불구하고 종전의 규정에 따른다.

부 칙 (2019. 11. 26. 법률 제16652호 ; 금융회사부실자산 등의 효율적 처리 및 한국자산관리공사의 설립에 관한 법률 부칙)

제1조【시행일】 이 법은 공포한 날부터 시행한다.

제2조【다른 법률의 개정】 ①~㉞ 생 략
㉟ 지방세특례제한법 일부를 다음과 같이 개정한다.
제57조의 2 제5항 제5호 중 "「금융회사부실자산 등의 효율적 처리 및 한국자산관리공사의 설립에 관한 법률」"을 "「한국자산관리공사 설립 등에 관한 법률」"로 한다.
제57조의 3 제2항 중 "「금융회사부실자산 등의 효율적 처리 및 한국자산관리공사의 설립에 관한 법률」"을 "「한국자산관리공사 설립 등에 관한 법률」"로 한다.
제57조의 3 제3항 중 "「금융회사부실자산 등의 효율적 처리 및 한국자산관리공사의 설립에 관한 법률」"을 "「한국자산관리공사 설립 등에 관한 법률」"로 한다.
㊱~㊵ 생 략

제3조 생 략

부 칙 (2019. 11. 26. 법률 제16596호 ; 문화재보호법 부칙)

제1조【시행일】 이 법은 공포 후 6개월이 경과한 날부터 시행한다. (단서 생략)

제2조~제8조 생 략

제9조【다른 법률의 개정】 ①~⑪ 생 략
⑫ 지방세특례제한법 일부를 다음과 같이 개정한다.
제55조 제2항 제1호 전단 중 "제2조 제2항"을 "제2조 제3항"으로 한다.
⑬~⑭ 생 략

제10조 생 략

부 칙 (2019. 8. 27. 법률 제16568호 ; 양식산업발전법 부칙)

제1조【시행일】 이 법은 공포 후 1년이 경과한 날부터 시행한다.

제2조~제14조 생 략

제15조【다른 법률의 개정】 ①~㊿ 생 략
(51) 지방세특례제한법 일부를 다음과 같이 개정한다.
제9조 제1항 중 "어업을 주업으로"를 "어업(양식업을 포함한다. 이하 같다)을 주업으로"로, "어업권"을 "어업권 · 양식업권"으로 하고, 같은 조 제3항 중 "어업권"을 각각 "어업권 · 양식업권"으로 한다.
제73조 제1항 각 호 외의 부분 본문 중 "어업권"을 "어업권 · 양식업권"으로 한다.
(52)~(61) 생 략
제16조 생 략

부 칙 (2019. 4. 30. 법률 제16413호 ; 파견근로자 보호 등에 관한 법률 부칙)
제1조【시행일】 이 법은 공포한 날부터 시행한다.
제2조【다른 법률의 개정】 ①~⑫ 생 략
⑬ 지방세특례제한법 일부를 다음과 같이 개정한다.
제117조 제1항 중 "「파견근로자보호 등에 관한 법률」"을 각각 "「파견근로자 보호 등에 관한 법률」"로 한다.
⑭ 생 략

부 칙 (2019. 4. 30. 법률 제16407호 ; 첨단의료복합단지 지정 및 지원에 관한 특별법 부칙)
제1조【시행일】 이 법은 공포 후 6개월이 경과한 날부터 시행한다.
제2조【다른 법률의 개정】 ①·② 생 략
③ 지방세특례제한법 일부를 다음과 같이 개정한다.
제159조 제1항 중 "「첨단의료복합단지 지정 및 지원에 관한 특별법」"을 "「첨단의료복합단지 육성에 관한 특별법」"으로 한다.
제3조 생 략

부 칙 (2018. 12. 31. 법률 제16172호 ; 중소기업진흥에 관한 법률 부칙)
제1조【시행일】 이 법은 공포 후 3개월이 경과한 날부터 시행한다. (단서생략)
제2조 · 제3조 생 략
제4조【다른 법률의 개정】 ①~㉕ 생 략
㉖ 지방세특례제한법 일부를 다음과 같이 개정한다.
제59조의 제목, 같은 조 제1항 및 제2항 중 "중소기업진흥공단"을 각각 "중소벤처기업진흥공단"으로 한다.
㉗~㉙ 생 략
제5조 생 략

부 칙 (2018. 12. 31. 법률 제16133호 ; 환경친화적 자동차의 개발 및 보급 촉진에 관한 법률 부칙)
제1조【시행일】 이 법은 공포 후 3개월이 경과한 날부터 시행한다.
제2조【다른 법률의 개정】 ①~③ 생 략
④ 지방세특례제한법 일부를 다음과 같이 개정한다.
제66조 제4항 각 호 외의 부분 중 "연료전지자동차"를 "수소전기자동차"로 한다.
⑤ 생 략
제3조 생 략

부 칙 (2018. 12. 24. 법률 제16057호 ; 문화재보호법 부칙)
제1조【시행일】 이 법은 공포 후 1년이 경과한 날부터 시행한다.
제2조 생 략
제3조【다른 법률의 개정】 ①~⑤ 생 략
⑥ 지방세특례제한법 일부를 다음과 같이 개정한다.
제55조 제2항 제2호 중 "따라 등록한 문화재"를 "따른 국가등록문화재"로 한다.
⑦~⑨ 생 략

부 칙 (2018. 12. 24. 법률 제16041호)
제1조【시행일】 이 법은 2019년 1월 1일부터 시행한다.
제2조【일반적 적용례】 이 법은 이 법 시행 이후 납세의무가 성립하는 분부터 적용한다.
제3조【서민주택의 취득 등에 대한 지방세 추징에 관한 적용례】 제16조 제2항, 제31조의 3 제2항, 제33조 제3항, 제36조의 2 제2항, 제44조 제2항, 제47조의 2 제4항 및 제68조 제2항의 개정규정은 이 법 시행 이후 감면되는 분부터 적용한다.
제4조【한국인 근로자 평택이주 감면에 관한 적용례】 제81조의 2의 개정규정은 감면대상자가 주택을 취득한 날부터 이 법 시행일까지의 기간이 60일 미만이 되는 경우에도 적용하고, 같은 조 제2항의 개정규정은 이 법 시행 이후 감면받는 분부터 적용한다.
제5조【의료기관 등에 대한 재산세 감면 적용에 관한 특례】 ① 제22조 제6항 제3호 나목, 제27조 제2

항 제2호 나목, 제30조 제2항 제2호 나목, 제37조 제2항 제2호, 제38조 제1항 제2호 나목, 같은 조 제4항 제2호 나목, 제38조의 2 제2호 나목, 제40조 제2항 제2호, 제40조의 3 제2호 나목 및 제41조 제7항 제2호 나목의 개정규정은 2020년 12월 31일까지 취득한 부동산으로서 2021년 1월 1일 당시 그 부동산에 대한 재산세 납세의무가 최초로 성립한 날부터 5년이 지나지 아니한 경우에도 각각 적용한다. 이 경우 재산세의 경감기간은 2021년 1월 1일을 기준으로 해당 부동산에 대한 재산세 납세의무가 최초로 성립한 날부터 5년이 지나지 아니한 잔여기간으로 한다.
② 제43조 제3항 제2호 및 제44조 제1항 제2호 나목의 개정규정은 2019년 12월 31일까지 취득한 부동산으로서 2020년 1월 1일 당시 그 부동산에 대한 재산세 납세의무가 최초로 성립한 날부터 5년이 지나지 아니한 경우에도 각각 적용한다. 이 경우 재산세의 경감기간은 2020년 1월 1일을 기준으로 해당 부동산에 대한 재산세 납세의무가 최초로 성립한 날부터 5년이 지나지 아니한 잔여기간으로 한다.

제6조 【연안항로 취항 등에 대한 재산세 경감 적용 특례】 제64조 제2항 각 호 외의 부분의 개정규정 중 재산세 경감에 관한 부분은 이 법 시행 전에 취득세를 경감받은 선박으로서 이 법 시행 당시 그 선박에 대한 재산세 납세의무가 최초로 성립한 날부터 5년이 지나지 아니한 경우에도 적용한다. 이 경우 해당 선박에 대한 재산세의 경감기간은 이 법 시행 당시 재산세 납세의무가 최초로 성립한 날부터 5년이 지나지 아니한 잔여기간으로 한다.

제7조 【항공운송사업자 등에 대한 재산세 경감 적용 특례】 제65조 본문의 개정규정 중 재산세 경감에 관한 부분은 이 법 시행 전에 취득세를 경감받은 항공기로서 이 법 시행 당시 그 항공기에 대한 재산세 납세의무가 최초로 성립한 날부터 5년이 지나지 아니한 항공기(같은 조 단서의 개정규정에 해당하는 자가 취득하는 항공기는 제외한다)에 대해서도 적용한다. 이 경우 해당 항공기에 대한 재산세의 경감기간은 이 법 시행 당시 재산세 납세의무가 최초로 성립한 날부터 5년이 지나지 아니한 잔여기간으로 한다.

제8조 【일반적 경과조치】 이 법 시행 당시 종전의 규정에 따라 부과 또는 감면하였거나 부과 또는 감면하여야 할 지방세에 대해서는 종전의 규정에 따른다.

제9조 【농어촌 주택개량에 대한 감면 기준 변경에 관한 경과조치】 ① 이 법 시행 전 종전의 제16조에 따른 사업계획에 따라 주택개량대상자로 선정된 사람이 이 법 시행 이후 주택을 취득한 경우의 그 주택에 대한 취득세 감면 기준은 제16조의 개정규정 또는 종전의 규정에 따른 면적기준 중 유리한 규정을 적용한다.
② 종전의 제16조에 따라 취득세가 감면된 주택으로서 이 법 시행 당시 그 주택 취득 후 재산세 납세의무가 최초로 성립하는 날부터 5년이 지나지 아니한 주택에 대한 재산세 감면에 대해서는 제16조의 개정규정에도 불구하고 종전의 규정에 따른다.

제10조 【자산의 포괄적 양도 등에 대한 취득세 추징에 관한 경과조치】 이 법 시행 전에 감면받은 취득세의 추징에 대해서는 제57조의 2 제3항 제6호 및 같은 조 제4항의 개정규정에도 불구하고 종전의 규정에 따른다.

제11조 【기부채납용 부동산 등에 대한 취득세 경감에 관한 경과조치】 이 법 시행 전 무상으로 양여받거나 기부채납 대상물의 무상사용권을 제공받는 것을 조건으로 「국토의 계획 및 이용에 관한 법률」 제56조에 따른 개발행위허가, 같은 법 제88조에 따른 실시계획의 인가 또는 「사회기반시설에 대한 민간투자법」 제15조에 따른 실시계획의 승인을 받은 경우로서 이 법 시행 이후 해당 부동산 또는 사회기반시설을 취득하는 경우의 취득세의 감면은 제73조의 2 제1항의 개정규정에도 불구하고 종전의 규정에 따라 취득세를 면제한다.

부 칙 (2018. 12. 24. 법률 제16008호 ; 법인세법 부칙)

제1조 【시행일】 이 법은 2019년 1월 1일부터 시행한다. (단서 생략)

제2조 ~ 제14조 생 략

제15조 【다른 법률의 개정】 ①~⑤ 생 략
⑥ 지방세특례제한법 일부를 다음과 같이 개정한다.
제2조 제1항 제2호 중 "「법인세법」 제3조 제3항"을 "「법인세법」 제4조 제3항"으로 한다.

부 칙 (2018. 12. 11. 법률 제15881호 ; 노인장기요양보험법 부칙)

제1조 【시행일】 이 법은 공포 후 1년이 경과한

날부터 시행한다. (단서 생략)

제2조~제11조 생 략

제12조【다른 법률의 개정】 ①~③ 생 략

④ 지방세특례제한법 일부를 다음과 같이 개정한다.

제101조 제1항 제1호 소목을 다음과 같이 한다.

소. 「노인장기요양보험법」 제31조에 따른 장기요양기관 중 재가급여를 제공하는 장기요양기관을 운영하는 사업

부 칙 (2018. 10. 16. 법률 제15830호 ; 국립공원관리공단법 부칙)

제1조【시행일】 이 법은 공포 후 3개월이 경과한 날부터 시행한다.

제2조 생 략

제3조【다른 법률의 개정】 ①~④ 생 략

⑤ 지방세특례제한법 일부를 다음과 같이 개정한다.

제48조 중 "「국립공원관리공단법」에 따른 국립공원관리공단"을 "「국립공원공단법」에 따른 국립공원공단"으로 한다.

부 칙 (2018. 3. 20. 법률 제15523호 ; 공무원연금법 부칙)

제1조【시행일】 이 법은 공포 후 6개월이 경과한 날부터 시행한다.

제2조~제35조 생 략

제36조【다른 법률의 개정】 ①~⑤ 생 략

⑥ 지방세특례제한법 일부를 다음과 같이 한다.

제24조 제2항 각 호 외의 부분 중 "제16조"를 "제17조"로 하고, 같은 항 제1호 중 "「공무원연금법」 제16조 제4호 및 제5호"로 하며, 같은 항 제2호 중 "「공무원연금법」 제16조 제3호 및 제6호"를 "「공무원연금법」 제17조 제3호 및 제6호"로 한다.

제37조 생 략

부 칙 (2018. 3. 13. 법률 제15460호 ; 철도건설법 부칙)

제1조【시행일】 이 법은 공포 후 1년이 경과한 날부터 시행한다.

제2조【다른 법률의 개정】 ①~⑭ 생 략

⑮ 지방세특례제한법 일부를 다음과 같이 개정한다.

제63조 제2항 제2호 중 "「철도건설법」"을 "「철도의 건설 및 철도시설 유지관리에 관한 법률」"로 한다.

⑯~⑳ 생 략

제3조 생 략

부 칙 (2018. 1. 16. 법률 제15356호 ; 민간임대주택에 관한 특별법 부칙)

제1조【시행일】 이 법은 공포 후 6개월이 경과한 날부터 시행한다.

제2조~제11조 생 략

제12조【다른 법률의 개정】 ①~④ 생 략

⑤ 지방세특례제한법 일부를 다음과 같이 개정한다.

제31조의 3의 제목 "(준공공임대주택 등에 대한 감면)"을 "(장기일반민간임대주택 등에 대한 감면)"으로 하고, 같은 조 제1항 각 호 외의 부분 중 "기업형임대주택"을 "공공지원민간임대주택"으로, "준공공임대주택"을 "장기일반민간임대주택"으로 하며, 같은 조 제2항 본문 중 "준공공임대주택 사업자"를 "임대사업자"으로 한다.

제138조 제1항 중 "기업형임대주택"을 "공공지원민간임대주택"으로, "준공공임대주택"을 "장기일반민간임대주택"으로, "준공공임대주택등"을 "장기일반민간임대주택등"으로 하고, 같은 조 제2항 중 "(준공공임대주택등의 경우에는 8년)"을 "(장기일반민간임대주택등의 경우에는 8년)"으로 한다.

제140조의 2의 제목 "(준공공임대주택에 대한 양도소득분 개인지방소득세 세액감면)"을 "(장기일반민간임대주택등에 대한 양도소득분 개인지방소득세 세액감면)"으로 한다.

제140조의 3의 제목 "(기업형임대사업자에게 양도한 토지에 대한 과세특례)"를 "(임대사업자에게 양도한 토지에 대한 과세특례)"로 하고, 같은 조 제1항 중 "「민간임대주택에 관한 특별법」 제2조 제8호에 따른 기업형임대사업자(이하 이 조에서 "기업형임대사업자"라 한다)"를 "공공지원민간임대주택을 300호 이상 건설하려는 「민간임대주택에 관한 특별법」 제2조 제7호에 따른 임대사업자(이하 이 조에서 "임대사업자"라 한다)"로 하며, 같은 조 제3항 각 호 외의 부분 중 "기업형임대사업자"를 "임대사업자"로 하고, 같은 항 제1호 중 "기업형임대주택사업"을 "공공지원민간임대주택 개발사업"으로, "기업형임대주택"을 "공공지원민간임대주택"으로 하며, 같은 항 제2호 중 "기업형임대사업자"를 "임대사업자"로, "기업형임대주택"을 각각 "공공지원민간임대주택"으로 한다.

⑥ 생 략

제13조 생 략

부 칙 (2017. 12. 26. 법률 제15309호 ; 공공기관 지방이전에 따른 혁신도시 건설 및 지원에 관한 특별법 부칙)

제1조【시행일】이 법은 공포 후 3개월이 경과한 날부터 시행한다. (단서 생략)

제2조 생 략

제3조【다른 법률의 개정】①~⑫ 생 략

⑬ 지방세특례제한법 일부를 다음과 같이 개정한다.

제81조 제1항 중 "「공공기관 지방이전에 따른 혁신도시 건설 및 지원에 관한 특별법」"을 "「혁신도시 조성 및 발전에 관한 특별법」"으로 한다.

제134조 제1항 중 "「공공기관 지방이전에 따른 혁신도시 건설 및 지원에 관한 특별법」"을 "「혁신도시 조성 및 발전에 관한 특별법」"으로 한다.

⑭~⑲ 생 략

제4조 생 략

부 칙 (2017. 12. 26. 법률 제15295호)

제1조【시행일】이 법은 2018년 1월 1일부터 시행한다. 다만, 제47조의 2 제1항 및 제66조 제1항의 개정규정은 2019년 1월 1일부터 시행한다.

제2조【일반적 적용례】이 법은 이 법 시행 후 납세의무가 성립하는 경우부터 적용한다.

제3조【기업 재무구조 개선 등에 대한 재산세 경감에 관한 적용례】제57조의 3 제4항의 개정규정은 한국자산관리공사가 이 법 시행 전에 취득하여 임대 중인 자산에 대해서도 적용한다. 이 경우 해당 자산에 대한 재산세의 경감기간은 이 법 시행 당시 해당 자산의 재산세 납세의무가 최초로 성립하는 날부터 5년이 지나지 아니한 잔여기간으로 한다.

제4조【창업중소기업 등에 대한 재산세 경감에 관한 적용례 등】이 법 시행 전에 창업한 창업중소기업 및 창업벤처중소기업에 대해서는 제58조의 3 제2항의 개정규정에도 불구하고 종전의 규정을 적용한다.

제5조【경형자동차 등에 대한 감면된 취득세 추징에 관한 적용례】제67조 제1항 단서의 개정규정은 이 법 시행 후 감면받는 경우부터 적용한다.

제6조【마을회 등에 대한 감면된 취득세 추징에 관한 적용례】제90조 제1항 제3호의 개정규정은 이 법 시행 후 기부채납하는 경우부터 적용한다.

제7조【지방세 면제 특례의 제한에 관한 적용례】제177조의 2 제1항의 개정규정은 법률 제12955호 지방세특례제한법 일부개정법률 부칙 제12조, 법률 제13637호 지방세특례제한법 일부개정법률 부칙 제5조 및 법률 제14477호 지방세특례제한법 일부개정법률 부칙 제9조에도 불구하고 다음 각 호의 구분에 따른 시기부터 적용한다.

1. 제22조의 2, 제42조 제2항, 제43조, 제53조, 제57조의 2 제3항 제5호 · 제7호, 제57조의 2 제4항 · 제5항, 제60조 제3항 제1호의 2, 제70조 제3항, 제73조의 2, 제74조 제3항 제4호 · 제5호, 제79조, 제80조 및 제83조 제2항 : 2019년 1월 1일
2. 제22조 제1항 · 제2항, 제72조 제1항 · 제2항, 제74조 제1항, 제85조의 2 제2항, 제88조 제1항, 제89조 및 제90조 : 2020년 1월 1일 (2020. 1. 15. 개정)
3. 제15조 제2항, 제63조 제5항 : 2026년 1월 1일 (2023. 3. 14. 개정)
4. 제1호부터 제3호까지에서 규정한 면제 외의 면제 : 2018년 1월 1일 (2020. 1. 15. 개정)

제8조【일반적 경과조치】이 법 시행 당시 종전의 규정에 따라 부과 또는 감면하였거나 부과 또는 감면하여야 할 지방세에 대해서는 종전의 규정에 따른다.

부 칙 (2017. 10. 31. 법률 제15012호 ; 해양환경관리법 부칙)

제1조【시행일】이 법은 공포 후 6개월이 경과한 날부터 시행한다.

제2조~제7조 생 략

제8조【다른 법률의 개정】① · ② 생 략

③ 지방세특례제한법 일부를 다음과 같이 개정한다.

제49조 각 호 외의 부분 중 "해양환경관리공단"을 "해양환경공단"으로 한다.

부 칙 (2017. 10. 24. 법률 제14939호 ; 교통안전공단법 부칙)

제1조【시행일】이 법은 2018년 1월 1일부터 시행한다.

제2조 생 략

제3조【다른 법률의 개정】①~⑦ 생 략

⑧ 지방세특례제한법 일부를 다음과 같이 개정한다.

제69조 중 "「교통안전공단법」에 따라 설립된 교통안전공단"을 "「한국교통안전공단법」에 따라 설립된 한국교통안전공단"으로 한다.

⑨~⑫ 생 략

부 칙 (2017. 7. 26. 법률 제14839호 ; 정부조직법 부칙)

제1조【시행일】 ① 이 법은 공포한 날부터 시행한다. 다만, 부칙 제5조에 따라 개정되는 법률 중 이 법 시행 전에 공포되었으나 시행일이 도래하지 아니한 법률을 개정한 부분은 각각 해당 법률의 시행일부터 시행한다.

제2조~제4조 생 략

제5조【다른 법률의 개정】 ①~94 생 략

95 지방세특례제한법 일부를 다음과 같이 개정한다.

제2조의 2, 제3조 제2항, 제4조 제2항 제3호, 같은 조 제5항 전단·후단, 같은 조 제7항 단서, 제5조 제2항, 제31조의 2 제3항, 제35조의 3 제3항, 제181조 제1항부터 제3항까지, 같은 조 제5항, 같은 조 제6항 본문, 같은 조 제7항 및 같은 조 제8항 전단 중 "행정자치부장관"을 각각 "행정안전부장관"으로 한다.

제58조의 3 제9항, 제67조 제3항 전단, 제78조 제7항, 제79조 제3항 및 제80조 제2항 중 "행정자치부령"을 각각 "행정안전부령"으로 한다.

96~382 생 략

제6조 생 략

부 칙 (2017. 2. 8. 법률 제14569호 ; 빈집 및 소규모주택 정비에 관한 특례법 부칙)

제1조【시행일】 이 법은 공포 후 1년이 경과한 날부터 시행한다.

제2조~제7조 생 략

제8조【다른 법률의 개정】 ①~㉑ 생 략

㉒ 지방세특례제한법 일부를 다음과 같이 개정한다.

제143조 제2항 제1호 중 "주택재개발사업 또는 주택재건축사업"을 "재개발사업 또는 재건축사업, 「빈집 및 소규모주택 정비에 관한 특례법」에 따른 소규모재건축사업"으로 한다.

㉓~㉖ 생 략

제9조 생 략

부 칙 (2017. 2. 8. 법률 제14567호 ; 도시 및 주거환경정비법 부칙)

제1조【시행일】 이 법은 공포 후 1년이 경과한 날부터 시행한다.

제2조~제38조 생 략

제39조【다른 법률의 개정】 ①~㉒ 생 략

㉓ 지방세특례제한법 일부를 다음과 같이 개정한다.

제74조 제1항 각 호 외의 부분 본문 중 "주택재개발사업 및 도시환경정비사업"을 "재개발사업"으로 하고, 같은 조 제3항 각 호 외의 부분 본문 중 "주택재개발사업"을 "재개발사업"으로 하며, 같은 항 제1호 중 "「도시 및 주거환경정비법」 제8조에 따른 주택재개발사업"을 "「도시 및 주거환경정비법」 제25조에 따른 재개발사업"으로, "주택재개발사업"을 "재개발사업"으로 하고, 같은 항 제2호 중 "「도시 및 주거환경정비법」 제8조에 따른 주택재개발사업"을 "「도시 및 주거환경정비법」 제25조에 따른 재개발사업"으로, "같은 법 제48조"를 "같은 법 제74조"로 하며, 같은 항 제3호 중 "「도시 및 주거환경정비법」 제7조"를 "「도시 및 주거환경정비법」 제24조"로 하고, 같은 항 제4호 중 "주택재개발사업"을 각각 "재개발사업"으로 하며, 같은 항 제5호 중 "같은 법 제6조 제1항 제1호"를 "같은 법 제23조 제1항 제1호"로 한다.

제132조 제3항 제2호 중 "사업시행인가"를 "사업시행계획인가"로 한다.

㉔ 생 략

제40조 생 략

부 칙 (2016. 12. 27. 법률 제14481호 ; 농업협동조합법 부칙)

제1조【시행일】 이 법은 2017년 1월 1일부터 시행한다. (단서 생략)

제2조~제11조 생 략

제12조【다른 법률의 개정】 ①~⑥ 생 략

⑦ 지방세특례제한법 일부를 다음과 같이 개정한다.

제14조의 2 각 호 외의 부분 중 "제134조의 2"를 "제161조의 2"로 한다.

제57조의 2 제6항 제2호 나목 중 "제134조의 2"를 "제161조의 2"로 한다.

⑧ 생 략

부　칙 (2016. 12. 27. 법률 제14477호)

제1조【시행일】 이 법은 2017년 1월 1일부터 시행한다. 다만, 법률 제12955호 지방세특례제한법 일부개정법률 부칙 제2조의 개정규정은 공포한 날부터 시행한다.

제2조【일반적 적용례】 이 법은 이 법 시행 후 납세의무가 성립하는 분부터 적용한다.

제3조【감면된 취득세 등의 추징에 관한 적용례】 제11조 제3항 제3호, 제12조 제3항, 제57조의 2 제2항 단서 및 같은 조 제3항 제5호 단서의 개정규정은 이 법 시행 후 감면받는 분부터 적용한다.

제4조【지방세 감면분 추징에 관한 적용례】 제22조 제1항 제1호, 제22조의 2 제3항 단서, 제41조 제1항 제1호, 제43조 제1항 제1호, 제50조 제1항 제1호, 제52조 제2항 제1호, 제60조 제2항 제1호, 제72조 제1항 제1호, 제89조 제1항 제1호, 제90조 제1항 제1호 및 제91조 제1호의 개정규정은 이 법 시행 전에 감면받은 지방세를 이 법 시행 후 추징하는 경우에도 적용한다.

제5조【내진성능 확인 건축물 또는 주택에 대한 지방세 감면에 관한 적용례】 이 법 시행 전에 「건축법」 제48조에 따른 구조 안전 확인 대상 건축물이 아니었던 건축물로서 「지진 · 화산재해대책법」 제16조의 2에 따라 내진성능을 확인받은 건축물 또는 주택의 경우에는 이 법 시행 당시 재산세 납세의무가 최초로 성립한 날부터 5년이 경과하지 아니한 분에 대해서는 제47조의 4 제1항 제1호 및 제2호의 개정규정을 적용한다.

제6조【벤처기업 등에 대한 재산세 경감에 관한 적용례】 이 법 시행 전에 벤처기업육성촉진지구에서 그 고유업무에 직접 사용하는 부동산의 경우로서 이 법 시행 당시 재산세 납세의무가 최초로 성립한 날부터 3년이 경과하지 아니한 분에 대해서는 제58조 제4항 제2호의 개정규정을 적용한다.

제7조【지식산업센터 등에 대한 재산세 경감에 관한 적용례】 이 법 시행 전에 지식산업센터를 분양받은 입주자가 취득세를 경감받아 사업시설용으로 직접 사용하는 부동산의 경우로서 이 법 시행 당시 재산세 납세의무가 최초로 성립하는 날부터 5년이 경과하지 아니한 분에 대해서는 제58조의 2 제2항의 개정규정을 적용한다.

제8조【산업단지 등에 대한 재산세 경감에 관한 적용례 등】 ① 이 법 시행 전에 종전의 제78조 제1항 또는 제2항에 따라 취득하여 보유하고 있는 부동산의 경우로서 이 법 시행 당시 재산세 납세의무가 최초로 성립하는 날부터 3년이 경과하지 아니한 분에 대해서는 제78조 제1항 및 제2항의 개정규정을 적용한다.

② 이 법 시행 전에 산업단지 또는 산업기술단지 조성공사를 끝내고 사업시행자가 직접 사용하기 위하여 신축이나 증축으로 취득한 산업용 건축물등 및 조성공사가 끝난 토지에 대한 재산세의 경감에 대해서는 제78조 제3항의 개정규정에도 불구하고 종전의 규정에 따른다.

제6조～제8조 삭　제 (2017. 12. 26.)

제9조【지방세 면제 특례의 제한에 관한 적용례】 제177조의 2 제1항의 개정규정은 법률 제12955호 지방세특례제한법 일부개정법률 부칙 제12조 및 법률 제13637호 지방세특례제한법 일부개정법률 부칙 제5조에도 불구하고 다음 각 호의 구분에 따른 시기부터 적용한다.

1. 제22조의 2, 제42조 제2항, 제43조, 제53조, 제54조 제6항, 제57조의 2 제3항 제5호 · 제7호, 같은 조 제4항 · 제5항 · 제6항 제3호, 제60조 제3항 제1호의 2, 제70조 제3항, 제73조의 2, 제74조 제3항 제4호 · 제5호, 제79조, 제80조 및 제83조 제2항 : 2019년 1월 1일
2. 제15조 제2항, 제22조 제1항 · 제2항, 제63조 제5항, 제72조 제1항 · 제2항, 제74조 제1항, 제85조의 2 제2항, 제88조 제1항, 제89조 및 제90조 : 2020년 1월 1일
3. 제1호 및 제2호에서 규정한 면제 외의 면제 : 2017년 1월 1일

제10조【지식산업센터에 대한 경감세율 특례】 제58조의 2 제1항에 따라 지식산업센터를 설립하는 자가 「산업집적활성화 및 공장설립에 관한 법률」 제28조의 5 제1항 제1호 및 제2호에 따른 사업시설용으로 취득하는 부동산에 대해서는 이 법 개정규정에도 불구하고 2017년 12월 31일까지 종전의 감면율을 적용한다.

제11조【주거환경개선사업에 대한 경감세율 특례】 제74조 제3항 제3호에 따라 주거환경개선사업의 시행자가 「도시 및 주거환경정비법」 제2조 제2호 가목에 따른 주거환경개선사업의 시행을 위하여 취득하는 주택에 대해서는 이 법 개정규정에도 불구하고 2017년 12월 31일까지 종전의 감면율을 적용한다.

제12조【기업도시개발구역 내 창업기업 등에 대한 경감세율 특례】 제75조의 2 제1항 제1호 및 제2호에 따른 사업을 영위하기 위하여 기업도시개발구

역 내에서 창업하거나 사업장을 신설하는 기업 및 사업시행자가 취득하는 부동산에 대해서는 이 법 개정규정에도 불구하고 2017년 12월 31일까지 종전의 감면율을 적용한다.

제13조【산업단지 사업시행자 등에 대한 경감세율 특례】 제78조 제1항부터 제3항에 따른 사업시행자와 같은 조 제6항에 따른 한국산업단지공단이 해당 사업을 영위하기 위하여 취득하는 부동산에 대해서는 이 법 개정규정에도 불구하고 2017년 12월 31일까지 종전의 감면율을 적용한다.

제14조【이전공공기관 등에 대한 경감세율 특례】 제81조 제1항 및 제2항에 따른 이전공공기관이 「공공기관 지방이전에 따른 혁신도시 건설 및 지원에 관한 특별법」 제4조에 따라 국토교통부장관의 지방이전계획 승인을 받아 이전할 목적으로 취득하는 부동산 및 법인등기에 대해서는 이 법 개정규정에도 불구하고 2017년 12월 31일까지 종전의 감면율을 적용한다.

제15조【일반적 경과조치】 이 법 시행 당시 종전의 규정에 따라 지방세를 부과 또는 감면하였거나 부과 또는 감면하여야 할 지방세에 대해서는 종전의 규정에 따른다.

제16조【자경농민의 농지 등에 대한 취득세 감면분 추징에 관한 경과조치】 이 법 시행 전에 종전의 제6조 제1항 각 호 외의 부분 본문에 따라 취득세 감면을 받은 농지 등에 이 법 시행 후 종전의 제6조 제1항 제2호에 따른 추징사유가 발생한 경우의 추징에 대해서는 제6조 제 1항 제2호의 개정규정에도 불구하고 종전의 규정에 따른다.

제17조【농어촌 주택개량에 대한 재산세 면제에 관한 경과조치】 이 법 시행 전에 자력으로 주택을 개량한 자가 해당 주택에 대하여 종전의 제16조에 따라 취득세를 면제받은 경우 그 주택에 대한 재산세의 감면에 대해서는 제16조의 개정규정에도 불구하고 종전의 규정에 따른다.

제18조【창업중소기업 등에 대한 지방세 감면분 추징에 관한 경과조치 등】 ① 이 법 시행 전에 종전의 제58조의 3 제1항 각 호 외의 부분 본문 및 같은 항 각 호에 따라 감면된 취득세의 추징에 대해서는 제58조의 3 제7항 각 호 외의 부분 본문 및 같은 항 각 호의 개정규정에도 불구하고 종전의 제58조의 3 제1항 각 호 외의 부분 단서의 규정에 따른다. 다만, 이 법 시행 후 「조세특례제한법」 제31조 제1항에 따른 통합을 하는 경우와 같은 법 제32조 제1항에 따른 법인전환을 하는 경우에는 제58조의 3 제7항 각 호 외의 부분 단서의 개정규정에 따라 취득세를 추징하지 아니한다.
② 이 법 시행 전에 종전의 제58조의 3 제2항에 따라 재산세를 감면받은 자가 같은 항에 따른 감면기간이 지나기 전에 이 법 시행 후 「조세특례제한법」 제32조 제1항에 따른 법인전환을 하는 경우에는 제58조의 3 제8항의 개정규정을 적용한다.

제19조【선박등록특구의 국제선박 등에 대한 감면분 추징에 관한 경과조치】 이 법 시행 전에 종전의 제64조의 2 제1항 각 호 외의 부분 본문에 따라 감면된 지방세의 추징에 대해서는 제64조의 2의 개정규정에도 불구하고 종전의 규정에 따른다.

제20조【지역개발사업구역 내 창업기업 등에 대한 감면분의 추징에 관한 경과조치】 이 법 시행 전에 종전의 제75조의 2 제1항에 따라 감면된 지방세의 추징에 대해서는 제75조의 2 제1항 제3호 및 제4호의 개정규정에도 불구하고 종전의 규정에 따른다.

제21조【이전공공기관 등 지방이전에 대한 감면에 관한 경과조치】 이 법 시행 전에 「공공기관 지방이전에 따른 혁신도시 건설 및 지원에 관한 특별법」 제2조 제2호에 따른 이전공공기관이 같은 법 제4조에 따라 국토교통부장관의 지방이전계획 승인을 받아 이전할 목적으로 취득하는 부동산에 대해서는 제81조 제1항의 개정규정에도 불구하고 종전의 규정에 따른다.

부 칙 (2016. 12. 27. 법률 제14476호 ; 지방세징수법 부칙)

제1조【시행일】 이 법은 공포 후 3개월이 경과한 날부터 시행한다. (단서 생략)

제2조~제3조 ①~㊻ 생 략

제4조【다른 법률의 개정】 ①~㊻ 생 략
㊼ 지방세특례제한법 일부를 다음과 같이 개정한다.
제92조의 2 제1항 각 호 외의 부분 중 "같은 법 제74조의 2"를 "「지방세징수법」 제24조"로 한다.
㊽~㊹ 생 략

제5조 생 략

부 칙 (2016. 12. 27. 법률 제14474호 : 지방세기

본법 부칙)

제1조【시행일】 이 법은 공포 후 3개월이 경과한 날부터 시행한다.

제2조~제12조 생 략

제13조【다른 법률의 개정】 ①~⑩ 생 략

⑪ 지방세특례제한법 일부를 다음과 같이 개정한다.

제2조 제2항 본문 중 "「지방세기본법」과 「지방세법」"을 "「지방세기본법」, 「지방세징수법」 및 「지방세법」"으로 하고, 같은 항 단서 중 "「지방세기본법」 및 「지방세법」"을 "「지방세기본법」, 「지방세징수법」 및 「지방세법」"으로 하며, 제3조 제1항 중 "「지방세기본법」, 「지방세법」"을 "「지방세기본법」, 「지방세징수법」, 「지방세법」"으로 하고, 제4조 제3항 전단 중 "「지방세기본법」 제141조"를 "「지방세기본법」 제147조"로 하며, 제169조 제2항 중 "「지방세기본법」 제52조"를 "「지방세기본법」 제51조"로 한다.

⑫~⑭ 생 략

제14조 생 략

부 칙 (2016. 5. 29. 법률 제14226호 ; 국립공원관리공단법 부칙)

제1조【시행일】 이 법은 공포 후 1년이 경과한 날부터 시행한다.

제2조~제5조 생 략

제6조【다른 법률의 개정】 ① 생 략

② 지방세특례제한법 일부를 다음과 같이 개정한다.

제48조 중 "「자연공원법」에 따른 국립공원관리공단"을 "「국립공원관리공단법」에 따른 국립공원관리공단"으로 한다.

제7조 생 략

부 칙 (2016. 5. 29. 법률 제14198호 ; 2018 평창 동계올림픽대회 및 동계패럴림픽대회 지원 등에 관한 특별법 부칙)

제1조【시행일】 이 법은 공포 후 3개월이 경과한 날부터 시행한다.

제2조【다른 법률의 개정】 ① 생 략

② 지방세특례제한법 일부를 다음과 같이 개정한다.

제54조 제6항 각 호 외의 부분 중 "「2018 평창 동계올림픽대회 및 장애인동계올림픽대회 지원 등에 관한 특별법」"을 "「2018 평창 동계올림픽대회 및 동계패럴림픽대회 지원 등에 관한 특별법」"으로 한다.

③·④ 생 략

제3조 생 략

부 칙 (2016. 3. 29. 법률 제14122호 ; 기술신용보증기금법 부칙)

제1조【시행일】 이 법은 공포 후 6개월이 경과한 날부터 시행한다.

제2조·제3조 생 략

제4조【다른 법률의 개정】 ①~⑳ 생 략

㉑ 지방세특례제한법 일부를 다음과 같이 개정한다.

제56조 제2항 중 "「기술신용보증기금법」에 따라 설립된 기술신용보증기금"을 "「기술보증기금법」에 따라 설립된 기술보증기금"으로 한다.

㉒~㉔ 생 략

제5조 생 략

부 칙 (2016. 3. 29. 법률 제14115호 ; 항공사업법 부칙)

제1조【시행일】 이 법은 공포 후 1년이 경과한 날부터 시행한다.

제2조~제24조 생 략

제25조【다른 법률의 개정】 ①·② 생 략

③ 지방세특례제한법 일부를 다음과 같이 개정한다.

제65조 중 "「항공법」"을 "「항공사업법」"으로 한다.

④~⑦ 생 략

제26조 생 략

부 칙 (2016. 3. 29. 법률 제14111호 ; 중소기업진흥에 관한 법률 부칙)

제1조【시행일】 이 법은 공포 후 6개월이 경과한 날부터 시행한다.

제2조·제3조 생 략

제4조【다른 법률의 개정】 ①~⑥ 생 략

⑦ 지방세특례제한법 일부를 다음과 같이 개정한다.

제60조 제4항 각 호 외의 부분 중 "「지역균형개발 및 지방중소기업 육성에 관한 법률」 제2조 제5호"를 "「중소기업진흥에 관한 법률」 제2조 제1호의 3"으로 한다.

제125조 제1항 제2호 중 "「지역균형개발 및 지방중소기업 육성에 관한 법률」 제50조에 따른 지방중소기업특별지원지역"을 "「중소기업진흥에 관한 법률」 제62조의 23에 따른 지방중소기업 특별지원지

역"으로 한다.
⑧~⑨ 생 략
제5조 생 략

부 칙 (2016. 3. 22. 법률 제14095호 ; 서민의 금융생활 지원에 관한 법률 부칙)

제1조 【시행일】 이 법은 공포 후 6개월이 경과한 날부터 시행한다. (단서 생략)

제2조~제10조 생 략

제11조 【다른 법률의 개정】 ①·② 생 략

③ 지방세특례제한법 일부를 다음과 같이 개정한다.

제22조의 3 중 "「휴면예금관리재단의 설립 등에 관한 법률」"을 "「서민의 금융생활 지원에 관한 법률」"로, "따른 복지사업자"를 "따른 사업수행기관"으로, "저소득층 복지사업 등"을 "서민 금융생활 지원사업"으로, "복지사업자를"을 "사업수행기관을"로 한다.

제12조 생 략

부 칙 (2016. 1. 27. 법률 제13854호 ; 외국인투자 촉진법 부칙)

제1조 【시행일】 이 법은 공포 후 6개월이 경과한 날부터 시행한다.

제2조~제6조 생 략

제7조 【다른 법률의 개정】 ①~⑧ 생 략

⑨ 지방세특례제한법 일부를 다음과 같이 개정한다.

제153조 제5항 중 "법 제6조"를 "법 제2조 제1항 제4호 가목 2), 제5조 제2항 제1호 및 제6조"로 한다.

부 칙 (2016. 1. 19. 법률 제13805호 ; 주택법 부칙)

제1조 【시행일】 이 법은 2016년 8월 12일부터 시행한다.

제2조~제20조 생 략

제21조 【다른 법률의 개정】 ①~⑪ 생 략

⑫ 지방세특례제한법 일부를 다음과 같이 개정한다.

제2조 제1항 제3호 중 "「주택법」 제2조 제2호"를 "「주택법」 제2조 제3호"로 하고, 제31조의 2 제1항 각 호 외의 부분 중 "「주택법」 제38조"를 "「주택법」 제54조"로 하며, 같은 항 제1호 중 "「주택법」 제29조"를 "「주택법」 제49조"로 하고, 제31조의 4 제1항 전단 중 "「주택법」 제2조 제2호"를 "「주택법」 제2조 제3호"로, "제2조 제1호의 2"를 "제2조 제4호"로 하며, 제143조 제1항 각 호 외의 부분, 제145조 제1항 각 호 외의 부분, 제146조 제1항 제1호, 제147조 제1항 및 제148조 제1항 중 "「주택법」 제38조"를 각각 "「주택법」 제54조"로 한다.

⑬~⑯ 생 략

제22조 생 략

부 칙 (2016. 1. 6. 법률 제13729호 ; 광산보안법 부칙)

제1조 【시행일】 이 법은 공포 후 1년이 경과한 날부터 시행한다.

제2조~제5조 생 략

제6조 【다른 법률의 개정】 ①~⑦ 생 략

⑧ 지방세특례제한법 일부를 다음과 같이 개정한다.

제62조 제3항 중 "「광산보안법」 제5조 제1항 제5호에 따른 보안관리직원"을 "「광산안전법」 제5조 제1항 제5호에 따른 광산근로자"로 한다.

⑨~⑩ 생 략

제7조 생 략

부 칙 (2015. 12. 29. 법률 제13637호)

제1조 【시행일】 이 법은 2016년 1월 1일부터 시행한다. 다만, 제181조 제6항 단서의 개정규정은 2017년 1월 1일부터 시행한다.

제2조 【일반적 적용례】 ① 이 법은 이 법 시행 후 납세의무가 성립하는 분부터 적용한다.

② 제3장 지방소득세 특례에 대해서는 이 법 시행 후 양도하거나 이 법 시행 후 개시하는 과세연도 분부터 적용한다.

제3조 【임대주택 등에 대한 취득세 감면분 추징에 관한 적용례】 이 법 시행 전에 종전의 제31조 제1항 제2호에 따라 취득세 감면을 받은 자가 이 법 시행 후 제31조 제2항에 따른 추징사유가 발생한 경우에는 제31조 제1항 제2호의 개정규정에 따른 임대의무기간을 적용하여 감면받은 취득세를 추징한다.

제4조 【법인 등의 지방 이전에 대한 감면세액 추징에 관한 적용례】 제79조 제1항 단서 및 같은 항 제2호, 제80조 제1항 단서 및 같은 항 제2호의 개정규정은 이 법 시행 후 이전하는 경우부터 각각 적용한다.

제5조 【지방세 면제 특례의 제한에 관한 적용례】 제177조의 2의 개정규정은 다음 각 호의 구분에 따른 시기부터 적용한다.

1. 제30조 제2항, 제37조, 제38조 제3항, 제40조의 3

제1호, 제57조의 2 제9항, 제64조의 2, 제65조, 제68조 제2항 및 제88조 제1항 : 2017년 1월 1일
2. 제22조의 2, 제43조, 제54조 제6항, 제57조의 2 제3항 제5호·제7호, 같은 조 제4항·제5항, 제60조 제3항 제1호의 2, 제73조의 2, 제74조 제3항 제4호·제5호, 제79조 및 제80조 : 2019년 1월 1일
3. 제74조 제1항·제2항 : 2020년 1월 1일
4. 제1호부터 제3호까지에서 규정한 면제 외의 면제 : 2016년 1월 1일

제6조【일반적 경과조치】 이 법 시행 당시 종전의 규정에 따라 부과 또는 감면하였거나 부과 또는 감면하여야 할 지방세에 대해서는 종전의 규정에 따른다.

제7조【농지 등에 대한 취득세 감면분 추징에 관한 경과조치】 이 법 시행 전에 종전의 제6조 제1항 각 호 외의 부분 본문에 따라 농업계열 학교 또는 학과의 이수자 및 재학생이 농지 등을 취득하여 취득세 감면을 받고 이 법 시행 후 종전의 제6조 제1항 각 호 외의 부분 단서 및 각 호에 따른 추징 사유가 발생한 경우에는 제6조 제1항 각 호 외의 부분 본문의 개정규정에도 불구하고 종전의 규정에 따라 감면받은 취득세를 추징한다.

제8조【다른 법률의 개정】 법률 제13426호 제주특별자치도 설치 및 국제자유도시 조성을 위한 특별법 전부개정법률 일부를 다음과 같이 개정한다.

부칙 제38조 제39항을 다음과 같이 한다.

㊴ 지방세특례제한법 일부를 다음과 같이 개정한다.

제64조의 2 제1항 제1호 중 "「제주특별자치도 설치 및 국제자유도시 조성을 위한 특별법」 제221조"를 "「제주특별자치도 설치 및 국제자유도시 조성을 위한 특별법」 제443조"로 한다.

제154조 제1항 중 "「제주특별자치도 설치 및 국제자유도시 조성을 위한 특별법」 제216조"를 "「제주특별자치도 설치 및 국제자유도시 조성을 위한 특별법」 제161조"로 한다.

제155조 제1항 제1호 중 "「제주특별자치도 설치 및 국제자유도시 조성을 위한 특별법」 제217조"를 "「제주특별자치도 설치 및 국제자유도시 조성을 위한 특별법」 제162조"로 한다.

부 칙 (2015. 12. 22. 법률 제13613호 ; 예금자보호법 부칙)

제1조【시행일】 이 법은 공포한 날부터 시행한다. (단서 생략)

제2조·제3조 생 략

제4조【다른 법률의 개정】 ①~⑩ 생 략

⑪ 지방세특례제한법 일부를 다음과 같이 개정한다.

제57조의 2 제5항 제4호 중 "정리금융기관이"를 "정리금융회사가"로 한다.

제57조의 3 제1항 제1호 중 "정리금융기관이"를 "정리금융회사가"로 한다.

부 칙 (2015. 12. 22. 법률 제13609호 ; 참전유공자예우 및 단체설립에 관한 법률 부칙)

제1조【시행일】 이 법은 공포 후 6개월이 경과한 날부터 시행한다.

제2조～제3조 생 략

제4조【다른 법률의 개정】 ①~⑤ 생 략

⑥ 지방세특례제한법 일부를 다음과 같이 개정한다.

제29조의 제2항 제1호 라목 중 "「참전유공자예우 및 단체설립에 관한 법률」"을 "「참전유공자 예우 및 단체설립에 관한 법률」"로 한다.

⑦ 생 략

부 칙 (2015. 12. 22. 법률 제13605호 ; 고엽제후유의증 등 환자지원 및 단체설립에 관한 법률 부칙)

제1조【시행일】 이 법은 공포 후 6개월이 경과한 날부터 시행한다. (단서 생략)

제2조～제6조 생 략

제7조【다른 법률의 개정】 ①~⑤ 생 략

⑥ 지방세특례제한법 일부를 다음과 같이 개정한다.

제29조 제2항 제1호 다목 중 "「고엽제후유의증 환자지원 등에 관한 법률」"을 "「고엽제후유의증 등 환자지원 및 단체설립에 관한 법률」"로 한다.

⑦ 생 략

부 칙 (2015. 8. 28. 법률 제13499호 ; 임대주택법 부칙)

제1조【시행일】 이 법은 공포 후 4개월이 경과한 날부터 시행한다.

제2조～제14조 생 략

제15조【다른 법률의 개정】 ①~㉑ 생 략

㉒ 지방세특례제한법 일부를 다음과 같이 개정한다.

제31조 제1항 각 호 외의 부분 본문 중 "「임대주택

법」 제2조 제4호에 따른 임대사업자"를 "「공공주택 특별법」에 따른 공공주택사업자 및 「민간임대주택에 관한 특별법」에 따른 임대사업자"로, "「임대주택법」 제2조 제3호에 따른 오피스텔"을 "「민간임대주택에 관한 특별법」 제2조 제1호에 따른 준주택 중 오피스텔"로 하고, 같은 항 제2호 중 "「임대주택법」 제16조 제1항 제1호·제2호·제2호의 2 및 제3호에 따른"을 "「민간임대주택에 관한 특별법」 또는 「공공주택 특별법」에 따라 10년 이상의"로 하며, 같은 조 제2항 중 "「임대주택법」 제16조 제1항 각 호"를 "「민간임대주택에 관한 특별법」 제43조 제1항 또는 「공공주택 특별법」 제50조의 2 제1항"으로 하고, 같은 조 제3항 제1호 중 "「임대주택법」 제16조 제1항 제1호 및 제2호에 따른"을 "「공공주택 특별법」 제50조의 2 제1항에 따라 30년 이상"으로 한다.

제31조의 3 제1항 각 호 외의 부분 중 "「임대주택법」 제6조의 2"를 "「민간임대주택에 관한 특별법」 제2조 제5호"로, "「임대주택법」 제2조 제3호에 따른 오피스텔"을 "「민간임대주택에 관한 특별법」 제2조 제1호에 따른 준주택 중 오피스텔"로 하고, 같은 조 제2항 본문 중 "「임대주택법」 제6조의 3"을 "「민간임대주택에 관한 특별법」 제6조"로, "취소"를 "말소"로 하며, 같은 항 단서 중 "「임대주택법」 제16조 제3항"을 "「민간임대주택에 관한 특별법」 제43조 제2항 및 제4항"으로, "매입임대사업자"를 "임대사업자"로, "취소"를 "말소"로 한다.

제139조 제1항 각 호 외의 부분 단서 중 "「임대주택법」에 따른 건설임대주택"을 "「민간임대주택에 관한 특별법」 또는 「공공주택 특별법」에 따른 건설임대주택"으로 한다.

제140조 제1항 제1호 각 목 외의 부분 중 "「임대주택법」에 따른 건설임대주택"을 "「민간임대주택에 관한 특별법」 또는 「공공주택 특별법」에 따른 건설임대주택"으로 하고, 같은 항 제2호 각 목 외의 부분 중 "「임대주택법」에 따른 매입임대주택"을 "「민간임대주택에 관한 특별법」 또는 「공공주택 특별법」에 따른 매입임대주택"으로 한다.

제146조 제1항 제2호 중 "「임대주택법」 제6조"를 "「민간임대주택에 관한 특별법」 제5조"로 한다.

제180조의 2 제2항 제4호 중 "「임대주택법」 제17조 제1항 제2호에 따른"을 "대통령령으로 정하는"으로 한다.

㉓~㉕ 생 략

제16조 생 략

부 칙 (2015. 8. 28. 법률 제13498호 ; 공공주택건설 등에 관한 특별법 부칙)

제1조【시행일】 이 법은 공포 후 4개월이 경과한 날부터 시행한다. (단서 생략)

제2조~제6조 생 략

제7조【다른 법률의 개정】 ①~⑫ 생 략

⑬ 지방세특례제한법 일부를 다음과 같이 개정한다.

제31조 제4항 각 호 외의 부분 본문 중 "「공공주택건설 등에 관한 특별법」"을 "「공공주택 특별법」"으로 한다.

제132조 제1항 각 호 외의 부분 중 "「보금자리주택건설 등에 관한 특별법」"을 "「공공주택 특별법」"으로 한다.

⑭·⑮ 생 략

부 칙 (2015. 7. 24. 법률 제13448호 ; 자본시장과 금융투자업에 관한 법률 부칙)

제1조【시행일】 이 법은 공포 후 3개월이 경과한 날부터 시행한다. (단서 생략)

제2조~제18조 생 략

제19조【다른 법률의 개정】 ①~⑪ 생 략

⑫ 지방세특례제한법 일부를 다음과 같이 개정한다.

제180조의 2 제2항 제1호 중 "「자본시장과 금융투자업에 관한 법률」 제9조 제18항 제2호·제7호 및 제271조"를 "「자본시장과 금융투자업에 관한 법률」 제9조 제18항 제2호, 같은 조 제19항 제1호 및 제249조의 13"으로, "사모투자전문회사"를 "경영참여형 사모집합투자기구"로 한다.

⑬~⑳ 생 략

제20조 생 략

부 칙 (2015. 7. 24. 법률 제13442호 ; 지진재해대책법 부칙)

제1조【시행일】 이 법은 공포 후 6개월이 경과한 날부터 시행한다. (단서 생략)

제2조 생 략

제3조【다른 법률의 개정】 ① 생 략

② 지방세특례제한법 일부를 다음과 같이 개정한다.

제47조의 4 제1항 각 호 외의 부분 본문 중 "「지진

재해대책법」 제16조의 2"를 "「지진·화산재해대책법」 제16조의 2"로 한다.
③ 생 략

부 칙 (2015. 7. 24. 법률 제13435호 ; 주택법 부칙)

제1조【시행일】 이 법은 공포한 날부터 시행한다. (단서 생략)

제2조～제4조 생 략

제5조【다른 법률의 개정】 ①·② 생 략

③ 지방세특례제한법 일부를 다음과 같이 개정한다.

제31조 제1항 각 호 외의 부분 본문 중 "오피스텔(「주택법」 제80조의 2 제1항에 따른 주택거래신고지역에 있는 공동주택 또는 오피스텔은 제외한다)"을 "오피스텔"로 한다.

④ 생 략

부 칙 (2015. 7. 24. 법률 제13426호 ; 제주특별자치도 설치 및 국제자유도시 조성을 위한 특별법 부칙)

제1조【시행일】 이 법은 공포 후 6개월이 경과한 날부터 시행한다. (단서 생략)

제2조～제37조 생 략

제38조【다른 법률의 개정】 ①～㊳ 생 략

㊴ 지방세특례제한법 일부를 다음과 같이 개정한다.

제154조 제1항 중 "「제주특별자치도 설치 및 국제자유도시 조성을 위한 특별법」 제216조"를 "「제주특별자치도 설치 및 국제자유도시 조성을 위한 특별법」 제161조"한다.

제155조 제1항 제1호 중 "「제주특별자치도 설치 및 국제자유도시 조성을 위한 특별법」 제217조"를 "「제주특별자치도 설치 및 국제자유도시 조성을 위한 특별법」 제162조"로 한다.

㊵～㊺ 생 략

제39조 생 략

부 칙 (2015. 6. 22. 법률 제13383호 ; 수산업·어촌 발전 기본법 부칙)

제1조【시행일】 이 법은 공포 후 6개월이 경과한 날부터 시행한다. (단서 생략)

제2조·제3조 생 략

제4조【다른 법률의 개정】 ①～㊷ 생 략

㊸ 지방세특례제한법 일부를 다음과 같이 개정한다.

제6조 제4항 각 호 외의 부분 본문 중 "「농어업·농어촌 및 식품산업 기본법」 제3조 제5호에 따른 농어촌"을 "「농업·농촌 및 식품산업 기본법」 제3조 제5호에 따른 농촌"으로 하고, 같은 항 제2호 본문 중 "「농어업·농어촌 및 식품산업 기본법」 제3조 제1호 가목"을 "「농업·농촌 및 식품산업 기본법」 제3조 제1호"로 하며, 같은 호 단서 중 "「농어업·농어촌 및 식품산업 기본법」 제3조 제8호"를 "「농업·농촌 및 식품산업 기본법」 제3조 제8호"로 한다.

제126조 제5항, 제128조 제2항 전단 중 "「농어업·농어촌 및 식품산업 기본법」 제3조 제1호 가목"을 각각 "「농업·농촌 및 식품산업 기본법」 제3조 제1호"로 한다.

㊹～63 생 략

부 칙 (2015. 3. 13. 법률 제[illegible]호 ; [illegible]법 부칙)

제1조【시행일】 이 법은 공포 후 6개월이 경과한 날부터 시행한다. (단서 생략)

제2조～제8조 생 략

제9조【다른 법률의 개정】 ① 생 략

② 지방세특례제한법 일부를 다음과 같이 개정한다.

제81조 제3항 제1호 나목 중 "견습으로"를 "수습으로"로 한다.

부 칙 (2015. 3. 27. 법률 제13248호 ; 무형문화재 보전 및 진흥에 관한 법률 부칙)

제1조【시행일】 이 법은 공포 후 1년이 경과한 날부터 시행한다.

제2조～제5조 생 략

제6조【다른 법률의 개정】 ①～⑤ 생 략

⑥ 지방세특례제한법 일부를 다음과 같이 개정한다.

제55조 제2항 제1호 전단 중 "중요무형문화재"를 "국가무형문화재"로 한다.

⑦～⑧ 생 략

제7조 생 략

부 칙 (2015. 1. 6. 법률 제12989호 ; 주택도시기금법 부칙)

제1조【시행일】 이 법은 2015년 7월 1일부터 시행한다.

제2조～제4조 생 략

제5조【다른 법률의 개정】 ①～㉗ 생 략

㉘ 지방세특례제한법 일부를 다음과 같이 개정한다.

제34조의 제목 중 "대한주택보증주식회사"를 "주택도시보증공사"로 하고, 같은 조 제1항 중 "「주택법」에 따른 대한주택보증주식회사(이하 이 조에서 "대한주택보증주식회사"라 한다)"를 "「주택도시기금법」에 따른 주택도시보증공사(이하 "주택도시보증공사"라 한다)"로 한다.

법률 제12175호 지방세특례제한법 일부개정법률 부칙 제7조 중 "대한주택보증주식회사"를 "주택도시보증공사"로 한다.

㉙~㉜ 생 략

제6조 생 략

부 칙 (2014. 12. 31. 법률 제12955호)

제1조【시행일】 이 법은 2015년 1월 1일부터 시행한다. 다만, 제126조 제2항부터 제4항까지 및 제7항, 제127조 제2항부터 제4항까지, 제128조 제1항 및 제173조의 개정규정은 2015년 7월 1일부터 시행하고, 제67조 제2항의 개정규정은 2016년 1월 1일부터 시행한다.

제2조【개인지방소득세에 대한 유효기간】 제167조의 2 제1항 및 제2항의 개정규정은 2026년 12월 31일까지 적용한다. (2023. 12. 29. 개정)

제3조【일반적 적용례】 ① 이 법은 이 법 시행 후 납세의무가 성립하는 분부터 적용한다.

② 제3장 지방소득세 특례에 대해서는 이 법 시행 후 양도하거나 이 법 시행 후 개시하는 과세연도 분부터 적용한다.

제4조【산업은행 등의 합병에 대한 등록면허세 경감에 관한 적용례】 제57조의 2 제7항의 개정규정은 법률 제12663호 한국산업은행법 전부개정법률 부칙 제3조 제1항에 따라 한국산업은행이 산은금융지주주식회사 및 「한국정책금융공사법」에 따른 한국정책금융공사와 합병하는 경우에 대해서도 적용한다.

제5조【비거주자의 근로소득세액공제 등에 관한 적용례】 제94조 제1항, 제95조 제1항, 제97조의 3 제1항 본문 및 같은 조 제3항의 개정규정은 이 법 시행 후 연말정산 또는 종합소득 과세표준 확정신고하는 분부터 적용한다.

제6조【연금계좌공제 한도 금액 확대에 관한 적용례】 제97조의 3 제1항 단서의 개정규정은 이 법 시행 후 연금계좌에 납입하는 분부터 적용한다.

제7조【특별세액공제에 관한 적용례】 제97조의 4의 개정규정은 이 법 시행 후 연말정산 또는 종합소득 과세표준 확정신고하는 분부터 적용한다.

제8조【중소기업 취업 청년에 대한 개인지방소득세 감면에 관한 적용례】 제116조 제1항의 개정규정은 이 법 시행 후 복직하는 경우부터 적용한다.

제9조【개인지방소득세의 세액공제·감면에 관한 적용례】 제167조의 2의 개정규정은 이 법 시행 후 양도하거나 연말정산, 종합소득 과세표준 확정신고하는 분부터 적용한다.

제10조【감면세액의 추징에 관한 적용례】 제175조의 개정규정은 이 법 시행 후 투자하는 경우부터 적용한다.

제11조【세액감면액 및 세액공제액이 산출세액 초과 시의 적용방법 등에 관한 적용례】 제176조 및 제176조의 2의 개정규정은 이 법 시행 후 연말정산, 종합소득 과세표준 확정신고하는 분부터 적용한다.

제12조【지방세 면제 특례의 제한에 관한 적용례】 제177조의 2의 개정규정은 다음 각 호의 구분에 따른 시기부터 적용한다.

1. 제11조 제1항, 제13조 제2항 제1호·제2호·제3호·제5호, 제13조 제3항, 제18조, 제23조, 제26조, 제30조 제1항·제3항, 제31조의 3 제1항 제1호, 제33조 제2항, 제36조, 제40조, 제42조 제1항, 제44조, 제45조 제1항, 제52조 제1항, 제54조 제5항 제1호, 제57조의 3, 제67조 제1항·제2항, 제75조, 제83조 제1항, 제85조 제1항 및 제86조 : 2016년 1월 1일 (2015. 12. 29. 개정)
2. 제15조 제2항, 제27조 제2항, 제63조 제4항, 제64조, 제68조 제1항 및 제85조의 2 제2항 : 2017년 1월 1일 (2015. 12. 29. 개정)
3. 제6조 제4항, 제16조, 제42조 제2항, 제53조, 제70조 제3항, 제82조 및 제83조 제2항 : 2019년 1월 1일 (2015. 12. 29. 개정)
4. 제22조 제1항·제2항, 제72조 제1항·제2항, 제89조 및 제90조 : 2020년 1월 1일 (2015. 12. 29. 개정)
5. 제1호부터 제4호까지에서 규정한 면제 외의 면제 : 2015년 1월 1일 (2015. 12. 29. 개정)

제13조【지방세 감면 축소·조정에 따른 중과세율 적용에 관한 특례】 이 법 시행 당시 종전의 「조세특례제한법」 및 「지방세특례제한법」에 따라 지방세

를 면제하였으나 이 법 시행에 따라 일부 또는 전부가 과세대상으로 전환된 제22조 제6항, 제34조, 제38조, 제41조 제7항, 제42조 제3항, 제46조, 제57조의 2, 제57조의 3, 제58조, 제58조의 3 , 제59조, 제60조 및 제71조의 개정규정에 대한 「지방세법」 제13조 및 제28조에 따른 중과세율은 2016년 1월 1일부터 적용한다. 다만, 제37조의 개정규정에 대한 「지방세법」 제13조 및 제28조에 따른 중과세율은 2017년 1월 1일부터 적용한다.

제14조【일반적 경과조치】 이 법 시행 전에 종전의 규정에 따라 부과 또는 감면하였거나 부과 또는 감면하여야 할 지방세에 대해서는 종전의 규정에 따른다.

제15조【농업법인에 대한 취득세 및 재산세 면제 추징에 관한 경과조치】 이 법 시행 전에 농업법인이 영농에 사용하기 위하여 취득한 부동산에 해당 용도로 직접 사용한 기간이 2년 미만인 상태에서 매각·증여하거나 다른 용도로 사용하는 경우에는 제11조 제3항의 개정규정에도 불구하고 종전의 규정에 따른다.

제16조【생애최초 주택 취득자에 대한 취득세 면제분의 추징에 관한 경과조치】 이 법 시행 전에 종전의 규정에 따라 생애최초로 주택을 취득한 자가 종전의 제36조의 2 제1항 각 호 외의 부분 단서에 해당하는 경우에는 제36조의 2의 개정규정에도 불구하고 종전의 제36조의 2 제1항 각 호 외의 부분 단서에 따른다.

제17조【금융기관 등의 합병에 관한 경과조치】 이 법 시행 전에 종전의 제57조 제1항에 따라 합병한 금융기관에 대해서는 제57조의 2 제2항의 개정규정에도 불구하고 2015년 12월 31일까지 종전의 제57조 제1항에 따른다.

제18조【신기술창업집적지역 등 입주기업 재산세 감면기간에 관한 경과조치】 이 법 시행 전에 신기술창업집적지역 등에 입주한 기업이 취득하는 부동산에 대한 재산세 감면기간에 대해서는 제58조 제3항 및 제59조 제3항의 개정규정에도 불구하고 각각 종전의 규정에 따른다.

제19조【외국인기술자에 대한 개인지방소득세의 감면에 관한 경과조치】 이 법 시행 전에 국내에서 근로를 제공하고 있는 외국인기술자의 경우에는 제106조 제2항의 개정규정에도 불구하고 종전의 규정에 따른다.

제20조【농공단지 입주기업 등에 대한 세액감면에 관한 경과조치】 ① 이 법 시행 전에 종전의 제125조 제1항 제2호에 따라 「지역균형개발 및 지방중소기업 육성에 관한 법률」 제9조에 따른 개발촉진지구에 입주하여 세액을 감면받고 있는 중소기업의 경우에는 제125조 제1항 제2호의 개정규정에도 불구하고 종전의 규정에 따른다. 다만, 해당 중소기업이 제156조의 개정규정을 적용받을 수 있는 경우에는 종전의 제125조 제1항 제2호 또는 제156조의 개정규정 중 하나를 선택하여 적용받을 수 있다.

② 제1항 단서에 따라 종전의 제125조 제1항 제2호 또는 제156조의 개정규정 중 하나를 선택하여 적용받는 경우에는 감면기간 동안 동일한 규정을 계속하여 적용하여야 한다.

제21조【근로자복지 증진을 위한 시설투자에 대한 세액공제에 관한 경과조치】 이 법 시행 전에 근로자복지 증진을 위한 시설을 취득(신축, 증축, 개축 또는 구입을 포함한다)한 경우에 대해서는 제137조 제4항의 개정규정에도 불구하고 종전의 규정에 따른다.

제22조【기업도시개발구역 등의 창업기업 등에 대한 개인지방소득세의 감면에 관한 경과조치】 ① 이 법 시행 전에 종전의 제156조 제1항 제3호 또는 제4호에 따라 세액감면을 받고 있던 경우에는 제156조 제1항 제3호 및 제4호의 개정규정에도 불구하고 종전의 규정을 적용받을 수 있다.

② 제1항에 따라 종전의 규정 또는 개정규정의 감면을 적용받는 경우에는 그 중 하나를 선택하여 감면기간 동안 동일한 규정을 계속하여 적용하여야 한다.

제23조【프로젝트금융회사에 관한 경과조치】 법률 제9921호 조세특례제한법 일부개정법률 부칙 제76조에 따라 「법인세법」 제51조의 2 제1항 제9호에 해당하는 회사가 2010년 1월 1일 이전에 설립·등기한 경우, 해당 회사가 취득하는 부동산에 대한 취득세의 감면에 대해서는 종전의 규정에 따른다.

제24조【기업부설연구소 감면에 관한 경감세율 특례】 이 법 시행 전에 기업부설연구소로 직접 사용하기 위하여 부동산을 취득한 자가 2016년 12월 31일까지 「기초연구진흥 및 기술개발지원에 관한 법률」 제14조 제1항 제2호에 따라 미래창조과학부장관에게 기업부설연구소로 신고하여 인정을 받는 경우에는 제46조의 개정규정에도 불구하고 2016년 12월 31일까지 취득세 및 재산세의 100분의 75를 각각 경감한다.

제25조【산업단지 입주기업 등에 대한 경감세율 특례】 제78조 제1항에 따른 사업시행자와 2015년 12월 31일까지 분양계약을 체결하고 제78조 제4항 제1호의 대상지역에서 산업용 건축물등을 건축 [공장용 건축물(「건축법」 제2조 제1항 제2호에 따른 건축물을 말한다)을 건축하여 중소기업자에게 임대하려는 자를 포함한다] 또는 대수선 하려는 자가 제78조 제4항에 따라 취득하는 부동산에 대해서는 이 법 개정 법률에도 불구하고 2017년 12월 31일까지 종전의 법률을 적용한다.

제26조【다른 법률의 개정】 농어촌특별세법 일부를 다음과 같이 개정한다.

제4조 제3호를 다음과 같이 하고, 같은 조 제8호의 2를 삭제한다.

3. 「조세특례제한법」 제6조 · 제7조에 따른 중소기업에 대한 세액감면 · 특별세액감면 및 「지방세특례제한법」 제58조의 3 제1항 · 제3항에 따른 세액감면

부 칙 (2014. 11. 19. 법률 제12844호 ; 정부조직법 부칙)

제1조【시행일】 이 법은 공포한 날부터 시행한다. 다만, 부칙 제6조에 따라 개정되는 법률 중 이 법 시행 전에 공포되었으나 시행일이 도래하지 아니한 법률을 개정한 부분은 각각 해당 법률의 시행일부터 시행한다.

제2조～제5조 생 략

제6조【다른 법률의 개정】 ①～⑩⑨ 생 략

⑪⓪ 지방세특례제한법 일부를 다음과 같이 개정한다.

제2조의 2, 제3조 제2항, 제4조 제2항 제3호, 같은 조 제5항 전단 · 후단, 같은 조 제7항 단서, 제5조 제2항, 제31조의 2 제3항, 제35조의 3 제3항, 제36조의 2 제4항, 같은 조 제5항 전단, 제181조 제1항부터 제3항까지 및 같은 조 제5항 중 "안전행정부장관"을 각각 "행정자치부장관"으로 한다.

제67조 제3항 전단, 제78조 제6항, 제79조 제3항 및 제80조 제2항 중 "안전행정부령"을 각각 "행정자치부령"으로 한다.

⑪⑪～㉕⑧ 생 략

제7조 생 략

부 칙 (2014. 5. 28. 법률 제12686호)

이 법은 공포한 날부터 시행한다.

부 칙 (2014. 3. 24. 법률 제12506호)

제1조【시행일】 이 법은 공포한 날부터 시행한다.

제2조【일반적 적용례】 이 법은 이 법 시행 후 납세의무가 성립하는 분부터 적용한다. 다만, 지방소득세에 관해서는 이 법 시행일이 속하는 과세기간에 최초로 발생하는 소득분 또는 양도하는 분부터 적용한다.

제3조【지방자치단체 조례 제정에 관한 특례】 제94조, 제97조의 2부터 제97조의 4까지, 제98조, 제102조, 제103조, 제106조의 2, 제111조부터 제113조까지, 제118조, 제123조, 제131조의 2, 제132조, 제133조, 제136조, 제141조부터 제143조까지, 제145조부터 제148조까지, 제153조, 제156조, 제162조 및 제164조의 개정규정에 대한 지방자치단체 조례는 2020년 1월 1일부터 효력을 가진다. (2016. 12. 27. 개정)

부 칙 (2014. 1. 21. 법률 제12329호 ; 청소년활동진흥법 부칙)

제1조【시행일】 이 법은 공포 후 6개월이 경과한 날부터 시행한다.

제2조～제3조 생 략

제4조【다른 법률의 개정】 ①～⑥ 생 략

⑦ 지방세특례제한법 일부를 다음과 같이 개정한다.

제21조 제2항 중 "「청소년활동진흥법」"을 "「청소년활동 진흥법」"으로 한다.

⑧～⑨ 생 략

부 칙 (2014. 1. 14. 법률 제12251호 ; 보금자리주택건설 등에 관한 특별법 부칙)

제1조【시행일】 이 법은 공포한 날부터 시행한다.

제2조～제4조 생 략

제5조【다른 법률의 개정】 ①～⑫ 생 략

⑬ 지방세특례제한법 일부를 다음과 같이 개정한다.

제31조 제4항 각 호 외의 본문 중 "보금자리주택건설"을 "공공주택건설"로 한다.

⑭～⑯ 생 략

제6조 생 략

부 칙 (2014. 1. 1. 법률 제12175호)

제1조【시행일】 이 법은 2014년 1월 1일부터 시행한다. 다만, 제34조 제7항의 개정규정은 공포한 날부터 시행한다.

제2조【적용시한】 이 법에서 제96조 제4항 단서 규정은 이 법 시행 후 2016년 12월 31일까지 적용한다.

제3조【일반적 적용례】 이 법은 이 법 시행 후

최초로 과세기간이 시작되어 납세의무가 성립하는 분부터 적용한다.

제4조【기업구조조정부동산투자회사의 미분양 주택등 취득 등에 대한 감면에 관한 적용례】 제34조 제7항의 개정규정은 이 법 시행 후 최초로 납세의무가 성립하는 경우부터 적용한다.

제5조【지방자치단체 조례 제정에 대한 특례】 이 법 제93조부터 제167조까지의 개정규정에 대한 지방자치단체 조례는 2017년 1월 1일부터 효력을 가진다.

제6조【일반적 경과조치】 이 법 시행 당시 종전의 규정에 따라 부과 또는 감면하였거나 부과 또는 감면하여야 할 지방세에 대하여는 종전의 규정에 따른다.

제7조【주택분양보증 등에 대한 취득세 면제분 추징에 관한 경과조치】 이 법 시행 전에 주택도시보증공사가 매입한 주거용 건축물 및 그 부속토지를 취득일부터 3년 이내에 정당한 사유 없이 매각하지 아니하거나 임대하지 아니한 경우에는 제34조 제2항의 개정규정에도 불구하고 종전의 규정에 따라 면제받은 취득세를 추징한다. (2015. 1. 6. 개정 ; 주택도시기금법 부칙)

제8조【보양온천 개발을 위하여 취득한 부동산에 대한 취득세 감면분 추징에 관한 경과조치】 이 법 시행 전에 보양온천 개발을 위하여 부동산을 취득한 자가 그 취득일부터 1년 이내에 정당한 사유 없이 보양온천에 직접 사용하지 아니하는 경우에는 제54조 제4항의 개정규정에도 불구하고 종전의 규정에 따라 경감받은 취득세를 추징한다.

제9조【산업단지 등의 감면에 대한 경과조치】 이 법 시행 전에 산업단지 등에서 산업용 건축물등을 건축하기 위하여 부동산을 취득한 자가 공장용 건축물을 건축하지 아니하고 중소기업자에게 임대하고 있는 경우에는 제78조 제4항의 개정규정에도 불구하고 종전의 규정에 따른다.

부 칙 (2013. 8. 6. 법률 제11999호)

제1조【시행일】 이 법은 공포한 날부터 시행한다. 다만, 제31조의 3의 개정규정은 2013년 12월 5일부터 시행한다.

제2조【생애최초 주택 취득에 대한 취득세 면제에 관한 적용례】 제36조의 2의 개정규정은 2013년 4월 1일 이후 최초로 주택을 취득하는 경우부터 적용한다.

제3조【내진성능 확보 건축물에 대한 감면에 관한 적용례】 제92조의 3의 개정규정은 이 법 시행 후 최초로 건축이나 대수선을 통하여 내진성능 확인을 받은 건축물부터 적용한다.

부 칙 (2013. 5. 10. 법률 제11762호)

제1조【시행일】 이 법은 공포한 날부터 시행한다.

제2조【생애최초 주택 취득에 대한 취득세 면제의 적용례】 제36조의 2의 개정규정은 2013년 4월 1일 이후 최초로 취득하는 경우부터 적용한다.

제3조【생애최초 주택 취득에 대한 취득세 면제의 추징적용】 제36조의 2 제1항 각 호 외의 부분 단서의 개정규정을 적용할 때 제40조의 2에 따라 경감된 것으로 보아 적용한다.

부 칙 (2013. 3. 23. 법률 제11716호)

제1조【시행일】 이 법은 공포한 날부터 시행한다.

제2조【주택거래에 대한 취득세의 감면에 관한 적용례】 제40조의 2의 개정규정은 2013년 1월 1일 이후 최초로 취득하는 경우부터 적용한다.

부 칙 (2013. 3. 23. 법률 제11690호 ; 정부조직법 부칙)

제1조【시행일】 ① 이 법은 공포한 날부터 시행한다.

② 부칙 제6조에 따라 개정되는 법률 중 이 법의 시행 전에 공포되었으나 시행일이 도래하지 아니한 법률을 개정한 부분은 각각 해당 법률의 시행일부터 시행하되, 같은 조 제477항에 따른 「약사법」 제47조 제1항 및 제481항에 따른 「의료기기법」 제18조 제1항의 개정규정은 이 법 시행 후 1년의 범위에서 해당 법률에 관한 대통령령으로 정하는 날부터 시행한다.

제2조～제5조 생 략

제6조【다른 법률의 개정】 ①～㉜ 생 략

㉝ 지방세특례제한법 일부를 다음과 같이 개정한다.

제2조의 2, 제3조 제2항, 제4조 제2항 제3호, 같은 조 제5항 전단·후단, 같은 조 제7항 단서, 제5조 제2항, 제31조의 2 제3항 및 제97조 제1항·제2항·제3항·제5항 중 "행정안전부장관"을 각각 "안전행정부장관"으로 한다.

제67조 제3항 전단, 제78조 제6항, 제79조 제3항 및 제80조 제2항 중 "행정안전부령"을 각각 "안전행정부령"으로 한다.

제81조 제1항 중 "국토해양부장관"을 "국토교통

부장관"으로 한다.

⑳④~⑦⑩ 생 략

제7조 생 략

부 칙 (2013. 1. 1. 법률 제11618호)

제1조【시행일】 이 법은 2013년 1월 1일부터 시행한다.

제2조【일반적 적용례】 이 법은 이 법 시행 후 납세의무가 성립하는 경우부터 적용한다.

제3조【다자녀 양육자의 기존차량 이전·말소등록 기한 연장에 관한 적용례】 제22조의 2 제2항의 개정규정은 이 법 시행 당시 대체취득 자동차의 등록일부터 60일이 경과되지 아니한 경우로서 그 등록일부터 60일 이내에 종전 자동차를 말소등록 또는 이전등록하였거나 말소등록 또는 이전등록하는 경우부터 적용한다.

제4조【한국산업단지공단에 대한 감면 세액의 추징에 관한 적용례】 제78조 제2항 단서의 개정규정은 이 법 시행 후 취득하는 부동산부터 적용한다.

제5조【이전공공기관 등 지방이전에 대한 취득세 감면에 관한 적용례】 제81조 제3항 및 제5항의 개정규정은 2011년 11월 30일 이후 취득하는 주거용 건축물과 그 부속토지부터 적용한다.

제6조【일반적 경과조치】 이 법 시행 당시 종전의 규정에 따라 부과 또는 감면하였거나 부과 또는 감면하여야 할 지방세에 대해서는 종전의 규정에 따른다.

제7조【주택거래에 대한 취득세 감면 추징에 관한 경과조치】 이 법 시행 전에 종전의 제40조의 2에 따라 취득세 감면을 받은 주택의 취득세 추징에 대해서는 제40조의 2의 개정규정에도 불구하고 종전의 규정에 따른다.

제8조【연구·개발용 수입자동차의 취득세 감면분 추징에 관한 경과조치】 이 법 시행 전에 연구·개발을 위하여 수입한 자동차를 취득 후 2년 이내에 연구·개발 목적 외의 용도로 사용하는 경우에는 제46조의 개정규정에도 불구하고 종전의 규정에 따라 면제받은 취득세를 추징한다.

부 칙 (2012. 10. 2. 법률 제11487호)

제1조【시행일】 이 법은 공포한 날부터 시행한다.

제2조【일반적 적용례】 이 법은 2012년 9월 24일 이후 최초로 주택을 취득하는 분부터 적용한다.

제3조【주택거래에 대한 취득세 감면 일시적 2주택 경과에 관한 적용례】 제40조의 2 단서의 개정규정은 2011년 1월 1일 이후 최초로 납세의무가 성립하는 분부터 적용한다.

부 칙 (2012. 3. 21. 법률 제11397호)

제1조【시행일】 이 법은 공포한 날부터 시행한다. 다만, 제31조 제1항 및 제3항의 개정규정은 2012년 4월 27일부터 시행한다.

제2조【일반적 적용례】 이 법은 이 법 시행 후 최초로 납세의무가 성립하는 분부터 적용한다.

부 칙 (2012. 1. 26. 법률 제11241호 ; 2012여수세계박람회 지원특별법 부칙)

제1조【시행일】 이 법은 공포 후 3개월이 경과한 날부터 시행한다. (단서 생략)

제2조~제5조 생 략

제6조【다른 법률의 개정】 ① 생 략

② 지방세특례제한법 일부를 다음과 같이 개정한다.

제54조 제5항 중 "「2012여수세계박람회 지원특별법」"을 "「여수세계박람회 지원 및 사후활용에 관한 특별법」"으로 한다.

③·④ 생 략

제7조 생 략

부 칙 (2011. 12. 31. 법률 제11141호 ; 국민건강보험법 부칙)

제1조【시행일】 이 법은 2012년 9월 1일부터 시행한다. (단서 생략)

제2조~제20조 생 략

제21조【다른 법률의 개정】 ①~㉔ 생 략

㉕ 지방세특례제한법 일부를 다음과 같이 개정한다.

제39조 제1항 제1호 중 "「국민건강보험법」 제13조 제1항 제1호"를 "「국민건강보험법」 제14조 제1항 제1호"로 하고, 같은 항 제2호 중 "「국민건강보험법」 제39조 제2항 제1호 중 "「국민건강보험법」 제56조 제1항 제1호"를 "「국민건강보험법」 제63조 제1항 제1호"로 하고, 같은 항 제2호 중 "「국민건강보험법」 제56조 제1항 제2호"를 "「국민건강보험법」 제63조 제1항 제2호"로 한다. 제13조 제1항 제6호"를 "「국민건강보험법」 제14조 제1항 제6호"로 한다.

㉖~㉘ 생 략

제22조 생 략

지방세특례제한법 시행령 별표

〔**별표 1**〕(2024. 6. 4. 개정 ; 강원특별~부칙, 2024. 12. 24. 개정 ; 전북특별자치도~부칙)

한센인정착농원의 범위(제8조의 2 관련)

시 · 도	농원명	소재지(일원)
서울특별시	헌인마을	서울특별시 서초구 헌릉로 468길 45
부산광역시	구평마을	부산광역시 사하구 두송로 144번길 10
	계림마을	부산광역시 사하구 하신중앙로 3번길 7
	삼덕마을	부산광역시 기장군 일광면 삼덕길 2
	낙원마을	부산광역시 기장군 정관면 용수공단 2길 64-20
	용호마을	부산광역시 남구 용호로 54
인천광역시	부평마을	인천광역시 남동구 만월북로 41
	청천마을	인천광역시 부평구 서달로 298번길 60
	경인마을	인천광역시 부평구 동암광장로 12번길 171
울산광역시	성혜마을	울산광역시 북구 안시례길 28-1
경기도	고운마을	경기도 고양시 일산동구 동국로 109-66
	동진마을	경기도 용인시 기흥구 동백5로 21-5 3층
	염광마을	경기도 용인시 수지구 동천동 418-2
	천성마을	경기도 양주시 부흥로 1241번길 6
	포천마을	경기도 포천시 신북면 장자마을 1길 5
	성생마을	경기도 남양주시 화도읍 마치로 326
	협동마을	경기도 남양주시 의안로 260번길 36-51
	상록마을	경기도 양평군 양동면 상록안길 15
	청산마을	경기도 연천군 청산면 초대로 220
강원특별자치도 (2024. 6. 4. 신설 ; 강원특별~부칙)	대명마을	강원특별자치도 원주시 호저면 하만종 3길 23
세종특별자치시	충광마을	세종특별자치시 부강면 등곡길 33-34
충청북도	청원마을	충청북도 청원군 내수읍 원통숲안길 70
충청남도	성광마을	충청남도 논산시 광석면 장마루로 598길 26-3
	영락마을	충청남도 서산시 운산면 군장동대길 135-3
전라북도	익산마을	전라북도 익산시 왕궁면 구은동길 5
	금오마을	전라북도 익산시 왕궁면 금오 1길 12
	신촌마을	전라북도 익산시 왕궁면 구덕신촌길 49-1
	상지마을	전라북도 익산시 함열읍 상지원길 67
	비룡마을	전라북도 김제시 용지면 용수 3길 3
	신암마을	전라북도 김제시 용지면 신암길 57
	신흥마을	전라북도 김제시 용지면 용수 6길 124
	정애마을	전라북도 정읍시 이평면 궁동길 241-3
	보성마을	전라북도 남원시 보성길 76-2
	성자마을	전라북도 순창군 순창읍 성자길 116
	동혜마을	전라북도 고창군 고창읍 호암안길 11-5
전라남도	현애마을	전라남도 나주시 노안면 유현 2길 19
	호혜마을	전라남도 나주시 산포면 새벽길 6-11
	여천마을	전라남도 여수시 율촌면 구암길 289
	도성마을	전라남도 여수시 율촌면 도성길 54-12
	영호마을	전라남도 영암군 도포면 영호길 2-6
	재생마을	전라남도 함평군 학교면 영산로 3933-50
	영민마을	전라남도 영광군 묘량면 덕흥 2길 2
	성진마을	전라남도 장성군 북일면 성진길 56
경상북도	성곡마을	경상북도 포항시 북구 흥해읍 성곡길 182-39
	희망마을	경상북도 경주시 천북면 신당고개길 125-4
	삼애마을	경상북도 김천시 삼애 1길 17
	광신마을	경상북도 김천시 대덕면 화전 4길 257-25

시 · 도	농원명	소재지(일원)
경상북도	계명마을	경상북도 안동시 풍산읍 죽전길 309 – 11
	영천마을	경상북도 영천시 유봉길 37
	성심마을	경상북도 상주시 공검면 역곡 4길 22
	상신마을	경상북도 문경시 농암면 상신농장길 62 – 61
	금성마을	경상북도 의성군 금성면 도경 4길 127
	경애마을	경상북도 의성군 금성면 탑리 6길 39 – 15
	신락마을	경상북도 의성군 다인면 신락 3길 47
	신애마을	경상북도 영덕군 지품면 신애길 83
	명진마을	경상북도 청도군 매전면 중앙로 84 – 388
	성신마을	경상북도 성주군 초전면 용봉리길 590 – 1
	칠곡마을	경상북도 칠곡군 지천면 연호 2길 33
	삼청마을	경상북도 칠곡군 왜관읍 삼청 5길 35
	벧엘마을	경상북도 칠곡군 지천면 낙산로 4길 38 – 15
	낙산마을	경상북도 칠곡군 지천면 새마을 1길 8
	갱화마을	경상북도 봉화군 봉성면 봉명로 92 – 64
경상남도	소아마을	경상남도 진주시 일반성면 반성로 127번길 31
	신광마을	경상남도 진주시 내동면 삼계로 140번길 29 – 1
	광명마을	경상남도 진주시 수곡면 원외 22길 15 – 6
	영복마을	경상남도 사천시 영복 1길 74 – 11
	대동마을	경상남도 김해시 대동면 동북로 227번길 12
	낙동마을	경상남도 김해시 대동면 동북로 178번길 11 – 1
	덕촌마을	경상남도 김해시 한림면 용덕로 114번길 26
	상동마을	경상남도 김해시 상동면 동북로 473번길 370 – 4
	양지마을	경상남도 김해시 생림면 안양로 274번길 156
	신생마을	경상남도 밀양시 무안면 신생길 107 – 20
	신촌마을	경상남도 의령군 용덕면 용덕 2길 40
	여명마을	경상남도 함안군 군북면 여명안길 41 – 6
	득성마을	경상남도 함안군 함안면 괴산리 750 – 1
	향촌마을	경상남도 함안군 칠서면 향촌길 123 – 2
	소혜마을	경상남도 창녕군 창녕읍 창서 1길 33
	숭의마을	경상남도 고성군 거류면 감서 5길 96
	성진마을	경상남도 고성군 고성읍 교사 4길 171 – 8
	영신마을	경상남도 하동군 적량면 상동산길 8
	경호마을	경상남도 산청군 산청읍 내리 134
	성애마을	경상남도 함양군 유림면 유림북로 530 – 3
	금호마을	경상남도 함양군 수동면 금호길 17 – 10
	거창마을	경상남도 거창군 거창읍 대동리 동신길 72
	협성마을	경상남도 거창군 거창읍 가지리 358
	팔복마을	경상남도 합천군 율곡면 영전 1길 15 – 36

〔**별표 1**〕 (2024. 12. 31. 개정)

영 별표 1의 개정규정은 2025. 1. 1. 이후 납세의무가 성립하는 경우부터 적용함. (영 부칙(2024. 12. 31.) 2조)

한센인정착마을의 범위(제8조의 2 관련)

시 · 도	마을명	소재지(일원)
서울특별시	헌인마을	서울특별시 서초구 헌릉로 422길 19
부산광역시	구평마을	부산광역시 사하구 두송로 144번길 10
	계림마을	부산광역시 사하구 하신중앙로 3번다길 7
	낙원마을	부산광역시 기장군 정관면 용수공단2길 64-20

시 · 도	마을명	소재지(일원)
인천광역시	부평마을	인천광역시 남동구 만월북로 41
	청천마을	인천광역시 부평구 서달로298번길 62-3
	경인마을	인천광역시 부평구 이규보로 64
울산광역시	성혜마을	울산광역시 북구 성혜1길 45
경기도	천성마을	경기도 양주시 부흥로 1241번길 6
	장자마을	경기도 포천시 신북면 장자경제로 103-28
	성생마을	경기도 남양주시 화도읍 마치로 326
	협동마을	경기도 남양주시 의안로 260번길 44
	상록마을	경기도 양평군 양동면 상록안길 15
	다온마을	경기도 연천군 청산면 초대로 205
강원특별자치도	대명마을	강원특별자치도 원주시 호저면 하만종 3길 23
세종특별자치시	충광마을	세종특별자치시 부강면 시목부강로 481-27
충청북도	청원마을	충청북도 청주시 청원구 내수읍 원통숲안길 71
충청남도	성광마을	충청남도 논산시 광석면 장마루로 598번길 8
	영락마을	충청남도 서산시 운산면 군장동대길 123-1
전북특별자치도	익산마을	전북특별자치도 익산시 왕궁면 구은동길 5
	금오마을	전북특별자치도 익산시 왕궁면 금오1길 8
	신촌마을	전북특별자치도 익산시 왕궁면 구덕신촌길 49-1
	상지마을	전북특별자치도 익산시 함열읍 상지원길 67
	비룡마을	전북특별자치도 김제시 용지면 용수3길 19
	신암마을	전북특별자치도 김제시 용지면 신암길 2길 6
	신흥마을	전북특별자치도 김제시 용지면 용수6길 128
	정애마을	전북특별자치도 정읍시 이평면 궁동길 221
	보성마을	전북특별자치도 남원시 보성길 76-2
	성자마을	전북특별자치도 순창군 순창읍 성자길 130
	호암마을	전북특별자치도 고창군 고창읍 호암안길 11-5

시 · 도	마을명	소재지(일원)
전라남도	현애마을	전라남도 나주시 노안면 유현2길 19
	호혜마을	전라남도 나주시 산포면 새벽길 42-9
	여천마을	전라남도 여수시 율촌면 신풍리 구암길 289
전라남도	도성마을	전라남도 여수시 율촌면 피득촌길 1-2
	영민마을	전라남도 영광군 묘량면 덕흥길2길 6
	영호마을	전라남도 영암군 도포면 영호길 2-6
	성진마을	전라남도 장성군 북일면 성진길 56
	재생마을	전라남도 함평군 학교면 영산로 3933-25
경상북도	성곡마을	경북 포항시 북구 흥해읍 성곡리 182번길 66
	희망마을	경상북도 경주시 천북면 신당소티고개길 176
	삼애마을	경상북도 김천시 속구미 3길 76
	광신마을	경상북도 김천시 대덕면 화전4길 295-10
	계명마을	경상북도 안동시 안동시 풍산읍 죽전길 305-3
	영천마을	경상북도 영천시 유봉길 32-8
	성심마을	경상북도 상주시 공검면 역곡4길 22
	상신마을	경상북도 문경시 농암면 상신농장길 87
	금성마을	경상북도 의성군 금성면 도경4길 127
	경애마을	경상북도 의성군 금성면 탑리6길 39-15
	신락마을	경상북도 의성군 다인면 신락3길 47
	신애마을	경상북도 영덕군 지품면 신애길 86
	명진마을	경상북도 청도군 청도읍 중앙로 84-464
	성신마을	경상북도 성주군 초전면 용봉길 80
	칠곡마을	경상북도 칠곡군 지천면 연호2길 33
	삼청마을	경상북도 칠곡군 왜관읍 삼청5길 70-16
	낙산마을	경상북도 칠곡군 지천면 새마을 1길 8
	갱화마을	경상북도 봉화군 봉성면 봉명로 92-64

시 · 도	마을명	소재지(일원)
경상북도	벤엘마을	경상북도 칠곡군 지천면 낙산로4길 38-15
경상남도	덕촌마을	경상남도 김해시 한림면 용덕로 117-1
	양지마을	경상남도 김해시 생림면 안양로 274번길 61
	낙동마을	경상남도 김해시 대동면 동북로 178번길 23-11
	대동마을	경상남도 김해시 대동면 동북로 227번길 12-1
	상동마을	경상남도 김해시 상동면 동북로 473번길 266
	득성마을	경상남도 함안군 함안면 괴산2길 41
	향촌마을	경상남도 함안군 칠서면 향촌길 123
	여명마을	경상남도 함안군 군북면 여명안길 42-6
	신생마을	경상남도 밀양시 무안면 신생길 90
	소혜마을	경상남도 창녕군 창녕읍 창서1길 16
	신촌마을	경상남도 의령군 용덕면 용덕2길 40-33
	광명마을	경상남도 진주시 수곡면 원외길 22-3
	신광마을	경상남도 진주시 내동면 삼계로 140번길 29-1
	소아마을	경상남도 진주시 일반성면 반성로 127번길 49-10
	영복마을	경상남도 사천시 영복1길 74-11
	산성마을	경상남도 고성군 거류면 감서5길 95-17
	성진마을	경상남도 고성군 고성읍 교사4길 17-7
	영신마을	경상남도 하동군 적량면 황금길 44
	팔복마을	경상남도 합천군 율곡면 영전1길 15-34
	거창마을	경상남도 거창군 거창읍 동산길 55
	협성마을	경상남도 거창군 거창읍 성산길 132-23
	금호마을	경상남도 함양군 수동면 금호길 10
	성애마을	경상남도 함양군 유림면 성애길 498-1
	경호마을	경상남도 산청군 산청읍 산청대로 1381번길 65-28

〔별표 2〕 (2024. 12. 31. 신설)

기회발전특구 창업 업종의 범위(제39조의 2 관련)

1. 건설업
2. 공연시설 운영업, 공연단체, 기타 창작 및 예술관련 서비스업
3. 광업
4. 다음 각 목의 어느 하나에 해당하는 사업시설 관리, 사업지원 및 임대 서비스업
   가. 경비 및 경호 서비스업
   나. 고용알선 및 인력공급업
   다. 보안시스템 서비스업
   라. 사업시설 관리 및 조경 서비스업
   마. 전시, 컨벤션 및 행사대행업
5. 수도, 하수 및 폐기물 처리, 원료 재생업
6. 다음 각 목의 어느 하나에 해당하는 전문, 과학 및 기술 서비스업(제29조의 2 제6항에 따른 엔지니어링사업을 포함한다)
   가. 광고업
   나. 기타 과학기술 서비스업
   다. 시장조사 및 여론조사업
   라. 연구개발업
   마. 전문 디자인업
7. 정보통신업. 다만, 다음 각 목의 어느 하나에 해당하는 업종은 제외한다.
   가. 가상자산 매매 및 중개업
   나. 뉴스 제공업

다. 비디오물 감상실 운영업
8. 제조업
9. 다음 각 목의 어느 하나에 해당하는 물류산업
가. 기타 산업용 기계 · 장비 임대업 중 파렛트 임대업
나. 보관 및 창고업
다. 육상 · 수상 · 항공 운송업
라. 육상 · 수상 · 항공 운송지원 서비스업
마. 화물 취급업
바. 화물운송 중개 · 대리 및 관련 서비스업
사. 화물 포장 · 검수 및 계량 서비스업
아. 「선박의 입항 및 출항 등에 관한 법률」 제24조 제1항에 따른 예선업
자. 「유선 및 도선 사업법」 제2조 제2호에 따른 도선사업
10. 「물류시설의 개발 및 운영에 관한 법률」 제2조 제4호에 따른 복합물류터미널사업
11. 「신에너지 및 재생에너지 개발 · 이용 · 보급 촉진법」 제2조 제1호에 따른 신에너지 또는 같은 조 제2호에 따른 재생에너지를 이용하여 전기를 생산하는 사업
12. 「유통산업발전법」 제2조 제16호에 따른 공동집배송센터를 조성하여 운영하는 사업
13. 금융 및 보험업 중 정보통신을 활용하여 금융서비스를 제공하는 업종으로서 다음 각 목의 어느 하나에 해당하는 행위를 업으로 영위하는 업종
가. 「자본시장과 금융투자업에 관한 법률」 제9조 제27항에 따른 온라인소액투자중개
나. 「전자금융거래법」 제2조 제1호에 따른 전자금융거래
다. 「외국환거래법 시행령」 제15조의 2 제1항에 따른 소액해외송금
14. 「전시산업발전법」 제2조 제1호에 따른 전시산업
15. 「학원의 설립 · 운영 및 과외교습에 관한 법률」 제2조의 2 제1항 제2호에 따른 평생직업교육학원 중 직업기술 분야를 교습하는 학원을 운영하는 사업 또는 「국민 평생 직업능력 개발법」 제2조 제3호에 따른 직업능력개발훈련시설을 운영하는 사업(직업능력개발훈련을 주된 사업으로 하는 경우로 한정한다)
16. 「항만법」 제2조 제5호에 따른 항만시설을 운영하는 사업과 같은 조 제11호에 따른 항만배후단지에서 경영하는 물류산업
17. 「관광진흥법 시행령」 제2조 제1항 제2호 가목부터 라목까지, 바목 및 사목에 따른 관광호텔업, 수상관광호텔업, 한국전통호텔업, 가족호텔업, 소형호텔업 및 의료관광호텔업. 다만, 해당 호텔업과 함께 「관광진흥법」 제3조 제1항 제5호에 따른 카지노업 또는 「관세법」 제196조에 따른 보세판매장을 경영하는 경우 그 카지노업 또는 보세판매장 사업은 제외한다.
18. 「관광진흥법 시행령」 제2조 제1항 제3호 가목, 나목, 라목 및 마목에 따른 전문휴양업, 종합휴양업, 관광유람선업 및 관광공연장업. 다만, 전문휴양업 또는 종합휴양업과 함께 「관광진흥법」 제3조 제1항 제2호 나목에 따른 휴양 콘도미니엄업 또는 「체육시설의 설치 · 이용에 관한 법률」 제10조 제1항 제1호에 따른 골프장업을 경영하는 경우 그 휴양 콘도미니엄업 또는 골프장업은 제외한다.
19. 「관광진흥법 시행령」 제2조 제1항 제4호 가목에 따른 국제회의시설업
20. 「관광진흥법 시행령」 제2조 제1항 제5호 가목에 따른 종합유원시설업
21. 「관광진흥법 시행령」 제2조 제1항 제6호 라목에 따른 관광식당업

서 식 목 차

[별지 제1호 서식] (2020. 12. 31. 개정)

지방세 감면 신청서

※ 뒤쪽의 작성방법을 참고하시기 바라며, 색상이 어두운 난은 신청인이 적지 않습니다. (앞쪽)

접수번호		접수일	처리기간 5일
신청인	성명(대표자)		주민(법인)등록번호
	상호(법인명)		사업자등록번호
	주소 또는 영업소		
	전자우편주소		전화번호 (휴대전화번호)
감면대상	종류		면적(수량)
	소재지		
감면세액	감면세목	과세연도	기분
	과세표준액	감면구분	
	당초 산출세액	감면받으려는 세액	
감면 신청 사유			
감면 근거규정	「지방세특례제한법」 제 조 및 같은 법 시행령 제 조		
관계 증명 서류			
감면 안내 방법	직접교부[ ] 등기우편[ ] 전자우편 [ ]		

신청인은 본 신청서의 유의사항 등을 충분히 검토했고, 향후에 신청인이 기재한 사항과 사실이 다른 경우에는 감면된 세액이 추징되며 별도의 이자상당액 및 가산세가 부과됨을 확인했습니다.

「지방세특례제한법」 제4조 및 제183조, 같은 법 시행령 제2조 제6항 및 제126조 제1항, 같은 법 시행규칙 제2조에 따라 위와 같이 지방세 감면을 신청합니다.

년 월 일

신청인 (서명 또는 인)

특별자치시장 · 특별자치도지사 · 시장 · 군수 · 구청장 귀하

첨부서류	감면받을 사유를 증명하는 서류	수수료 없음

210mm×297mm [백상지(80/㎡) 또는 중질지(80/㎡)]

[별지 제1호의 2 서식] (2020. 12. 31. 개정)

자경농민 농지등 취득세 감면 신청서

(앞쪽)

접수번호		접수일	처리기간 5일
신청인	성명		주민등록번호
	주소		
	전자우편주소		전화번호(휴대전화번호)
감면대상	종류 (농지[ ]임야[ ]농업용 시설[ ])		취득가격
	소재지		
감면세액	감면세목	과세연도	기분
	과세표준액	감면구분	
	당초 산출세액	감면받으려는 세액	
감면 신청 사유 (「지방세특례제한법」 제6조)	(뒤쪽 참조)		
감면 안내 방법	직접교부[ ] 등기우편[ ] 전자우편 [ ]		

신청인은 본 신청서의 유의사항 등을 충분히 검토했고, 향후에 신청인이 기재한 사항과 사실이 다른 경우에는 감면된 세액이 추징되며 별도의 이자상당액 및 가산세가 부과됨을 확인했습니다.

「지방세특례제한법」 제6조, 같은 법 시행령 제3조 및 같은 법 시행규칙 제2조의 2에 따라 위와 같이 지방세 감면을 신청합니다.

년 월 일

신청인 (서명 또는 인)

특별자치시장 · 특별자치도지사 · 시장 · 군수 · 구청장 귀하

담당공무원 확인사항	1. 주민등록등본 2. 소득금액증명원, 그 밖의 종합소득금액을 확인하는 서류로서 행정안전부장관이 정하여 고시하는 서류 3. 2년 이상 영농에 종사하고 있음을 확인하는 서류로서 행정안전부장관이 정하여 고시하는 서류	수수료 없 음

행정정보 공동이용 및 개인정보보호 수집 · 이용 동의서

1. 본인은 이 건 업무처리와 관련하여 담당 공무원이 「전자정부법」 제36조에 따른 행정정보의 공동이용을 통하여 위의 담당 공무원 확인 사항을 확인하는 것에 동의합니다. *동의하지 않거나 확인이 되지 않는 경우에는 신청인이 직접 관련 서류를 제출해야 합니다.

신청인 (서명 또는 인)

2. 본인은 이 건 업무처리와 관련하여 담당 공무원이 사후관리를 위해 「개인정보보호법」 제24조에 의한 개인정보(주민등록번호) 수집 · 이용하는 것에 동의합니다. *동의하지 않는 경우에는 사후관리를 위한 실제 소득여부 확인불가로 「지방세특례제한법」 제6조 및 같은 법 시행령 제3조에 따른 감면요건을 갖추지 않은 것으로 보아 감면적용이 제외될 수 있습니다.

신청인 (서명 또는 인)

210mm×297mm [백상지(80/㎡) 또는 중질지(80/㎡)]

(뒤쪽)

감면 신청 사유 (「지방세특례제한법」 제6조)

※ 아래의 사항을 확인 후 해당란을 기재하십시오.

① 농지·임야·농업용 시설(이하 "농지등"이라 합니다) 취득자의 동거가족 및 소득요건을 확인하기 위한 기재사항입니다.

1. 신청인(농지등취득자를 말하며, 이하 "신청인"이라 합니다) 및 배우자가 감면대상 농지등의 취득일 현재 농업 이외의 소득금액이 3천7백만원 미만임을 확인합니다. (예 [ ] 아니오 [ ])
   - 농지등 취득자 본인이 자경농민인 경우 [ ]
   - 농지등 취득자는 자경농민에 해당되지 않으나 그 배우자가 자경농민인 경우 [ ]

2. 관 계	3. 성 명	4. 주민등록번호	5. 소득금액(원)
농지등 취득자(본인)			
농지등 취득자(배우자)			

1) 신청인 본인이 자경농민인지, 그 배우자가 자경농민인지 여부를 확인하기 위해 기재합니다. 이 경우 주민등록표에 등재되어 있는 배우자를 기재해야 합니다.
2) 신청인을 기준으로 그 배우자에 해당하는지의 여부를 확인하기 위해 기재합니다.
3) 신청인, 그 동거가족이 기재한 소득금액이 적정한지 사후에 확인을 위해 주민등록번호를 기재합니다.
4) 소득금액란은 세무관서장이 발행하는 소득금액증명, 사실증명 서류에 등재되어 있는 실제 소득금액을 기재합니다.

※ 소득금액 귀속연도는 농지등 취득일이 속하는 연도의 직전연도 소득금액이 원칙이며, 소득세법에 따른 종합소득이 확정되지 않아 직전연도 소득을 확인할 수 없는 경우에만 예외적으로 전전연도 소득을 기재합니다.

② 농업을 주업으로 하는 사람으로서 2년 이상 영농에 종사한 사실이 있는 지를 확인하기 위한 기재사항입니다.

1. 농지소재지에서 30㎞ 이내에 거주하고 있음: 해당됨 [ ]해당되지 않음 [ ]
2. 취득하는 농지소재지에서 30㎞ 이내에 거주하고 있음: 해당됨 [ ] 해당되지 않음 [ ]
3. 농지 취득일 현재 농지를 소유하고 있거나, 농지를 소유하고 있지는 않으나 임차하여 경작하고 있으며 2년이상 직접 농업에 종사하고 있음: 해당됨 [ ]해당되지 않음 [ ]
   - 영농 종사 사실은 농업경영체 등록 확인서로 판단하되, 농업경영체 등록 확인서가 없는 경우에는 농지원부, 농산물 거래내역, 농약 및 퇴비 거래내역 등 지방자치단체의 장이 종합적이고 객관적으로 인정할 수 있는 사실관계 증명서류를 제출해야 합니다.
4. 감면신청인이 소유하고 있는 농지의 규모와 새로 취득하는 농지의 규모를 합하여 아래의 규모 이내에 해당됨(아래의 규모를 초과하는 경우에 그 초과 부분에 대해서는 감면대상에서 제외): 해당됨 [ ]해당되지 않음 [ ]
   - (논,밭,과수원) 3만㎡. 다만, 「농지법」에 따른 농업진흥지역내의 경우에는 20만㎡
   - (목장용지) 25만㎡ (임야) 30만㎡

유 의 사 항

1. 신청인이 작성·기재한 감면신청서는 「지방세기본법」 제78조에 따라 진실한 것으로 추정됩니다.
2. 향후에 신청인이 작성·기재한 사항이 사실과 다르거나 사후관리를 통해 감면요건을 준수하지 않은 사항이 확인되는 경우에는 추징대상에 해당되어 감면받은 세액 이외에도 「지방세특례제한법」 제178조제2항에 따른 이자상당액 및 「지방세기본법」 제53조부터 제55조까지에 따른 가산세(10~40%)가 추가될 수 있음을 유의하시기 바랍니다.
3. 위에서 열거한 사례 이외에도 소득요건, 영농에 종사한지의 여부 등에 대한 다양한 개별적 사례가 발생할 수 있으므로 감면대상 해당 여부를 반드시 확인하여 추징 등 불이익을 받지 않도록 유의하시기 바랍니다.
4. 감면 안내 방법: 직접교부, 등기우편, 전자우편 중 하나를 선택합니다.
5. 담당공무원 확인사항 중 행정안전부장관이 정하여 고시하는 서류란 「자경농민 및 자영어민 확인을 위하여 제출하는 서류」에 규정된 서류를 말합니다.

처 리 절 차

신청서 작성	→	관계증명서류	→	접수	→	증명서류 확인 및 검토	→	지방세 감면 안내
(신청인)		(신청인)		(특별자치시·특별자치도·시·군·구)		(특별자치시·특별자치도·시·군·구)		(특별자치시·특별자치도·시·군·구)

[별지 제1호의 3 서식] (2020. 12. 31. 개정)

자영어민의 어업용 토지 등 취득세 감면신청서

(앞쪽)

접수번호		접수일	처리기간 5일
신청인	성명		주민등록번호
	주소		
	전자우편주소		전화번호(휴대전화번호)
감면대상	종류 (어업권[ ]어선[ ]양어장 토지[ ]수조[ ])		취득가격
	소재지		
감면세액	감면세목	과세연도	기분
	과세표준액	감면구분	
	당초 산출세액	감면받으려는 세액	
감면 신청 사유 (「지방세특례제한법」 제9조)	(뒤쪽 참조)		
감면 안내 방법	직접교부[ ] 등기우편[ ] 전자우편 [ ]		

신청인은 본 신청서의 유의사항 등을 충분히 검토했고, 향후에 신청인이 기재한 사항과 사실이 다른 경우에는 감면된 세액이 추징되며 별도의 이자상당액 및 가산세가 부과됨을 확인했습니다.

「지방세특례제한법」 제9조, 같은 법 시행령 제5조 및 같은 법 시행규칙 제2조의 2에 따라 위와 같이 지방세 감면을 신청합니다.

년 월 일

신청인 (서명 또는 인)

특별자치시장·특별자치도지사·시장·군수·구청장 귀하

담당공무원 확인사항	1. 주민등록등본 2. 소득금액증명원, 그 밖의 종합소득금액을 확인하는 서류로서 행정안전부장관이 정하여 고시하는 서류 3. 어업에 종사하고 있음을 확인하는 서류로서 행정안전부장관이 정하여 고시하는 서류	수수료 없 음

행정정보 공동이용 및 개인정보보호 수집·이용 동의서

1. 본인은 이 건 업무처리와 관련하여 담당 공무원이 「전자정부법」 제36조에 따른 행정정보의 공동이용을 통하여 위의 담당 공무원 확인 사항을 확인하는 것에 동의합니다. *동의하지 않거나 확인이 되지 않는 경우에는 신청인이 직접 관련 서류를 제출해야 합니다.

신청인 (서명 또는 인)

2. 본인은 이 건 업무처리와 관련하여 담당 공무원이 사후관리를 위해 「개인정보보호법」 제24조에 의한 개인정보(주민등록번호)를 수집·이용하는 것에 동의합니다. *동의하지 않는 경우에는 사후관리를 위한 실제 소득여부 확인이 불가하여 「지방세특례제한법」 제9조 및 같은 법 시행령 제5조에 따른 감면요건을 갖추지 않은 것으로 보아 감면적용이 제외될 수 있습니다.

신청인 (서명 또는 인)

(뒤쪽)

감면 신청 사유 (「지방세특례제한법」 제9조)	※ 아래의 사항을 확인한 후 해당란을 기재하십시오. ① 어업권, 어선(이하 "어선등"이라 합니다) 취득자의 감면요건을 확인하기 위한 기재사항입니다. 1. 신청인(어선등 취득자) 및 배우자가 감면대상 어선등의 취득일 현재 동거가족 요건을 갖추었는지 확인합니다. 가. 어선등 취득자 본인이 자영어민인 경우 [ ] 나. 어선등 취득자는 자영어민에 해당되지 않으나 그 배우자가 자영어민인 경우 [ ] (표 1 참조) 5. 어업을 주업으로 하는 사람으로서 어업에 종사한 사실이 있는지를 확인합니다. 가. 어선 선적지 및 어장 소재지 등에 거주하고 있음: 해당됨 [ ]해당되지 않음 [ ] 나. 취득하는 어선 선적지 및 어장 소재지 등에 거주하고 있음: 해당됨 [ ] 해당되지 않음 [ ] ※ 어선 선적지 및 어장 소재지 등이란 어선 선적지 및 어장에 잇닿아 있는 연안이 속하는 특별자치시·특별자치도·시·군·구 지역 및 그와 잇닿아 있는 다른 시·군·구 지역을 말합니다. 다. 취득일 현재 직접 어업에 종사하고 있음: 해당됨 [ ]해당되지 않음 [ ] 라. 감면신청인이 소유하고 있는 어선등의 규모와 새로 취득하는 어선등의 규모를 합하여 아래의 규모 이내에 해당됨(아래의 규모를 초과하는 경우에 그 초과 부분에 대해서는 감면대상에서 제외): 해당됨 [ ]해당되지 않음 [ ] – (어업권) 10헥타르 이내, (어선) 30톤 이내 ② 양어장 토지, 수조(이하 "토지등"이라 합니다) 취득자의 감면요건을 확인하기 위한 기재사항입니다. 1. 신청인(토지등 취득자) 및 배우자가 감면대상 토지등의 취득일 현재 어업 외의 소득금액이 3천7백만원 미만임을 확인합니다. (예 [ ] 아니오 [ ]) 가. 토지등 취득자 본인이 자영어민인 경우 [ ] 나. 토지등 취득자는 자영어민에 해당되지 않으나 그 배우자가 자영어민인 경우 [ ] (표 2 참조) 6. 어업을 전업으로 하는 사람으로서 어업에 종사한 사실이 있는 지를 확인합니다. 가. 토지등 소재지 등에 거주하고 있음: 해당됨 [ ]해당되지 않음 [ ] 나. 취득하는 토지등 소재지 등에 거주하고 있음: 해당됨 [ ] 해당되지 않음 [ ] ※ 토지등 소재지 등이란 토지등이 소재한 특별자치시·특별자치도·시·군·구 지역 및 그와 잇닿아 있는 다른 시·군·구 지역을 말합니다. 다. 취득일 현재 양어장인 토지를 소유하고 있거나, 임차한 사람과 그 배우자 중에서 1명 이상이 직접 양식어업을 전업으로 하고 있음: 해당됨 [ ]해당되지 않음 [ ] 라. 감면신청인이 소유하고 있는 양어장 토지의 규모와 새로 취득하는 양어장 토지의 규모를 합하여 아래의 규모 이내에 해당됨(아래의 규모를 초과하는 경우에 그 초과 부분에 대해서는 감면대상에서 제외): 해당됨 [ ]해당되지 않음 [ ] – (양어장 토지) 1만제곱미터 이내

표 1

2. 관 계	3. 성 명	4. 주민등록번호
어선등 취득자(본인)		
어선등 취득자(배우자)		

표 2

2. 관 계	3. 성 명	4. 주민등록번호	5. 소득금액(원)
토지등 취득자(본인)			
토지등 취득자(배우자)			

유 의 사 항

1. 신청인이 작성·기재한 감면신청서는 「지방세기본법」 제78조에 따라 진실한 것으로 추정됩니다.
2. 향후에 신청인이 작성·기재한 사항이 사실과 다르거나 사후관리를 통해 감면요건을 준수하지 않은 사항이 확인되는 경우에는 추징대상에 해당되어 감면받은 세액 이외에도 「지방세특례제한법」 제178조제2항에 따른 이자상당액 및 「지방세기본법」 제53조부터 제55조까지에 따른 가산세(10~40%)가 추가될 수 있음을 유의하시기 바랍니다.
3. 위에서 열거한 사례 이외에도 소득요건, 어업에 종사한지의 여부 등에 대한 다양한 개별적 사례가 발생할 수 있으므로 감면대상 해당 여부를 반드시 확인하여 추징 등 불이익을 받지 않도록 유의하시기 바랍니다.
4. 감면 안내 방법: 직접교부, 등기우편, 전자우편 중 하나를 선택합니다.
5. 담당공무원 확인사항 중 행정안전부장관이 정하여 고시하는 서류란 「자경농민 및 자영어민 확인을 위하여 제출하는 서류」에 규정된 서류를 말합니다.

처 리 절 차

신청서 작성	→	관계증명서류	→	접수	→	증명서류 확인 및 검토	→	지방세 감면 안내
(신청인)		(신청인)		(특별자치시·특별자치도·시·군·구)		(특별자치시·특별자치도·시·군·구)		(특별자치시·특별자치도·시·군·구)

210mm×297mm [백상지(80/㎡) 또는 중질지(80/㎡)]

[별지 제1호의 4 서식] (2024. 12. 31. 개정)

창업(벤처)중소기업 지방세 감면 신청서

(앞쪽)

접수번호		접수일		처리기간	5일
신청인	성명(법인)			주민(법인)등록번호	
	주소				
	전자우편주소			전화번호(휴대전화번호)	
감면대상	종류			면적(수량)	
	소재지				
감면세액	감면세목	과세연도		기분	
	과세표준액	감면구분			
	당초 산출세액	감면받으려는 세액			
감면 신청 사유 (「지방세특례제한법」 제58조의3)	(뒤쪽 참조)				
감면 안내 방법	직접교부[ ] 등기우편[ ] 전자우편 [ ]				

신청인은 본 신청서의 유의사항 등을 충분히 검토했고, 향후에 신청인이 기재한 사항과 사실이 다른 경우에는 감면된 세액이 추징되며 별도의 이자상당액 및 가산세가 부과됨을 확인했습니다.

「지방세특례제한법」 제58조의 3, 같은 법 시행령 제29조의 2 및 같은 법 시행규칙 제3조의 2에 따라 위와 같이 지방세 감면을 신청합니다.

년 월 일

신청인 (서명 또는 인)

특별자치시장·특별자치도지사·시장·군수·구청장 귀하

담당공무원 확인사항	1. 사업자등록증 2. 법인 등기사항증명서 2. 벤처기업확인서(창업벤처중소기업의 경우만 해당합니다)	수수료 없 음

행정정보 공동이용 동의서

본인은 이 건 업무처리와 관련하여 담당 공무원이 「전자정부법」 제36조에 따른 행정정보의 공동이용을 통하여 위의 담당 공무원 확인 사항을 확인하는 것에 동의합니다.
*동의하지 않거나 확인이 되지 않는 경우에는 신청인이 직접 관련 서류를 제출해야 합니다.

신청인 (서명 또는 인)

210mm×297mm [백상지(80/㎡) 또는 중질지(80/㎡)]

(뒤쪽)

감면 신청 사유 (「지방세특례제한법」 제58조의3)	※ 창업중소기업에 해당하는지 여부 확인을 위한 기재사항입니다. 아래의 사항을 확인 후 해당란을 기재하십시오. ① 기업을 새로 설립했는지 여부 (예 [ ] 아니오 [ ]) ※ 최초 설립이 아닌, 기업조직 및 형태 변경, 사업승계, 사업이전, 사업확장, 업종추가 등에 해당하는 경우에는 새로운 설립으로 보지 않습니다. ② 법인인 경우 대표자, 임원 등의 인적사항을 기재합니다. (관계 / 성명 / 주민등록번호 / 주소 / 연락처 — 예) 대표, 예) 임원) ※ 법인의 대표자 등의 동종 사업 영위 여부, 법인전환 등을 확인하기 위해 기재합니다. ③ 새로 설립된 기업이 중소기업의 범위에 해당될 것 (예 [ ] 아니오 [ ]) ④ 창업하는 업종이 「지방세특례제한법」 제58조의3 제4항에 따른 업종에 해당될 것 (예 [ ] 아니오 [ ]) ※ 「지방세특례제한법」 제58조의3 제4항 각 호의 업종에 속하지 않는 경우에는 창업중소기업 영위 업종으로 보지 않습니다. ⑤ 창업(벤처)중소기업이 「지방세특례제한법」 제58조의3 제6항 각 호에 규정된 다음의 어느 하나에 해당하지 않을 것 (해당함 [ ] 해당하지 않음 [ ]) 1. 합병 · 분할 · 현물출자 · 사업양수를 통하여 종전 사업을 승계하거나 종전 사업에 사용되던 자산을 인수 · 매입하여 같은 종류의 사업을 하는 경우 ※ 다만, 종전 사업에 사용되던 자산을 인수하거나 매입하여 같은 종류의 사업을 하는 경우 그 자산가액의 합계가 「부가가치세법」 제5조 제2항에 따른 사업개시 당시 토지 · 건물 및 기계장치 등 「지방세특례제한법 시행령」 제29조의2 제9항에서 정하는 사업용자산의 총가액에서 차지하는 비율이 100분의 30 이하인 경우는 제외합니다. 2. 거주자가 하던 사업을 법인으로 전환하여 새로운 법인을 설립하는 경우 3. 폐업 후 사업을 다시 개시하여 폐업 전의 사업과 같은 종류의 사업을 하는 경우 4. 사업을 확장하거나 다른 업종을 추가하는 경우 5. 그 밖에 새로운 사업을 최초로 개시하는 것으로 보기 곤란한 경우로서 「지방세특례제한법 시행령」 제29조의2 제12항에서 정하는 경우 ※ 개인사업자가 동종 사업을 영위하는 법인인 중소기업을 새로 설립하여 과점주주(「지방세기본법」 제46조 제2호에 따른 과점주주를 말합니다. 이하 같습니다)가 되는 경우, 해당 법인 또는 해당 법인의 과점주주가 신설되는 법인인 중소기업의 과점주주가 되는 경우(해당 법인과 신설되는 법인인 중소기업이 동종의 사업을 영위하는 경우로 한정합니다) 및 법인인 중소기업이 회사의 형태를 변경한 이후에도 변경 전의 사업과 동종의 사업을 영위하는 경우를 말합니다. ⑥ 「지방세특례제한법」 제58조의3 제1항 제2호, 제2항 제2호 및 같은 법 시행령 제29조의2 제3항에 따른 공장입지기준면적 또는 용도지역별 적용배율 이내에 해당하는지 여부 (예 [ ] 아니오 [ ])

관계	성명	주민등록번호	주소	연락처
예) 대표				
예) 임원				

유 의 사 항

1. 신청인이 작성 · 기재한 감면신청서는 「지방세기본법」 제78조에 따라 진실한 것으로 추정합니다.
2. 향후에 신청인이 작성 · 기재한 사항이 사실과 다르거나 사후관리를 통해 감면요건을 준수하지 않은 사항이 확인되는 경우에는 추징대상에 해당되어 감면받은 세액 이외에도 「지방세특례제한법」 제178조 제2항에 따른 이자상당액 및 「지방세기본법」 제53조부터 제55조까지에 따른 가산세(10~40%)가 추가될 수 있음을 유의하시기 바랍니다.
3. 위에서 열거한 사례 이외에도 창업(벤처)기업의 동종업종 추가 등에 대한 다양한 개별적 사례가 발생할 수 있으므로 감면대상 해당 여부를 반드시 확인하시어 추징 등 불이익을 받지 않도록 유의하시기 바랍니다.
4. 감면 안내 방법: 직접교부, 등기우편, 전자우편 중 하나를 선택합니다.

처 리 절 차

신청서 작성	→	관계증명서류	→	접수	→	증명서류 확인 및 검토	→	지방세 감면 안내
(신청인)		(신청인)		(특별자치시 · 특별		(특별자치시 · 특별		(특별자치시 · 특별

[별지 제2호 서식] (2020. 12. 31. 개정)

행 정 기 관 명

수신자
(경유)
제 목 **지방세 감면 안내**

귀하가 년 월 일에 제출한 지방세 감면 신청에 대하여 「지방세특례제한법」 제 조 및 같은 법 시행령 제 조에 따라 다음과 같이 적용되었음을 안내합니다.

연도	기분	세목	과세번호	당 초 산출세액	감면액	납부할 세액	납부기한
감면 사유							
감면의무 위반 시 추징 안내	근거규정	「지방세특례제한법」 제○조 제○항					
	의무 준수 사항						
	○ ※ 기재사항이 부족할 경우 별지 작성						

끝.

행정기관의 장 [직인]

기안자(직위/직급) 서명 검토자(직위/직급) 서명 결재권자(직위/직급) 서명
협조자 (직위/직급) 서명
시행 처리과-일련번호 (시행일) 접수 처리과-일련번호 (접수일자)
우 주소 / 홈페이지 주소
전화 전송 / 공무원의 공식 전자우편주소 / 공개구분

[별지 제3호 서식] (2010. 12. 23. 신설) (앞쪽)

외국인관광객 투숙 실적 신고서
(재산세 감면용)

신청인	①성 명 (대 표 자)		②주 민(법 인) 등 록 번 호	
	③호 텔 명 (법 인 명)		④ 사업자등록번호	
	⑤주 소 (영 업 소)	□□□-□□□		
	⑥전 화 번 호	(휴대전화:)	⑦ 전자우편 주소	

호텔 운영 실적	⑧객실 총매출액	⑨외국인 관광객 숙박매출액	⑩이용률(%) (⑨/⑧)	⑪연간 숙박인원수 (⑫+⑬)	⑫연간 내국인 숙박인원수	⑬연간 외국인관광객 숙박인원수

⑭ 운영기간: . . . ~ . . .(1년간)

「지방세특례제한법」 제54조 제2항 및 같은 법 시행령 제27조에 따라 위와 같이 신고합니다.

년 월 일

신고인 (서명 또는 인)

시장 · 군수 · 구청장 귀하

구비 서류	1. 부가가치세 확정신고서(부가가치세 확정신고를 하지 아니한 경우에는 부가가치세 예정신고서를 말합니다) 1부 2. 「지방세특례제한법 시행령」 제27조 제1호 가목에 따른 외국인관광객에 대한 직전 연도 숙박용역 공급가액(객실요금만 해당합니다) 1부 3. 별지 제4호 서식의 외국인관광객 숙박 및 음식 매출기록표 1부 4. 외국인관광객에 대한 객실요금 인하율표(해당 지방자치단체에서 조례로 그 인하율을 정한 경우만 해당합니다) 1부 ※ . . . ~ . . .(1년간) 세무서에 제출한 부가가치세 신고서에 적힌 운영 실적을 집계하여 작성하고, 부가가치세 확정신고서(부가가치세 확정신고를 하지 아니한 경우에는 부가가치세 예정신고서를 말합니다) 사본을 첨부하여 제출합니다.

210mm×297mm(일반용지 60g/㎡(재활용품))

[별지 제4호 서식] (2010. 12. 23. 신설) (앞쪽)

외국인관광객 숙박 및 음식 매출기록표

※ 근거법령: 「지방세특례제한법 시행령」 제27조 제1호

사업자	① 성 명 (대 표 자)		② 사 업 자 등 록 번 호	
	③상 호		④ 사 업 장 주 소	

공 급 내 용								
공급받는 자								
⑤ 성명	⑥ 국적	⑦ 여권 번호	⑧ 입국 일자	⑨ 숙박 기간	⑩ 숙박 일수	⑪ 1일 객실 요금	⑫ 숙박 요금 (⑩×⑪)	⑬ 음식 요금

210mm×297mm(일반용지 60g/㎡(재활용품))

[별지 제5호 서식] (2010. 12. 23. 신설)

부동산등 매수, 수용, 철거 확인서

용 도	취득세 면제용

1. 매수, 수용, 철거된 부동산등 및 대체취득한 부동산등의 명세

매수, 수용, 철거된 부동산등					대체취득한 부동산등			
구분	소재지	지 목(구조)	면적(㎡)	과세시가 표준액	구분	소 재 지	지목(구조)	면적(㎡)

「지방세특례제한법 시행규칙」 제5조에 따라 위 부동산등을 매수(수용 또는 철거)한 사실과 보상금을 지급한 사실을 확인하여 주시기 바랍니다.

년 월 일

신청인(본인) (서명 또는 인)

2. 매수, 수용 또는 철거 근거

사업시행자		사업명	사 업 인 가			근 거 법 령	비 고
주 소	성 명		일 자	인가기관	고시 번호		

3. 보상금 지급 및 확인 명세(이 난은 반드시 투명테이프를 붙여야 합니다)

총 보상금			확인내역		
부동산등	금액(원)	수령일자	기발급		금회 발급액(원)
			일자	금액(원)	
계					

수 령 자	성명(법인명)		주민(법인) 등록번호	
	주소(소재지)			

위 사실을 확인합니다.

년 월 일

직인

수수료 없음

[별지 제6호 서식] (2024. 2. 29. 개정)

공장의 이전에 따른 지방세 감면 신청서

※ 뒤쪽의 작성방법을 읽고 작성하시기 바라며, [ ]에는 해당되는 곳에 "√"표시를 합니다. (앞쪽)

접수번호	접수일	처리기간	7일

신청인	①성명(법인명)	②주민(법인)등록번호	
	③주소(영업소)		
	④전자우편주소	⑤전화번호(휴대전화번호)	
취 득 부동산	⑥소재지		
	⑦구조	⑧개별공시지가	⑨지목
	⑩취득연월일	⑪연면적	⑫취득자
	⑬그 밖의 참고사항		

이전하기 전 의 공장규모	⑭소재지					
	건물	⑮구조		⑯용도		
	토지	⑰지목		⑱개별공시지가		
	기타	⑲부대시설		⑳그 밖의 과세대상 부동산		
	가액	㉑계	㉒건물	㉓토지	㉔부대시설	㉕기타
	㉖업종			㉗가동기간 · · ~ · ·		

공 장 신 설 계 획	규모	건물	㉘구조	㉙용도
		기타	㉚부대설비	㉛구축물
	㉜업종			㉝사업시작예정일
	㉞착공예정일			㉟준공예정일
	㊱그 밖의 참고사항			

감면 근거 규정 및 사유	「지방세특례제한법」 제 조, 같은 법 시행령 제 조 및 같은 법 시행규칙 제 조 [ ] 과밀억제권역 외의 지역으로 이전 [ ] 기회발전특구로 이전
감면 안내 방법	[ ]직접교부 [ ]등기우편 [ ]전자우편

신청인은 본 신청서의 유의사항 등을 충분히 검토했고, 향후에 신청인이 기재한 사항과 사실이 다른 경우에는 감면된 세액이 추징되며 별도의 이자상당액 및 가산세가 부과됨을 확인했습니다.

「지방세특례제한법」 제80조 및 제80조의 2, 같은 법 시행규칙 제8조 및 제8조의 2에 따라 위와 같이 지방세 감면을 신청합니다.

년 월 일

신청인 (서명 또는 인)

특별자치시장 · 특별자치도지사 ·
시장 · 군수 · 구청장 귀하

[별지 제6호의 2 서식] (2021. 12. 31. 개정) (앞쪽)

행 정 기 관 명

수신
(경유)
제목 「조세특례제한법」 제99조의 10에 따른 국세 체납액 징수특례 결정 및 결정 취소 내용 통보

「지방세특례제한법」 제167조의 4 제3항에 따라 종합소득세 및 부가가치세 체납액 징수특례 결정 및 결정 취소 내용을 아래와 같이 통보합니다.

가. 국세 체납액 징수특례 결정 내용

연번	세무서			징수특례 적용자 인적사항					징수특례 승인내역		
	① 관할 세무서	② 담당자	③ 담당자 연락처	④ 신청 일자	⑤ 성명	⑥ 주민등록 번호	⑦ 현주소	⑧ 연락처	⑨ 징수특례 승인일자	⑩ 분납 시작년월	⑪ 분납 횟수

나. 국세 체납액 징수특례 결정 취소 내용

연번	세무서			징수특례 결정 취소자 인적사항					징수특례 결정 취소내역			
	① 관할 세무서	② 담당자	③ 담당자 연락처	④ 신청 일자	⑤ 성명	⑥ 주민등록 번호	⑦ 현주소	⑧ 연락처	⑨ 징수특례 결정 취소일자	⑩ 분납 시작 년월	⑪ 분납 횟수	⑫ 체납액 징수특례 결정 취소 사유

끝.

발 신 기 관 장 직인

기안자 (직위/직급)서명 검토자 (직위/직급)서명 결재권자 (직위/직급)서명
협조자
시행 처리과명-연도별일련번호(시행일) 접수 처리과명-연도별일련번호(접수일)
우 도로명주소 / 홈페이지 주소
전화번호( ) 팩스번호( ) / 공무원의 전자우편주소 / 공개구분

210㎜×297㎜[백상지(80g/㎡)]

(뒤쪽)

작성방법

□ 세무서란

① 관할세무서: 관할세무서의 코드를 기재합니다.

② 담당자: 업무담당자를 기재합니다.

③ 담당자연락처: 세무서 업무담당자의 연락이 가능한 전화번호를 기재합니다.

④ 신청일자: 체납액 징수특례를 신청한 날짜를 기재합니다.

□ 징수특례 적용자 및 결정 취소자 인적사항란

⑤ 성명: 징수특례 적용자 또는 결정 취소자의 인적사항을 기재합니다.

⑥ 주민등록번호: 내국인은 주민등록번호, 외국인은 외국인등록번호를 기재합니다.

⑦ 현주소: 현주소는 주민등록상의 주소를 기재하고, 주소가 없는 경우에는 거소(居所)를 기재할 수 있습니다.

⑧ 연락처: 연락이 가능한 전화번호 또는 휴대전화번호를 기재합니다.

□ 징수특례 승인내역 및 징수특례 결정 취소내역

⑨ 징수특례 승인일자(결정 취소일자): 체납액 징수특례를 승인(결정 취소)한 날짜를 기재합니다.

⑩ 분납시작년월: 체납액 징수특례를 적용한 최초 분납 시작년월을 기재합니다.

⑪ 분납횟수: 「조세특례제한법 시행규칙」 별지 제63호의 27 서식의 체납액 징수특례 신청 결과 통지서에 기재된 분납횟수를 기재합니다.

⑫ 체납액 징수특례 결정 취소사유: 체납액 징수특례 승인 취소 사유를 기재합니다.

[별지 제6호의 3 서식] (2021. 12. 31. 개정)

○ ○ 시·군·구

수신자

(경 유)

제 목 개인지방소득세 체납액 징수특례 결정 결과 통지서

1. 「지방세특례제한법」 제167조의 4에 따라 아래와 같이 종합소득에 대한 개인지방소득세의 체납액에 대하여 징수특례가 직권으로 결정되었음을 통지합니다.

2. 다만, 이 통지서를 수령한 후에도 「조세특례제한법」 제99조의 10 제6항부터 제7항까지의 사유가 있거나, 허위로 사업자등록 또는 취업한 사실이 확인되는 경우 징수특례 결정을 취소하고 다시 강제징수를 집행할 수 있습니다.

신청인	성 명		생년월일	
	주소(거소)			

1. 체납액 징수특례 적용 전·후 체납액 및 납부의무 면제 가산금

순서	세목	납부번호	특례 적용 전 체납액(①)	특례 적용 후 납부할 체납액(②)	납부의무 면제 가산금(③=①-②)
1					
2					
3					
4					
5					
계					

2. 징수특례 적용(분납승인 체납액) 분납금액 및 납부기한

분납기간	분납 횟수	분납 허용 금액 (④=②)	매월 납부할 금액			
			차수	납부기간	분납할 금액	납부계좌

1. 매월 납부할 금액을 차수별로 납부기한 내에 납부하시기 바랍니다.
※ 총 5회 또는 연속하여 3회 분납하지 않을 경우 징수특례가 취소됨을 알려드립니다.
2. 징수특례 적용 대상(분납승인 체납액)을 제외한 다른 체납액에는 매월 가산금이 부과되며, 납부하지 않을 경우 압류 및 공매 등 강제징수에 따른 불이익을 받으실 수 있습니다.

끝.

시 장 · 군 수 · 구 청 장 직인

기안자 직위(직급) 서명 검토자 직위(직급) 서명 결재권자 직위(직급) 서명

협조자

시행 처리과명-연도별 일련번호(시행일) 접수 처리과명-연도별 일련번호(접수일)

우 도로명주소 / 홈페이지 주소

[별지 제6호의 4 서식] (2021. 12. 31. 개정)

○ ○ 시 · 군 · 구

수신자
(경유)
제 목 **개인지방소득세 체납액 징수특례 결정 취소 통지서**

귀하께서 「지방세특례제한법」 제167조의 4에 따라 년 월 일 징수특례 적용된 아래의 체납액에 대하여 다음과 같은 사유로 가산금 면제 및 분납 취소를 통보합니다.

신청인	성명(상호)		생년월일	
	도로명 주소 (사업장)			
납세의무 면제결정이 취소된 체납액 명세				
세목	납부번호	납부기한	징수특례 적용일 (신청일)	가산금 면제 취소에 따라 납부해야 할 체납액(원)
체납액 징수특례 결정 취소 사유				

끝.

시 장 · 군 수 · 구 청 장 직인

기안자 직위(직급) 서명 검토자 직위(직급) 서명 결재권자 직위(직급) 서명
협조자
시행 처리과명-연도별 일련번호(시행일) 접수 처리과명-연도별 일련번호(접수일)
우 도로명주소 / 홈페이지 주소
전화번호( ) 팩스번호( ) / 기안자의 공식전자우편주소 / 비공개

210mm×297mm[백상지 80g/㎡ 또는 중질지 80g/㎡]

[별지 제7호 서식] (2010. 12. 23. 신설) (앞쪽)

지방세 감면자료

제출인	① 성명(대 표 자)		② 주민등록번호 (법인등록번호)	
	③ 법인명(상 호 명)		④ 전 화 번 호 (휴대전화번호)	
	⑤ 주소(영 업 소)			
	⑥ 사 업 종 류		⑦ 종 목	
감면 물건 명세				
⑧ 물 건 종 류			⑨ 물 건 면 적(규모)	
⑩ 물 건 사 용 현 황 또 는 사 용 계 획				
감면 내용				
⑪ 감 면 사 유				
⑫ 감 면 세 목			⑬ 감 면 근 거 조 항	
⑭ 감 면 세 액 산 출 명 세				

「지방세특례제한법」 제 조, 같은 법 시행령 제 조 및 같은 법 시행규칙 제 조에 따라 년 월 일부터 년 월 일까지 감면받은 지방세에 대한 감면자료를 위와 같이 제출합니다.

년 월 일

제출인 (서명 또는 인)

시장 · 군수 · 구청장 귀하

※ 감면받은 세액 등을 확인할 수 있는 서류를 첨부해야 합니다.

210mm×297mm(일반용지 60g/㎡(재활용품))

지방세
운영기준 · 훈령 · 고시

지방세 운영기준

목 차

2025년 건축물 및 기타물건 시가표준액 산정기준

Ⅰ 시가표준액 개요

○ **(개념)** '시가표준액'이란 시가(時價) 그 자체는 아니지만 지방세 과세표준*의 기준이 되는 **물건의 적정가액**

* 재산세 과세표준 = 시가표준액 × 공정시장가액비율

○ **(산정 · 결정)** 우리부에서 마련한 기준에 따라 **지자체는 시가표준액을 산정**

- 건축물은 소유자와 이해관계인의 의견청취, 타당성을 검토하여 지방세심의위원회 심의 후 결정 · 고시(~6. 1.)
- 기타물건은 산정된 시가표준액을 지방세심의위원회 심의, 결정 · 고시(1. 1.)

※ 근거: 지방세법 제4조 및 동법 시행령 제4조, 제4조의 2, 제4조의 3 등

Ⅱ 시가표준액 산정방식

○ **(산정방식) 건축물**과 **기타물건**은 **행안부 산정방식**에 따라 지자체장이 결정·고시하며, 토지와 주택은 국토부장관이 공시

- **(오피스텔 외 건축물)** 건축물 시가표준액은 건축원가 등을 고려한 **원가방식으로 산정**하며, **건물신축가격기준액***에 건물의 각종 지수(구조 · 용도 · 위치) 및 잔가율, 그 밖의 가감산율을 적용하여 계산

* (2022년 이전) 22년까지 국세청에서 고시한 단일 건물신축가격기준액을 활용, (2023년~) 행안부장관이 고시하는 가격 활용

오피스텔 외 건축물 시가표준액 산정 방식

- 해당 부동산을 현재 재취득할 경우의 건물신축가격기준액(재조달원가)을 기준으로 하는 **원가방식**에 위치지수 · 가감산특례 등을 통해 **시가를 일부 반영**

건축물 시가표준액	=	건물신축 가격기준액*	×	각종 지수			×	경과 연수 잔가율	×	면적 (㎡)	×	가감 산율
				구조	용도	위치						

* 건축물을 신축하기 위한 단위면적 당 건축비용으로 유형별 ㎡당 가격 고시

- **(오피스텔)** 오피스텔 시가표준액은 행안부에서 고시하는 **표준가격기준액***에 각종 지수(용도, 층), 가감산율을 적용하여 계산

* (2021년 이전) 일반 건축물과 같이 원가방식에 따라 산정,

(2022년~) 시가를 일부 반영하여 전국 오피스텔을 전수조사하여 산정하는 동별 ㎡당 건축물 가격(부속토지 미포함)

오피스텔 시가표준액 산정 방식

• 건설원가를 기반으로 실거래가 등을 반영하여 **표준가격기준액** 전수산정 후 지수 등 적용

오피스텔 시가표준액 = 표준가격기준액* × 각종 지수 [용도(사무용·주거용) × 층] × 면적(㎡) × 가감산율

* 동별 ㎡당 건축물 가격으로 시세변동률 등을 반영하여 행안부에서 산정

– **(기타물건)** 물건별(차량, 기계장비 등 10개 유형) 행안부에서 고시하는 기준가격에 경과연수별 잔가율을 적용하여 계산

기타물건 시가표준액 산정 방식

기타물건 = 각 물건별 기준가격* × 경과연수별 잔가율 등

* 차량, 기계장비 등 기타물건의 종류·형식별 제조가격, 거래가격 등을 고려하여 정한 가격

Ⅲ 2025년 주요 개선사항

❶ 오피스텔 외 건축물

○ **(건물신축가격기준액)** 유형별* 신축단가 차이를 반영하여 구분 산정

* 건축물의 용도를 기준으로 총 6개 유형으로 분류

구 분	2024년 건물신축가격기준액	2025년 건물신축가격기준액
주거용	820,000원/㎡	840,000원/㎡
상업용	810,000원/㎡	830,000원/㎡
공업용	800,000원/㎡	820,000원/㎡
농수산용	610,000원/㎡	630,000원/㎡
문화·복지·교육용	820,000원/㎡	840,000원/㎡
공공용	810,000원/㎡	830,000원/㎡

○ **(제도개선)** 일부 신규유형 관련지수 신설 등 현장의견 반영 미세조정

① **(농촌체류형 쉼터) 농촌체류형 쉼터*** 도입에 따라 해당 건축물의 **용도지수 신설(0.85)**

* 농업인 또는 주말·체험 영농을 하고자 하는 자가 농작업 목적으로 사용하는 임시숙소로 본인이 직접 활용하기 위해 설치하는 시설(농지법 시행규칙 제3조의 2 제2호)

② **(마을회관)** 문화·복지·교육용(주용도) 내에 **주민공동이용시설** 용

도를 신설하고, 세부 용도의 **마을회관**에 대하여 **용도지수 0.54** 부여

③ **(공사현장 임시건축물) 공사현장 임시건축물**은 상가 1층과 유사한 추가 효용이 발생한다고 보기 어려워 **층별 가산율 적용 제외**

④ **(공공업무시설)** 일부 세부용도를 삭제하여 **공공업무시설 대상 명확화**

※ 공공업무시설 대상: 국가 및 지방자치단체, 외국공관의 건축물

❷ 오피스텔

○ **(표준가격기준액)** 전년도 표준가격기준액에 실거래가격 변동률 등을 반영하여 25,037동(전년 24,286동 대비 3.09% 증가) 표준가격기준액 산정

- 2025년 표준가격기준액은 전국 **평균 782,289원**으로 2024년 대비 0.15% **감소**

〈2024년 표준 가격기준액〉

(단위 : 원/㎡, %)

시 · 도	표준가격기준액	조정률	시 · 도	표준가격기준액	조정률
전국	**782,289**	**−0.15**	경기	791,691	−0.10
서울	909,678	1.18	강원	692,727	0.06
부산	781,723	−0.44	충북	671,672	−0.56
대구	768,009	−1.83	충남	591,051	−1.17
인천	683,226	−1.33	전북	676,093	−0.14
광주	724,449	−0.21	전남	567,014	−0.98
대전	752,535	−0.15	경북	671,117	−0.60
울산	714,613	−0.18	경남	638,463	−0.91
세종	846,156	−0.76	제주	729,133	−0.92

* 기타 각종 지수(용도, 층, 가감산율)은 2024년 기준과 동일

❸ 기타물건

○ **(기준가격) 2025**년 고시목록은 **총 127,402건**으로 2024년 대비 2.9%(3,606건) 증가

〈2025년 기타물건 기준가격 고시목록〉

(단위: 종, %)

구분	2024년 조사				증감	가격변동		
	2024년 고시	신규	삭제	2025년 고시 (예정)		상승	하락	보합
계	**123,796**	**3,702**	**96**	**127,402**	**3,606**	**5,366**	**624**	**121,412**
차량	99,299	3,273	22	102,550	3,251	–	3	102,547
기계장비	13,036	90	5	13,121	85	15	13	13,093
선박	140	–	–	140	–	140	–	–
항공기	250	–	–	250	–	–	–	250
시설	3,860	143	53	3,950	90	621	25	3,304
시설물	2,636	–	–	2,636	–	2,636	–	–
입목	97	–	–	97	–	44	49	4
어업권	238	–	–	238	–	222	16	–
회원권	4,010	196	16	4,190	180	1,685	518	1,987
지하자원	230	–	–	230	–	3	–	227

* 2025년 기타물건(차량 등) 경과연수별 잔가율 등은 2024년 기준과 동일

붙임 1 건물신축가격기준액 개선사항 신구대비표

2024년

구 분	건물신축가격기준액
주거용	820,000원/㎡
상업용	810,000원/㎡
공업용	800,000원/㎡
농수산용	610,000원/㎡
문화 · 복지 · 교육용	820,000원/㎡
공공용	810,000원/㎡

2025년

구 분	건물신축가격기준액
주거용	840,000원/㎡
상업용	830,000원/㎡
공업용	820,000원/㎡
농수산용	630,000원/㎡
문화 · 복지 · 교육용	840,000원/㎡
공공용	830,000원/㎡

붙임 건축물 시가표준액 산정 지수 개정사항 신구대비표

〈개정 전〉

[별표 5] 건축물 용도지수

구분	주용도	용도	번호	세부용도	지수
			…		
Ⅳ	농수산용	농업시설	8	<신 설>	
Ⅴ	문화 · 복지 · 교육용	주민공동이용시설	17	<신 설>	
Ⅵ	공공용	공공업무시설	1	◦국가 및 지방자치단체, 외국공관의 건축물 ◦지역자치센터, 파출소, 지구대, 소방서, 우체국, 보건소, 공공도서관, 건강보험공단 사무소 등	0.91

〈개정 후〉

구분	주용도	용도	번호	세부용도	지수
			…		
Ⅳ	농수산용	농업시설	8	◦농촌체류형 쉼터	0.85
Ⅴ	문화 · 복지 · 교육용	주민공동이용시설	17	◦마을회관	0.54
Ⅵ	공공용	공공업무시설	1	◦국가 및 지방자치단체, 외국공관의 건축물 ◦<삭 제>	0.91

〈개정 전〉	〈개정 후〉

[별표 8] 건축물 가감산율(제19조 관련)

〈개정 전〉

구분	가산율 적용대상 건축물기준	가산율	가산율적용 제외부분
	…		
Ⅲ	(3) 5층 미만 건물 ○ 1층 상가부분	0.17	○ 단층건물
			○ < 신 설 >
	(4) 5층 이상 10층 이하 건물 ○ 1층 상가부분	0.27	○ 오피스텔(용도번호 Ⅰ-7 주거용 오피스텔 및 Ⅱ-21 사무용 오피스텔), 제조시설을 지원하기 위한 공장구내의 사무실(용도번호 Ⅲ-2)
	(5) 11층 이상 20층 이하 건물 ○ 1층 상가부분	0.32	
	(6) 21층 이상 30층 이하 건물 ○ 1층 상가부분	0.36	
	(7) 30층 초과 건물 ○ 1층 상가부분	0.46	
	※ 지하층 및 옥탑 등은 층수 계산 시 제외		○ 용도번호Ⅱ-6, 7의 호텔, 펜션, 생활숙박시설, 여관 등이 구분등기가 된 경우

〈개정 후〉

구분	가산율 적용대상 건축물기준	가산율	가산율적용 제외부분
	…		
Ⅲ	(3) 5층 미만 건물 ○ 1층 상가부분	0.17	○ 단층건물
			○ 건설공사 현장의 임시 사무소용 가설건축물
	(4) 5층 이상 10층 이하 건물 ○ 1층 상가부분	0.27	○ 오피스텔(용도번호 Ⅰ-7 주거용 오피스텔 및 Ⅱ-21 사무용 오피스텔), 제조시설을 지원하기 위한 공장구내의 사무실(용도번호 Ⅲ-2)
	(5) 11층 이상 20층 이하 건물 ○ 1층 상가부분	0.32	
	(6) 21층 이상 30층 이하 건물 ○ 1층 상가부분	0.36	
	(7) 30층 초과 건물 ○ 1층 상가부분	0.46	
	※ 지하층 및 옥탑 등은 층수 계산 시 제외		○ 용도번호Ⅱ-6, 7의 호텔, 펜션, 생활숙박시설, 여관 등이 구분등기가 된 경우

〈개정 전〉	〈개정 후〉

[별표 9] 증축 및 개축 건축물 시가표준액 산정비율(제20조 관련)

〈개정 전〉

구분 / 구조번호	㎡당 시가표준액 산정비율 (%) 기초공사를 한 건축물	기초공사를 하지 않은 건축물	기초공사를 하지 않은 건축물 중 1개층을 복층으로 증축하는 건축물	비 고
1	100	80	60	○ 신축건축물 시가표준액에 해당 지수를 곱하여 산정한다.
2	100	80	60	
3	100	80	60	
4	100	80	60	
5	100	80	60	○ ㎡당 기준액에서 1,000원 미만은 버린다.
6	100	85	65	
7	100	85	65	
8	100	85	65	○ “기초공사를 한 건축물”이란 건축 시 건물의 하중을 견딜 수 있도록 토지에 공사를 한 경우로 본다.
9	100	85	65	
10	100	85	65	
11	100	85	65	
12	100	85	65	
13	100	85	65	

〈개정 후〉

구분 / 구조번호	㎡당 시가표준액 산정비율 (%) 기초공사를 한 건축물	기초공사를 하지 않은 건축물	기초공사를 하지 않은 건축물 중 1개층을 복층으로 증축하는 건축물	비 고
1	100	80	60	○ <삭 제>
2	100	80	60	
3	100	80	60	
4	100	80	60	○ <삭 제>
5	100	80	60	
6	100	85	65	
7	100	85	65	○ “기초공사를 한 건축물”이란 건축 시 건물의 하중을 견딜 수 있도록 토지에 공사를 한 경우로 본다.
8	100	85	65	
9	100	85	65	
10	100	85	65	
11	100	85	65	
12	100	85	65	
13	100	85	65	

〈개정 전〉	〈개정 후〉

[별표 10] 대수선건축물 시가표준액 산정비율(제21조 관련)

〈개정 전〉

구조번호 \ 구분	㎡당 시가표준액 산정비율 (%) 대수선 허가	대수선 신고	비 고
1	25	18	○신축건축물 시가표준액에 해당 지수를 곱하여 산정한다.
2	25	18	
3	25	18	
4	25	18	
5	25	18	○ ㎡당 기준액에서 1,000원 미만은 버린다.
6	25	18	
7	35	25	
8	35	25	
9	35	25	
10	35	25	
11	30	25	
12	30	21	
13	30	21	

〈개정 후〉

구조번호 \ 구분	㎡당 시가표준액 산정비율 (%) 대수선 허가	대수선 신고	비 고
1	25	18	○ <u><삭 제></u>
2	25	18	
3	25	18	
4	25	18	○<u><삭 제></u>
5	25	18	
6	25	18	
7	35	25	
8	35	25	
9	35	25	
10	35	25	
11	30	25	
12	30	21	
13	30	21	

2025년 지방세 최소납부세제 적용대상(56개)

	감면내용	조문	세목		적용시기
			취	재	
1	어린이집 및 유치원 부동산	§19	○	○	2015. 1. 1.
2	청소년단체 등에 대한 감면	§21	○	○	
3	한국농어촌공사 (경영회생 지원 환매취득)	§13 ② 2	○		
4	노동조합	§26	○	○	
5	임대주택(40㎡ 이하, 60㎡ 이하)	§31 ① 1, ② 1, ④ 1	○	○	2016. 1. 1.
6	장기일반민간임대주택(40㎡ 이하)	§31의 3 ① 1	○	○	
7	행복기숙사용 부동산	§42 ①	○	○	
8	박물관 · 미술관 · 도서관 · 과학관	§44의 2	○	○	
9	학술연구단체 · 장학단체 · 과학기술진흥단체	§45 ①	○	○	
10	문화예술단체 · 체육진흥단체	§52 ①	○	○	
11	한국자산관리공사 구조조정을 위한 취득	§57의 3 ②	○		
12	경차	§67 ②	○		
13	지방이전 공공기관 직원 주택 (85㎡ 이하)	§81 ③ 2	○		
14	시장정비사업 사업시행자	§83 ①	○		
15	한국법무보호복지공단, 갱생보호시설	§85 ①	○	○	

	감면내용	조문	세목		적용시기
			취	재	
16	내진설계건축물(대수선) (2021년까지 적용)	§47의 4 ① 2	○	○	2017. 1. 1.
17	국제선박	§64 ①, ②, ③	○		
18	매매용 중고자동차	§68 ①	○		
19	수출용 중고자동차	§68 ③	○		
20	한국농어촌공사 농업기반시설 (2021년까지 적용)	§13 ② 1호의 2		○	2018. 1. 1.
21	농협·수협·산립조합의 고유업무부동산	§14 ③	○	○	
22	기초과학연구원, 과학기술연구기관	§45의 2	○	○	
23	신협 · 새마을금고 신용사업 부동산 등	§87 ①, ②	○	○	
24	지역아동센터	§19의 2	○	○	
25	창업중소기업(창업후 3년내) 재산세	§58의 3		○	
26	다자녀 양육자 자동차	§22의 2	○		2019. 1. 1.
27	학생실험실습차량, 기계장비, 항공기등	§42 ②	○	○	
28	문화유산·자연환경 국민신탁법인	§53	○	○	
29	공공기관 상법상회사 조직변경	§57의 2 ③ 7	○		
30	부실금융기관 등 간주취득세	§57의 2 ⑤	○		
31	학교등 창업보육센터용 부동산	§60 ③1호의2		○	
32	주거환경개선사업시행자로부터 취득 주택(85㎡↓)	§74 ④ 3	○		
33	법인의 지방이전	§79 ①	○	○	

	감면내용	조문	세목		적용시기
			취	재	
34	공장의 지방이전	§80 ①	○	○	
35	시장정비사업(입주상인)	§83 ②	○		
36	평택이주 주한미군 한국인근로자	§81의 2	○		
37	사회복지법인	§22 ①, ②	○	○	
38	별정우체국	§72 ②		○	
39	지방공단	§85의 2 ②	○	○	
40	새마을운동조직	§88 ①	○	○	2020. 1. 1.
41	정당	§89	○	○	
42	마을회	§90	○	○	
43	수소·전기버스	§70 ④	○		
44	장학단체 고유업무 부동산	§45 ② 1	○	○	
45	외국인 투자기업 감면(조특법 적용 대상은 제외)	§78의 3	○	○	
46	생애 최초 주택	§36의 3 ① 1	○		2020. 7. 10.
47	전공대학(2023년부터 최소납부세제 적용 배제)	§44 ②	○	○	2021. 1. 1. ~ 2022. 12. 31.
48	농협 등 조합간 합병	§57의 2 ②	○		2021. 1. 1.
49	농협·수협조합의 부실조합 재산 양수 등	§57의 3 ①	○		2022. 1. 1.
50	한국자산관리공사에 자산을 매각한 중소기업이 그 자산을 재취득	§57의 3 ④	○		
51	한국자유총연맹	§88 ②	○	○	
52	반환공여구역내 창업용 부동산	§75의 4	○		2023. 1. 1.
53	인구감소지역내 창업용 부동산	§75의 5	○	○	
54	내진성능 확인 건축물 취득	§47의 4 ①	○		2025. 1. 1.
55	지방농수산물공사	§15 ②	○	○	2026. 1. 1.
56	도시철도공사	§63 ⑤	○	○	

의료비 본인부담상한제 초과금 환급대상자에 대한 의료비 세액공제 관련 가산세 면제 검토

(행정안전부 지방소득소비세제과-3096, 2024. 11. 13.)

□ **검토 배경**

○ 국세청은 **본인부담상한제* 초과금 환급**을 받은 **납세자**의 **의료비 특별세액공제 과다공제분**에 대한 소득세 수정신고 시 적용되는 **가산세 면제**

– 「국세기본법」 제47조의 3 및 제47조의 4에 따른 **과소신고가산세** 및 **납부지연가산세 면제** 조치(감사원 사전컨설팅 회신 의견)

* **(본인부담상한제)** 연간 개인이 부담하는 의료비가 소득 구간별 상한액을 초과 시, 그 초과분을 건강보험공단에서 부담함으로써 과도한 의료비 지출에 따른 국민의 가계 부담을 완화하는 제도

□ **감사원 판단 의견**

의료비 지출 및 초과환급금 지급 시기

2022. 1. 1.	2022. 12. 31.	2023. 3.	2023. 5. 31.	2023. 7.	2023. 8.
2022년 의료비 지출		연말정산	종합소득세 신고 (가산세 면제기한)	2022년 기준보험료 확정	의료비 초과환급금 지급 (8월~11월)

○ 공단은 본인부담상한액을 확정(매년 8월경) 후 환급금을 지급하고 있어, **납세자는 소득세 신고·납부기한까지 정확한 환급액을 알 수 없으므로,**

– 의료비 특별세액공제 산출 시 **'본인부담상한제 사후환급금'**을 제외한 의료비 지급액을 사전에 산출하여 소득세를 신고·납부하는 것은 무리가 있다고 판단되므로, **가산세를 면제*하는 것이 합리적**

* (근거) 「국세기본법」 제48조(가산세 감면 등) 제1항 제2호

□ **검토 내용**

○ (검토 사항) 의료비 과다공제분에 대한 개인지방소득세 가산세 감면 여부

– (검토 결과) 국세와 동일하게 본 건과 관련하여 **수정신고에 따른 가산세 면제** 및 **경정청구에 따른 가산세 환급*** 적용 가능

※ (근거) 「지방세법」 제57조(가산세의 감면 등) 제1항 "납세자가 해당 의무를 이행하지 아니한 **정당한 사유**가 있을 경우"

「빈집 철거 시 재산세 부담 완화」 적용 기준

(행정안전부 부동산세제과-3386, 2024. 10. 2.)

□ **현행 제도개선 내용** * 근거 규정「지방세법 시행령」 §103의 2 및 §118

① (세부담 완화) 빈집 철거시 토지 재산세가 부과되어 세부담이 급격하게 증가하는 문제를 개선하기 위해 철거전 주택세액을 활용해 세부담을 완화하도록 「지방세법 시행령」을 개정(2023. 12.)

> <빈집 철거 시 재산세 부담 완화방안(**2023. 12.** 개정, **2024. 1. 1.** 시행)>
>
> - 재산세 합산방식: (당초) 별도합산 6개월 →(개정) 별도합산 3년
> - 주택 세액 기준 세부담 기간: (당초) 3년 간 인정 →(개정) 5년 간 인정
> - 연간 세부담 증가율: (당초) 30% →(개정) 5%
> - 적용지역: (당초) 도시 →(개정) 도시 · 농촌으로 확대

② (대상 확대) 빈집 철거 후 소유자가 국가 · 지자체와 협약하여 1년 이상 주차장 · 쉼터 등 공공용으로 사용하는 경우에 대해서도 ①과 동일하게 세부담 완화를 적용하도록 「지방세법 시행령」 개정(2024. 5.)

※ (대상) 「빈집 및 소규모주택 정비에 관한 특례법」 및 「농어촌정비법」에 따른 빈집 정비에 관한 사업에 적용이 되는 '빈집'의 경우 동 규정에 따른 세부담 완화 혜택을 적용

빈집(주택)		철거(토지)					
	2023년 이전			현행 (2024. 1. 1. 시행)			개선 (2024. 5. 28. 시행)
				나대지 (건축용)	주차장 · 쉼터		주차장 · 쉼터
주택분 과세	⇨	✓별도합산	6개월	3년	✓ 종합합산 (토지)	⇨	✓ 2024. 1. 1. 시행된 재산세 부담 완화방안을 동일하게 적용
		✓전년 주택세액 활용, 토지세액 산정	•기간 : 3년 •年 증가율 : 30% •적용지역 : 도시	⇨ 5년 5% 도시 · 농촌			

□ **적용 기준**

○ 세부담 완화 규정(「지방세법 시행령」 §103의 2 및 §118)은 **철거방법 · 주체 등에 관계없이 관련 법령*상 「빈집」에 해당하는 경우 적용**

* 「빈집 및 소규모주택 정비에 관한 특례법」 및 「농어촌정비법」

– 「빈집」은 1년 이상 아무도 거주 또는 사용하지 않아 관련 법령상 정비대상으로 등록된 주택으로 **지자체 비용지원으로 철거하는 경우 뿐 아니라, 소유자 비용으로 자진철거하는 경우도 포함**

○ 또한, 철거 이후 지자체 등과 무상계약을 맺고 공용주차장, 공용텃밭, 주민쉼터 등으로 공공용으로 사용하는 경우로서 지자체의 철거비용 부담 조건 등 **토지의 유료 사용의 대가가 없다면, 「지방세법」 제109조 제2항에 따른 재산세 비과세 적용이 가능함.**

※ 철거비 지원 후 해당 토지를 공공용으로 무상제공하는 경우, 위반 시 철거 비용을 회수하는 점 등을 고려, 그 실질은 대가적 의미를 가진 것으로서 재산세 비과세 적용이 불가함(지방세운영과-576호(2012. 2. 21.), 부동산세제과-1602호(2023. 4. 27.) 등)

빈집 사례별 재산세 과세방법

구분	철거비 지원 여부	사용현황		과세방법
관련 법령*에 따른 '빈집'인 경우	지원	건축용	나대지(건축준비로 간주)	세부담 완화 적용
		건축용 외	공용·공공용 (1년 이상 무상사용)	세부담 완화 적용
			그 외(사설주차장 등)	세부담 완화 미적용
	미지원	건축용	나대지(건축준비로 간주)	세부담 완화 적용
		건축용 외	공용·공공용 (1년 이상 무상사용)	비과세
			그 외(사설주차장 등)	세부담 완화 미적용
관련 법령*에 따른 '빈집'이 아닌 경우	지원	건축용	나대지	세부담 완화 미적용
		건축용 외	공용·공공용	세부담 완화 미적용
			그 외(사설주차장 등)	
	미지원	건축용	나대지	세부담 완화 미적용
		건축용 외	공용·공공용 (1년 이상 무상사용)	비과세
			그 외(사설주차장 등)	세부담 완화 미적용

* 「빈집 및 소규모주택 정비에 관한 특례법」 및 「농어촌정비법」

※ 실제 과세방법 적용은 계약 내용 등 구체적인 사실관계를 확인하여 해당 과세관청이 결정

참고 관련 규정

□ **지방세법**

제109조(비과세) ② 국가, 지방자치단체 또는 지방자치단체조합이 1년 이상 공용 또는 공공용으로 사용(1년 이상 사용할 것이 계약서 등에 의하여 입증되는 경우를 포함한다)하는 재산에 대하여는 재산세를 부과하지 아니한다. 다만, 다음 각 호의 어느 하나에 해당하는 경우에는 재산세를 부과한다.

1. 유료로 사용하는 경우
2. 소유권의 유상이전을 약정한 경우로서 그 재산을 취득하기 전에 미리 사용하는 경우

제122조(세 부담의 상한) 해당 재산에 대한 재산세의 산출세액(제112조 제1항 각 호 및 같은 조 제2항에 따른 각각의 세액을 말한다)이 대통령령으로 정하는 방법에 따라 계산한 직전 연도의 해당 재산에 대한 재산세액 상당액의 100분의 150을 초과하는 경우에는 100분의 150에 해당하는 금액을 해당 연도에 징수할 세액으로 한다. 다만, 주택의 경우에는 적용하지 아니한다.

□ **지방세법 시행령**

제103조의 2(철거·멸실된 건축물 또는 주택의 범위) 법 제106조 제1항제2호 다목에서 "대통령령으로 정하는 부속토지"란 과세기준일 현재 다음 각 호의 어느 하나에 해당하는 건축물 또는 주택의 부속토지를 말

한다. 이 경우 「건축법」 등 관계 법령에 따라 허가 등을 받아야 하는 건축물 또는 주택으로서 허가 등을 받지 않은 건축물 또는 주택이거나 사용승인을 받아야 하는 건축물 또는 주택으로서 사용승인(임시사용승인을 포함한다)을 받지 않은 건축물 또는 주택의 부속토지는 제외한다.

1. (생 략)
2. 「빈집 및 소규모주택 정비에 관한 특례법」에 따른 빈집정비사업 또는 「농어촌정비법」에 따른 생활환경정비사업(빈집의 정비에 관한 사업만 해당한다)의 시행으로 빈집이 사실상 철거된 날(사실상 철거된 날을 알 수 없는 경우에는 공부상 철거된 날을 말한다)부터 3년이 지나지 않은 빈집의 부속토지[건축물 또는 주택의 건축을 위한 용도 외의 다른 용도로 사용하는 부속토지는 제외하되, 국가, 지방자치단체 또는 지방자치단체조합이 1년 이상 공용 또는 공공용으로 사용(1년 이상 사용할 것이 계약서 등에 의하여 입증되는 경우를 포함한다)하는 부속토지로서 법 제109조 제2항 단서에 따른 재산세의 부과 대상이 되는 부속토지를 포함한다]

제118조(세 부담 상한의 계산방법) 법 제122조 각 호 외의 부분 본문에서 "대통령령으로 정하는 방법에 따라 계산한 직전 연도의 해당 재산에 대한 재산세액 상당액"이란 법 제112조 제1항 제1호에 따른 산출세액과 같은 항 제2호 및 같은 조 제2항에 따른 산출세액 각각에 대하여 다음 각 호의 방법에 따라 각각 산출한 세액 또는 산출세액 상당액을 말한다.

1. 토지에 대한 세액 상당액

가.~다. (생 략)

라. 가목부터 다목까지의 규정에도 불구하고 해당 연도 과세대상 토지가 다음의 구분에 따른 정비사업의 시행으로 주택이 멸실되어 토지로 과세되는 경우로서 주택을 건축 중[주택 멸실 후 주택 착공 전이라도 최초로 도래하는 재산세 과세기준일부터 1)의 경우에는 3년 동안, 2)의 경우에는 5년 동안 주택을 건축 중인 것으로 본다. 다만, 주택의 건축을 위한 용도 외의 다른 용도로 사용하는 경우는 주택을 건축 중인 것으로 보지 않되, 2)의 경우로서 국가, 지방자치단체 또는 지방자치단체조합이 1년 이상 공용 또는 공공용으로 사용(1년 이상 사용할 것이 계약서 등에 의하여 입증되는 경우를 포함한다)하는 경우(법 제109조 제2항 단서에 따른 재산세의 부과 대상이 되는 경우로 한정한다)는 주택을 건축 중인 것으로 본다]인 경우에는 다음 1) 또는 2)의 계산식에 따라 산출한 세액 상당액(해당 토지에 대하여 나목에 따라 산출한 직전 연도 세액 상당액이 더 적을 때에는 나목에 따른 세액 상당액을 말한다)

1) 「도시 및 주거환경정비법」에 따른 정비사업 또는 「빈집 및 소규모주택 정비에 관한 특례법」에 따른 소규모주택정비사업의 경우

멸실 전 주택에 실제 과세한 세액 × $(130/100)^n$
n = (과세 연도 − 멸실 전 주택에 실제 과세한 연도 − 1)

2) 「빈집 및 소규모주택 정비에 관한 특례법」에 따른 빈집정비사업 또는 「농어촌정비법」에 따른 생활환경정비사업(빈집의 정비에 관한 사업만 해당한다)의 경우

> 멸실 전 주택에 실제 과세한 세액 × $(105/100)^n$
>
> n = (과세 연도 − 멸실 전 주택에 실제 과세한 연도 − 1)

2.~4. (생　략)

2024년 지방세법 하위법령 (취득세 · 재산세) 개정 적용 요령

(행정안전부 부동산세과-1821, 2024. 5. 28.)

I 취득세 개정내용

❶ 기업구조조정 부동산투자회사 주택 취득세 중과 배제 (영 §28의 2)

□ **개정개요**

개정 전	개정 후
□ 주택 취득 시 취득세 중과	□ 주택 취득 시 취득세 중과
○ (개인) 주택 수 · 취득지역에 따라, 조정2주택, 비조정3주택: 8%, 조정3주택 이상, 비조정4주택 이상: 12%	○ (개인) (좌 동)
○ (법인) 주택 취득 시 보유주택 수에 관계없이 최고세율(12%) 부과	○ (법인) (좌 동)
○ (중과 배제) 시가표준액 1억 이하 주택, 투기수요로 보기 어려운 경우 등 예외적으로 중과 배제	○ (중과 배제) 기업구조조정 리츠가 지방 준공 후 미분양 아파트를 취득하는 경우를 추가(2년 한시)
□ 「주택공급대책(1. 10. 발표)」 관련 주택 수 제외 규정 보완	□ 「주택공급대책(1. 10. 발표)」 관련 주택 수 제외 규정 보완
○ (지방 미분양 아파트) 「주택법」에 따른 사용검사를 받은 후 분양되지 않은 아파트	○ (지방 미분양 아파트) 「주택법」에 따른 사용검사 또는 「건축법」에 따른 사용승인을 받은 후 분양되지 않은 아파트

□ **개정내용**

○ 기업구조조정 리츠(법인)가 지방 준공 후 미분양 아파트 매입 시 **취득세 중과(12%)를 배제**하여 **일반세율**(1~3%)이 부과될 수 있도록 함.

- 이를 통해 기업구조조정 리츠의 지방 준공 후 미분양 아파트 취득 부담을 완화하여 **미분양 물량 해소 지원**

※ 다만, 지방 준공 후 미분양 물량 해소를 위해 예외적으로 중과를 배제하는 만큼, 대책 발표일부터 2년간(2024. 3. 28.~2025. 12. 31.) 취득하는 주택에 대해 한시적으로 중과배제 인정

○ **지방 준공 후 미분양 아파트** 주택 수 제외* 시 「주택법」이 아닌 **「건축법」에 따른 사용승인을 받는 경우**(예: 300세대 미만 주상복합 아파트) 등 적용 여부에 혼선

※ 주택공급대책(1. 10. 발표) 후속조치로 개정된 「지방세법 시행령」(3. 28.

시행) §28의 4 ②

- 당초 정책취지가 **「주택법」 상 아파트만 지원하려는 것이 아니**었으므로, **근거 규정을 보완**하면서 2024**. 1. 10. 취득분부터 적용하도록 함.**

□ **적용요령**

<기업구조조정 리츠 취득세 중과 배제>

○ 영 제28조의 2 제16호의 개정규정은 **기업구조조정 부동산투자회사**가 **2024년 3월 28일 이후 취득하는 아파트부터 적용**

> **▍지방세법 시행령 부칙 제2조(주택 유상거래 취득 중과세의 예외에 관한 적용례)** 제28조의 2 제16호의 개정규정은 2024년 3월 28일 이후 취득하는 아파트부터 적용한다.

○ 기업구조조정 리츠에 해당하는지는 **'기업구조조정 부동산투자회사 등록' 공고**(국토교통부 누리집(www.molit.go.kr) 공지사항) 및 **등록 공문 확인**

○ **지방 준공 후 미분양 아파트**는 자치단체 **주택관련 부서**에서 확인 후 확인증을 교부, **세무부서**는 이에 근거하여 **과세실시**

※ '2024년 「지방세법 시행령」 개정에 따른 취득세 운영요령(부동산세제과-1208호, 2024. 3. 28.)'의 4-4 준공 후 미분양 아파트 확인 절차와 동일하게 처리

<주택 수 제외 규정 보완>

○ **「건축법」에 따른 사용승인**(임시사용승인을 포함)**을 받은 아파트**도 **2024년 1월 10일 이후 취득한 경우**부터 **주택 수에서 제외**되도록 함.

※ 다만 기존 규정과 동일하게 2024. 1. 10.~2025. 12. 31.까지 취득한 주택에 대해 2026. 12. 31.까지(기간 도래 시 연장 여부 재검토) 주택 수에서 제외

> **▍지방세법 시행령 부칙 제3조(주택 수의 산정방법에 관한 적용례)** 제28조의 4 제2항 제3호의 개정규정은 2024년 1월 10일 이후 취득하는 아파트부터 적용한다.

Ⅱ 재산세 개정내용(시행령)

❶ 별도합산과세대상 토지 인용조문 정비(영 §101 ③ 2, 12)

□ **개정개요**

개정 전	개정 후
□ 별도합산과세대상 토지의 범위(영 §101 ③ 2, 12) ○ 「건설기계관리법」에 따라 건설기계사업의 등록을 한 자가 그 등록조건에 따라 사용하는 건설기계대여업, 건설기계정비업, 건설기계매매업 또는 <u>건설기계폐</u>	□ 근거법령 개정에 따른 인용 조문 명확화 ○ 「건설기계관리법」에 따라 건설기계사업의 등록을 한 자가 그 등록조건에 따라 사용하는 건설기계대여업, 건설기계정비업, 건설기계매매업 또는 <u>건설기계해</u>

개정 전	개정 후
기업의 등록기준에 맞는 주기장 또는 옥외작업장용 토지	체재활용업의 등록기준에 맞는 주기장 또는 옥외작업장용 토지
○ 「장사 등에 관한 법률」 제14조 제3항에 따른 설치 · 관리허가를 받은 법인묘지용 토지로서 지적 공부상 지목이 묘지인 토지	○ 「장사 등에 관한 법률」 **제14조 제4항**에 따른 설치 · 관리허가를 받은 법인묘지용 토지로서 지적 공부상 지목이 묘지인 토지

□ **개정내용**

○ 「건설기계관리업」에서 개정*한 건설기계사업의 종류를 인용토록 정비

* (개정 전) 건설기계대여업, 건설기계정비업 건설기계 매매업, 건설기계 폐기업 → (개정 후) 건설기계폐기업을 건설기계해체재활용업으로 개정하여 폐기 대상 건설기계 중 상태가 양호한 건설기계를 재활용, 수출할 수 있는 근거 마련

○ 「장사 등에 관한 법률」상 법인묘지용 토지에 대한 인용 조문 정비

※ 제14조 제3항부터 제8항까지를 각각 제4항부터 제9항까지로 하고, 제3항을 신설

□ **적용요령**

○ 현행 운영사항을 명확화한 것으로 **기존과 동일하게 적용**

❷ 도시지역의 목장용지 등 분리과세 대상 명확화(영 §102 ⑨)

□ **개정개요**

개정 전	개정 후
□ 농협의 도시지역 내 목장용지 및 임야 분리과세 적용	□ 농협의 도시지역 내 목장용지 및 임야 분리과세 적용 범위 명확화
○ 2012년 사업구조개편시 농협중앙회에서 농협경제지주회사로 소유권이 이전된 목장용지 등	○ 1989. 12. 31. 이전부터 농협중앙회가 소유하던 토지로서 해당 토지가 2012년 사업구조 개편시 농협경제지주회사로 소유권이 이전된 목장용지 등

□ **개정내용**

○ 농협경제지주의 도시지역 목장용지 분리과세 요건을 **농협중앙회가 1989. 12. 31. 이전에 취득**하여 보유하던 도시지역 목장용지 및 임야로서 사업구조개편으로 농협경제지주로 소유권이 이관된 토지로 한정

□ **적용요령**

○ 개정 규정은 **2024. 5. 28.** 이후 **납세의무가 성립**되는 경우부터 적용

❸ 빈집 정비 후 공용·공공용 사용토지 세부담 완화(영 §103의 2 및 §118)

□ **개정개요**

개정 전	개정 후
□ 빈집정비사업 시행으로 철거·멸실된 주택의 부속토지는 3년간 별도합산과세	□ 별도합산과세 인정 범위 확대
○ 건축에 사용예정된 경우로 다른 목적으로 사용하지 않는 토지	○ (좌 동)
○ <신 설>	○ 빈집 철거 후 국가, 지자체와 협약하여 **1년** 이상 주차장·쉼터 등 공용·공공용으로 사용하는 주택의 부속토지
□ 빈집정비사업으로 주택철거시 철거 전 주택세액을 활용해 토지세액 산정(5년간, 年증가율 5%)	□ 토지세액 산정 특례 적용 범위 확대
○ 주택 건축 중(착공 전도 적용)	○ (좌 동)
○ <신 설>	○ 빈집 철거 후 국가, 지자체와 협약하여 **1년** 이상 주차장·쉼터 등 공용·공공용으로 사용하는 경우

□ **개정내용**

○ 자치단체에서 빈집 정비 사업의 일환으로 빈집소유자와 계약을 맺고 빈집을 철거 후 해당 부지를 공공주차장이나 쉼터로 활용하고 있으나,

– **종전** 빈집 철거 시 **재산세 부담 완화 방안**(2024. 1. 1. 시행)의 경우, 과세체계상 빈집 철거 후 **나대지인 경우에 한해 적용하여야 함.**

– 따라서, 나대지가 아닌 **공공주차장, 쉼터로 활용되는 경우 종합합산** 과세되나, 빈집 정비 지원 등 **공익적 취지** 등을 고려 이를 **포함**하도록 개선

※ **빈집 철거 시 재산세 부담 완화방안(2024. 1. 1. 旣시행)**
❶ 별도합산과세 적용기간을 **6개월 → 3년 연장**
❷ 철거 후 **전년 주택세액을 기준**으로 세부담하는 기간을 **3년 → 5년 연장**
❸ 연간 **세부담 증가율 30% → 5%**로 인하
❹ 적용지역을 **도시 → 도시·농촌으로 확대**

빈집(주택)		철거(토지)						
		2023년 이전			현행 (2024. 1. 1. 시행)			개선 (2024. 5. 28. 시행)
					나대지 (건축용)	주차장·쉼터		주차장·쉼터
주택분 과세	⇨	✓별도합산	6개월	⇨	3년	✓ 종합합산 (토지)	⇨	✓ 2024. 1. 1. 시행된 재산세 부담 완화방안을 동일하게 적용
		✓전년 주택세액 활용, 토지세액 산정	•기간 : 3년 •年 증가율 : 30% •적용지역 : 도시		5년 5% 도사농촌			

□ **적용요령**

○ 지자체 등과 **협약**하여 빈집 정비 완료 후 해당 **토지**를 주차장, 쉼터 등 **공용 · 공공용**으로 **제공**하는 경우에도 **재산세 부담 완화 혜택 부여**

○ 개정 규정은 **2024. 5. 28. 이후 납세의무가 성립**되는 경우부터 적용

❹ 별도합산과세대상인 철거 · 멸실된 건축물 등 부속토지 범위 명확화(영 §103의 2)

□ **개정개요**

개정 전	개정 후
□ 철거 · 멸실된 건축물 · 주택의 부속토지 별도합산과세 인정 ○ (원칙) 철거 · 멸실된 날부터 6개월 이내 ○ (예외) 없음 ※ 실무적으로 유료주차장 등으로 사용하여 건축 중으로 볼 수 없는 경우는 제외 중	□ 철거 · 멸실된 건축물 · 주택의 부속토지 별도합산과세 범위 명확화 ○ (원칙) 철거 · 멸실된 날부터 6개월 이내 ○ (예외) 다른 용도로 사용하는 것이 명확하여 건축 중으로 볼 수 없는 토지는 제외
○ <신 설>	○ (부속토지 범위 산정) 기존 건축물에 적용하는 용도지역별 배율(3~7배)

□ **개정내용**

○ 건축물 또는 주택 철거 · 멸실된 이후 과세기준일 현재 **다른 용도로 명확히 사용하는 토지(유료주차장 등)를 별도합산과세대상에서 제외**하도록 조문 명확화

<건축용 토지 과세 방법>

구분	건축준비 (철거 후 6개월)		건축허가 후 착공제한	착공	건축물
	건축 중	주차장 등 기타	건축 중		
과세구분	별도합산	종합합산	별도합산	별도합산	별도합산

○ **(부속토지 범위)** 별도합산되는 철거 · 멸실된 건축물 부속토지 범위 결정시에도 **기존 건축물에 적용되는 용도지역별 배율(3~7배)**을 **적용**하도록 명확화

□ **적용요령**

○ 현행 운영사항을 규정상 명확화한 것으로 **기존과 동일하게 적용**

❺ 분리과세대상 토지 타당성평가 대상 명확화(영 §105의 3)

□ **개정개요**

개정 전	개정 후
□ 분리과세대상 토지 타당성 평가 대상 규정 ○ (축소 · 제외) 행안부 장관이 검토한 토지 ○ (추가 · 확대) 중앙행정기관의 장이 요청한 토지	□ 분리과세대상 토지 타당성 평가 대상 명확화 ○ (축소 · 제외) 좌 동 ○ (추가 · 확대) 중앙행정기관의 장이 요청한 토지 및 <u>행안부장관이 검토한 토지</u>

□ **개정내용**

○ 행안부 장관이 정책적 필요성 등이 있다고 판단할 때, '분리과세대상 토지 타당성 평가'를 거쳐 분리과세대상 토지 추가 및 범위 확대를 추진할 수 있도록 규정 명확화

□ **적용요령**

○ 현행 운영사항을 규정상 명확화한 것으로 **기존과 동일하게 적용**

❻ 2024년 1주택 공정시장가액비율 설정(영 §109 ① 2)

□ **개정개요**

개정 전	개정 후
□ 2023년 1주택 공정시장가액비율 ○ (3억 이하) 43% (3억 초과 6억 이하) 44% (6억 초과) 45% ※ 다주택자 · 법인 60%	□ 2024년 1주택 공정시장가액비율 ○ **<u>2024년(현행과 동일)</u>**

□ **개정내용**

○ 서민주거 안정 지원 필요성 등을 고려하여 2022~2023년 한시적으로 인하한 1주택 공정시장가액비율을 **전년과 동일**한 수준으로 유지하도록 개정

□ **적용요령**

○ 개정 규정은 2024. 5. 28. 이후 납세의무가 성립되는 경우부터 적용

⑦ 주택 재산세 과세표준상한제 기준 마련(영 §109의 2 신설)

□ **개정개요**

현 행	개정 안
□ 과세표준상한제를 도입, 2024. 1. 1.부터 시행(「지방세법」 2023. 3. 14. 개정) ○ 과세표준상한액 계산을 위한 직전연도 과표상당액, 과표상한율은 하위법령에서 정하도록 위임	□ 과세표준상한제 기준 마련 ○ (직전연도 과표상당액) 직전연도 해당 주택 시가표준액 × 과세기준일에 해당 주택에 적용되는 공정시장가액비율 ○ (과표상한율) 100분의 5

□ **개정내용**

○ 2024년부터 시행하는 **「과세표준상한제」** 관련 **'직전연도 과표상당액'** 계산 기준 마련 및 **2024년도 과표상한율** 지정

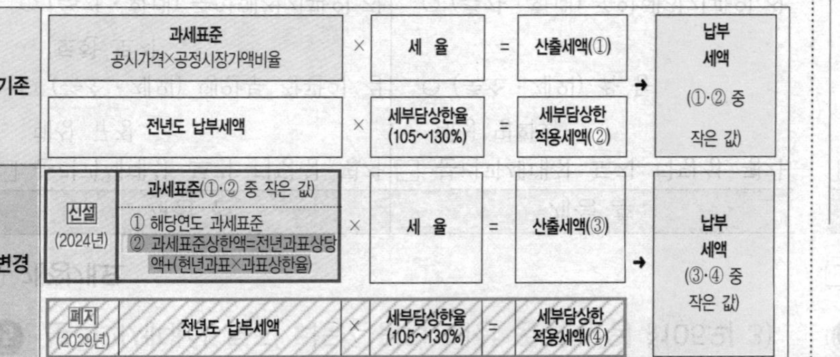

○ (산출방식) 과세표준상한액은 **시행령에서 정한 '직전연도 과세표준 상당액'과 '과세표준 상한율'을 이용**하여 산정

과세표준 산출방식

① **해당연도 과세표준** = 공시가격 × 공정시장가액비율

② **과세표준 상한액**

= 직전연도 과세표준 상당액 + (해당연도 과세표준 × 과표상한율*)

* 소비자물가지수, 주택가격변동률 등을 고려하여 0~5% 범위 내 설정

⇒ ①·② 중 작은 값

□ **적용요령**

○ (직전연도 과표상당액) **직전연도 공시가격**에 해당 물건에 소유자 유형별·공시가격별로 달리 적용된 **해당연도 공정시장가액비율을 적용**하여 산출

'직전연도 과세표준 상당액' 산출 예시

◈ 과세표준 상한액 = 직전연도 과세표준 상당액 + (해당연도 과세표준× 과표상한율)

○ 직전연도 과세표준 상당액 = 직전연도 공시가격 × 해당연도 공정시장가액비율

※ 공정시장가액비율 2024년 1주택 43~45% / 다주택 60%

구분	2024년	직전연도 과세표준 상당액	해당연도 과세표준
기존 주택	1주택자	2023년 공시가격 × 2024년 공정가액비율(43~45%)	2024년 공시가격 × 2024년 공정가액비율(43~45%)
	다주택자	2023년 공시가격 × 2024년 공정가액비율(60%)	2024년 공시가격 × 2024년 공정가액비율(60%)
신규 주택	1주택자	2024년 공시가격 × 2024년 공정가액비율(43~45%)	2024년 공시가격 × 2024년 공정가액비율(43~45%)
	다주택자	2024년 공시가격 × 2024년 공정가액비율(60%)	2024년 공시가격 × 2024년 공정가액비율(60%)

※ 현재 '세부담상한제' 운영방식인 '직전연도 실제 과세표준' 금액 미사용

○ (과표상한율) 5%로 설정

8 인구감소지역 재산세 1주택 특례 적용(영 §110의 2)

□ 개정개요

개정 전	개정 후
□ 1세대 1주택 판단 시 주택수에서 제외되는 주택 ○ 사원주택, 기숙사, 미분양주택, 가정어린이집, 상속주택, 혼인전 보유주택(5년 이내) 등	□ 1세대 1주택 판단시 주택수에서 제외되는 주택 확대 ○ (좌 동)
○ <신 설>	○ **인구감소지역**에 **1주택**을 **신규 취득시** 다음 조건에 해당하는 주택 - **(취득시기)** 2024. 1. 4.~2026. 12. 31.까지 * 2026. 10.경 인구감소지역 재선정 예정 - **(대상지역)** 행안부 장관이 고시한 인구감소지역(89개) 중 수도권(접경지역 제외) 및 광역시(군 제외) 제외* * 경기 가평, 대구 남구·서구, 부산 동구·서구·영도구 등 6개 - **(가액기준)** 과세기준일 현재 시가표준액 4억원 이하 - **(예외)** 동일지역 추가 취득 제외

□ 개정내용

○ 2024년도 경제정책방향(1. 4., 관계부처 합동) 인구감소지역 생활인구 증가를 위한 "재산세 1주택 특례 제공" 발표에 따른 후속조치를 반영

□ **적용요령**

○ 개정 규정은 정책발표일인 **2024. 1. 4.(경제정책방향 발표일)부터 2026. 12. 31.까지 약 3년간 추가 취득**한 1주택에 대해 적용

※ (예외) 1주택 특례를 적용받는 기존 보유주택과 **동일지역 주택 추가 취득**은 제외

○ 추가로 취득한 인구감소지역 소재 주택의 매년 과세기준일 현재 시가표준액이 4억원을 초과하게 되는 경우, 해당 연도에는 1주택 특례 적용 제외

III 재산세 개정내용(시행규칙)

❶ 세율 특례 적용 시 주택 수 산정 제외 신청서 보완(별지 58호의 3)

□ **개정개요**

개정 전	개정 후
□ 세율 특례 적용 시 주택 수 산정 시 제외 주택 신청서를 제출 ○ (주택유형) 상속주택, 사원용 주택 등	□ 세율 특례 적용 시 주택 수 산정 시 제외 주택 신청서 서식 보완 ○ (주택유형) 인구감소지역 주택, 무허가주택 추가 등

□ **개정내용**

○ 재산세 세율 특례 적용 시 주택 수 산정 제외 신청서 서식에 인구감소지역 소재 주택 등을 기재 할 수 있도록 개정함.

□ **적용요령**

○ 시행일(2024. 5. 28.) 이후 납세의무가 성립되는 경우부터 적용

❷ 주택 재산세 납세고지서 서식 보완(별지 59호의 3 등)

□ **개정개요**

개정 전	개정 후
□ 주택분 재산세 부과 시 납세자에게 납부세액 등을 통지 ○ (안내사항) 납부세액 산출 구조 등	□ 주택분 재산세 납세고지서 보완 ○ (안내사항) 과표상한제 관한 안내사항 등

□ **개정내용**

○ 주택 재산세 납세고지서 서식에 과세표준상한제, 공정시장가액비율 관련 안내사항 등을 반영하도록 개정

□ **적용요령**

○ 시행일(2024. 5. 28.) 이후 납세의무가 성립되는 경우부터 적용

❸ 신탁재산의 재산세 납세의무자 신고서식 보완(별지 64호의 2)

□ **개정개요**

개정 전	개정 후
□ 신탁재산의 수탁자가 신탁재산의 납세의무자 신고 ○ (기재사항) 납세의무자, 위탁자, 재산종류·소재지·용도·면적·취득일자	□ 신탁재산 재산세 납세의무자 신고서 서식 보완 ○ (기재사항) 납세의무자, 위탁자, 수탁자, 재산종류·소재지·용도·면적·취득일자

□ **개정내용**

○ '납세의무자', '위탁자'로 구분 병기하도록 한 **서식에 '수탁자'를 추가하는 것으로 별지 제64호의 2 서식을 개정**하여 신탁 관계에 따른 납세의무자 신고 시 혼란을 방지하고자 함.

□ **적용요령**

○ 시행일(2024. 5. 28.) 이후 납세의무가 성립되는 경우부터 적용

소형주택 등 주택 수 제외 관련 운영요령

(행정안전부 부동산세제과-1208, 2024. 3. 28.)

❶ 제도 개요

○ 「주택공급 확대 및 건설경기 보완방안」(2024. 1. 10. 정부 합동)에서 발표한 **다양한 유형의 주택공급 활성화** 및 **주택시장 안정화 지원**을 위해,
- **요건에 해당하는 주택**을 구입하는 경우 ①**기존 주택 수를 기준으로 취득세율을 산정**하고, ②향후 다른 주택 취득 시 **보유주택 수에서 제외**

❷ 세부 적용 요건 ※ 각 주택별로 각 요건을 모두 충족 필요

1 소형 신축 주택 2024. 1. 10.부터 2025. 12. 31.까지 최초 유상승계 취득

① **주택유형** : 다가구주택, 연립주택, 다세대주택, 도시형 생활주택, 오피스텔
② **면적** : 전용면적 60㎡ 이하
③ **취득가액** : 수도권 **6억원** 이하, 비수도권 **3억원** 이하
④ **준공시점** : **2024. 1. 10.~2025. 12. 31.**

2 소형 기축 주택 2024. 1. 10.부터 2025. 12. 31.까지 유상승계 취득

① **주택유형** : 다가구주택, 연립주택, 다세대주택, 도시형 생활주택, 오피스텔
② **면적** : 전용면적 **60㎡** 이하
③ **취득가액** : 수도권 **6억원** 이하, 비수도권 **3억원** 이하
④ **임대등록** : 취득일부터 60일 이내 ①**임대사업자 등록**과 ②**해당 주택을 임대물건**으로 등록

3 지방 준공 후 미분양 아파트

2024. 1. 10.부터 2025. 12. 31.까지 최초 유상승계 취득

① **주택유형** : 아파트
② **면적** : 전용면적 **85㎡** 이하
③ **취득가액** : **6억원** 이하
④ **소재지** : 수도권(서울 · 인천 · 경기)을 제외한 지역

❸ 적용 요령

○ **(취득 시기)** 2024. 1. 10.~2025. 12. 31. 취득하는 주택으로, 2024. 1. 10. 이후 납세의무가 성립하는 분부터 적용

※ 2024. 1. 10. 전에 계약했더라도 2024. 1. 10. 이후 취득(잔금지급)한 경우 해당

○ **(세율 적용)** 요건에 해당하는 주택을 취득할 경우, **취득세율**은 무조건 1주택 세율(1~3%)이 적용되는 것이 아니라, 해당 주택을 제외한 **기존 소유 주택 수에 따라 산정함.**

※ 예) 주택 1개와 주택분양권 1개를 소유한 A씨가 비조정대상지역에서 지방 준공 후 미분양 아파트(85㎡ &6억원 이하)를 추가 취득하면, 해당 주택을 포함한 3주택 세율(8%)이 아닌 해당 주택을 제외한 2주택 세율(1%) 적용(**오피스텔**은 주택이 아니므로 **유상승계취득**

의 경우 **4%** 세율 적용(현행과 동일))

○ **(주택 수 제외)** 해당 주택을 취득 후 **향후 추가로 주택**을 취득할 경우 **해당 주택은 주택 수에서 제외**됨.

※ 예) 일반주택 1개, 주택분양권 1개, **1. 10.대책 주택 1개** 등 총 3개를 소유한 A가 비조정대상지역의 일반주택을 추가 취득할 경우, **4주택이 아닌 3주택**(기존 일반주택 1개+주택분양권 1개+추가 일반주택 1개)에 해당하는 **세율(8%) 적용**

○ **(유효 기간)** 해당 주택의 주택 수를 제외하는 기간은 **2026년 12월 31일까지 한시적**이며, **연장 여부**는 부동산 시장 동향, 정책 여건 등을 고려하여 **추후 재검토 예정**

○ **(취득세 신고업무 처리)** 납세자가 제출한 취득세 신고 서식*에 따라 취득자의 1세대 주택수를 확인 후 적정 세율 적용

***「지방세법 시행규칙」 제3호 서식 부표**

■ 지방세법 시행규칙[별지 제3호 서식 부표의 '주택 수 산정 포함 여부' 부분 확인

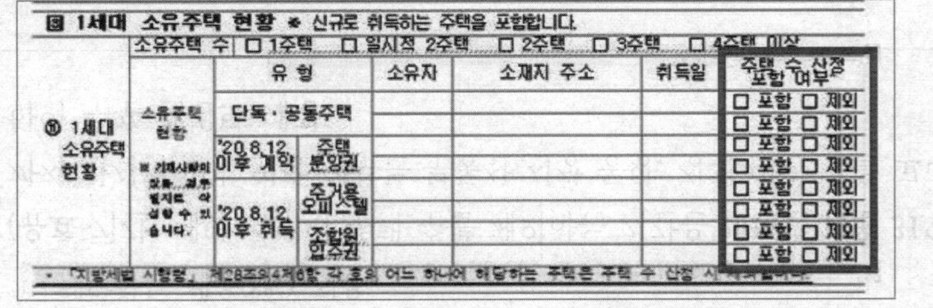

⑬ 1세대 소유주택 현황 ※ 신규로 취득하는 주택을 포함합니다.

	소유주택 수	□ 1주택 □ 일시적 2주택 □ 2주택 □ 3주택 □ 4주택 이상					
⑪ 1세대 소유주택 현황	소유주택 현황 ※ 기재사항이 많아... 별지로 작성할 수 있습니다.	유 형		소유자	소재지 주소	취득일	주택 수 산정 포함 여부
		단독·공동주택					□ 포함 □ 제외
							□ 포함 □ 제외
		'20.8.12. 이후 계약	주택 분양권				□ 포함 □ 제외
							□ 포함 □ 제외
		'20.8.12. 이후 취득	주거용 오피스텔				□ 포함 □ 제외
							□ 포함 □ 제외
			조합원 입주권				□ 포함 □ 제외
							□ 포함 □ 제외

* 「지방세법 시행령」 제28조의4제6항 각 호의 어느 하나에 해당하는 주택은 주택 수 산정 시 제외합니다.

❹ 문답 자료

1 공통사항

1-1. 이번 1. 10. 대책의 추진 배경은?

○ 소형 신축 주택, 소형 기축 주택(매입·임대), 지방 미분양 아파트 등의 세부담을 완화하여 주택 구매 수요를 창출, **다양한 유형의 주택공급 확대**와 **주택시장 안정화를 지원**하기 위해 대책을 마련함.

1-2. 주택 수 제외 효과는?

○ (①**세율 적용**) 요건에 해당하는 주택을 취득할 경우, **취득세율**은 무조건 1주택 세율(1~3%)이 적용되는 것이 아니라, 해당 주택을 제외한 **기존 소유 주택 수에 따라 산출함.**

※ 예) 주택 1개와 주택분양권 1개를 소유한 A씨가 비조정대상지역에서 지방 준공 후 미분양 아파트(85㎡ &6억원 이하)를 추가 취득하면, 해당 주택을 포함한 3주택 세율(8%)이 아닌 **해당 주택을 제외한** 2주택 세율(1%) 적용(**오피스텔**은 주택이 아니므로 **유상승계취득**의 경우 **4%** 세율 적용(현행과 동일))

○ (②**주택 수 제외**) 해당 주택을 취득 후 **향후 추가로 주택**을 취득할 경우 **해당 주택은 주택 수에서 제외**됨.

※ 예) 일반주택 1개, 주택분양권 1개, **1. 10. 대책 주택 1개** 등 총 3채를

소유한 A가 비조정대상지역의 일반주택을 추가 취득할 경우, **4주택이 아닌 3주택**(기존 일반주택 1개+주택분양권 1개+추가 일반주택 1개)에 해당하는 **세율(8%) 적용**

○ **(유효 기간)** 해당 주택의 주택 수를 제외하는 기간은 **2026년 12월 31일까지 한시적**이며, **연장 여부**는 부동산 시장 동향, 정책 여건 등을 고려하여 **추후 재검토 예정**

1-3. 요건에 해당하는 주택을 여러 개 구입하더라도 모두 주택 수에서 제외되는지?

○ 취득하는 주택이 **요건에 해당**된다면 **모두 주택 수에서 제외됨.**

1-4. 법인도 이번 대책에 해당되는지?

○ 이번 시행령 개정사항은 **개인이 주택을 취득하는 경우**에 **적용**함.

※ 법인의 경우 주택 수와 관계없이 주택 취득 시 12% 세율 적용(현행과 동일)

1-5. 상속이나 증여로 취득하는 경우에도 해당되는지?

○ 요건에 해당되는 **주택을 유상승계취득하는 경우**에만 해당됨.

1-6. 신탁법에 따른 수탁자로부터 이번 대책에 해당하는 주택을 취득한 경우에도 요건에 해당된다고 볼 수 있는지?

○ 사업주체, 건축주 등 **원시취득자가 「신탁법」에 따라 신탁회사 등에 위탁하여 주택을 판매**한 경우, 해당 주택 구입은 **원시취득자로부터 최초 유상승계취득한 것**으로 봄.

※ 신탁의 경우 신탁법에 따라 신탁등기가 병행된 경우에만 신탁으로 인정

1-7. 오피스텔을 취득하는 경우에 일반세율이 적용되는지?

○ **오피스텔**은 주택이 아니므로 **유상 취득 시 세율은 4%를 적용**하되, 해당 오피스텔*을 보유한 상태에서 **추가로 주택을 구입**하는 경우 취득세 중 과세율 산정 시 **주택 수에서 제외하여 추가 주택 구매의 부담을 일부 완화**하는 것임(1-2 답변의 효과 중 ②만 적용).

* 「지방세법」 제105조에 따라 주택으로 과세하는 오피스텔만 해당

1-8. 정책발표일(2024. 1. 10.)로 소급하여 적용하는지?

○ 정책발표일인 **2024년 1월 10일 이후 취득하는 주택부터 소급하여 적용**하며, **취득의 시기**는 **잔금지급일**(영 §20 ②) 기준으로 판단함.

1-9. 기축 소형 주택 · 오피스텔을 매입 · 임대로 취득하는 경우, 임대기간을 채우지 못한 경우 추징됨을 안내할 필요가 있는지?

○ 해당 임대물건을 「민간임대주택에 관한 특별법」 제43조 제1항에 따른 임대의무기간에 **임대 외의 용도로 사용하거나 매각 · 증여하는 경우 또는 임대사업자 등록이 말소***된 경우 소급하여 추징하게 됨을 반드시 안내해야 함.

* 「민간임대주택에 관한 특별법」 제43조 제4항 각 호의 사유가 아닌 사유로 말소된 경우

– 다만, **「민간임대주택에 관한 특별법」 제43조 제4항**에 해당하는 경우에는 **임대의무기간을 채우지 못한 예외사유**로 봄.

| 민간임대주택에 관한 특별법 |

제43조(임대의무기간 및 양도 등) ① ~ ③ (생 략)

④ 제1항에도 불구하고 임대사업자는 임대의무기간 중에도 다음 각 호의 어느 하나에 해당하는 경우에는 임대의무기간 내에도 계속 임대하지 아니하고 말소 하거나, 대통령령으로 정하는 바에 따라 시장 · 군수 · 구청장에게 허가를 받아 임대사업자가 아닌 자에게 민간임대주택을 양도할 수 있다.

1. 부도, 파산, 그 밖의 대통령령으로 정하는 경제적 사정 등으로 임대를 계속할 수 없는 경우
2. 공공지원임대주택을 20년 이상 임대하기 위한 경우로서 필요한 운영비용 등을 마련하기 위하여 제21조의 2 제1항 제4호에 따라 20년 이상 공급하기로 한 주택 중 일부를 10년 임대 이후 매각하는 경우
3. 제6조 제1항 제11호*에 따라 말소하는 경우

* 제43조에도 불구하고 종전의 「민간임대주택에 관한 특별법」(법률 제17482호 민간임대주택에 관한 특별법 일부개정법률에 따라 개정되기 전의 것을 말한다. 이하 이 조에서 같다) 제2조 제5호의 장기일반민간임대주택 중 아파트(「주택법」 제2조 제20호의 도시형 생활주택이 아닌 것을 말한다)를 임대하는 민간매입임대주택 또는 제2조 제6호의 단기민간임대주택에 대하여 임대사업자가 임대의무기간 내 등록 말소를 신청(신청 당시 체결된 임대차계약이 있는 경우 임차인의 동의가 있는 경우로 한정한다)하는 경우

⑤ ~ ⑥ (생 략)

② 소형 신축주택 취득

관련 법령

제28조의 4(주택 수의 산정방법) ② 제1항 전단에도 불구하고 법 제13조의 2 제1항 제2호 및 제3호를 적용할 때 다음 각 호의 어느 하나에 해당하는 주택을 취득하는 경우 세율 적용의 기준이 되는 1세대의 주택 수는 주택 취득일 현재 취득하는 주택을 제외하고 1세대가 국내에 소유하는 주택, 조합원입주권, 주택분양권 및 오피스텔의 수를 말한다.

1. 2024년 1월 10일부터 2025년 12월 31일까지 「주택법」 제49조에 따른 사용검사 또는 「건축법」 제22조에 따른 사용승인(임시사용 승인을 포함한다)을 받은 **신축 주택을 같은 기간 내에 최초로 유상 승계취득**하는 주택으로서 다음 각 목의 요건을 모두 갖춘 주택

   가. 「주택법 시행령」 제2조 제3호에 따른 **다가구주택**(「건축법」 제38조에 따른 건축물대장에 호수별로 전용면적이 구분되어 기재 되어 있는 다가구주택으로 한정한다. 이하 이 조에서 "다가구주택"이라 한다), 같은 영 제3조 제1항 제2호에 따른 **연립주택**(이하 이 조 에서 "연립주택"이라 한다), 같은 항 제3호에 따른 **다세대주택**(이하 이 조에서 "다세대주택"이라 한다) 또는 「주택법」 제2조 제20호에 따른 **도시형 생활주택**(이하 이 조에서 "도시형 생활주택"이라 한다) 중 어느 하나에 해당할 것

   나. **전용면적이 60제곱미터** 이하이고 **취득당시가액이 3억원**(「수도권정비계획법」 제2조 제1호에 따른 **수도권에 소재하는 경우에는 6억원**으로 한다) 이하일 것

2-1. 신축 주택이란?

○ **2024년 1월 10일부터 2025년 12월 31일까지** 준공된 주택을 말함.

2-2. 소형 신축 주택의 범위는?

○ 다가구주택 · 연립주택 · 다세대주택 · 도시형 생활주택 · 오피스텔이 해당 **아파트는 제외됨.**

2-3. 다가구 주택의 전용면적을 산정하는 기준은?

○ **다가구주택*은 각 호별로 전용면적을 판단**하며, 각 호별 전용면적이 모두 **60㎡ 이하**인 경우에만 요건을 충족한 것으로 봄.

* 건축물대장에 호수별로 전용면적이 구분되어 기재되어 있는 경우로 한정

2-4. 신축 주택을 최초로 유상승계취득하는 경우란?

○ **2024년 1월 10일부터 2025년 12월 31일까지** 준공된 주택을 **같은 기간** 내에 사업주체 또는 건축주 등 주택을 건축하여 **원시취득한 자로부터 최초로 유상거래를 원인으로 승계취득**하는 경우를 의미

※ 원시취득자가 신탁법에 따라 신탁회사 등에 위탁(신탁등기가 병행된 경우만 해당)하여 주택을 판매한 경우, 해당 주택 구입은 원시취득자로부터 최초 유상승계취득한 것으로 봄

3 소형 기축주택 매입 · 임대

관련 법령

제28조의 4(주택 수의 산정방법) ② 제1항 전단에도 불구하고 법 제13조의 2 제1항 제2호 및 제3호를 적용할 때 다음 각 호의 어느 하나에 해당하는 주택을 취득하는 경우 세율 적용의 기준이 되는 1세대의 주택 수는 주택 취득일 현재 취득하는 주택을 제외하고 1세대가 국내에 소유하는 주택, 조합원입주권, 주택분양권 및 오피스텔의 수를 말한다.

2. 2024년 1월 10일부터 2025년 12월 31일까지 유상승계취득하는 주택(신축 후 최초로 유상승계취득한 주택은 제외한다)으로서 다음 각 목의 요건을 모두 갖춘 주택. 다만, 「민간임대주택에 관한 특별법」 제2조 제7호에 따른 임대사업자(이하 이 조에서 "임대사업자"라 한다)가 같은 법 제43조 제1항에 따른 임대의무기간에 가목에 해당 하는 주택을 임대 외의 용도로 사용하는 경우 또는 매각 · 증여하는 경우나 같은 조 제4항 각 호의 경우가 아닌 사유로 같은 법 제6조에 따라 임대사업자 등록이 말소된 경우 해당 주택은 본문에 따른 다음 각 목의 요건을 모두 갖춘 주택에서 제외한다.

가. **다가구주택, 연립주택, 다세대주택 또는 도시형 생활주택** 중 어느 하나에 해당할 것

나. **전용면적이 60제곱미터** 이하이고 **취득당시가액이 3억원**(「수도권정비계획법」 제2조 제1호에 따른 **수도권**에 소재하는 경우에는 **6억원**으로 한다) 이하일 것

다. 임대사업자가 해당 주택을 **취득한 날부터 60일 이내에 「민간 임대주택에 관한 특별법」 제5조에 따라 임대주택으로 등록**하거나 임대사업자가 아닌 자가 해당 주택을 **취득한 날부터 60일 이내에 같은 조에 따라 임대사업자로 등록하고 그 주택을 임대 주택으로 등록**할 것

3-1. 기축 주택을 유상승계취득하는 경우란?

○ **신축 주택을 최초로 유상승계취득 하는 경우**(원시취득자로부터 최초로 취득한 주택)를 **제외**하고 유상거래를 원인으로 승계하여 취득하는 주택을 말함.

3-2. 주택 취득 시점에 임대사업자로 등록되어 있어야 하는지?

○ 취득 시점에 이미「민간임대주택에 관한 특별법」에 따른 임대사업자로 등록된 경우뿐만 아니라 **취득한 날부터 60일 이내에 임대사업자로 등록하는 경우에도 요건에 해당되는 임대사업자**로 봄.

※ 임대사업자는 취득한 날부터 60일 이내에 해당 주택을 임대주택으로 등록 要

○ 또한 **2024. 1. 10.부터 이 영 시행 전 취득한 주택**이라도 이 영 시행 이후 **60일 이내에 임대사업자가 임대물건으로 등록**하거나,

- **임대사업자가 아닌 자가 ① 임대사업자로 등록**하고, **② 그 주택을 임대주택으로 등록**한 경우에도 요건을 갖춘 것으로 봄.

지방세법 시행령 부칙 제3조(주택 수 산정 제외에 관한 적용례 등) ① 제28조의 4 제2항부터 제5항까지 및 같은 조 제6항 제7호부터 제9호까지의 개정규정은 2024년 1월 10일 이후 취득하는 주택 또는 오피스텔부터 적

용한다.

② 제28조의 4 제2항 제2호 및 같은 조 제6항 제7호(같은 조 제2항 제2호에 따른 주택으로 한정한다) · 제9호의 개정규정에도 불구하고 **2024년 1월 10일부터 이 영 시행일 전까지 취득한 다음 각 호의 구분에 따른 주택 또는 오피스텔에 대해서는 다음 각 호에서 정하는 바에 따른다.**

1. 임대사업자가 취득한 주택 또는 오피스텔: 이 영 시행 이후 60일 이내에 「민간임대주택에 관한 특별법」 제5조에 따라 임대주택으로 등록한 경우 제28조의 4 제2항 제2호 다목 또는 같은 조 제6항 제9호 나목의 요건을 갖춘 것으로 본다.
2. 임대사업자가 아닌 자가 취득한 주택 또는 오피스텔: 이 영 시행 이후 60일 이내에 「민간임대주택에 관한 특별법」 제5조에 따라 임대사업자로 등록하고 그 주택 또는 오피스텔을 임대주택으로 등록한 경우 제28조의 4 제2항 제2호 다목 또는 같은 조 제6항 제9호 나목의 요건을 갖춘 것으로 본다.

3-3. 임대사업자가 해당 임대물건을 임대의무기간 중에 매각 · 증여하는 등 임대의무기간을 채우지 못한 경우 취득세를 추징하여야 하는지?

○ 해당 임대물건을 「민간임대주택에 관한 특별법」 제43조 제1항에 따른 임대의무기간에 **임대 외의 용도로 사용하거나 매각 · 증여하는** 경우 또는 **임대사업자 등록이 말소***된 경우 소급하여 추징함.

* 「민간임대주택에 관한 특별법」 제43조 제4항 각 호의 사유가 아닌 사유로 말소된 경우

- 다만, **「민간임대주택에 관한 특별법」 제43조 제4항**에 해당하는 경우에는 **임대의무기간을 채우지 못한 예외사유**로 봄.

○ 추징하는 경우, 임대물건의 **취득시점 당시의 해당주택을 포함한 주택수에 따라 취득세율을 적용**하여 취득세액 재산정

※ 임대의무기간 미충족 시 추징 세액이 발생할 수 있음을 취득 시점에 안내

적용사례

〈조건〉 아래 두 주택 모두 1. 10. 대책의 주택 요건을 충족한 것으로 가정

- ■ A주택(도시형생활주택 매입 · 임대) : 조정대상지역, 6억원, 60㎡ 이하
- ■ B주택(신축 다세대주택 매입) : 비조정대상지역, 3억원, 60㎡ 이하

〈사례〉

甲 이 2주택을 소유한 상태에서 A주택(3번째 주택, 매입 · 임대) 취득 시 취득세율 8%* 적용, 이후 B주택(4번째 주택)을 추가로 취득 시 1%** 세율 적용, **그 후 A 주택을 의무임대기간 내 매각한 경우**

* 기존 2주택에 A주택을 포함한 3주택 세율(12%, 조정대상지역)을 적용하지 않고, A주택을 제외한 2주택 세율(8%, 조정대상지역) 적용

** 취득하는 B주택과 A주택을 제외한 기존 소유 2주택 세율 적용

** 취득하는 B주택과 A오피스텔을 제외한 기존 소유 2주택 세율 적용

☞ **A주택 12%(조정대상지역 3주택 세율), B주택 8%(비조정대상지역 3주택 세율) 세율로 재계산하여 차액 추징(소급 적용)**

④ **지방 준공 후 미분양주택**

관련 법령

제28조의 4(주택 수의 산정방법) ② (생 략)

3. 「주택법」 제54조 제1항에 따른 사업주체가 같은 법 제49조에 따른 사용검사를 받은 후 분양되지 않은 같은 법 시행령 제3조 제1항 제1호에 따른 아파트(이하 이 조에서 "아파트"라 한다)를 2024년 1월 10일부터 2025년 12월 31일까지 **최초로 유상승계취득하는 아파트**로서 다음 각 목의 요건을 모두 갖춘 아파트

가. 「수도권정비계획법」 제2조 제1호에 따른 **수도권 외의 지역에 있을 것**

나. **전용면적 85제곱미터** 이하이고 **취득당시가액이 6억원** 이하일 것

4-1. 지방 준공 후 미분양 아파트 판단 기준은? (①+②+③)

① **수도권**(서울 · 인천 · 경기)**을 제외한 지역에 소재한 아파트** 중에서 준공일 기준으로 분양되지 아니하여 **시장 · 군수 · 구청장으로부터 미분양 확인*을 받은 아파트**

* 시 · 군 · 구의 주택관련부서에서 '준공후 미분양 아파트 확인증'을 사업주체에 2부 교부하고 사업주체는 그 중 한 부를 납세자에게 발급(자세한 확인 절차는 4-4 참조)

② 주거전용면적 **85제곱미터 이하**이고 **취득당시가액이 6억원 이하**

③ **2024년 1월 10일부터 2025년 12월 31일**까지 사업주체(원시취득자) 로부터 최초로 유상승계취득

※ 원시취득자가 신탁법에 따라 신탁회사 등에 위탁(신탁등기가 병행된 경우만 해당)하여 주택을 판매한 경우, 해당 주택 구입은 원시취득자로부터 최초 유상승계취득한 것으로 봄.

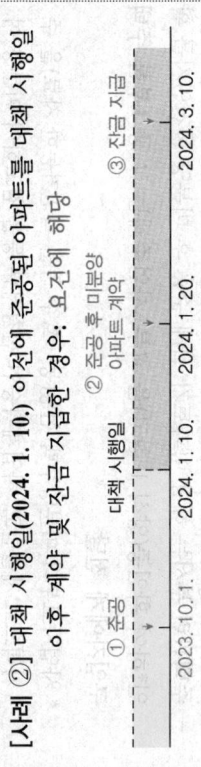

[사례 ①] 대책 시행일(2024. 1. 10.) 이전에 '준공 후 미분양 아파트'를 계약하고 대책 시행일 이후 잔금 지급한 경우: 요건에 해당

① 준공 / ② 준공 후 미분양 아파트 계약 / 대책 시행일 / ③ 잔금 지급

2023. 10. 1. / 2023. 12. 30. / 2024. 1. 10. / 2024. 3. 10.

[사례 ②] 대책 시행일(2024. 1. 10.) 이전에 준공된 아파트를 대책 시행일 이후 계약 및 잔금 지급한 경우: 요건에 해당

① 준공 / 대책 시행일 / ② 준공 후 미분양 아파트 계약 / ③ 잔금 지급

2023. 10. 1. / 2024. 1. 10. / 2024. 1. 20. / 2024. 3. 10.

[사례 ③] 대책 시행일(2024. 1. 10.) 이후 준공된 아파트로서 '준공 후 미분양 아파트'를 취득한 경우: 요건에 해당

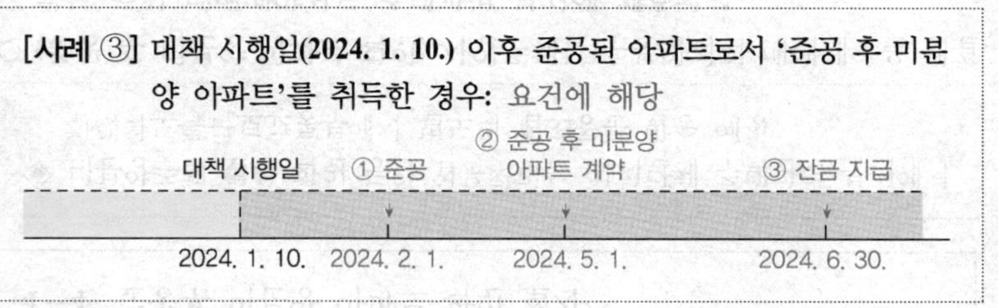

[사례 ④] 대책 시행일(**2024. 1. 10.**) 전에 '준공 후 미분양 아파트'를 계약하고 잔금까지 지급한 경우: 요건에 미해당(대책 시행일 이전에 취득)

① 준공 — 2023. 10. 1.
② 준공 후 미분양 아파트 계약 — 2023. 11. 1.
③ 잔금 지급 — 2023. 12. 31.
대책 시행일 — 2024. 1. 10.

4－2. 지방 준공 후 미분양 아파트를 최초로 유상승계취득하는 경우란?

○ 아파트 계약 시점에 준공 후 분양되지 아니한 아파트(예, **00동 00호**)를 **2024년 1월 10일부터 2025년 12월 31일까지** 사업주체 등 아파트를 원시취득한 자로부터 **최초로 유상거래를 원인으로 승계취득**하는 경우를 말함.

※ 원시취득자가 신탁법에 따라 신탁회사 등에 위탁(신탁등기가 병행된 경우만 해당)하여 주택을 판매한 경우, 해당 주택 구입은 원시취득자로부터 최초 유상승계취득한 것으로 봄.

4－3. 준공 후 분양되지 아니한 아파트란?

○ 입주자모집공고에 따른 입주자의 계약일이 지난 아파트 中 **준공된 이후에도 분양계약이 체결되지 않아 선착순의 방법으로 공급되는 아파트**를 의미함.

4－4. 준공후 미분양 아파트 확인 절차

◈ 미분양주택 현황 확인 등의 업무처리는 자치단체 주택관련 부서에서 진행하도록국토교통부에서 별도의 **협조공문 발송 예정**

○ **(준공 후 미분양 아파트 확인) 사업주체**는 수분양자와 매매계약을 체결하는 즉시 **매매계약서**를 **주택관련 부서에 제출**하고,

－ **주택관련 부서**는 해당 아파트가 실제 준공 후 미분양 물건인지를 확인*하여 **확인증**(양식 1 참고)**을 교부**, 사업주체는 그 중 **1부를 주택구입자에게 전달**

* 사업자로부터 미분양주택 현황(동·호수 등을 확인가능한 자료)을 주기적으로 제출받고, 사업계획승인 신청서류 등을 참고하여 미분양 여부를 확인

－ 준공 후 미분양 아파트 확인증을 교부한 **주택관련 부서**(양식 2 참고)**와 사업주체**(양식 3 참고)는 **미분양 주택 확인대장**을 작성하여 보관

※ 주택관련부서는 미분양 주택 확인대장 등 관련 자료를 세무부서에 공유

○ **(취득세 신고)** 미분양 아파트를 분양받은 수분양자는 취득세 신고 시 매매계약서 등과 함께 **미분양 아파트 확인증을 세무부서에 제출**

－ **세무부서**는 **미분양 아파트 확인증** 및 주택관련 부서로부터 공유받은 대장 등을 바탕으로 **주택 수 제외 대상인 미분양 아파트인지 최종 확인**

- 주택 수 제외 대상인 경우, ①취득시점부터 **주택 수에서 제외***하여 중과 세율을 계산하고, ②다른 주택 취득 시에도 **보유주택 수에서 제외(~2026. 12. 31.)**

* (예시) 현재 2주택을 보유한 A씨가 지방 미분양 아파트(비조정대상지역)를 취득하는 경우, 3주택 세율(8%)이 아닌 **기존 보유주택 수에 해당하는 2주택 세율(1%) 부과**

기존 주택수	주택 수 제외 대상 주택을 조정대상지역에서 추가 1개 구매 시		주택 수 제외 대상 주택을 비조정대상지역에서 추가 1개 구매 시	
	현 행	주택 수 제외	현 행	주택 수 제외 시
1주택	8% (2주택 세율)	1% (1주택 세율)	1% (1·2주택 세율)	1% (1·2주택 세율)
2주택	12% (3주택 세율)	8% (2주택 세율)	8% (3주택 세율)	1% (2주택 세율)
3주택	12% (4주택 이상 세율)	12% (3주택 세율)	12% (4주택 이상 세율)	8% (3주택 세율)

5 오피스텔 취득

관련 법령

제28조의 4(주택 수의 산정방법) ⑥ 제1항부터 제5항까지의 규정에 따라 1세대의 주택 수를 산정할 때 다음 각 호의 어느 하나에 해당하는 주택, 조합원입주권, 주택분양권 또는 **오피스텔은 소유주택**(주택 취득일 현재 취득하는 주택을 포함하지 아니한 소유주택을 말한다) **수에서 제외한다.**

1.~7. (생 략)

8. 2024년 1월 10일부터 2025년 12월 31일까지 **「건축법」 제22조에 따른 사용승인**(임시사용승인을 포함한다)을 받은 신축 오피스텔을 같은 기간 내에 **최초로 유상승계취득하는 오피스텔로서 전용면적이 60제곱미터** 이하이고 **취득당시가액이 3억원**(「수도권정비계획법」 제2조 제1호에 따른 **수도권에 소재하는 경우에는 6억원**으로 한다) 이하에 해당하는 오피스텔

9. 2024년 1월 10일부터 2025년 12월 31일까지 **유상승계취득하는 오피스텔**(신축 후 최초로 유상승계취득한 오피스텔은 제외한다)로서 다음 각 목의 요건을 모두 갖춘 오피스텔. 다만, 임대사업자가 「민간임대주택에 관한 특별법」 제43조 제1항에 따른 임대의무기간에 가목에 해당하는 오피스텔을 임대 외의 용도로 사용하는 경우 또는 매각·증여하는 경우나 같은 조 제4항 각 호의 경우가 아닌 사유로 같은 법 제6조에 따라 임대사업자 등록이 말소 된 경우 해당 오피스텔은 본문에 따른 다음 각 목의 요건을 모두 갖춘 오피 스텔에서 제외한다.

   가. **전용면적이 60제곱미터** 이하이고 **취득당시가액이 3억원**(「수도권정비계획법 제2조 제1호에 따른 **수도권에 소재하는 경우에는 6억원**으로 한다) 이하일 것

나. 임대사업자가 해당 오피스텔을 취득한 날부터 60일 이내에 민간임대주택에 관한 특별법 제5조에 따라 **임대주택으로 등록**하거나 **임대사업자가 아닌 자**가 해당 오피스텔을 취득한 날부터 **60일 이내**에 같은 조에 따라 **임대사업자로 등록**하고 그 **오피스텔을 임대주택으로 등록**할 것

5-1. 모든 오피스텔이 주택 수 산정시 포함되는지?

○ **재산세를 주택으로 과세하는 오피스텔***만이 주택 수 산정시 포함되며, 그 외의 오피스텔은 주택 수에 포함하지 않음.

* 「지방세법」 제13조의 3 제4호에 따른 오피스텔

5-2. 금번 대책에서 오피스텔 구입시 주택 수에서 제외되는지?

○ **(취득시) 오피스텔**은 주택이 아니므로 **유상 취득 시 세율은 4%를 적용**

○ **(보유시)** 요건에 해당하는 오피스텔*을 취득하여 보유하고 있는 상황에서 **추가로 주택을 구입**하는 경우 취득세 중과세율 산정 시 **주택 수에서 제외**하여 **추가 주택 구매의 부담을 일부 완화**

* 「지방세법」 제105조에 따라 주택으로 과세하는 오피스텔만 해당

※ 주택 수 제외는 2026년 12월 31일까지 적용하고, 연장여부는 만료 전 재검토 예정

5-3. 오피스텔 취득 시 주택 수가 제외되는 요건은?

○ **소형 신축주택과 소형 기축주택 적용 요건**과 **동일함**(1페이지, Ⅱ. 세부 적용 요건 참조)

5-4. 임대사업자가 오피스텔을 임대물건으로 등록하고 임대의무기간 중에 매각 · 증여하는 등 임대의무기간을 채우지 못한 경우 취득세를 추징하여야 하는지?

○ 해당 오피스텔을 「민간임대주택에 관한 특별법」 제43조 제1항에 따른 임대의무기간에 **임대 외의 용도로 사용하거나 매각 · 증여하는** 경우 또는 **임대사업자 등록이 말소***된 경우 주택 수에서 제외하지 않음.

* 「 민간임대주택에 관한 특별법 」 제43조 제4항 각 호의 사유가 아닌 사유로 말소된 경우

– 다만, **「민간임대주택에 관한 특별법」 제43조 제4항**에 해당하는 경우에는 **임대의무기간을 채우지 못한 예외사유**로 봄.

○ 해당 오피스텔(A)을 보유한 상태에서 **추가로 주택(B)을 구입**하는 경우 취득세 중과세율 산정 시 해당 오피스텔을 **주택 수에서 제외하고 주택(B)의 세율을 산정하였으므로,**

– **주택(B) 취득 시점으로 소급**하여 해당 **오피스텔(A)을 포함한 주택 수**에 따라 **취득세율을 적용**하여 **취득세액을 재산정**함.

※ 임대의무기간 미충족 시 추징 세액이 발생할 수 있음을 취득 시점에 안내

적용사례

〈조건〉 아래 두 주택 모두 취득 당시 1. 10. 대책의 주택 요건을 충족한 것으로 가정

- A오피스텔(매입 · 임대) : 조정대상지역, 6억원, 60㎡ 이하
- B주택(신축 다세대주택 매입) : 비조정대상지역, 3억원, 60㎡ 이하

〈사 례〉

甲 이 2주택을 소유한 상태에서 A오피스텔 취득(세율 4%* 적용)하여 임대주택으로 등록하고 재산세가 주택으로 과세되고 있는 상황에서 B주택을 추가로 구매한 경우 1%** 세율 적용, 그 이후 **A오피스텔을 의무임대기간 내 매각한 경우**

* 오피스텔은 주택이 아니므로 주택 수와 무관하게 4% 적용

** 취득하는 B주택과 A오피스텔을 제외한 기존 소유 2주택 세율 적용

☞ **A오피스텔 미추징, B주택 8%(비조정대상지역 3주택 세율) 세율로 재계산하여 차액 추징(소급 적용)**

지방행정제재·부과금의 징수 등에 관한 법률

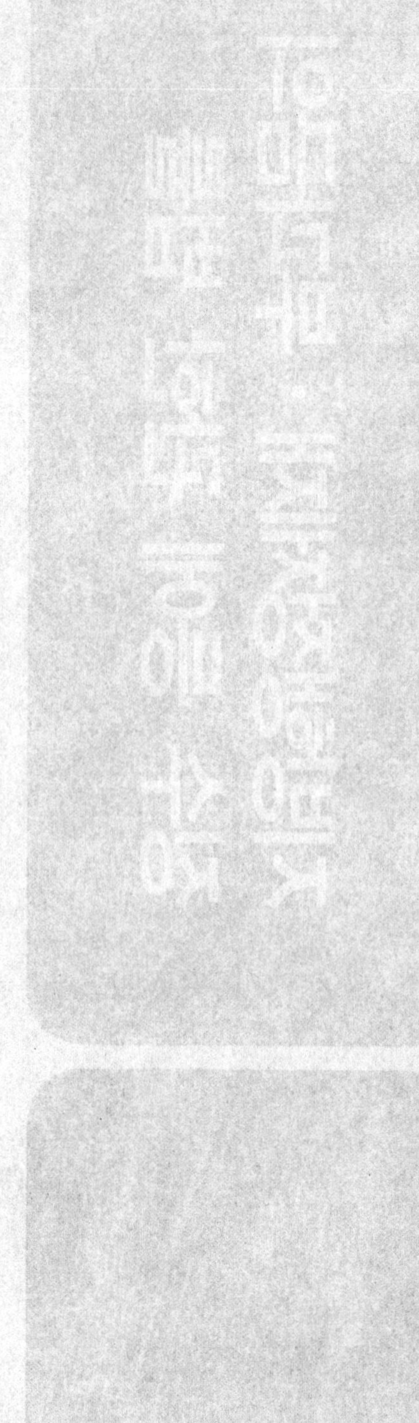

법 률

시 행 령

시행규칙

제3장 체납처분절차 등

제3장 체납처분절차 등

제4장 보 칙

제4장 보 칙

제5장 벌 칙

지방행정제재 · 부과금의 징수 등에 관한 법률

개정 2024. 12. 31. 법률 제20633호

2023. 12. 29. 법률 제19863호
2023. 3. 14. 법률 제19233호
2021. 12. 28. 법률 제18658호
2021. 1. 5. 법률 제17837호
(국세징수법 부칙) 2020. 12. 29. 법률 제17758호
(도로명주소법 부칙) 2020. 12. 8. 법률 제17574호
2020. 3. 24. 법률 제17091호
(신용정보의~법률 부칙) 2020. 2. 4. 법률 제16957호
2020. 1. 29. 법률 제16885호
2017. 12. 26. 법률 제15293호
(정부조직법 부칙) 2017. 7. 26. 법률 제14839호
(지방세징수법 부칙) 2016. 12. 27. 법률 제14476호
(지방세기본법 부칙) 2016. 12. 27. 법률 제14474호
2016. 5. 29. 법률 제14193호
2015. 5. 18. 법률 제13294호

지방행정제재 · 부과금의 징수 등에 관한 법률 시행령

개정 2024. 12. 31. 대통령령 제35179호

2023. 12. 29. 대통령령 제34081호
2023. 3. 14. 대통령령 제33328호
2021. 12. 31. 대통령령 제32295호
(지방자치법 시행령 부칙) 2021. 12. 16. 대통령령 제32223호
2021. 1. 26. 대통령령 제31413호
2020. 3. 24. 대통령령 제30545호
2018. 3. 27. 대통령령 제28716호
(행정안전부와 그 소속기관 직제 부칙)
2017. 7. 26. 대통령령 제28211호
(주민등록번호 등의~일부 개정령)
2017. 3. 27. 대통령령 제27960호
(지방세기본법 시행령 부칙) 2017. 3. 27. 대통령령 제27958호
(지방회계법 시행령 부칙) 2016. 11. 29. 대통령령 제27621호
2016. 11. 22. 대통령령 제27594호
(행정자치부와 그 소속기관 직제 부칙)
2014. 11. 19. 대통령령 제25751호
제정 2014. 5. 21. 대통령령 제25357호

지방행정제재 · 부과금의 징수 등에 관한 법률 시행규칙

개정 2024. 12. 31.
행정안전부령 제541호
2024. 2. 2.
행정안전부령 제461호
2024. 1. 4.
행정안전부령 제451호

2023. 3. 27. 행정안전부령 제386호
2021. 12. 31. 행정안전부령 제303호
2021. 7. 2. 행정안전부령 제266호
2020. 3. 24. 행정안전부령 제175호
2018. 7. 20. 행정안전부령 제 68호
(행전안전부와~시행규칙 부칙)
2017. 7. 26. 행정안전부령 제 1호
2016. 11. 22. 행정자치부령 제 85호
(행정자치부와 ~시행규칙 부칙)
2014. 11. 19. 행정자치부령 제 1 호
제정 2014. 8. 7. 안전행정부령 제 89호

지방행정제재·부과금의 징수 등에 관한 법률	지방행정제재·부과금의 징수 등에 관한 법률 시행령	지방행정제재·부과금의 징수 등에 관한 법률 시행규칙
개정 2024. 12. 31. 법률 제20633호	개정 2024. 12. 31. 대통령령 제35175호	개정 2024. 12. 31. 행정안전부령 제541호
2023. 12. 29. 법률 제19858호	2023. 12. 29. 대통령령 제34081호	2024. 2. 2. 행정안전부령 제461호
2023. 3. 14. 법률 제19233호	2023. 3. 14. 대통령령 제33326호	2024. 1. 4. 행정안전부령 제451호
2021. 12. 28. 법률 제18658호	2021. 12. 31. 대통령령 제32295호	2023. 3. 27. 행정안전부령 제388호
2021. 1. 5. 법률 제17837호	2021. 12. 16. 대통령령 제32223호 (지방자치법 시행령 부칙)	2021. 12. 31. 행정안전부령 제303호
2020. 12. 29. 법률 제17758호 (국세징수법 부칙)	2021. 1. 26. 대통령령 제31418호	2021. 7. 2. 행정안전부령 제266호
2020. 12. 8. 법률 제17574호 (민사소송법 부칙)	2020. 3. 24. 대통령령 제30545호	2020. 3. 24. 행정안전부령 제175호
2020. 2. 24. 법률 제17091호	2018. 3. 27. 대통령령 제28716호	2018. 7. 20. 행정안전부령 제68호 (행정안전부와~시행규칙 부칙)
2020. 2. 4. 법률 제16957호 (신용정보의~법률 부칙)	(행정안전부와 그 소속기관 직제 부칙)	2017. 7. 26. 행정안전부령 제1호
2020. 1. 29. 법률 제16885호	2017. 7. 26. 대통령령 제28211호	2016. 11. 22. 행정자치부령 제85호 (행정자치부와~시행규칙 부칙)
2017. 12. 26. 법률 제15293호	(주민등록번호 등의~일부 개정령)	2014. 11. 19. 행정자치부령 제1호
2017. 7. 26. 법률 제14839호 (정부조직법 부칙)	2017. 3. 27. 대통령령 제27960호	제정 2014. 8. 7. 안전행정부령 제89호
2016. 12. 27. 법률 제14476호 (지방세징수법 부칙)	2017. 3. 27. 대통령령 제27958호 (지방세기본법 시행령 부칙)	
2016. 12. 27. 법률 제14474호 (지방세기본법 부칙)	2016. 11. 29. 대통령령 제27621호 (지방회계법 시행령 부칙)	
2016. 5. 29. 법률 제14183호	2016. 11. 22. 대통령령 제27594호 (행정자치부와 그 소속기관 직제 부칙)	
2015. 5. 18. 법률 제13294호	2014. 11. 19. 대통령령 제25751호	
	제정 2014. 8. 21. 대통령령 제25567호	

제1장 총 칙

제1조 【목 적】 이 법은 지방행정제재·부과금의 체납처분절차를 명확하게 하고 지방행정제재·부과금의 효율적 징수 및 관리 등에 필요한 사항을 규정함으로써 지방자치단체의 재정 확충 및 재정건전성 제고에 이바지함을 목적으로 한다. (2020. 3. 24. 개정)

제2조 【정 의】 이 법에서 사용하는 용어의 뜻은 다음과 같다.

1. "지방행정제재·부과금"이란 지방자치단체의 장 및 그 소속 행정기관의 장이 행정목적을 달성하기 위하여 법률에 따라 부과·징수(국가기관의 장으로부터 위임·위탁받아 부과·징수하는 경우를 포함한다)하여 지방자치단체의 수입으로 하는 조세 외의 금전으로서 다음 각 목의 어느 하나에 해당되는 것을 말한다. (2020. 3. 24. 개정)
   가. 다른 법률에서 이 법에 따라 징수하기로 한 과징금, 이행강제금, 부담금 및 변상금 (2020. 3. 24. 개정)
   나. 그 밖의 조세 외의 금전으로서 다른 법률에서 이 법에 따라 징수하기로 한 금전 (2016. 5. 29. 개정)

1의 2. "지방세외수입"이란 지방행정제재·부과금과 그

제1장 총 칙

제1조 【목 적】 이 영은 「지방행정제재·부과금의 징수 등에 관한 법률」에서 위임된 사항과 그 시행에 필요한 사항을 규정함을 목적으로 한다. (2020. 3. 24. 개정)

제2조 【정 의】 「지방세외수입금의 징수 등에 관한 법률」(이하 "법"이라 한다) 제2조 제1호에서 "과징금, 이행강제금, 부담금 등 대통령령으로 정하는 것"이란 별표에 따른 과징금·이행강제금, 부담금 등을 말한다.

제2조 【정 의】 삭 제 (2016. 11. 22.)

제1조 【목 적】 이 규칙은 「지방행정제재·부과금의 징수 등에 관한 법률」 및 같은 법 시행령에서 위임된 사항과 그 시행에 필요한 사항을 규정함을 목적으로 한다. (2020. 3. 24. 개정)

제2조의 2 【지방세외수입의 구분】

밖의 다른 법률 또는 조례에 따라 부과 · 징수하는 지방자치단체의 조세 외의 금전 수입으로서 수수료, 재산임대수입 등 행정안전부령으로 정하는 금전 수입을 말한다. (2020. 3. 24. 개정)

2. “지방행정제재 · 부과금관계법”이란 지방행정제재 · 부과금의 부과 · 징수에 관한 근거를 규정한 법률로서 이 법을 제외한 법률을 말한다. (2020. 3. 24. 개정)
3. “징수공무원”이란 지방자치단체의 장 또는 지방자치단체의 장으로부터 지방행정제재 · 부과금의 부과 · 징수 등에 관한 사무를 위임받은 공무원을 말한다. (2020. 3. 24. 개정)
4. “납부의무자”란 지방행정제재 · 부과금관계법에 따라 지방행정제재 · 부과금을 납부할 의무가 있는 자를 말한다. (2020. 3. 24. 개정)
5. “체납자”란 납부의무자로서 지방행정제재 · 부과금을 납부기한까지 납부하지 아니한 자를 말한다. (2020. 3. 24. 개정)
6. “가산금”이란 납부의무자가 지방행정제재 · 부과금을 납부기한까지 납부하지 아니할 때에 지방행정제재 · 부과금관계법에 따라 지방행정제재 · 부과금에 가산하여 징수하는 금액과 납부기한이 지난 후 일정기한까지 납부하지 아니할 때에 그 금액에 다시 가산하여 징수하는 금액을 말한다. (2020. 3. 24. 개정)
7. “체납처분비”란 이 법 중 체납처분에 관한 규정에 따

① 법 제2조 제1호의 2에서 “수수료, 재산임대수입 등 행정안전부령으로 정하는 금전 수입”이란 다음 각 호의 구분에 따른 지방자치단체의 조세 외의 금전 수입을 말한다. (2021. 7. 2. 개정)

1. 경상적 세외수입 (2016. 11. 22. 신설)
   가. 재산임대수입 (2016. 11. 22. 신설)
   나. 사용료수입 (2016. 11. 22. 신설)
   다. 수수료 수입 (2016. 11. 22. 신설)
   라. 사업수입 (2016. 11. 22. 신설)
   마. 징수교부금수입 (2016. 11. 22. 신설)
   바. 이자수입 (2016. 11. 22. 신설)
2. 임시적 세외수입 (2021. 7. 2. 개정)
   가. 지방행정제재 · 부과금 등 (2021. 7. 2. 개정)
      1) 과징금 (2021. 7. 2. 개정)
      2) 이행강제금 (2021. 7. 2. 개정)
      3) 부담금[나목 2)에 따른 지방자치단체 간 부담금은 제외한다] (2021. 7. 2. 개정)

라 재산의 압류 · 보관 · 운반과 매각에 든 비용(매각을 대행시키는 경우 그 수수료를 포함한다)을 말한다.

8. "지방행정제재 · 부과징수금"이란 지방행정제재 · 부과금과 가산금 및 체납처분비를 말한다. (2020. 3. 24. 개정)

9. "부과"란 지방자치단체의 장이 지방행정제재 · 부과금관계법에 따라 납부의무자에게 지방행정제재 · 부과금을 부담하게 하는 것을 말한다. (2020. 3. 24. 개정)

10. "징수"란 지방자치단체의 장이 이 법 및 지방행정제재 · 부과금관계법에 따라 납부의무자로부터 지방행정제재 · 부과징수금을 거두어들이는 것을 말한다. (2020. 3. 24. 개정)

11. "체납액"이란 체납된 지방행정제재 · 부과징수금을 말한다. (2020. 3. 24. 개정)

12. "지방세외수입정보통신망"이란 「전자정부법」 제2조 제10호에 따른 정보통신망으로서 지방자치단체의 지방세외수입의 부과 · 징수 및 관리에 관한 업무를 처리하기 위하여 행정안전부장관이 고시하는 정보통신망을 말한다. (2017. 7. 26. 직제개정 ; 정부조직법 부칙)

13. "전자납부"란 지방세외수입을 지방세외수입정보통신망 또는 제22조 제1항 제1호에 따른 지방세외수입정보통신망과 지방세외수입수납대행기관 정보통신망의 연계 방식을 통하여 인터넷, 전화통신장치, 자동입출금기 등의 전자매체를 이용하여 납부하는 것을 말한다. (2016. 5. 29. 개정)

4) 변상금 (2021. 7. 2. 개정)

5) 과태료 (2021. 7. 2. 개정)

6) 환수금 (2021. 7. 2. 개정)

7) 범칙금 (2023. 3. 27. 신설)

나. 그 밖의 임시적 세외수입 (2021. 7. 2. 개정)

1) 재산매각수입 (2021. 7. 2. 개정)

2) 지방자치단체 간 부담금 (2021. 7. 2. 개정)

3) 보조금 반환수입 (2021. 7. 2. 개정)

4) 기타수입 (2021. 7. 2. 개정)

5) 지난연도수입 (2021. 7. 2. 개정)

② 제1항에 따른 지방세외수입에 관한 세부적인 구분 및 내용은 「지방재정법」 제41조 및 같은 법 시행령 제47조에 따른 세입예산 과목구분과 설정의 예에 따라 행정안전부장관이 정한다. (2017. 7. 26. 직제개정 ; 행정안전부와 ~ 시행규칙 부칙)

제 2 조 【지방세외수입정보통신

14. "전자송달"이란 이 법이나 지방행정제재 · 부과금관계법에 따라 지방세외수입정보통신망 또는 「정보통신망 이용촉진 및 정보보호 등에 관한 법률」 제2조 제1항 제1호의 정보통신망으로서 송달을 위하여 지방세외수입정보통신망과 연계된 정보통신망을 이용하여 송달하는 것을 말한다. (2021. 12. 28. 개정)

제3조【적용범위】 이 법은 지방행정제재 · 부과금관계법에서 납부의무자가 지방행정제재 · 부과금을 납부기한까지 납부하지 아니한 경우에 이 법에 따라 징수하도록 한 지방행정제재 · 부과금에 대하여 적용한다. (2020. 3. 24. 개정)

제2장 지방행정제재 · 부과금의 징수

(2020. 3. 24. 제목개정)

제4조【지방행정제재 · 부과징수금 징수의 우선순위】 (2020. 3. 24. 제목개정)
지방행정제재 · 부과징수금은 다음 각 호의 순서에 따라 징수한다. (2020. 3. 24. 개정)

1. 체납처분비
2. 지방행정제재 · 부과금 (2020. 3. 24. 개정)
3. 가산금

제2장 지방행정제재 · 부과금의 징수

(2020. 3. 24. 제목개정)

망의 지정기준】「지방행정제재 · 부과금의 징수 등에 관한 법률」(이하 "법"이라 한다) 제2조 제12호에 따라 행정안전부장관이 지방행정제재 · 부과금에 관한 정보통신망을 고시하는 기준은 별표와 같다. (2020. 3. 24. 개정)

제5조【과세정보 등의 요구 · 이용 등】(2017. 12. 26. 제목개정)

① 행정안전부장관 또는 지방자치단체의 장은 체납된 지방행정제재 · 부과금을 징수하기 위하여 필요한 경우에는 「지방세기본법」 제86조 제1항에 따른 과세정보(이하 "과세정보"라 한다)를 요구하거나 이용할 수 있다. (2020. 3. 24. 개정)

② 행정안전부장관 또는 지방자치단체의 장은 체납된 지방행정제재 · 부과금을 징수하기 위하여 필요한 경우에는 「지방세기본법」 제129조 또는 제130조에 따라 같은 법 제127조 각 호의 과세자료제출기관(이하 "과세자료제출기관"이라 한다)으로부터 제공받은 과세자료(「지방세기본법」 제128조에 따른 과세자료를 말한다. 이하 같다) 또는 과세자료 외의 자료를 이용할 수 있다. (2020. 3. 24. 개정)

③ 행정안전부장관 또는 지방자치단체의 장은 제2항에 따른 자료 외의 자료로서 체납된 지방행정제재 · 부과금을 징수하기 위하여 필요하다고 인정되는 자료가 있으면 해당 자료를 보유하고 있는 과세자료제출기관의 장에게 그 자료의 수집에 협조하여 줄 것을 요청할 수 있다. 이 경우 협조 요청을 받은 과세자료제출기관의 장은 정당한 사유가 없는 한 협조하여야 한다. (2020. 3. 24. 개정)

④ 제1항부터 제3항까지의 규정에 따라 과세정보, 과세자료, 과세자료 외의 자료 또는 제3항에 따른 자료를 이용하거나 제공받은 자는 이를 타인에게 제공 또는 누설

하거나 목적 외의 용도로 사용하여서는 아니 된다. 다만, 행정안전부장관은 제20조 제2항의 업무를 처리하기 위하여 그 사용목적에 맞는 범위에서 이를 제공할 수 있다. (2017. 12. 26. 개정)

제6조【체납 또는 정리보류 자료의 제공】(2021. 12. 28. 제목개정)

① 지방자치단체의 장은 체납된 지방행정제재 · 부과금의 징수를 위하여 필요한 경우로서 「신용정보의 이용 및 보호에 관한 법률」 제2조 제6호의 신용정보집중기관, 그 밖에 대통령령으로 정하는 자가 다음 각 호의 어느 하나에 해당하는 체납자 또는 정리보류자의 인적사항, 체납액 또는 정리보류액에 관한 자료)를 요구하는 경우에는 자료를 제공할 수 있다. 다만, 체납된 지방행정제재 · 부과금과 관련하여 지방행정제재 · 부과금관계법에 따른 이의신청, 심판청구 또는 행정소송이 계류 중인 경우와 그 밖에 대통령령으로 정하는 경우에는 그러하지 아니하다. (2021. 12. 28. 개정)

1. 체납일부터 1년이 지난 체납액(정리보류한 지방행정제재 · 부과금을 포함한다. 이하 이 조에서 같다)의 총액이 500만원 이상인 체납자 (2021. 12. 28. 개정)
2. 1년에 3회 이상 체납하고 체납액의 총액이 500만원 이상인 체납자
3. 결손처분액이 500만원 이상인 체납자

제3조【체납 또는 정리보류 자료의 제공 제외 사유】(2021. 12. 31. 제목개정)

법 「지방행정제재 · 부과금의 징수 등에 관한 법률」(이하 "법"이라 한다. 제6조 제1항 각 호 외의 부분 단서에서 "대통령령으로 정하는 경우"란 다음 각 호의 어느 하나에 해당하는 경우를 말한다. (2020. 3. 24. 개정)

1. 천재지변, 화재, 전화(戰禍) 그 밖의 재해 등으로 체납자의 재산에 심한 손실을 입은 경우 (2016. 11. 22. 개정)
2. 체납자의 사업에 현저한 손실이 발생한 경우
3. 체납자의 사업이 중대한 위기에 처한 경우
4. 법 제17조 제1항에 따라 체납처분이 유예된 경우

제4조【체납 또는 정리보류 자료파일 작성 등】(2021. 12. 31. 제목개정)

① 지방자치단체의 장은 법 제6조 제1항 각 호의 어느 하나에 해당하는 자의 인적사항, 체납액 또는 정리보류액에 관한 자료(이하 "체납 또는 정리보류 자료"라 한다)를 전산정보처리조직에 의하여 처리하는 경우에는 체납 또는 정리보류 자료파일(자료보관장치나 그 밖에 이와 유사한

3. 삭 제 (2017. 12. 26.)

매체에 체납 또는 정리보류 자료가 기록 · 보관된 것을 말한다. 이하 같다)을 작성할 수 있다. (2021. 12. 31. 개정)

② 체납 또는 정리보류 자료파일의 정리 · 관리 · 보관 등에 필요한 사항은 지방자치단체의 장이 정한다. (2021. 12. 31. 개정)

제4조의 2【체납 또는 정리보류 자료의 요구 등】 (2021. 12. 31. 제목개정)

① 법 제6조 제1항에 따라 체납 또는 정리보류 자료를 요구하는 자(이하 이 조에서 "요구자"라 한다)는 다음 각 호의 사항을 적은 문서를 지방자치단체의 장에게 제출해야 한다. (2021. 12. 31. 개정)

1. 요구자의 성명과 주소 또는 영업소
2. 요구하는 자료의 내용 및 이용 목적

② 제1항에 따라 체납 또는 정리보류 자료를 요구받은 지방자치단체의 장은 해당 자료를 체납 또는 정리보류 자료파일 또는 문서로 제공할 수 있다. (2021. 12. 31. 개정)

③ 지방자치단체의 장은 제2항에 따라 제공한 체납 또는 정리보류 자료가 체납액의 납부, 지방행정제재 · 부과금징수권의 소멸시효 완성 등의 사유로 인하여 제공대상 자료에 해당하지 않게 된 경우에는 그 사실을 사유 발생일부터 15일 이내에 요구자에게 통지해야 한다. (2021. 12. 31. 개정)

④ 제1항부터 제3항까지에서 규정한 사항 외에 체납 또는 정리보류 자료의 요구 및 제공 등에 필요한 사항은

② 행정안전부장관이나 지방자치단체의 장은 외국인 체납자의 체류기간 연장허가 등 대통령령으로 정하는 체류 관련 허가 등을 할 경우에 활용할 수 있도록 하기 위하여 다음 각 호의 어느 하나에 해당하는 외국인 체납자의 인적사항 또는 체납액에 관한 자료를 법무부장관에게 제공할 수 있다. (2021. 1. 5. 신설, 2021. 12. 28. 개정)

1. 체납일부터 1년이 지난 체납액의 총액이 100만원 이상으로서 대통령령으로 정하는 금액 이상인 체납자 (2021. 1. 5. 신설)
2. 지방행정제재 · 부과금을 3회 이상 체납하고 체납액의 총액이 5만원 이상으로서 대통령령으로 정하는 금액 이상인 체납자 (2021. 1. 5. 신설)

③ 제1항 및 제2항에 따른 자료를 제공받은 자는 이를 업무 외의 목적으로 누설하거나 이용해서는 아니 된다. (2021. 12. 28. 개정)

④ 제1항 및 제2항에 따른 자료의 제공절차 등에 관하여 필요한 사항은 대통령령으로 정한다. (2021. 12. 28. 개정)

제7조 【대금지급 정지】 지방자치단체의 장은 100만원 이상의 지방행정제재 · 부과금을 체납한 체납자에 대해서는 그 체납액을 완납할 때까지 해당 지방자치단체가 체납자에게 지급하여야 하는 대금 중 체납액에 상당

지방자치단체의 장이 정한다. (2021. 12. 31. 개정)

제5조 【외국인 체납자료 제공범위 및 절차 등】 ① 법 제6조 제2항 각 호 외의 부분에서 "체류기간 연장허가 등 대통령령으로 정하는 체류 관련 허가 등"이란 다음 각 호의 어느 하나에 해당하는 것을 말한다. (2021. 12. 31. 개정)

1. 「재외동포의 출입국과 법적 지위에 관한 법률」 제6조에 따른 국내거소신고 (2021. 1. 26. 신설)
2. 「출입국관리법」 제20조에 따른 체류자격 외 활동허가 (2021. 1. 26. 신설)
3. 「출입국관리법」 제21조에 따른 근무지 변경 · 추가에 관한 허가 또는 신고 (2021. 1. 26. 신설)
4. 「출입국관리법」 제23조에 따른 체류자격 부여 (2021. 1. 26. 신설)
5. 「출입국관리법」 제24조에 따른 체류자격 변경허가 (2021. 1. 26. 신설)
6. 「출입국관리법」 제25조에 따른 체류기간 연장허가 (2021. 1. 26. 신설)
7. 「출입국관리법」 제31조에 따른 외국인등록 (2021. 1. 26. 신설)

② 법 제6조 제2항 제1호에서 "대통령령으로 정하는 금액"이란 100만원을 말한다. (2021. 1. 26. 신설)

③ 법 제6조 제2항 제2호에서 "대통령령으로 정하는 금액"이란 5만원을 말한다. (2021. 1. 26. 신설)

하는 금액의 지급을 정지할 수 있다. (2020. 3. 24. 개정)

제7조의 2【관허사업의 제한】 ① 지방자치단체의 장은 대통령령으로 정하는 사유 없이 지방행정제재·부과금을 체납한 납부의무자가 그 지방행정제재·부과금 부과 대상 사업과 같은 종류의 사업에 대한 허가·인가·면허·등록 및 대통령령으로 정하는 신고와 그 갱신(이하 "허가등"이라 한다)을 신청하는 경우 그 허가등을 하지 아니할 수 있다. 다만, 그 사업의 주무관청이 따로 있는 경우 그 주무관청에 허가등을 하지 아니할 것을 요구할 수 있다. (2020. 3. 24. 개정)

④ 행정안전부장관 또는 지방자치단체의 장은 법 제6조 제2항에 따른 자료를 전산정보처리조직을 이용하여 처리하는 경우에는 체납처분 자료파일(자료보관장치나 그 밖에 이와 유사한 매체에 체납처분 자료가 기록·보관된 것을 말한다)을 작성하여 지방세외수입정보통신망을 통해 법무부장관에게 제공할 수 있다. (2021. 1. 26. 신설)

제5조의 2【관허사업 제한의 예외 사유 등】 ① 법 제7조의 2 제1항 본문에서 "대통령령으로 정하는 사유"란 다음 각 호의 어느 하나에 해당하는 경우로서 지방자치단체의 장이 체납액 납부가 곤란하다고 인정하는 사유를 말한다. (2016. 11. 22. 신설)

1. 납부의무자가 천재지변, 화재, 전화, 그 밖의 재해를 입었거나 도난을 당한 경우 (2016. 11. 22. 신설)
2. 납부의무자 본인 또는 동거 가족이 질병을 앓고 있는 경우 (2016. 11. 22. 신설)
3. 납부의무자가 그 사업에 심한 손해를 입은 경우 (2016. 11. 22. 신설)
4. 납부의무자에게 다음 각 목의 어느 하나에 해당하는 사유가 있는 경우 (2016. 11. 22. 신설)
   가. 강제집행을 받은 경우 (2016. 11. 22. 신설)
   나. 파산의 선고를 받은 경우 (2016. 11. 22. 신설)
   다. 경매가 개시된 경우 (2016. 11. 22. 신설)
   라. 법인이 해산한 경우 (2016. 11. 22. 신설)

제2조의 3【관허사업의 제한】 ① 지방자치단체의 장이 주무관청에 법 제7조의 2 제1항 단서에 따라 관허사업의 허가등을 하지 아니할 것을 요구하려는 경우에는 별지 제1호 서식에 따른다. (2018. 7. 20. 개정)

② 지방자치단체의 장은 허가등을 받아 사업을 경영하는 납부의무자가 대통령령으로 정하는 사유 없이 해당 사업으로 인하여 부과받은 지방행정제재 · 부과금(과징금은 제외한다)을 3회 이상 체납한 경우로서 세 번째 체납일부터 1년이 경과하고, 총 체납액이 30만원 이상인 경우에는 납부의무자가 경영하는 사업의 정지 또는 허가등의 취소를 할 수 있다. 다만, 그 사업의 주무관청이 따로 있는 경우 그 주무관청에 사업의 정지 또는 허가등의 취소를 요구할 수 있다. (2021. 1. 5. 개정)

③ 제2항에 따라 납부의무자의 사업을 정지하는 경우에도 그 정지기간은 지방행정제재 · 부과금관계법에 따른 해당 사업 정지기간의 최고한도를 초과할 수 없으며, 허가등의 취소는 납부의무자가 부정한 방법으로 납부를 회피한 경우에 한정하여 할 수 있다. (2020. 3. 24. 개정)

④ 지방행정제재 · 부과금관계법에서 지방행정제재 · 부

5. 납부의무자의 재산이 법 제16조 제1항에 따른 체납처분의 중지사유에 해당하는 경우 (2016. 11. 22. 신설)
6. 그 밖에 제1호부터 제5호까지의 규정에 준하는 사유가 있는 경우 (2016. 11. 22. 신설)

② 법 제7조의2제1항 본문에서 "대통령령으로 정하는 신고"란 관계 법령에 따라 신고를 하고 경영해야 하는 사업 중 「지방세법 시행령」 별표 1에 따른 등록면허세가 부과되는 사업의 신고를 말한다. (2021. 12. 31. 개정)

제5조의 3【체납횟수의 계산과 관허사업 제한의 예외】 ① 법 제7조의 2 제2항 본문에서 "대통령령으로 정하는 사유"란 제5조의 2 제1항 각 호의 어느 하나에 해당하는 사유를 말한다. (2016. 11. 22. 신설)

② 법 제7조의 2 제2항에 따른 체납의 횟수는 납부고지서 1통을 1회로 산정한다. (2016. 11. 22. 신설)

제5조의 4【관허사업의 정지 또는 허가취소 등】 ① 지방자치단체의 장은 주무관청에 법 제7조의 2 제1항 단서에 따라 관허사업의 허가등을 하지 아니할 것을 요구하거나 법 제7조의 2 제2항 단서에 따라 관허사업의 정지 또는 허가등의 취소를 요구하려는 경우에는 다음 각 호의 사항을 적은 문서로 하여야 한다. (2016. 11. 22. 신설)

1. 체납자의 성명(법인의 경우에는 명칭 및 대표자의 성명), 주민등록번호(법인의 경우에는 법인등록번호, 외

② 지방자치단체의 장이 법 제7조의 2 제2항 단서에 따라 주무관청에 관허사업의 정지 또는 허가등의 취소를 요구할 경우에는 별지 제1호의 2 서식에 따른다. (2018. 7. 20. 개정)

과금의 체납을 이유로 한 사업의 정지 또는 허가등의 취소에 대하여 제2항 및 제3항과 다른 규정이 있는 경우에는 그에 따른다. (2020. 3. 24. 개정)
⑤ 지방자치단체의 장은 제1항 또는 제2항에 따른 처분 또는 요구를 한 후 해당 지방행정제재·부과금을 징수하였을 때에는 지체 없이 그 처분 또는 요구를 철회하여야 한다. (2020. 3. 24. 개정)
⑥ 주무관청은 제1항 단서 또는 제2항 단서에 따른 지방자치단체의 장의 요구를 받았을 때에는 정당한 사유가 없으면 그 요구에 따라야 한다. (2016. 5. 29. 신설)

제7조의 3【체납자의 명단공개】 ① 지방자치단체의 장은 제5조 제4항에도 불구하고 체납일부터 1년이 지난 지방행정제재·부과금(정리보류한 지방행정제재·부과금을 포함한다. 이하 이 조에서 같다)이 1천만원 이상인 체납자에 대해서는 「지방세기본법」 제147조에 따른 지방세심의위원회(이하 "지방세심의위원회"라 한다)의 의결을 거쳐 그 인적사항 및 체납액 등(이하 "체납정보"라 한다)을 공개할 수 있다. 다만, 체납된 지방행정제재·부과금과 관련하여 지방행정제재·부과금관계법에 따른 이의신청, 심판청구 또는 행정소송이 계류 중이거

국인의 경우에는 외국인등록번호), 주소 또는 영업소 (2016. 11. 22. 신설)
2. 허가등의 제한이나 정지 또는 취소가 필요한 사업의 종목 (2016. 11. 22. 신설)
3. 법 제7조의 2 제1항에 따른 관허사업 허가등의 제한이 필요한 이유 또는 법 제7조의 2 제2항에 따른 관허사업의 정지 또는 허가등의 취소가 필요한 이유 (2016. 11. 22. 신설)
4. 체납명세 (2016. 11. 22. 신설)
5. 그 밖의 참고사항 (2016. 11. 22. 신설)
② 제1항에 따른 요구를 받은 해당 주무관청은 그 조치결과를 즉시 해당 지방자치단체의 장에게 통지하여야 한다. (2016. 11. 22. 신설)

제5조의 5【체납자 명단공개】 ① 법 제7조의 3 제1항 단서에서 "대통령령으로 정하는 경우"란 다음 각 호의 어느 하나에 해당하는 경우를 말한다. (2016. 11. 22. 신설)
1. 체납액의 100분의 50 이상을 납부한 경우 (2021. 12. 31. 개정)
2. 「채무자 회생 및 파산에 관한 법률」 제243조에 따른 회생계획인가의 결정에 따라 체납된 지방행정제재·부과금의 징수를 유예받고 그 유예기간 중에 있거나 체납된 지방행정제재·부과금을 회생계획의 납부일정에 따라 납부하고 있는 경우 (2020. 3. 24. 개정)

③ 지방자치단체의 장이 법 제7조의 2 제5항에 따라 관허사업 허가등의 제한·정지 또는 취소 요구를 철회하는 경우에는 별지 제1호의 3 서식에 따른다. (2018. 7. 20. 개정)

나 그 밖에 대통령령으로 정하는 경우에는 공개할 수 없다. (2021. 12. 28. 개정)

② 지방자치단체는 제1항에 따른 체납정보 공개의 기준이 되는 최저금액을 1천만원 이상 3천만원 이하의 범위에서 조례로 달리 정할 수 있다. (2016. 5. 29. 신설)

③ 지방자치단체의 장은 지방세심의위원회의 심의를 거친 공개대상자에게 체납자 명단공개 대상자임을 알려 소명할 기회를 주어야 하며, 통지일부터 6개월이 지난 후 지방세심의위원회로 하여금 체납액의 납부이행 등을 고려하여 체납자 명단공개 여부를 재심의하게 하여 공개대상자를 선정한다. (2016. 5. 29. 신설)

④ 제1항에 따른 명단공개는 「언론중재 및 피해구제 등에 관한 법률」 제2조 제1호에 따른 언론에 공개하거나 행정안전부장관 또는 지방자치단체의 장이 운영하는 지방세외수입정보통신망, 홈페이지, 게시판, 관보 또는 공보 등에 게재 또는 게시하는 방법으로 한다. (2017. 7. 26. 직제개정 ; 정부조직법 부칙)

⑤ 제1항에 따라 공개되는 체납정보는 체납자의 성명 · 상호(법인의 명칭을 포함한다), 나이, 직업, 주소 또는 영업소(「도로명주소법」 제2조 제3호에 따른 도로명 및 같은 조 제5호에 따른 건물번호까지로 한다), 체납액의 종류 · 납부기한 및 체납요지 등으로 한다. (2020. 12. 8. 개정 ; 도로명주소법 부칙)

⑥ 특별시장 · 광역시장 또는 도지사는 해당 특별시 · 광

3. 재산 상황, 미성년자 해당 여부 및 그 밖의 사정 등을 고려할 때 「지방세기본법」 제147조에 따른 지방세심의위원회가 공개할 실익이 없거나 공개하는 것이 부적절하다고 인정하는 경우 (2017. 3. 27. 개정 ; 지방세기본법 시행령 부칙)

② 지방자치단체의 장은 법 제7조의 3 제3항에 따라 공개대상자에게 체납자 명단공개 대상자임을 통지하는 경우에는 체납액을 납부하도록 촉구하여야 한다. 이 경우 법 제7조의 3 제1항 단서에 따른 공개제외 사유에 해당하면 그 소명자료를 제출할 수 있다는 안내를 하여야 한다. (2016. 11. 22. 신설)

③ 법 제7조의 3 제1항에 따른 체납자 명단공개 여부를 결정할 때에는 다음 각 호의 사항을 명단 공개일이 속하는 연도의 1월 1일을 기준으로 계산하여 결정한다. (2021. 12. 31. 개정)

1. 법 제7조의 3 제1항 본문의 지방행정제재 · 부과금의 체납 기간 (2021. 12. 31. 개정)
2. 제1항 제1호의 체납액 (2021. 12. 31. 개정)

④ 지방자치단체의 장은 법 제7조의 3 제1항 본문 및 같은 조 제5항에 따라 법인인 체납자의 체납정보를 공개하는 경우에는 법인의 대표자를 함께 공개할 수 있다. (2023. 12. 29. 신설)

제2조의 4【고액 · 상습체납자 명단공개 사전 통지】 지방자치단체의 장이 법 제7조의 3 제3항에 따라 공개대상자에게 체납자 명단공개 대상자임을 통지하는 경우에는 별지 제1호의 4 서식에 따른다. (2018. 7. 20. 개정)

역시·도 또는 그 관할 지방자치단체에 체납한 체납액으로서 체납일부터 1년이 지난 체납액의 합계가 1천만원 이상인 체납자에 대하여 제1항부터 제5항까지를 준용하여 그 체납정보를 공개할 수 있다. (2021. 1. 5. 신설)
⑦ 제1항부터 제6항까지의 규정에 따른 명단공개에 필요한 사항은 대통령령으로 정한다. (2021. 1. 5. 개정)

제7조의 4【징수촉탁】 ① 이 법 또는 지방행정제재·부과금관계법에 따라 지방행정제재·부과징수금을 납부할 자의 주소 또는 재산이 다른 지방자치단체에 있을 때에는 징수공무원은 그 주소지 또는 재산 소재지의 징수공무원에게 그 징수를 촉탁할 수 있다. (2020. 3. 24. 개정)
② 제1항에 따라 징수를 촉탁하는 경우 촉탁을 받은 징수공무원이 속하는 지방자치단체는 촉탁을 받은 사무의 비용과 송금비용 및 체납처분비를 부담하되, 징수한 지방행정제재·부과징수금에서 다음 각 호의 금액을 뺀 나머지 금액을 촉탁한 징수공무원이 속하는 지방자치단체에 송금하여야 한다. (2020. 3. 24. 개정)
1. 지방행정제재·부과징수금에서 체납처분비를 뺀 금액에 대통령령으로 정하는 비율을 곱하여 산정한 금액 (2020. 3. 24. 개정)
2. 체납처분비 (2016. 5. 29. 신설)
③ 지방자치단체는 상호 간에 지방행정제재·부과징수금의 징수촉탁에 관한 협약을 체결할 수 있다. 이 경우

제5조의 6【징수촉탁의 절차 등】 ① 법 제7조의 4에 따라 징수촉탁을 하려는 징수공무원은 다음 각 호의 사항을 적은 문서로 하여야 한다. (2016. 11. 22. 신설)
1. 납부의무자의 변경 전과 변경 후의 주소 또는 영업소 (2016. 11. 22. 신설)
2. 징수촉탁을 하는 지방행정제재·부과금의 부과연도, 항목, 부과대상, 납부기한과 그 금액 (2020. 3. 24. 개정)
3. 독촉장 또는 납부최고서를 발급한 사실이 있는 지와 그 발급 연월일 (2016. 11. 22. 신설)
4. 그 밖의 참고사항 (2016. 11. 22. 신설)
② 제1항에 따라 징수촉탁을 받은 징수공무원은 징수촉탁을 한 징수공무원에게 지체 없이 인수서를 발송하여야 한다. (2016. 11. 22. 신설)
③ 법 제7조의 4 제1항에 따라 징수촉탁을 한 경우에 그 징수가 지연되거나 그 밖에 특별한 사유가 있을 때에는 징수촉탁을 한 징수공무원은 징수촉탁을 받은 징수공무원과 협의하여 직접 징수촉탁을 받은 지방자치단체의

제2조의 5【징수촉탁】 ① 「지방행정제재·부과금의 징수 등에 관한 법률 시행령」(이하 "영"이라 한다) 제5조의 6 제1항에 따른 징수촉탁서는 별지 제1호의 5 서식에 따른다. (2020. 3. 24. 개정)
② 제1항에 따른 징수촉탁서를 받은 징수공무원은 지방행정제재·부과징수금을 납부할 자에게 납부기한을 정하여 별지 제1호의 6 서식에 따른 징수촉탁인수통지서를 발부하여야 한다. (2020. 3. 24. 개정)
③ 제1항에 따른 징수촉탁서를 받은 징수공무원은 지방행정제재·부과징수금을 납부할 자가 그 관할구역에 거주하지 아니하거나 압류할 재산이 없어 그 인수가 불가능한 경

징수촉탁에 관한 협약에는 징수촉탁사무의 내용과 범위, 촉탁사무의 관리 및 처리비용, 경비의 부담 등에 관한 사항을 정하여야 한다. (2020. 3. 24. 개정)

제7조의 5【소액 징수면제】 지방행정제재 · 부과금으로 징수할 금액이 고지서 1장당 2천원 미만인 경우에는 그 지방행정제재 · 부과금을 징수하지 아니한다. (2020. 3. 24. 개정)

제7조의 6【납부증명서 제출】 국가 · 지방자치단체 또는 대통령령으로 정하는 공공기관으로부터 대금을 지급받으려는 자는 대통령령으로 정하는 바에 따라 지방행정제재 · 부과금(해당 지방자치단체의 장 외의 지방자치단체의 장이 부과한 지방행정제재 · 부과금을 포함한다)을 납부하였다는 사실을 확인할 수 있는 증명서를 제출하여야 한다. 다만, 「전자정부법」 제36조 제1항에 따른 행정정보 공동이용을 통하여 납부사실을 확인할 수 있는 경우에는 그러하지 아니하다. (2023. 3. 14. 개정)

제7조의 7【지방행정제재 · 부과금 환급금의 충당】 ① 지방자치단체의 장은 지방행정제재 · 부과금을 체납한 자에게 지방행정제재 · 부과금으로 납부된 금액 중 환급할 금액이 있을 때에는 대통령령으로 정하는 순위

구역에서 해당 체납자에 대하여 체납처분을 할 수 있다. (2016. 11. 22. 신설)

④ 법 제7조의 4 제2항 제1호에서 "대통령령으로 정하는 비율"이란 100분의 30을 말한다. (2016. 11. 22. 신설)

제5조의 7【납부증명서】 법 제7조의 6 본문에 따른 증명서(이하 "납부증명서"라 한다)는 발급일 현재 법 제17조에 따른 체납처분 유예액을 제외하고는 다른 체납액이 없다는 사실을 증명하는 것으로 한다. (2020. 3. 24. 신설)

제5조의 8【납부증명서의 제출】 ① 법 제7조의 6 본문에서 "대통령령으로 정하는 공공기관"이란 「감사원법」 제22조 제1항 제3호 및 제4호에 따라 감사원의 회계검사 대상이 되는 법인 또는 단체 등을 말한다. (2023. 3. 14. 신설)

② 법 제7조의 6에 따라 대금을 지급받으려는 자는 납부증명서를 제출해야 한다. 이 경우 대금을 지급받으려는 자가 원래의 계약자가 아닌 경우에는 다음 각 호의 구분에 따라 납부증명서를 제출해야 한다. (2023. 3. 14. 항번개정)

1. 채권양도로 인한 경우 : 양도인과 양수인의 납부증명서 제출 (2020. 3. 24. 신설)
2. 법원의 전부명령(轉付命令)에 따른 경우 : 압류채권자의 납부증명서 제출 (2020. 3. 24. 신설)

우에는 별지 제1호의 7 서식에 따라 그 사실을 징수촉탁을 한 징수공무원에게 인수불가 통지를 하여야 한다. (2020. 3. 24. 개정)

④ 영 제5조의 6 제2항에 따른 징수촉탁 인수서는 별지 제1호의 8 서식에 따른다. (2018. 7. 20. 개정)

제2조의 6【납부증명서의 신청 및 발급】 법 제7조의 6에 따른 납부증명서 및 영 제5조의 10에 따른 납부증명서의 발급신청서는 각각 별지 제1호의 11 서식의 지방행정제재 · 부과금 납부증명(발급신청)서에 따른다. (2020. 3. 24. 신설)

에 따라 그 환급할 금액과 이에 대한 이자 등을 체납액에 전부 또는 일부 충당할 수 있다. (2021. 1. 5. 신설)
② 지방행정제재 · 부과금의 환급 결정이 취소되어 지방자치단체의 장이 이미 충당되거나 환급된 금액의 반환을 청구할 때에는 이 법 및 지방행정제재 · 부과금관계법에 따른 고지, 독촉 및 체납처분에 관한 규정을 준용한다. (2021. 1. 5. 신설)

제7조의 8【제3자의 납부】 ① 납부의무자가 아닌 제3자도 해당 납부의무자를 위하여 지방행정제재 · 부과징수금을 납부할 수 있다. 이 경우 제3자의 납부는 납부의무자의 명의로 납부하는 것으로 한정한다. (2023. 3. 14. 신설)
② 제1항에 따라 지방행정제재 · 부과징수금을 납부한 제3자는 지방자치단체에 대하여 그 반환을 청구할 수 없다. (2023. 3. 14. 신설)

3. 「하도급거래 공정화에 관한 법률」 제14조 제1항 제1호 및 제2호에 따라 건설공사의 하도급대금을 직접 지급받는 경우 : 수급사업자의 납부증명서 제출 (2020. 3. 24. 신설)

제5조의 9【납부증명서 제출의 예외】 제5조의 8에도 불구하고 다음 각 호의 어느 하나에 해당하는 경우에는 법 제7조의 6에 따른 납부증명서를 제출하지 않을 수 있다. (2020. 3. 24. 신설)

1. 「국가를 당사자로 하는 계약에 관한 법률 시행령」 제26조 제1항 각 호(같은 항 제1호 라목은 제외한다) 및 「지방자치단체를 당사자로 하는 계약에 관한 법률 시행령」 제25조 제1항 각 호(같은 항 제7호 가목은 제외한다)에 따라 수의계약을 하고 그 대금을 지급받는 경우 (2020. 3. 24. 신설)
2. 대금을 지급받으려는 자가 국가 또는 지방자치단체인 경우로서 그 지급받은 대금이 국고 또는 지방자치단체의 금고에 귀속되는 경우 (2020. 3. 24. 신설)
3. 법 제9조 제1항에 따라 체납자의 재산을 압류한 경우로서 해당 대금에 대한 채권압류에 따라 징수공무원이 그 대금을 지급받는 경우 (2020. 3. 24. 신설)
4. 납부증명서를 발급받지 못하여 「채무자 회생 및 파산에 관한 법률」 제355조에 따른 파산관재인이 파산절차를 진행하기 곤란하다고 관할법원이 인정하는 경우

로서 해당 법원이 납부증명서의 제출 예외를 지방자치단체의 장에게 요청하는 경우 (2020. 3. 24. 신설)

5. 대금을 지급받으려는 자가 계약대금 전액으로 체납액을 납부하거나 계약대금 중 일부 금액으로 체납액 전액을 납부하려는 경우 (2020. 3. 24. 신설)

제5조의 10【납부증명서의 신청 및 발급】 ① 납부증명서를 발급받으려는 자는 징수공무원에게 다음 각 호의 사항을 적은 신청서(전자문서를 포함한다)를 제출해야 한다. (2020. 3. 24. 신설)

1. 신청인의 성명(법인인 경우에는 법인명을 말한다. 이하 이 호에서 같다)과 주소, 거소, 영업소 또는 사무소 다만, 신청인이 전자송달을 통해 납부증명서를 받으려는 경우에는 신청인의 성명과 다음 각 목의 어느 하나에 해당하는 사항을 적어야 한다. (2023. 3. 14. 개정)
   가. 전자우편주소 (2023. 3. 14. 신설)
   나. 지방세외수입정보통신망의 전자사서함 (2023. 3. 14. 신설)
   다. 지방세외수입정보통신망과 연계된 정보통신망의 전자고지함 (2023. 3. 14. 신설)
2. 납부증명서의 사용목적 (2020. 3. 24. 신설)
3. 납부증명서의 수 (2020. 3. 24. 신설)

② 제1항에 따라 납부증명서의 발급신청을 받은 징수공무원은 해당 신청인의 지방행정제재 · 부과금(해당 지방

자치단체의 장 외의 지방자치단체의 장이 부과한 지방행정제재 · 부과금을 포함한다) 체납액을 확인하여 납부증명서를 발급해야 한다. (2020. 3. 24. 신설)

제5조의 11【납부증명서의 유효기간】 ① 납부증명서의 유효기간은 발급일부터 30일로 한다. 다만, 발급일 현재 해당 신청인에게 고지되거나 발급일부터 30일 이내에 납부기한이 도래하는 지방행정제재 · 부과금이 있는 때에는 해당 지방행정제재 · 부과금의 납부기한까지로 유효기간을 단축할 수 있다. (2020. 3. 24. 신설)
② 징수공무원은 제1항 단서에 따라 유효기간을 단축했을 때에는 해당 납부증명서에 유효기간과 그 단축 사유를 적어야 한다. (2020. 3. 24. 신설)

제5조의 12【지방행정제재 · 부과금 환급금의 충당】 ① 지방자치단체의 장은 법 제7조의 7 제1항에 따라 지방행정제재 · 부과금의 체납액에 충당할 환급금이 둘 이상인 경우에는 소멸시효가 먼저 도래하는 환급금부터 체납액에 충당해야 한다. (2021. 1. 26. 신설)
② 지방자치단체의 장은 법 제7조의 7 제1항에 따라 지방행정제재 · 부과금의 환급금을 체납액에 충당할 경우 둘 이상의 체납액이 있는 때에는 납부기한이 먼저 경과한 체납액부터 충당하고, 각 체납액에 충당할 경우 체납처분비, 지방행정제재 · 부과금, 가산금 순으로 충당한

제3장 체납처분절차 등

제8조【독 촉】 ① 납부의무자가 지방행정제재 · 부과금을 납부기한까지 완납하지 아니한 경우에는 지방자치단체의 장은 납부기한이 지난 날부터 50일 이내에 독촉장을 발급하여야 한다. (2020. 3. 24. 개정)
② 제1항에 따라 독촉장을 발급할 때에는 납부기한을 발급일부터 20일 이내로 한다. (2020. 3. 24. 개정)
③ 제1항 및 제2항에도 불구하고 지방행정제재 · 부과금관계법에서 독촉 절차에 관하여 따로 정하고 있는 경우에는 그에 따른다. (2020. 3. 24. 개정)

제9조【압류의 요건 등】 ① 지방자치단체의 장은 체납자가 제8조 또는 지방행정제재 · 부과금관계법에 따라

다. (2021. 1. 26. 신설)
③ 지방자치단체의 장은 법 제7조의 7 제1항에 따라 지방행정제재 · 부과금으로 납부된 금액 중 환급할 금액을 체납액에 충당했을 때에는 그 사실을 납부자에게 통지해야 한다. 이 경우 통지의 방법 등 그 밖에 필요한 사항은 행정안전부령으로 정한다. (2021. 1. 26. 신설)

제3장 체납처분절차 등

제6조【독촉장의 기재사항】 법 제8조 제1항에 따른 독촉장에는 납부할 지방행정제재 · 부과금 부과연도 · 과목 · 금액 · 가산금 · 납부기한과 납부장소를 적어야 한다. (2020. 3. 24. 개정)

제7조【공유물에 대한 체납처분】 압류할 재산이 공유물인 경우에는 그 몫이 정해져 있지 아니하면 그 몫이 균등한 것으로 보아 체납처분을 집행한다.

제2조의 7【지방행정제재 · 부과금 환급금의 충당에 관한 통지】 영 제5조의 12 제3항 전단에 따른 지방행정제재 · 부과금 환급금의 충당에 관한 통지는 별지 제1호의 12 서식에 따른다. (2021. 7. 2. 신설)

제3조【독촉장】 ① 법 제8조 제1항 및 영 제6조에 따른 독촉장은 별지 제1호의 9 서식에 따른다. (2018. 7. 20. 개정)
② 제1항에 따른 독촉장은 한 차례만 발부하며 납부고지서의 수에 따라 발부하여야 한다.

제3조의 2【체납액 고지서의 발부】 지방자치단체의 장은 체납자가 법 제8조 또는 지방행정제재 · 부과금관계법에 따라 독촉장을 받

독촉장을 받고 지정된 기한까지 지방행정제재·부과금과 가산금을 완납하지 아니한 경우에는 체납자의 재산을 압류한다. (2020. 3. 24. 개정)
② 지방자치단체의 장은 제1항에 따라 재산을 압류하였을 때에는 그 사실을 체납자에게 문서로 알려 주어야 한다.

제9조의 2【압류의 효력】 ① 제9조에 따라 다음 각 호의 재산을 압류한 경우 그 압류의 효력은 압류의 등기 또는 등록이 완료된 때에 발생한다. (2021. 12. 28. 개정)
1. 「부동산등기법」 등에 따라 등기된 부동산 (2021. 12. 28. 신설)
2. 「공장 및 광업재단 저당법」에 따라 등기된 공장재단 및 광업재단 (2021. 12. 28. 신설)
3. 「선박등기법」에 따라 등기된 선박 (2021. 12. 28. 신설)
4. 「자동차관리법」에 따라 등록된 자동차 (2021. 12. 28. 신설)
5. 「선박법」에 따라 등록된 선박(「선박등기법」에 따라 등기된 선박은 제외한다) (2021. 12. 28. 신설)
6. 「항공안전법」에 따라 등록된 항공기 또는 경량항공기 (2021. 12. 28. 신설)
7. 「건설기계관리법」에 따라 등록된 건설기계 (2021. 12. 28. 신설)

② 제1항에 따른 압류는 지방행정제재·부과금관계법에 따라 부과결정되어 압류재산의 소유권이 이전되기 전에

제8조【압류통지】 법 제9조 제2항에 따른 압류통지의 문서에는 다음 각 호의 사항을 적어야 한다.
1. 제10조에 따라 압류조서에 적은 사항
2. 압류의 사유
3. 압류해제의 요건

고도 지정된 기한까지 지방행정제재·부과금과 가산금을 완납하지 아니한 경우에는 별지 제1호의 10 서식에 따른 체납액 고지서를 발부할 수 있다. (2020. 3. 24. 개정)

제4조【압류통지】 ① 영 제8조에 따른 압류통지의 문서는 별지 제2호 서식에 따른다. (2023. 3. 27. 항번개정)
② 제1항에도 불구하고 채권을 압류하였을 경우 해당 채권의 채무자에 대한 채권 압류의 통지는 별지 제2호의 2 서식에 따르고, 체납자에 대한 채권 압류의 통지는 별지 제2호의 3 서식에 따른다. (2023. 3. 27. 신설)

그 납기가 도래한 지방행정제재 · 부과금의 체납액에 대해서도 그 효력이 미친다. (2021. 1. 5. 신설)

③ 제9조에 따라 급료, 임금, 봉급, 세비, 퇴직연금 또는 그 밖에 계속적 거래관계에서 발생하는 이와 유사한 채권을 압류한 경우 그 압류의 효력은 체납액을 한도로 하여 압류 후에 발생할 채권에 대해서 미친다. (2021. 1. 5. 신설)

제10조【신분증의 제시】 징수공무원은 체납처분을 하기 위하여 질문 · 검사 또는 수색을 하거나 재산을 압류할 때에는 그 신분을 표시하는 증표를 지니고 이를 관계자에게 보여주어야 한다. (2021. 1. 5. 개정)

제11조【질문권 · 검사권】 징수공무원은 체납처분을 집행하면서 압류할 재산의 소재 또는 수량을 파악하려할 때에는 다음 각 호의 어느 하나에 해당하는 자에게 질문하거나 장부, 서류, 그 밖의 물건을 검사할 수 있다.

1. 체납자
2. 체납자와 거래관계가 있는 자
3. 체납자의 재산을 점유하는 자
4. 체납자와 채권 · 채무 관계가 있는 자
5. 체납자가 주주 또는 사원인 법인
6. 체납자인 법인의 주주 또는 사원
7. 대통령령으로 정하는 친족으로서 지방행정제재 · 부과금을 3회 이상 체납하거나 체납액이 1천만원 이상

제9조【자격증명서】 법 제10조에 따른 신분을 표시하는 증표는 징수공무원에 대하여 지방자치단체의 장이 다음 각 호의 사항을 증명한 증표로 한다.

1. 소속
2. 직위, 성명 및 생년월일
3. 질문 · 검사 · 수사 또는 체납자의 재산압류 권한에 관한 사항

제9조의 2【친족의 범위】 법 제11조 제7호에서 "대통령령으로 정하는 친족"이란 다음 각 호의 어느 하나에

제5조【증 표】 영 제9조에 따른 징수공무원의 신분을 표시하는 증표는 별지 제3호 서식에 따른다.

인 자의 재산을 숨긴 혐의가 있다고 인정되는 사람 (2020. 3. 24. 개정)

제11조의 2【수색의 권한과 방법】 ① 징수공무원은 재산을 압류하기 위하여 필요한 때에는 체납자의 주거·창고·사무실·선박·항공기·자동차 또는 그 밖의 장소(이하 "주거등"이라 한다)를 수색할 수 있고, 해당 주거등의 폐쇄된 문·금고 또는 기구를 열게 하거나 직접 열 수 있다. (2021. 1. 5. 신설)

② 징수공무원은 다음 각 호의 어느 하나에 해당하는 경우 제3자의 주거등을 수색할 수 있고, 해당 주거등의 폐쇄된 문·금고 또는 기구를 열게 하거나 직접 열 수 있다. (2021. 1. 5. 신설)

1. 체납자 또는 제3자가 제3자의 주거등에 체납자의 재산을 감춘 혐의가 있다고 인정되는 경우 (2021. 1. 5. 신설)
2. 체납자의 재산을 점유·보관하는 제3자가 재산의 인도(引渡) 또는 이전을 거부하는 경우 (2021. 12. 28. 개정)

③ 제1항 또는 제2항에 따른 수색은 해가 뜰 때부터 해가 질 때까지만 할 수 있다. 다만, 해가 지기 전에 시작한 수색은 해가 진 후에도 계속 할 수 있다. (2021. 1. 5. 신설)

④ 주로 야간에 대통령령으로 정하는 영업을 하는 장소에 대해서는 제3항에도 불구하고 해가 진 후에도 영업 중에는 수색을 시작할 수 있다. (2021. 1. 5. 신설)

해당하는 사람을 말한다. (2018. 3. 27. 신설)

1. 배우자(사실상의 혼인관계에 있는 사람을 포함한다) (2018. 3. 27. 신설)
2. 6촌 이내의 혈족 (2018. 3. 27. 신설)
3. 4촌 이내의 인척 (2018. 3. 27. 신설)
4. 친생자로서 다른 사람에게 친양자로 입양된 사람 및 그 배우자·직계비속 (2018. 3. 27. 신설)

제9조의 3【야간수색 대상 영업】 법 제11조의 2 제4항에서 "대통령령으로 정하는 영업"이란 다음 각 호의 영업을 말한다. (2021. 1. 26. 신설)

⑤ 징수공무원은 제1항 또는 제2항에 따라 수색을 하였으나 압류할 재산이 없는 경우 수색조서를 작성하고 수색조서에 체납자 또는 제12조에 따른 참여자와 함께 서명날인하여야 한다. 이 경우 체납자 또는 참여자가 서명날인을 거부하면 그 사실을 수색조서에 함께 적는 것으로 체납자 또는 참여자의 서명날인을 갈음할 수 있다. (2021. 1. 5. 신설)
⑥ 징수공무원은 제5항에 따라 수색조서를 작성한 경우 그 등본을 수색을 받은 체납자 또는 참여자에게 내주어야 한다. (2021. 1. 5. 신설)

제12조【검사 및 수색 참여자】(2021. 1. 5. 제목개정)
① 징수공무원은 제11조 또는 제11조의 2에 따라 검사 또는 수색을 할 때에는 그 검사 또는 수색을 받는 사람과 그 가족 · 동거인이나 사무원, 그 밖의 종업원을 증인으로 참여시켜야 한다. (2021. 1. 5. 개정)
② 징수공무원은 제1항에 따른 참여자가 없을 때 또는 참여 요청에 따르지 아니할 때에는 성년자 2명 이상 또는 특별시 · 광역시 · 특별자치시 · 도 · 특별자치도 · 시 · 군 · 자치구의 공무원이나 경찰공무원을 증인으로 참여시켜야 한다.

1. 객실을 설비하여 음식과 주류를 제공하고, 유흥종사자에게 손님을 유흥하게 하는 영업 (2021. 1. 26. 신설)
2. 무도장(舞蹈場)을 설치하여 일반인에게 이용하게 하는 영업 (2021. 1. 26. 신설)
3. 주류, 식사, 그 밖의 음식물을 제공하는 영업 (2021. 1. 26. 신설)
4. 그 밖에 제1호부터 제3호까지의 규정에서 정한 영업과 유사한 영업으로서 행정안전부령으로 정하는 영업 (2021. 1. 26. 신설)

제13조【압류조서】 ① 징수공무원은 제9조에 따라 체납자의 재산을 압류할 때에는 압류조서를 작성하여야

제10조【압류조서】 법 제13조에 따른 압류조서에는 다음 각 호의 사항을 적어야 한다.

제6조【압류조서】 영 제10조에 따른 압류조서는 별지 제4호 서식

법	영	칙
한다. 이 경우 압류재산이 다음 각 호의 어느 하나에 해당할 때에는 압류조서의 등본을 체납자에게 내주어야 한다. 1. 동산 또는 유가증권 2. 채권 3. 채권과 소유권을 제외한 재산권 ② 징수공무원은 압류조서에 제12조에 따른 참여자의 서명 또는 기명날인을 받아야 하며, 참여자가 서명 또는 기명날인을 거부하였을 때에는 그 사실을 압류조서에 함께 적어야 한다. ③ 징수공무원은 질권이 설정된 동산 또는 유가증권을 압류하였을 때에는 그 동산 또는 유가증권의 질권자에게 압류조서의 등본을 내주어야 한다. ④ 징수공무원은 채권을 압류하였을 때에는 채권의 추심이나 그 밖의 처분을 금지한다는 뜻을 압류조서에 함께 적어야 한다.	1. 체납자의 성명과 주소 또는 영업소 2. 압류에 관계되는 지방행정제재 · 부과금의 부과연도 · 과목 · 납부기한과 금액 (2020. 3. 24. 개정) 3. 압류재산의 종류 · 수량 및 품질과 소재지 4. 압류 연월일 5. 압류조서 작성 연월일	에 따른다.
제14조【압류해제의 요건】 ① 지방자치단체의 장은 다음 각 호의 어느 하나에 해당하는 경우에는 압류를 즉시 해제하여야 한다. 1. 납부, 충당, 공매(公賣)의 중지, 부과의 취소, 그 밖의 사유로 압류가 필요 없게 된 경우 (2021. 1. 5. 개정) 2. 압류한 재산에 대하여 제3자의 소유권 주장이 상당한 이유가 있다고 인정할 경우	**제11조【압류해제조서】** 지방자치단체의 장은 법 제14조에 따라 재산의 압류를 해제할 때에는 다음 각 호의 사항을 적은 압류해제조서를 작성하여야 한다. 다만, 동산(動産)과 유가증권에 대해서는 압류조서의 여백에 해제 연월일과 해제 이유를 덧붙여 적는 것으로 압류해제조서를 갈음할 수 있다. 1. 체납자의 성명과 주소 또는 영업소	**제7조【압류해제조서】** 영 제11조에 따른 압류해제조서는 별지 제5호 서식에 따른다.

3. 제3자가 체납자를 상대로 소유권에 관한 소송을 제기하여 승소판결을 받고 그 사실을 증명한 경우
4. 압류한 금융재산 중 「국민기초생활 보장법」에 따른 급여, 「장애인복지법」에 따른 장애수당, 「기초연금법」에 따른 기초연금, 「한부모가족지원법」에 따른 복지 급여 등 국가 또는 지방자치단체로부터 지급받은 급여금품으로서 법률에 따라 압류가 금지된 재산임을 증명한 경우

② 지방자치단체의 장은 다음 각 호의 어느 하나에 해당하는 경우에는 압류재산의 전부 또는 일부에 대하여 압류를 해제할 수 있다.

1. 압류 후 재산가격의 변동 또는 그 밖의 사유로 그 가격이 징수할 체납액의 전액(全額)을 현저히 초과한 경우
2. 압류에 관계되는 체납액의 일부가 납부 또는 충당된 경우 (2021. 1. 5. 개정)
3. 부과의 일부를 취소한 경우
4. 체납자가 압류할 수 있는 다른 재산을 제공하여 그 재산을 압류한 경우
5. 압류재산이 사실상 멸실되었다고 인정되는 경우로서 대통령령으로 정하는 경우 (2021. 1. 5. 신설)

제15조【압류해제의 통지 등】 ① 지방자치단체의

2. 압류에 관계되는 지방행정제재 · 부과금의 부과연도 · 과목 · 납부기한과 금액 (2020. 3. 24. 개정)
3. 압류재산의 종류 · 수량 및 품질과 소재지
4. 압류 연월일
5. 압류해제의 이유와 압류해제 연월일

제11조의 2【압류해제의 요건】 법 제14조 제2항 제5호에서 "대통령령으로 정하는 경우"란 압류재산인 자동차가 「자동차등록령」 제31조 제5항 제7호에 해당하는 경우를 말한다. (2021. 1. 26. 신설, 2021. 12. 31. 개정)

제12조【압류해제의 통지】 법 제15조 제1항에 따른

제8조【압류해제의 통지】 영 제

장은 재산의 압류를 해제하였을 때에는 그 사실을 그 재산의 압류통지를 한 권리자, 제3채무자 또는 제3자에게 알려 주어야 한다.

② 지방자치단체의 장은 제14조에 따라 재산의 압류를 해제하였을 때에는 압류의 등기 또는 등록을 한 것에 대해서는 압류해제조서를 첨부하여 압류말소의 등기 또는 등록을 관계 관서에 촉탁하여야 한다.

③ 지방자치단체의 장은 제3자에게 압류재산을 보관하게 한 경우에 그 재산에 대한 압류를 해제하였을 때에는 그 보관자에게 압류해제의 통지를 하고 압류재산은 체납자 또는 정당한 권리자에게 반환하여야 한다. 이 경우 압류재산의 보관증을 받았을 때에는 보관자에게 보관증을 반환하여야 한다.

④ 제3항의 경우에 지방자치단체의 장은 필요하다고 인정하면 보관자에게 그 재산을 체납자 또는 정당한 권리자에게 인도하게 할 수 있다. 이 경우 체납자 또는 정당한 권리자에게 보관자로부터 압류재산을 받을 것을 알려 주어야 한다.

⑤ 지방자치단체의 장은 보관 중인 재산을 반환할 때에는 영수증을 받아야 한다. 이 경우 압류조서에 영수사실을 적고 체납자 또는 정당한 권리자로 하여금 서명 또는 기명날인하게 함으로써 영수증을 갈음할 수 있다.

제15조의 2【상속인 등에 대한 체납처분의 집행】

압류해제의 통지는 제11조 각 호의 사항을 적은 문서로 하여야 한다.

제13조【체납처분의 속행】 지방자치단체의 장은 체납자가 파산선고를 받은 경우에도 이미 압류한 재산이 있을 때에는 체납처분을 속행(續行)하여야 한다.

12조에 따른 압류해제의 통지는 별지 제6호 서식에 따른다.

① 지방자치단체의 장은 지방행정제재 · 부과금이 부과된 이후 납부의무자인 개인이 사망한 경우에는 상속인이 상속받은 재산에 대하여 체납처분을 집행할 수 있다. (2023. 3. 14. 신설)
② 지방자치단체의 장은 지방행정제재 · 부과금이 부과된 이후 납부의무자인 법인이 합병으로 소멸한 경우에는 합병 후 존속한 법인 또는 합병에 따라 설립된 법인의 재산에 대하여 체납처분을 집행할 수 있다. (2023. 3. 14. 신설)

제16조【체납처분의 중지】 ① 지방자치단체의 장은 체납처분의 목적물인 총재산의 추산가액이 체납처분비와 지방행정제재 · 부과금에 우선하는 채권에 충당하고 남을 여지가 없을 때에는 체납처분을 중지하여야 한다. (2020. 3. 24. 개정)
② 제1항의 체납처분 중지사유에 해당하는 경우에는 체납자(체납자와 체납처분의 목적물인 재산의 소유자가 다른 경우에는 체납처분의 목적물인 재산의 소유자를 포함한다)도 체납처분의 중지를 지방자치단체의 장에게 요청할 수 있다.

제17조【체납처분 유예】 ① 지방자치단체의 장은 체납자가 다음 각 호의 어느 하나에 해당하는 경우에는 체납자의 신청 또는 직권으로 그 체납액에 대하여 체납처

제14조【체납처분 유예의 신청 등】 ① 법 제17조 제1항에 따른 체납처분 유예를 받으려는 자는 다음 각 호의 사항을 적은 문서(전자문서를 포함한다)로 지방자치

제9조【체납처분 유예의 신청】 영 제14조 제1항에 따라 체납처분 유예를 신청하려는 자는 별지 제7

분에 따른 재산의 압류나 압류재산의 매각을 대통령령으로 정하는 바에 따라 유예할 수 있다. (2021. 12. 28. 개정)

1. 전쟁, 감염병, 풍수해, 화재, 그 밖의 재해나 도난으로 재산에 심한 손실을 입은 경우 (2021. 12. 28. 신설)
2. 재산의 압류나 압류재산의 매각을 유예함으로써 사업을 정상적으로 운영할 수 있게 되어 체납액을 징수할 수 있다고 인정되는 경우 (2021. 12. 28. 신설)

② 지방자치단체의 장은 제1항에 따라 유예를 하는 경우에 필요하다고 인정하면 이미 압류한 재산의 압류를 해제할 수 있다.

③ 지방자치단체의 장은 제1항 및 제2항에 따라 재산의 압류를 유예하거나 압류한 재산의 압류를 해제하는 경우에는 그에 상당하는 담보의 제공을 요구할 수 있다. 이 경우 담보의 종류와 평가, 절차 등에 관하여는 「지방세기본법」 제65조부터 제70조까지를 준용한다. (2016. 12. 27. 후단개정 ; 지방세기본법 부칙)

④ 제1항에 따른 유예의 신청·결정 및 통지 등의 절차에 관하여 필요한 사항은 대통령령으로 정한다.

⑤ 체납처분 유예의 취소와 체납액의 일시징수에 관하여는 「지방세징수법」 제29조를 준용한다. (2016. 12. 27. 개정 ; 지방세징수법 부칙)

제18조 【사해행위의 취소】 지방자치단체의 장은 체납처분을 집행할 때에 체납자가 지방행정제재·부과금의 징수를

단체의 장에게 신청하여야 한다.

1. 납부의무자의 성명과 주소 또는 영업소
2. 납부할 지방행정제재·부과금의 부과연도·과목·납부기한과 금액 (2020. 3. 24. 개정)
3. 제2호의 금액 중 체납처분 유예를 받으려는 금액
4. 체납처분 유예를 받으려는 이유와 기간
5. 분할납부의 방법으로 체납처분 유예를 받으려는 경우에는 분할납부 금액 및 횟수

② 지방자치단체의 장은 체납처분 유예의 사유가 있을 때에는 직권으로 체납처분 유예를 할 수 있다.

② 삭 제 (2021. 12. 31.)

제15조 【체납처분 유예】 ① 법 제17조 제1항에 따른 체납처분 유예의 기간은 그 유예한 날의 다음 날부터 1년 이내로 한다.

② 지방자치단체의 장은 체납처분이 유예된 체납액을 제1항에 따른 체납처분 유예기간 내에 분할하여 징수할 수 있다.

호 서식의 체납처분 유예 신청서에 체납처분 유예의 사유가 있음을 증명하는 서류를 첨부하여 지방자치단체의 장에게 제출해야 한다. (2020. 3. 24. 개정)

피하기 위하여 재산권을 목적으로 한 법률행위를 한 경우에는 「민법」 제406조 및 제407조를 준용하여 사해행위(詐害行爲)의 취소 및 원상회복을 법원에 청구할 수 있다. (2020. 3. 24. 개정)

제18조【사해행위의 취소】 지방자치단체의 장은 체납처분을 집행할 때에 체납자가 지방행정제재 · 부과금의 징수를 피하기 위하여 재산권을 목적으로 한 법률행위(「신탁법」에 따른 사해신탁을 포함한다)를 한 경우에는 「민법」 제406조 · 제407조 및 「신탁법」 제8조를 준용하여 사해행위(詐害行爲)의 취소 및 원상회복을 법원에 청구할 수 있다. (2024. 12. 31. 개정)

제19조【체납처분절차 등에 관한 「국세징수법」 등의 준용】 지방행정제재 · 부과징수금에 대한 체납처분절차 등에 관하여 이 법에서 규정한 사항을 제외하고는 압류금지 재산에 관하여는 「국세징수법」 제32조, 제33조, 제3장 제2절 제2관을 체납처분의 효력에 관하여는 같은 법 제26조, 제27조, 제3장 제2절 제3관, 제48조 제2항 및 제3항을 재산유형별 압류의 방법 등에 관하여는 같은 법 제40조, 제3장 제2절 제4관부터 제7관까지를 교부청구와 참가압류의 절차 및 효력 등에 관하여는 같은 법 제3장 제2절 제9관을 압류재산의 매각 및 청산 절차에 관하여는 같은 법 제3장 제3절부터 제5절까지를 준용하고, 정리보류등에 관하여는 「지방세징수법」 제106조를 준용한다. (2021. 12. 28. 개정)

제16조【체납처분 유예에 관한 통지】 ① 지방자치단체의 장은 법 제17조 제1항에 따라 체납처분 유예를 하였을 때에는 다음 각 호의 사항을 적은 문서로 납부의무자에게 통지하여야 한다.

1. 체납처분 유예를 한 지방행정제재 · 부과금의 부과연도 · 과목 · 납부기한과 금액 (2020. 3. 24. 개정)
2. 분할납부의 방법으로 체납처분 유예를 하였을 때에는 분할납부 금액 및 횟수
3. 체납처분 유예의 기간
4. 그 밖에 체납처분 유예에 필요한 사항

② 체납처분 유예 결정의 효력은 다음 각 호의 구분에 따른 날에 발생한다.

1. 납부의무자의 신청에 의하여 결정하는 경우에는 유예 신청일
2. 직권으로 결정하는 경우에는 제1항에 따른 통지서의 발급일

제10조【체납처분 유예에 관한 통지】 영 제16조에 따른 체납처분 유예에 관한 통지는 별지 제8호 서식에 따른다.

제11조【지방행정제재 · 부과징수금의 교부청구 및 공매절차 등】 (2020. 3. 24. 제목개정)

법 제19조에 따라 체납처분절차 등에 관하여 「국세징수법」이 준용되는 지방행정제재 · 부과징수금에 대한 건설기계 또는 자동차의 인도 명령, 교부청구, 공매대행의뢰, 공매대행의 통지, 공매의 통지, 매각결정통지, 매수대금의 납부최고, 매각결정취소의 통지, 권리이전의 등기의 촉탁 및 등기청구에 관하여는 별지 제9호 서식부터 별지 제18호 서

제4장 보 칙

제20조【지방세외수입 징수 및 관리 업무의 정보화】 (2016. 5. 29. 제목개정)

① 지방자치단체의 장은 지방세외수입 징수 및 관리 업무의 효율성과 투명성을 높이기 위하여 지방세외수입정보통신망을 이용하여 이 법에 따른 업무나 지방세외수입의 부과·징수 또는 지방세외수입의 관리에 관한 업무 등을 처리할 수 있다. (2016. 5. 29. 개정)

② 행정안전부장관은 지방세외수입 징수 및 관리에 관한 정보의 효율적 관리와 납부의 편의를 위하여 지방세외수입정보통신망을 설치하여 다음 각 호에 해당하는 업무를 처리하여야 한다. (2017. 7. 26. 직제개정 ; 정부조직법 부칙)

1. 지방세외수입의 부과·징수 관련 자료의 관리 및 제공 (2016. 5. 29. 개정)
2. 지방세외수입의 체납정보 및 체납처분에 필요한 정보의 관리 및 제공 (2016. 5. 29. 개정)
3. 전자납부, 전자송달 등 납부편의를 위한 서비스의 제공
4. 지방세외수입의 운영상황의 분석, 통계관리 등에 필요한 정보의 관리 및 제공 (2016. 5. 29. 개정)
5. 그 밖에 지방세외수입 징수 및 관리 업무의 원활한 수

제4장 보 칙

제17조【지방세외수입정보통신망 이용 처리의 예외】 법 제20조 제1항 단서에서 "대통령령으로 정하는 장애가 있는 경우"란 정전(停電), 통신상의 장애, 프로그램의 오류, 그 밖의 부득이한 사유로 지방세외수입정보통신망을 이용하여 업무를 처리할 수 없는 경우를 말한다.

제17조【지방세외수입정보통신망 이용 처리의 예외】 삭 제 (2016. 11. 22.)

제18조【납부 및 수납의 방법】 ① 납부의무자가 지방세외수입을 납부할 때에는 지방자치단체의 금고 또는 제19조 제1항에 따른 지방세외수입수납대행기관(이하 "지방세외수입수납대행기관"이라 한다)에 현금, 법 제21조 제1항에 따른 신용카드등 또는 「증권에 의한 세입납부에 관한 법률」에 따른 증권으로 납부하여야 한다. (2016. 11. 22. 개정)

② 지방세외수입은 지방자치단체의 금고 또는 지방세외수입수납대행기관에서 수납하여야 하며, 징수공무원은 이를 수납할 수 없다. 다만, 다음 각 호의 어느 하나에 해당하는 경우에는 징수공무원이 지방세외수입을 수납할 수 있다. (2016. 11. 22. 개정)

1. 지방자치단체의 금고 및 지방세외수입수납대행기관

식까지에 따른다. (2020. 3. 24. 개정)

행에 필요한 서비스의 제공 (2016. 5. 29. 개정)

③ 행정안전부장관은 지방세외수입 징수 및 관리 업무의 효율성 및 투명성을 높이고, 납부의무자의 편의를 위하여 지방세외수입 징수 및 관리 업무와 관련된 다른 정보처리시스템과 지방세외수입정보통신망의 연계방안을 마련하여 시행할 수 있다. (2017. 7. 26. 직제개정 ; 정부조직법 부칙)

④ 행정안전부장관 및 지방자치단체의 장은 지방세외수입정보통신망의 운영 등 지방세외수입 징수 및 관리 업무와 관련된 정보화 사업을 효율적으로 추진하기 위하여 지방세외수입 징수 및 관리 관련 정보화 사업을 「전자정부법」 제72조에 따른 한국지역정보개발원에 위탁할 수 있다. (2017. 7. 26. 직제개정 ; 정부조직법 부칙)

⑤ 제1항부터 제4항까지에서 규정한 사항에 관한 처리 절차 · 기준 · 방법 및 관리체계 등에 관하여 필요한 사항은 대통령령으로 정한다.

제20조의 2 【지방세외수입정보통신망의 통합 구축】 행정안전부장관은 지방세외수입 징수 및 관리 업무의 효율적 처리를 위하여 지방세외수입정보통신망을 「지방세기본법」 제135조 제2항에 따른 지방세통합정보통신망에 통합하여 구축한다. (2020. 3. 24. 신설)

제21조 【신용카드등에 의한 지방세외수입의 납부】

이 없는 섬 · 외딴곳 등으로서 지방자치단체의 조례로 정하는 지역에서 수납하는 경우 (2016. 11. 22. 개정)

2. 지방자치단체의 조례로 정하는 금액 이하의 소액 지방세외수입을 수납하는 경우 (2016. 11. 22. 개정)

제19조 【지방세외수입수납대행기관 등】 (2016. 11. 22.

제11조의 2 【지방세외수입정보통신망 개발 · 운영위원회】 법 제20조 제4항에 따라 지방세외수입 징수 및 관리 관련 정보화 사업을 위탁하는 경우 지방세외수입정보통신망 개발 · 운영에 관한 사항 등을 심의 · 의결하기 위하여 「전자정부법」 제72조에 따른 한국지역정보개발원에 지방세외수입정보통신망 개발 · 운영위원회를 둘 수 있다. (2020. 3. 24. 신설)

(2016. 5. 29. 제목개정)

① 납부의무자는 지방세외수입을 대통령령으로 정하는 지방세외수입수납대행기관(이하 "지방세외수입수납대행기관"이라 한다)을 통하여 신용카드, 직불카드 등(이하 "신용카드등"이라 한다)으로 납부할 수 있다. (2016. 5. 29. 개정)

② 납부의무자는 지방세외수입을 지방세외수입수납대행기관을 통하여 신용카드등으로 자동납부할 수 있다. 다만, 납부기한이 지난 지방세외수입은 그러하지 아니하다. (2020. 3. 24. 신설)

③ 제1항 및 제2항에 따라 신용카드등으로 지방세외수입을 납부하는 경우에는 지방세외수입수납대행기관의 승인일을 납부일로 본다. (2020. 3. 24. 개정)

④ 제1항부터 제3항까지에서 규정한 사항 외의 신용카드등에 의한 지방세외수입의 납부에 필요한 사항은 대통령령으로 정한다. (2020. 3. 24. 개정)

제21조의 2【부동산 등기 수수료의 면제】 지방자치단체의 장이 지방행정제재·부과금의 체납액을 징수하기 위하여 해당 지방자치단체가 부동산에 대한 등기를 신청하는 경우에는 「부동산등기법」 제22조 제3항에 따른 수수료를 면제한다. (2021. 1. 5. 신설)

제22조【지방세외수입수납정보시스템 운영계획의

제목개정)

① 법 제21조 제1항에서 "대통령령으로 정하는 지방세외수입수납대행기관"이란 「지방회계법 시행령」 제49조 제1항 및 제2항에 따라 지방자치단체 금고업무의 일부를 대행하는 금융회사 등을 말한다. (2016. 11. 29. 개정 ; 지방회계법 시행령 부칙)

② 법 제21조 제3항에서 "대통령령으로 정하는 자"란 지방세외수입을 3건 이상 체납하고 있고 체납액의 총액이 1백만원 이상인 자를 말한다. (2016. 11. 22. 개정)

② 삭 제 (2020. 3. 24.)

수립 · 시행】(2016. 5. 29. 제목개정)

① 행정안전부장관은 납부의무자가 모든 지방자치단체의 지방세외수입을 편리하게 조회하고 납부할 수 있도록 하기 위하여 다음 각 호의 사항을 포함하는 지방세외수입수납정보시스템 운영계획을 수립 · 시행하여야 한다. (2017. 7. 26. 직제개정 ; 정부조직법 부칙)

1. 지방세외수입정보통신망과 지방세외수입수납대행기관 정보통신망의 연계 (2016. 5. 29. 개정)
2. 지방세외수입 납부의 실시간 처리 및 안전한 관리와 수납통합처리시스템의 운영 (2016. 5. 29. 개정)
3. 지방세외수입 납부의 편의성 제고를 위한 각종 서식의 개선 (2016. 5. 29. 개정)
4. 지방세외수입의 전국적인 조회, 납부, 수납처리 절차 및 성능개선과 안전성 제고에 관한 사항 (2016. 5. 29. 개정)
5. 그 밖에 대통령령으로 정하는 지방세외수입수납정보시스템과 관련된 기관의 범위 등 운영계획의 수립 · 시행에 필요한 사항 (2016. 5. 29. 개정)

② 행정안전부장관은 제1항에 따른 지방세외수입수납정보시스템 운영계획을 수립 · 시행할 때에는 납부의무자의 편의성 제고를 우선적으로 고려하여야 하며, 지방세외수입수납정보시스템의 이용에 지역 간 차별이 발생하지 아니하도록 하여야 한다. (2017. 7. 26. 직제개정 ; 정부조직법 부칙)

제20조【지방세외수입수납정보시스템 관련 기관의 범위】(2016. 11. 22. 제목개정)

법 제22조 제1항 제5호에 따른 지방세외수입수납정보시스템과 관련된 기관은 다음 각 호의 기관으로 한다. (2016. 11. 22. 개정)

1. 지방자치단체
2. 지방자치단체의 금고
3. 지방세외수입수납대행기관 (2016. 11. 22. 개정)
4. 「지방회계법 시행령」 제62조 제3호 및 제4호에 해당하는 자로서 세입금통합수납처리시스템의 약정 체결

제12조【고유식별정보의 처리】 영 제20조 제2호부터 제4호까지의 규정에 따른 지방세외수입금수납정보시스템 관련 기관에서 지방세외수입금 수납업무를 처리하는 담당자는 지방세외수입금 부과 · 징수업무에 관한 사무를 수행하기 위하여 불가피한 경우 「개인정보보호법 시행령」 제19조 제1호 또는 제4호에 따른 주민등록번호 또는 외국인등록번호가 포함된 자료를 처리할 수 있다.

제12조【고유식별정보의 처리】

삭 제 (2020. 3. 24.)

제22조의 2【지방세외수입의 분석·진단 등】 (2016. 5. 29. 제목개정)

① 행정안전부장관은 지방세외수입의 효율적 관리를 위하여 매년 지방세외수입의 부과·징수 등에 관한 분석 및 진단을 실시할 수 있다. (2017. 7. 26. 직제개정 ; 정부조직법 부칙)

② 행정안전부장관은 제1항에 따른 분석 및 진단을 실시한 경우 그 결과를 공개할 수 있다. (2017. 7. 26. 직제개정 ; 정부조직법 부칙)

③ 행정안전부장관은 지방자치단체의 장에게 제1항에 따른 분석 및 진단에 필요한 자료의 제출을 요구할 수 있다. 이 경우 지방자치단체의 장은 특별한 사유가 없으면 이에 협조하여야 한다. (2017. 7. 26. 직제개정 ; 정부조직법 부칙)

④ 행정안전부장관은 제1항에 따른 분석 및 진단의 객관성과 전문성을 확보하기 위하여 필요한 경우에는 대통령령으로 정하는 전문기관에 그 분석과 진단을 수행하게 할 수 있으며, 분석 및 진단의 원활한 수행을 위하여 전문기관에 출연할 수 있다. (2021. 1. 5. 개정)

⑤ 행정안전부장관은 제1항에 따른 분석 및 진단을 실시한 결과 지방세외수입의 징수에 공적이 있다고 인정되는 지방자치단체 또는 징수공무원을 대통령령으로 정하는 바에 따라 포상할 수 있다. (2017. 7. 26. 직제개정 ; 정부조직법 부칙)

⑥ 제1항에 따른 분석 및 진단의 방법과 절차 등에 필

당사자 (2016. 11. 29. 개정 ; 지방회계법 시행령 부칙)

제21조【지방세외수입의 분석·진단의 방법 등】 (2016. 11. 22. 제목개정)

① 행정안전부장관은 법 제22조의 2 제1항에 따른 분석 및 진단의 결과 필요하다고 인정하는 경우에는 지방자치단체에 지방세외수입의 부과·징수에 관한 방법·절차 등의 운영개선을 지도·권고할 수 있다. (2017. 7. 26. 직제개정 ; 행정안전부와 ~ 직제 부칙)

② 행정안전부장관은 법 제22조의 2 제3항에 따라 제출한 자료의 확인 등을 위하여 필요한 경우 지방자치단체를 방문하여 조사할 수 있다. 이 경우 지방자치단체의 장은 특별한 사정이 없으면 이에 협조하여야 한다. (2017. 7. 26. 직제개정 ; 행정안전부와 ~ 직제 부칙)

③ 법 제22조의 2 제4항에서 "대통령령으로 정하는 전문기관"이란 「지방세기본법」 제151조 제1항에 따른 지방세연구원을 말한다. (2021. 1. 26. 신설)

④ 행정안전부장관은 법 제22조의 2 제5항에 따라 지방세외수입의 징수에 공적이 있다고 인정되는 지방자치단체와 징수공무원에 대해서는 예산 지원이나 「정부 표창 규정」에 따른 표창 등을 할 수 있다. (2021. 1. 26. 항번개정)

요한 사항은 대통령령으로 정한다. (2015. 5. 18. 신설)

제22조의 3【지방세외수입 정책협의회】 ① 지방세외수입의 효율적인 징수 및 관리 등에 필요한 사항을 관계 행정기관 등과 협의 · 조정하고 관련 정책을 종합적인 관점에서 수립 · 추진하기 위하여 행정안전부에 지방세외수입 정책협의회(이하 "협의회"라 한다)를 둔다. (2017. 12. 26. 신설)

② 협의회의 위원장은 행정안전부차관이 된다. (2017. 12. 26. 신설)

③ 협의회의 효율적인 운영을 위하여 지방세외수입 정책실무협의회(이하 "실무협의회"라 한다)를 둘 수 있으며, 관련 전문가로 구성된 자문단을 운영할 수 있다. (2017. 12. 26. 신설)

④ 협의회는 직무 수행을 위하여 필요한 경우 관계 중앙행정기관의 장 또는 지방자치단체의 장 등에게 자료 또는 의견의 제출, 협의 · 조정 결과의 반영 등 협조를 요청할 수 있다. (2017. 12. 26. 신설)

⑤ 제1항부터 제4항까지에서 규정한 사항 외에 협의회, 실무협의회 및 자문단의 구성 · 운영 등에 필요한 사항은 대통령령으로 정한다. (2017. 12. 26. 신설)

제22조【지방세외수입 정책협의회의 구성 · 기능】

① 법 제22조의 3에 따른 지방세외수입 정책협의회(이하 "협의회"라 한다)는 성별을 고려하여 다음 각 호의 사람으로 구성한다. (2018. 3. 27. 신설)

1. 법무부, 행정안전부, 법제처와 협의회에 안건으로 부쳐진 지방세외수입과 관련된 법령 소관 중앙행정기관의 고위공무원단에 속하는 일반직공무원(이에 상당하는 특정직공무원을 포함한다) 중에서 해당 기관의 장이 추천하는 사람 (2018. 3. 27. 신설)
2. 지방세외수입 관련 분야의 학식과 경험이 풍부한 사람으로서 행정안전부장관이 위촉하는 사람 (2018. 3. 27. 신설)
3. 「지방자치법」 제182조 제1항 각 호에 따른 지방자치단체의 장 등의 협의체가 추천하는 사람으로서 행정안전부장관이 위촉하는 사람 (2021. 12. 16. 개정 ; 지방자치법 시행령 부칙)

② 제1항 제2호 및 제3호에 따른 위원(이하 "위촉위원"이라 한다)의 임기는 2년으로 한다. (2021. 12. 31. 개정)

③ 위촉위원의 사임 등으로 인하여 새로 위촉된 위원의 임기는 전임 위촉위원 임기의 남은 기간으로 한다. (2018. 3. 27. 신설)

④ 행정안전부장관은 위촉위원이 다음 각 호의 어느 하

제5장 벌 칙

제23조 【벌 칙】 제5조 제4항을 위반하여 과세정보, 과세자료, 과세자료 외의 자료 또는 같은 조 제3항에 따른 자료를 타인에게 제공 또는 누설하거나 목적 외의 용도로 사용한 자는 3년 이하의 징역 또는 3천만원 이하의 벌금에 처한다. 이 경우 징역형과 벌금형을 병과할 수 있다. (2017. 12. 26. 개정)

나에 해당하는 경우에는 해당 위원을 해촉할 수 있다. (2018. 3. 27. 신설)

1. 심신장애로 인하여 직무를 수행할 수 없게 된 경우 (2018. 3. 27. 신설)
2. 직무와 관련된 비위사실이 있는 경우 (2018. 3. 27. 신설)
3. 직무태만, 품위손상이나 그 밖의 사유로 인하여 위원으로 적합하지 아니하다고 인정되는 경우 (2018. 3. 27. 신설)
4. 위원 스스로 직무를 수행하는 것이 곤란하다고 의사를 밝히는 경우 (2018. 3. 27. 신설)

⑤ 협의회에 협의회의 사무를 처리할 간사 1명을 두며, 간사는 행정안전부 소속 공무원 중에서 행정안전부장관이 지명한다. (2018. 3. 27. 신설)

⑥ 협의회는 다음 각 호의 사항을 협의·조정한다. (2018. 3. 27. 신설)

1. 지방세외수입 징수에 영향을 미치는 정책 및 제도의 신설 또는 개선 및 폐지 등에 관한 주요사항 (2018. 3. 27. 신설)
2. 지방세외수입 징수와 관련하여 각 중앙행정기관 및 지방자치단체 등에서 건의하는 제도개선 사항 (2018. 3. 27. 신설)
3. 법 제22조의 2에 따른 지방세외수입의 분석·진단 결과의 평가 및 지방세외수입 운용방향에 관한 사항 (2018. 3. 27. 신설)
4. 지방세외수입의 납부편의 시책에 관한 사항 (2018. 3.

27. 신설)

5. 그 밖에 지방세외수입의 효율적 징수 및 관리 등과 관련하여 법 제22조의3 제2항에 따른 협의회의 위원장(이하 "위원장"이라 한다)이 협의회의 심의가 필요하다고 인정하는 사항 (2018. 3. 27. 신설)

⑦ 제1항부터 제6항까지에서 규정한 사항 외에 협의회의 구성에 필요한 사항은 행정안전부장관이 정한다. (2018. 3. 27. 신설)

제23조【협의회의 운영】 ① 위원장은 협의회를 대표하여 회의에 상정할 안건을 선정하고, 회의를 소집한다. (2018. 3. 27. 신설)

② 위원장이 부득이한 사유로 직무를 수행할 수 없을 때에는 위원장이 미리 지명한 위원이 그 직무를 대행한다. (2018. 3. 27. 신설)

③ 협의회는 회의마다 제22조 제1항 각 호에 따라 구성되는 위원(위원장을 포함한다. 이하 이 항에서 같다) 과반수의 출석으로 개의하고, 출석위원 과반수의 찬성으로 의결한다. (2018. 3. 27. 신설)

④ 제22조 제1항 제1호에 따른 위원이 회의에 출석하지 못하는 경우에는 그 바로 하위직위 또는 하위직급에 있는 사람으로서 해당 위원이 지명하는 사람이 그 직무를 대행할 수 있다. (2018. 3. 27. 신설)

⑤ 협의회는 안건의 심의를 위하여 필요하다고 인정하

는 경우에는 관계 공무원과 제25조에 따른 자문단의 그 구성원을 회의에 참석하게 하여 의견을 들을 수 있다. (2018. 3. 27. 신설)

⑥ 협의회의 회의에 출석한 위촉위원 등에게는 예산의 범위에서 수당, 여비 등을 지급할 수 있다. 다만, 공무원이 소관 업무와 직접 관련되어 출석하는 경우에는 그러하지 아니하다. (2018. 3. 27. 신설)

⑦ 제1항부터 제6항까지에서 규정한 사항 외에 협의회의 운영에 필요한 사항은 행정안전부장관이 정한다. (2018. 3. 27. 신설)

제24조【지방세외수입 정책실무협의회의 구성·운영】 ① 다음 각 호의 사항을 처리하기 위하여 협의회에 법 제22조의 3 제3항에 따른 지방세외수입 정책실무협의회(이하 "실무협의회"라 한다)를 둔다. (2018. 3. 27. 신설)

1. 협의회의 회의에 부칠 안건의 사전 검토·조정 (2018. 3. 27. 신설)
2. 협의회가 위임한 사항 (2018. 3. 27. 신설)
3. 지방세외수입 징수에 관한 관계 행정기관 간의 실무적인 협조 사항 (2018. 3. 27. 신설)
4. 그 밖에 위원장이 실무협의회의 회의에 부치는 사항 (2018. 3. 27. 신설)

② 실무협의회의 위원장(이하 "실무위원장"이라 한다)은 행정안전부 소속 고위공무원단에 속하는 일반직공무원

중에서 행정안전부장관이 임명하는 사람이 되고, 실무협의회의 위원(이하 "실무위원"이라 한다)은 행정안전부와 실무협의회에 안건으로 부쳐진 지방세외수입과 관련된 법령 소관 중앙행정기관의 장이 추천하는 4급 이상 또는 이에 상당하는 공무원이 된다. (2018. 3. 27. 신설)

③ 실무협의회의 운영에 관하여는 제23조를 준용한다. 이 경우 "협의회"는 "실무협의회"로, "위원장"은 "실무위원장"으로, "위원"은 "실무위원"으로 본다. (2018. 3. 27. 신설)

제25조【자문단의 구성 · 운영】 ① 행정안전부장관은 협의회 및 실무협의회의 운영을 위하여 필요한 경우 다음 각 호의 어느 하나에 해당하는 사람으로 법 제22조의 3 제3항에 따른 자문단(이하 "자문단"이라 한다)을 구성하여 협의회 또는 실무협의회에 자문을 하게 할 수 있다. (2018. 3. 27. 신설)

1. 대학에서 지방세외수입 관련 분야의 조교수 이상으로 재직 중인 사람 (2018. 3. 27. 신설)
2. 정부 또는 지방자치단체가 출연한 연구기관에 소속된 박사 학위 소지자로서 지방세외수입 관련 분야에 대한 전문지식이 있는 사람 (2018. 3. 27. 신설)
3. 지방세외수입 관련 분야에서 5년 이상 실무에 종사한 경험이 있는 사람 (2018. 3. 27. 신설)
4. 그 밖에 지방세외수입 관련 분야에 관한 전문지식과 경험이 풍부하다고 인정되는 사람 (2018. 3. 27. 신설)

② 제1항에 따른 자문에 응한 자문단의 구성원에게는 예산의 범위에서 수당과 여비를 지급할 수 있다. (2018. 3. 27. 신설)
③ 제1항 및 제2항에서 규정한 사항 외에 자문단의 구성 및 운영에 필요한 사항은 행정안전부장관이 정한다. (2018. 3. 27. 신설)

제26조【민감정보 및 고유식별정보의 처리】(2018. 3. 27. 조번개정)
① 행정안전부장관, 지방자치단체의 장 또는 징수공무원은 이 법 또는 지방행정제재·부과금관계법에 따른 지방행정제재·부과금에 관한 사무를 수행하기 위하여 불가피한 경우에는 「개인정보 보호법」 제23조에 따른 건강에 관한 정보 또는 같은 법 시행령 제18조 제2호에 따른 범죄경력자료에 해당하는 정보(이하 이 조에서 "건강정보등"이라 한다)나 같은 영 제19조에 따른 주민등록번호, 여권번호, 운전면허의 면허번호 또는 외국인등록번호(이하 이 조에서 "주민등록번호등"이라 한다)가 포함된 자료를 처리할 수 있다. (2020. 3. 24. 개정)
② 「전자정부법」 제72조에 따른 한국지역정보개발원은 법 제20조 제4항에 따라 위탁받은 지방세외수입의 징수 및 관리 업무와 관련된 정보화 업무를 수행하기 위하여 불가피한 경우에는 건강정보등 또는 주민등록번호등이 포함된 자료를 처리할 수 있다. (2016. 11. 22. 개정)

	③ 제20조 제2호부터 제4호까지에 따른 지방세외수입수납정보시스템 관련 기관은 지방행정제재 · 부과금 수납에 관한 사무를 수행하기 위하여 불가피한 경우 「개인정보 보호법 시행령」 제19조에 따른 주민등록번호 또는 외국인등록번호가 포함된 자료를 처리할 수 있다. (2020. 3. 24. 개정)	

부　칙 (2024. 12. 31. 법률 제20633호)

이 법은 공포한 날부터 시행한다.

부　칙 (2023. 12. 29. 법률 제19863호)

이 법은 공포한 날부터 시행한다.

부　칙 (2023. 3. 14. 법률 제19233호)

제1조【시행일】 이 법은 공포한 날부터 시행한다. 다만, 법률 제17091호 지방세외수입금의 징수 등에 관한 법률 일부개정법률 제7조의 6 본문의 개정규정은 2025년 1월 1일부터 시행한다. (2023. 12. 29. 개정)

제1조【시행일】 이 법은 공포한 날부터 시행한다. 다만, 법률 제17091호 지방세외수입금의 징수 등에 관한 법률 일부개정법률 제7조의 6 본문의 개정규정은 2027년 1월 1일부터 시행한다. (2024. 12. 31. 단서개정)

제2조【제3자의 납부에 관한 적용례】 제7조의 8의 개정규정은 이 법 시행 전에 부과된 지방행정제재·부과징수금에 대해서도 적용한다.

부　칙 (2021. 12. 28. 법률 제18658호)

제1조【시행일】 이 법은 2022년 1월 1일부터 시행한다. 다만, 법률 17837호 지방행정제재·부과금의 징수등에 관한 법률 일부개정법률 제6조 제2항 각 호 외의 부분의 개정규정은 2024년 1월 1일부터 시행한다.

제2조【전쟁 등으로 인한 체납처분 유예에 관한 적용례】 제17조 제1항 제1호의 개정규정은 이 법 시행 전 발생한 전쟁, 감염병, 풍수해, 화재, 그 밖의 재해나 도난으로 재산에 심한

부　칙 (2024. 12. 31. 대통령령 제35179호)

이 영은 공포한 날부터 시행한다.

부　칙 (2023. 12. 29. 대통령령 제34081호)

이 영은 공포한 날부터 시행한다.

부　칙 (2023. 3. 14. 대통령령 제33328호)

이 영은 2024년 1월 1일부터 시행한다.

이 영은 2027년 1월 1일부터 시행한다. (2024. 12. 31. 개정)

부　칙 (2021. 12. 31. 대통령령 제32295호)

이 영은 2022년 1월 1일부터 시행한다. 다만, 대통령령 제31413호 지방행정제재·부과금의 징수 등에 관한 법률 시행령 일부개정령 제5조 제1항 각 호 외의 부분의 개정규정은 2024년 1월 1일부터 시행한다.

부　칙 (2021. 12. 16. 대통령령 제32223호 ; 지방자치법 시행령 부칙)

제1조【시행일】 이 영은 2022년 1월 13일부터 시행한다. 다만, 제14조, 제15조 제1항 각 호 외의 부분 단서, 같은 조 제4항 및 제16조 제1항 단서의 개정규정은 2023년 7월 1일부터 시행한다.

제2조~제4조　생　략

제5조【다른 법령의 개정】 ①~⑯ 생　략

⑰ 지방행정제재·부과금의 징수 등에 관한 법률 시행령 일부를 다음과 같이 개정한다.

제22조 제1항 제3호 중 "「지방자치법」 제165조 제1항"을 "「지

부　칙 (2024. 12. 31. 행정안전부령 제541호)

이 규칙은 공포한 날부터 시행한다.

부　칙 (2024. 2. 2. 행정안전부령 제461호)

이 규칙은 2024년 2월 13일부터 시행한다.

부　칙 (2024. 1. 4. 행정안전부령 제451호)

이 규칙은 공포한 날부터 시행한다.

부　칙 (2023. 3. 27. 행정안전부령 제386호)

이 규칙은 공포한 날부터 시행한다.

부　칙 (2021. 12. 31. 행정안전부령 제303호)

이 규칙은 2021년 1월 1일부터 시행한다.

부　칙 (2021. 7. 2. 행정안전부령 제266호)

이 규칙은 2021년 7월 6일부터 시행한다. 다만, 제2조의 2 제1항, 별지 제9

손실을 입은 경우에도 적용한다.

부 칙 (2021. 1. 5. 법률 제17837호)

제1조 【시행일】 이 법은 공포 후 6개월이 경과한 날부터 시행한다. 다만, 제6조 제2항의 개정규정은 2024년 1월 1일부터 시행한다. (2021. 12. 28. 개정)

제2조 【관허사업의 제한에 관한 적용례】 제7조의 2 제2항의 개정규정은 이 법 시행 이후 새로 체납하는 체납액이 30만원 이상이 되는 경우부터 적용한다.

제3조 【지방행정제재 · 부과금 환급금의 충당에 관한 적용례】 제7조의 7, 제14조 제1항 제1호 및 같은 조 제2항 제2호의 개정규정은 이 법 시행 이후 지방행정제재 · 부과금 환급사유가 발생한 경우부터 적용한다.

제4조 【부동산 등기 수수료의 면제에 관한 적용례】 제21조의 2의 개정규정은 이 법 시행 이후 지방행정제재 · 부과금의 체납액을 징수하기 위하여 부동산 등기를 신청하는 경우부터 적용한다.

제5조 【관허사업의 제한에 관한 경과조치】 이 법 시행 전에 종전의 규정에 따라 관허사업제한 대상이 된 체납자의 경우에는 제7조의 2 제2항의 개정규정에도 불구하고 종전의 규정에 따른다. 체납자가 이 법 시행 전에 체납한 체납액과 이 법 시행 이후에 체납한 체납액을 합하여 100만원 이상인 경우에도 같다.

부 칙 (2020. 12. 29. 법률 제17758호 ; 국세징수법 부칙)

제1조 【시행일】 이 법은 2021년 1월 1일부터 시행한다.

제2조～제23조 생 략

제24조 【다른 법률의 개정】 ① ～ ⑲ 생 략

⑳ 지방행정제재 · 부과금의 징수 등에 관한 법률 일부를 다음과 같이 개정한다.

제21조의 2 제1항 제1호 중 "「지방세외수입금의 징수 등에 관한 법률」 제2조"를 "「지방행정제재 · 부과금의 징수 등에 관한 법률」 제182조 제1항"으로 한다.

방자치법」 제182조 제1항"으로 한다.

㉘～㊱ 생 략

제6조 생 략

부 칙 (2021. 1. 26. 대통령령 제31413호)

제1조 【시행일】 이 영은 2021년 7월 6일부터 시행한다. 다만, 다음 각 호의 개정규정은 각 호의 구분에 따른 날부터 시행한다.

1. 제4조의 2 및 제5조의 개정규정 : 2024년 1월 1일 (2021. 12. 31. 개정)
2. 제5조의 5 제1항 제1호 및 같은 조 제3항의 개정규정 : 공포한 날

제2조 【체납자 명단공개 제외 기준 강화에 따른 경과조치】 2021년 1월 1일을 기준으로 명단공개 대상에 해당하는 체납자가 부칙 제1조 제2호의 시행일 전에 종전의 규정에 따라 명단공개 제외 대상이 된 경우에는 제5조의 5 제1항 제1호의 개정규정에도 불구하고 2021년 명단공개 대상에서 제외한다.

부 칙 (2020. 3. 24. 대통령령 제30545호)

제1조 【시행일】 이 영은 공포한 날부터 시행한다. 다만, 제5조의 7부터 제5조의 11까지의 개정규정은 2025년 1월 1일부터 시행한다. (2023. 12. 29. 단서개정)

제1조 【시행일】 이 영은 공포한 날부터 시행한다. 다만, 제5조의 7부터 제5조의 11까지의 개정규정은 2027년 1월 1일부터 시행한다. (2024. 12. 31. 단서개정)

제2조 【다른 법령의 개정】 ① 개발이익 환수에 관한 법률 시행령 일부를 다음과 같이 개정한다.

제21조의 2 제1항 제1호 중 "「지방세외수입금의 징수 등에

호 서식부터 별지 제16호 서식까지 및 별지 제18호 서식의 개정규정은 공포한 날부터 시행한다.

부 칙 (2020. 3. 24. 행정안전부령 제175호)

제1조 【시행일】 이 규칙은 공포한 날부터 시행한다. 다만, 제2조의 6 및 별지 제1호의 11 서식의 개정규정은 2024년 1월 1일부터 시행한다. (2021. 12. 28. 단서개정)

제1조 【시행일】 이 규칙은 공포한 날부터 시행한다. 다만, 제2조의 6 및 별지 제1호의 11 서식의 개정규정은 2025년 1월 1일부터 시행한다. (2024. 1. 4. 단서개정)

제1조 【시행일】 이 규칙은 공포한 날부터 시행한다. 다만, 제2조의 6 및 별지 제1호의 11 서식의 개정규정은 2027년 1월 1일부터 시행한다. (2024. 12. 31. 단서개정)

제2조 【다른 법령의 개정】 행정안전부와 그 소속기관 직제 시행규칙 일부를 다음과 같이 개정한다.

제12조 제10항 제9호 중 "지방세외수입금"을 "지방행정제재 · 부과금"으로 한다.

부 칙 (2018. 7. 20. 행정안전부령 제68호)

이 규칙은 공포한 날부터 시행한다.

제19조 중 "압류금지 재산에 관하여는 「국세징수법」제3장 제2절"을 "압류금지 재산에 관하여는 「국세징수법」 제32조, 제33조, 제3장 제2절 제2관"으로, "체납처분의 효력에 관하여는 같은 법 제3장 제3절"을 "체납처분의 효력에 관하여는 같은 법 제26조, 제27조, 제3장 제2절 제3관, 제48조 제2항 및 제3항"으로, "재산유형별 압류의 방법 등에 관하여는 같은 법 제3장 제4절부터 제7절까지"를 "재산유형별 압류의 방법 등에 관하여는 같은 법 제40조, 제3장 제2절 제4관부터 제7관까지"로, "교부청구 및 참가압류의 절차 및 효력 등에 관하여는 같은 법 제3장 제9절"을 "교부청구 및 참가압류의 절차 및 효력 등에 관하여는 같은 법 제3장 제2절 제9관"으로, "압류재산의 매각 및 청산 절차에 관하여는 같은 법 제3장제10절 및 제11절"을 "압류재산의 매각 및 청산 절차에 관하여는 같은 법 제3장 제3절부터 제5절까지"로 한다.

㉑~㉒ 생 략

제25조 · 제26조 생 략

부 칙 (2020. 12. 8. 법률 제17574호 ; 도로명주소법 부칙)

제1조【시행일】 이 법은 공포 후 6개월이 경과한 날부터 시행한다.

제2조~제17조 생 략

제18조【다른 법률의 개정】 ①·② 생 략

③ 지방행정제재 · 부과금의 징수 등에 관한 법률 일부를 다음과 같이 개정한다.

제7조의 3 제5항 중 "「도로명주소법」 제2조 제5호에 따른 도로명 및 같은 조 제7호에 따른 건물번호"를 "「도로명주소법」 제2조 제3호에 따른 도로명 및 같은 조 제5호에 따른 건물번호"로 한다.

제19조 생 략

관한 법률 시행령」"을 "「지방행정제재 · 부과금의 징수 등에 관한 법률 시행령」"으로 한다.

② 건강기능식품에 관한 법률 시행령 일부를 다음과 같이 개정한다.

제19조의 3 중 "「지방세외수입금의 징수 등에 관한 법률」"을 "「지방행정제재 · 부과금의 징수 등에 관한 법률」"로 한다.

③ 공중위생관리법 시행령 일부를 다음과 같이 개정한다.

제7조의 4 중 "「지방세외수입금의 징수 등에 관한 법률」"을 "「지방행정제재 · 부과금의 징수 등에 관한 법률」"로 한다.

④ 마약류 관리에 관한 법률 시행령 일부를 다음과 같이 개정한다.

제16조의 2 제2항 중 "「지방세외수입금의 징수 등에 관한 법률」"을 "「지방행정제재 · 부과금의 징수 등에 관한 법률」"로 한다.

⑤ 수도권정비계획법 시행령 일부를 다음과 같이 개정한다.

제19조의 2 제1항 및 제3항 중 "「지방세외수입금의 징수 등에 관한 법률」"을 각각 "「지방행정제재 · 부과금의 징수 등에 관한 법률」"로 한다.

⑥ 식품위생법 시행령 일부를 다음과 같이 개정한다.

제55조 중 "「지방세외수입금의 징수 등에 관한 법률」"을 "「지방행정제재 · 부과금의 징수 등에 관한 법률」"로 한다.

⑦ 약사법 시행령 일부를 다음과 같이 개정한다.

제34조의 2 제2항 단서 중 "「지방세외수입금의 징수 등에 관한 법률」"을 "「지방행정제재 · 부과금의 징수 등에 관한 법률」"로 한다.

⑧ 위생용품 관리법 시행령 일부를 다음과 같이 개정한다.

제10조 중 "「지방세외수입금의 징수 등에 관한 법률」"을 "「지방행정제재 · 부과금의 징수 등에 관한 법률」"로 한다.

부 칙 (2017. 7. 26. 행정안전부령 제1호 ; 행정안전부와 그 소속기관 직제 시행규칙 부칙)

제1조【시행일】 이 규칙은 공포한 날부터 시행한다.

제2조~제7조 생 략

제8조【다른 법령의 개정】 ①~㉖ 생 략

㉗ 지방세외수입금의 징수 등에 관한 법률 시행규칙 일부를 다음과 같이 개정한다.

제2조 및 제2조의 2 제2항 중 "행정자치부장관"을 각각 "행정안전부장관"으로 한다.

제2조의 2 제1항 각 호 외의 부분 중 "행정자치부령"을 "행정안전부령"으로 한다.

㉘~㊹ 생 략

부 칙 (2016. 11. 22. 행정자치부령 제85호)

이 규칙은 2016년 11월 30일부터 시행한다.

부 칙 (2014. 11. 19. 행정자치부령 제1호 ; 행정자치부와 그 소속기관 직제 시행규칙 부칙)

제1조【시행일】 이 규칙은 공포한

부　칙 (2020. 3. 24. 법률 제17091호)

제1조【시행일】 이 법은 공포한 날부터 시행한다. 다만, 다음 각 호의 개정규정은 각 호의 구분에 따른 날부터 시행한다.

1. 부칙 제4조 제24항 : 2020년 4월 3일
2. 부칙 제4조 제8항 : 2020년 5월 1일
3. 부칙 제4조 제44항 및 제62항 : 2020년 8월 28일
4. 제20조의 2의 개정규정 : 2023년 1월 25일 (2021. 12. 28. 개정)
5. 제7조의 6의 개정규정 : 2025년 1월 1일 (2023. 12. 29. 개정)
5. 제7조의 6의 개정규정 : 2027년 1월 1일 (2024. 12. 31. 개정)

제2조【대금지급 정지에 대한 유효기간】 제7조의 개정규정은 2024년 12월 31일까지 효력을 가진다. (2023. 12. 29. 개정)

제2조【대금지급 정지에 대한 유효기간】 제7조의 개정규정은 2026년 12월 31일까지 효력을 가진다. (2024. 12. 31. 개정)

제3조【납부증명서 제출에 관한 적용례】 제7조의 6의 개정규정은 2025년 1월 1일 이후 대금을 지급받으려는 자부터 적용한다. (2023. 12. 29. 개정)

제3조【납부증명서 제출에 관한 적용례】 제7조의 6의 개정규정은 2027년 1월 1일 이후 대금을 지급받으려는 자부터 적용한다. (2024. 12. 31. 개정)

제4조【다른 법률의 개정】 ① 가축분뇨의 관리 및 이용에 관한 법률 일부를 다음과 같이 개정한다.

제18조의 2 제2항 및 제33조 제3항 중 "「지방세외수입금의 징수 등에 관한 법률」"을 각각 "「지방행정제재 · 부과금의 징수 등에 관한 법률」"로 한다.

② 개발이익 환수에 관한 법률 일부를 다음과 같이 개정한다.

제22조 제1항 후단 중 "「지방세외수입금의 징수 등에 관한 법률」"을 "「지방행정제재 · 부과금의 징수 등에 관한 법률」"로 한다.

③ 개발제한구역의 지정 및 관리에 관한 특별조치법 일부를 다음과 같이 개정한다.

제30조의 2 제6항 중 "「지방세외수입금의 징수 등에 관한 법률」"을 "「지방행정제재 · 부과금의 징수 등에 관한 법률」"로 한다.

⑨ 유료도로법 시행령 일부를 다음과 같이 개정한다.

제15조 제3항 중 "「지방세외수입금의 징수 등에 관한 법률」"을 "「지방행정제재 · 부과금의 징수 등에 관한 법률」"로 한다.

⑩ 의료기기법 시행령 일부를 다음과 같이 개정한다.

제12조의 2 제2항 단서 중 "「지방세외수입금의 징수 등에 관한 법률」"을 "「지방행정제재 · 부과금의 징수 등에 관한 법률」"로 한다.

⑪ 지방회계법 시행령 일부를 다음과 같이 개정한다.

제19조 제1항 중 "「지방세외수입금의 징수 등에 관한 법률」"을 "「지방행정제재 · 부과금의 징수 등에 관한 법률」"로 한다.

⑫ 축산물 위생관리법 시행령 일부를 다음과 같이 개정한다.

제26조의 2 중 "「지방세외수입금의 징수 등에 관한 법률」"을 "「지방행정제재 · 부과금의 징수 등에 관한 법률」"로 한다.

⑬ 행정안전부와 그 소속기관 직제 일부를 다음과 같이 개정한다.

제15조 제3항 제38호 중 "지방세외수입금"을 "지방행정제재 · 부과금"으로 한다.

부　칙 (2018. 3. 27. 대통령령 제28716호)

이 영은 2018년 6월 27일부터 시행한다.

부　칙 (2017. 7. 26. 대통령령 제28211호 ; 행정안전부와 그 소속기관 직제 부칙)

제1조【시행일】 이 영은 공포한 날부터 시행한다. 다만, 부칙 제8조에 따라 개정되는 대통령령 중 이 영 시행 전에 공포되었으나 시행일이 도래하지 아니한 대통령령을 개정한 부분은 각각 해당 대통령령의 시행일부터 시행한다.

제2조～제7조 생　략

날부터 시행한다. 다만, 부칙 제6조에 따라 개정되는 시행규칙 중 이 규칙 시행 전에 공포되었으나 시행일이 도래하지 아니한 시행규칙을 개정한 부분은 각각 해당 시행규칙의 시행일부터 시행한다.

제2조～제5조 생　략

제6조【다른 법령의 개정】 ①～㉖ 생　략

㉗ 지방세외수입금의 징수 등에 관한 법률 시행규칙 일부를 다음과 같이 개정한다.

제2조 중 "안전행정부장관"을 "행정자치부장관"으로 한다.

㉘～㊷ 생　략

부　칙 (2014. 8. 7. 안전행정부령 제89호)

이 규칙은 2014년 8월 7일부터 시행한다.

을 “「지방행정제재 · 부과금의 징수 등에 관한 법률」”로 한다.

④ 건강기능식품에 관한 법률 일부를 다음과 같이 개정한다.

제37조 제4항 본문 · 단서 및 제37조의 2 제3항 중 “「지방세외수입금의 징수 등에 관한 법률」”을 각각 “「지방행정제재 · 부과금의 징수 등에 관한 법률」”로 한다.

⑤ 건설기계관리법 일부를 다음과 같이 개정한다.

제24조의 2 제2항 제3호 중 “「지방세외수입금의 징수 등에 관한 법률」”을 “「지방행정제재 · 부과금의 징수 등에 관한 법률」”로 한다.

⑥ 건설기술 진흥법 일부를 다음과 같이 개정한다.

제32조 제2항 중 “「지방세외수입금의 징수 등에 관한 법률」”을 “「지방행정제재 · 부과금의 징수 등에 관한 법률」”로 한다.

⑦ 건설폐기물의 재활용촉진에 관한 법률 일부를 다음과 같이 개정한다.

제26조 제3항 중 “「지방세외수입금의 징수 등에 관한 법률」”을 “「지방행정제재 · 부과금의 징수 등에 관한 법률」”로 한다.

⑧ 법률 제16416호 건축물관리법 일부를 다음과 같이 개정한다.

제25조 제2항 중 “「지방세외수입금의 징수 등에 관한 법률」”을 “「지방행정제재 · 부과금의 징수 등에 관한 법률」”로 한다.

⑨ 건축법 일부를 다음과 같이 개정한다.

제80조 제7항 중 “「지방세외수입금의 징수 등에 관한 법률」”을 “「지방행정제재 · 부과금의 징수 등에 관한 법률」”로 한다.

⑩ 게임산업진흥에 관한 법률 일부를 다음과 같이 개정한다.

제36조 제3항 중 “「지방세외수입금의 징수 등에 관한 법률」”을 “「지방행정제재 · 부과금의 징수 등에 관한 법률」”로 한다.

⑪ 고압가스 안전관리법 일부를 다음과 같이 개정한다.

제9조의 2 제3항 중 “「지방세외수입금의 징수 등에 관한 법률」”을 “「지방행정제재 · 부과금의 징수 등에 관한 법률」”로 한다.

제8조【다른 법령의 개정】 ①~⑰⑤ 생 략

⑰⑥ 지방세외수입금의 징수 등에 관한 법률 시행령 일부를 다음과 같이 개정한다.

제21조 제1항, 같은 조 제2항 전단, 같은 조 제3항 및 제22조 제1항 중 “행정자치부장관”을 각각 “행정안전부장관”으로 한다.

⑰⑦~㉘⑧ 생 략

부 칙 (2017. 3. 27. 대통령령 제27960호 ; 주민등록번호 등의 처리 제한을 위한 세무사법 시행령 등 일부개정령)

이 영은 2017년 3월 30일부터 시행한다. 다만, 제3조 중 「자격기본법 시행령」 제35조 제2호의 개정규정은 2017년 6월 21일부터 시행하고, 제49조 중 「후천성면역결핍증 예방법 시행령」 제12조 제1항 및 제26조 제3항의 개정규정은 공포한 날부터 시행한다.

부 칙 (2017. 3. 27. 대통령령 제27958호 ; 지방세기본법 시행령 부칙)

제1조【시행일】 이 영은 2017년 3월 28일부터 시행한다.

제2조~제7조 생 략

제8조【다른 법령의 개정】 ①~⑥ 생 략

⑦ 지방세외수입금의 징수 등에 관한 법률 시행령 일부를 다음과 같이 개정한다.

제5조의 5 제1항 제3호 중 “「지방세기본법」 제141조”를 “「지방세기본법」 제147조”로 한다.

⑧ · ⑨ 생 략

제9조 생 략

부 칙 (2016. 11. 29. 대통령령 제27621호 ; 지방회계법 시행

⑫ 법률 제16323호 공공재정 부정청구 금지 및 부정이익 환수 등에 관한 법률 일부를 다음과 같이 개정한다.

제12조 제2항 중 "「지방세외수입금의 징수 등에 관한 법률」"을 "「지방행정제재 · 부과금의 징수 등에 관한 법률」"로 한다.

⑬ 공동주택관리법 일부를 다음과 같이 개정한다.

제53조 제3항 중 "「지방세외수입금의 징수 등에 관한 법률」"을 "「지방행정제재 · 부과금의 징수 등에 관한 법률」"로 한다.

⑭ 공중위생관리법 일부를 다음과 같이 개정한다.

제11조의 2 제3항 중 "「지방세외수입금의 징수 등에 관한 법률」"을 "「지방행정제재 · 부과금의 징수 등에 관한 법률」"로 한다.

⑮ 관광진흥법 일부를 다음과 같이 개정한다.

제37조 제3항 중 "「지방세외수입금의 징수 등에 관한 법률」"을 "「지방행정제재 · 부과금의 징수 등에 관한 법률」"로 한다.

⑯ 교통약자의 이동편의 증진법 일부를 다음과 같이 개정한다.

제29조의 2 제7항 중 "「지방세외수입금의 징수 등에 관한 법률」"을 "「지방행정제재 · 부과금의 징수 등에 관한 법률」"로 한다.

⑰ 국토의 계획 및 이용에 관한 법률 일부를 다음과 같이 개정한다.

제69조 제3항 중 "「지방세외수입금의 징수 등에 관한 법률」"을 "「지방행정제재 · 부과금의 징수 등에 관한 법률」"로 한다.

⑱ 궤도운송법 일부를 다음과 같이 개정한다.

제13조 제3항 중 "「지방세외수입금의 징수 등에 관한 법률」"을 "「지방행정제재 · 부과금의 징수 등에 관한 법률」"로 한다.

⑲ 금강수계 물관리 및 주민지원 등에 관한 법률 일부를 다음과 같이 개정한다.

제13조 제8항 중 "「지방세외수입금의 징수 등에 관한 법률」"을 "「지방행정제재 · 부과금의 징수 등에 관한 법률」"로 한다.

⑳ 낙동강수계 물관리 및 주민지원 등에 관한 법률 일부를 다음과 같이 개정한다.

령 부칙)

제1조【시행일】 이 영은 2016년 11월 30일부터 시행한다.

제2조【다른 법령의 개정】 ①~⑨ 생 략

⑩ 지방세외수입금의 징수 등에 관한 법률 시행령 일부를 다음과 같이 개정한다.

제19조 제1항 중 "「지방재정법 시행령」 제103조 제1항 및 제2항"을 "「지방회계법 시행령」 제49조 제1항 및 제2항"으로 한다.

제20조 제4호 중 "「지방재정법 시행령」 제103조의 2 제3호 및 제4호"를 "「지방회계법 시행령」 제62조 제3호 및 제4호"로 한다.

⑪~⑭ 생 략

제3조 생 략

부 칙 (2016. 11. 22. 대통령령 제27594호)

이 영은 2016년 11월 30일부터 시행한다.

부 칙 (2014. 11. 19. 대통령령 제25751호 ; 행정자치부와 그 소속기관 직제 부칙)

제1조【시행일】 이 영은 공포한 날부터 시행한다. 다만, 부칙 제5조에 따라 개정되는 대통령령 중 이 영 시행 전에 공포되었으나 시행일이 도래하지 아니한 대통령령을 개정한 부분은 각각 해당 대통령령의 시행일부터 시행한다.

제2조~제4조 생 략

제5조【다른 법령의 개정】 ①~⑳ 생 략

㉑ 지방세외수입금의 징수 등에 관한 법률 시행령 일부를 다음과 같이 개정한다.

제21조 제1항부터 제5항까지 및 제22조 제1항 중 "안전행정부장관"을 각각 "행정자치부장관"으로 한다.

제13조 제8항 중 "「지방세외수입금의 징수 등에 관한 법률」"을 "「지방행정제재·부과금의 징수 등에 관한 법률」"로 한다.

㉑ 농수산물 유통 및 가격안정에 관한 법률 일부를 다음과 같이 개정한다.

제83조 제5항 중 "「지방세외수입금의 징수 등에 관한 법률」"을 "「지방행정제재·부과금의 징수 등에 관한 법률」"로 한다.

㉒ 농지법 일부를 다음과 같이 개정한다.

제62조 제8항 중 "「지방세외수입금의 징수 등에 관한 법률」"을 "「지방행정제재·부과금의 징수 등에 관한 법률」"로 한다.

㉓ 다중이용업소의 안전관리에 관한 특별법 일부를 다음과 같이 개정한다.

제26조 제6항 중 "「지방세외수입금의 징수 등에 관한 법률」"을 "「지방행정제재·부과금의 징수 등에 관한 법률」"로 한다.

㉔ 법률 제16305호 대기관리권역의 대기환경개선에 관한 특별법 일부를 다음과 같이 개정한다.

제22조 제7항 중 "「지방세외수입금의 징수 등에 관한 법률」"을 "「지방행정제재·부과금의 징수 등에 관한 법률」"로 한다.

㉕ 대기환경보전법 일부를 다음과 같이 개정한다.

제35조 제9항 및 제37조 제4항 중 "「지방세외수입금의 징수 등에 관한 법률」"을 각각 "「지방행정제재·부과금의 징수 등에 관한 법률」"로 한다.

㉖ 대도시권 광역교통 관리에 관한 특별법 일부를 다음과 같이 개정한다.

제11조의 4 제7항 중 "「지방세외수입금의 징수 등에 관한 법률」"을 "「지방행정제재·부과금의 징수 등에 관한 법률」"로 한다.

㉗ 도시가스사업법 일부를 다음과 같이 개정한다.

제10조 제3항 중 "「지방세외수입금의 징수 등에 관한 법률」"을 "「지방행정제재·부과금의 징수 등에 관한 법률」"로 한다.

㉘ 도시교통정비 촉진법 일부를 다음과 같이 개정한다.

㉒~㊳ 생 략

부 칙 (2014. 5. 21. 대통령령 제25357호)

제1조【시행일】 이 영은 2014년 8월 7일부터 시행한다.

제2조【다른 법령의 개정】 ① 식품위생법 시행령 일부를 다음과 같이 개정한다.

제55조 중 "국세 또는 지방세 체납처분의 예에 따라"를 "국세 체납처분의 예 또는 「지방세외수입금의 징수 등에 관한 법률」에 따라"로 한다.

② 약사법 시행령 일부를 다음과 같이 개정한다.

제34조의 2 제2항 제2호 중 "국세 또는 지방세의 체납처분의 예에 따라"를 "국세 체납처분의 예 또는 「지방세외수입금의 징수 등에 관한 법률」에 따라"로 한다.

③ 의료기기법 시행령 일부를 다음과 같이 개정한다.

제12조의 2 제2항 제2호 중 "국세 또는 지방세의 체납처분의 예에 따라"를 "국세 체납처분의 예 또는 「지방세외수입금의 징수 등에 관한 법률」에 따라"로 한다.

제40조 제2항 중 "「지방세외수입금의 징수 등에 관한 법률」"을 "「지방행정제재 · 부과금의 징수 등에 관한 법률」"로 한다.

㉙ 도시 및 주거환경정비법 일부를 다음과 같이 개정한다.

제113조의 2 제3항 중 "「지방세외수입금의 징수 등에 관한 법률」"을 "「지방행정제재 · 부과금의 징수 등에 관한 법률」"로 한다.

㉚ 도시재정비 촉진을 위한 특별법 일부를 다음과 같이 개정한다.

제27조 제5항 후단 중 "「지방세외수입금의 징수 등에 관한 법률」"을 "「지방행정제재 · 부과금의 징수 등에 관한 법률」"로 한다.

㉛ 마약류 관리에 관한 법률 일부를 다음과 같이 개정한다.

제46조 제4항 본문 및 단서 중 "「지방세외수입금의 징수 등에 관한 법률」"을 각각 "「지방행정제재 · 부과금의 징수 등에 관한 법률」"로 한다.

㉜ 먹는물관리법 일부를 다음과 같이 개정한다.

제51조 제3항 중 "「지방세외수입금의 징수 등에 관한 법률」"을 "「지방행정제재 · 부과금의 징수 등에 관한 법률」"로 한다.

㉝ 모자보건법 일부를 다음과 같이 개정한다.

제15조의 11 제3항 중 "「지방세외수입금의 징수 등에 관한 법률」"을 "「지방행정제재 · 부과금의 징수 등에 관한 법률」"로 한다.

㉞ 물류정책기본법 일부를 다음과 같이 개정한다.

제67조 제3항 중 "「지방세외수입금의 징수 등에 관한 법률」"을 "「지방행정제재 · 부과금의 징수 등에 관한 법률」"로 한다.

㉟ 민간임대주택에 관한 특별법 일부를 다음과 같이 개정한다.

제10조 제3항 중 "「지방세외수입금의 징수 등에 관한 법률」"을 "「지방행정제재 · 부과금의 징수 등에 관한 법률」"로 한다.

㊱ 보조금 관리에 관한 법률 일부를 다음과 같이 개정한다.

제33조의 3 제1항 각 호 외의 부분 중 "「지방세외수입금의 징수 등에 관한 법률」"을 "「지방행정제재 · 부과금의 징수 등에 관한 법률」"로 한다.

㊲ 부동산 거래신고 등에 관한 법률 일부를 다음과 같이 개정한다.

제18조 제7항 중 "「지방세외수입금의 징수 등에 관한 법률」"을 "「지방행정제재 · 부과금의 징수 등에 관한 법률」"로 한다.

㊳ 부동산 실권리자명의 등기에 관한 법률 일부를 다음과 같이 개정한다.

제5조 제6항 중 "「지방세외수입금의 징수 등에 관한 법률」"을 "「지방행정제재 · 부과금의 징수 등에 관한 법률」"로 한다.

㊴ 비료관리법 일부를 다음과 같이 개정한다.

제21조 제3항 중 "「지방세외수입금의 징수 등에 관한 법률」"을 "「지방행정제재 · 부과금의 징수 등에 관한 법률」"로 한다.

㊵ 사료관리법 일부를 다음과 같이 개정한다.

제26조 제3항 중 "「지방세외수입금의 징수 등에 관한 법률」"을 "「지방행정제재 · 부과금의 징수 등에 관한 법률」"로 한다.

㊶ 사회보장급여의 이용 · 제공 및 수급권자 발굴에 관한 법률 일부를 다음과 같이 개정한다.

제22조 제3항 중 "「지방세외수입금의 징수 등에 관한 법률」"을 "「지방행정제재 · 부과금의 징수 등에 관한 법률」"로 한다.

㊷ 사회서비스 이용 및 이용권 관리에 관한 법률 일부를 다음과 같이 개정한다.

제25조 제3항 중 "「지방세외수입금의 징수 등에 관한 법률」"을 "「지방행정제재 · 부과금의 징수 등에 관한 법률」"로 한다.

㊸ 산업입지 및 개발에 관한 법률 일부를 다음과 같이 개정한다.

제53조 제3항 중 "「지방세외수입금의 징수 등에 관한 법률」"을 "「지방행정제재 · 부과금의 징수 등에 관한 법률」"로 한다.

㊹ 법률 제16559호 산업현장 일학습병행 지원에 관한 법률 일부를 다음과 같이 개정한다.

제34조 제5항 중 "「지방세외수입금의 징수 등에 관한 법률」"을 "「지방행정제재 · 부과금의 징수 등에 관한 법률」"로 한다.

㊺ 산지관리법 일부를 다음과 같이 개정한다.

제19조 제9항 중 "「지방세외수입금의 징수 등에 관한 법률」"을 "「지방행정제재 · 부과금의 징수 등에 관한 법률」"로 한다.

㊻ 석유 및 석유대체연료 사업법 일부를 다음과 같이 개정한다.

제14조 제5항 및 제35조 제5항 중 "「지방세외수입금의 징수 등에 관한 법률」"을 각각 "「지방행정제재 · 부과금의 징수 등에 관한 법률」"로 한다.

⑰ 석탄산업법 일부를 다음과 같이 개정한다.

제21조 제6항 중 "「지방세외수입금의 징수 등에 관한 법률」"을 "「지방행정제재·부과금의 징수 등에 관한 법률」"로 한다.

⑱ 소방시설공사업법 일부를 다음과 같이 개정한다.

제10조 제3항 중 "「지방세외수입금의 징수 등에 관한 법률」"을 "「지방행정제재·부과금의 징수 등에 관한 법률」"로 한다.

⑲ 수도권 대기환경개선에 관한 특별법 일부를 다음과 같이 개정한다.

제20조 제8항 중 "「지방세외수입금의 징수 등에 관한 법률」"을 "「지방행정제재·부과금의 징수 등에 관한 법률」"로 한다.

⑳ 수도권정비계획법 일부를 다음과 같이 개정한다.

제15조 제5항 중 "「지방세외수입금의 징수 등에 관한 법률」"을 "「지방행정제재·부과금의 징수 등에 관한 법률」"로 한다.

㉛ 수산물 유통의 관리 및 지원에 관한 법률 일부를 다음과 같이 개정한다.

제56조 제4항 중 "「지방세외수입금의 징수 등에 관한 법률」"을 "「지방행정제재·부과금의 징수 등에 관한 법률」"로 한다.

㉜ 수산업법 일부를 다음과 같이 개정한다.

제91조 제3항 중 "「지방세외수입금의 징수 등에 관한 법률」"을 "「지방행정제재·부과금의 징수 등에 관한 법률」"로 한다.

㉝ 수산자원관리법 일부를 다음과 같이 개정한다.

제44조 제6항 중 "「지방세외수입금의 징수 등에 관한 법률」"을 "「지방행정제재·부과금의 징수 등에 관한 법률」"로 한다.

㉞ 법률 제16567호 수상레저안전법 일부개정법률 일부를 다음과 같이 개정한다.

제51조의 2 제3항의 개정규정 중 "「지방세외수입금의 징수 등에 관한 법률」"을 "「지방행정제재·부과금의 징수 등에 관한 법률」"로 한다.

㉟ 승강기 안전관리법 일부를 다음과 같이 개정한다.

제10조 제2항 및 제45조 제2항 중 "「지방세외수입금의 징수 등에 관한 법률」"을 각각 "「지방행정제재·부과금의 징수 등에 관한 법률」"로 한다.

㊱ 식품 등의 표시·광고에 관한 법률 일부를 다음과 같이 개정한다.

제19조 제3항 각 호 외의 부분 본문·단서 및 제20조 제2항 중 "「지방세외수입금의 징수 등에 관한 법률」"을 각각 "「지방행정제재·부과금의 징수 등에 관한 법률」"로 한다.

㊲ 식품위생법 일부를 다음과 같이 개정한다.

제82조 제4항 각 호 외의 부분 본문·단서 및 제83조 제3항 중 "「지방세외수입금의 징수 등에 관한 법률」"을 각각 "「지방행정제재·부과금의 징수 등에 관한 법률」"로 한다.

㊳ 신문 등의 진흥에 관한 법률 일부를 다음과 같이 개정한다.

제27조 제3항 중 "「지방세외수입금의 징수 등에 관한 법률」"을 "「지방행정제재·부과금의 징수 등에 관한 법률」"로 한다.

㊴ 악취방지법 일부를 다음과 같이 개정한다.

제12조 제3항 중 "「지방세외수입금의 징수 등에 관한 법률」"을 "「지방행정제재·부과금의 징수 등에 관한 법률」"로 한다.

㊵ 액화석유가스의 안전관리 및 사업법 일부를 다음과 같이 개정한다.

제14조 제3항 중 "「지방세외수입금의 징수 등에 관한 법률」"을 "「지방행정제재·부과금의 징수 등에 관한 법률」"로 한다.

㊶ 약사법 일부를 다음과 같이 개정한다.

제81조 제4항 각 호 외의 부분 본문 및 단서 중 "「지방세외수입금의 징수 등에 관한 법률」"을 각각 "「지방행정제재·부과금의 징수 등에 관한 법률」"로 한다.

㊷ 법률 제16568호 양식산업발전법 일부를 다음과 같이 개정한다.

제67조 제2항 후단 중 "「지방세외수입금의 징수 등에 관한 법률」"을 "「지방행정제재·부과금의 징수 등에 관한 법률」"로 한다.

㊸ 어촌특화발전 지원 특별법 일부를 다음과 같이 개정한다.

제38조 제2항 중 "「지방세외수입금의 징수 등에 관한 법률」"을 "「지방행정제재·부과금의 징수 등에 관한 법률」"로 한다.

㊹ 여객자동차 운수사업법 일부를 다음과 같이 개정한다.

제88조 제3항 중 "「지방세외수입금의 징수 등에 관한 법률」"을 "「지방행정제재·부과금의 징수 등에 관한 법률」"로 한다.

㊺ 영산강·섬진강수계 물관리 및 주민지원 등에 관한 법률 일부를 다음과 같이 개정한다.

제13조 제8항 중 "「지방세외수입금의 징수 등에 관한 법률」"을 "「지방행정제재 · 부과금의 징수 등에 관한 법률」"로 한다.

⑯ 영유아보육법 일부를 다음과 같이 개정한다.

제44조의 3 제5항 및 제45조의 2 제3항 중 "「지방세외수입금의 징수 등에 관한 법률」"을 각각 "「지방행정제재 · 부과금의 징수 등에 관한 법률」"로 한다.

⑰ 영화 및 비디오물의 진흥에 관한 법률 일부를 다음과 같이 개정한다.

제68조 제2항 중 "「지방세외수입금의 징수 등에 관한 법률」"을 "「지방행정제재 · 부과금의 징수 등에 관한 법률」"로 한다.

⑱ 옥외광고물 등의 관리와 옥외광고산업 진흥에 관한 법률 일부를 다음과 같이 개정한다.

제10조의 3 제6항 중 "「지방세외수입금의 징수 등에 관한 법률」"을 "「지방행정제재 · 부과금의 징수 등에 관한 법률」"로 한다.

⑲ 위생용품 관리법 일부를 다음과 같이 개정한다.

제22조 제4항 본문 및 단서 중 "「지방세외수입금의 징수 등에 관한 법률」"을 각각 "「지방행정제재 · 부과금의 징수 등에 관한 법률」"로 한다.

⑳ 위험물안전관리법 일부를 다음과 같이 개정한다.

제13조 제3항 중 "「지방세외수입금의 징수 등에 관한 법률」"을 "「지방행정제재 · 부과금의 징수 등에 관한 법률」"로 한다.

⑪ 유료도로법 일부를 다음과 같이 개정한다.

제21조 제1항 · 제4항, 같은 조 제6항 전단 및 제25조의 2 제3항 중 "「지방세외수입금의 징수 등에 관한 법률」"을 각각 "「지방행정제재 · 부과금의 징수 등에 관한 법률」"로 한다.

⑫ 유선 및 도선 사업법 일부를 다음과 같이 개정한다.

제9조의 2 제3항 중 "「지방세외수입금의 징수 등에 관한 법률」"을 "「지방행정제재 · 부과금의 징수 등에 관한 법률」"로 한다.

⑬ 음악산업진흥에 관한 법률 일부를 다음과 같이 개정한다.

제28조 제3항 중 "「지방세외수입금의 징수 등에 관한 법률」"을 "「지방행정제재 · 부과금의 징수 등에 관한 법률」"로 한다.

⑭ 응급의료에 관한 법률 일부를 다음과 같이 개정한다.

제57조 제3항 중 "「지방세외수입금의 징수 등에 관한 법률」"을 "「지방행정제재 · 부과금의 징수 등에 관한 법률」"로 한다.

⑮ 의료기기법 일부를 다음과 같이 개정한다.

제38조 제4항 본문 및 단서 중 "「지방세외수입금의 징수 등에 관한 법률」"을 각각 "「지방행정제재 · 부과금의 징수 등에 관한 법률」"로 한다.

⑯ 자동차관리법 일부를 다음과 같이 개정한다.

제74조 제4항 중 "「지방세외수입금의 징수 등에 관한 법률」"을 "「지방행정제재 · 부과금의 징수 등에 관한 법률」"로 한다.

⑰ 장사 등에 관한 법률 일부를 다음과 같이 개정한다.

제35조 제4항 및 제43조 제6항 중 "「지방세외수입금의 징수 등에 관한 법률」"을 각각 "「지방행정제재 · 부과금의 징수 등에 관한 법률」"로 한다.

⑱ 장애인 건강권 및 의료접근성 보장에 관한 법률 일부를 다음과 같이 개정한다.

제17조의 2 제2항 중 "「지방세외수입금의 징수 등에 관한 법률」"을 "「지방행정제재 · 부과금의 징수 등에 관한 법률」"로 한다.

⑲ 장애인 · 노인 · 임산부 등의 편의증진 보장에 관한 법률 일부를 다음과 같이 개정한다.

제24조 제7항 중 "「지방세외수입금의 징수 등에 관한 법률」"을 "「지방행정제재 · 부과금의 징수 등에 관한 법률」"로 한다.

⑳ 장애인활동 지원에 관한 법률 일부를 다음과 같이 개정한다.

제24조의 2 제4항 중 "「지방세외수입금의 징수 등에 관한 법률」"을 "「지방행정제재 · 부과금의 징수 등에 관한 법률」"로 한다.

㉑ 전기공사업법 일부를 다음과 같이 개정한다.

제28조 제4항 중 "「지방세외수입금의 징수 등에 관한 법률」"을 "「지방행정제재 · 부과금의 징수 등에 관한 법률」"로 한다.

㉒ 정보통신공사업법 일부를 다음과 같이 개정한다.

제66조의 2 제3항 중 "「지방세외수입금의 징수 등에 관한 법률」"을 "「지방행정제재 · 부과금의 징수 등에 관한 법률」"로 한다.

㉓ 정신건강증진 및 정신질환자 복지서비스 지원에 관한 법률 일부를 다음과 같이 개정한다.

제20조 제3항 중 "「지방세외수입금의 징수 등에 관한 법률」"을 "「지방행정제재 · 부과금의 징수 등에 관한 법률」"로 한다.

⑭ 주차장법 일부를 다음과 같이 개정한다.

제32조 제6항 중 "「지방세외수입금의 징수 등에 관한 법률」"을 "「지방행정제재·부과금의 징수 등에 관한 법률」"로 한다.

⑮ 지방세기본법 일부를 다음과 같이 개정한다.

제135조 제2항 제2호 마목 중 "「지방세외수입금의 징수 등에 관한 법률」"을 "「지방행정제재·부과금의 징수 등에 관한 법률」"로 한다.

⑯ 지적재조사에 관한 특별법 일부를 다음과 같이 개정한다.

제21조 제6항 중 "「지방세외수입금의 징수 등에 관한 법률」"을 "「지방행정제재·부과금의 징수 등에 관한 법률」"로 한다.

⑰ 지하수법 일부를 다음과 같이 개정한다.

제30조의 3 제5항 중 "「지방세외수입금의 징수 등에 관한 법률」"을 "「지방행정제재·부과금의 징수 등에 관한 법률」"로 한다.

⑱ 청소년 보호법 일부를 다음과 같이 개정한다.

제54조 제4항 중 "「지방세외수입금의 징수 등에 관한 법률」"을 "「지방행정제재·부과금의 징수 등에 관한 법률」"로 한다.

⑲ 법률 제16234호 축산계열화사업에 관한 법률 일부개정법률 일부를 다음과 같이 개정한다.

제5조의 7 제4항 본문 및 단서의 개정규정 중 "「지방세외수입금의 징수 등에 관한 법률」"을 각각 "「지방행정제재·부과금의 징수 등에 관한 법률」"로 한다.

⑳ 축산물 위생관리법 일부를 다음과 같이 개정한다.

제28조 제4항 본문·단서 및 제28조의 2 제3항 중 "「지방세외수입금의 징수 등에 관한 법률」"을 각각 "「지방행정제재·부과금의 징수 등에 관한 법률」"로 한다.

㉑ 법률 제16550호 축산법 일부개정법률 일부를 다음과 같이 개정한다.

제25조의 2 제2항 중 "「지방세외수입금의 징수 등에 관한 법률」"을 "「지방행정제재·부과금의 징수 등에 관한 법률」"로 한다.

㉒ 폐기물관리법 일부를 다음과 같이 개정한다.

제28조 제3항 및 제46조의 2 제3항 중 "「지방세외수입금의 징수 등에 관한 법률」"을 각각 "「지방행정제재·부과금의 징수 등에 관한 법률」"로 한다.

㉓ 하수도법 일부를 다음과 같이 개정한다.

제50조 제4항 중 "「지방세외수입금의 징수 등에 관한 법률」"을 "「지방행정제재·부과금의 징수 등에 관한 법률」"로 한다.

㉔ 학교용지 확보 등에 관한 특례법 일부를 다음과 같이 개정한다.

제5조의 3 제3항 중 "「지방세외수입금의 징수 등에 관한 법률」"을 "「지방행정제재·부과금의 징수 등에 관한 법률」"로 한다.

㉕ 한강수계 상수원수질개선 및 주민지원 등에 관한 법률 일부를 다음과 같이 개정한다.

제8조의 5 제8항 중 "「지방세외수입금의 징수 등에 관한 법률」"을 "「지방행정제재·부과금의 징수 등에 관한 법률」"로 한다.

㉖ 해양심층수의 개발 및 관리에 관한 법률 일부를 다음과 같이 개정한다.

제45조 제2항 중 "「지방세외수입금의 징수 등에 관한 법률」"을 "「지방행정제재·부과금의 징수 등에 관한 법률」"로 한다.

㉗ 혁신도시 조성 및 발전에 관한 특별법 일부를 다음과 같이 개정한다.

제55조의 2 제6항 중 "「지방세외수입금의 징수 등에 관한 법률」"을 "「지방행정제재·부과금의 징수 등에 관한 법률」"로 한다.

㉘ 화재예방, 소방시설 설치·유지 및 안전관리에 관한 법률 일부를 다음과 같이 개정한다.

제35조 제3항 중 "「지방세외수입금의 징수 등에 관한 법률」"을 "「지방행정제재·부과금의 징수 등에 관한 법률」"로 한다.

제5조【다른 법령과의 관계】 이 법 시행 당시 다른 법령에서 종전의 「지방세외수입금의 징수 등에 관한 법률」 또는 그 규정을 인용한 경우 이 법 중 그에 해당하는 규정이 있는 경우에는 종전의 「지방세외수입금의 징수 등에 관한 법률」 또는 그 규정을 갈음하여 이 법 또는 이 법의 해당 규정을 인용한 것으로 본다.

부 칙 (2020. 2. 4. 법률 제16957호 ; 신용정보의 이용 및 보호에 관한 법률 부칙)

제1조【시행일】 이 법은 공포 후 6개월이 경과한 날부터 시행한다. (단서생략)

제2조~제11조 생 략

제12조【다른 법률의 개정】 ①~㉑ 생 략

㉒ 지방세외수입금의 징수 등에 관한 법률 일부를 다음과 같이 개정한다.

제6조 제1항 각 호 외의 부분 본문 중 "「신용정보

의 이용 및 보호에 관한 법률」 제2조 제4호에 따른 신용정보업의 허가를 받은 자 또는 같은 법 제2조 제6호에 따른 신용정보집중기관"을 "「신용정보의 이용 및 보호에 관한 법률」 제2조 제6호에 따른 신용정보집중기관"으로 한다.

㉓~㉙ 생 략

제13조 생 략

부 칙 (2020. 1. 29. 법률 제16885호)

제1조【시행일】 이 영은 공포한 날부터 시행한다.

제2조【소액 징수면제에 관한 적용례】 제7조의 5의 개정규정은 이법 시행 이후 납입 고지할 지방세외수입금이 2천원 미만인 경우부터 적용한다.

부 칙 (2017. 12. 26. 법률 제15293호)

이 법은 공포 후 6개월이 경과한 날부터 시행한다.

부 칙 (2017. 7. 26. 법률 제14839호 ; 정부조직법 부칙)

제1조【시행일】 ① 이 법은 공포한 날부터 시행한다. 다만, 부칙 제5조에 따라 개정되는 법률 중 이 법 시행 전에 공포되었으나 시행일이 도래하지 아니한 법률을 개정한 부분은 각각 해당 법률의 시행일부터 시행한다.

제2조~제4조 생 략

제5조【다른 법률의 개정】 ①~㉒ 생 략

㊸ 지방세외수입금의 징수 등에 관한 법률 일부를 다음과 같이 개정한다.

제2조 제1호의 2 중 "행정자치부령"을 "행정안전부령"으로 한다.

제2조 제12호, 제5조 제1항, 같은 조 제2항 전단, 같은 조 제3항 단서, 제7조의 3 제4항, 제20조 제2항 각 호 외의 부분, 같은 조 제3항 · 제4항, 제22조 제1항 각 호 외의 부분, 같은 조 제2항, 제22조의 2 제1항 · 제2항, 같은 조 제3항 전단 및 같은 조 제4항 · 제5항 중 "행정자치부장관"을 각각 "행정안전부장관"으로 한다.

(94)~(382) 생 략

제6조 생 략

부 칙 (2016. 12. 27. 법률 제14476호 ; 지방세징수법 부칙)

제1조【시행일】 이 법은 공포 후 3개월이 경과한 날부터 시행한다. (단서생략)

제2조~제3조 생 략

제4조【다른 법률의 개정】 ①~㊺ 생 략

㊻ 지방세외수입금의 징수 등에 관한 법률 일부를 다음과 같이 개정한다.

제17조 제5항 중 "「지방세기본법」 제84조"를 "「지방세징수법」 제29조"로 하고, 제19조 중 "「지방세기본법」 제96조"를 "「지방세징수법」 제106조"로 한다.

㊼~(64) 생 략

제5조 생 략

부 칙 (2016. 12. 27. 법률 제14474호 ; 지방세기본법 부칙)

제1조【시행일】 이 법은 공포 후 3개월이 경과한 날부터 시행한다.

제2조~제12조 생 략

제13조【다른 법률의 개정】 ①~⑨ 생 략

⑩ 지방세외수입금의 징수 등에 관한 법률 일부를 다음과 같이 개정한다.

제5조 제1항 중 "「지방세기본법」 제134조의 5 또는 제134조의 6"을 "「지방세기본법」 제129조 또는 제130조"로, "같은 법 제134조의 3"을 "같은 법 제127조"로, "「지방세기본법」 제134조의 4"를 "「지방세기본법」 제128조"로 하고, 제7조의 3 제1항 본문 중 "「지방세기본법」 제141조"를 "「지방세기본법」 제147조"로 하며, 제17조 제3항 후단 중 "「지방세기본법」 제85조부터 제90조"를 "「지방세기본법」 제65조부터 제70조"로 한다.

⑪~⑭ 생 략

제14조 생 략

부 칙 (2016. 5. 29. 법률 제14193호)

제1조【시행일】 이 법은 공포 후 6개월이 경과한 날부터 시행한다.

제2조【적용례】 제7조의 2 및 제7조의 3의 개정규정은 이 법 시행 후 지방세외수입금을 체납하는 납부의무자부터 적용한다.

부 칙 (2015. 5. 18. 법률 제13294호)

이 법은 공포 후 6개월이 경과한 날부터 시행한다.

부 칙 (2014. 11. 19. 법률 제12844호 ; 정부조직법 부칙)

제1조【시행일】 이 법은 공포한 날부터 시행한다. 다만, 부칙 제6조에 따라 개정되는 법률 중 이 법 시행 전에 공포되었으나 시행일이 도래하지 아니한 법률을 개정한 부분은 각각 해당 법률의 시행일부터 시행한다.

제2조～제5조 생 략

제6조【다른 법률의 개정】 ①～⑩⑧ 생 략

⑩⑨ 지방세외수입금의 징수 등에 관한 법률 일부를 다음과 같이 개정한다.

제2조 제12호 중 "안전행정부령"을 "행정자치부령"으로 한다.

제2조 제12호, 제5조 제1항, 같은 조 제2항 전단, 같은 조 제3항 단서, 제20조 제2항 각 호 외의 부분, 같은 조 제3항 · 제4항, 제22조 제1항 각 호 외의 부분 및 같은 조 제2항 중 "안전행정부장관"을 각각 "행정자치부장관"으로 한다.

⑪⓪～㉕⑧ 생 략

제7조 생 략

부 칙 (2014. 5. 20. 법률 제12617호 ; 기초연금법 부칙)

제1조【시행일】 이 법은 2014년 7월 1일부터 시행한다. 다만, 부칙 제15조 제5항은 2014년 8월 7일부터 시행한다.

제2조～제14조 생 략

제15조【다른 법률의 개정】 ①～④ 생 략

⑤ 법률 제11998호 지방세외수입금의 징수 등에 관한 법률 일부를 다음과 같이 개정한다.

제14조 제1항 제4호 중 "「기초노령연금법」에 따른 연금"을 "「기초연금법」에 따른 기초연금"으로 한다.

제16조 생 략

지방행정제재 · 부과금의 징수 등에 관한 법률 시행령 별표

〔별 표〕

지방세외수입금(제2조 관련)

1. 과징금
   가. 「가축분뇨의 관리 및 이용에 관한 법률」 제33조에 따른 과징금
   나. 「건설기술 진흥법」 제32조에 따른 과징금
   다. 「건설폐기물의 재활용촉진에 관한 법률」 제26조에 따른 과징금
   라. 「게임산업진흥에 관한 법률」 제36조에 따른 과징금
   마. 「고압가스 안전관리법」 제9조의 2에 따른 과징금
   바. 「공중위생관리법」 제11조의 2에 따른 과징금
   사. 「관광진흥법」 제37조에 따른 과징금
   아. 「궤도운송법」 제13조에 따른 과징금
   자. 「금강수계 물관리 및 주민지원 등에 관한 법률」 제14조에 따른 과징금
   차. 「낙동강수계 물관리 및 주민지원 등에 관한 법률」 제14조에 따른 과징금
   카. 「대기환경보전법」 제37조에 따른 과징금
   타. 「도시가스사업법」 제10조에 따른 과징금
   파. 「먹는물관리법」 제51조에 따른 과징금
   하. 「모자보건법」 제15조의 11에 따른 과징금
   거. 「부동산 실권리자명의 등기에 관한 법률」 제5조 및 제10조에 따른 과징금
   너. 「비료관리법」 제21조에 따른 과징금
   더. 「사료관리법」 제26조에 따른 과징금
   러. 「사회서비스 이용 및 이용권 관리에 관한 법률」 제25조에 따른 과징금
   머. 「산업입지 및 개발에 관한 법률」 제53조에 따른 과징금
   버. 「석유 및 석유대체연료 사업법」 제14조 및 제35조에 따른 과징금
   서. 「석탄산업법」 제21조에 따른 과징금
   어. 「소방시설공사업법」 제10조에 따른 과징금
   저. 「소방시설 설치 · 유지 및 안전관리에 관한 법률」 제35조에 따른 과징금
   처. 「수산업법」 제91조에 따른 과징금
   커. 「승강기시설 안전관리법」 제12조의 2에 따른 과징금
   터. 「식품위생법」 제82조 및 제83조에 따른 과징금
   퍼. 「신문 등의 진흥에 관한 법률」 제27조에 따른 과징금
   허. 「악취방지법」 제12조에 따른 과징금
   고. 「액화석유가스의 안전관리 및 사업법」 제10조에 따른 과징금
   노. 「약사법」 제81조에 따른 과징금
   도. 「어촌특화발전 지원 특별법」 제38조에 따른 과징금
   로. 「여객자동차 운수사업법」 제88조에 따른 과징금
   모. 「영산강 · 섬진강수계 물관리 및 주민지원 등에 관한 법률」 제14조에 따른 과징금
   보. 「영유아보육법」 제45조의 2에 따른 과징금
   소. 「영화 및 비디오물의 진흥에 관한 법률」 제68조에 따른 과징금
   오. 「위험물안전관리법」 제13조에 따른 과징금
   조. 「유선 및 도선 사업법」 제9조의 2에 따른 과징금
   초. 「유해화학물질 관리법」 제49조에 따른 과징금
   코. 「음악산업진흥에 관한 법률」 제28조에 따른 과징금
   토. 「응급의료에 관한 법률」 제57조에 따른 과징금
   포. 「의료기기법」 제38조에 따른 과징금
   호. 「임대주택법」 제40조에 따른 과징금
   구. 「자동차관리법」 제74조에 따른 과징금
   누. 「장사 등에 관한 법률」 제35조에 따른 과징금
   두. 「전기공사업법」 제28조에 따른 과징금
   루. 「정보통신공사업법」 제66조의 2에 따른 과징금

무. 「정신보건법」 제12조의 3에 따른 과징금

부. 「주택법」 제54조에 따른 과징금

수. 「청소년 보호법」 제54조에 따른 과징금

우. 「축산물 위생관리법」 제28조에 따른 과징금

주. 「폐기물관리법」 제28조 및 제46조의 2에 따른 과징금

추. 「하수도법」 제50조에 따른 과징금

쿠. 「한강수계 상수원수질개선 및 주민지원 등에 관한 법률」 제8조의 6에 따른 과징금

투. 「해양심층수의 개발 및 관리에 관한 법률」 제45조에 따른 과징금

2. 이행강제금

가. 「개발제한구역의 지정 및 관리에 관한 특별조치법」 제30조의 2에 따른 이행강제금

나. 「건축법」 제80조에 따른 이행강제금

다. 「교통약자의 이동편의 증진법」 제29조의 2에 따른 이행강제금

라. 「국토의 계획 및 이용에 관한 법률」 제124조의 2에 따른 이행강제금

마. 「노인복지법」 제62조에 따른 이행강제금

바. 「농지법」 제62조에 따른 이행강제금

사. 「다중이용업소의 안전관리에 관한 특별법」 제26조에 따른 이행강제금

아. 「부동산 실권리자명의 등기에 관한 법률」 제6조 및 제10조에 따른 이행강제금

자. 「어촌특화발전 지원 특별법」 제39조에 따른 이행강제금

차. 「옥외광고물 등 관리법」 제10조의 3에 따른 이행강제금

카. 「장사 등에 관한 법률」 제43조에 따른 이행강제금

타. 「주차장법」 제32조에 따른 이행강제금

3. 부담금

가. 「국토의 계획 및 이용에 관한 법률」 제69조에 따른 기반시설설치비용

나. 「금강수계 물관리 및 주민지원 등에 관한 법률」 제13조에 따른 총량초과부과금

다. 「낙동강수계 물관리 및 주민지원 등에 관한 법률」 제13조에 따른 총량초과부과금

라. 「대기환경보전법」 제35조에 따른 배출부과금

마. 「대도시권 광역교통 관리에 관한 특별법」 제11조에 따른 광역교통시설 부담금

바. 「도시교통정비 촉진법」 제36조에 따른 교통유발부담금

사. 「도시재정비 촉진을 위한 특별법」 제26조에 따른 기반시설 설치비용

아. 「산지관리법」 제19조에 따른 대체산림자원조성비

자. 「수도권정비계획법」 제12조에 따른 과밀부담금

차. 「수산자원관리법」 제44조에 따른 조성금

카. 「영산강 · 섬진강수계 물관리 및 주민지원 등에 관한 법률」 제13조에 따른 총량초과 부과금

타. 「지하수법」 제30조의 3에 따른 지하수이용부담금

파. 「학교용지 확보 등에 관한 특례법」 제5조에 따른 부담금

하. 「한강수계 상수원수질개선 및 주민지원 등에 관한 법률」 제8조의 5에 따른 총량초과부과금

4. 그 밖에 다른 법률에서 지방자치단체의 장이 이 법에 따라 징수하기로 한 조세 외의 금전

〔**별 표**〕 삭 제 (2016. 11. 22.)

지방행정제재 · 부과금의 징수 등에 관한 법률 시행규칙 별표

〔별 표〕 (2020. 3. 24. 신설)

지방세외수입정보통신망 기준(제2조 관련)

항 목	기 준
목 적	「지방행정제재 · 부과금의 징수 등에 관한 법률」 및 지방행정제재부과금관계법에 따른 지방행정제재 · 부과금의 납부 등을 전자적으로 하여 납부의무자에게 편의를 제공함
범 위	「지방행정제재 · 부과금의 징수 등에 관한 법률」 및 지방행정제재 · 부과금관계법에 규정된 지방행정제재 · 부과금의 납부 및 징수 관련 사항
전자문서의 도달일	납부의무자가 지정한 전자우편주소에 입력된 때(지방세외수입정보통신망에 저장하는 경우에는 저장된 때)
전자문서 송달장소	지방자치단체의 장이 운영하는 전자우편주소
자료의 전송	지방행정제재 · 부과금 납부고지서 등 중요한 자료는 암호화하여 전송하도록 함

국세와 지방세의 조정 등에 관한 법률

국세와 지방세의 조정 등에 관한 법률

국세와 지방세의 조정 등에 관한 법률

개정 2014. 1. 14. 법률 제12226호

제1조【목 적】 이 법은 국세(國稅)와 지방세(地方稅)의 조정(調整) 등에 필요한 사항을 규정함을 목적으로 한다. (2014. 1. 14. 개정)

제2조【국 세】 국가는 다음 각 호의 국세를 과세(課稅)한다. (2014. 1. 14. 개정)

1. 소득세 (2014. 1. 14. 개정)
2. 법인세 (2014. 1. 14. 개정)
3. 상속세와 증여세 (2014. 1. 14. 개정)
4. 종합부동산세 (2014. 1. 14. 개정)
5. 부가가치세 (2014. 1. 14. 개정)
6. 개별소비세 (2014. 1. 14. 개정)
7. 교통 · 에너지 · 환경세 (2014. 1. 14. 개정)
8. 주세(酒稅) (2014. 1. 14. 개정)
9. 인지세(印紙稅) (2014. 1. 14. 개정)
10. 증권거래세 (2014. 1. 14. 개정)
11. 교육세 (2014. 1. 14. 개정)
12. 농어촌특별세 (2014. 1. 14. 개정)
13. 재평가세 (2014. 1. 14. 개정)
14. 관세 (2014. 1. 14. 개정)
15. 임시수입부가세 (2014. 1. 14. 개정)

제3조【지방세】 지방자치단체는 다음 각 호의 구분에 따른 지방세를 과세한다. (2014. 1. 14. 개정)

1. 보통세 (2014. 1. 14. 개정)
   가. 취득세 (2014. 1. 14. 개정)
   나. 등록면허세 (2014. 1. 14. 개정)
   다. 레저세 (2014. 1. 14. 개정)
   라. 담배소비세 (2014. 1. 14. 개정)
   마. 지방소비세 (2014. 1. 14. 개정)
   바. 주민세 (2014. 1. 14. 개정)
   사. 지방소득세 (2014. 1. 14. 개정)
   아. 재산세 (2014. 1. 14. 개정)
   자. 자동차세 (2014. 1. 14. 개정)
2. 목적세 (2014. 1. 14. 개정)
   가. 지역자원시설세 (2014. 1. 14. 개정)
   나. 지방교육세 (2014. 1. 14. 개정)

제4조【중복과세의 금지】 국가와 지방자치단체는 이 법에서 규정한 것을 제외하고는 과세물건(課稅物件)이 중복되는 어떠한 명목의 세법(稅法)도 제정하여서는 아니 된다. (2014. 1. 14. 개정)

제5조【국세의 지방양여】 ① 삭 제 (2004. 1. 29. ; 지방양여금법 부칙)
② 삭 제 (2004. 12. 30. ; 지방교육양여금법 부칙)

부　칙 (2014. 1. 14. 법률 제12226호)
이 법은 공포한 날부터 시행한다.

부　칙 (2010. 3. 31. 법률 제10219호 ; 지방세기본법 부칙)
제1조【시행일】 이 법은 2011년 1월 1일부터 시행한다.
제2조～제10조 생　략
제11조【다른 법률의 개정】 ①～⑧ 생　략
⑨ 국세와 지방세의 조정 등에 관한 법률 일부를 다음과 같이 개정한다.
제3조 중 "取得稅·登錄稅·免許稅·지방소비세·주민세·지방소득세·재산세·자동차세·주행세·담배消費稅·屠畜稅 및 레저세"를 "취득세·등록면허세·레저세·담배소비세·지방소비세·주민세·지방소득세·재산세 및 자동차세"로, "都市計劃稅·共同施設稅·지역개발세 및 地方教育稅"를 "지역자원시설세 및 지방교육세"로 한다.
⑩～61 생　략
제12조 생　략

부　칙 (2010. 1. 1. 법률 제9912호)
이 법은 2010년 1월 1일부터 시행한다.

부　칙 (2007. 12. 31. 법률 제8829호 ; 특별소비세법 부칙)
제1조【시행일】 이 법은 2008년 1월 1일부터 시행한다.
제2조～제10조 생 략
제11조【다른 법률의 개정】 ①～③ 생　략
④ 국세와 지방세의 조정등에 관한 법률 일부를 다음과 같이 개정한다.
제2조 중 "특별소비세"를 "개별소비세"로 한다.
⑤～⑬ 생　략
제12조 생　략

부　칙 (2007. 7. 19. 법률 제8521호 ; 부당이득세법 부칙)
제1조【시행일】 이 법은 공포한 날부터 시행한다.
제2조【다른 법률의 개정】 ① 생　략
② 국세와 지방세의 조정 등에 관한 법률 일부를 다음과 같이 개정한다.
제2조 중 "재평가세·부당이득세"를 "재평가세"로 한다.

부　칙 (2006. 12. 30. 법률 제8138호 ; 교통세법 부칙)
제1조【시행일】 이 법은 2007년 1월 1일부터 시행한다. (단서 생략)
제2조～제4조 생　략
제5조【다른 법률의 개정】 ① 국세와 지방세의 조정등에 관한 법률 일부를 다음과 같이 개정한다.
제2조 중 "교통세"를 "교통·에너지·환경세"로 한다.
②～⑨ 생　략
제6조 생　략

부　칙 (2005. 1. 5. 법률 제7331호)
이 법은 공포한 날부터 시행한다.

부　칙 (2004. 12. 30. 법률 제7253호 ; 지방교육양여금법 부칙)
제1조【시행일】 이 법은 2005년 1월 1일부터 시행한다.
제2조【다른 법률의 개정】 ① 생　략
② 국세와 지방세의 조정등에 관한 법률 중 다음과 같이 개정한다.
제5조 제2항을 삭제한다.

지방세 관계법령

목 차

조세특례제한법

법 률

제1장 총 칙

제5장 외국인투자 등에 대한 조세특례

시 행 령

제1장 총 칙

제5장 외국인투자 등에 대한 조세특례

시행규칙

법 률

제1장 총 칙

제5장 외국인투자 등에 대한 조세특례

시 행 령

제1장 총 칙

제5장 외국인투자 등에 대한 조세특례

시행규칙

조세특례제한법

개정 2024. 12. 31. 법률 제20617호
(관광진흥법 부칙) 2024. 2. 27. 법률 제20357호
(무역조정~부칙) 2024. 2. 20. 법률 제20320호
(벤처기업 육성에~부칙) 2024. 1. 9. 법률 제19990호

2023. 12. 31. 법률 제19936호
(벤처투자 촉진에 관한 법률 부칙) 2023. 6. 20. 법률 제19504호
(소재 · 부품 · 장비~부칙) 2023. 6. 13. 법률 제19438호
(지방자치분권~부칙) 2023. 6. 9. 법률 제19430호
2023. 4. 11. 법률 제19328호
2022. 12. 31. 법률 제19199호
(비상대비자원관리법 부칙) 2022. 1. 4. 법률 제18682호
(중소기업창업지원법 부칙) 2021. 12. 28. 법률 제18661호
2021. 12. 28. 법률 제18634호
(도서관법 부칙) 2021. 12. 7. 법률 제18547호
(세무사법 부칙) 2021. 11. 23. 법률 제18521호
(자유무역협정체결에 따른 무역조정지원에 관한 법률 부칙) 2021. 10. 19. 법률 제18503호
(근로자직업능력 개발법 부칙) 2021. 8. 17. 법률 제18425호
2021. 8. 10. 법률 제18371호
(지역중소기업 육성 및 혁신촉진 등에 관한 법률 부칙) 2021. 7. 27. 법률 제18358호
(연구산업진흥법 부칙) 2021. 4. 20. 법률 제18075호
2021. 3. 16. 법률 제17926호
(5 · 18민주유공자예우에 관한 법률 부칙) 2021. 1. 5. 법률 제17883호
(독점규제~법률 부칙) 2020. 12. 29. 법률 제17799호

조세특례제한법 시행령

개정 2024. 12. 31. 대통령령 제35123호
(전북특별자치도~부칙) 2024. 12. 24. 대통령령 제35089호
(무역조정~부칙) 2024. 12. 10. 대통령령 제35053호
2024. 11. 12. 대통령령 제34992호
(중소기업~부칙) 2024. 10. 8. 대통령령 제34940호
(근현대문화유산~부칙) 2024. 9. 10. 대통령령 제34881호
(산업재산정보의~부칙) 2024. 8. 6. 대통령령 제34809호
(한국도로교통공단법 시행령 부칙) 2024. 7. 23. 대통령령 제34731호
(기부금품의~부칙) 2024. 7. 23. 대통령령 제34728호
(벤처기업육성에~부칙) 2024. 7. 2. 대통령령 제34657호
(강원특별자치도~부칙) 2024. 6. 4. 대통령령 제34550호
(문화재보호법 시행령 부칙) 2024. 5. 7. 대통령령 제34488호
2024. 3. 28. 대통령령 제34365호
(농산물의~부칙) 2024. 3. 26. 대통령령 제34356호
2024. 2. 29. 대통령령 제34263호
(벤처투자 촉진~부칙) 2023. 12. 19. 대통령령 제34011호
(소재 · 부품~부칙) 2023. 12. 5. 대통령령 제33899호

조세특례제한법 시행규칙

개정 2024. 12. 31. 기획재정부령 제1099호
(종이없는~기획재정부령) 2024. 12. 3. 기획재정부령 제1092호
2024. 11. 15. 기획재정부령 제1088호
2024. 3. 29. 기획재정부령 제1063호
2024. 3. 22. 기획재정부령 제1042호

(소재 · 부품~부칙) 2024. 1. 5. 산업통상자원부령 제 544호
2023. 12. 29. 기획재정부령 제1035호
2023. 8. 29. 기획재정부령 제1012호
2023. 6. 9. 기획재정부령 제 998호
2023. 6. 7. 기획재정부령 제 997호
2023. 3. 20. 기획재정부령 제 977호
2022. 12. 31. 기획재정부령 제 953호
2022. 3. 18. 기획재정부령 제 904호
2021. 11. 9. 기획재정부령 제 870호
2021. 5. 13. 기획재정부령 제 854호
2021. 3. 16. 기획재정부령 제 831호
2020. 6. 15. 기획재정부령 제 795호
2020. 4. 21. 기획재정부령 제 791호

2020. 12. 29. 법률 제17759호
(한국철도시설공단법 부칙) 2020. 6. 9. 법률 제17460호
(국가정보화기본법 부칙) 2020. 6. 9. 법률 제17344호
(법률용어정비를 위한~법률) 2020. 6. 9. 법률 제17339호
2020. 5. 19. 법률 제17254호
2020. 3. 23. 법률 제17073호
(수산업협동조합의~부칙) 2020. 2. 18. 법률 제17039호
(벤처투자 촉진에 관한 법률 부칙) 2020. 2. 11. 법률 제16998호
(소재·부품전문기업 등의~부칙) 2019. 12. 31. 법률 제16859호
2019. 12. 31. 법률 제16835호
(금융회사 부실자산~법률 부칙) 2019. 11. 26. 법률 제16652호
(파견근로자보호~부칙) 2019. 4. 30. 법률 제16413호
(첨단의료복합단지~부칙) 2019. 4. 30. 법률 제16407호
(중소기업진흥에~부칙) 2018. 12. 31. 법률 제16172호
(환경친화적~부칙) 2018. 12. 31. 법률 제16133호
2018. 12. 24. 법률 제16009호
(노인장기요양보험법 부칙) 2018. 12. 11. 법률 제15881호
2018. 10. 16. 법률 제15785호
2018. 5. 29. 법률 제15623호
(민간임대주택에 관한 특별법 부칙) 2018. 1. 16. 법률 제15356호
(공공기관 지방이전에 따른~부칙) 2017. 12. 26. 법률 제15309호
2017. 12. 19. 법률 제15227호
(주식회사의~법률 부칙) 2017. 10. 31. 법률 제15022호
2017. 9. 12. 법률 제14874호
2017. 4. 18. 법률 제14760호
(빈집 및 소규모주택~부칙) 2017. 2. 8. 법률 제14569호
(도시 및 주거환경정비법 부칙) 2017. 2. 8. 법률 제14567호
(농업협동조합법 부칙) 2016. 12. 27. 법률 제14481호
2016. 12. 20. 법률 제14390호
(2018 평창~특별법 부칙) 2016. 5. 29. 법률 제14198호
(여신전문금융업법 부칙) 2016. 3. 29. 법률 제14127호
(기술신용보증기금법 부칙) 2016. 3. 29. 법률 제14122호
(중소기업진흥에 관한 법률 부칙) 2016. 3. 29. 법률 제14111호

(민간임대주택~부칙) 2023. 9. 26. 대통령령 제33764호
2023. 8. 29. 대통령령 제33682호
(지방자치분권~부칙) 2023. 7. 7. 대통령령 제33621호
2023. 6. 7. 대통령령 제33499호
(국가보훈부와~부칙) 2023. 4. 11. 대통령령 제33382호
2023. 2. 28. 대통령령 제33264호
2022. 12. 31. 대통령령 제33208호
(농어업경영체~부칙) 2022. 5. 9. 대통령령 제32636호
(기후위기 대응을~부칙) 2022. 3. 25. 대통령령 제32557호
(금융회사부실자산~부칙) 2022. 2. 17. 대통령령 제32449호
(근로자직업~부칙) 2022. 2. 17. 대통령령 제32447호
(개별소비세법 시행령 부칙) 2022. 2. 15. 대통령령 제32416호
2022. 2. 15. 대통령령 제32413호
(지역중소기업~부칙) 2022. 1. 25. 대통령령 제32370호
2021. 11. 9. 대통령령 제32105호
(연구산업진흥법 시행령 부칙) 2021. 10. 19. 대통령령 제32063호
(한국광해광업공단법 시행령 부칙)
2021. 8. 31. 대통령령 제31961호
2021. 5. 4. 대통령령 제31661호
(5·18민주유공자예우에 관한 법률 시행령 부칙)
2021. 4. 6. 대통령령 제31614호
(지방세법 시행령 부칙) 2021. 2. 17. 대통령령 제31463호
2021. 2. 17. 대통령령 제31444호
(소상공인기본법 시행령 부칙) 2021. 2. 2. 대통령령 제31429호
(어려운 법률용어~대통령령) 2021. 1. 5. 대통령령 제31380호
2020. 12. 29. 대통령령 제31295호
(국가정보화~시행령 부칙) 2020. 12. 8. 대통령령 제31220호
(생명공학~시행령 부칙) 2020. 11. 20. 대통령령 제31168호
2020. 10. 7. 대통령령 제31086호
(양식산업발전법 시행령 부칙) 2020. 8. 26. 대통령령 제30977호
(벤처투자 촉진에 관한 법률 시행령 부칙)
2020. 8. 11. 대통령령 제30934호
(외국인투자촉진법 시행령 부칙) 2020. 8. 5. 대통령령 제30918호

2020. 3. 13. 기획재정부령 제 776호
2019. 3. 20. 기획재정부령 제 726호
2018. 3. 21. 기획재정부령 제 669호
2018. 1. 9. 기획재정부령 제 653호
2017. 12. 29. 기획재정부령 제 649호
2017. 3. 17. 기획재정부령 제 614호
2017. 3. 10. 기획재정부령 제 606호
2016. 8. 9. 기획재정부령 제 569호
2016. 3. 14. 기획재정부령 제 555호
2016. 2. 25. 기획재정부령 제 539호
2015. 10. 30. 기획재정부령 제 506호

(주식 · 사채 등의~법률 부칙) 2016. 3. 22. 법률 제14096호
(서민의 금융생활~법률 부칙) 2016. 3. 22. 법률 제14095호
(공중위생관리법 부칙) 2016. 2. 3. 법률 제13983호
(자유무역지역의~법률 부칙) 2016. 1. 27. 법률 제13856호
(외국인투자 촉진법 부칙) 2016. 1. 27. 법률 제13854호
(주택법 부칙) 2016. 1. 19. 법률 제13805호
(부동산 거래신고에 관한 법률 부칙)
2016. 1. 19. 법률 제13797호
(예금자보호법 부칙) 2015. 12. 22. 법률 제13613호
(고엽제후유의증 등~법률 부칙) 2015. 12. 22. 법률 제13605호
2015. 12. 15. 법률 제13560호

(신용정보의 이용~부칙) 2020. 8. 4. 대통령령 제30893호
(개인정보보호법 시행령 부칙) 2020. 8. 4. 대통령령 제30892호
2020. 6. 2. 대통령령 제30723호
(문화재보호법 시행령 부칙) 2020. 5. 26. 대통령령 제30704호
2020. 4. 14. 대통령령 제30609호
(소재 · 부품전문기업 등의~시행령 부칙)
2020. 3. 31. 대통령령 제30586호
(건설산업기본법 시행령 부칙) 2020. 2. 18. 대통령령 제30423호
2020. 2. 11. 대통령령 제30390호
(문화재보호법 시행령 부칙) 2019. 12. 31. 대통령령 제30285호
2019. 7. 30. 대통령령 제30005호
(주식 · 사채 등의~부칙) 2019. 6. 25. 대통령령 제29892호
(한국해양교통안전공단법 시행령 부칙)
2019. 6. 11. 대통령령 제29849호
(중소기업진흥에~부칙) 2019. 4. 2. 대통령령 제29677호
(철도건설법 시행령 부칙) 2019. 3. 12. 대통령령 제29617호
2019. 2. 12. 대통령령 제29527호
2018. 10. 23. 대통령령 제29241호
(출입국관리법 시행령 부칙) 2018. 9. 18. 대통령령 제29163호
2018. 8. 28. 대통령령 제29116호
(민간임대주택에~부칙) 2018. 7. 16. 대통령령 제29045호
(공공기관 지방~시행령 부칙) 2018. 2. 27. 대통령령 제28686호
2018. 2. 13. 대통령령 제28636호
(빈집 및~시행령 부칙) 2018. 2. 9. 대통령령 제28627호
(수질 및 수생태계~시행령 부칙) 2018. 1. 16. 대통령령 제28583호
2018. 1. 9. 대통령령 제28575호
(행정안전부와 직제 부칙) 2017. 7. 26. 대통령령 제28211호
(농업협동조합법 시행령 부칙) 2017. 6. 27. 대통령령 제28152호
2017. 5. 8. 대통령령 제28009호
2017. 4. 7. 대통령령 제27978호
(공항시설법 시행령 부칙) 2017. 3. 29. 대통령령 제27972호
2017. 2. 7. 대통령령 제27848호
2017. 1. 10. 대통령령 제27771호

(광산안전법 시행령 부칙) 2017. 1. 6. 대통령령 제27767호
2016. 12. 1. 대통령령 제27649호
(지방회계법 시행령 부칙) 2016. 11. 29. 대통령령 제27621호
(병역법 시행령 부칙) 2016. 11. 29. 대통령령 제27620호
(경비교도대에~시행령 부칙) 2016. 11. 29. 대통령령 제27617호
(중소기업진흥~시행령 부칙) 2016. 9. 29. 대통령령 제27524호
(서민의 금융생활~시행령 부칙) 2016. 9. 22. 대통령령 제27511호
(2018 평창~특별법 시행령 부칙) 2016. 8. 29. 대통령령 제27464호
(공동주택관리법 시행령 부칙) 2016. 8. 11. 대통령령 제27445호
(주택법 시행령 부칙) 2016. 8. 11. 대통령령 제27444호
(수산종자~시행령 부칙) 2016. 6. 21. 대통령령 제27245호
(의료 해외진출~시행령 부칙) 2016. 6. 21. 대통령령 제27241호
(창조경제 민관~규정 부칙) 2016. 6. 21. 대통령령 제27230호
(기술신용보증기금법 시행령 부칙) 2016. 5. 31. 대통령령 제27205호
2016. 5. 10. 대통령령 제27127호
2016. 2. 5. 대통령령 제26959호
(제주특별자치도~시행령 부칙) 2016. 1. 22. 대통령령 제26922호
(임대주택법 시행령 부칙) 2015. 12. 28. 대통령령 제26763호
(공공주택건설~시행령 부칙) 2015. 12. 28. 대통령령 제26762호
(수산업 · 어촌~시행령 부칙) 2015. 12. 22. 대통령령 제26754호
(기업도시개발~시행령 부칙) 2015. 12. 22. 대통령령 제26748호
(전투경찰대~시행령 부칙) 2015. 11. 20. 대통령령 제26659호
(자본시장과~시행령 부칙) 2015. 10. 23. 대통령령 제26600호
(주택도시기금법 시행령 부칙) 2015. 6. 30. 대통령령 제26369호
(신에너지 및~시행령 부칙) 2015. 6. 15. 대통령령 제26316호
(부품 · 소재전문기업~시행령 부칙) 2015. 4. 20. 대통령령 제26205호
2015. 2. 3. 대통령령 제26070호

기본통칙

개정 2019. 12. 23.
2013. 5. 24.

제 1 장 총 칙

제1조 【목 적】 이 법은 조세(租稅)의 감면 또는 중과(重課) 등 조세특례와 이의 제한에 관한 사항을 규정하여 과세(課稅)의 공평을 도모하고 조세정책을 효율적으로 수행함으로써 국민경제의 건전한 발전에 이바지함을 목적으로 한다. (2020. 6. 9. 개정 ; 법률용어 정비를~법률)

제2조 【정 의】 ① 이 법에서 사용하는 용어의 뜻은 다음과 같다. (2010. 1. 1. 개정)

1. "내국인"이란 「소득세법」에 따른 거주자 및 「법인세법」에 따른 내국법인을 말한다. (2010. 1. 1. 개정)
2. "과세연도"란 「소득세법」에 따른 과세기간 또는 「법인세법」에 따른 사업연도를 말한다. (2010. 1. 1. 개정)
3. "과세표준신고"란 「소득세법」 제70조, 제71조, 제74조 및 제110조에 따른 과세표준확정신고 및 「법인세법」 제60조에 따른 과세표준의 신고를 말한다. (2010. 1. 1. 개정)
4. "익금(益金)"이란 「소득세법」 제24조에 따른 총수입금액 또는 「법인세법」 제14조에 따른 익금을 말한다. (2010. 1. 1. 개정)
5. "손금(損金)"이란 「소득세법」 제27조에 따른 필요경비 또는 「법인세법」 제14조에 따른 손금을 말한다. (2010. 1. 1. 개정)

제 1 장 총 칙

제1조 【목 적】 이 영은 「조세특례제한법」에서 위임된 사항과 동법의 시행에 관하여 필요한 사항을 규정함을 목적으로 한다. (2005. 2. 19 개정)

제1조 【목 적】 이 규칙은 「조세특례제한법」 및 동법 시행령에서 위임된 사항과 그 시행에 관하여 필요한 사항을 규정함을 목적으로 한다. (2005. 3. 11. 개정)

6. "이월과세(移越課稅)"란 개인이 해당 사업에 사용되는 사업용고정자산 등(이하 이 호에서 "종전사업용고정자산등"이라 한다)을 현물출자(現物出資) 등을 통하여 법인에 양도하는 경우 이를 양도하는 개인에 대해서는 「소득세법」 제94조에 따른 양도소득에 대한 소득세(이하 "양도소득세"라 한다)를 과세하지 아니하고, 그 대신 이를 양수한 법인이 그 사업용고정자산 등을 양도하는 경우 개인이 종전사업용고정자산등을 그 법인에 양도한 날이 속하는 과세기간에 다른 양도자산이 없다고 보아 계산한 같은 법 제104조에 따른 양도소득 산출세액 상당액을 법인세로 납부하는 것을 말한다. (2010. 1. 1. 개정)
7. "과세이연(課稅移延)"이란 공장의 이전 등을 위하여 개인이 해당 사업에 사용되는 사업용고정자산 등(이하 이 호에서 "종전사업용고정자산등"이라 한다)을 양도하고 그 양도가액(讓渡價額)으로 다른 사업용고정자산 등(이하 이 호에서 "신사업용고정자산등"이라 한다)을 대체 취득한 경우 종전사업용고정자산등의 양도에 따른 양도차익(讓渡差益) 중 다음의 계산식에 따라 계산한 금액(신사업용고정자산등의 취득가액이 종전사업용고정자산등의 양도가액을 초과하는 경우에는 종전사업용고정자산등의 양도에 따른 양도차익을 한도로 한다. 이하 이 호에서 "과세이연금액"이라 한다)에 대해서는 양도소득세를 과세하지 아니하되, 신사업용고정자산등을 양도할 때 신사업용고정자산등의 취득가액에서 과세이연금액을 뺀 금액을 취득가액으로 보고 양도소득세를 과세하는 것을 말한다. (2010. 1. 1. 개정)

종전사업용고정자산등의 양도에 따른 양도차익 × (신사업용고정자산등의 취득가액 / 종전사업용고정자산등의 양도가액)

8. "조세특례"란 일정한 요건에 해당하는 경우의 특례세율 적용, 세액감면, 세액공제, 소득공제, 준비금의 손금산입(損金算入) 등의 조세감면과 특정목적을 위한 익금산입, 손금불산입(損金不算入) 등의 중과세(重課稅)를 말한다. (2010. 1. 1. 개정)
9. "수도권"이란 「수도권정비계획법」 제2조 제1호에 따른 수도권을 말한다. (2010. 1. 1. 개정)
10. "수도권과밀억제권역"이란 「수도권정비계획법」 제6조 제1항 제1호에 따른 과밀억제권역을 말한다. (2010. 1. 1. 개정)

10의 2. "인구감소지역"이란 「지방자치분권 및 지역균형발전에 관한 특별법」 제2조 제12호에 따른 인구감소지역을 말한다. (2024. 12. 31. 신설)

☞ p.2977 1단 연결

11. “연구개발”이란 과학적 또는 기술적 진전을 이루기 위한 활동과 새로운 서비스 및 서비스전달체계를 개발하기 위한 활동을 말하며, 대통령령으로 정하는 활동을 제외한다. (2019. 12. 31. 신설)

11. “연구개발”이란 과학적 · 기술적 진전 또는 새로운 서비스 및 서비스전달체계 개발을 위한 체계적이고 창의적인 활동을 말하며, 대통령령으로 정하는 활동을 제외한다. (2024. 12. 31. 개정)

12. “인력개발”이란 내국인이 고용하고 있는 임원 또는 사용인을 교육 · 훈련시키는 활동을 말한다. (2019. 12. 31. 신설)

② 제1항에 규정된 용어 외의 용어에 관하여는 이 법에서 특별히 정하는 경우를 제외하고는 제3조 제1항 제1호부터 제19호까지에 규정된 법률에서 사용하는 용어의 예에 따른다. (2010. 1. 1. 개정)

③ 이 법에서 사용되는 업종의 분류는 이 법에 특별한 규정이 있는 경우를 제외하고는 「통계법」 제22조에 따라 통계청장이 고시하는 한국표준산업분류에 따른다. 다만, 한국표준산업분류가 변경되어 이 법에 따른 조세특례를 적용받지 못하게 되는 업종에 대해서는 한국표준산업분류가 변경된 과세연도와 그 다음 과세연도까지는 변경 전의 한국표준산업분류에 따른 업종에 따라 조세특례를 적용한다. (2010. 1. 1. 개정)

제 5 장 외국인투자 등에 대한 조세특례

(99. 5. 24 신설)

제121조의 2【외국인투자에 대한 조세 감면】(2018. 12. 24. 제목개정) 농특비

① 다음 각 호의 어느 하나에 해당하는 사업을 하기 위한 외국인투자(「외국인투자촉진법」 제2조 제1항 제4호에 따른 외국인투자를 말한다. 이하 이 장에서 같다)로서 대통령령으로 정하는 기준에 해당하는 외국인투자에 대해서는 제2항, 제4항, 제5항 및 제12항에 따라 법인세, 소득세, 취득세 및 재산세(「지방세법」 제111조에 따라 부과된 세액을 말한다. 이하 같다)를 각각 감면한다. (2014. 12. 23. 개정)

1. 국내산업구조의 고도화와 국제경쟁력 강화에 긴요한 신성장동력산업에 속하는 사업으로서 대통령령으로 정하는 기술을 수반하는 사업 (2016. 12. 20. 개정)
2. 「외국인투자촉진법」 제18조 제1항 제2호에 따른 외국인투자지역에 입주하는 같은 법 제2조 제1항 제6호에 따른 외국인투자기업(이하 이 장에서 "외국인투자기업"이라 한다)이 경영하는 사업 및 제2호의 2, 제2호의 8, 제121조의 8 제1항 또는 제121조의 9 제1항 제1호의 사업 중 외국인투자기업이 경영하는 사업으로서

제 5 장 외국인투자 등에 대한 조세특례

제116조의 2【조세감면의 기준 등】 ① 법 제121조의 2 제1항 제1호에 따라 법인세·소득세·취득세 및 재산세를 감면하는 외국인투자는 다음 각 호의 요건을 모두 갖추어야 한다. (2017. 2. 7. 개정)

1. 제2항의 기술을 수반하는 사업을 영위하기 위하여 공장시설(한국표준산업분류에 따른 제조업 외의 사업의 경우에는 사업장을 말한다. 이하 이 장에서 같다)을 설치 또는 운영할 것 (2017. 2. 7. 개정)
2. 외국인투자금액이 신성장동력산업의 특성 등을 고려

제51조의 8【금융중심지 창업기업 등에 대한 법인세 등의 감면 적용 시 상시고용인원 및 사업용자산의 범위】 ① 영 제116조의 26 제1항에서 "기획재정부령으로 정하는 상시고용인원"이란 「근로기준법」에 따라 근로계약을 체결한 내국인 근로자를 말한다. 다만, 영 제23조 제10항 각 호의 어느 하나에 해당하는 사람은 제외한다. (2016. 3. 14. 단서개정)

② 제1항에 따른 상시고용인원의 계산에 관하여는 영 제23조 제11항 각 호 외의 부분 전단 및 같은 조 제12항을 준용한다. (2016. 3. 14. 개정)

③ 영 제116조의 26 제3항에서 "기획재정부령으로 정하는 사업용자산"이란 제8조의 3 각 호의 어느 하나에 해당하는 자산을 말한다. (2011. 4. 7. 신설)

제51조의 8【금융중심지 창업기업 등에 대한 법인세 등의 감면 적용 시 상시고용인원 및 사업용자산의 범위】 삭 제 (2019. 3. 20.)

다음 각 목의 위원회의 심의·의결을 거치는 사업 (2016. 12. 20. 개정)

가. 제2호의 2의 사업인 경우 「경제자유구역의 지정 및 운영에 관한 특별법」 제25조에 따른 경제자유구역위원회 (2010. 1. 1. 개정)

나. 제2호의 8의 사업인 경우 「새만금사업 추진 및 지원에 관한 특별법」 제33조에 따른 새만금위원회 (2014. 1. 1. 개정)

다. 제121조의 8 제1항의 사업인 경우 「제주특별자치도 설치 및 국제자유도시 조성을 위한 특별법」 제17조에 따른 제주특별자치도 지원위원회 (2015. 7. 24. 개정 ; 제주특별자치도~특별법 부칙)

라. 제121조의 9 제1항 제1호의 사업인 경우 「제주특별자치도 설치 및 국제자유도시 조성을 위한 특별법」 제144조에 따른 제주국제자유도시종합계획심의회 (2015. 7. 24. 개정 ; 제주특별자치도~특별법 부칙)

2의 2. 「경제자유구역의 지정 및 운영에 관한 특별법」 제2조 제1호에 따른 경제자유구역에 입주하는 외국인투자기업이 경영하는 사업 (2010. 1. 1. 개정)

2의 3. 「경제자유구역의 지정 및 운영에 관한 특별법」 제8조의 3 제1항 및 제2항에 따른 개발사업시행자에 해당하는 외국인투자기업이 경영하는 사업 (2011. 4. 4. 개정 ; 경제자유구역의~특별법 부칙)

하여 기획재정부령으로 정하는 금액 이상일 것 (2017. 2. 7. 개정)

② 법 제121조의 2 제1항 제1호에서 "대통령령으로 정하는 기술"이란 별표 7에 따른 신성장·원천기술 및 이와 직접 관련된 소재, 생산공정 등에 관한 기술로서 기획재정부령으로 정하는 기술(이하 이 장에서 "신성장동력산업기술"이라 한다)을 말한다. (2020. 2. 11. 개정)

③ 법 제121조의 2 제1항 제2호에 따라 법인세·소득세·취득세 및 재산세를 감면하는 외국인투자는 「외국인투자촉진법」 제18조 제1항 제2호에 따른 외국인투자지역 안에서 새로이 시설을 설치하는 것으로서 다음 각 호의 어느 하나에 해당하는 것으로 한다. (2015. 2. 3. 개정)

1. 외국인투자금액이 미화 3천만불 이상으로서 다음 각 목의 어느 하나에 해당하는 사업을 영위하기 위한 시설을 새로 설치하는 경우 (2013. 2. 15. 개정)
   가. 제조업 (2013. 2. 15. 신설)
   나. 컴퓨터프로그래밍, 시스템통합 및 관리업 (2013. 2. 15. 신설)
   다. 자료처리·호스팅(서버 대여, 운영 등의 서비스를 말한다) 및 관련 서비스업 (2021. 1. 5. 개정 ; 어려운 법령용어~대통령령)
2. 외국인투자금액이 미화 2천만불 이상으로서 다음 각 목의 어느 하나에 해당하는 사업을 영위하기 위한 시설을 새로이 설치하는 경우 (2008. 2. 22. 개정)

2의 4.「제주특별자치도 설치 및 국제자유도시 조성을 위한 특별법」제162조에 따라 지정되는 제주투자진흥지구의 개발사업시행자에 해당하는 외국인투자기업이 경영하는 사업 (2015. 7. 24. 개정 ; 제주특별자치도~특별법 부칙)

2의 5.「외국인투자촉진법」제18조 제1항 제1호에 따른 외국인투자지역에 입주하는 외국인투자기업이 경영하는 사업 (2010. 1. 1. 개정)

2의 6.「기업도시개발 특별법」제2조 제2호에 따른 기업도시개발구역(이하 "기업도시개발구역"이라 한다)에 입주하는 외국인투자기업이 경영하는 사업 (2010. 1. 1. 개정)

2의 7.「기업도시개발 특별법」제10조 제1항에 따라 기업도시 개발사업의 시행자(이하 "기업도시개발사업시행자"라 한다)로 지정된 외국인투자기업이 경영하는 사업으로서 같은 법 제2조 제3호에 따른 기업도시개발사업 (2010. 1. 1. 개정)

2의 8.「새만금사업 추진 및 지원에 관한 특별법」제2조에 따라 지정되는 새만금사업지역(이하 이 장에서 "새만금사업지역"이라 한다)에 입주하는 외국인투자기업이 경영하는 사업 (2014. 1. 1. 신설)

2의 9.「새만금사업 추진 및 지원에 관한 특별법」제8조 제1항에 따른 사업시행자에 해당하는 외국인투자기업이 경영하는 사업 (2014. 1. 1. 신설)

가.「관광진흥법 시행령」제2조 제1항 제2호 가목부터 다목까지의 규정에 따른 관광호텔업, 수상관광호텔업 및 한국전통호텔업 (2008. 2. 22. 개정)

나.「관광진흥법 시행령」제2조 제1항 제3호 가목 및 나목에 따른 전문휴양업, 종합휴양업 및 같은 항 제5호 가목에 따른 종합유원시설업 (2008. 2. 22. 개정)

다.「국제회의산업육성에 관한 법률」제2조 제3호의 규정에 의한 국제회의시설 (2005. 2. 19. 개정)

라.「관광진흥법」제3조 제1항 제2호 나목에 따른 휴양콘도미니엄업 (2010. 2. 18. 신설)

마.「청소년활동진흥법」제10조 제1호에 따른 청소년수련시설 (2010. 2. 18. 신설)

3. 외국인투자금액이 미화 1천만불 이상으로서 다음 각 목의 1에 해당하는 사업을 영위하기 위한 시설을 새로이 설치하는 경우 (2003. 12. 30. 개정)

가.「물류시설의 개발 및 운영에 관한 법률」제2조 제4호에 따른 복합물류터미널사업 (2009. 2. 4. 개정)

나.「유통산업발전법」제2조 제15호의 규정에 의한 공동집배송센터를 조성하여 운영하는 사업 (2005. 2. 19. 개정)

다.「항만법」제2조 제5호의 규정에 의한 항만시설을 운영하는 사업과 동조 제7호의 규정에 의한 항만배후단지에서 영위하는 물류산업 (2009. 12. 14. 개정 ; 항만법 시행령 부칙)

3. 그 밖에 외국인투자유치를 위하여 조세감면이 불가피한 사업으로서 대통령령으로 정하는 사업 (2010. 1. 1. 개정)

통칙 121의 2－0…2【외국인투자기업의 감면대상소득 계산방법】

법 제121조의 2 제1항의 규정에 따른 감면대상 사업과 기타의 사업을 겸영하는 외국인투자기업이 비감면 대상 공정과 감면대상 공정을 순차적으로 거쳐 제품을 생산하는 경우, 법 제143조의 규정에 따라 감면대상 사업과 기타사업을 구분하여 경리하여야 하며, 감면대상 소득은 각 공정별로 귀속되는 소득을 합리적으로 구분계산하여 산출한다. (2009. 2. 2. 신설)

② 2018년 12월 31일까지 제6항에 따른 조세감면신청을 한 외국인투자기업에 대해서는 제1항에 따라 감면대상이 되는 사업을 함으로써 발생한 소득(제1항 제1호에 따른 감면대상 사업의 경우 대통령령으로 정하는 소득)에 대하여 다음 각 호의 구분에 따른 세액을 감면한다. (2018. 12. 24. 개정)

1. 제1항 제1호 및 제2호에 따라 감면대상이 되는 사업을 함으로써 발생한 소득 : 다음 각 목의 구분에 따른 세액 (2016. 12. 20. 개정)
   가. 해당 사업을 개시한 후 그 사업에서 최초로 소득이 발생한 과세연도(사업개시일부터 5년이 되는 날이 속하는 과세연도까지 그 사업에서 소득이 발생하지 아니한 경우에는 5년이 되는 날이 속하는

라. 「항공법」 제2조 제8호에 따른 공항시설을 운영하는 사업 및 같은 조 제9호에 따른 공항구역내에서 영위하는 물류산업 (2009. 9. 9. 개정 ; 항공법 시행령 부칙)

마. 「사회기반시설에 대한 민간투자법」 제2조 제5호의 규정에 의한 민간투자사업 중 동법 제2조 제3호의 규정에 의한 귀속시설을 조성하는 사업 (2005. 3. 8. 개정 ; 사회간접자본시설에 대한 민간투자법 시행령 부칙)

4. 법 제121조의 2 제1항 제1호에 따른 사업(이하 이 호에서 "사업"이라 한다)을 위한 연구개발활동을 수행하기 위하여 연구시설을 새로이 설치하거나 증설하는 경우로서 다음 각목의 요건을 갖춘 경우 (2017. 2. 7. 개정)
   가. 외국인투자금액이 미합중국 화폐 2백만불 이상일 것 (2008. 2. 22. 개정)
   나. 사업과 관련된 분야의 석사 이상의 학위를 가진 자로서 3년 이상 연구경력을 가진 연구전담인력의 상시 고용규모가 10인 이상일 것 (2003. 12. 30. 개정)

5. 「외국인투자촉진법」 제18조 제1항 제2호의 규정에 의한 동일한 외국인투자지역에 입주하는 2 이상의 외국인투자기업이 영위하는 사업으로서 다음 각목의 요건을 갖춘 경우 (2005. 2. 19. 개정)
   가. 외국인투자금액의 합계액이 미화 3천만불 이상일 것 (2003. 12. 30. 신설)

과세연도를 말한다)의 개시일부터 5년 이내에 끝나는 과세연도까지 : 해당 사업소득에 대한 법인세 또는 소득세 상당금액(총산출세액에 제1항 각 호의 사업을 함으로써 발생한 소득이 총과세표준에서 차지하는 비율을 곱한 금액을 말한다)에 외국인투자비율을 곱한 세액(이하 이 항, 제12항 제1호·제2호 및 제121조의 4 제4항에서 "감면대상세액"이라 한다)의 전액 (2016. 12. 20. 개정)

나. 가목의 기간 이후 2년 이내에 끝나는 과세연도까지 : 감면대상세액의 100분의 50에 상당하는 세액 (2016. 12. 20. 개정)

2. 제1항 제2호의 2부터 제2호의 9까지 및 제3호에 따라 감면대상이 되는 사업을 함으로써 발생한 소득 : 다음 각 목의 구분에 따른 세액 (2016. 12. 20. 개정)

가. 해당 사업을 개시한 후 그 사업에서 최초로 소득이 발생한 과세연도(사업개시일부터 5년이 되는 날이 속하는 과세연도까지 그 사업에서 소득이 발생하지 아니한 경우에는 5년이 되는 날이 속하는 과세연도를 말한다)의 개시일부터 3년 이내에 끝나는 과세연도까지 : 감면대상세액의 전액 (2016. 12. 20. 개정)

나. 가목의 기간 이후 2년 이내에 끝나는 과세연도까지 : 감면대상세액의 100분의 50에 상당하는 세액 (2016. 12. 20. 개정)

나. 제1호 내지 제4호에서 규정하는 사업을 영위하기 위한 시설을 새로이 설치하는 경우일 것 (2003. 12. 30. 신설)

④ 법률 제5982호 정부조직법 중 개정법률 부칙 제5조 제3항의 규정에 의하여 외국인투자지역으로 보는 종전의 수출자유지역은 「외국인투자촉진법」 제18조 제1항 제2호의 규정에 의한 외국인투자지역으로 하며, 이 지역에서 공장시설을 설치하는 경우에는 제3항의 규정에 불구하고 법 제121조의 2 내지 법 제121조의 7의 규정을 적용한다. (2005. 2. 19. 개정)

⑤ 법 제121조의 2 제1항 제2호의 2 또는 같은 항 제2호의 8에 따라 법인세·소득세·취득세 및 재산세를 감면하는 외국인투자는 「경제자유구역의 지정 및 운영에 관한 특별법」 제2조 제1호에 따른 경제자유구역 또는 「새만금사업 추진 및 지원에 관한 특별법」 제2조에 따라 지정되는 새만금사업지역(이하 이 장에서 "새만금사업지역"이라 한다) 안에서 새로 시설을 설치하는 것으로서 다음 각 호의 어느 하나에 해당하는 것으로 한다. (2015. 2. 3. 개정)

1. 외국인투자금액이 미화 1천만불 이상으로서 제조업을 영위하기 위하여 새로 공장시설을 설치하는 경우 (2014. 9. 11. 개정)
2. 외국인투자금액이 미화 1천만불 이상으로서 제3항 제2호 각 목의 어느 하나에 해당하는 사업을 영위하기 위한 시설을 새로 설치하는 경우 (2014. 9. 11. 개정)
3. 외국인투자금액이 미화 5백만불 이상으로서 제3항 제3호 가목부터 라목까지의 어느 하나에 해당하는 사업을 영위

③ 「외국인투자촉진법」 제2조 제1항 제5호에 따른 외국투자가(이하 이 장에서 "외국투자가"라 한다)가 취득한 주식 또는 출자지분(이하 이 장에서 "주식등"이라 한다)에서 생기는 배당금 또는 분배금(이하 이 조에서 "배당금 등"이라 한다)에 대한 법인세 또는 소득세는 대통령령으로 정하는 바에 따라 해당 외국인투자기업의 각 과세연도의 소득에 대하여 그 기업이 제1항에 따라 법인세 또는 소득세 감면대상이 되는 사업을 함으로써 발생한 소득의 비율에 따라 감면하되, 제2항에 따라 법인세 또는 소득세의 감면대상세액의 전액이 감면되는 동안은 세액의 전액을, 법인세 또는 소득세 감면대상세액의 100분의 50에 상당하는 세액이 감면되는 동안은 100분의 50에 상당하는 세액을 감면한다. (2013. 1. 1. 개정)

③ 삭 제 (2014. 1. 1.)

통칙 121의 2-0…1 **【외국투자가의 배당소득에 대한 감면규정 적용방법】**

내국법인이 사업연도 중에 외국인투자신고에 의해 법 제121조의 2의 외국인투자기업 법인세 감면 적용대상법인이 된 경우 법 제121조의 2 제3항의 규정에 의한 외국투자가의 배당금에 대한 법인세 감면은 「외국인투자촉진법」 제21조 규정에 의한 외국인투자기업의 등록을 한 날 이후 감면대상사업에서 발생한 잉여금으로부터의 배당금에 한하여 적용한다. (2008. 6. 20. 개정)

④ 2019년 12월 31일까지 제6항에 따른 조세감면신청을 한 외국인투자기업에 대해서는 해당 외국인투자기업이 신고한 사업을 하기 위하여 취득·보유하는 재산에 대한 취득세 및 재산세에 대해서는 다음 각 호와 같이 그

하기 위한 시설을 새로 설치하는 경우 (2014. 9. 11. 개정)

4. 외국인투자금액이 미화 5백만불 이상으로서 「경제자유구역의 지정 및 운영에 관한 특별법」 제23조 제1항 또는 「새만금사업 추진 및 지원에 관한 특별법」 제62조 제1항에 따라 새로 의료기관을 개설하는 경우 (2014. 9. 11. 개정)
5. 법 제121조의 2 제1항 제1호에 따른 사업(이하 이 호에서 "사업"이라 한다)을 위한 연구개발 활동을 수행하기 위하여 연구시설을 새로 설치하거나 증설하는 경우로서 다음 각 목의 요건을 모두 갖춘 경우 (2017. 2. 7. 개정)
   가. 외국인투자금액이 미합중국 화폐 1백만불 이상일 것 (2008. 2. 22. 신설)
   나. 사업과 관련된 분야의 석사 이상의 학위가 있는 자로서 3년 이상 연구경력이 있는 자를 상시 10인 이상 고용할 것 (2008. 2. 22. 신설)
6. 외국인투자금액이 미화 1천만불 이상으로서 다음 각 목의 어느 하나에 해당하는 사업을 영위하기 위하여 시설을 새로 설치하는 경우 (2012. 2. 2. 신설)
   가. 엔지니어링사업 (2012. 2. 2. 신설)
   나. 전기통신업 (2012. 2. 2. 신설)
   다. 컴퓨터프로그래밍·시스템 통합 및 관리업 (2012. 2. 2. 신설)
   라. 정보서비스업 (2012. 2. 2. 신설)
   마. 그 밖의 과학기술서비스업 (2012. 2. 2. 신설)
   바. 영화·비디오물 및 방송프로그램 제작업, 영화·비디

세액을 감면하거나 일정금액을 과세표준에서 공제한다. 다만, 지방자치단체가 「지방세특례제한법」 제4조에 따른 조례로 정하는 바에 따라 감면기간 또는 공제기간을 15년까지 연장하거나 연장한 기간에 감면비율 또는 공제비율을 높인 경우에는 제1호 및 제2호에도 불구하고 그 기간 및 비율에 따른다. (2019. 12. 31. 개정)

1. 취득세 및 재산세는 사업개시일부터 5년 동안은 해당 재산에 대한 산출세액에 외국인투자비율을 곱한 금액(이하 이 항, 제5항, 제12항 제3호 및 제4호에서 "감면대상세액"이라 한다)의 전액을, 그 다음 2년 동안은 감면대상세액의 100분의 50에 상당하는 세액을 감면. 다만, 제1항 제2호의 2부터 제2호의 9까지 및 제3호에 따른 감면대상이 되는 사업을 하기 위하여 취득·보유하는 재산에 대한 취득세 및 재산세는 사업개시일부터 3년 동안은 감면대상세액의 전액을, 그 다음 2년 동안은 감면대상세액의 100분의 50에 상당하는 세액을 각각 감면한다. (2014. 12. 23. 단서개정)
2. 토지에 대한 재산세는 사업개시일부터 5년 동안은 해당 재산의 과세표준에 외국인투자비율을 곱한 금액(이하 이 항, 제5항, 제12항 제3호 및 제4호에서 "공제대상금액"이라 한다)의 전액을, 그 다음 2년 동안은 공제대상금액의 100분의 50에 상당하는 금액을 과세표준에서 공제. 다만, 제1항 제2호의 2부터 제2호의 9까지 및 제3호에 따른 감면대상이 되는 사업을 하기 위하여 취

오물 및 방송프로그램 제작 관련 서비스업, 녹음시설 운영업, 음악 및 기타 오디오물 출판업 (2012. 2. 2. 신설)

사. 게임 소프트웨어 개발 및 공급업 (2012. 2. 2. 신설)

아. 공연시설 운영업, 공연단체, 기타 창작 및 예술 관련 서비스업 (2012. 2. 2. 신설)

⑥ 법 제121조의 2 제1항 제2호의 3 또는 같은 항 제2호의 9에 따라 법인세·소득세·취득세 및 재산세를 감면하는 외국인투자는 「경제자유구역의 지정 및 운영에 관한 특별법」 제6조에 따른 경제자유구역개발계획에 따라 경제자유구역을 개발하거나 「새만금사업 추진 및 지원에 관한 특별법」 제6조에 따른 기본계획에 따라 새만금사업지역을 개발하기 위하여 기획·금융·설계·건축·마케팅·임대·분양 등을 일괄적으로 수행하는 개발사업으로서 다음 각 호의 어느 하나에 해당하는 것으로 한다. (2015. 2. 3. 개정)

1. 외국인투자금액이 미화 3천만불 이상인 경우 (2003. 12. 30. 신설)
2. 외국인투자비율이 100분의 50 이상으로서 해당 경제자유구역 또는 새만금사업지역의 총개발사업비가 미화 5억불 이상인 경우 (2014. 9. 11. 개정)

⑦ 법 제121조의 2 제1항 제2호의 4의 규정에 의하여 법인세·소득세·취득세 및 재산세를 감면하는 외국인투자는 「제주특별자치도 설치 및 국제자유도시 조성을 위한 특별법」 제162조에 따른 제주투자진흥지구를 개발하기 위하여 기획·금융·설계·건축·마케팅·임대·분

득·보유하는 토지에 대한 재산세는 사업개시일부터 3년 동안은 공제대상금액의 전액을, 그 다음 2년 동안은 공제대상금액의 100분의 50에 상당하는 금액을 과세표준에서 각각 공제한다. (2014. 12. 23. 단서개정)

⑤ 2019년 12월 31일까지 제6항에 따른 조세감면신청을 한 외국인투자기업에 대해서는 해당 외국인투자기업이 사업개시일 전에 제1항 각 호의 사업에 사용할 목적으로 취득·보유하는 재산이 있는 경우에는 제4항에도 불구하고 그 재산에 대한 취득세 및 재산세에 대하여 다음 각 호와 같이 그 세액을 감면하거나 일정금액을 그 과세표준에서 공제한다. 다만, 지방자치단체가 「지방세특례제한법」 제4조에 따른 조례로 정하는 바에 따라 감면기간 또는 공제기간을 15년까지 연장하거나 연장한 기간의 범위에서 감면비율 또는 공제비율을 높인 경우에는 제2호 및 제3호에도 불구하고 그 기간 및 비율에 따른다. (2019. 12. 31. 개정)

1. 제8항에 따라 조세감면결정을 받은 날 이후에 취득하는 재산에 대한 취득세는 감면대상세액의 전액을 감면 (2010. 12. 27. 개정)
2. 재산세는 해당 재산을 취득한 날부터 5년 동안은 감면대상세액의 전액을, 그 다음 2년 동안은 감면대상세액의 100분의 50에 상당하는 세액을 감면. 다만, 제1항 제2호의 2부터 제2호의 9까지 및 제3호에 따른 감면대상이 되는 사업을 하기 위하여 취득·보유하는

양 등을 일괄적으로 수행하는 개발사업으로서 다음 각 호의 1에 해당하는 것으로 한다. (2016. 1. 22. 개정 ; 제주특별자치도~시행령 부칙)

1. 외국인투자금액이 미화 1천만불 이상인 경우 (2003. 12. 30. 신설)
2. 외국인투자비율이 100분의 50 이상으로서 당해 제주투자진흥지구의 총개발사업비가 미화 1억불 이상인 경우 (2003. 12. 30. 신설)

⑧ 제6항의 경제자유구역개발사업시행자, 새만금사업지역개발사업시행자, 제7항의 제주투자진흥지구개발사업시행자 또는 제18항의 기업도시개발사업시행자가 각각 법 제121조의 2 제2항에 따른 감면대상이 되는 사업을 영위함으로써 발생한 소득은 제1호의 금액에 제3호의 금액 중 제2호의 금액이 차지하는 비율을 곱하여 산출한 금액으로 한다. (2014. 2. 21. 개정)

1. 해당 과세연도에 경제자유구역·새만금사업지역·제주투자진흥지구 또는 기업도시개발구역의 개발사업을 영위함으로써 발생한 총소득 (2014. 2. 21. 개정)
2. 해당 과세연도에 외국인(외국인투자기업을 포함한다)에게 경제자유구역·새만금사업지역·제주투자진흥지구 또는 기업도시개발구역내의 시설물(개발사업으로 새로 설치한 시설물을 말하며, 해당 시설물과 함께 거래되는 기획재정부령으로 정하는 부수토지를 포함한다. 이하 이 항에서 같다)을 양도함으로써 받은 수입금액과 임대함으

재산에 대한 재산세는 그 재산을 취득한 날부터 3년 동안은 감면대상세액의 전액을, 그 다음 2년 동안은 감면대상세액의 100분의 50에 상당하는 세액을 각각 감면한다. (2014. 12. 23. 단서개정)

3. 토지에 대한 재산세는 해당 재산을 취득한 날부터 5년 동안은 공제대상금액의 전액을, 그 다음 2년 동안은 공제대상금액의 100분의 50에 상당하는 금액을 과세표준에서 공제. 다만, 제1항 제2호의 2부터 제2호의 9까지 및 제3호에 따른 감면대상이 되는 사업을 하기 위하여 취득·보유하는 토지에 대한 재산세는 해당 재산을 취득한 날부터 3년 동안은 공제대상금액의 전액을, 그 다음 2년 동안은 공제대상금액의 100분의 50에 상당하는 금액을 과세표준에서 각각 공제한다. (2014. 12. 23. 단서개정)

로써 받은 임대료수입액의 합계액 (2014. 2. 21. 개정)

3. 해당 과세연도에 경제자유구역·새만금사업지역·제주투자진흥지구 또는 기업도시개발구역내의 시설물을 양도함으로써 받은 수입금액과 임대함으로써 받은 임대료수입액의 합계액 (2014. 2. 21. 개정)

⑨ 법 제121조의 2 제1항 제3호에서 "대통령령으로 정하는 사업"이란 다음 각호의 1에 해당하는 사업을 말한다. (2010. 2. 18. 개정)

1. 「자유무역지역의 지정 및 운영에 관한 법률」 제10조 제1항 제2호에 따른 입주기업체의 사업(제조업으로 한정한다) (2012. 2. 2. 개정)
2. 「자유무역지역의 지정 및 운영에 관한 법률」 제10조 제1항 제5호에 따른 입주기업체의 사업 (2012. 2. 2. 개정)

⑩ 법 제121조의 2 제1항 제3호의 규정에 의하여 법인세·소득세·취득세 및 재산세를 감면하는 외국인투자는 다음 각호의 기준에 해당하는 공장시설을 새로이 설치하는 경우로 한다. (2010. 12. 30. 개정)

1. 제9항 제1호의 규정에 의한 사업 : 외국인투자금액이 미화 1천만불 이상일 것 (2004. 6. 22. 개정 ; 자유무역지역의~법률 시행령 부칙)
2. 제9항 제2호의 규정에 의한 사업 : 외국인투자금액이 미화 5백만불 이상일 것 (2004. 6. 22. 개정 ; 자유무역지역의~법률 시행령 부칙)

⑪ 법 제121조의 2 제11항을 적용할 때 조세감면대상으

결권있는 주식의 총수에서 차지하는 비율(이하 이 조에서 "주주법인의 주식소유비율"이라 한다)을 대한민국국민 등의 당해 외국법인 등에 대한 간접소유비율로 한다. (2000. 12. 29 신설)

2. 대한민국국민 등이 외국법인 등의 주주법인의 의결권 있는 주식의 100분의 50 미만을 소유하고 있는 경우에는 그 소유비율에 주주법인의 주식소유비율을 곱한 비율을 대한민국국민 등의 당해 외국법인 등에 대한 간접소유비율로 한다. (2000. 12. 29 신설)

3. 제1호 및 제2호를 적용함에 있어서 주주법인이 둘 이상인 경우에는 제1호 및 제2호의 규정에 의하여 각 주주법인별로 계산한 비율을 합계한 비율을 대한민국국민 등의 당해 외국법인 등에 대한 간접소유비율로 한다. (2000. 12. 29 신설)

4. 제1호 내지 제3호의 계산방법은 외국법인 등의 주주법인과 대한민국국민 등 사이에 하나 이상의 법인이 개재되어 있고 이들 법인이 주식소유관계를 통하여 연결되어 있는 경우에 이를 준용한다. (2000. 12. 29 신설)

⑬ 법 제121조의 2 제11항 제3호에서 "대통령령으로 정하는 국가 또는 지역"이란 별표 13에 따른 국가 또는 지역을 말한다. (2014. 2. 21. 개정)

⑭ 법 제121조의 2 제2항 각 호 외의 부분 후단에서 "대통령령으로 정하는 바에 따라 계산한 외국인투자비율"이란

☞ p.2988 2단 연결

로 보지 아니하는 주식등 소유비율 상당액 또는 대여금 상당액은 다음 각 호에 따라 계산한 금액을 말한다. (2013. 2. 15. 개정)

1. 법 제121조의 2 제11항 제1호에 해당하는 경우 외국법인 등의 외국인투자금액에 해당 외국법인등의 주식등을 대한민국국민등이 직접 또는 간접으로 소유하는 비율(그 비율이 100분의 5 미만인 경우에는 100분의 5로 한다)을 곱하여 계산한 금액. 이 경우 주식등의 직접 또는 간접 소유비율은 법 제121조의 2부터 제121조의 4까지에 따라 조세감면 또는 조세면제의 대상이 되는 해당 조세의 납세의무 성립일을 기준으로 산출한다. (2016. 2. 5. 개정)

2. 법 제121조의 2 제11항 제2호에 해당하는 경우 외국인투자금액 중 같은 호 각 목의 어느 하나에 해당하는 자가 외국투자가에게 대여한 금액 상당액 (2016. 2. 5. 개정)

⑫ 제11항 제1호의 규정을 적용함에 있어서 주식등의 간접소유비율은 다음 각호의 구분에 따라 계산한다. (2013. 2. 15. 개정)

1. 대한민국국민 등이 외국법인 등의 주주 또는 출자자인 법인(이하 이 조에서 "주주법인"이라 한다)의 의결권 있는 주식의 100분의 50 이상을 소유하고 있는 경우에는 주주법인이 소유하고 있는 당해 외국법인 등의 의결권있는 주식이 그 외국법인 등이 발행한 의

1. 외국인투자금액이 미화 1천만불 이상으로서 제조업을 영위하기 위하여 새로이 공장시설을 설치하는 경우 (2005. 2. 19. 신설)
2. 외국인투자금액이 미화 5백만불 이상으로서 제3항 제3호 가목 내지 다목의 어느 하나에 해당하는 사업을 영위하기 위한 시설을 새로이 설치하는 경우 (2005. 2. 19. 신설)

⑰ 법 제121조의 2 제1항 제2호의 6에 따라 법인세·소득세·취득세 및 재산세를 감면하는 외국인투자는 투자금액이 미화 1천만불 이상(제2호의 경우에는 미화 2백만불 이상이며, 제3호의 경우에는 미화 5백만불 이상을 말한다)으로서 「기업도시개발특별법」 제2조 제2호에 따른 기업도시개발구역(이 조에서 "기업도시개발구역"이라 한다) 안에서 다음 각 호의 어느 하나에 해당하는 사업을 영위하기 위하여 시설을 새로이 설치하는 경우를 말하며, 법 제121조의 2 제2항에 따른 감면대상이 되는 사업을 영위함으로써 발생한 소득은 기업도시개발구역 안에 설치된 시설로부터 직접 발생한 소득에 한한다. (2012. 2. 2. 개정)

1. 제조업 (2009. 2. 4. 개정)
2. 연구개발업 (2012. 2. 2. 개정)
3. 제3항 제3호 가목부터 다목까지에 해당하는 사업 (2012. 2. 2. 개정)
4. 제5항 제6호 각 목의 어느 하나에 해당하는 사업

☞ p.2989 2단 연결

「외국인투자 촉진법」 제5조 제3항에 따른 외국인투자비율을 말한다. 다만, 외국인투자가가 회사정리계획인가를 받은 내국법인의 채권금융기관이 회사정리계획에 따라 출자하여 새로이 설립한 내국법인(이하 이 항에서 "신설법인"이라 한다)에 대하여 2002년 12월 31일까지 외국인투자를 개시하여 동기한까지 출자목적물의 납입을 완료하는 경우로서 당해 신설법인의 부채가 출자전환(2002년 12월 31일까지 출자전환되는 분에 한한다)됨으로써 우선주가 발행되는 때에는 다음 각호의 비율중 높은 비율을 그 신설법인의 외국인투자비율로 한다. (2017. 2. 7. 개정)

1. 우선주를 포함하여 「외국인투자 촉진법」 제5조 제3항에 따라 계산한 외국인투자비율 (2017. 2. 7. 개정)
2. 우선주를 제외하고 「외국인투자 촉진법」 제5조 제3항에 따라 계산한 외국인투자비율 (2017. 2. 7. 개정)

⑮ 법 제121조의 2 제12항 각 호 외의 부분 본문에서 "사업의 양수 등 대통령령으로 정하는 방식에 해당하는 외국인투자"란 그 사업에 관한 권리와 의무를 포괄적 또는 부분적으로 승계하는 것을 말한다. (2022. 2. 15. 개정)

⑯ 법 제121조의 2 제1항 제2호의 5의 규정에 의하여 법인세·소득세·취득세 및 재산세를 감면하는 외국인투자는 「외국인투자촉진법」 제18조 제1항 제1호의 규정에 의한 외국인투자지역 안에서 새로이 시설을 설치하는 것으로서 다음 각 호의 어느 하나에 해당하는 것으로 한다. (2010. 12. 30. 개정)

기 위한 개발사업으로서 다음 각호의 어느 하나에 해당하는 것을 말한다. (2010. 12. 30. 개정)

1. 외국인투자금액이 미화 3천만불 이상인 경우 (2005. 2. 19. 신설)
2. 외국인투자비율이 100분의 50 이상으로서 당해 기업도시개발구역의 총개발사업비가 미화 5억불 이상인 경우 (2005. 2. 19. 신설)

⑲ 법 제121조의 2 제1항 제2호 가목 또는 같은 항 제2호 나목에 따라 법인세·소득세·취득세 및 재산세를 감면하는 외국인투자는 「경제자유구역의 지정 및 운영에 관한 특별법」 제2조 제1호에 따른 경제자유구역 또는 새만금사업지역 안에서 새로 시설을 설치하는 것으로서 제3항 제1호, 2호, 제3호 가목부터 라목까지 및 제4호 중 어느 하나에 해당하는 것으로 한다. (2015. 2. 3. 개정)

⑳ 법 제121조의 2 제1항 제2호 다목에 따라 법인세·소득세·취득세 및 재산세를 감면하는 외국인투자는 「제주특별자치도 설치 및 국제자유도시 조성을 위한 특별법」 제161조에 따라 지정된 제주첨단과학기술단지 안에서 새로 시설을 설치하는 것으로서 제3항 제1호, 제2호, 제3호 가목부터 라목까지 및 제4호 중 어느 하나에 해당하면서 제116조의 14 제1항 각 호의 어느 하나에 해당하는 것으로 한다. (2016. 1. 22. 개정 ; 제주특별자치도~시행령 부칙)

☞ p.2990 2단 연결

(2012. 2. 2. 개정)

5. 제116조의 15 제1항 제1호 가목부터 마목까지 및 같은 항 제2호 나목부터 마목까지에 해당하는 사업 (2018. 2. 13. 개정)
6. 정보서비스업 (2009. 2. 4. 개정)
7. 그 밖의 과학기술서비스업 (2009. 2. 4. 개정)
8. 한국표준산업분류표상 다음 각 목의 어느 하나에 해당하는 사업 (2009. 2. 4. 개정)
   가. 영화·비디오물 및 방송프로그램 제작업 (2009. 2. 4. 개정)
   나. 영화·비디오물 및 방송프로그램 제작관련 서비스업 (2009. 2. 4. 개정)
   다. 공연시설 운영업 (2009. 2. 4. 개정)
   라. 녹음시설 운영업 (2009. 2. 4. 개정)
   마. 공연단체 (2009. 2. 4. 개정)
   바. 기타 창작 및 예술관련 서비스업 (2009. 2. 4. 개정)
   사. 음반 및 기타 오디오물 출판업 (2009. 2. 4. 개정)
   아. 게임 소프트웨어 개발 및 공급업 (2009. 2. 4. 개정)
9. 제116조의 2 제3항 제3호 가목부터 다목까지에 해당하는 사업 (2009. 2. 4. 개정)
10. 제116조의 15 제1항 제1호 및 제3호부터 제6호까지에 해당하는 사업 (2009. 2. 4. 신설)

6~10. 삭 제 (2012. 2. 2.)

⑱ 법 제121조의 2 제1항 제2호의 7의 규정에 의하여 법인세·소득세·취득세 및 재산세를 감면하는 외국인투자는 「기업도시개발특별법」 제11조의 규정에 의한 기업도시개발계획에 따라 기업도시개발구역을 개발하

일 이후 2개 과세연도 연속으로 상시근로자 수가 감소한 경우에는 두 번째 과세연도에는 첫 번째 과세연도에 납부한 금액을 뺀 금액을 말한다)으로 하며, 이를 상시근로자 수가 감소된 과세연도의 과세표준을 신고할 때 소득세 또는 법인세로 납부하여야 한다. (2010. 12. 30. 신설)

해당 기업의 상시근로자 수가 감소된 과세연도의 직전 2년 이내의 과세연도에 법 제121조의 2 제14항 제2호에 따라 감면받은 세액의 합계액 − (상시근로자 수가 감소된 과세연도의 해당 외국인투자기업의 상시근로자 수 × 1천만원)

㉔ 법 제121조의 2 제17항에 따른 상시근로자의 범위 및 상시근로자 수의 계산방법에 관하여는 제23조 제5항, 제7항, 제8항 및 제10항부터 제12항까지의 규정을 준용한다. (2015. 2. 3. 개정)

㉕ 법 제121조의 2 제2항 각 호 외의 부분 전단에서 "대통령령으로 정하는 소득"이란 법 제121조의 2 제1항 제1호에 따른 사업을 함으로써 발생한 소득(이하 이 항에서 "감면대상소득"이라 한다)을 말한다. 다만, 법 제121조의 2 제2항 및 같은 조 제12항 제1호에 따른 감면기간 중 감면대상소득이 감면대상소득과 감면대상 사업과 직접 관련된 사업을 함으로써 발생한 소득의 합의 100분의 80 이상인 경우에는 해당 과세연도의 감면대상소득과 감면대상 사업과 직접 관련된 사업을 함으로

☞ p.2991 2단 연결

㉑ 법 제121조의 2 제1항 제2호 라목에 따라 법인세·소득세·취득세 및 재산세를 감면하는 외국인투자는 「제주특별자치도 설치 및 국제자유도시 조성을 위한 특별법」 제162조에 따라 지정되는 제주투자진흥지구 안에서 새로 시설을 설치하는 것으로서 제3항 제1호, 제2호, 제3호 가목부터 라목까지 및 제4호 중 어느 하나에 해당하면서 제116조의 15 제1항 각 호의 어느 하나에 해당하는 것으로 한다. (2016. 1. 22. 개정 ; 제주특별자치도~시행령 부칙)

㉒ 법 제121조의 2 제14항 제1호 가목에서 "대통령령으로 정하는 외국인투자누계액"이란 「외국인투자촉진법」 제2조 제1항 제4호에 따른 외국인투자(법 제121조의 2 제9항·제11항 및 「외국인투자촉진법」 제2조 제1항 제4호 나목에 따른 외국인투자는 제외한다)로서 법 제121조의 2 제8항에 따른 감면결정을 받아 법 제121조의 2 제2항 및 제12항 제1호에 따른 감면기간 중 해당 과세연도 종료일까지 해당 외국인투자기업에 납입된 자본금(기업회계기준에 따른 주식발행초과금 및 감자차익을 가산하고 주식할인발행차금 및 감자차손을 차감한 금액을 말한다. 이하 "외국인투자누계액"이라 한다)을 말한다. (2012. 2. 2. 개정)

㉓ 법 제121조의 2 제16항에 따라 납부하여야 할 소득세액 또는 법인세액은 다음의 계산식에 따라 계산한 금액(그 수가 음수이면 영으로 보고, 감면받은 과세연도 종료

⑥ 외국인투자기업이 제2항, 제4항, 제5항, 제12항 및 「지방세특례제한법」 제78조의 3에 따른 감면을 받으려면 그 외국인투자기업의 사업개시일이 속하는 과세연도의 종료일까지 기획재정부장관에게 감면신청을 하여야 한다. 다만, 제8항에 따라 조세감면결정을 받은 사업내용을 변경한 경우 그 변경된 사업에 대한 감면을 받으려면 해당 변경사유가 발생한 날부터 2년이 되는 날까지 기획재정부장관에게 조세감면내용 변경신청을 하여야 하며, 이에 따른 조세감면내용 변경결정이 있는 경우 그 변경결정의 내용은 당초 감면기간의 남은 기간에 대해서만 적용된다. (2019. 12. 31. 개정)

써 발생한 소득의 합을 감면대상소득으로 본다. (2017. 2. 7. 신설)

제116조의 3【법인세 등의 감면결정】 ① 기획재정부장관은 법 제121조의 2 제6항의 규정에 의한 조세감면신청 또는 조세감면내용의 변경신청이 있는 때에는 당해 신청이 제116조의 2의 규정에 의한 조세감면기준에 해당되는지의 여부 등을 검토하여 20일 이내에 감면여부 또는 감면내용의 변경 여부를 결정하고 이를 신청인에게 통지하여야 한다. (2008. 2. 29. 직제개정 ; 기획재정부와~직제 부칙)
② 제1항에 불구하고 기획재정부장관이 법 제121조의 2 제1항 제1호의 사업에 대하여 법 제121조의 2 제6항에 따른 신청을 받아 비감면대상 사업으로 결정하려는 때에는 해당 신청일부터 20일 이내에 기획재정부령이 정하는 바에 따라 결정예고통지를 하여야 한다. (2008. 2. 29. 직제개정 ; 기획재정부와~직제 부칙)
③ 제2항에 따른 결정예고통지를 받은 자는 기획재정부장관에게 그 통지를 받은 날부터 20일 이내에 통지내용에 대한 적정성 여부에 대한 심사를 소명자료를 첨부하여 서면으로 요청할 수 있다. (2008. 2. 29. 직제개정 ; 기획재정부와~직제 부칙)
④ 기획재정부장관은 제3항에 따른 요청을 받은 날부터 20일 이내에 감면 여부 또는 감면내용의 변경 여부를 결

☞ 관계조문

규칙 61조 1항 71호의 3 ⇒ 결정예고통지서(별지 70호의 3 서식)

⑦ 외국인(「외국인투자촉진법」 제2조 제1항 제1호에 따른 외국인을 말한다) 또는 외국인투자기업은 「외국인투자 촉진법」 제2조 제1항 제4호 가목 1)에 따른 외국인투자를 하기 위하여 같은 법 제5조 제1항에 따라 신고를 하기 전에 하려는 사업이 제1항 및 「지방세특례제한법」 제78조의 3에 따른 감면대상에 해당하는지 확인하여 줄 것을 기획재정부장관에게 신청할 수 있다. (2019. 12. 31. 개정)

⑧ 기획재정부장관은 제6항에 따른 조세감면신청 또는 조세감면내용 변경신청을 받거나 제7항에 따른 사전확인신청을 받으면 관계 중앙관서의 장(제4항, 제5항, 제12항 제3호 및 제4호에 따른 취득세 및 재산세의 감면의 경우에는 해당

정하고 그 결과를 신청인에게 통지하여야 한다. (2008. 2. 29. 직제개정 ; 기획재정부와~직제 부칙)

⑤ 기획재정부장관은 제1항 · 제2항 또는 제4항의 규정에 의하여 감면여부 또는 감면내용의 변경여부를 결정하는 경우 부득이하게 장기간이 소요된다고 인정되는 때에는 20일의 범위 내에서 그 처리기간을 연장할 수 있다. 이 경우에는 그 사유 및 처리기간을 신청인에게 통지하여야 한다. (2008. 2. 29. 직제개정 ; 기획재정부와~직제 부칙)

⑥ 기획재정부장관은 제1항 또는 제4항에 따라 조세감면 또는 조세감면내용의 변경을 결정한 때에는 그 사실을 행정안전부장관 · 국세청장 · 관세청장 및 해당 공장시설을 관할하는 지방자치단체의 장에게 통보해야 한다. (2020. 2. 11. 개정)

⑦ 제1항 내지 제6항의 규정은 법 제121조의 2 제7항의 규정에 의한 조세감면대상 해당 여부의 사전확인신청에 관하여 이를 준용한다. (2007. 2. 28. 개정)

제116조의 4 【사업개시의 신고 등】 ① 사업개시일(「부가가치세법」 제8조 제1항에 따른 사업개시일을 말한다. 이하 이 장에서 같다) 이전에 법 제121조의 2 제8항의 규정에 의한 조세감면결정을 받은 외국인투자기업

사업장을 관할하는 지방자치단체의 장을 말하고, 「지방세특례제한법」 제78조의 3에 따른 취득세 및 재산세의 감면의 경우에는 행정안전부장관 및 해당 사업장을 관할하는 지방자치단체의 장을 말한다)과 협의하여 그 감면·감면내용변경·감면대상 해당여부를 결정하고 이를 신청인에게 알려야 한다. 다만, 제1항 제1호에 따른 감면에 대해서는 대통령령으로 정하는 바에 따라 그 감면·감면내용변경·감면대상 해당 여부를 결정할 수 있다. (2019. 12. 31. 개정)

⑨ 「외국인투자촉진법」 제2조 제1항 제8호 사목 또는 같은 법 제2조 제1항 제4호 가목 2), 제5조 제2항 제1호 및 제6조에 따른 외국인투자에 대해서는 제2항부터 제5항까지 및 제12항을 적용하지 아니한다. (2016. 1. 27. 개정 ; 외국인투자 촉진법 부칙)

⑩ 외국인투자기업이 제6항에 따른 감면신청기한이 지난 후 감면신청을 하여 제8항에 따라 감면결정을 받은 경우에는 그 감면신청일이 속하는 과세연도와 그 후의 남은 감면기간에 대해서만 제1항부터 제5항까지 및 제12항을 적용한다. 이 경우 외국인투자기업이 제8항에 따라 감면결정을 받기 이전에 이미 납부한 세액이 있을 때에는 그 세액은 환급하지 아니한다. (2014. 1. 1. 개정)

⑪ 이 조부터 제121조의 4까지의 규정을 적용할 때 다음 각 호의 어느 하나에 해당하는 외국인투자의 경우 대통령령으로 정하는 바에 따라 계산한 주식 또는 출자지분(이하 이 장에서 "주식등"이라 한다)의 소유비율(소유비

은 사업개시일부터 20일 이내에 그 사업장을 관할하는 세무서장에게 사업개시의 신고를 하여야 한다. (2013. 6. 28. 개정 ; 부가가치세법 시행령 부칙)

② 제1항의 규정에 의한 신고를 받은 세무서장은 당해 외국인투자기업의 사업개시일의 적정여부를 확인하여야 한다. (99. 5. 24 신설)

③ 사업개시일 이전에 조세감면결정을 받고 제1항의 규정에 의한 신고를 하지 아니한 외국인투자기업 또는 사업개시일후에 조세감면결정을 받은 외국인투자기업의 사업개시일은 그 사업장을 관할하는 세무서장이 이를 조사·확인한다. (99. 5. 24 신설)

④ 세무서장은 제2항 및 제3항의 규정에 의하여 외국인투자기업의 사업개시일을 확인한 때에는 지체없이 이를 당해 외국인투자기업 및 그 사업장을 관할하는 지방자치단체의 장에게 통보하여야 한다. (99. 5. 24 신설)

⑤ 법 제121조의 2 제1항 제1호에 따라 조세감면결정을 받은 외국인투자기업은 감면받은 과세연도의 과세표준을 신고할 때 그 사업장을 관할하는 세무서장에게 기획재정부령으로 정하는 투자명세서를 제출하여야 한다. (2014. 2. 21. 신설)

율이 100분의 5 미만인 경우에는 100분의 5로 본다) 상당액, 대여금 상당액 또는 외국인투자금액에 대해서는 조세감면대상으로 보지 아니한다. (2015. 12. 15. 개정)

1. 외국법인 또는 외국기업(이하 이 항에서 "외국법인등"이라 한다)이 외국인투자를 하는 경우로서 다음 각 목의 어느 하나에 해당하는 경우 (2015. 12. 15. 개정)
   가. 대한민국 국민(외국에 영주하고 있는 사람으로서 거주지국의 영주권을 취득하거나 영주권을 갈음하는 체류허가를 받은 사람은 제외한다) 또는 대한민국 법인(이하 이 항에서 "대한민국국민등"이라 한다)이 해당 외국법인등의 의결권 있는 주식등의 100분의 5 이상을 직접 또는 간접으로 소유하고 있는 경우 (2015. 12. 15. 개정)
   나. 대한민국국민등이 단독으로 또는 다른 주주와의 합의 · 계약 등에 따라 해당 외국법인등의 대표이사 또는 이사의 과반수를 선임한 주주에 해당하는 경우 (2015. 12. 15. 개정)
2. 다음 각 목의 어느 하나에 해당하는 자가 「외국인투자 촉진법」 제2조 제1항 제5호에 따른 외국투자가(이하 이 장에서 "외국투자가"라 한다)에게 대여한 금액이 있는 경우 (2015. 12. 15. 개정)
   가. 외국인투자기업 (2015. 12. 15. 개정)
   나. 외국인투자기업의 의결권 있는 주식등을 100분의 5 이상 직접 또는 간접으로 소유하고 있는 대한민국국민등 (2015. 12. 15. 개정)
   다. 단독으로 또는 다른 주주와의 합의 · 계약 등에 따라 외국인투자기업의 대표이사 또는 이사의 과반수를 선임한 주주인 대한민국국민등 (2015. 12. 15. 개정)
3. 외국인이 「국제조세조정에 관한 법률」 제2조 제1항 제7호에 따른 조세조약 또는 투자보장협정을 체결하지 아니한 국가 또는 지역 중 대통령령으로 정하는 국가 또는 지역을 통하여 외국인투자를 하는 경우 (2020. 12. 29. 개정)

⑫ 제1항 제1호에서 규정하는 사업에 대한 외국인투자 중 사업의 양수 등 대통령령으로 정하는 방식에 해당하는 외국인투자에 대해서는 제2항부터 제5항까지의 규정에 따른 감면기간 · 공제기간 및 감면비율 · 공제비율에도 불구하고 다음 각 호에서 정하는 바에 따라 법인세, 소득세, 취득세 및 재산세를 각각 감면한다. 다만, 제3호 및 제4호를 적용할 때 지방자치단체가 「지방세특례제한법」 제4조에 따른 조례로 정하는 바에 따라 감면기간 또는 공제기간을 10년까지 연장하거나 연장한 기간의 범위에서 감면비율 또는 공제비율을 높인 경우에는 제3호 및 제4호에도 불구하고 그 기간 및 비율에 따른다. (2010. 12. 27. 개정)

1. 2018년 12월 31일까지 제6항에 따른 조세감면신청을 한

☞ p.2995 1단 연결

외국인투자기업에 대한 법인세 및 소득세는 제1항 제1호에 따라 감면대상이 되는 사업을 함으로써 발생한 소득에 대해서만 감면하되, 그 사업을 개시한 후 그 사업에서 최초로 소득이 발생한 과세연도(사업개시일부터 5년이 되는 날이 속하는 과세연도까지 그 사업에서 소득이 발생하지 아니한 경우에는 5년이 되는 날이 속하는 과세연도)의 개시일부터 3년 이내에 끝나는 과세연도에는 감면대상세액의 100분의 50을, 그 다음 2년 이내에 끝나는 과세연도에는 감면대상세액의 100분의 30에 상당하는 세액을 각각 감면한다. (2018. 12. 24. 개정)

2. 외국투자가가 취득하는 주식 등에서 생기는 배당금등에 대한 법인세 또는 소득세는 대통령령으로 정하는 방법에 따라 당해 외국인투자기업의 각 과세연도의 소득에 대하여 그 기업이 제1항 제1호에 따라 법인세 또는 소득세 감면대상이 되는 사업을 함으로써 발생한 소득의 비율에 따라 감면하되, 제1호에 따라 법인세 또는 소득세의 감면대상세액의 100분의 50에 상당하는 세액이 감면되는 동안에는 100분의 50에 상당하는 세액을, 법인세 또는 소득세의 감면대상세액의 100분의 30에 상당하는 세액이 감면되는 동안에는 100분의 30에 상당하는 세액을 각각 감면한다. (2013. 1. 1. 개정)

2. 삭 제 (2014. 1. 1.)

3. 2019년 12월 31일까지 제6항에 따른 조세감면신청을 한 외국인투자기업이 제1항 제1호의 사업을 하기 위하여 취득·보유하는 재산에 대한 취득세 및 재산세는 다음 각 목의 구분에 따라 그 세액을 감면하거나 과세표준에서 공제 한다. (2019. 12. 31. 개정)

가. 취득세 및 재산세는 사업개시일부터 3년 동안은 감면대상세액의 100분의 50을, 그 다음 2년 동안은 감면대상세액의 100분의 30에 상당하는 세액을 각각 감면한다. (2010. 12. 27. 개정)

나. 토지에 대한 재산세는 사업개시일부터 3년 동안은 공제대상금액의 100분의 50을, 그 다음 2년 동안은 공제대상금액의 100분의 30에 상당하는 금액을 과세표준에서 각각 공제한다. (2010. 1. 1. 개정)

4. 2019년 12월 31일까지 제6항에 따른 조세감면신청을 한 외국인투자기업이 사업개시일 전에 제1항 제1호의 사업에 사용할 목적으로 취득·보유하는 재산이 있는 경우의 취득세 및 재산세는 다음 각 목의 구분에 따라 그 세액을 감면하거나 과세표준에서 공제한다. (2019. 12. 31. 개정)

가. 제8항에 따라 조세감면결정을 받은 날 이후에 취득하는 재산에 대한 취득세는 감면대상세액의 100분의 50을 감면한다. (2010. 12. 27. 개정)

나. 재산세는 해당 재산을 취득한 날부터 3년 동안은 감면대상세액의 100분의 50을, 그 다음 2년 동안은 감면대상세액의 100분의 30에 상당하는 세액을 각각 감면한다. (2010. 1. 1. 개정)

☞ p.2996 1단 연결

다. 토지에 대한 재산세는 해당 재산을 취득한 날부터 3년 동안은 공제대상금액의 100분의 50을, 그 다음 2년 동안은 공제대상금액의 100분의 30에 상당하는 금액을 과세표준에서 각각 공제한다. (2010. 1. 1. 개정)

⑬ 외국인투자신고 후 최초의 조세감면결정 통지일부터 3년이 지나는 날까지 최초의 출자(증자를 포함한다. 이하 이 항에서 같다)를 하지 아니하는 경우에는 제8항에 따른 조세감면결정의 효력이 상실되며, 외국인투자신고 후 최초의 조세감면결정 통지일부터 3년 이내에 최초의 출자를 한 경우로서 최초의 조세감면결정 통지일부터 5년이 되는 날까지 사업을 개시하지 아니한 경우에는 최초의 조세감면결정 통지일부터 5년이 되는 날을 그 사업을 개시한 날로 보아 제2항, 제4항, 제5항, 제12항 및 제18항을 적용한다. (2015. 12. 15. 개정)

⑭ 제2항 및 제12항 제1호가 적용되는 감면기간 동안 감면받는 소득세 또는 법인세의 총합계액이 다음 각 호의 금액을 합한 금액을 초과하는 경우에는 그 합한 금액을 한도(이하 이 조에서 "감면한도"라 한다)로 하여 세액을 감면한다. (2010. 12. 27. 신설)

1. 투자금액을 기준으로 한 한도로서 다음 각 목의 구분에 따른 금액 (2010. 12. 27. 신설)

가. 제1항 제1호 및 제2호의 경우 : 대통령령으로 정하는 외국인투자누계액(이하 이 항에서 "외국인투자누계액"이라 한다)의 100분의 50 (2015. 12. 15. 개정)

나. 제1항 제2호의 2부터 제2호의 9까지, 제3호 및 제12항 제1호의 경우 : 외국인투자누계액의 100분의 40 (2015. 12. 15. 개정)

2. 고용을 기준으로 한 다음 각 목의 금액을 합한 금액. 다만, 제1항 제1호 및 제2호의 경우에는 외국인투자누계액의 100분의 50에 상당하는 금액을 한도로 하고, 제1항 제2호의 2부터 제2호의 9까지, 제3호 및 제12항 제1호의 경우에는 외국인투자누계액의 100분의 40에 상당하는 금액을 한도로 한다. (2017. 12. 19. 개정)

가. 해당 과세연도의 해당 외국인투자기업의 상시근로자 중 산업수요맞춤형고등학교등의 졸업생 수 × 2천만원 (2014. 12. 23. 개정)

나. 해당 과세연도의 해당 외국인투자기업의 가목 외의 상시근로자 중 청년근로자, 장애인근로자, 60세 이상인 근로자 수 × 1천500만원 (2014. 12. 23. 개정)

다. (해당 과세연도의 상시근로자 수 − 가목에 따른 졸업생 수 − 나목에 따른 청년근로자, 장애인근로자, 60세 이상인 근로자 수) × 1천만원 (2014. 12. 23. 개정)

⑮ 제2항 및 제12항 제1호에 따라 각 과세연도에 감면받을 소득세 또는 법인세에 대하여 감면한도를 적용할

☞ p.2997 1단 연결

때에는 제14항 제1호의 금액을 먼저 적용한 후 같은 항 제2호의 금액을 적용한다. (2010. 12. 27. 신설)

⑯ 제14항 제2호를 적용받아 소득세 또는 법인세를 감면받은 외국인투자기업이 감면받은 과세연도 종료일부터 2년이 되는 날이 속하는 과세연도 종료일까지의 기간 중 각 과세연도의 상시근로자 수가 감면받은 과세연도의 상시근로자 수보다 감소한 경우에는 대통령령으로 정하는 바에 따라 감면받은 세액에 상당하는 금액을 소득세 또는 법인세로 납부하여야 한다. (2010. 12. 27. 신설)

⑰ 제14항 및 제16항을 적용할 때 상시근로자의 범위, 상시근로자 수의 계산방법, 그 밖에 필요한 사항은 대통령령으로 정한다. (2010. 12. 27. 신설)

⑱ 외국인투자기업이 동일한 사업장에서 제1항 각 호의 사업 중 제1항 제1호의 사업과 제1항 제1호 외의 사업을 제143조를 준용하여 각각 구분하여 경리하는 경우에는 각각의 사업에 대하여 제2항에 따른 감면을 적용한다. 다만, 각각의 사업에 대한 감면기간은 해당 사업장에서 최초로 감면 대상 소득이 발생한 과세연도(사업개시일부터 5년이 되는 날이 속하는 과세연도까지 소득이 발생하지 아니한 경우에는 5년이 되는 날이 속하는 과세연도)의 개시일부터 기산한다. (2014. 12. 23. 신설)

제121조의 4【증자의 조세감면】 농특비

① 외국인투자기업이 증자하는 경우에 그 증자분에 대

제116조의 6【증자의 조세감면】 ① 기획재정부장관이 법 제121조의 4 제1항의 규정에 의하여 증자분에

한 조세감면에 대해서는 제121조의 2 및 제121조의 3을 준용한다. 다만, 대통령령으로 정하는 기준에 해당하는 조세감면신청에 대해서는 제121조의 2 제8항에 따른 주무부장관 또는 지방자치단체의 장과의 협의를 생략할 수 있다. (2010. 1. 1. 개정)

② 다음 각 호의 주식등에 대해서는 그 발생근거가 되는 주식등에 대한 감면의 예에 따라 그 감면기간의 남은 기간과 남은 기간의 감면비율에 따라 감면한다. (2011. 12. 31. 개정)

1. 「외국인투자 촉진법」 제5조 제2항 제2호에 따라 준비금·재평가적립금과 그 밖에 다른 법령에 따른 적립금이 자본으로 전입됨으로써 외국투자가가 취득한 주식등 (2016. 1. 27. 개정 ; 외국인투자 촉진법 부칙)
2. 「외국인투자 촉진법」 제5조 제2항 제5호에 따라 외국투자가가 취득한 주식등으로부터 생긴 과실(주식등으로 한정한다)을 출자하여 취득한 주식등 (2016. 1. 27. 개정 ; 외국인투자 촉진법 부칙)

③ 제1항을 적용할 때 사업개시일은 자본증가에 관한 변경등기를 한 날로 한다. (2010. 1. 1. 개정)

④ 제1항에 따라 외국인투자기업에 대한 감면대상세액을 계산하는 경우 제121조의 2에 따른 감면기간이 종료된 사업의 사업용 고정자산을 제1항에 따른 증자분에 대한 조세감면을 받는 사업(이하 이 항에서 "증자분사업"이라 한다)에 계속 사용하는 경우 등 대통령령으로 정하

대한 조세감면여부를 결정함에 있어서 당해 외국인투자기업이 유상감자(주식 또는 출자지분의 유상소각, 자본감소액의 반환 등에 의하여 실질적으로 자산이 감소되는 경우를 말한다)를 한 후 5년 이내에 증자하여 조세감면신청을 하는 경우에는 그 감자전보다 순증가하는 부분에 대한 외국인투자비율에 한하여 감면결정을 하여야 한다. (2008. 2. 29. 직제개정 ; 기획재정부와~직제 부칙)

② 법 제121조의 4 제1항 단서에서 "대통령령으로 정하는 기준"이란 법 제121조의 2의 규정에 의하여 조세감면을 받고 있는 사업을 위하여 증액투자하는 것을 말한다. (2010. 2. 18. 개정)

③ 법 제121조의 4 제1항에 따라 증자분에 대한 조세감면결정을 받은 외국인투자기업이 해당 증자 후 7년 내에 유상감자를 하는 경우에 감면세액 계산에 관하여는 해당 유상감자를 하기 직전의 증자분(「외국인투자 촉진법」 제5조 제2항 제2호에 따른 준비금·재평가적립금 및 그 밖의 다른 법령에 따른 적립금의 자본전입으로 인하여 주식이 발행되는 형태의 증자를 제외한다)부터 역순으로 감자한 것으로 본다. (2017. 2. 7. 개정)

④ 법 제121조의 4 제4항에서 "대통령령으로 정하는 사유"란 다음 각 호의 요건을 모두 충족하는 경우를 말한다. (2012. 2. 2. 신설)

1. 외국인투자기업이 증자 전에 법 제121조의 2 제1항 각 호에 따른 사업(이하 이 조에서 "증자전감면사업"

예판

증자분에 대한 조세감면결정을 받은 외국인투자기업이 당해 증자분에 해당하는 상환주식을 상법 345조에 따라 상환하는 경우 조특령 116조의 6 제3항의 유상감자에 해당함. (서면2팀 - 2054, 2007. 11. 9.)

는 사유가 있는 경우에는 다음 계산식에 따라 계산한 금액을 증자분사업에 대한 감면대상세액으로 한다. (2011. 12. 31. 신설)

$$\text{감면대상 세액} \times \frac{\text{자본증가에 관한 변경등기를 한 날 이후 새로 취득·설치되는 사업용 고정자산의 가액}}{\text{증자분사업의 사업용 고정자산의 총가액}}$$

⑤ 제1항에도 불구하고 외국인투자신고 후 최초의 조세감면결정 통지일부터 3년이 되는 날 이전에 외국인투자기업이 조세감면결정 시 확인된 외국인투자신고금액의 범위에서 증자하는 경우에는 제121조의 2 제6항에 따른 감면신청을 하지 아니하는 경우에도 그 증자분에 대하여 제121조의 2 제8항에 따른 감면결정을 받은 것으로 본다. (2011. 12. 31. 항번개정)

⑥ 제1항에 따라 증자분에 대한 조세감면에 대하여 제121조의 2를 준용할 때 상시근로자의 범위, 상시근로자 수의 계산방법, 그 밖에 필요한 사항은 대통령령으로 정한다. (2011. 12. 31. 항번개정)

예판

외국인투자기업이 증자분에 대한 조세감면을 받은 사업부문을 「법인세법」 제46조 제2항에 따른 적격분할로 분할신설법인을 설립한 경우 분할신설법인은 잔존감면기간 내에 종료하는 각 사업연도까지 계속하여 그 증자분에 대한 조세감면을 적용받을 수 있는 것임. (서면법령국조-21952, 2015. 4. 3.)

이라 한다)에 대한 감면을 받고 그 감면기간이 종료된 경우로서 법 제121조의 4 제1항에 따라 증자를 통하여 법 제121조의 2 제1항 각 호에 따른 사업(이하 이 조에서 "증자분감면사업"이라 한다)에 대한 감면결정을 받았을 것 (2014. 2. 21. 개정)

2. 법 제121조의 2에 따른 감면기간이 종료된 증자전감면사업의 사업용 고정자산을 증자분감면사업에 계속 사용하는 경우로서 자본증가에 관한 변경등기를 한 날 현재 증자분감면사업에 계속 사용되는 감면기간이 종료된 증자전감면사업의 사업용 고정자산의 가액이 증자분감면사업의 사업용 고정자산의 총가액에서 차지하는 비율이 100분의 30 이상일 것 (2014. 2. 21. 개정)

⑤ 법 제121조의 4 제1항에 따라 증자분에 대하여 조세감면을 적용하는 경우 제116조의 2 제14항의 외국인투자비율을 계산할 때 법 제143조에 따라 해당 증자분 감면대상 사업을 그 밖의 사업과 구분경리하여 해당 증자분 감면대상 사업을 기준으로 외국인투자비율을 계산한다. (2014. 2. 21. 개정)

⑥ 법 제121조의 4 제1항에 따라 증자분에 대하여 조세감면을 적용할 때 제116조의 2 제22항에 따른 외국인투자누계액은 당초 감면대상 사업에 대한 외국인투자누계액과 해당 증자분 감면대상사업에 대한 외국인투자누계액으로 각각 구분하여 계산한다. 다만, 감면결정을 받았으나 감면기간이 종료되어 0퍼센트의 감면율이 적용되

는 외국인투자누계액은 제외한다. (2014. 2. 21. 개정)

1. 제5항에 따라 구분경리하여 과세표준을 신고하는 경우 : 당초 감면대상 사업에 대한 외국인투자누계액과 해당 증자분 감면대상 사업에 대한 외국인투자누계액으로 각각 구분하여 계산 (2012. 2. 2. 개정)
2. 제5항에 따라 구분경리하지 아니하고 과세표준을 신고하는 경우 : 당초 감면대상 사업에 대한 외국인투자누계액과 해당 증자분 감면대상 사업에 대한 외국인투자누계액을 합하여 계산 (2012. 2. 2. 개정)

1~2. 삭　제 (2014. 2. 21.)

⑦ 법 제121조의 4 제1항에 따라 증자분에 대하여 조세감면을 적용하는 경우 제116조의 2 제24항에 따른 상시근로자 수는 당초 감면대상 사업장의 상시근로자 수와 해당 증자분 감면대상 사업장의 상시근로자 수로 각각 구분하여 계산한다. 다만, 감면결정을 받았으나 감면기간이 종료되어 0퍼센트의 감면율이 적용되는 사업장의 상시근로자 수는 제외한다. (2014. 2. 21. 개정)

1. 제5항에 따라 구분경리하여 과세표준을 신고하는 경우 : 당초 감면대상 사업장의 상시근로자 수와 해당 증자분 감면대상 사업장의 상시근로자 수로 각각 구분하여 계산 (2012. 2. 2. 개정)
2. 제5항에 따라 구분경리하지 아니하고 과세표준을 신고하는 경우 : 당초 감면대상 사업장의 상시근로자 수와 해당 증자분 감면대상 사업장의 상시근로자 수를 합하여 계산 (2012. 2. 2. 개정)

1~2. 삭　제 (2014. 2. 21.)

제121조의 5【외국인투자에 대한 감면세액의 추징 등】 (2013. 1. 1. 제목개정)

① 제121조의 2 제2항 및 제12항에 따라 법인세 또는 소득세를 감면받은 외국인투자기업은 다음 각 호의 어느 하나에 해당하는 사유가 발생한 경우 사유가 발생한 날이 속하는 과세연도의 과세표준신고를 할 때 대통령령으로 정하는 바에 따라 계산한 세액에 대통령령으로 정하는 바에 따라 계산한 이자 상당 가산액을 가산하여 소득세 또는 법인세로 납부하여야 하며, 해당 세액은 「소득세법」 제76조 또는 「법인세법」 제64조에 따라 납부하여야 할 세액으로 본다. (2014. 1. 1. 개정)

1. 「외국인투자 촉진법」에 따라 등록이 말소된 경우 (2010. 1. 1. 개정)
2. 제121조의 2 제1항 각 호 외의 부분에 따른 조세감면기준에 해당하지 아니하게 된 경우 (2010. 1. 1. 개정)
3. 신고한 내용을 이행하지 아니하여 「외국인투자촉진법」 제28조 제5항에 따른 시정명령을 받은 자가 이를 이행하지 아니한 경우 (2010. 1. 1. 개정)
4. 외국투자가가 이 법에 따라 소유하는 주식등을 대한민국 국민 또는 대한민국 법인에 양도하는 경우 (2010. 1. 1. 개정)
5. 해당 외국인투자기업이 폐업하는 경우 (2010. 1. 1. 개정)
6. 외국인투자기업이 외국인투자신고 후 5년(고용 관련 조세감면기준은 3년) 이내에 출자목적물의 납입 및 「외

제116조의 7【법인세 등의 추징】 ① 법 제121조의 5 제1항에서 "대통령령으로 정하는 바에 따라 계산한 세액"이란 다음 각 호의 세액을 말한다. (2010. 2. 18. 개정)

1. 법 제121조의 5 제1항 제1호 및 제5호의 경우 : 말소일 또는 폐업일부터 소급하여 5년 이내에 감면된 세액 (2006. 2. 9. 개정)
2. 법 제121조의 5 제1항 제2호의 경우 : 조세감면기준(제116조의 2 제1항, 제3항, 제5항부터 제7항까지, 제9항, 제10항 및 제16항부터 제21항까지에 규정되어 있는 조세감면대상이 되는 사업요건, 최소 외국인투자금액요건, 상시고용인원요건 등을 말한다)에 해당하지 아니하게 된 날부터 소급하여 5년 이내에 감면된 세액 (2013. 2. 15. 개정)
3. 법 제121조의 5 제1항 제3호의 경우 : 시정명령기간 만료일부터 소급하여 5년 이내에 감면된 세액 (2006. 2. 9. 개정)
4. 법 제121조의 5 제1항 제4호의 경우 : 주식등의 양도일부터 소급하여 5년 이내에 감면된 세액에 감면 당시의 외국투자가 소유의 주식등에 대한 양도주식등의 비율을 곱하여 산출한 세액(법 제121조의 2 제2항 또는 제12항에 따른 감면기간 중에 주식등을 양도하는 경우에 한정한다) (2013. 2. 15. 개정)
5. 법 제121조의 5 제1항 제6호의 경우 : 외국인투자신고 후 5년(고용과 관련된 조세감면기준에 미달하는 경

국인투자 촉진법」 제2조 제1항 제4호 나목에 따른 장기 차관의 도입 또는 고용인원이 제121조의 2 제1항에 따른 조세감면기준에 미달하는 경우 (2016. 12. 20. 개정)

예판

- 상환주식을 상법 345조에서 정한 바에 따라 상환함에 따라 조세특례제한법 121조의 2 제1항에 의한 조세감면기준에 해당하지 아니하게 된 경우에는 '외국인투자에 대한 감면세액의 추징' 규정이 적용됨. (서면2팀-2054, 2007. 11. 9.)
- 출자목적물의 납입 및 외국인투자촉진법 2조 1항 4호 나목의 규정에 의한 차관의 도입이 외국인투자신고금액에는 미달하였으나 조세감면 기준금액 이상인 경우 조특법 121조의 5 제1항 6호에 따른 추징대상이 아님. (재국조-233, 2008. 10. 2.)

우에는 3년)이 경과한 날부터 소급하여 5년(고용과 관련된 조세감면기준에 미달하는 경우에는 3년) 이내에 감면된 세액 (2010. 2. 18. 개정)

② 제1항 제4호의 규정에 의한 세액은 다음 산식에 의하여 산출한 금액으로 한다. 이 경우 경과월수는 먼저 도래하는 과세연도의 초일부터 주식 또는 출자지분(이하 이 장에서 "주식등"이라 한다)의 양도일까지의 경과된 월수로 하되, 월수의 계산에 있어서 1월 미만의 월수는 이를 산입하지 아니한다. (2006. 2. 9. 개정)

감면된 세액×(1－경과월수/36)×감면당시의 외국투자가 소유의 주식 등에 대한 양도주식 등의 비율(이하 이 장에서 "주식양도비율"이라 한다)

② 삭 제 (2013. 2. 15.)

③ 법 제121조의 5 제1항에서 "대통령령으로 정하는 바에 따라 계산한 이자상당가산액"이란 제1항의 규정에 따른 감면세액에 제1호의 규정에 따른 기간과 제2호의 규정에 따른 율을 곱하여 계산한 금액으로 한다. (2010. 2. 18. 개정)

1. 감면받은 과세연도의 과세표준신고일의 다음날부터 법 제121조의 5의 사유가 발생한 날이 속하는 과세연도의 과세표준 신고일까지의 기간 (2006. 2. 9. 신설)
2. 제11조의 2 제9항 제2호에 따른 율 (2022. 2. 15. 개정)

④ 제1항 각 호에 따른 세액은 해당 기준일부터 소급하여 5년이 되는 날이 속하는 과세연도 및 그 이후의 과세연도의 소득에 대하여 감면된 세액을 말한다. (2013. 2. 15. 신설)

② 세관장 또는 세무서장은 다음 각 호의 어느 하나에 해당하는 경우에는 대통령령으로 정하는 바에 따라 제121조의 3에 따라 면제된 관세 · 개별소비세 및 부가가치세를 추징한다. (2010. 1. 1. 개정)

1. 「외국인투자 촉진법」에 따라 등록이 말소된 경우 (2010. 1. 1. 개정)
2. 출자목적물이 신고된 목적 외의 목적에 사용되거나 처분된 경우 (2010. 1. 1. 개정)
3. 외국투자가가 이 법에 따라 소유하는 주식등을 대한민국 국민 또는 대한민국 법인에 양도하는 경우 (2010. 1. 1. 개정)
4. 해당 외국인투자기업이 폐업하는 경우 (2010. 1. 1. 개정)
5. 외국인투자기업이 외국인투자신고 후 5년(고용 관련 조세감면기준은 3년)이내에 출자목적물의 납입 및 「외국인투자 촉진법」 제2조 제1항 제4호 나목에 따른 장기차관의 도입 또는 고용인원이 제121조의 2 제1항에 따른 조세감면기준에 미달하는 경우 (2016. 12. 20. 개정)

⑤ 법 제121조의 5 제1항 각 호의 사유가 동시에 발생하는 경우 제1항 각 호의 세액이 큰 사유를 적용하고 순차적으로 발생하는 경우에는 감면받은 세액의 범위에서 발생순서에 따라 먼저 발생한 사유부터 순차적으로 적용한다. (2013. 2. 15. 신설)

제116조의 8 【관세 등의 추징】 ① 법 제121조의 5 제2항에 따른 관세 · 개별소비세 및 부가가치세의 추징은 다음 각 호의 기준에 의한다. (2009. 2. 4. 개정)

1. 법 제121조의 5 제2항 제1호 및 제4호의 경우 : 말소일 또는 폐업일부터 소급하여 3년(개별소비세 및 부가가치세의 경우에는 5년) 이내에 감면된 세액 추징 (2007. 12. 31. 개정 ; 특별소비세법 시행령 부칙)
2. 법 제121조의 5 제2항 제2호의 경우 : 「관세법」에 의한 수입신고수리일부터 3년(개별소비세 및 부가가치세의 경우에는 5년)이내에 신고된 목적외에 사용하거나 처분하는 자본재에 대하여 감면된 세액 추징 (2007. 12. 31. 개정 ; 특별소비세법 시행령 부칙)
3. 법 제121조의 5 제2항 제3호의 경우 : 외국투자가가 관세 등의 면제일부터 3년 이내에 법에 의하여 소유하는 주식 등을 양도하는 경우 외국투자가의 주식등의 양도 후 잔여 출자금액 범위를 초과하는 자본재에 대하여 감면된 세액추징(주식양도일에 가까운 날 감면받은 세액부터 추징한다) (2013. 2. 15. 개정)

③ 지방자치단체의 장은 다음 각 호의 어느 하나에 해당하는 경우에는 대통령령으로 정하는 바에 따라 제121조의 2 제4항·제5항 및 제12항에 따라 감면된 취득세 및 재산세를 추징한다. 이 경우 제1호에 해당하는 경우에는 그 미달된 비율에 상응하는 금액에 해당하는 세액을 추징한다. (2010. 12. 27. 개정)

1. 제121조의 2 제5항 및 제12항에 따라 조세가 감면된 후 외국투자가의 주식등의 비율이 감면 당시의 주식등의 비율에 미달하게 된 경우 (2010. 1. 1. 개정)
2. 제121조의 2 제4항 및 제12항에 따라 조세가 감면된 후 외국투자가가 이 법에 따라 소유하는 주식등을 대한민국 국민 또는 대한민국 법인에 양도하는 경우 (2010. 1. 1. 개정)

4. 법 제121조의 5 제2항 제5호의 경우 : 외국인투자신고 후 5년(고용과 관련된 조세감면기준에 미달하는 경우에는 3년)이 경과한 날부터 소급하여 5년(고용과 관련된 조세감면기준에 미달하는 경우에는 3년) 이내에 감면된 세액 추징 (2010. 2. 18. 개정)

② 제1항에 따른 추징관세액의 계산에 관하여는 「관세법」 제100조 제2항을 준용한다. (2013. 2. 15. 개정)

③ 「관세법」 제100조 제2항의 규정은 제1항의 규정에 의한 추징관세액의 계산에 관하여 이를 준용한다. (2005. 2. 19. 개정)

③ 삭 제 (2013. 2. 15.)

제116조의 9【취득세 등의 추징】 ① 법 제121조의 5 제3항의 규정에 의한 취득세 및 재산세의 추징은 다음 각 호의 기준에 의한다. (2013. 2. 15. 개정)

1. 법 제121조의 5 제3항 제1호 및 제2호의 경우 : 주식등의 비율의 미달일 또는 양도일부터 소급하여 5년 이내에 감면된 취득세 및 재산세의 세액에 그 미달비율 또는 양도비율을 곱하여 산출한 세액을 각각 추징 (2010. 12. 30. 개정)
2. 법 제121조의 5 제3항 제3호 및 제4호의 경우 : 제116조의 7 제1항 제1호의 규정을 준용하여 감면된 취득세 및 재산세를 각각 추징 (2010. 12. 30. 개정)
3. 법 제121조의 5 제3항 제5호의 경우 : 외국인투자신고 후 5년(고용과 관련된 조세감면기준에 미달하는 경우

3. 「외국인투자 촉진법」에 따라 등록이 말소된 경우 (2010. 1. 1. 개정)
4. 해당 외국인투자기업이 폐업하는 경우 (2010. 1. 1. 개정)
5. 외국인투자기업이 외국인투자신고 후 5년(고용 관련 조세감면기준은 3년) 이내에 출자목적물의 납입 및 「외국인투자 촉진법」 제2조 제1항 제4호 나목에 따른 장기차관의 도입 또는 고용인원이 제121조의 2 제1항에 따른 조세감면기준에 미달하는 경우 (2016. 12. 20. 개정)

④ 제1항부터 제3항까지의 규정에 따라 추징할 세액의 범위, 여러 추징사유에 해당하는 경우의 적용방법 등 그 밖에 필요한 사항은 대통령령으로 정한다. (2013. 1. 1. 개정)

⑤ 다음 각 호의 어느 하나에 해당하는 경우에는 제1항부터 제3항까지의 규정에도 불구하고 대통령령으로 정하는 바에 따라 그 감면된 세액을 추징하지 아니할 수 있다. (2010. 1. 1. 개정)

1. 외국인투자기업이 합병으로 인하여 해산됨으로써 외국인투자기업의 등록이 말소된 경우 (2010. 1. 1. 개정)
2. 제121조의 3에 따라 관세 등을 면제받고 도입되어 사용 중인 자본재를 천재지변이나 그 밖의 불가항력적인 사유가 있거나 감가상각, 기술의 진보, 그 밖에 경제여건의 변동 등으로 그 본래의 목적에 사용할 수 없게 되어 기획재정부장관의 승인을 받아 본래의 목적 외의 목적에 사용하거나 처분하는 경우 (2010. 1. 1. 개정)
3. 「자본시장과 금융투자업에 관한 법률」에 따라 해당 외국

에는 3년)이 경과한 날부터 소급하여 5년(고용과 관련된 조세감면기준에 미달하는 경우에는 3년) 이내에 감면된 취득세 및 재산세를 각각 추징 (2010. 12. 30. 개정)

② 법 제121조의 5 제3항 각 호의 사유가 동시에 발생하거나 순차적으로 발생하는 경우에는 제116조의 7 제5항을 준용한다. (2013. 2. 15. 신설)

제116조의 10【조세추징의 면제】(2006. 2. 9. 제목개정)

① 법 제121조의 5 제5항에 따라 법 제121조의 5 제5항 제1호 또는 제3호부터 제5호까지에 해당되는 경우에는 같은 조 제1항부터 제3항까지에 규정된 조세의 추징을 하지 아니하며, 법 제121조의 5 제5항 제2호에 해당되는 경우에는 같은 조 제2항에 규정된 조세의 추징을 하지 아니한다. (2015. 2. 3. 개정)

인투자기업을 공개하기 위하여 주식 등을 대한민국국민 또는 대한민국 법인에 양도하는 경우 (2010. 1. 1. 개정)

4. 「외국인투자 촉진법」에 따라 시·도지사가 연장한 이행기간 내에 출자목적물을 납입하여 해당 조세감면기준을 충족한 경우 (2014. 12. 23. 신설)

5. 그 밖에 조세감면의 목적을 달성하였다고 인정되는 경우로서 대통령령으로 정하는 경우 (2014. 12. 23. 호번개정)

⑥ 제121조의 2 제8항에 따라 감면결정을 받은 외국인투자기업이 제1항 각 호(제4호는 제외한다), 제2항 각 호(제2호 및 제3호는 제외한다) 또는 제3항 각 호(제1호 및 제2호는 제외한다)의 어느 하나에 해당하는 경우에는 대통령령으로 정하는 바에 따라 해당 과세연도와 남은 감면기간 동안 제121조의 2부터 제121조의 4까지의 규정에 따른 감면을 적용하지 아니한다. (2013. 1. 1. 신설)

② 법 제121조의 5 제5항 제5호에서 "대통령령으로 정하는 경우"란 다음 각 호의 어느 하나에 해당하는 경우를 말한다. (2015. 2. 3. 개정)

1. 법 제121조의 2 제1항 제1호에 따른 신성장동력산업기술을 수반하는 사업에 투자한 외국투자가가 그 감면사업 또는 소유주식등을 대한민국국민 또는 대한민국법인에게 양도한 경우로서 해당 기업이 그 신성장동력산업기술을 수반하는 사업에서 생산되거나 제공되는 제품 또는 서비스를 국내에서 자체적으로 생산하는 데 지장이 없다고 기획재정부장관이 확인하는 경우 (2017. 2. 7. 개정)
2. 외국투자가가 소유하는 주식 등을 다른 법령이나 정부의 시책에 따라 대한민국국민 또는 대한민국법인에게 양도한 경우로서 기획재정부장관이 확인하는 경우 (2008. 2. 29. 직제개정 ; 기획재정부와~직제 부칙)
3. 경제자유구역개발사업시행자가 경제자유구역의 개발사업을 완료한 후 법 제121조의 5 제1항부터 제3항까지의 규정에 따른 조세의 추징사유가 발생한 경우 (2014. 9. 11. 개정)
4. 제주투자진흥지구개발사업시행자가 제주투자진흥지

예판

사업양도 후 국내에서 감면사업에서 생산되거나 제공되는 제품 또는 서비스를 국내에서 자체적으로 생산하는 데 지장이 없다고 기획재정부장관이 확인하는 경우에는 감면사업을 포괄적으로 양도하는 경우가 아니라도 조특령 116조의 10 제2항 1호가 적용됨. (재국조-48, 2009. 2. 5.)

조세추징면제여부를 확인하고 신청서를 제출받은 날부터 30일 이내에 그 결과를 신청인에게 통지하여야 한다. 다만, 부득이한 사정이 있을 때에는 30일의 범위에서 그 처리기간을 연장할 수 있으며, 이 경우 그 사유와 처리기간을 신청인에게 통지하여야 한다. (2014. 9. 11. 개정)

⑤ 기획재정부장관은 제4항에 따라 조세추징면제여부를 확인한 때에는 그 사실을 행정안전부장관 · 국세청장 · 관세청장 및 해당 외국인투자기업의 사업장을 관할하는 지방자치단체의 장에게 통보해야 한다. (2020. 2. 11. 개정)

제116조의 11 【조세추징사유의 통보 등】 ① 기획재정부장관 · 산업통상자원부장관 · 세무서장 · 세관장 및 지방자치단체의 장과 「외국인투자촉진법 시행령」 제40조 제2항의 규정에 의하여 산업통상자원부장관의 권한을 위탁받은 대한무역투자진흥공사의 장 및 외국환은행의 장은 법 제121조의 5 제1항 내지 제3항의 규정에 의한 조세의 추징사유가 발생한 사실을 안 때에는 이를 지체없이 해당 추징권자에게 통보하여야 한다. (2013. 3. 23. 직제개정 ; 기획재정부와~직제 부칙)

② 산업통상자원부장관 · 세무서장 · 세관장 및 지방자치단체의 장과 「외국인투자촉진법 시행령」 제40조 제2항에 따라 산업통상자원부장관의 권한을 위탁받은 대한무역투자진흥공사의 장 및 외국환은행의 장은 제1항

☞ p.3008 2단 연결

구의 개발사업을 완료한 후 법 제121조의 5 제1항부터 제3항까지의 규정에 따른 조세의 추징사유가 발생한 경우 (2014. 9. 11. 개정)

5. 기업도시개발사업시행자가 기업도시개발구역의 개발사업을 완료한 후 법 제121조의 5 제1항부터 제3항까지의 규정에 따른 조세의 추징사유가 발생한 경우 (2014. 9. 11. 개정)
6. 새만금사업지역개발사업시행자가 새만금사업지역의 개발사업을 완료한 후 법 제121조의 5 제1항부터 제3항까지에 따른 조세의 추징사유가 발생한 경우 (2015. 2. 3. 개정)
7. 외국투자가가 소유하는 주식등을 대한민국 국민 또는 법인에 양도한 후 양도받은 대한민국 국민 또는 법인이 7일 이내에 다른 외국투자가에게 양도한 경우로서 당초 사업을 계속 이행하는 데 지장이 없다고 기획재정부장관이 확인하는 경우 (2016. 5. 10. 신설)

③ 제2항 제1호, 제2호 및 제7호에 따른 확인을 받으려는 자는 감면사업 또는 주식 및 지분의 양도일부터 2개월 이내에 조세추징 면제사유를 증명할 수 있는 서류를 첨부하여 조세추징면제여부 확인신청서를 기획재정부장관에게 제출하여야 한다. (2016. 5. 10. 개정)

④ 기획재정부장관은 제3항에 따른 조세추징면제여부 확인신청서를 제출받은 때에는 주무부장관과 협의하여

☞ 관계조문

규칙 61조 1항 71호의 2 ⇒ 조세추징면제여부 확인신청서(별지 70호의 2 서식)

안 법 제121조의 2 제1항 각 호 외의 부분에 따른 조세감면기준을 충족하거나 「외국인투자 촉진법」 제28조 제5항에 따른 시정명령을 이행한 경우에도 또한 같다. (2013. 2. 15. 신설)

에 따라 추징사유발생을 통보하거나 법 제121조의 5 제1항부터 제3항까지의 규정에 따라 조세의 추징을 한 경우에는 그 사실을 지체 없이 기획재정부장관 및 행정안전부장관에게 통보 또는 보고해야 한다. (2020. 2. 11. 개정)

③ 법 제121조의 5 제1항 제5호ㆍ동조 제2항 제4호 및 동조 제3항 제4호의 규정에 의한 외국인투자기업의 폐업일은 「부가가치세법」 제8조 제6항 및 제7항에 따른 폐업일과 말소일 중 빠른 날로 한다. (2013. 6. 28. 개정 ; 부가가치세법 시행령 부칙)

④ 세무서장은 외국인투자기업의 폐업일을 확인한 때에는 기획재정부장관 및 산업통상자원부장관에게 보고하고, 「외국인투자촉진법 시행령」 제40조 제2항의 규정에 의하여 당해 외국인투자기업의 사후관리를 위탁받은 수탁기관의 장과 당해 외국인투자기업의 사업장을 관할하는 세관장 및 지방자치단체의 장에게 이를 지체없이 통보하여야 한다. (2013. 3. 23. 직제개정 ; 기획재정부와~직제 부칙)

⑤ 법 제121조의 5 제6항을 적용하는 경우 해당 과세연도 개시일부터 해당 사유가 발생한 날까지의 기간을 포함한 해당 과세연도와 남은 감면기간에 대하여는 법 제121조의 2부터 제121조의 4까지에 따른 감면을 적용하지 아니하고, 해당 사유가 발생한 날 이후부터 남은 감면기간 동

부 칙 (2024. 12. 31. 법률 제20617호)

제1조【시행일】 이 법은 2025년 1월 1일부터 시행한다. 다만, 다음 각 호의 개정규정은 해당 호에서 정한 날부터 시행한다.

1. 제106조 제5항 및 제107조의 2의 개정규정 : 2025년 4월 1일
2. 제106조의 11, 제108조의 3 및 제126조의 2 제2항 제3호 다목의 개정규정 : 2025년 7월 1일

제2조【창업중소기업 등에 대한 세액감면 등에 관한 적용례】 제6조 제7항 · 제13항 및 제127조 제4항 단서의 개정규정은 이 법 시행 이후 창업중소기업을 창업하는 경우, 창업보육센터사업자로 지정을 받는 경우, 벤처기업으로 확인받는 경우 또는 에너지신기술중소기업에 해당하게 되는 경우부터 적용한다.

제3조【연구 · 인력개발비 세액공제의 공제율에 관한 적용례 등】 ① 제10조 제1항 제1호 가목 2), 같은 항 제2호 가목 2) 및 같은 항 제3호 나목 2)의 개정규정은 이 법 시행 이후 개시하는 과세연도에 최초로 중소기업에 해당하지 아니하게 된 경우부터 적용한다.

② 2024년 12월 31일이 속하는 과세연도에 발생한 코스닥상장중견기업의 연구 · 인력개발비에 대해서는 제10조 제1항 제1호 가목 2) 및 같은 호 나목 단서의 개정규정에도 불구하고 종전의 규정에 따른다.

부 칙 (2024. 12. 31. 대통령령 제35123호)

이 영은 2025년 1월 1일부터 시행한다.

부 칙 (2024. 12. 24. 대통령령 제35089호 ; 전북특별자치도 설치 및 글로벌생명경제도시 조성을 위한 특별법 시행령 부칙)

제1조【시행일】 이 영은 2024년 12월 27일부터 시행한다.

제2조~제5조 생 략

제6조【다른 법령의 개정】 ①~㉒ 생 략

㉓ 조세특례제한법 시행령 일부를 다음과 같이 개정한다.

별표 12의 구분란 중 "전라북도"를 "전북특별자치도"로 한다.

㉔~㉞ 생 략

부 칙 (2024. 12. 10. 대통령령 제35053호 ; 무역조정지원 등에 관한 법률 시행령 부칙)

제1조【시행일】 이 영은 2025년 1월 1일부터 시행한다.

제2조 생 략

제3조【다른 법령의 개정】 ① · ② 생 략

③ 조세특례제한법 시행령 일부를 다음과 같이 개정한다.

제30조의 제목 중 "무역조정지원기업"을 "통상변화대응지원기업"으로 한다.

④~⑤ 생 략

부 칙 (2024. 12. 31. 기획재정부령 제1099호)

이 규칙은 2025년 1월 1일부터 시행한다.

부 칙 (2024. 12. 3. 기획재정부령 제1092호 ; 종이 없는 행정 구현을 위한 물품관리법 시행규칙 등 2개 법령의 일부개정에 관한 기획재정부령)

이 규칙은 공포한 날부터 시행한다.

부 칙 (2024. 11. 15. 기획재정부령 제1088호)

이 규칙은 공포한 날부터 시행한다.

부 칙 (2024. 3. 29. 기획재정부령 제1063호)

이 규칙은 공포한 날부터 시행한다.

부 칙 (2024. 3. 22. 기획재정부령 제1042호)

제1조【시행일】 이 규칙은 공포한 날부터 시행한다. 다만, 다음 각 호의 개정규정은 해당 호에서 정한

제4조【연구개발 관련 출연금 등의 과세특례에 관한 적용례】 제10조의 2 제1항의 개정규정은 이 법 시행 이후 개시하는 과세연도에 연구개발출연금등을 지급받는 경우부터 적용한다.

제5조【통합투자세액공제의 공제율에 관한 적용례】 ① 제24조 제1항 각 호 외의 부분 본문의 개정규정은 이 법 시행 이후 개시하는 과세연도에 투자하는 경우부터 적용한다.

② 제24조 제1항 제2호 가목 1) 나), 같은 목 2) 나) 및 같은 목 3) 나)의 개정규정은 이 법 시행 이후 개시하는 과세연도에 최초로 중소기업에 해당하지 아니하게 된 경우부터 적용한다.

③ 제24조 제1항 제2호 나목 본문의 개정규정은 이 법 시행 이후 개시하는 과세연도에 투자하는 경우부터 적용한다.

제6조【벤처기업 복수의결권주식 취득에 대한 과세특례에 관한 적용례】 제47조의 개정규정은 이 법 시행 이후 보통주식으로 복수의결권주식에 대한 납입을 하는 경우부터 적용한다.

제7조【고향사랑 기부금에 대한 세액공제의 공제액 계산에 관한 적용례】 제58조 제1항 제2호의 개정규정은 이 법 시행 이후 기부하는 경우부터 적용한다.

제8조【인구감소지역 주택 취득자에 대한 양도소득세 및 종합부동산세 과세특례에 관한 적용례】 제71조의

부 칙 (2024. 11. 12. 대통령령 제34992호)

제1조【시행일】 이 영은 공포한 날부터 시행한다. 다만, 제105조의 2의 개정규정은 2025년 1월 1일부터 시행한다.

제2조【중소기업 유예기간 적용에 관한 적용례】 제2조 제2항의 개정규정은 이 영 시행일이 속하는 과세연도에 최초로 중소기업에 해당하지 않게 된 사유가 발생하는 경우부터 적용한다.

제3조【중소기업 사회보험료 세액공제 적용 시 장기요양보험료율에 관한 적용례】 제27조의 4 제10항 제2호의 개정규정은 2023년 12월 31일이 속하는 과세연도의 과세표준을 신고하거나 결정 또는 경정하는 경우부터 적용한다.

제4조【주택청약종합저축 및 청년우대형주택청약종합저축의 특별해지사유 확대에 관한 적용례】 제81조 제6항 제4호, 같은 조 제11항 제5호 및 같은 조 제13항 제3호·제4호의 개정규정은 이 영 시행 이후 주택청약종합저축 또는 청년우대형주택청약종합저축을 해지하는 경우부터 적용한다.

부 칙 (2024. 10. 8. 대통령령 제34940호 ; 중소기업진흥에 관한 법률 시행령 부칙)

제1조【시행일】 이 영은 2024년 11월 1일부터 시행한다.

날부터 시행한다.

1. 제61조 제1항 제59호의 3의 개정규정 중 "영 제81조의 4 제5항"의 개정부분 : 2024년 4월 1일
2. 기획재정부령 제904호 조세특례제한법 시행규칙 일부개정령 제61조 제1항 제10호의 3 및 별지 제9호의 3 서식의 개정규정 : 2025년 1월 1일

제2조【연구 및 인력개발비의 범위에 관한 적용례】 제7조 제6항의 개정규정은 2023년 7월 1일 이후 발생한 연구개발비부터 적용한다.

제3조【소비성서비스업의 범위에 관한 적용례】 제17조의 개정규정은 이 규칙 시행 이후 개시하는 과세연도부터 적용한다.

제4조【신성장사업화시설 범위의 변경에 관한 적용례 등】 ① 별표 6 제7호 가목 4)·5), 같은 표 제8호 다목 4)부터 7)까지, 같은 표 제13호 나목 10), 같은 호 다목 9) 및 같은 표 제14호의 개정규정은 2024년 1월 1일 이후 투자하는 경우부터 적

2의 개정규정은 이 법 시행 이후 결정하거나 경정하는 경우부터 적용한다.

제9조【고유목적사업준비금의 손금산입특례에 관한 적용례】 제74조 제1항 제3호의 개정규정은 이 법 시행 이후 과세표준을 신고하는 경우부터 적용한다.

제10조【대토보상에 대한 양도소득세 과세특례에 관한 적용례】 제77조의 2 제2항의 개정규정은 이 법 시행 전에 대토보상을 받은 경우에도 적용한다.

제11조【소기업·소상공인 공제부금 소득공제 한도 등에 관한 적용례】 제86조의 3 제1항의 개정규정은 이 법 시행 이후 납부하는 공제부금부터 적용한다.

제12조【주택청약종합저축 등에 대한 소득공제 등에 관한 적용례 등】 ① 제87조 제2항의 개정규정은 이 법 시행 이후 주택청약종합저축에 납입하는 금액부터 적용한다.
② 제87조 제3항 제1호의 개정규정은 이 법 시행 당시 청년우대형주택청약종합저축에 가입 중인 세대주의 배우자에 대해서도 적용한다.
③ 이 법 시행 전에 청년우대형주택청약종합저축에 가입한 세대주의 배우자는 제87조 제4항 각 호 외의 부분의 개정규정에 따라 무주택 확인서를 제출하려는 경우에는 같은 항 제2호에도 불구하고 이 법 시행일부터 2년 이내에 제출하여야 한다.

제13조【청년도약계좌에 대한 비과세에 관한 적용례】 제91조의 22 제3항의 개정규정은 이 법 시행 이후

제2조【명칭 변경에 관한 경과조치】 이 영 시행 당시 종전의 제71조 제1항에 따른 중소기업유통센터는 제71조 제1항의 개정규정에 따른 한국중소벤처기업유통원으로 본다.

제3조【다른 법령의 개정】 ① 생 략
② 조세특례제한법 시행령 일부를 다음과 같이 개정한다.
제106조 제7항 제60호 중 "중소기업유통센터"를 "한국중소벤처기업유통원"으로 한다.
③ 생 략

제4조 생 략

부 칙 (2024. 9. 10. 대통령령 제34881호 ; 근현대문화유산의 보존 및 활용에 관한 법률 시행령 부칙)

제1조【시행일】 이 영은 2024년 9월 15일부터 시행한다.

제2조【다른 법령의 개정】 ①~⑮ 생 략
⑯ 조세특례제한법 시행령 일부를 다음과 같이 개정한다.
제130조 제5항 제9호 나목 중 "「문화유산의 보존 및 활용에 관한 법률」"을 "「근현대문화유산의 보존 및 활용에 관한 법률」"로 한다.
⑰~㉒ 생 략

제3조 생 략

부 칙 (2024. 8. 6. 대통령령 제34809호 ; 산업재산 정보

용한다.
② 2024년 1월 1일 전에 투자한 시설에 대한 세액공제에 관하여는 별표 6 제13호 나목 5)·6) 및 같은 호 라목 1)의 개정규정에도 불구하고 종전의 규정에 따른다.

제5조【국가전략기술사업화시설 범위의 확대에 관한 적용례】 별표 6의 2의 개정규정은 2024년 1월 1일 이후 투자하는 경우부터 적용한다.

제6조【부가가치세 면제 등의 과세특례에 관한 적용례】 별표 10 제62호의 개정규정은 이 규칙 시행일이 속하는 과세기간에 재화 또는 용역을 공급하는 경우부터 적용한다.

제7조【서식에 관한 적용례 등】 서식에 관한 개정규정은 이 규칙 시행 이후 신고, 신청, 제출 또는 통지하는 경우부터 적용하되, 개정 서식으로는 종전의 법 또는 영에 따른 감면 등의 신고 등을 할 수 없는 경우에는 종전의 서식에 따른다.

부 칙 (2024. 1. 5. 산업통상자원부령

계약을 해지하는 경우부터 적용한다.

제14조【혼인에 대한 세액공제에 관한 적용례】 제92조의 개정규정은 이 법 시행 이후 종합소득과세표준 확정신고를 하거나 연말정산하는 경우부터 적용한다.

제15조【수도권 밖의 지역에 있는 준공후미분양주택 취득자에 대한 양도소득세 및 종합부동산세 과세특례에 관한 적용례】 제98조의 9의 개정규정은 이 법 시행 이후 결정하거나 경정하는 경우부터 적용한다.

제16조【연금계좌 납입에 대한 양도소득세의 과세특례에 관한 적용례】 제99조의 14의 개정규정은 이 법 시행 이후 부동산을 양도하는 경우부터 적용한다.

제17조【근로장려금에 관한 적용례】 제100조의 3 제1항 제2호, 같은 조 제5항 제2호 나목 2) 단서, 제100조의 5 제1항 제3호, 같은 조 제2항 및 제100조의 8 제5항 제2호의 개정규정은 이 법 시행 이후 근로장려금을 신청하는 경우(제100조의 6 제9항에 따라 2024년 과세기간의 하반기 소득분에 대하여 같은 조 제7항에 따른 반기 신청을 한 것으로 보는 경우를 포함한다)부터 적용한다.

제18조【해운기업에 대한 법인세 과세표준 계산 특례에 관한 적용례】 제104조의 10의 개정규정은 이 법 시행 이후 개시하는 사업연도의 과세표준을 신고하는 경우부터 적용한다.

제19조【건설기계 양도차익의 사업소득금액 분할산입 특례에 관한 적용례】 제104조의 34의 개정규정은 이

의 관리 및 활용 촉진에 관한 법률 시행령 부칙)

제1조【시행일】 이 영은 2024년 8월 7일부터 시행한다.

제2조【다른 법령의 개정】 ①~③ 생 략

④ 조세특례제한법 시행령 일부를 다음과 같이 개정한다.

별표 6 제1호 사목 중 "「발명진흥법」에 따라 지정된 산업재산권 진단기관"을 "「산업재산 정보의 관리 및 활용 촉진에 관한 법률」 제17조 제1항에 따라 지정된 산업재산진단기관"으로 한다.

부 칙 (2024. 7. 23. 대통령령 제34731호 ; 한국도로교통공단법 시행령 부칙)

제1조【시행일】 이 영은 2024년 7월 31일부터 시행한다.

제2조【다른 법령의 개정】 ①~⑧ 생 략

⑨ 조세특례제한법 시행령 일부를 다음과 같이 개정한다.

제106조 제7항 제48호를 다음과 같이 한다.

48. 「한국도로교통공단법」에 따른 한국도로교통공단

⑩·⑪ 생 략

제3조 생 략

부 칙 (2024. 7. 23. 대통령령 제34728호 ; 기부금품의 모집 및 사용에 관한 법률 시행령 부칙)

제1조【시행일】 이 영은 2024년 7월 31일부터 시행한다.

제544호 ; 소재·부품·장비산업 경쟁력강화를 위한 특별조치법 시행규칙 부칙)

제1조【시행일】 이 규칙은 2023년 12월 14일부터 시행한다.

제2조【다른 법령의 개정】 ① 생 략

② 조세특례제한법 시행규칙 일부를 다음과 같이 개정한다.

제7조의 3 제1호, 제8조의 8 및 별지 제19호 서식의 작성방법란 중 "「소재·부품·장비산업 경쟁력강화를 위한 특별조치법」"을 각각 "「소재·부품·장비산업 경쟁력 강화 및 공급망 안정화를 위한 특별조치법」"으로 한다.

부 칙 (2023. 12. 29. 기획재정부령 제1035호)

제1조【시행일】 이 규칙은 2024년 1월 1일부터 시행한다.

제2조【서식에 관한 적용례 등】 서식에 관한 개정규정은 이 규칙 시행 이후 신청 또는 제출하는 경우부터 적용하되, 개정서식으로는 종전의 법 또는 영에 따른 신청 등을 할 수 없는 경우에는 종전의 서식에 따른다.

부 칙 (2023. 8. 29. 기획재정부령 제1012호)

법 시행 이후 건설기계를 양도하는 경우부터 적용한다.

제20조【일반택시 운송사업자에 대한 미지급 경감세액 추징에 관한 적용례】 제106조의 7 제7항 각 호 외의 부분 단서의 개정규정은 이 법 시행 이후 미지급이 발생하는 경우부터 적용한다.

제21조【면세점송객용역에 대한 부가가치세 매입자 납부특례 등에 관한 적용례】 제106조의 11 및 제108조의 3의 개정규정은 2025년 7월 1일 이후 면세점송객용역을 공급하거나 공급받는 경우부터 적용한다.

제22조【외국인 관광객에 대한 부가가치세의 특례에 관한 적용례】 제107조의 2의 개정규정은 2025년 4월 1일 이후 숙박용역을 공급받는 경우부터 적용한다.

제23조【체육시설이용분의 신용카드 소득공제에 관한 적용례】 제126조의 2 제2항 제3호 다목의 개정규정은 2025년 7월 1일 이후 체육시설을 이용하기 위하여 지급하는 금액부터 적용한다.

제24조【기술혁신형 주식취득에 대한 세액공제에 관한 경과조치 등】 ① 이 법 시행 전에 인수법인이 피인수법인의 주식등을 최초 취득한 경우의 세액공제율에 관하여는 제12조의 4 제1항 각 호 외의 부분의 개정규정에도 불구하고 종전의 규정에 따른다.

② 제12조의 4 제1항 제2호의 개정규정은 이 법 시행 이후 과세표준을 신고하는 경우부터 적용한다.

제25조【성과공유 중소기업의 경영성과급에 대한 세

제2조【다른 법령의 개정】 ①~⑧ 생　략

⑨ 조세특례제한법 시행령 일부를 다음과 같이 개정한다.

제71조 제7항 제2호 중 "「기부금품의 모집 및 사용에 관한 법률」"을 "「기부금품의 모집·사용 및 기부문화 활성화에 관한 법률」"로 한다.

⑩~⑬ 생　략

제3조 생　략

부　칙 (2024. 7. 2. 대통령령 제34657호 ; 벤처기업육성에 관한 특별조치법 시행령 부칙)

제1조【시행일】 이 영은 2024년 7월 10일부터 시행한다. (단서 생략)

제2조【다른 법령의 개정】 ①~㉝ 생　략

㉞ 조세특례제한법 시행령 일부를 다음과 같이 개정한다.

제5조 제4항 제1호, 같은 조 제5항 및 제11조의 3 제1항 제1호 중 "「벤처기업육성에 관한 특별조치법」"을 각각 "「벤처기업육성에 관한 특별법」"으로 한다.

제11조의 3 제3항 제1호 전단 중 "「벤처기업육성에 관한 특별조치법 시행령」"을 "「벤처기업육성에 관한 특별법 시행령」"으로 한다.

제11조의 4 제2항 제1호 중 "「벤처기업육성에 관한 특별조치법」"을 "「벤처기업육성에 관한 특별법」"으로 하고, 같은 조 제4항 제1호 전단 중 "「벤처기업육성에 관한 특별조치법 시행령」"을 "「벤처기업육성에 관한 특별

제1조【시행일】 이 규칙은 공포한 날부터 시행한다.

제2조【국가전략기술사업화시설 범위의 확대에 관한 적용례】 별표 6의 2의 개정규정은 2023년 7월 1일 이후 투자한 경우부터 적용한다.

제3조【신성장사업화시설 범위의 변경에 관한 경과조치】 2023년 7월 1일 전에 투자한 시설에 대한 세액공제에 관하여는 별표 6 제7호 가목의 개정규정에도 불구하고 종전의 규정에 따른다.

부　칙 (2023. 6. 9. 기획재정부령 제998호)

제1조【시행일】 이 규칙은 공포한 날부터 시행한다.

제2조【국가전략기술사업화시설 범위의 변경에 관한 적용례】 별표 6의 2 제6호 나목의 개정규정은 2023년 1월 1일 이후 투자하는 경우부터 적용한다.

부　칙 (2023. 6. 7. 기획재정부령 제997호)

제1조【시행일】 이 규칙은 공포한 날부터 시행한다. 다만, 별지 제58호의 3 서식의 개정규정은 2023년 6월 12일부터 시행한다.

제2조【신성장사업화시설 범위의 변

액공제의 공제율에 관한 경과조치】 이 법 시행 전에 경영성과급을 지급한 경우의 세액공제에 관하여는 제19조 제1항 본문의 개정규정에도 불구하고 종전의 규정에 따른다.

제26조 【중소기업 청년근로자 및 핵심인력 성과보상기금 수령액에 대한 소득세 감면 등에 관한 경과조치】 이 법 시행 전에 공제사업에 가입한 근로자에 대한 소득세의 부과 및 세액감면에 관하여는 제29조의 6 제1항의 개정규정에도 불구하고 종전의 규정에 따른다.

제27조 【수도권 밖으로 공장을 이전하는 기업에 대한 세액감면 등에 관한 경과조치】 ① 이 법 시행 전에 공장을 이전한 경우의 세액감면에 관하여는 제63조의 개정규정에도 불구하고 종전의 규정에 따른다.

② 이 법 시행 이후 공장을 이전하는 경우로서 공장이전기업이 종전의 제63조 제1항을 적용받기 위하여 이 법 시행 전에 다음 각 호의 어느 하나에 해당하는 행위를 한 경우에는 제63조의 개정규정에도 불구하고 종전의 규정에 따른다.

1. 공장을 신축하는 경우로서 제63조 제1항에 따라 이전계획서를 제출한 경우
2. 공장 이전을 위하여 기존 공장의 부지나 공장용 건축물을 양도(양도 계약을 체결한 경우를 포함한다)하거나 공장을 철거 또는 폐쇄한 경우
3. 공장 이전을 위하여 신규 공장의 부지나 공장용 건축물을 매입(매입 계약을 체결한 경우를 포함한다)한 경우

법 시행령」"으로 한다.

제13조 제1항 제1호 본문, 같은 조 제2항 제1호, 제14조 제3항 제2호, 같은 조 제6항 각 호 외의 부분, 제14조의 2 제1항, 제14조의 4 제1항 각 호 외의 부분, 같은 조 제5항 제3호, 제43조의 7 제2항 제1호, 제43조의 8 제7항 및 제100조의 32 제6항 제2호 각 목 외의 부분 중 "「벤처기업육성에 관한 특별조치법」"을 각각 "「벤처기업육성에 관한 특별법」"으로 한다.

대통령령 제34263호 조세특례제한법 시행령 일부개정령 제13조 제3항 제1호 중 "「벤처기업육성에 관한 특별조치법」"을 "「벤처기업육성에 관한 특별법」"으로 한다.

㉟~㊺ 생 략

제3조 생 략

부 칙 (2024. 6. 4. 대통령령 제34550호 ; 강원특별자치도 설치 및 미래산업글로벌도시 조성을 위한 특별법 시행령 부칙)

제1조 【시행일】 이 영은 2024년 6월 8일부터 시행한다.

제2조~제4조 생 략

제5조 【다른 법령의 개정】 ①~㉘ 생 략

㉙ 조세특례제한법 시행령 일부를 다음과 같이 개정한다.

별표 12의 구분란 중 "강원도"를 "강원특별자치도"로 한다.

㉚~㊹ 생 략

경에 관한 경과조치】 2023년 1월 1일 전에 투자한 시설에 대한 세액공제에 관하여는 별표 6의 개정규정에도 불구하고 종전의 규정에 따른다.

부 칙 (2023. 3. 20. 기획재정부령 제977호)

제1조 【시행일】 이 규칙은 공포한 날부터 시행한다. 다만, 다음 각 호의 개정규정은 해당 호에서 정한 날부터 시행한다.

1. 제13조의 9 제7항 제3호, 제57조, 제61조 제1항 제65호의 8 및 별지 제64호의 8 서식의 개정규정 : 2024년 1월 1일
2. 별표 10 제60호 및 제61호의 개정규정 : 2023년 4월 1일
3. 기획재정부령 제904호 조세특례제한법 시행규칙 일부개정령 별지 제9호의 3 서식의 개정규정 : 2025년 1월 1일

제2조 【다른 법령의 폐지】 특정사회기반시설 심의위원회의 설치 및 운영에 관한 규칙을 폐지한다.

제3조 【신성장사업화시설 또는 국가전략기술사업화시설의 인정 신청에 관한 특례】 2022년 12월 31일이 속하는 과세연도에 이루어진 투자로서 2023년 1월 1일 전에 완료된 투자에 대하여 영 제21조 제13항 후단에 따라 세액공제를 신청

4. 공장을 신축하기 위하여 건축허가를 받은 경우
5. 제1호부터 제4호까지의 행위에 준하는 행위를 한 경우로서 실질적으로 이전에 착수한 것으로 볼 수 있는 경우

제28조【수도권 밖으로 본사를 이전하는 법인에 대한 세액감면 등에 관한 경과조치】 ① 이 법 시행 전에 본사를 이전한 경우의 세액감면에 관하여는 제63조의 2의 개정규정에도 불구하고 종전의 규정에 따른다.
② 이 법 시행 이후 본사를 이전하는 경우로서 본사이전법인이 종전의 제63조의 2 제1항을 적용받기 위하여 이 법 시행 전에 다음 각 호의 어느 하나에 해당하는 행위를 한 경우에는 제63조의 2의 개정규정에도 불구하고 종전의 규정에 따른다.
1. 본사를 신축하는 경우로서 제63조의 2 제1항에 따라 이전계획서를 제출한 경우
2. 본사 이전을 위하여 기존 본사의 부지나 본사용 건축물을 양도(양도 계약을 체결한 경우를 포함한다)하거나 본사를 철거·폐쇄 또는 본사 외의 용도로 전환한 경우
3. 본사 이전을 위하여 신규 본사의 부지나 본사용 건축물을 매입(매입 계약을 체결한 경우를 포함한다)한 경우
4. 본사를 신축하기 위하여 건축허가를 받은 경우
5. 제1호부터 제4호까지의 행위에 준하는 행위를 한 경우로서 실질적으로 이전에 착수한 것으로 볼 수 있는 경우

제29조【환경친화적 자동차에 대한 개별소비세 감면액에 관한 경과조치】 이 법 시행 전에 제조장 또는 보

부 칙 (2024. 5. 7. 대통령령 제34488호 ; 문화재보호법 시행령 부칙)

제1조【시행일】 이 영은 2024년 5월 17일부터 시행한다.

제2조·제3조 생 략

제4조【다른 법령의 개정】 ①~㊵ 생 략
㊶ 조세특례제한법 시행령 일부를 다음과 같이 개정한다.
제130조 제5항 제9호를 다음과 같이 한다.
9. 다음 각 목의 어느 하나에 해당하는 국가유산의 관람을 위한 입장권의 구입
가. 「문화유산의 보존 및 활용에 관한 법률」에 따른 지정문화유산
나. 「문화유산의 보존 및 활용에 관한 법률」에 따른 국가등록문화유산
다. 「자연유산의 보존 및 활용에 관한 법률」에 따른 천연기념물등
라. 「무형유산의 보전 및 진흥에 관한 법률」에 따른 국가무형유산
마. 「무형유산의 보전 및 진흥에 관한 법률」에 따른 시·도무형유산
㊷~㊿ 생 략

제5조 생 략

하는 자는 제13조 제1항의 개정규정에도 불구하고 2023년 3월 31일까지 기획재정부장관과 산업통상자원부장관에게 신성장사업화시설 또는 국가전략기술사업화시설의 인정을 신청해야 한다.

제4조【근로소득 증대 세액공제에 관한 적용례 등】 ① 제14조의 2 제3항의 개정규정은 2023년 1월 1일 이후 개시하는 과세연도부터 적용한다.
② 2023년 1월 1일 전에 개시한 과세연도에 대한 세액공제에 관하여는 제14조의 2 제3항의 개정규정에도 불구하고 종전의 규정에 따른다.

제5조【개인종합자산관리계좌에서 발생하는 이자소득등의 합계액의 계산에 관한 적용례】 제42조의 3 제1항 제2호의 개정규정은 2023년 2월 28일 이후 영 제93조의 4 제8항 제4호에 따른 주식에서 발생하는 양도차손부터 적용한다.

제6조【신성장·원천기술 또는 국가전략기술을 사업화하는 시설의 범위 확대에 관한 적용례】 별표 6 및 별표 6의 2의 개정규정은 2023년 1월 1일 이후 개시하는 과세연도부터 적용한다.

제7조【운동경기부 등 설치·운영시 과세특례 대상 종목에 관한 적용례】 별표 9 제1호 및 제2호의 개정규정은 2023년 1월 1일 이후 운동경기부 또는

세구역에서 반출된 자동차에 대한 개별소비세 감면액에 관하여는 제109조 제2항의 개정규정에도 불구하고 종전의 규정에 따른다.

제30조 【성실사업자에 대한 의료비 등 공제액 추징에 관한 경과조치】 이 법 시행 전의 과세기간에 대하여 과소 신고한 수입금액 또는 과대계상한 필요경비가 경정된 경우에는 제122조의 3 제5항의 개정규정에도 불구하고 종전의 규정에 따른다.

제31조 【다른 법률의 개정】 지방세특례제한법 일부를 다음과 같이 개정한다.

제46조 제3항 중 "「조세특례제한법」 제10조 제1항 제1호 가목 2)"를 "「조세특례제한법」 제10조 제1항 제3호 가목"으로 한다.

제57조의2 제5항 제7호 단서 중 "경우(같은 조 제3항에 해당하는 경우는 제외한다)"를 "경우"로 한다.

부 칙 (2024. 2. 27. 법률 제20357호 ; 관광진흥법 부칙)

제1조 【시행일】 이 법은 공포 후 1년 6개월이 경과한 날부터 시행한다. (단서 생략)

제2조 생 략

제3조 【다른 법률의 개정】 ①~⑪ 생 략

⑫ 조세특례제한법 일부를 다음과 같이 개정한다.

제6조 제3항 제16호 중 "유원시설업"을 "테마파크업"으로 한다.

부 칙 (2024. 3. 28. 대통령령 제34365호)

이 영은 공포한 날부터 시행한다.

부 칙 (2024. 3. 26. 대통령령 제34356호 ; 농산물의 생산자를 위한 직접지불제도 시행규정 부칙)

제1조 【시행일】 이 영은 공포한 날부터 시행한다.

제2조 · 제3조 생 략

제4조 【다른 법령의 개정】 ① 생 략

② 조세특례제한법 시행령 일부를 다음과 같이 개정한다.

제66조 제1항 각 호 외의 부분, 같은 조 제3항 및 같은 조 제4항 각 호 외의 부분 중 "경영이양보조금"을 각각 "농지이양은퇴보조금"으로 한다.

③ 생 략

부 칙 (2024. 2. 29. 대통령령 제34263호)

제1조 【시행일】 이 영은 공포한 날부터 시행한다. 다만, 다음 각 호의 개정규정은 해당 호에서 정하는 날부터 시행한다.

1. 제80조의 3 제4항 제5호 및 제93조의 5 제1항의 개정규정 : 2024년 6월 1일
2. 제81조의 4 제3항부터 제5항까지, 제93조의 6 제10항부터 제16항까지 및 제109조의 2 제2항 제1호의 개정규정 : 2024년 4월 1일
3. 제93조의 4 제8항 각 호 외의 부분의 개정규정 : 2025

이스포츠경기부를 설치·운영하는 경우부터 적용한다.

제8조 【정부업무대행단체의 부가가치세 면제 사업에 관한 적용례】 별표 10 제60호 및 제61호의 개정규정은 부칙 제1조 제2호에 따른 시행일 이후 재화 또는 용역을 공급하는 경우부터 적용한다.

제9조 【서식에 관한 적용례 등】 서식에 관한 개정규정은 이 규칙 시행 이후 신고, 신청, 제출 또는 통지하는 경우부터 적용하되, 개정 서식으로는 종전의 법 또는 영에 따른 감면 등의 신고 등을 할 수 없는 경우에는 종전의 서식에 따른다.

부 칙 (2022. 12. 31. 기획재정부령 제953호)

이 규칙은 2023년 1월 1일부터 시행한다.

부 칙 (2022. 3. 18. 기획재정부령 제904호)

제1조 【시행일】 이 규칙은 공포한 날부터 시행한다. 다만, 다음 각 호의 개정규정은 해당 호에서 정한 날부터 시행한다.

1. 제42조의 3, 제61조 제1항 제10호의 3, 별지 제6호의 6 서식, 별지 제6호의

⑬~⑮ 생 략

부 칙 (2024. 2. 20. 법률 제20320호 ; 무역조정 지원 등에 관한 법률 부칙)

제1조【시행일】 이 법은 2025년 1월 1일부터 시행한다.

제2조～제5조 생 략

제6조【다른 법률의 개정】 ① 조세특례제한법 일부를 다음과 같이 개정한다.

제33조의 제목 중 "무역조정지원기업"을 "통상변화대응지원기업"으로 하고, 같은 조 제1항 전단 중 "「무역조정 지원 등에 관한 법률」"을 "「통상환경변화 대응 및 지원 등에 관한 법률」"로, "무역조정지원기업"을 각각 "통상변화대응지원기업"으로 한다.

② 생 략

부 칙 (2024. 1. 9. 법률 제19990호 ; 벤처기업육성에 관한 특별조치법 부칙)

제1조【시행일】 이 법은 공포 후 6개월이 경과한 날부터 시행한다.

제2조【다른 법률의 개정】 ①~㉚ 생 략

㉛ 조세특례제한법 일부를 다음과 같이 개정한다.

제6조 제2항 각 호 외의 부분 본문, 같은 항 제2호, 제12조의 4 제2항 제3호 가목, 제13조 제1항 제1호, 제16조 제1항 제4호, 제16조의 2 제2항, 제16조의 3 제1항 각 호 년 1월 1일

제2조【내국법인의 벤처기업 등에의 출자에 대한 과세특례에 관한 적용례】 제12조의 2 제1항 제1호의 개정규정은 이 영 시행 이후 주식 또는 출자지분을 취득하는 경우부터 적용한다.

제3조【벤처투자조합 등에의 출자 등에 대한 소득공제에 관한 적용례】 제14조 제14항의 개정규정은 이 영 시행 이후 벤처투자조합에 출자하는 경우부터 적용한다.

제4조【근로소득을 증대시킨 기업에 대한 세액공제를 위한 평균임금 계산에 관한 적용례】 제26조의 4 제9항의 개정규정은 이 영 시행 이후 과세표준을 신고하는 경우부터 적용한다.

제5조【통합고용세액공제를 위한 상시근로자 수 계산에 관한 적용례】 제26조의 8 제7항의 개정규정은 이 영 시행 이후 과세표준을 신고하는 경우부터 적용한다.

제6조【중소기업 취업자에 대한 소득세 감면에 관한 적용례】 제27조 제3항 제18호의 2의 개정규정은 이 영 시행일이 속하는 과세기간에 발생하는 소득부터 적용한다.

제7조【영농조합법인 등에 현물출자하는 농업인의 경작기간 계산에 관한 적용례】 제63조 제14항 제2호의 개정규정(제64조 제11항의 개정규정에 따라 준용되는 경우를 포함한다)은 이 영 시행 이후 농지등을 영농조합법인 또는 농업회사법인에 현물출자하는 경우부터 적용한다.

11 서식, 별지 제6호의 15 서식 및 별지 제9호의 3 서식의 개정규정 : 2023년 1월 1일

2. 별지 제64호의 16 서식의 개정규정 : 2022년 9월 1일

제2조【중소기업에 대한 인력개발 관련 연구 · 인력개발비 세액공제에 관한 적용례】 제7조 제10항 제6호의 개정규정은 2022년 1월 1일 이후 개시하는 과세연도부터 적용한다.

제3조【영상콘텐츠 제작비용에 관한 적용례】 제13조의 9 제7항 제4호 다목의 개정규정은 이 규칙 시행 이후 지출한 부담금부터 적용한다.

제4조【근로소득 증대 세액공제의 기준 완화에 관한 적용례 등】 ① 제14조의 2 제3항의 개정규정은 2022년 1월 1일 이후 개시하는 과세연도부터 적용한다.

② 2022년 1월 1일 전에 개시한 과세연도에 관하여는 제14조의 2 제3항의 개정규정에도 불구하고 종전의 규정에 따른다.

제5조【중소기업특별지원지역의 범위 확대에 관한 적용례】 제25조 제13호의 개정규정은 이 규칙 시행 이후 최초로 보령 주포제2농공단지에 입주하는 중소기업부터 적용한다.

제6조【신성장 · 원천기술을 사업화하는 시설의 범위에 관한 적용례】 별표

외의 부분 본문 및 제16조의 4 제1항 제1호 중 "벤처기업육성에 관한 특별조치법"을 각각 "벤처기업육성에 관한 특별법"으로 한다.

㉜~㊱ 생 략

제3조 생 략

부 칙 (2023. 12. 31. 법률 제19936호)

제1조【시행일】 이 법은 2024년 1월 1일부터 시행한다. 다만, 다음 각 호의 개정규정은 해당 호에서 정하는 날부터 시행한다.

1. 제87조의 7 제4항, 제91조의 20 제2항, 같은 조 제4항 단서 및 같은 조 제5항의 개정규정 : 2024년 4월 1일
2. 제105조의 3의 개정규정, 제121조의 35의 개정규정 중 "제87조의 4에 따른 금융투자소득과세표준"의 개정부분 : 2025년 1월 1일
3. 제106조의 4 제12항 · 제13항 및 제106조의 9 제1항 · 제12항 · 제13항의 개정규정 : 2024년 7월 1일

제2조【민간재간접벤처투자조합원의 주식양도차익에 대한 비과세에 관한 적용례】 제13조 제1항 및 제2항의 개정규정은 이 법 시행 이후 과세표준을 신고하는 경우부터 적용한다.

제3조【내국법인의 민간재간접벤처투자조합을 통한 벤처기업 등에의 출자에 대한 세액공제에 관한 적용례】 제13조의 2 제2항의 개정규정은 이 법 시행 이후 세액공제신청을 하는 경우부터 적용한다. 이 경우 같은 항 제2호의 개정규정은 내국법인이 민간재간접벤처투자조합을 통하여 최초로 벤처기업 등의 주식 또는 출자지분을 취득한 사업연도의 다음 사업연도의 법인세에서 공제하는 경우부터 적용한다.

제4조【민간재간접벤처투자조합의 창업기업 등에의 출자에

제8조【영어조합법인 등에 대한 법인세의 면제대상 소득금액 등에 관한 적용례】 제64조 제1항 제1호 및 제2호의 개정규정은 2024년 1월 1일 이후 개시하는 사업연도부터 적용한다.

제9조【소기업 · 소상공인 공제부금에 대한 소득공제 등에 관한 적용례】 제80조의 3 제3항 단서의 개정규정은 이 영 시행 이후 공제금을 지급받는 경우부터 적용한다.

제10조【청년도약계좌의 특별해지사유 확대에 관한 적용례】 제93조의 8 제6항 제2호 사목의 개정규정은 이 영 시행 이후 청년도약계좌를 해지하는 경우부터 적용한다.

제11조【체납액 등에 대한 과세특례 등의 적용대상 재기중소기업인 확대에 관한 적용례】 제99조의 6의 개정규정은 이 영 시행 이후 제99조의 6 제8항에 따라 재산의 압류 유예 등을 신청하는 경우부터 적용한다.

제12조【부가가치세 면제 등의 과세특례에 관한 적용례】 ① 제106조 제7항 제62호의 개정규정은 이 영 시행일이 속하는 과세기간에 재화 또는 용역을 공급하는 경우부터 적용한다.

② 제106조 제14항 제13호의 개정규정은 이 영 시행 이후 재화나 용역을 공급하거나 재화를 수입신고하는 경우부터 적용한다.

제13조【신용카드등사용금액 소득공제에 관한 적용례】 제121조의 2 제6항 제9호의 2 및 제10호의 2의 개정규정은 이 영 시행일이 속하는 과세기간의 신용카드등

6의 개정규정은 2022년 1월 1일 이후 개시하는 과세연도부터 적용한다.

제7조【정부업무대행단체의 부가가치세 면제 사업 조정에 관한 적용례】 별표 10 제37호의 개정규정은 이 규칙 시행 이후 재화 또는 용역을 공급하는 경우부터 적용한다.

제8조【관세가 경감되는 물품의 변경에 관한 적용례】 별표 13의 개정규정은 이 규칙 시행 이후 수입신고하는 경우부터 적용한다.

제9조【서식에 관한 적용례 등】 서식에 관한 개정규정은 이 규칙 시행 이후 신고, 신청, 제출 또는 통지하는 경우부터 적용하되, 종전의 법 또는 영에 따른 감면 등의 신고 등을 할 수 없는 경우에는 종전의 서식에 따른다.

부 칙 (2021. 11. 9. 기획재정부령 제870호)

이 규칙은 2021년 11월 11일부터 시행한다.

부 칙 (2021. 5. 13. 기획재정부령 제854호)

제1조【시행일】 이 규칙은 공포한 날부터 시행한다.

제2조【서식에 관한 적용례】 서식에

대한 과세특례에 관한 적용례】 ① 제14조 제1항의 개정규정은 이 법 시행 이후 양도하는 경우부터 적용한다.
② 제14조 제4항 및 제5항의 개정규정은 이 법 시행 이후 소득을 지급하는 경우부터 적용한다.

제5조【벤처투자조합 출자 등에 대한 소득공제에 관한 적용례】 제16조 제1항 제1호의 개정규정은 2023년 과세기간의 소득에 대하여 이 법 시행 이후 과세표준을 신고하거나 소득세를 결정하거나 연말정산하는 경우부터 적용한다.

제6조【외국인근로자에 대한 과세특례에 관한 적용례】 제18조의 2 제3항의 개정규정은 이 법 시행 이후 소득을 지급받는 경우부터 적용한다.

제7조【문화산업전문회사에의 출자에 대한 세액공제에 관한 적용례】 제25조의 7의 개정규정은 이 법 시행 이후 문화산업전문회사에 출자하는 경우부터 적용한다.

제8조【경영회생 지원을 위한 농지 매매 등에 대한 양도소득세 과세특례에 관한 적용례】 제70조의 2 제1항 · 제4항 및 제5항의 개정규정은 이 법 시행 이후 농지등을 한국농어촌공사에 양도하는 경우부터 적용한다.

제9조【영농자녀등이 증여받는 농지 등에 대한 증여세의 감면에 관한 적용례】 제71조 제3항의 개정규정은 이 법 시행 이후 증여를 받는 경우부터 적용한다.

제10조【공모부동산집합투자기구 전환투자에 관한 적용례】 제87조의 7 제4항 제1호의 개정규정은 2024년 4월 1일 이후 다른 공모부동산집합투자기구의 집합투자증권으로 전환하여 투자하는 경우부터 적용한다.

제11조【조합 등 출자금에 대한 과세특례에 관한 적용례】 제88조의 5의 개정규정은 이 법 시행 이후 개시하는 조합 등의 회계연도에서 발생한 잉여금의 배당으로 지급받는 경우부터 사용금액 합계를 계산하는 경우부터 적용한다.

제14조【세액공제 대상 인건비 범위 확대에 관한 적용례】 별표 6의 개정규정은 이 영 시행일이 속하는 과세연도부터 적용한다.

제15조【신성장 · 원천기술에 관한 적용례 등】 ① 별표 7 제1호 가목 4), 같은 표 제7호 가목 4) · 5), 같은 표 제8호 다목 6) · 9) · 10) · 11), 같은 호 라목 9), 같은 표 제10호 가목 5), 같은 호 라목 4), 같은 표 제12호 가목 5)부터 9)까지, 같은 표 제13호 나목 10) · 11), 같은 호 다목 10), 같은 호 라목 14), 같은 호 마목 12) 및 같은 표 제14호의 개정규정은 2024년 1월 1일 이후 발생하는 연구개발비부터 적용한다.
② 2024년 1월 1일 전에 발생한 연구개발비에 관하여는 별표 7 제13호 나목 5) · 6) 및 같은 호 라목 1)의 개정규정에도 불구하고 종전의 규정에 따른다.

제16조【국가전략기술에 관한 적용례】 별표 7의 2의 개정규정은 2024년 1월 1일 이후 발생하는 연구개발비부터 적용한다.

제17조【자녀장려금 산정에 관한 적용례】 별표 11의 2의 개정규정은 2024년 1월 1일 이후 자녀장려금을 신청하는 경우(법 제100조의 30 제3항에 따라 2023년 과세기간의 자녀장려금을 신청한 것으로 보는 경우를 포함한다)부터 적용한다.

제18조【기술혁신형 합병 및 주식취득에 대한 세액 관한 개정규정은 이 규칙 시행 이후 신청하는 분부터 적용한다.

부 칙 (2021. 3. 16. 기획재정부령 제831호)

제1조【시행일】 이 규칙은 공포한 날부터 시행한다. 다만, 제50조의 6, 제50조의 7, 제61조 제1항 제71호 · 제71호의 5부터 제71호의 7까지 · 제71호의 20 및 별표 10 제58호 및 제59호의 개정규정은 2021년 4월 1일부터 시행하고, 제7조 제17항의 개정규정은 2021년 6월 23일부터 시행하며, 제49조 제2항의 개정규정은 2021년 7월 1일부터 시행한다.

제2조【일반적 적용례】 이 규칙은 이 규칙 시행일이 속하는 과세연도 분부터 적용한다.

제3조【투자 · 상생협력 촉진을 위한 과세특례에 관한 적용례】 제45조의 9 제10항 제2호 다목의 개정규정은 이 규칙 시행 이후 과세표준을 신고하는 분부터 적용한다.

제4조【서식에 관한 적용례】 서식에 관한 개정규정은 이 규칙 시행 이후 신고, 신청, 제출 또는 통지하는 분부터 적용한다.

제5조【서식 개정에 관한 경과조치】 서식의 개정에 따라 감면 등의 신고 등

적용한다.

제12조【청년형장기집합투자증권저축 전환가입에 관한 적용례】 제91조의 20 제2항 제4호, 같은 조 제4항 단서 및 같은 조 제5항 제1호의 개정규정은 2024년 4월 1일 이후 다른 청년형장기집합투자증권저축으로 전환가입하는 경우부터 적용한다.

제13조【청년희망적금 만기지급금의 청년도약계좌 일시납입에 대한 적용례】 제91조의 22 제5항의 개정규정은 이 법 시행 이후 청년도약계좌에 납입하는 경우부터 적용한다.

제14조【과세특례 대상 저축 등의 소득기준 적용에 대한 특례에 관한 적용례】 ① 제91조의 24 제1호의 개정규정은 이 법 시행 당시 가입되어 있는 저축등의 가입요건 충족 여부 또는 비과세 한도금액을 판단하는 경우에도 적용한다.
② 제91조의 24 제2호의 개정규정은 이 법 시행 이후 저축등에 가입하는 경우부터 적용한다.

제15조【월세액 세액공제에 대한 적용례】 제95조의 2 제1항 및 제122조의 3 제3항의 개정규정은 이 법 시행 이후 월세액을 지급하는 경우부터 적용한다.

제16조【농어촌주택등 취득자에 대한 양도소득세 과세특례에 관한 적용례】 제99조의 4 제1항 제1호 가목의 개정규정은 이 법 시행 이후 일반주택을 양도하는 경우부터 적용한다.

제17조【손실보상금에 대한 과세특례에 관한 적용례】 제99조의 13 제1항의 개정규정은 이 법 시행 이후 내국인이 손실보상금을 받는 경우부터 적용한다.

제18조【근로장려금 및 자녀장려금에 관한 적용례】 ① 제100조의 7 제2항의 개정규정은 2023년 1월 1일 이후 개시하는 과세기간에 대한 근로장려금(제100조의 31 제1항에 따라 준용되는 경우를 포함한다)을 환급하는 경우부터 적용한다.
② 제100조의 28 제1항 제2호 및 제100조의 29 제1항의 개정규

공제에 관한 경과조치】이 영 시행 전에 합병하거나 주식 또는 출자지분을 취득한 경우의 세액공제금액에 관하여는 제11조의 3 제3항 제2호 및 제11조의 4 제4항 제2호 가목의 개정규정에도 불구하고 종전의 규정에 따른다.

제19조【외국인기술자 등의 범위에 관한 경과조치 등】 ① 이 영 시행 전에 근로를 제공한 경우의 소득세 감면요건에 관하여는 제16조 제1항 제2호 다목, 제16조의 2 제2항 및 제16조의 3 제1항 제4호의 개정규정에도 불구하고 종전의 규정에 따른다.
② 제16조 제1항 제2호 라목의 개정규정은 이 영 시행일이 속하는 과세연도에 근로를 제공하는 경우부터 적용한다.

제20조【가업의 주된 업종 변경에 관한 경과조치】 이 영 시행 전에 가업의 주된 업종을 변경한 경우에 대한 가업 종사 여부의 판단에 관하여는 제27조의 6 제6항의 개정규정에도 불구하고 종전의 규정에 따른다.

제21조【주식매각 후 벤처기업 등 재투자에 대한 과세특례 요건 완화에 관한 경과조치 등】 ① 이 영 시행 전에 매각대상기업의 주식을 매각한 자가 이 영 시행 이후 재투자를 하는 경우 과세특례를 적용받기 위한 재투자 기간에 관하여는 제43조의 8 제5항의 개정규정에도 불구하고 종전의 규정에 따른다.
② 제1항에도 불구하고 이 영 시행 당시 매각대상기업의 주식매각으로 발생하는 양도소득에 대한 예정신고 기간의 종료일부터 1년이 지나지 않은 경우에는 제43조의 8

을 할 수 없는 경우에는 종전의 서식에 따른다.

부 칙 (2020. 6. 15. 기획재정부령 제795호)

제1조【시행일】 이 규칙은 공포한 날부터 시행한다.

제2조【서식에 관한 적용례】 서식에 관한 개정규정은 이 규칙 시행 이후 제출하는 분부터 적용한다.

제3조【서식 개정에 관한 경과조치】 서식의 개정에 따라 감면 등의 신고 등을 할 수 없는 경우에는 종전의 서식에 따른다.

부 칙 (2020. 4. 21. 기획재정부령 제791호)

제1조【시행일】 이 규칙은 공포한 날부터 시행한다.

제2조【서식에 관한 적용례】 서식에 관한 개정규정은 이 규칙 시행 이후 제출하는 분부터 적용한다.

제3조【서식 개정에 관한 경과조치】 서식의 개정에 따라 감면 등의 신고 등을 할 수 없는 경우에는 종전의 서식에 따른다.

부 칙 (2020. 3. 13. 기획재정부령 제

정은 2023년 1월 1일 이후 개시하는 과세기간에 대한 자녀장려금을 환급하는 경우부터 적용한다.

제19조【동업기업과세특례의 적용범위 확대에 관한 적용례 등】 제100조의 15 제2항 · 제3항, 제100조의 16 제2항 및 제100조의 18 제3항 · 제5항 · 제6항의 개정규정은 2023년 12월 31일이 속하는 과세연도부터 적용한다. 이 경우 2023년 12월 31일이 속하는 과세연도 또는 2024년 1월 1일 개시하는 과세연도에 대하여 동업기업과세특례를 적용받으려는 기업은 제100조의 17 제1항에도 불구하고 기획재정부장관이 정하여 고시하는 바에 따라 2024년 1월 31일까지 관할 세무서장에게 신청을 하여야 한다.

제20조【금융회사등의 신용회복목적회사 출연 시 손금 산입 특례에 관한 적용례】 제104조의 11의 개정규정은 이 법 시행 이후 과세표준을 신고하는 경우부터 적용한다.

제21조【해외건설자회사에 지급한 대여금등에 대한 손금산입 특례에 관한 적용례】 제104조의 33의 개정규정은 이 법 시행 이후 개시하는 사업연도에 대손충당금을 손금에 산입하는 경우부터 적용한다.

제22조【운송사업용 자동차에 대한 부가가치세 환급 특례에 관한 적용례】 제105조의 3의 개정규정은 2025년 1월 1일 이후 재화를 공급하거나 공급받는 경우 또는 재화를 수입신고하는 경우부터 적용한다.

제23조【부가가치세 면제에 관한 적용례】 제106조 제1항 제9호의 2 나목의 개정규정은 이 법 시행 이후 재화를 공급하는 경우부터 적용한다.

제24조【부가가치세 매입자 납부특례에 관한 적용례】 제106조의 4 제12항 및 제106조의 9 제1항 · 제12항의 개정규정은 2024년 7월 1일 이후 재화를 공급하거나 공급받는 경우 또는 재화를 수입신고하는 경우부터 적용한다.

제5항의 개정규정을 적용한다.

제22조【대토보상에 대한 양도소득세 납부에 관한 경과조치】 이 영 시행 전에 대토를 증여하거나 그 상속이 이루어진 경우의 양도소득세 납부에 관하여는 제73조 제5항 제3호의 개정규정에도 불구하고 종전의 규정에 따른다.

제23조【투자 · 상생협력 촉진을 위한 과세특례에 관한 경과조치 등】 ① 2023년 12월 31일이 속하는 사업연도에 대한 미환류소득 또는 초과환류액의 계산에 관하여는 제100조의 32 제4항 제2호 타목의 개정규정에도 불구하고 종전의 규정에 따른다.

② 제100조의 32 제9항의 개정규정은 2024년 1월 1일 이후 개시하는 사업연도의 임금증가액을 계산하는 경우부터 적용한다.

제24조【외국인관광객 등에 대한 부가가치세의 특례에 관한 경과조치】 2024년 4월 1일 전에 외국인관광객 등이 숙박용역을 공급받은 경우에는 제109조의 2 제2항 제1호의 개정규정에도 불구하고 종전의 규정에 따른다.

제25조【제주투자진흥지구 입주기업에 대한 법인세 등의 감면에 관한 경과조치】 이 영 시행 전에 제주투자진흥지구에 식료품 제조업 또는 음료 제조업을 경영하기 위한 시설을 새로 설치한 경우에는 제116조의 15 제1항 제2호 카목의 개정규정에도 불구하고 종전의 규정에 따른다.

776호)

제1조【시행일】 이 규칙은 공포한 날부터 시행한다. 다만, 제47조의 4, 제61조 제1항 제69호의 4 및 제69호의 5, 별표 9의 2, 별지 제68호의 4 서식 및 별지 제68호의 5 서식의 개정규정은 2020년 7월 1일부터 시행하고, 제50조의 4의 개정규정은 2020년 4월 1일부터 시행한다.

제2조【일반적 적용례】 이 규칙은 이 규칙 시행일이 속하는 과세연도 분부터 적용한다.

제3조【의약품 품질관리 개선시설의 범위에 관한 적용례】 제13조의 7 및 별표 8의 10의 개정규정은 이 규칙 시행 이후 투자하는 분부터 적용한다.

제4조【근로소득 증대세제의 적용기준이 되는 중소기업 평균 임금증가율의 조정에 관한 적용례】 제14조의 2 제3항의 개정규정은 2020년 1월 1일 이후 개시하는 과세연도 분부터 적용한다.

제5조【지방중소기업특별지원지역의 범위에 관한 적용례 등】 ① 제25조 제7호, 제11호 및 제12호의 개정규정은 이 규칙 시행 이후 최초로 입주하는 중소기업부터 적용한다.

② 이 규칙 시행 당시 종전의 강진환경일반산업단지에 입주한 중소기업에 대해서는 제25조 제7호의 개정규정에 따른

제25조【기업도시개발구역 등의 창업기업 등에 대한 법인세 등의 감면에 관한 적용례】 제121조의 17 제1항 제9호, 제10호 및 같은 조 제2항의 개정규정은 이 법 시행 이후 제121조의 17 제1항 제9호의 개정규정에 따른 평화경제특구에 최초로 창업하거나 사업장을 신설하는 기업부터 적용한다.

제26조【감면세액의 추징 등에 관한 적용례】 ① 제121조의 19 제1항 제2호 단서의 개정규정은 이 법 시행 이후 추징세액을 결정하거나 경정하는 경우부터 적용한다.

② 제121조의 19 제1항 제11호 및 제12호의 개정규정은 이 법 시행 이후 제121조의 17 제1항 제9호의 개정규정에 따른 평화경제특구에 최초로 창업하거나 사업장을 신설하는 기업부터 적용한다.

제27조【기회발전특구의 창업기업 등에 대한 법인세 등의 감면에 관한 적용례】 제121조의 33의 개정규정은 이 법 시행 이후 같은 개정규정 제1항에 따른 기회발전특구에 최초로 창업하거나 사업장을 신설하는 기업부터 적용한다.

제28조【기회발전특구로 이전하는 기업에 대한 과세특례에 관한 적용례】 제121조의 34의 개정규정은 이 법 시행 이후 수도권에 있는 종전사업용부동산을 양도하는 경우부터 적용한다.

제29조【기회발전특구집합투자기구 투자자에 대한 과세특례에 관한 적용례】 제121조의 35 제1항의 개정규정은 이 법 시행 이후 지급받는 이자소득 또는 배당소득부터 적용한다.

제30조【해외자원개발투자에 대한 중복지원 배제에 관한 적용례】 제127조 제1항의 개정규정은 이 법 시행 이후 투자 또는 출자를 하는 경우부터 적용한다.

제31조【중복지원의 배제에 관한 적용례】 제127조 제4항 및 제5항의 개정규정은 이 법 시행일이 속하는 과세연도부터 적용한다.

제26조【성실사업자에 대한 의료비등 공제에 관한 경과조치】 2024년 1월 1일 전에 의료비를 지출한 경우의 세액공제금액에 관하여는 제117조의 3 제5항의 개정규정에도 불구하고 종전의 규정에 따른다.

부 칙 (2023. 12. 19. 대통령령 제34011호 ; 벤처투자 촉진에 관한 법률 시행령 부칙)

제1조【시행일】 이 영은 2023년 12월 21일부터 시행한다.

제2조【다른 법령의 개정】 ①～⑭ 생 략

⑮ 조세특례제한법 시행령 일부를 다음과 같이 개정한다.

제12조 제1항 제1호·제2호 및 제12조의 2 제1항 제1호 중 "중소기업창업투자회사"를 각각 "벤처투자회사"로 한다.

제12조의 4의 제목 "(중소기업창업투자회사 등의 소재·부품·장비전문기업 주식양도차익 등에 대한 법인세 비과세)"를 "(벤처투자회사 등의 소재·부품·장비전문기업 주식양도차익 등에 대한 법인세 비과세)"로 한다.

⑯～㉑ 생 략

제3조 생 략

부 칙 (2023. 12. 5. 대통령령 제33899호 ; 소재·부품·장비산업 경쟁력강화를 위한 특별조치법 시행령 부칙)

제1조【시행일】 이 영은 2023년 12월 14일부터 시행한다.

제2조【다른 법령의 개정】 ①～⑩ 생 략

⑪ 조세특례제한법 시행령 일부를 다음과 같이 개정한다.

제12조의 3 제1항, 제12조의 4 제1항, 제14조 제6항 각 호 외의 부분 및 제16조 제2항 중 "「소재·부품·장비산업 경쟁력강화를 위한 특별조치법」"을 각각 "「소재·부품·장비산업 경쟁강진산업단지에 입주한 기업으로 본다.

제6조【근로장려세제 및 자녀장려세제에 관한 적용례】 제45조의 3 제1항의 개정규정은 2020년 5월 1일 이후 근로장려금 또는 자녀장려금을 신청 또는 정산하는 분부터 적용한다.

제7조【투자·상생협력 촉진을 위한 과세특례에 관한 적용례】 제45조의 9 제2항 및 제4항의 개정규정은 이 규칙 시행 이후 신고하는 분부터 적용한다.

제8조【부가가치세 영세율의 적용에 관한 적용례】 제47조의 4 및 별표 9의 2의 개정규정은 2020년 7월 1일 이후 재화를 공급하는 분부터 적용한다.

제9조【생산성향상시설의 범위에 관한 적용례】 별표 2의 개정규정은 대통령령 제30390호 조세특례제한법 시행령 일부개정령 시행 이후 투자하는 분부터 적용한다.

제10조【에너지절약시설의 범위에 관한 적용례】 별표 8의 3의 개정규정은 이 규칙 시행 이후 투자하는 분부터 적용한다.

제11조【신성장·원천기술을 사업화하는 시설에 관한 적용례】 별표 8의 8의 개정규정은 이 규칙 시행 이후 과세표준을 신고하는 분부터 적용한다.

제12조【서식에 관한 적용례】 서식

제32조【추계과세 시 등의 감면배제에 관한 적용례】 제128조 제2항부터 제4항까지의 개정규정은 이 법 시행 이후 과세표준을 신고하거나 결정 또는 경정하는 경우부터 적용한다.

제33조【최저한세액에 미달하는 세액에 대한 감면 등의 배제에 관한 적용례】 제132조 제1항 제4호 및 제2항 제4호의 개정규정은 이 법 시행일이 속하는 과세연도부터 적용한다.

제34조【양도소득세 및 증여세 감면의 종합한도에 관한 적용례】 제133조 제2항의 개정규정은 이 법 시행 이후 토지의 일부 또는 토지의 지분을 양도하는 경우부터 적용한다. 이 경우 이 법 시행 전에 이루어진 양도는 같은 개정규정에 따라 1개 과세기간에 이루어진 것으로 보는 양도에 포함하지 아니한다.

제35조【전통시장 기업업무추진비 손금산입에 관한 적용례】 제136조 제6항의 개정규정은 이 법 시행 이후 과세표준을 신고하는 경우부터 적용한다.

제36조【기술혁신형 주식취득에 대한 세액공제에 관한 경과조치】 인수법인이 피인수법인의 주식등을 최초 취득한 날이 이 법 시행 전인 경우의 세액공제 요건에 관하여는 제12조의 4 제1항의 개정규정에도 불구하고 종전의 규정에 따른다.

제37조【영상콘텐츠 제작비용에 대한 세액공제에 관한 경과조치】 이 법 시행 전에 발생한 영상콘텐츠 제작비용에 대한 세액공제에 관하여는 제25조의 6 제1항의 개정규정에도 불구하고 종전의 규정에 따른다.

제38조【가업의 승계에 대한 증여세 과세특례에 관한 경과조치 등】 ① 이 법 시행 전에 증여를 받은 경우에 대한 증여세 세율의 적용에 관하여는 제30조의 6 제1항 각 호 외의 부분 본문의 개정규정에도 불구하고 종전의 규정에 따른다.
② 제30조의 6 제4항의 개정규정은 이 법 시행 이후 증여를 받는 경우부터 적용한다.

력 강화 및 공급망 안정화를 위한 특별조치법」"으로 한다.
⑫~⑭ 생 략

부 칙 (2023. 9. 26. 대통령령 제33764호 ; 민간임대주택에 관한 특별법 시행령 부칙)

제1조【시행일】 이 영은 2023년 9월 29일부터 시행한다.

제2조【다른 법령의 개정】 ①·② 생 략
③ 조세특례제한법 시행령 일부를 다음과 같이 개정한다.
제96조 제8항 제1호 중 "「민간임대주택에 관한 특별법 시행령」 제4조 제5항"을 "「민간임대주택에 관한 특별법 시행령」 제4조 제6항"으로 한다.
제97조 제4항 제1호 중 "「민간임대주택에 관한 특별법 시행령」 제4조 제4항"을 "「민간임대주택에 관한 특별법 시행령」 제4조 제5항"으로 한다.
제98조의 5 제6항 제2호 중 "「민간임대주택에 관한 특별법 시행령」 제4조 제4항"을 "「민간임대주택에 관한 특별법 시행령」 제4조 제5항"으로 한다.
제98조의 7 제8항 제2호 중 "「민간임대주택에 관한 특별법 시행령」 제4조 제4항"을 "「민간임대주택에 관한 특별법 시행령」 제4조 제5항"으로 한다.

부 칙 (2023. 8. 29. 대통령령 제33682호)

제1조【시행일】 이 영은 공포한 날부터 시행한다.

제2조【신성장 · 원천기술에 관한 적용례 등】 ① 별표 7 제7호 가목 8)의 개정규정 중 국가전략기술에 관한 부분은 2023년 7월 1일 이후 발생한 연구개발비부터 적용한다.
② 2023년 7월 1일 전에 발생한 연구개발비에 관하여는 별표 7 제7호 가목의 개정규정에도 불구하고 종전의 규정에 따른다.

에 관한 개정규정은 이 규칙 시행 이후 신고, 신청, 제출 또는 통지하는 분부터 적용한다.

제13조【의약품 품질관리 개선시설의 범위에 관한 경과조치】 이 규칙 시행 전에 투자한 분에 대해서는 제13조의 7 및 별표 8의 10의 개정규정에도 불구하고 종전의 규정에 따른다.

제14조【부가가치세 영세율의 적용에 관한 경과조치】 2020년 7월1일 이전에 재화를 공급한 분에 대해서는 별표 9의 2의 개정규정에도 불구하고 종전 규정에 따른다.

제15조【다른 법률의 인용에 따른 경과조치】 ① 제7조의 3 제1호의 개정규정 중 「소재 · 부품 · 장비산업 경쟁력강화를 위한 특별조치법」은 2020년 3월 31일까지는 「소재 · 부품전문기업 등의 육성에 관한 특별조치법」으로 본다.
② 제8조의 8의 개정규정 중 「소재 · 부품 · 장비산업 경쟁력강화를 위한 특별조치법」은 2020년 3월 31일까지는 법률 제16859호 소재 · 부품 · 장비산업 경쟁력강화를 위한 특별조치법 전부개정법률로 본다.

제16조【서식 개정에 관한 경과조치】 서식의 개정에 따라 감면 등의 신고 등을 할 수 없는 경우에는 종전의 서식

제39조 【과세특례 대상 영농조합법인 등의 범위 변경에 관한 경과조치】 2023년 12월 31일이 속하는 과세연도의 소득(현물출자에 따른 소득은 이 법 시행 전에 이루어진 현물출자에 따른 소득으로 한정한다)에 대한 과세특례에 관하여는 제66조 제1항, 제67조 제1항, 같은 조 제4항 본문 및 제68조 제1항의 개정규정에도 불구하고 종전의 규정에 따른다.

제40조 【주택청약종합저축에 대한 소득공제에 관한 경과조치】 이 법 시행 전에 주택청약종합저축에 납입한 금액에 대한 소득공제 및 추징세액의 계산에 관하여는 제87조 제2항 · 제5항 및 제7항의 개정규정에도 불구하고 종전의 규정에 따른다.

제41조 【해외진출기업의 국내복귀에 대한 세액감면에 관한 경과조치】 이 법 시행 전에 국내에서 창업하거나 사업장을 신설 또는 증설한 경우의 세액감면 기간 및 업종요건에 관하여는 제104조의 24 제2항, 제3항, 제6항 및 제118조의 2 제1항 제2호의 개정규정에도 불구하고 종전의 규정에 따른다.

부 칙 (2023. 6. 20. 법률 제19504호 ; 벤처투자 촉진에 관한 법률 부칙)

제1조 【시행일】 이 법은 공포 후 6개월이 경과한 날부터 시행한다.

제2조～제5조 생 략

제6조 【다른 법률의 개정】 ①～⑦ 생 략

⑧ 조세특례제한법 일부를 다음과 같이 개정한다.

제12조의 4 제2항 제3호 다목, 제13조의 제목, 같은 조 제1항 제1호, 같은 항 제3호 각 목 외의 부분, 같은 항 제5호 · 제6호, 같은 조 제2항 각 호 외의 부분 본문, 같은 조 제3항 각 호 외의 부분 본문, 같은 조 제4항, 제13조의 4의 제목, 같은 조 제1항 제1호 · 제2호, 같은 조 제2항 각 호 외의 부분 전단, 같은 조 제

제3조 【국가전략기술에 관한 적용례】 별표 7의 2 제7호의 개정규정은 2023년 7월 1일 이후 발생한 연구개발비부터 적용한다.

부 칙 (2023. 7. 7. 대통령령 제33621호 ; 지방자치분권 및 지역균형발전에 관한 특별법 시행령 부칙)

제1조 【시행일】 이 영은 2023년 7월 10일부터 시행한다.

제2조～제11조 생 략

제12조 【다른 법령의 개정】 ①～㉕ 생 략

㉖ 조세특례제한법 시행령 일부를 다음과 같이 개정한다.

제99조의 4 제3항 제2호 및 같은 조 제4항 제1호 중 "「국가균형발전 특별법」 제2조 제9호"를 각각 "「지방자치분권 및 지역균형발전에 관한 특별법」 제2조 제12호"로 한다.

㉗～㊴ 생 략

제13조 · 제14조 생 략

부 칙 (2023. 6. 7. 대통령령 제33499호)

제1조 【시행일】 이 영은 공포한 날부터 시행한다. 다만, 제56조 제2항, 제79조의 8 제1항 제2호 본문 및 제79조의 10 제2항 제2호 본문의 개정규정은 2023년 7월 1일부터 시행하고, 제93조의 개정규정은 2023년 6월 12일부터 시행한다.

제2조 【접대비의 손금불산입특례에 관한 적용례】 제130조 제5항 제14호부터 제16호까지의 개정규정은 이 영 시행일이 속하는 과세연도에 지출하는 경우부터 적용한다.

제3조 【신성장 · 원천기술에 관한 경과조치】 2023년 1월 1일 전에 발생한 연구개발비에 관하여는 별표 7의 개정규정에도 불구하고 종전의 규정에 따른다.

에 따른다.

부 칙 (2019. 3. 20. 기획재정부령 제726호)

제1조 【시행일】 이 규칙은 공포한 날부터 시행한다. 다만, 제7조 제1항 제3호, 같은 조 제3항 각 호 외의 부분 본문, 제13조의 8 제2항(신성장동력 · 원천기술심의위원회와 관련된 개정사항에 한정한다), 제45조의 9 제10항 제1호 바목, 제61조 제1항 제2호(영 제9조 제10항과 관련된 개정사항에 한정한다) · 제4호 · 제4호의 2, 별지 제1호 서식(영 제9조 제10항과 관련된 개정사항에 한정한다), 별지 제3호 서식(1), 별지 제3호 서식(2), 별지 제3호 서식 부표(1)(영 제9조 제10항과 관련된 개정사항에 한정한다), 별지 제3호 서식 부표(2) 및 별지 제3호의 2 서식의 개정규정은 2020년 1월 1일부터 시행한다.

제2조 【일반적 적용례】 이 규칙은 이 규칙 시행일이 속하는 과세연도 분부터 적용한다.

제3조 【연구 · 인력개발비 세액공제를 적용받는 비용에 관한 적용례】 제7조 제1항 제3호 및 같은 조 제3항 각 호 외의 부분 본문의 개정규정은 2020년 1월 1일 이후 개시하는 과세연도 분부터 적

3항, 제14조 제1항 제1호 및 제117조 제1항 제1호 · 제2호의 4 중 "중소기업창업투자회사"를 각각 "벤처투자회사"로 한다.
⑨~⑩ 생 략

제7조 생 략

부 칙 (2023. 6. 13. 법률 제19438호 ; 소재 · 부품 · 장비산업 경쟁력강화를 위한 특별조치법 부칙)

제1조【시행일】 이 법은 공포 후 6개월이 경과한 날부터 시행한다. (단서 생략)

제2조【다른 법률의 개정】 ①~⑤ 생 략

⑥ 조세특례제한법 일부를 다음과 같이 개정한다.

제13조 제1항 제3호 라목 중 "「소재 · 부품 · 장비산업 경쟁력강화를 위한 특별조치법」"을 "「소재 · 부품 · 장비산업 경쟁력 강화 및 공급망 안정화를 위한 특별조치법」"으로 한다.

⑦ 생 략

부 칙 (2023. 6. 9. 법률 제19430호 ; 지방자치분권 및 지역균형발전에 관한 특별법 부칙)

제1조【시행일】 이 법은 공포 후 1개월이 경과한 날부터 시행한다. 다만, 다음 각 호의 사항은 해당 호에서 정하는 날부터 시행한다.

1.~3. 생 략

제2조~제20조 생 략

제21조【다른 법률의 개정】 ①~㊷ 생 략

㊸ 조세특례제한법 일부를 다음과 같이 개정한다.

제63조 제1항 제2호 가목 2) 가) 중 "「국가균형발전 특별법」"을 "「지방자치분권 및 지역균형발전에 관한 특별법」"으로 한다.

제99조의 4 제1항 제1호 가목 2) 단서 중 "「국가균형발전 특

부 칙 (2023. 4. 11. 대통령령 제33382호 ; 국가보훈부와 그 소속기관 직제 부칙)

제1조【시행일】 이 영은 2023년 6월 5일부터 시행한다.

제2조~제4조 생 략

제5조【다른 법령의 개정】 ①~④ 생 략

⑤ 조세특례제한법 시행령 일부를 다음과 같이 개정한다.

제112조의 2 제6항 전단 중 "국가보훈처장"을 각각 "국가보훈부장관"으로 한다.

⑥~⑬ 생 략

부 칙 (2023. 2. 28. 대통령령 제33264호)

제1조【시행일】 이 영은 공포한 날부터 시행한다. 다만, 다음 각 호의 개정규정은 해당 호에서 정한 날부터 시행한다.

1. 제11조의 3 제8항 제1호, 제11조의 4 제6항 제1호 및 제35조의 2 제6항 제1호의 개정규정 : 2023년 3월 1일
2. 제22조의 10 제2항 제3호 나목의 개정규정 : 2023년 3월 28일
3. 제69조 제3항, 제104조의 2 및 제130조의 개정규정 : 2024년 1월 1일
4. 제100조의 9 제8항 및 제121조의 2 제13항 전단의 개정규정 : 2023년 7월 1일
5. 제106조 제7항 제60호 · 제61호 및 제112조의 2의 개정규정 : 2023년 4월 1일

제2조【일반적 적용례】 ① 이 영 중 소득세(양도소득세는 제외한다) 및 법인세에 관한 개정규정은 법률 제19199호 조세특례제한법 일부개정법률 시행 이후 개시하는 과세연도부터 적용한다.

② 이 영 중 부가가치세에 관한 개정규정은 부칙 제1조에 따른 각 해당 규정의 시행일 이후 재화나 용역을 공급하거나 공급받

용한다.

제4조【소형주택 임대사업자 세액감면 제출서류에 관한 적용례】 제43조의 3의 개정규정은 이 규칙 시행 이후 감면신청을 하는 경우부터 적용한다.

제5조【특정 시설 투자세액공제 대상시설에 관한 적용례】 별표 2, 별표 4, 별표 5의 2 및 별표 8의 3의 개정규정은 이 규칙 시행 이후 투자하는 분부터 적용한다.

제6조【신성장동력 · 원천기술 분야별 대상기술 사업화 시설에 관한 적용례】 별표 8의 8의 개정규정은 2019년 1월 1일 이후 투자하는 분부터 적용한다.

제7조【광주세계수영선수권대회 수입물품 관세 감면 적용례】 별표 13 제5호의 개정규정은 이 규칙 시행 이후 수입신고하는 분부터 적용한다.

제8조【서식에 관한 적용례】 서식에 관한 개정규정은 이 규칙 시행 이후 신고, 신청, 제출 또는 통지하는 분부터 적용한다.

제9조【연구 · 인력개발비 세액공제를 적용받는 비용에 관한 특례】 제7조의 개정규정(제1항 제3호 및 제3항 각 호 외의 부분 본문 외의 개정사항에 한정한다) 중 영 별표 6과 관련되는 사항은 2020년 1월 1일 전에 개시하는 과세연도

별법」 제2조 제9호"를 "「지방자치분권 및 지역균형발전에 관한 특별법」 제2조 제12호"로 한다.
㊹~㊿ 생 략

제22조 생 략

부 칙 (2023. 4. 11. 법률 제19328호)

제1조【시행일】 이 법은 공포한 날부터 시행한다. 다만, 다음 각 호의 개정규정은 해당 호에서 정한 날부터 시행한다.

1. 제89조의 2 제1항 제1호 중 "고위험고수익채권투자신탁"에 대한 부분 및 제91조의 15의 개정규정 : 공포 후 2개월이 경과한 날
2. 제89조의 2 제1항 제1호 중 "개인투자용국채"에 대한 부분, 제91조의 23 및 제146조의 2 제1항의 개정규정 : 공포 후 1개월이 경과한 날
3. 법률 제18634호 조세특례제한법 일부개정법률 부칙 제1조 제1호·제3호 및 제12조의 2의 개정규정 : 2023년 4월 15일

제2조【국가전략기술 범위 확대에 따른 연구·인력개발비 세액공제 등에 관한 적용례】 ① 제10조 제1항 제2호의 개정규정 중 국가전략기술연구개발비에 관한 부분은 2023년 1월 1일 이후 발생한 연구개발비부터 적용한다.
② 제10조 제1항 제2호의 개정규정과 관련된 사업화시설 투자에 대하여 제24조의 통합투자세액공제를 적용할 때에는 2023년 1월 1일 이후 국가전략기술사업화시설에 투자하는 경우부터 적용한다.

제3조【통합투자세액공제의 공제율 상향 등에 관한 적용례】 ① 제24조 제1항 제2호 가목 2)의 개정규정은 2023년 1월 1일 이후 국가전략기술사업화시설에 투자하는 경우부터 적용한다.
② 2023년 1월 1일 전에 국가전략기술사업화시설에 투자한 경우 또는 재화를 수입신고하는 경우부터 적용한다.
③ 이 영 중 양도소득세에 관한 개정규정은 이 영 시행 이후 양도하는 경우부터 적용한다.
④ 이 영 중 상속세 및 증여세에 관한 개정규정은 이 영 시행 이후 상속이 개시되거나 증여받는 경우부터 적용한다.

제3조【청년 상시근로자의 범위 변경에 관한 적용례】 제11조의 2 제6항 제2호의 개정규정(제61조 제6항, 제99조의 8 제5항, 제116조의 14 제4항, 제116조의 15 제7항, 제116조의 21 제6항, 제116조의 25 제5항, 제116조의 26 제6항 및 제116조의 27 제6항에 따라 준용되는 경우를 포함한다)은 2023년 1월 1일 이후 개시하는 과세연도의 청년 상시근로자 수를 계산하는 경우부터 적용한다.

제4조【통합투자세액공제에 관한 적용례】 제21조 제13항 후단의 개정규정은 이 영 시행 이후 과세표준을 신고하는 경우부터 적용한다.

제5조【소기업·소상공인 공제부금에 대한 소득공제 등에 관한 적용례】 제80조의 3 제5항 제5호의 개정규정은 이 영 시행 이후 소기업·소상공인 공제계약을 해지하는 경우부터 적용한다.

제6조【근로장려금 환급·환수에 관한 적용례】 제100조의 9 제8항의 개정규정은 부칙 제1조 제4호에 따른 시행일 이후 근로장려금을 환급 또는 환수하는 경우부터 적용한다.

제7조【투자·상생협력 촉진을 위한 과세특례에 관한 적용례】 ① 제100조의 32 제4항 제1호 나목의 개정규정은 2023년 1월 1일 이후 개시하는 사업연도의 기업소득을 계산하는 경우부터 적용한다.
② 제100조의 32 제4항 제2호 타목의 개정규정은 이 영 시행 이후 과세표준을 신고하는 경우부터 적용한다.

분까지는 영 별표 6의 3과 관련되는 사항으로 본다.

제10조【특정 시설 투자세액공제 대상시설에 관한 경과조치】 2020년 1월 1일 전에 종전의 별표 4 및 별표 8의 3의 규정에 해당하는 시설에 투자하는 경우에는 별표 4 및 별표 8의 3의 개정규정 및 부칙 제5조에도 불구하고 종전의 규정에 따른다.

제11조【서식 개정에 관한 경과조치】 서식의 개정에 따라 감면 등의 신고 등을 할 수 없는 경우에는 종전의 서식에 따른다.

부 칙 (2018. 3. 21. 기획재정부령 제669호)

제1조【시행일】 이 규칙은 공포한 날부터 시행한다. 다만, 별표 10 제3호, 제5호, 제6호, 제15호 및 제47호의 개정규정은 2018년 7월 1일부터 시행한다.

제2조【근로소득 증대세제의 적용기준이 되는 중소기업 평균 임금증가율의 상향조정에 관한 적용례】 제14조의 2 제3항의 개정규정은 2018년 1월 1일 이후 개시하는 과세연도 분부터 적용한다.

제3조【중소기업 사회보험료 세액공제 적용시 신성장 서비스업의 범위에 관한 적용례】 제14조의 4 제1항의 개정규

우의 세액공제율에 관하여는 제24조 제1항 제2호 가목 2)의 개정규정에도 불구하고 종전의 규정에 따른다.
③ 제24조 제1항 제3호의 개정규정은 2023년 12월 31일이 속하는 과세연도에 투자한 금액에 대하여 적용한다.

제4조【고위험고수익채권투자신탁에 대한 과세특례에 관한 적용례】 제91조의 15의 개정규정은 부칙 제1조 제1호에 따른 시행일 이후 고위험고수익채권투자신탁에 가입하는 경우부터 적용한다.

제5조【개인투자용국채에 대한 과세특례에 관한 적용례】 제91조의 23의 개정규정은 부칙 제1조 제2호에 따른 시행일 이후 개인투자용국채에서 발생하는 소득부터 적용한다.

제6조【고위험고수익투자신탁에 대한 과세특례에 관한 경과조치】 부칙 제1조 제1호에 따른 시행일 전에 종전의 제91조의 15에 따른 고위험고수익투자신탁에 가입한 경우의 과세특례에 관하여는 제91조의 15의 개정규정에도 불구하고 종전의 규정에 따른다.

제7조【신용카드 등 사용금액에 대한 소득공제에 관한 경과조치】 2021년 과세기간 및 2022년 과세기간에 신용카드 등을 사용한 경우에 대한 소득공제에 관하여는 제126조의 2 제2항 및 제11항의 개정규정에도 불구하고 종전의 규정에 따른다.

부 칙 (2022. 12. 31. 법률 제19199호)

제1조【시행일】 이 법은 2023년 1월 1일부터 시행한다. 다만, 다음 각 호의 개정규정은 해당 호에서 정한 날부터 시행한다.

1. 제72조 제1항의 개정규정 중 "기업업무추진비"의 개정부분, 같은 조 제6항의 개정규정, 제136조 제목 및 같은 조 제2항의 개정규정, 같은 조 제3항의 개정규정 중 "기업업무추진비" 및 "기업업무추진비 한도액"의 개정부분, 같은 조 제4항의 개정

③ 제100조의 32 제12항 전단의 개정규정은 2023년 1월 1일 이후 개시하는 사업연도의 미환류소득 또는 초과환류액을 계산하는 경우부터 적용한다.

제8조【용역제공자에 관한 과세자료 제출에 대한 세액공제에 관한 적용례】 제104조의 29 제1항 후단의 개정규정은 이 영 시행일이 속하는 과세연도에 과세자료를 제출하는 경우부터 적용한다.

제9조【신성장·원천기술 및 국가전략기술 범위 확대에 관한 적용례】 별표 7 및 별표 7의 2의 개정규정은 2023년 1월 1일 이후 발생하는 연구개발비부터 적용한다.

제10조【근로장려금 및 자녀장려금 산정에 관한 적용례】 별표 11 및 별표 11의 2의 개정규정은 2023년 1월 1일 이후 근로장려금 및 자녀장려금을 신청하는 경우(법 제100조의 6 제9항에 따라 2022년 과세기간의 하반기 소득분에 대하여 같은 조 제7항에 따른 반기 신청을 한 것으로 보는 경우를 포함한다)부터 적용한다.

제11조【연구 및 인력개발비에 대한 세액공제에 관한 경과조치】 이 영 시행 전에 발생한 연구개발비 또는 인력개발비의 세액공제 요건에 관하여는 제9조 제1항 제2호의 개정규정에도 불구하고 종전의 규정에 따른다.

제12조【가업의 승계에 대한 증여세 과세특례에 관한 경과조치 등】 ① 이 영 시행 전에 가업의 주식 또는 출자지분을 증여받은 경우의 대표이사 취임 기한에 관하여는 제27조의 6 제1항의 개정규정에도 불구하고 종전의 규정에 따른다.
② 제27조의 6 제9항 제1호 본문의 개정규정은 이 영 시행 이후 상속이 개시되는 경우부터 적용한다.

제13조【농어촌주택등 취득자에 대한 양도소득세 과세특례에 관한 경과조치】 이 영 시행 전에 양도한 주택의 양도소득세

정은 2018년 1월 1일 이후 개시하는 과세연도 분부터 적용한다.

제4조【지방중소기업특별지원지역의 범위 확대에 관한 적용례】 제25조 제9호 및 제10호의 개정규정은 이 규칙 시행 이후 입주하는 중소기업부터 적용한다.

제5조【정부업무대행단체의 부가가치세 면제 사업 조정에 관한 적용례】 ① 별표 10 제3호, 제5호, 제6호, 제15호, 제20호, 제37호, 제41호 및 제47호의 개정규정은 이 규칙 시행 이후 재화 또는 용역을 공급하는 경우부터 적용한다.
② 별표 10 제57호의 개정규정은 2018년 2월 13일 이후 신고하거나 결정·경정하는 분부터 적용한다.

제6조【서식에 관한 적용례】 서식에 관한 개정규정은 이 규칙 시행 이후 신고, 신청, 제출 또는 통지하는 분부터 적용한다.

제7조【서식개정에 관한 경과조치】 서식의 개정에 따라 감면 등의 신고 등을 할 수 없는 경우에는 종전의 서식에 따른다.

부 칙 (2018. 1. 9. 기획재정부령 제653호)

이 규칙은 공포한 날부터 시행한다.

규정 및 제104조의 5의 개정규정, 제144조 제1항 및 제2항의 개정규정(제104조의 5를 추가하는 부분으로 한정한다) : 2024년 1월 1일
2. 제111조의 2의 제목, 같은 조 제1항의 개정규정 : 2023년 4월 1일
3. 제126조의 2(영화상영관에 관한 부분으로 한정한다)의 개정규정 : 2023년 7월 1일
4. 법률 제18634호 조세특례제한법 일부개정법률 제16조의 4 제3항의 개정규정 : 2025년 1월 1일

제2조【일반적 적용례】 ① 이 법 중 소득세(양도소득세는 제외한다) 및 법인세에 관한 개정규정은 부칙 제1조에 따른 각 해당 개정규정의 시행일 이후 개시하는 과세연도부터 적용한다.
② 이 법 중 양도소득세에 관한 개정규정은 부칙 제1조에 따른 각 해당 개정규정의 시행일 이후 양도하는 경우부터 적용한다.
③ 이 법 중 상속세 및 증여세에 관한 개정규정은 부칙 제1조에 따른 각 해당 개정규정의 시행일 이후 상속이 개시되거나 증여를 받는 경우부터 적용한다.
④ 이 법 중 부가가치세에 관한 개정규정은 부칙 제1조에 따른 각 해당 개정규정의 시행일 이후 재화나 용역을 공급하거나 공급받는 분 또는 재화를 수입신고하는 경우부터 적용한다.

제3조【중소기업에 대한 특별세액감면에 관한 적용례】 제7조 제3항의 개정규정은 이 법 시행 이후 과세표준을 신고하는 분부터 적용한다.

제4조【상생협력을 위한 기금 출연 등에 대한 세액공제에 관한 적용례】 제8조의 3 제4항의 개정규정은 2023년 1월 1일 이후 자산을 기증하는 경우부터 적용한다.

제5조【내국법인의 소재·부품·장비전문기업 등에의 출자·인수에 대한 과세특례에 관한 적용례】 제13조의 3 제3항, 과세특례 요건에 관하여는 제99조의 4 제3항의 개정규정에도 불구하고 종전의 규정에 따른다.

제14조【해외진출기업의 국내복귀에 대한 세액감면에 관한 경과조치】 이 영 시행 전에 수도권과밀억제권역 밖의 지역에 창업하거나 사업장을 신설 또는 증설한 경우의 세액감면 요건에 관하여는 제104조의 21 제1항 제2호, 같은 조 제3항 제2호 및 같은 조 제10항의 개정규정에도 불구하고 종전의 규정에 따른다.

부 칙 (2022. 12. 31. 대통령령 제33208호)

이 영은 2023년 1월 1일부터 시행한다.

부 칙 (2022. 5. 9. 대통령령 제32636호 ; 농어업경영체 육성 및 지원에 관한 법률 시행령 부칙)

제1조【시행일】 이 영은 2022년 8월 18일부터 시행한다. (단서 생략)

제2조【다른 법령의 개정】 조세특례제한법 시행령 일부를 다음과 같이 개정한다.

제63조 제1항 각 호 외의 부분 중 "「농어업경영체 육성 및 지원에 관한 법률 시행령」 제11조 제1항에 따른 영농조합법인의 사업"을 "「농어업경영체 육성 및 지원에 관한 법률 시행령」 제20조의 5 제1항 각 호의 사업"으로 한다.

제64조 제1항 각 호 외의 부분 중 "「농어업경영체 육성 및 지원에 관한 법률 시행령」 제11조 제2항에 따른 영어조합법인의 사업"을 "「농어업경영체 육성 및 지원에 관한 법률 시행령」 제20조의 5 제2항 각 호의 사업"으로 한다.

제65조 제2항 제2호를 다음과 같이 한다.
2. 「농어업경영체 육성 및 지원에 관한 법률」에 따른 농업회사

부 칙 (2017. 12. 29. 기획재정부령 제649호)

제1조【시행일】 이 규칙은 2018년 1월 1일부터 시행한다.

제2조【관세가 경감되는 신에너지 및 재생에너지의 생산용 기자재 및 이용 기자재에 관한 경과조치】 이 규칙 시행 전에 수입신고한 물품에 대해서는 제50조의 4 제2항 단서 및 별표 13의 개정규정에도 불구하고 종전의 규정에 따른다.

부 칙 (2017. 3. 17. 기획재정부령 제614호)

제1조【시행일】 이 규칙은 공포한 날부터 시행한다.

제2조【연구 및 인력개발비의 범위에 관한 적용례】 제7조 제10항 제4호의 개정규정은 이 규칙 시행 이후 중소기업이 중소기업 핵심인력 성과보상기금에 납입하거나 중도해지를 이유로 환급받은 경우부터 적용한다.

제3조【감정평가법인 소속이 아닌 감정평가사의 감정가액 인정에 관한 적용례】 제15조 제2항 제1호의 개정규정은 이 규칙 시행 이후 통합, 법인전환 또는 현물출자하는 분부터 적용한다.

제4조【근로장려금 및 자녀장려금의

제4항 및 제6항의 개정규정은 2023년 1월 1일 이후 국가전략기술 관련 외국법인을 인수하는 경우부터 적용한다.

제6조【벤처기업 주식매수선택권 행사이익 납부특례에 관한 적용례】 제16조의 3 제1항의 개정규정은 이 법 시행 이후 주식매수선택권을 행사하는 경우부터 적용한다.

제7조【벤처기업 주식매수선택권 행사이익에 대한 과세특례에 관한 적용례】 제16조의 4 제5항 제3호의 개정규정은 이 법 시행 이후 전용계좌를 통해 주식을 거래하는 경우부터 적용한다.

제8조【금융투자소득에 관한 적용례】 법률 제18634호 조세특례제한법 일부개정법률 제16조의 4 제3항의 개정규정은 2025년 1월 1일 이후 발생하는 소득부터 적용한다.

제9조【외국인기술자에 대한 소득세의 감면에 관한 적용례】 제18조 제1항 본문의 개정규정은 이 법 시행 당시 국내에서 최초로 근로를 제공한 날부터 5년이 지나지 아니한 외국인기술자에 대해서도 적용한다.

제10조【외국인근로자에 대한 과세특례에 관한 적용례】 제18조의 2 제2항의 개정규정은 이 법 시행 당시 국내에서 최초로 근로를 제공한 날부터 20년이 지나지 아니한 외국인근로자에 대해서도 적용한다.

제11조【내국인 우수 인력의 국내복귀에 대한 소득세 감면에 관한 적용례】 제18조의 3 제1항의 개정규정은 이 법 시행 당시 취업일부터 5년이 지나지 아니한 내국인 우수 인력에 대해서도 적용한다.

제12조【영상콘텐츠 제작비용에 대한 세액공제에 관한 적용례】 제25조의 6 제1항의 개정규정은 이 법 시행 이후 같은 항 제3호에 따른 비디오물의 제작을 위하여 발생하는 영상콘텐츠 제작비용부터 적용한다.

제13조【에너지절약시설의 감가상각비 손금산입 특례에 관 법인(이하 이 조에서 "농업회사법인"이라 한다)의 같은 법 시행령 제20조의 5 제1항 제6호 가목부터 마목까지의 사업에서 발생한 소득

부 칙 (2022. 3. 25. 대통령령 제32557호 ; 기후위기 대응을 위한 탄소중립·녹색성장 기본법 시행령 부칙)

제1조【시행일】 이 영은 2022년 3월 25일부터 시행한다. (단서 생략)

제2조～제11조 생 략

제12조【다른 법령의 개정】 ①～⑦ 생 략

⑧ 조세특례제한법 시행령 일부를 다음과 같이 개정한다.

제24조 제2항 제2호 나목을 다음과 같이 한다.

나. 「기후위기 대응을 위한 탄소중립·녹색성장 기본법」에 따른 녹색산업

⑨～⑬ 생 략

제13조 생 략

부 칙 (2022. 2. 17. 대통령령 제32449호 ; 금융회사부실자산 등의 효율적 처리 및 한국자산관리공사의 설립에 관한 법률 시행령 부칙)

제1조【시행일】 이 영은 2022년 2월 18일부터 시행한다.

제2조【다른 법령의 개정】 ①～㊻ 생 략

㊼ 조세특례제한법 시행령 일부를 다음과 같이 개정한다.

제34조 제6항 제5호 각 목 외의 부분 중 "「금융회사부실자산 등의 효율적 처리 및 한국자산관리공사의 설립에 관한 법률」"을 "「한국자산관리공사 설립 등에 관한 법률」"로 하고, 같은 호 가목 중 "「금융회사부실자산 등의 효율적 처리 및 한국자산관리공사의 설립에 관한 법률」 제2조 제3호"를 "「한국자산관리공

신청자격 확인을 위한 자료제공에 관한 적용례】 제45조의 6 제2항 및 제3항의 개정규정은 이 규칙 시행일 이후 자료의 제공을 요청하는 경우부터 적용한다.

제5조【해운기업에 대한 법인세 과세표준 계산에 대한 적용례】 제46조의 3 제6항의 개정규정은 이 규칙 시행 이후 과세표준을 신고하는 경우부터 적용한다.

제6조【수산업협동조합중앙회의 고유목적사업준비금 손금산입 한도에 관한 적용례】 제51조의 10의 개정규정은 이 규칙 시행 이후 과세표준을 신고하는 경우부터 적용한다.

제7조【에너지절약시설 투자에 대한 세액공제에 관한 적용례】 별표 8의 3의 개정규정은 2018년 1월 1일 이후 투자하는 경우부터 적용한다.

제8조【서식에 관한 적용례】 서식에 관한 개정규정은 이 규칙 시행 이후 신고, 신청, 제출 또는 통지하는 분부터 적용한다.

제9조【서식개정에 관한 경과조치】 서식의 개정에 따라 감면 등의 신고 등을 할 수 없는 경우에는 종전의 서식에 따른다.

한 적용례】 제28조의 4의 개정규정은 이 법 시행 이후 취득한 에너지절약시설부터 적용한다.

제14조【공장의 대도시 밖 이전에 대한 법인세 과세특례에 관한 적용례】 제60조 제5항의 개정규정은 이 법 시행 이후 공장의 대지와 건물을 양도하는 경우부터 적용한다.

제15조【영농자녀등이 증여받는 농지 등에 대한 증여세의 신고·납부에 관한 적용례】 제71조 제3항의 개정규정은 이 법 시행 이후 영농자녀등이 같은 조 제2항에 해당하는 경우부터 적용한다.

제16조【고유목적사업준비금의 손금산입특례에 관한 적용례】 제74조 제1항 제6호의 개정규정은 이 법 시행일 이후 최초로 신고하는 분부터 적용한다.

제17조【주택청약종합저축 등에 대한 소득공제 등에 관한 적용례】 제87조 제5항의 개정규정은 2022년 과세기간의 근로소득에 대하여 이 법 시행 이후 종합소득과세표준을 신고하거나 소득세를 결정하거나 연말정산하는 경우에도 적용한다.

제18조【월세액에 대한 세액공제에 관한 적용례】 제95조의 2 제1항의 개정규정은 이 법 시행 전에 월세액을 지급한 경우로서 이 법 시행 이후 종합소득과세표준을 신고하거나 소득세를 결정하거나 연말정산하는 경우에도 적용한다.

제19조【근로장려금 및 자녀장려금에 관한 적용례】 제100조의 3 제1항 제4호, 제100조의 5 제1항·제4항, 제100조의 28 제1항 제4호 및 제100조의 29 제1항의 개정규정은 이 법 시행 이후 근로장려금 또는 자녀장려금을 신청하는 경우(제100조의 6 제9항에 따라 2022년 과세기간의 하반기 소득분에 대하여 같은 조 제7항에 따른 반기 신청을 한 것으로 보는 경우를 포함한다)부터 적용한다.

제20조【투자·상생협력 촉진을 위한 과세특례에 관한 적용례】 사 설립 등에 관한 법률」"로 하며, 같은 호 나목 중 "「금융회사부실자산 등의 효율적 처리 및 한국자산관리공사의 설립에 관한 법률」 제26조 제1항 제7호"를 "「한국자산관리공사 설립 등에 관한 법률」"로 한다.

제104조 제2항 제1호 중 "「금융회사부실자산 등의 효율적 처리 및 한국자산관리공사의 설립에 관한 법률」"을 "「한국자산관리공사 설립 등에 관한 법률」"로 한다.

㊽~㊺ 생 략

제3조 생 략

부 칙 (2022. 2. 17. 대통령령 제32447호 ; 근로자직업능력 개발법 시행령 부칙)

제1조【시행일】 이 영은 2022년 2월 18일부터 시행한다.

제2조【다른 법령의 개정】 ①~㊿ 생 략

㊾ 조세특례제한법 시행령 일부를 다음과 같이 개정한다.

제5조 제12항 제4호 및 제27조의 4 제5항 제4호 중 "「근로자직업능력 개발법」"을 각각 "「국민 평생 직업능력 개발법」"으로 한다.

별표 6 제2호 가목 2), 같은 목 3) 및 같은 호 나목 중 "「근로자직업능력 개발법」"을 각각 "「국민 평생 직업능력 개발법」"으로 한다.

별표 6의 3 제2호 가목 2), 같은 목 3) 및 같은 호 나목 중 "「근로자직업능력 개발법」"을 각각 "「국민 평생 직업능력 개발법」"으로 한다.

⑥⓪~⑦② 생 략

제3조 생 략

부 칙 (2022. 2. 15. 대통령령 제32416 ; 개별소비세법 시행

부 칙 (2017. 3. 10. 기획재정부령 제606호)

이 규칙은 공포한 날부터 시행한다.

부 칙 (2016. 8. 9. 기획재정부령 제569호)

이 규칙은 2016년 8월 13일부터 시행한다.

부 칙 (2016. 3. 14. 기획재정부령 제555호)

제1조【시행일】 이 규칙은 공포한 날부터 시행한다. 다만, 제49조의 2의 개정규정은 2016년 4월 1일부터 시행한다.

제2조【증권거래세 면제요건 등에 관한 적용례】 제50조의 6 제2항부터 제9항까지의 개정규정은 이 규칙 시행 이후 주식을 양도하는 경우부터 적용한다.

제3조【서식에 관한 적용례】 서식에 관한 개정규정은 이 규칙 시행 이후 신고, 신청, 제출 또는 통지하는 경우부터 적용한다. 다만, 별지 제68호의 2 서식은 부칙 제1조 단서에 따른 시행일 이후 의료용역을 공급하는 경우부터 적용한다.

제4조【증권거래세 면제요건 등에 관한 경과조치】 이 규칙 시행 전에 주식

용례】 제100조의 32 제6항의 개정규정은 2021년 12월 31일이 속하는 사업연도 및 그 이후 사업연도에 적립한 차기환류적립금에 대해 적용한다. 이 경우 같은 조 제1항의 개정규정에도 불구하고 종전규정 제1항 제1호에 따른 법인이 2021년 12월 31일이 속하는 사업연도 및 2022년 12월 31일이 속하는 사업연도에 적립한 차기환류적립금이 있는 경우에도 제6항의 개정규정을 적용한다.

제21조 【간이지급명세서의 제출에 대한 세액공제 적용례】 제104조의 5의 개정규정은 이 법 시행 이후 발생하는 소득에 대한 간이지급명세서를 제출하는 분부터 적용한다.

제22조 【프로젝트금융투자회사에 대한 소득공제에 관한 적용례】 제104조의 31 제3항 및 제4항의 개정규정은 이 법 시행 이후 배당을 결의하는 경우부터 적용한다.

제23조 【제주도여행객 면세점에 대한 간접세 등의 특례에 관한 적용례】 제121조의 13 제4항 및 제5항의 개정규정은 이 법 시행 이후 면세물품을 판매하거나 구입하는 경우부터 적용한다.

제24조 【기업도시개발구역 등의 창업기업 등에 대한 법인세 등의 감면에 관한 적용례】 제121조의 17 제1항 제8호 및 제2항의 개정규정은 이 법 시행 이후 제121조의 17 제1항 제8호에 따른 새만금투자진흥지구에 최초로 창업하거나 사업장을 신설하는 기업부터 적용한다.

제25조 【감면세액의 추징 등에 관한 적용례】 제121조의 19 제1항 제9호 및 제10호의 개정규정은 이 법 시행 이후 제121조의 17 제1항 제8호에 따른 새만금투자진흥지구에 최초로 창업하거나 사업장을 신설하는 기업부터 적용한다.

제26조 【성실사업자에 대한 의료비 등 공제에 관한 적용례】 제122조의 3 제1항 각 호 외의 부분 및 같은 조 제3항의 개정규정은 이 법 시행 전에 의료비, 난임시술을 위한 비용 또는 월세액을 지출한 경우로서 이 법 시행 이후 종합소득과세표준

령 부칙)

제1조 【시행일】 이 영은 공포한 날부터 시행한다.

제2조~제4조 생 략

제5조 【다른 법령의 개정】 조세특례제한법 시행령 일부를 다음과 같이 개정한다.

제112조의 6 제2항 제3호 중 "「개별소비세법 시행령」 제20조 제3항 제3호, 제34조 제3항 제4호"를 "「개별소비세법 시행령」 제20조 제3항 제3호, 제34조 제4항 제4호"로 한다.

부 칙 (2022. 2. 15. 대통령령 제32413호)

제1조 【시행일】 이 영은 공포한 날부터 시행한다. 다만, 다음 각 호의 개정규정은 해당 호에서 정한 날부터 시행한다.

1. 제13조 제2항, 제14조의 4 제6항, 제14조의 5 제7항, 제24조 제9항 · 제11항 각 호 외의 부분 · 제14항, 제24조의 2 제2항 · 제6항, 제35조의 2 제3항 · 제4항 · 제12항, 제35조의 3 제1항 제2호 및 제4항 제2호의 계산식, 제37조 제15항 제1호, 제43조 제6항 · 제8항(같은 항 제1호 나목 및 제2호 나목은 제외한다), 제43조의 2 제6항 · 제8항 · 제9항, 제43조의 3 제3항, 제43조의 7 제8항 · 제9항 · 제10항, 제43조의 8 제5항 · 제8항부터 제12항까지 · 제14항, 제81조의 4 제5항, 제82조의 2 제5항 · 제6항, 제83조 제11항 · 제12항, 제92조의 13 제9항 · 제10항, 제93조의 3 제7항 · 제9항, 제93조의 4 제8항부터 제12항까지 · 제14항(같은 항 제2호는 제외한다), 제100조의 22, 제116조의 32 제14항 제1호, 제116조의 34 제5항 · 제7항(같은 항 제1호 나목 및 제2호 나목을 제외한다) 및 제137조의 2의 개정규정 : 2025년 1월 1일 (2022. 12. 31. 개정)
2. 제100조의 9 제2항의 개정규정 : 2022년 8월 1일
3. 제109조의 2 제2항 제2호의 개정규정 : 2022년 4월 1일

을 양도한 경우에는 제50조의 6 제2항부터 제9항까지의 개정규정에도 불구하고 종전의 규정에 따른다.

제5조 【서식개정에 관한 경과조치】 서식에 관한 개정규정으로 인하여 감면 등의 신고, 신청, 제출 또는 통지를 할 수 없는 경우에는 종전의 서식에 따른다.

부 칙 (2016. 2. 25. 기획재정부령 제539호)

제1조 【시행일】 이 규칙은 공포한 날부터 시행한다.

제2조 【서식에 관한 적용례】 별지 제53호의 2 서식부터 별지 제53호의 5 서식까지, 별지 제74호의 5 서식 및 별지 제74호의 6 서식의 개정규정은 이 규칙 시행 이후 신청하거나 제출하는 경우부터 적용한다.

을 확정신고하거나 소득세를 결정하는 경우에도 적용한다.

제27조【신용카드 등 사용금액에 대한 소득공제에 관한 적용례 등】 ① 제126조의 2 제2항 제3호부터 제6호까지(영화상영관에 관한 부분으로 한정한다)의 개정규정은 2023년 7월 1일 이후 영화상영관에 입장하기 위하여 지급하는 금액부터 적용한다.
② 제126조의 2 제11항의 개정규정은 2022년 과세기간의 근로소득에 대하여 이 법 시행 이후 종합소득과세표준을 신고하거나 소득세를 결정하거나 연말정산하는 경우에도 적용한다.
③ 이 법 시행 전에 신용카드 등을 사용한 경우에 대한 소득공제에 관하여는 제126조의 2 제2항 및 제10항의 개정규정에도 불구하고 종전의 규정에 따른다.

제28조【중소기업에 대한 특별세액감면에 관한 경과조치】 이 법 시행 전에 개시한 과세연도에 종전의 제7조 제1항 제2호 마목에 따른 사업장에서 발생한 소득에 대한 소득세 또는 법인세의 감면에 관하여는 제7조 제1항 제2호 마목의 개정규정에도 불구하고 종전의 규정에 따른다.

제29조【중소기업창업투자회사 등의 주식양도차익 등에 대한 비과세 범위에 관한 경과조치】 이 법 시행 전에 매입한 주식 또는 출자지분을 이 법 시행 이후 양도하여 발생하는 양도차익 및 이 법 시행 전에 매입한 주식 또는 출자지분에 대하여 이 법 시행 이후 받는 배당소득에 대한 법인세 비과세의 범위에 관하여는 제13조 제2항 제5호 단서 및 같은 조 제3항 제4호 단서의 개정규정에도 불구하고 종전의 규정에 따른다.

제30조【벤처기업 주식매수선택권 행사이익 비과세 특례에 관한 경과조치 등】 ① 이 법 시행 전에 주식매수선택권을 행사하여 얻은 이익에 대한 소득세 비과세 한도에 관하여는 제16조의 2 제1항 본문의 개정규정에도 불구하고 종전의 규정에 따른다.
② 제16조의 2 제1항 단서의 개정규정은 이 법 시행 이후 주식

제2조【일반적 적용례】 ① 이 영 중 소득세(양도소득세는 제외한다) 및 법인세에 관한 개정규정은 법률 제18634호 조세특례제한법 일부개정법률 시행 이후 개시하는 과세연도부터 적용한다.
② 이 영 중 부가가치세에 관한 개정규정은 부칙 제1조에 따른 각 해당 규정의 시행일 이후 재화나 용역을 공급하거나 공급받는 경우 또는 재화를 수입신고하는 경우부터 적용한다.
③ 이 영 중 양도소득세에 관한 개정규정은 부칙 제1조에 따른 각 해당 규정의 시행일 이후 양도하는 경우부터 적용한다.

제3조【연구 및 인력개발비 세액공제에 대한 적용례】 제9조 제12항의 개정규정은 2021년 7월 1일 이후 발생한 국가전략기술연구개발비부터 적용한다.

제4조【지역특구 등 세액감면 사후관리에 따른 납부세액 계산에 관한 적용례】 제11조의 2 제8항, 제61조 제7항, 제99조의 8 제6항, 제116조의 14 제7항, 제116조의 25 제7항, 제116조의 26 제10항 및 제116조의 27 제7항의 개정규정에 따라 납부대상이 되는 세액은 2022년 1월 1일 이후 개시하는 과세연도에 감면받은 세액부터 적용한다.

제5조【기술혁신형 합병 · 주식취득에 대한 세액공제에 관한 적용례】 제11조의 3 제1항 제4호 바목 및 제11조의 4 제2항 제4호 바목의 개정규정은 2022년 1월 1일 이후 합병하거나 주식 또는 출자지분을 취득한 경우부터 적용한다.

제6조【벤처기업투자신탁의 투자비율 산정에 관한 적용례】 제14조 제13항의 개정규정은 이 영 시행 이후 벤처기업투자신탁이 벤처기업 주식 또는 출자지분을 매도하는 경우부터 적용한다.

제7조【성과공유 중소기업의 경영성과급 세액공제에 관한 적용례】 제17조 제2항의 개정규정은 중소기업이 2022년 1월 1

통칙 부 칙 (2019. 12. 23.)

① **【시행일】** 이 통칙은 2019년 12월 23일부터 시행한다.
② **【일반적 적용례】** 이 통칙은 시행당시 종전의 규정에 의하여 부과하였거나 부과할 국세에 관하여는 종전의 예에 의한다. 다만, 이 통칙 시행일 이전에 관련법률 등의 개정으로 이미 시행되는 규정은 관련법률 등의 적용례에 따른다.
③ **【종전예규와의 관계】** 이 통칙 시행전의 예규로서 이 통칙과 상치되는 경우에는 이 통칙에 의한다.

부 칙 (2013. 5. 24.)

① **【시행일】** 이 통칙은 2013년 5월 24일부터 시행한다.
② **【양도소득 관련 규정에 관한 적용례】** 양도소득 관련 규정은 이 통칙의 시행일 이후 최초로 양도하는 분부터 적용한다. 다만, 법령개정으로 인한 개정규정은 개정법령 시행일 이후 최초로 양도하는 분부터 적용한다.
③ **【종전의 예규와의 관계】** 이 통칙 시행 전의 예규로서 이 통칙과 상치되거나 중복되는 것은 이 통칙에 의한다.

매수선택권을 행사하는 경우부터 적용한다. 이 경우 이 법 시행 전에 주식매수선택권을 행사하여 얻은 이익은 누적 금액에 포함하지 아니한다.

제31조【통합투자세액공제의 공제율 상향에 관한 경과조치】 이 법 시행 전에 투자한 경우의 세액공제율에 관하여는 제24조 제1항 제2호 가목의 개정규정에도 불구하고 종전의 규정에 따른다.

제32조【근로소득을 증대시킨 기업에 대한 세액공제에 관한 경과조치】 이 법 시행 전에 개시한 과세연도에 제29조의 4 제1항 각 호 또는 같은 조 제3항 각 호의 요건을 충족한 내국인(중소기업 및 중견기업은 제외한다)에 대한 세액공제에 관하여는 제29조의 4 제1항 및 제3항의 개정규정에도 불구하고 종전의 규정에 따른다.

제33조【정규직 근로자로의 전환에 따른 세액공제에 관한 경과조치】 이 법 시행 전에 개시한 과세연도에 정규직 근로자로의 전환을 한 경우에 대한 세액공제에 관하여는 제30조의 2의 개정규정에도 불구하고 종전의 규정에 따른다.

제34조【창업자금에 대한 증여세 과세특례에 관한 경과조치 등】 ① 이 법 시행 전에 창업자금을 증여받은 경우에 대한 증여세 과세특례에 관하여는 제30조의 5 제1항 전단, 같은 조 제2항 제1호의 2, 같은 조 제5항 전단 및 같은 조 제6항 제7호의 개정규정에도 불구하고 종전의 규정에 따른다.
② 제30조의 5 제7항의 개정규정은 이 법 시행 이후 거주자가 같은 조 제6항 각 호(이 법 시행 전에 창업자금을 증여받은 자에 대해서는 종전의 같은 항 제7호를 포함한다)의 어느 하나에 해당하는 경우부터 적용한다.

제35조【가업의 승계에 대한 증여세 과세특례에 관한 경과조치 등】 ① 이 법 시행 전에 증여를 받은 경우의 가업의 승계

일 이후 지급한 경영성과급부터 적용한다.

제8조【통합투자세액공제에 대한 적용례】 ① 제21조 제3항의 개정규정은 이 영 시행 이후 특허권, 실용신안권 또는 디자인권을 취득하는 경우부터 적용한다.
② 제21조 제4항, 제5항, 제10항, 제11항 및 제14항의 개정규정은 2021년 7월 1일 이후 새로 투자한 국가전략기술사업화시설 또는 신성장사업화시설부터 적용한다.

제9조【특정사회기반시설 집합투자기구 및 개인종합자산관리계좌의 계약 해지에 관한 적용례】 제24조 제11항 제2호의 개정규정(제24조의 2 제4항에 따라 준용되는 경우를 포함한다) 및 제93조의 4 제14항 제2호의 개정규정은 이 영 시행 전에 제81조 제6항 각 호의 사유가 발생하여 이 영 시행 이후 계약을 해지하는 경우에도 적용한다.

제10조【개인종합자산관리계좌에 대한 과세특례에 관한 적용례】 제93조의 4 제9항부터 제11항까지의 개정규정은 2023년 1월 1일 전에 가입한 개인종합자산관리계좌를 2025년 1월 1일 이후 해지하는 경우에도 적용한다. (2022. 12. 31. 개정)

제11조【장병내일준비적금의 이자소득 비과세에 관한 적용례】 제93조의 5 제1항 제5호의 개정규정은 이 영 시행 전에 장병내일준비적금에 가입한 대체복무요원이 이 영 시행일이 속하는 과세기간에 지급받는 이자소득에 대해서도 적용한다.

제12조【상가임대료를 인하한 임대사업자에 대한 세액공제에 관한 적용례】 제96조의 3 제4항 제1호의 개정규정은 임대사업자가 2022년 1월 1일 전에 개시한 과세연도에 임대상가건물의 임대차계약을 동일한 임차소상공인과 갱신하거나 재계약한 경우에 대해서도 적용한다.

제13조【근로장려금 또는 자녀장려금에 관한 적용례 등】 ① 제100조의 4 제1항 제4호 및 같은 조 제8항 제2호의 2의 개

에 대한 증여세 과세특례에 관하여는 제30조의 6 제1항의 개정규정에도 불구하고 종전의 규정에 따른다.

② 제30조의 6 제3항의 개정규정은 다음 각 호의 요건을 모두 충족하는 자 및 이 법 시행 전에 증여를 받은 경우로서 이 법 시행 이후 증여세 과세표준을 신고하는 자에 대해서도 적용한다.

1. 이 법 시행 전에 제30조의 6 제1항에 따른 과세특례를 적용받았을 것
2. 이 법 시행 당시 주식등을 증여받은 날부터 7년이 경과하지 아니하였을 것
3. 이 법 시행 전에 종전의 제30조의 6 제3항에 따른 증여세 및 이자상당액이 부과되지 아니하였을 것

제36조【수도권 밖으로 공장을 이전하는 기업에 대한 세액감면 등에 관한 경과조치】 ① 이 법 시행 전에 공장을 이전한 경우의 세액감면에 관하여는 제63조 제1항 제2호 가목 및 나목의 개정규정에도 불구하고 종전의 규정에 따른다.

② 이 법 시행 이후 공장을 이전하는 경우로서 공장이전기업이 종전의 제63조 제1항 제2호 가목 및 나목을 적용받기 위하여 이 법 시행 전에 다음 각 호의 어느 하나에 해당하는 행위를 한 경우에는 제63조 제1항 제2호 가목 및 나목의 개정규정에도 불구하고 종전의 규정을 적용할 수 있다.

1. 공장을 신축하는 경우로서 제63조 제1항에 따라 이전계획서를 제출한 경우
2. 공장 이전을 위하여 기존 공장의 부지나 공장용 건축물을 양도(양도 계약을 체결한 경우를 포함한다)하거나 공장을 철거 또는 폐쇄한 경우
3. 공장 이전을 위하여 신규 공장의 부지나 공장용 건축물을 매입(매입 계약을 체결한 경우를 포함한다)한 경우
4. 공장을 신축하기 위하여 건축허가를 받은 경우

정규정은 2022년 5월 1일 이후 근로장려금 또는 자녀장려금을 신청·정산하는 경우부터 적용한다.

② 제100조의 7 제4항의 개정규정은 이 영 시행 이후 근로장려금을 신청하는 경우부터 적용한다.

③ 2021년 12월 31일이 속하는 과세기간에 대한 근로장려금 또는 자녀장려금 신청자격에 관하여는 제100조의 2 제4항 제2호 및 제100조의 3 제1항의 개정규정에도 불구하고 종전의 규정에 따른다.

제14조【기관전용 사모집합투자기구 등에 대한 과세특례에 관한 적용례 등】 제100조의 17 제4항 및 제100조의 20 제2항의 개정규정은 이 영 시행일 이후 과세표준을 신고하는 경우부터 적용한다.

제15조【해운기업에 대한 법인세 과세표준 계산특례에 관한 적용례】 제104조의 7 제3항 제4호의 개정규정은 이 영 시행 전에 용선(제104조의 7 제1항에 따라 공동운항에 투입한 선박을 사용하는 경우를 포함한다)한 경우로서 이 영 시행 이후 법인세 과세표준을 신고하는 경우에도 적용한다.

제16조【해외진출기업의 국내복귀에 대한 세액감면에 관한 적용례】 제104조의 21 제1항 제2호 및 같은 조 제3항 제2호의 개정규정은 이 영 시행 이후 수도권과밀억제권역 밖의 지역에 창업하거나 사업장을 신설 또는 증설하는 경우부터 적용한다.

제17조【제주투자진흥지구 입주기업에 대한 법인세 등의 감면에 관한 적용례】 제116조의 15 제1항의 개정규정은 이 영 시행 이후 제주투자진흥지구에 입주하는 기업부터 적용한다.

제18조【제주첨단과학기술단지 입주기업에 대한 관세 등의 추징에 관한 적용례】 제116조의 16 제2항의 개정규정에 따라 징수의 대상이 되는 관세 면제액은 이 영 시행 이후 면제되는 관세액부터 적용한다.

5. 제1호부터 제4호까지의 행위에 준하는 행위를 한 경우로서 실질적으로 이전에 착수한 것으로 볼 수 있는 경우

③ 제2항에 따라 제63조 제1항 제2호 가목 및 나목의 개정규정 또는 종전의 규정 중 하나를 선택하여 적용하는 경우에는 감면기간 동안 동일한 규정을 계속하여 적용하여야 한다.

제37조【수도권 밖으로 본사를 이전하는 법인에 대한 세액감면 등에 관한 경과조치】 ① 이 법 시행 전에 본사를 이전한 경우의 세액감면에 관하여는 제63조의 2 제1항 제3호 가목 및 나목의 개정규정에도 불구하고 종전의 규정에 따른다.

② 이 법 시행 이후 본사를 이전하는 경우로서 본사이전법인이 종전의 제63조의 2 제1항 제3호 가목 및 나목을 적용받기 위하여 이 법 시행 전에 다음 각 호의 어느 하나에 해당하는 행위를 한 경우에는 제63조의 2 제1항 제3호 가목 및 나목의 개정규정에도 불구하고 종전의 규정을 적용할 수 있다.

1. 본사를 신축하는 경우로서 제63조의 2 제1항에 따라 이전계획서를 제출한 경우
2. 본사 이전을 위하여 기존 본사의 부지나 본사용 건축물을 양도(양도 계약을 체결한 경우를 포함한다)하거나 본사를 철거·폐쇄 또는 본사 외의 용도로 전환한 경우
3. 본사 이전을 위하여 신규 본사의 부지나 본사용 건축물을 매입(매입 계약을 체결한 경우를 포함한다)한 경우
4. 본사를 신축하기 위하여 건축허가를 받은 경우
5. 제1호부터 제4호까지의 행위에 준하는 행위를 한 경우로서 실질적으로 이전에 착수한 것으로 볼 수 있는 경우

③ 제2항에 따라 제63조의 2 제1항 제3호 가목 및 나목의 개정규정 또는 종전의 규정 중 하나를 선택하여 적용하는 경우에는 감면기간 동안 동일한 규정을 계속하여 적용하여야 한다.

제38조【장기일반민간임대주택 등에 대한 양도소득세 과

제19조【무기명선불카드등의 사용금액에 대한 소득공제에 관한 적용례】 제121조의 2 제1항 제2호 나목의 개정규정은 이 영 시행 전에 같은 개정규정에 따른 무기명선불카드등을 사용하고 이 영 시행 이후 근로소득세액의 연말정산 또는 종합소득과세표준 확정신고를 하거나 결정 또는 경정하는 경우에도 적용한다.

제20조【신성장·원천기술심의위원회의 명칭 변경에 따른 경과조치】 이 영 시행 당시 종전의 제9조 제12항에 따라 설치된 신성장·원천기술심의위원회는 제9조 제15항의 개정규정에 따라 설치된 연구개발세액공제기술심의위원회로 본다.

제21조【이자상당가산액 등에 관한 경과조치】 이 영 시행 전에 발생한 사유로 이 영 시행 이후 세액을 납부 또는 부과하는 경우 이 영 시행일 전일까지의 기간분에 대한 이자상당가산액 또는 이자상당액의 계산에 적용되는 이자율은 제11조의 3 제12항 제2호, 제11조의 4 제10항 제2호, 제12조의 2 제3항 제2호, 제12조의 3 제6항 제2호, 제21조 제6항 제2호, 제27조의 5 제7항 제3호, 제27조의 6 제5항 제3호, 제30조 제9항 제1호 나목, 같은 항 제2호 나목, 제34조 제11항 제2호, 제36조 제11항 제1호 나목, 같은 항 제2호 나목, 제37조 제19항 제1호 나목, 같은 항 제2호 나목, 제43조 제8항 제1호 나목, 같은 항 제2호 나목, 제60조 제7항 제2호, 같은 조 제10항 제2호, 제63조 제9항 제2호, 제67조 제11항 제2호, 제71조 제6항, 제97조의 6 제8항 제1호 나목, 같은 항 제2호 나목, 제97조의 8 제5항 제2호, 제100조의 11 제2항, 제100조의 26 제2항, 제100조의 32 제21항 제2호, 제104조의 6 제3항 제2호, 제104조의 15 제4항 제2호, 제104조의 18 제3항 제2호, 제104조의 20 제7항 제2호, 제106조의 9 제8항, 제106조의 12 제3항, 제106조의 13 제7항, 제116조의 7 제3항 제2호, 제116조의 30 제10항 제2호, 제116조의 31 제10

세특례에 관한 경과조치】 이 법 시행 전에 등록을 한 공공지원 민간임대주택 또는 장기일반민간임대주택에 대한 양도소득세 과세특례에 관하여는 제97조의 3 제1항의 개정규정에도 불구하고 종전의 규정에 따른다.

제39조【농어촌주택등 취득자에 대한 양도소득세 과세특례에 관한 경과조치】 이 법 시행 전에 양도한 주택의 양도소득세 과세특례 요건에 관하여는 제99조의 4 제1항 제1호 및 제2호의 개정규정에도 불구하고 종전의 규정에 따른다.

제40조【전자상거래로 공급받는 석유제품 공급가액의 세액공제에 관한 경과조치】 제104조의 25 제1항 본문의 개정규정에도 불구하고 이 법 시행 전에 전자결제망을 이용하여 석유제품을 공급받은 분에 대해서는 종전의 규정에 따른다.

부 칙 (2022. 1. 4. 법률 제18682호 ; 비상대비자원 관리법 부칙)

제1조【시행일】 이 법은 공포 후 6개월이 경과한 날부터 시행한다.

제2조【다른 법률의 개정】 ①~⑥ 생 략

⑦ 조세특례제한법 일부를 다음과 같이 개정한다.

제105조 제1항 제1호 중 "「비상대비자원 관리법」에 따라 중점 관리대상"을 "「비상대비에 관한 법률」에 따라 중점관리대상"으로 한다.

⑧~⑪ 생 략

제3조 생 략

부 칙 (2021. 12. 28. 법률 제18661호 ; 중소기업창업 지원법 부칙)

제1조【시행일】 이 법은 공포 후 6개월이 경과한 날부터 시행한다. (단서 생략)

항 제1호 나목, 같은 항 제2호 나목, 제116조의 32 제15항 제1호 나목, 같은 항 제2호 나목, 제116조의 33 제3항 제2호, 제116조의 34 제7항 제1호 나목, 같은 항 제2호 나목, 제116조의 35 제7항 제2호 및 제137조 제2항 제2호의 개정규정에도 불구하고 각각 종전의 규정에 따르고, 이 영 시행 이후의 기간분에 대한 이자상당가산액 또는 이자상당액의 계산에 적용되는 이자율은 각각 같은 개정규정에 따른다.

제22조【외국납부세액공제금액 한도의 계산에 관한 경과조치】 2025년 1월 1일 전에 발생한 소득에 대하여 외국납부세액공제를 하는 경우 외국납부세액공제금액 한도의 계산에 관하여는 제93조의 3 제7항의 개정규정에도 불구하고 종전의 규정에 따른다. (2022. 12. 31. 개정)

부 칙 (2022. 1. 25. 대통령령 제32370호 ; 지역중소기업 육성 및 혁신촉진 등에 관한 법률 시행령 부칙)

제1조【시행일】 이 영은 2022년 1월 28일부터 시행한다.

제2조 생 략

제3조【다른 법령의 개정】 ①·② 생 략

③ 조세특례제한법 시행령 일부를 다음과 같이 개정한다.

제28조 제4항 중 "「중소기업진흥에 관한 법률」 제62조의 23 제1항에 따른 지방중소기업 특별지원지역(이하 "지방중소기업 특별지원지역"이라 한다)"을 "「지역중소기업 육성 및 혁신촉진에 관한 법률」 제23조에 따른 중소기업특별지원지역(이하 "중소기업특별지원지역"이라 한다)"으로 한다.

제61조 제2항 중 "지방중소기업 특별지원지역"을 각각 "중소기업특별지원지역"으로 한다.

④~⑦ 생 략

제4조 생 략

제2조~제6조 생 략

제7조【다른 법률의 개정】 ①~⑰ 생 략

⑱ 조세특례제한법 일부를 다음과 같이 한다.

제6조 제1항 각 호 외의 부분 중 "「중소기업창업 지원법」 제6조 제1항"을 "「중소기업창업 지원법」 제53조 제1항"으로 한다.

제13조 제1항 제1호 중 "창업자(이하 "창업자"라 한다)"를 "창업기업(이하 "창업기업"이라 한다)"으로 한다.

제116조 제1항 제19호 중 "창업자(같은 법 제3조의 업종을 창업한 자만 해당한다)"를 "창업기업(같은 법 제5조에 따른 적용 범위 내의 창업기업만 해당한다)"으로 한다.

제13조 제1항 제3호 각 목 외의 부분, 같은 항 제4호, 같은 조 제2항 각 호 외의 부분 본문, 같은 조 제4항, 제13조의 2 제1항 제1호·제2호, 제14조의 제목 및 같은 조 제1항 제2호·제2호의 3·제6호, 같은 조 제4항 제1호·제1호의 3·제4호, 제117조 제1항 제1호·제2호의 2·제4호 중 "창업자"를 각각 "창업기업"으로 한다.

⑲~㉗ 생 략

제8조 생 략

부 칙 (2021. 12. 28. 법률 제18634호)

제1조【시행일】 이 법은 2022년 1월 1일부터 시행한다. 다만, 다음 각 호의 개정규정은 각 호의 구분에 따른 날부터 시행한다.

1. 제14조, 제16조의 4 제2항·제3항·제7항 및 제16조의 5의 개정규정, 제26조의 2 제1항의 개정규정 중 "금융투자소득"의 개정부분, 같은 조 제3항·제4항, 제27조, 제38조 제1항·제2항 및 제38조의 2의 개정규정 중 "금융투자소득"의 개정부분, 제40조 제3항의 개정규정 중 "금융투자소득"의 개정부

부 칙 (2021. 11. 9. 대통령령 제32105호)

제1조【시행일】 이 영은 2021년 11월 11일부터 시행한다. 다만, 제96조의 3 제3항 및 같은 조 제8항 제4호의 개정규정은 2022년 1월 1일부터 시행한다.

제2조【상가임대료를 인하한 임대사업자에 대한 세액공제에 관한 적용례】 제96조의 3 제3항 제1호 나목 및 같은 항 제2호의 개정규정은 2021년 1월 1일 이후 발생한 임대료 수입금액에 대하여 세액공제를 신청하는 경우부터 적용한다.

부 칙 (2021. 10. 19. 대통령령 제32063호 ; 연구산업진흥법 시행령 부칙)

제1조【시행일】 이 영은 2021년 10월 21일부터 시행한다.

제2조【다른 법령의 개정】 ①~⑧ 생 략

⑨ 조세특례제한법 시행령 일부를 다음과 같이 개정한다.

별표 6 제1호 나목 1) 사) 중 "「국가과학기술 경쟁력 강화를 위한 이공계지원 특별법」에 따른 연구개발서비스업"을 "영리를 목적으로 「연구산업진흥법」 제2조 제1호 가목 또는 나목의 산업"으로 한다.

별표 6의 3 제1호 나목 1) 사)를 다음과 같이 한다.

사) 영리를 목적으로 「연구산업진흥법」 제2조 제1호 가목 또는 나목의 산업을 영위하는 기업

⑩~⑭ 생 략

제3조 생 략

부 칙 (2021. 8. 31. 대통령령 제31961호 ; 한국광해광업공단법 시행령 부칙)

제1조【시행일】 이 영은 2021년 9월 10일부터 시행한다.

제2조·제3조 생 략

분, 제46조, 제46조의 2 및 제46조의 3의 개정규정, 제46조의 7 제1항의 개정규정 중 "금융투자소득"의 개정부분, 같은 조 제2항 · 제3항의 개정규정, 제46조의 8 제1항의 개정규정 중 "금융투자소득"의 개정부분, 같은 조 제2항 · 제3항 및 제58조의 개정규정, 제87조의 7 제1항의 개정규정 중 "금융투자소득"의 개정부분, 같은 조 제3항 · 제5항 · 제6항, 제88조의 2, 제88조의 4, 제89조, 제91조의 14, 제91조의 17, 제91조의 18(제2항 및 제3항 제5호는 제외한다), 제100조의 21, 제104조의 4의 개정규정, 제121조의 28 제3항의 개정규정 중 "금융투자소득"의 개정부분, 제121조의 30 제1항의 개정규정 중 "금융투자소득"의 개정부분, 같은 조 제3항의 개정규정 및 제146조의 2 제1항의 개정규정 중 "금융투자소득"의 개정부분 : 2023년 1월 1일

2. 제30조의 3 제5항 제3호의 개정규정 : 2022년 2월 18일

제2조 【일반적 적용례】 ① 이 법 중 소득세(양도소득세와 금융투자소득세는 제외한다) 및 법인세에 관한 개정규정은 부칙 제1조에 따른 각 해당 개정규정의 시행일 이후 개시하는 과세연도부터 적용한다.

② 이 법 중 부가가치세에 관한 개정규정은 부칙 제1조에 따른 각 해당 개정규정의 시행일 이후 재화나 용역을 공급하거나 공급받는 경우 또는 재화를 수입신고하는 경우부터 적용한다.

③ 이 법 중 양도소득세 및 증권거래세에 관한 개정규정은 부칙 제1조에 따른 각 해당 개정규정의 시행일 이후 양도하는 경우부터 적용한다.

④ 이 법 중 금융투자소득세에 관한 개정규정은 부칙 제1조에 따른 각 해당 개정규정의 시행일 이후 발생하는 소득부터 적용한다.

⑤ 이 법 중 상속세 및 증여세에 관한 개정규정은 부칙 제1조에

제4조 【다른 법령의 개정】 ①~⑱ 생 략

⑲ 조세특례제한법 시행령 일부를 다음과 같이 개정한다.

제106조 제7항 제36호 중 "「광산피해의 방지 및 복구에 관한 법률」에 따른 한국광해관리공단"을 "「한국광해광업공단법」에 따른 한국광해광업공단"으로 한다.

⑳~㉙ 생 략

제5조 생 략

부 칙 (2021. 5. 4. 대통령령 제31661호)

제1조 【시행일】 이 영은 공포한 날부터 시행한다. 다만, 제100조의 7 제3항, 제100조의 8 제1항 제2호 및 제100조의 11 제1항 제1호의 개정규정은 2021년 7월 1일부터 시행한다.

제2조 【대토보상권을 부동산 투자회사에 현물 출자할 경우 과세특례 확대에 관한 적용례】 제73조 제5항의 개정규정은 법률 제18048호 부동산투자회사법 일부개정법률의 시행일 이후 대토보상권을 부동산투자회사에 현물출자하는 경우부터 적용한다.

부 칙 (2021. 4. 6. 대통령령 제31614호 ; 5 · 18민주유공자예우에 관한 법률 시행령 부칙)

제1조 【시행일】 이 영은 2021년 4월 6일부터 시행한다.

제2조 【다른 법령의 개정】 ①~㉘ 생 략

㉙ 조세특례제한법 시행령 일부를 다음과 같이 개정한다.

제26조의 7 제3항 제2호 및 제27조 제1항 제3호 다목 중 "「5 · 18민주유공자예우에 관한 법률」"을 각각 "「5 · 18민주유공자예우 및 단체설립에 관한 법률」"로 한다.

㉚~㊱ 생 략

제3조 생 략

따른 각 해당 개정규정의 시행일 이후 상속이 개시되거나 증여받는 경우부터 적용한다.
⑥ 이 법 중 인지세에 관한 개정규정은 부칙 제1조에 따른 각 해당 개정규정의 시행일 이후 과세문서를 작성하는 경우부터 적용한다.
⑦ 이 법 중 관세에 관한 개정규정은 부칙 제1조에 따른 각 해당 개정규정의 시행일 이후 수입신고하는 경우부터 적용한다.

제3조【공동사업지원자금 출연금에 대한 세액공제에 관한 적용례】 제8조의 3 제1항 제4호의 개정규정은 이 법 시행 이후 최초로 출연하는 분부터 적용한다.

제4조【연구·인력개발비에 대한 세액공제에 관한 적용례】 제10조의 개정규정 중 국가전략기술연구개발비에 관한 부분은 2021년 7월 1일 이후 발생한 연구개발비부터 적용한다.

제5조【기관전용 사모집합투자기구 등에 대한 과세특례에 관한 적용례 등】 ① 제13조의 2 제1항 제2호, 제16조 제1항 제5호, 제100조의 15 제1항 제3호 및 제100조의 18 제3항의 개정규정은 이 법 시행 이후 과세표준을 신고하는 경우부터 적용한다.
② 제117조 제1항 제4호 및 제23호의 개정규정은 이 법 시행 이후 과세표준을 신고하거나 결정 또는 경정하는 경우부터 적용한다.
③ 이 법 시행 당시 법률 제18128호 자본시장과 금융투자업에 관한 법률 일부개정법률 부칙 제8조 제1항부터 제4항까지의 규정에 따라 기관전용 사모집합투자기구, 기업재무안정 사모집합투자기구 및 창업·벤처전문 사모집합투자기구로 보아 존속하는 종전의 경영참여형 사모집합투자기구에 대해서는 제13조의 2 제1항 제2호, 제16조 제1항 제5호, 제100조의 15 제1항 제3호, 제100조의 18 제3항 및 제117조 제1항 제4호·제23호의 개정규정에도 불구하고 종전의 규정에 따른다.

제6조【벤처기업 주식매수선택권 행사이익의 과세특례에

부 칙 (2021. 2. 17. 대통령령 제31463호 ; 지방세법 시행령 부칙)

제1조【시행일】 이 영은 공포한 날부터 시행한다.

제2조【다른 법령의 개정】 ① 조세특례제한법 시행령 일부를 다음과 같이 개정한다.

제100조의 14 제2항 제6호 중 "종합부동산세과세자료"를 "재산세 및 종합부동산세 과세자료"로 한다.

②·③ 생 략

부 칙 (2021. 2. 17. 대통령령 제31444호)

제1조【시행일】 이 영은 공포한 날부터 시행한다. 다만, 제106조 제7항 제58호·제59호 및 제115조 제3항부터 제19항까지의 개정규정은 2021년 4월 1일부터 시행하고, 제104조의 5 제7항 및 제110조 제1항의 개정규정은 2021년 7월 1일부터 시행하며, 제84조의 개정규정은 2023년 1월 1일부터 시행하고, 별표 6 제2호 아목의 개정규정은 2021년 6월 23일부터 시행한다.

제2조【일반적 적용례】 ① 이 영 중 소득세(양도소득세는 제외한다) 및 법인세에 관한 개정규정은 법률 제17759호 조세특례제한법 일부개정법률 시행 이후 개시하는 과세연도 분부터 적용한다.
② 이 영 중 양도소득세 및 증권거래세에 관한 개정규정은 이 영 시행 이후 양도하는 분부터 적용한다.
③ 이 영 중 상속세 및 증여세에 관한 개정규정은 이 영 시행 이후 상속이 개시되거나 증여받는 경우부터 적용한다.

제3조【외국인기술자에 대한 소득세의 감면에 관한 적용례】 제16조 제1항 제2호의 개정규정은 이 영 시행 이후 외국인기술자가 최초로 국내에서 근로계약을 체결하는 경우부터 적용한다.

관한 적용례】 ① 제16조의 2 제1항의 개정규정은 이 법 시행 이후 주식매수선택권을 행사하는 경우부터 적용한다.
② 제16조의 4 제1항의 개정규정(시가 이하 발행이익에 관한 부분은 제외한다)은 이 법 시행 이전에 「벤처기업육성에 관한 특별조치법」 제16조의 3에 따라 부여받은 주식매수선택권을 2021년 1월 1일 이후에 행사하는 경우에도 적용한다.
③ 제16조의 4 제1항(시가 이하 발행이익에 관한 부분에 한정한다), 제2항부터 제4항까지의 개정규정은 이 법 시행 이후 주식매수선택권을 부여받은 분부터 적용한다.

제7조 【통합투자세액공제에 관한 적용례】 제24조의 개정규정 중 국가전략기술사업화시설에 관한 부분은 2021년 7월 1일 이후 국가전략기술사업화시설에 투자하는 경우부터 적용한다.

제8조 【영상콘텐츠 제작비용에 대한 세액공제에 관한 적용례】 제25조의 6 제1항의 개정규정은 이 법 시행 이후 발생한 영상콘텐츠 제작비용부터 적용한다.

제9조 【경력단절 여성 고용 기업 등에 대한 세액공제에 관한 적용례】 제29조의 3 제1항 제2호의 개정규정은 이 법 시행 이후 경력단절 여성을 고용하는 경우부터 적용한다.

제10조 【중소기업 청년근로자 및 핵심인력 성과보상기금 수령액에 대한 소득세 감면에 관한 적용례】 제29조의 6 제1항 제1호의 개정규정은 이 법 시행 이후 성과보상기금으로부터 공제금을 수령하는 경우부터 적용한다.

제11조 【정규직 근로자로의 전환에 따른 세액공제에 관한 적용례】 제30조의 2 제1항 단서 및 같은 조 제2항의 개정규정은 이 법 시행 이후 정규직 근로자로의 전환을 하는 경우부터 적용한다.

제12조 【전략적 제휴를 위한 비상장 주식교환등에 대한 과세특례에 관한 적용례】 제46조의 7 제1항의 개정규정(금융투자소득에 관한 부분은 제외한다)은 이 법 시행 이후 같은 개정규

제4조 【근로소득을 증대시킨 기업에 대한 세액공제의 사후관리에 관한 적용례】 제26조의 4 제15항의 개정규정은 이 영 시행 전에 정규직 전환 근로자와의 근로관계가 종료되어 이 영 시행 이후 공제받은 세액상당액을 납부하는 경우에 대해서도 적용한다.

제5조 【기부장려금에 관한 적용례】 ① 제71조 제1항 제4호의 개정규정은 2021년 1월 1일 이후 기부금 모금액 및 활용실적을 공개하거나 표준서식에 따라 공시하는 경우부터 적용한다.
② 제71조 제7항 제1호 및 제3호의 개정규정은 2021년 1월 1일 이후 제71조 제1항 제5호부터 제7호까지의 요건을 위반하는 경우부터 적용한다.

제6조 【개인종합자산관리계좌에 대한 과세특례에 관한 적용례】 제93조의 4 제8항 제2호의 개정규정은 2021년 1월 1일 이후 신주인수권증서를 취득하는 분부터 적용한다.

제7조 【소형주택 임대사업자에 대한 세액감면에 관한 적용례】 ① 제96조 제3항 각 호 외의 부분, 같은 항 제2호 및 같은 조 제6항의 개정규정은 2020년 8월 18일 이후 「민간임대주택에 관한 특별법」 제5조에 따라 등록을 신청하는 민간임대주택부터 적용한다.
② 제96조 제3항 제1호 단서 및 같은 조 제5항의 개정규정은 이 영 시행 이후 과세표준을 신고하는 분부터 적용한다.

제8조 【상가임대료를 인하한 임대사업자에 대한 세액공제 사후관리 등에 관한 적용례】 제96조의 3 제5항 및 제6항의 개정규정은 2020년 7월 1일 이후에 발생한 임대료를 인하하는 경우부터 적용한다.

제9조 【감염병 피해에 따른 특별재난지역의 중소기업에 대한 법인세 등의 감면에 관한 적용례】 제99조의 10 제1항 제9호의 개정규정은 2020년 6월 30일이 속하는 과세연도의 과세표준

정에 따른 주식교환등을 하는 경우부터 적용한다.

제13조【세금우대저축자료의 제출에 관한 적용례 등】 ① 제89조의 2 제1항의 개정규정은 2022년 1월 1일 전에 종전의 제26조의 2 및 제27조에 따라 가입한 전용계좌에 대해서도 적용한다.
② 제1항이 적용되는 경우 그 통보시기는 제89조의 2 제1항에도 불구하고 2022년 6월 30일까지로 한다.

제14조【개인종합자산관리계좌에 대한 과세특례에 관한 적용례】 ① 제91조의 18 제1항, 같은 조 제5항부터 제9항까지 및 제13항의 개정규정은 2023년 1월 1일 전에 가입한 개인종합자산관리계좌를 2023년 1월 1일 이후 해지하는 경우에도 적용한다.
② 제91조의 18 제2항의 개정규정은 이 법 시행 이후 가입 및 연장하는 경우부터 적용한다.

제15조【청년형장기집합투자증권저축에 관한 적용례】 제91조의 20의 개정규정은 이 법 시행 이후 같은 개정규정에 따른 청년형장기집합투자증권저축에 신규로 가입하는 경우부터 적용한다. 이 경우 이 법 시행 전에 보유하고 있던 집합투자증권을 청년형장기집합투자증권저축으로 이체하는 경우는 신규가입으로 보지 아니한다.

제16조【근로장려금에 관한 적용례】 제100조의 3 제1항 제2호, 제100조의 5 제1항, 제100조의 6 제3항, 제100조의 8 제5항·제8항의 개정규정은 이 법 시행 이후 근로장려금을 신청하는 경우(제100조의 6 제9항에 따라 2021년 과세기간의 하반기 소득분에 대하여 같은 조 제7항에 따라 반기 신청을 한 것으로 보는 경우를 포함한다)부터 적용한다.

제17조【동업기업 소득금액 등의 계산 및 배분에 관한 적용례 등】 ① 제100조의 18 제1항 및 제2항의 개정규정은 2021년 1월 1일 이후 개시하는 과세연도에 발생한 결손금부터 적용한다.
② 2021년 1월 1일 전에 개시한 과세연도에 발생한 결손금에

을 신고하는 경우부터 적용한다.

제10조【근로장려금 및 자녀장려금에 관한 적용례】 ① 제100조의 4 제8항 제2호의 2 단서의 개정규정은 2021년 5월 1일 이후 근로장려금 또는 자녀장려금을 신청 또는 정산하는 경우부터 적용한다.
② 제100조의 4 제8항 제3호의 개정규정은 2022년 5월 1일 이후 근로장려금 또는 자녀장려금을 신청 또는 정산하는 경우부터 적용한다.
③ 제100조의 6 제2항 제5호의 개정규정은 이 영 시행일이 속하는 과세연도에 발생하는 소득분부터 적용한다.
④ 제100조의 9 제5항 및 별표 11의 개정규정은 이 영 시행 이후 근로장려금을 신청하는 경우부터 적용한다.
⑤ 제100조의 9 제6항의 개정규정은 이 영 시행 이후 압류하는 분부터 적용한다.
⑥ 제100조의 9 제7항 단서의 개정규정은 이 영 시행 이후 납부고지를 요청하는 경우부터 적용한다.
⑦ 제100조의 14 제2항 제3호의 개정규정은 이 영 시행 이후 자료를 요청하는 경우부터 적용한다.

제11조【정부업무대행단체가 공급하는 재화 또는 용역의 부가가치세 면제에 관한 적용례】 제106조 제7항 제58호 및 제59호의 개정규정은 2021년 4월 1일 이후 재화 또는 용역을 공급하는 분부터 적용한다.

제12조【제주투자진흥지구 입주기업에 대한 법인세 등의 감면에 관한 적용례】 제116조의 15 제1항 제1호 바목의 개정규정은 이 영 시행 이후 제주투자진흥지구에 입주한 기업부터 적용한다.

제13조【신용카드등 사용금액에 대한 소득공제에 관한 적용례】 제121조의 2 제9항의 개정규정은 2021년 1월 1일 이후

대해서는 제100조의 18 제1항 및 제2항의 개정규정에도 불구하고 종전의 규정에 따른다.

제18조【투자·상생협력 촉진을 위한 과세특례에 관한 적용례】 제100조의 32 제5항 및 제6항의 개정규정은 2021년 12월 31일이 속하는 사업연도에 적립한 차기환류적립금부터 적용한다.

제19조【정비사업조합에 대한 과세특례에 관한 적용례】 제104조의 7 제2항 제2호의 개정규정은 이 법 시행 이후 설립된 조합부터 적용한다.

제20조【기업의 이스포츠경기부 설치·운영에 대한 과세특례에 관한 적용례】 제104조의 22의 개정규정은 이 법 시행 이후 이스포츠경기부를 설치·운영하는 경우부터 적용한다.

제21조【정비사업조합 설립인가등의 취소에 따른 채권 손금산입에 대한 적용례】 제104조의 26 제1항의 개정규정은 2018년 2월 9일 이후에 「도시 및 주거환경정비법」 제22조에 따라 추진위원회의 승인 또는 조합 설립인가가 취소된 경우에도 적용한다.

제22조【제주첨단과학기술단지 입주기업 수입물품에 대한 관세 추징에 관한 적용례】 제121조의 10 제3항의 개정규정은 이 법 시행 이후 폐업·해산하거나 사업장을 제주첨단과학기술단지 외의 지역으로 이전하는 경우부터 적용한다.

제23조【내국법인의 금융채무 상환을 위한 자산매각에 대한 과세특례에 관한 적용례】 제121조의 26의 개정규정은 이 법 시행 전에 사업재편계획을 승인 받은 기업이 이 법 시행 이후 자산을 양도하는 경우에도 적용한다.

제24조【중복지원의 배제에 관한 적용례】 제127조 제1항 제4호의 개정규정은 이 법 시행 이후 투자하는 경우부터 적용한다.

제25조【상생결제 지급금액에 대한 세액공제에 관한 경과

신문 구독료를 지급하는 분부터 적용한다.

제14조【조세지출예산서의 작성에 관한 적용례】 제135조의 3 제2항 제4호의 개정규정은 이 영 시행 이후 조세지출예산서를 작성하는 분부터 적용한다.

제15조【특정사회기반시설 집합투자기구의 연평균 비율 판정기간에 관한 특례】 이 영 시행 전에 설정·설립 또는 영업인가된 특정사회기반시설 집합투자기구의 경우에는 제24조 제4항의 개정규정에도 불구하고 이 영 시행일부터 매 1년 동안의 기간을 연평균 비율 판정기간으로 한다.

제16조【연안화물선용 경유에 대한 교통·에너지·환경세 환급 등에 관한 특례】 「교통·에너지·환경세법」 제3조에 따른 납세의무자가 2021년 1월 1일부터 2021년 3월 31일까지 법 제111조의 5 제1항에 따라 한국해운조합에 직접 공급한 경유에 대하여 교통·에너지·환경세를 납부했거나 납부할 세액이 있는 경우로서 제112조의 7 제1항의 개정규정에 따른 신청서를 2021년 4월 10일까지 관할 세무서장에게 제출하는 경우에는 감면분에 해당하는 세액을 환급받거나 납부 또는 징수할 세액에서 공제받을 수 있다.

제17조【외국인기술자에 대한 소득세의 감면에 관한 경과조치】 이 영 시행 전에 근로계약을 체결한 외국인기술자에 대해서는 제16조 제1항 제2호의 개정규정에도 불구하고 종전의 규정에 따른다.

제18조【소형주택 임대사업자에 대한 세액감면에 관한 경과조치】 ① 2020년 8월 18일 전에 「민간임대주택에 관한 특별법」 제5조에 따라 등록을 신청한 민간임대주택에 대해서는 제96조 제3항 각 호 외의 부분, 같은 항 제2호 및 같은 조 제6항의 개정규정에도 불구하고 종전의 규정에 따른다.

② 이 영 시행 전에 과세표준을 신고한 경우에는 제96조 제3항

조치】 이 법 시행 전에 개시한 과세연도의 상생결제 지급금액에 대한 세액공제에 관하여는 제7조의 4 제1항 및 제2항의 개정규정에도 불구하고 종전의 규정에 따른다.

제26조【기술혁신형 주식취득에 대한 세액공제에 관한 경과조치】 이 법 시행 전에 주식 또는 출자지분을 취득한 경우의 세액공제에 관하여는 제12조의 4 제1항의 개정규정에도 불구하고 종전의 규정에 따른다.

제27조【성과공유 중소기업의 경영성과급에 대한 세액공제 비율에 관한 경과조치】 이 법 시행 전에 경영성과급을 지급한 경우의 세액공제에 관하여는 제19조 제1항 본문의 개정규정에도 불구하고 종전의 규정에 따른다.

제28조【중소기업 사회보험료 세액공제에 관한 경과조치】 이 법 시행 전에 개시한 과세연도의 상시근로자 수가 그 직전 과세연도의 상시근로자 수보다 증가한 경우 해당 과세연도의 세액공제에 관하여는 제30조의 4 제1항 및 제2항의 개정규정에도 불구하고 종전의 규정에 따른다.

제29조【금융투자소득 등에 관한 경과조치 등】 ① 2023년 1월 1일 전에 발생한 배당소득 또는 양도소득에 대해서는 제14조, 제16조의 4 제2항·제3항·제7항, 제16조의 5, 제26조의 2 제1항(금융투자소득에 관한 부분으로 한정한다)·제3항, 제27조, 제38조 제1항·제2항, 제38조의 2(금융투자소득에 관한 부분으로 한정한다), 제40조 제3항(금융투자소득에 관한 부분으로 한정한다), 제46조 제1항·제3항, 제46조의 2, 제46조의 3 제1항, 제46조의 7 제1항(금융투자소득에 관한 부분으로 한정한다)·제2항·제3항, 제46조의 8 제1항(금융투자소득에 관한 부분으로 한정한다)·제2항·제3항, 제87조의 7 제1항(금융투자소득에 관한 부분으로 한정한다)·제3항·제5항·제6항, 제88조의 2, 제88조의 4, 제89조, 제91조의 14, 제91조의 17, 제100조 제1호 단서 및 같은 조 제5항의 개정규정에도 불구하고 종전의 규정에 따른다.

제19조【상가임대료를 인하한 임대사업자에 대한 세액공제 사후관리 등에 관한 경과조치】 2020년 6월 30일 이전에 발생한 임대료를 인하한 경우에는 제96조의 3 제7항의 개정규정에도 불구하고 종전의 규정에 따른다.

제20조【제주투자진흥지구 입주기업에 대한 법인세 등의 감면에 관한 경과조치】 이 영 시행 전에 제주투자진흥지구에 입주한 기업에 대해서는 제116조의 15 제1항 제1호 가목 및 나목의 개정규정에도 불구하고 종전의 규정에 따른다.

제21조【다른 법령의 개정】 ① 공공주택 특별법 시행령 일부를 다음과 같이 개정한다.

제25조 제11호 중 "「법인세법」 제51조의 2 제1항 제9호"를 "「조세특례제한법」 제104조의 31 제1항"으로 한다.

② 공공토지의 비축에 관한 법률 시행령 일부를 다음과 같이 개정한다.

제13조 제3호 중 "「법인세법」 제51조의 2 제1항 제9호 각 목"을 "「조세특례제한법」 제104조의 31 제1항 각 호"로 한다.

③ 금융지주회사법 시행령 일부를 다음과 같이 개정한다.

제2조 제3항 제4호 중 "「법인세법」 제51조의 2 제1항 제9호"를 "「조세특례제한법」 제104조의 31 제1항"으로 한다.

제3조 제2항 제1호 단서 중 "「법인세법」 제51조의 2 제1항 제9호"를 "「조세특례제한법」 제104조의 31 제1항"으로 한다.

④ 민간임대주택에 관한 특별법 시행령 일부를 다음과 같이 개정한다.

제4조 제1항 제3호 다목 중 "「법인세법」 제51조의 2 제1항 제9호"를 "「조세특례제한법」 제104조의 31 제1항"으로 한다.

⑤ 부동산개발업의 관리 및 육성에 관한 법률 시행령 일부를

의 21, 제104조의 4, 제121조의 28 제3항(금융투자소득에 관한 부분으로 한정한다), 제121조의 30 제1항(금융투자소득에 관한 부분으로 한정한다) · 제3항 및 제146조의 2 제1항(금융투자소득에 관한 부분으로 한정한다)의 개정규정에도 불구하고 종전의 규정에 따른다.

② 제1항에도 불구하고 2023년 1월 1일 전에 양도소득세 과세를 이연받은 주주 등이 2023년 1월 1일 이후 주식 등을 처분하는 경우로서 제38조 제2항, 제46조의 7 제2항, 제46조의 8 제3항 또는 제121조의 30 제3항에 해당하는 사실이 없는 경우에는 금융투자소득세 과세를 이연받은 것으로 보아 제38조 제1항, 제46조의 7 제1항, 제46조의 8 제1항 또는 제121조의 30 제1항의 개정규정을 적용한다.

③ 제1항에도 불구하고 2023년 1월 1일 전에 종전의 제46조 제1항 · 제3항, 제46조의 2 및 제46조의 3 제1항에 따라 양도소득세 과세를 이연받고 2023년 1월 1일 이후 주식 등을 처분하는 경우에는 금융투자소득세 과세를 이연받은 것으로 보아 제46조 제1항 · 제3항, 제46조의 2 및 제46조의 3 제1항의 개정규정을 적용한다.

제30조【수도권 밖으로 본사를 이전하는 법인에 대한 세액감면 등에 관한 경과조치】 ① 이 법 시행 전에 본사를 수도권 밖으로 이전한 법인 및 수도권과밀억제권역 안의 본사를 양도하거나 본사 외의 용도로 전환한 법인에 대해서는 제63조의 2 제1항 제1호 다목의 개정규정에도 불구하고 종전의 제63조의 2 제1항 제1호에 따른다.

② 본사를 신축하는 경우로서 본사의 부지를 2021년 12월 31일까지 보유하고 2021년 12월 31일이 속하는 과세연도의 과세표준신고를 할 때 이전계획서를 제출하는 법인에 대해서는 제63조의 2 제1항 제1호 다목의 개정규정에도 불구하고 종전의 제

다음과 같이 개정한다.

제6조 제1항 제3호 중 "「법인세법」 제51조의 2 제1항 제9호"를 "「조세특례제한법」 제104조의 31 제1항"으로 하고, 같은 조 제2항 제2호 다목 중 "「법인세법 시행령」 제86조의 2 제5항 제2호"를 "「조세특례제한법 시행령」 제104조의 28 제4항 제2호"로 한다.

⑥ 부동산투자회사법 시행령 일부를 다음과 같이 개정한다.

제2조 제3항 제7호 본문 중 "「법인세법」 제51조의 2 제1항 제9호"를 "「조세특례제한법」 제104조의 31 제1항"으로 한다.

제17조의 2 제1항 제4호 중 "「법인세법」 제51조의 2 제1항 제9호"를 "「조세특례제한법」 제104조의 31 제1항"으로 한다.

제21조 제1항 제2호 본문 중 "「법인세법」 제51조의 2 제1항 제9호"를 "「조세특례제한법」 제104조의 31 제1항"으로 하고, 같은 호 단서 중 "「법인세법 시행령」 제86조의 2 제5항 제2호"를 "「조세특례제한법 시행령」 제104조의 28 제4항 제2호"로 한다.

제27조 제1항 제1호 나목 중 "「법인세법」 제51조의 2 제1항 제9호"를 "「조세특례제한법」 제104조의 31 제1항"으로 한다.

제31조 제3항 제9호 중 "「법인세법」 제51조의 2 제1항 제9호"를 "「조세특례제한법」 제104조의 31 제1항"으로 한다.

⑦ 새만금사업 추진 및 지원에 관한 특별법 시행령 일부를 다음과 같이 개정한다.

제31조의 6 제3호 중 "「법인세법」 제51조의 2 제1항 제9호 각 목"을 "「조세특례제한법」 제104조의 31 제1항 각 호"로 한다.

⑧ 은행법 시행령 일부를 다음과 같이 개정한다.

제1조의 4 제2항 제1호 단서 중 "「법인세법」 제51조의 2 제1항 제9호"를 "「조세특례제한법」 제104조의 31 제1항"으로 한다.

⑨ 자본시장과 금융투자업에 관한 법률 시행령 일부를 다음과 같이 개정한다.

63조의 2 제1항 제1호에 따른다.

제31조【영세개인사업자의 체납액 징수특례에 관한 경과조치】 2019년 12월 31일까지 납세의무가 성립한 국세에 대한 가산금에 관하여는 제99조의 10 제2항 제1호의 개정규정에도 불구하고 종전의 규정에 따른다.

제32조【금융기관의 신용회복목적회사 출자·출연 시 손금산입 특례에 관한 경과조치】 2021년 12월 31일까지 신용회복목적회사에 출자 또는 출연한 금융기관에 대한 손금 산입 등의 특례에 관하여는 제104조의 11의 개정규정에도 불구하고 종전의 규정에 따른다.

부 칙 (2021. 12. 7. 법률 제18547호 ; 도서관법 부칙)

제1조【시행일】 이 법은 공포 후 1년이 경과한 날부터 시행한다.

제2조～제8조 생 략

제9조【다른 법률의 개정】 ①～⑩ 생 략

⑪ 조세특례제한법 일부를 다음과 같이 개정한다.

제83조 제1항 제1호 중 "제31조"를 "제36조"로 한다.

⑫～⑭ 생 략

제10조 생 략

부 칙 (2021. 11. 23. 법률 제18521호 ; 세무사법 부칙)

제1조【시행일】 이 법은 공포한 날부터 시행한다. (단서 생략)

제2조～제3조 생 략

제4조【다른 법률의 개정】 ①～③ 생 략

④ 조세특례제한법 일부를 다음과 같이 개정한다.

제104조의 8 제3항 중 "「세무사법」 제20조의 2 제1항에 따라 등록한 공인회계사"를 "「세무사법」에 따른 세무사등록부 또는 제6조 제4항 제5호 중 "「법인세법」 제51조의 2 제1항 제6호"를 "「조세특례제한법」 제104조의 31 제1항"으로 한다.

⑩ 주식회사 등의 외부감사에 관한 법률 시행령 일부를 다음과 같이 개정한다.

제9조 제1항 제2호 중 "「법인세법」 제51조의 2 제1항 각 호의 어느 하나"를 "「법인세법」 제51조의 2 제1항 각 호의 어느 하나에 해당하거나 「조세특례제한법」 제104조의 31 제1항"으로 한다.

⑪ 택지개발촉진법 시행령 일부를 다음과 같이 개정한다.

제13조의 3 제10호 중 "「법인세법」 제51조의 2 제1항 제9호"를 "「조세특례제한법」 제104조의 31 제1항"으로 한다.

⑫ 한국토지주택공사법 시행령 일부를 다음과 같이 개정한다.

제13조 제3호 중 "「법인세법」 제51조의 2 제1항 제6호 각 목"을 "「조세특례제한법」 제104조의 31 제1항 각 호"로 한다.

부 칙 (2021. 2. 2. 대통령령 제31429호 ; 소상공인기본법 시행령 부칙)

제1조【시행일】 이 영은 2021년 2월 5일부터 시행한다.

제2조【다른 법령의 개정】 ①～⑩ 생 략

⑪ 조세특례제한법 시행령 일부를 다음과 같이 개정한다.

제96조의 3 제3항 제1호를 다음과 같이 한다.

1. 「소상공인기본법」 제2조에 따른 소상공인

제99조의 11 제4항 제3호 중 "「소상공인 보호 및 지원에 관한 법률」 제2조에 따른 소상공인"을 "「소상공인기본법」 제2조에 따른 소상공인"으로, "같은 법 제17조"를 "「소상공인 보호 및 지원에 관한 법률」 제17조"로 한다.

⑫～⑭ 생 략

제3조 생 략

세무대리업무등록부에 등록한 공인회계사 및 변호사"로 한다.
⑤ 생 략

부 칙 (2021. 10. 19. 법률 제18503호 ; 자유무역협정 체결에 따른 무역조정 지원에 관한 법률 부칙)

제1조【시행일】 이 법은 공포 후 6개월이 경과한 날부터 시행한다.

제2조【다른 법률의 개정】 ① 조세특례제한법 일부를 다음과 같이 개정한다.

제33조 제1항 전단 중 "「자유무역협정 체결에 따른 무역조정 지원에 관한 법률」"을 "「무역조정 지원 등에 관한 법률」"로 한다.
② 생 략

부 칙 (2021. 8. 17. 법률 제18425호)

제1조【시행일】 이 법은 공포 후 6개월이 경과한 날부터 시행한다.

제2조【다른 법률의 개정】 ①~㉚ 생 략
㉛ 조세특례제한법 일부를 다음과 같이 개정한다.

제6조 제3항 제15호 및 제7조 제1항 제1호 커목 중 "「근로자직업능력 개발법」"을 각각 "「국민 평생 직업능력 개발법」"으로 한다.
㉜~㊸ 생 략

제3조 생 략

부 칙 (2021. 8. 10. 법률 제18371호)

제1조【시행일】 이 법은 공포 후 3개월이 경과한 날부터 시행한다.

제2조【용역제공자에 관한 과세자료의 제출에 대한 세액공

부 칙 (2021. 1. 5. 대통령령 제31380호 ; 어려운 법령용어 정비를 위한 473개 법령의 일부개정에 관한 대통령령)

이 영은 공포한 날부터 시행한다. 다만, 제36조 중 대통령령 제30584호 공공기록물 관리에 관한 법률 시행령 일부개정령 별표 6 제1호부터 제3호까지의 개정규정은 2021년 4월 1일부터 시행한다.

부 칙 (2020. 12. 29. 대통령령 제31295호)

제1조【시행일】 이 영은 공포한 날부터 시행한다.

제2조【중소기업 범위 축소에 따른 적용례】 제2조 제1항 제3호 전단의 개정규정은 다음 각 호의 구분에 따른 과세연도분부터 적용한다.

1. 「독점규제 및 공정거래에 관한 법률」 제14조 제1항에 따른 공시대상기업집단에 속하는 회사 중 상호출자제한기업집단에 속하지 않는 회사와 같은 법 제14조의 3에 따라 공시대상기업집단의 소속회사로 편입·통지된 것으로 보는 회사 중 상호출자제한기업집단에 속하지 않는 회사 : 2021년 1월 1일 이후 개시하는 과세연도 분
2. 제2조 제1항 제3호 전단의 개정규정에 따라 투자 세액공제 대상 중소기업에서 제외되는 회사 중 제1호의 회사를 제외한 회사 : 이 영 시행일이 속하는 과세연도 분

부 칙 (2020. 12. 8. 대통령령 제31220호 ; 국가정보화 기본법 시행령 부칙)

제1조【시행일】 이 영은 2020년 12월 10일부터 시행한다.

제2조~제4조 생 략

제5조【다른 법령의 개정】 ①~⑰ 생 략
⑱ 조세특례제한법 시행령 일부를 다음과 같이 개정한다.

제에 관한 적용례】 제104조의 32의 개정규정은 이 법 시행 이후 수입금액 또는 소득금액이 발생하는 용역에 대한 과세자료를 제출하는 분부터 적용한다.

부 칙 (2021. 7. 27. 법률 제18358호 ; 지역중소기업 육성 및 혁신촉진 등에 관한 법률 부칙)

제1조【시행일】 이 법은 공포 후 6개월이 경과한 날부터 시행한다.

제2조~제4조 생 략

제5조【다른 법률의 개정】 ①~⑦ 생 략

⑧ 조세특례제한법 일부를 다음과 같이 개정한다.

제64조 제1항 제2호 중 "「중소기업진흥에 관한 법률」 제62조의 23에 따른 지방중소기업 특별지원지역"을 "「지역중소기업 육성 및 혁신촉진 등에 관한 법률」 제23조에 따른 중소기업특별지원지역"으로 한다.

⑨·⑩ 생 략

제6조 생 략

부 칙 (2021. 4. 20. 법률 제18075호 ; 연구산업진흥법 부칙)

제1조【시행일】 이 법은 공포 후 6개월이 경과한 날부터 시행한다.

제2조·제3조 생 략

제4조【다른 법률의 개정】 ①~⑤ 생 략

⑥ 조세특례제한법 일부를 다음과 같이 개정한다.

제7조 제1항 제1호 포목을 다음과 같이 한다.

포. 「연구산업진흥법」 제2조 제1호 나목의 산업

⑦·⑧ 생 략

제5조 생 략

제4조 제4항 중 "「국가정보화 기본법」 제3조 제6호"를 "「지능정보화 기본법」 제2조 제15호"로 한다.

⑲~㉑ 생 략

제6조 생 략

부 칙 (2020. 11. 20. 법률 제17555호 ; 생명공학육성법 시행령 부칙)

제1조【시행일】 이 영은 2020년 11월 20일부터 시행한다.

제2조【다른 법령의 개정】 ①·② 생 략

③ 조세특례제한법 시행령 일부를 다음과 같이 개정한다.

제11조의 2 제1항 제1호 중 "「생명공학육성법」 제2조"를 "「생명공학육성법」 제2조 제1호"로 한다.

제116조의 14 제1항 제1호 중 "「생명공학육성법」 제2조의 규정에 의한"을 "「생명공학육성법」 제2조 제1호에 따른"으로 한다.

④ 생 략

부 칙 (2020. 10. 7. 대통령령 제31086호)

제1조【시행일】 이 영은 공포한 날부터 시행한다.

제2조【장기일반민간임대주택 등에 대한 양도소득세의 과세특례에 관한 적용례】 제97조의 3 제2항 제2호의 개정규정은 2020년 8월 18일 이후 「민간임대주택에 관한 특별법」 제6조 제5항에 따라 임대사업자 등록이 말소되는 경우부터 적용한다.

제3조【소형주택 임대사업자에 대한 세액감면에 관한 경과조치】 2020년 7월 10일 이전에 종전의 「민간임대주택에 관한 특별법」(법률 제17482호 민간임대주택에 관한 특별법 일부개정법률로 개정되기 전의 것을 말한다) 제5조 제3항에 따라 같은 법 제2조 제6호의 단기민간임대주택을 같은 조 제4호에 따른 공공지원민간임대주택 또는 같은 조 제5호에 따른 장기일반

부 칙 (2021. 3. 16. 법률 제17926호)

제1조 【시행일】 이 법은 공포한 날부터 시행한다. 다만, 제100조의 5 제2항의 개정규정은 2021년 7월 1일부터 시행한다.

제2조 【고용을 증대시킨 기업에 대한 세액공제에 관한 적용례】 제29조의 7 제5항부터 제8항까지의 개정규정은 2020년 12월 31일이 속하는 과세연도의 과세표준을 신고하는 분부터 적용한다.

제3조 【개발제한구역에서 해제된 토지등에 대한 양도소득세 감면에 관한 적용례】 제77조의 3 제2항의 개정규정은 이 법 시행일이 속하는 과세연도분부터 적용한다.

제4조 【상가임대료를 인하한 임대사업자에 대한 세액공제에 관한 적용례】 제96조의 3 제1항의 개정규정은 2021년 1월 1일 이후 발생한 임대료 수입금액부터 적용한다.

제5조 【공공매입임대주택 건설을 목적으로 양도한 토지에 대한 과세특례에 관한 적용례】 제97조의 9의 개정규정은 이 법 시행 이후 양도하는 경우부터 적용한다.

제6조 【상가임대료를 인하한 임대사업자에 대한 세액공제에 관한 경과조치】 2021년 1월 1일 전에 발생한 임대료 수입금액에 대해서는 제96조의 3 제1항의 개정규정에도 불구하고 종전의 규정에 따른다.

부 칙 (2021. 1. 5. 법률 제17883호 ; 5·18민주유공자예우에 관한 법률 부칙)

제1조 【시행일】 이 법은 공포 후 3개월이 경과한 날부터 시행한다.

제2조～제7조 생 략

제8조 【다른 법률의 개정】 ①～⑭ 생 략

⑮ 조세특례제한법 일부를 다음과 같이 개정한다.

제88조의 2 제1항 제7호 중 "「5·18민주유공자 예우에 관한 민간임대주택으로 변경 신고한 경우에는 제96조 제4항의 개정규정에도 불구하고 종전의 규정에 따른다.

부 칙 (2020. 8. 26. 대통령령 제30977호 ; 양식산업발전법 시행령 부칙)

제1조 【시행일】 이 영은 2020년 8월 28일부터 시행한다.

제2조·제3조 생 략

제4조 【다른 법령의 개정】 ①～㉙ 생 략

㉚ 조세특례제한법 시행령 일부를 다음과 같이 개정한다.

제64조 제4항 중 "「수산업법」 제41조 제3항 제2호에 따른 육상해수양식어업"을 "「양식산업발전법」 제43조 제1항 제1호에 따른 육상해수양식업"으로 한다.

제66조의 3 제2항 제1호 중 "「수산업법」에 따른 육상해수양식어업, 「내수면어업법」에 따른 육상양식어업"을 "「양식산업발전법」에 따른 육상해수양식업, 같은 법 시행령에 따른 육상수조식내수양식업"으로 한다.

㉛～㊲ 생 략

제5조 생 략

부 칙 (2020. 8. 11. 대통령령 제30934호 ; 벤처투자 촉진에 관한 법률 시행령 부칙)

제1조 【시행일】 이 영은 2020년 8월 12일부터 시행한다.

제2조·제3조 생 략

제4조 【다른 법령의 개정】 ①～⑲ 생 략

⑳ 조세특례제한법 시행령 일부를 다음과 같이 개정한다.

제13조 제1항 제2호 나목 중 "「벤처기업육성에 관한 특별조치법」 제13조에 따른 조합"을 "「벤처투자 촉진에 관한 법률」 제2조 제8호에 따른 개인투자조합"으로 한다.

법률」"을 "「5·18민주유공자예우 및 단체설립에 관한 법률」"로 한다.

⑯~⑲ 생 략

제9조 생 략

부 칙 (2020. 12. 29. 법률 제17759호)

제1조【시행일】 이 법은 2021년 1월 1일부터 시행한다. 다만, 제104조의 8 제5항 및 제6항의 개정규정은 2021년 7월 1일부터 시행하고, 제117조 제1항 제2호의 5 및 제3호의 개정규정은 2021년 4월 1일부터 시행하며, 제91조의 2 및 제126조의 2 제5항의 개정규정은 2023년 1월 1일부터 시행한다.

제2조【일반적 적용례】 ① 이 법 중 소득세(양도소득세는 제외한다) 및 법인세에 관한 개정규정은 이 법 시행 이후 개시하는 과세연도 분부터 적용한다.

② 이 법 중 부가가치세에 관한 개정규정은 이 법 시행 이후 재화나 용역을 공급하거나 공급받는 분 또는 재화를 수입신고하는 경우부터 적용한다.

③ 이 법 중 양도소득세 및 증권거래세에 관한 개정규정은 이 법 시행 이후 양도하는 경우부터 적용한다.

④ 이 법 중 상속세 및 증여세에 관한 개정규정은 이 법 시행 이후 상속이 개시되거나 증여받는 경우부터 적용한다.

제3조【중소기업에 대한 특별세액감면에 관한 적용례】 제7조 제1항 제1호 무목 및 같은 항 제2호 단서의 개정규정은 2019년 1월 1일 이후 개시한 과세연도 분에 대해서도 적용한다.

제4조【통합투자세액공제에 관한 적용례 등】 ① 제24조의 개정규정은 이 법 시행 이후 과세표준을 신고하는 경우부터 적용한다.

② 다음 각 호의 요건을 모두 충족하는 제24조 제1항의 개정규정에 따른 내국인이 2개 이상의 과세연도에 걸쳐서 투자하는

제14조의 제목 중 "중소기업창업투자조합"을 "벤처투자조합"으로 하고, 같은 조 제1항 제3호 가목 1)을 다음과 같이 한다.

1) 「벤처투자 촉진에 관한 법률」 제2조 제1호에 따른 투자

제14조 제3항 각 호 외의 부분 중 "「벤처기업육성에 관한 특별조치법」 제13조에 따른 조합"을 "「벤처투자 촉진에 관한 법률」 제2조 제8호에 따른 개인투자조합"으로 하고, 같은 조 제6항 각 호 외의 부분 중 "「중소기업창업 지원법」에 의한 중소기업창업투자조합(이하 "중소기업창업투자조합"이라 한다)을 관리하는 자, 「벤처기업육성에 관한 특별조치법」에 따른 한국벤처투자조합(이하 "한국벤처투자조합"이라 한다)"을 "「벤처투자 촉진에 관한 법률」 제2조 제11호에 따른 벤처투자조합(이하 "벤처투자조합"이라 한다)"으로 하며, 같은 조 제10항 제3호 중 "중소기업창업투자조합, 한국벤처투자조합"을 "벤처투자조합"으로 한다.

제43조의 8 제7항 중 "「벤처기업육성에 관한 특별조치법」 제13조에 따른 조합"을 "「벤처투자 촉진에 관한 법률」 제2조 제8호에 따른 개인투자조합"으로 한다.

㉑~㉗ 생 략

제5조 생 략

부 칙 (2020. 8. 5. 대통령령 제30918호 ; 외국인투자 촉진법 시행령 부칙)

제1조【시행일】 이 영은 2020년 8월 5일부터 시행한다.

제2조【다른 법령의 개정】 ① 생 략

② 조세특례제한법 시행령 일부를 다음과 같이 개정한다.

제16조의 2 제3항 중 "「외국인투자 촉진법 시행령」 제20조의 2 제4항 제1호"를 "「외국인투자 촉진법 시행령」제20조의 2 제5항 제1호"로 한다.

경우에는 제24조 제2항의 개정규정에도 불구하고 투자를 완료한 날이 속하는 과세연도에 모든 투자가 이루어진 것으로 본다.

1. 2020년 12월 31일이 속하는 과세연도 전에 투자를 개시하였을 것
2. 종전의 제5조, 제25조, 제25조의 4 및 제25조의 7에 따른 공제를 받지 아니하였을 것

제5조【특정사회기반시설 집합투자기구 투자자에 대한 과세특례에 관한 적용례】 제26조의 2의 개정규정은 이 법 시행 이후 지급받는 소득분부터 적용한다.

제6조【투융자집합투자기구 투자자에 대한 과세특례에 관한 적용례】 제27조의 개정규정은 이 법 시행 이후 지급받는 소득분부터 적용한다.

제7조【설비투자자산의 감가상각비 손금산입 특례에 관한 적용례】 제28조의 3 제1항 각 호 외의 부분의 개정규정은 2021년 1월 1일 이후 취득한 설비투자자산부터 적용한다.

제8조【경력단절여성 고용기업 등에 대한 세액공제에 관한 적용례】 ① 제29조의 3 제2항의 개정규정은 이 법 시행 이후 육아휴직에서 복귀하는 사람의 인건비를 지급하는 분부터 적용한다.

② 제29조의 3 제3항의 개정규정은 이 법 시행 이후 공제받은 세액상당액을 납부하는 경우부터 적용한다.

제9조【정규직 근로자로의 전환에 따른 세액공제에 관한 적용례】 제30조의 2 제2항의 개정규정은 이 법 시행 이후 공제받은 세액상당액을 납부하는 경우부터 적용한다.

제10조【법인전환에 대한 양도소득세의 이월과세에 관한 적용례】 제32조 제1항의 개정규정은 이 법 시행 이후 현물출자하거나 법인 전환하는 분부터 적용한다.

제11조【수도권 밖으로 공장을 이전하는 기업에 대한 세액

부 칙 (2020. 8. 4. 대통령령 제30893호 ; 신용정보의 이용 및 보호에 관한 법률 시행령 부칙)

제1조【시행일】 ① 이 영은 2020년 8월 5일부터 시행한다. 다만, 다음 각 호의 구분에 따른 개정규정은 각각 해당 호에서 정하는 날부터 시행한다.

1. 제28조의 3, 제28조의 4, 제29조의 2, 제29조의 3, 제36조의 5 및 별표 4(법률 제16957호 신용정보의 이용 및 보호에 관한 법률 일부개정법률 제52조 제3항 제6호의 2부터 제6호의 5까지의 개정규정에 관한 부분에 한정한다)의 개정규정 : 2021년 2월 4일
2. 제18조의 6 제3항부터 제11항까지 및 별표 4(법률 제16957호 신용정보의 이용 및 보호에 관한 법률 일부개정법률 제52조 제2항 제4호의 2 및 제4호의 3의 개정규정에 관한 부분에 한정한다)의 개정규정 : 2021년 8월 4일

② 법률 제16957호 신용정보의 이용 및 보호에 관한 법률 일부개정법률 부칙 제1조 제1호에서 "대통령령으로 정하는 날"이란 2021년 2월 4일을 말한다.

③ 법률 제16957호 신용정보의 이용 및 보호에 관한 법률 일부개정법률 부칙 제1조 제2호에서 "대통령령으로 정하는 날"이란 2021년 8월 4일을 말한다.

제2조 생 략

제3조【다른 법령의 개정】 ①~㊼ 생 략

㊽ 조세특례제한법 시행령 일부를 다음과 같이 개정한다.

제13조 제2항 제3호 및 제14조 제3항 제4호 중 "「신용정보의 이용 및 보호에 관한 법률」 제4조 제1항 제1호에 따라 금융위원회로부터 신용조회업의 허가를 받고 같은 법 시행령 제2조 제1항 제5호 파목의 기술신용정보를 제공하는 신용조회회사"

감면 등에 관한 적용례】 제63조의 개정규정은 이 법 시행 이후 공장을 이전하는 경우(중소기업의 경우 수도권과밀억제권역 밖으로 이전하는 경우를 포함한다)부터 적용한다.

제12조【수도권 밖으로 본사를 이전하는 법인에 대한 세액감면 등에 관한 적용례】 제63조의 2의 개정규정은 이 법 시행 이후 본사를 이전하는 경우부터 적용한다.

제13조【우리사주조합원에 대한 과세특례에 관한 적용례】 제88조의 4 제13항 제3호의 개정규정은 이 법 시행 이후 개시하는 사업연도에 기부금을 우리사주조합에 지출하는 경우부터 적용한다.

제14조【세금우대저축자료의 제출 등에 관한 적용례】 제89조의 2 제6항의 개정규정은 이 법 시행 당시 세금우대저축자료 집중기관이 보관하고 있는 세금우대저축자료에 대하여도 적용한다.

제15조【조합등예탁금에 대한 저율과세 등에 관한 적용례】 제89조의 3 제1항의 개정규정(가입 당시 연령에 관한 부분에 한정한다)은 이 법 시행 이후 가입하는 분부터 적용한다.

제16조【집합투자기구에 대한 과세특례에 관한 적용례】
① 제91조의 3 제1항의 개정규정은 2023년 1월 1일 이후 환매하는 분부터 적용한다.
② 제91조의 2 제2항 및 제3항의 개정규정은 2023년 1월 1일 이후 발생하는 소득분부터 적용한다.

제17조【개인종합자산관리계좌에 대한 과세특례에 관한 적용례】 ① 제91조의 18 제1항 · 제2항 · 제3항(같은 항 제3호 및 제5호는 제외한다) · 제4항부터 제6항까지 및 제9항부터 제11항까지의 개정규정은 이 법 시행 이후 가입 · 연장 또는 해지하는 분부터 적용한다.
② 제91조의 18 제3항 제3호의 개정규정은 이 법 시행 이후 같를 각각 "「신용정보의 이용 및 보호에 관한 법률」 제2조 제8호의 3 다목에 따른 기술신용평가업무를 하는 기업신용조회회사"로 한다.
㊾~㊿ 생 략

제4조 생 략

부 칙 (2020. 8. 4. 대통령령 제30892호 ; 개인정보 보호법 시행령 부칙)

제1조【시행일】 이 영은 2020년 8월 5일부터 시행한다. (단서 생략)

제2조～제5조 생 략

제6조【다른 법령의 개정】 ①~③ 생 략
④ 조세특례제한법 시행령 일부를 다음과 같이 개정한다.
제100조의 14 제2항 제18호 중 "「정보통신망 이용촉진 및 정보보호 등에 관한 법률」"을 "「개인정보 보호법」"으로 한다.
⑤ 생 략

제7조 생 략

부 칙 (2020. 6. 2. 대통령령 제30723호)

이 영은 공포한 날부터 시행한다.

부 칙 (2020. 5. 26. 대통령령 제30704호 ; 문화재보호법 시행령 부칙)

제1조【시행일】 이 영은 2020년 5월 27일부터 시행한다.

제2조【다른 법령의 개정】 ①~⑫ 생 략
⑬ 조세특례제한법 시행령 일부를 다음과 같이 개정한다.
제130조 제5항 제9호 중 "「문화재보호법」 제2조 제2항"을 "「문화재보호법」 제2조 제3항"으로, "제3항 제1호"를 "제4항 제1호"

은 호 마목의 주식을 취득하는 분부터 적용한다.
③ 제91조의 18 제3항 제5호의 개정규정은 이 법 시행 이후 납입하는 분부터 적용한다.
④ 제91조의 18 제7항의 개정규정은 이 법 시행 이후 해지하는 분부터 적용한다.
⑤ 제91조의 18 제8항의 개정규정은 이 법 시행 이후 인출하는 분부터 적용한다.

제18조 【월세액에 대한 세액공제에 관한 적용례】 ① 제95조의 2 제1항의 개정규정(외국인을 포함하는 것에 관한 부분에 한정한다)은 이 법 시행 이후 월세액을 지급하는 분부터 적용한다.
② 제95조의 2 제1항(종합소득금액에 관한 부분에 한정한다) 및 제122조의 3 제3항의 개정규정은 이 법 시행 이후 연말정산 또는 종합소득과세표준을 확정신고하는 분부터 적용한다.

제19조 【소형주택 임대사업자에 대한 세액감면에 관한 적용례】 ① 제96조 제2항 본문의 개정규정은 2020년 8월 18일 이후 「민간임대주택에 관한 특별법」 제5조에 따라 등록을 신청하는 민간임대주택부터 적용한다.
② 제96조 제2항 단서의 개정규정은 2020년 8월 18일 이후 등록이 말소되는 분부터 적용한다.

제20조 【상가임대료를 인하한 임대사업자에 대한 세액공제에 관한 적용례】 제96조의 3의 개정규정은 이 법 시행 이후 과세표준신고를 하는 분부터 적용한다.

제21조 【농어촌주택 등 취득자에 대한 양도소득세 과세특례에 관한 적용례】 ① 제99조의 4 제1항 제1호 가목 3) 및 같은 항 제2호 나목 2)의 개정규정은 이 법 시행 이후 농어촌주택 또는 고향주택을 취득하는 경우부터 적용한다.
② 제99조의 4 제1항 제1호 나목 및 같은 항 제2호 다목의 개정규정은 이 법 시행 이후 양도하는 경우부터 적용한다.

로 한다.
⑭~⑱ 생 략

부 칙 (2020. 4. 14. 대통령령 제30609호)

제1조 【시행일】 이 영은 공포한 날부터 시행한다.

제2조 【해외진출기업의 국내복귀에 대한 세액감면에 관한 적용례】 제104조의 21 제3항 및 제11항의 개정 규정은 이 영 시행 이후 국내에서 사업장을 창업하거나 신설 또는 증설하는 경우부터 적용한다.

제3조 【노후자동차 교체에 대한 개별소비세 등 감면에 관한 적용례】 제111조 제8항 제3호의 개정규정은 2020년 1월 1일 이후 제조장에서 반출하거나 수입신고하는 분부터 적용한다.

부 칙 (2020. 3. 31. 대통령령 제30586호 ; 소재·부품전문기업 등의 육성에 관한 특별조치법 시행령 부칙)

제1조 【시행일】 이 영은 2020년 4월 1일부터 시행한다. (단서 생략)

제2조～제8조 생 략

제9조 【다른 법령의 개정】 ①～⑥ 생 략
⑦ 조세특례제한법 시행령 일부를 다음과 같이 개정한다.
제14조 제6항 각 호 외의 부분 중 "「소재·부품전문기업 등의 육성에 관한 특별조치법」에 따른 소재·부품전문투자조합(이하 "소재·부품전문투자조합"이라 한다)"을 "「소재·부품·장비산업 경쟁력강화를 위한 특별조치법」에 따른 전문투자조합(이하 "전문투자조합"이라 한다)"으로 하고, 같은 조 제10항 제3호 중 "소재·부품전문투자조합"을 "전문투자조합"으로 한다.
⑧ 생 략

제22조【근로장려금 및 자녀장려금에 관한 적용례】 ① 제100조의 3 제5항 제2호, 제100조의 5 제3항, 제100조의 6 제1항·제3항, 제100조의 8 제3항 및 제100조의 30 제1항의 개정규정은 이 법 시행 이후 근로장려금 또는 자녀장려금을 신청하는 경우부터 적용한다.
② 제100조의 6 제11항의 개정규정은 이 법 시행 이후 거주자가 동의하는 경우부터 적용한다.

제23조【투자·상생협력 촉진을 위한 과세특례에 관한 적용례】 제100조의 32 제7항의 개정규정은 이 법 시행 이후 신고하는 초과환류액 분부터 적용한다.

제24조【전자신고에 대한 세액공제에 관한 적용례】 제104조의 8 제1항 및 제3항의 개정규정은 이 법 시행 이후 전자신고의 방법으로 과세표준을 신고하는 경우부터 적용한다.

제25조【전자고지에 대한 세액공제에 관한 적용례】 제104조의 8 제5항 및 제6항의 개정규정은 2021년 7월 1일 이후 최초로 전자송달하는 분부터 적용한다.

제26조【해외진출기업의 국내복귀에 대한 세액감면에 관한 적용례】 제104조의 24 제1항부터 제4항까지의 개정규정은 이 법 시행 이후 국내에서 창업하거나 사업장을 신설 또는 증설하는 경우부터 적용한다.

제27조【한국철도공사에 직접 공급하는 도시철도건설용역에 대한 영세율 적용에 관한 적용례】 제105조 제1항 제3호 마목의 개정규정은 이 법 시행 이후 한국철도공사에 직접 건설용역을 공급하는 분부터 적용한다.

제28조【연안화물선용 경유에 대한 교통·에너지·환경세 감면에 관한 적용례】 제111조의 5의 개정규정은 이 법 시행 이후 한국해운조합에 직접 공급하는 경우부터 적용한다.

제29조【석유제품 생산공정용 원료로 사용하는 석유류에

제10조 생 략

부 칙 (2020. 2. 18. 대통령령 제30423호 ; 건설산업기본법 시행령 부칙)

제1조【시행일】 이 영은 공포한 날부터 시행한다.

제2조～제4조 생 략

제5조【다른 법률의 개정】 ①～⑬ 생 략
⑭ 조세특례제한법 시행령 일부를 다음과 같이 개정한다.
제98조 제1항 제2호, 같은 조 제5항 제2호, 제99조 제2항 본문 및 제99조의 3 제4항 본문 중 "주택건설업자"를 각각 "주택건설사업자"로 하고, 제106조 제7항 제46호 중 "건설업자단체"를 "건설사업자단체"로 한다.
⑮～⑳ 생 략

부 칙 (2020. 2. 11. 대통령령 제30390호)

제1조【시행일】 이 영은 공포한 날부터 시행한다. 다만, 제105조 제2항, 제109조의 2 제7항, 제109조의 3 제9항 및 제12항의 개정규정은 2020년 7월 1일부터 시행하고, 제121조의 2의 개정규정(신문 구독료와 관련된 부분에 한정한다)은 2021년 1월 1일부터 시행하며, 제35조의 3 및 제35조의 4의 개정규정은 2022년 1월 1일부터 시행한다.

제2조【일반적 적용례】 ① 이 영 중 소득세(양도소득세는 제외한다) 및 법인세에 관한 개정규정은 법률 제16835호 조세특례제한법 일부개정법률 시행 이후 개시하는 과세연도분부터 적용한다.
② 이 영 중 부가가치세에 관한 개정규정은 이 영 시행 이후 재화나 용역을 공급하거나 공급받는 분 또는 재화를 수입신고하는 경우부터 적용한다.

대한 개별소비세 면제에 관한 적용례】 제111조의 6의 개정규정은 이 법 시행 이후 제조장에서 반출하거나 수입신고하는 분부터 적용한다.

제30조【주세의 면제에 관한 적용례】 제115조 제1항의 개정규정은 이 법 시행 이후 주류 제조장에서 반출하는 분부터 적용한다.

제31조【입국경로에 설치된 보세판매장 등의 물품에 대한 주세의 면제에 관한 적용례】 제121조의 14 제1항부터 제3항까지의 개정규정은 이 법 시행 이후 보세판매장에 공급하거나 주류 제조장에서 반출하는 분부터 적용한다.

제32조【기업도시개발구역 등의 창업기업 등에 대한 법인세 등의 감면에 관한 적용례】 제121조의 17 제1항 제3호 및 제121조의 19 제1항 제8호의 개정규정은 2019년 1월 1일 이후 창업하거나 사업장을 신설한 경우부터 적용하고, 제121조의 17 제1항 제4호의 개정규정은 「주한미군 공여구역주변지역 등 지원 특별법」 제10조 제1항에 따른 사업시행자가 이 법 시행 이후 투자를 개시하는 분부터 적용한다.

제33조【신용카드 등 사용금액에 대한 소득공제에 관한 적용례】 제126조의 2 제10항의 개정규정은 이 법 시행 이후 연말정산 또는 종합소득과세표준을 확정신고하는 분부터 적용한다.

제34조【저축지원을 위한 조세특례 제한에 관한 적용례】 제129조의 2의 개정규정은 이 법 시행 이후 가입·보유·취득·연장하는 경우부터 적용한다.

제35조【세액공제액의 이월공제에 관한 적용례】 제144조 제1항의 개정규정 중 이월공제의 기간에 관한 부분은 이 법 시행 이후 과세표준을 신고하는 경우부터 적용한다.

제36조【특정시설투자 세액공제 등에 관한 특례 등】 ① 제24조 제1항의 개정규정에 따른 내국인이 2021년 12월 31일까지

③ 이 영 중 양도소득세에 관한 개정규정은 이 영 시행 이후 양도하는 분부터 적용한다.

④ 이 영 중 상속세 및 증여세에 관한 개정규정은 이 영 시행 이후 상속이 개시되거나 증여받는 경우부터 적용한다.

제3조【창업중소기업 등에 대한 세액감면에 관한 적용례】 제5조 제7항의 개정규정은 2020년 1월 1일 이후 창업하는 경우부터 적용한다.

제4조【연구 및 인력개발비에 대한 세액공제에 관한 적용례】 제9조 제15항 및 제16항의 개정규정은 2020년 1월 1일 이후 같은 조 제15항 각 호의 개정규정의 어느 하나에 해당하게 되는 분부터 적용한다.

제5조【중소기업창업투자조합 등에의 출자 등에 대한 소득공제에 관한 적용례】 제14조 제6항 제1호의 개정규정은 이 영 시행일이 속하는 과세연도에 출자 또는 투자하는 분부터 적용한다.

제6조【안전시설의 범위에 관한 적용례】 제22조의 5 제3항의 개정규정은 이 영 시행 이후 투자하는 분부터 적용한다.

제7조【청년고용을 증대시킨 기업에 대한 세액공제의 사후관리에 관한 적용례】 제26조의 5 제7항의 개정규정은 이 영 시행 이후 과세표준을 신고하는 분부터 적용한다.

제8조【고용을 증대시킨 기업에 대한 세액공제의 사후관리에 관한 적용례】 제26조의 7 제5항 및 제6항의 개정규정은 이 영 시행 이후 과세표준을 신고하는 분부터 적용한다.

제9조【중소기업 취업자에 대한 소득세 감면에 관한 적용례】 제27조 제3항의 개정규정(같은 항 제21호부터 제23호까지의 개정규정은 제외한다)은 이 영 시행 이후 연말정산 또는 종합소득과세표준을 확정신고하는 분부터 적용한다.

제10조【가업의 승계에 대한 증여세 과세특례에 관한 적용

(종전의 제25조의 7에 따른 투자는 2020년 12월 31일까지) 투자를 완료하는 경우에는 종전의 제5조, 제25조, 제25조의 4, 제25조의 5 및 제25조의 7(이하 이 조에서 "종전세액공제규정"이라 한다)을 적용받을 수 있다. 이 경우 종전세액공제규정을 적용받는 제24조 제1항의 개정규정에 따른 내국인은 다른 공제대상 자산에 대하여 제24조의 개정규정을 적용받을 수 없다.

② 제1항에 따라 종전세액공제규정을 적용받는 경우에는 제72조 제2항, 제127조 제1항부터 제4항까지, 제128조 제1항, 제130조 제1항·제2항, 제132조 제1항 제3호, 같은 조 제2항 제3호 및 제146조의 개정규정에도 불구하고 종전의 규정에 따른다.

제37조【중소기업에 대한 특별세액감면에 관한 경과조치】 이 법 시행 전에 개시한 과세연도분에 대해서는 제7조 제1항 제1호 부목 및 같은 조 제3항의 개정규정에도 불구하고 종전의 규정에 따른다.

제38조【벤처기업 출자자의 제2차 납세의무 면제 관련 가산금에 관한 경과조치】 2020년 1월 1일 전에 납세의무가 성립된 분에 대해서는 제15조 제1항의 개정규정에도 불구하고 종전의 규정에 따른다.

제39조【법인전환에 대한 양도소득세의 이월과세에 관한 경과조치】 이 법 시행 전에 현물출자하거나 법인 전환한 분에 대해서는 제32조 제1항의 개정규정에도 불구하고 종전의 규정에 따른다.

제40조【수도권과밀억제권역 밖으로 이전하는 중소기업에 대한 세액감면에 관한 경과조치】 이 법 시행 전에 공장을 이전한 경우에 대해서는 제63조의 개정규정에도 불구하고 종전의 규정에 따른다.

제41조【법인의 공장 또는 본사를 수도권 밖으로 이전하는 경우 법인세 감면에 관한 경과조치】 이 법 시행 전에 공장 또는

례】 제27조의 6 제6항 제2호의 개정규정은 이 영 시행 이후 업종을 변경하는 경우부터 적용한다.

제11조【전략적 제휴를 위한 비상장 주식교환 등에 대한 과세특례에 관한 적용례】 제43조의 7 제3항의 개정규정은 2019년 1월 1일 이후 제휴법인과의 계약을 통하여 협력관계를 형성한 계획에 대해서도 적용한다.

제12조【자경농지에 대한 양도소득세의 감면에 관한 적용례】 제66조 제14항의 개정규정은 이 영 시행일이 속하는 과세기간분부터 적용한다.

제13조【대토보상에 대한 양도소득세 과세특례에 관한 적용례】 제73조 제5항 및 제8항의 개정규정은 이 영 시행 이후 현물출자하는 분부터 적용한다.

제14조【소형주택 임대사업자 세액감면의 임대료 증액제한 요건에 관한 적용례】 제96조 제2항 제3호의 개정규정은 이 영 시행 이후 주택 임대차계약을 갱신하거나 새로 체결하는 분부터 적용하고, 임대보증금과 월임대료 상호 간 전환은 이 영 시행 이후 전환하는 분부터 적용한다.

제15조【장기임대주택에 대한 양도소득세의 감면신청 시 첨부서류 간소화에 관한 적용례】 제97조 제4항 제3호의 개정규정은 이 영 시행 이후 감면신청하는 분부터 적용한다.

제16조【장기일반민간임대주택등에 대한 양도소득세 과세특례의 임대료 증액제한 등에 관한 적용례】 제97조의 3 제3항의 개정규정은 이 영 시행 이후 주택 임대차계약을 갱신하거나 새로 체결하는 분부터 적용하고, 임대보증금과 월임대료 상호 간 전환은 이 영 시행 이후 전환하는 분부터 적용한다.

제17조【근로장려세제 및 자녀장려세제에 관한 적용례】 제100조의 2 제3항, 제100조의 4 제1항부터 제3항까지, 제100조의 5, 제100조의 6 제2항 및 제4항, 제100조의 7 제4항 및 제7항,

본사를 이전한 경우에 대해서는 제63조의 2의 개정규정에도 불구하고 종전의 규정에 따른다.

제42조【우리사주조합원에 대한 과세특례에 관한 경과조치】 이 법 시행 전에 개시한 사업연도에 우리사주조합에 기부금을 지출한 경우에 대해서는 제88조의 4 제13항 제3호의 개정규정에도 불구하고 종전의 규정에 따른다.

제43조【집합투자기구에 대한 과세특례에 관한 경과조치】 ① 이 법 부칙 제1조 단서의 시행일 전에 환매한 분에 대해서는 제91조의 2 제1항의 개정규정에도 불구하고 종전의 규정에 따른다.
② 이 법 부칙 제1조 단서의 시행일 전에 발생한 소득분에 대해서는 제91조의 2 제2항 및 제3항의 개정규정에도 불구하고 종전의 규정에 따른다.

제44조【개인종합자산관리계좌에 대한 과세특례에 관한 경과조치】 이 법 시행 전에 가입한 분에 대해서는 제91조의 18 제1항의 개정규정에도 불구하고 종전의 규정에 따른다.

제45조【소형주택 임대사업자에 대한 세액감면에 관한 경과조치】 2020년 8월 18일 전에 「민간임대주택에 관한 특별법」 제5조에 따라 등록을 신청한 민간임대주택에 대해서는 제96조 제2항 본문의 개정규정에도 불구하고 종전의 규정에 따른다.

제46조【농어촌주택 등의 취득자에 대한 양도소득세 과세특례에 관한 경과조치】 이 법 시행 전에 종전의 제99조의 4에 따른 농어촌주택 또는 고향주택을 취득한 경우에는 제99조의 4 제1항 제1호 가목 3) 및 같은 항 제2호 나목 2)의 개정규정에도 불구하고 종전의 규정에 따른다.

제47조【영세개인사업자의 체납액 징수특례에 관한 경과조치】 이 법 시행 당시 종전의 규정에 따라 체납액 징수특례를 신청한 자는 제99조의 10의 개정규정에 따라 신청한 것으로 본다.

제100조의 9 제7항 및 제100조의 31 제1항의 개정규정은 2020년 5월 이후 근로장려금 또는 자녀장려금을 신청 또는 정산하는 분부터 적용하고, 제100조의 9 제2항, 별표 11 및 별표 11의 2의 개정규정은 이 영 시행 이후 근로장려금 또는 자녀장려금을 신청하는 분부터 적용한다.

제18조【외국인관광객 부가가치세 환급 특례적용 관광호텔 및 의료기관의 부가가치세 신고에 관한 적용례】 제109조의 2 제7항 및 제109조의 3 제9항의 개정규정은 2020년 7월 1일 이후 환급증명서 또는 환급·송금증명서를 송부받아 부가가치세를 신고하는 분부터 적용한다.

제19조【성실사업자의 의료비 등 세액공제에 관한 적용례】 제117조의 3 제3항의 개정규정은 이 영 시행 이후 「소득세법」 제70조 제1항에 따라 종합소득과세표준을 확정신고하는 분부터 적용한다.

제20조【신용카드등 사용금액에 대한 소득공제에 관한 적용례】 제121조의 2 제6항 및 제9항(박물관 및 미술관 사용분과 관련된 부분에 한정한다)의 개정규정은 이 영 시행 이후 연말정산 또는 종합소득과세표준을 확정신고하는 분부터 적용한다.

제21조【조세특례의 사전·사후관리에 관한 적용례】 제135조 제3항 제3호의 개정규정은 이 영 시행일이 속하는 연도에 기획재정부장관이 실시하는 조세특례에 대한 평가분부터 적용한다.

제22조【신성장·원천기술에 관한 적용례】 별표 7의 개정규정은 이 영 시행 이후 과세표준을 신고하는 분부터 적용한다.

제23조【시행 예정인 법률의 인용에 따른 특례】 ① 제12조의 3 제1항 및 제16조 제2항의 개정규정 중 "「소재·부품·장비산업 경쟁력강화를 위한 특별조치법」"은 2020년 3월 31일까지는 "법률 제16859호 소재·부품전문기업 등의 육성에 관한 특

제48조【가산금에 관한 경과조치】 2020년 1월 1일 전에 납세의무가 성립된 분에 대해서는 제104조의 7 제4항의 개정규정에도 불구하고 종전의 규정에 따른다.

제49조【해외진출기업의 국내복귀에 대한 세액감면에 관한 경과조치】 이 법 시행 전에 국내에서 창업하거나 사업장을 신설 또는 증설한 경우에 대해서는 제104조의 24 제1항부터 제4항까지의 개정규정에도 불구하고 종전의 규정에 따른다.

제50조【기업도시개발구역 등의 창업기업 등에 대한 법인세 등의 감면에 관한 경과조치】 ① 2019년 1월 1일 전에 창업하거나 사업장을 신설한 경우에는 제121조의 17 제1항 제3호 및 제121조의 19 제1항 제8호의 개정규정에도 불구하고 종전의 「조세특례제한법」(법률 제16009호로 개정되기 전의 것을 말한다)에 따른다.

② 이 법 시행 전에 투자를 개시한 「주한미군 공여구역주변지역 등 지원 특별법」 제10조 제1항 제5호에 따른 사업시행자에 대해서는 제121조의 17 제1항 제4호의 개정규정에도 불구하고 종전의 규정에 따른다.

제51조【세액공제액의 이월공제에 관한 경과조치】 이 법 시행 전에 종전의 제144조 제1항 각 호의 구분에 따른 기간(법률 제16009호 조세특례제한법 일부개정법률 부칙 제52조에 따라 적용받는 이월공제기간을 포함한다)이 지나 이월하여 공제받지 못한 세액에 대해서는 제144조 제1항 및 제2항의 개정규정에도 불구하고 종전의 규정에 따른다.

제52조【감면세액의 추징에 관한 경과조치】 이 법 시행 전에 해당 자산을 처분한 경우에는 제146조의 개정규정에도 불구하고 종전의 규정에 따른다.

부 칙 (2020. 6. 9. 법률 제17460호 ; 한국철도시설공단법 부칙)

별법 전부개정법률"로 본다.

② 제22조의 10 제2항 제1호 다목의 개정규정 중 "「애니메이션산업 진흥에 관한 법률」"은 2020년 6월 3일까지는 "법률 제16690호 애니메이션산업 진흥에 관한 법률"로 본다.

제24조【안전시설의 범위에 관한 경과조치】 이 영 시행 전에 투자한 분에 대해서는 제22조의 5 제3항의 개정규정에도 불구하고 종전의 규정에 따른다.

제25조【청년고용을 증대시킨 기업에 대한 세액공제의 사후관리에 관한 경과조치】 이 영 시행 전에 과세표준을 신고한 경우에는 제26조의 5 제7항의 개정규정에도 불구하고 종전의 규정에 따른다.

제26조【고용을 증대시킨 기업에 대한 세액공제의 사후관리에 관한 경과조치】 이 영 시행 전에 과세표준을 신고한 경우에는 제26조의 7 제5항 및 제6항의 개정규정에도 불구하고 종전의 규정에 따른다.

제27조【중소기업의 사회보험료 세액공제에서 제외되는 금액에 관한 경과조치】 법률 제16835호 조세특례제한법 일부개정법률 시행 전 개시한 과세연도분의 경우에는 제27조의 4 제8항 및 제9항의 개정규정에도 불구하고 종전의 규정에 따른다.

제28조【자경농지에 대한 양도소득세의 감면에 관한 경과조치】 이 영 시행일이 속하는 과세기간 전의 과세기간분에 대해서는 제66조 제14항의 개정규정에도 불구하고 종전의 규정에 따른다.

제29조【대토보상에 대한 양도소득세 과세특례에 관한 경과조치】 이 영 시행 전에 현물출자한 분에 대해서는 제73조 제5항 및 제8항의 개정규정에도 불구하고 종전의 규정에 따른다.

제30조【전자신고 세액공제의 연간 공제한도에 관한 경과조치】 법률 제16835호 조세특례제한법 일부개정법률 시행 전

제1조【시행일】 이 법은 공포 후 3개월이 경과한 날부터 시행한다.

제2조 · 제3조 생 략

제4조【다른 법률의 개정】 ①~④ 생 략

⑤ 조세특례제한법 일부를 다음과 같이 개정한다.

제105조 제1항 제3호 다목 중 "「한국철도시설공단법」에 따른 한국철도시설공단"을 "「국가철도공단법」에 따른 국가철도공단"으로 한다.

제106조 제1항 제7호 중 "「한국철도시설공단법」에 따른 한국철도시설공단"을 "「국가철도공단법」에 따른 국가철도공단"으로 한다.

⑥~⑩ 생 략

부 칙 (2020. 6. 9. 법률 제17344호 ; 국가정보화 기본법 부칙)

제1조【시행일】 이 법은 공포 후 6개월이 경과한 날부터 시행한다. (단서 생략)

제2조~제6조 생 략

제7조【다른 법률의 개정】 ①~⑯ 생 략

⑰ 조세특례제한법 일부를 다음과 같이 개정한다.

제5조 제1항 제3호 중 "「국가정보화 기본법」 제3조 제6호"를 "「지능정보화 기본법」 제2조 제15호"로 한다.

⑱~⑳ 생 략

제8조 생 략

부 칙 (2020. 6. 9. 법률 제17339호 ; 법률용어 정비를 위한 기획재정위원회 소관 33개 법률 일부개정을 위한 법률)

이 법은 공포한 날부터 시행한다. 다만, 제27조는 2020년 10월 1일부터 시행한다.

에 세무사가 본인의 과세표준을 신고한 경우에는 제104조의 5 제5항의 개정규정에도 불구하고 종전의 규정에 따른다.

제31조【군인 등에게 판매하는 물품에 대한 주세의 면제에 관한 경과조치】 이 영 시행 당시 종전의 제113조 제1항 제2호에 따라 주세의 면제 대상으로 인정된 자는 제113조 제1항 제2호의 개정규정에 따른 주세의 면제 대상으로 본다.

제32조【성실사업자의 의료비 등 세액공제에 관한 경과조치】 이 영 시행 전에 「소득세법」 제70조 제1항에 따른 신고기한이 경과한 분에 대해서는 제117조의 3 제3항의 개정규정에도 불구하고 종전의 규정에 따른다.

제33조【신용카드등 사용금액에 대한 소득공제에 관한 경과조치】 제121조의 2 제6항의 개정규정에도 불구하고 2018년 12월 31일 이전에 사용한 분에 대해서는 종전의 규정에 따른다.

부 칙 (2019. 12. 31. 대통령령 제30285호 ; 문화재보호법 시행령 부칙)

제1조【시행일】 이 영은 공포한 날부터 시행한다. (단서 생략)

제2조【다른 법령의 개정】 ①~⑦ 생 략

⑧ 조세특례제한법 시행령 일부를 다음과 같이 개정한다.

제130조 제5항 제9호 중 "제3항에 따른 등록문화재"를 "제3항 제1호에 따른 국가등록문화재"로 한다.

⑨ · ⑩ 생 략

부 칙 (2019. 7. 30. 대통령령 제30005호)

이 영은 공포한 날부터 시행한다.

부 칙 (2019. 6. 25. 대통령령 제29892호 ; 주식 · 사채 등의 전자등록에 관한 법률 시행령 부칙)

부　칙 (2020. 5. 19. 법률 제17254호)

제1조【시행일】 이 법은 공포한 날부터 시행한다.

제2조【신용카드 등 사용금액에 대한 소득공제에 관한 적용례】 제126조의 2 제2항의 개정규정은 이 법 시행 이후 연말정산 또는 종합소득과세표준을 확정신고하는 분부터 적용한다.

부　칙 (2020. 3. 23. 법률 제17073호)

제1조【시행일】 이 법은 공포한 날부터 시행한다.

제2조【상가임대료를 인하한 임대사업자에 대한 세액공제에 관한 적용례】 제96조의 3의 개정규정은 2020년 1월 1일이 속하는 과세연도 분부터 적용한다.

제3조【해외진출기업의 국내복귀에 대한 세액감면에 관한 적용례】 제104조의 24 제1항부터 제4항까지 및 제6항의 개정규정은 이 법 시행 이후 국내에서 사업장을 증설하는 경우부터 적용한다.

제4조【소규모 개인사업자에 대한 부가가치세 감면에 관한 적용례】 제108조의 4의 개정규정은 이 법 시행일이 속하는 과세기간 분부터 적용한다.

제5조【간이과세자에 대한 부가가치세 납부의무의 면제 특례에 관한 적용례】 제108조의 5의 개정규정은 이 법 시행일이 속하는 과세기간 분부터 적용한다.

제6조【신용카드 등 사용금액에 대한 소득공제에 관한 적용례】 제126조의 2 제2항의 개정규정은 이 법 시행 이후 연말정산 또는 종합소득과세표준을 확정신고하는 분부터 적용한다.

제7조【접대비의 손금불산입 특례에 관한 적용례】 제136조 제4항 및 제5항의 개정규정은 이 법 시행일이 속하는 과세연도 분부터 적용한다.

제1조【시행일】 이 영은 2019년 9월 16일부터 시행한다. 다만, 부칙 제2조, 부칙 제4조, 부칙 제5조 및 부칙 제8조는 공포한 날부터 시행한다.

제2조～제8조 생　략

제9조【다른 법령의 개정】 ①～⑮ 생　략

⑯ 조세특례제한법 시행령 일부를 다음과 같이 개정한다.

제72조 제3항 중 "예탁자로 하여 개설된 계좌를 통하여 한국예탁결제원에 만기까지 예탁하는"을 "「주식 · 사채 등의 전자등록에 관한 법률」 제19조에 따른 계좌관리기관으로 하여 개설한 계좌를 통하여 만기까지 보유하는"으로 하고, 같은 조 제7항 및 제8항 중 "예탁사실"을 각각 "보유사실"로 한다.

제73조 제7항 중 "예탁사실"을 "보유사실"로 한다.

제83조 제1항 제1호 중 "「금융실명거래 및 비밀보장에 관한 법률」 제2조 제1호 각 목의 1에 해당하는 금융기관에 계좌를 개설하여 1년 이상 계속하여 예탁할 것"을 "「금융실명거래 및 비밀보장에 관한 법률」 제2조 제1호 각 목의 어느 하나에 해당하는 금융기관에 계좌를 개설하여 1년 이상 계속하여 전자등록(「주식 · 사채 등의 전자등록에 관한 법률」 제2조 제2호에 따른 전자등록을 말한다. 이하 같다)하여 보유하거나 예탁할 것"으로 한다.

제93조 제1항 중 "(「전자단기사채등의 발행 및 유통에 관한 법률」 제2조 제1호에 따른 전자단기사채의 경우 A3+ 이하)"를 "[「주식 · 사채 등의 전자등록에 관한 법률」 제59조에 따른 단기사채등(같은 법 제2조 제1호 나목에 따른 권리에 한정한다)의 경우 A3+ 이하]"로 한다.

⑰ 생　략

제10조 생　략

부　칙 (2019. 6. 11. 대통령령 제29849호 ; 한국해양교통안전

제8조【자동차에 대한 개별소비세액 환급 등에 관한 경과조치】「개별소비세법」 제3조에 따른 납세의무자는 2020년 3월 1일부터 이 법 시행일 전일까지 제조장에서 반출하거나 수입신고를 한 자동차에 대하여 개별소비세를 납부하였거나 납부할 세액이 있는 경우에는 국세청장 또는 관세청장이 정하는 바에 따라 해당 자동차에 대한 세금계산서 등 증명서류를 첨부하여 2020년 4월 25일까지 관할 세무서장 또는 관할 세관장에게 신고하면 감면분에 해당하는 세액을 환급받거나 납부하여야 할 세액에서 공제받을 수 있다.

부 칙 (2020. 2. 18. 법률 제17039호 ; 수산업협동조합의 구조개선에 관한 법률 부칙)

제1조【시행일】 이 법은 공포 후 6개월이 경과한 날부터 시행한다. (단서 생략)

제2조 생 략

제3조【다른 법률의 개정】 ① 생 략

② 조세특례제한법 일부를 다음과 같이 개정한다.

제72조 제4항 전단 중 "「수산업협동조합의 구조개선에 관한 법률」"을 "「수산업협동조합의 부실예방 및 구조개선에 관한 법률」"로 한다.

제117조 제1항 제7호의 2 중 "「수산업협동조합의 구조개선에 관한 법률」"을 "「수산업협동조합의 부실예방 및 구조개선에 관한 법률」"로, "제4조"를 "제4조의 2"로 하고, 같은 항 제19호의 2 중 "수산업협동조합의구조개선에관한법률"을 "「수산업협동조합의 부실예방 및 구조개선에 관한 법률」"로 한다.

③ 생 략

부 칙 (2020. 2. 11. 법률 제16998호 ; 벤처투자 촉진에 관한

공단법 시행령 부칙)

제1조【시행일】 이 영은 2019년 7월 1일부터 시행한다.

제2조【다른 법령의 개정】 ①~⑤ 생 략

⑥ 조세특례제한법 시행령 일부를 다음과 같이 개정한다.

제106조 제7항 제24호를 다음과 같이 한다.

24. 「한국해양교통안전공단법」에 따라 설립된 한국해양교통안전공단

⑦~⑩ 생 략

부 칙 (2019. 4. 2. 대통령령 제29677호 ; 중소기업진흥에 관한 법률 시행령 부칙)

제1조【시행일】 이 영은 공포한 날부터 시행한다.

제2조【다른 법령의 개정】 ①~㊹ 생 략

㊺ 조세특례제한법 시행령 일부를 다음과 같이 개정한다.

제99조의 6 제1항 제1호 및 같은 조 제10항 제1호 중 "중소기업진흥공단"을 각각 "중소벤처기업진흥공단"으로 한다.

㊻~61 생 략

부 칙 (2019. 3. 12. 대통령령 제29617호 ; 철도건설법 시행령 부칙)

제1조【시행일】 이 영은 2019년 3월 14일부터 시행한다.

제2조 · 제3조 생 략

제4조【다른 법령의 개정】 ①~㉑ 생 략

㉒ 조세특례제한법 시행령 일부를 다음과 같이 개정한다.

별표 6의 2 제17호 중 "「철도건설법」"을 "「철도의 건설 및 철도시설 유지관리에 관한 법률」"로, "동법 제22조"를 "「역세권의 개발 및 이용에 관한 법률」 제4조"로 한다.

㉓~㉝ 생 략

법률 부칙)

제1조【시행일】 이 법은 공포 후 6개월이 경과한 날부터 시행한다.

제2조～제9조 생 략

제10조【다른 법률의 개정】 ①～⑪ 생 략

⑫ 조세특례제한법 일부를 다음과 같이 개정한다.

제13조 제1항 제1호 중 "「중소기업창업 지원법」에 따른 중소기업창업투자회사(이하 "중소기업창업투자회사"라 한다) 및 창업기획자(이하 "창업기획자"라 한다)가 같은 법에 따른 창업자(이하 "창업자"라 한다)"를 "「벤처투자 촉진에 관한 법률」에 따른 중소기업창업투자회사(이하 "중소기업창업투자회사"라 한다) 및 창업기획자(이하 "창업기획자"라 한다)가 「중소기업창업 지원법」에 따른 창업자(이하 "창업자"라 한다)"로 한다.

제13조 제1항 제3호 각 목 외의 부분 중 "「벤처기업육성에 관한 특별조치법」 제4조의 3 제1항 제3호"를 "「벤처투자 촉진에 관한 법률」 제50조 제1항 제5호"로 하고, 같은 호 가목을 다음과 같이 하며, 같은 호 나목을 삭제한다.

가. 「벤처투자 촉진에 관한 법률」 제2조 제8호에 따른 개인투자조합(이하 "개인투자조합"이라 한다) 및 같은 법 제2조 제11호에 따른 벤처투자조합(이하 "벤처투자조합"이라 한다)

제14조 제1항 제2호 중 "중소기업창업투자조합"을 "벤처투자조합"으로 하고, 같은 항 제2호의 2를 삭제하며, 같은 항 제4호 중 "「벤처기업육성에 관한 특별조치법」 제13조에 따른 조합"을 "개인투자조합"으로 한다.

제14조 제4항 제1호 중 "중소기업창업투자조합"을 "벤처투자조합"으로 하고, 같은 항 제1호의 2를 삭제하며, 같은 조 제5항 중 "중소기업창업투자조합, 한국벤처투자조합"을 "벤처투자조합"으로 한다.

부 칙 (2019. 2. 12. 대통령령 제29527호)

제1조【시행일】 이 영은 공포한 날부터 시행한다. 다만, 제121조의 2 제8항 · 제13항의 개정규정(박물관 · 미술관 입장료와 관련된 부분에 한정한다)은 2019년 7월 1일부터 시행하고, 제9조 제9항부터 제13항까지, 제22조의 9 제1항 및 별표 6의 개정규정은 2020년 1월 1일부터 시행한다.

제2조【일반적 적용례】 ① 이 영 중 소득세(양도소득세는 제외한다) 및 법인세에 관한 개정규정은 법률 제16009호 조세특례제한법 일부개정법률 시행 이후 개시하는 과세연도 분부터 적용한다.

② 이 영 중 부가가치세에 관한 개정규정은 이 영 시행 이후 재화나 용역을 공급하거나 공급받는 분 또는 재화를 수입신고하는 경우부터 적용한다.

③ 이 영 중 양도소득세에 관한 개정규정은 이 영 시행 이후 양도하는 분부터 적용한다.

제3조【연구 및 인력개발비에 대한 세액공제에 관한 적용례】 제9조 제9항 및 제10항의 개정규정은 2020년 1월 1일 이후 개시하는 과세연도 분부터 적용한다.

제4조【중소기업창업투자조합 등에의 출자 등에 대한 소득공제에 관한 적용례】 ① 제14조 제1항 제3호의 개정규정은 이 영 시행 이후 연말정산하는 분부터 적용한다.

② 제14조 제1항 제4호의 개정규정은 이 영 시행 이후 설정되는 투자신탁 분부터 적용한다.

③ 제14조 제10항의 개정규정은 이 영 시행 이후 추징사유가 발생하는 분부터 적용한다.

④ 제14조 제11항의 개정규정은 이 영 시행 이후 법 제16조 제2항 단서에 따른 사유가 발생하는 분부터 적용한다.

제5조【중소기업 취업자에 대한 소득세 감면에 관한 적용

제16조의 제목 중 "중소기업창업투자조합"을 "벤처투자조합"으로 하고, 같은 조 제1항 제1호 중 "중소기업창업투자조합, 한국벤처투자조합"을 "벤처투자조합"으로 하며, 같은 항 제3호 중 "「벤처기업육성에 관한 특별조치법」 제13조에 따른 조합"을 "개인투자조합"으로 한다.

제46조의 8 제1항 제1호 가목 중 "중소기업창업투자조합, 한국벤처투자조합"을 "벤처투자조합"으로 하고, 같은 호 다목 중 "「벤처기업육성에 관한 특별조치법」 제13조"를 "「벤처투자 촉진에 관한 법률」 제12조"로 한다.

제117조 제1항 제1호 중 "중소기업창업투자조합"을 "벤처투자조합"으로 하고, 같은 항 제2호의 3을 삭제한다.

제132조의 2 제1항 제3호 중 "중소기업창업투자조합"을 "벤처투자조합"으로 한다.

⑬~⑯ 생 략

제11조 생 략

부 칙 (2019. 12. 31. 법률 제16859호 ; 소재 · 부품전문기업 등의 육성에 관한 특별조치법 부칙)

제1조【시행일】 이 법은 공포 후 3개월이 경과한 날부터 시행한다. (단서 생략)

제2조~제8조 생 략

제9조【다른 법률의 개정】 ①~③ 생 략

④ 조세특례제한법 일부를 다음과 같이 개정한다.

제13조 제1항 제3호 라목을 다음과 같이 한다.

라. 「소재 · 부품 · 장비산업 경쟁력강화를 위한 특별조치법」에 따른 전문투자조합(이하 "전문투자조합"이라 한다)

제14조 제1항 제6호 · 제4항 제4호 · 제5항, 제16조 제1항 제1호 및 제46조의 8 제1항 제1호 가목 중 "소재 · 부품전문투자조

례】 제27조 제1항의 개정규정은 이 영 시행 이후 취업하는 분부터 적용한다.

제6조【주식매각 후 벤처기업등 재투자에 대한 과세특례에 관한 적용례】 제43조의 8 제5항의 개정규정은 2019년 1월 1일 이후 매각대상기업의 주식을 양도하는 분부터 적용한다.

제7조【축사용지에 대한 양도소득세의 감면에 관한 적용례】 제66조의 2 제9항의 개정규정은 이 영 시행 이후 결정 · 경정하는 분부터 적용한다.

제8조【장기주택마련저축의 범위 등에 관한 적용례】 제81조 제15항의 개정규정은 이 영 시행 이후 가입하는 분부터 적용한다.

제9조【우리사주조합원 등에 대한 과세특례에 관한 적용례】 제82조의 4 제15항의 개정규정은 이 영 시행 이후 제출하는 분부터 적용한다.

제10조【개인종합자산관리계좌에 대한 과세특례에 관한 적용례】 제93조의 4 제7항의 개정규정은 이 영 시행 이후 가입하는 분부터 적용한다.

제11조【장병내일준비적금에 대한 비과세에 관한 적용례】 제93조의 5 제3항의 개정규정은 이 영 시행 이후 가입하는 경우부터 적용한다.

제12조【월세 세액공제에 관한 적용례】 제95조 제2항 제1호의 개정규정은 이 영 시행일이 속하는 과세기간에 지급하는 월세 분부터 적용한다.

제13조【소형주택 임대사업자에 대한 세액감면에 관한 적용례】 제96조 제2항 제3호의 개정규정은 이 영 시행 이후 임대차계약을 갱신하거나 체결하는 분부터 적용한다.

제14조【장기임대주택에 대한 양도소득세의 감면에 관한 적용례】 제97조 제1항의 개정규정은 이 영 시행 이후 결정 · 경

합"을 각각 "전문투자조합"으로 한다.
⑤ 생　략

제10조 생　략

부　칙 (2019. 12. 31. 법률 제16835호)

제1조【시행일】 이 법은 2020년 1월 1일부터 시행한다. 다만, 제118조 제1항 제22호의 개정규정 및 제121조의 13 제5항의 개정규정은 2020년 4월 1일부터 시행하고, 제96조 제1항의 개정규정(감면세액과 관련된 부분에 한정한다), 제106조의 2 제13항의 개정규정 및 제126조의 2의 개정규정(신문 구독료와 관련된 부분에 한정한다)은 2021년 1월 1일부터 시행하며, 제38조의 2의 개정규정은 2022년 1월 1일부터 시행하고, 제121조의 2의 개정규정은 공포한 날부터 시행한다.

제2조【일반적 적용례】 ① 이 법 중 소득세(양도소득세는 제외한다) 및 법인세에 관한 개정규정은 이 법 시행 이후 개시하는 과세연도분부터 적용한다.
② 이 법 중 부가가치세에 관한 개정규정은 이 법 시행 이후 재화나 용역을 공급하거나 공급받는 분 또는 재화를 수입신고하는 경우부터 적용한다.
③ 이 법 중 양도소득세에 관한 개정규정은 이 법 시행 이후 양도하는 경우부터 적용한다.
④ 이 법 중 상속세 및 증여세에 관한 개정규정은 이 법 시행 이후 상속이 개시되거나 증여받는 경우부터 적용한다.
⑤ 이 법 중 개별소비세에 관한 개정규정은 이 법 시행 이후 제조장에서 반출하거나 수입신고하는 경우부터 적용한다.
⑥ 이 법 중 관세에 관한 개정규정은 이 법 시행 이후 수입신고하는 경우부터 적용한다.

제3조【중소기업 등 투자 세액공제에 관한 적용례】 제5조

정하는 분부터 적용한다.

제15조【임대주택 부동산투자회사의 현물출자자에 대한 과세특례 등에 관한 적용례】 제97조의 6 제8항 제2호 각 목 외의 부분의 개정규정은 이 영 시행 이후 이자상당액을 납부하는 분부터 적용한다.

제16조【근로장려금 및 자녀장려금에 관한 적용례】 ① 제100조의 4 제3항 · 제8항 및 제100조의 14 제2항의 개정규정은 이 영 시행 이후 근로장려금 또는 자녀장려금을 신청하는 분부터 적용한다.
② 제100조의 4 제4항, 제100조의 6 제4항 제2호 및 제100조의 7 제2항 · 제3항의 개정규정은 이 영 시행 이후 발생하는 소득에 대해 근로장려금 또는 자녀장려금을 신청하는 분부터 적용한다.

제17조【투자 · 상생협력 촉진을 위한 과세특례에 관한 적용례】 ① 제100조의 32 제4항의 개정규정은 이 영 시행 이후 과세표준을 신고하는 분부터 적용한다.
② 제100조의 32 제6항 제2호의 개정규정은 이 영 시행 이후 주식등을 취득하는 분부터 적용한다.

제18조【전자신고에 대한 세액공제에 관한 적용례】 제104조의 5 제2항의 개정규정은 이 영 시행 이후 소득세를 신고하는 분부터 적용한다.

제19조【경형자동차 연료에 대한 교통 · 에너지 · 환경세 및 개별소비세의 환급에 관한 적용례】 제112조의 2 제3항의 개정규정은 법률 제16009호 조세특례제한법 일부개정법률 시행 이후 환급대상자가 환급용 유류구매카드로 구매하는 분부터 적용한다.

제20조【증권거래세의 면제에 관한 적용례】 제115조의 개정규정은 2019년 1월 1일 이후 양도하는 분부터 적용한다.

제4항의 개정규정은 상생형지역일자리의 선정일 또는 규제자유특구의 지정일이 속하는 과세연도의 과세표준을 이 법 시행 이후 신고하는 분부터 적용한다.

제4조【창업중소기업 등에 대한 세액감면에 관한 적용례】 제6조 제3항의 개정규정은 이 법 시행 이후 창업하는 경우부터 적용한다.

제5조【상생협력을 위한 사내근로복지기금 출연 등에 대한 세액공제에 관한 적용례】 제8조의 3 제1항 제3호 및 같은 조 제4항의 개정규정은 이 법 시행 이후 출연하는 분부터 적용한다.

제6조【중소기업창업투자회사 등의 주식양도차익 등에 대한 비과세에 관한 적용례】 제13조 제2항 및 제3항의 개정규정은 이 법 시행 이후 타인 소유의 주식 또는 출자지분을 매입하는 분부터 적용한다.

제7조【내국법인의 소재 · 부품 · 장비전문기업에의 출자 · 인수에 대한 과세특례에 관한 적용례】 제13조의 3의 개정규정은 이 법 시행 이후 출자하거나 인수하는 분부터 적용한다.

제8조【창업자 등에의 출자에 대한 과세특례에 관한 적용례】 제14조 제1항 제8호 및 같은 조 제8항의 개정규정은 이 법 시행 이후 출자 또는 투자하는 분부터 적용한다.

제9조【중소기업창업투자조합 출자 등에 대한 소득공제에 관한 적용례】 제16조 제1항의 개정규정은 이 법 시행 이후 출자 또는 투자하는 분부터 적용한다.

제10조【벤처기업 주식매수선택권 행사이익 비과세 특례에 관한 적용례】 제16조의 2의 개정규정은 이 법 시행 이후 주식매수선택권을 부여받은 분부터 적용한다.

제11조【소재 · 부품 · 장비 관련 외국인기술자에 대한 소득세 감면에 관한 적용례】 제18조의 개정규정은 이 법 시행 이후 소재 · 부품 · 장비 관련 외국인기술자가 국내에서 최초로 근로

제21조【면세점 구매비용에 대한 신용카드소득공제 제외에 관한 적용례】 제121조의 2 제6항의 개정규정은 이 영 시행 이후 면세점에서 지출하는 분부터 적용한다.

제22조【신용카드등사용금액 소득공제 신청에 관한 적용례】 제121조의 2 제8항의 개정규정은 이 영 시행 이후 연말정산하는 분부터 적용한다. 다만, 박물관 · 미술관 입장료와 관련된 부분은 2019년 7월 1일 이후 사용분에 대해 연말정산하는 분부터 적용한다.

제23조【접대비의 손금불산입특례에 관한 적용례】 제130조 제5항의 개정규정은 이 영 시행 이후 지출하는 분부터 적용한다.

제24조【연구 · 인력개발비 세액공제를 적용받는 비용에 관한 특례】 별표 6에도 불구하고 2020년 1월 1일 전에 개시하는 과세연도 분까지는 별표 6의 3에 따른다.

제25조【이자율에 관한 경과조치】 이 영 시행 이후 납부 또는 부과하는 경우 제8조 제3항 제3호, 제11조의 3 제12항 제2호, 제11조의 4 제10항 제2호, 제12조의 2 제3항 제2호, 제22조의 7 제4항 제2호, 제22조의 9 제7항 제2호, 제26조의 4 제15항 제2호 나목, 제27조의 2 제2항 제2호, 제27조의 5 제7항 제3호, 제27조의 6 제4항 제3호, 제30조 제9항 제1호 나목 및 같은 항 제2호 나목, 제30조의 2 제6항 제2호, 제34조 제11항 제2호, 제35조의 3 제10항 제2호, 제36조 제11항 제1호 나목 및 같은 항 제2호 나목, 제37조 제19항 제1호 나목 및 같은 항 제2호 나목, 제43조 제8항 제1호 나목 및 같은 항 제2호 나목, 제60조의 2 제15항 제2호, 제63조 제9항 제2호, 제67조 제11항 제2호, 제71조 제6항, 제97조의 6 제8항 제1호 나목 및 같은 항 제2호 나목, 제97조의 8 제5항 제2호, 제100조의 11 제2항, 제100조의 26 제2항, 제100조의 32 제21항 제2호, 제104조의 6 제3항 제2호, 제

를 제공하는 분부터 적용한다.

제12조【내국인 우수 인력의 국내복귀에 대한 소득세 감면에 관한 적용례】 제18조의 3의 개정규정은 이 법 시행 이후 같은 개정규정에 따른 연구기관등에 취업하는 경우부터 적용한다.

제13조【특정 시설 투자 등에 대한 세액공제에 관한 적용례】 제25조 제1항 및 제2항의 개정규정은 이 법 시행 이후 투자하는 분부터 적용한다.

제14조【영상콘텐츠 제작비용에 대한 세액공제에 관한 적용례】 제25조의 6 제1항의 개정규정은 이 법 시행 이후 발생한 영상콘텐츠의 제작비용을 지출하는 경우부터 적용한다.

제15조【경력단절 여성 고용 기업 등에 대한 세액공제에 관한 적용례】 제29조의 3 제1항의 개정규정은 이 법 시행 이후 고용하는 분부터 적용한다.

제16조【중소기업 청년근로자 및 핵심인력 성과보상기금 수령액에 대한 소득세 감면에 관한 적용례】 제29조의 6 제1항의 개정규정은 이 법 시행 이후 공제금을 수령하는 분부터 적용한다.

제17조【고용을 증대시킨 기업에 대한 세액공제의 사후관리에 관한 적용례】 제29조의 7 제2항의 개정규정은 이 법 시행 이후 과세표준을 신고하는 분부터 적용한다.

제18조【정규직 근로자로의 전환에 따른 세액공제에 관한 적용례】 제30조의 2 제1항의 개정규정은 이 법 시행 이후 정규직 근로자로 전환하는 분부터 적용한다.

제19조【주식의 현물출자 등에 의한 지주회사의 설립 등에 대한 과세특례에 관한 적용례】 제38조의 2의 개정규정은 2022년 1월 1일 이후 현물출자하거나 주식을 교환하는 분부터 적용한다.

제20조【전략적 제휴를 위한 비상장 주식교환등에 대한 과세특례에 관한 적용례】 제46조의 7 제1항의 개정규정은 이 법 시행 이후 제46조의 7 제1항에 따른 주식교환등을 하는 분부터 적용한다.

104조의 15 제4항 제2호, 제104조의 18 제3항 제2호, 제104조의 20 제6항 제2호, 제106조의 9 제8항, 제106조의 13 제7항, 제116조의 7 제3항 제2호, 제116조의 30 제10항 제2호, 제116조의 31 제10항 제1호 나목 및 같은 항 제2호 나목, 제116조의 32 제15항 제1호 나목 및 같은 항 제2호 나목, 제116조의 33 제3항 제2호, 제116조의 34 제7항 제1호 나목 및 같은 항 제2호 나목, 제116조의 35 제7항 제2호 및 제137조 제2항 제2호의 개정규정에도 불구하고 해당 이자상당가산액 또는 이자상당액의 계산의 기준이 되는 기간 중 이 영 시행일 전일까지의 기간에 대한 이자율은 종전의 규정에 따른다.

제26조【주식매각 후 벤처기업등 재투자에 대한 과세특례에 관한 경과조치】 2019년 1월 1일 전에 매각대상기업의 주식을 양도한 분을 2019년 1월 1일 이후 재투자하는 경우에는 제43조의 8 제5항의 개정규정에도 불구하고 종전의 규정에 따른다.

제27조【농업회사법인에 대한 세액감면 등에 관한 경과조치】 이 영 시행 전에 신설된 농업회사법인의 경우에는 제65조 제2항 각 호 외의 부분의 개정규정에도 불구하고 종전의 규정에 따른다.

제28조【소형주택 임대사업자에 대한 세액감면에 관한 경과조치】 이 영 시행 전에 세액의 감면을 신청한 경우에는 제96조 제6항 제3호의 개정규정에도 불구하고 종전의 규정에 따른다.

제29조【장기일반민간임대주택등에 대한 양도소득세 과세특례에 관한 경과조치】 ① 이 영 시행 전에 「민간임대주택에 관한 특별법」 제5조 제3항에 따라 변경 신고한 경우에는 제97조의 3 제4항의 개정규정에도 불구하고 종전의 규정에 따른다.
② 이 영 시행일 현재 단기민간임대주택을 8년 초과하여 임대한 경우에는 제97조의 3 제4항의 개정규정에도 불구하고 종전의 규정에 따른다.

제21조【대토보상에 대한 양도소득세 과세특례에 관한 적용례】 제77조의 2의 개정규정은 이 법 시행 이후 양도하는 분부터 적용한다.

제22조【연금계좌세액공제 등에 관한 적용례】 제86조의 4의 개정규정은 이 법 시행 이후 연금계좌에 납입하는 분부터 적용한다.

제23조【공모부동산집합투자기구의 집합투자증권의 배당소득에 대한 과세특례에 관한 적용례】 제87조의 7 제1항의 개정규정은 이 법 시행 이후 최초로 배당소득을 지급받는 분부터 적용한다.

제24조【비과세종합저축에 대한 과세특례에 관한 적용례】 제88조의 2의 개정규정은 이 법 시행 이후 신규로 가입하는 분부터 적용한다.

제25조【세금우대저축자료의 제출 등에 관한 적용례】 ① 제89조의 2 제1항의 개정규정은 이 법 시행 이후 거주자가 제87조의 7 제2항의 개정규정에 따라 같은 조 제1항의 개정규정의 적용대상이 되는 공모부동산집합투자기구의 집합투자증권의 내역을 제출하는 경우부터 적용한다.
② 제89조의 2 제6항의 개정규정은 이 법 시행 이후 세금우대저축자료를 통보받는 분부터 적용한다.

제26조【소형주택 임대사업자에 대한 세액감면에 관한 적용례】 제96조 제1항의 개정규정(감면세액과 관련된 부분에 한정한다)은 2021년 1월 1일 이후 임대사업에서 발생하는 소득분부터 적용한다.

제27조【영세개인사업자의 체납액 징수특례에 관한 적용례】 제99조의 10의 개정규정은 이 법 시행 이후 체납액 징수특례를 신청하는 분부터 적용한다.

제28조【근로장려세제 및 자녀장려세제에 관한 적용례】 제100조의 3 제3항 · 제5항 · 제6항, 제100조의 4 제6항, 제100조의 5 제1항 · 제2항 · 제4항 · 제5항, 제100조의 6 제5항 · 제7

제30조【근로장려금 및 자녀장려금에 관한 경과조치】 이 영 시행 전에 근로장려금 또는 자녀장려금을 신청한 분에 대해서는 제100조의 6 제5항, 별표 11 및 별표 11의 2의 개정규정에도 불구하고 종전의 규정에 따른다.

항부터 제9항까지, 제100조의 7, 제100조의 8 제5항, 제100조의 28, 제100조의 29, 제100조의 30 제1항 · 제3항 및 제100조의 31의 개정규정은 이 법 시행 이후 근로장려금 또는 자녀장려금을 신청하는 분부터 적용한다.

제29조【투자 · 상생협력 촉진을 위한 과세특례에 관한 적용례】 제100조의 32 제1항의 개정규정은 이 법 시행 이후 과세표준을 신고하는 분부터 적용한다.

제30조【전자신고에 대한 세액공제의 연간 공제한도액에 관한 적용례】 제104조의 8 제3항 및 제4항의 개정규정은 이 법 시행 이후 같은 조 제3항에 따른 세무사 본인의 과세표준을 신고하는 분부터 적용한다.

제31조【기숙사 운영사업 등에 대한 부가가치세 면제에 관한 적용례】 제106조 제1항의 개정규정은 이 법 시행 이후 시설관리운영권 및 용역을 제공하는 분부터 적용한다.

제32조【농업 · 임업 · 어업용 및 연안여객선박용 석유류에 대한 부가가치세 등의 감면 등에 관한 적용례】 ① 제106조의 2 제10항의 개정규정은 이 법 시행 이후 천재지변 등의 사유가 발생하는 분부터 적용한다.
② 제106조의 2 제13항 제2호의 개정규정은 2021년 1월 1일 이후 지정취소 사유가 발생하는 분부터 적용한다.
③ 제106조의 2 제20항의 개정규정은 이 법 시행 이후 면세유류 관리기관이 자료를 요청하는 분부터 적용한다.

제33조【노후자동차 교체에 대한 개별소비세 감면에 관한 적용례】 제109조의 2 제1항의 개정규정은 2020년 1월 1일부터 2020년 6월 30일까지 신차를 제조장에서 반출하거나 수입신고하여 같은 기간 동안 신규등록하는 경우에 한정하여 적용한다.

제34조【위기지역 및 제주특별자치도 소재 골프장에 대한 개별소비세 감면에 대한 적용례】 제112조 및 제121조의 15의 개정규정은 이 법 시행 이후 입장행위를 하는 분부터 적용한다.

제35조【제주도여행객 면세점에 대한 간접세 등의 특례에 관한 적용례】 제121조의 13 제5항의 개정규정은 이 법 시행 이후 면세물품을 구입하는 분부터 적용한다.

제36조【첨단의료복합단지 및 국가식품클러스터 입주기업에 대한 법인세 등의 감면에 관한 적용례】 제121조의 22의 개정규정은 이 법 시행 이후 과세표준을 신고하는 분부터 적용한다.

제37조【신용카드 등 사용금액에 대한 소득공제에 관한 적용례】 제126조의 2의 개정규정(신문 구독료와 관련된 부분에 한정한다)은 2021년 1월 1일 이후 사용하는 분부터 적용한다.

제38조【세액공제액의 이월공제에 관한 적용례】 제144조 제1항 제2호의 개정규정은 이 법 시행 이후 비용이 발생하는 분부터 적용한다.

제39조【공모부동산집합투자기구의 집합투자증권의 배당소득에 대한 과세특례에 관한 특례】 이 법 시행 당시 공모부동산집합투자기구의 집합투자증권을 보유하고 있는 거주자에게 제87조의 7의 개정규정을 적용하는 경우에는 이 법 시행일을 공모부동산집합투자기구의 집합투자증권에 투자한 날로 본다.

제40조【일반택시 운송사업자의 부가가치세 경감세액 미지급 관련 이자상당액 계산에 대한 특례 등】 제106조의 7 제7항의 개정규정에도 불구하고 미지급한 경감세액에 대한 이자상당액 계산의 기준이 되는 기간 중 2019년 12월 31일 이전의 기간에 대한 이자율은 1만분의 3으로 하고, 2020년 1월 1일부터 2020년 3월 31일까지의 기간에 대한 이자율은 10만분의 25로 한다.

제41조【특정 시설 투자 등에 대한 세액공제에 관한 경과조치】 2017년 12월 31일 이전에 제25조 제1항 제6호의 시설에 투자(중소기업이 투자하는 경우는 제외한다)를 개시하여 이 법 시행일부터 2020년 12월 31일까지 투자하는 분의 공제율에 관하여는 제25조 제2항의 개정규정 및 부칙 제13조에도 불구하고 종전의 「조세특례제한법」(법률 제15227호로 개정되기 전의 것을 말한다)의 규정에 따른다.

제42조【중소기업 사회보험료 세액공제에 관한 경과조치】 이 법 시행 전에 사회보험에 신규 가입한 경우에는 제30조의 4 제3항의 개정규정에도 불구하고 종전의 규정에 따른다.

제43조【창업자금에 대한 증여세 과세특례에 관한 경과조치】 이 법 시행 전에 창업자금을 증여받고 제30조의 5 제1항에 따라 증여세를 부과받은 경우에는 제30조의 5 제2항 · 제4항 및 같은 조 제6항 제4호의 개정규정에도 불구하고 종전의 규정에 따른다.

제44조【주식의 현물출자 등에 의한 지주회사의 설립 등에 대한 과세특례에 관한 경과조치】 2021년 12월 31일 이전에 현물출자하거나 주식을 교환한 경우에는 제38조의 2의 개정규정에도 불구하고 종전의 규정에 따른다.

제45조【박물관 등의 이전에 대한 양도소득세의 과세특례에 관한 경과조치】 이 법 시행 전에 제83조 제1항 각 호의 어느 하나에 해당하는 박물관 등을 양

도하고 같은 조에 따라 양도소득세 과세특례를 적용받은 경우에는 제83조 제1항의 개정규정에도 불구하고 종전의 규정에 따른다.

제46조【행정중심복합도시 · 혁신도시 개발예정지구 내 공장의 지방이전에 대한 과세특례에 관한 경과조치】 이 법 시행 전에 종전의 제85조의 2 제3항에 따라 행정중심복합도시 등에서 지방으로 이전하여 사업을 개시한 경우에는 제85조의 2 제3항 및 제6항의 개정규정에도 불구하고 종전의 규정에 따른다.

제47조【공익사업을 위한 수용등에 따른 공장 이전에 대한 과세특례에 관한 경과조치】 이 법 시행 전에 공장의 대지와 건물을 공익사업의 사업시행자에게 양도하고 제85조의 7에 따라 양도소득세 과세특례를 적용받은 경우에는 제85조의 7 제1항의 개정규정에도 불구하고 종전의 규정에 따른다.

제48조【중소기업의 공장이전에 대한 과세특례에 관한 경과조치】 이 법 시행 전에 공장의 대지와 건물을 양도하고 제85조의 8에 따라 양도소득세 과세특례를 적용받은 경우에는 제85조의 8 제1항의 개정규정에도 불구하고 종전의 규정에 따른다.

제49조【비과세종합저축에 대한 과세특례에 관한 경과조치】 이 법 시행 전에 비과세종합저축에 가입한 경우에는 제88조의 2의 개정규정에도 불구하고 종전의 규정에 따른다.

제50조【세금우대저축자료의 제출 등에 관한 경과조치】 이 법 시행 전에 세금우대저축자료를 통보받아 보관하고 있는 경우에는 제89조의 2 제6항의 개정규정에도 불구하고 종전의 규정에 따른다.

제51조【소형주택 임대사업자에 대한 세액감면에 관한 경과조치】 2020년 12월 31일 이전에 임대사업에서 발생한 소득에 대하여는 제96조 제1항의 개정규정(감면세액과 관련된 부분에 한정한다)에도 불구하고 종전의 규정에 따른다.

제52조【석유제품 전자상거래에 대한 세액공제에 관한 경과조치】 제104조의 25 제1항의 개정규정에도 불구하고 이 법 시행 전에 전자결제망을 이용하여 석유제품을 공급하였던 분에 대해서는 종전의 규정에 따른다.

제53조【노후자동차 교체에 대한 개별소비세 감면 등에 관한 경과조치】 부칙 제33조에도 불구하고 2019년 12월 31일 이전에 제조장 또는 보세구역으로부터 반출되어 개별소비세가 납부되었거나 납부될 승용자동차를 2019년 12월 31일 현재 보유하고 있는 제조업자, 도 · 소매업자 또는 수입업자 등 사업자는 해당 승용자동차에 대한 판매확인서, 재고물품확인서, 환급신청서 등 국세청장 또는 관세청장이 정하는 증거서류를 첨부하여 관할세무서장 또는 관할세관장의 확인을 받으면 해당 승용자동차는 이 법 시행일 이후에 제조장 또는 보세구역으로부터 반출된 것으로 보아 제109조의 2에 따라 감면, 환급 또는 공제받을 수 있다.

부 칙 (2019. 11. 26. 법률 제16652호 ; 금융회사부실자산 등의 효율적 처리 및 한국자산관리공사의 설립에 관한 법률 부칙)

제1조【시행일】 이 법은 공포한 날부터 시행한다.

제2조【다른 법률의 개정】 ①~㉜ 생 략

㉝ 조세특례제한법 일부를 다음과 같이 개정한다.

제117조 제1항 제9호 중 "「금융회사부실자산 등의 효율적 처리 및 한국자산관리공사의 설립에 관한 법률」"을 "「한국자산관리공사 설립 등에 관한 법률」"로 한다.

㉞~㊵ 생 략

제3조 생 략

부 칙 (2019. 4. 30. 법률 제16413호 ; 파견근로자보호 등에 관한 법률 부칙)

제1조【시행일】 이 법은 공포한 날부터 시행한다.

제2조【다른 법률의 개정】 ①~⑪ 생 략

⑫ 조세특례제한법 일부를 다음과 같이 개정한다.

제30조의 2 제1항 중 "「파견근로자보호 등에 관한 법률」"을 각각 "「파견근로자 보호 등에 관한 법률」"로 한다.

⑬~⑭ 생 략

부 칙 (2019. 4. 30. 법률 제16407호 ; 첨단의료복합단지 지정 및 지원에 관한 특별법 부칙)

제1조【시행일】 이 법은 공포 후 6개월이 경과한 날부터 시행한다.

제2조【다른 법률의 개정】 ① 생 략

② 조세특례제한법 일부를 다음과 같이 개정한다.

제121조의 22 제1항 중 "「첨단의료복합단지 지정 및 지원에 관한 특별법」"을 "「첨단의료복합단지 육성에 관한 특별법」"으로 한다.

③ 생 략

제3조 생 략

조세특례제한법 시행령 별표

〔별표 7〕 (2024. 11. 12. 개정)

신성장 · 원천기술의 범위(제9조 제2항 관련)

구분	분야	대상기술
1. 미래형 자동차	가. 자율 주행차	1) 주행상황 인지 센서 기술: 주행상황을 인지하는 차량탑재용 비전 센서(vision sensor), 레이더 센서(radar sensor), 레이저 스캐너 센서(laser scanner sensor) 기술과 주행환경 상의 전방위 물체에 대한 정확한 거리와 공간정보를 처리하는 소프트웨어 기술
		1) 삭 제 (2023. 6. 7.)
		2) 주행지능정보처리 통합시스템 기술: 인지 센서를 통해 수집된 정보를 차량환경에서 고속처리하는 컴퓨팅모듈 통합시스템 설계 기술과 차량 내 · 외 통신기술 및 정밀도로지도 구축 · 정합 기술
		2) 삭 제 (2023. 6. 7.)
		3) 주행상황 인지 기반 통합제어 시스템 기술: 주행상황을 인지·판단하여 차선 · 차로를 제어하는 주행경로 생성 기술과 고장예지 · 고장제어 · 비상운행 등의 다중안전설계기술이 적용된 차량의 구동 · 조향 · 제동 · 제어 시스템과 이를 능동적으로 제어하는 통합제어 시스템 설계 기술
		3) 삭 제 (2023. 6. 7.)
		4) 자율주행 사고원인 규명 기술: 자율주행 사고시점 전후의 자동차 내외부 정보를 저장하고 분석하는 기술
		4) 자율주행 기록 및 사고원인 규명 기술: 자율주행 운행 기록과 사고시점 전후의 자동차 내외부 정보를 저장하고 분석하는 기술 (2024. 2. 29. 개정)
		5) 탑승자 인지 및 인터페이스 기술: 탑승자의 안면인식 등을 통한 신체적 · 감정적 변화 감지 기술과 탑승자의 모션 · 음성 · 터치 등을 통해 운전 · 내부조작 등이 가능한 상호작용 기술
	나. 전기 구동차	1) 전기동력 자동차의 구동시스템 고효율화 기술: 전기동력 자동차에서 전기에너지를 운동에너지로 변환시키는 모터와 구동력을 휠(wheel)에 전달하기 위한 감속기 · 변속기 등 구동시스템을 고효율화하는 기술
		1) 삭 제 (2023. 6. 7.)
		2) 전기동력 자동차의 전력변환 및 충전 시스템 기술: 최대 출력 100kW급 이상, 최대 효율 92% 이상을 만족하는 전기동력 자동차 급속충전용 전력변환장치와 전기동력 자동차와 자동연결되는 유 · 무선 충전 인터페이스장치를 설계 · 제조하는 기술
		2) 삭 제 (2023. 6. 7.)
		3) 전기차 초고속 · 고효율 무선충전 기술: 전기동력 자동차와 관련하여 감전위험이 없는 비접촉 무선 전력전송 방식(자기유도, 자기공명, 전자기파)으로 배터리를 충전하기 위한 전력 전송효율 90% 이상의 초고속 고효율 무선충전시스템 및 무선충전 핵심모듈(급전 인버터, 집전 픽업구조, 레귤레이터) 기술

구분	분야	대상기술
1. 미래형 자동차	나. 전기 구동차	4) 하이브리드자동차의 구동시스템 고효율화 기술: 하이브리드자동차(HEV)의 연비 향상, 배출가스 감축 등을 위해 엔진 열효율(공급된 연료에너지에 대해 출력되는 유효일의 비를 말한다)을 45% 이상으로 구현하기 위한 하이브리드 구동시스템 고효율화 기술
2. 지능 정보	가. 인공 지능	1) 학습 및 추론 기술: 다양한 기계학습 알고리즘(algorithm), 딥러닝(deep learning), 지식베이스(knowledge base) 구축, 지식추론 등 학습 알고리즘과 모델링(modeling) 조합을 통해 지능의 정확도와 속도를 향상시키는 소프트웨어 기술
		2) 언어이해 기술: 텍스트(text), 음성에서 언어를 인지·이해하고 사람처럼 응대할 수 있는 자연어 처리, 정보검색, 질의응답, 언어의미 이해, 형태소·구문 분석 등 언어 관련 소프트웨어 기술
		3) 시각이해 기술: 비디오(video), 이미지(image) 등에서 객체를 구분하고 움직임의 의미를 파악하기 위한 컴퓨터 비전(computer vision), 행동 인식, 내용기반 영상검색, 영상 이해, 영상 생성 등 사람의 시각지능을 모사한 소프트웨어 기술
		4) 상황이해 기술: 다양한 센서(sensor)를 통해 수집된 환경정보를 이해하거나, 대화 상대의 감정을 이해하고 주변상황과 연결한 자신의 상태를 이해하는 등 자신이 포함된 세계나 환경을 이해하여 적절한 행동을 결정짓는 소프트웨어 기술

구분	분야	대상기술
2. 지능 정보	가. 인공 지능	5) 인지컴퓨팅 기술: 저전력·고효율로 지능정보 학습을 수행할 수 있도록 컴퓨터 시스템 구조를 재설계하거나, 인공지능 알고리즘(algorithm) 처리가 용이하도록 초고성능 연산 플랫폼(Platform)을 제공하는 컴퓨터 하드웨어 및 소프트웨어 기술
	나. 사물 인터넷 (IoT : Internet of Things)	1) IoT 네트워크 기술: 사물간의 네트워크(network)를 구성하기 위한 대량의 네트워크(Massive IoT) 구성 기술, 저전력 초경량 네트워크 기술(LPWA: Low Power Wide Area) 및 네트워크 상황에 따른 품질 보장형 협업 네트워크와 사물인터넷 전용망 기술
		2) IoT 플랫폼 기술: 다양한 사물인터넷 기기에 대한 식별·통신·검색·접근 및 사물인터넷 기기를 통한 데이터 수집·저장·관리와 데이터에 대한 분석·가공을 지원하는 지능형 소프트웨어 플랫폼(Software Platform) 기술
		3) 사이버물리시스템 기술: 센서와 구동체[액츄에이터(Actuator)]를 갖는 기계적 장치와 이를 제어하는 정보통신 인프라(infra)를 결합하여 물리적 환경과 가상환경을 연결하는 것으로 물리적 환경을 실시간으로 모니터링(monitoring)하여 대량의 데이터(data)를 수집·분석·처리하고 이를 바탕으로 물리적 기계장치 또는 컴퓨팅(computing) 장치를 자동으로 제어하는 임베디드(embedded) 기반 분산제어 시스템 기술

구분	분야	대상기술
2. 지능정보	다. 클라우드 (Cloud)	1) SaaS(Software as a Service) 기술 : 다양한 클라우드 환경에서 인터넷을 통한 소프트웨어 사용이 실행가능하도록 상호운용성을 확보하고, 다양한 사용자 요구를 소프트웨어 자체의 변경 없이 수용하는 맞춤형 서비스 기술 및 SaaS 응용을 연계하여 새로운 서비스를 제공하는 서비스 매쉬업(mashup) 기술
		2) PaaS(Platform as a Service) 기술: 개발자가 데이터베이스(database), 웹(web), 모바일(mobile), 데이터(data) 처리 등의 소프트웨어 개발 환경을 클라우드 상에서 손쉽게 활용하여 응용 서비스의 개발·배포 및 이전이 가능하도록 하는 기술 및 실행환경 제공 기술
		3) IaaS(Infrastructure as a Service) 기술: 가상머신(Virtual Machine) 혹은 컨테이너(container, 경량화된 가상화기술) 기반으로 자원을 가상화하고, 다중 클라우드 연동을 통해 자원을 확장하는 기술 및 다양한 클라우드 인프라 서비스의 중개를 위한 클라우드 서비스 브로커리지(Cloud Service Brokerage) 기술
	라. 빅데이터 (Big Data)	1) 빅데이터 수집·정제·저장 및 처리기술: 여러 입력 소스(source)에서 발생하는 다양한 종류의 대규모 데이터(data)를 수집·정제하거나, 향후 분석을 위해 고속의 저장소에 저장하고 관리하는 기술
		2) 빅데이터 분석 및 예측 기술: 대규모 데이터(data)에 다양한 통계기법, 기계학습, 시뮬레이션(simulation) 기법 등을 활용하여 분석하고, 데이터에 내재한 의

구분	분야	대상기술
2. 지능정보	라. 빅데이터 (Big Data)	미를 추출하고 장단기 미래 동향을 예측하는 소프트웨어 기술
		3) 데이터 비식별화 기술: 개인의 사생활을 침해하지 않으면서 인공지능 학습 등에 활용할 수 있도록 대량의 비정형데이터(이미지·영상 등) 및 개인정보 데이터를 비식별화하는 기술
	마. 착용형 스마트 기기	1) 신체 부착형 전자회로의 유연기판 제작기술 및 유연회로 인쇄기술: 스마트 착용형기기(wearable device)에 사용되는 신체 부착형 전자회로의 유연기판 제작기술 및 유연회로 인쇄기술
		2) 유연한 양·음극 소재 및 전극 설계·제조기술: 20퍼센트 이상의 변형 시에도 기계적·전기화학적 신뢰성 확보가 가능하며 100㎛ 후박급의 착용형기기(wearable device)에 전원용으로 사용되는 유연한(flexible) 양·음극 소재 설계·제조 기술 및 해당 전극의 조성(composition)·형상(forming)의 설계·제조 기술
		3) 섬유기반 유연전원(fabric based flexible battery) 제조기술: 유연 성능이 4.5g·㎠/㎝ 이상으로 변형에 대한 형태 안정성이 우수한 유연전원(fabric based flexible battery)으로서, 에너지 밀도가 100Wh/kg 이상으로 고효율·고수명의 성능을 가진 섬유기반 유연전원을 제조하는 기술

구분	분야	대상기술
2. 지능정보	마. 착용형 스마트 기기	4) 전투기능 통합형 작전용 첨단디지털 의류기술: 군사 및 경찰 작전 등의 특수 임무를 수행하는 데 필요한 극한기능과 신호전송기능 및 신체보호기능을 갖춘 총체적 디지털 기능 전투복 제조 기술
		5) 생체정보 처리 및 인체내장형 컴퓨팅 기술: 생체신호 측정 및 전달 기술, 생체기능의 컴퓨터 시뮬레이션(모사) 기술, 내장형 심장 박동 기술, 인슐린 자동 분비 기술, 인공 눈/귀 등과 같이 신체의 내·외부에 장착되어 사용자의 생체정보 또는 기능을 인식·모사·처리하거나 신체의 기능을 보완·대체하는 기술
	바. IT 융합	1) 지능형 전자항해 기술: IMO(International Maritime Organization, 국제해사기구)의 e-Navigation 구현을 목적으로 장소에 구애받지 않고 4S(ship to ship, ship to shore, shore to ship, shore to shore) 통신을 구현하는 통신단말장치 제작기술과 그 통신단말장치를 기반으로 육상과의 실시간 디지털통신을 통해 입항부터 출항까지의 항해 업무를 통합적으로 처리하고 증강현실 및 3차원 전자해도를 활용한 충돌·좌초 회피지원 기능을 갖는 선박항해시스템 설계 및 구축기술
		2) 지능형 실시간 도시 시설물 관리시스템 기술: 도시 시설물(도로, 철도, 교량, 항만, 댐, 터널, 건축물, 전기·가스·수도 등의 공급설비, 통신시설 및 하수도시설 등)에 부착 또는 삽입하여 동 시설물들을 대상으로 통신기능 및 에너지 수확기능을 갖는 센서(sensor)를 활용하여

구분	분야	대상기술
2. 지능정보	바. IT 융합	시설물의 운영상황 및 위험요인(물리적·기능적 결함 여부 포함)을 실시간으로 계측·평가하여 유지·보수하는 지능형 도시 시설물 관리시스템 설계·구축 기술
		3) 지능형 기계 및 자율협업 기술: 생산설비에 붙박이 형태(built-in)로 장착한 다양한 센서(sensor)나 엔코더(Encoder)로부터 수집한 생산설비의 품질(상태)정보 및 공정조건을 실시간으로 분석하여 최적의 작업상태를 제공할 수 있는 진단·처방정보를 창출하는 내장형·외장형 소프트웨어 제작기술과, 동 정보를 바탕으로 생산설비를 원격으로 제어하는 개방형 제어기(controller), M2M(Machine to Machine, Machine to Man, 기계 간의 통신 및 인간이 작동하는 기계와의 통신) 디바이스(device) 제작기술 및 내장형·외장형 소프트웨어와 개방형 컨트롤러 디바이스를 탑재하여 자동으로 상태감시·진단·제어기능을 하는 지능형 기계 제작기술
	사. 블록체인	블록체인 기술: 모든 구성원이 분산형 네트워크(P2P Network)를 통해 정보 및 가치를 검증·저장·실행함으로써 특정인의 임의적인 조작이 어렵도록 설계된 분산 신뢰 인프라를 구현하기 위한 P2P 네트워킹기술, 합의기술, 스마트계약 검증기술, 분산저장기술, 플랫폼기술(확장성·성능 개선 등), 보안기술, IoT 기술, 적합성검증 기술
	아. 양자컴퓨터	양자컴퓨터 제작 및 활용 기술: 양자 정보를 처리할 수 있는 메모리(큐비트, Qubit)를 구현하고, 큐비트간 연산처리가 가능한 장치의 제작 기술 및 양자컴퓨터의 구

구분	분야	대상기술
2. 지능정보	아. 양자컴퓨터	동 · 원격사용과 양자컴퓨터를 이용한 계산 등 양자컴퓨터를 활용하기 위한 기술
	자. 스마트물류 (2023. 2. 28. 신설)	지능형 콜드체인 모니터링 기술: 화물의 운송 과정에서 온도, 습도, 충격 등의 상태 데이터를 정보수집 장치를 통해 수집 및 저장하고, 이를 국제표준 ISO 27017에 따라 보안성이 검증된 클라우드 서버로 전송하여 단위화물 정보와 연동하고 이를 소프트웨어상에서 모니터링하는 기술
3. 차세대 소프트웨어 (SW) 및 보안	가. 기반 소프트웨어 (SW)	1) 융합서비스 · 제품의 소프트웨어 내재화 기술: 기존 서비스 및 제품에 지능화 · 자동화 등을 위한 지능형 소프트웨어 기술을 적용하여 신규 서비스를 창출하거나 새로운 기능을 추가하고, 신뢰성 · 고속성 · 실시간성 · 저전력 등을 통해 10% 이상 기능을 향상시키는 기술
		2) 이기종(異機種) 멀티코아 소프트웨어 기술: 중앙연산장치(CPU)에 보조연산장치 · 연산가속장치 등의 여러 컴퓨팅 장치를 결합하여 고효율 · 고성능(전력소모량 등 비용 효율성을 10배 이상 개선하거나, 연산속도를 10배 이상 개선한 것을 말한다)을 구현하는 소프트웨어 기술
		3) 분산병렬 소프트웨어 기술: 대규모 데이터 연산 처리를 위해 분산 컴퓨팅 환경에서 10,000개 이상의 노드(센서, 컴퓨터 등) 지원을 대규모로 분산하는 소프트웨어 기술 및 100개 이상의 병렬성에서 99.999%의 신뢰성을 보장하는 고신뢰 병렬 소프트웨어 기술

구분	분야	대상기술
3. 차세대 소프트웨어 (SW) 및 보안	가. 기반 소프트웨어 (SW)	4) 차세대 메모리 기반 시스템 소프트웨어 기술: 기존 메모리와 다른 대용량 비휘발성 메모리를 활용하여 컴퓨터 · 서버 · 휴대단말기 등의 컴퓨팅 속도를 20% 이상 개선하거나 메모리 용량을 4배 이상 증대시키는 시스템 소프트웨어 기술
		5) 컴퓨터 이용 설계 및 공학적 분석 소프트웨어 기술: 제품 생산에 있어 개념 설계 단계 이후 제작도면 작성과 작성된 도면의 제품 성능 및 품질 검토를 수행하는 소프트웨어 기술
	나. 융합 보안	1) 사이버 위협 인텔리전스(Intelligence) 대응기술: 인적자원으로 불가능한 대규모 사이버 공격의 분석 또는 대응을 위해 지능정보기술(인공지능, 빅데이터 등)을 활용한 사이버 위협 자동분석 · 대응 기술
		2) 휴먼바이오(human-bio) · 영상 기반 안전 · 감시 · 보안기술: 인간의 신체적 특성(지문, 얼굴, 홍채, 정맥 등)과 행동적 특성(서명, 음성, 걸음걸이 등)을 이용한 신원확인 기술과 영상정보를 이용하여 특정 객체(사람 · 사물)나 이상상황(범죄 · 사고 등)을 자동으로 인지하는 기술
		3) 미래컴퓨팅 응용 · 보안기술: 양자컴퓨팅(quantum computing) 특성에 따른 고속의 데이터 · 통신 암호화 및 암호해독방지 기술
		4) 융합서비스 · 제품의 보안내재화 기술: 사이버 공격으로 인명이나 재산상의 손실을 끼칠 수 있는 정보통신

구분	분야	대상기술
3. 차세대 소프트웨어 (SW) 및 보안	나. 융합 보안	기술(ICT) 융합서비스 · 제품(자율주행차, 인공심박기, 도어락 등)에 탑재될 수 있도록 저전력 · 경량화되면서도 외부 공격(탈취, 파괴, 위 · 변조 등)에 의해 정보가 유출 · 변경되는 것을 방지 · 대응하기 위한 기술
4. 콘텐츠	가. 실감형 콘텐츠	1) 가상현실(VR) 콘텐츠 기술: 사용자의 오감을 가상공간으로 확장 · 공유함으로써 환경적 제약에 의해 직접 경험하지 못하는 상황을 간접 체험할 수 있게 하는 가상현실(Virtual Reality) 콘텐츠 제작 기술
		2) 증강현실(AR) 콘텐츠 기술: 디지털 콘텐츠를 현실공간과 사물에 혼합시킴으로써 사용자에게 보다 많은 체험 서비스를 제공하게 하는 증강현실(Augmented Reality) 콘텐츠 제작 기술
		3) 오감체험형 4D 콘텐츠 제작기술: 기존의 3D 입체영상 콘텐츠에 증강현실(Augmented Reality) 영상기술과 시각 · 후각 · 청각 · 미각 · 촉각 등의 오감체험을 통한 양방향성의 상호작용 기술이 융합된 4D 콘텐츠 제작기술
		4) 디지털 홀로그램(Hologram) 콘텐츠 제작기술: 물체 형태에 대한 완벽한 3차원 정보를 조명광 파면(wavefront)의 간섭무늬 형태로 담고 있는 홀로그램 프린지(fringe) 패턴을 생성하고, 디지털화된 처리를 통해 3차원 영상으로 재현, 편집, 정합 또는 공간인식을 하는 기술
4. 콘텐츠	나. 문화 콘텐츠	1) 게임 콘텐츠 제작기술: 게임엔진·게임저작도구·게임 UI(User Interface)·게임 운영환경 등의 개발 또는 기능 개선을 통해 게임 콘텐츠를 기획 · 제작하거나 서비스를 제공하는 기술, 실시간 데이터를 활용한 시 · 청각화 관련 기술, 유저와의 상호작용을 위한 데이터 처리 및 시나리오 구현 기술, 학습 · 의료 등 분야의 기능성 게임 모델 개발 등 게임 콘텐츠 응용 기술
		2) 영화 · 방송 콘텐츠 제작기술: 영화 · 방송 콘텐츠의 기획 · 제작을 위한 사전시각화(pre-visualization) 및 그래픽 품질 개선 기술
		3) 애니메이션 콘텐츠 제작기술: 애니메이션 콘텐츠의 기획 · 제작을 위한 대용량 디지털 데이터 처리 관리 기술, AI 머신러닝을 통한 애니메이션 · 에셋 자동생산 기술, 게임엔진을 활용한 실시간 제작기술, 버추얼 프로덕션(virtual production) 기술
		4) 만화 · 웹툰 콘텐츠 제작기술: 만화 · 웹툰 콘텐츠의 기획 · 제작 및 서비스를 위한 디지털 만화 저작도구 개발 기술, 만화 멀티미디어 콘텐츠 제작 기술, 플랫폼 구축 및 서비스를 위한 저작권 보호 기술
5. 차세대 전자정보 디바이스	가. 지능형 반도체 · 센서	1) 고속 컴퓨팅을 위한 SoC 설계 · 제조 기술: 인간형 인식, 판단, 논리를 수행할 수 있는 뉴럴넷(Neural Network)을 구현하는 초고속, 저전력 슈퍼프로세서 기술로서 지능형 자율주행 이동체(드론 등), 지능형

구분	분야	대상기술
5. 차세대 전자정보 디바이스	가. 지능형 반도체 · 센서	로봇, 게임로봇, 고속 정보 저장 · 처리 및 통신기기, 위성체 및 군사용 무기 체계, 보안카메라, DVR (Digital Video Recoder)등의 화상처리용 지능형 보안시스템, 복합 교통관제 시스템 등의 제작을 위해 매니코어(Many Core)를 단일 반도체에 통합한 SoC(System on Chip) 설계 및 제조(7nm 이하) 기술
		2) 초소형 · 초저전력 IoT · 웨어러블 SoC 설계 · 제조기술: IoT, 착용형 스마트 단말기기 및 웨어러블 센서(wearable sensor) 등을 위해 장기간 지속사용이 가능하고, 초소형 · 초저전력으로 동작하며, IoT 네트워크에 지능형 서비스를 적용하기 위한 지능정보 및 데이터의 처리가 가능한 초저전력 SoC(System on Chip) 설계 · 제조 기술
		3) SoC 파운드리 제조, 후공정 및 장비 설계 · 제조 기술: SoC(System on Chip) 반도체 개발 · 양산을 위한 핵심 기반기술로 파운드리(Foundry) 분야의 7nm 이하급 제조공정 및 공정 설계기술, 2D/2.5D/3D 패키징 등 파운드리(Foundry) 후공정 기술 및 파운드리 소재 · 장비 설계 · 제조 기술
		4) 차세대 메모리반도체 제조기술과 소재 · 장비 및 장비부품의 설계 · 제조기술: 기존 메모리반도체인 D램(DRAM)과 낸드 플래시메모리(Nand Flash Memory)의 장점을 조합한 STT-MRAM(Spin Transfer Torque-Magnetic Random Access Memory), PRAM(Phase-

구분	분야	대상기술
5. 차세대 전자정보 디바이스	가. 지능형 반도체 · 센서	change Random Access Memory), ReRAM(Resistive Random Access Memory) 등 차세대 메모리반도체 제조기술 및 관련 소재 · 장비 및 장비부품의 설계 · 제조기술
		5) 지능형 마이크로 센서 설계 · 제조 · 패키지 기술: 물리적 · 화학적인 아날로그(analogue) 정보를 얻는 감지부와 논리 · 판단 · 통신기능을 갖춘 지능화된 신호처리 집적회로가 결합된 소자로서 나노기술, MEMS[Micro Electro Mechanical System, 기계부품 · 센서(sensor) · 액츄에이터(actuator) 및 전자회로를 하나의 기판 위에 집적화)] 기술, 바이오 기술, 0.8㎛ 이하 CMOS 이미지센서 기술 또는 SoC(System on Chip) 기술이 결합된 초소형 고성능 센서 설계 · 제조 및 패키지 기술
		6) 차량용 반도체 설계 · 제조기술: 자동차 기능안전성 국제표준 ISO26262, 자동차용 반도체 신뢰성 시험규격 ACE-Q100을 만족하는 MCU(Micro controller unit), ECU(Electronic control unit), 파워IC, SOC, 전기차, 하이브리드자동차 및 자율주행용 IC 반도체의 설계 · 제조 기술
		7) 에너지효율향상 반도체 설계 · 제조기술: 실리콘 기반의 MOSFET(MOS field-effect transistor)에 비해 저저항 · 고효율 특성을 지니며 차세대 응용 분야(전기차, 하이브리드자동차, 태양광, 풍력발전 등 신재생에너지, 스마트그리드 등) 인버터 등에 탑재되는

구분	분야	대상기술
5. 차세대 전자정보 디바이스	가. 지능형 반도체 · 센서	SJ(Super Junction) MOSFET, IGBT, SiC MOSFET의 설계 · 제조 기술
		8) 첨단 메모리반도체 설계 · 제조기술: 12nm 이하급 D램과 220단 이상 낸드플래시메모리 설계 · 제조 기술
		9) 에너지효율향상 전력 반도체 BCDMOS(Bipolar /Complementary/Double-diffused metal-oxide-semiconductor) 설계 · 제조 기술: 실리콘 기반의 저저항 · 고효율 특성을 지니며 차세대 응용 분야(5G, 전기차, 하이브리드자동차, 태양광, 풍력발전 등 신재생에너지, 스마트그리드 등)에 탑재되는 아날로그, 디지털 로직, 파워소자를 원칩화한 초소형 · 초절전 전력반도체 0.13㎛ 이하 BCDMOS 설계 · 제조 기술
		10) 전자제품 무선충전 기술: 기존 유도방식 무선충전 대비 충전 자유도가 높은 고출력 공진방식 무선 · 급속 충전 기술 및 원거리 RF(Radio Frequency) 전력전송 기술
		11) 웨이퍼레벨 칩 패키징 공정기술: LED 칩을 미세 패턴이 가공된 열전도성이 높은 웨이퍼 위에서 일련의 공정을 통해 패키징한 후 다이싱(dicing)하여 칩 패키지를 제조하는 기술
	나. 반도체 등 소재 · 부품	1) 포토레지스트(Photoresist) 개발 및 제조기술: 반도체 및 디스플레이용 회로형성에 필요한 리소그래피(lithography)용 수지로서 회로의 내열성, 전기적 특성, 현상(Developing) 특성을 좌우하는 Photoresist 및

구분	분야	대상기술
5. 차세대 전자정보 디바이스	나. 반도체 등 소재 · 부품	관련 소재를 개발 및 제조하는 기술 [ArF(불화아르곤) 광원용 및 EUV(극자외선) 광원용]
		2) 원자층증착법(ALD, Atomic Layer Deposition) 및 화학증착법(CVD, Chemical Vapor Deposition)을 위한 고유전체(High-k dielectric)용 전구체 개발 기술: 기존의 이산화규소(SiO2)보다 우수한 유전특성을 갖는 high-k dielectric 박막 증착을 위한 ALD 및 CVD 공정에 사용되는 전구체를 개발하는 기술
		3) 고순도 불화수소 개발 및 제조기술: 반도체 회로형성에 필요한 순도 99.999%(5N) 이상의 고순도 불화수소를 개발 및 제조하는 기술
		4) 블랭크 마스크(Blank Mask) 개발 및 제조기술: ArF(불화아르곤) 광원 및 EUV(극자외선) 광원을 이용하여 반도체 회로를 형성하는 데 사용되는 블랭크마스크 원판 및 관련 소재[펠리클(Pelllicle), 합성 쿼츠, 스터러링용 타겟 등을 포함]을 개발 및 제조하는 기술
		5) 반도체용 기판 개발 및 제조기술: 14nm 이하급 D램과 170단 이상 낸드플래시메모리 및 에피텍셜 반도체용 기판을 개발 및 제조하는 기술
		6) 첨단 메모리반도체 장비 및 장비부품의 설계 · 제조 기술: 14nm 이하급 D램(DRAM)과 170단 이상 낸드플래시메모리(Nand Flash Memory) 양산을 위한 장비 · 장비부품의 설계 · 제조 기술

구분	분야	대상기술
5. 차세대 전자정보 디바이스	나. 반도체 등 소재·부품	7) 플렉서블 디스플레이 패널, 차세대 차량용 디스플레이 패널용 DDI 칩(Display Driver IC) 설계 및 제조 기술: 화면에 문자나 영상 이미지 등이 표시되도록 디스플레이 패널에 구동 신호 및 데이터를 전기신호로 제공하는 반도체를 설계 및 제조하는 기술
		8) 고기능성 인산 제조 기술: SiNx, SiOx 막질의 선택적인 식각이 가능한 고선택비(1,000 이상) 인산계 식각액 제조기술
		9) 고순도 석영(쿼츠) 도가니 제조 기술: 반도체 웨이퍼 제조용 용융 실리콘의 오염을 막기 위한 도가니 형태의 순도 99.999%(5N) 이상의 고순도 석영 용기 제조 기술
		10) 코트막형성재 개발 및 제조 기술: 완성된 반도체 소자의 표면을 외부환경으로부터 보호하기 위해 사용하는 절연성을 가진 고감도(80mJ/㎠ 이하) 감광성 코팅 기술 또는 패키징 재배선(배선폭 7㎛ 이하) 형성 재료 제조 기술
	다. 유기발광 다이오드(OLED : Organic Light Emitting Diode) 등 고기능 디스플레이	1) 9인치 이상 능동형 유기발광 다이오드(AMOLED: Active Matrix Organic Light Emitting Diode) 패널 기능개선 및 부품·소재·장비 제조 기술: 저온폴리실리콘(LTPS, Low Temperature Poly Silicon) 또는 산화물(Oxide) TFT(Thin Film Transistor, 전자이동도 8㎠/Vs 이상) 기판 상에 진공 증발 증착 또는 프린팅 방식으로 고화질(고해상도, 고색재현, 고균일, HRD)을 구현한 대화면(9인치 이상) AMOLED 패널을 제조

구분	분야	대상기술
5. 차세대 전자정보 디바이스	다. 유기발광 다이오드(OLED : Organic Light Emitting Diode) 등 고기능 디스플레이	하기 위해 공정별로 사용되는 기술(모듈조립공정기술은 제외한다)과 AMOLED 패널을 제조하기 위한 부품·소재·장비 제조 기술
		2) 대기압 플라즈마 식각 장비 기술: 디스플레이를 제조할 목적으로 대기압에서 플라즈마(plasma)를 발생시켜 박막을 식각하는 장비 제작기술
		3) 플렉서블 디스플레이 패널·부품·소재·장비 제조기술: 플렉서블 디스플레이(유연성 또는 유연한 성질을 가지는 디스플레이로, 깨지지 않고 휘거나 말 수 있고 접을 수 있는 특성을 지닌 것을 말한다. 이하 같다)를 제조하기 위해 공정별[유연필름 제조, 이형과 접합, TFT(Thin Film Transistor) 제조, 화소형성, 봉지, 모듈 공정 등]로 사용되는 기술과 이와 관련한 부품·소재 및 장비 제조 기술
		4) 차세대 차량용 디스플레이 패널·부품·소재·장비 제조 기술: 굴곡된 형상으로 제조 가능하고, 동작온도 -30℃~95℃, 시인성 black uniformity 60% 이상을 만족하는 다결정 저온 폴리실리콘(LTPS-LCD) 패널 제조기술(모듈조립공정기술은 제외한다)과 이와 관련한 부품·소재 및 장비 제조 기술
		5) 마이크로 LED 디스플레이 패널·부품·소재·장비 제조 기술: 실리콘(Silicon) 또는 사파이어(Sapphire) 기판에 저결함 에피공정을 적용하여 100㎛ 이하의

구분	분야	대상기술
5. 차세대 전자정보 디바이스	다. 유기발광 다이오드 (OLED : Organic Light Emitting Diode) 등 고기능 디스플레이	자발광 R/G/B 마이크로 LED 칩을 제조하는 기술과 이를 이용한 픽셀·패널 제조 기술 및 이와 관련한 부품·소재 및 장비 제조 기술
		6) VR·AR·MR용 디스플레이 패널·부품·소재·장비 제조 기술: 가상현실, 증강현실, 혼합현실 기기에 사용되는 초고해상도(1,500 ppi 이상) 디스플레이를 제조하기 위해 공정별로 사용되는 기술과 이와 관련한 부품·소재 및 장비 제조기술
		7) 친환경 QD(Quantum Dot) 나노 소재 적용 디스플레이 패널·부품·소재·장비 제조 기술: 적은 소비전력으로 고색재현 및 화학적·열적 안정성 개선이 가능한 QD 나노 소재 적용 디스플레이를 제조하기 위해 공정별로 사용되는 기술과 이와 관련한 부품·소재 및 장비 제조 기술
	라. 3D 프린팅	3D프린팅 소재·장비 개발 및 제조기술: 3차원 디지털 설계도에 따라 액체수지, 금속분말 등 다양한 형태의 재료를 적층하여 제품을 생산하는 데 사용되는 소재·장비를 개발 및 제조하는 기술
	마. AR 디바이스	AR 디바이스 제조기술: 실제의 이미지나 배경에 유의미한 상황 정보를 기반으로 한 영상·텍스트·소리 등의 가상정보를 나타내어 사용자의 경험이 증강되고 현실세계와 동기화할 수 있는 장비 및 관련 부품의 개발 및 제조기술
6. 차세대 방송통신	가. 5세대(5G : 5generation) 및 6세대 (6G : 6generation) 이동통신	1) 5G 이동통신 기지국 장비 기술: 가입자와 연결을 위해 이동통신사업자가 구축하는 5G 이동통신 광역 및 소형 셀(cell) 기지국 장비에 적용되는 기술
		2) 5G 이동통신 코어네트워크(Core Network, 기간망) 기술: 트래픽(traffic) 전송·제어, 네트워크(network) 간 연결 등을 위해 5G 이동통신 기지국 장비와 연동되는 게이트웨이(gateway), 라우터(router), 스위치(switch) 등에 적용되는 기술
		3) 5G 이동통신 단말 특화 부품 기술: 5G 이동통신 단말을 구현하기 위해 새롭게 개발·적용될 통신모듈[베이스밴드(baseband, 기저대역) 모뎀, RF(radio frequency) 칩셋(chipset) 등]의 부품·소자에 적용되는 기술
		4) 6G 이동통신 기술: 초저지연(μsec급) 기술을 기반으로 초고속(Tera bps급) 통신 지원을 위해 Tera-Hz 대역 활용을 가능하게 하는 신소자 RF·안테나 및 모뎀 및 부품·소자에 적용되는 기술
		5) 차세대 근거리 무선통신 기술: IEEE(Institute of Electrical &Electronics Engineers, 국제전기전자기술자협회) 802.11ac 규격보다 높은 주파수 효율과 전송속도를 제공하는 근거리 무선통신(무선랜: wireless LAN) 기술
	나. UHD (Ultra-High Definition)	1) 지상파 UHD방송 송신기 성능 향상기술: 냉각 기술(공냉, 수냉, 질소냉각 등 포함)의 개선, 회로 설계 방식 개선 등을 통한 고효율 지상파 UHD방송용 송신기 설계·제조 기술

구분	분야	대상기술
6. 차세대 방송통신	나. UHD (Ultra-High Definition)	2) UHD 방송 통합 다중화기 기술: 신규 전송 프로토콜[ROUTE, MMT(MPEG Media Transport) 등 포함]과 기존 전송 프로토콜[MPEG-2 TS(Transport System)]로 생성된 신호를 입력받아, 국내외 UHD 방송 표준에 따른 전송 프로토콜로 출력하는 통합형 다중화기 기술
		3) 신규 방송서비스 제공을 위한 시그널링 시스템 기술 : 다양한 신규 방송서비스 제공을 위해 UHD방송 표준에 따른 시그널링(signaling) 시스템[시그널 인코더(signal encoder), 서비스가이드 인코더(service guide encoder), 시그널/서비스가이드 서버(signal/service guide server), 서비스 메타데이터(metadata) 관리서버, 통합 모니터링(monitoring) 시스템, 앱 시그널링 인코더(app signaling encoder), 콘텐츠 푸시 서버(push server), 자동제공서버) 등을 포함한다] 기술
7. 바이오 · 헬스	가. 바이오 · 화합물의약	1) 바이오 신약[바이오 베터(Bio Better)를 포함한다] 후보물질 발굴 기술: 유전자재조합기술, 세포배양 기술 등 새로운 생명공학 기술을 이용하여 생명체에서 유래된 단백질 · 호르몬 · 펩타이드 · 핵산 · 핵산유도체 등의 원료 및 재료를 확보하여 작용기전을 증명하고 안전성 및 유효성이 최적화된 바이오 신약(단백질의약품 · 유전자치료제 · 항체치료제 · 줄기세포를 이용한 세포치료제) 후보물질을 개발하는 기술
		1) 삭 제 (2023. 8. 29.)

구분	분야	대상기술
7. 바이오 · 헬스	가. 바이오 · 화합물의약	2) 방어 항원 스크리닝 및 제조기술: 면역 기전을 이용하여 인체질환을 방어하기 위해 항원을 스크리닝하고 이 항원을 제조하여 각종 질환을 치료하거나(치료용 백신) 예방하기 위한 백신(예방용 백신) 제조기술
		3) 바이오시밀러 제조 및 개량기술: 바이오시밀러의 고수율(배양단계 1g/L이상) 제조공정 기술과 서열변경, 중합체 부과, 제제변형 등의 방법으로 바이오시밀러의 활성, 안정성, 지속성을 개량하여 새로운 기능 및 효능을 부여하는 기술
		3) 삭 제 (2023. 8. 29.)
		4) 혁신형 신약(화합물의약품) 후보물질 발굴기술: 인체내 질병의 원인이 되는 표적 수용체(Receptor) 또는 효소(Enzyme) 등의 반응 기전(Mechanism)을 규명하고 분자설계를 통해 표적체(Target)와 선택적으로 작용할 수 있는 구조의 화합물 후보물질 라이브러리(Library)를 확보하며, 고속탐색법(HTS, High Throughput Screening) 기술을 이용하여 후보물질 라이브러리로부터 후보물질을 도출한 후 유기합성기술을 통해 안전성 및 유효성이 최적화된 신약 후보물질로 개발하는 기술
		4) 혁신형 신약(화합물의약품) 후보물질 발굴 및 제조기술: 인체내 질병의 원인이 되는 표적 수용체(Receptor) 또는 효소(Enzyme) 등의 반응 기전(Mechanism)을 규명하고 분자설계를 통해 표적체(Target)와 선택적으로 작용할 수 있는 구조의 화합물 후보물질 라이브러리(Library)를 확보하며, 고속탐색법(HTS, High Throughput Screening) 기술을 이

구분	분야	대상기술
7. 바이오·헬스	가. 바이오·화합물의약	용하여 후보물질 라이브러리로부터 후보물질을 도출한 후 유기합성기술을 통해 안전성 및 유효성이 최적화된 신약 후보물질로 개발하는 기술 및 혁신형 신약을 제조하거나 혁신형 신약의 원료를 개발·제조하는 기술 (2024. 2. 29. 개정)
		5) 혁신형 개량신약(화합물의약품) 개발 및 제조 기술: DDS(Drug Delivery System, 약물전달시스템), 염변경, 이성체 제조, 복합제 제조 및 바이오·나노기술과의 융합 등의 기술을 통해 기존 신약보다 안전성, 유효성, 유용성(복약순응도, 편리성 등), 효능 등을 현저히 개선시킨 개량 신약을 개발·제조하는 기술
		5) 혁신형 개량신약(화합물의약품) 개발 및 제조 기술: DDS(Drug Delivery System, 약물전달시스템), 염변경, 이성체 제조, 복합제 제조 및 바이오·나노기술과의 융합 등의 기술을 통해 기존 신약보다 안전성, 유효성, 유용성(복약순응도, 편리성 등), 효능 등을 현저히 개선시킨 개량 신약을 개발·제조하는 기술 및 혁신형 개량신약의 원료를 개발·제조하는 기술 (2024. 2. 29. 개정)
		6) 임상약리시험 평가기술(임상1상 시험): 혁신형 신약(화합물의약품) 후보물질의 초기 안정성, 내약성, 약동학적, 약력학적 평가 및 약물대사와 상호작용 평가, 초기 잠재적 치료효과 추정을 위한 임상약리시험 평가기술 (2023. 8. 29. 개정)
		7) 치료적 탐색 임상평가기술(임상2상 시험): 혁신형 신약(화합물의약품) 후보물질의 용량 및 투여기간 추정 등 치료적 유용성 탐색을 위한 평가기술 (2023. 8. 29. 개정)

구분	분야	대상기술
7. 바이오·헬스	가. 바이오·화합물의약	8) 치료적 확증 임상평가기술(임상3상 시험): 바이오시밀러[R&D비용이 매출액의 2% 이상이고, 국가전략기술과 신성장·원천기술 R&D비용(바이오시밀러 임상비용 포함)이 전체 R&D비용의 10% 이상인 기업의 임상시험으로 한정하되, 국가전략기술 R&D비용(바이오시밀러 임상비용 포함)이 전체 R&D비용의 10% 이상인 기업의 임상시업은 제외한다]), 혁신형 신약(화합물의약품) 후보물질의 안전성, 유효성 등 치료적 확증을 위한 평가기술 (2023. 8. 29. 개정)
		9) 바이오 의약품 원료·소재 제조기술: 바이오의약품을 생산하기 위한 세포 배양 관련 소재(배지, 첨가물 등), 분리·정제·농축을 위해 사용하는 바이오 필터 소재 및 완제품 생산을 위해 제형화에 필요한 원부자재 등의 제조기술
		9) 삭 제 (2023. 8. 29.)
		10) 바이오의약품 부품·장비 설계·제조기술 : 바이오의약품 생산·제조 장비와 바이오의약품 품질 분석 및 환경관리에 필요한 장비·부품 설계·제조기술
		10) 삭 제 (2023. 8. 29.)
	나. 의료기기·헬스케어	1) 기능 융합형 초음파 영상기술: 조기 정밀 진단을 위한 영상기술 간 융합(X-ray - 초음파, 광음향 - 초음파) 및 정밀치료를 위한 초음파 영상유도 기반의 체외충격파 치료 기술
		2) 신체 내에서 생분해되는 소재 개발 및 제조 기술: 우수한 유연성과 고강도의 기계적 물성을 가지며, 시

구분	분야	대상기술
7. 바이오 · 헬스	나. 의료기기 · 헬스케어	술에 따른 혈전증 및 재협착률을 최소화하는 생분해성 스텐트 제조 기술
		3) 유전자 검사용 진단기기 및 시약의 개발 및 제조 기술: 질병의 진단이나 건강상태 평가를 목적으로 인체에서 채취한 검체로부터 DNA(deoxyribonucleic acid), RNA(ribo nucleic acid), 염색체, 대사물질을 추출하여 분석하는 기기 및 시약의 개발 및 제조 기술
		4) 암진단용 혈액 검사기기 및 시약의 개발 및 제조 기술: 채취한 혈액으로부터 종양 표지자의 농도를 측정하여 암발생 유무를 판단하는 데 활용되는 검사기기 및 시약의 개발 및 제조 기술
		5) 감염병 병원체 검사용 진단기기 및 시약의 개발 및 제조 기술: 인체에서 채취된 혈액, 소변, 객담, 분변 등의 검체를 이용하여 국내에서 새롭게 발생했거나 발생할 우려가 있는 감염병 또는 국내 유입이 우려되는 해외 유행 감염병의 병원체를 검사하는 데 활용되는 기기 및 시약의 개발 및 제조 기술
		6) 정밀의료 등 맞춤형 건강관리 및 질병 예방 · 진단 · 치료 서비스를 위한 플랫폼 기술: 서로 다른 형태의 개인건강정보(진료기록, 일상건강정보, 유전자 분석 데이터, 공공데이터 등)를 저장 · 관리하기 위한 정보 변환기술과, 수집된 정보의 분석을 통해 질병 발병도 등 건강을 예측하고 이에 따른 맞춤형 건강관리 및 질병 예방 · 진단 · 치료를 제공하는 기술

구분	분야	대상기술
7. 바이오 · 헬스	나. 의료기기 · 헬스케어	7) 신체기능 복원 · 보조 의료기기 기술: 생체역학 · 바이오닉스 등 첨단 의공학 기술을 통해 영구 손상된 신체기능을 원래대로 복원하여 정상적인 일상생활을 가능하게 하는 기술
	다. 바이오농수산 · 식품	1) 비가열 및 고온 · 고압 전처리 기술 : 초고압(1,000기압 이상), 고압전자기장[PET(Pulsed Electric Field) 1kV 이상], 전기저항가열(Ohmic Heating), 방사선 조사(irradiation)와 같은 대체 열에너지를 사용하거나, 가압 · 진공 · 과열증기(SHS, Superheated steam) 및 증기직접주입법(DSI, Direct steam injection) 등을 이용한 고온 · 고압 처리기술을 사용하여 미생물 수를 감소시키거나 사멸시키는 처리기술
		2) 식품용 기능성 물질 개발 및 제조 기술 : 동 · 식물 및 미생물 유래 기능 물질의 탐색 · 분석 · 동정(identification)과 식품용도로 사용하기 위한 안전성 · 기능성 평가 및 원료 가공 또는 대량생산 기술
		3) 신품종 종자개발기술 및 종자가공처리 기술 : 유전자원을 활용하여 부본과 모본의 교배를 통하거나 전통적인 육종기술에 유전공학 기술을 접목하여 생산성, 품질, 기능성 등이 개선된 신품종 종자를 개발하는 기술과 종자의 품질을 높이기 위한 프라이밍(priming), 코팅(coating), 펠렛팅(pelleting) 등 종자 가공처리 기술

구분	분야	대상기술
7. 바이오·헬스	다. 바이오 농수산·식품	4) 유용미생물의 스크리닝 기술 및 유용물질 대량생산 공정 기술 : 세균이나 곰팡이를 선발·분리하여 효용성을 평가하거나 이들 미생물을 활용한 균주개발, 최적활성 연구, 발효공정, 정제공정 등을 거쳐 유용물질을 대량으로 생산하는 기술
		5) 스마트팜 환경제어 기기 제작 기술: 온실이나 축사의 온도, 습도, 이산화탄소, 악취 등을 감지하여 환경을 조절하는 센서와 이를 통해 작동하는 액츄에이터(actuator) 및 제어시스템을 설계·제조하는 기술
		6) 단백질 분리·분획·정제 및 구조화 기술: 물리적·화학적 방법을 이용하여 농·식품자원으로부터 단백질을 전분, 지방 등과 분리하여 용도에 맞게 분획·정제하는 기술, 동물세포나 조직을 배양·분화하는 기술 및 단백질 또는 세포를 3D 프린터, 압출식 성형방식, 지지체 등을 통해 구조화하고 이를 대량으로 생산하는 기술
		7) 식품 냉·해동 안정화 기술: 수분전이제어, 원물코팅, 라디오 주파수·저온 Steam 해동 등을 활용하여 냉동원료 및 제품의 품질을 균일하게 제어할 수 있는 식품 냉·해동 안정화 기술
	라. 바이오 화학	1) 바이오매스 유래 바이오플라스틱 생산 기술: 재생가능한 유기자원을 이용하여 직접 또는 전환공정을 통해 당 또는 리그닌 등 유효성분을 추출·정제하는 기술 및 바이오플라스틱을 생산하는 기술

구분	분야	대상기술
7. 바이오·헬스	라. 바이오 화학	2) 바이오 화장품 소재(원료) 개발 및 제조기술: 세포활성 제어기술, 미생물 발효 및 생물전환기술, 활성성분 대량생산기술 등의 바이오 기술(bio technology)을 활용하여 화장품의 소재(원료)를 개발 및 제조하는 기술
		3) 신규 또는 대량 생산이 가능한 바이오화학 소재 개발 및 미생물 발굴 바이오 파운드리 기술 : 바이오플라스틱, 바이오화장품 소재, 바이오생리활성 소재 등을 생산하는 미생물 확보를 위한 유전자 편집 등의 합성생물학 기술과 이를 활용한 디자인, 제작, 시험, 학습 등의 순환 과정의 바이오파운드리 기술
8. 에너지·환경	가. 에너지 저장 시스템 (ESS : Energy Storage System,)	1) 비리튬계 이차전지 소재 등 설계 및 제조기술: 흐름전지(Flow Battery)에 사용되는 전극·멤브레인(Membrane)·전해질·저가 분리판·스택(Stack) 설계 및 제조 기술과 나트륨(Sodium)계 이차전지에 사용되는 소재(양극·음극·전해질)·셀(Cell)·모듈 설계 및 제조 기술 (2023. 2. 28. 개정)
		2) 전력관리시스템 설계 및 전력변환장치 설계 및 제조 기술: 전력을 제어하기 위한 전력관리시스템(PMS, Power Management System) 설계 기술과 저장장치 전력과 전력계통 간의 특성을 맞춰주는 전력변환장치(PCS, Power Conversion System) 설계 및 제조 기술
		3) 에너지관리시스템 기술: 주파수조정, 신재생연계, 수요반응 등의 응용 분야별 제어 소프트웨어 기술

구분	분야	대상기술
8. 에너지·환경	가. 에너지저장시스템(ESS : Energy Storage System,)	을 핵심으로 하는 에너지관리시스템(EMS, Energy Management System) 기술
		4) 배터리 재사용·재제조를 위한 선별 기술: 초기용량 대비 80% 이하로 수명이 종료된 전기자동차 배터리의 성능·안전성 평가를 통해 잔존가치를 유지한 배터리를 선별하는 기술
		5) 고성능 리튬이차전지 기술: 265wh/kg 이상의 에너지 밀도 또는 6C-rate 이상의 방전속도를 충족하는 고성능 리튬이차전지에 사용되는 부품·소재·셀(cell) 및 모듈(module) 제조 및 안전성 향상 기술
		6) 전기동력 자동차의 에너지저장 시스템 기술: 전기동력 자동차(xEV)의 주행거리 연장, 충전시간 단축 등을 위해 차량용 이차전지 팩의 에너지 밀도를 160Wh/kg 이상으로 구현하기 위한 기술
	나. 발전시스템	1) 대형가스터빈 부품 및 시스템 설계·제작·조립·시험 평가기술: 천연가스를 연소시킬 때 발생하는 고온 고압의 에너지로 발전기를 회전시켜 전기를 생산하는 용량 380MW 이상, 효율 43% 이상의 터빈·부품 설계·제작·조립·시험 평가 기술
		2) 초임계 이산화탄소 터빈구동 시스템 설계·제조기술: 열원을 활용하여 생성된 초임계상태의 이산화탄소(supercritical CO2)를 작동 유체로 터빈을 구동하는 고효율 터빈·압축기·열교환기 등 발전설비 및 시스템 개발 기술

구분	분야	대상기술
8. 에너지·환경	나. 발전시스템	3) 증기터빈 부품 및 시스템 설계·제작·조립·시험 평가기술: 610℃ 이상 및 270 bar 이상의 고온·고압의 에너지로 발전기를 3,600 RPM 이상으로 회전시켜 전력을 생산하는 터빈·부품설계·제작·조립·시험 평가기술
	다. 원자력	1) 원자로 냉각재 펌프(RCP, Reactor Coolant Pump) 설계 기술: 원자로에서 핵반응을 통해 발생되는 열을 제거하여 증기발생기로 보내기 위해 냉각재를 순환시키는 원자력발전소 핵심 기기인 원자로냉각재펌프의 상세설계기술, 원형 제작기술, 성능 시험기술, 신뢰성 평가기술 등 제반 핵심 설계·제작 기술
		2) 내열 내식성 원자력 소재 기술: 방사선, 고온 및 부식성 환경 속에서 내부식성을 극대화시킬 수 있는 내열·내식성 소재(핵연료 피복관, 증기발생기 세관(340℃·150기압의 1차 냉각수 및 300℃·50기압의 2차 냉각수 노출 가능), 원자로 내부 구조물(중성자 조사 및 340℃·150기압의 1차 냉각수 노출 가능) 등)을 개발하는 기술
		3) 방사선이용 대형 공정 시스템 검사기술: 철강 배관의 손상 진단 및 미세 결함 검출을 위한 와전류 자동 검사시스템 기술, X선 발생장치와 이리듐(Ir)-192 감마선 조사장치에 적합한 이동용 방사선투시 기술
		4) 신형원전(Advanced Power Reactor) 표준설계 기술: 노심 및 핵연료 설계기술, 핵증기공급계통(NSSS, Nuclear

구분	분야	대상기술
8. 에너지·환경	다. 원자력	Steam Supply System) 설계기술, 주기기 설계기술, 보조기기 및 플랜트종합(BOP, Balance of Plant) 설계기술, 원전제어계통(MMIS, Man-Machine Interface System) 설계기술, 안전성분석기술 등 APR+(Advanced Power Reactor Plus) 및 SMART(System-integrated Modular Advanced Reactor)의 표준설계기술 및 표준설계인가 획득 기술
		5) 가압경수형원전(Pressurized Water Reactor) 원전설계 핵심코드 개발 기술: 원자력발전소 독자개발 및 수출에 필수적인 핵심원천기술인 고유 노심설계코드(원자로 노심의 핵연료 배치 및 장전량을 결정하고 노심의 물리적 특성을 분석하는 데 사용되는 핵설계코드, 열수력설계코드, 핵연료설계코드 등의 전산프로그램)와 고유 안전해석코드(원전에서 발생 가능한 모든 사고를 분석하고 원전의 안전성을 확인하는 데 사용되는 계통안전해석코드, 격납건물해석코드, 중대사고해석코드 등의 전산프로그램) 개발기술
		6) 친환경 원전해체 기술: 사용연한이 지난 원전을 영구적으로 정지한 후, 자연 상태로 되돌리기 위한 해체 공정설계, 사용 후 핵연료 반출 및 안전관리, 계통제염, 원자로 및 건물·설비 철거, 방사성폐기물 처리·처분 및 부지복원 기술
		6) 친환경·저탄소 후행 핵주기 기술: 해체 엔지니어링, 해체 원전 계통·기기·구조물 제염기술, 금속·콘크리트구조물 절단기술, 해체 폐기물 처리·감용기술, 해체현장 방사능 측정 및 부지복원 기술, 준

구분	분야	대상기술
8. 에너지·환경	다. 원자력	위별 방폐물 관리비용 평가기술, 처분부지 조사기술, 처분시설 설계·시공 기술, 처분시설 다중방벽 장기성능 평가 기술, 피폭선량 평가 기술(처분시설 안전성 평가 기술), 처분시스템 모니터링 기술, 방폐물 인수·처리 기술, 방폐물 운반·저장 기술 및 방폐물 처분시설 운영·관리 기술 (2024. 2. 29. 개정)
		7) 가동원전 계측제어설비 디지털 업그레이드 기술: 가동원전 계측제어 설비의 안전성 및 신뢰성 강화를 위해 최신기술기준과 운전경험을 반영한 공통유형 고장대응 안전 계통·제어기기 개발, 단일고장에 의한 발전소 정지 유발 요소제거, 심층방어 및 다양성 적용, 사이버보안 및 보안성 환경 적용, 가동원전 시뮬레이터를 이용한 설계 및 검증설비 구축, 노후화된 발전소의 신호선 및 케이블 식별 등 계측제어설비 디지털 업그레이드 기술
		8) SMR(Small Modular Reactor) 설계 및 검증 기술: SMR 노심 설계 및 해석기술, 계통 핵심기기 설계기술, 유체계통 설계기술, MMIS(Man-Machine Interface System)용 계측제어계통 표준설계 기술, 주요기기 배치 및 구조 설계 기술, BOP(Balance Of Plant) 계통 설계 기술, 확률론적 안전성 분석(PSA; Probabilistic Safety Assessment) 기술, 중대사고 분석 및 대처 기술, SMR 노심 검증기술, 열수력 검증기술, 계통기기 검증기술, 모듈 통합 검증기술, 열수력 통합 해석기술, 필수 계통 안전 해석기술 (2023. 2. 28. 신설)

구분	분야	대상기술
8. 에너지·환경	다. 원자력	9) SMR(Small Modular Reactor) 제조 기술: 탄력운전 대응 열적성능강화 핵연료집합체 개발·제조기술, 혁신형 제어봉집합체 개발·제조 기술, 무붕산 노심설계가 가능한 일체형 가연성흡수봉 설계·제조기술, 증기발생기 전열관 3D 벤딩기술
		9) SMR(Small Modular Reactor) 제조 기술: 탄력운전 대응 열적성능강화 핵연료집합체 개발·제조기술, 혁신형 제어봉집합체 개발·제조 기술, 무붕산 노심설계가 가능한 일체형 가연성흡수봉 설계·제조기술, 증기발생기 전열관 3D 벤딩 및 검사 기술, 원자로·증기발생기·가압기 등 주요 기기가 일체화된 원자로모듈을 제조하는 기술 (2024. 2. 29. 개정)
		10) 대형 원자력발전소 제조기술: 대형 원자력발전소를 구성하는 원자로·내부구조물, 핵연료 취급·검사장비, 증기발생기·가압기, 원자로 냉각재펌프, 증기터빈·주발전기 및 보조기기를 제조하는 기술 (2024. 2. 29. 신설)
		11) 혁신 제조공법 원전 분야 적용 기술: 분말-열간등방압성형(PM-HIP) 기술, 전자빔 용접(EBW) 기술, 다이오드 레이저 클래딩(DLC) 기술 및 원전기자재 적층제조 기술 (2024. 2. 29. 신설)
	라. 오염방지·자원순환	1) 미세먼지 제거 및 고정밀 미세먼지·온실가스 동시 측정 기술: 미세먼지 및 원인가스를 동시에 제거하고 세척 후 재사용이 가능한 세라믹필터 및 촉매 기술, 기액접촉층 및 습식 플라즈마(wet plasma)를 통한 무필터 정화 기술, 0.3㎛ 이하 고정밀 미세먼지를 수분과 구별하여 측정하는 기술 및 공정내부 미세먼지 온실가스 농도 동시 실시간 측정 기술

구분	분야	대상기술
8. 에너지·환경	라. 오염방지·자원순환	2) 차세대 배기가스 규제 대응을 위한 운송·저장시스템 기술: 운송·발전용 기관을 운전할 때 배출되는 배기가스내의 질소산화물 및 배기배출물을 과급기 하류측에서 선택적촉매환원법(SCR) 등을 사용하여 저감시키는 시스템·부품의 설계·제작·시험·평가 기술
		3) 디젤 미립자 필터(DPF) 제조 기술: 디젤이 제대로 연소하지 않아 생겨나는 탄화수소 찌꺼기 등 유해물질을 모아 필터로 걸러낸 뒤 550℃ 이상의 고온으로 다시 태워 오염물질을 줄이는 저감장치의 제조 기술
		4) 폐플라스틱 등의 물리적 재활용 기술: 폐플라스틱·폐타이어·폐섬유의 선별·세척, 파쇄·용융·배합 등 물리적 가공 과정을 거쳐 플라스틱 제품 등을 제조하는 기술 (2023. 2. 28. 개정)
		5) 폐플라스틱 등의 화학적 재활용을 통한 산업원료화 기술: 폐플라스틱·폐타이어·폐섬유의 해중합, 열분해 또는 가스화 공정을 거쳐 화학원료·고부가가치 탄소화합물 제품 등을 제조하는 기술 (2023. 2. 28. 개정)
		6) 생분해성 플라스틱 생산기술 : 생분해성 플라스틱 생산기술 : 바이오화학 및 석유화학 원료를 사용하여 생분해성이 향상된 플라스틱 컴파운드(「환경기술 및 환경산업 지원법」 제17조에 따라 환경표지 인증을 받거나 수출을 목적으로 하는 생분해성수지제품 및 해당 제품의 원료로 사용되는 경우로 한정한다)를 제조하고 물성을 증대하는 기술
		7) 폐기물 저감형 포장소재 생산 기술 : 복합소재의 단일화, 오염 저감 표면처리, 수(水)분리성 강화 등 포

구분	분야	대상기술
8. 에너지·환경	라. 오염방지·자원순환	장재의 재활용도를 개선하는 기술 및 소재 경량화, 석유계 용제 저감 등 포장재와 관련된 플라스틱·오염물질의 발생을 저감하는 기술
		8) 폐수 재이용 기술: 반도체 제조공정에서 발생되는 폐수를 공업용수 수질로 재생산하여 제조공정에 사용하는 수처리 시스템 개발 기술
		9) 폐섬유의 화학 및 생물학적 재활용 기술을 활용한 자원순환 섬유소재 제조기술: 혼합재질 폐섬유의 화학 및 생물학적 해중합, 정제·분리·원료(모노머) 회수 및 재중합 및 방사기술 (2024. 2. 29. 신설)
9. 융복합소재	가. 고기능섬유	1) 탄소섬유복합재의 가공장비 및 검사장비 설계·제조기술: 탄소섬유복합재 부품가공을 위한 복합 가공장비[관련되는 공구, 부품 고정을 위한 유연지그, 공정 모니터링 센서모듈 및 컴퓨터 수치제어기(CNC, Computerized Numerical Controller) 등을 포함한다] 설계·제조기술 및 탄소섬유복합재 가공 품질 검사를 위한 검사장비 설계·제조기술
		2) 극한성능 섬유 제조 기술: 고탄성·고강도 탄소섬유 또는 섬유용 CNT(Carbon Nano Tube, 탄소나노튜브)의 제조 기술과 고탄성·고강도·고내열성(250℃ 이상)·고내한성(-153℃~-273℃) 아라미드(Aramid)·초고분자량폴리에틸렌(UHMWPE)·액정섬유의 제조 기술 및 이들의 복합화 설계를 통한 초경량·고탄성·고강도·고내열(한)성 섬유복합체 제조 기술

구분	분야	대상기술
9. 융복합소재	가. 고기능섬유	3) 섬유기반 전기전자 소재·부품 및 제품 제조 기술: 전기 또는 광 신호의 생산, 저장 또는 전달이 가능한 전도성 섬유를 가공·변형하여 트랜지스터, 저항, 콘덴서, 안테나 등의 전자회로 소자를 직물 형태로 구현하는 기술
		4) 의료용 섬유 제조 기술: 생체적합성(생체재료가 생체조직이나 체액·혈액 등과 접촉시 거부반응이 나타나지 않는 특성)과 생체기능성(생체재료가 체내에서 존재하는 동안 목표한 기능을 완전히 수행 가능한 특성)을 갖춘 의료용 섬유 제조기술로서, 약물전달용 나노섬유 소재, 바이러스·세균 감응섬유구조체, 혈액의 투석·정화용 섬유구조체, 손상조직을 대체 가능한 섬유구조체 또는 꼬이지 않고 계속되는 수축·팽창에 견딜 수 있는 인공혈관 섬유구조체의 제조 기술
		5) 친환경섬유 제조 기술: 환경친화적 섬유 원료를 사용한 섬유 제조기술로서 생분해성 섬유고분자 제조 및 분해성 제어 기술, 열가소성 셀룰로오스 섬유 제조 기술, 바이오매스 나노섬유 제조 기술
		6) PTFE(PolyTetraFluoro Ethylene) 멤브레인 기반 고성능 복합필터 제조기술: 공기 중의 0.3um 크기의 입자 99.97% 이상을 균일하게 포집할 수 있는 PTFE 멤브레인 기반의 고성능 복합필터 핵심 소재·부품 관련 제조·가공 기술

구분	분야	대상기술
9. 융복합 소재	가. 고기능 섬유	7) 특수계면활성제 제조 기술: 전자부품 제조 공정용으로 사용되는 저표면에너지(24~27 mN/m, 0.1% solution/PGMEA), 극미량의 금속함유량(100ppb 이하) 특성을 지닌 불소계 계면활성제 및 도료 및 포소화제의 기능향상을 위한 첨가제 등으로 사용되는 저표면에너지(15~18 mN/m, 0.1% 수용액), 극미량의 PFOA 함유량(1ppm 미만) 특성을 지닌 불소계 계면활성제 제조 기술
		8) 극세 장섬유 부직포 및 복합필터 제조기술: 유해물질을 여과·분리·차단하는 1㎛ 이하 극세 장섬유 부직포 제조기술과 HEPA(High Efficiency Particulate Air)급 이상의 고성능 정밀여과 복합필터 제조 기술 (2023. 2. 28. 신설)
	나. 초경량 금속	1) 고강도 마그네슘 부품의 온간성형기술: 미세조직 구성인자의 제어와 성형기법의 개선을 통해 저온(150℃ 이하)에서 성형 가능한 고품위·고강도 Mg(마그네슘) 부품 제조 기술
		2) 차세대 조명용 고효율 경량 방열부품 생산기반기술: 알루미늄 등 경량소재를 이용하여 주조, 성형 및 표면처리를 통해 방열 부품을 제조함으로써 고열전도도, 열확산능, 친환경 특성 등의 기능을 갖게 하는 기술
	다. 하이퍼 플라스틱	인성특성이 향상된 고강성 하이퍼플라스틱(High Performance Plastics) 복합체 제조 및 가공 기술: 고강성 하이퍼플라스틱의 인성특성을 개선하여 고충격성(60KJ/m² 이상), 내화학성(온도 23℃의 염화칼슘 5% 용액에 600시간 담근 후 인장강도 유지율 90% 이상), 내마모성(50rpm, 150N, 측정거리 3Km 조건으로 내마모 시험 후 마모량 1.0mm3/Kgf·Km 이하) 중 하나 이상의 특성을 지닌 고강성·고인성 하이퍼플라스틱 복합체 제조 및 가공기술
	라. 구리 합금	1) 고강도 구리합금 설계·제조기술: 인장강도 900Mpa 이상의 고강도 특성을 갖춘 주석함유 구리합금(Cu-Ni-Sn계) 설계·제조 기술
		2) 구리 및 구리합금 박판 제조기술: 자동차, 전기·전자 분야의 고성능·소형화에 적용 가능한 두께 0.1mm 이하의 구리 및 구리합금 박판 제조 기술
	마. 특수강	1) 고청정 스테인레스계 무계목강관·봉강 제조기술: 망간 함유량 0.8% 이하 및 황 함유량 0.005% 이하로 제어된 고청정 스테인리스계 합금을 활용하여 용접 이음매를 갖지 않는 강관 및 봉 형태의 철강재를 제조하는 기술
		2) 고기능성 H형강 제품 제조기술: 고강도(420Mpa급 이상), 고인성(-40℃이하에서 충격값 50 Joule 이상) 특성을 갖는 고기능성 H형강 제품 제조기술
		3) 장수명 프리미엄급 금형소재 제조기술: 기존 교체주기 5만회의 금형대비 30% 이상 수명이 향상된 합금 설계, 고청정 특수강 제조 및 소성가공 기술

구분	분야	대상기술
9. 융복합소재	바. 기능성 탄성·접착 소재	1) 고기능 불소계 실리콘 제조·가공 기술: 내열성(온도 175℃에서 22시간동안 영구압축줄음율 30% 이내), 내화학성(150℃, 240시간 내유체적변화율 10% 이하) 및 저온성(-66℃ 이하에서 기밀력 1800psi 이상)의 특성을 지닌 불소계 실리콘 고무 합성 및 분자량 제어기술
		2) 고기능 불소계 고무 제조·가공 기술: 2원계 이상의 공중합체로서 불소함량이 50% 이상이며 내한성(어는점 -15℃ 이하), 내열성(200℃ 이상) 및 내화학성(온도 25℃ Fuel-C에서 체적변화율 4% 이내)을 갖춘 불소계 고무 제조·가공기술
		3) 고기능 부타디엔 고무 제조·가공 기술: 고상 및 액상 기능성(Cis content 90% 이상, 무니점도(ML1+4, 100℃) 40 이상) 부타디엔류 고무 제조 기술과 고내마모성(내마모도 60㎣ 이하, 구름저항 5.5 이하) 부타디엔 고무 제조 기술
		4) 고기능 비극성계 접착소재 제조기술: Haze 1% 이하의 광학특성과 연속사용온도 100℃의 열안정성을 갖는 실리콘계 점착·접착 소재 및 300℃ 이상의 고온가공성형이 가능한 아크릴레이트 함량 5~35% 또는 관능기의 함량 1.2~8%의 에틸렌계 점착·접착 소재 제조 기술
		5) 고기능 에폭시 수지 접착소재 제조 기술: 에폭시 수지를 주성분으로 하여 경량 수송기기 부품의 구조접착에 사용되는 전단강도 25MPa 이상, 저온 충격강도 20N/mm 이상, T-박리강도 250N/25mm 이상의 기계적 성능을 갖는 접착소재 제조기술과 전자부품의 접착에 사용되는 WVTR(Water Vapor Transmission Rate) 0g/㎡·24h 이하 및 20kV/mm 이상의 전기절연성을 갖는 비할로겐형 접착소재 제조기술
	사. 희소금속·소재	1) 타이타늄 소재 제조기술과 금속재료 부품화 기술: 사염화타이타늄(TiCl4), 스폰지, 잉곳, 루타일 및 아나타제 이산화타이타늄(TiO2) 등의 소재 개발·제조기술과 합금설계, 압연, 주조, 단조, 용접 등의 금속재료 부품화 기술
		2) 고순도 몰리브덴 금속·탄화물 분말 및 금속괴 제조기술: 순도 99.5% 이상의 몰리브덴 금속분말, 순도 99% 이상의 몰리브덴 탄화물 분말 및 순도 99.95% 이상의 몰리브덴 금속괴 제조 기술
		3) 중희토 저감 고기능 영구자석 생산 기술 : 결정립도 5μm 이하 소결체 제조 및 결정립 주변 나노단위 두께의 중희토 확산층 형성 등을 통해 기존 자석 대비 중희토 함유량을 50% 이상 절감하여 고기능 영구자석을 생산하는 기술
		4) 차세대 배기가스 규제 대응을 위한 핵심소재 생산기술 : 포집된 이산화탄소를 활용하여 운송·발전·산업용 기관을 운전할 때 배출되는 배기가스내 질소산화물, 황산화물 등 배기배출물을 저감시키기 위해 필요한 핵심소재 제조기술

구분	분야	대상기술
10. 로봇	가. 첨단제조 및 산업 로봇	1) 고청정 환경 대응 반도체 생산 로봇 기술: 청정환경에서 450mm 대형 웨이퍼, 일반 반도체를 핸들링하며 5Port 이상 대응 가능(수평 이송범위 2,100mm 이상 및 수직 이송범위 900mm 이상)한 청정환경용 반도체 로봇 기술과 10나노급 초정밀 공정용 초정밀 매니퓰레이션 기술, 대형 웨이퍼 핸들링을 위한 진동 억제 기술
		2) 차세대 태양전지(Solar cell) 제조 로봇 기술: 고진공/고청정 환경의 태양전지 생산 현장에서 대면적·고중량 기판을 핸들링할 수 있는 로봇의 설계·제조 기술
		3) 실내외 자율 이동·작업수행 로봇 기술: 광범위 거리측정센서, GPS 등을 활용하여 실내외 환경에서 경로를 계획하여 이동하고(미리 정해진 경로를 따라 이동하는 방식은 제외한다), 자율적으로 작업을 수행하는 지능형 로봇 및 기계 기술
		4) FPD(Flat panel display) 이송로봇 기술: 일반 대기압 또는 진공 환경 하에서 고중량(400kg 이상)의 FPD 및 마스크를 이송하는 로봇 설계·제조 기술
		5) 협동기반 차세대 제조로봇 기술: 사용자와 같은 공간에서 협업이 가능한 초소형(가반하중 1kg 미만) 및 중대형(가반하중 25kg 이상) 로봇 기술
		5) 협동기반 차세대 제조로봇 기술: 사용자와 같은 공간에서 협업이 가능한 초소형(가반하중 1kg 미만) 및 중대형(가반하중 25kg 이상) 로봇, 첨단 안전기술(PL e, Cat 4 또는 이와 동일한 수준의 안전등급 이

구분	분야	대상기술
10. 로봇	가. 첨단제조 및 산업 로봇	상)이 탑재된 로봇 또는 7축 이상의 다관절 로봇을 설계·제조·제어하는 기술 (2024. 2. 29. 개정)
		6) 용접로봇 기술: 생산과정 내 용접 공정의 자동화 및 용접 품질관리를 위한 6축 이상의 용접용 수직다관절로봇, 용접전원장치, 용접용센서 설계·제조 기술
	나. 안전 로봇	1) 감시경계용 서비스로봇을 위한 주변환경 센싱 기술, 실내외 전천후 위치인식 및 주행 기술: 실내외에서 외부 환경을 인식하고 이를 바탕으로 감시 경계 업무를 수행하기 위해 외부 환경에 강인한 센서융합, 위치인식, 환경인식 및 주행기술 등 기술의 선택적 적용이 유연한 개방형 자율 아키텍쳐 기술
		2) 내단열 기능이 구비된 험지 돌파형 소형 구조로봇 플랫폼 기술: 고온 및 화염에 강하고 협소구역 돌파가 우수한 고속주행 소형이동로봇 기술로서 장비 내외부 내화 설계 기술, 강제 내화시스템 설계 기술 및 험지 이동형 고속주행 메카니즘 설계 기술
	다. 의료 및 생활 로봇	1) 수술, 진단 및 재활 로봇기술: 로봇기술을 이용한 진단 보조, 시술·수술보조와 이에 따른 환자의 조기 치유·재활이 목적인 의료로봇 기술
		2) 간병 및 케어 로봇 기술: 간호사의 단순반복 업무 지원 및 환자의 정서케어 서비스 지원이 가능한 로봇 서비스 시스템 기술
		3) 안내, 통역, 매장서비스, 홈서비스 등의 안내로봇 기술: 공공접객 장소 내에서 다양한 멀티미디어 콘텐

구분	분야	대상기술
10. 로봇	다. 의료 및 생활 로봇	츠를 활용한 제품 및 서비스 등을 효과적으로 안내하고 홍보하는 로봇 기술
		4) Tele-presence 로봇 기술: 자율이동기능, 진단 · 지시용 매니퓰레이터 및 얼굴모션 동기화 등의 기술구현을 통한 원격진료 · 진료자문 및 교육 등이 가능한 Tele-presence 로봇 기술
		5) 생활도우미 응용 서비스 기술: 가정 및 사회 환경 내에서 인간과 교감하며 정보의 취득, 일상생활 및 가사노동을 지원하는 지능형 로봇 및 서비스 기술로서 심부름, 가사작업 및 이동 보조형 로봇 기술
		6) 유치원, 초등학교에서 교사를 보조하는 교육로봇 기술: 유치원이나 초등학교에서 교과과정에 적합한 교육 컨텐츠 및 로봇플랫폼을 활용하여 교사를 보조하여 학습하는 교육로봇 기술
	라. 로봇 공통	1) 실내외 소음환경에서의 대화신호 추출 기술: 잔향과 소음이 뒤섞인 실내외 환경에서 원거리에서도 고신뢰도의 음성인식이 가능하게 하고, 음성으로부터 사람의 언어를 문자형태로 인식하고, 인식된 문자정보를 바탕으로 사람과 자연스럽게 대화하면서 다양한 태스크를 수행할 수 있는 기술
		2) 모터, 엔코더, 드라이버 일체형의 구동 기술: 로봇용 관절구성에 필요한 모터, 엔코더, 감속기, 드라이버를 모두 하나의 몸체에 넣어서 만든 관절구동형 액츄에이터(Actuator) 기술

구분	분야	대상기술
10. 로봇	라. 로봇 공통	3) 웨어러블 로봇 기술: 인체에 착용하여 인체 동작의도를 인식하고 추종제어 알고리즘을 통해 착용자의 신체능력 증강 및 운동을 지원하는 착용형 로봇 기술
		4) 직관적 교시기술: 코딩(Coding) 없이 그래픽 인터페이스를 활용하거나 직관적인 방식으로 로봇의 동작을 입력하여 임무를 수행할 수 있도록 하는 소프트웨어 기술 (2024. 2. 29. 신설)
11. 항공 · 우주	가. 무인 이동체	1) 무인기 지능형 자율비행 제어 시스템 기술: 무인기가 내외부의 비행 상황을 인식하고, 스스로 조종하며 임무를 수행하기 위해 필요한 비행조종컴퓨터 개발기술과 자율비행 알고리즘(algorithm) 그리고 관련 소프트웨어 기술로, 장애물 탐지 및 지상/공중 장애물 충돌회피 기술, 고장진단 및 고장허용 제어기술, 인공지능 기반 비행체 유도제어 성능향상 기술, 무인이동체 실시간 운영체제 및 소프트웨어 아키텍처 설계기술, 고신뢰성과 비행안전성 보장 경량 비행조종컴퓨터 기술을 포함하는 기술
		2) 지능형 임무수행 기술: 무인기의 자율적인 비행과 임무수행 데이터 획득분석을 위한 기술로서 3차원 디지털 맵 생성 및 위치인식 기술, GPS 및 Non-GPS 기반의 항법기술, 무인기 교통관제 및 경로최적화 기술, 무인기 활용서비스용 데이터 처리 및 가공 기술을 포함하는 기술
		3) 무인기 탑재 첨단센서 기술: 무인기의 운항 지원과 활용 목적에 따른 임무 달성 지원을 위해 첨단 센서 및

구분	분야	대상기술
11. 항공·우주	가. 무인이동체	장비를 적용하는 기술로, GPS, INS(Inertial Navigation System) 등의 항법센서기술, 소형 경량레이더 기술, 충돌회피용 소형 LIDAR(Light detection and ranging) 센서 기술, 멀티스펙트럼(multi-spectrum) 카메라 기술, 360°카메라 및 송수신 기술, Non-GNSS(Global Navigation Satellite System) 융합센서기술을 포함하는 기술
		4) 무인기 전기구동 핵심부품 기술: 전기동력을 기반으로 무인기의 조종, 이착륙, 추진 등을 담당하는 핵심부품을 개발하기 위한 기술로서, 소형무인기용 고효율 전기모터 기술, 무인기용 저온용 배터리 및 전원관리시스템기술, 고효율 전기모터용 인버터(inverter) 기술을 포함하는 기술
		5) 무인기 데이터링크 핵심기술: 무인기와 지상국·조종기간, 무인기와 타 무인이동체 간에 감시 및 추적, 정보 전달 등의 데이터 송수신을 지속적으로 유지하기 위한 기반 기술로 소형·경량 탑재통신장비, 정밀 추적 안테나, 무인기간 네트워크 보안을 포함하는 기술
		6) 무인기 지상통제 핵심기술: 무인기를 지상에서 원격으로 조종하고 상황을 모니터링하기 위한 조종기, 지상국, 텔레메트리(telemetry) 장비와 관련 운영 소프트웨어 프로그램 기술로 소형무인기 조종기 개발기술, 무인기 조종훈련을 위한 시뮬레이터(simulator)기술, 실시간 무인기 상황 및 임무현황 분석기술을 포함하는 기술

구분	분야	대상기술
11. 항공·우주	가. 무인이동체	7) 물류 배송용 드론 제조기술: 일정 중량(10kg) 이상 물품의 비가시권 비행을 100% 신뢰성을 확보하여 안전하게 운송 가능한 드론 제조 기술 및 기능개선에 필요한 소재(열전도율 5kcal/m · h 대비 10% 이상 개선) · 부품(세계 최고 CPU 속도대비 약 66% 이상 처리성능 개선) · 장비(다지점 배달용 물품 적재함, 물품배송 드론용 도킹스테이션 등의 경량화)의 설계 · 제조 기술
		8) 드론용 하이브리드 추진 시스템 기술: 전기배터리 무인기의 체공시간(120분 이상) 및 탑재량(12kg 이상) 증대를 위해 엔진 동력을 이용하여 전기모터를 동작시키는 하이브리드 추진시스템 기술 및 이와 관련한 소재 · 부품 및 장비의 설계 · 제조 기술
	나. 우주	1) 위성본체 부분품 개발기술: 위성본체 개발을 목적으로 하는 전력시스템, 자세제어용 센서 및 시스템, 위성탑재 컴퓨터시스템, 위성교신을 위한 송수신시스템, 위성 구조체 시스템(태양전지 포함), 추진시스템(추력기, 추진제 저장탱크, 밸브 및 제어기 등), 열제어시스템 등에 대한 기술
		2) 위성 탑재체(정찰, 통신, 지구 탐사, 기상예보 따위와 같은 임무를 수행하기 위해 탑재되는 위성체의 구성 부분을 말한다) 부분품 개발기술: 인공위성 탑재를 목적으로 하는 광학 탑재체, 영상레이더 탑재체, 통신 · 방송 탑재체, 우주과학 탑재체, 항법 탑재체 시스템 및 위성용 영상자료 처리장치, 주파수 변조기 및 안테나 등에 대한 기술

구분	분야	대상기술
11. 항공·우주	나. 우주	3) 우주발사체 부분품 개발기술: 우주발사체 개발을 목적으로 하는 액체엔진(핵심부품), 대형 구조물[추진제 탱크, 동체, 연결부, 페어링(fairing: 노출부의 보호 및 공기 저항력 감소를 위한 유선형 덮개를 말한다), 탑재부, 분리기구 등], 관성항법유도시스템, 자세제어시스템, 전력시스템, 원격측정·추적시스템, 비행종단시스템 등에 대한 기술
		4) 위성통신 송수신 안테나 개발 기술: 통신목적 인공위성과의 안정적인 데이터 송신 및 수신을 위해 안테나가 탑재된 대상(항공기 등)이 고속으로 이동하면서 자이로센서(Gyro sensor)·GPS 정보 등을 이용하여 인공위성을 추적(Tracking)하거나, 안테나가 지향하는 인공위성이 지구의 자전보다 빠른 속도로 이동함에 따라(중·저궤도 위성) 인공위성 궤도 데이터·GPS 정보 등을 이용하여 인공위성을 추적(Tracking)하는 기능을 가진 위성통신 안테나를 제작하는 기술
12. 첨단 소재·부품·장비	가. 첨단 소재	1) 고기능성 알루미늄 도금강판 제조 기술: 550℃에서 200시간 유지 가능한 내열성과 SST 2400(KSD9502)시간 보증 가능한 내식성이 우수한 고성능 알루미늄 도금강판 개발을 위한 조성개발, 고온성형성 향상 기술, 특수 용접기술 등의 제조기술
		2) 고순도 산화알루미늄 제조기술: 순도 99.9% 이상의 산화알루미늄 분말 제조를 위한 합성, 가공, 고순도화, 고밀도화 등의 제조기술

구분	분야	대상기술
12. 첨단 소재·부품·장비	가. 첨단 소재	3) 거리감지센서용 압전결정소자 및 초음파 트랜스듀서 기술: 거리감지센서 등에 사용되는 압전결정소자 및 초음파 트랜스듀서 설계·제조기술
		4) 고기능성 인조흑연 제조기술: 인조흑연 제조용 피치 및 코크스 제조 기술, 전극봉·등방블록·흑연분말 성형 및 2,800℃ 이상의 열처리를 통한 흑연화 기술
		5) 고효율·고용량 이차전지 음극재 제조 기술: 나노실리콘 결정크기(5nm 이하) 제어 및 카본코팅을 통해 부피팽창 문제 해결과 고효율(88% 이상), 고용량(1800mAh/g 이상) 음극재를 구현하는 소재 기술 (2024. 2. 29. 신설)
		6) 전극용 탄소나노튜브 제조 및 이를 활용한 도전재 제조 공정 기술: 비철계 촉매를 사용하여 전도성이 우수한 전극용 탄소나노튜브(CNT, Carbon Nanotube)를 제조하는 기술 및 CNT를 활용하여 열화 현상을 줄이고 용량 및 수명을 개선한 도전재를 제조하는 공정 기술 (2024. 2. 29. 신설)
		7) 고순도 리튬화합물 제조 기술: 리튬 광석 또는 염호 등 천연리튬 자원으로부터 고순도 99.5% 리튬화합물(Li_2CO_3, LiOH 등)을 제조하기 위한 선광·제련 공정 기술 (2024. 2. 29. 신설)
		8) 니켈광 대상 니켈 회수공정 기술: 니켈광(라테라이트 등)으로부터 니켈을 회수하기 위한 선광·제련(고압산침출, 질산침출 등)·추출·정제 기술 (2024. 2. 29. 신설)

구분	분야	대상기술
12. 첨단 소재·부품·장비	가. 첨단 소재	9) 희토류 원료 제조공정 기술: 희토류 원광으로부터 순도 95% 이상 희토류 원료를 제조하는 기술 또는 순환자원(폐영구자석, 폐형광체, 폐촉매 등)으로부터 희토류 금속을 회수하는 회수율 85% 이상의 공정 기술 (2024. 2. 29. 신설)
	나. 첨단 부품	1) 고정밀 롤러베어링 및 볼베어링 설계·제조 기술: 구름베어링의 일종으로 내외륜 사이에 다수의 볼 또는 롤러를 삽입하여 마찰을 감소시켜 고속운전을 돕거나 큰 하중에 견딜 수 있는 정밀도 P5급 이상의 기계부품 설계·제조 기술
		2) 고압 컨트롤 밸브 설계·제조 기술: 유압펌프에서 발생한 330 Bar 이상 고압의 유체에너지를 작업자의 작업의도에 따라 각 유압 액추에이터, 선회 및 주행의 유압모터 등에 공급하며, B5 10,000시간 이상의 높은 내구 신뢰성을 가지는 메인 컨트롤 벨브 부품 설계·제조 기술
		3) 고정밀 볼스크류 설계·제조기술: 회전운동을 직선운동으로 변환하는 정밀도 C3급 이상, 축방향 공차 5μm 이내의 동력전달부품 설계·제조 기술
		4) 능동마그네틱 베어링 설계·제조기술: 자력을 이용하여 회전축을 지지하고, 윤활제가 필요 없이 극저온(-250℃ 내외) 또는 고온(300℃ 이상), 진공에서 축의 회전 궤적을 능동적으로 제어할 수 있는 부품 설계·제조 기술

구분	분야	대상기술
12. 첨단 소재·부품·장비	나. 첨단 부품	5) 고성능 터보식 펌프 설계·제조기술: 임펠러 및 블레이드가 회전함으로써 기계의 운동에너지를 유체·기체의 압력에너지로 전환하여 2,500L/s 이상의 배기속도 및 1.3x10-9 mbar 이상의 최고 진공도를 만드는 터보식 펌프의 설계·제조기술
		6) 특수 렌즈 소재·부품·장비 제조기술: 고배율[굴절률(nd) 2.0 이상], 야간 투시[원적외선(파장 8～12㎛) 투과율 50% 이상], 자외선투과[자외광(193nm) 투과율 80% 이상] 등 특수용도로 사용되는 카메라 구성에 필요한 특수 광학소재의 소재·부품·장비 제조기술
		7) 고기능 적층세라믹콘덴서(MLCC: Multi Layer Ceramic Capacitor) 소재·부품 제조기술: 고용량, 고신뢰성을 갖춘 적층세라믹컨텐서의 소재·부품 제조기술 소재·부품·장비 제조기술
		8) 선박용 모터(Motor) 설계·제조기술 : 각종 펌프(Pump), 압축기, 엔진(Engine) 시동장치, 크레인(Crane), 팬(Pan) 등 일반선박용 모터의 소재·부품 및 액화천연가스(LNG, Liquefied Natural Gas) 추진선박, 가스(Gas) 운반선, 유조선, 화학물 취급선 등 특수선박용 방폭형 모터와 전기 추진선박, 수소 연료전지 선박 등 전기추진용 모터의 핵심 소재·부품을 설계·제작·시험·평가하는 기술
	다. 첨단 장비	1) 첨단 머시닝센터 설계·제조기술: 자동공구교환장치(Automatic Tool Changer)를 장착하여, 밀링, 드릴링, 보

구분	분야	대상기술
12. 첨단 소재·부품·장비	다. 첨단 장비	링가공 등 여러 공정의 작업을 수행할 수 있는 가공정밀도 5μm 이내, 동시 제어 5축 이상, 최대 스핀들 속도 12,000rpm 이상의 절삭가공장비 및 부품의 설계·제조 기술[가공 회전수, 축 이동, 진동오차 제어 등 머시닝센터의 고정밀 작업을 제어하는 CNC(Computerized Numerical Controller) 모듈 관련 기술 포함]
		2) 열간 등방압 정수압 프레스 설계·제조 기술: 기체 또는 액체를 압력매체로 활용하여 1,500℃ 이상에서 작동하면서 1분당 최고 50℃의 속도로 냉각이 가능하고, 금속 소재를 모든 방향에서 100MPa 이상의 정수압 또는 등방압 조건으로 가압하는 직경 1,000mm 이상의 프레스 장비 설계·제조 기술
		3) 연삭가공기 설계·제조 기술: 사파이어, 다이아몬드 등 고정도의 광물입자를 결합제로 고정시킨 숫돌을 이용하여 평면·원통 등 단순한 형태가 아닌 복잡한 형태의 가공공정을 수행하는 장비 설계·제조 기술
		4) 첨단 터닝센터 설계·제조기술: 원통형 부품의 가공을 위해 소재를 회전시키면서 절삭 공구가 상대 이동하는 가공정밀도 5μm 이내, 최대 스핀들 속도 3,000rpm 이상의 절삭가공장비 설계·제조 기술(ISO 7등급 이하의 기어 제조를 위한 고속 스카이빙 가공장비 관련 기술 포함)
		5) 첨단 회전 성형기 설계·제조 기술: 다축 정밀 동시 제어시스템을 갖추고, 회전하는 주축과 롤러, 맨드릴을 이용하여 최대 성형롤 하중 60kN 이상, 최대

구분	분야	대상기술
12. 첨단 소재·부품·장비	다. 첨단 장비	성형품 직경 500mm 이상, 성형 정밀도 ±0.5mm를 충족하는 성형 장비 설계·제조기술
		6) 첨단 밸런싱머신 설계·제조기술: 회전기계의 핵심 부품인 회전부의 불균일한 질량분포를 측정한 후, 베어링으로 전달되는 힘이나 진동을 국제규격(ISO 21940-21) 규정 이내가 되도록 불균일 질량을 교정하는 장비 설계·제조 기술
		7) 첨단 레이저 가공장비 설계·제조기술: 절단, 천공, 용접, 정밀가공 등을 위해 고출력 레이저 가공헤드로 공작물을 용융·증발시켜서 분리하는 5축 이상의 레이저 가공장비를 설계·제조하는 기술
		8) 방전가공기 장비·부품의 설계·제조기술: 공작물과 전극 사이에 불꽃 방전을 일으켜 티타늄, 초경합금 등 난삭재의 마이크로급 초정밀 가공을 수행하는 방전가공 장비 및 핵심요소부품의 설계·제조기술
13. 탄소 중립	가. 탄소포집·활용·저장 (CCUS : Carbon Capture, Utilization and Storage)	1) 연소 후 이산화탄소 포집 기술: 화력발전소, 철강, 화학공정, 시멘트공정 및 선박 등에서 화석연료 연소 후 발생되는 배기가스 중 이산화탄소를 효과적으로 분리하기 위한 흡수제, 흡착제, 분리막 등 분리소재를 제조하는 기술과 이를 이용한 이산화탄소 포집공정기술 (2023. 2. 28. 개정)
		2) 연소 전 이산화탄소 포집기술: 석탄가스화 후 생성된 이산화탄소와 수소 중 이산화탄소를 분리하기위한 흡수제, 흡착제, 분리막 등 분리소재를 제조하는 기술과 이를 이용한 이산화탄소 포집공정기술

구분	분야	대상기술
13. 탄소중립	가. 탄소포집·활용·저장(CCUS : Carbon Capture, Utilization and Storage)	3) 순산소 연소기술 및 저가 산소 대량 제조기술: 기존 대량산소 제조기술인 심냉법을 대체하기 위한 이온전도성분리막(ITM, Ion Transfer Membrane), 세라믹-메탈 복합분리막(Ceramic-metal composite membrane), 흡착제 및 CLC(Chemical Looping Cycle) 등과 같이 산소를 저가로 대량생산 할 수 있는 기술과 이를 이용한 미분탄 등 화석연료의 순산소연소 공정기술
		4) 이산화탄소 지중 저장소 탐사기술 : 이산화탄소 포집 후 지하공간에 저장하기 위해 다양한 탐사 기술을 이용하여 지하 저장소를 파악하는 기술
		5) 이산화탄소 수송 · 저장 기술: 대량발생원에서 포집된 이산화탄소를 이송하기 위한 압축 · 액화 수송기술, 수송된 이산화탄소를 지하심부에 안정적으로 저장하기 위한 시추 및 주입기술, 주입된 이산화탄소의 거동을 관측하고 예측하는 기술, 이산화탄소의 누출시 지하 및 지표 생태계에 미치는 영향을 평가하고 모니터링함으로써 장기적 안정성을 제고하는 환경 영향평가 및 사후관리 기술
		6) 산업 부생가스(CO, CH4) 전환기술: 제철소, 석유화학공단, 유기성 폐기물 등에서 발생하는 부생가스(CO, CH4)를 화학 · 생물 전환기술을 통해 화학원료 또는 수송연료 등을 생산하는 기술
		7) 이산화탄소 활용 기술: 이산화탄소를 광물화, 화학적 · 생물학적 변환을 통해 연료 · 화학물 · 건축소재 등을 재생산하는 기술

구분	분야	대상기술
13. 탄소중립	나. 수소	1) 수전해 기반 청정수소 생산기술: 재생에너지 등 무탄소 전원, 계통제약 전력(미활용전력) 등을 활용하여 물을 분해하여 청정 수소를 생산, 공급하는 수전해 공정의 소재 · 부품 · 스택 · 시스템 설계 및 제조기술
		1) 삭 제 (2023. 6. 7.)
		2) 부생수소 생산기술: 철강제조공정, 석유화학공정, 가성소다 생산 공정 등에서 발생하는 부생가스를 분리 정제하여 수소를 생산하는 기술 (2023. 6. 7. 개정)
		3) 수소연료 저장 · 공급 장치 제조 기술: 수소연료로 전기를 생산하여 운행되는 수소연료전지자동차(FCEV: Fuel Cell Electric Vehicle) 내에 수소연료를 저장 및 공급하는 장치 제조 기술
		3) 삭 제 (2023. 6. 7.)
		4) 액화수소 제조를 위한 수소액화플랜트 핵심부품 설계 및 제조기술: 액화수소 제조를 위한 수소액화플랜트의 LNG냉열 이용 예냉사이클 설계기술, 수소액화공정에 필요한 부품(압축기 · 팽창기 등) 설계 및 제작기술
		5) 수소 저장 효율화 기술 : 수소를 고압기체, 액체, 암모니아, 액상 유기물 수소 저장체(LOHC) 등의 형태로 저장하거나 고체 흡착제에 저장하는 기술
		5) 삭 제 (2024. 2. 29.)
		6) 수소 가스터빈(혼소 · 전소) 설계 및 제작 기술: 수소를 연료로 사용하여 연소시킬 때 발생하는 고온 고압의 에너지로 발전기를 회전시켜 전기를 생산하는 가스터빈 부품 설계 · 제작 · 조립 · 시험 평가 기술

구분	분야	대상기술
13. 탄소중립	나. 수소	6) 삭 제 (2024. 2. 29.)
		7) 수소충전소의 수소생산·압축·저장·충전설비 부품 제조기술: 수소연료전지자동차에 수소연료를 공급하기 위한 수소충전소의 수소 생산설비, 압축설비, 저장설비, 충전설비의 부품 설계 및 제작 기술
		7) 삭 제 (2023. 6. 7.)
		8) 수소차용 고밀도 고효율 연료전지시스템 기술 : 연료전지시스템 출력밀도 0.32kW/L 이상 또는 연료전지 스택 운전효율 70% 이상을 만족하는 수소전기차용 고밀도·고효율 연료전지시스템 설계 및 제조기술
		8) 삭 제 (2023. 6. 7.)
		9) 액화수소 운반선의 액화수소 저장·적하역 및 증발가스 처리기술: 액화수소 운반선 내에 액화수소를 저장·적하역하기 위한 극저온 화물창 설계·제조기술, 카고핸들링 기술 및 증발가스 처리를 위한 장치 제조 기술 (2023. 2. 28. 신설)
		10) 암모니아 발전 기술: 암모니아 연료를 단독으로 사용하거나 석탄 또는 천연가스와 혼합하여 전력을 생산하는 기술로 연료전지, 가스터빈, 미분탄 보일러 및 유동층 보일러에 적용 가능한 발전 시스템을 설계·제작하는 기술 (2024. 2. 29. 신설)
		11) 산업용 수소 보일러 및 연소기 설계·제작 기술: 수소 연료를 연소(혼소·전소)하여 발생하는 열에너지를 직접 사용하거나 증기·온수를 생산하는 산업용 수소 보일러 및 이를 구성하는 수소 연소기 부품을 설계·제작·운용하는 기술 (2024. 2. 29. 신설)

구분	분야	대상기술
13. 탄소중립	다. 신재생에너지	1) 고체산화물 연료전지 지지형셀·스택·시스템 설계 및 제조 기술: 고체산화물 연료전지(SOFC, Solid Oxide Fuel Cell)에서 중저온(650℃ 이하)에서 작동이 가능하고 출력효율이 높은 금속·연료극 지지형셀, 셀·분리판 등이 결합되어 전기와 열을 생산하는 스택, 스택을 결합하여 대량으로 발전이 가능한 시스템(발전효율 50% 이상인 4kW급 이상)을 제조하는 기술
		2) 연료전지 전용부품 제조기술: 연료전지 핵심부품인 개질기, 막전극 접합체, 금속 분리판 또는 블로어 제조 기술
		2) 삭 제 (2023. 6. 7.)
		3) 고체산화물 연료전지(SOFC, Solid Oxide Fuel Cell) 소재기술: 650℃ 이하에서 작동하는 연료전지로 다양한 연료[수소, 액화석유가스(LPG), 액화천연가스(LNG) 등]의 사용이 가능하고 전도 세라믹(Conducting Ceramic)을 이용하며 복합발전시스템이 가능한 전력변환장치로서 발전용 연료전지로 사용하는 소재 개발·제조기술
		4) 페로브스카이트(Perovskite), 페로브스카이트·결정질 실리콘 등 탠덤 태양전지 핵심소재 제조 및 대면적화 기술: 고효율성 및 고내구성을 가진 대면적 웨이퍼, 광활성층, 전자·정공수송층, 투명전극, 금속전극, 금속리본, 봉지, 경량 전후면 외장 재료 등의 핵심소재 제조기술, 대면적·고효율 셀 및 고출력 모듈화 기술(대면적 제조장비, 연속 공정기술 포함)

구분	분야	대상기술
13. 탄소 중립	다. 신재생 에너지	5) 풍력에너지 생산 기술로서 회전동력을 증속시켜 발전기에 전달하는 부품 설계 및 제조기술: 블레이드(blade)로부터 전달되는 회전력을 전달받아 증속하여 발전기에 전달하는 장치를 구성하는 유성기어(planet carrier)·축(shaft)·베어링(bearing)·이음쇠(coupling)·브레이크(brake) 및 제어기(controller)의 설계 및 제조 기술
		6) 풍력에너지 생산 기술로서 발전기(Generator) 및 변환기(Inverter) 제조기술: 동력 구동장치 증속기로부터 동력을 전달받아 회전자(rotor)와 고정자(stator)를 통해 전기를 발생시키는 발전기(generator)와 정속운전 유도발전기용 변환기, 가변속 운전 이중여자 유도발전기용 변환기 및 가변속 운전 동기발전기용 변환기의 설계 및 제조 기술
		7) 풍력발전 블레이드 기술: 8MW급 이상의 풍력발전 블레이드(Blade) 설계 및 제조 기술
		8) 지열 에너지 회수 및 저장 기술: 지열에너지 이용 효율 및 경제성을 향상시키는 그라우팅(grouting) 재료 제작 기술·보어홀(borehole) 전열저항 저감기술·저비용 시추기술 및 지중 축열 기술
		9) 지열발전기술: 지하 2km 이상 깊이의 심부 지열자원을 개발하여 전기를 생산하기 위한 일련의 기술로서 지열자원탐사기술, 심부시추 기술, 심부시추공 조사기술, 인공 지열저류층 생성기술(enhanced geothermal

구분	분야	대상기술
13. 탄소 중립	다. 신재생 에너지	system), 지열수 순환시스템 구축기술과 지열유체를 이용하여 전기를 생산하고 열에너지를 활용하는 기술
		10) 바이오매스 유래 에너지 생산기술: 자연에 존재하는 다양한 자원을 이용하여 직접 또는 전환공정을 통해 연료로 사용할 수 있는 고형연료, 알코올, 메탄, 디젤, 수소 등을 생산하는 기술
		10) 바이오매스 유래 에너지 생산기술: 자연에 존재하는 다양한 자원을 이용하여 직접 또는 전환공정을 통해 연료로 사용할 수 있는 고형연료, 알코올, 메탄, 디젤, 수소, 항공유 등을 생산하는 기술 (2024. 2. 29. 개정)
		11) 폐기물 액화·가스화 기술: 재생폐기물로부터 연료유 또는 가스를 생산하기 위한 열분해·가스화 기술
		12) 미활용 폐열 회수·활용을 통한 발전 기술: 산업현장에서 사용되지 않고 버려지는 중저온(900℃ 이하) 미활용 폐열을 초임계 이산화탄소·유기냉매·열전소자 등을 통해 회수한 후 친환경 전기에너지 생산에 활용하는 발전설비 및 시스템 개발 기술
		13) 해상풍력 발전단지 내·외부 전력망에 사용되는 해저케이블 시스템 기술: 대용량 전력 전송을 위한 고밀도·장조장 특성을 갖는 해저케이블(HVAC 345kV 이상 또는 HVDC 500kV 이상)과 이를 변전소 등에 연결하는 내부전력망용 해저케이블(semi-wet 방식, 66kV 이상) 설계·제조 기술 (2023. 2. 28. 신설)

구분	분야	대상기술
13. 탄소 중립	다. 신재생 에너지	14) 고효율 n형 대면적 태양전지와 이를 집적한 모듈화 기술: 효율 24% 이상의 n형 대면적(M10 이상) 결정질 실리콘 태양전지 공정기술 및 고출력(출력밀도 210W/m^2 이상) 모듈화 집적기술(고효율 셀 기술, 고집적 모듈 기술) (2023. 2. 28. 신설)
	라. 산업 공정	1) 수소환원제철 기술 : 철광석(산화철)에 기존 탄소계 원료(유연탄, 코크스 등) 대신 수소가스를 직접 투입하여 환원함으로써 철을 만드는 기술
		1) 삭 제 (2024. 2. 29.)
		2) 함수소가스 활용 고로취입기술 : 제철소 발생 함수소가스 또는 수소가스를 고로 공정의 연료로 활용하여 철강을 제조하는 기술
		3) 복합취련전로 활용 스크랩 다량 사용기술 : 전로 공정에서 스크랩의 사용량을 높이기 위한 상저취전로 및 노내 2차 연소기술(복합취련전로 기술)을 활용하는 기술
		4) 이산화탄소 반응경화 시멘트 생산기술 : 시멘트의 주원료인 석회석을 탄산칼슘(CaCO3)이 없는 물질(Rankinite, Wollastonite 등)로 대체하는 공정기술과 이산화탄소에 경화되는 시멘트를 생산하는 기술
		5) 산화칼슘 함유 비탄산염 산업부산물의 시멘트 원료화 기술 : 시멘트 산업에서 클링커 원료인 석회석을 산화칼슘(CaO)를 함유한 비탄산염 산업부산물로 대체하는 공정기술로 비탄산염 원료 전처리 기술, 공정운전 최적화 기술

구분	분야	대상기술
13. 탄소 중립	라. 산업 공정	6) 이산화탄소 저감 시멘트 생산을 위한 연·원료 대체기술 : 시멘트 제조공정 중 석회석 등 탄산염광물을 비탄산염 원료로 대체하는 소재·공정기술과 수소, 바이오매스, LNG 등 친환경 열원 및 가연성 순환자원연료를 이용하여 이산화탄소(CO2) 발생을 저감하는 소성 기술
		7) 시멘트 소성공정 유연탄 대체 기술 : 시멘트 소성공정의 열원인 유연탄을 대체하기 위한 대체연료(가연성 폐기물, 바이오매스) 전처리 및 연료 제조기술, 고효율 연소기술 및 연소 후 후처리 기술
		8) 석유계 플라스틱 대체 바이오 케미칼 원료 생산기술 : 바이오 매스를 처리하여 활용 가능한 당, 지질, 글리세롤 등을 바이오 플라스틱의 원료인 케미칼 원료로 전환시키는 화학적, 생물학적 기술
		9) 전기가열 나프타 분해기술 : 전기저항/유도 가열 방식을 활용한 나프타 분해공정을 통해 에틸렌·프로필렌 등 석유화학 기초원료를 제조하는 기술
		10) 반도체·디스플레이 식각·증착공정의 대체소재 제조 및 적용기술 : 반도체·디스플레이 제조공정에서 사용하는 식각 및 증착용 온실가스를 GWP (Global Warming Potential)가 낮은 가스로 대체하기 위한 소재를 제조하는 기술 및 이를 적용하기 위한 설비 및 부품개발, 공정설계 및 평가기술 (2023. 2. 28. 개정)

구분	분야	대상기술
13. 탄소 중립	라. 산업 공정	11) 반도체 및 디스플레이 제조공정에서 배출되는 불소화합물 및 아산화질소 배출 저감기술 : 반도체·디스플레이 제조공정에서 배출되는 불소화합물 및 아산화질소 가스를 LNG, 전기 에너지 등을 활용하여 고온에서 분해하는 방법의 배출저감기술
		12) 해상(FSRU) 및 육상 LNG터미널에서의 LNG 냉열 발전 결합형 재기화 기술: LNG 냉열의 회수 공정을 이용하여 재기화 송출 용량이 750 MMSCFD (Million Metric Standard Cubic Feet per Day) 이상이고, 소요전력 20퍼센트 이상 절감 및 온실가스 20퍼센트 이상 감소 가능한 냉열 발전이 결합된 재기화 시스템의 공정 설계 및 설비 제작 기술 (2023. 2. 28. 신설)
		13) 철강 가열공정 탄소연료 대체기술: 단조, 압연 공정에 사용되는 화석연료를 저탄소 연료(수소, 암모니아)로 전환하는 기술 및 발생된 이산화탄소는 재순환시켜 에너지 효율을 향상시키는 기술 (2023. 2. 28. 신설)
		14) 전기로 저탄소원료(직접환원철·수소환원철) 활용 기술: 전기로 용해공정에서 저탄소 원료인 직접환원철 또는 수소환원철로 철강을 제조하는 기술 (2024. 2. 29. 신설)

구분	분야	대상기술
13. 탄소 중립	마. 에너지 효율·수송	1) 지능형 전력계통(Smart Grid) 설계 및 제조기술: 전력 기술과 정보·통신 기술의 융합을 통해 전력 공급자와 소비자가 양방향으로 실시간 정보를 교환함으로써 고신뢰도 유지 및 에너지 효율 최적화를 달성하기 위한 차세대 전력시스템 설계 및 제조기술
		2) 지능형 배전계통 고도화 및 운용기술: 지능형 배전계통에 필요한 고신뢰성·고품질의 전력공급 및 지능형 배전계통을 보호·제어하기 위한 기술로서 보호 및 제어용 지능형전력장치(IED, Intelligent Electric Device) 기술, IED가 탑재된 배전용 개폐기 및 차단기 제조 기술, 지능형 배전계통 데이터베이스(database) 통합 관리 기술, 지능형 배전계통의 자산관리 및 운용기술, 지능형 직류배전 공급용 기기 제조 기술, 지능형 분산전원 연계기기 제조 기술, 지능형 배전계통 전력품질 보상기기 및 지능형 배전망 운용 기술
		3) 지능형 건축물 에너지 통합 관리시스템 기술: 개별 또는 복수의 건축물을 대상으로 해당 건축물에서 소비하는 에너지를 원격 및 통합적으로 계측·평가 및 관리하는 관리 시스템 설계·구축 기술
		4) 지능형 검침인프라(AMI, Advanced Metering Infrastructure) 설계·제조기술: 양방향 통신 기반의 전자식 계량기를 활용하여 전기사용정보 등을 수집 후 통합 관리하는 인프라로서 실시간으로 전력가격 및 사용정보를 소비자에게 전달하여 수요반응 등을 가능케 하고, 공급자에게는 더욱 정확한 수요예측 및 부하 관리 등이 가능하게 하는 기술

구분	분야	대상기술
13. 탄소 중립	마. 에너지 효율 · 수송	5) 데이터센터 냉방 · 공조 및 에너지 효율화 기술 : 냉방 · 공조 시스템 및 IT 기반시설 장치를 제어하여 전체 데이터센터의 에너지 효율을 최적화하는 데이터센터 인프라 관리 기술
		6) 극저온 액체 저장 및 이송용 펌프 설계 · 제조기술: 액화천연가스(LNG), 액화수소가스(LH2) 등 극저온 액체를 누수 없이 저장 및 이송하기 위해 사용하는 극저온용 펌프로 극저온용 밀봉 소재와 베어링(Bearing), 터미널 헤더(Terminal Heather) 등의 부품을 설계 · 제조 · 시험 · 평가 기술
		7) 히트펌프 적용 온도 범위 확대 및 효율 향상 기술 : 친환경 냉매 개발, 열교환기 성능 향상과 사용 열원 확대를 통해 고온 · 저온의 열에너지 공급이 가능한 히트펌프 시스템 기술
		8) 선박용 디젤엔진 제조 기술: 해상 운송의 추진, 발전용으로 사용하고, 이중연료[액화천연가스(LNG), 액화석유가스(LPG) 등의 가스연료 포함] 사용이 가능한 디젤엔진을 제조하는 기술로, 크랭크 샤프트(Crankshaft), 피스톤(Piston), 피스톤링(Piston Ring), 실린더헤드(Cylinder Head) 등 엔진의 핵심 소재 · 부품을 설계 · 제작 · 시험 · 평가하는 기술
		9) 친환경 굴착기 설계 · 제조기술 : 순수 전기(모터), 하이브리드(모터와 엔진), 바이오연료(엔진)로 구동할 수 있는 굴착기 생산 기술

구분	분야	대상기술
13. 탄소 중립	마. 에너지 효율 · 수송	10) 암모니아 추진선박의 연료공급 및 후처리 기술 : 암모니아를 연료로 추진하는 선박에 적용되는 암모니아 연료 공급 시스템 및 연소 후 배기가스 후처리 시스템 기술
		11) 극저온 액체 저장 및 이송용 극저온 냉동기술: 극저온 액체 저장 및 이송용 극저온 냉동기술: 액화질소(끓는 점 -196℃), 액화수소(끓는 점 -253℃) 등 -196℃ 이하의 극저온 액체를 자체 증발로 인한 손실 없이 저장 및 이송하기 위해 사용하는 극저온 냉동 기술 (2023. 2. 28. 신설)
		12) 연료전지 및 배터리를 적용한 선박 발전시스템: 연료전지 및 배터리 하이브리드 전력시스템을 선박의 발전원으로 활용하는 기술
		12) 연료전지, 배터리 및 축발전기 모터를 적용한 선박 발전시스템: 연료전지, 배터리 및 축발전기 모터 하이브리드 전력시스템을 선박의 발전원으로 활용하는 기술 (2024. 2. 29. 개정)
		13) 고효율 산업용 전동기 설계 · 제조 기술: IEC 60034-30-1규격의 IE4급 이상의 고효율 산업용 전동기 설계 · 제조 기술 (2023. 2. 28. 신설)
14. 방위 산업	가. 방산 장비	1) 추진체계 기술: 유무인 항공기, 기동장비, 유도무기, 함정 등에 장착하는 터보제트엔진, 터보샤프트엔진, 터보프롭엔진, 터보팬엔진, 왕복엔진의 완제엔진, 부체계(엔진제어, 연료, 윤활, 기어박스 등), 구성품(팬, 압축기, 연소기, 터빈, 배기노즐 등), 소재(내열 · 경

구분	분야	대상기술
14. 방위산업	가. 방산장비	량합금, 복합재, 고온코팅 등) 등을 설계 · 제작 · 조립 · 인증 · 시험평가하는 기술 (2024. 2. 29. 신설)
		2) 군사위성체계 기술: 군사용 위성체계 중 감시정찰 및 통신위성의 위성체계(전력체계, 자세제어체계, 위성탑재컴퓨터, 송수신체계, 구조체 등), 구성품(위성통신송수신 안테나, 광학장비, 영상레이더, 항법체계 등), 관련 소재, 지상장비, 발사체(고체연료) 등을 설계 · 제작 · 조립 · 인증 · 시험평가하는 기술 (2024. 2. 29. 신설)
	나. 전투지원	1) 유무인복합체계 기술: 유무인복합체계에 필요한 환경인식기술, 위치추정기술, 자율임무 수행기술, 유무인협업기술, 무선통신기술, 네트워크 보안기술, 의사결정지원기술, 원격통제기술 등을 활용하여 유무인복합체계를 설계 · 제작 · 조립하는 기술 (2024. 2. 29. 신설)

비고

위 표에 따른 신성장 · 원천기술의 유효기한은 2024년 12월 31일로 한다.

삭 제 (2024. 11. 12.)

종합부동산세법

법 률

제1장 총 칙

제2장 주택에 대한 과세

시 행 령

제1장 총 칙

제2장 주택에 대한 과세

시행규칙

제 5 장 보 칙

제 5 장 보 칙

종합부동산세법

개정 2023. 4. 18. 법률 제19342호
(지방세법 부칙) 2023. 3. 14. 법률 제19230호
2022. 12. 31. 법률 제19200호
2022. 9. 15. 법률 제18977호
2021. 9. 14. 법률 제18449호
2020. 12. 29. 법률 제17760호
2020. 8. 18. 법률 제17478호
(법률용어 정비를~법률) 2020. 6. 9. 법률 제17339호
2018. 12. 31. 법률 제16109호
(정부조직법 부칙) 2017. 7. 26. 법률 제14839호
2016. 3. 2. 법률 제14050호
(부동산 가격공시~법률 부칙) 2016. 1. 19. 법률 제13796호
(임대주택법 부칙) 2015. 8. 28. 법률 제13499호
(정부조직법 부칙) 2014. 11. 19. 법률 제12844호
(지방세법 부칙) 2014. 1. 1. 법률 제12153호
(정부조직법 부칙) 2013. 3. 23. 법률 제11690호
(영유아보육법 부칙) 2011. 6. 7. 법률 제10789호
(지방세법 부칙) 2010. 3. 31. 법률 제10221호
(지방세특례제한법 부칙) 2010. 3. 31. 법률 제10220호
2009. 5. 27. 법률 제 9710호

종합부동산세법 시행령

개정 2024. 11. 12. 대통령령 제34994호
(근현대문화유산~부칙)
2024. 9. 10. 대통령령 제34881호
2024. 9. 10. 대통령령 제34874호
2024. 6. 25. 대통령령 제34588호
(문화재보호법 시행령 부칙)
2024. 5. 7. 대통령령 제34488호
2024. 2. 29. 대통령령 제34268호

2023. 9. 5. 대통령령 제33696호
(지방자치분권~부칙) 2023. 7. 7. 대통령령 제33621호
2023. 2. 28. 대통령령 제33266호
2022. 9. 23. 대통령령 제32918호
2022. 8. 2. 대통령령 제32831호
2022. 2. 15. 대통령령 제32425호
2021. 2. 17. 대통령령 제31447호
2020. 10. 7. 대통령령 제31085호
2020. 8. 7. 대통령령 제30921호
2020. 2. 11. 대통령령 제30404호
(문화재보호법 시행령 부칙) 2019. 12. 31. 대통령령 제30285호
2019. 2. 12. 대통령령 제29524호
2018. 10. 23. 대통령령 제29243호
(민간임대주택에 관한 특별법 시행령 부칙)
2018. 7. 16. 대통령령 제29045호
2018. 6. 5. 대통령령 제28930호
2018. 2. 13. 대통령령 제28645호

종합부동산세법 시행규칙

개정 2024. 9. 10.
기획재정부령 제1081호
2024. 3. 22.
기획재정부령 제1054호

2023. 9. 27. 기획재정부령 제1020호
2023. 3. 20. 기획재정부령 제 980호
2022. 9. 23. 기획재정부령 제 939호
2022. 7. 27. 기획재정부령 제 927호
2022. 3. 18. 기획재정부령 제 900호
2021. 3. 16. 기획재정부령 제 836호
2020. 3. 13. 기획재정부령 제 782호
2019. 3. 20. 기획재정부령 제 727호
2017. 3. 10. 기획재정부령 제 600호
2015. 3. 6. 기획재정부령 제 469호

(행정안전부와~직제 부칙) 2017. 7. 26. 대통령령 제28211호
2017. 2. 7. 대통령령 제27836호
(주택법 시행령 부칙) 2016. 8. 11. 대통령령 제27444호
2016. 2. 5. 대통령령 제26948호
(임대주택법 시행령 부칙) 2015. 12. 28. 대통령령 제26763호
2015. 11. 30. 대통령령 제26670호

제 1 장 총 칙

제1조【목 적】 이 법은 고액의 부동산보유자에 대하여 종합부동산세를 부과하여 부동산보유에 대한 조세부담의 형평성을 제고하고, 부동산의 가격안정을 도모함으로써 지방재정의 균형발전과 국민경제의 건전한 발전에 이바지함을 목적으로 한다. (2005. 1. 5. 제정)

제2조【정 의】 이 법에서 사용하는 용어의 정의는 다음 각호와 같다. (2005. 1. 5. 제정)

1. "시·군·구"라 함은 「지방자치법」 제2조에 따른 지방자치단체인 시·군 및 자치구(이하 "시·군"이라 한다)를 말한다. (2020. 6. 9. 개정 ; 법률용어~법률)
2. "시장·군수·구청장"이라 함은 지방자치단체의 장인 시장·군수 및 자치구의 구청장(이하 "시장·군수"라 한다)을 말한다. (2005. 1. 5. 제정)
3. "주택"이라 함은 「지방세법」 제104조 제3호에 의한 주택을 말한다. 다만, 같은 법 제13조 제5항 제1호에 따른 별장은 제외한다. (2018. 12. 31. 단서개정)
3. 삭 제 (2023. 3. 14. ; 지방세법 부칙)
4. "토지"라 함은 「지방세법」 제104조 제1호에 따른 토지를 말한다. (2010. 3. 31. 개정 ; 지방세법 부칙)
5. "주택분 재산세"라 함은 「지방세법」 제105조 및 제

제 1 장 총 칙

제1조【목 적】 이 영은 「종합부동산세법」에서 위임된 사항과 동법의 시행에 관하여 필요한 사항을 규정함을 목적으로 한다. (2005. 5. 31. 제정)

제1조【목 적】 이 규칙은 「종합부동산세법」 및 동법 시행령에서 위임된 사항과 그 시행에 관하여 필요한 사항을 규정함을 목적으로 한다. (2005. 5. 31. 제정)

107조에 따라 주택에 대하여 부과하는 재산세를 말한다. (2010. 3. 31. 개정 ; 지방세법 부칙)
6. "토지분 재산세"라 함은 「지방세법」 제105조 및 제107조에 따라 토지에 대하여 부과하는 재산세를 말한다. (2010. 3. 31. 개정 ; 지방세법 부칙)
7. 삭 제 (2005. 12. 31.)
8. "세대"라 함은 주택 또는 토지의 소유자 및 그 배우자와 그들과 생계를 같이하는 가족으로서 대통령령으로 정하는 것을 말한다. (2020. 6. 9. 개정 ; 법률용어~법률)
9. "공시가격"이라 함은 「부동산 가격공시에 관한 법률」에 따라 가격이 공시되는 주택 및 토지에 대하여 같은 법에 따라 공시된 가액을 말한다. 다만, 같은 법에 따라 가격이 공시되지 아니한 경우에는 「지방세법」 제4조 제1항 단서 및 같은 조 제2항에 따른 가액으로 한다. (2020. 6. 9. 개정 ; 법률용어~법률)

제3조【과세기준일】 종합부동산세의 과세기준일은 「지방세법」 제114조에 따른 재산세의 과세기준일로 한다. (2010. 3. 31. 개정 ; 지방세법 부칙)

제4조【납세지】 ① 종합부동산세의 납세의무자가 개인 또는 법인으로 보지 아니하는 단체인 경우에는 소득세법 제6조의 규정을 준용하여 납세지를 정한다. (2005. 1. 5. 제정)

제1조의 2【세대의 범위】 ① 「종합부동산세법」(이하 "법"이라 한다) 제2조 제8호에서 "대통령령이 정하는 것"이라 함은 주택 또는 토지의 소유자 및 그 배우자가 그들과 동일한 주소 또는 거소에서 생계를 같이하는 가족과 함께 구성하는 1세대를 말한다. (2005. 12. 31. 신설)
② 제1항에서 "가족"이라 함은 주택 또는 토지의 소유자와 그 배우자의 직계존비속(그 배우자를 포함한다) 및 형제자매를 말하며, 취학, 질병의 요양, 근무상 또는 사업상의 형편으로 본래의 주소 또는 거소를 일시퇴거한 자를 포함한다. (2005. 12. 31. 신설)
③ 다음 각 호의 어느 하나에 해당하는 경우에는 배우자가 없는 때에도 이를 제1항에 따른 1세대로 본다. (2016. 2. 5. 개정)
1. 30세 이상인 경우 (2005. 12. 31. 신설)
2. 배우자가 사망하거나 이혼한 경우 (2005. 12. 31. 신설)
3. 「소득세법」 제4조에 따른 소득이 「국민기초생활 보장법」 제2조 제11호에 따른 기준 중위소득의 100분의 40 이상으로서 소유하고 있는 주택 또는 토지를 관리

② 종합부동산세의 납세의무자가 법인 또는 법인으로 보는 단체인 경우에는 「법인세법」 제9조 제1항부터 제3항까지의 규정을 준용하여 납세지를 정한다. (2020. 6. 9. 개정 ; 법률용어~법률)

③ 종합부동산세의 납세의무자가 비거주자인 개인 또는 외국법인으로서 국내사업장이 없고 국내원천소득이 발생하지 아니하는 주택 및 토지를 소유한 경우에는 그 주택 또는 토지의 소재지(주택 또는 토지가 둘 이상인 경우에는 공시가격이 가장 높은 주택 또는 토지의 소재지를 말한다)를 납세지로 정한다. (2008. 12. 26. 신설)

제5조 【과세구분 및 세액】 ① 종합부동산세는 주택에 대한 종합부동산세와 토지에 대한 종합부동산세의 세액을 합한 금액을 그 세액으로 한다. (2005. 1. 5. 제정)

② 토지에 대한 종합부동산세의 세액은 제14조 제1항 및 제3항에 따른 토지분 종합합산세액과 같은 조 제4항 및 제6항에 따른 토지분 별도합산세액을 합한 금액으로 한다. (2022. 12. 31. 개정)

제6조 【비과세 등】 ① 「지방세특례제한법」 또는 「조세특례제한법」에 의한 재산세의 비과세·과세면제 또는 경감에 관한 규정(이하 "재산세의 감면규정"이라 한다)은 종합부동산세를 부과하는 경우에 이를 준용한다. (2020. 6. 9. 개정 ; 법률용어~법률)

·유지하면서 독립된 생계를 유지할 수 있는 경우. 다만, 미성년자의 경우를 제외하되, 미성년자의 결혼, 가족의 사망 그 밖에 기획재정부령이 정하는 사유로 1세대의 구성이 불가피한 경우에는 그러하지 아니하다. (2016. 2. 5. 개정)

④ 혼인함으로써 1세대를 구성하는 경우에는 혼인한 날부터 5년 동안은 제1항에도 불구하고 주택 또는 토지를 소유하는 자와 그 혼인한 자별로 각각 1세대로 본다. (2009. 2. 4. 개정)

④ 혼인함으로써 1세대를 구성하는 경우에는 혼인한 날부터 10년 동안은 제1항에도 불구하고 주택 또는 토지를 소유하는 자와 그 혼인한 자별로 각각 1세대로 본다. (2024. 11. 12. 개정)

⑤ 동거봉양(同居奉養)하기 위하여 합가(合家)함으로써 과세기준일 현재 60세 이상의 직계존속(직계존속 중 어느 한 사람이 60세 미만인 경우를 포함한다)과 1세대를 구성하는 경우에는 제1항에도 불구하고 합가한 날부터 10년 동안(합가한 날 당시는 60세 미만이었으나, 합가한 후 과세기준일 현재 60세에 도달하는 경우는 합가한 날부터 10년의 기간 중에서 60세 이상인 기간 동안) 주택 또는 토지를 소유하는 자와 그 합가한 자별로 각각 1세대로 본다. (2018. 2. 13. 개정)

② 「지방세특례제한법」 제4조에 따른 시 · 군의 감면조례에 의한 재산세의 감면규정은 종합부동산세를 부과하는 경우에 준용한다. (2020. 6. 9. 개정 ; 법률용어~법률)

③ 제1항 및 제2항에 따라 재산세의 감면규정을 준용하는 경우 그 감면대상인 주택 또는 토지의 공시가격에서 그 공시가격에 재산세 감면비율(비과세 또는 과세면제의 경우에는 이를 100분의 100으로 본다)을 곱한 금액을 공제한 금액을 공시가격으로 본다. (2020. 6. 9. 개정 ; 법률용어~법률)

④ 제1항 및 제2항의 재산세의 감면규정 또는 분리과세규정에 따라 종합부동산세를 경감하는 것이 종합부동산세를 부과하는 취지에 비추어 적합하지 않은 것으로 인정되는 경우 등 대통령령으로 정하는 경우에는 종합부동산세를 부과할 때 제1항 및 제2항 또는 그 분리과세규정을 적용하지 아니한다. (2020. 6. 9. 개정 ; 법률용어~법률)

제2조 【시 · 군의 감면조례의 적용배제 등】 (2019. 2. 12. 제목개정)

법 제6조 제4항에서 "대통령령이 정하는 경우"란 다음 각 호의 어느 하나에 해당하는 경우를 말한다. (2019. 2. 12. 개정)

1. 시 · 군의 감면조례에 따른 재산세의 감면규정 또는 분리과세규정 중 다음 각 목의 요건을 모두 충족하는 경우로서 행정안전부장관이 기획재정부장관과 협의하여 고시하는 경우 (2019. 2. 12. 개정)
   가. 전국 공통으로 적용되는 것이 아닌 것 (2019. 2. 12. 개정)
   나. 해당 규정이 전국적인 과세형평을 저해하는 것으로 인정되는 것 (2019. 2. 12. 개정)
2. 「지방세특례제한법」 또는 「조세특례제한법」에 따른 재산세의 비과세, 과세면제 또는 경감에 관한 규정이 제3조 제1항 제8호 각 목 외의 부분 단서 및 같은 호

제 2 장 주택에 대한 과세

제7조【납세의무자】 ① 과세기준일 현재 주택분 재산세의 납세의무자는 종합부동산세를 납부할 의무가 있다. (2020. 8. 18. 개정)

②「신탁법」 제2조에 따른 수탁자(이하 "수탁자"라 한다)의 명의로 등기 또는 등록된 신탁재산으로서 주택(이하 "신탁주택"이라 한다)의 경우에는 제1항에도 불구하고 같은 조에 따른 위탁자(「주택법」 제2조 제11호 가목에 따른 지역주택조합 및 같은 호 나목에 따른 직장주택조합이 조합원이 납부한 금전으로 매수하여 소유하고 있는 신탁주택의 경우에는 해당 지역주택조합 및 직장주택조합을 말한다. 이하 "위탁자"라 한다)가 종합부동산세를 납부할 의무가 있다. 이 경우 위탁자가 신탁주택을 소유한 것으로 본다. (2020. 12. 29. 신설)

③ 주된 주택소유자 외의 세대원은 그가 소유한 주택의 공시가격을 한도로 주된 주택소유자와 연대하여 종합부동산세를 납부할 의무가 있다. (2005. 12. 31. 신설)

③ 삭 제 (2008. 12. 26.)

나목에 따라 종합부동산세가 합산배제되지 않는 임대주택에 적용되는 경우 (2020. 8. 7. 개정)

제 2 장 주택에 대한 과세

제2조의 2【주된 주택소유자】 법 제7조 제1항 후단에서 "대통령령이 정하는 주된 주택소유자"라 함은 다음 각 호의 순위에 따른 자를 말한다. (2005. 12. 31. 신설)

1. 주택(제3조 및 제4조에 해당하는 주택을 제외한다. 이하 이 조에서 같다)을 소유한 세대원 중에서 소유한 주택의 공시가격을 합한 금액이 가장 큰 자 (2007. 8. 6. 개정)
2. 주택의 공시가격을 합한 금액이 가장 큰 자가 2인 이상인 경우에는 그 중에서 다음 각 목의 구분에 따른 자 (2007. 8. 6. 개정)
   가. 법 제16조 제1항에 따라 부과 · 징수되는 경우에는 국세청장이 정하는 자 (2007. 8. 6. 신설)
   나. 법 제16조 제3항에 따라 신고하는 경우에는 그 신고를 하는 자 (2007. 8. 6. 신설)
3. 삭 제 (2007. 8. 6.)

제2조의 2【주된 주택소유자】 삭 제 (2009. 2. 4.)

제7조의 2【신탁주택 관련 수탁자의 물적납세의무】 신탁주택의 위탁자가 다음 각 호의 어느 하나에 해당하는 종합부동산세 또는 강제징수비(이하 "종합부동산세등"이라 한다)를 체납한 경우로서 그 위탁자의 다른 재산에 대하여 강제징수를 하여도 징수할 금액에 미치지 못할 때에는 해당 신탁주택의 수탁자는 그 신탁주택으로써 위탁자의 종합부동산세등을 납부할 의무가 있다. (2020. 12. 29. 신설)

1. 신탁 설정일 이후에 「국세기본법」 제35조 제2항에 따른 법정기일이 도래하는 종합부동산세로서 해당 신탁주택과 관련하여 발생한 것 (2020. 12. 29. 신설)
2. 제1호의 금액에 대한 강제징수 과정에서 발생한 강제징수비 (2020. 12. 29. 신설)

제8조【과세표준】 ① 주택에 대한 종합부동산세의 과세표준은 납세의무자별로 주택의 공시가격을 합산한 금액에서 다음 각 호의 금액을 공제한 금액에 부동산 시장의 동향과 재정 여건 등을 고려하여 100분의 60부터 100분의 100까지의 범위에서 대통령령으로 정하는 공정시장가액비율을 곱한 금액으로 한다. 다만, 그 금액이 영보다 작은 경우에는 영으로 본다. (2022. 12. 31. 개정)

1. 대통령령으로 정하는 1세대 1주택자(이하 "1세대 1주택자"라 한다) : 12억원 (2022. 12. 31. 개정)
2. 제9조 제2항 제3호 각 목의 세율이 적용되는 법인 또

제2조의 3【1세대 1주택의 범위】 ① 법 제8조 제1항 제1호에서 "대통령령으로 정하는 1세대 1주택자"란 세대원 중 1명만이 주택분 재산세 과세대상인 1주택만을 소유한 경우로서 그 주택을 소유한 「소득세법」 제1조의 2 제1항 제1호에 따른 거주자를 말한다. 이 경우 「건축법 시행령」 별표 1 제1호 다목에 따른 다가구주택은 1주택으로 보되, 제3조에 따른 합산배제 임대주택으로 같은 조 제9항에 따라 신고한 경우에는 1세대가 독립하여 구분 사용할 수 있도록 구획된 부분을 각각 1주택으로 본다. (2023. 2. 28. 개정)

는 법인으로 보는 단체 : 0원 (2023. 4. 18. 개정)

편주

법 8조 1항 2호의 개정규정은 2023. 4. 18.이 속하는 연도에 납세의무가 성립하는 분부터 적용함. (법 부칙(2023. 4. 18.) 2조)

3. 제1호 및 제2호에 해당하지 아니하는 자 : 9억원 (2022. 12. 31. 개정)

② 다음 각 호의 어느 하나에 해당하는 주택은 제1항에 따른 과세표준 합산의 대상이 되는 주택의 범위에 포함되지 아니하는 것으로 본다. (2020. 6. 9. 개정 ; 법률용어~법률)

② 제1항에 따른 1세대 1주택자 여부를 판단할 때 다음 각 호의 주택은 1세대가 소유한 주택 수에서 제외한다. 다만, 제1호는 각 호 외의 주택을 소유하는 자가 과세기준일 현재 그 주택에 주민등록이 되어 있고 실제로 거주하고 있는 경우에 한정하여 적용한다. (2011. 10. 14. 단서신설)

1. 제3조 제1항 각 호(제5호는 제외한다)의 어느 하나에 해당하는 주택으로서 같은 조 제9항에 따른 합산배제 신고를 한 주택 (2020. 2. 11. 개정)

2. 제4조 제1항 제6호에 해당하는 1주택 (2011. 10. 14. 호번개정)

2. 삭 제 (2012. 2. 2.)

3. 제4조 제1항 각 호에 해당하는 주택으로서 같은 조 제4항에 따라 합산배제 신고를 한 주택 (2022. 2. 15. 개정)

제2조의 4【공정시장가액비율】 ① 법 제8조 제1항 각 호 외의 부분 본문에서 "대통령령으로 정하는 공정시장가액비율"이란 100분의 60을 말하되, 2019년부터 2021년까지 납세의무가 성립하는 종합부동산세에 대해서는 다음 각 호의 연도별 비율을 말한다. (2023. 2. 28. 개정)

1. 2019년 : 100분의 85 (2019. 2. 12. 신설)
2. 2020년 : 100분의 90 (2019. 2. 12. 신설)
3. 2021년 : 100분의 95 (2019. 2. 12. 신설)

② 법 제13조 제1항 및 제2항에서 "대통령령으로 정하는 공정시장가액비율"이란 100분의 100을 말하되, 2019년부터 2021년까지 납세의무가 성립하는 종합부동산세에 대

1. 「민간임대주택에 관한 특별법」에 따른 민간임대주택, 「공공주택 특별법」에 따른 공공임대주택 또는 대통령령으로 정하는 다가구 임대주택으로서 임대기간, 주택의 수, 가격, 규모 등을 고려하여 대통령령으로 정하는 주택 (2020. 6. 9. 개정 ; 법률용어~법률)

해서는 다음 각 호의 연도별 비율을 말한다. (2022. 8. 2. 개정)

1. 2019년 : 100분의 85 (2019. 2. 12. 개정)
2. 2020년 : 100분의 90 (2019. 2. 12. 개정)
3. 2021년 : 100분의 95 (2019. 2. 12. 개정)

제3조【합산배제 임대주택】 ① 법 제8조 제2항 제1호에서 "대통령령으로 정하는 주택"이란 「공공주택 특별법」 제4조에 따른 공공주택사업자(이하 "공공주택사업자"라 한다) 또는 「민간임대주택에 관한 특별법」 제2조 제7호에 따른 임대사업자(이하 "임대사업자"라 한다)로서 과세기준일 현재 「소득세법」 제168조 또는 「법인세법」 제111조에 따른 주택임대업 사업자등록(이하 이 조에서 "사업자등록"이라 한다)을 한 자가 과세기준일 현재 임대(제1호부터 제3호까지, 제5호부터 제8호까지의 주택을 임대한 경우를 말한다)하거나 소유(제4호 또는 제9호의 주택을 소유한 경우를 말한다)하고 있는 다음 각 호의 주택(이하 "합산배제 임대주택"이라 한다)을 말한다. 이 경우 과세기준일 현재 임대를 개시한 자가 법 제8조 제3항에 따른 주택의 보유현황 신고기간 종료일까지 임대사업자로서 사업자등록을 하는 경우에는 해당 연도 과세기준일 현재 임대사업자로서 사업자등록을 한 것으로 본다. (2023. 9. 5. 개정)

1. 「민간임대주택에 관한 특별법」 제2조 제2호에 따른

편주

2022. 2. 15. 전에 임대보증금 또는 임대료의 100분의 5를 초과하여 임대차계약을 체결하거나 갱신한 경우로서 2022. 2. 15. 전에 납세의무가 성립한 경우의 법 8조 2항에 따른 과세표준 합산배제를 적용받을 수 있는 공공건설임대주택 및 공공매입임대주택의 범위에 관하여는 영 3조 1항 1호 및 2호의 개정 규정에도 불구하고 종전의 규정에 따름. (영 부칙(2022. 2. 15.) 3조)

☞

개정)

2. 다음 각 목의 구분에 따른 「민간임대주택에 관한 특별법」에 따른 민간건설임대주택 (2022. 8. 2. 개정)

가. 2021년도에 납세의무가 성립하는 경우 : 2021. 2. 17. 이후 「민간임대주택에 관한 특별법」 5조에 따라 등록하는 민간건설임대주택 (2022. 8. 2. 개정)

나. 2022년도 이후에 납세의무가 성립하는 경우 : 2021. 2. 17. 이후 「건축법」 22조에 따라 사용승인을 받거나 「주택법」 49조에 따라 사용검사 확인증을 받는 민간건설임대주택 (2022. 8. 2. 개정)

나. 5년 이상 계속하여 임대하는 것일 것 (2010. 2. 18. 단서삭제)

다. 임대료등의 증가율이 100분의 5를 초과하지 않을 것. 이 경우 임대료등 증액 청구는 임대차계약의 체결 또는 약정한 임대료등의 증액이 있은 후 1년 이내에는 하지 못하고, 임대사업자가 임대료등의 증액을 청구하면서 임대보증금과 월임대료를 상호 간에 전환하는 경우에는 「민간임대주택에 관한 특별법」 제44조 제4항 및 「공공주택 특별법 시행령」 제44조 제3항에 따라 정한 기준을 준용한다. (2022. 2. 15. 개정)

2. 「민간임대주택에 관한 특별법」 제2조 제3호에 따른 민간매입임대주택과 「공공주택 특별법」 제2조 제1호의 3에 따른 공공매입임대주택 (이하 이 조에서 "매

☞ p.3148 2단 연결

민간건설임대주택과 「공공주택 특별법」 제2조 제1호의 2에 따른 공공건설임대주택(이하 이 조에서 "건설임대주택"이라 한다)으로서 다음 각 목의 요건을 모두 갖춘 주택이 2호 이상인 경우 그 주택. 다만, 「공공주택 특별법」 제49조 제4항에 따라 임대보증금 또는 임대료(이하 이 항에서 "임대료등"이라 한다)를 증액하는 경우에는 다목 전단을 적용하지 않으며, 「민간임대주택에 관한 특별법」 제2조 제2호에 따른 민간건설임대주택의 경우에는 2018년 3월 31일 이전에 같은 법 제5조에 따른 임대사업자 등록과 사업자등록(이하 이 조에서 "사업자등록등"이라 한다)을 한 주택으로 한정한다. (2022. 2. 15. 단서개정)

가. 전용면적이 149제곱미터 이하로서 2호 이상의 주택의 임대를 개시한 날(2호 이상의 주택의 임대를 개시한 날 이후 임대를 개시한 주택의 경우에는 그 주택의 임대개시일을 말한다) 또는 최초로 제9항에 따른 합산배제신고를 한 연도의 과세기준일의 공시가격이 9억원 이하일 것 (2021. 2. 17. 개정)

편주

영 3조 1항 1호 가목의 개정규정은 다음 각 호의 주택에 대하여 적용함. (영 부칙(2021. 2. 17.) 2조)

1. 2021. 2. 17. 이후 「건축법」 22조에 따라 사용승인을 받거나 「주택법」 49조에 따라 사용검사 확인증을 받는 「공공주택 특별법」에 따른 공공건설임대주택 (2022. 8. 2.

제2조 제24호에 따른 공공택지에 소재할 것 (2024. 11. 12. 신설)

나) 미분양될 경우에는 한국토지주택공사가 매입을 확약하는 조건의 계약을 체결한 주택일 것 (2024. 11. 12. 신설)

다) 2025년 12월 31일까지 「주택법」 제16조 제2항 또는 「건축법」 제21조 제1항에 따라 신고한 주택일 것 (2024. 11. 12. 신설)

2) 해당 주택의 소재지가 수도권 밖의 지역인 경우 : 3억원 (2024. 11. 12. 신설)

나. 5년 이상 계속하여 임대하는 것일 것 (2011. 3. 31. 개정)

다. 임대료등의 증가율이 100분의 5를 초과하지 않을 것. 이 경우 임대료등 증액 청구는 임대차계약의 체결 또는 약정한 임대료등의 증액이 있은 후 1년 이내에는 하지 못하고, 임대사업자가 임대료등의 증액을 청구하면서 임대보증금과 월임대료를 상호 간에 전환하는 경우에는 「민간임대주택에 관한 특별법」 제44조 제4항 및 「공공주택 특별법 시행령」 제44조 제3항에 따라 정한 기준을 준용한다. (2020. 2. 11. 개정)

3. 임대사업자의 지위에서 2005년 1월 5일 이전부터 임대하고 있던 임대주택으로서 다음 각목의 요건을 모두 갖춘 주택이 2호 이상인 경우 그 주택 (2005. 5. 31. 제정)

☞ p.3149 2단 연결

입임대주택"이라 한다)으로서 다음 각 목의 요건을 모두 갖춘 주택. 다만, 「공공주택 특별법」 제49조 제4항에 따라 임대료등을 증액하는 경우에는 다목 전단을 적용하지 않으며, 「민간임대주택에 관한 특별법」 제2조 제3호에 따른 민간매입임대주택의 경우에는 2018년 3월 31일 이전에 사업자등록등을 한 주택으로 한정한다. (2022. 2. 15. 단서개정)

가. 해당 주택의 임대개시일 또는 최초로 제9항에 따른 합산배제신고를 한 연도의 과세기준일의 공시가격이 6억원[「수도권정비계획법」 제2조 제1호에 따른 수도권(이하 "수도권"이라 한다) 밖의 지역인 경우에는 3억원] 이하일 것 (2020. 2. 11. 개정)

가. 해당 주택의 임대개시일 또는 최초로 제9항에 따른 합산배제신고를 한 연도의 과세기준일의 공시가격이 다음의 구분에 따른 금액 이하일 것 (2024. 11. 12. 개정)

1) 해당 주택의 소재지가 「수도권정비계획법」 제2조 제1호에 따른 수도권(이하 "수도권"이라 한다)인 경우 : 6억원. 다만, 「공공주택 특별법」 제2조 제1호의 3에 따른 공공매입임대주택으로서 다음의 요건을 모두 갖춘 경우에는 9억원으로 한다. (2024. 11. 12. 신설)

가) 「한국토지주택공사법」에 따라 설립된 한국토지주택공사(이하 "한국토지주택공사"라 한다)가 수도권에 조성한 「주택법」

택법」 제49조에 따른 사용검사 후 사용검사필증을 받은 날부터 과세기준일 현재까지의 기간 동안 임대된 사실이 없고, 그 임대되지 아니한 기간이 2년 이내일 것 (2016. 8. 11. 개정 ; 주택법 시행령 부칙)

5. 「부동산투자회사법」 제2조 제1호에 따른 부동산투자회사(이하 "부동산투자회사"라 한다) 또는 「간접투자자산 운용업법」 제27조 제3호에 따른 부동산간접투자기구가 2008년 1월 1일부터 2008년 12월 31일까지 취득 및 임대하는 매입임대주택으로서 다음 각 목의 요건을 모두 갖춘 주택이 5호 이상인 경우의 그 주택 (2023. 9. 5. 개정)
   가. 전용면적이 149제곱미터 이하로서 2008년도 과세기준일의 공시가격이 6억원 이하일 것 (2008. 2. 22. 신설)
   나. 10년 이상 계속하여 임대하는 것일 것 (2008. 2. 22. 신설)
   다. 수도권 밖의 지역에 위치할 것 (2011. 3. 31. 개정)

6. 매입임대주택[미분양주택(「주택법」 제54조에 따른 사업주체가 같은 조에 따라 공급하는 주택으로서 입주자모집공고에 따른 입주자의 계약일이 지난 주택단지에서 2008년 6월 10일까지 분양계약이 체결되지 아니하여 선착순의 방법으로 공급하는 주택을 말한다. 이하 이 조에서 같다)으로서 2008년 6월 11일부터 2009년 6월 30일까지 최초로 분양계약을 체결하고 계약금을 납부한 주택

☞ p.3150 2단 연결

   가. 국민주택 규모 이하로서 2005년도 과세기준일의 공시가격이 3억원 이하일 것 (2005. 12. 31. 개정)
   나. 5년 이상 계속하여 임대하는 것일 것 (2005. 5. 31. 제정)

4. 「민간임대주택에 관한 특별법」 제2조 제2호에 따른 민간건설임대주택으로서 다음 각 목의 요건을 모두 갖춘 주택 (2015. 12. 28. 개정 ; 임대주택법 시행령 부칙)
   가. 전용면적이 149제곱미터 이하일 것 (2007. 8. 6. 신설)
   나. 제9항에 따른 합산배제신고를 한 연도의 과세기준일 현재의 공시가격이 9억원 이하일 것 (2021. 2. 17. 개정)

편주

영 3조 1항 4호 나목의 개정규정은 다음 각 호의 주택에 대하여 적용함. (영 부칙(2021. 2. 17.) 2조)

1. 2021. 2. 17. 이후 「건축법」 22조에 따라 사용승인을 받거나 「주택법」 49조에 따라 사용검사 확인증을 받는 「공공주택 특별법」에 따른 공공건설임대주택 (2022. 8. 2. 개정)
2. 다음 각 목의 구분에 따른 「민간임대주택에 관한 특별법」에 따른 민간건설임대주택 (2022. 8. 2. 개정)
   가. 2021년도에 납세의무가 성립하는 경우 : 2021. 2. 17. 이후 「민간임대주택에 관한 특별법」 5조에 따라 등록하는 민간건설임대주택 (2022. 8. 2. 개정)
   나. 2022년도 이후에 납세의무가 성립하는 경우 : 2021. 2. 17. 이후 「건축법」 22조에 따라 사용승인을 받거나 「주택법」 49조에 따라 사용검사 확인증을 받는 민간건설임대주택 (2022. 8. 2. 개정)

   다. 「건축법」 제22조에 따른 사용승인을 받은 날 또는 「주

대할 주택을 추가하기 위한 등록사항의 변경 신고를 포함한다. 이하 이 항에서 같다)한 같은 법 제2조 제6호에 따른 단기민간임대주택 (2020. 10. 7. 신설)

2) 2020년 7월 11일 이후 종전의 「민간임대주택에 관한 특별법」 제5조 제1항에 따라 등록 신청한 같은 법 제2조 제5호에 따른 장기일반민간임대주택 중 아파트를 임대하는 민간매입임대주택 (2020. 10. 7. 신설)

3) 종전의 「민간임대주택에 관한 특별법」 제2조 제6호에 따른 단기민간임대주택으로서 2020년 7월 11일 이후 같은 법 제5조 제3항에 따라 같은 법 제2조 제4호에 따른 공공지원민간임대주택 또는 같은 조 제5호에 따른 장기일반민간임대주택으로 변경 신고한 주택 (2020. 10. 7. 신설)

나. 5년 이상 계속하여 임대하는 것일 것 (2008. 7. 24. 신설)

다. 수도권 밖의 지역에 위치할 것 (2009. 2. 4. 개정)

라. 해당 주택을 보유한 납세의무자가 법 제8조 제3항에 따른 신고와 함께 시장·군수 또는 구청장이 발행한 미분양주택 확인서 사본 및 미분양주택 매입 시의 매매계약서 사본을 제출할 것 (2020. 10. 7. 개정)

☞ p.3151 2단 연결

에 한정한다]으로서 다음 각 목의 요건을 모두 갖춘 주택. 이 경우 가목부터 다목까지의 요건을 모두 갖춘 매입임대주택(이하 이 조에서 "미분양매입임대주택"이라 한다)이 5호 이상[제2호에 따른 매입임대주택이 5호 이상이거나 제3호에 따른 매입임대주택이 2호 이상이거나 제5호에 따른 임대주택이 5호 이상인 경우에는 제2호·제3호 또는 제5호에 따른 매입임대주택과 미분양매입임대주택을 합산하여 5호 이상(제3호에 따른 매입임대주택과 합산하는 경우에는 그 미분양매입임대주택이 같은 특별시·광역시 또는 도 안에 있는 경우에 한정한다)을 말한다]이어야 한다. (2020. 10. 7. 후단개정)

가. 전용면적이 149제곱미터 이하로서 5호 이상의 주택의 임대를 개시한 날(5호 이상의 주택의 임대를 개시한 날 이후 임대를 개시한 주택의 경우에는 그 주택의 임대개시일을 말한다) 또는 최초로 제9항에 따른 합산배제신고를 한 연도의 과세기준일의 공시가격이 3억원 이하일 것. 다만, 다음의 어느 하나에 해당하는 주택은 제외한다. (2020. 10. 7. 단서신설)

1) 2020년 7월 11일 이후 종전의 「민간임대주택에 관한 특별법」(법률 제17482호 민간임대주택에 관한 특별법 일부개정법률로 개정되기 전의 것을 말한다. 이하 이 항에서 같다) 제5조 제1항에 따라 등록 신청(같은 조 제3항에 따라 임

따른 민간건설임대주택 (2022. 8. 2. 개정)

가. 2021년도에 납세의무가 성립하는 경우 : 2021. 2. 17. 이후 「민간임대주택에 관한 특별법」 5조에 따라 등록하는 민간건설임대주택 (2022. 8. 2. 개정)

나. 2022년도 이후에 납세의무가 성립하는 경우 : 2021. 2. 17. 이후 「건축법」 22조에 따라 사용승인을 받거나 「주택법」 49조에 따라 사용검사 확인증을 받는 민간건설임대주택 (2022. 8. 2. 개정)

나. 10년 이상 계속하여 임대하는 것일 것. 이 경우 임대기간을 계산할 때 「민간임대주택에 관한 특별법」 제5조 제3항에 따라 같은 법 제2조 제6호의 단기민간임대주택을 장기일반민간임대주택등으로 변경 신고한 경우에는 제7항 제1호에도 불구하고 같은 법 시행령 제34조 제1항 제3호에 따른 시점부터 그 기간을 계산한다. (2020. 10. 7. 개정)

다. 임대료등의 증가율이 100분의 5를 초과하지 않을 것. 이 경우 임대료등 증액 청구는 임대차계약의 체결 또는 약정한 임대료등의 증액이 있은 후 1년 이내에는 하지 못하고, 임대사업자가 임대료등의 증액을 청구하면서 임대보증금과 월임대료를 상호 간에 전환하는 경우에는 「민간임대주택에 관한 특별법」 제44조 제4항에 따라 정한 기준을 준용한다. (2020. 2. 11. 개정)

☞ p.3152 2단 연결

7. 건설임대주택 중 「민간임대주택에 관한 특별법」 제2조 제4호에 따른 공공지원민간임대주택 또는 같은 조 제5호에 따른 장기일반민간임대주택(이하 이 조에서 "장기일반민간임대주택등"이라 한다)으로서 다음 각 목의 요건을 모두 갖춘 주택이 2호 이상인 경우 그 주택. 다만, 종전의 「민간임대주택에 관한 특별법」 제2조 제6호에 따른 단기민간임대주택으로서 2020년 7월 11일 이후 같은 법 제5조 제3항에 따라 같은 법 제2조 제4호에 따른 공공지원민간임대주택 또는 같은 조 제5호에 따른 장기일반민간임대주택으로 변경 신고한 주택은 제외한다. (2020. 10. 7. 단서신설)

가. 전용면적이 149제곱미터 이하로서 2호 이상의 주택의 임대를 개시한 날(2호 이상의 주택의 임대를 개시한 날 이후 임대를 개시한 주택의 경우에는 그 주택의 임대개시일을 말한다) 또는 최초로 제9항에 따른 합산배제신고를 한 연도의 과세기준일의 공시가격이 9억원 이하일 것 (2021. 2. 17. 개정)

편주

영 3조 1항 7호 가목의 개정규정은 다음 각 호의 주택에 대하여 적용함. (영 부칙(2021. 2. 17.) 2조)

1. 2021. 2. 17. 이후 「건축법」 22조에 따라 사용승인을 받거나 「주택법」 49조에 따라 사용검사 확인증을 받는 「공공주택 특별법」에 따른 공공건설임대주택 (2022. 8. 2. 개정)
2. 다음 각 목의 구분에 따른 「민간임대주택에 관한 특별법」에

간임대주택에 관한 특별법」 제44조 제4항에 따라 정한 기준을 준용한다. (2020. 8. 7. 개정)

나. 제외되는 주택 (2020. 8. 7. 개정)

1) 1세대가 국내에 1주택 이상을 보유한 상태에서 세대원이 새로 취득(제7항 제2호 또는 제7호에 따라 임대기간이 합산되는 경우의 취득은 제외한다)한 조정대상지역(「주택법」 제63조의 2 제1항 제1호에 따른 조정대상지역을 말한다. 이하 같다)에 있는 「민간임대주택에 관한 특별법」 제2조 제5호에 따른 장기일반민간임대주택[조정대상지역의 공고가 있은 날 이전에 주택(주택을 취득할 수 있는 권리를 포함한다)을 취득하거나 취득하기 위하여 매매계약을 체결하고 계약금을 지급한 사실이 증빙서류에 의하여 확인되는 경우는 제외한다] (2020. 8. 7. 개정)

2) 법인 또는 법인으로 보는 단체가 조정대상지역의 공고가 있은 날(이미 공고된 조정대상지역의 경우 2020년 6월 17일을 말한다)이 지난 후에 사업자등록등을 신청(임대할 주택을 추가하기 위한 등록사항의 변경신고를 포함하며, 제7항 제7호에 따라 임대기간이 합산되는 경우는 멸실된 주택에 대한 신청을 말한다)한

☞ p.3153 2단 연결

8. 매입임대주택 중 장기일반민간임대주택등으로서 가목 1)부터 3)까지의 요건을 모두 갖춘 주택. 다만, 나목 1)부터 4)까지에 해당하는 주택의 경우는 제외한다. (2020. 10. 7. 단서개정)

가. 적용요건 (2020. 8. 7. 개정)

1) 해당 주택의 임대개시일 또는 최초로 제9항에 따른 합산배제신고를 한 연도의 과세기준일의 공시가격이 6억원(수도권 밖의 지역인 경우에는 3억원) 이하일 것 (2020. 8. 7. 개정)

2) 10년 이상 계속하여 임대하는 것일 것. 이 경우 임대기간을 계산할 때 「민간임대주택에 관한 특별법」 제5조 제3항에 따라 같은 법 제2조 제6호의 단기민간임대주택을 장기일반민간임대주택등으로 변경 신고한 경우에는 제7항 제1호에도 불구하고 같은 법 시행령 제34조 제1항 제3호에 따른 시점부터 그 기간을 계산한다. (2020. 10. 7. 개정)

3) 임대료등의 증가율이 100분의 5를 초과하지 않을 것. 이 경우 임대료등 증액 청구는 임대차계약의 체결 또는 약정한 임대료등의 증액이 있은 후 1년 이내에는 하지 못하고, 임대사업자가 임대료등의 증액을 청구하면서 임대보증금과 월임대료를 상호 간에 전환하는 경우에는 「민

세의무가 성립하는 경우부터 적용함. (영 부칙(2023. 9. 5.) 2조)

② 법 제8조 제2항 제1호에서 "대통령령으로 정하는 다가구 임대주택"이란 임대사업자로서 사업자등록을 한 자가 임대하는 「건축법 시행령」 별표 1 제1호 다목에 따른 다가구주택(이하 이 조에서 "다가구주택"이라 한다)을 말한다. (2020. 8. 7. 개정)

③ 다가구주택 또는 다가구주택과 그 밖의 주택을 소유한 납세의무자가 주택임대를 위하여 사업자등록을 하는 경우에는 그 사업자등록을 한 날에 임대사업자에 해당하는 것으로 본다. (2015. 12. 28. 개정 ; 임대주택법 시행령 부칙)

③ 삭　제 (2020. 2. 11.)

④ 제3항의 규정에 따라 임대사업자로 보는 자가 임대하는 다가구 임대주택이 제1항의 규정에 따른 요건을 갖춘 경우에는 법 제8조 제2항 제1호의 규정에 따른 합산배제 임대주택으로 본다. (2005. 12. 31. 신설)

④ 삭　제 (2020. 2. 11.)

⑤ 제1항 제1호, 제6호 및 제7호를 적용할 때 임대주택의 수(數)는 같은 특별시·광역시 또는 도에 소재하는 주택별로 각각 합산하여 계산한다. (2018. 2. 13. 개정)

1. 제1항 제1호, 제6호 및 제7호를 적용할 때 : 같은 특별시·광역시 또는 도에 소재하는 주택별로 각각 합산 (2018. 2. 13. 개정)
2. 제1항 제2호를 적용할 때 : 수도권에 있는 주택을 합산.

☞ p.3154 2단 연결

조정대상지역에 있는 「민간임대주택에 관한 특별법」 제2조 제5호에 따른 장기일반민간임대주택 (2020. 8. 7. 개정)

3) 2020년 7월 11일 이후 종전의 「민간임대주택에 관한 특별법」 제5조 제1항에 따라 등록 신청한 같은 법 제2조 제5호에 따른 장기일반민간임대주택 중 아파트를 임대하는 민간매입임대주택 (2020. 10. 7. 신설)

4) 종전의 「민간임대주택에 관한 특별법」 제2조 제6호에 따른 단기민간임대주택으로서 2020년 7월 11일 이후 같은 법 제5조 제3항에 따라 같은 법 제2조 제4호에 따른 공공지원민간임대주택 또는 같은 조 제5호에 따른 장기일반민간임대주택으로 변경신고한 주택 (2020. 10. 7. 신설)

9. 제1호에 해당하는 공공건설임대주택 또는 제2호에 해당하는 공공매입임대주택 중 「공공주택 특별법 시행령」 제2조 제1항 제5호에 따른 분양전환공공임대주택으로서 같은 영 제54조에 따른 임대의무기간이 만료된 후 분양전환이 이루어지지 않은 주택(임대의무기간 만료일의 다음 날부터 2년 이내인 경우로 한정한다) (2023. 9. 5. 신설)

편주

영 3조 1항 9호의 개정규정은 2023. 9. 5.이 속하는 연도에 납다)의 합산배제 임대주택을 취득하여 계속 임대하는 경우에는 당해 피합병법인 등의 임대기간을 합병법인 등의 임대기간에 합산한다. (2005. 5. 31. 제정)
4. 기존 임차인의 퇴거일부터 다음 임차인의 입주일까지의 기간이 2년 이내인 경우에는 계속 임대하는 것으로 본다. (2011. 6. 3. 개정)
5. 다음 각 목의 어느 하나에 해당하는 사유로 제1항 각 호(제4호는 제외한다. 이하 이 호에서 같다)의 주택이 같은 항의 요건을 충족하지 못하게 되는 때에는 제1호에 따른 기산일부터 제1항 각 호의 나목에 따른 기간이 되는 날까지는 각각 해당 사유로 임대하지 못하는 주택에 한하여 계속 임대하는 것으로 본다. (2018. 2. 13. 개정)
   가. 「공익사업을 위한 토지 등의 취득 및 보상에 관한 법률」이나 그 밖의 법률에 따른 협의매수 또는 수용 (2007. 8. 6. 개정)
   나. 건설임대주택으로서 「공공주택 특별법 시행령」 제54조 제2항 제2호에 따른 임차인에 대한 분양전환 (2015. 12. 28. 개정 ; 임대주택법 시행령 부칙)
   다. 천재 · 지변, 그 밖에 이에 준하는 사유의 발생 (2007. 8. 6. 개정)
6. 제1항 제1호 및 같은 항 제7호에 해당하는 건설임대주택은 제1호에도 불구하고 「건축법」 제22조에 따른 사용승인을 받은 날 또는 「주택법」 제49조에 따른 사

☞ p.3155 2단 연결

수도권 밖에 있는 주택은 제외한다. (2011. 3. 31. 개정)

⑥ 제1항의 규정을 적용함에 있어서 다가구주택은 「지방세법 시행령」 제112조에 따른 1구를 1호의 주택으로 본다. (2010. 9. 20. 개정 ; 지방세법 시행령 부칙)

⑦ 제1항을 적용할 때 합산배제 임대주택의 임대기간의 계산은 다음 각 호에 따른다. (2009. 2. 4. 개정)
1. 제1항 제1호 나목, 같은 항 제3호 나목 및 같은 항 제7호 나목에 따른 임대기간은 임대사업자로서 2호 이상의 주택의 임대를 개시한 날(2호 이상의 주택의 임대를 개시한 날 이후 임대를 개시한 주택의 경우에는 그 주택의 임대개시일을 말한다)부터, 제1항 제2호 나목 및 같은 항 제8호 가목 2)에 따른 임대기간은 임대사업자로서 해당 주택의 임대를 개시한 날부터, 제1항 제5호 나목 및 같은 항 제6호 나목에 따른 임대기간은 임대사업자로서 5호 이상의 주택의 임대를 개시한 날(5호 이상의 주택의 임대를 개시한 날 이후 임대를 개시한 주택의 경우에는 그 주택의 임대개시일을 말한다)부터 계산한다. (2020. 8. 7. 개정)
2. 상속으로 인하여 피상속인의 합산배제 임대주택을 취득하여 계속 임대하는 경우에는 당해 피상속인의 임대기간을 상속인의 임대기간에 합산한다. (2005. 5. 31. 제정)
3. 합병 · 분할 또는 조직변경을 한 법인(이하 이 조에서 "합병법인 등"이라 한다)이 합병 · 분할 또는 조직변경전의 법인(이하 이 조에서 "피합병법인 등"이라 한

용검사 후 사용검사필증을 받은 날부터 「민간임대주택에 관한 특별법」 제43조 또는 「공공주택 특별법」 제50조의 2에 따른 임대의무기간의 종료일까지의 기간(해당 주택을 보유한 기간에 한정한다) 동안은 계속 임대하는 것으로 본다. (2018. 2. 13. 개정)

7. 「도시 및 주거환경정비법」에 따른 재개발사업 · 재건축사업 또는 「빈집 및 소규모주택 정비에 관한 특례법」에 따른 소규모주택정비사업에 따라 당초의 합산배제 임대주택이 멸실되어 새로운 주택을 취득하게 된 경우에는 멸실된 주택의 임대기간과 새로 취득한 주택의 임대기간을 합산한다. 이 경우 새로 취득한 주택의 준공일부터 6개월 이내에 임대를 개시해야 한다. (2020. 2. 11. 개정)

7의 2. 「주택법」에 따른 리모델링을 하는 경우에는 해당 주택의 같은 법에 따른 허가일 또는 사업계획승인일 전의 임대기간과 준공일 후의 임대기간을 합산한다. 이 경우 준공일부터 6개월 이내에 임대를 개시해야 한다. (2020. 2. 11. 신설)

8. 공공주택사업자가 소유한 임대주택의 경우 제1호 및 제4호에도 불구하고 다음 각 목의 주택별로 규정한 기간 동안 계속 임대하는 것으로 본다. (2023. 9. 5. 개정)

가. 제1항 제2호에 해당하는 공공매입임대주택 : 취득일부터 「공공주택 특별법」 제50조의 2에 따른 임대의무기간의 종료일까지의 기간(해당 주택을 보유한 기간에 한정한다) (2019. 2. 12. 신설)

나. 제1항 제3호에 해당하는 임대주택 : 최초 임대를 개시한 날부터 양도일까지의 기간 (2019. 2. 12. 신설)

⑧ 제1항을 적용할 때 같은 항 제1호 다목, 같은 항 제2호 다목, 같은 항 제7호 다목 및 같은 항 제8호 가목 3)의 요건을 충족하지 않게 된 때에는 해당 과세연도를 포함하여 연속하는 2개 과세연도까지는 합산배제 임대주택에서 제외한다. (2020. 8. 7. 개정)

⑨ 법 제8조 제2항 제1호에 따른 주택을 보유한 자가 합산배제 임대주택의 규정을 적용받으려는 때에는 기획재정부령으로 정하는 임대주택 합산배제 신고서에 따라 신고하여야 한다. 다만, 최초의 합산배제 신고를 한 연도의 다음 연도부터는 그 신고한 내용 중 기획재정부령으로 정하는 사항에 변동이 없는 경우에는 신고하지 아니할 수 있다. (2020. 2. 11. 항번개정)

⑨ 제7항 제7호에 따라 주택재건축 · 재개발사업으로 새로이 취득하게 될 주택의 임대기간과 멸실된 주택의 임대기간의 합산을 받으려는 자는 주택재건축 · 재개발사업으로 주택이 멸실된 후에 최초로 도래하는 과세기준일이 속하는 과세연도의 법 제8조 제3항에 따른 기간에 기획재정부령으로 정하는 서류를 관할세무서장에게 제출하여야 한다. (2018. 2. 13. 신설)

⑨ 삭 제 (2020. 2. 11.)

⑩ 제7항 제7호 및 제7호의 2에 따라 주택의 임대기간의 합산을 받으려는 자는 주택이 멸실(리모델링의 경우에는 허가일 또는 사업계획승인일을 말한다)된 후에 최초로 도래하는 과세기준일이 속하는 과세연도의 법 제8조 제3항에 따른 기간에 기획재정부령으로 정하는 서류를

제2조【임대주택 등의 과세표준 합산배제신고】 (2008. 4. 29. 제목개정)

① 「종합부동산세법 시행령」(이하 "영"이라 한다) 제3조 제9항 본문에서 "기획재정부령으로 정하는 임대주택 합산배제신고서"란 별지 제1호 서식(1) 및 별지 제1호 서식(2)를 말한다. (2020. 3. 13. 개정)

② 영 제3조 제9항 단서에서 "기획재정부령으로 정하는 사항"이란 임대주택의 소유권 또는 전용면적을 말한다. (2020. 3. 13. 개정)

③ 영 제4조 제4항 본문에서 "기획재정부령으로 정하는 사원용주택등 합산배제 신고서"란 별지 제2호 서식(1) 및 별지 제2호 서식(2)를 말한다. (2014. 3. 14. 개정)

2. 제1호의 주택 외에 종업원의 주거에 제공하기 위한 기숙사 및 사원용 주택, 주택건설사업자가 건축하여 소유하고 있는 미분양주택, 가정어린이집용 주택, 「수도권정비계획법」 제2조 제1호에 따른 수도권 외 지역에 소재하는 1주택 등 종합부동산세를 부과하는 목적에 적합하지 아니한 것으로서 대통령령으로 정하는 주택. 이 경우 수도권 외 지역에 소재하는 1주택의 경우에는 2009년 1월 1일부터 2011년 12월 31일까지의 기간 중 납세의무가 성립하는 분에 한정한다. (2020. 6. 9. 개정 ; 법률용어~법률)

③ 제2항의 규정에 따른 주택을 보유한 납세의무자는 해당 연도 9월 16일부터 9월 30일까지 대통령령으로 정하는 바에 따라 납세지 관할세무서장(이하 "관할세무서장"이라 한다)에게 해당 주택의 보유현황을 신고하여야 한다. (2020. 6. 9. 개정 ; 법률용어~법률)

④ 제1항을 적용할 때 다음 각 호의 어느 하나에 해당하는 경우에는 1세대 1주택자로 본다. (2022. 9. 15. 개정)

1. 1주택(주택의 부속토지만을 소유한 경우는 제외한다)과 다른 주택의 부속토지(주택의 건물과 부속토지의 소유자가 다른 경우의 그 부속토지를 말한다)를 함께 소유하고 있는 경우 (2022. 9. 15. 개정)

관할세무서장에게 제출해야 한다. (2020. 2. 11. 신설)

제4조 【합산배제 사원용주택등】 (2014. 2. 21. 제목개정)

① 법 제8조 제2항 제2호 전단에서 "대통령령으로 정하는 주택"이란 다음 각 호의 주택(이하 "합산배제 사원용 주택등"이라 한다)을 말한다. (2022. 2. 15. 개정)

편주

영 4조 1항 개정규정은 2023. 2. 28. 이후 납세의무가 성립하는 경우부터 적용함. (영 부칙(2023. 2. 28.) 2조)

1. 종업원에게 무상이나 저가로 제공하는 사용자 소유의 주택으로서 국민주택규모 이하이거나 과세기준일 현재 공시가격이 6억원 이하인 주택. 다만, 다음 각목의 어느 하나에 해당하는 종업원에게 제공하는 주택을 제외한다. (2023. 2. 28. 개정)
   가. 사용자가 개인인 경우에는 그 사용자와의 관계에 있어서 「국세기본법 시행령」 제1조의2 제1항 각 호의 어느 하나에 해당하는 친족관계에 해당하는 자 (2023. 2. 28. 개정)
   나. 사용자가 법인인 경우에는 「국세기본법」 제39조 제2호에 따른 과점주주 (2012. 2. 2. 개정)
2. 「건축법 시행령」 별표 1 제2호 라목의 기숙사 (2005. 5. 31. 제정)

④ 영 제4조 제4항 단서에서 "기획재정부령으로 정하는 사항"이란 기타주택의 소유권 또는 전용면적을 말한다. (2008. 4. 29. 개정)

제2조의 2 【임대주택 등의 과세표준 합산배제신고 관련 구비서류】 (2008. 4. 29. 제목개정)

① 영 제3조 제8항에 따라 임대주택의 합산배제를 신고하는 자는 별지 제1호 서식(1)에 「임대주택법」 제6조에 따른 임대사업자등록증 사본을 첨부하여야 한다. (2008. 4. 29. 개정)

② 영 제4조 제4항에 따라 가정보육시설용 주택의 합산배제를 신고하는 자는 별지 제2호 서식(1)에 「영유아보육법」 제13조에 따른 보육시설인가증 사본을 첨부하여야 한다. (2008. 4. 29. 개정)

제2조의 2 【임대주택 등의 과세표준 합산배제신고 관련 구비서류】
삭 제 (2009. 5. 12.)

제2조의 3 【저가로 제공하는 주택의 범위】 영 제4조 제1항 제1호 각 목 외의 부분 본문에서 "저가로 제공하는 사용자 소유의 주택"이란

3. 과세기준일 현재 사업자등록을 한 다음 각목의 어느 하나에 해당하는 자가 건축하여 소유하는 주택으로서 기획재정부령이 정하는 미분양 주택 (2008. 2. 29. 직제개정 ; 기획재정부와~직제 부칙)
   가. 「주택법」 제15조에 따른 사업계획승인을 얻은 자 (2016. 8. 11. 개정 ; 주택법 시행령 부칙)
   나. 「건축법」 제11조에 따른 허가를 받은 자 (2008. 10. 29. 개정 ; 건축법 시행령 부칙)
4. 다음 각 목의 어린이집으로 사용하는 주택으로서 세대원이 「소득세법」 제168조 제5항에 따른 고유번호를 부여받은 후 과세기준일 현재 5년(각 목의 어린이집을 상호 전환하여 운영하는 경우에는 전환하기 전의 운영기간을 포함하며, 이하 "의무운영기간"이라 한다) 이상 계속하여 어린이집으로 운영하는 주택(이하 "어린이집용 주택"이라 한다) (2022. 2. 15. 개정)
   가. 세대원이 「영유아보육법」 제13조 제1항에 따라 시장·군수 또는 구청장(자치구의 구청장을 말한다)의 인가를 받은 국공립어린이집 외의 어린이집 (2022. 2. 15. 개정)
   나. 세대원이 「영유아보육법」 제24조 제2항에 따라 운영을 위탁받은 국공립어린이집 (2022. 2. 15. 개정)
5. 주택의 시공자가 제3호 가목 또는 나목의 자로부터 해당 주택의 공사대금으로 받은 제3호에 따른 미분양 주택(해당 주택을 공사대금으로 받은 날 이후 해당 주택의 주택분 재산세의 납세의무가 최초로 성립한 날부터 5년이 경

과세기준일 현재의 전세금 또는 임대보증금(종업원이 부담하는 월세 등 임차료가 있는 경우에는 이를 「부가가치세법 시행규칙」 제47조에 따라 국세청장이 정한 계약기간 1년의 정기예금이자율을 적용하여 1년으로 환산한 금액을 포함한다)이 해당 주택 공시가격의 100분의 10 이하인 주택을 말한다. (2013. 6. 28. 개정 ; 부가가치세법 시행규칙 부칙)

제3조【다가구주택의 임대사업자등록요건】 삭 제 (2006. 7. 13.)

제4조【합산배제 미분양 주택의 범위】 영 제4조 제1항 제3호 각 목 외의 부분에서 "기획재정부령이 정하는 미분양 주택"이란 주택을 신축하여 판매하는 자가 소유한 다음 각 호의 어느 하나에 해당하는 미분양 주택을 말한다. (2009. 5. 12. 개정)

1. 「주택법」 제15조에 따른 사업계획승인을 얻은 자가 건축하여 소유하는 미분양 주택으로서 2005

의 방법으로 공급하는 주택을 말한다. 이하 이 항에서 같다) (2016. 8. 11. 개정 ; 주택법 시행령 부칙)

가. 취득하는 부동산이 모두 서울특별시 밖의 지역(「소득세법」 제104조의 2에 따른 지정지역은 제외한다. 이하 이 조에서 같다)에 있는 미분양주택으로서 그 중 수도권 밖의 지역에 있는 주택수의 비율이 100분의 60 이상일 것 (2009. 9. 29. 개정)

나. 존립기간이 5년 이내일 것 (2009. 4. 21. 신설)

10. 제9호, 제14호 또는 제16호에 따라 기업구조조정부동산투자회사등이 미분양주택을 취득할 당시 매입약정을 체결한 자가 그 매입약정에 따라 미분양주택(제14호의 경우에는 수도권 밖의 지역에 있는 미분양주택만 해당한다)을 취득한 경우로서 그 취득일부터 3년 이내인 주택 (2011. 6. 3. 개정)

11. 다음 각 목의 요건을 모두 갖춘 신탁계약에 따른 신탁재산으로 「자본시장과 금융투자업에 관한 법률」에 따른 신탁업자(이하 이 호에서 "신탁업자"라 한다)가 2010년 2월 11일까지 직접 취득(2010년 2월 11일까지 매매계약을 체결하고 계약금을 납부한 경우를 포함한다)을 하는 미분양주택 (2009. 12. 31. 개정)

가. 주택의 시공자(이하 이 조에서 "시공자"라 한다)가 채권을 발행하여 조달한 금전을 신탁업자에게

☞ p.3160 2단 연결

과하지 않은 주택으로 한정한다) (2022. 8. 2. 개정)

6. 수도권 밖의 지역에 위치하는 1주택(납세의무자가 2주택 이상을 소유한 경우에는 주택의 공시가격이 가장 높은 주택을 말한다) (2009. 2. 4. 신설)

6. 삭 제 (2012. 2. 2.)

7. 「정부출연연구기관 등의 설립 · 운영 및 육성에 관한 법률」에 따른 연구기관 등 기획재정부령으로 정하는 정부출연연구기관이 해당 연구기관의 연구원에게 제공하는 주택으로서 2008년 12월 31일 현재 보유하고 있는 주택 (2009. 2. 4. 신설)

8. 「문화재보호법」에 따른 등록문화재 (2022. 2. 15. 개정)

8. 「근현대문화유산의 보존 및 활용에 관한 법률」에 따른 등록문화유산 (2024. 5. 7. 개정 ; 문화재~부칙, 2024. 9. 10. 개정 ; 근현대~부칙)

9. 다음 각 호의 요건을 모두 갖춘 「부동산투자회사법」 제2조 제1호 다목에 따른 기업구조조정부동산투자회사 또는 「자본시장과 금융투자업에 관한 법률」 제229조 제2호에 따른 부동산집합투자기구(이하 이 항에서 "기업구조조정부동산투자회사등"이라 한다)가 2010년 2월 11일까지 직접 취득(2010년 2월 11일까지 매매계약을 체결하고 계약금을 납부한 경우를 포함한다)을 하는 미분양주택(「주택법」 제54조에 따른 사업주체가 같은 조에 따라 공급하는 주택으로서 입주자모집공고에 따른 입주자의 계약일이 지나 선착순

년 1월 1일 이후에 주택분 재산세의 납세의무가 최초로 성립하는 날부터 5년이 경과하지 않은 주택 (2022. 7. 27. 개정)

2. 「건축법」 제11조에 따른 허가를 받은 자가 건축하여 소유하는 미분양 주택으로서 2005년 1월 1일 이후에 주택분 재산세의 납세의무가 최초로 성립하는 날부터 5년이 경과하지 않은 주택 (2022. 7. 27. 개정)

제4조의 2 【정부출연연구기관의 범위】 영 제4조 제1항 제7호에서 "기획재정부령으로 정하는 정부출연연구기관"이란 「정부출연연구기관 등의 설립 · 운영 및 육성에 관한 법률」, 「과학기술분야 정부출연연구기관 등의 설립 · 운영 및 육성에 관한 법률」, 「한국국방연구원법」 및 「국방과학연구소법」에 따라 설립되거나 「특정연구기관육성법」의 적용을 받는 연구기관을 말한다. (2009. 5. 12. 신설)

(2011년 4월 30일까지 매매계약을 체결하고 계약금을 납부한 경우를 포함한다)하는 수도권 밖의 지역에 있는 미분양주택 (2010. 6. 8. 신설)

가. 취득하는 부동산이 모두 서울특별시 밖의 지역에 있는 2010년 2월 11일 현재 미분양주택으로서 그 중 수도권 밖의 지역에 있는 주택수의 비율이 100분의 50 이상일 것 (2010. 6. 8. 신설)

나. 존립기간이 5년 이내일 것 (2010. 6. 8. 신설)

15. 다음 각 목의 요건을 모두 갖춘 신탁계약에 따른 신탁재산으로 「자본시장과 금융투자업에 관한 법률」에 따른 신탁업자(이하 이 호에서 "신탁업자"라 한다)가 2011년 4월 30일까지 직접 취득(2011년 4월 30일까지 매매계약을 체결하고 계약금을 납부한 경우를 포함한다)하는 수도권 밖의 지역에 있는 미분양주택 (2010. 6. 8. 신설)

가. 시공자가 채권을 발행하여 조달한 금전을 신탁업자에게 신탁하고, 해당 시공자가 발행하는 채권을 「한국주택금융공사법」에 따른 한국주택금융공사의 신용보증을 받아 「자산유동화에 관한 법률」에 따라 유동화할 것 (2010. 6. 8. 신설)

나. 신탁업자가 신탁재산으로 취득하는 부동산은 모두 서울특별시 밖의 지역에 있는 2010년 2월 11일 현재 미분양주택(「주택도시기금법」에 따른 주택도시보증공사가 분양보증을 하여 준공하는 주

☞ p.3161 2단 연결

신탁하고, 해당 시공자가 발행하는 채권을 「한국주택금융공사법」에 따른 한국주택금융공사의 신용보증을 받아 「자산유동화에 관한 법률」에 따라 유동화 할 것 (2009. 9. 29. 신설)

나. 신탁업자가 신탁재산으로 취득하는 부동산은 모두 서울특별시 밖의 지역에 있는 미분양주택(「주택도시기금법」에 따른 주택도시보증공사가 분양보증을 하여 준공하는 주택만 해당한다)으로서 그 중 수도권 밖의 지역에 있는 주택수의 비율(신탁업자가 다수의 시공자로부터 금전을 신탁받은 경우에는 해당 신탁업자가 신탁재산으로 취득한 전체 미분양주택을 기준으로 한다)이 100분의 60 이상일 것 (2015. 6. 30. 개정 ; 주택도시기금법 시행령 부칙)

다. 신탁재산의 운용기간(신탁계약이 연장되는 경우 그 연장되는 기간을 포함한다)이 5년 이내일 것 (2009. 9. 29. 신설)

12. 「노인복지법」 제32조 제1항 제3호에 따른 노인복지주택을 같은 법 제33조 제2항에 따라 설치한 자가 소유한 해당 노인복지주택 (2009. 12. 31. 신설)

13. 「향교재산법」에 따른 향교 또는 향교재단이 소유한 주택의 부속토지(주택의 건물과 부속토지의 소유자가 다른 경우의 그 부속토지를 말한다) (2009. 12. 31. 신설)

14. 다음 각 목의 요건을 모두 갖춘 기업구조조정부동산투자회사등이 2011년 4월 30일까지 직접 취득

택만 해당한다)으로서 그 중 수도권 밖의 지역에 있는 주택수의 비율(신탁업자가 다수의 시공자로부터 금전을 신탁받은 경우에는 해당 신탁업자가 신탁재산으로 취득한 전체 미분양주택을 기준으로 한다)이 100분의 50 이상일 것 (2015. 6. 30. 개정 ; 주택도시기금법 시행령 부칙)

다. 신탁재산의 운용기간(신탁계약이 연장되는 경우 그 연장되는 기간을 포함한다)은 5년 이내일 것 (2010. 6. 8. 신설)

16. 다음 각 목의 요건을 모두 갖춘 기업구조조정부동산투자회사등이 2014년 12월 31일까지 직접 취득(2014년 12월 31일까지 매매계약을 체결하고 계약금을 납부한 경우를 포함한다)하는 미분양주택 (2014. 2. 21. 개정)

가. 취득하는 부동산이 모두 미분양주택일 것 (2011. 6. 3. 신설)

나. 존립기간이 5년 이내일 것 (2011. 6. 3. 신설)

17. 다음 각 목의 요건을 모두 갖춘 신탁계약에 따른 신탁재산으로 「자본시장과 금융투자업에 관한 법률」에 따른 신탁업자(이하 이 호에서 "신탁업자"라 한다)가 2012년 12월 31일까지 직접 취득(2012년 12월 31일까지 매매계약을 체결하고 계약금을 납부한 경우를 포함한다)하는 미분양주택(「주택도시기금법」에 따른 주택도시보증공사가 분양보증을 하여 준공하는 주택만 해당한다) (2015. 6. 30. 개정 ; 주택도시기금법 시행령 부칙)

가. 시공자가 채권을 발행하여 조달한 금전을 신탁업자에게 신탁하고, 해당 시공자가 발행하는 채권을 「한국주택금융공사법」에 따른 한국주택금융공사의 신용보증을 받아 「자산유동화에 관한 법률」에 따라 유동화할 것 (2011. 6. 3. 신설)

나. 신탁재산의 운용기간(신탁계약이 연장되는 경우 그 연장되는 기간을 포함한다)이 5년 이내일 것 (2011. 6. 3. 신설)

18. 「송·변전설비 주변지역의 보상 및 지원에 관한 법률」 제5조에 따른 주택매수의 청구에 따라 사업자가 취득하여 보유하는 주택 (2015. 11. 30. 신설)

19. 「주택도시기금법」 제3조에 따른 주택도시기금(이하 "주택도시기금"이라 한다)과 「한국토지주택공사법」에 따라 설립된 한국토지주택공사가 공동으로 출자하여 설립한 부동산투자회사 또는 기획재정부령으로 정하는 기관이 매입하는 주택으로서 다음 각 목의 요건을 모두 갖춘 주택 (2023. 9. 5. 개정)

19. 「주택도시기금법」 제3조에 따른 주택도시기금(이하 "주택도시기금"이라 한다)과 한국토지주택공사가 공동으로 출자하여 설립한 부동산투자회사 또는 기획재정부령으로 정하는 기관이 매입하는 주택으로서 다음 각 목의 요건을 모두 갖춘 주택 (2024. 11. 12. 개정)

가. 매입 시점에 거주자가 거주하고 있는 주택으로서

☞ p.3162 2단 연결

제4조의 3【주택매입기관의 범위】 영 제4조 제1항 제19호에서 "기획재정부령으로 정하는 기관"이란 「한국자산관리공사 설립 등에 관한 법률」에 따라 설립된 한국자산관리공사가 출자하여 설립한 부동산투자회사를 말한다. (2020. 3. 13. 신설)

단서에 해당하여 등록하지 않은 자를 포함한다) (2022. 2. 15. 신설)

22. 제3조 제1항 제1호에 해당하는 공공건설임대주택 또는 같은 항 제2호에 해당하는 공공매입임대주택의 부속토지(주택의 건물과 부속토지의 소유자가 다른 경우의 그 부속토지를 말한다) (2023. 9. 5. 신설)

편주
영 4조 1항 22호부터 24호까지의 개정규정은 2023. 9. 5.이 속하는 연도에 납세의무가 성립하는 경우부터 적용함. (영 부칙 (2023. 9. 5.) 2조)

23. 제3조 제1항 제7호 또는 제8호에 해당하는 장기일반민간임대주택등의 부속토지(주택의 건물과 부속토지의 소유자가 다른 경우의 그 부속토지를 말한다)로서 그 소유자가 다음 각 목의 어느 하나에 해당하는 부속토지 (2023. 9. 5. 신설)
    가. 공공주택사업자 (2023. 9. 5. 신설)
    나. 공공주택사업자 또는 주택도시기금이 단독 또는 공동으로 직접 출자하여 설립하고 출자지분의 전부를 소유하고 있는 부동산투자회사 (2023. 9. 5. 신설)

24. 「전통사찰의 보존 및 지원에 관한 법률」 제2조 제3호에 따른 전통사찰보존지 내 주택의 부속토지(주택의 건물과 부속토지의 소유자가 다른 경우의 그 부속토지

☞ p.3163 2단 연결

해당 주택 외에 거주자가 속한 세대가 보유하고 있는 주택이 없을 것 (2018. 2. 13. 신설)
나. 해당 거주자에게 매입한 주택을 5년 이상 임대하고 임대기간 종료 후에 그 주택을 재매입할 수 있는 권리를 부여할 것 (2018. 2. 13. 신설)
다. 매입 당시 해당 주택의 공시가격이 5억원 이하일 것 (2018. 2. 13. 신설)

20. 「주택법」 제2조 제9호에 따른 토지임대부 분양주택의 부속토지 (2021. 2. 17. 신설)

21. 다음 각 목의 자가 주택건설사업을 위하여 멸실시킬 목적으로 취득하여 그 취득일부터 3년 이내에 멸실시키는 주택(기획재정부령으로 정하는 정당한 사유로 3년 이내에 멸실시키지 못한 주택을 포함한다) (2022. 2. 15. 신설)
    가. 공공주택사업자 (2023. 9. 5. 개정)
    나. 「도시 및 주거환경정비법」 제24조부터 제28조까지의 규정에 따른 사업시행자 (2022. 2. 15. 신설)
    다. 「도시재생 활성화 및 지원에 관한 특별법」 제44조에 따라 지정된 혁신지구재생사업의 시행자 (2022. 2. 15. 신설)
    라. 「빈집 및 소규모주택 정비에 관한 특례법」 제17조, 제18조 및 제19조에 따른 사업시행자 (2022. 2. 15. 신설)
    마. 「주택법」에 따른 주택조합 및 같은 법 제4조 제1항 본문에 따라 등록한 주택건설사업자(같은 항

제4조의 4【주택을 멸실시키지 못한 정당한 사유】 영 제4조 제1항 제21호 각 목 외의 부분에서 "기획재정부령으로 정하는 정당한 사유"란 다음 각 호에 해당하는 경우를 말한다. (2022. 3. 18. 신설)

1. 법령에 따른 제한으로 주택의 멸실이 지연되거나 주택을 멸실시킬 수 없는 경우 (2022. 3. 18. 신설)
2. 천재지변이나 이에 준하는 재해로 주택의 멸실이 지연되거나 주택을 멸실시킬 수 없는 경우 (2022. 3. 18. 신설)
3. 그 밖에 주택 취득 당시 예측할

를 말한다)로서 그 연간 사용료가 해당 부속토지 공시가격의 1천분의 20 이하인 부속토지 (2023. 9. 5. 신설)

25. 공공주택사업자가 소유하는 「공공주택 특별법」 제2조 제1호의 4에 따른 지분적립형 분양주택(주택지분의 일부를 소유하는 경우에는 해당 지분을 말한다) (2024. 2. 29. 신설)

26. 「부동산투자회사법」 제2조 제1호 다목에 따른 기업구조조정 부동산투자회사가 2024년 3월 28일부터 2025년 12월 31일까지 직접 취득(2025년 12월 31일까지 매매계약을 체결하고 계약금을 납부한 경우를 포함한다)하는 수도권 밖의 지역에 있는 미분양주택(해당 주택을 취득한 날 이후 해당 주택의 주택분 재산세의 납세의무가 최초로 성립한 날부터 5년이 경과하지 않은 주택으로 한정한다) (2024. 6. 25. 신설)

② 다음 각 호에 해당하는 경우에는 어린이집용 주택의 의무운영기간을 충족하는 것으로 본다. (2022. 2. 15. 개정)

1. 어린이집용 주택의 소유자 또는 어린이집을 운영하던 세대원이 사망한 경우 (2022. 2. 15. 개정)
2. 어린이집용 주택이 「공익사업을 위한 토지 등의 취득 및 보상에 관한 법률」 또는 그 밖의 법률에 따라 협의 매수 또는 수용된 경우 (2022. 2. 15. 개정)
3. 그 밖에 천재·지변 등 기획재정부령으로 정하는 부득이한 사유로 더 이상 어린이집을 운영할 수 없는 경우 (2022. 2. 15. 개정)

수 없었던 사유가 발생하여 주택의 멸실이 지연되거나 주택을 멸실시킬 수 없는 경우로서 통상적인 주택건설사업 시행방식을 고려할 때 해당 사유가 발생하면 주택의 멸실이 곤란하다고 관할 세무서장이 인정하는 경우 (2022. 3. 18. 신설)

2. 1세대 1주택자가 1주택을 양도하기 전에 다른 주택을 대체취득하여 일시적으로 2주택이 된 경우로서 대통령령으로 정하는 경우 (2022. 9. 15. 개정)
3. 1주택과 상속받은 주택으로서 대통령령으로 정하는 주택(이하 "상속주택"이라 한다)을 함께 소유하고 있는 경우 (2022. 9. 15. 개정)
4. 1주택과 주택 소재 지역, 주택 가액 등을 고려하여 대통령령으로 정하는 지방 저가주택(이하 "지방 저가주

③ 다음 각 호에 해당하는 경우에는 계속하여 어린이집을 운영하는 것으로 본다. (2022. 2. 15. 개정)
1. 어린이집용 주택에서 이사하여 입주한 주택을 3개월 이내에 어린이집으로 운영하는 경우 (2022. 2. 15. 개정)
2. 어린이집용 주택의 소유자 또는 어린이집을 운영하던 세대원의 사망으로 어린이집을 운영하지 않은 기간이 3개월 이내인 경우 (2022. 2. 15. 개정)

④ 법 제8조 제2항 제2호에 따른 주택(제1항 제13호에 해당하는 주택은 제외한다)을 보유한 자가 합산배제 사원용주택등의 규정을 적용받으려는 때에는 기획재정부령으로 정하는 사원용주택등 합산배제 신고서에 따라 신고해야 한다. 다만, 최초의 합산배제 신고를 한 연도의 다음 연도부터는 그 신고한 내용 중 기획재정부령으로 정하는 사항에 변동이 없는 경우에는 신고하지 않을 수 있다. (2022. 2. 15. 개정)

제4조의 2【1세대 1주택자의 범위】 ① 법 제8조 제4항 제2호에서 "대통령령으로 정하는 경우"란 1세대 1주택자가 보유하고 있는 주택을 양도하기 전에 다른 1주택(이하 이 항에서 "신규주택"이라 한다)을 취득(자기가 건설하여 취득하는 경우를 포함한다)하여 2주택이 된 경우로서 과세기준일 현재 신규주택을 취득한 날부터 3년이 경과하지 않은 경우를 말한다. (2023. 2. 28. 개정)

② 법 제8조 제4항 제3호에서 "대통령령으로 정하는 주택"이란

편주

영 4조의 2 제1항의 개정규정은 2023. 2. 28. 전에 법 8조 4항 2호를 적용받기 위하여 같은 조 5항에 따라 납세지 관할세무서장에게 신청을 한 납세의무자에 대해서도 적용함. (영 부칙(2023. 2. 28.) 3조)

택"이라 한다)을 함께 소유하고 있는 경우 (2022. 9. 15. 개정)

⑤ 제4항 제2호부터 제4호까지의 규정을 적용받으려는 납세의무자는 해당 연도 9월 16일부터 9월 30일까지 대통령령으로 정하는 바에 따라 관할세무서장에게 신청하여야 한다. (2022. 9. 15. 신설)

편주

영 4조의 2 제3항 2호의 개정규정은 2023. 2. 28. 이후 납세의무가 성립하는 경우부터 적용함. (영 부칙(2023. 2. 28.) 4조)

☞

상속을 원인으로 취득한 주택(「소득세법」 제88조 제9호에 따른 조합원입주권 또는 같은 조 제10호에 따른 분양권을 상속받아 사업시행 완료 후 취득한 신축주택을 포함한다)으로서 다음 각 호의 어느 하나에 해당하는 주택을 말한다. (2022. 9. 23. 신설)

1. 과세기준일 현재 상속개시일부터 5년이 경과하지 않은 주택 (2022. 9. 23. 신설)
2. 지분율이 100분의 40 이하인 주택 (2022. 9. 23. 신설)
3. 지분율에 상당하는 공시가격이 6억원(수도권 밖의 지역에 소재하는 주택의 경우에는 3억원) 이하인 주택 (2022. 9. 23. 신설)

③ 법 제8조 제4항 제4호에서 "대통령령으로 정하는 지방 저가주택"이란 다음 각 호의 요건을 모두 충족하는 1주택을 말한다. (2022. 9. 23. 신설)

1. 공시가격이 3억원 이하일 것 (2022. 9. 23. 신설)
2. 다음 각 목의 어느 하나에 해당하는 지역에 소재하는 주택일 것 (2023. 2. 28. 개정)
   가. 수도권 밖의 지역 중 광역시 및 특별자치시가 아닌 지역 (2023. 2. 28. 개정)
   나. 수도권 밖의 지역 중 광역시에 소속된 군 (2023. 2. 28. 개정)
   다. 「세종특별자치시 설치 등에 관한 특별법」 제6조 제3항에 따른 읍·면 (2023. 2. 28. 개정)
   라. 서울특별시를 제외한 수도권 중 「지방자치분권 및 지역균형발전에 관한 특별법」 제2조 제12호에 따

제4조의 5 【수도권에 소재하는 지방 저가주택의 지역 범위】 영 제4조

제9조【세율 및 세액】 ① 주택에 대한 종합부동산세는 다음 각 호와 같이 납세의무자가 소유한 주택 수에 따라 과세표준에 해당 세율을 적용하여 계산한 금액을 그 세액(이하 "주택분 종합부동산세액"이라 한다)으로 한다. (2018. 12. 31. 개정)

1. 납세의무자가 2주택 이하를 소유한 경우 (2022. 12. 31. 개정)

과세표준	세 율
3억원 이하	1천분의 5

른 인구감소지역이면서 「접경지역 지원 특별법」 제2조 제1호에 따른 접경지역에 해당하는 지역으로서 부동산 가격의 동향 등을 고려하여 기획재정부령으로 정하는 지역 (2023. 7. 7. 개정 ; 지방자치분권~부칙)

④ 법 제8조 제5항에 따라 1세대 1주택자의 적용을 신청하려는 납세의무자는 기획재정부령으로 정하는 신청서를 관할세무서장에게 제출해야 한다. (2022. 9. 23. 신설)

⑤ 법 제8조 제5항에 따른 신청을 한 납세의무자는 최초의 신청을 한 연도의 다음 연도부터는 그 신청 사항에 변동이 없으면 신청하지 않을 수 있다. (2022. 9. 23. 신설)

제4조의 3【주택분 종합부동산세에서 공제되는 재산세액의 계산】 (2022. 9. 23. 조번개정)

① 법 제9조 제1항 및 제2항에 따른 주택분 종합부동산세액(이하 "주택분 종합부동산세액"이라 한다)에서 같은 조 제3항에 따라 공제하는 주택분 과세표준 금액에 대한 주택분 재산세로 부과된 세액은 다음 계산식에 따라 계산한 금액으로 한다. (2024. 2. 29. 개정)

의2 제3항 제2호 라목에서 "기획재정부령으로 정하는 지역"이란 다음 각 호의 지역을 말한다. (2023. 3. 20. 신설)

1. 경기도 연천군 (2023. 3. 20. 신설)
2. 인천광역시 강화군 및 옹진군 (2023. 3. 20. 신설)

제4조의 6【1세대 1주택자 판단 시 주택 수 산정 제외 신청】 (2023. 3. 20. 조번개정)

① 영 제4조의 2 제4항에서 "기획재정부령으로 정하는 신청서"란 별지 제2호의 2 서식의 1세대 1주택자 판단 시 주택 수 산정 제외 신청서를 말한다. (2022. 9. 23. 신설)

① 1세대 1주택자의 적용을 신청하려는 납세의무자는 영 제4조의 2 제4항에 따라 별지 제2호의 2 서식의 1세대 1주택자 판단 시 주택 수 산정 제외 신청서를 관할 세무서장에게 제출해야 한다. 이 경우 「소득세법」 제88조 제9호에 따른 조합원입주권 또는 같은 조 제10호에 따른 분양권을 상속받아 사업시행 완료

과세표준	세 율
3억원 초과 6억원 이하	150만원+(3억원을 초과하는 금액의 1천분의 7)
6억원 초과 12억원 이하	360만원+(6억원을 초과하는 금액의 1천분의 10)
12억원 초과 25억원 이하	960만원+(12억원을 초과하는 금액의 1천분의 13)
25억원 초과 50억원 이하	2천650만원+(25억원을 초과하는 금액의 1천분의 15)
50억원 초과 94억원 이하	6천400만원+(50억원을 초과하는 금액의 1천분의 20)
94억원 초과	1억5천200만원+(94억원을 초과하는 금액의 1천분의 27)

2. 납세의무자가 3주택 이상을 소유한 경우 (2022. 12. 31. 개정)

과세표준	세 율
3억원 이하	1천분의 5
3억원 초과 6억원 이하	150만원+(3억원을 초과하는 금액의 1천분의 7)
6억원 초과 12억원 이하	360만원+(6억원을 초과하는 금액의 1천분의 10)
12억원 초과 25억원 이하	960만원+(12억원을 초과하는 금액의 1천분의 20)

「지방세법」 제112조 제1항 제1호에 따라 주택분 재산세로 부과된 세액의 합계액 × (법 제8조 제1항에 따른 주택분 종합부동산세의 과세표준 × 「지방세법 시행령」 제109조 제1항 제2호에 따른 공정시장가액비율) × 「지방세법」 제111조 제1항 제3호에 따른 표준세율 / 주택을 합산하여 주택분 재산세 표준세율로 계산한 재산세 상당액

② 제1항을 적용할 때 제2조의 3에 따른 1세대 1주택자의 경우에는 소유한 주택의 공시가격에서 3억원을 공제한 금액을 법 제8조에 따른 주택의 공시가격을 합산한 금액으로 본다. (2015. 11. 30. 개정)

② 삭 제 (2021. 2. 17.)

③ 법 제9조 제1항 및 제2항에 따라 주택분 종합부동산세액을 계산할 때 적용해야 하는 주택 수는 다음 각 호에 따라 계산한다. (2022. 9. 23. 개정)

1. 1주택을 여러 사람이 공동으로 소유한 경우 공동 소유자 각자가 그 주택을 소유한 것으로 본다. (2022. 2. 15. 단서삭제)
   가. 주택에 대한 소유 지분율이 20퍼센트 이하일 것 (2019. 2. 12. 신설)
   가. 삭 제 (2022. 2. 15.)
   나. 소유 지분율에 상당하는 공시가격이 3억원 이하일 것 (2019. 2. 12. 신설)
   나. 삭 제 (2022. 2. 15.)
2. 「건축법 시행령」 별표 1 제1호 다목에 따른 다가구주택은 1주택으로 본다. (2019. 2. 12. 신설)

후 취득한 신축주택을 소유하는 경우에는 매매계약서(주택공급계약서 및 분양계약서를 포함한다. 이하 같다) 사본을 첨부해야 한다. (2024. 3. 22. 개정)

② 영 제4조의 2 제4항에 따라 제1항의 신청서를 제출받은 관할세무서장은 「전자정부법」 제36조 제1항에 따른 행정정보의 공동이용을 통하여 해당 주택의 건물등기사항증명서 및 건축물대장을 확인해야 한다. (2022. 9. 23. 신설)

과세표준	세 율
25억원 초과 50억원 이하	3천560만원+(25억원을 초과하는 금액의 1천분의 30)
50억원 초과 94억원 이하	1억1천60만원+(50억원을 초과하는 금액의 1천분의 40)
94억원 초과	2억8천660만원+(94억원을 초과하는 금액의 1천분의 50)

② 납세의무자가 법인 또는 법인으로 보는 단체인 경우 제1항에도 불구하고 과세표준에 다음 각 호에 따른 세율을 적용하여 계산한 금액을 주택분 종합부동산세액으로 한다. (2023. 4. 18. 개정)

편주

법 9조 2항의 개정규정은 2023. 4. 18.이 속하는 연도에 납세의무가 성립하는 분부터 적용함. (법 부칙(2023. 4. 18.) 2조)

3. 다음 각 목의 주택은 주택 수에 포함하지 않는다. (2022. 2. 15. 개정)

가. 제3조 제1항 각 호 및 제4조 제1항 각 호에 해당하는 주택 (2022. 2. 15. 신설)

나. 상속을 원인으로 취득한 주택(「소득세법」 제88조 제9호에 따른 조합원입주권 또는 같은 조 제10호에 따른 분양권을 상속받아 사업시행 완료 후 취득한 신축주택을 포함한다)으로서 다음의 어느 하나에 해당하는 주택 (2022. 9. 23. 개정)

1) 과세기준일 현재 상속개시일부터 5년이 경과하지 않은 주택 (2022. 9. 23. 개정)

2) 지분율이 100분의 40 이하인 주택 (2022. 9. 23. 개정)

3) 지분율에 상당하는 공시가격이 6억원(수도권 밖의 지역에 소재한 주택의 경우에는 3억원) 이하인 주택 (2022. 9. 23. 개정)

다. 토지의 소유권 또는 지상권 등 토지를 사용할 수 있는 권원이 없는 자가 「건축법」 등 관계 법령에 따른 허가 등을 받지 않거나 신고를 하지 않고 건축하여 사용 중인 주택(주택을 건축한 자와 사용 중인 자가 다른 주택을 포함한다)의 부속토지 (2022. 8. 2. 신설)

라. 법 제8조 제4항 제2호에 따라 1세대 1주택자로 보는 자가 소유한 제4조의 2 제1항에 따른 신규주택

(2022. 9. 23. 신설)

마. 법 제8조 제4항 제4호에 따라 1세대 1주택자로 보는 자가 소유한 제4조의 2 제3항에 따른 지방 저가주택 (2022. 9. 23. 신설)

바. 2024년 1월 10일부터 2025년 12월 31일까지 취득하는 주택으로서 다음의 어느 하나에 해당하는 주택 (2024. 2. 29. 신설)

바. 다음의 어느 하나에 해당하는 주택 (2024. 11. 12. 개정)

1) 다음의 요건을 모두 갖춘 소형 신축주택 (2024. 2. 29. 신설)

1) 2024년 1월 10일부터 2027년 12월 31일까지 취득하는 주택으로서 다음의 요건을 모두 갖춘 소형 신축주택 (2024. 11. 12. 개정)

가) 전용면적이 60제곱미터 이하일 것 (2024. 2. 29. 신설)

나) 취득가액이 6억원(수도권 밖의 지역에 소재하는 주택의 경우에는 3억원) 이하일 것 (2024. 2. 29. 신설)

다) 2024년 1월 10일부터 2025년 12월 31일까지의 기간 중에 준공된 것일 것 (2024. 2. 29. 신설)

다) 2024년 1월 10일부터 2027년 12월 31일까지의 기간 중에 준공된 것일 것 (2024. 11. 20. 개정)

라) 아파트에 해당하지 않을 것 (2024. 2. 29. 신설)

라) 아파트(「주택법」에 따른 도시형 생활주택인 아파트는 제외한다)에 해당하지 않을 것 (2024. 9. 10. 개정)

마) 그 밖에 기획재정부령으로 정하는 요건을 갖출 것 (2024. 2. 29. 신설)

2) 다음의 요건을 모두 갖춘 준공 후 미분양주택 (2024. 2. 29. 신설)

2) 2024년 1월 10일부터 2025년 12월 31일까지 취득하는 주택으로서 다음의 요건을 모두 갖춘 준공 후 미분양주택 (2024. 11. 12. 개정)

가) 전용면적이 85제곱미터 이하일 것 (2024. 2. 29. 신설)

나) 취득가액이 6억원 이하일 것 (2024. 2. 29. 신설)

다) 수도권 밖의 지역에 소재할 것 (2024. 2. 29. 신설)

라) 그 밖에 기획재정부령으로 정하는 요건을 갖출 것 (2024. 2. 29. 신설)

④ 제3항 제3호 나목, 다목 또는 바목을 적용받으려는 자는 법 제8조 제3항에 따른 주택의 보유현황 신고기간에 기획재정부령으로 정하는 서류를 관할세무서장에게 제출해야 한다. 다만, 최초로 제출한 연도의 다음 연도부터는 그 제출 사항에 변동이 없으면 제출하지 않을 수 있다. (2024. 2. 29. 개정)

제4조의 7 【소형 신축주택 및 준공 후 미분양주택의 요건 등】 ① 영 제4조의 3 제3항 제3호 바목 1) 마)에서 "기획재정부령으로 정하는 요건"이란 다음 각 호의 요건을 말한다. (2024. 3. 22. 신설)

1. 양도자가 다음 각 목의 어느 하나에 해당할 것 (2024. 3. 22. 신설)
   가. 「주택법」 제54조 제1항 각 호 외의 부분 전단에 따른 사업주체 (2024. 3. 22. 신설)
   나. 「건축물의 분양에 관한 법률」 제2조 제3호에 따른 분양사업자 (2024. 3. 22. 신설)
   다. 가목에 따른 사업주체 또는 나목에 따른 분양사업자로부터 주택의 공사대금으로 해당 주택을 받은 시공자 (2024. 3. 22. 신설)
2. 양수자가 해당 주택에 대한 매매계약(주택공급계약 및 분양계약을 포함한다. 이하 이 항에서 같

1. 「상속세 및 증여세법」 제16조에 따른 공익법인등(이하 이 조에서 "공익법인등"이라 한다)이 직접 공익목적사업에 사용하는 주택만을 보유한 경우와 「공공주택 특별법」 제4조에 따른 공공주택사업자 등 사업의 특성을 고려하여 대통령령으로 정하는 경우 : 제1항 제1호에 따른 세율 (2023. 4. 18. 개정)
2. 공익법인등으로서 제1호에 해당하지 아니하는 경우 : 제1항 각 호에 따른 세율 (2023. 4. 18. 개정)
3. 제1호 및 제2호 외의 경우 : 다음 각 목에 따른 세율 (2023. 4. 18. 개정)
   가. 2주택 이하를 소유한 경우 : 1천분의 27 (2023. 4. 18. 개정)
   나. 3주택 이상을 소유한 경우: 1천분의 50 (2023. 4. 18. 개정)

③ 주택분 과세표준 금액에 대하여 해당 과세대상 주택의 주택분 재산세로 부과된 세액(「지방세법」 제111조 제3항에 따라 가감조정된 세율이 적용된 경우에는 그 세율

⑤ 주택분 재산세 표준세율의 적용 등 제1항에 따른 계산에 필요한 사항은 기획재정부령으로 정한다. (2022. 8. 2. 항번개정)

⑤ 제1항에 따른 주택분 재산세 표준세율의 적용방법, 제3항에 따른 주택 수 계산을 위한 주택 확인 절차 및 그 밖에 필요한 사항은 기획재정부령으로 정한다. (2024. 2. 29. 개정)

제4조의 4【일반 누진세율이 적용되는 법인 등】 (2022. 9. 23. 조번개정)

① 법 제9조 제2항 제1호에서 "대통령령으로 정하는 경우"란 납세의무자가 다음 각 호의 법인 또는 법인으로 보는 단체인 경우를 말한다. (2023. 9. 5. 개정)

1. 공공주택사업자(「공공주택 특별법」 제4조 제1항 각 호에 해당하는 자로 한정한다) (2023. 9. 5. 개정)

2. 「상속세 및 증여세법」 제16조 제1항에 따른 공익법인등 (2021. 2. 17. 신설)

2. 삭 제 (2023. 9. 5.)
3. 「주택법」 제2조 제11호의 주택조합 (2021. 2. 17. 신설)
4. 「도시 및 주거환경정비법」 제24조부터 제28조까지 및 「빈집 및 소규모주택 정비에 관한 특례법」 제17조부터 제19조까지의 규정에 따른 사업시행자 (2021. 2. 17. 신설)
5. 「민간임대주택에 관한 특별법」 제2조 제2호의 민간건설임대주택을 2호 이상 보유하고 있는 임대사업자로

다)을 최초로 체결한 자일 것 (2024. 3. 22. 신설)
3. 양도자와 양수자가 해당 주택에 대한 매매계약을 체결하기 전에 다른 자가 해당 주택에 입주한 사실이 없을 것 (2024. 3. 22. 신설)

② 영 제4조의 3 제3항 제3호 바목 2) 라)에서 "기획재정부령으로 정하는 요건"이란 다음 각 호의 요건을 말한다. (2024. 3. 22. 신설)

1. 제1항 제1호부터 제3호까지의 요건 (2024. 3. 22. 신설)

1. 제1항 제1호 및 제2호의 요건 (2024. 9. 10. 개정)
2. 입주자 모집공고에 따른 입주자의 계약일 또는 분양 광고에 따른 입주예정일까지 분양계약이 체결되지 않아 선착순의 방법으로 공급하는 주택(이하 이 조에서 "준공 후 미분양주택"이라 한다)일 것 (2024. 3. 22. 신설)
3. 해당 주택의 소재지를 관할하는 시장·군수·구청장으로부터 해당 주택이 준공 후 미분양주택이

이 적용된 세액, 같은 법 제122조에 따라 세부담 상한을 적용받은 경우에는 그 상한을 적용받은 세액을 말한다)은 주택분 종합부동산세액에서 이를 공제한다. (2010. 3. 31. 개정 ; 지방세법 부칙)

④ 주택분 종합부동산세액을 계산할 때 주택 수 계산 및 주택분 재산세로 부과된 세액의 공제 등에 관하여 필요한 사항은 대통령령으로 정한다. (2020. 6. 9. 개정 ; 법률용어~법률)

⑤ 주택분 종합부동산세 납세의무자가 1세대 1주택자에 해당하는 경우의 주택분 종합부동산세액은 제1항 · 제3항 및 제4항에 따라 산출된 세액에서 제6항부터 제9항까지의 규정에 따른 1세대 1주택자에 대한 공제액을 공제한 금액으로 한다. 이 경우 제6항부터 제9항까지는 공제율 합계 100분의 80의 범위에서 중복하여 적용할 수 있다. (2022. 9. 15. 개정)

⑥ 과세기준일 현재 만 60세 이상인 1세대 1주택자의 공제액은 제1항 · 제3항 및 제4항에 따라 산출된 세액에 다음 표에 따른 연령별 공제율을 곱한 금액으로 한다. (2022. 9. 15. 개정)

연 령	공 제 율
만 60세 이상 만 65세 미만	100분의 20
만 65세 이상 만 70세 미만	100분의 30
만 70세 이상	100분의 40

⑦ 과세기준일 현재 만 60세 이상인 1세대 1주택자가 제

서 해당 민간건설임대주택과 다음 각 목에서 정하는 주택만을 보유한 경우 (2021. 2. 17. 신설)

가. 법 제6조 제1항에 따라 재산세 비과세 규정을 준용하는 주택 및 「지방세법」 제109조에 따라 재산세 비과세 대상인 주택 (2021. 2. 17. 신설)

나. 「공공주택 특별법」 제2조 제1호 가목에 따른 공공임대주택 (2021. 2. 17. 신설)

다. 제4조 제1항 각 호의 어느 하나에 해당하는 주택 (2021. 2. 17. 신설)

5의 2. 「도시개발법」 제21조의 3 제1항에 따라 임대주택을 건설 · 공급해야 하는 사업시행자나 「도시재정비 촉진을 위한 특별법」 제30조 제4항 또는 제31조에 따라 임대주택을 건설 · 공급해야 하는 사업시행자로서 「민간임대주택에 관한 특별법」 제2조 제2호의 민간건설임대주택 2호 이상과 다음 각 목의 주택만을 보유한 경우 (2023. 2. 28. 신설)

편주

영 4조의 4 제1항의 개정규정은 2023. 2. 28. 이후 과세표준 및 세액을 신고하거나 결정 · 경정하는 경우부터 적용함. (영 부칙(2023. 2. 28.) 5조)

가. 법 제6조 제1항에 따라 재산세 비과세 규정을 준용하는 주택 및 「지방세법」 제109조에 따라 재산세 비과세 대상인 주택 (2023. 2. 28. 신설)

라는 확인을 받은 주택일 것 (2024. 3. 22. 신설)

③ 준공 후 미분양주택의 확인 절차는 다음 각 호의 순서에 따른다. (2024. 3. 22. 신설)

1. 양도자는 해당 주택의 소재지를 관할하는 시장 · 군수 · 구청장에게 해당 주택이 준공 후 미분양주택인지 여부를 확인해 줄 것을 요청할 것 (2024. 3. 22. 신설)
2. 제1호에 따라 요청받은 시장 · 군수 · 구청장은 해당 주택이 준공 후 미분양주택임을 확인한 경우에는 해당 주택의 매매계약서에 별지 제2호의 3 서식에 따른 준공 후 미분양주택 확인 날인을 하여 양도자에게 내주고, 그 확인내용을 별지 제2호의 4 서식에 따른 준공 후 미분양주택 확인 대장에 기재하여 매매계약서 사본과 함께 보관할 것 (2024. 3. 22. 신설)
3. 양도자는 제2호에 따라 준공 후 미분양주택 확인 날인을 받은 매매계약서를 양수자에게 내줄 것

8조 제4항 각 호의 어느 하나에 해당하는 경우 제6항에도 불구하고 해당 1세대 1주택자의 공제액은 제1항 · 제3항 및 제4항에 따라 산출된 세액에서 다음 각 호에 해당하는 산출세액(공시가격합계액으로 안분하여 계산한 금액을 말한다)을 제외한 금액에 제6항의 표에 따른 연령별 공제율을 곱한 금액으로 한다. (2022. 9. 15. 개정)

1. 제8조 제4항 제1호에 해당하는 경우 : 주택의 부속토지(주택의 건물과 부속토지의 소유자가 다른 경우의 그 부속토지를 말한다)분에 해당하는 산출세액 (2022. 9. 15. 개정)
2. 제8조 제4항 제2호에 해당하는 경우 : 1주택을 양도하기 전 대체취득한 주택분에 해당하는 산출세액 (2022. 9. 15. 개정)
3. 제8조 제4항 제3호에 해당하는 경우 : 상속주택분에 해당하는 산출세액 (2022. 9. 15. 개정)
4. 제8조 제4항 제4호에 해당하는 경우 : 지방 저가주택분에 해당하는 산출세액 (2022. 9. 15. 개정)

나. 「공공주택 특별법」 제2조 제1호 가목에 따른 공공임대주택 (2023. 2. 28. 신설)

다. 제4조 제1항 각 호의 어느 하나에 해당하는 주택 (2023. 2. 28. 신설)

6. 다음 각 목의 요건을 모두 갖춘 「사회적기업 육성법」에 따른 사회적기업 또는 「협동조합 기본법」에 따른 사회적협동조합(이하 이 호에서 "사회적기업등"이라 한다) (2022. 2. 15. 신설)

가. 정관 또는 규약상의 설립 목적이 다음의 어느 하나에 해당할 것 (2022. 2. 15. 신설)

1) 사회적기업등 구성원의 주택 공동 사용 (2022. 2. 15. 신설)

2) 「사회적기업 육성법」에 따른 취약계층이나 「주거기본법」 제3조 제2호에 따른 주거지원이 필요한 계층에 대한 주거지원 (2022. 2. 15. 신설)

나. 가목에 따른 설립 목적에 사용되는 주택만을 보유하고 있을 것 (2022. 2. 15. 신설)

7. 종중(宗中) (2022. 2. 15. 신설)

② 법 제9조 제2항 제1호 및 제2호에 해당하는 법인 또는 법인으로 보는 단체는 법 제8조 제3항에 따른 주택의 보유현황 신고기간에 기획재정부령으로 정하는 서류를 관할세무서장에게 제출해야 한다. 다만, 최초로 제출한 연도의 다음 연도부터는 그 제출 사항에 변동이 없으면 제출하지 않을 수 있다. (2023. 9. 5. 개정)

(2024. 3. 22. 신설)

4. 시장 · 군수 · 구청장은 별지 제2호의 4 서식에 따른 준공 후 미분양주택 확인 대장 및 매매계약서 사본을 해당 주택의 소재지를 관할하는 세무서장에게 제출할 것 (2024. 3. 22. 신설)

제4조의 8 【세율 적용 시 주택 수 산정 제외 신청】 (2024. 3. 22. 조번개정)

① 영 제4조의 3 제4항에서 "기획재정부령으로 정하는 서류"란 별지 제2호의 3 서식의 세율 적용 시 주택 수 산정 제외 신청서를 말한다. (2022. 9. 23. 개정)

① 영 제4조의 3 제4항 본문에서 "기획재정부령으로 정하는 서류"란 별지 제2호의 5 서식의 세율 적용 시 주택 수 산정 제외 신청서와 다음 각 호의 구분에 따른 서류를 말한다. (2024. 3. 22. 개정)

1. 영 제4조의 3 제3항 제3호 나목에 해당하는 경우 : 매매계약서 사본(「소득세법」 제88조 제9호에 따른 조합원입주권 또는 같은 조 제10호

⑧ 1세대 1주택자로서 해당 주택을 과세기준일 현재 5년 이상 보유한 자의 공제액은 제1항 · 제3항 및 제4항에 따라 산출된 세액에 다음 표에 따른 보유기간별 공제율을 곱한 금액으로 한다. (2022. 9. 15. 신설)

보유기간	공 제 율
5년 이상 10년 미만	100분의 20
10년 이상 15년 미만	100분의 40
15년 이상	100분의 50

⑨ 1세대 1주택자로서 해당 주택을 과세기준일 현재 5년 이상 보유한 자가 제8조 제4항 각 호의 어느 하나에 해당하는 경우 제8항에도 불구하고 해당 1세대 1주택자의 공제액은 제1항 · 제3항 및 제4항에 따라 산출된 세액에서 제7항 각 호에 해당하는 산출세액(공시가격합계액으로 안분하여 계산한 금액을 말한다)을 제외한 금액에 제8항의 표에 따른 보유기간별 공제율을 곱한 금액으로 한다. (2022. 9. 15. 신설)

제10조 【세부담의 상한】 종합부동산세의 납세의무자가 해당 연도에 납부하여야 할 주택분 재산세액상당액(신탁주택의 경우 재산세의 납세의무자가 납부하여야 할 주택분 재산세액상당액을 말한다)과 주택분 종합부동산세액상당액의 합계액(이하 이 조에서 "주택에 대한 총세액상당액"이라 한다)으로서 대통령령으로 정하는 바에 따라 계산한 세액이 해당 납세의무자에게 직전

제4조의 5 【주택 보유기간의 산정】 (2022. 9. 23. 조번개정)

① 법 제9조 제8항 및 제9항을 적용할 때 소실(燒失) · 도괴(倒壞) · 노후(老朽) 등으로 인하여 멸실되어 재건축 또는 재개발하는 주택에 대하여는 그 멸실된 주택을 취득한 날부터 보유기간을 계산한다. (2022. 9. 23. 개정)

② 법 제9조 제8항 및 제9항을 적용할 때 배우자로부터 상속받은 주택에 대하여는 피상속인이 해당 주택을 취득한 날부터 보유기간을 계산한다. (2022. 9. 23. 개정)

제5조 【주택에 대한 세부담의 상한】 ① 법 제10조에서 해당 연도에 납부하여야 할 주택에 대한 총세액상당액으로서 "대통령령으로 정하는 바에 따라 계산한 세액"이란 해당 연도의 종합부동산세 과세표준 합산의 대상이 되는 주택(이하 "과세표준합산주택"이라 한다)에 대한 제1호에 따른 재산세액과 제2호에 따른 종합부동산세액의 합계액을 말한다. (2012. 2. 2. 개정)

에 따른 분양권을 상속받아 사업시행 완료 후 취득한 신축주택인 경우만 해당한다) (2024. 3. 22. 개정)

2. 영 제4조의 3 제3항 제3호 바목 2)에 해당하는 경우 : 제4조의 7 제3항 제3호에 따른 준공 후 미분양주택 확인 날인을 받은 매매계약서 사본 (2024. 3. 22. 개정)

② 영 제4조의 3 제4항에 따라 제1항의 신청서를 제출받은 관할세무서장은 「전자정부법」 제36조 제1항에 따른 행정정보의 공동이용을 통하여 해당 주택의 건물등기사항증명서 및 건축물대장을 확인해야 한다. (2022. 9. 23. 개정)

제4조의 9 【법인 등의 일반 누진세율 적용 신고】 (2024. 3. 22. 조번개정)

① 영 제4조의 4 제2항에서 "기획재정부령으로 정하는 서류"란 별지 제2호의 6 서식의 법인 주택분 종합부동산세 일반 누진세율 적용 신고서 및 다음 각 호의 구분에 따른 서

년도에 해당 주택에 부과된 주택에 대한 총세액상당액으로서 대통령령으로 정하는 바에 따라 계산한 세액의 100분의 150을 초과하는 경우에는 그 초과하는 세액에 대해서는 제9조에도 불구하고 이를 없는 것으로 본다. 다만, 납세의무자가 법인 또는 법인으로 보는 단체로서 제9조 제2항 제3호 각 목의 세율이 적용되는 경우는 그러하지 아니하다. (2023. 4. 18. 단서개정)

편주

법 10조 단서의 개정규정은 2023. 4. 18.이 속하는 연도에 납세의무가 성립하는 분부터 적용함. (법 부칙(2023. 4. 18.) 2조)

1. 제9조 제1항 제1호의 적용대상인 경우 : 100분의 150 (2018. 12. 31. 신설)
2. 제9조 제1항 제2호의 적용대상인 경우 : 100분의 300 (2020. 8. 18. 개정)

가. 납세의무자가 3주택 이상을 소유한 경우 : 100분의 300 (2018. 12. 31. 신설)
나. 가목 외의 경우 : 100분의 200 (2018. 12. 31. 신설)

가.~나. 삭 제 (2020. 8. 18.)

1. 「지방세법」에 따라 부과된 재산세액(같은 법 제112조 제1항 제1호에 따른 재산세액을 말하며, 같은 법 제122조에 따라 세부담의 상한이 적용되는 경우에는 그 상한을 적용한 후의 세액을 말한다) (2012. 2. 2. 개정)
2. 법 제9조에 따라 계산한 종합부동산세액 (2012. 2. 2. 개정)

② 법 제10조에서 직전연도에 해당 주택에 부과된 주택에 대한 총세액상당액으로서 "대통령령으로 정하는 바에 따라 계산한 세액"이란 납세의무자가 해당 연도의 과세표준합산주택을 직전 연도 과세기준일에 실제로 소유하였는지의 여부를 불문하고 직전 연도 과세기준일 현재 소유한 것으로 보아 해당 연도의 과세표준합산주택에 대한 제1호에 따른 재산세액상당액과 제2호에 따른 종합부동산세액상당액의 합계액을 말한다. (2009. 4. 21. 개정)

1. 재산세액상당액 (2010. 9. 20. 개정 ; 지방세법 시행령 부칙)
   해당 연도의 과세표준합산주택에 대하여 직전 연도의 「지방세법」(같은 법 제111조 제3항, 제112조 제1항 제2호 및 제122조는 제외한다)을 적용하여 산출한 금액의 합계액
2. 종합부동산세액상당액 (2010. 9. 20. 개정 ; 지방세법 시행령 부칙)
   해당 연도의 과세표준합산주택에 대하여 직전 연도의 법(법 제10조를 제외한다)을 적용하여 산출한 금액(1세대 1주택자의 경우에는 직전 연도 과세기준일 현재 연령 및 주택 보유기간을 적용하여 산출한 금액). 이 경우 법 제9조 제3항 중 "세액(「지방세법」 제111조 제3항

류를 말한다. (2024. 3. 22. 개정)

1. 법 제9조 제2항 제1호의 경우[「상속세 및 증여세법」 제16조에 따른 공익법인등(이하 이 항에서 "공익법인등"이라 한다)이 직접 공익목적사업에 사용하는 주택만을 보유한 경우만 해당한다] : 공익법인등임을 확인할 수 있는 서류 및 직접 공익목적사업에 사용하는 주택만을 보유하고 있음을 확인할 수 있는 서류 (2023. 9. 27. 신설)

1의 2. 법 제9조 제2항 제2호의 경우 : 공익법인등임을 확인할 수 있는 서류 (2023. 9. 27. 신설)

2. 영 제4조의 4 제1항 제1호의 경우 : 「공공주택 특별법 시행규칙」 제10조 제5항에 따른 사업계획승인서 사본 (2023. 9. 27. 호번개정)
3. 영 제4조의 4 제1항 제3호의 경우 : 「주택법」 제2조 제11호의 주택조합임을 확인할 수 있는 서류 (2022. 9. 23. 개정)
4. 영 제4조의 4 제1항 제4호의 경우 : 「도시 및 주거환경정비법」

제10조의 2【공동명의 1주택자의 납세의무 등에 관한 특례】 ① 제7조 제1항에도 불구하고 과세기준일 현

에 따라 가감조정된 세율이 적용된 경우에는 그 세율이 적용된 세액, 같은 법 제122조에 따라 세부담 상한을 적용받은 경우에는 그 상한을 적용받는 세액을 말한다)"을 "세액[「지방세법」(같은 법 제111조 제3항, 제112조 제1항 제2호 및 제122조는 제외한다)을 적용하여 산출한 세액을 말한다]"으로 하여 해당 규정을 적용한다.

③ 주택의 신축·증축 등으로 인하여 해당 연도의 과세표준합산주택에 대한 직전 연도 과세표준액이 없는 경우에는 해당 연도 과세표준합산주택이 직전 연도 과세기준일 현재 존재하는 것으로 보아 직전 연도 「지방세법」과 직전 연도 법을 적용하여 과세표준액을 산출한 후 제2항의 규정을 적용한다. (2007. 8. 6. 개정)

④ 제2항 및 제3항의 규정을 적용함에 있어서 해당 연도의 과세표준합산주택이 법 제6조에 따라 재산세의 감면규정 또는 분리과세규정을 적용받지 아니하거나 적용받은 경우에는 직전 연도에도 동일하게 이를 적용받지 아니하거나 적용받은 것으로 본다. (2017. 2. 7. 개정)

⑤ 해당 연도의 과세표준합산주택이 직전 연도에 법 제8조 제2항에 따라 과세표준합산주택에 포함되지 아니한 경우에는 직전 연도에 과세표준합산주택에 포함된 것으로 보아 제2항을 적용한다. (2017. 2. 7. 신설)

제5조의 2【공동명의 1주택자에 대한 납세의무 등에 관한 특례】 ① 법 제10조의 2 제1항에서 "대통령령으

제24조부터 제28조까지 및 「빈집 및 소규모주택 정비에 관한 특례법」 제17조부터 제19조까지의 규정에 따른 사업시행자임을 확인할 수 있는 서류 (2022. 9. 23. 개정)

5. 영 제4조의 4 제1항 제5호의 경우 : 「민간임대주택에 관한 특별법 시행규칙」 제2조 제4항에 따른 임대사업자 등록증 사본 (2022. 9. 23. 개정)

5의 2. 영 제4조의 4 제1항 제5호의 2의 경우 : 「도시개발법」 제21조의 3 제1항이나 「도시재정비 촉진을 위한 특별법」 제30조 제4항 또는 제31조에 따라 임대주택 건설·공급 의무가 있는 사업시행자임을 확인할 수 있는 서류 (2023. 3. 20. 신설)

6. 영 제4조의 4 제1항 제6호의 경우 : 정관 또는 규약 사본과 다음 각 목의 구분에 따른 서류 (2022. 9. 23. 개정)

가. 「사회적기업 육성법」에 따른 사회적기업의 경우 : 같은 법 시행규칙 제10조 또는 제11

재 세대원 중 1인이 그 배우자와 공동으로 1주택을 소유하고 해당 세대원 및 다른 세대원이 다른 주택(제8조 제2항 각 호의 어느 하나에 해당하는 주택 중 대통령령으로 정하는 주택을 제외한다)을 소유하지 아니한 경우로서 대통령령으로 정하는 경우에는 배우자와 공동으로 1주택을 소유한 자 또는 그 배우자 중 대통령령으로 정하는 자(이하 "공동명의 1주택자"라 한다)를 해당 1주택에 대한 납세의무자로 할 수 있다. (2020. 12. 29. 신설)

② 제1항을 적용받으려는 납세의무자는 당해 연도 9월 16일부터 9월 30일까지 대통령령으로 정하는 바에 따라 관할세무서장에게 신청하여야 한다. (2020. 12. 29. 신설)

로 정하는 주택"이란 제2조의 3 제2항에 따른 주택을 말한다. (2021. 2. 17. 신설)

② 법 제10조의 2 제1항에서 "대통령령으로 정하는 경우"란 세대원 중 1명과 그 배우자만이 주택분 재산세 과세대상인 1주택만을 소유한 경우로서 주택을 소유한 세대원 중 1명과 그 배우자가 모두 「소득세법」 제1조의 2 제1항 제1호의 거주자인 경우를 말한다. 다만, 제3항에 따른 공동명의 1주택자의 배우자가 다른 주택의 부속토지(주택의 건물과 부속토지의 소유자가 다른 경우의 그 부속토지를 말한다)를 소유하고 있는 경우는 제외한다. (2021. 2. 17. 신설)

③ 법 제10조의 2 제1항에서 "대통령령으로 정하는 자"란 해당 1주택을 소유한 세대원 1명과 그 배우자 중 주택에 대한 지분율이 높은 사람(지분율이 같은 경우에는 공동 소유자간 합의에 따른 사람을 말하며, 이하 "공동명의 1주택자"라 한다)을 말한다. (2021. 2. 17. 신설)

④ 법 제10조의 2 제2항에 따라 1세대 1주택자로 적용받으려는 공동명의 1주택자는 기획재정부령으로 정하는 공동명의 1주택자 신청서를 관할세무서장에게 제출해야 한다. (2021. 2. 17. 신설)

⑤ 제4항에 따라 신청한 공동명의 1주택자는 신청을 한 연도의 다음 연도부터는 기획재정부령으로 정하는 사항이 변경된 경우 법 제10조의 2 제2항에서 정한 기간에 변경신청을 해야 한다. (2021. 2. 17. 신설)

조에 따라 발급받거나 재발급받은 사회적기업 인증서 사본 (2022. 3. 18. 신설)

나. 「협동조합 기본법」에 따른 사회적협동조합의 경우 : 같은 법 시행규칙 제14조에 따라 발급받은 사회적협동조합 설립인가증 사본 (2022. 3. 18. 신설)

7. 영 제4조의 4 제1항 제7호의 경우 : 종중(宗中)이 발급받은 「법인 아닌 사단 · 재단 및 외국인의 부동산등기용 등록번호 부여절차에 관한 규정 시행규칙」 제6조에 따른 부동산등기용 등록번호 등록증명서 사본 (2022. 9. 23. 개정)

② 영 제4조의 4 제2항에 따라 서류를 제출받은 관할세무서장은 「전자정부법」 제36조 제1항에 따른 행정정보의 공동이용을 통하여 다음 각 호의 정보를 확인해야 한다. (2022. 9. 23. 개정)

1. 법인등기사항증명서 (2021. 3. 16. 신설)
2. 건물등기사항증명서 (2021. 3. 16. 신설)

③ 제1항을 적용하는 경우에는 공동명의 1주택자를 1세대 1주택자로 보아 제8조에 따른 과세표준과 제9조에 따른 세율 및 세액을 계산한다. (2020. 12. 29. 신설)
④ 제1항부터 제3항을 적용할 때 해당 주택에 대한 과세표준의 계산, 세율 및 세액, 세부담의 상한의 구체적인 계산방식, 부과절차 및 그 밖에 필요한 사항은 대통령령으로 정한다. (2020. 12. 29. 신설)

⑥ 법 제10조의 2 제3항에 따라 공동명의 1주택자에 대한 과세표준 및 세액을 산정하는 경우에는 그 배우자 소유의 주택지분을 합산하여 계산한다. (2021. 2. 17. 신설)
⑦ 공동명의 1주택자에 대하여 법 제9조 제3항에 따라 주택분 종합부동산세액에서 주택분 재산세로 부과된 세액을 공제하거나 법 제10조에 따라 세부담의 상한을 적용할 경우 적용되는 재산세 부과액 및 재산세상당액은 해당 과세대상 1주택 지분 전체에 대하여 계산한 금액으로 한다. (2021. 2. 17. 신설)
⑧ 공동명의 1주택자에 대하여 법 제9조 제5항에 따라 같은 조 제6항부터 제9항까지의 규정에 따른 1세대 1주택자에 대한 공제액을 정할 때 공동명의 1주택자의 연령 및 보유기간을 기준으로 한다. (2022. 9. 23. 개정)

3. 건축물대장 (2021. 3. 16. 신설)

제4조의 10【공동명의 1주택자 적용 신청 등】(2024. 3. 22. 조번개정)
① 영 제5조의 2 제4항에서 "기획재정부령으로 정하는 공동명의 1주택자 신청서"란 별지 제2호의 7 서식의 종합부동산세 공동명의 1주택자 특례 (변경)신청서를 말하며, 해당 신청서를 제출할 때에는 혼인관계증명서를 첨부해야 한다. (2024. 3. 22. 개정)
② 영 제5조의 2 제4항 및 제5항에 따라 서류를 제출받은 관할세무서장은 「전자정부법」 제36조 제1항에 따른 행정정보의 공동이용을 통하여 부부 공동명의 주택의 건물등기사항증명서를 확인해야 한다. (2021. 3. 16. 신설)
③ 영 제5조의 2 제5항에서 "기획재정부령으로 정하는 사항이 변경된 경우"란 다음 각 호의 사항을 말한다. (2021. 3. 16. 신설)
1. 해당 주택의 소유자가 변경된 경

제 3 장 토지에 대한 과세

제11조【과세방법】 토지에 대한 종합부동산세는 국내에 소재하는 토지에 대하여 「지방세법」 제106조 제1항 제1호에 따른 종합합산과세대상(이하 "종합합산과세대상"이라 한다)과 같은 법 제106조 제1항 제2호에 따른 별도합산과세대상(이하 "별도합산과세대상"이라 한다)으로 구분하여 과세한다. (2010. 3. 31. 개정 ; 지방세법 부칙)

제12조【납세의무자】 ① 과세기준일 현재 토지분 재산세의 납세의무자로서 다음 각호의 어느 하나에 해당하는 자는 해당 토지에 대한 종합부동산세를 납부할

제 3 장 토지에 대한 과세

우 (2021. 3. 16. 신설)

2. 해당 주택의 지분율이 변경된 경우 (2021. 3. 16. 신설)
3. 영 제5조의 2 제3항에 따른 공동명의 1주택자를 변경하려는 경우 (2021. 3. 16. 신설)
4. 법 제10조의 2 제1항의 적용을 받지 않으려는 경우 (2021. 3. 16. 신설)

의무가 있다. (2008. 12. 26. 개정)

1. 종합합산과세대상인 경우에는 국내에 소재하는 해당 과세대상토지의 공시가격을 합한 금액이 5억원을 초과하는 자 (2008. 12. 26. 개정)
2. 별도합산과세대상인 경우에는 국내에 소재하는 해당 과세대상토지의 공시가격을 합한 금액이 80억원을 초과하는 자 (2008. 12. 26. 개정)

② 수탁자의 명의로 등기 또는 등록된 신탁재산으로서 토지(이하 "신탁토지"라 한다)의 경우에는 제1항에도 불구하고 위탁자가 종합부동산세를 납부할 의무가 있다. 이 경우 위탁자가 신탁토지를 소유한 것으로 본다. (2020. 12. 29. 신설)

제12조의 2【신탁토지 관련 수탁자의 물적납세의무】 신탁토지의 위탁자가 다음 각 호의 어느 하나에 해당하는 종합부동산세등을 체납한 경우로서 그 위탁자의 다른 재산에 대하여 강제징수를 하여도 징수할 금액에 미치지 못할 때에는 해당 신탁토지의 수탁자는 그 신탁토지로써 위탁자의 종합부동산세등을 납부할 의무가 있다. (2020. 12. 29. 신설)

1. 신탁 설정일 이후에 「국세기본법」 제35조 제2항에 따른 법정기일이 도래하는 종합부동산세로서 해당 신탁토지와 관련하여 발생한 것 (2020. 12. 29. 신설)
2. 제1호의 금액에 대한 강제징수 과정에서 발생한 강제징수비 (2020. 12. 29. 신설)

제13조 【과세표준】 ① 종합합산과세대상인 토지에 대한 종합부동산세의 과세표준은 납세의무자별로 해당 과세대상토지의 공시가격을 합산한 금액에서 5억원을 공제한 금액에 부동산 시장의 동향과 재정 여건 등을 고려하여 100분의 60부터 100분의 100까지의 범위에서 대통령령으로 정하는 공정시장가액비율을 곱한 금액으로 한다. (2008. 12. 26. 개정)

② 별도합산과세대상인 토지에 대한 종합부동산세의 과세표준은 납세의무자별로 해당 과세대상토지의 공시가격을 합산한 금액에서 80억원을 공제한 금액에 부동산 시장의 동향과 재정 여건 등을 고려하여 100분의 60부터 100분의 100까지의 범위에서 대통령령으로 정하는 공정시장가액비율을 곱한 금액으로 한다. (2008. 12. 26. 개정)

③ 제1항 또는 제2항의 금액이 영보다 작은 경우에는 영으로 본다. (2005. 1. 5. 제정)

제14조 【세율 및 세액】 ① 종합합산과세대상인 토지에 대한 종합부동산세의 세액은 과세표준에 다음의 세율을 적용하여 계산한 금액(이하 "토지분 종합합산세액"이라 한다)으로 한다. (2018. 12. 31. 개정)

과세표준	세 율
15억원 이하	1천분의 10
15억원 초과 45억원	1천500만원+(15억원을

제5조의 3 【토지분 종합부동산세의 재산세 공제】
① 법 제14조 제1항에 따른 토지분 종합합산세액에서 같은 조 제3항에 따라 공제하는 종합합산과세대상인 토지의 과세표준 금액에 대한 토지분 재산세로 부과된 세액은 다음 계산식에 따라 계산한 금액으로 한다. (2015. 11. 30. 개정)

과세표준	세 율
이하	초과하는 금액의 1천분의 20)
45억원 초과	7천500만원+(45억원을 초과하는 금액의 1천분의 30)

② 제1항의 규정에 의한 세액을 계산함에 있어서 2006년부터 2008년까지의 기간에 납세의무가 성립하는 종합합산과세대상 토지분 종합부동산세에 대하여는 제1항의 규정에 의한 세율별 과세표준에 다음 각 호의 연도별 적용비율과 제1항의 규정에 의한 세율을 곱하여 계산한 금액을 각각 당해연도의 세액으로 한다. (2005. 12. 31. 개정)

1. 2006년 : 100분의 70 (2005. 12. 31. 개정)
2. 2007년 : 100분의 80 (2005. 12. 31. 개정)
3. 2008년 : 100분의 90 (2005. 12. 31. 개정)

② 삭 제 (2008. 12. 26.)

③ 종합합산과세대상인 토지의 과세표준 금액에 대하여 해당 과세대상 토지의 토지분 재산세로 부과된 세액(「지방세법」 제111조 제3항에 따라 가감조정된 세율이 적용된 경우에는 그 세율이 적용된 세액, 같은 법 제122조에 따라 세부담 상한을 적용받은 경우에는 그 상한을 적용받은 세액을 말한다)은 토지분 종합합산세액에서 이를 공제한다. (2010. 3. 31. 개정 ; 지방세법 부칙)

④ 별도합산과세대상인 토지에 대한 종합부동산세의 세액은 과세표준에 다음의 세율을 적용하여 계산한 금액(이하 "토지분 별도합산세액"이라 한다)으로 한다. (2008. 12. 26. 개정)

〈과세표준〉 〈세 율〉

200억원 이하 1천분의 5

「지방세법」 제112조 제1항 제1호에 따라 종합합산과세대상인 토지분 재산세로 부과된 세액의 합계액 × [(법 제13조 제1항에 따른 종합합산과세대상인 토지의 공시가격을 합산한 금액 − 5억원) × 제2조의 4 제1항에 따른 공정시장가액비율 × 「지방세법 시행령」 제109조 제1호에 따른 공정시장가액비율] × 「지방세법」 제111조 제1항 제1호 가목에 따른 표준세율 / 종합합산과세대상인 토지를 합산하여 종합합산과세대상인 토지분 재산세 표준세율로 계산한 재산세 상당액

① 법 제14조 제1항에 따른 토지분 종합합산세액에서 같은 조 제3항에 따라 공제하는 종합합산과세대상인 토지의 과세표준 금액에 대한 토지분 재산세로 부과된 세액은 다음 계산식에 따라 계산한 금액으로 한다. (2024. 2. 29. 개정)

「지방세법」 제112조 제1항 제1호에 따라 종합합산과세대상인 토지분 재산세로 부과된 세액의 합계액 × (법 제13조 제1항에 따른 종합합산과세대상인 토지의 과세표준 × 「지방세법 시행령」 제109조 제1항 제1호에 따른 공정시장가액비율) × 「지방세법」 제111조 제1항 제1호 가목에 따른 표준세율 / 종합합산과세대상인 토지를 합산하여 종합합산과세대상인 토지분 재산세 표준세율로 계산한 재산세 상당액

② 법 제14조 제4항에 따른 토지분 별도합산세액에서 같은 조 제6항에 따라 공제하는 별도합산과세대상인 토지에 대한 토지분 재산세로 부과된 세액은 다음 계산식에 따라 계산한 금액

200억원 초과 400억원 이하 1억원+(200억원을 초과하는 금액의 1천분의 6)

400억원 초과 2억2천만원+(400억원을 초과하는 금액의 1천분의 7)

⑤ 제4항의 규정에 의한 세액을 계산함에 있어서 2006년부터 2014년까지의 기간에 납세의무가 성립하는 별도합산과세대상 토지분 종합부동산세에 대하여는 같은 항의 규정에 의한 세율별 과세표준에 다음 각 호의 연도별 적용비율과 같은 항의 규정에 의한 세율을 곱하여 계산한 금액을 각각 당해연도의 세액으로 한다. (2005. 12. 31. 신설)

1. 2006년 : 100분의 55 (2005. 12. 31. 신설)
2. 2007년 : 100분의 60 (2005. 12. 31. 신설)
3. 2008년 : 100분의 65 (2005. 12. 31. 신설)
4. 2009년 : 100분의 70 (2005. 12. 31. 신설)
5. 2010년 : 100분의 75 (2005. 12. 31. 신설)
6. 2011년 : 100분의 80 (2005. 12. 31. 신설)
7. 2012년 : 100분의 85 (2005. 12. 31. 신설)
8. 2013년 : 100분의 90 (2005. 12. 31. 신설)
9. 2014년 : 100분의 95 (2005. 12. 31. 신설)

⑤ 삭 제 (2008. 12. 26.)

⑥ 별도합산과세대상인 토지의 과세표준 금액에 대하여 해당 과세대상 토지의 토지분 재산세로 부과된 세액(「지방세법」 제111조 제3항에 따라 가감조정된 세율이 적용된 경우에는 그 세율이 적용된 세액, 같은 법 제122조에 따라 세부담 상한을 적용받은 경우에는 그 상한을 적용받은 세액을 말한다)은 토지분 별도합산세액에서 이를 공제한다. (2010. 3. 31. 개정 ; 지방세법 부칙)

으로 한다. (2015. 11. 30. 개정)

「지방세법」 제112조 제1항 제1호에 따라 별도합산과세대상인 토지분 재산세로 부과된 세액의 합계액 × [(법 제13조 제2항에 따른 별도합산과세대상인 토지의 공시가격을 합산한 금액 − 80억원) × 제2조의 4 제2항에 따른 공정시장가액비율 × 「지방세법 시행령」 제109조 제1호에 따른 공정시장가액비율] × 「지방세법」 제111조 제1항 제1호 나목에 따른 표준세율 / 별도합산과세대상인 토지를 합산하여 별도합산과세대상인 토지분 재산세 표준세율로 계산한 재산세 상당액

② 법 제14조 제4항에 따른 토지분 별도합산세액에서 같은 조 제6항에 따라 공제하는 별도합산과세대상인 토지에 대한 토지분 재산세로 부과된 세액은 다음 계산식에 따라 계산한 금액으로 한다. (2024. 2. 29. 개정)

「지방세법」 제112조 제1항 제1호에 따라 별도합산과세대상인 토지분 재산세로 부과된 세액의 합계액 × (법 제13조 제2항에 따른 별도합산과세대상인 토지의 과세표준 × 「지방세법 시행령」 제109조 제1항 제1호에 따른 공정시장가액비율) × 「지방세법」 제111조 제1항 제1호 나목에 따른 표준세율 / 별도합산과세대상인 토지를 합산하여 별도합산과세대상인 토지분 재산세 표준세율로 계산한 재산세 상당액

③ 토지분 재산세 표준세율의 적용 등 제1항과 제2항에

⑦ 토지분 종합부동산세액을 계산할 때 토지분 재산세로 부과된 세액의 공제 등에 관하여 필요한 사항은 대통령령으로 정한다. (2020. 6. 9. 개정 ; 법률용어~법률)

제15조【세부담의 상한】 ① 종합부동산세의 납세의무자가 종합합산과세대상인 토지에 대하여 해당 연도에 납부하여야 할 재산세액상당액(신탁토지의 경우 재산세의 납세의무자가 종합합산과세대상인 해당 토지에 대하여 납부하여야 할 재산세액상당액을 말한다)과 토지분 종합합산세액상당액의 합계액(이하 이 조에서 "종합합산과세대상인 토지에 대한 총세액상당액"이라 한다)으로서 대통령령으로 정하는 바에 따라 계산한 세액이 해당 납세의무자에게 직전년도에 해당 토지에 부과된 종합합산과세대상인 토지에 대한 총세액상당액으로서 대통령령으로 정하는 바에 따라 계산한 세액의 100분의 150을 초과하는 경우에는 그 초과하는 세액에 대해서는 제14조 제1항에도 불구하고 이를 없는 것으로 본다. (2020. 12. 29. 개정)

따른 계산에 필요한 사항은 기획재정부령으로 정한다. (2015. 11. 30. 개정)

제6조【종합합산과세대상인 토지에 대한 세부담의 상한】 ① 법 제15조 제1항에서 해당 연도에 납부하여야 할 종합합산과세대상인 토지에 대한 총세액상당액으로서 "대통령령으로 정하는 바에 따라 계산한 세액"이란 해당 연도에 종합부동산세의 과세대상이 되는 종합합산과세대상인 토지(이하 이 조에서 "종합합산과세토지"라 한다)에 대한 제1호에 따른 재산세액과 제2호에 따른 종합부동산세액의 합계액을 말한다. (2012. 2. 2. 개정)

1. 「지방세법」에 따라 부과된 재산세액(같은 법 제112조 제1항 제1호에 따른 재산세액을 말하며, 같은 법 제122조에 따라 세부담의 상한이 적용되는 경우에는 그 상한을 적용한 후의 세액을 말한다) (2012. 2. 2. 개정)
2. 법 제14조 제1항, 제3항 및 제7항에 따라 계산한 종합부동산세액 (2012. 2. 2. 개정)

② 법 제15조 제1항에서 직전 연도에 해당 토지에 부과된 종합합산과세대상인 토지에 대한 총세액상당액으로서 "대통령령으로 정하는 바에 따라 계산한 세액"이란 납세의무자가 해당 연도의 종합합산과세토지를 직전 연도 과세기준일에 실제로 소유하였는지의 여부를 불문하고 직전 연도 과세기준일 현재 소유한 것으로 보아 해당

연도의 종합합산과세토지에 대한 제1호에 따른 재산세액상당액과 제2호에 따른 종합부동산세액상당액의 합계액을 말한다. (2009. 4. 21. 개정)

1. 재산세액상당액 (2010. 9. 20. 개정 ; 지방세법 시행령 부칙)

   해당 연도의 종합합산과세토지에 대하여 직전 연도의 「지방세법」(같은 법 제111조 제3항, 제112조 제1항 제2호 및 제122조는 제외한다)을 적용하여 산출한 금액의 합계액

2. 종합부동산세액상당액 (2010. 9. 20. 개정 ; 지방세법 시행령 부칙)

   해당 연도의 종합합산과세토지에 대하여 직전 연도의 법(법 제15조는 제외한다)을 적용하여 산출한 금액. 이 경우 법 제14조 제3항 중 "세액(「지방세법」 제111조 제3항에 따라 가감조정된 세율이 적용된 경우에는 그 세율이 적용된 세액, 같은 법 제122조에 따라 세부담 상한을 적용받는 경우에는 그 상한을 적용받는 세액을 말한다)"을 "세액[「지방세법」(같은 법 제111조 제3항, 제112조 제1항 제2호 및 제122조는 제외한다)을 적용하여 산출한 세액을 말한다]"으로 하여 해당 규정을 적용한다.

③ 토지의 분할 · 합병 · 지목변경 · 신규등록 · 등록전환 등으로 인하여 해당 연도의 종합합산과세토지에 대한 직전 연도 과세표준액이 없는 경우에는 해당 연도 종합합산과세토

② 종합부동산세의 납세의무자가 별도합산과세대상인 토지에 대하여 해당 연도에 납부하여야 할 재산세액상당액(신탁토지의 경우 재산세의 납세의무자가 별도합산과세대상인 해당 토지에 대하여 납부하여야 할 재산세액상당액을 말한다)과 토지분 별도합산세액상당액의 합계액(이하 이 조에서 "별도합산과세대상인 토지에 대한 총세액상당액"이라 한다)으로서 대통령령으로 정하는 바에 따라 계산한 세액이 해당 납세의무자에게 직전년도에 해당 토지에 부과된 별도합산과세대상인 토지에 대한 총세액상당액으로서 대통령령으로 정하는 바에 따라 계산한 세액의 100분의 150을 초과하는 경우에는 그 초과하는 세액에 대해서는 제14조 제4항에도 불구하고 이를 없는 것으로 본다. (2020. 12. 29. 개정)

지가 직전 연도 과세기준일 현재 존재하는 것으로 보아 직전 연도 「지방세법」과 직전 연도 법을 적용하여 과세표준액을 산출한 후 제2항의 규정을 적용한다. (2007. 8. 6. 개정)

④ 제5조 제4항 및 제5항은 해당 연도의 종합합산과세토지에 대하여 제2항 및 제3항을 적용함에 있어서 이를 준용한다. 이 경우 "과세표준합산주택"은 "종합합산과세토지"로, "법 제8조 제2항"은 "「조세특례제한법」 제104조의 19 제1항"으로 본다. (2017. 2. 7. 개정)

제7조【별도합산과세대상인 토지에 대한 세부담의 상한】 ① 법 제15조 제2항에서 해당 연도에 납부하여야 할 별도합산과세대상인 토지에 대한 총세액상당액으로서 "대통령령으로 정하는 바에 따라 계산한 세액"이란 해당 연도에 종합부동산세의 과세대상이 되는 별도합산과세대상인 토지(이하 이 조에서 "별도합산과세토지"라 한다)에 대한 제1호에 따른 재산세액과 제2호에 따른 종합부동산세액의 합계액을 말한다. (2012. 2. 2. 개정)

1. 「지방세법」에 따라 부과된 재산세액(같은 법 제112조 제1항 제1호에 따른 재산세액을 말하며, 같은 법 제122조에 따라 세부담의 상한이 적용되는 경우에는 그 상한을 적용한 후의 세액을 말한다) (2012. 2. 2. 개정)
2. 법 제14조 제4항, 제6항 및 제7항에 따라 계산한 종합부동산세액 (2012. 2. 2. 개정)

② 법 제15조 제2항에서 직전 연도에 해당 토지에 부과된 별

도합산과세대상인 토지에 대한 총세액상당액으로서 "대통령령으로 정하는 바에 따라 계산한 세액"이란 납세의무자가 해당 연도의 별도합산과세토지를 직전 연도 과세기준일에 실제로 소유하였는지의 여부를 불문하고 직전 연도 과세기준일 현재 소유한 것으로 보아 해당 연도의 별도합산과세토지에 대한 제1호에 따른 재산세액상당액과 제2호에 따른 종합부동산세액상당액의 합계액을 말한다. (2009. 4. 21. 개정)

1. 재산세액상당액 (2010. 9. 20. 개정 ; 지방세법 시행령 부칙)
   해당 연도의 별도합산과세토지에 대하여 직전 연도의 「지방세법」(같은 법 제111조 제3항, 제112조 제1항 제2호 및 제122조는 제외한다)을 적용하여 산출한 금액의 합계액
2. 종합부동산세액상당액 (2010. 9. 20. 개정 ; 지방세법 시행령 부칙)
   해당 연도의 별도합산과세토지에 대하여 직전 연도의 법(법 제15조는 제외한다)을 적용하여 산출한 금액. 이 경우 법 제14조 제6항 중 "세액(「지방세법」 제111조 제3항에 따라 가감조정된 세율이 적용된 경우에는 그 세율이 적용된 세액, 같은 법 제122조에 따라 세부담 상한을 적용받은 경우에는 그 상한을 적용받은 세액을 말한다)"을 "세액[「지방세법」(같은 법 제111조 제3항, 제112조 제1항 제2호 및 제122조는 제외한다)을 적용하여 산출한 세액을 말한다]"으로 하여 해당 규정을 적용한다.

③ 토지의 분할 · 합병 · 지목변경 · 신규등록 · 등록전환 등으로 인하여 해당 연도의 별도합산과세토지에 대한 직전 연

제 4 장 부과 · 징수 등
(2007. 1. 11. 제목개정)

제16조 【부과 · 징수 등】 (2007. 1. 11. 제목개정)
① 관할세무서장은 납부하여야 할 종합부동산세의 세액을 결정하여 해당 연도 12월 1일부터 12월 15일(이하 "납부기간"이라 한다)까지 부과 · 징수한다. (2020. 6. 9. 개정 ; 법률용어~법률)
② 관할세무서장은 종합부동산세를 징수하려면 납세고지서에 주택 및 토지로 구분한 과세표준과 세액을 기재하여 납부기간 개시 5일 전까지 발급하여야 한다. (2020. 12. 29. 개정)
③ 제1항 및 제2항에도 불구하고 종합부동산세를 신고

도 과세표준액이 없는 경우에는 해당 연도 별도합산과세토지가 직전 연도 과세기준일 현재 존재하는 것으로 보아 직전 연도 「지방세법」과 직전 연도 법을 적용하여 과세표준액을 산출한 후 제2항의 규정을 적용한다. (2007. 8. 6. 개정)
④ 제5조 제4항의 규정은 해당 연도의 별도합산과세토지에 대하여 제2항 및 제3항을 적용함에 있어서 이를 준용한다. 이 경우 "과세표준합산주택"은 이를 "별도합산과세토지"로 본다. (2007. 8. 6. 개정)

제 4 장 부과 · 징수 등
(2007. 8. 6. 제목개정)

제8조 【부과와 징수 등】 (2007. 8. 6. 제목개정)
① 관할세무서장은 법 제16조 제2항에 따라 납부고지서를 발급하는 경우 기획재정부령으로 정하는 세액산출명세서를 첨부해야 한다. (2021. 2. 17. 개정)
② 법 제16조 제3항에 따라 종합부동산세의 과세표준과

제5조 【종합부동산세 부과 · 징수 관련 서식】 (2008. 4. 29. 제목개정)
① 영 제8조 제1항에서 "기획재정부령으로 정하는 세액산출명세서"란 「국세징수법 시행규칙」 별지 제3호

납부방식으로 납부하고자 하는 납세의무자는 종합부동산세의 과세표준과 세액을 해당 연도 12월 1일부터 12월 15일까지 대통령령으로 정하는 바에 따라 관할세무서장에게 신고하여야 한다. 이 경우 제1항의 규정에 따른 결정은 없었던 것으로 본다. (2020. 6. 9. 개정 ; 법률용어~법률)

④ 제3항의 규정에 따라 신고한 납세의무자는 신고기한까지 대통령령으로 정하는 바에 따라 관할세무서장 · 한국은행 또는 체신관서에 종합부동산세를 납부하여야 한다. (2020. 6. 9. 개정 ; 법률용어~법률)

⑤ 제1항 및 제2항의 규정에 따른 종합부동산세의 부과절차 및 징수에 관하여 필요한 사항은 대통령령으로 정

세액을 신고하는 때에는 기획재정부령이 정하는 다음 각 호의 서류를 관할세무서장에게 제출하여야 한다. (2008. 2. 29. 직제개정 ; 기획재정부와~직제 부칙)

1. 다음 각목의 사항이 포함된 종합부동산세 신고서 (2005. 5. 31. 제정)
   가. 납세의무자의 성명 · 주민등록번호 · 사업자등록번호 · 주소(납세의무자가 법인인 경우에는 법인명 · 법인등록번호 · 사업자등록번호 · 본점소재지) 등 납세의무자를 확인할 수 있는 사항(이하 "납세의무자의 인적사항"이라 한다) (2005. 5. 31. 제정)
   나. 종합부동산세 과세표준 (2005. 5. 31. 제정)
   다. 공제세액 및 가산세액 (2005. 5. 31. 제정)
   라. 납부세액 (2005. 5. 31. 제정)
   마. 그 밖에 분납 등에 관한 사항 (2017. 2. 7. 개정)
2. 과세대상 물건명세서 (2007. 8. 6. 개정)
3. 세부담 상한 초과세액계산명세서(세부담 상한을 신청하는 경우에 한한다) (2007. 8. 6. 개정)
4. 삭 제 (2007. 8. 6.)

③ 법 제16조 제4항에 따라 종합부동산세를 납부하는 때에는 관할세무서에 납부하거나 「국세징수법」에 의한 납부서에 의하여 한국은행(그 대리점을 포함한다) 또는 체신관서에 납부하여야 한다. (2007. 8. 6. 개정)

서식을 말한다. (2021. 3. 16. 개정)

② 영 제8조 제2항 제1호에 따른 종합부동산세 신고서는 별지 제3호 서식에 의한다. (2009. 5. 12. 단서삭제)

③ 영 제8조 제2항 제2호에 따른 과세대상 물건명세서는 별지 제4호의 2 서식(1), 별지 제4호의 2 서식(2), 별지 제4호의 3 서식(1), 별지 제4호의 3 서식(2), 별지 제4호의 4 서식(1) 및 별지 제4호의 4 서식(2)에 의한다. (2009. 5. 12. 단서삭제)

④ 영 제8조 제2항 제3호에 따른 세부담 상한 초과세액 계산명세는 별지 제5호 서식에 의한다. (2009. 5. 12. 단서삭제)

한다. (2007. 1. 11. 개정)

제16조의 2【물적납세의무에 대한 납부특례】 ① 제7조 제2항 또는 제12조 제2항에 따라 종합부동산세를 납부하여야 하는 위탁자의 관할 세무서장은 제7조의 2 또는 제12조의 2에 따라 수탁자로부터 위탁자의 종합부동산세등을 징수하려면 다음 각 호의 사항을 적은 납부고지서를 수탁자에게 발급하여야 한다. 이 경우 수탁자의 주소 또는 거소를 관할하는 세무서장과 위탁자에게 그 사실을 통지하여야 한다. (2020. 12. 29. 신설)

1. 종합부동산세등의 과세기간, 세액 및 그 산출근거 (2020. 12. 29. 신설)
2. 납부하여야 할 기한 및 납부장소 (2020. 12. 29. 신설)
3. 그 밖에 종합부동산세등의 징수를 위하여 필요한 사항 (2020. 12. 29. 신설)

② 제1항에 따른 납부고지가 있은 후 납세의무자인 위탁자가 신탁의 이익을 받을 권리를 포기 또는 이전하거나 신탁재산을 양도하는 등의 경우에도 제1항에 따라 고지된 부분에 대한 납세의무에는 영향을 미치지 아니한다. (2020. 12. 29. 신설)

③ 신탁재산의 수탁자가 변경되는 경우에 새로운 수탁자는 제1항에 따라 이전의 수탁자에게 고지된 납세의무를 승계한다. (2020. 12. 29. 신설)

④ 제1항에 따른 납세의무자인 위탁자의 관할 세무서장은 최초의 수탁자에 대한 신탁 설정일을 기준으로 제7조의 2 및 제

12조의 2에 따라 그 신탁재산에 대한 현재 수탁자에게 위탁자의 종합부동산세등을 징수할 수 있다. (2020. 12. 29. 신설)
⑤ 신탁재산에 대하여 「국세징수법」에 따라 강제징수를 하는 경우 「국세기본법」 제35조 제1항에도 불구하고 수탁자는 「신탁법」 제48조 제1항에 따른 신탁재산의 보존 및 개량을 위하여 지출한 필요비 또는 유익비의 우선변제를 받을 권리가 있다. (2020. 12. 29. 신설)
⑥ 제1항부터 제5항까지에서 규정한 사항 외에 물적납세의무의 적용에 필요한 사항은 대통령령으로 정한다. (2020. 12. 29. 신설)

제17조【결정과 경정】 ① 관할세무서장 또는 납세지 관할 지방국세청장(이하 "관할지방국세청장"이라 한다)은 과세대상 누락, 위법 또는 착오 등으로 인하여 종합부동산세를 새로 부과할 필요가 있거나 이미 부과한 세액을 경정할 경우에는 다시 부과 · 징수할 수 있다. (2007. 1. 11. 개정)
② 관할세무서장 또는 관할지방국세청장은 제16조 제3항에 따른 신고를 한 자의 신고내용에 탈루 또는 오류가 있는 때에는 해당 연도의 과세표준과 세액을 경정한다. (2020. 6. 9. 개정 ; 법률용어~법률)
③ 관할세무서장 또는 관할지방국세청장은 과세표준과 세액을 결정 또는 경정한 후 그 결정 또는 경정에 탈루 또는 오류가 있는 것이 발견된 때에는 이를 경정 또는 재경정하여야 한다. (2008. 12. 26. 개정)

제9조【결정 · 경정】 ① 법 제17조 제1항의 규정에 의한 결정은 법 제21조 제2항 내지 제4항의 규정에 의하여 행정안전부장관이 국세청장에게 통보한 과세자료에 의한다. (2017. 7. 26. 직제개정 ; 행정안전부와 ~ 직제 부칙)
② 법 제17조 제2항 및 동조 제3항의 규정에 의한 경정 · 재경정 또는 추징은 제8조의 규정에 의한 신고서 및 그 첨부서류에 의하거나 현황 등에 대한 실지조사에 의한다. (2005. 5. 31. 제정)

④ 관할세무서장 또는 관할지방국세청장은 제2항 및 제3항에 따른 경정 및 재경정 사유가 「지방세법」 제115조 제2항에 따른 재산세의 세액변경 또는 수시부과사유에 해당되는 때에는 대통령령으로 정하는 바에 따라 종합부동산세의 과세표준과 세액을 경정 또는 재경정하여야 한다. (2010. 3. 31. 개정 ; 지방세법 부칙)

⑤ 관할세무서장 또는 관할지방국세청장은 다음 각 호의 어느 하나에 해당하는 경우에는 대통령령으로 정하는 바에 따라 경감받은 세액과 이자상당가산액을 추징하여야 한다. (2022. 9. 15. 개정)

1. 제8조 제2항에 따라 과세표준 합산의 대상이 되는 주택에서 제외된 주택 중 같은 항 제1호의 임대주택 또는 같은 항 제2호의 가정어린이집용 주택이 추후 그 요건을 충족하지 아니하게 된 경우 (2022. 9. 15. 신설)
2. 제8조 제4항 제2호에 따라 1세대 1주택자로 본 납세의무자가 추후 그 요건을 충족하지 아니하게 된 경우 (2022. 9. 15. 신설)

제18조【가산세】 삭 제 (2007. 1. 11.)

③ 법 제17조 제4항의 규정에 의한 경정 · 재경정 또는 추징은 법 제22조의 규정에 의하여 시장 · 군수가 관할세무서장 또는 관할지방국세청장에게 회신한 자료에 의한다. (2005. 5. 31. 제정)

④ 관할세무서장 또는 관할지방국세청장은 제2항 및 제3항의 규정에 의한 경정 · 재경정 또는 추징을 함에 있어서 행정안전부장관에게 의견조회를 할 수 있다. (2017. 7. 26. 직제개정 ; 행정안전부와 ~ 직제 부칙)

제10조【추징액 등】 ① 법 제17조 제5항 제1호에 따라 추징해야 하는 경감받은 세액은 제1호의 금액에서 제2호의 금액을 뺀 금액으로 한다. (2022. 9. 23. 개정)

1. 합산배제 임대주택 또는 가정어린이집용 주택(이하 "합산배제 임대주택 등"이라 한다)으로 보아 왔던 매 과세연도마다 해당 주택을 종합부동산세 과세표준 합산의 대상이 되는 주택으로 보고 계산한 세액 (2011. 12. 8. 개정 ; 영유아보육법 시행령 부칙)
2. 합산배제 임대주택 등으로 보아 왔던 매 과세연도마다 해당 주택을 종합부동산세 과세표준 합산의 대상에서 제외되는 주택으로 보고 계산한 세액 (2009. 2. 4. 개정)

② 법 제17조 제5항 제1호에 따라 추징해야 하는 이자상당가산액은 제1항에 따라 계산한 금액에 제1호의 기간과 제2호의 율을 곱하여 계산한 금액으로 한다. (2022. 9. 23. 개정)

한 주택의 준공일부터 6개월이 되는 날이 2020년 7월 10일 이전인 경우는 제외한다. (2020. 10. 7. 신설)

가. 새로 취득한 주택에 대하여 2020년 7월 11일 이후 종전의 「민간임대주택에 관한 특별법」(법률 제17482호 민간임대주택에 관한 특별법 일부개정법률로 개정되기 전의 것을 말한다) 제2조 제5호에 따른 장기일반민간임대주택 중 아파트를 임대하는 민간매입임대주택 또는 같은 조 제6호에 따른 단기민간임대주택으로 같은 법 제5조 제1항에 따라 등록 신청(같은 조 제3항에 따라 임대할 주택을 추가하기 위해 등록사항의 변경신고를 한 경우를 포함한다)을 했을 것 (2020. 10. 7. 신설)

나. 새로 취득한 주택이 아파트(당초의 합산배제 임대주택이 단기민간임대주택인 경우에는 모든 주택을 말한다)인 경우로서 해당 주택에 대하여 임대사업자 등록을 하지 않았을 것 (2020. 10. 7. 신설)

④ 법 제17조 제5항 제2호에 따라 추징해야 하는 경감받은 세액은 제1호의 금액에서 제2호의 금액을 뺀 금액으로 한다. (2022. 9. 23. 신설)

1. 법 제8조 제4항 제2호에 해당하여 1세대 1주택자로 보아 왔던 매 과세연도마다 1세대 1주택자가 아닌 것으로 보고 계산한 세액 (2022. 9. 23. 신설)

☞ p.3194 2단 연결

1. 합산배제 임대주택등으로 신고한 매 과세연도(제3조 제9항 단서 및 제4조 제4항 단서에 따라 신고하지 않은 과세연도를 포함한다)의 납부기한 다음 날부터 법 제17조 제5항 제1호에 따라 추징할 세액의 고지일까지의 기간 (2022. 9. 23. 개정)
2. 1일당 10만분의 22 (2022. 2. 15. 개정)

③ 제1항에도 불구하고 다음 각 호의 어느 하나에 해당하는 경우에는 경감받은 세액과 이자상당가산액을 추징하지 않는다. (2020. 10. 7. 신설)

1. 제3조 제1항 제1호 나목, 같은 항 제2호 나목, 같은 항 제7호 나목 및 같은 항 제8호 가목 2)에 따른 최소 임대의무기간이 지난 후에 같은 항 제1호 다목, 같은 항 제2호 다목, 같은 항 제7호 다목 및 같은 항 제8호 가목 3)의 요건을 충족하지 않게 된 경우 (2020. 10. 7. 신설)
2. 「민간임대주택에 관한 특별법」 제6조 제1항 제11호 또는 같은 조 제5항에 따라 임대사업자 등록이 말소된 경우 (2020. 10. 7. 신설)
3. 「도시 및 주거환경정비법」에 따른 재개발사업 · 재건축사업, 「빈집 및 소규모주택 정비에 관한 특례법」에 따른 소규모주택정비사업으로 당초의 합산배제 임대주택이 멸실되어 새로 취득하거나 「주택법」에 따른 리모델링으로 새로 취득한 주택이 다음 각 목의 어느 하나에 해당하는 요건을 갖춘 경우. 다만, 새로 취득

② 관할세무서장은 제1항에 따라 물납허가신청서를 제출받은 때에는 납부 또는 신고기한이 경과한 날부터 14일(제1항 단서의 경우에는 당해 납세고지서에 의한 납부기한이 경과한 날부터 14일을 말한다) 이내에 허가여부를 서면으로 통지하여야 한다. 다만, 물납허가를 신청한 재산에 대한 관리·처분의 적정성 판단 등에 소요되는 시일을 감안하여 그 처리기간을 연장하고자 하는 때에는 그 기한 연장에 관한 내용을 서면으로 통지하고 1회에 한하여 30일의 범위안에서 그 처리기한을 연장할 수 있다. (2007. 8. 6. 개정)
③ 관할세무서장이 제2항의 규정에 의한 기한까지 그 허가 여부에 대한 서면을 발송하지 아니한 때에는 허가를 한 것으로 본다. 다만, 물납허가를 신청한 재산이 「국유재산법」 제11조에따라 국유재산으로 취득할 수 없는 재산인 경우에는 본문의 규정을 적용하지 아니한다. (2009. 7. 27. 단서개정 ; 국유재산법 시행령 부칙)
④ 관할세무서장이 제1항의 규정에 의한 신고기한 또는 납부기한을 경과하여 물납허가여부를 통지하는 경우 및 제3항 본문의 규정에 의하여 허가를 한 것으로 보는 날이 제1항의 규정에 의한 신고기한 또는 납부기한을 경과한 경우의 그 물납액에 상당하는 세액의 징수에 있어서는 제5항의 규정에 의하여 지정된 물납재산의 수납일 이전에 한하여 「국세기본법」 제47조의5 또는 「국세징수법」 제21조 및 동법 제22조의 규정을 적용하지 아니한다. (2007. 2. 28. 개정 ; 국세기본법 시행령 부칙)
⑤ 관할세무서장은 제2항의 규정에 의하여 물납을 허가하거나 제3항 본문의 규정에 의하여 허가를 한 것으로 보는 때에는 그 허가를 하거나 허가를 한 것으로 보는 날부터 20일 이내의 범위에서 물납재산의 수납일을 지정하여야 한다. 이 경우 물납재산의 분할 등의 사유로 당해 기간 이내에 물납

☞ p.3195 2단 연결

2. 법 제8조 제4항 제2호에 해당하여 1세대 1주택자로 보아 왔던 매 과세연도마다 1세대 1주택자인 것으로 보고 계산한 세액 (2022. 9. 23. 신설)

⑤ 법 제17조 제5항 제2호에 따라 추징해야 하는 이자상당가산액은 제4항에 따라 계산한 금액에 제1호의 기간과 제2호의 율을 곱하여 계산한 금액으로 한다. (2022. 9. 23. 신설)

1. 법 제8조 제5항에 따라 1세대 1주택자의 적용을 신청한 매 과세연도(제4조의 2 제5항에 따라 신청하지 않은 과세연도를 포함한다)의 납부기한 다음 날부터 법 제17조 제5항 제2호에 따라 추징할 세액의 고지일까지의 기간 (2022. 9. 23. 신설)
2. 1일당 10만분의 22 (2022. 9. 23. 신설)

제11조 【가산세】 삭 제 (2007. 2. 28. ; 국세기본법 시행령 부칙)

제12조 【물납의 신청 및 허가】 ① 법 제19조에 따라 물납허가를 신청하고자 하는 자는 물납하려는 세액에 대하여 기획재정부령이 정하는 물납허가신청서를 법 제16조 제1항에 따른 납부기한 또는 법 제16조 제3항에 따른 신고기한(이하 "납부 또는 신고기한"이라 한다)까지 관할세무서장에게 제출하여야 한다. 다만, 법 제17조에 따라 과세표준과 세액의 결정·경정·재경정 또는 추징의 통지를 받은 경우에는 당해 납세고지서에 의한 납부기한까지 그 신청서를 제출하여야 한다. (2008. 2. 29. 직제개정 ; 기획재정부와~직제 부칙)

제6조 【물납허가관련 서식】 ① 영

제19조【물 납】 관할세무서장은 종합부동산세로 납부하여야 할 세액이 1천만원을 초과하는 경우에는 대통령령이 정하는 바에 의하여 물납을 허가할 수 있다. (2005. 1. 5. 제정)

제19조【물 납】 삭 제 (2016. 3. 2.)

재산의 수납이 어렵다고 인정되는 경우에는 1회에 한하여 20일 이내의 범위에서 물납 재산의 수납일을 다시 지정할 수 있다. (2005. 5. 31. 제정)

⑥ 제5항의 규정에 의한 물납재산의 수납일까지 물납재산의 수납이 이루어지지 아니하는 때에는 당해 물납허가(제3항 본문의 규정에 의하여 허가를 받은 것으로 보는 경우의 그 허가를 포함한다)는 그 효력을 상실한다. (2005. 5. 31. 제정)

⑦ 재산을 분할하거나 분할을 전제로 하여 물납허가를 신청을 하는 경우에는 물납허가를 신청한 재산의 가액이 분할 전보다 감소되지 아니하는 경우에만 물납을 허가할 수 있거나 허가를 한 것으로 볼 수 있다. (2005. 5. 31. 제정)

제12조【물납의 신청 및 허가】 삭 제 (2017. 2. 7.)

제13조【물납에 충당할 수 있는 재산의 범위 및 수납가액의 계산】 ① 법 제19조에 따라 물납에 충당할 수 있는 재산은 국내에 소재하는 부동산으로 한다. (2013. 2. 22. 개정)

② 물납에 충당할 부동산의 수납가액은 과세기준일의 시가로 한다. (2013. 2. 22. 개정)

③ 제2항에 따른 시가는 공시가격으로 한다. 다만, 수용가액, 공매가액 및 감정가액 등으로서 기획재정부령으로 정하는 바에 따라 시가로 인정되는 것은 시가로 본다. (2008. 2. 29. 직제개정 ; 기획재정부와~직제 부칙)

제13조【물납에 충당할 수 있는 재산의 범위 및 수납가액의 계산】 삭 제 (2017. 2. 7.)

제14조【관리 · 처분이 부적당한 재산의 물납】 관할세무서장은 법 제19조의 규정에 의하여 물납허가신청을 받은 재산이

제12조 제1항의 규정에 의한 물납허가신청 및 영 제15조 제1항의 규정에 의한 물납변경허가신청은 별지 제6호 서식에 의한다. (2005. 5. 31. 제정)

② 영 제12조 제2항(영 제15조 제4항에서 준용하는 경우를 포함한다)의 규정에 의한 물납허가의 통지 및 영 제14조(영 제15조 제5항에서 준용하는 경우를 포함한다)의 규정에 의한 물납대상재산의 변경요구통보는 별지 제7호 서식에 의한다. (2005. 5. 31. 제정)

제6조【물납허가관련 서식】 삭 제 (2017. 3. 10.)

제6조의 2【시가로 인정되는 부동산가액】 ① 영 제13조 제3항에서 "기획재정부령으로 정하는 바에 따라 시가로 인정되는 것"이란 종합부동산세의 과세기준일 전 6월부터 과세기준일 현재까지의 기간 중에 확정된 가액으로서 다음 각 호의 어느 하나에 해당하는 것을 말한다. (2008. 4. 29. 신설)

1. 해당 부동산이 수용 · 공매 또는 「민사집행법」에 따라 경매된 경우에는 그 보상가액 · 공매가액 또는 경매가액 (2008. 4. 29. 신설)
2. 해당 부동산을 2 이상의 감정기관(「부동산 가격공시 및 감정평가에 관

「상속세 및 증여세법 시행령」 제71조 제1항 각호의 어느 하나에 해당하여 관리 · 처분이 부적당하다고 인정되는 경우에는 그 재산에 대한 물납허가를 하지 아니하거나 관리 · 처분이 가능한 다른 물납대상 재산으로의 변경을 요구할 수 있다. 이 경우 그 사유를 납세의무자에게 통보하여야 한다. (2005. 5. 31. 제정)

제14조【관리 · 처분이 부적당한 재산의 물납】 삭제 (2017. 2. 7.)

제15조【물납재산의 변경 등】 ① 제14조에 따라 물납재산의 변경을 요구받은 납세의무자는 그 통보를 받은 날부터 20일 이내에 물납에 충당하려는 다른 재산의 명세서를 첨부하여 관할세무서장에게 신청할 수 있다. (2013. 2. 22. 개정)
② 제1항의 기한내에 물납재산변경신청이 없는 경우에는 당초의 물납신청은 그 효력을 상실한다. (2005. 5. 31. 제정)
③ 납세의무자가 국외에 주소를 둔 때에는 제1항의 기간은 3월로 한다. (2005. 5. 31. 제정)
④ 제12조 제2항 내지 제7항의 규정은 제1항의 규정에 의하여 물납재산의 변경요구를 받은 자의 물납재산변경신청에 대한 물납허가에 관하여 이를 준용한다. 이 경우 제12조 제2항 본문 중 "납부 또는 신고기한이 경과한 날" 및 "당해 납세고지서에 의한 납부기한이 경과한 날"은 각각 "물납재산변경신청일"로 본다. (2007. 8. 6. 후단개정)
⑤ 관할세무서장은 제12조 제2항의 규정에 의한 물납허가일 또는 동조 제3항 본문의 규정에 의하여 허가를 한 것으로 보는 날 이후 동조 제5항의 규정에 의한 물납재산의 수납일까지의 기간 중 「상속세 및 증여세법 시행령」 제71조 제1항 각호의 어느 하나에 해당하여 관리 · 처분이 부적당하다고 인정되는 사

한 법률」 제2조 제9호에 따른 감정평가업자를 말한다)이 평가한 감정가액이 있는 경우에는 그 감정가액의 평균액 (2015. 3. 6. 개정)
3. 「지방세법」 제10조 제5항 제1호 및 제3호에 따른 취득가액(사실상의 취득가액이 있는 경우만을 말한다) (2013. 2. 23. 개정)

② 제1항에 따라 시가로 인정되는 가액이 2 이상인 경우에는 과세기준일부터 가장 가까운 날에 해당하는 가액에 의한다. (2008. 4. 29. 신설)

제6조의 2【시가로 인정되는 부동산가액】 삭 제 (2020. 3. 13.)

제20조【분　납】 관할세무서장은 종합부동산세로 납부하여야 할 세액이 250만원을 초과하는 경우에는 대통령령으로 정하는 바에 따라 그 세액의 일부를 납부기한이 지난 날부터 6개월 이내에 분납하게 할 수 있다. (2020. 6. 9. 개정 ; 법률용어~법률)

제20조의 2【납부유예】 ① 관할세무서장은 다음 각 호의 요건을 모두 충족하는 납세의무자가 주택분 종합부동산세액의 납부유예를 그 납부기한 만료 3일 전까지 신청하는 경우 이를 허가할 수 있다. 이 경우 납부유예를 신청한 납세의무자는 그 유예할 주택분 종합부동산세액에 상당하는 담보를 제공하여야 한다. (2022. 9. 15. 신설)

1. 과세기준일 현재 1세대 1주택자일 것 (2022. 9. 15. 신설)
2. 과세기준일 현재 만 60세 이상이거나 해당 주택을 5년 이상 보유하고 있을 것 (2022. 9. 15. 신설)
3. 다음 각 목의 어느 하나에 해당하는 소득 기준을 충족할 것 (2022. 9. 15. 신설)
   가. 직전 과세기간의 총급여액이 7천만원 이하일 것

유가 발견되는 때에는 다른 물납대상 재산으로의 변경을 요구할 수 있다. 이 경우 제14조 및 이 조 제1항 내지 제4항의 규정은 이 항 전단의 규정에 의한 물납대상 재산의 변경에 관하여 이를 준용한다. (2005. 5. 31. 제정)

제15조【물납재산의 변경 등】 삭　제 (2017. 2. 7.)

제16조【종합부동산세의 분납】 ① 법 제20조에 따라 분납할 수 있는 세액은 법 제16조에 따라 납부하여야 할 세액으로서 다음 각 호의 금액을 말한다. (2007. 8. 6. 개정)

1. 납부하여야 할 세액이 250만원 초과 5백만원 이하인 때에는 해당 세액에서 250만원을 차감한 금액 (2019. 2. 12. 개정)
2. 납부하여야 할 세액이 5백만원을 초과하는 때에는 해당 세액의 100분의 50 이하의 금액 (2019. 2. 12. 개정)

② 법 제16조 제2항에 따른 납부고지서를 받은 자가 법 제20조에 따라 분납하려는 때에는 종합부동산세의 납부기한까지 기획재정부령으로 정하는 신청서를 관할세무서장에게 제출해야 한다. (2021. 2. 17. 개정)

③ 관할세무서장은 제2항에 따라 분납신청을 받은 때에는 이미 고지한 납부고지서를 납부기한까지 납부해야 할 세액에 대한 납부고지서와 분납기간 내에 납부해야 할 세액에 대한 납부고지서로 구분하여 수정 고지해야 한다. (2021. 2. 17. 개정)

제6조의 3【분납신청관련 서식】 영 제16조 제2항에서 "기획재정부령으로 정하는 신청서"란 별지 제16호 서식을 말한다. (2008. 4. 29. 신설)

(직전 과세기간에 근로소득만 있거나 근로소득 및 종합소득과세표준에 합산되지 아니하는 종합소득이 있는 자로 한정한다) (2022. 9. 15. 신설)

나. 직전 과세기간의 종합소득과세표준에 합산되는 종합소득금액이 6천만원 이하일 것(직전 과세기간의 총급여액이 7천만원을 초과하지 아니하는 자로 한정한다) (2022. 9. 15. 신설)

4. 해당 연도의 주택분 종합부동산세액이 100만원을 초과할 것 (2022. 9. 15. 신설)

② 관할세무서장은 제1항에 따른 신청을 받은 경우 납부기한 만료일까지 대통령령으로 정하는 바에 따라 납세의무자에게 납부유예 허가 여부를 통지하여야 한다. (2022. 9. 15. 신설)

③ 관할세무서장은 제1항에 따라 주택분 종합부동산세액의 납부가 유예된 납세의무자가 다음 각 호의 어느 하나에 해당하는 경우에는 그 납부유예 허가를 취소하여야 한다. (2022. 9. 15. 신설)

1. 해당 주택을 타인에게 양도하거나 증여하는 경우 (2022. 9. 15. 신설)
2. 사망하여 상속이 개시되는 경우 (2022. 9. 15. 신설)
3. 제1항 제1호의 요건을 충족하지 아니하게 된 경우 (2022. 9. 15. 신설)
4. 담보의 변경 또는 그 밖에 담보 보전에 필요한 관할세무서장의 명령에 따르지 아니한 경우 (2022. 9. 15. 신설)

제16조의 2【주택분 종합부동산세액의 납부유예】

① 법 제20조의 2 제1항에 따라 주택분 종합부동산세액의 납부유예를 신청하려는 납세의무자는 기획재정부령으로 정하는 납부유예 신청서를 관할세무서장에게 제출해야 한다. (2022. 9. 23. 신설)

② 제1항에 따른 신청서를 받은 관할세무서장은 납부기간의 만료일까지 신청인에게 허가 여부를 서면으로 통지해야 한다. (2022. 9. 23. 신설)

③ 관할세무서장은 법 제20조의 2 제3항에 따라 납부유예 허가를 취소한 경우에는 해당 납세의무자(납세의무자가 사망한 경우에는 그 상속인 또는 상속재산관리인을 말한다)에게 다음 각 호의 금액을 더한 금액을 징수해야 한다. (2022. 9. 23. 신설)

1. 납부유예를 허가받은 금액에서 납부한 금액을 뺀 금액 (2022. 9. 23. 신설)
2. 제1호에 따라 계산한 금액에 가목의 기간과 나목의 율을 곱하여 계산한 금액 (2022. 9. 23. 신설)
   가. 납부유예를 허가한 연도의 납부기한이 지난 날부터 법 제20조의 2 제5항에 따라 징수할 세액의 고지일까지의 기간 (2022. 9. 23. 신설)
   나. 「국세기본법 시행령」 제43조의 3 제2항 본문에 따른 이자율 (2022. 9. 23. 신설)

제6조의 4【주택분 종합부동산세액의 납부유예 관련 서식】(2023. 3. 20. 제목개정)

① 영 제16조의 2 제1항에서 "기획재정부령으로 정하는 납부유예 신청서"란 별지 제17호 서식의 납부유예 신청서를 말하며, 해당 신청서를 제출할 때에는 「국세징수법」 제20조에 따른 담보 관련 서류 및 같은 법 시행규칙 제18조 제1항에 따른 납세담보제공서를 첨부해야 한다. (2023. 3. 20. 항번개정)

② 영 제16조의 2 제2항에 따른 납부유예 허가 또는 불허가 통지는 별지 제18호 서식에 따른다. (2023. 3. 20. 신설)

③ 영 제16조의 2 제4항에 따른 납부유예 허가 취소의 통지는 별지 제19호 서식에 따른다. (2023. 3. 20. 신설)

5. 「국세징수법」 제9조 제1항 각 호의 어느 하나에 해당되어 그 납부유예와 관계되는 세액의 전액을 징수할 수 없다고 인정되는 경우 (2022. 9. 15. 신설)

6. 납부유예된 세액을 납부하려는 경우 (2022. 9. 15. 신설)

④ 관할세무서장은 제3항에 따라 납부유예의 허가를 취소하는 경우 납세의무자(납세의무자가 사망한 경우에는 그 상속인 또는 상속재산관리인을 말한다. 이하 이 조에서 같다)에게 그 사실을 즉시 통지하여야 한다. (2022. 9. 15. 신설)

⑤ 관할세무서장은 제3항에 따라 주택분 종합부동산세액의 납부유예 허가를 취소한 경우에는 대통령령으로 정하는 바에 따라 해당 납세의무자에게 납부를 유예받은 세액과 이자상당가산액을 징수하여야 한다. 다만, 상속인 또는 상속재산관리인은 상속으로 받은 재산의 한도에서 납부를 유예받은 세액과 이자상당가산액을 납부할 의무를 진다. (2022. 9. 15. 신설)

⑥ 관할세무서장은 제1항에 따라 납부유예를 허가한 연도의 납부기한이 지난 날부터 제5항에 따라 징수할 세액의 고지일까지의 기간 동안에는 「국세기본법」 제47조의4에 따른 납부지연가산세를 부과하지 아니한다. (2022. 9. 15. 신설)

⑦ 제1항부터 제6항까지에서 규정한 사항 외에 납부유예에 필요한 절차 등에 관한 사항은 대통령령으로 정한다. (2022. 9. 15. 신설)

제 5 장 보 칙

제21조【과세자료의 제공】 ① 시장·군수는 「지방세법」에 따른 해당 연도 재산세의 부과자료 중 주택분 재산세의 부과자료는 7월 31일까지, 토지분 재산세의 부과자료는 9월 30일까지 행정안전부장관에게 제출하여야 한다. 다만, 시장·군수는 「지방세법」 제115조 제2항에 따른 재산세의 세액변경 또는 수시부과사유가 발생한 때에는 그 부과자료를 매 반기별로 해당 반기의 종료일부터 10일 이내에 행정안전부장관에게 제출하여야 한다. (2017. 7. 26. 직제개정 ; 정부조직법 부칙)

② 행정안전부장관은 제7조에 규정된 주택에 대한 종합부동산세의 납세의무자를 조사하여 납세의무자별로 과세표준과 세액을 계산한 후, 매년 8월 31일까지 대통령령으로 정하는 바에 따라 국세청장에게 통보하여야 한다. (2020. 6. 9. 개정 ; 법률용어~법률)

③ 행정안전부장관은 제12조에 규정된 토지에 대한 종합부동산세의 납세의무자를 조사하여 납세의무자별로 과세표준과 세액을 계산한 후, 매년 10월 15일까지 대통령령으로 정하는 바에 따라 국세청장에게 통보하여야 한다. (2020. 6. 9. 개정 ; 법률용어~법률)

④ 행정안전부장관은 「지방세법」 제115조 제2항에 따른 재산세의 세액변경 또는 수시부과사유가 발생한 때에는

제 5 장 보 칙

제17조【과세자료의 제공】 ① 행정안전부장관이 법 제21조 제2항 및 동조 제5항의 규정에 의하여 주택에 대한 종합부동산세 과세자료 및 재산세 부과자료를 국세청장에게 통보하는 때에는 기획재정부령이 정하는 바에 따라 다음 각호의 사항이 포함된 자료를 전산매체에 의하여 통보하여야 한다. (2017. 7. 26. 직제개정 ; 행정안전부와 ~ 직제 부칙)

1. 납세의무자의 인적사항 (2005. 5. 31. 제정)
2. 주택의 소재지 (2005. 5. 31. 제정)
3. 재산세 과세표준 (2005. 5. 31. 제정)
4. 표준세율을 적용하여 산출한 개별 주택에 대한 재산세액 및 총재산세액 (2005. 5. 31. 제정)

4의 2. 「지방세법」 제111조 제3항에 따라 가감조정된 세율이 적용되어 재산세액이 산출된 경우 그 재산세액 (2010. 9. 20. 개정 ; 지방세법 시행령 부칙)

5. 종합부동산세 과세표준 (2005. 5. 31. 제정)
6. 주택분 종합부동산세액 (2005. 5. 31. 제정)
7. 종합부동산세가 적용되는 과세표준 구간에서의 재산세액 (2005. 5. 31. 제정)
8. 세부담 상한을 초과하는 세액 (2005. 5. 31. 제정)
9. 종합부동산세 산출세액 (2005. 5. 31. 제정)

제7조【과세자료의 제공관련 서식】 ① 영 제17조 제1항의 규정에 의한 통보는 별지 제8호 서식에 의한다. (2005. 5. 31. 제정)

재산세 납세의무자별로 재산세 과세대상이 되는 주택 또는 토지에 대한 재산세 및 종합부동산세 과세표준과 세액을 재계산하여 매 반기별로 해당 반기의 종료일이 속하는 달의 다음다음 달 말일까지 대통령령으로 정하는 바에 따라 국세청장에게 통보하여야 한다. (2017. 7. 26. 직제개정 ; 정부조직법 부칙)

⑤ 행정안전부장관은 제1항에 따라 시장·군수로부터 제출받은 재산세 부과자료를 제1항에서 정한 날부터 10일 이내에 국세청장에게 통보하여야 한다. (2020. 6. 9. 개정 ; 법률용어~법률)

⑥ 행정안전부장관 또는 국세청장은 종합부동산세 납세의무자의 세대원 확인 등을 위하여 필요한 경우 관련 기관의 장에게 가족관계등록 전산자료의 제출을 요구할 수 있고, 자료 제출의 요구를 받은 관련 기관의 장은 정당한 사유가 없으면 그 요구를 따라야 한다. (2020. 6. 9. 개정 ; 법률용어~법률)

10. 그 밖에 주택에 대한 종합부동산세 산출을 위하여 필요한 사항 (2005. 5. 31. 제정)

② 행정안전부장관이 법 제21조 제3항 및 동조 제5항의 규정에 의하여 토지에 대한 종합부동산세 과세자료 및 재산세 부과자료를 국세청장에게 통보하는 때에는 기획재정부령이 정하는 바에 따라 다음 각호의 사항이 포함된 자료를 전산매체에 의하여 통보하여야 한다. (2017. 7. 26. 직제개정 ; 행정안전부와 ~ 직제 부칙)

1. 납세의무자의 인적사항 (2005. 5. 31. 제정)
2. 토지의 소재지 (2005. 5. 31. 제정)
3. 재산세 과세표준 (2005. 5. 31. 제정)
4. 표준세율을 적용하여 산출한 재산세액 (2005. 5. 31. 제정)

4의 2. 「지방세법」 제111조 제3항에 따라 가감조정된 세율이 적용되어 재산세액이 산출된 경우 그 재산세액 (2010. 9. 20. 개정 ; 지방세법 시행령 부칙)

5. 종합부동산세 과세표준 (2005. 5. 31. 제정)
6. 토지분 종합부동산세액 (2005. 5. 31. 제정)
7. 종합부동산세가 적용되는 과세표준 구간에서의 재산세액 (2005. 5. 31. 제정)
8. 세부담 상한을 초과하는 세액 (2005. 5. 31. 제정)
9. 종합부동산세 산출세액 (2005. 5. 31. 제정)
10. 그 밖에 토지에 대한 종합부동산세 산출을 위하여 필요한 사항 (2005. 5. 31. 제정)

② 영 제17조 제2항에 따른 통보는 별지 제9호 서식(1), 별지 제9호 서식(2), 별지 제9호 서식(3), 별지 제9호 서식(4), 별지 제9호 서식(5) 또는 별지 제9호 서식(6)에 따른다. (2006. 7. 13. 개정)

③ 행정안전부장관이 법 제21조 제4항의 규정에 의하여 납세의무자별로 주택 또는 토지에 대한 재산세 및 종합부동산세 과세표준과 세액을 재계산하여 국세청장에게 통보하는 때에는 제1항 및 제2항의 자료를 통보하되, 당초에 통보한 내용과 재계산시 조정된 내용을 구분 표시하여 전산매체에 의하여 통보하여야 한다. (2017. 7. 26. 직제개정 ; 행정안전부와 ~ 직제 부칙)

④ 행정안전부장관은 법 제21조 제2항 내지 제5항의 규정에 의하여 과세자료를 통보하는 때에는 기획재정부령이 정하는 바에 따라 종합부동산세 납세의무자의 부동산에 관한 다음 각호의 자료를 국세청장에게 통보하여야 한다. (2017. 7. 26. 직제개정 ; 행정안전부와 ~ 직제 부칙)

1. 법 제6조의 규정에 의하여 재산세의 감면규정 또는 분리과세규정을 적용받는 부동산 (2005. 5. 31. 제정)
2. 「지방세법」 제106조 제1항 제3호에 해당하는 분리과세 대상 토지 및 같은 법 제13조 제5항 제1호에 따른 별장 (2010. 12. 30. 개정 ; 지방세법 시행령 부칙)
2. 「지방세법」 제106조 제1항 제3호에 해당하는 분리과세대상토지 (2024. 2. 29. 개정)
3. 그 밖에 제1호 및 제2호외의 납세의무자 소유의 부동산 (2005. 5. 31. 제정)

⑤ 국세청장은 종합부동산세의 과세와 관련하여 그 밖의 필요한 자료를 행정안전부장관에게 요청할 수 있다. (2017. 7. 26. 직제개정 ; 행정안전부와 ~ 직제 부칙)

③ 영 제17조 제3항의 규정에 의한 통보는 별지 제10호 서식(1) 내지 별지 제10호 서식(3)에 의한다. (2005. 5. 31. 제정)

④ 영 제17조 제4항에 따른 통보는 별지 제11호 서식(1), 별지 제11호 서식(2), 별지 제11호 서식(3) 또는 별지 제11호 서식(4)에 따른다. (2006. 7. 13. 개정)

제22조 【시장 · 군수의 협조의무】 ① 관할세무서장 또는 관할지방국세청장은 종합부동산세의 과세와 관련하여 대통령령으로 정하는 바에 따라 과세물건 소재지 관할 시장 · 군수에게 의견조회를 할 수 있다. (2020. 6. 9. 개정 ; 법률용어~법률)

② 제1항에 따라 의견조회를 받은 시장 · 군수는 의견조

⑥ 행정안전부장관 또는 국세청장은 종합부동산세 납세의무자의 세대원 확인을 위하여 필요한 경우 관련 기관의 장에게 「주민등록법」 제30조에 따른 주민등록전산정보자료의 제출을 요구할 수 있고, 주민등록전산정보자료의 제출을 요구받은 관련 기관의 장은 정당한 사유가 없으면 이에 따라야 한다. (2017. 7. 26. 직제개정 ; 행정안전부와 ~ 직제 부칙)

⑦ 행정안전부장관은 법 제21조에 따라 종합부동산세의 과세표준과 세액을 계산하기 위하여 불가피한 경우 「개인정보 보호법 시행령」 제19조에 따른 주민등록번호, 여권번호, 운전면허의 면허번호 또는 외국인등록번호가 포함된 자료를 처리할 수 있다. (2017. 7. 26. 직제개정 ; 행정안전부와 ~ 직제 부칙)

제18조 【의견조회 및 회신】 ① 관할세무서장 또는 관할지방국세청장은 법 제22조 제1항의 규정에 의하여 시장 · 군수에게 의견조회를 하는 때에는 기획재정부령이 정하는 바에 따라 다음 각호의 사항을 포함하여 의견조회를 하여야 한다. (2008. 2. 29. 직제개정 ; 기획재정부와~직제 부칙)

1. 납세의무자의 인적사항 (2005. 5. 31. 제정)
2. 의견조회 사유 (2005. 5. 31. 제정)
3. 의견조회 내용 (2005. 5. 31. 제정)

② 시장 · 군수는 법 제22조 제2항의 규정에 의하여 관할

제8조 【의견조회관련 서식】 ① 영 제18조 제1항의 규정에 의한 의견조회는 별지 제12호 서식에 의한다. (2005. 5. 31. 제정)

② 영 제18조 제2항의 규정에 의한

회 요청을 받은 날부터 20일 이내에 대통령령으로 정하는 바에 따라 관할세무서장 또는 관할지방국세청장에게 회신하여야 한다. (2020. 6. 9. 개정 ; 법률용어~법률)

제23조【질문 · 조사】 종합부동산세에 관한 사무에 종사하는 공무원은 그 직무수행을 위하여 필요한 때에는 다음 각호의 어느 하나에 해당하는 자에 대하여 질문하거나 해당 장부 · 서류 그 밖의 물건을 조사하거나 그 제출을 명할 수 있다. 이 경우 직무를 위하여 필요한 범위 외에 다른 목적 등을 위하여 그 권한을 남용해서는 아니 된다. (2020. 6. 9. 개정 ; 법률용어~법률)

1. 납세의무자 또는 납세의무가 있다고 인정되는 자 (2005. 1. 5. 제정)
2. 「법인세법」 제109조 제2항 제3호에 따른 경영 또는 관리책임자 (2020. 6. 9. 개정 ; 법률용어~법률)
3. 제1호에서 규정하는 자와 거래관계가 있다고 인정되는 자 (2020. 6. 9. 개정 ; 법률용어~법률)

세무서장 또는 관할지방국세청장에게 회신하는 때에는 기획재정부령이 정하는 바에 따라 다음 각호의 사항을 포함하여 회신하여야 한다. (2008. 2. 29. 직제개정 ; 기획재정부와~직제 부칙)

1. 납세의무자의 인적사항 (2005. 5. 31. 제정)
2. 의견조회 내용에 대한 사실관계 확인내용 (2005. 5. 31. 제정)
3. 재산세액 변동에 따른 과세물건 세부 조정내역 (2005. 5. 31. 제정)
4. 재산세 세액조정 전산처리일 (2005. 5. 31. 제정)

제19조【질문 · 조사】 종합부동산세에 관한 사무에 종사하는 공무원이 법 제23조의 규정에 의하여 질문 또는 조사를 하는 때에는 기획재정부령이 정하는 조사원증을 제시하여야 한다. (2008. 2. 29. 직제개정 ; 기획재정부와~직제 부칙)

제20조【납세관리인 설정신고】 ① 법 제25조 제1항의 규정에 의하여 납세관리인을 정하는 신고를 하는 경우 다음 각호의 사항을 기재하여 문서로 관할세무서장에게 신고하여야 한다. (2005. 5. 31. 제정)

1. 납세의무자의 성명과 주소 또는 거소 (2005. 5. 31. 제정)
2. 납세관리인의 성명과 주소 또는 거소 (2005. 5. 31. 제정)
3. 납세관리인을 정하는 이유 (2005. 5. 31. 제정)

② 납세의무자가 법 제25조 제2항의 규정에 의하여 납세관리인

회신은 별지 제13호 서식에 의한다. (2005. 5. 31. 제정)

제9조【조사원증】 영 제19조의 규정에 의한 조사원증은 별지 제14호 서식에 의한다. (2005. 5. 31. 제정)

제24조【매각 · 등기 · 등록관계 서류의 열람 등】 관할세무서장, 관할지방국세청장 또는 그 위임을 받은 세무공무원이 종합부동산세를 부과 · 징수하기 위하여 주택 및 토지 등 과세물건의 매각 · 등기 · 등록 그 밖의 현황에 대한 관계서류의 열람 또는 복사를 요청하는 경우에는 관계기관은 그 요청을 따라야 한다. (2020. 6. 9. 개정 ; 법률용어~법률)

제25조【납세관리인】 삭 제 (2007. 12. 31. ; 국세기본법 부칙)

을 변경하는 신고를 하는 때에는 다음 각호의 사항을 기재하여 문서로 관할세무서장에게 신고하여야 한다. (2005. 5. 31. 제정)

1. 제1항 제1호 및 동항 제2호의 사항 (2005. 5. 31. 제정)
2. 변경후의 납세관리인의 성명과 주소 또는 거소 (2005. 5. 31. 제정)
3. 납세관리인을 변경하는 이유 (2005. 5. 31. 제정)

제20조【납세관리인 설정신고】 삭 제 (2009. 2. 4.)

제21조【납세관리인의 지정】 관할세무서장은 법 제25조 제3항의 규정에 의하여 납세관리인을 정한 때에는 납세의무자와 그 납세관리인에게 지체없이 이를 통지하여야 한다. (2005. 5. 31. 제정)

제21조【납세관리인의 지정】 삭 제 (2009. 2. 4.)

제10조【납세관리인 설정 · 변경신고】 영 제20조의 규정에 의한 납세관리인 설정 · 변경신고는 「국세기본법 시행규칙」 별지 제43호 서식에 의한다. (2005. 5. 31. 제정)

제10조【납세관리인 설정 · 변경신고】 삭 제 (2009. 5. 12.)

제11조【납세관리인 지정통지】 영 제21조의 규정에 의한 납세관리인 지정통지는 별지 제15호 서식에 의한다. (2005. 5. 31. 제정)

제11조【납세관리인 지정통지】 삭 제 (2009. 5. 12.)

부 칙 (2023. 4. 18. 법률 제19342호)

제1조【시행일】 이 법은 공포한 날부터 시행한다.

제2조【일반적 적용례】 이 법은 이 법 시행일이 속하는 연도에 납세의무가 성립하는 분부터 적용한다.

부 칙 (2023. 3. 14. 법률 제19230호 ; 지방세법 부칙)

제1조【시행일】 이 법은 공포한 날부터 시행한다. (단서 생략)

제2조～제15조 생 략

제16조【다른 법률의 개정】 ① 생 략

② 종합부동산세법 일부를 다음과 같이 개정한다.

제2조 제3호 단서를 삭제한다.

부 칙 (2022. 12. 31. 법률 제19200호)

제1조【시행일】 이 법은 2023년 1월 1일부터 시행한다.

제2조【일반적 적용례】 이 법은 이 법 시행 이후 납세의무가 성립하는 분부터 적용한다.

부 칙 (2022. 9. 15. 법률 제18977호)

제1조【시행일】 이 법은 공포한 날부터 시행한다.

제2조【일반적 적용례】 이 법은 이 법 시행일이 속하는 연도에 납세의무가 성립하는 분부터 적용한다.

부 칙 (2021. 9. 14. 법률 제18449호)

제1조【시행일】 이 법은 공포한 날부터 시행한다.

제2조【일반적 적용례】 이 법은 이 법 시행일이 속하는 연도에 납세의무가 성립하는 분부터 적용한다.

부 칙 (2020. 12. 29. 법률 제17760호)

부 칙 (2024. 11. 12. 대통령령 제34994호)

제1조【시행일】 이 영은 공포한 날부터 시행한다.

제2조【세대의 범위에 관한 적용례】 제1조의 2 제4항의 개정규정은 이 영 시행일이 속하는 연도에 납세의무가 성립하는 경우부터 적용한다.

제3조【합산배제 임대주택에 관한 적용례】 제3조 제1항 제2호 가목의 개정규정은 이 영 시행 이후 납세의무가 성립하는 경우부터 적용한다.

부 칙 (2024. 9. 10. 대통령령 제34881호 ; 근현대문화유산의 보존 및 활용에 관한 법률 시행령 부칙)

제1조【시행일】 이 영은 2024년 9월 15일부터 시행한다.

제2조【다른 법령의 개정】 ①～⑯ 생 략

⑰ 종합부동산세법 시행령 일부를 다음과 같이 개정한다.

제4조 제1항 제8호 중 "「문화유산의 보존 및 활용에 관한 법률」"을 "「근현대문화유산의 보존 및 활용에 관한 법률」"로 한다.

⑱～㉒ 생 략

제3조 생 략

부 칙 (2024. 9. 10. 대통령령 제34874호)

제1조【시행일】 이 영은 공포한 날부터 시행한다.

부 칙 (2024. 9. 10. 기획재정부령 제1081호)

제1조【시행일】 이 규칙은 공포한 날부터 시행한다.

제2조【준공 후 미분양주택의 요건에 관한 적용례】 제4조의 7 제2항 제1호의 개정규정은 이 규칙 시행일이 속하는 연도에 납세의무가 성립하는 경우부터 적용한다.

부 칙 (2024. 3. 22. 기획재정부령 제1054호)

이 규칙은 공포한 날부터 시행한다.

부 칙 (2023. 9. 27. 기획재정부령 제1020호)

이 규칙은 공포한 날부터 시행한다.

부 칙 (2023. 3. 20. 기획재정부령 제980호)

이 규칙은 공포한 날부터 시행한다.

부 칙 (2022. 9. 23. 기획재정부령 제939호)

이 규칙은 공포한 날부터 시행한다.

제1조【시행일】 이 법은 2021년 1월 1일부터 시행한다.

제2조【신탁재산의 납세의무자 등에 관한 적용례】 제7조 제2항, 제7조의 2, 제10조 각 호 외의 부분, 제12조 제2항, 제12조의 2, 제15조 제1항·제2항 및 제16조의 2의 개정규정은 이 법 시행 이후 납세의무가 성립하는 분부터 적용한다.

제3조【공공주택사업자 등의 적용세율에 관한 적용례】 제9조 제2항의 개정규정은 이 법 시행 이후 납세의무가 성립하는 분부터 적용한다.

제4조【공동명의 1주택자의 납세의무 등에 관한 적용례】 제10조의 2의 개정규정은 이 법 시행 이후 신청 또는 신고한 분부터 적용한다.

부 칙 (2020. 8. 18. 법률 제17478호)

제1조【시행일】 이 법은 2021년 1월 1일부터 시행한다.

제2조【일반적 적용례】 이 법은 이 법 시행 이후 납세의무가 성립하는 분부터 적용한다.

부 칙 (2020. 6. 9. 법률 제17339호 ; 법률용어 정비를 위한 기획재정위원회 소관 33개 법률 일부개정을 위한 법률)

이 법은 공포한 날부터 시행한다. 다만, 제27조는 2020년 10월 1일부터 시행한다.

부 칙 (2018. 12. 31. 법률 제16109호)

제1조【시행일】 이 법은 2019년 1월 1일부터 시행한다.

제2조【일반적 적용례】 이 법은 이 법 시행 이후 납세의무가 성립하는 분부터 적용한다.

제3조【분납에 관한 적용례】 제20조의 개정규정은 이 법 시행 이후 종합부동산세의 세액을 신고 또는 부과결정하는 분

제2조【주택분 종합부동산세액 계산 시 적용되는 주택 수 계산에 관한 적용례】 제4조의 3 제3항 제3호 바목 1) 라)의 개정규정은 이 영 시행일이 속하는 연도에 납세의무가 성립하는 경우부터 적용한다.

부 칙 (2024. 6. 25. 대통령령 제34588호)

제1조【시행일】 이 영은 공포한 날부터 시행한다.

제2조【합산배제 사원용주택등에 관한 적용례】 제4조 제1항 제26호의 개정규정은 이 영 시행일이 속하는 연도에 납세의무가 성립하는 경우부터 적용한다.

부 칙 (2024. 5. 7. 대통령령 제34488호 ; 문화재보호법 시행령 부칙)

제1조【시행일】 이 영은 2024년 5월 17일부터 시행한다.

제2조·제3조 생 략

제4조【다른 법령의 개정】 ①~㊶ 생 략

㊷ 종합부동산세법 시행령 일부를 다음과 같이 개정한다.

제4조 제1항 제8호를 다음과 같이 한다.

8. 「문화유산의 보존 및 활용에 관한 법률」에 따른 등록문화유산

㊸~53 생 략

제5조 생 략

부 칙 (2022. 7. 27. 기획재정부령 제927호)

제1조【시행일】 이 규칙은 공포한 날부터 시행한다.

제2조【과세표준 합산배제 주택의 범위에 관한 적용례】 제4조 제2호의 개정규정은 이 규칙 시행일이 속하는 연도에 납세의무가 성립하는 경우부터 적용한다.

제3조【과세표준 합산배제 주택의 범위에 관한 경과조치】 이 규칙 시행일이 속하는 연도 전의 연도에 부과했거나 부과했어야 할 종합부동산세의 산정을 위한 과세표준 합산배제 주택의 범위에 관하여는 제4조 제2호의 개정규정에도 불구하고 종전의 규정에 따른다.

부 칙 (2022. 3. 18. 기획재정부령 제900호)

이 규칙은 공포한 날부터 시행한다.

부 칙 (2021. 3. 16. 기획재정부령 제836호)

이 규칙은 공포한 날부터 시행한다.

부 칙 (2020. 3. 13. 기획재정부령 제782호)

제1조【시행일】 이 규칙은 공포한

부터 적용한다.

부 칙 (2017. 7. 26. 법률 제14839호 ; 정부조직법 부칙)

제1조 【시행일】 ① 이 법은 공포한 날부터 시행한다. 다만, 부칙 제5조에 따라 개정되는 법률 중 이 법 시행 전에 공포되었으나 시행일이 도래하지 아니한 법률을 개정한 부분은 각각 해당 법률의 시행일부터 시행한다.

제2조~제4조 생 략

제5조 【다른 법률의 개정】 ①~⑨ 생 략

⑩ 종합부동산세법 일부를 다음과 같이 개정한다.

제21조 제1항 본문·단서 및 같은 조 제2항부터 제6항까지 중 "행정자치부장관"을 각각 "행정안전부장관"으로 한다.

⑪~㉜ 생 략

제6조 생 략

부 칙 (2016. 3. 2. 법률 제14050호)

제1조 【시행일】 이 법은 공포한 날부터 시행한다.

제2조 【종합부동산세 물납 폐지에 따른 경과조치】 이 법 시행 전에 납세의무가 성립하는 분에 대해서는 제19조의 개정규정에도 불구하고 종전의 규정에 따른다.

부 칙 (2016. 1. 19. 법률 제13796호 ; 부동산 가격공시 및 감정평가에 관한 법률 부칙)

제1조 【시행일】 이 법은 2016년 9월 1일부터 시행한다.

제2조 생 략

제3조 【다른 법률의 개정】 ①~㉑ 생 략

㉒ 종합부동산세법 일부를 다음과 같이 개정한다.

제2조 제9호 본문 중 "「부동산 가격공시 및 감정평가에 관한

부 칙 (2024. 2. 29. 대통령령 제34268호)

제1조 【시행일】 이 영은 공포한 날부터 시행한다.

제2조 【합산배제 사원용주택등의 범위에 관한 적용례】 제4조 제1항 제25호의 개정규정은 이 영 시행 이후 납세의무가 성립하는 경우부터 적용한다.

제3조 【주택분 종합부동산세액 계산 시 적용되는 주택 수 계산에 관한 적용례】 제4조의 3 제3항 제3호 바목의 개정규정은 이 영 시행 이후 납세의무가 성립하는 경우부터 적용한다.

부 칙 (2023. 9. 5. 대통령령 제33696호)

제1조 【시행일】 이 영은 공포한 날부터 시행한다.

제2조 【합산배제 임대주택 및 사원용주택등에 관한 적용례】 제3조 제1항 제9호 및 제4조 제1항 제22호부터 제24호까지의 개정규정은 이 영 시행일이 속하는 연도에 납세의무가 성립하는 경우부터 적용한다.

부 칙 (2023. 7. 7. 대통령령 제33621호 ; 지방자치분권 및 지역균형발전에 관한 특별법 시행령 부칙)

제1조 【시행일】 이 영은 2023년 7월 10일부터 시행한다.

제2조~제11조 생 략

제12조 【다른 법령의 개정】 ①~㉖ 생 략

㉗ 종합부동산세법 시행령 일부를 다음과 같이 개정한다.

제4조의 2 제3항 제2호 라목 중 "「국가균형발전 특별법」 제2조 제9호"를 "「지방자치분권 및 지역균형발전에 관한 특별법」 제2조 제12호"로 한다.

㉘~㊴ 생 략

제13조·제14조 생 략

날부터 시행한다.

제2조 【주택매입기관에 관한 적용례】 제4조의 3의 개정규정은 이 규칙 시행 이후 납세의무가 성립하는 분부터 적용한다.

제3조 【서식에 관한 적용례】 서식에 관한 개정규정은 이 규칙 시행 이후 신고 또는 신청하는 분부터 적용한다.

부 칙 (2019. 3. 20. 기획재정부령 제727호)

제1조 【시행일】 이 규칙은 공포한 날부터 시행한다.

제2조 【서식에 관한 적용례】 서식에 관한 개정규정은 이 규칙 시행 이후 신고 또는 신청하는 분부터 적용한다.

제3조 【서식 개정에 관한 경과조치】 서식의 개정에 따라 종합부동산세 신고 등을 할 수 없는 경우에는 종전의 서식에 따른다.

부 칙 (2017. 3. 10. 기획재정부령 제600호)

이 규칙은 공포한 날부터 시행한다.

부 칙 (2015. 3. 6. 기획재정부령 제469호)

제1조 【시행일】 이 규칙은 공포한

법률」"을 "「부동산 가격공시에 관한 법률」"로 한다.

㉓~㉗ 생 략

제4조 생 략

부 칙 (2015. 8. 28. 법률 제13499호 ; 임대주택법 부칙)

제1조【시행일】 이 법은 공포 후 4개월이 경과한 날부터 시행한다.

제2조~제14조 생 략

제15조【다른 법률의 개정】 ①~⑱ 생 략

⑲ 종합부동산세법 일부를 다음과 같이 개정한다.

제8조 제2항 제1호 중 "「임대주택법」 제2조 제1호의 규정에 의한 임대주택"을 "「민간임대주택에 관한 특별법」에 따른 민간임대주택, 「공공주택 특별법」에 따른 공공임대주택"으로 한다.

⑳~㉕ 생 략

제16조 생 략

부 칙 (2023. 2. 28. 대통령령 제33266호)

제1조【시행일】 이 영은 공포한 날부터 시행한다.

제2조【합산배제 사원용주택등의 범위에 관한 적용례】 제4조 제1항의 개정규정은 이 영 시행 이후 납세의무가 성립하는 경우부터 적용한다.

제3조【1세대 1주택자의 범위에 관한 적용례】 제4조의 2 제1항의 개정규정은 이 영 시행 전에 법 제8조 제4항 제2호를 적용받기 위하여 같은 조 제5항에 따라 납세지 관할세무서장에게 신청을 한 납세의무자에 대해서도 적용한다.

제4조【지방 저가주택의 범위에 관한 적용례】 제4조의 2 제3항 제2호의 개정규정은 이 영 시행 이후 납세의무가 성립하는 경우부터 적용한다.

제5조【일반 누진세율이 적용되는 법인 등에 관한 적용례】 제4조의 4 제1항의 개정규정은 이 영 시행 이후 과세표준 및 세액을 신고하거나 결정·경정하는 경우부터 적용한다.

부 칙 (2022. 9. 23. 대통령령 제32918호)

제1조【시행일】 이 영은 공포한 날부터 시행한다.

제2조【주택분 종합부동산세액 계산 시 적용되는 주택 수 계산에 관한 적용례】 제4조의 3 제3항 제3호 나목, 라목 및 마목의 개정규정은 법률 제18977호 종합부동산세법 일부개정법률의 시행일이 속하는 연도에 납세의무가 성립하는 경우부터 적용한다.

부 칙 (2022. 8. 2. 대통령령 제32831호)

제1조【시행일】 이 영은 공포한 날부터 시행한다.

☞ p.3210 3단 연결

날부터 시행한다.

제2조【시가로 인정되는 부동산가액 평가에 관한 적용례】 제6조의 2 제1항 제2호의 개정규정은 이 규칙 시행 이후 평가하는 분부터 적용한다.

라 사용승인을 받거나 「주택법」 제49조에 따라 사용검사 확인증을 받는 민간건설임대주택 (2022. 8. 2. 개정)

제3조【합산배제 사원용주택등에 관한 적용례】 제4조 제1항 제20호의 개정규정은 이 영 시행 이후 납세의무가 성립하는 분부터 적용한다.

부 칙 (2020. 10. 7. 대통령령 제31085호)

제1조【시행일】 이 영은 공포한 날부터 시행한다.

제2조【합산배제 장기일반민간임대주택등에 관한 적용례】 제3조 제1항 제6호, 같은 항 제7호 각 목 외의 부분 단서, 같은 항 제8호 나목 3) 및 4)의 개정규정은 이 법 시행 이후 납세의무가 성립하는 분부터 적용한다.

제3조【의무임대기간에 대한 적용례】 제3조 제1항 제7호 나목 및 같은 항 제8호 가목 2)의 개정규정은 2020년 8월 18일 이후 「민간임대주택에 관한 특별법」 제5조 제1항에 따라 등록 신청(같은 조 제3항에 따라 임대할 주택을 추가하기 위한 등록사항의 변경신고를 포함한다)한 경우부터 적용한다.

제4조【의무임대기간에 관한 경과조치】 2020년 8월 18일 전에 종전의 「민간임대주택에 관한 특별법」(법률 제17482호 민간임대주택에 관한 특별법 일부개정법률로 개정되기 전의 것을 말한다) 제5조 제1항에 따라 등록 신청(같은 조 제3항에 따라 임대할 주택을 추가하기 위한 등록사항의 변경신고를 포함한다)한 경우의 의무임대기간에 관하여는 제3조 제1항 제7호 나목 및 같은 항 제8호 가목 2)의 개정규정

제5조【이자상당가산액 계산에 관한 경과조치】 이 영 시행 이후 법 제17조 제5항에 따라 경감받은 세액과 이자상당가산액을 납부하거나 부과하는 경우 합산배제 임대주택등으로 신고한 매 과세연도의 납부기한 다음 날부터 이 영 시행일 전까지의 기간분에 대한 이자상당가산액 계산은 제10조 제2항 제2호의 개정규정에도 불구하고 종전의 규정에 따르고, 이 영 시행 이후의 기간분에 대한 이자상당가산액 계산은 제10조 제2항 제2호의 개정규정에 따른다.

부 칙 (2021. 2. 17. 대통령령 제31447호)

제1조【시행일】 이 영은 공포한 날부터 시행한다.

제2조【합산배제 임대주택에 관한 적용례】 제3조 제1항 제1호 가목, 같은 항 제4호 나목 및 같은 항 제7호 가목의 개정규정은 다음 각 호의 주택에 대하여 적용한다.

1. 2021년 2월 17일 이후 「건축법」 제22조에 따라 사용승인을 받거나 「주택법」 제49조에 따라 사용검사 확인증을 받는 「공공주택 특별법」에 따른 공공건설임대주택 (2022. 8. 2. 개정)
2. 다음 각 목의 구분에 따른 「민간임대주택에 관한 특별법」에 따른 민간건설임대주택 (2022. 8. 2. 개정)
   가. 2021년도에 납세의무가 성립하는 경우 : 2021년 2월 17일 이후 「민간임대주택에 관한 특별법」 제5조에 따라 등록하는 민간건설임대주택 (2022. 8. 2. 개정)
   나. 2022년도 이후에 납세의무가 성립하는 경우 : 2021년 2월 17일 이후 「건축법」 제22조에 따

제2조【일반적 적용례】 이 영은 이 영 시행일이 속하는 연도에 납세의무가 성립하는 경우부터 적용한다.

제3조【과세표준 합산배제 주택의 범위에 관한 경과조치】 이 영 시행일이 속하는 연도 전의 연도에 부과했거나 부과했어야 할 종합부동산세의 산정을 위한 과세표준 합산배제 주택의 범위에 관하여는 제4조 제1항 제5호의 개정규정에도 불구하고 종전의 규정에 따른다.

부 칙 (2022. 2. 15. 대통령령 제32425호)

제1조【시행일】 이 영은 공포한 날부터 시행한다.

제2조【일반적 적용례】 이 영은 이 영 시행 이후 납세의무가 성립하는 경우부터 적용한다.

제3조【합산배제 공공건설임대주택 등의 범위에 관한 경과조치】 이 영 시행 전에 임대보증금 또는 임대료의 100분의 5를 초과하여 임대차계약을 체결하거나 갱신한 경우로서 이 영 시행 전에 납세의무가 성립한 경우의 법 제8조 제2항에 따른 과세표준 합산배제를 적용받을 수 있는 공공건설임대주택 및 공공매입임대주택의 범위에 관하여는 제3조 제1항 제1호 및 제2호의 개정규정에도 불구하고 종전의 규정에 따른다.

제4조【주택분 종합부동산세액 계산 시 적용되는 주택 수에 관한 경과조치】 이 영 시행 전에 상속이 개시된 주택으로서 과세기준일 현재 종전의 제4조의2 제3항 제1호 단서에 따른 요건을 모두 갖춘 주택에 적용되는 주택 수 계산 방법에 관하여는 제4조의2 제3항의 개정규정에도 불구하고 종전의 규정에 따른다.

제2조【합산배제 임대주택에 관한 적용례】 ① 제3조 제1항 제8호의 개정규정은 이 영 시행 이후 납세의무가 성립하는 분부터 적용한다.
② 다음 각 호의 어느 하나에 해당하는 경우에는 제3조 제1항 제8호의 개정규정 및 이 조 제1항에도 불구하고 종전의 규정에 따른다.
1. 2018년 9월 13일 이전에 주택(주택을 취득할 수 있는 권리를 포함한다. 이하 이 항에서 같다)을 취득한 경우
2. 2018년 9월 13일 이전에 주택을 취득하기 위하여 매매계약을 체결하고 계약금을 지급한 사실이 증빙서류에 의하여 확인되는 경우

부 칙 (2018. 7. 16. 대통령령 제29045호 ; 민간임대주택에 관한 특별법 시행령 부칙)

제1조【시행일】 이 영은 2018년 7월 17일부터 시행한다.

제2조【다른 법령의 개정】 ①~⑦ 생 략
⑧ 종합부동산세법 시행령 일부를 다음과 같이 개정한다.
제3조 제1항 제7호 각 목 외의 부분 중 "기업형임대주택 또는 같은 조 제5호에 따른 준공공임대주택(이하 이 조에서 "준공공임대주택등"이라 한다)"을 "공공지원민간임대주택 또는 같은 조 제5호에 따른 장기일반민간임대주택(이하 이 조에서 "장기일반민간임대주택등"이라 한다)"로 하고, 같은 호 나목 중 "단기임대주택"을 "단기민간임대주택"으로, "준공공임대주택등"을 "장기일반민간임대주택등"으로 하며, 같은 항 제8호 각 목 외의 부분 중 "준공공임대주택 제3항 및 제4항의 개정규정에도 불구하고 종전의 규정에 따른다.

부 칙 (2019. 12. 31. 대통령령 제30285호 ; 문화재보호법 시행령 부칙)

제1조【시행일】 이 영은 공포한 날부터 시행한다. (단서 생략)

제2조【다른 법령의 개정】 ①~⑧ 생 략
⑨ 종합부동산세법 시행령 일부를 다음과 같이 개정한다.
제4조 제1항 제8호 중 "등록문화재"를 "국가등록문화재"로 한다.
⑩ 생 략

부 칙 (2019. 2. 12. 대통령령 제29524호)

제1조【시행일】 이 영은 공포한 날부터 시행한다.

제2조【일반적 적용례】 이 영은 이 영 시행 이후 납세의무가 성립하는 분부터 적용한다.

제3조【합산배제 임대주택에 관한 적용례】 제3조 제1항의 개정규정은 이 영 시행 이후 주택 임대차계약을 갱신하거나 새로 체결하는 분부터 적용한다.

제4조【추징액 등에 대한 이자율 인하에 관한 경과조치】 이 영 시행 이후 납부 또는 부과하는 경우로서 제10조 제2항 제1호에 따른 기간 중 이 영 시행일 전일까지의 기간에 대한 이자율은 제10조 제2항 제2호의 개정규정에도 불구하고 종전의 규정에 따른다.

부 칙 (2018. 10. 23. 대통령령 제29243호)

제1조【시행일】 이 영은 공포한 날부터 시행한다.

에도 불구하고 종전의 규정에 따른다.

부 칙 (2020. 8. 7. 대통령령 제30921호)

제1조【시행일】 이 영은 공포한 날부터 시행한다.

제2조【재산세의 감면규정의 적용배제 및 합산배제 임대주택에 관한 적용례】 제2조 제2호 및 제3조 제1항 제8호의 개정규정은 이 영 시행 이후 납세의무가 성립하는 분부터 적용한다.

부 칙 (2020. 2. 11. 대통령령 제30404호)

제1조【시행일】 이 영은 공포한 날부터 시행한다.

제2조【일반적 적용례】 이 영은 이 영 시행 이후 납세의무가 성립하는 분부터 적용한다.

제3조【합산배제 임대주택의 임대료 증액제한 등에 관한 적용례】 제3조 제1항의 개정규정은 이 영 시행 이후 주택 임대차계약을 갱신하거나 새로 체결하는 분부터 적용하고, 임대보증금과 월임대료 상호 간 전환은 이 영 시행 이후 전환하는 분부터 적용한다.

제4조【합산배제 임대주택 제외기간에 관한 적용례】 제3조 제8항의 개정규정은 이 영 시행 이후 위반하는 분부터 적용한다.

제5조【합산배제 임대주택 추징액에 관한 적용례】 제10조 제1항의 개정규정은 이 영 시행 이후 추징하는 분부터 적용한다.

제6조【다가구주택 임대사업자 등록에 관한 경과조치】 이 영 시행 전에 종전의 제3조 제3항 및 제4항에 따라 임대사업자로 보는 자가 임대하는 다가구주택이 합산배제 임대주택에 해당하는 경우에는 제3조

조"를 "「주택법」 제49조"로 한다.

제4조 제1항 제3호 가목 중 "「주택법」 제16조의 규정에 의한"을 "「주택법」 제15조에 따른"으로 하고, 같은 항 제5호 단서 및 제9호 각 목 외의 부분 중 "「주택법」 제38조"를 각각 "「주택법」 제54조"로 한다.

㊼~㊿ 생 략

제8조 생 략

부 칙 (2016. 2. 5. 대통령령 제26948호)

이 영은 공포한 날부터 시행한다.

부 칙 (2015. 12. 28. 대통령령 제26763호 ; 임대주택법 시행령 부칙)

제1조【시행일】 이 영은 2015년 12월 29일부터 시행한다.

제2조~제8조 생 략

제9조【다른 법령의 개정】 ①~⑰ 생 략

⑱ 종합부동산세법 시행령 일부를 다음과 같이 개정한다.

제3조 제1항 각 호 외의 부분 전단 중 "「임대주택법」 제2조 제4호에 따른 임대사업자"를 "「공공주택 특별법」 제4조에 따른 공공주택사업자 또는 「민간임대주택에 관한 특별법」 제2조 제7호에 따른 임대사업자"로 하고, 같은 항 제1호 각 목 외의 부분 중 "「임대주택법」 제2조 제2호에 따른 건설임대주택"을 "「민간임대주택에 관한 특별법」 제2조 제2호에 따른 민간건설임대주택과 「공공주택 특별법」 제2조 제1호의 2에 따른 공공건설임대주택"으로 하며, 같

제2조~제7조 생 략

제8조【다른 법령의 개정】 ①~㉜ 생 략

㉝ 종합부동산세법 시행령 일부를 다음과 같이 개정한다.

제2조 각 호 외의 부분, 제9조 제1항·제4항, 제17조 제1항 각 호 외의 부분, 같은 조 제2항 각 호 외의 부분, 같은 조 제3항, 같은 조 제4항 각 호 외의 부분 및 같은 조 제5항부터 제7항까지 중 "행정자치부장관"을 각각 "행정안전부장관"으로 한다.

㉞~㊳ 생 략

부 칙 (2017. 2. 7. 대통령령 제27836호)

제1조【시행일】 이 영은 공포한 날부터 시행한다.

제2조【합산배제 사원용주택등에 관한 적용례】 제4조 제1항 제1호 각 목 외의 부분 본문의 개정규정은 이 영 시행 이후 납세의무가 성립하는 분부터 적용한다.

부 칙 (2016. 8. 11. 대통령령 제27444호 ; 주택법 시행령 부칙)

제1조【시행일】 이 영은 2016년 8월 12일부터 시행한다.

제2조~제6조 생 략

제7조【다른 법령의 개정】 ①~55 생 략

56 종합부동산세법 시행령 일부를 다음과 같이 개정한다.

제3조 제1항 제4호 다목 중 "「주택법」 제29조"를 "「주택법」 제49조"로 하고, 같은 항 제6호 각 목 외의 부분 전단 중 "「주택법」 제38조"를 "「주택법」 제54조"로 하며, 같은 조 제7항 제6호 중 "「주택법」 제29

등"을 "장기일반민간임대주택등"으로 하고, 같은 호 나목 후단 중 "단기임대주택"을 "단기민간임대주택"으로, "준공공임대주택등"을 "장기일반민간임대주택등"으로 한다.

부 칙 (2018. 6. 5. 대통령령 제28930호)

제1조【시행일】 이 영은 공포한 날부터 시행한다.

제2조【1세대 1주택의 범위에 관한 적용례】 제2조의 3 제2항 제1호의 개정규정은 이 영 시행일이 속하는 연도에 납세의무가 성립하는 분부터 적용한다.

부 칙 (2018. 2. 13. 대통령령 제28645호)

제1조【시행일】 이 영은 공포한 날부터 시행한다. 다만, 제3조 제1항 제7호 및 제8호, 제3조 제5항 및 제7항의 개정규정(같은 조 제1항 제7호 및 제8호와 관련된 것으로 한정한다)은 2018년 4월 1일부터 시행한다.

제2조【일반적 적용례】 이 영은 이 영 시행 이후 납세의무가 성립하는 분부터 적용한다.

부 칙 (2017. 7. 76. 대통령령 제28211호 ; 행정안전부와 그 소속기관 직제 부칙)

제1조【시행일】 이 영은 공포한 날부터 시행한다. 다만, 부칙 제8조에 따라 개정되는 대통령령 중 이 영 시행 전에 공포되었으나 시행일이 도래하지 아니한 대통령령을 개정한 부분은 각각 해당 대통령령의 시행일부터 시행한다.

은 항 제2호 각 목 외의 부분 중 "「임대주택법」 제2조 제3호에 따른 매입임대주택"을 "「민간임대주택에 관한 특별법」 제2조 제3호에 따른 민간매입임대주택과 「공공주택 특별법」 제2조 제1호의 3에 따른 공공매입임대주택"으로 하고, 같은 항 제4호 각 목 외의 부분 중 "「임대주택법」 제2조 제2호의 3"을 "「민간임대주택에 관한 특별법」 제2조 제2호"로 하며, 같은 조 제3항 중 "납세의무자로서 「임대주택법 시행령」 제7조 제1항에 따른 등록기준 호수(戶數)에 미달하는 자"를 "납세의무자"로 하고, 같은 조 제7항 제5호 나목 중 "「임대주택법 시행령」 제13조 제2항 제3호"를 "「공공주택 특별법 시행령」 제54조 제2항 제2호"로 하며, 같은 항 제6호 중 "「임대주택법」 제16조"를 "「민간임대주택에 관한 특별법」 제43조 또는 「공공주택 특별법」 제50조의 2"로 한다.

⑲~㉖ 생 략

제10조 생 략

부 칙 (2015. 11. 30. 대통령령 제26670호)

제1조【시행일】 이 영은 공포한 날부터 시행한다.

제2조【합산배제 주택에 관한 적용례】 제4조 제1항 제18호의 개정규정은 이 영 시행 이후 납세의무가 성립하는 분부터 적용한다.

부 칙 (2015. 6. 30. 대통령령 제26369호 ; 주택도시기금법 시행령 부칙)

제1조【시행일】 이 영은 2015년 7월 1일부터 시행한다.

제2조 생 략

제3조【다른 법령의 개정】 ①~㉖ 생 략

㉗ 종합부동산세법 시행령 일부를 다음과 같이 개정한다.

제4조 제1항 제11호 나목 · 제15호 나목 및 같은 항 제17호 각 목 외의 부분 중 "「주택법」에 따른 대한주택보증주식회사"를 "「주택도시기금법」에 따른 주택도시보증공사로 한다.

㉘~㉜ 생　략

제4조 생　략

농어촌특별세법

법 률

시 행 령

농어촌특별세법

개정 (소득세법 부칙) 2024. 12. 31. 법률 제20615호

2023. 12. 31. 법률 제19929호
(소득세법 부칙) 2022. 12. 31. 법률 제19196호
2022. 12. 31. 법률 제19192호
2021. 12. 21. 법률 제18589호
2019. 12. 31. 법률 제16844호
2018. 12. 31. 법률 제16100호
(법인세법 부칙) 2018. 12. 24. 법률 제16008호
2016. 12. 20. 법률 제14385호
2015. 12. 15. 법률 제13554호

농어촌특별세법 시행령

개정 2024. 2. 29. 대통령령 제34275호

(지방세특례제한법 시행령 부칙)
2023. 3. 14. 대통령령 제33324호
2023. 2. 28. 대통령령 제33282호
(금융회사부실자산~부칙) 2022. 2. 17. 대통령령 제32449호
2022. 2. 15. 대통령령 제32431호
2021. 2. 17. 대통령령 제31458호
2020. 4. 14. 대통령령 제30610호
2020. 2. 11. 대통령령 제30407호
(지방세특례제한법 시행령 부칙)
2020. 1. 15. 대통령령 제30355호
2019. 2. 12. 대통령령 제29528호
(지방세특례제한법 시행령 부칙)
2018. 12. 31. 대통령령 제29438호
(공공기관 지방~시행령 부칙) 2018. 2. 27. 대통령령 제28686호
(행정안전부와~직제 부칙) 2017. 7. 26. 대통령령 제28211호
(농업협동조합법 시행령 부칙) 2017. 6. 27. 대통령령 제28152호
(지방세징수법 시행령 부칙) 2017. 3. 27. 대통령령 제27959호
(지방세특례제한법 시행령 부칙)
2016. 12. 30. 대통령령 제27711호
2016. 12. 1. 대통령령 제27650호
(주택법 시행령 부칙) 2016. 8. 11. 대통령령 제27444호
2016. 2. 5. 대통령령 제26954호
(지방세특례제한법 시행령 부칙)
2015. 12. 31. 대통령령 제26837호
2015. 2. 27. 대통령령 제26125호

제1조 【목 적】 이 법은 농어업의 경쟁력강화와 농어촌 산업기반시설의 확충 및 농어촌지역 개발사업을 위하여 필요한 재원을 확보함을 목적으로 한다. (2010. 12. 30. 개정)

편주

농어촌특별세법의 유효기간(법 부칙(1994. 3. 24.) 2조)
→ 2034. 6. 30.까지 유효 (2023. 12. 31. 개정)

제2조 【정 의】 ① 이 법에서 "감면"이란 「조세특례제한법」·「관세법」·「지방세법」 또는 「지방세특례제한법」에 따라 소득세·법인세·관세·취득세 또는 등록에 대한 등록면허세가 부과되지 아니하거나 경감되는 경우로서 다음 각 호의 어느 하나에 해당하는 것을 말한다. (2010. 12. 30. 개정)

1. 비과세·세액면제·세액감면·세액공제 또는 소득공제 (2010. 12. 30. 개정)
2. 「조세특례제한법」 제72조 제1항에 따른 조합법인 등에 대한 법인세 특례세율의 적용 또는 같은 법 제89조 제1항 및 제89조의 3에 따른 이자소득·배당소득·금융투자소득에 대한 소득세 특례세율의 적용 (2021. 12. 21. 개정)
2. 「조세특례제한법」 제72조 제1항에 따른 조합법인 등에 대한 법인세 특례세율의 적용 또는 같은 법 제89조 제1항 및 제89조의 3에 따른 이자소득·배당소득에

제1조 【목 적】 이 영은 「농어촌특별세법」에서 위임된 사항과 그 시행에 관하여 필요한 사항을 규정함을 목적으로 한다. (2005. 12. 31. 개정)

제2조 【정 의】 이 영에서 사용하는 용어의 정의는 「농어촌특별세법」(이하 "법"이라 한다)이 정하는 바에 의한다. (2005. 12. 31. 개정)

편주

법 2조 1항 2호의 개정규정은 2023. 1. 1.부터 시행함. (법 부칙(2021. 12. 21.) 1조)

대한 소득세 특례세율의 적용 (2024. 12. 31. 개정 ; 소득세법 부칙)

3. 「지방세법」 제15조 제1항에 따른 취득세 특례세율의 적용 (2010. 12. 30. 개정)

② 이 법에서 "본세"란 다음 각호의 것을 말한다. (2010. 12. 30. 개정)

1. 제5조 제1항 제1호에 따른 농어촌특별세의 경우에는 감면을 받는 해당 소득세 · 법인세 · 관세 · 취득세 또는 등록에 대한 등록면허세 (2010. 12. 30. 개정)
2. 제5조 제1항 제2호에 따른 농어촌특별세의 경우에는 소득세 (2010. 12. 30. 개정)

3. 제5조 제1항 제3호의 규정에 의한 농어촌특별세의 경우에는 법인세

3. 삭 제 (2010. 12. 30.)
4. 제5조 제1항 제4호에 따른 농어촌특별세의 경우에는 개별소비세 (2010. 12. 30. 개정)
5. 제5조 제1항 제5호에 따른 농어촌특별세의 경우에는 증권거래세 (2010. 12. 30. 개정)
6. 제5조 제1항 제6호에 따른 농어촌특별세의 경우에는 취득세 (2010. 12. 30. 개정)
7. 제5조 제1항 제7호에 따른 농어촌특별세의 경우에는 레저세 (2010. 12. 30. 개정)
8. 제5조 제1항 제8호에 따른 농어촌특별세의 경우에는 종합부동산세 (2010. 12. 30. 개정)

③ 제1항 및 제2항에 규정된 용어 외의 용어에 대한 정의는 본세에 관한 법률이 정하는 바에 따른다. (2010. 12. 30. 개정)

제3조【납세의무자】 다음 각 호의 어느 하나에 해당하는 자는 이 법에 따라 농어촌특별세를 납부할 의무를 진다. (2010. 12. 30. 개정)

1. 제2조 제1항 각 호 외의 부분에 규정된 법률에 따라 소득세 · 법인세 · 관세 · 취득세 또는 등록에 대한 등록면허세의 감면을 받는 자 (2010. 12. 30. 개정)

2. 법인세법 제55조 제1항 또는 제95조의 규정에 의한 세율을 적용받는 법인세의 납세의무자 중 과세표준금액이 5억원을 초과하는 법인 (98. 12. 28 개정 ; 법인세법 부칙)

2. 삭 제 (2010. 12. 30.)
3. 「개별소비세법」 제1조 제2항의 물품 중 같은 항 제1호 가목 · 나목, 같은 항 제2호 나목 1) · 2)의 물품 또는 같은 조 제3항 제4호의 입장행위에 대한 개별소비세 납세의무자 (2021. 12. 21. 개정)
4. 「증권거래세법」 제3조 제1호에 규정된 증권거래세 납세의무자 (2010. 12. 30. 개정)
5. 「지방세법」에 따른 취득세 또는 레저세의 납세의무자 (2010. 12. 30. 개정)
6. 「종합부동산세법」에 따른 종합부동산세의 납세의무자 (2010. 12. 30. 개정)

제3조【납세의무자】 삭 제 (94. 12. 31 ; 특별소비세법 시행령 부칙)

제4조 【비과세】 다음 각 호의 어느 하나에 해당하는 경우에는 농어촌특별세를 부과하지 아니한다. (2010. 12. 30. 개정)

1. 국가(외국정부를 포함한다) · 지방자치단체 또는 지방자치단체조합에 대한 감면 (2010. 12. 30. 개정)
2. 농어업인(「농업 · 농촌 및 식품산업 기본법」 제3조 제2호의 농업인과 「수산업 · 어촌 발전 기본법」 제3조 제3호의 어업인을 말한다. 이하 같다) 또는 농어업인을 조합원으로 하는 단체(「농어업경영체 육성 및 지원에 관한 법률」에 따른 영농조합법인, 농업회사법인 및 영어조합법인을 포함한다)에 대한 감면으로서 대통령령으로 정하는 것 (2015. 6. 22. 개정 ; 수산업 · 어촌 발전 기본법 부칙)
3. 「조세특례제한법」 제6조 · 제7조에 따른 중소기업에 대한 세액감면 · 특별세액감면 (2023. 12. 31. 개정)

3의 2. 「조세특례제한법」 제40조에 따른 양도소득세 또는 금융투자소득세의 감면 (2021. 12. 21. 개정)

3의 2. 「조세특례제한법」 제40조에 따른 양도소득세의 감면 (2024. 12. 31. 개정 ; 소득세법 부칙)

편주

법 4조 3호의 2의 개정규정은 2023. 1. 1.부터 시행함. (법 부칙(2021. 12. 21.) 1조)

3의 3. 「조세특례제한법」 제16조의 소득공제에 따른 감

제4조 【비과세】 ① 법 제4조 제2호에서 "대통령령으로 정하는 것"이란 다음 각 호의 어느 하나에 해당하는 감면을 말한다. (2010. 12. 30. 개정)

1. 「조세특례제한법」 제66조부터 제70조까지, 제72조 제1항(제1호, 제5호 및 제8호의 법인은 제외한다), 제77조[「조세특례제한법」 제69조 제1항 본문에 따른 거주자가 직접 경작한 토지(8년 이상 경작할 것의 요건은 적용하지 아니한다)로 한정한다] 및 제102조, 제104조의 2, 「지방세특례제한법」 제57조의 3 제1항 제2호(「농업협동조합법」에 따른 조합이 양수한 재산으로 한정한다) · 제3호(「수산업협동조합법」에 따른 조합이 양수한 재산으로 한정한다)에 따른 감면 (2019. 2. 12. 개정)
2. 「관세법」 제93조 제1호에 따른 감면 (2015. 2. 27. 개정)
3. 「지방세특례제한법」 제6조 제1항 · 제2항 및 제4항, 제7조부터 제9조까지, 제10조 제1항, 제11조, 제12조, 제14조 제1항부터 제3항까지 및 제14조의 2에 따른 감면 (2016. 2. 5. 개정)
4. 「지방세특례제한법」 제4조의 조례에 따른 지방세 감면

면 (2016. 12. 20. 신설)

4. 「조세특례제한법」 제86조의 3 · 제86조의 4 · 제87조 · 제87조의 2 · 제87조의 5 · 제88조의 2 · 제88조의 4 · 제88조의 5 · 제91조의 14, 제91조의 16부터 제91조의 22까지에 따른 저축이나 이자소득, 배당소득 및 금융투자소득에 대한 감면 (2022. 12. 31. 개정)

4. 「조세특례제한법」 제86조의 3 · 제86조의 4 · 제87조 · 제87조의 2 · 제87조의 5 · 제88조의 2 · 제88조의 4 · 제88조의 5 · 제91조의 14, 제91조의 16부터 제91조의 22까지에 따른 저축이나 이자소득 및 배당소득에 대한 감면 (2024. 12. 31. 개정 ; 소득세법 부칙)

편주

법 4조 4호의 개정규정은 2023. 1. 1.부터 시행함. (법 부칙 (2022. 12. 31.) 1조)

4의 2. 「지방세특례제한법」 제58조의 3 제1항 제1호 및 같은 조 제2항 제1호에 따른 취득세의 감면 (2023. 12. 31. 신설)

4의 3. 「지방세특례제한법」 제58조의 3 제3항에 따른 등록면허세의 감면 (2023. 12. 31. 신설)

5. 「조세특례제한법」 제21조에 따른 이자소득 등에 대한 감면 중 비거주자 또는 외국법인에 대한 감면 (2010. 12. 30. 개정)

6. 국제협약 · 국제관례 등에 따른 관세의 감면으로서 대통령령으로 정하는 것 (2010. 12. 30. 개정)

중 제1호부터 제3호까지와 유사한 감면으로서 행정안전부장관이 기획재정부장관과 협의하여 고시하는 것 (2017. 7. 26. 직제개정 ; 행정안전부와~직제 부칙)

편주

법 4조 4호의 2의 개정규정은 2024. 1. 1.이후 과세표준 및 세액을 신고하거나 결정 · 경정하는 경우부터 적용함. (법 부칙 (2023. 12. 31.) 2조)

② 법 제4조 제6호에서 “대통령령으로 정하는 것”이란 「관세법」 제88조, 제92조, 제93조 제4호부터 제7호까지

7. 「증권거래세법」 제6조에 따라 증권거래세가 부과되지 아니하거나 같은 법 제8조 제2항에 따라 영의 세율이 적용되는 경우. 다만, 「자본시장과 금융투자업에 관한 법률」에 따른 증권시장으로서 대통령령으로 정하는 증권시장에서 양도되는 증권의 양도가액에 대하여 영의 세율이 적용되는 경우는 제외한다. (2021. 12. 21. 개정)

7의 2. 「조세특례제한법」 제117조 제1항 및 제2항에 해당하는 경우 (2021. 12. 21. 개정)

8. 「지방세법」과 「지방세특례제한법」에 따른 형식적인 소유권의 취득, 단순한 표시변경 등기 또는 등록, 임시건축물의 취득, 천재지변 등으로 인한 대체취득 등에 대한 취득세 및 등록면허세의 감면으로서 대통령령으로 정하는 것 (2010. 12. 30. 개정)

8의 2. 「조세특례제한법」 제119조 제1항 제3호 · 제5호 및 제120조 제1항 제9호 · 제10호에 따른 등록에 대한 등록면허세 또는 취득세의 감면 (2010. 12. 30. 개정)

8의 2. 삭 제 (2014. 12. 31. ; 지방세특례제한법 부칙)

9. 대통령령으로 정하는 서민주택에 대한 취득세 또는 등록에 대한 등록면허세의 감면 (2010. 12. 30. 개정)

10. 「지방세특례제한법」 제6조 제1항의 적용대상이 되는 농지 및 임야에 대한 취득세 (2010. 12. 30. 개정)

10의 2. 「지방세법」 제124조에 따른 자동차에 대한 취득세 (2010. 12. 30. 개정)

및 제9호부터 제14호까지, 제94조, 제96조부터 제101조까지의 규정에 따른 감면을 말한다. (2010. 12. 30. 개정)

③ 법 제4조 제7호 단서에서 "대통령령으로 정하는 증권시장"이란 「자본시장과 금융투자업에 관한 법률 시행령」 제176조의 9 제1항에 따른 유가증권시장을 말한다. (2022. 2. 15. 신설)

④ 법 제4조 제8호에서 "대통령령으로 정하는 것"이란 「지방세특례제한법」 제4조 제4항, 제57조의 2 제2항 · 제6항, 제66조 제1항 · 제2항, 제68조 제1항 · 제3항(「대외무역법」에 따른 무역을 하는 자가 수출용으로 취득하는 중고자동차로 한정한다), 제73조 제3항, 제74조 제4항 · 제5항, 제92조, 「지방세법」 제9조 제3항부터 제5항까지, 제15조 제1항 제1호부터 제4호까지, 제7호 및 제26조 제2항 제1호 · 제2호에 따른 감면을 말한다. (2022. 2. 15. 항번개정)

⑤ 법 제4조 제9호 및 제11호에서 "대통령령으로 정하는 서민주택"이란 「주택법」 제2조 제6호에 따른 국민주택 규모(「건축법 시행령」 별표 1 제1호 다목에 따른 다가구주택의 경우에는 가구당 전용면적을 기준으로 한다) 이하의 주거용 건물과 이에 부수되는 토지(국가, 지방자치단체 또는 「한국토지주택공사법」에 따라 설립된 한국토지주택공사가 해당 주택을 건설하기 위하여 취득하거나 개발 · 공급하는 토지를 포함한다)로서 주택바닥면적(아파트 · 연립주택 등 공동주택의 경우에는 1세대가 독립하여 구분 · 사용할 수 있도록 구획된 부분의 바닥면적을

편주

영 4조 3항의 개정규정은 2023. 1. 1.부터 시행함. (영 부칙(2022. 2. 15.) 1조 단서)

10의 3.「지방세특례제한법」 제35조 제1항에 따른 등록면허세의 감면 (2010. 12. 30. 개정)

10의 4.「지방세법」 제15조 제1항 제1호부터 제3호까지의 규정에 따른 취득세 (2010. 12. 30. 개정)

10의 5.「지방세특례제한법」 제8조 제4항에 따른 취득세 (2010. 12. 30. 신설)

11. 대통령령으로 정하는 서민주택 및 농가주택에 대한 취득세 (2010. 12. 30. 개정)

11의 2.「조세특례제한법」 제20조·제100조·제140조 및 제141조에 따른 감면 (2010. 12. 30. 개정)

11의 3.「조세특례제한법」 제30조의 2 및 제30조의 4에 따른 감면 (2010. 12. 30. 개정)

11의 4.「조세특례제한법」 제121조의 24에 따른 감면 (2014. 5. 14. 신설)

12. 기술 및 인력개발, 저소득자의 재산형성, 공익사업 등 국가경쟁력의 확보 또는 국민경제의 효율적 운영을 위하여 농어촌특별세를 비과세할 필요가 있다고 인정되는 경우로서 대통령령으로 정하는 것 (2010. 12. 30. 개정)

제5조【과세표준과 세율】 ① 농어촌특별세는 다음 각 호의 과세표준에 대한 세율을 곱하여 계산한 금액을 그 세액으로 한다. (2010. 12. 30. 개정)

말한다)에 다음 표의 용도지역별 적용배율을 곱하여 산정한 면적 이내의 토지를 말한다. (2022. 2. 15. 항번개정)

구분	용도지역	적용배율
도시지역	1. 전용주거지역	5배
	2. 상업지역·준주거지역	3배
	3. 일반주거지역·공업지역	4배
	4. 녹지지역	7배
	5. 미계획지역	4배
도시지역 외의 용도지역		7배

⑥ 법 제4조 제11호에서 "대통령령으로 정하는 농가주택"이란 영농에 종사하는 자가 영농을 위하여 소유하는 주거용 건물과 이에 부수되는 토지로서 농지의 소재지와 동일한 시·군·구(자치구를 말한다. 이하 이 항에서 같다) 또는 그와 연접한 시·군·구의 지역에 소재하는 것을 말한다. 다만,「소득세법 시행령」 제156조에 따른 고가주택을 제외한다. (2022. 2. 15. 개정)

⑦ 법 제4조 제12호에서 "대통령령으로 정하는 것"이란 다음 각 호의 감면을 말한다. (2022. 2. 15. 개정)

1.「조세특례제한법」 제10조, 제10조의 2, 제12조, 제12조의 2, 제13조, 제14조, 제16조의 2, 제18조, 제18조의 2, 제18조의 3, 제19조 제2항, 제29조의 6, 제30조, 제30조의 3, 제33조, 제63조, 제63조의 2, 제64조, 제76조 제1항, 제95조의 2, 제98조의 3, 제98조의 5, 제99조의 9, 제99조의 11, 제104조의 8 제1항·제3항, 제104조의

☜ 편주

영 4조 7항 1호의 개정규정은 2023. 2. 28. 이후 과세표준 및 세액을 신고하거나 결정·경정하는 경우부터 적용함. (영 부칙(2023. 2. 28.) 2조)

호별	과 세 표 준	세 율
1	「조세특례제한법」·「관세법」·「지방세법」 및 「지방세특례제한법」에 따라 감면을 받는 소득세·법인세·관세·취득세 또는 등록에 대한 등록면허세의 감면세액(제2호의 경우는 제외한다) (2010. 12. 30. 개정)	100분의 20
2	「조세특례제한법」에 따라 감면받은 이자소득·배당소득·금융투자소득에 대한 소득세의 감면세액 (2021. 12. 21. 개정)	100분의 10
2	「조세특례제한법」에 따라 감면받은 이자소득·배당소득에 대한 소득세의 감면세액 (2024. 12. 31. 개정 ; 소득세법 부칙)	100분의 10
3	법인세법에 의한 각 사업연도의 소득에 대한 법인세의 과세표준금액(청산소득에 대한 법인세의 과세표준금액을 포함한다) 중 5억원을 초과하는 금액	100분의 2
3	삭 제 (2010. 12. 30.)	
4	「개별소비세법」에 따라 납부하여야 할 개별소비세액 (2010. 12. 30. 개정)	

21, 제104조의 24, 제104조의 28, 제104조의 31, 제118조의 2, 제121조의 2부터 제121조의 4까지, 제121조의 13, 제126조의 2, 제126조의 6 및 제126조의 7 제9항에 따른 감면 (2023. 2. 28. 개정)

1의 2. 「한국철도공사법」에 의하여 설립되는 한국철도공사가 현물출자받은 국유재산에 대한 취득세 또는 등록에 대한 등록면허세의 감면 (2010. 9. 20. 개정 ; 지방세특례제한법 부칙)

1의 3. 「한국정책금융공사법」에 따라 설립되는 한국정책금융공사에 대한 「조세특례제한법」 제119조 제1항 제1호 및 제120조 제1항 제1호에 따른 감면 (2010. 2. 18. 신설)

1의 3. 삭 제 (2014. 12. 30. ; 한국산업은행법 시행령 부칙)

1의 4. 「방송광고판매대행 등에 관한 법률」 제24조에 따라 설립되는 한국방송광고진흥공사에 대한 「지방세특례제한법」 제57조의 2 제3항 제1호에 따른 감면 (2015. 2. 27. 개정)

1의 5. 「한국산업은행법」 제50조에 따라 설립되는 산은금융지주주식회사에 대한 「조세특례제한법」 제120조 제6항 제3호에 따른 감면 (2012. 5. 22. 호번개정)

1의 5. 삭 제 (2014. 12. 30. ; 한국산업은행법 시행령 부칙)

1의 6. 「농업협동조합법」 제161조의 2 또는 제161조의 10에 따라 설립되는 농협경제지주회사 또는 농협금융지주회사에 대한 「지방세특례제한법」 제57조의 2 제5항 제3호에 따른 감면 (2017. 6. 27. 개정 ; 농업협동조합법 시행령 부칙)

호별	과 세 표 준	세 율
	가. 「개별소비세법」 제1조 제3항 제4호의 경우 (2010. 12. 30. 개정)	100분의 30
	나. 가목 외의 경우 (2010. 12. 30. 개정)	100분의 10
5	「자본시장과 금융투자업에 관한 법률」에 따른 증권시장으로서 대통령령으로 정하는 증권시장에서 거래된 증권의 양도가액 (2013. 5. 28. 개정 ; 자본시장과 금융투자업에 관한 법률 부칙)	1만분의 15
6	「지방세법」 제11조 및 제12조의 표준세율을 100분의 2로 적용하여 「지방세법」, 「지방세특례제한법」 및 「조세특례제한법」에 따라 산출한 취득세액 (2010. 12. 30. 개정)	100분의 10
7	「지방세법」에 따라 납부하여야 할 레저세액 (2010. 12. 30. 개정)	100분의 20
8	「종합부동산세법」에 따라 납부	100분의 20

1의 7. 법률 제10522호 농업협동조합법 일부개정법률 부칙 제6조에 따라 농협경제지주회사가 농업협동조합중앙회로부터 경제사업을 현물출자로 이관받은 경우에 대한 「지방세특례제한법」 제57조의 2 제3항 제3호에 따른 감면 (2016. 12. 1. 개정)

2. 「한국자산관리공사 설립 등에 관한 법률」에 따른 한국자산관리공사와 「한국농어촌공사 및 농지관리기금법」에 따른 한국농어촌공사가 「혁신도시 조성 및 발전에 관한 특별 법」 제43조에 따라 종전부동산을 매입한 경우에 대한 「지방세특례제한법」 제13조 제2항 제5호 및 제57조의 3 제2항 및 제57조의 3 제2항에 따른 취득세의 면제 (2022. 2. 17. 개정 ; 금융회사~부칙)

3. 「조세특례제한법」 제89조의 3에 따른 조합등예탁금의 이자소득의 소득세에 대한 감면 중 다음 각 목의 어느 하나에 해당하는 사람에 대한 감면 (2012. 2. 2. 개정)
   가. 「농어가 목돈마련저축에 관한 법률 시행령」 제2조 제1항에 따른 농어민 (2012. 2. 2. 개정)
   나. 「산림조합법 시행령」 제2조에 따른 임업인. 다만, 5헥타르 이상의 산림을 소유한 사람은 제외한다. (2012. 2. 2. 개정)
   다. 「한국주택금융공사법 시행령」 제2조 제1항 제1호 및 제2호에 따른 근로자 (2012. 2. 2. 개정)

4. 「관세법」 제90조 제1항 제2호부터 제4호까지, 제91조, 제93조 제2호 · 제3호 및 제15호에 따른 감면 (2010.

호별	과 세 표 준	세 율
	하여야 할 종합부동산세액 (2010. 12. 30. 개정)	

②「조세특례제한법」 제72조 제1항에 따른 조합법인 등의 경우에는 제1호에 규정된 세액에서 제2호에 규정된 세액을 차감한 금액을 감면을 받는 세액으로 보아 제1항 제1호를 적용한다. (2010. 12. 30. 개정)

1. 해당 법인의 각 사업연도 과세표준금액에 「법인세법」 제55조 제1항에 규정된 세율을 적용하여 계산한 법인세액 (2010. 12. 30. 개정)
2. 해당 법인의 각 사업연도 과세표준금액에 「조세특례제한법」 제72조 제1항에 규정된 세율을 적용하여 계산한 법인세액 (2010. 12. 30. 개정)

12. 30. 개정)

5. 「지방세법」 제9조 제2항, 「지방세특례제한법」 제13조 제2항 제1호의 2, 제15조 제2항, 제16조 제1항, 제17조, 제17조의 2, 제19조, 제20조, 제21조 제1항, 제22조 제1항 · 제4항 · 제7항 · 제8항, 제22조의 2 제1항 · 제2항, 제22조의 3, 제23조, 제28조 제1항, 제29조, 제30조 제3항, 제31조 제1항 · 제2항, 제31조의 4, 제33조 제1항 · 제2항, 제34조, 제36조, 제37조, 제38조 제1항, 제40조, 제40조의 3, 제41조 제1항 · 제5항 · 제7항, 제42조 제2항 · 제3항, 제43조 제1항, 제44조 제1항, 같은 조 제2항 제1호, 같은 조 제3항, 제44조의 2, 제45조 제1항, 같은 조 제2항 제1호, 제46조, 제50조 제1항, 제52조 제1항 · 제2항, 제53조, 제54조 제5항, 제57조의 2 제1항(「법인세법」 제44조 제2항 각 호의 요건을 충족하거나 같은 조 제3항에 해당하여 양도손익이 없는 것으로 한 합병의 경우로 한정한다), 제57조의 2 제3항 제2호, 같은 조 제9항, 제58조의 2, 제60조 제4항, 제63조, 제64조 제1항, 제66조 제3항 · 제4항, 제67조 제1항 · 제2항, 제72조 제1항, 제73조 제1항, 제73조의 2, 제74조 제3항, 제74조의 2 제1항, 제76조 제1항, 제79조, 제80조, 제81조 제1항 · 제2항, 제83조 제1항 · 제2항, 제85조 제1항, 제85조의 2, 제88조, 제89조 및 제90조 제1항에 따른 감면 (2024. 2. 29. 개정)
6. 「지방세특례제한법」 제4조의 조례에 따른 지방세 감면

③ 비과세 및 소득공제를 받는 경우에는 대통령령으로 정하는 계산방법에 의하여 계산한 금액을 감면을 받는 세액으로 보아 제1항 제1호를 적용한다. (2010. 12. 30. 개정)

④ 「조세특례제한법」에 따라 이자소득 · 배당소득 · 금융투자소득에 대한 소득세가 부과되지 아니하거나 소득세특례세율이 적용되는 경우에는 제1호에 규정된 세액에서 제2호에 규정된 세액을 차감한 금액을 감면을 받는 세액으로 보아 제1항 제2호를 적용한다. (2021. 12. 21. 개정)

중 제1호부터 제5호까지와 유사한 감면으로서 행정안전부장관이 기획재정부장관과 협의하여 고시하는 것 (2017. 7. 26. 직제개정 ; 행정안전부와~직제 부칙)

⑧ 법 또는 이 영에서 농어촌특별세 비과세 대상으로 규정된 「조세특례제한법」의 해당 규정과 같은 취지의 감면을 규정한 법률 제4666호 조세감면규제법 개정법률의 해당 규정에 대하여 동법 부칙 제13조 내지 제19조의 규정에 의한 경과조치 또는 특례가 적용되는 경우에 동 경과조치 또는 특례에 대하여서도 농어촌특별세를 부과하지 아니한다. (2022. 2. 15. 항번개정)

제5조【과세표준의 계산】 ① 법 제5조 제1항 제5호의 과세표준란에서 "대통령령으로 정하는 증권시장"이란 「자본시장과 금융투자업에 관한 법률 시행령」 제176조의 9 제1항에 따른 유가증권시장을 말한다. (2013. 8. 27. 신설 ; 자본시장과~시행령 부칙)

② 법 제5조 제3항에서 "대통령령으로 정하는 계산방법에 의하여 계산한 금액"이란 다음 산식에 의하여 계산한 금액을 말한다. (2013. 8. 27. 항번개정 ; 자본시장과 금융투자업에 관한 법률 시행령 부칙)

(비과세소득 및 소득공제액을 과세표준에 산입하여 계산한 세액) − (비과세소득 · 소득공제액을 과세표준에서 제외하고 계산한 세액)

③ 개별소비세 또는 증권거래세를 본세로 하는 농어촌

④ 「조세특례제한법」에 따라 이자소득 및 배당소득에 대한 소득세가 부과되지 아니하거나 소득세특례세율이 적용되는 경우에는 제1호에 규정된 세액에서 제2호에 규정된 세액을 차감한 금액을 감면을 받는 세액으로 보아 제1항 제2호를 적용한다. (2024. 12. 31. 개정 ; 소득세법 부칙)

편주

법 5조 4항의 개정규정은 2023. 1. 1.부터 시행함. (법 부칙(2021. 12. 21.) 1조)

1. 이자소득 · 배당소득 · 금융투자소득에 다음 각 목의 율을 곱하여 계산한 금액 (2021. 12. 21. 개정)

1. 이자소득 및 배당소득에 다음 각 목의 율을 곱하여 계산한 금액 (2024. 12. 31. 개정 ; 소득세법 부칙)
   가. 이자소득의 경우에는 100분의 14 (2010. 12. 30. 개정)
   나. 배당소득의 경우에는 100분의 14 (2010. 12. 30. 개정)
   다. 금융투자소득의 경우에는 100분의 20 (2021. 12. 21. 신설)
   다. 삭　제 (2024. 12. 31. ; 소득세법 부칙)
2. 「조세특례제한법」에 따라 납부하는 소득세액(소득세가 부과되지 아니하는 경우에는 영으로 한다) (2010. 12. 30. 개정)

⑤ 제1항 제6호에도 불구하고 「지방세법」 제15조 제2항에 해당하는 경우에는 같은 항에 따라 계산한 취득세액을 제1항 제6호의 과세표준으로 본다. (2010. 12. 30. 신설)

특별세는 「개별소비세법」 또는 「증권거래세법」상의 과세표준에 산입하지 아니한다. (2013. 8. 27. 항번개정 ; 자본시장과 금융투자업에 관한 법률 시행령 부칙)

④ 본세를 납부하지 아니함으로써 본세에 가산세가 가산된 때에 그 가산세액은 농어촌특별세의 과세표준에 산입하지 아니한다. (2013. 8. 27. 항번개정 ; 자본시장과 금융투자업에 관한 법률 시행령 부칙)

⑤ 개별소비세를 본세로 하는 농어촌특별세의 과세표준을 계산함에 있어서 농어촌특별세가 부과되는 물품을 원재료로 하여 제조 · 가공한 물품에 대하여는 그 제조 · 가공한 물품의 개별소비세 산출세액에서 그 원재료에 대하여 납부한 개별소비세액을 공제한 것을 과세표준으로 한다. (2013. 8. 27. 항번개정 ; 자본시장과 금융투자업에 관한 법률 시행령 부칙)

제6조 【납세지】 농어촌특별세의 납세지는 해당 본세의 납세지로 한다. (2010. 12. 30. 개정)

제7조 【신고 · 납부 등】 ① 제5조 제1항 제1호에 따른 농어촌특별세는 해당 본세를 신고 · 납부(중간예납은 제외한다)하는 때에 그에 대한 농어촌특별세도 함께 신고 · 납부하여야 하며, 신고 · 납부할 본세가 없는 경우에는 해당 본세의 신고 · 납부의 예에 따라 신고 · 납부하여야 한다. 다만, 제3항이 적용되는 경우에는 그러하지 아니하다. (2010. 12. 30. 개정)
② 제1항에도 불구하고 「법인세법」에 따른 연결납세방식을 적용받는 법인의 경우에는 같은 법 제1조 제9호에 따른 연결모법인이 신고 · 납부하여야 한다. 이 경우 그 납부의무에 관하여는 「법인세법」 제3조 제3항을 준용한다. (2018. 12. 24. 후단개정 ; 법인세법 부칙)
③ 「소득세법」에 따른 원천징수의무자가 제5조 제1항 제1호 또는 제2호를 적용받는 소득금액을 지급하는 때에는 「소득세법」의 원천징수의 예에 따라 농어촌특별세를 징수하여 신고 · 납부하여야 한다. (2010. 12. 30. 개정)
④ 제5조 제1항 제4호부터 제8호까지의 규정에 따른 농어촌특별세는 해당 본세를 신고 · 납부하거나 거래징수(「증권거래세법」 제9조에 따른 거래징수를 말한다. 이하 같다)하여 납부하는 때에 그에 대한 농어촌특별세도 함께 신고 · 납부하여야 한다. (2010. 12. 30. 개정)

제6조 【신고 · 납부 등】 ① 법 제7조의 규정에 의하여 농어촌특별세를 신고 · 납부하는 때에는 당해 본세의 신고 · 납부서에 당해 본세의 세액과 농어촌특별세의 세액 및 그 합계액을 각각 기재하여야 한다.
② 농어촌특별세를 「국세기본법」 제45조 및 제46조의 규정에 의하여 수정신고 및 추가자진납부를 하는 경우 수정신고의 기한 · 납부방법 · 가산세 경감 등은 당해 본세의 예에 의한다. (2005. 12. 31. 개정)

⑤ 제1항부터 제4항까지의 규정에 따른 신고·납부 등에 관하여 필요한 사항은 대통령령으로 정한다. (2011. 12. 31. 개정)

제8조 【부과·징수】 ① 삭 제 (2005. 1. 5.)

② 제7조에 따라 농어촌특별세의 신고·납부 및 원천징수 등을 하여야 할 자가 신고를 하지 아니하거나 신고내용에 오류 또는 누락이 있는 경우와 납부하여야 할 세액을 납부하지 아니하거나 미달하게 납부한 경우에는 다음 각 호에 따른다. (2010. 12. 30. 개정)

1. 제3조 제1호의 납세의무자 중 소득세 또는 법인세의 감면을 받는 자와 제3조 제3호·제4호 및 제6호의 납세의무자(같은 조 제3호의 납세의무자 중 물품을 수입하는 자는 제외한다)에 대하여는 세무서장이 해당 본세의 결정·경정 및 징수의 예에 따라 결정·경정 및 징수한다. (2010. 12. 30. 개정)
2. 제3조 제1호의 납세의무자 중 관세의 감면을 받는 자와 제3조 제3호의 납세의무자 중 물품을 수입하는 자에 대하여는 세관장이 관세의 부과·징수의 예에 따라 부과·징수한다. (2010. 12. 30. 개정)
3. 제3조 제1호의 납세의무자 중 취득세 또는 등록에 대한 등록면허세의 감면을 받는 자와 제3조 제5호에 따른 납세의무자에 대하여는 시장·군수 및 자치구의 구청장(이하 "시장·군수"라 한다)이 해당 본세의 부과·징

제7조 【부과·징수】 ① 법 제8조의 규정에 의하여 농어촌특별세를 부과·징수하는 때에는 당해 본세의 납세고지서에 당해 세액과 농어촌특별세액 및 그 합계액을 각각 기재하여 고지하여야 한다.

② 시장·군수 및 자치구의 구청장(이하 "시장·군수"라 한다) 또는 세무서장은 농어촌특별세만을 고지하는 경우에는 농어촌특별세의 과세표준을 표시하여 고지하여야 한다.

수의 예에 따라 부과 · 징수한다. (2010. 12. 30. 개정)

제9조【분　납】 ① 제3조 각 호의 납세의무자가 본세를 해당 세법에 따라 분납하는 경우에는 농어촌특별세도 그 분납금액의 비율에 의하여 해당 본세의 분납의 예에 따라 분납할 수 있다. (2010. 12. 30. 개정)
② 본세가 해당 세법에 따른 분납기준금액에 미달하여 그 본세를 분납하지 아니하는 경우에도 농어촌특별세의 세액이 500만원을 초과하는 경우에는 대통령령으로 정하는 바에 따라 분납할 수 있다. (2010. 12. 30. 개정)

제10조【국고납입】 시장 · 군수가 농어촌특별세를 징수한 때에는 대통령령으로 정하는 바에 따라 이를 국고에 납입하여야 한다. (2010. 12. 30. 개정)

제11조【불　복】 지방세를 본세로 하는 농어촌특별세에 대한 이의신청, 심사청구 및 심판청구에 대해서는 「지방세기본법」의 예에 따른다. (2014. 1. 1. 신설)

제8조【분　납】 법 제9조 제2항의 규정에 의한 농어촌특별세의 분납은 당해 본세의 분납기간 이내에 다음 각호에 의하여 분납할 수 있다.
1. 농어촌특별세의 세액이 1천만원 이하인 때에는 500만원을 초과하는 금액
2. 농어촌특별세의 세액이 1천만원을 초과하는 때에는 그 세액의 100분의 50 이하의 금액

제9조【불　복】 지방세를 본세로 하는 농어촌특별세에 대한 이의신청 및 심사청구에 관하여는 「지방세기본법」의 예에 따른다. 다만, 지방자치단체의 심사결정에 불복이 있는 경우에는 조세심판원에 심판청구를 할 수 있다. (2010. 9. 20. 개정 ; 지방세특례제한법 시행령 부칙)

제9조【불　복】 삭　제 (2014. 2. 21.)

제10조【국고납입】 ① 시장 · 군수가 징수한 농어촌특별세는 납부서를 첨부하여 행정안전부장관이 기획재정부장관과 협의하여 별도로 정한 절차에 따라 한국은행(국고대리점을 포함한다. 이하 이 조에서 같다) 또는 체신관서에 납입하여야 한다. (2017. 7. 26. 직제개정 ; 행정안전부와~직제 부칙)
② 지방자치단체의 금고 또는 그 수납대리점에서 농어촌특별세를 수납한 경우에는 영수필통지서를 시장 · 군

제12조【환 급】 농어촌특별세의 과오납금 등(감면을 받은 세액을 추징함에 따라 발생하는 환급금을 포함한다)에 대한 환급은 본세의 환급의 예에 따른다. (2010. 12. 30. 개정)

제13조【필요경비 또는 손금불산입】 「소득세법」 또는 「법인세법」에 따라 필요경비 또는 손금에 산입되지 아니하는 본세에 대한 농어촌특별세는 「소득세법」 또는 「법인세법」에 따른 소득금액계산에 있어서 필요경비 또는 손금에 산입하지 아니한다. (2010. 12. 30. 개정)

수에게 송부하고 수납한 농어촌특별세는 이를 직접 국고에 납입하여야 한다.

③ 「지방세징수법 시행령」 제24조 제1항은 지방세액에 부과되는 농어촌특별세에 관하여 이를 준용한다. (2017. 3. 27. 개정 ; 지방세징수법 시행령 부칙)

제11조【환 급】 ① 시장 · 군수가 법 제12조의 규정에 의하여 농어촌특별세를 환급하는 경우에는 시 · 군의 수입금 중에서 환급세액에 상당하는 금액을 충당한다.

② 제1항의 규정에 의하여 시 · 군의 수입금에서 농어촌특별세의 환급세액에 상당하는 금액을 충당하고자 하는 경우에는 시 · 군금고가 수납한 농어촌특별세 중 환급세액에 상당하는 금액을 국고에 납입하지 아니하고 시 · 군금고의 수입금이 되도록 조치한다. 이 경우 시 · 군 공무원이 농어촌특별세를 징수한 경우에는 환급세액에 상당하는 금액을 직접 시 · 군금고에 납입할 수 있다.

제12조【부과 · 징수상황의 보고】 시장 · 군수는 매월 농어촌특별세의 부과 · 징수 상황을 다음달 20일까지 기획재정부장관에게 보고하여야 한다. (2008. 2. 29. 직제개정 ; 기획재정부와~직제 부칙)

부 칙 (2024. 12. 31. 법률 제20615호 ; 소득세법 부칙)

제1조【시행일】 이 법은 2025년 1월 1일부터 시행한다. (단서 생략)

제2조～제15조 생 략

제16조【다른 법률의 개정】 ① 생 략

② 법률 제18589호 농어촌특별세법 일부개정법률 일부를 다음과 같이 개정한다.

제2조 제1항 제2호 중 "이자소득 · 배당소득 · 금융투자소득"을 "이자소득 · 배당소득"으로 한다.

제4조 제3호의 2 중 "양도소득세 또는 금융투자소득세"를 "양도소득세"로 하고, 같은 조 제4호 중 "이자소득, 배당소득 및 금융투자소득"을 "이자소득 및 배당소득"으로 한다.

제5조 제1항 제2호의 과세표준란 중 "배당소득 · 금융투자소득"을 "배당소득"으로 하고, 같은 조 제4항 각 호 외의 부분 및 같은 항 제1호 각 목 외의 부분 중 "이자소득 · 배당소득 · 금융투자소득"을 각각 "이자소득 및 배당소득"으로 하며, 같은 호 다목을 삭제한다.

부 칙 (2023. 12. 31. 법률 제19929호)

제1조【시행일】 이 법은 2024년 1월 1일부터 시행한다.

제2조【비과세에 관한 적용례】 제4조 제4호의 2의 개정규정은 이 법 시행 이후 과세표준 및 세액을 신고하거나 결정 · 경정하는 경우부터 적용한다.

부 칙 (2022. 12. 31. 법률 제19196호 ; 소득세법 부칙)

부 칙 (2024. 2. 29. 대통령령 제34275호)

제1조【시행일】 이 영은 공포한 날부터 시행한다.

제2조【농어촌특별세의 비과세에 관한 적용례 등】

① 제4조 제7항 제5호의 개정규정은 이 영 시행 이후 지방세를 감면받는 경우부터 적용한다.

② 법률 제19232호 지방세특례제한법 일부개정법률 부칙 제11조 제1항에 따라 종전의 「지방세특례제한법」(법률 제19232호 지방세특례제한법 일부개정법률로 개정되기 전의 것을 말한다) 제74조 제1항에 따라 취득세를 면제받는 경우에는 제4조 제7항 제5호의 개정규정에도 불구하고 종전의 규정에 따른다.

부 칙 (2023. 3. 14. 대통령령 제33324호 ; 지방세특례제한법 부칙)

제1조【시행일】 이 영은 공포한 날부터 시행한다.

제2조【다른 법령의 개정】 농어촌특별세법 시행령 일부를 다음과 같이 개정한다.

제4조 제7항 제5호 중 "제22조 제1항 · 제5항 · 제6항"을 "제22조 제1항 · 제4항 · 제7항 · 제8항"으로 한다.

부 칙 (2023. 2. 28. 대통령령 제33282호)

제1조【시행일】 이 영은 공포한 날부터 시행한다.

제2조【농어촌특별세의 비과세에 관한 적용례】 제4조 제7항 제1호의 개정규정은 이 영 시행 이후 과세표준 및 세액을 신고하거나 결정 · 경정하는 경우부터 적용한다.

제1조【시행일】 이 법은 2023년 1월 1일부터 시행한다. 다만, 다음 각 호의 개정규정은 해당 호에서 정한 날부터 시행한다.

1. 법률 제17757호 소득세법 일부개정법률 제17조 제1항 제5호, 제37조 제5항, 제87조의 2 제3호, 제87조의 6 제1항 제4호, 제87조의 12 제4항, 제87조의 13 제3항, 제87조의 14 제1항 · 제3항, 제87조의 18 제1항 제1호 다목 · 라목, 제87조의 21 제1항 제3호 및 같은 조 제2항, 제87조의 27 제2항, 제119조 제2호 다목, 제128조 제1항 및 제148조의 2 제2항의 개정규정 : 2025년 1월 1일
2. 제15조 제2호, 제33조 제1항 제1호, 제57조의 2, 제58조 제2항의 개정규정, 법률 제17757호 소득세법 일부개정법률 제87조의 27 제1항의 개정규정, 법률 제18578호 소득세법 일부개정법률 제129조 제4항부터 제8항까지의 개정규정 : 2025년 1월 1일
3. 제35조 제1항부터 제5항까지(같은 조 제2항 제3호 중 "매입자발행계산서"의 개정부분은 제외한다), 제81조의 11 제1항 제1호 나목 및 같은 조 제3항 · 제4항의 개정규정, 같은 조 제5항의 개정규정 중 "제3호의 소득"의 개정부분, 제164조 제7항의 개정규정 중 "제3호의 소득"의 개정부분, 제164조의 3 제1항의 개정규정 : 2024년 1월 1일
4. 제35조 제2항 제3호의 개정규정 중 "매입자발행계산서"의 개정부분, 제160조의 2 제3항 및 제163조의 3의 개정규정 : 2023년 7월 1일

제2조~제22조 생 략

제23조【다른 법률의 개정】 농어촌특별세법 일부를 다음과 같이 개정한다.

법률 제18589호 농어촌특별세법 일부개정법률 부칙 제1조 단서 중 "시행한다"를 "시행하고, 제2조 제1항 제2호, 제4조 제

부 칙 (2022. 2. 17. 대통령령 제32449호 ; 금융회사부실자산 등의 효율적 처리 및 한국자산관리공사의 설립에 관한 법률 시행령 부칙)

제1조【시행일】 이 영은 2022년 2월 18일부터 시행한다.

제2조【다른 법령의 개정】 ①~㉒ 생 략

㉓ 농어촌특별세법 시행령 일부를 다음과 같이 개정한다.

제4조 제6항 제2호 중 "「금융회사부실자산 등의 효율적 처리 및 한국자산관리공사의 설립에 관한 법률」"을 "「한국자산관리공사 설립 등에 관한 법률」"로 한다.

㉔~㊺ 생 략

제3조 생 략

부 칙 (2022. 2. 15. 대통령령 제32431호)

제1조【시행일】 이 영은 공포한 날부터 시행한다. 다만, 제4조 제3항의 개정규정은 2023년 1월 1일부터 시행한다.

제2조【농어촌특별세의 비과세에 관한 적용례】 제4조 제7항 제1호의 개정규정은 2021년 1월 1일 이후에 개시된 사업연도분에 대하여 「조세특례제한법」 제104조의 31에 따라 소득공제를 받은 프로젝트금융투자회사에 대해서도 적용한다.

제3조【다른 법령의 개정】「백두대간 보호에 관한 법률 시행령」 제8조 제4항 제3호 중 "「농어촌특별세법 시행령」 제4조 제5항"을 "「농어촌특별세법 시행령」 제4조 제6항"으로 한다.

부 칙 (2021. 2. 17. 대통령령 제31458호)

제1조【시행일】 이 영은 공포한 날부터 시행한다.

제2조【농어촌특별세의 비과세에 관한 적용례 등】 ① 제4조 제6항 제1호의 개정규정은 2021년 1월 1일 이후 과세표준을 신고하는 경우부터 적용한다.

3호의 2 · 제4호(「조세특례제한법」 제91조의 20 및 제91조의 21의 개정부분은 제외한다), 제5조 제1항 제2호 및 같은 조 제4항의 개정규정은 2025년 1월 1일부터 시행한다"로 한다.

부 칙 (2022. 12. 31. 법률 제19192호)

이 법은 2023년 1월 1일부터 시행한다.

부 칙 (2021. 12. 21. 법률 제18589호)

제1조【시행일】 이 법은 2023년 1월 1일부터 시행한다. 다만, 제3조 제3호 및 제4조 제4호(「조세특례제한법」 제91조의 20 및 제91조의 21의 개정부분으로 한정한다)의 개정규정은 2022년 1월 1일부터 시행하고, 제2조 제1항 제2호, 제4조 제3호의 2 · 제4호(「조세특례제한법」 제91조의 20 및 제91조의 21의 개정부분은 제외한다), 제5조 제1항 제2호 및 같은 조 제4항의 개정규정은 2025년 1월 1일부터 시행한다.

제2조【비과세에 관한 적용례】 제4조 제7호 및 제7호의 2의 개정규정은 2023년 1월 1일 이후 증권시장에서 양도되는 증권의 양도가액에 대하여 「증권거래세법」 제8조 제2항에 따라 증권거래세에 영의 세율이 적용되는 경우부터 적용한다.

부 칙 (2019. 12. 31. 법률 제16844호)

제1조【시행일】 이 법은 2020년 1월 1일부터 시행한다.

제2조【비과세에 관한 적용례】 제4조 제4호의 개정규정은 이 법 시행 이후 감면받는 분부터 적용한다.

부 칙 (2018. 12. 31. 법률 제16100호)

제1조【시행일】 이 법은 2019년 1월 1일부터 시행한다.

제2조【비과세에 관한 적용례】 제4조 제4호의 개정규정은 이 법 시행 이후 감면받는 분부터 적용한다.

② 법률 제17759호 조세특례제한법 일부개정법률 부칙 제36조 제1항에 따라 종전의 「조세특례제한법」(법률 제17759호 조세특례제한법 일부개정법률로 개정되기 전의 것을 말한다) 제25조를 적용받는 경우에는 제4조 제6항 제1호의 개정규정에도 불구하고 종전의 규정에 따른다.

부 칙 (2020. 4. 14. 대통령령 제30610호)

이 영은 공포한 날부터 시행한다.

부 칙 (2020. 2. 11. 대통령령 제30407호)

제1조【시행일】 이 영은 공포한 날부터 시행한다.

제2조【농어촌특별세의 비과세에 관한 적용례】 제4조 제6항 제1호의 개정규정 중 「조세특례제한법」 제18조의 3에 따른 감면 부분은 2020년 1월 1일 이후 같은 조 제1항에 따른 연구기관등에 취업하는 경우부터 적용하고, 같은 법 제25조 제1항 제1호에 따른 감면 부분은 이 영 시행 이후 과세표준을 신고하는 경우부터 적용하며, 같은 법 제118조의 2에 따른 감면 부분은 이 영 시행 이후 수입신고하는 경우부터 적용한다.

부 칙 (2020. 1. 15. 대통령령 제30355호 ; 지방세특례제한법 시행령 부칙)

제1조【시행일】 이 영은 공포한 날부터 시행한다.

제2조~제4조 생 략

제5조【다른 법령의 개정】 ① 개발이익 환수에 관한 법률 시행령 일부를 다음과 같이 개정한다. 제11조 제5항 제2호 중 "제52조 제1항"을 "제52조 제1항 · 제2항"으로 한다.

② 농어촌특별세법 시행령 일부를 다음과 같이 개정한다. 제4조 제3항 중 "제74조 제3항"을 "제74조 제4항 · 제5항"으로 하고, 같은 조 제6항 제5호 중 "제45조 제1항"을 "제45조 제1항,

부 칙 (2018. 12. 24. 법률 제16008호 ; 법인세법 부칙)

제1조 【시행일】 이 법은 2019년 1월 1일부터 시행한다. 다만, 제93조의 2, 제98조의 4 제1항 후단, 제98조의 4 제2항, 제98조의 6 제1항 후단, 제98조의 6 제2항, 제121조의 3 제2항 · 제3항(같은 조 제2항 관련 부분만 해당한다) 및 제123조 제2항의 개정규정은 2020년 1월 1일부터 시행한다.

제2조～제14조 생 략

제15조 【다른 법률의 개정】 ① 생 략

② 농어촌특별세법 일부를 다음과 같이 개정한다.

제7조 제2항 후단 중 "「법인세법」 제2조 제4항"을 "「법인세법」 제3조 제3항"으로 한다.

③～⑥ 생 략

부 칙 (2016. 12. 20. 법률 제14385호)

제1조 【시행일】 이 법은 2017년 1월 1일부터 시행한다.

제2조 【비과세에 관한 적용례】 제4조 제3호의 3 및 제4호의 개정규정은 이 법 시행 이후 감면받는 분부터 적용한다.

부 칙 (2015. 12. 15. 법률 제13554호)

제1조 【시행일】 이 법은 2016년 1월 1일부터 시행한다.

제2조 【비과세에 관한 적용례】 ① 제4조 제4호의 개정규정(「조세특례제한법」 제91조의 14 · 제91조의 17 및 제91조의 18에 따른 저축 또는 배당에 대한 감면에 한정한다)은 이 법 시행 이후 감면받는 분부터 적용한다.

② 제4조 제4호의 개정규정(「조세특례제한법」 제91조의 16에 따른 저축의 감면에 한정한다)은 이 법 시행 이후 이 법 제7조 제1항 본문에 따라 신고하는 분부터 적용한다.

같은 조 제2항 제1호"로, "제52조"를 "제52조 제1항 · 제2항"으로, "제74조 제1항"을 "제74조 제1항 · 제3항"으로 한다.

부 칙 (2019. 2. 12. 대통령령 제29528호)

제1조 【시행일】 이 영은 공포한 날부터 시행한다.

제2조 【농어촌특별세의 비과세에 관한 적용례】 ① 제4조 제1항 제1호의 개정규정은 이 영 시행 이후 시작하는 사업연도 분부터 적용한다.

② 제4조 제3항의 개정규정은 이 영 시행 이후 수출용으로 중고자동차를 취득하는 경우부터 적용한다.

③ 제4조 제6항 제1호의 개정규정 중 「조세특례제한법」 제19조 제2항에 따른 감면 부분은 2019년 1월 1일부터 지급받는 분부터 적용하고, 같은 법 제99조의 9에 따른 감면 부분은 2018년 1월 1일 이후 지정 또는 선포된 위기지역의 지정일 또는 선포일이 속하는 과세연도의 과세표준을 2019년 1월 1일 이후 신고하는 경우부터 적용하며, 같은 법 제104조의 24에 따른 감면 부분은 이 영 시행 이후 과세표준을 신고하는 경우부터 적용한다.

부 칙 (2018. 12. 31. 대통령령 제29438호 ; 지방세특례제한법 시행령 부칙)

제1조 【시행일】 이 영은 2019년 1월 1일부터 시행한다.

제2조～제5조 생 략

제6조 【다른 법령의 개정】 ① 생 략

② 농어촌특별세법 시행령 일부를 다음과 같이 개정한다.

제4조 제6항 제5호 중 "제16조, 제17조"를 "제16조 제1항, 제17조"로, "제33조, 제34조"를 "제33조 제1항 · 제2항, 제34조"로, "제44조, 제44조의 2"를 "제44조 제1항, 제44조의 2"로 한다.

부　칙 (2015. 6. 22. 법률 제13383호 ; 수산업·어촌 발전 기본법 부칙)

제1조【시행일】 이 법은 공포 후 6개월이 경과한 날부터 시행한다. (단서 생략)

제2조·제3조 생　략

제4조【다른 법률의 개정】 ①~㉚ 생　략

㉛ 농어촌특별세법 일부를 다음과 같이 개정한다.

제4조 제2호 중 "농어업인(「농어업·농어촌 및 식품산업 기본법」 제3호 제2호의 농어업인을 말한다. 이하 같다)"을 "농어업인(「농업·농촌 및 식품산업 기본법」 제3조 제2호의 농업인과 「수산업·어촌 발전 기본법」 제3조 제3호의 어업인을 말한다. 이하 같다)"으로 한다.

㉜~㊸ 생　략

부　칙 (2018. 2. 27. 대통령령 제28686호 ; 공공기관 지방이전에 따른 혁신도시 건설 및 지원에 관한 특별법 시행령 부칙)

제1조【시행일】 이 영은 2018년 3월 27일부터 시행한다. (단서 생략)

제2조【다른 법령의 개정】 ①~⑦ 생　략

⑧ 농어촌특별세법 시행령 일부를 다음과 같이 개정한다.

제4조 제6항 제2호 중 "「공공기관 지방이전에 따른 혁신도시 건설 및 지원에 관한 특별법」"을 "「혁신도시 조성 및 발전에 관한 특별법」"으로 한다.

⑨~㉕ 생　략

부　칙 (2017. 7. 26. 대통령령 제28211호 ; 행정안전부와 그 소속기관 직제 부칙)

제1조【시행일】 이 영은 공포한 날부터 시행한다. 다만, 부칙 제8조에 따라 개정되는 대통령령 중 이 영 시행 전에 공포되었으나 시행일이 도래하지 아니한 대통령령을 개정한 부분은 각각 해당 대통령령의 시행일부터 시행한다.

제2조~제7조 생　략

제8조【다른 법령의 개정】 ①~⑬ 생　략

⑭ 농어촌특별세법 시행령 일부를 다음과 같이 개정한다.

제4조 제1항 제4호, 같은 조 제6항 제6호 및 제10조 제1항 중 "행정자치부장관"을 각각 "행정안전부장관"으로 한다.

⑮~㊳ 생　략

부　칙 (2017. 6. 27. 대통령령 제28152호 ; 농업협동조합법 시행령 부칙)

제1조【시행일】 이 영은 공포한 날부터 시행한다.

부 칙 (2016. 12. 1. 대통령령 제27650호)

제1조【시행일】 이 영은 공포한 날부터 시행한다.

제2조【농어촌특별세의 비과세에 관한 적용례】 제4조 제3항, 같은 조 제6항 제1호의 7 및 제5호의 개정규정은 이 영 시행 이후 지방세를 감면받는 경우부터 적용한다.

부 칙 (2016. 8. 11. 대통령령 제27444호 ; 주택법 시행령 부칙)

제1조【시행일】 이 영은 2016년 8월 12일부터 시행한다.

제2조~제6조 생 략

제7조【다른 법령의 개정】 ①~⑳ 생 략

㉑ 농어촌특별세법 시행령 일부를 다음과 같이 개정한다.

제4조 제4항 표 외의 부분 중 "「주택법」 제2조 제3호"를 "「주택법」 제2조 제6호"로 한다.

㉒~㊽ 생 략

제8조 생 략

부 칙 (2016. 2. 5. 대통령령 제26954호)

제1조【시행일】 이 영은 공포한 날부터 시행한다.

제2조【농어촌특별세의 비과세에 관한 적용례】 ① 제4조 제1항 제3호, 같은 조 제6항 제1호(「조세특례제한법」 제29조의 6에 따른 감면만 해당한다) 및 같은 항 제5호의 개정규정은 이 영 시행 이후 소득세 또는 지방세를 감면받는 경우부터 적용한다.

② 제4조 제6항 제1호(「조세특례제한법」 제104조의 28에 따른 감면만 해당한다)의 개정규정은 법률 제13560호 조세특례제한법 일부개정법률 시행 이후 소득이 발생하는 경우부터 적용한다.

부 칙 (2015. 12. 31. 대통령령 제26837호 ; 지방세특례제한법 시행령 부칙)

제2조【다른 법령의 개정】 ①~④ 생 략

⑤ 농어촌특별세법 시행령 일부를 다음과 같이 개정한다.

제4조 제6항 제1호의 6 중 "「농업협동조합법」 제134조의 2 또는 제134조의 3"을 "「농업협동조합법」 제161조의 2 또는 제161조의 10"으로 한다.

⑥~⑰ 생 략

부 칙 (2017. 3. 27. 대통령령 제27959호 ; 지방세징수법 시행령 부칙)

제1조【시행일】 이 영은 2017년 3월 28일부터 시행한다.

제2조 생 략

제3조【다른 법령의 개정】 ①~② 생 략

③ 농어촌특별세법 시행령 일부를 다음과 같이 개정한다.

제10조 제3항 중 "「지방세기본법 시행령」 제55조 제1항"을 "「지방세징수법 시행령」 제24조 제1항"으로 한다.

④~⑦ 생 략

제4조 생 략

부 칙 (2016. 12. 30. 대통령령 제27711호 ; 지방세특례제한법 시행령 부칙)

제1조【시행일】 이 영은 2017년 1월 1일부터 시행한다. (단서 생략)

제2조~제4조 생 략

제5조【다른 법령의 개정】 농어촌특별세법 시행령 일부를 다음과 같이 개정한다.

제4조 제6항 제5호 중 "제64조의 2 제1항"을 "제64조 제1항"으로 한다.

제1조【시행일】 이 영은 2016년 1월 1일부터 시행한다.

제2조 · 제3조 생 략

제4조【다른 법령의 개정】「농어촌특별세법 시행령」 일부를 다음과 같이 개정한다.

제4조 제6항 제1호 중 "제121조의 13, 제121조의 15"를 "제121조의 13"으로 하고, 같은 항 제5호 중 "제40조"를 "제40조, 제40조의 3"으로 하며, "제44조"를 "제44조, 제44조의 2"로 하고, "제63조"를 "제63조, 제64조의 2 제1항"으로 하며, "제73조 제1항 · 제2항"을 "제73조 제1항 · 제2항, 제73조의 2"로 한다.

부 칙 (2015. 2. 27. 대통령령 제26125호)

제1조【시행일】 이 영은 공포한 날부터 시행한다.

제2조【농어촌특별세의 비과세에 관한 적용례】 제4조 제1항 제1호, 같은 조 제3항 및 같은 조 제6항 제1호(「조세특례제한법」 제126조의 7 제9항에 따른 감면은 제외한다) · 제1호의 4 · 제1호의 6 · 제1호의 7 · 제2호의 개정규정은 법률 제12955호 지방세특례제한법 일부개정법률 시행 이후 납세의무가 성립하는 경우부터 적용한다.

제3조【수입 금지금에 대한 관세 면제분에 대한 농어촌특별세 비과세에 관한 적용례】 제4조 제6항 제1호(「조세특례제한법」 제126조의 7 제9항에 따른 감면만 해당한다)의 개정규정은 이 영 시행 이후 수입신고하는 경우부터 적용한다.

제4조【프로젝트금융투자회사에 대한 취득세 감면분에 대한 농어촌특별세 비과세에 관한 경과조치】 ① 법률 제9921호 조세특례제한법 일부개정법률 부칙 제76조에 따라 2010년 1월 1일 전에 설립 · 등기한 프로젝트금융투자회사가 2016년 12월 31일까지 취득하는 부동산에 대한 취득세 감면분에 대한 농어촌특별세 비과세에 대해서는 제4조 제6항 제1호의 개정규정에도 불구하고 종전의 규정에 따른다.

② 법률 제12853호 조세특례제한법 일부개정법률 부칙 제72조에 따라 2014년 12월 31일 이전에 설립 · 등기한 프로젝트금융투자회사가 2015년 12월 31일까지 취득하는 부동산에 대한 취득세 감면분에 대한 농어촌특별세 비과세에 대해서는 제4조 제6항 제1호의 개정규정에도 불구하고 종전의 규정에 따른다.

농어촌특별세법 시행령 별표

[별 표]

용도지역별 적용배율 (제4조 제4항 관련)

용 도 지 역 별		적용배율
도시계획구역	전용주거지역	5배
	상업지역 · 준주거지역	3배
	일반주거지역 · 공업지역	4배
	녹지지역	7배
	미계획지역	4배
도시계획구역 외의 지역		7배

[별 표] 삭 제 (2012. 2. 2.)

지방세4법 적용요령

지방세4법 적용요령

목 차

2025년도 시행 지방세기본법 및 하위법령 개정내용(적용요령)

◀ 목 차 ▶

Ⅰ 지방세기본법 개정내용

❶ 구속된 자에 대한 송달의 특례 신설(법 §28 ⑤)

개정개요

개정 전	개정 후
□ 서류송달의 장소	□ 구속된 자 등에 대한 송달의 특례 (신설)
○ (원칙) 명의인 주소, 거소, 영업소 또는 사무소	○ (현행과 같음)
○ <신 설>	○ 교도소 · 구치소 등에 '수감사실이 확인된 자'에 대한 서류는 해당 교도소 · 구치소 · 경찰서의 장에게 송달

〈개정내용〉

○ 서류*는 명의인의 **주소, 거소, 영업소** 또는 **사무소**에 **송달**하나, 다음과 같은 **문제점 발생**을 **방지**하고자,

* 납세고지서 또는 납부통지서, 지방세환급금 지급통지서 등

① **(납세자)** 구속 · 수감된 납세자가 서류를 직접 송달받지 못하는 사례

② **(과세관청)** 서류가 송달되지 못하여 세수가 일실되는 사례

○ **구속된 사람 등에 대한 송달장소**를 규정한 **민사소송법**을 **반영**하여, 구

속자 등에 대해서는 **교정시설*·유치장**의 **관서장**에게 **송달**할 수 있는 **특례 신설**

* 교도소·구치소 및 그 지소

〈적용요령〉

○ 2025. 1. 1. 이후 송달하는 서류분부터 적용

❷ 지방세징수권 소멸시효 중단 사유 보완(법 §40 ① 4)

개정개요 ※ 국세일치(2024. 1. 1. 시행)

개정 전	개정 후
□ 지방세징수권의 소멸시효 중단 사유	□ 지방세징수권의 소멸시효 중단 사유 보완(신설)
○ 납세고지 ○ 독촉 또는 납부최고 ○ 교부청구	○ (현행과 같음)
○ 압류	○ 압류(단서 신설) - 압류금지 재산, 제3자의 재산, 타법에 따른 압류금지에 해당하는 경우 소멸시효 중단 미적용

〈개정내용〉

○ 압류한 재산이 **압류금지 재산** 등*에 해당하여 **종전 압류**를 **해제하는** 경우, 압류금지 재산 등에 대한 압류를 사유로 **소멸시효가 중단되지 않도록 규정 명확화**

* ① 압류금지 재산(지방세징수법 §40), ② 제3자의 재산(지방세징수법 §63 ① 2·3), ③ 타 법(기초연금법, 장애인복지법 등)에 따른 압류금지(지방세징수법 §41)

○ **소멸시효 중단의 제외 사유를 국세와 일치**시켜 지방세·국세간 **통일성** 제고

〈적용요령〉

○ 2025. 1. 1.부터 적용

③ 후발적 경정청구 대상 명확화(법 §50 ② 3)

개정개요

개정 전	개정 후
□ 후발적 경정청구* 대상 * 旣 신고세액이 세법에 따른 결정세액 초과시 과세관청에 경정을 청구하는 제도	□ 후발적 경정청구 대상 명확화
○ 과세표준 및 세액의 계산 근거가 된 거래 또는 행위 등이 심판청구, 심사청구에 대한 결정, 소송의 판결에 의하여 다른 것으로 확정된 경우 ○ 조세조약에 따른 상호합의가 최초의 신고·결정 또는 경정의 내용과 다르게 이루어졌을 때	○ (현행과 같음)
○ 시행령의 사유가 법정신고기한이 지난 후에 발생하였을 때(신고납부 세목)	○ 시행령의 사유가 발생하였을 때 ('법정신고기한이 지난 후' 문구 삭제) – 모든 지방세에 적용(신고납부·보통징수 세목)

〈개정내용〉

○ '법정신고기한이 지난 후' 문구를 삭제하여, 신고납부 세목과 보통징수 세목의 모든 지방세에 대해 후발적 사유로 인한 경정 등의 청구가 가능하도록 후발적 경정청구 대상 명확화

〈적용요령〉

○ 2025. 1. 1.부터 적용

【후발적 경정청구 사유(법 §50 ②, 영 §30)】

구 분		내 용	대상 세목
1호		심판청구, 심사청구에 대한 결정, 소송의 판결에 의하여 다른 것으로 확정되었을 때	신고납부, 보통징수
2호		조세조약에 따른 상호합의가 최초의 신고·결정 또는 경정의 내용과 다르게 이루어졌을 때	신고납부, 보통징수
3호		시행령의 사유가 지방세의 법정신고기한이 지난 후에 발생하였을 때	신고납부, 보통징수
	영	관청의 허가나 그 밖의 처분이 취소된 경우	
		해당 계약이 성립 후 발생한 부득이한 사유로 해제·취소된 경우	
		장부 및 증명서류의 압수 등으로 과세표준 및 세액을 계산할 수 없었으나 해당 사유가 소멸한 경우	

④ 특별징수 납부지연가산세 규정 보완(법 §56 ① 2의 2 · §34 · §35 · §71)

개정개요

개정 전	개정 후
□ **특별징수 납부지연가산세*** * 특별징수의무자가 징수하여야 할 세액을 법정납부기한까지 납부하지 아니하거나 과소납부한 경우 과세	□ **특별징수 납부지연가산세 보완(합리화)**
○ (1호) 미납 · 과소세액 × 3% ○ (2호) 미납 · 과소세액 × 납부기한의 다음 날부터 납부일(납세고지일)까지의 일수 × 일 0.022%	○ (현행과 같음)
○ <신 설>	○ **(2의 2) 미납분 세액(과소납부분 세액(가산세 제외)) × 0.66%**
○ (3호) (생 략)	○ (3호) (현행과 같음)

〈개정내용〉

○ 납세고지된 지방세의 **납부기한의 다음날**부터 납부지연가산세(0.66%)가 적용되도록 개정

【특별징수 납부지연가산세】 ※ 2025. 1. 1. 시행

규 정	적용방법	비 고
1호	미납 · 과소세액 × **3%**	
2호	미납 · 과소세액 × **법정납부기한의 다음날부터 납부일까지의 일수 × 0.022%(일)**	舊 납부불성실가산세
2의 2	미납 · 과소세액 × **납부기한의 다음날 0.66%(1회)**	舊 가산금
3호	**법정납부기한이 지난날부터 1개월이 지날 때마다** 미납 · 과소세액 × **0.66%(월)**	舊 중가산금

【특별징수 납부지연가산세 개정안에 따른 변화】

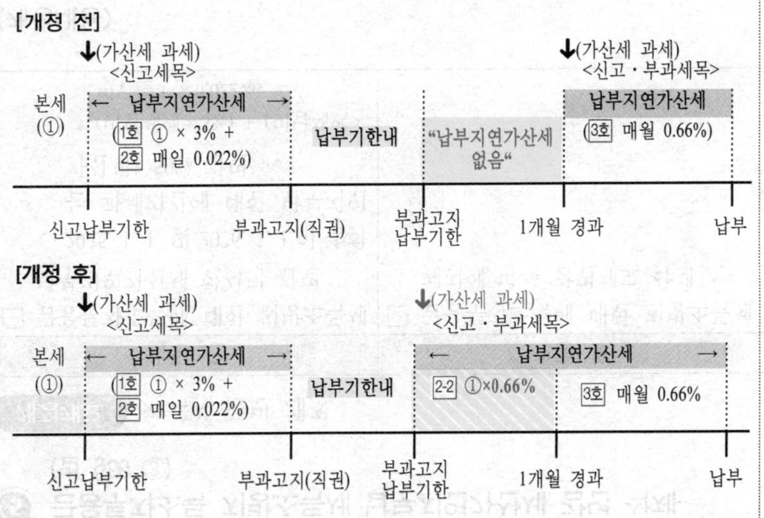

[개정 전]

(가산세 과세) <신고세목> / (가산세 과세) <신고 · 부과세목>

본세(①) ← 납부지연가산세 → 1호 ① × 3% + 2호 매일 0.022%) | 납부기한내 | "납부지연가산세 없음" | 납부지연가산세 3호 매월 0.66%)

신고납부기한 / 부과고지(직권) / 부과고지 납부기한 / 1개월 경과 / 납부

[개정 후]

(가산세 과세) <신고세목> / (가산세 과세) <신고 · 부과세목>

본세(①) ← 납부지연가산세 → 1호 ① × 3% + 2호 매일 0.022%) | 납부기한내 | ← 납부지연가산세 → 2-2 ①×0.66% | 3호 매월 0.66%

신고납부기한 / 부과고지(직권) / 부과고지 납부기한 / 1개월 경과 / 납부

◇ 특별징수 납부지연가산세 = 1호 + 2호 + 2-2 + 3호

※ (한도) 미납(과소납)액의 50% 및 1호 + 2호 금액의 10%

- 1호 미납분 세액(과소납부분 세액) × **3%**
- 2호 미납분 세액(과소납부분 세액) × **법정납부기한의 다음 날부터 자진납부일(납세고지일)까지의 일수** × **이자율(1일 0.022%)**
- (개정) 2-2 미납분 세액(과소납부분 세액) × 0.66%
- 3호 직권고지된 납세고지서의 납부기한이 지난 날부터 1개월이 지날 때마다 계산한 금액

〈적용요령〉

○ 2025. 1. 1. 이후부터 특별징수 납부지연가산세를 부과하는 경우부터 적용

* 미납분(과소납부분) 세액 부분에 대해 **2025. 1. 1. 이후 부과고지(직권)하는 경우부터 적용**

⑤ 금융투자소득 지방소득세 납부지연가산세 감면 삭제 (법 §56 ③)

개정개요 ※ 국세 동반 개정

개정 전	개정 후
□ 금융투자소득에 대한 지방소득세 납부지연가산세 한시적 감면 ○ 2025. 1. 1. 및 2026. 1. 1.이 속하는 과세기간에 대한 납부지연가산세* 50% 감면 * (미납세액 × 3%) + (미납세액 × 미납일수 × 0.022%)	□ 금융투자소득에 대한 지방소득세 폐지에 따른 감면제도 삭제

〈개정내용〉

○ 금융투자소득에 대한 지방소득세 폐지에 따라 납부지연가산세 한시적 감면 등 부수 규정 삭제

〈적용요령〉

○ 2025년 이후에도 금융투자소득에 대한 지방소득세 및 부수 규정을 시행하지 않고, 주식 등에 대한 현행 양도소득세 체계 유지

❻ 이의신청 대리인 선임 기준 완화(법 §93 ②)

개정개요

개정 전	개정 후
□ 이의신청의 대리인 ○ (원칙) 변호사, 세무사, 공인회계사를 대리인으로 선임 가능 ○ (예외) 배우자, 4촌 이내 혈족 또는 배우자의 4촌 이내 혈족 대리인으로 선임 가능 – (신청·청구금액) **1천만원** 미만	□ 이의신청의 대리인 기준 완화 ○ (현행과 같음) ○ (현행과 같음) – (신청금액) **2천만원** 미만 ※ 시·도지사 심사청구 폐지 (2021년~)

〈개정내용〉

○ 배우자, 4촌 이내의 혈족 또는 그의 배우자의 4촌 이내 혈족을 **대리인으로 선임 가능한 이의신청 대상금액**을 **국세기본법령과 동일(2천만원)**하게 규정

【조세불복, 행정심판 및 소송의 친족관계 대리인 선임 가능 범위 비교】

구 분	지방세	국 세
이의신청 적부심	(개정 전) 1천만원 → (개정 후) **2천만원** ※「지방세기본법」 제93조	5천만원 ※「국세기본법 시행령」 제62조
심판청구	**2천만원** ※「국세기본법 시행령」 제62조	5천만원 ※「국세기본법 시행령」 제62조
소송 (행정·민사)	1억원 이하 일부 단독사건(법원 허가 필요) ※「민사소송규칙」 제15조	

〈적용요령〉

○ 2025. 1. 1. 당시 진행 중인 이의신청 사건에도 적용

⑦ 지방자치단체 선정 대리인 신청 대상 확대(법 §93의 2, 영 §62의 2)

개정개요

개정 전	개정 후
□ 지방세 불복 지방자치단체 선정 대리인 신청대상 ○ 개인 ※ 영 §62-2 ② - (신청금액) 종합소득금액 5천만원 이하, 재산가액 5억원 이하 - (범위) 신청인, <u>배우자 합산 판단</u> ○ <신 설> - <u>법인 제외</u> ○ (청구·신청금액) <u>1천만원 이하</u>	□ 지방자치단체 선정 대리인의 신청 대상 확대 ○ 개인 - (현행과 같음) - <u>신청인</u> ※ 영 §62-2 ② 개정 ○ <u>법인 허용(신설)</u> - 시행령에서 요건* 규정(위임) * [매출액 <u>3억원 이하</u> / <u>자산가액 5억원 이하</u> ※ 요건 영 §62-2 ③ 개정(신설) ○ (청구·신청금액) <u>2천만원 이하</u> ※ 영 §62-2 ④ 개정

〈개정내용〉

○ 영세 납세자(개인·법인)의 권리구제를 지원하기 위해 **청구·신청 기준금액 상향**(1천만원 → 2천만원)하고, 지자체 선정 대리인의 **신청요건 확대** 필요

① (개인) 배우자 재산·소득 합산 제외

② (법인) 영세법인 허용(매출액 3억 이하, 자산가액 5억 이하)

〈적용요령〉

○ 2025. 1. 1. 이후 지자체 선정 대리인의 선정을 신청하는 경우부터 적용

참고 **지방자치단체 선정 대리인 및 국선대리인 신청요건 비교**

구 분		지방자치단체 선정 대리인		국선대리인
청구 대상		과세전적부심, 이의신청		과세전적부심, 이의신청, 심사·심판청구
청구액 (영 §62-2)		〈개정 전〉	〈개정 후〉*	5천만원 이하
		1천만원 이하	<u>2천만원 이하</u> ※ 영 §62-2 ④ 개정	
신청 요건 (법 §93-2, 영 §62-2)	개인	〈개정 전〉	〈개정 후〉*	<좌 동>
		보유재산 5억원, 종합소득금액 5천만원 이하	〈개정 없음〉	
		신청인과 배우자 합산 판단	<u>신청인만 판단</u> ※ 영 §62-2 ② 개정	신청인 재산·소득
	법인	〈개정 전〉	〈개정 후〉*	
		- ※ 법 §93-2 ① 개정	수입금액 3억원, 자산가액 5억원 ※ 영 §62-2 ③ 개정	수입금액 3억원, 자산가액 5억원

구 분	지방자치단체 선정 대리인	국선대리인
보유재산 범위	부동산, 승용차, 회원권	부동산, 승용차, 골프·콘도회원권, 전세금, 주식·출자지분
적용 세목	담배·지방소비세, 레저세 제외	상속·증여세, 종합부동산세 제외
통 지	신청받은 날부터 7일 이내 결과통지	신청받은 날부터 5일 이내 결과통지

* 청구액, 신청요건 등 구체적 선정기준은 시행령 개정 사항

❽ 지방세 운영에 대한 포상금 등 지원 근거 마련 (법 §150 ③, 영 §92의 2)

개정개요

개정 전	개정 후
□ 지방세 운영에 대한 지도 등 ○ <신 설>	□ 지방세 운영에 대한 포상금 등 지원 근거 마련 ○ 지방세의 부과·징수 등에 공적이 있는 자에게 **포상금 지급 근거 신설**

〈개정내용〉

○ 지방세제 합리화 및 자주재원 확충 강화 등 **정책**에 **적극 기여**하고 자치단체 간 건전한 경쟁을 유도하기 위해 지방세의 부과·징수 등에 공적이 있는 자치단체·공무원에 대한 **포상금 지급 근거 신설**

※ 지방행정제재·부과금에 관한 법률(법 §22의 2 ⑤, 영 §21 ④) 포상 근거 有

〈적용요령〉

○ 2025. 1. 1.부터 적용

Ⅱ 지방세기본법 시행령 개정내용

❶ 공시송달 요건 보완(영 §18)

개정개요 ※ 국세일치(2023. 2. 28. 시행)

개정 전	개정 후
□ 공시송달 요건	□ 공시송달 요건 보완
○ (법) 주소·영업소가 국외에 있고 송달하기 곤란한 경우 ○ (법) 주소·영업소가 분명하지 아니한 경우 ○ (영) 우편으로 송달하였으나 반송되어 납기 내 송달이 곤란한 경우	○ (현행과 같음)
○ (영) 2회 이상 납세자 방문하였으나 받을 사람이 없어 납기 내 송달이 곤란한 경우	○ (현행과 같음)
– 처음과 마지막 방문일 사이의 기간이 3일 이상이어야 하며,	– (현행과 같음)
– 기간계산시 <u>공휴일 및 토요일</u>은 산입하지 않음	– 기간계산시 <u>공휴일</u>, **<u>대체공휴일</u>**, <u>토요일</u> 및 **<u>일요일</u>**은 산입하지 않음

〈개정내용〉

○ 공시송달은 **2회 이상 방문송달**하였으나 **납기 내 송달하기 어려운 경우** 등에 가능하며,

– 이 경우 2회 이상 방문은 처음과 마지막 방문일의 기간이 3일 이상(공휴일 및 토요일은 미포함)이어야 함.

○ **처음과 마지막 방문송달 기간계산** 시 **대체공휴일, 일요일**을 **산입하지 않도록** 명시하여 **공시송달의 요건**을 **명확화**

〈적용요령〉

○ 2025. 1. 1.부터 적용

② 지방소득세 환급가산금 기산일 규정 합리화(영 §43 ①)

개정개요

개정 전	개정 후
□ 지방소득세 환급가산금 기산일 규정	□ 환급가산금 기산일 합리화
※ 아래 구분에 따른 날의 다음날	
○ 지자체장 결정·경정한 날부터 30일이 지난날	
– 지방소득세 경정청구 없이 세무서장 결정·경정 자료 등에 따라 환급	– <u><삭 제></u>
– 법인지방소득세 특별징수세액 환급 – 분식회계 법인 해산시 환급	○ (현행과 같음)

〈개정내용〉

○ 지방소득세에 대한 경정청구 없이 세무서장 또는 지방국세청장이 결정하거나 경정한 자료에 따라 지방소득세를 환급하는 경우,

– **환급가산금 기산일**을 '지자체장 결정·경정일로 30일이 지난 날'의 다음날로 하던 것을 **'납부일'의 다음날로 변경**

〈국세 및 지방소득세 환급가산금 기산일 개정 내용〉

구 분	국세(소득세·법인세)		지방세(지방소득세)		
	착오납부, 이중납부 등에 따른 경정	납세자 경정청구 (세무서)	착오납부, 이중납부 등에 따른 경정	납세자 경정청구 (지자체)	세무서장 경정 자료
2022. 1. 1. 이후~현재	납부일		납부일		지자체장 결정일로부터 30일이 지난 날
개정안	**납부일**		**납부일**		**납부일**

〈적용요령〉

○ 2025. 1. 1. 이후 지방세환급금을 결정하거나 경정하는 경우부터 적용

❸ 납세자보호관의 납세보호 업무 추가(영 §51의 2)

개정개요

개정 전	개정 후
□ 납세자보호관의 업무	□ 납세자보호관의 업무 추가
○ 지방세 관련 고충민원의 처리, 세무상담 등에 관한 사항 ○ 세무조사·체납처분 등 권리보호요청에 관한 사항 ○ 납세자권리헌장 준수 등에 관한 사항 ○ 세무조사 기간 연장 및 연기에 관한 사항	○ (현행과 같음)
○ <신 설>	○ <u>지자체 선정 대리인 운영에 관한 사항(신설)</u>
○ 그 밖에 조례로 정하는 사항	○ (현행과 같음)

〈개정내용〉

○ **납세자보호관**은 지방세 관련 고충민원의 처리, 세무상담, 세무조사 기간 연장에 관한 **납세자 권리보호**와 관련된 사항 등 **업무**를 **수행**

– 불복시 납세자를 대리하는 **선정 대리인**은 **불복 업무를 대리 수행**하기에 **세정부서와 이해관계**가 **상충**하고, 이에 따라 **납세자**에게 적극적인 **제도 안내·홍보** 등이 **미흡**

○ 납세자보호관의 업무 범위에 선정 대리인 운영 업무를 추가

– **납세자보호관**이 종전 납세자보호 업무 외에 필요한 경우 **지자체 선정 대리인을 지원**할 수 있도록 하여 **맞춤형 도움**(고충민원 처리, 세무상담 등) 서비스 제공

참고 **조례 개정 검토 추진(각 지자체 납세자 보호에 관한 조례)**

• (현황) 각 지자체 납세자 보호에 관한 조례 중 납세자보호관의 업무에 대해 규정 중

• (개정 검토) <u>납세자보호관의 업무</u>에 <u>법 제93조의 2에 따른 지방자치단체 선정 대리인의 운영에 관한 사항</u> 신설 검토

〈적용요령〉

○ 2025. 1. 1.부터 적용

❹ 과세전적부심사 접수, 심사기간 계산 등의 준용 규정 신설 (영 §58 ⑦)

개정개요

개정 전	개정 후
□ 과세전적부심사 접수, 처리 절차	□ 과세전적부심사 접수, 처리 절차 준용 규정(신설)
○ <신 설> ※ 이의신청 관련 §59 ②, ③과 동일("이의신청" → "과세전적부심사")	○ (제출·접수) 청구서가 다른 기관·처분청에 접수된 경우 과세전적부심사기관에 접수한 것으로 간주 - (이송) 다른 기관·처분청이 접수한 경우 정당한 과세전적부심사기관에 이송
○ <신 설> ※ 이의신청 관련 §59 ④과 동일	○ (심사기간의 계산) 정당한 과세전적부심사기관이 청구서를 이송받은 날
○ <신 설> ※ 이의신청 관련 §59 ⑤, ⑥과 동일	○ (의견서의 제출) 과세전적부심사기관이 시·도지사인 경우 제출받은 청구서를 지체없이 처분청에 송부 - 처분청은 의견서*를 10일 이내에 송부 * 처분의 근거·이유 및 그 사실을 증명할 서류, 청구인이 제출한 증거서류 및 증거물, 그 밖의 심리자료 모두를 첨부

〈개정내용〉

○ 시·도지사가 접수해야 할 **과세전적부심사** 청구서가 **처분청에 접수**된 경우 **운영 기준**이 **부재**

※ 이의신청시 절차 규정(영 §59 ②~⑥)에 준하여 처리 중

○ 과세전적부심사 청구서 접수·이송·심사기간의 계산, 의견서의 제출 등에 관해 **이의신청 접수 시 처리 기준**(영 §59 ②~⑥)를 준용하여 **일관된 운영기준 마련**

※ 심판청구의 경우 역시 접수·이송·청구기간의 계산, 의견서의 제출 등에 대해 지방세기본법 시행령 제59조(②~⑥)를 준용하고 있음을 고려

〈적용요령〉

○ 2025. 1. 1. 당시 과세전적부심사기관이 아닌 다른 기관에 과세전적부심사 청구서가 접수·제출되어 있는 경우도 포함하여 적용

❺ 지방자치단체 선정 대리인 신청 대상 확대(법 §93의 2, 영 §62-2)

개정개요

개정 전	개정 후
□ 지방세 불복 지방자치단체 선정 대리인 신청대상	□ 지방자치단체 선정 대리인의 신청 대상 확대
○ 개인 ※ 영 §62-2 ② - (신청금액) 종합소득금액 5천만원 이하, 재산가액 5억원 이하 - (범위) 신청인, <u>배우자 합산 판단</u>	○ 개인 - (현행과 같음) - <u>신청인</u> ※ 영 §62-2 ② 개정
○ <신 설> - <u>법인 제외</u>	○ <u>법인 허용</u> - 시행령에서 요건* 규정(위임) * [<u>매출액 3억원 이하</u> / <u>자산가액 5억원 이하</u> ※ 요건 영 §62-2 ③ 개정(신설)
○ (청구·신청금액) <u>1천만원 이하</u>	○ (청구·신청금액) <u>2천만원 이하</u> ※ 영 §62-2 ④ 개정

〈개정내용〉

○ 영세 납세자(개인·법인)의 **권리구제**를 **지원**하기 위해 **청구·신청 기준 금액 상향**(1천만원 → 2천만원)하고, 지자체 선정 대리인의 **신청요건 확대 필요**

① **(개인) 배우자 재산·소득 합산 제외**

② **(법인) 영세법인 허용**(매출액 3억 이하, 자산가액 5억 이하)

〈적용요령〉

○ 2025. 1. 1.부터 적용

❻ 지방세 운영에 대한 포상금 등 지원 근거 마련 (법 §150 ③, 영 §92의 2)

개정개요

개정 전	개정 후
<신 설>	□ 지방세 운영에 대한 포상금 등 지원 근거 마련(신설) ○ 지방세의 부과·징수 등에 공적이 있는 자에게 포상금 지급 근거 신설

〈개정내용〉

○ 지방세제 합리화 및 자주재원 확충 강화 등 **정책에 적극 기여**하고 자치단체 간 건전한 경쟁을 유도하기 위해 지방세의 부과·징수 등에 공적이 있는 자치단체·공무원에 대한 **포상금 지급 근거 신설**

※ 지방행정제재·부과금에 관한 법률(법 §22의 2 ⑤, 영 §21 ④) 포상 근거 有

〈적용요령〉

○ 2025. 1. 1.부터 적용

❼ 인용조문 개정에 따른 정비(영 §78 ③·§95 ⑥)

개정개요

개정 전	개정 후
□ 납세관리인 지정시 통지 ○ 납세자관리인 지정 관련 인용 조문(법 제135조 제3항·제5항)	□ 납세관리인 지정시 통지(조문정비) ○ 납세자관리인 지정 관련 인용 조문 정비(법 제139조 제3항·제5항)
□ 한국지역정보개발원의 민감정보 및 고유식별정보 처리 ○ 지방세 정보화 업무 위탁(한국지역정보개발원) 관련 인용 조문(법 제135조 제5항)	□ 한국지역정보개발원의 민감정보 및 고유식별정보 처리(조문정비) ○ 지방세 정보화 업무 위탁(한국지역정보개발원) 관련 인용 조문(법 제135조 제7항)

〈개정내용〉

○ **인용 조문**을 **개정**하여 **종전과 동일**하도록 규정

① **(납세관리인 선정 관련)** 납세관리인 관련 규정이 개정(법 §135→§139)

② **(한국지역정보개발원 업무 위탁 관련)** 지방세와 관련된 정보화 업무를 한국지역정보개발원에 위탁할 수 있는 근거 규정이 개정(법 §135 ⑤→§135 ⑦)

〈적용요령〉

○ 2025. 1. 1.부터 적용

Ⅲ 지방세기본법 시행규칙 개정내용

❶ 재산세 토지분 과세내역 서식(부표) 신설(규칙 별지 제49호)

개정개요

개정 전	개정 후
□ 지방세 세목별 과세증명서 과세내역 서식 ○ <신 설>	□ 지방세 세목별 과세증명서 과세내역 서식 추가(신설) ○ 세목별 과세내역서(별지 제49호 서식)의 부표로 재산세 토지분 과세내역서 추가

〈개정내용〉

○ 납세자가 물건별 세액과 관련된 납세 사실을 확인·발급받을 수 있도록 **재산세 토지분 과세내역서를 법정서식**(지방세기본법 시행규칙 별지 제49호 서식 부표)으로 **신설**

※ **국민권익위원회** 제도개선안 '재산세 토지분 과세내역 확인 국민불편 해소방안' 중 하나로 **지방세 세목별 과세증명서** 양식에 **'물건지별 과세내역서'를 법정 서식으로 변경**하도록 권고(2024. 6.)

❖ 세목별 과세증명서

– 지방세기본법에서 지방세 세목별 과세증명서는 납세자가 본인의 납세와 관련 정보 등을 요구하는 경우에 발급하는 증명서로 규정(법 §87 ①, 영 §57 ①, 규칙 §33)

– 납세자가 재산세 과세증명서 물건지별 과세내역서*를 요청하는 경우 법정 서식이 아닌 과세증명서의 부속서류(별지) 형태로 별도 제공 중

※ '재산세(토지) 과세내역'을 '지방세 납세증명서 등 발급 매뉴얼'에 따라 지방세 세목별 과세증명서에 딸린 서식으로 발급(2017. 5. 23. 시행)

* 필지명, 토지형태, 취득일, 지목, 면적, 세액(재산세, 지방교육세, 물건별 총액 및 종합합산·별도합산·분리과세 세액) 등을 기재

〈적용요령〉

○ 2025. 1. 1.부터 적용

❷ 과세전적부심사청구서 · 이의신청서 서식 보완
(규칙 별지 제53 · 56호)

개정개요

개정 전	개정 후
□ 과세전적부심사청구서 및 이의신청서 서식 ○ 불복청구 심의자료 사전열람제도, 지자체 선정대리인 제도 관련 안내 사항 없음.	□ 과세전적부심사청구서 및 이의신청서 서식 보완 ○ 불복청구 심의자료 사전열람제도, 지자체 선정대리인 제도 관련 안내 사항 추가

〈개정내용〉

○ 과세전적부심사청구서(별지 제53호 서식) 및 이의신청서(별지 제56호 서식) 서식에 **불복청구 심의자료 사전열람제도** 및 **지방자치단체 선정대리인 제도 안내 문구 추가**

〈적용요령〉

○ 2025. 1. 1.부터 적용

❸ 과세자료 제출범위 정비(영 별표 3, 규칙 별표 2 등)

1 과세자료 제출 범위 관련 추가 보완 필요사항

개정개요

개정 전	개정 후
□ 과세자료 제출 범위 관련 추가 · 삭제 등 보완 필요사항 ○ 시행령(별표 3) 반영 ※ 2023. 3. 14. 개정 ○ 시행규칙(별표 2) 未반영	□ 과세자료 제출 범위 관련 추가 · 삭제 등 보완 필요사항 조치 ○ 시행규칙(별표 2) 반영

〈개정내용〉

○ 정비 필요사항 반영 및 시행규칙 개선(2024. 3. 14. 시행령(별표 3) 개정사항 반영)

【시행규칙 별표 2 개정】

번 호	과세자료 제출근거	과세 자료명	제출서식	비 고
~~3~~	~~영 별표 3 제3호~~	~~「감정평가 및 감정평가사에 관한 법률」 제21조에 따른 감정평가사무소의 개설신고 등에 관한 자료~~	~~별지 제100호 서식~~	삭제

번 호	과세자료 제출근거	과세 자료명	제출서식	비 고
3	영 별표 3 제3호	「개발제한구역의 지정 및 관리에 관한 특별조치법」 제3조에 따른 개발제한구역의 지정 및 해제에 관한 자료	별지 제101호 서식	연번 조정
… (제3호 ~ 제95호) …				
96	영 별표 3 제96호	「민사집행법」 제83조 및 제149조에 따른 경매개시결정 및 배당표의 확정 등에 관한 자료	별지 제200호 서식 및 별지 제201호 서식	
103	영 별표 3 제103호	「법무사법」 제34조에 따른 법무사법인의 설립 인가에 관한 자료	별지 제207호 서식	수정
159	영 별표 3 제159호	「물환경보전법」 제33조에 따른 폐수배출시설의 설치 허가 및 신고에 관한 자료	별지 제269호 서식	

〈적용요령〉

○ 2025. 1. 1.부터 적용

2 보훈보상대상자 과세자료 제출 추가

개정개요

<table>
<tr><th>개정 전</th><th>개정 후</th></tr>
<tr><td>
□ 국가유공자 과세자료 제출
○ <신 설>

– 영 별표 3
<table><tr><th rowspan="2">번호</th><th colspan="2">과세자료</th></tr><tr><th>구체적인 범위</th><th>제출기관</th></tr><tr><td>46</td><td>국가유공자</td><td>국가보훈부</td></tr></table>
– 규칙 별표 2
<table><tr><th rowspan="2">번호</th><th colspan="2">과세자료</th></tr><tr><th>구체적인 범위</th><th>제출서식</th></tr><tr><td>47</td><td>국가유공자</td><td>별지 149호</td></tr></table>
</td><td>
□ 보훈보상대상자 등 추가
○ 보훈보상대상자 감면 신설에 따라 과세자료 제출 대상 추가 및 관련 서식 개정(별지 149호)
– 영 별표 3
<table><tr><th rowspan="2">번호</th><th colspan="2">과세자료</th></tr><tr><th>구체적인 범위</th><th>제출기관</th></tr><tr><td>46</td><td>국가유공자
<u>보훈보상대상자 등</u></td><td>국가보훈부</td></tr></table>
– 규칙 별표 2
<table><tr><th rowspan="2">번호</th><th colspan="2">과세자료</th></tr><tr><th>구체적인 범위</th><th>제출기관</th></tr><tr><td>46</td><td>국가유공자
<u>보훈보상대상자 등</u></td><td>별지 149호</td></tr></table>
</td></tr>
</table>

〈개정내용〉

○ 보훈보상대상자에 대한 지방세 감면을 신설(2024년 시행)에 따라 과세행정 편의를 위해 지방세 과세자료 제출 범위 등을 추가

※ 보훈보상대상자 지방세 감면 신설

- **(근거)** 지방세특례제한법 제29조 제4항
- **(감면내용) 보훈보상대상자 등**이 취득 또는 소유하는 **차량**에 대해 **취득세 · 자동차세**를 **경감(50%)**하도록 **감면규정 신설**

  ※ 2024. 1월 취득하는 차량부터 취득세, 6월 정기분 자동차세 감면 적용 중
- **(감면대상)** 보훈보상* 및 지원대상**상이등급 1~7급 판정받은 사람

  * 국가 수호 · 안전보장, 국민 생명 · 재산 보호 무관 업무 · 교육 중 상이자 (보훈보상지원법 §2 ①)

  ** 유공자 요건을 갖춘 자 중 본인 과실 등으로 사망 · 상이자(법률 제11041호 개정법률 부칙 §19)

〈적용요령〉

○ 2025. 1. 1.부터 적용

3 주민세(사업소분) 중과대상 사업소 과세자료 제출 추가

개정개요

개정 전	개정 후
<신 설>	□ 중과대상 사업소에 대한 과세자료 제출 근거 신설 ○ 「환경오염시설의 통합관리에 관한 법률」(이하 「환경오염시설법」) 제6조에 따른 배출시설 등의 허가 등에 관한 자료

〈개정내용〉

○ 주민세(사업소분)은 「환경오염시설법」에 따른 **개선명령 · 조업정지 · 사업중지 · 폐쇄명령**을 받은 사업소에 대하여 **중과**토록 규정

○ 「환경오염시설법」에 따른 개선명령 등을 받은 사업소를 **과세자료 제출 대상에 추가**하여 과세자료 제출 정례화

 – **(제출범위)** 「환경오염시설법」에 따른 개선명령 등을 받은 사업소에 관한 자료 중 행정안전부장관이 정하는 납세 관리에 필요한 정보

 – **(제출시기)** 매년 7월 5일

〈적용요령〉

○ 2025. 1. 1.부터 적용

2025년도 시행 지방세징수법 및 하위법령 개정내용(적용요령)

◀ 목 차 ▶

I 지방세징수법 개정내용

① 취득자격이 없는 자의 압류재산 매수 제한(법 §77)

개정개요 ※ 2023년 국세일치

개정 전	개정 후
□ 압류재산 매수인의 제한 ○ 체납자 ○ 세무공무원 ○ 매각 부동산을 평가한 감정평가법인 등 ○ <신 설>	□ 제한 범위 확대 ○ (현행과 같음) ○ 다른 법령에 따른 재산 취득에 필요한 자격을 갖추지 못한 자 추가

〈개정내용〉

○ 압류재산 매수인의 제한범위에 '다른 법령에 따라 재산 취득에 필요한 자격을 갖추지 못한 자'를 포함(법 §77 ②)

〈적용요령〉

○ 그간 「지방세관계법 운영 예규」로 운영하고 있는 사항을 명확화한 것으로, 종전과 동일하게 적용

② 공매 매각결정 기일 변경 근거 신설(법 §92)

개정개요 ※ 2023년 국세일치

개정 전	개정 후
□ 매각결정 기일 ○ 개찰일부터 7일 이내 ○ <단서 신설>	□ 매각결정 기일 변경 허용 ○ (현행과 같음) ○ 공매낙찰자가 매각재산의 취득 자격을 갖추기 위해 필요한 경우 변경* 허용 – 7일 + 10일 = 최대 17일 * 10일 이내, 1회에 한정

〈개정내용〉

○ 낙찰자가 매수인이 되기 위하여 다른 법령에 따라 갖추어야 할 자격을 갖추지 못한 경우, **10일 이내**의 범위에서 **매각결정 기일을 연기**(1회에 한정)할 수 있는 **근거 마련**(법 §92 ②)

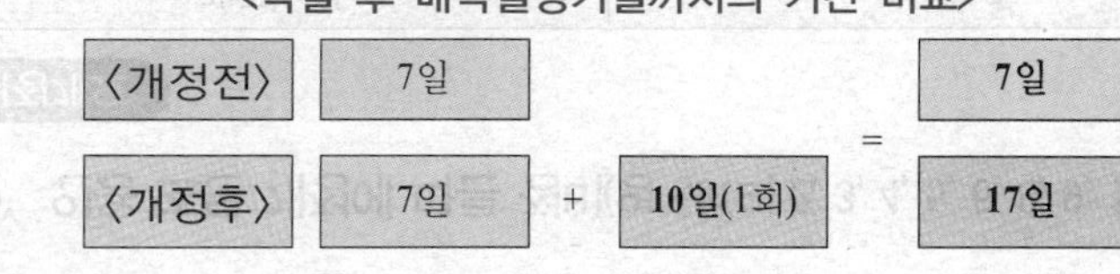

〈적용요령〉

○ 개정규정은 2025. 1. 1. 이후 **공매공고하는 경우**부터 적용

③ 체납처분 중지 절차 완화(법 §104)

개정개요

개정 전	개정 후
□ 체납처분 중지 절차 ○ 지방세심의위원회 심의 후 → 1개월간 공고	□ 체납처분 중지 절차 보완 ○ 지방세심의위원회 심의 (공고 절차 생략)

〈개정내용〉

○ **체납처분 중지 사유**에 **해당**하면 지방세심의위원회 심의 후 체납처분을 중지하도록 하고 **1개월간 공고 절차**는 **생략**하도록 개정(법 §104③)

〈적용요령〉

○ 개정규정은 2025. 1. 1. 이후 **체납처분의 집행을 중지하려는 경우**부터 적용

Ⅱ 지방세징수법 시행령 개정내용

① 인용 조문 개정에 따른 정비(영 §91의 2, 3, 4, 5, 6, 8, 9, 10, 11, 12)

개정개요

개정 전	개정 후
□ 공매등의 대행 ○ (인용조문) **제103조의 2**	□ 공매등의 대행 ○ (인용조문) **제103조의 3**
□ 전문매각기관의 매각대행 ○ (인용조문) **제103조의 3**	□ 전문매각기관의 매각대행 ○ (인용조문) **제103조의 4**
□ 공매 매수대금 ○ (인용조문) **제92조 제3항**	□ 공매 매수대금 ○ (인용조문) **제92조 제4항** ※ 위임 근거법률 현행화

〈개정내용〉

○ 「지방세징수법 시행령」에서 인용 중인 법률 조문을 변경하여 **위임 근거 법률 조문을 현행화**

시행령	인용조문	
	개정 전	개정 후
§91의 2, 3, 4, 5, 6, 8, 9, 10	법 제103조의 2	법 제103조의 3
§91의 11, 12	법 제103조의 3	법 제103조의 4
§91의 6	법 제92조 제3항	법 제92조 제4항

〈적용요령〉

○ 개정규정은 2025. 1. 1.부터 시행

❷ 법률 개정사항 반영, 시행령 조문 정비(영 §92)

개정개요

개정 전	개정 후
□ 체납처분 집행의 중지와 공고 ○ 법 제104조 제3항에 따른 체납처분 집행 중지 공고에 관한 사항 규정	□ 체납처분 집행의 중지와 공고 ○ 체납처분 집행 중지 공고에 관한 규정 삭제

〈개정내용〉

○ 「지방세징수법」 개정사항*을 반영하여 체납처분의 중지와 **공고**와 **관련**된 시행령 **조문 삭제**

* 체납처분 중지사유에 해당하면 지방세심의위원회 심의 후 체납처분을 중지하도록 하고 1개월간 공고절차를 생략하도록 개정

〈적용요령〉

○ 개정규정은 2025. 1. 1.부터 시행

Ⅲ 지방세징수법 시행규칙 개정내용

❶ 지방세 납세증명(신청)서 서식 개선(규칙 §2, 별지 제1호)

개정개요

개정 전	개정 후
□ 지방세 납세증명(신청)서 서식 ○ (서식 본문) 징수유예등 또는 체납처분유예액*을 제외하고는 다른 체납액이 없음을 증명 * 「지방세징수법 시행령」 제2조 각 호의 내용 중 가장 빈번하게 발생하는 제1호의 내용만 기재	□ 지방세 납세증명(신청)서 서식 ○ (서식 본문) 「지방세징수법 시행령」 제2조 각 호*를 제외하고는 다른 체납액이 없음을 증명 * 1. 징수유예등 또는 체납처분유예액 2. 회생계획에 따른 징수유예액 3. 수탁자의 물적납세의무와 관련한 재산세등 체납액 4. 양도담보권자의 물적납세의무와 관련한 체납한 징수금 5. 종중 재산의 명의수탁자가 물적 납세의무와 관련하여 체납한 징수금 6. 체납액 징수특례를 적용받은 개인 지방소득세 체납액 ○ (서식 본문 표 추가) 물적납세의무 체납 명세를 표기할 수 있는 표 추가

〈개정내용〉

○ 지방세 납세증명(신청)서 서식의 본문 내용이 근거 법령을 명확하게 반영할 수 있도록 개선

○ 물적납세의무 내역을 작성할 수 있도록 서식(표)을 추가

〈적용요령〉

○ 개정 서식은 2025. 1. 1.부터 시행

② 징수유예 등 신청서 서식 개선(규칙 §17, 별지 제26호)

개정개요

개정 전	개정 후
□ 징수유예 등 신청서 서식 ○ (서식 본문 표기) '납부할 <u>체납액</u>의 내용' '징수유예등(체납처분유예)을 받으려는 <u>지방세</u>'	□ 징수유예 등 신청서 서식 ○ (서식 본문 표기) '납부할 <u>지방세(체납액)</u>의 내용' '징수유예등(체납처분유예)을 받으려는 <u>지방세(체납액)</u>'

〈개정내용〉

○ "징수유예 등 신청서" 서식(별지 제26호)의 일부 표기를 근거 법령(영 §32)에 맞춰 개정

- '납부할 체납액의 내용' → '납부할 지방세(체납액)의 내용'으로 변경

※ 서식에는 '납부할 체납액의 내용'으로 기재되어 있으나 근거 법령에는 '납부할 지방세의 과세연도 · 세목 · 세액 및 납부기한'으로 규정

〈적용요령〉

○ 개정 서식은 2025. 1. 1.부터 시행

2025년도 시행 지방세법 및 하위법령 개정내용(적용요령)

◀ 목 차 ▶

1. 취득세 개정내용

Ⅰ 지방세법

❶ 차량 상속 취득세 비과세 인정기한 기한 연장(법 §9 ⑦)

개정개요

개정 전	개정 후
□ 상속차량 취득세 비과세를 위한 말소등록 기한 ○ 상속개시일부터 3개월 內	□ 상속차량 취득세 비과세를 위한 말소등록 기한 연장 ○ 상속개시일부터 6개월 內 – 단, 외국에 주소를 둔 상속인이 포함된 경우는 9개월 內

〈개정내용〉

○ **차량 취득세 비과세 사유** 중 차령초과로 사실상 사용할 수 없는 경우 등의 **말소등록 기한을 취득세 신고 · 납부 기한***과 **일치**

* 상속개시일이 속하는 달의 말일부터 6개월(외국에 주소를 둔 상속인이 있는 경우에는 9개월)

※ 「자동차등록령」상 상속 차량 말소등록 신청기간도 당초 상속개시일부터 3개월 내에서 6개월로 연장(2024. 6. 18. 개정)

〈적용요령〉

○ 개정 규정에 따라 **2025년 1월 1일 이후 신고**하는 경우부터 **적용**하되,

- **이 법 시행 전**에 **상속**이 **개시**된 경우 2025. 1. 1. 당시 **상속개시일이** 속하는 달의 말일부터 6개월(외국에 주소를 둔 상속인이 있는 경우 9개월)이 지나지 아니한 경우에도 적용

Ⅱ 지방세법 시행령

❶ 유사부동산 시가인정액 확장평가기간 마련(영 §14 ⑤ · ⑥ 등)

개정개요

개정 전	개정 후
□ 무상취득시 과세표준	□ 유사부동산 시가인정액 확장평가기간 신설
○ (원칙) 아래 기간의 해당 물건 매매사례가액 등 ❶ (평가기간) 취득일 전 6개월~취득일 후 3개월 ❷ (확장 평가기간) 취득일 전 2년~취득세 신고납부기한 후 6개월 ※ '❶ 기간' 내 매매사례가액 등이 없는 경우 '❷ 기간'으로 확장해서 적용	○ (현행과 같음)
○ (예외) 아래 기간의 유사부동산 매매 등 가액 ❶ (평가기간) 취득일 전 1년~취득세 신고납부기한	○ (현행과 같음)
❷ < 신 설 >	❷ (확장 평가기간) 취득일 전 2

개정 전	개정 후
	년~취득세 신고납부기한 ※ '❶ 기간' 내 매매 등 가액이 없는 경우 '❷ 기간'으로 확장해서 적용

〈개정내용〉

○ 유사부동산의 경우에도 평가기간 內 시가인정액이 없을 경우 **확장된 평가기간 내의 가액을 적용**할 수 있도록 근거 규정을 마련

- **취득일 전 2년 ~ 취득세 신고납부기한 내**의 매매사례가액 등을 사용

〈적용요령〉

○ 「취득세 과세표준 체계 개선에 따른 운영 매뉴얼」(2023. 1. 31.)에 旣 포함된 내용을 반영한 것으로 **종전**과 **동일**하게 **적용**

❷ 정비사업의 토지분 취득세 과세표준 경과조치(부칙) 마련 (대통령령 제33325호, 2023. 3. 24., 제3조의 2 신설)

개정개요

개정 전	개정 후
□ 정비사업 조합 등의 일반분양분 토지 · 토지지분 증가분 과세표준	□ 정비사업 조합 등의 일반분양분 토지 · 토지지분 증가분 과세표준 경과조치(부칙) 특례 신설
○ (과세표준) 분양가액 ※ 공시지가→분양가액 개정(2023. 3. 14.)	○ (과세표준) 현행과 같음
○ (시행시기) 2023. 3. 14. 이후 납세의무 성립분*부터 적용 * 조합 : 소유권이전고시일 조합원 : 잔금지급일	○ (시행시기) 현행과 같음
○ <부칙 특례 신설>	○ (과세표준) 공시지가와 분양가액 중 적은 가액 ○ (대상) 2023. 3. 14. 前 관리처분계획 인가 등을 받은 정비사업에 한하여 적용 ※ 2023. 3. 14. 이후 취득하는 토지에 대해 적용

〈개정내용〉

○ 정비사업조합*이 취득하는 비조합원용 부동산 또는 체비지 · 보류지 및 재건축조합원의 토지 지분 증가분에 대한 취득세 과세표준 적용시,

- 해당 개정령 **시행**(2023. 3. 14.) **前 관리처분계획인가를 받은 사업**은 **'분양가액'**과 **'공시지가'**로 계산한 과세표준 중 **적은 가액**으로 적용

* 재건축·재개발·도시개발사업조합, 소규모주택정비사업조합, 주택조합

〈적용요령〉

○ 개정 규정은 **2023년 3월 14일 前 관리처분계획인가 등을 받은 정비사업**은 **'공시지가'**와 **'분양가액'** 중 **적은 가액**을 적용(**소급**)

<(예시) 재건축 조합원 및 조합의 과세표준 적용>

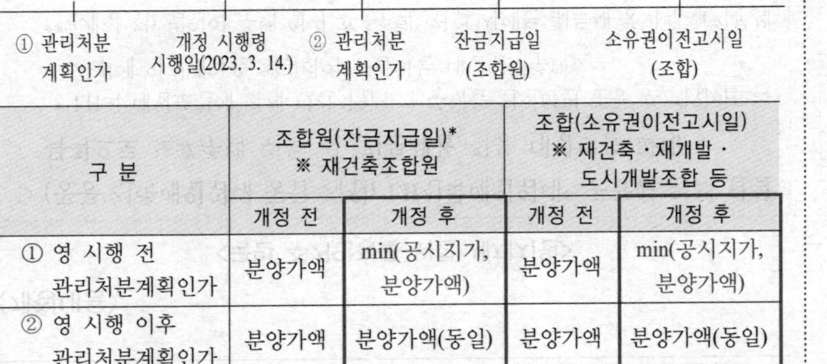

구 분	조합원(잔금지급일)* ※ 재건축조합원		조합(소유권이전고시일) ※ 재건축·재개발·도시개발조합 등	
	개정 전	개정 후	개정 전	개정 후
① 영 시행 전 관리처분계획인가	분양가액	min(공시지가, 분양가액)	분양가액	min(공시지가, 분양가액)
② 영 시행 이후 관리처분계획인가	분양가액	분양가액(동일)	분양가액	분양가액(동일)

* 재개발사업 또는 도시개발사업에 따른 조합원의 경우에는 「지방세특례제한법」(법률 제19232호, 2023. 3. 14.) 부칙 제11조에 따른 경과규정 적용. 다만, 2023. 1. 1.~2023. 3. 13. 환지계획 인가 또는 관리처분계획인가를 받은 경우에는 동 개정 규정(특례) 적용

❸ 다주택자 등 중과배제 및 주택 수 제외 확대(영 §28의 2·4 등)

개정개요

개정 전	개정 후
□ 중과배제 주택	□ 대상 확대
❶ LH 등 공공매입임대주택 공급 목적으로 취득하는 주택	❶ LH 등 공공신축매입임대(주거용오피스텔) 공급목적으로 취득하는 주택도 포함 8.8대책
❷ 주택신축판매업자 중과배제 – 취득 후 1년 內 멸실 – 취득 후 3년 內 신축 – 취득 후 3년 內 판매	❷ 요건 완화 8.8대책 – (현행과 같음) – 취득 후 **5년** 內 판매
❸ 분할신설법인 취득 주택 – 미분양 주택	❸ 범위 확대 – 미분양 주택 + 수분양 주택
❹ <신 설>	❹ LH 등 매입 후 재공급 주택 – 「주택법」상 거주의무, 전매제한, 공급질서 위반 주택
□ 주택수 제외 주택	□ 기간 연장 및 적용 확대
❶ 소형주택 – 전용 60m², 수도권 6억·非수도권 3억 이하 – 다가구, 연립, 다세대, 도시형 생활주택, 주거용오피스텔 – 2024. 1. 10.~**2025. 12. 31.**	– (현행과 같음) – 2024. 1. 10.~**2027. 12. 31.**

개정 전	개정 후
기간 중 신축매입, 기축 매입임대	취득기한 **2년** 연장 8.8대책
❷ **주택신축판매업자 신축 · 보유** – 주거용 건물 건설업	❷ **업종 범위 확대** – 주거용 건물 건설업 + 주거용 건물 개발 및 공급업

〈개정내용〉

<국민 주거안정을 위한 세제지원>

○ **(공공 신축매입임대 공급 지원) LH신축매입임대*** 공급을 위해 **멸실** 목적으로 노후주택 취득 시, **기본세율** 적용 **대상****을 **확대**

* LH의 매입조건에 맞게 민간사업자가 주택을 건설하면 준공 후 매입하도록 사전에 약정계약을 체결하여 공급하는 매입임대주택

** (개정 전) 법인이 주택 철거 후 '주택' 건설 시에는 취득세 중과배제(기본세율 1~3% 적용)

(개정 후) 주택 철거 후 '주거용 오피스텔' 건설 시에도 취득세 중과배제(매입약정체결 증빙)

– 다만, 약정이 해제 · 해지된 경우 또는 그 약정에 따라 공공매입임대주택을 건설하지 않거나 양도하지 않는 경우는 제외

○ **(소규모 주택건설사업자 부담 완화) 주택신축판매업자**가 **신축 목적**으로 **멸실**을 위한 **주택** 구입 시 중과(12%)가 아닌 **기본세율**(1~3%)로 **적용**되는 **요건**을 **완화**

※ (개정 전) 1년 내 멸실+3년 내 신축 및 매각 → (개정 후) 1년 내 멸실+3년 내 신축+5년 내 매각

○ **(소형 非아파트 공급 지원) 신축 소형주택*** 구입, **기축 소형주택** 매입 · 임대 시 **주택 수**에서 **제외**하는 기간을 **2027. 12월까지 연장**(現~2025. 12.)

* 전용면적 60㎡ 이하 수도권 6억 · 비수도권 3억원(취득가격) 이하 다가구주택, 공동주택(아파트 제외), 도시형 생활주택, 주거용 오피스텔

<다주택자 · 법인 중과제도 개선>

○ **(분할신설법인 취득 주택)** 물적분할로 **분할신설법인**이 분할법인으로부터 **주택 취득시 기본세율 적용** 대상을 **확대**

– **판매목적 일시 소유**하는 **중과배제** 주택의 범위에 **분양완료 주택** 추가*

* (개정 전) 분할신설법인이 '미분양 주택'을 취득 시 중과배제(기본세율 1~3% 적용)

(개정 후) 분할신설법인이 '분양이 완료된 주택(수분양 주택)'을 취득하는 경우도 중과배제

○ **(LH 등 매입 후 재공급 주택) 「주택법」상 의무** 등 위반에 따라 **LH 등이 매입 후 재공급***하기 위해 취득하는 주택에 대해 **기본세율** 적용

* ① 거주의무(§57의 2), ② 전매제한(§64), ③ 공급질서 교란(§65) 위반시 LH가 해당주택 매입 후 부대비용(취득세, 재산세, 등기비용 등)을 포함하여 재공급

– 재공급 분양가 상승요인 억제로 **시세대비 저렴한 주택** 공급 지원*

* (개정 전) LH가 토지임대부 분양주택 공급 위해 주택 취득시 중과배제 (기본세율 1~3% 적용)

(개정 후) LH 등이 「주택법」에 따라 매입 후 재공급하는 주택 취득시에도 중과배제

○ **(주택 수 제외대상 합리화)** 기존 소유 **주택 수에서 제외**되는 범위에 **'주거용 건물 개발 및 공급업자'**가 신축하여 보유하는 주택 **추가**

– **주택신축판매업**을 영위하는 **유사 업종**간 주택 수 제외 **차이 해소**

* (개정 전) '주거용 건물 건설업' 사업자가 신축·보유 주택은 주택 수에서 제외

(개정 후) '주거용 건물 개발 및 공급' 사업자가 신축·보유하는 주택도 주택 수에서 제외

〈적용요령〉

○ 개정 규정은 2025년 1월 1일 **이후 납세의무가 성립**되는 경우부터 적용하되,

– 주택신축판매업자의 신축주택 판매기간 연장(3년 → 5년) 개정규정은 2021년 4월 27일부터 2024년 12월 31일까지의 기간 동안 멸실시킬 목적으로 취득한 주택에 대해서도 적용

* 멸실 1년, 신축 3년 규정은 기존과 동일(판매기간만 3년에서 5년으로 연장)

○ 신축·기축 소형주택의 주택 수 제외 관련 개정규정(제28조의 4 제2항 제1호·제2호 및 같은 조 제6항 제7호)은 **2028년 12월 31일**까지 적용 가능

<신축 소형주택 등 주택 수 제외 요건>

1) 신축 소형주택	2) 기축 소형주택
• 2024. 1. 10.~2027. 12. 31. 준공된 신축 주택을 같은 기간 내 취득	• 2024. 1. 10.~2027. 12. 31. 기간 중 기축 주택을 취득하고 임대 등록 (건축주로부터 최초 취득하는 경우 제외)
• 전용면적 60㎡ 이하, 취득가액 6억(지방 3억) 이하	
• 다가구, 연립, 다세대, 도시형 생활주택, 주거용 오피스텔	
• 주택 수 제외 기간: **~2028. 12. 31.까지**(개정 전 2026. 12. 31.까지)	

④ 주택 수 산정방법 및 기준일 보완(영 §28의 3 · 4)

개정개요

개정 전	개정 후
□ 분양권에 의한 주택 취득시 '1세대' 판단 시점 ○ <신 설>	□ 분양권에 의한 주택 취득시 '1세대' 판단 시점 명확화 ○ 주택 취득일 현재
□ 동일세대 간 분양권 증여·재취득 시 주택 수 판단시점 ○ 분양권 증여 계약일	□ 동일세대 간 분양권 증여·재취득 시 주택 수 판단시점 보완 ○ 1세대 내 동일한 주택분양권에 대한 취득일이 둘 이상인 경우 가장 빠른 주택분양권의 취득일

〈개정내용〉

○ '분양권'의 1세대 판단 시점을 **'분양권으로 인한 주택 취득 시기(주택 취득일 현재)'**로 명확화

○ 동일 분양권을 **세대 내 증여**하는 경우나 **타인**에게 **매매, 교환, 증여**한 후 해당 분양권을 **다시 취득**하는 경우의 **주택 수 판단**은,

– **'가장 빠른 주택분양권의 취득일**(분양권의 최초 취득일)'을 **기준**으로 **판단**하도록 개선

〈적용요령〉

○ 제28조의 3 제1항 관련 개정 규정은 분양권으로 인한 **주택 취득 시기**를 **명확화**하기 위한 조문으로서 **종전**과 **동일**하게 적용

○ 제28조의 4 제1항 후단 관련 개정 규정은 **2025. 1. 1. 이후 1세대에 속하지 않은 자**로부터 해당 **주택분양권**을 **취득**하는 경우부터 적용

〈 분양권 증여에 따른 취득세 적용 예시 〉

구분	2024. 3.	2025. 6.	2025. 7.	2026. 12.
2024. 12. 31.까지 분양권 최초 취득 ⇨종전규정 적용	남편 분양권계약 ※ 기존 소유 주택 2채	1개 주택 처분	분양권증여 (남편→아내)	주택잔금지급일 (세대판단 시점)
			주택 수 판단 시점 기존 소유 주택 1채 +아내 분양권 1	세율 1% (비조정 2주택) 적용

구분	2025. 3.	2025. 6.	2025. 7.	2026. 12.
2025년 이후 최초 취득 ⇨개정규정 적용	남편 분양권계약 ※ 기존 소유 주택 2채	1개 주택 처분	분양권증여 (남편→아내)	주택잔금지급일 (세대판단 시점)
	주택 수 판단 시점 기존 소유 주택 2채 +분양권 1			세율 8% (비조정 3주택) 적용

⑤ 합병 · 인적분할시 중과배제 관련 조문 정비(영 §28의 2 · 6 등)

개정개요

개정 전	개정 후
□ **합병 · 인적분할**에 따른 주택 취득 시 **중과배제 조문** ○ 무상취득 중과배제(§28의 6) ※ 「지방세법」 개정(2023. 3. 14.)으로 합병 · 분할 취득 시 유상취득으로 규정	□ **합병 · 인적분할**에 따른 주택 취득 시 **중과배제 조문 이관** ○ **유상취득 중과배제**(§28의 2)

〈개정내용〉

○ **법인의 합병 · 인적분할**로 취득하는 미분양주택의 **중과배제 조문 이관***

* (개정 전) 무상취득시 중과배제(§28의 6) → (개정 후) 유상취득시 중과배제(§28의 2)

〈적용요령〉

○ 개정 규정은 중과배제 조문 이관에 따른 조문 정비로서 **종전과 동일하게 적용**

Ⅲ 지방세법 시행규칙

❶ 유사부동산 확장평가기간 심의 절차 신설(규칙 §4의 3)

개정개요

개정 전	개정 후
□ 유사부동산 확장평가기간 심의절차 ○ <신 설>	□ **유사부동산 확장평가기간 지방세 심의위원회 심의절차 신설** ○ **(신청기간)** 신고 · 납부기한 만료일 前 70일까지 ○ **(통지기간)** 요청받은 날부터 50일 內

〈개정내용〉

○ 「지방세법 시행령」 개정사항*을 반영하여 심의 요청 시 세부 절차인 **기간 및 결과 통지 절차 마련**

* 증여 취득세 과세표준인 시가인정액 산정 시 유사부동산 확장평가기간 내 매매사례가액 등을 시가인정액으로 인정하여 줄 것을 심의요청할 수 있음(「지방세법 시행령」 제14조 제5항~제7항 개정, 2025. 1. 1. 시행)

– **(신청기간)** 취득세 신고 · 납부기한 만료일 전 70일까지 심의요청

– **(통지기간)** 요청을 받은 날부터 50일 이내 결과 서면 통지

〈적용요령〉

○ 유사부동산 확장평가기간 관련 개정 규칙은 시행일 이후 **납세의무가 성립하는 경우부터** 적용*

* 「취득세 과세표준 체계 개선에 따른 운영 매뉴얼」(2023. 1. 31.)에 旣 포함된 내용을 반영한 것으로 종전과 동일하게 적용 가능

❷ 상위 법령 개정에 따른 조문 정비(규칙 §4의 6 등)

개정개요

개정 전	개정 후
□ 상위법령 개정(2023. 12. 29. 등)에 따른 조문 변경 미반영	□ 상위법령 개정사항을 반영한 하위법령 현행화

〈개정내용〉

○ 상위법령 개정사항을 반영하여 **하위법령 또는 서식이 인용하고 있는 상위 법령의 조문 현행화**

관련 조항	주요내용	인용조문	
		개정 전	개정 후
규칙 §4의 6	행정안전부령으로 정하는 계약해제신고서	영 §20 ② 2호 다목	영 §20 ② 3호
규칙 §12의 2	증여세 통보를 위한 통보서 근거 법령	영 §38의 3	영 §38의 4
서식 별지 제1호의 3	계약해제 신고서 서식	규칙 §4의 4	규칙 §4의 6

〈적용요령〉

○ 개정 규칙은 조문 정비로서 **종전과 동일**하게 적용

❸ 1억 이하 증여시 과세표준 선택 신고서식 반영 (규칙 별지 제3호 서식)

개정개요

개정 전	개정 후
□ 취득세 신고서(별지 제3호 서식) ○ <신 설>	□ 취득세 신고서(별지 제3호 서식) 개선 ○ 시가표준액 1억 이하 증여시 시가인정액과 시가표준액 선택란 마련

〈개정내용〉

○ 시가표준 1억 이하 증여인 경우 **시가표준액과 시가인정액 중 하나를 선택**할 수 있도록 **별지 제3호 서식 개선**

〈적용요령〉

○ 개정 규칙은 공포일 이후 **신고**하는 경우부터 적용

2. 등록면허세(등록분) 개정내용

I 지방세법 시행령

❶ 법인등기 제도 개정에 따른 등록면허세 개선(영 §43)

개정개요

개정 전	개정 후
□ 지점 설치, 이전 등기시 등록면허세 납세지 ○ 본점 및 지점 소재 관할 지자체	□ 지점등기부 폐지에 따른 등록면허세 납세지 개선 ○ 지점 소재 관할 지자체
□ 관할 외로 본점 이전 등기시 등록면허세 납세지 ○ 신소재지 및 구소재지 소재 관할 지자체	□ 관할 외로 본점 이전 등기 간소화에 따른 납세지 개선 ○ 신소재지 소재 관할 지자체

〈개정내용〉

○ 법인 등기제도에 대해 ① **지점 등기부 폐지**, ② **본점 이전등기 간소화**를 내용으로 하는 「상법」등 관계법* 개정(2024. 8. 28.)

* 「상법」, 「상업등기법」, 「민법」, 「법인의 등기사항에 관한 특례법」

※ 「상법」 등 관계법 개정 부칙에 따라 2025. 1. 31. 시행 예정

○ **지점등기부** 관련 **등록면허세 규정 삭제** 및 **본점 이전등기 간소화**에 따른 **등록면허세 규정 개선**

- 법인이 본점이나 주사무소를 이전하는 경우 **신소재지**에만 「지방세법」 제28조 제1항 제6호 라목에 따른 **등록면허세 납부 후 본점 등기**
- 법인이 지점이나 분사무소를 설치하는 경우 지점 또는 분사무소의 소재지에 「지방세법」 제28조 제1항 제6호 마목에 따른 **등록면허세 납부**

※ 등기는 지점등기부가 폐지됨에 따라 본점에만 등기하나, 등록면허세는 지점과 관련된 사항은 지점 소재 관할 지자체(납세지)에 납부

<지점등기부 폐지에 따른 등록면허세 부담 비교>

구 분	개정 전		개정 후	
	지점설치 등기	등록면허세	지점설치 등기	등록면허세
본 점	○ (본점등기)	40,200원	○ (본점등기)	–
지 점	○ (지점등기)	40,200원	×	–
지점(설치)	○ (지점등기)	40,200원	×	40,200원
계	각각 등기(3번)	**120,600원**	본점 등기(1번)	**40,200원**

<본점 이전등기 간소화에 따른 등록면허세 부담 비교>

구 분	개정 전		개정 후	
	본점이전 등기	등록면허세	본점이전 등기	등록면허세
신소재지	○ (신소재지 등기)	112,000원	○ (어디서나 등기)	112,000원
구소재지	○ (구소재지 등기)	40,200원	×	–
계	각각 등기(2번)	**152,200**	등기(1번)	**112,000원**

〈적용요령〉

○ 개정 규정은 2025년 1월 31일부터 시행하며, 2025년 1월 31일 이후 납세의무가 성립하는 경우부터 적용

3. 등록면허세(면허분) 개정내용

I 지방세법 시행령

❶ 폐업신고 관련 면허분 등록면허세 비과세 요건 완화(영 §40)

개정개요

개정 전	개정 후
□ 폐업에 따른 면허분 등록면허세 비과세 대상(§40 ② 4호) ○ 매년 1월 1일 현재 「부가가치세법」에 따른 폐업신고를 하고 폐업 중인 해당 업종의 면허	□ 폐업에 따른 면허분 등록면허세 비과세 요건 확대 ○ 매년 1월 25일 이내에 「부가가치세법」에 따라 폐업한 사실이 확인되는 해당 업종의 면허를 포함

〈개정내용〉

○ 매년 1월 1일 현재 「부가가치세법」에 따른 폐업신고를 하고, 폐업 중인 해당 업종의 등록면허세 면허분 비과세 적용 범위 합리화

– 전년도에 실질적으로 폐업을 하고, 「부가가치세법 시행령」 제1항 · 제3항 · 제5항에 따른 폐업신고*를 당해연도 1월 25일 이내에 한 경우 정기분 등록면허세 면허분을 비과세할 수 있도록 개정

* 「부가가치세법 시행령」 제13조(휴업 · 폐업의 신고)

① 법 제8조 제1항 본문 및 같은 조 제3항부터 제7항까지의 규정에 따라 사업자등록을 한 사업자가 휴업 또는 폐업을 하거나 같은 조 제1항 단서 및 같은 조 제7항에 따라 사업자등록을 한 자가 사실상 사업을 시작하지 않게 되는 경우에는 같은 조 제8항에 따라 지체 없이 다음 각 호의 사항을 적은 휴업(폐업)신고서를 관할 세무서장이나 그 밖에 신고인의 편의에 따라 선택한 세무서장에게 제출(국세정보통신망에 의한 제출을 포함한다)해야 한다. ⇒ 휴 · 폐업 신고

1. 사업자의 인적사항
2. 휴업 연월일 또는 폐업 연월일과 그 사유
3. 그 밖의 참고 사항

③ 제1항에도 불구하고 폐업을 하는 사업자가 제91조에 따른 부가가치세 확정신고서에 폐업 연월일과 그 사유를 적고 사업자등록증을 첨부하여 제출하는 경우에는 폐업신고서를 제출한 것으로 본다. ⇒ 부가가치세 확정신고 시 폐업(휴업) 신고

⑤ 법령에 따라 허가를 받거나 등록 또는 신고 등을 하여야 하는 사업의 경우에는 허가, 등록, 신고 등이 필요한 사업의 주무관청에 제1항의 휴업(폐업)신고서를 제출할 수 있으며, 휴업(폐업)신고서를 받은 주무관청은 지체 없이 관할 세무서장에게 그 서류를 송부(정보통신망을 이용한 송부를 포함한다. 이하 이 항에서 같다)하여야 하고, 허가, 등록, 신고 등이 필요한 사업의 주무관청에 제출하여야 하는 해당 법령에 따른 신고서를 관할 세무서장에게 제출한 경우에는 관할 세무서장은 지체 없이 그 서류를 관할 주무관청에 송부하여야 한다. ⇒ 통합폐업*(휴업) 신고

* 폐업(휴업) 신고 시 민원인이 시 · 군 · 구(인허가관청), 세무서(사업자등록관청)를

각각 방문하지 않고 한 곳만 방문하여 한번에 폐업(휴업) 신청 (「어디서나 민원처리 운영지침」 제4조 제3항)

〈적용요령〉

○ 2025. 1. 1. 이후 납세의무가 성립하는 분*부터 적용함.

* 2024년 이내 실질적으로 폐업을 하고 폐업신고가 완료되지 않을 시 면허가 갱신되어 2025년 1월 정기과세 대상에 해당, 다만 2025. 1. 25. 이내 「부가가치세법」에 따른 폐업신고 시 비과세 적용

적용예시

실제 폐업일, 「부가가치세법」에 따른 폐업 인정일*	「부가가치세법」에 따른 폐업신고일	과세대상 여부
~2024. 12. 31. 이내	2025. 1. 25. 이내	비과세[1]
~2024. 12. 31. 이내	2025. 1. 26. 이후	과세[2]
2025. 1. 1. 이후	–	과세[3]

1) 2024년 12월 25일 실제 폐업 이후 2025년 1월 25일까지 「부가가치세법」 에 따른 폐업 신고를 한 경우

⇒ 「부가가치세법」상 폐업일은 전년도 12월 25일로 인정됨에 따라, 등록면허세 면허분도 비과세 처리

2) 전년도 12월 31일 내 폐업하였으나, 다음연도 1월 26일 이후 「부가가치세법」에 따른 폐업 신고를 한 경우 과세 처리 (1월 부가가치세 확정신고 기간 내에 신고된 건에 한하여 비과세)

3) 1월 25일 이내 「부가가치세법 에 따른 신고를 하였다고 하더라도, 실제 폐업을 당해연도 1월 이후에 한 경우 과세 처리

* 「부가가치세법 시행령」 제7조(폐업일의 기준)

① 법 제5조 제3항에 따른 폐업일은 다음 각 호의 구분에 따른다.

1. 합병으로 인한 소멸법인의 경우 : 합병법인의 변경등기일 또는 설립등기일
2. 분할로 인하여 사업을 폐업하는 경우 : 분할법인의 분할변경등기일(분할법인이 소멸하는 경우에는 분할신설법인의 설립등기일)
3. 제1호 및 제2호 외의 경우 : **사업장별로 그 사업을 실질적으로 폐업하는 날.** 다만, 폐업한 날이 분명하지 아니한 경우에는 **제13조 제1항에 따른 폐업신고서의 접수일**

② 면허분 등록면허세 납부 확인방법 완화(영 §52 ②)

개정개요

개정 전	개정 후
□ 면허 부여 시 면허분 등록면허세 납세확인 및 행정사항(§52)	□ 지자체장의 면허분 등록면허세 납부정보 제공 근거·절차 마련
① 면허부여기관이 면허 부여 또는 변경하는 경우 등록면허세 납부 확인 및 면허발급대장 기재사항 등	① (현행과 같음)
② <신 설>	② 지방자치단체의 장이 면허부여기관에 등록면허세 납부여부를 통보할 수 있도록 근거 마련
③ <신 설>	③ 등록면허세 납부정보 제공 시 정보통신망 등 전자적 방식 사용 근거 마련

〈개정내용〉

○ 면허부여기관이 요청이 있는 경우 지방자치단체장이 등록면허세 면허분의 납부정보를 면허부여기관에 통보할 수 있도록 근거 및 절차 등 마련

| 등록면허세 면허분 법령 개정 배경 |

• 면허부여기관이 납부여부 확인*을 요청한 경우 지방자치단체의 장이 이를 확인 및 통보할 수 있는 법적 근거가 없어 납세자의 불편 초래

* 면허 부여기관은 면허를 부여하기 전 등록면허세 납부여부를 확인해야 함(법 §38).

– 납부여부 확인을 위해서 ① '납부확인서' 발급 시 납세자가 세정부서를 방문 후 본인 확인 후 발급받아야 하며, ② 인·허가 대행업체 등 대리인의 경우 납세자 본인에게 위임 서류를 요청해야 하는 등 **비효율성을 유발함**.

〈적용요령〉

○ 2025. 1. 1. 이후 면허부여기관이 요청하는 경우부터 적용

③ 면허의 등록면허세 과세대상 신설 · 폐지(영 별표 1)

개정개요

개정 전	개정 후
□ 등록면허세 면허의 종류(별표 1)	□ 관계법령 제 · 개정에 따른 면허의 종류(별표 1) 신설 및 폐지
○ <신 설>	○ 수산업법에 따른 어구생산업 · 어구판매업의 신고(제3종)
○ <신 설>	○ 의약품 판촉영업자 신고(제3종)
○ <신 설>	○ 공동주택관리법에 따른 행위허가 및 신고(제4종)
○ <신 설> ※ 원자력안전법에 따른 방사성동위원소 또는 방사선발생장치의 생산 · 판매 · 사용 · 이동사용의 허가(제4종 제103호)	○ 원자력안전법에 따른 방사성동위원소 또는 방사선발생장치의 생산 · 판매 · 사용 · 이동사용의 신고(제5종)
□ 등록면허세를 부과할 면허의 종류	□ 일부 불합리한 면허를 삭제
○ 「대외무역법」 제8조의 2에 따른 전문무역상사의 지정(제2종 177호)	○ <삭 제>
○ 「뿌리산업 진흥과 첨단화에 관한 법률」 제15조에 따른 뿌리기술 전문기업의 지정(제2종 179호)	○ <삭 제>
○ 「뿌리산업 진흥과 첨단화에 관한 법률」 제22조에 따른 국가뿌리산업진흥센터의 지정(제2종 180호)	○ <삭 제>
○ 「방사성폐기물 관리법」 제9조에 따른 방사성폐기물관리사업(제4종 105호)	○ <삭 제>

〈개정내용〉

○ 면허 근거 법령 개정에 따른 **신규 과세 대상*** 발굴

* 「수산업법」에 따른 어구생산업 · 어구판매업 신고, 「약사법」에 따른 의약품 판촉영업자 신고 등 총 4종

○ 면허의 성격 상 과세하기에 적합하지 않은 **면허를 과세대상에서 제외***

* 「대외무역법」에 따른 전문 무역상사 지정, 「방사성폐기물 관리법」에 따른 방사성폐기물관리사업 등 총 4종

〈적용요령〉

○ 2025. 1. 1. 이후 납세의무가 성립하는 분부터 적용

– 신설된 면허 중 2024. 12. 31. 이전 득한 면허는 2025. 1. 1. 면허가 갱신된 것으로 보아 정기분 부과 가능

※ (예시) 어구생산업 · 판매업의 신고 면허(2024. 1. 12. 신설)를 2024. 2월 득한 경우 2025년 1월부터 등록면허세 면허분 정기분 과세 처리

4. 담배소비세 개정내용

I 지방세법

① 담배 폐기 시 담배소비세 공제 · 환급 절차 추가(법 §63)

개정개요

개정 전	개정 후
□ 폐기 담배 **공제 · 환급** 절차 ○ 포장 · 품질 불량 등 사유로 제조장 또는 보관장소(수입판매업자)로 **반입** → 공제 · 환급 ※ 폐기장소로 반출 시 미납세 반출 ○ <신 설>	□ 폐기 담배 공제 · 환급 절차 **추가** ○ (현행과 같음) ○ 제조장 등 반입 없이 **바로 폐기장소**로 운반 → 공제 · 환급

〈개정내용〉

○ 폐기 담배의 담배소비세 공제 · 환급 시 제조장 등에 재반입 없이 **바로 폐기장소**로 운반한 경우에도 공제 · 환급이 **가능**하도록 **허용**

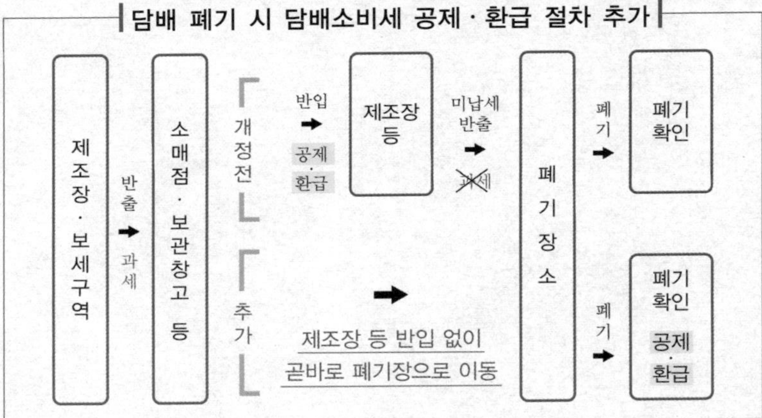

〈적용요령〉

○ 개정안 시행일 이후 담배소비세 공제 · 환급을 받기 위해 담배를 폐기장소로 바로 이동하는 경우부터 적용

Ⅱ 지방세법 시행령 · 시행규칙

❶ 담배소비세 공제 · 환급 절차 추가 하위규정 정비
(영 §70의 2, 규칙 §31의 2, 별지 제31호의 2)

개정개요

개정 전	개정 후
□ 담배 **폐기** 시 세액의 공제 · 환급 **사후관리** ○ 제조장 등에 **반입**된 담배를 **폐기**하는 경우 제조장 · 보관장소 및 폐기장소 관할 시 · 군에 사전 신고 ○ <신 설>	□ 담배 **폐기** 시 세액의 공제 · 환급 **사후관리** 절차 **신설** ○ (현행과 같음) ○ 제조장 등 반입 없이 **바로 폐기**하는 경우 사유발생지* 및 폐기장소 관할 시 · 군에 사전 신고

* **(사유발생지)** 통상 지점(소매점) 소재지이나, 제조과정 중 하자 발생 시 제조시설 소재지, 침수 및 유통기한 경과 시 보관창고 소재지가 각각 사유발생지가 됨.

〈개정내용〉

○ 폐기 담배의 제조장 등 재반입 없이 **바로 폐기**하는 경우에도 공제 · 환급이 **가능**하도록 규정을 신설함으로써,

– 이에 따른 신고절차 등 하위규정 신설 및 개정

○ 별지 제31호의 2 신고서를 제조장 반입 없이 바로 폐기하는 경우에도 해당 서식으로 신고하도록 하는 등 **서식 정비**

〈적용요령〉

○ 개정안 시행일 이후 담배소비세 공제 · 환급을 받기 위해 담배를 폐기장소로 바로 이동하는 경우부터 적용

5. 주민세 개정내용

I 지방세법

❶ 중소기업 고용지원을 위한 주민세 종업원분 과표공제 확대 (법 §84의 5)

개정개요

개정 전	개정 후
□ 주민세 종업원분 **과표 공제** ○ 다음 요건 만족 시 1년 동안 50명에 대한 급여액을 과표에서 공제 – 사업소를 신설하면서 50명을 초과하여 고용하는 경우 – 1년 전부터 계속하여 50명 이하 고용한 사업소가 추가 고용으로 50명을 초과하여 고용하는 경우	□ 주민세 종업원분 **과표 공제 확대** ○ 1년 동안 50명에 대한 급여액 공제(종업원 수가 50명을 초과하는 달로 한정) – (현행과 같음) – 신설 1년 이내인 사업소가 추가고용으로 50명을 초과하여 고용하는 경우도 공제

〈개정내용〉

○ '1년 동안 50명 급여액 공제'의 **적용 요건**을 **명확화**

– '1년 동안'에 '해당 월의 종업원 수가 50명을 초과하는 달만 해당한다'라는 문구를 추가

○ 사업소 **신설 1년 이내**인 경우에도 **공제**를 **적용**토록 **요건**을 **확대**

– '해당 월의 1년 전'에 '해당 월의 과거 1년 내에 사업소를 신설한 경우에는 신설한 달을 말한다'라는 문구를 추가

〈적용요령〉

○ 개정 규정은 **2025. 1. 1. 이후 납세의무가 성립**되는 경우부터 적용

○ 다만, 시행일 이전에 공제요건을 충족한 경우 시행일이 속한 달의 종업원분을 신고하여야 하는 달부터 1년까지 적용

❷ 주민세 사업소분 가산세 면제 특례 연장(법률 제17769호 부칙 §12)

개정개요

개정 전	개정 후
□ 주민세(사업소분) 가산세 부과에 관한 특례 ○ 주민세 기본세율 적용 사업주가 신고·납부 의무 미이행시 – 2024년 12월 31일까지 가산세 면제	□ 가산세 면제 특례 연장 ○ (현행과 같음) – 2026년 12월 31일까지 가산세 면제

〈개정내용〉

○ 사업주가 신고·납부의무를 이행하지 않더라도 **기본세율**(구 균등분)**에 대한 가산세를 면제**토록 정한 **특례**를 **2026. 12. 31.까지 연장**

〈적용요령〉

○ 가산세 면제기간을 연장한 사항으로 종전과 동일하게 적용

Ⅱ 지방세법 시행령

❶ 과세대상에서 제외되는 건축물 명확화(사업소분) (영 §78 ①)

개정개요

개정 전	개정 후
□ 과세제외 건축물의 범위 ○ 오물처리시설 및 공해방지시설 ※ '76년 사업소세 신설 당시 「오물청소법」 및 「공해방지법」에서 용어 차용	□ 과세제외 건축물의 범위 **명확화** ○ (용어 현행화) 폐기물처리시설, 대기오염방지시설, 수질오염방지시설, 소음·진동방지시설 ※ 「폐기물관리법」·「대기환경보전법」·「물환경보전법」·「소음·진동관리법」상 용어로 개정

〈개정내용〉

○ '오물처리시설 및 공해방지시설' 대상을 「폐기물관리법」·「대기환경보전법」·「물환경보전법」·「소음·진동관리법」 상 용어로 현행화하여 과세제외 대상 명확화

– '오물처리시설'은 「폐기물관리법」에 따른 '폐기물처리시설'로 개정

– '공해방지시설'은 「대기환경보전법」에 따른 '대기오염방지시설', 「물환경보전법」에 따른 '수질오염방지시설' 및 「소음·진동관리법」에 따른 '소음·진동방지시설'로 개정

〈적용요령〉

○ 개정 규정은 **2025. 1. 1.** 이후 납세의무가 성립되는 경우부터 적용

❷ 어린이집 경영자에 대한 주민세 사업소분 비과세(영 §79 ②)

개정개요

개정 전	개정 후
□ 비과세 대상	□ 비과세 대상 추가
○ 부가세 과세표준액 8천만원 이상인 개인사업자 중 비과세 대상	○ (현행과 같음)
– 담배 · 연탄 · 양곡소매인, 노점상	– (현행과 같음)
– 유치원의 경영자	– (현행과 같음)
–<신 설>	– <u>어린이집의 경영자</u>

〈개정내용〉

○ 주민세 사업소분의 과세대상에서 제외되는 개인사업자에 「영유아보육법」에 따른 어린이집의 경영자를 추가

〈적용요령〉

○ 개정 규정은 **2025. 1. 1.** 이후 납세의무가 성립되는 경우부터 적용

❸ 주민세 종업원분 면세점 기준 상향(영 §85의 2 ②)

개정개요

개정 전	개정 후
□ 면세점 기준 ○ 1년간 종업원 급여총액의 월평균 금액이 300만원*에 50을 곱한 금액(1.5억원) 이하인 경우 * 2018년 월 임금총액 303만원	□ 면세점 기준 상향 ○ 360만원*에 50을 곱한 금액(1.8억원) 이하인 경우 * 2023년 월 임금총액 364만원

〈개정내용〉

○ 종업원분 면세점 기준금액을 300만원에서 360만원으로 상향

※ 면세점 : (개정 전) 300만원 × 50 = 1.5억원 →(개정 후) 360만원 × 50 = 1.8억원

〈적용요령〉

○ 개정 규정은 **2025. 1. 1. 이후 납세의무가 성립**되는 경우부터 적용

Ⅲ 지방세법 시행규칙

❶ 인용 조문 개정에 따른 정비(규칙 §36, 별지 제37호, 제39호의 2)

개정개요

개정 전	개정 후
□ 과세 제외되는 건축물 ○ 영 제78조 제1항 제1호 단서에서 행정안전부령으로 정하는 건축물	□ 과세 제외되는 건축물(조문정비) ○ 영 제78조 제1항 제1호 다목에서 행정안전부령으로 정하는 건축물
□ 주민세 사업소분 신고서 ○ 과세제외 면적	□ 주민세 사업소분 신고서 정비 ○ 과세제외 면적(상위법령 개정 반영)
□ 주민세 종업원분 신고서 ○ 과세표준 공제액	□ 주민세 종업원분 신고서 정비 ○ 과세표준 공제액(상위법령 개정 반영)

〈개정내용〉

○ 상위 법령 개정에 따라 조문위치 변경이 발생하여 인용조문 개정

관련 조항	주요내용	인용조문	
		개정 전	개정 후
규칙 §36	행정안전부령으로 정하는 과세대상에서 제외되는 건축물	영 §78 ① 1호 단서	영 §78 ① 1호 다목

○ 상위 법령 개정을 반영하여 주민세 사업소분 신고서 서식 정비

관련 조항	주요내용	인용조문	
		개정 전	개정 후
별지 제37호 서식	주민세 사업소분 신고서	⑩ 과세제외 면적	⑩ 과세제외 면적 (상위 법령 개정 반영)

○ 상위 법령 개정을 반영하여 주민세 종업원분 신고서 서식 정비

관련 조항	주요내용	인용조문	
		개정 전	개정 후
별지 제39호의 2 서식	주민세 종업원분 신고서	⑯ 과세표준 공제액	⑯ 과세표준 공제액 (상위 법령개정반영)

– 법 §84의 5 ②에서 종업원 수가 50명을 초과하는 달만 공제*를 적용함을 명확히 하는 개정 반영

* 종업원 수 50명에 해당하는 월 적용급여액 공제

– 법 §84의 5 ② 제2호에 '1년 내 신설된 사업소가 신설한 달부터 매월 50명 이하로 고용하다가 50명을 초과하여 고용한 경우'를 요건으로 추가하는 개정 반영

〈적용요령〉

○ 개정 규정은 **2025. 1. 1.** 이후 납세의무가 성립되는 경우부터 적용

6. 지방소득세 개정내용

I 지방세법

❶ 금융투자소득세 폐지(법 제19230호 §102의 2~8 등)

개정개요 ※ 국세 동반 개정

개정 전	개정 후
□ **금융투자*로 실현된 소득을 합산 과세하는 금융투자소득세 도입** * 주식, 채권, 펀드, 투자계약증권, 파생결합증권, 파생상품 등 ○ (시행일) 2025. 1. 1.	□ 폐 지* * 현행 양도소득세 체계 유지

〈개정내용〉

○ 자본시장 발전 및 국내 투자자 보호 등을 위해 국세 개정과 연계하여 **금융투자소득에 대한 지방소득세**(2025. 1. 1. 시행 예정) **폐지**

<금융투자소득세 폐지에 따른 주요 개정 사항>

구 분	금융투자소득세 도입	금융투자소득세 폐지
지방소득 구분 (§87)	• 금융투자소득 신설 ※ (현행[3분류]) 종합 · 퇴직 · 양도소득 → (개정[4분류]) 종합 · 퇴직 · 금융투자 · 양도소득	• 금융투자소득 삭제 ※ 현행[3분류] 종합 · 퇴직 · 양도소득 체계 유지
금융투자소득에 대한 개인지방소득세 (제2절의 2)	• 제2절의 2 신설 ① 과세표준 · 세율 · 세액계산 방식(§102의 2~§102의 5) ② 예정 · 확정신고 및 납부절차(§102의 6, §102의 7) ③ 결정 · 경정, 징수 · 환급 등 준용(§102의 8)	• 제2절의 2 삭제
양도소득세 과세대상 등 (§103~§103의 8)	• 국내상장주식 및 파생상품을 금융투자소득으로 이관 (§103의 3) • 기장불성실가산세* 삭제 (§103의 8) * 대주주 주식양도 기록 · 관리 의무 위반시 국세 가산세의 10% 부과	• 국내상장주식 및 파생상품을 양도소득으로 과세 • 기장불성실가산세 유지

〈적용요령〉

○ 2025년 이후에도 금융투자소득에 대한 지방소득세를 시행하지 않고, 주식 등에 대한 현행 양도소득세 체계 유지

❷ 가상자산 과세 유예(법 제17769호 부칙 §1 등)

개정개요 ※ 국세 동반 개정

개정 전	개정 후
□ 가상자산 양도 또는 대여로 발생하는 소득에 대해 과세 ○ (시행일) **2025. 1. 1.**	□ 과세시행 2년 유예 ○ (시행일) **2027. 1. 1.**

〈개정내용〉

○ 가상자산 이용자 보호제도 정비 등을 고려하여 국세 개정에 맞춰 **가상자산에 대한 지방소득세 과세시행 2년 유예**(2025년 → 2027년)

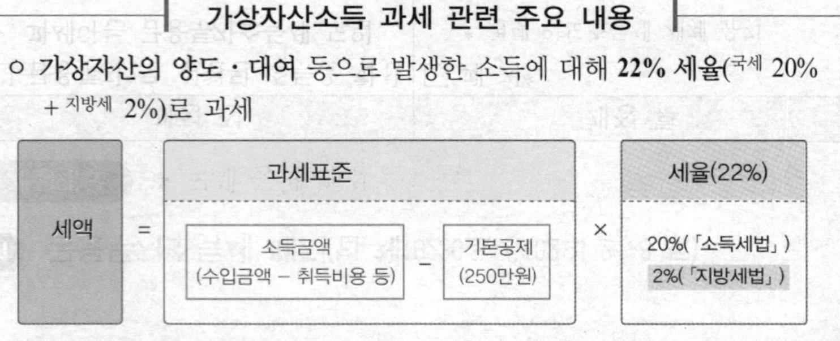

가상자산소득 과세 관련 주요 내용
○ 가상자산의 양도 · 대여 등으로 발생한 소득에 대해 22% 세율(국세 20% + 지방세 2%)로 과세
세액
=
과세표준
소득금액
(수입금액 – 취득비용 등)
–
기본공제
(250만원)
×
세율(22%)
20%(「소득세법」)
2%(「지방세법」)

〈적용요령〉

○ 2027. 1. 1. 이후 납세의무 성립분부터 적용(부칙 제1조)

❸ 성실신고확인대상 소규모 법인의 법인지방소득세율 조정 (법 §103의 20)

개정개요 ※ 국세 동반 개정

개정 전	개정 후
□ 법인지방소득세 과세표준 및 세율	□ 성실신고확인대상 소규모 법인*에 대한 법인지방소득세 과표구간·세율 조정 * ❶~❸ 요건을 모두 충족하는 법인 ❶지배주주 등 지분율 50% 초과 ❷부동산임대업이 주된 사업이거나 부동산 임대수입·이자·배당소득이 매출액의 50% 이상 ❸상시근로자 수가 5인 미만

과세표준	세 율
2억원 이하	0.9%
2억원~200억원	1.9%
200억원~3,000억원	2.1%
3,000억원 초과	2.4%

과세표준	세 율
200억원 이하	1.9%
200억원~3,000억원	2.1%
3,000억원 초과	2.4%

〈개정내용〉

○ 성실신고확인대상 소규모 법인*의 세부담 적정화**를 위한 국세 개정에 맞춰 법인지방소득세 최저세율 상향(0.9%→1.9%, 국세의 10% 수준) 및 과세표준 구간 조정(4→3단계)

* (❶~❸ 요건 모두 충족) ❶지배주주 등 지분율 50% 초과 & ❷부동산임대업이 주된 사업 또는 부동산임대·이자·배당소득이 매출액의 50% 이상 & ❸상시 근로자 수 5인 미만

** 임대소득·이자·배당 규모가 큰 개인사업자가 법인으로 전환하여 상대적으로 고율인 소득세 부담을 회피하는 사례 발생(소득세율 6~45%, 법인세율 9~24%)

〈적용요령〉

○ 2025. 1. 1. 이후 개시하는 사업연도의 소득에 대한 법인지방소득세 세액을 계산하는 경우부터 적용(부칙 제4조)

※ (예시) 회계기간이 2023. 4. 1.~2024. 3. 31.인 성실신고확인대상 소규모 법인의 2023사업연도의 소득에 대한 법인지방소득세는 종전 규정에 따른 세율(0.9~2.4%) 적용

Ⅱ 지방세법 시행령

❶ 금융투자소득세 폐지에 따른 세부규정 삭제
(영 제33325호 §99의 2~4 등)

개정개요 ※ 국세 동반 개정

개정 전	개정 후
□ 금융투자소득세 신고·납부 절차, 납세지, 환급 등 세부사항 규정 ○ (시행일) 2025. 1. 1.	□ <삭 제*> * 현행 양도소득세 체계 유지

〈개정내용〉

○ 금융투자소득에 대한 지방소득세 폐지에 따라 신고·납부 절차, 납세지, 환급 방법 등 **금융투자소득세 시행을 위해 규정한 사항 삭제**

<금융투자소득세 폐지에 따른 주요 개정 사항>

구 분	금융투자소득세 도입	금융투자소득세 폐지
납세지 (§87)	• 인출제한계좌 세부사항 규정	• 인출제한계좌 내용 삭제
금융투자소득에 대한 개인지방소득세 (제2절의 2)	• 제2절의 2 신설 ① 예정신고 및 세액 계산 (§99의 2) ② 예정신고 세액 납부(§99의 3) ③ 확정신고·납부(§99의 4)	• 제2절의 2 삭제
세율, 환급 등 (§100, §100의 7)	• 파생상품 등의 양도소득에 대한 개인지방소득세율(1%) 삭제 • 국세가 금융투자소득세 환급시 지방소득세도 환급(국세의 10%)	• 파생상품 등의 양도소득에 대한 개인지방소득세율 유지 • 금융투자소득세 환급규정 삭제

〈적용요령〉

○ 2025년 이후에도 금융투자소득에 대한 지방소득세를 시행하지 않고, 주식 등에 대한 현행 양도소득세 체계 유지

Ⅲ 지방세법 시행규칙

❶ 가상자산 과세 유예에 따른 관련 서식 정비(별지 제40호의 4 서식)

개정개요 ※ 국세 동반 개정

개정 전	개정 후
□ 종합소득 신고·납부서상 세액계산 항목에 '가상자산' 포함	□ 가상자산 부분 **삭제**

〈개정내용〉

○ 가상자산 과세 유예에 따라 관련 서식의 지방소득세액 계산 부분 중 **'가상자산 양도·대여'란을 삭제**

〈적용요령〉

○ 2025. 1. 1. 이후 신고·납부하는 경우부터 적용

7. 자동차세 개정내용

Ⅰ 지방세법

❶ 자동차세 소유분 수시부과 과세기준일 명확화(법 §130)

개정개요

개정 전	개정 후
□ 신규등록 및 말소등록한 차량 수시부과 기준을 <u>취득한 날 또는 사용을 폐지한 날</u>이 속하는 기분의 세액으로 일할계산하여 산정 ○ 취득한 날 또는 사용을 폐지한 날	□ 신규등록 및 말소등록한 차량 수시부과 기준을 <u>신규등록한 날 또는 말소등록한 날</u>이 속하는 기분의 세액으로 일할 계산하여 산정 ○ 신규등록한 날 또는 말소등록한 날

〈개정내용〉

○ 자동차세는 등록된 차량을 대상으로 부과하는 세목으로, 수시부과 기준일을 '신규등록 및 말소등록한 날'로 명시하여 명확히 규정

– 과세요건과 과세기준일의 개념을 통일하여 법 해석상 발생할 수 있는 혼란을 방지

※ (취득일) 사실상 잔금지급일(유상취득), 계약·개시일(무상취득) / (등록일) '자동차 등록원부'에 등록한 날

⇒ 신차 구입 후 임시번호판 운행 차량은 자동차세 부과 대상이 아님.

〈적용요령〉

○ 개정 규정은 2025. 1. 1. 이후 납세의무가 성립되는 경우부터 적용

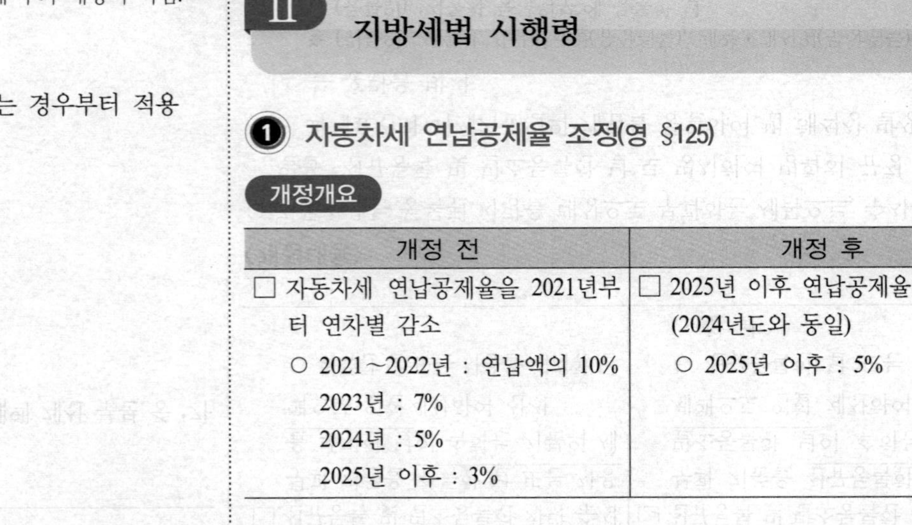

Ⅱ 지방세법 시행령

❶ 자동차세 연납공제율 조정(영 §125)

개정개요

개정 전	개정 후
□ 자동차세 연납공제율을 2021년부터 연차별 감소 ○ 2021~2022년 : 연납액의 10% 2023년 : 7% 2024년 : 5% 2025년 이후 : 3%	□ 2025년 이후 연납공제율 5% 유지 (2024년도와 동일) ○ 2025년 이후 : 5%

〈개정내용〉

○ 2025년 이후부터 3% 연납 공제율 적용 계획을 폐지하고, 5%로 유지

〈적용요령〉

○ 개정 규정은 **2025년** 연세액을 한꺼번에 신고납부한 자에게 적용

8. 지방교육세 개정내용

I 지방세법

❶ 담배소비세분 지방교육세 적용시한 연장
(법 제10221호 부칙 §1의 2)

개정개요

개정 전	개정 후
□ 지방교육재정 확충 등을 위해 담배소비세(본세)에 부가하는 담배소비세분 지방교육세가 **2024년 12월 31일 종료**	□ 담배소비세분 지방교육세 일몰 기한을 **2026년 12월 31일**까지 연장(2년 연장)

〈개정내용〉

○ 지방교육재정 여건을 감안하여 **담배소비세분 지방교육세**의 **과세 일몰 기한**을 **2년 연장**(2024. 12. 31. → 2026. 12. 31.)

〈적용요령〉

○ 담배소비세분 지방교육세 과세(§151 ① 4)를 **2026. 12. 31.까지 연장 적용**

2025년도 시행 지방세특례제한법 및 하위법령 개정내용(적용요령)

◀ 목 차 ▶

I 지방세특례제한법 개정내용

❶ 귀농인 감면 연장 및 추징규정 정비(법 §6 ④, 영 §3 · §5, 규칙 §2의 2)

개정개요

개정 전	개정 후
□ 귀농인에 대한 감면 ○ 취득세 50% 감면 ○ 일몰기한 : 2024. 12. 31. ○ 귀농일로부터 3년 내 농업 외 산업에 종사하는 경우 추징	□ 감면 연장 ○ (현행과 같음) ○ 일몰기한 : 2027. 12. 31. ○ 취득일로부터 3년 내 농업 외 소득이 3,700만원 이상인 경우 추징 ※ 자경농민 감면요건과 통일적 정비

〈개정내용〉

○ 추징 요건 중 **'농업의 주업 여부 판단 기준'**을 자경농민과 동일하게 개선

구 분	귀농인(§6 ④)	자경농민(§6 ①)
대 상	• 귀농일로부터 3년 이내 취득하는 농지 · 임야 · 농업용 시설	• 2년 이상 영농에 종사한 사람이 취득하는 농지 · 임야 · 농업용 시설
농업의 주업 여부 판단	• **(추징)** 귀농일로부터 3년 내 농업 외의 산업에 종사 → 농업 외 소득이 발생하는 경우 농업을 주업으로 하지 않음.	• **(감면)** 농업 외 종합소득금액이 3,700만원 미만인 자 → 농업 외 소득이 3,700만원 이상일 경우 농업을 주업으로 하지 않음.

– **취득 다음 연도부터 3년 내**에 **농업 외 연소득**이 **3,700만원 이상**일 경우 농업을 주업으로 하지 않는 것으로 보아 **추징**하도록 규정

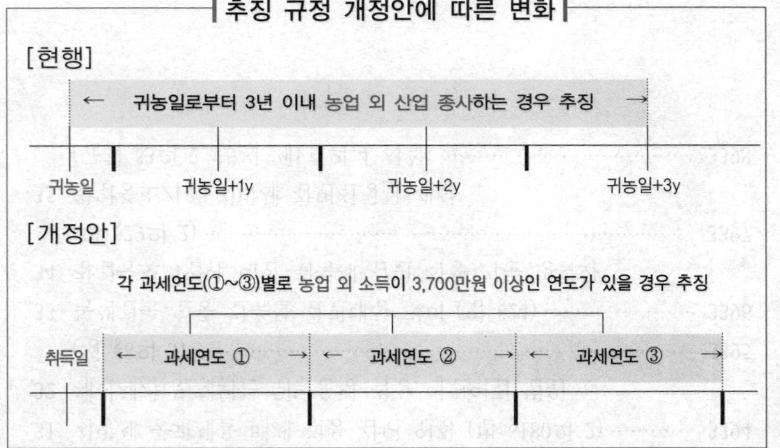

○ 종합소득에서 제외되는 부동산임대소득 **관련 문구를 명확화**하고 귀농인, 자경농민, 자영어민 간 동일하게 정비(영§3, §5)

※ 운영은 현행과 동일

〈적용요령〉

○ 2025년 1월 1일부터 시행(부칙 §1)

○ 다만, 이 법 시행 전에 감면받은 자에 대하여는 종전의 추징규정 적용 (부칙 §9)

❷ 특별자치도 범위 규정 정비 등(법 §6, · 36의 3 · §73, 영 §2 ⑥ · §3 ①)

개정개요

개정 전	개정 후
□ 지역 범위 적용시 특별자치도 ○ (자경농민 · 귀농인, 생애최초 감면) 제주(관내 시 · 군 無) + 강원, 전북(관내 시 · 군 有)	□ 특별자치도 적용 범위 합리화 ○ (자경농민 · 귀농인, 생애최초 감면) 제주로 한정 ※ 강원 · 전북은 지역 범위를 시 · 군 기준 적용
○ (대체취득 감면) 수용된 지역 限	○ (대체취득 감면) 수용된 지역 + 잇닿은 지역 추가

〈개정내용〉

❶ 자경농민 등의 농지 감면 및 추징 규정(§6) 적용 시 관할 시 · 군이 있는 강원 · 전북의 경우 시 · 군을 대상으로 하도록 명확화

감면 및 추징 요건	주민등록 주소지	이외 지역으로 주소 이전 시 추징 또는 감면불가
	① 농지 소재 특별자치도 · 시 · 군 · 구 내 지역	
	② 농지 소재 특별자치도 · 시 · 군 · 구와 연접한 시 · 군 · 구	
	③ 농지 소재지로부터 30km 이내 지역	

❷ 토지수용으로 인한 대체취득(§73)에 대한 감면 적용 대상에 잇닿은 지역이 있는 강원 · 전북특별자치도를 고려하여 특별자치도 명시

	종전 부동산		대체취득한 부동산
감면 요건	• 매수 · 수용 · 철거	⇨	(①) 종전 부동산 소재 도 · 특별자치도 (②) ①과 잇닿아 있는 도* * 제주의 경우 잇닿아 있는 지역이 없어 특자도 未규정
사례	• 강원 · 전북특자도 내 부동산이 매수 · 수용 · 철거된 자가 **특자도와 잇닿은 지역의 부동산을 대체취득**하는 경우 **감면요건 부재** **⇒ 잇닿은 지역에 특별자치도 추가**		

〈적용요령〉

○ 2025. 1. 1. 이후 납세의무 성립분부터 적용(부칙 §2)

※ 규정을 명확화 한 것으로 종전과 동일하게 적용(「강원특별법」, 「전북특별법」 §10 ⑧ 참조)

※ 다른 법령에서 특별자치도를 인용한 경우로서 특별자치도를 시 또는 군과 동격의 지방자치단체로 보도록 규정하는 경우에는 특별자치도에 강원 · 전북자치도를 포함하지 아니하는 것으로 보아 해당 법령을 적용함(「강원특별법」, 「전북특별법」 §10 ⑧).

❸ 국가 등 무상귀속 공공시설물 감면 연장(법 §13 ③ · §76 ② · §77 ② · §85의 2 ① 4 등)

개정개요

개정 전	개정 후
□ **국가 등 무상귀속 공공시설물 감면 (농어촌공사, LH, 수자원공사)** ○ 재산세 100% ○ 재산세 도시지역분 100% ※ 최소납부세제 배제 ○ 일몰기한 : 2024. 12. 31.	□ **감면율 축소 및 연장** ○ 재산세 100%(반대급부 無) 50%(반대급부 有) ※ 최소납부세제 배제 ○ 일몰기한 : 2027. 12. 31.
□ **국가 등 무상귀속 공공시설물 감면 (지방공사)** – 재산세 100% ※ 최소납부세제 배제 ○ 일몰기한 : 2024. 12. 31.	□ **감면율 축소 및 연장** – 재산세 100%(반대급부 無) 50%(반대급부 有) ※ 최소납부세제 배제 ○ 일몰기한 : 2027. 12. 31.

〈개정내용〉

○ 택지개발사업 등 공공개발사업 지원을 위해 **감면을 3년 연장**하되,

– **과세형평성 제고 및 목적세적 성격의 재산세 도시지역분 감면은 정비**

– 세목간 정합성 등을 고려하여 취득세와 동일하게 **반대급부 유 · 무에 따라 재산세 감면율 차등적용**

※ 기존 취득세 감면과 동일한 방식으로 운영

〈적용요령〉

○ 2025. 1. 1. 이후 납세의무가 성립하는 경우부터 적용(부칙 §2)

❹ 한센인 거주지역 감면 연장 및 명칭 명확화(법 §17의 2 ①·②)

개정개요

개정 전	개정 후
□ 감면대상 ○ 한센인의 치료·재활·자활 등을 위하여 집단으로 정착하여 거주하는 지역(한센인 정착농원) 내부동산 ※ 해당 지역 목록을 대통령령에 위임 ○ 감면대상 및 감면율 - 취득세·재산세(도시지역분 포함), 지역자원시설세 100% ※ 최소납부세제 배제 ○ 일몰기한 : 2024. 12. 31.	□ 감면연장 및 명칭 명확화 ○ 한센인의 치료·재활·자활 등을 위하여 집단으로 정착하여 거주하는 지역(한센인 정착마을) 내부동산 ※ 해당 지역 목록을 대통령령에 위임 ○ (현행과 같음) ○ 일몰기한 : 2027. 12. 31.

〈개정내용〉

○ 질병·고령·저소득 등의 문제를 겪는 한센인에 대한 지속적인 지원 필요성을 인정하여 **현행 감면을 연장**하되,
- 「한센병사업 관리지침」(질병관리청)에 따라 "한센인 정착농원"의 명칭을 **"한센인 정책마을"**로 개정

〈적용요령〉

○ 2025년 1월 1일부터 시행(부칙 §1)

※ 종전 규정을 명확화(명칭 현행화) 한 것으로 종전과 동일하게 적용하되, 시행령 별표 개정사항은 2025년 1월 1일 이후 납세의무 성립분부터 적용(영 부칙 §2)

❺ 위탁운영 직장어린이집 등 감면 확대 및 연장(법 §19 ①·②)

개정개요

개정 전	개정 후
□ 감면대상별 감면율 ○ 유치원 등 직접사용을 위해 취득한 부동산 – 취득세·재산세(도시지역분 포함) 100% ※ 최소납부세제 적용 ○ 직장어린이집 설치의무 사업주가 직장어린이집 위탁운영을 위해 취득한 부동산 – 취득세 50%, 재산세(도시지역분 포함) 100% ※ 최소납부세제 적용 ○ 일몰기한 : 2024. 12. 31.	□ 감면 확대 및 연장 ○ (현행과 같음) ○ 직장어린이집 설치의무에 관계없이 사업주가 직장어린이집 위탁운영을 위해 취득한 부동산 – 취득세 100%, 재산세(도시지역분 포함) 100% ※ 최소납부세제 적용 ○ 일몰기한 : 2027. 12. 31.

〈개정내용〉

○ 안정적 보육환경 조성을 통한 저출생 완화 및 유치원·어린이집의 운영부담 경감을 지원하기 위해 **현행 감면을 연장**하되,

– **직장 어린이집에 대한 감면의 대상**을 당초 설치의무대상* 위탁운영 직장어린이집에서 **모든 위탁운영 직장어린이집으로 확대**

* 상시 여성근로자 300명 이상 또는 상시근로자 500명 이상을 고용한 사업장 (「영유아보육법」 §10)

〈적용요령〉

○ 2025. 1. 1. 이후 납세의무가 성립하는 경우부터 적용(부칙 §2)

⑥ 일반적 추징조항 적용 제외대상 확대(법 §20 · §71, 영 §8의 4)

개정개요

개정 전	개정 후
□ 일반적 추징조항 적용 ○ 노인복지지설, 물류단지개발용 부동산은 취득 후 <u>**1년 이내 직접 사용**하지 않을시 추징</u>	□ 맞춤형 추징규정 신설 ○ <u>유형별 추징 규정</u> 신설

〈개정내용〉

○ 각 감면 조항에서 별도로 추징요건을 규정하지 않는 경우 **일반적 추징 규정***에 따라 **추징요건이 적용**되나,

* 1년 이내 직접 사용 未개시, 직접사용일로부터 2년 내 매각 · 증여 또는 他용도 사용

– **노인복지시설용 부동산**이나 **물류단지개발용 부동산**에 대한 감면은 사업특성을 고려하여 **별도의 추징규정 신설**

※ (노인복지시설) 설치기준 충족 등을 위해 기간 소요, (물류단지) 대규모 개발사업

〈노인복지시설〉

○ 취득일부터 **1년 이내 직접 사용** 未개시, 직접 사용일부터 2년 내 **매각 · 증여 또는 他용도 사용시** 추징하되,

– 「건축법」에 따른 **신축 · 증축 또는 대수선**을 하는 경우 **해당 토지**에 대하여는 직접사용 개시시점을 **3년으로 적용**

※ 신·증축 또는 대수선으로 취득하는 건축물은 1년 이내 직접사용 해야하는 점에 유의

〈물류단지개발사업〉

○ **물류단지개발용** 토지 감면의 단계별·유형별 **추징 규정 신설**

– ① 물류단지 **지정이 해제***되는 경우, ② 취득일부터 **3년 이내 준공인**가를 받지못한 경우, ③ 준공인가일부터 **3년 이내** 분양·임대·직접사용 未개시, ④ 시행자의 직접사용일부터 2년 내 **매각·증여** 또는 **他용도 사용시** 추징

* **「물류시설법」 제26조 제2항 제2호에 따른 해제**(개발 완료 물류단지(준공된 지 20년 이상)가 주변상황과 물류산업여건 변화로 물류단지 기능수행이 어려운 경우)는 제외

〈적용요령〉

○ 2025. 1. 1. 이후 지방세를 감면받는 경우부터 적용(부칙 §3)

⑦ 다자녀 양육 자동차 기준완화 및 감면 확대 (법 §22의 2, 영 §10의 2)

개정개요

개정 전	개정 후
□ 다자녀양육자 기준	□ 감면기준 완화
○ 3자녀 이상	○ 2자녀 이상
□ 감면대상 및 감면율	□ 감면대상 및 감면율 확대
○ 3자녀 취득세 100%(단, 6인 이하 승용자동차는 140만원 한도) ※ 최소납부세제 적용	○ (현행과 같음)
○ <신 설>	○ 2자녀 취득세 50%(단, 6인 이하 승용자동차는 70만원 한도)
○ 일몰기한 : 2024. 12. 31.	○ 일몰기한: 2027. 12. 31.

〈개정내용〉

○ 범정부 차원의 다자녀 기준 완화(3→2자녀)에 맞춰, 양육가구의 경제적 부담 완화를 위해 **양육 목적 자동차 취득세 감면 대상을 확대**

– 2자녀 양육자 차량 취득시 **취득세 50%** 감면 신설(6인승 이하 승용자동차 70만원 限)

구 분	개정 전	개정 후
적용대상자	• 18세 미만 **3자녀** 이상 양육자	• 18세 미만 **2자녀** 이상 양육자
감면율	• 면제* • 단, **6인승** 이하 승용자동차는 **140만원** 감면액 한도 * 취득세가 200만원 초과인 경우 최소납부세제 적용으로 85% 감면	• **3자녀 이상 : 면제*** **2자녀 : 50%** • 단, **6인승** 이하 승용자동차는 **3자녀** 이상의 경우 **140만원, 2자녀는 70만원** 감면액 한도 * (3자녀 이상) 취득세감면액 200만원 초과 시 최소납부세제 적용으로 85% 감면

〈적용요령〉

○ 2025. 1. 1. 이후 납세의무 성립 분부터 적용(부칙 §2)

※ 시행일(2025. 1. 1.) 전에 취득하여 시행일 이후에 등록하는 경우는 감면 적용 불가

❽ 임대주택 감면확대 및 조문정비 등
(법 §31 · 31의 3, 영 §13 · 13의 2)

개정개요

개정 전	개정 후
□ 임대주택 등 감면(§31) 및 장기일반민간임대주택 등 재산세 감면 (§31의 3)	□ 공공임대주택 등 감면(§31) 및 민간임대주택 감면(§31의 3)으로 조문정비 등
조문 분리 전	**조문 분리 후**
(§31) 공공임대주택 및 민간임대주택 취득세 · 재산세 감면	(§31) 공공임대주택 취득세 · 재산세 감면
(§31의 3) 민간임대주택(공공지원 · 장기일반) 재산세 감면	(§31의 3) 민간임대주택(공공지원 · 장기일반) 취득세 · 재산세 감면
① (취득세 감면대상) 공동주택, 오피스텔	– 임대형기숙사*, 공동주택 등을 건축하기 위해서 취득하는 토지 추가 * 범위 : ① 전용면적4 0㎡ 이하인 호수와 그 부속토지 + ② 거주자가 거실 등 공동으로 사용하는 부분을 전용면적 40제곱미터 이하인 호수의 전용면적 비율로 안분한 면적과 그 부속토지
② (최초 분양) 건축주로부터 공동주택 등을 최초로 분양받은 경우	– 건축주로부터 실제 입주한 사실이 없는 공동주택 등을 최초로 유상거래(부담부증

개정 전	개정 후
③ (취득세 추징) 임대의무기간에 임대 외 용도로 사용하거나 매각·증여하는 경우 등	여 제외)로 취득하는 경우 - 토지를 취득한 날부터 정당한 사유 없이 2년 이내에 공동주택 등을 착공하지 아니한 경우 추가
④ (재산세 감면대상) 공동주택, 오피스텔, 다가구주택민간	- 임대형기숙사, 공동주택 등을 건축 중인 토지 추가
⑤ (재산세 추징) 임대의무기간에 매각·증여하는 경우 등	- 사용승인을 받기 전에 건축 중인 토지를 매각·증여하는 경우 추가
○ 일몰기한 : 2024. 12. 31.	○ 일몰기한 : 2027. 12. 31.

〈개정내용〉

① **임대주택 지방세 감면 3년 연장**

- 임대주택을 공급하는 자에게 세금 감면해 줌으로써 저소득층의 주거 수단인 **임대주택의 건설 및 분양을 촉진**하고,
- **서민의 장기적인 주거생활의 안정**을 도모하려는 취지 고려

② **임대형기숙사 감면대상에 포함**

- 1인 가구 증가 및 라이프스타일 변화에 따라 **부엌, 거실 등을 공유하는 기숙사 형태**의 대규모 임대주택 **서비스 수요 증가**
- 임대형기숙사*를 임대주택 감면대상에 포함

* 「건축법 시행령」 별표 1 제2호 라목 : 「공공주택 특별법」상 공공주택사업자 또는 「민간임대주택법」상 임대사업자가 임대사업에 사용하는 것으로서 임대 목적으로 제공하는 실이 20실 이상이고 해당 기숙사의 공동취사시설 이용 세대 수가 전체 세대 수의 50% 이상인 것

※ 범위 : 전용면적 40제곱미터 이하인 호수와 그 부속토지 + 거주자가 공동으로 사용하는 거실, 주방, 욕실, 복도 및 계단 등의 부분에서 전용면적 40제곱미터 이하인 호수의 전용면적 합계를 전체 호수의 전용면적 합계로 나눈 비율을 곱한 부분과 그 부속토지

구 분		공공임대주택	민간임대주택
취득세	건 축	면 제	면 제
취득세	최초 분양	면 제	면 제
재산세	직접 사용	30년 이상 임대 면제(도시분 포함) 그 외 50% 경감(도시분 포함)	면제(도시분 포함)

③ **건축주로부터 최초로 분양받은 경우 의미 명확화**

- 새로 건축된 주택이 **임대주택 공급 확대에 기여**할 수 있도록 **최초**로 임대주택으로 사용하기 위해 취득하는 경우에 감면을 적용하는 **기존 입법취지를 고려**하여
- '건축주로부터 공동주택 등을 최초로 분양받은 경우'를 '건축주로부터 실제 입주한 사실이 없는 공동주택 등을 최초로 유상거래(부담부증여는 제외)로 취득하는 경우'로 **명확화**

④ **임대주택을 건축 중인 토지 등에 대한 감면 및 추징 규정 보완**

- **(취득세)** 공동주택 등을 건축하기 위해서 취득하는 토지도 취득세 감면대상임을 명확히 규정, 토지를 취득한 날부터 정당한 사유 없이 2년 이내에 공동주택 등을 착공하지 아니한 경우는 추징
- **(재산세)** 공동주택 등을 건축 중인 토지도 재산세 감면대상임을 명확

히 하되, 사용승인을 받기 전에 건축 중인 토지를 매각·증여하는 경우 추징

⑤ **단기민간임대주택 지방세 감면 정비**

– 2020. 8. 18.부터 **단기(4년)임대 임대유형이 폐지***됨에 따라, 단기민간임대주택에 대한 지방세 **감면 종료**

* 「민간임대주택에 관한 특별법」 제2조 제6호(단기민간임대주택) 삭제

※ 단, 단기민간임대주택의 임대기간 종료일까지 종전의 규정에 따라 감면 적용 (부칙 제4조 제3항)

⑥ **공공임대주택과 민간임대주택 감면 조문 분리**

– 혼재되어 있는 공공임대주택과 민간임대주택 감면 조문을 분리하여 과세체계 정비

※ 공공임대주택 감면(§31 ①~⑤), 민간임대주택 감면(§31의 3 ①~⑤)

개정 전			개정 후		
제31조 제1항	공공·민간	건축 취득세	제31조 제1항	공공	건축 취득세
제31조 제2항	공공·민간	최초 분양 취득세	제31조 제2항	공공	최초 분양 취득세
제31조 제3항	공공·민간	취득세 추징 규정	제31조 제3항	공공	취득세 추징 규정
제31조 제4항	공공·민간	재산세 감면	제31조 제4항	공공	재산세 감면
제31조 제5항	공공·민간	재산세 추징 규정	제31조 제5항	공공	재산세 추징 규정
제31조 제1항	공공·민간	건축 취득세	제31조의3 제1항	장기민간	건축 취득세
제31조 제2항	공공·민간	최초 분양 취득세	제31조의3 제2항	장기민간	최초 분양 취득세
제31조 제3항	공공·민간	취득세 추징 규정	제31조의3 제3항	장기민간	취득세 추징 규정
제31조의3 제1항	장기민간	재산세	제31조의3 제4항	장기민간	재산세
제31조의3 제2항	장기민간	재산세 추징 규정	제31조의3 제5항	장기민간	재산세 추징 규정

〈**적용요령**〉

○ 2025 1. 1. 이후 납세의무가 성립하는 경우부터 적용(부칙 §4)

○ 다만, 단기민간임대주택의 경우 임대기간 종료일까지 종전의 규정에 따라 재산세 감면 적용 (부칙 §4 ③)

⑨ 공공매입임대주택 감면대상자 확대 및 연장 등

(법 §31 ⑥, 영 §13 ③)

개정개요

개정 전	개정 후
□ **LH**의 공공매입임대주택 감면 ○ 감면대상자 : LH ○ 감면대상 주택 및 건축물의 범위 –「공공주택 특별법 시행령」 제4조의 공공준주택과 그 부속토지 –「공공주택 특별법 시행령」 제37조 제1항의 주택 및 건축물과 그 부속토지(공공준주택과 그 부속토지 제외) ○ 일몰기한 : 2024. 12. 31.	□ 감면대상자 확대 및 연장 ○ 지방주택공사* 추가 * 주택사업을 목적으로 설립된 지방공사 ○ 실제 매입대상에 맞춰 감면대상 주택 및 건축물의 범위 합리화 – 단독주택, 다중주택, 다가구주택과 그 부속토지 – 국민주택규모 이하 : 아파트·연립·다세대주택과 그 부속토지 – 전용면적 85㎡ 이하 : 오피스텔(주거용), 기숙사와 그 부속토지 ○ 일몰기한 : 2027. 12. 31.

〈개정내용〉

○ 서민주거 안정을 위해 공공매입임대주택 감면대상자에 **지방주택공사 포함 및 감면 3년 연장**

○ LH 등 공공주택사업자의 실제매입대상에 맞춰 **감면대상 주택 및 건축물의 범위 합리화**

구 분	개정 전	개정 후
규모제한 無	단독주택, 다중주택, 다가구주택 제1종·제2종 근린생활시설, 노유자시설, 수련시설, 업무시설, 숙박시설 ※ 부속토지 포함	단독주택, 다중주택, 다가구주택 ※ 부속토지 포함
국민주택 규모이하	공동주택(아파트·연립·다세대주택) ※ 부속토지 포함	공동주택(아파트·연립·다세대주택) ※ 부속토지 포함
전용면적 85㎡ 이하	오피스텔(주거용) 기숙사, 다중생활시설, 노인복지주택 ※ 부속토지 포함	오피스텔(주거용) 기숙사 ※ 부속토지 포함

〈적용요령〉

○ 2025 1. 1. 이후 납세의무가 성립하는 경우부터 적용(부칙 §4)

⑩ 지분적립형 분양주택 재산세 감면 신설(법 §31 ⑧)

개정개요

개정 전	개정 후
〈신 설〉	□ **지분적립형 분양주택 감면** ○ (감면대상자) 공공주택사업자 ○ (감면대상) 지분적립형 분양주택* * 수분양자가 집값의 일부(10~25%)만 내고 입주한 뒤, 공공주택사업자와 20~30년 동안 소유권을 공유하면서 소유지분을 적립하여 취득하는 주택 ○ (감면율) 재산세 3년간 25% 경감 ○ 일몰기한 : 2026. 12. 31.

〈개정내용〉

○ 지분적립형 분양주택 공급 확산을 통한 **청년 · 신혼부부** 등 무주택 실수요자들의 **안정적인 내 집 마련의 기회를 제공**하기 위해 지분적립형 분양주택에 대한 **감면 신설**

- 지분적립형 분양주택으로 최초로 공급하는 경우로서 공공주택사업자가 그 주택을 공급받은 자와 2025년 1월 1일부터 2026년 12월 31일까지의 기간 동안 소유권을 공유하게 되는 경우 해당 주택

※ 공공주택사업자 소유 지분에 한정

- 재산세 납세의무가 최초로 성립하는 날부터 3년간 재산세 25% 경감

※ 과세기준일 현재 지분적립형주택에 해당하지 아니하는 경우 제외

〈시행시기〉

○ 2025년 1월 1일부터 시행(부칙 §1)

⑪ 공공주택사업자의 임대 목적으로 주택등을 매도하기로 약정을 체결한 자에 대한 감면 확대 및 연장 등
(법 §31의 5, 영 §13의 3)

개정개요

개정 전	개정 후
□ 공공주택사업자에게 매도하는 임대주택용 부동산 감면	□ 감면 확대 및 연장
○ 공공주택사업자에게 매도하기로 약정을 체결한 자만 감면대상자	○ 부동산을 취득한 날부터 60일 이내에 약정을 체결한 자도 감면대상자에 포함
○ 취득세 10%	○ 취득세 15%
○ '주택', '주택 등' 용어 혼재	○ '주택등'으로 용어 정비 및 범위 명확화 - 단독주택, 다중주택, 다가구주택 - 국민주택규모 이하 : 아파트 · 연립 · 다세대주택 - 전용면적 85㎡ 이하 : 오피스텔(주거용), 기숙사
○ 일몰기한 : 2024. 12. 31.	○ 일몰기한 : 2027. 12. 31.

〈개정내용〉

○ 서민주거 안정 및 조세 합리성 제고를 위해 공공주택사업자에게 매도하기로 약정한 주택건설자에 대한 **감면을 3년 연장**

○ 민간건설업자의 **사업참여 유인**을 위해 **감면율을 확대**(10→15%)

○ 주택등을 건축하기 위하여 **부동산을 취득한 날부터 60일 이내**에 공공주택사업자에게 **매도하기로 약정을 체결한 자도 감면대상자에 포함**

○ 불분명한 감면대상 주택등의 용어 정비 및 범위 명확화

개정 전	개정 후		
주택, 주택 등	주택 및 건축물 (주택등)	규모제한 無	단독주택, 다중주택, 다가구주택
		국민주택규모 이하	공동주택(아파트 · 연립 · 다세대주택)
		전용면적 85㎡ 이하	오피스텔(주거용) 기숙사

〈적용요령〉

○ 2025 1. 1. 이후 납세의무가 성립하는 경우부터 적용(부칙 §2)

⑫ 신축 소형주택에 대한 취득세 감면 신설(법 §33의 2)

개정개요

개정 전	개정 후
〈신 설〉	□ 신축 소형주택 감면 ○ (감면대상) 신축 소형주택* * 공동주택(아파트 제외) · 도시형 생활주택 · 다가구주택, 2024. 1. 10. ~ 2025. 12. 31. 준공, 전용면적 60㎡ 이하, 원시취득 限 ○ (감면율) 취득세 최대 50% 감면(법 25%+조례 25%) ○ 일몰기한 : 2025. 12. 31.

〈개정내용〉

○ **주거사다리 역할**을 하는 **非아파트 소형주택**의 공급 확대를 지원하기 위해 신축 소형주택 공급자에 대한 **취득세 감면 신설**

구 분		신축 소형주택
감면요건	목 적	• 매각 · 임대 목적
	취득기간	• 2024. 1. 10.부터 2025. 12. 31. 신축 취득
	주택유형	• 공동주택(아파트 제외) ※ 연립 · 다세대주택 • 도시형 생활주택 • 다가구주택 ※ 호수별 전용면적이 구분 기재되어 있는 다가구주택(전용면적 60㎡ 이하인 호수 부분 限)
	전용면적	60㎡ 이하
감 면 율		취득세 최대 50% (법 25% + 조례 25%)
일몰기한		~2025년말
추 징		• 취득일로부터 5년 이내에 매각 또는 임대하지 아니하고 다른 용도로 사용하는 경우

〈적용요령〉

○ 2024 1. 10. 이후 주택을 취득하는 경우부터 적용(부칙 §5)

⑬ 지방 소재 준공 후 미분양 아파트 취득세 감면 신설 (법 §33의 3)

개정개요

개정 전	개정 후
〈신 설〉	□ **지방 준공 후 미분양주택 감면** ○ (감면대상자) 사업주체 ○ (감면대상) 2년 이상 임대로 공급하는 지방 준공 후 미분양아파트* * 2024. 1. 10.~2025. 12. 31. 준공, 전용면적 85㎡ 이하, 3억원 이하, 2025. 12. 31.까지 임대계약 체결 조건 ○ (감면율) 취득세 최대 50% 감면(법 25%+조례25%) ○ 일몰기한 : 2025. 12. 31.

〈개정내용〉

○ 지방 준공 후 **미분양아파트 물량 해소** 및 임대활용을 통한 **전 · 월세시장 안정 지원**을 위해 지방 미분양아파트 임대공급 시 **취득세 감면 신설**

구 분		신축 지방 소재 준공 후 미분양 아파트
감면요건	취득기간	• 2024. 1. 10.부터 2025. 12. 31. 신축 취득
	주택유형	• 아파트
	주택요건	• 사용검사 · 사용승인(임시사용승인 포함) 받은 후 분양되지 아니한 아파트일 것 • 수도권 외의 지역에 있을 것 • 전용면적 85㎡ 이하이고 취득가액이 3억원 이하일 것 • 2025. 12. 31.까지 임대계약을 체결하고 2년 이상 임대할 것
감 면 율		취득세 최대 50% (법 25% + 조례 25%)
일몰기한		~2025년말
추 징		• 임대기간이 2년 미만인 상태에서 매각 · 증여하거나 다른 용도로 사용하는 경우

〈적용요령〉

○ 2024 1. 10. 이후 아파트를 취득하는 경우부터 적용(부칙 §6)

⑭ 주택담보노후연금보증대상 주택 감면대상 확대 및 연장 (법 §35)

개정개요

개정 전	개정 후
□ 주택담보노후연금보증 등록면허세 감면(§35 ①) ○ (감면율) – 5억원 이하인 1가구 1주택 : 75% – 그 외 : 75% ※ 산출세액이 300만원 초과시 **225만원** 공제 ○ 일몰기한 : 2024. 12. 31.	□ 감면율 축소 및 연장 ○ 감면율 축소 – 5억원 이하인 1가구 1주택 : 50% – 그 외 : 50% ※ 산출세액이 300만원 초과시 **150만원** 공제 ○ 일몰기한 : 2027. 12. 31.
□ 재산세 감면(§35②) ○ (감면대상 : 노후연금보증 담보 설정 방식) – 저당권 설정 ○ (감면율) 공시가격 5억원 이하인 1주택 재산세 25% * 공시가격 5억원 초과시 5억원 한도로 감면 ○ 일몰기한 : 2024. 12. 31.	□ 감면대상 확대 및 연장 ○ (감면대상 : 노후연금보증 담보 설정 방식) – 저당권 설정 + **신탁계약** ○ (현행과 같음) ○ 일몰기한 : 2027. 12. 31.

〈개정내용〉

○ 고령층의 경제적 부담완화를 위해 **주택담보노후연금보증 대상 주택**에 대한 **지방세 감면**을 **연장**하되,

– **재산세 감면 대상**이 되는 **저당권 설정 방식**과 동일하게 **신탁계약**방식까지 **적용**하도록 **확대**

– 일반 주택담보대출 방식과의 형평성, 주택연금 대상 확대 등 고려 등록면허세 **감면 축소(감면율** 75%→**50%**, 감면한도 225만원→**150만원**)

〈적용요령〉

○ 이 법 시행(2025. 1. 1.) 이후 납세의무가 성립하는 경우부터 적용(부칙 §2)

⑮ 무주택자 주택공급사업 지원 감면 연장 등(법 §36, 영 §17)

개정개요

개정 전	개정 후
□ 무주택자 주택공급사업 지원을 위한 감면 ○ 사단법인 한국사랑의집짓기운동연합회 ○ 취득세 100% ○ 재산세(도시지역분 포함) 100% ※ 최소납부세제 배제 ○ 일몰기한 : 2024. 12. 31.	□ 감면 연장 ○ 사단법인 한국해비타트 ※ 2010. 11. 25. 법인의 명칭 변경 ○ (현행과 같음) ○ 일몰기한 : 2027. 12. 31.

〈개정내용〉

○ 무주택 서민의 주거 안정 지원을 위해 **현행 감면 3년 연장**하되,

- **2010. 11. 25.** '사단법인 한국사랑의집짓기운동연합회'가 '사단법인 한국해비타트'로 법인의 명칭 변경사항 반영

〈적용요령〉

○ 2025. 1. 1.부터 시행(부칙 §1)

※ 종전 규정을 명확화(명칭 현행화)한 것으로 종전과 동일하게 적용

⑯ 생애최초 주택 취득세 감면 확대 등(법 §36의 3)

개정개요

개정 전	개정 후
□ 생애최초 주택 감면 ○ <신 설>	□ 소형주택 감면한도 확대 ○ 소형주택* 300만원 한도로 취득세 감면 * 공동주택(아파트 제외) · 도시형 생활주택 · 다가구주택, 전용면적 60㎡ 이하 · 3억원(수도권 6억원) 이하 ※ 최소납부세제 배제
○ 12억원 이하의 주택 200만원 한도로 취득세 감면 ○ 일몰기한 : 2025. 12. 31.	○ 소형주택 외 좌동 ○ 일몰기한 : 2025. 12. 31.
□ 지역 범위 적용시 특별자치도 ○ 제주(관내 시 · 군 無) + 강원, 전북(관내 시 · 군 有)	□ 특별자치도 적용 범위 합리화 ○ 제주로 한정 ※ 강원 · 전북은 지역 범위를 시 · 군 기준 적용
□ 주택을 소유한 사실이 없는 경우 ○ 상속으로 공유지분 주택 · 전세사기피해주택을 취득하였다가 처분한 경우 등 ○ <신 설>	□ 주택을 소유한 사실이 없는 경우 추가 ○ (현행과 같음) ○ 임차인이 1년 이상 상시거주한 소형주택*을 2024. 1. 1.부터 2025. 12. 31.까지 취득한 경우 추가

개정 전	개정 후
	* 공동주택(아파트 제외) · 도시형 생활주택 · 다가구주택, 전용면적 60㎡ 이하 · 2억원(수도권 3억원) 이하

〈개정내용〉

① 청년 등의 주거 사다리 역할을 하는 소형주택(아파트 제외)의 공급을 정상화하기 위해 **취득세 감면한도 확대(200만원 → 300만원)**

구 분		소형주택	소형주택 외 주택
감면요건	주택유형	• 공동주택(아파트 제외) ※ 연립 · 다세대주택 • 도시형 생활주택 • 다가구주택 ※ 호수별 전용면적이 구분 기재되어 있는 다가구주택(전용면적 60㎡이하인 호수 부분 限)	「지방세법」 제11조 제1항 제8호에 따른 주택(소형주택 제외)
	전용면적	60㎡ 이하	–
	취득가액	3억원(수도권 6억원) 이하	12억원 이하
감면한도		300만원	200만원
일몰기한		~2025년말	~2025년말

② 관할구역 내 시 · 군이 없는 제주특별자치도 외에 **관할구역 내 시 · 군이 있는 강원특별자치도 및 전북특별자치도 출범**에 따라 범위 정비

– 일정요건을 충족한 주택을 소유한 자가 그 주택 소재지역에 거주하다가 **다른 지역으로 이주** 시 '주택을 소유한 사실이 없는 경우'로 보는데,

– 다른 지역을 판단 시 관할 시 · 군이 있는 강원 · 전북의 경우 특별자치도가 아니라 **시 · 군을 대상으로 적용하도록 명확화**

③ 임차인이 1년 이상 상시거주한 **소형주택**을 취득하여 생애 최초 주택 감면을 받은 경우, '주택을 소유한 사실이 없는 경우'에 추가, 추후 다른 주택 취득시 생애최초 주택 **감면 자격 유지**

구 분		소형 임차주택
생애최초구입주택감면자격유지요건	주택유형	• 공동주택(아파트 제외) ※ 연립 · 다세대주택 • 도시형 생활주택 • 다가구주택 ※ 호수별 전용면적이 구분 기재되어 있는 다가구주택(전용면적 60㎡ 이하인 호수 부분 限)
	전용면적	60㎡ 이하
	취득가액	2억원(수도권 3억원) 이하
	거주요건	임차인이 1년 이상 상시거주(전입신고하고 계속하여 거주하는 것)한 주택
	취득기간 등	2024. 1. 1.부터 2025. 12. 31.까지의 기간 중 취득하여 생애 최초 주택 감면을 받은 경우 ※ 추징된 경우 제외

〈적용요령〉

○ 2025 1. 1. 이후 납세의무가 성립하는 경우부터 적용(부칙 §2)

※ 소형 임차주택은 2024. 1. 1.부터 2025. 12. 31.까지의 기간 중 취득하여 생애 최초 주택 감면을 받은 경우에 적용

⑰ 「민법」상 비영리재단법인 의료기관 감면 확대(법 §38 ④)

개정개요

개정 전	개정 후
□ 「민법」 상 비영리재단법인 운영 의료기관에 대한 감면 ○ 감면대상자 – 비영리재단법인 의료기관 ○ 감면율 ※ 감염병 전문병원+10%p – (종교단체) 취득세 30% 재산세 50% – (종 교 外) 취득세 15% 재산세 25% ○ 일몰기한 : 2024. 12. 31.	□ 非 종교재단법인 의료기관에 대한 감면율 확대 ○ 감면대상자 – (현행과 같음) ○ 감면율 ※ 감염병전문병원+10%p – (종교단체) 취득세 30% 재산세 50% – (종 교 外) 취득세 30% 재산세 50% ○ 일몰기한 : 2027. 12 .31.

〈개정내용〉

○ 국민건강 보호, 공공의료서비스 확보 등을 위해 **종교단체外 비영리 재단법인**이 운영하는 **의료기관**에 대해 타 非공공 의료기관* 수준으로 **감면 확대**(취득세 15%, 재산세 25% → 취득세 30%, 재산세 50%)

* 非공공의료기관 감면(취득세 30%, 재산세 50%) : 사립대부속병원, 「의료법」에 따른 의료기관, 사회복지법인 의료기관, 종교단체 재단법인 의료기관

〈적용요령〉

○ 이 법 시행(2025. 1. 1.) 이후 납세의무가 성립하는 경우부터 적용(부칙 §2)

⑱ 학력인정 평생교육시설에 대한 감면 확대(법 §44 ⑤)

개정개요

개정 전	개정 후
□ 평생교육시설에 대한 감면 (법 §44 ①) ○ (감면대상) – 평생교육시설* * 학교부설, 학교형태, 사내대학 형태, 원격대학형태 등(영 §21) ○ (감면율) – 취득세 50%, 재산세 50% ○ 일몰기한 : 2024. 12. 31.	□ 학력인정 평생교육시설 감면 확대(법 §44 ⑤ 신설) ○ (감면대상) – 학교형태 평생교육시설 중 학력인정 평생교육시설* * 「평생교육법」 §31 ②에 따른 고등학교 이하의 학력이 인정되는 학교형태의 평생교육시설 ○ (감면율) – 취득세, 재산세(도시지역분 포함), 지역자원시설세(소방분), 등록면허세(면허분), 주민세(사업소분, 종업원분) 100% ※ 최소납부세제 배제 ○ 일몰기한 : 2027. 12. 31.

〈개정내용〉

○ 교육에서 소외된 계층을 대상으로 **정규교육에 준하는 교육기회 제공**하는 등 **공공성**을 **고려**

– **학력인정 평생교육시설**에 대해 **전공대학 및 학교 수준**으로 **지방세 감면 확대**

〈적용요령〉

○ 이 법 시행(2025. 1. 1.) 이후 납세의무가 성립하는 경우부터 적용(부칙 §2)

⑲ 박물관 등 감면 연장 및 사후관리 규정 보완
(법 §44의 2, 영 §21의 2)

개정개요

개정 전	개정 후
□박물관, 미술관, 도서관, 과학관 감면 ○ 취득세 · 재산세 100% ※ 최소납부세제 적용 ○ 일몰기한 : 2024. 12. 31. □일반적 추징 요건 ○ 일반적 추징 규정 적용(§178)	□감면 연장 ○ (현행과 같음) ○ 일몰기한 : 2027. 12. 31. □개별적 추징 요건 신설 ○ 일반적 추징 요건 외 등록취소 · 폐관 신고 등 추징 요건 추가
1 취득일부터 1년이 경과할 때까지 해당 용도로 직접 사용하지 아니한 경우	1 (현행과 같음)
2 직접 사용한 기간이 2년 미만인 상태에서 매각 · 증여, 타 용도로 사용하는 경우	2 (현행과 같음)
3 <신 설>	3 취득일부터 3년 이내 관계 법령에 따라 폐관 신고하거나 등록이 취소되는 경우

〈개정내용〉

○ 국민의 문화 향유권 향상에 기여를 위해 **현행 감면 연장**

○ 박물관, 미술관 등 **특성** 및 **유사 조문과의 형평성**을 고려하여 일반적인 추징 규정 외 **등록취소 시 추징**하도록 **사후관리 규정 보완**

구 분	개정 前	개정 後
적용 규정	일반적 추징규정(법 §178 ①)	개별규정(법 §44-2 ③, 영 §21-2)
사후관리 요 건	1년 내 직접 미사용	(현행과 같음)
	직접 사용 2년 미만인 상태로 매각 · 증여, 타 용도 사용	
	<신 설>	3년 내 등록취소 · 폐관신고 되는 경우

〈적용요령〉

○ 2025. 1. 1. 이후 지방세를 감면 받는 경우부터 적용(부칙 §3)

⑳ 내진성능 확보 건축물에 대한 감면 신설 등(법 §47의 4)

개정개요

개정 전	개정 후
<신 설>	□ 내진성능 확보 건축물 감면 신설(법 §47의 4 ①) ○ **(감면대상)** – 법령상 비의무대상인 민간 건축물에 대해 건축 및 대수선을 통해 내진성능 확인을 받은 경우 ○ **(감면율)** – 취득세 100%, 재산세 2년간 100%, 그 후 3년간 50% (소유권 이전시 재산세 감면 배제)
□ 지진안전 인증 건축물 감면(법 §47의 4 ③) ○ **(감면대상)** 신축 ○ **(감면율)** 취득세 5~10%* * 시행령 위임 5%(영 §24의 2) ○ <신 설>	□ 감면대상 확대 및 추징규정 개선 등(법 §47의 4 ③, ④) ○ **(감면대상)** 건축 및 대수선 ○ **(감면율)** (현행과 같음) ○ **(추징규정)** 3년 이내 지진안전 인증이 취소되는 경우

〈개정내용〉

<내진성능 확보 건축물에 대한 감면>

○ 민간건축물에 대한 내진보강 비율이 저조함에 따라 법령에 따른 **의무 대상이 아닌 건축물의 내진성능 확인 시 감면 재신설***

* 내진성능 확보 건축물에 대해 건축시 취·재(5년) 50%, 대수선 취·재(5년) 100%(2021년 종료)

– 건축·대수선에 따라 건축물을 취득하면서 내진성능 확인을 받은 경우 **취득세 면제**(최소납부 적용) 및 **재산세 2년간 면제, 그 후 3년간 50% 감면**

– 다만, 감면 기간 중 소유권 이전되는 경우 재산세 감면 배제

<지진안전 시설물 인증 건축물에 대한 감면>

○ 지진안전 시설물 인증에 따른 취득세 감면 대상을 **신축**하는 건축물에서 **건축·대수선을 통해 인증받는 경우**로 **확대**

○ 「지진·화산재해대책법」에서는 부정한 방법으로 인증받는 경우 등에 대해 **사후적으로 인증 취소가 가능하도록 규정**함에 따라

– 취득세를 경감받은 후 **취득일부터 3년** 이내에 **인증이 취소된 경우** 경감된 취득세 **추징하도록 규정**하여 사후관리 규정을 보완

※ 녹색건축 인증 건축물 감면(§47의 2)에서도 인증 취소 시 취득세 추징하도록 규정하고 있음.

〈적용요령〉

○ 이 법 시행(2025. 1. 1.) 이후 건축물을 취득하는 경우부터 적용(부칙 §7 ①)하고, 이 법 시행 전 취득세가 감면된 건축물에 대한 재산세 감면에

대해서는 종전 규정을 적용(부칙 §7 ②)

○ 지진안전 시설물 인증에 대한 감면 추징규정의 경우 이 법 시행 이후 취득세를 감면하는 경우부터 적용(부칙 §7 ③)

㉑ 법인간 적격 합병 등(법 §57-2 ①, ②, ③, ④, ⑩, 영 §28의 2)

개정개요

개정 전	개정 후
□ 법인간 적격합병(법 §57-2 ①)	□ 감면축소 및 연장
○ (일반) 취득세율 2% 경감(지방세법) + 취득세 50%(지특법)	○ 취득세율 2% 경감(지방세법)
○ (중소·기술혁신형) 취득세율 2% 경감(지방세법) + 취득세 60%	○ (현행과 같음)
□ 조합간 합병 등(법§57-2 ②)	□ 감면 연장
○ 농협조합, 수협조합, 산림조합, 새마을금고, 신용협동조합 ※ 최소납부세제 적용 - 취득세 100%, 등록면허세 50%	○ (현행과 같음)
□ 법인적격분할 등(법§57-2 ③)	□ 감면축소 및 연장
○ (국유재산 현물출자) 취득세 25%	○ 종 료
○ (법인적격분할) 취득세 75%	○ 취득세 50%
○ (적격현물출자) 취득세 75%	○ 취득세 50%
○ (중소기업간 통합) 취득세 75%	○ 취득세 50%
○ (조직변경) 취득세 100% ※ 최소납부세제 적용	○ (현행과 같음)
□ 개인의 법인전환(법 §57-2 ④)	□ 감면축소 및 연장

개정 전	개정 후
○ (법인전환, 사업양수도) 취득세 75%	○ 취득세 50%
□ 금융기관간 합병(법 §57－2 ⑩)	□ 감면축소 및 연장
○ 취득세 50%, 등록면허세 25%	○ 취득세 50%
□ 일몰기한 : 2024. 12. 31.	□ 일몰기한 : 2027. 12. 31.
□ 감면 대상 명확화	□ '사업용 재산'으로 통일적 정비
○ (대상) 제57조의 2 제2항, 제3항 (2호, 3호) 및 제10항	○ (현행과 같음)
○ (내용) 양수받는(취득하는) '재산'	○ (내용) 양수받는(취득하는) '사업용 재산'

〈개정내용〉

① **(연장 및 축소)** 원활한 기업구조조정 등을 위해 **일몰기한 3년 연장**

- 다만, 최근의 합병 · 분할 등은 **기업의 경쟁력 제고**나 **이익 극대화** 등 **기업의 주관적 목적**에서 **추진**되는 등 **사회적 환경**이 **변화**되었고
- 행정행위에 대한 수수료 성격의 **등록면허세** 부분에 대한 **과세 합리화**를 위해 **감면 일부 축소**

② **(감면대상 명확화)** 법인적격분할 등에 대한 **취득세 감면 대상 범위**를 **'사업용 재산'**으로 **통일적**으로 **정비**

〈기업 · 합병분할 등 감면 대상 현황〉

감면 규정			감면 대상 범위(취득세 과세대상) 개정 전	감면 대상 범위(취득세 과세대상) 개정 후
법 제57조의 2 제1항		법인간 적격합병	사업용 재산	–
법 제57조의 2 제2항		조합간 합병	재산	사업용 재산
법 제57조의 2 제3항	2호	법인 적격분할	재산	사업용 재산
법 제57조의 2 제3항	3호	적격 현물출자	재산	사업용 재산
법 제57조의 2 제3항	5호	중소기업간통합	사업용 재산	–
법 제57조의 2 제3항	7호	조직변경	사업용 재산	–
법 제57조의 2 제4항		개인의 법인전환	사업용 고정자산	–
법 제57조의 2 제10항		금융회사간 합병	재산	사업용 재산

③ **(중과대상 감면)**

○ 합병 후 중과대상 재산이 되는 경우 **취득세 세율특례를 배제**(지방세법)하고 있으나, 취득세 감면의 경우는 **중과를 제외한 부분에 대해 감면을 적용**함으로써 동일한 세제 지원임에도 달리 운영 중

⇒ **합병 이후(5년 이내) 중과대상 재산이 되는 경우**에도 세율특례와 동일하게 적격합병에 따른 **취득세 감면을 적용하지 않도록 개선**(법 제57조의 2 제1항 제1호, 제2호 삭제)

개정 전	개정 후
• 합병등기일부터 3년 이내에 「법인세법」 제44조의 3 제3항 각 호의 어느 하나에 해당하는 사유가 발생하는 경우(같은 항 각 호 외의 부분 단서에 해당하는 경우는 제외)에는 경감된 취득세 추징	• 「지방세법」 제15조 제1항 제3호 단서*에 해당하는 경우 경감된 취득세 추징 * i) 합병으로 취득한 과세물건이 합병 후 제16조에 따른 과세물건이 되는 경우 ii) 합병등기일부터 3년 이내 「법인세법」 제44조의 3 제3항 각 호의 어느 하나에 해당하는 사유가 발생하는 경우(같은 항 각 호 외의 부분 단서에 해당하는 경우는 제외)

〈적용요령〉

○ 이 법 시행(2025. 1. 1.) 이후 사업용 재산 또는 사업용 고정자산을 취득하는 경우부터 적용함(부칙 §8 ①).

○ 이 법 시행 전에 감면받은 취득세의 추징에 관하여는 종전의 규정을 적용함(부칙 §8 ②).

○ 이 법 시행 전 합병계약·분할계획에 대한 주주총회·사원총회의 승인 결의나 총사원의 동의가 있었던 경우에 대해서는 법 제57조의 2 제1항 및 제3항 제2호 감면 축소에도 불구하고 종전 감면규정을 적용함(부칙 §8 ③).

㉒ 과점주주 간주취득세 감면 연장 및 감면대상 조정 (법 §57－2 ⑤, 영 §28의 2 ④)

개정개요

개정 전	개정 후
□ 부실금융기관 주식 등 취득에 따른 과점주주 간주취득세 감면	□ 감면 연장 및 감면대상 조정
○ (1호~7호) 취득세 100% ※ 최소납부세제 적용	○ (현행과 같음)
○ (8호) 코스닥 상장법인 과점주주	○ <삭 제> －「지방세기본법」 개정에 따라 간주취득세 납세의무 배제
○ 일몰기한 : 2024. 12. 31.	○ 일몰기한 : 2027. 12. 31.

〈개정내용〉

○ **기업의 경영개선, 부실자산 정리** 등 국가정책적 목적에 따라 불가피하게 발생하는 경우에 대하여 **지원**하려는 것으로 **3년 연장**

○ 「지방세기본법」 개정(2023. 3. 14.)으로 유가증권시장과 동일하게 **코스닥시장 상장법인** 과점주주의 경우도 **취득세 과세대상**에서 **배제**됨에 따라

－ 「지특법」상 **코스닥시장 상장법인**의 **과점주주**에 대한 **취득세 면제 (§57－2 ⑤ 8)** 및 **코스닥시장**에 대한 **정의**(영 **§28－2 ④) 삭제**

※ **(과점주주 취득세 제외) 前** 유가증권시장 상장법인 → **後 유가증권+코스닥시장** 상장법인

〈적용요령〉

○ 2025년 1월 1일부터 시행(부칙 §1)

㉓ 사업재편 승인기업 등록면허세 감면 연장 등(법 §57의 2 ⑧)

개정개요

개정 전	개정 후
□ 사업재편 승인기업 합병 감면 ○ (감면대상) – 사업재편을 추진하는 경우 해당 법인에 대한 법인등기 ○ 등록면허세 50% ○ 일몰기한 : 2024. 12. 31.	□ 감면 연장 및 대상 명확화 ○ (감면대상) – 사업재편에 따라 설립·변경되는 법인에 대한 법인등기 ○ (현행과 같음) ○ 일몰기한 : 2027. 12. 31.

〈개정내용〉

○ **등록면허세 감면 대상**을 사업재편을 추진하는 법인에서 사업재편계획에 따른 구조개선 결과 **설립 또는 변경**되는 **법인**으로 **명확화**

〈적용요령〉

○ 2025년 1월 1일부터 시행(부칙 §1)

㉔ PFV 사업 정상화 지원을 위한 취득세 감면 신설(법 §57의 5)

개정개요

개정 전	개정 후
<신 설>	□ **PFV 사업 정상화 지원을 위한 취득세 감면** ○ (감면대상) 프로젝트금융투자회사(PFV)가 집합투자기구*의 자금으로 취득하는 기존 부실 PFV 사업장의 부동산 * 한국자산관리공사가 40% 이상 출·투자하여 조성(PF정상화펀드) ○ (감면율) 취득세 50% ※「지방세법」상 중과세율 적용배제 ○ (추징사유) 정당한 사유 없이 그 취득일로부터 2년이 경과할 때까지 고유업무에 사용하지 아니하는 경우 ○ 일몰기한 : **2025. 12. 31.**

〈개정내용〉

○ 부동산 **PFV** 사업의 **정상화 지원**을 위해 **취득세 감면 신설**

– **(감면대상) PFV가 취득하는** 기존 부실 **PFV** 사업장의 부동산

※ 한국자산관리공사가 40% 이상 출·투자한 정상화펀드로 부동산을 취득하는 경우로서 해당 정상화 펀드 부분에 해당하는 부동산에 대해 감면

– **(감면율) 취득세 50% 감면**

※「지방세법」상 중과세율 적용배제

– **(사후관리)** 부동산 개발 및 분양 등 PFV 사업 특성을 고려 **직접 사용 요건은 제외**하되, 일정기간(2년) 내에 당초 목적 사업에 사용하도록 의무 부여

〈적용요령〉

○ 이 법 시행(2025. 1. 1.) 이후 납세의무가 성립하는 경우부터 적용(부칙 §2)

㉕ 창업중소기업 감면 업종 명칭 현행화(법 §58의 3 ④)

개정개요

개정 전	개정 후
□ 창업(벤처)중소기업 업종명 ○ 정보통신업 중 제외 업종 - 통계청장이 고시하는 블록체인기술 산업분류에 따른 "블록체인 기반 암호화 자산 매매 및 중개업"	□ 업종명 현행화 ○ 정보통신업 중 제외 업종 - 통계청장이 고시하는 한국표준산업분류에 따른 "가상자산 매매 및 중개업"

〈개정내용〉

○ 창업중소기업 감면 대상인 정보통신업에서 제외되는 업종 중 **가상자산 매매 및 중개업을 한국표준산업분류에 따르도록 개정**

〈적용요령〉

○ 2025년 1월 1일부터 시행(부칙 §1)

㉖ 연안항로 취항용 여객 선박 감면 신설 등 (법 §64 ②·③, 영 §30 ①)

개정개요

개정 전	개정 후
□ 연안항로 취항 화물운송용 선박 등 감면 ○ 감면대상 : ① 연안항로 취항 선박 : 화물운송용 선박 ② 외국항로 취항 선박 ○ 취득세 △1%p, 재산세 50% ○ 일몰기한 : 2024. 12. 31.	□ 연안항로 취항 여객선 감면 신설 및 일몰연장 ○ 감면대상 : ① 연안항로 취항 선박 : 여객 및 화물운송용 선박 ② (현행과 같음) ○ (현행과 같음) ○ 일몰기한 : 2027. 12. 31.
□ 연안항로 취항 화물운송용 선박 중 천연가스 연료사용 선박 감면 ○ 취득세 △2%p ○ 일몰기한 : 2024. 12. 31.	□ 감면 종료 ※ **2024. 12. 31.**까지 매매계약을 체결(계약금 지급 사실 등이 증빙서류에 의하여 확인되는 경우 限)한 경우 그 계약을 체결한 당사자의 해당 선박의 취득에 대해 종전의 규정에 따라 감면 적용(부칙 §10)

〈개정내용〉

○ 국내해운산업 경쟁력 강화를 위해 연안항로 화물선과 외국항로 선박은

현행 감면 연장

- 他 대중교통수단과의 형평성 및 침체된 연안 여객산업 활력 제고를 위해 **연안항로**에 취항하는 **여객운송용선박**에 대해 **감면 신설**
- 다만, **천연가스 연료사용 선박**의 경우, 친환경 연료 사용 선박(천연가스 포함)에 대한 감면이 신설(2024년)됨에 따라 **감면 종료**

○ **취득세 감면 후 30일 내 사업 등록**하는 경우도 **감면대상**으로 개선(영 §30)

사 업	등록 근거 법률	감면 대상 선박	취득 후 사업 등록 기한	
			개정 전	개정 후
운송업	해운법 (§4, §24)	내항 화물·여객선	30일	30일
		내항 여객선(신설)	–	30일
		외항 화물·여객선	–*	30일
선박 대여업	해운법 (§33)	내항 화물선	–*	30일
		외항 화물선	–*	30일

〈개정내용〉

○ 2025. 1. 1. 이후 납세의무가 성립하는 경우부터 적용(부칙 §2)

○ 이 법 시행 전 §64 ③에 따른 **천연가스 연료 선박**에 대해 **매매 계약**을 **체결**한 경우, 해당 선박의 취득에 대해 **종전 규정** 적용(부칙 §10)

※ 다만, 해당 계약이 **계약금을 지급한 사실** 등이 **증빙서류**에 의하여 **확인**되는 경우에 한정

㉗ 인구감소지역 주택 취득세 감면 신설

(법 §75의 5 ③·④, 영 §35의 6 ③·④)

개정개요

개정 전	개정 후
<신 설>	□ 인구감소지역내 주택 취득세 감면 신설 (법 §75의 5 ③·④) ○ (감면대상) 무주택 및 1가구1주택자가 인구감소지역에서 주택을 취득하는 경우 ○ (감면율) 취득세 50%(법 25%+조례 25%) ○ (감면요건) 주택기준 ※ 시행령 §35의 6 ③·④ – 취득가액 3억원 이하인 주택 – 인구감소지역 중 수도권(접경지역 제외)·광역시(군지역 제외)·특별자치시를 제외한 지역에 소재한 주택 – 1가구1주택자의 경우 기존 주택과 동일 시군구 소재 주택이 아닐 것 ○ (사후관리) 취득일부터 3년간 보유 의무 부여 ○ (일몰기한) 2026. 12. 31.

〈개정내용〉

○ **무주택 · 1주택자가 인구감소 지역***에서 **취득가액 3억원 이하**의 주택을 유상거래로 **취득하는 경우 취득세 50% 감면 신설(조례 25% 포함)**

– 다만, 취득세를 감면받고 **3년 이내에 매각 · 증여**하는 경우 경감된 **취득세 추징**

* 수도권 및 광역시(부산 동구 · 서구 · 영도구, 대구 남구 · 서구, 가평) 6개 제외, 단, 수도권 접경지역(강화, 옹진, 연천) · 광역시내 군지역(군위)은 포함 총 83개 지자체

〈적용요령〉

○ 이 법 시행(2025. 1. 1.) 이후 납세의무가 성립하는 경우부터 적용(부칙 §2)

㉘ 산업단지 감면시 조례감면 총량 예외 규정 정비(법 §78 ⑧)

개정개요

개정 전	개정 후
□ 법률 위임에 의한 조례 감면 ○ 감면 총량 제한 미적용 ※ **별도 규정 불필요**	□ 개별 조문상 조례감면 총량 제한 미적용 규정 삭제 ○ 불필요한 규정 정비

〈개정내용〉

○ 법령에 대한 해석을 명확히 하기 위해 **규정 정비**

※ 「지특법」 §4 ③, ⑥에 따라 법률의 위임에 따라 조례로 정하는 감면은 감면 총량 未적용

〈적용요령〉

○ 2025년 1월 1일부터 시행(부칙 §1)

※ 운영상 동일하게 적용하던 사안으로 개정 전후의 실체적 내용 변경 無

㉙ 기회발전특구 창업 기업의 업종 규정 위임
(법 §80의 2, 영 §39의 2)

개정개요

개정 전	개정 후
□ 기회발전특구 내 창업 시 감면대상 업종 ○ 법률에 규정 ※ 법 §58의 3 ④에서 정한 업종 인용	□ 기회발전특구 내 창업 시 감면대상 업종 ○ 시행령에 위임 규정 ※ 별표에서 열거하여 규정

〈개정내용〉

○ 창업중소기업 감면의 업종 외에 **기회발전특구 내 창업 감면의 취지 및 특성을 반영**하도록 감면 대상 업종을 **별도로 규정**하면서,

– 법률규정 사항을 **시행령으로 위임하여 규정**

〈적용요령〉

○ 이 법 시행(2025. 1. 1.) 이후 납세의무가 성립하는 경우부터 적용(부칙 §2)

㉚ 시장정비사업 감면 연장 및 재설계(법 §83, 영 §41)

개정개요

개정 전	개정 후
□ 시장정비사업에 대한 감면(사업시행자, §83 ①) ○ 감면대상 – 사업용 부동산 ○ 감면율 – 취득세 100%, 재산세(5년간) 50% ※ 최소납부세제 적용 ○ 일몰기한 : 2024. 12. 31.	□ 감면 연장 및 재설계(사업시행자, §83 ①) ○ 사업단계별 감면대상 명확화 – (조성) 대지조성용 부동산 – (준공) 관리처분계획에 따라 취득하는 부동산 ○ 감면율 – 취득세 50% · 재산세 50% (조성기간) ○ 일몰기한 : 2027. 12. 31.
□ 시장정비사업에 대한 감면(입점상인, §83 ②) ○ 감면율 – 취득세 100%, 재산세(5년간) 50% ※ 최소납부세제 적용 ○ 일몰기한 : 2024. 12. 31.	□ 감면 연장(입점상인, §83 ③) – (현행과 같음) ○ 일몰기한 : 2027. 12. 31.
□ 사후관리	□ 사후관리 명확화

개정 전	개정 후
○ 시행자 · 입점상인 동일 (§83 ③)	○ 시행자 · 입점상인 맞춤형 사후관리 규정(§83 ②, ④)

추징 사유
1. 사업추진계획의 승인 취소 2. 정당한 사유 없이 취득일부터 3년 이내 직접 미사용, 매각 · 증여, 타 용도 사용

구 분	추징 사유
시행자	1. 정당한 사유 없이 취득일부터 3년이 경과할 때까지 직접 미사용 2. 사업추진계획의 승인 취소
입점 상인	1. 정당한 사유 없이 취득일부터 1년이 경과할 때까지 직접 미사용 2. 직접 사용한 기간이 2년 미만인 상태에서 매각 · 증여, 타 용도 사용

〈개정내용〉

○ **도시재생 활성화** 및 **영세상인 지원**을 위해 **시장정비사업**에 대한 **감면 연장**

① 사업단계별 감면 대상 재설계 및 명확화

○ **시장정비사업**에 대한 **지방세 감면 규정**은 **사업단계 구분 없이 시행자**와 **입점상인**으로만 규정하여 **감면 적용**하였으나,

– **시행자**의 경우 **유사 개발사업과의 형평성** 및 각 **사업단계별**(조성 및 준공) **취득목적***에 **부합**하도록 **감면 대상**을 **설정**하도록 **재설계**

* (조성) 대지조성용 부동산 취득세 **50%**, 공사 중 토지 재산세 **50%**
(준공) 관리처분계획에 따라 취득하는 부동산 취득세 **50%**

〈시장정비사업 감면 재설계〉

개정 전

단계	"사업단계 구분 없음"	
시행자	사업용 부동산	취 100%, 재 50%(5년)
입점 상인	판매시설 (주택 제외)	취 100%, 재 50%(5년)

개정 후

① 사업 조성		② 사업 준공	
사업용 부동산	취 50% 재 50%	사업시행 후 취득 (입점상인, 일반인 분양)	취 50%
–	–	판매시설 (주택 제외)	취 100%, 재 50%(5년)

② 사업주체별 추징규정 마련

○ **현행 관계 법령**에서 **시행자와 입점상인**에 대한 **사후관리**(추징 요건)가 **동일하게 적용**하였으나,

– **사업주체별**(시행자, 입점상인) **추징규정 개선**

구분	개정 전	개정 후
규 정	추징요건 동일(§83 ③)	맞춤형 추징요건(§83 ②, ④)
시행자	• 사업추진계획의 승인 취소 • 취득일부터 3년 이내 직접 미사용, 매각 · 증여, 타 용도 사용	• 사업추진계획의 승인 취소 • 취득일부터 3년 내 직접 미사용
입점 상인		• 취득일부터 1년 내 직접 미사용 • 직접사용 2년 이내 매각 · 증여, 타 용도 사용

③ 감면대상자 정의 명확화 및 위임 규정 정비 등

○ **감면 대상자인 사업시행자의 정의**를 「전통시장 및 상점가 육성을 위한 특별법」 제41조에 따른 **사업시행자로 명확화**(법 §83 ③)

○ **입점상인에 대한 정의**를 **시행령**으로 **위임**하고 있는데 재설계에 따라 **위임 규정**의 **조항 변경**(법 제83조 제2항 → 제83조 제3항)

〈적용요령〉

○ 2025년 1월 1일부터 시행(부칙 §1)

– 이 법 시행 전에 「전통시장 및 상점가 육성을 위한 특별법」 제39조에 따른 사업시행인가를 받은 경우에는 종전 감면을 적용(부칙 §11)

㉛ 지방세 중과세율 배제 적용 감면 연장(법 §180의 2)

개정개요

개정 전	개정 후
□ **부동산투자기관**(리츠 · 펀드 · PFV 등) **중과세율 배제**	□ **감면 연장**
○ 취득세 중과세율 배제 – 부동산투자회사, 부동산집합투자기구, 부동산집합투자기구	○ (현행과 같음)
○ 등록면허세 중과세율 배제 – 부동산투자회사, 부동산집합투자기구, 부동산집합투자기구, 특수목적법인, 기업구조조정투자회사 등	○ **기업구조조정투자회사 삭제** – 부동산투자회사, 부동산집합투자기구, 부동산집합투자기구 등
○ 일몰기한 : 2024. 12. 31.	○ 일몰기한 : 2027. 12. 31.

〈개정내용〉

○ **부동산투자회사 등 지방세 중과세율 적용 배제 특례 3년 연장**

– 다만, 등록면허세 중과배제 대상 중 기업구조조정투자회사의 경우 관련 법 실효*에 따라 삭제(§180의 2 ② 2호)

* 「기업구조조정투자회사법」 부칙 <법률 제6275호, 2000. 10. 23.>

제2조 (유효기간) ① 이 법은 공포후 6년간 효력을 가진다. 다만, 유효기간내에 설립된 기업구조조정투자회사는 당해 회사의 정관에 규정된 존립기간동안 이 법의 적용을 받는다.
② 이 법이 적용되는 기간중에 행한 위법행위에 대한 벌칙의 적용에 있어서는 이 법이 실효된 후에도 이 법을 적용한다.

〈적용요령〉

○ 2025년 1월 1일부터 시행(부칙 §1)

32 재산세가 면제되는 위탁운영 직장 어린이집 범위(영 §8의 3)

개정개요

개정 전	개정 후
□ 직장어린이집 설치의무가 있는 사업주가 **위탁 운영하는 직장 어린이집에 한해 감면**	□ 직장어린이집 설치의무에 관계 없이 **위탁 운영하는 모든 직장 어린이집을 감면대상으로 규정**
○ 재산세 감면대상(법 §19 ② 위임)	○ 재산세 감면대상(법 §19 ② 위임)
1. 부동산 소유자가 어린이집 등 사용자의 배우자 또는 직계혈족으로 직접 운영	1. (현행과 같음)
2. 해당 부동산의 사용자가 배우자 또는 직계혈족과 해당 부동산 공동 소유	2. (현행과 같음)
3. 해당 부동산 소유자가 종교단체이면서, 사용자가 종교단체 대표 또는 종교법인	3. (현행과 같음)
4. 사업주가 공동으로 설치·운영하는 직장어린이집 또는 직장어린이집 설치의무 있는 사업주가 위탁·운영하는 직장어린이집	4. 사업주가 공동으로 설치·운영하는 직장어린이집 또는 사업주가 위탁·운영하는 직장어린이집

〈개정내용〉

○ 직장어린이집 **설치의무 여부에 관계 없이** 「영유아보육법」에 따라 직장

어린이집을 **위탁 운영하는 경우 재산세 감면대상**에 포함

〈적용요령〉

○ 2025. 1. 1. 이후 납세의무가 성립하는 경우부터 적용(영 부칙 §3)

㉝ 녹색건축 인증 건축물 감면대상 정비(영 §24)

개정개요

<table>
<tr><th>개정 전</th><th>개정 후</th></tr>
<tr><td>□ 인증기준별 감면 대상
○ 녹색건축 인증 건축물 감면
- ① 녹색건축인증등급, ② 에너지효율등급 기준에 따라 감면율 차등적용

| 녹색건축 인증등급 | 에너지 효율등급 | 취득세 감면율 |
최우수	1+ 이상	10%
우수		5% | ○ 제로에너지 건축물 취득세 감면 - 1~3등급 건축물 : 20% 감면 - 4등급 건축물 : 18% 감면 - 5등급 건축물 : 15% 감면</td><td>□ 감면대상 정비 ○ 에너지효율등급제 폐지 - 녹색건축인증등급에 따라 감면율 차등적용 | 녹색건축 인증등급	감면율
최우수	10%
우수	5%	 ○ 제로에너지 건축물 취득세 감면 - +~3등급 건축물 : 20% 감면 - 4등급 건축물 : 18% 감면 - 5등급 건축물 : 15% 감면</td></tr>
</table>

〈개정내용〉

❶ 녹색건축 인증 건축물에 대한 **취득세 감면 기준 현행화**(에너지 효율등급 기준 삭제)

※ 현재도 녹색건축 우수등급 이상은 에너지효율등급을 1+ 이상 받아야 함.

❷ 제로에너지 건축물에 대한 **취득세 감면 기준 현행화**(+ 등급 신설)

〈적용요령〉

○ 2025년 1월 1일 부터 시행(영 부칙 §1)

㉞ 창업중소기업에 대한 취득세 감면 적용 기준 명확화(영 §29의 2)

개정개요

개정 전	개정 후
□ 창업중소기업 감면 대상 업종 ○ (법) 엔지니어링사업 ○ (영) 엔지니어링사업의 범위 - (입법방식) 「조특법 시행령」상 사업범위를 재인용 - (사업범위) 엔지니어링활동을 제공하는 사업(기술사의 활동 포함)	□ 감면 대상 업종 명확화 ○ (현행과 같음) ○ (현행과 같음) - 「지특법 시행령」 직접 규정 - 관련 법에 따른 신고의무를 이행하고 엔지니어링활동을 제공하는 사업 (등록의무 이행한 기술사 활동 포함)

〈개정내용〉

○ (개정 전) **창업중소기업**에 대한 감면 **대상 업종** 중 **'엔지니어링사업'**의 구체적 범위를 **시행령**으로 **위임**하여 규정(법 §58의 3 ④ 5)하고

- 「지특법 시행령」에서는 **「조특법 시행령」**상 해당 **업종의 범위를 재인용**하여, **'엔지니어링 활동을 제공하는 사업'**으로 **규정** 중

⇒ **(지특법 시행령 §29의 2 ⑥)** 법 제58조의 3 제4항제5호 각 목 외의 부분에서 "대통령령으로 정하는 엔지니어링사업"이란 「조세특례제한법 시행령」 제5조 제9항에 따른 엔지니어링사업을 말한다.

⇒ **(조특법 시행령 §5 ⑨)** "대통령령으로 정하는 엔지니어링사업"이란 「엔지니어링산업 진흥법」에 따른 엔지니어링활동(「기술사법」의 적용을 받는 기술사의 엔지니어링활동을 포함한다. 이하 같다)을 제공하는 사업

○ (개정 후) '엔지니어링사업'의 범위를 **「조특법 시행령」**상 해당 **업종의 범위를 재인용**하지 않고 「지특법 시행령」에서 직접 규정하고

- '엔지니어링사업'의 범위를 「엔지니어링산업 진흥법」 및 「기술사법」에 따른 신고 및 등록의무를 이행하고 **엔지니어링활동을 제공하는 경우로 명확화**(행정안전부 지방세특례제도과－1221(2024. 5. 27.) 관련)

구 분	개정 전	개정 후
입법 방식	「조특법 시행령」 인용	「지특법 시행령」 직접 규정
사업 범위	엔지니어링사업활동을 제공하는 사업(기술사의 엔지니어링활동 포함)	「엔지니어링산업 진흥법」 및 「기술사법」에 따른 신고 및 등록의무를 이행하고 엔지니어링활동을 제공하는 경우

〈적용요령〉

○ 2025년 1월 1일부터 시행(영 부칙 §1)

㉟ 창업중소기업 지방세 감면신청서 개선
(규칙 §3의 2, 별지 제1호의 4 서식)

개정개요

<table>
<tr><th>개정 전</th><th>개정 후</th></tr>
<tr><td>□ 창업(벤처)중소기업 지방세 감면신청
○ 지자체장은 행정정보공동이용을 통하여 신청 서류를 확인
– 사업자등록증
– 법인등기사항증명서
– 벤처기업확인서(창업벤처중소기업)</td><td>□ 감면신청 확인 서류 개선
○ (현행과 같음)
– 사업자등록증명
– (현행과 같음)
– (현행과 같음)</td></tr>
<tr><td>□ 창업(벤처)중소기업 지방세 감면신청서
○ '창업 제외 유형' 사전안내
– 사업확장·업종 추가 등 새로운 사업을 최초로 개시하는 것으로 보기 곤란한 경우</td><td>□ '창업 제외 세부 유형' 법 개정 사항 감면신청서에 반영
○ (현행과 같음)
– 사업확장·업종 추가한 경우
– 새로운 사업을 최초로 개시하는 것으로 보기 곤란한 경우(세부 유형은 시행령으로 위임)
〈영 §29-2 ⑫〉
i) 개인이 추가로 동종 법인을 설립하여 해당 신설법인의 과점주주인 경우
ii) 해당법인 및 법인의 과점주주가 동종 법인을 설립하여 해당 신설법인의 과점주주가 되는 경우
iii) 법인의 형태변경 후 동종사업 영위하는 경우</td></tr>
</table>

〈개정내용〉

○ 지자체장이 창업중소기업 지방세 감면을 위해 행정정보공동이용을 통해 확인해야 하는 서류*를 사업자등록증명으로 개정

* '사업자등록증'은 행정정보공동이용 처리대상에 해당되지 않고, '사업자등록증명'이 행정정보공동이용을 통해 확인 가능

○ 지특법 시행령 개정(§29-2 ⑫, 2024. 1. 1.)에 따른 '창업 제외 세부 유형'을 '창업(벤처) 중소기업 지방세 감면신청서'에 개정 사항 반영

<table>
<tr><th colspan="2">창업 제외 세부 유형 내용(법 §58의 3 ⑥, 영 §29-2 ⑫)</th></tr>
<tr><td>• 기존사업을 승계하여 개시한 경우</td><td>• 개인이 동종사업을 법인으로 전환한 경우</td></tr>
<tr><td>• 폐업 후 동종사업을 재개한 경우</td><td>• 사업확장·업종 추가한 경우</td></tr>
<tr><td colspan="2">• 사업 최초개시로 보기 곤란한 경우</td></tr>
<tr><td rowspan="3">영</td><td>• 개인이 추가로 동종 법인을 설립하여 해당 신설법인의 과점주주인 경우</td></tr>
<tr><td>• 해당법인 및 법인의 과점주주가 동종 법인을 설립하여 해당 신설법인의 과점주주가 되는 경우</td></tr>
<tr><td>• 법인의 형태변경 후 동종사업 영위하는 경우</td></tr>
</table>

〈적용요령〉

○ 2025년 1월 1일부터 시행(시행규칙 부칙 §1)

2025년도 시행
지방행정제재부과금법령 개정내용 및 적용요령

◀ 목 차 ▶

❶ 사해행위 취소 명확화(법 §18)

개정개요

개정 전	개정 후
□ 사해행위 취소청구 ○ 「민법」 제406조 및 제407조 준용하여 사해행위의 취소 및 원상회복 법원에 청구 가능	□ 사해행위 취소규정에 사해신탁 추가 ○ 「신탁법」 제8조에 따른 사해신탁이 사해행위에 포함되어 사해행위 취소소송 대상임을 명확히 함.

〈개정내용〉

○ 지방자치단체의 장은 지방행정제재·부과금의 징수를 피하기 위한 사해행위에 대하여 「민법」 제406조, 제407조 및 「신탁법」 제8조를 준용하여 사해행위의 취소 및 원상회복 청구 가능

※ 당초에도 취소 범위에 사해신탁이 포함되나 명확화 차원에서 국세·지방세와 통일

〈적용요령〉

○ 종전 규정을 명확히 한 사항으로, 종전과 동일하게 적용

❷ 납부증명서 제출 제도 시행시기 조정(법 제17091호 부칙 §1~3, 법 제19233호 부칙 §1, 영 제30545호 부칙 §1, 규칙 제175호 부칙 §1)

개정개요

개정 전	개정 후
□ 납부증명서 제출제도 시행(2025. 1. 1.부터)	□ **납부증명서 제출제도 시행시기 조정** ○ 차세대 지방세입정보시스템 안정화 등에 따라 시행시기를 재조정(2027. 1. 1.부터)

〈개정내용〉

○ 차세대지방세입정보시스템과 서울시 시스템 간 연계 기간 등을 고려하여 **납부증명서 제출제도의 시행일**을 2025. 1. 1.에서 **2027. 1. 1.**로 **연기**

○ 납부증명서 제출 제도로 전환 예정인 지방행정제재·부과금 체납자에 대한 **대금지급 정지 규정의 유효기간**을 2024. 12. 31.에서 **2026. 12. 31.**로 **연장**

〈적용요령〉

○ 2027. 1. 1.부터 지방행정제재·부과금 납부증명서 제출제도 시행

※ 현행 제7조(대금지급 정지) 규정은 2026. 12. 31.까지 유효

색인

가

나

다

마

바

사

아

자

카

지방세법전

定價 : **60,000**원

2025年 2月 3日 印刷
2025年 2月 13日 發行

發行人 **이 희 태**
發行處 **삼일피더블유씨솔루션**

- 1995年 6月 26日 登錄
- 登錄番號 : 第3－633號

서울특별시 용산구 한강대로 273 용산빌딩 4층
전 화 : (02) 3489－3100
FAX : (02) 3489－3141

ISBN : 979－11－6784－331－9 〈92320〉

전국 세무부서 전화번호

지방세 법규해석 민원은 과세권자인 지방자치단체에서 처리함을 알려드립니다.
– 지방세관계법규 해석민원 처리지침(행정안전부훈령 제241호, 2022. 5. 9.)

▶ **세무 · 상담 대표전화**

1577–5700 통화지역의 시도 세무 상담부서로 연결됩니다.
통화지역과 과세물건지가 다른 경우 아래 연락처를 참고하시기 바랍니다.

▶ **전국 세무부서 안내**

서울특별시	세제과 02–2133–3350 세무과 02–2133–3380 38세금징수과 02–2133–3450 ETAX 고객센터 1566–3900	부산광역시	세정정책담당관실 051–888–2120 세정운영담당관실 051–888–2150
대구광역시	세정담당관실 053–803–2490	인천광역시	세정담당 032–440–2541
광주광역시	세정과 031–760–2791	대전광역시	세정과 042–270–4230
울산광역시	세정담당관실 052–229–2610	경기도	세정과 031–8008–4152
강원특별자치도	세정과 033–249–2880	충청북도	세정담당관실 043–220–2774
충청남도	세정과 041–635–2340	세종특별자치시	세정과 044–300–3510
전북특별자치도	세정과 063–280–2310	전라남도	세정과 061–286–3610
경상북도	세정담당관실 054–880–2200	경상남도	세정과 055–211–3710
제주특별자치도	세정담당관실 064–710–6880		

지방세 구조도

(*1) 광역시의 군 지역에서는 도세를 광역시세로 하며, 광역시의 군세는 시 · 군세에 포함됨.
(*2) 광역시의 경우 주민세 사업소분 및 종업원분은 구세임.
(*3) 지방교육세가 부과되는 세목은 취득세, 등록면허세, 레저세, 주민세(개인분 및 사업소분), 재산세, 자동차세, 담배소비세임.
(*4) 특별시의 경우 재산세의 50%는 특별시세임. 단, 선박 및 항공기에 대한 재산세는 구세이며, 재산세 도시지역분은 특별시세임.
※ 농어촌특별세가 부과되는 세목은 취득세, 등록면허세(감면세액), 레저세임.